CHRONIK DER STADT STUTTGART
1933–1945

CHRONIK
DER STADT STUTTGART

1933–1945

Klett–Cotta

VERÖFFENTLICHUNGEN
DES ARCHIVS DER STADT STUTTGART
BAND 30

Herausgegeben von Kurt Leipner

CIP-Kurztitelaufnahme der Deutschen Bibliothek
Chronik der Stadt Stuttgart. — Stuttgart: Klett-Cotta
1933/45 (1982)
(Veröffentlichungen des Archivs der Stadt Stuttgart, Bd. 30)
ISBN 3-608-91096-4

NE: Stadtarchiv ⟨Stuttgart⟩: Veröffentlichungen des Archivs ...

Alle Rechte vorbehalten
© Archiv der Stadt Stuttgart
Kommissionsverlag:
Verlagsgemeinschaft Ernst Klett — J. G. Cotta'sche Buchhandlung Nachfolger GmbH, Stuttgart
Satzherstellung: Rost + Bollschweiler, Foto- und Maschinensatz, 7000 Stuttgart 1
Druck: SV Druck, 7302 Ostfildern 1
Buchbinder: Karl Dieringer, 7000 Stuttgart
Schutzumschlag: Walter Stähle, Stuttgart

GELEITWORT

Die Chronik für die Jahre 1933 bis 1945, die wir hiermit der Öffentlichkeit vorlegen, war bereits umstritten, bevor sie erscheinen konnte. Das ist verständlich. Es ist unmöglich, die düsterste Epoche der deutschen Geschichte so darzustellen, daß jeder, unabhängig von seinen eigenen Erfahrungen und seiner weltanschaulichen Position, mit dieser Darstellung einiggeht. Jeder hat das Dritte Reich anders erlebt. Diejenigen, die von vornherein aktiven Widerstand leisteten, anders als diejenigen, die zwar dagegen waren, aber mit ihrer Meinung zurückhielten. Diejenigen, die dagegen waren, anders als die, die weder dafür noch dagegen, sondern gleichgültig waren. Diejenigen, die gleichgültig waren, anders als die, die dafür waren. Diejenigen, die dafür waren, weil sie die Verbrechen nicht kannten oder nicht zur Kenntnis nehmen wollten, anders als die, die sie kannten und billigten. Unter denjenigen, die aktiven Widerstand leisteten, waren solche, die dies von Anfang an taten, und solche, die sich erst später dazu entschlossen haben, solche, deren Widerstand dem Regime im ganzen galt, und solche, die sich einzelnen Maßnahmen des Regimes widersetzten. Es gab unter denen, die Widerstand leisteten, solche, die die parlamentarische Demokratie wiederherstellen wollten, und solche, die einen kommunistischen Staat wollten oder auch eine Monarchie oder eine Militärdiktatur.
Diese Chronik ist vorwiegend eine Material- und Datensammlung. Wer ihr vorwirft, daß sie keine wertende Einführung in die Geschichte der NS-Zeit sei, wirft ihr vor, daß sie nicht das ist, was sie nicht sein will und auch nicht sein kann.
Am Nationalsozialismus war nur Schlechtes und nichts Gutes. Das ist den meisten, die ihn selber erlebt haben, auch irgendwann klar geworden: von vornherein, schon frühzeitig, oder in der Endphase, oder erst, als alles vorbei war. Es ist leicht, heute über diejenigen, die sich damals verwirren und verstricken ließen, den Stab zu brechen. Die Menschen waren nicht schlechter und nicht besser als heute. Und die Annahme, daß diese und die ihr folgenden Generationen ein für allemal vor ähnlichen Katastrophen gefeit wären, ist durch nichts begründet. Die Tyrannei kann in vielen Verkleidungen auftreten. Sie ist nicht auf Braunhemd und Hakenkreuz beschränkt.

Die Geschichte des Dritten Reiches ist wichtig als Beschreibung eines Zustandes, der eintreten kann, wenn Meinungsfreiheit und Organisationsfreiheit beseitigt werden, wenn die Grundrechte nicht respektiert werden, wenn das Volk nicht frei wählen darf, wenn die Rechtsprechung nicht unabhängig ist und wenn Kunst, Wissenschaft und Medien ganz in den Dienst der Staatsmacht genommen werden.

Fast noch wichtiger ist aber die Geschichte des Untergangs der Weimarer Republik. Sie beschreibt einen Zustand, der es möglich machte, daß eine freiheitliche Demokratie, bedrängt von ihren inneren Feinden, in sich uneins, während einer Wirtschaftskrise zusammenbricht und daß die gesamte Macht in die Hände eines Mannes gelangt, der zu anderen Zeiten eine skurrile Existenz am Rande der Gesellschaft gewesen wäre. Dieser Mann war Adolf Hitler, begabt, ein bedeutender Demagoge, mit dämonischer Willenskraft ausgestattet und völlig amoralisch. Hitler benutzte die Moral als Mittel zum Zweck. Nicht nur dadurch, daß er seine Feinde moralisch diffamierte, auch dadurch, daß er es wie keiner vor ihm verstand, sekundäre Tugenden, auf die kein Gemeinwesen verzichten kann, einer schlechten Sache dienstbar zu machen: Treue, Opferbereitschaft, Disziplin, Zuverlässigkeit, Mut und Fleiß. Neben der Tragödie der Verfolgten gibt es die Tragödie der Getäuschten und Gleichgültigen.

Die heutige Generation hat Schwierigkeiten, sich vorzustellen, wie es damals, vor 1933, gewesen ist: die Verzweiflung der Arbeitslosen, auf Unterstützungsgelder angewiesen, im Vergleich zu denen unsere heutigen Sozialleistungen als wahrer Luxus erscheinen müssen, der verletzte Nationalstolz, die Hoffnung der einen auf Umsturz, die panische (wohl auch berechtigte) Furcht der anderen vor einer Revolution, der sich ausbreitende Zweifel an der Handlungsfähigkeit des demokratischen Staates.

Dann, kurz nach Hitlers Machtübernahme, mit einem Schlage nur noch positive Nachrichten in den Zeitungen, im Funk und in den Wochenschauen. Nichts Kritisches mehr in der Kunst, überall Optimismus. Die Propaganda des Dritten Reiches war ein höchst wirksames Beruhigungs- und Verdrängungsmittel. Selbst dort, wo das Unrecht öffentlich stattfand und beunruhigend wirkte, gelang es der Propaganda immer wieder, von ihm abzulenken, indem sie — wie im Theater — das, was störte, im Dunkeln ließ, und das, was gefiel, beleuchtete. So wurde die beschämende Verfolgung der jüdischen Mitbürger hingenommen, auch von vielen, die nicht vom Bazillus des Rassenwahns infiziert waren. Die Verwaltung, von allen rechtsstaatlichen Bindungen befreit, wurde effektiver, die Gesetzgebung ohne Parlament einfacher. Die Außenpolitik war zuerst erfolgreich. Die verblüffte Welt konzedierte Hitler, was sie seinen demokratischen Vorgängern niemals durchgelassen hätte. Und dann brach der Krieg aus, der rasch zum Weltkrieg wurde. Dieser Krieg mit seinen Anfangserfolgen lähmte die Opposition. Hitler konnte sich fast alles erlauben. Der Gedanke an eine Niederlage erschien den meisten unerträglich. Millionen Soldaten fielen an den Fronten und Hunderttausende Zivilpersonen wurden durch Bomben getötet. Städte und Dörfer sanken in Trümmer, und gleichzeitig betrieb die Regierung in einem bisher nie gekannten Umfange Massenmord an Juden und politischen Gegnern. Nach dem 8. Mai 1945 kam dann die ganze Wahrheit ans Licht.

Was wir der Generation, die das Dritte Reich durchlebte, voraus haben, sind bessere Lebensumstände und die Kenntnis der Geschichte. Uns mit dieser Geschichte auseinanderzusetzen, ist wichtig für die Zukunft. Die Chronik soll hierfür Material beitragen.

Stuttgart, im Dezember 1982
ROMMEL
Oberbürgermeister

Berichtigungen
zur »Chronik der Stadt Stuttgart 1933-1945«

– Seite 29
5. Mai 1933
Eintrag Schoettle wird wie folgt geändert:
18.5.1933: Der Stuttgarter sozialdemokratische Parteisekretär Erwin Schoettle emigriert in die Schweiz und später nach England, nachdem er sich schon längere Zeit versteckt gehalten hatte, um einer drohenden Verhaftung zu entgehen. Von Ende 1933 bis Frühjahr 1937 gab er die Zeitung Roter Kurier heraus, mit der er Kontakt zu Stuttgarter SPD-Mitgliedern hielt.

– Die Seiten 185 und 186
sind bei einem Teil der Auflage vertauscht.

– Seite 1125
Schutzhaft: 987 f. (nicht 887 f.)

– Seite 222
Die Zeile: »In Feuerbach und Weilimdorf werden Schwesternstationen der NS-Volkswohlfahrt« steht bei einem Teil der Auflage falsch. Sie rückt zwei Zeilen nach unten hinter den Eintrag: . . . aus »der Welt des Kindes« gezeigt.

– Seite 514
25. September 1938
Der Schwäb. Albverein lädt anläßlich seines 50jährigen Bestehens . . . (nicht 25jährigen)

– Abbildungen 1 und 2
bei einem Teil der Auflage seitenverkehrt

VORWORT

Die Stadt Stuttgart gibt seit dem Jahre 1898 eine »Chronik« heraus; bis 1912 erschien jährlich ein Band. Der Erste Weltkrieg, die Inflation, die politisch instabilen Verhältnisse der Weimarer Republik, die NS-Zeit und die wirtschaftlich so schwierigen Jahre nach dem Zweiten Weltkrieg haben die Fortsetzung der städtischen Chronistik lange verhindert. Erst 1964 erschien ein neuer Band, der die Jahre 1918—1933 behandelte, 1967 ein weiterer für die Jahre 1913—1918. Man ging hierbei von der Prämisse aus, daß die große Zahl der weit zurückliegenden Jahre (1913—1933) nicht mehr als »bloße Chronik« aufgearbeitet werden könne, und entschied sich für eine gedrängte erzählende Darstellung, wobei man den hiermit gegebenen Verlust an Informationen als unumgänglich in Kauf nahm.
Dieses Verfahren scheint jedoch eher ein Ausweichen vor der Fülle des Materials gewesen zu sein denn gesicherte Erkenntnis, weiter zurückliegende Perioden chronologisch nicht darstellen zu können, so daß Reinhard Patemann, der sich auch allgemein zur Chronistik äußerte, schrieb: »... daß länger zurückliegendes Stadtgeschehen ... überhaupt nicht mehr in Form einer Ereignischronik darstellbar sei ... ist eine unbeweisbare Behauptung.« Die neugewählte Methode hatte zur Folge, daß namentlich die Zeit zwischen 1913 und 1933 so lückenhaft dokumentiert wurde, daß die entsprechenden Chronikbände ihren Zweck, als Nachschlagewerk über tägliche Ereignisse zu dienen, kaum noch erfüllen konnten. Auch andere Beanstandungen wurden laut, so daß unabhängig voneinander vom damaligen für die Kulturverwaltung zuständigen Ersten Bürgermeister, der insbesondere die Eignung der beiden Chronikbände als Nachschlagewerk bemängelte und dem Stadtarchiv, das überdies bei seinem Personalmangel den hohen Zeitaufwand für die notwendige Sammlung der Fakten und Daten und — zusätzlich — eine hierauf gestützte sachlich gegliederte Darstellung nicht mehr erbringen konnte, Vorschläge für eine Änderung der bisherigen Form der städtischen Chronistik gemacht wurden.
Was ist, was soll und was kann eine Chronik?
Eine gleichermaßen präzise, sowohl umfassende wie detaillierte als auch allgemein

anerkannte Definition des Begriffs Chronik gibt es nicht. Daher firmieren unter diesem Wort unterschiedliche historische Werke, deren gemeinsames Kennzeichen in der Regel die sprachlich begründete Form einer chronologischen Ordnung ist, mit der eine Vielzahl von Geschehnissen wenigstens in einen gewissen, zeitlichen, Entwicklungszusammenhang gebracht wird.

Lexika legen einer Chronik denn auch die chronologische Abfolge oder Aneinanderreihung ihrer Aufzeichnungen bei und als Merkmale der Darstellung die Adjektive kurz, prägnant, trocken; sie unterstellen und akzeptieren das Fehlen sachlicher Verknüpfungen bzw. die Nichtbeachtung des inneren Zusammenhangs von Ereignissen als Ursache und Folge und die Enthaltung einer kritischen Analyse mit Darlegung der Hintergründe und Motivketten. Es sind dies alles Kriterien der Grenzziehung zu einer historischen Darstellung, zur »eigentlichen« Geschichtsschreibung. Eine Chronik ist keine Geschichte, sondern die Vorstufe einer Geschichte, ein Zwischenprodukt, sie ist nicht mehr — und nicht weniger — als eine Material- und Faktensammlung.

Wir waren und sind der Ansicht, daß eine Chronik die oben umrissenen ersten knappen Informationen am ehesten und besten dann bietet, wenn sie die Ereignisse in tagebuchartiger Folge, d. h. chronologisch, und zwar in Form kurzer Regesten aufführt. Die Mehrzahl der Ortschroniken bedient sich denn auch dieser Darstellungsweise. Der bei einer solchen Aufzählung unverknüpfter Einzelereignisse in rein zeitlicher Ordnung zwangsläufig auftretende Nachteil, daß sachlich zusammengehörige Ereignisse, wenn sie nicht in einem zeitlich ununterbrochenen Ablauf erfolgen, auseinandergerissen werden — dies ein Punkt der Kritik an der Chronik 1933—1945, der jedoch bei der nach gleichen Richtlinien erarbeiteten Chronik der Stadt Stuttgart für die Jahre 1954—1960 nicht ein einziges Mal laut und auch bei den sonstigen publizierten Städtechroniken m. W. nie erhoben wurde —, soll nicht verschwiegen werden. Er muß und kann aber in Kauf genommen werden, wenn ein präzises und ausführliches Register den »idealen«, inneren, Zusammenhang von Fakten herstellt und nachweist.

Natürlich ist die chronologisch gegliederte regestenmäßige Darstellung nur eine von mehreren möglichen Formen, in denen die Vergangenheit für die Gegenwart lebendig werden kann. Sie bietet aber in der objektiven Darbietung der Fakten manche Vorzüge, die bei einer Darstellung mit subjektiver Kommentierung und Wertung nicht in diesem Sinne gegeben sind. Sie drängt dem Leser nicht die Ansicht des Autors auf, sondern überläßt ihm, die einzelnen Vermerke zu deuten bzw. zu hinterfragen, um sich ein eigenes Urteil zu bilden. Die unkommentierte Wiedergabe von Tatsachen ist insbesondere in einer amtlichen, d. h. in unserem Falle von einer Stadt finanzierten und von bei dieser tätigen Beamten und Angestellten erarbeiteten Publikation geboten. Daß die Verfasser dabei erwarten müssen, nicht nur in wissenschaftlicher Verantwortung, sondern auch in wissenschaftlicher Freiheit arbeiten zu können, ist eine Selbstverständlichkeit; ebenfalls selbstverständlich ist, daß die Chronik der Stadt Stuttgart weder die Sicht der Stadtverwaltung noch des Gemeinderats repräsentiert, denn eine solche amtliche oder kollektive Sicht gibt es nicht. »Geschichte ist nicht mehrheitsfähig« (Eberhard Jäckel).

Das Verfahren, nüchtern zu berichten, was jeweils Tag für Tag geschehen ist, hat weiter den Vorteil, daß der Leser direkt mit den Ereignissen konfrontiert wird. Auch das Tagesgeschehen, die unmittelbare Zeitgeschichte, nehmen wir als Zeitungsleser in dieser Form zur Kenntnis und auch hier stehen schreckliche Geschehen und fröhliche Ereignisse unmittelbar nebeneinander.

Daß eine chronologisch-auflistende und nicht geschichtsschreibend-erzählende Darstellungsweise des Vorzugs der flüssigen Lesbarkeit ermangelt, soll ebenfalls nicht verschwiegen werden; diesem Nachteil steht freilich der Vorzug entgegen, daß die chronologisch gegliederte Darstellung in Regestenform um eines guten Stils willen Aufzählungen und Wiederholungen nicht vermeiden muß und daher viel mehr Fakten bringen kann als eine sachthematisch gegliederte Arbeit. Die schon erwähnte Chronik der Stadt Stuttgart für die Jahre 1954—1960 ist daher in dieser auch von anderen Städten — z. B. München und Bremen — gewählten Form, d. h. in chronologischer Darbietung der Ereignisse in knapper Regestenfassung, veröffentlicht worden.

Die Stuttgarter Stadtverwaltung entschied sich, nachdem die Absicht, für die Jahre 1933—1945 eine erzählende, darstellende »Chronik« zu erarbeiten, kein positives Ergebnis erbracht hatte, dafür, die chronologische Darstellungsweise auch für die Chronik der Jahre 1933—1945 anzuwenden. Maßgebend hierfür war, daß in der Öffentlichkeit, der Presse und aus dem Gemeinderat immer wieder die Forderung erhoben wurde, endlich die Lücke in der chronikalischen Dokumentation der Stadt, die für die Jahre 1933—1945 bestand, zu schließen. Sie war entstanden, da für eine Reihe von Nachkriegsjahren z. T. seit längerem druckreife Manuskripte vorlagen und Gemeinderat und Bürgermeisteramt beschlossen hatten, diese zu drucken und sie der Öffentlichkeit nicht so lange vorzuenthalten, bis ein Manuskript für die NS-Zeit erarbeitet war. Eine andere Lösung war nicht sichtbar. Der Gemeinderat, dessen Verwaltungsausschuß die neuen Pläne 1975 vorgetragen wurden, erhob weder Einwände noch Widerspruch. Das Stadtarchiv wurde daraufhin beauftragt, die Chronik für die NS-Zeit in chronologisch-auflistender Form zu erarbeiten.

Über einige Bereiche der Jahre 1933—1945 in Stuttgart liegen bereits Publikationen vor. 1964 erschien das Gedenkbuch der Stadt Stuttgart »Weg und Schicksal der Stuttgarter Juden« von Maria Zelzer und 1967 das Werk »Stuttgart im Luftkrieg 1939 bis 1945« von Heinz Bardua, beide Bände in der Reihe »Veröffentlichungen des Archivs der Stadt Stuttgart«. 1969 kam das Buch über den Stuttgarter Widerstand von Willi Bohn heraus: »Stuttgart Geheim« (inzwischen in 3. Auflage erschienen) und 1975 veröffentlichte die Kommission für geschichtliche Landeskunde in Baden-Württemberg Paul Sauers umfassendes Werk »Württemberg in der Zeit des Nationalsozialismus«, das zwar das gesamte Land Württemberg behandelt, verständlicherweise aber ausführlich auf Stuttgart eingeht. Auch die von Hermann Vietzen bearbeitete, 1972 erschienene »Chronik der Stadt Stuttgart 1945—1948« beschreibt die letzten Monate der NS-Zeit, so daß sich der jetzige Chronikband 1933—1945 für die Monate Januar bis April 1945 mit seinem Vorgänger überschneidet, ihn aber auch ergänzt durch neue Forschungsergebnisse.

Habent sua fata libelli! Unsere Arbeit ist schon vor ihrem Abschluß beanstandet worden, wie auch der Chronikband für die Jahre 1945—1948 von teilweise den gleichen Personen mit nahezu gleichen Worten und mit gleicher Tendenz kritisiert worden ist. Es wurde schon seinerzeit bemängelt, daß nicht alle Unterlagen herangezogen und keine Personen befragt wurden, daß die Chronik »ungenaue und falsche Darstellungen enthält« und »bedeutsame Ereignisse ausläßt«, und auch damals wurde gefordert, daß die Chronik überarbeitet werden solle.

Diese Kritiken sind nicht stichhaltig. Sie sind entweder nicht wissenschaftlich begründet, berücksichtigen nicht den substantiellen Unterschied zwischen Chronik und Geschichtsdarstellung und erwarten in der Stuttgarter Stadt-Chronik deutsche, ja sogar europäische Geschichte.

Eine Ortschronik ermittelt und notiert, daß und welche Ereignisse in dem betreffenden Ort stattgefunden haben und bedient sich dabei im allgemeinen der Quellen, die auch einem interessierten Zeitgenossen des Geschehens ohne Einschränkung zugänglich waren bzw. sind, d. h. vor allem der Zeitungen. Nun weiß freilich schon jeder Zeitungsleser um die Fehlerhaftigkeit, Unvollständigkeit und mitunter Einseitigkeit dieses Mediums. Daher werden für eine Chronik neben den lokalen Zeitungen immer auch andere Zeugnisse herangezogen werden müssen wie Amtsblätter, amtliche Drucksachen und, wenn nötig und möglich, Literatur und Akten. Insbesondere für die Chronik der Jahre 1933—1945, für die Zeit also einer gleichgeschalteten und gelenkten Presse, war das unerläßlich. Es geschah in einem schon 1973 festgelegten dreistufigen Arbeitsgang: 1. Erstellung eines Daten- und Faktengerüstes an Hand der Zeitungen; 2. Durchsicht der für die Arbeit relevanten Sekundärliteratur und deren Verwertung und 3. Heranziehen von Akten. Dennoch bleibt Ausgangspunkt für eine Ortschronik die Berichterstattung der lokalen Tageszeitungen; wie sollte der Chronist auch anders als aus Zeitungen ermitteln können, was z. B. während der rund 4500 Tage der NS-Herrschaft Tag für Tag in Stuttgart geschehen ist? Auch für die Chronik der Stadt Stuttgart gilt die Aussage von Paul Sauer: »Von nicht zu unterschätzender Bedeutung für die Erhellung der Zeit des Nationalsozialismus in Württemberg waren die Presse (besonders NS-Kurier, Staatsanzeiger und Schwäbischer Merkur) sowie ... Amtsblätter ... usw.« Daß der Historiker seine quellenkritische Methode hier besonders sorgfältig anzuwenden hat, versteht sich von selbst.

Die »Chronik« einer Stadt im üblichen und auch von uns vertretenen Sinne ist keine

»Geschichte« einer Stadt. Auch unser Chronikband ersetzt keine zusammenhängende Darstellung, ist keine wissenschaftliche Stadtgeschichte. Er soll wie seine Vorgänger in erster Linie ein Nachschlagewerk, eine erste Informations- und Orientierungshilfe sein (aus diesem Grunde ist ja auch hier wie bei den früheren Chronikbänden — und m. W. wurde das noch nie bemängelt — auf einen Anmerkungsapparat verzichtet worden). Billigerweise kann und sollte unsere Chronik daher nicht mit Maßstäben gemessen werden, die man an eine »Geschichte« anlegt. Die bisherige Kritik an der Chronik 1933 bis 1945 läßt diesen Unterschied außer acht. Während der Verfasser einer »Geschichte« deuten, urteilen und werten muß, bringt der Chronist, wie Hermann Vietzen — ohne bisher Widerspruch gefunden zu haben — schon in seiner »Chronik der Stadt Stuttgart 1945—1948« (die übrigens auch erst 1972, also rund 25 Jahre nach den Ereignissen, erschienen ist) bemerkt, die Geschehnisse, »ohne sie im geschichtlichen Rückblick zu werten«. Vietzen schreibt weiter: »Kommentierende Bemerkungen zu einzelnen Vorgängen und Situationen halten sich streng an das, was damals in der Öffentlichkeit gesprochen worden ist«. Auch wir haben z. B. bei der Beurteilung des Judenpogroms 1938 eine zeitgenössische Stimme zitiert und nicht etwa Äußerungen aus der Gegenwart. Wir halten es ebenfalls für ein Charakteristikum einer Chronik, daß die Geschehnisse in dem Selbstverständnis ihrer Zeit widergespiegelt werden, wozu auch dienen soll, daß die Chronik die Ausdrucksweise der Zeit beibehält. Wir hielten es daher bei der Chronik 1933—1945 für vertretbar, ja notwendig, die Diktion mancher Meldungen wie auch solche Ausdrücke und Redewendungen (z. B. Gefolgschaft, Volksgenosse), die aus der Situation und dem Sprachgebrauch der damaligen Jahre zu verstehen und zu werten sind, zu verwenden, als von einer anderen, zeitlich späteren Warte ausgehend zu ändern und zu glätten. Auch aus diesem Grunde sind für Chroniken die Tageszeitungen mit ihren unmittelbaren Äußerungen der Volksmeinung und Zeitströmung so eminent wichtige Quellen.

Eine weitere Forderung der Kritik an der Chronik 1933—1945 war, daß »die Vorgänge auch weltanschaulich verarbeitet« werden müßten. Hierauf müssen Autoren und Herausgeber fragen, nach welcher »Weltanschauung« denn »verarbeitet« werden solle? Müßten hierbei nicht alle Weltanschauungen zu Wort kommen? Diese Forderung ist u. E. unerfüllbar und daher indiskutabel. Ich bin der Meinung, daß der Historiker sine ira et studio zu berichten hat »wie es gewesen ist«; d. h. keineswegs ohne Anteilnahme, aber ohne jede und sei es auch weltanschaulich motivierte Voreingenommenheit, ohne vordergründige Anklage wie Apologetik. Wir verweisen auf Dieter Rebentisch, der schrieb: »Der Beruf des Historikers ist nicht das Amt des Anklägers oder des Richters — auch nicht in zweiter Instanz.« Die nüchterne und umfassende Darlegung möglichst vieler Fakten ermöglicht es jedem aufmerksamen Leser, sich ein eigenes fundiertes Urteil zu bilden. Sie zwingt niemandem die Meinung, Deutung, Beurteilung und Wertung des Autors auf. Ich bin der Überzeugung, daß unser jetzt zusammengetragenes, im Text chronologisch, im Register auch sachlich geordnetes Material es jedem Leser ermöglicht, sich nicht nur über eine Vielzahl von Ereignissen während der NS-Zeit in Stuttgart zu informieren, sondern auch die handelnden und leidenden gesellschaftlichen Gruppen und Kräfte, die Akteure und die Betroffenen in den realen Gegebenheiten und Zwängen ihrer Zeitbedingtheit zu erkennen, zu verstehen und zu beurteilen.

Unsere Chronik ist keine publizistische »Auseinandersetzung« mit dem Dritten Reich; das ist nicht Aufgabe einer Ortschronik und kann es gar nicht sein. Es war aber unser Bestreben bei der Abfassung dieser Chronik, anhand der wiedergegebenen Fakten aus allen städtischen Lebensbereichen jedem Leser die Kenntnisse zu vermitteln, die notwendig sind zu einem kritischen historischen Verständnis und damit für eine objektive Auseinandersetzung mit dem Nationalsozialismus in der Stadt Stuttgart.

Es ist nochmals auf den Begriff »Chronik« zurückzukommen. Die Stadtchronik tritt — wie schon erwähnt— neben die Arbeiten der kritischen Geschichtsschreibung als eine Informations- und Orientierungshilfe für Bürgerschaft, Verwaltung und Geschichtsforschung. Sie bietet diesen ein nützliches, häufig sogar unentbehrliches Kalendarium der im Ortsbereich vorgefallenen oder ihn berührenden Ereignisse. Sie bringt dabei vielfach auch Geschehnisse, die für den allgemeinen historischen Ablauf nur mittelbar wichtig oder sogar nahezu belanglos sind. Eine »Chronik« muß auch den Neuigkeitswert, den ein Ereignis für ihre Zeit hatte, in Rechnung stellen und Geschehnisse festhalten, die zum Zeitpunkt ihres Geschehens wichtig waren, d. h. den damals Lebenden wichtig erschienen, auch wenn sich (später) die Bewertungsmaßstäbe geändert haben. Die Chronik kann und darf sich nicht darauf beschränken, nur »große« Geschehnisse von »weitreichender« Tragweite zu bringen, sondern hat auch kleine Ereignisse, lokale Episoden als Teil des städtischen Alltagslebens zu dokumentieren, da sie überdies in wissenschaftlichen Darstellungen zumeist fehlen. Im übrigen wird und wirkt eine chronikalische Darstellung mit Tausenden von Daten, Fakten und Namen nur lebendig und veranlaßt den heute so vielfältig angesprochenen und beanspruchten Zeitgenossen, sich näher damit zu befassen, wenn sie der Schilderung des Allgemeinmenschlichen nicht entbehrt. Heimatgeschichte — und das wollen unsere Chronikbände in dem dargestellten Selbstverständnis ihrer Gattung auch sein — hat das Vorrecht, auch solche Einzelheiten festzuhalten, die weder den Gang der Geschichte änderten noch die Welt bewegten, die aber zu ihrer Zeit die Einwohner einer Stadt interessierten und besprochen wurden. Das bedeutet für eine Chronik der Jahre 1933–1945, daß sie nicht nur Krieg, rassische und politische Verfolgung, Unterdrückung und Widerstand darstellen darf, sondern daß sie auch über Wirtschaft, Soziales, Bauwesen, Verkehr, Tagungen und Vorträge, Ausstellungen, Theater und Musik, aber auch Sport, Vereinswesen, Feste, Personen usw. zu berichten hat.

In einer Chronik müssen Fakten aus dem gesamten städtischen Geschehen enthalten sein. Eine in bestimmter Absicht vorgenommene Auswahl von Meldungen bzw. Ausklammerung von Lebensbereichen würde das Bild jener Jahre einseitig und die damalige Wirklichkeit unklar erscheinen lassen. Eine solche Selektion würde verhindern, die damals lebenden und handelnden Menschen in ihrem ganzen Umfeld, aber auch in ihrer zeitbedingten Beschränkung zu sehen und zu verstehen, wodurch das Geschehen jener Jahre — insbesondere bei jungen Menschen — gänzlich unverständlich bliebe. Erst wenn eine umfassende, alle Bereiche des städtischen Geschehens widerspiegelnde Faktensammlung vorliegt, kann sich der Leser — um es nochmals zu wiederholen — in die konkrete historische Situation dieser Zeit hineinversetzen (wobei aber zu beachten ist, daß vieles, was dem Historiker jetzt bekannt ist und was unsere heute verfaßte Chronik bringt, die Zeitgenossen jener Jahre nicht wußten), und nur dadurch kann er das Handeln der verantwortlichen Personen und den Ablauf der Ereignisse verstehen und beurteilen. Umgekehrt, je mehr Bereiche aus der städtischen Dokumentation ausgeschlossen sind, je weniger Tatsachen bekannt sind, um so eher sind Fehlurteile möglich. Den ebenfalls erhobenen Vorwurf, daß die Vielzahl und Vielfalt der in der Chronik gebrachten (überdies weitgehend unbekannten) Tatsachen das städtische Geschehen in jenen Jahren »verniedlichen«, teilen wir nicht. Auch Angaben geringerer allgemeiner Bedeutung sind ein Niederschlag damaligen städtischen Lebens, spiegeln die Interessen der damals lebenden Bürger wider. Daß eine Auswahl der in eine Chronik aufzunehmenden Fakten aus der Unzahl berichteter Ereignisse und dargestellter Personen unumgänglich ist, ist selbstverständlich. Keine historische Darstellung kann das geschichtliche Leben einer Epoche ganz reproduzieren, sondern die Fülle der vergangenen Wirklichkeit immer nur in beispielhaften Ausschnitten, nur bruchstückhaft widerspiegeln. Bei einer Chronik muß auch in Kauf genommen werden, daß manches, was in einer breiter angelegten Darstellung oder in einer Spezialuntersuchung ausführlich oder gar mit dem Anspruch auf Vollständigkeit behandelt werden soll, nur kurz angedeutet bzw. nur als Beispiel, als pars pro toto gebracht werden kann. Wirtschafts-, Sozial-, Bau-, Medizin-, Sport- und Musikhistoriker z. B. werden manchen Mangel anmelden. Solche und andere Spezialforschungen, z. B. auch eine Geschichte der Stuttgarter NSDAP und ihrer Gliederungen, kann die Chronik nicht ersetzen, wie sie andererseits natürlich auch nicht schon vorliegende Spezialuntersuchungen wie das Gedenkbuch Weg und Schicksal der Stuttgarter Juden von Maria Zelzer oder Willi Bohns Untersuchung über den Widerstand: Stuttgart: Geheim in extenso ausschreiben und wiederholen muß.

Selbstverständlich liegt in jeder Auswahl auch eine Wertung. Sie läßt sich jedoch — wie gesagt — nicht umgehen, um die Masse der Ereignisse überhaupt zu bewältigen und lesbar zu gestalten. Daß eine solche exemplarische Auswahl trotz gewissenhaftestem Bemühen um Objektivität immer auch subjektiv bedingt ist und nicht jeden Leser zufriedenstellen wird, dessen muß man sich ebenfalls bewußt sein. Dabei werden manche Leser monieren, daß die eine oder andere vom Chronisten als erwähnenswert angesehene Meldung gänzlich überflüssig sei; gleichfalls wird Kritik finden das Weglassen eines Ereignisses, das unter anderen Gesichtspunkten, als sie der Chronist anlegte, oder bei einem anderen Standpunkt bemängelt werden kann; mancher wird bestimmte Ereignisse ausführlicher dargestellt haben wollen, während ein anderer gewisse Dinge noch zu ausführlich behandelt findet. Bei solchen Einzelheiten und einzelnen Einträgen werden Kontroversen nie auszuschließen sein. Natürlich sollte aber kein wirklich zentrales, charakteristisches oder zeittypisches Ereignis fehlen und insgesamt nicht nur ein umfassendes, sondern auch ein buntes und plastisches Bild des städtischen Lebens trotz aller Nüchternheit und Kürze der chronologischen Darstellung — die wir versucht haben durch die Wiedergabe längerer Zitate, die außerdem die Zeitstimmung wiedergeben sollen, etwas aufzulockern — entstehen.

Der Verfolgung und dem Leiden der jüdischen Mitbürger wie auch dem Komplex Widerstand gegen die NS-Herrschaft in Stuttgart hat die Chronik besondere Aufmerksamkeit gewidmet, sie bringt daher zahlreiche Nachrichten zu diesem Thema, ohne auch hier jedoch Vollständigkeit anstreben zu können. Insbesondere bei der Nennung von Namen, vor allem auch von Opfern der NS-Herrschaft, mußten wir Zurückhaltung üben, da jede Auswahl für die ungenannt gebliebenen Ungerechtigkeit bedeutet hätte; auf Vollständigkeit hinzuarbeiten, hätte wiederum Charakter und Umfang des Buches gesprengt.

Aus ähnlichen grundsätzlichen Erwägungen wurden bis auf wenige Ausnahmen keine Kriegsopfer namentlich genannt (wie überhaupt nur relativ wenige im Berichtsraum dieses Chronikbandes verstorbene Personen festgehalten wurden). Alle an der Front Gefallenen und im Bombenkrieg Umgekommenen aufzuführen, hätte ebenfalls den Rahmen der Chronik gesprengt, eine spezielle Auswahl zu treffen, hätten wir als ungerecht empfunden.

Daß weiter nur wenige lokale Ereignisse aus den Stuttgarter Stadtbezirken (die zum Teil allerdings erst in dem in dieser Chronik behandelten Zeitraum an Stuttgart gekommen sind) dokumentiert wurden, erklärt sich aus deren großer Zahl; auch andere Chronikbände mußten hier Zurückhaltung wahren. Im Prinzip verdienten manche Stadtbezirke eine eigene Chronik.

Eine Stadtchronik beschränkt sich — wie schon gesagt — auf Begebenheiten im städtischen Bereich. Auf die Anführung von Ereignissen des Landes- oder gar Weltgeschehens kann — und muß! — verzichtet werden. Die Stuttgarter Stadt-Chronik der Jahre 1933—1945 kann keine Landes- oder gar Reichsgeschichte ersetzen. Dem steht auch nicht entgegen, daß die Bedeutung Stuttgarts als Landeshauptstadt, als Mittelpunkt einer größeren Verwaltungseinheit, und die daraus resultierende engere Berührung des kommunalen und des landes- und reichspolitischen Sektors eine stärkere Berücksichtigung außerstädtischer Gegebenheiten rechtfertigt als dies bei Ortschroniken anderer Kommunen der Fall sein mag. Daher sind auch in dieser städtischen Chronik Geschehnisse aufgeführt, die nicht nur Stuttgart selbst, sondern alle Gemeinden in Württemberg oder in Deutschland betrafen, was übrigens auch durch die zentralistische Verwaltung des Dritten Reiches mit bedingt ist. So sind z. B. Anordnungen gegen Juden, die für das ganze Reich galten, festgehalten worden. Weiter sind Begebenheiten aus der katholischen und evangelischen Kirche (aus letzterer vor allem, da der württembergische Landesbischof Wurm in Stuttgart seinen Sitz hatte), selbst wenn sie über Stuttgart hinausgriffen, vielfach gebracht worden.

Im Gegensatz zu den bisher nach dem Krieg erschienenen Chronikbänden, für die jeweils nur ein Bearbeiter verantwortlich zeichnete, sind an dem Band für die Jahre 1933—1945 mehrere Autoren beteiligt gewesen, und zwar die Mitarbeiter des Stadtarchivs Herr Oberarchivrat Dr. Kuno Drollinger (1933—1936), für das 2. Halbjahr 1938 Herr Archivrat Dr. Bernhard Rolf, für die Jahre 1939—1941 Herr Gebhard Blank (beide fertigten auch das Sach- bzw. das Personenregister), für die Zeit von Juli 1944 bis April 1945 der Herausgeber sowie kurze Zeit als ABM-Mitarbeiter Herr Dieter Schaber (1937 bis Juni 1938) und Herr Dr. Marc Poulain (1942 bis Juni 1944); die Problematik einer Vielzahl von — teilweise nur kurze Zeit tätigen — Mitarbeitern an einem solchen Buch braucht nicht näher erläutert zu werden.

Mitbeteiligt an den o. a., Qualifikation und Sorgfalt erforderlichen Arbeiten, und zwar für die gesamte Chronikperiode, waren mehr oder weniger nahezu alle Mitarbeiter(innen) des Stadtarchivs. Sie waren vielfach neben den Autoren (insbes. den beiden nur kurzfristig verfügbaren ABM-Kräften, die in erster Linie für die Durchsicht der Zeitungen ihres Berichtsabschnitts eingesetzt werden mußten) befaßt mit Verifizierungen, Recherchen, Durchsicht der Sekundärliteratur und Akten. Die Aufgabe des Herausgebers bestand — wie das üblicherweise bei einem Werk mit mehreren Verfassern der Fall ist — vor allem darin, die Beiträge der einzelnen Autoren soweit zu regularisieren und einander anzugleichen, daß keine allzu gravierenden Unebenheiten in Erscheinung treten. Hierfür waren manchmal Kürzungen unerläßlich oder aber es mußten Ergänzungen nachgetragen werden usw. Dennoch muß bei so vielen Verfassern eine gewisse Ungleichheit auch hinsichtlich der Auswahl der Meldungen sowohl ihrem Inhalt als auch ihrer Zahl nach als unvermeidlich in Kauf genommen werden, wobei zusätzlich noch zu berücksichtigen ist, daß mit Kriegsausbruch und vor allem gegen Kriegsende die Nachrichtenüberlieferung aus dem kommunalen Geschehen — wie dieses selbst — immer geringer wird. Aus den letzten Kriegsjahren werden daher verstärkt »Stimmungsberichte« gebracht.

Im allgemeinen ist das Datum des Ereignisses identisch mit dem Tag, an dem es in der Chronik verzeichnet ist. Allerdings gibt es manche Geschehnisse oder Vorgänge, z. B. im Bereich des Planens und Bauens, die sich zuweilen nur schwer auf einen bestimmten Tag fixieren lassen. In diesen Fällen wurde — nicht zuletzt aus arbeitsökonomischen Gründen — manchmal der Tag gewählt, an dem eine Beratung oder die Beschlußfassung stattfand oder aber die Zeitungen darüber berichteten. Das gilt auch z. T. für Vorträge, Ausstellungen, Wirtschaftsnachrichten u. ä. Das geht u. E. jedoch aus dem Chronikeintrag deutlich hervor, z. B. wenn unter einem Datum ein Ereignis in der Vergangenheitsform berichtet wird.

Bei der Häufigkeit, mit der verschiedene Personen genannt werden, ergab es sich, daß nicht bei jeder Erwähnung Funktionsbezeichnung sowie Vorname mitgeteilt wurden. Über das Personenregister läßt sich jede Person eindeutig identifizieren.

In Einzelfällen — z. B. bei Rednern aus anderen Städten — konnte wegen des unvertretbaren Zeitaufwandes der Vorname nicht ermittelt werden.

Die gelegentliche Häufung von kulturellen Veranstaltungen ist darauf zurückzuführen, daß diese verständlicherweise an Wochenenden besonders zahlreich sind.

Es läßt sich nicht ausschließen, daß sich in eine Arbeit wie der vorgelegten mit Tausenden von Daten, Namen und Fakten Fehler einschleichen können. Herausgeber und Verfasser wären dankbar, wenn auf solche aufmerksam gemacht werden würde, damit wir dem nächsten Chronikband entsprechende Berichtigungen beigeben könnten.

Auskünfte auf spezielle Anfragen bzw. Unterlagen haben freundlich und bereitwillig zahlreiche Institutionen gegeben sowie die Damen und Herren Emil Bayer (Gemmrigheim), Willi Bleicher, Willi Bohn, Willy Collmer, Dr. Horst Dähn, Heinz Eschwege, Dr. Julius Goeser, Prof. Manfred Henninger, Heinz Krause (Marburg), Felix Mayer, Helmut Mielke, Dr. Irene Röken, Ernst Schmid, Erich Steinmayer, Dr. Hermann Vietzen, Marianne Weber, Imperial War Museum (London), HStA Stgt. (Hr. Dr. Sauer), StA Ludwigsburg (Hr. Dr. Seiler), Evang. Oberkirchenrat, Landeskirchenarchiv (Hr. Dr. Schäfer, Hr. Ott), Diözesanarchiv Rottenburg (Hr. Bauer), Stadtarchiv Freiburg (Hr. Dr. Laubenberger), Bundesarchiv Koblenz, Württ. Landesbibliothek, Bibliothek für Zeitgeschichte, Landesamt für Wiedergutmachung Baden-Württemberg, Kathol. Bibelwerk Stgt. (Hr. Prof. Dr. Müller), Standesamt der Stadt Stuttgart, TWS der Stadt Stuttgart, Bürgermeisteramt der Stadt Riedlingen, Flughafen Stuttgart GmbH, SWISSAIR Stuttgart, Landesbildstelle Württemberg, Fachhochschule für Bibliothekswesen Stuttgart, Landespolizeidirektion Stuttgart II (Hr. Landespolizeipräsident i. R. Rau), Stuttgarter Zeitung, Südd. Rundfunk (Historisches Archiv; Pressearchiv), VVN Landessekretariat Stuttgart (Hr. Alfred Hausser), Daimler-Benz AG, Robert-Bosch-Archiv. Herr Direktor i. R. Gerhard Gukelberger hat das gesamte Manuskript kritisch und sachkundig überprüft. Ihm und allen anderen sei herzlich gedankt.

Dieser Band mit über 1000 Textseiten enthält eine Fülle von aus schriftlichen Quellen ermittelten Informationen, die — nur noch von wenigen selbst miterlebt wie auch den wenigsten bekannt — vielfach zu einer ersten Unterrichtung ausreichen werden, die darüber hinaus aber auch jedem genügend Anhaltspunkte geben für weitergehende

Nachforschungen. Über ihm möge als Motto ein Wort von Wilhelm Keil stehen: »Kaum je einmal in der Menschheitsgeschichte ist eine Nation von einem Gewalthaber dermaßen gepeinigt worden wie die deutsche durch Hitler.«

Kurt Leipner

INHALTSVERZEICHNIS

Geleitwort des Oberbürgermeisters V

Vorwort IX

Inhaltsverzeichnis XX

Stuttgarter Chronik
1933 1
1934 89
1935 177
1936 257
1937 346
1938 455
1939 539
1940 642
1941 725
1942 799
1943 871
1944 943
1945 1013

Personennamenregister 1025

Sach- und Ortsnamenregister 1055

Fotonachweis 1145

Berichtigungen 1145

Abbildungen

1933

1. Januar   Die Zahl der Arbeitslosen in Württemberg beträgt 119 058 (Stuttgart: 46 092).
In Stuttgart bestehen sieben und in Cannstatt zwei städt. Wärmestuben; je eine gibt es in Botnang, Hedelfingen, Unter- und Obertürkheim, Wangen und Zuffenhausen.
Das italienische Generalkonsulat in Stuttgart wird vorläufig aufgehoben. Der Württ. Industrie- und Handelstag interveniert dagegen beim württ. Wirtschaftsministerium.
In der Stadthalle findet vor etwa 1000 Zuschauern ein Amateurradrennen statt.

3. Januar   Ein zwischen den Parteien ausgehandelter Burgfrieden geht in der Nacht vom 2./3. Januar zu Ende. Sofort kommt es wieder zu Demonstrationen der Nationalsozialisten und Kommunisten. Erstere halten am Feuersee, letztere auf dem Marktplatz Kundgebungen ab.
Das Landesarbeitsamt für Südwestdeutschland mit Sitz in Stuttgart berät — einem Aufruf des Reichspräsidenten Paul von Hindenburg vom 24. Dezember 1932 folgend — die Einrichtung eines Notwerkes der deutschen Jugend.
Prof. Dr. Erich Regener (TH Stuttgart) setzt seine Versuche zur Erforschung der Stratosphäre fort. Er läßt mehrere Ballone aufsteigen, die eine Höhe bis zu 18 000 m erreichen.

4. Januar   Eugen Uhlig, Prof. an der Musikhochschule, 30 Jahre Mitglied des Orchesters des Landestheaters, verstorben.

6. Januar   Die Deutsche Staatspartei (Demokraten) Württembergs und Hohenzollerns veranstaltet am Dreikönigstag in der Liederhalle ihren 53. Landesparteitag. Wirtschaftsminister Dr. Reinhold Maier hält eine Grundsatzrede zu dem Thema »Staatsideal der schwäbischen Demokratie«. Er erklärt: »Ohne Präsidialregierung geht es augenblicklich in Deutschland nicht und nach Lage der Verhältnisse bedeutet die Regierung von Schleicher eine Entlastung und die beste mögliche Lösung«. Der frühere Reichsfinanzminister Dr. Dietrich ruft zu einem verantwortlichen Staatsbürgertum auf und fordert, das Wort Besitzbürgertum müsse wieder zu einem Ehrennamen statt zu einem Schimpfwort werden.

JANUAR 1933

7. Januar   Erstaufführung des Lustspiels »Zweierlei Maß« von Shakespeare im Kleinen Haus.

8. Januar   Eugen Deppe, Verlagsdirektor der Württemberger Zeitung, verstorben.

9. Januar   Die Technische Abteilung des Gemeinderates befaßt sich mit der Zahnradbahn-Haltestelle Pfaffenweg. Sie beschließt, daß künftig lediglich bergwärts fahrende Züge ohne Anhängewagen halten dürfen.
Der Rektor der TH, Prof. Dr. Paul Ewald, spricht in einem öffentlichen Vortrag im Planetarium über Fragen der Atomphysik.

11. Januar   Der Württ. Malerinnenverein feiert im Kunstgebäude in Anwesenheit von OB Dr. Lautenschlager sein 40jähriges Bestehen.

12. Januar   Der Gemeinderat berät über die Aufhebung der Wohnungszwangswirtschaft. Stadtrat Gotthilf Kächele (Bürgerpartei) spricht sich für die uneingeschränkte Freigabe der Wohnungen aus und beantragt die Aufhebung des Wohnungsamtes, bei dem lediglich noch 17 Beamte tätig seien (1931: 48). Der Antrag wird an die Wirtschaftsabteilung verwiesen. Außerdem werden Vorschläge des Reichssparkommissars zur Verwaltungsvereinfachung diskutiert.
Der Stuttgarter Orchesterverein führt im Festsaal der Hochschule für Musik Johann Sebastian Bachs Fugenwerk »Das musikalische Opfer« auf.

13. Januar   Die württ. Regierung legt dem Verwaltungs- und Wirtschaftsausschuß des Landtags einen Bericht über die Exportinteressen des Reiches und namentlich des Landes Württemberg vor.

14. Januar   Der jüdische Philosoph Martin Buber und der evang. Theologieprof. Karl Ludwig Schmidt diskutieren im Verein Jüdisches Lehrhaus über das Thema »Christentum und Judentum«.

15. Januar   Der Stuttgarter Rechtsrat Walter Hirzel wird auf dem Landesparteitag der Deutschnationalen Volkspartei erneut zum Vorsitzenden gewählt. Herbert Graf von Bismarck hält ein Referat über das Thema »Parlament und Führung«.
Die Eiserne Front veranstaltet eine von mehreren tausend Teilnehmern besuchte politische Kundgebung mit einem Demonstrationsmarsch durch die Innenstadt. Die Polizei nimmt zwei provozierende SA-Männer fest. Diese werden einen Tag später dem Schnellrichter vorgeführt und wegen Waffenmißbrauchs zu drei Monaten Gefängnis bzw. einer Geldstrafe von 50 Mark verurteilt.

JANUAR 1933

16. Januar Ein Untersuchungsausschuß des Landtages unter Vorsitz des Abgeordneten Wilhelm Keil (SPD) kommt zu dem Ergebnis, daß von einer Gefährdung des Berufsbeamtentums in Württemberg nicht gesprochen werden könne. SPD, Zentrum und Deutsche Staatspartei (Demokraten) weisen den von der NSDAP erhobenen Vorwurf des Parteibuchbeamtentums zurück.
Die Technische Abteilung des Gemeinderates beschließt, die Straßenbahngleise auf der Neuen Weinsteige vom Waldanfang bis nach Degerloch in die Straßenmitte zu verlegen, um so auf beiden Straßenseiten eine Fahrbahn zu erhalten. Die Technische Abteilung billigt außerdem den zweigleisigen Ausbau der Straßenbahnlinie 14 nach Münster.

17. Januar Im Finanzausschuß des Landtages können die in der Frage der Landeswasserversorgung bestehenden Meinungsverschiedenheiten zwischen dem Land Württemberg und der Stadt Stuttgart nicht behoben werden. Die Stadt Stuttgart befürchtet, bei einer Beteiligung von den anderen Gemeinden überstimmt zu werden, während diese den möglicherweise entscheidenden Einfluß der Landeshauptstadt zurückdrängen möchten.
Im Landesgewerbeamt findet die 77. Vollversammlung der Stuttgarter Handwerkskammer statt. Es wird eine Resolution verabschiedet, die neben wirtschafts- und steuerpolitischen Maßnahmen auch eine Reform der kommunalen Selbstverwaltung fordert »mit dem Ziel einer Entpolitisierung der gemeindlichen Parlamente, Wegfall des unpersönlichen Listenwahlsystems, Heraufsetzung des Wahlalters, Garantien für eine stärkere Beteiligung derjenigen Kreise, die die Steuern und Lasten aufzubringen haben«.
Die Angestelltengewerkschaft stellt auf ihrer Jahresversammlung fest, daß es nicht leicht sei, die Mitgliederzahl auf dem alten Stand zu halten.
Die Stuttgarter Gesellschaft für Eugenik veranstaltet gemeinsam mit der Volkshochschule einen Kurs zum Thema Bevölkerungspolitik. Oberregierungsrat Dr. Lotze spricht an fünf Abenden über die Frage »Wie kann Deutschland der drohenden Gefahr des Volkstodes begegnen?«.
Im Hospiz Viktoria referiert Frau Mathilde Maisch vor der Frauengruppe der Deutschen Volkspartei zum Thema »Die Stellung der Frau im Wandel der Jahrhunderte«.

18. Januar In Anwesenheit von Staatspräsident Dr. Bolz, OB Dr. Lautenschlager und anderer prominenter Ehrengäste gedenkt die Studentenschaft der 62. Wiederkehr der Gründung des Deutschen Reiches. Den Festvortrag hält Generalleutnant a. D. Muff.
Der Verein der St. Annaschwestern eröffnet in der Hohenzollernstraße eine neue Frauenklinik.

JANUAR 1933

Der Stadtverband für Leibesübungen befaßt sich mit der für den Sommer vorgesehenen Einweihung des neuen Stadions auf dem Cannstatter Wasen.
Im Alten Bau der TH wird eine Wanderausstellung über das deutsche Hochschul- und Studentenwesen außerhalb der Reichsgrenzen eröffnet.

19. Januar Der Gemeinderat lehnt einen Antrag der KPD auf finanzielle Unterstützung eines »Hungermarsches« der Arbeitslosen ab. Der Marsch wird schließlich polizeilich verboten. Die Zugangsstraßen nach Stuttgart werden gesperrt. Trotzdem gelangen etwa 100 Demonstranten nach Feuerbach.
Die KPD hält in der Liederhalle eine von 2500 Personen besuchte Kundgebung ab.
Unter Vorsitz von BM Dr. Ludwig konstituiert sich im Rathaus die Arbeitsgemeinschaft des Notwerks der deutschen Jugend für Stuttgart. Geplant ist, jungen Arbeitslosen täglich vier Stunden Gelegenheit zu beruflicher Bildungsarbeit und körperlicher Betätigung zu geben. Die Jugendlichen sollen täglich eine warme Mahlzeit erhalten.

21. Januar Die 8. Vollversammlung des Württ. Gemeindetages befaßt sich im Gustav-Siegle-Haus hauptsächlich mit dem Arbeitsbeschaffungsprogramm der Reichsregierung. Es referiert der Reichskommissar für Arbeitsbeschaffung, Dr. Günther Gereke.
Erstaufführung des Volksstücks »Die Heimkehr des Olympiasiegers« von Sindbad im Württ. Landestheater.

21./22. Januar In Stuttgart findet der Landeskongreß der Erwerbslosen statt. Die Polizei verbietet aber sämtliche Kundgebungen und Umzüge außerhalb der Tagungsstätte »wegen unmittelbarer Gefahr für die öffentliche Sicherheit«.

22. Januar General Erich Ludendorff und seine Frau Mathilde sprechen in einer nichtöffentlichen Veranstaltung des Tannenbergbundes. Ihre Äußerungen über eine »artgemäße deutsche Gotterkenntnis« weist acht Tage später der Tübinger Theologe Prof. Dr. Jakob Wilhelm Hauer in einem Vortrag in Stuttgart zurück.
Im Württ. Landestheater findet zum Gedenken an den 50. Todestag Richard Wagners eine Morgenfeier statt. Die Festrede hält Prof. Wolfgang Golther (Rostock).

25. Januar Erstaufführung von Richard Wagners Jugendwerk »Das Liebesverbot« im Württ. Landestheater.

26. Januar Rechtsrat Dr. Waldmüller erklärt in der Wirtschaftsabteilung des Gemeinderates auf einen Dringlichkeitsantrag des Stadtrats Hirn (SPD), ein soziales Mietrecht zu schaffen, gehöre nicht in die Kompetenz des Gemeinderats.

27. Januar Der Verwaltungs- und Wirtschaftsausschuß des Landtages berät über eine eventuelle Verringerung der Abgeordnetenzahl des Plenums von 80 auf 42 (so die NSDAP) bzw. 60 (so der Christliche Volksdienst). Die Anträge werden abgelehnt.
Auf einer öffentlichen Kundgebung des Reichsstädtebundes im Hindenburgbau spricht der Geschäftsführer des Württ. Städtetages, Rechtsrat Dr. Frank, über die Notlage der Gemeinden in Württemberg.
Auf einer Mitgliederversammlung der Deutschen Volkspartei, Ortsgruppe Stuttgart, wendet sich deren Vorsitzender, Stadtrat Krämer, gegen ein Zusammengehen seiner Partei mit den Deutschnationalen unter Hugenberg. Stadtrat Dr. Junghans schließt sich dabei der Meinung der Technischen Abteilung des Gemeinderates an, Stuttgart sei bis 1945 mit Wasser versorgt, und wendet sich gegen den Ausbau der Landeswasserversorgung.
Vortrag von Prof. Dr. Gerhard Ritter (Freiburg) vor dem Evang. Volksbund über »Christentum und Deutschtum in der Geschichte«.

28. Januar Das württ. Kultministerium hebt in einem Erlaß das für Schüler geltende Verbot der Zugehörigkeit zur Hitlerjugend auf, nachdem diese dem württ. Landesausschuß für Jugendpflege beigetreten ist.
Die NSDAP veranstaltet einen Demonstrationszug von Heslach in die Innenstadt, was eine Gegenkundgebung der Kommunisten auslöst. Die Polizei verhindert größere Zusammenstöße.
Albert von Bothner, von 1906 bis 1924 Vorstand der württ. Oberrechnungskammer und seit 1920 zugleich der Staatsschuldenverwaltung, verstorben.

28./29. Januar Die Deutschnationale Volkspartei befaßt sich auf einer Tagung im Haus des Deutschtums mit bevölkerungspolitischen Fragen. Die Versammlung spricht sich für ein Gesetz aus, das die Sterilisation von »Minderwertigen« ermögliche. Außerdem ersucht sie die württ. Regierung, die »Fragen von Volkstum und Rasse« in die Lehrerbildung einzubeziehen. An der Universität Tübingen soll die Rassenlehre zum Pflichtfach für alle Studenten des Lehramtes an höheren Schulen gemacht werden.

30. Januar Am Nachmittag wird in Stuttgart bekannt, daß Reichspräsident Paul von Hindenburg Adolf Hitler zum Reichskanzler ernannt hat. Daraufhin »machte sich ... eine gewisse Unruhe in der Stadt bemerkbar.«. Die KPD ruft aus Protest die Arbeiter zum Streik und zu Demonstrationen auf. In der Innenstadt, vor allem beim Wilhelmsplatz, kommt es zu Zusammenstößen zwischen Kommunisten und Nationalsozialisten.
Die 29. Hauptversammlung des Württ. Gartenbauverbandes weist auf die außer-

FEBRUAR 1933

ordentlich schwierige wirtschaftliche Lage des Berufsstandes hin. Es wird eine Beschränkung der Auslandseinfuhr verlangt.

31. Januar SA, SS, Hitlerjugend und Stahlhelm veranstalten anläßlich der Ernennung Hitlers zum Reichskanzler einen Fackelzug. Gauleiter Murr, SA-Gruppenführer von Jagow und der Landtagsabgeordnete Friedrich Schmidt sprechen vor etwa 8000 Menschen auf dem Marktplatz.
Etwa 40 bis 50 Anhänger der KPD rufen am frühen Morgen, ohne auf größere Zustimmung zu stoßen, vor dem Straßenbahndepot Südheim zu einem Straßenbahnerausstand auf.
Die KPD hält im Dinkelackersaalbau eine Protestversammlung ab. Es sprechen Albert Buchmann, Willi Bechtle und Willi Bohn. In der Hohenstaufenstraße kommt es anschließend zu Zusammenstößen zwischen Kommunisten und Nationalsozialisten.
»Mitten in einer politisch ereignisreichen Zeit« tritt der württ. Landtag zur Beratung des Nachtragshaushalts zusammen. Die Zuschauertribünen sind bis auf den letzten Platz besetzt. Die Nationalsozialisten erscheinen unter Protest zahlreicher Abgeordneter in Parteiuniform. Der Schwäb. Merkur urteilt über die Sitzung: »Die Verhandlungen verliefen, abgesehen von dem üblichen ziemlich harmlosen Geplänkel zwischen den einzelnen Landboten verschiedener Parteien und einiger persönlichen Entgleisungen der Nationalsozialisten gegenüber Wirtschaftsminister Dr. Maier, ruhig«.
Staatspräsident Dr. Bolz, die Minister Dr. Bazille, Dr. Beyerle und Dr. Dehlinger sowie zahlreiche Landtagsabgeordnete besichtigen auf Einladung von Prof. Dr. Goeßler vor Beginn der Landtagssitzung im Schloßmuseum eine Ausstellung zur württ. Landesgeschichte.
Das Staatsministerium will sich auch bei der neuen Reichsregierung dafür einsetzen, daß das Hauptversorgungsamt in Stuttgart nicht aufgelöst wird.
Der Präsident der württ. Oberrechnungskammer und der Staatsschuldenverwaltung, Friedrich Bach, tritt in den Ruhestand.

1. Februar Der Schwäb. Merkur äußert sich »angesichts der Siebenmonatskinder von Reichskabinetten« skeptisch über »die Lebensdauer des Ministeriums Hitler«.
Im Landtag kommt es zu Tumulten, als ein KPD-Abgeordneter die Nationalsozialisten als »Schlägerkolonne« bezeichnet. Der Zentrums-Abgeordnete Josef Andre regt im Ältestenrat, der sich mit dem Zwischenfall beschäftigt, an, den § 69 der Geschäftsordnung wieder in Kraft zu setzen, der dem Landtagspräsidenten das Recht gibt, einen Abgeordneten »wegen fortgesetzter gröblicher Verletzung der Ordnung« von der Sitzung auszuschließen.
Die Eiserne Front hält unter dem Motto »Freiheit und Sozialismus — gegen Faschismus und Reaktion« auf dem Marktplatz eine Kundgebung ab. Hauptredner ist der

SPD-Reichstagsabgeordnete Dr. Kurt Schumacher. Er fordert angesichts der neuesten politischen Entwicklung die Arbeiterschaft zu Einigkeit und Geschlossenheit auf.
In Stuttgart gibt es 48 339 Arbeitslose.
Die württ. Nothilfe beginnt, in Stuttgart 14 000 Lebensmittelpakete an Bedürftige zu verteilen. Bereits vor Weihnachten waren 11 000 Pakete verteilt worden.
Die Gebrüder Greiner, Pächter des Restaurants im Hindenburgbau, übernehmen auch das Café Wilhelmsbau.
Oberst Höring, Chef des Stabes der 5. Division in Stuttgart, wird württ. Landeskommandant.

3. Februar Der Landtag beschließt gegen die Stimmen der SPD und KPD, den Ordnungsparagraphen wieder einzuführen. Der Abgeordnete Wilhelm Keil (SPD) erklärt, Landtagspräsident Christian Mergenthaler biete auf Grund seiner bisherigen Amtsführung nicht die Gewähr, die Vollmachten dieses Paragraphen zu erhalten. Mergenthaler läßt eine Kleine Anfrage des SPD-Abgeordneten Berthold Heymann, der die Verbreitung eines Wahlaufrufs der Reichsregierung kritisiert, nicht zu. Der Landtag billigt gegen die Stimmen der KPD und bei Stimmenthaltung der NSDAP den Nachtragshaushalt.
Das Finanzministerium beauftragt Prof. Schmitthenner, einen Plan für den Wiederaufbau des Alten Schlosses zu erarbeiten. Die technische Ausführung wird dem Bezirksbauamt Stuttgart übertragen.
In Gegenwart des Hauptdarstellers Otto Gebühr findet im Universum die Welturaufführung des Filmes »Der Choral von Leuthen« statt.

4. Februar Erstaufführung des Schauspiels »Der General und das Gold« von Bruno Frank im Kleinen Haus.

5. Februar Der Verband der württ. Verwaltungsbeamten erklärt auf seiner Landesversammlung in Stuttgart, der Bedarf an Nachwuchskräften sei auf Jahre hinaus gedeckt. Er begrüßt daher die Entscheidung des Innenministeriums, 1933 keine Bewerber einzustellen.

6. Februar Die Finanzabteilung beschließt, dem Plenum des Gemeinderates die Einführung einer Filialsteuer vorerst nicht zu empfehlen. Dagegen führt der Gemeinderat der Stadt Feuerbach diese Steuer ein. Die Gemeinden sind dazu durch eine Notverordnung des Reichspräsidenten und ein Landesgesetz ermächtigt.
Prof. Dr. Hermann Muckermann spricht auf Einladung der Stuttgarter Gesellschaft für Eugenik über das Thema »Volk, Staat und Nation«.

FEBRUAR 1933

6./7. Februar   In der Nacht werden an verschiedenen Gebäuden Farbaufschriften angebracht: »Nieder mit Hitler. Wir wollen Freiheit. Wir streiken trotz Verbot«. In Cannstatt kommt es zu tätlichen Auseinandersetzungen zwischen Kommunisten und Nationalsozialisten.

7. Februar   Landschaftsmaler Prof. Karl Schickhardt verstorben.

8. Februar   Wirtschaftsminister Dr. Reinhold Maier und OB Dr. Lautenschlager begrüßen in der Liederhalle die auf ihrem Deutschlandflug befindlichen Danziger Flieger und bekunden auf einer großen Danzigkundgebung ihre Verbundenheit mit dieser Stadt.
Der Landesausschuß der Deutschen Volkspartei wendet sich in Übereinstimmung mit der Reichsleitung der Partei gegen Parteidiktatur und gefährliche Wirtschaftsexperimente. Die DVP vertraut darauf, daß die Außenpolitik des Reichsaußenministers von Neurath sich von unüberlegten Schritten fernhalte.
Bischof Dr. Sproll (Rottenburg) spricht im St.-Vinzenzhaus vor dem Volksverein für das katholische Deutschland. Er ruft zur aktiven Teilnahme der Christen am Staat auf. Sproll wendet sich sowohl gegen eine marxistische als auch gegen eine einseitig kapitalistische Gesellschaftsordnung.
Die Stuttgarter Industrie- und Handelsbörse hält unter Vorsitz von Kommerzienrat Eugen Anhegger ihre 52. ordentliche Mitgliederversammlung ab. Zur Diskussion stehen namentlich Fragen der Devisenbewirtschaftung.

9. Februar   Nach längerer Pause tritt die Vollversammlung des Gemeinderates wieder zusammen. Sie wird beschlußunfähig, als die Sozialdemokraten, das Zentrum und die Kommunisten den Sitzungssaal unter Protest verlassen. Anlaß dazu gab eine Kontroverse über einen Antrag der Fraktion der NSDAP, dem ihr nahestehenden Deutschen Sportklub ähnlich wie dem Reichsbanner Schwarz-Rot-Gold eine städt. Turnhalle zu überlassen.

9./10. Februar   Bei einer Massenschlägerei zwischen Angehörigen der NSDAP und des Reichsbanners in der Altstadt und in der Neckarstraße werden mehrere Personen schwer verletzt.

11. Februar   Im Anschluß an eine Kundgebung der Kommunisten in der Stadthalle kommt es zwischen diesen und den Nationalsozialisten zu schweren Zusammenstößen. Der Schwäb. Merkur äußert dazu: »Die Vorkommnisse an der Stadthalle zeigen, daß es so nicht weitergehen kann. Wenn einmal geschossen wird, so bedeutet das nicht nur für die unmittelbar Beteiligten eine ernste Gefahr. Es ist deshalb an der Zeit, dieser Gefahr, aber auch der übermäßigen Inanspruchnahme der Polizei, die gegenwärtig wieder nicht mehr zur Ruhe kommt, durch geeignete Maßnahmen wirksamer als bisher zu begegnen.«

Die Deutsche Staatspartei (Demokraten) spricht sich auf ihrer Landesvorstandssitzung für die Zusammenarbeit aller politischen Kräfte der Mitte einschließlich der SPD aus. Wirtschaftsminister Dr. Reinhold Maier wird für die am 5. März stattfindende Reichstagswahl erneut als Spitzenkandidat in Württemberg nominiert.

12. Februar Der erweiterte Landesvorstand der SPD beschließt einstimmig die Wiederaufstellung der Kandidaten der letzten Reichstagswahl vom 6. November 1932. An der Spitze der Wahllisten stehen die Reichstagsabgeordneten Erich Roßmann und Dr. Kurt Schumacher sowie der Landtagsabgeordnete Fritz Ulrich.

13. Februar Gaswerksdirektor Dr. Richard Nübling berichtet der Technischen Abteilung des Gemeinderates nach einer Explosion in Neunkirchen über die Sicherheitsvorkehrungen des Stuttgarter Gaswerkes.

15. Februar Wahlkundgebung der NSDAP mit Adolf Hitler. Die SA versammelt sich vor dem »Braunen Haus« (Goethestraße) zu einem Fackelzug, der auf dem Marktplatz endet. Hitler spricht am Abend in der Stadthalle. Seine Rede wird vom Rundfunk übertragen. Die Wiedergabe wird jedoch unterbrochen, als das Rundfunkkabel nahe der Stadthalle in einem Hof der Werderstraße, wo es für ein kurzes Stück oberirdisch verlegt war, mit der Axt durchschlagen wird. Die weitere Übertragung im Rundfunk ist nicht mehr möglich. Der Reichspostminister leitet sofort ein Disziplinarverfahren gegen die für den technischen Rundfunkbetrieb zuständigen Beamten ein. Der verantwortliche Oberpostdirektor sowie zwei Mitarbeiter werden vom Dienst suspendiert.
Die Hitlerrede wird auch auf dem Marktplatz, wo sich etwa 10 000 Personen versammelten, durch Lautsprecher übertragen. Anschließend demonstrieren Anhänger der KPD gegen Hitler. Schwere Zusammenstöße in der Esslinger Straße. Die Polizei nimmt 11 Personen fest.
Erstaufführung von Franz Molnárs »Spiel im Schloß« im Kleinen Haus.

18. Februar Erstaufführung des Singspiels »Liselott« von Richard Keßler und Eduard Künneke im Großen Haus.
In der Stadthalle beginnt das 6. Stuttgarter Sechstagerennen.
Im Stadtgartenrestaurant findet ein großer Fastnachtskostümball statt.

FEBRUAR 1933

19. Februar   Reichsinnenminister Dr. Wilhelm Frick nimmt auf einer Wahlkundgebung in Dresden die Störung der Stuttgarter Rede Hitlers zum Vorwand, dem Land Württemberg mit der Einsetzung eines Reichskommissars zu drohen.

20. Februar   Faschingskonzert des Württ. Landestheaters im Festsaal der Liederhalle zugunsten seiner Pensionskasse.

21. Februar   Die Oberpostdirektion Stuttgart berichtet über die Störung der Rundfunkrede Hitlers an das Reichspostministerium in Berlin. Das Ministerium befindet, daß die Sicherheitsvorkehrungen des Telegraphenbauamtes nicht ausgereicht hätten. Der Dienstvorstand des Amtes wird daraufhin versetzt.
Unter Vorsitz von BM Dr. Dollinger berät die Wirtschaftsabteilung des Gemeinderates über das Gesuch des Deutschen Sportklubs um Überlassung einer städt. Turnhalle. Gegen die Bedenken des Stadtrates Josef Hirn (SPD), der erfolglos einen Vertagungsantrag stellt, wird dem Ersuchen durch Stichentscheid des Vorsitzenden stattgegeben. Die KPD will den Fall nochmals vor das Plenum bringen.
In Stuttgart wird ein mittelstarkes Erdbeben registriert.

22. Februar   Das württ. Innenministerium verbietet den »Jungen Kämpfer«, das Presseorgan des Stuttgarter kommunistischen Jugendverbandes, wegen böswilliger Verächtlichmachung von Staatsorganen auf die Dauer von zwei Monaten. Diese Zeitungsverbote, wenn auch meist nur für wenige Tage, häufen sich von nun an. Betroffen sind u. a. die Süddeutsche Arbeiterzeitung und der Christliche Volksdienst. Die Schwäbische Tagwacht, das Presseorgan der württ. SPD, wird mehrfach verwarnt.
Die Deutsche Staatspartei (Demokraten) verlangt die Einberufung des Landtages, da die Reichsregierung die Einsetzung eines Reichskommissars beabsichtige und diesbezügliche Erkundigungen des württ. Gesandten in Berlin unbefriedigend ausgefallen seien. Landtagspräsident Mergenthaler lehnt das Ansuchen mit der Begründung ab, keine andere Fraktion habe sich dem Vorgehen der Demokraten angeschlossen.
Der NS-Kurier verzichtet in seiner Besprechung von Molnars »Spiel im Schloß« bei den Schauspielern Max Marx, Heinz Rosenthal und Fritz Wisten auf eine kritische Würdigung. Er nennt nur ihre Namen mit dem Zusatz »Jude«. Die Genannten werden kurz darauf entlassen, ebenso die Solotänzerin Suse Rosen und der Kammersänger Hermann Weil.

23. Februar   In Stuttgart beginnt die vom Landwirtschaftlichen Hauptverband und der Landwirtschaftskammer Württembergs gemeinsam veranstaltete Landwirtschaftliche Woche 1933.

24. Februar Reichswehrminister General von Blomberg besichtigt die Stuttgarter Garnison. Er stattet Staatspräsident Dr. Bolz einen Höflichkeitsbesuch ab.

Auf einer Großkundgebung der Eisernen Front in der Stadthalle greift der SPD-Reichstagsabgeordnete Kurt Heinig (Berlin) die Hilfsmaßnahmen zugunsten der ostdeutschen Landwirtschaft scharf an. Die Stuttgarter Polizei beschlagnahmt eine diesbezügliche Broschüre Heinigs.

Die Deutsche Volkspartei hält im großen Saal des Haus des Deutschtums eine Wahlversammlung ab. Der badische Finanzminister Dr. Mattes erklärt, solange Hugenberg Vorsitzender der Deutschnationalen sei, komme eine Zusammenarbeit der bürgerlichen Parteien nicht in Frage. Er setzt sich für ein freiheitlich nationales Bürgertum ein.

25. Februar Der NS-Kurier polemisiert gegen Wirtschaftsminister Dr. Reinhold Maier: »Wirtschaftsminister Dr. Maier für Württembergs Selbständigkeit? Oder alles um die Pension«.

Die traditionelle Redoute des Liederkranzes in der Liederhalle bildet den gesellschaftlichen Höhepunkt der Stuttgarter Fastnacht.

27. Februar Am Rosenmontag gastiert im Friedrichsbautheater das Berliner Theater am Kurfürstendamm.

28. Februar Die Polizei unterstellt der KPD nach dem Berliner Reichstagsbrand, ein Attentat auf den Landtag geplant zu haben. Sie untersucht das Parteibüro der KPD sowie — in Anwesenheit des Landtagsdirektors — deren Fraktionszimmer im Landtag. Es ergeben sich keine Anhaltspunkte.

Im Laufe des Monats gaben die städt. Küchen in Heslach, Stöckach, in der Gewerbehalle, im Bürgerhospital, in der Jobstküche des Wohlfahrtsvereins sowie an privaten Stellen in den Vororten an Bedürftige insgesamt 126 659 Mittagessen aus.

1. März Nach einem Fackelzug durch die Stadt versammeln sich die Angehörigen der Eisernen Front auf dem Marktplatz, wo der Landesvorsitzende der SPD Württembergs, Erich Roßmann, und der Parteisekretär Erwin Schoettle das Wort ergreifen. Sie wenden sich entschieden gegen Angriffe und Verdächtigungen der Nationalsozialisten im Zusammenhang mit dem Reichstagsbrand.

Die Polizei durchsucht Büroräume und Redaktionsgebäude der KPD und beschlagnahmt politisches Schrifttum. Mehrere Mitglieder der KPD werden für kurze Zeit verhaftet.

Wahlkundgebung der NSDAP in der Stadthalle. Dr. Hans Frank fordert nach preu-

MÄRZ 1933

ßischem Beispiel das unverzügliche Verbot der »marxistischen« Presse auch für Stuttgart.

2. März Eine von der KPD geplante Kundgebung in der Stadthalle wird von der Polizei verboten. Einem Ersuchen der Reichsregierung zufolge läßt die württ. Regierung sämtliche kommunistischen Druckschriften, Plakate und Flugblätter einziehen.
Vier junge Männer, Mitglieder des Reichsbanners bzw. der SPD, dringen in das Haus des Deutschtums ein und unterbrechen eine Rundfunkübertragung mit dem Ruf: »Nieder mit Hitler! Freiheit!« Sie werden zwei Tage später im Schnellgerichtsverfahren wegen Hausfriedensbruchs und »groben Unfugs« zu mehrwöchigen Haftstrafen verurteilt.
Auf einer Wahlkundgebung der Deutschen Staatspartei (Demokraten) im Konzertsaal der Liederhalle sprechen Wirtschaftsminister Dr. Reinhold Maier und Rechtsanwalt Dr. Wolfgang Haußmann. Dr. Maier erinnert an die große Tradition der süddeutschen Demokraten und erklärt, der deutsche Staat brauche beides, Macht nach außen und nach innen, aber auch Gerechtigkeit.
Prof. Dr. Bonatz und Dr. Döcker fordern auf einer Veranstaltung des Bundes deutscher Architekten strengere Vorschriften bei der Bebauung der Stuttgarter Hänge. Dr. Döcker kritisiert dabei die zunehmende Flachdachbauweise.

3. März Für die deutschnationale Kampffront Schwarz-Weiß-Rot spricht in der Stadthalle vor rund 7000 Zuhörern Reichsvizekanzler Franz von Papen. Seine Rede wird auch im Rundfunk übertragen. Nach Franz von Papen ergreift der Reichstagsabgeordnete Heinrich Haag (Württ. Bauern- und Weingärtnerbund) das Wort.
Der Kunstmaler Manfred Henninger, der öffentlich gegen die NSDAP Stellung genommen hatte, emigriert nach einer vorausgegangenen Warnung zunächst in die Schweiz und später nach Spanien.

4. März Die Nationalsozialisten veranstalten am Vorabend der Reichstagswahl nochmals eine Massenkundgebung auf dem Marktplatz. Über Rundfunk wird am Abend die Wahlrede Hitlers aus Königsberg übertragen. Anschließend findet ein Fackelzug zum Bismarckturm statt, wo Gauleiter Wilhelm Murr aus Esslingen und der Landtagsabgeordnete Dr. Otto Sommer (Zuffenhausen) sprechen.
Dr. Kurt Schumacher (SPD) hält seine letzte Wahlrede auf einer Kundgebung der Eisernen Front in der Stadthalle. An- und Abmärsche der Versammlungsteilnehmer sind polizeilich verboten.
Die Politische Polizei sprengt in der Nacht zum Wahlsonntag eine Sitzung kommunistischer Funktionäre und verhaftet vorübergehend zehn Auswärtige, die auf dem Wege ins Saargebiet waren.

MÄRZ 1933

Der mit einem Defizit von 1,13 Mio. RM abschließende Haushaltsplan der Stadt Stuttgart wird den Gemeinderäten übergeben.
Uraufführung des Schauspiels »Dänische Ballade« von Roland Marwitz im Kleinen Haus.

5. März Reichstagswahlen. Ergebnis Stuttgart-Stadt: Wahlberechtigte 290 202; abgegebene Stimmen 251 066; Stimmscheine 8309.
Davon entfielen auf die NSDAP 84 531, SPD 59 426, KPD 37 185, Zentrum 24 407, Kampffront Schwarz-Weiß-Rot 24 308, Christlicher Volksdienst 8021, Deutsche Staatspartei (Demokraten) 7730, Deutsche Volkspartei 3316, Württ. Bauernbund 1180, Deutsche Bauernpartei 89.

6. März Am Nachmittag verhandeln SA-Führer, an der Spitze Gruppenführer Dietrich von Jagow, mit Staatspräsident Dr. Eugen Bolz und verlangen das Hissen der Hakenkreuzfahne für 24 Stunden auf verschiedenen öffentlichen Gebäuden. Zunächst gelingt es jedoch Bolz, daß die ohne seine Zustimmung auf dem Innenministerium gehißte Hakenkreuzflagge am späten Abend wieder eingeholt wird. Er wird auf einer Kundgebung der NSDAP auf dem Marktplatz heftig angegriffen. Sprechchöre fordern: Bolz muß weg. Es ist ausgebolzt.
Die Stuttgarter Effektenbörse reagiert auf die Reichstagswahl mit einem erheblichen Anstieg der Aktienkurse.
Kammermusikabend des Wendling-Quartetts in der Liederhalle aus Anlaß des 100. Geburtstages von Johannes Brahms.

7. März Auf Veranlassung des Landtagspräsidenten Mergenthaler werden auf dem Landtagsgebäude die Hakenkreuzfahne, die Flagge Schwarz-Weiß-Rot und die württ. Landesflagge Schwarz-Rot gehißt.
Vom Landtag ziehen SA-Männer zum Rathaus und verlangen ebenfalls das Hissen der Hakenkreuzfahne. In Vertretung von OB Dr. Lautenschlager protestiert BM Dr. Klein energisch dagegen, kann aber nicht verhindern, daß die Hakenkreuzfahne auf dem Rathausturm aufgezogen wird. Um Blutvergießen zu verhindern, läßt es Staatspräsident Dr. Bolz zu, daß die Hakenkreuzfahne auch auf dem Innenministerium, dem Polizeipräsidium und auf dem Gebäude des Staatsministeriums, der Villa Reitzenstein, gehißt wird.
Der Architekt Prof. Paul Schmitthenner wird von der Rathausfraktion der NSDAP um ein Gutachten zu der geplanten Werkbund-Ausstellung Deutsches Holz (Kochenhofsiedlung) gebeten. Über diese Ausstellung war es in der Öffentlichkeit und unter den Stuttgarter Architekten zu einer längeren Diskussion gekommen. Nationalistische

MÄRZ 1933

Kreise hatten die Baupläne teilweise als »Beweis für den Niedergang der deutschen Baugesinnung« kritisiert.

8. März Die Reichsregierung übernimmt in Württemberg die vollziehende Gewalt. Der SA-Führer Dietrich von Jagow wird zum Polizeikommissar bestellt.
SA-Männer halten das Rathaus besetzt und verhindern, daß die Hakenkreuzfahne eingeholt wird. Die für Donnerstag, den 9. März, vorgesehene Gemeinderatsitzung wird vom Bürgermeisteramt verschoben.
Den jüdischen Mitarbeitern des Süddeutschen Rundfunks wird der Zutritt zum Sendehaus verwehrt.
Dr. Fritz Wertheimer, Generalsekretär des Deutschen Ausland-Instituts, wird wegen seiner jüdischen Herkunft am Betreten des Institutsgebäudes gehindert und noch am gleichen Tag vom Dienst beurlaubt.
Fünf arbeitslose Kommunisten werden im Schnellgerichtsverfahren in Cannstatt wegen Verbreitung illegaler Flugblätter abgeurteilt. Soweit es sich um Flugblätter »hochverräterischen Inhalts« handelt, gibt das Gericht das Verfahren an den Oberreichsanwalt ab.
Dr. Kurt Schumacher verzichtet auf eine Kundgebung der Eisernen Front, um Zusammenstöße mit der NSDAP zu vermeiden.

9. März Polizeikommissar von Jagow nimmt im Akademiehof eine Parade der Stuttgarter Bereitschaftspolizei ab und kündet an, daß diese durch Verbände der SA, SS und des Stahlhelms verstärkt wird.
Die Aktionärsversammlung der Firma Robert Bosch schüttet angesichts der unbefriedigenden Auftragslage keine Dividende aus. 1932 entfielen 60 % des Umsatzes auf den Export.

10. März Die Bauabteilung des Gemeinderats beschließt, den Freiwilligen Arbeitsdienst auf 425 Freiwillige auszudehnen. Ein Vorstoß des KPD-Stadtrates Groß, die Hakenkreuzfahne vom Rathaus zu entfernen, wird als nicht zur Tagesordnung gehörend zurückgewiesen.
Die im Gustav-Siegle-Haus tagende Vollversammlung der Stuttgarter Studentenschaft verabschiedet nach Auszug der »linken« Studentengruppen eine Resolution: »Veranlaßt durch den Wahlsieg der nationalen Regierung bekennt sich die Stuttgarter Studentenschaft erneut zu deutschem Wesen und deutscher Kultur. Nach diesem großartigen Durchbruch des nationalen Willens erwartet sie, daß im Zusammenwirken von Studentenschaft und Dozentenschaft an den deutschen Hochschulen die nationale Gesinnung fest und fester verankert wird und daß sie von hier aus in allen Teilen des Volkes zu einer Erneuerung der deutschen Gesittung in Beruf und Amt, in Staat und

Haus führen wird. Hier voranzugehen fühlt sich die akademische Jugend doppelt verpflichtet.« Der Rektor der TH, Prof. Dr. Paul Ewald, äußert sich kritisch zur Hissung der Hakenkreuzfahne auf Gebäuden der TH. Er wolle sie nicht als Parteifahne verstanden wissen. Die Studenten mahnt er an ihre Pflichten und Aufgaben gegenüber der Hochschule.

Die Nummer 58 der Schwäbischen Tagwacht wird verboten. Es ist die letzte Nummer dieser SPD-Zeitung überhaupt.

In der Nacht vom 10./11. März nimmt die Politische Polizei 200 Mitglieder der KPD in Stuttgart in Schutzhaft.

100 SS- und 100 SA-Männer werden als Hilfspolizisten einberufen.

SA- und SS-Männer postieren sich vor den Kaufhäusern Schocken, Tietz und Kadep (Kaufhaus der Einheitspreise) und verwehren für etwa eine Stunde Kunden den Zutritt. Danach bleiben sie vor den Eingängen stehen und verteilen an Besucher und Passanten Zettel mit der Aufschrift »Deutsche, kauft nur in deutschen Geschäften«.

11. März Zur Wahl eines neuen Staatspräsidenten ist der Landtag auf den heutigen Samstagmittag einberufen. Landtagspräsident Mergenthaler verschiebt die Sitzung mit der Begründung, es sei keine ausreichende Sicherheit gewährleistet.

Bereits am Vormittag hatten sich Staatspräsident Dr. Bolz und Justizminister Dr. Beyerle, der Zentrumsvorsitzende in Württemberg, von den Beamten ihrer Ministerien verabschiedet.

SA-Hilfspolizei besetzt das Verlagsgebäude der kommunistischen Süddeutschen Arbeiterzeitung, das Büro der Bezirksleitung der KPD sowie das Büro des Kampfbundes gegen den Faschismus.

Auch das Verlagshaus der Schwäbischen Tagwacht wird aus Gründen der »Sicherheit des Privateigentums« polizeilich besetzt. Der Geschäftsverkehr wird zunächst nicht unterbunden. Dagegen wird das im gleichen Haus sich befindende Büro des Reichsbanners geschlossen.

Das Reichsgericht hebt das zu Anfang des Monats ergangene Verbot des Wochenblattes Christlicher Volksdienst wieder auf.

Eine Architektenkommission berät über die Gestaltung der Kochenhofsiedlung. Der Architekt Dr. Richard Döcker erklärt sich zu einer Änderung seiner Baupläne bereit.

Theodor Geiger, Optikermeister und von 1907 bis 1920 Vorsitzender des Stuttgarter Gewerbevereins, verstorben.

11./12. März Die geplante Gaukonferenz der Naturfreunde im Metallarbeiterheim kann nicht mehr stattfinden. Ein letztes illegales Treffen wird Ende März im Wald bei Esslingen abgehalten.

MÄRZ 1933

13. März   Der Polizeikommissar für das Land Württemberg verbietet das Reichsbanner Schwarz-Rot-Gold. Von dem Verbot betroffen sind auch die Eiserne Front, der Kampfbund gegen den Faschismus sowie alle kommunistischen Sportvereine.
Die Technische Abteilung des Gemeinderats beschließt die Fortführung der Straßenbahnlinie 15 vom Pragwirtshaus nach Zuffenhausen.

14. März   Eine größere Ausstellung des Malers Oskar Schlemmer im Kunstgebäude muß unter dem Druck der NSDAP kurzfristig abgesagt werden. Die Galerie Valentien zeigt später einen Teil der Bilder Schlemmers.

15. März   Der Landtag — ohne KPD — wählt als Nachfolger des entmachteten Staatspräsidenten Dr. Eugen Bolz Gauleiter Wilhelm Murr mit 36 Stimmen bei 19 Enthaltungen zum württ. Staatspräsidenten. Auf den Sozialdemokraten Wilhelm Keil entfallen 12 Stimmen, eine Stimme auf den Abgeordneten Pflüger. Murr übernimmt zusätzlich das Innen- und Wirtschaftsministerium. Kult- und Justizminister und Stellvertreter Murrs wird Gymnasialprofessor Christian Mergenthaler. Finanzminister Dr. Dehlinger behält sein Ressort. Zu seinem neuen Präsidenten wählt der Landtag mit 50 Stimmen bei 17 Enthaltungen Dr. Jonathan Schmid (NSDAP).
Der Abgeordnete Fritz Ulrich, der für die SPD eine sachlich fundierte Opposition auf dem Boden des Rechtsstaates angekündigt hatte, wird beim Verlassen des Landtages auf Weisung des Reichskommissars von Jagow in Schutzhaft genommen, nach Intervention beim Landtagspräsidenten aber wieder freigelassen.
Mit der Wahl Murrs zum Staatspräsidenten erlischt die Funktion von Jagows als Reichskommissar. Von Jagow bleibt aber Polizeikommissar für Württemberg.
Die NSDAP feiert die Machtübernahme in Württemberg mit einem Fackelzug vom »Braunen Haus« in der Goethestraße zum Hof des Neuen Schlosses. Auf einer anschließenden Kundgebung erklärt Staatspräsident Murr: »Wir bieten jedem die Hand, der zu uns kommt und mithelfen will. Wir werden aber mit aller Brutalität jeden niederschlagen, der sich uns entgegenstellt. Wir sagen nicht: Auge um Auge, Zahn um Zahn. Nein, wer uns ein Auge ausschlägt, dem werden wir den Kopf abschlagen, und wer uns einen Zahn ausschlägt, dem werden wir den Kiefer einschlagen.«
Der Aufsichtsratsvorsitzende der Daimler-Benz AG, Dr. Emil Georg von Stauß, spricht vor der Staatspolitischen Arbeitsgemeinschaft Stuttgart über »Deutschland in der Weltwirtschaft«.
Der Bürgerverein der unteren Stadt und der Vorstadt Berg befaßt sich auf seiner Mitgliederversammlung hauptsächlich mit Fragen der Hangbebauung Stuttgarts.

15./16. März   Die Waldheime der SPD und KPD werden besetzt und nach Waffen und politischem Schrifttum durchsucht.

MÄRZ 1933

16. März   Der württ. Innenminister setzt das Bürgermeisteramt in Kenntnis, Stadtrat Dr. Karl Strölin (NSDAP) als Staatskommissar mit der Leitung der Verwaltung der Landeshauptstadt Stuttgart beauftragt zu haben.
Die turnusmäßige Gemeindesratssitzung wird erneut verschoben.

17. März   Die neue württ. Regierung tritt zu ihrer ersten Kabinettsitzung zusammen.
Der evang. Kirchenpräsident Theophil Wurm übermittelt Wilhelm Murr ein Glückwunschschreiben zur Wahl zum Staatspräsidenten.
Vor dem Rathaus nehmen mehrere bewaffnete Angehörige der Schutzpolizei Aufstellung.
Albert Pflüger, Oberregierungsrat im Wirtschaftsministerium, von 1928—1932 Landtagspräsident, führender SPD-Politiker, wird vom Dienst suspendiert.

18. März   An den Schulen finden Feiern aus Anlaß der »nationalen Erhebung« statt.
Der Stuttgarter Rechtsrat Walter Hirzel, der Landesvorsitzende der Deutschnationalen, wird ehrenamtlicher Staatsrat im Staatsministerium. Universitätsprofessor Dr. Oswald Lehnich übernimmt gleichfalls in der Position eines Staatsrats faktisch die Leitung des württ. Wirtschaftsministeriums.
Landesvorstand und Landesausschuß der Deutschnationalen Volkspartei billigen das Vorgehen der Parteigremien bei der Regierungsbildung in Württemberg und sprechen ihrem Vorsitzenden Walter Hirzel sowie Finanzminister Dr. Alfred Dehlinger das Vertrauen aus.

19. März   Der SPD-Landtagsabgeordnete Karl Ruggaber wird in Schutzhaft genommen. Die SPD-Fraktion protestiert wegen Verletzung der Immunität beim Landtagspräsidenten.
Unter dem Vorsitz des Stuttgarter Kaufmanns A. Feil konstituiert sich der Verband der Rabattsparvereine Württembergs.

20. März   Aus ganz Württemberg werden die in Schutzhaft genommenen Personen, deren Zahl sich von Tag zu Tag erhöht, in das Konzentrationslager Heuberg bei Stetten am kalten Markt gebracht. Pfarrer Dr. Gotthilf Schenkel (Zuffenhausen), der Führer der religiösen Sozialisten, ist davon ebenso betroffen wie der Amtsrichter Dr. Fritz Bauer und der Gerichtsassessor Hermann Kohler, beide SPD, oder BM Kettenmann von Heumaden, der das Hissen der Hakenkreuzfahne ablehnte und während einer Gemeinderatssitzung verhaftet wurde. Über das KZ Heuberg wird in der Presse berichtet. Der amerikanische Generalkonsul in Stuttgart besichtigt später auf Einladung der württ. Regierung das Lager.

MÄRZ 1933

Staatskommissar Dr. Karl Strölin bestätigt die formal bereits von OB Dr. Lautenschlager ausgesprochene Beurlaubung von BM Dr. Klein. Auch mehrere leitende Beamte werden von Strölin »bis auf weiteres« beurlaubt bzw. auf andere Stellen der Stadtverwaltung versetzt. Der Leiter des Marktamtes muß sein Nebenamt im Konsumverein niederlegen. Dem Vorsitzenden der Gemeinderatsfraktion der SPD, Franz Engelhardt, sowie vier weiteren Stadträten der SPD erteilt Strölin Rathausverbot. Engelhardt und der Stadtrat Gotthilf Bayh kommen kurz danach in Schutzhaft.
Die Finanzabteilung des Gemeinderats tritt unter Vorsitz von Staatskommissar Dr. Strölin zu ihrer ersten Sitzung zusammen. Der Vorschlag, die Biersteuer zu erhöhen, wird vorerst fallengelassen.
Der Bezirkstag des Edeka-Verbandes Württemberg und Baden meldet bis Oktober 1932 eine relativ günstige Geschäftslage, die sich dann jedoch verschlechtert habe. Bestrebungen, einen Reichskommissar für den Mittelstand zu berufen, werden begrüßt.
Im Stadtgartensaal konstituiert sich der Landesverband der Stadtgarden und Bürgerwehren Württembergs. In der Reithalle findet ein Festreiten statt.

21. März In der Stiftskirche findet aus Anlaß der Eröffnung des am 5. März gewählten Reichstages in der Garnisonskirche zu Potsdam ein Gottesdienst statt. Schon am Vormittag hatten sich Reichswehr und Bürgerschaft zu einem von beiden christlichen Konfessionen gestalteten Feldgottesdienst auf dem Karlsplatz versammelt.
Die Stuttgarter NSDAP hält auf dem Marktplatz eine »nationale Kundgebung« ab. Es sprechen Stadtrat Hugo Kroll, der evang. Stadtpfarrer Friedrich Ettwein (»Welch eine Wendung durch Gottes Fügung«) und Staatskommissar Dr. Karl Strölin. Dieser gibt in seiner Rede die Umbenennung der Planie in Adolf-Hitler-Straße bekannt. Weitere Straßenumbenennungen folgen, z. B. Einsteinstraße in Fichtestraße.

22. März Die Stuttgarter Sonntagszeitung wird verboten. Nach drei Wochen wird das Verbot unter der Bedingung wieder aufgehoben, »daß sich der Herausgeber, Dr. Erich Schairer, der nationalen Regierung gegenüber streng loyal verhält«.
Die Aktionärsversammlung der Stuttgarter Bank beschließt die Ausschüttung einer Dividende von 5 %. Der Geschäftsbericht für das Jahr 1932 hebt hervor, daß das Unternehmen sich ohne fremde Hilfe behaupten konnte.
Kammersänger Heinrich Schlusnus (Berlin) gibt einen Liederabend.

23. März Der Präsident der Landeskreditanstalt, Dr. Hermann Aichele, spricht im großen Hörsaal der TH vor der Stuttgarter Ortsgruppe der Deutschen Gesellschaft für Rassehygiene über Fragen der Bevölkerungspolitik und des Siedlungswesens.
Prof. Dr. Augustin Krämer referiert im Landesgewerbemuseum auf Einladung der

kolonialen Arbeitsgemeinschaft über das Thema »Die Erzeugnisse unserer Kolonien und ihr Nutzen für unsere Volksernährung«.

24. März Die von sozialistischen und freidenkerischen Kreisen bisher veranstalteten Jugendweihen werden als gegen die christlichen Grundlagen des Staates gerichtet polizeilich verboten.

24./25. März In Stuttgart und der näheren Umgebung werden bei einer Großrazzia von der Polizei 270 Kommunisten verhaftet und in das KZ Heuberg überführt.

25. März Dr. Wilhelm Egloff wird auf einer Versammlung des Verbandes für freie Ärztewahl zum Vorsitzenden gewählt. Die württ. Ärzteschaft kann sich allerdings dem Einfluß des NS-Ärztebundes nicht entziehen und erklärt sich »freiwillig« bereit, den NS-Gauobmann Dr. Eugen Stähle als Kommissar des Württ. Ärzteverbandes anzuerkennen.

27. März Staatspräsident Murr empfängt die Vertreter der württ. Arbeitgeberverbände zu einer Aussprache. Die Industriellen bieten ihre Mitarbeit in wirtschaftspolitischen Fragen an und wollen gemeinsam mit der Regierung den sozialen Frieden erhalten.
Auf einer großen von der Handwerkskammer einberufenen Kundgebung hält Staatskommissar Dr. Strölin ein Referat zum Thema »Gemeinde und Mittelstand«. Bei dieser Gelegenheit setzt er sich auch für eine Verringerung der Zahl der Mitglieder des Gemeinderats von 60 auf 50 oder 40 ein.
Kultminister Mergenthaler führt nach der Zwangsbeurlaubung von Generalintendant Albert Kehm den seitherigen stellv. Intendanten der Städt. Oper Berlin-Charlottenburg, Otto Krauß, als kommissarischen Leiter der Landestheater ein.

28. März In dem KZ auf dem Heuberg sind bereits 1500 politische Häftlinge interniert.

29. März Die Aktionärsversammlung des Württ. Kreditvereins beschließt, auf Vorzugsaktien eine Dividende von 7 % und auf Stammaktien eine solche von 5 % auszubezahlen.

30. März Staatskommissar Dr. Strölin will durch Verwaltungsanordnung verhindern, daß die jüdische Textilfirma Etam aus Berlin in Stuttgart eine Filiale eröffnet.
Der seit 1907 als Stadtschultheiß und seit 1923 als Feuerbacher Oberbürgermeister amtierende Wilhelm Geiger erklärt unter politischem Druck seinen Rücktritt.

APRIL 1933

Das Staatsministerium erklärt, daß zwischen dem Staat und der Stadt Stuttgart bestehende Meinungsverschiedenheiten bezüglich des Ausbaus der Landeswasserversorgung beigelegt würden.

31. März Der Gemeinderat wird kraft Reichsgesetz (1. Gleichschaltungsgesetz) für aufgelöst erklärt. Einige seiner Abteilungen bleiben weiter bestehen, ihre Zusammensetzung wird aber von Staatskommissar Dr. Strölin bestimmt. Durch das gleiche Gesetz wird auch der württ. Landtag aufgelöst. Ziel dieser Maßnahmen ist es, in allen politischen Gremien nationalsozialistische Mehrheiten zu schaffen.
Erich Roßmann, Direktor des württ. Hauptversorgungsamtes, Reichstagsabgeordneter (SPD), wird in den einstweiligen Ruhestand versetzt, nachdem er schon seit dem 18. März seine Tätigkeit nicht mehr ausüben konnte.
Dr. Eugen Schmoller, seit 1927 Oberlandesgerichtspräsident, tritt im Alter von 67 Jahren in den Ruhestand, ebenso der 65 Jahre alte Präsident des Verwaltungsgerichtshofes, Staatsrat Dr. Edmund Rau. Dessen Nachfolger wird Dr. Robert Held, Ministerialdirektor im Innenministerium. Neuer Oberlandesgerichtspräsident wird der seit 1922 als Senatspräsident tätige Erwin Heß.
Die Polizei durchsucht in den letzten Tagen des Monats März in den östlichen Stadtteilen sowie in Heslach zahlreiche Häuser nach Waffen und nach kommunistischen Flugblättern.
Die städt. Küchen gaben im Monat März 136 781 Mittagessen an Bedürftige aus.

1. April SA- und SS-Männer erhalten im »Braunen Haus« Adressenlisten, Klebezettel, Plakate und Flugblätter. Sie formieren sich vor jüdischen Geschäften und Banken, vor den Häusern jüdischer Ärzte und Rechtsanwälte und rufen zum Boykott auf. Die NSDAP begrüßt am Abend auf einer Kundgebung die »musterhafte Ordnung dieser Aktion des Selbsterhaltungstriebs des deutschen Volkes«.
Das Deutsche Ausland-Institut rechtfertigt in seiner Zeitschrift Der Auslanddeutsche das Vorgehen der Reichsregierung gegen jüdische Bürger und politische Gegner als reinen Abwehrkampf. Die nationale Revolution vollziehe sich in Ruhe und Disziplin ohne Belästigung von Ausländern oder Auslanddeutschen.
Die Neckarmittelschule wird in Adolf-Hitler-Schule umbenannt.
Die Württ. Landestheater erhalten den Namen Württembergische Staatstheater.
Die Deutsche Lufthansa eröffnet den Linienflugverkehr Stuttgart/Böblingen — Berlin mit Zwischenlandung in Halle/Leipzig.
Die Deutschnationale Volkspartei, der Stahlhelm und der Alldeutsche Verband veranstalten am 118. Geburtstag Bismarcks Gedenkfeiern.
Kapitän a. D. Werber (Freiburg) wird zum Staatskommissar des Süddeutschen Rundfunks bestellt. Neuer Programmdirektor wird der Schauspieler Walter Reuschle.

Oberstleutnant Albert Most wird neuer Stuttgarter Stadtkommandant. Sein Vorgänger Alois Ritter von Molo wird im Range eines Generalmajors verabschiedet.
Rechnungsrat Bühler übernimmt als Staatskommissar die Leitung der Stadtverwaltung Feuerbach.
In Karlsruhe wird das auch für Württemberg zuständige Hauptversorgungsamt Südwestdeutschland errichtet.
Die württ. Gesandtschaft in München wird aufgehoben.

2. April Kirchenpräsident D. Wurm weiht die von Reg.-Baumeister Daiber auf dem Weißenhof erbaute Brenzkirche ein. Der Feier wohnt auch OB Dr. Lautenschlager bei. Im Heeresmuseum findet anläßlich der Aufstellung der letzten Ehrentafeln der württ. Gefallenen des Weltkriegs eine Feier statt. Der Ehrenraum soll eine nationale Weihestätte werden.

3./4. April In einer Privatwohnung in Ostheim überrascht die Polizei eine Zusammenkunft kommunistischer Funktionäre. Sieben Personen — unter ihnen der Organisationsleiter der württ. KPD, Wilhelm Bechtle — werden festgenommen. Bechtle kommt in das KZ auf dem Heuberg.

3.— 8. April Der Christliche Verein Junger Männer Stuttgarts veranstaltet im Ramsbachtal eine Woche des Wehrsports.

4. April Das städt. Amtsblatt gibt in einer kurzen Mitteilung bekannt: »Bürgermeister Dr. Klein hat um seine Versetzung in den Ruhestand nachgesucht. Diesem Gesuch hat der Herr Staatskommissar mit sofortiger Wirkung entsprochen.« Eine Begründung dieses Schrittes und jede Würdigung der Persönlichkeit Dr. Gottfried Kleins, der schon 1908 zum besoldeten Gemeinderat berufen wurde, fehlen.
Die Polizei durchsucht am frühen Morgen zahlreiche Wohnungen in Münster und Botnang. Sie beschlagnahmt Waffen, Munition sowie umfangreiches Propagandamaterial der KPD.
Der Schwäb. Merkur greift den »unrühmlich bekannt gewordenen kommunistischen Stuttgarter Arzt und Verfasser zahlreicher kommunistischer Tendenzstücke«, Dr. Friedrich Wolf, nach seiner Emigration in die Schweiz scharf an. Dr. Friedrich Wolf gehörte zu den ersten jüdischen Emigranten Stuttgarts. Am Vorabend des Boykotts jüdischer Ärzte und Geschäfte, am 31. März, verließ auch der Hals-, Nasen-, Ohrenarzt Dr. Caesar Hirsch Stuttgart und siedelte nach Zürich über. Bereits am 24. März war der Rechtsanwalt Fred Uhlmann in die Schweiz emigriert, ihm folgte im April der Fabrikant und Mitgründer der Deutschen Demokratischen Partei, Ludwig Stern.

APRIL 1933

Der Württ. Sparkassen- und Giroverband stellt auf seiner Verbandsversammlung eine sich verbessernde Entwicklung des Spargiroverkehrs fest.

5. April Der ehemalige SPD-Landtagsabgeordnete und Redakteur Emil Schuler wird in seiner Wohnung in Zuffenhausen verhaftet und in »Schutzhaft« genommen.
Der jüdische Kaufmann und bekannte Sportler Fritz Rosenfelder begeht Selbstmord. Sein Freund, der Flieger Ernst Udet, ehrt ihn, indem er bei seiner Beisetzung über dem Friedhof einen Kranz abwirft.
Der Württ. Mittelstandsbund für Handel und Gewerbe stellt sich auf einer Ausschußsitzung hinter die Politik der neuen Regierung und begrüßt deren einschränkende Maßnahmen gegenüber den Warenhäusern und Konsumvereinen.
Klavierabend in der Liederhalle mit Elly Ney aus Anlaß der Feiern zum 100. Geburtstag von Johannes Brahms.

6. April In der Presse wird die Diskussion über die Kochenhofsiedlung fortgesetzt. Deutsches und weltbürgerliches Bauen werden einander als unvereinbar gegenübergestellt. Es kommt zu Erklärungen und Gegenerklärungen der Architekten Schmitthenner (contra) und Döcker (pro).

7. April Der Württ. Städtetag hält in Anwesenheit des Präsidenten des Deutschen Städtetages eine Vorstandssitzung ab. Staatskommissar Dr. Strölin übernimmt die Leitung des geschäftsführenden Ausschusses, dem auch OB Dr. Lautenschlager angehört. Strölin spricht sich für das Führerprinzip der Ortsvorsteher aus.

8. April Das Ende März beim Oberlandesgericht Stuttgart neu geschaffene und für ganz Württemberg zuständige Sondergericht verhandelt in seiner ersten Sitzung gegen einen jüdischen Kaufmann aus Minden (Westfalen), dem unberechtigtes Tragen eines Hakenkreuzabzeichens vorgeworfen wird. Der zweite Angeklagte ist ein Wachtmeister aus Zürich. Er wird beschuldigt, Dritten gegenüber behauptet zu haben, die Nazis hätten den Reichstag angezündet. Im ersten Fall wird eine Geldstraße von 300 RM verhängt, im zweiten eine Gefängnisstrafe von einem Monat abzüglich 10 Tage Untersuchungshaft ausgesprochen.
Hitlerjugend besetzt das Brenzhaus, in dem sich die Zweigstelle des Reichsausschusses deutscher Jugendverbände befindet.

9. April Im Kleinen Haus findet eine Morgenfeier des Kampfbundes für deutsche Kultur statt. Es sprechen Kultminister Mergenthaler und der Landesleiter des Kampfbundes, Dr. Otto zur Nedden. Letzterer verliest Erklärungen verschiedener Persönlichkeiten, die sich im Sinne dieser Organisation äußerten (die Stuttgarter Professoren Paul

Schmitthenner, Arnold Waldschmidt, Wilhelm Stortz und Oswald Lehnich, die Tübinger Professoren Max Wundt und Adalbert Wahl u. a.).
Die württ. Zentrumspartei nominiert Staatspräsident a. D. Dr. Eugen Bolz als Spitzenkandidaten für den neuzubildenden Landtag. Das Zentrum will die Regierung Murr unterstützen, soweit es dem »wahren Wohl des Volkes« dient.
10 000 Besucher kommen zu der Rassenhundeausstellung in der Gewerbehalle anläßlich des 25jährigen Bestehens des Bundes württ. kynologischer Vereine.

10. April Spitzenkandidat des Württ. Bauern- und Weingärtnerbundes für den Landtag wird Heinrich Stooß.
»Die Erziehung zum deutschen Menschen« ist das Leitthema einer Vertreterversammlung der württ. Lehrerverbände, zu der der Vorsitzende des NS-Lehrerbundes in Württemberg, Ernst Huber, eingeladen hat.
Die württ. Landesgruppe des Deutschen Landhandelsbundes wendet sich auf ihrer konstituierenden Sitzung in Stuttgart gegen jede weitere Subventionierung der Genossenschaften und alle spekulativen Elemente im deutschen Getreidehandel.

12. April Der Maler Wilhelm Rupprecht tritt als Vorsitzender des Reichsverbandes der bildenden Künstler Deutschlands (Gau Württemberg) zurück. Zu seinem Nachfolger wird im Einvernehmen mit dem Kultministerium und dem Kampfbund für deutsche Kultur der Architekt F. A. Lutz bestellt. Der Verband wird zur alleinigen Vertretung der bildenden Künstler Württembergs.

13. April Das Deutsche Volksblatt, das Presseorgan des Zentrums, wurde vom württ. Innenministerium wegen der »Art der Berichterstattung über die Außerverfolgungsetzung der an der Beseitigung Erzbergers Beteiligten« verwarnt.
Der Schwäb. Merkur berichtet in einem längeren Artikel über die Besichtigung des KZ Heuberg durch eine größere Zahl von Journalisten auf Einladung des Stuttgarter Polizeipräsidiums und polemisiert aus diesem Anlaß gegen die kritischen Bemerkungen einer Schweizer Zeitung, die als »Greuelmärchen« bezeichnet werden.
Im Kaufhaus Schocken explodieren erneut mehrere Tränengasbomben.

15. April Im Innenministerium prüft der Landeswahlausschuß die von den einzelnen Parteien eingereichten Vorschläge für die kraft Reichsgesetzes angeordnete Neubildung des Landtages. Der Landeswahlleiter verneint die Frage der NSDAP, ob es möglich sei, den früheren Minister Berthold Heymann (SPD) als Juden von der Wahlliste zu streichen. Oberrechnungsrat Friedrich Winker (Stuttgart) wird von der Liste der SPD gestrichen, da keine Zustimmungserklärung von ihm vorliegt.
Dem Landtag gehören nunmehr nur noch 54 Abgeordnete an. 26 Mandate entfallen

APRIL 1933

auf die NSDAP, 10 auf das Zentrum, 9 auf die SPD, je 3 auf den Württ. Bauern- und Weingärtnerbund sowie auf die Kampffront Schwarz-Weiß-Rot, 2 auf den Christlichen Volksdienst und eines auf die Deutsche Staatspartei (Demokraten).

Staatskommissar Dr. Strölin setzt auf dem Verordnungswege den Stadthaushaltplan für das Jahr 1933 fest. Die Ausgaben und Einnahmen belaufen sich im ordentlichen Haushalt auf 133 504 500 RM und im außerordentlichen auf 5 224 500 RM. Zur Deckung des allgemeinen Finanzbedarfs verfügt Dr. Strölin die Erhebung einer 16,5%igen Gemeindeumlage auf die Ertragskataster von Grund- und Gebäudebesitz sowie auf das Gewerbe. Rückwirkend vom 1. April an wird außerdem eine bereits früher von den Deutschnationalen und den Nationalsozialisten geforderte, aber von der Mehrheit des Gemeinderats abgelehnte Filialsteuer erhoben. Die Planansätze im Bereich des Wohlfahrtswesens wurden von Dr. Strölin niedriger als zuerst vorgesehen festgelegt.

Dr. Strölin erläßt »Richtlinien für die Förderung der bildenden Kunst durch die Stadt Stuttgart«, in denen besonders die Pflege der »bodenständigen Kunst« und die Berücksichtigung württ. Künstler hervorgehoben werden. Er setzt unter der Leitung des Studienrates Dr. Hans Kleinert eine städt. Kunstkommission ein.

15.—22. April Heinz Rühmann gastiert im Schauspielhaus in dem Lustspiel »Der Mustergatte« von A. Hopwood.

16. April Georg Dörge, der Hauptschriftleiter des Schwäb. Merkur, beendet seinen »Deutsche Ostern« überschriebenen Leitartikel mit den Worten: »Es muß in Deutschland vieles sterben, damit Deutschland leben kann. Das ist dem Sterbenden kein Trost, doch es bleibt Naturgesetz.«

Die Deutsche Volksgemeinschaft Stuttgart hält in Marbach ihre erste öffentliche Kundgebung ab. Oberschulrat Adolf Bauser fordert die Wiedererweckung des in Schillers Leben und Werk verkörperten deutschen Idealismus. Die Tagung ist von zahlreichen Vertretern der Reichswehr, des Stahlhelms, des Württ. Kriegerbundes sowie von christlichen und Angestellten-Gewerkschaftern besucht.

19. April Die im Hotel Herzog Christoph tagende Jahresversammlung des Württ. evang. Pfarrvereins erklärt sich in einer Entschließung bereit, »in Verantwortung vor Gott mitzuarbeiten an der Erneuerung, Einigung und Stärkung von Volk und Vaterland. Heute wie immer muß dafür das Evangelium Leitstern bleiben«. Kirchenpräsident D. Wurm erklärt dem Schwäb. Merkur zufolge: »Manches, was heute geschieht, erleichtert den Dienst des Pfarrers: manche Tür steht weiter offen als früher. Anderes erschwert ihn; auch heute ist viel Schweres mitzutragen.« Im Hinblick auf die sog. politische Gleichschaltung vieler Verbände und Organisationen sagt Wurm indes, die evang. Kirche sei keine Ortskrankenkasse, die saniert werden müßte.

Der Vorstand der Stuttgarter Handelskammer wird im Sinne der nationalsozialistischen Gleichschaltung umgebildet. Das gleiche vollzog sich bereits zu Anfang des Monats bei der Handwerkskammer, deren Präsident, Heinrich Rebmann, »auf Wunsch des Kampfbundes des gewerblichen Mittelstandes Gau Württemberg-Hohenzollern« sein Amt zur Verfügung stellte.

20. April Das Stuttgarter Schöffengericht verhandelt gegen zwei Angestellte des nach Zürich emigrierten Chefarztes am Marienhospital, Dr. Caesar Hirsch, wegen Beihilfe zur Kapitalflucht. Der Prozeß, in dem Dr. Hirsch als jüdischer Großverdiener dargestellt wird, erregt erhebliches Aufsehen. Eine der Angeklagten sagt aus, Dr. Hirsch werde nicht in das nationalsozialistische Deutschland zurückkehren, da er in einem solchen Vaterland nicht mehr leben könne.
Festakt im Großen Haus der Württ. Staatstheater aus Anlaß von Hitlers Geburtstag. Anschließend Aufführung von Beethovens »Fidelio« in der Inszenierung von Generalintendant Krauß.
Die Staatskommissare Dr. Strölin (Stuttgart) und Bühler (Feuerbach) unterzeichnen den kurzfristig vereinbarten Vertrag über die Eingemeindung Feuerbachs.
Staatskommissar Dr. Strölin benennt die Hohensteinschule in Zuffenhausen in Horst-Wessel-Schule um.
Die Arbeitsgemeinschaft des württ. Einzelhandels arrangiert sich mit dem nationalsozialistischen Kampfbund des gewerblichen Mittelstandes in dem Sinne, daß ihrem aus neun Personen bestehenden Vorstand nunmehr fünf Nationalsozialisten angehören.

21. April Das württ. Innenministerium erläßt eine Dienst- und Vollzugsordnung für das Konzentrationslager Heuberg. Besuche der Inhaftierten sind nunmehr in beschränktem Umfang möglich. Die Zahl der Häftlinge steigt auf fast 3000 an. Von diesen werden allmählich wieder 1000 entlassen.
An der TH beginnt in diesen Tagen mit der fristlosen Entlassung mehrerer jüdischer Assistenten die »politische Säuberung«. Prof. Dr. Immanuel Herrmann sowie die Privatdozenten Dr. Julius Baum (Ulm) und Dr. Kauffmann (Reutlingen) werden beurlaubt. Der Sozialdemokrat Prof. Herrmann war vom 19. Januar 1919 bis 26. Juni 1919 der letzte württ. Kriegsminister. Ihm werden insbesondere sein Pazifismus, seine Äußerungen zur Kriegsschuldfrage sowie seine Tätigkeit im republikanischen Lehrerbund angelastet. Diese Maßnahmen, die sich auf das »Gesetz zur Wiederherstellung des Berufsbeamtentums« vom 7. April 1933 stützen, bleiben an den Hochschulen nicht ohne Widerspruch. Der Rektor der TH, Prof. Dr. Paul Ewald, stellt sein Amt zur Verfügung. Der am 18. Januar 1933 zum Rektor der Landwirtschaftlichen Hochschule Hohenheim gewählte Prof. Dr. Max Rüdiger verzichtet noch im April vor Beginn des

Studienjahres 1933/34 auf sein Amt. Er nahm 1936 einen Ruf an die Universität Ankara/Türkei an.

Der Haushaltsplan des Jahres 1933, Schutzmaßnahmen für den Mittelstand sowie der »Umbau des städtischen Beamtenkörpers« stehen im Mittelpunkt der ersten Pressekonferenz von Staatskommissar Dr. Strölin und Rechtsrat Hirzel.

Der Technische Ausschuß des Turnerbundes Stuttgart beschloß einstimmig, das Wehrturnen in den Turnbetrieb aufzunehmen.

23. April Der gesamte Vorstand der württ. Anwaltskammer mit dem Stuttgarter Rechtsanwalt Dr. Mainzer an der Spitze tritt zurück. Neuer Vorsitzender wird der Esslinger Rechtsanwalt Dr. Weinbrenner, sein Stellvertreter der Deutschnationale Stuttgarter Stadtrat Dr. Ernst Schott.

Erstaufführung des Dramas »Schlageter« von Hans Johst.

24. April Die in Stuttgart ansässigen jüdischen Wohlfahrtsvereine und -organisationen ersuchen auf einer Versammlung den Israelitischen Oberrat, eine zentrale Hilfsorganisation zu bilden. Im Anschluß daran entsteht die Jüdische Nothilfe in Württemberg. Sie berät in Fragen der Arbeitsbeschaffung, Berufsumstellung, Auswanderung usw.

Die Eberhardskirche wird wegen notwendiger Bauarbeiten geschlossen.

Georg Rapp, Oberpostdirektor a. D., erster Leiter des 1909 eröffneten Postscheckamts Stuttgart, verstorben.

24./25. April Dem Stuttgarter Pferdemarkt werden 410 Pferde, 140 weniger als im Vorjahr, zugeführt. Die Preise der verkauften 80 Pferde belaufen sich auf je 500 bis 1600 RM.

26. April Ein Sonderkommando der SA besetzt die Stuttgarter Filiale der Deutsch-Russischen Öl- und Petroleumgesellschaft (Derop AG). Das Innenministerium überträgt die Geschäftsleitung einem Staatskommissar. 14 Angestellte werden verhaftet.

Rundschreiben von Bischof Sproll an den katholischen Klerus, »in der gegenwärtigen Zeit eine besonnene und versöhnliche Haltung einzunehmen und alles (zu) vermeiden, was irgendwie zu Mißverständnissen führen könnte«.

27. April Auf der Königstraße demonstrieren etwa 300 Personen gegen die geplante Errichtung einer Filiale der jüdischen Firma Etam (Hauptsitz Berlin).

Die württ. Regierung beschließt eine neue Staatshaushaltsordnung. Diese dient als rechtliche Grundlage für die Errichtung eines Landesrechnungshofes. Die Regierung trifft außerdem mehrere personalpolitische Entscheidungen. Oberregierungsrat Pflüger (SPD) wird aus dem Beamtenverhältnis entlassen, dem früheren württ. Gesandten

Karl Hildenbrand werden seine aus dem ehemaligen Beamtenverhältnis herrührenden Rechte aberkannt.

Unter Vorsitz von Staatskommissar Dr. Strölin prüft der Wahlvorstand die Wahlvorschläge der einzelnen Parteien für den ohne Volkswahl neu zu bildenden Stuttgarter Gemeinderat. Die KPD ist nicht berechtigt, einen Wahlvorschlag abzugeben. Die Zahl der Mandate verringert sich von 60 auf 44. Davon entfallen auf die NSDAP 20, die SPD 12, die Deutschnationale Volkspartei und das Zentrum je 5, auf den Christlich-Sozialen Volksdienst und die Deutsche Staatspartei (Demokraten) je eines.

Der Württ. Richterverein ruft in einer Entschließung seine Mitglieder zum Beitritt zur NSDAP auf. Abschließend heißt es in der Erklärung: »Daß wir diesen Schritt nicht aus Konjunkturpolitik, sondern aus heißer Liebe zu unserem Vaterland tun, werden wir durch die Tat beweisen.« Wegen dieses Aufrufes kommt es zu einer Kontroverse mit der Deutschnationalen Volkspartei Württembergs, die es kritisiert, daß ihre nationale Zuverlässigkeit in Zweifel gezogen wird.

Anna Blos, Witwe des württ. Staatspräsidenten Wilhelm Blos, im Alter von 66 Jahren gestorben. Sie war führend in der Frauenbewegung tätig, wirkte als Lehrerin in Brüssel, London, Prag und Berlin und gehörte als SPD-Mitglied der Weimarer Nationalversammlung sowie dem württ. Landtag an.

Adolf Kleinmann, Amtsgerichtspräsident a. D., 1924 bis 1928 Leiter des Amtsgerichtes Stuttgart I, verstorben.

27.–29. April 300 Lagerführer des württ. Arbeitsdienstes treffen sich zu einer Schulungstagung in Stuttgart. Zu den Referenten gehört der Cannstatter Pfarrer Ettwein (Thema: Rasse und Religion). Die Tagung schließt mit einem Appell auf dem Karlsplatz. 122 Arbeitsführer treten der NSDAP bei.

28. April Staatskommissar Dr. Strölin verpflichtet im Großen Sitzungssaal des Rathauses die neu ernannten Betriebsräte der Stadtverwaltung.

Die Ortsgruppe Stuttgart des Stahlhelm, die einen Zuwachs von 100 Mitgliedern verzeichnete, hält im Wullesaal einen Kreisappell ab.

29. April Ein beurlaubter jüdischer Veterinär wird bei Wiederaufnahme seines Dienstes im Schlachthof von mehreren Metzgern bedroht und anschließend in »Schutzhaft« genommen.

Der Württ. Frontkämpferbund schließt sich »unter Beibehaltung der bisherigen Einrichtungen« der NSDAP an.

Theodor Körner, konservativer Politiker (Bauern- und Weingärtnerbund), 1924–1928 württ. Landtagspräsident, in Herrenberg verstorben. In einem Nachruf des Schwäb.

MAI 1933

Merkur heißt es: »Seine Welt war, so unanfechtbar national er gewesen ist, eine andere als die des totalen Staates, zu dem er den Weg wohl nicht mehr gefunden hätte.«

29./30. April Mitgliederversammlung des Allgemeinen Württ. Lehrerinnenvereins mit einem Referat von Studienrätin Dr. Tscherning: »Grundgedanken des Nationalsozialismus über Erziehung und Ausbildung der weiblichen Jugend«.

30. April Die Straßenbahn-Linie 15 fährt mit Beginn des Sommerfahrplans in den Hauptverkehrszeiten vom Pragwirtshaus weiter bis nach Zuffenhausen.
In Württemberg werden 28 906 Personen von der Fürsorge unterstützt. Davon entfallen 11 569 allein auf die Stadt Stuttgart.
Die Ortsgruppe Stuttgart des Schwäb. Albvereins feiert in der Liederhalle ihr 40jähriges Bestehen.

1. Mai Der 1. Mai wird als »Tag der nationalen Arbeit« mit Kundgebungen auf dem Marktplatz (Feier der Stadtverwaltung), dem Schillerplatz (Versammlung der Frauen), dem Karlsplatz und im Hof der Rotebühlkaserne begangen, wo schätzungsweise 40 000 Menschen zusammenkommen. An der Hauptkundgebung im Hof der Rotebühlkaserne nehmen Staatspräsident Murr, Finanzminister Dr. Dehlinger, Wehrkreiskommandeur Generalleutnant Liebmann, Staatskommissar Dr. Strölin, OB Dr. Lautenschlager, Kirchenpräsident D. Wurm und zahlreiche andere Persönlichkeiten teil. Über Rundfunk wird aus Berlin die Rede des Reichspräsidenten von Hindenburg übertragen. Am Nachmittag zieht ein nach Berufsgruppen gegliederter Festzug auf den Cannstatter Wasen. Der 1. Mai wird auch in allen Stuttgarter Kirchen mit Gottesdiensten gefeiert.
Die Fakultät für Architektur der TH Stuttgart beschließt, Reichskanzler Adolf Hitler die Ehrendoktorwürde zu verleihen. Die Auszeichnung gelte dem Mann, »der durch seinen sieghaften Kampf für deutsche Art den Boden bereitet hat, auf dem allein eine deutsche Baukunst wieder erwachsen kann«. Hitler lehnt aus grundsätzlichen Erwägungen ab.
Die Eingemeindung Feuerbachs tritt in Kraft. Ebenso werden ohne längere Verhandlungen Mühlhausen und Zazenhausen eingemeindet. Das württ. Innenministerium benutzt diese Gelegenheit, eine Reihe von politisch mißliebigen Beamten aus dem Dienst zu entfernen.
Das Gas-, das Elektrizitäts- und das Wasserwerk werden durch Verfügung des Staatskommissars als Technische Werke der Stadt Stuttgart (TWS) zusammengefaßt. Dr. Richard Nübling, bisher Direktor des Gaswerks, übernimmt die Leitung der TWS. Die Gas- und Strompreise werden teilweise gesenkt, das Kleingewerbe erhält einen günstigeren Stromtarif.

MAI 1933

Zusammenschluß des Wohlfahrtsamtes (gehobene Fürsorge) und des Fürsorgeamtes (allgem. Fürsorge) unter dem Namen Wohlfahrtsamt.
Das Kultministerium regelt das Recht der Studentenschaften neu. An die Stelle des Vorsitzenden des Allgemeinen Studentenausschusses tritt der Studentenführer. In Stuttgart übernimmt Albert Schmehl diese Position.
Der Württ. Kunstverein widmet seine Maiausstellung dem früheren Professor der Stuttgarter Kunstakademie, Leopold Graf von Kalckreuth.
Wiedereröffnung des Friedrichbautheaters mit einem Varietéprogramm.

2. Mai SA und SS besetzen wie überall im Reich in einer großangelegten Überraschungsaktion die Gebäude der sozialistischen Freien Gewerkschaften. Widerstand wird nicht geleistet. Der Schwäb. Merkur nennt es keinen Zufall, daß die Zerschlagung der Gewerkschaften am 2. Mai, einen Tag nach der nationalen Maikundgebung, erfolgte. »Nicht nur mit der marxistischen Maifeier, sondern auch mit den marxistischen gewerkschaftlichen Kampfmethoden soll es in Deutschland ein für allemal ein Ende haben.« Den Protest des Internationalen Gewerkschaftsbundes nennt die Zeitung »eine Kundgebung Unbelehrbarer«.
Prof. Dr. Percy Brigl übernimmt sein neues Amt als Rektor der Landwirtschaftlichen Hochschule Hohenheim. Der Rektor des Jahres 1932, Prof. Dr. Adolf Richard Walther, war bereits Anfang März »aus persönlichen Gründen« zurückgetreten.

4. Mai Die Deutschnationale Volkspartei gibt auf einer Parteiveranstaltung bekannt, daß sich ihr in den letzten Wochen 92 neue Mitglieder angeschlossen haben.

5. Mai Hitler ernennt Staatspräsident Wilhelm Murr zum Reichsstatthalter für Württemberg. Zu seinen wichtigsten Kompetenzen gehört die Ernennung und Entlassung der württ. Landesregierung.
Der Reichstagsabgeordnete Johannes Groß (Zentrum), eine der maßgebenden Persönlichkeiten der christlichen Gewerkschaften in Württemberg, wird auf Betreiben der Stuttgarter Kriminalpolizei auf dem Anhalter Bahnhof in Berlin festgenommen. Er bleibt bis 13. Juni 1933 in Haft.
Kurz zuvor nahm die Polizei den ehemaligen Reichstagsabgeordneten Buchmann (KPD) in der Wohnung eines im KZ Heuberg internierten Bekannten fest.
Der württ. sozialdemokratische Parteisekretär Erwin Schoettle emigriert in die Schweiz, später nach England. Von Ende 1933 bis Frühjahr 1937 gab er die Zeitung Roter Kurier heraus, mit der er Kontakt zu Stuttgarter SPD-Mitgliedern hielt.
Bischof Dr. Sproll wird von Staatspräsident Murr und Kultminister Mergenthaler zu einem längeren Gespräch empfangen. Beide Seiten sind sich einig im Kampf gegen

den Atheismus, Bolschewismus und Marxismus. Bischof Dr. Sproll fordert namentlich die Erhaltung der katholischen Bekenntnisschule und der kirchlichen Jugendverbände. Die Abgeordneten des Württ. Bauern- und Weingärtnerbundes geben ihre Selbständigkeit auf und schließen sich im Landtag der Fraktion der NSDAP als Gäste an.
In der Stadthalle findet eine große Kundgebung der nationalsozialistischen Betriebszellenorganisation statt. Gaubetriebszellenobmann Stadtrat Friedrich Schulz propagiert an Stelle der verbotenen sozialistischen Gewerkschaften eine nationale Einheitsgewerkschaft des Dritten Reiches.

6. Mai Konferenz des Reichsjustizministers und der Länderjustizminister im Neuen Schloß. Die Besprechungen gelten unter anderem der Angleichung der Rechtsverhältnisse in den einzelnen Ländern.

7. Mai Prälat Mayer-List hält einen Festgottesdienst in der vor 25 Jahren erbauten Markuskirche.
Die Latein- und Realschule Hohenheim feiert ihr 100jähriges Bestehen.

8. Mai Prof. Heinrich Wetzel übernimmt in einer Feierstunde im Kleinen Haus der Württ. Staatstheater das Amt des Rektors der TH. Kultminister Mergenthaler fordert aus diesem Anlaß, alle Hochschulen müßten geistige Zentren der nationalsozialistischen Revolution werden. Im Anschluß an diese akademische Feier wird das neue Studentenheim mit Mensa (Schellingstraße/Seestraße) eingeweiht. Die Bauleitung hatte Prof. Keuerleber ehrenamtlich übernommen.

9. Mai Das Sondergericht verurteilt einen 21jährigen Buchbinder und einen 17jährigen Schlosserlehrling aus Stuttgart wegen Teilnahme an einer verbotenen KPD-Versammlung zu sechs bzw. drei Wochen Gefängnis. Ein 18jähriger Bauschlosser aus Hedelfingen kommt wegen kritischer Äußerungen über die NSDAP für drei Monate ins Gefängnis.
Der Schwäb. Merkur weist kritische Berichte des Manchester Guardian und anderer ausländischer Zeitungen über das KZ Heuberg erneut als »Greuelmärchen« zurück.
Der nach den Mehrheitsverhältnissen der Reichstagswahl vom 5. 3. 1933 neugebildete Gemeinderat tritt zusammen. Ihm gehören 21 Mitglieder des alten Gemeinderats an, 23 kommen neu hinzu. Die Verpflichtung der Stadträte nimmt Staatskommissar Dr. Strölin vor und übergibt dann den Vorsitz OB Dr. Lautenschlager. Dieser erstattet einen umfassenden Rechenschaftsbericht seiner seit 1911 währenden Tätigkeit als Stuttgarter Oberbürgermeister und weist darauf hin, daß er der dienstälteste Oberbürgermeister aller deutschen Großstädte sei. Er erklärt: »Da ich am 15. des Monats mein 65. Lebensjahr vollende, scheide ich mit diesem Tag kraft Gesetzes aus dem Amt«.

Stadtrat Hugo Kroll (NSDAP) schlägt dann namens der Gemeinderatsfraktionen der NSDAP, DNVP, des Zentrums, der DDP und des Christlich-Sozialen Volksdienstes die Wahl von Staatskommissar Dr. Karl Strölin zum neuen OB vor. Dr. Lautenschlager stellt keinen Widerspruch fest und erklärt den Antrag für angenommen. Eine Volkswahl des Oberbürgermeisters, wie sie bisher üblich war, wird nicht diskutiert. Nach Annahme des Antrags von Stadtrat Kroll erklärt sich der Staatskommissar für die Körperschaftsverwaltung, Landrat Dr. Battenberg, für ermächtigt, mit sofortiger Wirkung Dr. Karl Strölin in alle Befugnisse des Ortsvorstehers der Landeshauptstadt Stuttgart einzusetzen. Die Gemeinderatssitzung endet mit dem durch Akklamation erfolgten Beschluß, Reichspräsident von Hindenburg und Reichskanzler Adolf Hitler die Würde eines Ehrenbürgers zu verleihen.
Eine neue Gemeindesatzung über die gemeinderätlichen Abteilungen tritt in Kraft.

10. Mai Das Vermögen der SPD, ihrer Verbände und Presseorgane wird beschlagnahmt. Die Mitglieder des Landesvorstandes der SPD legen ihre Ämter nieder. Den Parteimitgliedern, die noch ein politisches Mandat innehaben, empfiehlt der Landesvorstand, »ihre Tätigkeit in einem Sinne auszuüben, der weder einen Zweifel an ihrer nationalen Gesinnung noch an dem guten Willen zuläßt, die politische Neubildung Deutschlands nach den Plänen der nationalen Revolution zu unterstützen«.

11. Mai Reichsstatthalter Wilhelm Murr beruft den bisherigen Kult- und Justizminister Christian Mergenthaler zum Ministerpräsidenten. Dieser verwaltet außerdem wie bisher das Kultministerium. Das Justiz- und zugleich das Innenressort fallen an den bisherigen Landtagspräsidenten Dr. Jonathan Schmid. Dr. Dehlinger behält das Finanzministerium, Prof. Dr. Lehnich das Wirtschaftsressort. Letzterer führt aber nicht den Titel Minister, sondern Staatsrat. Der bereits seit dem 15. 3. im Staatsministerium tätige frühere Oberrechnungsrat Karl Waldmann bleibt Staatsrat im Staatsministerium und ist als Nachfolger des im Juli altershalber ausscheidenden Staatsrates Dr. Hegelmaier vorgesehen. Ministerialdirektor im Innenministerium und Nachfolger von Dr. Jonathan Schmid wird der bereits seit März kommissarisch im Innenministerium tätige 48jährige Landgerichtsrat Dr. Dill.
Der Staatsanzeiger veröffentlicht eine Erklärung der im KZ Heuberg inhaftierten Sozialdemokraten Alois Miller und Richard Oechsle, ihre Gemeinderatsmandate niedergelegt zu haben.

12. Mai Das württ. Innenministerium weist die bisher vom Polizeipräsidium Stuttgart wahrgenommenen Aufgaben der Politischen Polizei der neugebildeten Württ. Politischen Polizei zu. Diese fungiert nunmehr gleichzeitig als Landeskriminalpolizeiamt.

MAI 1933

Verwaltungsdirektor Gustav Theurer und andere Beamte verabschieden sich namens der Mitarbeiter der Stadtverwaltung von dem scheidenden OB Dr. Lautenschlager und machen Staatskommissar Dr. Strölin ihren Antrittsbesuch. Strölin beruft den Finanzberichterstatter Rechtsrat Walter Hirzel zu seinem Stellvertreter. Hirzel erhält die Amtsbezeichnung Stadtkämmerer.
Der Reichsverband der deutschen Theaterbesucherorganisation Deutsche Bühne e. V., eine Gliederung des Kampfbundes für deutsche Kultur, gründet in Stuttgart einen württ. Landesverband.

13. Mai Die Deutsche Volkspartei Württembergs beschließt auf einer Vertreterversammlung ihre Selbstauflösung »angesichts der Entwicklung der politischen Verhältnisse in Deutschland, wie sie sich seit dem 5. März 1933 gestaltet haben.«
Im Schloß Rosenstein wird ein Museum zur Kriegsgeschichte, namentlich des 1. Weltkrieges, eröffnet.
Die Galerie Valentien ehrt den 80 Jahre alt gewordenen Maler Adolf Hölzel mit einer Sonderausstellung.
Die Generalversammlung des Verbandes württ. Bankiers wählt Gottlieb Digele (Stuttgart) zum ersten Vorsitzenden.

13./14. Mai Ministerpräsident und Kultminister Mergenthaler sowie der bayerische Kultminister Schemm, der Reichsführer des NS-Lehrerbundes, verlangen am Tag der deutschen Erziehung auf einer Kundgebung im Großen Haus die Einheit aller Schulen und die Einheitlichkeit des Erziehungswesens.
Die württ. Flaschner und Installateure halten im Kunstgebäude ihren 43. Verbandstag ab. Der Landesausschuß tritt zurück. Neuer Vorsitzender wird der Stuttgarter Handwerkskammerpräsident, Landtagsabgeordneter Karl Dempel (NSDAP).

14. Mai Der Muttertag wird als »Tag der deutschen Mutter, der Trägerin des deutschen Volksgedankens«, gefeiert.
Der Gewerkschaftsbund der Angestellten, nunmehr mit einer nationalsozialistischen Mehrheit im Vorstand, spricht sich auf seiner Gautagung in Stuttgart für eine neue Sozialordnung aus. Er befürwortet im Kampf gegen die Arbeitslosigkeit ein Verbot des Doppelverdienertums und propagiert eine Arbeitszeitverkürzung.

15. Mai Ein neuer Geschäftsverteilungsplan des Bürgermeisteramts tritt in Kraft. Dem Oberbürgermeister unmittelbar unterstehen die Kanzlei des Bürgermeisteramtes sowie das Organisationsbüro mit den Fachgebieten: 1) Wirtschaftlichkeits- und Organisationsprüfung; 2) Auswertung des Gutachtens des Reichssparkommissars; 3) Statistik; 4) Ratschreiberei; 5) Rechnungsprüfung. Im übrigen werden neun verschiedene

Referate gebildet, die von den Bürgermeistern Dr. Dollinger, Dr. Ludwig und Dr. Sigloch sowie von Fachbeamten geleitet werden. Die Referate umfassen die Sachgebiete 1) Finanzen, 2) Personal, 3) Wohlfahrt, 4) Volksbildung, 5) Wirtschaft I (Markt, Vieh- und Schlachthof usw.) und Polizei, 6) Wirtschaft II (Industrie, Handel, Gewerbe, Handwerk), 7) Technik I (Hoch- und Tiefbau, Stadtplanung usw.), 8) Technik II (Feuerwehr, Luftschutz, Beschaffungswesen usw.) und 9) Recht.
Der zurückgetretene OB Dr. Lautenschlager wird 65 Jahre alt. Staatskommissar Dr. Strölin und sein Vertreter, Stadtkämmerer Hirzel, suchen ihn in seiner Wohnung auf und gratulieren.
Prof. Dr. Erich Regener (TH Stuttgart) hält den Festvortrag aus Anlaß des fünfjährigen Bestehens des Planetariums: »Ultrastrahlung und kosmisches Geschehen«. Dabei führt er einen der bei seinen Stratosphärenforschungen verwendeten Ballone vor.

16. Mai Gründung der Stuttgarter Ortsgruppe des Kampfbundes der Deutschen Architekten und Ingenieure im Kunstgebäude.
Der Gemeinderat stattet dem Vieh- und Schlachthof einen Informationsbesuch ab. Vier Tage später besichtigt er die städt. Wasserversorgungsanlagen.

18. Mai Der nationalsozialistische Pfarrerbund unter der Leitung von Stadtpfarrer Ettwein (Cannstatt) hält im Hospiz Viktoria eine Versammlung ab, an der auch Kirchenpräsident Wurm teilnimmt. Die Versammlung ersucht den Kirchenpräsidenten, den Titel eines Landesbischofs anzunehmen. Sie fordert die »Ausscheidung aller liberalistischen, marxistischen und fremdstaatlichen Hochschulprofessoren an den theologischen Fakultäten«. Ihr Ziel ist »eine einige, neue, kraftvolle nationale und soziale Kirche im neuen Dritten Reich«.
Die Allianz und Stuttgarter Verein Versicherungs AG und die Allianz und Stuttgarter Lebensversicherungsbank AG legen ihre Bilanzen für das Jahr 1932 vor. Sie zahlen wieder eine Dividende von 12 bzw. 14 % auf das eingezahlte Kapital.

19. Mai »Wider den undeutschen Geist« heißt eine im Schwäb. Merkur wiedergegebene Erklärung der Stuttgarter Studentenschaft, in der die Verlage, Buchhandlungen und Leihbüchereien aufgefordert werden, »Erzeugnisse von Juden, unseren schärfsten Widersachern«, besonders zu kennzeichnen. »Wir deutschen Studenten wollen Wächter und Hüter deutscher Art sein, deshalb werden wir unser Volk schützen vor fremdem Geist.«
Die Stadt Stuttgart und der Verein Nationaler Hilfsdienst gründen die Stuttgarter Siedlungsgesellschaft mit beschränkter Haftung, um »Minderbemittelten und dem bedürftigen Mittelstand zu angemessenen Preisen gesunde und zweckmäßig eingerichtete Kleinsiedlungen, Eigenheime und Mietwohnungen zu verschaffen«.

MAI 1933

21. Mai Ministerpräsident Mergenthaler erklärt vor dem württ. Presseverband, es gebe keine absolute Freiheit der Presse mehr. »Es gibt nur eine Freiheit im Rahmen der Verantwortlichkeit, in der Gebundenheit an eine höhere Idee und diese Idee wird heute dargestellt durch das Gedankengut der nationalsozialistischen deutschen Revolution.« Der Landesverband Württemberg im Reichsverband der deutschen Presse bestimmt den Hauptschriftleiter des NS-Kuriers, Karl Overdyck, zum Vorsitzenden in der Arbeitsgemeinschaft der württ. Presse und der Ortsgruppe Stuttgart.
Neuinszenierung des Schauspiels »Die Räuber« von Friedrich Schiller durch Karl Hans Böhm im Großen Haus der Württ. Staatstheater.

23. Mai Der Kampfbund für den gewerblichen Mittelstand greift auf einer Kundgebung die Wirtschaftspolitik des Reichsministers Hugenberg scharf an.

26. Mai Staatskommissar Strölin übernimmt den Vorsitz im Württ. Städtetag mit dem Dank an seinen Vorgänger in diesem Amt, den zurückgetretenen OB Lautenschlager. Er kündigt die Zusammenfassung der kommunalen Verbände Württembergs — Städtetag, Gemeindetag und Amtskörperschaften — in einer Organisation an. Staatskommissar Strölin benennt am 10. Todestag des Freikorpskämpfers Albert Leo Schlageter die Theaterstraße in Schlageterstraße um. Auch zahlreiche andere Straßen erhalten neue Namen. So wird die Schloßgartenstraße in Horst-Wessel-Straße, die Heinestraße in Richard-Wagner-Straße und die Friedrich-Ebert-Straße in Freiherr-vom-Stein-Straße umbenannt.

27. Mai Im Kaufhaus Schocken explodiert wieder eine Tränengasbombe.
Auf dem Schloßplatz und dem Karlsplatz finden große Schlageter-Gedenkfeiern der nationalen Verbände statt.
Etwa 4000 bis 5000 Jugendliche treffen sich in der Freilichtbühne Bopserwald zu einer Kundgebung (»kein schönerer Tod ist in der Welt als wer vom Feind erschlagen«).
Jahresversammlung des Schwäb. Schillervereins. Erwähnt werden besonders die Erwerbungen von Briefen und Manuskripten von Ludwig Uhland, Justinus Kerner, Karl Mayer, Gustav und Paul Pfizer, Albert Knapp, J. G. Fischer und Caesar Flaischlen.

27. Mai bis 18. Juni Deutsche Luftsportausstellung unter dem Motto »Luftfahrt tut not«.

29. Mai Der von dem Reichstagsabgeordneten Dr. Fritz Wider geleitete Kreisverband Stuttgart der Deutschnationalen Front weist die Kritik des Kampfbundes für den gewerblichen Mittelstand an Wirtschaftsminister Alfred Hugenberg zurück und spricht diesem sein volles Vertrauen aus. Im gleichen Sinne äußert sich die deutschnationale Lehrerschaft.

30. Mai Der Konsumverein Stuttgart wird in die nationale Arbeitsfront eingegliedert. Der Landtagsabgeordnete Hermann Reiner (NSDAP) kommt in den Vorstand.
Von Stuttgart nach Augsburg fährt der erste elektrische Zug der Reichsbahn. Für den Streckenabschnitt nach Ulm benötigt er 1 Stunde und 21 Minuten. Die Geislinger Steige kann ohne Zusatzlokomotive überwunden werden.
Die Allgemeine Rentenanstalt Stuttgarts feiert ihr 100jähriges Bestehen.

31. Mai Vortrag von Dr. Wilhelm Stapel vor der Staatspolitischen Arbeitsgemeinschaft zum Thema: Wie stellen wir uns als Deutsche und Christen zur Judenfrage. Im Gegensatz zu Italien mit einem sehr kleinen jüdischen Bevölkerungsanteil sei in Deutschland eine Politik der Assimilation nicht möglich.

1. Juni Die bayerische Gesandtschaft in Stuttgart wird aufgehoben.

2. Juni Vor der Vereinigung der städt. Beamten erklärt Staatskommissar Dr. Strölin erneut, daß die Beamten, die nicht willens seien, »auf dem Boden der nationalen Grundlage positiv mitzuarbeiten«, abgelöst werden müßten.
Dr. Strölin hält das Hauptreferat auf einer Treuekundgebung für Österreich im Haus des Deutschtums. Er erhofft sich eine Verbesserung der diplomatischen Beziehungen zwischen Deutschland und Österreich und betont insbesondere den rein deutschen Charakter dieses Landes, das nunmehr kein »Völkergemisch mehr mit rassisch minderwertigen Völkern« sei.
Der planmäßige Luftverkehr von Stuttgart/Böblingen nach Friedrichshafen wird eröffnet.
Die Firma Hugendubel blickt auf ein hundertjähriges Bestehen zurück.

3. Juni Mehrere Abordnungen verschiedener Schwabenvereine in den USA (New York, Chicago) besuchen den Schwäbischen Heimattag 1933. Staatskommissar Dr. Strölin empfängt sie im Rathaus und unterstreicht die guten Beziehungen auch des nationalsozialistischen Deutschland zu Amerika.
Erstaufführung der Operette »Glückliche Reise« von Eduard Künneke.
Ministerpräsident Mergenthaler eröffnet die Württembergische Kunstschau 1933. Gezeigt werden im Ausstellungsgebäude am Interimtheaterplatz und im Kunstgebäude Gemälde, Graphiken und Plastiken.

4. Juni Im Wald bei Berneck wird eine Versammlung von 80 Anhängern der illegalen KPD von der Polizei überrascht. Die Versammlungsteilnehmer, u. a. aus Stuttgart, Feuerbach und Zuffenhausen stammend, hatten sich durch Hakenkreuzwimpel an den Fahrrädern zu tarnen versucht.

JUNI 1933

Tausende von Besuchern kommen zu Pfingsten zum Schwäbischen Heimattag nach Stuttgart. Eine Großkundgebung im Hof des Neuen Schlosses steht ganz im Zeichen der »nationalen Erhebung«. Aus Anlaß des Heimattages finden mehrere Ausstellungen statt, die bedeutendste im Wilhelmspalais, das erstmals der Öffentlichkeit für eine Besichtigung zugänglich ist. Die erste Abteilung ist dem Andenken König Wilhelms II. von Württemberg gewidmet, »dessen menschliche Größe und wahrhaft soziale Gesinnung« Dr. Strölin hervorhebt. Im Obergeschoß wird eine vom Leiter des Stadtarchivs, Dr. Karl Stenzel, aufgebaute Sonderschau Aus Stuttgarts Vergangenheit gezeigt. Besondere Aufmerksamkeit findet ein vom Stadterweiterungsamt gefertigtes Modell von Alt-Stuttgart, das den Zustand des Jahres 1792 festhält. In weiteren Räumen sind Münzen, Medaillen und Orden ausgestellt, einige Vitrinen enthalten familienkundliche Papiere. Viel bewundert wird ein Skizzenbuch des 12jährigen Gottlieb Daimler.
Die Württ. Staatstheater führen Kleists »Käthchen von Heilbronn« in der Neuinszenierung von Fritz Kirchhoff auf.
Die Studentenverbindung Rhenania an der TH feiert ihr 75jähriges, die Hilaritas ihr 60jähriges Bestehen.

5. Juni Die Mitgliederversammlung der Evang. Arbeitervereine Württembergs wählt Pfarrer Lachenmann (Stuttgart) wieder zum Vorsitzenden. Am Vorabend referierte Pfarrer Frank (Baltmannsweiler), der neue Schriftleiter der Württ. Arbeiterzeitung, über seine Erlebnisse als Werkstudent in den USA und die soziale Stellung des amerikanischen Arbeiters.

6. Juni Im Schloß Solitude wird die erste Bezirksführerschule des staatlichen Arbeitsdienstes Südwestdeutschlands errichtet, an der in 14tägigen Kursen je 50 Führeranwärter ausgebildet werden sollen. Bezirksführer Hauptmann a. D. Alfred Müller spricht bei diesem Anlaß von einem ersten Schritt zur Verwirklichung der Arbeitsdienstpflicht.
Der Präsident des Landwirtschaftlichen Hauptverbandes, Dietlen, wird von Staatskommissar Alfred Arnold abgelöst, der als Landesbauernführer an die Spitze der Landesbauernschaft Württemberg tritt.

6.—8. Juni 90 Pfarrer der kirchlich-theologischen Arbeitskreise Württembergs diskutieren zum Thema: Kirche im Volk — Volk in der Kirche. Studienrat Dr. Martin Haug (Urach) und Pfarrer Heinrich Fausel (Heimsheim) sprechen über »Kirche, die ihre Gestalt aus dem Evangelium bestimmt«.

7. Juni Prof. Dr. Fezer (Tübingen) von der Glaubensbewegung Deutsche Christen spricht im Furtbachhaus über die bevorstehende Wahl eines evang. Reichsbischofs.

8. Juni Der auf Grund des Gesetzes zur Gleichschaltung der Länder mit dem Reich vom 31. März 1933 neugebildete württ. Landtag tritt zu seiner ersten Sitzung zusammen. Zuvor finden in der Schloßkirche und in der Marienkirche Gottesdienste statt, die von zahlreichen Politikern, auch von Reichsstatthalter Murr und Ministerpräsident Mergenthaler, besucht werden. An dem katholischen Gottesdienst nehmen alle Abgeordneten des Zentrums und drei nationalsozialistische Abgeordnete teil.
Staatsrat Karl Waldmann wird einstimmig zum Landtagspräsidenten gewählt, die Abgeordneten Josef Andre (Zentrum) und Dr. Karl Pfannenschwarz (NSDAP) werden seine Stellvertreter.

Ministerpräsident Mergenthaler gibt eine längere Regierungserklärung ab, in der er ankündigt, daß seine Regierung die finanziellen Zuschüsse an die israelitische Religionsgemeinschaft einstellen werde. Der letzte Tagesordnungspunkt betrifft die Vorlage eines Ermächtigungsgesetzes, das der Regierung das Recht gibt, Gesetze auch außerhalb der in der Landesverfassung vorgesehenen Weise zu beschließen. Dem Ermächtigungsgesetz stimmen alle Abgeordneten außer denen der SPD zu. Die SPD beteiligt sich nicht an der Abstimmung. Der Abgeordnete Wilhelm Keil begründet dies damit, daß seine Fraktion von der Mitarbeit in den Landtagsausschüssen ausgeschlossen worden sei.

Der Gemeinderat besichtigt das Gaswerk und die neuen Sportanlagen auf dem Cannstatter Wasen. Der Direktor der TWS, Dr. Richard Nübling, gibt bei seiner Führung bekannt, daß das Stuttgarter Gaswerk noch rund 50 Außengemeinden mit Gas versorge und hinsichtlich seiner Leistungsstärke hinter Berlin und Hamburg an dritter Stelle in Deutschland stehe.

9. Juni Eine Kundgebung der HJ in der Liederhalle fordert die politische Erziehung aller Schüler im Geiste des Nationalsozialismus.

10. Juni Im Kleinen Haus wird der Einakter »Die Ritter vor Sempach« von Henry von Heiseler uraufgeführt. Die Theatervorstellung wird fortgesetzt mit der Erstaufführung des Dramas »Preußengeist« von Paul Ernst.

10./ 11. Juni Der Stahlhelm, der Bund ehemaliger Frontsoldaten, hält auf dem Karlsplatz einen Feldgottesdienst ab, dem sich eine Fahnenweihe und die Verpflichtung der neuen Mitglieder anschließen. Generaloberst a. D. Heye referiert in der Liederhalle über den »Stand der Abrüstung und die wehrpolitische Lage Deutschlands«.

10.— 12. Juni In mehreren Kirchen, in der Musikhochschule und in der Stadthalle sowie auf dem Marktplatz finden aus Anlaß des Deutschen Kirchengesangstages zahl-

JUNI 1933

reiche Konzerte statt. Der Evang. Kirchengesangverein für Deutschland feiert damit gleichzeitig sein 50jähriges Bestehen.

11. Juni Der 1919 »als Gegenwehr des evang. Kirchenvolks gegen die auflösenden Kräfte der November-Revolution und als Zusammenschluß des evang. Kirchenvolks in einem religiös indifferenten Staat« gegründete Evang. Volksbund erklärt anläßlich seiner Neuorganisation in einer Pressemitteilung u. a.: »Mit Dank gegen Gott erkennen wir, daß er uns vor den drohenden Schrecken des Bolschewismus bewahrt hat. Dankbar sehen wir an der Spitze des Deutschen Reiches in Adolf Hitler den Führer, der sich feierlich zu den christlichen Grundlagen des Volkslebens bekannt hat.«
Dr. Eugen Stähle, Staatskommissar für Volksgesundheit, fordert auf einer Veranstaltung des Bundes der Kinderreichen die Erziehung der Mädchen zur Mutter und Hausfrau. Rassige Kinder seien mehr wert als rassige Kraftwagen.

13. Juni Albert Pflüger, ehemaliger Landtagspräsident und Vorstandsmitglied der württ. SPD, Erich Roßmann, Landesvorsitzender der SPD Württembergs, und Johannes Fischer (Deutsche Demokratische Partei), 20 Jahre lang Mitglied des Landtages, werden verhaftet und in das KZ Heuberg gebracht. In einer in den Zeitungen veröffentlichten Meldung der Politischen Polizei heißt es: »Diese Maßnahme gilt zugleich als Warnung an alle übrigen ehemalige und gegenwärtige Hetzer und geistigen Drahtzieher«. Pflüger und Fischer werden Mitte Juli wieder entlassen.
Eine Tagung der Wohlfahrtsverbände in der Handwerkskammer befaßt sich mit der Neuregelung der öffentlichen Fürsorge. Die nationalsozialistische Bewegung stelle den Gedanken der Selbsthilfe des einzelnen in den Mittelpunkt der Sozialpolitik. Allzu große Weichheit sei nicht angebracht, — eine »gesunde Härte« unumgänglich.

14. Juni Das Oberlandesgericht Stuttgart verurteilt vier Arbeiter aus Tübingen, Anhänger der KPD, die in der Nacht vom 30. auf den 31. Januar in Flugblättern zum Generalstreik aufgerufen hatten, wegen Vorbereitung zum Hochverrat zu Gefängnisstrafen (12—21 Monate).
Im Kronprinzenpalais wird eine Ausstellung mit dem Thema »Novembergeist — Kunst im Dienste der Zersetzung« gezeigt. Sie wendet sich unter anderem gegen Otto Dix und George Grosz sowie Künstler der Zeitschriften Die Aktion und Der Sturm.
Die evang. Kirche verzeichnet zahlreiche Wiedereintritte von Gemeindemitgliedern, die vor 1933 aus der Kirche ausgetreten waren. Auf Weisung des Oberkirchenrates kann die Wiederaufnahme von einer mehrmonatigen Bewährung abhängig gemacht werden.

15. Juni Staatskommissar Dr. Strölin nimmt als Vertreter des Deutschen Gemeindetages in London an den Verhandlungen über das Kreditabkommen für deutsche öffentliche Schuldner teil.

16. Juni Das Reichsgericht in Leipzig verurteilt den kommunistischen Funktionär Anton Waibel wegen Vorbereitung zum Hochverrat zu einer zweijährigen Gefängnisstrafe. Waibel hatte am 15. Januar in Böblingen und am 19. Januar in der Stuttgarter Liederhalle auf Kundgebungen der KPD gesprochen und dabei polizeilichen Mitschriften zufolge den Ausspruch getan: »Geht hinaus auf die Barrikaden«.
Stuttgart weist bei der allgemeinen Volkszählung 416 522 ortsanwesende Einwohner auf (davon 221 538 weibliche) und steht damit an 14. Stelle unter den deutschen Großstädten. Die Zahl der jüdischen Bürger beträgt 4 876.
Der Gemeinderat besichtigt, geführt von BM Dr. Sigloch, das Dampfkraftwerk Münster und läßt sich anschließend von Strombaudirektor Konz und Baudirektor Dr. Maier über die Bauarbeiten der Neckarregulierung zwischen Münster und Hofen informieren.

17. Juni Im Stadtgartensaal tagt die Vereinigung württ. Ortsvorsteher. Sie befaßt sich auch mit der Frage, ob die Bürgermeister zwangsweise der NSDAP beizutreten hätten. Eine Mitgliedschaft sei nicht geboten, erklärt der stellvertretende Ministerialdirektor im Innenministerium Dr. Battenberg. Unabdingbar sei jedoch, daß auf den Rathäusern strikt die Politik der NSDAP befolgt werde.
Der württ. Landesverband der schweren Artillerie fordert auf einer Werbeveranstaltung im Bürgermuseum die Wiederzulassung dieser Waffengattung und die Wiedereinführung der allgemeinen Wehrpflicht aus Gründen der Sicherheit Deutschlands.
Erstaufführung des Dramas »Starnberg am 13. Juni« von Fred A. Angermayer mit Waldemar Leitgeb in der Hauptrolle. Das Stück hat den Tod König Ludwigs II. von Bayern zum Inhalt.

17./18. Juni Der Württ. Baumeisterbund hält in der Liederhalle seine Jahresversammlung ab. Leitende Positionen werden mit Mitgliedern der NSDAP besetzt. Der Baumeisterbund fordert unter anderem die Schaffung einer Architektenkammer.

18. Juni Der Süddeutsche Rundfunk erhält einen neuen nationalsozialistisch bestimmten Programmbeirat.
Die Evang. Gesellschaft Stuttgart begeht ihr 103. Jahresfest. Ihr Tätigkeitsbericht für das vergangene Jahr erwähnt insbesondere die Arbeitslosen- und Obdachlosen- sowie Gefährdetenfürsorge. Die Evang. Gesellschaft richtete 1932 den ersten geschlossenen freiwilligen Arbeitsdienst in Württemberg ein.

19. Juni Staatspräsident a. D. Dr. Eugen Bolz wird im Polizeipräsidium wegen einer Rede, die er als Beauftragter des deutschen Zentrums auf dem Parteitag der Christlich-Sozialen-Partei Österreichs im Mai in Salzburg gehalten hatte, vernommen. Es kommt zu einer Menschenansammlung vor dem Polizeipräsidium. Sprechchöre fordern:

JUNI 1933

»Heraus mit Bolz! Nieder mit dem Landesverräter! Hängt ihn auf!« Bolz wird darauf mit der Begründung, die Sicherheit seiner Person sei gefährdet, in Schutzhaft genommen und auf den Hohenasperg gebracht, wo er bis 12. Juli 1933 festgehalten wird. Das Stuttgarter Deutsche Volksblatt, die Zeitung des württ. Zentrums, enthält sich einer Stellungnahme, beendet jedoch seinen Artikel über die Festnahme von Bolz mit den Worten: »Die Vorgänge zu beurteilen, müssen wir unseren Lesern überlassen«.
Die Deutschnationale Front Stuttgart ehrt Reichswirtschaftsminister Hugenberg an seinem 68. Geburtstag mit einer Treuekundgebung. Es sprechen im Kunstgebäude der Reichstagsabgeordnete Dr. Fritz Wider (Stuttgart) und der Landtagsabgeordnete Paul Weigand (Ludwigsburg).
In der Stadtverwaltung wird mit halbstündiger Mittagspause versuchsweise durchgehend montags bis freitags von 7 — 16 Uhr, samstags und vor Feiertagen von 7 bis 12.30 Uhr gearbeitet.
Das Stuttgarter Schwurgericht verurteilt einen 21jährigen Tapezierer wegen Mordes an seiner Verlobten zum Tode.

20. Juni Das Staatsministerium verabschiedet ein Gesetz, das die Ernennung der Ortsvorsteher der Regierung überträgt. Die Volkswahl der Bürgermeister ist damit abgeschafft.

21. Juni Das Sondergericht Stuttgart verurteilt einen Feuerbacher Mechaniker wegen illegaler Verbreitung der Süddeutschen Arbeiterzeitung zu sechs Monaten Gefängnis.
Der Deutschnationale Kampfring, der Bismarckbund, der Deutschnationale Kampfbund für den gewerblichen Mittelstand sowie die Deutschnationalen Betriebszellen werden aufgelöst, nachdem zuvor die Politische Polizei die Geschäftsräume dieser Verbände durchsucht und deren Vermögen beschlagnahmt hatte.
Sonnenwendfeier der Studentenschaft am Bismarckturm mit Ansprachen von Studentenführer Schmehl, Rektor Prof. Dr. Wetzel und dem Historiker Prorektor Prof. Dr. Göring.
Der Tübinger Theologe Prof. Dr. Jakob Wilhelm Hauer spricht im Gustav-Siegle-Haus über das Thema »Neue Wege einer religiösen Arbeitsgemeinschaft deutscher Nation«.

22./23. Juni In Ostheim verteilen Angehörige der KPD Flugblätter. Bei einer daraufhin durchgeführten Razzia werden etwa 60 KPD-Anhänger verhaftet und auf den Heuberg deportiert.

23. Juni Der Verband württ. Industrieller e. V. und die Vereinigung württ. Arbeitgeberverbände e. V. fusionieren und bilden die Landesgruppe Württemberg des Reichstandes der Deutschen Industrie.

24. Juni Die württ. Regierung und Staatskommissar Dr. Strölin schließen sich dem Vorgehen des Reichsinnenministers Dr. Frick an und entziehen den Landtagsabgeordneten und Stadträten der SPD ihre Mandate und verfügen ein generelles Betätigungsverbot für diese Partei.
Ebenso wie in Heilbronn, Esslingen und Ulm wird auch in Stuttgart das Haus der Christlichen Gewerkschaften von der SA besetzt. Die Christlichen Gewerkschaften werden für aufgelöst erklärt.
Der Reichsbund deutscher Diplomlandwirte, Bezirk Württemberg, wird zu einer berufsständischen NS-Organisation.

24./25. Juni Ein »Fest der Jugend« wirbt für die nationalsozialistische Erziehung. Sternmarsch zum Cannstatter Wasen, sportliche Veranstaltungen für etwa 25 000 Jugendliche.

25. Juni Die württ. Zeitungsverleger wählten auf ihrer Mitgliederversammlung in Stuttgart Verlagsleiter Dr. Weiß (Stuttgarter NS-Kurier) zu ihrem ersten Vorsitzenden. Dem Präsidium gehören außerdem Direktor Peter Nacken (Süddeutsche Zeitung, Stuttgart) und Verlagsleiter Bidell (Ulmer Sturm) an. Geschäftsführendes Präsidiumsmitglied wird Dr. Walter Koestel.
Die kaufmännischen Vereine Südwestdeutschlands betonen auf ihrer Verbandstagung in Stuttgart die Übereinstimmung mit der Reichsregierung und begrüßen insbesondere die von dieser propagierte Standesgemeinschaft.
Das neue Stadion auf dem Cannstatter Wasen wird mit einem Fußballspiel der Städtemannschaften von Stuttgart und Nürnberg/Fürth eröffnet. Stuttgart gewinnt vor 30 000 Zuschauern mit 3:2 Toren.

26. Juni Ministerpräsident Mergenthaler eröffnet in dem ehemaligen kommunistischen Waldheim in Sillenbuch die erste württ. Bannführerschule der HJ.

27./28. Juni Die Politische Polizei durchsucht gemeinsam mit der Schutzpolizei, den Landjägern, der SA und SS in einer großen Razzia Kraftfahrzeuge nach politischen Flugblättern und verbotenen Zeitungen. Der Anlaß dazu war, daß in Stuttgart mehrere tausend Exemplare der kommunistischen Rote-Hilfe-Zeitung Das Tribunal gefunden wurden.

28. Juni Das Sondergericht erklärt einen 33jährigen Stuttgarter Hilfsarbeiter für überführt, am 28. Mai die kommunistische Stadtteilzeitung Mitte verteilt zu haben und verurteilt ihn zu sechs Monaten Gefängnis.
Der Württ. Industrie- und Handelstag hält in Anwesenheit des Leiters des Wirt-

JULI 1933

schaftsministeriums, Staatsrat Prof. Dr. Oswald Lehnich, seine Hauptversammlung ab. Im Mittelpunkt der Beratungen stehen Fragen des berufsständischen Aufbaus der deutschen Wirtschaft.

Die Württ. Elektrizitäts-AG Stuttgart, die kraft Pachtvertrages auch die Elektrizitätswerke der Stadt Salzburg verwaltet, schüttet bei einem Nettogewinn des Jahres 1932 von 219 165 RM eine Dividende von 4 % aus.

Probefahrt mit der neuesten elektrischen D-Zuglokomotive der AEG. Die Strecke München—Stuttgart wird in 146 Minuten (reine Fahrzeit) zurückgelegt.

30. Juni Das Innenministerium verfügt die Auflösung der SPD in Württemberg und Hohenzollern.

Reichsstatthalter Murr ernennt den Präsidenten des Statistischen Landesamtes, Otto Müller, zum ersten Präsidenten des neugeschaffenen Rechnungshofes.

Staatskommissar Dr. Strölin schränkt die Befugnisse des Gemeinderats ein und weist einzelne Aufgaben, für die nach der Gemeindeordnung bisher die Abteilungen des Gemeinderates zuständig waren, den Berichterstattern des Bürgermeisteramts bzw. den Amtsvorständen zu.

Im ersten Halbjahr 1933 wurden in Stuttgart 621 neue Wohnungen erstellt und 50 durch Baumaßnahmen modernisiert.

1. Juli Mit Wirkung vom 1. 7. werden zahlreiche konfessionelle Verbände in ganz Württemberg aufgelöst. Betroffen sind unter anderem der Volksverein für das kath. Deutschland, die kath. Gesellenvereine, die Deutsche Jugendkraft und der Windhorst-Bund.

Das Staatsministerium ernennt Staatskommissar Dr. Karl Strölin auf Vorschlag des Innenministeriums zum Oberbürgermeister. Die Ernennung, am 30. 6. ausgesprochen, wird am 1. 7. rechtskräftig. Strölin legt sein Amt eines unbesoldeten Stadtrates, das er seit 6. 12. 1931 innehatte, nieder. Ihm folgt als Stadtrat Diplomingenieur Hermann Menzel. Stadtkämmerer Walter Hirzel begrüßt den neuen Oberbürgermeister im Rathaus und beglückwünscht ihn namens der Mitarbeiter der Stadtverwaltung. Strölin erklärt, sein künftiges Handeln werde allein bestimmt vom Gemeinnutzen der Stadt Stuttgart, des Landes Württemberg und des Reiches.

Neuregelung der Vergabe von städt. Arbeiten an Privatfirmen. Angebote, die mehr als 10 % unter den von der Stadtverwaltung berechneten Kostenvoranschlägen liegen, werden nicht mehr berücksichtigt.

Das auf der Schlotwiese in Zuffenhausen vom dortigen Naturheilverein errichtete Schwimmbad wird eingeweiht.

Erstaufführung des Lustspiels »Die große Chance« von Alfred Möller und Hans Lorenz im Kleinen Haus.

Die württ. Saarvereinigung und das Museum für Länderkunde in Leipzig veranstalten eine Saarausstellung, bei deren Eröffnung auch der Industrielle Hermann Röchling spricht. Die Ausstellung steht unter dem Motto »Deutsch die Saar immerdar«.

Der in Stuttgart gegründete Calwer Verlagsverein feiert sein hundertjähriges Jubiläum.

1./2. Juli Im neuen Stadion auf dem Cannstatter Wasen finden die württ. Leichtathletikmeisterschaften statt.

2. Juli Der NS-Lehrerbund Württembergs und Hohenzollerns veranstaltet seine erste Gautagung in der Liederhalle. Zuvor finden in der Stiftskirche und in der St.-Elisabeth-Kirche Gottesdienste statt. Gauobmann Hauptlehrer Huber (Reutlingen) stellt fest, daß die Gleichschaltung der Lehrerverbände bis auf den Philologenverband rasch vorangehe. Der kath. Lehrerverein habe sich tags zuvor aufgelöst, seine Mitglieder seien dem NS-Lehrerbund beigetreten. Als Hauptredner der Tagung fordert Ministerpräsident und Kultminister Mergenthaler eine einheitliche deutsche Schule unter Überwindung der konfessionellen Unterschiede. Blut und Boden, Rasse und Volkstum müßten die Grundpfeiler der neuen Erziehung werden. Oberregierungsrat Dr. Drück weist auf einen Erlaß des württ. Kultministeriums hin, der jede andere Geschichtsauffassung als die des Nationalsozialismus untersage.

3./4. Juli Nachdem in der Nacht vom 1. auf den 2. 7. in Heslach an mehreren Stellen Aufrufe zum Kampf gegen den Nationalsozialismus angebracht wurden, findet eine Großrazzia der Polizei gegen Verdächtige statt. Insgesamt werden 62 Personen, vorwiegend Anhänger der KPD, festgenommen und in das KZ Heuberg überführt.

4. Juli In ganz Württemberg beginnt die Polizei mit der Beschlagnahme von Geld- und Sachvermögen der SPD. Zahlreiche der SPD nahestehende sportliche, kulturelle und sonstige Verbände wie der Arbeiterrad- und Kraftfahrerbund »Solidarität«, der Arbeiterradiobund, der Arbeitersamariterbund u. a. werden aufgelöst.

52. Jahresversammlung der württ. landwirtschaftlichen Genossenschaften. Der erst ein Jahr zuvor zum Vorsitzenden gewählte Freiherr von Stauffenberg legt sein

JULI 1933

Amt nieder. Staatsrat Prof. Lehnich vom Wirtschaftsministerium fordert auch in der Landwirtschaft das Führerprinzip.

5. Juli Als letzte der demokratischen Parteien löst sich das Zentrum auf.
Die beiden Abgeordneten des Christlich-Sozialen Volksdienstes im Landtag schließen sich als Hospitanten der Fraktion der NSDAP an.
OB Dr. Strölin spricht sich im Süddeutschen Rundfunk angesichts der Tatsache, »daß für den einzelnen der Weg zur Arbeitsstätte und zurück gerade in Stuttgart immer weiter und unbequemer wird« und im Hinblick auf die große Zahl der Pendler für die Einführung der »Durcharbeitszeit« aus.
21. Jahresversammlung des Vereins zur Förderung der württ. Naturaliensammlung unter Vorsitz des Fabrikanten Dr. Erhard Junghans. Besonders erwähnt wird der Erwerb der wertvollen Sammlung von Bergrat Schütz.

6. Juli Dr. Kurt Schumacher, eine der führenden Persönlichkeiten der württ. SPD, seit langem von der Politischen Polizei steckbrieflich gesucht, wird in Berlin verhaftet. Er kommt zunächst in das KZ Heuberg.
Das Amtsblatt meldet, daß die SPD-Stadträte Christian Härle (Fraktionsvorsitzender), Franz Boyna, Hermann Dörr, Gustav Epple, Hermann Häßler und Eugen Linse ihre Mandate niedergelegt haben.
Bischof Dr. Sproll trifft mit Innenminister Dr. Schmid und leitenden Beamten der Politischen Polizei zu einer längeren Aussprache zusammen.
Der Volksbund für das Deutschtum im Ausland wirbt in der Liederhalle mit der Kundgebung »Brüder in Not« für die Unterstützung der Rußlanddeutschen.

7. Juli Erste Sitzung des neuen Aufsichtsrates der Handelshof AG unter Vorsitz von OB Dr. Strölin.

8. Juli Prof. Dr. Neumann spricht in der TH über die Linienführung der künftigen Autobahn und fordert eine gebührende Berücksichtigung Stuttgarts. Er kritisiert die Linie Karlsruhe—Basel, die wegen des Steilabfalls des Schwarzwaldes und der dichten Besiedlung nahe an das reizlose Rheinufer verlegt werden müsse, wo sie zudem in das Einschußfeld der französischen Artillerie gerate. Prof. Neumann schlägt die Verlegung der Autobahn vom Rheintal an den Ostabfall des Schwarzwaldes vor (Stuttgart—Schaffhausen).
Die Württ. Staatstheater führen erstmals die heitere Oper »Der Freikorporal« von Georg Vollerthun auf.

8./9. Juli 20 000 Buben und Mädchen kommen zum württ. Hitlerjugendtag in die Stadt. Das Treffen beginnt mit einer Kundgebung am Abend des 8. 7. auf dem Cannstatter Wasen. Am 9. 7. findet auf dem Marktplatz ein Gottesdienst statt, anschließend sprechen im Hof des Neuen Schlosses Reichsstatthalter Murr und Ministerpräsident Mergenthaler.

9. Juli Der Schwäb. Merkur weist erneut kritische Berichte ausländischer Zeitungen über das KZ Heuberg als »hinterhältiges Pharisäertum« zurück. In dem »Der Heuberg im Licht der Greuellegenden« überschriebenen Artikel heißt es: »Wir deutschen Barbaren brauchten kein Henkerbeil, keine Guillotine und keine Tscheka. Wir haben die Gefährlichen unter den Kommunisten durch einfache Internierung außer Gefecht gesetzt.« Erich Roßmann berichtet dagegen, wie die Häftlinge »geschlagen, bespuckt, beschimpft und beschmutzt« wurden.
Die Gaisburger Brücke wird dem Verkehr übergeben. Damit ist eine raschere Verkehrsverbindung nach Bad Cannstatt geschaffen worden.
Theodor Bickes, ehemals Landesvorsitzender der Deutschen Volkspartei Württembergs, Landtags- und Reichstagsabgeordneter (1924—1930), verstorben.

10. Juli Der Kreisverband Stuttgart der auf Reichsebene bereits aufgelösten Deutschnationalen Front beschließt auf seiner letzten Sitzung seine Liquidation. Der Reichstagsabgeordnete Dr. Fritz Wider erhält dazu Generalvollmacht. Er erklärt, die Deutschnationalen würden sich rückhaltlos und ohne Groll dem neuen Deutschland zur Verfügung stellen.
OB Dr. Strölin nimmt in London als Vertreter der deutschen Gemeinden an Besprechungen über die Tilgung kurzfristiger deutscher Darlehen teil.

11. Juli Auf Beschluß des Landeskirchentages nimmt Kirchenpräsident D. Theophil Wurm den Titel Bischof an.

12. Juli Kundgebung der Deutschen Frauenfront in der Liederhalle. Die Vorsitzende, Elisabeth Bosch (Stuttgart), bekennt sich zu »unerschütterlicher Gefolgschaft« gegenüber Adolf Hitler. Größte Tat des Nationalsozialismus sei die Überwindung der sozialen Gegensätze. Die Rednerin wendet sich gegen eine übertriebene Titelsucht und begrüßt die Entscheidung von OB Strölin, die Ehefrauen der Beamten nicht mehr mit dem Titel ihres Mannes anzureden.
Die Nationalsozialistische Gastspielbühne Berlin führt im Kleinen Haus das Schauspiel »Der Wanderer« von Dr. Josef Goebbels auf.

13. Juli Prof. Paul Schmitthenner von der TH Stuttgart trägt im Staatsministerium seine Pläne zum Wiederaufbau des 1931 teilweise abgebrannten Alten Schlos-

JULI 1933

ses vor und findet grundsätzliche Zustimmung. Das Staatsministerium will zunächst für die Rohbauarbeiten etwa 500 000 RM bereitstellen.

14. Juli In der Urania Uraufführung des Films »Unter der schwarzen Sturmfahne« mit Hedwig Jungkurth, ehemals am Württ. Staatstheater.

14.—16. Juli 12. Verbandstag des Zentralverbandes Auslanddeutscher Studierender.

14.—17. Juli Gautreffen der Deutschen Wehrschaft in Verbindung mit dem Stiftungsfest der Stuttgarter Wehrschaft Neo-Cheruscia.

15. Juli Die Landesleitung des Stahlhelm von Baden und Württemberg trifft sich in der Villa Berg mit Vertretern der württ. Regierung, der Reichswehr, der Polizei, der SA und der SS. Die Stuttgarter Studentenschaft hält im Gustav-Siegle-Haus eine Vollversammlung ab. Viele Teilnehmer tragen SA-Uniform. Wehrsport, Arbeitsdienstlager und Grenzlandarbeit sind die beherrschenden Themen. Unter dem Tagungsordnungspunkt »Allgemeines« wird über die Ermäßigung der Kolleggelder diskutiert.
Zu einer Veranstaltung des Deutsch-Akademischen Ausländerclubs der TH werden die jüdischen Studenten nicht eingeladen. Studentenführer Albert Schmehl erklärt, jüdische Studierende hätten zu diesem Club keinen Zutritt mehr. Es kommen Studenten aus China, Holland, Indien, Kolumbien, Norwegen, Polen, der Schweiz, der Türkei, Ungarns und aus den USA.
Pfarrer Richard Kallee, Archäologe und Heimatforscher, Begründer des Heimatmuseums Feuerbach, verstorben.

16. Juli Der Botnanger Arbeitergesangverein »Freiheit«, der mit 116 Personen in vier Omnibussen einen Sommerausflug machen will, wird von der Polizei angehalten und in den Hof der Akademie (hinter dem Neuen Schloß) geleitet, wo die Personalien der Teilnehmer festgestellt werden. Die aktiven Mitglieder kommen sofort in das KZ auf dem Heuberg, Frauen, Kinder und Gäste werden wieder freigelassen. Der Vorfall wird in den Zeitungen ausführlich geschildert. Der Schwäb. Merkur berichtet darüber unter der Überschrift »Sonntagsausflug auf den Heuberg«.
Die Deutsche Arbeitsfront veranstaltet im Hof der Rotebühlkaserne eine Großkundgebung, bei der als Hauptredner Dr. Robert Ley, der Führer dieser Organisation, spricht. Trotz strömenden Regens sind Presseberichten zufolge 50 000 Personen erschienen. Zur Arbeitslosigkeit sagt Ley, der deutsche Arbeiter sei brotlos ge-

worden, weil das deutsche Volk seine Ehre verloren habe. Die Ehre aber sei die Basis der Existenz des deutschen Volkes. Es gelte, diese wiederzugewinnen. »Dann werden wir Deutschland wieder aufbauen können.«

Der Landesverein Württemberg Jungdeutschland bestätigt auf einer Mitgliederversammlung Oberreallehrer Thumm als Vorsitzenden, bereitet aber durch die Wahl des HJ-Gebietsführers Heinrich Wacha zum stellv. Vorsitzenden seinen Übertritt zur HJ vor. Auch über die Eingliederung des Bundes schwäbischer Bibelkreise finden Verhandlungen statt.

Nach Berlin und Hannover besuchen auf Einladung des Deutschen Gemeindetages amerikanische Kommunalbeamte auch Stuttgart und informieren sich über Fragen des Wohnungsbaus, des Straßenbaus, der Müllabfuhr und der Abwasserbeseitigung.

Die Württ. Staatstheater beginnen mit dem Versuch von Freilichtaufführungen vor dem Großen Haus. Gespielt wird die Oper »Rienzi« von Wagner mit Eyvind Laholm und Magda Strack in den Hauptrollen.

17. Juli Die Stadtverwaltung verlangt bei der Neueinstellung von Beamten und Angestellten den Nachweis der arischen Abstammung.

Die Glaubensbewegung der Deutschen Christen veranstaltet in der Liederhalle ihre erste öffentliche Kundgebung in Württemberg. Zugegen ist auch Landesbischof Wurm, der in seinem Grußwort an das Jahr 1813 erinnert und sich dazu bekennt, daß nationale Erhebung und religiöse Erweckung sich finden sollten. Stadtpfarrer Dr. Schairer (Hedelfingen), der Leiter der Deutschen Christen Stuttgarts, sagt, in dem Deutschland des nationalen Sozialismus müsse auch die Kirche sozialistisch werden, eine Volksgemeinschaft der Bruderliebe und des praktischen Sozialismus üben. Nach Dr. Schairer referieren der Berliner Pfarrer Loerzer und Prof. Karl Fezer aus Tübingen, der dazu auffordert, daß Staat und Kirche sich die Hand reichen müßten. Zum Schluß gibt der Tagungsleiter, Pfarrer Rehm (Stuttgart), die Absicht bekannt, an Adolf Hitler, Wehrkreispfarrer Müller und Pfarrer Hossenfelder (als wichtigsten Repräsentanten der Deutschen Christen) Ergebenheitstelegramme zu richten. Die Veranstaltung endet mit einem dreifachen Sieg Heil auf Adolf Hitler und dem gemeinsam gesungenen Horst-Wessel-Lied.

Pfarrer Dr. Keller eröffnet als Vertreter des Kultministeriums im Waldheim Gaisburg die Führerinnenschule des BDM Gau Württemberg. Der Nationalsozialismus betone zwar den Primat des Mannes, doch komme der Frau keine geringere Bedeutung zu. Sie sei »Kraftquelle und Gesundbrunnen der Nation«. »Die Frau muß auch mit ihrem wärmeren Gefühlsleben an dem mitarbeiten, was wir Sozialismus nennen, an der Überbrückung aller Unterschiede im Rahmen der Volksgemeinschaft.« An dem ersten Kurs nehmen etwa 40 Mädchen teil.

Mitgliederversammlung des Verkehrsvereins im Rathaus. Der bisherige Vorsit-

JULI 1933

zende, der Hotelier Ernst Marquardt, tritt zurück. An seine Stelle rückt im Einvernehmen mit dem Oberbürgermeister Stadtrat Dr. Albert Locher.
Die Post nimmt ihren Erweiterungsbau an der Fürstenstraße in Betrieb. Die Halle dient dem Telephon- und Telegraphendienst sowie als Warteraum für die Reisenden des Postomnibusverkehrs.

18. Juli Reichsstatthalter Murr ernennt den bisherigen Leiter des Wirtschaftsministeriums, Staatsrat Prof. Dr. Oswald Lehnich, zum Wirtschaftsminister. Staatsrat Karl Waldmann erhält die Amtsbezeichnung Staatssekretär.
Der Deutsche Luftschutzverband, Ortsgruppe Stuttgart, veranstaltet einen Vortrag in der Liederhalle. Es referiert Hauptmann a. D. Dr. Helmut Gnamm: »Wie schützen wir uns vor Gasangriffen aus der Luft?«.

19. Juli Ein 72 Jahre alter Rentner wird vom Sondergericht zu drei Monaten Gefängnis verurteilt, weil er am 29. 6. in einer Wirtschaft durch »falsche« Behauptungen das Ansehen der Reichsregierung herabgesetzt habe.
Die Dresdner Bank verlegt ihre Filiale endgültig in den Olgabau. An der Vorderfront wurde eine Arkadenreihe errichtet und der Stadt auf unbeschränkte Dauer das Recht zur Nutzung eingeräumt. Bei der Übergabefeier äußert OB Strölin den Wunsch, die Arkaden mögen möglichst bald bis zum Hauptbahnhof fortgesetzt werden.
Erste kostenlose Sondervorstellung der Württ. Staatstheater für Angehörige der SA und SS (»Tannhäuser« von R. Wagner). Die Stadt Stuttgart gab dafür auf Ersuchen des Ministerpräsidenten und Kultministers Mergenthaler einen Zuschuß.
Zwischen Vertretern der Württ. Staatstheater und der Württ. Volksbühne finden Besprechungen über die künftige Zusammenarbeit statt.
Das Königin-Olga-Stift feiert in der Liederhalle sein 60jähriges Bestehen. In den Festreden wird vor der Gefahr eines einseitigen Intellektualismus gewarnt.

20. Juli OB Dr. Strölin macht durch einen Erlaß den »deutschen Gruß« (Heil Hitler) für die städt. Bediensteten verbindlich.
Das Amtsblatt meldet, daß als Notstandsarbeit ohne Verwendung von Maschinen die Mühlhäuser Straße in Bad Cannstatt (ein Teilstück der Verbindung Bad Cannstatt — Hallschlag — Münster — Mühlhausen) in 11 200 Tagschichten ausgebaut worden ist. Etwa 60 Wohlfahrtserwerbslose erhielten dadurch über 6 Monate Beschäftigung.
Einweihung des neuen Brunnenhofes im Kursaal in Bad Cannstatt in Anwesenheit von OB Strölin und des Gemeinderates. In dem mit Travertinplatten belegten Hof befinden sich zwei Brunnen: der eine spendet stark mit Kohlensäure angereichertes

Tafelwasser, der andere bitter und salzig schmeckendes Heilwasser. BM Dr. Ludwig gibt bekannt, daß der Brunnenverein einstimmig OB Dr. Strölin zu seinem Vorsitzenden gewählt habe.
Die kath. Stadtpfarrei Feuerbach (mit Weilimdorf und Gerlingen), bisher zum Dekanatsbezirk Neuhausen gehörend, kommt an das Stadtdekanat Stuttgart.
Welturaufführung des Filmes »Saison in Kairo« mit Willy Fritsch im Universum.
Aus Nürnberg trifft der erste Sonderzug im Rahmen des Deutschen Turnfestes ein. Die Mehrzahl der etwa 300 Personen sind vorübergehend beschäftigte Kellnerinnen. Auch aus München hat die Stadtverwaltung 150 Serviererinnen angefordert.

21. Juli Den Auftakt des 15. Deutschen Turnfestes bildet ein von insgesamt 11 000 Mädchen ausgeführtes großes Schauturnen. 40 000 Besucher sind in das Stadion auf dem Cannstatter Wasen gekommen, unter den Ehrengästen auch der frühere OB Dr. Lautenschlager. Ministerpräsident Mergenthaler ruft den Besuchern zu: »Deutschland wird nicht untergehen. Deutschland wird ewig leben! Seid einig im Glauben an Deutschland, ein Wille beseele euch, eine Sehnsucht brenne in euch und ein Glaube lodere in euch und er heiße: Deutschland über alles«.
Vorstand und Landesausschuß des Landeswirtschaftlichen Hauptverbandes Württembergs und Hohenzollerns treten in Stuttgart zusammen. Durch Satzungsänderung wird der Verband in die Landesbauernschaft überführt.

22. Juli Insgesamt 13 000 Jungen beteiligen sich am Turnfest der Stuttgarter Schüler.
Eintreffen der Kieler Turner mit dem ersten offiziellen Turnfest-Sonderzug.

22.–30. Juli 15. Deutsches Turnfest. Die Veranstaltung wird ganz in den Dienst nationalsozialistischer Propaganda gestellt. Im Staatsanzeiger veröffentlicht die württ. Regierung einen Aufruf, in dem es heißt: »Ein Führer ist dem deutschen Volk erstanden, der es groß und stark, einig und frei machen will. In gewaltigem Anlauf sind überalterte Formen zerbrochen, ist Neues geschaffen worden, das jetzt ausgebaut und mit neuem Inhalt erfüllt werden muß. Dazu müßt auch ihr, deutsche Turner und Turnerinnen, mithelfen!«

23. Juli Weitere Sonderzüge aus Berlin, Breslau, Dresden, Hannover, Königsberg und anderen Städten treffen ein. Die Breslauer Turner werden vom Stuttgarter Schlesierverein begrüßt. Im Hof des Neuen Schlosses versammeln sich Tausende von Menschen zu einem Feldgottesdienst, der von einem Musikkorps der Polizei und einer Fahnenkompanie der Reichswehr umrahmt wird.
Am Nachmittag formieren sich in der Rotebühlstraße, in der Hauptstätter Straße

JULI 1933

sowie in Bad Cannstatt Festzüge, die sich gegen 15 Uhr auf dem Cannstatter Wasen vereinen. Die Turner und Turnerinnen in weißer Kleidung, die Angehörigen der Reitervereine in roten und die Jäger in grünen Kostümen, dazu viele Trachtengruppen und Mitglieder der Winzergenossenschaften verleihen den Festzügen ein farbenprächtiges Bild. Die Stuttgarter Handwerksinnungen stellen mehrere geschmückte Wagen. Höhepunkt des Nachmittags ist die offizielle Übergabe des neuen Stadions — der Adolf-Hitler-Kampfbahn — mit einer »Weiherede« von OB Dr. Strölin.

Kirchengemeinderatswahlen in den evang. Pfarrbezirken. Die Aufstellung einer Einheitsliste begünstigt die Deutschen Christen. Für sie tritt in einer Rundfunkansprache am Vorabend der Wahlen Adolf Hitler persönlich ein: »Indem der Staat die innere Freiheit des religiösen Lebens zu garantieren bereit ist, hat er das Recht, zu hoffen, daß in den Bekenntnissen diejenigen Kräfte gehört werden möchten, die entschlossen und gewillt sind, auch ihrerseits für die Freiheit der Nation sich einzusetzen.«

24. Juli Die Ministerialabteilung für Bezirks- und Körperschaftsverwaltung stimmt dem Antrag der Stadtverwaltung zu, dem Stadtteil Cannstatt die Bezeichnung Bad zu verleihen.
Bei den deutschen Polizeiturnmeisterschaften siegt der Stuttgarter Frei im Zwölfkampf und bei den Übungen am Pferd.
Mannschafts- und Einzelkämpfe der Stuttgarter Hochschulen.
Max von Schillings, 1908 bis 1918 Leiter der Stuttgarter Hofoper, in Berlin verstorben.

24./25. Juli Die Polizei nimmt während der Nacht etwa 200 Personen fest, die im Verdacht stehen, an die Teilnehmer des Turnfestes Aufrufe gegen den Nationalsozialismus verteilen zu wollen. Ein 27 Jahre alter Maler aus Bad Cannstatt, der als Turnfestreklame getarnte kommunistische Flugblätter verbreitet hatte, wird Anfang August zu einer Gefängnisstrafe von 1 Jahr und 2 Monaten verurteilt.

25. Juli Dr. Konrad Miller, ehemals Prof. am Dillmann-Realgymnasium, bekannt durch die Veröffentlichung der »Peutingerschen Tafel«, der mittelalterlichen Kopie einer römischen Straßenkarte, im Alter von 89 Jahren verstorben. Miller richtete in seinem Haus in der Stafflenbergstraße ein Altersheim ein. Er war der Begründer des Kath. Lehrervereins (1887).

26. Juli OB Dr. Strölin empfängt im Rathaus etwa 800 Journalisten. Er stellt Stuttgart vor als eine vielbesuchte Bäder-, Kunst- und Gartenstadt.
Am Abend wird das aus Köln, dem Austragungsort des vorausgegangenen 14. Deut-

schen Turnfestes, überbrachte Bundesbanner am Hauptbahnhof eingeholt. Der kommissarische Kölner OB Dr. Riesen übergibt es an Dr. Strölin. »In uns allen«, sagt Strölin, »lebt die stolze Erinnerung an die Zeit, da Schwaben dem kämpfenden Heere die Reichssturmfahne vorantragen durfte.« Im Hof des Neuen Schlosses wird sodann von Reichssportführer Hans von Tschammer und Osten mit 15 Schüssen Salut das Turnfest offiziell für eröffnet erklärt.

26./27. Juli Das Oberlandesgericht verhandelt gegen mehrere Mitglieder der Sozialistischen Arbeiterpartei wegen illegaler politischer Tätigkeit. Der Vorsitzende des Stuttgarter Jugendverbandes wird wegen Anstiftung zur »proletarischen Revolution« zu einer zweijährigen Gefängnisstrafe verurteilt.

27. Juli Neben den eigentlichen Turnmeisterschaften finden auch in anderen Disziplinen wie Leichtathletik, Degenfechten, Schwimmen und Rudern Wettkämpfe statt. Erstmals bei einem deutschen Turnfest werden auch Wettkämpfe im Wehrturnen ausgetragen (Hindernislauf, Keulenwerfen, Luftgewehrschießen). Es beteiligen sich 70 Mannschaften, von denen die aus Zuffenhausen hinter Kaiserslautern den zweiten Platz belegt.
Das Innenministerium bestellt den Bäckermeister und Landtagsabgeordneten Gotthilf Kächele aus Stuttgart zum Vorsitzenden des Landesverbandes Württemberg der Haus- und Grundbesitzervereine.

28. Juli Auf einer Volksdeutschen Kundgebung in der Stadthalle wendet sich Reichsaußenminister Konstantin Freiherr von Neurath vor allem an die Ausland- und Grenzlanddeutschen und betont, daß das deutsche Volk nun nicht mehr als eine Nation zweiter Klasse behandelt werden könne. Die Grüße der Auslanddeutschen überbringt Dr. Csaki (Rumänien). Am Abend findet auf dem überfüllten Marktplatz unter Beteiligung der saarländischen Turner und der Röchlingschen Werkkapelle eine große Saarkundgebung statt. Vom Balkon des Rathauses spricht der Großindustrielle Hermann Röchling (Saarbrücken). Die Saarländer sehnten sich heim nach dem deutschen Vaterlande, mit dem sie für immer verbunden sein wollten.

29. Juli Nach Einbruch der Dunkelheit findet auf dem Cannstatter Wasen eine Nationale Kundgebung mit Ansprache von Reichspropagandaminister Dr. Joseph Goebbels statt. Von den Stuttgarter Hängen ziehen Tausende von Fackelträgern herab in das Stadion. Presseberichten zufolge sollen sich 500 000 Menschen versammelt haben. »Wir haben«, erklärt Goebbels, »der deutschen Zwietracht den Dolch mitten ins Herz gestoßen, wir haben aus Klassen und Ständen wieder ein Volk geschmiedet.«

AUGUST 1933

30. Juli   Glockengeläut und drei Salutschüsse geben 120 000 — 150 000 Turnern das Zeichen, in mehreren Kolonnen zum Hof des Neuen Schlosses zu ziehen. Sie treffen gegen 10 Uhr dort ein, wo auf einer Ehrentribüne Reichsvizekanzler von Papen, Dr. Goebbels, Prinz August Wilhelm von Preußen und andere Persönlichkeiten Platz genommen haben. Fast drei Stunden defilieren die Turner, Fahnen schwingend, vor dem Neuen Schloß. Besonders herzlich begrüßt werden die deutschen Turner aus dem Auslande, aus Rumänien, Ungarn, Lettland und Estland, von Eupen-Malmedy, den Vereinigten Staaten und Brasilien. Flämische Turner mit ihren schwarz-gelben Fahnen sind in den Festzügen ebenso vertreten wie zahlreiche Vorarlberger in Schützenuniform. Stürmischen Applaus erhalten die Danziger Turner. Viele Turngruppen führen Symbole der Landwirtschaft und des Handwerks ihrer Heimat mit, so die Sachsen Attrappen Meißener Porzellans, die Westfalen riesige Brote, Schinken und große Flaschen mit Korn; die Bergknappen von der Ruhr zeigen die Nachbildung eines Bergwerks, und die Turner von Wesermünde werben als Fischer-Trachten-Gruppe für ihre Heimat. Unter den Schwarzwälder Gruppen fallen vor allem die Villinger Uhrenmänner auf.
Die Schlußveranstaltung des 15. Deutschen Turnfestes wird eröffnet mit einem Chorfesttanz, aufgeführt von 15 000 Turnerinnen. Während des Massenspeerwerfens, an dem sich rund 200 Studenten beteiligen, erscheint »überraschend« Adolf Hitler. Den Höhepunkt der Feier bildet der Einzug von 42 000 Turnern und 17 000 Turnerinnen, die in 40 Kolonnen in die Adolf-Hitler-Kampfbahn einmarschieren. Noch am gleichen Tag verlassen Hitler und von Papen Stuttgart.

1. August   Auf dem Flughafen Stuttgart-Böblingen wird — zunächst nur für den Gütertransport — der Nachtflugverkehr aufgenommen. Das erste Flugzeug übernimmt Güter mit den Bestimmungsorten Berlin, Königsberg, Brüssel, Paris, London, Kopenhagen und Oslo. Ein um 21 Uhr in Stuttgart der Flugpost übergebener Brief erreicht am nächsten Morgen um 8 Uhr London.
Oberbibliothekar Dr. Hermann Haering (Tübingen) wird nach der Pensionierung von Dr. Friedrich Wintterlin neuer Direktor des Staatsarchivs.
Dr. Paul Gehring (Hamburg) übernimmt die Leitung der Bibliothek der TH.

2. August   Das Sondergericht verurteilt einen Stuttgarter Schriftsetzer zu 14 Monaten Gefängnis. Der Angeklagte hatte verschiedentlich verfolgte Kommunisten in seiner Wohnung aufgenommen. Außerdem waren bei einer Hausdurchsuchung 22 Exemplare der Mainummer der illegalen Süddeutschen Arbeiterzeitung sowie ein Revolver und 34 Schuß Munition gefunden worden.
Das Staatsministerium löst die 1920 eingeführten Beamten- und Lehrerbeiräte auf.

3. August   Das Reichsarbeitsministerium hebt eine Entscheidung des Württ. Ärzteverbandes auf, der am 28. April 1933 Dr. Karl Berner wegen angeblicher Unterschlagung und politischer Betätigung im Sinne der KPD die Zulassung als Kassenarzt entzogen und ihn aus dem Vorstand ausgeschlossen hatte.
Die neue Brunnenordnung des Brunnenvereins Bad Cannstatt tritt in Kraft. Heilwasser wird zum Preis von 0,10 RM pro Flasche durch das Aufsichtspersonal abgefüllt; eine ärztliche Verordnung ist vorzuzeigen.
Stellungslose Schauspieler führen auf der Freilichtbühne im Bopserwald Shakespeares »Was ihr wollt« auf.

5. August   Unter Vorsitz von Karl Mayer (Stuttgart) konstituiert sich der Landesverband der württ. Möbelgeschäfte, dem sich etwa 100 Stuttgarter Firmen anschließen.

6. August   Im Bürgermuseum findet der 22. Verbandstag der Württ. Konsumvereine statt. Diese bleiben gemäß einer Verfügung des Reichswirtschaftsministeriums bestehen, müssen sich aber nationalsozialistischen Organen völlig unterordnen.
Zum Gedenken an den 25. Jahrestag der Explosion des Zeppelinluftschiffes LZ 4 bei Echterdingen legt OB Dr. Strölin am Grabe des Grafen von Zeppelin auf dem Pragfriedhof einen Kranz nieder.

7. August   OB Dr. Strölin warnt in einem Aufruf alle Hausbesitzer »vor ungerechtfertigten Mietzinssteigerungen und vor der Ablehnung kinderreicher Familien bei der Wohnungssuche«.
Eine Vorstandssitzung des Vereins württ. Körperschaftsbeamter beschließt in Stuttgart, der Mitgliederversammlung am 23. September 1933 die Selbstauflösung vorzuschlagen.

8. August   Die langanhaltende Trockenheit führt insbesondere in Sillenbuch zu einem akuten Wassermangel. Selbst Maurerarbeiten müssen vorübergehend eingestellt werden. Erneut wird der Anschluß an die Filderwasserversorgung gefordert.

9. August   Im KZ Heuberg werden noch 400 politische Gefangene aus Württemberg festgehalten. Die Politische Polizei warnt in dieser Mitteilung zugleich vor dem Verteilen illegaler Zeitungen und Flugblätter und erklärt, daß künftig auf fliehende Flugblattverteiler geschossen werde.

9.–13. August   Während der Theaterferien wird vor dem Großen Haus unter der

Leitung von Ernst Stockinger das Spiel »Jedermann« von Hugo von Hofmannsthal aufgeführt.

10. August Die Polizei fahndet verstärkt nach Mitgliedern und Anhängern der im geheimen weiterarbeitenden KPD. Bei einer dieser Razzien wird die Führung der württ. KPD in den Gewächshäusern der Wilhelma festgenommen. Der ehemalige Landtagsabgeordnete Albert Fischer wird in einem Versteck in Waldenbuch verhaftet.
Der Vorsitzende des Württ. Offiziersbundes, Generalleutnant a. D. Karl von Teichmann, wird seines Amtes enthoben. Äußerer Anlaß war die von der württ. Politischen Polizei verlangte und von ihm nicht vollzogene Auflösung des Ortsverbandes Oberndorf.
OB Dr. Strölin hält Abstimmungen in den Abteilungen des Gemeinderates für nicht mehr zeitgemäß. Sie seien »grundsätzlich zu unterlassen«. »Es muß genügen, eine übereinstimmende Auffassung des Vortragenden und der Abteilung festzustellen. Kommt ein solches Einverständnis nicht ohne weiteres zustande, so ist der Gegenstand zur weiteren Behandlung zurückzustellen und dem Oberbürgermeister darüber zu berichten. Die Sitzungen selbst sollen Ausdruck einer straffen Führung der Gemeindeverwaltung sein.«

11. August Die Kreisleitung der Stuttgarter NSDAP veranstaltet in der Liederhalle eine Grenzlandkundgebung. Wirtschaftsminister Prof. Lehnich beklagt die Trennung Danzigs vom Reich. Der neue Leiter des Deutschen Ausland-Institut, Prof. Richard Csaki, erklärt unter Beifall: »Wir sind deutscher als je, wir sind auf dem Vormarsch. Es ist ein neues deutsches Weltbewußtsein im Gange.«

13. August Der Württ. Bauern- und Weingärtnerbund hält in Stuttgart seine letzte Mitgliederversammlung ab und beschließt seine Auflösung. Einzige bäuerliche Standesorganisation ist nunmehr die Landesbauernschaft, deren Vorsitzender, Landesbauernführer Arnold, bei der Tagung zugegen ist.
Ein Artikel im Schwäb. Merkur befaßt sich ausführlich mit dem neuen evang. Bischofsamt und sieht dieses in engem Zusammenhang mit dem Führerprinzip: »Einem Oberkirchenrat kann man gehorchen, man kann die Anordnungen und das Handeln solcher Behörden richtig und vortrefflich finden, aber freuen kann man sich nur an einer lebendigen Persönlichkeit, verehren kann man nur einen Führer, entgegenjubeln kann das Kirchenvolk nur einem Bischof, wenn er im Namen der Kirche die Gemeinden besucht und ihnen das warme und starke Gefühl der Zusammengehörigkeit, das nur von Mensch zu Mensch, von Herz zu Herzen, von Auge zu Auge und durch das lebende Wort geweckt und gepflegt werden kann.«

AUGUST 1933

16. August Das Sondergericht verurteilt den früheren Ortsgruppenvorsitzenden der KPD in Lorch wegen Verbreitung der illegalen Zeitung der Roten Hilfe (Das Tribunal) und wegen des Herstellens und Verbreitens von Flugblättern zu zwei Jahren und neun Monaten Gefängnis.
50 Engländer besuchen für 10 Tage Stuttgart. Sie werden vom stellv. OB, Stadtkämmerer Hirzel, begrüßt. Nach einem ausführlichen Besichtigungsprogramm — unter anderem die Villa Berg, das Planetarium und städt. Kleinsiedlungen — äußern sie sich anerkennend über ihren Aufenthalt.

17. August Auf dem Hegelplatz findet eine Trauerfeier für den SA-Mann Paul Scholpp statt. Scholpp starb am 14. August an den Folgen einer Rückenverletzung, die er sich 1932 bei Auseinandersetzungen mit Anhängern der KPD zugezogen hatte. Reichsstatthalter Murr, Innenminister Dr. Schmid und OB Dr. Strölin folgen dem Trauerzug zum Friedhof nach Hedelfingen. Strölin benennt die Gartenstraße in Hedelfingen, wo Scholpp wohnte, in Paul-Scholpp-Straße um.

19. August An mehreren Kirchen werden derzeit umfangreiche Restaurierungsarbeiten durchgeführt. An der Johanneskirche wurden die Außenwände verankert sowie zur Verbesserung der Akustik Kanzel, Chor und Orgel umgebaut. Noch nicht abgeschlossen sind die Instandsetzungsarbeiten an der Pauluskirche. Der Sandstein des Kirchengebäudes hatte durch schwefelhaltige Abgase schon seit längerer Zeit größere Schäden erlitten. Der Innenraum der Erlöserkirche wird renoviert.

20. August Der Leiter der württ. Politischen Polizei, Dr. Hermann Mattheiß, nimmt zu Fragen der Zeitungsverbote Stellung und bemängelt die Diskrepanz zwischen den Loyalitätsbekundungen vieler Zeitungen und deren tatsächlicher Haltung gegenüber dem neuen Staat.
In Feuerbach findet ein großer Aufmarsch der nationalsozialistischen Betriebszellenorganisationen statt. Die Arbeiter zahlreicher Firmen marschieren in mehreren Kolonnen durch die Stadt zur Turn- und Festhalle, wo Gaubetriebszellenwart Friedrich Schulz 18 Fahnen weiht. Zuvor besuchten die Versammlungsteilnehmer Festgottesdienste beider Konfessionen.
Der süddeutsche Musikverband veranstaltet in den oberen Anlagen mit etwa 400 Ausführenden ein Wohltätigkeitskonzert zur Förderung der nationalen Arbeit. Das Konzert beginnt mit dem Choral »Lobe den Herren, den mächtigen König«. Von G. Mahle werden der Marsch »Schwabenland, mein Heimatland« und eine neue Komposition, der nationalsozialistische Verbrüderungsmarsch »Heil Hitler«, gespielt.

AUGUST 1933

23. August Wegen Verbreitung der illegalen Süddeutschen Arbeiterzeitung vom 1. Mai 1933, in der zum politischen Streik aufgerufen wurde, werden drei Reutlinger Arbeiter, 20—26 Jahre alt, vom Stuttgarter Sondergericht zu Freiheitsstrafen bis zu 17 Monaten verurteilt.

25. August Karl Hildenbrand, früherer SPD-Reichstagsabgeordneter und von 1918—1924 württ. Gesandter in Berlin, wird in seiner Wohnung in Berlin-Steglitz verhaftet.
OB Dr. Strölin rügt in einem Aufruf die mangelnde Baudisziplin einzelner Architekten. Er erwarte, »daß sie im Einvernehmen mit der Baupolizei eigensüchtigen und lediglich von wirtschaftlichen Gesichtspunkten aus gestellten Forderungen und Wünschen der Bauherren ernstlich entgegentreten, soweit sie den öffentlichen Interessen zuwiderlaufen«. Gleichzeitig kündigt Strölin den Erlaß einer neuen Ortsbausatzung an.
Durch eine Entscheidung des Treuhänders der Arbeit werden die Löhne in der württ. Holzindustrie neu geregelt. Ziel dieser Maßnahme ist es, die Wettbewerbsverhältnisse anzugleichen und durch Neueinstellungen die Arbeitslosigkeit zu bekämpfen.

26. August In Stuttgart und auf den Fildern wird in einer Großrazzia nach antinationalsozialistischem Schrifttum gefahndet. Die Politische Polizei will noch entschiedener gegen jeden vorgehen, der die in Stuttgart illegal gedruckte Süddeutsche Arbeiterzeitung besitzt oder verteilt.
OB Dr. Strölin wird von Präsident Knapp, dem Leiter der Ministerialabteilung für Bezirks- und Körperschaftsverwaltung, vereidigt. Innenminister Dr. Schmid fordert, höhere gemeinsame Interessen müßten dem Gegensatz zwischen Staat und Stadt weichen.

27. August Die Gemeinderäte von Birkach und Riedenberg beschließen einstimmig, Riedenberg nach Birkach einzugemeinden. Die Eingemeindung von Kleinhohenheim scheitert vorerst daran, daß sie für diese Teilgemeinde eine höhere steuerliche Umlage zur Folge hätte.

29. August Die Stadtverwaltung verkündet ein Arbeitsbeschaffungsprogramm in Höhe von rund 6 Mio. RM. Geplant sind Instandsetzungs- und Ergänzungsarbeiten an städt. Wohn- und Verwaltungsgebäuden sowie Ent- und Bewässerungsarbeiten, Erdarbeiten und Arbeiten des Elektrizitäts-, Gas- und Wasserwerks. Am Stadtrand sollen weitere 150 Siedlungshäuser gebaut werden. Zur Durchführung dieser Vorhaben beantragt die Stadtverwaltung ein Reichsdarlehen von 4,6 Mio. RM.

Eine außerordentliche Mitgliederversammlung der Stuttgarter Milcherzeuger und Milchlieferanten beschließt die Vereinigung der Milchversorgung Stuttgart GmbH mit der Württ. Milchverwertung AG.

30. August Wirtschaftsminister Prof. Lehnich unterrichtet die Presse über die Durchführung des Reichsarbeitsbeschaffungsgesetzes vom 1. Juni 1933 in Württemberg. Die öffentliche Hand erhalte Reichsdarlehen in Höhe von 13 Mio. RM, die hauptsächlich für Bauvorhaben verwendet werden sollten. Zur Arbeitsmarktpolitik erklärt Lehnich: »Die Befriedigung von Luxusbedürfnissen, die häufig nur durch Beschäftigung verschiedener Mitglieder der gleichen Familie ermöglicht wird, muß zurücktreten zugunsten der Schaffung von Beschäftigungsmöglichkeiten für hungernde Volksgenossen«. Die Stadtverwaltung und das Arbeitsamt stellen zehn Forderungen zur Bekämpfung der Arbeitslosigkeit auf. Die These Nr. 1 lautet: Gemeinnutz muß vor Eigennutz gehen. Andere Thesen wenden sich gegen das Doppelverdienertum, gegen Schwarzarbeit und den Zuzug in die Stadt. These Nr. 8 heißt: »Du sollst wissen, daß jede Arbeit ehrt, erst recht der Hände Fleiß ... Denke daran, daß der Führer des deutschen Volkes Handarbeiter war und stolz darauf ist. Darum greife dort zu, wohin man Dich stellt.«

31. August Auf dem Cannstatter Wasen treffen sich zahlreiche Angehörige der HJ Württembergs, um von hier aus den Marsch zum Reichsparteitag in Nürnberg anzutreten.
Dr. Franz Schmid, seit 1928 Direktor der Landesbibliothek, tritt in den Ruhestand. Zu seinem Nachfolger beruft Reichsstatthalter Murr Ministerialrat Theophil Frey vom Kultministerium.
Stadtamtmann Hermann Schöck, seit 1920 Leiter des damals begründeten Presse- und Nachrichtenamtes der Stadtverwaltung, tritt in den Ruhestand.

1. September 27 württ. Ärzten — davon 17 in Stuttgart — wird wegen ihrer nichtarischen Abstammung die Zulassung zur Behandlung von Kassenpatienten entzogen. Drei Stuttgarter Ärzte dürfen wegen ihrer kommunistischen Betätigung nicht mehr praktizieren.
Acht jüdischen Rechtsanwälten in Stuttgart wird eine weitere Tätigkeit am Land- und Oberlandesgericht untersagt.

2./3. September In Untertürkheim werden die deutschen Ringermeisterschaften ausgetragen.

SEPTEMBER 1933

3. September Der Verband württ. Landjäger löst sich auf. Seine Mitglieder schließen sich dem nationalsozialistischen Kameradschaftsbund deutscher Polizeibeamter an.

4. September Das württ. Innenministerium unterrichtet das Reichsinnenministerium über die Gründung der Arbeitsgemeinschaft Stuttgarter jüdischer Jugendbünde für Berufsumschichtung. Ihr gehören u. a. der Berthold-Auerbach-Verein, der jüdische Pfadfinderbund und die Jugendsportabteilung des Reichsbundes jüdischer Frontsoldaten an.
Der Hausbesitzerverein wählt überwiegend NSDAP-Mitglieder in seinen Vorstand.

5. September Stadtrat Friedrich Schulz wird als neuer Dienstvorstand der Stuttgarter Ortskrankenkassen in sein Amt eingeführt. Er löst den kommissarischen Leiter, Oberregierungsrat Hans Ehrlinger, ab.

6. September Die württ. Landwirtschaftskammer wählt auf einer Vorstandssitzung den bisherigen Berichterstatter bei der Zentralstelle für die Landwirtschaft, Landesökonomierat Alfred Jäckle, einstimmig zu ihrem neuen Vorsitzenden. Jäckle löst den Ende August in den Ruhestand getretenen Direktor Dr. Wilhelm Ströbel ab, der seit Februar 1920 die Kammer leitete. Für deren Errichtung setzte sich Ströbel bereits 1909 im württ. Landtag ein. Ströbel gehörte dem Landtag bis Frühjahr 1933 an und war seit 1924 Fraktionsvorsitzender des Bauernbundes und der Bürgerpartei.
Prof. August Weng tritt als zweiter Bundesvorsitzender des Schwäb. Sängerbundes zurück. An seine Stelle rückt Direktor Karl Autenrieth (Bad Cannstatt).

8. September Ein 30jähriger Arbeiter, genannt der »Spatzenbeck von Heslach«, wird vom Schöffengericht als »Rädelsführer« einer Auseinandersetzung zwischen Kommunisten und Nationalsozialisten am 31. Januar 1933 in der Hohenstaufenstraße zu einer Gefängnisstrafe von sieben Monaten verurteilt.

9. September Das Amtsblatt meldet, daß die seit 1919 dem Gemeinderat angehörende Stadträtin Charlotte Armbruster (Zentrum) ihr Mandat niedergelegt hat.
Der Württ. Beamtenbund beschließt auf seiner letzten Vertreterversammlung im Bürgermuseum seine Selbstauflösung. Einzige Standesvertretung der Beamten ist nunmehr der neue Deutsche Beamtenbund.
Der Landesverband der Württ. evang. Arbeitervereine hält eine außerordentliche Mitgliederversammlung ab. Generalsekretär Rudolph (Berlin) berichtet von seinen Verhandlungen mit dem Führer der Deutschen Arbeitsfront, Dr. Ley, und weist auf den kirchlichen Sonderauftrag der evang. Arbeitervereine hin, die auch in Zu-

kunft eine Daseinsberechtigung hätten. Stadtpfarrer Lachenmann (Stuttgart) legt den Verbandsvorsitz nieder.
Die Stadtverwaltung baut im Rahmen ihrer Notstandsarbeiten die Wasserversorgung von Feuerbach, Zuffenhausen und Kaltental aus. Dadurch können 150 Arbeitslose drei Monate lang beschäftigt werden.
Gottfried Feder, Staatssekretär im Reichswirtschaftsministerium, spricht auf Einladung des Kampfbundes der deutschen Architekten und Ingenieure in der Liederhalle über das Thema »Technik und Wirtschaft im neuen Staat«. Da dem Auto die Zukunft gehöre, sei der Bau von Autobahnen mit allen Mitteln zu fördern. Zur Finanzpolitik erklärt Feder, eine »von der Zinsknechtschaft freie Finanzierung« sei die Voraussetzung eines notwendigen wirtschaftlichen Aufschwungs. Dazu sei es aber notwendig, die schädliche Goldwährung aufzugeben.
3000 Angehörige der SA und des Stahlhelms kehren von einem »Übungsmarsch« zum Nürnberger Reichsparteitag zurück. Sie waren dort am 4. September aufgebrochen. Die Übung endet mit einem Paradmarsch auf dem Schloßplatz.

10. September Der evang. Jungmännerbund Württembergs feiert sein Bundesfest mit Gottesdiensten in der überfüllten Stiftskirche, in der Leonhards-, Hospital- und Friedenskirche. Landesbischof Wurm betont in der Stadthalle den unauflöslichen Dreiklang von christlich, national und sozial.
Die Stuttgarter Berufsfeuerwehr leistet Hilfe bei der Bekämpfung des Großbrandes in Öschelbronn bei Pforzheim.

10./11. September Kirchweihe und Jahrmarkt in Feuerbach.

11. September Landesbischof Wurm eröffnet mit einem Festgottesdienst in der Stiftskirche den dritten Landeskirchentag. Unter den Ehrengästen sind auch Finanzminister Dr. Dehlinger und OB Dr. Strölin.
Im Kultministerium konstituiert sich unter Vorsitz von OB Dr. Klaiber (Esslingen) die Württ. Landesbühne, die an die Stelle der früheren Württ. Volksbühne tritt.

11./12. September Der Reichsluftschutzbund wirbt mit mehreren Vorträgen in der TH für den Gedanken des Luftschutzes.

12. September Beim städt. Baupolizeiamt in der Markthalle wird eine Beratungsstelle für Luftschutzbauten eingerichtet.
Der Landeskirchentag versammelt sich im Festsaal des Furtbachhauses. Landesbischof Wurm bedauert die vor allem durch die Deutschen Christen entstandene Gruppenbildung innerhalb der Kirche. Den Versuch der Deutschen Christen, eine Ver-

SEPTEMBER 1933

bindung zum Nationalsozialismus herzustellen, weist er nicht ausdrücklich zurück. »Wenn man aber die Motive und Ziele einer Bewegung billigt«, sagt er, »so ist man deshalb noch nicht verpflichtet, auch ihre Taktik immer für glücklich zu halten.« Die Verhandlungen des Kirchentages leitet als Alterspräsident Staatsrat Rau. »Im Vertrauen auf den uns von Gott geschenkten Führer Adolf Hitler und im gemeinsamen Bekenntnis zum Evangelium« seien alle Gruppierungen der Kirche miteinander verbunden.
Bei der Wahl des Präsidenten des Landeskirchentages erhält der Vertreter der Deutschen Christen, Dr. Karl Steger, 57 von 59 Stimmen. Die Angehörigen der Evang.-Kirchlichen Arbeitsgemeinschaft erklären sich zur Zusammenarbeit mit den Deutschen Christen und der Volkskirchlichen Gruppe bereit und wollen »zu dem Staate unseres Volkskanzlers Adolf Hitler eine durchaus bejahende Stellung einnehmen«. Sie betonen jedoch die Eigengesetzlichkeit der Kirche, »die ihre letzten Weisungen allein aus dem Worte Gottes und dem Evangelium unseres Herrn Christus holen darf«.

13. September Der Landeskirchentag stimmt einem Antrag der Glaubensbewegung der Deutschen Christen zu, das Gesetz zur Wiederherstellung des Berufsbeamtentums auch im kirchlichen Bereich anzuwenden. Allerdings soll das Gesetz keine rückwirkende Rechtskraft erlangen und nicht auf bereits im Dienst befindliche nichtarische Theologen bezogen werden.

14. September Das Staatsministerium erläßt eine »Verordnung über die Einziehung volks- und staatsfeindlichen Vermögens«. Geld- und Sachvermögen sowie Rechtsansprüche der SPD und KPD sowie ihrer Hilfsorganisationen werden zugunsten des Landes Württemberg eingezogen.
Das Schöffengericht verurteilt einen Möbelhändler schon vier Tage nach seiner Verhaftung wegen Devisenvergehens zu fünf Monaten Gefängnis.
Die Obermeister der 81 württ. Bäckerinnungen beraten in Stuttgart über den Brotpreis. Aufgrund des gefallenen Mehlpreises schlagen sie vor, vom 18. 9. 1933 an das Gewicht der Wecken von 55 auf 60 Gramm zu erhöhen (statt den Preis von 4 auf 3 Pfennig zu senken). 1 Kilogramm Roggenbrot kostet nunmehr 31 Pfennig (bisher 33 Pfennig). 1 kg Weißbrot 42 Pfennig (bisher 46 Pfennig).

15. September Die Zeitungen gedenken des letzten Luftangriffs auf Stuttgart vor 15 Jahren. Damals waren elf Personen ums Leben gekommen und neun weitere verletzt worden. In diesem Zusammenhang wird die Wiedereinführung der Deutschland von den Siegermächten des ersten Weltkriegs vorenthaltenen Luftwaffe gefordert.

SEPTEMBER 1933

16. September   Das Amtsblatt der Stadt Stuttgart kündigt in einem großen Artikel »Der Kampf gegen Hunger und Kälte, verstärkte Naturalfürsorge in Stuttgart« den Beginn der Unterstützungsaktionen des Winterhilfswerks an. OB Dr. Strölin und Wohlfahrtsreferent Ettwein treffen zur Klärung einzelner Fragen mit dem Landesführer des Winterhilfswerks in Württemberg, Oberregierungsrat Karl Mailänder, zusammen. Es wird vereinbart, im Oktober 15 000 Zentner Kartoffeln zu verteilen. Eine zweite Zuweisung ist für das Frühjahr 1934 vorgesehen.
Auch an den Gerichten wird die Durcharbeitszeit eingeführt. Dienststunden 7 bis 16 Uhr, samstags 7—13 Uhr.
Die Landesversammlung der württ. Haus- und Grundbesitzervereine berät über Maßnahmen zur Entlastung des Hausbesitzers. Der Vorsitzende Kächele fordert die Abschaffung der Hauszinssteuer.
Auf dem Leonhardsplatz findet ein Filderkrautmarkt statt. Angeboten werden 30 Zentner zu je 5 RM.

16.— 18. September   Kirchweihe in Botnang.

17. September   Der Württ. Lehrerverein löst sich auf. Seinen Mitgliedern wird der Beitritt zum NS-Lehrerbund nahegelegt. Die Württembergische Lehrerzeitung erscheint am 30. September letztmals, für alle Lehrer wird die Zeitschrift Der deutsche Erzieher verbindlich.
15 000 Teilnehmerinnen kommen zum zweiten württ. Obergautreffen des BDM nach Stuttgart. Oberbannführer Stierling kündigt auf einer Kundgebung in der Stadthalle den Aufbau selbständiger Lager des weiblichen Arbeitsdienstes an. Der stellv. Gauleiter Friedrich Schmidt erklärt, die Mädchen sollten keine weibliche SA werden.
Vor dem Großen Haus findet letztmals im Sommer 1933 eine Freilichttheateraufführung statt (»Rienzi« von Richard Wagner).
Im Kronprinzenpalais wird die von der Graphischen Sammlung der Staatsgalerie veranstaltete Ausstellung Von Krieg zu Krieg eröffnet.

18. September   In ganz Württemberg findet eine große Razzia nach Bettlern und Landstreichern statt. In Stuttgart erfolgen 115 Festnahmen. 15 Personen kommen vor den Schnellrichter und werden je nach Alter zu drei- bzw. vierwöchigen Gefängnisstrafen mit anschließender Einweisung in geschlossene Fürsorgeanstalten verurteilt. Fünf der Angeklagten sind zwischen 60 und 73 Jahre alt.
Von den Kirchen, dem Roten Kreuz und dem Volksbund für das Deutschtum im Ausland wird im Haus des Deutschtums der württ. Landesausschuß Brüder in Not

SEPTEMBER 1933

gegründet, der hauptsächlich die Rußland-Deutschen unterstützt.

Das städt. Wohnungsamt wird nach Rücksprache mit dem Haus- und Grundbesitzerverein und dem Mieterverein als unentgeltliche Schlichtungsstelle in Mietstreitigkeiten eingesetzt.

Generalmusikdirektor Prof. Karl Leonhardt dirigiert in der Liederhalle ein Sinfoniekonzert zu Ehren des kürzlich verstorbenen früheren Leiters der Stuttgarter Hofoper, Max von Schillings.

Der Film »Hitlerjunge Quex« hat im Universum Premiere.

19. September Die Stuttgarter Handelskammer beschließt die Errichtung eines kaufmännischen Ehrengerichtes, das Verstöße gegen die hergebrachten Grundsätze von Treu und Glauben im Geschäftsverkehr ahnden soll.

Franz Schofer vom Gesamtverband der deutschen Angestellten spricht vor der Stuttgarter Ortsgruppe des deutschen Technikerverbandes über das Thema »Die Deutsche Arbeitsfront und der ständische Gedanke im nationalsozialistischen Staat«.

20. September Das Deutsche Ausland-Institut hält seine Jahresversammlung ab, an der als Ehrengäste auch Prof. Dr. Karl Haushofer (Berlin), der Begründer der Geopolitik in Deutschland, sowie der Danziger Senatspräsident Dr. Hermann Rauschning teilnehmen. OB Dr. Karl Strölin wird neuer Vorstandsvorsitzender des Instituts, die Geschäftsleitung übernimmt Prof. Dr. Richard Csaki. Unter Berufung auf Reichsaußenminister Freiherr von Neurath erklärt Strölin: »Wir, die wir den Krieg miterlebt haben, wissen, daß es nichts Sinnloseres und Menschenunwürdigeres geben kann als den modernen Krieg. Aber wir wissen auch, daß es für ein Volk nichts Höheres, Heiligeres geben kann als die Verteidigung seiner Ehre, seiner Freiheit und seiner völkischen Einheit. Und so werden wir Deutschen nicht ruhen, bis wir neben der inneren Freiheit, die wir uns durch die deutsche Revolution eroberten, auch die äußere Freiheit wieder gewonnen haben, die für uns in der Anerkennung der Gleichberechtigung in der Welt verkörpert ist.«

21. September Die Württ. Lichtspieltheaterbesitzer verpflichten sich auf einer Verbandstagung im Kunstgebäude, sich in den Dienst der nationalsozialistischen Kulturpolitik zu stellen.

22. September Commentatore Stalteri, der Leiter des Faszio Italiano, zuständig für Württemberg, Hohenzollern, Baden, Pfalz und Hessen-Nassau, mit dem Dienstsitz in Stuttgart, Kronenstraße 31, stattet Staatssekretär Waldmann einen Höflichkeitsbesuch ab.

Robert Bosch wird von Hitler zu einer privaten Unterredung empfangen. Über das

SEPTEMBER 1933

Gespräch äußert sich Bosch zu einem Freund: »Das will ein Staatsmann sein und weiß nicht, was Gerechtigkeit ist.«

23. September Staatssekretär Waldmann eröffnet auf dem Kochenhofgelände die Ausstellung Deutsches Holz für Hausbau und Wohnung. Mit Unterstützung der Stadt, die preisgünstiges Baugelände zur Verfügung stellte, wurden, teilweise ganz aus Holz, 25 Siedlungshäuser errichtet. Der Architekt Prof. Paul Schmitthenner stellt diese Siedlung, die geprägt sei von bodenständiger deutscher Art, in bewußten Gegensatz zu der benachbarten »undeutschen« Weißenhofsiedlung.
Zwei Straßen der Kochenhofsiedlung werden nach Stuttgarter Malern benannt: nach dem Grafen Leopold von Kalckreuth, der von 1899 bis 1907 als Professor an der Akademie wirkte, und nach Carlos Grethe, der von 1899 bis 1913 ebenfalls der Akademie als Professor angehörte.
Der Ausbau des Dürrbachs in Hedelfingen und die Verbreiterung der Rohrackerstraße geben 75 Arbeitslosen drei Monate Beschäftigung.
Die Württ. Staatstheater beginnen die Theatersaison 1933/34 mit zwei Neuinszenierungen. Im Großen Haus wird die Oper »Der Freischütz« von Carl Maria von Weber in der Inszenierung des Generalintendanten Otto Krauß aufgeführt. Der eigentlichen Theateraufführung voraus geht eine kurze politische Feier mit einem Heil auf den Reichskanzler Adolf Hitler und dem Gesang des Horst-Wessel-Liedes.
Der Württ. Kunstverein zeigt auf seiner Herbstausstellung vor allem Arbeiten von Carlos Grethe, Wilhelm Geyer, Ernst Grasser, H. G. Kißling, Martin Nicolaus und Edmund Steppes.
Die in Vaduz tagende Hauptversammlung des deutschen und österreichischen Alpenvereins verlegt für die Jahre 1934 bis 1938 ihren Vereinssitz von Innsbruck nach Stuttgart.

23./24. September Die Jugendgruppe des Deutschen Handlungsgehilfen-Verbandes veranstaltet eine Führertagung. Den Auftakt bildet eine Abendfeier unter dem Motto »Arbeiter und Soldaten — die Gestalter des neuen Reiches«.

24. September Der seit 73 Jahren bestehende Württ. Notariatsverein beschließt seine Selbstauflösung. Seine Mitglieder schließen sich den Fachgruppen Notare und Rechtspfleger des Bundes Nationalsozialistischer Deutscher Juristen an.
Die im Oktober 1931 selbständig gewordene evang. Kirchengemeinde in Sillenbuch feiert die Einweihung der Lutherkirche. Die von dem Architekten Emil Weippert erstellte Kirche verfügt im Hauptraum über 400 Sitzplätze. Eine farbige Majolikaarbeit in der Vorhalle — den kreuztragenden Christus darstellend — stammt von Jakob Brüllmann. Die vier Reliefs der Evangelistensymbole am Altar

SEPTEMBER 1933

schuf der Sillenbucher Bildhauer Helmut Uhrig, die Glasbilder des Chores die Kunstmaler Ernst Graeser und Karl Bauer.

Im Kleinen Haus spricht vor der Aufführung des Schauspiels »Die Hermannsschlacht« von Heinrich von Kleist Ministerpräsident und Kultminister Mergenthaler. Er sieht einen inneren Zusammenhang zwischen den heroischen Gestalten dieses Schauspiels und der nationalsozialistischen Revolution, die erst die Aufführung eines solchen Stückes möglich gemacht habe. Die Schauspielergeneration vor 1933 sei dazu wegen ihres pessimistischen Grundzuges nicht in der Lage gewesen. Die Inszenierung des Schauspiels besorgt der neue Oberspielleiter Karl Hans Böhm. Christian Kayßler als Hermann und Mila Kopp als Thusnelda spielen die Hauptrollen.

26. September Landgerichtsrat Dr. Hermann Mattheiß, der Leiter der württ. Politischen Polizei, sagt auf einer Kreisleitertagung in Stuttgart, auch in Württemberg zeigten sich leise Anzeichen einer »feudalen Reaktion«. Allen »reaktionären Restbeständen« werde aber entschieden entgegengetreten werden. »Unsere Kameraden im Braunhemd haben nicht geblutet, haben nicht unmenschliche Verfolgungen auf sich genommen, um im neuen Staat irgendeine Opposition zu dulden.«

27. September Das Oberlandesgericht Stuttgart verurteilt in nichtöffentlicher Sitzung zwei Untertürkheimer Arbeiter, die im Januar 1933 »hochverräterische« kommunistische Schriften verteilten, zu je 15 Monaten Gefängnis unter Anrechnung einer vierteljährigen Untersuchungshaft. Ein dritter Angeklagter wird freigesprochen.

Das Staatsministerium berät über ein neues Arbeitsbeschaffungsprogramm. Zur Bekämpfung der Arbeitslosigkeit sollen auf dem Wege der Anleihe bis zu 4 Mio. RM aufgenommen und Straßenbauarbeiten sowie Korrekturen von Fluß- und Bachläufen vorgenommen werden.

Der Cannstatter Septembermarkt findet wieder als Vieh-, Faß-, Kübler- und Holzmarkt statt.

28. September Das Landgericht verurteilt den früheren Stadtrat Franz Bellemann (KPD) wegen Fortsetzung seiner Tätigkeit für den verbotenen Verband proletarischer Freidenker zu einem Jahr Gefängnis. Drei Mitangeklagte erhalten Gefängnisstrafen zwischen drei und neun Monaten.

In den städt. Hallenbädern — Stadtbad Büchsenstraße, Mineralbad Cannstatt und Heslach — werden Familienbadezeiten eingeführt. Aus technischen Gründen muß diese Maßnahme für das Stadtbad Ostheim auf später verschoben werden.

29. September Die Scharnhorst-Jugend wird im Rahmen einer Feier auf dem

Karlsplatz in die HJ eingegliedert. Ihre Fahne übergibt sie dem Frontkämpferverband Stahlhelm.

30. September   Der Württ. Philologenverband löst sich auf. Die Mehrzahl seiner Mitglieder geht in den NS-Lehrerbund.

Der Vorsitzende des Württ. Sparerbundes, Oberschulrat Adolf Bauser (Stuttgart), wird aus politischen Gründen von der Ministerialabteilung für Bezirks- und Körperschaftsverwaltung seines Amtes enthoben.

Das Stuttgarter Schauspielhaus, nunmehr unter der Leitung von Erik Haffner den Württ. Staatstheatern angegliedert, eröffnet die neue Spielzeit mit einem Gastspiel der Ganghofer-Thoma-Bühne von Egern/Tegernsee: »Die Heimkehr des Matthias Bruck« von Sigmund Graff.

Der evang. Prälat D. Theodor Traub tritt in den Ruhestand. Traub wurde 1913 zum Stadtdekan ernannt; 1922 erhielt er den Titel Prälat. Er leitete von 1891 bis 1901 den Landesverband Württemberg der evang. Arbeitervereine. OB Dr. Strölin würdigt die Verdienste Traubs.

Ebenfalls in den Ruhestand tritt der Leiter der evang. Diakonissenanstalt Stuttgart, Pfarrer Otto Ris. Er hatte 1924 die ersten Schwestern zur Übernahme des deutschen Krankenhauses in Peking entsandt. Sein Nachfolger wird Pfarrer Hermann Walz.

1. Oktober   Stuttgart begeht mit vier großen Festzügen (Hauptfestzug: Bauern und Weingärtner) unter Beteiligung der 45 ortsansässigen Vereine den Deutschen Erntedanktag. Die Festzugteilnehmer und Tausende von Stuttgartern treffen sich zu einer Abschlußkundgebung auf dem Cannstatter Wasen. Kreisleiter Maier feiert das Bauerntum als den »Urquell der nationalen Kraft«. Außer ihm sprechen Gauleiter Wilhelm Murr und der stellv. Landesbauernführer Albert Schüle (Wolfenbrück). Im Mittelpunkt der Feier stehen die über Rundfunk und Lautsprecher übertragenen Reden Hitlers und des Reichsbauernführers Darré vom Erntedankfest auf dem Bückeberg bei Hameln. Am Vormittag fand auf dem Marktplatz ein auch von Abordnungen der Reichswehr, des Stahlhelms, der Polizei, der SA und SS besuchter Erntedankgottesdienst statt. Als Folge dieses festlich begangenen Erntedanktages fällt das Cannstatter Volksfest 1933 aus.

Wie überall im Reich wird auch in Stuttgart für das Winterhilfswerk gesammelt. In den Gaststätten wird ein Eintopfgericht angeboten. Da aber vielfach nur zehn Pfennig pro Essen zugunsten des Winterhilfswerkes abgeführt werden, übt die Stuttgarter Kreisleitung der NSDAP Kritik an dieser Aktion. Das Eintopfessen soll an jedem ersten Sonntag der Wintermonate wiederholt werden, und zwar als

OKTOBER 1933

Normalgericht zu 1 RM je Gericht, wovon dann 50 Pfennige dem Winterhilfswerk zu überweisen sind.

Bischof Dr. Sproll weiht den neuen Hochaltar der kath. St.-Martinskirche in Bad Cannstatt. Verbunden damit ist die 75-Jahr-Feier dieser Kirche, die bis 1858 als Getreidescheuer gedient hatte.

Wiedereröffnung des Friedrichsbautheaters. Intendant Emil Neidhart stellt sein Theater vor als Bühne für gutes Varieté, kleinere Einakter und schwäbische Heimatstücke. Großen Erfolg am ersten Abend hat Willy Reichert mit dem von ihm in Szene gesetzten Einakter »Wie werde ich energisch?«.

2. Oktober Fellbach gibt die seit 1907 bestehende eigene Gaserzeugung auf und wird nunmehr von Stuttgart aus versorgt. Die jährliche Gasabnahme Fellbachs wird auf 900 000 m³ geschätzt.

Sinfoniekonzert in der Liederhalle mit Hans Knappertsbusch (München) als Gastdirigent.

2./3. Oktober Die Kreisleitung der Stuttgarter NSDAP beruft 2 400 Amtswalter zu einer Tagung ein. OB Strölin spricht über Fragen der städt. Arbeitsbeschaffung und wendet sich in diesem Zusammenhang gegen Schwarzarbeit, Doppelverdienertum und Bettelei. Staatssekretär Waldmann lehnt eine schematische Regelung des Doppelverdienertums ab.

2.–14. Oktober Im Anschluß an die Feier zum Erntedanktag findet eine große Kleidersammlung des Winterhilfswerks statt. Die der Sammlung dienenden Lastwagen stellt die Reichswehr zur Verfügung. SA-Männer beteiligen sich an der Haussammlung.

3. Oktober Die Vorstände der Oberämter und die Bürgermeister der größeren Gemeinden treffen sich im Landtag, um mit Vertretern des Wirtschaftsministeriums, des Landesarbeitsamtes, des Sparkassenverbandes und der Landeskreditanstalt über die Arbeitsbeschaffung während der Wintermonate zu beraten.

Durch städt. Baumaßnahmen zu einem Gesamtkostenaufwand von 545 000 RM können etwa 350 Arbeiter für drei Monate beschäftigt werden. Ausgeführt werden Straßen- und Dohlenbauten in den Stadtrandsiedlungen Steinhaldenfeld, Seelachwald (Weilimdorf) und Hoffeld (Degerloch), in den Ringelgärten (Bad Cannstatt) und in der Haldenstraße. In Hedelfingen wird der Verlauf des Dürrbachs korrigiert und am linken Bachufer vom Hedelfinger Platz bis zur Krämerstraße eine Verbindungsstraße gebaut. In Mühlhausen wird die Kläranlage erweitert (43 000 RM), und auf dem Schwanenplatz in Berg werden neue Straßenbahngleise gelegt. In Gaisburg

wird die Straßenbahnlinie von der Ulmer Straße bis zur Wangener Straße fortgeführt.
Der Generaldirektor der deutschen Reichsbahngesellschaft, Dr. Julius Dorpmüller, besichtigt Stuttgarter Verkehrsanlagen. Zuvor nahm er an einer Probefahrt von München nach Plochingen mit einer neuen elektrischen Schnellzuglokomotive teil, die eine Spitzengeschwindigkeit von 152 km/Stunde erreichte.
Der Reichsleiter der Glaubensbewegung Deutsche Christen, Johannes Hossenfelder, bekennt sich in einem Vortrag in der Liederhalle zum Dritten Reich: »Ein neuer Weltentag Gottes ist angebrochen... Die neue Welt, die geworden ist, nennen wir das Dritte Reich. Der Mensch des Dritten Reiches ist der Arbeiter der Stirn und der Faust, der beseelt ist von einer letzten Liebe zum Opfer, zum Volk. Diesem Menschen gilt es, das Evangelium zu verkündigen, und wie die Kirche den Weg zum Ritter und zum Bürger fand, muß sie den Weg zum braunen Manne finden. Das bedeutet, daß sie eine neue Sprache sprechen und andere Wege gehen muß.«

4. Oktober Zuchthausstrafen von fünf bzw. zwei Jahren spricht das Stuttgarter Sondergericht aus gegen fünf Nürtinger Kommunisten, die am 9. 12. 1932 einen Eisenbahnwagen durch einen Sprengstoffanschlag beschädigt hatten. Ihre Absicht war es, durch die Sprengung zu verhindern, daß eine Nürtinger Familie nach Zwangsräumung ihrer Wohnung in den Eisenbahnwagen eingewiesen werden konnte. Zwei weitere Angeklagte dieses Prozesses werden am 1. November zu zwei Jahren Zuchthaus bzw. zu drei Monaten Gefängnis verurteilt.

5. Oktober Viele Geschäftsleute stellen in ihren Schaufenstern das Schild »Deutsches Geschäft« auf. Berechtigt dazu sind nur Firmeninhaber, die ebenso wie ihre Ehefrauen arischer Abstammung sind und ohne jüdisches Kapital arbeiten.
Bei der Einweihung eines neuen Kindergartens in der Marienanstalt, Katharinenstraße 4, weist der Leiter des städt. Jugendamtes, Friedrich Aldinger, darauf hin, daß Stuttgart mit seiner Kinder- und Jugendpflege mit an der Spitze des Reiches stehe.
Kartoffelgroßmarkt auf dem Leonhardsplatz. Angebot von 450 Zentnern zu 2,80 bis 3,00 RM.
Kommerzienrat Eugen Anhegger, seit 1894 Vorstandsmitglied und von 1923 bis Anfang 1933 Vorsitzender der Industrie- und Handelsbörse Stuttgart, verstorben.

7. Oktober Das Oberlandesgericht verurteilt in nichtöffentlicher Sitzung einen 27 Jahre alten Schlosser aus Aalen wegen versuchten Landesverrates und Verrates militärischer Geheimnisse zu einer zweijährigen Zuchthausstrafe. Die Anklage warf ihm vor, im Februar 1933 an eine KPD-Zeitung Meldungen über eine angebliche deutsche Luftrüstung weitergegeben zu haben.

OKTOBER 1933

Der Rektor der TH, Prof. Heinz Wetzel, nimmt zu städtebaulichen Fragen Stellung und begrüßt die neue Kochenhofsiedlung als Typ »der Dorf- und Landstadtpoesie«.

8. Oktober Der Gauobmann der nationalsozialistischen Betriebszellenorganisation, Friedrich Schulz, weiht in der Stadthalle 125 Fahnen von Betriebsangehörigen Stuttgarter Firmen. Zuvor finden Festgottesdienste in der Stifts- und Marienkirche sowie ein großer Umzug durch die Stadt statt.
Die Olgaschwestern weihen ihr von Prof. Walter Heß erbautes Feierabendhaus in der Hackstraße ein.
Der Verband württ. Gewerbevereine betont bei seiner Generalversammlung die Notwendigkeit mittelständischer Organisationen.
Eine Gedenkfeier aus Anlaß des 250. Jahrestages der Befreiung Wiens von den Türken (im Jahre 1683) vereint in der Liederhalle zahlreiche Offiziere der alten kgl. württ. Armee mit Angehörigen der Reichswehr und des Stahlhelms. Die Festrede hält General von Soden.

9. Oktober Das württ. Innenministerium löst auf Ersuchen des Reichsinnenministeriums den Tannenbergbund sowie den Verein Das Deutschvolk e. V. auf.

10. Oktober Im Berliner Ufa-Palast am Zoo wird der Stuttgarter Turnfestfilm in Anwesenheit von OB Strölin uraufgeführt.
Staatsrat a. D. D. Dr. h. c. Heinrich von Mosthaf, von 1904 bis 1918 Leiter der Zentralstelle für Gewerbe und Handel, verstorben. Mosthaf wirkte zuvor einige Jahre als Berater der japanischen Regierung in Fragen der öffentlichen Verwaltung.

11.—16. Oktober Im Rahmen einer Luftschutz-Werbewoche finden am 12. 10. im Eberhard-Ludwig-Gymnasium praktische Vorführungen statt: Umgang mit Atemschutzgeräten und Löschen von Phosphor- und Brandbomben.

12. Oktober Auf Anordnung von OB Dr. Strölin müssen die städt. Arbeiter spätestens drei Monate nach Vollendung des 65. Lebensjahres aus dem Dienst scheiden, damit Arbeitslose eingestellt werden können.
Die Sängerin Sigrid Onegin gastiert in der Liederhalle.

14. Oktober Die Stuttgarter Kreisleitung der NSDAP veranstaltet eine große Österreich-Kundgebung, auf der auch der Gebietsführer der württ. HJ, Heinrich Wacha, der selbst aus Österreich stammt, sowie der Gauleiter von Tirol, Franz Hofer, und der Gauleiter von Kärnten und Osttirol, Hans von Kothen, sprechen.
Geheimrat Hermann Roehm, der Vorsitzende der württ. Arbeitsgemeinschaft für deutsche Ware, eröffnet im Festsaal des Stadtgartens eine Werbewoche (15.—22.)

für das Handwerk. Die Stadtverwaltung unterstützt diese Aktion mit Aufrufen wie »Gebt dem Handwerk Arbeit«, »Vergib jetzt Arbeiten«. Im Verlauf der Handwerkerwoche finden mehrere Aufmärsche und Kundgebungen statt, auf denen auch die Bischöfe Wurm und Sproll sprechen. Bei einem Feldgottesdienst auf dem Schloßplatz weiht Pfarrer Ettwein zahlreiche mit dem Hakenkreuz versehene Innungsfahnen.
Erstaufführung der Komödie »Wetter veränderlich« von Eugen Gürster im Kleinen Haus.
In der Naturaliensammlung wird der im Juli 1933 bei Steinheim an der Murr gefundene Urmenschenschädel erstmals bei einer Führung des Württ. Anthropologischen Vereins der Öffentlichkeit gezeigt.

15. Oktober Vor dem Neuen Schloß kommen etwa 10 000 Handwerksmeister, Gesellen und Lehrlinge zu einem Feldgottesdienst mit anschließender Fahnenweihe zusammen. Beethovens »Die Ehre Gottes in der Natur« wird von 2 000 Sängern des Schwäb. Sängerbundes aufgeführt. Der von Pfarrer Ettwein gestaltete Gottesdienst endet mit dem Choral »Ein' feste Burg ist unser Gott«. Zum Abschluß der Feier singen die Versammelten das Deutschland- und das Horst-Wessel-Lied. Am Nachmittag findet mit Musik, Fahnen und etwa 100 geschmückten Werbewagen des Handwerks ein großer Umzug von der Neckarstraße zum Hegelplatz statt, wobei sehr viele Handwerker ihre Berufskleidung tragen.
Bischof Sproll weiht in Botnang die von Regierungsbaumeister Schlösser erbaute St.-Klemens-Maria-Hofbauer-Kirche. Mit dieser ist eine Niederlassung der Redemptoristenpatres verbunden.

16. Oktober Die Straßenbahnlinie 22 von Bad Cannstatt über den Wasen zur Talstraße in Gaisburg wird eröffnet.
Die Stuttgarter Volksbühne e. V. löst sich auf. Ihre Nachfolge übernimmt die Ortsgruppe Stuttgart der am 21. März 1933 gegründeten »Deutschen Bühne«. Die Württ. Staatstheater zeigen am 17. Oktober als erste Vorstellung dieser neuer Theaterorganisation im Großen Haus die Oper »Der Wildschütz« von Lortzing.
Das Rote Kreuz beginnt seine Wintervortragsreihe mit einem Referat zum Thema »Rassenpflege im neuen Reich«.

18. Oktober Mehrere Angehörige der KPD, Mitglieder des Kampfbundes gegen den Faschismus, werden vor dem Sondergericht angeklagt, verbotene Presseerzeugnisse wie Die Süddeutsche Arbeiterzeitung, das Tribunal und den Roten Sportler verteilt und Spenden für die Rote Hilfe gesammelt zu haben.
Geheimer Oberbaurat a. D. Richard von Glocker, Vorsitzender der Schloßgartenbau AG, verstorben.

OKTOBER 1933

19. Oktober   Auf einer Versammlung der Kreisbauernführer in Stuttgart wird festgelegt, daß lediglich die NSDAP Veranstaltungen für die Reichstagswahl am 12. November 1933 abhalten darf. Berufs- und Standesorganisationen sind lediglich zur Mithilfe berechtigt.
BM Dr. Ludwig weiht das neue Schulhaus im Steinhaldenfeld ein.

20. Oktober   Reichsstatthalter Gauleiter Murr erklärt im Landtagsgebäude auf einer Versammlung der Kreisleiter, der Reichs- und Landtagsabgeordneten aus Württemberg, wer am 12. November 1933 bei der Reichstagswahl nicht abstimme und sich nicht hinter die Reichsregierung stelle, sei ein Landes- und Hochverräter. Beginn der Weinlese. In »Altstuttgart« gibt es noch in Heslach, Gablenberg und Gaisburg Weingärten. Städt. Keltern bestehen in Stuttgart, Bad Cannstatt, Unter- und Obertürkheim, Gaisburg, Wangen, Hedelfingen, Rotenberg, Münster, Mühlhausen, Feuerbach und Zuffenhausen.

21. Oktober   Die Württ. Verwaltungsakademie hält unter Vorsitz ihres Präsidenten, Ministerialdirektor a. D. Hugo Neuffer, ihre 5. ordentliche Mitgliederversammlung ab. Sie konstituiert sich nach einer Satzungsänderung gemäß dem Führerprinzip neu und beruft Staatssekretär Waldmann zu ihrem Präsidenten. Neuer Studienleiter wird als Nachfolger von Staatsminister a. D. Prof. Theodor von Pistorius der Tübinger Prof. Hans Gerber.
Am Vorabend des schwäb. Kriegsopferehrentages findet ein Fackelzug von der Rotebühlkaserne zum Hof des Neuen Schlosses statt. Eine Kundgebung, an der neben vielen anderen Ehrengästen Murr, Mergenthaler und Strölin teilnehmen, versichert alle Kriegsopfer der »unauslöschlichen Schützengrabenverbundenheit«. Strölin begrüßt bei dieser Feier auch 40 Schweizer Offiziere, die in diesen Tagen Stuttgart besuchen.
Die Schwäb. Siedlungsgesellschaft hat im Sommerrain in Bad Cannstatt für 76 Familien Einfamilienhäuser errichtet. Stadtrat Reuter betont bei einer Besichtigung, daß durch die Bauarbeiten mehr als vier Monate lang 46 Handwerksmeister und 342 Arbeiter und Gesellen beschäftigt wurden. Auf dem Steinhaldenfeld errichtet die Stuttgarter Siedlungs GmbH eine weitere Stadtrandsiedlung. Sie stellt vom 22. Oktober bis 12. November zwei Musterhäuser vor.
Die Firma Kurtz, Spielwarenhandlung, am Marktplatz, besteht seit 100 Jahren.

22. Oktober   Die württ. Regierung versucht durch politischen Druck, in Schutzhaft befindliche Sozialdemokraten für einen Aufruf zugunsten der Reichstagswahl zu gewinnen, und stellt ihre Freilassung in Aussicht.
Mit 35 Sonderzügen kommen Tausende von Kriegsopfern aus ganz Württemberg

OKTOBER 1933

nach Stuttgart. Presseberichten zufolge sollen sich im Hof der Rotebühlkaserne etwa 60 000 Menschen versammelt haben. Nach einem Feldgottesdienst weiht der Führer der Kriegsopfer des Saargebietes, Peter Baltes (Zweibrücken), 300 neue Fahnen der nationalsozialistischen Kriegsopferverbände. Hauptredner der Festveranstaltung ist der Reichsführer der Kriegsopfer, Hanns Oberlindober (Berlin). Schwerkriegsbeschädigte werden besonders ausgezeichnet, sie fahren in 1 200 geschmückten Autos zum Neuen Schloß.

Auf einer Abschlußkundgebung zur Handwerker-Woche betont Wirtschaftsminister Prof. Lehnich den ständischen Charakter des Handwerks. Der neue Staat werde um einen Ausgleich zwischen Industrie und Handwerk bemüht sein.

24. Oktober Die Theatervorstellungen beginnen erst um 22 Uhr. Zuvor wird in den Theatern über Rundfunk die Rede Hitlers zur Reichstagswahl am 12. November 1933 übertragen.

Im Rahmen des Reichsarbeitsbeschaffungsprogramms wird das städt. Kanalnetz instandgesetzt und weiter ausgebaut. Für die Baumaßnahmen sind etwa 1,2 Mio. RM vorgesehen. Für die Zeit von fünf Monaten finden etwa 700 Arbeiter Beschäftigung.

25. Oktober Das Oberlandesgericht verurteilt einen 26jährigen Schneider aus Stuttgart, der Ende August die illegale Süddeutsche Arbeiterzeitung vom gleichen Monat verteilt hatte, zu zwei Jahren und drei Monaten Gefängnis. Das Gericht wertete es als erschwerend, daß einzelne Artikel »hochverräterischer Art« gewesen seien.

Auf ihrer Deutschlandfahrt besuchen 55 italienische Arbeiter-Vertreter Stuttgart. OB Strölin sagt auf einem Empfang im Rathaus, daß nunmehr auch in Deutschland musterhafte Ordnung, Ruhe und Disziplin herrsche, wie sie es von zu Hause gewöhnt seien. Nach einer Stadtrundfahrt werden die Gäste in der Villa Berg auch von Dr. Robert Ley, dem Führer der Deutschen Arbeitsfront, begrüßt.

Der Verein für Württ. Familienkunde hält seine 125. Monatsversammlung ab.

25./26. Oktober Zur Jubiläumsfeier der Stuttgarter Diakonissenanstalt kommen 500 Schwestern aus ganz Württemberg. Pfarrer Hermann Walz spricht über aktuelle Probleme der Diakonie, Pfarrer Richard Fritz über »Die weltanschauliche Grundlage des Nationalsozialismus«.

26. Oktober Reichspräsident von Hindenburg empfängt in Berlin OB Dr. Strölin. Bei dieser Gelegenheit übergibt Strölin dem Reichspräsidenten den Ehrenbürgerbrief der Stadt Stuttgart.

OKTOBER 1933

Dr. Robert Ley spricht auf einer Mitgliederversammlung der NSDAP des Kreises Stuttgart. Er macht außerdem Werksbesuche bei den Firmen Bosch und Daimler.

28. Oktober Reichskanzler Adolf Hitler hält in der Stadthalle eine Rede zur bevorstehenden Reichstagswahl. Sein Rückweg zum Flugplatz nach Böblingen wird aus Sicherheitsgründen geheimgehalten.
Die letzte Versammlung des Kath. Lehrervereins in der Liederhalle beschließt nach dem Eintritt vieler Mitglieder in den NS-Lehrerbund die Selbstauflösung.

28./29. Oktober Tausende von Lehrern kommen zum 1. Schwäb. Erziehertag nach Stuttgart. Ministerpräsident und Kultminister Mergenthaler eröffnet aus diesem Anlaß die Ausstellung Rasse und Erziehung. Auf verschiedenen Veranstaltungen wird die Forderung nach der »einen deutschen Schule« erhoben und gegen das Trennende der Konfessionsschulen polemisiert.

29. Oktober Der Schwäb. Merkur veröffentlicht folgendes Gedicht:
»Gruß an den Führer
Heil dem Führer, der den Zagen / Glauben, Mut und Hoffnung leiht, / Der uns hoch emporgetragen / Über Hader, Haß und Streit! / Daß der Ehre Pfad aufs neue / Er uns weist mit fester Hand, / Dank es ihm durch Lieb und Treue, / Dank ihm's, deutsches Vaterland!«
Der am 23. Oktober 1843 gegründete Männerturnverein feiert sein 90jähriges Bestehen.

30. Oktober Prof. Dr. Hans Gerber (Tübingen) spricht zur Eröffnung des Wintersemesters der Württ. Verwaltungsakademie. Er fordert die politische Erziehung der Beamten im Sinne des Nationalsozialismus. Gleichzeitig beginnt ein bis zum 6. März 1934 dauernder Vorlesungszyklus zum Thema »Rasse — Volk — Staat — Wirtschaft«.
Oberregierungsrat Prof. Dr. Viktor Ernst, bis September 1933 als Historiker beim Statistischen Landesamt tätig, verstorben. Ernst war einer der maßgebenden Vertreter der württ. Landes- und Ortsgeschichte.

31. Oktober Reichsstatthalter Gauleiter Murr begründet vor den Beschäftigten der öffentlichen Betriebe den am 14. Oktober 1933 erfolgten Austritt Deutschlands aus dem Völkerbund und fordert zur Stimmabgabe für die NSDAP bei der Volksbefragung und Reichstagswahl am 12. November 1933 auf.
Herzog Albrecht von Württemberg feiert im Festsaal des Stadtgartens sein 50jähriges Militärjubiläum. Bei dem Empfang sind etwa 500 Offiziere und Soldaten anwesend.

NOVEMBER 1933

1. November Reichspropagandaminister Dr. Joseph Goebbels spricht vor 10 000 Personen in der Stadthalle. Seine mehr als zweistündige Wahlrede steht unter dem Motto »Mit Hitler gegen den Rüstungswahnsinn der Welt«. Sie wird über Lautsprecher auf mehreren Plätzen der Stadt (Marktplatz, Stöckach) übertragen. Die Freiheit des Volkes, sagt Goebbels, stehe über der Freiheit der Meinung. Das Maß der freien Meinung habe sich nach dem Maß der Aufgaben, die zu lösen seien, zu richten. »Wir stehen heute auf festem Grund, hinter uns das Volk, um uns die Partei, vor uns die Idee, über uns die Fahne, wer will da gegen uns sein? Wer sollte vermessen genug sein, zu denken, daß dieses System einmal gestürzt werden könnte?«

Drei jüdische Schüler wurden »zur Entgiftung der politischen Atmosphäre« vom Eberhard-Ludwig-Gymnasium verwiesen. Sie können aber an eine andere staatliche oder private Schule überwechseln.

Die Eberhard-Mittelschule wird zur nationalsozialistischen Versuchsschule bestimmt.

Das durch eine Verordnung des Staatsministeriums vom 12. Oktober 1933 neu geschaffene Technische Landesamt nimmt seine Tätigkeit auf. Es vereint die bisher von verschiedenen Dienststellen wahrgenommenen Aufgaben des Straßen- und Wasser- sowie des Kulturbaus und der Feldbereinigung. Präsident des Technischen Landesamtes wird Baurat Theodor Bauder vom Straßen- und Wasserbauamt Ehingen.

Verwaltungsdirektor Wilhelm Keller, bisher Vorstand der Verwaltungsratschreiberei, wird als Nachfolger von Verwaltungsdirektor Maximilian Epple neuer Leiter des Standesamtes.

2. November Der Landesverband der württ. Gaswerke hält im Rathaus seine Jahresversammlung ab. Der Vorsitzende, TWS-Direktor Dr. Nübling, referiert über Fragen der Energiewirtschaft und des Wettbewerbs zwischen den verschiedenen Energiearten.

Auf Einladung der Buchhandlung Lindemann liest Manfred Hausmann aus seinem noch ungedruckten Roman »Die Herren der Welt«, ferner aus »Salut gen Himmel« und »Abel mit der Mundharmonika«.

4. November Die evang. Gesamtkirchengemeinde Bad Cannstatt gedenkt im Kursaal des 450. Geburtstags Martin Luthers. Die Feier steht unter dem Motto »Luther und wir Deutschen«. Es wird das Spiel »Luther der Kämpfer« von Otto Bruder aufgeführt. Stadtpfarrer Otto Beßler nennt es symbolhaft, daß der 10. November, Luthers Geburtstag, und der 12. November, der Tag der Reichstagswahl und Volksabstimmung, so unmittelbar aufeinanderfolgten.

NOVEMBER 1933

Im Großen Haus wird in Anwesenheit des Komponisten Paul von Klenau dessen Oper »Michael Kohlhaas« uraufgeführt. Die Inszenierung besorgte Generalintendant Otto Krauß, die Titelrolle singt Max Roth. Der in Kopenhagen geborene Paul von Klenau wirkte bereits unter Max von Schillings einige Jahre als Korrepetitor und Dirigent am Stuttgarter Hoftheater.
Der Kampfbund deutscher Architekten und Ingenieure befaßt sich in einer Fachgruppentagung mit der Frage der Erziehung der Industrielehrlinge im neuen Staat.

4./5. November   Erstes Landestreffen Südwest des NS-Kraftfahrerkorps (NSKK). Aus Baden und Württemberg kommen 3 500 Fahrzeuge in geschlossenen Kolonnen nach Stuttgart. Auf zahlreichen Transparenten ist zu lesen »Wir wollen kein Volk minderen Rechts sein«. Gleichzeitig wird dazu aufgefordert, am 12. November für die Regierung Hitler zu stimmen.

5. November   Zum zweitenmal findet die Aktion des Eintopfessens zugunsten des Winterhilfswerks statt. In Stuttgart werden dabei 55 000 RM (Württemberg insgesamt: 130 000 RM) erlöst und damit das Ergebnis vom 1. Oktober weit übertroffen. Außerdem gehen in Stuttgart durch eine Sammlung weitere 35 000 RM ein. Die Postbeamten versammeln sich im Dinkelacker-Saal. Bei der Veranstaltung, zu der auch der Präsident der Oberpostdirektion erschienen ist, spricht Bundeswart Janssen (Oldenburg) zum Thema »Der Beamte, seine Organisation und seine Pflichten im Dritten Reich«. Es sei eine Ehrensache, am 12. November für Adolf Hitler zu stimmen.
Der badische Landesbischof D. Kühlewein hält die Festrede beim Jahresfest der Württ. Bibelanstalt in der Stiftskirche. Prälat D. Groß spricht in seinem Rechenschaftsbericht von einer »ungeahnten Steigerung der Bibelverbreitung«. Den Grund dafür sieht er in dem Wiedererwachen eines starken nationalen Bewußtseins.

5.—11. November   Vor jeder Theatervorstellung wird gemäß einer Anordnung des Reichsverbandes Deutsche Bühne auf die Bedeutung der Reichstagswahl hingewiesen.

6. November   In Beisein von OB Dr. Strölin, Polizeigeneral Schmidt-Logan, des Rektors der TH, Prof. Wetzel, und anderer Persönlichkeiten wird in der Torschule eine Gas- und Luftschutzschule eröffnet.
Der Bildhauer Friedrich Thuma wird 60 Jahre alt. Der Württ. Kunstverein zeigt im Rahmen seiner November-Ausstellung eine Auswahl seiner Werke. Außerdem werden Arbeiten des Plastikers Fritz Nuß, der Maler Karl Purrmann, Gustav Schopf, Leo Hubert Braun und anderer Stuttgarter Künstler gezeigt.

Der Aufsichtsrat der Stuttgarter Straßenbahnen AG bestellt Stadtoberbaurat Heinrich Ling zum technischen Leiter.

7. November Das Oberlandesgericht verurteilt den ehemaligen Leiter der KPD in Württemberg, Albert Buchmann, wegen eines Streikaufrufs vom 31. Januar 1933 zu drei Jahren Gefängnis.
Auf einer Kundgebung der NS-Frauenschaft in der Liederhalle aus Anlaß der Reichstagswahl beschränkt OB Dr. Strölin die Tätigkeit der Frauen im wesentlichen auf Erziehung und Fürsorge.

8. November Das Sondergericht verurteilt mehrere Mitglieder des früheren Arbeiterturn- und Sportbundes Untertürkheim wegen illegaler Verbreitung von Druckschriften (Roter Osten, Roter Mercedes) zu Gefängnisstrafen zwischen zwei Monaten und 2½ Jahren.
OB Dr. Strölin fordert im Rathaus die städt. Personalvertreter auf, am 12. November für Hitler zu stimmen. Er habe »eine große Anzahl von Arbeitern« wegen ihrer Ablehnung des NS-Regimes verwarnt.
Bischof Dr. Sproll (Rottenburg) bezieht sich in seinem Wahlaufruf auf das Reichskonkordat vom 20. Juli 1933 und spricht die Erwartung aus, daß dieses Friedenswerk »uns Katholiken unter Ausschluß von Abstrichen, Umdeutungen und Übergriffen erhalten bleibt«.
Landesbischof Wurm hatte bereits am 28. Oktober 1933 in einem Schreiben an die evang. Geistlichen zur Reichstagswahl und zur Volksbefragung über den Austritt Deutschlands aus dem Völkerbund Stellung genommen. Er rechtfertige diesen Schritt: »Das bedeutet nicht den Übergang zu einer kriegerischen Politik, aber eine nicht überhörbare Wahrung der Ehre unseres Volkes und ein Protest gegen die unwahrhaftigen Methoden der hochgerüsteten Staaten, die es fertigbringen, die eigene Sicherheit durch das völlig schutzlos daliegende Deutschland für bedroht zu erklären«.
Im Hof des Neuen Schlosses versammeln sich Professoren und Studenten der TH zu einer Kundgebung und verpflichten sich zur Stimmabgabe für Hitler.
Oberregierungsrat Dr. Reinhard Lotze referiert vor dem Evang. Volksbund über »Ziele und Wege der Rassenhygiene«.

9. November Zum Gedenken an den Sturz der Monarchie wird auf dem Wilhelmspalais halbmast geflaggt.

10. November Wie überall in Deutschland wird in den Stuttgarter Betrieben um 13 Uhr die Arbeit unterbrochen. Die Arbeiter versammeln sich vor Lautsprechern

NOVEMBER 1933

und hören die über den Rundfunk aus Berlin übertragene Rede Adolf Hitlers.
Der stellv. Gauleiter Friedrich Schmidt weist auf einer Mittelstandskundgebung der NS-Handwerks-, Handels- und Gewerbeorganisation auf die bereits erzielten Erfolge Hitlers im Kampf gegen die Arbeitslosigkeit hin und erklärt, auch das Ausland werde sich einen solchen Führer suchen, wenn in Deutschland innerhalb von drei Jahren die Arbeitslosigkeit ganz überwunden sei.
Reichsstatthalter Murr eröffnet die erste Braune Messe, eine Ausstellung der Industrie und des Handwerks im Dienste der nationalen Wirtschaft.
Aus Anlaß des 450. Geburtstages Martin Luthers werden in zahlreichen Kirchen Schülergottesdienste abgehalten. Der Unterricht fällt aus.

11. November In Obertürkheim wird der von der Politischen Polizei seit längerem gesuchte frühere Landtagsabgeordnete Karl Keim (KPD) festgenommen.
Auf dem Marktplatz findet eine Wahlschlußkundgebung der NSDAP unter Beteiligung von Regiments-, Krieger-, Sport-, Schützen- und Gesangvereinen statt. Vor der über Rundfunk übertragenen Rede des Reichspräsidenten von Hindenburg hält der Ulmer Polizeidirektor Dreher eine Ansprache.
Die Stadtverwaltung weist auf den Rückgang der Zahl der unterstützten Arbeitslosen in Stuttgart von 26 000 im Februar 1933 auf 18 000 im Oktober hin. Sie bemüht sich, weibliche Arbeitslose als Hausgehilfinnen zu vermitteln, und zahlt bei Neueinstellung eine monatliche Beihilfe bis zu 15 RM. Nachdem die Zahl der Hausangestellten seit 1925 um fast 2 500 zurückgegangen ist, hält sie Wiedereinstellungen in größerem Umfang aufgrund der gewährten Beihilfen für möglich. Arbeitslose unter 40 Jahren, die sich freiwillig für eine Landhelferstelle melden, sollen je nach Alter eine monatliche Beihilfe von 13 bis 17 RM erhalten.
In der Inszenierung von Karl Hans Böhm und unter Mitwirkung des Dramatikers wird das Schauspiel »Bernhard von Weimar« von Rolf Lauckner in den Württ. Staatstheatern erstmals aufgeführt. In der Titelrolle Waldemar Leitgeb. Die Kritik bemängelt, daß das Kriegsstück — aus der Zeit des Dreißigjährigen Krieges — wegen seiner Schlachtenszenen nur bedingt für die Bühne geeignet sei.

12. November Die NSDAP erhält als einzige zugelassene Partei — bei einer Gesamtzahl von 301 293 Wahlberechtigten — 278 500 Stimmen (= 92,4 %. Zum Vergleich: Köln 89,0 %, Berlin 86,7 %, Hamburg 84,0 %, Leipzig 79,1 %). Bei der Volksabstimmung über den Austritt Deutschlands aus dem Völkerbund entscheiden sich 289 486 für und 11 122 gegen die Politik der Reichsregierung Hitler.
Herzog Albrecht von Württemberg beteiligt sich nicht an der Wahl. Er kommt deshalb für kurze Zeit in »Schutzhaft« und wird genötigt, seinen Wohnsitz von Stuttgart nach Altshausen zu verlegen.

13. November Richard Strauss trägt als Gastdirigent beim 4. Sinfoniekonzert der Württ. Staatstheater in der Liederhalle eigene Kompositionen vor. Als Solistin wirkt die Sängerin Margarete Teschemacher mit.

14. November Das württ. Innenministerium hält gemäß eines Runderlasses des Reichswirtschaftsministers »eine unterschiedliche Behandlung von arischen und nichtarischen oder nicht rein arischen Unternehmen oder Gewerbetreibenden innerhalb der Wirtschaft [für] untunlich und undurchführbar«.
Der Stuttgarter Lehrer und Schriftsteller Karl Götz, der sich längere Zeit in Palästina aufhielt, spricht vor dem Volksbund für das Deutschtum im Ausland über die dortigen Schwabensiedlungen. Dabei geht er auch auf aktuelle Fragen ein und erwähnt blutige Zusammenstöße zwischen Arabern und »zionistischen« Siedlern. Seiner Ansicht nach könne das Land nicht einmal eine Million Juden aufnehmen. Die deutschen Siedler würden von den Juden mehr und mehr boykottiert.
Dr. Adolf Seifert, der Direktor des Konservatoriums für Musik, hält im Festsaal der Hochschule für Musik seine Antrittsvorlesung über »Musik und Rasse«. Sein Vorgänger, Karl Adler, mußte wegen seiner jüdischen Herkunft bereits im März sein Amt niederlegen.

15. November Die Teckstraße in Bad Cannstatt wird in Martin-Luther-Straße, die Teckschule in Martin-Luther-Schule umbenannt.

16. November Der württ. Rechnungshof nimmt in der bisherigen Dienstwohnung des Finanzministers, Lindenstraße 45, seine Tätigkeit auf.
Lil Dagover und ihr Ensemble gastieren im Schauspielhaus mit dem Dreiakter »Nonny« von Rudolf Eger.
Im Haus des Deutschtums konstituiert sich der Gau Schwaben des Reichsverbandes deutscher Schriftsteller. Die Leitung des Verbandes übernimmt der Schriftsteller Ludwig Tügel (Ludwigsburg), sein Stellvertreter wird Prof. Dr. Fritz Giese (Stuttgart). Nach der Gründungsversammlung liest Josef Magnus Wehner aus seinem Kriegstagebuch »Sieben vor Verdun«; Gerhard Schumann, der Führer der württ. Studentenschaft, rezitiert eigene Gedichte.
Im Universum findet die Welturaufführung des Filmes »Es gibt nur eine Liebe« mit Louis Graveur, Jenny Jugo und Heinz Rühmann statt. Jenny Jugo und der englische Tenor Louis Graveur besuchen die Uraufführung.

17. November An den Stuttgarter Schulen wird das Fest der deutschen Schule gefeiert. Drei Festzüge ziehen mit Musik und Fahnen der HJ zur Stadthalle, wo

NOVEMBER 1933

etwa 8 000 Schüler, Lehrer und Eltern zu einer Kundgebung zusammenkommen und ihre Verbundenheit insbesondere mit den Grenz- und Auslanddeutschen bekunden.

18. November Das Café im Königsbau wird von den neuen Pächtern P. und E. Hofmann wiedereröffnet.

19. November Wegen der Reichstagswahl findet die Feier zum 450. Geburtstag Martin Luthers erst an diesem Sonntag statt. Die evang. Gesamtkirchengemeinde gedenkt dieses Tages mit einem Vortrag von Landesbischof Wurm in der überfüllten Stadthalle; auch Ministerpräsident Mergenthaler ergreift das Wort.
Dieser kirchlichen Veranstaltung voraus geht eine musikalisch umrahmte Morgenfeier der Württ. Staatstheater. Nach einer Ansprache von Landesbischof Wurm liest Staatsschauspieler Emil Heß ausgewählte Kapitel aus Luthers Schriften. Am gleichen Tag wird der neue Stuttgarter Stadtdekan Dr. Richard Lempp in der Hospitalkirche in sein Amt eingeführt.
Die evang. Kirchengemeinde Bad Cannstatt weiht ihr neues Gemeindehaus auf dem Steinhaldenfeld ein. Das von den Architekten Paul Heim und Friedrich Seezer erbaute Haus verfügt über einen Festsaal mit 220 Sitzplätzen.
OB Dr. Strölin und Prälat Vöhringer pflanzen bei einer Reformationsfeier in Botnang eine Adolf-Hitler- und eine Martin-Luther-Eiche.
Die Hitlerjugend wirbt für das Winterhilfswerk. Sie stellt zahlreiche Hakenkreuzwappenschilder auf, die zum Mindestpreis von 5 Pfennig je Nagel beschlagen werden dürfen.
Der württ. Sparerbund schließt sich mit dem badischen Bund zu einem gemeinsamen Landesverband mit Sitz in Stuttgart zusammen und ändert seine Satzung im Sinne des Führerprinzips. Der bisherige württ. Vorsitzende, Oberschulrat Adolf Bauser (Stuttgart), wird einstimmig zum Landesführer gewählt.

21. November Das Schöffengericht verurteilt sechs Schweizer und einen Deutschen wegen Devisenvergehen.
Heinrich Schlusnus (Berlin) singt in der Liederhalle.

22. November Das Sondergericht verurteilt zwei 23 bzw. 27 Jahre alte Arbeiter aus Esslingen zu einer jeweils 2½jährigen Gefängnisstrafe. Ihnen wurde zur Last gelegt, kommunistisches Schriftgut wie die in Paris gedruckte Antifaszistische Front und den als NS-Kurier getarnten Schnellkurier der KPD verteilt zu haben.
Das Stadterweiterungsamt erläutert in Degerloch auf einer öffentlichen Versammlung die geplanten sieben Baulandumlegungen.

NOVEMBER 1933

Der Bund Königin Luise veranstaltet gemeinsam mit dem Stahlhelm einen Deutschen Abend, auf dem ein Sprechchor von 450 Jungkameradinnen Worte über die Aufgaben der Frau (»Ich diene«) vorträgt.
Vor der Stuttgarter Gesellschaft für Rassenhygiene spricht Prof. Bavink (Bielefeld) zum Thema: Christentum und Rassenhygiene.

23. November Die Stadtverwaltung äußert Bedenken gegen die Errichtung von Spielhallen (Billard, Glücksspiele), da sie in ihnen eine unerwünschte Ansammlung von Arbeitslosen und Unterstützungsempfängern befürchtet.
Prof. Dr. Hermann Pongs von der TH spricht auf Einladung des Kampfbundes für deutsche Kultur und der Gesellschaft der Freunde Wilhelm Raabes über »Wilhelm Raabe und das Reich«. Er interpretiert den Reichsgedanken Raabes vor allem anhand von dessen Erzählung »Des Reiches Krone«.
In der Liederhalle findet ein Heiterer Abend statt. Es wirken u. a. mit der Schauspieler Paul Hörbiger und der Pianist Hubert Giesen sowie das Staatstheaterballett unter Leitung von Hella Heim.

24. November Reichssendeleiter Eugen Hadamovsky besucht den Süddeutschen Rundfunk. Er betont die politische Funktion des Rundfunks im Dritten Reich und erklärt, der Rundfunk sei der Hammer gewesen, mit dem Adolf Hitler nach dem 30. Januar 1933 das deutsche Volk zusammengeschmiedet habe.

25. November OB Dr. Strölin hat einen ehrenamtlichen Frauenbeirat für Gemeindeangelegenheiten berufen. Fürsorgewesen, Jugendpflege, Volksgesundheit und wirtschaftliche Anliegen (Milchversorgung, Marktwesen, Beschäftigung von Hausgehilfinnen) bilden die Schwerpunkte dieses Gremiums (Leitung: Elisabeth Bosch).
Die Stuttgarter Straßenbahnen AG eröffnet in Anwesenheit ihres Aufsichtsratsvorsitzenden, OB a. D. Dr. Lautenschlager, die neue Autobuslinie Z vom Hölderlinplatz über die Zeppelin- und Gaußstraße zum Kräherwald.
Uraufführung des Bauerndramas »Schwarzmann und die Magd« von Walter Erich Schäfer im Kleinen Haus.
Reichssendeleiter Hadamovsky eröffnet im Königsbau die Kreisfunkberatungsstelle Groß-Stuttgart zur Behebung technischer Störungen.
Der Stadtverband für Leibesübungen veranstaltet ein von 6 000 Zuschauern besuchtes Sportfest zugunsten des Winterhilfswerks. Unter anderem findet ein Handballspiel Reichswehr gegen Polizei statt.

26. November Am Totensonntag findet auf dem Waldfriedhof eine gemeinsame Gefallenengedenkfeier der württ. Regierung, der Stadt Stuttgart und des NS-

NOVEMBER 1933

Kriegsopferbundes statt. Von dem alten kgl.-württ. Heer nehmen die Generäle von Soden, von Maur und von Molo teil. In der Hospitalkirche hält am Abend Pfarrer Hilzinger für alle evang. Stuttgarter Kirchengemeinden einen gemeinsamen Gottesdienst. Am Gefallenenehrenmal des jüdischen Teils des Pragfriedhofes versammelt sich der Reichsbund jüdischer Frontsoldaten zu einer Gedenkfeier (Ansprache von Stadtrabbiner Dr. Paul Rieger), an der auch Vertreter der Reichswehr und der Stadtverwaltung teilnehmen.

Generalmusikdirektor Karl Leonhardt dirigiert zum Totensonntag das 5. Sinfoniekonzert des Staatstheaters mit Werken von Max Reger.

Die kath. Kirchengemeinde Feuerbach feiert die Grundsteinlegung ihrer neuen Kirche. Unter den zahlreichen Ehrengästen sind Vertreter der Stadtverwaltung, der evang. Kirche, der SA und des Stahlhelms.

27. November Im Landesgewerbemuseum beginnt gleichzeitig mit ähnlichen Veranstaltungen in Berlin, Hamburg, Frankfurt/Main, München und anderen deutschen Städten eine zehntägige Buchausstellung. Diese steht nach einer Erklärung der Reichsstelle zur Förderung des deutschen Schrifttums allen Büchern offen, »die aus einem ehrlichen Herzen und aus einem begnadeten Können heraus geschrieben wurden«. Dagegen sei auf einer deutschen Buchausstellung kein Raum mehr für »internationale Zivilisationsliteratur, alles zersetzendes und entsittlichendes Schrifttum«. An der Bücherschau beteiligen sich 170 Verlage.

28. November In Erwartung eines Reichsgesetzes, das die Parlamente der einzelnen Länder aufhebt, beruft Landtagspräsident und Staatssekretär Waldmann schon im voraus den württ. Landtag zu einer Abschiedssitzung mit anschließendem »geselligen Beisammensein« ein. Der Schwäb. Merkur widmet diesem Ereignis einen Artikel »Ein Nachruf«: »... das Ansehen des Landtags, dessen geistige Höhenlage immer weiter zurückging, schwand mehr und mehr dahin. Und als schließlich die Nationalsozialisten im Reich durchdrangen, trafen sie in Württemberg einen schon bedeutungslos gewordenen Landtag an. Er ist nicht in Kraft und nicht in Schönheit gestorben, er ist einfach auf die Seite gestellt und in Abgang dekretiert worden.«

Polizeigeneral Schmidt-Logan rechtfertigt auf einer Kundgebung der württ. Vereinigung für polizeiwissenschaftliche Fortbildung die »Notwendigkeit einer Säuberung« der württ. Schutzpolizei mit dem Hinweis, ein politisch neutrales Beiseitestehen der Polizei komme im neuen Staat nicht in Frage. Einen obligatorischen Beitritt zur NSDAP werde es jedoch nicht geben. Schmidt-Logan geht auch auf das Verhältnis der Polizei zur Bevölkerung ein und lehnt in diesem Zusammenhang

den »Kasernenhofton« ab; die Polizei habe zu berücksichtigen, daß alle Deutschen Volksgenossen seien.
Der Bezirk Stuttgart der Glaubensbewegung Deutsche Christen stellt sich in einer Entschließung uneingeschränkt hinter den Reichsbischof Ludwig Müller und erklärt: »Wir kämpfen nach wie vor um die Erneuerung unserer Kirche aus dem lebendigen Christusgeist und um die Gewinnung unserer nationalsozialistischen Mitkämpfer für diesen wie um die Durchdringung der Kirche und ihrer Diener mit dem herrschenden Gedankengut des Nationalsozialismus im Rahmen der geeinigten deutschen evangelischen Kirche.«

30. November Lotte Lorring, Hans Söhnker und Kurt von Ruffin sind bei der Welturaufführung des Filmes »Schwarzwaldmädel« zugegen. Der Film findet in Stuttgart nur geteilten Beifall, insbesondere wird an der Pseudo-Mundart Kritik geübt.

1. Dezember Unter Vorsitz von OB Dr. Strölin hält der neue Vorstand des württ. Gemeindetages seine erste Sitzung ab. Strölin erklärt, von Ende Februar bis Ende Oktober 1933 sei die Zahl der unterstützten Arbeitslosen in Württemberg um 53 % (Reichsdurchschnitt 43 %) zurückgegangen. Der Gedanke der kommunalen Selbstverwaltung habe weiterhin Gültigkeit, auch wenn nunmehr ein einheitlicher politischer Wille Staat und Gemeinden umfasse.
Im Landesgewerbemuseum wird die Ausstellung Haustechnik eröffnet. Gleichzeitig findet auf Initiative des Vereins deutscher Ingenieure eine Lehrschau Installationstechnik statt. Hausbesitzer und Mieter werden auf Instandsetzungsarbeiten hingewiesen, für die Reichszuschüsse und Zinsvergünstigungen gewährt werden.
Oberlandesgerichtsrat Dr. Otto Freiherr von Ruepprecht, 1913 zum Landrichter beim Landgericht Stuttgart ernannt, tritt seinen Dienst als neuer Leiter der Staatsanwaltschaft an.

2. Dezember Die Württ. Staatstheater führen in einer Vorstellung die Oper »Der Mantel« von Puccini und die Tanzpantomime »Die Josephslegende« von Richard Strauss erstmals auf.
Die vom Landesausschuß für Volksgesundheitsdienst in Württemberg veranstaltete Wanderausstellung mit dem Thema »Gesundes Volk« wird im Stadtgartensaal eröffnet. Sie betont hauptsächlich Probleme der Rassenkunde, der Vererbungslehre und der Bevölkerungspolitik.
Im Kunstgebäude beginnt die bis 29. Dezember dauernde Weihnachtsschau des Württ. Kunstvereins.
Die Alte Garde, der Kaufmännische Verein ehemaliger Schüler der Höheren

Handelsschule, feiert im Kuppelsaal des Kunstgebäudes ihr 33. Stiftungsfest. Der Vereinsvorsitzende, Arthur Hallmayer, fordert den Ausbau der Höheren Handelsschule zur Wirtschaftsoberschule.

3. Dezember Das dritte Eintopfessen sowie eine Haus- und Straßensammlung zugunsten des Winterhilfswerks erbringen in Stuttgart einen Spendenbetrag in Höhe von 102 000 RM.
Der Stuttgarter Stahlhelm kommt zusammen zur Verpflichtung seiner neuen Mitglieder. Ein evang. und ein kath. Geistlicher, beide in Stahlhelmuniform, weisen auf die Soldatentugenden Opferbereitschaft und Treue hin. Anschließend versammeln sich der Wehrstahlhelm und die SA auf dem Schloßplatz. Stahlhelmführer Lensch und SA-Brigadeführer Berchtold vollziehen die bereits für den 15. Oktober 1933 vorgesehene Eingliederung des Wehrstahlhelm in die SA.
Prof. Dr. Hermann Pongs spricht auf einer vom Kampfbund für deutsche Kultur und dem württ. Goethebund veranstalteten Morgenfeier über das Kriegserlebnis in der deutschen Literatur.
Im Universum wird der Parteitagsfilm »Der Sieg des Glaubens« als Festveranstaltung der NSDAP gezeigt.

4. Dezember Reichswehrminister General Werner von Blomberg führt Besprechungen mit dem Befehlshaber des Wehrkreises V, Generalleutnant Kurt Liebmann, Reichsstatthalter Wilhelm Murr und dem Präsidenten des Landesfinanzamtes, Ernst Peiffer.
Bei einer polizeilichen Razzia gegen Schwarzarbeiter werden in Bad Cannstatt vornehmlich im Baugewerbe 267 Beschäftigte vernommen.

6. Dezember Die Deutsche Wehrschaft veranstaltet eine auch von zahlreichen Abordnungen der SA, des Stahlhelms, des Kyffhäuserbundes und anderer nationaler Verbände besuchte Österreich-Kundgebung. Sie beginnt mit einem Fackelzug durch die Hauptstraßen Stuttgarts.
Der Bassist Reinhold Fritz, 1917 zum Kammersänger ernannt, wird Ehrenmitglied der Württ. Staatstheater.
Prof. Dr. O. E. Lessing (Berlin) fordert in seinem Vortrag über »Amerika und das neue Deutschland« im Deutschen Ausland-Institut den Zusammenschluß der Deutschamerikaner, die dadurch an politischem Einfluß gewinnen könnten.
Der Stuttgarter Stratosphärenforscher Prof. Dr. Erich Regener läßt wiederum vier Versuchsballone aufsteigen, die eine Höhe bis zu 18 000 m erreichen.

7. Dezember In der Gewerbehalle wird mit der Verteilung von 30 000 Lebens-

mittelpaketen (Mehl, Zucker, Teigwaren, Kakao usw.) begonnen. Vorschläge ergingen vom Wohlfahrtsamt, der NS-Volkswohlfahrt, der NS-Frauenschaft, der Stadtmission, der Caritas und dem Wohlfahrtsverein.
Der SA-Sturm 31/119 Stuttgart feiert in der Liederhalle sein zehnjähriges Bestehen (Fahnenstiftung Frühjahr 1923).

8. Dezember OB Dr. Strölin übernimmt im Rahmen einer Feierstunde im Haus des Deutschtums offiziell die Geschäfte des Vorsitzenden des Deutschen Ausland-Instituts. Er weist darauf hin, daß ein Drittel aller Deutschen außerhalb des geschlossenen deutschen Staatsgebietes wohne, ohne daß deshalb eine Einmischung Deutschlands in die Angelegenheiten fremder Staaten zu befürchten sei.
Eine 6000 qm große Kunsteisbahn auf dem Cannstatter Wasen wird in Betrieb genommen.

9. Dezember Wegen Verbreitung politischer Druckschriften in den Monaten Mai bis August verurteilt das Oberlandesgericht sechs Stuttgarter Mitglieder der KPD zu Freiheitsstrafen von 14 bis 24 Monaten.
Die Stadt Stuttgart errichtet für den freiwilligen Arbeitsdienst ein neues Stammlager in Mühlhausen. In versetzbaren Holzbaracken können etwa 200 Arbeitsdienstmänner untergebracht werden, die bei der Regulierung des Neckars und des Feuerbaches sowie bei Erweiterungsarbeiten an der Hauptkläranlage in Mühlhausen eingesetzt sind.
In Zuffenhausen erhält der Feuerbach ein neues Flußbett durch den Mönchsberg. Der Stollendurchbruch erfolgt im Beisein eines Vertreters der Deutschen Gesellschaft für öffentliche Arbeiten, die diese Baumaßnahme mitfinanziert. Der 146 m lange, 3,15 m hohe und 3,50 m breite Stollen kann 52 m^3 Wasser pro Sekunde abführen und damit drohende Gefahren bei Hochwasser verhindern.
Ein Aufruf im Amtsblatt der Stadt Stuttgart wendet sich gegen ungerechtfertigte Preissteigerungen »in gewissen Kreisen von Handel und Handwerk«. Die Bevölkerung wird aufgefordert, in besonders krassen Fällen die Polizei oder die Arbeitsbeschaffungsstelle des Bürgermeisteramtes zu verständigen.
Der Neckar ist von der König-Karls-Brücke bis Untertürkheim zugefroren.

10. Dezember Der erste verkaufsoffene Sonntag vor Weihnachten erbringt trotz 10 Grad Kälte einen lebhaften Umsatz.
Die Württ. Staatstheater veranstalten eine Werbewoche. Der Theaterbesuch ist in dieser Zeit bereits zu einem Preis von 70 Pfennig möglich. Im Großen Haus wird als Eröffnungsvorstellung Verdis Oper »Aida« gespielt, im Kleinen Haus das Schauspiel »Der G'wissenswurm« von Ludwig Anzengruber.

DEZEMBER 1933

11. Dezember Der Leiter der Politischen Polizei in Württemberg, Dr. Hermann Mattheiß, gibt den vor dem Innenministerium versammelten Beamten bekannt, daß seine Dienststelle ab sofort dem Reichsführer SS Heinrich Himmler unterstellt sei.

Der Beirat der Landeswasserversorgung einigt sich mit der Stadt Stuttgart in dem Sinne, daß diese vom 1. April 1934 an auf die Wasserentnahme aus dem Neckar verzichtet und dafür jährlich 2 Millionen m³ mehr Landeswasser bezieht (zu 0,05 RM pro m³). Falls die Wasserabnahme höher ist, soll ein niedrigerer Preis vereinbart werden.

12. Dezember Die Württ. Staatstheater geben das Ergebnis eines Preisausschreibens bekannt, das Generalintendant Krauß zur Erlangung neuer Bühnenstücke veranstaltete. Insgesamt wurden nicht weniger als 539 Werke, davon 34 Opern, eingereicht. Mit einem Preis von 500 RM wird der Stuttgarter Dr. Marc André Souchay für seine Oper »Das Stuttgarter Hutzelmännlein« ausgezeichnet; ebenfalls 500 RM erhält Hans Fritz von Zwehl (Berlin) für sein Drama »Frühlingsschlacht« und 200 RM bekommt Paul Hensel-Haerdrich (Berlin) für sein Stück »Flammen empor«. Spielleiter Dr. Kurt Elwenspoek, der die Werke kurz charakterisiert, vergleicht das letztere thematisch mit dem Film »Hitlerjunge Quex«.

Im Weißen Bräuhaus, Silberburgstraße 157, findet die von 200 Personen besuchte Gründungsversammlung der Ortsgruppe Stuttgart des Kampfrings der Deutschösterreicher statt. Erster Vorsitzender wird der Oberspielleiter an den Württ. Staatstheatern, Dr. Karl Hans Böhm.

15. Dezember Der Gesamtausschuß des deutschen Weinbauverbandes tagt im Stadtgartensaal. Vor die Alternative gestellt, sich selbst aufzulösen oder in den Reichsnährstand eingegliedert zu werden, entscheidet er sich für das letztere, bittet aber zugleich um die Bildung einer besonderen Abteilung Weinbau innerhalb des Reichsnährstandes und um die Verwendung seines Vermögens zu Zwecken des Weinbaus. Landesökonomierat Mährlen (Weinsberg) teilt mit, daß Stuttgart durch seine Eingemeindungen mit einer Rebfläche von 600 ha nunmehr vor Heilbronn mit 500 ha den ersten Platz unter den württ. Weinbaugemeinden einnehme.

Die Straßenbahn fährt durchgehend bis Möhringen, allerdings nur in der verkehrsschwachen Zeit, da die Strecke von Degerloch an noch eingleisig ist und zuwenig Ausweichmöglichkeiten bestehen.

Prof. Paul Bonatz hält in der TH einen Vortrag über die »Erneuerung des Baurechts« und fordert, bei der Bauplanung der öffentlichen Hand mehr Entscheidungsfreiheit zu gewähren. Er begrüßt das organische Aneinanderwachsen von

Stuttgart-Bad Cannstatt und Fellbach, kritisiert aber die Bebauung auf der Schillerhöhe bei Gerlingen.

16. Dezember Das Schwäb. Jugendherbergswerk löst sich auf seiner Hauptversammlung in der Stuttgarter Jugendherberge auf und wird in die HJ eingegliedert.
Der Verein der württ. Verwaltungsbeamten feiert im Kursaal von Bad Cannstatt sein 40jähriges Bestehen. Für den Unterrichtskurs der angehenden Verwaltungsbeamten führt das Innenministerium die Bezeichnung Höhere Verwaltungsschule Stuttgart ein.

17. Dezember Bei großer Kälte wird der bis 23. Dezember dauernde Weihnachtsmarkt vor dem Rathaus eröffnet. Zum erstenmal werden — aus feuerpolizeilichen Gründen — die Verkaufsstände elektrisch beleuchtet.

17./18. Dezember Reichsführer SS Heinrich Himmler trifft in Begleitung von SS-Brigadeführer Reinhard Heydrich in Stuttgart ein und übernimmt das Kommando der Politischen Polizei in Württemberg. Das Ziel dieser Maßnahme ist es, die bisher als Länderaufgabe geführte Politische Polizei unter die Kontrolle und Weisungsbefugnis Himmlers zu stellen. Dieser besichtigt auch das SS-Haus in der Hohenheimer Straße Nr. 93 und führt Besprechungen mit dem Führer des SS-Oberabschnitts Südwest, Hans Adolf Prützmann.

19. Dezember Die Bücherei des Wehrkreiskommandos V, bisher in der Olgastraße, erhält größere Räume im Ostflügel der Rotebühlkaserne. Die Heeresbücherei verwahrt rund 50 000 Bände und 20 000 Karten.

20. Dezember Fritz Rau, ehemal. Redakteur an der Südd. Arbeiter-Zeitung in Stuttgart, im Untersuchungsgefängnis in Berlin-Moabit umgekommen.

20.—22. Dezember Der Film vom Nürnberger Reichsparteitag »Der Sieg des Glaubens« sowie der Film »Blut und Boden« kann von Arbeitslosen zum verbilligten Eintrittsgeld von 20 Pfennig besucht werden.

21. Dezember Erstmals seit dem 9. Mai 1933 tritt der Gemeinderat wieder zu einer öffentlichen Sitzung zusammen. OB Dr. Strölin stellt dabei eingangs fest: »Der in diesen Tagen in der Reichshauptstadt zusammengetretene Reichstag ist das Spiegelbild eines nun für immer geeinten Volkes. Der Gemeinderat umfaßt keine Vertreter der Kommunistischen und Sozialdemokratischen Partei mehr. Die von den sonstigen früheren Parteien entsandten Stadträte behielten ihre Sitze. Mit dem Erlöschen der hinter ihnen stehenden politischen Parteien verloren sie aber ihre

DEZEMBER 1933

Eigenschaft als Vertreter einer bestimmten politischen Richtung und sind nunmehr persönlich verantwortliche Vertreter der gesamten Bürgerschaft.« Durch die Mandatsniederlegung von 15 Stadträten hat sich die Zusammensetzung des Gemeinderates jedoch grundlegend geändert. Der Gemeinderat umfaßt nun statt 44 nur noch 29 Mitglieder. Von den ausgeschiedenen Stadträten erwähnt Strölin namentlich Charlotte Armbruster (Zentrum) und Agnes Kiefner (Deutschnationale Volkspartei/Württ. Bürgerpartei). Strölins Kommentar: »Dem Gemeinderat gehören nunmehr keine Frauen mehr an. Die neue Staatsführung weist den Frauen mit Recht ihre Aufgaben außerhalb der politischen Körperschaften zu.«

Anstelle der ausgeschiedenen 15 Stadträte wurden von der Ministerialabteilung für Bezirks- und Körperschaftsverwaltung lediglich 12 neue berufen:

1) Fritz Bohnenberger, Kaufmann
2) Walter Breitweg, Kaufmann
3) Karl Bühler, Oberrechnungsrat
4) Wilhelm Gschwend, Regierungsrat
5) Herbert Güntner, Sekretär
6) Karl Häcker, Bauwerkmeister
7) Josef Hoffmann, Schuhmachermeister
8) Werner Kind, Dipl.-Ing.
9) Dr. Hans Kleinert, Studienrat
10) Eugen Notter, Verbandsbeamter
11) Alfred Schaufler, Kaufmann
12) Josef Wohlgemuth, Reichsbahnassistent

OB Dr. Strölin verpflichtet die neueingetretenen Gemeinderatsmitglieder auch zur Treue gegenüber der Reichs- und Landesverfassung.

In den Mittelpunkt seines Rechenschaftsberichtes stellt OB Dr. Strölin den Kampf gegen die Arbeitslosigkeit. Von den 132 500 in Württemberg Ende Februar 1933 gezählten Arbeitslosen seien allein 42 000 = 31,8 % auf Stuttgart entfallen, das aber nur 15,4 % der gesamten württ. Bevölkerung umfasse. Bis Ende November 1933 sei die Zahl der Arbeitslosen in Stuttgart auf insgesamt 24 830, d. h. um 40,9 % gesunken. Strölin hebt in diesem Zusammenhang insbesondere die Einrichtung einer Arbeitsbeschaffungsstelle beim Bürgermeisteramt und die städt. Baumaßnahmen hervor. Positive Auswirkungen verspricht sich Strölin ferner von einer Zuzugssperre nach Stuttgart, von einer Bevorzugung der Handarbeit in allen Bereichen und von dem Einsatz Arbeitsloser in der Landhilfe.

Der Gemeinderat befaßt sich sodann mit dem Plan, auf dem Platz an der Lautenschlager-, Stephan- und Thouretstraße für die Technischen Werke ein eigenes Verwaltungsgebäude zu erstellen. Die Standortfrage ist praktisch schon im voraus entschieden, da das vorgesehene Gelände bereits zu einem Drittel in städt. Besitz ist

und der Rest der Industriehof AG gehört, einem Beteiligungsunternehmen der Stadt. Für den Bau ist ein Gesamtkostenaufwand von 3,5 Mio. RM veranschlagt. Der Antrag wird vom Gemeinderat ohne Widerspruch gebilligt.
Ohne größere Aussprache stimmt der Gemeinderat dem Antrag zu, für die innere Abteilung des Krankenhauses Bad Cannstatt einen Neubau mit etwa 280 bis 290 Betten zu errichten. Die Baukosten werden auf rund 2 Mio. RM veranschlagt. Auf der weiteren Tagungsordnung steht die Wasserversorgung. Der Gemeinderat stimmt einem Abkommen mit der Landeswasserversorgung zu. Danach verpflichtet sich die Stadt, vom 1. April 1934 an ihre Mindestabnahme bei der Landeswasserversorgung um jährlich 2 Mio. m³ zu erhöhen und dadurch einen Vorzugspreis zu erhalten.
Schließlich ermächtigt der Gemeinderat den Oberbürgermeister, mit der Stuttgarter Straßenbahnen AG über einen einheitlichen Tarif zu verhandeln, nachdem vom 1. Januar 1934 an die Straßenbahn Feuerbach — Weilimdorf — Gerlingen und die Filderbahn mit den Stuttgarter Straßenbahnen vereinigt werden.
Zum letzten Tagungsordnungspunkt, dem Rechnungsabschluß für das Jahr 1932, ergreift Stadtkämmerer Hirzel das Wort. Er stellt fest, daß der Haushaltsplan von 1932 erst im Juli jenes Jahres verabschiedet wurde. Er erwarte, sagt Hirzel, daß der Haushalt für das Jahr 1933 ohne Fehlbetrag abschließen werde.
Aufgrund der Eingemeindungen von Feuerbach, Mühlhausen und Zazenhausen befaßt sich der Gemeinderat auch mit den Finanzen dieser Orte und billigt deren Rechnungsabschluß jeweils nach dem Stand vom 31. März 1933.
Auf dem Passagierschiff »Stuttgart« des Norddeutschen Lloyd erhalten 330 erwerbslose Seeleute eine Fortbildung.

22. Dezember Gleichzeitig in Berlin und Stuttgart findet die Uraufführung des Films »Des jungen Dessauers große Liebe« mit Willy Fritsch statt.

24. Dezember Dr. Kurt Hutten schreibt im Schwäb. Merkur in seinem Artikel »Weihnacht im Umbruch der Geister« u. a.: »Es gilt die Weihnachtsgeschichte der Evangelien umzudeuten in ein Symbol für die gesamte Haltung des deutschen Volkes, das sich aus dunkler Nacht gläubig zum Licht einer neuen Zukunft hindurchringt: Stille Nacht, heilige Nacht, / Deutscher Geist, traumerwacht / aufwärts führe dein Volk allezeit, / bring ihm Frieden nach tapferem Streit, / Frohsinn und Freude sein Teil, / Deutschland zum ewigen Heil«.

25. Dezember Hans Pfitzner inszeniert und dirigiert Richard Wagners »Lohengrin«. Die Kritiker sprechen übereinstimmend von einem »außergewöhnlichen Ereignis«.

DEZEMBER 1933

26. Dezember   Traditionelles Weihnachtsfest des Liederkranzes (Tanzkapelle Arnold Lubitz).

31. Dezember   Der Verein württ. höh. Verwaltungsbeamter löst sich auf.
Das Standesamt Wangen wird aufgehoben. Seine Aufgaben übernimmt das Standesamt in Untertürkheim.
In Stuttgart sind zu Jahresende 13 609 Kraftfahrzeuge — davon 7 202 Pkw — zugelassen.
Willy Reichert spielt im Großen Haus in der »Fledermaus« von Johann Strauß den Gefängnisdiener Frosch und tritt auch im Kleinen Haus in dem humoristischen Schauspiel »Robert und Bertram« von Raeder auf.
Prälat D. Dr. Jakob Schoell (Reutlingen), Mitglied des evang. Oberkirchenrates und ehemals Prof. am Dillmann-Realgymnasium, tritt im Alter von 67 Jahren in den Ruhestand. Die Prälatur Reutlingen wird nunmehr in die Prälatur Stuttgart mit den Kirchenbezirken Stuttgart, Cannstatt und Plieningen umgewandelt. Verbunden mit dieser Prälatur ist die Stuttgarter Stiftspredigerstelle. Nachfolger Schoells als Prälat von Stuttgart wird Stiftsprediger Theodor Schrenk.
Im Schwäb. Merkur heißt es zum Jahresrückblick: »Die Menschen selber haben begonnen anders zu werden; und so wirkt es verständlich, daß dieses neue Deutschland vielen seiner eigenen Kinder noch als ein Wunder vorkommt, das mit dem Verstand zu begreifen unmöglich erscheint.«

1934

1. Januar Der Polizeibericht hebt hervor, daß in der Neujahrsnacht nur 76 Personen wegen ungebührlichen Verhaltens und Lärmens verwarnt werden mußten (1933: 116).
Am Oberlandesgericht Stuttgart wird ein Erbgesundheitssenat gebildet.
Die Straßenbahn Feuerbach — Weilimdorf — Gerlingen sowie die Filderbahnen werden mit den Stuttgarter Straßenbahnen vereinigt. Die Filderbahnen umfassen die Strecken: Degerloch — Möhringen; Möhringen — Vaihingen; Möhringen — Plieningen — Hohenheim; Möhringen — Echterdingen; Leinfelden — Neuhausen.
Der württ. und der badische Schwarzwaldverein schließen sich zusammen.
Martin Scharnagel wird neuer Oberspielleiter am Schauspielhaus. Er war zuvor in gleicher Stellung an der Plaza in Berlin tätig.

4. Januar Der stellv. Gauleiter Friedrich Schmidt, Handwerkskammerpräsident Dempel und Vizepräsident Altvatter vom Württ. Industrie- und Handelstag sprechen im Landesgewerbemuseum auf einer Großveranstaltung der NS-Handwerks-, Handels- und Gewerbeorganisation. Sie verurteilen eine »liberalistische« Wirtschaftsordnung und erklären, die neue Wirtschaftsauffassung bedeute Opfer und Dienst am Volk und nicht Verdienst.
Das bisherige Stadtamt für Leibesübungen wird in Städtisches Turn- und Sportamt umbenannt. Die Leitung behält Turnrat Karl Rupp.

5. Januar OB Dr. Strölin und Stadtkämmerer Hirzel heißen im Rathaus ungarische Fußballspieler, die am nächsten Tag gegen die Stuttgarter Kickers spielen (und 2:0 gewinnen), willkommen.

6. Januar Im Gustav-Siegle-Haus findet eine Versammlung der von dem amerikanischen Geistlichen Dr. Frank Buchmann begründeten (1938 in Moralische Aufrüstung umbenannten) Oxford-Gruppenbewegung statt. Leiter der Veranstaltung ist der Schweizer Prof. Theophil Spoerri.

JANUAR 1934

Erstmalige Aufführung des ganzen Zyklus der »Neuen teutschen Weihnachtsliedlein« von Leonhart Schröter in der Leonhardskirche.

7. Januar   Die Aktion des Eintopfessens zugunsten des Winterhilfswerkes wird auch im Jahre 1934 fortgesetzt.
Von staatlicher Seite gedrängt, rät die württ. Landeskirche, den 1919 gegründeten Evang. Volksbund für Württemberg zu einem Evang. Gemeindedienst umzubilden. Die Deutschen Christen üben Kritik wegen zu geringen Einflusses in diesem Verband.

8. Januar   Bischof Dr. Sproll betont auf einer katholischen Dekanatsversammlung die Loyalität der Kirche gegenüber dem Staat, nimmt aber Stellung gegen mögliche mit dem christlichen Gewissen nicht zu vereinbarende Gesetze.

9. Januar   Auf der ersten Sitzung des evang. Oberkirchenrates im neuen Jahr äußert sich Landesbischof Wurm zum Verhältnis von Staat und Kirche und beklagt die eingeschränkten Möglichkeiten kirchlicher Jugendpflege.
Bischof Dr. Sproll konferiert mit staatlichen Stellen, nachdem in den letzten Tagen eine größere Zahl kath. Geistlicher verhaftet wurde. Bei der württ. Politischen Polizei wird er vorstellig wegen Verstößen gegen das Reichskonkordat, namentlich wegen der Behinderung kath. Vereine.
Reichsstatthalter Murr weiht in Sillenbuch die Wilhelm-Neth-Schule ein.
Gastkonzert des Pianisten Wilhelm Backhaus in der Liederhalle im Rahmen der Aktion Künstlernothilfe.

10. Januar   Das Sondergericht Stuttgart hält seine erste Sitzung im neuen Jahr ab. Es verurteilt einen Bäckermeister aus Ulm zu einem Jahr und drei Monaten Zuchthaus, weil er bei einer Schweizer Bank 12 500 Franken hinterlegt hatte, ohne dieses Kapital in Deutschland anzumelden. Zu je drei Monaten Gefängnis werden zwei 20jährige junge Männer aus Oberurbach verurteilt, die versucht hatten, ehemalige Mitglieder der kommunistischen Jugend wieder zu organisieren. Ebenfalls verurteilt wird eine 55jährige Frau von Ostheim, die, nachdem ihr Ehemann aus politischen Gründen in Untersuchungshaft gekommen war, geäußert hatte, die politischen Häftlinge würden mißhandelt. Das Gericht spricht eine Strafe von 2½ Monaten Gefängnis aus.
Zur Vorbereitung des Baus der Autobahn von Stuttgart nach Ulm wird in Stuttgart eine Oberste Bauleitung errichtet. Dienstvorstand wird Oberbaurat Karl Hurt.
Einweihung des neuen Kindergartens der evang. Kreuzkirche in Heslach mit Ansprachen von Prälat Schrenk, Stadtdekan Dr. Lempp und Direktor Aldinger vom Wohlfahrtsamt der Stadt.

JANUAR 1934

Im Lindenmuseum berichtet Prof. Leo Frobenius über seine Forschungsreise in den Sudan.
BM Dr. Georg Ludwig tritt in den Ruhestand. Er begann 1903 als Sekretär des Stadtschultheißenamtes seinen Dienst bei der Stadt Stuttgart, wurde 1908 zum besoldeten Gemeinderat gewählt, leitete von 1914—1919 die städt. Polizeidirektion und wurde 1920 zum Bürgermeister ernannt. Zu seinem Amtsbereich gehörten das Schul- und Volksbildungswesen, die Wohlfahrtspflege, die Jugendfürsorge, die kirchlichen Angelegenheiten, das Feuerlöschwesen und der Brunnenverein Bad Cannstatt.

11. Januar Die Stadtverwaltung teilt dem Staatsministerium mit, sie werde aus arbeitsmarkt- und bevölkerungspolitischen Gründen nur noch Mädchen über 16 Jahren und von diesen bevorzugt solche mit einer hauswirtschaftlichen Lehre bzw. dem abgeleisteten Hauswirtschaftsjahr einstellen.
Unter Vorsitz von Dipl.-Ing. Paul Lutz konstituiert sich der Verein zur Durchführung der Bauausstellung Stuttgart 1934. Die Stadt Stuttgart und das Wirtschaftsministerium sagen ihre Unterstützung zu.

12. Januar Der Bund Nationalsozialistischer Deutscher Juristen, Gau Württemberg, warnt vor dem juristischen Studium wegen Überfüllung des Berufes.
Prof. C. Uhlig (Tübingen) spricht in der TH über »Die Entwicklung des deutschen Kolonialproblems und der Mandatsfrage in Afrika«.
In Berlin erproben die Rennfahrer Hans Stuck und Ernst Burggaller den neuen, von Ferdinand Porsche konstruierten Rennwagen (16-Zylinder-Heckmotor). Porsche gründete 1931 in Stuttgart eine Gesellschaft für Konstruktion und Beratung für Motoren- und Fahrzeugbau.

13. Januar Die Stadtverwaltung ruft Hausbesitzer und Mieter zu baulichen Innenarbeiten auf, um so dem Bauhandwerk über die Kaltwetterperiode hinwegzuhelfen.
Richtfest des Gemeindehauses der Liebfrauengemeinde in Bad Cannstatt.
Stuttgarter Erstaufführung der Oper »Don Carlos« von Verdi.
Erstaufführung der Komödie »Die Konjunktur« von Dietrich Loder. Das Stück behandelt die politischen Vorgänge des Frühjahrs 1933 im nationalsozialistischen Sinn.
Prof. Oskar Paret berichtet vor der Hauptversammlung des Anthropologischen Vereins über ein im Herbst 1933 freigelegtes jungsteinzeitliches Hockergrab bei Zuffenhausen.

13.—16. Januar In den Königsbau-Lichtspielen wird nochmals der Reichsparteitagsfilm »Der Sieg des Glaubens« gezeigt.

14. Januar Kanzelabkündigung der Mitglieder des evang. Pfarrernotbundes, nur dem

JANUAR 1934

Landesbischof in Württemberg und nicht dem Reichsbischof Ludwig Müller verantwortlich zu sein.
Elly Beinhorn berichtet im Universum über ihren Afrikaflug im Jahre 1933, auf dem sie mit einer Heinkel-Maschine insgesamt 28 000 km zurücklegte.

15. Januar   In dem früheren Zigarettenfabrikgebäude der Firma Waldorf-Astoria in Stöckach wird eine zunächst mit 2500 Bänden ausgestattete öffentliche Bücherei eröffnet.
Veranstaltung des Deutschen Roten Kreuzes im Gustav-Siegle-Haus zum Thema »Orthopädie und Vererbung«.

16. Januar   Dr.-Ing. Werner Stierle, Schriftleiter des Stuttgarter Neuen Tagblattes, im Alter von 32 Jahren verstorben. Stierle war seit 1928 beim Tagblatt tätig.

17. Januar   Elly Ney (Klavier), Willy Stroß (Violine) und Ludwig Hölscher (Cello) gastieren in der Liederhalle.
Der Schriftsteller Erwin Guido Kolbenheyer unterscheidet in einem Vortrag über den Lebensstand der geistig Schaffenden die Begriffe Lebensstand und Berufsstand. Während letzterer primär wirtschaftlich bedingt sei, erfahre der Lebensstand seine Funktion vom Biologisch-Naturhaften. Die geistig Schaffenden hätten die revolutionären Erlebnisse in sich aufzunehmen und weiterzugeben.
Vortrag von Prof. Walter Schönfeld (Tübingen) vor der Kantgesellschaft über »Hegels Rechts- und Staatsphilosophie und die deutsche Rechtserneuerung der Gegenwart«.
Der seit dem 6. Dezember 1933 zugefrorene Neckar ist nach einsetzendem Tauwetter wieder eisfrei.

18. Januar   Im Konzertsaal der Liederhalle hält der Prorektor der TH, Prof. Göring, anläßlich der Reichsgründungsfeier die Festrede. Adolf Hitler sei der Staatsmann gewesen, durch den Volk und Staat wieder zur Einheit gefunden hätten.
Auch die Landwirtschaftliche Hochschule Hohenheim und die Höhere Bauschule halten Feiern ab.
Auf Einladung der NSDAP Stuttgart referiert der Tübinger Historiker Prof. Heinrich Dannenbauer. Nur durch eine Revolution der Gesinnung und einen grundsätzlichen geistigen Strukturwandel sei ein Wiederaufstieg des Reiches möglich.

19. Januar   Die evang. Diakonissenanstalt weiht für in den Ruhestand getretene Schwestern in der Forststraße ein zweites Feierabendhaus mit insgesamt 60 Zimmern ein.
In Stuttgart wird eine Ortsgruppe des Deutschen Automobilclubs (DDAC) gegründet.
Ministerpräsident Mergenthaler, Finanzminister Dr. Dehlinger, OB Dr. Strölin und andere Vertreter des öffentlichen Lebens besuchen die Stuttgarter Erstaufführung des

Filmes »Wilhelm Tell« im Universum. Der Film erfährt überwiegend eine negative Kritik. Dem Regisseur Heinz Paul wird mangelnde Dynamik vorgeworfen.

20. Januar Versammlung des Christlichen Vereins Junger Männer im Furtbach-Haus. Bei einem sich anschließenden Umzug der evang. Jugend kommt es zu Störaktionen seitens der HJ. Im Hintergrund steht die geforderte Eingliederung sämtlicher Jugendverbände in die Hitlerjugend.
Jahresfest der Sektion Schwaben des Deutschen und Österreichischen Alpenvereins in der Liederhalle.

21. Januar In der Stadthalle spricht vor 10 000 Katholiken aus Anlaß der Heiligjahrfeier in Anwesenheit von Bischof Dr. Sproll der Tübinger Theologe Prof. Dr. Karl Adam. In seinem Vortrag geht er auch auf das Verhältnis der Kirche zum Judentum ein und erklärt, »für die katholische Kirche sei die jüdische Geschichte ein einzigartiges Erlebnis, weil sich in ihr und durch sie das einzigartige Erlebnis Christi ereignen konnte.« Prof. Dr. Adam wird daraufhin in der NS-Presse scharf angegriffen. Er erhält Lehrverbot.
Der Verein II der städt. Beamten und der Verein der städt. Beamtinnen Stuttgart lösen sich auf.

22. Januar In Anwesenheit von OB Dr. Strölin und dessen Vorgänger Dr. Lautenschlager spricht Prof. Bonatz in der TH über die »Entstehung und Weiterentwicklung des Stadtteils zwischen Altstadt und Hauptbahnhof«. Prof. Bonatz wendet sich gegen den Bau von Hochhäusern in der Königstraße. Er plädiert für die Erhaltung der Vorderfront des Marstalls, möchte aber die Rückseite nicht unter Denkmalschutz stellen.

23. Januar Der Kampfbund der Deutschen Architekten und Ingenieure bildet eine besondere Fachgruppe »Wehr«, die mit einem Vortrag »Technische Probleme des militärischen Kraftfahrwesens im Ausland« erstmals öffentlich hervortritt.

24. Januar Die Studenten der TH verpflichten sich zur Teilnahme am Arbeitsdienst. Der Rektor sieht darin eine Möglichkeit, Studenten und Arbeiter zum gemeinsamen Dienst am Staat zusammenzuführen.

25. Januar OB Dr. Strölin bildet einen Fachschaftsbeirat des Turn- und Sportwesens der Stadt Stuttgart; Sportreferent des Bürgermeisteramtes ist Stadtrat Dr. Albert Locher.
Generalstaatsanwalt a. D. Hermann Röcker, ehemals Präsident des württ. Landeskirchentags, verstorben.

JANUAR 1934

26. Januar Die vom Reichsjugendführer Baldur von Schirach in der Potsdamer Garnisonkirche geweihten Fahnen der HJ-Banne 119 und 120 werden nach Stuttgart überführt und am Hauptbahnhof von der HJ in Empfang genommen.

Das Landesarbeitsamt Südwest wendet sich in einem Aufruf an Industrie, Handel und Gewerbe, der Ausbildung der Lehrlinge, Gesellen und Facharbeiter besondere Aufmerksamkeit zu widmen. Wenn sich die Wirtschaft wiederbelebe, sei ein zunehmender Mangel an qualifizierten Arbeitskräften zu befürchten.

Der südwestdeutsche Kanalverein befaßt sich unter Vorsitz von OB Dr. Strölin mit dem geplanten weiteren Ausbau des Neckarkanals bis nach Stuttgart und Plochingen. Der Streckenabschnitt Mannheim — Heilbronn soll bis zum Jahre 1935 fertig sein.

27. Januar Das Staatsministerium beschließt, ein Politisches Landespolizeiamt für Württemberg zu errichten.

Auf Grund der neuen Kreisordnung tritt an die Stelle des Bezirksrates der Kreisrat. Er setzt sich zusammen aus dem Vorsitzenden, in Stuttgart Polizeipräsident Rudolf Klaiber, dem Kreisleiter der NSDAP, Kreisleiter Otto Maier, sowie drei weiteren Mitgliedern, von denen aber nur eines dem Gemeinderat angehören darf. Der Stuttgarter Kreisrat nimmt nur staatliche und nicht wie sonst auch körperschaftliche Verwaltungsaufgaben wahr.

Uraufführung des Dramas »Dämonen über uns« von Georg Schmückle im Württ. Staatstheater.

Erstaufführung der Operette »Der verlorene Walzer« von Robert Stolz im Schauspielhaus.

Prof. Dr. Karl Mack, fast 40 Jahre Professor für Physik und Meteorologie an der Landwirtschaftlichen Hochschule Hohenheim, Begründer der Hohenheimer Erdbebenwarte, verstorben.

27./28. Januar Zur Vorbereitung der in ganz Deutschland angeordneten Gauparteitage findet im Landtagsgebäude ein Treffen der württ. Kreisleiter statt. Der Hauptschriftleiter des NS-Kuriers, Karl Overdyck, wendet sich gegen jede Verfälschung der NS-Ideologie durch bürgerliche Anschauungen. Kompromisse seien hier nicht möglich.

29. Januar Die dem Allgemeinen Deutschen Waffenring angehörenden Stuttgarter Studenten versammeln sich im Kuppelsaal des Kunstgebäudes zu einer »Weihestunde«. Nach einer Ansprache des Gaukulturwartes von Württemberg, Dr. Georg Schmückle, wird aus Berlin die Rede des Reichsinnenministers Frick zum 1. Jahrestag der nationalsozialistischen Machtübernahme übertragen. Die Versammlung schließt mit dem Lied »O Deutschland hoch in Ehren«.

Der Oberbürgermeister erhält durch Gesetzesänderung das Recht, in dringenden Fällen ohne Anhörung des Gemeinderates Anordnungen zu erlassen, von denen aber der Gemeinderat später Kenntnis erhalten muß.

OB Dr. Strölin und BM Dr. Sigloch besprechen mit Vertretern von Industrie, Handel und Handwerk den Plan, nach dem Vorbild des Steinhaldenfeldes weitere Kleinsiedlungen am Stadtrand zu errichten.

Faschingskonzert im Großen Haus der Württ. Staatstheater.

29. Januar – 1. Februar   Luftschutzlehrgang für Frauen.

30. Januar   Durch das Gesetz über den Neuaufbau des Reiches verliert das Land Württemberg seine Selbständigkeit. Das Gesetz bestimmt: »Die Volksvertretungen der Länder werden aufgehoben. Die Hoheitsrechte der Länder gehen auf das Reich über. Die Länderregierungen unterstehen der Reichsregierung. Die Reichsstatthalter unterstehen der Dienstaufsicht des Reichsministers des Innern.«

Aus Anlaß des 1. Jahrestages der Ernennung Hitlers zum Reichskanzler finden in der Stiftskirche, in der Stadtkirche von Cannstatt und in mehreren anderen Kirchen Gedenkgottesdienste statt. Die Anregung dazu kommt unter anderem von Reichsbischof Ludwig Müller.

Der 30. Januar wird auch als nationaler Spendentag begangen. In Stuttgart erhalten über 30000 Familien Lebensmittelgutscheine im Werte von 3–5 RM (Württemberg insgesamt 427 600 Gutscheine).

Die Kreisleitung der NSDAP verlegt ihr Büro von der Goethestraße in die Neckarstraße 5.

Die Stadtverwaltung erläßt auf Grund der vom Staatsministerium geänderten württ. Bauordnung neue Baurichtlinien. Das Bauen außerhalb des Ortsbauplans wird strikt untersagt. Neubauten und bauliche Veränderungen müssen sich in das Orts- und Landschaftsbild einfügen.

31. Januar   OB Dr. Strölin spricht im Rundfunk über die Stuttgarter Landhilfe. Er bittet die Bauern, von dieser Möglichkeit regen Gebrauch zu machen und dadurch die Arbeitslosigkeit der Großstädte überwinden zu helfen.

Das österreichische Konsulat wird geschlossen. Seine Aufgaben gehen an das österreichische Generalkonsulat in München über.

»Nordischer Abend« des Deutschen Roten Kreuzes mit Darbietungen nordischer Kompositionen und Dichtungen.

Prof. Peter Goeßler, seit 1920 Leiter des Landesamtes für Denkmalpflege und Vorsteher des Museums vaterländischer Altertümer, tritt im Alter von 62 Jahren auf eigenen Wunsch in den Ruhestand.

FEBRUAR 1934

1. Februar   Das württ. Innenministerium verbietet die Glaubensgemeinschaft der Bibelforscher. Zuwiderhandelnden werden Haftstrafen nicht unter einem Monat bzw. Geldstrafen von mindestens 150 RM angedroht.
Unter Vorsitz von Gaufunkwart von Stockmayer bildet sich die Arbeitsgemeinschaft Südfunk, deren Ziel es ist, die Forderung Hitlers »Jedem Volksgenossen seinen Rundfunkempfänger« zu erfüllen.
Das Katharinenhospital erhält eine Zahn- und Kieferklinik. Chefarzt wird Dr. O. Witzel.
Die städt. Schulzahnklinik feiert ihr 25jähriges Bestehen.
Graf Baudissin, Konservator an der Staatsgalerie, geht als Museumsleiter nach Essen.
Wilhelm Bazille, 1924—1928 württ. Staatspräsident und in Personalunion Kultus- und Wirtschaftsminister, 1928—1933 Kultusminister, verstorben. Bazille gehörte von 1920 bis 1930 als deutschnationaler Abgeordneter dem Reichstag und von 1920 bis 1932 dem württ. Landtag an.

2. Februar   Der Württ. Pfarrernotbund löst sich unter Druck der württ. Politischen Polizei auf. Seine Mitglieder wollen aber auch weiterhin ihren kirchlichen Dienst »allein aus dem Evangelium« erfüllen.
Bischof Dr. Sproll äußert sich in einem Schreiben an das Stuttgarter Marienhospital zur Frage der gesetzlich vorgesehenen zwangsweisen Sterilisation. Er lehnt jede Mitwirkung katholischer Krankenhäuser bei diesen Maßnahmen ab.

3. Februar   Das Arbeitsamt Stuttgart meldet zahlreiche freie Stellen für weibliche Arbeitskräfte in der Textilindustrie (Zuschneiderinnen, Näherinnen usw.).
An jedem zweiten Samstag im Monat fliegt von Stuttgart-Böblingen aus eine Linienmaschine nach Natal (Brasilien). Der Flug dauert mit mehreren Zwischenlandungen im allgemeinen fünf Tage. Das erste Flugzeug landet am 7. Februar in Natal. Der Stuttgarter Kameramann Albert Kling hält den Flug im Film fest.
OB Dr. Strölin spricht als Vorsitzender des Deutschen Ausland-Instituts über den Süddeutschen Rundfunk zu den Donauschwaben in Rumänien und würdigt ihr »treues Bekenntnis zur volksdeutschen Gemeinschaft«.
Die Deutsche Kolonialgesellschaft veranstaltet im Kunstgebäude ihr traditionelles Kostümfest.

3./4. Februar   Aus ganz Württemberg kommen etwa 8000 Angehörige des Freiwilligen Arbeitsdienstes nach Stuttgart. Sie werden im Hof des Neuen Schlosses in Anwesenheit des Reichsführers des Deutschen Arbeitsdienstes, Staatssekretär Constantin Hierl, »feierlich verpflichtet«. Gauarbeitsführer Müller erinnert daran, daß genau zwei Jahre zuvor im Welzheimer Wald das erste Arbeitsdienstlager in Württemberg gegründet worden sei. Reichsstatthalter Murr, Ministerpräsident Mergenthaler und Innen- und Justizminister Dr. Schmid nehmen auf dem Balkon des Neuen Schlosses die Parade ab. Unter den Ehrengästen befindet sich auch Landesbischof Wurm.

4. Februar   Die Reichsbahndirektion Stuttgart zeigt mit der Organisation Kraft durch Freude im Universum für ihre Bediensteten mehrere Tonfilme (»Die deutsche Himalaja-Expedition« u. a.). Der Vizepräsident der Direktion stellt die Veranstaltung unter das Motto »Freude am Dienst, Freude im Dienst und Freude nach dem Dienst«.

5. Februar   In der Handelskammer konstituiert sich ein aus 39 Personen bestehender Beirat als württ. Instanz der Reichsstelle für den Außenhandel. Geschäftsführendes Vorstandsmitglied wird der Syndikus der Handelskammer Stuttgart, Dr. Hoffmann. Dem Gremium gehört auch Direktor Fellmeth von der Robert Bosch AG an.
Generalleutnant a. D. Niethammer ruft in einem Vortrag vor der Württ. Verwaltungsakademie zur »Wehrhaftmachung« des deutschen Volkes auf. Adolf Hitler gebühre Dank, daß er in breitesten Volksschichten wieder den Wehrwillen geweckt habe.
Im Planetarium beginnt eine Vortragsreihe »Physik des Weltalls«, die mit den Arbeitsmethoden und Forschungsergebnissen der Astrophysik vertraut machen will.

6. Februar   Auf Anordnung des württ. Innenministeriums muß sich die Gesellschaft »Menschenfreundliche Versammlung« auflösen. Ihr Vermögen wird beschlagnahmt.
Reichsstatthalter Murr empfängt den neuen italienischen Konsul in Stuttgart, Vittorio Chiusano.
Zusammenschluß der Allgemeinen Ortskrankenkassen von Stuttgart und Bad Cannstatt.

7. Februar   Die evang. Jugendverbände schließen sich der HJ an. Am Abend kommt es zu einer ersten gemeinsamen Veranstaltung in der Stadthalle, auf der Reichsjugendpfarrer Zahn und der Gebietsführer der HJ, Heinrich Wacha, sprechen. Am Nachmittag hatten in gespannter Atmosphäre Verhandlungen zwischen Vertretern der Kirche, des Staates und der NSDAP stattgefunden mit dem Ergebnis, daß künftig Jugendpflege nur noch im Sinne des Nationalsozialismus möglich ist.
Im alten Gewerkschaftshaus in der Esslinger Straße tagen die politischen Leiter der NSDAP des Kreises Stuttgart. Der stellv. Gauleiter Schmidt sieht in der NSDAP eine gegliederte und disziplinierte Minderheit der Deutschen von höchstens etwa 3 Mio. Mitgliedern. Wie die englische Revolution die erhabene und die französische die blutige heiße, gehe die deutsche als die disziplinierte in die Geschichte ein.
53. Mitgliederversammlung der Industrie- und Handelsbörse Stuttgart.

8. Februar   Die Große Strafkammer des Landgerichts Stuttgart verurteilt den früheren Stadtrat Gotthilf Bayh (SPD) zu 14 Monaten Gefängnis. Bayh, Vorsitzender des 1930

FEBRUAR 1934

gegründeten Selbstbauvereins Eigenes Heim, soll angeblich für den Bau der Hoffeldsiedlung bei Degerloch bestimmte Gelder in Höhe von rund 10 000 RM veruntreut haben.

Im Wulle-Saal spricht der Präsident des evang. Landeskirchentages, Pfarrer Dr. Steger (NSDAP), über den »Anspruch des Nationalsozialismus an die Kirche«. Da nach den Worten Hitlers die NSDAP auf dem Boden des positiven Christentums stehe, sei eine vertrauensvolle Zusammenarbeit möglich.

OB Dr. Strölin führt den Tübinger Privatdozenten und Oberarzt an der dortigen Universitätsklinik, Dr. Adolf Pfleiderer, als Chefarzt der städt. Frauenklinik ein. Er wird Nachfolger von Prof. Dr. Baisch.

9. Februar Im früheren Gewerkschaftshaus in der Esslinger Straße stellt die Stadtverwaltung dem Reichsluftschutzbund, Ortsgruppe Stuttgart, kostenlos Räume zur Verfügung. Es wird eine Fachgruppe Luftschutz gebildet, der Ingenieure, Ärzte, Offiziere und Verwaltungsbeamte angehören. Als Referent der Stadt Stuttgart wird Rechtsrat Dr. Waidelich in das Gremium berufen.

In der Stadthalle spricht auf einer Veranstaltung des Winterhilfswerkes der Reichsleiter der NS-Volkswohlfahrt Hilgenfeldt. Er erklärt, das die gesamte Volksgemeinschaft umfassende Winterhilfswerk sei das Ergebnis einer für den neuen nationalsozialistischen Staat typischen höheren Sittlichkeit.

»Tag des deutschen Ostens« in der TH mit Vortrag von Prof. Dr. Csaki zum Thema »Der ostdeutsche Mensch und seine Stellung zum Reich«.

10. Februar Deutsche Uraufführung der Komödie »Seiner Gnaden Testament« von Hjalmar Bergman in den Württ. Staatstheatern.

Faschingsveranstaltung des Liederkranzes unter dem Motto »Wenn die Garde marschiert«.

Der Künstlerbund veranstaltet sein Faschingsfest im Kunstgebäude, dessen Kuppelsaal eine illusionistische Perspektivenmalerei ziert.

11. Februar Mit über 20 Sonderzügen kommen Tausende von Beamten aus ganz Württemberg zu einer »Treuekundgebung« nach Stuttgart. Im Hof der Rotebühlkaserne versammeln sich Presseberichten zufolge etwa 30 000 Personen — »vom Reichsstatthalter und Minister bis zum letzten Unterbeamten«. Der Führer des Deutschen Beamtenbundes Neef (Berlin) erklärt, nachdem die Einheit von Partei und Staat gesichert sei, müsse der Beamte auch Träger der nationalsozialistischen Bewegung sein. Neef schließt seine Rede mit einer Warnung vor allen »reaktionären Bestrebungen«, unter denen die religiösen und konfessionellen besonders gefährlich seien.

FEBRUAR 1934

Eine Omnibuslinie Stuttgart — Degerloch — Metzingen wird eröffnet. Damit besteht auch eine direkte Omnibusverbindung von Stuttgart nach Reutlingen.
Mit großem Erfolg wird Millöckers Volkssingspiel »Die sieben Schwaben« im Großen Haus gespielt. Die musikalische Neubearbeitung besorgt Hans von Finster, die Textgestaltung Walter Erich Schäfer. Willy Reichert gestaltet die Rolle des ersten Schwaben.
Der Funkturm des Senders Mühlacker ist im Rohbau fertig. Er erreicht eine Höhe von 190 m.

12. Februar Faschingstreffen der Rosenmontagsgesellschaft in der Silberburg.

13. Februar Der Generaldirektor der Deutschen Reichsbahn und der Reichsautobahnen, Dr. Julius Dorpmüller, informiert sich über den Bau der Autobahn Stuttgart — Ulm. Zuvor besichtigte er die Daimler-Benz-Werke in Untertürkheim.
Ingenieur Scherrer aus Bad Ems erstattet ein Gutachten über die Cannstatter Mineralquellen. Der von der Stadtverwaltung beauftragte Sachverständige weist vor allem auf die Bedeutung der neuerbohrten chlorcalciumhaltigen Quellen hin und empfiehlt den Bau eines modernen Kurmittelhauses mit Trink-, Bade-, Inhalations- und Gurgelräumen.
Der Fastnachtsdienstag verläuft noch ruhiger als in früheren Jahren. Auf der Königstraße sind es fast nur Kinder, die verkleidet am Faschingstreiben teilnehmen. Sobald sich eine kleine Ansammlung Jugendlicher bildet, schreitet die Polizei ein, um »Verkehrsstörungen« zu unterbinden.
Auch im Staatstheater herrscht kein eigentliches Faschingstreiben. Bei dem nach längerer Unterbrechung wieder veranstalteten großen Bühnenball besteht Frack- bzw. Smokingzwang. Dem Bühnenball voraus geht eine bunte Folge von Operettenszenen, Tanzeinlagen und Opernparodien.
Vortrag von Prof. Dr. Horneffer über Nietzsches »Zarathustra«.

14. Februar Das Justiz- und das Innenministerium geben die bereits erfolgte Bildung von Erbgesundheitsgerichten sowie eines Erbgesundheitsobergerichtes beim Oberlandesgericht Stuttgart bekannt und benennen die Krankenhäuser, an denen Sterilisationen durchgeführt werden. In Stuttgart sind das die städt. Frauenklinik, das städt. Krankenhaus Bad Cannstatt und das Karl-Olga-Krankenhaus.
Dr. C. R. Hennings (London/Freiburg) spricht vor dem Deutschen Ausland-Institut über das Deutschtum in Kanada und kennzeichnet dieses Land als »Raum ohne Volk«.

15. Februar Das württ. Innenministerium löst die monarchistischen Verbände wegen des Verdachts politischer Unzuverlässigkeit auf.

FEBRUAR 1934

Das Sondergericht verurteilt einen Arbeiter aus Bad Cannstatt wegen der Äußerung, die Gelder des Winterhilfswerkes würden für die Rüstung verwendet, zu acht Monaten Gefängnis.

Der städt. Frauenbeirat und die NS-Frauenschaft fordern auf mehreren Versammlungen die schulentlassenen Mädchen auf, ein hauswirtschaftliches Jahr zu absolvieren. Das jährliche Schulgeld je Wochenstunde wird von 7,50 auf 6 RM herabgesetzt. Nach einem Erlaß des Staatsministeriums sollen auch in der staatlichen und kommunalen Verwaltung Absolventinnen der Hauswirtschaftsschulen bevorzugt berücksichtigt werden. Um die Frauenarbeitslosigkeit zu verringern, sollen künftig in der Staatsverwaltung keine Mädchen unter 16 Jahren eingestellt werden.

16. Februar Reichsinnenminister Dr. Wilhelm Frick beruft OB Dr. Strölin in den Vorstand des Deutschen Gemeindetages.

17. Februar Die Technischen Werke ermöglichen den Kauf eines »Volksempfängers« auf Raten. Anzuzahlen sind 10 % des Kaufpreises (= 7,60 RM). Die TWS schießen die Restsumme den Radiogeschäften vor, und der Käufer hat 18 Monatsraten zu je 3,80 RM an die TWS abzuführen. Eine Verteuerung des Radioapparates entsteht also durch die Ratenzahlung nicht.

Der Stuttgarter Liederkranz ändert seine Satzung und bildet einen »Führerrat« mit Direktor Friedrich Häußermann als Vereinsführer. Prof. Weng, der dem Liederkranz seit 1876 angehörte und seit 1925 dessen Vorsitzender war, tritt zurück.

18. Februar Auf dem Cannstatter Wasen findet ein großer Appell der NSDAP statt. Erschienen sind mehr als 7000 Mitglieder der fast 50 Ortsgruppen des Kreises Stuttgart sowie führende Vertreter nationalsozialistischer Organisationen wie des NS-Beamten-, Lehrer-, Ärzte- und Juristenbundes, der NS-Volkswohlfahrt und der NS-Kriegsopfer. Die Veranstaltung bereitet den Gauparteitag vom 25. Februar 1934 vor.

Tagung des Kartellverbandes deutscher burschenschaftlicher Verbindungen mit Referaten des Reichstagsabgeordneten Prof. Martin Spahn und des Stuttgarter Verbandsführers Dr. Konstantin Hank. Der Kartellverband bekennt sich als Bund deutschstämmiger Studenten zu Gott, Volk und Reich. Grundsätze seiner Erziehungsarbeit seien der Nationalsozialismus und das positive Christentum.

Etwa 600 Stuttgarter Arbeiter fahren mit einem Sonderzug nach Oberbayern. In Esslingen, Plochingen, Göppingen und Ulm steigen weitere 400 Personen zu. Diese Aktion der NS-Organisation Kraft durch Freude wird propagandistisch stark herausgestellt. Zu den Urlaubern (sie werden am 1. März zurückerwartet) sprechen auf dem Bahnsteig Reichsstatthalter Murr und OB Strölin. Murr erklärt, erst der Nationalsozialismus habe Arbeitnehmern mit geringem Einkommen eine Urlaubsreise ermöglicht.

19. Februar Landesbischof Wurm gibt den Pfarrämtern Kenntnis von einer Übereinkunft mit der württ. Gebietsführung der HJ, gemäß der Konfirmanden im Falle eines unüberbrückbaren Gewissenskonfliktes zwischen christlichem Glauben und NS-Ideologie während des Konfirmandenunterrichtes vom HJ-Dienst befreit werden können.
Im Landtagsgebäude treffen sich im Anschluß an den Aufmarsch des Vortages die Führer der verschiedenen NS-Organisationen Stuttgarts. Die Tagung wird von Kreisleiter Maier eröffnet. Oberregierungsrat Dr. Drück erklärt in seinem Vortrag über »Rasse, Volk, Staat und Partei«, die Rasse sei nicht nur blut-, sondern ebenso auch seelisch bedingt.

20. Februar Vortrag von Prof. Horneffer: »Oswald Spengler. Ein Seher?«

23. Februar In der Stadthalle findet die offizielle Eröffnungsveranstaltung der NS-Organisation Kraft durch Freude statt. Firmen, Behörden und Gemeinden, Vereine und Verbände werden aufgefordert, mit einem Monatsbeitrag von mindestens 50 RM fördernde Mitglieder der KdF zu werden.
»Opfertag« für das Winterhilfswerk.
Eine Fachschaftstagung der Zahnärzte erörtert eine mögliche Auflösung der Zahnklinik der Stuttgarter Ortskrankenkassen. Schwierigkeiten bereitet die anderweitige Beschäftigung der 52 Angestellten der Klinik.
Prof. Dr. Gastpar berichtet in einem Vortrag über die bisherige Praxis der Gewährung von Ehestandsdarlehen (600 RM). Danach sind bis 31. Dezember 1933 die Anträge von insgesamt 1243 Personen vom Stuttgarter Gesundheitsamt abgelehnt worden, davon 169 Fälle wegen Vorstrafen.

24. Februar Der erste württ. Gauparteitag wird eingeleitet mit einer Parteigründungsfeier der »Alten Garde« in der Liederhalle. Berechtigt zur Teilnahme an dieser Veranstaltung sind NSDAP-Mitglieder mit einer Parteimitgliedsnummer unter 300 000. Aus dem ganzen Land kommen etwa 1500 Personen. Die Versammlungsteilnehmer hören über Rundfunk eine Rede Adolf Hitlers aus München.
In der Rotebühlkaserne findet nach Wiedereinführung der 1920 aufgehobenen Militärgerichtsbarkeit unter Vorsitz eines Kriegsgerichtsrats erstmals wieder eine Militärgerichtsverhandlung statt. Angeklagt sind zwei Soldaten wegen Diebstahls bzw. wegen eines fahrlässig verursachten Verkehrsunfalls.
In Zuffenhausen richten die TWS auf einer Strecke von 340 m der Landstraße Stuttgart — Ludwigsburg — Heilbronn mittels Natriumdampflampen versuchsweise eine Straßenbeleuchtung ein. Die Lampen enthalten nicht wie üblich einen sich erhitzenden Glühfaden, sondern sind mit Natriumdampf gefüllt, der bei Stromdurchgang aufleuchtet.

MÄRZ 1934

Uraufführung des Schauspiels »Frühjahrsoffensive« von Hans Fritz von Zwehl. Das Drama, dessen geschichtlicher Hintergrund das Kriegsjahr 1918 bildet, wurde mit dem 1. Preis der Nationalbühne Stuttgart ausgezeichnet.

25. Februar Spielmannszüge der HJ ziehen am frühen Sonntagmorgen durch die Straßen und laden zum württ. Gauparteitag ein. Mit Sonderzügen kommen viele Kundgebungsteilnehmer von auswärts. Schließlich versammeln sich im Hof der Rotebühlkaserne 30000—35000 Menschen. Ähnliche Veranstaltungen finden überall im Reich statt. Nach einleitenden Worten des Reichsstatthalters Murr wird aus München die zentrale Feier über Rundfunk und Lautsprecher übertragen. Dabei spricht Rudolf Heß die überall wiederholte Eidesformel des Inhalts vor: »Ich schwöre Adolf Hitler unverbrüchliche Treue, ihm und den mir von ihm bestimmten Führern unbedingten Gehorsam«; Heß nennt diesen Akt »die größte Eidesleistung der Geschichte«.
Höhepunkt des (in ganz Deutschland begangenen) Heldengedenktages ist ein Festakt der württ. Regierung im Großen Haus, in dem ein großes Eisernes Kreuz und ein goldener Lorbeerkranz aufgestellt sind. Die Feier wird eingeleitet mit dem »Trauermarsch auf den Tod eines Helden« aus Beethovens »Eroica«. Ministerpräsident Mergenthaler sagt, erst unter dem Nationalsozialismus, der dem germanischen Begriff der Ehre und einer heldischen Lebensauffassung wieder Geltung verschafft habe, sei eine echte Heldengedenkfeier möglich geworden. Bedauert wird das weitgehende Fehlen der Jugend an dem Staatsakt.

25./26. Februar Eine Führertagung der HJ mit Reichsjugendführer Baldur von Schirach vereint 10000 Jungen und Mädel in der Stadthalle. Ministerpräsident Mergenthaler fordert, es dürfe in Zukunft nur noch eine deutsche Jugendbewegung geben: die HJ.

27. Februar Die Stadtverwaltung ruft zur »Frühjahrsoffensive gegen die Arbeitslosigkeit« auf. Arbeitgeber sollen bei anfallender Mehrarbeit unverzüglich Arbeitslose einstellen. Beim Arbeitsamt Stuttgart sind noch über 20000 Arbeitsuchende gemeldet. Ministerpräsident Mergenthaler spricht auf einer Kundgebung des Kampfbundes deutscher Architekten und Ingenieure über das Thema »Nationalsozialismus und Technik«.

28. Februar — 15. März An über 30000 Familien und Alleinstehende werden wie bereits im Januar wieder Lebensmittelgutscheine im Werte von 3—5 RM verteilt. Die Gutscheine dürfen nicht in Warenhäusern eingelöst werden.

1. März Das Innenministerium erklärt die Stadt Stuttgart zum Notstandsgebiet. Maßgebend für diese Entscheidung ist der Umstand, daß etwa ein Drittel der Arbeitslosen

MÄRZ 1934

Württembergs in Stuttgart wohnt und daß das städt. Wohlfahrtsamt einen Zuschuß von jährlich (1934) 18 Mio. RM beansprucht. OB Dr. Strölin ordnet daher an, daß alle nach dem 1. März 1934 Zugezogenen keine Unterstützung der offenen Fürsorge mehr erhalten. Beim Arbeitsamt Stuttgart sind immer noch 15 000 Arbeitslose gemeldet.
Der Oberbürgermeister legt dem Gemeinderat und der Öffentlichkeit den Haushaltsplan für das Rechnungsjahr 1934 (1. April 1934 — 31. März 1935) vor. Er ist mit 133 564 800 RM in Einnahmen und Ausgaben ausgeglichen und im Ansatz um fast fünf Mio. Mark niedriger als 1933, was vor allem auf eine Kürzung des Etats der Wohlfahrtspflege zurückzuführen ist.
Die Volksbüchereien in Bad Cannstatt, Feuerbach, Zuffenhausen, Stöckach, Unter- und Obertürkheim, Hedelfingen, Münster, Botnang und Kaltental gehen in städt. Regie über. Eine entsprechende Regelung für die Volksbücherei Stuttgart mit den Zweigstellen Heslach, Degerloch und Prag wird zunächst aufgeschoben.
Auf einer Versammlung in der TH wird in Anwesenheit von Vertretern des Kultministeriums die Württ. Dozentenschaft als ständische Organisation gegründet. Ihr Ziel ist die geistige und körperliche Ertüchtigung des akademischen Nachwuchses im Sinne des Nationalsozialismus.

2. März Das Schwurgericht verurteilt einen 33jährigen Ludwigsburger Hilfsarbeiter wegen Ermordung seiner ehemaligen Verlobten zum Tode.
Saar-Ausstellung der HJ im Ausstellungsgebäude am Interimstheaterplatz.
Eine besondere Attraktion der Frühjahrsausstellung des Kunsthauses Schaller sind die Kupferstiche des Italieners Giambattista Piranesi.
Der Württ. Verein für Baukunde läßt sich die Umbau- und Erweiterungsarbeiten an der Eberhardskirche erläutern. Nachdem sich seit 1926 an den Wänden größere Risse gezeigt hatten, begann das Bezirksbauamt Stuttgart 1933 an den Längsseiten mehrere Strebepfeiler zu errichten. Außerdem wurde das Dachgebälk besser verspannt und die Kirche nach rückwärts in Richtung auf die Dresdner Bank vergrößert.
Prof. Jakob Wilhelm Hauer (Tübingen) beendet seinen mannigfache Kritik auslösenden Vortragszyklus über die Deutsche Glaubensbewegung. In den germanisch-deutschen Raum sei das Christentum als fremde Religion eingedrungen. Prof. Hauer lehnt den christlichen Glauben zwar nicht ab, wendet sich aber gegen das »Vorderasiatisch-Semitische« in ihm.
Oberstudienrat Dr. Gottlob Egelhaaf, 1895—1919 Rektor des Karlsgymnasiums, verstorben. Er war Gründungsmitglied der Deutschen Volkspartei in Württemberg und 1920—1926 Mitglied des Landtages.

3. März Der Schwäb. Merkur berichtet von einer Versammlung der jüdischen Kultusgemeinde, auf der beschlossen wurde, einen Verein zum Neubau einer jüdischen Schule zu gründen. Binnen kurzem seien etwa 150 Personen diesem Verein beigetreten. Es sei beabsichtigt, den Unterricht zunächst mit vier Klassen zu beginnen. Um den Bau zu finanzieren, wolle die jüdische Gemeinde einen Teil des von ihr vor zehn Jahren erworbenen Friedhofareals (Pragfriedhof) verkaufen.

Schlußfeier des 15. Deutschen Turnfestes in der Stadthalle mit Dankesworten von OB Dr. Strölin an die Mitwirkenden und Organisatoren. Strölin lobt die Gastfreundschaft der Stuttgarter, die es den Turnern ermöglichte, ohne eigene Kartoffeln und Lebensmittelpakete »anzurücken«.

Vortrag von Prof. Dr. Ernst Kretschmer (Marburg) vor dem Frauenverein des DRK für Deutsche über See im Gustav-Siegle-Haus zum Thema »Die Züchtung beim Menschen«. Diese habe aufzubauen auf der familiären Tradition, der ständischen Berufsgliederung und der Bodenständigkeit. Letzterer komme entscheidende Bedeutung zu. Der Vortrag löst eine rege Diskussion aus, nicht zuletzt in der Anhängerschaft Ludendorffs. Aus diesen Kreisen kommt der Hinweis, erst müsse die Volksseele gesunden, dann erst der Volkskörper, nicht umgekehrt.

Im großen Saal der Brauerei Dinkelacker gedenkt das graphische Gewerbe des 100. Todestages des Begründers der Lithographie, Alois Senefelder. Direktor Paul Möschet hebt im Sinne Senefelders das gegenseitige Verständnis aller im Druckgewerbe Tätigen hervor.

4. März Entgegen ursprünglichen Absichten finden keine besonderen Feiern aus Anlaß der Eingliederung der evang. Jugendverbände in die HJ statt. Auf Wunsch von Landesbischof Wurm sollen die Geistlichen jedoch auf die Pflichten christlicher Jugenderziehung hinweisen.

5. März Domkapitular Monsignore Max Rau, Vorsitzender des württ. Caritasverbandes, verstorben.

6. März Das Stuttgarter Landgericht fällt erstmals ein Urteil der zwangsweisen Sterilisation. Betroffen ist ein schon mehrfach wegen Sittlichkeitsvergehen an Kindern verurteilter 35jähriger verheirateter Kellner aus Kempten. Das Gericht stützt sich auf die Gutachten zweier ärztlicher Sachverständiger. Ein weiteres Urteil in diesem Sinne ergeht nur zwei Tage später, wie es heißt, mit Zustimmung des 58jährigen Angeklagten.

Hochschulgruppenführer und Studentenschaftsführer Albert Schmehl beklagt in einer Rede in der TH, daß der Liberalismus mancher Professoren noch nicht überwunden sei. Bei der Zulassung zum Studium müsse auch die Führung in der HJ bewertet werden.

Anläßlich der Saarausstellung findet eine Kundgebung mit dem Vorsitzenden des Saarvereins in Württemberg, Schellenberger, statt.

7. März   OB Dr. Strölin hält in Berlin auf Einladung des Deutschen Gemeindetages und des Vereins für Wohnungsreform einen Vortrag zum Thema »Vorstädtische Kleinsiedlung«. Strölin fordert dabei eine »planmäßige Rückbildung der Verstädterung« aus bevölkerungspolitischen Gründen. Die Vorstadtsiedlung sei eine der großen kommunalpolitischen Aufgaben der Zukunft und habe letztlich der rassischen Erhaltung des deutschen Volkes zu dienen.

Die Robert Bosch AG legt ihren Geschäftsbericht für das Jahr 1933 vor. Danach waren zu Beginn des Jahres bei dem Unternehmen bei 45stündiger Arbeitszeit pro Woche 8332 Arbeiter und Angestellte beschäftigt, am 31. Dezember 1933 dagegen bei einer Arbeitszeit von 48 Stunden pro Woche 11235 Arbeiter und Angestellte. Das Inlandgeschäft erfuhr eine Steigerung um fast 80%, dagegen mußten im Auslandsabsatz starke Verluste hingenommen werden. Der Auslandsabsatz schrumpfte auf etwa 40% des gesamten Umsatzes (Vorjahr: fast 60%). Insgesamt erzielte die Robert Bosch AG damit eine Umsatzsteigerung von rund 25% und übertraf geringfügig die Verkaufszahlen des Jahres 1931. Der wirtschaftliche Aufschwung habe sich auch im Jahre 1934 unvermindert fortgesetzt, so daß am 15. Februar 1934 die Zahl von 12000 Beschäftigten überschritten wurde. Die Beschäftigtenzahl sei damit größer als im Spitzenjahr 1929.

Die Filmtheaterbesitzer Südwestdeutschlands gründen einen Landesverband, zu dessen Vorstand Karl Kauderer (Stuttgart) gewählt wird. Bisher bestanden getrennte Organisationen in Baden, der Pfalz und Württemberg. Die Tagung im Hindenburgbau befaßt sich auch mit Fragen der Vergnügungssteuer, der Eintrittspreise und der Programmgestaltung.

Die 81jährige Schriftstellerin Isolde Kurz liest im Bürgermuseum aus eigenen Werken.

8. März   Polizeigeneral Schmidt-Logan weiht zur Erinnerung daran, daß am 8. März 1933 auf den württ. Polizeikasernen erstmals Hakenkreuzfahnen wehten, im Hof des Neuen Schlosses drei neue Fahnen der Landespolizei.

9. März   Das Staatsministerium hebt durch eine Verfügung die 1920 zum Schutz des Landtagsgebäudes errichtete Bannmeile auf.

Das Schnellschöffengericht verurteilt den Geschäftsführer der Winterhilfslotterie Bad Cannstatt wegen Veruntreuung von 1400 RM zu 2 Jahren Zuchthaus und 3 Jahren Ehrverlust.

10. März   »Wir bauen das Reich« ist das Motto einer großen Kundgebung des württ. Arbeitsdienstes im Festsaal der Liederhalle. Der Hauptredner, Dr. Will Decker, ist zugleich der Dichter und Komponist des aufgeführten Arbeitsdienstliedes »Heiliges Feuer brennt in dem Land«. Dr. Decker ist Leiter des Unterrichtswesens im Deutschen Arbeits-

dienst. Als Ehrengäste nehmen neben anderen Persönlichkeiten auch Landesbischof Wurm und der Rektor der TH, Prof. Dr. Wetzel, an der Feier teil.
Stuttgarter Erstaufführung der neuesten Oper von Richard Strauss »Arabella«.
Die Mitgliederversammlung des Schwäb. Sängerbundes, Gau Stuttgart, befaßt sich mit der Frage, einer größeren Zahl von Lehrern die Leitung von Gesangvereinen zu nehmen, um dadurch Arbeitsmöglichkeiten für stellenlose Berufsmusiker zu schaffen.

10. bis 12. März   Hans Grischkat eröffnet mit einer Motettenaufführung des Schwäb. Singkreises in der Leonhardskirche die Feiern zum 25jährigen Bestehen des Württ. Bachvereins. In der überfüllten Stiftskirche führt Hans Grischkat Bachkantaten auf. Den Höhepunkt des Festes bildet Johann Sebastian Bachs H-Moll-Messe, gestaltet vom Philharmonischen Chor und den Lehrergesangvereinen unter Leitung von Generalmusikdirektor Karl Leonhardt.

12. März   Die Stuttgarter Straßenbahnen legen ihre Bilanz für das Jahr 1933 vor. Danach wurden insgesamt 97 670 000 Personen befördert, rund 2 Mio. weniger als im Vorjahr. Die Gesamteinnahmen beliefen sich auf 14,6 Mio. RM, die Gesamtausgaben auf 11,8 Mio. RM. Nach Abzug der Abschreibungen und der Abgaben an die Stadt (389 895 RM) verzeichnen die Straßenbahnen einen Reingewinn in Höhe von 1,07 Mio. RM (1932: 0,62 Mio. RM).
Das städt. Statistische Amt zieht in die Büchsenstraße 19.
Vor dem Verein für vaterländische Naturkunde referiert Hauptkonservator Dr. Berckhemer über den Schädel des Urmenschen von Steinheim an der Murr. Der Fund war am 24. Juli 1933 in einer Kiesgrube gemacht worden. Auf der gleichen Veranstaltung hält Prof. Gieseler (Tübingen) einen Vortrag zum Thema »Die Rassenbestandteile der süddeutschen Bevölkerung und ihre vermutliche Herkunft«. Prof. Gieseler stellt einen starken dinarischen Rassenanteil, vor allem auf der Schwäb. Alb, fest.
Der Württ. Bund für Heimatschutz begeht sein 25jähriges Vereinsjubiläum.

13. März   Der 5. Strafsenat des Reichsgerichts beginnt eine mehrtägige Verhandlung gegen insgesamt 19 Angeklagte, denen Vorbereitung zum Hochverrat vorgeworfen wird. Acht Angeklagte stammen aus Schwäbisch Hall, sieben aus Backnang, die übrigen aus kleineren Orten. Der Hauptbeschuldigte ist ein junger Hilfsarbeiter aus Waiblingen. Die Angeklagten gehörten überwiegend der KPD oder den ihr nahestehenden Organisationen Rote Hilfe und Kampfbund gegen den Faschismus an. Der Prozeß findet aus »Sparsamkeitsgründen« in Stuttgart und nicht am Dienstort des Gerichts, in Leipzig, statt. Die Staatsanwaltschaft wirft den Angeklagten vor, im Jahre 1932 und im Januar 1933 unerlaubt Waffen erworben, weitergegeben und einen kommunistischen Umsturzversuch vorbereitet zu haben.

MÄRZ 1934

Im Rahmen der Bauausstellung Stuttgart 1934 referiert Architekt Ernst Leistner im Gustav-Siegle-Haus über Zwecke und Ziele der Vogelsangsiedlung. Prof. Bonatz erläutert die vielfältigen Planungen, die sowohl Einfamilienhäuser als auch viergeschossige Miethäuser berücksichtigen.
Im staatlichen Ausstellungsgebäude in der Kanzleistraße zeigen 500 Lehrlinge und Gesellen mehr als 2000 handwerkliche Arbeiten. Wirtschaftsminister Prof. Lehnich stellt diese Ausstellung in den größeren Rahmen der im ganzen Reich durchgeführten Berufswettkämpfe.
Dr. Hans Friedrich Blunck, der Präsident der Reichsschrifttumskammer, spricht im Haus des Deutschtums über die Ziele deutscher Kulturpolitik. Als ersten Schritt einer praktischen Kulturpolitik bezeichnet er es, in jedem Dorf der Bevölkerung mindestens 400 bis 500 Bücher zur Verfügung zu stellen.
Landesbischof Wurm und sein bayerischer Amtskollege Meiser werden in Berlin von Reichskanzler Hitler empfangen. Sie tragen ihre Bedenken gegen eine evang. Reichskirche unter der Leitung von Reichsbischof Ludwig Müller vor.

14. März Der erweiterte Sender Mühlacker wird in Betrieb genommen. Sein 190 m hoher Funkturm ist z. Zt. der höchste freistehende Holzturm Europas.

15. März Im Hotel Banzhaf tritt der — im Jahre 1825 gegründete — Württ. Weinbauverein letztmals zusammen. Er löst sich auf und wird in den Reichsnährstand eingegliedert.
Mittelstandskundgebung auf dem Marktplatz. OB Strölin tritt für den Schutz des Kleinhandels gegen die Konkurrenz der Warenhäuser ein.
Der Verkehrsverein gibt auf Briefumschläge aufzuklebende Siegelmarken mit der Aufschrift »Stuttgart im Schillerjahr 1934« (Schillers 175. Geburtstag) heraus. Die Siegelmarken werden von der HJ zugunsten der NS-Volkswohlfahrt verkauft.

16. März Dr. Kurt Hutten befaßt sich kritisch mit acht Vorträgen des Leiters der Arbeitsgemeinschaft der Deutschen Glaubensbewegung, Prof. Dr. Hauer. Hutten betont den Gegensatz zwischen christlichem Glauben und einem aus dem sog. religiösen Urwillen des deutschen Volkes gespeisten Glauben.

17. März OB Dr. Strölin und die Kreisleitung Stuttgart der NSDAP rufen zu Spenden anläßlich von Hitlers Geburtstag am 20. April auf. Die Aktion soll der Erholung bedürftiger SA-Männer gelten.
Der Landesverband Württemberg im Verein der Auslanddeutschen übernimmt die Patenschaft für die Sathmarschwaben in Ungarn.
Aus Anlaß des 100. Geburtstages von Gottlieb Daimler finden in Stuttgart, Bad Cann-

statt und Schorndorf mehrere Gedenkfeiern statt. An der Festveranstaltung der Daimler-Benz AG nimmt auch Reichsstatthalter Murr teil. 46 Firmenangehörige, die noch unter Daimler († 1900) ihren Dienst begonnen haben, werden besonders ausgezeichnet. Im Landesgewerbemuseum würdigt Wirtschaftsminister Prof. Lehnich die Verdienste Daimlers, weist aber gleichzeitig auf Adolf Hitler hin, mit dem eine neue Etappe in der Geschichte des deutschen Verkehrs begonnen habe. Er kündigt an, daß auf der Autobahn Stuttgart — Ulm der erste Volkswagen, Marke »Schwaben«, fahren werde.
Deutsche Uraufführung des Dramas »Festgefahren, England erwache« von Bernhard Shaw. Regie führt Dr. Kurt Elwenspoek, der von 1924 bis 1930 als Chefdramaturg am Württ. Landestheater wirkte und dann zum Rundfunk ging. Das Stück, eine Satire auf das englische Parlament, wird als eine Verbeugung vor dem Dritten Reich verstanden.
Schwäbische Heimat- und Dichterfreunde richten im Gasthaus Zum alten Hasen in der Nähe des Wilhelmtheaters in Bad Cannstatt ein kleines Ferdinand-Freiligrath-Museum ein. Das Haus war die letzte Wohnstätte des in Cannstatt gestorbenen Dichters.

18. März Nach längeren Restaurierungsarbeiten findet in der Eberhardskirche wieder Gottesdienst statt. Bischof Sproll weiht den Hauptaltar, die Äbte von Beuron und Neresheim die Seitenaltäre. Bereits am Vorabend der Altarweihe versammelten sich die Kirchengemeinde und die Stuttgarter katholischen Vereine zu einer eindrucksvollen Prozession mit ihrem Bischof.

20. März Im Wilhelmspalais eröffnet OB Dr. Strölin die Ausstellung Aus dem Kunstbesitz der Stadt Stuttgart. Gezeigt wird bis zum 14. Oktober etwa ein Drittel der in städt. Besitz befindlichen Bilder, die im wesentlichen einen Überblick über die schwäb. Malerei der Jahre 1880—1930 geben. Die städt. Kunstsammlung wurde nach dem ersten Weltkrieg begründet durch eine größere Stiftung des Marchese di Casanova. Bei der Ausstellungseröffnung ergreift auch der Kunstreferent der Stadt, Studienrat Dr. Kleinert, die Gelegenheit, sich einem größeren Kreis der Bevölkerung vorzustellen.
In Möhringen gibt es — hauptsächlich wegen der begonnenen Autobahnarbeiten — keine Arbeitslosen mehr (1. März 1933 noch 237, 1. November 1933 noch 162).

21. März Das Reichsgericht verhängt in dem seit dem 13. März in Stuttgart geführten Hochverratsprozeß Freiheitsstrafen von mindestens 6 Monaten. Der Hauptangeklagte wird zu 2 Jahren und 11 Monaten Gefängnis verurteilt. Das Gericht weist die Ansicht der insgesamt sechs Verteidiger zurück, die KPD sei in Württemberg nicht so radikal wie in Norddeutschland aufgetreten und ihre Ziele hätten daher nicht von allen Bürgern als eindeutig umstürzlerisch erkannt werden können.
Der Tag des Frühlingsanfangs wird in ganz Deutschland als Beginn der »Frühjahrsoffensive der Arbeit« gefeiert. Zwischen Plieningen und Bernhausen wird mit dem Bau

der Autobahn von Stuttgart nach Ulm begonnen. Reichsstatthalter Murr hebt zunächst noch einmal die Pionierleistung Daimlers hervor und spricht dann den »Wunsch des Führers« aus, »daß in Zukunft jedem deutschen Volksgenossen sein eigenes Auto zuteil werde«. Danach nimmt er den ersten Spatenstich vor. Reichsbahnrat Kern, der stellv. leitende Bauingenieur der Reichsautobahn, hebt den Kampf gegen die Arbeitslosigkeit hervor und nennt die Zahl von etwa 2000 Arbeitern, die demnächst auf diesem Streckenabschnitt beschäftigt werden könnten. Die Feier auf den Fildern schließt mit der Rundfunkübertragung der Rede Hitlers, die dieser zur Eröffnung der Bauarbeiten der Autobahn bei Unterhaiching (Oberbayern) hält.

Gleichzeitig findet in der Stadthalle eine Großkundgebung statt, zu der alle Arbeitslosen (bis zum 50. Lebensjahr) erscheinen müssen. Sie erhalten ein Vesper. Die Veranstaltung wird als Meldekontrolle gewertet. OB Dr. Strölin hebt in seiner Rede die steigende Bedeutung der Privatwirtschaft an der Überwindung der Arbeitslosigkeit hervor. Er habe deswegen die Vertreter von Industrie, Handwerk und Handel eingeladen, um sie angesichts der Masse der Arbeitslosen an ihre Verpflichtung gegenüber der Volksgemeinschaft zu erinnern.

Auf dem Marktplatz versammeln sich die städt. Beamten, Arbeiter und Angestellten zu einer Feierstunde. Ähnliche Kundgebungen finden auf anderen großen Plätzen der Stadt statt. Auch in den großen Betrieben wird für einige Zeit die Arbeit niedergelegt und des Beginns der »Arbeitsschlacht« gedacht. Um die Arbeitsbeschaffung des Dritten Reiches eindrucksvoll zu demonstrieren, nehmen bei der Feier bei Daimler-Benz die seit dem 1. Oktober 1933 neueingestellten Arbeiter gesondert Aufstellung.

Zur Demonstration der Wirtschafts- und Sozialpolitik des neuen Staates übergibt OB Dr. Strölin die ausgebaute Neue Weinsteige dem Verkehr. Die Minister Lehnich und Dehlinger sowie alle Stadträte haben sich aus diesem Anlaß an der Endstelle der Weinsteige in Degerloch eingefunden. In 16monatiger Bauzeit ist die 1826–1831 von Eberhard Etzel erstellte Straße in der Fahrbahn auf 12 m verbreitert worden. Der Gehweg der Talseite erhielt eine Breite von 2,8 m, der an der Bergseite von 0,7 bis 1,5 m. Die Baukosten beliefen sich auf annähernd 1 Mio. RM und wurden, da die Baumaßnahme als Notstandsarbeit galt, zu einem Viertel durch einen Reichskredit finanziert. Der untere Bauabschnitt war der Firma Albert und Ernst Waiß, der obere der Firma Held und Francke übertragen.

Beim Königsplatz in Bad Cannstatt wird ein neuer, aus Cannstatter Travertin gefertigter Mineralwasser-Abfüllbrunnen eröffnet. Bildhauer Jakob Clement schuf eine Plastik, die einen Laute spielenden Knaben darstellt.

Das städt. Gesundheitsamt erhält die Bezeichnung »Städt. Gesundheitsamt — Amt für Rassenpflege und Bevölkerungspolitik«.

Der Rechtsanwalt und Dramatiker Hans Fritz von Zwehl wohnt einer Aufführung seines Kriegsdramas »Frühjahrsoffensive« bei.

MÄRZ 1934

22. März   Im Deutschen Ausland-Institut wird eine Zentralstelle für familienkundliche Forschungen des Deutschtums im Ausland gegründet.
Im Landesgewerbeamt spricht Stadtpfarrer Schairer im Rahmen der Vortragsreihe »Der evangelische Christ und die neue Zeit« zum Thema »Der Beitrag des Christentums zur Rassenpflege«.
Die Tobi-Lichtspiele in der Eberhardstraße, 1907 gegründet, eines der ältesten Stuttgarter Lichtspieltheater, werden nach längerer Renovation wiedereröffnet. Die Festvorstellung bringt »Der goldene Gletscher« mit Gustav Diesel in der Hauptrolle.
Der Württ. Frauenverein für hilfsbedürftige Kinder feiert sein 100jähriges Bestehen.

23. März   Abteilungsdirektor Bantel und Postbaurat Feucht von der Oberpostdirektion Stuttgart erläutern der Presse die neuen Rundfunksendeanlagen in Mühlacker. Sie heben dabei insbesondere die von 60 auf 100 Kilowatt erhöhte Antennenleistung hervor, die einen guten Empfang auch in größerer Entfernung möglich mache.

24. März   Heinrich Himmler inspiziert die 13. SS-Standarte Stuttgart. Er sagt, Hitlers Wort »Meine Ehre heißt Treue« habe unabänderlich die Losung der SS zu sein.
Das 8. Stuttgarter Hallensportfest (mit rund 750 Teilnehmern) steht bereits im Zeichen der Vorbereitungen für die Olympischen Spiele 1936. Karl Ritter von Halt, Mitglied des Internationalen Olympischen Komitees, verliest ein Grußwort des an seinem Erscheinen verhinderten Reichssportführers Hans von Tschammer und Osten: »Eines lege ich den deutschen Leichtathleten ganz besonders ans Herz: Werdet hart und kämpft hart! Aber kämpft ritterlich. Unser Führer hat es befohlen — wir werden gehorchen«.

24. März bis 15. April   Als erste Stadt nach Berlin übernimmt Stuttgart die Ausstellung »Die Kamera«, eine Musterschau deutscher Qualitätsarbeit auf dem Gebiet der Photographie, des Drucks und der Reproduktion. Die Schau zeigt u. a. lebensgroße Photos Adolf Hitlers und Bilder vom Nürnberger Reichsparteitag 1933.

25. März   Am Palmsonntag findet im Großen Haus der Württ. Staatstheater eine »Österliche Gralsfeier« statt, bei der Eyvind Laholm Partien aus R. Wagners »Lohengrin« singt. Den Festvortrag hält der 70jährige Prof. Wolfgang Golther (Rostock/Bayreuth), ein Sohn des früheren württ. Kultministers Ludwig Golther: »Lohengrin und Parsifal als deutsches Osterspiel«.

26. März   Reichsstatthalter Murr versetzt Prof. Dr. Kurt Beckmann, seit 1930 Chefarzt der Inneren Abteilung des Katharinenhospitals, aus politischen Gründen in den Ruhestand. Auf sein Betreiben wird auch Prof. Dr. Otto Jüngling, seit 1926 Chefarzt der Chirurgischen Abteilung des Katharinenhospitals, aus dem Dienst der Stadt entlassen.

Er findet später eine neue Anstellung als Chefarzt des evang. Diakonissenkrankenhauses Flensburg.

27. *März* Erstmals seit dem 21. Dezember 1933 tritt der Gemeinderat wieder zu einer Sitzung zusammen. Die nicht parteiamtlich-nationalsozialistische Presse betont ausdrücklich das sehr seltene Zusammentreten des Gemeinderates, meint aber auch, daß daher jede Gemeinderatssitzung zu einem bedeutenden kommunalpolitischen Ereignis werde — im Gegensatz zur Zeit der Weimarer Republik. Die Anwesenheit hoher Beamter wie des Präsidenten der Ministerialabteilung für Bezirks- und Körperschaftsverwaltung, des Rektors der TH und maßgebender Vertreter der Industrie sollen diese Behauptung bestätigen. OB Dr. Strölin tritt der Auffassung entgegen, der Gemeinderat sei im neuen Staat überflüssig geworden. Das Gremium habe nun zwar keine beschließende Funktion mehr, aber sehr wohl noch eine beratende. Eine Diktatur des Oberbürgermeisters gebe es nicht. Die Zusammenarbeit zwischen ihm und dem Gemeinderat definiert Dr. Strölin so, »daß durch die Mitwirkung des Gemeinderats die einzelnen Maßnahmen der Gemeindeverwaltung nach ihren Voraussetzungen und möglichen Auswirkungen einwandfrei geklärt werden und daß so ein Ausgleich zwischen allen den Interessen gefunden wird, die Berücksichtigung erheischen«. Für »sachverständigen und verantwortungsbewußten Rat« sei er jederzeit dankbar. Danach legt OB Dr. Strölin den nach dem »Grundsatz rücksichtsloser Sparsamkeit« zum Ausgleich gebrachten Haushaltsplan für das Rechnungsjahr 1934 vor. Stadtkämmerer Hirzel erläutert den Haushaltsplan im einzelnen und weist besonders auf den Wegfall der am 6. Juli 1926 vom Gemeinderat beschlossenen Baulandsteuer hin, die sich in Verbindung mit der Wertzuwachssteuer »in Zeiten weichender Bodenwerte« nicht bewährt habe. Der Stadtkämmerer verurteilt jede Spekulation im Zusammenhang mit dem Wegfall der Baulandsteuer. Ziel der Stadtverwaltung bleibe es nach wie vor, »baureifes Gelände in möglichstem Umfang und zu angemessenen Preisen« der Bebauung zuzuführen. Sehr pessimistisch äußert sich der Kämmerer über die finanzielle Entwicklung der Gemeindehaushalte. Der Anteil der Gemeinden an der Einkommen-, Körperschafts- und Umsatzsteuer sei seit 1929 »geradezu katastrophal« gesunken. Im Haushaltsplan für das Jahr 1934 sei an Überweisungen aus diesen Reichssteuern lediglich ein Betrag in Höhe von 5,9 Mio. RM (1933: 5,3 Mio. RM) eingesetzt. Gemessen am Aufkommen dieser Steuerarten in Stuttgart sei diese Reichszuweisung »ohne allen Zweifel zu gering«.
Der Haushaltsplan umfaßt in seinem ordentlichen Teil Einnahmen und Ausgaben in Höhe von 133 612 900 RM und im außerordentlichen von 4 809 300 RM. Nach wenigen Wortmeldungen aus den Reihen des Gemeinderats stellt OB Dr. Strölin ohne Abstimmung die »Einheitlichkeit des Willens von Gemeinderat und Verwaltung« fest und erklärt den Stadthaushaltplan 1934 für beschlossen.
Wegen Wegzugs aus Stuttgart scheidet Stadtrat Josef Wohlgemuth nach nur vierteljäh-

riger Zugehörigkeit aus dem Gemeinderat aus. OB Dr. Strölin benutzt diesen Anlaß, mit Zustimmung der Ministerialabteilung für Bezirks- und Körperschaftsverwaltung »baukünstlerisch sachverständige Nationalsozialisten« in den Gemeinderat aufzunehmen. Er beruft die Architekten Ernst Leistner und Dr.-Ing. Ernst Schwaderer.

28. März General Werner Freiherr von Fritsch, der Chef der Heeresleitung, macht einen Truppenbesuch in Württemberg. Auf dem Cannstatter Wasen nimmt er eine Militärparade ab.
Der Stahlhelm verliert weitgehend seine Selbständigkeit und tritt von nun an mit dem Namen Nationalsozialistischer Deutscher Frontkämpferbund (Stahlhelm) auf.

29. März Staatssekretär Karl Waldmann verabschiedet sich von den Beamten des württ. Landtages. Nach der Neugliederung des Reiches legt er am 31. März 1934 sein Amt als Landtagspräsident nieder.
Vor einer Grundbesitzerversammlung in Weilimdorf betont OB Dr. Strölin am Gründonnerstagabend den Wunsch, zur Auflockerung der Großstadt mehrere Kleineigenheimsiedlungen zu errichten.
Welturaufführung des Filmes »Der König des Montblanc« im Universum. Der Film handelt von der Erstbesteigung des Montblanc im Jahre 1809 durch Jacques Balmat.

29. März bis 2. April Im Bereich der Reichsbahndirektion Stuttgart werden über die Osterfeiertage 125 Sonderzüge eingesetzt (1933: 112).

31. März In Stuttgart gibt es noch 14 204 Arbeitslose.
Staatsrat Edmund Rau legt sein Amt als Vorstand der Zentralleitung für Wohltätigkeit nieder. Staatssekretär Karl Waldmann, der ihm in dieser Stellung folgt, würdigt die Arbeit dieser Organisation auch im neuen Staat, namentlich im Hinblick auf die nationalsozialistische Volkswohlfahrt.
Landgerichtspräsident Robert zum Tobel wird »seinem Ansuchen gemäß« von Reichsstatthalter Murr in den Ruhestand verabschiedet. Seine Nachfolge tritt Ministerialrat Dr. Otto Küstner an.
Die Württ. Landeskreditanstalt feiert ihr zehnjähriges Bestehen. In diesem Zeitraum wurden von ihr für den Wohnungsbau Darlehen in Höhe von etwa 200 Mio. RM gegeben.

1. April Das Sondergericht für Württemberg und Hohenzollern besteht ein Jahr. In dieser Zeit wurden bei ihm insgesamt 224 Fälle (345 Beschuldigte) anhängig. Verurteilt wurden wegen »politischer Verbrechen« 46 und wegen »politischer Vergehen« 198 Angeklagte (davon 15 Frauen). Dabei wurden Zuchthausstrafen von insgesamt 562 Monaten

APRIL 1934

Dauer und Gefängnisstrafen von zusammen 1817 Monaten Dauer ausgesprochen. Ein Todesurteil wurde nicht gefällt. Die Höchststrafe betrug 15 Jahre Zuchthaus für einen »terroristischen Brandstifter«. 82 Verfahren wurden eingestellt.

Nach weitgehender »Befriedung« in Württemberg regelt das Innenministerium die Bestimmungen über die Schutzhaft neu. Danach ist nur noch das Politische Landespolizeiamt (Stuttgart) berechtigt, beim Innenministerium einen Schutzhaftbefehl zu erwirken. Zuständiger Ministerialreferent ist Präsident Dr. Mattheiß.

Der evang. und kath. Oberschulrat werden zu einer Ministerialabteilung für die Volksschulen zusammengeschlossen und verlieren damit ihre Selbständigkeit. Präsident Dr. jur. Spitznagel, seit 1918 Vorstand des kath. Oberschulrates, tritt ein Jahr vor Erreichen der Altersgrenze in den Ruhestand.

Mit der Gründung der Reichsrundfunkgesellschaft löst sich die Süddeutsche Rundfunk G. m. b. H. auf. An ihre Stelle tritt der Reichssender Stuttgart.

Das Justizministerium löst das Standesamt Hedelfingen auf. Zuständig für Hedelfingen wird nun das Standesamt Obertürkheim.

Durch eine erhöhte Zuteilung aus der Landeswasserversorgung kann die Entnahme von Wasser aus dem Neckar eingestellt werden.

Das städt. Gesundheitsamt übernimmt auf Weisung von OB Dr. Strölin auch die Aufgaben eines Amtes für Rassenpflege und Bevölkerungspolitik. Zu den Kompetenzen dieser Behörde gehört es u. a., Erbgesundheitsgutachten über Personen abzugeben, die sich als Stadtrandsiedler beworben haben.

An mehreren Stellen der Stadt — am Kernerplatz, an der Kreuzung Olga- und Blumenstraße, bei der Englischen Kirche und am Schellenturm — sind neue steinerne Brunnen geschaffen worden.

Die Württ. Landeskreditanstalt senkt den Zinssatz für private Bauträger von 4 auf 3,5 % und für Baugenossenschaften von 3,75 auf 3 %.

Nachdem es zeitweise als Operettentheater gedient hatte, wird das Schauspielhaus wieder zu einer reinen Sprechbühne. Die Leitung des Theaters übernimmt Max Heye.

Der seit 1923 an der Höheren Handelsschule Stuttgart tätige Dr. phil. W. Eilers übernimmt die Leitung der 75 000 Bände umfassenden Weltkriegsbücherei. Diese stand bisher in enger Verbindung mit dem Lehrstuhl für neuere Geschichte an der TH.

Die Löwenapotheke feiert ihr 375jähriges Bestehen.

1./2. April Am Ostersonntag und Ostermontag wird vor ausverkauftem Haus R. Wagners »Parsifal« aufgeführt. Die Titelrolle singen Eyvind Laholm bzw. Fritz Windgassen. Den außerordentlich starken Besuch erklärt die Presse mit dem Hinweis, daß es beabsichtigt sei, den »Parsifal« als Bühnenweihefestspiel wieder dem Bayreuther Theater vorzubehalten.

APRIL 1934

3. April   Die Amtswalter der Deutschen Christen Württembergs treffen sich in Stuttgart. In einer Entschließung fordern sie die unverzügliche Bildung einer deutschen Reichskirche.
Die württ. Vermessungsämter für Feldbereinigung werden in Feldbereinigungsämter umbenannt und ihre Zahl vermindert: von bisher 17 (einschließlich 4 Nebenstellen) auf 11 (einschließlich 1 Nebenstelle). Je ein Amt befindet sich in Stuttgart und Bad Cannstatt.

4. April   Grundbesitzerversammlung in Hofen mit Aussprache über den Plan der Stadtverwaltung, auf der Markung Hofen eine Kleineigenheimsiedlung zu errichten. Die von OB Dr. Strölin und BM Sigloch besuchte Versammlung beauftragt eine aus dem Ortsbauernführer und zwei Landwirten bestehende Kommission, die weiteren Verhandlungen mit der Stadt zu führen. Dr. Strölin befürwortet das Vorhaben aus staats- und bevölkerungspolitischen Gründen nachdrücklich, betont aber, daß nur die »rassisch besten und wertvollsten Volksgenossen« angesiedelt werden sollten.
Pfarrer Beßler (Bad Cannstatt), der Vorsitzende des Württ. evang. Pfarrvereins, erklärt auf der Jahresversammlung im Furtbachhaus, daß die Herabsetzung des Staatszuschusses an die Kirchen eine Kürzung der Pfarrergehälter um 3% zur Folge habe. Vortrag von Prof. Haenchen (Gießen): »Deutsche Verkündigung des Evangeliums«.
Erstaufführung der Oper »Mister Wu« von Eugen d'Albert als Gastspiel der Hamburger Schilleroper.

5. April   In der Liederhalle findet eine große Kundgebung der württ. Saarvereine als Auftakt für ähnliche Veranstaltungen in ganz Württemberg statt. Staatsrat Spaniol (Bund der Saarvereine) erklärt unter anhaltendem Beifall: Die Deutschen an der deutschen Saar sind und bleiben deutsch, fanatisch deutsch bis zum Sterben. An der Feier wirken auch der Stuttgarter Liederkranz sowie Sprechchöre der Höheren Handelsschule Ludwigsburg mit.
Dr. Moritz Fischer und Geh. Hofrat Dr. Friedrich Koebel treten nach 31- bzw. 48jähriger Tätigkeit an der Olgaheilanstalt in den Ruhestand. Die Innere Abteilung übernimmt Dr. Werner Fischer, die Abteilung für Hals-, Nasen- und Ohrenkranke Dr. Josef Kern. Stadtrat Ettwein betont, daß das Krankenhaus nunmehr 334 Betten habe.

6. April   Das neugeschaffene Erbhofgericht beim Oberlandesgericht Stuttgart tritt zu seiner ersten Sitzung zusammen. Es besteht aus drei Berufsrichtern und zwei aus der Bauernschaft kommenden Erbhofrichtern.
Der russische Bassist Theodor Schaljapin gastiert in der Stadthalle. Die Vorstellung ist relativ schwach besucht. Die Presse kritisiert, daß in dem zu großen Raum die Gesangkunst Schaljapins nur ungenügend zur Geltung kam.

APRIL 1934

7. April   Erstaufführung der Oper »Pique Dame« von Peter Tschaikowsky.

7./8. April   Aus Frankfurt, Nürnberg, München, Freiburg, Konstanz und anderen Städten kommen Tausende von Besuchern zum südwestdeutschen Bezirkstreffen des Druckereigewerbes. Nach einer Begrüßungsansprache Dr. Strölins ziehen die Teilnehmer, angeführt von einer SA-Kapelle, vom Marktplatz zur Stadthalle. Dort stellt der Geschäftswart der Reichsbetriebsgruppe Druck das Verhältnis von Führer und Gefolgschaft in den Mittelpunkt seiner Rede. Nur aus den Tugenden der Disziplin, der Treue und der Kameradschaft könne eine neue Volks- und Arbeitsgemeinschaft erwachsen.
200 saarländische Turner kommen zu einem Vergleichskampf in das Gustav-Siegle-Haus. Die Stuttgarter Mannschaft siegt mit 358,5:326 Punkten. Auf dem Marktplatz findet eine Saardemonstration statt mit einer Ansprache von OB Dr. Strölin vom Balkon des Rathauses.

8. April   Die in mehreren evang. Kirchen auf den Nachmittag und Abend angesetzten »Bekenntnisgottesdienste« werden polizeilich verboten.
Ministerpräsident Mergenthaler verleiht im Kleinen Haus der Württ. Staatstheater den Ehrenpreis der Nationalbühne Stuttgart an Paul Hensel-Haerdrich für dessen Drama »Sonnenwende« (1932).

9. April   Entgegen der Pressemeldung »Katholische Jugend tritt zur HJ über« ist die Auseinandersetzung um eine selbständige kath. Jugendbewegung noch keineswegs beendet.
Zu Beginn des Reichsberufswettkampfs versammeln sich die Stuttgarter Teilnehmer auf dem Marktplatz zu einer Kundgebung. Die Lehrlinge des Stuttgarter Telegraphenbauamtes tragen den Wettkampf nur unter sich aus; der Sieger gilt zugleich als Reichssieger. Beim Bürgermeisteramt wird für die Behandlung der Arbeitsbeschaffungsfragen und der Siedlungsangelegenheiten ein Arbeitsbeschaffungsamt eingerichtet. Die Leitung des Amts erhält Dipl.-Ing. Paul Lutz.
Eine am 6. April um 9.40 Uhr in Natal-Pernambuco (Brasilien) gestartete Maschine der Deutschen Lufthansa landet in neuer Rekordzeit — einen halben Tag früher als üblich — um 9 Uhr in Stuttgart-Böblingen.

10. April   Rundfunkgespräch zwischen OB Dr. Strölin und Landesbauernführer Arnold. Dr. Strölin sieht es »als eine der dringendsten Aufgaben der nächsten Monate an, alle für die landwirtschaftliche Arbeit geeigneten Arbeitskräfte aus der Stadt auf das Land zu versetzen«.
70. Geburtstag des »schwäbischen Stradivarius« Dr. h. c. Eugen Gärtner. Der gebürtige Stuttgarter erhielt 1897 den Titel eines kgl. württ. Hofgeigenmachers. Zu Ehren Gärt-

ners findet am Vorabend seines Geburtstags ein Festkonzert statt, an dem u. a. der Bonner Violinist Th. Kolb mitwirkt.

12. April Die Württ. Notenbank veröffentlicht ihren Geschäftsbericht für das Jahr 1933. Als eine der vier noch zur Notenausgabe berechtigten Privatbanken hat sie 1933 Banknoten im Werte von rund 82 Mio. RM ausgegeben.
Sondervorstellung für die Arbeitslosen im Schauspielhaus. Otto Gebühr spielt den Zdenko in Krafts »Nachtquartier«.
Die seit 1914 in Stuttgart auftretende Sängerin Thoda von Glehn wird Ehrenmitglied der Württ. Staatstheater. Sie singt aus diesem Anlaß die Rolle der Leonore in der Oper »Troubadour«.
Zur Vorbereitung auf die Olympischen Spiele wird eine Trainingsgemeinschaft des Leichtathletikgaus Württemberg gebildet. Am ersten Training nehmen etwa 170 Sportler teil.

13. April Auf einer Bauernkundgebung der württ. Landesbauernschaft in der Stadthalle sprechen Reichsstatthalter Murr, Landesbauernführer Arnold und Reichsobmann Staatsrat Meinberg. Arnold feiert den Sieg des Nationalsozialismus, der eine »Bauernbefreiung für alle Zeiten« herbeigeführt habe. Auf die finanzielle Situation der deutschen Landwirtschaft eingehend, erklärt Meinberg: »Eines werden wir aber nicht mehr tun: Wir denken nicht daran, mit den Steuergroschen der deutschen Bauern und Arbeiter den Großgrundbesitz wieder zu entschulden.«

14. April OB Dr. Strölin fordert ultimativ alle arbeitslosen ledigen Männer und Frauen auf, sich bis zum 21. April freiwillig zur Landhilfe beim Arbeitsamt zu melden. »Wer sich diesem dringenden Notruf ohne zwingenden Grund entzieht, stellt sich außerhalb der Volksgemeinschaft. Er hat alle sich daraus ergebenden Folgen zu tragen.«
Um dem Überangebot an jungen weiblichen Arbeitskräften in der Stadt zu begegnen, richten das Wohlfahrts- und das Arbeitsamt in Wart bei Nagold ein Umschulungslager für arbeitslose Mädchen ein. Sie sollen für eine landwirtschaftliche Tätigkeit vorbereitet werden.

15. April Nach erheblichen Spannungen zwischen dem Landessynodalausschuß und Landesbischof Wurm, die sich vordergründig in der Ablehnung des Kirchenetats widerspiegeln, wird der auf den 16. April einberufene Landeskirchentag um zwei Monate verschoben. Reichsbischof Ludwig Müller kommt nach Stuttgart, um Landesbischof Wurm zu Zugeständnissen in der Frage der Bildung einer einheitlichen evang. Reichskirche zu bewegen. Müller wird von Murr und Mergenthaler empfangen.
Mit über 40 Sonderzügen kommen Tausende von Besuchern zum südwestdeutschen

Handwerkertag. Da sich der Hof der Rotebühlkaserne als zu klein erweist, findet gleichzeitig auch auf dem Marktplatz eine Kundgebung statt. Eine eigene Veranstaltung führen die Angehörigen des Metzgerhandwerks auf dem Gelände des Schlachthofes durch. Die Metzgergesellen ziehen in Berufskleidung, begleitet von Musikkapellen, mit Innungsfahnen vom Karlsplatz durch die Stadt zum Schlachthof. Hauptredner des Handwerkertages ist Reichshandwerksführer Wilhelm Schmidt, der drei Forderungen erhebt: 1. Die Verwirklichung eines deutschen Sozialismus, 2. Gemeinsames Handeln nach einer neuen nationalsozialistischen Wirtschaftsethik und 3. Beseitigung jeder Monopolstellung auf dem Rohstoffmarkt.
Landestreffen des Reichsverbandes der Baltikumkämpfer und Freikorpskämpfer im Stadtgartensaal.

16. April   OB Dr. Strölin und Stadtkämmerer Hirzel besuchen die Fildergemeinden Vaihingen, Möhringen, Plieningen, Birkach, Sillenbuch, Rohracker und Heumaden und besprechen mit den Bürgermeistern und Ortsbauernführern Möglichkeiten einer besseren Zusammenarbeit.
Die Stuttgarter Straßenbahnen führen einen einheitlichen Tarif zu 0,40 RM ein. Wer umsteigt, bezahlt zusätzlich 0,10 RM.

16./17. April   99. Pferdemarkt in Bad Cannstatt, außerdem Messe für Sattlerarbeiten und landwirtschaftliche Maschinen und Geräte. Aufgetrieben werden rund 450 Pferde (1933: 410), verkauft 180 (1933: 80). Die Preise belaufen sich zwischen 600 und 1650 RM je Pferd.

17. April   Erstmals finden für die Schulanfänger in den Kirchen besondere Gottesdienste statt. Die Schüler besuchen sie mit ihren Lehrern.

18. April   OB Dr. Strölin berichtet auf einer städt. Betriebsratsversammlung über neue sozialpolitische Maßnahmen. Um die städt. Arbeiter den Beamten hinsichtlich der Dienstzeit gleichzustellen, hätten in Zukunft auch die ersteren am Gründonnerstagmittag, am Samstag vor Ostern, an Fronleichnam und an Mariä Himmelfahrt dienstfrei. Außerdem werde den Arbeitern ein zusätzlicher Urlaub gewährt sowie eine finanzielle Beihilfe, damit sie an den Urlaubsreisen von Kraft durch Freude teilnehmen können.

19. April   OB Dr. Strölin spricht sich dafür aus, in verstärktem Maße Arbeitslose der Städte auf dem Lande, wo Arbeitskräfte fehlen, einzusetzen.

20. April   Aus Anlaß von Hitlers 45. Geburtstag findet ein Demonstrationszug der vor dem 1. Januar 1933 aktiven Mitglieder der NSDAP vom Marktplatz zur Stadthalle statt.

APRIL 1934

Dort »gelobt« Reichsstatthalter Murr während einer Feierstunde Adolf Hitler »Treue bis in den Tod«. »Wir haben uns verpflichtet«, sagt Murr, »dem Führer mit allen Fasern unseres Herzens treu zu bleiben... Niemals kann der Tag kommen, an dem wir Adolf Hitler verlassen«. Kreisleiter Maier feiert Hitler als einen Mann, der in einem Jahr mehr für Deutschland getan habe als andere in Jahrzehnten oder Jahrhunderten.
Am Abend versammeln sich etwa 6000 Mädchen in der Adolf-Hitler-Kampfbahn in Bad Cannstatt zu einem großen Appell des BDM. Obergauführerin Maria Schönberger schließt ihre Ansprache ebenfalls mit einem Treuegelöbnis für Hitler. Gleichzeitig werden die Jungmädel in den BDM aufgenommen.
Im Großen Haus wird Richard Wagners »Siegfried« gespielt. Vor der Aufführung spricht Ministerpräsident Mergenthaler von der Urgestalt des deutschen Siegfried, an der sich das deutsche Volk aufrichten könne.
Im Kleinen Haus gastiert in englischer Sprache die St. Marylebone Grammer School mit Shakespeares Komödie »Was ihr wollt«. Die Vorstellung findet ein überaus positives Echo in der Presse. Der NS-Kurier berichtet von »wahren Stürmen der Begeisterung«.
»Ohne weitere Aussprache« beschließen die Vereinigten Bürgervereine von Stuttgart im Ratskeller ihre Auflösung. Im neuen Staat seien sie überflüssig oder nur noch als gesellige Vereine berechtigt — eine Funktion, die auch in einem größeren Kreise erfüllt werden könne. Das Vereinsvermögen wird der NS-Volkswohlfahrt übertragen. In einem geschichtlichen Rückblick gedenken die Mitglieder der Gründung des ersten Stuttgarter Bürgervereins im Jahre 1872. In Heslach entstand 1875 und in der Nordweststadt 1877 ein weiterer Bürgerverein.

21. April Im großen Hörsaal der TH wird die Akademie für zahnärztliche Fortbildung (Bezirksstelle Württemberg) eröffnet. Die Leitung übernimmt Prof. Wannenmacher (Tübingen).
Große Daimler-Gedenkfeier in der Stadthalle. Generaldirektor Schippert berichtet, daß nunmehr über 18 000 Arbeiter in den Daimler-Benz-Werken beschäftigt seien. Bei dem sich anschließenden geselligen Teil der Veranstaltung tritt auch der Kammersänger Theo Strack auf.

22. April Auf dem Cannstatter Wasen beginnt für rund 500 Fahrzeuge der letzte Streckenabschnitt einer Daimler-Gedächtnisfahrt nach Schorndorf. Voraus fahren Ministerpräsident Mergenthaler, die Minister Lehnich und Dehlinger sowie OB Dr. Strölin. An der Daimler-Feier in Schorndorf nimmt als Vertreter der Reichsregierung Verkehrsminister Eltz von Rübenach teil.
Ein Fußballspiel Süddeutschland — Südostfrankreich endet vor 35 000 Zuschauern 6:1.
Dr. theol. Erich Eichele wird als dritter Stadtpfarrer an der Stiftskirche in sein Amt eingeführt.

23. April Das Stuttgarter Arbeitsamt fordert jugendliche Arbeitslose unter 25 Jahren auf, Arbeit auf dem Land anzunehmen. Die Bestimmung, daß nach Stuttgart zuziehende Arbeitslose keinen Anspruch auf Unterstützung haben, wird verschärft. Hausbesitzer sollen an diese Arbeitslosen keine Wohnungen oder Zimmer vermieten.
Der Vorsitzende der Stuttgarter Schillerstiftung, Geh. Archivrat a. D. Dr. Rudolf Krauß, legt sein Amt nieder. Ihm folgt der Schriftsteller Martin Lang.

24. April Im Politischen Landespolizeiamt finden zwischen Vertretern der katholischen Kirche, des Staates und der NSDAP Besprechungen mit dem Ziel statt, die kath. Jugendverbände ebenso wie die evang. in die HJ zu überführen. Bei den schwierigen Verhandlungen kommt es noch nicht zu einer Einigung. Die kath. Jugendverbände dürfen »bis zu einer endgültigen Regelung« weiterbestehen, doch ist eine sportliche Betätigung von nun an nur noch in der HJ möglich. Wandern und Zelten wird als Geländesport deklariert. Lediglich zu Pfingsten 1934 dürfen die kath. Jugendverbände noch eigene Zeltlager bei Wäschenbeuren beziehen.
»Als alte Frontsoldaten, die ihre Verantwortung gegenüber Volk und Staat erkennen«, schließen sich die Mitglieder des Kreisverbandes Stuttgart des Stahlhelm dem Nationalsozialistischen Deutschen Frontkämpferbund an.

26. April Neuregelung der Arbeitszeit bei den staatlichen Behörden: 7—12.30 und 13—16 Uhr.
Wirtschaftsminister Prof. Lehnich verpflichtet die neuen Mitglieder des Württ. Industrie- und Handelstages sowie der Handelskammer Stuttgart. Er betont dabei die Gültigkeit des Führerprinzips auch in der Wirtschaft und bestellt den Fabrikanten und Reichstagsabgeordneten Fritz Kiehn (Trossingen) zum kommissarischen Vorsitzenden der Handelskammer Stuttgart.
Unter Vorsitz von Stadtrat Dr. Locher befaßt sich der Verkehrsverein mit den Vorbereitungen der verschiedenen Feiern zum 175. Geburtstag Schillers. Hauptveranstaltung soll der Staatsakt am 10. November 1934 sein. Geplant wird die Herausgabe einer Schiller-Briefmarke, eines Schiller-Talers und die Verleihung einer Schiller-Gedenkmünze. Auf Anregung des Verkehrsvereins wurde ein 30 m langer Film gedreht, der die wichtigsten Stuttgarter Schiller-Gedächtnisstätten zeigt.
Die Bausparkasse Gemeinschaft der Freunde Wüstenrot begeht mit einem Festakt in der Liederhalle ihr zehnjähriges Bestehen. Über den Gedanken des Bausparens, seine Zustimmung und Ablehnung spricht das Vorstandsmitglied Dipl.-Ing. Schöck.

27. April Unter dem Motto »Für den Sozialismus der Tat — Gegen die Reaktion in allen Lagern« beginnt die NSDAP eine großangelegte Propagandaaktion und veranstaltet fast 50 Kundgebungen. In der Liederhalle spricht der stellv. Gauleiter Friedrich

Schmidt, im Wullesaal Wirtschaftsminister Prof. Lehnich. Schmidt geht in seiner Ansprache auch ausführlich auf die Auseinandersetzungen in der evang. Kirche um Reichsbischof Ludwig Müller und die Bildung einer Reichskirche ein, wie sie von der NSDAP gefordert wird. Offen wendet er sich gegen Behauptungen, der Nationalsozialismus führe zu einem Neuheidentum. Der Glaube der Nationalsozialisten an das Ewige und Göttliche sei unbestreitbar.

Dichterlesung Ernst Wiecherts im Bürgermuseum auf Einladung der Deutschen Angestelltenschaft.

27. April bis 13. Mai Zweite Stuttgarter Braune Messe in der Gewerbehalle. Veranstalter der von rund 200 Firmen der verschiedensten Branchen beschickten Messe ist das Institut für Deutsche Wirtschaftspropaganda. Gleichzeitig wird mit besonderen Ausstellungen für den Gedanken des Luftschutzes und des Luftsportes (Segelflugzeugbau) geworben.

1. Mai Der 1. Mai wird wiederum als »nationaler Feiertag des deutschen Volkes« mit Aufmärschen und Kundgebungen begangen. Berufsständisch gegliedert ziehen Tausende von Stuttgartern zum Festakt in der Adolf-Hitler-Kampfbahn. An der Spitze des ersten Zuges — staatl. und städt. Behörden — marschiert OB Dr. Strölin. Den zweiten Zug bilden die Stuttgarter Privatbetriebe, den dritten die Vertreter von Handel und Handwerk. Zum vierten und fünften Zug schließen sich die Betriebsangehörigen von Bad Cannstatt und aus den östlichen Stadtteilen zusammen. Eine »Maienkönigin« gibt das Zeichen zur Aufrichtung des Maibaumes. Es folgt ein Festreigen junger Turnerinnen. Die als Volks- und Frühlingsfest aufgezogene Veranstaltung schließt mit einer Ansprache des Reichsstatthalters Murr.

Neben dieser Hauptkundgebung auf dem Cannstatter Wasen finden noch eigene Feiern der größeren Betriebe statt. Die Daimler-Benz-Werke veranstalten in einem Zelt in der Mercedesstraße einen Schwäbischen Abend, den der Rundfunk überträgt. Die Straßenbahner treffen sich in ihrem Waldheim. Bei Fackelschein werden die Vertrauensräte vereidigt.

Die Firma Wilhelm Bleyle weist ihrem betriebseigenen Pensionsfonds für das Jahr 1934 100 000 RM zu und bezahlt an 500 Werksangehörige ein Urlaubsgeld von durchschnittlich 50 RM.

2. Mai Im Planetarium wird erstmals in Stuttgart der Dokumentarfilm über das 15. Deutsche Turnfest 1933 vor geladenen Gästen gezeigt.

3. Mai Das Sondergericht verurteilt den früheren badischen Metallarbeiterfunktionär

Johannes Brümmer wegen des Versuches, eine illegale SPD-Organisation aufzubauen, zu einem Jahr Gefängnis.
Zum Gedenken an die Studienzeit Friedrich Schillers wird vom Verkehrsverein an der Akademie, der früheren Hohen Karlsschule, eine Erinnerungstafel angebracht.

4. Mai OB Dr. Strölin und Landesbauernführer Arnold verabschieden am Hauptbahnhof etwa 50 Arbeitslose, die als Landhelfer in der Umgebung von Bad Mergentheim eingesetzt werden. In einer kurzen Ansprache betont Arnold, es gelte der Auffassung entgegenzutreten, landwirtschaftliche Arbeit sei minderwertig.
Wilhelm Furtwängler gastiert mit den Berliner Philarmonikern in der Liederhalle.

4./5. Mai Zwölf polnische Journalisten besuchen Stuttgart und besichtigen die Daimler-Benz-Werke in Untertürkheim. Der Chefredakteur und Germanist Prof. Lempicke (Warschau) sagt auf einem Empfang in der Villa Berg, kein deutscher Stamm stehe dem polnischen Volkscharakter so nahe wie der schwäbische.

4.—7. Mai In der Sporthütte der Stuttgarter Studentenschaft, der Hunnewellhütte bei Degenfeld, treffen sich die Führer der Wohnkameradschaften der Stuttgarter Korporationen zu einer Schulungstagung. Der Stuttgarter Studentenführer Albert Schmehl hält das Hauptreferat, das von den studentischen Verbindungen ein klares Bekenntnis zum Nationalsozialismus verlangt. Auch ein Besuch der Segelfliegerschule Hornberg steht auf dem Programm.

5. Mai In völliger Neubearbeitung durch Oswald Kühn und den Stuttgarter Komponisten Heinrich Rücklos führen die Staatstheater Lortzings Oper »Hans Sachs« auf.
HJ-Gebietsführer Wacha eröffnet eine Ausstellung aus Anlaß des Reichsberufswettkampfs. Er hebt hervor, daß von den 20 im Reich ermittelten Siegern nicht weniger als 5 aus Württemberg kommen. Für die Lehrlinge fordert er einen bezahlten Jahresurlaub von mindestens 14 Tagen.
Jahresversammlung des Schwäb. Schillervereins im Haus des Deutschtums in Anwesenheit der 80jährigen Isolde Kurz. Diese liest aus ihrem Roman »Vanadis«.
Vortrag von Dr. Roman Boos (Dornach/Schweiz) im Haus des Deutschtums: Die Überwindung des Romanismus im deutschen Recht. Das »händlerische Menschentum« der römischen Antike habe ein Schuldner- und Gläubigerrecht entwickelt, das deutsche Recht habe aber von der sozialen Gemeinschaft und dem Rechtssatz von Treu und Glauben auszugehen.

6. Mai Der Stuttgarter Gemeinderat besucht am heutigen Sonntagmittag die Stadt Leonberg. Einem Stadtrundgang schließt sich ein Treffen im Gasthof Zur Sonne an. Die

MAI 1934

Teilnehmer äußern sich zufrieden über den Besuch, der zur Vertiefung der freundnachbarlichen Beziehungen beigetragen habe.
In der Friedrichstraße wird ein Ehrenmal zum Gedenken der 163 im ersten Weltkrieg gefallenen Straßenbahner eingeweiht. Die Uneinigkeit der deutschen Arbeiter und das Verharren »im Irrwahn des Internationalen« hätten eine frühere Errichtung des Mahnmals verhindert.
Hockey-Länderspiel Deutschland — Schweiz 6:3. Dr. Strölin empfängt die Schweizer Hockeymannschaft und Konsul Suter im Rathaus.

7. Mai Alle Studenten haben vor Aufnahme ihres Studiums ein Pflichthalbjahr in einem Arbeitsdienstlager zu absolvieren. Für die württ. Studenten wird eine Abteilung für studentischen Arbeitsdienst in Stuttgart errichtet.
Die Feiern zum 175. Geburtstag Friedrich Schillers werden mit einer Ehrung durch den Liederkranz am Schillerdenkmal eingeleitet. Staatsschauspieler Waldemar Leitgeb rezitiert.

7.—19. Mai Der Württ. Blindenverein zeigt anläßlich seines 25jährigen Bestehens eine Ausstellung über Blindenbildung und Blindenarbeit.

8. Mai 110. Schillerfest des Liederkranzes mit Ansprache von Oberstudiendirektor Dr. Hermann Binder. Zum Thema seiner Rede erklärt er, das nationalsozialistische Deutschland im Lichte Schillers zu betrachten.

9. Mai OB Dr. Strölin zeichnet die Sieger im Berufswettkampf bei einer Feier auf dem Marktplatz mit der Plakette der Stadt Stuttgart aus.
Die Deutsche Arbeitsfront eröffnet bei Mühlhausen ein neues Arbeitsdienstlager.
Der Verband der gemeinnützigen Bauvereine Württemberg e. V. besteht seit 25 Jahren.

10. Mai Bischof Sproll spricht in einer Predigt in der Eberhardskirche am Himmelfahrtstag von nicht erfüllten Hoffnungen, die die kath. Kirche nach Abschluß des Reichskonkordates gehegt habe. Eine zu enge Verbindung zwischen Staat und Kirche könne die Freiheit der Kirche gefährden.
Beim Jahresfest der evang. Diakonissenanstalt wird bekannt, daß in der Nähe des Hölderlinplatzes ein evang. Altersheim, das erste in Stuttgart, gebaut werden soll. 31 neue Diakonissen treten ihren Schwesterndienst an.

11. Mai Gauarbeitsführer Tholens (Berlin) spricht auf Einladung des Arbeitsgaues 26 Württemberg im Kuppelsaal des Kunstgebäudes zum Thema »Die nationalwirtschaftliche Bedeutung des Arbeitsdienstes«. Im Mittelpunkt seiner Rede steht die These vom

»Volk ohne Raum« und die Notwendigkeit, durch Neulandgewinnung zur »Brotfreiheit« zu kommen.

12. Mai Im Kuppelsaal des Kunstgebäudes nimmt Ministerpräsident und Kultminister Mergenthaler die Rektoratsübergabe der TH vor. Er übergibt dem von ihm ernannten Rektor, Prof. Dr. Dr. Helmut Göring, den er zugleich als »Führer der Hochschule« vorstellt, die Amtskette. Prof. Dr. phil. Dr. rer. pol. Helmut Göring wurde 1931 als o. ö. Professor für Geschichte an die TH berufen. Gleichzeitig wurde ihm die Leitung der Weltkriegsbücherei übertragen. Seine Amtszeit gilt für die Studienjahre 1934 und 1935. In seiner Rektoratsrede vergleicht Prof. Göring die großen europäischen Friedensschlüsse seit dem 17. Jh. bis zum Vertrag von Versailles. Der scheidende Rektor Prof. Wetzel hebt in seinem Rechenschaftsbericht hervor, daß Prof. Pirath und Prof. Schmitthenner trotz erfolgter Berufungen nach Dresden bzw. Berlin in Stuttgart geblieben seien.
Am Nachmittag findet dann in Hohenheim die Rektoratsübergabe der Landwirtschaftlichen Hochschule statt. In seiner Ansprache weist Mergenthaler der Hochschule die Aufgabe zu, den engen Zusammenhang zwischen Volk, Blut und Boden aufzuzeigen. Anschließend verpflichtet er als neuen Rektor den Veterinär Prof. Dr. Beck. Bei den Universitätsfeiern wird bekannt, daß die Zahl der Studenten an deutschen Hochschulen seit 1933 nicht unwesentlich abgenommen hat. Im Reichsdurchschnitt beträgt der Rückgang (Sommersemester 1932 bis Sommersemester 1933) 10,4 %, bei den Studenten Württembergs an den Landeshochschulen bzw. an anderen deutschen Hochschulen allerdings bloß 7,7 %. Im Sommerhalbjahr 1933 betrug der Anteil der Studentinnen an den württ. Hochschulen 10,8 % (Reichsdurchschnitt 15,7 %). Fast die Hälfte der im Sommersemester 1933 in Tübingen, Stuttgart und Hohenheim immatrikulierten Studenten stammt aus Beamtenfamilien.
Der Verband württ. Zeitungsverleger hält im Hindenburgbau seine Hauptversammlung ab. Die Auflösung des Verbandes beginnt sich abzuzeichnen.
Am Geburtshaus des Dichters Cäsar Flaischlen (1864—1920) Ecke Silberburg- und Rotebühlstraße wird eine Gedenktafel enthüllt. Bei einer Gedenkfeier im Hotel Marquardt am 11. Mai sprach der Dichter Martin Lang.
Die Firma G. Zimmermann, einer der größten Flaschnerbetriebe Süddeutschlands, feiert ihr 75jähriges Bestehen.

12./13. Mai Im Eduard-Pfeiffer-Haus trifft sich die Vertreterversammlung des nunmehr seit 25 Jahren bestehenden Württ. Blindenvereins. Der Verein zählt etwa 900 Mitglieder mit rund 400 noch Erwerbstätigen. Davon sind 80 als Industriearbeiter beschäftigt.
5. Georgii-Schwimmfest im Stadtbad Heslach mit Beteiligung von 17 Mannschaften aus ganz Deutschland.

MAI 1934

15. Mai   Rund 800 Stuttgarter Arbeitslose haben sich beim Arbeitsamt als Landhelfer gemeldet.
Die Firma Robert Bosch beschäftigt annähernd 14000 Personen. Damit wird der bisherige Höchststand der Beschäftigtenzahl vom Jahre 1925 noch übertroffen.

16. Mai   Die Staatstheater eröffnen mit der Oper »Rienzi« von R. Wagner die Reihe der Freilichtaufführungen vor dem Großen Haus. Durch insgesamt etwa 500 Mitwirkende werden die Volksszenen stark herausgestellt.
Im Mittelbau des Neuen Schlosses eröffnet der Leiter der Württ. Landesbibliothek, Ministerialrat Dr. Frey, eine Ausstellung zur Erinnerung an die Reformation in Württemberg im Jahre 1534. Verbunden damit ist eine Bibelausstellung. Gezeigt werden neben den Luther-Bibeln von 1534 und 1545 auch wichtige mittelalterliche Bibelhandschriften vor Luther.

16./17. Mai   Großangelegte Sammelaktion um Spenden für »Mutter und Kind« im Anschluß an den Deutschen Muttertag.

17. Mai   Das Sondergericht verhandelt gegen sechs in Stuttgart ansässige Kommunisten, die auf Weisung von Parteiobleuten in Berlin eine illegale Parteiorganisation in Württemberg aufzubauen versucht hatten. Als Höchststrafe werden drei Jahre Gefängnis ausgesprochen.
Das Amtsblatt berichtet über eine Informationsreise von OB Dr. Strölin mit Beamten der Stadtverwaltung nach Zürich und St. Gallen. Der Besuch galt dem Erfahrungsaustausch vor allem in Fragen der Hangbebauung sowie der damit in Zusammenhang stehenden Frischluftzuführung von den Höhen. Im Sihlhölzle in Zürich besichtigte Dr. Strölin auch eine neue Sportanlage und begrüßte Schweizer Turner, die 1933 am Stuttgarter Turnfest teilgenommen hatten.
Die Vertreterversammlung des Württ. Handwerkskammertages befaßt sich mit Problemen der Preisgestaltung im Handwerk. Zur Frage des Innungswesens meint Syndikus Metzger, daß die Innung im Interesse ihrer Leistungsfähigkeit mindestens 30 Mitglieder umfassen sollte. Auf der Tagung stellt sich der vom Reichshandwerksführer berufene neue Landeshandwerksführer für Südwestdeutschland, Handwerkskammerpräsident Bätzner, vor.
Der Autoverkehrsverband Stuttgart GmbH erklärt sich auf einer Gesellschaftsversammlung im Interesse der Vereinheitlichung des Verkehrswesens damit einverstanden, daß die Stuttgarter Straßenbahnen seine Geschäftsanteile übernehmen.

17.—21. Mai   Der Reiseverkehr über Pfingsten nimmt gegenüber dem Vorjahr um rund

12 % zu. Im Hauptbahnhof werden 97 000 Fahrkarten, darunter 57 000 Festtagskarten, verkauft.

19. Mai Baubeginn der Kleineigenheimsiedlung Reisach in Weilimdorf. OB Dr. Strölin nimmt den ersten Spatenstich vor. Anders als bei den bisher geschaffenen Stadtrandsiedlungen erhalten die etwa 200 Siedler nicht nur ein Erbbaurecht, sondern Eigentum.

19.–27. Mai Im Ausstellungsgebäude auf dem Interimstheaterplatz werden die Entwürfe eines Preisausschreibens zur Gestaltung eines Marktbrunnens an der südlichen Ecke vor dem Rathaus gezeigt. Insgesamt sind 71 Arbeiten eingegangen. Die Jury unter Vorsitz von OB Dr. Strölin erkennt dem von den Bildhauern Lilli und Karl Kerzinger sowie dem Architekten Hans Volkart eingereichten Entwurf den ersten Preis zu. Der vierstrahlige Brunnen soll als Symbol eine Stute mit ihrem Füllen tragen. Als Baumaterial haben die Künstler Würzburger Muschelkalk bestimmt.

20. Mai In ihrem Kampf gegen die Arbeitslosigkeit und gegen einen weiteren Zuzug vom Land wendet sich die Stadtverwaltung auch an den evang. Oberkirchenrat. Die Geistlichen sollen bei passender Gelegenheit vor der Landflucht warnen und für die Rückkehr auf das Land werben.
Das Waldfreibad Solitude auf der Gemarkung Gerlingen geht in den Besitz der HJ über. Die HJ feiert diese Aktion als vorbildlich für Württemberg und ganz Deutschland.

20./21. Mai Eine größere Zahl von Mitarbeitern der Firma Bosch-Lavalette (Paris) besucht zu Pfingsten Stuttgart. In Anwesenheit des französischen Generalkonsuls Henriet und Vertretern der Stuttgarter Firma Bosch begrüßt sie OB Dr. Strölin in der Villa Berg. Er spielt dabei auf die Rede des französischen Außenministers Louis Barthou an, der von dem Friedenswillen Adolf Hitlers sprach.

22. Mai Das württ. Politische Landespolizeiamt verfügt die Einziehung des Vermögens des 1933 geflüchteten Stuttgarter Arztes und Dramatikers Dr. Friedrich Wolf.

23. Mai Am Herdweg Nr. 72 wird das neue Dienstgebäude der SA-Brigade 55 eingeweiht.
Der am 13. Mai 1934 in der Sowjetunion verunglückte Ballonfahrer Dr. Martin Schrenk wird unter großer Anteilnahme der Bevölkerung auf dem Waldfriedhof beigesetzt.

23.–25. Mai Stuttgarter Frühjahrsmesse. Auf dem Platz vor der Garnisonkirche werden Korb-, Kübler- und Holzwaren (Leitern, Stangen usw.) angeboten, auf dem Charlottenplatz und in der Dorotheenstraße Hafner-, Glas- und Porzellanwaren.

MAI 1934

24.–26. Mai   Großangelegte Luftschutzübungen mit fiktivem Fliegeralarm, Aufsuchen von Schutzräumen, Löscharbeiten, Behandlung von Rauchvergifteten, Einsatz von Entgiftungstrupps.

25. Mai   Der auf einer Kontinentalfahrt befindliche Rallye-Motorklub von Coventry besucht Stuttgart.

26. Mai   Im Rahmen einer von der Deutschen Turnerschaft veranstalteten Werbewoche treffen sich die Stuttgarter Turnvereine zu einer Schlageter-Kundgebung. In fünf Kolonnen ziehen sie am Abend von Zuffenhausen und Feuerbach, von Bad Cannstatt, vom Südheimer Platz, vom Leipziger Platz und von Gablenberg mit Fackeln zum Hof des Neuen Schlosses. An der Veranstaltung beteiligen sich etwa 4000 Turnerinnen und Turner.
Uraufführung des Schauspiels »So war Herr Brummel« von Ernst Penzoldt im Kleinen Haus.
Das württ. Innenministerium löst mehrere wirtschaftspolitische Verbände wie die Internationale Freiwirtschaftsliga und den Reichsbund für Arbeitsbeschaffung auf.

26. Mai bis 3. Juni   Die Gaupropagandaleitung von Württemberg und Hohenzollern wendet sich in 2000 Versammlungen im ganzen Land gegen »Miesmacher, Hetzer, Kritikaster und Reaktionäre in ihrer ganzen Erbärmlichkeit«. Wer die Regierung angreife, greife das deutsche Volk an. Der Aufruf der Gaupropagandaleitung schließt: »Auch jetzt, da wir die versteckten Feinde im Innern vernichten werden, wirst Du dem Führer Deine Gefolgschaft nicht versagen. Nach Abschluß der Versammlungsaktion wollen wir dem Führer melden können: Württemberg ist frei von der Landplage der Miesmacher und Hetzer!«

27. Mai   Im Bürgermuseum treffen sich die württ. Weingärtner zu ihrem traditionellen Urbanstag. Besprochen werden insbesondere Fragen der Eingliederung des Weinbauvereins in den Reichsnährstand.
Zum Besuch der Ausstellung Deutsches Volk — Deutsche Arbeit fahren 1000 württ. Handwerker nach Berlin. Die Fahrt im Sonderzug wird vom Württ. Handwerkskammertag organisiert.

28. Mai bis 1. Juni   Schauturnen der 32 Stuttgarter Turnvereine auf dem Marktplatz, dem Wilhelmsplatz, vor der Festhalle in Feuerbach und auf anderen öffentlichen Plätzen.

29. Mai Eine aus 10 Einsitzern bestehende italienische Fliegerstaffel landet nach dreistündigem Flug von Udine aus in Böblingen. Im Hotel Marquardt findet ein Empfang statt, zu dem auch ein Vertreter von Reichsluftfahrtminister Göring erscheint. Am Tage darauf setzt die Staffel ihren Flug nach Brüssel fort.

30. Mai Für Kleinrentner wird zu einem Eintrittspreis von 0,20 RM im Schauspielhaus das Volksstück »Am Himmel Europas« von Schwenzen-Malina aufgeführt.

31. Mai Auf dem Garnisonkirchenplatz und in der Gewerbehalle wird in Großkundgebungen der Schlacht am Skagerrak (1916) gedacht. Als äußeres Zeichen der Hochachtung gegenüber den »Schützern deutscher Seegeltung« will OB Dr. Strölin die Umbenennung des Garnisonkirchenplatzes in Skagerrakplatz verstanden wissen.

1. Juni Die Güterbahnstrecke vom Hauptbahnhof nach Kornwestheim wird auf elektrischen Betrieb umgestellt.
Die Firmen Karl Kübler AG und Ludwig Bauer beginnen an der Lautenschlagerstraße mit den Grabungsarbeiten für den Bau des Verwaltungsgebäudes der TWS. Etwa 100 Arbeiter, überwiegend von der Wohlfahrt unterstützte Erwerbslose, werden auf der Baustelle beschäftigt.

2. Juni Am Geburtshaus der Dichterin Isolde Kurz, Paulinenstraße 19, wird eine Bronzetafel mit Reliefbild enthüllt. Das Relief wurde von Prof. Daniel Stocker (Stuttgart) auf Wunsch von Isolde Kurz in enger Anlehnung an die Plastik ihres Bruders, Prof. Erwin Kurz, gefertigt.

2./3. Juni Aus Anlaß des Treffens des früheren 8. württ. Infanterieregimentes Nr. 126, das bis zum ersten Weltkrieg in Straßburg stationiert war, erhält die Olgastraße in Zuffenhausen den Namen Straßburger Straße.

3. Juni In ganz Deutschland wird mit Kundgebungen und Aufmärschen der Tag der deutschen Luftfahrt begangen. Im Hof des Neuen Schlosses sind verschiedene Flugzeugmodelle aufgestellt. Am Vormittag findet ein Feldgottesdienst statt, der über Rundfunk aus Berlin übertragen wird.
Auf dem Waldfriedhof veranstaltet der Marineverein Stuttgart eine Skagerrak-Gedenkfeier.
Der Charlottenplatz wird zum Zeichen der Verbundenheit mit der Stadt Danzig in Danziger Freiheit umbenannt. Der Alte Schloßplatz erhält den Namen Schillerplatz, wie er inoffiziell schon seit langem genannt wurde.
Das Deutsche Ausland-Institut übernimmt in Bad Cannstatt das Deutsche Volksheim

JUNI 1934

als Wohn- und Schulungsheim für junge Auslanddeutsche. Das Haus wird später zu einem auslandsdeutschen Handwerkerheim erweitert und bietet 40 Gästen Platz.

5. Juni Reichsminister für Wissenschaft Bernhard Rust weilt zu einem kurzen Besuch in Stuttgart und bespricht im Kultministerium Schul- und Erziehungsfragen.
Stadtkämmerer Hirzel empfängt im Rathaus den Rennfahrer Manfred von Brauchitsch und überreicht ihm für seinen Sieg beim internationalen Eifelrennen die Plakette der Stadt Stuttgart. Am Nachmittag wird M. von Brauchitsch im Werksgelände von Daimler-Benz stürmisch gefeiert.

6. Juni Gedächtnisfeier im Staatstheater aus Anlaß des 65. Geburtstages Siegfried Wagners mit Festvortrag von Prof. Golther (Rostock). Richard Kraus dirigiert Partien aus Opern des Jubilars.
OB Dr. Strölin begrüßt im Rathaus die Amateur-Fußballmannschaft der USA. Dabei betont er den besonderen Wert der guten wirtschaftlichen Beziehungen zwischen Deutschland und Amerika. Ein Fußballspiel USA—Württemberg am 7. Juni 1934 in Ulm endet vor 8000 Zuschauern 2:2.

7. Juni OB Dr. Strölin wurde zum stellv. Führer der deutschen Energiewirtschaft ernannt.

8. Juni Aus Guttenbrunn (Rumänien) trifft eine Gruppe Banater Schwaben ein. Sie besuchen auch das Viktor-Köchl-Haus, in dem aus Rumänien stammende deutsche Mädchen Dienst tun.

9. Juni Zum Abschluß einer Werbewoche der Luftfahrt spricht in der Stadthalle an Stelle Hermann Görings der Präsident des Deutschen Luftsportverbandes, Bruno Loerzer. Motto der Veranstaltung ist die Forderung Görings: »Das deutsche Volk muß ein Volk von Fliegern werden«.
Erstaufführung der Komödie »Ingeborg« von Curt Goetz im Kleinen Haus.

9./10. Juni Das Siebte Württembergische Infanterieregiment Kaiser Friedrich eröffnet in der Liederhalle die Feier seines 125jährigen Bestehens. Am Sonntag findet im Hof der Rotebühlkaserne ein großer Regimentsappell und anschließend ein Feldgottesdienst statt, zu dessen Beginn Beethovens »Die Himmel rühmen die Ehre Gottes« aufgeführt wird. Ehrengast des Treffens ist der Kaiserenkel Prinz Eitel Friedrich von Preußen. Die Geschichte des Regiments würdigt General Freiherr von Soden.

10. Juni Die württ. Sport- und Segelflieger versammeln sich auf dem Cannstatter Wasen, wo Präsident Loerzer eine Parade abnimmt.

13. Juni Vor dem Gebäude des Vereins württ. Kohlenhändler in der Seestraße kommt es zu einem Massenauflauf und zu Demonstrationen. Der Kohlenhändlerverband möchte entgegen Einwänden des Wirtschaftsministeriums davon abgehen, Sammelbestellungen von Firmen, Vereinen und Verbänden entgegenzunehmen.
Rechtsanwalt Erich Siegel (Geislingen) spricht im Bürgermuseum, ausgehend von den Anschauungen Frau Dr. Mathilde Ludendorffs, zum Thema »Das Rasse-Erwachen und die deutsche Frau«.

14. Juni Auf einer Kundgebung der HJ auf dem Marktplatz wendet sich der Pressechef der Reichsjugendführung, Gebietsführer Staebe (Berlin), gegen »bürgerliche Reaktionäre, Nörgler und Miesmacher«. Er kritisiert die Unternehmer, die die Zeichen der Zeit nicht verstanden hätten und glaubten, mit den deutschen Arbeitern genau so umgehen zu können wie in den Wilhelminischen Zeiten. Staebe ruft aus: Die Reaktion sterbe, damit die nationalsozialistische Revolution lebe. Der stellv. Gauleiter Friedrich Schmidt begrüßt den revolutionären Elan der Jugend.
OB Dr. Strölin unterstützt im Amtsblatt den Wunsch der HJ, auch den Lehrlingen eine »angemessene Ferienzeit« zu geben. »Die gesunde soziale Einstellung, die Handwerk und Industrie gerade in Stuttgart auszeichnen, läßt bestimmt erwarten, daß auch hier der Ruf der Hitler-Jugend nicht ungehört verhallt.«
Die Handwerkskammer Stuttgart befürwortet, den Lehrlingen einen zusammenhängenden Urlaub von 12 Werktagen im ersten, 10 im zweiten, 8 im dritten und 6 im vierten Lehrjahr zu gewähren. Bei der Firma Bosch erhalten dagegen Lehrlinge und Jungarbeiter bereits einen (bezahlten) 14tägigen Jahresurlaub.
OB Dr. Strölin und BM Dr. Sigloch erläutern im Rathaus anhand von Plänen die neuen Stadtrandsiedlungen Steinhaldenfeld (Bad Cannstatt), Seelachwald (Weilimdorf) und Neuwirtshaus (Zuffenhausen) sowie die Kleineigenheim-Siedlung Reisach (Weilimdorf). Anschließend findet eine Besichtigung statt, an der auch Reichsstatthalter Murr und Innenminister Dr. Jonathan Schmid teilnehmen.

14./15. Juni Im Gebäude des Amtsgerichtes tagt der Kartellsenat des Reichswirtschaftsgerichtes. Die Kohlenhandlung Friedrich Walz hatte sich geweigert, dem Kohlenhändlerverein für das Stuttgarter Wirtschaftsgebiet beizutreten und dessen Preisbindung anzuerkennen. Gegen Maßnahmen der Kohlenproduzenten, die die Firma Walz mit einer Liefersperre belegten, ging diese gerichtlich vor. In seinem Urteil Ende des Monats stellt der Kartellsenat fest, daß es der Firma Walz nicht zugemutet werden könne, dem Kohlenhändlerverein zwangsweise beizutreten. Der Prozeß steht in keinem Zusammenhang mit dem Streit zwischen den Stuttgarter Kohlenhändlern und dem württ. Wirtschaftsministerium.

JUNI 1934

15. Juni Die Staatsanwaltschaft beim Oberlandesgericht Stuttgart erhebt Anklage gegen mehrere Mitglieder der illegalen KPD. Diese waren für die sog. Transportkolonne Otto tätig gewesen und hatten kommunistische Druckschriften aus der Schweiz nach Deutschland gebracht.

16. Juni Die Oberbürgermeister und Stadtkämmerer der größeren Städte Süddeutschlands treffen sich im Rathaus und beraten über Fragen der kommunalen Finanzpolitik und der Energiewirtschaft. Dr. Strölin fordert, daß den Gemeinden das Recht zustehen müsse, auch über die Energieverteilung an die Industrie und das Gewerbe zu bestimmen.
Auf der Landesausschußsitzung des Vereins der württ. Verwaltungsbeamten im Rathaus verlangt Staatssekretär Waldmann eine strikte Beamtenschulung im Geiste des Nationalsozialismus.
Das Luftamt, eine Dienststelle der Reichsluftfahrtverwaltung, nimmt seinen Dienst auf.
In dem städt. Gebäude Mühlstraße 10 in Wangen wird ein neuer Kindergarten für etwa 50—60 Kinder eröffnet. Die Räume wurden durch den Umbau von zwei Erdgeschoßwohnungen frei.
Aus Lübeck kommen etwa 300 Kinder, um bei Stuttgarter Familien und in der Nähe Stuttgarts ihre Ferien zu verbringen.
Fritz Windgassen, seit 1923 in Stuttgart, 1929 Kammersänger, feiert sein 25jähriges Bühnenjubiläum. Er singt aus diesem Anlaß die Titelpartie in R. Wagners »Tannhäuser«.
Der Liederkranz führt den Chorzyklus »Feier der Neuen Front« auf. Der Text stammt von Baldur von Schirach, die Vertonung von Richard Trunk. Die Titel der vier Chöre: 1. Hitler, 2. Des Führers Wächter, 3. Oh Land, 4. Horst Wessel.
Ein Großfeuer vernichtet das Holzlager der Firma Löwenstein in Feuerbach.

17. Juni Auf der Landesversammlung der württ. Presse mahnt Reichsstatthalter Murr die Journalisten, »Helfer der Regierung und der Führung zu sein, dann werden Sie auch in der Regierung die gleiche treue Helferin haben.«
In der Hackstraße wird das von den Architekten Richard Dollinger und Hermann Fetzer erbaute Gemeindehaus der Pfarrei der Friedenskirche eingeweiht. Es handelt sich um einen Anbau an das alte Vereinshaus in der Schubartstraße.
Abschluß der Richard-Strauss-Woche der Württ. Staatstheater. Der 70jährige Komponist dirigiert als Gast, stürmisch gefeiert, seine Oper »Arabella«.
Im Altersheim Villa Miller in der Stafflenbergstraße wird ein Konrad-Miller-Gedenkzimmer eingeweiht. Regierungsrat Dr. Max Miller würdigt die wissenschaftlichen Verdienste des 1933 verstorbenen Gelehrten. Die Ausstellung zeigt vor allem eine Auswahl

der wichtigsten kartographischen Arbeiten Prof. Millers, namentlich die von ihm edierte Peutingersche Tafel.

18.—22. Juni Im Rahmen der Reichsschwimmerwoche sind die Hallenbäder und das Inselbad Untertürkheim zu einem Werbepreis von 0,25 RM geöffnet.

19. Juni Der Khedive Abbas Hilmi II. von Ägypten besichtigt die Daimler-Benz-Werke in Untertürkheim.
Hedelfingen erhält eine 12 × 25 m große Turn- und Versammlungshalle in der Nähe des Schulhauses. Zu Turnzwecken diente bisher die alte Kelter.

20. Juni OB Dr. Strölin bezeichnet vor einer Delegiertenkonferenz der Stadtverwaltung und der städt. Betriebe die Lohnverhältnisse der Arbeiterschaft für noch nicht allgemein befriedigend. Zuerst gelte es jedoch, Millionen von Arbeitern wieder Verdienst zu geben. Dann erst könne an eine Verbesserung des Lebensstandards gedacht werden. Aber auch diese Aufgabe werde ebenso wie die Überwindung der Arbeitslosigkeit »glänzend gelöst« werden.
Der 1874 zur Verbesserung der Lebensverhältnisse der Frauen gegründete Schwäb. Frauenverein feiert in seinem Haus in der Silberburgstraße sein 60jähriges Bestehen. Zu der Feierstunde kommen neben OB Dr. Strölin auch sein Vorgänger Lautenschlager — dessen Gattin Emma hält die Festrede — und BM a. D. Dr. Ludwig.

21. Juni Die Stadtverwaltung errichtet beim Standesamt eine Beratungsstelle für Familien- und Sippenforschung und überträgt deren Leitung dem Genealogen Kurt von Marchtaler. Die Auskünfte sind gebührenfrei.
Das Stadtarchiv erwarb aus Wiener Kunstbesitz ein seltenes Exemplar der Stuttgarter Stadtansicht Jonathan Sauters vom Jahre 1592 (»Warhaffte Conterfactur der fürstlichen Hauptstatt Stutgarten«).
Auf einer Veranstaltung des NS-Bundes Deutscher Techniker berichtet Oberbaurat Hurth über den Stand der Bauarbeiten der Reichsautobahn Stuttgart—Ulm. Im Mittelpunkt seiner Ausführungen stehen Probleme der Linienführung, um nach Möglichkeit kostspielige Tunnelbauten zu vermeiden, und technische Fragen des Brückenbaus. Hurth erwähnt, daß auf dem Streckenabschnitt Stuttgart—Ulm bereits 2000 Arbeiter beschäftigt seien, deren Zahl aber noch gesteigert werden könne.

23. Juni Am Bismarckturm, beim Westbahnhof, auf dem Killesberg, an der Geroksruhe, an der Kautzenhecke in Degerloch, beim Waldheim Gaisburg, am Burgholzhof, bei der Grabkapelle auf dem Württemberg und im Steinhaldenfeld finden insbesondere von Studenten und Schülern, der HJ, der SA und SS gestaltete Sonnenwendfeiern statt.

JUNI 1934

Fackelzüge erleuchten die Höhen der Stadt, vom Bahnhofsturm wird ein großes Feuerwerk abgebrannt. Bei der Feier am Bismarckturm vergleicht der stellv. Gauleiter Friedrich Schmidt die Sonnenwende mit der Wende des deutschen Schicksals und ruft zum Glauben an das ewige, große Deutschland auf.

24. Juni In Bad Cannstatt wird das von Regierungsbaumeister Dr. Alfred Schmidt errichtete Gemeindehaus (Philipp-Jeningen-Haus) der Liebfrauenkirchengemeinde eingeweiht. Der Festsaal verfügt über 160 Sitzplätze.
3000 Sänger gestalten die Feier des 50jährigen Bestehens der Süddeutschen Vereinigung des Christlichen Sängerbundes. Friedrich Heitmüller (Hamburg) spricht von einem freudig begrüßten Neuerwachtsein im deutschen Land und einem neuerwachten Singen der vaterländischen Lieder.
Schwimmwettkämpfe im Inselbad Untertürkheim im Rahmen der Reichsschwimmwoche.

25. Juni Eine Kundgebung der Deutschen Christen im Gustav-Siegle-Haus bekennt sich zu einem artgemäßen Christentum, »weil Gott uns als Deutsche gerufen habe und wir als deutsche Menschen die Pflicht hätten, Gott zu dienen«. Pfarrer Dr. Steger schließt die Versammlung mit einem dreifachen Sieg Heil auf Adolf Hitler.
In der Liederhalle treffen sich die Vertreter von über 2600 landwirtschaftlichen Genossenschaften Württembergs zu ihrem 53. Verbandstag. Mit dem Anschluß weiterer 400 Genossenschaften wird gerechnet.

26. Juni Die Stadtverwaltung veröffentlicht zehn »Gebote« zur Erhaltung eines schönen Stadtbildes:
1. Denke beim Bauen daran, daß du nicht allein bist, sondern daß du Rücksicht auf deine Nachbarn zu nehmen hast.
2. Nimm bei deinen Bauabsichten Rücksicht auf die Landschaft.
3. Sei einfach und schlicht in der äußeren Gestaltung deines Hauses.
4. Stelle die Längsseite deines Hauses gleichlaufend zum Hang.
5. Bevorzuge ein einfaches und ruhiges Dach.
6. Vermeide die Dachwohnung.
7. Unterlasse plumpe Anbauten.
8. Gestalte auch die Umgebung deines Hauses so, daß eine Gartenstadt entsteht.
9. Ziehe zu deiner Bauabsicht einen guten, treuhänderisch tätigen Architekten bei.
10. Hilf mit an der Verschönerung des Stadtbildes.

Erstmals im Sommer 1934 findet vor dem Großen Haus wieder eine Aufführung — Schillers »Die Braut von Messina« — auf der Freilichtbühne statt.

Stadtdekan Lempp erläutert Vertretern der Regierung, der Stadt und des Landesamtes für Denkmalpflege die notwendigen Instandsetzungsarbeiten am Turm der Stiftskirche.

27. Juni OB Dr. Strölin empfängt anläßlich eines Fußballspiels die Mannschaft des AS Roma im Rathaus.

29. Juni Nach dreimonatiger Unterbrechung tritt der Gemeinderat wieder zu einer öffentlichen Sitzung zusammen. OB Dr. Strölin unterrichtet ihn zunächst über 32 Dringlichkeitsanordnungen, die er in der Zwischenzeit getroffen hat. Die wichtigste betrifft die Aufnahme eines Darlehens in Höhe von 1 Mio. RM bei der Deutschen Bau- und Bodenbank in Berlin zur Finanzierung von Aus- und Erweiterungsbauten der TWS.

Im Mittelpunkt der Aussprache steht die Förderung der vorstädtischen Kleineigenheimsiedlungen und der dazu erforderliche Grundbesitzerwerb. Rechtsrat Dr. Waldmüller berichtet, die Stadt habe 1933 rund 39 ha Land aufgekauft, davon allein 22 ha beim Neuwirtshaus Zuffenhausen, wo eine größere Stadtrandsiedlung entstehe. Andererseits habe die Stadt aber auch städt. Grundbesitz wie das Hofgut Allewind veräußert und somit zur Schaffung bäuerlicher Stellen beigetragen. Auch der Lindenhof bei Schwäbisch Gmünd werde wohl demnächst verkauft werden. Außerdem berät der Gemeinderat über die Aufhebung von 50 Straßenbahnhaltestellen, um den Verkehr zu beschleunigen.

Im nichtöffentlichen Teil seiner Sitzung wählt der Gemeinderat sodann den Cannstatter Pfarrer Friedrich Wilhelm Ettwein zum besoldeten Stadtrat mit der Amtsbezeichnung Bürgermeister. Die Wahl gilt rückwirkend vom 1. Juni 1934 an. Ettwein leitete bereits seit einem Jahr auftragsweise das städt. Wohlfahrtsreferat.

Im Anschluß an die Sitzung lädt OB Strölin den Gemeinderat zum jährlichen Waldumgang ein, der unter Führung von Forstmeister Eduard Rümelin stattfindet.

30. Juni Prof. Dr. Robert Krailsheimer, seit 1924 Chefarzt der Augenabteilung des Katharinenhospitals, muß wegen seiner jüdischen Abstammung aus dem städt. Dienst ausscheiden, nachdem ihm als Teilnehmer des ersten Weltkriegs zunächst eine Fortsetzung seiner Tätigkeit möglich war (er emigrierte später nach Finnland, wo er 1949 starb). Die Stadt zahlt Prof. Dr. Krailsheimer bis 31. Mai 1938 ein monatliches Gratial von 250 RM.

Die 1913 gegründete den Deutschnationalen nahestehende Süddeutsche Zeitung stellt aus Gründen »rein wirtschaftlicher Natur« ihr Erscheinen ein.

1. Juli Trotz des sog. Röhm-Putsches nimmt das tags zuvor begonnene Treffen der 55. SA-Brigade seinen Fortgang. Presseberichten zufolge wird zwar unter den SA-Männern über die Ereignisse des 30. Juni heftig diskutiert, doch äußerlich bietet Stuttgart ein Bild der »Ruhe und Besonnenheit«.

Zu den etwa 85 Mordopfern des »Röhm-Putsches« gehört auch der frühere Leiter des Politischen Landespolizeiamtes in Württemberg, Dr. Hermann Mattheiß, der bereits im Mai 1934 bei Reichsstatthalter Murr in Ungnade gefallen war.

Auf dem Cannstatter Wasen versammelt sich die SA-Brigade zu einem Appell und zur Weihe von 72 neuen Sturmfahnen, die SA-Obergruppenführer von Jagow vornimmt. Dieser berichtet von der Aktion Hitlers gegen Röhm und andere SA-Führer, verurteilt deren geplantes »hochverräterisches Unternehmen« und betont, daß Hitler »den Treuen der treueste Kamerad« bleiben werde.

»Über allem Hitler, denn er ist Deutschland«, heißt es in einer Verlautbarung der NS-Pressestelle Gau Württemberg. »Württemberg ist fest in der Hand seines Reichsstatthalters.« »Zu der Entrüstung über die unerhörte Tat gerade von seiten derer, denen der Führer sein ganzes Vertrauen gegeben hatte, ist nun in Württemberg eine beispiellose und unbegrenzte, alle bisherige Liebe und Treue zum Führer übersteigende Achtung und Ehrerbietung getreten«.

Der Wohlfahrtsverein Stuttgart wird aufgelöst. Seine Aufgaben werden künftig, soweit sie die offene Fürsorge betreffen, von der NS-Volkswohlfahrt wahrgenommen.

36. Mitgliederversammlung des Verbandes deutscher Elektrotechniker in der Liederhalle und Eröffnung einer elektrotechnischen Ausstellung im Landesgewerbemuseum. OB Dr. Strölin spricht nicht nur als Stadtoberhaupt, sondern auch als Stellvertreter des Führers der deutschen Energiewirtschaft. Den Festvortrag hält der Berliner Ministerialrat Dipl.-Ing. Nagel: Die Aufgaben des Technikers im nationalsozialistischen Staat.

Die vereinigten kolonialen Verbände Württembergs gedenken im Saalbau Wulle der Gründung der ersten deutschen Kolonien vor 50 Jahren. Es wird die Forderung nach einer erneuten aktiven Kolonialpolitik erhoben, über deren Beginn jedoch allein Hitler zu entscheiden habe. An dem Treffen nehmen die früheren Generale Ritter von Molo und von Gerok sowie zahlreiche andere Offiziere des alten württ. Heeres und viele Angehörige ehemaliger Kolonialtruppen teil.

In Stuttgart sind 17468 Kraftfahrzeuge zugelassen (9382 Pkw, 5767 Motorräder, 2221 Lkw und 98 sonstige Fahrzeuge). Nach einem zeitweiligen Rückgang hat damit die Motorisierung sprunghaft zugenommen (1930: 13410 Kfz).

Der Postverkehr nach Sillenbuch, bisher über Esslingen geleitet und daher oft zu erheblichen Verzögerungen führend, erfolgt nunmehr direkt von Stuttgart aus.

2. Juli BM Ettwein führt Prof. Karl Grahe (Frankfurt/Main) als Leiter der Hals-, Nasen- und Ohrenabteilung sowie Prof. Richard Scheerer (Tübingen) als Direktor der Augenabteilung des Katharinenhospitals ein.

JULI 1934

3. Juli Stuttgarts älteste Zeitung, der Schwäbische Merkur, kommentiert die Ereignisse des 30. Juni mit einem Artikel »Dank nach einem Aufatmen«, an dessen Schluß es heißt: »Aus größenwahnsinnigem Ehrgeiz, aus krankhaft veranlagtem Intellekt erwachsende Rebellion, unverantwortliche Desperado-Gelüste und Machthunger um seiner selbst willen führen in den Abgrund. Das deutsche Volk lehnt Bestrebungen solcher Art ab. Es steht zu Hitler und dankt ihm!«
Die Ereignisse des 30. Juni 1934 stehen im Mittelpunkt mehrerer Referate eines Dienstappells der Kreisleitung der Stuttgarter NSDAP. Kreisschulungsleiter Dr. Eugen Klett bezeichnet jeden als einen heimtückischen Verräter, der die werdende Volkseinheit, um die erst der Nationalsozialismus gekämpft habe, zu untergraben versuche. Kreisleiter Maier dankt Hitler, der durch sein rasches Handeln Deutschland vor einer unausdenkbaren Katastrophe gerettet habe.
Eine Führertagung der HJ und des BDM vereint zahlreiche Jugendliche im großen Stadtgartensaal, wo Stabsführer Hartmann Lauterbacher bekanntgibt, daß Gebietsführer Wacha durch Oberbannführer Sundermann abgelöst worden sei. Am Abend versammeln sich etwa 25 000 Jungen und Mädchen im Hof des Neuen Schlosses. Stabsführer Lauterbacher erklärt, die Hitlerjugend erhebe zu Recht einen Anspruch auf die gesamte deutsche Jugend. Mit Bezug auf den sog. Röhm-Putsch fordert er unbedingt Treue gegenüber dem Führer Adolf Hitler. Für ihn und seine Ideale müsse jeder Hitlerjunge bereit sein, sich in Stücke hauen zu lassen.

4. Juli Die Geschäftslage bei Daimler-Benz hat sich weiter verbessert. Die Firmenleitung berichtet, sie sei auf Monate hinaus mit Aufträgen versehen.
Pfarrer Friedrich Ettwein scheidet nach seiner Berufung zum hauptamtlichen Bürgermeister der Stadt Stuttgart aus dem Dienst der evang. Landeskirche Württembergs aus.

5. Juli Vor dem von Polizei und SS hermetisch abgeriegelten Sondergericht muß sich der Backnanger Kommunist Erhard Minnich wegen Ermordung eines Polizisten verantworten. Minnich, in den 20er Jahren der Organisation Roßbach angehörend und Anhänger des Nationalsozialismus, hatte am 15. Mai 1934, um der Verhaftung zu entgehen, einen Polizeiwachtmeister erschossen. Nach einer Beratung von nur 20 Minuten verurteilt das Gericht Minnich wegen Mordes aus politischen Gründen zum Tode.
Durch Reichsgesetz wird bestimmt, daß künftig die Münzprägung nur noch in einer Reichsmünzstätte erfolgen darf. Die württ. Münze, seit 1842 Ecke Schiller- und Neckarstraße untergebracht, wird aufgehoben.

6. Juli Staatssekretär Waldmann spricht vor Polizei- und Verwaltungsbeamten über die Grundsätze des Berufsbeamtentums. Er bemängelt, daß insbesondere höhere Beamte sich unter dem Deckmantel des Konservatismus in den neuen Staat hinübergerettet

JULI 1934

hätten. Der Nationalsozialismus unterscheide sich jedoch wesentlich vom Konservatismus. Waldmann äußert sich auch zum Denunziantentum, das dann nicht verwerflich sei, wenn es die Wahrheit fördere und keinen unlauteren Motiven entspringe.

7. Juli Staatssekretär Waldmann eröffnet eine Ausstellung zum Gedenken an den 1923 erschossenen Albert Leo Schlageter. Der Kreisleiter der Stuttgarter NSDAP, Otto Maier, spricht im Zusammenhang mit den Ereignissen des 30. Juni von dunklen Tagen, deren Verständnis erleichtert werde durch das Studium der hier gezeigten Dokumente, die Zeugnis ablegten von dem politischen Hintergrund, aus dem der Nationalsozialismus entstanden sei.
Prof. Regener untersucht mit Hilfe von Ballonen — sie erreichen eine Höhe bis zu 20 km — das Sonnenspektrum. Die Ballone gehen 132 km von Stuttgart entfernt in Oberhofen bei Kempten nieder. Auf dem Hasenbergturm und auf dem Bismarckturm hat Prof. Regener mehrere Theodolite aufgestellt. Bereits am 26. Juni 1934 hatte er ähnliche Experimente durchgeführt.

7./8. Juli Der württ. Baumeistertag befaßt sich mit organisatorischen und bildungspolitischen Fragen und setzt sich in diesem Zusammenhang nachdrücklich für die Erhaltung der höheren Bauschule in Stuttgart ein. Ziel eines neuen Architektengesetzes müsse es sein, den Architekten zum Treuhänder des Staates zu machen.

7.—29. Juli Der Bund für Heimatschutz in Württemberg und Hohenzollern veranstaltet aus Anlaß seines 25jährigen Bestehens eine Ausstellung bekannter Graphiker im Württ. Kunstverein.

8. Juli Festveranstaltung in der überfüllten Stadthalle mit Landesbischof D. Wurm aus Anlaß der Einführung der Reformation in Württemberg 1534. Über die Geschichte der Reformation spricht Pfarrer D. Dr. Rauscher. Der Landesbischof geht in seinem Vortrag auch auf die kirchlichen Auseinandersetzungen der Gegenwart ein und warnt davor, dem staatlichen Zentralismus bedingungslos einen kirchlichen folgen zu lassen. Württemberg habe ein reiches Glaubenserbe zu bewahren, das nicht in einer Art Provinzialkirche geschmälert werden dürfe. Die württ. Landesregierung ist bei der Feier durch Finanzminister Dr. Dehlinger, die Universität Tübingen durch ihren Rektor Prof. Dr. Fetzer vertreten.
Auch in allen evang. Kirchen wird der Reformation gedacht und eine Kanzelabkündigung verlesen. Mit Bezug auf die jüngsten politischen Ereignisse heißt es: »Die Gegenwart stellt an die christliche Gemeinde ganz besondere Anforderungen. Staat und Volk gehen durch eine schwere Erschütterung hindurch. Wir stehen treu hinter den Männern, die an leitender Stelle stehen, danken dem Führer für den Einsatz seines Lebens in

einem überaus gefährlichen Augenblick und sein entschlossenes Eintreten für Einfachheit und Reinheit im öffentlichen und privaten Leben. Wir erbitten für ihn und seine Ratgeber Gottes Leitung, in all den schweren Aufgaben, die ihm gestellt sind. Die Kirche wird auch das Wollen und Wirken der führenden Männer am besten unterstützen, wenn sie den treuen Dienst in Amt, Beruf und Haus als rechten Gottesdienst ins Licht stellt und wenn sie nach allen Seiten an das Bibelwort erinnert: Gerechtigkeit erhöht ein Volk, aber die Sünde ist der Leute Verderben.«

Auf dem Cannstatter Wasen findet der erste Stuttgarter Volksgroßflugtag statt. 40 000 bis 50 000 Zuschauer bewundern vor allem den Kunstflugweltmeister Gerhard Fieseler.

Nach Ende der Saison des Staatstheaters setzt wieder die Spielzeit des Freilichttheaters im Bopserwald ein. Zur Aufführung gelangt in der Bühnenbearbeitung von Otto Häberlein das »Stuttgarter Hutzelmännlein« von Eduard Mörike. Das Stück wird von den Kindern mit großer Begeisterung aufgenommen.

9. Juli Im Rathaus werden die ersten Häuser der nach einem einheitlichen Typ erbauten Kleineigenheimsiedlung Reisach in Weilimdorf verlost. Als Mindestkapital müssen — einschließlich Arbeitgeberdarlehen — 2100 bis 2300 RM sofort aufgebracht werden.

10. Juli 798 junge Männer und 41 Mädchen aus Stuttgart sind als Landhelfer eingesetzt. OB Dr. Strölin und BM Ettwein besuchen sie und lassen sich über ihre Unterkunft und Verpflegung unterrichten. Die jungen Arbeitslosen sind überwiegend in die Bezirke Schwäbisch Hall und Bad Mergentheim vermittelt worden.

Pfarrer Johannes Dölker, seit 1930 zuständig für die evang. Jugendseelsorge in Stuttgart, wird evang. Landesjugendpfarrer von Württemberg.

10.–15. Juli Aus Anlaß des 400. Jahrestages der Einführung der Reformation in Württemberg führt eine Laienspielschar das Schauspiel »Reformation in Schwaben« von Wilhelm Feldner auf. Die Aufführungen erfolgen im Großen Haus im Anschluß an die normalen Theatervorstellungen.

12. Juli Das Amtsblatt meldet, daß von Mitte August an das Rauchverbot in der Stadthalle aufgehoben wird. Diese Maßnahme werde »allseits freudig begrüßt«.

Buchhändler Franz Wittwer verstorben.

13. Juli Die Politische Polizei beschlagnahmt das Vermögen des 1933 in die Schweiz geflüchteten jüdischen Arztes Dr. Caesar Hirsch.

Hitler rechtfertigt in einer Reichstagsrede die Geschehnisse des 30. Juni. Die Rede wird über Rundfunk übertragen. Mit der Parole »Ganz Schwaben hört den Führer« versucht die NSDAP zu erreichen, daß alle Bürger zuhören. Auf dem Marktplatz und an vielen

JULI 1934

anderen Stellen der Stadt sind Lautsprecher aufgestellt. Die Gastwirte werden aufgefordert, ihre Rundfunkgeräte einzuschalten und jedem den Zutritt unentgeltlich zu ermöglichen. Sämtliche Abendveranstaltungen müssen verschoben werden.
Im Wichernhaus in Bad Cannstatt treffen sich die Gruppenführer und Stabsleiter des Arbeitsdienstes Württemberg. Gauarbeitsführer Alfred Müller charakterisiert den Arbeitsdienst als die große nationalsozialistische Lebensschule der deutschen Jugend. Aufgabe des Arbeitsdienstes sei es, einen neuen Menschentyp des Dritten Reiches zu schaffen.
Mitgliederversammlung des Verkehrsvereins im Rathaus unter Vorsitz von Stadtrat Dr. Locher. Gegenüber den beiden Vorjahren hat sich der Fremdenverkehr von Januar bis Mai 1934 günstiger entwickelt, doch waren unter den Gästen lediglich 6 % Ausländer zu verzeichnen.

13./14. Juli Die Lerchenrainschule feiert mit einem Festzug, gestaltet von dem Graphiker Peter Anton Gekle, Sportwettkämpfen und einer Ausstellung von Schülerarbeiten ihr 25jähriges Bestehen.

14. Juli Für den Bau einer Kantine will die Robert Bosch AG das Gartengelände an der Liederhalle aufkaufen. Eine außerordentliche Mitgliederversammlung des Liederkranzes stimmt diesem Plan zu. Von den 50 Ar sollen allerdings nur 30 überbaut, der Rest als Garten erhalten werden.
Das Freilichttheater im Bopserwald setzt sein Programm fort mit der Aufführung der romantischen Oper »Das Nachtlager von Granada« von Konradin Kreutzer. Die erste Vorstellung ist bestimmt für die NS-Gemeinschaft Kraft durch Freude.
12. Hauptversammlung der Vereinigung der Freunde der TH. Prof. Wilh. Maier eröffnet die Veranstaltung an Stelle des verhinderten 1. Vorsitzenden Robert Bosch. Die Vereinigung umfaßt 644 Mitglieder.

14./15. Juli In ganz Deutschland wird der Tag der deutschen Rose gefeiert. Der Erlös des Rosenverkaufs dient der Aktion Mutter und Kind der NS-Volkswohlfahrt.

15. Juli Dekan Wilhelm Otto (Plieningen) weiht die auf dem Hoffeld im Zuge der Stadtrandsiedlung von dem Architekten Werner Klatte erbaute kleine Kirche ein. Ihr ist auch ein Kindergarten angeschlossen.

16. Juli Auf dem Cannstatter Wasen veranstaltet die Deutsche Arbeitsfront eine Großkundgebung. Die Presse spricht von etwa 150 000 Teilnehmern, die in geschlossenen Formationen aufmarschiert sind. Dr. Robert Ley, der zuvor in Ravensburg und Rottweil gesprochen hatte, fordert zu blindem Gehorsam gegenüber Adolf Hitler auf.

Erste Zusammenkunft des neuen Beirates der Zentralleitung für Wohltätigkeit. Zugunsten der NS-Volkswohlfahrt soll die freie Wohlfahrtspflege zurückgedrängt werden.

17. Juli Die Stadtverwaltung warnt nochmals dringend vor dem Zuzug nach Stuttgart. Die Beschäftigungslage habe sich zwar gebessert, dennoch gebe es immer noch mehr als 8000 Arbeitslose. Die Firmen werden darauf hingewiesen, keine früher in der Landwirtschaft tätigen Personen einzustellen.

18. Juli Freitod des 33jährigen Kreisleiters der NSDAP Stuttgart, Dipl.-Ing. Otto Maier.

18./19. Juli Der König und die Königin von Siam besuchen auf ihrer Deutschlandreise Stuttgart. Ein offizieller Empfang findet nicht statt. Nach einer Firmenbesichtigung bei Daimler-Benz, wo sie der Aufsichtsratvorsitzende Staatsrat Dr. von Stauß begrüßt, fahren die Gäste weiter nach Heilbronn und Heidelberg.

18.—21. Juli 50 Lehrer und 40 Studenten aus den USA weilen auf einer Europareise auch in Stuttgart und werden von Rechtsrat Dr. Eduard Könekamp begrüßt. Den Besuchern soll der Eindruck vermittelt werden, daß es keine Bedrückungen und Verfolgungen der Juden in Deutschland gebe. Von Stuttgart aus reisen die amerikanischen Gäste nach Oberammergau weiter.

20. Juli Im Viktor-Köchl-Haus auf der Feuerbacher Heide wird eine volksdeutsche Jungmädchenschule eröffnet. Dr. Steinacher, der Reichsführer der Auslanddeutschen, erinnert in seiner Ansprache an die harte Zeit der Kolonisation im 18. Jahrhundert und fordert ein »wurzelnahes und wurzelechtes« deutsches Volkstum.
Im Rahmen des Schüleraustauschdienstes kommen etwa 25 junge Franzosen und Schweizer nach Stuttgart. Ministerialrat Dr. Löffler und Stadtrat Dr. Cuhorst wenden sich in der Villa Berg gegen die ihrer Ansicht nach künstlich geschürte Angstpsychose gegenüber Deutschland. Die ausländischen Gäste sollten vielmehr den Kampf des Dritten Reiches um Arbeit und Frieden kennenlernen und diese Eindrücke mit in ihre Heimat nehmen.
Hauptredner einer Versammlung des Bundes der Kinderreichen im Gustav-Siegle-Haus ist Bundesinspektor Ministerialrat Dr. Stähle. Der Bund der Kinderreichen sei keine Fürsorgeorganisation, sondern eine Gesinnungsgemeinschaft, denn im neuen Deutschland, das bewußt den Kampf gegen die biologische Selbstvernichtung aufgenommen habe, stehe die Familie wieder im Mittelpunkt des Geschehens. Der Redner fordert bevorzugte Einstellung kinderreicher Väter und ihre Berücksichtigung bei der Wohnungssuche.

JULI 1934

21. Juli Auf dem Cannstatter Wasen wird das Fest des deutschen Volkstums mit großen Aufmärschen begangen. Zum Chorsingen versammeln sich über 2000 Schüler und Schülerinnen, zu sehen sind ferner Volkstänze der Feuerbacher Mädchenschulen sowie des Königin-Charlotte-Gymnasiums und turnerische Darbietungen des Turnvereins und des Turnerbundes Bad Cannstatt sowie der Reichswehr. Ministerpräsident Mergenthaler fordert einen regeren Austausch zwischen Deutschen außerhalb und innerhalb des Reiches. Dr. Steinacher weist auf die schwierige Lage der deutschstämmigen Bevölkerung vor allem in Litauen, Lettland und Estland, aber auch in Eupen-Malmedy hin. Das Bewegungsspiel »Volk steht zu Volk«, das den Abschluß und den Höhepunkt des Festtages bilden sollte, muß wegen eines Gewitterregens ausfallen.

22. Juli Bei einem Empfang englischer Rotarier im Rathaus erklärt BM Ettwein den Sieg des Nationalsozialismus gegenüber der kommunistischen Gefahr nicht nur bedeutsam für Deutschland selbst, sondern für ganz Europa.
Auf der Solitude veranstalten der Verkehrsverein, die NS-Gemeinschaft Kraft durch Freude und der Kampfbund für deutsche Kultur ein Schillerfest. In Gewändern des 18. Jahrhunderts werden Spiele und Tänze aufgeführt, Roderich Arndt von den Württ. Staatstheatern spricht einen von Dr. Kurt Elwenspoek verfaßten Prolog. Die Feier findet ihren Höhepunkt in einem Riesenfeuerwerk, das in Umrissen die Gestalt Schillers zeigt. Ein Sprech-Chor der HJ rezitiert dazu den Rütlischwur aus »Wilhelm Tell«.
Im Stadtteil Gablenberg feiert der Musikverein sein 50jähriges Bestehen mit einem großen, von G. Mahle geleiteten Volksmusikfest und einem Umzug, an dem sich 30 Vereine beteiligen.

23. Juli Im Hof des Justizgebäudes wird der am 5. Juli 1934 vom Sondergericht zum Tode verurteilte Erhard Minnich hingerichtet, desgleichen ein anderer Delinquent, den das Schwurgericht am 2. März 1934 wegen Ermordung seiner Geliebten verurteilte. In beiden Fällen hatte Reichsstatthalter Murr eine Begnadigung abgelehnt.
Der deutsche Botschafter in den USA, Reichskanzler a. D. Dr. Luther, weilt zu Besuch in Stuttgart und wird auch durch das Deutsche Ausland-Institut geführt.

24. Juli Etwa 50 deutsche Schüler aus dem polnischen Teil Oberschlesiens kommen zum Abschluß ihrer Deutschlandreise nach Stuttgart. Einer Stadtbesichtigung schließt sich ein Empfang der HJ an, deren Grenz- und Auslandreferenten auf die besondere Verbundenheit Stuttgarts mit den Auslanddeutschen hinweisen.

25. Juli Im Zusammenhang mit dem Prozeß Minnich müssen sich weitere Angehörige der Backnanger KPD vor dem Sondergericht verantworten. Ihnen wird Verstoß gegen das Verbot der Neubildung von Parteien vorgeworfen. Das Gericht verhängt längere

JULI 1934

Freiheitsstrafen, so auch gegen einen noch nicht 18jährigen, der zu 15 Monaten Gefängnis verurteilt wird.
Wirtschaftsminister Prof. Lehnich nimmt den Neuaufbau der Sammlungen des Landesgewerbemuseums zum Anlaß, sich kritisch zum Messewesen in Württemberg zu äußern. Stuttgart sei nicht der Ort für repräsentative Ausstellungen alten Stils. Die Stadt müsse sich auf klar konzipierte Fachausstellungen beschränken. Die letzten Braunen Messen in Württemberg hätten eine tragende Idee vermissen lassen und seien zum Teil zu einer Schaustellung des »billigen Jakob« geworden.

26. Juli Einen Tag vor Beginn der Sommerferien versammeln sich die Stuttgarter Schulen auf dem Cannstatter Wasen zu einem großen Schulturnfest. Mehr als 4000 Mädchen der höheren und Mittelschulen führen Gymnastik und Tänze auf.

27. Juli Mit einem Kameradschaftsabend gedenkt der nationalsozialistische Frontkämpferbund der Gründung der Ortsgruppe Stuttgart des Stahlhelm vor zehn Jahren. Willy Reichert plaudert im Rundfunk über seine USA-Tournee und den begeisterten Empfang, den ihm die Amerikadeutschen in New York und Chicago bereitet haben.

28. Juli Die Arbeitsdienstschule Südwest, zuständig für Württemberg, Baden und die Pfalz, wird von Schloß Solitude nach Calw verlegt. Der Inspekteur des Erziehungs- und Bildungswesens des Arbeitsdienstes, Dr. Decker (Berlin), würdigt diese Einrichtung, da sie junge Menschen aller Schichten und Berufe zum gemeinsamen Dienst an Deutschland zusammenfasse.
Dr. Friedrich Hellmund inszeniert auf der Freilichtbühne im Bopserwald das an die Schlacht bei Nördlingen (1634) anknüpfende Schauspiel »Brennende Heimat« von Paul Wanner.

29. Juli Im Rahmen einer Werbefahrt für die Rückkehr der Saar zum Reich treffen etwa 300 Angehörige Pirmasenser Soldatenvereine in Stuttgart ein. Sie werden von General von Maur, dem Landesführer des Kyffhäuserbundes, auf dem Schloßplatz begrüßt und zu einer Kundgebung im Dinkelackersaal geleitet. In verschiedenen Reden wird von einer »Entscheidungsschlacht« um Deutschland am 13. Januar 1935, dem Tag der Saarabstimmung, gesprochen.

30. Juli Gauleiter Murr ruft zu einer großen Spendenaktion zur Ausrichtung des Reichsparteitages auf.
Die Stadtverwaltung und die NS-Volkswohlfahrt ermöglichen 750 Stuttgarter Kindern einen Ferienaufenthalt in Bayern. Umgekehrt reisen mehr als 10 000 Kinder aus Posen, Danzig, Oberschlesien und anderen Ostgebieten über Stuttgart in württ. Ferienlager.

AUGUST 1934

Weitere Sonderzüge bringen im Laufe des Monats August etwa 1400 Stuttgarter Buben und Mädchen in den Schwarzwald, auf die Alb und an den Bodensee. Die Aktion dient der Erziehung zur nationalsozialistischen Volksgemeinschaft.

Schwedische Kaufleute halten sich zu einem Informationsbesuch in Stuttgart auf. Industrie- und Handelskammerpräsident Kiehn begrüßt sie und sagt: »Ich darf Sie bitten, überall, wohin Ihre Reise Sie auch durch Deutschland führen wird, kritisch prüfend die deutschen Verhältnisse zu studieren. Greueltaten werden Sie in Deutschland vergeblich suchen. Sie werden ferner die Feststellung machen, daß das Deutschland Adolf Hitlers sich vorteilhaft von dem Deutschland abhebt, das Ihnen vielleicht von früher her bekannt ist. Sie finden heute wieder ein Deutschland der Ordnung, der Sicherheit, der Anständigkeit und ein Volk der Ehre vor. Das Deutschland Adolf Hitlers wünscht auch nichts sehnlicher als die Freundschaft mit allen Völkern und eine gesunde, auf Vernunft aufgebaute Weltwirtschaft.«

31. Juli Württemberg zählt noch 5116 Wohlfahrtserwerbslose, das sind 1,9 pro 1000 Einwohner. Davon wohnen 2450 oder 5,9 pro 1000 Einwohner in Stuttgart.

Einer Erhebung des Reichsarbeitsblattes zufolge ist in Stuttgart die Zahl der Arbeitslosen gegenüber dem 31. Juli 1933 um 71 % zurückgegangen. Stuttgart steht damit hinter Königsberg (81 %) und Braunschweig (75 %) an dritter Stelle im Reich.

Das städt. Wohnungsamt bemängelt, daß Hausbesitzer des öfteren »ruhige« Mieter statt der kinderreichen Familien bevorzugen. Eine solche Handlungsweise verstoße gegen eine selbstverständliche »nationale Pflicht«.

Die städt. Bodenbrückenwaage in Gablenberg wird aufgehoben. Ihre Benutzung war stark zurückgegangen und die Waage wurde außerdem in zunehmendem Maße zu einem Verkehrshindernis.

1. August Festvortrag von Prof. Rückert (Tübingen) bei der Jahresversammlung des Vereins für württ. Kirchengeschichte: Die Bedeutung der württ. Reformation für den Gang der deutschen Reformationsgeschichte. Die Mitgliederzahl ist leicht zurückgegangen, beträgt aber noch etwa 900 Personen.

Bürgermeister Dr. Paul Dollinger wird in den Ruhestand verabschiedet. Er begann seine Laufbahn 1905 im Alter von 28 Jahren als Stadtschultheißenamtssekretär. Bereits 1911 wurde er besoldeter Gemeinderat und in dieser Funktion letztmals 1927 bestätigt.

Generalleutnant Kurt Liebmann, seit 1. Dezember 1931 Befehlshaber des Wehrkreises V und Kommandeur der 5. Division, wird in das Reichswehrministerium berufen. Sein Nachfolger wird Generalleutnant Hermann Geyer.

1./2. August Der Chor des Brukenthalgymnasiums von Hermannstadt (Siebenbürgen) auf seiner Deutschlandreise zu Besuch in Stuttgart.

AUGUST 1934

2. August Am Nachmittag wird bekannt, daß Reichspräsident Paul von Hindenburg auf seinem Gut Neudeck in Ostpreußen im Alter von 87 Jahren gestorben ist. Die Reichsregierung beschließt sogleich ein Gesetz, das Amt des Reichspräsidenten mit dem des Reichskanzlers zu vereinen. Der Kabinettsbeschluß soll dem deutschen Volk »zur freien Volksabstimmung« vorgelegt werden.
Zum Gedenken an die Toten des ersten Weltkrieges läuten von 12.00 bis 12.15 Uhr die Kirchenglocken.
In der Adolf-Hitler-Kampfbahn findet aus gleichem Anlaß ein Feldgottesdienst statt, doch unterbleibt mit Rücksicht auf den Tod des Reichspräsidenten der vorgesehene große Zapfenstreich. Der Totengedenkfeier schließt sich die Vereidigung des Heeres auf den Führer und Reichskanzler und Oberbefehlshaber der Wehrmacht, Adolf Hitler, an, die Generalleutnant Geyer, der Kommandeur des Wehrkreises V, vornimmt.
OB Dr. Strölin richtet an die Familie von Hindenburg und an Hitler Beileidstelegramme. Im Rathaus wird eine Kondolenzliste aufgelegt.

4. August Noch am Samstagnachmittag verkündet das Schnellschöffengericht seine Urteile in dem bisher größten sog. Devisenschieberprozeß Württembergs. Den Beschuldigten wird vorgeworfen, gegen die Devisengesetze verstoßen und den Staat um etwa eine halbe Mio. RM geschädigt zu haben. Die Vergehen reichen zum Teil bis in das Frühjahr 1931 zurück. Die beiden Hauptangeklagten werden zu je vier Jahren Zuchthaus verurteilt, zusätzlich einer Geldstrafe von 43100 bzw. 8100 RM. 300000 bzw. 170000 RM der Beschuldigten werden zu Gunsten des Deutschen Reiches eingezogen. Die Verteidiger hatten eingewandt, ihre Mandanten hätten nicht aus Gewinnsucht gehandelt, sondern aus der Zwangslage ihrer vor dem Zusammenbruch stehenden Betriebe.

5. August In den Kirchen wird in Trauergottesdiensten des verstorbenen Reichspräsidenten von Hindenburg gedacht. Prälat Schrenk nennt in der Stiftskirche Hindenburgs Gottvertrauen das Geheimnis seines großen Erfolges.

6. August Das Staatsministerium verpflichtet alle Beamten, am Rundfunk die Trauerfeier des Reichstages für den verstorbenen Reichspräsidenten anzuhören. In den Palast-Lichtspielen und im Universum-Filmtheater finden Übertragungen der Rede Hitlers statt. Arbeitnehmer sollen die Trauerfeiern ohne Lohnabzug besuchen können.

7. August Reichswehr, Polizei, SA und SS, Hitlerjugend und Reichsarbeitsdienst sowie der nationalsozialistische Frontkämpferbund versammeln sich gegen Mittag auf dem Schloßplatz, wo über Rundfunk die Trauerfeier für den verstorbenen Reichspräsidenten von Hindenburg im Hof des Tannenbergdenkmals übertragen wird. Tausende von Stutt-

AUGUST 1934

gartern schließen sich der Versammlung an. Bei der Rede Hitlers beginnen die Kirchenglocken zu läuten, eine allgemeine Verkehrsstille setzt ein.
Die Trauerfeierlichkeiten in Neudeck und Tannenberg werden am Abend in einer Rundfunkaufzeichnung wiederholt. Erneut kommen Abordnungen der NSDAP und ihrer Gliederungen auf dem Schloßplatz zusammen.
»Zurück aufs Land — raus aus der Stadt«; mit dieser Parole versucht die Stadt weitere Erwerbslose aufs Land zu ziehen. Die Stadtverwaltung gibt bekannt, daß die Reichslandhilfe seit 1. Februar 1933 1913 Stuttgarter im Alter bis zu 25 Jahren in landwirtschaftliche Betriebe vermittelt habe. Gegenwärtig seien 321 Stuttgarter im auswärtigen Arbeitsdienst eingesetzt, dazu 460 frühere Arbeitslose bei auswärtigen Notstandsarbeiten.

8. August 28 bulgarische Studenten und Studentinnnen machen einen Informationsbesuch in der TH.

9. August Oberkirchenrat Wilhelm Pressel (Stuttgart) wendet sich auf der Deutschen evang. Nationalsynode in Berlin gegen die zwangsweise Eingliederung der württ. Landeskirche in die neue Reichskirche.
Auf dem Hauptbahnhof werden 22 Angehörige des Arbeitsdienstes verabschiedet, die als Siedleranwärter nach Ostpreußen gehen.

10. August 38 Schüler treten eine 14tägige Studienfahrt nach England an.

11. August Großes Mannschaftsradrennen in Zuffenhausen vor etwa 3000 Zuschauern.

11.—19. August Urlauberfahrt der NS-Organisation Kraft durch Freude an die mecklenburgische Ostseeküste. Sämtliche Teilnehmer müssen nachweisen, sich — im voraus — an der Volksbefragung am 19. August 1934 beteiligt zu haben.

12. August Aus Anlaß der Volksbefragung vom 19. August 1934 finden auf dem Marktplatz, im Hof der Rotebühlkaserne, in Bad Cannstatt und in Ostheim Kundgebungen der NSDAP statt. In Obertürkheim spricht Innenminister Dr. Jonathan Schmid. Anschließend ziehen SA, SS, HJ, BDM und andere Organisationen »mit klingendem Spiel und wehenden Fahnen« durch die Stadt.
Luftschutzübung in Degerloch aus Anlaß des 50jährigen Bestehens der Freiwilligen Feuerwehr. OB Strölin sagt in seiner Ansprache: »Haß, Neid, Mißgunst und Verleumdung tönen von allen Grenzen zu uns herüber. Wir haben keine oder nur ungenügende Waffen, um uns zu verteidigen. Aber wir haben doch eine Macht, die die anderen

immer wieder in Schranken hält: die Einigkeit und Geschlossenheit unseres Volkes, die gegründet ist in unserem unbeirrbaren Vertrauen zu Adolf Hitler.«

13. August Reichsstatthalter Murr fordert als erster eine Reihe von Rednern in einer Kurzansprache im Rundfunk dazu auf, am 19. August mit Ja zu stimmen. Im gleichen Sinne äußern sich in den nächsten Tagen Ministerpräsident Mergenthaler, Reichsaußenminister von Neurath, General Litzmann, Prinz August Wilhelm von Preußen und der Generaldirektor der Deutschen Reichsbahngesellschaft, Dr. Julius Dorpmüller. Die Sendungen erfolgen, um einen möglichst großen Zuhörerkreis zu erreichen, zu den verschiedensten Zeiten (8, 14, 16 und 20 Uhr).
Der Sänger Willi Domgraf-Faßbaender (Berlin) gastiert im Cannstatter Kursaal.

14. August OB Dr. Strölin spricht am Nachmittag in der Stadthalle zu den städtischen Bediensteten. Die städt. Dienststellen sind daher von 13 Uhr an geschlossen. Strölin würdigt zunächst die Verdienste Hindenburgs und fordert dann dazu auf, Hitler zum Nachfolger zu wählen. Deutschland dürfe nie mehr zum Spielball der Völker werden. »Das deutsche Volk muß daher am 19. August der Welt die Antwort geben, daß es niemals einiger war als in dem Augenblick, in dem es dem Führer und Reichskanzler Adolf Hitler vertrauensvoll die oberste Leitung des Staates überträgt.«

15. August Wahlveranstaltung mit Murr, Reichsminister Darré und Landesbauernführer Arnold in der Stadthalle. Die Kundgebung wird gleichzeitig auf fünf Plätzen der Stadt übertragen. Auf großen Transparenten steht die Parole: Ein Wille — Ein Reich — Ein Führer — Ein Ja. Tenor der Rede Murrs: Es gibt keinen Würdigeren als Adolf Hitler. Darré vergleicht die Weimarer Republik mit einem innerpolitischen »Tollhaus«, aus dem allein die Persönlichkeit Hitlers herausgeführt habe.

16. August Die HJ veranstaltet am Abend einen großen Umzug und fordert dazu auf, bei der Volksbefragung am 19. August mit Ja zu stimmen. Sie trägt Spruchbänder und blumen- und fahnengeschmückte Bilder Hitlers durch die Straßen. Auch an den Zügen der Reichsbahn sind dementsprechende Aufschriften angebracht.
»Stuttgart — Bad Cannnstatt — Ganzjährige Kurzeit« ist der Titel des ersten Badeprospektes des Kuramtes.

17. August Hitler spricht im Hamburger Rathaus zur bevorstehenden Volksbefragung. Seine Rede — »Der Parlamentarismus hat versagt« — wird in ganz Deutschland im Rundfunk übertragen. Die NSDAP organisiert Massenversammlungen mit Gemeinschaftsempfang. In Stuttgart findet der zentrale Aufmarsch auf dem Schloßplatz statt. Aber auch auf dem Karlsplatz, dem Schillerplatz, dem Marienplatz und dem Markt-

AUGUST 1934

platz in Bad Cannstatt, vor der Turn- und Festhalle in Feuerbach, in Zuffenhausen und in anderen Stadtbezirken sind Lautsprecher aufgestellt.

Das Kunsthaus Schaller ehrt den Maler Reinhold Nägele zu seinem heutigen 50. Geburtstag mit einer Sonderausstellung.

19. August Die Volksbefragung, ob das Amt des Reichspräsidenten mit dem des Reichskanzlers zu vereinigen sei oder nicht, hat in Stuttgart folgendes Ergebnis:

Zahl der Wahlberechtigten:	290 194	
Abgegebene Stimmen:	276 333	(= 95,3 %; Reich: 95,7 %)
Ja-Stimmen:	246 487	(= 90,5 %; Reich: 89,9 %)
Nein-Stimmen:	25 392	(= 9,5 %; Reich: 10,1 %)
		Württ.: 6,5 %
Ungültige Stimmen:	4 454	

Den höchsten Anteil an Ja-Stimmen hat mit 99,1 % der Wahlbezirk 192 (= Brückenstraße, Bad Cannstatt) aufzuweisen, es folgen die Karlstraße mit 98,9 % und der Stadtteil Rotenberg mit 98,7 %. Am wenigsten Ja-Stimmen wurden mit 74,6 % im Wahlbezirk 248 (= Pfadstraße, Münster) abgegeben. Der Anteil der Nein-Stimmen beträgt hier 25,4 %. Auch in Gaisburg, Heslach und Gablenberg wurden zum Teil fast 20 % Nein-Stimmen gezählt.

Zum Vergleich einige Wahlresultate anderer Städte:

Mit Ja stimmten in

Königsberg	96,3 %	München	89,3 %	Leipzig	81,2 %
Nürnberg	92,6 %	Mannheim	87,0 %	Köln	80,3 %
Dresden	90,3 %	Berlin	83,3 %	Hamburg	78,9 %

Die Stuttgarter Kammeroper spielt in einer Freilichttheateraufführung im Cannstatter Kurgarten »Schwarzwaldmädel« von Leon Jessel.

Im Bopserwald findet, einstudiert von Dr. Friedrich Hellmund, eine Aufführung von Schillers »Räuber« statt. Schiller hat an dieser Stelle seinen Freunden erstmals aus seinem Drama vorgetragen.

Mit Rücksicht auf die Volksbefragung wird der Beginn des Leichtathletikkampfes zwischen Deutschland und der Schweiz auf 16 Uhr festgesetzt. Deutschland gewinnt mit 83:50 Punkten.

22. August Die Gruppe 261 des Arbeitsdienstes (mit Sitz des Gruppenstabes in Stuttgart) umfaßt nunmehr 1158 Mann. Die Standorte befinden sich in Vaihingen, Bad Cannstatt, Mühlhausen, Plochingen, in Welzheim und auf dem Schönbühl im Remstal. Eine der Hauptaufgaben ist die Flußbettregulierung des Feuerbaches von Feuerbach bis Mühlhausen.

AUGUST 1934

23. August Auf dem Leonhardsplatz ist Kartoffel-Großmarkt. Der Preis beträgt 4,30 bis 4,60 RM je Zentner.

Die evang. Landesjugendstelle zeigt Reichsjugendpfarrer Zahn ihre verschiedenen Walderholungsheime, in denen in diesem Sommer 1807 Kinder (1933: 1537) im Alter von 4 bis 14 Jahren für fünf Wochen ihre Ferien verbringen. Das größte Heim mit 355 Kindern befindet sich im Feuerbacher Tal, im zweitgrößten, auf dem Frauenkopf, sind 295 Kinder untergebracht. Der Reichsjugendpfarrer ermahnt die Kinder, wackere Deutsche und tapfere Christen zu werden.

Die von Emil von Keßler erbaute Zahnradbahn von Stuttgart nach Degerloch feiert ihr 50jähriges Bestehen.

OB Dr. Strölin empfängt im Beisein von Konsul Fernandez Portero eine spanische Profi-Fußballmannschaft von FC Sabadoll. Das wegen des Gewitters nur von 2500 Zuschauern besuchte Spiel gegen den VfB endet 1:1.

Schwere Gewitter und wolkenbruchartige Niederschläge. Die Presse berichtet von einem »reißenden Bach«, der sich durch die untere Königstraße in Richtung Bahnhof ergoß. Das umgebaute und vergrößerte Kanalnetz habe sich bestens bewährt. Größere Sturmschäden entstanden in Feuerbach und Weilimdorf.

23./24. August Besuch des Sultans von Jehol. Er wohnt mit seiner Begleitung im Hotel Marquardt.

25. August Nach dem Tod Hindenburgs und dem Übergang des Amtes des Reichspräsidenten auf Hitler werden die staatlichen und kommunalen Beamten neu vereidigt. In einer Feierstunde aus Anlaß des 100jährigen Bestehens der Lederfabrik C. F. Roser in der Feuerbacher Festhalle nimmt Fabrikant Fritz Roser die Glückwünsche von OB Strölin sowie der Vertreter des Reichsstatthalters und des Ministerpräsidenten und zahlreicher Repräsentanten der Wirtschaft entgegen.

Architekt Albert Eitel, der Erbauer des Schauspielhauses und des neuen Kursaals in Bad Cannstatt, verstorben.

25./26. August Gruppenaufmarsch des Arbeitsdienstes und Sportfest im Allianzstadion in Vaihingen mit Ansprachen von Ministerpräsident Mergenthaler, Bürgermeister Dr. Heller und Kreisleiter Fischer (beide aus Vaihingen). Eine Abordnung marschiert zum Neuen Schloß und wird dort von Staatssekretär Waldmann und Gauarbeitsführer Müller empfangen.

26. August Wie in anderen Städten findet auch auf dem Stuttgarter Marktplatz eine große Werbeveranstaltung für die Rückkehr der Saar statt. Mehrere Stafettenläufe

AUGUST 1934

(u. a. Tuttlingen–Stuttgart, Sigmaringen–Stuttgart) sollen die Verbundenheit Württembergs mit dem Saarland wachhalten.

27. August OB Strölin vereidigt in der Stadthalle in Gegenwart des Gemeinderates die städtischen Beamten. Da die Veranstaltung bereits am frühen Nachmittag stattfindet, wird der Dienstschluß auf 14 Uhr vorverlegt.

28. August In Stuttgart gibt es 16 Erbhöfe; sie verteilen sich auf die einzelnen Stadtbezirke wie folgt: 8 auf Weilimdorf, 4 auf Mühlhausen, 3 auf Zazenhausen, 1 auf Zuffenhausen. Die Betriebsgröße liegt zwischen rund 15 und 5 Hektar. Die Erbhöfe in Mühlhausen und Zuffenhausen schließen insgesamt 6 Weinberge zwischen 5 und 15 Ar ein. Zu 9 Erbhöfen gehört auch Waldbesitz in der Größenordnung zwischen 4 und 42 Ar.

29. August Der Stuttgarter Sportclub gewinnt vor 1500 Zuschauern ein Freundschaftsfußballspiel gegen Sparta Prag mit 6:4.

31. August Die Stadtverwaltung führt Vertreter der Presse durch die im Aufbau begriffene Kleineigenheimsiedlung Reisach in Weilimdorf. Vorgesehen sind insgesamt 169 Häuser. Gezeigt wird ein Musterhaus mit Stallgebäude, das einschließlich Grunderwerb etwa 7200 RM kosten soll. Das Haus besitzt im Erdgeschoß Wohn- und Schlafzimmer sowie die Küche und im Obergeschoß eine ausgebaute Kammer. Die 169 Siedler wurden unter rund 1000 Bewerbern ausgesucht.

Die Angehörigen des Vieh- und Schlachthofes treffen sich in ihrem Wirtschafts- und Börsengebäude zur 25-Jahr-Feier. Dabei wird bekannt, daß der Fleischverbrauch pro Kopf 1905 63,07 Kilogramm, 1923 aber nur 27,14 Kilogramm und 1933 62,04 Kilogramm betrug. Der Anstieg im Jahre 1933 sei jedoch, was ausdrücklich betont wird, mitbedingt durch die Massenveranstaltung des 15. Deutschen Turnfestes.

Innenminister Dr. Jonathan Schmid verabschiedet Ministerialdirektor Rudolf Scholl in den Ruhestand. Scholl trat 1903 in den Dienst des Amtsoberamtes Stuttgart, war 1916 bis 1918 bei der Reichsfleischstelle in Berlin und wurde 1920 Leiter der Polizeiabteilung im württ. Innenministerium. Am 4. April 1929 wurde er zum Ministerialdirektor berufen.

Dr. Paul Wörnle, seit 1921 bei der Forstdirektion Stuttgart, tritt in den Ruhestand. Oberforstrat Dr. Wörnle hat maßgeblich Anteil an der Entwicklung des württ. Waldbaus. Seine Abhandlung »Die zweckmäßige Größe der Forstbezirke in Württemberg« fand weite Beachtung.

SEPTEMBER 1934

1. September Konferenz von Vertretern aller Reichsbahndirektionen. Zwischen Warschau und Paris soll — über Stuttgart — eine neue Schnellzugverbindung geschaffen werden.
Mit Schillers »Jungfrau von Orleans« im Kleinen Haus und am folgenden Tag mit R. Wagners »Lohengrin« im Großen Haus wird die neue Spielzeit der Württ. Staatstheater eröffnet.
Präsident Gustav Knapp, der Leiter der Ministerialabteilung für Bezirks- und Körperschaftsverwaltung, tödlich verunglückt.

2. September Am Kriegerdenkmal auf dem Fangelsbachfriedhof wird am Jahrestag der französischen Kapitulation bei Sedan der Toten des Krieges von 1870/71 gedacht.
In den Weinbergen wird wiederum ein eigener Feldschutz der Weingärtner eingesetzt.
Gastspiel des Clowntrios der Komiker Fratellini im Cannstatter Kursaal.
Lina Gerzer erhält den Titel einer Staatsballettmeisterin.

4. September In Stuttgart treffen sich etwa 4000 Mann des Deutschen Arbeitsdienstes, um in vier Sonderzügen nach Nürnberg zum Reichsparteitag zu fahren. Die Männer tragen einheitliche Kleidung und sind mit einem Haumesser ausgestattet, auf dessen Klinge die Worte stehen: Arbeit adelt. Das Haumesser (Brachse) soll nicht als Waffe, sondern als Sinnbild des Kolonisationsgedankens verstanden werden.
Auch sonst bestimmen die vielen uniformierten SA- und SS-Männer, die sich auf der Durchreise nach Nürnberg befinden, das Bild der Stadt.
Die renovierte und vergrößerte Frauenklinik der St.-Anna-Schwestern in Bad Cannstatt wird wieder eröffnet.

5. September Kommerzienrat Carl Dinkelacker, der Gründer der gleichnamigen Stuttgarter Brauerei, verstorben.

6. September Die Stadtverwaltung stellt der Stuttgarter Olympia-Trainingsgemeinschaft die Adolf-Hitler-Kampfbahn unentgeltlich zur Verfügung.
Uraufführung des Heimatfilms »Der verlorene Sohn« im Universum. Neben dem Regisseur Luis Trenker wird auch der ihn begleitende Boxer Max Schmeling stürmisch vom Publikum gefeiert.

7. September Ministerialdirektor August Jäger, der Rechtswalter der Deutschen evangelischen Kirche, läßt durch einen Kommissar prüfen, ob es in der württembergischen Landeskirche zu finanziellen Unregelmäßigkeiten gekommen ist.

8. September Das Deutsche Ausland-Institut und der Volksbund für das Deutsch-

tum im Ausland veranstalten eine Stuttgarter Festwoche mit dem Thema »Deutsches Kulturschaffen jenseits des Reiches«. Sie dauert bis zum 16. September.
Zum Auftakt findet im Kleinen Haus die Premiere des Schauspiels »Ewiges Volk« des Berliner Dramatikers Kurt Kluge statt. Das Stück schildert den Nationalitätenkampf in Kärnten im Spätjahr 1918.
Der Hermannstädter Knabenchor (Brukenthalchor) singt in der Liederhalle Volkslieder der Siebenbürger Sachsen.

9. September Festgottesdienst in der Stiftskirche und Einsegnung von 20 Schwestern der evangelischen Diakonissenanstalt Stuttgart.
Pastor D. Joh. Schmidt-Wodder, ein Vertreter der deutschen Minderheit in Dänemark, predigt in der Hospitalkirche. Den kath. Gottesdienst in der St.-Eberhards-Kirche hält Pater Athanasius Sonntag aus Augustendorf in der Bukowina.
Geistliches Konzert des Hermannstädter Knabenchores in der Leonhardskirche und Orgelspiel des gebürtigen Straßburgers Willy Fröhlich.
Im Kunstgebäude eröffnet der Leiter des Ausland-Instituts, Prof. Csaki, die Ausstellung Deutsches Volk jenseits der Grenzen. Ein riesiges Gemälde im Kuppelsaal mit dem Titel »Mutter Deutschland mit ihren Kindern in den fünf Erdteilen« weist auf die Verbundenheit aller Deutschen in der Welt hin. 14 großformatige Kartenbilder veranschaulichen die Verbreitung des Deutschtums und kennzeichnen die deutsche Kolonisation.
Eine große Buchausstellung zeigt — beginnend mit Otfried von Weißenburg — die besondere kulturelle Leistung von Deutschen außerhalb des Reiches.
Uraufführung des Ufa-Kulturfilms »Auf den Spuren der Hanse« von Prof. Walter Hege.

9./10. September Rund 200 ausländische Teilnehmer des internationalen Münchner Straßenkongresses besuchen auf ihrer Deutschlandrundfahrt Stuttgart und werden von Ministerialdirektor Dr. Dill empfangen. Dieser erklärt, der Straßenbau habe in Deutschland unter Hitler einen Aufschwung erlebt, der nur mit dem des Eisenbahnbaus um die Mitte des 19. Jahrhunderts vergleichbar sei. Die ausländischen Gäste besichtigen auch das Daimler-Benz-Werk in Untertürkheim.
Kirchweihe und Jahrmarkt in Feuerbach. Den Küfern wird zur Auflage gemacht, nur amtlich geeichte Fässer zum Verkauf anzubieten.

10. September Viehmarkt auf dem Turnhalleplatz in Weilimdorf.

11. September Einweihung der vergrößerten Verkaufsräume von Daimler-Benz. Direktor Dr. Kissel weist darauf hin, daß das Unternehmen insgesamt wieder über 20 000 Arbeiter und Angestellte beschäftigt und jährlich 50 bis 55 Mio. RM an Löhnen und

Gehältern ausbezahlt. Die Feier schließt mit dem Deutschland- und Horst-Wessel-Lied.
Im Weißen Saal des Neuen Schlosses singt die aus Kronstadt in Siebenbürgen stammende Kammersängerin Lula Mysz-Gmeiner Lieder von Schubert und Hugo Wolf.
Elsässischer Abend im Bürgermuseum, gestaltet von dem 1919 in Stuttgart gegründeten elsaß-lothringischen Chor- und Theaterverein. Gespielt werden drei Einakter des Elsässers Julius Greber.
Baltische Dichterstunde im Kronprinzenpalais mit Werner Bergengruen und Otto von Taube.

12. September Auf einer Kundgebung der Kleinrentner erinnert BM Ettwein daran, daß es allein in Stuttgart noch rund 8000 Arbeitslose gibt und 2049 Kleinrentner von der öffentlichen Fürsorge unterstützt werden.

13. September Jahreshauptversammlung des Deutschen Ausland-Instituts in Anwesenheit von Reichsaußenminister von Neurath. Auf einer öffentlichen Kundgebung sagt von Neurath: »Das Volk, die Gemeinschaft derer, die gleichen Blutes, gleicher Sprache und gleicher Gesinnung sind, ist das Naturgegebene und Wesentliche, von dem der Nationalsozialismus ausgeht. In diesem Sinne hat der Führer und Reichskanzler zu wiederholten Malen betont, daß unserer heißen Liebe zum eigenen Volk die Achtung vor fremden Völkern gegenübersteht. Daraus geht klar hervor, daß die Erhaltung und Förderung des deutschen Volkstums, wie sie der Nationalsozialismus will, nichts mit Imperialismus zu tun hat ... Das deutsche Volk will jedenfalls nichts anderes als dies: Mit fremden Staaten in Frieden leben und mit fremden Völkern friedliche und freundnachbarliche Beziehungen unterhalten.«
Zu besonderen Beratungen kommen die einzelnen Sektionen des Instituts zusammen: der wissenschaftliche Rat unter Vorsitz von Prof. Dr. Helmut Göring, des Rektors der TH, der Wirtschaftsrat unter Leitung von Staatsrat Emil Helfferich, des Aufsichtsratsvorsitzenden der Hamburg—Amerika-Linie, und der Kulturrat unter Vorsitz des Breslauer Professors Dr. Axel Freiherr von Freytagh-Loringhoven.
Eine zweite Teilnehmergruppe des 7. Internationalen Straßenkongresses in München besucht auf ihrer Deutschlandrundfahrt Stuttgart. Im Namen der Gäste dankt der englische Parlamentsabgeordnete Reginald Clarry für die Begrüßung durch Ministerialdirektor Dr. Dill.

14. September Landesbischof D. Wurm sowie Oberkirchenrat Dr. Gerhard Schauffler werden auf Anordnung von Reichsbischof Ludwig Müller von Rechtswalter August Jäger »bis auf weiteres« beurlaubt, desgleichen der Stuttgarter Prälat Mayer-List und Oberkirchenrat Pressel. Die offizielle Begründung lautet: »Landesbischof Wurm hat sich verleiten lassen, Gelder der Landeskirche ordentlichen kirchlichen Zwecken zu

entziehen.« Landesbischof Wurm wird vom 15. bis 18. September unter Hausarrest gestellt.
Der seit 1931 dem Landeskirchentag angehörende Ebinger Pfarrer Eberhard Krauß übernimmt kommissarisch die Geschäftsführung des Oberkirchenrates.
Krauß erklärt noch am gleichen Tag auf einer Versammlung der Deutschen Christen: »Noch vor drei Stunden habe ich nicht gewußt, aus welchem Grunde ich nach Stuttgart berufen worden bin. Nun bin ich vom Reichsbischof beauftragt, in unserem württembergischen Volk zur Sammlung zu rufen alles, was deutsch und evangelisch ist.«
Krauß äußert sich auch persönlich über Hitler: »Auf dem Reichsparteitag in Nürnberg durfte ich meinem Führer in die Augen sehen. Der Mut, der aus diesen leuchtete, soll auch auf uns übergehen. Mein Bekenntnis heißt: Christus und Hitler. Christentum und Nationalsozialismus gehören unauflöslich zusammen. Denn Nationalsozialismus ist praktisches Christentum ... Unsere Kirche muß herunter und einfach werden. Der Pfarrer muß Kamerad sein dem einfachsten Manne seines Volkes, dann wird die Kirche trotz der Verärgerung, die der Streit geschaffen hat, das Volk gewinnen.«
Das Luftschiff »Graf Zeppelin« überfliegt Stuttgart und Pforzheim. Dr. Fritz Todt, der Generalinspektor für das Straßenbauwesen, bestätigt über Funk den Bau einer Reichsautobahn von Karlsruhe über Pforzheim nach Stuttgart.
Prof. Paul Schmitthenner erläutert zahlreichen geladenen Gästen den Fortgang der Wiederaufbauarbeiten am Alten Schloß, wo am nächsten Tag das Richtfest gefeiert wird.
Das Stuttgarter Schauspielhaus eröffnet die Spielzeit mit der Erstaufführung des Lustspiels »Wir zwingen das Glück« von Max Heye.
Unter dem Motto »Vom singenden Deutschen Volk« werden in der Liederhalle Volkslieder der Auslandsdeutschen vorgetragen.
Siebenbürgische Dichterstunde im Kronprinzenpalais. Erwin Wittstock und Heinrich Zillich lesen aus ihren Werken.
Erstaufführung des Films »Die große Zarin« von Josef von Sternberg in den Palast- und Kammerlichtspielen. Marlene Dietrich spielt die Rolle Katharinas II.

15. September Pfarrer Krauß nimmt über den Reichssender Stuttgart Stellung zu dem Problem einer evang. Reichskirche und zur Beurlaubung des Landesbischofs: »Mit der Weiterführung der Geschäfte des Landesbischofs hat der Reichsbischof zunächst mich beauftragt. Ich bin als alter Soldat dem Befehl gefolgt und bleibe auf dem Posten, bis ich abgelöst werde. Mein Wille ist kein anderer als mitzuhelfen, daß das Einigungswerk unseres Führers mit unserer evangelischen Kirche und nicht ohne unsere evangelische Kirche vollendet werde.« Landesbischof Wurm hatte zusammen mit dem bayerischen evang. Bischof Meiser gegen die Maßnahmen der Reichskirchenverwaltung zur Eingliederung der Landeskirchen Beschwerde eingelegt; Hitler wies sie zurück.

Stunde des deutschen Volkstums heißt die letzte große Veranstaltung der Stuttgarter Festwoche. In der überfüllten Stadthalle führen Trachtengruppen aus Siebenbürgen, dem Banat, dem Egerland, aus Tirol und aus dem Elsaß Tänze, Lieder und Spiele auf. Viel Beifall findet auch ein deutscher Gesangverein aus Kattowitz. Verbindende Worte zwischen den einzelnen Programmpunkten spricht der schwäbische Heimatdichter August Lämmle.
Der Reichsbund deutscher Oberschulen und Aufbauschulen hält in der TH eine Tagung ab.

15./16. September 65. Bundesfest des Württ. evang. Jungmännerbundes unter der Losung »Gottes Wort bleibt in Ewigkeit«.

16. September Im Kleinen Haus findet eine Morgenfeier »Stimmen der Grenzmark« statt mit Aufführung des Sprechchores »Deutsches Bekenntnis« von Erwin Guido Kolbenheyer.

17. September Das württ. Innenministerium untersagt jegliche öffentliche Diskussion und Stellungnahme zu den Vorgängen in der evang. Landeskirche Württembergs.
OB Dr. Strölin dankt den Mitarbeitern des Deutschen Ausland-Instituts für die Gestaltung der Stuttgarter Festwoche und gibt bei diesem Anlaß bekannt, dem Institut repräsentative Räume im Wilhelmspalais zur Verfügung zu stellen.
Bischof Pölchau aus Riga berichtet im Furtbachhaus über »Deutsch-evangelisches Leben jenseits der Grenzen«.

19. September Hermann-Löns-Gedächtnisfeier der Fachgruppe Buchhandel der Deutschen Angestelltenschaft. Hermann Löns fiel am 26. September 1914 in der Nähe von Reims.

20. September Ärzte und Journalisten informieren sich über die technischen Einrichtungen der neuen Kurbäderabteilung in Cannstatt. Bezirksarzt Dr. Jakob Mayer weist in seinem Vortrag besonders auf die therapeutischen Möglichkeiten der Chlorkalziumbäder hin.

21. September Eine Kundgebung der Deutschen Arbeitsfront in der Stadthalle mit Reichsstatthalter Murr feiert die neue nationalsozialistische Betriebsgemeinschaft, in der es keine Arbeitgeber und Arbeitnehmer, sondern nur noch Betriebsführer und Betriebsgefolgschaft gebe.
Der Präsident der Reichsanstalt für Arbeitsvermittlung und Arbeitslosenversicherung, Dr. Syrup, weist bei einem Besuch des Landesarbeitsamtes Südwestdeutschland nach-

drücklich auf die durch die wirtschaftlichen Notwendigkeiten begrenzten Möglichkeiten des Arbeitsplatzwechsels hin.

22. September Mit mehreren Übungen zur Brandbekämpfung, einem großen Konzert auf dem Marktplatz sowie einem Fackelzug von 18 Feuerwehren findet eine Feuerschutzwoche ihren Abschluß.
Das Volksfestbier (= 8/10 Liter) kostet 72 Pfennig (ohne Bedienungsgeld) und ist damit um 8 Pfennig billiger als 1932.
Neu in das Volksfestprogramm aufgenommen sind Ruderwettkämpfe zwischen der König-Karls-Brücke und dem Berger Steg. Großen Zuspruch findet auch das Fischerstechen, an dem sich — kostümiert — historische Gestalten wie der Schneider von Ulm beteiligen.
Das Arbeitsamt Stuttgart unterhält während des Volksfestes auf dem Cannstatter Wasen ein eigenes Büro und vermittelt über 500 Stellen.

22./23. September Die Württ. Staatstheater veranstalten als Beitrag zum Schillerjahr Festspiele der Jugend. 1500 Jungen und Mädchen aus ganz Württemberg sehen Schillers »Jungfrau von Orleans«.

22. September bis 1. Oktober Zum erstenmal wird das Cannstatter Volksfest 10 Tage lang gefeiert. OB Dr. Strölin legt Wert auf einen »gehobenen« Charakter des Festes, das in ansprechender und würdiger Form begangen werden soll. »Künstlerisch« geschmückte Pferdegespanne der Stuttgarter und Vaihinger Brauereien ziehen durch die König- und Neckarstraße zum Cannstatter Wasen. Bei der Eröffnung spricht neben dem Oberbürgermeister auch Landesschützenmeister Karl Hengerer, um die neue Art des Volksfestes zu unterstreichen. Das Deutschland- und das Horst-Wessel-Lied sowie drei Böllerschüsse beenden die offizielle Eröffnungszeremonie.

23. September Das Cannstatter Volksfest wird fortgesetzt mit einem »Volksflugtag«. Vorgeführt werden Kunstflüge von Segel- und Motorflugzeugen sowie ein (vom Luftamt Stuttgart genehmigter) Fallschirmabsprung. Der Eintrittspreis beträgt 1,50 RM für einen Sitzplatz auf der Tribüne der Festwiese.

24. September Offizieller Beginn der Weinlese.
Diskussion um einen für die Verbraucher und die Bauern zugleich vertretbaren Kartoffelpreis. Während für kleinere Städte 3—3,40 RM vorgeschlagen werden, könne sich der Preis je Zentner in Stuttgart wegen der höheren Transportkosten auf 3,60 bis 3,80 RM erhöhen.

SEPTEMBER 1934

Gauarbeitsführer Alfred Müller eröffnet in Vaihingen eine neue Gauschule des Arbeitsdienstes.

26. September Werbefahrt des Gaues Niederrhein des Deutschen Automobilclubs nach Stuttgart und Besuch bei Daimler-Benz.

27. September Im Festsaal der Handelskammer feiert der Württ. Verein für Wanderarbeitsstätten sein 25jähriges Bestehen. Ministerialdirektor Dr. Dill würdigt die soziale Arbeit des Vereins, der im Lande 43 Arbeitsstätten unterhalte, Nichtseßhaften Beschäftigung biete und sie wieder in die Gesellschaft einzugliedern versuche. In den verschiedenen Obdachlosenheimen Württembergs seien im Jahre 1933 fast 100 000 Personen gezählt worden, die nicht im Besitz eines amtlichen Wanderbuches waren.
Der Landesbezirksleiter der Deutschen Angestelltenschaft, einer Untergliederung der Deutschen Arbeitsfront, legt ein umfangreiches Fortbildungsprogramm vor und spricht in diesem Zusammenhang von einer neu zu schaffenden Leistungsaristokratie.
Weinversteigerung in der städt. Kelter in der Lindenstraße, Bad Cannstatt. Erzielt werden für den Haldenrotwein 65 RM und für den Riesling 80 RM pro Hektoliter.

29. September SA, SS und die Reitervereine veranstalten auf dem Militärsportplatz ein gutbesuchtes Reit- und Springturnier.

30. September Die Arbeitsgemeinschaft kath. Deutscher löst sich auf.
Das Erntedankfest steht wie im Vorjahr wieder ganz im Zeichen nationalsozialistischer Aufmärsche. »Kirchgang ist jedem einzelnen freigestellt«, heißt es offiziell. Von der Johannesstraße zieht der Festzug, die berittene Stadtgarde an der Spitze, mit sieben Erntewagen auf den Cannstatter Wasen. Dort wird über Rundfunk die Reichsfeier auf dem Bückeberg mit einer Rede Hitlers übertragen. Während Hitlers Ansprache werden sämtliche Veranstaltungen des Cannstatter Volksfestes unterbrochen. Der Bierausschank muß unterbleiben.
Generalintendant Otto Krauß inszeniert »Die Meistersinger von Nürnberg«. Zu Beginn der Aufführung spricht der Präsident der Reichstheaterkammer, Ministerialrat Otto Laubinger.
Die Reformationsausstellung geht zu Ende. Sie wurde von etwa 30 000 Personen besucht.
Die Gesellschaft der Mörikefreunde gedenkt im Stadtgartensaal des am 20. Juni verstorbenen Schriftstellers und Genealogen Hanns Wolfgang Rath. Licentiat Bock spricht über »Mörike und Rath«.

OKTOBER 1934

1. Oktober In Anwesenheit von Reichsstatthalter Murr und Ministerpräsident Mergenthaler propagiert Reichsbischof Ludwig Müller vor etwa 8000 Zuhörern in der Stadthalle die Eingliederung der württ. Landeskirche in die neue Reichskirche. Diese müsse von der nationalsozialistischen Volksbewegung getragen sein, da nur so die Kirche eine Zukunft habe.

Unter Vorsitz von OB Dr. Strölin tagt der (1931 gegründete) Bezirksplanungsverband Stuttgart. Im Vordergrund seiner Beratungen stehen Verkehrs- und Siedlungsfragen. Strölin hebt besonders die Drosselung des Zuzugs nach Stuttgart hervor. Er gibt bekannt, daß der Verband im Monat August auf Wunsch des Amtsoberamts Stuttgart die Ortsbauplanung für die 22 Fildergemeinden übernommen habe. An den Besprechungen nimmt auch Staatssekretär Gottfried Feder in seiner Eigenschaft als Siedlungskommissar teil.

Das Technische Landesamt wird nach Ludwigsburg verlegt.

Nach längerer Sommerpause öffnet das Friedrichsbautheater wieder. Willy Reichert erzählt von seiner Amerikareise.

Herbst- und Wintermodenschau im Kuppelsaal des Kunstgebäudes unter dem Motto »Das deutsche Kleid«.

Dr. Friedrich Groß, bisher an der Chirurgischen Universitätsklinik Leipzig, und Prof. Dr. Karl Römer, seit 1926 leitender Oberarzt am Allgemeinen Krankenhaus St. Georg in Hamburg, werden als Chefärzte für Chirurgie bzw. Innere Medizin am Katharinenhospital eingeführt.

1./2. Oktober Die Jahresversammlung des Deutschen Vereins gegen den Alkoholismus beschäftigt sich mit Fragen der Gefährdung durch Alkohol im Verkehr. Dabei weisen Vertreter der Reichsbahn, der Reichspost und der Polizei auf die besondere Verantwortung und Verpflichtung der Beschäftigten im öffentlichen Dienst hin. Zum Problem der Trunksucht und der Volksgesundheit nehmen mehrere Universitätslehrer Stellung (Prof. Gaupp/Tübingen u. a.). Im Silbernen Hecht, der ersten 1919 in Stuttgart eröffneten alkoholfreien Gaststätte, findet ein Begrüßungsabend statt.

2. Oktober In der Garnisonkirche und der St. Eberhardskirche wird des verstorbenen Reichspräsidenten von Hindenburg gedacht, der an diesem Tage 85 Jahre alt geworden wäre. Die Trauerfeier gilt zugleich dem 13. Todestag König Wilhelms II. von Württemberg.

»Dienst an der Nation durch beste Berufsleistung« ist das Motto einer Veranstaltung der Deutschen Angestelltenschaft in der Liederhalle. Besonders hervorgehoben wird der Rückgang der Arbeitslosigkeit. So seien nunmehr nur noch 560 Angestellte in Stuttgart ohne Beschäftigung.

Der Reichsverband der deutschen Presse, Landesverband Württemberg, kündigt an, alle

14 Tage Zusammenkünfte abzuhalten und diese jeden Monat einmal durch Referate zu beruflichen und politischen Themen zu erweitern.

3. Oktober   Weitere Maßnahmen zur Gleichschaltung der evang. Landeskirche: Der Dienstvorstand des Oberamtes Calw, Nagel, wird Stellvertreter des kommissarischen Landesbischofs.

4. Oktober   Angesichts der ernsten Lage der evang. Landeskirche und zum Zeichen ihrer Verbundenheit mit ihrem Landesbischof versammeln sich etwa 700 Pfarrer aus ganz Württemberg in der Stiftskirche zu einem Gottesdienst mit Abendmahlsfeier.
In der Markuskirche spricht Pastor B. Engelke, der Vikar der Deutschen evang. Kirche, zum Thema »Evangelium und Kirche im Dritten Reich«.

5. Oktober   Zwischen Stuttgart und Tübingen wird der elektrische Zugverkehr aufgenommen. Aus diesem Anlaß findet eine Feier im Tübinger Rathaus statt.

6. Oktober   Landesbischof Wurm wird auf Weisung des württ. Innenministeriums in Schutzhaft genommen. Er darf seine Wohnung nicht mehr verlassen. Besucher werden abgewiesen bzw. kontrolliert. Die Maßnahme dauert bis 16. Oktober. Auch gegen die Oberkirchenräte Gerhard Schauffler und Wilhelm Pressel sowie Pfarrer Weber ergeht eine Haftverfügung.
Erstaufführung der Komödie »Die magische Laterne« von Henry von Heiseler im Kleinen Haus.

7./8. Oktober   Tag der schwäbischen Erzieher 1934. Ministerpräsident und Kultminister Mergenthaler kündigt eine Neuordnung der Ausbildung der Volksschullehrer an. Der bayerische Kultminister Hans Schemm, gleichzeitig Reichsamtsleiter des NS-Lehrerbundes, wendet sich gegen ein an der Antike ausgerichtetes Erziehungsideal. »Wir führen unsere Kinder zuerst nach Walhall und schauen dann von dort nach dem Olymp.«

8. Oktober   Hermann Abendroth vom Leipziger Gewandhaus ist Gastdirigent in der Liederhalle.

9. Oktober   Die neugebildete, ganz von den Deutschen Christen beherrschte Synode der evang. Landeskirche Württembergs tritt zusammen. Zu den Synodalen gehören auch Ministerialdirektor Dr. Dill (NSDAP) sowie zwei Kreisleiter der NSDAP. Mit einer Zweidrittelmehrheit stimmt die Synode einem Antrag zu, Landesbischof Wurm zwangsweise zur Ruhe zu setzen. Begründet wird der Antrag mit der Weigerung des Landesbischofs, die württ. Kirche in die neue Reichskirche eingliedern zu lassen. D. Wurm besitze nicht mehr das Vertrauen des Reichsbischofs. Im übrigen sei er bereits 65 Jahre alt und habe daher das Pensionsalter für Beamte erreicht.

OB Dr. Strölin und Generaldirektor Dr. Nübling sprechen bei der Feier der Grundsteinlegung des Verwaltungsgebäudes der TWS in der Lautenschlagerstraße.

10. Oktober In Stuttgart, Ulm und Reutlingen werden bei den Industrie- und Handelskammern sowie den Handwerkskammern Schlichtungsstellen für Wettbewerbsstreitigkeiten geschaffen.

Die Vertreter der württ. Weinbaugemeinden besprechen auf einer Verbandstagung vor allem Fragen der Preisgestaltung. Dabei wird heftig kritisiert, daß gelegentlich der Wein zu 0,40 RM pro Liter beim Erzeuger aufgekauft und wenige Tage später zu 1,— RM ausgeschenkt werde. Erneut wird die Abschaffung der Getränkesteuer gefordert. Ausstellung des Malers Karl Goll im Kunsthaus Schaller.

12. Oktober Wirtschaftsminister Prof. Lehnich, Landesbauernführer Arnold und Staatssekretär Waldmann fahren nach Mecklenburg und Vorpommern und informieren sich über Siedlungsmöglichkeiten für württ. Bauern.

13. Oktober OB Dr. Strölin erläutert die am 28. September 1934 von der Technischen Abteilung des Gemeinderats beschlossene neue Ortsbausatzung. »Der Boden darf im nationalsozialistischen Staat nicht mehr ein Mittel der Spekulation für den Einzelnen sein, sondern er muß — wie jeder Besitz — in den Dienst des ganzen Volkes, in den Dienst der Erhaltung seines Lebens und seiner Gesundheit gestellt werden... Angemessene, nicht übertriebene Bodenpreise sind auch die Voraussetzung für angemessene, auch für weniger bemittelte Bevölkerungskreise tragbare Mietpreise. Auch hier muß in der Stadt Stuttgart noch ein gerechter Ausgleich erfolgen.«

Die Ortsbausatzung teilt die zur Bebauung freigegebene Gemarkungsfläche in sechs verschiedene Baugebiete ein: 1. Gebiet für Landwirtschaft und kleinere Gewerbebetriebe, 2. Wohngebiet, 3. Landhausgebiet (= geschütztes Wohngebiet), 4. Gebiet für Kleinhäuser, 5. gemischtes Gebiet, 6. Industriegebiet.

Auf Veranlassung der Deutschen Arbeitsfront veranstalten immer mehr Firmen sogenannte Kameradschaftsabende oder Betriebsfeiern, die den Gedanken der nationalsozialistischen Volksgemeinschaft fördern sollen. Eine der größten Veranstaltungen dieser Art ist die Feier der Vereinigten Kugellagerfabriken Cannstatt mit etwa 4500 Personen in der Stadthalle. Der Kreisleiter der NSDAP hält nach dem Fahneneinmarsch eine Ansprache.

14. Oktober Nach dem Sonntagsgottesdienst versammeln sich etwa 5000—6000 Per-

sonen vor der Stuttgarter Wohnung des Landesbischofs und fordern dessen unverzüglinche Freilassung.
Erster sog. Eintopfsonntag des Winters 1934/35. Es wird kritisiert, daß nicht alle Gaststätten ein Eintopfgericht anbieten. Die Aktion erbringt einen Reinerlös von 52219 RM.
Die NS-Frauenschaft von Württemberg und Hohenzollern veranstaltet ein großes Gautreffen. Da die Stadthalle nicht ausreicht, findet eine parallele Kundgebung in der Liederhalle statt. Reichsstatthalter Murr feiert die Frau als »Königin ihres Heims und Hauses«, der der Nationalsozialismus wieder eine Ehrenstellung zugewiesen habe. Auf einem gleichzeitigen Führerinnentreffen des BDM hebt die Reichsreferentin Trude Mohr die Überwindung der sozialen, bildungsmäßigen und konfessionellen Grenzen durch den Nationalsozialismus hervor, in dem es nur noch eines gebe: die deutsche Jugend.
Langemarck-Gedenktag der HJ mit einer Morgenfeier im Hof des Neuen Schlosses. Auf dem Marktplatz wird ein Sprechchorspiel »Denen von Langemarck« aufgeführt.
Nach längeren Renovierungsarbeiten unter Leitung von Regierungsbaumeister S. Raithelhuber findet in der Feuerbacher evang. Stadtkirche wieder ein Gottesdienst statt.

15. Oktober Eröffnung des Deutschen Instituts für nationalsozialistische technische Arbeitsforschung und -schulung (Dinta). Ziel des Instituts ist es, Betriebsführer und Arbeiter für den Nationalsozialismus »aufnahmefähiger« zu machen. Die ersten Kursteilnehmer kommen aus Baden, Bayern und Württemberg.
Etwa jede sechste der über 300 Haltestellen der Stuttgarter Straßenbahnen wird aufgehoben und dadurch die Durchschnittsgeschwindigkeit der Straßenbahn von 14,3 auf 15,1 km/st erhöht. Der Abstand der Haltestellen beträgt nunmehr im allgemeinen 330 m.
Mit Beginn des Winterfahrplans wird die Autobuslinie Z (Schloßstraße—Hölderlinplatz—Kräherwald) wegen zu geringer Auslastung eingestellt.

17. Oktober Die Standesorganisation der ehemaligen Offiziere, der Reichsverband Deutscher Offiziere, Ortsgruppe Stuttgart, gliedert sich nach dem Führerprinzip. Der Beschluß erfolgt einmütig und ohne Aussprache. Generalmajor a. D. Klotz übernimmt den Vorsitz.
Erstaufführung der Oper »Li-Tai-Pe« von Clemens von Franckenstein im Großen Haus.
Dr. Kraft vom Ausland-Institut berichtet auf einer Hausfrauenveranstaltung über »Auslanddeutsches Schicksal nach eigenen Erlebnissen einer Frau bei den Deutschen in Südslawien«.

18. Oktober Die Hauptabteilung des Gemeinderates besichtigt die Reisachsiedlung

OKTOBER 1934

in Weilimdorf, die Seelachwaldsiedlung sowie die Stadtrandsiedlung beim Neuwirtshaus. Hier kommen auch die Gemeinderäte aus Korntal hinzu. Es schließt sich ein Treffen im Gemeindegasthaus von Korntal an, wo der Leiter des städt. Vermessungsamtes Stuttgart, Karl Schmelz, über den kürzlich abgeschlossenen Markungsgrenzausgleich berichtet.

19. Oktober Der deutsche Verband für Materialprüfung hält in der TH seine 23. Hauptversammlung ab. Zu den Referenten gehört auch Prof. Dr. Otto Graf von der TH Stuttgart.
Germania Stuttgart unterliegt einer Boxstaffel aus Dijon in der Stadthalle vor über 3000 Zuschauern mit 7:9.

20. Oktober 15 Jahre Technische Nothilfe Stuttgart. Im Hof des Neuen Schlosses finden verschiedene Vorführungen statt, die den neuesten Ausbildungsstand zeigen sollen.
Jahreshauptversammlung des Württ. Geschichts- und Altertumsvereins mit Vortrag von Prof. Rapp (Tübingen): »Paul Pfizers Briefwechsel zweier Deutschen«.
Trauerfeier für den Kunstmaler Prof. Adolf Hölzel. Gedenkworte sprechen für die Akademie Prof. Gottfried Graf, für die jüngeren Kollegen Prof. Vinzent Weber, für den Freundeskreis der Bildhauer von Sanden und im Namen der Schüler der Kunstmaler Heinrich Eberhard.

20./21. Oktober Mit einem Festakt in der Liederhalle, einem Marsch durch die Stadt und einer großen Kundgebung im Hof der Rotebühlkaserne feiert der — inzwischen in den nationalsozialistischen Frontkämpferbund eingegliederte — Stahlhelm sein zehnjähriges Bestehen in Stuttgart. Bundesführer Reichsarbeitsminister Franz Seldte und Landesführer Lensch ziehen eine Parallele zwischen der nationalsozialistischen Volksgemeinschaft und der Schützengrabengemeinschaft. Das Ideal der Treue und der Kameradschaft stellen auch ein evang. und ein kath. Geistlicher in den Mittelpunkt ihrer Predigten eines Feldgottesdienstes.

20. Oktober bis 12. November In 20 öffentlichen Versammlungen erläutern mehrere Stadträte und Baufachleute die neue Stuttgarter Ortsbausatzung. Den Besuchern wird dabei auch der Film »Das Stadtbild von Stuttgart in alter und neuer Zeit« gezeigt.

21. Oktober Vor der Wohnung von Landesbischof Wurm kommt es nochmals zu einer großen Treue- und Vertrauenskundgebung. Dabei schreitet die Polizei ein und führt mehrere Geistliche ab.

OKTOBER 1934

Tagung der Landesmusikerschaft im Rathaus. Als städt. Musikbeauftragter spricht Stadtrat Dr. Cuhorst. In Stuttgart soll ein Landessinfonieorchester gebildet werden.
Waffengedenktag der schweren Artillerie mit Aufmarsch vor dem Neuen Schloß. Ministerpräsident Mergenthaler fordert für Deutschland den gleichen Zugang zu modernen Waffen wie für das Ausland. Ein Festakt im Stadtgartensaal vereint zahlreiche Generale und hohe Offiziere.

22./23. Oktober Konservator Dr. O. Paret untersucht auf dem Steinhaldenfeld ein neu entdecktes Fürstengrab der Hallstattzeit, das sich durch ungewöhnlich reiche Beigaben auszeichnet (goldenes Diadem).

22.–25. Oktober Sozialpolitische Tagung in der Württ. Verwaltungsakademie. Ministerialrat Dr. Knoll vom Reichsarbeitsministerium spricht sich in seinem Vortrag für die weitere Selbständigkeit der einzelnen Krankenkassen und gegen eine Einheitsversicherung aus. Er lehnt jedoch eine allzu große Vielfalt von Versicherungsträgern ab und verweist auf ein neues Reichsgesetz vom 5. Juli 1934, das der Regierung die Vollmacht gebe, kleine und leistungsschwache Krankenkassen zusammenzulegen.

24. Oktober Reichsstatthalter Murr vereidigt — gemäß eines Reichsgesetzes vom 16. Oktober 1934 — Ministerpräsident Mergenthaler und die übrigen Mitglieder des Kabinetts auf den »Führer und Reichskanzler« Adolf Hitler.
Polizeipräsident Klaiber erläutert vor der Presse die Einrichtung einer Polizeirufanlage in Stuttgart, an die auch wichtige private Unternehmen angeschlossen werden können.

25. Oktober OB Dr. Strölin wird in Berlin von Hitler empfangen. Er berichtet über die Arbeit des Deutschen Ausland-Instituts.
Die Beauftragten des Winterhilfswerkes treffen sich in der Liederhalle. Der Kreisbeauftragte, Stadtrat Herbert Güntner, gibt dabei bekannt, daß allein in Stuttgart im letzten Winter etwa 80 000 Personen unterstützt wurden. Im Monat Oktober seien bereits fast 100 000 RM Industriespenden bei der Kreiskasse des Winterhilfswerkes eingegangen.

26. Oktober Vertreter verschiedener Ministerien, der Handelskammer Stuttgart und einzelner Parteidienststellen beraten über Maßnahmen gegen die durch erhebliche Preissteigerungen hervorgerufenen Masseneinkäufe. Ungerechtfertigte Preissteigerungen sollen ebenso unterbunden werden wie sogenannte Angstkäufe. Durch Volksaufklärung und Propaganda müsse die aufgetretene Unruhe überwunden werden.
Jahreshauptversammlung des 1919 gegründeten württ.-hohenzollerischen Wasserwirtschaftsverbandes unter Vorsitz des Stuttgarter Strombaudirektors Dr. Otto Konz. Re-

OKTOBER 1934

gierungsbaumeister Christaller (Biberach) berichtet über den weiteren Ausbau von Wasserkraftanlagen, durch die jährlich weitere 250 Mio. Kilowattstunden Strom erzeugt werden könnten. In Oberschwaben sei der Bau von zwei Stauseen mit einem Fassungsvermögen von 150 bzw. 100 Mio. cbm geplant.

27. Oktober Auf dem Cannstatter Wasen ist eine nicht überdachte, etwa 100 m lange Tribüne errichtet worden, die 1000 Personen Platz bietet (6 Sitzplatzreihen). Für Presse, Rundfunk und Film sowie für die Organisation von Massenveranstaltungen wurde ein 12 m hoher Turm mit mehreren Plattformen geschaffen.
Uraufführung der Tragödie »Alexander« von Curt Langenbeck im Kleinen Haus.
Die NS-Organisation Kraft durch Freude eröffnet in der überfüllten Stadthalle ihr Winterprogramm. Mittelpunkt des Geschehens ist ein von Arbeitsdienstmännern, Soldaten und der HJ gespieltes Lagerleben mit feierlicher Flaggenhissung. Musikalische Darbietungen, Lieder (»Lever dod as Slav« wird gemeinsam gesungen), Spiele und sportliche Wettkämpfe wechseln miteinander ab.
Das Teer- und Asphaltwerk J. A. Braun in Bad Cannstatt feiert im Höhenrestaurant Schönblick sein 50jähriges Bestehen.

27./28. Oktober 55. Zentralverbandstag der deutschen Haus- und Grundbesitzvereine. OB Dr. Strölin weist in seiner Begrüßung darauf hin, daß die Stadtverwaltung mit etwa 7000 eigenen Wohnungen Stuttgarts größter Hausbesitzer sei. Daraus resultiere eine besondere Verantwortung namentlich gegenüber kinderreichen Familien. Dr. Strölin bemängelt in diesem Zusammenhang das Verhalten mancher Hausbesitzer. Auf die gemeinsamen Ziele und Interessen der Gemeinden und der Hausbesitzer geht der Münchner OB Fiehler in seinem Vortrag ein. Fiehler spricht zugleich als Leiter des NS-Amtes für Kommunalpolitik.

28. Oktober Jahreshauptversammlung des Sparerbundes Württ.-Baden mit Ansprache des Landesvorsitzenden, Oberschulrat Adolf Bauser. Dieser nennt Arbeit als erstes, Sparen aber sogleich als zweites wirtschaftspolitisches Ziel. Bauser lehnt eine generelle Verlängerung des bestehenden Schuldenmoratoriums über den 1. Januar 1935 hinaus ab.

29. Oktober Der Tübinger Physiker Prof. Dr. Hans Geiger, der den nach ihm benannten »Geigerzähler« entwickelte, spricht in einem öffentlichen Vortrag im Planetarium zum Thema »Der Angriff auf das Atom«.

30. Oktober Die Landesbischöfe D. Wurm, D. Hans Meiser (München) und D. August Marahrens (Hannover) werden zur Besprechung von Kirchenfragen von Reichskanzler Hitler empfangen. Der gleichzeitige Rücktritt von Ministerialdirektor Jäger, des Rechtswahrers der Deutschen evang. Kirche, deutet den Mißerfolg der zwangsweisen Eingliederung der Landeskirchen in die Reichskirche an.

Wie überall in Deutschland findet im Hof des Neuen Schlosses eine große Kundgebung der Deutschen Arbeitsfront statt, nachdem Hitler deren politische Zielsetzung durch eine Verordnung vom 24. Oktober 1934 festgelegt hat. »DAF ist Sieg der Kameradschaft« heißt das Motto dieser von mehreren tausend Menschen besuchten Veranstaltung, auf der der Gauwalter der DAF, F. Schulz, sowie Gauleiter Murr sprechen.

Der Präsident des Technischen Landesamtes, Theodor Bauder, leitet im Haus der Deutschen Angestelltenschaft eine Konferenz, die sich mit Fragen der hygienischen und ästhetischen Verbesserung der Arbeitsverhältnisse befaßt. Zu diesem Zweck hat sich auf Reichsebene mit Außenstellen in den Ländern ein »Amt für Schönheit der Arbeit« konstituiert.

Das Amtsblatt meldet eine starke Zunahme des Fremdenverkehrs. Besonders gestiegen ist der Anteil der Ausländer. Während von April bis September 1933 14.426 Ausländer Stuttgart besuchten, erhöhte sich diese Zahl im gleichen Zeitraum des Jahres 1934 auf 19 746.

31. Oktober Der schwäb. Frauenverein »wählt« auf seiner 54. Generalversammlung Else Kötzle an Stelle von Emma Lautenschlager zur Vorsitzenden.

1. November Das städt. Schwimmbad, das Krankenhaus und der Kursaal in Bad Cannstatt werden nunmehr vom Kraftwerk Münster aus beheizt. Mit dem Bau der Dampfkesselanlagen war am 8. August begonnen worden.

Insgesamt 45 Straßen werden erstmals benannt oder erhalten neue Namen. Berücksichtigt wurden Vorkämpfer des Nationalsozialismus wie Dietrich Eckart, aber auch Persönlichkeiten aus der älteren deutschen und schwäb. Geschichte, z. B. der Humanist Ulrich Hutten, der Reformator Ambrosius Blarer sowie die Missionare Johannes Rebmann und Ludwig Krapf.

3. November Wirtschaftsminister Prof. Lehnich eröffnet im Landesgewerbeamt eine Ingenieurtagung mit einem Vortrag zum Thema »Wirtschaftsgesinnung und Wirtschaftserfolg«. Er spricht sich für einen Wandel der Wirtschaftsgesinnung in dem Sinne aus, daß unter dem Nationalsozialismus nicht der Gewinn, sondern die »zweckmäßigste Bedarfsdeckung aller Volksgenossen« oberstes wirtschaftliches Ziel sei. An dem Grundsatz des Privateigentums, der Privatinitiative und dem Leistungsprinzip werde sich allerdings nichts ändern.

Auf der Jahresversammlung der Deutschen Kolonialgesellschaft, Gau Württemberg und Hohenzollern, wird die Rückgabe der ehemaligen deutschen Kolonien gefordert. Damit werde kein deutscher Imperialismus begründet, sondern nur den Notwendig-

keiten der Wirtschaft, der Sicherung der Rohstoffe sowie der nationalen Ehre entsprochen.
Der Württ. Verein für Baukunde besichtigt die am Botnanger Sattel entstandene Mustersiedlung Vogelsang. Zu einzelnen bautechnischen Fragen, namentlich zum Problem der Dachkonstruktion, äußert sich Prof. Bonatz.
In der Stadthalle findet ein von 7000 Zuschauern besuchtes Sportfest statt. Als Gäste begrüßt OB Dr. Strölin Mädchen aus Polen, Dänemark, Estland, Lettland, Litauen, Ungarn, Siebenbürgen, dem Banat, der Bukowina und Bessarabien, welche sich vorübergehend im Viktor-Köchl-Haus aufhalten.

4. November Landesbischof Wurm hält am Reformationssonntag eine vielbeachtete Predigt in der Stiftskirche; unter dem Titel »Die Kraft des Wortes« erscheint sie auch im Druck.
Jahresversammlung der württ. Bibelanstalt in der Stiftskirche mit Festpredigt von Kirchenrat Hesselbacher (Baden-Baden) und Rechenschaftsbericht von Prälat D. Gustav Groß.
Einweihung der St. Josefskirche in Feuerbach durch den Rottenburger Weihbischof Franz Josef Fischer. Die von Regierungsbaumeister Johannes Herkommer erstellte Kirche ersetzt die zu klein gewordene alte katholische Kirche unmittelbar daneben in der Pragstraße.
Im Hof des Neuen Schlosses gedenkt die Marine-SA des 20. Jahrestages der Kämpfe um Tsingtau. An der Feier nehmen auch Verbände der Wehrmacht und der Polizei sowie der Marine-HJ teil.

5. November Staatssekretär Waldmann eröffnet das Wintersemester der württ. Verwaltungsakademie. Er geht dabei auch auf das Verhältnis der NSDAP zu Beamten und Richtern ein, das noch immer nicht frei von gewissen Belastungen und Spannungen sei, und wendet sich gegen den »Mißbrauch« der richterlichen Unabhängigkeit durch einige »Unbelehrbare«.
Der Stuttgarter Künstlerbund, der sich nach internen Auseinandersetzungen aufgelöst hatte, wird neu gegründet. Den Vorsitz übernimmt der Kunstmaler Julius Kurz.

6. November Gauleiter Murr ernannte Gaupropagandaleiter Adolf Mauer zum kommissarischen Kreisleiter der NSDAP Stuttgart.
»Deutsche Art in aller Welt« heißt eine Veranstaltung des Deutschen Ausland-Instituts zugunsten der auslandsdeutschen Winterhilfe. Gezeigt werden Szenen aus dem Landleben in Siebenbürgen, eine deutsche Hochzeit im Schwarzmeergebiet, ein Schwabenball in Ungarn u. a. Besonderen Beifall findet der Sathmarer Singkreis.
Gottscheer Bauern (Slowenien) kommen auch nach Stuttgart, um hier den Winter über

Geld zu verdienen. Die Stadtverwaltung bezeichnet ihre Unterstützung als »selbstverständliche Pflicht und ein volksdeutsches Gebot«.
Die Stuttgarter Straßenbahnen entsprechen einer Bitte des Gemeinderates und gewähren einen Preisnachlaß für die Beförderung von Kinderwagen, wenn »die den Kinderwagen befördernde erwachsene Person das Bundesabzeichen des Reichsbundes der Kinderreichen sichtbar trägt und der Kinderwagen zur Beförderung von Kindern dient«.

7. November Im Deutschen Ausland-Institut spricht Prof. Dr. Joh. Oehquist über »Finnlands Freiheitskampf und die deutsche Beteiligung an ihm«.
Dr. N. G. Hörner (Universität Uppsala) berichtet vor dem Handelsgeographischen Verein über seine Expedition mit Sven Hedin in die Wüste Gobi in den Jahren 1928 bis 1933.

8. November In der Ludwigsburger Straße entlang dem Hauptbahnhof entsteht der erste bewachte Parkplatz in Stuttgart. Das Personal wird von der Stuttgarter Heimschutz GmbH gestellt. Als Parkplatzzeichen wird ebenfalls erstmals eine blaue quadratische Tafel mit einem großen P angebracht.
Die Schwäbische Bilderbühne beginnt im Planetarium wieder mit ihren naturkundlichen Vorführungen. Wurden früher ausschließlich lehrhafte Filme gezeigt, so haben nunmehr Vor- und Beifilme zumeist einen politischen Charakter.
Dipl.-Ing. Erwin Schneider (Hall/Tirol) berichtet im Stadtgartensaal vor der Sektion Schwaben des Deutschen und Österreichischen Alpenvereins über die deutsche Himalajaexpedition 1934, bei der vier deutsche Bergsteiger den Tod fanden.
Stuttgarter Erstaufführung des Filmes »Die Reiter von Deutschostafrika« in den Palastlichtspielen vor zahlreichen Ehrengästen der NSDAP, der württ. Regierung, der Reichswehr und vieler Behörden. Eine Abordnung der württ. Landesgruppe des Reichskolonialbundes sowie ehemalige Soldaten von Deutschostafrika ziehen mit Fahnen in das Kino ein.

9. November Die NSDAP gedenkt mit einer Feier in der Stadthalle des »Marsches zur Feldherrnhalle« von 1923. Sprechchöre (»Der Tod in Flandern«) und Szenenspiele am Lagerfeuer (»Dein Sterben ist Gewinn«) der HJ umrahmen die Veranstaltung.
75 Jahre Königsbau sowie Geschäftsjubiläum des von Anfang an hier bestehenden traditionsreichen Cafés.

10. November Die Stadtverwaltung gibt ein umfangreiches Arbeitsbeschaffungsprogramm bekannt. Es sieht für den Winter 1934 und das Frühjahr 1935 allein im Bereich des städt. Hochbaus Ausgaben in Höhe von 2,3 Mio. RM vor. Weitere 2,2 Mio. RM

NOVEMBER 1934

sollen insbesondere für den Straßenbau und für Arbeiten der Technischen Werke bereitgestellt werden.

In den württ. Staatstheatern beginnt mit »Wilhelm Tell« eine Schiller-Festspielwoche. Uniformen beherrschen das Große Haus, an den Aufgängen und im Foyer nimmt eine Ehrenformation der SS Aufstellung. Die Feiern zum 175. Geburtstag Schillers stehen allgemein unter dem Motto des »heldischen« und »kämpferischen« Dichters.

Hugo Borst zeigt in seiner Sammlung Bilder des im Oktober verstorbenen Adolf Hölzel sowie von Reinhold Nägele und Jakob Wilhelm Fehrle, die beide im Laufe des Jahres 50 Jahre alt wurden. Außerdem sind zu sehen Arbeiten von Ida Kerkovius, Oskar Schlemmer, Willi Baumeister und von anderen jüngeren Künstlern.

11. November   Eine Kreistagung der Reichsschrifttumskammer zum Abschluß der Deutschen Buchwoche verlangt die »Sichtung« der Leihbibliotheken.

Die württ. Drogisten stellen auf ihrer 34. Verbandstagung fest, daß sich der bedrohliche Umsatzrückgang in den letzten Monaten verringert habe. Im Mittelpunkt der Beratungen stehen Fragen des Einzelhandelschutzgesetzes.

Der Gau Stuttgart des Schwäb. Albvereins hält im Gasthof zum Hirsch in Botnang seine Herbstversammlung ab. Der Verein unter Obmann Fahrbach wahrt seine Selbständigkeit, ist jedoch zur Zusammenarbeit mit der Abteilung »Wandern« der NS-Organisation Kraft durch Freude bereit. Als Gauobmann spricht General Otto von Renner.

12. November   Das Wintersemester der TH beginnt mit einer feierlichen Flaggenhissung. Studentenschaftsführer Schmehl, der nach dem Rektor, Prof. Dr. Göring, spricht, erinnert an den 20. Jahrestag der Schlacht von Langemarck.

Im Restaurant Charlottenhof konstituiert sich eine Ortsgruppe Stuttgart des Bundes der Auslandsdeutschen. Sie tritt an die Stelle des bisherigen Landesverbandes Württemberg. BM Ettwein führt den Frankfurter Privatdozenten Dr. Alfred Reisner als Chefarzt der neuen Strahlenabteilung des Katharinenhospitals ein.

13. November   OB Dr. Strölin lobt die Arbeit des nunmehr ein Jahr bestehenden Frauenbeirates, der in familiären und sozialpolitischen Fragen, aber auch in Angelegenheiten des Marktwesens und der Preisgestaltung der Stadt wichtige Anregungen gegeben habe.

Mehrere Metzgergeschäfte werden auf Anordnung der Preisüberwachungsstelle wegen Überschreitens der amtlich festgesetzten Höchstpreise vorübergehend geschlossen.

Prof. Dr. Heinrich Finke würdigt in einer Feierstunde der kath. Kirchengemeinde im Stadtgartensaal das Lebenswerk des am 31. März 1934 verstorbenen schwäb. Kardinals Franz Ehrle.

14. November   Das Tiefbauamt errichtet versuchsweise eine Straße, bei der sich unter der üblichen Asphaltschicht ein dünner Eisenrost befindet. Dieser dringt allmählich nach oben, macht die Straße rauh und soll dadurch die Unfallgefahr bei Rauhreif und Schneeglätte mindern.

15. November   Stuttgarter Richter und Staatsanwälte besichtigen auf Einladung des städt. Wohlfahrtsamtes in Göttelfingen und Buttenhausen errichtete Zwangsarbeitsstätten. BM Ettwein nennt die Einweisung von Arbeitsunwilligen in solche Anstalten eine der Aufgaben der neuen städt. Fürsorgepolitik.
Der Reichssender Stuttgart bringt als Hörspiel das Drama »Schwarzmann und die Magd« von Walter Erich Schäfer mit Paula Wessely in der Titelrolle.
Sir Archibald Flower berichtet vor den Stuttgarter Mitgliedern der All Peoples' Association und des Rotary-Clubs über den Neubau des Shakespeare-Theaters in Stratford-on-Avon.

16. November   Nach 82jährigem Bestehen löst sich auf einer Mitgliederversammlung in der Liederhalle der Verband württ. Gewerbevereine auf. Die Organisation sei nach der Bildung der Kreishandwerkerschaften im neuen berufsständischen Aufbau des Dritten Reiches nicht mehr nötig, heißt es in dem Auflösungsbeschluß.
Auf einer Kundgebung der Deutschen Arbeitsfront spricht der Reichsleiter der NS-Handwerks-, Handels- und Gewerbeorganisation, Dr. von Renteln, in der Stadthalle über die Aufgaben und Ziele nationalsozialistischer Wirtschaftspolitik. Er nennt Preissteigerungen in einer Zeit des Lohnstopps unverantwortlich.
Der Württ. Goethebund eröffnet sein Winterprogramm mit einer Dichterlesung von Wilhelm Schussen im Hotel Marquardt.
Graf Jean de Castellan, der Präsident des französischen Schwimmverbandes, kommt zu einem Informationsbesuch nach Stuttgart. Er spricht sich insbesondere über das Stadtbad Heslach sehr anerkennend aus.

17. November   Auf Einladung des württ. Wirtschaftsministeriums und des württ. Industrie- und Handelstages spricht Reichsbankpräsident Dr. Hjalmar Schacht vor etwa 400 geladenen Gästen in der Industrie- und Handelskammer. Schacht macht die Regierungen der Weimarer Republik für den gravierenden Devisenmangel verantwortlich. Jetzt gelte es, die Ausfuhr mit allen nur denkbaren Mitteln zu fördern. Allen Vermutungen einer möglichen Geldabwertung tritt Schacht unter Berufung auf Hitler nachdrücklich entgegen.
Die Städt. Sparkasse feiert mit einem Festakt in der Schalterhalle ihres Verwaltungsgebäudes in der Königstraße ihr 50jähriges Bestehen. In seiner Ansprache nimmt Reichsbankpräsident Dr. Hjalmar Schacht auch Stellung zu allgemeinen kredit- und finanz-

politischen Fragen. Er erklärt es für »notwendig, die moderne bankmäßige Betätigung in einem gesunden Verhältnis zu der ureigensten Aufgabe, nämlich der Verwaltung der Spargelder, zu halten und diese Betätigung mit den Notwendigkeiten der gesamtdeutschen Währungs- und Kreditpolitik in Einklang zu bringen. Die Herstellung eines den Aufgaben des nationalsozialistischen Staates angepaßten Geld- und Kreditmarktes muß das Kernstück einer jeden Neuordnung auf dem Gebiet des Kreditwesens sein«. Schacht hebt die fortschrittliche Zinspolitik der Städt. Sparkasse hervor. Diese habe durch die Senkung des Hypothekenzinssatzes auf 5 % schon im Mai 1933 die Wirtschaftspolitik des neuen Staates wesentlich unterstützt.

Aus Anlaß ihres Jubiläums errichtet die Städt. Spar- und Girokasse zwei Stiftungen in Höhe von 100 000 RM bzw. 75 000 RM. Die Kapitalzinsen sollen hilfsbedürftigen Stuttgartern bzw. in Not geratenen eigenen Betriebsangehörigen zugute kommen.

Murr, Mergenthaler, Strölin, Polizeigeneral Schmidt-Logan und andere Ehrengäste nehmen an der Eröffnung eines Hilfswerklagers der Gruppe Südwest der SA auf dem Burgholzhof teil. Das Lager soll arbeitslosen SA-Männern zur »weltanschaulichen und beruflichen Schulung« dienen. SA-Stabschef Lutze fordert die körperliche und geistige Ertüchtigung für die im neuen Staat noch bevorstehende Hauptaufgabe. »Wir wissen«, sagt Lutze, »daß das, was wir heute unseren Staat nennen, noch nicht der Staat ist, den wir ersehnen und für den wir viele Jahre gekämpft haben.«

18. November Bei der Don-Bosco-Feier der kath. Jugend fordert Bischof Dr. Sproll unter Berufung auf das Reichskonkordat von 1933 eine eigenständige religiöse Erziehung, welche nicht bloß, wie der Reichsjugendführer Baldur von Schirach am 21. Oktober 1934 in Münster erklärt hatte, ein Zusatz zur völkischen und politischen Erziehung sein dürfe. Bischof Sproll wendet sich entschieden gegen die von Reichsleiter Alfred Rosenberg propagierte Weltanschauung; Rosenbergs Weg könne niemals der Weg der kath. Jugend werden. An der Rede von Bischof Sproll entzündet sich eine heftige Polemik der NSDAP.

Auf dem Steinhaldenfeld erfolgt die Grundsteinlegung der Bonifatiuskirche, der 21. kath. Kirche in Stuttgart.

Zum Jahrestag der NS-Organisation Kraft durch Freude finden auf dem Schloßplatz, dem Marktplatz und auf vielen anderen Plätzen und Straßen Konzerte der Reichswehr, der Polizei, der SA und SS sowie der HJ statt.

19. November Bischof Sproll besichtigt die neue kath. Kirche in Feuerbach.

20. November Das Landgericht Stuttgart spricht Landesbischof Wurm und Oberkirchenrat Dr. Schauffler von der Anschuldigung frei, kirchliche Gelder veruntreut zu haben. Landesbischof Wurm kann seinen Dienst wieder aufnehmen.

NOVEMBER 1934

In der Möhringer Straße, der Katharinenstraße, der Torstraße, der Hackstraße und der Brunnenstraße in Bad Cannstatt eröffnen wieder die städt. Wärmestuben. Ihre Benützung ist unentgeltlich.

Prof. Hans Geiger wiederholt seinen Lichtbildervortrag vom 29. Oktober 1934: »Der Angriff auf das Atom«.

Im ausverkauften Ufa-Palast wird eine Tonbildreportage der amerikanischen Fox-Film-Gesellschaft vorgeführt. Der Film, der einen Rückblick über wichtige Ereignisse der letzten 30 Jahre gibt, findet großes Interesse.

21. November Am Buß- und Bettag, der gesetzlicher Feiertag ist, finden in Württemberg etwa 250 Fußballspiele statt, deren Erlös dem Winterhilfswerk zukommt. Die Hauptbegegnung Stuttgart — Mannheim/Karlsruhe endet vor rund 7000 Zuschauern 4:6.

22. November Die Verlagsbuchhandlung Cotta feiert ihr 275jähriges Bestehen. An der Spitze des Unternehmens, das 1889 in den Besitz des Hauses Kröner übergegangen ist, steht nunmehr der Verleger Robert Kröner.

23. November Dr. Hans Blunck, der Präsident der Reichsschrifttumskammer, liest auf Einladung des Literarischen Klubs im großen Saal der Industrie- und Handelskammer aus seinem neuesten Roman »Die Große Fahrt«.

Auf einer Veranstaltung der Deutschen Weltwirtschaftlichen Gesellschaft in Berlin sprechen Wirtschaftsminister Prof. Lehnich und OB Dr. Strölin. Prof. Lehnich beziffert den Wert der württ. Ausfuhr im Jahre 1933 auf über 500 Mio. RM. Dr. Strölin referiert über »Schwaben im Ausland«.

24. November Im Rahmen der Aktion »Saarländer besuchen das Reich« kommen 1200 Saarländer, überwiegend Bergarbeiter, für eine Woche nach Stuttgart. Auf dem Programm stehen ein Besuch bei Daimler-Benz, Besichtigungen verschiedener städt. Betriebe und Einrichtungen sowie ein Empfang beim Wehrkreiskommando V. Die Saararbeiter äußern sich besonders anerkennend über die ihnen zuteil gewordene Gastfreundschaft. »Wir waren erstaunt, daß es uns möglich war, in unseren einfachen Kleidern in die besten Hotels zu kommen«.

Kundgebung der Arbeitsinvaliden im Versammlungssaal der Brauerei Wulle. Staatssekretär Waldmann kündigt einen weiteren Ausbau der Sozialgesetzgebung an. Er polemisiert gegen die Weimarer Republik, die ihrer Verpflichtung gegenüber den Invaliden nicht gerecht geworden sei. Der neue Staat wolle eine Gleichstellung der Arbeits- und Kriegsopfer, erklärt der Gauwalter der Deutschen Arbeitsfront, Friedrich Schulz.

NOVEMBER 1934

25. November »Wohnwesen und nationalsozialistische Wohnpolitik« lautet das Thema des Hauptreferates des erstmals im Dritten Reich tagenden Verbandes württ. Wohnungsunternehmen. Dem Verband gehören 79 Baugenossenschaften, 9 Baugesellschaften mbH und weitere Aktiengesellschaften und gemeinnützige Vereine an.
Konstituierende Innungsversammlung der nunmehr zu einem Landesverband zusammengeschlossenen württ. Optikermeister im Hotel Herzog Christoph.

26. November Offizielle Übergabe der Kleineigenheimsiedlung Reisach in Weilimdorf. Die zunächst geschaffenen 169 Siedlerstellen für etwa 550 Personen sollen zur Auflockerung der Großstadt beitragen.

27. November Große Feier in der Stadthalle zum einjährigen Bestehen der NS-Organisation Kraft durch Freude unter Mitwirkung des württ. Landesorchesters. Unter Leitung von Generalintendant Krauß werden Szenen aus Schillers »Wallensteins Lager« vorgeführt. Aus Berlin wird über den Rundfunk eine Ansprache von Rudolf Heß übertragen. Anschließend sprechen Gauleiter Murr und Gauwart Ludwig Klemme. Letzterer gibt bekannt, daß bisher fast 20 000 Württemberger eine Urlaubsreise mit der NS-Gemeinschaft Kraft durch Freude gemacht hätten.

28. November Alfred Rosenberg spricht in der überfüllten Stadthalle. Seine Rede wird in 20 weitere Säle übertragen. Rosenberg wertet die NSDAP nicht als eine neue Partei neben vielen anderen, sondern als Trägerin einer neuen Weltanschauung und betont den Absolutheitsanspruch des Nationalsozialismus: »Wir Nationalsozialisten beanspruchen das Recht, alle Daseinsäußerungen unseres Volkes nach unserem Gesetz umzugestalten.«

29. November Von der Stadtverwaltung wurden im Jahre 1934 insgesamt 977 Siedlerstellen an Arbeitslose, Kurzarbeiter, Kinderreiche und andere Bedürftige vergeben. Die Siedlerstellen verteilen sich wie folgt: Hoffeldsiedlung in Degerloch 151, Steinhaldenfeld in Bad Cannstatt 413, Seelachwald in Weilimdorf 109 sowie Neuwirtshaus-Siedlung in Zuffenhausen 304.
Kundgebung in der Liederhalle zum zehnjährigen Bestehen der Bausparerbewegung. Dr. Aldag (Leipzig) betont in seinem Festvortrag, daß bisher bereits etwa 650 Mio. RM an Spargeldern aufgebracht und Eigenheime für 65 000 Familien geschaffen worden seien.
Auf dem Pragfriedhof wird der am 25. November 1934 verstorbene Chefkonstrukteur bei Daimler-Benz, Dr. Hans Nibel, beigesetzt. An der Trauerfeier nahmen auch Vertreter des Reichswehrministeriums und des Reichsverkehrsministeriums sowie des württ. Wirtschaftsministeriums teil, ebenso der frühere OB Lautenschlager.

30. November Die Jahresversammlung der württ. Physiklehrer beschäftigt sich eingehend mit mathematischen und physikalischen Fragen des Flugwesens und diskutiert über die Möglichkeiten, diese Probleme in den Unterricht einzubeziehen.
Lutherfeier der evang. Gesamtkirchengemeinde Stuttgart in der Stadthalle mit Festvortrag von Universitätsprofessor Dr. Hanns Rückert (Tübingen) über die Bibelübersetzung Martin Luthers.
Unter Leitung von Marie Steiner trägt der Sprechchor des Goetheanums Dornach (Schweiz) in der Liederhalle Dichtungen von Goethe, Schiller und Conrad Ferdinand Meyer vor.
Auf dem Burgholzhof werden derzeit Kasernenbauten errichtet.

1. Dezember Reichsbahn und Stuttgarter Straßenbahnen bemühen sich um einen Verkehrsverbund im Raum Stuttgart und geben versuchsweise gegenseitig gültige Fahrscheine aus.
Mitgliederversammlung des Landesverkehrsverbandes Württemberg und Hohenzollern in Anwesenheit von Wirtschaftsminister Prof. Lehnich im Hindenburgbau. Der Verband bezeichnet die Entwicklung des Fremdenverkehrs als günstig. Die Zahl der Übernachtungen betrug 1933 in Stuttgart 309 997. Insbesondere wegen des Deutschen Turnfestes hatte Stuttgart einen Anstieg der Zahl der Übernachtungen gegenüber dem Jahr 1932 um 4 % zu verzeichnen. Lehnich will durch Gründung eines Gebietsausschusses »Württemberg Mitte« den Fremdenverkehr weiter fördern.
Professoren und Studenten der TH protestieren gegen die unter Zwang erfolgte Herausgabe der Insignien der deutschen Universität in Prag an die tschechischen Behörden. Rektor Prof. Dr. Helmut Göring sieht in dem Vorgang eine Gefährdung der Ehre und des Ansehens der gesamten deutschen Kultur.
Die Privatbank Gayler in Obertürkheim stellt ihre Tätigkeit nach dem Tode des Bankiers und persönlich haftenden Gesellschafters Karl Gayler ein. Die Kundschaft wird auf die Württ. Notenbank verwiesen.
34. Stiftungsfest der Alten Garde (Kaufmännischer Verein ehemaliger Schüler der Höheren Handelsschule Stuttgart) im Kunstgebäude. Arthur Hallmayer stellt den Gedanken der Betriebsgemeinschaft (»Chef und Stift am gleichen Tisch«) in den Mittelpunkt seiner Ansprache.
Großer Erfolg Willy Reicherts in dem Lustspiel »Der Mustergatte« im Friedrichsbautheater.

2. Dezember Unter der Leitung von Prof. Karl Wendling wird in der Stiftskirche Händels Oratorium »Der Messias« aufgeführt. Anschließend würdigt Prof. H. von Besele Wendlings 25jährige musikpädagogische Tätigkeit. Im Namen der Studierenden der Hochschule für Musik dankt Erich Ade dem Jubilar.

DEZEMBER 1934

3. Dezember Im Rathaus ist interessierten Bürgern Gelegenheit gegeben, Einwände gegen die geplante neue Ortsbausatzung und den Baustoffplan zu erheben. Die mehrstündige Diskussion leitet Stadtrat Dr. Otto Schwarz.

4. Dezember Gauleiter Murr und Ministerpräsident Mergenthaler besichtigen das Heeresmuseum im Neuen Schloß. Hier sind auch die Ehrentafeln der 84 000 Gefallenen des ersten Weltkrieges zu sehen.

5. Dezember Der Gebietsführer der HJ, Erich Sundermann, wendet sich gegen in der Öffentlichkeit erhobene Vorwürfe, daß den Angehörigen der HJ der Gottesdienstbesuch untersagt oder erschwert werde. Ebenso weist er eine Förderung oder irgendeinen Zusammenhang mit der Glaubensbewegung von Prof. Jakob Wilhelm Hauer zurück.
Der Gemeinderat besichtigt in mehreren Stadtbezirken verschiedene Hangbaugebiete. Dabei äußert sich OB Dr. Strölin zur nationalsozialistischen Architektur, die nicht einheitlich, sondern den jeweiligen Geländeverhältnissen angepaßt sei. So werde es auch in Zukunft in Stuttgart eine Vielfalt der Baugestaltung, aber keinen hemmungslosen Individualismus geben.
Immatrikulation von 176 neuen Studenten der TH. Als Vertreter der Studentenschaft spricht SA-Obertruppführer Albert Schmehl.

7. Dezember Auf einer Großkundgebung der NSDAP in der Stadthalle geht Reichsinnenminister Dr. Frick auch auf die besonders in Württemberg umstrittene Kirchenfrage ein. Die evang. Landeskirchen sollten nach seiner Auffassung bestehen bleiben, jedoch unter einem Reichsbischof in einer deutschen Nationalsynode zusammengefaßt werden.
Der fränkische Dichter und Reiseschriftsteller Friedrich Schnack trägt im Haus des Deutschtums eigene Gedichte und Prosa vor.

8. Dezember Das Schwurgericht verurteilt in einem aufsehenerregenden Prozeß einen Schwerkriegsbeschädigten aus Cannstatt wegen Mordes zum Tod. Der Angeklagte hatte am 14. Juli seine Frau und seine beiden Kinder umgebracht. In dem Prozeß spielte die Frage seiner geistigen Zurechnungsfähigkeit eine entscheidende Rolle.

9. Dezember Auf einer Festveranstaltung im Sitzungssaal des Württ. Landtags berichtet Landesführer Lensch über ein kürzlich getroffenes Abkommen, das die Beziehungen zwischen dem NS-Frontkämpferbund (Stahlhelm) und der SA in Württemberg regeln soll. Lensch spricht von dem entscheidenden Beitrag, den die Frontsoldaten der ganzen Welt zum Frieden leisten könnten.
In der Stadthalle wird vor 2500 Zuschauern das 2. Stuttgarter Turnier der Berufsrad-

rennfahrer mit Teilnehmern aus Deutschland, Italien, Österreich und der Schweiz ausgetragen.

10. Dezember   Auf seiner 47. Hauptversammlung beschließt der Gewerbe- und Handelsverein Feuerbach e. V. seine Selbstauflösung.
Im Karlsgymnasium spricht der Tübinger Altphilologe Prof. Weinreich über Franz Schuberts Griechenlieder.
Ministerialrat Max Pfleiderer übernimmt auftragsweise die Leitung der Ministerialabteilung für Bezirks- und Körperschaftsverwaltung.

11. Dezember   Prof. Dr. E. Wehner eröffnet in der Hohenzollernstraße eine neue Privatklinik (Elisabeth-Klinik).
Der »Arbeiterdichter« Heinrich Lersch, ein gelernter Kesselschmied, liest auf Einladung der NS-Gemeinschaft Kraft durch Freude und des Württ. Goethe-Bundes im Gustav-Siegle-Haus eigene Prosa und Gedichte.

12. Dezember   Auf einer Arbeitstagung der Fachverbände des württ. Handwerks fordert Handwerkskammerpräsident Karl Dempel, für Betriebe mit mehr als 20 Beschäftigten Betriebs- und Tarifordnungen einzuführen. In Familienbetrieben müßten Familienangehörige, um die Wettbewerbslage nicht zu beeinträchtigen, als fremde Erwerbstätige betrachtet werden.
Uraufführung der Oper »Der falsche Waldemar« von Paul Höffer mit Max Roth in der Titelrolle. Ein Teil der Presse äußert sich zu diesem neuen Musikdrama recht kritisch, stellt aber die Aufführung unter Generalmusikdirektor Karl Leonhardt heraus.

13. Dezember   Stadtrat Dr. Fritz Cuhorst wird in den Ausschuß für Bildungswesen des Deutschen Gemeindetages berufen, desgleichen den Vorstand der Kanzlei des Bürgermeisteramtes (ab Mai 1933), Verwaltungsdirektor Gotthilf Hablizel, in den Ausschuß für gemeindliches Nachrichtenwesen.
Der Pianist Wilhelm Backhaus gastiert in der Liederhalle.
Auf Einladung der All Peoples' Association, Ortsgruppe Stuttgart, spricht Gräfin von Wilamowitz-Moellendorf, eine Schwester der ersten Frau von Reichsminister Hermann Göring, Karin Göring, über Landschaft und Kultur Schwedens.

14. Dezember   Die württ. Landes-Elektrizitäts-AG (WLAG) und die württ. Sammelschienen AG (WUSAG) beschließen auf einer außerordentlichen Hauptversammlung ihre Fusion. Die neue Gesellschaft soll den Namen Elektrizitätsversorgung Württemberg AG tragen.

DEZEMBER 1934

Wirtschaftsminister Prof. Lehnich würdigt in einem Nachruf im Hospiz Viktoria den Gründer der württ. Volkswirtschaftlichen Gesellschaft von 1922, den Tübinger Universitätsprofessor und Agrarpolitiker Karl Johannes Fuchs (1865—1934).

14./15. Dezember Die preußische Staatsschauspielerin Emmi Sonnemann, die ihre Schauspielerlaufbahn in Stuttgart begonnen hatte, gastiert in der Titelrolle von G. E. Lessings »Minna von Barnhelm«.

15. Dezember Eröffnung der von dem Architekten Gustav Schwarz erbauten Zweigstelle der Städt. Spar- und Girokasse in Feuerbach. Die seit 1910 bestehende Feuerbacher Sparkasse verfügt derzeit über ein Gesamteinlagekapital von 5,1 Mio. RM, das von 10 215 Spar- sowie rund 1300 Giroguthaben aufgebracht wird. Noch 1930 lag die Zahl der Sparguthaben bei 9736. Seit dem 1. Mai 1933, dem Tag der Eingemeindung Feuerbachs, hat die Sparkasse in 151 Fällen Kredite in einer Gesamthöhe von etwa 1 Mio. RM gewährt.

16. Dezember Bischof Dr. Sproll spricht auf einer großen kirchlichen Kundgebung in Stuttgart. Er bekennt sich zur christlichen Jugenderziehung und erklärt, der Weg Rosenbergs könne nicht der Weg der deutschen Jugend werden. Die Erklärung Sprolls ist auch als Antwort an Ministerpräsident Mergenthaler zu verstehen, der in den Tagen zuvor mehrfach eine Erziehung der Jugend im Geiste des Nationalsozialismus gefordert hatte.
Auf dem Marktplatz und den angrenzenden Straßen wird wiederum ein Weihnachtsmarkt abgehalten, der mit rund 500 Messeverkäufern außerordentlich gut beschickt ist.
Im Universum wird der Mercedes-Benz-Film »Sieg für Deutschland« uraufgeführt. Der Film berichtet von den Erfolgen der Rennfahrer Rudolf Caracciola, Manfred von Brauchitsch, Hans Geyer und Luigi Fagioli.
Im Landtagsgebäude werden etwa 200 württ. Sportler als Kandidaten der deutschen Olympiamannschaft von 1936 verpflichtet. Die Veranstaltung findet gleichzeitig mit einer über Rundfunk übertragenen Feier in Berlin statt.

17. Dezember Im Hof des Justizgebäudes wird ein am 29. Juni 1934 vom Schwurgericht Stuttgart wegen Ermordung seiner Verlobten zum Tode verurteilter Landwirt hingerichtet.
Das Winterhilfswerk beginnt mit der Verteilung von 30 000 Lebensmittelpaketen zu einem Gesamtwert von 95 000 RM. Stadtrat Güntner eröffnet diese Aktion mit dem Hinweis, daß es in Stuttgart immer noch 72 000 unterstützungsbedürftige Personen gebe.

DEZEMBER 1934

Die Jahresversammlung des Literarischen Klubs steht ganz im Zeichen der Feiern zum 175. Geburtstag Friedrich Schillers und soll deren Abschluß bilden. Sieben Schwabendichter — Max Reuschle, Heinrich Ehrler, Bernhard Blume, Auguste Supper, Wilhelm Schussen und Anna Schieber — legen in Prosa und Versen ein persönliches Bekenntnis zu Schiller ab. Besondere Beachtung findet Heinrich Ehrlers Epilog zu Schillers Lied von der Glocke.

19. Dezember Am Tag der Polizei findet ein großer Aufmarsch zum Schloßplatz statt, wo Polizeigeneral Schmidt-Logan eine Parade abnimmt. Mehrere hundert Kinder unterstützungsbedürftiger Familien folgen einer Einladung der Landespolizei zu einem Essen in der Moltkekaserne. Am Abend besuchen zahlreiche Stuttgarter das Hallensportfest der Polizei, dessen Erlös in Höhe von 2000 RM dem Winterhilfswerk zugute kommt.

21. Dezember Direktor Dr. Wilhelm Kissel gibt auf einer weihnachtlichen Betriebsfeier der Daimler-Benz AG bekannt, daß die Firma den Auftrag erhalten habe, das neue Zeppelin-Luftschiff mit Dieselmotoren auszustatten.

22. Dezember Der Autoverkehrsverband Stuttgart setzt auf der Strecke nach Leonberg erstmals einen mit Diesel betriebenen Omnibus von Daimler-Benz ein. Der Bus — mit einem 120-PS-Motor — bietet 42 Personen Platz und ist damit wesentlich größer als die früheren Wagen für nur 24 Personen.
In vielen Schulen und Kirchen werden Weihnachtsspiele aufgeführt. Die Waldorfschule wählt ein in der deutschen Sprachinsel Oberufer in Ungarn entstandenes Stück.

23. Dezember Auf verschiedenen Plätzen veranstaltet die Kreisleitung der NSDAP sog. Volksweihnachtsfeiern. Dabei werden vom Winterhilfswerk Weihnachtspakete an Unterstützungsempfänger abgegeben.
Der Einzelhandel meldet am zweiten verkaufsoffenen Sonntag vor Weihnachten wieder einen regen Absatz. Auch der Weihnachtsmarkt ist nochmals sehr gut besucht.

24. Dezember Bei Kornwestheim fährt der Schnellzug Stuttgart—Frankfurt/Main auf den Personenzug Kornwestheim—Untertürkheim auf. Bei dem Zusammenstoß werden sechs Bahn- und Postbeamte verletzt. Die Bahnverbindung Stuttgart—Bretten—Heidelberg ist über zwei Stunden unterbrochen.

25. Dezember Die Württ. Staatstheater führen im Großen Haus Richard Wagners »Tannhäuser« und im Kleinen Haus Schillers »Jungfrau von Orleans« auf.

DEZEMBER 1934

26. Dezember Im Großen Haus wird erstmals außerhalb der Miete Bizets Oper »Carmen« gespielt.
Nachdem auf der Schwäb. Alb und im Schwarzwald kein Schnee gefallen ist, werden lediglich nach Oberstdorf drei Sonderzüge mit zusammen etwa 1500 Fahrgästen eingesetzt.
Traditionelles Stuttgarter Weihnachtsradrennen in der Stadthalle.

27./28. Dezember Großen Anklang findet eine nachweihnachtliche Kinderstunde, die Dr. Hermann Bühler im Planetarium unter dem Motto »Der Stern von Bethlehem« zweimal veranstaltet. Märchen, erzählt von Else Rath-Hörig, Weihnachtslieder und eine einfache, auf Kinder abgestimmte Einführung in die Himmelskunde runden das Programm ab.

29. Dezember Kulturreferent Dr. Fritz Cuhorst erhält die offizielle Bezeichnung Stadtschulrat. Gleichzeitig wird der Personal- und Sportreferent Dr. Albert Locher zum städt. Rechtsrat ernannt.

31. Dezember Im Zuge der fortschreitenden Vereinheitlichung von NSDAP und Staat stellt der württ. »Staatsanzeiger« sein Erscheinen ein. Der Stuttgarter NS-Kurier erhält dafür vom 1. Januar 1935 an eine Beilage »Regierungsanzeiger für Württemberg«.
Die württ. Sparkassen verzeichnen weiterhin eine günstige Geschäftsentwicklung. Ihre Einlagen haben sich im Jahre 1934 um 73,7 Mio. RM auf insgesamt 829,4 Mio. RM erhöht. 1933 betrug der Zuwachs nur 52,0 Mio. RM.
41 Warschauer Studenten besuchen auf ihrer Deutschlandreise Stuttgart. Prof. Wetzel von der TH und leitende Beamte des Hochbau- und des Stadterweiterungsamtes geben ihnen fachliche Erläuterungen bei einer Stadtrundfahrt.
empfängt sie im Höhenrestaurant Schönblick.
Oberlandesgerichtspräsident Erwin Heß tritt in den Ruhestand. Der 1871 in Stuttgart geborene Jurist begann seine Richterlaufbahn 1899 beim Amtsgericht Stuttgart. Am Oberlandesgericht wirkte er seit 1920. 1922 wurde er Präsident eines Strafsenats und im April 1933 Präsident des Gesamtgerichts.

1935

1. Januar Stuttgart erlebt wiederum eine sehr ruhige Neujahrsnacht. Nur wenige Feuerwerkskörper und Raketen werden abgebrannt, trotzdem gehen bei der Polizei 11 Anzeigen wegen Neujahrschießens und 46 wegen Ruhestörung ein.
Landesbischof D. Wurm weist in seiner Neujahrspredigt auf das Schicksal der Deutschen an der Saar hin.
In Feuerbach, Weilimdorf und Zuffenhausen wird der Schlachthofzwang verordnet.
Der VfB verliert vor etwa 3000 Zuschauern ein Freundschaftsspiel gegen den polnischen Fußballmeister Ruch Hayduki (Bismarckhütte) mit 4:5 Toren. Rechtsrat Dr. Locher begrüßt die Gäste im Rathaus.

2. Januar Verwaltungsdirektor Eugen Munder wird als neuer Leiter der Allgemeinen Ortskrankenkasse eingeführt. Der bisher als beschließendes Gremium tätige Vorstand wird durch einen Beirat abgelöst.
BM Ettwein verabschiedet im Ludwigspital Obermedizinalrat Dr. Max Kohlhaas, der seit 1907 leitender Arzt der Inneren Abteilung dieser 1920 pachtweise von der Stadtverwaltung übernommenen Klinik war. Nachfolger wird der Internist Dr. Eberhard Klein.
Die Filiale der Dresdner Bank feiert ihr 25jähriges Bestehen. Sie setzt die Tradition der Württ. Landesbank fort, die 1910 von der Dresdner Bank übernommen wurde.

3. Januar Der Regierungsanzeiger für Württemberg erscheint erstmals in der neuen Form als Beilage des Stuttgarter NS-Kurier.
OB Dr. Strölin spricht in einem Aufruf an die Hauseigentümer die Erwartung aus, daß sie »besonders gegenüber den weniger bemittelten und kinderreichen Volkskreisen ihre soziale Pflicht tun«.

4. Januar Eine städt. Baukommission begutachtet das Modell eines neuen Marktbrunnens. Beim Abbruch des alten Rathauses wurde auch der frühere Marktbrunnen abgebaut und auf dem Wilhelmsplatz wiedererrichtet.

JANUAR 1935

5. Januar Die ersten Stuttgarter Freiwilligen rücken zu einer zweimonatigen militärischen Übung beim Ersatzbataillon 27 in Ludwigsburg ein.

Reichsstatthalter und Gauleiter Wilhelm Murr eröffnet eine große Luftschutzausstellung, die vor allem über die Wirkung von Brandbomben und Giftstoffen informieren soll. In praktischen Übungen werden die Möglichkeiten des Selbstschutzes vorgeführt. Die Ausstellung propagiert auch den Dienst der Haus- und Brandwarte. Über die Aufgabe des Luftschutzes spricht der Präsident des Reichsluftschutzbundes, Generalleutnant a. D. Grimme (Berlin).

6. Januar Martin Hahn führt in der gutbesuchten Stiftskirche nochmals J. S. Bachs Weihnachts-Oratorium auf. Walter Lutz an der Orgel und Erich Ade (Cembalo) werden von der Kritik besonders hervorgehoben.

6./7. Januar Mehrere tausend Angehörige der württ. Hitlerjugend kommen zu einem großen Appell in der Stadthalle und zu Kundgebungen auf dem Schloß- und Marktplatz zusammen. Die Jugendlichen in ihren Uniformen beherrschen ganz das Bild der Stadt. Obergebietsführer Hellmuth Stellrecht gibt als Jahreslosung aus: Schicksalsverbundenheit mit dem Volk, Tapferkeit und Treue. Abschließend spricht Gauleiter Murr über das Thema »Volk, Blut und Rasse — Deutschland«. »Im Nationalismus die Freiheit, im Sozialismus die Ehre, das müssen die Inbegriffe eures Lebens sein«, ruft Murr ihnen zu.

7. Januar Auf Grund eines Reichsgesetzes vom 5. 12. 1934 geht die württ. Justizhoheit auf das Reich über. Reichsjustizminister Dr. Franz Gürtner würdigt in einem Festakt im ehemaligen Sitzungssaal des Landtages den hohen Rang der Rechtsprechung in Württemberg. Gleichzeitig führt er als Reichsbeauftragten der Justiz für Württemberg Ministerialdirektor Dr. Adolf Thiesing ein. Justiz- und Innenminister Dr. Schmid erinnert an die große Tradition der Justiz in Württemberg seit der Bildung des Justizdepartements im Jahre 1806.

In Anwesenheit von OB Dr. Strölin findet im Deutschen Ausland-Institut eine Tagung der württ. Schriftleiter statt, die sich hauptsächlich mit der bevorstehenden Saarabstimmung befaßt. Dabei wird bekannt, daß aus Stuttgart etwa 300 stimmberechtigte Personen in das Saarland fahren werden. Aus Württemberg insgesamt seien es etwa 1000.

OB Dr. Strölin verabschiedet den Direktor der Chirurgischen Abteilung des städt. Krankenhauses Bad Cannstatt, Geh. Sanitätsrat Dr. Ludwig Grosse, und führt als seinen Nachfolger den Chirurgen Dr. Robert Wölfle ein. Gleichzeitig übernimmt Dr. Hermann Redies die nunmehr selbständige Röntgenabteilung.

8. Januar Bei der neugebildeten Kreishandwerkerschaft von Groß-Stuttgart wird der aus den Obermeistern bestehende Beirat verpflichtet. Der neue Leiter der Allgemeinen Ortskrankenkasse, E. Munder, spricht sich für die Einstellung von Fürsorgerinnen zur Krankenkontrolle im Handwerk aus.
Der Verkehrsverein beginnt mit einem Schulungskurs für Fremdenführer. 38 Personen, in der Mehrzahl Arbeitslose, haben sich dazu gemeldet.

9. Januar BM Ettwein charakterisiert Ernst Moritz Arndt in einem Vortrag im Hotel Herzog Christoph als Vorkämpfer eines deutsch gearteten Christentums.
Der bisherige Adjutant der SA-Standarte 51 Otto Schöpfer löst Albert Schmehl als Führer des NS-Studentenbundes Stuttgart ab. Er wird damit zugleich auch Sprecher der gesamten Studentenschaft.

10. Januar Der Architekt Ernst Leistner (Stuttgart) erhält den ersten Preis in einem Ideenwettbewerb für den weiteren Ausbau der Kur- und Badeanlagen in Bad Cannstatt.

11. Januar Der Gemeinderat tritt nach längerer Pause wieder zu einer öffentlichen Plenarsitzung zusammen. OB Dr. Strölin geht einleitend auf die Bekämpfung der Arbeitslosigkeit ein und erwähnt, daß die Zahl der Arbeitslosen im Bereich des Arbeitsamtes Stuttgart seit dem 1. 1. 1934 von 21 300 auf nunmehr 8030 zurückgegangen sei (Jan. 1933: 41 400). Der Gemeinderat stimmt sodann dem Rechnungsabschluß des Jahres 1933 zu. Er bewilligt 1,4 Mio. RM für den Neubau der Hals-, Nasen- und Ohrenabteilung des Katharinenhospitals. Insgesamt sollen 70 Kranke in der neuen Klinik aufgenommen werden können. BM Ettwein berichtet danach über die Absicht, in Wart bei Nagold ein Hofgut mit Wohn- und Wirtschaftsgebäuden zu erwerben, um dort etwa 30 arbeitslose Mädchen für land- und hauswirtschaftliche Berufe umzuschulen. Der Gemeinderat stimmt dem mit der Eigentümerin vereinbarten Kaufpreis von 35 000 RM zu. Die Stadträte befassen sich sodann mit dem Rittergut Buttenhausen und beschließen, auf diesem Anwesen eine Beschäftigungs- und Bewahrungsheim GmbH zu gründen. Sie nehmen zustimmend Kenntnis von dem Kaufvertrag zwischen der Gustav-Werner-Stiftung und den Erben der Familie Weidenbach über das Rittergut Buttenhausen vom 9. 11. 1934. Die Stadt verpflichtet sich zu einer Selbstschuldnerbürgschaft für ein Darlehen in Höhe von 300 000 RM der städt. Girokasse an die zu gründende Gesellschaft. Über den Zusammenschluß der Württ. Landeselektrizitäts-AG mit der Württ. Sammelschienen-AG berichtet BM Dr. Sigloch. Im weiteren Verlauf der Gemeinderatssitzung werden noch die Verlegung des Endpunktes der Zahnradbahn an den Marienplatz, Notstandsarbeiten des Tiefbauamtes sowie der Schulhausneubau in Weilimdorf bewilligt.

JANUAR 1935

12. Januar Mit einem Sonderzug reisen fast 1000 in Württemberg ansässige Saarländer zur Volksabstimmung über die Staatszugehörigkeit des Saarlandes in ihre früheren Heimatorte. Sie werden von OB Strölin verabschiedet.
Auf dem Schloßplatz wird ein Opferbuch des Winterhilfswerks aufgelegt.
Auf einer Veranstaltung des Reichsbundes der Kinderreichen im Festsaal des Königin-Olga-Stiftes bezeichnet Ministerialrat Dr. Stähle die Familie als ein Mittel zur Überwindung der Arbeitslosigkeit. Zur sozialen Sicherung der kinderreichen Familie müsse aber auch ein Familienlastenausgleich geschaffen werden.

13. Januar Wieder einsetzender Schneefall bringt ein starkes Ansteigen des Wintersportverkehrs mit sich. In 12 Sonderzügen verlassen etwa 11 000 Reisende die Stadt.

14. Januar »Nichts als Deutschland« ist der Tenor der Begrüßungsreden für die von der Saarabstimmung mit einem Sonderzug zurückkehrenden Stuttgarter. Zum Empfang paradieren Reichswehr, Polizei, SA und SS, der Reichsarbeitsdienst und die Hitlerjugend.
Oberbannführer Erich Sundermann (Stuttgart) wird zum Landesbeauftragten des Reichsjugendführers für Württemberg und Hohenzollern bestellt.

15. Januar Auf dem Schloßplatz findet am Abend nach Bekanntgabe des deutschen Abstimmungssieges im Saarland eine Kundgebung statt, auf der der stellv. Gauleiter Friedrich Schmidt spricht. In mehreren Kirchen versammeln sich die Gemeindeangehörigen zu kurzen Dankgottesdiensten.
Der Wirtschaftsminister, die Präsidenten des Landesarbeitsamtes sowie der Industrie- und Handelskammer, der Landeshandwerksmeister und andere Persönlichkeiten fordern die Betriebe auf, für die 43 000 im Frühjahr in Württemberg die Schulen verlassenden Jugendlichen weitere Lehrstellen zu schaffen.
In der Stadthalle spricht Prof. Dr. Walter Groß, der Leiter des NS-Aufklärungsamtes für Bevölkerungspolitik und Rassenpflege, über das Thema »Unsere rassepolitischen Aufgaben«.

18. Januar Nach etwa zweijähriger Bauzeit kann die neue Hautklinik des Krankenhauses Bad Cannstatt ihrer Bestimmung übergeben werden. Der mit einem Kostenaufwand von 2,34 Mio. RM (davon 365 000 RM für die Innenausstattung) erstellte Bau hat die charakteristische Form eines Z; talseitig befindet sich der Männer-, bergseitig der Frauentrakt, beide sind miteinander verbunden durch das Behandlungsgebäude. Die Klinik bietet Platz für etwa 260 Kranke. OB Dr. Strölin weist in seiner Ansprache darauf hin, daß der Gesundheitszustand der Stuttgarter Bevölkerung im Vergleich zu anderen Großstädten als besonders günstig bezeichnet werden kann.

JANUAR 1935

Chefarzt Prof. Dr. Erich Schmidt hebt die Bemühungen im Kampf gegen die Tuberkuloseerkrankungen der Haut hervor.

19. Januar OB Dr. Strölin eröffnet im Kursaal Bad Cannstatt eine Ausstellung der aus einem Architektenwettbewerb hervorgegangenen Entwürfe zur Neugestaltung der Kur- und Badeanlagen.
Das Jahresfest des Frauenvereins vom Roten Kreuz für Deutsche über See eröffnet die Reihe der gesellschaftlichen Veranstaltungen der zweiten Winterhälfte. Das von Freifrau Karoline von Berlichingen im Kunstgebäude ausgerichtete Fest wird wiederum zu einem großen Treffen hauptsächlich der Offiziere der Reichswehr sowie der alten württ. Armee.
Auf der Jahresversammlung des Bundes Jungdeutschland, Landesverband Württemberg, steht die Belegung des 1927 errichteten Ferienheimes in Welzheim durch die Hitlerjugend im Mittelpunkt der Beratungen.

20. Januar Im Haus des Deutschtums findet eine Feier anläßlich des deutschen Abstimmungssieges an der Saar statt. Vertreterinnen des württ. BDM übergeben als Saarspende 30 000 selbstgefertigte Handarbeiten, und Gebietsführerin Grete Spaniol lädt die Jugendlichen ein, möglichst zahlreich zur Befreiungsfeier am 1. 3. 1935 in das Saarland zu fahren.

21. Januar Der Nobelpreisträger Prof. Dr. Walther Nernst spricht im Planetarium zum Thema »Physik und Weltall«. Der Vortrag wird wegen des außerordentlich großen Interesses am 11. 2. 1935 wiederholt.
Auf Einladung des Deutschen Roten Kreuzes spricht im Gustav-Siegle-Haus Prof. Dr. W. Usadel (Tübingen) über das Thema »Die Blutübertragung im Dienste der Chirurgie«.

23. Januar Die Industrie- und Handelskammer tritt erstmals seit ihrer Umbildung nach dem Führerprinzip wieder zu einer Sitzung zusammen. Präsident Fritz Kiehn stellt dabei die Parole »Gemeinnutz geht vor Eigennutz« in den Mittelpunkt seiner Ausführungen und fordert von jedem Vorstands- und Beiratsmitglied die unbedingte Unterordnung unter die Politik Adolf Hitlers.

24. Januar Landesbauernführer Arnold spricht sich auf einer Pressekonferenz im Wirtschaftsministerium für eine Agrarpolitik aus, die sich nicht allein nach den Grundsätzen von Angebot und Nachfrage, sondern nach den Bedürfnissen des Volksganzen richte. Er fordert den verstärkten Anbau von Öl- und Gespinstpflanzen, um dadurch Devisen einsparen zu können und setzt sich nachdrücklich für Festpreise bei

JANUAR 1935

landwirtschaftlichen Erzeugnissen ein. Diese Regelung habe gerade den württ. Kleinbauern erhebliche Vorteile gebracht und zur Stabilisierung ihrer Existenz beigetragen. OB Dr. Strölin führt im Rathaus als neuen Leiter des städt. Polizeiamtes Polizeirat Emil Ruoff ein.

Der österreichische Jesuitenpater Mario von Galli hält in der Eberhardskirche einen Vortrag über das Buch Alfred Rosenbergs »Der Mythus des 20. Jahrhunderts«. Dabei kommt es zu Störungen von seiten der HJ.

25. Januar OB Dr. Strölin hebt den Beitrag der Stadt Stuttgart bei der Wehrhaftmachung des deutschen Volkes hervor und verweist insbesondere auf die Mitwirkung beim Bau des SA-Heimes auf dem Burgholzhof sowie auf die Förderung des Luftschutzes und des Flugsports.

26. Januar Die Vollversammlung der Stuttgarter Studentenschaft erklärt es für ihr Ziel, jeden Studenten zu einem Kämpfer in seinem Beruf und für den Nationalsozialismus zu erziehen. Der NS-Studentenbund strebe nicht die Auflösung der alten Korporationen an, sondern wolle vielmehr deren lebendiges Brauchtum pflegen.

Deutschland siegt in einem Radländerkampf in der Stadthalle vor 7000 Zuschauern mit 46 : 35 Punkten über die Schweiz.

Im Kursaal in Bad Cannstatt findet ein Deutsch-Schweizer Volksabend statt, bei dem besonders die Zürcher Jodler und Fahnenschwinger gefallen.

Prof. Dr. Gustav E. Pazaurek, 1905—1932 Direktor des Württ. Landesgewerbemuseums, in Schloß Altmannshofen bei Leutkirch verstorben.

27. Januar Auf dem Bahnhof werden 26 Jungbannfahnen, die auf der Marienburg in Ostpreußen geweiht wurden, von der HJ eingeholt und in das Neue Schloß überführt.

In einem Fußball-Länderspiel siegt Deutschland über die Schweiz mit 4 : 0 Toren. Es wird eine Rekordzuschauerzahl von rund 60 000 verzeichnet. Zu dem Länderspiel treffen 20 Sonderzüge ein.

28. Januar Dr. Joseph Goebbels besucht die württ. Landesstelle des Reichspropagandaministeriums. Am Abend wohnt er einer Galaaufführung der Württ. Staatstheater bei (»Arabella« von Richard Strauß).

Felix Graf Luckner berichtet im überfüllten Festsaal der Liederhalle von seiner mit dem Segelschiff »Vaterland« 1926/27 unternommenen Weltreise, die dazu gedient habe, »deutschem Wesen und deutscher Art draußen in der Welt wieder die frühere Achtung zurückzuerobern.«

29. Januar   Welturaufführung des Spielfilms »Der alte und der junge König« im Universum mit Emil Jannings als König Friedrich Wilhelm I. von Preußen. Der Film findet starke Beachtung. In Stuttgart wird noch besonders vermerkt, daß Christian Kayßler von den Württ. Staatstheatern nun erstmals auch im Film zu sehen ist.

30. Januar   Das Winterhilfswerk gibt wieder Lebensmittelgutscheine an Bedürftige aus. Im Gau Württ.-Hohenzollern sind es insgesamt 460 538 Gutscheine zu einem Wert von je 1 RM.

Die Handels- und Handwerkskammer sowie das Arbeitsamt sprechen sich in einem Aufruf dafür aus, daß Mädchen nicht vor dem 16. Lebensjahr eine berufliche Ausbildung beginnen oder eine Tätigkeit außerhalb des Haushalts aufnehmen sollten. Der Aufruf empfiehlt ferner, auch nach dem 16. Lebensjahr ein Arbeitsverhältnis erst nach einer hauswirtschaftlichen Ausbildung oder einer ländlichen Betätigung anzutreten.

Der Germanist Prof. Dr. Hermann Pongs hält die Festrede bei der akademischen Feier der TH am zweiten Jahrestag der Ernennung Hitlers zum Reichskanzler. In seinem Vortrag »Der Dichter im Reich« spricht er von der Verwirklichung des Schillerschen Urbildes des Reiches durch Hindenburg und Hitler.

Direktor Friedrich Burkhardt, 1884 in Stuttgart geboren, wird neuer Präsident des Landesarbeitsamtes. Er gehört dieser Dienststelle seit ihrer Errichtung im Jahre 1928 an und wurde 1932 zum Stellvertreter des Präsidenten berufen.

31. Januar   Die württ. Lehrerseminare werden im Zuge der Neuregelung der Lehrerausbildung aufgehoben. In Esslingen wird eine neue Hochschule für Lehrerbildung errichtet, zu der nach einer Bekanntmachung im Regierungsanzeiger im Frühjahr 50 Studenten und 12 Studentinnen zugelassen werden sollen.

Die Christian Pfeiffer AG, Schulstraße 17, will sich künftig auf das Immobilien-, Hypotheken- und Vermietungsgeschäft beschränken. Die Bankabteilung soll aufgelöst werden.

Erstaufführung der Oper »Nadja« von Eduard Künneke im Großen Haus.

1. Februar   »Eine einige deutsche Jugend, ein einiges Deutsches Reich unter einer Fahne« ist das Motto einer Veranstaltung der HJ im Rahmen der Reichsberufswettkämpfe. Angesprochen sind vor allem die Jungarbeiter. Ihnen habe das Dritte Reich ihren wohlverdienten Urlaub erkämpft, und die HJ werde nicht ruhen, bis auch der letzte Jugendliche seine Freizeit erhalte.

Landgerichtspräsident Dr. Otto Küstner wird zum Präsidenten des Oberlandesgerichts Stuttgart ernannt. Der 1886 in Stuttgart geborene Jurist kam 1916 in das Justizmini-

FEBRUAR 1935

sterium und war hier seit 1930 als Ministerialrat tätig. 1934 übernahm er die Leitung des Landgerichts Stuttgart.

2. Februar   Die Deutsche Physikalische Gesellschaft, Gau Württemberg, beschäftigt sich auf einem Kolloquium in der TH mit Fragen der kosmischen Strahlung. Dr. Otto Haxel berichtet über Kernumwandlungen, die er an Stickstoff durch Beschuß mit Alpha-Strahlen erreichte.
Die Jahresversammlung der Württ. Volkswirtschaftlichen Gesellschaft wählt Wirtschaftsminister Prof. Dr. Lehnich zu ihrem Vorsitzenden. Zweiter stellv. Vorsitzender wird der kaufmännische Direktor der Firma Bosch, Hans Walz.
Erstaufführung des Lustspiels »Die Glücksritter« von Günter Eich (nach Eichendorff) im Kleinen Haus.

2./3. Februar   Das Jahresfest der Deutschen Kolonialgesellschaft im Kunstgebäude sowie ein Heiterer Abend der Prominenten in der Liederhalle sind wiederum gesellschaftliche Höhepunkte des Winters.

3. Februar   Im Haus des Deutschtums trifft sich der studentische Völkische Waffenring zu einer Kundgebung, die eine Hochschulreform als Gesinnungsreform fordert. Gleichzeitig wird zur Überwindung der konfessionellen und sonstigen Gegensätze der Studentenverbindungen aufgerufen.
Der Reichsluftschutzbund gedenkt des schwersten Fliegerangriffs auf Stuttgart im ersten Weltkrieg. Am 15. September 1918 kamen in der Heusteigstraße elf Personen ums Leben. Zu ihrem Gedächtnis wird an dem wiederaufgebauten Haus eine von Bildhauer Helmut Uhrig gestaltete Ehrentafel enthüllt.

4. Februar   Festkonzert in der Liederhalle aus Anlaß von Händels 250. Geburtstag.

5. Februar   In Bad Cannstatt sowie in Hofen herrscht akute Hochwassergefahr. Größere Schäden können jedoch auf Grund der Neckarregulierung vermieden werden.

6. Februar   Eine außerordentliche Mitgliederversammlung des 1848 gegründeten Stuttgarter Gewerbevereins beschließt eine Satzungsänderung, welche die Auflösung des etwa 300 Mitglieder zählenden Verbandes einleitet.
Staatssekretär Ludwig Grauert vom Reichsinnenministerium erläutert in einem Vortrag vor zahlreichen Beamten die Ziele der neuen Gemeindeordnung, die endgültig den Dualismus zwischen Regierung und Parlament sowie zwischen Ländern und Reich beseitige.
Die Mitgliederversammlung der Industrie- und Handelsbörse Stuttgart bestätigt Fritz

Otto (Unterboihingen) als ersten Vorsitzenden und Bankdirektor Otto Kurz (Stuttgart) als Schatzmeister in ihren Ämtern.

7. Februar Die Studenten der TH versammeln sich zu einem Saar-Appell. Der Prorektor ruft sie dazu auf, den Arbeitern an der Saar im Geiste echter Volksgemeinschaft die Hand zu reichen. Gleichzeitig beginnt der Verkauf des Saarabzeichens. Insgesamt gehen 515 RM als Saarspende ein, darunter 264 RM der verschiedenen Studentenverbindungen.

9. Februar Die Württ. Notenbank, deren Notenausgaberecht am 31. 12. 1935 erlischt, beschließt auf ihrer Hauptversammlung, ihre Tätigkeit auf alle Bankgeschäfte auszudehnen. Wirtschaftsminister Lehnich äußert sich zu wichtigen Fragen der Kreditpolitik. Er setzt sich für eine straffe staatliche Aufsicht anstatt des früher gehandhabten überzogenen Liberalismus ein. Vor dem berechtigten Gewinnstreben hätten stets gemeinnützige Gesichtspunkte zu stehen. Als regionales Kreditinstitut habe die Bank weiterhin die Aufgabe, die württ. Wirtschaft zu beleben. Insgesamt verzeichnet die Notenbank eine günstige Geschäftsentwicklung und hat für das Jahr 1934 einen Reingewinn von 623 597 RM aufzuweisen. Wie im Vorjahr wird wiederum eine Dividende von 5 Prozent ausgeschüttet.
Am Vorabend des Ehrentages der schwäbischen Dichtung wird im Kleinen Haus das 1932 uraufgeführte Drama »Karl IX. von Frankreich« von Gaukulturwart Dr. Georg Schmückle aufgeführt. Die Stadt gibt anschließend in der Villa Berg einen Empfang für zahlreiche schwäbische und auslandsdeutsche Schriftsteller wie August Lämmle, Otto Heuschele, Walter Reuschle sowie Heinrich Zillich aus Siebenbürgen.
Der Prähistoriker Dr. Oskar Paret und der Geologe Dr. Fritz Berckhemer referieren vor dem Württ. Anthropologischen Verein über neue Altertumsfunde in Württemberg. Zuvor gedenkt der Verein des 25. Todestages des Gründers des Lindenmuseums, des Grafen Karl von Linden.
Die Industrie- und Handelsbörse feiert ihr 75jähriges Bestehen.

9./10. Februar Hallentennisturnier des schwäbischen Turngaus in der Gewerbehalle.

10. Februar OB Dr. Strölin gibt in einer Feierstunde aus Anlaß des Ehrentages der schwäbischen Dichtung die Stiftung eines Literaturpreises der Stadt Stuttgart und des Deutschen Ausland-Instituts bekannt. Der mit 2000 RM dotierte Preis soll jeweils am 9. Mai, dem Todestag Friedrich Schillers, verliehen werden. Der Wiener Historiker Prof. Suchenwirth nennt in seinem Festvortrag Schwaben eine Kernzelle des Deutschtums. Prof. Csaki, der Leiter des Deutschen Ausland-Instituts, spricht über die »Weltwirkung des deutschen Geistes durch Friedrich Schiller« und stellt das Wort aus »Don

FEBRUAR 1935

Carlos« »Geben Sie Gedankenfreiheit« in den Mittelpunkt seiner Ausführungen. Am Abend lädt der Reichssender Stuttgart zu einer von Walter Reuschle geleiteten Feier in die Liederhalle ein. Auf dem Programm stehen musikalische Darbietungen, Rezitationen und Szenen aus dem neuesten Schauspiel von Bernhard Blume »Die Schwertbrüder«.
Landesbischof Wurm ruft zu einem Notopfer für die Arbeitslosen und andere Bedürftige an der Saar auf. In den evang. Kirchen Württembergs werden insgesamt 21 500 RM gesammelt.

11. Februar In Hofen wird das von der Neckar AG erbaute neue Kraftwerk in Betrieb genommen. Es soll nach Ausbau der Staustufe in Aldingen eine jährliche Energieleistung von 16 Mio. kWh erbringen.

12. Februar In der Stadthalle versammeln sich annähernd 10 000 Beamte aus ganz Württemberg zu einer vom Reichsbund der deutschen Beamten einberufenen Kundgebung, auf der als Hauptredner Reichswalter Hermann Neef spricht.

13. Februar Die Württ. Staatstheater beginnen am Todestag Richard Wagners mit der Aufführung des Musikdramas »Der Ring des Nibelungen«. Der Zyklus wird eröffnet mit »Rheingold«.
Prof. Bonatz nimmt in einem öffentlichen Vortrag Stellung zu dem Thema »Repräsentative Bauaufgaben des deutschen Volkes«. Nicht Geschäftshäuser, sondern öffentliche Bauten müßten in Zukunft das Erscheinungsbild der deutschen Stadt bestimmen.

14. Februar Im Verein für vaterländische Naturkunde spricht der in Südafrika wirkende Botaniker Dr. Johannes Schwenkel über die südafrikanische Fauna und Flora. In der Diskussion werden auch die Probleme der Rassentrennung angesprochen. Der Redner weist auf das Verbot der Ehe zwischen Weißen und Schwarzen hin.
Der Münchner Kunsthistoriker Prof. Dr. Wilh. Pinder spricht in der TH über Rembrandts Selbstbildnisse, die er aus dem Geist des nordischen Menschen deutet.

15. Februar Bernd Gehrt, Organisationsleiter der illegalen KPD, entzieht sich seiner Verhaftung durch Flucht.
Die Presse hat Gelegenheit, einer Übung der Reichswehr auf dem Burgholzhofgelände beizuwohnen.

16. Februar Erstaufführung des Schwanks »Frischer Wind aus Kanada« von Herbert Walter im Kleinen Haus.
Dr. Stoll vom Provinzialmuseum Bonn referiert vor dem Württ. Geschichts- und Alter-

tumsverein über die alemannische Besiedlung Württembergs im frühen Mittelalter. Er bezieht sich dabei insbesondere auf seine 1930/33 durchgeführten Ausgrabungen in Hailfingen bei Rottenburg.

17. Februar Im Bürgermuseum trifft sich der Württ. Obstbauverein, nunmehr Abteilung II der Württ. Landesbauernschaft, zu seiner Hauptversammlung. Der Verband verzeichnet einen starken Mitgliederzuwachs. Ihm gehörten am 1. 1. 1935 insgesamt 12 215 Obstbauern an gegenüber 7802 am 1. 1. 1934.
Große Prunk- und Fremdensitzung der Karnevalsgesellschaft Möbelwagen mit Ehrengästen aus München, an der Spitze OB Fiehler. Die Münchner befinden sich auf der Rückreise von einem Karnevalsbesuch in Köln.

18. Februar Der österreichische Jesuitenpater Mario von Galli wird vom Polizeipräsidium Stuttgart aus Deutschland verwiesen, da er in seiner Rede am 24. Januar »heftige Angriffe gegen den Staat und die NSDAP gerichtet und in unerhörter Weise den Staat und die Ideen der NSDAP lächerlich gemacht« habe.
Der Verein Tiergarten Stuttgart e. V. setzt sich auf einer Kundgebung im Planetarium dafür ein, einen Teil des Rosensteinparks in einen Tiergarten umzuwandeln. In der Presse und in der Öffentlichkeit wird dieser Plan kontrovers diskutiert.
Bei einer Gasexplosion in einem Wohnhaus in Ostheim kommen vier Personen ums Leben.

19. Februar HJ-Gebietsführer Sundermann eröffnet für den Bezirk Stuttgart den Reichsberufswettkampf — »eine Mobilmachung der deutschen Jugend für den Beruf«.

21. Februar Direktor Werlin berichtete auf einer Automobilausstellung in Berlin von einer weiterhin günstig verlaufenden Geschäftsentwicklung der Daimler-Benz AG. So liege der Umsatz für das Jahr 1934 mit insgesamt 145 Mio. RM um 45 Prozent höher als im Vorjahr.
Polizei, Reichswehr, SA, SS und HJ veranstalten vor rund 5000 Zuschauern in der Stadthalle ein Wintersportfest.

22. Februar Die Verwendung des 16-mm-Schmalfilms im Unterricht steht im Mittelpunkt einer Tagung der Landesbildstelle Württemberg für die Stuttgarter Lehrer. An den Beschaffungskosten der Filmvorführungsgeräte sollen sich nach Weisung des Reichsunterrichtsministeriums die Schüler durch jährliche Unkostenbeiträge in Höhe von 0,80 RM beteiligen.
Feierstunde im Lindenmuseum zum 125. Todestag Andreas Hofers mit Festvortrag von Prof. Dr. Friedrich Metz (Erlangen). Der aus Innsbruck ausgewiesene Geograph betont den deutschen Siedlungscharakter Südtirols.

FEBRUAR 1935

23. Februar   Wegen der sich häufenden Diebstähle wurde im Vieh- und Schlachthof ein Kontrolldienst eingerichtet.
Der Verein für klassische Kirchenmusik führt in der Stiftskirche unter der Leitung von Martin Hahn Händels »Messias« auf. An der Festveranstaltung zum 250. Geburtstag des Komponisten wirken insgesamt etwa 350 Personen mit, unter ihnen mehrere auswärtige Solisten aus Leipzig und Köln.
Der Verkehrsverein veranstaltet in der Liederhalle erstmals einen Faschingsball, der unter dem Motto steht »Alt-Stuttgart tanzt«.
In Stuttgart werden Windgeschwindigkeiten von über 100 km pro Stunde gemessen. In den Höhenlagen kommt es zu starkem Hagelschlag.

24. Februar   Vor einem überlebensgroßen Bild Adolf Hitlers findet im Akademiehof die Vereidigung der politischen Führer der verschiedenen NS-Gliederungen statt. Kreisleiter Mauer meldet dem Gauleiter, daß 2123 Führer zur Eidesleistung angetreten seien. »Im Herzen des Schwabenlandes stehen treue, tapfere Kämpfer, die bereit sind, für das Vaterland zu kämpfen und zu ringen, und die die Reichssturmfahne dem deutschen Volk vorantragen wollen«. Die Veranstaltung schließt mit der Übertragung der Rede Hitlers auf der zentralen Feier in München.
Fremdenprunksitzung der Karnevalsgesellschaft Möbelwagen in der überfüllten Liederhalle. Der Schriftsteller Karl Siber berichtet in einer Büttenrede über die Erlebnisse eines Schwarzwälders, der mit der NS-Organisation Kraft durch Freude nach Stuttgart kommt.

25. Februar   Dr. Gottfried Klein, 1916—1933 Bürgermeister der Stadt Stuttgart, verstorben.

26. Februar   OB Dr. Strölin und Rechtsrat Gustav Asmuß äußern sich vor der »Rathausfraktion der NSDAP« zum Problem der Hausinstandsetzung. Dr. Strölin spricht sich für die Wirtschaftlichkeit des Hausbesitzes aus, doch dürften die Erneuerungskosten nicht auf die Mieter abgewälzt werden. Vielmehr müßten die fallenden Zinssätze zu einem allmählichen Sinken der Mieten führen.
Die Technische Abteilung des Gemeinderates beschließt, die Benzolgewinnungsanlage der städt. Gaskokerei zu vergrößern.
Der Schriftsteller Gustav Adolf Gedat berichtet in der überfüllten Stadthalle über die Eindrücke seiner Weltreise. Er weist auf die Sammlungsbewegung des Islam und auf die Parole »Asien den Asiaten« hin und betont dagegen die Uneinigkeit Europas und Amerikas und deren Bedrohung durch den Bolschewismus. In diesem Chaos habe Deutschland die Aufgabe, Wegweiser des Abendlandes zu sein und die Völker zu einem Block zu schmieden, der den Wogen der Weltrevolution standhalte.

28. Februar Über die Lage auf dem Wohnungsmarkt im Jahre 1934 wird berichtet: Insgesamt wurden 8934 Altbau-, 4536 Neubauwohnungen sowie 842 städt. Wohnungen vermietet. Davon waren 871 Einzimmerwohnungen, 30 mit Bad, zu einer durchschnittlichen Jahresmiete von 375 RM, 3767 Zweizimmerwohnungen, 452 mit Bad, zu einer Durchschnittsmiete von 523 RM, 5953 Dreizimmerwohnungen, 2553 mit Bad, zu einer Durchschnittsmiete von 779 RM (931 RM mit Bad, 665 RM ohne Bad) und 2381 Vierzimmerwohnungen, 1564 mit Bad, zu einer Durchschnittsmiete in Höhe von 1133 RM (1250 RM mit Bad).
Der durchschnittliche Wochenlohn eines Arbeiters in Württemberg betrug im Jahre 1934 22,73 RM, das durchschnittliche Monatsgehalt eines Angestellten 182 RM.
Erstaufführung der Operette »Der goldene Pierrot« von Walter W. Goetze im Großen Haus.

1. März Im Hof des Neuen Schlosses sowie auf dem Marktplatz in Bad Cannstatt finden, eingeleitet durch vier große Fackelzüge durch die Stadt, Kundgebungen aus Anlaß der Rückgliederung des Saarlandes an das Deutsche Reich statt.
Der von der Stadtverwaltung vorgelegte Entwurf des Haushaltsplanes für das Rechnungsjahr 1935 schließt in Einnahmen und Ausgaben mit 140,4 Mio. RM ab. Der Ausgleich kann nur durch ein Darlehen aus den Vermögensbeständen und mittels des Steuerausgleichfonds erreicht werden.
Das städt. Rechnungsamt wird in städt. Rechnungsprüfungsamt umbenannt.
Die ersten Häuser der für etwa 1700 Personen geplanten Stadtrandsiedlung Neuwirtshaus bei Zuffenhausen können bezogen werden.
Die allgemeine Ortskrankenkasse verzeichnet als Folge einer Grippeepidemie einen außerordentlich hohen Krankenstand. 6,3 % der Versicherten sind krankgeschrieben (1. Jan.: 3,4 %, 1. Febr.: 4,2 %).
Die Buchhandlung Albert Müller, ehemals Belser, besteht seit 100 Jahren.

2. März Der Faschingsball des Liederkranzes findet einen seit Jahren nicht mehr gekannten Zulauf. Das Staatstheaterballett eröffnet den Abend mit einem Kübelestanz.
Der Stuttgarter Künstlerbund feiert im Kunstgebäude sein traditionelles Faschingsfest. Der Schwäb. Merkur schreibt, die Künstler hätten den Kuppelsaal in eine »schwelgerische Farbenorgie« verwandelt.

3. März Erstmals seit 21 Jahren findet, veranstaltet vom städt. Verkehrsverein, wieder ein Faschingsumzug statt. Trotz Schnee und Regen umsäumen Zehntausende von Menschen, auch zahlreiche mit Sonderzügen von auswärts angereiste Besucher, die Straßen. An dem Umzug sind außer den Karnevalsgesellschaften auch die Sportvereine und Automobilclubs, die Studentenschaft, die Reichswehr und die Polizei sowie Bahn und Post beteiligt. Karikiert werden lokale Ereignisse und Persönlichkeiten, voran OB Dr. Strölin. Besonderen Beifall finden die stadtbekannten Typen von Häberle und Pfleiderer. Viel belacht werden die Karikaturen, die sich gegen die Steuern, vor allem gegen die Getränkesteuer, wenden. Mehr politischen Charakter haben die Nummern, die die »Nörgler« und »Miesmacher« kritisieren.

Nach Angaben der Polizei kommt es am späten Nachmittag und am Abend zu »einzelnen Ausschreitungen radaulustiger Elemente« auf der Königstraße. Die Polizei kündigt ein unnachsichtiges Eingreifen bei weiteren »Ausschreitungen« an.

4. März Der Rosenmontagsball im Stadtgartensaal steht unter dem Motto »Nacht der Artisten«. Geboten wird ein Varieté-Programm mit Darbietungen von Akrobaten, Jongleuren, Zauberern und Komikern.

5. März Im Friedrichsbau, wo Willy Reichert auftritt, im Hindenburgbau, im Stadtgartensaal und im Kursaal in Bad Cannstatt herrscht reges Fastnachtstreiben. Obwohl auf der Königstraße nur wenig Betrieb ist, setzt die Polizei berittene Patrouillen ein, um Störungen von vornherein zu unterbinden.

Die Pfandleihanstalt Stuttgart AG verzeichnet in ihrem Geschäftsbericht für das Jahr 1934 einen Rückgang der Darlehen um 4,1 % (von 81 530 auf 78 208). In 93,1 % der Fälle wurde das Darlehen zurückbezahlt, lediglich bei 6,9 % der Beleihungen mußten die Pfänder versteigert werden.

7.—10. März Im Kuppelsaal des Kunstgebäudes findet, veranstaltet von der Schwabengarage AG, eine Kabriolett-Sonderschau statt. Vertreten sind die Firmen Ford, Hanomag und Auto-Union. Die gezeigten Modelle sind auf dem Wege zum internationalen Autosalon in Genf.

8. März Die Reichsbahndirektion Stuttgart kündigt auf einer Pressekonferenz verschiedene Verbesserungen im Zugverkehr an. So soll der 20-Minuten-Verkehr auf der Vorortstrecke Ludwigsburg—Stuttgart—Esslingen bis 23 Uhr und der 30-Minuten-Verkehr bis 1 Uhr ausgedehnt werden.

Reichssendeleiter Hadamovsky spricht auf einer Kundgebung vor den Betriebsangehörigen der Daimler-Benz-Werke zum Thema »Arbeiter und Rundfunk«.

8.—11. März In Bad Cannstatt gedenkt die evang. Kirchengemeinde des 250. Geburtstages von Johann Sebastian Bach mit mehreren musikalischen Aufführungen unter Leitung von Stadtkirchenkantor Erich Ade.

9. März OB Dr. Strölin weiht in der Stöckachstraße Nr. 8 ein HJ-Heim ein. Es handelt sich dabei um das Haus einer früheren Zigarettenfabrik, das von der Stadt aufgekauft und umgebaut worden war.
Im Rathaus tagt die Bezirksgruppe Württemberg des Volksbundes für deutsche Kriegsgräberfürsorge. Sie bemüht sich um die Pflege der Soldatenfriedhöfe in Fen Brielen und Gheluwe in Belgien sowie Romagne-sous-Montfaucon in Frankreich.
Die Württ. Staatstheater führen in Anwesenheit des 60jährigen Schriftstellers Ernst Bacmeister erstmals dessen Drama »Hauptmann Geutebrück« auf, nach den Worten des Autors ein »Drama im Nachhall des Krieges«.

10. März Standartenführer Eduard Himpel vereidigt auf der Solitude zahlreiche SA-Männer, die anschließend durch die Stadt zu einer Parade auf dem Schloßplatz ziehen. Der Aufmarsch wird gefilmt und bereits einen Tag später in den Palastlichtspielen gezeigt.

12. März Der Anthropologe Prof. Hans Weinert erklärt in einem Vortrag über Abstammungs- und Rassenfragen, daß die ältesten Funde eines gemeinsamen Vorfahren von Menschen und Schimpansen möglicherweise in Württemberg gemacht worden seien.

13. März Der Verkehrsverein zieht Bilanz über den Faschingsumzug, für den insgesamt etwa 10 000 RM zur Verfügung standen. Die Stadt gab einen Zuschuß von 5000 RM. Es wird die Umsatzsteigerung im Gaststättengewerbe hervorgehoben.

13.–16. März Mit insgesamt 600 Nennungen weist das Stuttgarter Reit- und Springturnier des Schwäb. Reitervereins seine bisher stärkste Besetzung auf.
14. März In der Retraitestraße werden drei Jugendliche überrascht, als sie an eine Hauswand »Nie wieder Krieg« schreiben. Haussuchungen bei den Verhafteten geben der Polizei Hinweise auf eine Widerstandsgruppe junger Kommunisten und Sozialdemokraten (Gruppe »G«).
Aus verschiedenen Industriezweigen wird über einen zunehmenden Mangel an Facharbeitern berichtet.
OB Dr. Strölin eröffnet einen kommunalpolitischen Vorlesungszyklus der Württ. Verwaltungsakademie mit einem Referat über »Die wirtschaftliche Betätigung der Gemeinden«.

15. März An den Schulen wird für das sogenannte Landjahr bzw. das hauswirtschaftliche Jahr der Mädchen geworben.

MÄRZ 1935

Im ausverkauften Festsaal der Liederhalle gastiert der ungarische Geiger Barnabás von Géczy mit seinem Orchester.
Die Posamentenfabrik Emil Feil GmbH begeht ihr 100jähriges Bestehen.

16. März Eine »Kommunale Woche« findet ihren Abschluß mit einem Vortrag von Staatssekretär Waldmann im Gustav-Siegle-Haus vor etwa 1500 Besuchern. Waldmann spricht über die im April in Kraft tretende neue Deutsche Gemeindeordnung.

17. März Der 17. März wird als nationaler Heldengedenktag begangen. Er steht ganz im Zeichen der am Tage zuvor verkündeten Wiedereinführung der allgemeinen Wehrpflicht. Auf dem Schloßplatz versammelt sich eine große Menschenmenge zu einer Feier, bei der auch die Wehrkreispfarrer beider Konfessionen sprechen. Generalleutnant Geyer nimmt auf dem Karlsplatz eine Parade ab. Veranstaltungen ohne Beteiligung der NSDAP oder ihrer Organisationen sind nicht zulässig. So muß ein Gottesdienst auf dem Waldfriedhof, wo Oberkirchenrat Pressel die Ansprache halten wollte, ausfallen.

18. März Der Reichsberufswettkampf im Gau Württemberg beginnt mit einem Fackelzug der Hitlerjugend zum Haus des Deutschtums. Ein Gepäckmarsch soll den Leistungswillen der Jugendlichen demonstrieren.
Bei der Erneuerung der Straßenbahnschienen wird ab heute das Holzpflaster in der unteren Königstraße zur Erhöhung der Verkehrssicherheit durch eine Asphaltdecke ersetzt.

19. März Adolf Hitler kommt von Augsburg aus mit dem Auto nach Stuttgart. Der nicht angekündigte Besuch wird schnell bekannt und vor dem Hotel Viktoria in der Friedrichstraße, wo Hitler übernachtet, versammelt sich eine dichte Menschenmenge. OB Dr. Strölin wird unmittelbar nach seiner Rückkehr aus Paris, wo er ein Fußball-Länderspiel zwischen Frankreich und Deutschland besuchte, von Hitler empfangen. Er berichtet ihm über die französischen Reaktionen auf die Wiedereinführung der allgemeinen Wehrpflicht in Deutschland am 16. März.
Der Feuerbacher Modellschreiner Wilhelm Braun, bis 1933 aktives Mitglied der Arbeitersportbewegung, Leiter einer sozialistischen Widerstandsgruppe, wird verhaftet. Er hatte seit September 1934 maßgeblichen Anteil an der Weitergabe illegaler Druckschriften, namentlich der »Sozialistischen Aktion«.
Die jüdische Gemeinde feiert im Gustav-Siegle-Haus das Purim-Fest. Die Veranstaltung wird tags darauf wiederholt.
Die Lack- und Farbenfabrik Christian Lechler in Feuerbach verzeichnet auf ihrer Aktionärsversammlung eine günstige Geschäftsentwicklung. Die Bilanz für 1934 weist einen

Gesamtgewinn von 35 024 RM auf. Davon wurden 13 500 RM an Dividenden (= 6 %) ausbezahlt. Nach dem Ausscheiden von Dr. W. Singhof ist nunmehr Fritz Happold alleiniger Vorstand. 1933 betrug der Reingewinn nur 4986 RM.

20. März Wegen des Hitlerbesuches ist schulfrei. Immer wieder werden vor dem Hotel Viktoria Sprechchöre laut. Hitler verläßt Stuttgart mit dem Auto.

21. März Das Stadterweiterungsamt wird, um seiner Aufgabenstellung als zuständige Behörde für die Bearbeitung von Stadtbauplänen und Siedlungsplänen mehr Rechnung zu tragen, in Stadtplanungsamt umbenannt.
Felix Graf Luckner, der im ersten Weltkrieg den Hilfskreuzer »Seeadler«, ein Segelschiff, kommandierte, spricht in der Liederhalle und bittet um Unterstützung für eine neue große Schiffsreise, deren Ziel es ist, dem Ansehen Deutschlands in der Welt zu dienen.

22. März Der Gemeinderat tritt zu einer Plenarsitzung zusammen. OB Dr. Strölin unterrichtet ihn über einige dringende Anordnungen, die er seit der letzten Sitzung am 11. Januar erlassen hat, verzichtet aber auf weitere Ausführungen, da die Stadträte Gelegenheit hätten, die Akten in der Ratschreiberei einzusehen. Der Übergabe des Verwaltungsberichtes für das Jahr 1934 folgt eine kurze Aussprache über den Haushaltplan des Jahres 1935. Stadtkämmerer Hirzel weist auf eine Verbesserung der wirtschaftlichen Lage hin, die dazu geführt habe, das voraussichtliche Gewerbesteueraufkommen mit 45 statt mit 34 Mio. RM wie im Jahre 1934 einzusetzen. Besonders bedeutsam sei der Rückgang der Zahl der Wohlfahrtserwerbslosen von 6596 im Januar 1934 (Januar 1933: 14 435) auf 1922 im Januar 1935. Eine Abstimmung über den Entwurf des Haushaltplanes findet nicht statt. OB Strölin beschränkt sich darauf festzustellen, »daß trotz gewisser Wenn und Aber die Herren Stadträte mit dem vorgetragenen Haushaltplan im ganzen einverstanden sind«. Es bleibt demnach dabei, daß der ordentliche Haushaltplan in Einnahmen und Ausgaben mit 140,4 Mio. RM und der außerordentliche mit 15,5 Mio. RM abschließt. Der Gemeinderat befaßt sich danach mit der Festsetzung der Kurtaxe in Bad Cannstatt. Er entscheidet, daß für die Anwendung der Trink- und Gurgelkuren, für den Besuch des Kurkonzerts und die Benützung der Gesellschaftsräume eine Gebühr von 20 RM zu bezahlen ist, die sich bei einer zweiten Person der gleichen Familie auf 12 RM verringert. BM Dr. Sigloch berichtet danach über den Fortgang der Bauarbeiten an der Neckarstaustufe in Hofen, die im Zuge der Neckarkanalisierung erfolgen und auf ein Übereinkommen zwischen dem Deutschen Reich, dem Land Württemberg und der Stadt Stuttgart vom 29. 12. 1932 zurückgehen. Zum Schluß beantragt Stadtschulrat Dr. Fritz Cuhorst den Neubau eines Schulhauses in Rotenberg mit einem Kosten-

MÄRZ 1935

aufwand von 106 700 RM. Der Gemeinderat erhebt keinen Einspruch, und OB Strölin meint, die Stadt würde gerade in diesem Falle die Kosten gerne tragen, »ist doch Rotenberg nicht nur einer der herrlichsten Punkte unserer schönen Stadt, sondern zugleich eine alte, erprobte Hochburg unserer nationalsozialistischen Bewegung«.

22.—24. März Lil Dagover gastiert im Schauspielhaus in der Komödie »Nelly und die Kaiserin« von Leo Lenz und Karl Heinz Klubertanz.

23. März Die württ. Zahnärzte treffen sich zu einem Fortbildungslehrgang in der TH. Prof. Simon vom Krebsforschungsinstitut der IG-Farben spricht über Krebsbekämpfung, der Reichstagsabgeordnete Dr. Theo Rehm über »Politik, Partei, Staat«.

23./24. März Wirtschaftsminister Prof. Lehnich und Reichsinnungsmeister Hans von der Heide (Köln) sprechen auf dem 30. württ. Malertag, zu dem insgesamt 2500 Meister, 2000 Gesellen und 1200 Lehrlinge aus dem ganzen Land gekommen sind. Obermeister Richard Vetter hält einen Vortrag über »Das Malerhandwerk in Stuttgart vom 14. Jh. bis in die heutige Zeit«.
Fachwartetagung des Gaus Württemberg der Deutschen Turnerschaft in Bad Cannstatt. Es wird beschlossen, daß alle jugendlichen Turner der HJ anzugehören haben. Die Versammlung begrüßt die Wiedereinführung der allgemeinen Wehrpflicht.

24. März OB Strölin fordert in einem Rundfunkgespräch mit einem Landhelfer erneut junge Arbeitslose auf, für ein halbes Jahr aufs Land zu gehen. 1934 seien nicht weniger als 1650 Stuttgarter als Landhelfer tätig gewesen.
Vom Verkehrsverein ausgebildete Fremdenführer werden erstmals eingesetzt, als mit mehreren KdF-Sonderzügen Besucher aus Heidelberg und München nach Stuttgart kommen.
Der württ. Landesverband des Volksbundes für das Deutschtum im Ausland beschäftigt sich auf seiner Jahresversammlung insbesondere mit den schwäbischen Betreuungsgebieten Bessarabien, Ungarn und Sathmar. An der Veranstaltung nehmen auch die Kursteilnehmer der Volksdeutschen Werkschule auf der Comburg teil.

25. März Der Vorstand der Deutschen Ostmesse in Königsberg, Konsul Hans Jonas, nimmt an einer Konferenz im württ. Wirtschaftsministerium teil. Ziel der Besprechungen ist es, die Wirtschaftsbeziehungen zwischen Württemberg und Ostpreußen zu vertiefen.

26. März Der Pianist Wilhelm Kempff spielt in der Liederhalle.

27. März Auf dem Marktplatz versammeln sich Tausende von Menschen zu einer Protestkundgebung gegen das Urteil eines litauischen Gerichtes, das vier Memeldeutsche zum Tode und zahlreiche andere zum Teil zu lebenslänglichen Zuchthausstrafen verurteilt hatte. Den Angeklagten war Geheimbündelei und der Versuch einer gewaltsamen Trennung des 1923 von Litauen annektierten Memellandes vorgeworfen worden. Der stellv. Gauleiter Friedrich Schmidt erklärt, daß sich niemand in Deutschland mit diesem Schandurteil abfinden werde. Er fordert die moralische Verurteilung Litauens durch den Völkerbund.

Der über 700 Mitglieder zählende Verschönerungsverein wählt auf seiner Jahresversammlung Stadtbaumeister Eugen Bauer, den Leiter des Gartenamtes, neu in den Vorstand. In der Diskussion geht es hauptsächlich um die Erhaltung der Aussicht auf die Stadt von der Neuen Weinsteige aus.

Fragen der neuen Reichsverkehrsordnung stehen im Mittelpunkt einer Veranstaltung des Deutschen Automobil-Clubs mit Vertretern des Innenministeriums und der Verkehrspolizei. Besonders diskutiert werden die Parkschwierigkeiten in der Calwer Straße.

28. März OB Dr. Strölin empfängt im Beisein von Prof. Wilhelm von Eiff, des Stuttgarter Vorsitzenden der All Peoples' Association, Oberst Etherton, den Leiter der britischen Himalaja-Expedition. Etherton war es erstmals gelungen, den Mount Everest zu überfliegen. Er berichtet darüber im überfüllten Großen Hörsaal der TH.

29. März OB Strölin besichtigt die Umschulungswerkstätten in Feuerbach und Zuffenhausen. Stellungslose Handwerker, vereinzelt aber auch frühere Büroangestellte erhalten hier eine Ausbildung als Dreher, Fräser, Schweißer, Stanzer usw. An den Kursen nehmen auch ältere Arbeitsuchende teil.

29./30. März Die Schlußfeiern der Schulen sind betont politisch ausgerichtet. Es werden Kampflieder wie »Es kann nicht jeder Feldherr sein, doch jeder sei Soldat« oder Sprechchöre auf frühere, durch den Versailler Vertrag abgetrennte deutsche Gebiete vorgetragen.

Zuffenhausen feiert das 25jährige Bestehen der Gewerbeschule, die 1910 mit zunächst 160 Schülern den Unterricht aufgenommen hat.

30. März Ministerialdirektor Dr. Adolf Thiesing beendet seine Tätigkeit als Reichsbeauftragter der Justiz für Württemberg und Baden. Gleichzeitig tritt der bisherige Ministerialdirektor im württ. Justizministerium, Robert Roth, im Alter von 62 Jahren vorzeitig in den Ruhestand. Mit diesem Akt wird das württ. Justizministerium förmlich aufgehoben und seine Geschäfte auf das Reichsjustizministerium bzw. auf das

APRIL 1935

Oberlandesgericht und die Generalstaatsanwaltschaft Stuttgart übertragen. Der Oberlandesgerichtspräsident und der Generalstaatsanwalt verlegen ihre Diensträume in das Gebäude des Justizministeriums.

Beim Arbeitsamt Bezirk Groß-Stuttgart sind noch 2843 Hauptunterstützungsempfänger gemeldet, 1000 weniger als im Monat Februar. Die Zahl der vom Wohlfahrtsamt unterstützten Personen beträgt 22 861, wovon etwa die Hälfte dauernd Arbeitsunfähige sind.

Unter Vorsitz von Stadtkämmerer Hirzel halten die Bahnhofplatz-AG und die Industriehof-AG ihre Hauptversammlungen ab. Die Geschäftsentwicklung wird günstig beurteilt. Alle Räume sind vermietet. Beide Unternehmen können im Jahre 1934 einen kleinen Gewinn von 5695 bzw. 3721 RM verzeichnen.

Der Schneeschuhverein Stuttgart (SVS) feiert im Stadtgartensaal sein 25jähriges Bestehen.

31. März Auf der Schlußveranstaltung des Winterhilfswerks wird bekanntgegeben, daß in den letzten Monaten 205 000 Zentner Kohlen, 53 000 Zentner Kartoffeln, 120 000 kg andere Lebensmittel sowie 28 000 Paar Schuhe in Stuttgart verteilt wurden.

Die städt. Wärmestuben werden geschlossen. Sie wurden im Gegensatz zu früheren Jahren im Winter 1934/35 nur noch selten benutzt.

1. April Die neue deutsche Gemeindeordnung tritt in Kraft. OB Dr. Strölin spricht in einem Erlaß an die städt. Ämter von der »Gleichordnung der gesamten öffentlichen Verwaltung, die in der Einordnung der kommunalen Selbstverwaltung unter die Ziele der Staatsführung ihren Ausdruck findet«. Der Gemeinderat verliert seinen Charakter als beschließendes Gremium, er hat nur noch eine beratende Funktion.

In Stuttgart bleibt das Gesundheitsamt auch nach der staatlichen Neuordnung des Gesundheitswesens unter kommunaler Verwaltung. Es wird eine neue Abteilung für gerichtliche Medizin und Gesundheitspolizei geschaffen.

Die Geschäftsstelle des Bürgermeisteramtes in Hedelfingen wird aufgehoben. Ihre Aufgaben übernimmt die Geschäftsstelle in Obertürkheim.

In der Liederhalle findet eine große Kundgebung der neu gegründeten Wirtschaftsgruppe Einzelhandel statt, auf der deren Leiter, Dr. Franz Hayler (München), spricht. Der Präsident des württ. Industrie- und Handelstages, Fritz Kiehn, weist auf die große Bedeutung der rund 850 000 deutschen Einzelhandelsbetriebe hin. Der stellv. Gauleiter Friedrich Schmidt erinnert an die große Zahl der aus dem Mittelstand stammenden Mitglieder der NSDAP.

Der Sommerflugplan der Deutschen Lufthansa bringt verschiedene Verbesserungen mit sich. Eine morgens Breslau verlassende Maschine kommt über Dresden und Nürnberg in 3½ Stunden nach Stuttgart.

Der am 20. 9. 1934 wegen Mordes an einem Polizisten zum Tod verurteilte Jakob F. wird hingerichtet.

2. April Hitler spricht im Rundfunk aus Anlaß der bevorstehenden Wahlen der Deutschen Arbeitsfront. In den größeren Betrieben wird ein Gemeinschaftsempfang organisiert und die Arbeit für die Dauer der Kundgebung unterbrochen.

Zirkus Krone eröffnet sein 14tägiges Stuttgarter Gastspiel mit einem mehr als dreistündigen Programm in der Stadthalle.

3. April Erstaufführung von Siegfried Wagners historisch-romantischer Oper »Der Schmied von Marienburg« im Großen Haus der Württ. Staatstheater. Der Vorstellung wohnt auch Winifred Wagner, die Witwe des Komponisten, bei.

4. April Im Rahmen des zweiten Reichsberufswettkampfes kommen 500 württ. Jungarbeiter nach Stuttgart. Gaujugendwalter Seibold nennt den Dreiklang von Leistung—Wille—Charakter die Parole des deutschen Jungarbeiters. Eine Spielschar der Hitlerjugend Ulm führt das Spiel »Sinfonie der Arbeit« auf.

4.—8. April Konzertreise von 260 Sängern des Liederkranzes nach Berlin. Zu ihrer Begrüßung finden sich auf dem Bahnhof zahlreiche Mitglieder des Vereins der Württemberger ein.

5. April Dem Konzert in der Berliner Philharmonie wohnt auch der aus Württemberg stammende Reichsaußenminister Konstantin von Neurath bei. Zu Beginn werden vom Liederkranz einige Gedichte des Reichsjugendführers Baldur von Schirach, vertont von Richard Trunk, vorgetragen (»Hitler«, »Des Führers Wächter«, »O Land« und »Horst Wessel«). Der Hauptteil des Programms umfaßt schwäbische Volkslieder in der Vertonung Friedrich Silchers. Ein weiteres Konzert des Liederkranzes dient der Aufnahme auf Schallplatten.

OB Dr. Strölin verfügt eine Herabsetzung des Strompreises. Dieser verringert sich für Haushaltungen von 9 auf 8 Pf je Kilowattstunde und bei gewerblicher Nutzung von 12 auf 8 Pf.

Im Kuppelsaal des Kunstgebäudes wird eine Ausstellung der Auto-Union eröffnet. Firmenvertreter weisen darauf hin, daß 1934 in 250 Orten Württembergs etwa 2500 Fahrzeuge der Auto-Union abgesetzt wurden. Insgesamt habe sich der Absatz 1934 gegenüber dem Vorjahr verdoppelt (von 14 000 auf 28 000).

APRIL 1935

6. April Architekten, Bauingenieure, Chemiker und Elektroingenieure aus ganz Württemberg kommen zum ersten Gautag der Technik zusammen. Wissenschaftler aus Aachen, Berlin, Essen, Karlsruhe und Stuttgart sprechen vor allem über die Erschließung neuer Rohstoffquellen. In der Liederhalle findet die erste öffentliche Kundgebung des NS-Bundes deutscher Technik statt. Kreisleiter Mauer feiert Hitler als den ersten Techniker und Baumeister des deutschen Volkes.
Der Reichsberufswettkampf für den Gau Württemberg findet mit sportlichen Wettspielen, an denen 318 Buben und 281 Mädchen beteiligt sind, und mit der Vorführung des Reichsparteitagsfilmes von 1934 sein Ende.

7. April Landesbischof Wurm stattet der evang. Kirchengemeinde Feuerbach einen Besuch ab. Der Andrang beim Abendgottesdienst ist so groß, daß eine Übertragung der Predigt aus der Stadtkirche in die Lutherkirche notwendig wird.

8./9. April Beim Pferdemarkt auf dem Cannstatter Wasen werden etwa 400 Pferde angeboten und davon rund 200 verkauft. Die Preise liegen zwischen 650 und 1800 RM und sind im Durchschnitt um 10 % höher als im Vorjahr.

9. April Aus Anlaß des 70. Geburtstages von General Ludendorff wird das Teilstück der Schloßstraße zwischen dem Friedrichsbau und dem Neuen Schloß in Ludendorffstraße umbenannt.

10. April Oberregierungsrat Karl Mailänder wird als Nachfolger des Präsidenten Eugen von Hilbert neuer Vorstand des Vereins für Arbeiterkolonien. Der Verein beschäftigt sich auf seiner Verwaltungsratssitzung mit den Heimen in Erlach bei Backnang und in Dornahof bei Altshausen.

11. April In der Kronprinzstraße wird als staatlich anerkanntes und überwachtes Unternehmen die Süddeutsche Ölverwertungs GmbH, Südöl, gegründet.
Der Geschäftsbericht der Württ. Girozentrale — Württ. Landeskommunalbank, Stuttgart, für das Jahr 1934 weist eine Umsatzsteigerung von 3,7 Mio. RM im Jahre 1933 auf 5 Mio. RM aus. Kommunale Darlehen konnten wegen der noch immer bestehenden Sperre auch 1934 nicht gewährt werden.
Erstaufführung des Schauspiels »Friedrich List« von Walter von Molo im Kleinen Haus.
Das Wendling-Quartett beendet seinen Konzertzyklus 1934/35 mit Werken von Beethoven, Brahms und Haydn. Die Aufführung wird in der Presse als eines der bedeutendsten musikalischen Ereignisse Stuttgarts gewertet.

12. April Ein geheimer Bericht des württ. Innenministeriums hebt die wachsende Bedeutung der Rüstungsindustrie in Stuttgart hervor.
Wirtschaftsminister Prof. Lehnich fordert auf einer Vorstandssitzung der Industrie- und Handelskammer, den Export national- und nicht weltwirtschaftlich zu betrachten. Er begrüßt die Schaffung von Exportkartellen. Vertreter der Reichswirtschaftskammer berichten über die Förderung des Außenhandels. Prof. Dr. Csaki, der Leiter des Deutschen Ausland-Instituts, betont den Zusammenhang zwischen Kultur- und Wirtschaftsgeltung.
Die Stuttgarter Korporationen treffen sich im Verbindungshaus der Landsmannschaft Saxonia zur Aussprache über den Ende März in Braunschweig abgehaltenen Kongreß studentischer Verbände. Staatssekretär Dr. Hans Heinrich Lammers hatte dort ein immer stärkeres Hineinwachsen der studentischen Jugend in den nationalsozialistischen Staat gefordert.

13. April Ein Treffen württ. Zeitungsverleger und Journalisten mit Gauleiter Murr, hohen Beamten und Militärs soll der Vertiefung der gegenseitigen Beziehungen dienen. Der Hauptschriftleiter des NS-Kuriers, Karl Overdyck, spricht von der Aufgabe der Presse, die Entscheidungen von Partei und Staat an die Herzen des Volkes heranzutragen.

14. April In einem Jubiläumsspiel zum 35jährigen Bestehen des Vereins empfangen die Stuttgarter Kickers den Dresdner Sportclub. Das Spiel endet 4:0.

14.–17. April In einer Sonderschau im Stadtgartensaal führt Daimler-Benz seine neuesten Automodelle vor. Auf der Terrasse vor dem Saal ist der 10 000. Diesellastkraftwagen ausgestellt.

15. April Reichsstatthalter Murr und OB Strölin verabschieden 1000 Saarländer, die sich zu einem 14tägigen Urlaub in Württemberg aufgehalten haben.
Das Leuze-Bad wird nach längeren Umbauarbeiten und einer Neufassung der Quelle wieder geöffnet.
Die Eintrittspreise bei den staatlichen Sammlungen, Galerien und Museen werden neu festgesetzt. Der Besuch ist samstags kostenlos. Ansonsten sind die Preise nach verschiedenen Kriterien genau geregelt. So wird beim Einzelbesuch von Angehörigen des Arbeitsdienstes und der HJ unterschieden, ob der betreffende in Uniform kommt oder nicht. Soldaten erhalten eine Ermäßigung — Eintrittskarten für 10 Pfennige — bis zum Dienstgrad eines Oberfeldwebels.

16. April Im Friedrichsbau gastiert erstmals seit 1932 wieder das Schlierseer Bauerntheater mit dem Volksstück »Der siebte Bua«.

APRIL 1935

16.—22. April Die Reichsbahndirektion Stuttgart setzt für den beginnenden Osterreiseverkehr die ersten Sonderzüge ein. Insgesamt verkehren zusätzlich 196 Züge, davon 11 Wintersportzüge in das bayerische Allgäu. In Stuttgart werden über Ostern mehr als 100 000 Fahrkarten verkauft.

17. April Die von den Architekten Oskar Bloch und Ernst Guggenheimer im Hinterhof der Hospitalstraße 36 erbaute jüdische Schule wird eingeweiht. Ihre Leitung übernimmt Dr. Emil Goldschmidt.
Der Verein für klassische Kirchenmusik führt in der bis auf den letzten Platz besetzten Stiftskirche in ungekürzter Fassung Johann Sebastian Bachs »Matthäuspassion« auf. Die Aufführung, die mit einer längeren Pause von 17 bis 22 Uhr dauert, wird am Karfreitag wiederholt.
August Banzhaf, Inhaber des Hotels Royal, Gründer der Vereinigung Stuttgarter Hotelbesitzer im Jahre 1896, verstorben.

18. April Sillenbuch hat einen außerordentlich großen Zuzug zu verzeichnen. Die Gemeinde plant, beim Silberwald eine neue Siedlung von etwa 100 Häusern zu errichten.

19. April Helmut Aichele, der Chorleiter der Leonhardskirche, bringt bei seinem stark besuchten Karfreitagskonzert überwiegend Kompositionen neuerer Meister (Max Reger, Arnold Mendelssohn).

20. April Im Kleinen Haus wird aus Anlaß von Hitlers 46. Geburtstag in einer Festaufführung das Schauspiel »Friedrich List« von Walter von Molo gespielt. Vor der Aufführung spricht Ministerpräsident Mergenthaler. Er verteidigt dabei die von Hitler angeordnete Wiedereinführung der allgemeinen Wehrpflicht.
Im Kronprinzenpalais werden aus Anlaß des 30. Todestages Adolf von Menzels Zeichnungen des Künstlers gezeigt. Es ist die größte Ausstellung des graphischen Werkes Menzels, die bisher außerhalb von Berlin veranstaltet wurde.
Die Stadt lädt 2600 Kinder minderbemittelter Eltern zur Osterbescherung in die Anlagen ein, wo Helferinnen der NS-Frauenschaft etwa 10 000 Eier versteckt haben.

21. April OB Dr. Strölin eröffnet im Brunnenhof in Bad Cannstatt die offizielle Badesaison 1935. Das erste Kurkonzert gibt das Landesorchester Württ.-Hohenzollern. Die ehemalige Villa Daimler ist als künftige städt. Kuranstalt vorgesehen, wo Kranke Aufnahme finden sollen, die klinisch behandelt werden müssen. Ein weiteres Kur- und Fremdenheim entsteht in der Taubenheimstraße 8.

21./22. April Die Württ. Staatstheater führen am Ostersonntag und Ostermontag wiederum Richard Wagners Bühnenweihespiel »Parsifal« auf. Die Presse begrüßt es, daß entgegen ursprünglichen Absichten die Aufführung des »Parsifal« nicht auf Bayreuth beschränkt bleibt.

23. April Das erweiterte Gaswerk in Gaisburg umfaßt nun 25 Kammeröfen und ist in der Lage, täglich bis zu 14 000 Zentner Kohle zu Koks zu verarbeiten. Davon wird jedoch nur ein Teil für den eigenen Bedarf benötigt, der Rest wird verkauft.

24. April Der Württ. Pfarrerverein hält unter außergewöhnlich großer Beteiligung seine Jahresversammlung ab. Der Tübinger Kirchenhistoriker Prof. Hanns Rückert spricht dabei zum Thema »Volkskirche und Bekenntniskirche bei Calvin«.

25. April In Münster wird der sich an das alte Schulhaus anschließende Erweiterungsbau eingeweiht.
Privatdozent Dr. H. Hönl hält an der TH seine Antrittsvorlesung zum Thema »Entwicklungsstufen der Atomtheorie«.

26. April Der Wohlfahrtsausschuß des Deutschen Gemeindetages trifft sich im Rathaus zu einer Besprechung über das öffentliche Fürsorge- und Gesundheitswesen. Anschließend folgt eine Besichtigung des Bürgerhospitals, und am 27. 4. fahren die Ausschußmitglieder nach Buttenhausen, um sich dort über das Stuttgarter Beschäftigungs- und Bewahrungsheim zu informieren.
Der Schwäb. Merkur erinnert an die Wahl Hindenburgs zum Reichspräsidenten vor zehn Jahren. Der Artikel, in dem jeder Bezug auf Hitler fehlt, schließt mit den Worten: »Hindenburg ist tot. Lebendig aber ist sein Geist, der Geist der Treue und Pflichterfüllung, unter uns geblieben.«

27. April Tausende von Bosch-Arbeitern treffen sich in der Stadthalle zu einer vorgezogenen Maifeier. Im Mittelpunkt der Ansprachen steht der Gedanke der Werksgemeinschaft und der Betriebsfamilie. Die sportlichen und musikalischen Darbietungen werden mit viel Beifall aufgenommen.

28. April In Bad Cannstatt treffen sich mehr als 1000 Angehörige des ehemaligen württ. Feldartillerieregiments »König Karl«. An dem Treffen nehmen vier frühere Generale und viele hohe Offiziere teil. Die Versammlung begrüßt einhellig die Wiedereinführung der allgemeinen Wehrpflicht.
In der Garnisonskirche wird Pfarrer Georg von Wächter als neuer Militärgeistlicher

MAI 1935

für Stuttgart und Bad Cannstatt eingeführt. Damit ist in Stuttgart erstmals seit 1918 wieder ein eigener evang. Standortpfarrer tätig.

Erstaufführung der bayerischen Moritat »Die Pfingstorgel« von Alois Johannes Lippl und Karl List im Kleinen Haus.

29. April OB und Gemeinderat befassen sich in nichtöffentlicher Sitzung mit dem Entwurf einer neuen Hauptsatzung gemäß der am 1. 4. 1935 in Kraft getretenen reichseinheitlichen Gemeindeordnung. Die Zahl der Stadträte wird von 44 auf 36, der in der neuen Gemeindeordnung vorgesehenen Höchstzahl, herabgesetzt. Über die Berufung der Beigeordneten bespricht sich Kreisleiter Mauer mit den Stadträten. Er betont jedoch, daß die endgültige Entscheidung beim Reichsstatthalter bzw. beim Reichsinnenminister liege.

Der württ. Weinmarkt im Kursaal in Bad Cannstatt erfüllt nicht ganz die Erwartungen. Spitzenweine erreichen zwar den Preis von 130 RM je hl, doch werden insgesamt nur 49 hl Weißwein und 174 hl Rotwein vom Jahrgang 1934 verkauft.

Das Deutsche Ausland-Institut beginnt mit einem volkspsychologischen Lehrgang zur Vorbereitung für Auslandsreisen. Der Lehrgang will Kenntnisse vermitteln über fremde Länder und das sichere Auftreten im Ausland.

30. April Direktor Werlin von der Daimler-Benz AG eröffnet in London neue Ausstellungsräume der englischen Niederlassung seiner Firma. Er weist dabei darauf hin, daß bereits seit 25 Jahren eine Vertretung seines Unternehmens in London bestehe.

1. Mai »Legt an diesem Tage die trennenden Sorgen des Alltags ab und reiht euch ein in die marschierenden Kolonnen der deutschen Arbeitsmenschen«, heißt es in einem Maiaufruf der Stuttgarter NS-Kreisleitung. Fünf Abteilungen, voran Trompeter und ein Zug des Reichswehr-Reiterregiments aus Bad Cannstatt, ziehen durch die Stadt zu einer Kundgebung auf dem Cannstatter Wasen, die verbunden ist mit der Siegerehrung im Reichsberufswettkampf. Neben dieser Hauptveranstaltung finden noch zahlreiche andere betriebsinterne Maifeiern statt. Bei den Daimler-Benz-Werken werden mehrere Arbeitsjubilare von Direktor Dr. Wilhelm Kissel mit der König-Karl-Medaille ausgezeichnet.

Die Zahl der Arbeitslosen ist in Stuttgart seit März 1933 von 42 000 auf 8 000 zurückgegangen. Immer wieder wird dies am »Tag der Arbeit« als Erfolg des Nationalsozialismus propagiert.

Zwischen Freiburg und Stuttgart wird eine Schnell-Flugverbindung eröffnet. Die »Heinkel H 70« erreicht von Freiburg aus in knapp 30 Minuten den Flughafen Böblingen.

MAI 1935

2. Mai Mehrere schwere Verkehrsunfälle führen zu Unruhe in der Bevölkerung, zumal in einem Falle der schuldige Kraftfahrer Unfallflucht begeht.

3. Mai Im Rathaus tagt die Arbeitsgemeinschaft württ. Gemeinden mit mehr als 10 000 Einwohnern. Die Beratungen gelten Fragen der neuen Deutschen Gemeindeordnung und der Zuständigkeitsabgrenzung nationalsozialistischer und kommunaler Dienststellen.
Im Kunstgebäude eröffnet der frühere OB und Vorsitzende des Württ. Kunstvereins, Carl Lautenschlager, eine Wanderausstellung württ. Künstler. Namens der ausstellenden Künstler spricht Prof. Alfred Schmidt. Die Ausstellung wird im Juni in Karlsruhe gezeigt.

4. Mai In der Stadthalle siegt vor über 7000 Zuschauern in einem Rollhockey-Länderspiel England mit 7:1 Toren über Deutschland. Die englische Mannschaft wird auch von Murr empfangen.

5. Mai Mit Beginn des Sommerfahrplans verkehrt die Linie 13 der Straßenbahn direkt von Bad Cannstatt über Feuerbach und Weilimdorf nach Gerlingen. Das bisherige Umsteigen in Feuerbach entfällt.
Zu einem Tag der Diakonie treffen sich über 1000 Diakonissenschwestern der verschiedensten Mutterhäuser. In mehreren Vorträgen wird zu Fragen der Diakonie Stellung genommen und diese als Dienst am Volk verstanden. Den Festgottesdienst in der Stiftskirche hält Prälat Theodor Schrenk.
Jahresversammlung der württ. Naturheilvereine in Anwesenheit von BM Ettwein und Vertretern der Krankenkassen. Es referiert der »Naturarzt« Dr. Malten (Baden-Baden) über »Geist und Lehre des Naturheilverfahrens«.

6.–10. Mai Die Württ. Verwaltungsakademie und der Württ. Sparkassen- und Giroverband veranstalten gemeinsam eine Sparkassenwoche. Im Mittelpunkt der zahlreichen Vorträge stehen Probleme des Kreditwesens. Es sprechen u. a. Ministerialdirektor a. D. Hugo Neuffer, der Präsident des Württ. Sparkassen- und Giroverbandes, sowie Gotthilf Oesterle, der Direktor der Städt. Spar- und Girokasse.

6.–12. Mai Auf der »Reichswoche ohne Lärm« wird eine schalldämpfende Bauweise und die Verwendung geräuschloser Maschinen empfohlen. Der Frauenbeirat regt an, in Bad Cannstatt künftig auf den Gebrauch der Fabriksirenen zu verzichten.

7. Mai Mit großem militärischem Zeremoniell wird der bei einem Flugzeugabsturz tödlich verunglückte Generalmajor Heinz Höring auf dem Pragfriedhof beigesetzt.

MAI 1935

General Werner Freiherr von Fritsch, der Chef der Heeresleitung, und General Ludwig Beck, der Chef des Truppenamtes, würdigen die Verdienste des einstigen Chefs des Stabes des Wehrkreiskommandos V Stuttgart.

8. Mai Ministerpräsident und Kultminister Mergenthaler führt im Kleinen Haus der Württ. Staatstheater Oberstudiendirektorin Dr. Maria Tscherning als neue Leiterin des Königin-Katharina-Stiftes ein. Er fordert sie auf, als Lehrerin so zu wirken, wie er es von ihr als einer deutschen Frau und echten Nationalsozialistin erwarten könne. Dr. Tscherning ist die erste Oberstudiendirektorin an einem staatlichen Gymnasium Württembergs.

9. Mai Die Feiern zum 130. Todestag Friedrich Schillers stehen unter dem Motto »Schiller und der völkische Staat«. Studiendirektor Dr. Stech (Berlin) sieht in seiner Rede in der Liederhalle in Schiller neben Fichte den Verkünder des völkischen Ideals.
Auf den Todestag Schillers gelegt ist auch die Verleihung des auslanddeutschen Schrifttumpreises der Stadt Stuttgart und des Deutschen Ausland-Instituts. Den mit 2000 RM dotierten Preis erhält Karl Götz (Heidenheim), der längere Zeit als Lehrer in Palästina wirkte, für seinen Roman »Das Kinderschiff«. Hauptredner der Feier ist der Landesleiter der Reichsschrifttumskammer, Gaukulturwart Dr. Georg Schmückle.
»Le Lied français« ist das Thema eines in französischer Sprache gehaltenen Vortrages von Prof. Henri Jourdan, Kulturattaché an der französischen Botschaft in Berlin. Prof. Jourdan trifft auch mit leitenden Beamten des Kultministeriums zusammen, um Fragen des deutsch-französischen Kulturaustausches zu besprechen.

10. Mai Hugo Jesser tritt die Nachfolge des verstorbenen Dr. Otto Mezger als Chef des chemischen Untersuchungsamtes an. Anläßlich der Amtseinführung weist OB Strölin auf die Bedeutung ständiger chemischer Untersuchungen des Trinkwassers, der Milch und anderer Lebensmittel für die Volksgesundheit hin.

11. Mai In der Gewerbehalle wird die bis zum 2. Juni dauernde Ausstellung Leben und Gesundheit eröffnet. Im Rahmen dieser Ausstellung finden mehrere öffentliche Vorträge Stuttgarter Ärzte statt. So sprechen Privatdozent Dr. Friedrich Groß, der Leiter der chirurgischen Abteilung des Katharinenhospitals, und Dr. Blanche Kommerell über Krebserkrankungen. Prof. Dr. Alfred Gastpar, der Leiter des Stuttgarter Gesundheitsamtes, hebt die in Stuttgart unter dem Reichsdurchschnitt liegende Zahl von Tuberkuloseerkrankungen und den niederen Stand der Säuglingssterblichkeit hervor. Neben diesen sachlichen Informationen stehen die nationalsozialistischen Thesen zur Verhütung erbkranken Nachwuchses.
Im Kunstgebäude feiert die Stuttgarter Alb-Schneeläufer-Vereinigung (SAV) ihr 25-

jähriges Bestehen. Die SAV war im Winter 1909/1910 als Schneelauf-Abteilung des Schwäb. Albvereins gegründet worden. Zählte die SAV anfangs nur 45 Mitglieder, so stieg ihre Zahl bis 1920 bereits auf 241 an und erhöhte sich bis 1935 auf 696.

12. Mai Die Stadt Stuttgart übernimmt die Ehrenpatenschaft für 72 »erbgesunde« viertgeborene Kinder des Jahres 1934. OB Strölin überreicht am Muttertag im großen Sitzungssaal des Rathauses den Eltern dieser Kinder die Ehrenurkunde.
In der Leo-Vetter-Straße wird das im Auftrag des Gemeinnützigen Bau- und Wohlfahrtsvereins von dem Bildhauer Karl Calwer errichtete Denkmal, eine Frau mit fünf Kindern darstellend, enthüllt.
Flugkapitän Willi Stör gewinnt die deutsche Kunstflugmeisterschaft. Laut NS-Kurier wohnen etwa 60 000 Zuschauer dieser Veranstaltung auf dem Cannstatter Wasen bei.

13. Mai Der Verwaltungsrat der Städt. Spar- und Girokasse bewilligt den Rechnungsabschluß für das Jahr 1934. Direktor Gotthilf Oesterle gibt bekannt, daß sich im Berichtsjahr die Zahl der Sparkonten um 7083 auf 232 372 erhöht habe und der Gesamteinlagenbestand um 14,3 Mio. RM auf 181 Mio. RM angestiegen sei. Er hebt die Bemühungen der Bank im Kampf gegen die Arbeitslosigkeit hervor und weist darauf hin, daß allein für Bauhypotheken und Baukredite Gelder in Höhe von 8,5 Mio. RM vergeben wurden.

15. Mai Reichsbischof Ludwig Müller, der sich auf einer längeren Vortragsreise durch Württemberg befindet, spricht in Anwesenheit zahlreicher NS-Funktionäre in der Stadthalle. Er fordert erneut den Zusammenschluß der verschiedenen Landeskirchen zu einer einheitlichen Reichskirche.
In Weilimdorf ist von dem Architekten Max Dürr das erste von 100 geplanten Siedlungshäusern errichtet worden. Dieses Musterhaus der Wolfbuschsiedlung wird bis zum 2. Juni von zahlreichen Interessenten besichtigt.

16. Mai In einem Vortragszyklus in der Friedenskirche setzt sich Dr. Kurt Hutten mit der Weltanschauung Alfred Rosenbergs auseinander. Hutten sieht zwischen dem christlichen Glauben und dem Deutschglauben, für den sich Gott in der Rassenseele offenbare, keine Verständigungsmöglichkeit.
Auf einer Tagung der evang. Standortgeistlichen betont Oberkirchenrat Adolf Schaal die traditionelle Verbindung zwischen Kirche und Heer in Württemberg und verweist darauf, daß im ersten Weltkrieg von 1200 evang. Pfarrern des Landes 275 eingezogen und 68 gefallen seien.
Erstaufführung des Dramas »Yorck und seine Offiziere« von Maximilian Böttcher im Kleinen Haus.

MAI 1935

Bei kühlem Wetter und sehr spärlichem Besuch findet mit einem Varietéprogramm die Stadtgarteneröffnung 1935 statt.

18. Mai Der Schwäb. Schillerverein hält seine 39. Mitgliederversammlung ab. Er befaßt sich insbesondere mit dem notwendigen Anbau und der Innenrenovation des Schiller-Nationalmuseums in Marbach, wofür die Stadt Stuttgart 10 000 RM bewilligt hat.
Die Württ. Saarvereinigung bleibt auch nach der Rückkehr des Saarlandes ins Reich bestehen. Auf einer Mitgliederversammlung wird bekannt, daß der Verein in und um Stuttgart etwa 400 Saarländer als Mitglieder habe. Der Vorsitzende und Mitbegründer des Vereins, der Kaufmann Julius Schellenberger, lehnt eine Wiederwahl ab. An seine Stelle tritt Obermedizinalrat Dr. Kremer.
Erstaufführung der Operette »Die Vielgeliebte« von Nico Dostal im Großen Haus.

19. Mai Nach vierjähriger Pause findet wieder ein Solitude-Motorradrennen statt. Während der NS-Kurier von 100 000 Zuschauern spricht, nennt der Schwäb. Merkur die Zahl von 60 000 verkauften Eintrittskarten. Die Veranstaltung beginnt mit der Flaggenhissung und dem Aufmarsch einer Brigade des NS-Kraftfahrerkorps. Am Start sind etwa 200 Fahrer, davon lediglich vier aus dem Ausland. Die größten Erfolge erringen die Fahrer von NSU und DKW.

20. Mai Das Planetarium feiert mit einer Sonderveranstaltung sein siebenjähriges Bestehen. Sein Leiter, Dr.-Ing. Hermann Bühler, spricht über »Gegenwartsaufgaben der Milchstraßenforschung«. Das Planetarium wurde bisher bei mehr als 5300 Veranstaltungen von 441 000 Gästen besucht.

21. Mai Auf dem Marktplatz und auf anderen öffentlichen Plätzen sind Lautsprecher aufgestellt, um denen, die kein Radio besitzen, Gelegenheit zu geben, Hitlers Reichstagsrede zu hören. Es ist das fünftemal, daß der Reichstag seit der Ernennung Hitlers zum Reichskanzler zu einer Plenarsitzung zusammentritt. Die Reichstagssitzung beginnt um 20 Uhr.
Vertreter des Reiches sowie der Länder Württemberg, Baden und Hessen erreichen eine grundsätzliche Einigung über den weiteren Ausbau des Neckarkanals von Heilbronn bis Stuttgart und Plochingen.
Das Amtsblatt berichtet unter der Überschrift »Erbgesundheit und Wohlfahrtspflege« ausführlich über eine Tagung der Arbeitsgemeinschaft der württ. Wohlfahrtsbeamten im Stuttgarter Rathaus. Oberregierungsmedizinalrat Dr. Hermann Kötzle führte dabei in seinem Referat über »Rassen- und Erbgesundheitspflege im Dritten Reich« aus: »Man muß sich klar machen, was es heißt, wenn das Deutsche Reich gegenwärtig

noch durch Erbkranke (Erbblinde, Erbkrüppel, erbliche Taubstumme, erbliche Schwachsinnige) eine wirtschaftliche Belastung von 1,2 Milliarden RM jährlich zu tragen hat. Dazu kommen noch die Aufwendungen für 200 000 Trinker und 400 000 Psychopathen mit jährlich etwa 900 Millionen Mark. Diese ungeheuren Summen müssen aus dem Arbeitsertrag der Nation aufgebracht werden, gehen also dem Gesamteinkommen des Volkes verloren.«

22. Mai Polizeipräsident Rudolf Klaiber verpflichtet in der Stadthalle 8000 ausgebildete Hauswarte für den Luftschutzdienst. OB Dr. Strölin nennt in einer Ansprache den Luftschutz eine Lebensfrage der Nation.
Der Hilfsbund der Deutsch-Österreicher trifft sich im Stadtgartensaal. Es sprechen Dr. Hermann Rüdiger über »Österreich als deutsche Grenzmark« und Othmar Pauer (Heidelberg) über »Großdeutschland und das Volk in Österreich«.

23. Mai Der Stuttgarter Gewerbeverein beschließt auf einer außerordentlichen Mitgliederversammlung die Selbstauflösung. Sein Vermögen weist er der Unterstützung bedürftiger Handwerker und der Förderung des Landesgewerbemuseums zu.
Der Schwäb. Merkur berichtet von einem »bemerkenswerten Rückgang« der Arbeitsgerichtsprozesse und führt diese Tatsache im wesentlichen auf eine »Beruhigung in den Arbeitsverhältnissen« zurück. Etwa 40 % der vor württ. Arbeitsgerichten anhängigen Verfahren entfallen auf das Arbeitsgericht Stuttgart.

24. Mai Gaukulturwart Dr. Georg Schmückle und der stellv. Gauleiter Friedrich Schmidt sind die Hauptreferenten einer Veranstaltung der NS-Kulturgemeinde in der Liederhalle zum 50jährigen Bestehen des deutschen Sprachvereins. Schmidt wertet die Sprache als politisches Kampfmittel und verweist auf Luther und Hitler »und sein gesprochenes Wort«.

25. Mai Am Urbanstag löst sich der seit 110 Jahren bestehende Württ. Weinbauverein auf. Noch einmal sind aus allen Teilen des Landes die Weingärtner in die Liederhalle gekommen. Das Vereinsvermögen geht teilweise an die Landesbauernschaft über.
216 Arbeitsdienstmänner, die seither im Wichern-Haus in Bad Cannstatt untergebracht waren, beziehen ein neues Lager in Feuerbach. Neben vorhandenen Gebäuden wurde eine Schlafbaracke von der Stadtverwaltung errichtet.

27. Mai Die Allgemeine Rentenanstalt, Lebens- und Rentenversicherung AG, zieht auf ihrer Hauptversammlung eine positive Bilanz für das Jahr 1934. Die Krise der Jahre 1931 bis 1933 sei überwunden. Sowohl im Renten- als auch im Lebensversicherungsgeschäft ist ein beachtlicher Zuwachs zu verzeichnen. Die Aktionärsversammlung beschließt, eine Dividende von 10 % auszuschütten.

28. Mai Im Wirtschaftsministerium findet zwischen leitenden Beamten, Funktionären der NSDAP und Vertretern des Handwerks, des Handels und der Industrie eine Besprechung über die Freizeit der Jungarbeiter statt. Es wird angeregt, den Jungarbeitern einen Jahresurlaub von 14 Tagen zu gewähren, der nach den Vorstellungen von HJ-Gebietsführer Erich Sundermann in den Zeltlagern der HJ verbracht werden soll.
Der Volksbund für das Deutschtum im Ausland ruft zur Unterstützung der 600 000 Ungarndeutschen auf, die von der Gefahr der Madjarisierung bedroht seien. Der Germanist Dr. Hugo Moser hält einen Lichtbildervortrag zum Thema »Schwaben in Ungarn«. Die Veranstaltung wird umrahmt von Darbietungen der Singgruppe des schwäbischen Sathmarkreises.

29. Mai Innenminister Dr. Jonathan Schmid, der Kreisamtsleiter für Kommunalpolitik, und die Landräte befassen sich mit den Auswirkungen der neuen Deutschen Gemeindeordnung.

30. Mai Ein Bericht des Geheimen Staatspolizeiamts Karlsruhe bezeichnet den ehemaligen Stuttgarter Kriminalkommissar Paul Schlotter als den eigentlichen Organisator der illegalen SPD für Baden und Württemberg. Schlotter war maßgeblich daran beteiligt, illegale sozialdemokratische Zeitungen von der Schweiz aus nach Südwestdeutschland einzuschmuggeln.
In der Stiftskirche verpflichten sich am Himmelfahrtstag 40 Schwestern zum Dienst als Diakonissen.
Heftige Regenfälle verursachen schwere Schäden. Wegen eines Erdrutsches am Bahndamm ist die Zugverbindung von Untertürkheim nach Kornwestheim zeitweise unterbrochen.

31. Mai Reichswehr, Landespolizei und die Jung-Marine-Stürme der HJ beteiligen sich an der Skagerrak-Feier, auf der Kapitänleutnant a. D. Lensch, Mitkämpfer an dieser Seeschlacht des ersten Weltkrieges, gegen die demokratische Presse der Weimarer Republik polemisiert, die es fertig gebracht habe, diesen »herrlichsten aller deutschen Seesiege« einfach totzuschweigen.
Ein von der evang. Kirchengemeinde Bad Cannstatt veranstalteter Gemeindeabend in der Stadthalle beginnt gleichfalls mit einem Gedenken an die Schlacht von Skagerrak und an die damals gefallenen Soldaten.

JUNI 1935

Die Gebietsführerschule »Wilhelm Neth« der württ. HJ auf der Solitude wird ihrer Bestimmung übergeben.

Die Hauptversammlung der Firma Baresel AG beschließt die Wiederaufnahme einer Dividendenzahlung von 4 %.

In verschiedenen Stuttgarter Großbetrieben wie der Daimler-Benz AG wurden bei den Vertrauensratswahlen etwa 25 % ungültige Stimmen abgegeben. Weitere 25 % der Stimmzettel waren abgeändert, ohne ungültig zu sein.

1. Juni Auf Anregung des Verkehrsvereins warten durch Armbinden gekennzeichnete fremdsprachenkundige Stadtführer auf die Ankunft der Fernzüge am Hauptbahnhof. Im Monat Mai besuchten insgesamt 1881 Ausländer die Stadt Stuttgart. Die Gäste kamen insbesondere aus Italien, Österreich, den Niederlanden, England, Frankreich und den USA.

In der Liederhalle beginnt ein bis zum 4. Juni dauernder Kongreß der Deutschen Weltwirtschaftlichen Gesellschaft, der sich mit dem Fragenkomplex »Nationalwirtschaft und Weltwirtschaft« beschäftigt. Über dieses Thema spricht in einer öffentlichen Veranstaltung der Präsident der Internationalen Handelskammer, Fentener van Vlissingen (Utrecht). Der württ. Wirtschaftsminister Lehnich hebt in seinem Vortrag die krisenhaften Erscheinungen der Weltwirtschaft hervor und behauptet, Deutschland sei eine Teilautarkie aufgezwungen worden. Auf den hohen Exportanteil der württ. Industrie weist Direktor Hans Walz von der Firma Robert Bosch hin.

Mehr als 700 Kriegsblinde aus allen Teilen Deutschlands kommen zu einem großen Treffen nach Stuttgart, auf dem auch der Reichskriegsopferführer Hanns Oberlindober spricht. Als Gäste der Veranstaltung nehmen der Generalsekretär bzw. der Präsident der französischen und italienischen Kriegsblindenverbände teil. Betreut von der Nikolauspflege findet aus diesem Anlaß eine Kriegsblindenausstellung statt, auf der Korbflechter- und Bürstenmacherarbeiten, aber auch Plastiken blinder bildender Künstler gezeigt werden.

Erstaufführung des Schauspiels »Das Frühstück von Rudolstadt« von Rudolf Presber im Kleinen Haus.

60. Stiftungsfest der Studentenverbindung Makaria der TH mit einem Vortrag von Generalleutnant Kabisch über »Falkenhayn und Ludendorff«. Außer befreundeten Korporationen überbringen auch Vertreter der Wehrmacht und des Arbeitsdienstes Glückwünsche.

1./2. Juni Zu einem Landesappell versammeln sich über 12 000 Angehörige des nationalsozialistischen deutschen Frontkämpferbundes/Stahlhelm aus Württemberg, Baden, Bayern, Hessen, der Pfalz und dem Rheinland in Stuttgart. Vor dem Neuen Schloß findet ein großer Feldgottesdienst statt.

JUNI 1935

3. Juni Das Johann-Hinrich-Wichernhaus in Bad Cannstatt, früher ein Heim für schwer erziehbare Jugendliche, wird von OB Strölin, dem Vorsitzenden des Deutschen Ausland-Instituts, als Deutsches Volksheim wieder eröffnet. Strölin erklärt, dank des Nationalsozialismus sei das Haus von seiner ursprünglichen Bestimmung her überflüssig geworden und könne nun jungen Auslanddeutschen bei einem Arbeitsaufenthalt in Stuttgart als Unterkunft dienen.

4. Juni Im Hof der Moltkekaserne findet die Vereidigung der Anwärter der Landespolizei statt. Geistliche beider Konfessionen weisen auf die Bedeutung des Eides hin.

5. Juni In der Lautenschlagerstraße wird das Richtfest des neuen Verwaltungsgebäudes der Technischen Werke gefeiert. Mit den Bauarbeiten war am 15. 6. 1934 begonnen worden.
Auf einer Versammlung der Deutschen Christen im Hotel Herzog Christoph betont Stadtpfarrer Georg Schneider, die echte Kirche könne sich nur als Volkskirche verstehen. Mit der politischen Revolution müsse daher eine religiöse Umwälzung einhergehen.
Prof. Dr. Stortz tritt sein Amt als neuer Rektor der TH an. Die akademische Feier findet im Stadtgartensaal statt und wird umrahmt von einem studentischen Sprechchor, der Verse des Reichsjugendführers Baldur von Schirach vorträgt.

6. Juni Der Bezirksplanungsverband Stuttgart tritt erstmals seit 1932 wieder zusammen. An der von OB Dr. Strölin geleiteten Sitzung nehmen Innenminister Dr. Schmid, zahlreiche hohe Beamte und Militärs sowie die Mitglieder des Stuttgarter Gemeinderats teil. Strölin befaßt sich in einem Vortrag mit Fragen der Raumplanung. Der Geschäftsführer des Heimstättenamtes der NSDAP, Wagner, spricht sich gegen den Bau reiner Beamten- oder Arbeitersiedlungen aus. Oberbaurat Dr. Hermann Stroebel weist zum Schluß darauf hin, daß seit der letzten Mitgliederversammlung auch die Städte Backnang und Grötzingen sowie eine Reihe weiterer kleinerer Gemeinden dem Verband beigetreten sind.
OB Dr. Strölin fordert auf einer Personalversammlung von den neuen Vertrauensmännern der städt. Ämter und Betriebe ein gegenseitiges Vertrauensverhältnis im Sinne nationalsozialistischer Gefolgschaftstreue. Er kündigt an, sich wöchentlich von den Betriebszellenobmännern über die wichtigsten Fragen unterrichten zu lassen.

7. Juni Im NS-Kurier wird in einem Artikel mit der Überschrift »Schädlinge der Gemeinschaft« die Schwarzarbeit scharf verurteilt und darauf hingewiesen, daß auch die Ausübung des Wäscher- und Plättergewerbes genehmigungspflichtig ist.
OB Dr. Strölin übergibt in Coburg bei der 75-Jahr-Feier der Deutschen Turnerschaft

das Bundesbanner, das die Stadt Stuttgart seit dem Turnfest 1933 in Verwahrung hatte.

9. Juni   In der Liederhalle gastiert Wilhelm Furtwängler mit den Berliner Philharmonikern.

9./10. Juni   Die Reichsbahn setzt über die Pfingstfeiertage im Direktionsbezirk Stuttgart 245 Sonderzüge ein. Der Stadtgarten meldet bei herrlichem Wetter Rekordbesuch.

10. Juni   Die beiden CV-Studentenverbindungen Alania der TH und Carolingia der Landwirtschaftlichen Hochschule Hohenheim feiern mit einem Festkommers in der Liederhalle ihr 65. bzw. ihr 25. Stiftungsfest. Auf dem Waldfriedhof gedenken die Korporationen der Toten des ersten Weltkrieges. Verbindungsführer Freiherr H. von Gemmingen hebt hervor, daß die Carolingia 1914 31 studentische Mitglieder gezählt habe und von diesen 9 gefallen seien.

12. Juni   Der Arzt und Dramatiker Dr. Friedrich Wolf, der nach seiner Emigration 1933 immer wieder publizistisch gegen den Nationalsozialismus Stellung nahm, wurde Presseberichten zufolge vom Reichsinnenministerium ausgebürgert.
Das Arbeitsamt berichtet von guten Erfahrungen mit den Umschulungskursen der Stuttgarter Gewerbeschulen. Arbeitslose im Alter zwischen 25 und 45 Jahren erhielten in den Werkstätten der Gewerbeschulen eine Facharbeiterausbildung und konnten zu 80 % in neue Berufe vermittelt werden.
Die Mitgliederversammlung des Brunnenvereins Bad Cannstatt befaßt sich insbesondere mit dem weiteren Ausbau der Kursaalanlagen. Kritik geübt wird an der ungenügenden Bekämpfung der Lärm- und Rußplage.
Erstaufführung der Oper »Sly oder: Die Legende vom wiedererweckten Schläfer« von Ermanno Wolf-Ferrari im Großen Haus.

12.—18. Juni   In Sillenbuch werden die bei einem Architektenwettbewerb eingegangenen 65 Entwürfe für den Schulhausneubau gezeigt.

13. Juni   Festaufführung von »Tristan und Isolde« im Großen Haus der Württ. Staatstheater aus Anlaß des 70. Jahrestages der Uraufführung der Wagner-Oper in München 1865.

14. Juni   Aus Berlin kommend treffen im Rahmen des deutsch-schwedischen Schüleraustausches 20 schwedische Schüler und Schülerinnen ein. Die Jugendlichen bleiben in Stuttgart bzw. reisen weiter nach Heidelberg, Reutlingen und Friedrichshafen.

JUNI 1935

15. Juni Die Presse macht auf den Mangel an Facharbeitern aufmerksam. Genannt werden insbesondere Werkzeugmacher, Maurer und Bauschlosser. Gesucht werden vom Arbeitsamt bei den Frauenberufen vor allem Hausgehilfinnen und Näherinnen.
Die Selbsthilfe GmbH Stuttgart löst sich auf. Die Organisation war Anfang der 20er Jahre gegründet worden und seit 1928 dem städt. Wohlfahrtsamt angeschlossen. In ihren Werkstätten und ihrer Schreibstube beschäftigte sie zeitweise etwa 1000 stellungslose Handwerker und Kaufleute. BM Ettwein begründet diesen Schritt mit dem Rückgang der Arbeitslosigkeit und der Notwendigkeit einer alleinigen Arbeitsvermittlung durch das Arbeitsamt.
Der frühere OB Lautenschlager leitet die 66. Hauptversammlung der Stuttgarter Straßenbahnen AG. Aus dem Geschäftsbericht geht hervor, daß die Zahl der Fahrgäste 1934 verglichen mit dem Vorjahr leicht abgenommen hat, was mit dem erhöhten Straßenbahnverkehr im Jahre 1933 im Zusammenhang mit dem Turnfest begründet wird. Durch Verringerung der Haltestellen konnte die durchschnittliche Fahrtgeschwindigkeit von 14,3 auf 15,1 km/h gesteigert werden.
Auf der Freilichtbühne im Stadtgarten gastiert in der zweiten Junihälfte das polnische Nationalballett.
Bei strömendem Regen wird auf dem Cannstatter Wasen die Ausstellung Wasserstraßen und Wassersport eröffnet. Sie weist auf die Bedeutung der Neckarkanalisierung hin.

16. Juni Der Ausstellungseröffnung schließt sich die 16. Stuttgarter Ruderregatta mit einer Rekordbeteiligung von 262 Ruderern an.
Höhepunkt eines großen Cannstatter Sommerfestes ist ein Umzug und der Auftritt des Balletts der Württ. Staatstheater vor dem Kursaal.
Nach über 20 Jahren findet in der Grabkapelle auf dem Rotenberg wieder ein griechisch-orthodoxer Gottesdienst zum Gedenken an die 1819 verstorbene Königin Katharina von Württemberg statt.

17. Juni In der Gewerbehalle beginnt nach der Wiedereinführung der allgemeinen Wehrpflicht die Musterung der Jahrgänge 1914 und 1915. Da täglich nur etwa 100 junge Männer untersucht werden können, zieht sich die Musterung bis in den Monat August hin. Die Rekruten müssen erklären, daß kein Grund zur Annahme bestehe, daß sie nichtarischer Abstammung seien oder daß ein Eltern- oder Großelternteil zu irgendeiner Zeit der jüdischen Religion angehört habe.
OB Dr. Strölin erläßt mit Zustimmung des Beauftragten der NSDAP gemäß der Deutschen Gemeindeordnung die neue Hauptsatzung der Stadt Stuttgart.

18. Juni Die Reichsbahn stellt Journalisten auf einer Probefahrt von München nach

Stuttgart die neueste elektrische Schnellzuglokomotive vor. Der Zug benötigt für die gesamte Strecke nur 2 Stunden und 17 Minuten, der Streckenabschnitt Ulm — Stuttgart wird mit einer Fahrzeit von 59 Minuten erstmals unter einer Stunde zurückgelegt.
Hauptversammlung der Luftverkehr Württemberg AG. Die Bilanz für das Jahr 1934 schließt mit einem Verlust von 6962 RM ab.

19. Juni Die Deutsche Arbeitsfront bezieht das ehemalige Gewerkschaftshaus Ecke Rote und Kanzleistraße.

21. Juni OB Dr. Strölin konferiert mit Vertretern der Bauwirtschaft und der Bausparkassen über den erheblichen Mangel an preiswerten Zwei- und Dreizimmerwohnungen. Er entwickelt ein Programm, bis Frühjahr 1936 mindestens 800 Kleinwohnungen zu schaffen.

22. Juni Das graphische Gewerbe nimmt anläßlich der Freisprechung von 27 Lehrlingen den alten Brauch des Gautschens wieder auf. Die jungen Buchdrucker werden auf dem Marktplatz in ein Faß mit Wasser geworfen.
Erstaufführung des Schwanks »Die Notverwandten« von Schmolz und Risler im Kleinen Haus.

22./23. Juni Die HJ veranstaltet eine Sonnenwendfeier mit Fackelzügen von den Hängen Stuttgarts herab. Verbunden damit ist ein Fest der deutschen Jugend. Laut NS-Kurier nehmen »an die 40 000« Jungen und Mädchen an sportlichen Wettkämpfen teil.

23. Juni Auf Einladung des Industriellen Robert Bosch kommen 44 französische Kriegsbeschädigte nach Stuttgart. Diesem Besuch wird auch von staatlicher Seite große Aufmerksamkeit geschenkt. Die französischen Gäste werden auf der Rheinbrücke bei Kehl abgeholt und nach Stuttgart begleitet. Hitler schickt ein Grußtelegramm. OB Dr. Strölin gibt in der Villa Berg einen Empfang, bei dem auch Ministerialdirektor Dr. Dill die französischen Soldaten des ersten Weltkriegs willkommen heißt. Es finden Treffen statt mit dem nationalsozialistischen deutschen Frontkämpferbund, dem Reichsverband deutscher Offiziere und dem Kyffhäuserbund. An einer Begegnung im Stadtgarten mit ehemaligen deutschen Frontsoldaten nehmen Robert Bosch und Reichskriegsopferführer Hanns Oberlindober teil. Von Stuttgart aus besuchen die französischen Gäste weitere Städte Südwestdeutschlands, u. a. Heidelberg.
Der VfB Stuttgart verliert in Köln vor 74 000 Zuschauern das Endspiel um die deutsche Fußballmeisterschaft gegen Schalke 04 mit 4:6 Toren.

JUNI 1935

24. Juni In Stuttgart findet erstmals eine Hauptversammlung der Kaiser-Wilhelm-Gesellschaft zur Förderung der Wissenschaften statt. Anlaß dazu ist die Fertigstellung und Einweihung des neuen Kaiser-Wilhelm-Instituts für Metallforschung an der Seestraße, zu dessen Direktor Prof. Dr. Werner Köster ernannt wird. Ministerpräsident und Kultminister Mergenthaler erinnert in einer Feierstunde an die Physiker und Nobelpreisträger Philipp Lenard und Johannes Stark, die bereits 1924, als Hitler in Festungshaft war, »Hitlergeist und Wissenschaft« vereint hätten.

24.–28. Juni Die Württ. Staatstheater veranstalten für Jugendliche aus ganz Württemberg eine Festspielwoche. Voraussetzung für die Teilnahme ist die HJ-Mitgliedschaft. Zur Aufführung gelangen Beethovens »Fidelio«, Schillers »Wilhelm Tell«, »Der fliegende Holländer« von Richard Wagner und »Der Evangelimann« von Wilhelm Kienzl.

25. Juni Das Amtsblatt veröffentlicht die neue Ortsbausatzung der Stadt Stuttgart. Die vom württ. Innenministerium mit Erlaß vom 6. 6. 1935 genehmigte Satzung löst die alte aus dem Jahre 1919 ab. Das Stadtgebiet wird in sechs Baugebiete und zehn Baustaffeln eingeteilt. Unterschieden wird zwischen 1) gemischtem Gebiet, 2) Gebiet für Landwirtschaft und kleinere Gewerbebetriebe, 3) Wohngebiet, 4) Landhausgebiet (= geschütztes Wohngebiet), 5) Gebiet für Kleinhäuser und 6) Industriegebiet.
Die HJ startet eine großangelegte Werbekampagne und polemisiert gegen die noch bestehenden konfessionellen Jugendverbände. Auf einer Kundgebung in Vaihingen greift Ministerialrat Dr. Eugen Stähle alle noch Abseitsstehenden als »Ewig-Gestrige« an.

26. Juni Unter dem gleichen Motto finden in Stuttgart Demonstrationszüge der HJ statt. In einem Brunnen wird der »letzte Spießbürger« ertränkt.

28. Juni Stuttgarter Kreismeisterschaften im Boxen vor 800 Zuschauern in der Reithalle. Der NS-Kurier berichtet ausführlich über diese Veranstaltung und bedient sich dabei Redewendungen wie »heroische Schlachten« und »Kämpfe von unerhörter Härte«.

29. Juni Der Jahrgang 1915 wird zum Reichsarbeitsdienst einberufen. Eine Kundgebung aus diesem Anlaß steht unter dem Motto »Arbeitsdienst als Schule der Gemeinschaft«. Gauarbeitsführer Alfred Müller sieht im Arbeitsdienst einen Ausgleich sozialer Gegensätze und den Weg zu einer großen Volksgemeinschaft.
Die Opernsängerin Margarete Teschemacher, die einen Ruf an die Oper in Dresden

erhalten hat, verabschiedet sich von Stuttgart. Sie singt die Titelrolle in der Oper »Tosca« von Puccini.

30. Juni Die am 23. nach Stuttgart gekommenen französischen Soldaten des ersten Weltkrieges beenden ihren Deutschlandbesuch und treten mit einer Gruppe ehemaliger deutscher Frontsoldaten, die sie zu einem Gegenbesuch eingeladen haben, die Rückreise an. Die deutschen Gäste werden in Lyon von dem ehemaligen französischen Ministerpräsidenten Edouard Herriot empfangen.

1. Juli Vor 20 000 Jungen und Mädchen, die im Hof des Neuen Schlosses zu einem Generalappell angetreten sind, geht Reichsjugendführer Baldur von Schirach auf die Kritik der Kirchen an der nationalsozialistischen Jugendpolitik mit den Worten ein: »Wir wollen nicht die Religion angreifen, sondern wir wollen eine Gemeinschaft in Deutschland aufrichten, eine einige Jugend, die deutsch ist, und das heißt auch ehrfürchtig und gottesfürchtig ist«.
Das Wohnungsamt und das Siedlungsamt werden vereinigt zum städt. Wohnungs- und Siedlungsamt.

1.—3. Juli In Stuttgart findet die Jahresversammlung des Reichsverbandes der deutschen Wasserwirtschaft statt. Zu den Referenten zählen Prof. Dr. Leopold Rothmund von der TH und der Direktor des Stuttgarter Wasserwerkes, Erwin Link. Letzterer weist auf die führende Stellung Württembergs in der Wasserversorgung hin; 90 % aller Bewohner des Landes hätten Wasseranschluß.

2. Juli Die Daimler-Benz AG hält ihre Hauptversammlung ab. Aufsichtsratsvorsitzender Staatsrat Dr. E. G. von Stauß verweist auf die positive Ertragslage des Unternehmens, die darin zum Ausdruck komme, daß der Umsatz von 100 Mio. RM im Jahre 1933 auf 147 Mio. RM im Jahre 1934 anstieg. Er erwartet für das Jahr 1935 den vierfachen Absatz von Kraftfahrzeugen gegenüber dem Jahr 1932. Günstig beurteilt er auch das Auslandsgeschäft, das wertmäßig bereits für das erste halbe Jahr 1935 dem des ganzen Vorjahres gleichkomme. Neuinvestitionen in Höhe von 7 Mio. RM will die Firma aus eigenen Mitteln aufbringen.

3. Juli Vor dem Großen Haus wird in einer Freilichtaufführung Goethes »Iphigenie auf Tauris« gezeigt.

4. Juli OB Strölin verfügt, daß im amtlichen Schriftverkehr nicht mehr der Ausdruck Karlsvorstadt oder Karlsvorstadt Heslach, sondern nur noch Stadtteil Heslach zu verwenden ist.

JULI 1935

5. Juli Auf Grund der neuen Deutschen Gemeindeordnung vom 30. 1. 1935 verringert sich die Zahl der bereits 1933 auf 44 reduzierten Gemeinderatssitze auf 36 (bis 1933: 60). Kreisleiter Mauer als »Beauftragter der NSDAP für die Stadt Stuttgart« überreicht den auf sechs Jahre »im Benehmen mit dem Oberbürgermeister« ernannten Ratsherren die Berufungsurkunden. Die neu in den Gemeinderat aufgenommenen Ratsherren legen anschließend vor OB Dr. Strölin »den Diensteid auf den Führer und Reichskanzler Adolf Hitler« ab. Verpflichtet werden von Strölin der Großkaufmann Alfred Breuninger, der Vizepräsident der Industrie- und Handelskammer Stuttgart Hans Eckstein, der Buchhändler Wilhelm Gengenbach, der Lehrer Karl Götz, der Versicherungsangestellte Willy Haag, der Schreinermeister und kommissarische Reichsinnungsmeister Theodor Kaiser, der Rechtsanwalt Dr. Franz Keller, der Gärtner Willy Locher, der Bautechniker Hermann Maier, der Möbelfabrikant Karl Mayer, der Mechaniker Karl Münzenmayer, der Versicherungsbeamte Friedrich Oesterle, der Diplomingenieur Friedrich Ortmann, der Bankdirektor Dr. Friedrich Weiß und der Ingenieur Alfred Weißenborn. OB Strölin erklärt für die Stuttgarter Stadtverwaltung die alte württ. Gemeindeordnung für erloschen und setzt als neues Gemeindeverfassungsrecht die Deutsche Gemeindeordnung ein, »die in allen Teilen auf dem Grundgedanken des Nationalsozialismus aufgebaut ist«.
Der öffentlichen Sitzung des Gemeinderats folgt eine nichtöffentliche, in der Stadtkämmerer Hirzel über den Haushaltplan und die Haushaltlage der Stadt referiert.
Erstaufführung der Operette »Der Vetter aus Dingsda« von Eduard Künneke im Kleinen Haus.

5./6. Juli Eine Gruppe Danziger Studenten besucht auf ihrer Deutschlandrundfahrt Stuttgart. Sie besichtigen die Firmen Daimler-Benz und Bosch sowie das Deutsche Ausland-Institut. Bei einem Empfang weist Prof. Dr. Erich Keyser, der auch ein Referat über die »Danziger Frage« hält, auf die engen kulturellen Beziehungen zwischen Württemberg und dem Weichselland hin.

6. Juli Auf einer Presseberichten zufolge von 10 000 Eisenbahnern besuchten Kundgebung in der Stadthalle spricht der stellv. Generaldirektor der Reichsbahn Kleinmann. Er hebt hervor, daß der Personalbestand der Reichsbahn seit 1933 von 560 000 auf 650 000 Beschäftigte aufgestockt und so zahlreichen »alten Kämpfern« ein Arbeitsplatz beschafft werden konnte.

6./7. Juli Besucher der Volkshochschule Zürich besichtigen das Planetarium und die Volkssternwarte auf der Uhlandshöhe.
In der Adolf-Hitler-Kampfbahn werden die württ. Leichtathletikmeisterschaften ausgetragen. Erstmals gibt es auch Landesmeisterschaften für die Junioren.

7. Juli   Bischof Dr. Sproll weiht die neue von der kath. Kirchengemeinde Hofen nach Plänen des Architekten K. J. Schmid erbaute Bonifatiuskirche in der Steinhaldenfeldsiedlung.
Der Liederkranz Botnang feiert mit einem Festkonzert und einem Umzug durch den mit Fahnen geschmückten Ort sein 75jähriges Bestehen.

8. Juli   Im Festsaal des Hindenburgbaues beginnt die 37. Jahresversammlung der deutschen Zoologischen Gesellschaft. Zu den Tagungsteilnehmern gehört der Stuttgarter Nobelpreisträger Hans Spemann.
16 Studenten der Belgrader Hochschule für Bodenkultur, die sich auf einer Studienreise durch Deutschland, Frankreich und Italien befinden, besuchen Stuttgart.

10. Juli   OB Dr. Strölin empfängt eine Gruppe von Journalisten aus Argentinien, Brasilien, Chile und Uruguay. Er fordert sie auf, als Männer »mit ehrlichem Willen und sachlicher Urteilskraft« das neue Deutschland kennenzulernen.

11. Juli   Unter Vorsitz des städt. Sportreferenten, Rechtsrat Dr. Locher, konstituiert sich ein Verein Eisstadion Stuttgart e. V. Ziel des Vereins ist es, den Bau eines Freiluft-Kunsteisstadions zu fördern und durchzuführen.

11./12. Juli   Erstmals seit mehr als 20 Jahren kommt es in Stuttgart in Friedenszeiten zur Einquartierung von Militär. Zahlreiche Familien stellen den auf dem Rückmarsch vom Truppenübungsplatz Heuberg befindlichen Soldaten des Infanterieregiments Osnabrück gegen Entgelt ein Privatquartier zur Verfügung.

12. Juli   Im Königin-Olga-Stift wird die Klanggerätesammlung der Württ. Landesanstalt für Erziehung und Unterricht eröffnet.
Prof. Georg A. Walter verabschiedet sich in der Hochschule für Musik nach einem gemeinsam mit dem württ. Bachverein gegebenen Konzert. Prof. Dr. Hermann Keller würdigt die Verdienste Walters, der einem Ruf nach Berlin folgt.

12.–15. Juli   In der Liederhalle findet die Reichstagung des Böttcher- und Küferhandwerks statt. Dem Reichsinnungsverband gehören 244 Innungen mit 11 988 Mitgliedern an, wovon auf Württemberg allein 60 Innungen mit 2340 Mitgliedern entfallen. Verbunden mit der Tagung ist eine Reichsfachausstellung.

13. Juli   Auf Einladung der NS-Volkswohlfahrt kommen etwa 100 Kinder aus dem ehemaligen deutschen Teil Nordschleswigs nach Stuttgart.
OB Dr. Strölin eröffnet im Ausstellungsgebäude auf dem Interimstheaterplatz die von

JULI 1935

Reichssportführer Hans von Tschammer und Osten zur Vorbereitung der Olympischen Spiele 1936 veranstaltete Olympia-Ausstellung.
Der Verlag Engelhorn Nachfolger feiert sein 75jähriges Geschäftsjubiläum.

13./14. Juli Mit Sängern des Sängerbundes Strohgäu, Filder und Schönbuch feiert der Otto-Elben-Kreis Möhringen sein 1. Kreisliederfest. Das große Wertungssingen in der Sängerfesthalle wird von 10 000 Personen besucht. An der Hauptaufführung in Gegenwart von Innenminister Dr. Schmid nehmen 4000 Sänger und Sängerinnen teil.

15. Juli Karl Zinser (Stuttgart) übernimmt als Obermeister die Leitung der neu gegründeten Großschlächter-Landesinnung für Württemberg.

15.–19. Juli OB Dr. Strölin nimmt in London am Kongreß des Internationalen Verbandes für Wohnungswesen und Städtebau teil. Der Verband wählt Strölin zu seinem Vizepräsidenten.

16. Juli Das Amtsblatt meldet für das erste Halbjahr 1935 einen starken Anstieg der Eheschließungen und Geburten und stellt die Zahlen denen aus der Zeit vor der NS-Machtergreifung gegenüber. Danach wurden, bezogen auf 1000 Einwohner, in Stuttgart in den ersten sechs Monaten des Jahres 1935 5,2 Ehen geschlossen und 8,1 Geburten registriert. Die Vergleichszahlen für den entsprechenden Zeitraum des Jahres 1932 lauten 4,2 bzw. 5,4. Im Standesamt wird daher ein dritter Trauraum eingerichtet. Zur feierlichen Gestaltung der Trauzeremonie ordnet OB Dr. Strölin an, daß die Standesbeamten künftig eine Amtstracht, nämlich einen schwarzen Talar und ein Barett, zu tragen haben.
Erstaufführung der Oper »Xerxes oder: Der verliebte König« von Georg Friedrich Händel im Kleinen Haus.

18. Juli Das Amtsgericht Stuttgart I weist die Beschwerde eines Mannes zurück, dem das Stuttgarter Standesamt die Eheschließung mit einer Jüdin untersagt hatte. Das Gericht begründet seine Entscheidung damit, daß der 29jährige Antragsteller Angehöriger der Reserve der Wehrmacht sei. Gleichzeitig wird bekannt, daß das Stuttgarter Standesamt seit Inkrafttreten des Wehrgesetzes vom 16. 3. 1935 insgesamt in vier Fällen die Eheschließung mit einer Jüdin verweigert hat.
In Anwesenheit des Kulturattachés der französischen Botschaft in Berlin, des französischen Vizekonsuls und des schweizerischen Konsuls begrüßt Stadtschulrat Dr. Fritz Cuhorst 35 französische und schweizerische Austauschschüler in der Villa Berg. Die Gruppe gehört zu insgesamt 270 Schülern aus Frankreich, Belgien und der Schweiz,

die im Sommer 1935 im Austausch gegen eine gleiche Zahl deutscher Schüler ihre Ferien in Deutschland verbringen.

19. Juli Beim Löwentor findet die Grundsteinlegung für ein Schulungsheim des Deutschen Instituts für nationalsozialistische technische Arbeitsforschung und -schulung statt. Das Grundstück dazu stellte die Stadt Stuttgart auf dem Wege der Erbpacht zur Verfügung.
Stadtschulrat Dr. Cuhorst empfängt in der Villa Berg eine Gruppe amerikanischer Dozenten und Studentinnen, die sich auf einer Studienfahrt durch Deutschland befinden.

20. Juli Hofen erhält Straßenbahnanschluß. Es verkehrt die Linie 14 auf der Strecke Berg — Münster — Hofen und zurück alle 24 Minuten.
Das Stuttgarter Schulturnfest wird als Massenveranstaltung auf dem Cannstatter Wasen und in der Adolf-Hitler-Kampfbahn aufgezogen. Die Anwesenheit von Ministerpräsident Mergenthaler, der Minister Dr. Schmid und Dr. Dehlinger sowie hoher Offiziere unterstreicht die politische Tendenz des Festes. An den gymnastischen Übungen beteiligen sich nicht weniger als 3240 Schüler und ebenso viele Schülerinnen. Von 700 Mädchen werden Tänze vorgeführt.

20./21. Juli Im großen Stadtgartensaal versammeln sich zahlreiche Buchbinder zu ihrem 1. Reichsinnungstag. In mehreren Referaten wird namentlich die Pflege des Brauchtums, wie es beispielsweise im Wandern der Gesellen zum Ausdruck kommt, betont. Unter den elf Bezirksinnungsmeistern, die feierlich vereidigt werden, befindet sich auch Obermeister Ernst Riethmüller aus Stuttgart.
70 Vereine mit über 1000 Aktiven beteiligen sich am Volksmusiktag in Feuerbach.

22. Juli Zu Beginn der großen Ferien fahren 60 Stuttgarter Lehrer in ein Schulungslager auf dem Schadenweiler Hof bei Rottenburg.

24. Juli In Hofen werden der Stausee und das Kraftwerk ihrer Bestimmung übergeben. Über die Entstehung der Bauwerke sprechen Strombaudirektor Dr. Otto Konz und der Leiter des städt. Tiefbauamtes, Dr. Emil Maier. Dr. Konz weist auf die Bedeutung der 17 km langen Flußregulierung und der dadurch gebannten Hochwassergefahr hin. Getrennt von dem Stausee entstand ein 18 000 qm großer Badesee mit zwei Schwimmbecken und einer modernen Sprunganlage. Außer einem Klubheim für die Schwimmvereine wurde ein großes Paddelbootshaus für 150 Boote errichtet.

JULI 1935

25. Juli OB Dr. Strölin wendet sich in einem Aufruf gegen Miet- und Preiswucher. Er kritisiert nicht nur unberechtigt hohe Mietforderungen, sondern betont auch generell, »daß im Hinblick auf das Einkommen der Arbeiterschaft und weiter Kreise des Mittelstandes jede unberechtigte Preissteigerung geradezu als ein schweres Vergehen gegenüber der Volksgemeinschaft bezeichnet werden muß«. Strölin verweist auf die von ihm eingerichtete Schlichtungsstelle für Mietfragen. Diese wurde seit ihrem Bestehen von 2052 Mietern und 180 Hausbesitzern angerufen. Bei rund der Hälfte der Fälle lag eine Räumungsklage vor. In 575 Fällen wurde eine Mietsenkung vereinbart, in 52 Fällen erreicht, daß die Miete nur mäßig erhöht wurde. In 157 Fällen haben sich Mieter und Vermieter selbst geeinigt. Außerdem wurden 25 kinderreiche Familien bei der Wohnungsbeschaffung unterstützt.
Die Württ. Staatstheater beenden die Spielzeit mit einer Freilichtaufführung von »Cavalleria rusticana« und »Bajazzo« vor dem Großen Haus.
Im Universum findet in Anwesenheit der Hauptdarsteller, u. a. Hans Stüwe und Hansi Knoteck, die Uraufführung des Filmes »Die Heilige und ihr Narr« nach dem gleichnamigen Roman der Stuttgarter Schriftstellerin Agnes Günther statt.

26. Juli Einziger Tagesordnungspunkt der öffentlichen Ratsherrensitzung ist die Vorlage des Rechnungsabschlusses für das Jahr 1934. Auf die Reden von OB Dr. Strölin und Stadtkämmerer Hirzel erwidert von den Mitgliedern des Gremiums lediglich Ratsherr Oberrechnungsrat Karl Bühler. Er geht auf Detailfragen kaum ein, bemängelt zwar das Fehlen einer ausreichenden Zahl von Kleinwohnungen, beschränkt sich im übrigen jedoch auf Dankesworte für den OB und die Stadtverwaltung. Der Haushalt 1934 schließt mit 145,7 Mio. RM Einnahmen und 141,5 Mio. RM Ausgaben, weist also einen Überschuß von 4,2 Mio. RM auf, der teilweise für die Rückzahlung der den Technischen Werken entzogenen Abschreibungsmittel verwendet wird.
Stadtkämmerer Hirzel eröffnet im Rathaus die Mitgliederversammlung des südwestdeutschen Kanalvereins.

27. Juli Auf einer öffentlichen Kundgebung im Stadtgartensaal sprechen der Vorsitzende des südwestdeutschen Kanalvereins, OB Dr. Strölin, sowie der Nürnberger OB Willy Liebel. Dieser entwirft in einem verkehrspolitischen Grundsatzreferat den Plan eines Wasserverbundsystems von Rhein, Main und Donau und propagiert die weitere Neckarkanalisierung über Heilbronn hinaus, um für die württ. Industrie günstigere Verkehrsbedingungen zu schaffen.
Im Hindenburgbau hält der Landesverkehrsverband für Württemberg und Hohenzollern unter Vorsitz des stellv. Gauleiters Friedrich Schmidt seine Jahresversammlung ab. Der Rechenschaftsbericht weist für den Sommer 1934 einen Anstieg des Fremdenverkehrs in den Kur- und Badeorten um 25 % aus. In Stuttgart selbst wurden

177 276 Auswärtige mit 339 703 Übernachtungen gezählt, was einer Steigerung von 46 % gegenüber dem Vorjahr entspricht.
In Stuttgart konstituiert sich eine Ortsgruppe des Reichsbundes der Körperbehinderten. Der Verband versteht sich als eine Interessenvertretung der Zivilbehinderten, »der geistig normalen und bildungsfähigen Krüppel«.
Im Rahmen der Ausstellung Wasserstraßen und Wassersport findet auf dem Cannstatter Wasen ein großes Sommer- und Lampionfest statt, bei dem »Das Spiel vom Neckar — Auf'm Wase graset d'Hase« von Dr. Curt Elwenspoek aufgeführt wird.

27. Juli — 3. August   Die NS-Volkswohlfahrt veranstaltet eine »Nachwerbewoche für die Kinderlandverschickung« und ermöglicht 672 Stuttgarter Kindern einen Ferienaufenthalt in Oberbayern.

28. Juli   OB Strölin nimmt mit Reichsverkehrsminister Paul Freiherr von Eltz-Rübenach und Ministerpräsident Mergenthaler an der Einweihung des Heilbronner Neckarhafens teil. Nachdem grundsätzlich entschieden wurde, den Neckar über Heilbronn hinaus als Großschiffahrtsstraße auszubauen, errichtet OB Dr. Strölin beim städt. Tiefbauamt eine Abteilung Hafenamt.

30. Juli   BM Friedrich Ettwein bespricht im NS-Kurier das Buch des Stuttgarter Pfarrers Georg Schneider »Der Heiland — Deutsch«, das seiner Ansicht nach »der erste . . . gelungene Versuch der Darstellung eines urpositiven Christentums, entsprechend § 24 unseres nationalsozialistischen Programms« ist. Pfarrer Schneider referierte über dieses Thema kurz zuvor im Hotel Herzog Christoph vor dem Bund für Deutschkirche, dessen Gauobmann BM Ettwein ist. In seinem Referat führte Schneider aus, es gelte, über den »dogmatischen Schutt der konfessionellen Kirchen« hinweg Jesus Christus zu entdecken und in ihm, wie Goebbels sagte, den ersten Judengegner von Format zu sehen.

31. Juli   Die Verwaltungs- und Wirtschaftsbeiräte beschließen, bis zur Reichsgartenschau 1939 einen großen Volkspark zwischen dem Kräherwald, dem Pragsattel und dem Rosenstein anzulegen. Gleichzeitig wird geplant, auf dem Killesberg einen Tierpark zu errichten.
BM Ettwein, Stadtarzt Dr. Gastpar und die Wohlfahrtsbeiräte besuchen die Landjahrheime in Ergenzingen, Börstingen, Bernstein und Bernloch, wo schulentlassene Jugendliche als Landhelfer eingesetzt sind, um, wie es im Amtsblatt heißt, »in engster Verbindung mit der Natur zu körperlich, seelisch und geistig wertvolleren Volksgenossen herangebildet« zu werden. Die Informationsreise schließt ab mit einer Besichtigung des Freizeitlagers der HJ bei Indelhausen im Lautertal. Dort verbringen mehrere hundert Schüler und Jungarbeiter in acht Lagergemeinschaften ihre Ferien.

AUGUST 1935

Im Rathaus findet unter Vorsitz von Rechtsrat Dr. Locher die Mitgliederversammlung des Stuttgarter Verkehrsvereins statt. Verkehrsdirektor Oskar Kienzle hebt hervor, daß der Ausländerbesuch im vergangenen Jahr um fast 25 % zugenommen habe. Der Ausländeranteil am gesamten Fremdenverkehr betrage rund 10 %. Zahlenmäßig am stärksten vertreten seien die Schweizer, gefolgt von den Holländern, Engländern und Amerikanern.

Die württ. Weinhändler befassen sich auf einer Arbeitstagung unter Vorsitz von Kaufmann Alfred Hannemann (Stuttgart) mit Fragen des Absatzes, der Preisgestaltung und der Besteuerung. Gefordert wird ein gerechter und nicht ein von Angebot und Nachfrage abhängiger Preis. Der Verband spricht sich außerdem für die Abschaffung der Getränkesteuer aus.

1. August Möhringen verzeichnet eine anhaltend rege Bautätigkeit besonders im Villengebiet Sonnenberg. Es weist gegenüber der letzten Volkszählung vom 16. Juni 1933 einen Bevölkerungsanstieg von 5850 auf 6603 Einwohner auf.

2. August Ein jüdischer Hausbesitzer wird nach Streitigkeiten mit einer bei ihm zur Miete wohnenden Frau in »Schutzhaft« genommen.
Anläßlich des ersten Todestages des Reichspräsidenten Paul von Hindenburg wird an den öffentlichen Gebäuden halbmast geflaggt. Der Schwäb. Merkur feiert Hindenburg als »Sinnbild der Pflichterfüllung und der Treue« und veröffentlicht ein Gedicht, in dem es abschließend heißt: »Der ruhet reich an Taten, der Tote, der nicht tot. Er lebt und sorgt und segnet sein Volk in Glück und Not«.
BM Dr. Sigloch empfängt eine Gruppe schwedischer Architekten. Ihr besonderes Interesse gilt den Stadtrandsiedlungen und dem neuen Stausee in Hofen.
Der Hotelier Albert Jungeblodt, Pächter des Stadtgartenrestaurants, verstorben. Jungeblodt kam 1921 nach Stuttgart und wurde besonders durch seine Tierschauen bekannt. 1922 veranstaltete er eine Tierschau mit 50 Löwen.

3. August Eine Abordnung der Steubengesellschaft der USA besucht auf ihrer Deutschlandreise Stuttgart. Die Gäste werden aufgefordert, sich selbst ein Bild vom heutigen Deutschland zu machen.
In Feuerbach und Weilimdorf werden Schwesternstationen der NS-Volkswohlfahrt eingerichtet. Die Schwestern tragen eine braune Tracht. Nach den Worten von Kreisamtsleiter Güntner tun sie ihren Dienst ohne jede konfessionelle Bindung, aber nicht in Konkurrenz zu den kirchlichen Gemeindeschwestern. Ihr Dienst stelle vielmehr etwas ganz Neues dar.
Im Ausstellungsgebäude in der Kanzleistraße wird bis 15. September eine Sonderschau des Handels aus der »Welt des Kindes« gezeigt.

AUGUST 1935

Die auf Initiative des Ludwigsburger Industriellen Richard Franck gegründete Weltkriegsbücherei feiert ihr 20jähriges Bestehen. 1920 wurde diese historisch-politische Fachbibliothek von Berlin nach Stuttgart in das Schloß Rosenstein verlegt. Der Bibliothek wurden auch ein Forschungsinstitut sowie ein Kriegsarchiv und ein Kriegsmuseum angegliedert.
Der Gesangverein Eintracht-Harmonie Zuffenhausen veranstaltet anläßlich seines 50jährigen Bestehens ein Festkonzert.
Universitätsprof. Dr. Bernhard Stuber, Direktor des städt. Krankenhauses Kiel, verstorben. Der in Stuttgart geborene Arzt wurde besonders als Physiologe bekannt.

4. August Die Firma Breuninger weiht mit einem Betriebssportfest den für ihre Angestellten in Möhringen angekauften Sportplatz ein.
Prof. Anton Enz, kath. Kirchenmusiker und 40 Jahre Lehrer an der Hochschule für Musik, verstorben.

5. August Die Professoren Schmitthenner und Wetzel von der TH begleiten 12 argentinische Architekten auf einer Stadtrundfahrt durch Stuttgart.
Die NS-Volkswohlfahrt eröffnet in Zuffenhausen ein neues Waldheim.
Das Schiller-Nationalmuseum in Marbach zeigt aus Anlaß des 100. Geburtstages des Bauerndichters Christian Wagner aus Warmbronn und des Stuttgarter Literaturprofessors und Schriftstellers Wilhelm Hertz eine Sonderausstellung.
Ein von der Prag kommender Straßenbahnzug der Linie 15 entgleist beim Einbiegen in die Ludwigsburger Straße. 12 Personen werden verletzt.

6. August Auf dem Obst- und Gemüsemarkt werden sowohl bei den Erzeugern als auch beim Groß- und Kleinhandel Preiskontrollen vorgenommen, nachdem die Preise wegen der ungünstigen Witterung stark angestiegen sind. Das Gaupresseamt der NSDAP spricht von »gewissenlosen Elementen«, die diese Lage auszunützen versuchten.

7. August Das Sondergericht verurteilt einen Mann aus Weinsberg zu acht Jahren Zuchthaus. Er hatte sich seiner polizeilichen Festnahme widersetzt und einen Polizeibeamten durch Schüsse schwer verletzt. Das Gericht begründet die Höhe der Strafe damit, daß jeder Widerstand gegen Staats- und Parteiorgane aufs strengste geahndet werden müsse.
Im Rathaus werden etwa 90 Siedlerstellen des ersten Bauabschnitts der neuen Wolfbuschsiedlung in Weilimdorf verlost. Gleichzeitig werden Bewerbungen für den zweiten Bauabschnitt entgegengenommen. Die Siedler müssen ein Eigenkapital von mindestens 2100 bzw. 2500 RM aufbringen.

AUGUST 1935

8. August   Der niederländische Ministerpräsident Henric Colijn hält sich auf der Durchreise nach München in Stuttgart auf.
Der Graphiker Karl Straub und der Kunstmaler Helmut Muehle erhalten bei dem Plakatwettbewerb für das 100. Cannstatter Volksfest den ersten bzw. zweiten Preis. Insgesamt waren 71 Entwürfe eingegangen.

9. August   In Stuttgart treffen sich 24 Schüler und Schülerinnen mehrerer württ. Gymnasien zu einer 14tägigen Studienfahrt nach England.

10. August   Es erfolgt eine erneute Preiskontrolle des Obst- und Gemüsemarktes, bei der sich wiederum mehrere Beanstandungen ergeben.
Der NS-Kurier zeigt ein Bild vom Bau einer neuen Straße auf dem Burgholzhof mit der Unterschrift: Die letzten arbeitslosen Bauarbeiter Stuttgarts sind beschäftigt.

10./11. August   Der Gesangverein Aurora in Gaisburg feiert sein 50jähriges Bestehen mit einem Festkonzert und einem Umzug.

11. August   In Feuerbach kommt ein mit 23 Personen besetzter Anhänger eines Lastkraftwagens ins Schleudern und stürzt um; 11 Personen werden verletzt.

12. August   Prof. Regener läßt im Hof des Physikalischen Instituts der TH zur Erforschung der Stratosphäre mehrere Ballone aufsteigen. Sie erreichen eine Höhe von rund 20 000 m.

13. August   Bei Straßenbauarbeiten wird auf dem Steinhaldenfeld ein in das 3. Jahrtausend v. Chr. datiertes Hockergrab entdeckt.

15. August   Das Neue Tagblatt erinnert in einem größeren Artikel an den 10. Jahrestag der Rede Hitlers im Charlottenhof in Stuttgart. Dagegen polemisiert der NS-Kurier mit dem Hinweis, das Tagblatt habe seinerzeit der Rede nur wenige Zeilen gewidmet.
Die Holzgroßhandlung Eugen Wider, die gegenwärtig 60 Mitarbeiter beschäftigt, feiert ihr 50. Geschäftsjubiläum.

16. August   Die Stadtverwaltung eröffnet in der Taubenheimstraße in Bad Cannstatt ein Gästeheim zur Förderung des Kurbetriebes. Das Haus kann 19 Personen aufnehmen. Es verfügt über Gesellschafts-, Rauch- und Speisezimmer sowie über eine Diätküche.
Der Reichsverband deutscher Rundfunkteilnehmer veranstaltet von Stuttgart aus zwei

Sonderfahrten zur Funkausstellung nach Berlin, an denen über 2000 Personen aus ganz Württemberg teilnehmen.
Ministerialdirektor Präsident a. D. Karl von Zindel verstorben. Zindel wurde 1908 zum stellv. württ. Bundesratsbevollmächtigten ernannt und übernahm 1913 die Leitung der Württ. Sparkasse.
Marie Schmidt, führende Vertreterin der evang. Frauenbewegung und Gründerin des Christlich-Nationalen Gewerbevereins der Heimarbeiterinnen in Stuttgart, verstorben.

17. August   In Weilimdorf wird die städt. Obstkelter geschlossen und die Bevölkerung an die ortsansässigen Küfer verwiesen. Die beiden städt. Backhäuser werden weiter betrieben.

18. August   In Obertürkheim und in Zuffenhausen bestehen seit 10 Jahren Ortsgruppen der NSDAP. Sie wurden im Anschluß an die Stuttgarter Rede Hitlers 1925 gegründet. Für Zuffenhausen nennt der NS-Kurier sechs Gründungsmitglieder. Er spricht in diesem Zusammenhang von einer heimlichen politischen Opposition; es sei nicht überraschend, »daß es heute noch so viele Gegner des Nationalsozialismus gibt. Nur der Harmlose konnte sich einbilden, daß mit der Auflösung der Parteien nun auch die unbekannten Führer dieser Parteien ... vernichtet worden wären«.
Auf der von Reichswirtschaftsminister Dr. Schacht eröffneten 23. Deutschen Ostmesse in Königsberg befürwortet der württ. Wirtschaftsminister Prof. Dr. Lehnich den Ausbau der Wirtschaftsbeziehungen zwischen Württemberg und Ostpreußen. Auf der Messe sind außer den Großunternehmen Bosch und Daimler-Benz auch mehrere mittelständische Stuttgarter Firmen vertreten.
Zum 17.mal wird das Radrennen Rund um Stuttgart ausgetragen. Gefahren werden drei Runden über eine Gesamtdistanz von 135 km.

19. August   Ein jüdischer Kaufmann wird wegen »Rassenschändung« in Schutzhaft genommen. Bei seiner polizeilichen Vorführung kommt es zu einem Menschenauflauf und zu Mißfallenskundgebungen gegen den Beschuldigten. Kurz darauf verliert eine jüdische Händlerin, die seit 1923 einen Stand in der Markthalle hatte, ihre Konzession mit der Begründung, sie habe das Freundschaftsverhältnis ihres Sohnes mit einem deutschen (nichtjüdischen) Mädchen geduldet.
Die seit zehn Jahren bestehende Vereinigung deutscher Reformhäuser (VdR) hält im Höhenrestaurant Schönblick ihre Haupttagung ab. Dabei wird daran erinnert, daß bereits 1890 ein Kongreß der Lebensreformer, Vegetarier und Anhänger der Naturheilkunde in Stuttgart stattgefunden hat.

20. August   Das Universum-Filmtheater zeigt in Anwesenheit des Hauptdarstellers Willy Fritsch die Erstaufführung des Filmes »Amphitryon«.

AUGUST 1935

22. August Die NS-Volkswohlfahrt stellt auf einer Besichtigungsfahrt Vertretern der Stadt und der Presse ihre neuen Walderholungsheime vor. Auf der Prag verbringen 300 Kinder die Ferien; im Müttererholungsheim Heimberg können 45 Frauen mit ihren Kindern aufgenommen werden. Das Waldheim Himmerreich in Botnang verfügt über ein 20 m großes Schwimmbecken, das an diesem Tag eingeweiht wird.

24.–26. August In Wangen wird Kirbe gefeiert; verbunden damit ist der traditionelle Krämer-, Faß- und Schweinemarkt.

25. August Die Deutsche Lufthansa verzeichnet ihren 100. Postflug zwischen Stuttgart/Böblingen und Buenos Aires.
Vor 35 000 Zuschauern verliert der VfB Stuttgart gegen Schalke 04 ein Freundschaftsspiel mit 2:9 Toren. Die Begegnung wird als sog. Rückspiel um die deutsche Fußballmeisterschaft gewertet.

26. August Die Polizei beginnt mit einer Aktion gegen den Verkehrslärm und stellt bereits am ersten Tage 22 nicht den Verkehrsvorschriften entsprechende Fahrzeuge sicher. Dabei handelt es sich überwiegend um Motorräder ohne Schalldämpfer. An den Zufahrtsstraßen werden Schilder mit der Aufschrift angebracht: In Stuttgart wird nicht gehupt.

27. August Von Stuttgart aus treten 55 ausgewählte Hitlerjungen aus ganz Württemberg den Marsch zum Reichsparteitag nach Nürnberg an. Aus diesem Anlaß findet auf dem Schillerplatz eine Kundgebung statt.
Die Ludwigsburger Straße, deren Pflaster durch eine Asphaltdecke ersetzt wurde, wird wieder dem Verkehr übergeben.

28. August In Württemberg sind 100 000 Kraftfahrzeuge, 13 % mehr als im Vorjahr, registriert. Auf jeden 27. Einwohner kommt nunmehr ein Kraftfahrzeug. Die meisten Personenkraftwagen weist Stuttgart auf, wo ein Zahlenverhältnis von 1 Pkw je 39 Einwohner besteht.

29. August Die SA veranstaltet einen Propagandamarsch und ruft zum Kampf gegen alle »Reaktionäre« und Gegner des NS-Regimes auf. Die von ihr als Staatsfeinde bezeichneten Personengruppen werden bei dem Demonstrationszug in Gestalt überlebensgroßer Pappfiguren mitgeführt. »Staatsfeind Nummer 1« ist der Jude. Genannt werden außerdem: Der politisierende Pfaffe, der Gerüchtemacher, der Nörgler und Besserwisser sowie der verblödete Reaktionär.
In verschiedenen Feiern wird des 50. Jahrestages gedacht, an dem Gottlieb Daimler

das Patent für das erste Motorrad der Welt erhielt. OB Strölin verfügt, die einstige Werkstätte Daimlers in der Taubenheimstraße 13 a in Bad Cannstatt zu einer Gedenkstätte auszugestalten.
Nach längeren Umbauarbeiten wird die Straße von Bad Cannstatt nach Fellbach wieder dem Verkehr übergeben. Dem gesteigerten Autoverkehr steht nunmehr in beiden Fahrtrichtungen eine sechs Meter breite Fahrbahn zur Verfügung, während die Straßenbahn in der Mitte der Straße einen besonderen Gleiskörper besitzt.

30. August Die Stuttgarter Bank verlegt ihre Niederlassung von der Rote Straße in die Schloßstraße. Bankdirektor Adolf Lieb verweist in einem Gespräch mit Journalisten darauf, daß die 1913 als Kreditgenossenschaft gegründete Bank im letzten Geschäftsjahr einen Umsatz von 453 Mio. RM erzielt hat. Die Zahl der Konteninhaber belaufe sich auf 15 000. Bankdirektor Lieb hebt hervor, daß die Stuttgarter Bank auch am Krisentag des 13. Juli 1931 ihre Schalter nicht geschlossen habe.

31. August Ein Geheimbericht der Gestapo befaßt sich ausführlich mit dem Aufbau und der Organisation des politischen Widerstandes in Württemberg, insbesondere in Stuttgart. Die Gestapo verweist auf die Tätigkeit kommunistischer Betriebszellen in Stuttgart und auf die starke Verbreitung illegalen politischen Schrifttums. Der Rote Boschzünder und das Tribunal, Organ der Werktätigen gegen Unterdrückung, Faschismus, Justizterror, herausgegeben von der Roten Hilfe Deutschlands, erscheinen in einer Auflagenhöhe von 150 bzw. 1000 bis 1500 Stück. Die Unzufriedenheit weiter Kreise der Arbeiterschaft wird auf die Preissteigerungen ohne entsprechende Lohnerhöhungen sowie namentlich in Stuttgart auf die hohen Mieten zurückgeführt.
Auch OB Dr. Strölin hatte kurz zuvor Landesbauernführer Arnold auf die ungünstigen Auswirkungen der Lebensmittelpreiserhöhungen aufmerksam gemacht.
Der NS-Kurier befaßt sich in einem Artikel mit der sozialen Herkunft und der Geschwisterzahl der Studenten. Er bemängelt, daß 47 % aller Studierenden aus Ein- und Zweikinderfamilien kämen und die Arbeiterkinder mit einem Anteil von lediglich 3 % stark unterrepräsentiert seien. »Damit die Söhne studieren konnten, wurde die Kinderzahl beschränkt. Gleichzeitig zeigt sich auch, daß der Bauernsohn und der gesunde Arbeiterjunge im allgemeinen nicht an das Studium denken konnten.«
Die fünfte Wiedersehensfeier der württ. Gebirgsschützen beginnt mit Kranzniederlegungen auf dem Wald- und Pragfriedhof sowie am Grabe König Wilhelms II. in Ludwigsburg. Oberstleutnant Erwin Rommel hält einen Lichtbildervortrag über die Durchbruchsschlacht am Isonzo 1917.
Dr. Heinrich Kraut, Rechtsanwalt und Politiker, verstorben. Dr. Kraut, von 1912 bis 1919 Präsident des württ. Landtags, war einer der führenden konservativen Politiker Württembergs und nach dem ersten Weltkrieg Gründungsmitglied der Bürgerpartei.

SEPTEMBER 1935

1. September Auf einer Kriegsopferveranstaltung in der Liederhalle wird festgestellt, daß es in Württemberg nicht weniger als 900 hirnverletzte Teilnehmer des ersten Weltkriegs gibt; die Beschäftigung dieser Kriegsbeschädigten ist eines der Themen der Veranstaltung.
In den Schloßgarten-Anlagen bewundern 50 000 Zuschauer einen vom Verkehrsamt veranstalteten Blumenkorso, bei dem als Gast die Schauspielerin Lil Dagover mitwirkt.
Nachdem OB Dr. Strölin bereits 1933 für die nicht einem Sportverein angehörenden Bediensteten der Stadt eine freiwillige Turn- und Sportstunde eingerichtet hat, findet nunmehr das erste städt. Sportfest in der Adolf-Hitler-Kampfbahn statt. Zu den Leichtathletikwettbewerben melden sich 1200, zum Wehrsportschießen 485 städt. Mitarbeiter.
300 Schwimmer beteiligen sich an einem Schwimmsportfest im Stausee bei Hofen an 36 Wettkämpfen. Zu der Veranstaltung kommen 12 000 Zuschauer.
Im Inselbad in Untertürkheim findet die erste württ. Meisterschaft im Turmspringen statt.

2. September Die evang. Diakonissenanstalt weiht in der Hölderlinstraße ein neues Altersheim, das Theodor-Fliedner-Haus, ein. In dem von dem Architekten Richard Stahl erstellten fünfstöckigen Gebäude stehen den Heimbewohnern rund 40 Zimmer zur Verfügung. Während der einjährigen Bauzeit wurden etwa 400 Arbeiter beschäftigt.

3. September Die Stadtverwaltung setzt die von den Hauseigentümern zu tragenden Anliegerleistungen herab. Künftig müssen nur noch die Kosten für eine Straßenlänge von höchstens 9 statt bisher 12 m übernommen werden.

4. September 100 Schülerinnen des Olgastiftes fahren zu einem vierwöchigen Aufenthalt in das Schullandheim nach Isny.
In der TH beginnt in Anwesenheit von Vertretern des Reichsärzteführers und des Reichsgesundheitsamtes ein mehrtägiger homöopathischer Fortbildungskurs. Zu den Referenten zählt auch der Schweizer Ernährungswissenschafter Dr. Franklin Bircher.
Karl Hildenbrand, ehemals führender Stuttgarter sozialdemokratischer Politiker, von 1903 bis 1918 Reichstagsabgeordneter und von 1918 bis 1924 württ. Gesandter in Berlin, in Hamburg verstorben.

5. September Die Brauerei Dinkelacker errichtet am ersten Todestag Carl Dinkelackers eine Stiftung zugunsten ihrer Belegschaft in Höhe von 50 000 RM. Für besondere Zwecke werden weitere 15 000 RM ausgeworfen.

SEPTEMBER 1935

5.—7. September   Das Deutsche Ausland-Institut hält seine Jahrestagung ab. OB Dr. Strölin spricht unter Berufung auf Hitler von dem Recht auf Rückgliederung der ehemaligen deutschen Kolonien, denen eine große Bedeutung zukomme als Rohstoffgebiete, als Zielländer für deutsche Auswanderer und als Betätigungsfeld der Jugend. Der wissenschaftliche Rat des Ausland-Instituts befaßt sich mit dem Plan, zur Stärkung des Deutschtums in der Tschechoslowakei (neben Prag) in Reichenberg eine zweite »deutsche Universität« zu gründen.

6. September   In großer Aufmachung berichtet der NS-Kurier von einem Gerichtsurteil, das die Aussteuerpflicht der Eltern für ihre mit einem jüdischen Ehepartner verheiratete Tochter verneinte. Die Klägerin habe sich durch diese Eheschließung selbst aus der deutschen Volksgemeinschaft ausgeschlossen.

7./8. September   15 000 Besucher kommen zu einer Hundeausstellung in die Gewerbehalle. 875 Rassehunde stellen sich einem »Zuchtgruppenwettstreit«, wobei die Bewertung nach fünf Stufen von »ungenügend« bis »vorzüglich« erfolgt.

8. September   Die in ihren ältesten Teilen aus dem Mittelalter stammende evang. Kirche in Botnang wird nach größeren Umbauarbeiten von Stadtdekan Dr. Lempp wieder geweiht.
Die Württ. Staatstheater eröffnen die Spielzeit 1935/36 mit der Neuinszenierung von Heinrich von Kleists Schauspiel »Penthesilea«.
Der Polizeisportverein weiht seinen neuen Vereinsplatz ein. Die Sportwettkämpfe eröffnet ein Gepäckmarsch. Das Vereinsheim erhält den Namen des derzeitigen Polizeipräsidenten Rudolf Klaiber.
Der Stuttgart-Cannstatter Ruderclub 1910 feiert sein 25jähriges Bestehen mit einer Herbst- und Jugendregatta, wobei insgesamt 17 Rennen ausgetragen werden.

9. September   Die 35 Personen zählende englische Delegation eines in Salzburg abgehaltenen internationalen Bausparerkongresses besucht auf ihrer Rückkehr Stuttgart und besichtigt die Kochenhof- und die Weißenhofsiedlung.
In Stuttgart findet eine außerordentliche Gesellschafterversammlung der Firma C. D. Magirus AG Ulm statt, auf der der Präsident des württ. Industrie- und Handelstages Fritz Kiehn zum alleinzeichnungsberechtigten Vorstandsmitglied bestellt wird. Gegen die Einführung des Alleinzeichnungsrechtes gibt ein Kleinaktionär, der seine Interessen verletzt sieht, seinen Protest zu Protokoll. Auch bei den Vorstandswahlen kommt es zu abweichenden Voten. So spricht sich der Vertreter der Stadt Ulm gegen die Wiederwahl zweier Vorstandsmitglieder aus.
Auf dem Weilimdorfer Viehmarkt werden 15 Kühe, 5 Kälber, 33 Rinder und

SEPTEMBER 1935

26 Schweine zum Verkauf angeboten. Etwa zwei Drittel der zugeführten Tiere werden verkauft. Die Preise für Kühe bewegen sich zwischen 360 und 640 RM.
Oberbibliothekar Prof. Dr. Karl Löffler verstorben. Löffler veröffentlichte 1924 eine Geschichte der Landesbibliothek Stuttgart.

10. September Der NS-Kurier bringt einen »Appell an die deutsche Arbeiterfrau, die Regierung in ihrem Kampf gegen die Preiswucherer zu unterstützen«. Es wird davor gewarnt, überhöhte Preise zu zahlen. Statt dessen sollten die Hausfrauen Lebensmittel kaufen, die im Überfluß vorhanden seien.
Die Stuttgarter Straßenbahn wird seit 40 Jahren elektrisch betrieben.
Dr. Axel Schmidt, seit 1919 Landesgeologe, maßgeblich beteiligt an der geologischen Spezialkarte Württembergs, verstorben.

11. September Erstaufführung der Komödie »Der Herr Baron fährt ein« von Heinz Steguweit im Kleinen Haus.

12. September Die Verlagsbuchhandlung und Buchdruckerei Chr. Belser, seit 1922 in Form einer Aktiengesellschaft geführt, feiert ihr 100jähriges Bestehen. Die Firma Belser war beteiligt an der Gründung der Süddeutschen Zeitung 1913, der Nachfolgerin der Deutschen Reichspost. Seit 1924 verlegte sie auch die Illustrierte Das Bunte Blatt.

13. September Englische Studenten, die auf Einladung des Deutschen Akademischen Austauschdienstes Deutschland besuchen, führen im Kleinen Haus das Drama »Richard of Bordeaux« von Gordon Daviod auf.
Im vollbesetzten Festsaal des Gustav-Siegle-Hauses berichtet Pfarrer Anstein (Basel) über seine Abessinienreise.

14./15. September Der Württ. evang. Jungmännerbund hält in Stuttgart seinen 66. Bundestag ab. Zu den Veranstaltungen in der Stifts-, Leonhards- und Friedenskirche kommen ungefähr 6000 Jugendliche. Jugendpfarrer Busch (Essen) spricht sie als »Frontsoldaten Jesu Christi« an, deren Losung sein möge: Alles für Deutschland — Deutschland für Christus.
Auf Einladung der Deutschen Lufthansa informieren sich Vertreter des Schweizer Fremdenverkehrs aus Bern, Genf und Zürich über Stuttgart.

15. September Auf dem Reichsparteitag in Nürnberg werden die sog. Nürnberger Gesetze verkündet: Reichsbürgergesetz und Gesetz zum Schutze des deutschen Blutes und der deutschen Ehre. Durch diese Gesetze und sich anschließende Verordnungen werden Juden Staatsangehörige minderen Rechts.

16. September Im Kleinen Haus wird das Schauspiel »Karneval ohne Ende« des Stuttgarters Heinrich Lilienfein uraufgeführt.

18. September Dr. Hermann Rüdiger, Hauptschriftleiter des Pressereferates beim Deutschen Ausland-Institut, spricht über das Thema »Die reichsdeutsche Zeitschrift im Ausland, ihre Bedeutung im Kampf für das Dritte Reich«.

19. September Das alte Steinhaus, Grabenstraße 11, eines der bedeutendsten mittelalterlichen Bauwerke Stuttgarts, geht in den Besitz der Stadt über. Es gehörte bisher der Städt. Sparkasse.
In Untertürkheim wird der traditionelle Herbstjahrmarkt (Krämer-, Faß- und Schweinemarkt) abgehalten.
Die Stuttgarter Niederlassung des Berliner Kaffee- und Teegeschäftes Otto Graßhoff besteht seit 50 Jahren.

20. September Der NS-Kurier bringt unter der Überschrift »Wir kaufen nur im deutschen Geschäft!« eine namentliche Aufzählung der »arischen« Geschäfte in der Königstraße.

21. September OB Dr. Strölin eröffnet in Anwesenheit von Reichsaußenminister von Neurath das 100. Cannstatter Volksfest. Tausende von Stuttgartern umsäumen die Straßen, als der Festzug von der Rotebühlkaserne aus durch die König- und Neckarstraße zum Cannstatter Wasen zieht.

21./22. September 12 000 Jugendliche aus ganz Württemberg nehmen am Staatsjugendtag an Sportwettkämpfen auf dem Cannstatter Wasen teil.

22. September Am Tag des deutschen Volkstums sprechen auf einer Veranstaltung des Volksbundes für das Deutschtum im Ausland der Stuttgarter Studiendirektor Dr. Alfred Krehl über die deutschen Siedler in Ungarn und Bessarabien und Bruno Hübler über das sudetendeutsche Volkstum.
In der Adolf-Hitler-Kampfbahn wird vor 30 000 Zuschauern ein großes Sportfest mit Vertretern der deutschen Nationalmannschaft und Leichtathleten aus Finnland und der Schweiz ausgetragen.

23. September Nach dem Besuch eines internationalen Kongresses in Prag kommen 50 ausländische Architekten nach Stuttgart. Sie besichtigen unter anderem die Siedlungen Vogelsang und Kochenhof, das Kaufhaus Breuninger und das Schwimmbad in Heslach.

Im großen Stadtgartensaal beginnt der 11. Deutsche Physiker- und Mathematikertag. Erschienen sind 700 Wissenschaftler aus Deutschland, England, den Niederlanden, Österreich und der Tschechoslowakei. Der eine ganze Woche dauernde Kongreß befaßt sich auch mit alltäglichen Problemen wie der Lärmbekämpfung in Wohngebieten und in Fabriken. Zu den Referenten der Tagung zählen mehrere Professoren der TH Stuttgart, unter anderen der Stratosphärenforscher Erich Regener, der Rektor des Jahres 1932/33, Paul Ewald, sowie der Physiker Ulrich Dehlinger.

Der dänische Komponist Ebbe Hamerik dirigiert in der Liederhalle ein Nordisches Konzert mit eigenen Kompositionen sowie Werken von Jean Sibelius und anderen. Als Solist tritt Sven Nilsson (Dresden) auf.

Das Haushaltswarengeschäft Maercklin besteht seit 175 Jahren. Jakob Friedrich Maercklin begründete die Firma 1760 in der Münzstraße; 1866 bezog sie ihr neues Geschäftshaus in der Königstraße 39.

24. September OB Dr. Strölin und die Verwaltungs- und Wohlfahrtsbeiräte besichtigen das städt. Gesundheitsamt und die Schulzahnklinik. Amtsleiter Prof. Dr. Alfred Gastpar hebt bei diesem Anlaß hervor, daß in Stuttgart das Gesundheitsamt auch nach dem Gesetz über die Vereinheitlichung des Gesundheitswesens vom 3. 7. 1934 eine kommunale Einrichtung geblieben ist. Durch die Mitwirkung bei der Bewilligung von Ehestandsdarlehen und bei der Vergabe von Siedlerstellen sind dem Gesundheitsamt neue Aufgaben übertragen worden.

Die Johannesschule feiert ihr 60jähriges Bestehen. 1875 begann hier der Unterricht mit 612 Schülern und 11 Lehrern.

25. September Der NS-Lehrerbund von Württemberg und Hohenzollern feiert im Hindenburgbau den Reichstagsabgeordneten und Gauamtsleiter Ernst Huber für seine zehnjährige Mitgliedschaft in der NSDAP. Während dem von Huber geführten NS-Lehrerbund 1932 in Württemberg etwa 100 Mitglieder angehörten, beträgt deren Zahl 1935 insgesamt 13 000.

Die Daimler-Benz AG ehrt mit einem großen Empfang die im Jahre 1935 mit acht Siegen besonders erfolgreichen Rennfahrer Caracciola, Fagioli und den wegen Krankheit am Erscheinen verhinderten von Bräuchitsch.

26. September Die Ratsherren nehmen in nichtöffentlicher Sitzung Kenntnis von der Vermögens- und Haushaltslage der Stadt. Gegenüber dem Vorjahr hat sich der Schuldenstand um 1,5 Mio. RM auf 91,5 Mio. RM verringert. Weitere Beratungsgegenstände sind die Neufassung der Satzung des Jugendamtes, Investitionen im Be-

reich der Technischen Werke sowie ein Waldtausch mit der hzgl. württ. Rentkammer. Mit einem Kostenaufwand von 1¼ Mio. RM wird das Versorgungsnetz der Technischen Werke erweitert. Durch diese Maßnahme soll zugleich ein Beitrag zur Bekämpfung der Arbeitslosigkeit geleistet werden.
Die Leonberger Bausparkasse veranstaltet für zahlreiche Behörden- und Pressevertreter eine Führung durch die neue von ihr ohne Staatszuschüsse errichtete Eigenheimsiedlung in Möhringen.

28. September Der Reichsbund der Kinderreichen hält in Stuttgart seine Landesversammlung ab. Reichsbundesleiter Stüwe erklärt, Deutschland sei 1933 das geburtenärmste Kulturvolk der Erde gewesen; trotz eines inzwischen eingetretenen Geburtenanstiegs gäbe es jedoch in Deutschland 10 Mio. Kinder zu wenig.

28./29. September Das Cannstatter Volksfest, zu dessen offiziellem Programm auch Vorführungen des Heeres und der Luftwaffe gehören, erlebt an seinem zweiten Wochenende einen gewaltigen Besucherandrang. Der Schwäb. Merkur berichtet unter der Überschrift »Die Schlacht auf dem Wasen« von 160 000 Personen (150 000 verkauften Stehplatzkarten), die den Gefechtsübungen des Heeres beiwohnten. Der NS-Kurier spricht von 200 000 »jubelnden Volksgenossen«. In dem Bericht über den »Volksflugtag« heißt es im Schwäb. Merkur: Die Zahl der Zuschauer dürfte wieder 100 000 betragen haben.

29. September Großen Zuspruch findet das Volksfestwettschießen, an dem 4000 Personen, die mehrheitlich keiner Schützengesellschaft angehören, teilnehmen.
Auf dem Marktplatz marschieren zahlreiche württ. und badische Bürgerwehren und Stadtgarden, insgesamt 63 Offiziere und 869 Mann, zur Vereidigung auf Adolf Hitler auf.
200 Standesbeamte aus ganz Württemberg treffen sich zu ihrer ersten Gauversammlung in der TH. Prof. Dr. Gastpar referiert über die Zusammenarbeit zwischen Gesundheitsamt und Standesamt. Die Versammlung befaßt sich auch mit der Anlage von Sippenregistern, für die in Württemberg mit den Familienbüchern bereits eine wichtige Grundlage geschaffen sei.

30. September Das Deutsche Ausland-Institut veranstaltet bis 5. Oktober hauptsächlich für junge Handwerker eine Woche für Auslandschulung.

1. Oktober Die ersten Dienstpflichtigen werden zu dem nunmehr obligatorisch gewordenen Reichsarbeitsdienst einberufen.

OKTOBER 1935

Das Staatsministerium beschließt, an der TH Stuttgart einen Lehrstuhl für Luftfahrt zu errichten.

Die Reichsbahndirektion Stuttgart eröffnet im Hauptbahnhof eine amtliche Auskunftsstelle.

An der Krankenpflegeschule des städt. Krankenhauses Bad Cannstatt beginnen erstmals 19 Schwestern der NS-Volkswohlfahrt ihre Ausbildung.

Das Wendling-Quartett eröffnet die neue Konzertsaison mit einem Kammermusikabend.

Das renovierte Friedrichsbautheater beginnt seine neue Spielzeit. Als Hauptdarsteller werden Willy Reichert, der seine »Auswanderung« von Stuttgart nach Möhringen parodiert, sowie Oskar Heiler und Grete Faßbänder mit starkem Beifall bedacht.

2. Oktober Aus Anlaß der Überführung des Sarges des früheren Reichspräsidenten Paul von Hindenburg in die Gruft des Tannenberg-Denkmals findet in der Stuttgarter Garnisonkirche auf Einladung des NS-Frontkämpferbundes (Stahlhelm) ein Gedenkgottesdienst statt.

Die Stuttgarter Innungsobermeister erwägen auf einer Versammlung im Charlottenhof die Einrichtung eines Gemeinschaftsladens der notleidenden Handwerkerberufe.

2./3. Oktober 22 finnische Frontkämpfer besuchen auf einer Deutschlandrundfahrt Stuttgart.

3. Oktober Der Schwäb. Merkur feiert sein 150jähriges Bestehen. Der Leitartikel der aus diesem Anlaß erscheinenden Sonderausgabe schließt mit den Worten: »Es ist deutsches Schicksal, das sich spiegelt in den fünfhundert Bänden, mit denen der ›Schwäbische Merkur‹ die anderthalb Jahrhunderte begleitete. Deutsches Schicksal, aufgezeichnet von einer Zeitung, die vom ersten Tag ihres Erscheinens nichts anderes kannte, die in Zukunft nichts anderes kennen wird als dieses: Dienst an Deutschland!«

Ministerpräsident und Kultminister Mergenthaler führt Oberstudiendirektor Dr. Rudolf Seyfang als neuen Leiter des Dillmann-Realgymnasiums ein. Er sagt, künftig sei die körperliche Ertüchtigung und die nationalpolitische Erziehung wichtiger als die fachliche Ausbildung. Dr. Seyfang unterrichtete bisher an der deutschen Schule in Barcelona.

4. Oktober Bei der Wagenburgschule entgleist ein Straßenbahnzug. Dabei kommen zwei Personen ums Leben, sieben werden schwer verletzt.

Die Kammersängerin Sigrid Onegin gibt, begleitet von Hermann Reutter, einen Liederabend.

5. Oktober Die Deutsche Kolonialgesellschaft, Gau Württemberg, hält im Hindenburgbau ihre Jahresversammlung ab. Sie berichtet von einer steigenden Mitgliederzahl und der Gründung einer Jungkolonialen Arbeitsgemeinschaft.

Im Kleinen Haus wird das Schauspiel »Engel Hiltensperger« von Dr. Georg Schmückle in Anwesenheit des Reichsdramaturgen Rainer Schlösser uraufgeführt. Dieser nennt in einer Ansprache das in der Zeit des Bauernkrieges 1525 spielende Drama einen bedeutenden Beitrag zum nationalen und völkischen Verständnis der deutschen Geschichte im Zeitalter der Reformation.

Im Stadtgartensaal wird die vom Institut für deutsche Wirtschaftspropaganda veranstaltete Stuttgarter Leistungsschau eröffnet. Sie wird bereits an den beiden ersten Tagen von etwa 8000 Personen besucht.

In der Ausstellungshalle am Interimstheaterplatz wird eine von der württ. HJ unter dem Motto »Heilig Land — Ostland« veranstaltete Wanderausstellung eröffnet. Sie befaßt sich mit Geschichte, Kultur und Gegenwart Ostpreußens, Danzigs und des Memellandes.

Der Stuttgarter Schlittschuh- und Rollsportklub wird durch einen 6:3-Sieg über den Nürnberger ERC in der Stadthalle vor 4000 Zuschauern deutscher Rollhockeymeister.

6. Oktober Das auch in diesem Jahr mit großem Aufwand gefeierte Erntedankfest findet in Stuttgart seinen Höhepunkt in einer Massenveranstaltung vor dem Neuen Schloß mit einer Ansprache des Oberpräsidenten der Kurmark, Gauleiter Wilhelm Kube. Über Rundfunk wird die Rede Hitlers auf der zentralen Kundgebung auf dem Bückeberg übertragen. Die öffentlichen Gebäude sind aus diesem Anlaß beflaggt. Die katholische St.-Josephskirche in Feuerbach hißt die Kirchenfahne, wohl in Unkenntnis einer Anordnung des Reichsinnenministeriums vom 4. Oktober 1935, die vom 6. Oktober 1935 an auch für die Kirchen ausschließlich die Beflaggung mit der Hakenkreuzfahne vorsieht. Es kommt zu einem Aufmarsch der HJ, zur Einholung der Kirchenfahne und zur Hissung der Hakenkreuzfahne.

Die Tänzerin Gret Palucca feiert wiederum einen großen Erfolg in einer Matineeaufführung im ausverkauften Kleinen Haus.

8. Oktober Die Deutsche Arbeitsfront und die Allgemeine Ortskrankenkasse veranstalten einen gemeinsamen Aussprachabend. Besonders behandelt werden die Krankenüberwachung sowie der Beitragssatz zur Krankenversicherung, der im Interesse der Wirtschaft bei 5 % gehalten werden soll.

9. Oktober Vor dem Bund reichsdeutscher Buchhändler spricht Karl Hans Bühner über das literarische Werk des schwäb. Lyrikers und Dramatikers Dr. Georg Schmückle.

OKTOBER 1935

10. Oktober Das Künstler-Marionettentheater unter der Leitung des Stuttgarter Bildhauers Georg Deininger führt im Haus des Deutschtums erstmals das in der Zeit des Bauernkrieges 1525 spielende Stück »Der Bauer im Joch« auf.

11. Oktober Kreisamtsleiter Güntner spricht auf einer Veranstaltung des Winterhilfswerks. Dabei erwähnt er, daß in Stuttgart im Sommer 1935 334 000 RM für das Hilfswerk Mutter und Kind gesammelt, 50 000 RM für die Erholung von 1035 Frauen mit 5081 Kindern und 20 000 RM für Haushalts- und Familienhilfe aufgewandt wurden.
Hans Knappertsbusch dirigiert in der Liederhalle. Der Musikbeauftragte der Stadt Stuttgart, Stadtschulrat Dr. Cuhorst, spricht sich auf einer Pressekonferenz vor dem Konzert aus künstlerischen und sozialen Gründen für die Erhaltung des Landesorchesters Gau Württ.-Hohenzollern aus.

11.—25. Oktober Im Haus des Deutschtums werden Landschaftsbilder des 1928 nach Chile ausgewanderten württ. Malers E. F. Berner gezeigt.

12. Oktober Der stellv. Gauleiter Friedrich Schmidt geht bei einem Mitgliederappell der NSDAP auf die Forderung eines höheren Lebensstandards für die breiten Volksschichten ein. Er erklärt, der Nationalsozialismus werde dieses Problem lösen, doch sei es unbillig zu verlangen, daß alle Aufgaben zugleich erfüllt würden.
Im Schauspielhaus gastiert Heinz Rühmann in dem Stück »Ihr erster Mann« von Gustav von Moser.
Dr.-Ing. e. h. Albert Hirth, Fabrikant und Erfinder (Feinmeßinstrument Hirth-Minimeter), in Nonnenhorn/Bodensee verstorben. Hirth war der Gründer der Fortuna-Werke Spezialmaschinenfabrik AG Stuttgart-Bad Cannstatt, der Hirth-Motoren GmbH Stuttgart-Zuffenhausen sowie der Norma Compagnie GmbH, Kugellagerfabrik Bad Cannstatt.

12./13. Oktober Ministerpräsident und Kultminister Mergenthaler eröffnet im Neuen Schloß den zum drittenmal seit 1933 veranstalteten Schwäbischen Erziehertag. Gezeigt wird aus diesem Anlaß die Ausstellung Das Schrifttum schwäbischer Erzieher. Auf der Schlußkundgebung der Tagung warnt der Reichsleiter des Rassenpolitischen Amtes der NSDAP, Dr. Groß, vor der Vergreisung des deutschen Volkes als Folge des anhaltenden Geburtenrückgangs.
Im Kursaal in Bad Cannstatt findet der 11. württ. Ärztetag statt.
Das aus einem Papier- und Schreibwarengeschäft hervorgegangene Kunsthaus Schaller feiert sein 75jähriges Bestehen. Der Firmengründer Ludwig Schaller wandte sich bereits in den 1860er Jahren dem Verkauf von Kunstblättern und Photographien zu.

OKTOBER 1935

12.–14. Oktober Die Kolonialreferentinnen des BDM treffen sich im Deutschen Volksheim in Bad Cannstatt zu einem Lehrgang.

12.–15. Oktober Aus Anlaß des 350. Geburtstages von Heinrich Schütz werden Werke dieses Komponisten im Kleinen Haus, in der Leonhardskirche und im Haus des Deutschtums aufgeführt. Die Leitung des Musikfestes liegt bei Martin Hahn.

13. Oktober Die Aktion des Eintopfessens zugunsten des Winterhilfswerks wird auch im Winter 1935/36 fortgesetzt. Sie erbringt am ersten Sonntag in Stuttgart 59 826 RM, fast 7000 RM mehr als im Vergleichsmonat des Jahres 1934.
Das von dem Architekten Rudolf Behr erbaute Gemeindehaus der Rosenbergkirche wird eingeweiht. Die Festpredigt hält der Tübinger Universitätsprof. Dr. Karl Fezer, der von 1919 bis 1922 Gemeindepfarrer an dieser Kirche war. Das neue Gemeindehaus verfügt über einen Versammlungssaal für etwa 400 Personen.
Der Schwimmerbund Schwaben Stuttgart feiert mit einem Schwimmfest im Stadtbad Heslach sein 40jähriges Bestehen.

14. Oktober Die Linie 14 der Straßenbahn, die bisher nur bis zur Hofener Neckarbrücke verkehrte, fährt mit Beginn des Winterfahrplans bis nach Mühlhausen.
Baurat Adolf Hofacker, ehemaliger Obmann des Bürgerausschusses und bis 1931 Mitglied des Gemeinderates (Deutsche Demokratische Partei), seit 1925 Vorsitzender des Verschönerungsvereins, verstorben.

14./15. Oktober 300 Fabrikanten und Gerber der Fachgruppe Ledererzeugende Industrie treffen sich zu einer Fachschaftstagung. Im Vordergrund der Beratungen stehen Probleme der Rohstoffversorgung, der Preisentwicklung und des Exports. Zu den Referenten gehören die Fabrikanten Fritz Roser (Feuerbach) und Walter Freudenberg (Weinheim). Letzterer berichtet über die Verhandlungen der Internationalen Gerbervereinigung in London.

15. Oktober Die Volksbüchereien werden vom Kultministerium aufgefordert, Werke jüdischer, marxistischer und pazifistischer Autoren unverzüglich auszuscheiden.
Die Württ. Landespolizei, 1919 unter dem Namen Polizeiwehr gegründet und 1922 in Schutzpolizei umbenannt, wird im Zuge des Aufbaus der neuen Wehrmacht aufgelöst.
Bei einer Besprechung der Ortsgruppenbeauftragten des Winterhilfswerks wird festgelegt, daß in der Liederhalle ein gemeinsames Eintopfessen — Spender und Empfänger des Essens an einem Tisch — stattfinden soll. Die Arbeitsbesprechung wird eingeleitet mit einem Film der NS-Volkswohlfahrt »Sozialismus der Tat«.

OKTOBER 1935

16. Oktober Ministerpräsident und Kultminister Mergenthaler besichtigt die im Viktor-Köchl-Haus untergebrachte Volksdeutsche Jungmädchenschule.
Die All Peoples' Association beginnt mit ihrem Wintervortragsprogramm. Es spricht in englischer Sprache Sir Stanley Reed über »India. A world problem«.

18. Oktober OB Dr. Strölin bespricht mit Vertretern des Wirtschaftsministeriums, des Polizeipräsidiums, des Reichsnährstandes und der NS-Frauenschaft die ungenügende Belieferung des Stuttgarter Vieh- und Schlachthofes.

Pfarrer Hütwohl (Essen) betont auf einer Veranstaltung der katholisch-nationalkirchlichen Bewegung im Gustav-Siegle-Haus die Vereinbarkeit des kath. Glaubens mit dem Nationalsozialismus.
Der schwedische Forschungsreisende Sven Hedin hält im überfüllten Festsaal der Liederhalle einen Vortrag über seine in den Jahren 1927 bis 1935 unternommene Expedition nach Zentralasien.

19. Oktober Das seit 77 Jahren in Stuttgart bestehende Korps Rhenania löst sich auf.
Reichsstatthalter Murr vereidigt im Sitzungssaal des Landtagsgebäudes in Anwesenheit der Reichsvertrauensschwester Käthe Böttger 100 Schwestern der NS-Volkswohlfahrt.
Das Große Haus der Württ. Staatstheater wird nach Erweiterung der Bühne und Modernisierung verschiedener technischer Anlagen mit »Die Meistersinger von Nürnberg« von Richard Wagner wieder eröffnet.
Erstaufführung der Komödie »Lady Windermeres Fächer« von Oscar Wilde im Kleinen Haus.
Zum Abschluß eines Kirchenmusikkurses werden in der Stiftskirche Orgelwerke von Bach und Schütz aufgeführt.
Eine von der Landesplanungsstelle Ostpreußen und dem württ. Wirtschaftsministerium veranstaltete Ausstellung informiert über Kultur und Wirtschaft Ostpreußens. Die abnehmende Bevölkerungszahl dieser Provinz — von 1925 bis 1930 betrug der Bevölkerungsverlust 95 000 Personen — wird als große Gefahr für das Grenzlanddeutschtum gewertet.
Generalintendant Prof. Otto Krauß spricht auf einer Tagung der südwestdeutschen Filmtheater im Kunstgebäude zum Thema »Film und Bühne als Ausdruck deutscher Kultur«. Der Veranstaltung wohnt auch der neue Präsident der Reichsfilmkammer, der württ. Wirtschaftsminister Prof. Dr. Lehnich, bei.
Der Württ. Geschichts- und Altertumsverein beginnt seine Vortragsreihe 1935/36 mit einem Referat von Dekan Dr. Martin Leube über »Das Tübinger Stift in der Weltbewegung 1790 bis 1813«. Anstelle des von Stuttgart weggezogenen Prof. Dr. Peter

Goeßler übernimmt Staatsarchivdirektor Dr. Hermann Haering die Leitung des Vereins.
Zum Auftakt einer Weinwerbewoche wird in der Stadthalle das Fest der deutschen Traube und des Weines gefeiert.

19./20. Oktober 2300 Angehörige des ehemaligen württ. Dragonerregiments »König« nehmen an einem Traditionstreffen in ihrer früheren Garnison Cannstatt teil. Nach einem Feldgottesdienst formiert sich ein Festzug zum Kursaal. Der frühere Regimentskommandeur Oberstleutnant Freiherr von Gültlingen überbringt Grüße von Angehörigen des Hauses Württemberg.

20. Oktober Die Sektion Württemberg und Hohenzollern des Deutschen Automobilhändlerverbandes feiert im Hindenburgbau ihr 25jähriges Bestehen. Vorsitzender des Landesverbandes ist seit seiner Gründung Paul Staiger (Stuttgart).

21. Oktober Im großen Hörsaal der TH wird das Wintersemester der Württ. Verwaltungsakademie eröffnet. Der Tübinger Universitätsprofessor Dr. Hans Erich Feine zieht in seinem Vortrag über »Die Reichsgründung Bismarcks« eine Parallele zu der Staatsumwälzung durch Hitler, die das Reich auf neuen, tieferen Fundamenten wiedererrichtet habe.
In der Liederhalle gastiert der Don-Kosaken-Chor unter der Leitung von Nikolaus Herzog von Leuchtenberg.
In Zuffenhausen kommt ein Lastkraftwagen ins Schleudern und erfaßt auf dem Gehweg eine Frau und ihre beiden Kinder. Die Frau und ein Kind werden getötet, das andere wird schwer verletzt.

22. Oktober Wirtschafts- und Finanzsachverständige des Iran besichtigen im Rahmen einer Studien- und Informationsreise das Daimler-Benz-Werk in Untertürkheim.
Die Kläranlage bei Mühlhausen wird um zwei große Becken sowie zwei Turmanlagen erweitert. Anläßlich des Richtfestes begründet Baudirektor Dr. Maier die Notwendigkeit dieser Maßnahmen hauptsächlich mit der zunehmenden Verschmutzung des Feuerbaches.

23. Oktober Abteilungsleiter Pfarrer Manfred Grisebach spricht im Haus des Deutschtums auf einer Arbeitsausschußsitzung über die Tätigkeit der Hauptstelle für auslandsdeutsche Sippenkunde.

24. Oktober Das Bezirkspressegericht Stuttgart verurteilt mehrere Journalisten des Deutschen Volksblatts, des Schwäb. Merkurs und der Rottenburger Zeitung wegen

OKTOBER 1935

»Berufsvergehens« zu Geldstrafen bis zu 500 RM. Der Schriftleiter des Deutschen Volksblatts, Anton Frey, erhält Berufsverbot. Anlaß für diese Maßnahmen ist die Berichterstattung über eine Rede von Bischof Dr. Sproll.

OB Dr. Strölin gibt bei einer Beratung mit den Ratsherren bekannt, daß Reichsinnenminister Dr. Frick entsprechend einem Vorschlag des Stuttgarter Kreisleiters Mauer Stadtkämmerer Walter Hirzel zum hauptamtlichen Ersten Beigeordneten mit der Amtsbezeichnung Bürgermeister ernannt hat. Ebenfalls auf Vorschlag von Kreisleiter Mauer wurden im Einverständnis mit Reichsstatthalter Murr zu hauptamtlichen Beigeordneten ernannt: Dr. Albert Locher zum Stadtrechtsrat als Personalreferent, Friedrich Ettwein zum Stadtrat als Wohlfahrtsreferent, Dr. Fritz Cuhorst zum Stadtschulrat als Kulturreferent, Dr. Hans Waldmüller zum Stadtrechtsrat als Wirtschaftsreferent, Dr. Hugo Weidler zum Stadtrechtsrat als Polizeireferent, Dr.-Ing. e. h. Daniel Sigloch zum Stadtrat als Techn. Referent, Dr.-Ing. Otto Schwarz zum Stadtrat als Vorsitzender der Beiräte für die Baupolizei, Dr. Ernst Waidelich zum Stadtrechtsrat als Rechtsreferent, Gotthilf Hablizel zum Stadtrat als Leiter der Kanzlei des OB, Gustav Asmuß zum Stadtrechtsrat als Organisationsreferent und Dr. Eduard Könekamp zum Stadtrechtsrat als Ausstellungs- und Fremdenverkehrsreferent.

Hugo Kroll, bereits vor 1933 der Gemeinderatsfraktion der NSDAP angehörend, wird von Strölin zum ehrenamtlichen Beigeordneten mit der Amtsbezeichnung Stadtrat ernannt.

OB Dr. Strölin teilt den Ratsherren mit, daß er seit der letzten Beratung mit ihnen fünf dringende Entschließungen getroffen hat. Er verzichtet auf nähere Auskünfte mit dem Hinweis, daß die Akten auf dem Tisch der Ratschreiberei aufliegen. Es folgen Ausführungen von BM Hirzel über die Bürgersteuer, die 1935 im Haushaltplan der Stadt mit vier Mio. RM veranschlagt ist. Danach berichtet Stadtrat Ettwein über die Arbeitsfürsorge der Stadt Stuttgart. Er erwähnt, daß es in Stuttgart nach dem Stand vom September 1935 noch 3128 Arbeitslose gibt (Reich: 1,7 Mio.). Die wirtschaftliche Entwicklung in Württemberg sei wesentlich günstiger als im Reichsdurchschnitt. Während im Reich im Sommer 1935 auf 1000 Einwohner 29 Arbeitslose entfielen, betrug deren Zahl in Württemberg lediglich 4,1 und in Stuttgart 6,7. Stadtrat Ettwein legt ein umfangreiches Programm zur völligen Überwindung der Arbeitslosigkeit vor. Er nennt im einzelnen: 1) die Schaffung von Arbeitsmöglichkeiten (Tiefbauarbeiten, Instandsetzungsarbeiten usw.), 2) die Verhinderung von Schwarzarbeit, 3) die Bekämpfung des Doppelverdienertums, 4) die Ausmerzung des Bettel- und Hausierunwesens, 5) die Verhinderung von Überzeitarbeit, 6) die Verhinderung des Zuzugs von Arbeitslosen nach Stuttgart, 7) die Hilfe für die Landwirtschaft, 8) die Unterbringung Stuttgarter Erwerbsloser auswärts, 9) die Schulung der Arbeitslosen, 10) den Kampf gegen die Asozialen und 11) die geschlossene Fürsorge für alleinstehende Hilfsbedürftige.

Das Amtsblatt meldet eine starke Zunahme des Fremdenverkehrs in Stuttgart im

Sommer 1935. Die meisten ausländischen Besucher kamen aus der Schweiz (4978), gefolgt von den Niederlanden (3443), England (2062), Frankreich (1757) und Österreich (1401).

Welturaufführung des Films »Die Pompadour« mit Käthe von Nagy in den Palast-Lichtspielen.

25. Oktober Die NSDAP veranstaltet im Rahmen einer großangelegten Kampagne in Stuttgart gleichzeitig 38 Kundgebungen. Der stellv. Gauleiter Friedrich Schmidt spricht von einer »Brot- und Schicksalsgemeinschaft« der Deutschen und verbucht es als Erfolg Adolf Hitlers, »fünf Millionen Volksgenossen in Arbeit und Brot gebracht zu haben«.

Auf einer Herbstbesichtigungsfahrt der Landesbauernschaft werden auch die Keltern in Bad Cannstatt, Ober- und Untertürkheim sowie in Uhlbach besichtigt.

26. Oktober Der Württ. Haus- und Grundbesitzerverein befaßt sich auf einer von seinem Vorsitzenden Gotthilf Kächele geleiteten Sitzung vor allem mit Fragen der Wohnungsbewirtschaftung, dem Mangel an Kleinwohnungen sowie der Besteuerung des Haus- und Grundbesitzes.

Der Architekt und Beauftragte der NSDAP für Städtebau, Albert Speer, bespricht in Stuttgart Probleme des Wiederaufbaus des 1931 durch einen Brand teilweise zerstörten Alten Schlosses.

Mehr als 300 Ingenieure besichtigen im Rahmen einer Führung des Vereins deutscher Ingenieure die Elektronmetall GmbH Bad Cannstatt, die in der Entwicklung von Fahrzeugkolben in Deutschland eine Spitzenstellung einnimmt (1935: 1,8 Mio.). Das Unternehmen ging 1925 auch zur Herstellung von Flugzeugzubehörteilen aus Elektronguß über und gründete 1935 in Berlin-Spandau eine Fabrikniederlassung. Um die Entwicklung Cannstatts als Badestadt nicht zu beeinträchtigen, wurde die Spritzguß-Fabrikation nach Fellbach verlegt.

Sportfest des BDM in der Stadthalle mit über 2000 Teilnehmerinnen in Anwesenheit der Reichssportwartin Elfriede Zill.

27. Oktober Harald Kreutzberg gibt im Kleinen Haus ein Tanzgastspiel.

Das Kunsthaus Schaller veranstaltet eine Führung durch seine Ausstellung der Maler Otto Dix und Franz Lenk.

Mit einem großen Volks- und Weinfest der NS-Organisation Kraft durch Freude in der Stadthalle geht eine unter dem Motto »Fest der deutschen Traube« stehende Weinwerbewoche zu Ende. Die Veranstaltung, bei der auch Albert Hofele mitwirkt, wird von 8000 Stuttgartern besucht.

OKTOBER 1935

28. Oktober Ministerpräsident Mergenthaler spricht in der Liederhalle zu zahlreichen Jugendlichen, die nach Abschluß ihrer Schulzeit einen Landdienst absolvierten. Er erwähnt die Schwierigkeiten, die Landhelfer in geeigneten Heimen unterzubringen, propagiert aber gleichzeitig den weiteren Ausbau des sogenannten Landjahres. 1935 gab es in Württemberg zwei Jungen- und sechs Mädchenlager.

29. Oktober OB Dr. Strölin spricht vor Mitgliedern des Reichsbundes der deutschen Beamten über die am 1. April 1935 in Kraft getretene neue Deutsche Gemeindeordnung. Er sieht trotz des Spannungsverhältnisses zwischen den Gemeinden und dem Staat sowie zwischen den Gemeinden und der NSDAP die Möglichkeit einer kommunalen Selbstverwaltung, schließt aber »gewisse Interessengegensätze zwischen den verschiedenen öffentlichen Körperschaften« nicht aus. Trotz des Führerprinzips werde es in der neuen Gemeindeverwaltung zu keiner Diktatur der Bürgermeister kommen. »Führertum hat nur dann und in dem Maße Erfolg, in dem es kraftvoll und lebendig im Volk verwurzelt ist«.
Das Baupolizeiamt berichtet von einer verstärkten Bautätigkeit. In den ersten neun Monaten des Jahres 1935 wurden Neu- sowie Umbauten mit einem Kostenaufwand von 31 Mio. RM gegenüber 23 Mio. RM im Vergleichszeitraum des Vorjahres genehmigt.
In der Liederhalle wird die Woche des deutschen Buches mit einer Veranstaltung eröffnet, auf der 15 schwäb. Dichter und Schriftsteller sprechen. Die Heimatdichter August Lämmle und Hans Reyhing, »die Stimme der Schwäbischen Alb«, lesen aus eigenen Werken.

30. Oktober Nach Wiedereinführung der allgemeinen Wehrpflicht werden die ersten in die Stuttgarter Kasernen einrückenden Rekruten bei ihrer Ankunft vor dem Hauptbahnhof von einer größeren Menschenmenge begrüßt. Sie kommen außer aus Württemberg großen Teils aus Baden und der Pfalz.
Eine württ. Boxstaffel gewinnt in der Stadthalle vor 8000 Zuschauern gegen den Polizeisportverein von Nottingham mit 10:8 Punkten.

31. Oktober Das Deutsche Volksblatt, das Presseorgan der früheren württ. Zentrumspartei, muß sein Erscheinen einstellen.
In der Presse werden Klagen über eine ungenügende Versorgung mit Schweinefleisch wiedergegeben. Der Mangel wird hauptsächlich auf den Rückgang der Zahl der Schlachtungen in Stuttgart zurückgeführt (September 1935 4415 Schweineschlachtungen gegenüber 8988 im September 1934).
Die Stadtverwaltung schreibt in Vorbereitung der Reichsgartenschau 1939 einen Ideenwettbewerb für die landschaftliche Gestaltung der Feuerbacher Heide zwischen der

Doggenburg und dem Rosensteinpark aus. Teilnahmeberechtigt sind lediglich die Mitglieder der Reichskammer der bildenden Künste.

Der Schwäb. Merkur berichtet unter der Überschrift »Die Überfüllung der Hochschulen überwunden« von einer stark rückläufigen Zahl der an deutschen Hochschulen immatrikulierten Studenten aus Württemberg. Jeweils im Wintersemester waren immatrikuliert: 1931/32 5196, 1933/34 4375 und 1934/35 3361 württ. Studenten.

Uraufführung der Komödie »Das rote Wams« von Fred von Hoerschelmann im Kleinen Haus.

Prof. Paul Schmohl, Architekt und Direktor der Höheren Bauschule Stuttgart, tritt in den Ruhestand, desgleichen Oberstleutnant a. D. Oberarchivrat Maximilian von Haldenwang, der Leiter der Reichsarchivzweigstelle Stuttgart. Sein Nachfolger wird Major a. D. Archivrat Dr. Hermann Pantlen.

1. November Die Jüdische Sportschule nimmt in den Räumen des Orthopädisch-gymnastischen Instituts von Alice Bloch in der Zeppelinstraße ihre Tätigkeit auf. Sie bildet Sport- und Turnlehrer aus, deren Prüfung Vertreter des Kultministeriums und der Reichsvertretung der Juden in Deutschland gemeinsam abnehmen.

Im Landesmuseum wird die Ausstellung Das neue Gesicht der vaterländischen Erdkunde in der nationalsozialistischen Schule eröffnet. Besondere Beachtung finden Geographie und Volkstumskunde des Ausland- und Grenzlanddeutschtums.

Der Robert-Lutz-Verlag begeht sein 50jähriges Firmenjubiläum.

2. November Das Charlottenstift, ein Heim für körperbehinderte Kinder, weiht seine erweiterten Schul- und Pflegeräume ein. Von ärztlicher Seite wird dabei darauf verwiesen, daß die meisten Behinderungen krankheits- und nicht erbbedingt sind.

2.—24. November Der Württ. Kunstverein ehrt Alfred Lörcher zum 60. Geburtstag mit einer Ausstellung seiner Plastiken.

3. November Am Eckartshaldenweg findet in Anwesenheit von Vertretern der Ortsgruppe Prag der NSDAP die Grundsteinlegung der evang. Martinskirche statt.

Die Privilegierte Württ. Bibelanstalt feiert ihr Jahresfest mit einem von Prof. D. Köberle (Basel) gestalteten Festgottesdienst in der Stiftskirche.

Im Schauspielhaus wird unter der musikalischen Leitung Hans von Finsters das Singspiel »Hie gut Schwobaland« uraufgeführt. Dem nach einer Idee von Oswald Kühn von W. Bücheler verfaßten Stück liegen bekannte Kompositionen Friedrich Silchers zugrunde.

Der Schwäb. Albverein hält in Stuttgart seine Hauptausschußsitzung ab. Es wird von einem anhaltend starken Mitgliederzuwachs berichtet. So wurden für die Zeit vom 1. Januar bis 31. Oktober 1935 insgesamt 2400 Neueintritte verzeichnet.

4. November Reichskriegsminister Werner von Blomberg besichtigt die neue vom Heeresbauamt Stuttgart errichtete Kaserne auf dem Burgholzhof.
An der Württ. Kunstgewerbeschule beginnt das Wintersemester mit einer gemeinsamen Feier der 200 Studierenden. An studentischen Organisationen sind nur noch die Deutsche Fachschulschaft, der alle Studenten angehören müssen, sowie der NS-Deutsche Studentenbund zugelassen.
Prof. Dr. Arthur Schultz übernimmt als Nachfolger des an die Universität Kiel berufenen Prof. Dr. Herbert Siegmund die Leitung des Pathologischen Instituts des Katharinenhospitals.

5. November Kammersänger Heinrich Schlusnus (Berlin) gibt, begleitet von Sebastian Peschko, einen Liederabend.

6. November Die Landesschule Süd für Arbeitsführung wird eingeweiht.
Sven Hedin wiederholt seinen am 18. Oktober 1935 gehaltenen Lichtbildervortrag. Er wird von OB Dr. Strölin empfangen.

7. November Im Hof des Neuen Schlosses werden die eine Woche zuvor einberufenen Wehrpflichtigen und Freiwilligen nach vorausgegangenen Gottesdiensten in der Stifts- und Eberhardskirche vereidigt. Der NS-Kurier zitiert den Befehlshaber des Wehrkreises V, Generalleutnant Hermann Geyer, der in seiner Ansprache ausführte: »Wahres Soldatentum und wahrer Nationalsozialismus sind eines Stammes. Kommt doch der Führer und Reichskanzler Adolf Hitler, unser Oberster Befehlshaber, selbst aus dem Soldatentum her«.
OB Dr. Strölin bespricht mit den Ratsherren den Mangel an Kleinwohnungen von zwei bis drei Zimmern für Minderbemittelte sowie den Wohnraumbedarf kinderreicher Familien. Ein Förderungsprogramm sieht den Bau von 150 städt. Wohnungen in Bad Cannstatt, Zuffenhausen und Zazenhausen vor. Gemeinnützige Baugenossenschaften, die bis Ende 1936 Kleinwohnungen erstellen, sollen Zinszuschüsse erhalten. Außerdem soll der Wohnungsbau für Kinderreiche aus städt. Mitteln bis zu einem Betrag von 660 RM je Wohnung bezuschußt werden.
Die Stadtverwaltung erläßt Richtlinien für Kleingarten-, Schreber- und Wochenendgartenbesitzer. Angesprochen werden Fragen der Gartengestaltung, der Einfriedung, der Gartenhäuser und Lauben, der Schädlinge usw.
Die TH führt im Rahmen des Studium Generale sog. Ringvorlesungen ein, in denen mehrere Professoren aus verschiedenen Fachbereichen über ein Grundthema sprechen.

Die ersten Vorlesungen dieser Art gelten den Themen 1) Aufbau des deutschen Volkes aus seinen Stämmen und 2) Grundlagen des neuen Reiches in der Entwicklung von der Vorkriegszeit bis zur Gegenwart. An dem Vorlesungszyklus beteiligen sich auch die Tübinger Professoren Gustav Bebermeyer und Wilhelm Gieseler.

Das Planetarium beginnt mit seinen Kulturfilmvorführungen. Gezeigt wird der Film »Hände am Werk (Das hohe Lied der Arbeit)« sowie im Beiprogramm »Jugend erlebt Deutschland«.

9. November Die NSDAP veranstaltet aus Anlaß des 12. Jahrestages des 9. November 1923 eine Kundgebung in der Stadthalle. In allen Betrieben wird die Arbeit unterbrochen. 900 Angehörige der NSDAP fahren nachts um 2 Uhr mit dem Zug von Stuttgart nach München, um an der zentralen Feier teilzunehmen.

Der frühere OB Lautenschlager schenkt sein von seiner Schwester Marie Lautenschlager gemaltes Porträt der Stadt Stuttgart. Es wird zusammen mit den Bildern von Lautenschlagers Amtsvorgängern im Besprechungszimmer des Rathauses aufgehängt. Prof. Dr. Bosch-Gimpera (Barcelona) spricht im Württ. Anthropologischen Verein über neuere Forschungen zur Geschichte der Glockenbecherkultur.

10. November Zweites Eintopfessen im Winter 1935/1936. Es finden sich im Dinkelacker- und Wullesaal sowie im Kursaal Bad Cannstatt 1000 Spender mit 2000 eingeladenen Hilfsbedürftigen zum gemeinsamen Essen ein.

Gaukulturwart Dr. Georg Schmückle und der 24jährige Leiter des Hochschulamtes der SA, SA-Obersturmbannführer Gerhard Schumann, erhalten zu gleichen Teilen den mit 3000 RM dotierten Schwäbischen Dichterpreis. Schmückle wird für sein Schauspiel »Engel Hiltensperger«, Schumann für seine Gedichtsammlung »Fahne und Stern« ausgezeichnet. Reichspropagandaminister Goebbels ernennt Schumann noch im November zum Mitglied des Reichskultursenats und des Präsidialrats der Reichsschrifttumskammer.

Kirchenrat Dr. Martin Haug spricht bei der Lutherfeier der evang. Gesamtkirchengemeinde Stuttgart in der Stadthalle zum Thema »Wie Luther vom Evangelium aus die Kirche sah«.

Der Kaufmännische Verein Stuttgart feiert in der Liederhalle sein 60jähriges Bestehen. Prüfungsmarsch für das HJ-Leistungsabzeichen am 21. Jahrestag der Schlacht von Langemarck.

12./13. November Tagung der württ. Dentisten in Anwesenheit des Reichsdentistenführers Schaeffer.

NOVEMBER 1935

13. November   Erstaufführung des Kinderballetts »Die Bimmelbahn« mit einleitenden Versen von Ellen Mahlke im Kleinen Haus.

14. November   OB Dr. Strölin ruft alle Bürger auf, die Anschriften von aus Stuttgart ausgewanderten Verwandten und Bekannten der Stadtverwaltung zu nennen. Damit soll eine Stammliste der Stuttgarter im Ausland erstellt werden.
Aus Anlaß der ersten Meisterprüfungen im Gaststättengewerbe in Württemberg — Lossprechung von 20 Küchen-, 7 Serviermeistern und 2 Serviermeisterinnen — findet im Kunstgebäude eine gastronomische Leistungsschau statt. Mit Rücksicht auf die Arbeitszeiten im Gaststättengewerbe beginnt eine Kundgebung erst um Mitternacht. Sie dauert bis 3 Uhr morgens.

15. November   Otto Linck liest auf einer Veranstaltung des Goethebundes im Hotel Marquardt aus eigenen Werken.
Geheimer Sanitätsrat Dr. Rudolf Mayer-List, Chefarzt des Paulinenhospitals, der Inneren Abteilung der evang. Diakonissenanstalt, tritt in den Ruhestand. Nachfolger wird sein Sohn, Prof. Dr. Richard Mayer-List, seit 1934 stellv. Direktor der Medizinischen Universitätsklinik Tübingen.
Eugen Find, Buchdruckereibesitzer und Verleger des Filder-Boten, verstorben. Sein Vater Friedrich gründete 1872 die Neue Filder-Zeitung, die 1879 in Filder-Bote umbenannt wurde.

16. November   Die Altstadtsanierung wird mit dem Abbruch mehrerer städt. Gebäude in der Küfer- und Hirschstraße fortgesetzt. Diese Maßnahme dient auch der Schaffung von Parkplätzen für den zunehmenden Verkehr.
Erstaufführung des Lustspiels »Die Frösche von Büschebüll« von Bruno Wellenkamp in den Württ. Staatstheatern.

17. November   Der Reichsleiter des Rassenpolitischen Amtes der NSDAP, Dr. Walter Groß, spricht auf einer Kundgebung der NS-Frauenschaft Württembergs in der Stadthalle. Er fordert entschiedene Maßnahmen gegen die weitere Zunahme der Zahl der Erbkranken, für die in Deutschland »jährlich eine Milliarde RM ausgegeben werde. Das sei mehr als die ganze Staatsverwaltung koste.« Am 18. Oktober 1935 wurde das Gesetz zum Schutz der Erbgesundheit des deutschen Volkes verkündet; es ergänzt das Gesetz zur Verhütung erbkranken Nachwuchses vom 14. Juli 1933.
Der Schwäb. Merkur, der über diese Rede ausführlich berichtet, erwähnt in der gleichen Ausgabe den Rechenschaftsbericht der Samariterstiftung Stuttgart, in dem auf die Tätigkeit der Behindertenheime Grafeneck und Obersontheim hingewiesen wird. Hier heißt es: »Die Samariterstiftung Stuttgart hat mit ihrer Arbeit im letzten Jahr

in 80 091 Pflegetagen mehr als 222 Hilfsbedürftigen im Geiste wirklicher Volksverbundenheit verständnisvolle Förderung angedeihen lassen.«

Die aus einem Spezereihändlerverein hervorgegangene Edeka-Großhandel GmbH feiert im Stadtgartensaal ihr 25jähriges Bestehen. Ihre Mitgliederzahl stieg seit dem Gründungsjahr von 67 auf nunmehr 250 an.

18. November Die Stuttgarter Fleischerinnung befaßt sich auf ihrer Herbstversammlung mit der ungenügenden Belieferung des Viehmarktes. In der Öffentlichkeit war in letzter Zeit wiederholt der Mangel an Schweinefleisch kritisiert worden.

Der seit 1929 an der TH Stuttgart lehrende Germanist Prof. Dr. Hermann Pongs spricht auf einer Veranstaltung der NS-Kulturgemeinde, der Raabe-Gesellschaft, des Württ. Goethebundes und des Literarischen Klubs Stuttgart aus Anlaß des 25. Todestages des Dichters Wilhelm Raabe.

19. November Das württ. Innenministerium erklärt die Anthroposophische Gesellschaft und ihre Arbeitsgemeinschaften für »aufgelöst und verboten«.

Die Stuttgarter Jüdische Kunstgemeinschaft gibt im Gustav-Siegle-Haus unter der musikalischen Leitung von Karl Adler ein Konzert, dessen Erlös für die Jüdische Winterhilfe bestimmt ist.

Die Stadtverwaltung warnt erneut vor dem Zuzug nach Stuttgart und weist darauf hin, daß Hilfsbedürftige, die ohne Genehmigung zugezogen sind, keinen Anspruch auf Unterstützung haben. Die Hauseigentümer werden aufgefordert, keine Wohnungen oder Zimmer an Arbeitslose zu vermieten.

Der Geschäftsführer der Reichstheaterkammer, Frauenfeld, spricht in Stuttgart vor den Angehörigen der Fachschaft Bühne. Um den Zugang zum Schauspielerberuf zu drosseln, soll vor der Ausbildung eine Eignungsprüfung stattfinden.

21. November Im württ. Wirtschaftsministerium konstituiert sich in Anwesenheit des Reichsleiters der Deutschen Arbeitsfront, Dr. Robert Ley, die aus 40 Mitgliedern bestehende Gauarbeitskammer Württ.-Hohenzollern. Ley äußert sich dabei grundsätzlich über die verschiedenen Organe der Wirtschaft, die Arbeitsausschüsse und Vertrauensräte, die Arbeitskammern und Wirtschaftsräte.

22. November Die NSDAP hält in Stuttgart unter dem Motto »Weiter im Kampf gegen die Feinde der Nation, für Ehre, Freiheit und Brot« gleichzeitig 46 Versammlungen ab. Der stellv. Gauleiter Friedrich Schmidt kritisiert Hamsterkäufe und macht sie verantwortlich für den zeitweiligen Mangel an Butter und anderen Lebensmitteln.

Die Daimler-Benz AG eröffnet die Reihe der von der NS-Organisation Kraft durch Freude angeregten Werk-Kunstausstellungen (»Kunst allen Schaffenden«). Auf ihr

NOVEMBER 1935

sind neben anderen Künstlern die in Stuttgart wirkenden Maler und Graphiker Paul Dörr, Alexander Eckener, Felix Hollenberg, Walter Romberg und Hermann Umgelter vertreten. Die Ausstellung wird anschließend in mehreren anderen Betrieben gezeigt.

22./23. November Die württ. Landesanstalt für den Physikunterricht veranstaltet einen Fortbildungslehrgang zum Thema Fluglehre.

23. November Das württ. Kultministerium verbietet den Lehrern die Zugehörigkeit zum Verband der evang. Lehrergemeinschaft. Der Anlaß dazu ist die Wiedergabe einer Stellungnahme des Allgemeinen Lutherischen Schulvereins in der Zeitschrift Der Lehrerbote zur staatlichen Jugenderziehung.
Stadtarchivar Dr. Karl Stenzel macht für die Mitglieder des Württ. Geschichts- und Altertumsvereins eine Führung durch die Altstadt von Stuttgart.

24. November Die Ortsgruppe Stuttgart des deutschen Luftsportverbandes übernimmt das bisher vom württ. Finanzministerium verwaltete Haus Rosenbergstraße 1 als Fliegerheim. Finanzminister Dr. Dehlinger geht bei diesem Anlaß in seiner Rede auf allgemeine Fragen der Verkehrspolitik ein und erwähnt, daß die württ. Regierung der Reichsbahnhauptverwaltung zum Ausbau und zur Elektrifizierung des Eisenbahnnetzes in Württemberg ein Darlehen von 60 Mio. RM gegeben habe. Das Darlehen der württ. Regierung für den Bau der Reichsautobahn von Stuttgart nach Ulm sowie von Stuttgart nach Heilbronn beziffert Dehlinger auf 7 Mio. RM. Der Luftfahrt und dem Flugsport sagt er jede mögliche Unterstützung zu.
HJ-Gebietsführer Sundermann verpflichtet im Haus des Deutschtums zahlreiche HJ-Ärzte und BDM-Ärztinnen »auf die Fahne der Hitlerjugend«. Gebietsarzt Dr. Erich Bauer erwähnt, daß bereits 450 Ärzte und Ärztinnen in Württemberg für die Hitlerjugend tätig seien. Er sieht in dem HJ-Arzt einen ganz neuen Ärztetyp, dem bei der Erziehung und Ertüchtigung der Jugend eine wesentliche Rolle zukomme.
Stuttgarter Erstaufführung des im Auftrag des Reichskriegerbundes Kyffhäuser gedrehten Filmes »Im gleichen Schritt und Tritt«.

24.—27. November Curt Goetz und sein Ensemble gastieren im Schauspielhaus mit dessen Komödie »Towarisch«.

27. November Immatrikulation von 64 neuen Studenten an der Landwirtschaftlichen Hochschule Hohenheim. Rektor Prof. Dr. Peter Carstens spricht sich für ein »wissenschaftliches Soldatenleben« an den Hochschulen aus und fordert eine einheitliche Erziehung aller Studierenden im nationalsozialistischen Studentenbund. Das hergebrachte Korporationsleben sei überholt.

NOVEMBER 1935

Heinrich Brucklacher, der Gaukulturwart des NS-Studentenbundes, referiert auf der Vollversammlung der Hochschule für Musik über »Volkskunst und Einzelkunst«.
Prof. Dr. H. Walter spricht im Landesgewerbemuseum auf einer Veranstaltung der Deutschen Kolonialgesellschaft über das Thema »Wie sieht es heute in den alten deutschen Kolonien aus?«
Die NS-Organisation Kraft durch Freude feiert ihren zweiten Gründungstag mit einem großen bunten Abend unter Mitwirkung des Staatstheaterballetts. Gauwart Ludwig Klemme kündigt für 1936 einwöchige Urlaubsreisen, die einschließlich Fahrt und voller Verpflegung nur 12 RM kosten sollen, an.

28. November Die im Jahre 1862 erbaute Landeshebammenanstalt wird nach umfangreichen Renovierungsarbeiten dem Katharinenhospital übergeben, das in diesem Gebäude die Abteilung Innere Medizin unterbringt. OB Dr. Strölin äußert sich bei diesem Anlaß zu allgemeinen Fragen der Sozial- und Gesundheitspolitik und stellt die Forderungen auf: 1) Erhaltung des zahlenmäßigen Bestandes des deutschen Volkes, 2) Verhütung des erbkranken Nachwuchses und 3) Reinerhaltung der Rasse von fremdrassigem Blut.

29. November Im Kunstgebäude wird die Ausstellung Olympia und die Schule eröffnet. Gezeigt werden Plakate, Zeichnungen und Plastiken 10- bis 17jähriger Schüler. Rektor Eugen Berger betont im Auftrage des Kultministeriums, daß nach 1937 kein Abiturient mehr das Reifezeugnis erhalten werde, der nicht erfolgreich die für das SA-Sportabzeichen vorgeschriebenen Übungen beherrsche.
Der NS-Studentenbund gibt auf einer Vollversammlung der Studentenschaft der TH bekannt, daß die bisherigen Studentenverbindungen in insgesamt elf »Kameradschaften« umgewandelt und mehrfach Verbindungen ähnlicher Art zu einer »Kameradschaft« zusammengelegt wurden.
Der NS-Kurier ehrt den Flaschnermeister und Handwerkskammerpräsidenten Karl Dempel, der am 28. November 1925 in Stuttgart die erste SS-Abteilung Württembergs gründete.

30. November OB Dr. Strölin setzt Beiräte für ärztliche Personalangelegenheiten, für Tierparkfragen sowie für Angelegenheiten des Kurbads Cannstatt ein. Dem Ärztebeirat gehört der Gauführer des NS-Ärztebundes, Ministerialrat Dr. Eugen Stähle, an. Die Stadtverwaltung ehrt etwa 100 seit 25 bzw. 40 Jahren im Dienste der Stadt Stuttgart stehende Beamte, Angestellte und Arbeiter sowie deren Ehefrauen mit einem Kameradschaftsabend in der Villa Berg.
Der NS-Bund deutscher Techniker teilt auf einer Arbeitstagung mit, nunmehr die alleinige Berufsorganisation der Techniker in Württemberg zu sein. Prof. Dr. Fried-

DEZEMBER 1935

rich (Clausthal) spricht über das Thema »Die Führeraufgabe des deutschen Ingenieurs«.
Im Festsaal des Gustav-Siegle-Hauses spricht auf Einladung des Deutschen Roten Kreuzes der Direktor der Tübinger Chirurgischen Universitätsklinik, Prof. Dr. Willy Usadel, über die neuere Entwicklung der Chirurgie.
Vortragsabend des Autorennfahrers Rudolf Caracciola und des Rennleiters der Firma Daimler-Benz, Alfred Neubauer, in der Liederhalle in Anwesenheit von Finanzminister Dr. Dehlinger als Vertreter der württ. Regierung.
Die Stuttgarter Gipser- und Stukkateurinnung feiert im Eduard-Pfeiffer-Haus ihr 25jähriges Bestehen.
Kammersänger Wilhelm Fricke, 1899 bis 1912 Mitglied des Stuttgarter Hoftheaters, verstorben.

1. Dezember Beamte und Handwerker, teilweise in Arbeitskleidung, sammeln gemeinsam auf den Straßen und in den Häusern für das Winterhilfswerk. Das Sammelergebnis im Gau Württemberg beträgt 122 000 RM.
Vaihingen verzeichnet 10 100 Einwohner gegenüber 6300 im Sommer 1925. Es weist damit eine erheblich über dem Landesdurchschnitt liegende Bevölkerungszunahme auf.
Uraufführung der Oper »Das Stuttgarter Hutzelmännlein« von Marc-André Souchay nach Eduard Mörike. Der junge Komponist Souchay ist Lehrbeauftragter für Musikgeschichte an der TH Stuttgart.
Der Württ. Kunstverein eröffnet eine Weihnachtsschau württ. Künstler. Gezeigt und zum Kauf angeboten werden Gemälde, Graphiken und Plastiken.

2. Dezember Das Gaststätten- und Beherbergungsgewerbe hält im Hotel Marquardt eine Verbandstagung ab. Zur Diskussion stehen die Herausgabe eines Hotelverzeichnisses für ganz Deutschland, Fragen der Ferientermine und die Einführung eines Halbpensionspreises. Reichsfachgruppenleiter Gabler (Heidelberg) wertet die Kraft durch Freude-Reisen als »praktischen Sozialismus« für Bedürftige, aber nicht als »Reisebüro für alle«.

2.–8. Dezember Höhere HJ-Führer aus ganz Württemberg treffen sich erstmals zu einer einwöchigen Tagung in Stuttgart. Im Rahmen zahlreicher Veranstaltungen findet auch eine Nachwuchsschulung für Schriftleiter statt. Der NS-Kurier berichtet über diesen Lehrgang in einem längeren Artikel mit der Überschrift »Schriftleiternachwuchs nur aus der HJ«.

3. Dezember Das Stuttgarter Schwurgericht verurteilt einen 19 Jahre alten Hilfsarbeiter wegen Raubmordes zum Tode. Den Antrag der Verteidigung, den Angeklag-

ten zusätzlich von einem Psychiater der Universität Tübingen untersuchen zu lassen, hatte das Gericht abgelehnt. Der Verteidiger legt gegen das Urteil Revision ein.
Zur Eröffnung des 3. Reichsberufswettkampfs finden mehrere Kundgebungen statt. HJ-Obergebietsführer Artur Axmann spricht am Vormittag auf einer Veranstaltung im Stadtgartensaal und am Nachmittag vor Jungarbeitern der Daimler-Benz AG. Er sieht in der Hitlerjugend, die zu 70 % aus Jungarbeitern bestehe, die Garantie für den sozialistischen Aufbau Deutschlands, dessen Jugend sich selbst den Platz an der Sonne erobern müsse. Erstmals nehmen auch die Studenten am Reichsberufswettkampf teil.

4. Dezember   Der Pianist Walter Gieseking gibt in der Liederhalle ein Konzert.

5. Dezember   Reichsführer SS Heinrich Himmler spricht in Stuttgart vor den Kommandeuren des V. Armeekorps und hohen SS-Führern über die Aufgaben und Ziele der Schutzstaffeln.
Generalleutnant Hermann Geyer, der Befehlshaber des Wehrkreises V, besucht das Schulungslager der HJ im Schloß Solitude und betont dabei die gemeinsamen Ziele der Wehrmacht und der HJ.

6. Dezember   Erstaufführung des Märchenspiels »Meck der Himmelsschneider« von Wilhelm Krick im Kleinen Haus.
Musikalische Veranstaltung in der Liederhalle zugunsten des Winterhilfswerks und der Tonkünstlernothilfe unter Mitwirkung des Leiters des Gewandhausorchesters Leipzig, Hermann Abendroth, sowie des Pianisten Wilhelm Backhaus.
Das Fotofachgeschäft Krauß, eines der ältesten seiner Art in Stuttgart, besteht seit 40 Jahren.

7. Dezember   Am Tag der nationalen Solidarität sammeln bekannte Persönlichkeiten des Staates, der Partei, der Wirtschaft und Kultur für das Winterhilfswerk. Die NSDAP appelliert an das Kameradschaftsgefühl aller Deutschen: »Stuttgarter Volksgenossen! Der Befehl ist gegeben! Wir werden die Schlacht schlagen! Für unsere notleidenden Brüder und Schwestern, für unser heiliges deutsches Volk!«
Der Schwäb. Merkur veröffentlicht einen Artikel »Weihnachtsgebäck und Butterknappheit«.
Der 56 m hohe Schornstein des Krankenhauses Bad Cannstatt wird gesprengt, nachdem dieses an das Fernheizwerk Münster angeschlossen wurde. Die Presse hebt die Beseitigung der Rauch- und Rußbelästigung hervor.
Die Alte Garde (Kaufmännischer Verein ehemaliger Schüler der Höheren Handelsschule Stuttgart) feiert im Kunstgebäude ihr 35. Stiftungsfest. Der Verein wird seit 25 Jahren von Arthur Hallmayer geleitet.

DEZEMBER 1935

8. Dezember In Berlin wird der unter der Regie von Walter Ruttmann und der Kameraführung von Albert Kling entstandene Film »Stuttgart — Großstadt zwischen Wald und Reben« und der Film über das 100. Cannstatter Volksfest 1935 vor mehreren hundert Ehrengästen uraufgeführt. OB Dr. Strölin hält eine Begrüßungsansprache.

9. Dezember Das Deutsche Frauenwerk veranstaltet gemeinsam mit dem Arbeitsamt einen Ausspracheabend für Hausgehilfinnen unter 45 Jahren, denen es gesetzlich untersagt ist, nach dem 31. Dezember 1935 weiterhin bei jüdischen Familien tätig zu sein. Die Stuttgarter Haushalte werden aufgerufen, diesen Frauen einen neuen Arbeitsplatz zu geben.

10. Dezember Der NS-Kurier polemisiert gegen den amerikanischen Jazz und spricht in diesem Zusammenhang von der »Verniggerung unserer Tanzmusik«.
Die Beiräte für Angelegenheiten des Kurbads Cannstatt kommen zu ihrer ersten Sitzung zusammen. Stadtrechtsrat Dr. Weidler berichtet von einer günstigen Entwicklung des Kurbetriebs.
Dem 1869 in Stuttgart geborenen, an der Universität Freiburg/Breisgau lehrenden Zoologen Hans Spemann wird in Stockholm der Nobelpreis für Medizin verliehen.
Prof. Dr. Hermann von Losch, ehemaliger Präsident des Statistischen Landesamtes und 1915 bis 1921 Leiter der Landespreisstelle, verstorben.

11. Dezember Immatrikulationsfeier der TH im Kuppelsaal des Kunstgebäudes. Rektor Prof. Dr. Stortz wendet sich gegen eine einseitige Standesehre der Akademiker und stellt ihr den Gedanken der Volksgemeinschaft gegenüber. Er begründet die Umwandlung der bisherigen Korporationen in Kameradschaften damit, daß es in Deutschland um Größeres gehe als um Mütze, Band und Satisfaktion.

12. Dezember OB Dr. Strölin hält mit den Ratsherren eine nichtöffentliche Beratung ab. Gegenstände der Erörterung sind der weitere Ausbau des Dampfkraftwerks Münster, der Ankauf eines Grundstücks am Kräherwald für die Errichtung eines städt. Kinderheims, der Neubau der Feuerwache in Bad Cannstatt sowie Fragen des Straßenbaus. Es ist eine zweite Linie von Asphaltstraßen vorgesehen, beginnend mit der Möhringer Straße über die Hauptstätter und Neckarstraße bis zur Cannstatter Straße. Diese Straßen waren bisher nur gepflastert. Im Anschluß an die Ratsherrensitzung findet eine Waldbesichtigung statt. Dabei werden zugleich Fragen der Bewirtschaftung sowie der Pflege des städt. Waldbesitzes erörtert.
Reichsführer Feickert spricht vor den Studentenschaftsführern sämtlicher württ. Hoch- und Fachschulen. Er bekennt sich zur studentischen Selbstverwaltung nach dem Motto

»Jugend soll von Jugend geführt werden« und zur Zusammenarbeit zwischen dem NS-Deutschen Studentenbund und der Deutschen Studentenschaft. Letztere ist eine Organisation, der alle Studierenden angehören müssen.
Das Stuttgarter Schwurgericht macht erstmals von der Ermächtigung des beschleunigten Strafverfahrens Gebrauch und verurteilt einen 30 Jahre alten Mann aus Backnang wegen Körperverletzung mit Todesfolge zu einer Gefängnisstrafe von 3 Jahren und 6 Monaten. Das Gericht verzichtet auf eine Voruntersuchung und eine gerichtsmedizinische Leichenöffnung. Die Urteilsverkündung erfolgt bereits 5 Wochen nach der Tat.

13. Dezember OB Dr. Strölin besucht das Waldheim Himmerreich in Botnang, das nach der Mütter- und Kindererholung im Sommer nunmehr der Jugenderholung dient. 30 Schüler verweilen hier fünf Wochen zur Erholung.

14. Dezember Der NS-Kurier bringt eine große Anzeige namentlich genannter arischer Zahnärzte in Stuttgart sowie die Aufforderung »Meidet jüdische Zahnärzte«.
Die ehemalige königliche Reithalle wird wieder ihrer ursprünglichen Bestimmung übergeben, nachdem sie längere Zeit anderweitig genutzt worden war.
OB Dr. Strölin eröffnet die Kleinkaliberschießanlage auf dem Cannstatter Wasen.
Dr. h. c. Cornelius Kauffmann, 1868 in USA als Pfarrerssohn geboren, von 1920 bis 1932 Präsident der Handelskammer Stuttgart, verstorben.

15. Dezember Der Stuttgart-Film und der Film über das 100. Cannstatter Volksfest werden nach der Uraufführung in Berlin erstmals in Stuttgart in den Königsbau-Lichtspielen und im Ufa-Palast gezeigt.
In Gablenberg wird das Haus der Volkstreue eingeweiht. Es handelt sich um ein von der Ortsgruppe Gablenberg der NSDAP renoviertes älteres Gebäude, das zunächst zum Abbruch vorgesehen war. Das Gebäude verfügt über einen größeren Saal für Parteiveranstaltungen sowie über verschiedene Gemeinschafts- und Kindergartenzimmer. Ein Raum ist den Deutschen Christen vorbehalten. Kreisleiter Mauer zieht einen Vergleich zwischen den Kirchenbauten von einst und den Weihebauten und Parteihäusern des Dritten Reiches. Diese dienten dem ganzen Volk: »Und Dienst am Volk ist ein Dienst vor Gott«.
Die Mitglieder des Württ. Baumeisterbundes geben ihre Selbständigkeit auf und schließen sich dem Württ. Verein für Baukunde als dem zuständigen Bezirksverein der Deutschen Gesellschaft für Bauwesen an. Aus diesem Anlaß findet in Stuttgart eine große Versammlung von Bauingenieuren statt.

15.—24. Dezember Die Weihnachtsmesse findet in größerem Umfang als früher auf dem Markt- und Karlsplatz sowie um die Stiftskirche statt.

DEZEMBER 1935

16. Dezember   Die Stuttgarter Straßenbahnen AG ermöglicht ihren Mitarbeitern an je einem von vier Abenden freien Eintritt in die Württ. Staatstheater.

19. Dezember   Der Reichsluftschutzbund führt in Stuttgart erstmals eine Verdunkelungsübung durch. Die Aktion beginnt in Zuffenhausen sowohl mit eingeschränkter Beleuchtung als auch völliger Verdunkelung. Das Amtsblatt veröffentlicht aus diesem Anlaß am 14. 12. ein Zehn-Punkte-Programm über Hausabdunkelung.
Der Hauptausschuß für das 15. Deutsche Turnfest 1933 in Stuttgart e. V. hält im Rathaus seine letzte Sitzung ab und löst sich dann auf.
In Rohracker findet erstmals seit 1932 wieder eine Bürgerversammlung statt. BM Bürkle hebt besonders die rege Bautätigkeit hervor und weist darauf hin, daß in Rohracker seit 1932 59 neue Wohnhäuser entstanden, davon 44 im Frauenkopfgelände. Allein 1935 wurden hier 22 Häuser gebaut. Andere Punkte der Aussprache betreffen die Wasserversorgung und die Förderung des Weinbaus.

20. Dezember   Eine französische Architektenkommission informiert sich im Rahmen eines Erfahrungsaustausches für die Umgestaltung der Pariser Oper über den Umbau der Bühne des Großen Hauses.
Der Württ. Kunstverein hält seine Mitgliederversammlung ab. Diese wählt den früheren OB Dr. Lautenschlager einmütig für vier Jahre zu ihrem Vorsitzenden. Es erfolgt eine Satzungsänderung, die Lautenschlager mit der notwendigen Anpassung an die Richtlinien der Reichskulturkammer begründet. Sie betrifft die Einführung des Führerprinzips und die Gestaltung von Ausstellungen. Der Verein zählt nunmehr 3174 Mitglieder.

21. Dezember   Die Württ. Staatstheater führen in einer Neuinszenierung das Drama »König Lear« von Shakespeare auf.
Regierungsrat Dr. Max Miller referiert vor dem Württ. Geschichts- und Altertumsverein über »Die Auswanderung aus dem Herzogtum Württemberg im 18. Jahrhundert«.

22. Dezember   Der »goldene« Sonntag zeigt einen geringeren Andrang in den Geschäften als der »silberne«. Dennoch spricht der Handel von einem wesentlich höheren Gesamtumsatz beim Weihnachtsgeschäft als in den vorangegangenen Jahren.
Die NS-Volkswohlfahrt veranstaltet in 50 Sälen sog. Volksweihnachtsfeiern und verteilt an Bedürftige 28 000 Weihnachtspakete.
Kaufmann Samuel Knauß verstorben. Der seit 1908 mit dem Schriftsteller Dietrich Eckart bekannte Knauß kam 1919/20 in München in Berührung mit Adolf Hitler und bereitete dessen Auftritt am 26. Mai 1920 im Saalbau Dinkelacker in Stuttgart vor.

Der NS-Kurier kürzt in seinem Gedenkartikel den Vornamen des Verstorbenen mit dem Anfangsbuchstaben ab.

23. Dezember   Die Aktionärsversammlung der photo-chemischen Fabrik Hauff AG Stuttgart-Feuerbach beschließt auf einer außerordentlichen Sitzung, das auf 250 000 RM herabgesetzte Kapital wieder auf 1 Mio. RM zu erhöhen.
Herzog Albrecht von Württemberg feiert in Altshausen seinen 70. Geburtstag. Der Schwäb. Merkur würdigt den ehemaligen Anwärter auf den württ. Thron in einem längeren Artikel.

24. Dezember   Die Stadtverwaltung gibt in Übereinstimmung mit den »bevölkerungspolitischen Maßnahmen der Reichsregierung« ein Wohnungsbauprogramm für das Jahr 1936 bekannt. Vorgesehen ist der Bau von 1500 Wohneinheiten sowohl in Form von Siedlungshäusern und Kleineigenheimen als auch von Geschoßwohnungen. Die Stadtverwaltung möchte auf die Mietpreise der Stuttgarter Siedlungs-GmbH und der gemeinnützigen Wohnungsunternehmen Einfluß nehmen und nennt als Richtmiete 30 bis 50 RM im Monat. Des Baues preisgünstiger Wohnungen nimmt sich auch die neu gegründete Robert-Bosch-Siedlung GmbH an.

25. Dezember   Oberbaurat Hugo Kübler, Prof. für Eisenbahn- und Straßenbau an der TH Stuttgart, verstorben. Kübler erwarb sich besondere Verdienste um den Ausbau des württ. Eisenbahnnetzes.

28. Dezember   Der Generalintendant der Württ. Staatstheater, Prof. Krauß, hält den Abbruch des Wilhelma-Theaters in Bad Cannstatt weder aus denkmalpflegerischen noch aus praktischen Gründen für vertretbar, da sonst im Interesse des Badepublikums der Bau eines neuen Theaters notwendig werde. Krauß befürwortet eine grundlegende Renovierung und Wiederbenutzung des Theaters. Er argumentiert: »Da das von Barock zu Empire verwandelte Ludwigsburger Schloßtheater wegen Baufälligkeit und Feuergefahr gänzlich unbespielbar ist, verlegt sich das Interesse automatisch auf die Wilhelma.« Das Wilhelma-Theater könnte von der Landesbühne und dem Staatstheater bespielt werden.

30. Dezember   Die Polizei beginnt wegen der zunehmenden Gefährdung der Kinder im Straßenverkehr mit dem Versuch, einzelne Straßen zu bestimmten Tageszeiten für den Verkehr zu sperren. Die erste dieser Straßen ist die Heusteigstraße, die täglich zwischen 13 und 17 Uhr den Kindern als Spielstraße vorbehalten ist. Klagen der Anwohner über den zunehmenden Lärm veranlassen die Polizei, den Versuch nach drei Monaten wieder aufzugeben.

DEZEMBER 1935

Prof. Dr. Wilhelm Weitz, seit 1927 Chefarzt der Inneren Abteilung des Krankenhauses Bad Cannstatt, wird verabschiedet. Er folgt einem Ruf an die Universität Hamburg.

Um 11 Uhr wird »schlagartig« wie in vielen anderen Städten die Winterhilfslotterie mit einem Propagandamarsch der SA eröffnet.

31. Dezember OB Dr. Strölin hebt in seinem Jahresrückblick die Erfolge der Stadtverwaltung bei der Umschulung von Arbeitslosen für Mangelberufe hervor. Er spricht davon, daß die Versorgung, »wenn auch etwas beschränkt«, für alle sichergestellt sei, falls »keiner versucht, sich auf Kosten der anderen Vorteile zu verschaffen«.

Der Württ. Industrie- und Handelstag weist in seinem Jahresrückblick auf die große Exportabhängigkeit der württ. Industrie hin. Nicht zuletzt dank der Erfolge der Mercedes-Rennfahrer hat sich die Lage der Automobilindustrie im Auslandgeschäft verbessert. Die Maschinenfabrik Hesser AG Stuttgart-Bad Cannstatt meldet, daß 1935 60 % ihrer Produktion auf den Export entfielen.

Die Württ. Notenbank Stuttgart, eine der vier letzten deutschen Privatnotenbanken, stellt kraft Reichsgesetzes nach 64jährigem Bestehen ihre Tätigkeit ein.

Die von Stähle und Friedel verlegte Süddeutsche Apothekerzeitung (bis 1886 Pharmazeutisches Wochenblatt) veröffentlicht ihr 75. Jahrgangsheft.

1936

1. Januar Stuttgart erlebt eine verhältnismäßig ruhige Silvesternacht. Wegen Ruhestörung und ähnlicher Verfehlungen werden 14 Personen vorläufig festgenommen. Am Morgen zieht ein Trompeterkorps der Wehrmacht zum »großen Wecken« von der Rotebühlkaserne am Hauptbahnhof vorbei nach Bad Cannstatt.
In der Liederhalle herrscht am Neujahrsabend Hochstimmung bei einem Gastspiel des Meistersextetts der Comedian Harmonists.
Das im Jahre 1909 im Auftrag der Stuttgarter Theaterbau-AG von den Architekten Eitel und Eugen Steigleder errichtete Gebäude des Schauspielhauses geht in städt. Besitz über. Das Theater wird allerdings nicht in städt. Regie betrieben, sondern verpachtet.
Der Stadtteil Weilimdorf, der bisher zum Amtsbereich der Allgemeinen Ortskrankenkasse Leonberg gehörte, wird der Allgemeinen Ortskrankenkasse Stuttgart angeschlossen.
Die Firma Kast und Ehinger GmbH Stuttgart übernimmt als Zweigniederlassung die 1892 gegründete Druckfarbenfabrik Dr. Lövinsohn u. Co. in Berlin-Friedrichsfelde.
Die Firma Wilhelm Benger Söhne, bisher eine offene Handelsgesellschaft, wird in eine Kommanditgesellschaft umgewandelt.
Eugen Hardt wird als Nachfolger von Prof. Dr. Max Reihlen neuer Vorsitzender der Ortsgruppe Stuttgart des Deutschen Scheffel-Bundes.
Karl Zinser, 1910 mit dem Titel eines württ. Hofjuweliers ausgezeichnet und zuständig für die Betreuung der Kronjuwelen, im Alter von fast 92 Jahren verstorben.

2. Januar Der Gewerkschafter Willi Bleicher, Mitglied der Kommunistischen Partei-Opposition, die sich von der KPD abgespalten hatte, wird in Stuttgart festgenommen. Nach anderthalbjähriger Untersuchungshaft wird er wegen »Vorbereitung zum Hochverrat« zu drei Jahren Gefängnis verurteilt.
Der Chor der Orgelschule Stuttgart wirkt bei der Feier zu Ehren des Komponisten Schütz im Goethehaus in Rom mit. Zwei Tage später gibt er vor der Ortsgruppe Rom der NSDAP einen Liederabend.

JANUAR 1936

Prof. Dr. Erich Schempp, seit 1929 Oberarzt an der Chirurgischen Universitätsklinik in Tübingen, übernimmt die Leitung des Wilhelmhospitals der Evang. Diakonissenanstalt. Er wird Nachfolger des Ende 1935 in den Ruhestand getretenen Dr. Oskar Brigel.

3. Januar Im Charlottenhof spricht der Leiter der Stuttgarter Bezirksgruppe der Katholisch-Nationalkirchlichen Bewegung, Studienrat Bangert, über die Ziele und Aufgaben dieser Organisation. Er berichtet, daß die Zeitung »Der romfreie Katholik« nunmehr zweimal monatlich erscheine.

4. Januar Die Allgemeine Ortskrankenkasse meldet für die Berichtswoche vom 30. Dezember bis 4. Januar einen neuen Krankenhöchststand von 3,97 Prozent.

5. Januar Die Württ. Staatstheater führen Daniel Aubers Oper »Fra Diavolo« in der Neuinszenierung von Günter Puhlmann auf.
Pauline Klaiber-Gottschau liest auf einer nachweihnachtlichen Feier des Württ. Malerinnenvereins aus einem von ihr übersetzten Roman des finnischen Schriftstellers Jarl Memmer.

6. Januar Die Stuttgarter Kickers unterliegen der Profi-Fußballmannschaft von Ferencvaros Budapest vor 10 000 Zuschauern mit 2:3 Toren.

7. Januar Der schwerkriegsbeschädigte jüdische Maler und Graphiker Hermann Fechenbach wird aus der Reichskammer der bildenden Künste ausgeschlossen. Die weitere Ausübung seines Berufs als Maler und Graphiker wird ihm untersagt.
Die Generalversammlung der Lack- und Lackfarben-Fabrik Chr. Lechler und Sohn Nachfolger AG beschließt, bei einem Reingewinn in Höhe von 52 275 RM im Geschäftsjahr 1935 eine Dividende von 10 Prozent zu zahlen.
Prof. Dr. Karl Haushofer, der Präsident der Deutschen Akademie in München, nimmt in einem Vortrag im Deutschen Ausland-Institut Stellung zu Fragen der Fernostpolitik und bezeichnet den russischen Osten als reich an Raum und arm an hochwertigem Blut.

8. Januar Im Friedrichsbautheater gastiert bis 23. Januar der Clown Grock. Das Programm wird ergänzt durch Auftritte einer italienischen Akrobatengruppe und eines amerikanischen Steptänzerpaares sowie durch humoristische Einlagen Willy Reicherts.
Geheimrat Leo Frobenius berichtet im Gustav-Siegle-Haus auf Einladung des württ. Vereins für Handelsgeographie über seine 12. Afrika-Expedition.
Prof. Dr. Horneffer beginnt mit einem neuen philosophischen Vorlesungszyklus über »Deutsche Denker im Lichte der Gegenwart«.

10. Januar Die Schriftstellerin Anna Schieber liest auf Einladung des Literarischen Klubs Stuttgart und des Württ. Goethebundes aus ihren Werken.

11. Januar Das Stadtgartenrestaurant wird von seinem neuen Pächter Herbert H. Jamnig mit einem Varietéprogramm und Tanzeinlagen des Landestheaterballetts wieder eröffnet.
Ministerialrat a. D. Dr. von Scheurlen spricht auf der Hauptversammlung des Württ. Anthropologischen Vereins über die Bedeutung des 1933 gefundenen Steinheimer Urmenschenschädels.
Die Schweiz gewinnt in der Stadthalle einen Radländerkampf gegen Deutschland mit 2 : 1.

12. Januar Handwerkskammerpräsident Dempel gibt in einer Feierstunde die als Leistungsnachweis neu eingeführten Handwerkskarten an die Bezirksinnungsmeister, Kreishandwerksmeister und Stuttgarter Obermeister aus.
Die Württ. Staatstheater spielen erstmals Heinrich Zerkaulens Komödie »Der Sprung aus dem Alltag«.
Starker Schneefall macht den Einsatz von 16 Schneepflügen, 8 Kehrmaschinen und 50 Räumfahrzeugen sowie von 300 Stamm- und 100 Hilfsarbeitern notwendig. Es kommt zu größeren Verkehrsbehinderungen.

13. Januar Am ersten Jahrestag der Saarabstimmung hält die Kreisleitung Stuttgart der NSDAP einen Appell im Landtagsgebäude ab. Die Württ. Saarvereinigung veranstaltet einen Gedenkabend im Eduard-Pfeiffer-Haus.

14. Januar Die Arbeitsgemeinschaft des württ. Einzelhandels löst sich auf. Als einzige Interessenvertretung bleibt die Wirtschaftsgruppe Einzelhandel bestehen.

15. Januar Innenminister Dr. Schmid wurde mit der Leitung des württ. Wirtschaftsministeriums beauftragt.
Im Festsaal der Industrie- und Handelskammer Stuttgart findet die konstituierende Sitzung der neuen Wirtschaftskammer für Württemberg und Hohenzollern statt. Der Präsident der Wirtschafskammer, Fabrikant Kiehn, umreißt ihre Aufgaben, die in der fachlichen und regionalen Zusammenfassung der gewerblichen Wirtschaft bestehen.
Das Katharinenhospital feiert das Richtfest der neuen Hals-, Nasen- und Ohrenklinik.
Raoul von Koczalski gibt in der Liederhalle ein 2. Konzert mit Werken Chopins aus Anlaß von dessen 125. Geburtstag.

17. Januar Die Stuttgarter Hofbräu AG beschließt, eine Dividende von 5% auszu-

JANUAR 1936

schütten. Die Geschäftslage wird auf der Generalversammlung als günstig bezeichnet.
In der Liederhalle gibt der Spanier Juan Manén ein Violinkonzert.

18. Januar   Die NSDAP-Ortsgruppe Furtbach weiht an der Ecke der Paulinen- und Tübinger Straße ein neues HJ-Heim ein. In dem Haus war früher ein katholischer Schülerhort untergebracht. Der NS-Kurier polemisiert dabei gegen »derlei Sondermissionen von Grüppchen und Interessentenhaufen« und spricht von einer »Etappe im Kampf. Noch sind im Gefolgschaftsbereich 36, wo der Kampf gegen die konfessionell-politische Jugendbeeinflussung ein besonders heftiger war, etliche Jugendvereinshäuser. Doch die Fahne der Hitler-Jugend ... wird weiter vorangetragen in der großen Gefolgschaft des Führers«.
Der Ball des Frauenvereins vom Roten Kreuz für Deutsche über See im Kunstgebäude ist wieder einer der gesellschaftlichen Höhepunkte des Winters 1935/36.

19. Januar   Die Württ. Staatstheater führen Richard Wagners »Götterdämmerung« auf.
Der Schriftsteller Edwin Erich Dwinger liest aus seinem neuesten Roman »Die letzten Reiter«, der die Kämpfe im Baltikum 1919 zum Inhalt hat.
Stadtpfarrer Dr. Julius Rauscher, zugleich Archivar der evang. Landeskirche und seit 1917 Herausgeber der Blätter für württ. Kirchengeschichte, verabschiedet sich von seiner Pfarrgemeinde in Berg. Er wird erster Stadtpfarrer in Heilbronn.

20. Januar   Stadtrat Hugo Kroll eröffnet als Kreisamtsleiter für Kommunalpolitik einen Lehrgang für die 50 neubestellten kommunalpolitischen Fachberater der einzelnen Stuttgarter Ortsgruppen der NSDAP.
Polizeipräsident Klaiber gibt anläßlich einer Verkehrsbesprechung des Deutschen Automobilclubs bekannt, daß sich in Stuttgart im Jahre 1935 4816 Verkehrsunfälle ereigneten gegenüber 4719 im Vorjahr. Im Jahre 1935 wurden 3350 Fußgänger und Radfahrer wegen Verkehrsverstößen bestraft.
Die Württ. Staatstheater veranstalten in der Liederhalle ihr diesjähriges Winterfest.
Im Stadtgartensaal wird eine Kunstausstellung von Studenten der Akademie der bildenden Künste eröffnet. Der Erlös kommt dem Winterhilfswerk zugute.
Alfred Schenk Graf von Stauffenberg, ehemals Oberhofmarschall König Wilhelms II. von Württemberg, der Vater von Claus Schenk Graf von Stauffenberg, der das Attentat auf Hitler am 20. Juli 1944 verübte, auf Schloß Lautlingen verstorben. Er verhandelte bei den Revolutionsunruhen am 9. November 1918 mit den Stuttgarter Arbeiter- und Soldatenräten.

21. Januar   Die Koloratursopranistin Erna Sack gastiert in der Liederhalle.

JANUAR 1936

22. Januar Das Hotel Central, Ecke Schloß- und Seestraße, wird nach umfangreichen Renovationsarbeiten wieder eröffnet.
Im Lindenmuseum spricht auf Einladung des Württ. Vereins für Handelsgeographie der Wiener Forschungsreisende Dr. Hugo Adolf Bernatzik über seine Expedition nach Neu-Guinea.
Die Stuttgarter Boxstaffel siegt in einem Städtevergleichskampf über Rom mit 13:3 Punkten.

23. Januar Die Polizei macht eine Großrazzia auf Bettler und Hausierer. Ein Teil der Festgenommenen wird nach Feststellung ihrer Identität entlassen, 35 Personen bleiben vorläufig in Haft.
Im Universum läuft der von der Regisseurin Leni Riefenstahl und dem Stuttgarter Kameramann Albert Kling gedrehte Film »Der Tag der Freiheit« an. Der Film berichtet über die neue deutsche Wehrmacht. Anschließend wird der die Zeit der deutschen Erhebung gegen Napoleon heroisierende Spielfilm »Der höhere Befehl« gezeigt.

25. Januar Der Landesausschuß Württemberg des Bundes Jungdeutschland beschließt auf seiner Mitgliederversammlung in der Bahnhofsgaststätte, sein vor acht Jahren in Welzheim errichtetes Ferienheim mit Wirkung vom 1. April an dem württ. Kultministerium zu übergeben und es damit in staatliches Eigentum zu überführen. Es soll nach dem Gründer des Bundes Jungdeutschland, General von der Goltz, benannt werden.
Erstaufführung des Lustspiels »Die Dame Kobold« von Calderón de la Barca im Kleinen Haus.
Deutschland gewinnt vor 7000 Zuschauern in der Stadthalle einen Radländerkampf gegen Belgien mit 25:21 Punkten.

26. Januar Die Beerdigung des früheren Reichsbannerführers Karl Ruggaber gestaltet sich mit 1500 Teilnehmern zu einer politischen Demonstration. Ruggaber wurde bereits im Frühjahr 1933 als Gegner des Nationalsozialismus verhaftet und längere Zeit im KZ Heuberg festgehalten.
Die Reichsrundfunkgesellschaft hat das Gelände der Silberburg gekauft, um hier das neue Funkhaus des Stuttgarter Senders zu bauen. Der Staat und die Stadt beteiligen sich an den Kosten des Grunderwerbs mit je 150 000 Mark.
Die SA veranstaltet im Filmtheater Universum eine Morgenfeier, bei der die Dichtung »Aus unseren Opfern leuchtet die Unsterblichkeit« von Gerhard Schumann in der Vertonung Hans Zieglers (Tübingen) uraufgeführt wird.
Brita Stegmann, die Leiterin der Palucca-Ballettschule, gibt eine Tanzmatinee.
Die Friseurinnung veranstaltet in der Liederhalle eine Frisuren-Modenschau; gleichzeitig weiht sie ihre neue Innungsfahne.

JANUAR 1936

27. Januar   8000 Führer und Führerinnen der schwäb. HJ treffen sich zu einem Appell in der Rotebühlkaserne und zu einer Kundgebung in der Stadthalle, auf der Reichsjugendführer Baldur von Schirach spricht. Er fordert eine einheitliche Reichsjugend über alle konfessionelle und ständische Unterschiede hinweg. »Wer Adolf Hitler dient, der dient Deutschland, und wer Deutschland dient, der dient Gott.«

28. Januar   Das argentinische Konsulat in Stuttgart wurde aufgehoben. Seine Aufgabe übernahm das argentinische Konsulat in Frankfurt/Main.
Generalmusikdirektor Rudolf Schulz-Dornburg dirigiert in der Liederhalle ein Konzert des SS-Abschnitts X. Zu den Mitwirkenden gehören auch die Sänger Karl Erb und Fritz Windgassen sowie andere Mitglieder des Staatstheaters.

29. Januar   Am Vorabend des dritten Jahrestages der Ernennung Adolf Hitlers zum Reichskanzler finden in der Hospital-, Leonhards- und Brenzkirche Andachten statt. Aus gleichem Anlaß wird am 30. Januar in der Stiftskirche ein Frühgottesdienst gehalten.

30. Januar   Unter der Überschrift »Sünde wider das Blut« berichtet der Schwäb. Merkur über das erste vom Landgericht Stuttgart gefällte sog. Rasseschandeurteil. Das Landgericht verurteilt einen 32 Jahre alten Juden aus Bad Cannstatt, der seit 1932 mit einer (arischen) Frau aus Fellbach befreundet war, zu einer sechsmonatigen Gefängnisstrafe. Der Angeklagte führte zu seiner Verteidigung an, er sei im christlichen Glauben erzogen worden und habe nur Angehörige der israelitischen Religionsgemeinschaft als Volljuden betrachtet. Der Oberstaatsanwalt hatte eine Gefängnisstrafe von zehn Monaten gefordert.
In den städt. Ämtern und Betrieben findet bei Arbeitsbeginn ein Appell statt, bei dem ein Aufruf von OB Strölin zum 3. Jahrestag der »nationalen Erhebung« verlesen wird. OB Dr. Strölin gibt bei einer öffentlichen Beratung mit den Ratsherren einen Überblick über die Aufgaben der Stadtverwaltung im Jahre 1936, wobei er betont, daß das Tempo der Arbeiten sich den finanziellen Möglichkeiten anzupassen habe. Stadtrechtsrat Dr. Könekamp informiert über das Veranstaltungsprogramm des neuen Jahres. Die Sitzung schließt mit einem Aufruf des OB zum 3. Jahrestag der Machtergreifung der NSDAP, in dem es heißt: Die nationalsozialistische Erhebung hat uns von den Hemmungen des parlamentarischen Systems befreit.
In einer Feierstunde der TH erklärt Rektor Prof. Dr. Wilhelm Stortz, der neue deutsche Staat steuere kraftvoll durch die Brandung Europas und stehe als Mauer gegen das östliche Chaos.

31. Januar   Ministerpräsident Mergenthaler spricht auf einer Kundgebung des Reichs-

FEBRUAR 1936

arbeitsdienstes im Gustav-Siegle-Haus. Die Veranstaltung wird eingeleitet mit einer kultischen Feier »Deutsche Not und Wende«.
Generalmajor a. D. Constantin Graf von Beroldingen in Frankfurt/Main verstorben. 1858 in Stuttgart geboren, trat er 1893 vom württ. in das preußische Heer über, nahm 1912 seinen Abschied, wurde nach dem Ausbruch des ersten Weltkriegs reaktiviert und war seit 1916 Kommandeur der 9. Landwehr-Infanterie-Brigade. Er gehörte seit 1931 der NSDAP an.

1. Februar Unter Hinweis auf die Überlastung des Böblinger Flugplatzes fordert das Wirtschaftsministerium in einem Schreiben an das Staatsministerium den Bau von zwei neuen Flugplätzen bei Stuttgart, von denen der eine dem planmäßigen Luftverkehr sowie dem Luftsport und der andere der Industrie und den Forschungsinstituten der TH zur Verfügung stehen solle.
In Rotenberg wird eine Poststelle eröffnet. Poststelleninhaber ist der Gastwirt zur Krone.
Die Ortsgruppe Marienplatz der NSDAP weiht in der Lehenstraße 20 ein neues HJ-Heim ein.
Ein großes Sportfest in der Stadthalle bietet ein fünfstündiges Programm mit zahlreichen Schau- und Wettkämpfen.

2. Februar Reichsstatthalter Murr, die württ. Regierung und das diplomatische Korps nehmen in der Englischen Kirche an einem Gedenkgottesdienst für den am 20. Januar 1936 verstorbenen König Georg V. von Großbritannien teil.
Arthur Faber, führender Repräsentant der südwestdeutschen Holzindustrie und von 1921—1928 Vorstandsmitglied des Verbandes der deutschen Landesversicherungsanstalten, verstorben.

3. Februar Reichsstatthalter Wilhelm Murr und der Gauwalter der Deutschen Arbeitsfront Fritz Schulz eröffnen in den Werkstätten der Firma Robert Bosch für Württ.-Hohenzollern den Reichsberufswettkampf. Die Feier wird vom Reichssender Stuttgart übertragen und von allen Wettkampfteilnehmern in ihren Betrieben gehört.
Die Wohlfahrtsbeiräte der Stadt und die städt. Beiräte für Frauenangelegenheiten besichtigen die Augenklinik des Katharinenhospitals, die in dem Gebäude Hegelstraße 2 B neue Räume bezogen hat. Verwaltungsdirektor Theurer erinnert aus diesem Anlaß daran, daß die Augenklinik 1883 im Katharinenhospital errichtet, aus räumlichen Gründen aber bereits 1894 in die Forststraße 20 verlegt und 1921 im Erdgeschoß des Ludwigspitals untergebracht wurde.
Die Geschäftsleitung der Daimler-Benz AG spricht auf einer Zusammenkunft von 200 Firmenvertretern und Verkaufsstellenleitern von einer günstigen Geschäftslage und großen Exporterfolgen in aller Welt.

FEBRUAR 1936

4. Februar   Prof. Dr. Horneffer beschließt seine Vortragsreihe »Deutsche Denker im Lichte der Gegenwart« mit einem Referat über Kant.

5. Februar   Dr. Ernst Schmid, Wirtschaftsprüfer und Direktor der Süddeutschen Treuhand AG, verstorben.

6. Februar   Der Verschönerungsverein wählt auf seiner Mitgliederversammlung Forstmeister Eduard Rümelin zu seinem ersten Vorsitzenden. Neu in den Ausschuß kommen u. a. der frühere OB Lautenschlager und Stadtrat Kroll.
Der Schriftsteller Erwin Guido Kolbenheyer spricht auf Einladung des Literarischen Klubs über das Thema »Wie wurde der deutsche Roman Dichtung?«

7. Februar   Der Gauwalter der Deutschen Arbeitsfront, Fritz Schulz, eröffnet die erste Arbeitstagung der im November 1935 gebildeten Arbeitskammer Württ.-Hohenzollern. Er vereidigt die 70 Mitglieder dieser Kammer. Dr. Bühler vom Arbeitswissenschaftlichen Institut der Deutschen Arbeitsfront in Berlin befaßt sich mit der Frage der »Lenkung des Verbrauchs«. Anschließend spricht der Leiter der Kommission für Wirtschaftspolitik der NSDAP, Bernhard Köhler, über das Thema »Partei und Wirtschaft«. Er wendet sich sowohl gegen ein Eigenleben der Wirtschaft innerhalb des Volksganzen als auch gegen einen übergeordneten Anspruch der Weltwirtschaft.
Dr. Hermann Rüdiger spricht vor der Ortsgruppe Stuttgart des Sudetendeutschen Heimatbundes über das Thema »Reich, Volk und Sudetendeutschtum«.
Obervermessungsrat a. D. E. Blümer berichtet im Schwäb. Merkur, daß bei Bauarbeiten in der Hauptstätter Straße gegen den Wilhelmsplatz zu Reste der alten Stadtmauer aufgefunden wurden, die früher vom Schellenturm aus hinter der Weberstraße zur Richtstraße und zum Hauptstätter Tor verlief.

8. Februar   Die Württ. Volkswirtschaftliche Gesellschaft wählt auf ihrer Mitgliederversammlung Innen- und Wirtschaftsminister Dr. Schmid zu ihrem ersten Vorsitzenden. Er löst in dieser Funktion den früheren Wirtschaftsminister Prof. Dr. Lehnich ab, der in Berlin Präsident der Reichsfilmkammer wurde. Minister Dr. Schmid betont in seiner Antrittsrede, daß der Wirtschaft durch den Primat der Politik ein bestimmter Rahmen vorgegeben sei.

10. Februar   Staatssekretär Dr. Schlegelberger vom Reichsjustizministerium führt mit den leitenden Beamten der Stuttgarter Justizbehörden Besprechungen u. a. über Fragen des Strafvollzugs.
Der Sonderzug, der die sterblichen Überreste des in Davos von einem jungen Juden erschossenen Landesleiters der Auslandorganisation der NSDAP in der Schweiz, Wilhelm Gustloff, nach Schwerin überführt, unterbricht seine Fahrt in Stuttgart.

FEBRUAR 1936

Hans Friedrich Blunck, der Alterspräsident der Reichsschrifttumskammer, liest im Bürgermuseum aus eigenen Werken. Er spricht einleitend vom »Reich aller Brüder in erkorenem Raum, den Gott uns zugewiesen«.
Prof. Dr. K. Wegener (Graz), der Bruder des Geophysikers Alfred Wegener, referiert im Planetarium über die »Entstehung der Festländer und Meere«.

11. Februar   Innenminister Dr. Schmid erklärt in einem Vortrag über »Die räumliche Gestaltung der politischen Gemeinde« vor der Württ. Verwaltungsakademie, die volksnahe und volksverbundene Verwaltung Württembergs werde auch außerhalb des Landes immer mehr als geradezu vorbildlich für das Reich betrachtet.
Das württ. Baugewerbe beklagt auf einer Versammlung den zunehmenden Mangel an Lehrlingen. Besuchten 1927/28 noch 82 Lehrlinge der Bauberufe die Steinbeisschule in Stuttgart, so ging deren Zahl bis zum Schuljahr 1935/36 auf 13 zurück. Als Gründe für diese Entwicklung werden die schwere Arbeit in den Bauberufen, die Saisonanfälligkeit und das vergleichsweise niedrige Sozialprestige genannt.
Staatsrat Prof. Dr. Wilhelm Börger (Köln) spricht in der TH über das Thema »Deutscher Sozialismus und Wirtschaft«.

12. Februar   In einem Schreiben des Ortsgruppenleiters Gauger wird der 1. Pfarrer der Matthäuskirche, Eugen Müller, scharf gerügt, weil die Kirche nicht mit der Hakenkreuzfahne beflaggt war.
Die Kreisleitung der NSDAP veranstaltet auf dem Schloßplatz eine Gedenkfeier für Wilhelm Gustloff.
Serge Jaroff und sein Don-Kosaken-Chor geben in der Liederhalle ein Konzert.

13. Februar   Dr. Roland Freisler, Staatssekretär im Reichsjustizministerium, unterstreicht in einer Rede in der Stadthalle über das Thema »Die Behörden im nationalsozialistischen Aufbruch« den Totalitätsanspruch des Nationalsozialismus. Der Schwäb. Merkur schreibt über diese Kundgebung: »Staatssekretär Dr. Freisler ist ein glänzender Redner; in der Form vollendet, in der Sache klar und deutlich ... Kompromisse kennt der Redner nicht. Entweder — oder! Jeder weiß, woran er ist.«

14. Februar   Die unter Vorsitz des ehemaligen OB Dr. Lautenschlager tagende Generalversammlung der Schloßgartenbau AG Stuttgart beschließt, aus dem Reingewinn in Höhe von 71 061 RM eine Dividende von 2 % auszuschütten. Dr. Lautenschlager weist auf die Besserung der Mietsverhältnisse hin, die auch 1935 angehalten habe.
Die Mitglieder der Fachschaft Erzähler in der Reichsschrifttumskammer treffen sich im Hospiz Viktoria zu ihrem ersten Pflichtabend im Jahre 1936. Ein sudetendeutscher

FEBRUAR 1936

Schriftsteller beklagt in seinem Vortrag »Erlebtes aus dem Sudetenland« die fehlenden kulturellen Entfaltungsmöglichkeiten der Deutschen in der Tschechoslowakei.
Im Großen Haus wird die Oper »Donna Diana« von Emil Nikolaus von Reznicek erstmals gespielt.

15. Februar Erich Alexander Winds inszeniert im Kleinen Haus Goethes Schauspiel »Egmont«.
Oberregierungsrat Dr. Keller, Privatdozent für Philosophie, hält an der TH seine Antrittsvorlesung. In seinem Vortrag »Vom Wesen der deutschen Philosophie« führt er aus: Philosophie im wissenschaftlichen Sinne sei eine Schöpfung des nordischen Geistes. Obwohl in Deutschland fast alle philosophischen Richtungen vertreten seien, könne dennoch von einer spezifisch deutschen Einstellung in der Philosophie gesprochen werden.
Der Münchner Privatdozent Dr. Kurt Schilling spricht auf der Jahresversammlung der Kantgesellschaft über das Thema »Philosophische Probleme der Rassenbildung und Staatsentstehung«.

16. Februar Vom Hauptbahnhof aus verkehren zum Besuch der Olympischen Winterspiele in Garmisch-Partenkirchen sowie für den Wintersport im Schwarzwald und auf der Schwäb. Alb 14 Sonderzüge.
Der Württ. Landesobstbauverein hält im Bürgermuseum seine Hauptversammlung ab. Dabei wird auf den Rückgang des Gärmostverbrauchs hingewiesen, während der Süßmostverbrauch erheblich zugenommen habe. Die Beteiligung des Vereins an der Pomol GmbH Stuttgart-Zuffenhausen zur Gewinnung von Dicksaft wird positiv beurteilt.
»Mondnacht bei den Mondlöschern« ist das Motto der Faschingsveranstaltung des Cannstatter Kübelesmarktes.

19. Februar Dr. Friedrich Reinöhl, der Präsident des evang. Oberschulrates, hält in der TH auf Einladung der Volkshochschule und des NS-Lehrerbundes einen Vortrag über das Thema »Vererbung und Erziehung«.
Kaufmann Julius Mößner, seit Dezember 1934 Vizepräsident der Industrie- und Handelskammer, verstorben. Er gehörte seit 1913 dem evang. Kirchengemeinderat an.

20. Februar Die von OB Dr. Strölin geleitete Ratsherrenversammlung befaßt sich mit der Vorlage des Verwaltungsberichts für das Jahr 1935, dem Haushaltplan für das Jahr 1936, dem Nachtragshaushalt von 1935, der Rechnungsprüfung bei verschiedenen Ämtern und den anstehenden Bauarbeiten am Stausee Hofen. Außerdem unterrichtet OB Strölin die Ratsherren über zwei Entschließungen, die er seit der letzten Sitzung am 30. Januar getroffen hat. Sie betreffen die Übernahme des Stromnetzes von Weilimdorf, Hofen und Rotenberg durch die Technischen Werke sowie die Erweiterung der Gastankstelle in der Gaskokerei Gaisburg. Strölin spricht in seiner Etatrede von der »Rückkehr zu gesunden Finanzgrundsätzen«, die insbesondere durch einen niederen Ansatz der Aufwendungen für das Wohlfahrtswesen möglich gewesen sei. Der ordentliche Haushalt für das Rechnungsjahr 1936 ist in Einnahmen und Ausgaben in Höhe von 146,8 Mio. RM ausgeglichen, der außerordentliche Haushalt wird auf Einnahmen und Ausgaben von 17,3 Mio. RM festgesetzt. In der Aussprache beschäftigt sich der Arzt und Ratsherr Dr. Feldmann namentlich mit dem Etat des Wohlfahrtsamtes, dem im Gegensatz zur »Systemzeit« nicht mehr die Aufgabe der Nur-Fürsorge zukomme; das Wohlfahrtsamt leiste nunmehr positive Arbeit durch Linderung der Not »aller erbbiologisch wertvollen Volksgenossen und rassisch unseren Anforderungen entsprechenden Leuten«, während es andererseits nach dem Grundsatz handele »Leistung ohne Gegenleistung gibt es jetzt nicht mehr ... jede Leistung verlangt eine Gegenleistung.« Zu Beginn der Sitzung gedachte OB Dr. Strölin des ermordeten Landesgruppenleiters Wilhelm Gustloff und gab die Benennung der Straße zwischen dem Haus des Deutschtums und dem Karlsplatz als Gustloffstraße bekannt.

Auf dem Westbahnhof wird die neue, mit einem Kostenaufwand von 110 000 RM errichtete Bahnsteigunterführung dem Fußgängerverkehr übergeben. Die hohe Bausumme wird mit der größeren Sicherheit der Reisenden, die kein Gleis mehr zu überqueren brauchen, begründet.

Im großen Hörsaal der TH findet zum Abschluß des Wintersemesters eine Studentenvollversammlung statt. Die Akademische Auslandstelle gibt dabei bekannt, daß gegenwärtig 70 ausländische Studenten an der TH studieren. Sie weist auf die Möglichkeit eines neunmonatigen Studentenaustausches hin, für den zahlreiche Plätze an ausländischen Hochschulen zur Verfügung gestellt seien.

21. Februar   Der Leipziger Theologe Prof. Dr. Heinrich Bornkamm spricht im Festsaal der Evang. Gesellschaft in der Furtbachstraße über das Thema »Christus und die Germanen«.

21./22. Februar   Unter Vorsitz von Stadtrat Dr. Sigloch tagt das Preisgericht für den Ideenwettbewerb zur landschaftlichen Gestaltung des Gebietes auf der Feuerbacher Heide zwischen der Doggenburg und dem Rosensteinpark. Insgesamt wurden 58 Entwürfe eingereicht. Der mit 5000 RM dotierte erste Preis fällt an den Potsdamer Gartengestalter Hermann Mattern und den Berliner Regierungsbaumeister Gerhard Graubner. Acht weiteren Bewerbern, darunter fünf Stuttgartern, wird ein zweiter Preis von je 1500 RM zuerkannt.

22. Februar   Der Künstlerbund veranstaltet im Kunstgebäude unter dem Motto »Stuttgart eröffnet seinen Zoo« ein großes Kostümfest.

FEBRUAR 1936

23. Februar   Die SA-Gruppe Südwest veranstaltet am 6. Todestag Horst Wessels einen Gepäckmarsch, der um 4 Uhr morgens beginnt und an den sich eine Feierstunde anschließt, auf der die Teilnehmer über Rundfunk eine Rede von SA-Gruppenführer Ludin hören.
Der Verkehrsverein veranstaltet wie im vorigen Jahr einen Fastnachtsumzug, der um 13 Uhr in der Rotebühlstraße beginnt und gegen 16 Uhr am Kernerplatz endet. Zeitungsberichten zufolge umsäumen Zehntausende von Schaulustigen die Straßen. Ein Wagen mit dem Motto »Karl baut Wohnungen« spielt auf die Wohnungs- und Siedlungspolitik von OB Dr. Karl Strölin an. Ein Friedensengel apostrophiert die Rolle des Völkerbundes im Abessinienkonflikt.

25. Februar   Am Fastnachtsdienstagmittag wird die Königstraße zeitweise für den Straßenbahn- und Kraftfahrzeugverkehr gesperrt. Der Verkehrsverein läßt aus Lautsprecherwagen Tanzmusik übertragen. Die Presse berichtet von vereinzelten »Konfettischlachten« zwischen Maskierten und Passanten.

26. Februar   Die Ludwigsburger Straße wird auf dem Teilstück zwischen dem Pragwirtshaus und Friedrichswahl nach umfangreichen Bauarbeiten wieder in Richtung Zuffenhausen für den Verkehr freigegeben. Die Straße wurde auf 12 m verbreitert und die Straßenbahn erhielt einen eigenen Gleiskörper; außerdem wurde ein Radweg errichtet.
Prof. Dr. Kroh (Tübingen) referiert in der Volkshochschule im Rahmen der Vortragsreihe »Die völkische Erziehung« über das Thema »Völkische Menschenkunde als Grundlage deutscher Erziehung«.
Dr. Gösta Montell (Stockholm), Mitarbeiter des Forschungsreisenden Sven Hedin, hält im Gustav-Siegle-Haus einen Lichtbildervortrag über das Thema »Mit dem Auto durch die Wüste Gobi«.

27. Februar   Schwedische Automobilhändler und Reparaturwerkstätteninhaber machen von der Automobilausstellung in Berlin kommend einen Informationsbesuch bei der Daimler-Benz AG.

28. Februar   In Feuerbach führt der Luftschutzverband eine Verdunkelungsübung durch.
Der Leiter des Gauverbandes Württemberg im Reichskolonialbund, Kübler, fordert auf einer Veranstaltung im Lindenmuseum die Rückgabe der ehemaligen deutschen Kolonien. Er hält eine deutsche Kolonialpolitik unerläßlich für die Sicherung der Rohstoff- und Ernährungsbasis.
Der frühere Galerieverein konstituierte sich als Verein der Freunde der württ. Staats-

galerie neu. Er fördert den Ankauf sowie die leihweise Überlassung von Kunstwerken an die Staatsgalerie.

29. Februar Ein »Wertung in der Wohlfahrtspflege« überschriebener Artikel im Amtsblatt der Stadt Stuttgart unterscheidet zwischen »völkisch höherwertigen und minderwertigen Volksgenossen«; als minderwertig wird bezeichnet, wer »durch die Gesamtheit seiner Eigenschaften, seines Verhaltens und seiner Leistungen hinter dem Durchschnitt zurückbleibt.« Der Gedanke der Volksgemeinschaft verlange zwar auch die Unterstützung dieses Personenkreises, sie sei aber auf das zum Leben Unerläßliche zu beschränken. Abschließend heißt es: »Zur Hemmung des Nachwuchses erblich Belasteter wird in geeigneten Fällen nach entsprechender Prüfung die Sterilisation eingeleitet.«
Die Fürsorge für die Kriegsbeschädigten und Kriegshinterbliebenen geht auf die Abteilung Familienfürsorge des städt. Wohlfahrtsamtes über.
Der Volksbund für das Deutschtum im Ausland gedenkt mit einer Feierstunde der 56 Sudetendeutschen, die am 4. März 1919 bei politischen Demonstrationen in der Tschechoslowakei ums Leben gekommen sind.

1. März Dr. Daniel Sigloch feiert sein 25jähriges Dienstjubiläum als besoldeter Gemeinderat der Stadt Stuttgart. 1916 wurde er von König Wilhelm von Württemberg mit dem Titel Bürgermeister ausgezeichnet. Die TH Stuttgart verlieh ihm 1923 die Ehrendoktorwürde.
Die Stuttgarter Kickers werden nach mehrjähriger Unterbrechung wieder württ. Fußballmeister.

1.–15. März Gastspiel des Zirkus Krone in der Stadthalle.

2. März OB Dr. Strölin und weitere leitende Beamte der Stadtverwaltung besichtigen gemeinsam mit den Wohlfahrts- und Verwaltungsbeiräten die städt. Umschulungswerkstätten in Zuffenhausen. Die Stadt hatte im Frühjahr 1935 an den Gewerbeschulen in Feuerbach und Zuffenhausen solche Werkstätten eingerichtet, die dann Ende Dezember 1935 in Zuffenhausen vereinigt wurden. Im Jahr 1935 konnten von 500 Personen, die in durchschnittlich dreimonatigen Kursen umgeschult wurden, 460 in Arbeit vermittelt werden. Die Werkstätten werden auch von auswärtigen Arbeitslosen besucht.
Theodor Scheidl gibt, am Flügel begleitet von Hermann Reutter, einen Liederabend.

3. März Prof. Dr. Kurt Beckmann wird als neuer Chefarzt der Inneren Abteilung des Krankenhauses Bad Cannstatt eingeführt. Er tritt die Nachfolge des an die Universität Hamburg berufenen Prof. Dr. Weitz an.

MÄRZ 1936

4. März Bis 10. März findet eine Festwoche »Schwäbisches Kulturschaffen der Gegenwart« statt.
Im Kleinen Haus werden die beiden Lustspiele »Der zerbrochene Krug« von Kleist und »Die Komödie der Irrungen« von Shakespeare gezeigt.

5. März Anstelle des erkrankten Reichspropagandaministers Dr. Josef Goebbels spricht Reichskulturwalter Hans Hinkel in der Stadthalle. Die im Vorverkauf erworbenen Eintrittskarten, von 1 RM an aufwärts, behalten ihre Gültigkeit und berechtigen zur Eintrittsermäßigung für die im Juni nachgeholte Goebbelsrede.

6. März Im Rathaus tagt der Gutachterausschuß des Deutschen Gemeindetages für das öffentliche Krankenhauswesen.
40jähriges Geschäftsjubiläum des Herrenbekleidungsgeschäftes Friedrich Schmidt.

7. März In der Liederhalle versammeln sich die Kulturhauptstellenleiter der NSDAP. Gaukulturhauptstellenleiter Gerhard Schumann fordert dabei zum »fanatischen« Kampf gegen die Gegner des Nationalsozialismus auf. Bei dieser Feier gelangt auch das von dem Stuttgarter Komponisten Hans Gansser vertonte Lied »Deutschland erwache« zur Aufführung.
Die Robert Bosch AG legt auf ihrer Generalversammlung den Geschäftsbericht für das Jahr 1935 vor. Er weist eine Steigerung des Umsatzes um 17 % aus. Auch die Ertragslage der Tochtergesellschaften wie der Eugen Bauer GmbH in Untertürkheim, der Eisemann-Werke AG in Stuttgart, der Junkers und Co. GmbH in Dessau und der Ideal-Werke AG für drahtlose Telefonie in Berlin ist positiv. Der Jahresgewinn des Unternehmens wird mit 4,5 Mio. RM (1934: 3,5 Mio. RM) angegeben. Es wird eine Dividende von 6 % ausgeschüttet.
Im Kunstgebäude, im Landesgewerbemuseum und im Staatlichen Ausstellungsgebäude in der Kanzleistraße werden aus Anlaß der Schwäbischen Kulturwoche Ausstellungen eröffnet. Gezeigt werden schwäbische Kunst der Gegenwart, Gebrauchsgraphik und Arbeiten des Kunsthandwerks.
General Franz Freiherr von Soden wird zwei Tage vor seinem 80. Geburtstag mit einem Appell im Hof des Eberhard-Ludwig-Gymnasiums und einem Vorbeimarsch an seiner Wohnung in der Büchsenstraße geehrt. OB Strölin benennt den Platz an der Ecke der Rotebühlkaserne, auf dem ein Kriegerdenkmal steht, nach dem in Stuttgart geborenen General Freiherr-von-Soden-Platz.

8. März Generalleutnant Geyer nimmt nach vorangegangenen Gottesdiensten in der Garnison- und Eberhardskirche vor dem Neuen Schloß eine Truppenparade ab. Er erklärt, die heutige Feier stehe im Zeichen der tags zuvor erfolgten deutschen Besetzung

der entmilitarisierten Zone des Rheinlandes und der Kündigung des Vertrages von Locarno. Den auf den Idealen des nationalen und sozialen Denkens aufbauenden Nationalsozialismus bezeichnet er als stärkste Auswirkung der Hingabe der Gefallenen des Weltkrieges.
Die Staatsoper spielt in einer Festaufführung aus Anlaß des Heldengedenktages erstmals die Oper »Der Prinz von Homburg« von Paul Graener. Der Komponist wohnt der Vorstellung bei. Ministerpräsident Mergenthaler weist in einer einführenden Rede auf die Besetzung des Rheinlandes durch deutsche Truppen hin.
Im Gustav-Siegle-Haus spricht vor 1000 Besuchern Pfarrer Hütwohl von der katholisch-nationalkirchlichen Bewegung über das Thema »Soll Rom germanisches Schicksal bleiben?«

9. März Der Verlagsleiter des Stuttgarter NS-Kuriers, Alfred Gutbrod, wurde zum Vorsitzenden des Landesverbandes Württemberg im Reichsverband der deutschen Zeitungsverleger ernannt.
In der Schillerstraße stoßen zwei Straßenbahnzüge zusammen. Mehrere Personen werden leicht verletzt.

10. März OB Dr. Strölin hat die städt. Wohlfahrtsbeiräte in Wohlfahrts- und Gesundheitsbeiräte umbenannt, damit auch deren Kompetenz für das Gesundheitswesen verdeutlicht wird. Dr. Hermann Kötzle, der Kreisamtsleiter des NS-Ärztebundes, wurde als Mitglied berufen.
Die Industriehof AG und die Bahnhofplatzgesellschaft Stuttgart AG heben auf ihren Generalversammlungen die zunehmende Zahl der vermieteten Räume hervor.
Unter der Leitung von Dr. Curt Elwenspoek findet in der Liederhalle eine literarische Feier statt, bei der Zeugnisse schwäb. Dichter aus 11 Jahrhunderten zur Idee des deutschen Reiches vorgetragen werden. Von lebenden Schriftstellern kommen Georg Schmückle, August Lämmle, Hans Heinrich Ehrler, Auguste Supper, Gerhard Schumann und Max Reuschle zu Wort.
Der Verkehrsverein veranstaltet einen Filmabend über den diesjährigen Fastnachtsumzug und das Oberndorfer Narrentreffen. Er zeichnet den von der Reichsbahndirektion Stuttgart gestalteten Wagen »Der fliegende Stuttgarter« mit dem ersten Preis aus.

11. März 3000 Pimpfe ziehen in Achterreihen mit Fahnen und Wimpeln zum Klang von Landsknechttrommeln durch die Stadt. Auf Transparenten (»Eltern, es geht auch um unsere Zukunft«) fordern sie zur Stimmabgabe für die NSDAP bei der Reichstagswahl am 29. März auf.

12. März Das gleiche fordert auf einer Kundgebung in der Liederhalle mit heftigen

MÄRZ 1936

Angriffen gegen »den Juden als den unerbittlichen Gegner« der stellv. Reichsleiter der Deutschen Arbeitsfront, Claus Selzner. Über Rundfunk wird eine Rede Hitlers übertragen.

Gauleiter Murr bespricht mit den Politischen Leitern der NSDAP im Sitzungssaal des Landtagsgebäudes die Durchführung des Wahlkampfes, bei dem Presse, Rundfunk und Film mitwirken sollen. In einem Bericht des Schwäb. Merkur heißt es: »Der Wahlkampf wird bis in die kleinsten Einzelheiten durchorganisiert. Der Blockleiter ist die Stütze dieses Wahlkampfes. Unter der Führung des zuständigen Hoheitsträgers müssen die Männer der SA, SS, NSKK, DAF und die Mitglieder der Frauenschaft eingesetzt werden. Auch die HJ steht zu seiner Verfügung.«

13. März Der Schwäb. Merkur überschreibt seinen Kommentar zur Kündigung des Vertrages von Locarno und zur Reichstagswahl mit den Worten »Ein deutscher Friede!« In ihm heißt es: »Aber wir sehen die Erleichterung vor allem darin, daß die Wiedergewinnung unserer vollen Freiheit verbunden ist mit dem Angebot des Führers, das den Weg zu einem wirklichen Frieden weist. Der Friede, nicht der Angriff, ist der Sinn des 7. März ... das deutsche Volk aller Stämme will auf solcher Politik des Vertrauens und des Friedens seine Zukunft aufbauen, nicht auf einer Erbfeindschaft. Es steht darin zu seinem Führer und wird ihn durch rückhaltloses Vertrauen in seinem Kampf um diesen Frieden stützen.«

Der stellv. Gauleiter Friedrich Schmidt spricht im Saalbau Dinkelacker zu 700 Jugendlichen, die sich in Württemberg beim Reichsberufswettkampf ausgezeichnet haben. Die 700 Jungarbeiter und Jungarbeiterinnen setzen die Wettkämpfe zur Ermittlung der Gausieger fort.

Ministerialrat Dr. Löffler referiert auf Einladung der Volkshochschule und des NS-Lehrerbundes über das Thema »Recht und Grenzen der Familienerziehung«; er betont zwar die Bedeutung der gesunden Familie für die Erziehung, erklärt jedoch, daß Staatsrecht dem Elternrecht vorgehe.

Prof. Dr. Otto Schmitt von der TH spricht auf Einladung des Vereins der Freunde der Württ. Staatsgalerie über den Maler Caspar David Friedrich.

14. März Der Polizeipräsident gibt die Neuorganisation der Schutzpolizei bekannt. Der Bezirk des Polizeipräsidiums Stuttgart, der bisher in fünf Aufsichtsbezirke mit 16 Polizeidistrikten eingeteilt war, wird nunmehr in drei Abschnittskommandos mit zusammen 18 Polizeirevieren gegliedert.

Der Kreisverband Stuttgart im Schwäb. Sängerbund hält im Schubertsaal der Liederhalle seine Jahresversammlung ab. Der Verlesung des Jahresberichtes folgt ein Aufruf, am 29. März für Adolf Hitler zu stimmen.

MÄRZ 1936

14./15. März   Die HJ propagiert mit Aufmärschen und Sprechchören die Stimmabgabe für die NSDAP. Lastwagenkolonnen mit Aufschriften wie »Das Reich ist frei« und »Deutschland will den Frieden« fahren durch die Stadt.

15. März   Der Berliner Operettenkomponist Paul Lincke gibt in der Liederhalle ein Konzert. Er dirigiert eigene Kompositionen.

16. März   Die Feiern zum ersten Jahrestag der Wiedereinführung der allgemeinen Wehrpflicht finden in Stuttgart ihren Höhepunkt mit dem von einer zahlreichen Menschenmenge besuchten großen Zapfenstreich vor dem Neuen Schloß.

17. März   Der Stellvertreter des Führers, Rudolf Heß, hält in der überfüllten Stadthalle eine Rede, über die der Schwäb. Merkur unter der Überschrift »Die Friedenshand, die Hitler ausstreckt!« berichtet. Er erklärt, der Einmarsch deutscher Truppen in das Rheinland stehe nicht im Widerspruch zu einer Politik des Friedens. »Am Rhein verteidigt heute Deutschland die Kulturwelt gegen den Bolschewismus!«
Auf einer Beiratssitzung der Industrie- und Handelskammer bekennt sich deren Präsident Fritz Kiehn trotz des grundsätzlichen Vorrangs des Gemeinnutzes zu einem gewissen gesunden Eigennutz der Unternehmen im Sinne einer notwendigen Rentabilität. Er kündigt den Übergang von einer Epoche umfassender Staatsaufträge in eine Phase der privaten Erzeugungskonjunktur an.

17.—29. März   In den Ausstellungsräumen am Interimstheaterplatz sind die preisgekrönten Entwürfe für ein Wandbild in der Markthalle zu sehen. Den ersten Preis — 10000 RM einschließlich Ausführung — erhielten der Maler Erwin Hetsch (Biberach) und Georg Schwarz (Nürtingen), der die textliche Gestaltung besorgte.

18. März   1500 Hitlerjungen fahren auf 60 Lastwagen durch die Stadt und fordern mit Liedern und Sprechchören zur Stimmabgabe für Hitler auf.

20. März   Die Galerie Paul Hartmann in der Königstraße zeigt eine Auswahl von Bildern schwäb. Maler der zweiten Hälfte des 19. Jahrhunderts. Vertreten sind u. a. die Stuttgarter Künstler Karl Ebert, Jakob Grünenwald, Wilhelm Pilgram und Albert Wagner.
Der Stuttgarter Publizist Dr. Ernst Müller ging in einem Vortrag vor der Kantgesellschaft über Schwäbische Philosophie auch auf die Arbeiten des Rassentheoretikers Prof. Dr. Hans Günther ein und kritisierte dessen einseitige Zuordnung gewisser Charaktereigenschaften zu einem bestimmten Leittypus.

MÄRZ 1936

Der Kaufmännische Verein ehemaliger Schüler der Höheren Handelsschule Stuttgart, der 36 Jahre lang den Namen Alte Garde führte, änderte seinen Namen in Alte Gilde.

21. März Reichsleiter Dr. Ley nimmt im Landtagsgebäude die Musterung der im Gau Württemberg für den Führernachwuchs geeigneten jungen Mitglieder der NSDAP vor.
Erstaufführung der Operette »Herz über Bord« von Eduard Künneke.
Eine Ausstellung des Kunsthauses Schaller ist hauptsächlich den Malern Jakob Wilhelm Fehrle, Wilhelm Laage und August Halm gewidmet.
Motorradrennfahrer Erwin Gehrung, langjähriger Lokalmatador der Solituderennen, verstorben.
Durch Zuzug hat sich die Einwohnerzahl von Heumaden auf 1200 erhöht. 1923 zählte die Gemeinde erst 655 Einwohner.

22. März Der BDM veranstaltet nach einer Kundgebung in der Liederhalle einen Wahlpropagandamarsch.

23. März Die Kreisfilmstelle Stuttgart führt jeden Abend bis zur Reichstagswahl auf verschiedenen Plätzen den Reichsparteitagsfilm »Triumph des Willens« sowie den Film »Arbeit und Wehr« vor.
Der Pianist Wilhelm Backhaus gibt in der Liederhalle ein Klavierkonzert.

24. März OB Dr. Strölin weist in einem Artikel im städt. Amtsblatt mit der Überschrift »Drei Jahre nationalsozialistische Aufbauarbeit in Stuttgart« darauf hin, daß die Zahl der Arbeitslosen seit dem Regierungsantritt Adolf Hitlers von 42 000 im Januar 1933 auf 4200 Ende Februar 1936 zurückgegangen sei. »Die Beseitigung des Parteiensystems«, schreibt Strölin weiter, »wirkte sich gemäß dem Berufsbeamtengesetz in einer politischen Reinigung des städtischen Beamten-, Angestellten- und Arbeiterkörpers aus. Die freigewordenen Arbeitsplätze wurden mit national zuverlässigen Kräften besetzt. Im Dienst der Stadt Stuttgart stehen nunmehr über 600 bewährte Kämpfer sowie 210 Schwerkriegsbeschädigte.«
Die Zeitungen veröffentlichen Aufrufe bekannter Persönlichkeiten zur Reichstagswahl. Eine Erklärung von Prof. Dr. August Bier, des emeritierten Direktors der Chirurgischen Universitätsklinik Berlin, im Schwäb. Merkur lautet: »Der Deutsche, der am 29. März nicht für den Führer stimmt, verrät sein Vaterland.«

25. März Das Oberlandesgericht Stuttgart verurteilt eine Gruppe von Jugendlichen, junge Kommunisten, Mitglieder der sozialistischen Arbeiterjugend und andere Oppositionelle, zu Gefängnis- und Zuchthausstrafen. Die Jugendlichen, die teilweise über ein

Jahr in Untersuchungshaft saßen, hatten illegale politische Druckschriften verteilt und an mehreren Stellen in Stuttgart »Nieder mit Hitler! Nie wieder Krieg!« an die Hauswände geschrieben.

Der preußische Ministerpräsident und Reichsluftfahrtminister Hermann Göring hält in der Stadthalle eine Rede. Gleichzeitig finden auf dem Marktplatz, in der Liederhalle, im Gustav-Siegle-Haus, vor dem Kleinen Haus der Staatstheater und auf anderen Plätzen Versammlungen statt, bei denen die Ansprache Görings zur Reichstagswahl übertragen wird.

Der Schwäb. Merkur befaßt sich im Anschluß an einen Aufsatz von Kuno Waltemath in der Monatsschrift »Das Werk« mit der Frage der deutsch-französischen Verständigung und sieht dieses Problem unter dem Gesichtspunkt der rassischen Verwandtschaften und Gegensätze zwischen Deutschen und Franzosen.

SA-Brigadeführer Richard Wagenbauer verläßt nach zweijähriger Tätigkeit Stuttgart und übernimmt die Führung der SA-Brigade 61 Hannover. Sein Nachfolger wird SA-Brigadeführer Dettmer.

Oberstudiendirektor a. D. Oskar Knieser, von 1919 bis 1933 Leiter der Bürgerschule I, verstorben.

Dr. Carl Jenisch, Chemiker, ehemals Prokurist und Abteilungsvorstand bei der IG-Farbenindustrie, verstorben.

26. März Der 22jährige Eugen Oster, ein Sohn des ehemaligen württ. Landtagsabgeordneten Karl Oster (SPD), verbrennt in der Nacht in Heslach zwei Wahlplakate der NSDAP, wobei ein Sachschaden von 100 RM entsteht. Er wird von einer Streife der NSDAP gefaßt und vom Schnellgericht zu drei Monaten Gefängnis verurteilt.

Das Luftschiff »Graf Zeppelin« überfliegt Stuttgart. Aus ihm werden Flugblätter folgenden Wortlauts abgeworfen: »Deutscher Arbeiter, ist es dir bekannt, daß der Bericht der 19. Tagung der internationalen Arbeitskonferenz 1935 feststellt: Von den rund 19 Millionen Arbeitern in Europa, die Anspruch auf bezahlten Urlaub haben, entfallen rund zwölf Millionen allein auf Deutschland! Und Kraft durch Freude, Schönheit der Arbeit, stehen einzig da auf der ganzen Welt! Der Führer schuf dies, dank es ihm und gib am 29. März 1936 ihm deine Stimme!«

Im Kleinen Haus führt ein englisches Schauspielerensemble »Mary Stuart« von John Drinkwater und »Village Wooing« von Bernard Shaw in englischer Sprache auf.

27. März In Anwesenheit des Dichters Rolf Lauckner wird dessen Schauspiel »Der Akim weiß es« im Kleinen Haus uraufgeführt.

28. März Der 28. März wird als der Deutsche Volkstag für Ehre, Freiheit und Frieden begangen. Alle deutschen Rundfunksender übertragen eine Kundgebung Hitlers in Köln.

APRIL 1936

Die NSDAP organisiert auf verschiedenen Plätzen einen Gemeinschaftsempfang dieser Rundfunkrede. Anschließend veranstaltet die Wehrmacht auf dem Marktplatz den Großen Zapfenstreich. Der Schwäb. Merkur spricht von 50 000 Versammelten.
Dr. Adolf Halfeld, der frühere Londoner Korrespondent des Schwäb. Merkur, nimmt in einem Zeitungsartikel »Drei Jahre Hitler: Das Volk ist frei!« Stellung zur deutschen Außenpolitik seit 1933.

29. März In den evang. Kirchen wird eine Erklärung von Landesbischof Wurm anläßlich der Reichstagswahl verlesen. In ihr heißt es unter anderem: »Der Ernst der entscheidungsvollen Tage, durch die unser Volk gegenwärtig geführt wird, verpflichtet die Diener und alle Glieder der Kirche zu einmütigem und entschlossenem Eintreten für Volk und Führer in dem Kampf um die Lebensrechte der Nation, zu unerschütterlicher Bezeugung der Wahrheit des Evangeliums von Jesus Christus und zu anhaltender treuer Fürbitte für Volk und Führer.«
In Stuttgart werden bei der Reichstagswahl, zu der nur die NSDAP zugelassen ist und bei der jüdische Bürger kein Stimmrecht haben, 314 438 Stimmen abgegeben. Auf die NSDAP entfallen davon 309 819 Stimmen. 4619 Wähler wählen den Listenvorschlag der NSDAP nicht oder geben ungültige Wahlscheine ab. Den verhältnismäßig geringsten Stimmenanteil erhält die NSDAP im Wahlbezirk 248 in Münster, wo ihr lediglich 701 von 761 abgegebenen Stimmen zukommen. Der SD-Abschnitt Württ. forderte nach der Wahl Listen der Nein- und Nichtwähler an.

30. März bis 4. April Im ehemaligen Landtagsgebäude findet eine internationale Güterzugfahrplan-Konferenz statt.

31. März Der Konzertsänger und Pianist Walter Teichmann hält in der Volkshochschule einen Vortrag zum Thema »Musik und Rasse«.
Dr. Walter Saleck, Professor für Hygiene und Bakteriologie an der Universität Tübingen, wurde mit der Vertretung des Faches Rassenhygiene an der TH beauftragt.
Präsident Dr. Friedrich Reinöhl, Leiter der Ministerialabteilung für die Volksschulen in Württemberg, tritt in den Ruhestand. Er wurde 1906 als erster Nichttheologe in das Konsistorium berufen und war seit 1920 als Präsident des evang. Oberschulrates zuständig für das evang. Volksschulwesen in Württemberg.

1. April OB Dr. Strölin eröffnet in der Stadthalle die ersten Rollhockey-Weltmeisterschaften. Es nehmen teil: Belgien, Deutschland, England, Frankreich, Italien, Portugal und die Schweiz. Strölin begrüßte die Sportler bereits einen Tag zuvor im Höhenrestaurant Schönblick und sagte: Ihr Kommen nach Stuttgart in dieser bewegten Zeit darf ich wohl auffassen als ein Symbol des Friedens, nach dem sich mehr denn je alle Völker der

Erde sehnen. Zu diesem Frieden hat sich das deutsche Volk am vergangenen Sonntag einmütig bekannt. Das deutsche Volk und sein Führer Adolf Hitler wollen keine Feindschaften und keine Demütigungen anderer Völker, sie wollen aber auch selbst keine Demütigungen erdulden und sich keine Feindschaften zuziehen.

Außer den Hockeyspielen finden auch Laufwettbewerbe über 500, 1000, 1500 und 10 000 m statt.

Der Landesverband württ. Gaswerke beschließt auf einer Mitgliederversammlung im Rathaus unter Vorsitz von Generaldirektor Dr. Nübling seine Selbstauflösung. An seine Stelle tritt die Bezirksgruppe Südwestdeutschland der Wirtschaftsgruppe Gas- und Wasserversorgung sowie der Bezirksverein Südwestdeutschland des Deutschen Vereins von Gas- und Wasserfachmännern. Der Landesverband württ. Gaswerke war 1927 gegründet worden als Reaktion auf die Bestrebungen der Ruhrgas AG, die württ. Gaswerke zugunsten des Ferngasbezuges stillzulegen.

Die Stuttgarter Handelshof AG geht in Liquidation. Ihre Aufgaben wurden dem Ausstellungs- und Fremdenverkehrsamt der Stadt übertragen.

Die bisher von der Arbeitsgemeinschaft Jugendgerichtshilfe Stuttgart und Cannstatt ausgeübte Tätigkeit wird nunmehr vom städt. Jugendamt wahrgenommen.

Oberlandesgerichtsrat Wilhelm Hirrle, Vorsitzender des Bezirksgerichts für die württ. Presse, verstorben.

2. April Auf einer Ratsherrensitzung werden der Ankauf des 150 ha großen Gutes der Familie Palm in Mühlhausen zu Siedlungszwecken, die Erweiterung der städt. Frauenklinik, der Neubau einer Desinfektionsanstalt für das Gesundheitsamt sowie die Neufestsetzung der Bäderpreise besprochen. Die Zahl der Entbindungen in der städt. Frauenklinik hat sich von 634 im Jahre 1933 auf 1268 im Jahre 1935 erhöht. Die Zahl der Geburten in Stuttgart insgesamt bezogen auf 1000 Einwohner stieg in dieser Zeit von 10,4 auf 15,0.

Das der Firma Tritschler und Co. gehörende Haus Turmstraße 2, ein Kelterbau des 16. Jahrhunderts, wird abgerissen.

Die Regensburger Domspatzen geben in der Liederhalle ein Konzert.

Erwin Hoffmann (Stuttgart) übernimmt den Vorsitz der neugegründeten Bezirksfachgruppe Württemberg des deutschen Möbelhandels.

3. April Dr. Willi Eilers, der Leiter der Weltkriegsbücherei, spricht im Rahmen einer Vorlesungsreihe der TH über »Versailles und seine Folgen«.

4. April Ministerpräsident und Kultminister Mergenthaler weiht in Weilimdorf die nach dem 1935 verstorbenen bayerischen Kultminister benannte Hans-Schemm-Schule ein. Er betont in seiner Rede, daß es sich hier um einen neuen Schultyp, die deutsche

Volksschule, d. h. eine Schule ohne Bindung an eine bestimmte Konfession, handle. Aus Gründen der völkischen Geschlossenheit und der Überwindung der konfessionellen Gegensätze müsse dieser Schulform die Zukunft gehören.

Der Pavillon Excelsior, ein Kabarett und Varietétheater, wird unter der neuen Leitung von Hermann Scheuerpflug wieder eröffnet. Dieser leitete zuletzt das Apollotheater in Augsburg.

Im Lindenmuseum wird eine Ausstellung mit Theaterfiguren und Masken der Völker eröffnet.

Karl Schmidt, ehemaliger Volksschullehrer und später Hauptschriftleiter des »Beobachters«, verstorben. Er gehörte von 1895 bis 1906 dem württ. Landtag an (Demokratische Volkspartei).

5. April Auf der Generalversammlung der Stuttgarter Bank wurde bekanntgegeben, daß dieses Unternehmen 1935 mit 614 Mio. RM den höchsten Jahresumsatz seit seinem Bestehen erreichte (Vorjahr: 453 Mio. RM). Die Zahl der Konten erhöhte sich auf 15 490. Es wird wieder eine Dividende von 5 % ausbezahlt.

England gewinnt vor Italien und Portugal die Rollschuh-Hockeyweltmeisterschaft.

Verlagsbuchhändler Otto Weitbrecht, seit 1911 Alleininhaber des Thienemannschen Verlages, verstorben.

6. April Der italienische Tenor Beniamino Gigli singt in der Liederhalle.

7. April Herbert Güntner, der Kreisamtsleiter der NS-Volkswohlfahrt, teilt auf einer Arbeitsausschußsitzung des Winterhilfswerks mit, daß im vergangenen Winter 65 000 Stuttgarter (Vorjahr: 75 000) vom WHW unterstützt wurden. Es wurden u. a. 52 000 Zentner Kartoffeln, 20 000 Paar Schuhe, 4500 Frauen- und Mädchenkleider, 3000 Anzüge und 1000 Herrenmäntel an Bedürftige abgegeben.

Die NS-Kulturgemeinde und der NS-Lehrerbund, der Württ. Goethebund, der Literarische Klub, der Scheffelbund und die Raabe-Gesellschaft sowie andere kulturelle Vereine veranstalten zum 60. Geburtstag des Dichters Ludwig Finckh eine Feier mit einer Ansprache von August Lämmle. Dieser sieht in den Schriftstellern und Dichtern Deuter des Sehnens der Blutsgemeinschaft, der sie angehören, und »Soldaten der Volksseele«.

Im Universum findet in Anwesenheit des Regisseurs Gustav Ucicky und des Hauptdarstellers Hans Albers die Welturaufführung des Filmes »Savoy-Hotel 217« statt. Vor Beginn der Vorstellung spielt das Landessinfonieorchester unter Leitung von Albert Hitzig.

8. April Karl Burger, Direktor des städt. Fuhramtes, verstorben. Unter ihm wurde der Fuhrpark vom Pferdebetrieb auf den Kraftwagen umgestellt.

APRIL 1936

9. April Das Oberlandesgericht verurteilt vier junge Männer, die am 15. Februar 1933 die Rundfunkübertragung einer Wahlrede Hitlers unterbrachen, indem sie das Rundfunkkabel durchschlugen, zu Gefängnisstrafen bis zu zwei Jahren und vier Monaten. Die Angeklagten befanden sich seit Mitte Dezember 1935 in Untersuchungshaft. Das Gericht berücksichtigt bei der Strafzumessung, daß die Tat vor dem Verbot der KPD und nach Aussage der Beschuldigten aus Protest gegen die Behinderung der KPD im Wahlkampf geschah.
Durch den Abbruch mehrerer alter Gebäude zwischen der Hirsch-, Nadler- und Eichstraße wurde hinter dem Rathaus ein Parkplatz geschaffen.
Die Stuttgarter Straßenbahnen AG weist in ihrem Geschäftsbericht für das Jahr 1935 auf einen Anstieg der Zahl der beförderten Personen von 103 auf 105 Mio. gegenüber dem Vorjahr hin.
Die Daimler-Benz AG hat in einer neuen Halle auf ihrem Werksgelände ein Automobilmuseum errichtet.
Auf der Landesfachgruppentagung der Imker wird mitgeteilt, daß sich die Zahl der Imker in Württemberg auf 15 200 erhöht hat, unter denen sich 26 Berufsimker befinden. 1935 wurden bei einer Gesamtmenge von 10 000 dz je Imker im Durchschnitt $7^{1}/_{2}$ kg Honig abgeliefert.

10. April Der Verein für klassische Kirchenmusik führt am Karfreitag in der Stiftskirche die Matthäuspassion von J. S. Bach auf. In der Leonhardskirche wird unter Leitung von Hellmut Aichele die Lukaspassion von Heinrich Schütz gegeben.
Dr. Leo Hoffmann, seit 1926 Syndikus der Industrie- und Handelskammer sowie seit 1933 Leiter der Reichsstelle für den Außenhandel für den Bezirk Württemberg, verstorben.

12. April Der Vorortzug Ludwigsburg–Stuttgart fährt am Nordbahnhof auf eine stehende Lokomotive auf. Sieben Personen werden verletzt.

12./13. April Die Württ. Staatstheater spielen an beiden Osterfeiertagen »Parsifal« von Richard Wagner.

12.–19. April Im Friedrichsbautheater gastiert Barnabás von Géczy mit seiner Kapelle.

13. April 23 englische Puppenspieler kommen auf ihrer Deutschlandrundreise nach Stuttgart. Sie besuchen Deiningers Marionettentheater und im Lindenmuseum die Ausstellung Theaterfiguren und Masken der Völker.
Dr. Heinrich Rettich, 1910 als erster besoldeter Gemeinderat Stuttgarts mit dem Titel

APRIL 1936

Bürgermeister ausgezeichnet, verstorben. Er wurde 1896 Direktor des Statistischen Amtes der Stadt und 1899 zweiter besoldeter Gemeinderat. 1911 trat er aus Gesundheitsgründen in den Ruhestand; im ersten Weltkrieg wurde er Generalkonsul in Salzburg, von 1920 an war er Landessyndikus in Hohenzollern.

14. April Fabrikant Hans Stotz, Vorstandsmitglied des Verbandes württ. Metallindustrieller, verstorben.

14.—17. April Die NSDAP veranstaltet eine große Werbeaktion für den Beitritt aller zehnjährigen Jungen und Mädchen zum Jungvolk und zu den Jungmädeln.

15. April Der Badische Hof, eine der ältesten Stuttgarter Gaststätten, die zunächst den Namen Waldhorn trug, wird von der Stadt gekauft und im Zuge der Erweiterung des Alten Postplatzes abgebrochen.
Auf dem 9. württ. Weinmarkt im Kursaal in Bad Cannstatt werden 3000 Hektoliter Wein angeboten. Die Verkaufserlöse sind wegen des großen Angebotes um 10—15 % niedriger als im Vorjahr.
Heinrich George spielt als Gast die Titelrolle in dem Schauspiel »Nobelpreis« von Hjalmar Bergman.
Der Württ. Pfarrverein hält seine Jahresversammlung ab. Es referieren Landesbischof Wurm und Prof. Dr. Heim (Tübingen).

17. April Kreisamtsleiter Güntner betont auf einer Veranstaltung der NS-Volkswohlfahrt, Stuttgart habe im vergangenen Winter annähernd drei Mio. RM für das Winterhilfswerk gespendet. Er räumt der Selbst- und Sippenhilfe den Vorrang vor der Fremdenhilfe ein. Nach der Rede Güntners wird der Film »Die Sünden der Väter« gezeigt, der sich mit dem Problem der Erbkrankheiten befaßt.
Erstaufführung des Lustspiels »Madame sans gêne« (Napoleon und die Wäscherin) von Victorien Sardou.
Der Berufsboxwettkampf im Halbschwergewicht zwischen Adolf Witt und Willi Müller endet unentschieden.

17.—19. April Auf dem zweiten Gautag der Technik referieren Prof. Dr. Karl Pirath von der TH über die Entwicklung des Luftverkehrs und Betriebsdirektor Dr. Robert Mezger von den Technischen Werken über Gas als Treibstoff. Auf einer abschließenden Kundgebung in der Liederhalle spricht der Generalinspekteur für das deutsche Straßenwesen, Dr. Fritz Todt, über »Die Straßen Adolf Hitlers«.

18. April In Rotenberg wird die von den Architekten Hermann Billing und Hannes Mayer erbaute neue Volksschule eingeweiht. Die Relief-Plastik am Haupteingang schuf der Bildhauer Emil Kiemlen. Der alte Bau aus dem Jahre 1846, der auch als Rathaus diente, wurde 1934 abgebrochen.

19. April Die Reichsautobahnstrecke von Plieningen bis Denkendorf wird dem Verkehr übergeben.
Die evang. Diakoniegemeinschaft, zu der in Deutschland 50 000 und in Württemberg 4000 Schwestern gehören, hält ihre Jahrestagung ab. Sie wird von mehr als 1000 Schwestern besucht.
Im Kronprinzenpalais findet eine von Oberstudiendirektor Dr. Hermann Binder geleitete Gedächtnisfeier für den am 30. März verstorbenen Prof. Dr. Hermann Hefele statt. Dieser, ein gebürtiger Stuttgarter, war seit 1929 Ordinarius an der Katholischen Akademie in Braunsberg (Ostpreußen) und wurde durch mehrere literaturgeschichtliche Veröffentlichungen bekannt.

19. April bis 10. Mai Eine Wanderausstellung mit dem Titel »Das wehrhafte Deutschland« zeigt Dokumente vom Mittelalter bis zur Gegenwart. Zu sehen sind auch sieben Frontbilder des Gefreiten Adolf Hitler.

20. April Auf dem Cannstatter Wasen findet an Hitlers Geburtstag eine Parade sämtlicher Truppenteile der Standorte Stuttgart-Bad Cannstatt und Esslingen statt. Wie in anderen Städten werden in der Stadthalle 5586 Männer und 784 Frauen und Mädchen als Politische Leiter, Walter und Warte der NSDAP vereidigt. Die Eidesformel lautet: »Ich schwöre Adolf Hitler unerschütterliche Treue. Ich schwöre ihm und den Führern, die er mir bestimmt, unbedingten Gehorsam.« Auch die in das Jungvolk, die HJ und den BDM eingetretenen Jungen und Mädchen werden vereidigt, wobei die Eidesformel mit »So wahr mir Gott helfe!« schließt.
Im Großen Haus spricht vor der Festaufführung von »Figaros Hochzeit« Ministerpräsident Mergenthaler.
Eine Gruppe von Attachés des Auswärtigen Amtes besucht das Deutsche Ausland-Institut.

21. April Die Volksschulen nehmen nach den Osterferien verspätet den Unterricht wieder auf, nachdem zunächst eine Befragung der Eltern stattfand, ob sie ihre Kinder in die Gemeinschaftsschule (Deutsche Volksschule) oder in die Bekenntnisschule schicken wollten. Auf Grund der Elternbefragung, bei der sich 94% für die Gemeinschaftsschule entschieden, werden 659 Klassen an Gemeinschafts- und 43 Klassen an katholischen Konfessionsschulen gebildet. Die 43 katholischen Volksschulklassen verteilen sich auf die Schloßschule (12, davon 4 Grundschulklassen in der Schwabschule), Römerschule

APRIL 1936

(6), Ostheimer Schule (8), Wagenburgschule (8), Kath. Schule Bad Cannstatt (6) und Schule Feuerbach (3).

Pfarrer Martin Niemöller (Berlin-Dahlem) spricht im Furtbachhaus vor einem geladenen Kreis der Kirchlich-theologischen Sozietät von Württemberg über die Lage der Bekennenden Kirche in Deutschland und über deren Verhältnis zum Staat. Er sagt, daß seine Freunde und er »lieber ins Leiden gingen, als auch nur einen Schritt auf dem Wege zu tun, auf den das Reichskirchenministerium die Kirche führen wolle.«

Prof. Dr. E. Horneffer beginnt mit einer neuen Reihe philosophischer Vorträge über deutsche Denker des 19. Jahrhunderts.

General Paul von Lettow-Vorbeck, ehemaliger Kommandeur der Schutztruppe in Deutsch-Ostafrika, hält in der Liederhalle einen Vortrag.

23. April Die Württ. Staatstheater spielen in einer Neuinszenierung Goethes »Faust« I. Teil.

Dr. Robert Held, der Präsident des Württ. Verwaltungsgerichtshofs, trat im Alter von 61 Jahren in den Ruhestand. Er war zuvor von 1927 bis April 1933 Ministerialdirektor im Innenministerium.

Ministerialrat a. D. Wilhelm Häffner, ehemaliger Landtagsabgeordneter (Deutsche Volkspartei), verstorben.

24. April Die NS-Volkswohlfahrt eröffnete in der Gutenbergstraße 65 ein Tagheim für Pflichtarbeiterinnen. Damit werden an einer Stelle 400 vom Wohlfahrtsamt betreute Frauen und Mädchen beschäftigt, die bisher in verschiedenen Heimen und Nähstuben tätig waren. Sie fertigen Kleidungsstücke für das Hilfswerk »Mutter und Kind«.

Die Galerie Valentien zeigt eine Auswahl japanischer und chinesischer Holzschnitte verschiedener Epochen.

26. April In Stuttgart versammeln sich 10 000 Führer der SA-Gruppe Südwest zu einem Appell. Dieser beginnt mit einer Kundgebung in der Stadthalle, auf der Reichsleiter Alfred Rosenberg spricht. Seine Rede wird auf den Cannstatter Wasen übertragen, wo sich 2000 Politische Leiter eingefunden haben. Kreisleiter Mauer hebt die Entscheidung der überwiegenden Mehrheit der Eltern für die Deutsche Volksschule hervor.

30 junge Handwerker, die sich auf Gesellenwanderschaft begeben, werden auf dem Schillerplatz mit Musik und Ansprachen verabschiedet.

Das württ. Kontor der Nordischen Gesellschaft eröffnet eine Ausstellung über Nordisches Schrifttum im deutschen Volk.

Die Johanneskirche feiert ihr 60jähriges Bestehen mit einem von Landesbischof D. Wurm gehaltenen Gottesdienst.

In der Berger Kirche wird der Stadtpfarrer und Kirchenhistoriker Gustav Bossert in sein Amt eingeführt.
Direktor Martin Pfalzer, langjähriger Leiter des Spar- und Konsumvereins Stuttgart, verstorben.

27./28. April Auf dem Cannstatter Wasen wird der vor 100 Jahren errichtete Stuttgarter Pferdemarkt abgehalten. 350 Pferde werden zum Verkauf angeboten, wobei Preise bis zu 2200 RM erzielt werden.

28. April Der mit der Neuordnung des Güterfernverkehrs betraute Reichs-Kraftwagen-Betriebsverband hält seine Mitgliederversammlung ab.

29. April Die Württ. Feuerversicherungs-AG verzeichnet auf ihrer Generalversammlung eine günstige Geschäftsentwicklung. Es wird eine Dividende von 8% bezahlt. Generaldirektor Dr. Karl Raiser teilt mit, daß Präsident Karl von Haffner nach 43jähriger Dienstzeit in den Ruhestand tritt.

30. April Zimmerleute errichten auf dem Marktplatz den Maibaum. Die HJ veranstaltet am Abend ein Maiensingen mit Ausrufung des Maikönigs und der Maikönigin durch Kreisleiter Mauer.
Erstaufführung des Balletts »Licht und Schatten« von Max Reger und Uraufführung des Balletts »Der tapfere Zinnsoldat« mit dem Text von Lina Gerzer und der Musik von Max Büttner (München).
In der Liederhalle findet eine Vollversammlung der Studenten der TH statt, auf der NS-Studentenbundführer Otto Schöpfer verabschiedet und sein Nachfolger, Friedrich Stender, eingeführt wird. Anschließend verpflichtet Rektor Prof. Dr. Wilhelm Stortz die neuimmatrikulierten Studenten.
Dr. Eugen Buhlmann hält an der TH seine Antrittsvorlesung über das Thema »Die Kurzschrift im Dritten Reich«.

1. Mai Die diesjährige Maifeier steht unter dem Motto »Freut euch des Lebens«. Der Tag beginnt mit einem großen Wecken durch ein Musikkorps und einen Spielmannszug der Wehrmacht um 6 Uhr. Auf einer Kundgebung in der Adolf-Hitler-Kampfbahn zeichnet Kreisleiter Mauer die Gau- und Kreissieger im Reichsberufswettkampf aus. Über Rundfunk wird aus Berlin die zentrale Maifeier übertragen. Am Nachmittag findet ein Umzug, bestehend aus einer Ehrenformation und den beiden Gruppen »Brauchtum und Volkstum« sowie »Stände und Zünfte« von Bad Cannstatt zur Rotebühlstraße statt. Außerdem werden zahlreiche Betriebsfeiern veranstaltet. Vor der Belegschaft der Daimler-Benz AG erklärt Direktor Dr. Kissel, daß das Unternehmen seit dem 1. Mai 1935

MAI 1936

weitere 3000 »Volksgenossen in Arbeit und Brot« gebracht habe. Im Jahre 1935 seien freiwillige Sozialleistungen in Höhe von 1,5 Mio. RM erfolgt.
Die Stuttgarter Hilfsschule besteht seit 25 Jahren. Sie unterhält, verteilt auf verschiedene Stadtbezirke, 24 Klassen, die von durchschnittlich 23 Schülern besucht werden.

2. Mai   Erstaufführung des Schauspiels »Gustav Kilian« von Harald Bratt im Kleinen Haus.
Oberregierungsrat a. D. Josef Pfletschinger, 1919—1933 Mitglied des kath. Oberschulrates, verstorben.

3. Mai   Im Kronprinzenpalais wird zum 70. Geburtstag von Heinrich Seufferheld eine Ausstellung seiner Graphiken eröffnet.
Stadtpfarrer Hans Gös wird als vierter Geistlicher in der Stiftskirche eingeführt, an der nun alle Pfarrstellen wieder besetzt sind.

3.—14. Mai   Pastor Le Seur spricht allabendlich in der Stiftskirche über das Thema »Warum glauben wir an Christus?«

4. Mai   Das kath. Stadtdekanat protestiert beim württ. Kultministerium gegen die Einführung der Gemeinschaftsschule.
Das Tiefbauamt setzt seine Straßenverbesserungsarbeiten fort. Die Hauptstätter Straße, die Möhringer und Ludwigsburger Straße erhalten einen Asphaltbelag.
Wilhelm Furtwängler und die Berliner Philharmoniker geben in der Liederhalle ein Sinfoniekonzert. Ein Klavierkonzert Mozarts wird von Furtwängler selbst gespielt.

5. Mai   Das Landgericht verurteilt nach einwöchiger Verhandlung den jüdischen Bankier Karl W. wegen »betrügerischen Bankrotts« zu einer Zuchthausstrafe von $3^{1}/_{4}$ Jahren. Die Untersuchungshaft von sechs Monaten wird ihm angerechnet. Das Gericht legt dem Bankier zur Last, 1700 Gläubiger um insgesamt 1,8 Mio. RM geschädigt zu haben. Der NS-Kurier nutzt den Prozeß polemisch aus.

6. Mai   Das Deutsche Ausland-Institut gedenkt des 100. Geburtstages des Dichters und Ingenieurs Max Eyth mit einer Feierstunde und einer Ansprache von Abteilungsleiter Dr. Drascher über »Max Eyth, der Auslanddeutsche«. OB Strölin zeichnet Stuttgarter und Ulmer Schüler für gute Leistungen mit Eyths Buch »Hinter Pflug und Schraubstock« aus.
Ein Ballon des Stratosphärenforschers Prof. Erich Regener erreicht eine Höhe von etwa 32 km.

8. Mai   OB Dr. Strölin eröffnet im Stadtgartensaal eine Tagung des Südwestdeutschen Kanalvereins. Er erklärt als dessen Ziel nicht nur die Fortsetzung der Neckarkanalisierung von Heilbronn bis Plochingen, sondern ebenso den Bau einer durchgehenden Großschiffahrtsstraße von Rhein, Neckar und Donau.
Der Stuttgarter Liederkranz trifft sich am Vorabend von Schillers Geburtstag zu einer Feier vor dem Schillerdenkmal Thorwaldsens. In einem aus diesem Anlaß verfaßten Weihespruch heißt es: »... Geist Schillers, tatenzeugender Kämpfer- und Siegergeist, Verjüngt uns erstanden in unserem alles bezwingenden Führer, Der fort schritt vom ureigensten, kühnen Gedanken zur noch kühneren Tat, Schlag an die Glocke, daß sie singe das stolze deutsche Lied Von eines Volkes Adel und Ehre, Freiheit und Recht, Des neuen Deutschland, einer neuen Menschheit heiliges Lied. Schlag an die Glocke, Geist Schillers, Du, unserem Volk anvertrauter Hauch von des ewigen Gottes Geist Und Du Geist Adolf Hitlers, des Glöckners der Friedensglocke der Welt, Schlag an die Glocke, daß über dem deutschen Olympia Schwebe und schwinge ihr heiliger Klang«.
Das Wendling-Quartett besteht seit 25 Jahren. Ihm gehören an Karl Wendling (erste Geige), sein Schüler Hermann Hubl (zweite Geige), Ludwig Natterer (Bratsche) und Alfred Saal (Violoncello). Es trat auch durch zahlreiche Auslandreisen in Europa und Südamerika hervor.

9. Mai   Das im Katharinenhospital errichtete neue zentrale Strahleninstitut wird seiner Bestimmung übergeben. Nach der Einweihung findet eine Landesgruppentagung der Deutschen Röntgengesellschaft statt.
Oberstudiendirektor Dr. Hermann Binder hält die Festrede beim 112. Schillerfest des Liederkranzes.
Die Daimler-Benz-Aktien verzeichnen eine starke Kurssteigerung. Sie stiegen an der Stuttgarter Börse von $97^{1}/_{2}$ am 1. April auf $111^{1}/_{2}$ heute.
Der Olympia-Werbezug besucht als 48. Stadt Stuttgart. Er macht in Untertürkheim halt, wo sich zahlreiche Beschäftigte der Daimler-Benz AG zur Begrüßung einfinden.

10. Mai   OB Dr. Strölin überreicht am Muttertag im Rathaus den Eltern von 89 viertgeborenen Kindern die Ehrenpatenschaftsurkunden der Stadt Stuttgart. Familien mit mindestens vier Kindern können im Bedarfsfalle als freiwillige soziale Leistung der Stadt eine Mietbeihilfe erhalten.
Die Pfarrgemeinde der evang. Erlöserkirche weiht ihr neues, nach den Plänen des Architekten Richard Weigle erbautes Gemeindehaus ein. Der große Gemeindesaal bietet Platz für 370 Personen.
Ein Chor von 50 tschechischen Lehrern besucht auf der Rückreise von einer Schweiz- und Frankreichtournee Stuttgart und gibt im Hindenburgbau gemeinsam mit dem Stuttgarter Lehrergesangverein ein Konzert.

MAI 1936

Alwine Payer, die Witwe des Reichsvizekanzlers Friedrich von Payer, verstorben. Als Vorsitzende des Stuttgarter Vereins der Kinderküchen entfaltete sie eine rege soziale Tätigkeit.

11. Mai   OB Dr. Strölin empfängt den 1. Sieger im Reichsberufswettkampf, den Molkereilehrling bei der Milchverwertung Stuttgart, Gerhard Hallmann.

11./12. Mai   Der Deutsche Konditorenbund, der 1916 in Stuttgart gegründet wurde, hält im Gustav-Siegle-Haus seine Hauptversammlung ab. An der Tagung, die mit einer Fachausstellung im Kunstgebäude verbunden ist, nehmen auch Gäste aus Frankreich, Holland und Belgien teil.

12. Mai   In der Liederhalle wird Walter Rehbergs Konzert in G-Dur für Janko-Klavier und Orchester erstmals in Deutschland aufgeführt.
Prof. Paul Schmitthenner setzt sich in einem Vortrag »Der Weg der neuen deutschen Baukunst« kritisch mit der Architektur nach dem ersten Weltkrieg und dem Schlagwort des Baubolschewismus auseinander.

13. Mai   Carl Unger wird auf einer Veranstaltung des NS-Deutschen Studentenbundes als neuer Gaustudentenbundführer vorgestellt. Er tritt die Nachfolge von Steimle an. Reichsstudentenbundführer Derichsweiler spricht von dem nun durchsetzbaren Totalitätsanspruch des NS-Studentenbundes und der Einheit und Geschlossenheit aller Studenten, die die Studierenden der Fachschulen einschließe.
Das Rote Kreuz verpflichtet 100 Frauen nach einem dreimonatigen theoretischen Lehrgang als Samariterinnen und weist sie zur weiteren praktischen Ausbildung verschiedenen Krankenhäusern zu.

14. Mai   Die Ratsherren befassen sich in nichtöffentlicher Sitzung mit Fragen der Raumplanung. OB Dr. Strölin spricht sich für den raschen Vollzug weiterer Eingemeindungen aus, »um den in Frage kommenden Gemeinden die Möglichkeit zu nehmen, vorher ihrer Ausgabenwirtschaft noch einmal die Zügel schießen zu lassen.« Ratsherr K. Mayer weist auf einen lebhaften Grundstückshandel in Birkach, Heumaden und Sillenbuch hin und führt diesen auf Gerüchte über die Eingemeindung dieser Orte zurück. Weitere Beratungspunkte sind der Neubau eines städt. Kinderheimes, da das alte 1915 in der Birkenwaldstraße errichtete wegen des Geburtenanstieges zu klein geworden sei, der Bau einer neuen großen Ausstellungs- und Versammlungshalle sowie die Verlegung der Turnlehrerbildungsanstalt von der Holzgartenstraße in größere Räume auf dem Cannstatter Wasen. Die Ratsherren besichtigen anschließend die Erweiterungsbauten der Kläranlage in Mühlhausen.

Erstaufführung des Lustspiels »Die fünf Karnickel« von Julius Pohl im Schauspielhaus.

15. Mai Der »Fliegende Stuttgarter« beginnt seine erste planmäßige Fahrt von Stuttgart nach Berlin. Der mit zwei Dieselmotoren von je 410 PS ausgestattete Triebwagenzug erreicht eine Spitzengeschwindigkeit von 160 km/Stunde.

16. Mai HJ-Gebietsführer Sundermann übergibt das erste Kameradschaftshaus der HJ-Arbeitsgemeinschaft der TH seiner Bestimmung. Das Haus wurde von der ehemaligen Wehrschaft Rheinhessen gepachtet.
In Bad Cannstatt wird die Hauptkurzeit mit einem großen Frühlingsfest eröffnet.
Das Stadtgarten-Varieté beginnt mit seinem Sommerprogramm.
Der Schwäb. Schillerverein hält in Stuttgart seine 40. Mitgliederversammlung ab. Der Vorsitzende, Prof. Dr. Güntter, weist auf den Erwerb zahlreicher Autographen von Uhland, Schubart, Mörike u. a. hin. Gerhard Schumann liest anschließend aus seinem Gedichtband »Die Lieder vom Reich«.

17. Mai Das Solitude-Motorradrennen wird von 160 000 Zuschauern besucht. Otto Ley erreicht auf BMW in der 500-ccm-Klasse mit 116,7 Stundenkilometern die schnellste Zeit des Tages. Ein Unfall — ein Motorrad mit Beiwagen fährt in die Zuschauer — fordert drei Tote.

18. Mai Die dem Reichsmütterdienst unterstehende Mütterschule in der Tunzhofer Straße 15 stellt sich bei einer Pressebesprechung vor. Die Schule bietet Kurse in Kochen, Nähen, Säuglingspflege und Haushaltführung an.

19. Mai Die Wohlfahrts- und Gesundheitsbeiräte sowie die Verwaltungsbeiräte der Stadt besichtigen die Einrichtungen in Buttenhausen, wo gegenwärtig 80 Pflichtarbeiter und 20 Pflichtarbeiterinnen aus Stuttgart in der Land- und Forstwirtschaft tätig sind.
Im Sitzungssaal des ehemaligen Landtags konstituiert sich die Reichsarbeitsgemeinschaft Schadenverhütung Gau Württemberg.
Die Wirtschaftsgruppe Nichteisenmetall-Industrie und das Kaiser-Wilhelm-Institut für Metallforschung veranstalten eine wissenschaftliche Tagung an der TH.

19. Mai bis 14. Juni In den Ausstellungshallen am Interimstheaterplatz wird eine Ausstellung gezeigt über Die Schrift der Deutschen.

20 Mai Die Württ. Notenbank beschließt nach dem Wegfall ihres Banknotenausgaberechtes auf ihrer letzten Generalversammlung die Umbenennung in Württ. Bank. Der frühere Wirtschaftsminister und nunmehrige Präsident der Reichsfilmkammer Prof.

MAI 1936

Dr. Lehnich tritt als Aufsichtsratsvorsitzender der Bank zurück. Als neuer Vertreter des württ. Wirtschaftsministeriums wird Ministerialrat Dr. Eugen Möhler in den Aufsichtsrat gewählt.
OB Dr. Strölin empfängt im Rathaus die Fliegerin Elly Beinhorn, den argentinischen Marathonläufer und Olympiasieger von 1932, Juan Zabala, sowie die Fußballmannschaft von Everton Liverpool.
Elly Beinhorn spricht auf Einladung der Frauengruppe des Volksbundes für das Deutschtum im Ausland in der Liederhalle über ihre Fliegererlebnisse.
Kurt Vollmoeller, 1890 in Stuttgart geboren, Schriftsteller und Kunstsammler, in Basel verstorben.

21. Mai Das um die Abteilung »Gebirgskrieg der württembergischen Gebirgstruppen« erweiterte Kriegsmuseum der Weltkriegsbücherei wird wieder eröffnet. Das Kriegsmuseum hatte bereits 1934 eine Abteilung »Geschichte der nationalsozialistischen Bewegung« und 1935 die Ausstellung »Deutsch ist die Saar« erhalten.
Eine deutsche Auswahl-Fußballmannschaft gewinnt im Rahmen ihrer Vorbereitungen für die Olympischen Spiele gegen Everton Liverpool mit 4:2.
Auf dem neuen Sportplatz des Reichsbahn- und Post-Sportvereins Stuttgart findet ein Leichtathletiksportfest statt, an dem der Argentinier Zabala teilnimmt.
Die württ. HJ veranstaltet am Himmelfahrtstag zahlreiche Staffelläufe und Kampfwettspiele. In Stuttgart gehen 3500 Jugendliche an den Start.
Die Diakonisse Martha Jetter wird am Jahresfest der evang. Diakonissenanstalt in der Stiftskirche als neue Oberin und Nachfolgerin von Freiin Elisabeth von Woellwarth-Lauterburg eingeführt. Außer ihr beginnen 36 neue Diakonissen ihren Dienst. Zwei Schwestern gingen an das Deutsche Hospital nach Peking.
Stadtpfarrer Dr. Ernst Böklen, 1863 in Stuttgart geborener Religions- und Sprachforscher (Die Entstehung der Sprache im Lichte des Mythos), in Villach (Kärnten) verstorben.

22. Mai Dr. Eilers, der Leiter der Weltkriegsbücherei, referiert im Rahmen einer Ringvorlesung an der TH über die Geschichte der nationalsozialistischen Bewegung.

22./23. Mai Das Amt Feierabend der NS-Gemeinschaft Kraft durch Freude hält im Wilhelm-Murr-Saal seine erste Reichstagung ab. Der Führer der Deutschen Arbeitsfront, Dr. Robert Ley, spricht über die Aufgaben der neuen Organisation.

23. Mai Die Württ. Staatstheater spielen erstmals das Lustspiel »Schwarzbrot und Kipfel« von Werner von der Schulenburg.

Prof. Dr. Christoph Wagner, Forstwissenschaftler an den Universitäten Tübingen und Freiburg, 1920—1924 Leiter der württ. Forstdirektion, in Degerloch verstorben.

24. Mai Auf der Solitude findet eine Gedenkfeier für den 1923 standrechtlich erschossenen Freikorpskämpfer Albert Leo Schlageter in Anwesenheit seiner in Stuttgart wohnenden Schwester statt.

Die Alte Gilde, Kaufmännischer Verein ehemaliger Schüler der Höheren Handelsschule Stuttgart, gedenkt auf dem Pragfriedhof des 25. Todestages ihres Gründers, Prof. Theodor Huber.

25. Mai In einem renovierten Gebäudetrakt des Bürgerhospitals wird ein Altersheim für erwerbsunfähige Frauen eröffnet. Das Haus diente früher als Obdachlosenasyl.

Die Gesellschaftliche Vereinigung des WAC (des früheren Württ. Automobilklubs), 1899 unter dem Namen Württ. Motorwagenverein gegründet, beschließt ihre Umwandlung in eine Ortsgruppe des Deutschen Ausland-Clubs.

25./26. Mai 60 Archivpfleger nehmen an einem Fortbildungslehrgang der württ. Archivdirektion teil. Die Regierungsräte Dr. Karl Otto Müller und Dr. Max Miller referieren im Sitzungssaal des Landtagsgebäudes. Stadtarchivar Dr. Stenzel spricht über die Archivbestände der nach Stuttgart eingemeindeten Orte und Dr. Walter Grube über die Bestände des Staatsfilialarchivs Ludwigsburg. Eine Besichtigung des Staatsarchivs Stuttgart schließt sich an.

25.—27. Mai Das Diözesanbildungswerk veranstaltet im Kolpinghaus in Bad Cannstatt eine Tagung über das Thema »Eucharistie und Pfingstgeist im Leben der Pfarrgemeinde und der Familie«.

26.—29. Mai Der Richard-Wagner-Verband deutscher Frauen hält seine Jahreshauptversammlung ab. Ministerpräsident und Kultminister Mergenthaler würdigt vor Beginn eines Festkonzertes in der Liederhalle Richard Wagner, der die liberalistisch-demokratische Weltauffassung abgelehnt und die deutsche Katastrophe von 1918 vorausgeahnt habe. Er weist auf die innere Verbundenheit des Hauses Wahnfried mit der Welt Adolf Hitlers hin.

27. Mai Der Beirat für das zu errichtende »Ehrenmal der deutschen Leistung im Ausland« tritt zu seiner ersten Sitzung zusammen. Als Aufgabe des neuen Museums im Wilhelmspalais bestimmt er die systematische Gesamtdarstellung des deutschen Volkstums jenseits der Grenzen des Reiches.

MAI 1936

27.—29. Mai   Im Landesgewerbemuseum finden der 19. Kongreß des Internationalen Vereins der Chemiker-Koloristen und der 2. Kongreß der Internationalen Föderation textilchemischer und koloristischer Vereine statt. Zu der Tagung sind neben deutschen Chemikern Teilnehmer aus Bulgarien, Dänemark, Finnland, Frankreich, Großbritannien, Italien, Jugoslawien, den Niederlanden, Norwegen, Österreich, Polen, Rumänien, Schweden, der Schweiz, Spanien und der Tschechoslowakei erschienen, außerdem Firmenvertreter aus Argentinien, China, Japan und Indien. Förderationspräsident Dr. Tagliani (Basel) eröffnet die Tagung und dankt Reichsstatthalter Murr für die Übernahme des Ehrenvorsitzes. Nachfolger von Dr. Tagliani als neuer Präsident der Föderation wird Prof. Dr. Haller (Basel). Der Kongreß endet mit einem Festbankett in der Liederhalle.

Die Stuttgarter Frühjahrsmesse wird als Holz-, Korb- und Küblerwarenmarkt auf dem Skagerrakplatz bei der Garnisonkirche und als Hafnerwaren-, Porzellan- und Glaswarenmarkt auf der Danziger Freiheit abgehalten.

28. Mai   In Bad Cannstatt, Wangen, Hedelfingen, Ober- und Untertürkheim und weiteren Stadtteilen findet eine Verdunkelungsübung für Wohn- und Industriebauten statt. Die Autos müssen mit Abblendlicht gefahren werden.

Auf der Mitgliederversammlung des Stuttgarter Verkehrsvereins wird bekannt, daß die Zahl der Übernachtungen 1935 im Vergleich zum Vorjahr um 13,4% zugenommen habe. Stuttgart nehme unter den deutschen Großstädten im Fremdenverkehr nach München den zweiten Platz ein.

Das Kunsthaus Schaller zeigt Steinzeichnungen Ernst Barlachs zu Gedichten Goethes. Renée Sintenis ist mit Bronzeplastiken und graphischen Blättern vertreten, Prof. Walter Conz mit Aquarellen, Zeichnungen und Radierungen. Leonhardt Schmidt gibt einen Überblick über sein Werk, und André Lambert, ein in Spanien ansässiger Stuttgarter, stellt sich überwiegend als Zeichner vor.

Das Linden-Museum, dessen Gründung mit auf die Initiative von Generalkonsul Theodor Wanner, bis 1933 auch Vorsitzender des Vorstandes des Deutschen Ausland-Instituts, zurückgeht, besteht seit 25 Jahren.

28. Mai bis 1. Juni   Die Reichsbahndirektion Stuttgart setzt für den Pfingstverkehr 254 Sonderzüge, darunter 4 Militärurlauberzüge, ein.

29. Mai   Der Stuttgarter Handelsverein vollzieht nach Abschluß verschiedener Abwicklungsgeschäfte definitiv seine Auflösung, die er bereits 1934 beschlossen hatte.

Der Württ. Kunstverein zeigt in einer Sonderschau Schweizer Wandmalereien der Gegenwart.

30. Mai   Die für »Pflichtarbeiter« errichtete städt. Arbeitsstelle auf dem Killesberg wird geschlossen, nachdem die meisten hier untergebrachten Männer — zuletzt etwa 50 — in Arbeit vermittelt werden konnten.
Nach einer im Schwäb. Merkur wiedergegebenen Hochschulstatistik wirkten an der TH im Wintersemester 1935/36 234 Lehrkräfte, immatrikuliert waren 1073 Studenten und 245 Gasthörer, darunter befanden sich 61 Ausländer, 19 Auslanddeutsche und 7 Deutsch-Österreicher. 85 Studenten legten die Diplomprüfung ab, 17 erwarben den Doktorgrad. An der Landwirtschaftlichen Hochschule in Hohenheim unterrichteten 26 Lehrkräfte, deren Vorlesungen von 186 Hörern belegt waren. Die forstwissenschaftliche Prüfung bestanden neun, das Doktorexamen drei Kandidaten.
Der von dem Schriftsteller Dr. Arthur Schott begründete und seit 1899 nach den Firmeninhabern Strecker und Schröder benannte Verlag besteht seit 50 Jahren.

30./31. Mai   Der 1933 durch Zusammenschluß mehrerer Verbände gegründete Reichsbund der deutschen Schwerhörigen hält in Stuttgart seine erste Bundesversammlung ab. Der Reichsbund ist dem Hauptamt für Volkswohlfahrt der NSDAP unterstellt. Verbunden mit der Tagung ist die 25-Jahrfeier der Ortsgruppe Stuttgart.

31. Mai   Die Marine-SA veranstaltet am 20. Jahrestag der Schlacht von Skagerrak auf dem Skagerrakplatz eine Gedenkfeier mit einer Flaggenparade.

31. Mai bis 1. Juni   Die Hockeymannschaft der Union Sportive Belfort unterliegt dem Stuttgarter SC mit 0:5 und erreicht gegen den TSV Georgii-Allianz ein 2:2 Unentschieden.

1. Juni   Die Stuttgarter Straßenbahnen AG führt Fahrtrichtungsanzeiger ein, d. h. rote Blinklichter, die aufleuchten, wenn ein Straßenbahnzug seine Fahrtrichtung ändert.

3. Juni   OB Dr. Strölin sowie die zuständigen Ratsherren und Beigeordneten und Vertreter der NS-Volkswohlfahrt besichtigen das Frauentagheim in der Gutenbergstraße, das Waldheim Himmerreich in Botnang, wo das ganze Jahr über 50 Kinder aus sozial schwachen Familien auf die Dauer von fünf bis sechs Wochen untergebracht und unterrichtet werden, sowie das Müttererholungsheim Heimberg im Feuerbacher Tal.
Die Generalversammlung der Kaufstelle Landwirtschaftlicher Genossenschaften AG beschließt die Änderung ihres Namens in Württ. Warenzentrale Landwirtschaftlicher Genossenschaften AG. Sie erhöht gleichzeitig ihr Grundkapital von 1 Mio. RM auf 1,5 Mio. RM.
Erstaufführung des Lustspiels »Vorsicht, Brigitte!« von Fritz Gottwald und Franz Griebitz im Schauspielhaus.

JUNI 1936

5. Juni Die siebte Reichslotterie für Arbeitsbeschaffung wird mit einem Propagandamarsch durch die Hauptverkehrsstraßen und einer Kundgebung auf dem Marktplatz eröffnet. Aus München wird eine Rede des Reichsschatzmeisters der NSDAP, Franz Schwarz, vom Rundfunk übertragen.
Generalleutnant a. D. Karl von Teichmann, bis 1933 Vorsitzender des Württ. Offiziersbundes, Ehrenvorsitzender des Landesverbandes Württemberg des Vereins für das Deutschtum im Ausland, verstorben.

5.—8. Juni Die Hochschule für Musik und die Arbeitsgemeinschaft für Hausmusik veranstalten unter der Leitung von Prof. Dr. Hermann Keller, Hans Grischkat und Elisabeth Schaller-Lang ein viertägiges Musikfest. Zur Aufführung gelangen Werke der Kammer- und Kirchenmusik; außerdem findet ein offenes Liedersingen statt.

6. Juni Ministerpräsident Mergenthaler eröffnet in der Liederhalle ein Traditionstreffen ehemaliger württ. Artilleristen, das in Ludwigsburg fortgesetzt wird. Er sieht in der Wiedereinführung der allgemeinen Wehrpflicht durch Adolf Hitler die Wiederherstellung der deutschen Ehre.
Der sog. Berger Sprudel im Mineralbad Leuze wurde neu gefaßt und besser abgedichtet, so daß sich nunmehr die Schüttung auf 3000 Liter pro Minute erhöhte.

7. Juni Eine von der Landesbauernschaft in das Bürgermuseum einberufene Weinbautagung stellt einen zunehmenden Preisverfall des Weines als Folge eines Überangebotes fest. Die Einfuhr ausländischer Weine sei in den letzten Jahren um 12 % zurückgegangen, sie würden überwiegend von der Industrie verbraucht werden. Als positiv wird gewertet, daß in Württemberg schon seit langem nur weinbauwürdiges Gelände angebaut werde und daß nunmehr alle Hybridenreben entfernt werden müßten.

7.—21. Juni Auf der Berliner Ausstellung zum Thema »Die deutsche Gemeinde« wird auch ein Plan über die Auswirkungen der neuen Stuttgarter Ortsbausatzung gezeigt. Stuttgart wird als besonderer Städtetyp vorgestellt, nämlich als Gewerbe- und angenehme Wohnstadt.

9. Juni OB Dr. Strölin erstattet dem 6. Internationalen Gemeindekongreß in Berlin den Generalbericht über »Die Bekämpfung der Arbeitslosigkeit durch die Gemeinden«, der auf den Teilberichten der einzelnen Länder beruht. Strölin spricht von der unterstützenden Arbeitslosenhilfe und der Arbeitsbeschaffung der Gemeindeverwaltungen, aber auch von der Selbstverantwortlichkeit der Arbeitslosen. »Für den Erfolg des Kampfes gegen die Arbeitslosigkeit ist es von ganz besonderer Bedeutung, daß es gelingt, den Arbeitslosen ihr Selbstvertrauen und den Willen zum Kampf ums Dasein zu erhalten.«

JUNI 1936

Er unterstreicht die Bedeutung der öffentlichen Arbeiten für den Gang des Wirtschaftslebens und erklärt: »In erheblichem Umfang wird nunmehr versucht, bei dem Einsatz der öffentlichen Arbeiten auf das jahreszeitliche und sogar auf das konjunkturelle Schwanken der Beschäftigung Rücksicht zu nehmen.«

Wie Dr. Strölin später den Ratsherren in einer nichtöffentlichen Sitzung bekanntgab, lehnte der OB von New York eine Teilnahme an dem Kongreß mit dem Hinweis auf das Fehlen einer echten gemeindlichen Selbstverwaltung in Deutschland ab.

10. Juni Der Kreisgeschäftsführer der NSDAP und das Fachamt für Leibesübungen weisen die Vertreter der Stuttgarter Ortsgruppen der NSDAP auf die Werbung für die Olympischen Spiele in Berlin hin. Ausländischen Gästen sollten sich die Stuttgarter als »offene und begeisterte Nationalsozialisten, als treue Gefolgsmänner Adolf Hitlers und als disziplinierte deutsche Menschen« zeigen.

Die NS-Volkswohlfahrt richtet in Degerloch eine neue Schwesternstation ein. Kreisamtsleiter Herbert Güntner betont bei einer Feier im Gasthof Zum Ritter, 8000 Stuttgarter seien in den letzten Monaten neu in die NS-Volkswohlfahrt eingetreten und hätten sich damit zur praktischen Arbeit des »deutschen Sozialismus« bekannt.

11. Juni Karl Laufkötter verläßt zu Ende der Spielzeit die Württ. Staatstheater und folgt einem Ruf als erster Tenorbuffo an die Metropolitan Opera New York.

Oberstleutnant a. D. Ludwig von Stockmayer, Rundfunkpionier und Förderer der Süddeutschen Rundfunk AG, 1933 zum Gaufunkwart ernannt, verstorben.

12. Juni Das Präsidium und der Senat der neugebildeten Lilienthal-Gesellschaft für Luftfahrtforschung halten in Berlin ihre erste Sitzung ab. Der Staatssekretär für Luftfahrt und General der Flieger Milch teilt die Entscheidung von Reichsluftfahrtminister Göring mit, in Berlin, Göttingen, Braunschweig und Stuttgart vier Forschungszentren zu errichten sowie ebenfalls in Berlin, Braunschweig und Stuttgart drei große Luftfahrtlehrzentren zu gründen.

Im Großen Haus wird in einer Neuinszenierung das Lustspiel »Zu ebener Erde und erster Stock oder: Die Launen des Glücks« von Johann Nestroy gespielt.

Im Rahmen einer Ringvorlesung der TH sprechen Prof. Dr. Wilhelm Gieseler (Tübingen) über die »Rassenlehre des Nationalsozialismus« und Privatdozent Dr. Keller von der TH über die »Philosophie der Gegenwart und die nationalsozialistische Gedankenwelt«.

12.–17. Juni In der HJ-Sportschule Sillenbuch findet ein Lehrgang für die Beauftragten der körperlichen Schulung der HJ statt. Außerdem treffen sich die Bann- und Jungbannstellenleiter für Presse und Propaganda der schwäb. HJ. Ein Offizier referiert

JUNI 1936

über »Wehrmacht und Wehrmachtpropaganda«. Andere Themen gelten dem Theater und Film.

13./14. Juni   Es finden Haus- und Straßensammlungen des Deutschen Roten Kreuzes, der Inneren Mission und des Caritasverbandes statt. Sie bedurften der Genehmigung des Reichsinnenministers. Dieser übernahm die Schirmherrschaft für die Sammlung des Roten Kreuzes, erklärte aber, daß keine Organisation um ihrer selbst willen da sei, und verwies auf den »klarumrissenen Aufgabenkreis« des Roten Kreuzes.

14. Juni   Die Evang. Gesellschaft beging in der Stiftskirche ihre Jahresfeier. Der Tätigkeitsbericht erwähnt einen starken Rückgang der Armenfürsorge, aber eine Zunahme der Kranken- und Altenbesuche.

15. Juni   Die Württ. Landeskreditanstalt weist in einem Merkblatt auf die besondere staats- und bevölkerungspolitische sowie wirtschafts- und sozialpolitische Bedeutung der Kleinsiedlungen hin.

16. Juni   In Feuerbach wird das erste Jungvolk-Tagheim eröffnet. Das hinter der Turn- und Festhalle befindliche Haus bietet Gelegenheit zur gemeinsamen Erledigung der Schulaufgaben, zum Spielen, Basteln und Werken.
Kommerzienrat Dr. h. c. Emil Molt, Mitbegründer der Waldorf-Astoria-Zigarettenfabrik und der Waldorfschule, die zunächst für die Kinder der Betriebsangehörigen dieses Unternehmens errichtet wurde, verstorben.

17. Juni   Die Württ. Staatstheater spielen erstmals Arthur Kusterers Oper »Was ihr wollt« nach Schlegels Übersetzung der gleichnamigen Komödie von Shakespeare.
Die zur Hälfte aus ausländischen Mitgliedern bestehende Gesellschaft für Geschichte der Pharmazie hält ihre Hauptversammlung ab. Der Stuttgarter Apotheker Walter Dörr spricht über »Schrozheim, die schwäbische Gefäß-Manufaktur«. Der Rektor der Universität Innsbruck, Prof. Dr. Kofler, wird zum ersten Vorsitzenden der Gesellschaft gewählt. Gleichzeitig beginnt der 3. Deutsche Apothekertag. Die Teilnehmer besichtigen zunächst eine Verbandstoff-Fabrik und ein Gauschulungslager der NS-Volkswohlfahrt in Heidenheim und fahren dann zum Hohenstaufen, wo der Kongreß mit einer Flaggenparade der im Reichsberufswettkampf ausgezeichneten Apothekerlehrlinge und dem Entzünden eines Feuers für eröffnet erklärt wird. Ein Lehrling verliest den lateinischen Text eines Medizinalediktes Kaiser Friedrichs II.
Die TH, die Landwirtschaftliche Hochschule, die Kunstakademie und die Musikhochschule führen auf dem neuen Hochschulsportplatz in Degerloch Sportwettkämpfe durch.

18. Juni Künftig erhalten die Brautpaare als Geschenk der Stadt Stuttgart Hitlers Buch »Mein Kampf«.

19. Juni Ein wegen sog. rassenschänderischer Beziehungen beschuldigter jüdischer Bürger begeht dem Polizeibericht zufolge Selbstmord.
Die Daimler-Benz AG verzeichnet auf ihrer Hauptversammlung eine anhaltende Besserung der Geschäftslage und eine allgemein günstige Konjunktur der deutschen Automobilindustrie. Der Gesamtumsatz des Jahres 1935 betrug 226 Mio. RM, wovon 19 Mio. RM auf das Auslandsgeschäft entfielen. Daimler-Benz erreichte damit fast ein Drittel des Wertes der gesamten deutschen Kraftwagenausfuhr. Bei einem Reingewinn in Höhe von 4,1 Mio. RM wird eine Dividende von 5 % auf die Stammaktien ausgeschüttet. Die Erfolge des Unternehmens bei in- und ausländischen Ausstellungen und Autorennen werden hervorgehoben.

20. Juni Der Reichskolonialbund feiert in der Handelskammer das 25jährige Bestehen seiner württ. Frauengruppe. Im Kunstgebäude findet ein Kinderfest mit Aufführung des Spiels »Kolonie und Heimat« statt.
Dr. Csaki vom Deutschen Ausland-Institut erläuterte auf einem Konvent der TH den Plan der Stadt Stuttgart, für auslanddeutsche Studenten eine Deutsche Burse zu gründen. Sie soll sowohl ein Kameradschaftsheim als auch ein Seminar für künftige Pioniere deutscher Technik im Ausland werden.
Die Maschinenfabrik Hesser AG in Bad Cannstatt begeht ihr 75jähriges Firmenjubiläum.
Hauptschriftleiter Konrad Kümmel im Alter von 88 Jahren verstorben. Er studierte katholische Theologie und trat 1877 in die Redaktion des Deutschen Volksblattes und des Katholischen Sonntagsblattes ein, dessen Leitung er später übernahm.

20./21. Juni Auf dem Deutschen Apothekertag sprechen Gäste aus Österreich, Schweden, Norwegen und Dänemark Grußworte. Ein Schweizer sagt, Deutschland habe in drei Jahren mehr erreicht als alle Kantone der Schweiz in den letzten 75 Jahren. Reichsstatthalter Murr begrüßt es, daß trotz mannigfacher antideutscher Propaganda zahlreiche ausländische Besucher gekommen seien. Auf dem Kongreß werden auch mehrere weltanschauliche Vorträge gehalten. Dr. Walter Groß, der Leiter des Rassepolitischen Amtes der NSDAP, befaßt sich mit dem neuen Volksbegriff und Fragen der Bevölkerungspolitik, und SA-Gruppenführer Ludin stellt den Typ des revolutionären SA-Mannes der alten bürgerlichen Welt gegenüber.
Am Tag des Deutschen Jungvolks und Tag der Hitlerjugend kommen auf 23 Plätzen zahlreiche Jugendliche zu Mannschaftswettkämpfen zusammen.

JUNI 1936

21. Juni Die Sonnenwendfeier wird in erheblich größerem Umfang als in den Vorjahren begangen. Insgesamt finden 19 Feiern statt, auf allen Anhöhen werden Fackeln und Holzstöße entzündet. OB Strölin besucht die Veranstaltung der Cannstatter HJ auf dem Burgholzhof. Die HJ und der BDM führen einen »Feuertanz« auf. Der Reichsarbeitsdienst veranstaltet einen Sonnenwendstaffellauf, der im Hof des Neuen Schlosses endet.
Die württ. Standesbeamten halten in der TH ihre Gauversammlung ab. Sie befassen sich vor allem mit den Nürnberger Gesetzen und dem Erbgesundheitsgesetz. Ministerialrat Dr. Brandis vom Reichsjustizministerium weist darauf hin, daß zu den Artverwandten im Sinne des Blutschutzgesetzes auch die Ungarn, Finnen und Türken gehörten. Ehen mit Angehörigen dieser Völker seien daher zulässig.

22. Juni Kapitänleutnant a. D. Otto Lensch, der Führer der Marine-SA-Standarte 18, hält auf einer Feier der All Peoples' Association zum 75. Geburtstag des 1914 in einer Seeschlacht bei den Falklandinseln gefallenen Vizeadmirals Maximilian Graf von Spee die Gedenkrede.
Beim Zusammenstoß eines Lastkraftwagens mit der Straßenbahn der Linie 7 Ecke Kronprinzstraße/Büchsenstraße werden 10 Personen verletzt.

23. Juni Stadtrat Ettwein besichtigt mit Vertretern der Justiz, der Polizei, der NS-Volkswohlfahrt, der Landesfürsorge und des Arbeitsamtes Stuttgart das Beschäftigungs- und Bewahrungsheim in Buttenhausen, dem nunmehr auch eine Trinkerheilanstalt angeschlossen wurde.

24. Juni Hinter dem Neubau der Technischen Werke an der Stephanstraße entstand ein neuer Parkplatz.
Dr. Karl Gutbrod, 1907—1934 Direktor der Württ. Hypothekenbank, in Wiesbaden verstorben. Er war ein Sohn des früheren Reichsgerichtspräsidenten Gutbrod.

25. Juni Der stellv. Gauleiter Friedrich Schmidt spricht im großen Hörsaal der TH anläßlich des Semesterschlußappells, zu dem Professoren, Dozenten und Studenten aller württ. Hoch- und Fachschulen erschienen sind. Rektor Prof. Dr. Wilhelm Stortz kündigt an, daß 120 Studenten zum Landdienst in die Grenzmark einrücken und andere untersuchen werden, warum seit Jahren viele Bauern aus dem Hohenloher Land abwandern. Oberarbeitsführer Freiherr Kurt von Göler spricht auf einer Veranstaltung zum ersten Jahrestag der Verkündigung der Arbeitsdienstpflicht.
Gauleiter Murr verabschiedet in Herrenberg Kreisleiter Dr. Lechler, der als Gauamtswalter nach Stuttgart berufen wurde, und führt als seinen Nachfolger Kreisleiter Fischer

von Vaihingen ein. Gleichzeitig wird der Kreis Herrenberg organisatorisch dem Kreis Stuttgart-Amt-Böblingen der NSDAP eingegliedert.
Prof. Dr. Hermann Ellinghaus von der TH sprach auf Einladung der Deutschen Akademischen Auslandstelle über nationalsozialistische Wirtschaftsführung.

26. Juni Die Arbeitskammer Württ.-Hohenzollern befaßt sich auf ihrer zweiten Sitzung im Landtagsgebäude mit der »Erhöhung des Lebensstandards der Schaffenden im Rahmen der weitsichtigen Wirtschaftspolitik unseres Führers«. Albert Weißenbühler, Betriebszellenobmann der Mauser-Werke in Oberndorf, und Direktor Hans Stangenberger von den Deutschen Linoleum-Werken in Bietigheim halten Referate. Besonders angesprochen werden Fragen der Unfallbekämpfung, der Lohnfortzahlung an gesetzlichen Feiertagen, des Verhältnisses von Industrie und Handwerk und der Freizeitgestaltung der Arbeiter.
Die Württ. Staatstheater führen in einer Neuinszenierung Hebbels Drama »Gyges und sein Ring« auf.
Die Buchdruckerei Jung und Brecht begeht ihr 50jähriges Geschäftsjubiläum.

26./27. Juni 20 Studenten der Deutschen Technischen Hochschule Prag besichtigen die Firma Robert Bosch, Anlagen der Reichsbahn und das Dampfkraftwerk in Münster.

27. Juni Die Spareinlagen der Städt. Spar- und Girokasse haben sich im Geschäftsjahr 1935 um 8,3 Mio. RM auf 130 Mio. RM erhöht, die Zahl der Sparkonten stieg um 7537 auf 239 909, die der Depositen- und Girokonten um 4649 auf 32 833. An Darlehen und Krediten wurden in 2064 Fällen 11,7 Mio. RM neu bewilligt.
Die württ. Wohlfahrtsbeamten informierten sich über die Beschäftigungsheime in Gaisburg, in der Wolfram- und Gutenbergstraße, in denen die Empfänger öffentlicher Wohlfahrtsunterstützung als Gegenleistung Arbeiten verrichten müssen.
Der Präsident des Oberversicherungsamtes Stuttgart, Landrat a. D. Dr. Ludwig Battenberg, wird neuer Präsident der pfälzischen Landesversicherungsanstalt in Speyer. Bei einem Abschiedsempfang hebt er hervor, der erste deutsche Landrat gewesen zu sein, der sich offen zur NSDAP bekannt hat.

27./28. Juni 10 000 politische Führer der NSDAP aus ganz Württemberg versammeln sich in Stuttgart. Gauschatzmeister Vogt kündigt eine begrenzte Aufhebung der Mitgliedersperre der NSDAP an, »die bewährten Angehörigen anderer Gliederungen der Bewegung sowie zuverlässigen und treubewährten Volksgenossen zugute kommen soll.« Als Hauptredner der Veranstaltung tritt Reichspropagandaminister Goebbels auf. Im außenpolitischen Teil seiner Rede erklärt er unter starkem Beifall: »Völkerbund ist gut, aber Luftgeschwader und Armeekorps sind noch besser. Heute wagt es niemand mehr,

JUNI 1936

uns unsittliche und die deutsche Ehre und das deutsche Volk verletzende Verträge vorzulegen, weil alle Welt weiß, daß wir solche nicht mehr unterzeichnen.«

In der Adolf-Hitler-Kampfbahn werden die württ. Leichtathletik-Gaumeisterschaften ausgetragen. Die Staffel des Turnerbundes Stuttgart stellt über 4 x 100 m einen neuen württ. Rekord auf. Auch über 80 und 400 m Hürden erreichen Stuttgarter Athleten neue württ. Bestleistungen.

Der Turnverein Cannstatt feiert mit einem Festabend im Kursaal sein 90jähriges Bestehen.

28. Juni Der sog. Gläserne Zug, ein elektrischer Triebwagen der Reichsbahn mit 72 Sitzplätzen, dessen ganzer oberer Teil aus splitterfreiem Glas besteht und rundum freie Sicht gewährt, kommt erstmals nach Stuttgart. An der Panoramafahrt nach Ulm nehmen 40 Fahrgäste teil. Die Fahrt wird an mehreren Sonntagen wiederholt.

Die Samariterstiftung Stuttgart, die gegenwärtig in ihren Heimen in Grafeneck und Obersontheim 229 Behinderte in dauernder Pflege betreut, begeht ihren 50. Gründungstag.

Die Herrenschneider-Innung versammelt sich in der Liederhalle zur Feier ihres 25jährigen Bestehens. Der am 1. Mai 1911 gegründete Verband bestand bis 1. Oktober 1934 als Zwangsinnung. Der erste Obermeister, Heinrich Rebmann, war von 1928—1933 zugleich Handwerkskammerpräsident.

28. Juni bis 1. Juli Dozenten und Physikstudenten aus Delft halten sich zu einem Informationsbesuch in Stuttgart auf. Sie besichtigen das Physikalische Institut von Prof. Dr. Regener und das Röntgen-Institut von Prof. Dr. Glocker.

29. Juni Oberschulrat Adolf Kimmich wertet auf einer Versammlung der Mittel- und Volksschullehrer von Stuttgart Stadt und Amt die Einführung der Gemeinschaftsschule, der Deutschen Volksschule, als ein Ereignis von säkularer Bedeutung. Die evang. Eltern hätten sich geschlossen, die kath. zu 80 % für diese Schulform entschieden.

29. Juni bis 5. Juli Der Kreis Stuttgart des Schwäb. Sängerbundes veranstaltet eine Liederwoche. Sie beginnt mit einem Chorsingen von 20 Gesangvereinen in der Liederhalle.

30. Juni Das Infanterie-Regiment 13 Stuttgart-Ludwigsburg bezieht auf seinem Rückmarsch vom Truppenübungsplatz Heuberg vor dem Schloß Solitude ein Biwak. Viele Stuttgarter stehen trotz sengender Hitze beim Durchmarsch der Soldaten auf der Königstraße Spalier.

JULI 1936

1. Juli Die Justizpressestelle meldet die Verurteilung einer kommunistischen Widerstandsgruppe, die 1934 versucht hatte, die oppositionelle KPD, eine von der parteiamtlichen KPD abweichende Sektion, in Stuttgart wieder aufzubauen. Die Hauptangeklagten erhielten Zuchthausstrafen von drei Jahren und vier Monaten bis zu vier Jahren.
Das Oberlandesgericht verurteilt einen weiteren Angeklagten, der an der Störung der Rede Hitlers am 15. Februar 1933 beteiligt war, zu einer Gefängnisstrafe von einem Jahr und zehn Monaten.
Für Württemberg und Hohenzollern wird eine Landesplanungsgemeinschaft mit Sitz in Stuttgart errichtet. Die Aufgabe dieser Behörde ist es, die notwendigen Vorarbeiten für die Reichs- und Landesplanung durchzuführen und eine vorausschauende Gesamtplanung für Württemberg zu erstellen.
Regierungsdirektor Dr. Franz Stümper aus Nürnberg wird neuer Direktor des Oberversicherungsamtes Stuttgart.

2. Juli OB Dr. Strölin legt den Ratsherren auf einer Vollversammlung den Rechnungsabschluß für das Jahr 1935 vor. Stadtkämmerer BM Hirzel berichtet von einer zunehmenden Verbesserung der Finanzlage der Stadt und weist darauf hin, daß sich der Schuldenstand am 31. März 1936 gegenüber dem Vorjahr um 6 Mio. RM auf 85 Mio. RM verringert habe. Die Ratsherren stimmen der Verlegung der Umschulungswerkstätten von der Gewerbeschule in Zuffenhausen in die aufgegebene Fabrik der Firma Arnold in Mühlhausen zu. Für die erforderliche Instandsetzung werden 300 000 RM veranschlagt. Stadtrat Ettwein erwähnt, daß die Stadtverwaltung dazu übergegangen ist, »die für die Umschulung vorgesehenen Arbeitskräfte neben der notwendigen politischen Prüfung auch einer psychotechnischen Eignungsprüfung zu unterziehen, die schon zu recht guten Erfolgen geführt hat.« Die Ratsherren billigen die verwaltungsmäßige und räumliche Vereinigung des Stadtplanungs- und des Baupolizeiamtes unter einer einheitlichen Leitung. Die neue Behörde trägt den Namen Stadtplanungsamt und gliedert sich in die Hauptabteilungen Planung und Baupolizei. Die Maßnahme wird mit einer Vereinfachung der Verwaltungsvorgänge und einer rascheren Erledigung der Baugesuche begründet. Die Ratsherren befassen sich im Hinblick auf die Reichsgartenschau 1939 auch mit Fragen der Reinhaltung und Verschönerung Stuttgarts. Strölin nennt in diesem Zusammenhang die Beseitigung unschöner Dächer und Dachaufbauten sowie häßlicher Schornsteine und teilt mit, daß er das Technische Referat beauftragt habe, »einen Feldzugs- und Propagandaplan im Kampf für die Reinhaltung und Verschönerung unserer Stadt auszuarbeiten«.
Das Amtsblatt der Stadt Stuttgart berichtet über den seit einem Jahr bestehenden Dienst der Krankenhausfürsorgerinnen. Diese übernahmen für die Kranken vielfältige Aufgaben wie etwa den Schriftverkehr und Verhandlungen mit den Behörden, Arbeitgebern,

JULI 1936

Ver- und Untermietern. Am Katharinen- und Ludwigspital, in der Frauenklinik und in den Krankenhäusern Bad Cannstatt und Feuerbach ist je eine Fürsorgerin tätig.
Der 1894 gegründete und gegenwärtig von Oberstudiendirektor Dr. Hermann Binder geleitete Literarische Klub Stuttgart machte als letzte gemeinschaftliche Veranstaltung eine Studienfahrt nach Schwäbisch Hall. Zuvor beschloß er seine Selbstauflösung.

3./4. Juli Die Behördenleiter sämtlicher Arbeitsämter Württembergs und Badens halten unter Vorsitz des Präsidenten des Landesarbeitsamtes Friedrich Burkhardt in Stuttgart eine Konferenz ab. Sie besprechen Fragen der Einführung eines obligatorischen Arbeitsbuches, des Arbeitskräftebedarfs in der Landwirtschaft und der Landflucht.

4. Juli Ein wegen Raubmordes zum Tode verurteilter 20jähriger Mann wird hingerichtet.
Am amerikanischen Unabhängigkeitstag findet im Stadtgarten ein von vielen Amerikanern und Deutsch-Amerikanern besuchtes Sommerfest statt.
In der Eingangshalle der städt. Handelsschule Ecke Rotebühl- und Hasenbergstraße wird eine Gedenktafel enthüllt. Sie erinnert daran, daß auf diesem Gelände Heinrich Siegle 1848 eine Farbenfabrik errichtete, die sein Sohn Gustav 1873 in die Badische Anilin- und Sodafabrik überführte. Die Fabrikanlagen wurden bis 1927 genutzt. Der Feier wohnt der Generaldirektor der BASF, Dr. Richard Theurer, bei.

4.–6. Juli Die 26. Reserve-Division, die sog. Eiserne Division, veranstaltet ein Kameradschaftstreffen, an dem 15 000 ehemalige Angehörige, unter ihnen ihr früherer Kommandeur, General Franz von Soden, und Reichsaußenminister Konstantin Freiherr von Neurath teilnehmen. Stadtdekan Dr. Richard Lempp, der frühere evang. Felddivisionsgeistliche, hält einen Feldgottesdienst. Zum Abschluß führt die Wehrmacht auf dem Burgholzhofgelände eine Gefechtsübung mit Einsatz von schweren Waffen, Minenwerfern und Panzern vor.

5. Juli Das Gauheimstättenamt der Deutschen Arbeitsfront hielt im Stadtgartensaal seine zweite Gautagung ab. Prof. Wetzel von der TH, der Leiter der Planprüfungsstelle des Gauheimstättenamtes, forderte, beim Siedlungsbau an traditionelle Bauformen anzuknüpfen. Zur Verkehrsfrage meinte er: »Nicht bombastische Achsen, die in nichts verpuffen, sondern aus der Örtlichkeit vernünftig entwickelte Straßenräume müssen entstehen, denn nicht das Automobil ist der Maßstab der Dinge, sondern der Mensch«.
Das Stuttgarter Kreisliederfest endet mit einer Großveranstaltung in der Adolf-Hitler-Kampfbahn mit 7000 Sängern und Sängerinnen. Innenminister Dr. Schmid kritisiert, daß manche Vereine einseitig vaterländische Chöre singen, um ihre nationalsozialistische Gesinnung zu zeigen.

6. Juli   Der Regierende Bürgermeister von Hamburg, Krogmann, besucht Stuttgart. Er besichtigt das Deutsche Ausland-Institut.

7. Juli   Generalmusikdirektor Prof. Karl Leonhardt verabschiedet sich von seinem Stuttgarter Publikum mit der Aufführung von Beethovens »Fidelio«.

8.—11. Juli   30 Mädchen aus deutsch-schwäbischen Siedlungen Jugoslawiens besuchen Stuttgart.

9. Juli   Die Staatsschauspielerin Mila Kopp, die seit 1925 bei den Württ. Staatstheatern engagiert war und nunmehr das Angebot einer Berliner Bühne angenommen hat, verabschiedet sich im Kleinen Haus. Sie spielt wie bei ihrem ersten Stuttgarter Auftritt die Luise in Schillers »Kabale und Liebe«.

9./10. Juli   Der Präsident des Reichsluftschutzbundes, Generalleutnant von Roques, besucht auf einer Inspektionsreise Stuttgart und besichtigt die Einrichtungen der hiesigen Befehlsstelle.

11. Juli   Der Reichsverband der deutschen Presse veranstaltet im Stadtgarten ein Sommerfest. Ein »Kollektive Sicherheit« benannter Sketch befaßt sich ironisch mit dem Völkerbund und dessen Haltung in der Abessinienfrage.
20 schwedische Filmtechniker hielten sich mehrere Tage zu einem Informationsbesuch in Stuttgart auf.

11./12. Juli   Die technischen Beamten des öffentlichen Dienstes von Württemberg und Hohenzollern treffen sich in der Liederhalle zu einer Arbeitstagung. Sie bilden innerhalb des Reichsbundes der deutschen Beamten einen Technischen Ausschuß, der in jedem Gau von einem Gauobmann für Technik geleitet wird.

12. Juli   Der württ. Landesfischereiverein hält im Vinzenzhaus seinen diesjährigen Verbandstag ab. Er umfaßt gegenwärtig 43 Vereine mit 2310 Mitgliedern. Auf der Tagungsordnung stehen berufsständische Probleme und Fragen der beruflichen Fortbildung.

13. Juli   Landeshandwerksmeister Bätzner eröffnet im Stadtgartensaal eine Versammlung der Kreishandwerkerführer, Bezirksinnungs- und Obermeister. Der Präsident der Handwerkskammer Stuttgart, Karl Dempel, fordert eine realistische Preisgestaltung im Handwerk, die die Bildung von Rücklagen und Neuinvestitionen erlaube, und kritisiert die übliche Praxis, einen zweiprozentigen Skontoabzug zu gewähren.

JULI 1936

13./14. Juli   150 auslanddeutsche Kinder aus dem dänischen Teil Nordschleswigs kommen nach Stuttgart und verbringen bei Gastfamilien oder in Waldheimen ihre Ferien.

15. Juli   Eine Gruppe ungarischer Professoren besuchte auf ihrer Deutschlandfahrt Stuttgart.

16. Juli   Im Weißen Saal des Neuen Schlosses findet das erste gemeinsam vom Verkehrsverein und der Kreismusikerschaft Stuttgart veranstaltete Schloßkonzert statt. Die aufgebaute Kulisse erinnert an die Zeit Friedrichs des Großen und an den Hof zu Sanssouci; vor dem Neuen Schloß stehen einige »Lange Kerls« in historischen Uniformen.
Tschechische und ungarische Tennisspieler der europäischen Spitzenklasse nehmen an einem Turnier in der Adolf-Hitler-Kampfbahn teil.

17. Juli   In Wangen wird an einer Tankstelle ein 25jähriger Tankwart bei einem Raubüberfall ermordet.
Eine Gruppe französischer Austauschschüler kommt für acht Wochen nach Stuttgart. Sie werden auf dem Marktplatz in Degerloch, wo sie bei deutschen Familien wohnen, begrüßt. Ihr Begleiter, Prof. Delbès (Paris), erklärt, er freue sich, nunmehr zum siebtenmal Deutschland besuchen zu können.
Zum Auftakt der 250-Jahrfeier des Eberhard-Ludwigs-Gymnasiums findet in der Stiftskirche ein Festkonzert dieser Schule statt.

18. Juli   Das Eberhard-Ludwigs-Gymnasium begeht sein Jubiläum mit einem Festakt in der Liederhalle. Es nehmen Reichsaußenminister Konstantin von Neurath, der dieses Gymnasium besuchte, Finanzminister Dehlinger, der Rektor der Universität Tübingen, Prof. Dr. Focke, und andere Persönlichkeiten teil. Der Direktor der Schule, Dr. Hermann Binder, bekennt sich zum Vorbild der griechisch-römischen Antike. Er fordert eine humanistische Erziehung, die frei sein müsse von einem blutlosen Ästhetentum. Die Feier wird musikalisch umrahmt mit einer Partie aus Richard Wagners »Meistersingern« und dem »Deutschen Bekenntnis« von Erwin Guido Kolbenheyer nach der Vertonung von Adolf Pfohl (Schlußstrophe: »So ruf' uns die Tat! Heil unserem Geschick! Wir können versinken — Deutschland wird sein!«).
Der 1918 gegründete Verein zur Förderung der Volksbildung löst sich auf.
Die NS-Volkswohlfahrt eröffnet in der Silberburgstraße 167 einen neuen Kindergarten. Sie übernimmt gleichzeitig das sog. Schüle in der Katharinenstraße, eine 1828 von einem privaten Verein gestiftete Kleinkinderschule.

18. Juli bis 16. August   Auf der aus Anlaß der Olympischen Spiele veranstalteten Berliner Reichsausstellung wird ein Groß-Relief-Modell der Stadt Stuttgart gezeigt, das den aktuellen Bebauungsstand wiedergibt. Das Modell war bereits zuvor auf der Ausstellung »Die deutsche Gemeinde« zu sehen und dort mit dem Ehrenpreis des Deutschen Gemeindetages ausgezeichnet worden.

19. Juli In Stuttgart finden ebenso wie in acht weiteren Städten Württembergs Massensportfeste des BDM statt. 400 Mädchen führen Volkstänze auf. Presseberichten zufolge sind die Zuschauerränge der Adolf-Hitler-Kampfbahn fast vollständig besetzt.

20. Juli Die Stadt und die Gauleitung der NSDAP geben für französische und Schweizer Austauschschüler einen Empfang, an dem der französische Konsul Beuré und Kanzler Loertscher vom Schweizer Konsulat teilnehmen. Diplomvolkswirt Erich Benz, der Leiter des deutsch-französischen Schüleraustausches, erklärt, in diesem Jahr seien 260 Schüler und Schülerinnen aus Frankreich und der Schweiz nach Deutschland, davon 42 nach Stuttgart, gekommen. Ebenso viele deutsche Schüler folgten einer Einladung nach Frankreich und der Schweiz. Er sieht darin ein Zeichen des Vertrauens in die Friedenspolitik Hitlers.
Die Ludwigsburger Straße, die zwischen dem Hindenburgplatz und der Retraitestraße eine neue asphaltierte Fahrbahn erhalten hat, wird wieder dem Verkehr übergeben.

20./21. Juli Das Schulturnfest wird wiederum als Massenveranstaltung durchgeführt. 900 Mädchen zeigen Volkstänze und 2400 Jungen gymnastische Übungen. Die Veranstaltung endet mit musikalischen Darbietungen und verschiedenen Ansprachen.

21. Juli Das Amtsblatt spricht von einem lebhaften Ausländerbesuch in Stuttgart. Viele sind Durchreisende auf dem Wege zu den Olympischen Spielen in Berlin. Erwähnt werden amerikanische, ägyptische, niederländische und jugoslawische Studenten, französische Ärzte, argentinische und rumänische Architekten, amerikanische und ungarische Universitätsprofessoren, schwedische Arbeiter und spanische Reisebürovertreter, die zuvor einen Kongreß in Hamburg besuchten.
368 Buben und Mädchen aus Württemberg fahren im Rahmen der sog. Kinderlandverschickung von Stuttgart für sechs Wochen in die Ferien nach Pommern.

22. Juli Eine größere Gruppe jugoslawischer Diplomlandwirte besucht im Rahmen einer Studienreise die Landwirtschaftliche Hochschule Hohenheim.

23. Juli Die Stadt hat in den letzten Monaten das Haus Taubenheimstraße 13 in Bad Cannstatt für Kurzwecke umbauen lassen. Es erhält, da es ursprünglich im Besitze Gott-

JULI 1936

lieb Daimlers war, den Namen Kuranstalt Daimler. Das Haus Taubenheimstraße 8, das bereits seit einem Jahr Kurgäste beherbergt, heißt künftig Kurhaus am Sulzerrain.

24. Juli   Landesbischof D. Wurm und Präses D. Koch eröffnen die Deutsche Evangelische Woche, die mit verschiedenen Veranstaltungen bis zum 29. Juli dauert und von 3000 ständigen Teilnehmern besucht wird. Die Gottesdienste in der Stifts- und Hospitalkirche sind teilweise überfüllt, so daß eine Übertragung in die Leonhardskirche notwendig ist. Zu den Referenten gehören der Berliner Pfarrer Dr. Hanns Lilje, Dr. Reinold von Thadden-Triglaff und mehrere Schweizer Theologen. Ein Vortrag gilt dem Alten Testament (»Gott als Herr der Geschichte im Alten Testament«). Auf der Schlußkundgebung spricht Pastor Friedrich von Bodelschwingh.

Das städt. Gesundheitsamt feiert das Richtfest seiner neuen Desinfektionsanstalt. Diese entsteht auf dem Gelände des Krankenhauses Bad Cannstatt. Das Gebäude Wolframstraße 63, in dem sie bis jetzt untergebracht ist, soll künftig dem Bürgerhospital zur Verfügung stehen.

Die Landesbaugenossenschaft württ. Verkehrsbeamter und -arbeiter beschloß auf ihrer 16. Generalversammlung die Fusion mit der in Degerloch ansässigen Baugenossenschaft des Christlichen Notbunds zur gegenseitigen Hilfe GmbH. Ihr Bauprogramm für das Jahr 1936 sieht die Errichtung von zehn Häusern mit insgesamt 73 Wohnungen vor.

25. Juli   Die Technische Nothilfe sprengt an der Türlenstraße einen Fabrikschornstein. Es ist der sechste innerhalb weniger Monate. Die stärkere Verwendung von Elektrizität in der Industrie macht die Beseitigung der oft störenden Schornsteine möglich.

25./26. Juli   Die Stuttgarter Kammeroper unter der Leitung von Oswald Kühn führt im Kurpark und tags darauf im Kursaal von Bad Cannstatt die Operette »Der Zigeunerbaron« von Johann Strauß auf.

27. Juli   Eine Gruppe griechischer Journalisten, die auf dem Wege zu den Olympischen Spielen in Berlin sind, wird von der Stadt Stuttgart und dem Deutschen Ausland-Club begrüßt. Sie wird begleitet von einem Beamten des Reichsministeriums für Volksaufklärung und Propaganda.

Die HJ veranstaltet vor dem Großen Haus der Württ. Staatstheater eine Feier für 160 Danziger Kinder und 320 auslanddeutsche Jugendliche aus den Grenzgebieten Polens und Dänemarks sowie aus Belgien, Bulgarien und Spanien. HJ-Gebietsführer Sundermann spricht vom Deutschen Reich als ihrer Heimat, unabhängig davon, wo auch immer sie zu Hause seien.

Französische und Schweizer Austauschschüler sehen sich auf Einladung der HJ den

Reichsparteitagsfilm »Triumph des Willens« an. Wichtige Passagen des Films werden übersetzt. Zuvor waren die Jugendlichen Gäste eines Freizeitlagers der HJ.

28. Juli 25 bulgarische Studenten und Studentinnen besuchen auf ihrer Deutschlandrundfahrt Stuttgart. Sie werden von der Akademischen Auslandstelle empfangen. Im Austausch fahren deutsche Studenten nach Bulgarien.
Die Stadt und die NS-Volkswohlfahrt vereinbarten, den Pflegedienst im Krankenhaus Bad Cannstatt den NSV-Schwestern zu übertragen, nachdem die evang. Diakonissenanstalt Stuttgart wegen des Rückgangs der Zahl ihrer Schwestern um Entbindung von dieser Aufgabe gebeten hatte. Die Ablösung der Diakonissenschwestern begann im Juli. Sie soll bis Ende des Jahres fortgesetzt werden.
Das Ehrengericht der Handwerkskammer entzog einem Cannstatter Friseurmeister wegen Ausbeutung zweier Lehrmädchen auf unbestimmte Zeit die Lehrbefugnis. Die Lehrmädchen, die mit im Haushalt des Friseurs wohnten, hatten im Keller lediglich einen vergitterten Raum als Schlafstelle. Sie wurden nur unzureichend verpflegt und mußten auch am Abend und sonntags arbeiten.

29. Juli Auf dem Hindenburgplatz werden die Flaggen aller an den Olympischen Spielen teilnehmenden Nationen gehißt.
Stadtrechtsrat Dr. Könekamp begrüßt im Schloß Solitude 160 ägyptische Olympiabesucher, die über Genua und Zürich nach Stuttgart gekommen sind.
Prof. Dr. Eugen Jedele, ehemaliger Leiter der Volksbibliothek, ursprünglich Vikar und später Buchhändler, verstorben.

30. Juli Die Zweigstelle Stuttgart des Rückwandereramtes in der Leitung der Auslandsorganisation der NSDAP erläßt einen Aufruf zugunsten der Deutschen, die Spanien wegen des Bürgerkriegs verlassen haben. Das Deutsche Ausland-Institut richtet einen Hilfsfonds für die deutschen Spanienflüchtlinge ein.
Auf dem Steinhaldenfeld wird das Richtfest des neuen Volksheims gefeiert. In dem Haus sollen eine Sanitätsstation und ein Kindergarten untergebracht werden. Außerdem sind Räume für die HJ, den BDM und für größere Versammlungen vorgesehen.

31. Juli Der Reichsarbeitsdienst und die Technische Nothilfe errichten auf dem Marktplatz einen 20 m hohen Olympiabaum. Von ihm wehen die Wimpel aller 53 an den Olympischen Spielen teilnehmenden Nationen. Bunte Holzfiguren stellen die einzelnen Sportarten dar. Die Inschrift auf dem Sockel lautet: »Freund! Kehrst Du heim vom olympischen Spiel, verkünde, daß Deutschland den Frieden will«.
Der Württ. Industrie- und Handelstag wurde auf einer Sitzung der Präsidenten der Württ. Industrie- und Handelskammern einem Erlaß des Reichswirtschaftsministers fol-

AUGUST 1936

gend für aufgelöst erklärt. An seiner Stelle wurde bei der Wirtschaftskammer für Württemberg und den Regierungsbezirk Sigmaringen eine Abteilung für Industrie- und Handelskammern (Kammerabteilung) gebildet. Der Württ. Industrie- und Handelstag war 1924 nach Auflösung der Zentralstelle für Gewerbe und Handel geschaffen worden.

1. August   Das Amtsblatt der Stadt Stuttgart veröffentlicht einen Aufruf des Polizeipräsidenten zur Einberufung der Wehrpflichtigen der Jahrgänge 1914 und 1915. Bei der Musterung wird auch nach der Zugehörigkeit zur HJ bzw. Marine-HJ, zur SA bzw. Marine-SA, zur SS, zum NS-Kraftfahrerkorps, zum Reichsluftsportkorps und zum Deutschen Amateur-Sende- und Empfangsdienst gefragt.

2. August   Der Verkehrsverein veranstaltet auf der Solitude ein »Rokokofest«. Es wird mit Fanfarenblasen »friderizianischer« Herolde eingeleitet. Bauerntänze und höfisches Ballett werden aufgeführt.

3. August   Die Pfarrgemeinde der Garnisonkirche holt die beiden bei der Glockengießerei Heinrich Kurtz gegossenen Glocken ein. Sie haben ein Gewicht von 38 bzw. 19 Zentnern; eine wurde von Robert Bosch gestiftet. Die Glocken der Garnisonkirche waren im ersten Weltkrieg bis auf die sog. Königsglocke eingeschmolzen worden.
Eine Kolossalstatue des Bildhauers Fritz von Graevenitz, ein Handgranatenwerfer aus Muschelkalk, wird auf einem Spezialfahrzeug zur Kaserne am Burgholzhof transportiert und erregt auf ihrer Fahrt erhebliches Aufsehen. F. von Graevenitz, der schon sieben Monate in seinem Atelier an der Großplastik arbeitete, vollendet diese an ihrem Standort.
Die Galerie Valentien zeigt in einer Ausstellung Gemälde, Aquarelle und Zeichnungen Carl Hofers.

6. August   An der Stammheimer Straße in Zuffenhausen wurde ein neues 160 m langes Straßenbahndepot errichtet. Es ersetzt das aufgegebene Depot beim Pragwirtshaus.
Die schwäb. HJ veranstaltete in der Sportschule Sillenbuch ihren ersten motortechnischen Lehrgang. Die praktische Ausbildung erfolgte durch die Motorbrigade Südwest des NS-Kraftfahrerkorps.

7. August   300 ausländische Gäste aus den USA, Kanada, Japan, Ägypten, Frankreich, den Niederlanden, der Tschechoslowakei, Rumänien und anderen Ländern besuchen nach der Teilnahme am 6. Weltgeflügelkongreß in Leipzig Stuttgart. Sie besichtigen die Einrichtungen der Landwirtschaftlichen Hochschule in Hohenheim und die Landesgeflügelzuchtanstalt.
Im Landesgewerbemuseum wird eine Leistungsschau ausgewählter Arbeiten der Maß-

und Orthopädieschuhmachermeister gezeigt. Ratsherr und Schuhmachermeister Josef Hoffmann bemängelt, daß orthopädische Schuhmacher keine Staatsprüfung abzulegen hätten. Er weist auf die Bedeutung richtiger Schuhe für die Volksgesundheit und die Wehrkraft hin.

8. August Strombaudirektor Dr. Konz äußerte sich auf der Generalversammlung der Neckar-AG positiv über den Weiterbau des Neckarkanals, der voraussichtlich in sieben bis acht Jahren Stuttgart erreichen werde.
Landgerichtsdirektor a. D. Karl Gerok, ein Enkel des Theologen und Schriftstellers Karl Gerok, verstorben.

9. August Die Marinekameradschaft Stuttgart und die Marine-SA halten ein gemeinsames Treffen ab mit dem Ziel der engeren Zusammenarbeit der beiden Verbände.

10. August Im Gustav-Siegle-Haus konstituiert sich die Landesplanungsgemeinschaft Württ.-Hohenzollern. Der kommissarische Landesplaner Baurat August Bohnert erläutert die Aufgaben der neuen Organisation. Es gelte, die Gründe der Landflucht und der zunehmenden Verstädterung zu erforschen. Bereits jetzt stehe fest, daß eine weitere Industrialisierung des mittleren Neckarraumes nicht in Frage kommen könne.
Der Großmarkt vor der Markthalle und auf dem Karlsplatz wird nicht mehr täglich, sondern nur noch dienstags, donnerstags und samstags abgehalten.
Die Büsten Bismarcks und Moltkes, die bisher gegenüber dem Wilhelmpalais aufgestellt waren, wurden an die Südseite des Neuen Schlosses versetzt. Der Schwäb. Merkur bemerkt dazu: »Die Adolf-Hitler-Straße hat mit der Aufstellung der Büsten einen neuen Schmuck erhalten.«

11. August Die evang. Diakonissenanstalt nimmt zu einer Veröffentlichung im städt. Amtsblatt Stellung und erklärt, daß die Ablösung der Diakonissen im Cannstatter Krankenhaus durch Schwestern der NS-Volkswohlfahrt nicht auf einen allgemeinen Rückgang der Zahl der Diakonissenschwestern, sondern auf einen »anderweitigen Mehrbedarf« zurückzuführen sei.
Die Stadt hat die kleine Villa Berg dem BDM als Gauführerinnenschule überlassen. 31 Gruppen der schwäb. HJ und des Jungvolks und 15 Gruppen des BDM treten von Stuttgart aus eine 14tägige Fahrt nach Ostpreußen an. Die Reise soll zu einem Bekenntnis der deutschen Jugend des Südens zum deutschen Osten werden. Am Ehrenmal der Schlacht von Tannenberg an der Gruft Hindenburgs findet eine Feier statt.
Hermann Reutter, Musikpädagoge an der Hochschule für Musik, bekannt geworden durch seine Oper »Dr. Johannes Faust«, hat einen Ruf als Direktor an das Hochsche Konservatorium in Frankfurt/Main erhalten.

AUGUST 1936

12. August   200 Auslanddeutsche kommen nach der Teilnahme am Weltkongreß für Freizeit und Erholung in Hamburg nach Stuttgart. Der stellv. Gauleiter Friedrich Schmidt begrüßt sie als Bannerträger der deutschen Idee im Ausland.

13. August   Ein sog. nacholympisches Abendsportfest findet nicht statt, nachdem die Leichtathleten der USA ihre Teilnahme absagten.
Die Württ. Auktionszentrale Stuttgart führt ihre 200. Häuteauktion durch. Zum Angebot kommen 11 923 Großviehhäute, 20 598 Kalbfelle und 528 Hammelfelle. Eine auktionsmäßige Verwertung von Häuten und Fellen gibt es in Stuttgart seit 1901/1903.
520 Kinder aus dem polnischen Oberschlesien und 70 Kinder aus Nordschleswig fahren nach einem längeren Ferienaufenthalt in Waldheimen und bei Privatfamilien in ihre Heimat zurück.

14. August   Eine weitere Gruppe von Kindern aus Schleswig verläßt Stuttgart.
Eine größere Zahl von Bessarabiendeutschen besucht von Berlin kommend Württemberg und Stuttgart.
Der Schwäb. Merkur berichtet über eine sehr positive Reaktion der Engländer auf die Olympischen Spiele in Berlin. Kritische Zeitungsmeldungen über Deutschland würden von der Bevölkerung mit Skepsis aufgenommen.

15. August   Das Kunsthaus Schaller eröffnet seine renovierten Räume mit einer Ausstellung alter und neuer Meister.

15.–17. August   Obertürkheim feiert seine Kirbe.

16. August   Die Amtszeit des Präsidenten der Industrie- und Handelskammer Stuttgart, Fritz Kiehn, und seiner vier Vizepräsidenten Hans Walz, Hans Eckstein, Eugen Altvatter und Spohn wurde um ein weiteres Jahr verlängert.

16.–30. August   Der Württ. Kunstverein zeigt in einer Ausstellung Zeichnungen und Aquarelle des schwedischen Forschungsreisenden Sven Hedin und chinesische Gemälde aus der Privatsammlung des deutschen Botschafters Dr. Trautmann.

17. August   Nach Stuttgart gekommene französische Austauschschüler besichtigen das Arbeitsdienstlager in Mühlhausen.
Dr. Wilhelm Auer wird in sein Amt als neuer Präsident der Reichspostdirektion Stuttgart eingeführt. Er war zuvor bei der Generaldirektion der württ. Post, im Reichsfinanzministerium und seit 1933 im Reichspostministerium tätig.

18. August Der Schwäb. Merkur schreibt in einem Leitartikel über die Begeisterung und den Jubel für Hitler bei den Olympischen Spielen: »Dieser Jubel schien aber uns noch mehr zu bedeuten. Er galt einem Mann, der an erster Stelle auch jenseits des olympischen Sportfelds zu einem Vorkämpfer für den Frieden der Welt geworden ist.« Er zitiert ausländische Zeitungen wie die New York Times und den New Herald Tribune, die sich anerkennend über die Ausrichtung der Olympischen Spiele äußerten. Er schreibt, im Ausland würde man den Erfolg der deutschen Sportler auch auf die ungeheure deutsche nationale Begeisterung zurückführen.

19. August Die aus Berlin zurückgekehrten Olympiateilnehmer werden am Hauptbahnhof empfangen und zur Liederhalle geleitet. Reichsbundgauführer Dr. Klett beglückwünscht die Sportler und fordert sie zu intensiven Vorbereitungen für die nächsten Olympischen Spiele 1940 in Tokio auf.
Aus Hamburg treffen 120 Deutsche ein, die Spanien wegen des Bürgerkrieges verlassen haben und nun auf Einladung der Organisation Kraft durch Freude in Nagold und Altensteig einen Erholungsurlaub verbringen.

19.—23. August Ein Kongreß auslandsdeutscher Lehrer wird von 2500 Teilnehmern besucht. Ministerpräsident und Kultminister Mergenthaler erklärt unter Bezugnahme auf den spanischen Bürgerkrieg und die Deutschen, die deswegen Spanien verlassen haben, eine Unterdrückung des deutschen Volkstums im Ausland könne auf die Dauer nicht hingenommen werden. Eine Sonderschau des Deutschen Ausland-Instituts schätzt die Zahl der deutschen Schulen im Ausland auf 7000 bis 7500, die der deutschen Lehrer auf 20000.

20. August Eine Gruppe von 100 Mitgliedern des Deutschen Volksbundes in den USA kommt im Anschluß an den Besuch der Olympischen Spiele nach Stuttgart. Sie ziehen geschlossen mit ihrer schwarzen Bundesfahne, dem Sternenbanner und der Hakenkreuzflagge durch die Stadt. OB Strölin dankt ihrem Bundesführer Fritz Kuhn für sein Eintreten für das nationalsozialistische Deutschland und die von ihm initiierte sog. Anti-Boykottbewegung in den USA.
Die Palast-Lichtspiele eröffnen ihre Herbst- und Winterspielzeit mit dem neuen Film »Allotria« von Willi Forst mit Renate Müller und Heinz Rühmann in den Hauptrollen.

22. August Das Württ. Politische Landespolizeiamt verfügt die Einziehung der »Sachen und Rechte« der Ehefrau des emigrierten kommunistischen Arztes und Schriftstellers Dr. Friedrich Wolf, Elise Wolf, zugunsten des Landes Württemberg.
Ein Festakt in der Liederhalle bildet den Abschluß und Höhepunkt der Auslandslehrertagung. Zwei Lehrer erinnern in Wechselrede daran, daß 21 Millionen Deutsche jenseits

der Reichsgrenzen wohnten. Außer Reichsstatthalter Gauleiter Wilhelm Murr sprechen der Leiter der Auslandsorganisation der NSDAP, Gauleiter Ernst Wilhelm Bohle, und der Münchner Historiker Prof. Dr. Richard Suchenwirth.

23. August Der im Mai 1935 gegründete Volksbund der deutschen sippenkundlichen Vereine hält im Festsaal des Deutschen Ausland-Instituts seine Jahrestagung ab. Präsident a. D. Reinhold Scholl begrüßt die Mitglieder in seiner Eigenschaft als Vorsitzender des Vereins für württ. Familienkunde sowie als Leiter der sippenkundlichen Abteilung des Deutschen Ausland-Instituts.
An der Alten Weinsteige wurde eine kleine evang. Saalkirche errichtet. Sie erübrigt den Bewohnern der Haigst den Weg zur Matthäuskirche und soll auch als Kirche für Sonntagsausflügler dienen.

23./24. August In Wangen findet die übliche Kirchweihe mit dem Jahrmarkt (Krämer-, Faß- und Schweinemarkt) statt.

24. August »Freibäder judenfrei«. Unter dieser Überschrift gibt der NS-Kurier bekannt, daß die Stadt im Benehmen mit der NSDAP beschlossen habe, den Juden künftig den Zugang zu den Stuttgarter Freibädern zu untersagen. Der NS-Kurier greift in diesem Zusammenhang einen jüdischen Stuttgarter Arzt wegen sog. Rassenschande an. Der Arzt sowie zwei weitere jüdische Bürger wurden verhaftet.
Im Stadtbad Heslach tragen die Stuttgarter Fußballspieler ihre Schwimm-Meisterschaften aus. Die Veranstaltung ist zugleich dem 40jährigen Bestehen der Stuttgarter Sportfreunde gewidmet.

24.–26. August Das Deutsche Ausland-Institut hält seine Jahresversammlung ab, die verbunden ist mit der Tagung für auslanddeutsche Sippenkunde. Es referieren zahlreiche Gelehrte des In- und Auslandes. Direktor Dr. Friedrich Burgdörfer vom Statistischen Reichsamt spricht über die »Geburtenbewegung im Reich und bei den auslanddeutschen Volksgruppen«. Auf der Jahrestagung des Deutschen Ausland-Instituts wird eine Rede des erkrankten Reichsleiters Alfred Rosenberg verlesen. Der NS-Kurier berichtet darüber unter der Überschrift »Das Deutschtum als Faktor für den Weltfrieden«.

25. August Das Krankenhaus und die Diakonissenanstalt Bethesda, deren Mutterhaus sich in Wuppertal-Elberfeld befindet, feierte das 50jährige Bestehen.
Prof. Dr. Gustav Halmhuber, 1897–1906 Inhaber des Lehrstuhls für Ornamentik und dekoratives Entwerfen an der TH, später Direktor der Kunstgewerbeschule in Köln, verstorben. Er war seit 1886 Mitarbeiter des Architekten Paul Wallot und an den Entwürfen und der Herstellung der Skulpturen am Berliner Reichstag beteiligt.

AUGUST 1936

26. August   Der Schwäb. Merkur begrüßt die von Hitler zwei Tage zuvor verkündete Einführung der zweijährigen Militärdienstzeit als »eine Tat, der die allergrößte Bedeutung zukommt... Das Deutsche Reich hat sich als ein Hort des europäischen Friedens erwiesen, die Wiederaufrichtung der deutschen Wehrmacht hat den Frieden in Europa nicht gefährdet, sondern im Gegenteil zu seiner Erhaltung wesentlich beigetragen. Das deutsche Volk will den Frieden. Es will in Frieden arbeiten und aufbauen können und in seinem Wiederaufbau nicht gestört werden.« Die Zeitung weist in diesem Zusammenhang auf die starke Aufrüstung der Sowjetunion hin.

Eine Abordnung von 40 Matrosen der Linienschiffe »Schlesien«, »Schleswig-Holstein« und des Kreuzers »Emden« besuchte die Jahrestagung des Deutschen Ausland-Instituts. Sie wird im Rathaus von Stadtrechtsrat Dr. Locher empfangen.

27. August   Reichsstatthalter Wilhelm Murr verleiht in einem Festakt in Anwesenheit von Reichsaußenminister Konstantin von Neurath im Auftrage Adolf Hitlers der Stadt Stuttgart die Bezeichnung »Stadt der Auslanddeutschen«. Gleichzeitig wird das Wilhelmspalais als »Ehrenmal der deutschen Leistung im Auslande« geweiht. OB Dr. Strölin bezeichnet das Ehrenmal als eine »symbolische Heimstätte aller Auslanddeutschen«. Das als Museum eingerichtete Wilhelmspalais gibt einen Überblick über die geschichtliche Entwicklung der auslanddeutschen Volksgruppen. Es werden mehrere Bauernstuben in Originalgröße sowie 30 Trachtenpaare gezeigt.

28. August   Die Hauptversammlung des Deutschen Ausland-Instituts findet ihren Abschluß mit einer Grenzlandtagung in Freiburg. Der Rektor der Universität Freiburg, Prof. Dr. Friedrich Metz, hält einen Vortrag über die Oberrheinlande als Ein- und Auswanderungsgebiet.

29. August   Kreisleiter Mauer eröffnet die bis 6. September dauernde Süddeutsche Messe für das Gaststätten- und Beherbergungsgewerbe.

OB Dr. Strölin empfängt im Rathaus die Stuttgarter Olympiakämpfer Alfred Dompert, den Gewinner der Bronzemedaille im 3000-m-Hindernislauf, Johannes Herbert, den Gewinner der Bronzemedaille im Freistilringen und Alfred Kienzle (Wasserball). Turnwart Karl Rupp gibt bekannt, daß Alfred Dompert in Anerkennung seiner Leistung nach Erfüllung seiner Militärpflicht in den Dienst der Stadt Stuttgart übernommen werde.

Im Hof der Stadthalle erhalten 400 Angehörige der Deutschen Arbeitsfront das SA-Sportabzeichen.

Die Technische Nothilfe sprengt einen 30 m hohen Schornstein einer früheren Möbelfabrik, den 18. innerhalb einer »verhältnismäßig kurzen Zeit«.

SEPTEMBER 1936

30. August Der Verkehrsverein veranstaltet wieder mit dem Reichsnährstand und der Fachschaft Blumenbindereien einen Blumenkorso, an dem sich 41 Gruppen beteiligen.

Auch die Stuttgarter Olympiakämpfer schließen sich dem Zug an. Allerdings ist die Begeisterung der Zuschauer geringer als erwartet. »Jedoch so recht gehen die Schwaben bei so etwas noch nicht aus sich heraus«, schreibt der Schwäb. Merkur. Das Luftschiff »Graf Zeppelin« überfliegt während dieser Veranstaltung Stuttgart. Der Flugkapitän wirft einen Blumenstrauß und eine Grußbotschaft an die »Stadt der Auslanddeutschen« ab. Strölin dankt telegraphisch.
Beim Anglerheim in Obertürkheim wird das 1. Gauwurfturnier der württ. Sportfischer ausgetragen.

30. August bis 1. September In Hedelfingen findet die übliche Kirbe und am 1. September ein Krämer- und Jahrmarkt statt.

31. August OB Smith von Detroit besucht Stuttgart. Er besichtigt verschiedene Stadtrandsiedlungen, die neue Hans-Schemm-Schule in Weilimdorf, den Stausee bei Hofen sowie das Ehrenmal der deutschen Leistung im Ausland. Bei einem Treffen mit OB Strölin erwähnt er, daß von den 1,5 Mio. Einwohnern Detroits 300 000 deutscher Abstammung seien. Smith, dessen Vorfahren aus der Gegend von Tuttlingen stammen, war bereits 1927 in Stuttgart.

1. September Bischof Kreuzer (Bonn) beruft »infolge der Fortschritte der katholisch-nationalkirchlichen Bewegung auch in Stuttgart und Württemberg« den Pfarrvikar Herrmann (München) zum Stadtpfarrverweser in Stuttgart. Die Stuttgarter katholisch-nationalkirchliche Pfarrgemeinde, die bisher von Pforzheim aus verwaltet wurde, wird selbständig.
Der Stausee bei Hofen erhält den Namen Max-Eyth-See, das an dem Stausee angelegte Freibad den Namen Max-Eyth-Bad. »Stuttgart, die Stadt der Auslanddeutschen, ehrt mit dieser Namengebung einen berühmten ›Auslandschwaben‹«, heißt es im Amtsblatt. Der Dichter und Ingenieur Max Eyth habe einen großen Teil seines Lebens im Ausland verbracht.
Das süddeutsche Gaststätten- und Beherbergungsgewerbe veranstaltet im Kunstgebäude eine öffentliche Kundgebung, auf der an der Getränkesteuer und an der Überhandnahme der Vermietung von Privatzimmern Kritik geübt wird. Ratsherr Paul Sauer berichtet über die Tätigkeit des Wirtschaftsbeirats der Stadt Stuttgart im Interesse des Gaststättengewerbes.

3. September Kreisleiter Mauer führt auf einer Ratsherrensitzung Kreispropagandaleiter Oberrechnungsrat Hermann Kurz sowie den stellv. Ortswalter der Deutschen Arbeitsfront, Baumeister Ferdinand Schwinger, als neue Ratsherren ein. Ein Ratsherrensitz wurde frei durch den Wegzug des Ratsherrn Wilhelm Gschwend nach Vaihingen, ein anderer war bisher unbesetzt. OB Dr. Strölin weist sodann auf die Verleihung des Titels »Stadt der Auslanddeutschen« und auf die daraus folgende Verpflichtung für Stuttgart hin. Weitere auslanddeutsche Heime müßten errichtet werden, um eine Führerschicht für das Auslanddeutschtum heranzubilden. Er gibt bekannt, den Verbindungsweg zwischen der Uhland- und Neckarstraße, der am sog. Ehrenmal der deutschen Leistung im Ausland (Wilhelmspalais) vorbeiführt, Bruckenthal-Weg benannt zu haben zur Ehrung des Freiherrn Samuel von Bruckenthal, des Vorkämpfers für das Deutschtum in Siebenbürgen. BM Dr. Sigloch erläutert einen Plan für die Reinhaltung und Verschönerung Stuttgarts, der u. a. künstlerischen Einfluß auf die Baugesuche nach Größe, Stellung, Form und Farbe der Häuser vorsieht. Stadtrat Ettwein spricht über die Erweiterung des Landjahrlagers Wart bei Nagold, das seit dem 1. April 1936 an das Kultministerium verpachtet ist. Zur Zeit seien dort etwa 30 Buben untergebracht, »die unmittelbar nach ihrer Schulentlassung acht Monate lang körperlich und weltanschaulich geschult und mit den landwirtschaftlichen Verhältnissen und Arbeiten bekannt gemacht werden.« Stadtrechtsrat Dr. Waldmüller geht auf die Förderung des Kleinwohnungsbaus und der Kleineigenheimsiedlung Wolfbusch II ein. Hier entstünden durch die Stuttgarter Siedlungs GmbH gegenwärtig 105 Siedlungshäuser mit zusammen 142 Wohnungen. Der Gesamtkostenaufwand betrage 1,29 Mio. RM und werde zu 24 % durch das Eigenkapital der Siedler aufgebracht. OB Strölin unterrichtet die Ratsherren im nichtöffentlichen Teil der Sitzung über den Erwerb des Anwesens Hirschstraße 15. Das Gebäude stehe als letztes auf dem Platz hinter dem Rathaus und solle im Frühjahr 1937 abgebrochen werden. Er wendet sich gegen ein einseitiges Vorgehen der Stadt Stuttgart gegen die jüdische Bevölkerung und weist die Kritik der HJ-Zeitschrift Flammenzeichen zurück, bisher mit dem Badeverbot für Juden in öffentlichen Bädern gezögert zu haben. Er erklärt, Stuttgart müsse sich der Gesamtpolitik der Reichsregierung unterordnen und Reichskanzler Hitler habe entschieden, alle Maßnahmen gegen die jüdische Bevölkerung zu unterlassen, die geeignet seien, die Veranstaltung der Olympischen Spiele in Berlin 1936 in Frage zu stellen. Auf der gleichen Sitzung wird bemängelt, daß das Polizeipräsidium einer in jüdischem Besitz befindlichen Gaststätte in der Rotebühlstraße die Schankkonzession erteilt habe, nachdem die Stadt das ebenfalls einem jüdischen Besitzer gehörende Hotel Westheimer in der Roten Straße aufgekauft habe. OB Dr. Strölin sagt zu, dem Polizeipräsidium »die einmütige Auffassung der Ratsherren« mitzuteilen, »daß die Zulassung einer jüdischen Wirtschaft in der unteren Rotebühlstraße unter keinen Umständen geduldet werden könne.« Ratsherr Breuninger macht außerhalb der Tagesordnung darauf aufmerksam, daß die Firma der jüdischen Brüder Landauer demnächst an ein »arisches« Unternehmen verpachtet werde, hinter dem aber wieder jüdisches Kapital stehe. Er erwirkt eine Intervention beim Gauwirtschaftsberater.

SEPTEMBER 1936

Der Schwäb. Merkur berichtet, daß Stuttgart nach dem Stand von Anfang August 1936 unter allen deutschen Großstädten mit 4,2 Arbeitslosen je 1000 Einwohner gegenüber einem Reichsdurchschnitt von 17,7 die geringste Arbeitslosigkeit aufwies. In insgesamt sieben Großstädten gab es weniger als 10 Arbeitslose je 1000 Einwohner, in Breslau, der Stadt mit der größten Arbeitslosigkeit, dagegen 71,5.

4. September Die Weingroßhandlung Steiner und Holler besteht seit 50 Jahren.

Das Giebelhaus Büchsenstraße 17 erhielt im Zuge seiner Renovierung eine von Walther Kohler geschaffene Sgrafitto-Malerei.

Die Schwäb. Urania eröffnet im Lichtspieltheater Universum mit dem Film »Schlußakkord« ihre Winterspielzeit. Die Hauptrollen spielen Lil Dagover, Willy Birgel und Maria von Tasnady. Der Vorfilm »Husaren zur See« zeigt Torpedoboote der Reichsmarine im Manöver.

Europameister Adolf Heuser besiegt in einer Berufsboxveranstaltung vor 7000 Zuschauern in der Stadthalle den Amerikaner Zeeman nach Punkten.

5. September Stadtschulrat Dr. Cuhorst weist bei der Einweihung der neuen Turnhalle der Stöckachschule auf die führende Rolle Stuttgarts im Schulhausbau hin. Seit 1918 seien hier zehn neue Schulen gebaut worden, hinzu kämen zahlreiche Um- und Erweiterungsbauten.

Die Württ. Staatstheater beginnen ihre neue Spielzeit mit der Aufführung von Shakespeares »König Richard III.« im Kleinen Haus. Die Inszenierung besorgte der neue, aus Köln gekommene Oberspielleiter Richard Dornseiff.

Das Kunsthaus Schaller eröffnet seine Herbstausstellung. Es wird das gesamte graphische Werk des 1931 verstorbenen Rudolf Schiestl gezeigt. Außerdem sind Fritz Faiß mit Gebirgsbildern, Theo Werner und der 33jährige Hans Fähnle vertreten.

6. September Das Stuttgarter Schöffengericht verurteilte nach dreiwöchiger Verhandlung einen 63 Jahre alten Backnanger Lederfabrikanten wegen Devisenvergehens zu einem Jahr Gefängnis und zu einer Geldstrafe von 150 000 RM sowie zur Einziehung von ebenfalls 150 000 RM.

Im Großen Haus folgt als erste Oper der neuen Spielzeit »Der fliegende Holländer« von Richard Wagner.

2000 Arbeitsdienstmänner versammeln sich vor der Abfahrt zum Nürnberger Reichsparteitag zu einem »Feierabend des Arbeitsdienstes« in der Stadthalle.

62 Boote und 270 Ruderer bestreiten die 11. Stuttgarter Herbstregatta zwischen Untertürkheim und der Karlsbrücke.

6.—27. September Der Württ. Kunstverein veranstaltet eine Gedächtnisausstellung zum 100. Geburtstag des schwäb. Malers Albert Kappis.

7. September Der frühere englische Ministerpräsident Lloyd George kommt zu einem mehrtägigen Besuch nach Stuttgart. Zuvor hatte er eine Unterredung mit Reichskanzler Hitler in Berchtesgaden. Er besichtigt mehrere Firmen (Kodak-Nagel, Bleyle, Marwitz und Hauser) und nimmt an einer Sitzung des Vertrauensrats der Daimler-Benz AG teil. Der Schwäb. Merkur schreibt dazu: »Besonders interessierte ihn, ob diese nationalsozialistische Betriebsgemeinschaft nun tatsächlich den deutschen Arbeiter zufrieden und glücklicher mache und ob die Leistungsfähigkeit des Betriebes und damit der Wirtschaft wirklich gefördert würde.« Lloyd George besucht von Stuttgart aus auch eine Arbeitersiedlung in Bietigheim, das Schillermuseum in Marbach, ein Landjahrlager für Jungen in Steinheim und eines für Mädchen in Oberstenfeld. Vor seiner Weiterreise empfängt er den Gauwalter der Deutschen Arbeitsfront, Fritz Schulz, zu einem Gespräch.

8. September 3000 SA-Männer kommen nach Stuttgart und fahren von hier nach einer letzten Unterweisung zum Nürnberger Reichsparteitag.
Die Kommandanten der drei Schulschiffe der deutschen Kriegsmarine besuchen Stuttgart. Sie besichtigen das Deutsche Ausland-Institut.

10. September Die Reichsbahn nimmt den Schnellomnibusverkehr von Frankfurt/Main nach Stuttgart auf. Der 25 Reisenden Platz bietende stromlinienförmige Omnibus verläßt Frankfurt um 7.05 Uhr und kommt um 11.48 Uhr am Stuttgarter Hauptbahnhof an.

11. September Mehrere Abteilungen der SA und der SS sowie 1800 Hitlerjungen und Jungvolkführer fahren von Stuttgart aus zum Nürnberger Reichsparteitag.
Die Verlagsbuchhandlung Holland und Josenhans in der Lindenstraße beging ihr 75-jähriges Geschäftsjubiläum.

12. September Die Gemeinnützige Baugenossenschaft Gartenstadt Luginsland feiert die Vollendung ihres neuesten Bauabschnitts. Dabei wird bekannt, daß sie in den 25 Jahren ihres Bestehens 352 Heimstätten errichtete.
Generalmusikdirektor Karl Elmendorff dirigiert im Großen Haus die Oper »Lohengrin« von Richard Wagner.
Das Kuramt arrangiert im Kursaal Bad Cannstatt unter der Leitung von Musikdirektor Albert Hitzig einen Deutsch-Italienischen Abend.
Die Organisation Kraft durch Freude veranstaltet in der überfüllten Liederhalle wieder

das »Fest der deutschen Traube«. An den musikalischen Darbietungen beteiligen sich das Staatstheaterballett, Mitglieder der Staatsoper und eine Kapelle des Arbeitsdienstes.

12./13. September   Der Württ. Evang. Jungmännerbund hält sein 67. Bundesfest ab. In der Hospital-, Leonhards- und Friedenskirche finden Gottesdienste statt. An der Hauptfeier in der Stadthalle, bei der Bundeswart Pfarrer Theo Kübler (Stuttgart) spricht, nehmen 4000 junge Männer sowie weitere 3000 Gemeindemitglieder teil.

13. September   Die evang. Diakonissenanstalt begeht ihre zweite Einsegnungsfeier in diesem Jahr. Prälat Schrenk und der Freudenstädter Dekan Gerhardt sprechen in der Stiftskirche zu den 23 neuen Schwestern. Am Abend folgt ein Lichtbildervortrag über eine Mittelmeer- und Palästinareise.

Landesbischof Wurm hält in der Stiftskirche einen Festgottesdienst zum 350. Geburtstag des Hofpredigers und Prälaten Johann Valentin Andreä.

Die Sektion Schwaben des Deutschen und Österreichischen Alpenvereins weiht bei Zürs am Krabachjoch in Vorarlberg die neue Stuttgarter Hütte ein.

Die württ. Gauelf unterliegt der Vertretung Indiens in einem Hockeyspiel vor 10 000 Besuchern mit 0:6 Toren.

Die Artillerie-Kameradschaft König Wilhelm II., der frühere Württ. Artillerie-Verein, feiert mit einem Festzug und einem Treffen in den Stadtgartensälen sein 50jähriges Bestehen.

14. September   Das Arbeitsamt errichtet auf dem Cannstatter Wasen wieder ein Vermittlungsbüro zur Einstellung von Hilfskräften für das Cannstatter Volksfest.

16. September   Das Schauspielhaus eröffnet die Spielzeit 1936/37 mit der 100. Aufführung des Lustspiels »Krach im Hinterhaus« von Maximilian Böttcher.

16.—19. September   Das deutsche Tischlerhandwerk hält seine 2. Reichsinnungstagung ab. Landeshandwerksmeister Philipp Bätzner weist dabei nachdrücklich Einwände gegen die Verwendung von Maschinen im Handwerk zurück. Die Tagungsthemen reichen von technischen Fragen über Probleme der Ausbildung und der Meisterprüfung bis zur Diskussion über gemeinschaftliche Verkaufsstellen des Tischlerhandwerks. Oberregierungsrat Dr. Borst von der Stuttgarter Ministerialabteilung für die Fachschulen spricht über das Thema »Meisterschule im Dienste der Führerauslese im Handwerk«. Mehrere Ausstellungen informieren über »Zeitgemäße Schreinertechnik« und »Deutsches Wohnen«. Gleichzeitig findet eine Sondertagung des württ. Schreinerhandwerks statt.

SEPTEMBER 1936

17. September   Im Großen Haus wird erstmals die Operette »Adrienne« von Oskar Felix nach dem gleichnamigen Bühnenwerk von Eugène Scribe gespielt.

18. September   In allen württ. Schulen wird aus Anlaß des Tages des deutschen Volkstums auf das Auslanddeutschtum und auf die Bedeutung Stuttgarts als Stadt der Auslanddeutschen hingewiesen.
Das Staatsschauspiel führt Molières »Tartuffe« auf. Die Inszenierung besorgte Erich Alexander Winds. Als deutsche Erstaufführung wurde zuvor das unbekannte kleine Jugendstück Molières »Kopfschmerzen der Liebe« (Le dépit amoureux) gespielt. Die Theaterkritiken nehmen an der gemeinsamen Aufführung eines Werkes der Weltliteratur und eines unbedeutenden Schauspiels Anstoß.
In der Liederhalle beginnt mit einer Kundgebung die württ. Weinwerbewoche. Kreisleiter Mauer fordert dazu auf, mitzuhelfen, daß der deutsche Wein ein Volksgetränk werde.

19. September   Das vom städt. Hochbauamt unter der Leitung von Baudirektor Dr. Oskar Schmidt errichtete Verwaltungsgebäude der Technischen Werke Ecke Lautenschlager- und Thouretstraße wird eingeweiht. Es erhielt durch Reliefs, Glasmalereien und Schnitzarbeiten eine besondere künstlerische Ausgestaltung, an der die Bildhauer W. Julius Frick und Ernst Yelin, die Kunstmaler Emil Glücker, Adolf Saile und Helmut Mühle sowie andere Künstler mitwirkten. OB Dr. Strölin geht in seiner Rede auf allgemeine Fragen der Energiewirtschaftspolitik ein. Er gibt den Plan des Baus eines zweiten Dampfkraftwerks bekannt. Außerdem kündigt er die Einbeziehung der Gaskokerei in das Treibstoffprogramm der Reichsregierung an und verweist auf die Verwendung von Gas als Treibstoff. Die Feier schließt mit dem Choral »Die Ehre Gottes«.
Das 101. Cannstatter Volksfest beginnt bei strömendem Regen. Bei der König-Karls-Brücke wurde ein Triumphbogen errichtet, der von dem Wahrzeichen der Stadt der Auslanddeutschen, dem »Glückhaften Schiff«, gekrönt ist. OB Strölin eröffnet das württ. Landesschießen.
Auf einem außerordentlichen Gauturntag in Bad Cannstatt wird »im Zuge der Neuordnung der deutschen Leibesübungen, die nun im Reichsbund der deutschen Leibesübungen zusammengefaßt sind«, der Turngau 15 Württemberg für aufgelöst erklärt.

19./20. September   Die schwäb. HJ und das Jungvolk veranstalten ein Gebietssportfest mit 700 Teilnehmern.

20. September   Das Cannstatter Volksfest wird fortgesetzt mit dem Schwaben-Festzug von der Rotebühlkaserne zum Cannstatter Wasen und einem großen Reit- und Fahrturnier.

SEPTEMBER 1936

Der Münchner Domchor gibt auf Einladung des Württ. Brucknerbundes und der NS-Kulturgemeinde in der Eberhardskirche ein Konzert zum Gedenken an den 40. Todestag Anton Bruckners.

In der Adolf-Hitler-Kampfbahn werden die Deutschen Vereinsmeisterschaften der Leichtathletik ausgetragen. Es gewinnt München 1860 vor den Stuttgarter Kickers und dem Berliner SC.

21. September OB Dr. Strölin legt den Ratsherren einen Nachtrag zum Haushaltsplan des Jahres 1936 zur Beratung vor. Der Nachtragshaushalt mußte eingebracht werden wegen der Finanzierung des neuen Dampfkraftwerkes, der zusätzlichen Kreditaufnahme für den Neubau der Inneren Abteilung des Krankenhauses in Bad Cannstatt und der Kosten für den Bau der neuen Turnhalle auf dem Cannstatter Wasen. Zur Beratung stehen auch der Neubau eines Kurmittelhauses in Bad Cannstatt sowie die Errichtung eines Kindergartens für die Neuwirtshaus-Siedlung und der Erwerb eines Gebäudes in der Marienstraße, das als Altersheim vorgesehen ist.

Auf dem Herbstpferdemarkt werden 110 Pferde zum Verkauf angeboten. Die Preise variieren zwischen 800 und 2200 RM.

21.–26. September Unter der Leitung von Dr. Julius Mezger (Stuttgart) findet in der TH ein homöopathischer Lehrgang der Arbeitsgemeinschaft für Neue Deutsche Heilkunde statt, an dem über 100 Ärzte teilnehmen. Dr. Erich Hähl (Stuttgart) spricht über den Begründer der Homöopathie, Samuel Hahnemann. Die Teilnehmer besuchen auch das Hahnemann-Museum in der Mörikestraße 9.

22. September Auf einer Veranstaltung des Deutschen Roten Kreuzes im Gustav-Siegle-Haus referieren Fürstin Pauline zu Wied, die zweite Stellvertreterin der Reichsfrauenführerin Scholtz-Klink, über das Thema »Schwestern und weibliche Hilfskräfte im Roten Kreuz« und der Direktor der Württ. Landeshebammenschule in Stuttgart, Obermedizinalrat Dr. Fetzer, über »Deutsche Geburtshilfe im Dienste der Bevölkerungspolitik«.

Das Landesorchester Gau Württ.-Hohenzollern spielt in der Liederhalle unter der Leitung des Gastdirigenten Prof. Hans Knappertsbusch.

23. September Robert Bosch wird 75 Jahre alt. Direktor Hans Walz würdigt in einem Festakt in der Stadthalle sein Lebenswerk. Als Vertreter der Reichsregierung spricht der kommissarische Reichswirtschaftsminister und Reichsbankpräsident Dr. Hjalmar Schacht. Dagegen fehlen sowohl Gauleiter und Reichsstatthalter Wilhelm Murr als auch Ministerpräsident Christian Mergenthaler. Sie nehmen Anstoß an der Festschrift der Firma Bosch, die jeden Bezug zum Nationalsozialismus unterließ. OB Dr. Strölin kündigt in seiner Rede an, er werde die durch die Inflation stark geminderte Robert-Bosch-Stiftung für Studenten aufstocken. Prof. Dr. Stortz, der Rektor der TH, hebt die Förderung der Wissenschaften durch Robert Bosch hervor. Eine Delegation französischer Frontkämpfer gratuliert im Namen ihres Verbandes und weist auf die Bemühungen des Jubilars um die deutsch-französische Verständigung hin. Direktor Hans Walz gibt den Beschluß des Vorstandes und des Aufsichtsrates der Robert Bosch AG bekannt, 1 Mio. RM für die Pensions- und Hinterbliebenenfürsorge des Werkes zu stiften und ein Robert-Bosch-Krankenhaus errichten zu lassen. Damit gehe ein Herzenswunsch des Jubilars um die Hebung der Volksgesundheit in Erfüllung. Rechtzeitig zum Geburtstag Robert Boschs wurden der fünfmillionste Bosch-Magnetzünder und die 207 000. Bosch-Einspritzpumpe hergestellt.

Im Föhrichgelände in Feuerbach entsteht eine neue Siedlung des Gemeinnützigen Bau- und Wohlfahrtsvereins Stuttgart. Architekt Dr. Georg Stahl nahm beim Richtfest zu der Baukonzeption des Vereins Stellung.

24. September Die Leonberger Bausparkasse stellt der Presse sowie Vertretern des Stadtplanungsamtes Stuttgart und des Bezirksplanungsverbandes ihre neue Siedlung an der Leonberger Straße in Möhringen vor.

Dr. Paul Laven, der Olympiasprecher des deutschen Rundfunks, hält in der Liederhalle einen Lichtbildervortrag über die Olympischen Spiele in Berlin.

25. September bis 3. Oktober 94 Künstler-Mitglieder des Württ. Kunstvereins unternehmen eine Studienfahrt nach Italien. Sie besuchen die Internationale Kunstausstellung in Venedig. Die Anregung zu dieser Reise gab der Vorsitzende des Kunstvereins, der frühere OB Dr. Lautenschlager. Verschiedene Firmen gewährten größere Reisezuschüsse und erhielten dafür von einer Jury bewertete Bilder und Plastiken der unterstützten Künstler.

26. September Kreisleiter Mauer eröffnet im Ausstellungsgebäude am Interimstheaterplatz die bereits in 40 anderen Städten gezeigte Wanderausstellung Rheinlands Freiheitskampf gegen Besatzung und Separatismus.

Die Galerien Hartmann und Valentien ehren den Stuttgarter Maler Robert Breyer zu seinem 70. Geburtstag mit Sonderausstellungen.

Dr. Richard Feldtkeller wird zum ordentlichen Professor für das Fachgebiet Nachrichtentechnik an der TH berufen.

26./27. September Die HJ hält ein Treffen ihrer Sonderformationen — der Jungfliegescharen, der Motor-HJ und der Marine-HJ — ab. Die Teilnehmer werden im Segelflug, in der Fahrzeugmontage und im Bootsbau unterwiesen.

27. September Reichsstatthalter Murr übergibt die Autobahn Stuttgart Süd—Unterboihingen, eine Teilstrecke der Autobahn Stuttgart—Ulm, dem Verkehr. An den Bauarbeiten waren 6000 Arbeiter beteiligt. 2000 von ihnen wohnten während dieser Zeit in Lagern. Auch in Ulm und anderen Städten finden ähnliche Übergabefeiern statt. Über Rundfunk spricht Reichskanzler Hitler, der bei Breslau eine Teilstrecke der nunmehr eine Gesamtlänge von 1000 km umfassenden Reichsautobahn einweiht. Der Generalinspektor für das deutsche Straßenwesen, Dr. Fritz Todt, nennt in seiner Ansprache die Autobahnen »Straßen Adolf Hitlers«. Er kündigt gleichzeitig den Bau eines billigen Autos an. »Nach dem Willen des Führers wird für eine weitere große Zahl von Volksgenossen der Volkswagen entstehen und nach dem Willen des Führers wird der deutsche Kraftfahrer auch das Benzin und den Gummi haben, den er braucht.«
Die unter Leitung des Architekten Prof. Johannes Seytter renovierte evang. Stadtkirche in Untertürkheim wird mit einem Festgottesdienst und einer musikalischen Feier eingeweiht.
Der zweite Volksfestsonntag ist wiederum dem Flugsport gewidmet. Hauptdarbietung ist ein sog. Burgenflug, bei dem die 38 Flieger über eine Flugstrecke von 400 km bestimmte Ziele anfliegen müssen. Viel Beifall erlangt Hanna Reitsch für ihre Kunstflugvorführungen.
Die Polizei hat wegen des zunehmenden innerstädtischen Autoverkehrs verschiedene neue Verkehrsanordnungen erlassen. So wurde die Zahl der Parkverbote — u. a. auf dem Schillerplatz vor der Stiftskirche — und der Einbahnstraßen erhöht.
Die 13. SS-Standarte verabschiedet mit einem Vorbeimarsch auf dem Schloßplatz SS-Brigadeführer Freiherr Erasmus von Malsen-Ponickau, der Stuttgart nach 2½ Jahren verläßt und nach Zwickau berufen wurde. Sein Nachfolger wird SS-Standartenführer Ludolf von Alvensleben.

28. September Im Rundfunk wird der Rechenschaftsbericht der Regierung Hitler über ihr vierjähriges »Wiederaufbauwerk« und die Verkündigung des neuen Vierjahresplans wiederholt. Die Kundgebung fand bereits auf dem Nürnberger Reichsparteitag am 9. September statt. In allen Betrieben versammeln sich die Beschäftigten zum Gemeinschaftsempfang. Die Nachmittagszustellung der Post unterbleibt.
Das württ. Landesorchester unter der Leitung von Martin Hahn spielt die erste und zweite Sinfonie Beethovens. Zur Aufführung gelangen an mehreren Abenden alle neun Sinfonien. Die Veranstaltung gilt zugleich dem zehnjährigen Jubiläum der Stuttgarter Volkssinfoniekonzerte Martin Hahns.

28.–30. September Die Reichspost richtet zusammen mit der Württ. Verwaltungsakademie einen Lehrgang aus, der sowohl der beruflichen Fortbildung als auch der politischen Schulung dient. Gauschulungsleiter Dr. Klett referiert über die nationalsozialistische Weltanschauung. Ministerialdirektor Nagel weist auf die Sozialpolitik der Reichspost hin und nennt es beispiellos im Arbeitsrecht der ganzen Welt, daß die deutschen Postbediensteten nach 25jähriger Tätigkeit unkündbar seien.

30. September BM Hirzel, Stadtschulrat Dr. Cuhorst sowie zahlreiche Ratsherren und Beamte besichtigen die von der Stadt in dem ehemaligen Fabrikgebäude Zellerstraße 35 neu errichtete Frauenoberschule, die erste in Württemberg überhaupt. Sie bereitet Absolventinnen der Mädchenrealschulen in dreijähriger Ausbildung auf den Beruf als Hausfrau und Mutter vor. Im Erdgeschoß der Schule befinden sich ein Kindergarten, eine Waschküche sowie ein Näh- und Bügelraum.
Das Cannstatter Krankenhaus verabschiedet 18 Schwestern, die an dem ersten Ausbildungskurs der NS-Schwesternschaft mit Erfolg teilgenommen haben. Sie erhalten ihre weitere Ausbildung am Rudolf-Heß-Krankenhaus oder an anderen Kliniken.
Der Schwäb. Merkur beschäftigt sich kritisch mit den Beratungen der Fuldaer Bischofskonferenz und verteidigt die Einführung der Gemeinschaftsschule (Deutsche Volksschule) als »eine der vornehmsten Forderungen der nationalsozialistischen Elternschaft«, die nicht die Bestimmungen des Reichskonkordats, auf das sich die katholischen Bischöfe beriefen, verletze.
Als Folge der Einführung der Deutschen Volksschule wurden, um Namensverwechslungen zu vermeiden, mehrere Schulen umbenannt: die katholische Ostheimer Schule in Katholische Schwarenbergschule, die katholische Römerschule in Katholische Reinsburgschule, die katholische Wagenburgschule in Katholische Ameisenbergschule und die Bismarckschule Stuttgart in Moltkeschule.
Im Schauspielhaus findet die Erstaufführung des Lustspiels »Kinder auf Zeit« von Kurt Bortfeldt statt.
Die Berliner Kurt-Thomas-Kantorei gibt in der Stiftskirche ein geistliches und einen Tag später in der Hochschule für Musik ein weltliches Konzert.
Im Kunsthaus Schaller wird eine Gedenkausstellung für den vor 25 Jahren verstorbenen Schweizer Maler Hans Brühlmann eröffnet. Er kam durch Vermittlung von Adolf Hölzel nach Stuttgart.
Im Universum wird der HJ-Film »Jungzug 2« uraufgeführt und anschließend in allen württ. Städten gezeigt. Der Film entstand als Gemeinschaftsarbeit der schwäb. HJ.

1. Oktober In sämtlichen Kasernen wird künftig die neue Reichskriegsflagge — Schwarz-Weiß-Rot mit dem Hakenkreuz und dem Eisernen Kreuz — täglich morgens gehißt und abends wieder eingeholt.

OKTOBER 1936

Die Richter und Staatsanwälte tragen von heute an auf der rechten Brustseite ihrer Robe ein weißes seidengesticktes Hoheitszeichen. Oberlandesgerichtspräsident Dr. Otto Küstner weist in einer Ansprache auf die Auszeichnung hin und sieht in ihr eine Verpflichtung, »die tägliche Berufsarbeit freudig so zu erfüllen, daß durch sie das nationalsozialistische Rechtswollen zum Siege geführt wird«.
Die Polizei führt die bereits seit längerer Zeit angekündigte gebührenpflichtige Verwarnung für leichtere Verkehrsdelikte ein. Gerügt werden namentlich das Abspringen von der Straßenbahn sowie das falsche Überqueren der Straße. Die Verwarnungsgebühr beträgt 1 RM.
Die Zahl der Arbeitslosen in Stuttgart erreicht mit 1747 ihren bisher niedrigsten Stand. 1237 Wohnungen sind zu Beginn des Monats Oktober, der traditionellen Umzugszeit in Stuttgart, als vermietbar gemeldet. Darunter befinden sich 460 3-Zimmer-Wohnungen, 340 4-Zimmer-Wohnungen und 131 5-Zimmer-Wohnungen.

2. Oktober Gauleiter Murr eröffnet die sog. Antikomintern-Ausstellung »Weltfeind Nr. 1 der Weltbolschewismus«. Er kennzeichnet den Kampf gegen den Bolschewismus als eine Etappe in der Auseinandersetzung Deutschlands mit dem Weltjudentum.
Die Wiener Sängerknaben unter der Leitung von Viktor Gomboz gastieren in der Liederhalle.

3. Oktober In Anwesenheit von Landrat Hermann Niethammer wird die von Reichsstatthalter Wilhelm Murr verfügte Eingliederung der Gemeinde Rohr nach Vaihingen vollzogen.
Der Bund erblindeter Krieger Württembergs feiert im Eduard-Pfeiffer-Haus sein 20-jähriges Bestehen. Landesobmann Munz hebt hervor, daß von den 126 Mitgliedern etwa 100 in den Besitz eines eigenen Hauses oder Heimes gelangen konnten.

3./4. Oktober Die Schwimmabteilung des Männerturnvereins Stuttgart 1843 veranstaltet anläßlich ihres 25. Jubiläums ein Schwimmfest im Stadtbad Heslach.

4. Oktober Die Ortsgruppen der NSDAP veranstalten gemeinsam mit der ländlichen Bevölkerung der Umgebung Stuttgarts Erntedankfeiern.
OB Dr. Strölin weist auf dem »Deutschen Tag« in New York vor 25 000 Zuhörern auf die besondere Verbindung Stuttgarts mit den Auslanddeutschen hin. Er sagt, der Sozialismus der NSDAP beruhe auf der Opferbereitschaft aller und einer »ganz grundsätzlichen, die tiefsten Wurzeln des Seins erfassenden Wandlung« der Gesinnung des Volkes.

5. Oktober Die Reichsbahn eröffnet die neue Güterkraftlinie Stuttgart—Ludwigsburg—Neckargröningen—Poppenweiler.

OKTOBER 1936

Der scheidende Generalmusikdirektor Karl Leonhardt gibt sein letztes Sinfoniekonzert. Der Beirat und die Gaufachgruppenleiter der Wirtschaftsgruppe Privatversicherungen befassen sich mit Fragen der Versicherungsberatung, der Kraftfahrzeugversicherung und der berufsständischen Versicherungen.

6. Oktober Das württ. Staatsministerium beschließt, der Volkskirchenbewegung Deutsche Christen des Stuttgarter Pfarrers Georg Schneider die im Staatsbesitz befindliche Schloßkirche zu überlassen. Pfarrer Schneider war im Juli 1936 wegen Beanstandung seiner Lehre vom Oberkirchenrat vom Dienst beurlaubt worden. Er wollte jedoch weiterhin Gottesdienst halten, wozu ihm ein geeigneter kirchlicher Raum fehlte.
Die Straßenbahnlinie 5 verkehrt mit Beginn des Winterfahrplans bis zur Hohenwartstraße in Zuffenhausen. Gleichzeitig bezieht die Straßenbahn ihre neue Wagenhalle in der Strohgäustraße, welche die alte beim Pragwirtshaus ersetzt.

7. Oktober Der BDM Obergau Württemberg veranstaltet auf dem Marktplatz eine nächtliche Feierstunde, während der den Führerinnen der 13 Untergaue die beim Reichsparteitag der NSDAP geweihten Wimpel übergeben werden. Obergauführerin Maria Schönberger spricht dabei von der Zukunftsaufgabe der deutschen Frau, »der Trägerin der nationalsozialistischen Idee, Kameradin des Mannes und Mutter deutscher Kinder«.
In den Palast-Lichtspielen erlebt der Film »Du bist mein Glück« mit dem italienischen Tenor Beniamino Gigli seine Welturaufführung. Gigli, der in dem Film seine eigene Karriere spielt, ist anwesend.

8. Oktober In allen Zeitungen wird die Eröffnung des Winterhilfswerks 1936/37 bekanntgegeben. Reichsstatthalter Gauleiter Murr fordert in einem Aufruf dazu auf, »mitzuhelfen, das großsoziale Werk des Führers, das Winterhilfswerk, zu einem grandiosen Bekenntnis zur Gemeinschaft aller Deutschen zu gestalten.« Gleichzeitig legt die NS-Volkswohlfahrt einen Rechenschaftsbericht über ihre Sommerarbeit im Hilfswerk Mutter und Kind vor und weist auf ihre umfangreiche Unterstützung hin.
OB Dr. Strölin hält vor dem Schwabenverein in Chicago eine Rede.
Im Kleinen Haus findet die Stuttgarter Erstaufführung des Schauspiels »Die Hexe von Passau« des österreichischen Schriftstellers Richard Billinger statt.

9. Oktober Der polnische Pianist Raoul Koczalski gibt in der Liederhalle einen Chopin-Abend.
Der PSV Stuttgart besiegt in der Stadthalle vor 4000 Zuschauern eine Polizeiboxstaffel von Nottingham mit 11:7 Punkten. Die englischen Gäste wurden zuvor von Reichsstatthalter Murr, Innenminister Dr. Schmid und BM Hirzel empfangen. Am 29. Ok-

tober findet in Nottingham der Rückkampf statt, den die Engländer mit 14:4 gewinnen.

10. Oktober   Kinderreichen Familien wird ein Preisnachlaß in den städt. Bädern gewährt. »Die Kinder selbst genießen schon bisher bei gemeinsamem Besuch mit Schulklasse, Jungvolk oder Hitler-Jugend weitgehende Preisermäßigung«.
Der Württ. Anthropologische Verein eröffnet die Reihe seiner Wintervorträge mit einem Referat des Archäologen Dr. Oscar Paret vom Landesdenkmalamt über neuere vorgeschichtliche Funde und Ausgrabungen in Württemberg.

10./11. Oktober   Zum viertenmal findet der Gautag der schwäb. Erzieher statt. Ministerpräsident und Kultminister Mergenthaler spricht über schulpolitische Fragen und verweist darauf, daß nunmehr 98,87 % der württ. Volksschüler die Deutsche Volksschule (Gemeinschaftsschule) besuchen. Mergenthaler fordert, die Leibesübungen »mit in den Mittelpunkt der Arbeit der Deutschen Schule« zu rücken. Er kündigt außerdem die Einführung der allgemeinen Landjahrpflicht an. Die Schulzeit an den höheren Schulen könnte ohne Leistungsminderung auf 8 Jahre verkürzt werden. Prof. Dr. Pongs von der TH hält einen Vortrag über »Leitbilder in der Dichtung der Gegenwart«. Er sieht solche Leitbilder im Erlebnis der Volksgemeinschaft, der Frontkameradschaft und im heldischen Opfer.
Die Ortsgruppe Zentral Stuttgart, der älteste Stenographenverein Württembergs, feiert mit 1000 Mitgliedern und Gästen ihr 75jähriges Bestehen. Der frühere Landtagsstenograph, Regierungsrat E. Schaible, schildert die Geschichte der Kurzschrift und des Geschwindschreibens seit der Zeit Herzog Karl Eugens.

10.—12. Oktober   Der Württ. Brucknerbund gibt anläßlich des 40. Todestages Anton Bruckners in der Liederhalle und in der Stiftskirche mehrere Konzerte.

11. Oktober   Die Gaststätten bieten zugunsten des Winterhilfswerks wieder ein Eintopfessen an.
Die vor einem halben Jahr in den BDM eingetretenen zehnjährigen Mädchen legen ein Gelöbnis ab. Dabei werden die Feiern in ganz Deutschland nach dem Vorbild des Obergaus Württemberg gestaltet.
Die Olgaschwestern feiern in der Heilandskirche ihr Jahresfest. Fünf Schwestern werden für den diakonischen Dienst verpflichtet. Die Gesamtzahl der Schwestern beträgt 352, von denen drei an das Syrische Waisenhaus nach Jerusalem entsandt wurden.
Dipl.-Ing. Dr. Richard Nübling, Generaldirektor der Technischen Werke, verstorben. Er trat 1906 als Ingenieur-Assistent des Gaswerks in städt. Dienste, wurde 1927 Direktor des Gaswerks und 1933 Chef der Technischen Werke.

12. Oktober Die Stadt gibt für 50 Ingenieure aus 20 Ländern im Hotel Marquardt einen Empfang. Die Gäste befinden sich nach dem Besuch des 2. Internationalen Kongresses für Brücken- und Hochbau in Berlin auf einer Deutschlandrundreise.
Im Haus des Deutschtums wird in Anwesenheit mehrerer Vertreter des konsularischen Korps der Dia de la Raza, der Tag der Entdeckung Amerikas, gefeiert. Prof. Dr. Hans Krieg (München) hält eine Ansprache. Er hebt die Auswanderung nach Südamerika und die guten Beziehungen der Auslanddeutschen zu den »Andersblütigen« hervor.
Prof. Dr. Theodor Meyer in Korntal verstorben. Er war zunächst Lehrer am Eberhard-Ludwigs-Gymnasium und wurde 1914 auf den Lehrstuhl für deutsche Literatur und Ästhetik an der TH berufen. 1926/27 war er hier Rektor, von 1919 bis 1925 Vorsitzender des Stuttgarter Literarischen Klubs.

13. Oktober Oberst Fischer von Weikersthal, ein gebürtiger Stuttgarter, wird neuer Chef des Generalstabes des 5. Armeekorps. Er tritt die Nachfolge von Oberst Kurt Ruoff an, der nach Dresden versetzt wurde.

14. Oktober Das Lustspiel »Towarisch« von Curt Goetz wird vom Schauspielhaus erstmals aufgeführt.
Die Calwer Vereinsbuchhandlung begeht ihr 100jähriges Firmenjubiläum. Pfarrer Wolfgang Metzger (Stuttgart) berichtet über die Geschichte des Verlages, der durch seine in 70 Sprachen übersetzten »Biblischen Geschichten« weltweit bekannt wurde.

15. Oktober Vor dem Oberlandesgericht fand ein größerer Prozeß gegen mehrere Mitglieder und Anhänger der illegalen KPD statt. Die Angeklagten stammen aus Stuttgart, Kirchheim/Teck und Ludwigsburg und hatten bis zu ihrer Verhaftung im Mai/Juni 1935 teilweise zwei Jahre lang kommunistische Druckschriften verteilt und Gelder für die »Rote Hilfe« gesammelt. Das Gericht verhängte Strafen bis zu $4^{1}/_{2}$ Jahren Zuchthaus.
Das Stuttgarter Landjahrlager Wart bei Nagold feiert das Richtfest seines Neubaus. Ministerpräsident Mergenthaler kündigt für das Jahr 1937 die Einführung des obligatorischen Landjahrdienstes an. Der nationalsozialistische Arbeitsdienst werde zur Einheit und Geschlossenheit des deutschen Volkes beitragen.
Die Württ. Verwaltungsakademie veranstaltet eine kommunalpolitische Tagung, an der zahlreiche Landräte, Bürgermeister und leitende Beamte teilnehmen. Staatssekretär Waldmann spricht über Probleme der Raumplanung, Präsident Dr. Jeserich vom Deutschen Gemeindetag über »Gegenwartsfragen der deutschen Gemeindepolitik«, der in der Beschränkung und Besinnung auf das Notwendige eine wesentliche Rolle in der nationalsozialistischen Aufbauarbeit zukomme.
Der Vorstand der Württ. Elektrizitäts AG Stuttgart bestätigt der Hauptversammlung eine gute Geschäftsentwicklung. Auch die Ertragslage der Gesellschaft für elektrische

OKTOBER 1936

Anlagen AG Stuttgart-Fellbach wird günstig beurteilt. Die Hauptversammlung beschließt antragsgemäß die Zahlung einer Dividende von 5 %.

Die Württ. Staatstheater spielen als zweite deutsche Bühne die 1935 in Düsseldorf uraufgeführte Oper »Die Heimfahrt des Jörg Tilman« von Ludwig Maurick. Die Oper hat das Fronterlebnis des ersten Weltkriegs zum Thema.

Der Direktor der Musikabteilung der Nationalbibliothek von Katalonien, Prof. Higini Anglès (Barcelona), spricht in der TH über das Thema »Die spanische Musik des Mittelalters«.

16. Oktober Oberstudiendirektor Schulz, der Leiter der Deutschen Schule in Madrid, referiert im Haus des Deutschtums über das Thema »Bolschewismus in Spanien«. Er schildert seine Erlebnisse im spanischen Bürgerkrieg und sagt, das deutsche Volk habe Hitler zu danken, der ihm ein ähnliches Schicksal erspart habe.

Prof. Dr. Keussen (Bonn) spricht im Gustav-Siegle-Haus vor der katholisch-nationalkirchlichen Bewegung über das Thema »Politischer oder religiöser Katholizismus«.

Die Geigerin Leona Flood (London) ist Solistin eines Konzertes des Landesorchesters in der Liederhalle unter Leitung von Martin Hahn.

17. Oktober Der Württ. Geschichts- und Altertumsverein beginnt mit seinen Wintervorträgen. Prof. Dr. Karl Weller spricht über »Die freien Bauern des Spätmittelalters im heutigen Württemberg«. Archivdirektor Dr. Hermann Haering wird zum neuen Vorsitzenden gewählt.

17./18. Oktober Die Deutsche Arbeitsfront veranstaltet zugunsten des Winterhilfswerks die erste große Betriebs- und Straßensammlung des Winters 1936/37.

18. Oktober Stadtdekan Dr. Lempp weiht auf dem Haigst die evang. Behelfskirche ein, die als Provisorium bis zur Fertigstellung der eigentlichen Kirche dienen soll. Sie bietet etwa 200 Personen Platz. Gottesdienste halten wechselweise die Geistlichen von Degerloch und von der Matthäuskirche. Das Gebäude war einstmals eine Transformatorenstation.

Die Gartenstadt Luginsland bei Untertürkheim feiert ihr 25jähriges Bestehen. Präsident Dr. Heinrich Münzenmaier von der Landesversicherungsanstalt weist auf die besondere soziale und volkswirtschaftliche Bedeutung dieser ersten Stuttgarter Kleineigenheimsiedlung hin. Hier wohnen gegenwärtig 1922 Personen.

Die Mannschaft von Ulm gewinnt in der Gewerbehalle ein Fechterturnier vor der Konkurrenz aus Metz, Nancy und Stuttgart.

19. Oktober Die Fleischerinnung wählt auf ihrer Herbstversammlung Karl Wolf zu ihrem neuen Obermeister. Sein Vorgänger Karl Bayer, der die Innung seit 1933 leitete, wird Ehrenobermeister. Direktor Friedrich Häußermann spricht über die Häuteverwertung im Rahmen des Vierjahresplans der Reichsregierung. 16 Lehrlinge erhalten ihre Gesellenbriefe.

20. Oktober Zahlreiche Rekruten ziehen in die Kasernen ein. Das Stuttgarter Infanterie-Regiment 119 erhält wieder — wie vor dem ersten Weltkrieg — Ersatz aus Württemberg selbst.
Das Amtsblatt meldet Rekordzahlen im Stuttgarter Fremdenverkehr. Die Zahl der Ausländerübernachtungen stieg namentlich wegen der Olympischen Spiele in Berlin von April bis September 1936 verglichen mit dem Vorjahr um 43 % von 34 845 auf 49 959. Stark zugenommen hat der Tourismus aus Österreich, der durch ein deutschösterreichisches Abkommen wesentlich erleichtert wurde.
In der Staatsoper gastiert Generalmusikdirektor Leopold Ludwig vom Oldenburger Staatstheater.
Prof. Dr. Walther Schönfeld (Tübingen) spricht zur Eröffnung des Wintersemesters der Württ. Verwaltungsakademie über das Thema »Der Begriff der Gemeinschaft«. Der Leiter der Verwaltungsakademie, Staatssekretär Waldmann, stellt fest, daß die Zahl der Hörer von Semester zu Semester zunehme.
Der Schriftsteller und Präsident der Reichsschrifttumskammer Hanns Johst liest in der Liederhalle aus eigenen Werken.

22. Oktober Hofrat Carl Johannes Schlenker, maßgeblich beteiligt am Aufbau der Uhrenfabriken Kienzle in Schwenningen, verstorben. Er lebte seit 1901 in Stuttgart, wo er das Charlottenasyl und die Nikolauspflege förderte.

24. Oktober Die Kreis- und Ortsgruppenleiter sowie andere Funktionäre der NSDAP Württembergs versammeln sich im Landtagsgebäude und in der Liederhalle zur Entgegennahme »der Kampfparole für den Winterfeldzug«, d. h. zur Vorbereitung für die kommenden Parteiveranstaltungen. Gauwirtschaftsberater Walter Reihle und Landesbauernführer Alfred Arnold sprechen über wirtschaftspolitische Fragen.
Die Jungmädel im Alter von 10—14 Jahren müssen am Staatsjugendtag Bucheckern sammeln, die Pimpfe eine Woche später.
Der Leipziger Thomanerchor unter der Leitung von Prof. D. Dr. Karl Straube gibt in der Stiftskirche ein Konzert.
Der Württ. Kunstverein zeigt Bilder des Stuttgarter Akademie-Professors Anton Kolig, des 1927 verstorbenen Malers Josef Wopfner und des aus dem Rheinland nach Stuttgart gekommenen Malers Hugo Schmitz.
Der Stuttgarter Liederkranz feiert sein 112. Stiftungsfest.

OKTOBER 1936

Die Alte Gilde, Käufmännischer Verein ehemaliger Schüler der Höheren Handelsschule, begeht ihr traditionelles Herbstfest.

Generalmajor Zenetti wurde zum Kommandeur des Luftgaus 15 mit Sitz in Stuttgart ernannt.

24./25. Oktober 4000 Angehörige des früheren Olga-Grenadierregiments halten ihr Landestreffen in Stuttgart ab. In der Liederhalle spricht Oberst Freiherr von Gemmingen, der vor 63 Jahren in das Regiment eintrat. Er überbringt die Grüße Herzog Albrechts von Württemberg. Die früheren Olga-Grenadiere nehmen auch an der Vereidigung der als Rekruten in das Infanterieregiment 119 eingetretenen Soldaten vor dem Neuen Schloß teil. Die Vereidigungsrede hält der Regimentskommandeur Oberst Zickwolff. Er sagt: »Wir werden unsere Aufgabe erfüllen, indem wir dem Vorbild des alten Regiments und seiner toten Helden nachleben in Ehrliebe, Pflichttreue, Schlichtheit und tapferem Soldatentum.«

25. Oktober Die evang. Kirchengemeinde von Kaltental feiert die Grundsteinlegung ihrer neuen Kirche. Ein Neubau war bereits vor 1914 geplant, mußte jedoch wegen der Inflation nach dem ersten Weltkrieg längere Zeit verschoben werden.

Die Stadt erwarb das Gebäude Heidehofstraße 11, in dem sich bisher die Privatfrauenklinik Dr. Sieber befand, mit der Absicht, hier nach Renovierungsarbeiten ein auslanddeutsches Frauenheim der NS-Frauenschaft zu errichten.

In Stuttgart wird wie in anderen Städten die »Woche des deutschen Buches« eröffnet. Es spricht der Landesleiter der Reichsschrifttumskammer, Dr. Georg Schmückle.

Die Chorgemeinschaft Senefelderverein feiert mit einem Liederfest ihr 50jähriges Bestehen.

26. Oktober Das Vorhaben des Stadtdekanats, am Abend Versammlungen abzuhalten und gegen die Überlassung der Schloßkirche durch den Staat an die Deutschen Christen Pfarrer Georg Schneiders zu protestieren, unterbleibt auf Weisung des Kultministeriums.

Der Verein für vaterländische Naturkunde eröffnet die Reihe seiner Wintervorlesungen mit einem Referat von Prof. Dr. Erich Regener von der TH über »Neue Forschungen in der Stratosphäre«.

Der für die Firma Daimler-Benz startende Rennfahrer Rudolf Caracciola stellt auf der Autobahn Frankfurt—Darmstadt einen neuen Weltrekord auf. Er legt jeweils mit fliegendem Start 1 Kilometer in 9,8 Sekunden und 1 Meile in 15,7 Sekunden zurück und erreicht damit Durchschnittsgeschwindigkeiten von 364 bzw. 367 Stundenkilometern.

27. Oktober Die Volksbildungsstätte Stuttgart, die aus der von Reichsleiter Dr. Ley angeordneten Umgestaltung der ehemaligen Volkshochschule hervorgegangen ist und der NS-Gemeinschaft Kraft durch Freude eingegliedert wurde, nimmt ihre Arbeit auf. Oberregierungsrat Dr. Drück vom Kultministerium spricht über den »Erziehungsanspruch des Nationalsozialismus« und sieht die Aufgabe der Volksbildungsstätte darin, Bildung und Weltanschauung auf rassisch-völkischer Grundlage zu vermitteln.
Oberstudiendirektor a. D. Dr. W. Nestle referiert vor dem Württ. Verein der Freunde des humanistischen Gymnasiums über das Thema »Der Führergedanke in der platonischen und aristotelischen Staatslehre«. Er zeigt, wie Aristoteles den Führergedanken der Massenherrschaft gegenüberstellte, jedoch die unumschränkte Herrschaft eines einzelnen wegen der Gefahr des Machtmißbrauchs ablehnte.
Die Weingärtnergenossenschaft Bad Cannstatt erreicht auf ihrer ersten Versteigerung ein günstiges Verkaufsergebnis. Insgesamt wurden etwa 850 hl Wein geerntet.

28. Oktober OB Dr. Strölin teilt bei einem Besuch von Reichsjugendführer Baldur von Schirach mit, die Stadt werde außer den schon vorhandenen »Scharheimen« noch eine Jugendherberge errichten und so die Verbindung zu jungen Auslanddeutschen intensivieren.
Stuttgarter Erstaufführung des Schauspiels »Thomas Paine« von Hanns Johst im Kleinen Haus. Das Stück spielt in der Zeit des amerikanischen Unabhängigkeitskrieges.
Josef Kerschensteiner, Kunstmaler und Mitbegründer des Stuttgarter Künstlerbundes, verstorben.

29. Oktober Generalmusikdirektor Herbert Albert (Baden-Baden) dirigiert als Gast der Staatsoper Puccinis »Bohème«.
Im Deutschen Ausland-Institut beginnt eine Ausstellung auslanddeutschen Schrifttums. Gezeigt werden 160 Bücher, insbesondere Werke auslanddeutscher Autoren.
Der Stuttgarter Bergsteiger Hans Schweizer berichtet vor 600 Zuhörern über seine Expedition, die er zusammen mit Fritz Schäfer in den Kaukasus unternahm.
Friedrich Braun, der Seniorchef der Firma C. F. Braun, im Alter von 88 Jahren verstorben. Er leitete seit 1876 das Betten- und Aussteuergeschäft in der Sporerstraße.

30. Oktober Ministerpräsident und Kultminister Mergenthaler weist die Ministerialabteilung für die Volksschulen an, über den Austritt von Lehrern aus der NSDAP und ihren Gliederungen Bericht zu erstatten.
Die NSDAP hält in Stuttgart gleichzeitig 45 Kundgebungen ab. Sie stehen unter dem Motto »Kampf gegen den Weltbolschewismus«.
Eine außerordentliche Gesellschafterversammlung der Verlagsbuchhandlung und Buchdruckerei Chr. Belser AG berät über die Umwandlung des Unternehmens in eine Kom-

manditgesellschaft, nachdem Zeitungs- und Zeitschriftenverlage durch eine Anordnung der Reichspressekammer nur noch in Form einer Personalgesellschaft geführt werden dürfen. Ein Beschluß erfolgt vorerst noch nicht.

31. Oktober   Das Landgericht verurteilte einen Stuttgarter jüdischen Arzt wegen sog. Rassenschande zu zwei Jahren Zuchthaus und erteilte ihm auf die Dauer von fünf Jahren Berufsverbot. Der Staatsanwalt beantragte eine Zuchthausstrafe von 6½ Jahren.
Im Vogelsang wird ein neues von der Stadt errichtetes und ausgestattetes HJ-Heim eröffnet.
Der Bund der Heilpraktiker veranstaltet wie schon in den Jahren zuvor einen 14tägigen Fortbildungslehrgang. Er wird mit einem politischen Schulungsabend eröffnet.
Die Firma Emil Fischer, Spezialgeschäft für Gummiwaren und Kellereiartikel, begeht ihr 50jähriges Geschäftsjubliäum.

1. November   Die evang. Gesamtkirchengemeinde Stuttgart feiert in der überfüllten Stadthalle das Reformationsfest. Die Feier steht unter der Losung »Luthers Evangelium in aller Welt«. Stadtpfarrer Licentiat Wilfried Lempp eröffnet die Reihe der Ansprachen mit einer Betrachtung über »Luthers Evangelium unter den Auslanddeutschen«. Es folgen der Bericht eines Pfarrers über die Bedrängnisse der Rußlanddeutschen in der Sowjetunion und zwei Referate eines Basler und eines Berliner Geistlichen.
Die Reichsbahn eröffnet eine Omnibuslinie von Stuttgart nach Wiesensteig. Die neue Verkehrsverbindung bringt gegenüber der Eisenbahn eine Wegverkürzung von 83 auf 53 km und eine Zeitersparnis von etwa einer Stunde.

2. November   Frau Anne Klenk von der Abteilung Volkswirtschaft und Hauswirtschaft des Deutschen Frauenwerks spricht im Hindenburgbau. Sie behandelt Fragen des neuen Vierjahresplans, der Siedlungspolitik, des sog. Eintopfsonntags und der neu gestarteten Aktion »Kampf dem Verderb«.

3. November   Erstaufführung des Lustspiels »Die vier Gesellen« von Jochen Huth in den Württ. Staatstheatern.
Geheimer Kommerzienrat Paul Zilling im Alter von 88 Jahren verstorben. Er leitete von 1882 bis 1932 das Stuttgarter Exportmusterlager und war Mitgründer des Stuttgarter Handelsgeographischen Vereins und des Deutschen Kolonialvereins.

5. November   Reichsstatthalter Murr weist das württ. Innenministerium in einem Erlaß an, daß nur mit den Gemeinden Korntal, Sillenbuch, Rohracker, Heumaden und Uhlbach Verhandlungen über eine Eingemeindung nach Stuttgart zu führen seien.

NOVEMBER 1936

Im Mittelpunkt einer öffentlichen Ratsherrensitzung steht die Wohnungsfrage, namentlich der Bedarf an preisgünstigen Wohnungen. OB Dr. Strölin erklärt, daß der städt. Wohnungsbau weiter forciert werde und daß 1937 2000 neue Wohnungen bezugsfertig sein sollen. Stadtrechtsrat Dr. Könekamp befaßt sich kritisch mit den Mietverhältnissen und sagt, daß Mieten von 60, 90 und 130 RM für Neubauwohnungen von zwei, drei und vier Zimmern für die überwiegende Mehrheit der Bevölkerung nicht erschwinglich seien. Die Versammlung befaßt sich auch mit der Bürgersteuer, die weiterhin mit 500 % des Reichssatzes erhoben wird, sowie mit der Gründung des Kurvereins Bad Cannstatt, der nicht selbständig, sondern als eine Abteilung des Stuttgarter Verkehrsvereins errichtet werden soll. Der Fangelsbachfriedhof, der 1905 teilweise geschlossen wurde, wird nunmehr nach Änderung des Stadtbauplanes in ganzem Umfang erhalten bleiben. Stadtrat Hablizel berichtet im nichtöffentlichen Teil der Ratsherrensitzung über seine Reise nach Nürnberg, die er im Auftrag des OB unternahm, um sich über die »Behandlung der Judenfrage« zu informieren. Er legt einen umfangreichen Katalog von Maßnahmen vor mit dem Ziel, die jüdische Bevölkerung völlig aus dem öffentlichen Leben zu verdrängen. Unter dem Vorwand der Verringerung der Zahl der Marktstände aus verkehrspolizeilichen Gründen wird den jüdischen Geschäftsleuten die Zulassung zur Weihnachtsmesse verweigert. Stadtrechtsrat Dr. Waldmüller erklärt auf die Frage nach der Zulassung chinesischer Porzellanhändler, Chinesen vom Markt grundsätzlich auszuschließen, sei versucht worden, hätte allerdings zum Protest der chinesischen Botschaft geführt. Im übrigen gelte es zu bedenken, daß China heute eines der wenigen Länder sei, in denen Deutsche wohlwollend behandelt würden.

Das neue Stuttgarter Streichquartett — Roman Schimmer, Otto Hohn, Georg Schmid und Walter Reichardt —, das bisher nur durch Rundfunkkonzerte bekannt wurde, gibt im Haus des Deutschtums einen Kammermusikabend.

K. O. Kübel, der Gauverbandsleiter Württemberg des Reichskolonialbundes, spricht auf Einladung der Alten Gilde, des Kaufmännischen Vereins ehemaliger Schüler der Höheren Handelsschule Stuttgart. Er macht die Kolonialnot des Reiches verantwortlich für die Devisen- und Rohstoffnot Deutschlands.

6. November 18 amerikanische Musikstudenten waren mehrere Tage zu Besuch in Stuttgart. Der Schwäb. Merkur gibt als eine Äußerung von ihnen wieder: »Man hat uns Deutschland drüben recht schlecht gemacht, aber wir haben nur Gutes und Bedeutendes wahrgenommen und vor allem viel Liebenswürdiges erfahren.«

7. November Die Belegschaft der 1931 gegründeten Hirth-Motoren-GmbH Stuttgart-Zuffenhausen versammelt sich in ihrem Waldheim und feiert mit dem Konstrukteur Hellmuth Hirth die Fertigstellung des 1000. Hirth-Flugmotors.

NOVEMBER 1936

Die Münchner »Isarschlepper« geben im Schauspielhaus eine Nachtvorstellung.
Der württ. Landesbeauftragte für Naturschutz, Prof. Dr. Schwenkel, berichtet auf der 37. Mitgliederversammlung des Reichsbundes für Vogelschutz über das neue Reichsnaturschutzgesetz.
Dekan a. D. Richard Färber, 20 Jahre Pfarrer an der Lutherkirche in Bad Cannstatt, verstorben.

9. November Die NSDAP veranstaltet an ihrem »Reichstrauertag« eine Feier in der Stadthalle. SA-Standartenführer Himpel ehrt die 16 Nationalsozialisten, die am 9. November 1923 beim »Marsch zur Feldherrnhalle« in München ums Leben kamen.
250 neue Anwärter der SS werden im Hof des Neuen Schlosses um Mitternacht vereidigt. Sie geloben Hitler und den von ihm bestimmten Vorgesetzten »Gehorsam bis in den Tod«.
Der schwedische Forschungsreisende Sven Hedin besucht Stuttgart. Er besichtigt eine Leistungsschau der Deutschen Arbeitsfront und Einrichtungen der TH.
Der spanische Konsul, der vorübergehend sein Amt niedergelegt hatte, nimmt seine Dienstgeschäfte wieder auf. Auf dem Konsulat wird die rot-gold-rote Flagge der spanischen Nationalregierung gehißt.

10. November Der Schwäb. Dichterpreis 1936 fällt zu gleichen Teilen an Anna Schieber, »die warmherzige Künderin edelster deutscher Mütterlichkeit«, an Ludwig Finckh, »den mutigen Kämpfer für deutsche Art und deutsche Heimat«, und an August Lämmle, »den bodenverbundenen Schilderer schwäbischer Menschen und Erhalter unseres schwäbischen Brauchtums«. Ministerpräsident und Kultminister Mergenthaler übergibt die Preise von je 1000 RM in einer Feier im Kleinen Haus. Er erwähnt, daß von 35 Autoren insgesamt 39 Werke vorgelegt wurden.
Die deutschen Studentenführer treffen sich in der Gebietsführerschule auf der Solitude zu einer von dem neuen Reichsstudentenführer SS-Obersturmbannführer Dr. Gustav Adolf Scheel einberufenen Tagung. Es geht darum, »die deutschen Hochschulen zu wahren Festungen des Nationalsozialismus auszubauen«. Dem NS-Deutschen Studentenbund soll die politisch-weltanschauliche Erziehung der Studenten zukommen, während die Deutsche Studentenschaft die Aufgabe der Vertretung aller Studenten deutscher Abstammung wahrnimmt.
Der stellv. Gauleiter Friedrich Schmidt hält an der TH seine erste Vorlesung. Rektor Prof. Dr. Wilhelm Stortz begrüßt ihn als neuen Dozenten der TH. Der Ruf, der an ihn ergangen sei, sei nicht der Ruf der alten Hochschule, sondern der Ruf der Jugend der TH. Auch die Reden, die Fichte vor über 100 Jahren an der Universität Berlin an das deutsche Volk gehalten habe, hätten nicht die Billigung der Zünftigen jener Zeit gefunden. Schmidt liest über »Einzelne Kapitel aus der politischen Geschichte des deut-

schen Volkstums«. Der Schwäb. Merkur berichtet: »Sein Ruf an die Jugend wurde von ihr verstanden. Das bewies der lebhafte Beifall, der den Vortrag öfters unterbrach, und der stürmische Jubel, der am Schluß der anderthalbstündigen Betrachtungen dem Redner entgegenscholl.«

11. November   Die Ratsherren und Beigeordneten besichtigen die Daimler-Benz-Werke in Untertürkheim und Sindelfingen. Sie besuchen dort auch den von der Stadt Stuttgart gepachteten Gutshof, der nach dem ersten Weltkrieg für die Milchversorgung der Stuttgarter Krankenhäuser und Kinderheime eine wichtige Rolle spielte.
Prof. Leo Frobenius spricht in der TH, begrüßt von dem Stuttgarter Ortsvorsitzenden der All Peoples' Association, Wilhelm von Eiff, über den deutschen Beitrag an der Erforschung Afrikas.

12. November   Der schwäb. BDM eröffnet in dem ehemaligen Kinderheim der Villa Berg eine Obergauführerinnenschule. Die Reichsreferentin des BDM, Trude Bürkner, sagt bei der Einweihung, die Erziehung der Jungen gelte der Persönlichkeitsbildung, erziehe man ein Mädchen, so arbeite man an der Familie von morgen. Die Mädchen, die heute ausgebildet würden, hätten morgen Deutschland und dem Führer die nächste Generation zu erziehen.
Das Deutsche Reich und die Württ. Landeskreditanstalt gründen die Württ. Heimstätte GmbH als Treuhandstelle für das Wohnungs- und Kleinsiedlungswesen in Württemberg. Ihre Aufgabe ist es, den gemeinnützigen Wohnungsbau sowie den Bau von Eigenheimen in jeder Weise zu fördern.

13. November   OB Dr. Strölin berichtet im Festsaal der Liederhalle über seine Amerikareise im vorigen Monat, die ihn nach New York, Washington, Baltimore, Chicago, wo er an einer Sitzung des Gemeinderats teilnahm, Detroit und Buffalo sowie von dort mit dem Auto zurück nach New York führte. Strölin wendet sich gegen die »Hetz- und Lügenpropaganda« der Juden in den USA und weist insbesondere auf eine Schrift hin, die die nationalsozialistischen KZ anprangert.
Das Stuttgarter Konservatorium für Musik verlor seine Eigenständigkeit und wurde zu einer Musikschule der NS-Gemeinschaft Kraft durch Freude umgestaltet.
Dr. Karl Stenzel, der Leiter des Stadtarchivs, entdeckte mehrere Pergamentblätter, die zum Einbinden von Steuerbüchern des 16. Jahrhunderts verwendet wurden, ursprünglich jedoch Planzeichnungen einer mittelalterlichen Bauhütte waren. Nähere Untersuchungen wiesen sie als Planrisse des Prager Domes von Peter Parler aus.

14. November   Die Wohlfahrts- und Gesundheitsbeiräte nahmen von der Auflösung des Stuttgarter Vereins für Ferienkolonien und der Zuweisung des Vereinsvermögens an die Stadt Stuttgart Kenntnis.

NOVEMBER 1936

Die TH eröffnet als erste deutsche Technische Hochschule eine Deutsche Burse, ein Wohn- und Schulungsheim für auslanddeutsche Studenten. Das Gebäude, eine ehemalige Villa in der Panoramastraße 15, wurde von der Stadt erworben und der TH zur Verfügung gestellt.
Im Großen Haus werden zwei dramatische Volksstücke von Dr. Georg Schmückle uraufgeführt, das Legendenspiel »Das Wunder« und der schwäb. Schwank »Hyazinth Bißwurm oder das Spiel vom Schwaben, der das Leberlein gefressen«. Die Musik zu den beiden Stücken schrieb der Stuttgarter Komponist Hugo Herrmann.

15. November   Im Hof der Rotebühlkaserne versammeln sich 19 Soldaten-Kameradschaften aus Stuttgart, Ludwigsburg, Heilbronn und anderen Städten zur Fahnenweihe. General Hermann Geyer ruft in einer Ansprache alle gedienten Soldaten zum Beitritt in den Soldatenbund auf. Er bezeichnet den Dienst an der Volksgemeinschaft als stärkste Gemeinsamkeit des deutschen Soldatentums und des Nationalsozialismus.
Der stellv. Generaldirektor der Deutschen Reichsbahn, Kleinmann, spricht vor 12 000 Eisenbahnern in der Stadthalle. Er geht insbesondere auf sozial- und wirtschaftspolitische Fragen ein und sagt, die Reichsbahn beschäftige heute 110 000 Mann mehr als 1933. Sie habe in $3^{1}/_{2}$ Jahren für $5^{1}/_{2}$ Milliarden RM Aufträge an die Wirtschaft gegeben. Kleinmann hebt auch die Einführung der Unkündbarkeit der Bahnarbeiter nach 25 Jahren Dienstzeit hervor.
In der Paulinenstraße wird ein zweites Jungvolk-Tagheim eröffnet. Die Kinder berufstätiger Eltern haben hier die Möglichkeit, unter Anleitung ihre Schulaufgaben zu erledigen, zu basteln und zu spielen.

17. November   In neun Sälen finden zum Tag der Hausmusik Konzerte der HJ und der NS-Gemeinschaft Kraft durch Freude statt. Die Veranstaltungen sollen bezwekken, daß »die deutsche Frau und Mutter und der deutsche Arbeiter die Möglichkeit erkennt, daß man auch mit den einfachsten Mitteln im Familienkreis wertvolle Hausmusik treiben kann.«
Das Deutsche Ausland-Institut eröffnet in der neuen Ehrenhalle des Wilhelmspalais die Reihe seiner auslandsdeutschen Meisterabende mit einem Klavierkonzert des deutsch-baltischen Pianisten Eduard Erdmann.
Dr. Wilhelm Buschkötter wurde als Nachfolger des im Herbst 1935 ausgeschiedenen ersten Kapellmeisters Ferdinand Drost zum neuen Leiter des Stuttgarter Rundfunkorchesters bestellt.

18. November   SS und HJ veranstalten am Buß- und Bettag im Großen Haus der Württ. Staatstheater eine Feier mit anschließender Totenehrung. SS-Obersturmbannführer Ebrecht vom Rasse- und Siedlungshauptamt in Berlin sagt, die Nationalsozialisten seien keine Atheisten, sie hätten den Willen zum Ewigen und seien daher ebenso religiös wie andere. Er betont das Prinzip des Blutgedankens und der Auslese, die zu einem neuen Adel führen werde.

Die Londoner Philharmoniker unter der Leitung von Sir Thomas Beecham geben in der Liederhalle ein Konzert.

19. November In Stuttgart findet die erste das gesamte Stadtgebiet erfassende Luftschutzübung mit Probealarm in der Altstadt und in Feuerbach statt. Hausbewohner müssen ihre Luftschutzkeller, Straßenpassanten bestimmte Sammelschutzräume aufsuchen.

Das städt. Amtsblatt zitiert die Zeitschrift Wirtschaft und Statistik, aus der hervorgeht, daß Stuttgart im ersten Halbjahr 1936 mit 10,5 Eheschließungen je 1000 Einwohner an der Spitze aller deutschen Großstädte steht.

20. November Der Reiseschriftsteller Colin Roß hält in der Liederhalle einen Lichtbildervortrag. Er sieht das politische Geschehen bestimmt durch die Gegensätze von »Volk ohne Raum« und »Raum ohne Volk«.

Der italienische Konsul Vittorio Chiusano verläßt Stuttgart. Zu seinem Nachfolger wurde Baron de Malfatti di Montetretto bestellt.

20./21. November Das Kunsthaus Paul Hartmann versteigert die umfangreiche China-Sammlung des in Stuttgart geborenen Geheimrates Georg Friedrich Baur. Zum Verkauf gelangen hauptsächlich Porzellane, Lack-, Elfenbein- und Silberarbeiten sowie Holzschnitzereien. Baur war längere Zeit als Eisenbahningenieur und technischer Berater in China tätig.

21. November Erstaufführung des Schauspiels »Ein idealer Gatte« von Oscar Wilde im Kleinen Haus.

Der Stuttgarter Künstlerbund veranstaltet im Kunstgebäude eine Gemälde-Ausstellung. Besondere Beachtung finden die Jubilare Robert Breyer, der 70 Jahre alt, und Eugen Stammbach sowie Oskar Obier, die 60 Jahre alt wurden.

Der Verein für ländliche Heimatpflege beschließt auf seiner Mitgliederversammlung eine Satzungsänderung. Sie wurde notwendig, da der Reichsbund für Volkstum und Heimat sich auflöste und an seine Stelle die Abteilung Volkstum und Heimat der NS-Kulturgemeinde trat.

22. November Oberfinanzrat a. D. Adolf Müller, ehemals Mitglied der Generaldirektion der württ. Staatseisenbahnen, zeitweise stellv. Obmann des Stuttgarter Bürgerausschusses, verstorben.

NOVEMBER 1936

23. November   Gertrud von Willich vom Präsidium des Reichsluftschutzbundes spricht in der Liederhalle über die Aufgaben der Frau im Luftschutz. Sie nennt den Dienst als Laienhelferin, bei der Hausfeuerwehr und als Hausluftschutzwarte.
Prof. Dr. Paul Sakmann verstorben. Er unterrichtete von 1900—1927 am Eberhard-Ludwigs-Gymnasium und hatte gleichzeitig einen Lehrauftrag für Philosophie an der TH. 1929 erhielt er den Literaturpreis des Württ. Goethebundes.

24. November   Die Kammersängerin Sigrid Onegin gibt einen Liederabend.
Der Verschönerungsverein feiert im Bürgermuseum in Anwesenheit des früheren OB Dr. Lautenschlager sowie zahlreicher anderer Ehrengäste sein 75jähriges Bestehen. Die Stadt ließ dem Verein aus diesem Anlaß zur Errichtung einer Anlage an der Zeppelinstraße 15 000 RM zukommen.
Kunstmaler August Ludwig Schmitt verstorben. Er betätigte sich vor allem als Monumentalmaler. Von ihm stammen einige der Fresken am Kunstgebäude sowie die Ausmalungen mehrerer Kirchen.

25. November   Das Oberlandesgericht verurteilte mehrere Personen aus Stuttgart und Umgebung wegen illegaler politischer Betätigung. Die Angeklagten hatten teilweise seit April 1933 bis Anfang 1935 Druckschriften der verbotenen KPD und SPD verteilt und an illegalen politischen Zusammenkünften teilgenommen. Als Höchststrafe verhängte das Gericht eine Zuchthausstrafe von fünf Jahren für Leonhard O. aus Bietigheim, der führend für den Neuaufbau des Kommunistischen Jugendverbandes in Stuttgart tätig gewesen war. Ein anderer Angeklagter wurde zu $2^{1}/_{4}$ Jahren Gefängnis verurteilt, weil er, ein früheres Mitglied der SPD und des Reichsbanners, die ihm bekannte illegale politische Tätigkeit kommunistischer Funktionäre nicht angezeigt und mit Kommunisten Kontakte zwecks Bildung einer Einheitsfront aufgenommen hatte.
Im Schauspielhaus wird das Weihnachtsmärchen »Das tanzende Königreich« von Fritz Rügamer nach der Musik von Bert Heckmann uraufgeführt. Die Einstudierung der Tänze besorgte Hilde Merkert-Haagen.
Der Württ. Sparkassen- und Giroverband feiert mit einem Festakt im Stadtgartensaal sein 50jähriges Bestehen. Präsident Hugo Neuffer weist in seiner Rede darauf hin, daß die Spareinlagen in Württemberg pro Kopf der Bevölkerung 294 RM gegenüber einem Reichsdurchschnitt von 214 RM betragen. Der Württ. Sparkassen- und Giroverband umfaßt gegenwärtig 61 Kreis- und 2 Stadtsparkassen (Stuttgart und Ulm) sowie die Württ. Landessparkasse mit ihren Zweigstellen.
Paula Steinthal, führende Vertreterin der württ. Frauenbewegung, verstorben. Sie war Schriftleiterin der ersten württ. Frauenzeitung »Frauenberuf«.

26. November   Im württ. Kultministerium fand in Anwesenheit namhafter Vertreter der Landesgeschichte eine Besprechung statt mit dem Ergebnis, eine Siedlungs- und Rassengeschichte Württembergs zu erarbeiten.

Vizeadmiral a. D. Adolf von Trotha berichtet im Deutschen Ausland-Institut über seine Erlebnisse als Marineoffizier bei den Auslanddeutschen. Den besten Schutz für diese sieht er in einer starken deutschen Seemacht. Von Trotha war im ersten Weltkrieg Kommandant des größten deutschen Schlachtschiffes, »Friedrich der Große«.

Die Stuttgarter Museumsgesellschaft veranstaltet in ihrem renovierten Vereinsheim, dem Oberen Museum, einen festlichen Abend. Es wirken mit der Pianist Hubert Giesen sowie Willy Reichert und Oskar Heiler.

Die Internationale Apotheke in der Königstraße begeht ihr 175jähriges Geschäftsjubiläum.

27. November   SS-Brigadeführer Polizeidirektor Wilhelm Dreher (Ulm) und SA-Gruppenführer Prinz August Wilhelm von Preußen sprechen vor 10000 Besuchern in der Stadthalle auf einer Propagandakundgebung der NSDAP.

28. November   Prof. Dr. Hoffmann, der Direktor der Universitätsnervenklinik Tübingen, hält auf Einladung des Frauenvereins für Deutsche über See des Deutschen Roten Kreuzes einen Vortrag über »Entartung und Aufartung«. Er spricht von biologischen Gesetzmäßigkeiten und der Notwendigkeit einer auch durch staatliche Gesetzgebung geförderten Auslese, deren Ziel der lebenstüchtige Mensch und die erbgesunde Familie sei.

Die NS-Gemeinschaft Kraft durch Freude veranstaltet ihre dritte Jahresfeier. Gauwart Klemme, der bisherige Führer der württ. Organisation, der die Leitung des Reichsamtes Feierabend übernahm, stellt seinen Nachfolger, den seitherigen Kreisleiter Mader, vor. Es wird der KdF-Film »Deutsche Arbeiter fahren nach Madeira« gezeigt.

In Bad Cannstatt wurde beim Ausheben eines Grabes auf dem Steigfriedhof ein römischer Brunnen, der 16. auf der Cannstatter Gemarkung, entdeckt.

29. November   Es erfolgten mehrere Straßenumbenennungen, um Verwechslungen auszuschließen, da bisher verschiedentlich nach Eingemeindungen gleichlautende Straßennamen mehrfach vorkamen. Berücksichtigt werden bei den Neubenennungen Nationalsozialisten und »völkische Vorkämpfer«. Im Zuge dieser Straßenumbenennungen werden auch verschiedene Korrekturen hinsichtlich Anfang und Ende mehrerer Straßen vorgenommen. So beginnen die Heilbronner und Cannstatter Straße bereits am Hauptbahnhof. Die bisherige Bahnhofstraße wird aufgehoben.

SA-Gruppenführer Hanns Elard Ludin spricht auf einer Morgenfeier der SA. Er sieht in der SA weiterhin einen »Kampfbund für ein freies Volkstum« und nicht eine »Garde

zur Aufrechterhaltung der bürgerlichen Ordnung« und kündigt jenen Kreisen den schärfsten Kampf an, die zwischen Besitz und Nichtbesitz, zwischen Bildung und Nichtbildung eine Kluft aufgerissen hätten. Der Reichssender Stuttgart überträgt diese Feier. In der Stadthalle spielen 10 Militärkapellen und 3 Spielmannszüge, insgesamt 300 Musiker aus verschiedenen Standorten der Wehrmacht in Württemberg. Außerdem werden sportliche Darbietungen gezeigt. Die Veranstaltung, deren Erlös für das Winterhilfswerk bestimmt ist, endet mit dem Großen Zapfenstreich.
Der Turnverein Gablenberg bezieht sein neues Vereinsheim, einen von dem Architekten Karl Bachofen errichteten Fachwerkbau an der Albert-Schäffle-Straße.
Die Deutsche Verlagsanstalt beschloß auf ihrer 55. Hauptversammlung eine Satzungsänderung. Sie kam damit einem Erlaß der Reichspressekammer nach. Das Grundkapital von 3,6 Mio. RM verteilt sich nunmehr auf 6000 auf Namen anstatt wie bisher auf Inhaber lautende Aktien.

30. November Die Jugendabteilungen der Sportvereine werden auf Grund eines Abkommens zwischen dem Reichssportführer und dem Reichsjugendführer aufgelöst. Die Zehn- bis Vierzehnjährigen werden in das Jungvolk überführt, dem in Zukunft der Jugendsport vorbehalten ist. Aus diesem Anlaß finden mehrere Übergabefeiern statt. Die 120 Jungen und Mädchen des MTV Stuttgart halten in der Schloßrealschule ihre letzte Sportstunde ab. Die Jugendlichen des Schwimmvereins Delphin werden im Schwimmbad in der Büchsenstraße als Vereinsmitglieder verabschiedet.
Ernst Keil, 1907 bis 1918 Hauptschriftleiter des Stuttgarter Neuen Tagblatts, danach Syndikus in Esslingen, verstorben.

1. Dezember Das »Gesetz über die Hitlerjugend« tritt in Kraft. § 1 lautet: »Die gesamte deutsche Jugend innerhalb des Reichsgebietes ist in der Hitlerjugend zusammengefaßt«.
Der seit 1919 amtierende niederländische Konsul J. C. Ansmink tritt zurück, behält aber seinen Wohnsitz in Stuttgart. Zu seinem Nachfolger wurde Julius Rens vom Außenministerium in Den Haag bestellt.

2. Dezember Das Amt für Beamte der Stuttgarter Kreisleitung der NSDAP veranstaltet in der Liederhalle eine Kundgebung. Sie gilt der »weltanschaulich-politischen Ausrichtung« der Beamten. Hannes Schneider vom Hauptamt für Beamte der Reichsleitung der NSDAP nennt einen »Fundamentalsatz« des Führers und Reichskanzlers, dem unabdingbare Gültigkeit zukomme: »Du lebst auf Erden, um deinem Volke das ewige Leben zu geben«.
In der TH fand eine Vollversammlung der Dozentenschaft statt. Es referierten Rektor Prof. Dr. Stortz und Prof. Dipl.-Ing. Bauder, der Leiter der Dozentenschaft und des NS-

Dozentenbundes. Prof. Bauder berichtete über das neue Reichsdozentenwerk, die Dozentenakademie und das Dozenten-Gemeinschaftslager. Er forderte eine strenge Auswahl des Dozenten-Nachwuchses nach wissenschaftlicher Qualifikation und »volksverbundener Pflichtauffassung«.
Die Schiedmayer-Werke gedenken des 150. Geburtstages von Johann Lorenz Schiedmayer (1786—1860), des Begründers der württ. Klavierindustrie.

3. Dezember Die Arbeitskammer für Württemberg und Hohenzollern hält im Sitzungssaal des ehemaligen Landtags ihre vierte Vollversammlung ab. Das Generalthema lautet: »Die Erhöhung des Lebensstandards der Schaffenden im Rahmen der weitsichtigen Wirtschaftspolitik unseres Führers«. Gauwirtschaftsberater Walter Reihle äußert sich zum zweiten Vierjahresplan, der der Wirtschaft die erforderliche Freiheit bringen werde, was dann von selbst zu einer Erhöhung des allgemeinen Lebensstandards führe.
Das Cannstatter Rote-Kreuz-Krankenhaus wird eingeweiht. Es wurde wesentlich erweitert und umgestaltet, indem man die Gebäude 33—35 in der Badstraße zu einem geschlossenen Krankenhausblock mit insgesamt über 100 Betten vereinigte. Die früher selbständige Hautklinik Dr. Veiel wurde ihm angegliedert. Der Landesverein Württemberg des Roten Kreuzes erwarb bereits 1919 das Anwesen in Cannstatt, das ehemalige renommierte Hotel Herrmann, und richtete hier 1924 eine zunächst kleine Krankenabteilung mit anfänglich fünf Betten ein.
Die Maschinenfabrik A. Ziemann AG verkauft ihre Fabrikgrundstücke an die Robert Bosch AG und verlegt die Produktion nach Ludwigsburg. Der Geschäftssitz verbleibt in Feuerbach.
Oberstudiendirektor Otto Ostertag, der Vorsitzende der Stuttgarter Gesellschaft der Freunde Wilhelm Raabes, spricht über dessen Roman »Fabian und Sebastian«.
Prof. Josef Anton Mayer, 1879—1910 Mitglied des Hoftheaterorchesters und 1890—1925 Lehrer für Musiktheorie am Konservatorium, verstorben.

4. Dezember Die NSDAP veranstaltet unter dem Motto »Deutschland ruft: Europa erwache« in Stuttgart 44 Kundgebungen, die von 50 000 Personen besucht werden. Die Redner bezeichnen Deutschland als ein Bollwerk gegen den Bolschewismus.
Stadtrat Dr. Schwarz wurde mit der Durchführung des Vierjahresplans innerhalb der Stadtverwaltung beauftragt. Zu den Aufgaben gehören Fragen des rationellen Arbeitseinsatzes, der Umstellung der Kraftfahrzeuge auf neue Betriebsstoffe, die Rohstoffbeschaffung und die Verwertung von Altmaterialien und Abfällen.
Die Zahl der Gerichte in den Restaurants muß auf Anordnung der Wirtschaftsgruppe Gaststätten- und Beherbergungsgewerbe verringert werden. »Je umfangreicher die Speisekarte, desto größer muß die Vorratshaltung sein und desto mehr Abfälle ent-

DEZEMBER 1936

stehen. Eine Vereinfachung der Speisekarte bringt daher eine Verminderung des Verderbs«.

Die Kreisreferenten des deutschen Volksbildungswerkes und Leiter der Volksbildungsstätten in Württemberg halten eine Tagung ab. Reichsamtsleiter Leutloff begründet die Abschaffung des alten Namens Volkshochschule. Die Volksbildungsstätten sollten nicht nur Wissen vermitteln, sondern zum leistungsfähigen und charakterfesten völkischen Menschen erziehen.

5. Dezember Am Tag der nationalen Solidarität wird für das Winterhilfswerk gesammelt. Die Stuttgarter Kreisleitung der NSDAP erließ einen Aufruf mit der Überschrift »Unser Sozialismus ist die Tat!« Das Spendenergebnis beträgt im gesamten Reich 5,3 Mio. RM, in Württemberg 312 000 RM und in Stuttgart 55 000 RM.
Der Württ. Kunstverein und das Kunsthaus Schaller beginnen mit ihren Weihnachtsausstellungen schwäbischer und bayrischer Künstler.

5./6. Dezember Stuttgart gewinnt ein internationales Rollhockey-Turnier vor Zürich und Antwerpen.

6. Dezember Die Gemeinde der Gedächtniskirche feiert die Grundsteinlegung ihres neuen Gemeindehauses. Mit der Bauleitung wurde Architekt R. Behr beauftragt.

7. Dezember Der Württ. Kunstverein hält seine Jahresversammlung ab. Die Zahl der Mitglieder beträgt nach dem neuesten Stand 3104, von denen 439 Künstlermitglieder sind.

8. Dezember Bernhard Köhler, der Leiter der Wirtschaftskommission der NSDAP, eröffnet in der Liederhalle den vierten Reichsberufswettkampf. Er stellt die Forderungen des Vierjahresplanes in den Mittelpunkt seiner Ansprache.
Die Professoren Bonatz und Grund sowie Regierungsbaumeister Gutschow legen drei Gutachten zur Frage der Erweiterung des Rathauses und der Umgestaltung der Altstadt vor.
Im Ausstellungsgebäude am Interimstheaterplatz wird die von der Staatlichen Bernsteinmanufaktur Königsberg veranstaltete Wanderausstellung Das deutsche Gold eröffnet. Ministerialdirektor Staiger hebt die engen wirtschaftlichen Kontakte zwischen Württemberg und Ostpreußen hervor.
Der österreichische Dichter Josef Weinheber liest im Wilhelmspalais überwiegend aus seinem neuesten Gedichtband »Späte Krone«.

9. Dezember Die Absolventen der Landjahrlager veranstalten in der Stadthalle ihre Abschlußfeier, an der auch Schüler der Nationalpolitischen Erziehungsanstalten Backnang und Rottweil sowie der Aufbauschule für Mädchen in Markgröningen teilnehmen. Ministerpräsident und Kultminister Mergenthaler kündigt an, daß 1937 der größere Teil des siebten Schuljahres in das Landjahr hereingenommen und auch der Versuch, Oberschüler für das Landjahr zu gewinnen, fortgesetzt werden solle.

Der Waisenpflegerinnenverband, eine ehrenamtliche Abteilung des städt. Jugendamtes, hat sich nach 35jähriger Tätigkeit aufgelöst und seine Aufgaben der Abteilung Jugendhilfe der NS-Volkswohlfahrt übertragen.

Max Pfleiderer, seit 1934 Präsident der Ministerialabteilung für Bezirks- und Körperschaftsverwaltung, verstorben. Er war seit 1926 Ministerialrat im Innenministerium und zeitweise Staatskommissar beim Württ. Sparkassen- und Giroverband.

Prof. Martin Mezger, ehemaliger Lehrer an der Hochschule für Musik, verdient um die Neubelebung der Kirchen- und Schulmusik in Württemberg, verstorben.

10. Dezember Die Ratsherren befassen sich in einer nichtöffentlichen Sitzung mit der Reichsgartenschau 1939, wobei auch Fragen der politischen Zuverlässigkeit des künstlerischen Leiters dieser Ausstellung, H. Mattern, zur Sprache kommen. Sie nehmen Kenntnis von einer Satzungsänderung des Württ. Kunstvereins, die auf Weisung der Reichskunstkammer erfolgte und die Verwendung des Vereinsvermögens im Falle der Vereinsauflösung betrifft. Den Ratsherren werden die nunmehr reichseinheitlichen Uniformen der Gemeindepolizei und der Feuerwehr vorgeführt.

Der Hochschulkreis Württemberg und die Landesplanungsgemeinschaft Württemberg veranstalten gemeinsam einen Lehrgang über Landesforschung und Raumplanung. Der erste Vortrag ist den politischen Grundlagen der Raumplanung gewidmet.

11. Dezember Im Kursaal Bad Cannstatt wird als eine Abteilung des Fremdenverkehrsvereins Stuttgart der Kurverein Bad Cannstatt gegründet. Bereits am Gründungstag treten dem Verein etwa 100 Mitglieder bei. Baurat Richard Scheuerle hält einen Vortrag über den weiteren Ausbau von Bad Cannstatt. Er verweist auf die geplante Errichtung eines Kurmittelhauses, eines Hotels und dreier großer Schaubrunnen.

Pierre Daye, der Fraktionsführer der belgischen Rex-Partei, spricht in französischer Sprache vor der Stuttgarter Ortsgruppe des Deutschen Ausland-Clubs über »Belgien in der heutigen Welt«. Der Präsident des Deutschen Ausland-Clubs, Adolf Friedrich Herzog zu Mecklenburg, nimmt an der Veranstaltung teil.

Der Schriftsteller und Volkskundler August Lämmle trägt an einem Festabend, den ihm die Reichsschrifttumskammer und die NS-Kulturgemeinde zu seinem 60. Geburtstag geben, aus eigenen Werken vor. Das Deutsche Ausland-Institut ehrt ihn mit der silbernen Plakette, der Bund für Heimatschutz mit einer Ehrenurkunde.

DEZEMBER 1936

12. Dezember   BM Neunhöffer von Möhringen äußerte sich auf einer Bürgerversammlung zur Eingemeindungsfrage. Er sagte: »In den letzten zwei Jahren bestanden gewisse Absichten, die Gemeinde Möhringen mit unserer großen Nachbargemeinde Stuttgart zu verheiraten. Die Verhandlungen wurden allerdings ohne die Braut geführt. Erst anfangs November dieses Jahres wurden die Heiratsabsichten unserer großen Nachbarstadt für unsere Gemeinde von zuständiger Seite abgesagt und damit auch die Frage der Eingemeindung des Sonnenberg-Gebietes.«
Die Schneeschuhabteilung des MTV Stuttgart feiert ihr 25jähriges Jubiläum.

13. Dezember   Bischof Dr. Sproll weiht in Wangen die nach Plänen von Prof. Klemens Hummel erbaute St.-Christophoruskirche. Sie ist die 22. kath. Kirche in Stuttgart. Die große Plastik des heiligen Christophorus über dem Hauptportal ist ein Werk des Stuttgarters Joseph Frey. Unter dem Chor der Kirche wurde ein Versammlungssaal errichtet.

14. Dezember   Der stellv. Gauleiter Friedrich Schmidt spricht zum Abschluß einer Vortragsreihe der Allgemeinen Ortskrankenkasse über die Grundlagen des Nationalsozialismus.

15. Dezember   Eine neugebildete spanisch-deutsche Spielgemeinschaft tritt im Gustav-Siegle-Haus auf. Sie setzt sich aus Deutschen zusammen, die infolge des Bürgerkrieges Spanien verlassen haben und nunmehr in Deutschland die Kultur ihrer Wahlheimat vermitteln wollen.

16. Dezember   Im Kursaal von Bad Cannstatt fand der erste Kyffhäuser-Lehrgang statt. Kreisführer Amtsgerichtsdirektor Walter Göz berichtete über den Aufbau und die Aufgaben des Reichskriegerbundes, Kreisschießwart Linder über das Schießen des Kreisverbandes. Es wurden die Filme »Einst und jetzt« und »Im gleichen Schritt und Tritt« gezeigt. Der Lehrgang wurde von 500 Mitgliedern besucht.

17. Dezember   Die Weihnachtsmesse wird mit einem kleinen Umzug eröffnet: das Christkind zu Pferd begleitet von einer Kapelle des heiligen Nikolaus. Anschließend beschenkt die Stadt 100 bedürftige Kinder. Auf dem Karlsplatz ist als Gruß an die Auslanddeutschen eine Iglauer Weihnachtskrippe aufgebaut.

18. Dezember   Das Stuttgarter Rundfunkorchester unter der Leitung von Prof. Hermann Abendroth spielt in der Reihe der Werkskonzerte »In den Domen der Arbeit« vor den Arbeitern der Daimler-Benz AG. Als Solisten wirken Gäste der Staatsoper von Berlin und München mit. In der anschließenden Weihnachtsfeier wird der Führer und

Reichskanzler Adolf Hitler der »große Förderer der Motorisierung Deutschlands« genannt.

Die Württ. Volkswirtschaftliche Gesellschaft besichtigte die Werkanlagen der Robert Bosch AG in Feuerbach. Direktor Dr. Erich Raßbach wies auf den Aufschwung des Konzerns seit 1933 und auf die hohe Zahl von 22 000 Beschäftigten hin. Das Unternehmen habe durch seinen hohen Exportanteil seit Beginn der Devisenbewirtschaftung innerhalb von fünf Jahren Devisen im Werte von 117 Mio. RM erwirtschaftet.

Prof. Dr. Alfons Bühl von der TH Karlsruhe hält eine Gastvorlesung über »Philipp Lenard und die Deutsche Physik«.

19. Dezember   Vertreter der Stadtverwaltung, der Baugenossenschaften, der Landeskreditanstalt und der Sparkassen besprachen Fragen der Finanzierung des Wohnungsbaus. Die im Rahmen des städt. Wohnungsbauprogramms zu errichtenden Wohnungen mit einer Mindestgröße von drei Zimmern sollen monatlich maximal 50 RM Miete kosten.

19./20. Dezember   Die SA-Standarte 119 und die Studenten der TH veranstalten Sonnenwendfeiern. SA-Gruppenführer Ludin sagt in der Liederhalle, der SA komme nach Abschluß der politischen Machtergreifung eine besondere Aufgabe auf dem kulturellen Gebiet zu. Gauamtsleiter Dr. Lechler vom Rassepolitischen Amt der NSDAP spricht in der TH über »Die spanische Geschichte, rassisch gesehen«. Die Feier endet mit einem Fackelzug zum Kappelberg bei Fellbach. Der stellv. Gauleiter Friedrich Schmidt hält vor einem brennenden Holzstoß eine »Feuerrede«. Es werden Strophen der Kantate »In unseren Fahnen lodert Gott« von Heribert Menzel vorgetragen.

20. Dezember   Im Kleinen Haus findet zum 150. Geburtstag des Komponisten Carl Maria von Weber eine Morgenfeier mit einer Ansprache des Tübinger Germanisten Prof. Dr. Hermann Schneider statt. Schon zwei Tage zuvor gab es eine Festaufführung des »Freischütz«.

21. Dezember   Die Stuttgarter Ortsgruppen der NSDAP veranstalten — wie überall im Reich — in zahlreichen Sälen sog. Volksweihnachtsfeiern und beschenken zahlreiche Kinder. Die Versammelten hören über Rundfunk eine Weihnachtsansprache von Reichspropagandaminister Dr. Josef Goebbels.

Die Zahnradbahn nach Degerloch nimmt nach umfangreichen Bauarbeiten und der Verlegung des Bahnhofs auf den neugestalteten Marienplatz ihren Betrieb wieder auf. Die 1884 errichtete Zahnradbahn beförderte ursprünglich täglich etwa 5000 Personen. Diese Zahl verringerte sich erheblich nach Eröffnung der Straßenbahnlinie vom Schloßplatz nach Degerloch. Sie beträgt gegenwärtig noch 1500.

DEZEMBER 1936

22. Dezember   OB Zdravkoff von Plovdiv, der zweitgrößten Stadt Bulgariens, besuchte Stuttgart.
Der Schwäb. Merkur kommentiert eine nächtliche Weihnachtsfeier der zweiten Schwadron des Stuttgarter Kavallerieregiments 18 im Walde beim Schloß Solitude wie folgt: »Gespenstisch gleich Wodans Jägern zogen Reiter in den weiß schimmernden Nebelschleiern durch den Lichtschein und verschwanden wieder wie ein Spuk im Dunkel des Waldes«.
Der Verein Eisstadion Stuttgart berät im Rathaus über den Standort der geplanten Anlage. Er spricht sich dafür aus, zunächst neben der Stadthalle eine Freilauf-Eisbahn zu errichten, läßt es jedoch offen, auch innerhalb der Stadthalle eine Kunsteisbahn zu installieren.
Erstaufführung des Lustspiels »Das kleine Hofkonzert« von Paul Verhoeven und Toni Impekoven mit Musik von Edmund Nick.

23. Dezember   Die Verwaltungs- und die Technischen Beiräte halten eine gemeinsame Sitzung ab. OB Dr. Strölin zieht eine Bilanz der Jahresarbeit und weist auf 400 Sitzungen und Besichtigungen mit den Ratsherren und den Beiräten hin.

24. Dezember   Die Weihnachtsausgaben der Zeitungen berichten in großer Aufmachung über die Ziele des 2. Vierjahresplanes in Württemberg: Arbeitseinsatz, Einsatz der Technik, Rohstoffeinsatz und Einsatz der Landwirtschaft. Reichsstatthalter Gauleiter Murr errichtete in Stuttgart eine »Dienststelle Vierjahresplan« und berief den Gauwirtschaftsberater der NSDAP, Walter Reihle, zu ihrem Leiter. Die neue Dienststelle hat die Aufgabe, »Partei, Staat, Wirtschaft und Wissenschaft zusammenzufassen und einen einheitlichen Einsatz aller Kräfte auf einheitlicher politischer Linie zu gewährleisten.«

26. Dezember   Der Stuttgarter Liederkranz veranstaltet in der Liederhalle einen großen Gesellschaftsball.

27. Dezember   Studiendirektor a. D. Dr. Paul von Kapff verstorben. Er war zunächst Pfarrer, kam 1885 an das 12 Jahre zuvor als Mädchenrealschule gegründete Olgastift, dessen Rektor er von 1894—1923 war.

29. Dezember   Der stellv. polnische Verkehrsminister Bobkowski stattet der Reichsbahndirektion Stuttgart einen Besuch ab. Sein besonderes Interesse gilt der Expreßgutabfertigung des Hauptbahnhofs, der umfangreichsten deutschen nach Leipzig.

31. Dezember   OB Dr. Strölin veröffentlicht einen Neujahrsaufruf, in dem er nochmals auf die Bezeichnung Stuttgarts als Stadt der Auslandsdeutschen hinweist. »Jeder einzelne Stuttgarter und jede einzelne Stuttgarterin muß innerlich ausgerichtet sein für die Berufung Stuttgarts, symbolische Heimat der Auslandsdeutschen zu sein.«

Die milde Witterung führte zu einem nur schwachen saisonbedingten Anstieg der Arbeitslosigkeit. In Württemberg und Hohenzollern gibt es 9046 Arbeitslose, in Baden dagegen 46 995.

Zum Jahresende werden 1383 Mietwohnungen angeboten. 475 von ihnen können sofort bezogen werden, da sie leer stehen. Es handelt sich dabei überwiegend um große, kostspielige Altbauwohnungen oder um komfortable neue Wohnungen. Insgesamt wurden 1936 3600 neue Wohnungen fertiggestellt (1935: 1887).

Oberst a. D. Hinkelbein, der Führer der Landesgruppe Württemberg des Reichsluftschutzbundes, legt sein Amt, das er vier Jahre versah, nieder. Er wurde zum Luftgaukommando 15 versetzt. Er war maßgeblich beteiligt am Aufbau des Luftschutzes in Württemberg.

Die Württ. Staatstheater zeigen zu Silvester die Operette »Der Opernball« von Richard Heuberger.

1937

1. Januar Stuttgart erlebt einen ruhigen Jahreswechsel. Die Polizei verzeichnet weniger Anzeigen als im Vorjahr. Wegen kleiner Verfehlungen werden 12 Personen vorläufig festgenommen (im Vorjahr 14) und 49 Anzeigen erstattet (im Vorjahr 121).
Ab heute sind die Landwirtschaftlichen Berufsgenossenschaften für den Neckar-, Schwarzwald-, Jagst- und Donaukreis zu einer Landwirtschaftlichen Berufsgenossenschaft Württemberg vereinigt. Sitz der Hauptverwaltung ist Stuttgart.
Durch Verfügung des Reichsministers der Justiz ist das beim Amtsgericht Esslingen gebildete Anerbengericht ab 1. Januar aufgehoben. Der Bezirk des Anerbengerichts Stuttgart I erstreckt sich nunmehr auch auf den Amtsgerichtsbezirk Esslingen.
Das Rassenpolitische Amt der Gauleitung wird von Herrenberg nach Stuttgart verlegt.
Die Stadtverwaltung übernimmt die Leitung des 1918/19 aus Mitteln der Robert-Bosch-Stiftung erworbenen städt. Kindersolbades Rappenau, das bisher vom Verein für Kinderheime geführt wurde. Die Vermögensverwaltung liegt beim Stiftungsamt, der Betrieb des Solbades bei der Verwaltung der städt. Kinderheime.
Der seit Jahren in Stuttgart bestehende deutsch-italienische Klub wird in die Kulturgesellschaft Dante Alighieri eingegliedert. Der Präsident der Kulturgesellschaft Dante Alighieri Sezione Stoccarda ist der italienische Konsul in Stuttgart, Baron Malfatti. Der seitherige Klub-Präsident Heinrich Braun tritt als geschäftsführendes Komiteemitglied ein.
Oberlandesgerichtsrat Karl Thibaut wurde zum Senatspräsidenten beim Oberlandesgericht Stuttgart ernannt.
Der Stuttgarter Maler und Kunstgewerbler Prof. Paul Lang-Kurz stirbt im Alter von 59 Jahren in der Straßenbahn durch Herzschlag.

1.—31. Januar Charlie Rivel gastiert im Friedrichsbautheater.

2. Januar bis 12. Februar Internationale Kämpfe der Berufsringer in der Stadthalle.

JANUAR 1937

3. Januar   Kriminaldirektor Gotthilf Waizenegger wurde zum Leiter des Reichserkennungsdienstes ernannt. Sein Nachfolger als Leiter der Stuttgarter Mordkommission und des Erkennungsdienstes wurde Kriminalrat Hugo Schneider.

4. Januar   Der zum Konsul beim Generalkonsulat der USA in Stuttgart ernannte Hervé J. L'Heureux ist vorbehaltlich der Exequatur-Erteilung durch das Reich innerhalb des Landes Württemberg anerkannt worden.

5. Januar   Carl von Maur, Hofspediteur, Teilhaber und Seniorchef der Firma Paul von Maur, verstorben.

8. Januar   Der Rassehygieniker Prof. Dr. med. Löffler (Königsberg) spricht bei einer Gastvorlesung in der TH über Siedlungsarbeit und Bevölkerungspolitik. Er erklärt, daß »die Überhandnahme fremdartiger Menschen über das arteigene Volk gewissermaßen rassischen Selbstmord« bedeutet.

10. Januar   Erster Eintopfsonntag im neuen Jahr zugunsten des Winterhilfswerkes. Die neue evang. Martinskirche am Eckartshaldenweg wird unter großer Beteiligung der Bevölkerung eingeweiht. Landesbischof D. Wurm hält die Festpredigt. Neuer Stadtpfarrer ist Rudolf Leyers als Nachfolger von Eugen Dipper. Die alte Martinskirche soll für Gemeindeveranstaltungen umgebaut werden.
Harald Kreutzberg tritt in der 6. Morgenfeier der Stuttgarter Tanzbühne auf.
Der Kreis XI Stuttgart des Deutschen Reichsbundes für Leibesübungen hält eine Arbeitstagung ab, an der 267 Vereine mit mehr als 300 Vertretern teilnehmen. In Referaten und Vorträgen erinnern die Redner an den Turnvater Jahn, »der in den Leibesübungen ein politisches Mittel zur Erziehung des Menschen schuf.«

10.—31. Januar   Ausstellung schwäb. und Münchner Künstler in den Räumen des Kunstvereins. Gleichzeitig sind Wettbewerbsarbeiten über den Bau der Reichsautobahn als »Straßen Adolf Hitlers« zu sehen.

11. Januar   Der NS-Kurier nimmt einen Bericht über die Weihnachtsfeier eines Gesangvereins, der »unverständlicherweise ›mit deutschem Sängergruß‹« schließt, zum Anlaß, nachdrücklich auf den Gebrauch des Grußes »Heil Hitler« hinzuweisen.
Generalmusikdirektor Karl Elmendorff leitet das 6. Sinfoniekonzert der Staatstheater in der Liederhalle.

12. Januar   Das Quartetto di Roma spielt in der Liederhalle.

JANUAR 1937

13. Januar Das spanische Konsulat für Württemberg, Hohenzollern, Baden, die Rheinpfalz und das Saarland mit Sitz in Stuttgart wird durch Verfügung der spanischen Regierung aufgehoben und mit dem in München vereinigt.

14. Januar In einer öffentlichen Ratsherrensitzung legt OB Dr. Strölin den Verwaltungsbericht 1936 vor. Er geht u. a. auf die Bedeutung der Erklärung Stuttgarts zur »Stadt der Auslandsdeutschen« ein, auf den Stand der Wirtschaft und dessen Einfluß auf die städt. Finanzen, auf den Rückgang der Arbeitslosigkeit, die Einführung der Deutschen Volksschule mit einheitlichem Unterricht, die Stadtplanung und den Wohnungsbau. Als Aufgaben der Stadtverwaltung innerhalb des Vierjahresplans werden dargelegt: Wegen der allgemeinen Rohstoffknappheit sollen Altmaterial und Hausmüll noch besser verwertet werden. Stuttgart produziert täglich ca. 400 cbm (= etwa 200 000 kg) Müll, der bei Neustadt/Waiblingen abgelagert wird. Verwertbare Abfälle (Metalle, Glas, Gummi, Knochen, Schuhe) sollen künftig Altmaterialhändlern übergeben werden. Der Müll soll als Müllerde der Landwirtschaft zugeführt oder mit chemischen Mitteln weiterverarbeitet werden. Küchenabfälle der Haushalte, die auf 20 000 kg pro Tag geschätzt werden, sollen getrennt eingesammelt und zur Schweinemast verwendet werden. Mit den Abfällen der städt. Kantinen und Krankenhäuser werden gegenwärtig in den städt. Schweinemästereien des Krankenhauses Bad Cannstatt 280 Schweine gefüttert. In der Kläranlage fallen bei der Reinigung von täglich 100 000 cbm Abwasser 4000 cbm Klärgas an. 1000 cbm Klärgas finden als Treibstoff (1 cbm Klärgas entspricht 1 Liter Benzin) für die Kraftfahrzeuge des städt. Fuhramtes Verwendung. Klärgas soll den privaten Lastkraftwagenbesitzern zum Preis von 18 Pfennig pro cbm zur Verfügung gestellt werden. — Angesichts der Bodenknappheit »muß jeder Quadratmeter Boden angepflanzt werden«. Innerhalb des Stadtgebietes sollen 200 000 qm Fläche mit Sonnenblumen bepflanzt und 1000 Nußbäume vom Gartenbauamt in den öffentlichen Anlagen gesetzt werden. — Mit den Gemeinden Uhlbach, Rohracker, Sillenbuch und Heumaden sind Eingemeindungsverhandlungen aufgenommen worden.

15. Januar Die Große Strafkammer des Landgerichts verurteilte einen 49 Jahre alten »Konfektionsjuden« wegen »Verbrechens gegen das Blutschutzgesetz« zu neun Monaten Gefängnis.
Auf der ersten Kreisleitertagung 1937 spricht Gauwirtschaftsberater Walter Reihle im Landtagsgebäude über Maßnahmen zur Durchführung des Vierjahresplans (Altmaterialsammlung, Arbeitseinsatz der älteren Angestellten, Facharbeiternachwuchs, Unterstützung der Exportindustrie, Stärkung des Nährstandes). Der Vierjahresplan »ist nicht Kind der Not oder einmalige Aktion, sondern planmäßiger Schritt zur sozialistischen Wirtschaft«. Gauamtsleiter Adolf Kling stellt den Wert der ehrenamtlichen NSV-Arbeit für die Durchsetzung der nationalsozialistischen Gedankenwelt heraus.

JANUAR 1937

Zum Jahr der Heimbeschaffung und zum Baujahr der HJ findet in der Liederhalle eine Kundgebung statt. Stabsführer Hartmann Lauterbacher empfiehlt, die Finanzierung durch die Gemeinden (Mithilfe der Gemeinden und freiwillige Spenden) und durch Mithilfe des Staates zu sichern. Am Abend findet im Hof der Akademie ein Appell der Stuttgarter HJ-Führer statt mit der Übertragung der Rundfunkrede Baldur von Schirachs, für die im ganzen Reich Gemeinschaftsempfang der HJ angeordnet ist.
Im Kleinen Haus wird das Schauspiel »Der Reiter« von Heinrich Zerkaulen uraufgeführt.
Die Münchner Philharmoniker spielen unter der Leitung von Siegmund von Hausegger in der Liederhalle.

16. Januar Der Landesverband Württemberg und Hohenzollern im Reichsbund deutscher Diplom-Landwirte hält im Hindenburgbau seine Jahrestagung ab. Stellv. Gauleiter Friedrich Schmidt spricht u. a. über die Erziehung zur nationalsozialistischen Gesinnung und die weltanschauliche Schulung des Bauernstandes.
Der Stuttgarter Liederkranz beginnt den Fasching mit dem 112. traditionellen Herrenabend im Konzertsaal der Liederhalle.

16./17. Januar Beim Tag der deutschen Polizei stellen sich im Hof des Neuen Schlosses Schutzpolizei und Feuerwehr mit Schauübungen der Öffentlichkeit vor.

17. Januar Im Großen Haus wird Wagners »Tristan und Isolde« mit dem Gastdirigenten Herbert Albert (Baden-Baden) gegeben.
Im Neuen Schloß wird zur Zeit der künstlerische Nachlaß des Malers August Ludwig Schmitt ausgestellt.
In der Stadthalle wird ein Radländerkampf Deutschland – Holland ausgetragen. Die deutsche Mannschaft gewinnt vor 8000 Zuschauern mit 47:27 Punkten.
In der Zuckerfabrik Münster (Südd. Zuckerwerke Stuttgart-Bad Cannstatt) brennt der große Lagerschuppen nieder.

18. Januar Im Gebäude Schwabstraße 106 (Ecke Lerchenstraße) wird das Postamt 19 als Zweigpostamt des Postamts Stuttgart 1 in Betrieb genommen. Gleichzeitig wird die Poststelle Stuttgart 1 F im Gebäude Johannesstraße 102 aufgehoben.
Die Verlagsbuchhandlung Ferdinand Enke feiert dieser Tage ihr 100jähriges Bestehen.

19. Januar Der Don-Kosaken-Chor mit Serge Jaroff gibt ein Konzert in der Liederhalle.
Jahresversammlung der Betriebswanderwarte der Kreisdienststelle Stuttgart der NS-Gemeinschaft Kraft durch Freude im Hindenburgbau. Gauwanderwart Weber berichtet,

JANUAR 1937

daß Württemberg der beste Gau des Reiches im Betriebswandern ist: 1936 haben 118 407 Personen an 2275 Wanderungen teilgenommen.
Prof. Dr. Otto Schmitt hält an der TH seine Antrittsrede über »Mittelalterliche Werkgemeinschaft — Meister und Werkstatt in der Deutschen Bildhauerkunst des 13. Jahrhunderts«.

20. Januar Die Bevölkerung wird vom NS-Kurier aufgefordert, »sich vom Juden fernzuhalten und seinen Einfluß auszuschalten«. Auch wenn die Frage des jüdischen Kassenarztes noch nicht endgültig gelöst sei, bedeute das nicht, daß erst gesetzliche Regelungen abgewartet werden können. Die »Einheit von Arzt und Volk« sei durch den Nationalsozialismus wiederhergestellt. Die Frage der Arztwahl sei mehr als jede andere eine Vertrauensfrage. Ein Vertrauensverhältnis zwischen Juden und Deutschen sei aber nicht möglich. Wer also nach wie vor einen jüdischen Arzt aufsuche, beweise damit nicht nur sein mangelndes völkisches Sauberkeitsempfinden, sondern auch seine Absicht, dem Wollen des Nationalsozialismus auf gesundheitlichem Gebiet nicht zu folgen. Es wird auf Urteile von Arbeitsgerichten aufmerksam gemacht, die das Recht des Betriebsführers festlegten, ein Gefolgschaftsmitglied, das jüdische Ärzte bevorzuge, zu entlassen.
Deutsche Arbeitsfront und NS-Gemeinschaft Kraft durch Freude geben in Verbindung mit dem Landesorchester ein Konzert in der Liederhalle. Die Leitung hat Alois Melichar (Berlin), Solist am Klavier ist Willy Stech (Berlin).
Klavierabend von Edwin Fischer in der Liederhalle.
Im Landesgewerbemuseum wird eine Gedächtnisausstellung des Architekten und Malers Gustav Halmhuber gezeigt.
Der Gauwart der NS-Gemeinschaft Kraft durch Freude, Fritz Mader, wurde zum Gauobmann der NS-Kulturgemeinde ernannt. Damit besteht Personalunion zwischen KdF und Kulturgemeinde im Gau Württ.-Hohenzollern.

22. Januar Roland Strunk, Kriegsberichterstatter und Sonderberichterstatter des Völkischen Beobachters in Spanien, spricht in der Stadthalle über das Wesen des Bolschewismus.
Dr. Hermann Zeller, ehemals Direktor des Statistischen Landesamts, Präsident des evang. Konsistoriums, verstorben.

22.—26. Januar 40 chilenische Studenten und 8 Professoren besuchen auf ihrer Deutschlandfahrt Stuttgart. Die Gäste besichtigen in Stuttgart die TH, Industrieanlagen, Siedlungen sowie die in Bau befindliche Autobahn am Drackensteiner Hang und die Autobahnbrücke im Sulzbachtal.

23. Januar Das NS-Kraftfahrerkorps wird, wie in allen großen Städten des Reiches,

zum erstenmal als Verkehrserziehungsdienst eingesetzt. An verkehrsreichen Plätzen und Straßen werden Fußgänger, Radfahrer und Kraftfahrer, die gegen die Verkehrsregeln verstoßen, von den Posten des NSKK belehrt. Diese haben zwar keine polizeilichen Befugnisse und dürfen auch nicht gebührenpflichtig verwarnen, doch die Verkehrsteilnehmer müssen den Anweisungen der Verkehrserziehungsposten Folge leisten.
Die Oper »Rembrandt van Rijn« wird im Großen Haus uraufgeführt. Der Komponist, Paul von Klenau, hielt hierzu am 12. Januar im Marquardt-Hotel einen Vortrag; bei der zweiten Aufführung am 26. Januar ist er in Stuttgart anwesend.

24. Januar Jahrestagung der Deutschen Arbeitsfront Gau Württ.-Hohenzollern in der Stadthalle. Der Mitgliederstand ist 1936 auf 701 313 angewachsen. Außer dem Treuhänder der Arbeit Südwest, Dr. Kimmich, spricht Reichsstatthalter Murr. Am Nachmittag findet durch die Straßen der Stadt ein Propagandamarsch der DAF-Funktionäre, der Werkscharen, der DAF-Mitglieder und der DAF-Bereitschaften und ein Vorbeimarsch vor dem Neuen Schloß statt. In der Stadthalle wird ein Bunter Nachmittag veranstaltet, an dem laut NS-Kurier 10 000 Menschen teilnehmen.
Der Herbert-Norkus-Platz (zwischen Hasenberg-, Bismarck- und Elisabethenstraße) wird mit einer Feierstunde eingeweiht.
Mary Wigman tanzt in der Morgenfeier der Stuttgarter Tanzbühne im Schauspielhaus.
Im Kursaal halten die Kübler ihre erste diesjährige Karnevalsitzung.

25. Januar Einsetzung von 50 NSV-Schwestern im Krankenhaus Bad Cannstatt. OB Dr. Strölin bemerkt in seiner Rede, daß die Entscheidung über den Antrag, in diesem Hause NSV-Schwestern anzustellen und die hiesige Krankenpflegeschule der Ausbildung von NSV-Schwestern vorzubehalten, auch dem Wunsche der Leitung der evang. Diakonissenanstalt Stuttgart entgegenkam, die hier tätigen Diakonissen abzulösen und sie anderweitig einzusetzen, und ihm dadurch erleichtert worden sei. Der OB dankt für die Arbeit der Diakonissen, die in diesem Hause 55 Jahre lang gewirkt haben. Die seit Jahrzehnten am Krankenhaus vorhandene staatliche Krankenpflegeschule ist nunmehr ganz der NSV-Schwesternschaft und der Ausbildung von NSV-Schwestern überlassen.
Hauptschriftleiter Karl Overdyck vom Stuttgarter NS-Kurier, zugleich Leiter des Landesverbandes Württemberg im Reichsverband der Deutschen Presse, veranstaltet im Oberen Museum einen Kameradschaftsabend der württ. Presse. Er schildert die Aufgaben des Schriftleiters im neuen Deutschland, »die trotz oft mangelnden Verständnisses in der Öffentlichkeit nie erlahmende Begeisterungsfähigkeit und Disziplin erfordern«. Der stellv. Gauleiter und Leiter der Landesstelle Württemberg des Propagandaministeriums, Friedrich Schmidt, bemerkt zur gleichgeschalteten Presse, wenn da und dort von einer Vertrauenskrise gesprochen werde, wenn eine Uniformierung der Presse getadelt werde, so sei dies nicht tragisch zu nehmen. Mit Selbstverständlichkeit ergebe sich eine gewisse

JANUAR 1937

Gleichmäßigkeit schon allein aus der Tatsache, daß es nur noch eine einzige politische Meinung, eine einzige Weltanschauung im deutschen Volk gebe.
Elly Ney spielt in der Liederhalle.
Prof. Emil Veesenmeyer von der TH, 1925/26 Rektor, ist auf eigenen Antrag von seinen Pflichten entbunden worden.
Am frühen Morgen bildet sich durch gefrierenden Regen Glatteis, das den Straßenverkehr zum Erliegen bringt.

26. Januar Der NS-Kurier berichtet im Hinblick auf die bevorstehende Eingliederung der deutschen Jugend in die Staatsjugend: Am 1. Juni 1936 waren 85,37 % der Jugendlichen in der HJ. Unter den Schülern und Schülerinnen der höheren, der Handels- und der Volksschulen waren es 95,5 %. Die Verhältnisse in Stuttgart entsprechen dem Landesdurchschnitt. Das Gesetz über die Staatsjugend »kommt also nicht verfrüht«, sondern ist »natürlicher Abschluß einer selbständigen Entwicklung«.
Nachdem erst kürzlich der NS-Kurier moniert hatte, daß die Zuschrift eines Gesangvereins »mit deutschem Sängergruß« unterzeichnet war, wird eine Einladung des Kath. Stadtpfarramtes St. Fidelis (Stuttgart) zu einem religiösen Einkehrtag für junge Männer, die »mit katholischem Gruß« schließt, scharf gerügt. Für ganz Deutschland gelte der deutsche Gruß, ganz gleich, ob es sich um konfessionelle Dinge handelt oder nicht. »Wer gegen solche Selbstverständlichkeiten mit nicht zu verhehlender Absicht verstößt, wer in dieser geradezu provokatorischen Art ein Rundschreiben schließt, der muß es sich wohl auch gefallen lassen, daß wir ihn zu ›den anderen‹ rechnen.«
Heinrich Schlusnus gastiert mit einem Liederabend in der Liederhalle.
Herbert Albert wurde zum Generalmusikdirektor der Württ. Staatstheater ernannt. Damit ist ein Interim in Stuttgart beendet.

27. Januar Erstaufführung des Films »Fridericus« im Universum in Anwesenheit des Hauptdarstellers Otto Gebühr.

28. Januar Die Gruß-Frage beschäftigt auch den heutigen NS-Kurier: »Gewisse Kreise mißachten bewußt die Symbolik des deutschen Grußes. Dem Beispiel der kath. Gemeinde St. Fidelis hat sich nun auch die evangelische Petrusgemeinde angeschlossen. Auch sie schließt ihre Einladungen ›mit evangelischem Gruß‹. Der NS-Kurier fragt: Wollen auch sie zu den anderen gerechnet werden?«
Der 110 ha große Hirschpark beim Bärensee, bisher mit etwa 20 Rehen und 4 Stück Damwild besetzt, erhält Rotwild aus der Romintener Heide. Ein weiterer Rothirsch aus Rominten wird am 28. März geliefert.

29. Januar Arbeitstagung der Kreisfrauenschaftsleiterinnen. Gaufrauenschaftsleiterin

FEBRUAR 1937

Anny Haindl spricht über die für das Frühjahr geplante Großausstellung Frauen am Werk. Die Errichtung einer weiteren Führerinnenschule im Gau Württemberg wird angekündigt.
In Berlin wird der Vertrag über die Reichsgartenschau 1939 zwischen Reichsminister und Reichsbauernführer Darré und OB Dr. Strölin unterzeichnet.
Der württ. Brucknerbund und die NS-Kulturgemeinde veranstalten ein Konzert in der Liederhalle. Josef Pembaur und Carl Leonhardt sind die beiden Klaviersolisten.

30. Januar Zum 4. Jahrestag der Machtübernahme werden Vorkehrungen getroffen, um alle Volksgenossen zu veranlassen, die Rede Hitlers im Reichstag zu hören. Alle Geschäfte bleiben von 13—16 Uhr geschlossen. Die Arbeitszeiten in Bäckereien, Gaststätten, Brotfabriken usw. werden geändert. Die Rede wird auf dem Marktplatz durch Lautsprecher übertragen. Für die Landes- und Gemeindebehörden ist Gemeinschaftsempfang angeordnet. In den Schulen werden keine Unterrichtsstunden erteilt, sondern Feiern begangen, um die Schüler »auf die Bedeutung des Gründungstages des Dritten Reiches hinzuweisen«. Am Abend veranstalten die Parteigliederungen und angeschlossenen Verbände Fackelzüge.
Wie der Schwäb. Merkur berichtet, hat sich die Schülerzahl der katholischen Bekenntnisklassen im Lauf des Jahres 1936 immer mehr vermindert. In Stuttgart (mit allen Vororten) gäbe es nur 57 Schüler, deren Eltern die Einschulung in eine kath. Bekenntnisschule wünschten. Damit wäre hier nur eine einklassige kath. Bekenntnisschule übrig geblieben. Um einen »geordneten Schulbetrieb« zu gewährleisten, mußte diese Einklassenschule aufgehoben werden. Jetzt gibt es in Stuttgart nur noch Klassen der Deutschen Volksschule.
Dem zum tschechoslowakischen Konsul in Stuttgart ernannten Emanuel Dyk ist das Exequatur erteilt worden.

31. Januar Auf dem Platz des abgebrochenen, früher von Schwestern bewohnten Baues des Karl-Olga-Krankenhauses in der Schwarenbergstraße, ist eine neue Mutterhaus- und Krankenhauskapelle errichtet worden. Die Festpredigt zur Einweihung der Theodor-Fliedner-Kapelle hält Stadtdekan Dr. Lempp.
Im Kleinen Haus wird das Schauspiel »Versprich mir nichts« von Charlotte Rissmann zum erstenmal aufgeführt.
Die Karnevalsgesellschaft Möbelwagen feiert in der Liederhalle unter der Leitung des neuen Präsidenten Karl Götz ihren 40. »Geburtstag«. Willy Reichert als Faschingsprinz erntet großen Beifall.

1. Februar Fred Endrikat vom Simpl in München gastiert in der ersten Februarhälfte an der Stuttgarter Kleinkunstbühne Excelsior.

FEBRUAR 1937

1.—6. Februar Propagandawoche der schwäb. HJ für den Landdienst. Der Landdienst ist zu unterscheiden vom Landjahr und von der Landhilfe. Mit ihm wird der Versuch unternommen, die Jugend der Städte für dauernd auf dem Lande zu beschäftigen.

1. Februar bis 7. März Als Beitrag zum Winterhilfswerk veranstalten die dem NS-Studentenbund angehörigen Schüler der Akademie der bildenden Künste eine Ausstellung in den Räumen des Württ. Kunstvereins.

2. Februar Der NS-Kurier weist in einem längeren Artikel auf eine besondere »Erbärmlichkeit und Charakterlosigkeit« hin. Die Frau eines Direktors eines städt. Werkes in der Umgebung Stuttgarts, die namentlich nicht genannt wird, wurde beobachtet, wie sie in dem »unschönen, unförmigen Koloß des jüdischen Kaufhauses Schocken« Waschseife kaufte. Der NS-Kurier prangert dieses als ein »aus der Reihe tanzen« aus der Volksgemeinschaft an.

3. Februar Mit einem »streng vertraulichen« Erlaß des württ. Wirtschaftsministers setzt die Erfassung des jüdischen Vermögens ein.
Der Landesverband Württemberg im Volksbund für das Deutschtum im Ausland veranstaltet in der Liederhalle ein volksdeutsches Trachtenfest zugunsten des Winterhilfswerks für das Auslandsdeutschtum.
Die Wache des 16. Polizeireviers wird von der Wolframstraße 63 in das Gebäude Heilbronner Straße 85 verlegt.
Der Stuttgarter Maler Walter Österle stellt sich im Kunsthaus Fischinger mit Arbeiten aus den letzten drei Jahren vor.

5. Februar Die Reichsregierung reglementiert den Verkauf von Fett (Butter, Schmalz, Speck, Talg) im Einzelhandel, »um die Fettversorgung auch bei vorübergehenden Verknappungen in geordneten Bahnen zu halten und die vorhandenen Bestände in gerechter Weise zu verteilen«. Alle Haushalte und Gaststättenbetriebe werden in Haushalts- und Betriebsnachweisen erfaßt. Mit diesen Nachweisen lassen sich die Käufer beim Einzelhändler in eine Kundenliste eintragen. Der Händler darf Fett nur noch an solche Personen verkaufen, die bei ihm in der Kundenliste stehen.
68 % aller Stuttgarter Haushaltungen besitzen Rundfunkgeräte gegenüber einem Durchschnitt von 45 % in Deutschland, wie der Schwäb. Merkur berichtet. Reichssendeleiter Hadamovsky (Berlin) führt das auf bessere Einkommensverhältnisse zurück; Württemberg gehöre zu den wirtschaftlich am besten gestellten deutschen Gauen.
Ein 56jähriger, der wegen dreifachen Mordes vom Schwurgericht Ravensburg am 30. Oktober 1936 zum Tode verurteilt wurde, wird in Stuttgart hingerichtet. Er hatte seine Ehefrau und die beiden Kinder seiner Geliebten aus Eifersucht vergiftet.

5.–7. Februar In Massenversammlungen der NSDAP wollen die Parteiredner »die Parolen der Aufklärung dem ganzen deutschen Volk unermüdlich einhämmern«.

6. Februar Der NS-Kurier stellt an das Kath. Sonntagsblatt die Frage, ob sich »diese Kreise, die die klerikale Geschichtsauffassung so dienstfertig verteidigen, bewußt außerhalb der Volksgemeinschaft bewegen wollen« (die Drittordensgemeinde Groß-Stuttgart hatte ein Rundschreiben an die Terziaren mit den Worten geschlossen: »Mit herzlichem Terziarengruß! Bruder Franz«).
Das neue Volksheim Steinhaldenfeld wird von OB Dr. Strölin seiner Bestimmung übergeben.

6./7. Februar 5. Reichsstraßensammlung für das Winterhilfswerk.

7. Februar Einen Höhepunkt unter den mehr als 20 großen Faschingsveranstaltungen der Vereine und Karnevalsgesellschaften bildet der Faschingsumzug durch die Straßen Stuttgarts. Hunderttausende von Zuschauern sind — nach dem Bericht des Schwäb. Merkurs — auf den Beinen. Nie zuvor soll der Zustrom so stark gewesen sein, vor allem auch aus dem Umland.
Gustav Himmel, Ministerialrat im Innenministerium, wurde zum Präsidenten des württ. Verwaltungsgerichtshofes ernannt. Er löst Dr. Robert Held ab, der wegen eines Unfalls in den Ruhestand geht.

8. Februar Kultminister Mergenthaler beruft die Mitglieder der Württ. Kommission für Landesgeschichte; Vorsitzender der Kommission wird Staatsarchivdirektor Dr. Hermann Haering.
Hans Müller-Palm, Verlagsdirektor des Stuttgarter Neuen Tagblatts, verstorben.

9. Februar Dieser Tage hat eine Budapester Kommission, bestehend aus drei Ärzten und einem Architekten unter Führung des Chefarztes des Krankenhilfsfonds der Ungarischen Staatsangestellten, der Strahlenabteilung und der neuen HNO-Abteilung des Katharinenhospitals einen Besuch abgestattet. Da Budapest ein neues Krankenhaus bauen will, wollte die Kommission die neuen Einrichtungen kennenlernen.
Das Bischöfliche Ordinariat gibt die Ernennung von Caritasdirektor Dr. Straubinger zum »kirchlichen Sozialbeauftragten für die Fragen des Arbeitsrechts in den caritativen Anstalten« bekannt.
Der Stadtpfarrer für den 3. Bezirk der Stiftskirche, Karl Gutbrod, ist von Prälat Schrenk in sein Amt eingesetzt worden.
Der Organist und Kantor Hugo Distler wurde zum Nachfolger von Prof. Dr. Holle als Lehrer für Musiktheorie und Chorwesen an der Hochschule für Musik ernannt.

FEBRUAR 1937

10. Februar   Orgelabend von Hans-Arnold Metzger, Organist zu St. Andreas (Eisleben), im Konzertsaal der Hochschule für Musik.

11. Februar   Im Großen Haus leitet Clemens Krauß als Gastdirigent eine Aufführung der »Arabella«.
Im 4. Volkssinfoniekonzert des Landesorchesters unter der Leitung von Martin Hahn stellt sich der Stuttgarter Geiger Sigmund Bleier als Solist erstmals vor.

12. Februar   Arbeitstagung des NS-Führerkorps des Kreises Stuttgart. Kreisleiter Mauer gibt die organisatorischen und propagandistischen Richtlinien und Pläne für die kommenden Monate bekannt. Gauwirtschaftsberater Reihle referiert über den zweiten Vierjahresplan, Gauhauptstellenleiter Fritz Gissibl über das Auslanddeutschtum. Im Verlauf seiner Rede zieht er »die zwingende Folgerung zu restlosem, vernichtendem Kampf, zur uneingeschränkten Ablehnung alles Jüdischen.«
Der 2. Nachtragshaushalt für 1936 wird festgesetzt und bekanntgemacht. Der ordentliche Haushalt erhöht sich um 2,2 Mio. RM auf 149 Mio. RM. Der außerordentliche Haushalt erhöht sich von 26,7 Mio. RM (einschließlich des 1. Nachtragshaushaltplans vom 21./22. September 1936) auf 29,3 Mio. RM.
Die Siedlungsgenossenschaft der Kriegsbeschädigten eGmbH Stuttgart ist aufgelöst worden.

13. Februar   OB Dr. Strölin eröffnet die Lehrwerkstätte in der ehemaligen Arnoldschen Spinnerei in Mühlhausen, nachdem der Betrieb in den einzelnen Abteilungen seit 1935 nach und nach aufgenommen wurde. Das Ziel der Lehrwerkstätte ist die Umschulung von Arbeitslosen auf Berufe im Metallgewerbe, in denen ein steigender Bedarf herrscht. Da die ersten Umschulungskurse für Stuttgarter Arbeitslose in der Gewerbeschule Zuffenhausen erfolgreich waren, werden auch Arbeitslose aus den Notstandsgemeinden Pforzheim, Saarbrücken, Saarlautern und Idar-Oberstein unterrichtet. Die Lehrwerkstätte hat die vier Abteilungen Motorenbau, Kurbelwellenbau, Schweißerei und Blechbearbeitung.
Der Landesbeauftragte für Naturschutz, Prof. Dr. Hans Schwenkel, wurde vom Kultminister mit der Leitung der neu gebildeten Vogelschutzwarte Stuttgart-Hohenheim beauftragt.

13. Februar bis 14. April   Das Kunsthaus Schaller zeigt Bilder des vor 10 Jahren gestorbenen Malers Christian Landenberger.

14. Februar   Eintopfsonntag.
Auf der Hauptversammlung der Brauerei Wulle AG wird berichtet, daß sich der Ver-

FEBRUAR 1937

lustvortrag bei einem Reingewinn von 34590 RM auf 704414 RM vermindert habe. Die Tochtergesellschaft Württ. Grundstücksgesellschaft wurde aufgelöst und ihr Vermögen auf die Wulle AG übertragen. Von den Gesamtverpflichtungen der AG sind in den letzten fünf Jahren rund 2 Mio. RM getilgt worden. Eine Dividende kann auch in diesem Jahr nicht gezahlt werden.
Im Großen Haus wird Donizettis »Regimentstochter« in einer Neuinszenierung gespielt.
Ein 0:0 gegen den Stuttgarter Sportclub genügt dem Tabellenführer VfB Stuttgart, um Fußball-Gaumeister von Württemberg zu werden.
Landesbischof Wurm hat Stadtdekan Dr. Lempp die Amtsbezeichnung eines Prälaten verliehen.
Ludwig Häußermann, der Ehrenobermeister der Stuttgarter Metzgerinnung und Ehrenmeister des württ. Handwerks, verstorben.

14.—21. Februar Der Stuttgarter Kantatenchor und das Stuttgarter Kammerorchester veranstalten unter der Leitung von August Langenbeck eine Buxtehude-Festwoche.

15. Februar Von jetzt an ist in der Metallindustrie jeder Wechsel des Arbeitsplatzes auch innerhalb des gleichen Arbeitsamtsbezirks zustimmungspflichtig.
In einem Schreiben der Ministerialabteilung für die höheren Schulen an die Leiterin der privaten kath. Mädchenrealschule St. Agnes heißt es u. a.: »Die Erziehung der Jugend in der Schule ist eine der wichtigsten Aufgaben des Staates. Privatschulen haben deshalb im nationalsozialistischen Staate nur dort eine Berechtigung, wo die Unterrichtsverwaltung ein Bedürfnis anerkennt. Ein Bedürfnis für die Errichtung und Weiterführung von Privatschulen kann an den Orten nicht anerkannt werden, an denen öffentliche Schulen gleicher oder ähnlicher Art in hinreichender Zahl und mit ausreichenden Klassenräumen vorhanden sind oder errichtet werden. Nach diesen allgemeinen Grundsätzen des Kultministeriums kann ein Bedürfnis für die Weiterführung der priv. kath. Mädchenrealschule St. Agnes nicht anerkannt werden, da in Stuttgart öffentliche Mädchenrealschulen in hinreichender Zahl zur Verfügung stehen oder gegebenenfalls zur Verfügung gestellt werden. Es ist deshalb mit der Entziehung der Genehmigung zur Weiterführung der Schule zu rechnen.«
Das Hausgehilfinnenheim der Deutschen Arbeitsfront in der Weimarstraße 39 wird von Gauleiter Murr und seiner Frau Lina, die die Schirmherrschaft übernommen hat, eingeweiht. In seiner Rede behauptet Murr, daß in diesem Haus kein konfessioneller Geist herrschen dürfe wie in den sogenannten »Dienstmädchenheimen«.
Ludwig Hoelscher (Cello) ist der Solist beim 7. Sinfoniekonzert in der Liederhalle.
Die Lufthansa hat eine neue Linie Stuttgart — Marseille — Lissabon mit drei Flügen wöchentlich in Betrieb genommen. Stuttgart steht mit täglich 24 Abflügen und Landungen an 7. Stelle der Flughäfen in Deutschland.

FEBRUAR 1937

Das Bankhaus Ellwanger & Geiger feiert das 25jährige Bestehen.
Dr. Willy Speidel tritt sein Amt als Direktor der Technischen Werke an.
Oberstaatsanwalt a. D. Hermann Cuhorst verstorben. Er war durch eine Reihe von Simplicissimus-Prozessen und »sein entschiedenes und mutiges Auftreten im Kampf gegen Schmutz und Schund« auch über Württemberg hinaus bekanntgeworden.
Heinrich Knauß, der letzte Bürgermeister von Obertürkheim, verstorben.

15./16. Februar Tagung der Arbeitsgemeinschaft zur Förderung des Arbeiterwohnstättenbaus im Saal des Stadtgartens. Neben Fachvorträgen stehen Besichtigungsfahrten zu Siedlungen in Bietigheim und in Stuttgart auf dem Programm.

16.—28. Februar Claire Waldoff tritt im Friedrichsbautheater auf.

17. Februar Nach wiederholten Meldungen im NS-Kurier, daß Stadt- und Gemeindeverwaltungen jüdische Viehhändler von den Viehmärkten ausgeschlossen haben bzw. sie ausschließen werden, fordert ein »Ortsbauernführer aus Groß-Stuttgart« in einem Leserbrief die Ausschließung der Juden vom Viehmarkt auch in Stuttgart. Bedauerlicherweise gebe es immer noch eine »Judensympathie« unter den Bauern.

17./18. Februar Zweiter Landesbauerntag des Gaues Württ.-Hohenzollern. Landesbauernführer Arnold erwähnt in seiner Begrüßungsrede die nationalsozialistischen Agrargesetze, »denen es zu danken sei, daß der Bauer heute unter einem Recht lebe, das er sich selbst aus seinem blutsmäßig gebundenen Denken als deutscher Bauer gab«. Alexander Freiherr von Wrangell, Hauptabteilungsleiter I der Landesbauernschaft, spricht über »das große Ziel der erbbiologischen Durchleuchtung unseres Volkskörpers durch Schaffung eines bäuerlichen Sippenbuches«. Zum Abschluß des Bauerntags kommen 10 000 Bauern und Bäuerinnen in die Stadthalle. Reichsstatthalter Murr erklärt zur internationalen politischen Lage: »Es ist ... vollkommen falsch, von einem kommenden Krieg zu reden, da Deutschland in seiner Kraft und Stärke ein machtvolles Bollwerk des Friedens ist.« Die Bauern sollten draußen im Lande mitwirken, daß die falsche und verderbliche Kriegspsychose ein Ende nimmt. Zu kirchlichen Fragen sagt er: »Es ist uns Nationalsozialisten ernst mit absoluter Toleranz ... Der Nationalsozialismus tritt überall für die Gewissensfreiheit ein. Er wird aber keine Freiheit dulden, die der Existenz des Volkes schadet.« Murr äußert weiter, daß sich immer mehr Vereinigungen und Gesellschaften dagegen wenden, das Vieh zu versichern, das von Juden gekauft ist.

18. Februar Reichsorganisationsleiter Dr. Ley besucht mit italienischen Gästen Stuttgart.

FEBRUAR 1937

In den Württ. Staatstheatern stehen Personalveränderungen an: Staatskapellmeister Richard Kraus geht mit Beginn der neuen Spielzeit als Generalmusikdirektor nach Halle, der Chefdramaturg und erste Spielleiter Erich Alexander Winds geht als Intendant nach Mönchengladbach und Rheydt.
Der 14jährige Geiger Walter Barylli (Wien) gibt ein Konzert in der Liederhalle.

19. Februar Die Stadtverwaltung Stuttgart überläßt der Gauamtsleitung Württemberg der NSV kostenlos das Kinderferienheim Hallbergerhaus in Kreßbronn als NSV-Jugenderholungsheim. Das Heim wird am 1. März wieder eröffnet und mit 120 erholungsbedürftigen Mädchen aus Köln, Danzig und Stuttgart belegt.
Auf einer Versammlung der Kreishandwerkerschaft weist Reichsinnungsmeister und Kreishandwerksmeister Kaiser darauf hin, daß das Stuttgarter Handwerk, in 47 Innungen mit etwa 11 000 Mitgliedern organisiert, wirtschaftlich weit über dem Reichsdurchschnitt stehe.
Die NS-Kulturgemeinde feiert in der Liederhalle den »Vorkämpfer des nationalsozialistischen Liedes«, den Stuttgarter Komponisten Hans Gansser. Reichskultursenator Gerhard Schumann überreicht ihm einen goldenen Lorbeerkranz.
Claudio Arrau (Klavier) und Hermann Hubl (Violine) geben im Haus des Deutschtums drei Sonatenabende (19., 23., 27.).
Württ. Gaumeisterschaften im Amateurboxen in der Stadthalle.

20. Februar Ein Sonderkommando des SS-Totenkopfverbandes Oberbayern aus Dachau kommt nach Stuttgart. Es hat die Aufgabe, die Ehrenwache bei Gauleiter Murr und verschiedene Sicherheitswachen zu stellen.
Daimler-Benz zeigt auf der deutschen Automobil-Ausstellung in Berlin das Modell 170 V aus dem Jahre 1936 mit geringen Veränderungen sowie den neuen Typ 320 und den Kompressortyp 540 K, der eine Geschwindigkeit von 170—180 km/h erreicht.
Im Kleinen Haus werden die Thoma-Stücke »Waldfrieden«, »Lottchens Geburtstag« und »Die Brautschau« in neuer Inszenierung aufgeführt.
Die Sängerin Gina Van de Veer (Chikago) und das Wiener Philharmonische Streichquartett gastieren in der Liederhalle.
Der Textilindustrielle Dr. jur. h. c. Heinrich Blezinger verstorben.

21. Februar Zum Heldengedenktag treten Truppen der Garnison Stuttgart und Abordnungen der Gliederungen der NSDAP und zahlreicher Verbände im Hof des Neuen Schlosses zu einer Gedenkfeier an. Nach einer Ansprache von General Geyer erfolgt der Vorbeimarsch der Truppen. In Stuttgart, Bad Cannstatt und Fellbach werden Militärgottesdienste beider Konfessionen abgehalten und auf dem Waldfriedhof, im Heeresmuseum und an den Kriegerdenkmälern Kränze niedergelegt.

FEBRUAR 1937

Unter dem Vorsitz von OB i. R. Dr. Lautenschlager hat die Hauptversammlung der Schloßgartenbau AG Stuttgart der Vermögens- und Erfolgsrechnung über das abgelaufene Geschäftsjahr zugestimmt. Aus 64 183 (61 571) RM Reingewinn wird wieder eine Dividende von 2 % ausgeschüttet.
Der Komponist Prof. Paul Graener leitet die Aufführung seiner Oper »Der Prinz von Homburg« im Großen Haus.
Liederabend von Julius Patzak (München) in der Liederhalle. An diesem Wochenende finden nicht weniger als acht Konzerte statt.
Die Evang. Gesellschaft hat Stadtdekan Prälat Dr. Lempp zu ihrem Vorstand gewählt. Er hat die Vorstandschaft nach dem Tod des letzten Vorstandes, Ministerialdirektor Dr. Fischer, schon 2$^{1}/_{2}$ Jahre stellvertretend geführt.

22. Februar Der Stuttgarter Pianist Gerhard Eucken spielt in der Liederhalle.
Dekan a. D. August Kübler verstorben.

24. Februar Der stellv. Leiter des Stadtplanungsamtes, Oberbaurat Dr.-Ing. Friedrich Scholl, hält im Auftrag des Bundes für Heimatschutz in der TH einen Vortrag über städtebauliche Gestaltung und Altstadtsanierung. Er spricht Fehler der Vergangenheit an beim Bebauen der Hänge, so die Verunstaltungen der Dächer durch Dachwohnungen oder die aufgestelzten Bauten an Hanglagen wie in der Robert-Mayer-Straße. Bei der Altstadtsanierung sei eine Veränderung der Struktur der Innenstadt unvermeidlich, um dem Verkehr gerecht zu werden und die Parkplatz- und die Raumnot der Behörden zu beheben. Neue Siedlungen sollen künftig als gemischte Siedlungen mit Volkswohnungen, Eigenheimen und Einliegerwohnungen errichtet werden. Auf dem Palmschen Gelände in Mühlhausen soll eine solche Siedlung entstehen.
Das Staatstheater bringt eine neue Ballettaufführung mit Werken von Gluck, Klenau und Rimski-Korssakow. Die Leitung hat Otto Winkler, die Tanzeinstudierungen besorgte Lina Gerzer.
Das Kölner Kammer-Sinfonie-Orchester konzertiert unter der Leitung von Erich Kraack in der Liederhalle.
Der Wiener Geiger Karl von Baltz spielt, begleitet von Otto Sonnen am Flügel, in der Hochschule für Musik.

25. Februar Der NS-Kurier greift in der Diskussion um eine neue Rennstrecke einen Vorschlag von Dipl.-Ing. Bernhard Schautz aus dem Jahr 1927 auf. Man solle die Rennstrecke in den früheren Schwarzwildpark verlegen, den Schwarzwildpark zu einem Volkspark umgestalten und damit die Rennen auf der 7 bis 8 km langen Strecke ermöglichen. Das Schwarzwildparkgelände habe den Vorteil, daß es noch näher bei Stuttgart liegt, die fünf Anmarschstraßen auch den stärksten Andrang bewältigen können, daß es landschaftlich schön sei und das Gelände alle renntechnischen Schwierigkeiten wie zahlreiche Kurven und lange Geraden zulasse.

Die vom OB neu berufenen Beiräte für auslandsdeutsche Angelegenheiten — elf Vertreter der NSDAP, der HJ, des Kultministeriums, des Deutschen Ausland-Instituts, des Verbandes für das Deutschtum im Ausland und einige Ratsherren — halten ihre erste Sitzung ab. Erörtert wird ein »Auslanddeutscher Katechismus«, der in Frage und Antwort die Auslanddeutschen über die »Stadt der Auslanddeutschen« unterrichten soll. Eine Unterscheidung zwischen Volksdeutschen (Deutsche im Ausland mit fremder Staatsangehörigkeit) und Auslanddeutschen (Reichsdeutsche, die im Ausland leben) wird nicht gemacht. Schwierigkeiten ergeben sich bei der Formulierung, da geprüft werden muß, »was das Ausland erfahren dürfe oder nicht«.

26. Februar Der NS-Kurier nimmt in einer Lokalglosse die Einladung der »Zionistischen Ortsgruppe Stuttgart« zu einem fröhlichen Abend während des Purimfestes zum Anlaß, sich »gegen verantwortungslose Hetzer und notorische Lügner im Ausland« zu wenden und behauptet, »daß es den Mitgliedern der Zionistischen Ortsgruppe in Stuttgart und damit den Juden doch nicht so schlecht und traurig in Deutschland gehen kann, wie es jene ausländischen Blättchen gerne haben möchten. Denn richtige Purimlaune ist ja bei den Juden auch noch im nationalsozialistischen Deutschland möglich!«

27. Februar Die Stadt Stuttgart will die Aufklärung über die Bevölkerungs- und Rassenpolitik dadurch fördern, daß sie allen Gefolgschaftsmitgliedern, die mit diesen Aufgaben befaßt sind, gründliche Kenntnisse vermittelt. Für die Beamten und Angestellten des Wohlfahrts-, des Gesundheits-, des Standes-, des Wohnungs- und Siedlungsamts sowie der Fürsorgeanstalten wird ein Lehrgang durchgeführt. In der Vortragsreihe wird über statistische Grundlagen der Bevölkerungspolitik, Vererbungslehre, Erbbiologie und über Rassenpolitik referiert.

Immer mehr stillgelegte Fabrikschornsteine verschwinden aus dem Bild der Stadt: Die Technische Nothilfe sprengt auf dem Gelände der Verbrauchergenossenschaft den Schornstein der früheren Klotzschen Fabrik zwischen Wolfram- und Friedhofstraße.

Im 5. und letzten Konzert der NS-Gemeinschaft Kraft durch Freude und der Deutschen Arbeitsfront in dieser Saison dirigiert Alois Melichar das Landesorchester. Als Solisten wirken mit Herbert Ernst Groh (Tenor), Hilde Szepan (Sopran) von der Staatsoper Berlin und Walter Schneiderhan (Violine) vom Landesorchester Stuttgart.

Tagung der Stuttgarter Sänger in der Liederhalle. Kreisführer Gustav Kuhnle begrüßt Vertreter von 136 Vereinen. Kreisschriftwart Ganzmüller führt aus, daß Vereine unter 50 Sängern nicht mehr selbständig weiterbestehen sollen. In letzter Zeit habe sich der frühere Männerchor des Deutschnationalen Handlungsgehilfen-Verbands mit dem des Kaufmännischen Vereins zusammengetan. Eine Gefahr für die Gesangvereine sieht er

MÄRZ 1937

in der Bildung von Werkchören, die keine Unkosten haben. Kuhnle, der als Kreisführer wiedergewählt wird, weist darauf hin, daß die Vereine, die dem Deutschen Sängerbund nicht angehören, überwacht würden. Sie dürften nicht öffentlich auftreten und es sei ihnen auch untersagt, an Gräbern zu singen. Kreisinspektor und stellv. Sängergauführer Karl Autenrieth bedauert die Zersplitterung der Vereine; leistungsfähige Chöre ab 80 Sänger seien anzustreben, den Zusammenschluß wolle man aber nicht von oben herab befehlen.

27./28. Februar Arbeitstagung des Reichsbundes der Kinderreichen mit den Amtswarten aus über 200 Orten des Gaues. Landesleiter Rau (Bad Mergentheim) spricht über den Stand des bevölkerungspolitischen Kampfes und über die Losung »Wir Kinderreichen sind die Sturmtruppe unseres Führers im Kampf um ein ewiges Deutschland.« Ein »Ehrenbuch der Kinderreichen« soll geschaffen werden für erbgesunde, geordnete deutsche Vollfamilien.

28. Februar Die Chr. Lechler u. Sohn Nachf. AG, Stuttgart-Feuerbach, legt letztmalig eine Bilanz vor, da die Firma in eine KG umgewandelt wurde.

1. März Aus Anlaß des 10jährigen Bestehens der Abteilung für Kirchen- und Schulmusik gibt die Hochschule für Musik ein öffentliches Konzert. Der Leiter, Prof. Dr. Hermann Keller, teilt dazu mit, daß die Abteilung im Zusammenhang mit der Schulreform in ein Institut für Kirchenmusik umgewandelt worden ist.
Der Chor der Donkosaken Ataman General Kaledin unter dem Dirigenten Nikolaus Herzog von Leuchtenberg tritt in der ersten Märzhälfte im Konzertcafé im Hindenburgbau auf.
In Feuerbach brennt ein Rindenlager der Lederfabrik C. F. Roser AG völlig aus.

2. März Im Kursaal in Bad Cannstatt findet die jährliche NSV-Kreis-Arbeitstagung statt. Dem Jahresbericht ist zu entnehmen, daß jede zweite Familie in Stuttgart Mitglied und jeder 80. Einwohner ehrenamtlich in der NSV tätig ist.

2.—5. März Der Filmschauspieler Paul Kemp gastiert in »Charlys Tante« im Schauspielhaus.

3. März Im 2. öffentlichen Konzert des Liederkranzes in der Liederhalle wird unter der Leitung von Hermann Dettinger »Der ewige Kreis« von Kurt Lissmann uraufgeführt.

4. März Die Ratsherren beraten in einer nichtöffentlichen Sitzung den 3. Nachtrag zum Stadthaushaltplan für das am 31. März 1937 endigende Wirtschaftsjahr 1936. Der ordentliche Haushalt weist 2 Mio. RM Mehrausgaben aus, die durch Ersparnisse im Wohlfahrtsdienst und durch Mehrerträge im Steuerhaushalt ausgeglichen werden. Weitere Tagesordnungspunkte sind der Organisations- und Finanzplan für die 3. Reichsgartenschau und den Tiergarten auf dem Killesberg (wo inzwischen mit den Geländearbeiten begonnen wurde), die Errichtung einer Kunsteisbahn als Freiluftanlage auf dem Kochenhofgelände, die Errichtung eines Kur- und Krankenheims im Kurbad Leuze und die Bewilligung von Mitteln für die Lehrwerkstätte Mühlhausen.

An sämtlichen Hochschulen Deutschlands sollen Reichshochschulgruppen gegründet werden, wie dies vor kurzem in der Deutschen Wirtschaftswissensaftlichen Gesellschaft in Berlin geschah. Anläßlich eines Vortrages des Leiters dieser Reichshochschulgruppe, Prof. Dr. Storm, an der TH Stuttgart, wird der Leiter des Volkswirtschaftlichen Seminars, Prof. Dr. Ellinghaus, mit der Leitung der Stuttgarter Hochschulgruppe beauftragt. Der Folklorist Engelbert Wittich, bekannt und geschätzt bei Sprachforschern und Sicherheitsbehörden wegen seiner ausgezeichneten Kenntnisse des Jenischen (= Gaunersprache), verstorben.

5. März Ein tödlicher Unfall auf einem Fußgängerüberweg in der Cannstatter Straße auf der Höhe Villastraße mit anschließender Fahrerflucht beunruhigt die Bevölkerung. Wiederholt ist es an diesem Übergang an den Unteren Anlagen, der zu den gefährlichsten von ganz Stuttgart gerechnet wird, weil die Kraftfahrer dort zu schnell fahren, zu schweren Unfällen gekommen. Der Schwäb. Merkur schlägt vor, einen Fußgängersteg über die Cannstatter Straße zu bauen.

Zum 4. Jahrestag der Reichstagswahlen finden 44 Versammlungen der NSDAP statt.

5.—7. März Der Christliche Verein Junger Männer begeht im Neuen Vereinshaus sein 76. Jahresfest. Den Festgottesdienst in der Stiftskirche hält Stadtdekan Prälat D. Lempp.

6. März Der NS-Kurier fordert in einem Artikel ein »verbessertes« Strafrecht und bezieht sich auf folgenden Vorfall: Im Sommer 1936 hatte die Frau eines Regierungsbaumeisters aus Stuttgart während einer Italienreise im Omnibus politische Witze erzählt, in denen auch Personen der deutschen Reichsregierung vorkamen. Ihre politische Gesinnung habe sie dadurch zum Ausdruck gebracht, daß sie erklärte, »viele Juden seien ihr lieber als manche führende Regierungspersönlichkeiten«. Die Frau wurde nach der Rückkehr von einem Mitreisenden angezeigt. Die Staatsanwaltschaft hielt zwar den Tatbestand des § 1 bzw. § 2 des Heimtückegesetzes für erfüllt, stellte aber das Ermittlungsverfahren ein, weil gemäß § 4 StGB die im Ausland verübte Tat nicht verfolgt werden kann, da diese Vergehen in Italien nicht strafbar sind. Der NS-Kurier ist »der festen Überzeugung, daß in Bälde das deutsche Strafgesetz geschaffen wird, das es uns ermöglicht, auch derartigen Frauenspersonen für immer ihr geschwätziges Mundwerk zu stopfen!«

Zur Eröffnung der neuberufenen Württ. Kommission für Landesgeschichte hält Kultminister Mergenthaler im Großen Saal des Wirtschaftsministeriums eine Rede. Grundsatz sei, daß alle Lebensvorgänge eines Volkes durch die Rasse bestimmt würden. Im Rahmen dieses Bekenntnisses zu Blut und Rasse werde auch von den Nationalsozialisten die Freiheit der Forschung anerkannt. Es komme bei der Forschung aber nicht nur auf Tatsachen, sondern auch auf die Wertung der Tatsachen an. Ganz große Bedeutung sei der Geschichtsforschung auf rassischer Grundlage beizumessen; die Inangriffnahme einer Rassen- und Siedlungsgeschichte Schwabens sei für die Kommission vordringlich.

Im Kleinen Haus wird zum erstenmal Grabbes Fragment »Marius und Sulla« aufgeführt.

6./7. März   In der Stadthalle findet das 30. Stuttgarter Reit- und Springturnier statt.

7. März   Zum Jahrestag der Machtübernahme in Württemberg übernimmt der Führer des SS-Oberabschnitts Südwest, SS-Gruppenführer Hans Adolf Prützmann, den SS-Oberabschnitt Nordwest in Hamburg. Sein Nachfolger in Stuttgart wird SS-Brigadeführer Kurt Kaul. Auch andere personelle und organisatorische Änderungen in der Gliederung der Partei treten ein. Um 11 Uhr beginnt ein Umzug sämtlicher Gliederungen der Partei vom Marienplatz zum Neuen Schloß. Der Vorbeimarsch der 18 500 »politischen Soldaten« in Sechserreihen an Gauleiter Murr auf dem Karlsplatz dauert über eine Stunde. Zum Abschluß richten Gauleiter Murr und Kreisleiter Mauer an die im Schloßhof angetretenen Kolonnen Appelle, in denen zum Kampf gegen Bolschewismus und internationales Judentum aufgefordert wird.

Die Robert Bosch AG schüttet aus einem Reingewinn von 5,07 (im Vorjahr 4,5) Mio. RM eine Dividende von 8 % (im Vorjahr 6 %) aus. Der Boschhilfe werden wiederum 2 Mio. RM überwiesen. Der wertmäßige Jahresumsatz hat sich um etwa 20 % erhöht. Die Gefolgschaft ist um 2175 auf 18 292 Personen angestiegen. Zusammen mit den inländischen Tochtergesellschaften werden 22 276 Menschen beschäftigt. Der Bruttogewinn wird mit 77,9 (im Vorjahr 74,2) Mio. RM ausgewiesen.

8. März   Im 8. Sinfoniekonzert des Staatstheaterorchesters in der Liederhalle gastiert Max Strub (Violine).

Zum 20. Jahrestag der Beerdigung des Grafen Ferdinand von Zeppelin werden auf dem Pragfriedhof Kränze der Stadt Stuttgart und anderer Stellen niedergelegt.

9. März   Robert Hohlbaum liest im Ehrenmal der deutschen Leistung aus seinen Büchern »Getrennt marschieren« und »Zweikampf um Deutschland«.

9./10. März   Der schlesische Humorist Manfred Lommel tritt in der Liederhalle auf.

10. März   Im Hinblick auf die 5. Reichstagung der Auslandsdeutschen vom 28. August bis 5. September in Stuttgart informiert der Leiter des Presseamtes der Auslandsorganisation der NSDAP, Eugen Beinhauer, die Vertreter der Presse über die Tagung und über Entstehung und Bedeutung der AO. Die Tagungen der AO sollen künftig regelmäßig in Stuttgart stattfinden.
Prof. Guido Bortolotti (Rom) hält im Haus des Deutschtums einen Vortrag über das Thema »Faschismus und Korporativismus«.
Die Mittwochsgesellschaft, der älteste Verein in Feuerbach, hat sich aufgelöst, »da die Mitgliederzahl stark zurückgegangen ist«.

11. März   Im Festsaal der Liederhalle findet ein Chor- und Orchesterkonzert auslandsdeutscher Tonsetzer statt. Auf der Vortragsfolge stehen u. a. »der Wiener sudetendeutscher Abstammung Schubert, der Untersteirer Hugo Wolf und der Burgenländer Franz Liszt«.

12. März   Das Salzburger Mozart-Quartett spielt in der Liederhalle.
Die Galerie Valentien hat im Grünen Saal im Königsbau die Ausstellung »Adolf Hölzel und seine Schule vor 25 Jahren« eröffnet. Sie umfaßt Werke von Adolf Hölzel, Hildegard Kress, Hans Brühlmann, Otto Meyer-Amden, Josef A. Wirth, Hermann Stemmler, Hans Stenner, Ida Kerkovius, Oskar Schlemmer, Heinrich Eberhard, A. H. Pellegrini, Gottfried Graf, Josef Eberz, Maria Foell, A. L. Schmitt, Paul Bollmann, Willi Baumeister und Vincent Weber.

12.–15. März   Erste Reichsarbeitstagung der Reichsbetriebsgemeinschaft Holz im Stadtgartensaal. Auf einer Großkundgebung am 14. März in der Liederhalle spricht Reichsorganisationsleiter Dr. Robert Ley. Im Landesgewerbemuseum wird die Ausstellung Holz als deutscher Werkstoff gezeigt.

13. März   Die Stadtverwaltung schreibt bis zum 1. Juni 1937 einen Wettbewerb aus für die Gemeinschaftssiedlung in Mühlhausen. Auf dem 43 ha großen Gelände des früheren Palmschen Gutes soll eine Musteranlage mit Kleinsiedlungen, Eigenheimen, Mehrfamilienhäusern, Gemeinschaftseinrichtungen, Läden, Gaststätten und Kleingewerbebetrieben entstehen. In zwei Bauabschnitten sollen zusammen rund 100 Kleinsiedlungen, 320 Eigenheime und 150 Mietwohnungen erstellt werden.
Im Stuttgarter Schauspielhaus wird das Volksstück »Wenn der Hahn kräht« von August Hinrichs in der Bearbeitung von Max Strecker, der auch die Hauptrolle spielt, zum 100. Mal aufgeführt.

MÄRZ 1937

13./14. März Im Deutschen Ausland-Institut tagt der Bund Deutscher Osten. Vorträge werden u. a. gehalten vom Leiter des Bundes Deutscher Osten, Prof. Dr. Oberländer (Königsberg). Die Themen bewegen sich um »Grenzlandkampf« und »Volkstumskampf«. Oberländer fordert die Ansiedlung von »kämpferischen und tüchtigen Angehörigen des Volkes« im Osten, die einen »völkischen Behauptungswillen« haben.

13. März bis 4. April Der Württ. Kunstverein zeigt eine Ausstellung mit Bildern u. a. von Hans von Heider und Karl Purrmann.

14. März In 46 Seelsorgebezirken werden 1027 Jungen und 936 Mädchen konfirmiert. Schon im Februar machte der NS-Kurier bekannt, daß Hitler-Jungen in HJ-Uniform zur Konfirmation gehen können. Einem Konfirmanden in HJ-Uniform wird vom Pfarrer während des Gottesdienstes die Frage nach dem 5. Gebot gestellt und zum Schluß das Wort »Kämpfe den Kampf des ewigen Lebens« als Denkspruch mitgegeben. In dieser Zusammenstellung sieht der NS-Kurier eine Provokation, dem Pfarrer wird unterstellt, er habe die Ansicht vertreten, »als bilde der Dienst in der Jugend des Führers nur ein Training zum Massenmord«. Das evang. Stadtdekanamt erklärt in einer Zuschrift, es habe sich um ein zufälliges Zusammentreffen auf Grund der Konfirmationsordnung und nicht um eine politische Demonstration gehandelt.

15. März Etwa 400—500 Konfirmanden aus dem Schwarzwald, von der Alb, aus dem Remstal und aus dem Hohenlohischen treffen sich in der Stiftskirche. Dieser Konfirmandenbesuch entspricht einem seit Jahren geübten Brauch; erstmals wurde aber offiziell dazu eingeladen.
Auf den Wettbewerb der evang. Gesamtkirchengemeinde zur Erbauung der Christuskirche mit Gemeindehaus auf der Gänsheide sind 79 Entwürfe eingegangen. Den 1. Preis erhält Architekt Sylvester Laible, den 2. Preis Reg.-Baumeister Paul Heim, den 3. Preis Architekt Hans Kemmler, alle in Stuttgart.
Der Stuttgarter Pianist Günther Homann stellt sich in der Liederhalle zum zweitenmal der Öffentlichkeit vor.
Oberpräzeptor i. R. Karl Lindmaier wird 90 Jahre alt; Schwarzwaldverein, Schwäb. Albverein und Männerturnverein veranstalten für ihn Ehrenabende.

15.—18. März Die Württ. Verwaltungsakademie führt eine Soziale Woche durch, in der die Beamten der Sozialversicherungsträger und -behörden, der Fürsorgeverbände und alle anderen Beamten und Angestellten des Staates und der öffentlich-rechtlichen Körperschaften über die Gegenwarts- und Zukunftsaufgaben der Sozialversicherung unterrichtet werden. Dabei werden bevölkerungspolitische und erbbiologische Gesichtspunkte in der öffentlichen Fürsorge erörtert. Neben den positiven Maßnahmen im

MÄRZ 1937

Kampf gegen den Geburtenrückgang stehe die »negative Bevölkerungspolitik«, d. h. »die Ausmerzung oder Unschädlichmachung der gemeinschaftsgefährlichen oder gemeinschaftsfremden Elemente«. Gauamtsleiter Kling von der NSV spricht vom »Gespenst des Volkstodes durch freiwillige Geburteneinschränkung«. Es sei Pflicht für die Besten, das gesunde Volk zu mehren. Die Pflichterfüllung müsse aber auch »die Lebensuntauglichen zu der Erkenntnis führen ... daß eine Ausbreitung unsäglichen Elends und Kummers verhindert wird«.

16./17. März Die Heimatmuseumspfleger Württembergs tagen unter dem Vorsitz des Museumspflegers des Landes Württemberg, Direktor Dr. Veeck. Anlaß ist ein Erlaß des Reichsministers für Erziehung und Volksbildung, die Heimatmuseen zu Volksbildungsstätten zu machen.

17. März Die Firma Daimler-Benz AG hat im Hinblick auf ihre umfangreichen Arbeiten auf allen Gebieten des Motoren- und Fahrzeugbaus die Firma Dr.-Ing. h. c. F. Porsche GmbH zur Mitarbeit vertraglich verpflichtet.
Direktor Georg Hager geht nach nahezu 50jähriger Tätigkeit an der Paulinenpflege in den Ruhestand. Neuer Direktor wird Hauptlehrer Eduard Seibold.

18. März »Höret den Friedensruf des Frontsoldaten Adolf Hitler!« lautet die Parole einer Kundgebung in der Stadthalle. Reichskriegsopferführer Hanns Oberlindober, der sich auf einer Vortragsreise befindet, spricht über »Deutschlands Friedenswillen«: »Immer wieder, allen feierlichen Erklärungen des Führers und allen Entscheidungen der deutschen Außenpolitik zum Trotz, wird draußen, und nicht bloß von bolschewistischen Agitatoren und Emigranten Deutschlands Politik als Kriegspolitik verleumdet... Unterwerfung fremder Völker und reine Expansionspolitik ist etwas dem Wesen des völkischen Nationalsozialismus Zuwiderlaufendes... Die Aufrüstung Deutschlands richtet sich nicht gegen irgendeine andere Nation, sondern sie geschah ausschließlich für unser eigenes Volk, für seine Sicherheit und seinen Frieden«.
Durch Erlaß des Kultministers wird die Auflösung der privaten kath. Mädchenrealschule St. Agnes verfügt. Die Schule wird mit Schluß des Schuljahres 1938/39 aufgehoben.
Die Kammermusikvereinigung der Berliner Philharmoniker spielt in der Liederhalle.

19. März Der NS-Kurier schreibt: »Gegen den gottlosen Kommunismus hat Papst Pius XI. eine Enzyklika erlassen.« Über den Inhalt der Enzyklika »Mit brennender Sorge« vom 14. März 1937 erfährt der Leser nichts. Erst aus dem Bericht des Rom-Korrespondenten vom 1. April geht hervor, daß der Papst »mehrere Enzykliken erlassen hat, die sich gegen Faschismus und Nationalsozialismus richten«.

MÄRZ 1937

Zur Erstaufführung des Films »Liebe geht seltsame Wege« kommt die Filmschauspielerin Karin Hardt nach Stuttgart.

20. März Der NS-Kurier berichtet, daß der jüdische Modellsalon Rothschild aus München im Hotel Marquardt kürzlich Kleider vorgeführt habe und daß »einige reiche und entsprechend gesinnungslose deutsche Frauen« der Stuttgarter Gesellschaft der jüdischen Einladung, die nicht öffentlich, sondern nur an bestimmte Adressen erging, gefolgt seien.
Nach einer Reise durch Südtirol berichtet OB Dr. Strölin: »Allgemein wird von den Deutschen über die systematische Unterdrückung durch die Italiener geklagt.«
Die Stadt hat in Bad Cannstatt, Schmidener Straße 7, und in Feuerbach, Bismarckstraße 52, je eine Zweigstelle der an das Gesundheitsamt angeschlossenen städt. Schulzahnklinik eingerichtet.
Die Filmschauspielerin Hilde Hildebrand gastiert an drei aufeinanderfolgenden Abenden im Schauspielhaus in der Rolle der »Hedda Gabler« von Ibsen.
Am Vorabend des Fußball-Länderspiels gegen Frankreich veranstaltet der Gau 15 im Deutschen Reichsbund für Leibesübungen in der Stadthalle ein Fest der deutschen Leibesübungen. Hierbei treten neben 200 Stuttgarter Sportlern aller Sportarten auch 560 Hitlerjungen, 180 Mädel des BDM und 120 Mann der Wachstandarte auf, die jeweils geschlossen ihre Übungen zeigen. Das Ganze wird umrahmt von Festchören, Lichteffekten und feierlicher Flaggenhissung. Der prominenteste Gast, Reichssportführer von Tschammer und Osten, hält eine Rede.
Der Kgl. Württ. Jachtklub, der im Sommer 1936 das 25jährige Gründungsjubiläum feiern konnte, faßt in seiner ordentlichen Mitgliederversammlung einstimmig den Beschluß, geschlossen und unter Aufgabe seines historischen Namens dem Jachtklub von Deutschland als dessen selbständige Zweigabteilung Bodensee e. V. beizutreten.

20./21. März Siebte und letzte Reichsstraßensammlung für das Winterhilfswerk 1936/37.

21. März Anläßlich eines Kameradschaftstreffens der Inhaber der württ. Goldenen Verdienstmedaille gibt das Heeresarchiv Stuttgart bekannt, daß es eine besondere Ehrenstätte für die Verdienstmedaillenträger eingerichtet hat.
Im Großen Haus wird die musikalische Legende »Palestrina« von Hans Pfitzner in einer Neuinszenierung aufgeführt.
Vor 72 000 Zuschauern, darunter 8000 Franzosen, gewinnt die deutsche Mannschaft das

Fußball-Länderspiel gegen Frankreich mit 4:0 Toren. Die Tribünen der Adolf-Hitler-Kampfbahn wurden vorher erweitert, um Platz für mehr Zuschauer zu schaffen.

22. März Die Jüdische Kunstgemeinschaft veranstaltet im Gustav-Siegle-Haus einen Vortragsabend mit Alfred Auerbach.
In der Karwoche finden »Jungbann-Fehden« statt. 2700 Stuttgarter Pimpfe, »in eine Nord- und eine Südarmee« gegliedert, kämpfen gegen die Jungbanne von Ludwigsburg und Tübingen. Die beiden »Heerhaufen« treten im Hof des Neuen Schlosses an, um zuvor noch an Gebietsführer Sundermann und General von Molo vorbeizumarschieren.
Der Cellist Gaspar Cassadó spielt, begleitet von Friedrich Wührer am Klavier, in der Liederhalle.
Der flämische Erzähler Felix Timmermans liest im Gustav-Siegle-Haus aus seinen Büchern »Bauernpsalm« und »Das Schwein und der Einsiedler«.

23. März In der öffentlichen Ratsherrensitzung legt OB Dr. Strölin den Haushaltplanentwurf für 1937 vor. Der ordentliche Haushalt beläuft sich auf 161,9 Mio. RM (der Haushalt 1936 einschließlich der Nachträge schloß mit rund 151 Mio. RM). Der Plan über die Verwendung von Rücklagen sieht in Einnahmen und Ausgaben je 4,4 Mio. RM vor. Der außerordentliche Haushalt stellt sich auf 16,9 Mio. RM, eine Schuldaufnahme ist hierfür nicht nötig. Der ordentliche Haushalt ist ausgeglichen. Der Schuldenstand der Stadt ist seit 1933 bis zum 31. März 1937 durch ordentliche und außerordentliche Tilgungen und durch Abwertung der Auslandsanleihen von 100 auf ca. 70 Mio RM zurückgegangen, das bedeutet einen Rückgang der Pro-Kopf-Verschuldung von 240 RM auf 160 RM. Eine Mehrbelastung der Stadt ergibt sich aus der Neuregelung des Finanzausgleichs; auf Grund reichsrechtlicher Regelung ist die Gewerbesteuer in vollem Umfang Gemeindesteuer, der württ. Staat deckt jedoch den Gewerbesteuerausfall durch Verringerung der bisherigen Steuerüberweisungen und durch Abwälzung von Fürsorgeaufwendungen auf die Gemeinden. Eine vorgesehene Einsparung im Wohlfahrtshaushalt von 2,2 Mio. RM muß deshalb als Umlagezahlung an die Landesfürsorgebehörden bereitgestellt werden. Der neue Finanz- und Lastenausgleich gilt allerdings nur für ein Jahr, da auf 1. April 1938 im Zusammenhang mit der Neugestaltung der Grund- und Gebäudesteuer eine umfassende Regelung vorgesehen ist. Eine neue Belastung sind die Ausgleichszuschüsse an Arbeiterwohngemeinden. Da ca. 35 000 gewerbliche Arbeitnehmer von auswärts in Stuttgart arbeiten, umgekehrt aber Stuttgart nur ca. 4000—5000 Hinauspendler hat, ergibt sich für die Stadt eine Ausgabe von 2 Mio. RM. Die Gewerbesteuer wird auf einen Hebesatz von 320 % festgesetzt; das entspricht ungefähr der seitherigen Belastung von 21$^{1}/_{2}$ % Umlage, von denen der Stadt 16$^{1}/_{2}$ % und dem Staat 5 %

MÄRZ 1937

verblieben. Die Filialsteuer und Warenhaussteuer sind auf Grund der erheblich gekürzten Beträge fast gegenstandslos geworden. Die Gebäudesteuer wird noch nach altem Recht erhoben (16,5 % des Grund- und Gebäudekatasters). Bei den Reichsüberweisungssteuern (Einkommens- und Körperschaftssteuern), der zweitwichtigsten Steuerquelle, wird mit einer Verkürzung von 1,4 Mio. RM gerechnet. Die Bürgersteuer (500 % der Reichssätze) läßt einen Mehrertrag von 700 000 RM erwarten. Größere Steigerungen der Ertragszahlen als Folge des Wirtschaftsanstiegs ergeben sich bei den Verkehrssteuern, bei den Verbrauchs- und Aufwandssteuern und bei der Gebäudeentschuldungssteuer. Eine rückläufige Bewegung zeigt nur die Hundesteuer (wegen der hohen Steuer gibt es weniger Hunde — 1937 zahlt man für einen Hund 42 RM Steuer). Für die Vorbereitung der Reichsgartenschau 1939 und den Tiergarten sind 850 000 und 550 000 RM vorgesehen, für die Landschaftsgestaltung am Killesberg 1,4 Mio. RM. Für den Wohnungsbau sind im ordentlichen und außerordentlichen Haushalt zusammen 2,5 Mio. RM veranschlagt. 1,6 Mio. RM sind hierfür noch von früher her bereitgestellt. Insgesamt stehen somit für den Wohnungsbau 4,1 Mio. RM zur Verfügung. Für Grunderwerb sind im außerordentlichen Haushalt 6 Mio. RM eingesetzt. Außerdem sind im ordentlichen Haushalt zur Abdeckung bisheriger Vorschüsse für Grunderwerbungen 1,6 Mio. RM vorgesehen. Der Ausbau der Kureinrichtungen in Bad Cannstatt wird mit 1,2 Mio. RM veranschlagt. Im ordentlichen Haushalt sind Mittel vorgesehen für den Bau der Staustufe Aldingen und die künftige Hafenanlage in Stuttgart im Hinblick auf den Neckarkanalbau, für die Vergrößerung der Adolf-Hitler-Kampfbahn, für den Neubau einer Jugendherberge (200 000 RM) und für die Heimbeschaffung für die Hitlerjugend (133 000 RM). Vordringlich ist die Schaffung weiteren Kanzleiraumes für die Stadtverwaltung, die auf viele Gebäude mit weiten Wegen zersplittert ist. Für die bauliche Gestaltung der Innenstadt und die Verkehrsgestaltung wurden Gutachten von Prof. Bonatz, Prof. Grund und Architekt Gutschow eingeholt. Vorschläge liegen auch von Prof. Pirath vor. Erstmals wird ein Ausgabeposten »Pflege des Auslandsdeutschtums« in Höhe von 200 000 RM eingesetzt. Im Wohlfahrtshaushalt sind 700 000 RM für die Förderung von wirtschaftlicher Fürsorge und Umschulung enthalten, in erster Linie für das Lager Mühlhausen und für die Arbeitsfürsorgestätten Gaisburg (Plattenfabrik) und Buttenhausen (landwirtschaftlicher Betrieb). Ein weiterer Tagesordnungspunkt ist ein »Feldzugsplan für die Verschönerung und Reinhaltung der Stadt«. Ohne Einwendungen werden folgende Entschließungen getroffen: Für den städt. Vieh- und Schlachthof wird auf 1. April 1937 eine neue Gebührenordnung erlassen und beim Vieh- und Schlachthof wird eine Kraftwagenreinigungs- und Entseuchungsanlage errichtet.

Reichsminister Goebbels hat den Generalintendanten Prof. Otto Krauß als Generalintendanten der Städt. Bühnen in Düsseldorf und den Generalintendanten der Mecklenburgischen Staatstheater in Schwerin, Gustav Deharde, als Generalintendanten der Württ. Staatstheater bestätigt.

24. März Im Universum-Filmtheater wird der Film »Condottieri« von Luis Trenker in dessen Anwesenheit uraufgeführt. Anschließend gibt OB Dr. Strölin im Hotel Marquardt einen Empfang für Trenker und die Filmschaffenden dieser deutsch-italienischen Gemeinschaftsproduktion.
Wirtschaftsminister Dr. Schmid eröffnet im Ausstellungsgebäude in der Kanzleistraße die vom Landesgewerbemuseum veranstaltete Ausstellung Der Hausrat des Siedlers.
Oberpräzeptor i. R. Julius Bazlen, ehemals Lehrer am Dillmann-Realgymnasium und früherer Leiter des Männerturnvereins, in Kornwestheim verstorben.
Kommerzienrat Felix Krais, Verleger und Gründer einer Fachschule für das Buchdruckgewerbe, verstorben.

25. März Auf dem Frühjahrsmarkt (Krämer- und Schweinemarkt) in Untertürkheim haben Juden keinen Zutritt mehr.
Das Schwurgericht verurteilt den 23 Jahre alten W. R. wegen Mordes zum Tode. Er hatte am 7. November 1936 in Eglosheim aus Eifersucht ein Mädchen erschossen. Nach Aufhebung dieses Urteils durch das Reichsgericht wird R. am 22. September vom Schwurgericht zu zehn Jahren Zuchthaus und anschließender Einweisung in eine Heilanstalt verurteilt. Es wird ihm verminderte Zurechnungsfähigkeit zugebilligt.

29. März Im Berliner nationalen Fußballturnier erreicht der VfB Stuttgart den 2. Platz. Sieger wird der FC Schweinfurt auf Grund des besseren Torverhältnisses.

1. April Die Eingemeindung von Sillenbuch, Uhlbach, Rohracker und Heumaden wird in einer außerordentlichen Ratsherrensitzung von OB Dr. Strölin und den Bürgermeistern Wilhelm Steinbach, Georg Braun, Rudolf Bürkle und Walter Schuler vollzogen. Grundlage war der Erlaß des Reichsstatthalters vom 25. März 1937, der die Eingemeindungsverträge vom 16. Februar 1937 bestätigte und die Eingemeindung zum 1. April 1937 verfügte. Die Einwohnerzahl Stuttgarts erhöht sich um 7500 auf rund 442 000. Über die Eingemeindung von Birkach, mit dem am 3. März 1937 der Eingemeindungsvertrag unterzeichnet wurde und die Eingemeindung ebenfalls zum 1. April 1937 vorgeschlagen wurde, ist noch keine Entscheidung getroffen. Der Grund für die Eingemeidungen liegt im Raumbedarf der Stadt, im Mangel an Wohn- und Siedlungsgelände. Für den Amtsverkehr wird in den Verträgen bestimmt, daß Uhlbach der städt. Geschäftsstelle und der Steuerstelle Obertürkheim, Rohracker und Heumaden der neu zu errichtenden städt. Geschäfts- und Steuerstelle Sillenbuch angegliedert werden. Am Abend finden in den betreffenden Gemeinden Eingemeindungsfeiern in Anwesenheit von OB Dr. Strölin statt.
Im Zusammenhang mit der Auflösung der Reichsbahndirektion Ludwigshafen ergeben sich auch Änderungen für die Reichsbahndirektion Stuttgart. Die Verkehrskontrolle I

APRIL 1937

(Rechnungskontrolldienst) in Stuttgart wird aufgehoben. Das Reichsbahn-Betriebsamt Böblingen wird nach Stuttgart als Betriebsamt Stuttgart 3 verlegt. Die Bahnmeisterei Vaihingen wird Bahnmeisterei 6 Stuttgart.
Die Reichsarchiv-Zweigstelle Stuttgart wird in das Heeresarchiv Stuttgart umgewandelt.

1.—15. April   Zirkus Krone gastiert auf dem Cannstatter Wasen.

2. April   Im Rahmen des vom 1.—4. April währenden Gauentscheids des Reichsberufswettkampfes, an dem 850 Jugendliche aus Württemberg teilnehmen, findet eine Kundgebung in der Liederhalle statt.
Das Kamerariat Stuttgart wurde kürzlich Stadtpfarrer Albert Herkommer (St. Maria) übertragen.

3. April   Die Holzbearbeitungsmaschinenfabrik Krumrein und Katz, eine der ältesten Firmen in Feuerbach, wird im Handelsregister gelöscht.
Im Kleinen Haus wird Shakespeares »Viel Lärm um nichts« in einer Neuinszenierung gespielt.

4. April   Der Sommerflugplan der Deutschen Lufthansa tritt in Kraft. Stuttgart-Böblingen liegt auf den folgenden Strecken im europäischen Liniennetz: Berlin — Stuttgart — Genf — Marseille — Burgos — Lissabon;   Zürich — Stuttgart — Halle/Leipzig — Berlin; Zürich — Stuttgart — Frankfurt — Hannover — Hamburg; Stuttgart — Frankfurt — Hannover — Bremen und die Nordseebäder;   Saarbrücken — Mannheim/Ludwigshafen/Heidelberg — Stuttgart — München; Stuttgart — Friedrichshafen; Stuttgart — Nürnberg — Halle/Leipzig — Dresden — Breslau. Die Flugzeiten betragen von Stuttgart nach Berlin 2:30, nach Hamburg 3:35, nach Breslau 4:00 Stunden, nach Frankfurt und Zürich 50, nach München 55, nach Friedrichshafen 35 Minuten. Mit 30 planmäßigen Abflügen und Landungen täglich steht Stuttgart mit München an 5. Stelle im Verkehrsaufkommen der deutschen Flughäfen.
Durch die lebhafte Bautätigkeit in Sillenbuch, Birkach, Ruit und Heumaden reicht die Wasserleitung vom Wasserturm in Degerloch bis zum Behälter Heumaden nicht mehr aus. Die Technischen Werke bauen deshalb im Auftrag des Gemeindeverbandes der Filderwasserversorgung eine zweite, etwa 3300 Meter lange und 200 mm weite Leitung von Degerloch nach Heumaden, die bis Mai/Juni in Betrieb genommen werden soll.
Stadtmissionar Jakob Brösamle hat sich von der evang. Friedensgemeinde verabschiedet. Sein Nachfolger ist Karl Schad.

5. April   Gastdirigent Clemens Krauss leitet das 9. Sinfoniekonzert des Staatstheaterorchesters in der Liederhalle.

APRIL 1937

5.–10. April Der Jahrgang 1927 wird für die HJ erfaßt. Täglich von 17 bis 20 Uhr sind die Dienststellen der Ortsgruppen der Partei, vor denen Pimpfe als Posten aufgestellt sind, zur Anmeldung geöffnet; bis zum Vorabend von Hitlers Geburtstag sollen die rund 5000 Jungen und Mädel eingetragen sein. Gebietsführer Sundermann erklärt dazu in einem Aufruf: »Keine kleinliche Alltagsdebatte wird stark genug sein, um den Entschluß unserer Jüngsten, dem Reich zu dienen, zu beeinträchtigen«. Der NS-Kurier meldet am 7. April, daß schon am zweiten Tag der Anmeldung im Standort Stuttgart-Rotenberg der Jahrgang 1927 hundertprozentig erfaßt ist. Als sich nach einer Woche abzeichnet, daß sich in Stuttgart die hundertprozentige Freiwilligkeit nicht erreichen läßt, droht der NS-Kurier vom 15. April den Eltern: »Wenn bei der diesjährigen Erfassung von dem Wege einer Gesetzesverordnung bewußt abgesehen wurde, dann muß ... klar gesagt werden, daß die zuständigen Stellen der Hitlerjugend nicht gewillt sind, durch diese Großzügigkeit dem Gegner Spielraum für seine der Volksgemeinschaft abträglichen Ziele zu lassen ... Wenn aus Leichtfertigkeit oder aus irgendeiner verstockten Engstirnigkeit heraus Schindluder getrieben wird mit der Zukunft der Jugend, dann kann hier im Interesse der Jugend Abhilfe geschaffen werden.«

6. April Das Amtsblatt berichtet aus der Arbeit der Ratsherren: Die Stadtverwaltung hat das Anwesen Wernhaldenstraße 72 (Zur Schillereiche) erworben, das künftig als Führerinnenschule der NS-Frauenschaft Verwendung finden soll. — Der Esslinger Hof (Esslinger Straße 25) wurde zur Vervollständigung des angrenzenden städt. Besitzes gekauft. — Der Kriegsopfersiedlung Stuttgart wurde ein größeres städt. Gelände auf dem Goldberg auf Markung Sindelfingen zum Bau einer Siedlung für Kriegsbeschädigte, Kriegsteilnehmer, Kinderreiche und SA-Männer käuflich überlassen.
Der Vorstand der Süddeutschen Festwertbank AG in Stuttgart hat der Verwaltung vorgeschlagen, die Bank durch Beschluß der Generalversammlung mit Wirkung vom 1. April aufzulösen. Der Geschäftsumfang habe sich durch die Kündigung der Kommunalobligationen erheblich verringert; eine Änderung für die Zukunft wird nicht angenommen, da ein nennenswertes Kreditbedürfnis der süddeutschen Gemeinden und sonstigen Körperschaften des öffentlichen Rechts nicht mehr vorhanden sei.
Die sudetendeutsche Turnschule Asch besucht Stuttgart. Der stellv. Gauführer Th. Kurz vom Deutschen Reichsbund für Leibesübungen, Stadtrechtsrat Dr. Könekamp, und der Leiter des Ausland-Instituts, Dr. Csaki, begrüßen die 100 Turner und Turnerinnen am Hauptbahnhof, wo die Gäste ihr Lied »Wir sind die Front aller Deutschen im Land« singen. Nicht nur turnerische Übungen, sondern auch Sprechchöre, Gesang und Volkstanz gehören in ihr Programm.
Vasa Prihoda gibt in der Liederhalle einen Violinabend.

7. April 330 Jungen und 520 Mädchen aus Stuttgart und anderen württ. Städten (rund

APRIL 1937

400 sind aus Stuttgart) fahren in die 15 Landjahrlager, um dort in acht Monaten in einer Art Unterführer-Vorschule »für den späteren Dienst in der Bewegung« vorbereitet zu werden. Der größte Teil der Jungen (210) wurde dazu bestimmt. Es sind die Besten der 7. Klasse der Volksschule »und ihre Wahl zum Landjahr bedeutet eine besondere Auszeichnung.«
Die Stuttgarter Pianistin Else Herold spielt in der Liederhalle.

8. April Mit einer Neuinszenierung der »Aida« im Großen Haus, dirigiert von Generalmusikdirektor Herbert Albert, gibt Generalintendant Prof. Otto Krauss seine Abschiedsvorstellung.

9. April Beginn des neuen Schuljahres. In Stuttgart gibt es zur Einschulung nur noch die Deutsche Volksschule, keine Bekenntnisschulen und Privatschulen mehr. Mit Schuljahrsbeginn geht die Rothertsche Mädchenrealschule in städt. Besitz über. Sie bleibt Mädchenrealschule, wird aber dem Königin-Charlotte-Gymnasium angegliedert. Beide Schulen tragen den Namen Hölderlinoberschule. Die Höhere Handelsschule in der Hasenbergstraße wird zur Wirtschaftsoberschule erweitert. Die Eberhard-Mittelschule für Mädchen (früher Eberhardstraße, dann Heusteigstraße) wird geschlossen, dafür wird in Ostheim eine neue Mittelschule errichtet. An Höheren Schulen gibt es künftig nur noch drei Arten: die Oberschule, das Gymnasium und die Aufbauschule. Für Mädchen gibt es nur die Oberschule. Die Schulzeit wird um ein Jahr gekürzt. Die Reform wird zugleich in der Mittel- und Oberstufe begonnen; sie soll in vier Jahren beendet sein.

9./10. April Die Kreisleitung Stuttgart und die Stadtverwaltung laden zu Bürgerversammlungen ein, bei denen OB Dr. Strölin und die Ratsherren über die Arbeit der Gemeindeverwaltung sprechen. Die insgesamt 20 Veranstaltungen in allen Teilen der Stadt stehen unter der Parole »Nationalsozialisten in der Stadtverwaltung«. Bei dieser Gelegenheit wird die Bevölkerung von dem Plan, bei Echterdingen einen neuen Flughafen zu bauen, unterrichtet.

10. April In der Stadthalle gewinnt der deutsche Meister im Mittelgewicht, Gustav Eder (Dortmund), den Boxkampf gegen den italienischen Meister Mario Casadei (Mailand) nach Punkten.
Wilhelm Bonnet, Direktor a. D. der Württ. Hypothekenbank, verstorben.

10./11. April Die NSV wirbt im Schloßhof mit Freiballonen für ihre Lotterie; eine Freifahrt ist zu gewinnen. Ein Ballon macht sich gleich am ersten Tag selbständig und fliegt (unbemannt) bis in die Gegend von Öhringen.

APRIL 1937

10. April bis 2. Mai   Der Württ. Kunstverein zeigt im Kunstgebäude aus der Ausstellungsreihe Neue deutsche Malerei den Teil Nord- und ostdeutsche Malerei.

11. April   Die Comedian Harmonists — unter »verdeutschtem« Namen Meister-Sextett — singen in der Liederhalle.

12. April   In einem Prozeß gegen 17 Sozialdemokraten und Kommunisten vor dem Landgericht Stuttgart wird der Sozialdemokrat Eugen Wick, früherer Unterbezirksleiter der Sozialistischen Arbeiter-Jugend, zu 1 Jahr 3 Monaten Gefängnis, sein Bruder Emil zu 9 Monaten Gefängnis, ein weiteres früheres Mitglied der Sozialistischen Arbeiter-Jugend, Erwin Ackermann, ebenfalls zu 9 Monaten Gefängnis verurteilt. Den Genannten wurde vorgeworfen, Verbindung mit einer kommunistischen Gruppe aufgenommen zu haben. Sie waren seit November 1935 in Untersuchungshaft.
Eine Gruppe von 15 englischen Schülern, die eine private Reise durch Württemberg machen, besucht die Gebietsführerschule der HJ auf der Solitude und das Arbeitsdienstlager Mühlhausen.

12./13. April   Auf dem Cannstatter Wasen ist Pferdemarkt, verbunden mit Hunde-, Wagen- und Sattlerwaren-, Vieh- und Holzwarenmarkt; er erfreut sich lebhaften Besuches; ca. 300 Pferde werden aufgetrieben.

13. April   Kapellmeister Alfons Rischner von den Essener Städt. Bühnen wurde als erster Staatskapellmeister an die Württ. Staatstheater verpflichtet.

15. April   Nach fünftägiger Verhandlung vor der Großen Strafkammer des Landgerichts Stuttgart endet ein Mietwucherprozeß, der in der Öffentlichkeit große Aufmerksamkeit fand, mit einem Freispruch. Auf Veranlassung von OB Dr. Strölin hatte sich das Gericht mit dem Pachtverhältnis des Marstallcafés von 1924 an zu befassen. Gegen das Urteil legt die Staatsanwaltschaft Revision ein.
Prof. L. Feuerlein singt, begleitet von Martin Hahn, in der Liederhalle Schuberts »Winterreise«.
Der Präsident der Rechtsanwaltskammer Stuttgart, Dr. Hermann Weinbrenner, erliegt im 50. Lebensjahr einem Herzschlag.

16. April   Eine Gruppe französischer Photohändler, die sich auf einer 14tägigen Studienreise durch Deutschland befindet, besucht die Firma Hauff in Feuerbach und die Kodak-Werke Dr. Nagel in Wangen.

APRIL 1937

16.—18. April   Der 3. württ. Gautag der Technik beginnt am Freitagabend mit einem Beisammensein im Hotel Zentral. Am Samstag finden zahlreiche Fachvorträge statt. Höhepunkt ist eine Großkundgebung am Sonntagvormittag in der Liederhalle. Gauamtsleiter Rudolf Rohrbach teilt in seiner Rede mit, daß der Verband württ. Metallindustrieller, der sich in Liquidation befindet, sein Vermögen in Höhe von 750 000 RM als Stiftung zur Förderung der technischen Wissenschaften in Württemberg zur Verfügung gestellt habe.

17. April   Die 1899 gegründete isrealitische Stuttgart-Loge Bnej-Brith wird aufgelöst. Der Geschäftsbericht der Stuttgarter Straßenbahnen verzeichnet eine Fahrgastzunahme von 1,4 Mio. Personen, d. h. 4,6 %. Befördert wurden rund 109,6 Mio. Fahrgäste. Die Wagenkilometer wurden um fast 800 000 auf 31,2 Mio. gesteigert. Der Reingewinn beträgt 940 848 RM; die Hauptverwaltung unter dem Vorsitz von Dr. Lautenschlager beschließt, aus 595 000 RM 5 % Dividende auszuschütten. Wegen der Fahrgastzunahme wurden in den letzten Wochen 20 Triebwagen in Auftrag gegeben. In den kommenden Wochen werden Versuchsfahrten mit zwei Zwillingswagen unternommen.
Unter dem Vorsitz von OB Strölin tagt in Heilbronn der Südwestdeutsche Kanalverein. Pläne des Vereins sehen im Westen einen Saarpfalz-Rheinkanal und im Osten den Ausbau der Oberen Donau zur Großschiffahrtsstraße vor. Durch die Verbindung Saar-Rhein-Neckar-Donau als Süddeutscher Mittellandkanal kommt dem Neckarkanal als Hauptnerv eine besondere Bedeutung zu; er ist deshalb Hauptgesprächsgegenstand der Tagung.

17./18. April   Im Rahmen der Reichswerbe- und Opfertage sammelt die Hitlerjugend auf den Straßen für HJ-Heime und Jugendherbergen. Die Sammeltätigkeit der Jugend wird unterstützt durch eine Haussammlung der NS-Funktionäre.
Die württ. Gruppe im Deutschen Bund für naturgemäße Lebens- und Heilweise (Prießnitzbund) tagt anläßlich ihres 40jährigen Bestehens im Bürgermuseum.

18. April   Die evang. Diakoniegemeinschaft in Württemberg hält zum drittenmal seit ihrer Gründung ihre Jahrestagung in Stuttgart ab.
In der Stadthalle werden die 7. Deutschen Gerätemeisterschaften der Turner ausgetragen. 60 Turner aus beinahe allen deutschen Gauen nehmen vor 10 000 Zuschauern daran teil.
Zum erstenmal wird inmitten der Stadt ein Straßenrennen der Radfahrer ausgetragen, wofür eine Viereckstrecke zwischen Johannes- und Senefelderstraße im westlichen Stadtteil ausgewählt wurde.

19. April   Vor Vertretern der Partei und ihrer Gliederungen wird auf der Karlshöhe der Jahrgang 1927 in das Jungvolk eingegliedert. Gemeinsam hören sie die Rede des Reichsjugendführers und leisten dann den Eid auf Hitler.

20. April Der Jahrgang 1923 wird aus dem Jungvolk in die HJ und aus dem Jungmädelbund in den BDM überführt.
Die Wehrmachtstruppenteile der Standorte Stuttgart und Esslingen treten auf dem Cannstatter Wasen zu einer Parade vor dem Kommandierenden General des V. Armeekorps, General Geyer, an.
Am Abend feiert die Stuttgarter NSDAP im illuminierten Schloßhof Hitlers Geburtstag.
Das Staatstheater führt Wagners »Siegfried« auf. Vor der Festvorstellung hält Ministerpräsident Mergenthaler eine »von tiefer Liebe zu Führer, Volk und Vaterland durchglühte Ansprache«.

21. April Reichsstatthalter Gauleiter Murr überreicht das Leistungsabzeichen der Deutschen Arbeitsfront für vorbildliche Berufserziehungsstätten der Daimler-Benz AG (Untertürkheim) und den Fortuna-Werken, Spezialmaschinenfabrik AG (Bad Cannstatt).
Uraufführung des Stücks »Der Mann mit dem großen Glück« von Helmut Huber im Kleinen Haus.
Im Stadtbad Heslach wird ein Wasserballspiel zwischen einer ungarischen Nachwuchs-Mannschaft und einer württ. Mannschaft ausgetragen. Die Ungarn gewinnen 5:4. Außerdem finden Schwimmwettbewerbe statt.

22. April Der NS-Kurier leistet nach seinen eigenen Worten Sisyphusarbeit, um den »Deutschen Gruß« durchzusetzen. Diesmal berichtet er von einem Aufsichtsratsvorsitzenden, der eine Generalversammlung damit abschloß, daß er zwar durch »schneidiges und vorschriftsmäßiges Ausstrecken des rechten Armes« zum Gruß ausholte, diese Geste aber mit einem »Gott befohlen« begleitete.
Aus der Arbeit der Ratsherren macht die Presse bekannt: Die Stadt hat die Gebäude 18 und 20 der Föhrenwaldstraße (Arminenhaus) und das Gebäude Mohlstraße 20 (Verein Alter Stuttgarter Baiern) für Zwecke der Hitlerjugend erworben. — Zum Bau von Volkswohnungen ist an der Föhrichstraße in Feuerbach weiteres Gelände angekauft worden. — Dem NS-Freizeitheimverein Stuttgart, der die Erstellung eines Heimes für DAF-Mitglieder in Feuerbach plant, wurde ein städt. Beitrag gewährt.
Im Universum-Filmtheater wird der deutsch-japanische Gemeinschaftsfilm »Die Tochter des Samurai« in Anwesenheit des Regisseurs Dr. Arnold Frank und der japanischen Hauptdarstellerin Setsuko Hara zum erstenmal aufgeführt.

APRIL 1937

23. April Führende Vertreter der italienischen Presse unter der Leitung von Dr. Gherardo Casini besuchen auf ihrer Deutschlandreise Stuttgart und hier auch die Daimler-Benz-Werke in Untertürkheim.
Die Galerie Valentien zeigt eine Ausstellung mit Werken von August Macke, Gabriele Münter und Oskar Schlemmer, das Kunsthaus Fischinger Bilder von Alfred Wais und die Kunsthandlung Lang Bilder von J. C. Ein-Ecke.
Auf Einladung der TH hält Hans Grimm, Autor des Buches »Volk ohne Raum«, einen Vortrag über »Deutsche und englische Probleme im Wandel unserer Zeit«.
Der frühere OB von Esslingen, Dr. Max von Mülberger, in Stuttgart verstorben.

24. April Der baltische Dichter Otto von Taube las auf Einladung der Paul-Ernst-Gesellschaft aus seiner Novellensammlung »Baltischer Adel«.

25. April Zum 60. Gründungstag des ehemaligen württ. Kriegerbundes kommen erstmals seit zehn Jahren wieder Mitglieder aus ganz Württemberg nach Stuttgart. 20 000 ehemalige Soldaten treten zum Appell des Landesverbandes Württ.-Hohenzollern des Deutschen Reichskriegerbundes (Kyffhäuserbund) in der Rotebühlkaserne an.
Die Partei und die Arbeitsfront wollen das Handwerksgesellenwandern wieder aufleben lassen. Auf dem Schillerplatz werden 40 Stuttgarter Handwerksgesellen von NS-Funktionären und Werkscharen der Arbeitsfront verabschiedet.
Max von Schillings Oper »Mona Lisa« wird im Staatstheater in einer Neueinstudierung gespielt.

27. April Im Zuge der »Vereinheitlichung des nationalsozialistischen Erziehungswesens« übernimmt die Stadt Stuttgart das evang. Töchterinstitut und die Heidehofschule. Das Töchterinstitut erhält den Namen Mörikeschule und wird als höhere Mädchenschule weitergeführt.
Die Firma C. Terrot-Werke in Bad Cannstatt feierte im Kursaal ihr 75. Jubiläum.
Oberbaurat i. R. Julius Veigele, 1906—1919 Vorstand der Eisenbahnbausektion Stuttgart, verstorben.

28. April Nach einem Erlaß des Kultministeriums hat die Erziehung der deutschen Jugend einheitlich im Geist des Nationalsozialismus zu erfolgen. »Es darf nicht sein, daß durch Einflüsse, die der nationalsozialistischen Weltanschauung entgegenstehen, irgendein Zwiespalt in die Seelen der jungen deutschen Menschen hineingetragen wird. Da Religion ordentliches Lehrfach in den Schulen ist, ist dieser Notwendigkeit auch im Religionsunterricht Rechnung zu tragen. Das hat zur Folge, daß Stoffe, die dem Sittlichkeitsempfinden der germanischen Rasse widersprechen, im Unterricht nicht zu behandeln sind. Gewisse Teile des Alten Testaments können daher für den Unterricht nicht in Frage kommen«.

Im Kunsthaus Schaller wird eine Ausstellung des Künstler-Ehepaares Karl Caspar und Maria Caspar-Filser eröffnet.

29. April Kultminister Mergenthaler legt in einem Schreiben an die Ministerialabteilung für die Volksschulen auf die Verweigerung des Hitler-Grußes durch Schüler dar: »Bei aller Würdigung des Grundsatzes, daß der Glaube eines jeden eigenste Angelegenheit ist, die er nur vor seinem Gewissen zu verantworten hat, kann es doch nicht geduldet werden, daß durch angebliche Gewissensbedenken weniger Personen die Anordnungen der staatlichen Stellen durchkreuzt werden und die Volksgemeinschaft gestört wird. Ich kann nicht anerkennen, daß es aus Gewissensgründen unmöglich ist, den Deutschen Gruß darzubringen, und damit dem Führer und Kanzler des Deutschen Reiches Heil für seine Arbeit im Dienste des Volkes zu wünschen. Schüler, die sich auf Anweisung der Eltern weigern, den vorgeschriebenen Gruß zu erweisen, stören und schädigen die Schulgemeinschaft und können deshalb nicht in der Schule belassen werden. Da es aber andererseits auch nicht zulässig ist, solche Schüler, soweit sie noch im schulpflichtigen Alter sind, ohne die notwendige Schulbildung zu lassen und sie so der Gefahr der Verwahrlosung auszusetzen, muß in solchen Fällen die sofortige Fürsorgeerziehung in die Wege geleitet werden ... Die zuständigen Bezirksschulämter werden hiermit beauftragt, die Eltern, die nach ... vorliegenden Berichten ihre Kinder dazu anhalten, die Erweisung des Deutschen Grußes zu verweigern, in diesem Sinne und in allem Ernst aufzuklären. Verharren sie trotzdem auf ihrem Standpunkt, dann ist beim zuständigen Amtsgericht ... unverzüglich die vorläufige Fürsorgeerziehung ... zu beantragen.«

Wichtigster Punkt der Ratsherrensitzung ist der Bau von Heimen für die HJ. Die Stadtverwaltung will das städt. Mühlbachhofanwesen auf der Feuerbacher Heide für Zwecke der HJ umbauen. Weiter beraten die Ratsherren über den Bau des Mineralwasserabfüllhauses in Bad Cannstatt; das Anwesen Sulzerrainstraße 24 soll erworben und in die Anlage einbezogen werden. Die Ratsherren sprechen sich für den geplanten dreigleisigen Ausbau der Filderbahnstrecke Degerloch — Möhringen aus; Stuttgart beteiligt sich daran mit 360 000 Mark.

Edwin Fischer gastiert mit seinem Kammerorchester in der Liederhalle.

30. April Zum Auftakt der 1. Mai-Feiern versammeln sich 600 Pimpfe und Hitlerjungen und ebensoviele Jungmädel und Mädel des BDM auf dem Marktplatz zum Mai-Einsingen mit Tanz und Spiel.

Der ehrenamtliche Leiter der Forschungsstelle Schwaben im Ausland im Deutschen Ausland-Institut, Ratsherr Karl Götz, kehrt von einer Studien- und Vortragsreise durch

MAI 1937

Nord- und Südamerika zurück. An 128 Orten in fast allen Staaten auf dem amerikanischen Kontinent hat Götz vor den dort lebenden Deutschen Vorträge gehalten.
Die Klavierfabrik Carl A. Pfeiffer feierte ihr 75-Jahr-Jubiläum.
Verlagsdirektor und Hauptschriftleiter Gustav Wais, bisher Leiter der Stuttgarter Hauptstelle des Deutschen Nachrichtenbüros, scheidet aus dem Amt. Zu seinem Nachfolger wird der seitherige Leiter der Hauptstelle Dresden, Verlagsleiter und Hauptschriftleiter Dr. Georg Remme, ernannt.

30. April bis 9. Mai In den Ausstellungsbauten um die Gewerbehalle und im Stadtgarten zeigt die NS-Frauenschaft eine Ausstellung Frauen am Werk.

1. Mai Ehrenformationen u. a. der Wehrmacht, SA, SS, Politischen Leiter, Werkscharen, HJ, des Jungvolks und Arbeitsdienstes feiern in der Adolf-Hitler-Kampfbahn den 1. Mai mit anschließendem Festzug durch die Straßen Bad Cannstatts und Stuttgarts bis zur Rotebühlkaserne. Am Nachmittag und Abend finden Kameradschaftsabende der Betriebe und der Stadtverwaltung statt.
5000 Jungen und Mädchen kommen auf dem Marktplatz zu einer Kundgebung zusammen, auf der Gebietsführer Sundermann spricht. An die Kundgebung schließt sich die Übertragung der Reden von Goebbels und Hitler aus Berlin an.
Mit Beginn des Sommerfahrplanes der Straßenbahn wird zur Entlastung der Linie 1 nach Vaihingen-Rohr die Linie 15 bis Kaltental verlängert.

2. Mai Im Bürgermuseum findet die erste gemeinschaftliche Lossprechungsfeier von Jungmeistern und Junggesellen aus etwa 20 Innungen der Kreishandwerkerschaft Stuttgart statt.

3. Mai Im Haus der Volkstreue in Gablenberg wird eine Zweigstelle der Stuttgarter öffentlichen Büchereien eröffnet. Unter Übernahme der Bestände der früheren Bücherei Stöckach stehen etwa 3000 Bücher zu Verfügung.
In Bad Cannstatt wird in der Nähe der Krankenhausbauten eine Entkeimungsanstalt des städt. Gesundheitsamtes eingeweiht.
Die Stadt eröffnet im Haus Schmale Straße 11 ein Weinmuseum. Das von Weinhändler Adolf Schneider eingerichtete Kellergewölbe hat Stuttgart nach dessen Tod erworben.
Im Rahmen der Hitler-Freiplatzspende verbringen 35 »alte Kämpfer« aus Lippe-Detmold als Gäste der Stuttgarter SA-Brigade 55 hier einen 14tägigen Urlaub.
Ein nicht alltäglicher Verkehrsunfall ereignet sich im Blauen Weg beim Hasenbergtunnel: Ein Pferdefuhrwerk stürzt 30 Meter weit eine Staffel hinunter. Der Feuerwehr gelingt es erst nach stundenlanger Arbeit, Pferde und Wagen zu bergen.

4. Mai In der ersten Mitgliederversammlung des Kreisverbandes Stuttgart im Reichskolonialbund hält Hauptschriftleiter Overdyck vom NS-Kurier einen Vortrag über »Deutschlands Recht auf Kolonien«. Organisatorische Fragen des Bundes, der im Gau Württ.-Hohenzollern über 10 000 Mitglieder zählt, erörtert der Gauverbandsleiter des Reichskolonialbundes, Direktor Kübel.

Das Kuratorium des Verkehrswissenschaftlichen Instituts für Luftfahrt an der TH Stuttgart hat kürzlich seine 7. Jahrestagung abgehalten. Der Leiter des Instituts, Prof. Dr. Carl Pirath, berichtete aus der Forschungsarbeit des vergangenen Jahres, die der Steigerung der Leistungsfähigkeit der Flughäfen diente.

Die Stuttgarter Sängerin Luise Olmesdahl gibt einen Liederabend in der Liederhalle. Kommerzienrat Dr. med. h. c. Alfred Enke, Seniorchef des Verlags Ferdinand Enke, verstorben.

5. Mai Auf einer Kreisleiterinnentagung spricht der Reichsamtsleiter des Rassenpolitischen Amtes, Dr. Groß, über das »Rassebewußtsein der deutschen Frau, die Gefahren der Rasseüberfremdung und die Überschüttung des Volkes mit kranken Erbanlagen«. Prof. Dr. Edwin Mayser, ehemaliger Lehrer am Karlsgymnasium, bekannt durch seine Forschungsarbeiten über die griechische Sprache, verstorben.

5.–9. Mai Wie im Vorjahr finden nach Schluß der offiziellen Konzertspielzeit wieder die Stuttgarter Musiktage statt. Veranstalter sind die Kreismusikerschaft Stuttgart und die Hitlerjugend in Württ.-Hohenzollern. Den Auftakt zu den insgesamt 18 Aufführungen bildet eine Werkfeier der HJ in Verbindung mit KdF in den Fortuna-Werken (5. Mai). In der Liederhalle leitet Prof. Fritz Stein (Berlin) das Orchester des Schwäb. Singkreises bei einer Aufführung des Fest-Oratoriums von Händel (5. Mai). Im Neuen Schloß spielen Walter Rehberg und das Landesorchester ein Klavierkonzert von Heinrich Kaminski, das als deutsche Uraufführung im Rundfunk übertragen wird (6. Mai). Ebenfalls im Neuen Schloß musiziert der Kammermusikkreis Wenzinger-Scheck (Kassel), und Alfred Kreutz bringt Clavichordmusik (7. Mai). Zeitgenössische Kammermusik von Karl Gerstberger, Willy Fröhlich und Georg von Albrecht wird in der Hochschule für Musik gespielt (8. Mai). August Langenbeck leitet in der Stiftskirche den Stuttgarter Kantatenchor und das Stuttgarter Kammerorchester in einer Motette (8. Mai). Das Orchester des Schwäb. Singkreises spielt unter der Leitung von Hans Grischkat im Stadtgartensaal zeitgenössische Orchestermusik von Eberhard Ludwig Wittmer, Wolfgang Fortner und Hugo Herrmann (8. Mai). Prof. Dr. Hermann Keller und Prof. Walter Rehberg bringen Schubert-Klavierwerke (9. Mai). Im Großen Haus spielt am gleichen Tag die chinesische Schauspielerin Jung Dschu Djün mit einem Berliner Ensemble Szenen der klassischen Oper »Pi-Pa-Dyi« (Geschichte einer

Laute). Zum Abschluß leitet Hans Grischkat in der Stiftskirche Bruckners »Tedeum« und eine Bachkantate mit dem Schwäbischen, Reutlinger und Grischkat-Singkreis.

6. Mai Die evang. Diakonissenanstalt Stuttgart feiert ihr Jahresfest. 47 Schwestern werden als Diakonissen eingesegnet. Aus dem Jahresbericht geht hervor, daß gegenwärtig 737 Schwestern in 53 Krankenhäusern und Bürgerhospitälern, 405 Schwestern auf 205 Gemeindeschwesternstationen, 56 Schwestern in acht Heimen für Alte und Sieche, 27 Schwestern in fünf Fürsorgeheimen und 37 Schwestern in einem Kinderheim und sechs Krippen tätig sind. 16 Diakonissen arbeiten im Deutschen Hospital in Peking. Die Gesamtzahl der Diakonissen beträgt 1644. Im Berichtsjahr taten die Diakonissen bei 154 718 Pfleglingen in 2 516 572 Pflegetagen, 1 328 930 Pflegebesuchen und 45 523 Nachtwachen ihren Dienst.

Das neue Hauspflegerinnenheim der NS-Volkswohlfahrt, Herdweg 19, wird von Gauamtsleiter Kling seiner Bestimmung übergeben. Am Nachmittag besuchen Reichshauptamtsleiter Hilgenfeldt und Reichsfrauenführerin Scholtz-Klink in Begleitung der Gaufrauenschaftsführerin Haindl das neue Heim.

Im Landesgewerbeamt ist ab heute eine Ausstellung mit dem Thema »Werkkunstschau des BDM« zu sehen, die bis 23. Mai 1937 geöffnet bleibt.

Auf die Nachricht vom Brand des Luftschiffes »Hindenburg« in Lakehurst beginnen allenthalben für das im Bau befindliche neue Luftschiff spontane Sammlungen.

Der Tierpark Doggenburg feiert in diesen Tagen sein 30jähriges Bestehen.

Präsident i. R. Georg von Schubert vom Landesfinanzamt verstorben.

7. Mai Zum ersten Mal seit ihrem Bestehen tritt die NS-Studentenkampfhilfe mit einer Kundgebung im Stadtgartensaal vor die Öffentlichkeit. Der stellv. Gauverbandsleiter, Ministerialdirektor Dr. Dill, und der Stellv. des Reichsstudentenführers, SA-Sturmbannführer Horn, fordern in ihren Ansprachen ein einheitliches deutsches Studententum und Erziehung des Studenten zum Nationalsozialisten.

7./8. Mai Der Deutsche und Österreichische Alpenverein hält seine alljährliche Frühjahrstagung in Stuttgart ab.

8. Mai Die Hauptversammlung der württ. Feuerversicherung AG unter Vorsitz von Dr. Lautenschlager genehmigt 2,84 % Dividende. Die Gesamtprämieneinnahme ist um 450 000 RM gestiegen, allerdings sind die Prämien beim Hauptgeschäftszweig trotz eines Mehrbestands von 6000 Verträgen um 130 000 RM zurückgegangen. Vom Luftschiffunglück der »Hindenburg«, die u. a. auch bei der Gesellschaft versichert war, wird ein Schaden von 50 000 bis 60 000 RM erwartet.

Der Schwäb. Schillerverein hält im Haus des Deutschtums seine 41. Mitgliederversammlung ab.

Der Stuttgarter Liederkranz begeht zum 113.Mal sein traditionelles Schillerfest in der Liederhalle.

Im Kleinen Haus wird das Drama »Andreas und sein Hund« von Fred A. Angermayer uraufgeführt.

Die Stuttgarter Straßenbahner bekommen am Waldrand bei Degerloch einen eigenen Sportplatz.

In der Stadthalle gewinnt die deutsche Mannschaft ein Rollhockey-Länderspiel gegen Italien mit 4:1 Toren. Im Beiprogramm schlägt die Stuttgarter Städtemannschaft Frankfurt mit 8:3.

102 Mannschaften mit rund 300 Läufern, darunter zum erstenmal auch Frauen, nehmen am Stadtlauf teil, den der Deutsche Reichsbund für Leibesübungen, Ortsgruppe Stuttgart, veranstaltet.

Die kath. Kirchengemeinde St. Georg erhielt als neuen Stadtpfarrer Erwin Scherrmann, bisher in Vaihingen. An die Liebfrauenpfarrei in Bad Cannstatt wurde Stadtpfarrer Alfons Geiß, bisher Kirchheim/Teck, berufen.

8./9. Mai Im Bürgermuseum findet die Landestagung der württ.-hohenzollerischen Jagdbehörden statt.

9. Mai Wie in den vergangenen Jahren übernimmt die Stadt am Muttertag Ehrenpatenschaften. OB Strölin überreicht im Terrassensaal der Villa Berg entsprechende Urkunden für 112 viertgeborene, »erbgesunde« Kinder Stuttgarter Familien.

Der volksdeutsche Schrifttumspreis der Stadt der Auslandsdeutschen, den Stuttgart jährlich am Todestag Schillers verleiht, wird von OB Dr. Strölin dem Siebenbürger Dichter Heinrich Zillich für seinen Roman »Zwischen Grenzen und Zeiten« zuerkannt.

Der Verschönerungsverein weiht auf der Geroksruhe seinem 1935 verstorbenen Vorstand Adolf Hofacker eine Gedenktafel.

Aus Anlaß des Besuches von Reichspostminister Dr. Ohnesorge bei der Betriebsgemeinschaft Reichspost veranstaltet diese in der Stadthalle eine Kundgebung.

Der Gau 13 des Deutschen Automobilclubs veranstaltet eine Gauwertungsfahrt nach Hohenlohe, an der die Ortsgruppe Stuttgart mit 50 Wagen teilnimmt.

Hermann Lang gewinnt den 11. Großen Preis von Tripolis auf einem Mercedes-Benz-Rennwagen in neuer Rekordzeit. Bei seiner Rückkehr am 14. Mai wird er von Werksangehörigen in Untertürkheim mit großem Jubel empfangen. OB Dr. Strölin überreicht ihm am 24. Mai die Plakette der Stadt Stuttgart.

MAI 1937

9. bis 30. Mai Der Württ. Kunstverein zeigt eine Ausstellung zum 70. Geburtstag von Prof. Alfred Schmitt. Ferner stellen aus die Leipziger Künstlergenossenschaft, die sich zum erstenmal in Stuttgart vorstellt, sowie der Berliner Maler und Kunstbeauftragte des Reichsluftfahrtministeriums, Walter Wellenstein.

10. Mai Beim Konzert der NS-Gemeinschaft Kraft durch Freude dirigiert der Leiter der Gewandhauskonzerte Leipzig, Prof. Hermann Abendroth, das Landesorchester Gau Württ.-Hohenzollern. Großen Erfolg hat dabei auch der Solist, der erste Konzertmeister des Landesorchesters, Walter Schneiderhan.

11. Mai Durch Verordnung des württ. Innenministers vom 11. Mai 1937 wird die Bündische Jugend verboten.
Im Stadtgartensaal halten die deutschen öffentlich-rechtlichen Feuerversicherungsanstalten eine Sondertagung zum Thema »Vorratsschutz in der Landwirtschaft« ab.
Im Rahmen der Auslandsdeutschen Meisterabende gibt der Siebenbürger Pianist Bruno Kretschmayer im Ehrenmal der deutschen Leistung im Ausland ein Konzert.
Der Oberkirchenrat verfügt die Erhebung des bisherigen Seelsorgerbezirks der Ludwig-Hofacker-Kirche zur selbständigen Teilkirchengemeinde, nachdem hierzu die staatliche Anerkennung erteilt worden ist.
Nachdem schon am 8. Mai schwere Gewitter über Stuttgart niedergingen, wird während eines abermaligen heftigen Gewitters eine 25jährige auf einem Acker in Zuffenhausen vom Blitz erschlagen.

12. Mai Pimpfe sammeln Altmaterial.
Die Kreisfilmstellenleiter und Lichtspieltheaterbesitzer werden von der Gaufilmstelle zu einer Tagung in den Hindenburgbau berufen. Landesstellenleiter Mauer faßt in einer Rede die Forderungen an die Teilnehmer in vier Punkten zusammen: »1. Erziehung der Volksgenossen zum Nationalsozialismus, 2. Verfolgung unserer weltanschaulichen Gegner, 3. Aufklärung der Welt darüber, was Deutschland will, 4. der Welt und den deutschen Menschen Klarheit zu verschaffen über die Gefahren des Judentums und des Weltbolschewismus«.
Das Zuffenhausener Bauunglück vom 24. November 1936, bei dem ein Arbeitsdienstmann zu Tode kam und zwei weitere verletzt wurden, fand ein gerichtliches Nachspiel. Bauunternehmer, Vorarbeiter und Bauaufseher wurden zu Geldstrafen zwischen 300 und 150 Mark verurteilt.
Auf der Jahresversammlung des Deutschen Museums in München wurden Dr. Robert Bosch und Dr. W. Kissel zu Mitgliedern des Vorstandsrats berufen. Dipl.-Ing. Ernst Mahle ist in den Verwaltungsausschuß gewählt worden.
Der neue Chefarzt der Chirurgischen Abteilung im Rot-Kreuz-Krankenhaus in Bad

MAI 1937

Cannstatt, Dr. Eduard Neuffer, wird als Nachfolger von Dr. Dopfer in sein Amt eingeführt.
Aus dem Geschäftsbericht der Allianz und Stuttgarter Lebensversicherungsbank AG notiert die Presse eine Zunahme des Versicherungsbestandes von 3,653 auf 3,901 Milliarden RM. An die Aktionäre werden 8 % Dividende gezahlt.

13. Mai Durch Verordnung des Staatsministeriums vom 22. April 1937 wird das württ. Gewerbe- und Handelsaufsichtsamt aufgehoben; seine Befugnisse werden auf den Wirtschaftsminister übertragen.
Infolge besserer wirtschaftlicher Verhältnisse wurde die Volksküche in Zuffenhausen geschlossen.
Hauptversammlung der Vereinigten Kugellagerfabrik AG Schweinfurt — Bad Cannstatt: Die Umsatzsteigerung betrug im Berichtsjahr 1936 für das In- und Auslandsgeschäft gleichermaßen 40 %. Bemerkenswert ist die Verdoppelung der Ausfuhr des Bad Cannstatter Werkes für Textilmaschinen. Die Dividende beträgt 6 %.
Die Ortsgruppe Stuttgart der Deutschen Gesellschaft für Rassenhygiene eröffnet ihre erste Veranstaltung mit einem Vortrag von Prof. Luxenburger (München) über das Thema »Persönlichkeit und rassenhygienische Auslese«.

13. bis 15. Mai Tagung der Renten- und Pensions-Anstalt für deutsche bildende Künstler im Hospiz Viktoria.

14. Mai In der Industrie- und Handelskammer findet eine Sitzung des Beirats der Reichswirtschaftskammer unter dem Vorsitz ihres Leiters, Präsident Pietzsch, statt. An der Sitzung nehmen u. a. teil: Reichswirtschaftsminister Dr. Schacht, Ministerpräsident Köhler (Karlsruhe) und der württ. Wirtschaftsminister Dr. Schmid. Export- und rohstoffpolitische Fragen stehen im Mittelpunkt der Sitzung.
Eine Werbung für die NS-Volkswohlfahrt brachte 12 000 Neueintritte. Damit hat die NSV in Stuttgart lt. NS-Kurier 72 000 Mitglieder.
Im Oberen Museum findet die Gründungsfeier einer Italienischen Arbeitsgemeinschaft der Hitlerjugend durch die Abteilung Grenz- und Ausland des Gebietes 20 (Württemberg) statt.
In den Ausstellungshallen am Interimstheaterplatz wird eine Ausstellung der NS-Kriegsopferversorgung eröffnet.

14. bis 16. Mai Der Deutsche Sprachverein tagt in Stuttgart. Im NS-Kurier heißt es: »Univ.-Prof. Ewald Geissler, Erlangen, führte zu den Urtiefen der deutschen Sprache überhaupt. Er leitete diese einzige große Ursprache Europas aus ihren rassischen Gründen her und schilderte in stetem Vergleich mit den Sprachen der Nachbarvölker ihr

MAI 1937

Eigenwesen und ihre Unersetzlichkeit, ihr nach mancher Beschattung durch lateinische, französische und jüdische Art zur nationalen Aufgabe gewordenes Ringen.«

15. Mai Der NS-Kurier veröffentlicht eine Mitteilung der Geheimen Staatspolizei-Staatspolizeileitstelle Stuttgart: Ein auswärtiger Obst- und Gemüsegroßhändler wurde wegen Preistreiberei in Schutzhaft genommen. Er hat in der Pfalz Karotten, für die dort ein Erzeugerhöchstpreis von 6,50 Mark je Zentner festgesetzt ist, aufgekauft und auf dem Stuttgarter Großmarkt für 20 Mark je Zentner verkauft. — Bei dieser Gelegenheit werden auch »die Miesmacher hinter dem Ladentisch, die aus Eigenbrötelei und selbstsüchtigen Motiven ihre verpflichtende Stellung in der Ernährungswirtschaft noch nicht erkannt haben und bei der Kundschaft Unzufriedenheit wecken«, zur Ordnung gerufen. »Wer vorübergehende Verknappungen nur dazu benutze, Mißstimmung hervorzurufen, stehe am falschen Platze. Wer die heutigen Notwendigkeiten nicht verstehen oder nicht begreifen oder nicht mitmachen wolle, müsse die Konsequenzen ziehen, die eine weitere Betätigung ... beim Absatz lebensnotwendiger Nahrungsgüter unmöglich machen.« Aufgabe des Lebensmitteleinzelhändlers sei es, »an der Entwicklung der Ernährungsgewohnheiten bestimmend mitzuarbeiten und den deutschen Verbraucher zum Einschwenken in unsere Ernährungsfront zu bewegen.«
Das Kriegsmuseum der Weltkriegsbücherei im Schloß Rosenstein wird eröffnet.
Auf der Freilichtbühne des Stadtgartens beginnen die Varietéveranstaltungen.
Die Jahresversammlung des Verschönerungsvereins Degerloch, die vor kurzem im Saal der Charlottenhöhe stattfand, befaßte sich vorwiegend mit den ortsnahen Waldgebieten. Die Mitgliederzahl ist auf etwa 200 gestiegen.

16. Mai OB Strölin hat den Preis für gewerblichen Lichtstrom von 45 auf 40 Pf. je kwh ermäßigt. Die Strompreisermäßigung gilt erstmals für die Ableseperiode 16. Mai bis 15. Juni 1937 und soll vor allem kleine und mittlere Gewerbebetriebe entlasten.

18. Mai Um die Auslieferung von Postsendungen im südlichen Stadtteil (Fangelsbachgegend) zu erleichtern, wird im Ladengeschäft in der Alexanderstraße 180 (Ecke Immenhofer Straße) eine Poststelle eingerichtet.
Barnabás von Géczy gastiert mit seinem Orchester in der Liederhalle.

19. Mai Der Verein für ärztliche Mission hält unter Vorsitz von Prof. Dr. Würtz seine Jahresversammlung ab. Aus dem Bericht dieses Hilfsdienstes der deutschen evang. Mission geht hervor, daß es ihm möglich war, wie in den Vorjahren der ärztlichen Arbeit der Basler Mission und dem ihm nahestehenden Deutschen Institut für ärztliche Mission in Tübingen namhafte Zuwendungen zukommen zu lassen. Das Tropengenesungsheim in Tübingen, das sich zum Bau eines Tropenkinderheims entschließen mußte, wurde gleichfalls mit einem Beitrag bedacht. Missionsdirektor Karl Hartenstein berichtet über die ärztliche Arbeit der Basler Mission in sieben Spitälern und drei Hilfsspitälern.

Die Union Deutsche Verlagsgesellschaft beschließt in der Hauptversammlung, das Vermögen auf die Kommanditgesellschaft Union Deutsche Verlagsgesellschaft Stuttgart Beck, Auberlen u. Co. zu übertragen. Die Umwandlung vollzieht sich auf Grund des Kapitalumwandlungsgesetzes.

In den Lagerräumen einer Obstgroßhandlung in der Brunnenstraße 5 verursacht ein Brand 10000 RM Sachschaden.

20. Mai Im Rahmen einer Vortragsreihe der Württ. Verwaltungsakademie für Kommunalbeamte spricht Reichsfinanzminister Lutz Graf Schwerin von Krosigk im Gustav-Siegle-Haus über »Die Gemeindefinanzen im Rahmen der öffentlichen Gesamtfinanzwirtschaft«.

Auf dem Flughafen Böblingen ereignet sich beim Start eines Verkehrsflugzeuges ein Unfall, der zwei Tote und vier Verletzte fordert.

21. Mai Laut Geschäftsbericht konnte die Ed. Züblin u. Cie AG durch Errichtung eines Zweigbüros in Berlin den Umsatz um 12 Mio. RM steigern. Aus dem auf 6,64 Mio. RM erhöhten Rohertrag verbleibt nach Abschreibungen ein Reingewinn von 92500 RM, aus dem wieder 6% Dividende gezahlt werden.

Die Umsätze der Gewerbebank Feuerbach eGmbH stiegen 1936 um 25% und erreichten 107,5 Mio. RM. Die Bilanzsumme erhöhte sich von 3,1 auf 3,7 Mio. RM. Die Hauptversammlung beschloß, aus einem Reingewinn von 34219 RM eine Dividende von 5% zu verteilen.

In der Generalversammlung des Stuttgarter Mobilien-Zwecksparverbands eGmbH in Liquidation gibt der Liquidator bekannt, daß die Sparguthaben 1936 ausbezahlt wurden. Die Geschäftsguthaben der Genossen sollen in vollem Umfang, aber ohne Zinsen, zurückbezahlt, das restliche Vermögen soll an die Sparer ausgeschüttet werden, deren Verträge infolge des Auflösungsgesetzes nicht mehr zugeteilt werden konnten.

In der Villa Berg veranstaltet die Stadt einen Empfang der ausländischen Teilnehmer und der deutschen Motorradfahrer des bevorstehenden Solituderennens.

22. Mai Das Amtsblatt berichtet über Gebietsveränderungen: Durch die Erbauung der Siedlung beim Neuwirtshaus ist ein Grenzausgleich zwischen Stuttgart und den Gemeinden Münchingen und Stammheim notwendig geworden. Ferner wurde eine Vereinbarung über die wechselseitige Eingliederung von Gebietsteilen der Markungen Stuttgart und Plieningen abgeschlossen.

MAI 1937

Mit Beginn des Sommerfahrplans der Reichsbahn wird der Haltepunkt Neuwirtshaus eröffnet.

In Sillenbuch, Buowaldstr. 25, wird ein neues Schulhaus eingeweiht. Die Bauausführung hatte Architekt Walter Salver.

In der Stadthalle veranstaltet die NS-Kriegsopferversorgung einen Kameradschaftsabend mit mehreren Tausend Kriegsopfern.

Die Oper »Das Leben für den Zaren« von Michael Glinka wird erstmals in Stuttgart aufgeführt.

Zum Abschluß ihrer Deutschlandreise spielt die Mannschaft des englischen Fußball-Ligameisters Manchester City in Stuttgart gegen eine deutsche Auswahlmannschaft. Die Engländer verlieren vor 25 000 Zuschauern 2:3.

Die Toten des Luftschiffes »Hindenburg« passieren auf ihrem Weg von Cuxhaven nach Friedrichshafen den Stuttgarter Hauptbahnhof. Auf dem Bahnsteig findet eine Trauerfeier statt. Bordmonteur Wilhelm Scheef aus Untertürkheim wird dort am 23. Mai beigesetzt.

23. Mai Die Evang. Gesellschaft begeht in der Stiftskirche ihr 107. Jahresfest. Die Predigt hält Landesbischof Wurm; anschließend verliest Pfarrer Schosser den Jahresbericht. Er gibt Aufschluß über die Arbeit der Buchhandlung der Gesellschaft, über die Arbeit der Stadtmissionare, der Mitternachtsmission und der Stadt- und Landesstelle. Die Tagheime für arbeitslose Frauen und Mädchen sind geschlossen worden. Die offenen Flick- und Nähstuben sollen trotz der finanziellen Belastung in eingeschränktem Maß fortgeführt werden. Der Arbeitsnachweis hat eine grundlegende Änderung erfahren. Er kann nur noch erwerbsbeschränkte und schwer erziehbare Personen sowie strafentlassene Gefangene an jedermann und voll Erwerbsfähige an die Anstalten der Inneren Mission vermitteln. Die Gefährdetenfürsorge wird von den Frauen des Magdalenenvereins materiell unterstützt. Erwähnt wird auch die Arbeit des Durchgangsheimes Margaretenhorst in Stuttgart und des Landheimes Reichenberg sowie des Charlottenheimes. Die Gesellschaft führt außerdem eine Kochschule in der Furtbachstraße und veranstaltet an acht Stellen Nähabende. In drei Kinderhorten werden täglich 70—90 Kinder betreut.

Im Eduard-Pfeiffer-Haus werden 510 weibliche Hilfskräfte des Roten Kreuzes »auf den Führer, den Schirmherrn des Roten Kreuzes«, verpflichtet.

Die Galerie Valentien eröffnet eine Ausstellung Worpsweder Kunst mit Arbeiten u. a. von Hans am Ende, Fritz Overbeck, Heinrich Vogeler, Paula Modersohn-Becker, Otto Modersohn, Helmut Westhoff und F. Uphoff.

Bei strahlendem Wetter wird vor 150 000 Zuschauern das Solitude-Rennen veranstaltet. Bester Fahrer auf dem 11,6 km Rundkurs in der Halbliterklasse ist der Breslauer

Mansfeld auf DKW, der den Favoriten Ley aus Nürnberg auf BMW auf den 2. Platz verweist.

Das Bekleidungshaus Rümelin (Zuffenhausen) begeht sein 50jähriges Geschäftsjubiläum.

In der Markuskirche wird der neue Stadtpfarrer Karl Friz von Stadtdekan Prälat Dr. Lempp in sein Amt eingeführt.

24. Mai Landesbischof D. Wurm schreibt im Auftrag der Kirchenführerkonferenz wegen der von Hitler am 15. Februar angeordneten Wahlen für eine Generalsynode an die Reichsregierung. Er wendet sich gegen die Verordnung des Reichskirchenministers vom 20. März, die die Kirche für die Zeit bis zu den Wahlen der staatlichen Leitung unterstellen will, insbesondere protestiert er gegen die Behinderungen, wie Rede- und Aufenthaltsverbote für Bischöfe und Pfarrer, Beschlagnahme von Flugblättern und Verweigerung von öffentlichen Sälen, wohingegen die Deutschen Christen von staatlichen Behörden und Parteistellen massiv unterstützt werden.

Eine Gruppe von Attachés des Auswärtigen Amtes besucht das Haus des Deutschtums und das Ehrenmal der deutschen Leistung im Ausland.

Generalmusikdirektor Carl Leonhardt wurde vertretungsweise mit der Wahrnehmung der Professur des Universitätsmusikdirektors in Tübingen beauftragt.

24. bis 29. Mai Die Reichsstelle für Naturschutz Berlin hält in Stuttgart einen Lehrgang über Landschaftspflege ab. Die Leitung hat der württ. Landesbeauftragte für Naturschutz, Prof. Dr. Schwenkel. In diesem Zusammenhang kritisiert der NS-Kurier vom 24. Mai die »baubolschewistische Hinterlassenschaft auf Stuttgarts schönstem Höhenzug«, die Weißenhofsiedlung, und bezeichnet sie als »Kleinafrika«. Die Zeitung kündigt an, daß die Stadtverwaltung im Wallmer in Untertürkheim eine »Flurbereinigung« vornehmen und die mit »verirrter Baugesinnung« errichteten Häuser mit Dächern versehen wird, um ihnen ihren »fremdländischen Charakter« zu nehmen.

25. Mai Der Bezirksplanungsverband Stuttgart, der sich seit 1931 mit den übergemeindlichen Aufgaben des in einem Umkreis von 20 km um Stuttgart liegenden Gebiets befaßt hat, stellt seine Tätigkeit ein. Mit der Schaffung der Reichsstelle für Raumordnung wurde die Landesplanung zu einer Aufgabe des Reichs erklärt. Ihre Wahrnehmung wurde den in den einzelnen Reichsteilen geschaffenen Landesplanungsbehörden und den diesen zur Seite stehenden Landesplanungsgemeinschaften übertragen. Nach der neuen Organisation der Landesplanung hat die im Rahmen der Landesplanungsgemeinschaft Württ.-Hohenzollern gebildete Bezirksstelle Stuttgart die Aufgaben des Bezirksplanungsverbandes — jedoch für ein wesentlich erweitertes Gebiet — übernommen. Der seitherige Verbandsvorsitzende, OB Dr. Strölin, ist zum Leiter

der Bezirksstelle Stuttgart, der seitherige Geschäftsführer, Dr. Stroebel, zum kommissarischen Bezirksplaner ernannt worden. In der abschließenden Mitgliederversammlung würdigt Strölin die Arbeit der 106 Verbandsgemeinden und erörtert dann die Richtlinien für die künftigen Aufgaben für das Wirtschaftsgebiet um Stuttgart. Keineswegs soll eine weitere Industrialisierung des Stuttgarter Wirtschaftsgebiets angestrebt werden. Wichtig sei, innerhalb dieses Gebiets ein gesundes Bauerntum zu erhalten. Neue kleinere gewerbliche Unternehmungen, die im Wirtschaftsgebiet Stuttgart untergebracht werden müssen, will Strölin im südlichen Teil der Fildern, im Strohgäugebiet und im Remstal angesiedelt sehen, um so eine gesunde Vermischung von Gewerbe mit Landwirtschaft und damit eine krisenfestere Ansiedlung der Arbeiter zu erreichen. Strölin kommt auch auf die Eingemeindungswünsche der Stadt Stuttgart zu sprechen. Die Stadt müsse Gelände zur Unterbringung ihrer werktätigen Bevölkerung beschaffen. Der Bodenvorrat auf der seitherigen Markung gehe zur Neige. Zwar könnte die Beschaffung von Siedlungsgelände außerhalb der Stadtgrenzen noch einige Zeit verzögert werden, wenn ein Teil des noch vorhandenen Geländes für eine dichtere Bebauung verwendet werde. Die zur Erhaltung der Volksgesundheit dringend notwendige Auflockerung der Stadt sowie die Erhaltung von Grünflächen und landwirtschaftlich wichtigen Gebieten lasse aber eine solche Lösung nicht zu. Durch den Autobahnbau seien neue Verkehrsverbindungen nötig. Ferner sei eine Verbindung notwendig aus dem Raum Echterdingen zum Industriegebiet zwischen Bad Cannstatt und Esslingen. Strölin erwähnt auch die Notwendigkeit der Elektrifizierung weiterer Bahnstrecken, der Erweiterung des Straßenbahnnetzes und des Omnibusverkehrs und der Wasserwirtschaftsplanung für den Neckarkanal.
Im Großen Haus gibt die spanische Tänzerin Manuela del Rio mit ihren Begleitern, dem Pianisten J. Alfonso und dem Gitarrenspieler J. Roca, ein Gastspiel.
Der Gauamtsleiter für Rassenpolitik, Dr. med. Karl Ludwig Lechler, hält in der TH einen Vortrag über »die rassischen Voraussetzungen der spanischen Wirren«. Der Bolschewismus in Spanien sei nicht nur durch soziale, sondern vielmehr durch rassische Hintergründe zu erklären. Der Hang zum Anarchismus sei eine Folge des Untergangs des nordischen Blutes, der Vandalen, der Sueben und der Westgoten. Die »Entnordnung« sei besonders durch Inquisition verursacht worden.
In einer Vorstellung des Eröffnungsprogramms auf der Freilichtbühne im Stadtgarten, in der der Ansager Willy Lilie die ehemaligen studentischen Formen parodiert, kommt es zu einer tätlichen Auseinandersetzung mit schwerer Körperverletzung.

26. Mai In der Ratsherrensitzung kommen u. a. folgende Themen zur Sprache: Ausbau der Turnhalle Wangen mit einem Kostenaufwand von 150 000 Reichsmark. Instandsetzung der Sängerhalle in Untertürkheim und Erweiterung von 550 auf 1300 Sitzplätze; die Stadtverwaltung gewährt dem Liederkranz Untertürkheim hierfür eine

finanzielle Beihilfe. Zur Förderung des Wohnungsbaues bewilligt die Stadt zusätzlich zu den im laufenden Rechnungsjahr zur Verfügung stehenden 4,1 Mio. weitere 2 Mio. Reichsmark. Zur Werbung für die kommende Auslandorganisationstagung werden 100 Kopien des Stuttgart-Tonfilms in den Ortsgruppen im Ausland eingesetzt. Außerdem soll in in- und ausländischen Presseorganen, im Rundfunk und durch Vorträge geworben werden. Nach der Sitzung besichtigen die Ratsherren das Gelände der 3. Reichsgartenschau auf dem Killesberg und den Stadtteil Feuerbach.
Im Gustav-Siegle-Haus findet die Vollversammlung der Studentenschaft der TH statt. Aus dem Bericht über die studentische Kameradschaftsarbeit geht hervor, daß im Wintersemester 1936/37 bereits 65% des ersten bis vierten Semesters von den Kameradschaften erfaßt worden sind. Die vordringlichste Aufgabe des deutschen Studenten wird gegenwärtig in seinem Einsatz für den zweiten Vierjahresplan gesehen, insbesondere im Landdienst, d. h. in der Erntehilfe.
Der Geschäftsbericht der Chr. Belser AG, Verlagsbuchhandlung und Buchdruckerei, schließt mit einem Verlust von 33 877 RM ab. Die Zahl der Betriebsangehörigen wurde auf gleicher Höhe gehalten. Die Gesellschaft soll noch vor Ablauf der von der Reichspressekammer gestellten Frist (31. Dezember 1938) umgewandelt werden.

26.–28. Mai Auf dem Skagerrakplatz bei der Garnisonkirche ist Holz-, Korb- und Küblerwarenmarkt, auf der Danziger Freiheit Hafnerwaren-, Porzellan- und Glaswarenmarkt.

27. Mai In diesen Tagen wurde das Haus Hirschstraße 15 (Ecke Hirsch- und Küferstraße) als letztes des Häuserblocks abgebrochen, um Platz zu schaffen für die Durchführung der Gregor-Schmid-Straße zur Ilgenstraße, für Parkplätze und den Wochenmarkt.
Die Hauptversammlung der Daimler-Benz AG genehmigt den Jahresabschluß 1936 mit 6,5% Dividende. Der Gesamtumsatz stieg auf 295 Mio. RM, der Exportanteil betrug 28 Mio. RM, der Reingewinn 6,23 Mio. RM.
Der Inspekteur für Personalangelegenheiten in der Reichsleitung des RAD, Generalarbeitsführer Freiherr Löffelholz von Colberg, trifft in Stuttgart ein, um die Unterkünfte der Arbeitsdienstabteilungen in Württemberg zu besichtigen. Noch am selben Tag besucht er die Lager im Bereich der Arbeitsdienstgruppe 261 Stuttgart.
Bei einem Vortragsabend in Weilimdorf referierten Gauhauptstellenleiter Gissibl und der stellv. Gauleiter von Nordamerika, Carl Nicolay, über das Auslandsdeutschtum; Nicolay sprach von einer »ungeheure(n) Hetze in Nordamerika gegen Deutschland ... die Geschlossenheit des Deutschtums und ... den Kampf und den Glauben an das neue Deutschland«.
Ein Bericht des Schwäb. Merkurs über die Eröffnungssitzung des Reichsforschungsrates

am 25. Mai in Berlin erwähnt, daß Prof. Dr. Werner Köster, Direktor des Kaiser-Wilhelm-Instituts für angewandte Metallkunde in Stuttgart, zum Leiter der Fachgliederung Nichteisenmetalle im Forschungsrat berufen worden ist.

28. Mai Das von HJ und KdF veranstaltete offene Liedersingen auf dem Schillerplatz findet von jetzt an regelmäßig alle drei Wochen statt.
Nachdem vor einigen Wochen der Badische Hof am Alten Postplatz abgebrochen wurde, um den verkehrshemmenden Engpaß zwischen dem Alten Postplatz und der Rotebühlstraße zu beseitigen, ist vor kurzem das noch im Weg stehende Haus Zangerl, Rotebühlstraße 14, von der Stadt erworben worden. Es soll noch im Lauf des Jahres abgebrochen werden.
Mit einer Ehrenhundertschaft der Schutzpolizei zieht die Stuttgarter Polizei von der Eberhardswache um in ihr neues Zentralrevier in der Gregor-Schmid-Straße 12.
Im Kleinen Haus wird Ernst Bacmeisters Religionstragödie »Kaiser Konstantins Taufe« uraufgeführt.

29./30. Mai Rund 2000 Hitlerjungen treten auf den Stuttgarter Sportplätzen zu Wettkämpfen an. »Die Körperschulung der HJ ist ein Teil der umfassenden totalen Formung der deutschen Jugend. Sie denkt nicht daran, das Spezialistentum einer liberalistischen Gesinnung im Sport weiterzupflegen. Sie will gemäß der nationalsozialistischen Forderung, daß der Einzelne sich für das Volk ganz verpflichtet, jeden Jungen in der körperlich-sportlichen Erziehung erfassen«, schreibt der NS-Kurier.
Zum Schwabenflug landen 58 Sportflugzeuge aus ganz Deutschland am 29. Mai auf dem Cannstatter Wasen. Die Teilnehmer starten am Nachmittag zu zwei Tagesschleifen und kehren am darauffolgenden Nachmittag zum Wasen zurück. Abschluß und Ausklang mit Siegerehrung ist ein Sommerfest der Flieger im Kunstgebäude.

30. Mai 7000 Luftschutzhauswarte werden im Hof des Neuen Schlosses verpflichtet.
Der Jahresbericht der Fortuna-Werke Bad Cannstatt, Spezialmaschinenfabrik AG, verzeichnet einen Reingewinn von 183 765 RM und eine Umsatzsteigerung von 35%. Es werden wieder 8% Dividende verteilt.
Auf Grund des hochsommerlichen Wetters haben die städt. Freibäder einen Rekordbesuch. 34 000 Menschen werden in fünf Freibädern (ohne die Mineralbäder) gezählt, davon 13 650 im Max-Eyth-Bad und 13 200 im Inselbad.
Hermann Lang gewinnt das 12. große Avusrennen in Berlin für Mercedes-Benz.

31. Mai Die in den Haushalten anfallenden Knochen werden ab heute zur Weiterverwertung gesammelt. Einmal in der Woche (montags) bringen die Schulkinder die Knochen zur Schule, wo Behälter bereitstehen.

JUNI 1937

31. Mai bis 2. Juni   Vor den zur Jahrestagung versammelten württ. Bezirksschulräten spricht Kultminister Mergenthaler in seiner Eröffnungsrede über Rasse und Erziehung, Weltanschauung und Gottgläubigkeit der Nationalsozialisten. Oberreg.-Rat Drück referiert über die Einrichtung des Landjahres. Am zweiten Tag (1. Juni 1937) besuchen die Teilnehmer die Hochschule für Lehrerbildung in Esslingen. Amtliche Angelegenheiten werden von Reg.-Rat Dr. Frommann, das neue Beamtenrecht von Oberreg.-Rat Dr. Wider zum Abschluß besprochen.

1. Juni   Bischof Sproll wendet sich in einem Schreiben an den Kultminister gegen die »Neugestaltung der religiösen Unterweisung im nationalsozialistischen Sinn«; er fordert, »die konkordatsrechtlich zugesicherte Erteilung katholischen Religionsunterrichts in Übereinstimmung mit den Grundsätzen der katholischen Kirche zuzulassen«. Als der Kultminister das Schreiben mit dem Bemerken zurückgeben ließ, es würden in Zukunft sämtliche Schreiben, »die in einem so unerhörten Ton gehalten sind«, ebenso behandelt werden, veranlaßt Bischof Sproll, daß seine Eingabe und der Bescheid des Kultministers von Kardinalstaatssekretär Pacelli durch die Deutsche Botschaft in Rom der Deutschen Regierung mitgeteilt und diese um entsprechende Abhilfe ersucht wird.
Die Lufthansa richtet auf Wunsch der Industrie und des Handels in Württemberg eine Frühverbindung Stuttgart — Berlin (ohne Zwischenlandung) ein. Das Flugzeug fliegt werktags 7.30 Uhr ab Stuttgart und landet in Berlin 9.40 Uhr. Der Rückflug ab Berlin erfolgt 17 Uhr, Ankunft in Stuttgart 19.20 Uhr.
Die schon im Februar angekündigte, aber mehrmals verschobene Küchenabfallsammlung des Ernährungshilfswerkes der NSV beginnt. Zweimal wöchentlich werden in Ostheim, Gaisburg, Gablenberg, Wangen, Hedelfingen, Unter- und Obertürkheim die Abfälle abgeholt. Der erste Sammeltag in Ostheim und Hedelfingen erbringt 2000 kg verwertbare Küchenabfälle — das sind umgerechnet 100 g pro Familie. Damit werden 300 Schweine in Weil gefüttert.
Reichsarbeitsführer Hierl kommt auf einer Besichtigungsreise der Arbeitsdienstlager nach Stuttgart.

2. Juni   In den Schulen findet ein Luftschutztag mit Probealarmen statt.
Im Stuttgarter Schauspielhaus beginnt die Sommerspielzeit (Operettenspielzeit) mit der Aufführung »Der Graf von Luxemburg«.
Auf dem Sportplatz der TH in Degerloch wird ein Hochschulsportfest durchgeführt, bei dem die besten Sportler der dem Hochschulinstitut für Leibesübungen angeschlossenen Studentenschaften ermittelt werden. Gleichzeitig kämpfen die besten Mannschaften der württ. Hoch- und Fachschulen um den Gaumeistertitel.

3. Juni   Der Oberkirchenrat erhebt gegen den Erlaß des württ. Kultministeriums vom

28. April 1937 Einspruch: »Für den Inhalt des evangelischen Religionsunterrichts kann es nur eine Richtschnur und nur eine Quelle der Kraft und der Wahrheit geben: das Wort Gottes, wie es aus der Heiligen Schrift Alten und Neuen Testaments zu uns spricht... Der Erlaß vom 28. April 1937 macht den Versuch, von staatswegen den Rassegedanken zum Richter über das Wort Gottes zu machen und das germanische Sittlichkeitsempfinden zum Maßstab zu nehmen für das, was aus der Heiligen Schrift für den christlichen Glauben noch gelten soll und was nicht.« Der Oberkirchenrat stellt ferner fest, daß man mit dem Erlaß beginne, »in der Schule den Totalitätsanspruch vom politischen auch auf das religiöse Gebiet auszudehnen«.
Die Gustav-Siegle-Bücherei in der Neckarstraße 57 A wird von OB Strölin der Öffentlichkeit übergeben. Ursprünglich war geplant, sie im Gustav-Siegle-Haus einzurichten; da die vorgesehenen Räume jedoch von der Postverwaltung besetzt sind, wurde das Gebäude der früheren Handwerkskammer entsprechend umgebaut.

3./4. Juni Die Gaurichter der NSDAP kommen zu einer Reichstagung nach Stuttgart. OB Strölin begrüßt die Gäste, darunter auch Gauleiter Bohle und den Obersten Parteirichter, Reichsleiter Major Buch.

4. Juni Der in Stuttgart im Dezember 1936 verhaftete ehemalige Schüler des Dillmann-Gymnasiums, Helmut Hirsch, wird in Berlin hingerichtet. Hirsch wurde wegen Hochverrats mit der Begründung verurteilt, daß er »im Auftrage hochverräterischer Kreise des Auslands nach Deutschland eingereist ist, um hier Sprengstoffverbrechen durchzuführen«.

4. bis 6. Juni Die Südd. Vereinigung für Evangelisation und Gemeinschaftspflege begeht ihr 25. Jahresfest. Hauptredner sind Pastor Modersohn und Schriftsteller Schreiner.

5. Juni Das Kunsthaus Schaller eröffnet zum 50. Todestag des Malers Hans von Marées eine Erinnerungsschau.

5./6. Juni Die Leiter der acht württ. DLRG-Bezirke kommen zu einer Tagung mit dem Führerbeirat des Landesverbandes in Stuttgart zusammen. Landesverbandsführer Konrad Böhm erwähnt in seinem Jahresbericht, daß die Deutsche Lebensrettungsgesellschaft in den Jahren 1932 bis 1936 272 Menschen vor dem Ertrinken bewahrt hat.

5. Juni bis 4. Juli Eine Wanderausstellung der NSV unter dem Motto »Hilfswerk für deutsche bildende Kunst« wird im Kunstgebäude gezeigt. Zur Eröffnung spricht Gauleiter Murr über nationalsozialistische Kunstgesinnung. Die Stadt Stuttgart kauft 13 Werke der Ausstellung.

6. Juni Nach dem Umbau der Charlottenstraße fährt die Linie 3 der Straßenbahn zur Entlastung des Schloßplatzes nicht mehr über die Adolf-Hitler-Straße und den Schloßplatz, sondern über die Neckarstraße zum Bahnhof.
Im Großen Haus wird die Lehár-Operette »Zigeunerliebe« in einer Neuinszenierung aufgeführt.
Das seit Wochen hochsommerliche Wetter hält an. Das Freibad Untertürkheim wird von rund 14 000, das am Max-Eyth-See von rund 15 000 Badegästen besucht.

7. Juni Die Gestapo durchsucht die Zimmer von Vikar Rölli (Bad Cannstatt) und beschlagnahmt mehrere Dokumente.
OB Dr. Strölin hält im Rahmen der Werbung für die fünfte Reichstagung der Auslandsdeutschen vor der Deutschen Kolonie in Wien einen Vortrag über Stuttgart als Stadt der Auslandsdeutschen. Danach reist er nach Budapest weiter und spricht vor einer Versammlung der Reichsdeutschen.
Heinz Haufe (Berlin) wurde für zwei Jahre als Spielleiter des Schauspiels an die Württ. Staatstheater verpflichtet.
Im Großen Kuppelsaal des ehemaligen Landtagsgebäudes verabschiedet Gauleiter Murr den bisherigen Kreisleiter Mauer und setzt den neuen Kreisleiter Wilhelm Fischer in sein Amt ein.

8. Juni Der neue Generalintendant der Württ. Staatstheater, Gustav Deharde, wird im Stadtgartensaal in sein Amt eingeführt.
Zum 65. Geburtstag des schwäb. Landschaftsmalers Erwin Starker zeigt das Kunsthaus Fischinger eine Ausstellung.

9. Juni Auf der 33. ordentlichen Mitgliederversammlung des Stuttgarter Haus- und Grundbesitzervereins im Bürgermuseum wurde erklärt, daß ein weitergehender Kündigungsschutz nicht notwendig sei. Der Verein weist in seinem Jahresbericht darauf hin, daß von 5330 in Stuttgart ergangenen Mietkündigungen 86,15 % von den Mietern ausgesprochen worden seien. Aus den wenigen Fällen, in denen Hausbesitzer gegen die Aufnahme von kinderreichen Familien in zu kleine Wohnungen waren, dürfe man keine Kinderfeindlichkeit des Hausbesitzers konstruieren.
Oberfinanzrat Friedrich Cronmüller, Direktor a. D. der Württ. Hypothekenbank, verstorben.

9. bis 11. Juni Die Institution of Automobile Engineers, ein Verband englischer Automobilingenieure, hält in Stuttgart ihre Sommertagung ab. Die etwa 60 Teilnehmer treffen auf ihrer Deutschlandreise am 9. Juni in Stuttgart ein. Sie besuchen am 10. Juni zunächst die Boschwerke (Robert Bosch ist Ehrenmitglied ihres Verbandes). In der Villa

JUNI 1937

Berg gibt die Stadt, vertreten durch Stadtrat Dr. Schwarz, anschließend einen Empfang. Schwarz gibt seiner Hoffnung Ausdruck, die Gäste mögen »sich ein Bild von dem wirklichen nationalsozialistischen Deutschland... machen, um den im Ausland immer noch verbreiteten Greuelmärchen entgegenzutreten.« Die Ingenieure besichtigen danach die Firmen Elektronmetall und Hahn und Kolb. Am 11. Juni stehen ein Besuch bei Daimler-Benz und ein Festbankett im Hotel Marquardt auf dem Programm.

10. Juni   Stuttgart erlebt mit 35,5 Grad Celsius einen Hitzerekord und ist der heißeste Ort in Deutschland.

11. Juni   Die Hausfrauen werden aufgefordert, leere Milchflaschen zurückzugeben. Bei anhaltender Hitze und vermehrtem Milchverbrauch ist in der Milchversorgung ein Engpaß aufgetreten, weil — wie behauptet wird — zu viele leere Flaschen in den Haushaltungen geblieben sind.
Die Allgemeine Rentenanstalt Lebens- und Rentenversicherungs AG beschließt in der Hauptversammlung, gegen den Protest von Kleinaktionären, die Dividende auf 8 % zu senken, nachdem fünf Jahre 10 % und vier Jahre 12 % gezahlt wurden. Die Senkung soll den Versicherten zugute kommen.

11. bis 14. Juni   Gauleiter Murr wirbt vor den Ortsgruppen der NSDAP in der Schweiz (Basel, Bern, Zürich und Davos) für die 5. Auslandstagung der NSDAP in Stuttgart.

12. Juni   Mehr als 1300 junge Kaufleute und Facharbeiter versammeln sich in der Liederhalle zu ihrer Lehrlingsabschlußfeier. Präsident Kiehn von der Industrie- und Handelskammer nimmt die »feierliche Inpflichtnahme für Führer und Vaterland« vor. Oberregierungsrat Dr. Otto Borst, der die Grüße der Landesregierung überbringt, erinnert an die »Worte des Führers«: »Deutschland wird entweder Weltmacht oder überhaupt nicht sein«.
Der Villacher Männergesangverein (Kärnten) besucht auf einer Sängerreise durch Süddeutschland Stuttgart, wo er vom Liederkranz betreut wird. Die Gäste geben in der Liederhalle einen Liederabend.
Die sechste Etappe der Deutschlandrundfahrt (Internationales Radrennen) führt von München nach Stuttgart in die Adolf-Hitler-Kampfbahn, wo bis zum Eintreffen der Deutschlandfahrer Amateur-Radrennen Stuttgarter Vereine stattfinden. Die siebte Etappe führt am darauffolgenden Tag von Stuttgart nach Frankfurt.
Lina Breitling, Witwe des früheren württ. Ministerpräsidenten Dr. Wilhelm Breitling, im Alter von 91 Jahren verstorben.

12./13. Juni Beim Fest der Leibesübungen in Vaihingen werden von mehr als 4000 Wettkämpfern die Kreismeisterschaften für den Kreis Stuttgart ausgetragen.

14. Juni Rund 60 »Hitler-Urlauber«, langgediente SA- und SS-Männer, Politische Leiter und Angehörige der HJ, kommen für 14 Tage nach Stuttgart, wo sie von der NSV-Kreisverwaltung betreut werden.

14./15. Juni In der Liederhalle findet die Reichstagung der Reichsbetriebsgemeinschaft 2 Textil der Deutschen Arbeitsfront statt. Zur Eröffnung hält Reichsorganisationsleiter Dr. Ley eine Rede, in der er u. a. sagt: »Es wird ein Tag kommen, an dem die Juden in die Wüste getrieben werden und sich dort auffressen wie wilde Heuschrecken.«

14. Juni bis 4. Juli In Verbindung mit der Reichstagung Textil wird eine südwestdeutsche Textilleistungsschau in der Stadthalle gezeigt. Im Mittelpunkt stehen Erzeugnisse, die unter Verwendung von Zellwolle und Kunstseide hergestellt werden. Mit diesen Materialien will man den Rohstoffmangel in der Textilindustrie ausgleichen.

15. Juni Das Amtsblatt kündigt die Umstellung von Gleichstrom auf Drehstrom im oberen Gänsheidegebiet für Juli und August an.
Die Firma August Krämer, Kunstanstalt für Klischeefabrikation, feiert ihr 50jähriges Bestehen.

16. Juni Das Staatsministerium läßt durch die Presse bekanntgeben, daß die Zentralleitung für Wohltätigkeit nach über hundertjährigem Wirken neue Aufgaben erhält und künftig die Bezeichnung Zentralleitung für das Stiftungs- und Anstaltswesen in Württemberg führt. Dies wird damit begründet, daß die Zentralleitung im Lauf der letzten Jahre einen wesentlichen Teil ihrer Tätigkeiten an die NS-Volkswohlfahrt abgegeben hat. Sie soll auch künftig eng mit der NSV zusammenarbeiten.
Von den 67 Entwürfen des Wettbewerbs für die Gemeinschaftssiedlung auf dem Palmschen Gelände in Mühlhausen, der am 13. März ausgeschrieben worden war, werden fünf ausgezeichnet. Den ersten Preis erhält der Entwurf zweier Cannstatter Architekturstudenten. Weitere sechs Entwürfe werden von der Stadt angekauft. Noch im Sommer soll mit dem Bau der Siedlung begonnen werden. Die Entscheidung des Preisgerichts wird vom NS-Kurier am 30. Juni kritisiert: Die Arbeiten, einschließlich des bestprämierten Entwurfes, zeigten mißverstandene Dorfromantik, deshalb sollten die Architekten der besten Arbeiten nochmals zu einem kurzfristigen Wettbewerb aufgefordert werden, der verschiedene Mängel beseitigen müßte.
Etwa 80 Vertreter von 21 Nationen, die am Weltkongreß für Freizeit und Erholung in

JUNI 1937

Hamburg teilnahmen, kommen auf Einladung der Deutschen Arbeitsfront auf ihrer Deutschlandfahrt nach Stuttgart.

17. Juni   Auf einer öffentlichen Sitzung der Ratsherren gedenkt OB Strölin der Toten des Panzerkreuzers »Deutschland«, unter denen sich der Stuttgarter Oberheizer Heinz Holzwarth befindet. Die »Deutschland« war am 29. Mai bei Ibiza von spanischen Flugzeugen bombardiert worden. Strölin entwickelt dann seine Gedanken zur Verbesserung der Verkehrsverhältnisse. Er rechne mit einer baldigen Verdoppelung des Kraftwagenbestandes (am 1. Juli 1936 wurden 24 000 Kraftfahrzeuge gezählt). Um die Straßen für den fließenden Verkehr freizuhalten, müßten Parkplätze für Kurzparker und Garagen geschaffen werden. Die Zunahme von 900 auf 1500 »Laternengaragen« innerhalb eines Jahres weise auf die Dringlichkeit dieser Aufgabe hin. Die Stadt erläßt deshalb neue Richtlinien, die bei allen Wohn-, Geschäfts- und Fabrikneubauten Garagenplätze vorschreiben. Die Verschönerungsaktion solle zur Dauereinrichtung und bis zur Reichsgartenschau 1939 solle Stuttgart zu einer der saubersten Städte werden. In der anschließenden nichtöffentlichen Sitzung wird beschlossen, eine Klärgas-Abfüllanlage zu erstellen. Über 100 Fahrzeuge des städt. Fuhrparks sind inzwischen auf den Betrieb mit Klärgas umgestellt worden. Zum Schluß erstattet Dr. Csaki vom Deutschen Ausland-Institut einen Bericht über die volksdeutsche Arbeit und die Aufgabe Stuttgarts für das gesamte Museumswesen des Auslandsdeutschtums.
Im Anschluß an die Sitzung nehmen die Ratsherren an der Einweihung der bereits seit längerem von 350 Familien bewohnten Gemeinschaftssiedlung Wolfbusch in Weilimdorf teil. Dr. Strölin hebt hervor, daß »die Wolfbusch-Siedlung im Stuttgarter Stadtbezirk die erste, vom alten Siedlungsgebiet völlig losgelöste Gemeinschaftssiedlung ist, in der nunmehr weitgehend nationalsozialistische Grundgedanken zur Durchführung kommen konnten. Diese Siedlung trägt ausgesprochen den Charakter eines in sich geschlossenen Dorfes.« In seiner Rede fordert er auch weitere Eingemeindungen.
Durch Beschluß der Generalversammlung wird das Stammkapital der Württ. Heimstätte GmbH, Treuhandstelle für Wohnungs- und Kleinsiedlungswesen, um eine Mio. auf zwei Mio. RM erhöht.
Die Ortsgruppe Marienplatz erhält in der Liststraße 38 einen NSV-Kindergarten, dessen Aufenthaltsraum 60—70 Kindern Platz bietet.
Der Schwäb. Merkur veröffentlicht die Zahlen der Studierenden im Sommerhalbjahr 1937. Die TH zählt 921 Studierende, darunter 23 weibliche. Auf die einzelnen Fachrichtungen entfallen: Architektur 295, Bauingenieurwesen 134, Vermessungswesen 22, Maschineningenieurwesen 197, Elektrotechnik 75, Luftfahrttechnik 41, Chemie 96, Hüttenwesen 3, Mathematik 9, Naturwissenschaften 9, Technische Physik 32, Allgemeine Wissenschaften 8. An der Landwirtschaftlichen Hochschule Hohenheim gibt es 151 Studierende, darunter 3 weibliche.

18. Juni   Der württ. Innenminister verbietet den Bund Neudeutschland, die Vereinigung kath. Schüler höherer Lehranstalten.
Das Luftschiff LZ 127 »Graf Zeppelin«, das erste Linienluftschiff der Welt, überquert Stuttgart auf seiner Fahrt von Friedrichshafen nach Frankfurt, wo es außer Dienst gestellt wird. Nur noch einmal, zur Reichsgartenschau 1939, kommt dieses Luftschiff vor seiner Abwrackung nach Stuttgart.
Schauspielleiter Erich Alexander Winds verabschiedet sich mit einer Erstaufführung von Oskar Wildes »Frau ohne Bedeutung« im Kleinen Haus vom Stuttgarter Theaterpublikum.
Auf Einladung des Kunsthauses Schaller hält der Leiter des Gustav-Britsch-Institutes für Kunstwissenschaft, Dr. Egon Kornmann (Starnberg), der als Kunstforscher und Kunstlehrer die Arbeit des 1923 verstorbenen Stuttgarters Britsch fortführt, an drei Abenden (18.Juni, 21. Juni, 23. Juni) im Kronprinzenpalais Vorträge über »Wege zum Verständnis bildender Kunst«.

18. bis 21. Juni   Der Kurverein Bad Cannstatt veranstaltet in Verbindung mit der NS-Kulturgemeinde unter der Leitung von Erich Ade ein Mozartfest. Sinfoniekonzerte werden im Großen Kursaal, Kammermusikwerke im maurischen Schlößchen der Wilhelma, Orgelkonzerte und weitere Kirchenmusik in der Stadtkirche von Bad Cannstatt aufgeführt. Serenaden und Tanz-Schäferspiele sind im Rosengarten geplant, müssen aber wegen Regens in das Schloß Rosenstein verlegt werden.

19. Juni   Im Kursaal Bad Cannstatt findet der traditionelle Festabend der TH statt. Dieser seit Jahren zu Ende des Sommersemesters übliche Ball des Rektors steht diesmal ganz im Zeichen der neugeschaffenen NS-Studentenkampfhilfe.
Der VfB Stuttgart erreicht in der 29. deutschen Fußballmeisterschaft durch einen 1:0-Sieg über den Hamburger SV in Leipzig den 3. Platz.
Die Firma Steegmüller u. Söhne feiert ihr 25jähriges Geschäftsjubiläum.
Kapellmeister Albert Hitzig stirbt im Alter von 54 Jahren auf Schloß Hellenstein bei Heidenheim kurz vor Beginn eines Konzerts an einem Herzschlag.

19./20. Juni   In der Adolf-Hitler-Kampfbahn werden die Leichtathletik-Gaumeisterschaften ausgetragen. Aus 125 Vereinen nehmen rund 600 Sportler daran teil.

19. bis 27. Juni   Einer der ältesten Stuttgarter Fußballvereine, der FV Germania 1897, veranstaltet aus Anlaß seines 40jährigen Bestehens ein Pokalturnier.

20. Juni   Politische Leiter und Kampforganisationen der NSDAP begehen am Bismarckturm, auf der Uhlandshöhe, dem Burgholzhof und an anderen Stellen Sonnwendfeiern.

JUNI 1937

Die Luftsportlandesgruppe 15 wird in das NS-Fliegerkorps als NSFK-Gruppe 15 eingegliedert.

21. Juni bis 28. Juli   Die Geburtsjahrgänge 1917 und 1914 bis 1916, soweit sie bisher zurückgestellt waren, werden zur Musterung aufgefordert.

24. Juni   Nach einem Bericht über die Markelstiftung für die Jahre 1931—1936 wurden in diesem Zeitraum über 140 000 RM für die Förderung junger begabter und bedürftiger Personen ausgegeben. Seit Bestehen der Stiftung sind 900 000 RM für die Unterstützung von etwa 1200 jungen Menschen aufgewendet worden.
In 15 Lehrgängen der Kreisschulungswaltung Deutsche Arbeitsfront wurden Betriebsführer, Zellenobleute und Blockmänner in Weltanschauungsfragen, Rassenpolitik, Außenpolitik, Kolonien und anderen Gebieten geschult. Jeder Kurs umfaßte 20 Vorträge für rund 60 Teilnehmer.
Auf Einladung des württ. Goethebundes fand im Hotel Marquardt ein Dichterabend mit Rudolf G. Binding statt.

25. Juni   Das Café Eberhardbau wird nach dem Umbau wiedereröffnet und vom neuen Inhaber »judenfrei« geführt. Das Besuchsverbot für Angehörige der NSDAP und ihrer Gliederungen wird deshalb von der Kreisleitung aufgehoben.

25. bis 27. Juni   Zur zehnjährigen Wiederkehr des ersten Parteitages der NSDAP in Württemberg veranstaltet die Parteileitung einen Gautag. Abends findet im Großen Haus eine Festaufführung des »Freischütz« statt. Im Universum-Filmtheater läuft der »staatspolitisch wertvolle« Film »Togger«. Am 26. Juni halten die einzelnen Gauamtsleiter ihre Sondertagungen ab. Der dritte Tag beginnt mit dem Gauappell der 21 500 Politischen Leiter im Hof der Rotebühlkaserne. Von dort marschieren sie mit Werkscharen der DAF, den NS-Formationen wie SA und SS, Studentenbund, HJ, Jungvolk u. a. sowie Arbeitsdienst und Polizei durch die Straßen Stuttgarts. Im Stadion findet der Gautag seinen Abschluß in einer Kundgebung mit Reden von Gauleiter Murr und Reichsminister Dr. Frank. Laut Presseberichten ist der Gautag die größte Massenveranstaltung des Jahres 1937. Murr spricht in seinem Grußtelegramm an Hitler von mehr als 100 000 versammelten Parteigenossen und Angehörigen der Gliederungen.

26. Juni   Der NS-Kurier berichtet über die Tätigkeit des Sondergerichts Stuttgart: In Hechingen wurde gegen »verleumderische Stammtischpolitiker und andere Hetzer« verhandelt. Ein KPD-Mitglied aus Jungingen wurde nach dem Heimtückegesetz zu acht Monaten Gefängnis verurteilt, weil es »seine staatsfeindlichen Neigungen auch nach der Auflösung der KPD beibehalten« hatte. Ein 57 Jahre alter Mann erhielt »wegen hetzerischer Verleumdungen gegen die NS-Presse sowie gegen maßgebende Persönlichkeiten des Staates und der Partei« zwei Monate Gefängnis. Ein kath. Theologiestudent aus Sigmaringen und Führer des verbotenen Bundes Neudeutschland wurde aus Mangel an Beweisen freigesprochen. Er war angeklagt, in einem Brief »Anspielungen gemacht zu haben, die eine Herabsetzung unserer Staatsjugend vermuten ließen.«

Aus der Arbeit der Ratsherren wird im Amtsblatt mitgeteilt: Die in Botnang und Stuttgart-Ost (Sonnenberg-, Gerok-, Wagenburgstraße usw.) noch vereinzelt bestehende Gasbeleuchtung der Straßen soll in nächster Zeit durch elektrische Beleuchtung ersetzt werden. Für den Stadtteil Zuffenhausen ist ebenfalls eine schrittweise Umstellung vorgesehen. — An den Ausfallstraßen sollen, wie z. B. am Pragwirtshaus, Transparentwegweiser aufgestellt werden.

Reichsnährstand und Stadtverwaltung Stuttgart schreiben einen Reichswettbewerb für ein Plakat zur Reichsgartenschau 1939 aus.

Im Großen Haus wird Puccinis Oper »Manon Lescaut« in einer Neuinszenierung aufgeführt.

28. Juni Die bei den Kreishandwerkerschaften und Innungen bestellten Facharbeiter für Handwerkskultur (Kulturwarte) werden auf einer Arbeitstagung im Landesgewerbemuseum in ihr Aufgabengebiet eingeführt. Leiter der Tagung ist Handwerkskammerpräsident Dempel, über den Begriff »deutsche Handwerkskultur« referiert Handwerkskammer-Syndikus Karl Metzger.

Der Vereinsführer der Stuttgarter Kickers, Karl Umgelter, tritt zurück. In der Jahresversammlung wird Ratsherr Hermann Kurz zum Vereinsführer gewählt.

29. Juni Die Fachschule für Kriminalpolizei in Stuttgart wird geschlossen.

Kreisleiter Fischer nimmt an der Sitzung des Beirats der Allg. Ortskrankenkasse teil, auf der neben dem Vermögensbericht die Veräußerung von Verwaltungsgebäuden (Ernst-Weinstein-Straße 40a und b und Rotebühlstraße 17 und 19) auf der Tagesordnung steht. Nachdem die Krankenkasse die von der Hitlerjugend im neuen Verwaltungsgebäude in der Militärstraße gemieteten Räume gekündigt hat, kauft die Stadtverwaltung die alten AOK-Verwaltungsgebäude für Zwecke der HJ.

Auf dem Böblinger Flughafen werden die Sieger des am 27. Juni in Berlin zu Ende gegangenen Deutschlandfluges, die Besatzungen des Dreierverbandes der NS-Fliegerkorps-Gruppe 15 empfangen. Einzelsieger im Sternflug des Deutschlandfluges nach Berlin wurde der Stuttgarter Privatflieger Helmut Taxis.

Auf der Generalversammlung der C. Baresel AG wurde bekanntgegeben, daß das Unternehmen infolge der starken Belebung der Bautätigkeit seinen Reingewinn von 67462 RM auf 116619 RM erhöhen konnte. 8 % Dividende werden ausgeschüttet.

JULI 1937

Auf der Mitgliederversammlung des Richard-Wagner-Verbandes deutscher Frauen, Ortsgruppe Stuttgart (die Ortsgruppe Stuttgart ist die zweitgrößte in Deutschland), wünschte die neue Vorsitzende, Else Kötzle, »möglichst vielen Volksgenossen den Besuch der Bayreuther Festspiele zu ermöglichen«. Im Mittelpunkt der Veranstaltung stand die Rede des neuen Generalintendanten Deharde, der seine Pläne für die nächste Spielzeit (Pflege des Werkes von Richard Wagner) erläuterte.

30. Juni Der Präsident der Reichskammer für bildende Künste wird ermächtigt, Werke der »entarteten Kunst« für eine Ausstellung in München zu beschlagnahmen. Die Stuttgarter Staatsgalerie muß daraufhin 283 Werke abgeben, u. a. von Kirchner, Klee, Baumeister, Schlemmer, Nolde, Beckmann, Lehmbruck und Barlach.

Die versuchsweise Einführung von Achterkarten für den Gemeinschaftsverkehr zwischen der Deutschen Reichsbahn und den Stuttgarter Straßenbahnen wird eingestellt. Der Versuch war wegen mangelnder Inanspruchnahme erfolglos.

Der Hilfszug Bayern ist eingetroffen und steht an der Wernerstraße, um während der NS-Kampfspiele auf dem Cannstatter Wasen die Versorgung sicherzustellen. Er umfaßt 96 Lastkraftwagen, über 20 Feldküchen, Werkstätten usw.

Stadtrat Dr. Ing. e. h. Daniel Sigloch, seit 1. März 1911 Technischer Referent der Stadt Stuttgart, tritt in den Ruhestand. Das Technische Referat übernimmt der schon bisher im Bereich dieses Referats tätige Stadtrat Dr. Ing. Otto Schwarz.

Der Leiter des Tiefbauamts, Baudirektor Dr. Ing. Emil Maier, tritt in den Ruhestand. Ratsherr Dipl.-Ing. Werner Kind scheidet aus dem Kreis der Ratsherren aus und übernimmt ab 1. Juli als Baudirektor die Leitung des städt. Tiefbauamtes.

1. Juli Kultminister Mergenthaler entzieht allen evang. und kath. Geistlichen, die nicht vorbehaltlos den Treueid auf Hitler leisten, die Unterrichtsbefugnis.

In der Ratsherrensitzung wird der Abschluß der Jahresrechnung 1936 vorgelegt. Die Einnahmen betragen 158,5 Mio. RM, die Ausgaben 157,7 Mio. RM. OB Dr. Strölin läßt trotz des befriedigenden Ergebnisses keine optimistischen Folgerungen aufkommen, da der Stadt kostspielige und dringliche Aufgaben bevorstehen: Neckarkanalisierung, Hafenbauten, Verlegung der Wasserkraftwerke in Marbach und Poppenweiler, Altstadtsanierung, Rathausneubau, Bau der Autobahnzubringerstraßen und des neuen Verkehrsflughafens Echterdingen u. a. Für das Rechnungsjahr 1937 wird ein erster Nachtrag, bedingt u. a. durch die Eingemeindungen vom 1. April, festgesetzt. Er beträgt im ordentlichen Haushaltplan in Einnahmen und Ausgaben 2,6 Mio. RM, wodurch sich der Gesamtbetrag des ordentlichen Haushalts auf 164,6 Mio. RM erhöht; der Plan über die Verwendung von Rücklagen — als Anhang zum ordentlichen Haushalt — erhöht sich um 83 000 RM auf 4,5 Mio. RM; der außerordentliche Haushaltplan erhöht sich um 9,4 Mio. RM auf 26,4 Mio. RM. Infolge der Ausdehnung des Stuttgarter Stromversorgungsgebietes und der Leistungssteigerung der TWS ist der Ausbau des 35-kV-Netzes von bisher zwei auf sieben bis acht Stromverteilungspunkte notwendig geworden. Es wird beschlossen, mit dem Bau des Abspannwerkes Feuerbach sofort zu beginnen; für das Gesamtprojekt werden 3,45 Mio. RM veranschlagt. Ferner nehmen die Ratsherren zur Kenntnis, daß das Saxonenhaus Obere Birkenwaldstraße 111 für die HJ vom Altherrenverband der Landsmannschaft Saxonia e. V. erworben und das Anwesen Am Weißenhof 44 und 44a (Alter Schönblick), das als Heim für deutsche Rückwanderer verwendet werden soll, gekauft wurden. Damit besitzt Stuttgart vier Heime für junge Auslandsdeutsche: das Deutsche Volksheim in Bad Cannstatt für Handwerker und Angehörige anderer Berufsarten aus dem Ausland, die sich zur fachlichen Ausbildung in Stuttgart aufhalten; das Auslandsdeutsche Mädchenheim als Hauswirtschaftsschule und Wohnheim für auslandsdeutsche Mädchen; die Deutsche Burse in der Panoramastraße 15 als Heim für auslandsdeutsche Studierende; und das Auslandsdeutsche Frauenheim für in Ausbildung befindliche Angehörige verschiedener weiblicher Berufe.

Gauleiter Murr spricht nach Propagandaauftritten in Italien und in der Schweiz anläßlich seines Besuches der Weltausstellung in Paris zur dortigen deutschen Kolonie, wie der NS-Kurier meldet.

Die Haltestellen der Straßenbahnlinie 3 werden geändert. Durch die Hereinführung der Zahnradbahn auf den Marienplatz hat die Haltestelle Zahnradbahnhof am Beginn der Alten Weinsteige an Bedeutung verloren und ist deshalb aufgehoben worden. Eine neue Haltestelle befindet sich an der Kreuzung Heusteig- und Römerstraße. An Stelle der Haltestelle Cottastraße tritt die frühere Haltestelle Fangelsbachstraße.

Die Galerie Valentien zeigt Aquarellarbeiten von mehr als 30 Malern, darunter August Macke, L. Feininger, Ewald Mataré, Alfred Kubin, Emil Nolde, Gert Biese, W. Oesterle, H. Rombach und Reinhold Nägele.

Die Fa. Zangerl u. Cie. feiert ihr 80jähriges Bestehen.

2. Juli Der Verein zur Förderung der Wanderarbeitsstätten in Württemberg hält seine jährliche Mitgliederversammlung ab. Der Vereinsvorsitzende, Oberregierungsrat Mailänder, vermerkt in seinem Jahresbericht eine Abnahme der Obdachlosen und »ungeordneten Wanderer« um 40 %.

Eine aus 37 Mitgliedern bestehende bulgarische Trachtengruppe besucht auf ihrer Deutschlandreise Stuttgart. Auf dem Schönblick wird ein schwäbisch-bulgarischer Kameradschaftsabend veranstaltet.

Die Dr. Sigel'sche Apotheke wechselt die Besitzer, sie wird unter dem Namen Charlottenapotheke weitergeführt.

JULI 1937

2.—8. Juli Das ungarische Zigeunerorchester »24 Zigeunerbuben« gibt im Konzert-Café Hindenburgbau ein Gastspiel.

3. Juli Nach einer Veröffentlichung des Statistischen Landesamts hatte Stuttgart im Winterhalbjahr 1936/37 mit 350 000 Übernachtungen die höchste Übernachtungszahl. Der Hausverein alter Stuttgarter Rhenanen, ein Zusammenschluß sämtlicher Mitglieder des früheren Corps Rhenania an der TH Stuttgart, beschließt an seinem Stiftungsfest, sein Corpshaus in der Panoramastraße für die nächsten zwei Jahre einer Kameradschaft des NS-Studentenbundes zur Verfügung zu stellen. Im Rahmen des Aufbaues der NS-Studentenkampfhilfe ist beabsichtigt, aus den Altherren der früheren vier Corps (Teutonia, Rhenania, Stauffia und Bavaria) den Grundstock für die neue Altherrenschaft der Kameradschaft zu bilden.
Im Kleinen Haus wird die Erstaufführung von K. G. Walter Bests Lustspiel »Insel betreten verboten« gegeben.
Die bei der letzten Hauptversammlung der Deutschen Bergwacht in München errichtete Abteilung Württemberg führt im Gustav-Siegle-Haus einen Lichtbildervortrag über Bergrettung vor, um die Öffentlichkeit mit ihrer Tätigkeit bekannt zu machen.
Das Reformrealgymnasium feiert in der Liederhalle sein 25jähriges Bestehen.

3./4. Juli Etwa 75 Hörer der Volkshochschule Zürich besichtigen Sternwarte und Planetarium; auch eine Reisegruppe amerikanischer Studenten besucht (3. Juli) das Planetarium.
Der Singchor des Turnvereins Gablenberg feiert sein 50jähriges Jubiläum.

3.—11. Juli Schützenfest in Heslach.

4. Juli In den Kurparkanlagen von Bad Cannstatt wird ein Kinderfest veranstaltet. Auf dem freien Platz der Seelachsiedlung in Weilimdorf findet ein Dorfgemeinschaftsabend statt. Die KdF-Laienspielschar spielt »Wilhelm Tell«.
In der Landesturnanstalt werden die Kämpfe um die Gaumannschaftsmeisterschaften im Florett- und Säbelfechten ausgetragen.
Auf dem Neckar zwischen Daimlerbrücke und Talstraßen-Brücke wird die Stuttgarter Kanu-Regatta (württ. Meisterschaften) ausgetragen.
Der Stuttgarter Hans Schumann wird beim Großen Motorradpreis von Europa in Bern Europameister der Seitenwagenklasse bis 1000 ccm.
Prof. Bernhard Pankok von der Kunstgewerbeschule ist mit Ablauf des Sommersemesters altershalber in den Ruhestand getreten.
Paul Rössler, Schlossermeister und Ehrenmeister des württ. Handwerks, verstorben.

5.—11. Juli Während der gemeinsamen Frankfurter Tagung des Internationalen Verbandes für Wohnungswesen (Sitz Frankfurt/Main) und des Internationalen Verbandes für Wohnungswesen und Städtebau (Sitz London) schließen sich beide Verbände zum Internationalen Wohnungs- und Städtebauverband zusammen. OB Dr. Strölin wird einstimmig zum Präsidenten gewählt.

6. Juli Die Stadtverwaltung nimmt zur Kritik des NS-Kuriers am Wettbewerb für die Bebauung des Palmschen Geländes Stellung. Die Erklärung des städt. Nachrichtenamtes wird im NS-Kurier kommentarlos veröffentlicht.

7. Juli Der Vorsteherrat der Württ. Landessparkasse genehmigt den Jahresabschluß 1936, der in Gewinn- und Verlustrechnung 6,511 Mio. RM aufweist. Anschließend findet die Einweihungsfeier des Um- und Erweiterungsbaues statt.
Durch Beschluß der Generalversammlung wird der Sitz der Vereinigten Seifenfabriken Stuttgart AG, die das Geschäftsjahr mit Verlust abschließt und im Vorjahr von der Sunlicht AG Berlin erworben wurde, nach Berlin verlegt. Die Produktion wird nach Mannheim verlagert. Die Anlagen in Stuttgart kauft Daimler-Benz. Das Stuttgarter Seifenunternehmen war 1862 gegründet und 1922 in eine Aktiengesellschaft umgewandelt worden.
Hugo Distler leitet eine öffentliche Aufführung der Hochschule für Musik, in der er eigene Werke bringt und auch als Solist auftritt.
Der Reichskolonialbund, Kreisverband Stuttgart, veranstaltet im Großen Kursaal ein Sommerfest.

8. Juli Thilde von Entreß-Sutter, Tochter der ehemaligen Hoftheatersängerin Anna Sutter, singt im Großen Haus die Rolle der »Carmen«.

8.—11. Juli Die SA-Gruppe Südwest veranstaltet mit mehr als 10 000 Teilnehmern zum erstenmal in Stuttgart NS-Kampfspiele. Sie bestehen überwiegend aus wehrsportlichen Mannschaftskämpfen mit Übungen wie Hindernislauf, Kleinkaliber-Gewehrschießen, Pistolenschießen, Handgranatenwurf, Schwimmen mit Bekleidung, Orientierungsgepäckmarsch und Spezialwettkämpfen wie Reiter-Fünfkampf, Meldehund-Wettkampf, Nachrichtenwettkampf u. a.
Während der NS-Kampfspiele findet im Großen Haus eine Festaufführung von Mozarts »Don Giovanni« statt (9. Juli). Es ist zugleich die Abschiedsvorstellung von Staatskapellmeister Richard Kraus, der als Generalmusikdirektor nach Halle berufen worden ist.

9. Juli Auf Einladung des Landesverbands Württemberg im Volksbund für das Deutschtum im Ausland hält Prof. Dr. F. K. Krüger vom Wittenberg College in Spring-

JULI 1937

field/Ohio einen Vortrag über »Wege und Ziele der Deutschtumsarbeit in den Vereinigten Staaten«.

10. Juli   Ein Mann wird wegen vierfachen Mordes hingerichtet.

11. Juli   Dem Christlichen Verein junger Männer wurde der Platz am früheren Degerlocher Exerzierplatz, auf dem ein vielbesuchtes Walderholungsheim steht, von der Stadt Stuttgart auf 31. Dezember 1937 gekündigt.
Die Stuttgarter HJ fährt zum Zeltlager an den Königsee. Jeweils rund 800 Hitlerjungen verbringen dort in mehreren Schüben im Lauf des Sommers 14 Tage. 400 Jungen des ersten Lagers sind am 16. Juli bei Hitler auf dem Obersalzberg zu Gast.
Die Stuttgarter Kickers erringen bei den Deutschen Staffelmeisterschaften in Frankfurt/Main den ersten Platz in der 4×400-Meter-Staffel und den zweiten Platz in der 4×100-Meter-Staffel.
Mit dem Ende der Spielzeit geht die Staatsschauspielerin Martha Künniger nach 42jähriger Tätigkeit am Stuttgarter Theater in den Ruhestand. Sie wird zum Ehrenmitglied der Württ. Staatstheater ernannt.

12. Juli   Der württ. Kunstverein zeigt im Kunstgebäude 1. eine Jubiläums- und Wanderausstellung der Reichsgenossenschaft Deutscher und Österreichischer Künstlerinnen (Gedok), sowie 2. Aquarelle von mehr als 50 Malern.

13. Juli   Anklageschrift des Generalstaatsanwalts beim Oberlandesgericht Stuttgart gegen Ludwig Kohl (Bad Cannstatt), Vertrauensmann des Bezirkes Südwest der illegalen Organisation »Rote Kämpfer«.
Der NS-Kurier plädiert für einen Neubau der Solitude-Rennstrecke, um diese Rennen Stuttgart zu erhalten, und unterstützt den Vorschlag des NSKK-Oberführers Emminger, im Gebiet Bergheimer Hof, Gerlinger Höhe und In den Klingen eine neue Rennstrecke anzulegen.
In der Adolf-Hitler-Kampfbahn findet das Stuttgarter Schulturnfest seinen Abschluß. Etwa 50 000 Lehrer, Eltern und Kinder sowie zahlreiche Ehrengäste sind Zuschauer bei den Schlußkämpfen und Massenschauübungen.

14. Juli   Auf ihrer Süddeutschlandfahrt besuchen 50 Angehörige der Baufakultät der TH Wien Stuttgart.
Reichsleiter Dr. Ley spricht über den Rundfunk zu den Betriebsführern und Gefolgschaften des Gaststätten- und Beherbergungsgewerbes. Um sicherzustellen, daß dieser Reichsappell überall im Gemeinschaftsempfang gehört werden kann, wird die Rede um 01.30 Uhr ausgestrahlt. Während Unternehmen mit mehr als 20 Angehörigen die

Rede im eigenen Betrieb hören, wird für Angehörige kleinerer Betriebe in Stuttgart der Gemeinschaftsempfang in den Sälen des Stadtgartens angeordnet.
Der Wiener Lehrer-a-capella-Chor gibt in der Liederhalle ein Konzert.

15. Juli Durch Wechsel des Aktienbesitzes ist die Eisenmöbelfabrik Lämmle AG Zuffenhausen in »arischen« Besitz übergegangen. Vorstand Willy Lämmle und der Aufsichtsrat haben ihre Ämter niedergelegt.
Der Schwäb. Merkur meldet, daß ein Konsortium, das von Robert Bosch persönlich geführt wird, die Mehrheit der Teppichfabrik G. Feibisch u. Co. AG (Berlin) erworben hat. Am Vortag wurde berichtet, daß die Robert Bosch AG ihre Aktienbeteiligung an der englischen C.A.V.-Bosch, Ltd., Acton bei London (ein Bosch-Unternehmen, das 1916 unter dem Namen C. A. Vandervell u. Co. gegründet wurde) veräußert hat.
Der Kreisleiter von Neresheim, Gröner, wurde zum Vorsitzenden des Disziplinargerichtshofes in Stuttgart ernannt.

16. Juli Das Oberlandesgericht Stuttgart verurteilt Martin Spiess und 16 weitere Angeklagte der Widerstandsgruppe um Wilhelm Braun wegen fortgesetzten Verteilens von illegalen Druckschriften.
Die Lehrer der Volks-, Mittel- und Hilfsschulen des Bezirks Stuttgart tagen auf einer Bezirksversammlung. Der Tagungsleiter, Oberschulrat Kimmich, erstattet Bericht über das abgelaufene Schuljahr, insbesondere über die Einführung der Deutschen Volksschule.
800 ostpreußische Hitlerjungen, Pimpfe und Angehörige des BDM beenden ihre Schwabenfahrt (4. bis 16. Juli) in Stuttgart. Im Vorjahr hatten 1000 schwäb. Hitlerjungen und -mädel eine Fahrt durch Ostpreußen unternommen.
Der Hauptschriftleiter des NS-Kuriers, Karl Overdyck, scheidet aus und übernimmt die Redaktion einer Gauzeitung in einem anderen Gau; ihm folgt der bisherige Hauptschriftleiter der Württ. Landeszeitung, Adolf Gerlach; sein Stellvertreter wird Otto Zobel; Hans Dähn scheidet aus der Schriftleitung aus und übernimmt die weltanschauliche und politische »Betreuung« der Zeitungen der NS-Presse Württemberg GmbH.
Das Schauspielhaus bringt eine »Stuttgart-Revue«, in der 125 Mitwirkende auftreten. Regie führen Max Heye und Viktor Felix.

17. Juli Der NS-Kurier greift die Pfarrer von St. Eberhard an. Anlaß ist eine Einladung an die Schüler und Schülerinnen der Pfarrei, zum letztenmal vor den Ferien zu einer gemeinsamen Meßfeier mit Kommunion zu kommen. Die Zeitung sieht darin einen Versuch, die Kinder gegen das »heidnische« Lagerleben immun zu machen.
An der Straßenbahnlinie 6 werden in der Kronenstraße zwischen Lautenschlagerstraße

JULI 1937

und Friedrichsplatz Gleisbauarbeiten begonnen. Die Linie 6 wird künftig durch die Kronenstraße zur Lautenschlagerstraße über den Hindenburgplatz geführt.

Der Stuttgarter Liederkranz fährt mit 240 Sängern zum Tag der Deutschen Kunst nach München und gibt dort eines der Festkonzerte.

Mit einem Mozartabend beginnt die Reihe der sommerlichen Schloßkonzerte im Weißen Saal des Neuen Schlosses. Walter Rehberg und andere Solisten musizieren mit einem Kammerensemble des Staatsorchesters.

Die Studentenschaft der Höheren Bauschule und der Bauschulring veranstalten mit Dozenten und württ. Baumeistern im Kursaal Bad Cannstatt ein Sommerfest. Der Bauschulring Stuttgart, eine Einrichtung der NS-Studentenkampfhilfe, ist vor kurzem an der Höheren Bauschule gegründet worden.

17./18. Juli Eine Woche nach den NS-Kampfspielen führt die SA eine weitere sportliche Großveranstaltung durch: In einem Handballturnier wird die beste Süd-Mannschaft unter den SA-Gruppen Südwest, Hochland, Franken und Kurpfalz ermittelt.

17. Juli bis 8. August Die Gauleitung zeigt in den Ausstellungshallen am Gewerbehallenplatz eine Schau mit dem Thema »Der Bolschewismus«. Im Aufruf von Gauleiter Murr an die Bevölkerung heißt es: »Der Bolschewismus ist vom Judentum nicht zu trennen; die bolschewistische Ideologie ist nichts anderes als die Verwirklichung der jüdischen Weltherrschaft. Der Weg zur jüdischen Weltbeherrschung aber geht über die Weltrevolution.« Am 24. Juli wirbt der NS-Kurier um Besuch mit folgendem Text: »Konzentrationslager für Untermenschen! Untermenschen, Verbrecher und Zuhälter waren von jeher die Anführer der Bolschewisten. Sehen Sie sich die Verbrecher-Galerien aus dem Konzentrationslager Dachau in der antibolschewistischen Schau in der Gewerbehalle Stuttgart an! Das wären die Anführer bei einer kommunistischen Revolte in Deutschland geworden! Raub- und Lustmörder hätten sich ausgetobt in einem wahnsinnigen Blutrausch. Wer diese internationale Ausstellung gesehen hat, der weiß, was aus Deutschland ohne den siegreichen Kampf des Nationalsozialismus geworden wäre.« Laut NS-Kurier zählt die Ausstellung in Stuttgart 130 000 Besucher.

18. Juli Künstler und Kunstfreunde, die an der Einweihung des Hauses der Deutschen Kunst in München nicht teilnehmen können, werden aufgerufen, sich im Stadtgarten zu versammeln, um die Übertragung der Eröffnungsrede Hitlers zu hören. Abends veranstaltet die Stuttgarter Künstlerschaft im Stadtgarten ein öffentliches Fest.

19. Juli Eine Gruppe von mehr als 50 französischen Schülern trifft zu einem zweimonatigen Ferienaufenthalt, der vom Deutschen Akademischen Auslanddienst organisiert wird, in Stuttgart ein. Im Austausch fahren württ. Schüler Ende Juli nach Frankreich und in die Schweiz. Die französische Gruppe wird zusammen mit Schülern aus der Schweiz — zusammen sind es rund 80 Jungen und Mädchen — am 23. Juli in der Villa Berg namens der Stadt begrüßt. Während ihres Aufenthaltes wird »besonderes Augenmerk der Vermittlung des Verständnisses der deutschen Volksgemeinschaft im Dritten Reich geschenkt«. So machen z. B. die Franzosen einen Heimnachmittag des Jungvolks in Degerloch mit, auf dem Waldfriedhof wird eine Morgenfeier organisiert, sie besuchen Mustersiedlungen in der Umgebung Stuttgarts und werden durch bedeutende Industriewerke in Stuttgart und Umgebung geführt. Der Ferienaufenthalt der französischen Schüler wird in einem Film festgehalten, der am 7. September im Ufapalast gezeigt wird.

20. Juli Das neue zweite Gleis der Straßenbahnlinie 14 bis zum Ortsausgang Münster und der Ausweichstelle beim Max-Eyth-See wird angeschlossen. Damit ist die Strecke nach Münster zweigleisig ausgebaut.

21. Juli Caritasdirektor Monsignore Dr. Johannes Straubinger, Begründer des Kath. Bibelwerks, entzieht sich seiner Verhaftung durch Flucht in die Schweiz.
In der Mitgliederversammlung der Kreishandwerkerschaft wird Kreishandwerksmeister Kaiser auf eigenen Wunsch von seinem Amt entbunden und sein Stellv. Walter Hurth zum neuen Kreishandwerksmeister berufen.

21.—23. Juli Im Hochschulhaus in der Schellingstraße werden einige Partien im Schachweltmeisterschaftskampf gespielt. Unter den Teilnehmern befinden sich u. a. der gegenwärtige Schachweltmeister Dr. Euwe (Amsterdam) und der frühere Weltmeister Dr. Aljechin (Paris). Gleichzeitig wird für die Deutsche Schachmeisterschaft eine Runde in Stuttgart ausgetragen.

22. Juli Die Ratsherren tagen in nichtöffentlicher Sitzung. OB Dr. Strölin teilt mit, daß Gauleiter Murr jetzt die Geschäfte des Beauftragten der Partei für die Stadt Stuttgart selbst wahrnimmt. Trotzdem soll die enge Beziehung zwischen Stadtverwaltung und Kreisleitung bestehen bleiben. — In der Stadtverwaltung werden Geschäftsverteilungsplan und Dienstplan geändert. Das bisherige Technische Referat wird geteilt in ein Technisches Referat und ein Referat der Versorgungsbetriebe. Mit der Führung des neuen Referats wird TWS-Direktor Dr. Speidel beauftragt. — Die Stadt Stuttgart beantragt ein Reichsdarlehen für den Volkswohnungsbau von insgesamt 154 800 RM für 144 Wohnungen. Die Gemeinschaftssiedlung Mühlhausen soll 500—700 Wohneinheiten für 2000 bis 2500 Einwohner erhalten. Die Bauausführung wird dem Bau- und Wohlfahrtsverein übertragen. Für die Gestaltung der Umgebung des Max-Eyth-Sees hat das Stadtplanungsamt einen Gesamtplan vorgelegt. Dabei soll der landschaftliche Charakter des

JULI 1937

Stadtteils Hofen erhalten bleiben. In Bad Cannstatt wurden für Zwecke des Kurbetriebes die Anwesen Paulinenstraße 27 und Taubenheimstraße 24 und im Stadtteil Zuffenhausen wird für Siedlungszwecke ein größeres Gelände zwischen der Hohenwart-, Gottfried-Keller- und Fischerstraße erworben. Aus jüdischem Besitz hat die Stadt die Gebäude Calwer Straße 70, Lindenstraße 8, Keplerstraße 28 und Olgastraße 93 A gekauft. — Als Platz für einen Rathausneubau wird das Gelände zwischen Charlottenstraße, Wagnerstraße, Esslinger Straße und Weberstraße vorgesehen. — Die Ratsherren sprechen sich — vor allem aus finanziellen Gründen — gegen den Bau einer neuen Solitude-Rennstrecke aus; daneben spielt der Schutz des Erholungsgebietes eine Rolle.
Eine Zeitschrift mit dem Titel Stuttgarter Wochenschau erscheint erstmals. Laut Vorwort von OB Dr. Strölin soll sie in erster Linie Informationsblatt für auslandsdeutsche Besucher sein.
Ernst F. Heyne, Ingenieur bei der Gebr. Heyne GmbH Offenbach, Ehrensenator der TH Stuttgart, verstorben.

23. Juli   Der Kurverein Bad Cannstatt veranstaltet im Kursaal ein Konzert, in dem u. a. der Geiger Siegfried Borries (Berlin), der Bariton Arno Schellenberg (Dresden), der Tenor Johannes Schocke (Köln) und die Sopranistin Ruth Herell (Berlin) auftreten.

24. Juli   Der NS-Kurier gibt bekannt, daß die Oberrealschule Bad Cannstatt in Gottlieb-Daimler-Oberschule für Jungen umbenannt wurde. Die Umbenennung stand schon am 22. Juni auf der Tagesordnung der Sitzung der Verwaltungsbeiräte. Damals wurden außerdem umbenannt das Reform-Realgymnasium in Zeppelin-Oberschule, das Gymnasium und Realgymnasium Bad Cannstatt in Johannes-Kepler-Oberschule und die Realschule Bad Cannstatt in Jahn-Oberschule.
Beschluß der Altherrenverbände der vier Stuttgarter Landsmannschaften, gemeinsam eine Kameradschaft des NS-Studentenbundes zu betreuen, der das Haus der Landsmannschaft Borussia zur Verfügung gestellt wird. Für die Kosten der Unterhaltung des Hauses kommen zunächst die vier Altherrenverbände auf.

24./25. Juli   Der Deutsche Reichsbund für Leibesübungen Gau 15 Württemberg veranstaltet in der Adolf-Hitler-Kampfbahn das 1. Gau-Frauenfest mit 2500 Teilnehmerinnen in 28 Wettkampfarten. Am Abend des 24. Juli spricht auf dem Schillerplatz die Reichsfrauenwartin im DRL, Henni Warninghoff (Hannover). Am 25. Juli werden im Stadion die Sportvorführungen gezeigt. Die Zuschauerzahlen lassen sich einer Ansprache des Landessportführers Klett entnehmen, der erklärt, »daß mit diesem Fest eigentlich der Idealzustand erreicht worden sei, daß mehr Teilnehmerinnen und Wettkämpferinnen als Zuschauer versammelt seien«.
Bei den Deutschen Leichtathletikmeisterschaften in Berlin sind Läufer der Stuttgarter

JULI 1937

Kickers erfolgreich: Borchmeyer gewinnt den Titel im 100 m-Lauf, Dompert, derzeit weltbester 3000 m-Hindernisläufer, gewinnt den Titel in dieser Disziplin.

25. Juli Der Grundstein der Michaelskirche in Neuwirtshaus wird gelegt.
Beim Großen Preis von Deutschland auf dem Nürburgring gelingt Mercedes-Benz ein Doppelsieg mit Rudolf Caracciola und Manfred von Brauchitsch. Im Anschluß an den Großen Preis von Deutschland findet zwischen dem Korpsführer des NSKK, Hühnlein, und OB Dr. Strölin eine Besprechung über die Zukunft der Solitude-Rennstrecke statt. In ihrem Kommuniqué heißt es: »Die bisherige Solitude-Rennstrecke im Madental ist für die Durchführung weiterer Motorradrennen nicht mehr geeignet. Der vielfach erörterte Plan, auf der Solitude eine neue große Rennstrecke anzulegen, die auch für Rennwagen geeignet ist, wurde verworfen, da der Schwerpunkt der deutschen Rennbeteiligung vornehmlich im Ausland liegt und für die Durchführung der innerdeutschen Rennen die traditionellen Rennstrecken Nürburgring und Avus voll ausreichen. Die Neuanlage einer nur für Motorradrennen bestimmten Strecke würde gleichfalls mit so hohen Kosten verbunden sein, daß es unmöglich ist, sie zur Zeit aufzubringen.«

27. Juli Zur Durchführung der 3. Reichsgartenschau wird die Reichsgartenschau Stuttgart GmbH mit einem Stammkapital von 20 000 RM gegründet. Gesellschafter sind die Stadt Stuttgart mit einer Stammeinlage von 19 500 RM und die städt. Siedlungsgesellschaft mbH mit einer Stammeinlage von 500 RM. Geschäftsführer ist Stadtrat Dr. Könekamp. Die Siedlungs-GmbH wird Gesellschafter durch die für die Ausstellung vorgesehenen Siedlungshäuser und Siedlungsgärten.
Die Thüringer Sängerknaben singen in der Markuskirche.

29. Juli Auf Einladung der Reichsstudentenführung kommt eine Gruppe von 13 belgischen Studentenführern auf ihrer Studienfahrt durch Deutschland nach Stuttgart, wo sie Industriewerke und soziale Einrichtungen der Stadt besichtigt.

30. Juli An der Kreuzung der Retraite- und Neckarstraße fährt im abendlichen Berufsverkehr ein Straßenbahnzug der Linie 1 auf einen Lastkraftwagen, dessen Fahrer die Vorfahrt nicht beachtet hatte. Drei Fahrgäste werden durch Glassplitter schwer verletzt, beträchtlicher Sachschaden entsteht.
Bei der Kreuzung der Villa- und Cannstatter Straße ereignet sich ein weiterer schwerer Verkehrsunfall. Ein Mann und ein Kind werden beim Überschreiten der Straße von einem zu schnell fahrenden Lieferwagen angefahren und getötet.

31. Juli Das Finanzministerium wird durch Gesetz ermächtigt, im außerordentlichen Haushalt 1936 einen ersten Darlehens-Teilbetrag von 600 000 RM an die Flughafen

AUGUST 1937

Württemberg AG Stuttgart (der Name Luftverkehr Württ. AG wurde inzwischen geändert) zu gewähren, der zur Herrichtung des Flughafengeländes bei Bernhausen dienen soll.
Die Operette »Schwarze Husaren« von Walter W. Goetze wird als Freilichtaufführung im Kurgarten von Bad Cannstatt durch die Stuttgarter Kammeroper aufgeführt.
Der Stuttgarter Liederkranz singt auf einer Veranstaltung des Sängerbundfestes in Breslau.
Der Vorstand des im März aufgelösten württ. Rechnungshofes, Präsident Otto Müller, tritt in den Ruhestand.

31. Juli/1. August Der schwäb. BDM veranstaltet in der Adolf-Hitler-Kampfbahn ein Obergaufest mit sportlichen Wettkämpfen, Schauübungen und Spielvorführungen, woran Mannschaften aus den 35 Untergauen teilnehmen. Ein Wettsingen im Gustav-Siegle-Haus umrahmt das Fest.

1. August Die Schützengilde Bad Cannstatt eröffnet mit einem Preisschießen ihr neues Schützenheim auf dem Kappelberg bei Fellbach, das von der Schützengesellschaft Fellbach erworben wurde.

2. August Die Strecke der Straßenbahnlinie 12 wird in Bad Cannstatt geändert. Sie verläuft nicht mehr durch die Bismarckstraße, sondern über Wilhelmsplatz und Waiblinger Straße nach Untertürkheim.
Stuttgart richtet einen Sondersammeldienst für Altpapier ein, um künftig auch gebrauchtes Einwickel- und Packpapier (Knüllpapier) zu erfassen. Versuchsweise wird damit im Bereich der NSDAP-Ortsgruppe Stöckach begonnen.
Auf Vorschlag der Gaustudentenführung hat Innenminister Dr. Schmid einen Gauarbeitskreis der NS-Studentenkampfhilfe berufen. Er hielt dieser Tage seine erste Sitzung ab, auf der die Leiter der einzelnen Arbeitsgemeinschaften bestimmt wurden. Bei den folgenden Sitzungen soll die Übernahme der Verbindungshäuser durch NS-Kameradschaften behandelt werden.

3. August Die Fachschaft Artistik in der Reichstheaterkammer hält im Stadtgartensaal eine Arbeitstagung ab.

4. August Für die HJ hat die Stadtverwaltung folgende Korporationshäuser erworben: Die Häuser der Burschenschaft Arminia, Föhrenwaldstraße 18 und 20; das Haus des Korps Bavaria, Mohlstraße 20, und das Saxenhaus in der Birkenwaldstraße 111. Außerdem wurden erworben das Gebäude Werastraße 20, das Haus Keplerstraße 28 und das Anwesen auf dem Mühlbachhof, das vollständig abgebrochen wurde und Platz für ein

Muster-HJ-Heim bietet. Die Stadtverwaltung hat das städt. Anwesen im Abelsberg — die frühere Marienburg — und die angrenzende über 100 Ar große Fläche dem Bann 119 der HJ zur Benützung als Sportanlage überlassen.

7. August Die Firma R. Levi, Buchhandlung und Antiquariat, Calwer Straße 25, wechselt den Besitzer. Der Firmenname des im Jahre 1840 von Raphael Levi gegründeten Geschäftes wird beibehalten.
Die Graphische Sammlung im Kronprinzenpalais eröffnet eine Ausstellung zum Thema »Schwäbisches Volksleben — Trachtenbilder« mit Zeichnungen und Bildern von Künstlern des 18. und 19. Jahrhunderts.
Der neue VfB-Platz auf dem Wasen wird eingeweiht. Bauherr ist die Stadt Stuttgart. OB Strölin begründet in seiner Rede das Entgegenkommen der Stadtverwaltung: Einmal weil sich der VfB »schon vor dem Umbruch« als »ein dem Nationalsozialismus wohlgesinnter Verein, der damals wegen seiner Haltung von der Stadtverwaltung in Strafe genommen wurde, erwiesen habe und dann wegen seiner Leistungen auf sportlichem Gebiet.« VfB-Vereinsführer Kiener überreicht Strölin die Ehrenmitgliedschaftsurkunde. Die sportliche Einweihung wird am 19. August mit einem Fußballspiel VfB — Stuttgarter Kickers begangen.
Im Kampf um die Deutsche Meisterschaft im Mannschaftsringen unterliegt der KV 95 Stuttgart in der Rückrunde in Ludwigshafen der dortigen Siegfried-Mannschaft und kommt deshalb nur auf den zweiten Platz.

8. August Im Kunstgebäude wird im Zusammenhang mit der bevorstehenden Reichstagung der Auslandsdeutschen eine Ausstellung Das Ausland im Spiegel der schwäbischen Malerei eröffnet.
Wegen der seit Tagen anhaltenden Hitze (35° Celsius) haben die Freibäder wieder Rekordbesuch.

9. August Bei der Wirtschaftskammer für Württemberg und dem Regierungsbezirk Sigmaringen wurde ein Ehrengericht errichtet.

10. August Etwa 50 Mitglieder des deutschen Gesangvereins Arion aus New York-Brooklyn kommen nach Stuttgart. Sie werden am Hauptbahnhof von Ratsherr Dr. Feldmann und Abteilungsleiter Moshack vom Deutschen Ausland-Institut begrüßt. Am Abend veranstaltet der Gesangverein Alemannia in Heslach, der zu dem Gastverein Beziehungen unterhält, einen Kameradschaftsabend.

11. August Das Stuttgarter Künstler-Marionetten-Theater unter der Leitung von Georg Deininger wurde vom Kommissariat der Pariser Weltausstellung eingeladen, im Rahmen internationaler Vorführungen das Puppenspiel »Dr. Faust« aufzuführen.

AUGUST 1937

11.–15. August Das am 10. Januar 1917 gegründete Deutsche Ausland-Institut begeht seine 20-Jahrfeier im Rahmen einer umfangreichen Jahrestagung. Die Tagungsteilnehmer werden am 11. August begrüßt. Bis zum 13. August tagen die Arbeitsgemeinschaft auslandsdeutscher Zeitschriften und die Arbeitsstelle für auslandsdeutsche Volksforschung. Im Ausstellungsgebäude am Interimsplatz wird am 12. August die Ausstellung Deutschtum im Osten — Bollwerk Europas eröffnet. Am Abend spricht auf einer Ostlandkundgebung in der Liederhalle der Gauleiter von Danzig, Albert Forster. Er erklärt, daß es der nationalsozialistischen Regierung in Danzig gelungen sei, mit den Polen eine Verständigung herbeizuführen, und er tritt dafür ein, daß Deutschland und Polen gemeinsame Front machen gegen den Bolschewismus. In der Villa Berg gibt OB Dr. Strölin am 13. August einen Empfang. Unter den Gästen befinden sich auch der Präsident der deutschen Volksgruppen in Europa, Konrad Henlein, und der Landesobmann der Deutschen Volksgemeinschaft in Rumänien, Fritz Fabritius. Am 14. August überreicht Strölin während einer Festsitzung im Großen Haus — anwesend sind auch die Reichsminister Frick und Neurath sowie der auslandsdeutsche Dichter Dr. Heinrich Zillich — die Goldene Ehrenplakette an Henlein und Fabritius. Der Leiter des DAI, Csaki, erstattet den Jahresbericht. Reichsminister Frick bezeichnet in seiner Rede die »ungelöste Lage der nationalen Minderheiten in den Staaten Osteuropas« als »gefährlichsten Zündstoff internationaler Verwicklungen«. Am Abend veranstaltet das DAI unter Mitwirkung von 400 Sängern der Banater Sing- und Spielschar des Banater Deutschen Sängerbundes und des Siebenbürgisch-Deutschen Sängerbundes ein Konzert in der Liederhalle.

13. August Am Kochenhof wird ein Rollhockeyturnier der Nachwuchs-Gaumannschaften, die sich gegenwärtig auf einem Reichslehrgang in Stuttgart befinden, ausgetragen.

14.–22. August Die SpVgg 07 Untertürkheim feiert mit einem Jubiläumsturnier ihr 30jähriges Bestehen. Gegründet wurde der Verein unter dem Namen Viktoria, der Zusammenschluß mit dem FV Stadion Untertürkheim im Jahre 1932 führte zum Namen Sportvereinigung.

15. August Die neu hergerichtete St. Oswaldkirche in Weilimdorf wird mit einem Festgottesdienst der Gemeinde übergeben.
Durch giftige Fabrikabwässer wird im Neckar ein großes Fischsterben ausgelöst.

17. August Die in Stuttgart stationierte Nachrichtenabteilung 35 — hervorgegangen aus der ehemaligen Landespolizei — erhält einen anderen Standort und verläßt Stuttgart.
Die Galerie Valentien zeigt eine Ausstellung mit graphischen Arbeiten und Zeichnungen von Hans Otto Schoenleber.

AUGUST 1937

19. August Die Ratsherren beraten in nichtöffentlicher Sitzung die vermögensrechtliche Auseinandersetzung mit dem Kreisverband Stuttgart-Amt über die am 1. April 1937 erfolgten Eingemeindungen. Die Stadt Stuttgart leistet dem Kreisverband für den durch das Ausscheiden von Heumaden, Rohracker und Sillenbuch entstehenden Ausfall an Reineinkünften eine einmalige Abfindung von 120000 RM. — Der ungünstige Verlauf der Markungsgrenze im Gebiet Katzenbachwald, Palmenwald und Grafenwald wird durch eine Vereinbarung mit der Stadt Esslingen bereinigt. In den Stadtkreis Stuttgart wird eine Fläche von 55 ha eingegliedert, während auf den Stadtkreis Esslingen eine Fläche von 24 ha übergeht. Für die Differenz erhält Esslingen eine finanzielle Entschädigung von 2700 RM. — Erneut steht die Zukunft des Hotels Marquardt auf der Tagesordnung, an dessen Erhaltung die Stadt »ein erhebliches öffentliches Interesse« bekundet. Mit der Württ. Hypothekenbank, bei der das Hotel Verbindlichkeiten in Millionenhöhe hat, wurde von der Stadt eine Vereinbarung getroffen, die die Gründung einer Betriebs-GmbH vorsieht, um das Hotel weiterzuführen. Die Stadtverwaltung und die Hypothekenbank stellen im Verhältnis 3:1 Mittel zur Sanierung bereit. — Für das Gebiet Holzstraße — Esslinger Straße, das für den Rathausneubau vorgesehen ist, wird Bausperre angekündigt. In der Rosenstraße, Holzstraße, Wagnerstraße und am Leonhardsplatz hat die Stadt zu diesem Zweck fünf Häuser mit den Grundstücken, darunter auch die Wirtschaft zum Storchen, erworben. — Nachdem die Rothertsche private Mädchenrealschule durch Entschließung des Oberbürgermeisters vom 3. Mai rückwirkend zum 1. April 1937 in die wirtschaftliche Verwaltung der Stadt übernommen und der Hölderlinschule angegliedert wurde, wird jetzt der Eigentumsübergang geregelt. Der Schulbauverein Stuttgart e. V. — der Eigentümer des Anwesens Herdweg Nr. 49 und anderer Grundstücke — hat seine Auflösung beschlossen und das Vereinsvermögen der Stadt zugewendet. Das Nachbargrundstück Nr. 47 wird von der Stadt käuflich erworben. — Zur Einrichtung eines auslandsdeutschen Schülerheimes kauft die Stadt vom Hausverein Alter Rheno-Nicaren e. V. das Haus Stafflenbergstraße 81 mit dazugehörendem Garten in der Diemershalde; die Gebäude Diemershaldenstraße Nr. 35 und 37 (das frühere Restaurant zum Sünder) sowie der angrenzende Garten werden für diesen Zweck ebenfalls angekauft. — Für Zwecke der HJ wird das Anwesen Panoramastraße 11 erworben. — In der Gaskokerei Gaisburg wird durch die steigende Entwicklung der Gasabgabe — die tägliche Höchstleistung beträgt 320000 cbm Stadtgas — und durch die Notwendigkeit, 13 der seit Aufnahme des Kokereibetriebes im Jahre 1930 arbeitenden Öfen zu überholen, eine Erweiterung der Ofenanlage notwendig. Elf zusätzliche Horizontal-Kammeröfen (Kosten 600000 RM) werden in Auftrag gegeben. Bei diesem Anlaß wird die Frage einer Verlegung des Gaswerks erörtert. — Die Technischen Werke werden mit einem weiteren Projekt für die Wasserversorgung beauftragt, da die Arbeiten der am 11. November 1935 beschlossenen Ausführung der 600 mm weiten Südleitung II auf der 4,7 km langen Strecke zwischen Kanonenweg und dem Seewasserwerk

AUGUST 1937

an der Hasenbergstraße kurz vor dem Abschluß stehen. Schon 1935 wurde auf die Notwendigkeit hingewiesen, die Südleitung später um etwa 2,5 km bis zum Wasserwerk Gallenklinge zu verlängern »im Hinblick auf die betriebliche Bedeutung dieses Werks als Spitzenlieferungswerk und als Reserveanlage bei Landeswasserstörungen. Auch zur Brandbekämpfung bei Luftangriffen ist der geschlossene Ring Berg — Kanonenweg — Seewasserwerk Gallenklinge — Mühlbachhof — Berg von großem Wert.«
Die Straßenbahnlinie 6 wird zur Verkehrsentlastung aus der Alleenstraße herausgenommen und ab Hindenburgplatz über die Lautenschlagerstraße und Kronenstraße zum Friedrichsplatz geleitet, wo sie auf die alte Linienführung trifft. Der Umbau der Gleisanlagen der Linie 3 auf dem Marienplatz ist beendet. Die Straßenbahn fährt jetzt am Südrand des Platzes entlang.
Die offizielle Vertretung der französischen Regierung beim Internationalen Milchkongreß in Berlin besichtigt den Stuttgarter Milchhof.

21. August Die Lufthansa richtet auf der Strecke Stuttgart — Freiburg eine zusätzliche Verbindung ein, die von einer Ju-160 im Anschluß an die Strecke Frankfurt — Stuttgart beflogen wird.

22. August Nach über einjähriger Bauzeit wird der völlig neugestaltete SSC-Platz (Stuttgarter Sportclub) seiner Bestimmung übergeben. Er bietet jetzt bis zu 12000 Zuschauern Platz.
Im Großen Preis der Schweiz in Bern gelingt Mercedes-Benz ein dreifacher Sieg. Caracciola gewinnt vor Lang und von Brauchitsch.

23. August Mit einem Appell des Generalintendanten Deharde beginnen in den Staatstheatern die Proben der neuen Spielzeit. Beim Staatstheater neu verpflichtet sind Spielleiter Heinz Haufe, Staatskapellmeister Alfons Rischner, Spielleiter und Schauspieler Walther Friedrich Peters, Dramaturg Dr. Karl Schramm; zum Opernensemble die schon aus der letzten Spielzeit bekannte Sängerin Paula Buchner sowie Margarete Düren, Trude Eipperle, Herma Kittel, Ruth Michaelis und Max Osswald; zum Schauspielensemble Charlotte Ulbrich, Herbert Schneider, die aus der letzten Spielzeit bekannte Ruth Willy sowie die beiden Neulinge Herta Roth und Ernst Joachim Schlieper, die ihre Bühnenlaufbahn in Stuttgart beginnen.

24. August Der Leiter der Auslandsorganisation der NSDAP, Gauleiter Bohle, trifft in Stuttgart ein, um die letzten Vorbereitungen für die Reichstagung zu übernehmen. Am 25. August stattet er OB Dr. Strölin im Rathaus einen Besuch ab, wobei Strölin ihm die Ehrenplakette des Deutschen Ausland-Instituts überreicht. Bohle revanchiert sich mit einer Amtskette aus vergoldetem Silber mit der Widmung »Dem Oberbürgermeister der

Stadt der Auslandsdeutschen gewidmet vom Leiter der Auslandsorganisation der NSDAP, Gauleiter Bohle, im vierten Jahre der Regierung Adolf Hitlers«.

Kreisleiter Fischer und die Stuttgarter Ortsgruppenleiter waren in Buttenhausen, wo sie sich auf Einladung der Stadt Stuttgart über »die Maßnahmen gegen unwirtschaftliche und arbeitsscheue Hilfsbedürftige« informierten. Die Besucher halten das dortige Beschäftigungs- und Bewahrungsheim für eine »vorbildliche und gerade für eine großstädtische Wohlfahrtspflege unentbehrliche Einrichtung«.

Jahresbericht des Württ. Blinden-Vereins e. V., der alleinigen Organisation der Friedensblinden in Württ.-Hohenzollern, die nicht nur die 911 Mitglieder, sondern alle Friedensblinden in Württemberg und Hohenzollern betreut. Besonders erwähnt wird das Blindenerholungsheim Rohr, in dem im vergangenen Jahr 230 Blinde zur Erholung waren.

25. August Am Ehrenmal der deutschen Leistung im Ausland versammeln sich 200 auslandsdeutsche Lehrer des Deutschlandlagers in Tailfingen zu einer Wilhelm-Gustloff-Feier. Bei einer darauffolgenden Kameradschaftsfeier der Auslandslehrer mit führenden Männern von Partei und Staat weist Ministerpräsident Mergenthaler auf die Aufgabe der Auslandslehrer hin, »das deutsche Volkstum in aller Welt zu erhalten«.

Der Gauverbandsleiter des Reichskolonialbundes, Direktor Karl Oskar Kübel, ist auf eigenen Wunsch von seinem Posten entbunden worden. Kübel bleibt aber weiterhin Leiter des Kreisverbandes Stuttgart. Mit der Führung des Gauverbandes wurde Konsul Berthold Korff beauftragt.

26. August OB Dr. Strölin ist als Präsident des Deutschen Ausland-Instituts in den Führerrat des Reichsbundes Deutscher Seegeltung berufen worden.

26./27. August Der Landesfremdenverkehrsverband Württ.-Hohenzollern hält im Stadtgartensaal seine Jahreshauptversammlung ab, an der auch der Präsident des Reichsfremdenverkehrsverbandes, Staatsminister a. D. Esser, teilnimmt.

27. August Im Stadtgartensaal fand eine zweitägige Tagung sämtlicher Amtsträger des Mechanikerhandwerks aus den Bezirken Bayern, Württemberg, Baden und Saarpfalz statt. Von den rund 150 Innungsmeistern, Obermeistern und Fachgruppenleitern wurden organisatorische Fragen und Probleme der einzelnen Fachgruppen und der Ausbildung erörtert.

28. August Die Gauleiter Bohle und Murr holen Hitlers Stellvertreter, Rudolf Heß, der von Botschafter von Ribbentrop begleitet wird, vom Flughafen Böblingen ab.

Aus Anlaß der Reichstagung der Auslandsdeutschen wird in der Stiftskirche ein Fest-

AUGUST 1937

gottesdienst mit Landesbischof D. Wurm und Bischof Heckel (Berlin) veranstaltet. Die Predigt hält Pfarrer Schreiner (Kairo).
Für die auslandsdeutschen Frauen wird in der Liederhalle ein Begrüßungsabend veranstaltet.
Gauleiter Murr eröffnet im Landesgewerbemuseum eine vom Rassenpolitischen Amt des Gaues Württ.-Hohenzollern aufgebaute Ausstellung über Rasse und Volk. Im Stadtgartensaal wird anschließend die Stuttgarter Exportmusterschau eröffnet, wozu sich auch die führenden Männer der Auslandsorganisation der NSDAP einfinden.
Die Schwabenhalle, eine Kongreßhalle auf dem Cannstatter Wasen, wird von OB Dr. Strölin ihrer Bestimmung übergeben. Es ist eine 160 m lange, 64 m breite und 29 m hohe Holzkonstruktion mit 20 000 Sitzplätzen. Sie wird als Provisorium für eine später massiv zu errichtende Halle angesehen; der akute Eisenmangel hatte eine andere Bauweise nicht zugelassen.
Im 4. Kammerkonzert im Weißen Saal des Neuen Schlosses spielt das Salzburger Mozart-Quartett.

28./29. August Die Fußballabteilung der TSK Weilimdorf begeht ihr 25jähriges Jubiläum.

29. August Der Gau 15 im Deutschen Radfahrerverband veranstaltet ein reichsoffenes Straßenrennen Rund um Stuttgart.

29. August bis 5. September Die 5. Reichstagung der Auslandsdeutschen wird in der Stadthalle eröffnet. Anwesend sind außer der Stuttgarter Prominenz und den schon Genannten auch Reichsaußenminister von Neurath und Prinz August Wilhelm von Preußen sowie der größte Teil der deutschen Botschafter und Gesandten.
In der Adolf-Hitler-Kampfbahn findet eine Massenkundgebung mit Heß, von Neurath und Bohle statt. Etwa 60 Fahnen von auslandsdeutschen NSDAP-Gruppen werden durch Heß geweiht. Er schließt seine Ansprache mit den Worten: »Sagt draußen, daß ihr das Land eurer Väter gesehen, und daß es größer und stolzer ist, als ihr es erträumtet. Geht hinaus und berichtet, Deutschland lebt und wir leben, weil ein Adolf Hitler lebt, und weil ein Gott im Himmel lebt, der mit Deutschland ist. Wir grüßen den Führer: Adolf Hitler — Sieg Heil!«
Noch vor Beginn der eigentlichen Spielzeit leistet das Württ. Staatstheater mit einer Festvorstellung (am 29.) von Webers »Freischütz« seinen Beitrag zur Eröffnung der Reichstagung der Auslandsorganisation.
In der Ausstellungshalle am Interimsplatz wird (am 30.) die Ausstellung Deutsches Schicksal im deutschen Buch eröffnet, die von der AO und der Reichsstelle zur Förderung

des deutschen Schrifttums zusammengestellt wurde und den Auslandsdeutschen eine Übersicht über neue deutsche Literatur verschaffen soll.

Die Politischen Leiter der AO treffen sich zu Länderämterbesprechungen (31.). Nachmittags sprechen Reichsminister Frank und der Leiter des Rassenpolitischen Amtes der NSDAP, Dr. Groß, in einer Kundgebung in der Liederhalle. Abends wird in der Stadthalle eine Kundgebung mit Reichsorganisationsleiter Dr. Ley durchgeführt, an der auch der SA-Gruppenführer Prinz August Wilhelm, Staatssekretär von Mackensen und Reichsstudentenführer Scheel teilnehmen.

Der Reichsführer-SS und Chef der Deutschen Polizei, Heinrich Himmler, und der Reichsjugendführer Baldur von Schirach werden auf dem Böblinger Flughafen von der Stuttgarter NS-Prominenz und Formationen der SS und HJ empfangen (1. September). Vor den Auslandsdeutschen in der Liederhalle halten Himmler und der Reichsleiter Walter Buch Reden, wobei sich Himmler hauptsächlich über die Sittlichkeitsprozesse gegen Ordensgeistliche ausläßt. Schirach spricht (1. September) in der Stadthalle vor 15 000 Zuschauern — überwiegend HJ-Angehörigen — über eine neue »gewaltige religiöse Bewegung« in der deutschen Jugend und droht gleichzeitig andersdenkenden Eltern mit dem Entzug ihres Erziehungsanspruchs. Während seiner Rede kommt es zu einem Zwischenfall. Die Johanniterschwester und Pianistin Margarethe Klinckerfuss unterbricht die Ausführungen Schirachs mit einem Zwischenruf. Einige Tage später wird sie verhaftet, für geisteskrank erklärt und jahrelang in verschiedenen Irrenhäusern eingesperrt.

Der Bachchor der Schwarzen Kirche aus Kronstadt singt am 1. September in der Liederhalle. Am nächsten Tag gibt er ein weiteres Konzert in der Stiftskirche.

Hermann Göring spricht am Abend des 2. September in der Schwabenhalle.

Am 3. September veranstaltet der Reichssender Stuttgart mit der AO in der Stadthalle ein Konzert für die Deutschen in aller Welt.

SA-Stabschef Lutze und Reichssportführer von Tschammer und Osten sprechen (4. September) auf einer gemeinsamen Kundgebung in der Stadthalle.

Der Reichsarbeitsdienst gibt mit mehreren Musikzügen vor dem Neuen Schloß ein Platzkonzert. Abends veranstaltet der RAD in einem Festzelt auf dem Wasen einen Fröhlichen Feierabend mit den Auslandsdeutschen. Weitere Kameradschaftsabende der Stuttgarter Bevölkerung mit den Auslandsdeutschen werden im Stadtgarten, in der Liederhalle, im Saalbau Wulle und im Saalbau Dinkelacker organisiert.

Die Abschlußkundgebung der Reichstagung (5. September) mit Reichsminister Goebbels als Hauptredner findet im Hof des Neuen Schlosses statt. Am Nachmittag zieht ein 4 km langer Festzug unter dem Motto »Stuttgart und Württemberg — Weltgeltung einst und jetzt« durch die Straßen. Die 5. Reichstagung schließt mit dem Großen Zapfenstreich und mit einem Feuerwerk am Anlagensee.

SEPTEMBER 1937

30. August   Nach nur 15monatiger Bauzeit wird ein vierstöckiger Erweiterungsbau der städt. Frauenklinik an der Bismarckstraße eingeweiht.

31. August   Eine außerordentliche Mitgliederversammlung des Württ. Vereins Mutterschutz e. V. beschließt dessen Auflösung.
Der Schwäb. Merkur berichtet über einen Vertragsabschluß zwischen der W. Kohlhammer Buchdruckerei und Verlagsbuchhandlung und der Union Deutsche Verlagsgesellschaft Stuttgart, Beck, Auberlen u. Co KG, der den Ankauf der Druckerei der Union, einer der größten Buchdruckereien Deutschlands, vorsieht. Kohlhammer beabsichtigt, die Druckerei zunächst unverändert weiterzuführen. Die Union Deutsche Verlagsgesellschaft Stuttgart soll als Verlagsunternehmen bestehen bleiben.
Dr. Eugen Schneider, ehemaliger Direktor des württ. Staatsarchivs, verstorben.

1. September   Eine Verordnung zum Luftschutzgesetz fordert die Entrümpelung der Dachböden und sonstiger Gebäudeteile, die bei Luftangriffen in besonderem Maße der Brandgefahr ausgesetzt sind. Der Blockwart des Reichsluftschutzbundes, der Luftschutzhauswart und der Blockwart der NSV sind mit der Durchführung in ihren Bereichen beauftragt. Die Aktion wird als Beitrag zur Landesverteidigung und zum Vierjahresplan betrachtet, denn das anfallende Altmaterial wird in Anbetracht der Rohstoffknappheit eingesammelt und weiterverwertet. Darüber hinaus stehen Gebrauchtwarenhändler bereit, die das noch Brauchbare aufkaufen. Nach wochenlangen Vorbereitungen wird die Aktion in Stuttgart am 4. Oktober 1937 begonnen.
Im Stadtgartenvarieté gastiert der Zauberkünstler Handy-Bandy (mit bürgerlichem Namen Fuad Makarius) aus Kairo.
Oskar Glöckler, gebürtiger Stuttgarter, wird Landesleiter der Reichskammer der bildenden Künste.

4. September   Der Graphiker Alfred Reder stellt seine Arbeiten im Kunsthaus Fischinger aus.

5. September   Die Opernspielzeit unter dem neuen Generalmusikdirektor Herbert Albert beginnt mit einer Wiederaufnahme der Wagner-Oper »Lohengrin«.
Zum Abschluß der württ. Rudersaison wird die 13. Stuttgarter Herbst- und Jugendregatta auf dem Neckar zwischen Untertürkheim und Gaisburg veranstaltet.

6./7. September   Deutsche und ausländische Teilnehmer des XI. Milchwirtschaftlichen Weltkongresses, der im August in Berlin stattfand, besuchen auf ihrer Studienreise Stuttgart und besichtigen die Anlagen der Milchverwertungs-AG.

7. September Der NS-Kurier weist seine Leser auf die Ausführungen eines Richters im Reichsjustizministerium hin, die die möglichen Konsequenzen beim Geschäftsverkehr mit Juden kommentieren: Ein Beamter ist dienststrafrechtlich verantwortlich zu machen, »wenn er in einem jüdischen Geschäft kauft oder es duldet, daß seine Angehörigen das tun, oder sich und seine Angehörigen von einem jüdischen Arzt behandeln läßt«. Weiter wird ausgeführt, »daß die den Juden in Deutschland gestattete wirtschaftliche Betätigungsmöglichkeit nicht daran hindert, die Frage, ob ein Vertragspartner Jude ist oder nicht, für wesentlich zu halten. Wenn die Gesetze den Juden gestatten, in Deutschland Handel zu treiben, so darum, weil es galt, ein Erbe der Vergangenheit so reibungslos wie möglich zu liquidieren.«

Der Hausbesitzerverein hält im Bürgermuseum eine außerordentliche Mitgliederversammlung ab, in der Stadtrat Dr. Schwarz über die städt. Wohnungs- und Baupolitik referiert. Von den 26 000 Wohngebäuden befinden sich 6000 im Besitz der Stadt; da sich aber die private Bautätigkeit den größeren Wohnungen zugewandt habe, will die Stadt über die gemeinnützigen Baugenossenschaften den Bau von kleinen und billigen Wohnungen fördern. Schwarz weist darauf hin, daß Bauvorhaben, die weniger als zwei Tonnen Eisen benötigen, frei seien; weitere Themen seiner Ausführungen sind das Verbot von Mieterhöhungen, das Verbot von Dachwohnungen, der Garagenbau und die bevorstehenden Straßendurchbrüche Holzstraße und Charlottenstraße.

Der Präsident der Deutschen Parlamentspartei in Rumänien, Dr. Hans Otto Roth (Hermannstadt/Bukarest), spricht vor den Mitarbeitern des Deutschen Ausland-Instituts über die politische Lage in Südosteuropa.

8. September In Stuttgart gibt es derzeit noch 55 jüdische Ärzte. Die »arischen« Ärzte haben damit begonnen, ihre Praxisschilder durch den roten Schriftzug »Deutscher Arzt« zu ergänzen.

Das Kleine Haus nimmt mit Bacmeisters Drama »Kaiser Konstantins Taufe« den Spielbetrieb auf.

10. September Am Ehrenmal der deutschen Leistung wird der hunderttausendste Besucher begrüßt.

11. September Mit dem 5. Schloßkonzert, ausgeführt vom Wendling-Quartett, geht die Reihe dieser Musikabende zu Ende.

Die Württ. Bibelanstalt besteht seit 125 Jahren.

August Lämmle, Konservator beim Landesamt für Denkmalpflege, ist auf seinen Antrag in den Ruhestand versetzt worden.

12. September Anläßlich der Neugestaltung der Kriegsgräber von 19 rumänischen und

SEPTEMBER 1937

32 russischen Soldaten findet auf dem neuen Teil des Pragfriedhofes eine religiöse Gedenkfeier statt.
Im Großen Haus wird Shaws »Pygmalion« in einer Neuinszenierung gespielt.
In der überfüllten Pauluskirche wird Stadtpfarrer Kurt Hennig von Stadtdekan Prälat Dr. Lempp in sein Amt eingeführt.

13. September Nachdem vor kurzem die örtliche Kindererholung der NSV, durch die Stuttgarter Kinder im Alter von sechs bis zehn Jahren für fünf Wochen verschickt worden waren, abgeschlossen wurde, ruft der NS-Kurier die Bevölkerung auf, sich als Pflegeeltern zu melden, da vom 14. September bis 19. Oktober NSV-Ferienkinder aus anderen Gauen nach Stuttgart kommen.
Prof. Dr.-Ing. Karl Pirath, Inhaber des Lehrstuhls für Eisenbahn- und Verkehrswesen an der TH, hat für sein 1934 erschienenes Buch »Die Grundlagen der Verkehrswirtschaft« im Preisausschreiben für Erfindungen und Verbesserungen im Eisenbahnwesen des Vereins Mitteleuropäischer Eisenbahnverwaltungen den ersten Preis erhalten.

15. September Die Galerie Valentien zeigt eine Ausstellung mit Ölbildern und Aquarellen des 1935 verstorbenen schwäb. Landschaftsmalers Otto Jung.

15. bis 19. September Die Württ. Staatstheater begehen mit einer Festwoche die 25-Jahrfeier der Einweihung des Großen und Kleinen Hauses. Beim Festakt im Großen Haus am 15. September würdigt der neue Generalintendant Deharde die Arbeit des früheren Intendanten der Hoftheater, Joachim zu Putlitz. 89 seit 1912 aktiv tätige Mitglieder der Staatstheater werden geehrt. Im Rahmen der Jubiläumsfestwoche spielen die Staatstheater am 16. September »Tannhäuser«. Am 17. September wird im Kleinen Haus das Schauspiel »Marsch der Veteranen« von Friedrich Bethge, inszeniert von Richard Dornseiff, zum ersten Mal aufgeführt Am 18. September erfolgt im Großen Haus die Erstaufführung der Oper »Schwarzer Peter« in Anwesenheit des Komponisten Norbert Schultze. Die Inszenierung besorgte Günter Puhlmann, die musikalische Leitung hat Alfons Rischner. Am 19. September wird Schillers »Don Carlos« in neuer Inszenierung von Deharde gespielt.

16. September Die Ratsherren befassen sich mit dem 2. Nachtragshaushalt 1937, der mit der veränderten Gesetzgebung auf dem Gebiet der Gewerbesteuer begründet wird. Der Nachtrag beträgt für den ordentlichen Haushalt 2,5 Mio. RM, für den Plan über die Rücklagenverwendung 1 Mio. RM und für den außerordentlichen Haushalt 5,5 Mio. RM. Damit erhöht sich der Gesamtbetrag (einschließlich des 1. Nachtrags) im ordentlichen Haushalt auf 167 Mio. RM, in der Rücklagenverwendung auf 5,5 Mio. RM und im außerordentlichen Haushalt auf 31,9 Mio. RM. Der Hebesatz der Gewerbesteuer

wird auf 280%, für Warenhäuser und Zweigstellenbetriebe auf 364% festgesetzt. — Der Neubau eines Schulgebäudes in der Neuwirtshaussiedlung wird beschlossen. — In nichtöffentlicher Sitzung kommt nochmals die Solitude-Rennstrecke zur Sprache. Nach der Verlautbarung vom 25. Juli, daß künftig auf Solitude-Rennen verzichtet wird, zumal Freiburg um Motorrennveranstaltungen bemüht ist, hatte der NSKK-Führer der Motorbrigade Südwest, Emminger, mit Hilfe der Presse und mit Rundschreiben sich dafür eingesetzt, die Solitude-Rennen zu erhalten. Strölin kündigt deshalb Schritte gegen diese Art der Meinungsbildung an. — Zur Finanzierung des Neckarkanals geht die Stadt Zinsverpflichtungen in Höhe von 1,5 Mio. RM im Zeitraum vom 1. April 1938 bis 1. Januar 1945 ein. Entsprechend einem Vereinbarungsentwurf zwischen Reich, Land, Neckar AG und Stadt Stuttgart, der am 13. Juli zwischen dem württ. Finanzministerium, der Neckar AG und der Stadtverwaltung verhandelt wurde, schießt das Land den schlüsselmäßigen Anteil des Reichs (Verhältnis Reich : Land = 2 : 1) für die Jahre 1938—1940 an die Neckar AG vor, die diese Zwischenkredite zu 4% verzinsen muß. — Aus der städt. Bautätigkeit wird erwähnt, daß das Haus Marienstraße 43, das für Zwecke eines Altersheimes erworben wurde, ab 1. Oktober belegt werden soll. Der dadurch frei werdende Teil des Altersheimes auf der Insel Berg soll dann mit 147 000 RM Baukosten zum Kranken- und Kurheim des Mineralbads Leuze umgebaut werden. — Zur Altstadtsanierung wurde die zum Abbruch vorgesehene Wirtschaft Zum Goldenen Laub an der Stiftskirche erworben. — In Münster hat die Stadt eine Reihe von Ackergrundstücken für eine geplante Kriegsopfersiedlung erworben. — Für die HJ ist das Gebäude Werastraße 20 gekauft worden. Stadtrat Ettwein legt einen Bericht über die Heimbeschaffung für die HJ vor, der auch die künftige Entwicklung einschließt. Ratsherr Ortmann empfiehlt, »dem Drängen der HJ nicht so weit nachzugeben, daß Gewerbetreibende in ganz kurzer Zeit ihre Räume verlassen müssen, wie dies geschehe.« Ausdrücklich wird festgehalten, daß über Planung und finanzielle Aufwendungen der Stadt für HJ-Heime in der Presse nicht berichtet werden darf. — Der Tagesordnungspunkt Reichstagung der Auslands-Organisation wird in öffentliche und nichtöffentliche Sitzung geteilt. Für die Öffentlichkeit wird in erster Linie die Werbewirksamkeit für die Stadt herausgestellt, intern kommen auch die Kosten — 172 000 RM waren veranschlagt worden — und organisatorische Mängel zur Sprache. Hinzu kam eine als kränkend empfundene Behandlung der Vertreter der Stadt durch die AO, die der Stadt zwar die Kosten aufbürdete, jedoch die Organisation selbst in die Hand nahm, wobei es mehrmals vorkam, daß die Vertreter Stuttgarts nicht zu offiziellen Empfängen geladen wurden und zu Tagungen keinen Zutritt hatten. Zum Schluß der Sitzung beschäftigen sich die Ratsherren mit der Beschaffung von Brathühnern und Spanferkeln für das Volksfest, woran großer Mangel herrscht.
Herbstjahrmarkt in Untertürkheim (Krämer-, Faß- und Schweinemarkt).
Die Firma Wilhelm Gallion feiert den 75. Jahrestag ihrer Gründung.

SEPTEMBER 1937

Verlagsbuchhändler Dr. h. c. Paul Schumann verstorben.

17. September Die NS-Kulturgemeinde ist reichseinheitlich in die NS-Gemeinschaft Kraft durch Freude eingegliedert worden. Sie bildet nunmehr innerhalb der KdF zusammen mit den Ämtern Feierabend und Deutsches Volksbildungswerk die Einheitsorganisation für nationalsozialistische Kulturarbeit. Als Amtsleiter für die zusammengefaßten Ämter wurde Ludwig Klemme, früher Gauwart der KdF und Gauobmann der Kulturgemeinde Gau Württ.-Hohenzollern, berufen.
Die Bezirksfachgruppe Nahrungs- und Genußmittel der Wirtschaftsgruppe Einzelhandel hat Lange Straße Nr. 6 eine Fischlehrküche eingerichtet, die den Stuttgarter Hausfrauen Kurse anbietet. Damit soll erreicht werden, daß »in jeder Familie mindestens einmal in der Woche ein Fischgericht« auf den Tisch kommt.
Die Südtiroler Dichterin Maria Rubatscher liest in einer Veranstaltung der NS-Frauenschaft und des Deutschen Frauenwerks im Deutschen Ausland-Institut aus eigenen Werken.
In der Stadthalle beginnt die Wintersaison des Boxsports im Gau Württemberg mit einem Kampf der württ. Boxstaffel gegen eine polnische Auswahl.

18. September Die Trikotwarenfabrik Carl Bitzer hat ihr Fabrikanwesen in Bad Cannstatt an die Elektronmetall GmbH verkauft und übersiedelt nach Waiblingen, wo gegenwärtig ein Neubau erstellt wird.
Der japanische Mediziner und Bakteriologe Prof. Dr. Takenouchi, der an einem anthropologischen Kongreß in Tübingen teilnimmt, besucht Stuttgart, wo er auf dem Waldfriedhof am Grab von Prof. Bälz einen Kranz niederlegt.

18./19. September Der Volksbund für das Deutschtum im Ausland veranstaltet wie in den Vorjahren wieder einen Tag des deutschen Volkstums und zugleich ein Fest der deutschen Schule.

18. bis 20. September Der Reichsverband Deutscher Stempelfabrikanten hält seine Jahrestagung im Hotel Hospiz Viktoria ab. Der 80jährige Mitbegründer des Verbandes, Karl Bofinger aus Stuttgart, wird zum Ehrenmitglied ernannt.

18. bis 22. September Die Deutsche Dermatologische Gesellschaft hält ihre 18. Tagung in den Räumen der TH ab. Das Hauptthema dieses Kongresses ist »Die Bedeutung der Testproben für die Haut«. Die Gäste besichtigen während der Tagung die neue Hautklinik in Bad Cannstatt.

18. bis 27. September 102. Volksfest. Am 18. September zieht ein Festzug vom Rotebühlplatz zum Wasen, wo mit Böllerschüssen und dem Aufsteigen von 10 000 Brieftauben aus allen Gauen des Reichs das Volksfest eröffnet wird. Das Programm bringt: am 19. September ein Feuerwerk; am 20. September ein Tag der Arbeits- und Kriegsopfer; am 21. September erstmals ein Tag der Sänger, bei dem Sangesbrüder aus den Kreisen Stuttgart, Ludwigsburg, Esslingen und Vaihingen in der Schwabenhalle in Massenchören singen; am 22. und 23. September Kindernachmittag und Lampionfest; am 24. September ein Sportfest für ältere Sportbegeisterte; am 25./26. September organisiert der Schwäb. Reiterverein Pferderennen, wie sie auf früheren Volksfesten üblich waren; am 26. September gibt es in der Stadthalle einen Tag des Handwerks und über die Dauer des Volksfestes ist in der Schwabenhalle eine Ausstellung Schaffendes Handwerk zu sehen. Mit einem Feuerwerk endet das Volksfest am 27. September. Die Besucherzahl wird auf 3,85 Mio. geschätzt. Der Schwäb. Merkur verweist auf 86 Reichsbahn-Sonderzüge während der Wasenzeit, die 450 000 Personen beförderten.

19. September   Die Ehren- und Disziplinarrichter der süddeutschen und westdeutschen Gaustudentenführungen werden auf einer Tagung in die Ehren-, Zweikampf- und Disziplinarordnung des NS-Studentenbundes vom 1. Juli 1937 eingewiesen.

22. September   Die Reichsfrauenführerin Scholtz-Klink trifft mit ihrer Referentin für Volks- und Hauswirtschaft, Frl. Dr. Sprengel, in Stuttgart ein, um mit Gaufrauenschaftsleiterin Haindl, den Gauarbeitsleiterinnen, OB Dr. Strölin und Dr. Könekamp Fragen vor der Eröffnung der Reichsschule für auslandsdeutsche Frauen und Mädchen in der Heidehofstraße zu besprechen. Sie besichtigt außerdem die zweite Gauschule der NS-Frauenschaft Schillereiche, die zusammen mit der Reichsschule in den kommenden Wochen eingeweiht werden soll.

23. September   Der Präsident des Verwaltungsgerichtshofs, Gustav Himmel, ist zum Vorsitzenden des Kompetenzgerichtshofs ernannt worden.

24. September   Die Hauptversammlung der Kronenbau AG genehmigt die Jahresrechnung, die diesmal mit Verlust abschließt.
Die schwedische Märchentanzgruppe Svensk Trollteater gibt in der Liederhalle ein Gastspiel.
Staatsrat Dr. Leopold Hegelmaier, Präsident des württ. Landesvereins vom Roten Kreuz, verstorben.

25. bis 28. September   Die Württ. Bibelanstalt, am 11. September 1812 gegründet, feiert ihr 125jähriges Jubiläum. Zum Festgottesdienst mit Landesbischof D. Wurm in der Stiftskirche am 26. Oktober ist der Andrang so groß, daß viele keinen Platz mehr

SEPTEMBER 1937

finden. Am 27. Oktober tagen der Ausschuß der deutschen Bibelgesellschaften und die Vereinigung Evang. Buchhändler.

25. September bis 9. Oktober   Im ganzen Reich findet erstmalig eine von der Reichskammer der bildenden Künste veranlaßte Werbeaktion für deutsche Wohnkultur statt. Die Bezirksstelle Württ.-Hohenzollern des Schreinerhandwerks veranstaltet in diesem Rahmen im Ausstellungsgebäude in der Kanzleistraße 29 eine Möbelsonderschau.

26. September   Die Konzertspielzeit beginnt mit dem 15. Konzert der Künstlernothilfe in der Liederhalle. Das Landesorchester spielt unter der Leitung von Otto Winkler, zu Gast sind die Sopranistin Margherita Perras (Wien) und der Tenor Helge Roswaenge (Berlin).
Der Abschluß des Volksfestes fällt zeitlich zusammen mit der 5. internationalen Veranstaltung der württ. Leichtathletik in der Adolf-Hitler-Kampfbahn, die die Saison 1937 abschließt.

28. September   Aufgrund einiger schwerer Unfälle, die sich beim Abspringen von der Straßenbahn ereigneten, kündigt die Polizei ein schärferes Vorgehen gegen diese Verkehrssünder an. Statt der bisher üblichen gebührenpflichtigen Verwarnung wird jetzt jedem, der außerhalb der Haltestellen auf- oder abspringt, Strafanzeige angedroht.

29. September   Zur bevorstehenden Sammelaktion für das Winterhilfswerk berichtet der Schwäb. Merkur: »Der Gaubeauftragte für das WHW, Kling, hat einen Aufruf an alle Betriebsführer, Dienststellenleiter, Handwerksmeister und Gewerbetreibenden erlassen, in dem er sie aufruft, sich wie in den Vorjahren für die Lohn- und Gehaltsabzugspende innerhalb ihres Betriebes einzusetzen. Es ist Sorge zu tragen, daß jeder in Arbeit und Verdienst stehende Volksgenosse seine WHW-Spende durch Lohn- und Gehaltsabzug leistet. Dafür kommt dieses Jahr die übliche WHW-Haussammelliste in Wegfall.« Die »Abzugsspender« erhalten Türplaketten als Hinweis für die Haussammler. Angehörige des öffentlichen Dienstes sind durch eine Anordnung (Regierungsanzeiger vom 21. September) gehalten, mindestens 10% des Betrags der Lohnsteuer im Abzugsverfahren zu spenden.
Zum 90. und letzten Mal zeigt das Schauspielhaus die Revue »Stuttgart — es dreht sich um dich«.
Die bisherige Leiterin der NS-Kreisfrauenschaft Bad Mergentheim, Holborn, ist zur Leiterin der neuen Gauschule Schillereiche berufen worden.

30. September   Die ersten Reservisten werden nach zweijähriger Wehrpflicht entlassen. Das Amtsblatt veröffentlicht auszugsweise den Jahresbericht der Elektrogemeinschaft

Stuttgart e. V. und der Gasgemeinschaft Stuttgart e. V. (eine Arbeitsgemeinschaft zwischen den Technischen Werken der Stadt Stuttgart, dem Gas-Installationsgewerbe und dem Gasfachhandel, gegr. 1. Mai 1934). Die Gemeinschaft hatte am 31. März, am Schluß des Berichtsjahres, einen Mitgliederstand von 346 Firmen. Die Elektrogemeinschaft umfaßte 259 Firmen.

Das Schauspielhaus eröffnet sein neues Spieljahr mit der Erstaufführung des Operettenschwankes »Der blaue Heinrich« von Otto Schwartz, Georg Lengbach und Viktor Corzilius.

Direktor Dr. Geier beim Verwaltungsgerichtshof ist auf sein Ansuchen hin in den Ruhestand versetzt worden.

1. Oktober Das Stuttgarter Ortsrecht (Gemeindesatzungen, ortspolizeiliche Vorschriften, Gebührenordnungen etc.) tritt in den am 1. April eingemeindeten Stadtteilen in Kraft. Die örtlichen Geschäfte der Stadtverwaltung für die eingemeindeten Stadtteile werden von jetzt an von den städt. Geschäftsstellen wahrgenommen; in Uhlbach von der Geschäftsstelle Obertürkheim, in Heumaden, Rohracker und Sillenbuch von der Geschäftsstelle Sillenbuch.

Das Krankenhaus Feuerbach erhält NSV-Schwestern. Die Schwestern der evang. Diakonissenanstalt, die den Vertrag zum 1. Oktober gekündigt hat, werden an anderen Krankenanstalten beschäftigt.

Der Verein Wichernhaus wird aufgelöst. Die Zöglinge werden in die Betreuung der Erziehungsabteilung des Stuttgarter Wohlfahrtsamtes übernommen, sie ziehen im Lauf des Monats von der Nürnberger Straße 145 in das neu eingerichtete städt. Jugendheim Olgastraße 63 um. Damit findet eine 30 Jahre alte, auf privater Initiative beruhende Fürsorgeeinrichtung ihr Ende. Das Wichernhaus wurde bereits 1933 zu einem Teil zunächst vom Reichsarbeitsdienst belegt, dann vom Deutschen Ausland-Institut als Deutsches Volksheim genutzt. Am 1. Juli 1937 wurde das Haus von der Stadt für Zwecke des Deutschen Volksheimes erworben und der Wichernhausbetrieb nur noch in verkleinertem Umfang weitergeführt.

Nach einem Beschluß des Württ. Oberversicherungsamtes vom 21. August 1937 wird der bisher zur Allgemeinen Ortskrankenkasse Esslingen gehörende Stadtteil Uhlbach dem Bezirk der AOK Stuttgart zugeteilt.

Die Verwaltungsstellen Stuttgart, Reutlingen, Ellwangen und Ulm der Landwirtschaftlichen Berufsgenossenschaft Württemberg werden zusammengelegt zur Hauptverwaltung Stuttgart.

Am Ehrenmal der deutschen Leistung im Ausland wird eine Erinnerungsplakette an Hindenburg eingeweiht.

In der Liederhalle leitet Hans Knappertsbusch ein Konzert des Landesorchesters. Solist ist Walter Schneiderhan (Violine).

OKTOBER 1937

Am Interimsplatz wird eine Wanderausstellung eröffnet, die den HJ-Heimbau propagiert.

Bei der Eröffnungsfeier für die Winterarbeit der Volksbildungsstätte im Gustav-Siegle-Haus liest der Dichter und »Kämpfer für eine völkische Weltanschauung und Neuordnung«, Jakob Schaffner.

Im Wilhelmsbau gastiert die indische Fakirkünstlerin Koringa.

2. Oktober Im ehemaligen Landtag erörtern Kreisleiter, HJ-Bannführer, Landräte und Kreisamtsleiter für Kommunalpolitik die Gründung eines Zweckverbandes für die gemeinschaftliche Finanzierung von HJ-Heimen.

Kundgebung des Reichsbundes der Kinderreichen mit dem Hauptschriftleiter des »Völkischen Willen«, Dr. Danzer, im Gustav-Siegle-Haus. Er beklagt den Geburtenrückgang in der Zeit von 1900—1933 und gleichzeitig die »Raumnot« des deutschen Volkes, die durch den Versailler Vertrag verursacht worden sei. Zur NS-Bevölkerungspolitik führt er aus, daß »durch die Nürnberger Rassegesetze und durch das Gesetz zur Verhütung erbkranken Nachwuchses... die qualitative Seite der Bevölkerungspolitik in trefflicher Weise geregelt« ist.

Das Stuttgarter Künstler-Marionettentheater beginnt seine zwölfte Winterspielzeit.

Der Stuttgarter Liederkranz eröffnet sein Winterprogramm mit einem Konzert des Liederkranzorchesters in der Liederhalle.

Die Münchner Pianistin Poldi Mildner gastiert in der Liederhalle.

3. Oktober Beginn des Winterfahrplans der Reichsbahn. Er weist für die Verbindung Stuttgart—Ulm den Einsatz von Schnellreisewagen aus, die ab 1. November auf der Autobahn verkehren sollen und die 94 km lange Strecke in 2 Stunden 7 Minuten bewältigen.

An der Bahnstrecke Stuttgart — Calw wird zwischen den Bahnhöfen Zuffenhausen und Korntal das zweite Gleis in Betrieb genommen.

Die Stuttgarter Bevölkerung ist heute aufgefordert, sich an den Erntedankfeiern der umliegenden Ortschaften zu beteiligen.

Uraufführung der Hermecke/Dostal-Operette »Monika« unter Mitwirkung der »Glottertäler Nachtigallen« im Großen Haus (die Handlung der Operette spielt größtenteils im Glottertal und greift auf das Brauchtum dieser Gegend zurück). Die Leitung haben Albin Swoboda und Otto Winkler. An den Probearbeiten wirkten Hermann Hermecke und Nico Dostal mit.

Die Firma F. Mollenkopf feiert mit dem 50. Dienstjubiläum ihres Seniorchefs zugleich ihr 30jähriges Gründungsjubiläum.

3.—24. Oktober Der Württ. Kunstverein zeigt im Kunstgebäude eine Ausstellung schwäb. Künstler mit Werken u. a. von Fritz Nuß, Alfred Lörcher, Wilhelm Fehrle, Walter Ostermayer, Maxim Köhler, Jakob Schober, Rudolf Yelin jr., Helmut Mühle, Alfred Reder, Matthias Jansen, Adolf Saile und F. H. Gref. Der neue Landesleiter der Reichskammer der bildenden Künste, Prof. Glöckler, betont in seiner Eröffnungsansprache, daß er von den Werken aus dem Kreis der ehemaligen Stuttgarter Sezession alles ausgeschieden habe, »was nicht den Zugang zum Volk finden kann, und hat damit die Forderung Adolf Hitlers nach einer volksnahen Kunst erfüllt«.

4. Oktober Beginn der Weinlese in den äußeren Stadtteilen. In Stuttgart (mit Gablenberg, Gaisburg und Degerloch) beginnt sie am 7. Oktober 1937.

5. Oktober Eröffnungsfeier des Wintersemesters der Württ. Verwaltungsakademie in der Liederhalle mit Übertragung der Hitler-Rede zur Eröffnung des Winterhilfswerks. Der Fleet-Street-Choir (Chor englischer Presseleute), der auf Einladung der Deutsch-Englischen Gesellschaft in Deutschland weilt, singt im Haus des Deutschtums. Am 6. Oktober sind die Engländer Gäste des Deutschen Ausland-Clubs in dessen Klubheim.

5./6. Oktober Das Kaiser-Wilhelm-Institut für Metallforschung und die Wirtschaftsgruppe Nichteisenmetallindustrie halten eine gemeinsame Arbeitstagung ab. Prof. Dr. Köster vom Kaiser-Wilhelm-Institut kommt in seinem Rechenschaftsbericht auf den geplanten Erweiterungsbau zu sprechen, der dem Institut für Metallforschung angefügt werden soll. Der Leiter der Wirtschaftsgruppe teilt mit, daß die Wirtschaftsgruppe dem Institut 500 000 RM für die Ausgestaltung des Neubaues zur Verfügung stellt.

6. Oktober Erstaufführung des »Holledauer Schimmel« von Johannes Lippl im Kleinen Haus.
Der Pianist Max Pauer spielt in der Liederhalle.
Das Mädchengymnasium (Hölderlinschule) feiert das 25jährige Bestehen seines Hauses in der Hölderlinstraße.
Im Steinhaldenfeld in Bad Cannstatt, wo schon drei Jahre zuvor ein Fürstengrab der Hallstattzeit gefunden wurde, wird ein weiteres entdeckt.
Der Stuttgarter Bildhauer Fritz von Graevenitz hat einen Ruf an die Akademie der bildenden Künste in Stuttgart angenommen. Er übernimmt als Nachfolger Prof. Ludwig Habichs die Leitung der Bildhauerklasse.

7. Oktober Generalstaatsanwalt Otto Wagner (Nachfolger des am 30. September in den Ruhestand getretenen Karl Heintzeler) wird von Reichsjustizminister Dr. Gürtner im Schwurgerichtssaal des Landgerichts in sein Amt eingeführt. Er sagt in seinem Dankwort: »Ich bin mir bewußt, daß ich an die Spitze einer Kampftruppe trete, die auf dem Gebiet der Strafrechtspflege die lebenswichtige Aufgabe hat, in Angriff und Abwehr die Schädlinge im deutschen Volk und die Feinde des nationalsozialistischen Staates niederzuhalten.«

Im Zuge der Neuorganisation des Reichsbundes der Kinderreichen Deutschlands zum Schutze der Familie ist der Verein Landesverband Württ.-Hohenzollern des RDK aufgelöst worden.

Der 1909 gegründete Verein Naturschutzpark, Sitz Stuttgart, der das Ziel verfolgt, große Naturschutzparks zu schaffen (Lüneburger Heide, Hohe Tauern bei Salzburg), hielt in Stuttgart seine Hauptversammlung ab. Besonders hervorgehoben wird ein Abkommen mit dem Deutschen und Österreichischen Alpenverein zur Förderung des Naturschutzgebietes in den Hohen Tauern.

Im ersten Volkssinfoniekonzert der Saison spielt das Landesorchester unter der Leitung von Martin Hahn in der Liederhalle alte deutsche Instrumentalmusik.

Erstaufführung des Kriegsfilms »Unternehmen Michael« im Universum. Dem Film liegt das Bühnenstück »Frühjahrsoffensive« zugrunde, das die Staatstheater 1935 aufführten.

8. Oktober   Der Schwäb. Merkur berichtet über eine Entscheidung des württ. Verwaltungsgerichtshofes auf die Rechtsbeschwerde der Kongregation der Schulschwestern vom Orden des Hl. Franziskus als Schulträgerin, die sich gegen den Erlaß des Kultministers Mergenthaler, »daß einige private katholische Mädchenmittelschulen abzubauen und aufzulösen sind«, gewandt hatte. »Die Gerichtsentscheidung stellt fest, daß über die Zulassung oder Nichtzulassung von privaten Schulen von der staatlichen Schulverwaltungsbehörde nach ihrem freien Verwaltungsermessen entschieden werden kann. Zu dem gegnerischen Hinweis auf das Reichskonkordat sagt die Entscheidung u. a.: Da bis jetzt Rechtsvorschriften zur Durchführung des Reichskonkordats durch Verordnung des Reichsinnenministers nicht erlassen sind, so konnten derzeit im innerdeutschen Recht auch noch keine dem Konkordat entsprechenden persönlichen Rechte und Ansprüche einzelner entstanden sein.« Die Bestimmung des Konkordats, wonach Orden und religiöse Kongregationen zur Gründung und Führung von Privatschulen berechtigt seien, besage nur, daß diesen unter den gleichen Bedingungen wie jedem anderen die Haltung von Privatschulen gestattet sein solle. »Doch brauche diese Auslegungsfrage hier nicht entschieden zu werden, da durch das Reichskonkordat nur vertragsmäßige Beziehungen zwischen dem Deutschen Reich und dem Hl. Stuhl geschaffen wurden und nicht zugleich auch innerdeutsches Recht entstanden ist.«

Der Maler Reinhold Nägele wird wegen der jüdischen Herkunft seiner Frau aus der Reichskammer der bildenden Künste ausgeschlossen. Er emigriert 1939 nach England.

Der Polizeipräsident verfügt Schutzmaßnahmen gegen die Maul- und Klauenseuche, die sich von Westeuropa aus inzwischen bis nach Baden und in die Pfalz ausgebreitet hat.

Die Maßnahmen betreffen Einfuhrbeschränkungen und Vorsichtsmaßregeln bei Kontaktpersonen.
Auf dem Gelände der ehemaligen Schönhutschen Fabrik in der Brückenstraße wurde die größte Garagenanlage Bad Cannstatts mit 120 Stellplätzen eröffnet. Sie hat Tag- und Nachtbetrieb.
Das Kunsthaus Schaller veranstaltet während seiner Lothar-Bechstein-Ausstellung eine Gedenkstunde für den 1936 verstorbenen Künstler.

8.–27. Oktober Eine Reichswanderausstellung mit dem Thema »Schule und Luftfahrt« wird in der Schwabenhalle auf dem Cannstatter Wasen eröffnet.

9. Oktober Der NS-Kurier veröffentlicht einen Leserbrief, in dem kritisiert wird, daß in der Entbindungsklinik des jüdischen Arztes Dr. Gideon (Hoppenlauklinik) »arische Frauen und Judenweiber« entbunden werden.
Der Rotwildpark wird zum Naturschutzgebiet erklärt.
Im Deutschen Ausland-Club hielt der Japaner Dr. Kitayama vom Japan-Institut Berlin einen Vortrag über »Japans kulturelle und politische Stellung in der Weltgeschichte«, in dem er die japanische Invasion in China rechtfertigte und auf den chinesischen Wirtschaftsboykott zurückführte: »Für das von der inneren Krise und der bolschewistischen Gefahr bedrohte Japan bleibe nichts anderes übrig, als sich diesen Absatzmarkt zu erobern. Ein chinesisch-japanisch-mandschurischer Block könne ein kulturelles Bollwerk gegen die dämonische Macht des Bolschewismus bilden.«

9./10. Oktober 8500 Lehrer versammeln sich zum 5. Gautag der schwäb. Erzieher, der in der Liederhalle eröffnet wird. Im Rahmen des Gautages begeht der Deutsche Naturkundeverein sein 50jähriges Jubiläum.
Die Südwestdeutsche Vereinigung der Hals-, Nasen- und Ohrenärzte tagt in Stuttgart. Im Rahmen der Veranstaltung wird am 9. Oktober die neue HNO-Klinik des Katharinenhospitals eingeweiht.
In der Stadthalle geben italienische und ungarische Militärkapellen, die beim Mussolini-Besuch in Berlin spielten, zusammen mit dem Stuttgarter Musikkorps der Wehrmacht Militärkonzerte.
In der Gewerbehalle wird eine internationale Hundeausstellung veranstaltet. 1400 Hunde und 25 000 Besucher werden gezählt.

10. Oktober Der Verein Jungdeutschland hält in seinem von-der-Goltz-Heim in Welzheim seine letzte Mitgliederversammlung und löst sich auf. Das Heim war schon im Oktober 1936 zum Landjahrlager für Mädchen umgewandelt worden.
Erster von sechs Eintopfsonntagen im Rahmen des Winterhilfswerks.

OKTOBER 1937

Die sonntägliche SA-Morgenfeier wird als Horst-Wessel-Gedenkfeier im Großen Haus der Staatstheater veranstaltet.

In Anwesenheit von Landesbischof D. Wurm und Dekan Roos wird der neue Betsaal des Wichernhauses in der Rheinlandstraße in Bad Cannstatt eingeweiht.

Das Diakonissenmutterhaus der Olgaschwestern in Stuttgart feiert sein Jahresfest in der Heilandskirche. Die Schwesternschaft hat sich um 15 auf 357 erhöht. Das Mutterhaus betreut außer dem Karl-Olga-Krankenhaus 13 Krankenhäuser, zwei Heilstätten für Lungenkranke, zwei Altersheime, 15 Gemeindestationen und zwei Stationen im Syrischen Waisenhaus. Die Arbeit im Krankenhaus Ludwigsburg wurde auf 1. Juli, im Krankenhaus Bietigheim auf 1. November 1937 gekündigt.

August Langenbeck leitet in der Stiftskirche den Stuttgarter Kantatenchor und das Kammerorchester in einer Aufführung von Haydns »Nelson-Messe«.

In der Adolf-Hitler-Kampfbahn wird vor 10 000 Zuschauern ein Handballspiel Wehrmacht gegen Zivil (eine Auswahl der Wehrmacht gegen eine Auswahl des Deutschen Reichsbundes für Leibesübungen) ausgetragen.

Als Nachfolger von Stadtpfarrer Christian Kohler (Degerloch) ist Stadtpfarrer Immanuel Pfitzenmaier, seit 1935 an der Kreuzkirche, zum Bundesvorsitzenden des Württ. evang. Jungmännerbundes gewählt worden.

11. Oktober Generalmusikdirektor Herbert Albert leitet in der Liederhalle das erste Sinfoniekonzert der Württ. Staatstheater in der neuen Saison. Lore Fischer singt die Reger-Kantate »An die Hoffnung«.

11.—20. Oktober Der Volksevangelist D. Paul Le Seur (Potsdam) spricht täglich in der Stiftskirche.

11.—23. Oktober Wie in den Vorjahren wird im Rahmen des Winterhilfswerks eine Kleidersammlung durchgeführt, zu der Angehörige der Wehrmacht und der Polizei herangezogen werden. Neu ist dabei die weitere Sammlung von Gebrauchsgegenständen aller Art.

11.—24. Oktober 52 »Hitler-Urlauber« aus ganz Deutschland machen Ferien in Stuttgart.

12. Oktober Das Sondergericht verurteilte eine nach Amerika ausgewanderte Frau, die inzwischen die US-Staatsangehörigkeit erworben hatte, zu vier Monaten Gefängnis, weil sie während eines Besuches bei ihren Eltern in Bad Friedrichshall-Kochendorf über »Nazi-Deutschland« geschimpft habe.

OKTOBER 1937

Erster Weinverkaufstag für den neuen Wein in Cannstatt. Die Preise liegen zwischen 90 und 105 RM pro Hektoliter.
Der Iberoamerikanische Kreis von Stuttgart und Umgebung trifft sich zur Feier des paniberischen »Dia de la Raza« im Schönblick. Der Übersee- und Kolonialreferent des Deutschen Ausland-Instituts, Dr. Drascher, spricht über die Bedeutung dieses Tages der Rasse für die iberoamerikanischen und iberischen Länder. »In Spanien werde heute aus dem Geist und der Kraft der Rasse und des Volkstums heraus ein Kampf zur Überwindung des kulturzerstörenden Bolschewismus geführt.«
Mit einer Pressekonferenz verabschiedet sich der Pressereferent der Landesstelle Württemberg des Reichsministeriums für Volksaufklärung und Propaganda (kürzlich umbenannt in Reichspropagandaamt), Karl A. Drewitz, der nach zweieinhalbjähriger Tätigkeit ins Reichspropagandaministerium in Berlin berufen wurde.
Die I. Stadtpfarrstelle in Feuerbach ist Stadtpfarrer Erich Heller (Nürtingen) übertragen worden.
Die Stuttgarter Konstrukteure Dr.-Ing. Arthur Berger und Dipl.-Ing. Fritz Nallinger, beide bei Daimler-Benz, erhalten in der Jahresversammlung der Lilienthal-Gesellschaft für Luftfahrtforschung im Deutschen Museum in München für ihre Leistungen im Flugmotorenbau die Lilienthal-Gedenkmünze.

13. Oktober Der NS-Kurier berichtet von einem Prozeß gegen einen Juden, der von einer Stuttgarter Strafkammer wegen Mißachtung des Blutschutzgesetzes (»Rassenschande«) zu einer Zuchthausstrafe von einem Jahr und zwei Monaten verurteilt wurde.
Die russische Dichterin Alja Rachmanowa liest aus ihrem noch unveröffentlichten Tolstoi-Roman und aus anderen Büchern.

13.—20. Oktober Wanderausstellung der Berufskrankenkassen und des Hauptamtes für Volksgesundheit unter dem Motto »Gesundes Volk« im Ausstellungsgebäude am Interimstheaterplatz. Schwerpunkte sind »Hebung und Mehrung der gesunden Erbanlagen«, »der gesunde Erbstrom des Volkes« und ähnliche Themen.

14. Oktober 21 argentinische Architekten, die auf ihrer mehrmonatigen Deutschlandreise vom Deutschen Akademischen Austausch-Dienst betreut werden und am Vortag in Stuttgart eingetroffen sind, werden von Baudirektor Schmidt im Namen der Stadt begrüßt.
In der Stuttgarter Mütterschule der NS-Frauenschaft in der Tunzhoferstraße 15 nehmen gegenwärtig 195 Frauen und Mädchen an Tages- und Abendkursen teil. Angeschlossen ist ein Kindergarten mit 30 Plätzen, außerdem werden 30 Lehrlinge als Kindermädchen ausgebildet.

14.—16. Oktober Die Bezirksstelle Württ.-Hohenzollern im Reichsinnungsverband

433

des Malerhandwerks hält in der Liederhalle ihre Bezirksjahrestagung ab, auf der in der Hauptsache neue Anstrichstoffe vorgestellt werden.

15. Oktober   Alle arischen Rechtsanwälte, die im NS-Rechtswahrerbund zusammengefaßt sind, führen seit kurzem im Briefkopf und auf Praxisschildern ein Zeichen, das die Symbole Adler, Hakenkreuz, Waagschalen und Schwert vereint. Diese Kennzeichnung wird wegen der »Gedankenlosigkeit... mancher... Volksgenossen« eingeführt, die immer noch jüdische Rechtsanwälte aufsuchen, wie der NS-Kurier schreibt.
Der NS-Kurier berichtet auch über ein Arbeitsgerichtsurteil, das die ablehnende Haltung eines Arbeitnehmers gegenüber dem Winterhilfswerk als berechtigten Kündigungsgrund bestätigt.
Im Deutschen Ausland-Club spricht P. E. Briquet vom Journal de Genève in seinem Vortrag »Der Völkerbund und die unterdrückten Nationen« über die nichtrussischen Nationalitäten in der Sowjetunion.

16. Oktober   Ministerialdirektor i. R. August Lupfer, unter dessen Leitung die Um- und Erweiterungsbauten der Reichsbahn im Raum Stuttgart und der Neubau des Stuttgarter Bahnhofs entstanden sind, verstorben.

16./17. Oktober   Die erste von sechs Reichsstraßensammlungen für das WHW erbringt in Stuttgart über 56 000 RM.
Trachtengruppen aus dem Allgäu spielen und tanzen. Im Saalbau Dinkelacker wird (16. Oktober) ein großer Heimat- und Freundschaftsabend veranstaltet.
Der Stuttgarter Schlittschuh- und Rollsportklub wird bei einem Rollhockey-Turnier in Charleroi in Belgien Turniersieger von vier Mannschaften.
In der Zeit von Samstagnachmittag bis Sonntagfrüh werden bei Verkehrsunfällen drei Menschen getötet und zehn zum Teil schwer verletzt. Allein in der für Fußgänger gefährlichen Neckarstraße ereignen sich zwei tödliche Unfälle. In Kreisen der Fußgänger ist man über die Zunahme des rücksichtslosen Rasens — eine Geschwindigkeitsbeschränkung gibt es nicht — beunruhigt und verlangt in den breiten Straßen Schutzinseln. Eine besondere Gefahrenstelle ist auch die Heilbronner Straße.

17. Oktober   Zum Kirchweihsonntag wird das neue Gedächtnisgemeindehaus in der Seidenstraße 73 eingeweiht. Den Festgottesdienst in der überfüllten Gedächtniskirche hält Landesbischof D. Wurm, der über die Lage der Kirche spricht, »deren Zukunft allein in Gottes Händen liegt«. Prälat Dr. Lempp würdigt die Opferwilligkeit der Gemeinde. Die Grundsteinlegung erfolgte am 6. Dezember 1936.
Kammersängerin Marta Fuchs (Berlin/Dresden) gastiert in der Liederhalle.
Das Hohner-Handharmonika-Orchester Trossingen gibt im Kunstgebäude ein Konzert.

OKTOBER 1937

Die Marienanstalt feiert ihr 50jähriges Bestehen. Das Haus in der Katharinenstraße 4 hat derzeit 360 Insassen.

Das NS-Fliegerkorps der Gruppe Stuttgart veranstaltet auf dem Cannstatter Wasen einen Flugtag, an dem auch neun Freiballone zu einer Ballon-Fuchsjagd starten.

Gaudozentenbundsführer Dr. Walter Zimmermann, Abteilungsvorsteher und stellv. Vorstand der Landesanstalt für landwirtschaftliche Gewerbe Hohenheim, ist zum Professor an der Landwirtschaftlichen Hochschule und zum Direktor der Landesanstalt ernannt worden. Direktor Prof. Dr. Rüdiger wurde zum Ende des Sommersemesters auf eigenen Antrag von seinen Amtspflichten entbunden.

18. Oktober Der NS-Kurier meldet, daß nach der neu erlassenen Bestallungsordnung für Apotheker vom 8. Oktober Juden nicht mehr zugelassen sind.

Das Wendling-Quartett gibt seinen ersten Kammermusikabend der Saison in der Liederhalle.

Die Reihe der Wintervorträge des Landesvereins vom Deutschen Roten Kreuz beginnt im Gustav-Siegle-Haus mit einem Vortrag des Gauamtsleiters des Rassepolitischen Amtes, Dr. Karl Ludwig Lechler, mit dem Thema »Verhütung erbkranken Nachwuchses«.

19. Oktober Das italienische Staatsorchester Augusteum der Accademia di Santa Cecilia (Rom), das sich auf einer Gastspielreise durch Deutschland befindet, konzertiert unter Leitung seines Dirigenten Bernardino Molinari in der Liederhalle.

Der neue Leiter der Kunstgewerbeschule, Prof. Oskar Glöckler, Nachfolger von Prof. Pankok, wird von Ministerpräsident Mergenthaler im Rahmen einer Semestereröffnungsfeier in sein Amt eingeführt. Mergenthaler sagt hierbei, »daß in Prof. Glöckler der Mann gefunden sei, der die Schule im nationalsozialistischen Geiste zu führen im Stande sei, denn er sei alter nationalsozialistischer Kämpfer«.

Der Schweizer Schriftsteller Ernst Zahn liest im Bürgermuseum aus seinen Novellen »Der Uli« und »Die Hochzeitsreise«.

20. Oktober Der Herzog von Windsor (vormals König Eduard VIII.) und seine Frau kommen auf ihrem zwölftägigen Deutschlandbesuch nach Stuttgart. Am Abend sind sie Gäste im Staatsministerium bei Gauleiter Murr.

Die Säuglings- und Kleinkinderheilstätte Stuttgart-Berg, die dem Amt für Volkswohlfahrt untersteht, begeht die Fertigstellung eines Um- und Neubaus mit einer Feierstunde.

Der schwedische Forscher Prof. Dr. Ahlmann berichtet im Rahmen einer Vortragsreihe des Württ. Vereins für Handelsgeographie im Lindenmuseum über seine Expeditionen nach Island und Spitzbergen.

OKTOBER 1937

Stadtrat und Wohlfahrtsreferent Friedrich Ettwein, früher Stadtpfarrer in Bad Cannstatt, stirbt im Alter von 51 Jahren an einem Herzschlag.

21. Oktober Der Herzog von Windsor besichtigt die Wolfbusch-Siedlung und die Daimler-Benz-Werke in Untertürkheim. Nach einem Besuch in Esslingen nimmt das Herzogspaar an einem Bunten Abend der KdF in der Stadthalle teil, wobei auch Reichsorganisationsleiter Dr. Ley zugegen ist.

Der Präsident der Konföderation der italienischen Handelsangestellten besucht mit seinen Mitarbeitern während seines Deutschlandaufenthaltes Stuttgart. Sie sind mit Reichsorganisationsleiter Dr. Ley bei Gauleiter Murr zu Gast und besichtigen am 22. Oktober das Kaufhaus Breuninger.

Im Rahmen einer Reihe von Meisterkonzerten spielt der Pianist Wilhelm Kempff in der Liederhalle.

Egon Mayer, Teilhaber der Fa. Tritschler, Bruder des Münchner »Männerapostels« Rupert Mayer SJ, verstorben.

22. Oktober Nach der sommerlichen Pause setzt eine »Versammlungswelle« ein: 50 Veranstaltungen werden allein am heutigen Abend im Stadtgebiet von Parteirednern durchgeführt.

Die Deutsche Gesellschaft für Photogrammetrie beginnt in der TH ihre Jahresversammlung. Im Mittelpunkt der Vortragsreihe steht das Thema »Bildmessung für unebenes Gelände«. Vor ihrer Weiterreise nach Karlsruhe, wo die Tagung am 23. und 24. Oktober fortgesetzt wird, besuchen die Teilnehmer das vor kurzem neu eingerichtete Geodätische Institut der TH.

Im neuen Gemeindehaus der Gedächtniskirche wird der Kirchenbezirkstag des Stadtdekanatsbezirks Stuttgart abgehalten. Stadtdekan Prälat Dr. Lempp erstattet Bericht über das vergangene Jahr.

Die Rundfunkspielschar der Stuttgarter Hitlerjugend gab auf der Pariser Weltausstellung zwei Konzerte.

22. bis 24. Oktober Die Deutsche Akademie für Städtebau, Reichs- und Landesplanung im NS-Bund deutscher Technik veranstaltet im Stadtgarten ihre Jahrestagung. Das Hauptreferat am 22. Oktober hält OB Dr. Strölin, Präsident der Vereinigung Internationaler Wohnungsverbände, über die »Baupolitik Stuttgarts als Beispiel einer deutschen Großstadt«. Im Rahmen der Tagung wird im Ausstellungsgebäude Kanzleistraße bis 26. Oktober eine Ausstellung zum Thema »Städtebau und Landesplanung in Württemberg« gezeigt.

22. Oktober bis 4. November   Aus Anlaß des Bengel-Gedenkjahres ist in der Buchhandlung der Evang. Gesellschaft, Färberstraße 2, eine kleine Gedächtnis-Ausstellung zu sehen.

23. Oktober   In Anwesenheit des Bergmanns Bruno Gluchowski hat im Kleinen Haus dessen Schauspiel »Der Durchbruch« Premiere. Das Stück wird gleichzeitig auch in Magdeburg uraufgeführt.
Auf Einladung des Goethebundes las Friedrich Schnack in der Gustav-Siegle-Bücherei aus seinem Kinderbuch »Sibylle und die Feldblumen« und aus seinem Roman »Wundersame Straße«.
Die Stöckach-Realschule begeht ihre 25-Jahrfeier mit einem Festakt im Saalbau Wulle.
Aus Anlaß des 25jährigen Bestehens des Kunstgebäudes veranstaltet der Künstlerbund ein Herbst-Künstlerfest.

23./24. Oktober   Internationale Rollsport-Veranstaltung in der Stadthalle mit Rollhockey, Rollkunstlaufen und Schnell-Lauf. Im Rollhockey-Städtespiel siegt Stuttgart gegen Antwerpen mit 6:1, im Rollhockeyländerkampf Deutschland gegen Frankreich mit 2:1.

23. Oktober bis 20. November   Das Kunsthaus Schaller zeigt Bilder von Käthe Schaller-Härlin aus Anlaß ihres 60. Geburtstages und Zeichnungen von Olaf Gulbransson.

24. Oktober   Die Stadtgarde zu Pferd, die seit 285 Jahren besteht, veranstaltet einen Werberitt durch die Straßen. Sie will ihren Bestand an aktiven Reitern von ca. 30 auf 50 erhöhen.
Die Untertürkheimer Sängerhalle wird nach Umbau und Erweiterung eingeweiht.
Der Brucknerbund gibt in der St. Eberhardskirche ein Konzert mit geistlicher Musik von Franz Liszt.
Auf dem Kräherwaldsportplatz spielt die Fußballabteilung des MTV anläßlich ihres 25jährigen Bestehens gegen eine Mannschaft des Panzerschiffes »Admiral Graf Spee«.

25. Oktober   Im 2. Sinfoniekonzert der Staatstheater in der Liederhalle spielt der spanische Cellist Gaspar Cassadó.

26. Oktober   Die 1935 von seinem Sohn Kurt gegründete Brennersche Chorvereinigung veranstaltete kürzlich in der Liederhalle ein Konzert mit Werken des 1927 verstorbenen Musikdirektors und Leiters des Arbeitersängerbundes Rudolf Brenner.
Erstaufführung des Films »Die gelbe Flagge« in den Palast- und Kammerlichtspielen in Anwesenheit des Hauptdarstellers Hans Albers.
Präsident a. D. Hermann von Rösch, früherer Bundesratsbevollmächtigter, Leiter der

württ. Bau- und Bergdirektion bis 1927, Gründer des Hauses für Technik und Industrie, verstorben.

26. Oktober bis 2. November Die HJ-Gebietsführung veranstaltet mit dem Arbeitsamt und der Gaujugendwaltung der Deutschen Arbeitsfront eine berufskundliche Woche. Sie wird durch den Präsidenten des Landesarbeitsamtes, Friedrich Burkhardt, eröffnet.

27. Oktober Der Verein Bau-Ausstellung Stuttgart 1934 e. V. beschließt auf einer Mitgliederversammlung seine Auflösung.
Wilhelm Furtwängler dirigiert in der Liederhalle die Berliner Philharmoniker. Solist im Klavierkonzert des Dirigenten, das einen Tag nach der Münchner Uraufführung in Stuttgart zum ersten Mal gespielt wird, ist Edwin Fischer.

28. Oktober Die Presse veröffentlicht zum sog. »Fall Melle« eine Erklärung des Reichskirchenministers Kerrl an Landesbischof D. Wurm, worin der evang. Oberkirchenrat und die Bekennende Kirche als »ausgesprochene Feinde des Deutschen Reiches« bezeichnet werden; gleichzeitig polemisiert der NS-Kurier in seinem Leitartikel gegen den Landesbischof. — Der Oberkirchenrat hatte am 7. September in Abwesenheit von Wurm einen Erlaß an die württ. Geistlichen herausgegeben und sie aufgefordert, sich von Veranstaltungen mit Vertretern der bischöflichen Methodistenkirche (Allianzversammlungen) fernzuhalten, nachdem der Methodistenbischof Melle auf der Weltkirchenkonferenz in Oxford am 22. Juli eine für die Bekennende Kirche unannehmbare Rede gehalten hatte. Die Kerrl-Erklärung wird von Wurm zurückgewiesen, worauf gegen ihn ein Verfahren eingeleitet wird. Der hannoveranische Landesbischof D. Marahrens schaltet sich in die Auseinandersetzung ein und bittet Hitler in einem Telegramm um eine Untersuchung, »damit die völlige Haltlosigkeit des ungeheuerlichen Vorwurfs von der deutschen Öffentlichkeit erkannt werden kann«. Wurm selbst gibt tags darauf (29. Oktober) ein Schreiben an die Pfarrämter heraus, in dem er sich mit der von der NSDAP behaupteten »Freiheit des Evangeliums« auseinandersetzt und die augenfälligsten Angriffe gegen die Kirche, besonders in Württemberg, seit dem Frühjahr 1937 aufzählt.
In nichtöffentlicher Sitzung befassen sich die Ratsherren mit Grundstücksangelegenheiten, Siedlungsfragen und der Verkehrssicherheit. Obwohl die Unfallzahlen zurückgehen, steigt die Zahl der Verkehrstoten (1936 57 Tote), unter denen sich in erster Linie ältere Fußgänger befinden. Im Vergleich zu anderen Städten ereignen sich in Stuttgart übermäßig viele Unfälle auf Grund überhöhter Geschwindigkeit (17%, Reichsdurchschnitt 7,5%). — Im Streit mit der Siedlungsgenossenschaft der Kriegsbeschädigten eGmbH, die 1921 von der Stadt Grundstücke an der Ostendstraße für 110 Kleinwohnungen erworben hat und die die Siedlung verkaufen will, beharrt die Stadt auf ihrem Wiederkaufsrecht, kann sich aber mit der in Liquidation befindlichen Genossenschaft nicht über den Kauf-

preis einigen. Die Genossenschaft, die sich weigerte, der NS-Kriegsopferversorgung beizutreten, verlangt 900 000 RM, die Stadt bietet die Hälfte und verweist die Genossenschaft auf den Klageweg. — Die Stadt übernimmt für 380 000 RM das Walderholungsheim des Christlichen Vereins Junger Männer auf der Waldau, eine viel besuchte Erholungsstätte, um daraus eine Sportschule für die HJ und ein Parteischulungsheim zu machen. Die Kündigung des Grund und Bodens, der der Stadt gehört, verursacht in der Bevölkerung Unruhe. — Das Gebäude Keplerstraße 20 wurde für das Reichsarbeitsamt, das die im städt. Gebäude Ernst-Weinstein-Straße 40 gemieteten Räume für die HJ freimachen muß, gekauft. — Für die Verbreiterung der Charlottenstraße werden fünf weitere bebaute Grundstücke erworben, für Verkehrszwecke (Parkplatz) außerdem das Gebäude Kanzleistraße 16, und als Wohnung für den Direktor der Hautklinik das Anwesen Neue Weinsteige 46.

28.—31. Oktober In der Schloßturnhalle werden die Deutschen Mannschaftsmeisterschaften im Fechten ausgetragen.

29. Oktober Die HJ-Gebietsführung veranstaltet im Landtagsgebäude eine Tagung, um im Rahmen der berufskundlichen Woche den vor einem Jahr eingeführten Landdienst der HJ zu fördern. Bannführer Winter gibt in seinem Bericht die Zahl der bisher eingesetzten Landhelfer mit 414 an, die in 26 Lagern untergebracht sind. Nur ein Fünftel von ihnen sind Württemberger, die Mehrzahl Saarländer. Winter stellt in Aussicht, daß die Zahl der Landhelfer im Frühjahr 1938 auf 700 erhöht wird. Damit soll, wie Landesbauernführer Arnold und Gebietsführer Sundermann betonen, der Landflucht entgegengewirkt werden.

30. Oktober Die Autobahnteilstrecke Kirchheim — Ulm wird dem Verkehr übergeben. Damit ist nach dreieinhalbjähriger Bauzeit — der erste Spatenstich bei Echterdingen geschah am 21. März 1934 — die Strecke Stuttgart — Ulm durchgehend befahrbar. Bei einem Zusammenstoß des Personenzuges Leonberg—Zuffenhausen mit einem Leerzug zwischen Korntal und Zuffenhausen werden dreizehn Personen leicht verletzt.

31. Oktober Zum erstenmal treten Sicherheits- und Hilfsdienst (Feuerwehr, Technische Nothilfe, Rotes Kreuz u. a.) als geschlossene Formation vor die Öffentlichkeit. Polizeipräsident Dr. Klaiber läßt die Einheiten auf dem Cannstatter Wasen zum Appell antreten, um der Bevölkerung die Vorsorge der Behörden für den Ernstfall zu demonstrieren.
1700 Funktionäre des Schwäb. Handwerks in der Deutschen Arbeitsfront versammeln sich zur Gauarbeitstagung. Im Mittelpunkt steht eine Großkundgebung im Saalbau Dinkelacker mit Gauobmann Schulz und Gauhandwerkswalter Bätzner.

NOVEMBER 1937

Die Ortsgruppe Stuttgart des Deutschen Automobilclubs organisiert mit 200 Kraftwagen eine Kriegsopferfahrt und ermöglicht dadurch 650 Schwerkriegsbeschädigten eine Besichtigung der neuen Autobahn.
Zur Woche des deutschen Buches wird in der Gustav-Siegle-Bücherei eine Morgenfeier veranstaltet. Die Bücherei zeigt eine »Jahresschau des deutschen Schrifttums«.
In der Liederhalle gastiert das Ensemble des Münchner Simplicissimus.

1. November Da in Weilimdorf die Maul- und Klauenseuche ausgebrochen ist, ordnet der Polizeipräsident die entsprechenden Maßregeln an, die nach Sperrbezirk, Beobachtungsgebiet und einem 15-km-Umkreis abgestuft sind: Weilimdorf ist Sperrbezirk; Feuerbach, Zuffenhausen, Korntal, Münchingen, Ditzingen, Gerlingen, Vaihingen und Stammheim sind Beobachtungsgebiet; der 15-km-Kreis umfaßt den Stadtkreis Stuttgart, den Kreis Stuttgart-Amt sowie die angrenzenden Kreise insgesamt oder teilweise. Im gesamten Gebiet ist der Handel mit Klauenvieh untersagt, Viehmärkte dürfen also bis auf weiteres nicht stattfinden. Im Sperrbezirk sind alle Veranstaltungen und Versammlungen, auch Gottesdienste und Schulunterricht, verboten, die dort wohnenden Bürger dürfen auch außerhalb des Sperrbezirks keine Veranstaltung besuchen. In Stuttgart werden Veranstaltungen zum Teil abgesagt, der Sportbetrieb wird eingeschränkt, die Führertagung des Handwerks im Kammerbezirk Stuttgart wird verschoben, die Bezirksveranstaltungen des evang. Oberkirchenamts in den Stuttgarter Stadtteilen werden zum größten Teil untersagt, da sich die Seuche im Lauf des Monats weiter ausbreitet und Anfang Dezember auch in Fellbach ausbricht, so daß auch die östlichen Stadtteile in das Beobachtungsgebiet einbezogen werden.
Das Fernsprechamt Stuttgart nimmt eine automatische Zeitansage in Betrieb.
Der rumänische Nationalchor Cantarea Romaniei Bukarest ist zu Gast. Die Sänger werden im Deutschen Ausland-Club vom stellv. Präsidenten Ministerialdirektor Dr. Dill willkommen geheißen. Am Abend geben die Gäste in der Liederhalle ein Konzert.
Der Pianist Raoul von Koczalski gastiert in der Liederhalle.

2. November Im Deutschen Ausland-Institut eröffnet der badische Staatsminister und Direktor des wehrgeschichtlichen Seminars der Universität Heidelberg, Prof. Dr. Paul Schmitthenner, die Vortragsreihe der Weltkriegsbücherei zur Geschichte und Vorgeschichte des Weltkrieges.
Die Volksbildungsstätte beginnt im Landesgewerbeamt eine Vortragsreihe über die »Kolonialfrage«, in der die Kolonien als »Lebenssicherung der Völker« und »Deutschlands koloniale Forderung« dargestellt werden.
Pfarrer Eberhard Gerber, seit 1932 bei der Evang. Gesellschaft Stuttgart tätig, Gefängnisseelsorger und Leiter der Stadtmission, ist als theologischer Geschäftsführer des Syri-

schen Waisenhauses nach Köln berufen worden. Die Evang. Gesellschaft hat an seine Stelle Stadtpfarrer Daniel Schubert aus Göppingen berufen.

3. November Staatssekretär Waldmann spricht in der Württ. Verwaltungsakademie über die Stellung des Beamten zum nationalsozialistischen Staat. Er stellt fünf Punkte auf, die der Beamte beachten müsse: Die Stellung und die Aufgaben der Partei als geistige Führerin des Staates; das sozialistische Ziel des Staates; die Grundsätze der Partei zur Rassen- und zur Freimaurerfrage; die Auslegung noch nicht neugefaßter Gesetze im nationalsozialistischen Geiste; die Stellung des Staates zur Kirche.
Im Großen Haus wird die Oper »Enoch Arden« in Anwesenheit des Komponisten Ottmar Gerster zum erstenmal aufgeführt.
Erstaufführung des Lustspiels »Die Primanerin« von Sigmund Graff im Schauspielhaus.
Im Rahmen einer Vortragsreihe der Volksbildungsstätte hält der Leiter der Stuttgarter Musikschule, Dr. Adolf Seifert, einen Vortrag über »Das Wirken rassischer Kräfte in der deutschen Musik«.
Zur Woche des deutschen Buches liest Erwin Guido Kolbenheyer, Träger des Goethepreises 1937, im Gustav-Siegle-Haus aus seinem Paracelsus-Roman.

4. November Das Landesorchester veranstaltet in der Liederhalle einen zweiten Abend seines Zyklus Deutsche Instrumentalmusik.

4./5. November Zum drittenmal nach Wiedereinführung der Wehrpflicht rücken Rekruten in Stuttgarts Kasernen ein.

5. November Die erste Reichsschule für auslandsdeutsche Frauen und Mädchen in der Heidehofstraße 11 wird von Reichsfrauenführerin Scholtz-Klink eingeweiht. Die Schule kann 26 Frauen und Mädchen aufnehmen. Jeweils 16 auslandsdeutsche Mädchen sollen für ein Jahr untergebracht und in der Hauswirtschaft ausgebildet werden.
Im umgebauten Höhengasthof Schillereiche wird die Gauschule II der NS-Frauenschaft eingeweiht. Die Schule kann 50 Kursteilnehmerinnen beherbergen. Mit dem Tag der Eröffnung beginnen die Aufbaulehrgänge für die Führerinnen der NS-Frauenschaft.
Die Altistin Sigrid Onegin singt in der Liederhalle.
Oberregierungsrat Dr. Karl Drück berichtet im Ausland-Institut über seine Japanreise, die er zum Welt-Erzieherkongreß in Tokio unternahm. Er vergleicht die Stimmung der einrückenden japanischen Reservisten mit der deutschen Kriegsbegeisterung 1914.

5.—11. November In der Liederhalle wird das vierte Reichsmusikschulungslager der HJ mit etwa 200 Musikerziehern und -erzieherinnen von Gebietsführer Sundermann eröffnet. Es findet — nach den vorangegangenen in Kassel, Erfurt und Weimar — diesmal in

Stuttgart statt. Das Hauptreferat zur Neuregelung der Musikerziehung hält der Leiter des Kulturamts der Reichsjugendführung, Obergebietsführer Cerff.

6. November Im Vortragssaal des Deutschen Ausland-Instituts findet eine Kundgebung des Gauverbandes Württ. Hohenzollern des Reichskolonialbundes statt, auf der Gauverbandsleiter Korff die aus dem ganzen Gaugebiet erschienenen Kreis- und Ortsverbandsleiter auffordert, »weiter zu arbeiten im Sinne der Vertiefung und Verbreiterung des kolonialen Gedankens«. Der Kolonialreferent des DAI, Dr. Drascher, berichtet über seine Reiseerlebnisse in »Deutsch-Südwest-Afrika«, wo er zu Beginn des Jahres deutsche Siedler und Kaufleute besuchte.

6./7. November Zweite Reichsstraßensammlung für das Winterhilfswerk in diesem Jahr.
Auf der Tagung der Kreisfachwarte und Kreiskampfrichterobmänner der 14 Kreisgebiete mit den Gaumitarbeitern im Reichsbund für Leibesübungen wird bekanntgegeben, daß künftig kein Jugendlicher mehr bei Wettkämpfen starten kann, der nicht HJ-Mitglied ist.

7. November Die evang. Gesamtkirchengemeinde begeht in der Stadthalle ihre 50. Lutherfeier in Anwesenheit von Landesbischof D. Wurm und Prälat Dr. Lempp.
In der Liederhalle findet eine Bezirksleitertagung des Volksbundes für das Deutschtum im Ausland (VDA) statt, auf der die »Schulung der Jugend zu gesamtdeutschem und politischen Denken« im Sinne der Volkstumsarbeit des VDA propagiert wird.
Der Reichsbund für Vogelschutz e. V. Stuttgart hält im Gustav-Siegle-Haus seine 38. Jahres-Mitgliederversammlung ab. Die langjährige Leiterin, Frau Hähnle, stellt ihr Amt zur Verfügung und wird Ehrenvorsitzende. Neuer Leiter wird Oberstudiendirektor Wendehorst.

8. November Kreisleiter Fischer eröffnet im Sitzungssaal des Rathauses den diesjährigen kommunalpolitischen Schulungskurs, der die Zusammenarbeit von Partei und Stadtverwaltung vertiefen soll. OB Dr. Strölin, die Ratsherren und die Beigeordneten, die kommunalpolitischen Fachberater der Ortsgruppen und die Ortsgruppenleiter der NSDAP des Kreises Stuttgart sind zur Eröffnung anwesend.
Der Kirchenbezirk Bad Cannstatt, der zweitgrößte des Landes, hält im neuerstellten Wicherngemeindehaus in Anwesenheit von Prälat Schrenk seine Jahresversammlung ab. Kirchenbezirksleiter Dekan Roos (Bad Cannstatt) gibt den Jahresbericht. Aus der Bau-

tätigkeit werden erwähnt der Umbau des Gemeindehauses in Münster und der Neubau des Wicherngemeindehauses für die Gemeinde im Sommerrain und Umgebung.

8./9. November   Mitternächtliche Vereidigungsfeier von rund 300 SS-Bewerbern im Hof des Neuen Schlosses.

9. November   Die Kreisleitung der NSDAP veranstaltet in der Stadthalle eine Totengedenkfeier.
Der Direktor des Wernerseminars in Sarata (Bessarabien), Albert Mauch, der 1937 in den Ruhestand trat, wurde von Ministerpräsident Mergenthaler und OB Dr. Strölin empfangen. Das Deutsche Ausland-Institut veranstaltete eine Feierstunde, um Mauch für seine Arbeit im bessarabischen Schulwesen zu ehren.
Im Rahmen der Konzertreihe »Meister am Blüthnerflügel« spielt Armin Berchtold im Haus des Deutschtums.

10. November   Von einer Vorlesung über das Judentum in der Württ. Verwaltungsakademie berichtet der NS-Kurier: »Wegen den maßlosen Beschimpfungen des Christentums, wegen der ekelerregenden, breiten Darstellung sexueller Vorgänge und wegen des furchtbaren Hasses gegen alles Nichtjüdische, die im Talmud verzeichnet stehen, hat dieses jüdische Lebensbuch seit je im Brennpunkt der Judenfrage gestanden... Trotz der anscheinend verschiedenen, im Talmud vertretenen Lehrmeinungen, ist doch die Grundeinstellung zum Nichtjüdischen überall der gleich feindliche, auf Vernichtung zielende jüdische Ungeist.«
Im Feuerbacher alten Rathaus wird eine Gewerbe- und Meisterschule für Raumgestaltung des Polsterer-, Tapezier- und Dekorateurhandwerks eröffnet.
Im Kleinen Haus überreicht Ministerpräsident Mergenthaler in einer Feierstunde dem Dichter Veit Bürkle (mit bürgerlichem Namen Karl Heinrich Bischoff) den Schwäbischen Dichterpreis für den Roman »Bis zur Heimkehr im Sommer«.
Nach 49jähriger Tätigkeit als Organist an der Berger Kirche legte Musikdirektor Ernst Brösamlen — ehemals Lehrer an der Berger Schule — seinen Dienst nieder. Damit endete auch seine Tätigkeit als Dirigent des Kirchenchores, den er 38 Jahre geleitet hatte.

11. November   Die Stuttgarter Studenten begehen mit Vertretern der NSDAP und der Wehrmacht in der Musikhochschule eine Langemarckfeier. Der badische Staatsminister Prof. Schmitthenner (Heidelberg) hält die Feierrede. Der Bereichsführer Südwest des Reichsstudentenführers, Dr. Sandberger, legt am Gefallenenehrenmal auf dem Waldfriedhof einen Kranz nieder.
Der österreichische Reiseschriftsteller und Mitarbeiter beim NS-Kurier Dr. Colin Ross spricht im Gustav-Siegle-Haus zum Thema »Asien, Europa, Amerika«. Sein Fazit: »Das

NOVEMBER 1937

Zeitalter der demokratisch-christianisierten Fortschrittsidee steht mitten im Zusammenbruch.«

Zur Erstaufführung des Films »Ein Volksfeind« in den Palast-Lichtspielen, einer Verfilmung des Ibsen-Dramas, kommt der Regisseur Hans Steinhoff nach Stuttgart.

Mit einer Festvorstellung beginnen im Universum die Aufführungen des Films »Patrioten«.

Mercedes-Benz gibt die Rennmannschaft für das kommende Jahr bekannt: Hauptfahrer sind Rudolf Caracciola, Manfred von Brauchitsch, Hermann Lang und Richard Seaman.

11.–14. November   Im Anschluß an das Reichsmusikschulungslager der Hitlerjugend finden Reichsmusiktage der HJ statt. Das Veranstaltungsprogramm umfaßt Chormusik, Orchestermusik, Kammermusik und Blasmusik. Eine besondere Note erhält der erste Tag durch die Überführung des Leipziger Thomanerchors in die HJ. Beendet werden die Musiktage mit einer Schlußkundgebung und einem Großkonzert in der Stadthalle und anschließendem Empfang in der Villa Berg durch OB Dr. Strölin.

12. November   Auf Anordnung von OB Dr. Strölin wird das Wirtschaftsreferat I der Hauptverwaltung als Preisbildungsstelle bei der Miet- und Pachtfestsetzung für Wohn- und Geschäftsräume bestimmt, die das Verbot von Mieterhöhungen (Stichtag ist der 17. Oktober 1936) überwachen soll.

Lossprechungsfeier für mehr als 800 Lehrlinge im Gustav-Siegle-Haus mit Handelskammerpräsident Kiehn und geladenen Gästen.

Roman Schimmer, erster Konzertmeister des Reichssenders Stuttgart, stellt sich mit einem Violinabend in der Liederhalle erstmals dem Stuttgarter Konzertpublikum vor.

An einem vom Hilfsbund der Deutsch-Österreicher und der NS-Kulturgemeinde veranstalteteten Kulturabend im Saal der Hochschule für Musik spielte der Freiburger Pianist Franz Diebold.

Im Festsaal der Liederhalle gibt der Singchor des Dampfers »Europa« zusammen mit dem Gaumusikzug des Reichsarbeitsdienstes ein Konzert.

Der elsässische Dichter Hans Karl Abel, wohnhaft in Murrhardt, liest im Hotel Marquardt auf Einladung des Württ. Goethebundes aus Anlaß der Woche des deutschen Buches aus seinen Werken.

13. November   Mit einem Festakt im Sitzungssaal des Wirtschaftsministeriums wird die 50-Jahrfeier der Höheren Verwaltungsschule Stuttgart begangen. Aus diesem Anlaß und der Hundertjahrfeier des Vereins der württ. Verwaltungsbeamten findet in der Liederhalle ein Festabend statt, an dem die Auflösung des Vereins zum 31. Dezember 1937 beschlossen wird. Die Vereinsmitglieder bilden ab 1. Januar 1938 im Reichsbund der deutschen Beamten eine Arbeitsgemeinschaft der Verwaltungsbeamten des gehobenen mittleren Dienstes.

Das Ballet der Württ. Staatstheater — Lina Gerzer mit ihrem Ensemble — gibt im Großen Haus einen neuen Ballettabend mit Erstaufführung von Beethovens »Geschöpfe des Prometheus«, Strawinskys »Petruschka« und Wagner-Régenys »Der zerbrochene Krug«. Im Haus des Deutschtums liest Ernst Wiechert aus eigenen Werken.

Zu seinem 40jährigen Bestehen veranstaltet der RV Wanderer/Westend Stuttgart ein Radball-Turnier im Saalbau Dinkelacker mit internationaler Besetzung. Sieger in diesem Dreiländertreffen Deutschland — Schweiz — Frankreich wird eine Mannschaft aus Frankfurt/Main.

13.—17. November Der Stuttgarter Oratorienchor, mit früherem Namen Verein für klassische Kirchenmusik, feiert sein 90jähriges Jubiläum. Es werden Werke von J. S. Bach aufgeführt.

14. November Die Große Strafkammer verurteilte einen 21 Jahre alten, in Stuttgart aufgewachsenen Juden wegen eines fortgesetzten Verbrechens der »Rassenschande« zu 15 Monaten Zuchthaus.
Eintopfsonntag.
Im Rahmen des in Stuttgart stattfindenden Bischofstages predigt Bischof Dr. Sproll bei den Jugendgottesdiensten in der Eberhard- und der Liebfrauenkirche.
Gautreffen der württ.-hohenzollerischen Buchhändler in der Liederhalle.
Bei einer Veranstaltung der Stuttgarter Tanzbühne im Schauspielhaus tanzt Gret Palucca.
Im Kleinen Haus gibt die indische Tänzerin Menaka mit ihrer Gruppe und einem indischen Orchester ein Gastspiel. Die Vorstellung wird am 16. November im Großen Haus wiederholt.
Der Graphische Gesangverein Gutenberg, der aus der früheren Buchdrucker-Gesellschaft und dem Buchbinder-Männerchor hervorgegangen ist, feiert mit einem Konzert und Festball in der Liederhalle sein 75jähriges Bestehen.

15. November Der von Fabrikant Dr. Paul Lechler gegründete Verein zur Hilfe in außerordentlichen Notstandsfällen auf dem Lande wird 50 Jahre alt. Der Verein konnte in diesem Zeitraum — abgesehen von der Inflationszeit — mit rund 2 Mio. RM in etwa 40 000 Fällen helfen.
Bei der im Sommer gegründeten Arbeitsgemeinschaft Volk und Kunst liest im Oberen Museum Edwin Erich Dwinger aus seinen Büchern »Spanische Silhouetten« und »Und Gott schweigt?«.

NOVEMBER 1937

15. November bis 22. Dezember   Turnier der Berufsringer in der Stadthalle.

16. November   Im Stadtgartensaal versammeln sich die im Stuttgarter Sportleben führenden Männer und Frauen zu einer Kundgebung, die eine Werbeaktion für das Deutsche Turn- und Sportfest Breslau 1938 einleitet.

17. November   Damit »der feiertägliche Partikularismus verschwindet«, wurden die Bestimmungen für den Buß- und Bettag, der in Württemberg gesetzlicher Feiertag ist, durch eine Regelung vom 28. Oktober 1937 abgeändert, so daß ab 19 Uhr die Beschränkungen im Gaststättenbetrieb und bei Theater- und anderen Vorführungen wegfallen. An Stelle des kirchlichen Feiertages soll künftig der 9. November als »Tag der Gefallenen der Bewegung und des Krieges« der Bevölkerung mehr zum Bewußtsein gebracht werden.
Im Kleinen Haus wird Shakespeares »Hamlet« in einer Neuinszenierung aufgeführt.

18. November   Das Amtsblatt veröffentlicht die im Lauf des Jahres erfolgten 234 Straßenbenennungen. Der größte Teil sind Umbenennungen der mehrmals vorkommenden gleichen Straßennamen.
Der Kammermusikkreis Scheck/Wenzinger spielt in der Liederhalle.
In Lindemanns Buchhandlung liest Anna Schieber aus ihren Werken.

19. November   Mit einer Kundgebung in der Liederhalle treten der NS-Studentenbund und der Altherrenbund vor die Öffentlichkeit. Gaustudentenführer Carl Unger wird hierbei verabschiedet und sein bisheriger Stellvertreter Reinhold Bässler als Nachfolger eingesetzt. Gauleiter Murr vermerkt in seiner Rede, »daß der Gau Württemberg auf studentischem Gebiet die Führung im Reich übernommen habe und zahlenmäßig an der Spitze aller deutschen Gaue marschiere« (an den württ. Hoch- und Fachschulen gibt es inzwischen 42 Kameradschaften, 24 ehemalige Korporationshäuser wurden übernommen, aus 71 früheren württ. Korporationen sind 30 neue Altherrenschaften entstanden). Reichsstudentenführer Dr. Gustav Adolf Scheel spricht im Zusammenhang mit der Abschaffung der Korporationen von »Sein oder Nichtsein eines freien, selbstverantwortlichen deutschen Studententums«.
Vor 4000 Zuschauern siegt in der Stadthalle eine Stuttgarter Box-Mannschaft gegen eine Mannschaft aus Rom 10:6.

20. November   Der Stuttgarter Pianist Karl Wilhelm tritt mit einem Klavierabend in der Hochschule für Musik zum erstenmal an die Öffentlichkeit.
Auf der Straße Solitude — Stuttgart fährt ein Auto in eine marschierende Kolonne des Jungvolks. Sechs Pimpfe werden verletzt.

20./21. November Öffentliche Tagung der süddeutschen Gaue der Reichsfachschaft für das Sachverständigenwesen in der Deutschen Rechtsfront.

20.—28. November »Der Ring des Nibelungen« von Richard Wagner wird im Großen Haus aufgeführt.

20. November 1937 bis 2. Januar 1938 Weihnachtsausstellung des württ. Handwerks im staatlichen Ausstellungsgebäude Kanzleistraße (Landesgewerbeamt).

22. November 45 Bergarbeiter kommen nach Stuttgart, um als »Hitler-Urlauber« zwölf Tage hier zu verbringen.
In den Palast-Lichtspielen zeigt die Gaufilmstelle den Film »Fern dem Land der Ahnen«, den der Landeskreisleiter der Auslandsorganisation in Uruguay, Felix Schmidt, während der 5. Reichstagung der AO in Stuttgart gedreht hat.

23. November Im Gebäude Marienstraße 43 ist von der Stadt ein Altersheim (Silberburgheim) eingerichtet worden, um darin einen Teil der Bewohner des Altersheims auf der Insel Berg (Mineralbad Leuze) unterzubringen. Der frei werdende Bau im Mineralbad Leuze wird als Kuranstalt verwendet. Auch das neue Heim mit seinen 24 Plätzen dient — wie die vier anderen — zugleich der Wohnungsfürsorge: vorzugsweise werden künftig solche Personen aufgenommen, die eine Familienwohnung freimachen.
Im Haus der Kameradschaft »Rudolf Heß« wird unter dem Vorsitz des Gauverbandsleiters des Alt-Herren-Verbandes der deutschen Studenten (NS-Studentenkampfhilfe), Innenminister Dr. Schmid, im Rahmen des Gauarbeitskreises der NS-Studentenkampfhilfe die Arbeitsgemeinschaft für grenz- und auslandsdeutsche Fragen gegründet.

24. November Heinrich Schlusnus singt in der Liederhalle.
Prof. Dr. med Max Reihlen verstorben.

25. November Die 3. Zivilkammer des Landgerichts Stuttgart weist die Schadensersatzklage eines Bauunternehmers aus Neuhausen a. F. ab. Der Unternehmer hatte im Frühjahr den Auftrag für ein neues Bankgebäude in Neuhausen erhalten, durfte aber den Auftrag nicht ausführen, weil »ein Hoheitsträger der NSDAP« ihm die »politische Zuverlässigkeit« absprach und Einspruch erhob. »Unzuverlässige und gemeinschaftsstörende Elemente« — der Bauunternehmer war bis 1933 Mitglied der Zentrumspartei und änderte trotz Schutzhaft im Jahr 1933 seine politische Haltung nicht — dürften von einer Gemeinschaft, sei es von einer Gemeinde, einer Genossenschaft oder einer Körperschaft des öffentlichen Rechts, keinen Auftrag erhalten. Das Gericht verneint den Schadenersatzanspruch wegen entgangener anderweitiger Verträge. Die Gerichtskosten muß der Kläger zahlen.

Der Verwaltungsausschuß des Deutschen und Österreichischen Alpenvereins tagte in Stuttgart. Die »Tölzer Richtlinien« von 1923 erhalten eine neue Fassung und treten am 1. Januar 1938 als »Tölzer Richtlinien der Stuttgarter Fassung« in Kraft. Diese Richtlinien betreffen den Hütten- und Wegebau und den Hüttenbetrieb.

Das Salzburger Mozart-Quartett spielt in der Liederhalle zusammen mit der einheimischen Pianistin Johanna Löhr.

Im Haus der Deutschen Burse liest auf Einladung des Volksbundes für das Deutschtum im Ausland der Dichter und »Politiker des Donauschwabentums«, Oberst a. D. Karl von Möller, aus seinen Romanen »Grenzen wandern« und »Die Werschetzer Tat«.

Der Industrielle Hermann Röchling (Völklingen) hält im Deutschen Ausland-Institut einen Vortrag über »Die politische und wirtschaftliche Lage des heutigen Saargrenzlandes«.

26. November Der Reichskriegerbund Kyffhäuser und die SS kommen in der Liederhalle zu einer gemeinsamen Feierstunde zu Ehren der ehemaligen Freikorpskämpfer zusammen. 400 von ihnen werden mit Urkunden ausgezeichnet.

Der Volksbund für das Deutschtum im Ausland (VDA) und der Stuttgarter Singkreis veranstalten im Haus des Deutschtums einen Sathmarer Volksliederabend aus Anlaß der 225-Jahrfeier, die die Schwaben im Sathmar-Gebiet (Rumänien) begingen.

Der Stuttgarter Orchesterverein veranstaltet zur Feier seines 80jährigen Bestehens seine 293. Aufführung. Das Jubiläum fällt zusammen mit dem zehnten Jahrestag der Dirigententätigkeit Prof. Walter Rehbergs.

Die Stuttgarter Pianistin Gertrud Lechler spielt in der Liederhalle.

27. November Im Kleinen Haus wird das Lustspiel »Für Liebe gesperrt« von Leo Lenz zum erstenmal aufgeführt.

Der Bezirksverein der Ingenieure begeht seine 60-Jahrfeier mit einer Hauptversammlung in der TH und einem Kameradschaftsabend im Stadtgartensaal.

27./28. November Der Schwäb. Reiterverein veranstaltet in der Reithalle in der Nekkarstraße sein traditionelles Reiterfest zugunsten des Winterhilfswerks.

27. November bis 3. Dezember Aus Anlaß des vierjährigen Bestehens der NS-Gemeinschaft Kraft durch Freude organisiert die Deutsche Arbeitsfront eine Festwoche.

28. November Im Schauspielhaus wird das Weihnachtsmärchen »Der gestohlene Sonnenschein« von Fritz Rügamer und Werner Ellinger uraufgeführt.

DEZEMBER 1937

Vor geladenen Gästen wird im Filmtheater Universum der von Albert Kling hergestellte Film über die 5. Reichstagung der Auslandsdeutschen uraufgeführt.

29. November Die Kreisschlichtungsstelle erteilt zwei Lehrerinnen, die bei einer Massenkundgebung der Ortsgruppe Stuttgart-Leonhardsplatz am 22. Oktober demonstrativ den Versammlungsraum verlassen hatten, als der Redner, Bürgermeister Butz (Winterlingen), die Juden als Freimaurer und die »Pfaffen« als Otterngezücht bezeichnet hatte, eine Verwarnung.
Der Pianist Alfred Cortot tritt erstmals in Stuttgart auf.
Der Nobelpreisträger Prof. Dr. W. Heisenberg (Leipzig) hält im Planetarium einen Vortrag über die Physik des Atomkerns.

1. Dezember Der Beirat der AOK beschäftigt sich mit der Entwicklung des Krankenstandes, der mit 3,32 % (gegenüber dem Reichsdurchschnitt von 2,51 %) überdurchschnittlich hoch ist. In Stuttgart sind regelmäßig 6000—7000 Versicherte arbeitsunfähig erkrankt. Die Einweisungsziffer ins Krankenhaus ist in Stuttgart doppelt so hoch wie bei anderen vergleichbaren Städten. Diese Verhältnisse werden auf das großzügige Entgegenkommen der Verwaltung den Versicherten gegenüber zurückgeführt.
672 Landjahrteilnehmer von 15 Lagern des Jahres 1937 — 313 Jungen und 359 Mädel — treffen sich in der Liederhalle. Die »Landjahrwilligen« kommen zu 60 % aus Stuttgart.
Die Verbindungsbahn Kornwestheim — Korntal, die dem Güterverkehr dient, wird in Betrieb genommen. Damit verkehren Güterzüge der Gäubahn, die bisher von 22 Uhr bis 4 Uhr über Stuttgart (Westbahnhof) geleitet worden sind, zwischen Böblingen und Kornwestheim, wodurch die Lärm- und Rauchbelästigung im Stadtgebiet vermindert wird.
Der Deutsche Handballmeister MTSA Leipzig spielt in der Adolf-Hitler-Kampfbahn gegen eine Wehrmachtsmannschaft des Standortes Stuttgart-Bad Cannstatt. Die Standortelf unterliegt 9:10.

1.—3. Dezember Zum erstenmal wird eine mehrtägige Luftschutzübung, die fast alle Teile Württembergs mit einbezieht, durchgeführt. Für Stuttgart bringt die »Übungslage« am 3. Dezember einen dreimaligen Fliegerangriff. Einen besonderen Schwerpunkt bildet die Verdunkelung der Stadt, wobei der Straßen-, Straßenbahn- und Eisenbahnverkehr weiterlaufen muß.

2. Dezember Zum zweitenmal in diesem Winter rollt eine Versammlungswelle. Reichsredner, Stoßtruppredner, Gauredner und Kreisredner sprechen in ca. 40 Versammlungslokalen im Stadtgebiet.

DEZEMBER 1937

3. Dezember Das Wendling-Quartett spielt in der Liederhalle zusammen mit dem Stuttgarter Pianisten Otto Ludwig.

4. Dezember Zum Tag der nationalen Solidarität, der der WHW-Sammlung dient, ergeht folgender Aufruf: »Die Winterschlachten der vergangenen Jahre sind Ruhmesblätter unserer Volksgemeinschaft, ein unwiderlegliches Zeugnis für den Erfolg nationalsozialistischer Erziehungsarbeit. Im Winter 1937/38 gilt es, die bisherigen Ergebnisse noch zu steigern. Deutsches Volk, hilf mit!« Musikzüge der Partei und ihrer Gliederungen spielen auf den Plätzen der Stadt, und prominente Vertreter der NSDAP betätigen sich mit der Sammelbüchse. In Stuttgart kommen 51 410 RM zusammen.
Mit der 1. Ausführungsverordnung zur Kündigungsschutzverordnung wird der Mieterschutz erhöht. Stuttgart gehört der Kategorie Sonderklasse an, die bis 1800 RM Jahresmiete reicht. Praktisch erstreckt sich der Mieterschutz damit auf fast alle Wohnungen. Ein Runderlaß des Reichskommissars für die Preisbildung vom 12. Dezember reglementiert die Mieten im einzelnen.
Die Bundesgruppe Stuttgart des Sudetendeutschen Heimatbundes hält eine kleine Feier zum Gedenken an den Gründer der NS-Partei in der Tschechoslowakei, Hans Knirsch.

5. Dezember Für die Kinder spielen die Württ. Staatstheater im Kleinen Haus wieder ein Weihnachtsmärchen: Grimms »Schneeweißchen und Rosenrot« in der Bearbeitung von Hermann Stelter wird zum erstenmal aufgeführt.
In der zweiten Tanzmorgenfeier im Schauspielhaus treten die Leiter von zwei Stuttgarter Schulen, Trudl Kramer und Robert Würth, gemeinsam auf.
Im Rahmen seiner sonntäglichen Abendmusik dirigiert Hans Grischkat in der Markuskirche die Erstaufführung von vier Sinfonien von Samuel Scheidt, die 1645 erschienen, aber nur unvollständig überliefert sind. Ihre Ergänzung besorgte Hermann Keller.
Die Vier Guldinis aus Bad Cannstatt werden bei den Kunstkraftmeisterschaften in Ahlen Deutscher Meister.

5./6. Dezember Der Schauspieler Paul Wegener gastiert in zwei Aufführungen von Strindbergs »Totentanz« im Schauspielhaus.

6. Dezember Da die Wagen der Straßenbahnlinie 1 nach Vaihingen zu den Hauptverkehrszeiten nicht mehr ausreichen, wird die Linie 15 in den Morgen- und Abendstunden bis Vaihingen geführt.
Vor den Hörern der Württ. Verwaltungsakademie hält Ministerpräsident Mergenthaler einen Vortrag über Politik und Weltanschauung, in dem er auf »die zersetzenden Mächte: das internationale Juden- und Freimaurertum und die internationalen Kirchen« hinweist.

DEZEMBER 1937

Im vierten Sinfoniekonzert der Württ. Staatstheater in der Liederhalle spielt der Solist, Prof. Kulenkampff, das Violinkonzert von Alexander Glasunow.

7. Dezember Im Haus der Kameradschaft »Max Eyth« spricht Dr. Beyer vom Deutschen Ausland-Institut zu den Stuttgarter Studenten, die sich zum Reichsberufswettkampf mit dem Thema »Der Kampf des deutschen Volkstums um seine Grenzen« befassen.

9. Dezember Auf Grund des »Gesetzes über die Gewährung von Entschädigungen bei der Einziehung oder dem Übergang von Vermögen« wird der Landesverband der kath. Arbeiter und Arbeiterinnen mit Sitz in Stuttgart rückwirkend aufgelöst. Das Vermögen geht auf die Deutsche Arbeitsfront über.
In einer öffentlichen Ratsherrensitzung wird für den ausgeschiedenen Ratsherrn Werner Kind, der am 1. Juli die Leitung des städt. Tiefbauamts übernahm, der Gärtner und Ortsgruppenleiter der NSDAP in Sillenbuch, Karl Dreizler, von OB Dr. Strölin in sein Amt eingesetzt. Dreizler wird mit »der Verbindung zwischen der Stadtverwaltung Stuttgart und der Bevölkerung der neuen Stadtteile Sillenbuch, Heumaden und Rohracker«, Ratsherr Münzenmayer mit der »Verbindung zu Uhlbach« beauftragt. — Strölin gibt bekannt, daß der Württ. Verein Mutterschutz, der im Jahr 1908 gegründet wurde und bis 1922 ein Mütterheim in der Schickhardtstraße 35 betrieb, nach Absprachen zwischen Stadtrat Ettwein und Vereinsvorstandsmitglied Stadtamtmann Hottmann und anschließender außerordentlicher Mitgliederversammlung sich auflöste und daß die Stadtverwaltung das Vereinsvermögen am 15. September als Grundstock für eine zu errichtende Stiftung des Württ. Vereins Mutterschutz übernommen hat. — Für die Fußgänger wird erstmals eine Straßenunterführung gebaut. Nachdem es in der Cannstatter Straße (die einzige Straße Stuttgarts, die nur für den Kfz-Verkehr zugelassen ist und wo deshalb die Autos mit einer Geschwindigkeit bis zu 90 km/h fahren) wiederholt zu schweren Unfällen mit Fußgängern gekommen ist, wird im Zuge der Villastraße eine 3 m breite Unterführung zu den unteren Anlagen angelegt. — Der Raummangel an den Schulen ist ein weiterer Tagesordnungspunkt. Da Schulneubauten im laufenden Vierjahresplan zurückgestellt werden müssen, werden einige bestehende Schulen erweitert. Weiter wird mitgeteilt, daß in den letzten Monaten eine Aufteilung der Gewerbeschulen nach Berufsgruppen erfolgt ist. Die Hoppenlaugewerbeschule hat die Nahrungsmittelberufe, Berufe für Körperpflege und Gärtner, die Weimargewerbeschule Metallberufe, die Steinbeisgewerbeschule Bauberufe, die Gewerbeschule Bad Cannstatt das Kraftfahrzeuggewerbe, die Gewerbeschule Feuerbach Bekleidungs-, Inneneinrichtungs- und Lederberufe und die Gewerbeschule Zuffenhausen ebenfalls Metallberufe. — Die Stadt kauft für ein geplantes städt. Museum aus der privaten Kunstsammlung des Kolonialwarenhändlers Gotthilf Krieg mehr als 50 Bilder, nachdem ein erster Grundstock schon am 24. Septem-

DEZEMBER 1937

ber erworben wurde. Krieg selbst macht der Stadt eine gleich große Anzahl von Bildern zum Geschenk. — Eine zum Teil kontroverse Debatte wird darüber geführt, ob das Stadtwappen geändert werden soll und ob die Ratsherren Amtsketten erhalten sollen. Die 1926 geschaffene Form des Pferdes soll verändert werden. Eine Entscheidung über Amtsketten für Ratsherren (die es in Stuttgart bisher nicht gegeben hat) wird von Strölin vertagt. Zum Abschluß erstattet eine Kommission von drei Ratsherren und sechs höheren städt. Beamten, die im Auftrag Strölins vom 21.—30. Mai in Italien städtebaulichen und verkehrstechnischen Fragen nachgingen, Bericht.

Dr. Paul von Georgi (Violine) und Erwin Kübler (Klavier), beide aus Stuttgart, spielen in der Liederhalle.

Der Afrikaforscher Hans Schomburgk zeigt im Rahmen einer Festvorstellung im Ufa-Palast seinen neuen Afrikafilm »Die Wildnis stirbt!«.

10. Dezember Tagung der Fachgruppe Handelsvertreter und Handelsmakler im Gustav-Siegle-Haus.

Die Robert Bosch AG wird in eine GmbH umgewandelt. Der Schritt wird damit begründet, daß nach dem neuen Aktiengesetz eine GmbH die geeignetste Rechtsform für Familienbetriebe sei. Gleichzeitig wird die Eisemann-Werke AG, deren sämtliche Aktien die Firma Robert Bosch besitzt, mit dieser vereinigt. Damit wird die Zweiteilung der innerdeutschen Verkaufsorganisation der Firma Robert Bosch beendet. Die Zweigstellen der Eisemann AG, die sich mit dem Vertrieb von Bosch-Erzeugnissen und dem Kundendienst befassen, werden als Zweigstellen der Robert Bosch GmbH weitergeführt.

10./11. Dezember Die Stuttgarter Ortsgruppe der Arbeitgemeinschaft Deutscher Betriebsingenieure hält in Zusammenarbeit mit der Abteilung Technik des württ. Landesgewerbeamts eine Kunststofftagung ab. In Verbindung mit der Tagung wird eine Sonderausstellung synthetischer Werkstoffe gezeigt. In einer Reihe von Fachvorträgen wird die Bedeutung der Kunst- und Preßstoffe, die den Rohstoffmangel mildern sollen, betont. Den Stand der Entwicklung zeigt beispielsweise die Ankündigung, daß aus Phenol- und Kresol-Preßstoffen bereits Autokarosserien hergestellt werden können.

11. Dezember Im Großen Haus wird Lortzings »Undine« in neuer Inszenierung aufgeführt.

Anläßlich des 60. Geburtstages der schwäb. Dichterin Anna Schieber veranstaltete der Württ. Goethebund im Hotel Marquardt eine Feier mit der Jubilarin.

In einem Länderkampf der deutschen Ringer gegen die Tschechoslowakei gewinnen die Deutschen 6 von 7 Kämpfen.

11./12. Dezember Bei einem internationalen Fechtturnier in der Landesturnanstalt gewinnt die Städtemannschaft aus Wien den von OB Dr. Strölin gestifteten Wanderpreis im Säbelfechten. Der von Robert Bosch gestiftete Wanderpreis im Florettfechten der Frauen fällt an Hedwig Hass (Offenbach). In einem Länderkampf gegen Polen gewinnt die deutsche Mannschaft im Säbelfechten, im Degenfechten verliert sie.

11. bis 15. Dezember   Gauleiter Murr und OB Dr. Strölin nehmen an der Jahrestagung der Deutschen Handelskammer in London teil. Murr besucht auch die dortige Ortsgruppe der NSDAP.

12. Dezember   Die Vereinsjugendwarte des Deutschen Reichsbundes für Leibesübungen werden in die HJ eingegliedert. Die Umorganisation wird im Rahmen einer Tagung der HJ-Sportreferenten mit den DRL-Vereinsjugendwarten vollzogen. Damit ist die HJ die alleinige Trägerin des Jugendsports.
Kundgebung zur Eröffnung des Reichsberufswettkampfes im Stadtgarten.

13. Dezember   Die Hochschule für Musik bringt in ihrer ersten öffentlichen Aufführung in dieser Saison »Orpheus« von Monteverdi in der Bearbeitung von Orff. Dirigent ist Hugo Distler.
Die Stuttgarter Sängerin Greta Talmon-Gros gibt im Oberen Museum ihren ersten Liederabend.

14. Dezember   Mit der Inbetriebnahme des zweiten Gleises zwischen Jagstfeld und Osterburken ist die Eisenbahnstrecke Stuttgart — Berlin nunmehr durchgehend zweigleisig.

16. Dezember   Der Vorsitzende des Landesbruderrats der Bekennenden Kirche, Pfarrer Theodor Dipper, erhält auf Grund von Paragraph 1 der Verordnung zum Schutze von Volk und Staat vom 28. Februar 1933 Redeverbot für öffentliche und geschlossene Veranstaltungen. Dipper legt darauf gegen dieses Verbot Verwahrung ein: »Mit kommunistischen und marxistischen Umtrieben habe ich nie etwas zu tun gehabt, und ich habe mich auch nie politisch gegen den heutigen Staat betätigt. Ich habe in meinem Amt das Evangelium verkündigt und seine Wahrheit, wo es not tat, gegenüber allem Antichristentum bezeugt — frei und öffentlich und mit gutem Gewissen auch meiner Obrigkeit gegenüber.«
Im Kleinen Haus wird die Komödie »Lauter Lügen« von Hans Schweikart zum erstenmal aufgeführt.
Prof. Dr.-Ing. Georg Meyer hält an der TH seine Antrittsrede über »Blechverformung in der Flugzeugfertigung«.

DEZEMBER 1937

17. Dezember   Die 7 km lange Autobahn-Teilstrecke Stuttgart—Südwest bis Stuttgart-Süd (Vaihingen-Degerloch) wird dem Verkehr übergeben.

17./18. Dezember   Sammelaktion der HJ für das Winterhilfswerk.

19. Dezember   Der Dichter Heinrich Schäff (mit bürgerlichem Namen Hermann Zerweck) aus Stuttgart kommt beim Brand seines Hauses bei Hallwangen ums Leben. Er wird am 22. Dezember auf dem Fangelsbachfriedhof beerdigt.

22. Dezember   Die Zweigstelle Stuttgart des Rückwandereramtes der Auslandsorganisation der NSDAP organisiert unter der Leitung von Gauhauptstellenleiter Moshack im Hotel Banzhaf eine Weihnachtsfeier für etwa 60 Rückwanderer aus aller Welt. Der Führer des SD-Oberabschnitts Südwest, SS-Standartenführer Dr. Scheel, veranstaltete mit den Männern der ihm unterstellten Dienststellen des SS-Sicherheitsdienstes, der Gestapo und der Kripo im Eichenhain bei Sillenbuch eine »Julfeier«, während der SS-Anwärter vereidigt wurden.

23. Dezember   Im Schauspielhaus hat das Volksstück »Kleines Bezirksgericht« von Otto Bielen Premiere.

26. Dezember   In der Stadthalle kämpfen die Berufsboxer Karl Beck (Düsseldorf) und Kurt Bernhardt (Leipzig) um den Titel des Deutschen Meisters im Federgewicht. Titelhalter Beck gewinnt nach Punkten.

28. Dezember   Die Württ. Landeskreditanstalt bezieht ihren neuen Verwaltungsbau in der Schellingstraße 15.

29. Dezember   Die Elektronmetall GmbH, Bad Cannstatt, wird in eine Kommandit-Gesellschaft umgewandelt und führt die Bezeichnung »Mahle Komm.-Ges.«. Besitzverhältnisse und Geschäftsleitung bleiben unverändert. Das in der Produktion von Leichtmetallkolben für die Automobilindustrie führende Unternehmen (1937 wurden 2,2 Mio. Stück ausgeliefert) beschäftigt rund 2000 Personen; ca. 700 von ihnen arbeiten in der 1936 abgetrennten Elektron-Co. mbH, die Flugzeugteile herstellt.

30. Dezember   Edwin Fischer gibt in der Liederhalle einen Klavierabend.

31. Dezember   Das Kriminalstück »Parkstraße 13« von Axel Ivers wird im Kleinen Haus zum erstenmal aufgeführt.

1938

1. Januar   Stuttgart hat von allen Großstädten Europas die größte Rundfunkdichte: bei 120 580 Haushaltungen gibt es 92 708 Rundfunkteilnehmer (d. h. knapp 77 %).
Der Gesangverein Frohsinn Cannstatt e. V. feiert im Kursaal sein 75jähriges Jubiläum.

2. Januar   Im Großen Haus wird »Mignon« von Ambroise Thomas in neuer Inszenierung aufgeführt.
Ein Stuttgarter Omnibus mit Wintersportlern stürzt im Gadertal in den Dolomiten in eine 20 Meter tiefe Schlucht. Drei Personen werden getötet, 14 verletzt.

4. Januar   Die beiden Schriftleiter Adolf Gerlach vom NS-Kurier und Hans Dähn von der NS-Presse Württemberg sind zum Leiter und stellv. Leiter des Landesverbandes Württemberg im Reichsverband der deutschen Presse (Berufsverband der Schriftleiter) ernannt worden.

5. Januar   Himmler verbietet den Verein der Freunde Israels.
Infolge der anhaltenden Kälte der letzten Tage ist der Neckar zwischen Untertürkheim und der König-Karls-Brücke völlig zugefroren.

7. Januar   Der Christliche Verein Junger Männer verkauft sein Betsaal-Gebäude Nähterstraße 14/1 (Wangen), in dem ein städt. Kindergarten untergebracht ist, an die Stadt.

8.—16. Januar   Der Landesverband Schwaben des Reichsbundes der Philatelisten veranstaltet mit dem Volksbildungswerk der KdF im Landesgewerbemuseum und im staatlichen Ausstellungsgebäude die 1. Schwäbische Postwertzeichen-Ausstellung.
Der NS-Lehrerbund zeigt eine Reichswanderausstellung zum Thema »Volksgemeinschaft — Wehrgemeinschaft« in den Hallen am Interimsplatz. Sie bringt Zeichnungen, Bilder und Bastelarbeiten von 9—18jährigen Schülern, die sich mit dem »Gedanken der deutschen Wiederwehrhaftmachung« beschäftigen.

JANUAR 1938

10. Januar   Vor rund 1200 württ. Bürgermeistern und Verwaltungsbeamten spricht Präsident Dr. Jeserich vom Deutschen Gemeindetag Berlin auf einer Vortragstagung im Gustav-Siegle-Haus, die von der Württ. Verwaltungsakademie im Einvernehmen mit der Landesdienststelle Württemberg des Deutschen Gemeindetages und dem Gauamt für Kommunalpolitik veranstaltet wird, über die neue Kreisordnung, die in diesem Jahr in Kraft tritt.

Die Beiräte für das Wohlfahrts- und Gesundheitswesen beraten folgende Entschließung: 1. Das Amt des Hausgeistlichen wird in sämtlichen städt. Krankenhäusern aufgehoben. 2. Freiwillige Beiträge der Stadt für die Ausübung der Seelsorge in den städt. Krankenanstalten werden ab 1. April nicht mehr gewährt. 3. Die vertragliche Verpflichtung zur Leistung solcher Beiträge für die Seelsorge im Katharinenhospital wird auf der Grundlage eines Erlasses des württ. Innenministeriums vom 9. Dezember 1937 gelöst. Dieser Erlaß kam dadurch zustande, daß OB Dr. Strölin in einem Schreiben vom 15. Juli 1937 das Ministerium um eine rechtliche Stellungnahme bat, wobei er darauf hinwies, »daß es nicht mehr angebracht erscheine, eine Kirchenrichtung zu bevorzugen, nachdem die Nationalsozialistische Partei die Freiheit aller religiösen Bekenntnisse betone«. Ausgangspunkt für die neue Regelung war ein Antrag des Ratsherren Güntner, zugleich Beirat für das Wohlfahrts- und Gesundheitswesen und Kreisamtsleiter der NS-Volkswohlfahrt, der am 3. Juni 1937 die Streichung der Zuschüsse verlangt und außerdem den Vorschlag gemacht hatte, im Krankenhaus Bad Cannstatt die Seelsorge einem Geistlichen zu übertragen, »der auf dem Boden des nationalsozialistischen Staates stehe«. Die Entschließung betont, daß somit jeder Kranke nach dem Geistlichen seiner Glaubensrichtung rufen dürfe. Dies schließe nicht aus, daß die in Betracht kommenden Glaubensgemeinschaften je einen für das betreffende Krankenhaus zuständigen Seelsorger bestimmen.

Innenminister Dr. Schmid wird Landesführer V des Deutschen Roten Kreuzes. Der örtliche Bereich der Landesstelle deckt sich mit dem Gebiet des Wehrkreises V.

11. Januar   Auf einer KdF-Tagung wurden rund 40 württ. Trachtenvereine und Landsmannschaften in diese Organisation eingegliedert.

Nachdem am 8. Januar das Radrennen in der Stadthalle wegen Motorendefekten abgebrochen wurde, wird das Steherrennen um den Großen Preis von Stuttgart wiederholt.

12.–14. Januar   Die Filmschauspielerin Dorothea Wieck gastiert im Schauspielhaus in dem Lustspiel »Liebe in Dur und Moll« von Teichs-Johnson.

13. Januar   In der ersten Ratsherrensitzung des Jahres legt OB Dr. Strölin den Verwaltungsbericht vor. Er benennt einen Teil der Waiblinger Straße zwischen Remsbahn und Nürnberger Straße in Ettweinstraße, um den 1937 verstorbenen Stadtrat Ettwein zu

JANUAR 1938

ehren. Zu den vom NS-Kraftfahrerkorps lancierten Presseberichten wegen einer neuen Solitude-Rennstrecke erklärt Strölin, daß die Stadt die nötigen zwei bis drei Mio. RM nicht aufbringen könne; der NSKK-Motorbrigade Südwest wird empfohlen, sich an den Staat und die Industrie zu wenden. Über eine mögliche Eingemeindung von Fellbach berichtet Strölin. daß er den Reichsstatthalter, der diesem Gedanken nicht abgeneigt sei, gebeten hatte, nach dem Rücktritt des Fellbacher Bürgermeisters nur einen kommissarischen Bürgermeister zu bestellen. Der Innenminister vertrete jedoch die Ansicht, daß Stuttgart mit dem neuen, am 5. Januar eingesetzten Bürgermeister entsprechende Verhandlungen aufnehmen solle. Der Innenminister verlange allerdings nochmals einen genauen Bebauungsplan und einen Verkehrsplan für die von Stuttgart ganz oder teilweise gewünschten Gemeinden Stammheim, Leonberg, Eltingen, Vaihingen, Möhringen, Leinfelden, Echterdingen, Birkach mit Riedenberg, Plieningen, Ruit, Kemnat, Scharnhausen, Fellbach, Schmiden, Oeffingen, Hegnach und Aldingen. Wegen Beschwerden von Steuerpflichtigen bei der Wirtschaftskammer geht Strölin auf das am 1. April 1937 in Kraft getretene Reichsgewerbesteuergesetz ein. Durch die Einführung einer Freigrenze wurden in Stuttgart 7000 kleine Gewerbebetriebe von der Gewerbesteuer befreit. Den Ausfall müssen die leistungsfähigeren Betriebe aufbringen, für die sich die Steuer um ein Mehrfaches gegenüber dem Vorjahr erhöht, obwohl der Hebesatz von 320 % auf 280 % herabgesetzt wurde. Die hohen Steuerbeträge werden einmal damit begründet, daß nicht mehr der dreijährige Durchschnitt, sondern der zuletzt festgestellte Betrag für die Berechnung maßgebend ist, zum anderen seien die Unternehmenserträge gestiegen. Im Hinblick auf das Flughafengelände Nellingen legt Strölin eine Entschließung vor, wonach die Stadt vom Reich im Oktober 1937 280 000 RM Entschädigung erhielt. Der Vertragsabschluß über die Übereignung des Flughafengeländes an das Luftkreiskommando 5 München wird noch wegen einer bevorstehenden Feldbereinigung zurückgestellt. Die Ratsherren nehmen folgende Grundstückserwerbungen zur Kenntnis: Nagolder Hof in der Holzstraße zur Straßenverbreiterung; das Anwesen Kanzleistraße der Firma B. Klinckerfuß, deren Eigentümer sich erst nach Einleitung des Zwangsenteignungsverfahrens zum Verkauf zu dem von der Stadt gebotenen Kaufpreis bereit erklärten, für Verkehrszwecke; Gebäude und Grundstücke einer Gärtnerei in der Waiblinger Straße zur Vergrößerung des Schulhofs der angrenzenden Martin-Luther-Schule und für Zwecke der HJ und des BDM; übernommen wurden schließlich Tennisplätze, Eisbahnen und Schlittenbahnen bei der Doggenburg (auf mietweise überlassenen städt. Grundstücken) vom Grundbesitzerverein Azenberg, der sich auflöst. Für den Bereich der Technischen Werke legt der OB folgende Entschließungen vor: Die Ofenanlage der Gaskokerei Gaisburg wird um zehn weitere horizontale Kammeröfen (Zwillingszugverbundöfen) erweitert, da die Ofengruppen I und II wegen Altersschäden bald repariert werden müssen. Der Aufwand für die Erweiterung wird auf eine halbe Mio. RM veranschlagt. Die inzwischen fertiggestellte 20/28 000 kW-Turbine

JANUAR 1938

für das Dampfkraftwerk II (Marbach) wird im Dampfkraftwerk Münster aufgestellt, zwei Kessel in Münster werden hierzu umgebaut. Diese Notlösung ist erforderlich, da die elektrische Energie im kommenden Winter nicht mehr ausreicht, andererseits sich der Bau des neuen Kraftwerks verzögert, weil das erforderliche Eisen nicht zugeteilt wurde. Die Inbetriebnahme wird voraussichtlich erst 1940 erfolgen.
OB Dr. Strölin berief dieser Tage als Leiter der Bezirksstelle Stuttgart der Landesplanungsgemeinschaft Württ.-Hohenzollern die Landräte, Kreisleiter und Bürgermeister der Kreisstädte der 21 zum Bezirk Stuttgart gehörenden Kreise zu einer ersten Besprechung ins Rathaus, um Wesen und Organisation der Planungsgemeinschaft und Fragen der Landesplanung zu erörtern.
In einer Veranstaltung der Ortsgruppe Stuttgart der Deutschen Gesellschaft für Rassenhygiene und des NS-Ärztebundes Kreis Stuttgart hält in der TH der Direktor des Rassebiologischen Instituts der Universität Königsberg, Prof. Dr. med. Lothar Löffler, einen Vortrag zum Thema »Vererbung und Umwelt als Aufgabe und Verpflichtung«.

14. Januar Der Ortsgruppenleiter des Amerika-Deutschen Volksbundes in Chikago, Peter Gissibl, den OB Dr. Strölin auf seiner Amerikareise mit der Ehrenplakette des Deutschen Ausland-Instituts auszeichnete, hält im DAI einen Vortrag über die Tätigkeit seiner NS-Organisation in den USA.
Toti dal Monte und Luigi Montesanto von der Mailänder Scala singen in der Liederhalle.

15. Januar Wilhelm Backhaus spielt im 5. Meisterkonzert in der Liederhalle.

15./16. Januar Der Bezirk Stuttgart der Deutschen Lebensrettungs-Gesellschaft hält seine Haupttagung ab.
Der Abbruch eines Hauses an der Ecke Lautenschlager- und Kronenstraße wird mit einer Luftschutzübung verbunden. Luftschutzbund, Technische Nothilfe und Feuerwehr üben erstmals im Weichbild der Stadt.

16. Januar In einer vom Reichssender Stuttgart übertragenen SA-Morgenfeier wendet sich SA-Obergruppenführer Ludin gegen die kirchlichen Regimekritiker. Die Feier, in der Ludin vom »Heiligen Reich deutscher Nation« spricht, wird von Kantaten und Gedichten von Gerhard Schumann umrahmt, mit Texten wie »Es ist das Reich, zu dem wir beten«.
Harald Kreutzberg tanzt im Schauspielhaus.
Beim zweiten Nationalen Stuttgarter Hallenhandballturnier in der Stadthalle gewinnt die Mannschaft der Turngesellschaft Stuttgart.
Der seit 1914 in Stuttgart wohnhafte Danziger Schriftsteller Paul Enderling verstorben.

JANUAR 1938

17. Januar   Das Volksheim in der Neuwirtshaus-Siedlung wird eingeweiht. Es dient als NSV-Kindergarten, Schwesternstation und HJ-Heim.
In Ludwigsburg wird eine Landesgruppenluftschutzschule gebaut. Im Zusammenhang damit wird der in Stuttgart befindliche Dienstsitz der Landesgruppe Württ.-Baden des Reichsluftschutzbundes nach Ludwigsburg verlegt.

18. Januar   Die Sängerin Lore Fischer aus Stuttgart, Trägerin des Musikpreises der Stadt Berlin 1936, singt in der Liederhalle.

19. Januar   Unter der Parole »Jedem Volksgenossen seine Gasmaske« beginnt die NS-Volkswohlfahrt mit dem Verkauf von Volksgasmasken. »Sozial Schwache« zahlen statt des üblichen Preises von 5 RM nur 50 Pfennig pro Stück.
Das Quartetto di Roma spielt in der Liederhalle.
Adolf Kling, Gauamtsleiter der NS-Volkswohlfahrt und Mitglied des Reichstags, im Alter von 45 Jahren verstorben.
Dr. Robert Held, Präsident a. D. des württ. Verwaltungsgerichtshofs, verstorben.

21. Januar   Unter dem Vorsitz von Gaufilmstellenleiter Hermann Kälble tagen die Kreisfilmstellenleiter aus 35 Kreisen im Hindenburgbau. Gauhauptstellenleiter Gerhard Schumann spricht über die kulturelle Entwicklung seit der Machtübernahme. Nach seiner Definition ist Kunst »im Blutsmäßigen verankert«, Kultur und Propaganda werden von ihm gleichgesetzt.

22. Januar   Richard Strauss' »Rosenkavalier« wird als Neuinszenierung in den Spielplan wiederaufgenommen.
Die Sektion Schwaben des Deutschen und Österreichischen Alpenvereins feiert in der Liederhalle ihr Jahresfest unter dem Motto »Gregori-Tag in Tirol«.

23. Januar   Das Kleemann-Quartett spielt im Kleinen Haus Kammermusik von Schubert.
Der Allgemeine Bildungsverein feiert sein 75jähriges Bestehen. Der zum Zweck »der geistigen und wirtschaftlichen Hebung des Arbeiters unter Ausschluß aller religiösen und politischen Umtriebe« im Jahr 1863 gegründete Verein hat seine Tätigkeit der sozialen und Unterrichtstätigkeit, der Pflege des deutschen Liedes und der Körperschulung gewidmet. .
In der Aula der Höheren Bauschule findet die Gründungsversammlung des »Bauschulrings«, des Bundes der Alten Herren der Schule, statt.
Bei einem Radrennländerkampf Deutschland—Schweiz in der Stadthalle gewinnt Deutschland mit 19:11 Punkten.

JANUAR 1938

24. Januar   Das bisherige Rathaus Heumaden wurde der NSDAP-Ortsgruppe Heumaden als Parteiheim übergeben.
Zur Erstaufführung des Films »Tango Notturno« im Universum sind die Hauptdarsteller Albrecht Schönhals und Waldemar Leitgeb, dieser vom Ensemble der Württ. Staatstheater, anwesend.

25. Januar   Dr. Adolf Mettler, Kirchen- und Baugeschichtsforscher, Ephorus a. D. von Maulbronn und Urach, ehemaliger Rektor des Gymnasiums Bad Cannstatt, verstorben.

26. Januar   Im Festsaal der Musikhochschule nimmt der Bereichsführer Südwest des NS-Studentenbundes, Dr. Martin Sandberger, die Namensverleihung der Stuttgarter studentischen Kameradschaften vor. An der TH heißen die Kameradschaften Max Eyth, Götz von Berlichingen, Blücher, Graf Zeppelin und Lüderitz, an der Musikhochschule Hans Sachs, an der Höheren Bauschule Lützow und Frundsberg und an der Kunstgewerbeschule Johannes Gutenberg.
Der Soldatenschwank »Das Hahnen-Ei« von Hans Fitz wird im Schauspielhaus zum erstenmal aufgeführt.

27. Januar   Eine Delegation der italienischen faschistischen Konföderation der Industriearbeiter besucht Stuttgart, um Einrichtungen der Deutschen Arbeitsfront kennenzulernen.
Oskar Glöckler, Landesleiter der Reichskammer der bildenden Künste und Direktor der Kunstgewerbeschule, im Alter von 44 Jahren verstorben.

28. Januar   Das Sondergericht unter dem Vorsitz von Senatspräsident Cuhorst verurteilt den 69jährigen jüdischen Fabrikanten F. H. aus Bad Cannstatt wegen »Devisenvergehens« zu einem Jahr und sechs Monaten Zuchthaus und zu einer Geldstrafe von 107 000 RM.
Die Münchner Philharmoniker konzertieren unter ihrem Dirigenten Prof. Dr. Sigmund von Hausegger in der Liederhalle.
Der Schweizer Bauerndichter Alfred Huggenberger liest im Hotel Marquardt bei einem Dichterabend des Württ. Goethe-Bundes aus seinen Werken.

29. Januar   Mit einem Maskenball »Nacht in Venedig« in der Liederhalle startet der Verkehrsverein in die Faschingssaison.

30. Januar   Im Rahmen eines Aufmarsches der Stuttgarter SA-Standarte 119 vor dem Neuen Schloß werden 2000 Angehörige Stuttgarter Betriebe »als aktive Werkscharen« in die Deutsche Arbeitsfront eingegliedert.

FEBRUAR 1938

In Anwesenheit von Rolf Lauckner wird dessen Drama »Der letzte Preuße« im Kleinen Haus uraufgeführt.
Der Bildhauer Fritz von Graevenitz, der zum Wintersemester 1937/38 die Bildhauerklasse der Akademie der Künste als Nachfolger von Prof. Habich übernahm, wird zum Professor ernannt.

31. Januar OB Dr. Strölin besucht auf seiner Reise durch die Tschechoslowakei den Primator von Prag, Dr. Zenkl, und die Prager Vertretung der Eisenbahnzentrale für den deutschen Reiseverkehr.
Beim 6. Sinfoniekonzert der Staatstheater in der Liederhalle spielt der Pianist Walter Gieseking.

1. Februar Der Leiter der Anklagebehörde beim Sondergericht Stuttgart berichtet dem Reichsminister der Justiz über Reden von Bischof Sproll auf dem Hohenrechberg (19. September 1937), in Weingarten (10. Oktober 1937) und anderen Orten, in denen sich der Bischof mit der NS-Weltanschauung und kirchenfeindlichen Maßnahmen des Regimes kritisch auseinandersetzte. Der Oberstaatsanwalt regt die Strafverfolgung wegen Heimtücke und Kanzelmißbrauchs an.
Zum zehnjährigen Gauleiterjubiläum des Reichsstatthalters Murr wird die Dorotheenstraße in Wilhelm-Murr-Straße umbenannt. Die Dorotheenstraße wurde gewählt, weil hier das geplante Parteigebäude gebaut werden soll. Die Wilhelm-Murr-Straßen in Feuerbach und in Sillenbuch werden in Adolf-Hitler-Straße bzw. in Gorch-Fock-Straße umbenannt.
Stadtarzt Dr. med. Karl Jauch wird Leiter der Abteilung gerichtliche Medizin und Gesundheitspolizei beim Gesundheitsamt und tritt die Nachfolge des in den Ruhestand gehenden Obermedizinalrats Prof. Dr. Otto Schmidt an.

2. Februar Im Kunstgebäude wird die Sudetendeutsche Kunstausstellung, die im Dezember 1937 in Berlin gezeigt und vom Württ. Kunstverein übernommen wurde, in Anwesenheit zahlreicher geladener Gäste, darunter die Sudetendeutschen Konrad Henlein und Guido Kolbenheyer, von OB Dr. Strölin eröffnet. Im Rahmen der Eröffnungsfeier spielt das Landesorchester in der Liederhalle unter der Leitung des Vizepräsidenten der Reichsmusikkammer, Dr. Heinz Drewes (Berlin). Walter Schneiderhan ist Solist im Beethoven-Violinkonzert.
Der »staatspolitisch und künstlerisch besonders wertvolle« Film »Urlaub auf Ehrenwort« wird im Universum-Lichtspieltheater zum erstenmal gespielt.

3. Februar Reichsaußenminister Konstantin von Neurath wird Ehrenbürger der Stadt Stuttgart.

FEBRUAR 1938

Das Kunsthaus Fischinger stellt Bilder des 1913 verstorbenen Malers Carlos Grethe, der einige Jahre in Stuttgart lebte, aus.
Die Ratsherren und die Beigeordneten unter Führung des OB besichtigen mit Kreisleiter Fischer und Walter Bauer (DAF) auf Einladung der Firma Robert Bosch GmbH die Feuerbacher Werksanlagen.

4. Februar Georg Kulenkampff (Violine) und der Pianist Wilhelm Kempff geben in der Liederhalle einen Sonatenabend.
Der Trossinger Fabrikant Fritz Kiehn, Leiter der Wirtschaftskammer und Präsident der Industrie- und Handelskammer Stuttgart, ist zum Wehrwirtschaftsführer ernannt worden. Mit dieser Ernennung ist Kiehn in den Wehrwirtschaftsrat bei der Reichswirtschaftskammer berufen und zum Vorsitzenden des Wehrwirtschaftlichen Ausschusses bei der Wirtschaftskammer Württemberg und Hohenzollern bestellt worden.

5./6. Februar Im Rahmen der Sammlung für das Winterhilfswerk verlost das NS-Fliegerkorps Freifahrten mit einem Freiballon, der auf dem Schloßplatz startet.

6. Februar Johann Strauß, Enkel des Walzerkönigs, gibt mit seinem Orchester in der Stadthalle ein Gastspiel.
Die Stuttgarterin Grete Breitkreuz tanzt in der 4. Morgenfeier im Schauspielhaus.
Die jugoslawische Tischtennis-Nationalmannschaft spielt im Gustav-Siegle-Haus gegen eine süddeutsche Auswahlmannschaft.

6./7. Februar Gustaf Gründgens spielt im Kleinen Haus den »Hamlet«.

7. Februar Unter Vorsitz des Reichsstudentenführers Dr. G. A. Scheel findet die erste Reichstagung der Gauverbandsleiter der NS-Studentenkampfhilfe in Stuttgart statt.
Im Großen Haus gibt die spanische Tänzerin Manuela del Rio ein Gastspiel.

8. Februar Der NS-Kurier beanstandet, daß das jüdische Kaufhaus Schocken nur für arische Geschäfte gedachte Winterhilfswerk-Gutscheine in Zahlung genommen habe.
Die NSDAP veranstaltet mit Reichsrednern, Gaurednern und Kreisrednern mehr als 50 Versammlungen in der Stadt.
18 brasilianische Studenten besuchen für einen Monat Stuttgart, um an der TH Vorlesungen zu hören. Sie befinden sich auf einer längeren Deutschlandreise, auf der sie auch technische Anlagen, Baustellen, Arbeitsdienstlager etc. besichtigen.
Die Beiräte für das Wohlfahrts- und Gesundheitswesen beraten u. a. den Bau eines Kindergartens in der Wolfbuschsiedlung. Nachdem dort ein neuer Kindergarten der evang. Kirche eröffnet wurde, schlägt der im Beirat vertretene Kreisamtsleiter der NS-Volks-

wohlfahrt Güntner vor, künftig bei Eröffnung weiterer konfessioneller Kindergärten die städt. Zuschüsse zu streichen.

9. Februar Das Kunsthaus Schaller zeigt gegenwärtig eine dem 1936 verstorbenen Stuttgarter Maler Rudolf Kuhn gewidmete Gedächtnisschau.
Die Gaufrauenschaftsleiterin in der Auslandsorganisation der NSDAP, Wera Behr (Berlin), spricht im Deutschen Ausland-Institut über »Auslandsdeutsche Frauenarbeit«.

10. Februar Die Ratsherren beraten u. a. folgende Entschließungen: An der Steinbeis-Gewerbeschule wird versuchsweise eine Technische Oberschule für etwa 25 Schüler eingerichtet. — Das Gebäude Herdweg 47 wird zu einer Frauenoberschule mit Kindergartengebäude umgebaut. Bisher ist die Zellerschule die einzige Frauenoberschule dieser Art (Ablegung der Mittleren Reife und Ausbildung im Haushaltswesen). — Der Verein Waldheim der Betriebsgemeinschaft der Stuttgarter Straßenbahnen e. V. erhält für das aufzugebende Heim im Akazienwäldchen auf dem Killesberg eine Entschädigung und für die Neuerstellung des Kameradschaftshauses in Degerloch einen Zuschuß. — Die Stadt erwirbt in der Holzstraße die Wirtschaft zum Bottwartal für die Straßenverbreiterung und am Wilhelmsplatz zwei Gebäude für Zwecke des Wohlfahrtsamtes.
Im Großen Haus wird »Eugen Onegin« in neuer Inszenierung aufgeführt.

12. Februar Der Kreis Stuttgart des Schwäb. Sängerbundes hält in der Liederkranzhalle in Botnang seine Haupttagung ab. Der Kreisverband zählt laut Jahresbericht rund 6900 Sänger und 1300 Sängerinnen, wobei die Eingemeindungen 1937 nicht berücksichtigt sind. Die Tagung befaßt sich eingehend mit den Vorbereitungen für das Schwäbische Liederfest im Juli 1938 in Stuttgart.
Zum fünften Mal veranstaltet die Ortsgruppe Stuttgart des Deutschen Reichsbundes für Leibesübungen ihr Winterhilfe-Sportfest in der Stadthalle.

12.–14. Februar   In der Liederhalle gastiert der Zauberkünstler Bosco.

13. Februar Die Gruppe 15 des NS-Fliegerkorps versammelt 300 Einheitsführer zu einer Tagung in der Liederhalle.
In der Stiftskirche führt der Stuttgarter Oratorienchor unter der Leitung von Martin Hahn Brahms' »Deutsches Requiem« auf.
Stadtpfarrer Erwin Frik wird von Stadtdekan Prälat Dr. Lempp in sein Amt an der evang. Kreuzkirche eingeführt.

15. Februar Mit der Eingliederung der Landtagsbücherei in die dem Staatsministerium unterstehende Regierungsbücherei im früheren Landtagsgebäude Kronprinz-

MÄRZ 1938

straße 4 und der Vereinigung des Landtagsarchivs mit dem Württ. Staatsarchiv hört die Landtagsrestverwaltung auf zu bestehen.

16. Februar Der Internationale Verband für Wohnungs- und Städtebau hat auf seiner Generalversammlung in Brüssel OB Dr. Strölin, seit 1935 Vizepräsident, zum Präsidenten des Verbandes bestellt. Strölin wurde aus diesem Anlaß vom König der Belgier in Privataudienz empfangen.
Im Kleinen Haus wird Peter Buchs Lustspiel »Ein ganzer Kerl« zum erstenmal aufgeführt.

17. Februar Bei einer Hausdurchsuchung im Landesverband der katholischen Arbeiter und Arbeiterinnen Württembergs e. V. im Eckhardhaus werden mehrere Dokumente beschlagnahmt.
Die Haushaltnachweise für den Fettbezug sind künftig in dem Geschäft abzugeben, in dessen Kundenliste der Verbraucher geführt wird. Für den Normalverbraucher bedeutet das, daß er nur noch dort, wo er registriert ist, Fett und Fettprodukte einkaufen kann.

20. Februar Die letzten Reste des alten Stuttgarter Hauptbahnhofes an der Lautenschlagerstraße werden gesprengt.

22. Februar Der Alfred Kröner Verlag hat seinen Firmensitz von Leipzig wieder nach Stuttgart verlegt.

27./28. Februar Im Kleinen Haus spielt Paul Wegener in dem Sudermann-Lustspiel »Die Raschhoffs«.

1. März Die jüdische Firma Hayum und Schwarz, J. S. Harburger, Vereinigte Bekleidungswerke AG, Schürzen- und Wäschefabrik, geht in »arischen« Besitz über.

2. März Der Sudetendeutsche Heimatbund veranstaltet im Hof des Deutschen Ausland-Instituts eine Gefallenen-Gedenkfeier, an der sämtliche Formationen der NSDAP teilnehmen.

3. März In öffentlicher Ratsherrensitzung wird der 3. Nachtragshaushalt für 1937 vorgelegt. Damit erhöht sich der ordentliche Haushaltplan um knapp 7 Mio. RM auf 174,2 Mio. RM, der außerordentliche Haushaltplan verringert sich um 7,3 Mio. RM auf 24,6 Mio. RM, die Abschlußsummen des Rücklagenverwendungsplans 1937 in Einnahmen und in Ausgaben von 5,5 Mio. RM bleiben unverändert. — Die Ratsherren beraten u. a. folgende Entschließungen: Das Deutsche Volksheim Nürnberger Str. 145 (früher

Wichernhaus, jetzt Friedrich-List-Heim) wird umgebaut und erneuert, da die bisherige Fürsorgeheimeinrichtung als unzulänglich für Auslandsdeutsche betrachtet wird. — Die einjährige Frauenschule an der Hölderlin-Oberschule, Abteilung Herdweg (früher Rothertsche Mädchenrealschule), wird vom nächsten Schuljahr an in eine Frauenoberschule mit dreijährigem Lehrgang umgewandelt. Diese Schule wird im Gebäude Herdweg 47 untergebracht. Das bisherige Schulgebäude Herdweg 49 wird Auslandsdeutsches Schülerinnenheim.

In nichtöffentlicher Sitzung werden weitere Aufwendungen für den Flughafen behandelt. Vorbehaltlich der Zustimmung der Aufsichtsbehörde wäre die Stadt am Grundkapital der AG künftig mit 360 000 RM beteiligt, der württ. Staat ebenfalls mit 360 000 RM und das Reich mit 280 000 RM. Die Ratsherren nehmen außerdem zur Kenntnis: Die Gewerbehalle wird mit einem Kostenaufwand von über 400 000 RM umgebaut und instandgesetzt. Der frühere Plan, die Gewerbehalle und die Ausstellungshallen an der Horst-Wessel-Straße (sog. Interimshallen) abzureißen und eine neue Gesamtlösung zu suchen, wird wegen unzureichender Mittel aufgegeben. Auch die Interimshallen müssen noch einige Jahre für Ausstellungszwecke genutzt werden. — Die Holztribüne an der Nordostseite der Adolf-Hitler-Kampfbahn wird durch eine größere, massive Tribüne ersetzt. Dadurch erhält die Anlage eine Kapazität von 80 000 Personen (12 000 Sitzplätze, 68 000 Stehplätze). — Die Ratsherren erörtern den Plan der Reichsjugendführung, in Zusammenarbeit mit der NS-Gemeinschaft Kraft durch Freude, der Reichstheaterkammer und dem Deutschen Gemeindetag ein Reichsinstitut für Puppenspiele in Stuttgart zu errichten. Hierfür soll das Waldheim in Sillenbuch, das bisher der Hitlerjugend als Sportschule dient, bereitgestellt und mit einem Kostenaufwand von 300 000 RM umgebaut und erweitert werden.

4. März Der 1936 verhaftete und am 16. August 1937 »wegen Vorbereitung eines hochverräterischen Unternehmens« vom Volksgerichtshof zum Tode verurteilte 32 Jahre alte Ewald Funke aus Wuppertal wird in Berlin hingerichtet. Funke hatte in Stuttgart eine kommunistische Widerstandsgruppe geleitet, die nach 1933 Flugblätter und Zeitungen unter die Bevölkerung gebracht hatte.

Im Stadtteil Botnang wird eine Verdunkelungsübung durchgeführt.

Präsident i. R. Julius Biesenberger, am Aufbau der Landesversicherungsanstalt maßgeblich beteiligt und ab 1922 deren Vorstandsvorsitzender, verstorben.

5. März Die Stadt trifft mit der Reichswasserstraßenverwaltung eine Vereinbarung über den Neckardurchstich und die Hafenanlage bei Hedelfingen.

Auf einer Tagung der Arbeitskammer Württemberg im Wirtschaftsministerium wird das vom Reichsorganisationsleiter für vorbildliche Förderung der KdF verliehene Leistungsabzeichen an die Firmen Robert Leicht (Vaihingen) und Gebrüder Schoch (Feuer-

MÄRZ 1938

bach) sowie an die Telegraphenwerkstätte der Deutschen Reichspost Stuttgart überreicht. Im Kleinen Haus wird das Schauspiel »Die schöne Welserin« in Anwesenheit des Südtiroler Dichters Josef Wenter unter der Leitung von Generalintendant Gustav Deharde uraufgeführt. Die Titelrolle spielt Marialuise Claudius (Berlin).

6. März Der Geiger Karl von Baltz (Wien) gibt in der Hochschule für Musik ein Konzert.
In der Adolf-Hitler-Kampfbahn gewinnt die deutsche Mannschaft den Rugby-Länderkampf gegen Italien 10:0.

7. März Der österreichische Bundesminister Dr. von Glaise-Horstenau besucht Stuttgart. Nach einem Empfang im Rathaus spricht er im Kunstgebäude über »die deutsche Sendung Österreichs« in der gemeinsamen deutsch-österreichischen Geschichte. Er fährt am 9. März nach Landau (Pfalz).
Erstmals beginnt in Stuttgart ein »Vollkurs« für SS-Bräute. Bis zur Fertigstellung der Bräuteschule in Tübingen werden die Kurse im Auslandsdeutschen Frauenheim in der Heidehofstraße 11 abgehalten.
Gastdirigent Clemens Krauss leitet das siebte Sinfoniekonzert der Staatstheater in der Liederhalle; Solist in Bruchs Violinkonzert ist der einheimische Konzertmeister Willy Kleemann.
Die Stuttgarter Ortsgruppe des Schwäb. Albvereins hält ihre jährliche Mitgliederversammlung ab. Die Zahl der Mitglieder ist auf 4200 gestiegen.
Der seitherige Leiter der Höheren Fachschule für das graphische Gewerbe, Walter Jacobs, ist zum Direktor dieser Schule ernannt worden.
Stadtpfarrer i. R. Friedrich Keidel, von 1898—1922 Pfarrer in Degerloch, verstorben.

8. März Erna Sack singt in der Liederhalle.
Prof. Reinhold Bauder, seit 1934 Dozentenschaftsleiter an der TH, ist zum kommissarischen Gaudozentenbundführer ernannt worden, nachdem Prof. Dr. Walter Zimmermann auf eigenen Wunsch von diesem Amt entbunden wurde.

9. März Das Neue Tagblatt berichtet über den Prozeß gegen einen 46jährigen jüdischen Bürger, der von Oktober 1937 bis Januar 1938 ein Verhältnis mit einer arischen Frau hatte, die vorher mit einem Juden verheiratet war. Der »Rassenschänder« wird zu einem Jahr und 3 Monaten Zuchthaus verurteilt.
Der NS-Kurier berichtet, daß die Verhandlungen (Vereinbarung vom 5. März 1938) zwischen dem Reich, dem Land Württemberg, der Stadt Stuttgart und der Neckar-AG über die Fortsetzung des Neckarkanals bis Plochingen erfolgreich abgeschlossen wurden. Die Stadt Stuttgart hat die Verzinsung der Sonderdarlehen übernommen, die das Land

MÄRZ 1938

über seinen schlüsselmäßigen Anteil hinaus der Neckar-AG gewährt, um den Kanalbau zu beschleunigen. Nach jetziger Schätzung sollen die Streckenabschnitte von Heilbronn bis Besigheim, Stuttgart und Plochingen in den Jahren 1941, 1944 und 1946 vollendet sein.
Der einheimische Pianist Meinhart Becker gibt in der Liederhalle erstmals einen Klavierabend.

10. März Das Exportmusterlager Stuttgart, das seit Gründung der Gesellschaft 1882 in den Räumen der städt. Gewerbehalle untergebracht war, wird aufgelöst. Die Mitgliederversammlungen vom 19. Februar und 10. März bestellen den bisherigen Direktor, Konsul Zilling, zum Liquidator, der die Geschäfte auf seine neu gegründete Handelsfirma Paul Zilling, Exportkontor, überleitet. Die Auflösung der Gesellschaft wird mit dem Umbau der Gewerbehalle und deren Verwendung für andere Zwecke begründet.
Der Kultminister errichtet eine staatliche Volksbüchereistelle für Württemberg (Neckarstraße 57), die die Aufgabe hat, das Volksbüchereiwesen »im nationalsozialistischen Sinne auszurichten«. Mit der Leitung wird Stadtrat Dr. Cuhorst betraut.
Lord Noel Buxton, Mitglied des englischen Oberhauses, hält im Deutschen Auslandsklub einen Vortrag über »Die kolonialen Ansprüche Deutschlands«.

11. März Die Ratsherren beraten in nichtöffentlicher Sitzung das Wohnungsbauprogramm. Der Mangel an billigen Wohnungen hat sich weiterhin verschärft. Um den Bedarf zu decken, müßten jährlich etwa 5000 Wohnungen gebaut werden. Der Wohnungszugang durch Neubauten betrug in den vergangenen Jahren:

	1933	1934	1935	1936	1937
1. Privater Wohnungsbau	1950	2400	1770	2520	2820
2. Gemeinnützige Wohnungsunternehmen	300	70	110	570	590
3. Stadt und Stuttgarter Siedlungs-GmbH	50	630	20	510	90
zusammen	2300	3100	1900	3600	3500

Für 1938 wird mit folgendem Zugang gerechnet:
1. Privater Wohnungsbau ca. 2500 Wohnungen
2. Gemeinnütziger Wohnungsbau ca. 900 Wohnungen
3. Stuttgarter Siedlungs-GmbH 276 Wohnungen
   (Rotweg, Föhrich, Walckerstraße, Wolfbusch III)

Einige Ratsherren kritisieren erneut, daß der private Wohnungsbau »am tatsächlichen Bedarf vorbeigebaut« habe und schlagen deshalb vor, die gemeinnützigen Wohnungsbauunternehmen noch mehr als bisher mit städt. Mitteln zu fördern. Andere Ratsherren halten dem entgegen, daß der private Wohnungsbau immer noch den größten Bedarf

MÄRZ 1938

decke und weisen auf Reglementierungen hin, die sich hemmend auswirken (neue Bestimmungen im Mieterschutz; Preisstoppverordnung; Zuteilung von Eisen durch das Arbeitsamt bei mehrstöckiger Bauweise nur, wenn die Mieten 80 RM nicht übersteigen; zahllose Bauvorschriften). Als Anreiz für die private Bautätigkeit sieht ein zusätzliches Programm für 1938 deshalb vor, für jede Wohnung einen Zuschuß von 300 RM zu geben unter der Bedingung, daß die Miete 60 RM nicht übersteigt. Auf die Einrichtung von Bädern soll bei diesen Billig-Wohnungen verzichtet werden. Die Eisenzuteilung durch das Arbeitsamt soll in diesen Fällen vordringlich erfolgen. Für die Stuttgarter Siedlungs-GmbH wird ein zusätzliches Bauprogramm im Umfang von rund 1000 Wohnungen ins Auge gefaßt, deren Mieten sich zwischen 35 und 40 RM bewegen sollen. Der Gesamtaufwand von 6—7 Mio. RM wird durch noch zur Verfügung stehende Mittel des außerordentlichen Haushalts 1937 in Höhe von 4 Mio. RM und durch Hypothekenaufnahme für den Restbetrag seitens der Siedlungs-GmbH finanziert. Das Stammkapital der Siedlungs-GmbH wird hierzu erhöht. Auch diese zusätzlichen 1000 Wohnungen sollen in größeren mehrgeschossigen Wohnblocks, etwa in Münster oder Zuffenhausen, erstellt werden. Sorge bereitet den Ratsherren, »daß bei dem Bau von Wohnungen gleicher Art in größerem Umfang immer die Gefahr bestehe, daß kommunistische Nester entstehen«. Kritisiert wird das Projekt Büsnauer Hof, gegen das die Stadtverwaltung bis zuletzt erhebliche Bedenken vorbrachte: Die Erschließung des Baugeländes ist wegen seiner Lage zu kostspielig, und die Einrichtung einer Straßenbahn, die die Siedlung attraktiv machen soll, ist unrentabel. Es wird deshalb ein Vorschlag gemacht, anstatt der 1½stockigen Gebäude mit 10 Ar Platz dreistockige Gebäude zu errichten, so daß ein neuer Stadtteil mit 5000—6000 Einwohnern entstünde. Damit könne auch die Eingemeindung von Vaihingen nachhaltiger betrieben werden. — Die Ratsherren nehmen folgende Entschließungen des OB zur Kenntnis: Die Stadt verkauft (Vertrag vom 2. März 1938) an die Gemeinnützige Baugenossenschaft Zuffenhausen ein 16300 qm großes Baugelände an der Jahn- und Parkstraße zur Errichtung billiger Mietwohnungen. Die Genossenschaft verpflichtet sich, bis 1. Juli 1939 21 Doppelwohnhäuser mit je fünf Arbeiterwohnstätten zu erstellen. — Zur Sanierung des Geländes zwischen Kriegsberg-, Schiller- und Heilbronner Straße erwirbt die Stadt von der Stuttgarter Hofbräu AG das Anwesen Schillerstraße 12. Der Bebauungsplan sieht an Stelle dieses Baublocks einen freien Platz (in Fortsetzung des Hindenburgplatzes) vor. Im Gebiet Danziger Freiheit, Holzstraße, Leonhardsplatz wurden für Zwecke des Straßendurchbruchs und des Rathausneubaus weitere überbaute Grundstücke aufgekauft. Überbaute Grundstücke wurden an der Ecke Klingen- und Talstraße erworben. Der Bebauungsplan sieht dort nach Abbruch der Häuser die Anlage eines öffentlichen Platzes vor.

Beim Klavierabend des einheimischen Musikpädagogen Eugen Steiner werden auch Kompositionen von Karl Bleyle, ebenfalls aus Stuttgart, uraufgeführt.

MÄRZ 1938

11./12. März   Die Oberrealschule (Oberschule für Jungen) Feuerbach begeht ihre 50-Jahrfeier.

12. März   Schlagzeilen des NS-Kurier: Schuschnigg weicht dem Volkswillen. Seyß-Inquart bittet im Namen der provisorischen Regierung den Führer um Entsendung deutscher Truppen zur Wiederherstellung der Ordnung in Österreich.
Die NSDAP veranstaltet mit Gauleiter Murr im Hof des Neuen Schlosses eine Kundgebung, um den Anschluß Österreichs zu feiern.

13. März   Zum Heldengedenktag marschieren die Stuttgarter Wehrmachtstruppenteile und Abordnungen der Parteigliederungen im Hof des Neuen Schlosses zu einer Feierstunde auf.
Im entscheidenden Spiel um die württ. Fußballmeisterschaft gewinnt der VfB gegen die Kickers in der Adolf-Hitler-Kampfbahn 2:0.

13./14. März   In der Gauschule der NS-Frauenschaft findet unter der Leitung der Bezirksführerin Annetraut Hammer eine Tagung der Führerinnen des Arbeitsdienstes für die weibliche Jugend des Bezirks XII, Südwestdeutschland, statt. Von den 70 Teilnehmerinnen werden anschließend 50 zu einem staatspolitischen Schulungslehrgang zusammengefaßt.

14. März   Auf einer außerordentlichen Mitgliederversammlung des Vereins der katholischen Geistlichen Württembergs stimmt die Mehrheit für eine Auflösung, da nach dem Verbot der Mitteilungen des Vereins die »Verbindung mit den Vereinsmitgliedern vereitelt und der Vereinszweck unmöglich« gemacht wird.
Der Hilfsbund der Deutsch-Österreicher feiert mit Reden seines Gauamtsleiters Raimund Haintz und seines stellv. Gebietsleiters Adalbert Weber im Wullesaal die »Heimkehr des deutschen Österreich zum Reich«.

14. März bis 4. Juni   Die im Jahr 1893 gebaute König-Karls-Brücke wird gesperrt und renoviert. Die Arbeiten zur Entrostung der Eisenkonstruktion werden an eine Firma in Duisburg vergeben, weil der einzige in Frage kommende Stuttgarter Handwerker »in politischer Hinsicht nicht einwandfrei« ist. Das Hochbauamt sah zunächst einen Handwerksbetrieb vor, der sowohl das erforderliche Spezialgerät als auch Erfahrungen auf diesem Gebiet besitzt. Der Kreisgeschäftsführer der NSDAP, zugleich Ratsherr und im Technischen Beirat vertreten, und andere Beiräte erheben Bedenken, daß ein ehemaliger »Meister vom Stuhl einer Freimaurerloge«, dem auch noch »Geschäfte mit Juden« nachgesagt werden, einen öffentlichen Auftrag bekommt. Obwohl das Hochbauamt aus sachlichen Erwägungen daran festhält, entscheidet schließlich der OB, daß eine auswärtige

MÄRZ 1938

Firma kurzfristig einspringt. Deren Kostenvoranschlag liegt mit 13 500 RM um 3000 RM höher als der des einheimischen Betriebes.

15. März   Die Firma B. Mack u. Sohn, Bad Cannstatt, feiert ihr 100jähriges Bestehen.

16. März   Das Polnische Ballett gastiert auf seiner Deutschland-Tournee im Großen Haus.
Die Chanson-Sängerin Lucienne Boyer (Paris) gibt mit ihrem Orchester ein Gastspiel in der Liederhalle.

16.–31. März   Claire Waldoff tritt im Friedrichsbau-Theater auf.

17. März   Die Mitgliederversammlung der Kath. Bibelbewegung ändert ihren Namen »auf Grund staatlicher Vorschriften« in Kath. Bibelwerk um und wählt Pfarrer Josef Bärtle (Stuttgart) zum Vorsitzenden und Direktor.

18. März   Im Königshof werden wiederum Stuttgarter Freikorpskämpfer mit Urkunden des Bundesführers des Reichskriegerbundes ausgezeichnet.
Der Leiter der Reichsbankhauptstelle Stuttgart, Reichsbankdirektor Dr. Stefan Schott, wird zusammen mit dem Direktor der österreichischen Nationalbank zum Leiter der Reichsbankhauptstelle Wien ernannt.
Ludwig Natterer, Prof. der Hochschule für Musik und Bratschist des Wendling-Quartetts, verstorben.

19. März   Die Sektion Schwaben des Deutschen Alpenvereins (der Name Deutscher und Österreichischer Alpenverein wurde nach dem Anschluß geändert) veranstaltet im Stadtgarten eine Feierstunde. Die Ansprache zur nationalsozialistischen Machtergreifung in Österreich hält der Sektionsleiter, Senatspräsident Hermann Cuhorst.
In einer Aufführung der »Aida« im Großen Haus wirkt Kammersänger Helge Roswaenge (Berlin) mit. Er singt außerdem im achten Sinfoniekonzert der Staatstheater am 21. März in der Liederhalle.
Im achten und letzten Meisterkonzert der Saison spielt Edwin Fischer mit seinem Kammerorchester in der Liederhalle.
Die Brauerei Dinkelacker AG, deren Kapital sich ganz im Besitz der Familie Dinkelacker befindet, wird in eine offene Handelsgesellschaft umgewandelt.
Die Essigfabrik Jahn besteht seit 100 Jahren.

19./20. März   In der Schwabenhalle werden die württ. Tennis-Hallenmeisterschaften ausgetragen.

MÄRZ 1938

19.–26. März Die Zehnjährigen (Schuljahrgang 1927/28) werden vom Deutschen Jungvolk und Jungmädelbund erfaßt.

20. März Die neue Kirche im Wolfbusch wird mit Ansprachen von Landesbischof Wurm und Dekan Mildenberger eingeweiht. Die Predigt hält Stadtpfarrer Gommel.
Die Michaeliskirche beim Neuwirtshaus wird von Landesbischof D. Wurm, Dekan Dr. Dörrfuss (Ludwigsburg), Stadtpfarrer Zeller und Parochialvikar Schweickhardt eingeweiht. Die am Bau Beteiligten und geladene Gäste versammeln sich danach noch im Neuwirtshaus, dessen Wirt bisher den Raum für den Gottesdienst zur Verfügung stellte.
Die aus der Sängervereinigung Stuttgart und dem Singchor Schwaben hervorgegangene Sängervereinigung Schwaben begeht im Kunstgebäude ihr 60. Stiftungsfest.

22. März Der Pianist Claudio Arrau spielt in der Liederhalle.

22.–25. März Der Internationale Eisenbahnverband berät in Stuttgart Fragen des internationalen Personen- und Gepäckverkehrs.

23. März Zum Auftakt des »Wahlkampfs« zur Volksabstimmung über die Angliederung Österreichs und der Wahl zum Reichstag veranstalten die Formationen und Gliederungen der NSDAP einen Sternmarsch zum Neuen Schloß, um dort gemeinsam die über Lautsprecher übertragenen Rundfunkreden aus Berlin zu hören.
Zum Abschluß des Reichsberufswettkampfes werden 300 Gausieger in der Liederhalle von führenden Vertretern der HJ und der Deutschen Arbeitsfront ausgezeichnet.
Die evang. Kirche in Kaltental erhält während der Renovierungsarbeiten auch drei neue Glocken.
Oberstleutnant Paul Worm, bisher Leiter der Gruppe Schutzpolizei im Personalamt des Reichsführers SS und Chefs der Deutschen Polizei, wird Kommandeur der Schutzpolizei beim Polizeipräsidium Stuttgart. Sein Vorgänger im Amt, Oberstleutnant Kurt Göhrum, wurde am 18. März in gleicher Eigenschaft zum Polizeipräsidium Recklinghausen versetzt.
Der Gründer der Christengemeinschaft in Stuttgart, Dr. Friedrich Rittelmeyer, auf einer Vortragsreise in Hamburg verstorben.

23.–28. März Im Rahmen einer Urlaubsaktion, mit der die NS-Organisation Kraft durch Freude rund 10 000 Österreicher ins Reich bringt, um »die Bande eines brüderlichen Zusammengehörigkeitsgefühls neu zu stärken«, kommen etwa 1000 Kärntner nach Stuttgart. Unter dem Jubel der Bevölkerung ziehen die Gäste nach ihrer Ankunft am Hauptbahnhof zu einer ersten Kundgebung auf den Marktplatz, wo sie von Vertretern der Deutschen Arbeitsfront, des Hilfsbundes der Deutsch-Österreicher und der

MÄRZ 1938

Stadtverwaltung begrüßt werden. Während ihres Aufenthaltes werden für sie Besichtigungsfahrten durch Stuttgart und zu verschiedenen württ. Städten sowie politische Kundgebungen und Unterhaltungsabende organisiert.

24. März   Vor dem Oberlandesgericht beginnt ein Prozeß gegen 17 Angehörige einer Widerstandsgruppe von Kommunisten, Sozialdemokraten und des Reichsbanners, die seit 1933 Flugblätter und Zeitungen in den Neckarvororten verbreitet hatten. Die Angeklagten erhalten »wegen Vorbereitung zum Hochverrat« hohe Zuchthaus- und Gefängnisstrafen. Die Verhaftungen erfolgten 1936; 26 weitere Mitglieder dieser Gruppe wurden in getrennten Strafprozessen 1937/38 abgeurteilt. Sechs Angehörige einer weiteren Widerstandsgruppe erhielten ebenfalls langjährige Zuchthausstrafen. Der Leiter dieser Gruppe, Ewald Funke, wurde am 4. März hingerichtet.
Wolfgang Liebeneiners Film »Yvette« nach der gleichnamigen Maupassant-Novelle wird in den Palast-Lichtspielen uraufgeführt.

24.–27. März   In der Stadthalle wird das 31. Stuttgarter Reit- und Springturnier veranstaltet.

25. März   Auf Veranlassung des Reichspropagandaministers ist die in Stuttgart erscheinende Zeitung »Durchbruch« (»Kampfblatt für deutschen Glauben, Rasse und Volkstum«) unbefristet verboten worden.
Gauleiter Murr erteilt im Halbmondsaal des ehemaligen Landtags den Gauamtsleitern, Kreisleitern und Propagandarednern Richtlinien für den bevorstehenden »Wahlkampf«.
Im Großen Haus wird »Der Cid« von Peter Cornelius zum erstenmal aufgeführt.
Der Frühjahrsmarkt in Untertürkheim wird aus seuchenpolizeilichen Gründen nur als Krämermarkt abgehalten.

26. März   Der Betrieb der Lehrwerkstätte Mühlhausen wird eingestellt. Da die beteiligten Reichsbehörden den Vertrag über die Zuschüsse nicht verlängern und an einer Übernahme nicht interessiert sind, andererseits aber die umzuschulenden Arbeitslosen seit einiger Zeit nicht mehr aus Stuttgart und Umgebung, sondern aus fast allen Gauen des Reichs kommen, sieht sich die Stadt veranlaßt, diese Einrichtung aufzulösen. Die Räumlichkeiten werden an die Robert-Bosch-GmbH vermietet, die Maschinen, die bei Bosch oder den städt. Institutionen keine Verwendung finden, unter der Hand verkauft, denn »der Herr Oberbürgermeister möchte es aus psychologischen Gründen vermeiden, die Einrichtung der Lehrwerkstätte öffentlich anzubieten«. Insgesamt wurden über 3100 Arbeitslose auf Metallarbeiterberufe umgeschult.
Die Cannstatter Oberrealschule (Gottlieb-Daimler-Oberschule) begeht im Kursaal ihre 100-Jahr-Feier.

MÄRZ 1938

Die Bürgerschule I (Schloßoberschule) feiert ihr 75jähriges Jubiläum mit einem Festakt im Stadtgartensaal. Die Schule wurde am 2. November 1863 gegründet, um eine Lücke im Schulsystem zwischen Volksschule und Höherer Schule zu schließen. Die stetige Zunahme der Schülerzahl zwang in den Anfangsjahren zu mehrmaligem Umzug. Beim Einzug in das neue Bürgerschulgebäude in der Schloßstraße am 14. Dezember 1874 zählte die Schule schon 860 Schüler. Der Erfolg der neuen Institution führte in den nächsten Jahrzehnten zur Gründung von weiteren vier Bürgerschulen.
Im Kleinen Haus wird in Anwesenheit von Erwin Guido Kolbenheyer dessen Schauspiel »Die Brücke« zum erstenmal aufgeführt.
Geh. San.-Rat Dr. August Fauser, Direktor a. D. der psychiatrischen Klinik im Bürgerhospital, verstorben.

26./27. März   Letzte Straßensammlung für das WHW 1937/38.

27. März   In der fünften Tanzmorgenfeier im Schauspielhaus gibt Mary Wigman ein Gastspiel.
Im Rahmen der nach dem Anschluß verstärkt einsetzenden Sportveranstaltungen von deutschen Sportlern in Österreich spielt eine Stuttgarter Handballmannschaft aus verschiedenen Vereinen in Salzburg. Gauführer Dr. Klett überbringt dabei eine von der Stadt Stuttgart gestiftete Reichsbundfahne.

28. März   Das Sondergericht unter dem Vorsitz von Senatspräsident Cuhorst verurteilte fünf Bibelforscher. Der Hauptangeklagte, der Leiter der Internationalen Bibelforschervereinigung in Württemberg, Ludwig Stikel aus Pforzheim, erhielt nach sechsmonatiger Untersuchungshaft eine Gefängnisstrafe von dreieinhalb Jahren, sein Stellvertreter Georg Ebert aus Talheim zwei Jahre, die Sekretärin Stikels, Rosa Becher aus Stuttgart, zweieinhalb Jahre Gefängnis; zwei weitere Angeklagte wurden zu sechs bzw. zwei Monaten verurteilt.

29. März   300 Männer des Reichsarbeitsdienstes aus dem Gaubereich werden in Stuttgart zusammengezogen, um durch einen Propaganda-Marsch die Bevölkerung zum »Wahlkampf« zu mobilisieren. Ihr Zug durch den größten Teil von Groß-Stuttgart dauert — mit Verpflegungspause am Neuen Schloß — über acht Stunden. Am 30. und 31. März sind sie in den Vororten Stuttgarts unterwegs mit einer Tagesleistung von 30 km.

30. März   Die 1919 gegründete Freie Waldorfschule wird geschlossen. Schon mit Erlaß vom 12. Februar 1934 wurde die Aufnahme von neuen Schülern untersagt und der

APRIL 1938

allmähliche Abbau der Schule als notwendig bezeichnet. Die Zahl der Schüler — 1932 waren es noch über 1000 — beträgt bei der Schließung 500. Zu den Schlußfeiern (am 30. März für die Schüler mit Ansprachen von Schulleiter Graf von Bothmer und Karl Schubert, am 31. März für die Eltern und Mitglieder des Waldorfschulvereins) kommen auch noch einmal die Freunde von außerdeutschen Waldorfschulen. Schulgebäude und Grundstücke müssen zwangsweise an die Stadt Stuttgart verkauft werden; der Waldorfschulverein löst sich Ostern 1940 schließlich auf.

1. April Hitler besucht Stuttgart; er trifft mit einem Sonderzug ein. In seiner Begleitung befinden sich von Neurath, Himmler, Reichspressechef Dr. Dietrich u. a. Unter dem Jubel der Bevölkerung und unter Glockengeläut fährt Hitler zum Rathaus, wo ein Empfang von Gauleiter Murr und OB Dr. Strölin stattfindet. Am Abend spricht Hitler in der Schwabenhalle, nach der Kundgebung fährt er weiter nach München.

Anläßlich des Hitler-Besuches wird in Feuerbach eine Reihe von Straßen nach österreichischen Städten und Landschaften umbenannt.

Innerhalb des Stadtgebietes treten folgende, 1937 beschlossene Markungsgrenzänderungen in Kraft: Der bisher zur Markung Stuttgart gehörende Neuwald wird der Markung Rot- und Schwarzwildpark zugeteilt. Die Gebietsteile der Markung Rotenberg Vordere Bleiburg und Hintere Bleiburg und die Gebietsteile der Markung Obertürkheim Sonnenberg und Zürbelesholz werden in die Markung Uhlbach eingegliedert. Von der Gemeinde Vaihingen wird anläßlich der Erstellung einer Gendarmeriekaserne ein ca. 4,5 ha großer Gebietsteil nach Stuttgart (Markung Rot- und Schwarzwildpark) eingegliedert.

Die bisher den »Fürsorgeanstalten« zustehende Verwaltung des Beschäftigungs- und Bewahrungsheims Buttenhausen wird vom Wohlfahrtsamt übernommen. Damit sind alle wesentlichen Einrichtungen der städt. Arbeitsfürsorge im Wohlfahrtsamt vereinigt.

Das bisher vom Württ. Frauenverein für hilfsbedürftige Kinder betriebene Charlotten-Kinderheim, Böblinger Straße 110a, wird von der Verwaltung der städt. Kinderheime übernommen. In dem 1913/14 von der Stadt gebauten Heim werden weiterhin Kinder im schulpflichtigen Alter untergebracht; namentlich dem Jugendamt dient es zur vorläufigen Unterbringung und Beobachtung von Kindern, für die Erziehungsmaßnahmen beantragt sind.

Eröffnung der Stuttgarter Kirchenmusik-Schule in der katholischen Mädchenrealschule St. Agnes.

Der Münchner »Simpl« gastiert im Friedrichsbautheater.

Der Rechtsanwalt und Gauamtsleiter Dr. Eugen Glück wird Präsident der Rechtsanwaltskammer Stuttgart.

D. Dr. Hermann von Habermaas, Kultminister von 1912—1918, verstorben.

APRIL 1938

2. April Strombau-Direktor Dr.-Ing. e. h. Otto Konz, Leiter der Neckarbau-Direktion, ist in den Ruhestand versetzt worden. Zum kommissarischen Leiter der Neckarbau-Direktion wurde Baurat Kurt Becker (Duisburg) bestellt.
Der Reichsarbeitsdienst hat das Gebäude Dillmannstraße 15 erworben, um darin ein eigenes Lazarett einzurichten.

2.–18. April Der Zirkus Krone gastiert in der Stadthalle.

3. April Auf Anordnung des evang. Oberkirchenrates wird in den evang. Gottesdiensten eine Erklärung verlesen, in der die Gemeindeglieder aufgerufen werden, am 10. April »die Treue zum neugeschaffenen großdeutschen Reich und seinem Führer zu bekunden«.

4. April Im Lauf des Tages treffen 2000 Steiermärker am Hauptbahnhof ein. Der größte Teil fährt in andere württ. Städte weiter, in Stuttgart bleiben 600 von ihnen zu einem Urlaub bis 8. April. Auch 300 Kinder aus Wien kommen nach Stuttgart, um hier Ferien zu machen.
Das Postamt 15 wird von Gartenstraße 30 nach Kasernenstraße 18 verlegt.
Die Kaserne auf dem Burgholzhof hat den Namen Flandernkaserne erhalten.

4.–28. April Die Wehrpflichtigen des Jahrgangs 1918 und des Jahrgangs 1919 (1. Januar bis 31. August 1919) werden erfaßt.

5. April Nach achtmonatiger Bauzeit wird das Richtfest am Robert-Bosch-Krankenhaus gefeiert. Der durch Erkrankung verhinderte Stifter wird durch seinen Direktor Paul Hahn vertreten.
Der einheimische Pianist Hellmuth Schoell spielt im Haus des Deutschtums zeitgenössische Klaviermusik.

7. April Das Sondergericht verurteilte acht in Stuttgart wohnhafte Bibelforscher zu Gefängnisstrafen zwischen zwei und 18 Monaten. Drei weitere wurden mit Geldstrafen belegt.

8. April Das Meistersextett (Comedian Harmonists) gibt in der Liederhalle ein Konzert.
Der Film »Frau Sylvelin« des Regisseurs Herbert Maisch, früher Spielleiter in Stuttgart, wird im Universum erstaufgeführt.

APRIL 1938

9.—30. April In der April-Ausstellung des Württ. Kunstvereins werden u. a. Werke der Maler Paul Kammerer (Stuttgart) und Heinrich R. Kralik (Esslingen) gezeigt.

10. April Volksabstimmung und Reichstagswahl. Die Wahlbeteiligung beträgt in Stuttgart 99,85 %. Den 325 829 Ja-Stimmen (99,48 %) stehen 1587 Nein-Stimmen und 99 ungültige Stimmen gegenüber.
Bischof Sproll in Rottenburg bleibt demonstrativ der Wahl fern. Noch am gleichen Tag meldet der Rottenburger NSDAP-Ortsgruppenleiter diese Tatsache an Gauleiter Murr.

11. April Vor den Beiräten für das Wohlfahrts- und Gesundheitswesen rügt der Kreisamtsleiter der NS-Volkswohlfahrt, H. Güntner, daß das Kinderheim Rappenau nicht im Sinne der nationalsozialistischen Weltanschauung geführt werde, da dort mit den Kindern Abendandachten stattfänden. Er wünscht, daß die Stellenbesetzung in den städt. Kinderheimen und Kindergärten überprüft wird und konfessionelle Kindergärtnerinnen abgelöst werden.

15. April Die Fußgängerunterführung Villastraße/Cannstatter Straße wird in Betrieb genommen.
Der Oratorienchor führt zusammen mit dem Landesorchester in der Stiftskirche Bachs »Matthäus-Passion« auf.

19.—30. April Friedrich Otto Fischer gastiert in der Komödie »Der Ministerpräsident« von Wolfgang Goetz im Schauspielhaus.

20. April An der Truppenparade auf dem Wasen anläßlich Hitlers Geburtstages nehmen erstmals Panzer in geschlossener Formation (PzReg. 8) teil.
Zum Hitler-Geburtstag geben die Staatstheater im Großen Haus eine Festvorstellung des »Fidelio«. Ministerpräsident Mergenthaler hält die Festrede.
Auf der Gerlinger Höhe beim Schloß Solitude wird der Grundstein für eine HJ-Gebietsführerschule gelegt.

21. April Die Württ. Wertpapierbörse, seit 1923 im Haus der Industrie- und Handelskammer, bezieht ihre neuen Räume in der Schellingstraße 6.

22. April Der Württ. evang. Pfarrverein hält seine Jahresversammlung in Stuttgart ab.
Im Universum-Lichtspieltheater wird der erste Teil des Olympia-Filmes von Leni Riefenstahl zum erstenmal gespielt.

In der Stadthalle wird ein Länderkampf im Geräteturnen zwischen Italien und Deutschland ausgetragen.
Dr. med. Hermann Feldmann wird als Ratsherr von OB Dr. Strölin entlassen.
Karl Schumacher, Verbandsdirektor und Ehrenmeister des württ. Handwerks, verstorben.

23./24. April   In der Stadthalle werden — erstmals im Reich — HJ-Reichskämpfe im Geräteturnen ausgetragen.

24. April   Die württ. Diakoniegemeinschaft hält in Stuttgart ihre Jahrestagung ab. Die Mutterhäuser der Diakonie-Schwestern verzeichnen in ihren Jahresberichten durchweg »stark anwachsende Arbeit«.
Reichsarbeitsführer Hierl besucht Stuttgart. Am darauffolgenden Tag besichtigt er die Arbeitslager Altburg, Pforzheim und Walldorf.
Die Transport-Firma Paul von Maur besteht 75 Jahre.

25. April   Die Einkaufsgenossenschaft Sütex eGmbH Stuttgart legt in ihrer Hauptversammlung den Stammanteil pro Mitglied auf 2000 RM fest; damit betragen die Gesamt-Garantiemittel der Genossenschaft 555 000 RM. Der Gesamtumsatz steigerte sich 1937 um 25 %. Die Durchschnittsumsätze eines Mitglieds betrugen 1935 14 000 RM, 1936 21 000 RM und 1937 28 000 RM.
Löwe's Verlag Ferdinand Carl begeht sein 75. Jubiläum.

26. April   In Möhringen wird die Lehrbaustelle Württemberg der Wirtschaftsgruppe Bauindustrie eingeweiht. Lehrlinge der Bauindustrie sollen an ihr ihre baupraktische Ausbildung erhalten.
An der Landwirtschaftlichen Hochschule in Hohenheim findet ein Rektoratswechsel statt. Prof. Dr. Carstens übergibt nach dreijähriger Tätigkeit als Rektor sein Amt an Prof. Dr. Jung.
Die Deutschmeister-Kapelle (Wien) spielt in der Stadthalle.

27. April   Immatrikulationsfeier für 200 Studierende der TH.

28. April   Im Rahmen der 7. Tagung der Arbeitskammer werden im Stadtgartensaal 115 württ. Betriebe — darunter 45 Stuttgarter — mit dem Gaudiplom für hervorragende Leistungen im Betrieb von Gauleiter Murr ausgezeichnet.
In nichtöffentlicher Ratsherrensitzung teilt OB Dr. Strölin mit, der Reichsstatthalter habe sich nunmehr — entgegen seiner bisherigen Stellungnahme — dahin ausgesprochen, daß Vaihingen in absehbarer Zeit eingemeindet werde. Er bittet die Ratsherren, von dieser Mitteilung nach außen hin keinen Gebrauch zu machen. — Die Verhandlungen mit

APRIL 1938

Fellbach wegen eines Markungsausgleichs haben bisher noch zu keinem Ergebnis geführt. Dieser Ausgleich wird von Stuttgart gefordert, da sich die Gartenstadt Luginsland, nachdem die Möglichkeiten auf Stuttgarter Markung erschöpft sind, auf die Markung Fellbach ausdehnt. Zumal mit dem Bau eines HJ-Heimes, womit auch Fellbacher Bedürfnisse befriedigt würden, sei ein weiterer Grund dafür vorhanden. —Mit der Gemeinde Aldingen, die wegen der Staustufe einen Teil des Dorfes entwässern muß (die Staustufe wurde 1937 im Rohbau fertig), wurde folgende Einigung erzielt: Stuttgart erwirbt käuflich ein 6,4 ha großes Gelände für 134 000 RM und gewährt zusätzlich einen verlorenen Zuschuß von maximal 36 000 RM, da Aldingen die Kosten der Bauarbeiten (die vom Tiefbauamt Stuttgart durchgeführt werden) nicht aufbringen kann. Die Nekkarbaudirektion leistet einen Beitrag von 170 000 RM. Von dem — angesichts der Zwangslage Aldingens für Stuttgart naheliegenden — Gedanken der Eingemeindung wurde »aus taktischen Gründen« Abstand genommen, man wolle die Nachbargemeinde nicht unter Druck setzen. — Im Rahmen der HJ-Heimbeschaffung werden einige Projekte erörtert. — Im Zusammenhang mit weiteren Grundstückserwerbungen in der Charlotten-, Holz-, Wagner- und Brennerstraße wird der Stadtbauplan erläutert. Der Durchbruch der Holzstraße zwischen Leonhardsplatz und Danziger Freiheit soll am 1. Mai begonnen werden. — Die Stuttgarter Siedlungs GmbH, die auf stadteigenem Gelände den 3. Eigenheimbauteil der Gemeinschaftssiedlung Wolfbusch in Weilimdorf mit 19 Einfamilienhäusern errichtet, erhält einen städt. Zwischenkredit bis zu 150 000 RM, um die Finanzierung abzusichern. — Das Tiefbauamt wird mit der Erweiterung der Hauptkläranlage Mühlhausen beauftragt. — In der Beratung über die Arbeiten zur Reichsgartenschau berichtet Stadtrat Dr. Könekamp über den gegenwärtigen Stand und über die Eindrücke der Stuttgarter Delegation bei der Eröffnung der 2. Reichsgartenschau in Essen. Im Unterschied zur Essener Konzeption mit starren Formen und Aufteilung des Geländes wird in Stuttgart Wert auf natürliche Landschaftsgestaltung gelegt. Mit den Hochbauten ist inzwischen begonnen worden. Schwierigkeiten bereitet der Mangel an Arbeitern.

29. April Die Allgemeine Ortskrankenkasse erläßt trotz angespannter Haushaltslage (anhaltend hoher Krankenstand von nahezu 5 % des Mitgliederbestandes bei einem Beitragssatz von 5 % des Grundlohnes) eine neue Kassensatzung, die am 1. Juni 1938 in Kraft tritt und mehr Leistungen als bisher vorsieht. Die Änderung wurde durch die Neuordnung der reichsgesetzlichen Sozialversicherung (sogenannte Aufbaugesetzgebung) bedingt.
In der Adolf-Hitler-Kampfbahn werden etwa 600 von insgesamt rund 1100 Werkscharmännern der Stadtverwaltung durch OB Dr. Strölin, Gauwerkscharführer Winkler und SA-Oberführer Himpel verpflichtet.
Barnabás von Géczy und sein Tanzorchester spielen in der Liederhalle.

MAI 1938

Auf Einladung des Deutschen Ausland-Clubs hält der Afrika-Forscher Adolf Friedrich Herzog zu Mecklenburg im Klubheim in der Mörikestraße einen Vortrag über seine Reisen.

30. April Die Nationalsozialistischen Musterbetriebe für 1938 werden in Berlin mit der Goldenen Fahne ausgezeichnet. Unter ihnen befindet sich die Kakao- und Schokoladenfabrik Staengel u. Ziller in Untertürkheim.
Auf Einladung der Dantegesellschaft sang im Oberen Museum das Trio Vocale Romano.

1. Mai OB Dr. Strölin reist nach Rom, um als Vertreter der Stadt der Auslandsdeutschen am Empfang Hitlers teilzunehmen.
Die Maifeiern laufen wie üblich ab: am Vorabend Gedenkfeier im Hof des Neuen Schlosses und Aufstellen des Maibaums auf dem Marktplatz mit Maiensingen; am 1. Mai Festzug und Festakt in der Adolf-Hitler-Kampfbahn.
Die Gardinen-Spezialfirma Eugen Kentner AG begeht ihr 50jähriges Geschäftsjubiläum.

1.–15. Mai Im Friedrichsbau-Theater gastiert »Nazi Eisele« (= Ignaz Eisele) mit seiner Folklore-Gruppe (Garmisch-Partenkirchen).

2. Mai Dr. Georg Ludwig, von 1920–1934 Bürgermeister, verstorben.

3. Mai Im Landesgewerbeamt wird eine Wanderschau mit dem Thema »Bauerntum und Schule« eröffnet, die gemeinsam von der Landesbauernschaft Württemberg und der Württ. Landesanstalt für Erziehung und Unterricht durchgeführt wird.
Der neue Vorstand des Amtsgerichts Stuttgart-Bad Cannstatt, Amtsgerichtsdirektor Adolf Dürr, wird in sein Amt eingeführt.

4. Mai 15 bulgarische Straßenbauingenieure, betreut vom Generalbaukommando der Autobahnen, besuchen während ihrer Deutschlandreise Stuttgart. Sie besichtigen u. a. die Kläranlage in Mühlhausen.
In der Liederhalle geben die Wiener Mozart-Knaben ein Konzert.

5. Mai Interne Konferenz des Bischöflichen Ordinariats in Stuttgart zur Information der Dekane über die Maßnahmen nach der Wahlenthaltung von Bischof Dr. Sproll am 10. April.
Die einheimische Sängerin Else Domberger gibt in der Liederhalle einen Liederabend.
Im Ehrenmal der deutschen Leistung veranstaltet das Deutsche Ausland-Institut einen Österreichischen Dichterabend. Ines Widmann und Dr. med. Hans Klöpfer lesen aus ihren Werken.

MAI 1938

6. Mai   169 österreichische »Hitler-Urlauber« kommen in Stuttgart an. 63 bleiben hier, die übrigen verbringen einen 14tägigen Urlaub in Städten der näheren Umgebung. Die Presse ruft die Bevölkerung auf, Freiplätze zur Verfügung zu stellen, da im Lauf des Jahres 100 000 Österreicher auf diese Weise im Reich untergebracht werden sollen.

Der Reichssender Stuttgart führt in Verbindung mit der NS-Gemeinschaft Kraft durch Freude in der Liederhalle das Händel-Oratorium »Triumph der Zeit und Wahrheit« auf. Die musikalische Leitung hat Dr. Wilhelm Buschkötter.

Unter der Schirmherrschaft des OB geben blinde Künstler ein Konzert in der Liederhalle, an dem das Landesorchester und Prof. Walter Rehberg als Dirigent mitwirken. Ludwig Kühn (Klavier), Hans Kohl (Bariton) und Adolf Morlang (Violine) sind die blinden Solisten.

Robert Assion (Cello) und Otto Ludwig (Klavier) spielen in der ersten Veranstaltung der von der Kreismusikerschaft veranstalteten »Konzerte junger Künstler« im Haus des Deutschtums.

Zur Eröffnung der Ausstellung Deutsche Handwerksarbeiten aus Österreich und Südosteuropa im staatlichen Ausstellungsgebäude in der Kanzleistraße spricht Dr. Berthold (München) über die volksdeutschen Gruppen im Ausland.

In der Stadthalle kämpft eine Stuttgarter Box-Stadtmannschaft gegen eine ungarische Auswahlmannschaft. Die Ungarn gewinnen 10:6.

Oberstaatsanwalt Dr. Otto von Ruepprecht verabschiedet sich in einer Feier in der Staatsanwaltschaft von den Vertretern der Stuttgarter Justizbehörden. Ruepprecht geht nach 40jähriger Tätigkeit als Richter und Staatsanwalt in Stuttgart mit Ablauf des Monats altershalber in den Ruhestand. Sein Nachfolger ist ab Juni Oberstaatsanwalt Otto Link.

6.—29. Mai   Der Württ. Kunstverein zeigt im Kunstgebäude Gemälde, Graphik und Plastik des Künstlerbundes Stuttgart mit Werken von mehr als 60 Künstlern. Vertreten sind u. a. Eugen Stammbach, Oskar Obier, Julius Kurz, Alexander Eckener, Felix Hollenberg, Oskar Frey, Martin Nicolaus, Heinrich Eberhard und Hans Spiegel.

7. Mai   Möhringen wird Garnisonstandort. Mit einer Parade bezieht die 1. Luftgaunachrichten-Abteilung 5 ihre Kaserne. Gleichzeitig wird auch Vaihingen Garnison.

In der Liederhalle wird ein Freundschaftstreffen von Tischtennisspielern aus Deutschland, der Tschechoslowakei und Schweden veranstaltet.

Im Rahmen des zweiten Reichskulturlagers des NS-Lehrerbundes in der Gauschule Jungborn bei Nürtingen wird im Gustav-Siegle-Haus eine Feierstunde veranstaltet, in deren Mittelpunkt ein Bericht des österreichischen NS-Dichters Karl Springenschmid aus der »Kampfzeit« in Österreich steht.

MAI 1938

Der Männerchor Sängerlust Zuffenhausen veranstaltet unter der Leitung seines Chormeisters Robert Schäfer in der Horst-Wessel-Schule sein diesjähriges Frühjahrskonzert.
Im Kunstgebäude wird eine Presseschau: Zeitung und Anzeige, die vom Reichsverband der deutschen Zeitungsverleger, Landesverband Württemberg, veranstaltet wird, eröffnet.
Auf der Jahrestagung des Deutschen Museums in München wird OB Dr. Strölin in den Vorstandsrat gewählt. Die beiden Stuttgarter Techniker Ingenieur Ferdinand Porsche und Direktor Rall werden in den Verwaltungsausschuß berufen.

7./8. Mai Der Hauptausschuß des Deutschen und Österreichischen Alpenvereins, jetzt Verwaltungsausschuß des Deutschen Alpenvereins, der seinen Sitz seit 5 Jahren in Stuttgart hat, tagt hier zum letztenmal. Stadtrat Dr. Locher, der den OB vertritt, verabschiedet auf einem Empfang in der Villa Berg, dem sämtliche Vorsitzende des DAV sowie zahlreiche Ehrengäste beiwohnen, den Verwaltungsausschuß mit seinem Vorsitzenden Dr. von Klebelsberg nach Innsbruck. Während der Tagung wird u. a. eine neue Satzung beschlossen, die den Richtlinien des Deutschen Reichsbundes für Leibesübungen und somit dem Führerprinzip entspricht. Die umstrittene Bezeichnung Sektion darf neben der Bezeichnung Zweigverein beibehalten werden.
Der Württ. Verein für Baukunde im NS-Bund Deutscher Technik hält seine Jahrestagung in der TH und in der Liederhalle ab. Der Vorsitzende, Prof. H. Kaiser, spricht die Thematik der Tagung — Vierjahresplan, Rohstoffmangel, Mangel an Fachkräften — in seiner Eröffnungsrede an.
Der Deutsche Automobil Club Gau Württemberg, dessen Mitgliederzahl sich in den letzten Jahren auf rund 8000 erhöht hat, hält mit den Vertretungen seiner 37 Ortsgruppen seine Gautagung ab, die sich mit Verkehrsfragen im Hinblick auf die fortschreitende Motorisierung beschäftigt. Am 8. Mai eröffnet Gauführer Dr. Blaich den zweiten Heimatwettbewerb, der bis Oktober dauert und die Mitglieder mit der schwäbischen Heimat vertraut machen soll.

8. Mai Der Gasthof Landhaus bei Möhringen wird beseitigt, um bessere Sichtverhältnisse an der Straßenkreuzung nach Degerloch, Echterdingen und Plieningen zu schaffen.
Die Sängerin Hildegarde Ranczak (München), die früher der Stuttgarter Opernbühne angehörte, gastiert in einer Aufführung des »Rosenkavalier« im Großen Haus.
Zum Abschluß einer Reihe von Abendmusiken in der Markuskirche bringen der Grischkat-Singkreis und das Orchester des Schwäb. Singkreises die Bachkantate »Wir müssen durch viel Trübsal« zur Aufführung.
Mit Konzerten des Kurorchesters und anderer Kapellen beginnt in Bad Cannstatt die Hauptkurzeit.

MAI 1938

Aus Anlaß der 25jährigen Chormeistertätigkeit seines Chorleiters G. A. Nack veranstaltet der Männergesangverein Concordia Bad Cannstatt im Kursaal ein Festkonzert.
Der Musikverein (Stadtorchester) Stuttgart-Zuffenhausen veranstaltet unter der Leitung von Konzertmeister Robert Waldmann im Saalbau zum Kirchtal seine Frühjahrsfeier.

9. Mai Zum viertenmal wird der Volksdeutsche Schrifttumspreis der Stadt der Auslandsdeutschen am Todestag von Friedrich Schiller verliehen. In einer Feierstunde im Ehrenmal der deutschen Leistung überreicht ihn OB Dr. Strölin an Friedrich Bodenreuth für dessen Roman »Alle Wasser Böhmens fließen nach Deutschland«.
Die Kohlenhandlung J. G. Zweigle in Bad Cannstatt begeht dieser Tage ihr 75jähriges Bestehen.

9./10. Mai Der Liederkranz feiert sein 114. Schillerfest. Am Abend des 9. Mai spricht Staatsschauspieler Roderich Arndt auf dem Schillerplatz ein von August Reiff verfaßtes Huldigungsgedicht, das jedoch nicht den Dichter, sondern Hitler als Schöpfer des Großdeutschen Reiches feiert. Die Festansprache am 10. Mai in der Liederhalle hält Oberstudiendirektor Dr. Hermann Binder, der aktuelle Bezüge zur Wallenstein-Trilogie herstellt.

10. Mai Die Stadt Stuttgart vereinbart einen Geländetausch mit dem Reichsfiskus (Heer), der im Mönchsberg und Rappenberg in Zuffenhausen zur Zeit einen Kasernenneubau errichtet.
Die Hauptversammlung der Württ. Feuerversicherungs-AG, Stuttgart, genehmigt 8 % Dividende bei einem Jahresreingewinn von 1,02 Mio. RM, obwohl die Bruttoprämieneinnahmen trotz lebhaften Neugeschäfts insgesamt rückläufig waren. Diese Entwicklung der Prämieneinnahme in der Sachversicherung wird als Folge der »starken Besserung des Schadensverlaufs« seit der nationalsozialistischen Machtergreifung dargestellt.
Regierungsrat Dr.-Ing. Meuth, seither mit der Leitung des Landesgewerbeamts beauftragt, ist zum Vorstand dieses Amtes bestellt worden.

11. Mai Mit der Inbetriebnahme des zweiten Gleises zwischen Ditzingen und Korntal ist die Bahnstrecke von Stuttgart nach Leonberg durchgehend zweigleisig.
Die Staatstheater bringen im Großen Haus drei für das am 15. Mai beginnende Internationale Musikfest bestimmte Operneinakter junger italienischer Musiker heraus. Für »Orpheus« von Alfredo Casella und die Groteske »Der Teufel im Kirchturm« von Adriano Lualdi bedeutet dies die deutsche Uraufführung, für die Musikkomödie »Der falsche Harlekin« von Francesco Malipiero die Stuttgarter Erstaufführung.

12. Mai Die Wagenfabrik W. Wimpff und Sohn begeht in diesen Tagen ihr 100jähriges Bestehen.
Kaplan Herrmann Breucha (Stuttgart) ist die kath. Stadtpfarrstelle Stuttgart-Degerloch übertragen worden.
Die Stuttgarter Tänzerin Brita Stegman wurde als Solotänzerin der Tanzgruppe der Staatlichen Deutschen Meisterstätte für Tanz nach Berlin verpflichtet.

13. Mai In Degerloch wurde auf dem Gelände der früheren Baumschule neben dem Sportplatz der Straßenbahner mit dem Bau eines neuen Freizeitheimes für diese begonnen. Die Gemeinschaftshalle für 1400 Personen ist Ersatz für das frühere Waldheim beim Killesberg, das wegen der Reichsgartenschau abgetragen wurde, soll aber auch als Gemeinschaftsraum für Veranstaltungen des Stadtteils Degerloch benützt werden.
Der stellv. Leiter der Landessaatzuchtanstalt Hohenheim, Dr. Emil Lowig, seit Sommersemester 1937 in Hohenheim, ist zum Professor und Direktor dieser Anstalt ernannt worden.

13.–15. Mai Acht Mannschaften aus fünf Nationen kegeln im Kegelsporthaus, Schickhardtstraße 5, um den erstmalig 1936 in Berlin ausgesetzten Europa-Pokal. In der Einzelmeisterschaft gewinnt Kurzenberger (München), im Mannschaftskampf gewinnt Schweden.

14./15. Mai Reichswerbe- und Opfertag des Deutschen Jugendherbergswerks.

15. Mai SA-Obergruppenführer Ludin tätigt den ersten Spatenstich an der SA-Siedlung Büsnauer Hof hinter dem Schattenwirtshaus an der Magstädter Straße. Die ersten Grabarbeiten durch die Siedler werden am 26. Juni aufgenommen.
OB Dr. Strölin übernimmt im Namen der Stadt zum Muttertag die Ehrenpatenschaft über 146 viertgeborene Stuttgarter Kinder.
Hermann Lang gewinnt auf Mercedes-Benz erneut den Großen Preis von Tripolis. Manfred von Brauchitsch und Rudolf Caracciola belegen den 2. und 3. Platz. Die Daimler-Benz-Werke veranstalten zu ihren Ehren am 27. Mai eine Siegesfeier.
Der Radfahrerverein Stuttgardia Schwobaland 1908 feiert sein Vereinsjubiläum mit einem international besetzten Straßenrennen Rund um Stuttgart und einem Saalsportfest im Dinkelacker-Saalbau.
Aus Anlaß seines 40jährigen Bestehens spielt der FV Zuffenhausen im Rahmen seiner Jubiläumsveranstaltungen gegen den VfB.

15.–23. Mai Während des Internationalen Musikfestes des Ständigen Rates für die internationale Zusammenarbeit der Komponisten werden rund 40 Werke aus 17 europäischen Ländern aufgeführt. Der deutsche Delegierte betont anläßlich eines Empfangs für die ausländischen Gäste im Staatsministerium bei Reichsstatthalter Murr (im Anschluß an die Aufführung der Oper »Der Cid« von Cornelius am 15. Mai), daß das Musikfest keiner kunstpolitischen Richtung huldigt. Höhepunkte sind die Festvorstellung der Oper »Tannhäuser« am 21. Mai, dem Vorabend des 125. Geburtstages von Richard Wagner, und das 3. Kammerorchesterkonzert, in dem Hans Pfitzner sein Duo für Violine und Violoncello mit den Solisten Max Strub und Ludwig Hoelscher leitet.

15. Mai bis 9. September   Entsprechend einer Vereinbarung des Reichsorganisationsleiters mit dem Präsidenten der italienischen Industriearbeiter-Konföderation kommen allwöchentlich 500 italienische Arbeiter zu einem siebentägigen Urlaub nach Stuttgart.

16. Mai bis 15. Juli   Nachdem Bischof Sproll Rottenburg auf Grund seiner Wahlenthaltung am 10. April verlassen mußte, hält er sich vorübergehend im Marienhospital auf.

17. Mai   Die Wohlfahrts- und Gesundheitsbeiräte beraten über die Lage der Kinderheime, die inzwischen so prekär ist, daß ein Beiratsmitglied es für notwendig hält, »den Herrn Oberbürgermeister davon in Kenntnis zu setzen, daß die Wohlfahrts- und Gesundheitsbeiräte die Verantwortung für die Zustände auf dem Gebiet der Kleinkinderunterbringung nicht mehr übernehmen können«. Für das geplante Kinderheim Am Kräherwald, inzwischen an erster Stelle in der Reihe der vordringlichen Bauarbeiten der Stadt, wurde immer noch kein Eisen zugeteilt. Trotz stärker werdender Geburtenjahrgänge wurden und werden Kinderheime zweckentfremdet (z. B. Viktor-Köchl-Heim). Die frühere Möglichkeit, bei Überfüllung der städt. Heime auf die Einrichtungen des Vereins für Ferienkolonien zurückzugreifen, besteht nicht mehr, da diese Heime in den Besitz der NS-Volkswohlfahrt übergegangen sind.
Der zweite Teil des Olympia-Films von Leni Riefenstahl »Fest der Schönheit« wird im Universum vor zahlreichen Ehrengästen zum erstenmal gespielt.

18. Mai   Das Kuratorium des Verkehrswissenschaftlichen Instituts für Luftfahrt an der TH hielt seine 8. Jahrestagung unter dem Vorsitz von Ministerialdirektor Staiger vom Wirtschaftsministerium ab. Der Leiter des Instituts, Prof. Dr. Carl Pirath, erstattete Bericht über die Forschungsarbeiten des vergangenen Jahres, die dem Weltluftverkehr gewidmet waren.
Die Solo-Tanzgruppe des Deutschen Opernhauses Berlin gibt im Großen Haus ein Gastspiel.

19. Mai In nichtöffentlicher Sitzung beraten die Ratsherren u. a. folgende Tagesordnungspunkte:
Die im Vorjahr erstellte provisorische Schwabenhalle wird mit einem Kostenaufwand von 80 000 RM umgebaut. — Infolge allgemeiner Verteuerung der Bauarbeiten und wegen des unvorhergesehenen Aufwandes für die Fundamentierungsarbeiten müssen die Mittel für die Hochbauten der Reichsgartenschau um rund 600 000 RM erhöht werden. Entgegen der ursprünglichen Planung von 1936/1937 mit 9,131 Mio. RM Gesamtkosten für Gartenschau und Tierpark wird jetzt mit einem Mehraufwand von 2,2 Mio. RM gerechnet. Für den Tierpark allein werden die Kosten auf 5,8 Mio. RM angesetzt. — Die Stadt erwirbt für 400 000 RM vom württ. Staat das in die Gartenschau einzubeziehende Grundstück und Gebäude Am Kochenhof 18 (Institut für Schall- und Wärmeforschung), das Finanzministerium stimmt dem Kaufvertrag nur unter dem Vorbehalt zu, daß die Stadt neues Baugelände in Degerloch zur Verfügung stellt. — Das Gebäude Taubenheimstraße 24 in Bad Cannstatt wird — als Behelfsmaßnahme — zu einem Fremdenheim umgebaut und zunächst der Kuranstalt Daimler angegliedert. Der Bau eines geplanten Kurhotels mit 50—60 Betten in der Mergentheimer Straße wird zurückgestellt. — Für die dringendsten städt. Bauvorhaben (Kinderkrankenhaus Am Kräherwald, Mineralwasserabfüllgebäude in Bad Cannstatt, Sulzerrainschule in Bad Cannstatt, Umbau Bad Leuze, Ausbau Adolf-Hitler-Kampfbahn, Klärgasabfüllanlage, Kraftwagenhalle für das Fuhramt, Kurmittelhaus in Bad Cannstatt) werden 1138 t Eisen benötigt; zugeteilt wurden jedoch nur 150 t. Das für die Gartenschau erforderliche Eisen dagegen wurde zur Verfügung gestellt. — Die Technischen Werke werden beauftragt, den Hochbehälter Neuwirtshaus von 1600 cbm auf 3100 cbm Fassungsvermögen zu erweitern, um die Bedarfsdeckung von 3000 cbm Tageshöchstleistung nach dem Anschluß der Gemeinde Münchingen sicherzustellen. Die Mitbenützung des Stuttgarter Hochbehälters wurde mit der Strohgäuwasserversorgungsgruppe und mit Münchingen am 1. und 4. April 1938 vereinbart. — Wegen der Elektrifizierung der Strecke Zuffenhausen — Weil der Stadt wird der im Jahr 1931 zwischen der Deutschen Reichsbahn-Gesellschaft einerseits und der Stadt Stuttgart und der Neckarwerke AG in Esslingen andererseits abgeschlossene Stromlieferungsvertrag aufgehoben und neu gefaßt.

20. Mai 60 österreichische Junglehrer, Teilnehmer an einem Schulungslehrgang für Landjahrführer in Tübingen, sind Gäste der Stadt.
Dr. Curt Zimmermann (Bremen), von Hitler beauftragt, »Richard Wagner ins Volk zu tragen«, hält an der TH eine Gastvorlesung, in der der Komponist als Politiker und Wegbereiter des Nationalsozialismus interpretiert wird.
Nach längerer Pause werden in der Stadthalle wieder Berufsboxkämpfe veranstaltet. Im Hauptkampf besiegt Rex Romus (Wien) den Exmeister Vinzenz Hower (Köln) nach Punkten.

MAI 1938

21. Mai Der Landesverein Württemberg und Hohenzollern im Reichsbund deutscher Diplomlandwirte hält seine Jahresversammlung ab, in deren Mittelpunkt der Bericht des Landesbauernführers Arnold über die »Erzeugungsschlacht« steht. Auf der eigentlichen Schulungstagung wird die Bedeutung der bäuerlichen Bodenordnung erörtert und über »Rassenbiologie und Rassengeschichte« referiert.

Staatsschauspieler Waldemar Franke, der mit Ende der Spielzeit nach 36jähriger Dienstzeit aus gesundheitlichen Rücksichten aus dem Verband der Württ. Staatstheater ausgeschieden ist, wird zum Ehrenmitglied ernannt.

21./22. Mai Die Weimarer Gesellschaft der Bibliophilen tagt in Stuttgart. Zum Auftakt werden die Gäste im Namen der Stadtverwaltung von Stadtrat Dr. Cuhorst in der Villa Berg empfangen, der die Stellung Stuttgarts als dritte Buchhändlerstadt im Reich hervorhebt. Besondere Beachtung findet die Bibliothek von Hugo Borst. Aus Anlaß der Tagung zeigt die Galerie Valentien im Königsbau eine Ausstellung Arabische Volksbücher und griechische Volksmalerei; die Landesbibliothek wartet mit einer bibliophilen Sonderschau auf, die Breviere, Holztafeldrucke, Chroniken, Evangeliare und Handschriften präsentiert.

Der Bund Deutscher Osten tagt im Deutschen Ausland-Institut. Hauptthema der Vorträge ist die »sudetendeutsche Frage«.

22. Mai Die Stuttgarter Vereine und Wettkampfgemeinschaften veranstalten wieder den Stuttgarter Stadtlauf durch die Innenstadt mit Einzel- und Staffelläufen, um für den Sport zu werben.

Vor 65 000 Zuschauern findet in der Adolf-Hitler-Kampfbahn eine Doppelveranstaltung statt: das Hockey-Länderspiel Deutschland—Schweiz, das die deutsche Mannschaft mit 4:0 gewinnt, und das Fußballspiel einer großdeutschen Mannschaft gegen den englischen Meister der Zweiten Division, Aston Villa Birmingham. Die Engländer gewinnen 2:1. Der Betreuer der deutschen Mannschaft, Prof. Dr. Nerz, der schon in der Vorwoche sein Rücktrittsgesuch eingereicht hatte, um seinem Schüler und Nachfolger Sepp Herberger Platz zu machen, wird vom Publikum ausgepfiffen, da es mit der Mannschaftsaufstellung, insbesondere einigen Österreichern, unzufrieden ist.

23. Mai Im Kursaal Bad Cannstatt wird der alljährliche Weinmarkt abgehalten. 400 hl Wein werden zum Preis von 70 bis 110 RM verkauft.

23.—25. Mai Mehr als 800 württ. Standesbeamte tagen in der Liederhalle, wo sie in Vorträgen der Württ. Verwaltungsakademie mit dem neuen Personenstandsrecht vertraut gemacht werden.

MAI 1938

24. Mai Im sechsten und letzten Konzert des Wendling-Quartetts in dieser Saison in der Liederhalle spielt als neuer Bratschist Hans Koehler.
Der frühere Reichskanzler Dr. Hans Luther hält im Deutschen Ausland-Institut einen Vortrag über seine Erfahrungen im Ausland. Er hebt das seit 1933 gewandelte Bewußtsein der Auslandsdeutschen und die Bedeutung der deutschen Schulen im Ausland hervor.

25. Mai Am Neubau der Materialprüfungsanstalt in Berg wurde Richtfest gefeiert. Die Ausbildungsleiter aus dem Gau Württ.-Hohenzollern beschäftigen sich auf einer Tagung im Bürgermuseum mit dem Facharbeitermangel und der Ausbildung des Nachwuchses. Als besonders dringlich wird die Einrichtung von Lehrwerkstätten in der Textilindustrie angesehen.
Im Kursaal Bad Cannstatt findet die Eingliederung der Fachgruppe Säuglingsschwestern in den Reichsbund der Freien Schwestern und Pflegerinnen der Gauwaltung Württ.-Hohenzollern der NS-Volkswohlfahrt statt.

25.–27. Mai Der Verein Deutscher Heizungsingenieure im VDI tagt in Stuttgart. Durch Beschluß des Vorstandsrates wird der Verein in eine Arbeitsgemeinschaft Heizungs- und Lüftungstechnik des Vereins Deutscher Ingenieure umgewandelt. Die bisherigen Bezirksvereine setzen ihre Tätigkeit als Arbeitskreise fort. Zentrales Thema der Fachvorträge ist die Einsparung von Eisen in der Heizungstechnik.

26. Mai Erstmals werden jetzt auch in Bad Cannstatt Radrennen veranstaltet. Das Rennen um den Großen Preis von Bad Cannstatt auf einem 600 m-Rundkurs wird vom Renn- und Tourenclub Brennabor organisiert.
Der Erfolg der Pferderennen beim letzten Cannstatter Volksfest führte dazu, daß an diesem Himmelfahrtstag und am darauffolgenden Sonntag Frühjahrs-Pferderennen auf dem Wasen veranstaltet werden.

27. Mai Im Auftrag der Karthographischen Gesellschaft (Leipzig) vollzieht Prof. Dr. E. Wunderlich im Geodätischen Institut der TH die Gründung einer Ortsgruppe Stuttgart dieser Gesellschaft.
Straßenbahndirektor i. R. Valerian Ott verstorben.

27.–29. Mai Der Verein Deutscher Ingenieure (VDI) hält seine 76. und bisher größte Hauptversammlung in Stuttgart ab. Zahlreiche Fachvorträge in der Liederhalle, in der TH, im Stadtgarten, in der Industrie- und Handelskammer und in der neugestalteten Gewerbehalle informieren über den Stand der Technik. Unter den Ingenieuren, die mit dem VDI-Ehrenring ausgezeichnet werden, befindet sich auch der Stuttgarter Motoren-

MAI 1938

konstrukteur Dipl.-Ing. Friedrich Nallinger. Durch Beschluß des Vorstandsrates wird der Hauptamtsleiter des Amtes für Technik und Reichswalter des NS-Bundes Deutscher Technik, Prof. Dr. Todt, Vorsitzender des VDI.

28. Mai Im Sommerrain in Bad Cannstatt werden die ersten 42 bezugsfertigen Wohnungen einer Wohnsiedlung der Mahle-Siedlungs GmbH übergeben. Im Vorjahr hatte die Betriebsleitung der Mahle KG und der Elektron Co. mbH beschlossen, mit 1,2 Mio. RM 63 Gebäude mit 80 Wohnungen in zwei Bauabschnitten zu errichten. Die Mieten in dieser ersten Werk-Wohngemeinschaft Stuttgarts bewegen sich zwischen 50 und 85 RM. Zu den Wohnungen in Ein- und Zweifamilienhäusern gehören im Durchschnitt drei bis vier Ar Gartenland; damit wurde die Grenze der sogenannten Volkswohnungen oder Arbeiterwohnstätten im siedlungstechnischen Sinn absichtlich überschritten.
Eine italienische Studienkommission unter der Führung des Präsidenten der vereinigten nationalfaschistischen Verbände besucht auf ihrer Deutschlandreise Stuttgart. Sie besichtigt Dienststellen der Deutschen Arbeitsfront und Anlagen der Württ. Milchverwertungs AG.
Aus Anlaß des 100. Geburtstages des Grafen von Linden veranstaltet der Württ. Verein für Handelsgeographie im Linden-Museum eine Gedächtnisfeier.

28.–31. Mai Die Firma Daimler-Benz zeigt im Kunstgebäude eine Sonderschau mit Rennwagen, Personenwagen und Produkten aus der Automobiltechnik.

29. Mai Die schwäbische NS-Frauenschaft veranstaltet in der Stadthalle eine Kundgebung mit der Reichsfrauenführerin Gertrud Scholtz-Klink und Hauptamtsleiter Hilgenfeldt.

30. Mai Der neue Präsident des Württ. Sparkassen- und Giroverbands, Gauwirtschaftsberater Walter Reihle, bisher stellv. Direktor der Städt. Sparkasse, wird in einer Festsitzung des Verbandsausschusses im Sitzungssaal der Württ. Girozentrale in sein Amt eingeführt.

31. Mai Die Reichsstelle für Naturschutz eröffnet in Stuttgart unter starker Beteiligung von Besuchern aus dem Reich einen Lehrgang über Landschaftspflege im Bodenseegebiet.
Rudolf Klaiber, seit 1. Januar 1923 Polizeipräsident in Stuttgart, scheidet wegen Erreichung der Altersgrenze aus dem Dienst.
Der Leiter des Gesundheitsamtes, Prof. Dr. Alfred Gastpar, geht nach Erreichen der Altersgrenze in den Ruhestand. Er wird vom OB in einer Feier im Ratskeller verabschiedet; gleichzeitig wird der Nachfolger Prof. Dr. Walter Saleck in sein Amt eingeführt.

1. Juni In der Handwerkskammer wird eine Ausfuhrförderungsstelle für das Handwerk in Stuttgart für Württemberg, Hohenzollern, Baden und die Saarpfalz errichtet.
Die letztmals am 24. November 1933 festgesetzten, verhältnismäßig hohen Taxi-Fahrpreise werden gesenkt. Die Grundgebühr wird von 70 auf 60 Pfennig reduziert; die Tarife liegen zwischen 33 Pf (eine Person bei Tag und Nacht) und 80 Pf, gestaffelt nach Personenzahl und Tageszeit.

Das Schauspielhaus eröffnet seine Sommersaison mit der Operette »Das Land des Lächelns«.

2. Juni Aus Anlaß des 25jährigen Bestehens der Bosch-Lehrlingswerkstätte wird die Bosch-Jugendhilfe gestiftet, deren Aufgabe die finanzielle Förderung begabter jugendlicher Mitarbeiter bei einer höheren technischen oder kaufmännischen Ausbildung ist; auch Kinder von Betriebsangehörigen können unterstützt werden.

Bei einer Lehrwerkstätte der Reichspost in der Neckarstraße 145 wurde ein Lehrlingsheim eröffnet. Der Heimleiter ist von der HJ bestellt; die dort untergebrachten 72 Lehrlinge sind zu einer HJ-Gefolgschaft zusammengefaßt.

5. Juni Stadtpfarrer Scherrmann (St. Georg) wendet sich in der Pfingstpredigt gegen die Unterschriftenaktion, die die Absetzung von Bischof Sproll verlangt. Er gibt folgende Erklärung ab: »Seit Wochen gehen wieder Unterschriftensammler in der Gemeinde herum und bringen unsagbare Gewissensnot in so viele Herzen. Kein aufrechter Deutscher will sich sagen lassen, daß er ein Staatsfeind sei, vor allem kein Beamter. Kein aufrechter deutscher Katholik, auch kein katholischer Beamter, kann und darf aber auch Stellung nehmen gegen seinen Bischof, gegen die von Gott ihm gesetzte geistliche Autorität, der er auch zu Treue und Gehorsam verpflichtet ist. Wer ihn dazu auffordert, rührt an sein Ehrgefühl und sein Gewissen und, wenn er ihm noch droht mit Dienstentlassung und anderen Nachteilen, so übt er einen Gewissenszwang aus, der der verbrieften und auch von der heutigen Regierung wiederholt garantierten Gewissensfreiheit radikal entgegengesetzt ist. Hat der Bischof sich gegen ein Staatsgesetz verfehlt, so hat der autoritäre Staat die Macht, das zu ahnden. Er braucht keine Unterschriftensammler, die Listen herumtragen, auf denen auch gar kein Vermerk zu lesen ist, in wessen Auftrag und mit welcher staatlichen Vollmacht sie eine solche Ehrgefühl und Gewissen verletzende Aktion unternehmen. Der Bischof hat erklärt, daß er aus Gewissensgründen gehandelt habe, und das Gewissen ist die oberste Norm, nach der jeder Mensch, zumal jeder Christ, handeln muß. Wer gegen sein Gewissen handelt, handelt gewissenlos. Darum gibt es für uns nur eine Antwort: Kein ›Ja‹ und kein ›Nein‹ und keinen Namen unterschreiben! Das ist deutsche Ehrenhaftigkeit und katholische Mannhaftigkeit. Das ist geistlicher Bekennermut, zu dem ihr als Gefirmte verpflichtet seid und bleibt und wozu

JUNI 1938

auch der Pfingstgeist, der Heilige Geist des Mutes und der Stärke, der Geist der Treue und Wahrhaftigkeit, helfen möge.«

Die ersten 500 italienischen Urlauber der Faschistischen Industriearbeiter-Konföderation treffen in Stuttgart ein.

Ein Omnibus mit einer Stuttgarter Reisegesellschaft verunglückt an einem Bahnübergang bei Nesselwang. Beim Zusammenstoß mit einem Personenzug werden sieben Insassen getötet und 17 verletzt. Fünf der Toten werden am 9. Juni auf dem Friedhof Zuffenhausen beigesetzt.

7. Juni Das Neue Tagblatt berichtet über die Planungen und Bauvorhaben der Stuttgarter Straßenbahnen. In einer Unterredung mit der Presse zieht Direktor Dr. Schiller für die künftige Entwicklung die Möglichkeit einer »Unterpflaster-Straßenbahn« in Erwägung.

9. Juni Das Kunsthaus Schaller zeigt in seiner Juni-Ausstellung Gemälde und Graphik von Werner von Houwald, Prof. Hans Gött und Prof. Adolf Schinnerer.

9.–12. Juni Das Tapezier-, Sattler- und Posamentierhandwerk führt im Stadtgartensaal und in der Liederhalle seine vierte Reichstagung durch. Aus diesem Anlaß werden im Ausstellungsgebäude des Landesgewerbeamtes Erzeugnisse aus diesen Handwerksberufen gezeigt (bis 23. Juni).

10. Juni Die Firma Conrad Merz feiert im Stadtgartensaal ihr 100jähriges Bestehen.

10.–12. Juni Die Hoch- und Fachschulen von Stuttgart, Hohenheim und Esslingen begehen gemeinsam die Stuttgarter Studententage 1938. Auftakt ist eine volksdeutsche Kundgebung in der Liederhalle mit Prof. Steinacker (Innsbruck) als Gast. In der Eröffnungsfeier einer Ausstellung »Studentisches Schaffen« am Interimstheaterplatz wird der Studentenführer der TH, Stender, nach zweieinhalbjähriger Amtsführung verabschiedet und Helmut Eberspächer in dieses Amt eingesetzt. Im Rahmen der Studententage begehen am 11. Juni die Höhere Bauschule im Kursaal ihr traditionelles Sommerfest und die Landwirtschaftliche Hochschule Hohenheim mit einer Kundgebung auf Schloß Hohenheim ihre 120-Jahrfeier. An der Hochschule Hohenheim gibt es in diesem Sommerhalbjahr 119 Studierende, an der TH 798, die am meisten belegten Studiengänge sind hier Architektur (225) und Maschineningenieur (216).

11. Juni Kaplan Eugen Geidel (Buchau) ist die kath. Stadtpfarrstelle St. Maria (St. Eberhardskirche) und Kaplan Hermann Schmid (Neckarsulm) die kath. Stadtpfarrstelle St. Martin in Bad Cannstatt übertragen worden.

12.—26. Juni Anläßlich der Jahrestagung des Deutschen Ausland-Instituts veranstaltet der Württ. Kunstverein eine Ausstellung der Wiener Sezession mit Werken von 18 Künstlern.

13. Juni Nach zweieinhalbjähriger Bauzeit wird die Feuerwache III am Wasen, Ecke Daimler- und Mercedesstraße, eingeweiht. Gleichzeitig findet auch der 1935 begonnene Um- und Erweiterungsbau des Feuertelegraphen, der sich seit 1895 bis vor kurzem im Polizeipräsidium in der Büchsenstraße befand, seinen Abschluß.
Nach längerer Pause hat das Kunsthaus Hirrlinger wieder damit begonnen, geschlossene Sammlungen von Werken lebender Künstler auszustellen; es zeigt Werke der Münchner Maler Anton Müller-Wischin und Karl Boehme.

14. Juni Die Dritte Verordnung zum Reichsbürgergesetz schreibt die Kennzeichnung jüdischer Unternehmen und deren öffentliche Registrierung vor.
In öffentlicher Ratsherrensitzung wird der Haushalt 1938 verabschiedet. Die (späte) Vorlage beruht auf der Grundlage der neuen Gemeindehaushaltsverordnung vom 4. September 1937, die weitgehende Umstellungen erforderte. Der ordentliche Haushalt beziffert sich in Einnahmen und Ausgaben auf rund 110 Mio. RM, der außerordentliche Haushalt auf rund 50 Mio. RM. Die Senkung des ordentlichen Haushalts ist insbesondere darauf zurückzuführen, daß an die Stelle des Haushaltsplans der Technischen Werke ein Wirtschaftsplan tritt, die gesamten Einnahmen und Ausgaben der Technischen Werke erscheinen also nicht mehr im ordentlichen Haushaltplan der Stadt. Der Stadtkämmerer weist außerdem darauf hin, daß durch den bevorstehenden Finanz- und Lastenausgleich noch wesentliche Veränderungen des Haushalts zu erwarten sind, die nur im Wege der Nachtragshaushaltsatzung bereinigt werden können.

Die Hebesätze für die Gemeindesteuern werden wie folgt festgesetzt: Grundsteuer (einheitlich) 95%, Gewerbesteuer (nach dem Gewerbeertrag und dem Gewerbekapital) 280%, Zweigstellensteuer 364%, Warenhaussteuer 364%, Bürgersteuer 500%.

Im Anschluß an die Aussprache teilt der Leiter des Techn. Referats mit: Die Pragstraße zwischen Heilbronner Straße und Haldenstraße wird verbreitert. Die Fahrbahn wird von 6 m auf 18 m erweitert und die Straßenbahngleise werden in die Mitte gelegt. Der Wasserbehälter im Silberwald bei Sillenbuch wird von 600 cbm auf 1500 cbm Inhalt vergrößert und erhält ein neues Pumpwerk mit einer Leistung von 17 l/sec. Der Tageshöchstbedarf für die 3200 Einwohner Sillenbuchs liegt bei 600 cbm.
In nichtöffentlicher Sitzung nehmen die Ratsherren von umfangreichen Grunderwerbungen Kenntnis: Im Gebiet Holzstraße — Charlottenstraße — Brennerstraße wurden weitere zwölf Gebäude aufgekauft. Zwei Gebäude wurden zwischen Rote Straße und Calwer Straße zur Straßenverbreiterung gekauft; hier ist noch offen, welche der beiden

Straßen zur Durchgangsstraße bestimmt wird. Am Wilhelmsplatz wurde ein weiteres Gebäude erworben mit der Absicht, dort allmählich die Diensträume des Wohlfahrtsamtes zu vereinigen. In Bad Cannstatt wurden für den Ausbau des Kurbetriebes zwei Gebäude in der Mergentheimer- und Wiesbadener Straße gekauft sowie die Wirtschaft Goldener Hahn in der König-Karl-Straße. — Auf der Markung Neckarweihingen wurde ein 17 ha großes Gelände gekauft, das für das Dampfkraftwerk II benötigt wird. Für das Kraftwerk werden zusätzlich zu den bereits bewilligten 7 Mio. RM weitere 2,95 Mio. RM bereitgestellt. Die Notwendigkeit dieses neuen Kohlekraftwerkes wird mit folgenden Bedarfszahlen begründet: Der Stromverbrauch in Württemberg beträgt jetzt schon rund 350 Mio. KWh und steigt bis zum Jahr 1942 voraussichtlich um weitere 200—300 Mio. KWh. Bei dieser Entwicklung bringt der Strombezug aus Vorarlberg mit maximal 110 Mio. KWh keine nennenswerte Entlastung. Für die Stromversorgung in Stuttgart ist wegen der Anforderungen von Bosch und Daimler ein leistungsfähigeres Netz notwendig geworden, dessen Ausbau im Hinblick auf das neue Dampfkraftwerk II jetzt in Angriff genommen wird. Der Gesamtaufwand für eine 100 KV-Leitung Hoheneck — Dampfkraftwerk II — Feuerbach beziffert sich auf 6,8 Mio. RM, darin sind allerdings die Kosten für die im Vorjahr bewilligten fünf Abspannwerke mit 3,45 Mio. RM enthalten. — Das aus dem Jahre 1900 stammende Wasserkraftwerk der Stadt Stuttgart in Marbach wird durch den Bau des Neckarkanals und die damit verbundene Anhebung der Gefällhöhe in der Staustufe Marbach von 3 m auf 6 m hinfällig. Mit der Neckar AG hat die Stadt deshalb am 25. März 1938 vertraglich festgelegt, daß das Wassernutzungsrecht der Stadt verbleibt und die Betriebsführung des neuen Wasserkraftwerkes mit 14,5 Mio. KWh jährlicher Leistung der Stadt übertragen wird. Durch einen weiteren Vertrag zwischen der Reichswasserstraßenverwaltung, der Neckar AG und der Stadt Stuttgart unter dem gleichen Datum wird vereinbart, daß die Bauarbeiten für das Wasserkraftwerk, das Dampfkraftwerk und Teile des Schiffahrtsweges (Staustufe Marbach) gleichzeitig durchgeführt werden können. Stuttgart stellt die Mittel für die dadurch früher vorzunehmenden Arbeiten zinslos zur Verfügung (2,4 Mio. RM), die Neckar AG beginnt die Arbeiten für die Staustufe nicht erst wie zunächst geplant 1941, sondern schon am 1. Juli 1938. — Zur Modernisierung des Dampfkraftwerkes Münster werden die Technischen Werke beauftragt, eine neue Rauchgasentstaubungsanlage anzuschaffen. Statt der bisherigen Naßentstaubungsanlage wird erstmals ein Elektro-Filter eingebaut. — Zum Stand der Bauarbeiten für die Siedlung Mühlhausen wird mitgeteilt, daß die Auffahrtsstraße fertiggestellt ist. Eine Interessenkollision besteht mit der Heeresverwaltung, die immer mehr Gelände zwischen Burgholzhof und Ludwigsburg für ihre Zwecke beansprucht und bei Mühlhausen eine Schießbahn errichten will, wogegen die Stadt und der Landesplaner Einspruch erheben.

Die Hauptversammlung der Daimler-Benz AG genehmigt $7^{1}/_{2}\%$ Dividende. Der Umsatz ist 1937 auf 367 Mio. RM gestiegen, der Export wurde um über 50 % auf 45 Mio. RM gesteigert.

Stadtpfarrer Geiß (Bad Cannstatt) wurde das Amt eines bischöflichen Kommissärs für den Bezirk II Stuttgart übertragen.

14.–17. Juni Das Deutsche Ausland-Institut hält seine Jahrestagung unter dem Leitgedanken »Großdeutschland von den österreichischen Alpenländern bis zum deutschen Meer« ab. Die sippenkundliche Arbeitstagung wird diesmal in breiterem Rahmen durchgeführt, da nach einem Abkommen zwischen dem DAI und dem Volksbund für das Deutschtum im Ausland (VDA) sich 25 landschaftlich aufgebaute Forschungsstellen im gesamtdeutschen Reich beteiligen. Den Vorsitz führt Ratsherr Karl Götz, Ehrenvorsitzender ist der Rektor der Universität Innsbruck, Prof. Dr. Steinacker. Am 16. Juni findet in der Gewerbehalle eine Kundgebung mit dem österreichischen Reichsstatthalter Dr. Seyß-Inquart, dem Minister Hueber und dem Bürgermeister von Wien, Dr.-Ing. Neubacher, statt, während der OB Dr. Strölin Seyß-Inquart die Goldene Plakette des DAI überreicht. Am 17. Juni beschäftigen sich die Vorstandsmitglieder mit einer Reihe von Satzungsänderungen. Die Hauptversammlung im Neuen Schloß mit einer Ansprache von Strölin und dem Jahresbericht von Prof. Dr. Csaki schließt die Jahrestagung ab. Strölin weist ausländische Presseberichte zurück, in denen das DAI als »politische Spionagezentrale«, »Teil des großen Generalstabs«, »Glied der Gestapo« und »Werkzeug der Wirtschaftsspionage« bezeichnet wird.

15. Juni Der Journalist Dr. Colin Ross spricht vor den Angehörigen der Gebiets- und Obergauführung der HJ über die politische Weltlage.

16./17. Juni Der Reichsverein Deutscher Feuerwehringenieure e. V. im NS-Bund Deutscher Technik hält seine 31. Hauptversammlung in der Liederhalle ab.

17. Juni Die 9. Etappe der Deutschlandfahrt der Radrennfahrer von Freiburg nach Stuttgart endet vor dem Posthochhaus in der Thouretstraße. Die 10. Etappe führt am darauffolgenden Tag nach Frankfurt.

18./19. Juni Der Schwimmverein Cannstatt begeht sein 40jähriges Jubiläum mit Schwimmwettkämpfen im Mombachbad.

19. Juni Die Landesgemeinde Württ.-Hohenzollern der Deutschen Christen führt in der Stadthalle ihre fünfte Landesversammlung durch. Die Ansprache bei der Morgenfeier hält Reichsbischof Ludwig Müller. Den Jahresrückblick auf der Kundgebung am Nachmittag erstattet Landesleiter Dix.

JUNI 1938

Im Kleinen Haus wird das antisemitische Schauspiel »Rothschild siegt bei Waterloo« von Eberhard Wolfgang Möller zum erstenmal aufgeführt.
Prof. Dr. Karl Steinthal, von 1907 bis 1926 Leiter der Chirurgischen Abteilung des Katharinenhospitals, verstorben. Seine »Einteilung des Brustkrebses« ist international anerkannt.

20. Juni Die im Vorjahr vom Volksgerichtshof zum Tode verurteilten Stefan Lovasz (36), Josef Steidle (30), Liselotte Herrmann (28) aus Stuttgart und Artur Goeritz (31) aus Manzell werden in Berlin hingerichtet. Lovasz wurde wegen »Vorbereitung zum Hochverrat« verurteilt; ihm wurde vorgeworfen, in Süddeutschland eine kommunistische Organisation aufzubauen. Die anderen drei wurden wegen »Landesverrats in Tateinheit mit Vorbereitung zum Hochverrat« verurteilt, weil sie mit kommunistischen Funktionären des Auslands in Verbindung standen und »Staatsgeheimnisse« verrieten. Die 1936 verhaftete Liselotte Herrmann ist die erste Frau, die im Widerstand gegen die NS-Herrschaft hingerichtet wird.

21. Juni Rund 70 Teilnehmer des zweiten Deutsch-Französischen Kongresses, der in Baden-Baden über Fragen kultureller Beziehungen tagt, besuchen Stuttgart. Stadtrat Dr. Könekamp gibt im Namen der Stadt für sie einen Empfang in der Villa Berg.
Die NSDAP veranstaltet auf den Höhen um Stuttgart Sonnwendfeiern.
Der Grundbesitzerverein Azenberg, Feuerbacher Heide und Umgebung hat auf einer Mitgliederversammlung seine Auflösung beschlossen und das Vereinsvermögen der Stadtverwaltung übergeben.

22.–28. Juni Zirkus Busch gastiert auf dem Wasen.

23. Juni Der Reichsstudentenführer und Führer des NS-Altherrenbundes, Dr. Gustav Adolf Scheel aus Stuttgart, gibt auf dem Studententag in Heidelberg bekannt, daß der Reichsführer SS, Himmler, die katholischen Studentenverbände und Altherrenverbände CV und KV verboten hat.
Unter Beteiligung von Vertretern der NSDAP, des württ. Wirtschaftsministeriums und der Deutschen Arbeitsfront fand kürzlich die erste Außenhandelstagung der Import- und Exportfirmen der Wirtschaftsgruppe Groß-, Ein- und Ausfuhrhandel im Wirtschaftskammerbezirk Württ.-Hohenzollern statt.
Die Teilnehmer der Ruwenzori-Expedition des Deutschen Alpenvereins unter der Leitung von Ingenieur E. Eisenmann, die kürzlich nach Stuttgart zurückkehrten, werden von OB Dr. Strölin empfangen. Sie erhalten für ihre bergsteigerischen Leistungen die Plakette der Stadt Stuttgart.

JULI 1938

Vom Vorsteherrat der Württ. Landessparkasse wurde der Kaufmann Johannes Ph. Metzler zum Ersten Vorsteher bestellt.
Landgerichtsrat i. R. Josef Lobmiller, Vorstand des ehemaligen Amtsgerichts Stuttgart-Amt, im 97. Lebensjahr verstorben.

24.–27. Juni Wie im Vorjahr wird in Bad Cannstatt wieder ein Mozartfest veranstaltet. Beteiligt sind u. a. das Landesorchester, der Philharmonische Chor und das Wendling-Quartett. Die Konzerte werden im Kursaal, im maurischen Schloß der Wilhelma, in der Stadtkirche Bad Cannstatt und im Staatstheater gegeben.

25./26. Juni Der 1888 gegründete Verband deutscher Nähmaschinenhändler hält im Stadtgartensaal seine Jubiläumstagung ab. Hierzu wird im Landesgewerbeamt eine Ausstellung über die Entwicklung der Nähmaschinen gezeigt (bis 28.).
In der Adolf-Hitler-Kampfbahn werden die württ. Leichtathletikmeisterschaften (Gaumeisterschaften) ausgetragen.

26. Juni Im Ufa-Palast wird vor zahlreichen Ehrengästen ein italienischer Film vom Hitlerbesuch in Italien vorgeführt.
Auf dem Neckar wird die 6. Stuttgarter Kanuregatta veranstaltet.
Auf dem Platz der Gemeinschaftssiedlung für »Alte Kämpfer« am Rotweg in Zuffenhausen werden SS-Oberführer Ludolf von Alvensleben, Führer des SS-Abschnitts X, und SS-Standartenführer Wilhelm Ihle, Führer der Stuttgarter 13. SS-Standarte, verabschiedet. Alvensleben dankt bei dieser Gelegenheit OB Dr. Strölin für die der Siedlung von städtischer Seite zuteil gewordene Förderung. Den Siedlern ermöglicht ein neuartiger Finanzierungsplan den Bezug dieser Heime — insgesamt 108 Wohnungen in Einfamilienhäusern — ohne wirtschaftliche Vorbedingungen. Zur Verabschiedung ist der Nachfolger Ihles, SS-Obersturmbannführer Hans von Uslar, anwesend.

28. Juni Als Nachfolger des Polizeipräsidenten Klaiber ist der Generalmajor der Ordnungspolizei a. D. Carl Schweinle mit der kommissarischen Führung der Geschäfte des Polizeipräsidenten in Stuttgart berufen worden.
Prof. Rudolf Rochga bei der Kunstgewerbeschule ist »auf Antrag« in den Ruhestand versetzt worden.
Hofrat Dr. Erhard Büttner, Fabrikdirektor der Mercedes Schuhfabriken AG in Bad Cannstatt, verstorben.

1. Juli Nach dem neuen Melderecht müssen die polizeilichen Meldescheine bei den zuständigen Polizeirevieren abgegeben werden. Die bisherigen Annahmestellen des Einwohnermeldeamts werden aufgelöst, die Einwohnermeldestelle beim Polizeipräsidium

JULI 1938

in der Büchsenstraße 37 bleibt jedoch bestehen. Gleichzeitig wird die Meldestelle der AOK in der Büchsenstraße 37 aufgehoben; Meldungen zur Krankenkasse nehmen jetzt die Polizeireviere an, die Meldungen können jedoch auch unmittelbar bei der Krankenkasse und ihren Geschäftsstellen abgegeben werden.
Neuinszenierung der Oper »Tosca« im Großen Haus der Württ. Staatstheater.
Prof. Dr. Weber (Tübingen) spricht in der TH über »Die Grundzüge der Außenpolitik des britischen Weltreichs«.
Der in Cannstatt geborene Luftpionier und Konstrukteur von Flugzeugmotoren, Hellmuth Hirth, im Alter von 52 Jahren verstorben.

2. Juli Im großen Stadtgartensaal wird das 25. Jubiläum der Lehrlingsabteilung der Firma Robert Bosch gefeiert. Der Gauobmann der DAF Württ.-Hohenzollern, Fritz Schulz, übergibt der »Betriebsgemeinschaft« im Namen des Reichsorganisationsleiters Dr. Robert Ley das Leistungsabzeichen für vorbildliche Berufserziehung.
Neuinszenierung der Oper »Tannhäuser« von Richard Wagner im Großen Haus. Die Titelrolle singt als Gast Joachim Sattler (Hamburg).
Aus Anlaß des bevorstehenden 34. Allgemeinen Schwäb. Liederfestes wird auf dem Cannstatter Wasen ein »Großvergnügungspark« eröffnet.
Der Kurverein in Bad Cannstatt veranstaltet im Kursaal ein Sommerfest mit Feuerwerk.

2./3. Juli Bundesgebietstagung des Bundes heimattreuer Schlesier unter der Schirmherrschaft von Rudolf Heß.

3. Juli Die Kampfspiele der schwäb. Hitlerjugend, die seit dem 30. Juni in Stuttgart stattfinden, enden mit einer Siegerehrung in der Adolf-Hitler-Kampfbahn. Tags zuvor trat die gesamte Führerschaft in der Gewerbehalle zu einer Führertagung zusammen. In seiner Rede führte Gebietsführer Sundermann u. a. aus: »Es darf in Zukunft keinen Jugendlichen mehr geben, der einen Sportplatz betritt, ohne Angehöriger der HJ zu sein. Für die außerhalb der HJ Stehenden gibt es in Zukunft keinen Sportplatz, keine Turnhalle und keine Schwimmhalle mehr.«

4. Juli Auf der Straßenbahnlinie 14 nach Münster wird ein Doppelwagen eingesetzt, der aus zwei zusammengekoppelten älteren Motorwagen besteht.
In der König-Karl-Halle des Landesgewerbemuseums findet eine Ausstellung unter dem Motto »Gold und Silber« statt.

4.–25. Juli Die Hospitalkirche erhält eine neue Turmuhr, die an die städt. Uhrenzentrale angeschlossen ist.

JULI 1938

5. Juli Baurat Dr.-Ing. Fuchs spricht im Wilhelm-Murr-Saal über das Thema »Städtebau und Luftschutz«.
Der Schwäb. Sängerbund gedenkt auf dem Waldfriedhof in Degerloch der Gefallenen des ersten Weltkrieges, insbesonders der gefallenen Sangeskameraden. Nach dem Bardenchor von Silcher, vorgetragen durch den Liederkranz Möhringen, hält der stellvertretende Bundesführer, Direktor Karl Autenrieth, die Gedächtnisrede.

7. Juli Der Reichsminister des Innern ordnet an, daß alle jüdischen Straßennamen geändert werden.
Im 1. Vierteljahr 1938 haben sich in Stuttgart 532 Verkehrsunfälle ereignet.
Im Kleinen Haus findet die Erstaufführung der Komödie »Jan und die Schwindlerin« von Per Schwenzen statt.

8. Juli Im Gustav-Siegle-Haus erfolgt die Übergabe der Plaketten und Urkunden an die Stuttgarter Gau- und Kreissieger des Reichsberufswettkampfes.
Zum Gedenken an den 100. Geburtstag des Grafen Zeppelin, der 1908 Ehrenbürger der Stadt Stuttgart wurde, legen Vertreter der Partei, des Staates, der Wehrmacht, der Offiziersvereinigung und der Stadt Stuttgart am Grabe auf dem Pragfriedhof Kränze nieder.

8.–10. Juli Auf der Deutschen Kunstausstellung im Haus der Deutschen Kunst in München zeigen auch die Stuttgarter Franz Boeres, Walter Fischer, Emil Kiemlen, Fritz Nuß, Daniel Stocker, Lore Rendlen-Schneider, Rudolf Rempel, Paul Munk, Ulfert Janssen, Lilli Kerzinger-Werth, Karl Kerzinger und Wilhelm Hermann Brellochs ihre Werke.

8.–11. Juli In Stuttgart findet das 34. Allgemeine Schwäb. Liederfest statt. Höhepunkt der Veranstaltungen ist die Abschlußkundgebung in der Schwabenhalle. »Die Partei« — so Gaupropagandaleiter, Landeskulturwalter Mauer — »will zeigen, daß sich die jungen Marschierer in ihren Reihen zum deutschen Lied bekennen ... Die neue Zeit hat neue Lieder gebracht. Sie brachte Lieder des Bekenntnisses und des Einsatzes. Aber die alten guten Volkslieder sind deshalb nicht vergessen worden.«

9. Juli Eine bulgarische Schülergruppe trifft auf ihrer Deutschlandfahrt in Stuttgart ein. Sie nimmt am Schwäb. Liederfest teil.
Die Stadt Stuttgart veranstaltet ein Preisausschreiben »zur Förderung des Musikschaffens deutscher Komponisten, die außerhalb der Reichsgrenze leben, und zur Gewinnung von Werken der Musik, die sich zur kulturellen Ausgestaltung der Tagungen der Auslandsdeutschen eignen«. Zugelassen sind »die im Ausland lebenden reichsdeutschen und volksdeutschen Komponisten«.
Der Schauspieler Emil Heß, der 1928 an die Württ. Staatstheater verpflichtet wurde,

JULI 1938

verabschiedet sich von Stuttgart mit der Rolle des Hausknechts Melchior in Nestroys Posse »Einen Jux will er sich machen«.
Der Deutsche Automobilclub (DDAC), Ortsgruppe Stuttgart, Gau 13, veranstaltet im Stadtgarten sein diesjähriges Sommernachtfest. Drei Musikkapellen sorgen für Tanzgelegenheit.

11. Juli Rund 400 Teilnehmer des 20. Wirtschaftskurses der Internationalen Gesellschaft für kaufmännisches Bildungswesen in Garmisch-Partenkirchen besuchen auf ihrer Fahrt durch Deutschland Stuttgart.
Aus Anlaß des 34. Schwäb. Liederfestes stellt die Buchhandlung Weise Material zur Geschichte des schwäbischen Liedes aus. Die Leihgaben stammen aus den Beständen des Archivs der Stadt Stuttgart.

12. Juli Landesbischof Wurm wendet sich mit einem »offenen Wort an den Führer«, in dem er auf die »planmäßige Entrechtung und Zerstörung der evangelischen Kirche« hinweist.

13. Juli Im Kursaal Bad Cannstatt wird der »Sinfonische Marsch für Klavier und Orchester« von Prof. Walter Rehberg uraufgeführt.
Die »Ochsenmetzgerei« Paul Beck in der Torstraße besteht seit 75 Jahren.

14. Juli Oberbaurat Scheuerle berichtet den Wirtschaftsbeiräten über den Vertrieb von Cannstatter Mineralwasser-Erzeugnissen außerhalb Stuttgarts. Im ersten Halbjahr 1938 habe man in den meisten württ. Städten, in München, Karlsruhe und Pforzheim 15% des Gesamtumsatzes verkauft.

15. Juli Eine Deutschlandreise führt 32 Stipendiaten des Mitteleuropäischen Wirtschaftstages auch nach Stuttgart. Sie besichtigen die Firma Daimler-Benz.
Schon 134 Fahrzeuge der Stadtverwaltung fahren mit Klärgas, das aus dem Abwasser der Stadt gewonnen wird. 10 weitere Fahrzeuge werden zur Zeit mit Gasmotoren ausgestattet.
Am Hause Gymnasiumstraße 13, in dem der Dichter Wilhelm Raabe von 1862 bis 1864 gewohnt hat, wird eine Gedenktafel enthüllt. Es ist die zweite in Stuttgart; die erste wurde aus Anlaß des 100. Geburtstages Raabes am Haus Hermannstraße 11 angebracht. Auch die Buchhandlung Gläser-Tabler erinnert mit einer Ausstellung von Raabe-Büchern und -Bildern an den Dichter.

16. Juli Der Kreisverband Stuttgart des Reichskolonialbundes feiert im Kunstgebäude

sein Sommerfest. Im Kuppelsaal spielt die Polizeikapelle unter der Leitung von Kapellmeister Bernert, im Garten die Hauskapelle Kurt Eggers.
In der Schwabenhalle findet der Boxkampf im Schwergewicht zwischen Walter Neusel und dem Wiener Europameister Heinz Lazek statt. Neusel wird Punktsieger.
Im Festsaal des Deutschen Ausland-Instituts wird der Landesgebietsführer Südwest des Reichskriegerbundes, SS-Oberführer Generalleutnant a. D. Dr. Heinrich von Maur, aus seinem Amt verabschiedet. Nachfolger ist SA-Brigadeführer Major a. D. Freiherr von Lindenfels.

16./17. Juli Der NS Deutsche Marinebund, Gau Südwest, tritt zu seiner diesjährigen Gautagung in Stuttgart zusammen.
In der Adolf-Hitler-Kampfbahn finden die Deutschen Mehrkampfmeisterschaften statt.

17. Juli Die nach zweijähriger Bauzeit fertiggestellte evang. Thomaskirche in Kaltental wird eingeweiht. Die Festpredigt hält Landesbischof D. Wurm.
Der Aquarien- und Terrarienverein Stuttgart 1930 stellt der Öffentlichkeit seine neu errichteten Anlagen (Eingang Nähterstraße) vor. Glanzstück ist das Aquarienhaus.

18. Juli Die Thüringer Sängerknaben (Erfurt) geben unter der Leitung von Herbert Weitemeyer in der Stadtkirche Bad Cannstatt ein Kirchenkonzert.

21. Juli Im Höhenrestaurant Schönblick erläutert die Reichsbeauftragte für das BDM-Werk Glaube und Schönheit, Obergauführerin Clementine von und zu Castell, das neue BDM-Werk: »Es wolle die Entfaltung der Persönlichkeit auf allen Gebieten. Es wolle Richtung und Grundlage geben für alles, was das spätere Leben, gleich wo dann unsere Mädchen stehen, ob im Beruf oder in der Familie, in der Stadt oder auf dem Lande, von ihnen fordern wird. Sie alle sollen gelernt haben, sich körperlich zu ertüchtigen, dauernd an sich selbst zu arbeiten in dem Bewußtsein, daß nur eine gesunde Lebensführung auch einen gesunden Menschen und damit auch schönen Menschen gewährleistet. Vor allem aber sollen die deutschen Mädchen in ihrer Gesamtheit teilnehmen können an den Gütern der deutschen Kultur, sie sollen in diesem Dienst an der Bildung ihres eigenen Geschmacks geschult, vor allem aber sollen die eigenen Begabungen geweckt und entfaltet werden zur eigenen Persönlichkeitsbildung«.
Im Schauspielhaus wird die Revue »Stuttgart, du Stadt ohne Gleichen« von Max Heye und Fritz Rügamer uraufgeführt. Die Musik stammt von Fritz Klenk.
Die Stuttgarter Schloßkonzerte, die der Fremdenverkehrsverein seit Jahren veranstaltet, werden im Weißen Saal des Neuen Schlosses von Prof. Rehberg wieder eröffnet.

22. Juli 360 Mädchen aus Stuttgart fahren in die Jugendherbergen auf dem Kniebis, in Alpirsbach, Blaubeuren und Künzelsau, um dort zwölf Ferientage zu verbringen.

JULI 1938

Das Stierle-Quartett veranstaltet unter Mitwirkung von Arthur Faiß (Gitarre) auf der illuminierten Südseite der Villa Berg ein Serenadenkonzert.

23. Juli In Bad Cannstatt erfolgt die Übernahme des neuen Kinderheims Winterhalde (Ihmlingstraße 10) durch die NS-Volkswohlfahrt. Damit übernimmt die Partei zum erstenmal die »Verantwortung« für ein Stuttgarter Kinderheim.
Richtfest bei den Neubauten der neuen Gendarmeriekaserne am Dachswald.
Der Ebitzweg in Bad Cannstatt wurde bis nach Fellbach weitergeführt.
Das Graphische Gewerbe Groß-Stuttgart begeht auf dem Karlsplatz sein Gautschfest. Bei diesem alten Handwerksbrauch, der erstmals in Zusammenarbeit mit der NS-Gemeinschaft Kraft durch Freude durchgeführt wird, werden die Buchdruckerlehrlinge in einen mit Wasser gefüllten Bottich geworfen und »zünftig zu Gesellen getauft«. Am Abend treffen sich die Berufsangehörigen bei einer Johannisfeier.
Im Cannstatter Kursaal führt die Stuttgarter Kammeroper »Lottchen am Hofe« von Johann Adam Hiller auf. Die musikalische Leitung hat Oswald Kühn.

24. Juli Die Ortsgruppe Stuttgart des Hilfsbundes der Deutsch-Österreicher veranstaltet im großen Saal der Gaststätte Leicht, Tübinger Straße 17 b, eine »Heldengedenkfeier für die Opfer der Erhebung gegen das Regime Dollfuß-Schuschnigg« am 25. Juli 1934.
Die Gemeinnützige Baugenossenschaft hat beschlossen, mit dem letzten, dem 16. Bauabschnitt in der Gartensiedlung Luginsland, die große Siedlungsaufgabe der Genossenschaft zu beenden. Diese letzte Bauserie sieht 52 Doppelhäuser mit je vier Zweizimmerwohnungen vor. Mit dem Bau wird im Herbst begonnen.
Der Mercedes-Rennfahrer Richard Seaman siegt beim Großen Preis von Deutschland auf dem Nürburgring. Zweiter wird Hermann Lang, ebenfalls auf Mercedes.
Ein Bus der Linie N der Stuttgarter Straßenbahnen prallt auf einen Zug der Eisenbahn Leinfelden — Neuhausen. Bei dem Zusammenstoß werden zwei Frauen getötet, vier Personen schwer und neun Personen leicht verletzt. OB Dr. Strölin besucht die Verletzten im Krankenhaus.

25. Juli Von Koblenz über Heidelberg kommen Mitglieder des Königlich-ungarischen Automobilclubs mit 25 Fahrzeugen nach Stuttgart. Die Fahrer werden von der NSKK-Motorgruppe Südwest betreut.
Nach einer Verordnung des Reichskommissars für die Preisbildung beträgt der Tarif I, der Festpreistarif für Licht-, Kraft- und Wärmestrom, für Abnehmer mit verhältnismäßig geringem Verbrauch und niedriger Benützungsdauer, je Kilowattstunde: a) für Lichtstrom 40 Pf.; b) für Kraftstrom 19 Pf.; c) für gewerblichen Wärmestrom 8 Pf. (für Nachtstrom 5 Pf.). Dazu kommen monatlich jeweils 30 Pf. Hebegebühr pro Zähler. Da

Stuttgart bereits niedrige Strompreise hat, treten nur geringfügige Preisänderungen ein.

26. Juli Das Stuttgarter Schwurgericht verurteilt einen 31jährigen Stuttgarter zum Tode. Der Angeklagte hatte am 11. Juni 1938 seine Geliebte getötet.

27. Juli OB Dr. Strölin übergibt bei der Eröffnung des Deutschen Turn- und Sportfestes in Breslau das Bundesbanner an den Reichssportführer von Tschammer und Osten. Seit dem Turnfest von 1933 wurde das Banner in Stuttgart aufbewahrt.
Die Versuchsanstalt des städt. Tiefbauamts hat ein Verfahren zur Wiederverwertung alter Fahrbahnbeläge aus Asphalt entwickelt.
In der Stadt wurden im vergangenen Jahr 12 Mio. Kubikmeter Wasser verbraucht. Davon entfielen auf die Firmen Bosch 353 312, auf die Brauereien Wulle 186 827 und Dinkelacker 151 200 Kubikmeter.
Im Kursaal Bad Cannstatt findet eine Veranstaltung »Oper, Konzert und Film« statt. Mitwirkende sind das Landesorchester Gau Württ.-Hohenzollern unter der Leitung von Alois Melichar (Berlin) und Lore Hoffmann vom Deutschen Opernhaus Berlin.

28. Juli Die Grünanlage an der Seidenstraße ist fertig. Auf der Steinterrasse an der Schloßstraße wurde eine Büste Franz Schuberts aufgestellt, die vorher im Garten der Liederhalle stand.
130 Studierende der Höheren Bauschule fahren mit einem Sonderzug nach Ostpreußen, um zwei Wochen bei der Ernte zu helfen. »Die Bauschule ist die einzige im Reich, deren Studierende mit fast hundertprozentiger Beteiligung ihre Ferien opfern und freiwillig hinausziehen aufs Land.«

29. Juli Im Freizeitheim der Deutschen Arbeitsfront im Feuerbacher Tal findet ein Kameradschaftsabend des Polizeipräsidiums Stuttgart zu Ehren von Altpräsident Rudolf Klaiber statt. Innenminister Dr. Schmid hebt die Unterstützung der nationalsozialistischen Bewegung in Stuttgart durch den ehemaligen Präsidenten während der Kampfzeit hervor.
Nach umfangreichen Renovierungsarbeiten werden die Kammer-Lichtspiele, Marienstraße 18, neu eröffnet.

30. Juli Um allen, die noch keine Volksgasmaske haben, »klarzumachen, wie notwendig eine baldige Beschaffung der Volksgasmaske« VM. 37 ist, findet ein Propagandamarsch durch Stuttgart statt.
Der Großmarkt bei der Markthalle (einschließlich Karlsplatz) findet nicht mehr täglich, sondern nur noch dienstags, donnerstags und samstags statt. Der Zwischenmarkt wird letztmals am Montag, 1. August, abgehalten.

AUGUST 1938

In den Ausstellungshallen am Interimsplatz werden »Meisterwerke der Blumenbinderei« gezeigt.

31. Juli 195 Angehörige des ehemaligen Bayerischen Infanterie-Regiments List, die vom 19. bis 30. Juli die Schlachtfelder des ersten Weltkriegs in Belgien und Frankreich besucht haben, machen auf der Rückreise nach München im Höhenrestaurant Schönblick Station. Der dienstälteste Offizier des Regiments, Rechtsrat Bergmann, berichtet bei einem Mittagessen, »wie freundlich und gastlich die Kameradschaft überall in Belgien und Frankreich aufgenommen und immer wieder von den ehemals gegnerischen Frontkameraden versichert wurde, daß keiner die Deutschen hasse, sondern daß alle nur den Krieg hassen«.

1. August 20 Junglehrerinnen und Kindergärtnerinnen aus Siebenbürgen treffen zu einem Besuch in Stuttgart ein.
Das Gebäude Taubenheimstraße 24 wird für den Kurbetrieb geöffnet.

2. August Der französische Generalkonsul Albert Henriet, der sich elf Jahre in Stuttgart aufhielt, verabschiedet sich im Rathaus von OB Dr. Strölin. Bei dem Gespräch werden die guten kulturellen und sportlichen Beziehungen zwischen der württ. Landeshauptstadt und Frankreich hervorgehoben.
In der Hölderlinstraße bei der Kreuzung Falkertstraße wird eine Haltestelle der Straßenbahnlinie 4 eingerichtet.
Auf der neu errichteten Rollschuhbahn bei der Adolf-Hitler-Kampfbahn wird das erste Rollhockeyspiel ausgetragen. Gegner sind eine englische Mannschaft und der Stuttgarter Rollschuhclub; das Spiel endet 2:14.

3. August Der Kurverein Bad Cannstatt veranstaltet einen Festlichen Abend spanischer Musik. Das Landesorchester spielt unter der Leitung von Prof. Heinrich Laber Werke von Pablo de Sarasate, Juan Albeniz, Enrique Granado, Ernesto Halffter und Manuel de Falla.

4. August Die Stadt Stuttgart hat unter den in Stuttgart ansässigen Künstlern, die Mitglied der Reichskammer der bildenden Künste sind, einen Wettbewerb zur Erlangung von Entwürfen für Ortszeichen, die an den Stadtgrenzen aufgestellt werden sollen, ausgeschrieben.
In Anwesenheit von Generalarbeitsführer Dr. Decker werden die Vorentscheidungskämpfe des Reichsarbeitsdienstes für die NS-Kampfspiele in Nürnberg mit 611 Wettkämpfern aus Süddeutschland eröffnet.

AUGUST 1938

5. August 650 Stuttgarter Hitlerjungen halten sich im Sommerlager bei Schwaz in Tirol auf.

6./7. August Unter der Leitung von Serge Jaroff gastieren die Donkosaken im Kurgarten Bad Cannstatt.

7. August Nach den Zahlen, die das Institut für Konjunkturforschung über die Rundfunkwirtschaft im Deutschen Reich veröffentlichte, steht Stuttgart hinsichtlich der Rundfunkdichte an zweiter Stelle unter sämtlichen deutschen Großstädten. Hier hatten am 1. April 80,4 v. H. aller Haushaltungen Rundfunk. Nur Dessau übertrifft Stuttgart.
OB Dr. Strölin besucht zusammen mit einigen Ratsherren 2000 Hitlerjungen aus Stuttgart, die bei Innsbruck ihr Zeltlager verbringen.
In den Abendstunden geht ein schweres Unwetter über Stuttgart nieder. Die Sturzflut reißt in der Poststraße die Straßendecke auf, zerstört Werkstätten und überschwemmt Keller. Besonders schlimm wirken sich die großen Schlammengen aus, die der plötzlich stark anschwellende Nesenbach mit sich führt.

8. August Beim Polizeipräsidium Stuttgart wird ein Unfallkommando eingerichtet, das rund um die Uhr besetzt ist. Bei Verkehrsunfällen kann nun die Polizei jederzeit sofort mit den Ermittlungen am Unfallort beginnen.
Von Köln kommend trifft eine Gruppe von 25 Volksdeutschen aus Bessarabien zu Besichtigungen (Milchhof u. a.) in Stuttgart ein.

9. August Auf dem Cannstatter Wasen erstellt die Stadtverwaltung eine Großschießanlage mit 45 Kleinkaliberständen und einer Anzahl Ständen für Zimmerstutzen und Pistolen.
Der Landesverband Südwest des Volksbundes für das Deutschtum im Ausland wirbt im Neuen Stuttgarter Tagblatt für Lesekameradschaften zwischen Schwaben und ausgewanderten Landsleuten.
Die Firma Adolf Haenle, Elektro- und Radiogroßhandel, besteht seit 25 Jahren.
Oberstudiendirektor Dr. Karl Wildermuth, Vorstand der Landesanstalt für Physikunterricht, verstorben.

10. August Das Landesorchester spielt im Kursaal Bad Cannstatt Melodien von Eduard Künneke. Am Dirigentenpult steht der Komponist.
Das Archiv der Stadt Stuttgart zeigt im Rathaus eine Ausstellung Bilder aus Alt-Stuttgart vor 100 Jahren.

11. August Im Kronprinzenpalais werden Handzeichnungen von Theodor Schüz, dem »Maler des schwäbischen Dorflebens«, gezeigt.

AUGUST 1938

Der Photograph Alfred Hirrlinger verstorben. Mit seinem Namen ist der Aufstieg des Stuttgarter Photographengewerbes als Kunstgewerbe verknüpft.

13. August Bei der Stuttgarter Geschäftsstelle der NS-Gemeinschaft Kraft durch Freude sind bis jetzt 900 Volkswagen bestellt worden.

14. August In Stuttgart treffen 500 italienische Gäste der NS-Gemeinschaft Kraft durch Freude zu einem einwöchigen Besuch Württembergs ein. Es ist der letzte von insgesamt zehn Ferientransporten aus Italien in diesem Sommer.
Eine Gruppe von Forststudenten aus Finnland, Jugoslawien, Polen, Rumänien und Ungarn, die sich auf einer Studienreise durch Deutschland befindet, besucht Stuttgart.

16. August Das Amtsblatt veröffentlicht die Namen von 26 Ausstellern aus Stuttgart, denen das Preisgericht der Internationalen Weltausstellung Paris 1937 einen Preis zuerkannt hat. Es sind dies: Fa. Eugen Bauer GmbH, Fabrik für Kinematographen und elektrische Apparate; Fa. Robert Bosch GmbH; Fa. Daimler-Benz; Georg Deininger, Stuttgarter Puppenspiele; Prof. Wilhelm von Eiff; Wilhelm Eschenbacher; Fa. Franckhsche Verlagsbuchhandlung W. Keller & Co.; Oberregierungsrat Dr. Gretsch; Julius Heilemann; Fa. Fr. Hesser, Maschinenfabrik AG; Hoffmannsche Buchdruckerei Felix Krais; Prof. Janssen; Fa. Kirchner & Wilhelm, Hartgummi-, Zelluloid-, Metallwarenfabrik, chirurgische Instrumente; Frau Krais-Widmann; Fa. I. G. Mailänder, Druckmaschinenfabrik; Jos. Opferkuch, Fabrik für Intarsien; Physikalisches Institut der TH; Ludwig Rilling, Weingroßhandlung, Sektkellerei; Direktor Max Sailer; Fa. Schiedmayer, Pianofortefabrik; Richard Steck; Walter Veit; Fa. Gebr. Weber, Möbelfabrik; Württ. Staatl. Kunstgewerbeschule; Württ. Staatl. Kunstgewerbeschule, Klasse Prof. Schneidler; Frau Erna Zarges-Dürr.
In der Landesbibliothek wird eine Ausstellung von Bildern und Büchern über Alt-Stuttgart gezeigt.

16. August bis 30. September In Stuttgart werden alle ehemaligen Offiziere und Wehrmachtbeamte im Offiziersrang erfaßt.
Die Wehrpflichtigen des Geburtsjahrgangs 1910 werden erfaßt und gemustert.

17. August Auf Einladung der Stadtkommandantur treffen sich im Stadtgarten Angehörige des Heeres aus Stuttgart und benachbarten Standorten mit ehemaligen Offizieren und Soldaten.
Oberrechnungsrat Gustav Ströhmfeld, Mitglied des Aufsichtsrats der Alten Stuttgarter Lebensversicherungsgesellschaft, verstorben.

AUGUST 1938

18. August   Gestern und heute »wurden in Stuttgart . . . illegale gedruckte Flugblätter mit der Überschrift: 1. ›20. Juni 1938 — Lilo Herrmann . . . zum Tode verurteilt, am 20. Juni 1938 in Plötzensee-Berlin enthauptet . . . 2. Weltkrieg droht auf deutschem Boden‹, an Adressaten in Groß-Stuttgart . . . zur Post gegeben«.

Die Ratsherren behandeln (in nichtöffentlicher Sitzung) die Zulassung von Juden zu städt. Badeanstalten und Kureinrichtungen; sie sollen in Zukunft vom Besuch ausgeschlossen werden.

Auf dieser Beratung berichtet Stadtrat Dr. Waldmüller über die Förderung des Wohnungsbaus in Stuttgart bis 1939. Im einzelnen sieht das Bauprogramm vor: Errichtung von 430 Wohnungen auf dem Hallschlag in Bad Cannstatt durch die Stuttgarter Siedlungsgesellschaft mbH, 400 Wohnungen in Mühlhausen durch die Gemeinnützige Bau- und Wohlfahrtsvereinigung, 67 Wohnungen an der Koburger Straße durch die Allgemeine Bau- und Spargenossenschaft Bad Cannstatt, die weitere 42 Wohnungen an der Badbrunnenstraße erstellt, 30 Wohnungen auf dem Kühnerschen Anwesen in Degerloch durch die Stuttgarter Gemeinnützige Baugesellschaft AG, 72 Wohnungen an der Mainstraße und 78 Wohnungen an der Moselstraße in Münster durch die Baugenossenschaft Münster, 48 Wohnungen an der Schwieberdinger Straße und 12 Wohnungen an der Parkstraße in Zuffenhausen durch die Gemeinnützige Baugenossenschaft Zuffenhausen. — Stadtrat Waldmüller berichtet weiter, daß die Waldorfschule in den Besitz der Stadt Stuttgart übergeht. — Gauamtsleiter Dr. Karl Ludwig Lechler wird von OB Strölin als neuer Ratsherr vereidigt.

Die Altistin Lore Fischer singt im Rahmen der Stuttgarter Schloßkonzerte Lieder von Hugo Wolf; am Flügel begleitet Hermann Reutter.

18.—22. August   Zum 47. Deutschen Wandertag sind etwa 15 000 Wanderer in Stuttgart versammelt. Er klingt aus mit einem Festzug durch Stuttgarts Straßen und einer Kundgebung auf dem Marktplatz.

20. August   Der Württ. Kunstverein eröffnet im Kunstgebäude die Ausstellung Unsere schöne Heimat.

20./21. August   Die Stuttgarter Kammeroper gastiert mit der Operette »Der Bettelstudent« von Karl Millöcker im Cannstatter Kursaal.

20.—24. August   In Wangen und Obertürkheim wird Kirbe gefeiert.

21. August   Den ersten Platz beim Großen Preis der Schweiz erringt Rudolf Carraciola, gefolgt von Richard Seaman und Manfred von Brauchitsch — alle auf Mercedes.

24. August In einem Schreiben des bischöflichen Ordinariats an die Dekanatsämter heißt es zur Ausweisung von Bischof Sproll aus seiner Diözese: »Am Vormittag des 24. August erschienen Beamte der Geheimen Staatspolizei Stuttgart im Bischöflichen Palais in Rottenburg und eröffneten dem Bischof mündlich eine Verfügung des Inhalts: die Anwesenheit des Bischofs bilde eine dauernde Gefahr der Beunruhigung für die Bevölkerung, und er werde deshalb auf Grund des Gesetzes zum Schutze von Volk und Staat vom 28. Februar 1933 aus dem Gau Württemberg-Hohenzollern ausgewiesen. Für seine Abreise wurde dem Bischof eine Frist von einer halben Stunde zugestanden. Das Ansinnen, freiwillig seinen Amtssitz zu verlassen, wies der Bischof bestimmt zurück und erklärte, daß er nur der Gewalt weiche. Daraufhin wurde er in einem Auto der Geheimen Staatspolizei von Rottenburg weggeführt.«

25. August In einem Schreiben der Geheimen Staatspolizei, Leitstelle Stuttgart, an alle Außendienststellen heißt es: »Am 24. August 1938 wurde Bischof Dr. Sproll in Rottenburg Aufenthaltsverbot für den Bereich der Staatspolizeileitstelle Stuttgart erteilt. Er wurde mit Dienstkraftwagen außerhalb des Bereichs der Stapoleitstelle verbracht und hält sich z. Zt. in Freiburg i. Br. auf. Da anzunehmen ist, daß zu dieser Maßnahme am Sonntag, dem 28. August 1938, in den katholischen Kirchen Stellung genommen wird, ersuche ich, die katholischen Gottesdienste an diesem Tag vertraulich überwachen zu lassen. Anstände irgendwelcher Art sind hierher zu berichten.«

26. August Nach Abschluß des zweiten Deutschlandlagers der Auslandslehrer in Leutkirch findet im Neuen Schloß ein Empfang der Lehrer durch Ministerpräsident Mergenthaler statt.
SS-Gruppenführer Kaul wurde zum Höheren SS- und Polizeiführer Südwest ernannt. Sein Dienstbereich für diese Aufgabe deckt sich mit dem SS-Oberabschnitt Südwest.
Staatsschauspieler Otto Miethke, von 1902 bis 1932 Mitglied der Württ. Landestheater, verstorben.

27. August Am Vorabend der VI. Reichstagung der Auslandsdeutschen laden der NS-Deutsche Studentenbund und der NS-Altherrenbund zu einer Versammlung in der Liederhalle ein. Prominentester Redner ist Reichsstudentenführer Dr. Scheel.
In Stuttgart werden die nicht die ganze Nacht brennenden Straßenlampen einheitlich gekennzeichnet, um Autofahrer darauf hinzuweisen, daß sie das Standlicht einschalten müssen.
Im Interimsgebäude wird eine umfangreiche Ausstellung der NS-Auslandsorganisation, verbunden mit mehreren Sonderschauen, eröffnet. Zu sehen sind u. a. Reproduktionen wichtiger Dokumente aus dem Reichsarchiv der NSDAP.
Im Kronprinzenpalais wird die Ausstellung Württembergische Bildnisse eröffnet.

AUGUST 1938

Im Hause Bei der Meierei 1 erschlägt der 37jährige Hugo Sch. seine sechs Kinder, legt in seiner Wohnung und Werkstatt Feuer und tötet sich dann selbst.

27. August bis 11. September In der Gewerbehalle werden Entwürfe für eine Großplastik gezeigt, die für die Reichsgartenschau Stuttgart 1939 bestimmt ist. Die Stadtverwaltung hatte hierzu einen Wettbewerb ausgeschrieben.

28. August In der Adolf-Hitler-Kampfbahn findet die Eröffnungskundgebung der VI. Reichstagung der Auslandsdeutschen statt. Es sprechen u. a. der Stellvertreter des Führers und Reichsminister Rudolf Heß und der Reichsinnenminister Dr. Frick. Heß sagt u. a.: »Wir und unsere Auslandsdeutschen drängen uns nicht in die inneren Verhältnisse anderer Länder: mögen sie nach ihrer Fasson selig werden. Wir müssen freilich aber auch erwarten, daß sich andere Länder nicht in unsere Angelegenheiten zu mengen suchen und daß sie uns nach unserer Fasson selig werden lassen. Mögen sie die ›Freiheit des Individuums‹ zum Idol erheben, so wie sie es verstehen! Mögen sie dem Individuum die Freiheit geben, immer mehr in Arbeitslosigkeit, Hunger und Verzweiflung zu verfallen — mögen sie ihm die Freiheit geben, den Bolschewismus gegen die eigene Ordnung zu organisieren, um damit die größte Unfreiheit, die stärkste Unterdrückung des Individuums zum Prinzip zu erheben — es ist ihre Angelegenheit«. Frick mahnt: Kein »Auslandsdeutscher darf jemals vergessen, daß er zu jeder Zeit und an jedem Ort ein Stück Deutschland ist. Jeder Auslandsdeutsche hat es an sich erfahren, daß Deutschlands Größe, Macht und Ansehen in der Welt auch seine Stellung im Ausland bestimmt«.
Die Stadteinwärtshaltestelle der Straßenbahn beim Gasthof Krone in Kaltental — durch die Enge der Straße besonders gefährlich — wird um etwa 80 Meter gegen Vaihingen zurückverlegt.

29. August In einer Weihestunde im Großen Haus wird der »Blutopfer Österreichs und des Anteils der Ostmark an der nationalsozialistischen Bewegung« gedacht. Gauleiter Bohle sagt u. a.: »Wenn die Auslands-Organisation der NSDAP im Rahmen der VI. Reichstagung der Auslandsdeutschen in Stuttgart in einer besonderen Ostmark-Weihestunde der gefallenen Helden der Ostmark gedenkt, so tut sie es deshalb, weil die heldische Haltung und der Opfertod dieser Männer der gesamten Ostmark und der Bewegung immer Vorbild sein werden. Die Idee Adolf Hitlers konnte nur groß und mächtig werden, weil ihr Helden aus allen Gauen Deutschlands folgten und für sie Opfer brachten. Eine Bewegung und ein Reich wie das neugeschaffene Dritte Reich, können nicht untergehen, weil diese Männer freudig ihr Leben hingaben. Es ist der Sinn dieser Stunde, daß auch die Auslandsdeutschen von den Opfern Österreichs wissen!«
Bei einem Kameradschaftsabend der Landesgruppe Italien der AO wird ein Amateur-

SEPTEMBER 1938

film uraufgeführt, »der einen Ausschnitt aus der unermüdlichen und opfervollen Arbeit der Parteigenossen und Parteigenossinnen in Italien zeigt«.
Dr. med. vet. Albert Haag wird in sein Amt als neuer Veterinärdirektor und Vorstand des städt. Vieh- und Schlachthofs eingeführt.

31. August Der Beauftragte des Führers in Wien, Reichskommissar Gauleiter Bürckel, hält in der Schwabenhalle eine Rede, in der er einen Überblick über die bisher geleistete »Aufbauarbeit« in der Ostmark gibt.
Die Stadt hat einige Gemälde und eine plastische Arbeit, die auf der Leistungsschau der AO gezeigt werden, erworben.

1. September Reichsjugendführer Baldur von Schirach sagt am Tag der auslandsdeutschen Jugend in der Stadthalle: »Wir erziehen diese Jugend für Adolf Hitler, wir fassen sie zusammen im Glauben an die eine Fahne, die über allen Menschen deutschen Blutes schwebt, und im Bekenntnis zu dem einen einzigen Manne, dessen Name diese Jugend trägt und den wir grüßen als den Schöpfer und Führer des heiligen germanischen Reiches: Adolf Hitler, Sieg Heil.«
Auf dem Weißenhofgelände legt Gauleiter Bohle den Grundstein zu einem neuen Rückwandererheim der AO.
Das Auslandsdeutsche Schülerinnenheim, Herdweg 49, wird seiner Bestimmung übergeben.
In der Marienstraße 23 a nimmt das neu errichtete Pflanzenschutzamt seine Arbeit auf. Bisher wurden die Aufgaben des praktischen Pflanzenschutzdienstes von der Landesanstalt für Pflanzenschutz in Hohenheim und der Landesbauernschaft wahrgenommen.
Die Stadt Stuttgart erwirbt für 35 000 RM einen Teil der Kunstsammlung Karl Roth, die hauptsächlich Bilder von Prof. Landenberger enthält.
Der Belegschaft der Lederfabrik C. F. Roser AG in Feuerbach wird vom Betriebsführer, Direktor Fritz Roser, ein neues Gemeinschaftshaus mit Sportplatz übergeben.
Zum Abschluß der diesjährigen Konzerte im Neuen Schloß spielt das Wendling-Quartett.
Welturaufführung des Films »Der Spieler« im Ufa-Palast.

2. September In der Gewerbehalle hält der Reichsführer SS und Chef der deutschen Polizei, Heinrich Himmler, vor den Auslandsdeutschen eine fast zweistündige Rede. Das Neue Tagblatt schreibt: »Der Reichsführer SS (entwickelte) die Wege der Volkserziehung, die eingeschlagen werden müssen, um auf allen Gebieten des öffentlichen und privaten Lebens Sauberkeit und Verantwortungsbewußtsein dem deutschen Menschen als selbstverständliche Lebensgrundsätze einzuimpfen. Gegenüber den ... Behaup-

tungen, die von gewissen Kreisen des Auslandes immer wieder gegen wesentliche Grundsätze der Erziehungsarbeit der SS wie des Nationalsozialismus überhaupt erhoben werden — wobei besonders auf Fragen des Glaubens angespielt wird — stellte der Reichsführer SS mit allem Nachdruck fest, daß in der SS in Fragen des Glaubens jeder Zwang und jeder Druck, von welcher Seite er auch kommen möge, abgelehnt wird«.
Festliches Konzert des Reichsrundfunks für die »Deutschen in aller Welt« in der Stadthalle.

3. September Der Oberbefehlshaber der Kriegsmarine, Generaladmiral Dr. h. c. Raeder, besucht das Ehrenmal der deutschen Leistung im Ausland sowie das Deutsche Ausland-Institut und spricht in der Stadthalle über die Aufgaben der Kriegsmarine.
Im Rahmen der VI. Reichstagung der Auslandsdeutschen wurden allen Stuttgarter Lichtspielhäusern als Vorprogramme Filme zur Verfügung gestellt, »die in ihrer ... Gestaltung Zeugnis von der weitumspannenden Arbeit der Deutschen Arbeitsfront ablegen. ›Lachendes Leben‹ erzählt von fröhlicher Gymnastik bei ›Kraft durch Freude‹; ›Jungarbeiter voran‹ gibt ein anschauliches Bild von dem frohen und freien Alltag des Arbeiters. Ein weiterer Film gibt einen Kurzbericht vom Besuch der 3000 KdF-Fahrer in Tripolis. ›Der Theaterzug kommt‹ schließt den Reigen dieser ... Filme der Deutschen Arbeitsfront«.
Die Landesgruppe des Bundes der Saarpfalzvereine veranstaltet in der Liederhalle eine »pfälzische Kerwe«.
Die Baubeschlagfabrik Gretsch & Co. in Feuerbach besteht 75 Jahre.

3. September bis 9. Oktober Auf der Deutschen Bau- und Siedlungsausstellung in Frankfurt/Main ist ein Modell der Stadt Stuttgart zu sehen. Außerdem werden in besonderen Modellen die Kuranlagen in Bad Cannstatt sowie die geplanten Gemeinschaftssiedlungen in Mühlhausen und am Büsnauer Hof gezeigt.

4. September Ein Schlußappell im Hof des Neuen Schlosses beendet die VI. Reichstagung der Auslandsdeutschen in Stuttgart. OB Dr. Strölin, Gauleiter Reichsstatthalter Murr und Gauleiter Bohle halten Ansprachen. Als letzter spricht Reichsminister Dr. Goebbels. Er führt u. a. aus: »Haben wir im vorigen Jahr auf dieser Tagung an Österreich nur gedacht, ohne daß wir davon sprechen konnten, so ist es heute so weit, daß wir nicht nur davon sprechen dürfen, sondern daß Österreich ein Stück unseres Reiches geworden ist. Das nationalsozialistische Deutschland ... hat sich als Großmacht in der Welt durchgesetzt, und heute stehen wir wieder mitten im Spiel der Kräfte, weil wir uns mit Mut, Kraft und Intelligenz zu behaupten verstanden«. Nach der Rede Goebbels wird der große Zapfenstreich gespielt und ein Großfeuerwerk abgebrannt.
Die Lukasgemeinde weiht ihr neues Gemeindehaus in der Schwarenbergstraße 117 ein.

SEPTEMBER 1938

4.–6. September   In Hedelfingen ist Kirchweihe mit Jahrmarkt.

5. September   Vertreter von französischen Reisebüros besuchen Stuttgart, um das Reichsgartenschaugelände und die württ. Hauptstadt kennenzulernen.
Die aufgehobenen Straßenbahnhaltestellen Danneckerstraße und Pfitzerstraße werden wieder eingerichtet.

6. September   Die Spielzeit 1938/39 der Württ. Staatstheater beginnt. Im Schauspielhaus wurden neu verpflichtet: Paul Dättel, Heinz Grzyb, Herbert Herbe, Fritz Langeloth, Heinrich Pinkatzky, Heinz Rassaerts, Annemarie de Bruyn, Hidde Ebert, Helene Frölicher, Hanna Grosse, Anneliese Schulze und Anny Seitz. Der Oper gehören neu an: Hans Blessin, Hans Komorek, Wilhelm Otto, Alfred Seidel und Birgit Gylling.
Im Großen Haus wird die Oper »Dr. Johannes Faust« von Hermann Reutter erstaufgeführt, im Kleinen Haus das Schauspiel »Torquato Tasso« von Johann Wolfgang Goethe in neuer Inszenierung.
Auf der Kulturtagung im Rahmen des Nürnberger Reichsparteitags verleiht Reichsminister Dr. Goebbels dem Stuttgarter Automobilkonstrukteur Dr. Ferdinand Porsche den Deutschen Nationalpreis.
In einer Kiesgrube in Hedelfingen wurden vor kurzem einige Gräber aus der Alemannenzeit entdeckt. Dabei konnten Knochenreste, eine Schwert- und eine Speerspitze geborgen werden. Die Gräber lagen in einer Tiefe bis zu zwei Meter unter der Humusschicht.

8. September   Erstaufführung des Lustspiels »Das schöne Abenteuer« von de Caillavet, de Flers und Rey im Kleinen Haus.

9. September   Der französische Konsul Georges Jean Deniker, Nachfolger von Albert Henriet, macht OB Dr. Strölin im Rathaus seinen Antrittsbesuch. Beide betonen den Wunsch nach guten Beziehungen zwischen der Stadtverwaltung Stuttgart und französischen Gemeindeverwaltungen.

10. September   Zum Abschluß der diesjährigen Hauptkurzeit führt die Stuttgarter Kammeroper im Kursaal Bad Cannstatt die Operette »Das Land des Lächelns« von Franz Lehár auf. Die Kurkapelle wirkt mit.
Für die Angehörigen der Bosch-Werke in Stuttgart und Feuerbach wird der tägliche Betriebssportappell 1938 eröffnet.

11./12. September   Die Kantorei der Hochschule für Musik zu Berlin singt am Sonntag

unter der Leitung von Prof. Kurt Thomas in der Stiftskirche geistliche Musik, am Montag im Oberen Museum weltliche Lieder.
In Feuerbach ist Kirchweihe und Jahrmarkt.

12. September   Dieser Tage wurde das Richtfest für einen zweiklassigen Kindergarten mit Schwesternwohnung in der Kleineigenheim-Siedlung Wolfbusch im Stadtteil Weilimdorf gefeiert. Der Dorfplatz dieser in den Jahren 1936 bis 1938 von der Stadt Stuttgart errichteten Siedlung erhält mit diesem Neubau einen wirkungsvollen Abschluß.
Der Geologe Prof. Dr. Dr. h. c. Carl Uhlig, emeritierter Ordinarius an der Universität Tübingen, Mitbegründer und langjähriger Leiter des Deutschen Ausland-Instituts, verstorben.

13. September   Der Württ. Landesfeuerwehrverband begeht sein 75jähriges Bestehen.

14. September   In Stuttgart wird die zweite Verdunkelungsübung abgehalten. Das Stuttgarter Neue Tagblatt berichtet darüber am folgenden Tag: »Die Eindrücke, die der Beobachter während dieser Verdunkelung gemacht hat, lassen sich ... dahin zusammenfassen, daß diese zweite Verdunkelungsübung schon wesentlich besser geklappt hat als die erste vom Herbst des vergangenen Jahres. Das ließ sich besonders in der Zeit erkennen, in der auch die Reichsbahn alle Lichtquellen auf dem Gelände des Hauptbahnhofs ausgeschaltet hatte. Zu dieser Zeit der totalen Verdunkelung, etwa zwischen 21 und 21.30 Uhr, ließ sich kaum ein Lichtpünktchen in der großen Stadt feststellen«.

14./15. September   Von Nürnberg kommend besuchen 100 Offiziere der italienisch-faschistischen Jugendorganisation (Balilla) Stuttgart. Sie werden von Dr. Strölin im Rathaus und von Murr in der Villa Reitzenstein empfangen.

15. September   Stadtrat Dr. Schwarz berichtet den Ratsherren, daß Zement künftig nur auf Bezugsschein geliefert werden könne. Wegen der angespannten Lage auf dem Baustoffmarkt und wegen fehlender Arbeitskräfte habe man mit Ausnahme des Neubaus der Inneren Abteilung des Krankenhauses Bad Cannstatt und der Bauten für die Reichsgartenschau andere in Angriff genommene Bauvorhaben eingestellt.
In Untertürkheim wird der Herbst-Jahrmarkt abgehalten.
Das Planetarium eröffnet seine Winterspielzeit. Abwechselnd mit den Planetariumsveranstaltungen werden Kulturfilme und jugendfreie Spielfilme vorgeführt.
Im Kunstgebäude wird eine Herbstmodenschau des Stuttgarter modeschaffenden Handwerks veranstaltet.

16. September   Im Schloßgarten-Hotel begrüßt OB Dr. Strölin 80 Mitglieder der englischen German Road Delegation, die sich auf einer Reise durch Deutschland befinden.

16.—24. September   In Stuttgart tagt die 95. Versammlung der Gesellschaft Deutscher Naturforscher und Ärzte. 2300 Teilnehmer, auch aus dem Ausland, haben sich eingefunden; 300 wissenschaftliche Vorträge werden gehalten. Im Vordergrund stehen die Forschungsergebnisse über die Beziehungen zwischen Klima und Leben sowie das Thema Erbbiologie.

17. September   Die 95. Versammlung der Gesellschaft deutscher Naturforscher und Ärzte in Stuttgart hat OB Dr. Strölin veranlaßt, eine Reihe von Straßen des Stadtgebiets nach Naturforschern, Erfindern und Ärzten zu benennen. Im Stadtteil Zuffenhausen werden umbenannt: Parkstraße in Hellmuth-Hirth-Straße, Jahnstraße in Marconistraße, Jägerstraße in Franklinstraße, Moltkestraße in Morsestraße, Kernerstraße in Galvanistraße, Alleenstraße in Ohmstraße, Landhausstraße in Wattstraße, Ulrichstraße in Reissstraße, Gerberstraße in Geißlerstraße, Baumgartenstraße in Dreysestraße, Calwer Straße in Bessemerstraße, Korntaler Straße in Grusonstraße, Fasanenweg in Rungestraße, Forststraße in Mitterhoferstraße, Straße 1 in Achardweg, Panoramastraße in Kopernikusstraße.
Im Stadtteil Degerloch werden umbenannt: Olgastraße in Erwin-Bälz-Straße, Werderstraße in Haidlenstraße, Hirschstraße in Heuglinweg.
Die neuen Straßennamen treten am 1. Dezember 1938 in Kraft.
Das 103. Cannstatter Volksfest, das bis zum 26. September dauert, beginnt.
In Weilimdorf gibt es drei Fälle von spinaler Kinderlähmung. Das Gesundheitsamt hat deshalb die Schließung der Kindergärten und Schulen in Weilimdorf angeordnet.
Gründungsversammlung des Ortsvereins Stuttgart der Deutschen Kartographischen Gesellschaft im Landesgewerbemuseum. Anschließend wird eine Kartographische Ausstellung eröffnet.
Im Interimsgebäude wird eine Ausstellung In der Hölle des Urwaldes eröffnet. Sie gibt einen Einblick in die deutsche Amazonas-Expedition von Schulz-Kampfhenkel und Gerd Kahle.
Das neue Luftschiff LZ 130 »Graf Zeppelin« überfliegt Stuttgart.
Die Stuttgarter Firma Lortz-Plakat feiert ihr 25jähriges Jubiläum.

17.—30. September   Der Volksbund für das Deutschtum im Ausland sammelt für »in Not geratene Auslandsdeutsche«.

18. September   Im Eduard-Pfeiffer-Haus versammelt sich das Amtsträgerkorps des Reichsluftschutzbundes. Stabsführer Beihl spricht über Fragen der Ausbildung, des Ein-

satzes, über Erfahrungen aus der letzten Verdunkelungsübung und die Versorgung der Bevölkerung mit der Volksgasmaske.
Das neue Hitlerjugend-Heim Mühlbachhof wird eröffnet.

18.—25. September Im Bereich der Landesgruppe Württ.-Baden des Reichsluftschutzbundes wird eine Werbewoche für die Volksgasmaske 37 durchgeführt.

19. September Die Mörike-Bücherei (ehemalige Volksbibliothek), Silberburgstraße 191, wird eröffnet.

19./20. September Eine 15köpfige Delegation japanischer Pressevertreter hält sich in Stuttgart auf.

20. September Das Bezirksschulamt Stuttgart lädt im Saalbau Dinkelacker zu einer »freien Konferenz für sämtliche Lehrkräfte des Schulbezirks Stuttgart« ein. Oberschulrat Kimmich erstattet Bericht über das Schuljahr 1937/38 und weist darauf hin, daß zu Beginn des Berichtsjahres »die letzten Reste« konfessioneller Schulen in Stuttgart und im Land beseitigt worden seien. Er beklagt den immer größer werdenden Lehrermangel und die steigenden Klassenstärken.
6000 Sänger des Kreises Stuttgart versammeln sich auf dem Cannstatter Volksfest und singen vor der Schwabenhalle.
Generalleutnant von Schröder, Vizepräsident des Reichsluftschutzbundes, trifft zu einem Besuch Stuttgarts ein.
Uraufführung des Films »Liebesbriefe aus dem Engadin« von Luis Trenker, der im Universum anwesend ist.
Reichsbahnoberrat Hermann Vischer, dessen Werk der Feuerbacher Bahnhof und die Eisenbahnersiedlung auf der Prag ist, verstorben.
Gottfried Graf, Prof. an der Akademie der bildenden Künste, verstorben.

21. September In der Adolf-Hitler-Kampfbahn findet das diesjährige Schulturnfest statt.

22. September 400 Mitglieder der Association des Professions Françaises, die Gäste der Deutschen Arbeitsfront sind, besichtigen die Firma Daimler-Benz.

23. September In Anwesenheit von Ministerpräsident Mergenthaler, Kreisleiter Fischer und SA-Obergruppenführer Ludin treffen sich im Bürgerhospital die in Stuttgart lebenden Sudetendeutschen.

SEPTEMBER 1938

24. September   Die Luxuszüge 105 und 106 Stuttgart—Eger und zurück verkehren wegen der tschechischen Grenzsperrung von heute an nur zwischen Stuttgart und Nürnberg.
Erstaufführung des Schauspiels »Der Hochverräter« von Curt Langenbeck im Kleinen Haus.

25. September   Das für heute vorgesehene Feuerwerk auf dem Cannstatter Volksfest findet nicht statt. Auf Entschließung von OB Dr. Strölin wird der hierfür bereitgestellte Betrag dem Hilfswerk für die sudetendeutschen Flüchtlinge in Berlin zugeteilt.
Der Schwäb. Albverein lädt anläßlich seines 25jährigen Bestehens zu einer Sternfahrt zum Roßberg ein.

26. September   Die Rede Hitlers, in der er bis spätestens zum 1. Oktober die Abtretung des Sudetenlandes an das Reich fordert, wird auch auf dem Stuttgarter Marktplatz übertragen. Zum Gemeinschaftsempfang finden sich Reichsstatthalter Murr, Kreisleiter Fischer und sein Stab, SA-Obergruppenführer Ludin, OB Dr. Strölin sowie alle Ortsgruppen der Innenstadt ein. Vor der Führerrede appelliert Murr an »Tapferkeit und Mut der Schwaben«.
Der Vertrag über die Eingliederung des Vereins württ. Kunstfreunde in den Württ. Kunstverein wird unterschrieben.
Das Stuttgarter Homöopathische Krankenhaus veranstaltet für Ärzte einen Einführungskurs in die Homöopathie.

27. September   Nach der 5. Verordnung zum Reichsbürgergesetz müssen alle an deutschen Gerichten zugelassenen jüdischen Rechtsanwälte bis zum 30. November 1938 ausscheiden.
Reichsinnenminister Dr. Frick, Reichsstatthalter Murr und Gauleiter Krebs sprechen vor 1200 Stuttgartern in der Stadthalle. Sie schildern die »Leiden und Nöte des Sudetendeutschtums«.
In Stuttgart trifft eine Gruppe englischer Reisebüroangestellter ein, die eine zwölftägige Studienreise durch Deutschland unternimmt.

27.—29. September   Die Fachschriftleiter der Luftfahrt im Reichsverband der deutschen Presse treten in Stuttgart zu ihrer vierten Arbeitstagung zusammen. Vor Beginn der Tagung werden an den Ruhestätten von Graf Zeppelin und Hellmuth Hirth Kränze niedergelegt.

28. September   Auf dem Stuttgarter Hauptbahnhof treffen 383 sudetendeutsche Flüchtlinge ein. Sie finden auf Baustellen der Reichsautobahn vorübergehend Arbeit.

OKTOBER 1938

Im Ehrenmal der deutschen Leistung im Ausland wird eine Ausstellung unter dem Thema »Sudetendeutscher Kampf« gezeigt.

29. September　Die Wirtschaftsgruppe Ambulantes Gewerbe, Ortsstelle Stuttgart, veranlaßte die am Cannstatter Volksfest beteiligten Schausteller und Wirte zu einer Spende für die sudetendeutschen Volksgenossen.
Gründung der Ortsgemeinschaft Stuttgart des Deutschen Roten Kreuzes im Gustav-Siegle-Haus.
Der Stuttgarter Singkreis trägt im Bürgermuseum »Lieder für kleine und große Leute«, Kinderkantaten von Cesar Bresgen und Lieder von Armin Knab vor.

30. September　Schlagzeile im NS-Kurier: »Das Abkommen über die Abtretung des Sudetenlandes unterzeichnet — Begeisterung in London und Paris über das Abkommen«.

1. Oktober　In Stuttgart leben 3596 Juden.
Die mit Gesetz vom 25. April 1938 verfügte Kreisreform tritt in Kraft. Der Kreis Stuttgart-Amt wird aufgehoben, Rechtsnachfolger ist der Kreis Esslingen. Die Gemeinden des Kreises Stuttgart-Amt werden in die Kreise Esslingen und Böblingen eingegliedert. Der Stadtkreis Stuttgart wird durch das Gesetz nicht berührt.
Die neue Organisation des Dienstbezirks der Handwerkskammer Stuttgart tritt in Kraft. Sie ist künftig zuständig für den Stadtkreis Stuttgart und die Landkreise Böblingen, Esslingen, Schwäbisch Gmünd, Göppingen, Leonberg, Ludwigsburg und Waiblingen. Ferner werden die fünf Aufsichtsbezirke der Gewerbe- und Handelsaufsicht neu gegliedert. Der Aufsichtsbezirk I umfaßt den Stadtkreis Stuttgart und die Kreise Leonberg und Vaihingen.
Die Württ. Hochschule für Musik, die bisher vom Württ. Musikhochschulverein getragen wurde und Zuschüsse vom Staat und der Stadt Stuttgart erhielt, wird verstaatlicht. Sie führt künftig den Namen Staatliche Hochschule für Musik in Stuttgart. Die Stadt beteiligt sich weiterhin an der Unterhaltung.
Das Friedrichsbautheater eröffnet die Spielzeit 1938/39. Im Mittelpunkt des Programms steht Willy Reichert.
OB Dr. Strölin tritt sein Amt als Präsident des Internationalen Verbandes für Wohnungswesen und Städtebau an.
Der stellvertretende Landesleiter der Technischen Nothilfe, Oskar Hölzle, gibt auf der Jahresversammlung der Ortsgruppe Stuttgart bekannt, daß Bereitschaftsführer Hugendubel vom Reichsamt der Technischen Nothilfe zum Führer der Ortsgruppe Stuttgart berufen worden sei. Hugendubel ist Nachfolger Hölzles.

OKTOBER 1938

SA-Brigadeführer Major a. D. Walther Freiherr von Lindenfels wird zum Landeskriegerführer des Landeskriegerverbandes Südwest, Generalleutnant a. D. von Greiff zum Gebietskriegerführer Stuttgart ernannt.
Das chemische und bakteriologische Labor Dr. Schmiedel & Dr. Endres feiert sein 25jähriges Bestehen.
Die Zigarrenhandlung Theodor Rapp, Willi-Kirchhoff-Str. 28, besteht seit 25 Jahren.
Gottlieb Digele, Bankier, Königlich-Norwegischer Konsul in Stuttgart, verstorben.

2. Oktober Am Erntedankfest wird auch in Stuttgart der Einmarsch deutscher Truppen ins Sudetenland gefeiert. Auf Veranstaltungen wird, wie das Neue Tagblatt schreibt, »der doppelten Bedeutung des Tages gedacht, und überall (werden) Freude und Dank laut, Dank für die gute Ernte des Jahres, Dank aber insbesondere an den Führer, dessen große Tat allen Sudetendeutschen die Rückkehr ins große Vaterland ermöglicht hat.«
Erstaufführung der Komödie »Aimée« oder: Der gesunde Menschenverstand von Heinz Coubier im Kleinen Haus.

3. Oktober Das Orchester der Württ. Staatstheater spielt in der Liederhalle; die Leitung hat Herbert Albert, Solist ist Caspar Cassadó (Cello).
Die Volksbildungsstätte Stuttgart eröffnet im Gustav-Siegle-Haus das Winterhalbjahr 1938/39 mit einem Vortrag von Staatsminister Prof. Dr. Schmitthenner (Karlsruhe) zum Thema »Deutschlands wehrpolitische Lage«.

5. Oktober Die Revue »Stuttgart, du Stadt ohne Gleichen« wird zum 100. Male im Schauspielhaus aufgeführt.
Die Volksbildungsstätte Stuttgart beginnt wieder mit der Vortragsreihe »Dichter- und Musikerbilder«. W. Locks spricht zum Thema »Schiller und die Kunst«.

6. Oktober Reichsstatthalter Murr eröffnet in der Gewerbehalle für den Gau Württ.-Hohenzollern das Winterhilfswerk 1938/39.
Der sudetendeutsche Schriftsteller Gottfried Rothacker, bekannt durch seinen Roman »Das Dorf an der Grenze«, spricht im Gustav-Siegle-Haus vor der Arbeitsgemeinschaft Volk und Kunst der NS-Gemeinschaft Kraft durch Freude über die deutsche Kulturleistung im Sudetenland und in Böhmen. Anschließend liest er aus seinen Werken.

7. Oktober Alle deutschen Reisepässe für Juden werden ungültig und müssen binnen zwei Wochen zurückgegeben werden. Die mit Geltung für das Ausland ausgestellten Reisepässe werden wieder gültig, wenn sie von der Paßbehörde mit einem »J«

versehen sind, das den Inhaber als Juden kennzeichnet.
Die Eisenzäune entlang der Horst-Wessel-Straße, vor der TH in der Alleenstraße und auf dem Skagerrakplatz bei der Gewerbehalle sind entfernt worden.
Das Schauspielhaus eröffnet die Winterspielzeit mit der Komödie »Zweigespann« von Edward Montgomery.
Der Pianist Gerhard Eucken spielt in der Liederhalle.
Eugen Eisenmann hält im Gustav-Siegle-Haus einen Lichtbildervortrag über Erlebnisse und Erfolge der Ruwenzori-Expedition der Sektion Stuttgart des Deutschen Alpenvereins in die ostafrikanischen Hochgebirge.

8. Oktober Das Künstler-Marionetten-Theater eröffnet die Winterspielzeit mit einer Aufführung des Märchens »Dornröschen«.
Das Kunsthaus Schaller eröffnet eine Ausstellung von Prof. Ludwig Dill (Karlsruhe). Ferner werden Zeichnungen und Lithographien von Alfred Kubin gezeigt.

8./9. Oktober Die Kameradschaft der Nachrichtentruppen in Stuttgart begeht ihre 25-Jahrfeier.

9. Oktober Auf Anordnung von Bischof Dr. Sproll finden heute in allen kath. Kirchen Dankgebete und »feierliches Glockengeläute« statt. In seinem Schreiben an die Pfarrämter der Diözese Rottenburg vom 4. Oktober heißt es u. a.: »Tage allerschwerster Sorge sind vorüber. Die Wolken ... haben sich verzogen. Ein Krieg ... ist von uns abgewendet worden ... (Der) gemeinsamen Arbeit und ... Staatsklugheit (der) führenden Männer der großen Staaten Europas, die in der letzten Woche in München versammelt waren, verdanken wir die friedliche Lösung, auf die man kaum mehr zu hoffen wagte. Ohne Schwertstreich dürfen mehr als 3 Millionen deutscher Volksgenossen nach schmerzvoller Trennung in das gemeinsame Vaterland zurückkehren«.
Die neue Turn- und Festhalle in Wangen wird eingeweiht. OB Dr. Strölin führt in seiner Ansprache u. a. aus: »Im übrigen kann ich feststellen, daß es sich durchaus bewährt hat, daß wir in Stuttgart keine reinen Turnhallen und keine reinen Festhallen bauen, sondern daß wir beides vereinigen. So sollen auch künftighin die alten Festhallen entsprechend umgebaut und die neuen gleichzeitig als Versammlungs- und Festräume für die Partei und ihre Gliederungen und damit für die ganze Volksgemeinschaft eingerichtet werden.«
Anläßlich der Wiederkehr des Geburtstags von Horst Wessel hat die Stadt Stuttgart die am Haupteingang der Horst-Wessel-Schule in Zuffenhausen stehende Steinsäule zu einem Ehrenmal für Horst Wessel gestalten lassen. Auf der Breitseite der Säule

steht folgende Inschrift: »Horst Wessel, geb. 9. Okt. 1907, für Deutschland gefallen 23. Feb. 1930«.

10. Oktober   Walter Barylli (Violine) und Otto A. Graef (Klavier) spielen in der Liederhalle.
Die Arbeitsgemeinschaft deutscher Fabrikanten der Bekleidungsindustrie e. V. (Adefa) eröffnet in der Stuttgarter Gewerbehalle eine Ausstellung für Herren- und Damenoberbekleidung. Bisher hat die Adefa ihre Modeschauen stets in Berlin abgehalten.

10.–12. Oktober   Der Deutsche Betriebswirtschaftertag in Stuttgart beschäftigt sich vor allem mit der Weiterentwicklung des betrieblichen Rechnungswesens.

11. Oktober   Unter der Überschrift »Württemberg frei von jüdischen Ärzten« schreibt das Neue Tagblatt: »Am 27. Juli dieses Jahres hat der Führer auf Grund des Reichsbürgergesetzes verordnet, daß die Bestallungen der jüdischen Ärzte mit Wirkung vom 30. September 1938 erlöschen. Auf Grund dieser vierten Verordnung zum Reichsbürgergesetz schieden zu diesem Zeitpunkt im Bereich der Ärztekammer des Gaues Württ.-Hohenzollern 55 jüdische Ärzte aus. 30 von ihnen waren Kassenärzte; 20 davon hatten ihre Praxis in Stuttgart und Bad Cannstatt.«
Bei Bauarbeiten auf dem Schloßplatz wird eine mittelalterliche Dole angeschnitten. Nach Meinung von Archivdirektor Dr. Karl Stenzel ist »der gewölbte Gang die alte Haupt- oder Hirschgrabendole, die am alten Graben entlang führte, dann zum alten Schloß abbog und von hier aus in die Anlagen und damit zum Nesenbach leitete«.
Auf der ersten Winterveranstaltung des Württ. Gartenbauvereins im Bürgermuseum wird des 60jährigen Bestehens des Vereins gedacht.

12. Oktober   Der Württ. Bachverein veranstaltet in der Hochschule für Musik ein Orgelkonzert mit Herbert Liedecke.
Frau Leins von Derblin (Mannheim) spricht im Wullesaal in der Neckarstraße über Verbesserungen in der Rentenversorgung. Veranstalter der Versammlung ist der Reichsbund der Deutschen Kapital- und Kleinrentner, Bundesgruppe Stuttgart.
Auf Vorschlag von Landeskulturwalter Adolf Mauer wurde der Architekt Dr.-Ing. Ernst Schwaderer in Stuttgart-Feuerbach zum Landesleiter Württemberg der Reichskammer der bildenden Künste berufen.

13. Oktober   OB Dr. Strölin gibt den Ratsherren den Rechnungsabschluß 1937 bekannt. Die Einnahmen belaufen sich auf 181 Mio. RM, die Ausgaben auf 177,3 Mio. RM. Somit steht ein Überschuß von 3,7 Mio. RM zur Verfügung. Die Stadt hatte höhere Ausgaben als man vermutete, aber auch die Einnahmen sind gestiegen. OB Dr.

OKTOBER 1938

Strölin und Stadtkämmerer BM Hirzel führen das günstige Abschlußergebnis auf den Wirtschaftsaufstieg zurück, durch den die Steuerquellen ergiebiger, der Umsatz der Wirtschaft größer und die Wohlfahrtsunterstützungen kleiner geworden sind. Der OB und BM Hirzel kündigen jedoch an, daß der neue Finanz- und Lastenausgleich des Reichs und des Landes den Gemeinden zusätzliche Opfer auferlegt, die sich bei der Stadt Stuttgart im Jahr 1938 auf über 7 Mio. RM, für das Jahr 1939 auf rund 8,5 Mio. RM beziffern. Der Überschuß des Jahres 1937 wird daher benötigt, um wenigstens teilweise den Stadthaushaltsplan 1938 auszugleichen.

Die Ratsherren behandeln in nichtöffentlicher Sitzung die Preisbildung und Preisüberwachung bei Grundstücken in Stuttgart. Nach ihrer Ansicht soll die vom OB eingerichtete städt. Preisbehörde für Grundstücke »die reichsgesetzlichen Maßnahmen auch in Stuttgart mit aller Energie« durchführen. Ferner wird über die Einrichtung eines Schallplattenarchivs beraten. Als Grundstock der Sammlung besitzt die Stadtverwaltung bereits die beim Führerbesuch am 1. April aufgenommenen Begrüßungsansprachen mit der Rede Hitlers im Stuttgarter Rathaus. Außerdem hat der Rundfunk eine Aufnahme der Rede zur Verfügung gestellt, die der OB im Jahr 1936 in New York beim Deutschen Tag gehalten hat.

Das Neue Tagblatt schreibt: »In der letzten Zeit sind bei der Stadtverwaltung Stuttgart viele Schreiben und Telegramme eingegangen, in denen Sudetendeutsche ihrer Dankbarkeit und ihrer Anhänglichkeit gegenüber unserer Stadt Ausdruck geben. So erhielt OB Dr. Strölin vor allem ein Telegramm von Konrad Henlein, in dem es u. a. heißt: ›In diesen Tagen denke ich an Sie, weil Sie uns in den schweren Notzeiten immer hilfreich zur Seite standen.‹«

Erstaufführung der Komödie »Die sanfte Kehle« von Felix Timmermans und Karl Jakobs im Kleinen Haus.

Der Pianist Raoul Koczalski spielt aus Anlaß seines 50jährigen Künstlerjubiläums im Konzertsaal der Liederhalle Werke von Chopin und anderen sowie eine eigene Sonate. Der Stuttgarter Kammerchor veranstaltet im Gelben Saal des Oberen Museums ein weltliches à-capella-Konzert.

Die Firma Wimpff, Conradt und Cie. in der Kronprinzstraße, die als erste in Württemberg Nähmaschinen verkaufte, feiert ihr 75jähriges Jubiläum.

15. Oktober Letzte Veranstaltung der Stuttgarter jüdischen Kunstgemeinschaft.
Nach mehr als dreiwöchigem Einsatz im Sudetenland trifft die Kompagnie »Hanns Ludin« des Sudetendeutschen Freikorps wieder auf dem Stuttgarter Hauptbahnhof ein. Es handelt sich um 150 Sudetendeutsche aus dem Bereich der SA-Gruppe Südwest, vorwiegend aus Stuttgart.
Der Bootsverkehr der Stuttgarter Straßenbahnen auf dem Neckar zwischen der König-Karls-Brücke und dem Max-Eyth-See wird eingestellt.

OKTOBER 1938

Das Verkehrsunfall-Kommando, das bisher in der Schloßstraße untergebracht war, wird in die Eberhardstraße 15 verlegt.

Das Landesorchester spielt unter der Leitung von Prof. Hermann Abendroth (Leipzig) im Festsaal der Liederhalle. Solistin des Abends ist Rosl Schmid (Klavier).

Der Chirurg Dr. med. Gustav Schaaff, früher Assistenzarzt bei Prof. Sauerbruch, wird als Nachfolger von Dr. Georg Meißner in sein Amt als Chefarzt des städt. Krankenhauses in Feuerbach eingeführt.

15./16. Oktober   Auch in Stuttgart wird die Reihe der Straßensammlungen des Winterhilfswerks 1938/39 von der Deutschen Arbeitsfront eröffnet.

15.—17. Oktober   Die evang. Kirchengemeinde Gaisburg feiert das 25jährige Bestehen ihrer neuen Kirche.

16. Oktober   Der Organist Otto Rentschler und der Cellist Gerhard Saal spielen in der Johanneskirche Kompositionen des 17. und 18. Jahrhunderts.

In der König-Karl-Halle des Landesgewerbemuseums wird bis zum 6. November eine Naturschutz-Ausstellung gezeigt.

In der Stadthalle wird vor über 6000 Zuschauern ein Länderkampf im Freistilringen zwischen USA und Deutschland ausgetragen; er endet mit einem 5:2-Sieg für die USA.

17. Oktober   Die Dekane der Diözese Rottenburg halten in Stuttgart eine Konferenz zur Beratung über die Lage der Diözese und des Bischofs nach dessen Ausweisung aus dem Gau Württ.-Hohenzollern ab.

Alle im Gaugebiet Württ.-Hohenzollern in Lagern oder privat untergebrachten und der NS-Volkswohlfahrt zum Rücktransport gemeldeten sudetendeutschen Flüchtlinge fahren mit einem Sonderzug in ihre Heimat zurück.

Im 2. Sinfoniekonzert des Orchesters der Württ. Staatstheater in der Liederhalle spielt der Pianist Walter Gieseking die Sinfonischen Variationen für Klavier und Orchester von César Franck und das Erste Klavierkonzert Es-Dur von Franz Liszt.

Der Gaupropagandaleiter und Leiter des Reichspropagandaamts Württemberg, Adolf Mauer, wurde zum Leiter des Landesfremdenverkehrsverbands Württ.-Hohenzollern ernannt.

17.—29. Oktober   Zum Auftakt des Winterhilfswerks 1938/39 im Kreis Stuttgart führen Wehrmacht und Polizei wieder eine Kleidersammlung durch.

18. Oktober   Die Wehrmachtsangestellten des Standorts Stuttgart treffen im Dinkelacker-Saalbau zu einer Standortversammlung zusammen.

OKTOBER 1938

Im Mittelbau des Neuen Schlosses wird die bis zum 30. Oktober dauernde Wanderausstellung »Der Kampf der Sudetendeutschen« gezeigt.
In der König-Karl-Halle des Landesgewerbemuseums ist ein farbiges Modell der Stadt Stuttgart ausgestellt. Es war bereits auf der Bau- und Siedlungsausstellung in Frankfurt/Main zu sehen.
Die Württ. Verwaltungsakademie beginnt in Stuttgart ihr Wintersemester mit einem Vortrag von Prof. Dr. Schönfeld über das Thema »Freiheit und Persönlichkeit in der Lebensordnung des deutschen Volkes«.

18./19. Oktober Der englische Himalajaflieger Oberst Etherton, dem 1933 der erste Flug über den Mount Everest glückte, besucht Stuttgart und wird von OB Dr. Strölin empfangen.

19. Oktober Im Festsaal der Staatlichen Hochschule für Musik in Stuttgart wird ihre Verstaatlichung und Eröffnung feierlich begangen. Nach der Begrüßungsansprache durch Direktor Karl Wendling spricht Ministerpräsident Kultminister Mergenthaler über »Wesen und Bedeutung der deutschen Musik sowie ihre rassenmäßige Bedingtheit«.
Auf Einladung der Arbeitsgemeinschaft Volk und Kunst liest Wilhelm Schäfer im großen Saal des Hauses des Deutschtums aus seinen Dichtungen.

20. Oktober Zu Beginn der Weinlese besichtigt OB Dr. Strölin zusammen mit den Ratsherren und Beigeordneten Weinberge und Keltern in den Stadtteilen Feuerbach, Bad Cannstatt, Untertürkheim, Rotenberg und Uhlbach. Bei dieser Gelegenheit hebt der OB hervor, daß die gesamte Weinbergfläche in Stuttgart 753,2 Hektar betrage. Damit sei Stuttgart die größte weinbautreibende Großstadt im alten Reichsgebiet.
Der Schweizer Pianist Adrian Aeschbacher spielt in der Liederhalle.

21. Oktober Über 3000 Politische Leiter und annähernd 100 Frauen nehmen an einem Appell des Kreises Stuttgart teil. Kreisleiter Fischer erläutert die für die Arbeit der Politischen Leiter geltenden Grundsätze und Richtlinien.
Stadtarzt Dr. Lempp berichtet den Gesundheits- und Wohlfahrtsbeiräten über die erfolgreiche Behandlung keuchhustenkranker Kinder durch Höhenflüge. Die Klemm-Werke in Böblingen haben sich bereit erklärt, solche Flüge für Stuttgarter Kinder kostenlos durchzuführen.
Walter Rehberg (Klavier) spielt im Konzertsaal der Liederhalle Werke von Beethoven, Brahms und Händel. Zur Uraufführung kommt Rehbergs Suite op. 7.
Der Forscher Schulz-Kampfhenkel (Berlin) spricht vor Mitgliedern und Freunden des

OKTOBER 1938

Württ. Vereins für Handelsgeographie über die Ergebnisse der Deutschen Amazonas-Jary-Expedition, die ihn zu den Waldindianern des Rio Jary führte.

21.–23. Oktober Der Christliche Verein Junger Männer in Wangen feiert sein 50jähriges Jubiläum. Den Festgottesdienst hält Landesbischof D. Wurm.

22. Oktober Aus Anlaß der nunmehr beendeten Eindämmungs- und Befestigungsarbeiten am Feuerbach wird in Mühlhausen gegenüber dem in Besitz der Stadt übergegangenen sog. Palmschen Anwesen eine Gedenktafel enthüllt.
Musikdirektor C. Benning leitet anläßlich seines 50jährigen Militärjubiläums in der Liederhalle ein großes Militärmusik-Konzert.
Der zweite Vorsitzende des Württ. Geschichts- und Altertumsvereins, Stadtarchivdirektor Dr. Karl Stenzel, eröffnet die Arbeit des Vereins im Winterhalbjahr 1938/39. Anschließend spricht Prof. Dr. Stadelmann (Tübingen) über das Thema »Scharnhorst und die Hohe Karlsschule«.

23. Oktober Im Großen Lehrsaal des Fliegerheims der NS-Fliegerkorps-Standarte 101, Stuttgart, versammeln sich etwa 155 Werkstattleiter der NS-Fliegerkorps-Gruppe 15 (Schwaben), um über den Flugzeugbau im Winterhalbjahr 1938/39 zu sprechen.
Friseure aus den Städten Frankfurt/Main, Nürnberg und Stuttgart treffen sich im Stadtgartensaal zu einem Leistungswettbewerb. Den Stuttgarter Friseuren wird der Städte-Wanderpreis für die beste Mannschaftsleistung zuerkannt.
Im Ufapalast wird der Film »Großmacht Japan« gezeigt.

24. Oktober Das Landesgewerbemuseum zeigt im Staatlichen Ausstellungsgebäude eine Wanderausstellung japanischer Gebrauchsgegenstände.

24.–27. Oktober Vor der Württ. Verwaltungsakademie gibt Prof. Dr. Faust (Breslau) mit seiner Vortragsreihe »Die Frage der voraussetzungsfreien Wissenschaft« eine Einführung in das Werk Alfred Rosenbergs.

25. Oktober Zum 25. Todestag des Arztes und Japankenners Prof. Dr. Erwin Bälz, der auf dem Waldfriedhof begraben ist, findet im Ehrenmal der Deutschen Leistung im Ausland eine Gedächtnisfeier statt.
Prof. Dr. Grunsky (München) spricht im Haus des Deutschtums zum Thema »Spinoza und die Judenfrage«.
Der Stuttgarter Alfred Weidenmann erhält in Wien zusammen mit Gottfried Rothacker und Alfred Zacharias den Hans-Schemm-Preis 1937/38. Alfred Weidenmann ist

Verfasser der Trilogie »Jungen im Dienst«, umfassend die Bücher »Jungzug 2«, »Trupp Plassen« und »Kanonier Bräkke Nr. 2«.

26. Oktober Die Filmschauspielerin Ida Wüst gastiert im Schauspielhaus. Aufgeführt wird das Lustspiel »Mama räumt auf« von Roland Schacht.
Das NS-Reichssymphonie-Orchester (Orchester des Führers) unter der Leitung von Erich Kloß spielt im Festsaal der Liederhalle.
Die Daimler-Benz AG eröffnet in der Stadthalle ihre Kameradschaftsfeiern für das Werk Untertürkheim, die sich wegen der zahlreichen Mitarbeiter auf vier Abende erstrecken.

27. Oktober Alle sudetendeutschen Flüchtlinge, die bis heute nicht in ihre Heimat zurückkehren konnten, müssen sich sofort bei der NS-Volkswohlfahrt melden.
Peter Kreuder gibt mit seinen Solisten in der Liederhalle ein Konzert.

27./28. Oktober In der Nacht werden die Juden polnischer Staatsangehörigkeit verhaftet und mit einem Zug nach Polen abtransportiert. Man bringt sie zunächst in das Polizeigefängnis in der Büchsenstraße, wo Vertreter jüdischer Organisationen sie noch mit Kleidern und Lebensmitteln versorgen können. Durch Verhandlungen mit Beamten der Ausländerpolizei erreichen sie, daß einige Juden nicht deportiert werden.

28. Oktober Das Sondergericht Stuttgart verurteilt M. K. aus Schifferstadt, der einen Polizeibeamten in Untertürkheim erschossen hat, zum Tode.
Unter dem Motto »Zum Frieden gewillt — zur Abwehr bereit« finden zahlreiche Versammlungen der NSDAP statt. Gauleiter Reichsstatthalter Murr erinnert im ehemaligen Landtagsgebäude daran, daß »die Heimkehr des Sudetenlandes ins Großdeutsche Reich und die Bewahrung des Friedens einzig und allein der Genialität des Führers und der beispiellosen Geschlossenheit und Einsatzbereitschaft des gesamten deutschen Volkes zu verdanken sind.«
Der Wiener Mozart-Chor gastiert in der Liederhalle.
Kammersängerin Marta Fuchs singt in der Liederhalle.
Aus Anlaß der Verstaatlichung der Hochschule für Musik in Stuttgart wurde von Freunden der Anstalt eine von der Bildhauerin Franziska Sarvay (Stuttgart) geschaffene Büste des früheren Direktors, Prof. Max Pauer, gestiftet.

29. Oktober Heute und am 12. November werden die SA-Männer des Standorts Stuttgart zur Sammlung von Alteisen und Schrott eingesetzt.
Die Sängergesellschaft Akkord feiert im Bürgermuseum ihr 50. Stiftungsfest.

NOVEMBER 1938

30. Oktober Die Gauarbeitsgemeinschaft für Deutsche Volkskunde hält im Sitzungssaal des Wirtschaftsministeriums eine Tagung ab.

31. Oktober Zwischen 14.00 und 14.15 Uhr fällt die Stromversorgung aus.
Das Orchester der Württ. Staatstheater spielt in der Liederhalle. Solist ist der Geiger Georg Kulenkampff.
Der Leiter des Instituts für Erbbiologie und Rassenhygiene in Frankfurt/Main, Prof. Dr. Freiherr von Verschuer, hält im Planetarium einen Lichtbildervortrag über das Thema »Erbforschung beim Menschen«.
In der Verwaltungsakademie spricht Dr.-Ing. Seiter (Berlin) über die Herstellung und Verwendung von Kunststoffen.
Prof. Dr. Hedvall (Göteborg) spricht in der TH zum Thema »Reaktionen von Stoffen in festem Zustand«.
Stadtpfleger Schäfer wird in den Ruhestand verabschiedet. Nachfolger ist der Vorstand des Katharinenhospitals, Verwaltungsdirektor Theurer.

1. November Ende des Jüdischen Gemeindeblattes; die Räume, Kasernenstr. 13, werden von der Gestapo beschlagnahmt.
Die Führer und Führerinnen der Stuttgarter HJ versammeln sich, um das Führerschulungswerk zu eröffnen. Stammführer Dr. Pflomm spricht über die Bedeutung des Auslandsdeutschtums.
Im Hindenburgbau treffen sich die Führer der Stuttgarter SA und der HJ zu einem Kameradschaftsabend.
Die bisherige Heidehofschule wird in die aufgehobene Waldorfschule verlegt. Die Schule führt nun den Namen Uhland-Oberschule für Mädchen.
Sämtliche Vereine und Verbände, die sich ganz oder überwiegend der Erhaltung und Pflege der frei lebenden Vogelwelt widmen, werden im Reichsbund für Vogelschutz e. V. mit Sitz in Stuttgart zusammengefaßt.
Erstaufführung des Lustspiels »Mein Sohn, der Herr Minister« von André Birabeau im Schauspielhaus.
Im Rahmen der Ersten Großdeutschen Buchwoche (30. Oktober bis 6. November) eröffnet die Weltkriegsbücherei ihre diesjährige Vortragsreihe zur Geschichte und Vorgeschichte des Weltkriegs.
Im Kleinen Kursaal Bad Cannstatt wird Kurdirektor Georg Nave in sein Amt eingeführt.

1./2. November Die NS-Volkswohlfahrt führt im Rahmen des Winterhilfswerks eine Pfundsammlung durch. Gesammelt werden Reis, Mehl u. a. Nahrungsmittel, von denen die Hausfrauen mindestens ein Pfund abgeben sollen.

2. November Auf Einladung der Volksbildungsstätte Stuttgart lesen die schwäb. Lyriker Otto Lautenschlager, Wilhelm Schloz, Helmut Paulus und Gerhard Uhde im Wilhelm-Murr-Saal aus ihren Werken.

2.—9. November Im Kunstgebäude wird im Zusammenhang mit der Ersten Großdeutschen Buchwoche eine Ausstellung unter dem Motto »Das Buch als Kraftquell der Nation« gezeigt. Mittelpunkt der bisher größten schwäb. Buchausstellung ist die von der Reichsschrifttumsstelle beim Reichsministerium für Volksbildung und Propaganda bearbeitete Jahresschau des deutschen Schrifttums 1938.

3. November Im Dinkelackersaal findet ein Heimatabend des Sudetendeutschen Heimatbundes mit Freikorpsmännern der Kompanie »Hans Ludin« statt. U. a. wird über den Einsatz der Kompanie in Südmähren gesprochen.

4. November Zur Pachtung und Weiterführung des Hotels Marquardt wurde die Firma Hotel Marquardt-Betrieb-GmbH, Stuttgart, gegründet. Die Anteile der neuen GmbH befinden sich zu drei Fünftel in Händen der Württ. Hypothekenbank und zu zwei Fünftel in Händen der Stadt Stuttgart. Geschäftsführer der GmbH ist Robert Fischer.
Im Festsaal der Handelskammer hält Dr. von Borries einen Vortrag über die Entwicklung des Elektronenmikroskops.
Der zukünftige Leiter des Stuttgarter Tiergartens, Dr. Hermann Peters, spricht im Lindenmuseum über seine Forschungsreise nach Libyen.
Im Landesgewerbemuseum spricht Prof. Wilhelm Wagenfeld über »Formgebung in der Industrie«.
Die Vereinigung württ. Krankenhausverwaltungen wählte im Rathaus anstelle von Verwaltungsdirektor Theurer, der wegen seiner Berufung zum Stadtpfleger der Stadt Stuttgart den Vorsitz niederlegte, Verwaltungsdirektor Jakob Jetter vom städt. Krankenhaus Bad Cannstatt zum Vorstand der Vereinigung.

5. November Die Gauleiter Reichsstatthalter Murr und Robert Wagner (Baden) eröffnen die beiden Teilstrecken der Reichsautobahn Stuttgart — Pforzheim und Stuttgart — Ludwigsburg.
Der Karlsplatz wird als Parkplatz freigegeben.
Die Straße Im Götzen wurde in Sudetenstraße umbenannt.
Die Mitglieder des Reichsbundes für Vogelschutz finden sich im Gustav-Siegle-Haus zu ihrer 39. Mitgliederversammlung ein. Zum Abschluß spricht Prof. Dr. Günther (Freiburg) zum Thema »Das Aufwachsen des Naturschutzes in Deutschland«.

NOVEMBER 1938

5./6. November Das Rassenpolitische Amt und der Reichsbund der Kinderreichen veranstalten im großen Hörsaal der TH sowie im Bürgermuseum eine Arbeitstagung. Zum Auftakt spricht Gauamtsleiter Dr. Lechler über »Die biologische und politische Bedeutung der Entartung«.

5.—20. November Das württ. Kultministerium zeigt in den Ausstellungshallen am Interimstheaterplatz eine Ausstellung zum Thema »Bildnerische Erziehung der Jugend«.

6. November Auf dem Marktplatz werden 500 Hitlerjungen in die SA, 50 in die SS, 120 in das NS-Kraftfahrerkorps und 10 in das NS-Fliegerkorps eingegliedert.
Der Stuttgarter Liederkranz veranstaltet im Festsaal der Liederhalle eine Totengedenkfeier. Zur Einleitung erklingt als Uraufführung »In Memoriam«, eine Trauermusik für Heldengedenktage des einheimischen Komponisten Ernst Bezler.
Der Stuttgarter Oratorienchor führt in der Stiftskirche das Oratorium »Der Messias« von Händel auf.
In der Stiftskirche wird das Bibelfest der Württ. Bibelanstalt gefeiert.
Aus Anlaß der Ersten Großdeutschen Buchwoche wird im Kleinen Haus eine Dichterfeierstunde abgehalten. Dr. Georg Schmückle spricht über das Thema »Herzog Karl Eugen, Schubart und Schiller«, während Josef Magnus und Jakob Schaffner aus ihren Werken lesen.
Im Schauspielhaus zeigt die Stuttgarter Tanzbühne eine Tanzschau von 1500 bis heute.
Der Schwimmverein Cannstatt feiert im Kursaal sein 40jähriges Bestehen.

7. November Die Buslinie A von Stuttgart nach Bad Cannstatt wird wieder aufgenommen.
Richtfest für den Neubau der Inneren Abteilung des städt. Krankenhauses in Bad Cannstatt.
Im Haus der Technischen Werke wird eine Lichtberatungsstelle eröffnet.
Das Pasquier-Trio spielt in der Liederhalle.

8. November Von heute an hält der Leiter der Apotheke im Katharinenhospital, Privatdozent Dr.-Ing. Hans Kaiser, während des Wintersemesters 1938/39 wöchentlich einmal in der TH eine öffentliche Vorlesung zum Thema »Chemische Kampfstoffe«.
Die Gräber der in Stuttgart »gefallenen« Nationalsozialisten werden geschmückt. An den Gedenkstätten ziehen Ehrenwachen auf.
Der Erweiterungsbau für die neue Leichenhalle auf dem Pragfriedhof wurde fertiggestellt.

Auf dem Wartberg, in Bad Cannstatt und in Mühlhausen ist die Maul- und Klauenseuche ausgebrochen.

9. November Zum Gedächtnis der Toten der Bewegung, einschließlich der Opfer des »Befreiungskampfes« in der Ostmark und im Sudetenland sowie der Toten des Weltkriegs veranstaltet die NSDAP des Kreises Stuttgart in der Stadthalle eine Totengedenkfeier.
Alfred Cortot gibt in der Liederhalle ein Konzert.

9./10. November Judenpogrom. Gegen 3 Uhr werden die Stuttgarter Synagoge in der Hospitalstraße und die Synagoge in Bad Cannstatt in Brand gesteckt. Die Feuerwehr beschränkt sich darauf, die Nachbargebäude zu schützen. Das in den Synagogen befindliche Aktenmaterial nimmt die Gestapo in Beschlag. Die Räume der Stuttgarter jüdischen Gemeindepflege werden durchsucht, die Akten der jüdischen Schule beschlagnahmt. Danach kommt es zu Ausschreitungen gegen einige jüdische Geschäfte. Die Polizei schreitet nicht ein. Die Eingänge der zerstörten Geschäfte werden von SS-Posten besetzt. Privatwohnungen jüdischer Mitbürger werden nicht demoliert. Am 9. November und in der Woche darauf werden zahlreiche Juden verhaftet.
In der Mitternachtsstunde werden im Hof des Neuen Schlosses 250 SS-Bewerber und 130 Polizeioffiziere, Wachtmeister und Mannschaften vereidigt.

10. November Die Zerstörung der jüdischen Gotteshäuser empört viele Stuttgarter. Frau Wurm, die Gattin des württ. Landesbischofs, notiert in ihrem Tagebuch: »In der Stadt schauerliche Judenverfolgungen, die Synagogen haben sie heute nacht angezündet und ... Judenläden demoliert.«
Der Inspekteur der Ordnungspolizei in Stuttgart ordnet am späten Abend auf Weisung der Gauleitung an, die Aktionen gegen die Juden in Württemberg und Hohenzollern einzustellen.
Den deutschen Juden wird der Betrag von 1 Milliarde RM als »Sühneleistung« auferlegt.
Aus Anlaß des 40jährigen Bestehens des Deutschen Vereins für Wohnungsreform hält Dr. Strölin im Berliner Ratsherrn-Sitzungssaal die Festrede. Er spricht über »40 Jahre Wohnungsreform«.
Ministerpräsident Kultminister Mergenthaler verleiht im Kleinen Haus den mit 3000 RM dotierten Schwäbischen Dichterpreis 1938 an Hans Heinrich Ehrler.
Festvorstellung zum 179. Geburtstag von Friedrich Schiller im Kleinen Haus. In neuer Inszenierung: »Die Räuber«.

NOVEMBER 1938

11. November Der Polizeipräsident in Stuttgart teilt mit: »Nach § 1 der Ersten Bekanntmachung über den Kennkartenzwang vom 23. Juli 1938 haben alle männlichen deutschen Staatsangehörigen, die in der Zeit vom 1. Oktober 1920 bis 30. September 1921 je einschließlich geboren sind, bis spätestens Ende des Jahres bei der zuständigen Polizeibehörde die Ausstellung einer Kennkarte zu beantragen.«

Erstaufführung des »staatspolitisch wertvollen« Films »Helden in Spanien« in den Kammer-Lichtspielen.

12. November Nach der »Verordnung zur Wiederherstellung des Straßenbildes« müssen die Juden alle bei dem Pogrom verursachten Schäden selbst beseitigen und tragen. Die »Verordnung zur Ausschaltung der Juden aus dem deutschen Wirtschaftsleben« bringt die Schließung und »Arisierung« der letzten jüdischen Läden und Unternehmen.

Der Präsident der Reichskulturkammer verbietet Juden die Teilnahme an öffentlichen Veranstaltungen.

Unter der Überschrift »Ein offenes Wort zur Judenaktion« veröffentlicht der NS-Kurier die Meinung eines Lesers: »Man sagt, daß der Schwabe ein Gemütsmensch sei. Das hat aber doch keinesfalls etwas mit ›Gefühlsduselei‹ zu tun. Man sollte es meinen, doch gibt es anscheinend hie und da noch einige Duckmäuser, die jedes Gewäsch alter Weiber nachplappern. Solche, die von früher Jugend dazu erzogen sind, nicht freimütig zu sein, Menschen mit verbogener Logik und krummer Lebensachse. Gerade in den letzten Tagen sind mir ein paar solcher Menschen begegnet, die ein Jammern und Wehklagen wegen der Aktionen gegen die Juden anstimmten. Sie weinen den paar Schaufenstern jüdischer Spekulanten nach und trauern um die Synagogen, in denen das Schänden christlicher Mädchen gepredigt wird. Das nennen diese, ›am Geist Schwachen‹ menschliches Mitgefühl.«

Die Sicherheitspolizei stellt für Württemberg fest, »daß auch nach der Kristallnacht das Vorgehen gegen die Juden abgelehnt werde.«

Das Sondergericht Stuttgart unter Vorsitz von Senatspräsident Cuhorst verurteilt den in Plieningen geborenen SS-Mann K. R. wegen Mordes an einem Polizeihauptwachtmeister zum Tode.

Der Präsident des Landesarbeitsamts Südwestdeutschland eröffnet im Konzertsaal der Liederhalle eine berufskundliche Woche, die bis zum 22. November dauert.

Dr. Eugen Klett, Gauführer im Reichsbund für Leibesübungen, eröffnet in der Stadthalle ein Rollhockeyturnier »des Friedens«, das zwischen Deutschland, Frankreich, Großbritannien und Italien ausgetragen wird.

Reichsbahnrat Hans Trapp, Gründungsmitglied und langjähriger Vereinsführer der Stuttgarter Kickers, verstorben.

NOVEMBER 1938

12.–15. November   In den Palast-Lichtspielen läuft die Sondervorstellung »Das große deutsche Jahr 1938. Das Werk des Führers«.

13. November   Der NS-Studentenbund und der NS-Reichskriegerbund veranstalten im Kleinen Haus zur Erinnerung an die bei Langemarck am 11. November 1914 Gefallenen eine Gedenkfeier.
Heldengedenkfeier der SA-Gruppe Südwest im Reichssender Stuttgart.
Der Männerturnverein Stuttgart feiert in der Liederhalle sein 95jähriges Bestehen.
Die Stuttgarter Bank besteht seit 25 Jahren.

14. November   Viele Juden suchen nach den Pogromen Hilfe im amerikanischen Konsulat. Nach Angaben des Generalkonsuls Samuel W. Honaker sind es heute allein mehrere Tausend aus seinem Amtsbereich.
Die Rekruten der Standorte Stuttgart treffen auf dem Hauptbahnhof ein und werden in die Kasernen geführt.
Das Heeresmuseum zeigt Bilder aus dem Kampfgebiet des 8. Württ. Infanterie-Regiments Nr. 126 Großherzog Friedrich von Baden im Oberelsaß aus dem Jahre 1914.
Zur Eröffnung des Wintersemesters 1938/39 der Akademie der bildenden Künste stellt Direktor von Graevenitz zwei neu verpflichtete Professoren vor: Hermann Mayrhofer (Passau) und Erich Feyerabend (Berlin). Sie wurden auf die vakanten Lehrstühle von Prof. Alexander Eckener und Prof. Gottfried Graf berufen.

15. November   Der NS-Kurier meldet: »Es gibt nur noch deutsche Geschäfte«.
Durch einen Erlaß des Kultministers Mergenthaler wird Juden der Besuch deutscher Schulen verboten.
Der Gauobmann der DAF, Fritz Schulz, sowie der Reichstreuhänder der Arbeit für Südwestdeutschland, Dr. Kimmich, sprechen in der Liederhalle vor Stuttgarter Betriebsführern, DAF-Waltern und -Warten. Der Gauobmann führt u. a. aus, daß ein Jude nicht mehr Betriebsführer sein könne. Dr. Kimmich äußert sich zur Lohngestaltung.
Jugendlichen im Jungvolk- bzw. HJ-pflichtigen Alter, die nicht der Hitlerjugend angehören, stehen von nun an keine Sportanlagen mehr zur Verfügung.
Wilhelm Günzler hat die Hauptschriftleitung des Neuen Tagblatts niedergelegt. Die Hauptschriftleitung übernimmt vorläufig sein Stellvertreter, Dr. Karl Weidenbach.
Die Wintervorträge des Deutschen Ausland-Instituts beginnen mit einem Lichtbildervortrag von Konsul Dr. W. Hellenthal vom Auswärtigen Amt über das Thema »Meine letzten Reisen in Neuguinea und Samoa« im großen Saal des DAI.
Erstaufführung des mit dem Prädikat staatspolitisch und künstlerisch wertvoll versehenen Films »Kautschuk« im Universum.

NOVEMBER 1938

Oberstudiendirektor a. D. Wilhelm Dürr, früherer Vorstand der Mädchenoberrealschule Bad Cannstatt, verstorben.

17. November Zu Beginn einer Sitzung, die wegen der Reichsgartenschau einberufen wurde, gedenken OB Dr. Strölin und die Ratsherren des in Paris ermordeten Gesandtschaftsrats Ernst vom Rath. Der OB sagt: »Gerade bei solchen Ereignissen fühlen wir uns als Stadt der Auslandsdeutschen mit unseren Brüdern und Schwestern in aller Welt besonders herzlich verbunden. Dieser engen Verbundenheit haben wir in Stuttgart bei dem Tod Wilhelm Gustloffs auch einen sichtbaren Ausdruck verliehen. Dieses enge Zusammengehörigkeitsbewußtsein unserer Stadt mit allen Auslandsdeutschen wollen wir am heutigen Tag auch dem von jüdischer Mörderhand gefallenen Ernst vom Rath bezeugen. Zu seinem ehrenden Gedenken habe ich den Straßenzug am Alten Schloß gegenüber der Gustloff-Straße ›vom-Rath-Straße‹ benannt.«
Paul Pfeiffer, Gesellschafter und Mitbegründer der Firma Mauz & Pfeiffer Elektro-Apparatebau in Botnang, verstorben.

18. November Die vier neuen Glocken aus der Gießerei Heinrich Kurtz werden auf den kleinen Turm der Stiftskirche gezogen. Die größte mit einem Gewicht von 1975 Kilogramm und Ton D trägt am oberen Rand die Inschrift »Wo der Herr nicht die Stadt behütet, so wachet der Wächter umsonst«, unten steht: »An Stelle der Stuttgarter Torglocke aus dem Jahre 1285 ist diese Glocke im Jahre 1938 für die Stiftskirche in Stuttgart gegossen worden.« Auf der zweiten mit 1433 Kilogramm und Ton E steht oben: »Der Herr unser Gott sei mit uns, wie er gewesen ist mit unseren Vätern.« Unten: »An Stelle der im Weltkrieg 1917 abgelieferten Gallusglocke aus dem 15. Jahrhundert ist diese Glocke im Jahre 1938 für die Stiftskirche in Stuttgart gegossen worden.« Die dritte Glocke hat 850 Kilogramm und den Ton G, die vierte Glocke 591 Kilogramm und Ton A. Die alte Torglocke wird abgenommen aus dem kleinen Turm der Stiftskirche und an seinem Fuß aufgestellt.
In der Vortragsreihe des Württ. Vereins für Handelsgeographie spricht Dr. Karl Helbig (Hamburg) im Lindenmuseum über seine in den Jahren 1936/38 unternommene Forschungsreise durch den Malaiischen Archipel.

18.—25. November Im Staatlichen Ausstellungsgebäude werden Wettbewerbsentwürfe für ein neues Stadtwappen gezeigt.

19. November In Anwesenheit von Reichsstatthalter Murr u. a. übergibt der seitherige Rektor der TH, Prof. Dr. Stortz, in einer akademischen Feierstunde im Stadtgartensaal sein Amt an Prof. Dr. E. Schönhardt.

NOVEMBER 1938

Dr. Karl Siegfried Bader, Leiter des Fürstlich Fürstenbergischen Archivs in Donaueschingen, spricht im Württ. Geschichts- und Altertumsverein über »Probleme des Landfriedensschutzes im mittelalterlichen Schwaben«.

20. November Am Totensonntag findet in der Stadthalle eine Lutherfeier der evang. Gesamtkirchengemeinde statt. Superintendent D. Eder (Wien) gibt einen Überblick über die Entwicklung der evang. Kirche in Österreich von der Reformation bis zur Gegenwart. Kirchenrat Gerstberger (Eger) schildert den Weg der evang. Kirche im Sudetenland. Landesbischof D. Wurm spricht in einem Schlußwort über Luther und sein Werk.
Der Städt. Chor Augsburg singt in der Liederhalle.

20.—27. November Rund 800 sudetendeutsche Urlauber besuchen Stuttgart.

21. November Der Reichsstudentenführer übernimmt durch seinen Beauftragten für Vorstudienförderung, SA-Sturmführer Dr. Gmelin, den bisher bestehenden Vorstudienförderungskurs Stuttgart für Jungarbeiter in das Langemarckstudium.
Aus Anlaß des 125. Geburtstags von Richard Wagner hält Dr. Franz Biermann (Berlin) vor den Mitgliedern des Kaufmännischen Vereins Stuttgart im Planetarium einen Lichtbildervortrag über das Thema »Der Gedanke von Bayreuth und die szenischen Ideale Richard Wagners«.

22. November Zum Abschluß einer berufskundlichen Woche spricht Kreisleiter Fischer im Gustav-Siegle-Haus über die Verantwortung bei der Berufswahl. Er verlangt von der Jugend, sich in sachgerechter Weise auf den Beruf vorzubereiten und sagt: »Wir wollen keine Hilfsarbeiter und keine Proleten mehr sehen.«

23. November In der Kaserne auf dem Burgholzhof, der Funkerkaserne, Reiterkaserne und Taubenheimkaserne werden die Rekruten vereidigt.
In der Liederhalle werden 2000 Stuttgarter Amtsträger des Reichsluftschutzbundes eingehend mit dem Aufgabenbereich des Luftschutzes vertraut gemacht. Redner ist LS-Gruppenführer Lenz vom Präsidium des Reichsluftschutzbundes in Berlin.
250 Angehörige des Reichsbundes der Freien Schwestern und Pflegerinnen e. V. erhalten in einer Feierstunde im Konzertsaal der Liederhalle die Schwestern-Brosche.
Im Planetarium findet die Feier des Reichstierschutztages statt.

24. November Erna Sack gibt im Festsaal der Liederhalle ein Konzert.

NOVEMBER 1938

25. November Unter dem Leitwort »Hinter unseren Worten steht die Tat« finden in 47 Sälen der Stadt Versammlungen der Partei statt. Im Dinkelackersaal erklärt SA-Obergruppenführer Ludin: »Die Judenfrage ist in Deutschland restlos bereinigt und für alle Zeiten geklärt.«
Die zweigleisige Straßenbahnstrecke Sonnenberg — Möhringen wird in Betrieb genommen.
Prof. Gieseler spricht in der TH über die rassische Grundlage der deutschen Stämme.
Dr. Friedrich von Haller, früher Direktor am Württ. Verwaltungsgerichtshof, verstorben.

26. November Isolde Kurz liest im Festsaal des Hauses des Deutschtums aus ihrem Buch »Die Pilgerfahrt nach dem Unerreichlichen«.
Dr. Karl Feyerabend, früher Senatspräsident am Oberlandesgericht, verstorben.

26./27. November In Stuttgart findet der Gautag der Technik statt. Er steht unter dem Leitwort »Mechanisierung von Arbeitsvorgängen«.

27. November Im ehemaligen Landtag findet eine Arbeitstagung des Gauschulungsamtes statt, auf dem Gauschulungsleiter Dr. Klett ausführt, daß die Deutschen auf einen Krieg vorbereitet sein müßten, »wenn eine Zurückholung von Blutsbrüdern dies erfordert.«
Der Landesverband Württemberg im Reichsverband der deutschen Presse hält im Stadtgartensaal eine Arbeitstagung ab, auf der Fragen der Berufsarbeit und des Nachwuchses behandelt werden.
Auf Einladung der Stadtverwaltung treffen sich die ausländischen Studierenden Stuttgarts bei einem Tanztee im Deutschen Ausland-Club.
Uraufführung des Stücks »Das Märchen vom Aschenbrödel« von Fritz Rügamer im Schauspielhaus.

28. November Das Orchester der Württ. Staatstheater unter dem Gastdirigenten Vittorio Gui gibt im Festsaal der Liederhalle ein Sinfoniekonzert.
Landgerichtsrat und Dozent Dr. Schmelzeisen spricht vor der Württ. Verwaltungsakademie über den Sachsenspiegel des Eike von Repgow.

29. November Der bewaffnete Sturm 5 des Sturmbanns II im Regiment SA-Standarte Feldherrnhalle trifft am Abend im Hauptbahnhof ein und zieht in die SA-Kaserne auf dem Burgholzhof.
Die hauswirtschaftliche Abteilung der Hölderlin-Oberschule für Mädchen, Herdweg 47, wird ihrer Bestimmung übergeben.

DEZEMBER 1938

Uraufführung der Komödie »Wanderscheidt sucht eine Frau« von Rolf Lauckner im Kleinen Haus.
Der Richard-Wagner-Verband Deutscher Frauen lädt im großen Saal des Stadtgartens zu einer Werbeveranstaltung ein. Prof. Dr. Schneider (Tübingen) spricht über die Beziehungen Richard Wagners zur Edda.
Prof. Dr. H. Walter spricht im Saalbau Wulle über »Die Grundlagen der Farmwirtschaft in Deutsch-Südwestafrika«.
Das Juweliergeschäft Julius Belz begeht in diesen Tagen sein 100jähriges Jubiläum.

30. November Welt-Uraufführung des Films »Tanz auf dem Vulkan« im Universum.

1. Dezember Unter Vorsitz von OB Dr. Strölin findet eine gemeinsame Beratung der Technischen Beiräte und der Beiräte für Stadtplanung statt. Der OB weist darauf hin, daß vom 1. Januar bis zum 31. Oktober 1938 in Stuttgart 2040 Wohnungen fertiggestellt worden seien. Er äußert sich auch über allgemeine Bauprobleme in Stuttgart: Baumaterialien wie Eisen, Zement und Holz seien kontingentiert, Arbeitskräfte knapp, für den Privatwohnungsbau und für die gemeinnützigen Baugenossenschaften bestehe Kreditsperre. Erschwerend wirke sich auch die Kontrolle der Bautätigkeit durch das württ. Innenministerium, die Landesplanungsgemeinschaft und den Ausschuß beim Gauamt für Technik aus. Der Papierkrieg in Deutschland sei noch nie so schlimm gewesen wie gerade in den letzten Jahren. Dies treffe besonders für das Bauwesen zu.
Die Eduard-Pfeiffer-Straße — Seestraße bis Helfferichstraße — wird in Adalbert-Stifter-Straße umbenannt; der obere Teil der Eduard-Pfeiffer-Straße erhält den Namen Parlerstraße.
In Stuttgart beginnt der Verkauf von Dauerkarten für die Reichsgartenschau, die bis Jahresende zu wesentlich verbilligten Preisen bezogen werden können.
Direktor Emil Neidhart, der zusammen mit Willy Reichert das Friedrichsbautheater leitet, kann auf 30 Jahre selbständiger Führung von Unterhaltungsbühnen zurückblicken. Aus diesem Anlaß wird ein Festprogramm geboten.

2. Dezember Aus Anlaß der 50-Jahrfeier des Deutschen Sprachvereins, Zweigstelle Stuttgart, trägt der Dichter Josef Weinheber im Oberen Museum eigene Gedichte vor.

3. Dezember Der Reichsführer SS und Chef der deutschen Polizei erklärt Führerscheine und Kraftwagen-Zulassungsbescheinigungen von Juden für ungültig.
Am Tag der Nationalen Solidarität wird für das Winterhilfswerk gesammelt. Das Sammelergebnis beträgt in Stuttgart 145 185,78 RM.
Die Deutsch-Englische Gesellschaft Stuttgart veranstaltet für Mitglieder und Freunde eine Weihnachtsfeier.

DEZEMBER 1938

4. Dezember   Im Sudetenland findet eine »Ergänzungswahl« zum Großdeutschen Reichstag und eine Volksabstimmung über den Anschluß ans Reich statt. Wahlberechtigt sind auch die im Altreich und in Österreich lebenden Sudetendeutschen. In Stuttgart gibt es 860 stimmberechtigte Sudetendeutsche ehemals tschechoslowakischer Staatsangehörigkeit, davon stimmen 857 für den Reichstag vom 10. April 1938 und die Eingliederung des Sudetenlandes.

Neuinszenierung des Bühnenmärchens »Peterchens Mondfahrt« von Gerdt von Bassewitz im Kleinen Haus.

In der Markuskirche werden zwei Kantaten von Johann Sebastian Bach und eine Kantate von Sebastian Knüpfer aufgeführt. Die Leitung hat Hans Grischkat.

Der Württ. Kunstverein eröffnet seine Weihnachtsausstellung mit Werken einheimischer Künstler.

5. Dezember   Kammersänger Eyvind Laholm (Berlin) gibt in der Liederhalle einen Lieder- und Arienabend.

In der TH spricht Regierungsbaurat a. D. Dr.-Ing. W. Fuchs zum Thema »Luftschutz und Städtebau«.

Prof. Dr. Bothe, Direktor des Instituts für Physik am Kaiser-Wilhelm-Institut (Heidelberg), spricht im Planetarium über das Thema »Atomumwandlungen in Natur und Laboratorium«.

Der Landeskriegerführer Südwest des NS-Reichskriegerbundes, SA-Brigadeführer, Mitglied des Reichstags, Walther Freiherr von Lindenfels, verstorben.

6. Dezember   Der Schweizer Dichter Jakob Schaffner spricht in der TH über das Thema »Schweizerische Eidgenossenschaft und das Reich«.

Zum Abschluß des Sportappells der Betriebe 1938 findet in der Liederhalle ein Kameradschaftsabend der Stuttgarter Betriebssportgemeinschaften statt. Den Siegern werden Urkunden überreicht.

7. Dezember   Auf Einladung des Reichspropagandaamts Württemberg versammeln sich die württ. Schriftleiter in Stuttgart zu einer Pressekonferenz. Gaupropagandaleiter Mauer würdigt die Leistungen der Presse.

Walter Dihlmann von der Gaudienststelle NS-Gemeinschaft Kraft durch Freude spricht im großen Saal des Stadtgartens über »Der KdF-Wagen — Wie ist er gebaut? Wie wird er beschafft?«

Erstaufführung der heiteren Oper »Schneider Wibbel« von Mark Lothar im Großen Haus.

Im Rathaus sind Bilder aus den Beständen des Stadtarchivs ausgestellt.

DEZEMBER 1938

8. Dezember Der Reichsminister für Erziehung und Unterricht ordnet an, daß Juden vom Besuch der Universitäten ausgeschlossen werden.

In Anwesenheit von Kultminister Prof. Mergenthaler und Stadtrat Dr. Cuhorst wird das neue Dienstgebäude der Württ. Landesbildstelle in der Landhausstraße 70 eingeweiht.

Der Stuttgarter Liederkranz unter der Leitung von Kapellmeister Hermann Dettinger singt im Festsaal der Liederhalle. Uraufgeführt wird die Komposition »Zigeunerrache« von Hans Wagner, die dem Liederkranz gewidmet ist.

9. Dezember Erstaufführung des Volksstücks »Alles für d' Katz« von August Hinrichs im Schauspielhaus.

Kammersängerin Maria Cebotari (Staatsoper Berlin und Dresden) singt im Großen Haus die Partie der Violetta in der Verdi-Oper »La Traviata«.

Auf einem Kameradschaftsabend des SA-Marinesturms 2/18 im Kursaal Bad Cannstatt spricht Kapitän zur See Apel über den heutigen Stand der Kriegsmarine.

Prof. Dr. Feine (Tübingen) spricht vor der Württ. Verwaltungsakademie über das Thema »Österreich und das Problem der Reichsverfassung, vornehmlich im 19. Jahrhundert«.

In den Hallen auf dem Interimstheaterplatz wird eine Wanderausstellung unter dem Motto »Volksgemeinschaft — Blutsgemeinschaft« eröffnet.

10. Dezember Die Reichsautobahnstrecke München — Augsburg — Ulm — Stuttgart wird für den Verkehr freigegeben.

Im Ehrenmal der Deutschen Leistung im Ausland wird die Sonderausstellung »Deutsche Arbeit in Afrika« eröffnet.

Die 2. Deutsche Architektur- und Kunsthandwerksausstellung in München, an der auch Innenarchitekten und Kunsthandwerker aus Stuttgart beteiligt sind, wird eröffnet. U. a. sind Möbelstücke von Christian Huber zu sehen, ferner Schmuckgegenstände und Plastiken von Rudolf Lunghard, Berta Schleicher, Ida Kerkovius, Anna Bauknecht und Alfred Lörcher.

11. Dezember Heute am dritten wie auch am vierten Adventssonntag sind die Einzelhandelsgeschäfte von 13 bis 18 Uhr geöffnet.

Die erste und zweite Hundertschaft der Stuttgarter Schutzpolizei, die beim Einmarsch ins Sudetenland Ordnungs- und Sicherheitsdienste übernommen hatte, kehrt in ihren Standort zurück.

Die Reiterstandarte 55 veranstaltet im SA-Heim 119 einen Führer- und Unterführerlehrgang. Am Abend sind die Lehrgangsteilnehmer zu einer Weihnachtsfeier des Reitersturms 1/55 im Oberen Museum eingeladen.

DEZEMBER 1938

Der Kameradschaftsbund ehemaliger Königin-Olga-Grenadiere hält in der Liederhalle seine Weihnachtsfeier ab.

12. Dezember Im früheren Landtagsgebäude findet die Haupttagung der Bezirksgruppe Württ. und Hohenzollern der Wirtschaftsgruppe Gas- und Wasserversorgung sowie des Vereinsbezirks Württ. und Hohenzollern des Deutschen Vereins der Gas- und Wasserfachleute statt. Unter den Themen, mit denen sich die Versammlung beschäftigt, steht die Ferngasversorgung Württembergs obenan.
Prof. Dr. Sitzig (Tübingen) hält vor der Württ. Verwaltungsakademie einen Vortrag zum Thema »Deutsche und Slawen — ihre Beziehungen und Auseinandersetzungen im Laufe der Geschichte«.
Der bisherige Geschäftsführer des Jugendamts, Stadtamtmann Emil Jenisch, wird von Rechtsrat Mayer in sein neues Amt als Verwaltungsdirektor des Katharinenhospitals eingeführt.

13. Dezember Das Sondergericht Stuttgart unter Vorsitz von Senatspräsident Cuhorst verurteilt Max B. und Arthur W., beide früher Gesellschafter und Geschäftsführer der Firma Wilhelm Bleyle GmbH in Stuttgart, wegen »Volksverrats« und »Devisenvergehens« zu je fünf Jahren Zuchthaus und zur Zahlung von je einer Mio. RM. Außerdem wurden insgesamt 1 061 500 RM für das Reich eingezogen.
Der Oberbürgermeister von Glatz, Schubert (MdR), spricht im Gustav-Siegle-Haus über »Der sudetendeutsche Freiheitskampf«.

14. Dezember Die Stadt Stuttgart lädt ihre Patenkinder und deren Geschwister ins Schauspielhaus zu einer Weihnachtsvorstellung ein.
Heute und an drei weiteren Abenden wird für die Gefolgschaftsmitglieder der Stuttgarter Straßenbahnen im Großen Haus die Operette »Der Vogelhändler« als Weihnachtsgabe gespielt.

15. Dezember Bilanz des Fremdenverkehrsvereins Stuttgart und des Kurvereins Bad Cannstatt: Die Zahl der Übernachtungen stieg 1938 auf über eine Million.

16. Dezember Der Vorsitzende des Württ. Kunstvereins, OB a. D. Lautenschlager, gibt auf einer Mitgliederversammlung die Änderung der Vereinssatzung bekannt. Künftig wird der Vorsitzende nicht mehr von den Mitgliedern gewählt, sondern von Partei, Staat und Stadt vorgeschlagen. Die Ernennung und Abberufung erfolgt durch den Präsidenten der Reichskammer der bildenden Künste. Bei Auflösung des Vereins hat die Stadt Stuttgart das alleinige Verfügungsrecht über das Vermögen.
Die Brauerei Dinkelacker feiert ihr 50jähriges Bestehen.

DEZEMBER 1938

Das Kavallerieregiment 18 gibt für die Gefolgschaft der Daimler-Benz AG in Untertürkheim ein Feldküchengericht aus. Die Spenden für das Mittagessen kommen dem Winterhilfswerk zugute.

16./17. Dezember   Im Landesgewerbemuseum werden auf einer Fachtagung Fragen der Schweißtechnik behandelt.

16.—24. Dezember   Auf dem Marktplatz und an anderen Stellen werden Weihnachtsbäume verkauft. Eine 1,3 bis 2 Meter hohe Rottanne kostet höchstens 1,50 RM.

17. Dezember   Regierungsrat Dr. Max Miller spricht vor dem Württ. Geschichts- und Altertumsverein über die Söflinger Briefe aus dem 15. Jahrhundert. Die Briefe sind Lebens- und Literaturzeugnisse des Klarissenklosters Söflingen bei Ulm.
Die Schwäbische Tageszeitung besteht seit 25 Jahren.
In der Nürnberger Straße in Bad Cannstatt prallt ein Lastwagen gegen einen Straßenbahnzug der Linie 1. Eine Frau wird getötet, fünf Personen werden schwer verletzt.

17./18. Dezember   HJ und BDM sammeln für das Winterhilfswerk.

18. Dezember   Der Reichskriegerführer, SS-Gruppenführer Generalmajor a. D. Reinhard, hat Oberst z. V. Eberhard mit der Führung des Landeskriegerverbandes Südwest des NS-Reichskriegerbundes beauftragt.

18.—24. Dezember   Auf dem Marktplatz, in der Wilhelm-Murr-Straße, in der Küfer-, Münz-, Eichstraße und auf dem Platz der Danziger Freiheit wird der Weihnachtsmarkt abgehalten.

19. Dezember   Anstelle des aus Gesundheitsgründen zurückgetretenen Senatspräsidenten i. R. Dr. Traugott Seeger wird Landgerichtspräsident i. R. Ernst Koch zum Vorstand des evang. kirchl. Disziplinargerichts auf die Dauer von 6 Jahren ernannt.
Ein Jahr nach dem Tode des Dichters Heinrich Schäff-Zerweck, der auf dem Fangelsbachfriedhof beigesetzt ist, läßt die Stadtverwaltung auf seinem Grabe ein Ehrenmal errichten.

21. Dezember   Auf den Höhen rings um Stuttgart finden Wintersonnenwendfeiern statt.
Der bisherige Vorsitzende des Württ. Bezirksvereins des Vereins Deutscher Ingenieure im NS-Bund Deutscher Technik, Dr.-Ing. Heller, hat die Leitung des Bezirksvereins an Gauhauptstellenleiter Dipl.-Ing. Friedrich Ortmann übergeben.

DEZEMBER 1938

22. Dezember Die Mitgliederversammlung des Brunnenvereins Cannstatt e. V. beschließt die Auflösung des Vereins.
Weihnachtsfeier der Auslandorganisation im Hotel Astoria für 120 Rückwanderer aus Rußland, Argentinien, Paraguay, Brasilien und der Schweiz.

23. Dezember 144 Patenfamilien der Stadt wurde das Bilderbuch »Eine wahre Geschichte« (aus dem Leben Hitlers) als Weihnachtsgeschenk überreicht.
Prof. Dr. Theodor Fischer, Architekt, früher Ordinarius an der TH Stuttgart, in München verstorben.
Oberforstrat Prof. Dr. Speidel, zuletzt Dozent an der Landwirtschaftlichen Hochschule Hohenheim, verstorben.

24. Dezember Am Heiligen Abend singen Mitglieder der Stuttgarter Reichsbahnchöre im Hauptbahnhof.
Die Kron-Apotheke in Bad Cannstatt feiert in diesen Tagen ihr 300jähriges Bestehen.

25. Dezember Neuinszenierung der Oper »Tristan und Isolde« von Richard Wagner im Großen Haus.
Neuinszenierung von Shakespeares »Sommernachtstraum« im Kleinen Haus.

26. Dezember Das Kleemann-Quartett unter Mitwirkung von Else Herold (Klavier) spielt im Kleinen Haus.

28. Dezember Jakob Brüllmann, Bildhauer, verstorben.
Generalmajor Albert Most, früher Stadtkommandant von Stuttgart, in Heilbronn verstorben.

29. Dezember Das Arbeitsamt Stuttgart hat in diesem Jahr 105 000 Arbeitskräfte vermittelt.

31. Dezember Die Aufenthaltserlaubnisse für ausländische Juden werden hinfällig. Weitere Aufenthaltsgenehmigungen müssen neu beantragt werden.
Der Hilfsbund der Deutsch-Österreicher, der auch in Stuttgart eine Ortsgruppe hat, wird aufgelöst.
Neuinszenierung der Operette »Die Fledermaus« von Johann Strauß im Großen Haus.
Stadtamtmann Alfred Birkert, Leiter des Standesamts, tritt in den Ruhestand.
In Zuffenhausen finden eine Frau und zwei Kinder durch ausströmendes Gas den Tod.

1939

1. Januar Die Silvesternacht verläuft ruhig. Die Polizeistunde ist aufgehoben. Theater und Varietés sind gut besucht.
Das KdF-Schiff »Stuttgart« übermittelt der Patenstadt Neujahrswünsche, die von OB Dr. Strölin erwidert werden.
Jüdische Mitbürger müssen zur Kennzeichnung ihrer Herkunft zusätzliche Vornamen tragen. Männer den Vornamen Israel und Frauen den Vornamen Sara.
Während bis zum Jahre 1938 in der öffentlichen Fürsorge kein Unterschied zwischen Juden und Nichtjuden gemacht wurde, sollen jetzt bedürftige Juden soweit wie möglich durch die jüdische freie Wohlfahrtspflege unterstützt werden.
Für die zum 1. Oktober 1938 nach Stuttgart eingegliederten Gebietsteile der Gemeinde Vaihingen in den Gewannen Büsnauer Hof, Birkenwäldle, Kleine Weide und Schatten tritt das Stuttgarter Ortsrecht in Kraft.
OB Dr. Strölin hat den Bau von 164 städt. Drei- und Vierzimmerwohnungen angeordnet, 44 an der Möckmühler Straße in Zuffenhausen und 120 an der Düsseldorfer Straße in Bad Cannstatt.
Die Autobuslinie M (Stuttgart—Schatten—Glemseck) ist wegen starker Schneeverwehungen außer Betrieb.
Nach der Neueinteilung des Landesverbandes der Deutschen Lebensrettungs-Gesellschaft in 15 Bezirke umfaßt der Bezirk Stuttgart die Kreise Stuttgart, Böblingen und Leonberg.
Gründung eines Traditionsverbandes Ehemaliges Grenadier-Regiment Königin Olga (1. Württ.) Nr. 119. Führer ist Generalleutnant a. D. Reinhardt, Stuttgart.
Im Friedrichsbautheater tritt Maria Valente auf.

1.—31. Januar Die DAF »entschrottet« die Betriebe, d. h. sie sammelt in den Betrieben das nicht mehr gebrauchte Alteisen. Stuttgart erzielt mit 1176 Tonnen das zweitbeste Ergebnis im Gau.

2. Januar Dr. Wilhelm Singhof, Fabrikdirektor a. D., Zuffenhausen, verstorben.

JANUAR 1939

3. Januar Der Polizeipräsident ruft die Wehrpflichtigen der Jahrgänge 1906 und 1907 auf, sich zur Anlage des Wehrstammblattes zu melden.

Die Verwaltungsbeiräte erheben gegen die Übernahme der Tiere und des Inventars des Tiergartens Doggenburg keine Einwände.

4. Januar Die Wirtschaftsbeiräte stimmen zu, Friederike Bloch, Rotebühlstraße 1 C, die Schankerlaubnis zu erteilen, geben aber zu bedenken, daß eine jüdische Gaststätte in dieser belebten Straße unerwünscht sei und dem öffentlichen Interesse widerspreche. Ratsherr Ludwig Eichler plädiert dafür, keine jüdischen Wirtschaften mehr zuzulassen. — Die Wirtschaftsbeiräte lehnen die Schankerlaubnis für eine geplante Kantine der kath. Vereine von Bad Cannstatt im neuen Vereinsgarten auf der Lerchenheide ab, weil kein »öffentliches Bedürfnis« bestehe. — Sie nehmen zur Kenntnis, daß die Stadt am 29. Dezember 1938 einen Teil des Flughafengeländes Stuttgart-Nellingen an das Reich verkauft und den anderen Teil den Gemeinden Nellingen und Scharnhausen für Umlegungen abgetreten hat.

Die Stadt beschließt, in der Gaskokerei Gaisburg eine Propangas-Abfüllanlage zu erstellen.

La Jana tanzt in der Liederhalle.

Bei einem Zusammenstoß zweier Straßenbahnen an der Ecke Schloß- und Büchsenstraße werden 10 Personen leicht verletzt.

6. Januar Der Polizeipräsident von Stuttgart droht Haftstrafen für betrunkene Kraftfahrer an.

Betriebsdirektor Stöckle unterrichtet die Technischen Beiräte, daß der Kohlenvorrat des Gaswerkes Gaisburg nur noch für acht, der des Dampfkraftwerks Münster nur noch für drei Tage reicht.

Die Stadt genehmigt für den weiteren Ausbau des Werkluftschutzes der TWS 100 000 RM.

Das Hospiz Herzog Christoph stellt nach 50jährigem Bestehen die Bewirtung ein und geht am 15. Januar in den Besitz der Luftwaffe über.

7. Januar Von heute an verkehren wieder die Wintersportsonderzüge Stuttgart — Oberstdorf.

Auf der Jahresfeier des ehemaligen Reserve-Infanterie-Regimentes 119 in der Liederhalle spricht Reichsaußenminister a. D. Freiherr von Neurath über die jüngste deutsche Vergangenheit.

Zu einem Familienabend treffen sich 3500 städt. Bedienstete in der Gewerbehalle.

Internationales Radrennen in der Stadthalle mit 7500 Zuschauern.

JANUAR 1939

8. Januar   Harald Kreutzberg tanzt im Schauspielhaus.

8.—22. Januar   Der Kunstverein stellt u. a. Werke des Holzschneiders Erich Feyerabend und der Maler Fritz Ketz, August Illenberger und Erwin Starker aus.

9. Januar   In einer Sitzung der Wohlfahrts- und Gesundheitsbeiräte weist Ratsherr Güntner darauf hin, daß auch in Zukunft konfessionelle Anstalten und Einrichtungen bestehen werden. Er empfiehlt, in die Ausschüsse dieser Verbände Vertreter von Partei und Stadt zu berufen, um für die »weltanschauliche Ausrichtung« zu bürgen.
Die TWS errichten eine Umfüllanlage für Propangas.
Der ehemalige Pater Kaufmann (München) hält im Gustav-Siegle-Haus einen Vortrag »Warum eine romfreie katholische Nationalkirche?«
Dr.-Ing. W. Zeller (Berlin) spricht in der TH über »Die Technische Lärmabwehr in Betrieben«.
An der Kreuzung Etzelstraße / Neue Weinsteige stürzt eine Straßenbahn der Linie 7 um; 21 Personen werden verletzt.

10. Januar   Die Gestapo löst die Kath. Jugend in Hofen auf.

11. Januar   Das Sondergericht Stuttgart verurteilt einen vorbestraften 24jährigen Mann aus dem Kreise Laupheim wegen eines Verbrechens im Sinne des Gesetzes gegen das räuberische Stellen von Autofallen (vom 22. Juni 1938) sowie wegen eines Verbrechens des schweren Raubs und wegen gefährlicher Körperverletzung zum Tode.
Um den Kaltentaler Verkehrsengpaß zu entschärfen, werden die Gebäude Böblinger Straße 469 und Schwarzwaldstraße 2 abgebrochen.
Auf der Mitgliederversammlung der Vereinigung von Freunden der TH spricht Prof. Dr.-Ing. Fritz über »Stand und Probleme der Luftbildmessung«.

12. Januar   Die NS-Kreisleitung Vaihingen betont, daß die Eingemeindungsgerüchte in den Fildergemeinden jeder Grundlage entbehren.
Für den Durchbruch der Roten Straße von der Kanzlei- zur Schloßstraße wurde das Haus Klinckerfuß, Kanzleistraße 18, abgerissen.
Konzert des Quartetto di Roma in der Liederhalle.
Die TH hat Willy Gottwik, Besitzer einer Modellbauanstalt in Stuttgart, für seine Verdienste im Ausbildungswesen zum Ehrensenator ernannt.

13. Januar   Ratsherr Reuff weist in einer Sitzung der Technischen Beiräte auf die allgemeine Mißstimmung der Bevölkerung gegen die Leitung der Stuttgarter Straßenbahnen hin. Es werde ihr vorgeworfen, daß Wagenführer und Schaffner zu lange

JANUAR 1939

Arbeitszeiten hätten und durch diese Überanstrengung die Unfälle der letzten Zeit entstanden seien.
Willi Domgraf-Faßbaender gibt, begleitet von Hubert Giesen, in der Liederhalle einen Lieder- und Arienabend.
Prof. Dr. Karl Troll (Bonn) spricht vor dem Württ. Verein für Handelsgeographie über »Forschungen am Nanga Parbat 1937«.

14. Januar Bei der Renovierung der Matthäuskirche in Heslach wird eine neue Turmuhr eingebaut.
Uraufführung des Schauspiels »Entscheidung« von Gerhard Schumann.
Unter der Leitung des Komponisten spielt das Landesorchester in der Liederhalle Werke von Eduard Künneke.
Generalleutnant Erwin Oßwald hat seinen Dienst als General zur besonderen Verwendung beim Generalkommando V. Armeekorps angetreten.
Das Sauerstoffwerk Untertürkheim besteht seit 25 Jahren.

14.–16. Januar Anläßlich eines Berlin-Besuches nehmen OB Dr. Strölin und die Wirtschaftsbeiräte an der Uraufführung des Films »Schwäbische Kunde« teil (15.), für den die Stadt einen Beitrag von 60 000 RM leistete.

15. Januar In Stuttgart haben bisher 317 jüdische Bürger ihre Führerscheine für Kraftwagen bzw. Krafträder abgeliefert.
Der Stuttgarter Oratorienchor führt in der Stiftskirche die As-Dur-Messe von Schubert auf.

16. Januar Der Polizeipräsident verbietet zugunsten des fließenden Verkehrs das Parken in der Hirsch-, Kirch-, Willy-Kirchhoff-, Eich-, Münz-, Markt- und Nadlerstraße sowie auf dem Dorotheen- und Ilgenplatz.
SS-Oberführer Dr. Best vom Hauptamt Sicherheitspolizei Berlin spricht im Gustav-Siegle-Haus über »Aufgaben und Organe der Staatssicherung«. Er stellt den Gegensatz zwischen der »individualistisch-humanitären« und der im Nationalsozialismus geltenden »völkischen« Auffassung dar.
Winterfest des Chors der Württ. Staatstheater in der Liederhalle.
In der Stadthalle wird das internationale Ringkampf-Turnier um den Großen Schwabenpreis 1939 eröffnet.

18. Januar In einer Sitzung der Wirtschaftsbeiräte berichtet Ratsherr Sauer, daß die Oberpostdirektion offenbar die Schaukästen und Geschäfte in der Lautenschlagerstraße gekündigt habe. Er bedaure diese Entwicklung, an der auch die Stadtverwaltung

schuldig sei. Sie hätte es nicht zulassen dürfen, daß der Industriehof als Verwaltungsgebäude verwendet werde. Damit veröde diese Straße immer mehr.
Im Stuttgarter Westen werden die Schuluhren an das städt. Uhrennetz angeschlossen.
Die Einlagen der Städt. Spar- und Girokasse stiegen im Jahre 1938 von 223,6 auf 251,8 Mio. RM.
Dr. von Hoff (Bremen) spricht in der TH vor der Nordischen Gesellschaft über das Thema »Der nordische Sippengedanke«.
Fischsterben im zugefrorenen Feuersee.
Robert Frank, 1917—1929 Vorstand des Liegenschaftsamtes, verstorben.

19. Januar Gauleiter Murr übergibt der Schokoladen- und Kakaofabrik Staengel und Ziller in Untertürkheim die Urkunde über die Verleihung des Titels Nationalsozialistischer Musterbetrieb.
Der württ. Kultminister genehmigt die Württ.-Badische Buchdruckerstiftung mit dem Sitz in Stuttgart.

20. Januar Die Partei veranstaltet 45 Versammlungen zum Thema »Der Nationalsozialismus im Kampf gegen internationale Widersacher«. Innenminister Dr. Schmid betont in seiner Rede in der Gewerbehalle, daß der Nationalsozialismus mit dem Judentum und den von ihm ausgehenden geistigen Richtungen keinen Frieden schließen könne.
Mit 52 Feldküchen gibt die Kommandantur Stuttgart zugunsten des Winterhilfswerks an die Belegschaft der Robert-Bosch-GmbH in Feuerbach ein Mittagessen aus.
Auf einer Kulturtagung von 80 großen deutschen Kommunen werden Probleme der städt. Büchereien, des städt. Konzertwesens und des Unterrichtsfilms besprochen. Dr. Heiligenstaedt (Berlin) fordert in seinem Vortrag »Die deutschen Stadtbüchereien heute und morgen«, daß Büchereien mit Ausleihstellen das Stadtgebiet durchdringen. Stuttgart stehe mit seinen neuen Büchereien an erster Stelle im Reich.
Oswald Kabasta dirigiert in der Liederhalle die Münchner Philharmoniker.

21. Januar Beim Führer-Appell der SA-Gruppe Südwest im Kleinen Haus äußert Obergruppenführer Ludin, daß die SA-Standarte und der SA-Sturm die geistige und seelische Heimat des SA-Mannes seien.
Landeshandwerksmeister Bätzner eröffnet im Landesgewerbemuseum eine Ausstellung über Werkstoffe.
Vor dem Verein der Freunde der württ. Staatsgalerie hält Dr. Bruno Grimschitz (Wien) einen Lichtbildervortrag über »Deutsche Malerei der Barockzeit«.
Ball des Deutschen Roten Kreuzes im Kunstgebäude.
Der Radländerkampf Deutschland — Frankreich endet in der Stadthalle mit 18 : 12.

JANUAR 1939

22. Januar Am 76. Stiftungsfest des Singchors des Allgemeinen Bildungs-Vereins Stuttgart 1863 wird das Eduard-Pfeiffer-Haus in Fangelsbach-Haus umbenannt.
Die Hauptversammlung der Firma Fr. Hesser, Maschinenfabrik AG, Bad Cannstatt, beschloß eine Gewinnverteilung für das Geschäftsjahr 1937/38 von 10 % auf die Stammaktien und 7 % auf die Vorzugsaktien.
Im Universum wird der Film »Schwäbische Kunde« von Albert Kling aufgeführt.

23. Januar Auf der ersten Versammlung des Graphischen Bundes, Ortsabteilung Stuttgart, im Fangelsbachhaus teilt Wilhelm Eschenbacher, der frühere Leiter des Graphischen Klubs und jetzige Leiter der Ortsabteilung, mit, daß sich sein Verein »freiwillig und überzeugt« dem Graphischen Bunde angeschlossen habe, weil die berufliche Fortbildung aus dem Zusammenschluß Nutzen ziehen könne.
In der Hochschule für Musik feiert der Stuttgarter NS-Studentenbund sein 10jähriges Bestehen.
Dr. Christian Eduard Lempp, Schulrat a. D., 17 Jahre Vorstand des Stuttgarter Waisenhauses, verstorben.

24. Januar Generalfeldmarschall Göring teilt in einem Schreiben an den Reichsminister des Innern mit, daß die Auswanderung der Juden aus Deutschland mit allen Mitteln zu fördern ist und hierfür eine Reichszentrale für die jüdische Auswanderung gebildet wird.
Gauführer Dr. Eugen Klett gibt im Neuen Tagblatt bekannt: »Durch die Anordnung des Führers vom 19. Januar 1939 ist der SA der Auftrag zur vor- und nachmilitärischen Wehrerziehung übertragen worden. Es ist selbstverständlich, daß der Nationalsozialistische Reichsbund für Leibesübungen diese Entwicklung freudig begrüßt und sich mit allen Einrichtungen zur Mitarbeit bereithält.«
Das Gerok-Denkmal am Alten Schloß wurde entfernt. Die Büste soll im Alten Schloß aufgestellt werden.
Der Donkosakenchor unter Serge Jaroff singt in der Liederhalle.
Dipl.-Ing. W. E. Dörr (Friedrichshafen) spricht im Gustav-Siegle-Haus über »Die technische Entwicklung der Zeppelin-Luftschiffe«.

25. Januar Der württ. Kultminister genehmigt die Stiftung Reichsinstitut für Puppenspiel mit dem Sitz in Stuttgart. Beteiligt sind die NSDAP, die DAF und die Stadt.
Im Kraftwerk Münster wurde ein Elektrofilter in Betrieb genommen. Zusammen mit den Naßfiltern werden täglich 50 Tonnen Flugasche dem Rauch entzogen.

26. Januar OB Dr. Strölin erstattet den Ratsherren den Verwaltungsbericht für das Jahr 1938. Die Schaffung der neuen deutschen Wehrmacht, die Eingliederung der Ostmark und des Sudetenlandes, der Bau der Westbefestigungen und der Autobahnen, die Arbeiten des Vierjahresplanes und andere große Bauvorhaben stellten eine in Friedenszeiten noch nie gekannte Beanspruchung aller Kräfte des deutschen Volkes dar. Der daraus resultierende Finanzbedarf des Reiches habe zu schwerwiegenden Eingriffen in die kommunale Finanzwirtschaft geführt. »Wir müssen uns darüber im klaren sein, daß in den kommenden Jahren unsere finanziellen Mittel ebenso wie unsere Ausstattung mit Arbeitskräften und unsere Versorgung mit Baumaterialien sehr begrenzt sein werden und daß dadurch unsere ganze Arbeit in empfindlichem Maße beengt sein wird ... Vor allem wird sich auch unsere Bevölkerung noch auf Jahre hinaus mit dieser oder jener Einrichtung begnügen müssen, deren Unzulänglichkeit uns bekannt ist.« Die dringendste Sorge der Stadtverwaltung sei der Wohnungsbau besonders für die weniger bemittelten Kreise. Das Wohnungs- und Siedlungsamt verwalte 1984 Gebäude mit 7358 Wohnungen und 839 Geschäftsräumen. Die Verknappung von Bauplätzen veranlasse immer mehr Stuttgarter, sich in Nachbargemeinden anzusiedeln. Von 1935 bis 1938 seien 4300 nach Vaihingen und 2300 nach Möhringen gezogen. Strölin bedauert, daß wegen des zunehmenden Verkehrs Wohn- und Geschäftsgebäude in der Holz- und Charlottenstraße sowie an anderen Stellen abgerissen werden müssen.

Die Höhere Bauschule in Stuttgart wird in Staatliche Bauschule Stuttgart, Fachschule für Hoch-, Tief- und Wasserbau, umbenannt.

Die Liquidation der Friedrich Andreas Perthes AG, Stuttgart, die seit längerer Zeit mit der Deutschen Verlagsanstalt liiert ist, wurde abgeschlossen.

27. Januar Das Stuttgarter Kammerorchester unter August Langenbeck spielt in der Liederhalle.

Zigeunerknaben von Radio Budapest singen in der Liederhalle.

Am Tag der TH halten einige Professoren öffentliche Vorträge. Prof. Bonatz spricht über »Die Umgestaltung der Innenstadt von Stuttgart«, Prof. Tiedje über »Die Autobahn als Kunstwerk«. Die Architekturabteilung stellt Entwürfe und Diplomarbeiten für HJ-Heime, Autobahngaststätten, Versammlungshallen, Siedlungen und Ortserweiterungen sowie Bauplanungen aus Stuttgart aus.

Im Lindenmuseum spricht Dr. Kitayama, Direktor des Japan-Instituts in Berlin, über »Die japanische Weltanschauung«.

28. Januar Prof. Dr. Vogt (Breslau) und Ing. Arnold Scherrer (Bad Ems) begutachten die Ausbaupläne für Bad Cannstatt. Die beiden Sachverständigen befürworten Mineralschwimmbäder im Rosensteinpark.

Im Kleinen Haus Erstaufführung der Komödie »Die gute Sieben« von Adalbert Alexander Zinn.

JANUAR 1939

Alfred Wais stellt im Kunsthaus Fischinger Ölgemälde und Radierungen aus.

28./29. Januar Am Tag der Deutschen Polizei sammelt die Polizei 67 500 RM für das Winterhilfswerk.

29. Januar Die Brauerei Wulle AG Stuttgart, die im letzten Geschäftsjahr den Verlustvortrag tilgen konnte, hat in der Hauptversammlung die Verwendung des Reingewinns für den gesetzlichen Reservefonds genehmigt. Man hofft, für das laufende Geschäftsjahr wieder eine Dividende ausschütten zu können.
Konzertabend mit Georg Kulenkampff und Wilhelm Kempff in der Liederhalle.
Der Wiener Athletikclub gewinnt das 4. Internationale Handballturnier in der Stadthalle.

29. Januar bis 26. Februar Im Kunstgebäude zeigt das Hilfswerk für deutsche bildende Kunst in der NS-Volkswohlfahrt in einer Wanderausstellung Gemälde und Plastiken.

30. Januar In den Schulen wird der sechste Jahrestag der Machtübernahme gefeiert. Die Gaupropagandaleitung fordert die Bevölkerung auf, die Rede Hitlers vor dem Reichstag zu hören. Das Neue Tagblatt meldet am nächsten Tag: »Ganz Stuttgart nahm Anteil an dem einmaligen Ereignis der deutschen Geschichte: dem ersten Großdeutschen Reichstag«.
Im Großen Haus singt als Gast Josef Kalenberg (Wien) den Tristan in der Oper »Tristan und Isolde« von Richard Wagner.

31. Januar Die Approbationen und Diplome jüdischer Zahnärzte, Tierärzte und Apotheker erlöschen. Jüdische Hilfskräfte der Krankenpflege dürfen ihre Berufstätigkeit nur an Juden oder in jüdischen Anstalten ausüben.
Die Stadt stellt weitere Mittel zum Grunderwerb für den Flughafen zur Verfügung.
Theresa Ilgen-Prohl stellt sich mit einem Liederabend in der Liederhalle dem Publikum vor.
Otto Wetzel vom Reichsheimstättenamt der DAF spricht in der Liederhalle über »Wohnungs- und Siedlungsbau als Gemeinschaftsaufgabe«. Er nennt das Siedlungswesen Württembergs vorbildlich.
Vor dem Akademischen Ski-Club Stuttgart, der in wenigen Wochen auf sein 30jähriges Bestehen zurückblicken kann, hält Dr. Rudolf Leutelt (Innsbruck) einen Lichtbildervortrag über »Reisen, Wanderungen und Bergfahrten in Japan«.
Prof. Dr. Theodor von Pistorius, letzter Finanzminister des Königreichs Württemberg, verstorben.

FEBRUAR 1939

Anfang des Jahres wurde in der Fernempfangsstelle Solitude des Reichssenders Stuttgart ein »Sonderdienst Landhaus« eingerichtet, der Auslandssender abhört.

Der jüdische Teil des Steinhaldenfriedhofes in Bad Cannstatt wurde im Januar eröffnet.

Pfarrer Philipp Ruf von Hofen wurde verboten, Religionsunterricht zu erteilen, weil er Bilder von Bischof Sproll in der Schule ausgeteilt habe und auch durch sein sonstiges Verhalten nicht geeignet sei, Kinder im nationalsozialistischen Geiste zu erziehen.

1. Februar Der Geheime Lagebericht des SD-Unterabschnitts Württ.-Hohenzollern für das vierte Quartal 1938 vermerkt unter der Rubrik Maßnahmen gegen die bürgerliche Presse: »Der Hauptschriftleiter des ›Stuttgarter Neuen Tagblattes‹ Günzler wurde auf Grund eines Briefes an einen ehemaligen Demokraten durch das ›Schwarze Korps‹ und die gesamte NS-Presse Württembergs schwer angegriffen. Er mußte sein Amt als Hauptschriftleiter niederlegen... Nach Günzler wurde der Schriftleiter der ›Württemberger Zeitung‹ Lossen wegen staatsfeindlicher Äußerungen seiner Frau in Schutzhaft genommen... Durch Flugblätter, die nicht wie sonst in Zürich, sondern in Feuerbach aufgegeben wurden, trat die Deutsche Freiheitspartei in Erscheinung.«

Der Bericht befaßt sich auch mit der Reichskristallnacht und ihren Auswirkungen: »In Wirtschaftskreisen wurde die Aktion mit gemischten Gefühlen aufgenommen. Als Beispiel für die schlechte Haltung eines Gewerbezweiges, der aus der Aktion nur hätte Nutzen ziehen können, sei die Tatsache angeführt, daß die Stuttgarter Glasermeister beschlossen, den Juden für die Anfertigung neuer Schaufenster einen billigeren Preis zu berechnen, da die Juden den Schaden ja nicht verursacht hätten.«

Weiter heißt es: »Die Lage in der Diözese Rottenburg ist vorwiegend bestimmt durch die Abwesenheit des landesverwiesenen Bischofs Sproll. Das Beten für Bischof Sproll ist zu einer stehenden Einrichtung geworden. In einer Predigt in Stuttgart wurde gesagt: Viele Kinder fragen schon seit langer Zeit, wann sie zur Firmung kommen können. Alle sollten zum Schutzpatron der Diözese beten: ›Heiliger Martinus, bitte für unsern Bischof und für die Diözese‹. Viele mögen sagen, daß das Gebet bis jetzt keinen Wert gehabt hat. Aber vielleicht hat Gott Besonderes mit uns vor, um uns zum Gebet zu erziehen. Das Gebet sei zur Zeit die einzige Waffe, die angewendet werden könne.«

Auf der Arbeitstagung der württ. Filmtheaterbesitzer in Stuttgart erklärt Gaufilmstellenleiter Boettcher aus München, daß die »Entjudung« des deutschen Films zu Ende geführt sei.

Der 6. Reichsberufswettkampf beginnt mit einem Appell im Saalbau Dinkelacker.

Mit 108 733 Rundfunkteilnehmern bei 120 580 Haushalten liegt Stuttgart in der Rundfunkdichte an der Spitze der europäischen Großstädte.

FEBRUAR 1939

Die Stadt beschließt, einen Werbefilm für die Bad Cannstatter Mineralbrunnenerzeugnisse drehen zu lassen.

Im Friedrichsbautheater tritt der Schauspieler Paul Kemp auf.

Oberstleutnant Schall wird Nachfolger von Generalmajor Ritter von Molo als Kommandeur des Wehrbezirkskommandos Stuttgart II.

2. Februar Vor der Deutsch-Französischen Gesellschaft in Württemberg spricht der Generaldirektor des Lyoner Messewesens, Prof. Ch. Touzot, im Haus des Deutschen Ausland-Clubs über den kulturellen Wert der Messen und ihren Beitrag zur Völkerverständigung.

3. Februar Die Technischen Beiräte besichtigen den im Bau befindlichen Luftschutzstollen vor dem Neuen Schloß.

4. Februar Die Württ. Warenzentrale landwirtschaftlicher Genossenschaften AG Stuttgart konnte im Jahre 1938 die Umsätze von 40,5 auf 49,1 Mio. RM steigern und wieder eine Dividende von 5 % verteilen.

Im Großen Haus wird die Operette »Die ungarische Hochzeit« von Hermann Hermecke und Nico Dostal uraufgeführt.

Die Stuttgarter feiern u. a. mit dem Presseball im Stadtgarten, mit der Prunk- und Fremdensitzung der Karnevalsgesellschaft Möbelwagen in der Liederhalle und dem Kolonialfest im Kunstgebäude Fasching.

Dr. med. Hermann Wolf, seit 1908 Arzt in Heslach, verstorben.

5. Februar Bei der zehnten Abendmusik in der Markuskirche wirken unter der Leitung von Hans Grischkat der Kirchenchor der Erlöserkirche, das Orchester des Schwäb. Singkreises und die Solisten Hildegard Hilscher, Lis Beck und Albert Barth mit.

Vor der Nordischen Gesellschaft spielt das Salzburger Mozartquartett in der Liederhalle.

Männer vom Arbeitsgau 26 des RAD und Maiden des Bezirks 12 des Arbeitsdienstes für die weibliche Jugend führen vor Reichsarbeitsführer Konstantin Hierl und Gauleiter Murr im Kleinen Haus den Ablauf eines Feierabends in einem Arbeitsdienstlager vor.

6. Februar Verwaltungsdirektor Eugen Hörmann berichtet den Wohlfahrts- und Gesundheitsbeiräten, daß man mit der vor einiger Zeit im Bürgerhospital eingeführten Arbeitstherapie für gemüts- und nervenkranke Frauen gute Erfahrungen gemacht habe.

Ilse Meudtner, erste Solotänzerin der Staatsoper Berlin, tanzt im Kleinen Haus erstmals in Stuttgart.
Josef Pembaur (München) gibt im Rahmen des Zyklus »Meister am Blüthner« einen Klavier-Abend in der Liederhalle.
Auf einer außerordentlichen Mitgliederversammlung des Bundes für Heimatschutz in Württemberg und Hohenzollern wird die Umbenennung in Schwäbischer Heimatbund beschlossen.

7. Februar Bei der Daimler-Benz AG wird die Fertigstellung des 50 000. Personenkraftwagens des Modells 170 V gefeiert.
Wie auf der Hauptversammlung des Württ. Anglervereins berichtet wurde, sollen im Neckar 750 000 Brutaale besonders in den durch Abwasser gefährdeten Strecken bei Sulz, Tübingen, von Stuttgart bis Besigheim und von Heilbronn abwärts eingesetzt werden.
Der Dichter Wilhelm Schäfer liest in der TH aus eigenen Werken.

8. Februar Dr. Nikolai van der Pals (Helsingfors) dirigiert das Landesorchester in der Liederhalle.

9. Februar Beim Umbau der Neckarstraße zwischen Neckartor und Stöckach wird beim Neckartor eine Gleisschleife gelegt, um auch bei größeren Umzügen in der Innenstadt den Straßenbahnverkehr nach den Außenbezirken aufrechterhalten zu können. Die dreispurige Fahrbahn der Holzgartenstraße wird nach der Seite der Garnisonkirche hin um eine Fahrspur verbreitert.
Kammermusik-Abend mit dem Strub-Quartett in der Liederhalle.
Der Deutsch-Akademische Ausländerclub und die Akademische Auslandsstelle Stuttgart veranstalten im Kunstgebäude einen Ball der Nationen.
Rudolf Caracciola erreicht mit einem Drei-Liter-Mercedes-Benz-Formelwagen auf der Dessauer Rennstrecke bei der »fliegenden Meile« eine Geschwindigkeit von 400,112 Stundenkilometer.
Auf der Sternwarte Uhlandshöhe kann der neue Komet 1939 a beobachtet werden.
Dr. Eugen Görlach, langjähriger Hauptschriftleiter der Württ.-Hohenz. Kriegerzeitung und des Neuen deutschen Familienblattes, Seniorchef der Firma Wilhelm Kohlhammer, Buchdruckerei und Verlagsbuchhandlung, verstorben.

10. Februar Im Zuge der Auflösung des Kath. Jungmännerverbands Deutschland durch Erlaß des Reichsführers SS und Chefs der Deutschen Polizei vom 26. 1. werden die Jungmännerverbände der Stuttgarter Stadtpfarrämter durch die Gestapo aufgehoben. U. a. werden Zeitschriften, Akten und das Vereinsvermögen beschlagnahmt.

FEBRUAR 1939

Dem Jugendleiter der Jungmännergruppe St. Fidelis, Karl Dörrer, wird bei einer Vorladung die Zugehörigkeit zu einem »staatsgefährlichen Verband« vorgehalten, »ein Vergehen, das nur mit Hinsicht auf seine Jugendlichkeit ihm nicht noch größere Unannehmlichkeiten« einbrächte.

Im Zusammenhang mit der Reichsgartenschau werden Grünanlagen an der Ecke Breitling-/Grüneisenstraße, Lindenschul-/Bruckwiesenstraße (Untertürkheim) und am Bismarckturm geschaffen. Auf dem Lederberg entsteht eine Aussichtsplatte. Der Strohmsche Garten wird den Kursaalanlagen angegliedert. Die gärtnerischen Arbeiten um den neuen Sportplatz der Turn- und Sportvereinigung Prag auf dem Mühlbachhof sind abgeschlossen. Dieser Platz und zwei Plätze des Tennisklubs Weißenhof mußten wegen der Reichsgartenschau verlegt werden. Das HJ-Heim auf dem Mühlbachhof erhielt eine Spiel- und Sportfläche. Für den Tennisklub Feuerbach wurden sechs Plätze beim Schützenhaus in Weilimdorf als Ersatz für die Plätze beim Feuerbacher Bad erstellt.

Nach einer Morgenfeier im ehemaligen Landtag marschiert die SA zum Haus der Volkstreue in Gablenberg, wo zugunsten des Winterhilfswerks 4000 Portionen Eintopfessen ausgegeben werden.

Der aus Stuttgart stammende Forscher Dr. Hans Krieg, Direktor der zoologischen Staatssammlung München, berichtet im Württ. Verein für Handelsgeographie über seine Forschungsreise nach Südamerika.

Der Präsident des Rechnungshofes des Deutschen Reiches, Staatsminister a. D. Heinrich Müller, spricht in der Württ. Verwaltungsakademie über »Der deutsche Beamte im deutschen Volksleben«. Der ganze Lebensinhalt eines Beamten müsse im Dienst am Volk bestehen. Auch in biologischer Hinsicht müsse das deutsche Beamtentum Vorbild sein.

Im Ufa-Palast werden der Presse folgende Werbefilme vorgeführt: Festzug der 6. Reichstagung der Auslandsorganisation 1938, Kennst du das Land in deutschen Gauen? (Schwaben), 100. Cannstatter Volksfest und ein Trickfilm über die Reichsgartenschau 1939.

11. Februar Ein Schreiben der Geheimen Staatspolizei, Leitstelle Stuttgart, erwähnt, daß auch in Stuttgart eine Gruppe der sozialistischen Arbeiterpartei (SAP) bestanden hat, die Widerstand gegen die NS-Herrschaft leistete.

In der Gemeindehalle Plieningen findet das Richtfest des Flughafens Stuttgart statt.

Am Hohen Bopser werden Höhlengänge entdeckt. Sie stammen vermutlich von unterirdischen Steinbrüchen, in denen Stubensandstein gewonnen wurde.

Vor einer Gastspielreise durch den Gau führt die Stuttgarter Kammeroper im Wullesaal die Operette »Die lustige Witwe« von Franz Lehár auf.

FEBRUAR 1939

Auf einem Elternabend der Schloßoberschule sprach Prof. Wieser, Gauobmann der Sathmarer Schwaben, über die Geschichte, Bräuche und Sitten seiner Heimat.

12. Februar Landesbischof Wurm wendet sich in einer Ansprache, die trotz Beschlagnahme durch die Gestapo von fast allen Kanzeln verlesen wird, gegen die von Kultminister Mergenthaler im Jahre 1938 verfügte Einführung eines Weltanschauungsunterrichtes. Er appelliert an die Eltern, dafür zu sorgen, daß ihre Kinder so in das Glaubensgut der evang. Kirche eingeführt werden, wie dies Luther mit seinem Katechismus gewollt habe. Wurms Ansprache findet bei der Bevölkerung starken Widerhall. Die Polizei muß davon absehen, die Pfarrer, die das Wort ihres Landesbischofs verlesen hatten, wie angedroht, mit 1000 RM zu bestrafen.
Der Bischof von Rottenburg errichtet bei der Liebfrauenkirche in Bad Cannstatt die Kaplaneistelle zum hl. Bonifatius und überträgt sie dem Vikar Alois Rölli. Das zweite Vikariat wird aufgehoben.
Pfarrer Schosser aus Unterriexingen übernahm die evang. Pfarrstelle an den Krankenhäusern in Bad Cannstatt.
Auf einer Richard-Wagner-Morgenfeier im Kleinen Haus spricht Prof. Wolfgang Golther (Rostock).
Hermann von Gunzert, Senatspräsident i. R., verstorben.
Theodor Köstlin, genannt Theodor Brandt, ehemal. Theaterdirektor, verstorben.

13. Februar Der Verband für Pferdesport in Württemberg und Hohenzollern wird gegründet. Vorsitzender ist der württ. Innen- und Wirtschaftsminister Dr. Jonathan Schmid.
Beim Ball der Gastronomie wird die Gewerbehalle erstmals als Festhalle verwendet.

14. Februar Martin Hahn und Greta und Annie Rebers spielen im Oberen Museum altfranzösische Kammermusik.

15. Februar Stadtrat Dr. Waldmüller teilt den Wirtschaftsbeiräten mit, daß die Grundbesitzer im künftigen Hafengelände 6,50 RM je Quadratmeter Grund verlangen, während die bisher von der Stadt bezahlten Preise zwischen 3,50 und 4,50 RM lägen. Ratsherr Sauer meint, daß die Stadt nicht kleinlich sein dürfe, weil die Weingärtner einen Teil ihrer Existenzgrundlage verlieren würden.

17. Februar Mit der Änderung des Einkommensteuergesetzes erhalten Juden in der Regel keine Kinderermäßigung mehr und werden nach dem höchsten Satz besteuert.
Die Technischen Beiräte befassen sich ausführlich mit Verkehrsfragen. Rund 30 000 Kraftfahrzeuge sind zugelassen.
Dr. Stratil-Sauer (Berlin) spricht in der TH über »Asien und England«.

FEBRUAR 1939

17./18. Februar   Werner Krauß gastiert als Higgins in der Komödie »Pygmalion« von George Bernard Shaw im Kleinen Haus.

18. Februar   Stadtkämmerer BM Hirzel überreicht dem Faschingsprinzen den Stadtschlüssel für die närrischen Tage. In der Innenstadt herrscht »Volksfasnet-Betrieb«. Die Liederkranz-Redoute in der Liederhalle und das Künstlerfest im Kunstgebäude bilden Höhepunkte des Faschings.
Landeshandwerksmeister Philipp Bätzner wurde als Nachfolger von Karl Dempel junior zum Präsidenten der Handwerkskammer Stuttgart ernannt.

19. Februar   Trotz Regen und Kälte besuchen Hunderttausende — wie die Presse berichtet — den Faschingsumzug.
Martin Hahn führt mit dem Stuttgarter Kammerchor in der Hospitalkirche Werke der Stuttgarter Komponisten Willy Fröhlich, Hugo Distler, Hermann Schulz und Rolf Unkel auf.
Richard Lauxmann, 1903—1929 Stadtpfarrer in Zuffenhausen, Heimatforscher, verstorben.

21. Februar   Generalfeldmarschall Göring ordnet als Beauftragter für den Vierjahresplan an, daß Juden Gegenstände aus Gold, Platin oder Silber sowie Edelsteine und Perlen binnen zwei Wochen an die vom Reich eingerichteten öffentlichen Ankaufsstellen abliefern müssen. In Stuttgart wird hierzu die städt. Pfandleihanstalt bestimmt.
Die Stadt hat für HJ-Heime bisher 2,5 Mio. RM aufgewendet. Im Bau befindet sich ein Heim in Luginsland, weitere Heime sind geplant.

21./22. Februar   Sudetendeutsche Schriftleiter besuchen Stuttgart.

22. Februar   Studenten aus Prag und Brünn besuchen Stuttgart. Sie werden mit den Zielen und Aufgaben des Deutschen Ausland-Instituts vertraut gemacht.
In Stuttgart sterben 32 Personen, viele davon als Opfer einer Grippeepidemie.

24. Februar   Die Stadt beschließt, einen farbigen Stuttgart-Prospekt herauszugeben. Die Grundstücksgesellschaften am Bahnhof stellen wegen Baustoff- und Arbeitermangels die Arbeiten am Neubau des Industriehofes ein.
Unterhalb des Etzel-Denkmals an der Neuen Weinsteige wird ein teilweise überdachter Laubengang errichtet. Er ersetzt die 48 Jahre alte eiserne Schutzhütte, die im Zuge der Verschönerungsaktion anläßlich der Reichsgartenschau — wie das Neue Tagblatt schreibt — »den Weg alles überflüssigen metallenen Zierrats gegangen ist«.

FEBRUAR 1939

Ludwig Griesser, Musikdirektor und Gau-Chormeister der Reichsbahn-Singchöre, verstorben.

25. Februar   In der Ausstellung Komponisten in Schwaben werden in der Landesbibliothek gedruckte Werke und Handschriften von Hans Gasser, Karl Bleyle, Otto Wolf und Josef Huber gezeigt.
Die Firma C. Haushahn, Maschinenfabrik, Stuttgart-Feuerbach und München, feiert ihr 50jähriges Bestehen.
Die Stadt Halle verlieh Dr. Alfred Bofinger die Händel-Plakette für den im Reichssender Stuttgart gebrachten Händel-Zyklus.

25./26. Februar   Im Gau finden Versammlungen unter dem Thema »Der Nationalsozialismus im Kampf gegen internationale Widersacher« statt.

26. Februar   Der Reichsführer SS Heinrich Himmler spricht im Großen Haus vor dem Führerkorps des SS-Oberabschnitts Südwest über die Aufgaben der nächsten Zeit.
Justizrat Dr. Ernst Schott ist zum Präsidenten der Notarkammer in Stuttgart ernannt worden.
Aus Anlaß des 50jährigen Bestehens des Vereins Beethovenhaus Bonn wird Prof. Wendling die Beethoven-Plakette verliehen.

27. Februar   Die Hauptversammlung der Stuttgarter Hofbräu AG beschließt eine Dividende von 4 %.
Beim 8. Sinfoniekonzert des Staatstheaterorchesters in der Liederhalle spielt Günther Ramin (Orgel).
Landeskulturwalter und Gaupropagandaleiter Mauer spricht auf der ersten Tagung der Kreisbeauftragten der Reichskammer der bildenden Künste im Freizeitheim Feuerbach über »Kunst und Weltanschauung«. Er wirft dem Judentum die Schuld am Zerfall der Kultur vor.

28. Februar   OB Dr. Strölin spricht im Gustav-Siegle-Haus im Rahmen der Kommunalen Woche über »Süddeutsche Wasserstraßenpolitik«. Es sei ein süddeutscher Mittellandkanal geplant, der die Saar über den Rhein und Neckar mit der Donau bei Ulm verbinden solle. Ein weiterer Kanal müßte die Verbindung zum Bodensee und Hochrhein herstellen.
Gauleiter Murr teilt der Stadt mit, daß das neue Funkhaus des Reichssenders Stuttgart nicht auf der Silberburg, sondern auf der Karlshöhe gebaut werden soll.
Im Kleinen Haus wird erstmals nach 86 Jahren in Stuttgart das Drama »Agnes Bernauer« von Friedrich Hebbel wieder aufgeführt.

MÄRZ 1939

Willem Mengelberg dirigiert in der Liederhalle die Dresdner Philharmoniker.
Hitler verlieh in diesem Monat dem Führer der SA-Gruppe Südwest, SA-Obergruppenführer Hanns Ludin, den Blutorden der NSDAP. Er ist der erste Träger dieser Auszeichnung im Gau, der nicht beim »Marsch zur Feldherrnhalle« am 9. November 1923 beteiligt war.

1. März Der neue Flugplan der Deutschen Lufthansa bringt werktags drei Verbindungen nach Berlin. Der Verkehr nach Spanien und Portugal wird von drei Flügen in der Woche auf alle Werktage ausgedehnt.
Um den Verkehr am Schloß- und Hindenburgplatz zu beschleunigen, werden Doppelhaltestellen eingeführt.
Das Anwesen Taubenheimstraße 24, bisher Abteilung der Kuranstalt Daimler, wird als Kurheim verwendet.
Max Heye, Leiter des Schauspielhauses, wird anläßlich der Uraufführung seines Kriminalstücks »Ich bin der Dieb« für sein 15jähriges Wirken in Stuttgart und sein 35jähriges Bühnenjubiläum gefeiert.
Beim ersten diesjährigen öffentlichen Konzert der Hochschule für Musik sind Paul Krückl (Orgel) und Marianne Eichhorn (Klavier) die Solisten.

1.–15. März Werner Veidt führt als Ansager durch das Programm der Bunten Bühne Wilhelmsbau.

2. März Das Amtsblatt meldet aus dem Rathaus: Die Stadt hat für den gemeinnützigen Wohnungsbau an der Albstraße in Degerloch Grundstücke erworben. — Zum Flughafen in Echterdingen wird eine Zufahrtsstraße von der Reichsstraße Nr. 27 aus gebaut. — Das als Kindererholungsheim erbaute Viktor-Köchl-Haus, Feuerbacher Heide 46, das seit Herbst 1936 als Wohnheim und Haushaltungsschule für deutsche Mädchen aus dem Auslande dient, soll wieder seinem ursprünglichen Zweck zugeführt werden. Das auslandsdeutsche Mädchenheim wird in der Heidehofschule (Heidehofstraße 49/51) untergebracht und soll Mädchenheim Heidehof heißen. — Die Stadt stellt vier Wochen lang 30 Freiplätze in den Kinderheimen Rappenau und Storzeln für Kinder aus dem Sudetengau zur Verfügung. — Das Fürsorgeheim Wolframstraße 65 wird immer weniger in Anspruch genommen, so daß es teilweise vom Bürgerhospital zur Unterbringung erwerbsunfähiger Personen verwendet werden kann.
Die Stadt lehnt ein Gesuch des Turnvereins 1883 e. V. Feuerbach um Ausdehnung der Schankerlaubnis u. a. deshalb ab, weil 400 Meter entfernt das Freizeitheim der DAF errichtet worden sei.
Der Leiter der Allgemeinen Ortskrankenkasse Stuttgart, Munder, berichtet über den Verlauf der Grippeepidemie. Der Krankenstand stieg von 3,11 % im Dezember 1938

auf 4,76 % im Januar 1939 und habe am 18. Februar mit 15 452 Kranken einen Höchststand von 7,83 % erreicht. Die finanzielle Lage sei trotzdem nicht besorgniserregend.

In der Presse wird um Unterstützung des Volksbundes Deutsche Kriegsgräberfürsorge, der die Schaffung würdiger Ruhestätten für die Gefallenen übernommen hat, gebeten.

Unter der Leitung von Martin Hahn führen der Elisabethenchor, der Stuttgarter Oratorienchor und das Landesorchester in der Liederhalle Bruckners 6. Sinfonie und das »Tedeum« auf.

3. März Die Stadt beschließt, das Anwesen Böheimstraße 27 von Eugen Leibfried zu kaufen. L. soll dafür von Philipp Israel Heim das Gebäude Stitzenburgstraße 22, in dem dieser noch bis zu seiner Auswanderung wohnen möchte, erwerben.

Die Pragstraße wird verbreitert. Das einzelstehende Haus Nr. 180 wird abgebrochen.

Auf einer Versammlung der Feuerbacher Handwerker und Händler wurden u. a. der Bau eines Schwimmbads und die Verlegung der Straßenbahnhaltestelle aus der Adolf-Hitler-Straße besprochen.

Dr. Fochler-Hauke, Direktor der Deutschen Akademie in München, spricht in der TH über »England und die neue Welt«.

Erster von drei Bosch-Kameradschaftsabenden in der Gewerbehalle.

In der Stadthalle findet die 18. Gaumeisterschaft im Boxen statt.

Karl Lindmaier, Oberpräzeptor a. D., 1871—1919 Lehrer am Dillmann-Realgymnasium, Ehrenmitglied der Deutschen Turnerschaft, verstorben.

4. März Im Rahmen der internationalen Austauschkonzerte gibt Carlo Felice Cillario im Haus des Deutschtums einen Violinabend.

In einer Feier, bei der Dr. Hermann Rüdiger vom Deutschen Ausland-Institut spricht, gedenkt der Sudetendeutsche Heimatbund im Gustav-Siegle-Haus der Toten des Generalstreiks am 4. März 1919 in Deutsch-Böhmen und Deutsch-Mähren.

Beim Radrennen um den Preis der Nationen in der Stadthalle siegt Weltmeister Erich Metze.

4.—6. März Das Landesorchester Gau Württ.-Hohenzollern feiert in der Liederhalle sein fünfjähriges Bestehen. Es wirken Erika Rokyta (Wien), Elisabeth Waldenau (München), Marino Andersen (München), Hans Ducrue, Else Herold, der Akademische Chor Tübingen und der Philharmonische Chor Stuttgart mit. Die Leitung haben Carl Leonhardt und Gerhard Maaß.

5. März Die neue ortspolizeiliche Verordnung zum Schutze des Straßenverkehrs tritt in Kraft. Sie regelt u. a. das Anbringen von Werbeschildern an Straßen, das Einzäunen

MÄRZ 1939

von Grundstücken und das Sauberhalten der Straßen.
Am Filmvolkstag können Sondervorführungen für 10 Pfennig besucht werden.
Mit einem 5:0-Sieg über den Ulmer Fußballverein 94 gewinnen die Stuttgarter Kickers die württ. Gaumeisterschaft.

5.—19. März Neben anderen Künstlern stellt Erich Feyerabend, Lehrer für Holzschneidekunst an der Akademie der bildenden Künste, im Kunstgebäude Holzschnitte, Ölgemälde und Aquarelle aus.

6. März Die Technischen Beiräte besprechen die Reichsgaragenordnung vom 17. Februar 1939. Die Garagen sollen sich in das Gesamtbild der Straße einfügen.

7. März Dr. Strölin berichtet den Verwaltungsbeiräten über eine Besprechung von zehn Oberbürgermeistern in Berlin am 3. März. Durch den Finanz- und Lastenausgleich würden die Gemeinden finanziell schlechter gestellt, ohne daß sie sich wehren könnten. Die Gefahr einer weiteren Aushöhlung der Selbstverwaltung liege in der Absicht der NS-Volkswohlfahrt, die ganze öffentliche Fürsorge zu übernehmen.
In Zuffenhausen ist in einem Hof die Maul- und Klauenseuche ausgebrochen.

8. März Die Stadt erleichtert die Grundstücksentwässerung durch neue Bestimmungen.
Die Württ. Handelsbank Stuttgart konnte für das Jahr 1938 wieder 5 % Dividende verteilen.
Die Erstaufführung der Oper »Die Bürger von Calais« von Kaspar Neher und Rudolf Wagner-Régeny im Großen Haus wird vom Publikum mit verhaltenem Applaus aufgenommen.
Karl Bofinger, Gründer der ersten Stempelfabrik in Württemberg, verstorben.

8.—11. März 32. Reit- und Springturnier des Schwäb. Reitervereins in der Stadthalle.

9. März Das israelitische Fürsorgeamt schildert in einem Schreiben an das württ. Innenministerium die schwierige wirtschaftliche Lage der jüdischen Wohlfahrtspflege:
»Seit dem 1. Januar 1939 wird die Wohlfahrtspflege für Juden in Württemberg ausschließlich durch die freie jüdische Wohlfahrtspflege (für die Stadtgemeinde durch das Israelitische Fürsorgeamt Stuttgart, für die Gemeinden im Land durch den Württ. Landesverband für Israelitische Wohlfahrtsbestrebungen L.I.W.) wahrgenommen. Eine mit dem Städtischen Wohlfahrtsamt Stuttgart getroffene Vereinbarung, daß 50 % der Fürsorgelasten für Juden durch das Städtische Wohlfahrtsamt geleistet werden sollen, mit Berücksichtigung der Geldverhältnisse der Jüdischen Wohlfahrtspflege, insbeson-

dere durch die durch Sicherungsanordnung des Herrn Oberfinanzpräsidenten Württemberg bedingte Einengung, wurde am 10. Januar gekündigt, als durch Anordnung des Herrn Oberfinanzpräsidenten die zur Durchführung der freien Wohlfahrtspflege benötigten Beträge freigegeben wurden.« In dem Schreiben wird weiter hervorgehoben, daß die jüdische Wohlfahrtspflege im Unterschied zur öffentlichen eine Reihe von Pflichtaufgaben habe, so die Förderung der Auswanderung. Die Einnahmen der jüdischen Wohlfahrtspflege (Spenden, monatliche Beiträge) seien wegen der Auswanderung wohlhabender Gemeindemitglieder stark rückläufig. Die jüdische Wohlfahrtspflege könne den Verpflichtungen nicht mehr voll nachkommen. Die dem israelitischen Fürsorgeamt gehörenden Wertpapiere im Nominalwert von 105 137,50 RM seien nicht greifbar, da sie am 10. November 1938 sichergestellt und bis jetzt noch nicht zurückgegeben worden seien. Das jüdische Fürsorgeamt ist daher der Ansicht, daß die öffentliche Fürsorge wieder eingreifen solle.
Bei einer Sitzung der Wohlfahrts- und Gesundheitsbeiräte wird bekanntgegeben, daß kranke Juden in den städt. Krankenhäusern getrennt von den anderen Kranken untergebracht werden. Als »beste Lösung« wird die Errichtung jüdischer Krankenanstalten angesehen; man will aber zunächst abwarten, ob die seit einiger Zeit verstärkte »Abwanderung« anhält.
BM Hirzel trägt den Ratsherren den Nachtragshaushaltsplan 1938 vor, der vor allem durch die Änderung des Reichsfinanzausgleichs notwendig geworden ist. Er verursachte Mindereinnahmen von 8,6 Mio. RM; dazu kommen die Landesumlage für den Straßenbau mit 1,6 Mio. RM, die Minderablieferung der TWS wegen der erhöhten Körperschaftssteuer mit 0,9 Mio. RM sowie weitere Ausgaben, zusammen 16,8 Mio. RM. Dem stehen Mehreinnahmen von 10,6 Mio. RM gegenüber. Der ordentliche Haushalt wird durch einen Nachtrag von 4 400 270 RM auf 114 595 910 RM in Einnahmen und Ausgaben festgesetzt. Der außerordentliche Haushalt verringert sich um 15 014 000 RM auf 29 947 100 RM. — Stadtrat Dr. Schwarz berichtet über den Stand der Arbeiten für den Vierjahresplan. Bisher seien für Schweinemastanlagen 400 000 RM, für eine Anlage zur Verwertung von Schlachthofabfällen 225 000 RM, für die Umstellung von 155 städt. Kraftfahrzeugen auf Klärgas 200 000 RM und für Müllsortierungsanlagen, Urbarmachung von Gelände, Pflanzungen und Schrebergärten 135 000 RM ausgegeben worden. Die Stadt betreibe in Weil bei Esslingen eine Schweinemastanlage mit 300 und auf dem Viesenhäuser Hof mit 100 Schweinen. Bis Ende 1938 wurden 2530 Tonnen Alteisen gesammelt und bei den Altpapiersammlungen, die in Abständen von zwei Wochen durchgeführt werden, kommen jeweils 5 bis 6 Tonnen zusammen. Klärschlamm würde an die Landwirtschaft abgegeben. Auch die im Vieh- und Schlachthof anfallenden Abfälle würden weitgehend verwertet. — Der Vierjahresplan hemme das Bauen. An Versuchen, die genehmigten Eisenmengen zu überschreiten, habe es nicht gefehlt. — Stadtrat Dr. Weidler berichtet über die Um-

gestaltung des Stadtgartens, die nicht die einhellige Zustimmung der Ratsherren und der Bevölkerung findet. — Stadtrat Dr. Locher teilt mit, daß der Tennisklub Weiß-Rot für die Plätze auf dem Gelände der Reichsgartenschau Ersatz auf dem Birkenkopf erhält. Damit gehe ein Wunsch der Bürger im Stuttgarter Westen, in der Nähe Tennis spielen zu können, in Erfüllung. — OB Dr. Strölin behandelt die Bauplatzfragen für das Rathaus, Staatsministerium und Gauhaus. Bisher sei man über den Standort dieser Bauten nicht schlüssig geworden. — Stadtrat Dr. Waidelich berichtet über die Zwangsenteignung des Anwesens Holzstraße 8, mit dessen Besitzer keine gütliche Einigung erzielt werden konnte. OB Dr. Strölin führt aus, daß dieser Fall ein Beispiel dafür sei, wie sehr die Rechtsprechung dem Volksempfinden und der nationalsozialistischen Auffassung nachhinke. — Unter dem Leitwort »Stuttgart rüstet zur Reichsgartenschau« sollen u. a. die Häuser an den Straßen zur Reichsgartenschau renoviert und mit Blumen geschmückt werden.

Die Stadt kauft aus dem Nachlaß des Geheimen Kommerzienrats Gustav von Müller das Anwesen Herdweg 19, um es der NS-Volkswohlfahrt, die dort eine Haushalthilfestation unterhält, zu überlassen.

Die Mahle KG Bad Cannstatt und Fellbach und die Elektron Co. mbH Bad Cannstatt und Berlin-Spandau berichten über ein erfolgreiches Jahr 1938. Die Firmen konnten ihre führende Stellung bei der Erzeugung von Leichtmetall-Zubehör behaupten. Die größte Abteilung, das Kolbenwerk, hat mit fast 1000 Gefolgschaftsmitgliedern über 50 % der deutschen Motorkolben erzeugt.

10. März Der israelitische Oberrat Stuttgart teilt in einem Rundschreiben an die israelitischen Vorsteherämter und Gemeindepflegen in Württemberg und Hohenzollern mit, daß ab sofort von Juden, die auswandern, eine Abgabe erhoben wird, sofern ihr Vermögen den Betrag von 1000 RM übersteigt.

Die Stadt kauft für die geplante Siedlung Neugereut Grundstücke in Hofen.

Eine Gruppe Banater Schwaben, meist Gewerbetreibende und Kaufleute, treffen zu einem mehrtägigen Besuch in Stuttgart ein.

An den Volksschulen und an mehreren höheren Schulen werden täglich 15 000 Schülerfrühstücke ausgegeben.

Die Württ. Verwaltungsakademie schließt das Wintersemester, in dem 1035 Hörer die Vorlesungen besuchten, ab.

Im Kronprinzenpalais wird eine Ausstellung über die italienische Renaissance-Kunst in Faksimiles gezeigt.

Prof. Tarachand Roy (Indien) spricht im Lindenmuseum über das Kastenwesen.

10.—13. März 22 Medizinstudenten aus Reims besuchen Stuttgart.

11. März In Rotenberg wird eine Luftschutzübung mit Verdunkelung abgehalten.
Der NS-Kurier bringt ein Interview mit dem städt. Werkmeister Willi Hollatz, durch
dessen Erfindung eines Kontaktschlittens für Akkumulatorenbatterien in Stuttgart
beträchtliche Mengen an Kupfer eingespart werden können.
Erster von drei Kammermusikabenden des Stuttgarter Trios Katharina Bosch-Möckel,
Alfred Saal und Walter Rehberg in der Hochschule für Musik.
Die Pariser Pianistin Yvonne Lefébure spielt in der Liederhalle.

12. März Der Heldengedenktag, der Tag der Wehrfreiheit und des Großdeutschen
Reiches beginnt mit einem militärischen Aufmarsch im Hof des Neuen Schlosses und
endet mit Festaufführungen im Großen und Kleinen Haus.
Die württ. Herrenschneider tagen im Kunstgebäude.
Der Stuttgarter Kantatenchor und das Stuttgarter Kammerorchester führen in der
Stiftskirche unter der Leitung von August Langenbeck die »Johannes-Passion« von
Johann Sebastian Bach auf.
Landesbischof Wurm hält am 40. Gedenktag der Weihe der Lukaskirche in Ostheim
die Festpredigt.
Georg Fahrbach, Direktor der Württ. Hypothekenbank Stuttgart, wird neuer Vereins-
führer des Schwäb. Albvereins.

13. März Die Wohlfahrts- und Gesundheitsbeiräte besichtigen die neugeschaffene
städt. Dienststelle für das Ehrenkreuz der Deutschen Mutter im Deutschen Ausland-
Institut, wo die Anträge von derzeit rund 16 500 kinderreichen Müttern bearbeitet
werden.

14. März OB Dr. Strölin nimmt vor den Verwaltungsbeiräten und Technischen Beiräten zu Fragen der Energiewirtschaft Stellung. Stuttgart, das zu den ersten Städten
mit Gasfernversorgung gehöre, beliefere 46 Ortschaften auf den Fildern und im Remstal mit Gas. Er betont, daß es für die Stadt sehr wichtig sei, daß die Technischen
Werke selbständig bleiben; sie sollten nicht in der Energieversorgung Württemberg
aufgehen.
An der Neugründung der Leonberger Bausparkasse AG hat sich die Rentenanstalt
Stuttgart beteiligt.

15. März Mit den Schlagzeilen »Befreiung vom tschechischen Terror — Deutsche
Truppen auf Befehl des Führers in Böhmen und Mähren einmarschiert — Das Schick-
sal des tschechischen Volkes und Landes in die Hände des Führers gelegt« meldet der
NS-Kurier die Besetzung der Tschechoslowakei.
Beginn der vierwöchigen Pimpfen- und Jungmädelprobe. Sie berechtigt den Pimpf

MÄRZ 1939

zum Tragen des Fahrtenmessers, das Jungmädel zum Tragen des Halstuchs und Knotens. Die Pimpfenprobe verlangt u. a. einen 60-Meter-Lauf in 12 Sekunden und einen Weitsprung von 2,75 Meter, die Jungmädelprobe einen 60-Meter-Lauf in 14 Sekunden und einen Weitsprung von 2 Metern.

Die Frage, ob in der Hauptgaststätte der Reichsgartenschau neben dem Bad Cannstatter und Fachinger Wasser noch andere Mineralwasser verkauft werden sollen, wird von den Wirtschaftsbeiräten mit der Einschränkung bejaht, daß nur stille Wasser ausgeschenkt werden sollen. Der Verkauf von Coca Cola wird aus gesundheitlichen Gründen abgelehnt.

Marvelli gibt in der Liederhalle eine Zaubervorstellung.

15.–17. März Der Reichskommissar für die Preisbildung, Gauleiter Josef Wagner, hält eine Arbeitstagung ab.

16. März Der Stuttgarter Liederkranz führt in der Liederhalle unter der Leitung von Hermann Dettinger das Märchen »Der Rose Pilgerfahrt« von Robert Schumann auf.

17. März Die Stadt beschließt, von Selma Wolf und den Erben ihres Mannes Adolf Wolf das 119 Ar 46 Quadratmeter große Gelände an der Ecke Herdweg und Cäsar-Flaischlen-Straße zum Bau der Rudolf-Heß-Jugendherberge zu kaufen.

Die Beiräte für die Reichsgartenschau besichtigen Ausschnitte des Deckenbildes, das Jakob Schober für die Eingangshalle des Reichsgartenschaugeländes malt.

Das aus den Konzertmeistern des Reichssenders Stuttgart Roman Schimmer, Karl Otto Hohn, Georg Schmid und Walter Reichardt gebildete Stuttgarter Streichquartett gibt im Haus des Deutschtums einen Kammermusikabend.

Lieder- und Balladenabend mit Richard Bitterauf in der Liederhalle.

18. März Hitler ernennt Freiherrn Konstantin von Neurath, Ehrenbürger von Stuttgart, zum Reichsprotektor von Böhmen und Mähren.

Die Gesellschafterversammlung der Robert Bosch GmbH Stuttgart nimmt den Geschäftsbericht 1938 entgegen. Der Umsatz ist um fast 15 % gestiegen. Der Reingewinn beträgt 4 489 585 RM; es werden wieder 8 % Dividende ausgeschüttet. Die Zuwendung an die Boschhilfe beträgt 2 277 691 RM. In der Stammfirma zählt man 23 233 Beschäftigte, mit den Tochtergesellschaften zusammen 30 443.

Die Stuttgarter Kammeroper führt vor der Museumsgesellschaft unter Leitung von Oswald Kühn die Operette »Der Vetter aus Dingsda« von Eduard Künneke auf.

Die Veranstaltungen des Reichssenders Stuttgart zugunsten des Winterhilfswerks

schließen mit einer »Musikversteigerung« in der Stadthalle, an der die Hörer telefonisch und telegrafisch ihre Musikwünsche angeben können.
Paul Briz, Waagenfabrikant in Bad Cannstatt, verstorben.

19. März Die Bevölkerung besichtigt am Tag der Wehrmacht die Kasernen.
Der Stuttgarter Kammerchor singt unter Leitung von Martin Hahn in der Leonhardskirche die »Johannespassion« von Heinrich Schütz.
Der Württ. Bachverein und das Orchester des Schwäb. Singkreises führen unter der Leitung von Hans Grischkat in der Hospitalkirche Werke von Bach und Händel auf.
Lore Fischer singt in der Liederhalle.
Die Tanzkapelle Will Glahé spielt bei einem Bunten Abend in der Liederhalle.

20. März Die Stadt beschließt, die Pflanzenhalle im Park der Villa Berg zu einem Turn- und Versammlungsraum für die BDM-Obergau-Führerinnen-Schule auszubauen. — Für die künstlerische Ausgestaltung der Hallschlagsiedlung werden 30 000 RM bewilligt.
Der Cellist Ludwig Hoelscher spielt in der Liederhalle.

20.–25. März Rattenbekämpfungsaktion.

21. März 42 SA-Männer verbringen durch eine Adolf-Hitler-Freiplatzspende als Gäste der NSV-Kreisleitung einen zehntägigen Urlaub in Stuttgart.
Die Stadt genehmigt dem Naturheilverein Zuffenhausen zur Modernisierung des Freibades auf der Schlotwiese eine einmalige Zuwendung.

21.–26. März An den ersten Hallenkampfspielen der HJ nehmen in verschiedenen Stuttgarter Kampfstätten über 1000 Jungen aus ganz Deutschland teil. Reichsjugendführer Baldur von Schirach spricht auf der Abschlußkundgebung in der Stadthalle.

22. März Laut Anordnung des Polizeipräsidenten müssen Beherbergungsbetriebe die Meldescheine täglich vor 2 Uhr nachts bei der Polizei abgeben.
Die Cannstatter Bank EGmbH konnte im Jahre 1938 ihren Umsatz von 62,9 auf 74,4 Mio. RM erhöhen. Es wird eine Dividende von 4 % verteilt.
Klavierabend mit Elly Ney in der Liederhalle.
In der Adolf-Hitler-Kampfbahn endet ein Rugby-Spiel Stuttgart — Bukarest mit 3 : 20.
Die am 1. Mai 1914 eingeweihte Falkertschule feiert ihr 25jähriges Bestehen.

23. März Das Neue Tagblatt meldet: »Memel grüßt seinen Befreier — Deutsche Truppen in Memel jubelnd empfangen.«

MÄRZ 1939

Auf einer Sitzung der Ratsherren erinnert OB Dr. Strölin »an die überwältigenden Ereignisse der letzten Tage und Wochen, die auf völlig friedlichem Wege zur Schaffung des Protektorats Böhmen und Mähren und zur Rückgliederung des Memellandes geführt haben.« — Stadtrat Dr. Schwarz berichtet über die schwierige Lage auf dem Holzmarkt und ihre Rückwirkung auf den Wohnungsbau. Der Oberbürgermeister und die Ratsherren setzen sich dafür ein, daß das verfügbare Holz in erster Linie zum Bau von Arbeiterwohnungen verwendet wird.

Die Stadt bewilligt zu den auf eine Mio. RM geschätzten Kosten für ein Kraftwagen-Vollprüffeld des Forschungsinstituts für Kraftfahrwesen und Fahrzeugmotoren an der TH Stuttgart einen Beitrag in Höhe eines Viertels, höchstens aber 250 000 RM.

Die Partei hält die ersten von über 50 Kundgebungen in Stuttgart ab. In Untertürkheim stellt Stadtrat Dr. Fritz Cuhorst dem »seriösen« Bürger den »fanatischen Kämpfer Adolf Hitler« gegenüber. Das Leben sei für den Deutschen heute in seiner straffen Disziplin soldatisch, nicht bequem, aber stolz.

Die Landesbibliothek zeigt aus ihren Beständen zum 200. Geburtstag von Christian Friedrich Daniel Schubart Bilder, Handschriften und Bücher.

Im Landesgewerbemuseum wird eine Ausstellung Schlesische Werkkunst unserer Zeit gezeigt.

24. März Der Polizeipräsident regelt die Sonntagsruhe im Handelsgewerbe neu.
Die TWS installieren in der Sudetenstraße Lampen mit Stromzufuhr über Erdkabel. Dadurch soll die Aussicht nicht beeinträchtigt werden.
Im Fangelsbachfriedhof wurde ein neues Dienstgebäude für die Aufseher und eine Wartehalle gebaut.

24.—28. März Beim Gauentscheid im Reichsberufswettkampf werden aus 2350 Kreissiegern 368 Gausieger ermittelt.

25. März Die Jugenddienstverordnung verpflichtet alle Jugendlichen, vom 10. bis zum 18. Lebensjahr in der Hitlerjugend Dienst zu tun. Juden sind von ihr ausgenommen.
Frühjahrsmarkt in Untertürkheim.
Dr. Seyß-Inquart, erster Vorsitzender des Deutschen Alpenvereins und Reichsstatthalter der Ostmark, spricht auf der 70-Jahr-Feier der Sektion Schwaben des Deutschen Alpenvereins in der Liederhalle.

25./26. März Bei der sechsten und letzten Sammlung des Winterhilfswerks im Winterhalbjahr werden als Abzeichen Blüten und Blätter aus Bernstein verkauft.

25. März bis 3. April In der Gewerbehalle werden die Erzeugnisse des Handwerkerwettkampfs im Gau ausgestellt.

26. März In einem Erlaß an die Pfarrämter weist der evang. Oberkirchenrat darauf hin, daß die »Heimkehr des Memellandes« und die »Befreiung unserer deutschen Volksgenossen in Böhmen und Mähren« in den Gemeinden freudigen Widerhall findet. Es wird deshalb angeordnet, im Gottesdienst des nächsten Sonntags dieser Ereignisse in Dank und Fürbitte zu gedenken. Weiter heißt es: »Zugleich erklärt der Landesbischof, daß die evangelischen Kirchen Deutschlands mit den durch die Presse bekanntgewordenen Äußerungen des Erzbischofs von Canterbury selbstverständlich nichts zu tun haben und eine solche Verquickung von Christentum und Politik entschieden ablehnen.« Der Erzbischof hatte nach dem Schwäb. Merkur erklärt, daß man Hitler, der alle christlichen Prinzipien verletzt habe, nur mit einer Politik der Gewalt »auch um den Preis eines Weltkrieges« gegenübertreten könne.

27. März Julius Israel Würzburger, Inhaber der Firma Essinger und Rosengart in Bad Cannstatt, verkauft das Anwesen Überkinger Straße 32 an die Stadt.

29. März Reichsführer SS und Chef der deutschen Polizei, Heinrich Himmler, spricht im Weißen Saal des Neuen Schlosses vor dem Offizierkorps der württ. und badischen Polizei über Sinn und Aufgaben der Polizei im nationalsozialistischen Deutschland.
Um die Wohnungsnot zu mildern, sprechen sich die Wirtschaftsbeiräte für eine Lockerung der baurechtlichen Vorschriften für Dachstockwohnungen aus.
Landeskulturwalter und Gaupropagandaleiter Mauer eröffnet an der Staatlichen Bauschule mit einer Rede über »Großtaten deutschen Kulturschaffens« eine Vorlesungsreihe über deutsche Kulturarbeit.

30. März Die Hauptversammlung der Württ. Hypothekenbank Stuttgart beschließt, 5,5 % Dividende zu verteilen.
Klavierabend mit Wilhelm Backhaus in der Liederhalle.
Im Ehrenmal der deutschen Leistung im Ausland, wo eine Ausstellung über Peter Parler und Balthasar Neumann gezeigt wird, spricht Dr. Otto Kletzl (Marburg) über »Deutsche Kunst in den böhmischen Ländern«.

31. März Baudirektor Kind vom Tiefbauamt legt den Technischen Beiräten einen Plan zum Ausbau der Uferstraße von der Gaisburger Brücke bis zur Markungsgrenze bei Brühl vor. Sie soll zur Entlastung der Mercedesstraße dienen. Auf den Hinweis von Ratsherrn Häffner, daß die Solitudestraße in Weilimdorf wegen der Sperrung der Rotenwaldstraße völlig überlastet sei, erwidert Kind, daß auch an vielen anderen Stellen die Verkehrsverhältnisse schlecht seien. Der Straßenbau liege um drei Jahre zurück

APRIL 1939

Die zur Vorbereitung der Reichsgartenschau Stuttgart 1939 im Jahre 1937 gegründete 3. Reichsgartenschau Stuttgart 1939 GmbH wird aufgelöst.
Vor dem Verein der Freunde der Württ. Staatsgalerie spricht im Kronprinzenpalais Prof. Dr. Otto Schmitt über »Schwaben und die Barockarchitektur«.
Der NS-Studentenbund verabschiedete Prof. Heinrich Altherr von der Akademie der bildenden Künste, der wieder in seine Schweizer Heimat zurückkehrt.

1. April Der Geheime Lagebericht des Sicherheitsdienstes Reichsführer-SS Unterabschnitt Württ.-Hohenzollern für das 1. Vierteljahr 1939 meldet: »Im Vordergrund aller Überlegungen der Juden des Abschnittsbereichs steht zweifellos die Auswanderungsfrage. Es ist zu beobachten, daß im Gegensatz zu früher die ältesten Leute zur Auswanderung drängen. Die außenpolitischen Geschehnisse werden von den Juden im allgemeinen nicht besprochen, abgesehen von einzelnen Ausnahmen, die insbesondere in der Krisenzeit sich durch unbedachte Äußerungen hervortun. Der Großteil der Juden ist sich jedoch vollständig darüber im klaren, daß, ob Krieg oder Frieden, beides ihre Lage in Deutschland nicht zu ihren Gunsten ändern wird ... Die Abwehrmaßnahmen von Partei und Staat, welche rasch hintereinander folgen, lassen die Juden nicht mehr zu sich kommen; es ist zu beobachten, daß eine ausgesprochene Hysterie bei jüdischen Frauen und Männern einsetzt ... Die besten Anzeichen der Weiterschreitung der Verproletarisierung der Juden sind die zunehmende Zahl der Selbstmorde, die rapide Verminderung der jüdischen Winterhilfsspenden, die sich steigernde Inanspruchnahme der jüdischen Fürsorgestellen, der im Wachsen begriffene Auswanderungsdrang, die wachsende Zahl der jüdischen Arbeitsuchenden, der schnell steigende Wohnungsmangel, der Zerfall der Schulen, Zerfall der jüdischen Gemeinden, die ständige Belagerung der jüdischen Beratungsstellen und die Zunahme der Altersheime.« — Weiter heißt es, daß der Kampf um die Erteilung des katholischen Religionsunterrichts und die Einführung des weltanschaulichen Unterrichts in ein entscheidendes Stadium getreten sei. Die Geistlichkeit habe ihre Vorbereitungen getroffen, um eine reibungslose Durchführung des kirchlichen Religionsunterrichts, der sogenannten »Seelsorgestunden« zu ermöglichen. — In den ersten drei Monaten dieses Jahres wurden der Katholische Jungmännerverband, der Deutsche Marien-Ritterorden und der Katholische Akademikerverband verboten. Die Angehörigen der verbotenen Vereine und die übrige katholische Jugend werden in der Pfarrjugend zusammengefaßt. — Der katholische Klerus habe sich auch diesmal von den großen geschichtlichen Ereignissen des Jahres 1939 — Angliederung Böhmens und Mährens an das Reich und Heimkehr des Memellandes — distanziert, ja zum Teil die Gelegenheit benützt, um den Kampf gegen die nationalsozialistische Weltanschauung in verstärktem Maße aufzunehmen. — Weiter wird festgestellt, daß die Einwirkung der NSDAP auf den Reichssender Stuttgart noch immer unbefriedigend sei.

APRIL 1939

Die von der Reichsregierung für die minderbemittelte Bevölkerung eingeführten Fettverbilligungsscheine werden auch für die Monate April, Mai und Juni 1939 beibehalten.
Der Schuldenstand der Stadt ist von 97,7 Mio. RM am 1. April 1933 auf 57,2 Mio. RM gesunken.
Seit dem 1. April 1933 wurden 94 000 Quadratmeter Straßen mit Asphalt belegt.
Zur Erweiterung der Gartenstadt Luginsland wird von der Markung der Stadt Fellbach im Gewann Mössinger ein Gebiet von 2 Hektar, 16 Ar, 27 Quadratmeter in die Markung Untertürkheim der Stadt Stuttgart eingegliedert.
Der Gutsbetrieb Weißenhof wird aufgelöst. Die landwirtschaftlich nutzbare Fläche übernimmt die Krankenhausverwaltung Bad Cannstatt, Vieh und Vorräte gehen an die städt. Gutsverwaltungen Storzeln und Bad Cannstatt.
Zur Förderung des Kurbadewesens wird die Verwaltung des städt. Mineralbades Cannstatt von der Bäderverwaltung auf das Kuramt Bad Cannstatt übertragen.
Die städt. Preisbehörde setzt die Zusatzmieten für neu eingerichtete Spülklosetts und elektrische Beleuchtung herab.
Die Gemeindejagd in Stammheim wird aufgelöst und als gemeinschaftlicher Jagdbezirk den Jagden der Nachbargemeinden Stuttgart, Kornwestheim und Münchingen angegliedert.
Die 70. Hauptversammlung der Stuttgarter Straßenbahnen im Bürgermuseum beschließt, eine Dividende von 6 % zu zahlen. Vom Gewinn gehen 714 000 RM an die Aktionäre, 25 434,80 RM werden auf die neue Rechnung vorgetragen. 1938 wurden 122,5 Mio. Fahrgäste befördert, 4,9 % mehr als 1937.
3000 von rund 8000 »Arbeitsdienstrekruten« aus dem Gau Württ.-Hohenzollern verlassen mit Sonderzügen Stuttgart, um ihren Dienst in Baden anzutreten; 6000 aus anderen Gauen kommen nach Württemberg.
Für den Verkauf von Tabakwaren, Spirituosen, Zeitungen usw. dürfen in den Gaststätten keine Sonderkräfte mehr beschäftigt werden. Damit verschwindet der Zigarettenboy.
Das Deutsche Rote Kreuz übernimmt die Krankenpflegeschule des Katharinenhospitals.
Die evang. Kirchengemeinde Kaltental wird aus dem Kirchenbezirk Plieningen gelöst und als Teilkirchengemeinde in die Gesamtkirchengemeinde Stuttgart eingegliedert.
Im Kölner Theatermuseum wird eine Ausstellung mit dem Thema »Stuttgarter Bühnenkunst« eröffnet.
Emil Ruoff wird Vorstand des Standesamts, Friedrich Stutz Vorstand des Polizeiamts.

2. *April* Die in der Nacht als Abschluß der Winterausbildung durchgeführten Übungen der SA-Standarte 119 werden mit einem Marsch durch die Stadt abgeschlossen.

APRIL 1939

Der Gau Mitte gewinnt in der Stadthalle das Geräteturnen gegen Württemberg.

3. April Die Stadt erhöht die Vergütung der 118 in städt. Krankenhäusern arbeitenden Diakonissen, obwohl sich einige Wohlfahrts- und Gesundheitsbeiräte aus »weltanschaulichen« Gründen zunächst dagegen aussprechen. Der Aushang der »Goldenen Worte« der Diakonissen soll durch den Wochenspruch der NSDAP ersetzt werden.

Dr.-Ing. Willy Fuchs schlägt vor, vom Südheimer Platz zum Kursaal eine Unterpflasterbahn und vom Weißenhof zur Landhausstraße eine Brücke zu bauen.

Die neue Bodenbrückenwaage in Zuffenhausen ist in Betrieb genommen worden.

4. April Die Hauptversammlung der Elektrizitätsversorgung Württemberg AG genehmigt den Abschluß für das Jahr 1938 mit 5 % Dividende. Im Zuge der Neuordnung der württ. Elektrizitätswirtschaft schließt sie sich mit sieben Stromlieferungsgesellschaften zur Energieversorgung Schwaben AG zusammen. Das Aktienkapital wird von 30,5 auf 41 Mio. RM erhöht.

Bei einem Vortrag im Württ. Verein für Baukunde über »Neuere Hallenbauten in Holzkonstruktion« erklärte Oberingenieur Fuchs, daß die Schwabenhalle Stuttgart mit den Flächenmaßen 60 × 160 m, einer Firsthöhe von 29 m und einem Raum für 20 000 Sitzplätze die größte deutsche Holzhalle sei.

5. April Die Wirtschaftsbeiräte behandeln die Frage der Schankerlaubnis für die jüdische Gaststätte Bloch in der Rotebühlstraße 1 C. Am 4. Januar dieses Jahres hatten sie gegen diese Gaststätte im allgemeinen nichts einzuwenden, waren aber der Auffassung, daß sie in der Rotebühlstraße als einer der belebtesten Straßen Stuttgarts unerwünscht sei und dem öffentlichen Interesse widerspreche. Die Geheime Staatspolizei, Leitstelle Stuttgart, die gegen die Weiterführung der Gaststätte keine Bedenken erhoben hatte, änderte, wie jetzt Stadtrat Dr. Weidler mitteilt, auch nach der Stellungnahme der Wirtschaftsbeiräte ihren Standpunkt nicht: Da das amerikanische Konsulat seinen Sitz in Stuttgart habe, herrsche hier ein starker Verkehr von auswandernden Juden. Sie hätten nur die Möglichkeit, sich in der Gaststätte Bloch zu verpflegen und dürften in der belebten Rotebühlstraße weniger auffallen als in einer Straße mit geringem Verkehr. — Ratsherr Eckstein bemerkt, daß man jetzt Juden auch wieder in Betriebe aufnehme, um sie nicht unterstützen zu müssen. Ratsherr Weißenborn fügt hinzu, daß die Firma Bosch eine Anzahl Juden auf einem besonderen Lagerplatz beschäftige, wo sie mit keinem »Volksgenossen« in Berührung kommen.

Die Presse besichtigt einen der 24 neuen Triebwagen der Stuttgarter Straßenbahnen, die bis zur Eröffnung der Reichsgartenschau geliefert werden sollen und von denen bereits vier in Betrieb sind.

APRIL 1939

Im Schauspielhaus Erstaufführung des italienischen Volksstücks »Scampolo« von Dario Niccodemi.
Die Arbeitsgruppe Stuttgart des Bundes Deutscher Filmamateure hält im Vortragssaal der TWS ihre Jahresfeier ab.

6. April Die neue Straßenbahnstrecke der Linie 10 von der Kunstgewerbeschule über die neue Haltestelle Reichsgartenschau bis zur neuen Endstelle Am Kochenhof wird in Betrieb genommen.
Unter dem Motto »Stuttgart rüstet zur Reichsgartenschau« rufen Plakate zur Säuberung aller »Lagerplätze« auf. Für die am besten geordneten Lagerplätze hat die Stadt Geldpreise bis zu 100 RM ausgesetzt.
Die Hauptversammlung der Stuttgarter Bank hat für das Jahr 1938 eine Dividende von 6 % genehmigt. Die Bilanzsumme stieg von 25 Mio. auf 28,7 Mio. RM, der Gewinn von 174 000 auf 262 000 RM.
Die Hauptversammlung der Obertürkheimer Bank, die auf ihr 50jähriges Bestehen zurückblicken kann, hat den Jahresabschluß 1938 mit einem Gewinn von 3034 RM genehmigt.

7. April Die im Schloß Rosenstein untergebrachte Weltkriegsbücherei führt künftig im Untertitel die Bezeichnung Institut für Weltpolitik.
Der Stuttgarter Oratorienchor, der Knabenchor der Friedrich-Eugen-Oberschule und das Landesorchester bringen in der Stiftskirche die »Matthäuspassion« von J. S. Bach.
Im Mittelpunkt der Aprilschau im Kunstgebäude steht eine Ausstellung für Marie Lautenschlager zu ihrem 80. Geburtstag. Weiter sind Werke von Wilhelm Weißer, Otto Neubrand, Woldemar Schwarze, Karl Bertsch, Georg Hoffmann, Johannes Maier und Gerth Biese zu sehen.

8. April Wegen der Reichsgartenschau werden die Zufahrtstraßen zum Killesberg verbreitert und verbessert. Von der Robert-Mayer-Straße wird eine Zufahrtstraße für neue Wohngebäude mit der Bezeichnung Im Rebenweg abgezweigt.
Das Geschäftsjahr 1. 4. 1938 bis 31. 3. 1939 brachte der Allgemeinen Ortskrankenkasse Stuttgart einen Verlust von über 1 Mio. RM. Er wurde im wesentlichen durch die Grippewelle verursacht, die um Weihnachten 1938 begann und erst jetzt ausgeklungen ist. Im Vergleich mit 12 Großkrankenkassen Deutschlands hat die AOK Stuttgart mit 5 % den niedrigsten Beitragssatz, aber den höchsten Krankenstand. Die Grundlohnsummen der Versicherten liegen mit einem Durchschnitt von 1678,53 RM um 448,28 RM höher als im Jahre 1933. Am 18. Dezember 1938 zählte man 198 600 Mitglieder.

APRIL 1939

9. April Die Bürgerbank Feuerbach konnte im Geschäftsjahr 1938 die Bilanzsumme von 2,08 auf 2,75 Mio. RM erhöhen. Aus dem Reingewinn von 24 000 RM wurde abermals eine Dividende von 4 % verteilt.
Ab heute finden im Kurgarten von Bad Cannstatt wieder tägliche Frühkonzerte statt.

10. April Der VfB Stuttgart verliert in der Adolf-Hitler-Kampfbahn vor 10 000 Zuschauern gegen den deutschen Pokalmeister Rapid Wien mit 1 : 4 Toren.

12. April Der Staatssekretär im Reichsverkehrsministerium, Gustav Koenigs, besucht Stuttgart. Er überzeugt sich vom Fortgang der Bauarbeiten an der Neckarkanalstrecke Heilbronn—Stuttgart, die zusammen mit den Hafenanlagen Stuttgart bis zum Jahre 1944 fertiggestellt sein soll.
Die Stadt kauft von Bankier Friedrich Ludwig Israel Kiefe die Anwesen Büchsenstraße 14 und 16. Sie werden für den Durchbruch der Roten bzw. der Calwer Straße benötigt.
Nach dem Bericht über sein 109. Vereinsjahr hat der Verein für Kleinkinderpflegen in Stuttgart 25 Kindergärten.

13. April Im Gutshof des städt. Krankenhauses in Bad Cannstatt ist die Maul- und Klauenseuche ausgebrochen.

14. April OB Dr. Strölin berichtet in Berlin der Presse über die Reichsgartenschau. Stuttgart, das durch die sorgfältige und zielbewußte Pflege des Stadtbildes zu einer der schönsten deutschen Städte geworden sei, werde sich dem Besucher als eine einzige riesige Gartenschau darstellen. Johannes Boettner, Vorsitzender der Hauptvereinigung der deutschen Gartenbauwirtschaft, lobt: »Die Reichsgartenschau Stuttgart 1939 ist so schön, wie noch keine Gartenausstellung auf der ganzen Welt gewesen ist.« OB Dr. Strölin ordnet die Umbenennung der Stadtpflege in Stadtkämmerei an.
Die Stadt beschließt, für eine neue Zufahrtstraße zum Flughafen Stuttgart und weitere Verkehrsbauten in diesem Bereich einen Beitrag zu leisten.

15. April Die KdF-Wagen (Volkswagen), die bereits in den meisten deutschen Gauen vorgeführt wurden, treffen in Stuttgart ein, um von hier aus die Reise durch Württemberg anzutreten.
Auf der Gautagung des Deutschen Automobil-Clubs wird mitgeteilt, daß die Zahl der Verkehrsunfälle in Stuttgart stetig zurückgehe. Es sei dies der Verkehrserziehung, dem besseren Straßen- und Fahrzeugbau und dem Einsatz des Verkehrserziehungsdienstes des NSKK zu verdanken.

Die Firma Eckstein u. Co., Wäsche- und Bettengeschäft, blickt auf ihr 75jähriges Bestehen zurück.

16.–30. April Im letzten Programm der Winterspielzeit des Friedrichsbautheaters tritt Marita Gründgens auf.

17. April Der Aufsichtsrat der Daimler-Benz AG, Stuttgart, stimmt der Ausgabe neuer Aktien in Höhe von 12 978 000 RM zu. Mit ihnen sollen die Betriebsanlagen erweitert werden.
Mit Beethovens »Neunter« wird die Konzertsaison des Staatstheaterorchesters in der Liederhalle abgeschlossen.

18. April Die Ratsherren lehnen die von der Standortverwaltung geforderte Errichtung eines Militärschießplatzes im Gewann Heimberg in Feuerbach ab. — OB Dr. Strölin nimmt zum Vorwurf aus der Bevölkerung Stellung, man hätte anstatt der Reichsgartenschau Wohnungen bauen sollen. Der Killesberg hätte sich als aufgefülltes Steinbruchgelände nicht zum Bauen geeignet. Die Baustoffe für die Ausstellungsbauten seien aus dem Sonderkontingent des Reichsnährstandes zugeteilt worden; sie gingen nicht zu Lasten des Wohnungsbaus. Zur Lage auf dem Wohnungsmarkt führt Strölin aus, daß man 6000 bis 8000 Wohnungssuchende zähle. Zugunsten des Baues von Wohnungen und Krankenhäusern habe man in Stuttgart auf repräsentative Bauten verzichtet. — Ratsherr Gienger beklagt, daß für die Gartenstadt Luginsland kein Bauholz zur Verfügung stehe.
Im Rahmen einer Schulfeier zu Beginn des neuen Schuljahres hält Ministerpräsident und Kultminister Mergenthaler in der Falkert-Schule eine Ansprache, die vom Reichssender Stuttgart übertragen wird. Er appelliert an die Jugend, »sich der großen Zeit bewußt zu sein« und »für das einzige und gemeinsame Ziel: Deutschland« einzutreten. Mergenthaler widerspricht dem »Vorwurf, der Nationalsozialismus wolle die Religion beseitigen«; vielmehr bekenne er sich »unabhängig von Konfessionen und Dogmen zum Gottglauben«.
Im Hof des Neuen Schlosses wird das 20jährige Bestehen des deutschen Reichsbahnschutzes gefeiert. Der Oberste Bahnschutzführer, Staatssekretär Kleinmann, dankt Ministerialrat Heiges, der am 18. April 1919 als Regierungsrat bei der Generaldirektion der Württ. Staatseisenbahnen die Verkehrswehr zum Schutz der Bahnanlagen und des Bahngutes gegründet hat und der dann beauftragt worden ist, für das ganze Reich den Bahnschutz zu organisieren.
Im Großen Haus gibt das Bali- und Java-Theater ein Gastspiel.
Vor dem Reichskolonialbund, Kreisverband Stuttgart, spricht der Stabsführer des Kolonialkriegerbundes, Oberstleutnant von Boemcken, im Wullesaal über »Deutschlands Recht auf Kolonien«.

APRIL 1939

In der Adolf-Hitler-Kampfbahn besiegt eine südafrikanische Rugby-Mannschaft eine württ. Gaumannschaft mit 20:4.

19. April Am Vorabend von Hitlers Geburtstag werden in der Stadthalle 2400 Zehnjährige in das Jungvolk und den Jungmädelbund aufgenommen; 1200 Pimpfe und Jungmädel kommen zur HJ und zum BDM.
Die Wirtschaftsbeiräte befassen sich mit dem Mangel an Bedienungspersonal im Gaststättengewerbe und empfehlen, sich um Arbeitskräfte aus dem Sudetengau und der Ostmark zu bemühen. — Gegen den Plan der DAF, in der Nähe ihres Freizeitheims im Föhrich (Feuerbach) eine Gauschule zu errichten, wenden sie nichts ein. Stadtrat Dr. Waldmüller weist auf den dadurch notwendigen Eingriff in den Wald hin.
Die Stadt genehmigt Frau Ida Weitzner den Betrieb einer jüdischen »Kostgeberei« in der Hauptstätter Straße 46.
Das Landesorchester Gau Württ.-Hohenzollern (Orchester der Stadt der Auslandsdeutschen) hat die Konzertmeister Ernst Ludwig Herold, Kurt Becker und Günther Schulz-Fürstenberg verpflichtet.

20. April Der 50. Geburtstag Hitlers wird mit zahlreichen Veranstaltungen begangen. Vor dem Königsbau paradiert die SS-Verfügungstruppe und die Polizei. Auf dem Cannstatter Wasen zieht die von General der Infanterie Geyer abgenommene Parade sämtlicher Truppenteile von Stuttgart, Esslingen, Vaihingen, Böblingen und Möhringen rund 200 000 Menschen an. Im Großen Haus spricht vor der Aufführung von Richard Wagners »Tannhäuser« Ministerpräsident Mergenthaler über die Bedeutung Hitlers. In der Gewerbehalle werden die neu ernannten Politischen Leiter vereidigt. Einige tausend SA-Männer beteiligen sich an einem Fackelzug durch die Stadt. Das Deutsche Ausland-Institut überreicht Hitler drei Pergamentbände einer Dokumentation von »deutschen Kämpfern und Persönlichkeiten im Auslande«.
An der Ecke Goldberg- und Arnulfstraße in der Gartenstadt Luginsland wird das zweite HJ-Heim in Stuttgart gebaut.
Die Württ. Girozentrale - Württ. Landeskommunalbank Stuttgart steigerte 1938 die Umsätze um eine Milliarde RM auf 7,2 Milliarden RM.

21. April Die Stadt kauft von dem früheren Stuttgarter Kaufmann Oskar Israel Weinschel das Anwesen Militärstraße 68 zur Verwendung für einen Kindergarten.
Die Stadt gibt den deutschen Pressevertretern, die zur Reichsgartenschau angereist sind, einen Empfang in der Villa Berg.
Das Hotel Marquardt, dessen Umbau nahezu beendet ist, wird wieder eröffnet.
In der Cannstatter Straße, der »Stuttgarter Rennstrecke«, werden bei einem Verkehrsunfall zwei Personen getötet.

APRIL 1939

22. April OB Dr. Strölin würdigt in der Ehrenhalle des Reichsnährstandes vor zahlreichen Ehrengästen die Bedeutung der 3. Reichsgartenschau für Stuttgart. In gut zweijähriger Arbeit wurde ein 51 Hektar großes Gelände, das aus Steinbrüchen, Geröllhalden, Müllplätzen und verwildertem Wald und Ödland bestand, in eine Landschaft umgestaltet, »die in ihrem steten Wechsel von Berg und Tal, von Fels und Wasser, von Wald, Weinberg, Garten und Siedlung zum Abbild nicht nur unserer schwäbischen, sondern unserer vielgestaltigen deutschen Landschaft überhaupt geworden ist.« Die städtebauliche Planung stützte sich auf die landschaftlichen Gegebenheiten Stuttgarts. »Bei seiner engen räumlichen Begrenzung und seinen eigenartigen Höhenverhältnissen ist Stuttgart nicht so sehr wie manche andere Stadt geeignet für die Erstellung repräsentativer Monumentalbauten. Wir haben uns daher in Stuttgart um so stärker dem Wohnungs- und Siedlungsbau gewidmet mit dem Ergebnis, daß wir damit seit dem Jahre 1933 an der Spitze aller deutschen Städte stehen.« Das Reichsgartenschaugelände soll das Kernstück eines großen Grüngürtels bilden, der sich vom Kräherwald über den Bismarckturm bis zum Rosensteinpark hinzieht. Reichsstatthalter Murr sagt in seiner Rede: »Die Zeit, in der wir leben, ist hart und bewegt und erfordert entschlossene mutige Männer. Die Welt ist erfüllt von einer künstlich gemachten und geführten Psychose des Krieges. In dieser Zeit mag die Eröffnung einer Reichsgartenschau der Welt erneut beweisen, wie sehr das deutsche Volk gewillt ist, in friedlicher Arbeit sein Können unter Beweis zu stellen.« Mit dem Wunsche, sie möge den deutschen Gartenbau und die deutsche Gartenkultur fördern, eröffnet der Reichsminister für Ernährung und Landwirtschaft, Reichsbauernführer R. Walther Darré, die 3. Reichsgartenschau Stuttgart. Die Gesamtleitung lag in den Händen von van Swinderen, Abteilungsleiter beim Reichsnährstand (Berlin), und Stadtrat Könekamp. Für die künstlerische Gartengestaltung war Hermann Mattern (Potsdam-Bornim), für die baukünstlerische Gestaltung Gerhard Graubner (Stuttgart-Düsseldorf) verantwortlich. Eugen Bauer, Vorstand des Gartenamts, hatte die Gesamtbauleitung inne.

23. April Auf einer Großkundgebung des württ.-hohenzollerischen Handwerks spricht Reichshandwerksmeister Schramm in der Gewerbehalle über Ziele und Wege des Handwerks im Reiche Adolf Hitlers. Es sei eine »nationalsozialistische Forderung«, einen gesunden Mittelstand zu schaffen. In einer Zeit, in der es »dem Führer gelungen sei, über die Grenzen Deutschlands hinaus den Wirtschaftsraum zu erweitern, werde der Handwerker gern das Opfer bringen«, gegebenenfalls so lange auf Maschinen und Material zu verzichten, bis die vordringlichsten staatspolitischen Aufgaben gelöst seien.

Die städt. Schießanlage auf dem Cannstatter Wasen wird eröffnet.

Im Gasthaus zum Ochsen in Hofen treffen sich 200 Träger des Namens Treiber zu einem Familientag.

APRIL 1939

24. April Im Kleinen Haus wird in Anwesenheit des Autors das Schauspiel »Die Heilige« von Walter Best uraufgeführt.
Die Kulturgemeinde der NS-Gemeinschaft Kraft durch Freude gedenkt im Oberen Museum des 200. Geburtstages von Chr. F. D. Schubart. Es spricht Dr. Konrad Gaiser.

24./25. April Auf der Tagung der Berufsgenossenschaft der deutschen Straßen- und Kleinbahnen werden Fragen der Unfallverhütung behandelt. Dr. Schiller von den Stuttgarter Straßenbahnen führt aus, daß Stuttgart wegen seiner Lage für die Unfallverhütung von besonderem Interesse sei. Obwohl ein Drittel des Stuttgarter Liniennetzes in teilweise beträchtlichen Steigungen liege, hätten die Stuttgarter Straßenbahnen nicht mehr Unfälle als andere.

24.—29. April Der Turm der Johanneskirche erhält eine elektrische Uhr.

25. April Die ersten Siedler sind im Büsnauer Hof eingezogen.
Die 68. Hauptversammlung der Stuttgarter Gipsgeschäft AG (Untertürkheim) beschließt eine Dividende von 12 %. Im zweiten Halbjahr 1938 habe die Bautätigkeit und damit auch die Nachfrage nach Gips nachgelassen. Wegen fehlender Arbeitskräfte sei es trotzdem nicht möglich gewesen, den Baumarkt ausreichend zu beliefern.
Bei einem Verkehrsunfall wird in der Nordbahnhofstraße ein 10 Jahre altes Mädchen getötet. Der schuldige Fahrer und seine Frau begehen Selbstmord.

26. April Gauleiter Murr zeichnet im Saal des Stadtgartens 179 Betriebe des Gaues durch Überreichung des Gaudiploms aus. Bei den 112 Wiederverleihungen sind 43 und bei den Neuverleihungen 24 Stuttgarter Betriebe vertreten.
Die Stadt beschließt, die Straßenbeleuchtungsanlagen von Uhlbach, Rohracker, Heumaden und Sillenbuch von den Neckarwerken, die weiterhin den Strom liefern, zu erwerben. — Sie genehmigt den Technischen Werken, die vorwiegend von ärmeren Personen zur Anschaffung von Gas- und Stromgeräten in Anspruch genommenen Teilzahlungsgeschäfte weiterzuführen.
Die Wirtschaftsbeiräte befassen sich mit dem Eiermangel, der nicht zuletzt in den zu niedrigen Erzeugerpreisen begründet sei. Das Reichspropagandaministerium soll darauf hingewiesen werden, daß die Eier- und Lebensmittelknappheit besonders auf die ausländischen Besucher der Reichsgartenschau »keinen guten Eindruck« mache.
Die Öffentliche Bausparkasse Württemberg hat auch im vergangenen Jahr die Vorrangstellung unter den öffentlichen Bausparkassen im Reich gehalten. 1811 Verträge über 20 Mio. RM wurden neu abgeschlossen; zugeteilt wurden 1267 Verträge mit 10 608 500 RM. Es bestehen 18 498 Verträge mit einer Summe von 160 Mio. RM. Von ihnen entfallen auf Stuttgart 43 %.

In der Hauptversammlung des Kurvereins Bad Cannstatt weist der mit der Geschäftsführung betraute Kurdirektor Nave auf die Aufwärtsentwicklung Bad Cannstatts als Kur- und Badestadt hin. Im vergangenen Jahr zählte man rund 55 000 Übernachtungen. Die 309 Konzerte und 16 Veranstaltungen sind von über 38 000 Personen besucht worden. Der Voranschlag für das Rechnungsjahr 1939 sieht Einnahmen und Ausgaben von 122 000 RM vor. Der Zuschuß der Stadt beträgt 88 000 RM. Eine wichtige Aufgabe sieht der Kurverein in der Reinhaltung der Luft.
Der Liederkranz führt in der Liederhalle Werke der anwesenden Komponisten Richard Trunk und Prof. Ernst H. Seyffardt auf.
Das Orchestra Nazionale Universitario Italiano konzertiert im Weißen Saal des Neuen Schlosses.

27. April In der Gewerbehalle werden 3760 Jungkaufleute und Facharbeiter nach bestandener Prüfung feierlich verpflichtet und damit in die »Reihe der schaffenden Deutschen eingereiht.«
Im Stadtgarten tagen die Wirtschaftsgruppe Gas- und Wasserversorgung Bezirksgruppe Württ. und Hohenzollern, der Deutsche Verein der Gas- und Wasserfachmänner des Bezirks Württ. und Hohenzollern und der Württ.-Hohenzollerische Wasserwirtschaftsverband, zu dessen neuem Vorstand Hans Christaller von der Energieversorgung Schwaben in Biberach gewählt wird. Christaller sieht für die württ. Wasserwirtschaft drei Hauptaufgaben: die Zuführung von Wasser ins Neckargebiet, der Ausbau der Wasserstraßen und die Ausnützung der Wasserkräfte. Baurat H. Kellermann vom Technischen Landesamt Ludwigsburg setzt sich für die Verwertung von Grundwasser aus dem Iller- und Donautal und von Wasser aus dem Bodensee ein.
Die neugegründete Gaustelle Genußgifte und Volksgesundheit veranstaltet im Gustav-Siegle-Haus eine Kundgebung gegen den Alkohol- und Tabakmißbrauch.
Die Hauptversammlung der Württ. Bank AG, Stuttgart, genehmigte den Jahresabschluß 1938 und wählte an Stelle von zwei ausgeschiedenen Mitgliedern Direktor Walz (Robert Bosch GmbH) und Präsident Eychmüller (Ulm) neu in den Aufsichtsrat. Es gelangt wieder eine Dividende von 5 % zur Verteilung.

28. April Während einer vom Rundfunk übertragenen Rede Hitlers vor dem Reichstag, in der dieser u. a. den deutsch-polnischen Freundschaftsvertrag aufkündigt, sind die Straßen fast leer. Das Neue Tagblatt schreibt am Abend: »... eine Spannung ohnegleichen lag über dem deutschen Land, eine Spannung, die mit Ruhe nichts zu tun hatte; denn in diesen Stunden, während deren nur ein Mann, der Führer, sprach, schlugen Millionen von Herzen höher ... Das war die Stunde des Führers, die große deutsche Stunde in der Geschichte dieses entscheidenden Jahres 1939.«
Am Stöckach wird das neue Arbeitsamt gebaut.

29. April Auf einer Mairede führt OB Dr. Strölin u. a. aus: »Wo immer heute im Zeichen der Maifeier deutsche Männer und Frauen zusammenkommen, da muß und wird ihr erster Gedanke dem Manne gelten, der gestern dem deutschen Volk wieder einmal aus der Seele gesprochen hat.«
Das belgische Konsulat wird geschlossen.
In Degerloch wird das neue Kameradschaftsheim der Stuttgarter Straßenbahnen eröffnet.

30. April Mit dem Gesetz über Mietverhältnisse mit Juden führt die Reichsregierung eine Lockerung des Mieterschutzes und die vorzeitige Kündigung von Mietverträgen zu Lasten der Juden ein.
Hitler verleiht während der Jahrestagung der Reichsarbeitskammer in der neuen Reichskanzlei 99 Betrieben, darunter der Firma Hahn und Kolb, Stuttgart, den Titel Nationalsozialistischer Musterbetrieb.
Hans Fuchs (Städt. Spar- und Girokasse) und Ernst Rüdt (Technische Hochschule) werden bei der Siegerverkündigung des Reichsberufswettkampfes in Köln mit sieben weiteren Württembergern als Reichssieger mit der höchstmöglichen Zahl von Punkten gelobt.
General der Infanterie Hermann Geyer, seit 1934 Kommandierender General des V. Armeekorps und Befehlshaber im Wehrkreis V, scheidet aus dem aktiven Heeresdienst aus. Sein Nachfolger wird General der Infanterie Richard Ruoff.
In diesem Monat wird die Jüdische Auswandererstelle für Württemberg und Hohenzollern in der Gartenstraße 15 gegründet. Im Mai sprechen 980, im Juni 1197 Personen vor.
Nach einem Erlaß (Entwurf) des Württ. Innenministeriums an die Geheime Staatspolizei Stuttgart sollen die beschlagnahmten Wertpapiere der jüdischen freien Wohlfahrtspflege freigegeben werden, damit sich die Juden selbst unterstützen können.
Die kirchlichen Morgenfeiern am Sonntagvormittag werden aus dem Programm des Reichssenders Stuttgart gestrichen.
Der neuerbaute Flugplatz Echterdingen wird anstelle des Flugplatzes Böblingen, der von der Luftwaffe übernommen wird, Landesflughafen.

1. Mai An der Kundgebung des Kreises Stuttgart der NSDAP in der Adolf-Hitler-Kampfbahn aus Anlaß des Nationalen Feiertages des Deutschen Volkes nehmen rund 60 000 Menschen teil.
Mit dem Sommerfahrplan wird die Linie 11 der Stuttgarter Straßenbahnen, Bad Cannstatt — Zuffenhausen, bis Fellbach, und die Linie 12, Hallschlag — Wangen, bis Hedelfingen geführt.

MAI 1939

Die Firma Stumpf und Müller, Fabrik für sanitäre Anlagen, Paulinenstraße 16, feiert ihr 75jähriges Bestehen.

2. Mai Wilhelm Furtwängler dirigiert in der Liederhalle die Berliner Philharmoniker.
In Bad Cannstatt beginnt die Kursaison 1939.
Vilja, ein Elefant aus dem Doggenburger Tiergarten, »zieht in die Reichsgartenschau um«.

3. Mai Die Universität Freiburg hat Prof. Paul Schmitthenner (Stuttgart) den Erwin-von-Steinbach-Preis für 1939 verliehen.
Prof. Bonatz erhielt bei einem Wettbewerb zum Bau eines »Kunststoff-Instituts« der Universität Frankfurt den 1. Preis.
Bei einem Zusammenstoß zwischen einer Straßenbahn der Linie 6 und einem Lastkraftwagen an der Kreuzung Schwab-/Forststraße werden zwei Personen schwer, fünf leicht verletzt.

4. Mai Luftschutzübung in Feuerbach und Zuffenhausen.
Die Ratsherren befassen sich mit der Reichsgartenschau, deren Besuch trotz des schlechten Wetters als gut bezeichnet wird. — Stadtrat Dr. Weidler berichtet über die Lebensmittelversorgung, bei der aus Gründen der Vorratswirtschaft für die Landesverteidigung manchmal Engpässe auftreten. Ratsherr Reuff bemerkt, daß nur der Eier bekomme, der aufs Land fahre, Ratsherr Drescher schiebt die Schuld am Eiermangel den niedrigen Preisen zu. Der Bauer erhalte nur sechs Pfennig für das Ei.
Erstaufführung der Komödie »Mein Freund Jack« von W. Somerset Maugham im Kleinen Haus.

5. Mai Prof. Hermann Abendroth dirigiert das große Orchester des Reichssenders Stuttgart bei einem Sinfoniekonzert in der Liederhalle.

5./6. Mai Auf der Jahresversammlung der Fachgruppe Natursteine für den Wege-, Bahn- und Wasserbau der Wirtschaftsgruppe Steine und Erden Südwestdeutschland wird über den Mangel an Arbeitern geklagt.

5.—7. Mai Auf der Arbeitstagung des Volksbundes für das Deutschtum im Ausland im DAI spricht Prof. Dr. Karl Haushofer (München) über »Deutsche Leistung jenseits der Grenzen«.

5.—16. Mai Das deutsche Landestheater Hermannstadt (Rumänien) spielt im Schau-

MAI 1939

spielhaus die Operette »Das Mädel aus dem Kokeltal« von Hans Kelling und Richard Oschanitzky.

6. Mai Die Stadt beschließt, das Dampfkraftwerk II in Neckarweihingen und in Verbindung damit das 30- und 100-Kilovolt-Netz in Stuttgart weiter auszubauen.

6./7. Mai Straßen- und Haussammlung für das Jugendherbergswerk.
Auf der Tagung der Volksdeutschen Mittelstelle im Deutschen Ausland-Institut wird über die Lage des Deutschtums in Bessarabien, Ungarn, im Memelland und in Polen berichtet.
Der Stuttgarter Jugendverein, der etwa 500 Jugendliche in sog. Volksheimen betreut, feiert sein 75jähriges Bestehen.

7. Mai Innerhalb geschlossener Ortschaften dürfen Personenkraftwagen und Motorräder nur 60 Stundenkilometer, Lastkraftwagen und Omnibusse nur 40 Stundenkilometer schnell fahren. Außerhalb geschlossener Ortschaften gelten 100 bzw. 70 Stundenkilometer.
Auf der Generalversammlung der Beamtenwohnungsverein Stuttgart EGmbH berichtete der Vorsitzende Dr. Koppenhöfer, daß durch die erheblichen Gewinne im Geschäftsjahr 1938 die höchstzulässige Dividende von 4 % verteilt werden könne.
Erstaufführung der bukolischen Tragödie »Daphne« und des Balletts »Schlagobers« von Richard Strauß im Großen Haus.
Im Kunstgebäude wird die Frühjahrsschau des Künstlerbundes Stuttgart eröffnet. Gaupropagandaleiter Mauer appelliert an die Künstler, die sich nicht beteiligt haben, ihre Werke, auch wenn sie problematisch seien, auszustellen.
OB Dr. Strölin verleiht im Ehrenmal der deutschen Leistung im Ausland den Volksdeutschen Schrifttumspreis 1939 an den Ratsherren Karl Götz für dessen Buch »Brüder über dem Meer«, das über deutsche Siedlungen in Amerika berichtet.
Vor dem Ehrenmal der deutschen Leistung im Ausland wird der dritte schwäb. Heimatwettbewerb des 13. DDAC-Gaus eröffnet. Er soll nach Gauführer Dr. Blaich zur Besinnlichkeit und zur Vertiefung der Heimatkenntnis anregen.
Die Stuttgarter Kickers gewinnen zum 17. Male den von vielen Vereinen beschickten Stuttgarter Stadtlauf.
Das Fußballspiel Stuttgarter Kickers — Admira Wien endet vor 65 000 Zuschauern in der Adolf-Hitler-Kampfbahn mit 1 : 1.
Adolf Haenle, Inhaber einer Elektro- und Radiogroßhandlung, ehemaliger Geschäftsführer der Süddeutschen Elektrizitätsgesellschaft, verstorben.

8. Mai Oberst Zickwolff, erster Kommandeur des im Oktober 1936 neu aufgestellten Infanterie-Regiments 119, verabschiedet sich in der Flandernkaserne auf dem Burgholzhof von seinem Regiment. Zu seinem Nachfolger wurde Oberst Hoffmann bestellt.

9. Mai Stadtrat Dr. Cuhorst teilt den Verwaltungsbeiräten mit, daß der städt. Zuschuß für die Württ. Staatstheater von 634 000 RM im Jahre 1933 auf 1 Mio. RM im Jahre 1938 gestiegen sei. Man suche nach Möglichkeiten, die Einnahmen zu erhöhen und die Ausgaben zu senken. Werde die Zahl der Miet-Vorstellungen von 48 auf 32 verringert, könne man weniger Neuinszenierungen bringen und damit 60 000 bis 80 000 RM im Jahr einsparen. Die KdF-Kulturgemeinde, die jährlich 135 000 Plätze belege, solle den Eintrittspreis von 1,40 auf 1,60 RM erhöhen. Die Ratsherren schlagen vor, die Preise einiger Platzgruppen zu erhöhen, die Plätze der KdF-Kulturgemeinde einzuschränken, Garderobegebühren zu verlangen und weniger Freikarten auszugeben.
Die Württ. Verwaltungsakademie eröffnet mit einem Vortrag von Dozent Dr. Kuhn (Tübingen) über »Die Judenfrage als weltgeschichtliches Problem« das Sommersemester.
Der Stuttgarter Liederkranz feiert Schillers Todestag am Schillerdenkmal, das vor 100 Jahren eingeweiht worden ist. Am nächsten Tag hält Oberstudiendirektor Dr. Hermann Binder seine traditionelle Festrede auf den Dichter in der Liederhalle. Der Reichssender Stuttgart strahlt »Wallensteins Lager« aus und das Stadtarchiv zeigt im Rathaus Bilder und Dokumente über Schiller.

10. Mai Die Stadt genehmigt die Kosten der Umschulung von Arbeitslosen, mit der im Frühjahr 1935 an den Gewerbeschulen Feuerbach und Zuffenhausen begonnen worden ist. Im Herbst 1936 wurden die Lehrwerkstätten für das Metallgewerbe in die frühere Arnoldsche Fabrik nach Mühlhausen verlegt. Bis zur Schließung am 26. März 1938 besuchten über 3100 Arbeitslose aus ganz Deutschland die durchschnittlich drei Monate dauernden Kurse. Für die 837 Umschüler aus Stuttgart wurde ein Zuschuß von zusammen 99 303 RM errechnet.
OB Dr. Strölin, der in London eine Wohnungsbauausstellung eröffnet, wird von Ministerpräsident Chamberlain empfangen.

11. Mai Im Deutschen Ausland-Club spricht Prof. Dr. H. Westra (Utrecht) über »Die Kolonialfrage als Weltfrage«.

12. Mai Reichsorganisationsleiter Dr. Robert Ley spricht auf der Reichstagung des Fachamts Eisen und Metall der DAF in der Stadthalle über die weltanschauliche Einheit und die Zukunft des deutschen Volkes.
Der Orchesterverein Stuttgart gibt in der Hochschule für Musik sein 300. Konzert.

MAI 1939

13. Mai Mit einem Sonderzug wird der elektrische Bahnbetrieb auf der Strecke Stuttgart—Leonberg eröffnet.

Auf der Generalversammlung der Allgemeinen Bau- und Spargenossenschaft Cannstatt wird berichtet, daß 1938 12 Wohnungen fertiggestellt wurden; 39 seien im Bau.

Auf der 43. Mitgliederversammlung des Schillervereins spricht Gauamtsleiter Dr. Georg Schmückle im Haus des Deutschtums über die Bedeutung der Stämme im Leben des deutschen Volkes.

Im Landesgewerbemuseum wird eine berufskundliche Ausstellung (Jugend sucht ihren Beruf) eröffnet.

In Feuerbach ertrinkt nach starken Regenfällen ein Kanalarbeiter in rasch anschwellenden Wassermassen.

14. Mai Als Festaufführung zum 70. Geburtstag von Hans Pfitzner wird im Großen Haus seine musikalische Legende »Palestrina« gegeben.

Die Hauptkurzeit in Bad Cannstatt wird mit einem Promenadenkonzert des Kurorchesters unter Leitung von Gerhard Maaß eröffnet.

Das Kunsthaus Hirrlinger stellt Handzeichnungen Münchner Künstler des 19. Jahrhunderts und Genrebilder des Wieners Adolf Reich aus.

15. Mai Die Stadt verkauft das im Bau befindliche Dampfkraftwerk Marbach an die Energieversorgung Schwaben. Gleichzeitig wird vereinbart, daß Stuttgart berechtigt und verpflichtet ist, nach Inbetriebnahme der Turbinen 25 000 bzw. 50 000 Kilowatt Strom abzunehmen. Die Stadt behält, »was für ihre energiewirtschaftliche und kommunalpolitische Stellung unerläßlich notwendig ist, eine ausbaufähige Eigenerzeugung und die ausschließliche Stromversorgung im Gesamtbereich ihres jeweiligen Stadtgebiets.« Das Werk wird am 1. Juli übergeben.

Auf dem Markttag des Württ. Weinmarktes Stuttgart e. V. im Kursaal Bad Cannstatt werden 900 Hektoliter württ. Weine angeboten.

In der Gewerbehalle wird die Reichstagung der Schwesternschaften des Deutschen Roten Kreuzes eröffnet.

Albert Dillenius, stellvertretender Vorsitzender der J. C. Eckardt AG Bad Cannstatt, Mitglied des Aufsichtsrats und früherer Vorstand der A. Stotz AG Stuttgart-Kornwestheim, verstorben.

16. Mai Staatsrat Dr. von Stauß leitet im Untertürkheimer Werk die Hauptversammlung der Daimler-Benz AG. In den letzten sechs Jahren habe die Firma über 100 Mio. RM eigene Mittel für den Ausbau der Werke investiert. Die in der letzten Hauptversammlung beschlossene Kapitalerhöhung sei genehmigt worden. Das neue Geschäftsjahr habe gut begonnen; die Umsätze, auch bei der Ausfuhr, steigen. Der

Umsatz erreichte 1938 396 Mio. RM; es wurde ein Gewinn von 2 519 940 RM erzielt. Die Hauptversammlung genehmigt eine Dividende von 7,5 %.

Die A. Stotz AG, Stuttgart-Kornwestheim, konnte 1938 den Umsatz steigern. Die Aufträge sichern auf Monate hinaus die Vollbeschäftigung. Es werden 7 % Dividende verteilt.

Um die Einfahrt zum neuen Parkplatz im Hof der Rotebühlkaserne zu verbreitern, wurden die beiden Wachhäuschen am Haupteingang abgebrochen.

Der Stadtgarten eröffnet mit Varietéveranstaltungen die Sommerspielzeit.

17. Mai Die Volks-, Berufs- und Betriebszählung, die erste umfassende Bestandsaufnahme von Volk und Wirtschaft im Großdeutschen Reich, hat folgendes vorläufiges Ergebnis: Die ortsanwesende Bevölkerung Stuttgarts beträgt 459 523 Personen (214 135 männlich, 245 388 weiblich). Am 16. Juni 1933 hatte Stuttgart 415 150 Einwohner. Durch die Eingemeindung von Sillenbuch, Rohracker, Heumaden und Uhlbach stieg die Zahl auf 420 507. Innerhalb des heutigen Stadtgebiets ist demnach die Einwohnerzahl von 1933 bis 1939 um 39 000 Personen, das sind 9,3 %, gestiegen. Davon entfallen auf Geburtenüberschuß 14 364 Personen, der Rest auf Wanderungsgewinn. Im ganzen Reich beträgt der Bevölkerungszuwachs gegenüber 1933 etwas über 4 %, in Württemberg 7,8 %.

18. Mai Reichsfrauenführerin Gertrud Scholtz-Klink spricht in der Stadthalle zu 9000 Frauen des Gaues über die Stellung der Frau im nationalsozialistischen Deutschland.

Auf dem Jahresfest der evang. Diakonissenanstalt gibt der Vorsteher, Pfarrer Walz, den Jahresbericht 1938. Die Zahl der Schwestern sei um 19 gestiegen und betrage 1657; ihre Arbeit kam 168 337 Personen zugute.

In der Adolf-Hitler-Kampfbahn endet vor 25 000 Zuschauern ein Fußballspiel zwischen einer deutschen Auswahlmannschaft und der Elf des Protektorats Böhmen und Mähren 1 : 1.

19. Mai Stadtrat Dr. Waldmüller berichtet den Ratsherren anhand einer Denkschrift über Maßnahmen, die die Stadt zur Milderung der Wohnungsnot vorschlägt: Die Stuttgarter Siedlungsgesellschaft, die bereits Pläne für 500 Wohnungen im Hallschlag vorgelegt hat, soll mit der Planung für weitere 1000 Wohnungen in diesem Stadtteil beauftragt werden. Der gemeinnützige Wohnungsbau für die minderbemittelten Schichten der Bevölkerung soll mit billigem städt. Baugelände, Zinszuschüssen, ermäßigten Anliegerleistungen und städt. Darlehen weiterhin gefördert werden. Alleinstehende sollen ihre Wohnungen kinderreichen Familien überlassen. Bei einem Gesamtbestand von 7400 städt. Wohnungen sind seit 1935 235 Wohnungen auf diese

Weise freigemacht worden. Deshalb komme den 7 städt. und 13 anderen Altersheimen mit 1300 Plätzen eine erhöhte Bedeutung zu. Den Zuzug nach Stuttgart versuche man durch die Bestimmung zu drosseln, daß Zuziehende keinen Anspruch auf öffentliche Fürsorge haben. Ob man den Wegzug aus Stuttgart finanziell fördern soll, z. B. durch eine Siedlungsbeihilfe für wegziehende kinderreiche Familien, müsse geprüft werden. Wohnraum könne auch durch den Bau von Dachwohnungen geschaffen werden. Es wäre auch der Baustaffelplan zu überprüfen, ob nicht teilweise eine höhere und engere Bebauung gestattet werden könne. Die Stadt soll den Ankauf von Baugelände, der sich gegenwärtig auf Bad Cannstatt, Degerloch, Feuerbach und Zuffenhausen konzentriere, fortsetzen.

Der Reichssender Stuttgart bringt das »Romantische Konzert für Orchester und Klavier« des Stuttgarter Komponisten Rolf Unkel zur Uraufführung.

Im Kunsthöfle Bad Cannstatt stellt der Maler Hermann Metzger aus.

20. Mai Auf der 2. Gautagung der Beamten führt Gauleiter Murr aus, daß jeder Beamte Nationalsozialist sein müsse. Die Reinigung des Beamtenkorps nach politischen Grundsätzen sei im wesentlichen abgeschlossen.

Die Hauptversammlung der Albert Hirth AG beschließt, eine Dividende von 8 % (1937: 6 %) zu verteilen und das Aktienkapital von 600 000 auf 1 Mio. RM zu erhöhen. Der Jahresumsatz stieg um 20 %. An Stelle des verstorbenen Hellmuth Hirth wird Dipl.-Ing. Wolf Hirth neu in den Aufsichtsrat gewählt.

In Ostheim, Schwarenbergstraße 62, wird ein NSV-Kindergarten, der 22. in Stuttgart, eingeweiht.

Im Schloß Rosenstein wird das Kriegsmuseum, das der Weltkriegsbücherei angeschlossen ist, wieder eröffnet.

Zum zehnjährigen Bestehen des Verkehrswissenschaftlichen Instituts für Luftfahrt an der TH würdigt der Vorsitzende des Kuratoriums, Ministerialdirektor Staiger, den wertvollen Beitrag, der hier für den Luftverkehr, der die Völker verbinde, geleistet werde.

Dr. jur. Eugen Schmoller, Oberlandesgerichtspräsident i. R., verstorben.

Präsident Eugen Hilbert, früherer Vorsitzender des Vorstands der Landesversicherungsanstalt Württemberg, verstorben.

20./21. Mai Die Stuttgarter Schachmannschaft gewinnt die württ. Schachmeisterschaft.

21. Mai Am Muttertag werden in den einzelnen Ortsgruppen der Partei über 4000 Mütter im Alter von 60 und mehr Jahren mit dem von Hitler gestifteten Ehrenkreuz ausgezeichnet.

Im Haus des Deutschtums überreicht OB Dr. Strölin an die Eltern viertgeborener Kinder aus »erbtüchtiger Sippe«, für die die Stadt alljährlich am Muttertag die Ehrenpatenschaft übernimmt, Urkunden und Geschenke.
Otto Winkler, seit 1933 Kapellmeister an der Württ. Staatsoper, verabschiedet sich mit einer Festaufführung von Richard Wagners »Die Meistersinger von Nürnberg« von Stuttgart.
Rudolf Daur, bisher in Rohr, wurde erster Stadtpfarrer an der Markuskirche, sein Vorgänger, Walter Buder, Prälat in Ulm.

22. Mai Die Hauptversammlung der Württ. Feuerversicherung genehmigt den Abschluß 1938. Die Prämieneinnahmen sind gestiegen, aber auch die Feuerschäden. Die Kraftfahrzeugversicherung arbeitet noch immer mit Verlust. Die Gründe liegen bei den schweren Verkehrsunfällen. Der Gewinn beträgt 959 943 RM (1937: 1 165 911 RM).

23. Mai Ein jüdischer Bürger aus Stuttgart wurde vor dem Schöffengericht zu 800 RM Geldstrafe oder 10 Tage Gefängnis verurteilt, weil er sein Vermögen zu niedrig angemeldet hatte.
Zum 150. Geburtstag Friedrich Silchers gaben die Männergesangvereine Concordia und Frohsinn Bad Cannstatt im Kursaal ein Konzert.

24. Mai Luftschutzübung in Bad Cannstatt.
Im Kursaal Bad Cannstatt führt das Landesorchester Werke der Stuttgarter Komponisten Karl Münchinger, Lilo Martin, Felix Petyrek und Oskar Schröter auf.

24.–27. Mai Die deutsche Röntgen-Gesellschaft tagt in der Liederhalle.

25. Mai Die Jahrestagung der NS-Volkswohlfahrt Kreisleitung Stuttgart im Fangelsbachhaus steht unter dem Leitsatz: »Der Glaube an den Führer und seine Idee werden uns zu noch größerer Leistung befähigen.« Kreisamtsleiter Güntner erstattet den Bericht: Im Kreis Stuttgart mit 85 543 Mitgliedern sind 5891 ständige ehrenamtliche Walterinnen und Walter der NS-Volkswohlfahrt tätig. Die NS-Volkswohlfahrt werde die »Entkonfessionalisierung der sozialen Betreuung des deutschen Volkes« durchsetzen.
Auf dem ersten Gaudozententag spricht im Kunstgebäude Gauleiter Murr über die politische Verpflichtung und weltanschauliche Ausrichtung des deutschen Hochschullehrers; Reichsdozentenführer Prof. Dr. Schultze sieht die Hochschule als »organisches Glied des Volksganzen«.
Georg Iberle, Geschäftsführer des Schwabenvereins in Chicago, überbringt Dr. Strölin

MAI 1939

ein Grußschreiben seines Oberbürgermeisters. Die aus Stuttgart eingewanderten Bewohner hätten ein »Freundschaftsband zwischen beiden Städten geschaffen«.

Das I. Bataillon des Infanterie-Regiments 119, bisher in der Bergkaserne (in Berg) untergebracht, wird in die neue Grenadierkaserne am Rappenberg in Zuffenhausen verlegt.

Die Hauptversammlung der Landwirtschaftlichen Genossenschafts-Zentralkasse eGmbH, Stuttgart, genehmigt eine Dividende von 4 % auf die Geschäftsguthaben. Die verhältnismäßig hohe Liquidität erklärt sich zum Teil durch bedeutende Bareingänge, wie sie sich aus der Umschichtung von Grundbesitz zum Kapitalbesitz durch den »zwangsläufigen Verkauf« von Grundstücken ergeben hatten.

J. D. Bogoljubow (Triberg) gewinnt im Höhencafé der Reichsgartenschau das Europa-Schachturnier.

26. Mai Im Rahmen der Postwissenschaftlichen Woche (22.–27. 5.) spricht Reichspostminister Dr.-Ing. e. h. Ohnesorge im Gustav-Siegle-Haus über den Begriff der Leistung.

Die Hauptversammlung der Gewerbebank Feuerbach beschloß die Umbenennung in Feuerbacher Volksbank. Die Bilanzsumme stieg 1938 von 4,60 auf 5,67 Mio. RM.

Mit der Erstaufführung der Chanson-Operette »Meine Schwester und ich« von Ralph Benatzky wird die Sommerspielzeit im Schauspielhaus eröffnet.

27. Mai Auf Grund des Gesetzes über die Mietverhältnisse mit Juden vom 30. April 1939 ordnet OB Dr. Strölin an, daß nichtjüdische Hauseigentümer und Wohnungsinhaber den an Juden vermieteten Wohnraum und jüdische Hauseigentümer den gesamten Wohnraum bis 10. Juni 1939 dem Wohnungs- und Siedlungsamt melden müssen. Juden dürfen freiwerdende und leerstehende Räume nur mit Genehmigung des Wohnungs- und Siedlungsamts neu vermieten.

Da neben Wohnungen auch Einzelzimmer fehlen, fordert die städt. Preisbehörde die Hauseigentümer, die bisher die Untervermietung nicht gestattet haben, auf, eine geordnete Untervermietung zuzulassen. Vermieter werden darauf hingewiesen, daß das Verbot von Preiserhöhungen vom 26. November 1936 auch für Untervermietungen gelte. Nach den Wahrnehmungen der Preisbehörde seien die Klagen der Untermieter über zu hohe Mietpreise vielfach begründet.

Im Rahmen einer Tagung der Fachgruppe für Bauwesen (Abwassergruppe) im NS-Bund Deutscher Techniker wird in den Ausstellungsgebäuden bei der Gewerbehalle eine Sonderschau für Abwassertechnik eröffnet.

In der Liederhalle beginnt die erste Deutsche Damen-Schachmeisterschaft.

Die Köstlin treffen sich zu einem Familientag im Stadtgarten.

31. Mai Dr. Karl Stenzel, seit 1928 Direktor des Stadtarchivs Stuttgart, wird Direktor des Badischen Generallandesarchivs in Karlsruhe.

1. Juni Die Stadt kauft von der Gemeinde Bernhausen 131 Ar Gelände für einen Stausee zur Bewässerung des Flughafens.
Paul Kurtz, Zinngießermeister, verstorben.

2. Juni Das von Architekt Friedrich Gabriel geplante und gebaute Höhenfreibad Killesberg wird eröffnet.
Mit dem Erlöschen der Maul- und Klauenseuche in Kaltental ist Stuttgart wieder seuchenfrei.
Als Abschluß verschiedener Fachtagungen veranstaltet die Wirtschaftsgruppe Groß-, Ein- und Ausfuhrhandel der Wirtschaftskammer Württ.-Hohenzollern in der Ehrenhalle der Reichsgartenschau eine Großkundgebung.
Im Kleinen Haus Erstaufführung des Lustspiels »Dieses Wasser trink' ich nicht« von Lope de Vega.
Die Festwoche des schwäb. BDM wird mit einer Arbeitsschau im Ausstellungsgebäude am Interimstheaterplatz eröffnet.

3. Juni Die Stadt beauftragt den Maler Helmut Schneider und den Bildhauer Prof. Adolf Bredow, die Adolf-Hitler-Kampfbahn mit Kunstwerken auszuschmücken.
Die Führer der deutschen Volksgruppen von Schwarz (Lettland), Schmidt-Wodder (Dänemark), Fabritius (Rumänien), Karmasin (Slowakei), von Wrangel (Estland) und von Reichert (Litauen) tragen sich ins Goldene Buch der Stadt Stuttgart ein.
Rechtsrat Felix Mayer eröffnet den neuen städt. Kindergarten in der Wolfbusch-Siedlung in Weilimdorf.
Die Mineralbad Berg AG konnte im Geschäftsjahr 1938 trotz des schlechten Wetters ihre Einnahmen leicht steigern.
Der Leiter des Verbandes der Rußlanddeutschen, Adolf Frasch, eröffnet im Ehrenmal der Deutschen Leistung im Ausland die Ausstellung Deutsche Arbeit in Rußland.

3./4. Juni Der Schwäb. Heimatbund feiert im Landesgewerbemuseum sein 30jähriges Bestehen. Im Ausstellungsgebäude Kanzleistraße 28 wurde hierzu eine Schau unter dem Motto »Handwerk und Heimat« aufgebaut.
Auf der Gautagung der Buchhändler spricht Dr. Best (Köln) über deren Aufgabe als »zusätzliche Seelsorger und Seelenbetreuer des deutschen Volkes«.
Reichssportkampf der Hitlerjugend.

JUNI 1939

3.–5. Juni Der Reichsverband des deutschen gemeinnützigen Wohnungswesens e. V. Berlin hält aus Anlaß des 30jährigen Bestehens des Verbandes württ. Wohnungsunternehmer in Stuttgart seinen Verbandstag ab. Reichsarbeitsminister Franz Seldte sagt, es komme vor allem darauf an, geeignete Wohnungen für die Arbeiter zu schaffen; er halte die Vierraumwohnung für ideal.

3.–6. Juni 3. Internationaler Kongreß für Massage und Krankengymnastik des Fachamtes Gesundheit der DAF in der Liederhalle. Delegationen aus Belgien, Estland, Finnland, Frankreich, Lettland, Holland, Schweden und der Schweiz nehmen teil.

3.–11. Juni Anläßlich der Jahrestagung des DAI treffen sich in Stuttgart die volksdeutschen Jugendführer, der Verband der Rußlanddeutschen, der NS-Studentenbund, die Arbeitsgemeinschaft deutscher Zeitungen und Zeitschriften im In- und Ausland und die Hauptabteilung für Sippenkunde und Volkspflege. Eine Sitzung befaßt sich mit dem Thema »Die deutschen Bibliotheken in der volksdeutschen Arbeit«.

4. Juni Stadtrat Dr. Könekamp begrüßt den einmillionsten Besucher der Reichsgartenschau: Peter Callesen aus Apenrade in Dänemark.
Die Hitlerjugend veranstaltet in der Gewerbehalle eine volksdeutsche Kundgebung.
Die Baufirma Ed. Züblin u. Cie. AG konnte im Jahre 1938 den Umsatz von 6,21 Mio. auf 11,60 Mio. RM erhöhen. Es wurde wieder eine Dividende von 8 % verteilt.
In einer Aufführung von d'Alberts Oper »Tiefland« im Großen Haus feiert Fritz Windgassen sein 30jähriges Bühnenjubiläum.

5. Juni Reichsstudentenführer Dr. Scheel eröffnet im Ehrenmal der deutschen Leistung im Ausland eine Ausstellung über die volksdeutsche Arbeit der Reichsstudentenführung. Bei einer Kundgebung im Hof des DAI spricht er zum gleichen Thema: Kein Student werde die Hochschule verlassen, der nicht die wichtigsten volksdeutschen Fragen kenne. Die Wissensvermittlung sei nur ein Teil der Erziehung, die wahrhafte Nationalsozialisten prägen solle. Der Begriff der akademischen Freiheit sei aus dem Wortschatz der deutschen Studenten gestrichen, an seine Stelle sei die Kameradschaft getreten.

6. Juni Der Zirkus Sarrasani gastiert derzeit auf dem Cannstatter Wasen.

7. Juni Die Beiräte für Frauenangelegenheiten befassen sich mit einem Rundschreiben von Stadtrat Hugo Kroll über die weibliche Dienstpflicht im Kriege. In ihm wird ausgeführt, daß man schon im Frieden planen müsse, wie die Frau in der Kriegswirtschaft eingesetzt werden könne.

Das Kurorchester Bad Cannstatt (Landesorchester Gau Württ.-Hohenzollern) widmet den zweiten Sonderabend Hans Pfitzner und Richard Strauß.

8. Juni 150 aus Stuttgart und Umgebung stammende Soldaten der Legion Condor werden nach dem Sieg Francos in Spanien bei ihrer Rückkehr von der Bevölkerung jubelnd empfangen. OB Dr. Strölin legt an den Stuttgarter Gräbern der Gefallenen der Legion Kränze nieder. Auf dem Waldfriedhof wird ein Weg nach der Legion Condor benannt.
Auf der Sitzung der Ratsmitglieder des DAI im Weißen Saal des Neuen Schlosses spricht Ministerialrat Prof. Dr. Bömer (Berlin) über die »Pressefreiheit«. Der deutsche Journalist sei Repräsentant des Volksempfindens, die anderen Journalisten verfolgten egozentrische Ziele oder schrieben, was ihnen Interessenkreise diktieren. Prof. Dr. Uebersberger (Berlin) hält einen Vortrag über das Thema »Deutscher Anteil am Aufbau Rußlands«.
Presseführung durch das erneuerte und vergrößerte Mineralbad Leuze.
Das Kunsthaus Schaller stellt u. a. Werke von Walter Oesterle und von dem verstorbenen Stuttgarter Maler Erwin Starker aus.

9. Juni OB Dr. Strölin eröffnet im Großen Haus der Württ. Staatstheater die Hauptversammlung des DAI. Dr. Csaki hebt im Jahresbericht hervor, daß die Hauptstelle für die Sippenkunde des Deutschtums im Ausland mit ihrer Sippenkartei schon vielen Volksgenossen ihre Herkunft aus dem Mutterland nachweisen konnte. In Zusammenarbeit mit dem Verband der Rußlanddeutschen sei in Berlin eine Forschungsstelle für das Rußlanddeutschtum eingerichtet worden. Die Hauptaufgabe des DAI liege im Sammeln. Nicht zuletzt die 20 000 Bände deutscher Zeitungen im Ausland hätten das Reichspropagandaministerium veranlaßt, die Sammlung des DAI zum zentralen Deutschen Auslands-Pressearchiv zu erklären. Ministerpräsident Mergenthaler betont, daß der Volkstumgedanke das Gesicht Mitteleuropas verändert habe. Großadmiral Dr. h. c. Raeder würdigt die Bedeutung des DAI für die Kriegsmarine, die eine Brücke sein wolle zwischen den deutschen Vorposten in der Welt und der Heimat. Mit einer Kundgebung in der Gewerbehalle wird die Jahrestagung des Deutschen Ausland-Instituts abgeschlossen. Der Bundesführer des Reichskolonialbundes, Reichsstatthalter General Ritter von Epp, fordert in seiner Rede über »Wahrung deutscher Weltgeltung« die Rückgabe der Kolonien.
Eine Forschungsstelle für rassenkundliche Kolonialwissenschaft wird gegründet. Ihre Träger sind die Universität Tübingen und das DAI.
Stadtrat Dr. Schwarz berichtet den Technischen Beiräten über den Straßenbau. Zur verkehrsmäßigen Erschließung des Reichsgartenschaugeländes wurden die Robert-Mayer-, die Freiherr-vom-Stein-, die Sudetenstraße und die Straße am Kochenhof aus-

JUNI 1939

gebaut. Derzeit werden die Kräherwaldstraße, die Pragstraße zwischen Löwentor und Pragwirtshaus, die Wangener Straße beim Vieh- und Schlachthof und die Augsburger Straße in Obertürkheim dem wachsenden Verkehr angepaßt. In der Rotwegsiedlung, in Weilimdorf, Sillenbuch, Degerloch, Untertürkheim und im Hallschlag werden Wohn- und Erschließungsstraßen angelegt. Die Asphaltierung bestehender Straßen ging in den letzten Jahren nur langsam voran, da es schwierig war, Rohre für die Wasserleitungen zu beschaffen. Derzeit werden die Rotebühlstraße zwischen Altem Postplatz und Silberburgstraße und die Neckarstraße zwischen Neckartor und Stöckach asphaltiert. Der Mangel an Arbeitskräften verzögert manches Bauvorhaben. Baudirektor Kind teilt mit, daß etwa 100 Ausländer auf den Baustellen des Tiefbauamts eingesetzt sind. Ihre Beschäftigung stößt auf Schwierigkeiten, weil sie ihren Lohn wegen der Devisenbestimmungen nicht nach Hause schicken können.

Zur Erweiterung des Altersheims in Berg kauft die Stadt von Reichstagsmitglied Karl Dempel das Anwesen Ottostraße 1.

Die Württ. Hauptgenossenschaft für Viehverwertung EGmbH, Stuttgart, teilte auf der Generalversammlung mit, daß sie vom 1. April bis 31. Dezember 1938 für 32,7 Mio. RM Schlachtvieh umgesetzt habe.

10. Juni Bei der Württ. Landsiedlung GmbH, Stuttgart, wurde der Gesellschaftsvertrag neu gefaßt. Aufgabe des Unternehmens ist jetzt insbesondere die Schaffung von Erbhöfen.

Die Deutsche Versorgungsanstalt Versicherungs-AG Stuttgart schloß das Geschäftsjahr 1938 mit einem Gesamtbestand von 130 Mio. RM ab.

Im Großen Haus wird in Anwesenheit des Komponisten die Oper »Friedemann Bach« von Paul Graener erstaufgeführt.

In der Liederhalle singen (am Flügel begleitet von Erich Zimmermann) Heinrich Geduldig, Otto Bulling, Hans Frank, Rudolf Seuffert, Alfons Fügel, Gabriele Possinke und Hildegard Fischer. Sie wurden in der Stuttgarter Gesangschule Gustav Bomblat ausgebildet.

10./11. Juni Pferderennen des Schwäb. Reitervereins auf dem Cannstatter Wasen.

11. Juni Die Spar- und Girokasse Stuttgart konnte im Geschäftsjahr 1938 die Gesamteinlagen von 223,6 auf 251,7 Mio. RM erhöhen. Von der aufgelösten Kreissparkasse Stuttgart-Amt wurden 8,8 Mio. RM übernommen. Der Umsatz stieg von 3,89 auf 4,29 Milliarden RM, die Bilanzsumme von 239 auf 269 Mio. RM. Von 1933 bis 1938 wurden 45,8 Mio. RM an Hypotheken, Grundschulddarlehen und Zwischenkrediten zum Bau von 9007 Wohnungen bereitgestellt.

JUNI 1939

5000 Sänger treffen sich in der Reichsgartenschau zu einem Silcher-Gedächtnis-Singen des Stuttgarter Singkreises.

12. Juni Das Sondergericht Stuttgart verurteilt den Pater Eduard Schmidt wegen Vergehens gegen das »Heimtückegesetz« zu einer Gefängnisstrafe von 16 Monaten mit der Begründung, er habe »niederträchtige Verleumdungen über Hitler« verbreitet.
Gauleiter Murr legt den Grundstein zum Erweiterungsbau des Hauses der DAF Rote Straße 2 A.
Bei der 2. Abendmusik auf dem Marktplatz spielt u. a. die »Glockenistin« der Stadt Stuttgart, Elisabeth Zimmermann, auf dem Rathaus-Glockenspiel.

13. Juni Die Kuranstalt Leuze im Gebäude des Altersheimes Insel Berg wird eröffnet. Sie wird vom Kuramt Bad Cannstatt verwaltet.
Tagung des Reichsinnungsverbands des Brauer- und Mälzerhandwerks in der Liederhalle.
Bruno Brehm, Träger des Nationalen Buchpreises 1939, spricht in der TH zum Thema »Böhmen und Ostmark«.
Prof. Dr. Hauer (Tübingen) beginnt in der TH eine Vortragsreihe über Rasse und Religion.

14. Juni Der Obstgroßmarkt auf dem Karlsplatz wird jeden Werktag abgehalten. Am Montag, Mittwoch und Freitag dürfen nur Beeren, Steinobst und Birnen verkauft werden.
Die Spezialmaschinenfabrik Fortuna-Werke AG Stuttgart war auch im Geschäftsjahr 1938 »bis zum äußersten beansprucht«. Es wurde wieder eine Dividende von 8 % verteilt.

15. Juni Auf einer Tagung der Zentralleitung für das Stiftungs- und Anstaltswesen sprach sich Stadtdirektor Dr. Breitenfeld (Berlin) für Wohnheime aus, die eine selbständige Wirtschaftsführung ermöglichten; Rechtsrat Mayer (Stuttgart) stellte dagegen den Typ der Altersheime mit Gemeinschaftsverpflegung, wie sie in Württemberg üblich sind, in den Vordergrund. Oberregierungsrat Mailänder (Stuttgart) gab einen Überblick über die rund 150 Altersheime in Württemberg und hob hervor, daß ein großer Bedarf an Heimen für pflegebedürftige alte Leute bestehe.
Lina Gerzer, seit 12 Jahren Tänzerin und Ballettmeisterin an den Württ. Staatstheatern, verabschiedet sich vom Stuttgarter Publikum mit dem Ballett »Schlagobers« von Richard Strauß und der Pantomime »Coppelia« von Leo Delibes.

JUNI 1939

Der Kurverein Bad Cannstatt wird in das Vereinsregister eingetragen. Damit ist seine Trennung vom Fremdenverkehrsverein Stuttgart vollzogen.

16. Juni Der Reichswirtschaftsminister hat die Unternehmen, die in Württemberg und im Regierungsbezirk Sigmaringen Bausteine herstellen oder handeln, zur württ. Verteilungsstelle in Stuttgart zusammengeschlossen. Diese hat die Aufgabe, die Versorgung wichtiger Bauvorhaben mit Ziegeln sicherzustellen.
Das Landesorchester eröffnet mit einem Konzert unter Leitung von Willy Steffen, Kapellmeister am Reichssender Stuttgart, das dritte Bad Cannstatter Mozartfest.
Zu Beginn eines auslandkundlichen Kurses an der TH spricht der Rektor der Hochschule für Welthandel in Wien, Prof. Dr. B. Dietrich, über »Landschaft und Volk in den Vereinigten Staaten«.
Im Universum wird der Film »Im Kampf gegen den Weltfeind«, der den Einsatz der Legion Condor im spanischen Bürgerkrieg schildert, erstaufgeführt.

17. Juni Im Amtsblatt wird ein Fotowettbewerb über die Reichsgartenschau ausgeschrieben.
Die C. Baresel AG Stuttgart konnte 1938 das Bauvolumen von 1937 halten, obwohl die Belegschaft wegen Arbeitermangels kleiner war. Der Ausgleich wurde durch Rationalisierung und neue Geräte erzielt. Es wurde wieder eine Dividende von 8 % verteilt.
Die Fritz Wild Wurst- und Fleischwarenfabrik AG Stuttgart konnte für das Geschäftsjahr 1. 12. 1937 bis 30. 11. 1938 eine Dividende von 6 % ausschütten.
Direktor Friedrich Häußermann, Stuttgart, Leiter der Württ. Fettschmelze und Häuteverwertung, wurde in den Großen Beirat des Reichsinnungsverbandes des Fleischerhandwerks berufen.

17./18. Juni Über 130 000 Menschen besuchen die Reichsgartenschau.
Der Liederkranz Weilimdorf feiert sein 75jähriges Bestehen.

17.–25. Juni Ausstellung der Deutschen Volksgesundheitsbewegung in der Reichsgartenschau.

18. Juni Im Rahmen des Bad Cannstatter Mozartfestes führt der Philharmonische Chor Stuttgart zusammen mit dem Landesorchester unter der Leitung von Erich Ade in der Stadtkirche Bad Cannstatt selten gehörte kirchenmusikalische Werke auf.
In der Reichsgartenschau wird eine Ausstellung Stuttgart in Bild und Modell eröffnet.
Auf einer Ausstellung des Württ. Kunstvereins werden Werke des Stuttgarter Malers Felix Hollenberg gezeigt.

Der Deutsche Bund für naturgemäße Lebens- und Heilweise (Prießnitz-Bund) feiert im Kunstgebäude sein 50jähriges Bestehen.

18.–25. Juni   Die Württ. Staatstheater veranstalten aus Anlaß der Reichsgartenschau eine Festwoche.

19. Juni   OB Dr. Strölin ruft die Bediensteten der Stadt auf, sich am Betriebssport zu beteiligen.
Drei Streckenarbeiter werden vor dem Feuerbacher Eingang des Pragtunnels von einem Triebwagenzug überfahren und getötet.

21. Juni   Senator Sellier, Minister a. D., Bürgermeister von Suresue, Ehrenvizepräsident des Internationalen Verbandes für Wohnungswesen und Städtebau, besucht mit französischen Gästen Stuttgart.
Der Rotwildpark ist laut Verordnung des württ. Kultministers in das Reichsnaturschutzbuch eingetragen und damit unter den Schutz des Reichsnaturschutzgesetzes gestellt.
Die Revisionsverbände der gewerblichen Genossenschaften und der Kreditgenossenschaften Schulze-Delitzscher Richtung haben sich zum Württ. Genossenschaftsverband (Schulze-Delitzsch) zusammengeschlossen. Zum Vorsitzenden wurde Landeshandwerksmeister Bätzner bestellt.
Am dritten Sonderabend des Kurorchesters Bad Cannstatt werden Werke der Stuttgarter Komponisten Otto Erich Schilling, Paul Groß, Hans Brehme und Georg von Albrecht gespielt.
Hugo Distler führt mit dem Chor der Hochschule für Musik eigene Kompositionen auf.
Die Akademie der bildenden Künste zählt im Sommersemester 57 Studierende: 50 Maler und 7 Bildhauer.

22. Juni   Für den Besuch jüdischer Kurgäste in Bädern wurden neue Richtlinien erlassen. Juden sollen getrennt von anderen Kurgästen untergebracht und ihre Kurkarten können durch eine besondere Farbe gekennzeichnet werden.
Der Reichsminister für Wissenschaft, Erziehung und Volksbildung Bernhard Rust besucht Stuttgarter Schulen und die Reichsgartenschau.
Die Sanierungsarbeiten im Bereich der Holzstraße gehen weiter. Im Lauf des Jahres sollen die Häuser Leonhardsplatz 6, Wagnerstraße 12 und Rosenstraße 16, 18 und 20 abgebrochen werden. Das alte Gewerkschaftshaus soll zunächst noch stehenbleiben.
Nach dem Geschäftsbericht der Städt. Pfandleihanstalt Stuttgart AG hat sich das

JUNI 1939

Faustpfandkreditgeschäft 1938 anders als 1937 entwickelt. Während früher die Nachfrage nach Krediten stieg, kam sie zunächst zum Stillstand und wurde gegen Ende des Geschäftsjahres sogar rückläufig. Diese Entwicklung wird auf die besseren wirtschaftlichen Verhältnisse der Bevölkerung zurückgeführt. Die Zahl der Darlehen fiel von 91 822 auf 90 246, der Darlehensbetrag von 1,48 auf 1,45 Mio. RM.
Das Geschäft der Allgemeinen Rentenanstalt, Lebens- und Rentenversicherungs-AG, Stuttgart, hat sich im Jahre 1938 ungewöhnlich günstig entwickelt. Dies sei besonders auf das Gesetz über die Altersversorgung des Handwerks zurückzuführen. Die bessere Wirtschaftslage zeige sich darin, daß in der Großlebensversicherung die durchschnittliche Versicherungssumme der neu abgeschlossenen Versicherungen von 3607 auf 4075 RM gestiegen sei. Es wird eine Dividende von 8 % auf die Stammaktien und von 5 % auf die Vorzugsaktien verteilt.
Das Stadtarchiv zeigt im Rathaus eine Ausstellung Alte Park- und Gartenanlagen in und um Stuttgart.

23. Juni Die Mitgliederversammlung der Alten Stuttgarter Lebensversicherungsgesellschaft AG beschließt, den gesamten Versicherungsbestand einschließlich sämtlicher Vermögenswerte und Verbindlichkeiten auf die Allianz und Stuttgarter Lebensversicherungsbank AG Berlin zu übertragen und sich aufzulösen.
Oberreg.-Rat Dr. Griesmeier wurde zum Direktor des Württ. Statistischen Landesamts ernannt.

23./24. Juni Die Mittelwellensender Freiburg und Bregenz (Dornbirn) strahlen nach Umstellung ihrer Frequenzen das Programm des Reichssenders Stuttgart aus, zu dem sie regionale Beiträge liefern.

24. Juni Der Reichsverband für Deutsche Jugendherbergen Landesverband Schwaben, Sitz Stuttgart (vorher Tübingen), wird ins Vereinsregister beim Amtsgericht Stuttgart eingetragen.
Die Stadt beschließt, die Kosten für die Montagabendkonzerte der Bläservereinigung des Landesorchesters auf dem Marktplatz aus Mitteln einer Stiftung zu decken, die die Firma Breuninger AG ursprünglich für ein »Bewegungsspiel auf dem Rathaus« gemacht hatte.
Ab heute verkehrt ein gläserner Aussichtswagen der Stuttgarter Straßenbahnen auf der Strecke Schloßplatz — Königstraße — Eberhardstraße — Leonhardsplatz — Ehrenmal der deutschen Leistung — Staatstheater — Hindenburgplatz — Schloßplatz — Charlottenstraße — Neue Weinsteige — Degerloch und wieder zurück nach Stuttgart.
In der Württ. Landesbibliothek werden Arbeiten der schwäb. Komponisten Joseph Haas, Richard Greß und Hugo Herrmann ausgestellt.

24./25. Juni Am Tag des deutschen Volkstums findet der zweite Volkstums- und Trachtentag des Gaues statt. Dr. Neumann spricht am Samstag im Hof des DAI über den Kampf der Memeldeutschen vor dem Anschluß an das Reich. In der Stadthalle wird ein Volkstumsabend unter dem Motto »Arbeiter, Bauern, Soldaten« veranstaltet. Am Sonntag lockt ein großer Festzug der Trachten- und Volksgruppen auf der Reichsgartenschau viele Schaulustige an.
In der Adolf-Hitler-Kampfbahn findet die Gaumeisterschaft der Leichtathleten statt.

25. Juni Der Schwäb. Merkur bringt unter der Überschrift »Evangelische Gemeindevereine in Württemberg aufgelöst und verboten« eine Mitteilung des Deutschen Nachrichtenbüros: »Die Gründung evangelischer Gemeindevereine, die eigenartigerweise nur in Württemberg und auch hier erst seit eineinhalb Jahren vorgenommen wurde, verfolgte den Zweck, unter Umgehung des Sammlungsgesetzes durch die Mitgliedsbeiträge Mittel zur Gründung konfessioneller Kindergärten und Schwesternstationen sowie ähnlicher Einrichtungen zu erhalten, also ein Konkurrenzunternehmen zu den Einrichtungen der NS-Volkswohlfahrt ins Leben zu rufen. Es ist verständlich, daß diese neuen Vereinigungen, für die keinerlei Bedürfnis bestand, viel Unruhe in die einzelnen Gemeinden hineingetragen haben und ihnen darum heute, in einer Zeit, wo die Einheit des Volkes über alles zu stellen ist, keinerlei Daseinsberechtigung mehr zugestanden werden kann. Sie wurden daher mit Wirkung vom 20. Juni 1939 durch die Geheime Staatspolizei aufgelöst und verboten.«
Der erste diesjährige Urlauberzug aus Italien trifft mit 600 Arbeitern aus Triest in Stuttgart ein.
Die Festwoche der Württ. Staatstheater anläßlich der Reichsgartenschau wird im Kleinen Haus mit der Erstaufführung von George Bernard Shaws Schauspiel »Der Teufelsschüler« abgeschlossen. In einer Aufführung der »Walküre« im Großen Haus verabschiedet sich Ventur Singer von seinem Stuttgarter Publikum.
Ministerpräsident Mergenthaler eröffnet auf der Solitude Festspiele der Jugend. Im Laufe der Woche führen die Württ. Staatstheater für 4000 Schüler aus dem Lande das Theaterstück »Entscheidung« von Gerhard Schumann und die Oper »Der Freischütz« von Carl Maria von Weber auf.
Ein Freundschaftsspiel zwischen dem VfB Stuttgart und dem AS Roma in der Adolf-Hitler-Kampfbahn endet 0 : 0.
Mit dem Großen Preis von Belgien gewinnt Hermann Lang zum fünftenmal ein Autorennen in diesem Jahr.
Stadtrat Dr. Locher tauft den von der Stadt der Gruppe 15 (Schwaben) des NS-Fliegerkorps gestifteten Freiluftballon auf den Namen »Stuttgart, Stadt der Auslandsdeutschen«.

JUNI 1939

27. Juni Anläßlich der Vorlage des Haushaltsplans 1939 ruft OB Dr. Strölin zur Erhaltung der landschaftlichen Schönheit der Stadt auf. Der die ganze Innenstadt umfassende Waldgürtel dürfe nicht angetastet werden. Daneben trete der Gedanke in den Vordergrund, die Höhen mit Monumentalbauwerken zu bekrönen und damit dem Stadtbild eine neue Note zu geben. Im Zuge der seit 1937 betriebenen Verschönerungsaktion seien rund 12 000 Meter Hecken neu angepflanzt worden. Im Vordergrund der Aufgaben stehe der Wohnungsbau, der aber wegen des Vorranges der Reichsinteressen hinter den Ergebnissen früherer Jahre zurückbleiben müsse. — Bürgermeister Hirzel erläutert den Haushaltplan 1939, der im ordentlichen Teil auf 114 771 900 und im außerordentlichen Teil auf 35 097 000 RM festgesetzt wird. Durch die neue Steuerverteilung werde der finanzielle Spielraum der Stadt um 10 Mio. RM eingeengt. Man müsse noch mehr als bisher sparen. Allein der erste Bauabschnitt des Hafens würde 22 Mio. RM erfordern. Für den Ausbau der Energieversorgung seien im außerordentlichen Plan 17,8 Mio. RM vorgesehen.

Das Amtsblatt berichtet aus der Arbeit der Ratsherren: Die Fahrbahn der Gaußstraße zwischen Zeppelin- und Wielandstraße wird auf neun, die Fahrbahn der Gartenstraße zwischen dem Alten Postplatz und der Roten Straße auf 13,80 Meter verbreitert. Mit dem Ausbau der Asangstraße zwischen Obertürkheim und Uhlbach wird der auf 163 Meter noch offene Uhlbach eingedolt. Die Stadt hat 146 Ar Grundstücke für den Wohnungsbau erworben. Die Stuttgarter Siedlungsgesellschaft mbH soll in der Eigenheimsiedlung am Rotweg in Zuffenhausen ein HJ-Heim und einen Kindergarten bauen.

Generalarbeitsführer Müller übergibt auf der Rohrer Höhe das Gauwirtschaftslager des Arbeitsgaues 26, Württemberg, seiner Bestimmung. Der Bau der Anlage, die rund 30 Einzelbauten umfaßt, wurde im Oktober 1938 begonnen.

Ratsherr Weißenborn begrüßt den zweimillionsten Besucher der Reichsgartenschau.

Die Hauptversammlung der E. Breuninger AG beschloß, für das Geschäftsjahr 1938 aus dem Reingewinn von 307 343 RM wieder eine Dividende von 8 % zu zahlen.

28. Juni In der Nacht zum 29. Juni wird im größeren Teil Württembergs eine Luftschutzübung mit Verdunkelung durchgeführt.

Im Hindenburgbau tagten die Leiter der württ. Tierschutzvereine. Der Tierschutzverein Stuttgart zählt einschließlich acht zugewiesener Zweiggruppen 5800 Mitglieder. Vor über hundert Jahren gründete der Stuttgarter Stadtpfarrer Albert Knapp den ersten Tierschutzverein Deutschlands.

Die 8. Klasse des Königin-Olgastifts führte das Lustspiel »Nicht I a« von Friedrich Theodor Vischer auf.

30. Juni Im Geheimen Lagebericht des Sicherheitsdienst-Unterabschnitts Württ.-Hohenzollern für das zweite Vierteljahr 1939 heißt es unter anderem: »Die Leitung des Reichssenders Stuttgart läßt in ihrer Programmgestaltung immer wieder den Sinn für einen funkeigenen Einsatz für wesentliche Fragen der Gegenwart vermissen. Der Stuttgarter Leitung mangelt ein stärkerer kulturpolitischer Einsatz in der Arbeit. Dr. Bofinger und seine musikalischen Leiter zeigen zu wenig politischen Instinkt. Er bereitet drum auch der HJ immer größte Schwierigkeiten, anstatt, daß er bemüht ist, ihr zu helfen und neue Möglichkeiten in der Formung ihres Wollens zu bieten.« Weiter wird dem Sender vorgeworfen, er bringe tagsüber zuviel »Schlager und Gedudel« und nachts klassische Kirchenmusik, ferner nehme er deutschfeindliche französische und polnische Komponisten in sein musikalisches Repertoire auf.

OB Dr. Strölin teilt den Technischen Beiräten mit, daß er Dr. Stroebel vom Stadtplanungsamt beauftragt habe, sich ausschließlich der Umgestaltung der Innenstadt und dem Rathausneubau zu widmen. Es müsse geklärt werden, wo das Gauhaus und das Rathaus errichtet werden sollen. Nach seiner Meinung käme für das Gauhaus das Gelände Rotebühlkaserne-Bollwerk in Frage, für das Rathaus der Platz an der Danziger Freiheit.

Die Stadt spricht sich gegen die Bewilligung eines Vereinsgartens der Stifts- und Leonhardskirche in der Wernhalde aus, weil er »dem öffentlichen Interesse« widerspreche.

Dr. Ernst Neumann, Führer der Memeldeutschen, trägt sich mit dem Vermerk »Wir sind zu Hause« in das Goldene Buch der Stadt Stuttgart ein.

Auf einer volksdeutschen Kundgebung anläßlich des württ. Studententages spricht in der Gewerbehalle Gauleiter Murr über das Verhältnis zwischen Volksdeutschen und dem Mutterland.

Im Schauspielhaus wird die Posse »Wir marschieren durch dick und dünn!« (Läberles Abenteuer in Stuttgart) von Max Heye und Fritz Klenk uraufgeführt.

Der Verein zur Förderung der Württ. Naturaliensammlung verband seine diesjährige Mitgliederversammlung mit einer Besichtigung des Travertinsteinbruchs Biedermann in Untertürkheim und der Steinbrüche des dortigen Gipswerkes.

Anfang des Monats verlegte der Schwäb. Albverein seine Hauptgeschäftsstelle von Tübingen nach Stuttgart in sein Haus Hospitalstraße 21 B.

1. Juli Das Deutsche Rote Kreuz Stuttgart hat vom 1. April 1938 bis 31. März 1939 dreißigtausendmal Hilfe geleistet.

Dem Versicherungsamt Stuttgart (Arbeiterversicherung) wird das Gebiet des Stadtkreises Stuttgart übertragen. Es löst damit das am 1. Januar 1923 errichtete Württ.

JULI 1939

Versicherungsamt Stuttgart ab, das für die Stadt und das Amtsoberamt Stuttgart zuständig war.

Die städt. Kinderheime erhalten eine eigene Verwaltung (Türlenstraße 30). Das Bürgerhospital übernimmt die Fürsorgeanstalten (Beschäftigungsanstalt, Brockensammlung mit Wanderarbeitsstätte) und das Wohlfahrtsamt die Fürsorgeheime.

Nachdem in den vergangenen Monaten der Bopserbrunnen samt dem gußeisernen Pavillon entfernt worden ist, wurde dort der Brunnen aufgestellt, der bisher auf der Terrasse der Gaststätte am Interimstheaterplatz stand.

Die Hauptversammlung der Karl Kübler AG, Stuttgart, Unternehmung für Hoch- und Tiefbau, genehmigte den Abschluß für 1938. Vom Gewinn von 343 922 RM (1937: 165 658 RM) wird eine Dividende von 8 % (1937: 6 %) ausgeschüttet.

Die Umsätze der Schwäb. Bank AG Stuttgart sind 1938 um 35 % gestiegen. Die Bilanzsumme hat sich von 2,90 Mio. RM auf 4,82 Mio. RM erhöht.

In einer Aufführung von Schillers »Don Carlos« verabschiedet sich Walter Richter von seinem Publikum.

Im Rahmen des Württ. Studententages eröffnet Prof. Fritz von Graevenitz im Kunstgebäude eine Ausstellung der Akademie der bildenden Künste.

Dr. Willy Speidel, bisher Direktor der TWS, tritt in den Vorstand der Energieversorgung Schwaben ein.

1.—9. Juli   Heslacher Schützenfest.

1.—31. Juli   Der Reichskriegerbund, der Reichsluftschutzbund und die Schrotteinsatzstäbe der Partei sammeln Altmetall.

2. Juli   Bei einem Appell werden die SA-Männer der Standarte 119 verabschiedet, die in die neue Standarte 413 übertreten mußten. Die Gründung dieser Standarte war wegen der neuen Aufgabe der vor- und nachmilitärischen Ausbildung nötig geworden.

Der Boxkampf Max Schmeling gegen Europameister Adolf Heuser in der Adolf-Hitler-Kampfbahn endet vor 65 000 Zuschauern nach 71 Sekunden mit einem K.-o.-Sieg Schmelings.

4. Juli   Die zehnte Verordnung zum Reichsbürgergesetz verfügt die Gründung der »Reichsvereinigung der Juden in Deutschland«. Sie hat den Zweck, die Auswanderung von Juden zu fördern; sie ist ferner Träger des jüdischen Schulwesens und der freien jüdischen Wohlfahrtspflege; Juden dürfen nur Schulen besuchen, die von der Reichsvereinigung unterhalten werden.

Der Präsident der italienischen Industriearbeiter-Organisation, Nationalrat Cianetti, besucht Stuttgart.

64 Mann der städt. Vollzugspolizei waren im März 1938 in der Ostmark eingesetzt. OB Dr. Strölin überreicht ihnen hierfür eine von Hitler gestiftete Medaille.

Bei der Württ. Milchverwertungs-AG Stuttgart wurden im Geschäftsjahr 1938 137 Mio. Liter Milch und Rahm angeliefert (1937: 135 Mio.). Trinkmilch wurden 73 Mio. Liter (1937: 69,8 Mio.) verkauft. Die Hauptversammlung genehmigte den Abschluß, der einen Reingewinn von 75 419 RM (1937: 64 715 RM) ausweist.

5. Juli Die Wirtschaftsbeiräte erheben gegen den Kauf der Stuttgarter Reitschule Graf in Botnang keine Einwände.

6. Juli Oberschulrat Adolf Kimmich erstattet den Lehrern an den Volks- und Mittelschulen im Dinkelacker Saalbau den Schulbericht. Zu Beginn des Schuljahres hat es im Schulbezirk Stuttgart noch 20 Schulgemeinden gegeben. Durch die Ausgliederung der Filderorte ist Stuttgart als einzige übriggeblieben. Die Zahl der Lehrer ist dadurch von 933 auf 814 zurückgegangen. Es werden 3469 Mittel- und 27 782 Volksschüler gezählt. Zur Frage des religiösen und weltanschaulichen Unterrichts führt Kimmich u. a. aus: »Es sei eine Selbstverständlichkeit, daß die vom Religionsunterricht abgemeldeten Kinder ... weltanschaulichen Unterricht« bekämen, »denn man brauche für die Volksschulerziehung ein zentrales Gesinnungsfach. Umgekehrt wäre es unerwünscht, wenn man den Religionsunterricht ... so umgestaltete, daß er dem weltanschaulichen nahekomme oder gleiche.«

Auf der Jahresversammlung des Stuttgarter Haus- und Grundbesitzervereins weist der Vorsitzende Fritz darauf hin, daß der Verein es von jeher für richtiger angesehen habe, Gebäude mit mindestens sechs Wohnungen zu erstellen. Von maßgebender Seite würden nun auch neben den Einfamilienhäusern in den Siedlungen Stockwerkbauten als Arbeiterwohnungen befürwortet.

Margarete Düren verabschiedet sich in einer Aufführung der Oper »Zar und Zimmermann« vom Publikum.

Im Kleinen Haus wird das Lustspiel »Ich liebe dich« von R. Niewiarowicz erstaufgeführt.

Der Männergesangverein Allianz, die Stuttgarter Chorgemeinschaft und der Schillerchor geben unter der Leitung von Hermann Müller auf der Reichsgartenschau ein Konzert.

Die Staatsgalerie stellt im Kronprinzenpalais Graphiken von Albrecht Dürer aus ihren Beständen aus.

7. Juli Beim Amtsgericht Stuttgart-Bad Cannstatt wird der Verein zum Bau und Betrieb einer Nutzwasserversorgungsanlage für die Weinberggewanne Berg, Prag,

JULI 1939

Kochshalde, Klinge, Sparrhärmling, Hasenweide und Hunklinge der Markung Bad Cannstatt in das Vereinsregister eingetragen.

8. Juli Die J. C. Eckardt AG, Meß- und Regeltechnik, Bad Cannstatt, konnte ihren Umsatz im Geschäftsjahr 1938 wesentlich erhöhen; der Rohgewinn stieg von 2,83 Mio. auf 3,67 Mio. RM.
Beim Württ. Versicherungsverein AG Stuttgart stieg im Geschäftsjahr die Versicherungssumme von 99,2 auf 105,6 Mio. RM. Der Gewinnanteil der Versicherten wurde auf 12 bzw. 13 % festgesetzt.
Mit einem Orchester- und Vokalkonzert schließt der Stuttgarter Liederkranz das Konzertjahr ab.
Eine »Nacht der 100 000 Lichter« auf der Reichsgartenschau lockt zahllose Besucher an.
Der Kurverein Bad Cannstatt veranstaltet ein Kinder- und Sommernachtsfest.
OB Dr. Strölin beglückwünschte Ernst Suter aus Anlaß seiner 20jährigen Tätigkeit als Schweizer Konsul in Stuttgart.

9. Juli Die Gaugruppen Württ.-Hohenzollern und Baden des Deutschen Siedlerbundes halten in der Gewerbehalle eine Großkundgebung ab.
Die Generalversammlung der Gemeinnützigen Baugenossenschaft Gartenstadt Luginsland beschließt erstmals seit ihrer Gründung im Jahre 1911 eine Dividende, und zwar von 3 %. Es wird geklagt, daß die laufende Bauserie wegen fehlender Facharbeiter nur unter Schwierigkeiten durchgeführt werden könne.
Der italienische Konsul, Baron Malfatti di Montetretto, verläßt nach dreijähriger Tätigkeit Stuttgart.

10. Juli Im Bürgermuseum und im Oberen Museum beginnen Musterungen und Aushebungen zum Reichsarbeitsdienst und Wehrdienst. Es werden in erster Linie die Jahrgänge 1919 und 1920 erfaßt.

10.–15. Juli OB Dr. Strölin leitet den 17. Internationalen Kongreß für Wohnungswesen und Städtebau in Stockholm. Er bleibt für weitere zwei Jahre Präsident des Internationalen Verbandes für Wohnungswesen und Städtebau.

11. Juli Die Stadt beschließt, in Münster, wo sich nur ein konfessioneller Kindergarten befindet, einen städt. Kindergarten zu errichten.
Das Landesorchester sowie Kräfte der Stuttgarter Kammeroper und des Rundfunks führen unter Leitung von F. W. Wallenborn auf der Freilichtbühne der Reichsgartenschau die Oper »Das Nachtlager von Granada« von Conradin Kreutzer auf.

JULI 1939

Die Kunstgewerbeschule eröffnet eine Ausstellung von Arbeiten ihrer Studenten.

12. Juli Stadtrat Dr. Waldmüller teilt den Wirtschaftsbeiräten mit, die SS vertrete den Standpunkt, das für die Siedlung am Rotweg geplante Gemeinschaftshaus dürfe nur von ihr benützt werden. Die Ratsherren Häffner und Weischedel wenden sich gegen diese Auffassung. Wenn schon die Stadt das Gemeinschaftshaus baue, dann müsse es auch anderen Bevölkerungsschichten zur Verfügung stehen. Ratsherr Sauer hält es für bedenklich, Siedlungen für bestimmte Bevölkerungsgruppen zu errichten.
Auf dem Karlsplatz findet der erste Zwischenmarkt für Beeren und Obst, bei dem als Käufer nur Kleinverbraucher zugelassen sind, statt. Die Anlieferung genügt nicht der großen Nachfrage.

12.–23. Juli Das Deutsche Ausland-Institut zeigt in den Ausstellungsgebäuden bei der Gewerbehalle Werke des Bildhauers Veit Stoß in fotografischen Wiedergaben.

13. Juli Mit einem Sonderzug fahren Studenten aus Stuttgart, Esslingen und Reutlingen zur Erntehilfe nach Ostpreußen.

14. Juli Oberbaurat Scheuerle trägt den Beiräten für die Angelegenheiten des Kurbads Cannstatt eine Beschwerde von Max Israel H. vor, daß seiner Frau trotz Vorlage eines ärztlichen Zeugnisses der Besuch der Kurbäderabteilung verweigert worden sei. Die Beiräte sehen jedoch keinen Grund einzugreifen.
Die Ortspolizeibehörde weist darauf hin, daß das Baden im Neckar nur im Bereich der Badeanstalten und Badeplätze gestattet ist. Der Aufenthalt in Badekleidung außerhalb der Badeplätze ist verboten und strafbar.
Die Stadt kauft die Anwesen Gerokstraße 7 (104 Ar) und Wagenburgstraße 13 (26 Ar).
Die Landesbibliothek zeigt eine Ausstellung mit dem Thema »Englische Anlagen in Hohenheim«.

15. Juli Auf einer Tagung von Orchideenzüchtern wird angeregt, eine »Hauptstelle für Orchideen« an der Wilhelma zu gründen.
Hermann Cuhorst, bisher Landgerichtsdirektor in Tübingen und seit 1937 Vorsitzender des Sondergerichts Stuttgart, tritt als Nachfolger von Hans Kuohn sein Amt als Vorstand des Amtsgerichts Stuttgart an.

15./16. Juli In Feuerbach findet die Gaumeisterschaft der Schwerathleten statt.

16. Juli In der Stadthalle wird unter Leitung von Prof. Friedrich Jung (Bayreuth) die »Feiermusik« zum Appell der Politischen Leiter beim Reichsparteitag auf Schall-

JULI 1939

platte aufgenommen. Es wirken 1000 Politische Leiter aus Württemberg und Baden und 300 Musiker mit.

18. Juli Der Vorsitzende des Gartenbauwirtschaftsverbandes Württemberg, A. Häffner, bemerkt zum Mangel an Erdbeeren: Bis zum 10. Juli wurden nur 2850 Doppelzentner (1937: 9098 Doppelzentner) abgeliefert. Gründe hierfür seien der starke Frost im vergangenen Dezember, zu wenig Landarbeiter und das Verhalten der Verbraucher, die immer häufiger direkt beim Erzeuger einkauften. Es sei zu überlegen, ob der Direkteinkauf nicht unterbunden werden sollte. Die Versorgungslage beim übrigen Beerenobst und bei Gemüse sei normal.
Zum viertenmal seit 1936 trifft eine französische Schülergruppe unter Leitung von Prof. Emile Delbès (Paris) für acht Wochen in Stuttgart ein, um die deutsche Sprache und Kultur kennenzulernen.

18./19. Juli Belgische Journalisten besuchen Stuttgart und die Reichsgartenschau.

19. Juli Der Schwäb. Merkur berichtet: »Ein jüdischer Bauhilfsarbeiter verklagte seine Firma beim Arbeitsgericht Stuttgart auf die ihm verweigerte Lohnzahlung für den zum Staatsfeiertag erklärten 50. Geburtstag des Führers. Das Arbeitsgericht wies die Klage kostenpflichtig ab. In den Entscheidungsgründen wird ausgeführt, der Zweck des Gesetzes über den Sonderfeiertag des 20. April 1939 sei gewesen, dem deutschen Arbeiter eine festliche Begehung dieses Tages zu ermöglichen, ohne daß er sich wegen eines etwaigen Verdienstausfalles Sorge machen mußte. Der Jude aber ist nicht deutscher Arbeiter; er ist weder Volksgenosse noch Reichsbürger, sondern lediglich Staatsangehöriger, der in Deutschland Gastrecht genießt. Es könne nicht als Wille des Gesetzgebers unterstellt werden, einerseits durch eingreifende Maßnahmen wie die Verordnung über die Sühneleistung der Juden der feindlichen Haltung des Judentums gegenüber dem deutschen Volke entgegenzutreten und andererseits gleichzeitig den Juden geldliche Wohltaten auf Kosten der deutschen Unternehmer zu erweisen anläßlich nationaler Ereignisse, an denen sich festlich zu beteiligen für die Juden keinerlei Veranlassung bestehe. Die gesetzliche Regelung über den Sonderfeiertag vom 20. April 1939 könne daher auf Juden keinesfalls Anwendung finden.«
OB Dr. Strölin spricht in München auf der Reichsarbeitstagung des Hauptamtes für Kommunalpolitik der NSDAP über die energiewirtschaftliche Lage der Gemeinden.
Die Stadt übernimmt den Anteil der Gustav-Werner-Stiftung an der Beschäftigungs- und Bewahrungsheim GmbH Buttenhausen.
Die Stadt beschließt, den Kindergarten der evang. Kreuzkirchengemeinde in Heslach zu übernehmen.

20. Juli Das Wendling-Quartett konzertiert im Weißen Saal des Neuen Schlosses.

JULI 1939

Das Kunsthaus Schaller zeigt Plastiken und Handzeichnungen von Prof. Fritz Klimsch (Berlin), ferner Landschaftsbilder der schwäb. Maler Oscar Frey, W. Strich-Chapell, Fr. H. Gref, G. Weizsäcker, H. Stillhammer, O. Groß, E. Gräser, Erwin Schweiker und Clara Rühle.
Georg Adam Nack, Chorleiter des Stuttgarter Sängerkreises, verstorben.

20.—23. Juli Auf verschiedenen Sportplätzen finden die zweiten Kampfspiele der schwäb. Hitlerjugend statt.

21. Juli Die Stadt übergibt dem Ernährungswerk der NS-Volkswohlfahrt eine Mastanlage für 800 Schweine in Zazenhausen.
Die Stadt verkauft an den Gemeinnützigen Bau- und Wohlfahrtsverein Stuttgart in Untertürkheim Bauplätze für vier Wohngebäude.

21.—30. Juli Die Ausstellung Blumenbindekunst in der Reichsgartenschau wird von 100 000 Menschen besucht.

22. Juli Anläßlich eines Sommernachtsfestes kreuzt das Luftschiff LZ 130 »Graf Zeppelin« über der Reichsgartenschau.
Der SA-Sturm 2/119 Stuttgart siegt bei den Reichswettkämpfen der SA in Berlin und gewinnt damit die höchste Auszeichnung, den Wanderpreis des Führers.

22./23. Juli Die Kameradschaft USA, in der deutsch-amerikanische Rückwanderer organisiert sind, veranstaltet im Haus des Deutschtums, ihrer Geschäftsstelle, ein Reichstreffen.

23. Juli OB Dr. Strölin begrüßt den dreimillionsten Besucher der Reichsgartenschau. Rudolf Caracciola gewinnt auf dem Nürburgring mit einem Mercedes-Benz-Rennwagen den Großen Preis von Deutschland.

25. Juli Der Reichsarbeitsminister bewilligt für die Sanierung der Altstadt zwischen Leonhardsplatz, Holzstraße, Danziger Freiheit und Esslinger Straße Reichszuschüsse.

26. Juli Die Beiräte für Leibesübungen besichtigen die Sportplätze in Degerloch. Es ist vorgesehen, für die Hitlerjugend, die SS-Sportgemeinschaft und die Stuttgarter Kickers je eine Groß-Sportanlage zu bauen. Hierfür müßten der Fußballverein Germania 1897, der Sportverein Spartania, die Sportvereinigung Stuttgart, der Sportverein 1907 und der Sportverein Eintracht 1896 ihre Plätze hergeben. Nach Ansicht der Beiräte verdienten unter den vielen Degerlocher Vereinen der Leistung und Mitgliederzahl nach nur noch der Sportverein Stuttgarter Kickers, der Turnerbund Stuttgart, die Stuttgarter Sportfreunde, der Stuttgarter Turnverein und die Turngesellschaft Stuttgart eine Förderung.

JULI 1939

Die Stadt beschließt, das Gebäude Brunnenstraße 7, Bad Cannstatt, das bisher an den Evang. Verein vermietet war, zu einer Wohnung für Schwestern der NSV umzubauen.
Die Schwabenverlag AG verteilt für 1938 wieder eine Dividende von 6 %.
Der Ibero-Amerikanische Kreis in Stuttgart, der 400 Personen zählt, gedenkt im Hotel Dierlamm der deutschen Einwanderung in Brasilien vor 115 Jahren.

26.–30. Juli Die Deutsche Gesellschaft für Gartenkunst hält ihre 52. Jahrestagung ab.

27. Juli Die Ratsherren besprechen die Verwendung des Geländes der Reichsgartenschau im Jahre 1940. Da mit dem Bau eines Tiergartens wegen Baustoffmangels nicht zu rechnen ist, wird eine Ausstellung geplant, die Siedlung und Gartenbau bei den Auslandsdeutschen zeigen soll. Später sollen hier deutsche Wohnhäuser und Bauernhöfe aus Ungarn, Rumänien und anderen deutschen Siedlungsgebieten im Ausland aufgebaut werden. Die Stadt will das Gelände als Parkanlage und Erholungsstätte erhalten.
Die Hauptversammlung der Stuttgarter Gemeinnützigen Baugesellschaft AG beschloß, 4 % Dividende zu verteilen. Aus 186 Wohnungen wurden 109 188 RM Miete eingenommen.

28. Juli Die Stadt kauft zum Bau des Dampfkraftwerks Neckarweihingen den letzten Teil eines 132 Ar großen Grundstücks.
Cesare Giovara, Stadtoberhaupt von Turin, besucht mit einer Delegation die Reichsgartenschau.
Ein Jägerabend, an dem auch der Reichsprotektor von Böhmen und Mähren, Freiherr von Neurath, teilnimmt, beschließt in der Liederhalle die Reichstagung der Deutschen Jägerschaft.

29. Juli Der Schwäb. Merkur ruft zum Erwerb der Plakette des Reichsparteitages auf. Sie bringe symbolisch zum Ausdruck, »daß Deutschland den Frieden will.«
An der Kreuzung Schloß-/Königstraße wird ab heute der Verkehr mit einer manuell bedienten Ampelanlage geregelt.
Die Standarte 119 Stuttgart gewinnt in Zella-Mehlis den Kleinkaliber-Mehrkampf der SA-Mannschaften.

29./30. Juli In der Adolf-Hitler-Kampfbahn werden Leichtathletik-Prüfungskämpfe für die olympischen Spiele 1940 ausgetragen.
Die Weizsäcker halten ihren ersten Familientag ab.

AUGUST 1939

30. Juli   Hans Lindel wird als zweiter Stadtpfarrer an der Rosenbergkirche in sein Amt eingeführt.
Prof. Dr.-Ing. Prosper L'Orange, der Erfinder des kompressorlosen Dieselmotors, verstorben.
Beim Internationalen »Luftrennen« in Frankfurt/Main verunglückt der bekannte Stuttgarter Sportflieger Hellmut Taxis tödlich.

31. Juli   Die Stadt verkauft ihre Häuser der Weißenhofsiedlung und mehrere Grundstücke und Straßenflächen um 1 190 000 RM an das Reich. Eine weitere Parzelle mit rund 6 Ar soll nach genauer Vermessung an das Reich verkauft werden. Die Siedlung, die zur Werkbundausstellung »Die Wohnung« 1927 erbaut wurde, mußte bis zum 1. April dieses Jahres geräumt werden. Die Wehrkreisverwaltung V beabsichtigt, nach Abbruch der Häuser einen Neubau für das Generalkommando zu errichten.

1. August   Der »Ketteler-Ruf«, Wochenschrift des Landesverbands der kath. Arbeiter und Arbeiterinnen Württembergs e. V., muß auf Anweisung der Deutschen Arbeitsfront sein Erscheinen einstellen.
Die Stadt übernimmt den vom Evang. Verein Bad Cannstatt in der Tarnowitzer Straße 5 unterhaltenen Kindergarten.
Wegen der Zunahme des Reblausbefalls wird in Stuttgart, Bad Cannstatt, Degerloch, Hedelfingen, Heumaden, Obertürkheim, Rohracker, Rotenberg, Sillenbuch, Uhlbach, Untertürkheim und Wangen die Neupflanzung von wurzelechten Europäerreben verboten.

2. August   Mit Appellen gedenken am Feiertag der deutschen Wehrmacht die Truppenteile des Standorts Stuttgart des Ausbruchs des ersten Weltkrieges vor 25 Jahren. Auch Ausstellungen im Heeresmuseum im Neuen Schloß, in der Buchhandlung Weise und im Schuhhaus Reiber erinnern an dieses Geschehen.
Das Kurorchester Bad Cannstatt spielt Werke seines Kapellmeisters Dr. Friedrich Siebert.
Im Hof des Neuen Schlosses werden die Vorentscheidungskämpfe des Reichsarbeitsdienstes für die Kampfspiele in Nürnberg mit Teilnehmern aus allen Gauen eröffnet.

3. August   Das Stadtarchiv stellt im Rathaus Erzeugnisse alter Stuttgarter Handwerkskunst aus.
Die Württ. Naturaliensammlung eröffnet einen Saal mit Ausstellungsstücken zur Abstammungs- und Vererbungslehre.

AUGUST 1939

4. August   Eine Wanderausstellung Europas Schicksalskampf im Osten wird in den Ausstellungsgebäuden auf dem Interimstheaterplatz eröffnet.

5. August   Die Stadt kauft die frühere Gärtnerei Siegloch auf dem Hallschlag.

6. August   Die TH zeigt im Botanischen Garten im Rosensteinpark eine Sonderschau über die Entwicklung von Weizen, Roggen und Kartoffeln.
Hermann Lang wird auf Mercedes-Benz am Großglockner deutscher Bergmeister.

7. August   Für die Erweiterung des städt. Jugendheimes Olgastraße 63 kauft die Stadt von Josef Israel Ottenheimer das Anwesen Olgastraße 61.

8. August   Die Stadt erläßt folgende »Regelung der Mietverhältnisse mit den Juden in Stuttgart«:
»1. Sämtliche Juden in Stuttgarter arischem Hausbesitz werden hiermit öffentlich aufgefordert, sich bis spätestens 1. Dezember 1939 in jüdischem Hausbesitz einzumieten.
2. Die jüdischen Hausbesitzer und die jüdischen Mieter im jüdischen Hausbesitz werden hiermit ebenfalls aufgefordert, die aus arischem Hausbesitz kommenden Juden bis spätestens zum 1. Dezember 1939 in ihre Häuser und Wohnungen — und zwar soweit als irgendmöglich in Untermiete — aufzunehmen. Bei jüdischen Häusern, die 100%ig arisch belegt sind, fällt die Einmietung von Juden vorläufig weg.
3. Für vor dem 4. Mai 1939 nicht in Stuttgart wohnhaft gewesene Juden ist hier kein Wohnraum vorhanden. Miet- und Untermietverträge mit auswärtigen Juden werden nicht genehmigt.«
Zählte man Mitte 1938 noch rund 700 Häuser in jüdischem Besitz, so ist ihre Zahl auf rund 290 zurückgegangen. In ihnen wohnen 1089 Juden und 2616 »Arier«. Weitere 1004 jüdische Mitbürger leben in »arischem Hausbesitz«. Ferner heißt es: »Der Zuzug auswärtiger Juden nach Stuttgart ist nun, nachdem eine gesetzliche Grundlage vorhanden ist, unmöglich geworden, zumal ja der arische Hauseigentümer und Mieter sich darüber wohl im klaren sein dürfte, daß die Aufnahme von jüdischen Mietern und Untermietern in der heutigen Zeit sowohl allgemein als auch für die übrigen Hausbewohner als untragbar zu betrachten ist.«

8./9. August   Die Wiener Sängerknaben gastieren auf der Reichsgartenschau.

9. August   Direktor Hagstotz vom Ausstellungs- und Fremdenverkehrsamt berichtet den Wirtschaftsbeiräten, daß in der Schwabenhalle 160 000 Zentner Weizen lagern.

13.–19. August Alle Stuttgarter deutscher Staatsangehörigkeit zwischen 14 und 70 Jahren werden in einer Volkskartei erfaßt.

14. August Die Stadt kauft ein Steinbruchgelände im Katzensteigle in Bad Cannstatt.

15. August Das Sondergericht Stuttgart verurteilt den Caritaspfarrer Alfons Baumgärtner wegen »politischer Beschimpfung« zu 10 Monaten Gefängnis mit dreijähriger Bewährungsfrist.
Oberbaurat Scheuerle teilt den Verwaltungsbeiräten mit, daß den Badegästen das Grammophonspielen in den städt. Freibädern verboten sei. Ratsherr Götz bemerkt, daß alte Platten und Stücke »erotischen Inhalts« gespielt würden.
Dr. med. Emil Reinert verstorben. Er baute die Villa Siemens in Degerloch, Jahnstraße 32, zu einem Krankenhaus für Nervenleidende um.

16. August Alois Melichar, Tonfilm-Komponist, leitet den 10. Sonderabend des Kurorchesters im Kursaal Bad Cannstatt.

16./17. August 400 italienische Handelsangestellte besuchen Stuttgart und die Reichsgartenschau.

17. August Der Reichsminister der Luftfahrt und Oberbefehlshaber der Luftwaffe ordnet behelfsmäßige Luftschutzmaßnahmen in »bestehenden« Gebäuden an. Bisher mußten nur bei Neu-, Um- und Erweiterungsbauten Luftschutzräume geschaffen werden.

18. August Das Fotohaus Oskar Hirrlinger dreht im Auftrag der Stadt einen Farbfilm über die Reichsgartenschau.
Der württ. Kultminister genehmigt die C.-Bach-Stiftung für Forschungsarbeiten an der Materialprüfungsanstalt der TH.

19. August Nachdem die Großalarmanlage für den Luftschutzort Stuttgart fertiggestellt ist, werden zur Überprüfung erstmals die Signale »Fliegeralarm« und »Entwarnung« ausgelöst.

20. August Die Wohlfahrts- und Gesundheitsbeiräte besichtigen ein HJ-Lager in Krumau an der Moldau, wo 500 Jungen aus Stuttgart Ferien machen.

AUGUST 1939

21. August Hermann Hahn, Gründer und Seniorchef der Firma Hahn und Kolb, verstorben.

22. August In einem ausführlichen Bericht über den Westwall schreibt der NS-Kurier u. a.: »Durch den Bau des Westwalles wurde das deutsche Volk zum ersten Male in seiner Geschichte von dem Würgegriff des Zweifrontenkrieges befreit. Denn, mag kommen, was da will, eines ist sicher: Der Westwall kann mit einem Minimum von Kräften gehalten werden. Die Hauptmacht der deutschen Armee steht also jederzeit zu anderen Operationen zur Verfügung.«

Gustav Moshack, Leiter der Zweigstelle des Rückwandereramtes der Auslands-Organisation der NSDAP im Haus des Deutschtums teilt mit, daß seit 1935 rund 10 000 Rückwanderer »erfaßt« worden seien. Partei-, Staats- und Gemeindebehörden würden mit der Zweigstelle zusammenarbeiten, um den »Heimkehrern« rasch zu einer Wohnung und Arbeitsstelle zu verhelfen. Als erste Unterkunft dienten das Rückwandererheim Am Weißenhof 44 und ein Heim in Möttlingen.

Die Württ. Staatstheater geben die Pläne für die Spielzeit 1939/40 bekannt. Bei der Oper wurden als Oberspielleiter Dr. Fritz Schröder (Königsberg), als Kapellmeister Josef Dünnwald (Saarbrücken) und Horand Roemer (bereits dem Staatstheater angehörend), als Ballettmeisterin Gertrud Pichl (Essen), als Tenor Emmerich von Godin (Wien), als Soubretten Hanna Clauß (Plauen) und Gerda Sommerschuh (Chemnitz) gewonnen. Als Schauspieler wurden Fritz Brandt (ab 1940), Sigmar Schneider (Augsburg) und Horst Kreutter (Frankfurt) verpflichtet.

23. August Den soeben abgeschlossenen deutsch-sowjetischen Nichtangriffspakt kommentiert der NS-Kurier u. a.: »Es muß besonders betont werden, daß dabei von beiden Seiten nach dem Grundsatz der größten Aufrichtigkeit und Vertraulichkeit verfahren wurde.«

Die Stadt beschließt, in der Gaskokerei der TWS zwei weitere Wassergaserzeugungssysteme mit je 140 000 Kubikmeter Tagesleistung zu bauen.

Die Stadt erwirbt von Julius Israel Wolf die Anwesen Reinsburgstraße 187, 189 und Bismarckstraße 96, um ein Altersheim einzurichten.

Die Wirtschaftsbeiräte besichtigen die neuen Wandmalereien von Alfred Reder und Jakob Schober in der Kellergaststätte der Gewerbehalle.

24. August OB Dr. Strölin fordert die Ämter auf, bei der Vorbereitung des Haushaltsplans 1940 äußerste Sparsamkeit walten zu lassen.

26. August Der Luftverkehr mit in- und ausländischen Flugzeugen über dem deutschen Hoheitsgebiet wird verboten. Ausgenommen sind Flugzeuge der Wehrmacht, der Regierung und der Fluglinien.

Für die außerhalb der Standorte befindlichen Teile des Heeres und der Luftwaffe wird die Post gesperrt. Die Bevölkerung wird gebeten, von Postsendungen aller Art Abstand zu nehmen.

Das für heute vorgesehene internationale Tanzturnier und die für den 27. August vorgesehene Landestagung des Stukkateur- und Gipserhandwerks werden abgesagt.

Stuttgart hat verhältnismäßig wenig Kinos. Mit 19,7 Sitzplätzen je 1000 Einwohner steht es mit Gladbeck (14,9), Neuß (18,0) und Würzburg (19,2) an der unteren Stelle der Liste, die von Bonn (50,1) angeführt wird.

26./27. August Zu den Reisezügen herrscht starker Andrang, weil die angekündigten Verkehrseinschränkungen viele Urlauber zur sofortigen Heimreise veranlassen.

27. August Auf Grund der »Verordnung zur vorläufigen Sicherstellung des lebenswichtigen Bedarfs des deutschen Volkes« verteilen 2500 Helferinnen der NS-Frauenschaft Ausweiskarten mit 72 Abschnitten an die Haushalte. Um 6 Uhr hat das Innenministerium Stadtrat Asmuß angewiesen, mit der Verteilung unverzüglich zu beginnen. Bereits um 8 Uhr rollen die Lastwagen mit den vom Statistischen Amt zusammengestellten Listen und Ausweiskarten zu den Ortsgruppen.

Folgende Lebensmittel dürfen nur gegen die entsprechenden Abschnitte auf der Ausweiskarte abgegeben werden: 1. Fleisch oder Fleischwaren: 700 Gramm je Woche; 2. Milch: 0,20 Liter je Tag; 3. Milcherzeugnisse, Öle oder Fette: 60 Gramm je Tag; 4. Zucker und Marmelade: entweder 280 Gramm Zucker und 110 Gramm Marmelade oder 335 Gramm Zucker je Woche; 5. Graupen, Grütze, Grieß, Sago oder sonstige Nährmittel: 150 Gramm je Woche; 6. Kaffee oder Kaffee-Ersatzmittel: 63 Gramm je Woche; 7. Tee: 20 Gramm je Woche. Kinder unter sechs Jahren erhalten zusätzlich 0,5 Liter Milch je Tag, werdende und stillende Mütter 0,3 Liter. Schwer- und Schwerstarbeiter haben Anspruch auf zusätzlich 50 Gramm Milcherzeugnisse, Öle oder Fett je Tag und 490 Gramm Fleisch je Woche.

Auf den Ausweiskarten sind auch Abschnitte für Brot und Mehl, Kartoffeln, Eier, Hülsenfrüchte und Kakao ausgedruckt; diese Lebensmittel können jedoch ohne Kartenabschnitte verkauft werden.

Auch für Seife und Hausbrandkohle sind Abschnitte bestimmt.

Für Spinnstoffwaren und Schuhwaren werden vom Wirtschaftsamt auf Antrag Bezugscheine ausgestellt.

Die Geschäfte müssen Kundenlisten führen.

Speisen werden in Gaststätten ohne Ausweiskarten abgegeben.

Die Hitlerjugend des Bannes 119 Stuttgart kehrt aus den Ferienlagern zurück.

AUGUST 1939

Die Fußballspiele VfB Stuttgart — VfR Aalen, Stuttgarter Kickers — Phönix Karlsruhe und SpVgg Cannstatt — VfB Mühlburg werden abgesagt.

28. August Seit Tagen beherrschen Schlagzeilen wie »Polnische Schreckensherrschaft in den Grenzgebieten — Der Polenterror überschreitet jedes Maß — Unmenschliche Morde polnischer Banden« u. ä. die Titelseiten der Zeitungen.
In einem Artikel »Sicherheit und Vertrauen« schreibt das Neue Tagblatt: »Die infernalischen Haßgesänge des Polentums gegen alles Deutsche, die bis zum Blutrausch gesteigerten Exzesse und die Disziplinlosigkeit, die das hervorstechendste Merkmal der polnischen Mobilmachung geworden ist, zeigen deutlich, daß der Charakter des polnischen Volkes die schwere Belastung einer unmittelbaren drohenden Gefahr nicht aushält ... Im Gegensatz dazu verrät die Stimmung der Achsenmächte jene ruhige Gelassenheit, die stets ein Attribut der wahren Stärke gewesen ist.«
In einer Glosse »Niemand soll sich ärgern« heißt es hier: »Jetzt ist eine Gelegenheit gegeben, richtig zu leben. Wir werden sozusagen von Amts wegen zum Maßhalten angehalten. Viele haben das auch gleich erfaßt, und einer, den der Nikotinteufel beim Wickel hält, meinte ernsthaft: ›Schade, daß nicht auch die Tabakwaren rationiert wurden‹. Nun, das kann ja noch kommen.«
Eine Verkaufsstellenleiterin und eine Verkäuferin werden in Schutzhaft genommen, weil sie nach Bekanntwerden der Rationierungsmaßnahmen für mehrere Familien erhebliche Mengen an Waschmitteln, Zucker und Salatöl aus ihren Verkaufsstellen »auf die Seite schafften«. Dazu vermerkt der Schwäb. Merkur: »Die vorsorgliche und rechtzeitige Anordnung der Sicherung des lebenswichtigen Bedarfs ist von der Bevölkerung durchweg mit Verständnis und Ruhe aufgenommen worden. Daß nun einzelne Übertretungen rasch und entschieden geahndet werden, wird der Anordnung bei allen andern das nötige Gewicht verleihen.«

29. August Die Stadt regelt die Abgabe von Vergaser- und Dieselkraftstoffen. Ab 1. September werden Mineralölbezugscheine und Tankausweiskarten ausgegeben. Die Bezugscheine und Tankausweise werden nur für Anlagen und Kraftfahrzeuge ausgegeben, deren Betrieb im öffentlichen Interesse liegt. Die Bezugscheinpflicht gilt für Personenkraftwagen ab 1., für die übrigen Verbraucher ab 3. September.
Rechtsrat Mayer berichtet den Beiräten für Frauenangelegenheiten, wie sich die Mobilmachungsmaßnahmen, z. B. die Beschlagnahme von Krankenhäusern für militärische Zwecke, die ärztliche Versorgung und die Unterbringung kranker Kinder, auf den Bereich des Wohlfahrtsreferats auswirken.
Das Neue Tagblatt berichtet vom NSV-Bahnhofsdienst, der seit 26. August auf den Bahnhöfen der württ. und hohenzollerischen Kreisstädte eingerichtet ist. Er betreute in den letzten Tagen Kinder, die von der Erholung zurückgekehrt sind, aber auch

Flüchtlinge aus dem Osten. 200 Kinder aus der Saarpfalz, die derzeit nicht nach Hause fahren konnten, wurden von Stuttgart aus im Gau untergebracht.

Kultminister Mergenthaler erwartet von den Schülern, daß sie während der über den 2. September hinaus verlängerten Ferien weiterhin »landwirtschaftlichen Hilfsdienst« leisten. Es bestünden keine Bedenken, die Schulkinder aus Stuttgart auf dem Lande zu lassen.

Die Staatsgalerie bleibt bis auf weiteres geschlossen.

Das Cannstatter Volksfest wird abgesagt.

Eine belgische Reisegesellschaft besucht die Reichsgartenschau.

Die Stadt beschließt die Erweiterung des Wasserwerks Münster II.

Aus dem Geschäftsbericht der Handwerkskammer Stuttgart über die Zeit vom 1. April 1938 bis 31. März 1939 geht hervor, daß im Kreis Stuttgart die Dichte der Handwerksbetriebe mit 22,67 auf 1000 Einwohner am geringsten, im Kreis Leonberg mit 37,87 am höchsten ist. Der Handwerkskammer gehören noch die Kreise Böblingen, Esslingen, Gmünd, Göppingen, Ludwigsburg und Waiblingen an.

30. August Der Württ. Innenminister genehmigt die Vereinigung der israelitischen Gemeinden Ludwigsburg, Göppingen und Esslingen mit der Religionsgemeinde Stuttgart. Damit sind außer Stuttgart sämtliche Religionsgemeinden Württembergs aufgelöst bzw. mit Stuttgart vereinigt.

OB Dr. Strölin teilt den Wirtschaftsbeiräten mit, daß die Wehrmacht mobilisiert werde. Von den städt. Bediensteten seien bisher 13–14 % einberufen worden. Der Luftschutz in Stuttgart sei noch nicht voll ausgebaut, doch habe man alles unternommen, was bei dem Mangel an Arbeitskräften und Material möglich gewesen sei. Er habe sich persönlich um den Flakschutz gekümmert und die Geschützstände besucht. In Besprechungen mit den zuständigen Stellen sei festgestellt worden, daß Stuttgart von allen Städten Deutschlands am dichtesten bebaut sei. Daraus folgere, daß die Stadtbebauung aufgelockert werden müsse. Die in Württemberg vertretenen, Eingemeindungen ablehnenden Gesichtspunkte müßten einer großzügigen Regelung weichen.

Die Gaststätten müssen ihren wöchentlichen Bedarf an bezugscheinpflichtigen Lebensmitteln beim Ernährungsamt melden. Fleisch und Fett werden höchstens bis zu 60 %, Zucker bis zu 75 % der im September 1938 bezogenen Mengen zugeteilt.

In einem Leitartikel »Wir haben gelernt« befaßt sich das Neue Tagblatt mit der Einführung der Bezugscheine. Eine »vorsorgliche Staatsführung« habe für den Fall, daß dem Reich »ein Krieg aufgezwungen« werde, aus den schlechten Erfahrungen des Weltkrieges gelernt.

Aus »betrieblichen Gründen« tritt bei den Stuttgarter Straßenbahnen ein Sonderfahrplan in Kraft. Der Betriebsschluß wird auf 24 Uhr vorverlegt. Mit Ausnahme der Omnibuslinien A und M verkehren noch alle Linien.

31. August Die Volksbüchereien bleiben bis auf weiteres geschlossen.
In den Gaststätten sollen mindestens an zwei Tagen jeder Woche nur fleischlose Gerichte, an den übrigen Tagen dürfen daneben vier verschiedene Eintopfgerichte oder Tellergerichte serviert werden. Um Arbeit und Personal einzusparen, sollen Tellergerichte bevorzugt werden.
Das Wirtschaftsamt gibt bekannt, daß bis zum 25. September 1939 75 Kilogramm Kohle für Wasch-, Koch- und Heizzwecke bezogen werden können.
Die Hauptversammlung der Wilhelmsbau AG beschloß, für das Geschäftsjahr 1938 aus einem Reingewinn von 30 377 RM eine Dividende von 4,5 % zu zahlen.

31. August bis 16. September Das Amtsblatt der Stadt Stuttgart erscheint (außer sonntags) täglich, um die Bevölkerung vor allem über die zahlreichen kriegsbedingten Anordnungen des Ernährungs- und des Wirtschaftsamtes zu unterrichten.
In diesem Monat verläßt der letzte jüdische Kindertransport nach England Stuttgart.

1. September Mit den Schlagzeilen »Die Entscheidung ist gefallen: Wir kämpfen, bis uns Recht und Sicherheit gewährleistet sind« meldet das Neue Tagblatt den Beginn des Krieges mit Polen.
Reichsstatthalter Murr wird für den Wehrkreis V mit dem Amt des Reichsverteidigungskommissars betraut; geschäftsführende Behörde ist das Württ. Innenministerium.
Der Ministerrat für die Reichsverteidigung verbietet unter Strafandrohung das Abhören ausländischer Sender und schränkt den Arbeitsplatzwechsel ein. Wer sein Arbeitsverhältnis lösen will, braucht die Zustimmung des Arbeitsamtes.
Der Polizeipräsident ordnet an: »Der zivile Luftschutz ist aufgerufen. Alle Maßnahmen zur Bereitmachung des zivilen Luftschutzes sind sofort zu treffen. Insbesondere ist die Verdunkelung sofort vorzubereiten. Bis Eintritt der Dunkelheit muß die völlige Verdunkelung erreicht sein. Alle Luftschutzräume sind herzurichten, alle Gebäude, Dienststellen sind betriebsluftschutzbereit zu machen ... Die Fabriksirenen und Dampfpfeifen sind mit sofortiger Wirkung außer Betrieb zu setzen.«
Die Feuerschutzpolizei übergibt, solange der Luftschutz aufgerufen ist, die städt. Krankenwagen dem Deutschen Roten Kreuz, Landesstelle V Stuttgart.
OB Dr. Strölin unterrichtet die Technischen Beiräte über Kriegsmaßnahmen der Stadtverwaltung. Wegen der Einberufungen müsse man pensionierte Bedienstete einsetzen. — Betriebsdirektor Stöckle berichtet über die Versorgung mit Gas und Elektrizität, bei der Stuttgart auf sich selbst angewiesen sei und kaum Aushilfe von anderen Stellen erwarten könne. Der Kohlenvorrat reiche für einen Monat. Die Gas-

leitung nach Sindelfingen sei im Bau, man hoffe, in 14 Tagen die Daimlerwerke beliefern zu können. — Stadtrat Dr. Schwarz teilt mit, daß das gesamte Personal des Hochbauamts für den Luftschutz eingesetzt sei. Auch die Privatarchitekten seien fast ausschließlich hierfür tätig. Bauten, die nicht dem Luftschutz dienen, seien eingestellt worden.
Zur rascheren Abwicklung der Anträge auf Gewährung von Familienunterstützung an Angehörige Einberufener werden in den Stadtbezirken besondere Dienststellen des Wohlfahrtsamts eingerichtet, die gleichzeitig auch die Gesuche um Bewilligung öffentlicher Fürsorge behandeln.
Die Luftwaffe übernimmt den vor der Fertigstellung stehenden Flughafen Stuttgart-Echterdingen; der zivile Luftverkehr wird eingestellt.
Die Gläubiger des eingezogenen Vermögens der jüdischen Vereinigung Union-Club Stuttgart und des Anwesens Hohenstaufenstraße 7 der Israelitischen Religionsgemeinschaft Württembergs werden aufgefordert, Ansprüche beim Notar anzumelden.
Für die Monate September bis November wird in Stuttgart der Preis für je 50 Kilogramm Speisekartoffeln je nach Sorte ab Kleinverteiler mit 3,— bzw. 3,30 RM festgesetzt.
Zum Erwerb, zur Verwaltung und zur Verwertung besonders des Englischen Gartens, der bisher der Stuttgarter Hofbräu-AG gehörte, wurde die Grundstück GmbH Englischer Garten gegründet.
Durch Beschluß der Generalversammlung wird die Stuttgarter Baugenossenschaft EGmbH aufgelöst.
Die »Gruppe« Volkstum des Landesamts für Denkmalpflege wird in die Landesstelle für Volkskunde umgewandelt und nach Tübingen verlegt.
Leutnant Jörg Rudolf Hartmann fällt in Podwilk (Polen). Er ist wahrscheinlich der erste Stuttgarter Gefallene des zweiten Weltkrieges.

2. September   Der Schwäb. Merkur schreibt über den Kriegsausbruch und die Rede Hitlers am 1. September im Reichstag unter der Überschrift »Nach der Entscheidung« u. a.: »Mit ernster Ruhe wurden überall an den Lautsprechern die schwerwiegenden Worte aufgenommen, und diese ernste Ruhe spiegelte sich auch im Straßenbild wider.«
Bei der Stadt wird ein Ernährungsamt und ein Wirtschaftsamt errichtet. Das Ernährungsamt, Büchsenstraße 19, gliedert sich in zwei Abteilungen. Die Abteilung A, Bedarfsdeckung, hat in Verbindung mit den Landwirten und Wirtschaftsverbänden die Zufuhr und die Verteilung der Lebensmittel bis zum Einzelhändler zu gewährleisten. Die Abteilung B, Verbrauchsregelung, koordiniert die Verteilung der Lebensmittel mit Hilfe der Bezugscheine. Das Wirtschaftsamt, Neckarstraße 57 a, hat die Aufgabe, die Versorgung mit Treibstoffen, Fahrzeugbereifungen, Spinnstoff- und Schuhwaren, Hausbrandkohle, Seife und Seifenwaren zu ordnen. Leiter beider Ämter ist Direktor

Dr. Karl Keßner; beim Ernährungsamt vertritt ihn Direktor Karl Hagstotz, beim Wirtschaftsamt Archivrat Dr. Hermann Vietzen.

Unter den »gegenwärtigen Umständen« ist die »weitere Durchführung der Reichsgartenschau«, auf der man 4,5 Mio. Besucher zählte und auf der über 100 Tagungen abgehalten wurden, nicht mehr möglich. Das Gelände wird jedoch ab 3. September der Bevölkerung bei freiem Eintritt zugänglich gemacht. Die Ausstellungshallen und ein Teil der Gaststätten bleiben geschlossen.

3. September Nach Aufhebung der Postsperre können wieder Sendungen an alle Soldaten befördert werden. Die Anschrift muß eine fünfstellige Feldpostnummer tragen.

Das Standesamt hat wegen der vielen Nottrauungen diesen Sonntag geöffnet.

Das schweizerische Konsulat ruft die in Deutschland wohnenden Offiziere, Unteroffiziere, Gefreite und Soldaten des Auszugs, der Landwehr und des Landsturms auf, in die Heimat zurückzukehren.

Der Schwäb. Merkur schreibt über die Verdunkelung: »Wie unter einem schwarzen Mantel, von dem sich nur die Konturen der nächsten Häuser schwach abhoben, lag heute nacht die schwäbische Gauhauptstadt da. Wohl noch nie hatte die Verdunkelung so gut geklappt wie diesmal ... Mit erstaunlicher Disziplin und ernsthaftem Eifer war die ganze Bevölkerung den polizeilichen Anordnungen nachgekommen, so daß bei Einbruch der Dunkelheit tatsächlich alles aufs beste vorbereitet war.«

In einer Bekanntmachung wird auf die Verantwortung derjenigen hingewiesen, die noch Kraftstoff erhalten. Im Vordergrund steht die Beförderung der lebenswichtigen Güter. Wer aus Bequemlichkeit oder Vergnügen fährt, entzieht der Allgemeinheit ein wichtiges Gut. Sein Tun ist verwerflich.

Landesbischof D. Wurm weiht die neue evang. Kirche in Möhringen-Sonnenberg ein.

4. September Den Kriegseintritt Großbritanniens und Frankreichs vom Vortage meldet das Neue Tagblatt mit den Schlagzeilen »Großbritannien trägt die Hauptschuld — Die Westmächte brechen den europäischen Frieden.«

Der Reichsminister des Innern verbietet öffentliche Tanzlustbarkeiten.

Der Ministerrat für die Reichsverteidigung erläßt eine »Kriegswirtschaftsverordnung«. Schwere Strafen drohen denen, die lebenswichtige Rohstoffe oder Erzeugnisse vernichten, beiseiteschaffen oder zurückhalten. Zur Finanzierung der Reichsverteidigung werden Steuern erhöht. Bei Einkommen über 2400 RM im Jahr wird ein Zuschlag von 50 % zur Einkommensteuer erhoben. Bier und Tabakwaren werden mit einem Kriegszuschlag von 20 %, Schaumwein mit einem solchen von 50 Pfennig oder einer RM je Flasche verkauft. Die Gemeinden zahlen einen Kriegsbeitrag, der sich nach den Steuermeßbeträgen richtet. Für Stuttgart ergibt sich eine monatliche Belastung von

1 507 550 RM; davon entfallen auf die Grundsteuer der land- und forstwirtschaftlichen Betriebe (2,5 % von 162 000 RM) 4050 RM, auf die Grundsteuer der übrigen Grundstücke (5 % von 12 200 000 RM) 610 000 RM, auf die Gewerbesteuer (7,5 % von 10 100 100 RM) 757 500 RM und auf die Bürgersteuer (10 % von 1 360 000 RM) 136 000 RM. Die Höhe der Löhne und Gehälter wird nach oben begrenzt, Zuschläge für Mehrarbeit, Nacht-, Sonn- und Feiertagsarbeit werden nicht mehr gezahlt. Vorschriften und Vereinbarungen über den Urlaub treten vorläufig außer Kraft.

Der Sonderbeauftragte für die Spinnstoffwirtschaft ordnet die Beschlagnahme von Spinnstoffen und Spinnstoffwaren an.

Auch die Mineralöle werden beschlagnahmt. Sie dürfen nur noch mit Genehmigung verkauft werden.

Die Württ. Milchverwertung gibt bekannt, daß sie Milch an die Verteiler nicht mehr nachts abgeben kann, dadurch könne der Milchhandel die Kundschaft erst später beliefern.

5. September Die Stadt kauft von der evang. Kreuzkirchengemeinde das Gebäude Burgstallstraße 93. Der hier bisher vom Verein für Kleinkinderpflegen betreute Kindergarten wird von der NS-Volkswohlfahrt übernommen. Von der Zentralkasse der Tempelgesellschaft in Jerusalem (einer von Nachkommen schwäb. Auswanderer gegründeten Gesellschaft) erwirbt sie das Anwesen Felix-Dahn-Straße 39.

Die Stadt genehmigt für 385 Teilnehmer am Landjahr 1939 einen Beitrag von 96 250 RM.

Außer den Gemüse- und Obstmärkten auf dem Marktplatz und Karlsplatz werden neben den bisherigen Nebenmärkten am Leonhardsplatz, Feuersee, bei der Matthäuskirche in Heslach, in der Neckarstraße, in Ostheim zwischen Teck- und Neuffenstraße, am Marktplatz in Bad Cannstatt und Zuffenhausen weitere Nebenmärkte abgehalten auf dem Skagerrakplatz, auf dem Bismarckplatz und in der Rotenbergstraße zwischen Schwarenberg- und Ostendstraße.

Schaffnerinnen, die seit einigen Tagen in ihre Arbeit eingeführt wurden, versehen erstmals selbständig ihren Dienst. Eine 64jährige war bereits im ersten Weltkrieg eingesetzt.

Der Schwäb. Merkur ermahnt die Leser, bei der »Entrümpelung« der Dachböden darauf zu achten, daß kein altes, wertvolles Schriftgut vernichtet wird.

6. September Es wird mitgeteilt, daß die Angehörigen von Soldaten, die in Polen gefallen sind, sofort benachrichtigt werden. Die Verlustziffern halten sich in Grenzen. Angehörige, die einige Tage ohne Nachricht bleiben, müssen deshalb nicht beunruhigt sein. Gewisse Verzögerungen im erst jetzt zugelassenen Feldpostverkehr sind bei dem schnellen Vormarsch der Truppen unausbleiblich.

SEPTEMBER 1939

Das Neue Tagblatt berichtet, daß die durch die Kriegswirtschaftsverordnung notwendig gewordenen Preiserhöhungen bei Tabak und Spirituosen von der Bevölkerung als Selbstverständlichkeit hingenommen worden seien.
Das Schauspielhaus eröffnet die Winterspielzeit mit der Erstaufführung des Lustspiels »Lügen haben kurze Beine« von Paul Helwig.

6.–10. September Die Landesbibliothek ist wegen Luftschutzmaßnahmen geschlossen.

7. September In der neuen Spielfolge der Bunten Bühne Wilhelmsbau singt Lale Andersen.
Der Schwäb. Albverein stellt wegen des Krieges den Wanderplan um. Um die Benützung der Eisenbahn zu vermeiden, soll in Stuttgart und Umgebung gewandert werden.

8. September Das Schnellgericht verurteilte einen 70jährigen Stuttgarter, weil er nicht verdunkelt hatte, zu drei Tagen Haft.
Die Preisüberwachungsstelle des Württ. Wirtschaftsministers hat ein Stuttgarter Papierwarengeschäft mit 5000 RM bestraft, weil es ohne sachliche Begründung und ohne Genehmigung die Preise für Luftschutzpapier erhöht hat.
Unter der Überschrift »Bisheriges Ausmaß des Waren-Stops« behandelt das Neue Tagblatt die Folgen des Krieges für die Wirtschaft. Es gelte, den Bedarf der Wehrmacht, der Landesverteidigung und die Versorgung der Bevölkerung miteinander in Einklang zu bringen. Sehr viele Waren seien beschlagnahmt, das heißt, sie dürften weder verkauft noch bearbeitet noch transportiert werden. Von diesen Maßnahmen sei die überwiegende Zahl der württ. Betriebe betroffen; nur wehrwirtschaftlich wichtige Aufträge würden ausgeführt.
Der Reichsbahn-Omnibusverkehr wird auf verschiedenen Linien von und nach Stuttgart eingeschränkt.
Zur Koordinierung kriegs- und lebenswichtiger Straßentransporte in Stuttgart wurde als Fahrbereitschaftsleiter Eitel von Maur bestellt.
Die letzten Kinder kehren vom Erholungsheim Storzeln zurück. Wegen der Transportschwierigkeiten sowie der Nähe der Schweiz und des Westwalls wird das Heim nicht mehr belegt.
Nach Abschluß von Luftschutzmaßnahmen wurden die Bäder Büchsenstraße, Heslach, Ostheim und Bad Cannstatt wieder geöffnet.
Die Hauptversammlung der Mercedes-Schuhfabriken AG Bad Cannstatt genehmigt den Abschluß auf 30. Juni 1939. Von den 180 058 RM Reingewinn werden wieder

6 % Dividende ausbezahlt. Das Aktienkapital wird um 152 000 RM auf 2 696 000 RM erhöht.

9. September Die Geheime Staatspolizei — Staatspolizeileitstelle Stuttgart ordnet die sofortige Festnahme aller haftfähigen männlichen Juden polnischer Staatsangehörigkeit an.
Für Mehl (250 g je Woche) und Kaffee (100 g je Woche) wird die Bezugscheinpflicht eingeführt.
Nachdem sich die »Unsitte« eingebürgert habe, Taschenlampen gedankenlos und spielerisch aufleuchten zu lassen, wird darauf hingewiesen, daß auch Taschenlampen abgeblendet werden müssen.
Die Stadt kauft von Josef Israel Oppenheimer das Anwesen Ernst-Weinstein-Straße 34.

10. September Die Spielzeit 1939/40 der Württ. Staatstheater, wegen Ausbruch des Krieges um eine Woche verschoben, beginnt im Großen Haus mit der von Dr. Fritz Schröder neuinszenierten Oper »Rienzi« von Richard Wagner. Aus Luftschutzgründen sind vorläufig nur Saal und erster Rang für die Besucher freigegeben. Bis auf weiteres soll nur im Großen Haus gespielt werden.
Das Deutsche Volksbildungswerk in der NS-Gemeinschaft Kraft durch Freude eröffnet im Gustav-Siegle-Haus mit einem Vortrag von Adolf Gerlach über »Der Lügenfeldzug Englands, Giftbomben der Propaganda« und im Wilhelm-Murr-Saal mit einem Vortrag von Dr. Helms über »England ohne Maske« seine Winterarbeit.

11. September Der Reichsminister des Innern hat alle Sammlungen, ausgenommen die des Winterhilfswerks oder die von einer Obersten Reichsbehörde angeordneten, verboten.
Die Wochenration für Fleisch und Fleischwaren wird von 700 auf 500 Gramm herabgesetzt.
Die »Fahrzeug-Gummibereifungen« werden beschlagnahmt. Nichtmontierte Reifen müssen bis 30. September beim Reichsreifenlager (Continentalhaus) abgegeben werden.
Da die Wehrmacht im städt. Krankenhaus Bad Cannstatt ein Lazarett eingerichtet hat, wurde die Chirurgische Abteilung in das Friedrich-List-Heim (früheres Wichern-Haus) verlegt.
Ab heute ist für Bier ein Kriegs-Zuschlag von 14 Pfennig pro Liter zu zahlen.

12. September In einem Schreiben der Geheimen Staatspolizei an den Polizeipräsidenten in Stuttgart und andere Behörden wird mitgeteilt, daß Juden sich selbst Luftschutzräume bauen müssen und daß sie ab 20 Uhr nicht mehr auf die Straße dürfen.

SEPTEMBER 1939

Der Polizeipräsident teilt mit: »Es ist bekannt, daß Kraftstoff nur noch zu lebensnotwendigen Fahrten verbraucht werden darf. Das Gewissen vieler Kraftfahrer scheint aber noch nicht so geschärft zu sein, daß sie sich veranlaßt sähen, ihre Bequemlichkeit aufzugeben oder ihre bisherigen Lebensgewohnheiten den veränderten Verhältnissen anzupassen. Ich habe deshalb die notwendigen Erziehungsmaßnahmen angeordnet. Ihnen verfällt auch, wer den Kraftwagen benutzt zu Fahrten zur Arbeitsstelle, sofern ihm hierfür öffentliche Verkehrsmittel zur Verfügung stehen, ferner zur Anfahrt an Gast- und Vergnügungsstätten oder zum Besuch von sportlichen Veranstaltungen, endlich zu Fahrten auf die Jagd und ins Wochenende. Den Betroffenen werden die Tankausweiskarten abgenommen; ihre Fahrzeuge werden sichergestellt. In schweren Fällen, vor allem, wenn das Fahrzeug zu ausgesprochenen Ausflugs- und Vergnügungsfahrten benutzt wird, haben der Fahrzeugführer und der verantwortliche Fahrzeughalter außerdem mit der Entziehung der Fahrerlaubnis zu rechnen.«
Für Gaststätten und Beherbergungsbetriebe ist in der Alleenstraße 18 eine Abholstelle für Lebensmittelbezugscheine eingerichtet.

13. September NS-Kurier und Neues Tagblatt erscheinen nur noch einmal täglich, auch sonntags. Sie schreiben: »Es wird unsere heiligste Aufgabe sein, in dieser entscheidenden Stunde mit aller Kraft beizutragen am Endsieg der gerechten Sache Großdeutschlands. Gegenüber dem Lügenfeldzug der feindlichen Hetzblätter sind unsere Zeitungen aufrechte Künder der Wahrheit, die im Innern die Widerstandskraft stärken, nach außen aber dafür sorgen werden, das Lügennetz der feindlichen Greuelpresse zu zerreißen. Wir werden unermüdliche Mitkämpfer sein, die zu jeder Stunde nur ein Ziel kennen: dem Bestand und der Zukunft des Reiches mit allen Mitteln zu dienen.«
Der Schwäb. Merkur fordert mehr Rücksichtnahme der Menschen untereinander. Er schreibt u. a.: »Von den Männern und Frauen des Luftschutzes kann man hören, daß es vereinzelt noch sehr Unvernünftige gibt, die sich auf den Standpunkt stellen: mein Haus ist meine Burg, es geht niemand etwas an, was ich damit mache. Ja, es soll Frauen geben, die ihr Gefühl auf den allertörichtsten Gedanken abirren läßt: ich habe meinen Mann oder meinen Sohn geopfert, ist das nicht gerade genug, was wollt ihr mehr! Gerade die Gattin, die Mutter, die Mann oder Sohn hingegeben hat, muß ihm durch Erfüllung ihrer Pflichten in der Heimat zur Seite stehen. Ihm fällt sie in den Rücken, wenn sie lässig ist. Sie müßte fast noch mehr als die andern alle es in sich spüren: Wir stehen alle in einer Front!«
Die Polizeistunde wird für alle Gaststätten auf 24 Uhr festgesetzt.
Der Verkauf von Süßwaren wird vorläufig verboten.
Der Schwäb. Sängerbund teilt mit, daß die Kulturarbeit der Gesangvereine in der ge-

wohnten Weise fortzuführen ist. Den Vereinen wird empfohlen, gemeinsame Singstunden zu halten.

14. September Die Apostelfiguren an der Stiftskirche und die Engelsfiguren über den Grafenstandbildern im Chor wurden in einem bombensicheren Raum untergebracht; auch die Standbilder selbst wurden gesichert. Auch andere Denkmäler — u. a. die Kreuzigungsgruppe von Hans Seyffer bei der Leonhardskirche — wurden geschützt.
Herbstjahrmarkt in Untertürkheim.

14. September bis 10. Oktober Die Wehrpflichtigen der Jahrgänge 1911 und 1912 müssen sich zum Anlegen des Wehrstammblattes bei der Polizei melden.

15. September Die Familienfürsorge für die Angehörigen der Einberufenen sieht in der Großstadt folgende Unterstützungen vor: Die Ehefrau erhält monatlich 69 RM für sich, für Kinder unter 16 Jahren je 21 RM und für Kinder über 16 Jahren, die noch nicht verdienen, je 34,50 RM. Unterstützte ein Lediger seine Eltern, dann stehen dem Vater 69 und der Mutter 34,50 RM zu. Diese Sätze sollen im wesentlichen auch für Stuttgart gelten.
1319 Mitarbeiter der Stadt sind zur Wehrmacht eingezogen.
Die Bevölkerung wird aufgefordert, für die Soldaten Illustrierte, Zeitschriften und Bücher zu spenden.
Die Technischen Beiräte besichtigen die Luftschutzräume des Rathauses, der Handwerkskammer, des Neuen Schlosses und beim Güterbahnhof unter der Heilbronner Straße sowie die Rettungsstelle des 16. Luftschutzreviers in der Martinskirche.
Die Stadt beschließt, das Haus Türlenstraße 36 zu einem Rückwandererheim auszubauen.

16. September In der Gewerbehalle ist eine Feldpostsammelstelle eingerichtet worden.
Die Stuttgarter Straßenbahnen führen für die Dauer des Krieges für Soldaten einen Einheitspreis von 15 Pfennig für Fahrten beliebiger Länge ein.
Das Neue Tagblatt berichtet über Luftschutzmaßnahmen der Museen. Bei der Naturaliensammlung mußte der Dachboden, wo ein Teil der Studiensammlung untergebracht war, geräumt und die Gegenstände in den Keller gebracht werden. Die Kunstschätze der Staatsgalerie wurden bombensicher untergebracht.
Die Kreisstelle Stuttgart des Deutschen Roten Kreuzes berichtet, daß der Aufruf des Kreisführers zur Teilnahme an Erste-Hilfe-Kursen ein starkes Echo bei den Frauen

gefunden habe. Über 1000 würden schon geschult, ebenso viele mußten für spätere Kurse zurückgestellt werden.

Die Leitung der Fahrbereitschaft Stuttgart, die bisher bei der Spedition Paul von Maur war, ist der Fachgruppe Fuhrgewerbe übertragen worden. Neuer Fahrbereitschaftsleiter wurde Albert Huthmann.

Das Arbeitsamt Stuttgart bittet, freie Arbeitsplätze zu melden, da Arbeitskräfte aus zur Zeit nicht lebenswichtigen Berufen zur Verfügung stünden.

SS-Gruppenführer Kurt Kaul wurde zum Höheren SS- und Polizeiführer für den Wehrkreis V ernannt. Ihm unterstehen die Ordnungs- und Sicherheitspolizei.

Heinrich Hermann, Gründer der gleichnamigen Papierwarenfabrik in Wangen, verstorben.

17. September Da über die Hälfte der SA-Männer eingerückt ist und viele bei der Hilfspolizei Dienst tun, wurde die Stuttgarter SA neu gegliedert. Die nach Ortsgruppen aufgestellten sechs Stürme der SA-Standarte 119 treten erstmals zum Dienst an.

Unter der Überschrift »Verdunkelte Verkehrsgemeinschaft« ruft das Neue Tagblatt die Verkehrsteilnehmer zu besonderer Vorsicht auf.

18. September Der Krieg bewirkt wie bei allen Reichssendern auch in Stuttgart eine grundlegende Änderung der Programmstruktur. Die Sender werden in zwei Gruppen eingeteilt; Stuttgart gehört der zweiten an, die abends nur zu unregelmäßigen Zeiten sendet. Der Anteil der eigenen Sendungen geht im Rahmen des zentral gesteuerten Reichsprogramms stark zurück. Für die Reichssender wurden Anfang September einheitliche Nachrichtenzeiten eingeführt. Stuttgart strahlt abends französische und spanische Nachrichten aus.

In Stuttgart beginnt wieder die Schule. Nur für das 1. und 2. Schuljahr fällt der Unterricht noch aus.

Die Lebensmittelhändler können ab sofort die sortierten und abgezählten Marken beim Ernährungsamt abgeben. Hierfür erhalten sie Bezugscheine zum Einkauf beim Großhandel.

Die Omnibuslinie P (Schloßplatz — Cannstatter Straße — Wolframstraße — Pragfriedhof) wird eingestellt.

19. September Vor dem Neuen Schloß wurden Landkarten und Tafeln zur Geschichte des deutsch-polnischen Verhältnisses aufgestellt.

Das Deutsche Rote Kreuz errichtet in der Neckarstraße 42 eine Beratungsstelle. Ihre Aufgabe ist es, Auskünfte über vermißte, verwundete und kranke Soldaten zu geben sowie den Briefverkehr mit Gefangenen zu vermitteln und Gräber von Gefallenen ausfindig zu machen.

Der Schwäb. Merkur berichtet über Bad Cannstatt: Die Kursaison, die durch den Krieg vorzeitig abgebrochen wurde, stand im Schatten der Reichsgartenschau, das eigentliche Kurleben habe aber floriert. Die Kuranstalt Daimler und die anderen Heime seien voll belegt gewesen.

Das letzte Haus, das der Verbreiterung der Charlottenstraße weichen mußte, wurde abgebrochen. Die seit Frühjahr dauernden Bauarbeiten in der Marienstraße sind soweit beendet, daß sie in beiden Richtungen befahrbar ist. Dem Durchbruch der Holzstraße mußte auch das Haus Wagnerstraße 12 weichen.

Die Landesdienststelle Baden des Deutschen Gemeindetages ist mit der Landesdienststelle Württemberg zur Dienststelle Württemberg-Baden mit Sitz in Stuttgart zusammengelegt worden.

20. September »Um die deutsche Jugend vor den mit der Verdunkelung verbundenen Gefahren zu bewahren«, ordnet der Reichsjugendführer an, daß der Dienst im Deutschen Jungvolk und im Jungmädelbund mit Sonnenuntergang schließt, damit die Kinder vor Eintritt der Dunkelheit nach Hause kommen.

Ratsherr Götz, selbst Auslandsdeutscher, begrüßt im Hotel König von Württemberg im Namen der Stadt etwa 150 Auslandsdeutsche aus Palästina, Syrien und Ägypten.

Auf der außerordentlichen Mitgliederversammlung des Schwäb. Heimatbundes wird an Stelle Graf Konrads von Degenfeld der schwäb. Dichter August Lämmle zum Vorstand berufen.

Im Stettiner Hafen ging das Lazarettschiff »Stuttgart« mit Verwundeten aus dem Polenfeldzug vor Anker.

21. September In den Monaten Oktober bis März wird für das Winterhilfswerk wieder ein Betrag in Höhe von 10 % der Lohnsteuer als »Spende« eingezogen. Festbesoldete zahlen zusätzlich ein Prozent der für das Vorjahr veranlagten Einkommensteuer.

In der ersten Kriegssitzung der Ratsherren gedenkt OB Dr. Strölin des Führers, der Armee und der Volksdeutschen, die »unsäglichsten Terror haben erdulden müssen und die ihre Treue zu Deutschland sogar mit dem Tode haben bezahlen müssen.«

Um der Bevölkerung die teilweise weiten Wege zu den bisherigen Bezugscheinstellen zu ersparen und die Anträge auf Bezugscheine besser prüfen zu können, errichtet das Wirtschaftsamt in den Ortsgruppen Zweigstellen zur Ausgabe von Bezugscheinen für Spinnstoffe und Schuhwaren.

21.–25. September OB Dr. Strölin unternimmt als Präsident des Internationalen Verbands für Wohnungs- und Städtebau eine Reise nach Brüssel.

SEPTEMBER 1939

22. September Die Stadt beschließt, auf dem Killesberg »eine Großkaninchenzucht einzurichten«. Hier soll das im Park anfallende Grünfutter verwendet und dadurch die Lazarette und Krankenhäuser zusätzlich mit Fleisch versorgt werden.

Im Schauspielhaus wird der neu inszenierte Schwank »Der Raub der Sabinerinnen« von Franz und Paul von Schönthan gespielt.

23. September Am Versöhnungstag, den die jüdische Gemeinde nach der Zerstörung der Synagogen erstmals in verschiedenen Häusern feiert, müssen die Juden ihre Rundfunkgeräte im Neuen Schloß abliefern. Leopold Marx schreibt: »Diese Verfügung bedeutete für den strenggläubigen Juden eine schwere Verletzung des Gebotes, an diesem Tag keine Arbeit zu verrichten und nicht zu fahren, von der zwangsweisen Unterbrechung des Betens ganz abgesehen.«

In Anwesenheit des Autors wird im Großen Haus das Drama »Wind überm Sklavensee« von Georg Basner erstaufgeführt.

24. September Außer den Fahrzeugen der Wehrmacht, der Reichspost, der Reichsbahn, der Polizei und der SS dürfen nur noch die Kraftfahrzeuge am Verkehr teilnehmen, die mit einem abgestempelten roten Winkel auf dem amtlichen Kennzeichen versehen sind. In Stuttgart sind es rund 8000.

25. September Anstelle der Ausweiskarte werden in der 2. Zuteilungsperiode für Erwachsene je eine Reichsbrotkarte, Reichsfleischkarte, Reichsfettkarte, Lebensmittelkarte, Reichskarte für Marmelade und Zucker und eine Reichsseifenkarte ausgegeben. Was auf die einzelnen Abschnitte gekauft werden kann, wird gesondert bekanntgemacht. Kinder erhalten besondere Karten: bis zu 6 Jahren für Brot, Fleisch und Fett, von 6 bis 10 Jahren für Brot und Fett, von 10 bis 14 Jahren für Fett. Kinder, Kranke, werdende und stillende Mütter bekommen eine Reichsmilchkarte, Kinder bis zu 2 Jahren eine Zusatz-Seifenkarte. Die Milchmengen sind aufgedruckt. Erwachsene erhalten nur entrahmte Milch. Dem Normalverbraucher stehen in der Woche u. a. folgende Rationen zu: 2400 Gramm Brot oder 1900 Gramm Brot und 375 Gramm Mehl, 500 Gramm Fleisch oder Fleischwaren, 270 Gramm Fett, 62,5 Gramm Käse oder 125 Gramm Quark, 100 Gramm Marmelade und 250 Gramm Zucker. Mit der Lebensmittelkarte können Nährmittel (Graupen, Gries, Reis, Haferflocken, Teigwaren usw.) und Kaffee sowie von Fall zu Fall Eier, Kunsthonig und Tee bezogen werden. Schokolade und Kakaopulver dürfen vorläufig nicht verkauft werden. Schwer- und Schwerstarbeiter erhalten Zulagen. Die Fleisch-, Fett-, Marmelade- und Zucker- sowie die Milchkarte enthalten Bestellscheine, die am Beginn der Zuteilungsperiode im Laden abgegeben werden müssen. Damit entfallen die bisherigen Kundenlisten. Die Verteilung der Lebensmittelkarten erfolgt durch die Hausbeauftragten, die sie bei den Ausgabestellen der Ortsgruppen der NSDAP abholen müssen.

26. September Der Polizeipräsident erläßt eine Verordnung über Schutzmaßnahmen für Tiere, Lebensmittel und Futtermittel bei Luftangriffen.
Da am Vortage die Flak einige Male geschossen hatte, wird darauf hingewiesen, daß man in solchen Fällen gegen Sprengstücke in Deckung gehen soll; Luftschutzkeller müssen nur bei Fliegeralarm aufgesucht werden.

27. September Reifen für Kraftfahrzeuge dürfen ab jetzt nur gegen Bezugscheine abgegeben werden.
In Stuttgart gelten der Dienstag und Freitag als sog. fleischlose Tage, an denen die Gaststätten keine Fleischgerichte anbieten.
Auf dem Cannstatter Wasen wird ein Markt für Faß-, Kübler- und sonstige Holzwaren abgehalten.
Die Geschwister Wiest (Stuttgart) haben den musikalischen Nachlaß ihres Onkels, des Komponisten Josef Huber, der Württ. Landesbibliothek geschenkt. Er wurde bisher von der Universität Heidelberg verwahrt.
Hans Wilhelm Stillhammer, Kunstmaler, verstorben.

28. September Das Amtsblatt ruft die Bevölkerung auf, die Straßen sauber zu halten.
Im Deutschen Ausland-Institut wird eine Ausstellung Deutsches Lied im Osten gezeigt.
Mario Pletti wurde italienischer Konsul in Stuttgart.

29. September Das Bischöfliche Ordinariat weist auf die Errichtung einer Diözesanstelle für kirchliche Kriegshilfe hin, deren Aufgabe es ist, den Gläubigen »auf allen Gebieten, in denen infolge des Krieges Notstände eintreten, Hilfe in Rat und Tat zu bieten«. Die Geschäftsführung wird dem Württ. Caritasverband in Stuttgart übertragen, bei dem gleichzeitig eine Hilfs- und Beratungsstelle für Rückwandererseelsorge eingerichtet wird.

30. September Erneut wurde ein jüdischer Bürger zu Gefängnis und Geldstrafe verurteilt, weil er sein Vermögen nicht vollständig angemeldet hatte.
Der Reichsminister für kirchliche Angelegenheiten, Hanns Kerrl, ordnet an, daß aus Anlaß der Einnahme von Warschau sieben Tage lang von 12 bis 13 Uhr die Kirchenglocken geläutet werden.
Das Jungvolk sammelt Zinntuben, Flaschenkapseln, Stanniol und Aluminiumabfälle.

1. Oktober Die für ein Jahr gültige Reichsseifenkarte wird eingeführt.

OKTOBER 1939

Die Markungsgrenze zwischen Rohracker und Heumaden, die bisher dem Lauf des Bußbaches folgte, wird an den nordwestlichen Rand des Stadtwaldes Lederberg gelegt. Dadurch wird das Gewann Kornacker mit etwa 6 Hektar und 95 Ar von der Markung Heumaden in die Markung Rohracker eingegliedert. Das östlich anschließende Grundstück des Turnvereins Hedelfingen wird ganz der Markung Hedelfingen zugeteilt, die damit um rund 61 Ar wächst. Nördlich davon wird die Markungsgrenze bis zur Rohracker Straße an das Westufer des Dürrbachs verlegt. Damit werden rund 62 Quadratmeter von der Markung Rohracker zur Markung Hedelfingen geschlagen.
Die Firma C. Schweyer u. Cie., Leinen- und Baumwollwarengroßhandlung, Olgastraße 42, feiert ihr 50jähriges Bestehen.

2. Oktober Mit den Schlagzeilen »Einmarsch unserer Truppen in Warschau — Auch der letzte polnische Stützpunkt auf der Halbinsel Hela hat sich bedingungslos ergeben« meldet das Neue Tagblatt das Ende der Kämpfe in Polen.
Mit Ausnahme markenfreier Gerichte dürfen Speisen in Gaststätten nur noch gegen Abschnitte der Lebensmittelkarten abgegeben werden.
Das Orchester der Württ. Staatstheater eröffnet im Großen Haus unter der Leitung von Herbert Albert die Reihe seiner Sinfoniekonzerte.

2./3. Oktober Der erste Lehrgang des Langemarckstudiums schließt mit einer vorverlegten Prüfung ab. Ministerialrat Dr. Löffler vom württ. Kultministerium bescheinigt den 17 Kandidaten, die alle die Prüfung bestanden, daß sie in ihrer geistigen Haltung, wissenschaftlichen Ausbildung, menschlichen Reife und Urteilsfähigkeit den übrigen Abiturienten gleichzustellen seien.

3. Oktober Auf einer Sitzung der Verwaltungsbeiräte und Technischen Beiräte bemängelt Ratsherr Ortmann, daß die Beamten des Wohlfahrtsamts bei der Gewährung des Familienunterhalts für die Angehörigen von Einberufenen zu sehr auf die bisherige Wohlfahrtsunterstützung eingestellt seien, so daß sich die Antragsteller mitunter wie »Bettler« vorkämen. OB Dr. Strölin erwidert, daß auf die Leistungen ein Rechtsanspruch bestehe. Stuttgart habe die höchsten Sätze des Familienunterhalts. Nur begüterte Kreise seien unzufrieden, weil sie sich gegenüber den bisherigen Einkommensverhältnissen verschlechterten. — Ratsherr Bühler moniert, daß auf dem Land mehr Bezugscheine für Spinnstoff- und Schuhwaren als in Stuttgart ausgegeben werden. — Ratsherr Notter erwähnt, daß die Frage der Zulagen für Schwer- und Schwerstarbeiter noch nicht befriedigend gelöst sei.

4. Oktober Die Höchstgeschwindigkeiten werden herabgesetzt. Sie betragen innerhalb geschlossener Ortschaften für alle Kraftfahrzeuge 40 Kilometer je Stunde, außer-

halb geschlossener Ortschaften und auf den Autobahnen für Personenkraftwagen und Krafträder 80 Kilometer und für alle übrigen Kraftfahrzeuge 60 Kilometer.
Die Liederhalle ist nach Beendigung von Luftschutzbaumaßnahmen mit Einschränkungen wieder benutzbar.

4.—10. Oktober   Wegen der Beendigung des Polenfeldzuges werden die Häuser beflaggt.

5. Oktober   Im Rahmen der Vierjahresplanarbeiten werden von der Stadt brachliegende Flächen urbar gemacht. Es ist beabsichtigt, sie ab kommendem Frühjahr der Bevölkerung zur Verfügung zu stellen.
Das erste Volkssinfoniekonzert in der Liederhalle widmet das Landesorchester unter Leitung von Martin Hahn J. S. Bach.

6. Oktober   Während der vom Rundfunk übertragenen Rede Hitlers vor dem Reichstag, in der er an die Westmächte einen »Friedensappell« richtet, sind die Straßen fast menschenleer.
Die Geschäftsstelle des Kurvereins ist dem städt. Kuramt in der Mergentheimer Straße 27 angegliedert worden.
Im Bürgermuseum, in dem ein Operetten-Theater eingerichtet wurde, führt die Stuttgarter Kammeroper die Operette »Liebe in der Lerchengasse« von Hermann Hermecke und Arno Winterling auf.
Im Englischen Garten leitet die neugegründete Arbeitsgemeinschaft der Stuttgarter Boxvereine mit einem Kampftag die Wintersaison ein.
Ingenieur Immanuel Hahn, Gründer und Seniorchef der Maschinenfabrik C. Haushahn in Feuerbach und München, verstorben.

8. Oktober   In den Ortsgruppen der NSDAP werden die kinderreichen Mütter durch Verleihung des Ehrenkreuzes der deutschen Mutter ausgezeichnet.
In der Werder-, Bismarck- und Möhringer Straße wurden Hilfskindergärten der NS-Volkswohlfahrt eingerichtet.
Das Wendling-Quartett eröffnet in der Liederhalle seinen Kammermusik-Zyklus 1939/40.
Im Gustav-Siegle-Haus spricht Prof. Dr. Erich Wunderlich über den »Zerfall Polens«, den er als unabwendbar bezeichnet.
Für die Stuttgarter Fußballvereine wurde in dieser Spielzeit erstmals ein Stadtpokal gestiftet.
Wilhelm Nagel, Pionier des Stuttgarter Filmwesens, Inhaber des Union-Theaters, verstorben.

OKTOBER 1939

9. Oktober In einem geheimen Lagebericht des Sicherheitsdienstes heißt es, daß in Stuttgart vier Personen »wegen Vergehens gegen das Heimtückegesetz und sonstigen staatsfeindlichen Verhaltens, insbesondere wegen Verbreitung von Greuelnachrichten und Abhörens ausländischer Sender« von der Staatspolizei festgenommen worden seien.
Im Rechnungsjahr 1938 wurden mit Unterstützung der Stadt 2190 Schüler in Heimen, Heilstätten und Solbädern zur Erholung untergebracht.

9. Oktober bis 1. November Frauen und Mädchen der Jahrgänge 1920 und 1921 werden für den Reichsarbeitsdienst erfaßt und gemustert.

10. Oktober Die Stadt errichtet ein Amt für Tierpflege (Am Kochenhof 16). Seine Aufgabe ist es, sich mit der Haltung von Haustieren, mit dem Naturschutz und der Tierzucht zu befassen. Leiter ist Dr. Hermann Peters.
Bis jetzt sind rund 160 städt. Kraftfahrzeuge, meistens Müll- und Transportwagen, auf Klärgasbetrieb umgestellt worden.
Im ehemaligen Landtagsgebäude spricht Gaupropagandaleiter Mauer vor den württ. Schriftleitern über die Aufgaben der Presse, besonders im Hinblick auf das Kriegs-Winterhilfswerk.

10.–14. Oktober Zur Sicherung der Hausbrand-Kohlenversorgung müssen die Verbraucher Erhebungskarten ausfüllen und bei ihrem Kohlenhändler abgeben.

11. Oktober Landrat Alber (Münsingen) teilt der Samariterstiftung Stuttgart mit, daß Schloß Grafeneck, das dieser Stiftung gehört, bis spätestens 14. Oktober 1939 abends zu räumen ist. In den folgenden Monaten finden hier über zehntausend behinderte Menschen durch sog. Euthanasiemaßnahmen den Tod.
Die Stadt beschließt, vom Krankenhaus Bad Cannstatt eine Dampfleitung zur Schuhfabrik Mercedes zu bauen. Damit soll die Wärmeversorgung des Krankenhauses für den Fall gesichert sein, daß die Leitung vom Kraftwerk Münster über den Viadukt durch kriegerische Einwirkungen beschädigt wird.

12. Oktober Unter Führung von Polizeipräsident Schweinle besichtigen Vertreter von Partei und Stadt verschiedene Luftschutzeinrichtungen sowie das Luftabwehrkommando in der Villa Wolf Am Tazzelwurm und die Flakbatterie beim Kochenhof. Der Schwäb. Merkur schreibt: »Die Bevölkerung darf zu den zu ihrem Schutze eingesetzten aktiven und passiven Abwehrkräften ein grenzenloses Vertrauen haben und jedem Luftangriff mit eiserner Ruhe entgegensehen.«

OKTOBER 1939

13. Oktober Die Stadt zieht sich vom Betrieb der Schweinemastanlage der NS-Volkswohlfahrt auf dem Viesenhäuser Hof, die vor einigen Jahren von den Städten Stuttgart, Ludwigsburg und Kornwestheim gemeinsam errichtet wurde, zurück.

14. Oktober Die Renovierungsarbeiten an der Matthäuskirche sind nach eineinhalb Jahren abgeschlossen worden.
Die Stuttgarter Handharmonika-Spielgemeinschaft konzertiert vor verwundeten und kranken Soldaten im Standortlazarett Berg.
Die Betriebsdirektoren Walter Stöckle, Dr.-Ing. Robert Mezger, Erich Haeberle, die Direktoren Gottlob Hottmann, Erwin Link und Oberbaurat Walter Bauser werden zu Werkleitern der Technischen Werke bestellt; Direktor Stöckle wird Erster Werkleiter.

14./15. Oktober Die DAF bringt bei der ersten Straßensammlung des Kriegs-WHW 90 000 RM zusammen.

15. Oktober Neue Ausbildungsvorschriften für die Leibeserziehung der Jugend treten in Kraft. Für die 16- bis 18jährigen Hitlerjungen ist an Wochenenden eine sechsmonatige Sonderausbildung im Geländedienst und Kleinkaliberschießen als Vorbereitung zum Wehrdienst vorgesehen. Für die 14- bis 15jährigen ist eine »Grundschule der Leibesübungen« geplant. Die 10- bis 14jährigen Pimpfe sollen für Sammlungen eingesetzt werden.
Aus Gründen der Benzinersparnis werden private Personenkraftwagen mit mehr als 3,2 Liter Hubraum und Krafträder mit über 0,75 Liter Hubraum aus dem Verkehr gezogen.
Auf einer Morgenfeier tanzt im Schauspielhaus Gret Palucca.
Zwei ältere Männer werden nachts auf der Pragstraße von einem Straßenbahnzug überfahren und getötet.

16. Oktober Die Stadt beschließt, das 271 Ar große Quellschutzgebiet im Nittel und in der Gallenklinge aufzulassen und die Wasserzähler wegen Personalmangel weniger oft abzulesen.
Sinfoniekonzert des Staatstheaters im Großen Haus mit dem Pianisten Walter Gieseking.
Die bei der Württ. Gebäudebrand-Versicherungsanstalt Stuttgart gemeldeten Schäden sind im Jahre 1938 von 2,88 Mio. auf 3,26 Mio. RM gestiegen. Die Gesamtversicherungssumme beträgt 10,57 Milliarden RM.

OKTOBER 1939

16. Oktober bis 21. November In der Knabenhandelsschule und im Oberen Museum werden die Wehrdienstpflichtigen der Jahrgänge 1911 und 1912 gemustert.

17. Oktober Das Sondergericht Stuttgart verurteilte einen Mann wegen Abhörens eines ausländischen Senders zu 13 Monaten Zuchthaus.
Der württ. Wirtschaftsminister weist die Gaststätten an (soweit dies noch nicht geschehen ist), die Preise für die Speisen und Getränke zu senken, deren Herstellungskosten niedriger geworden sind. Kaffee soll um 10 % billiger verkauft werden (Malz- statt Bohnenkaffee).
In den Mitteilungen der Stadtverwaltung fordert Bürgermeister Hirzel zu Sparsamkeit im Kanzleibetrieb auf.
Verwundete oder kranke Soldaten erhalten auf den Stuttgarter Straßenbahnen freie Fahrt.
Ratsherr Karl Götz hält im Rahmen eines Erntedankfestes der deutschen Kolonie in Oslo einen Vortrag über seine Reisen.

19. Oktober Nach einer Besichtigung der im Rohbau fertiggestellten Schweinemastanlage in Weilimdorf erwähnt OB Dr. Strölin vor den Ratsherren, daß deutsche Truppen eine französische Nachhut über die Grenze zurückgeworfen, aber nicht die Grenze überschritten hätten, um nicht in ein »ordentliches Kriegsverhältnis« mit Frankreich zu kommen. Stadtrat Dr. Waldmüller berichtet, daß die Bevölkerung wegen der mangelnden Kartoffelanlieferung besorgt sei und weist darauf hin, daß Kartoffeln jetzt geliefert würden.
Die Württ. Milchverwertung AG Stuttgart entrahmt von den anfallenden 200 000 Litern Milch täglich 150 000 Liter und erzeugt davon über 200 Zentner Butter. Vor der Milchrationierung wurden rund 50 000 Liter Milch entrahmt und 80 Zentner Butter hergestellt.

20. Oktober Der Reichsminister für Wissenschaft, Erziehung und Volksbildung betont in einem Erlaß an die Unterrichtsverwaltungen der Länder die Notwendigkeit, alle Nahrungswerte, die in Wald und Flur zu gewinnen sind, soweit irgend möglich zu erfassen. Aufgabe der Schule sei es, durch Belehrung und Aufklärung zu bewirken, daß diese Werte (Pilze, Wildgemüse und -früchte sowie Teepflanzen) der Volksernährung zugeführt würden.
Der Polizeipräsident gibt bekannt, daß für die erste Hilfe bei Luftangriffen Luftschutzrettungsstellen eingerichtet worden seien, die gleichmäßig über die ganze Stadt verteilt sind. Sie seien bei Luftangriffen mit einem Arzt, drei Helfern und acht Helferinnen besetzt sowie mit 130 Betten, Verbandmaterial, Arzneimitteln, Instrumenten, Krankenpflegegeräten und Wäsche ausgestattet. Mit ihrer Hilfe soll ein Massen-

andrang zu den Kranken- und Hilfskrankenhäusern verhindert werden. In der Mitteilung heißt es weiter, daß die Bevölkerung sicher sein könne, daß auch schwere Luftangriffe gemeistert würden.

21. Oktober Bei der Immatrikulation von 40 neuen Studenten an der Kunstgewerbeschule Stuttgart wies Prof. Haustein darauf hin, daß die Stuttgarter Anstalt »wohl als einzige Süddeutschlands« wieder den Betrieb aufgenommen habe.
Vor 25 Jahren eröffnete Sophie Mayer in der Schönleinstraße 27 ein Entbindungsheim. Rund 3000 Kinder kamen hier zur Welt.

21. Oktober bis 19. November Der Württ. Kunstverein zeigt im Ausstellungsgebäude am Interimstheaterplatz — seine eigenen Räume wurden vom Polizeipräsidenten beschlagnahmt — Werke von August Hirsching, Johanna Sulzmann, Theodor Schnitzer, Leonhardt Schmidt und Hans von Heider.

22. Oktober Bei der Morgenfeier der SA-Gruppe Südwest, die von der »Idee des Opferganges« getragen ist, wird ein Abschiedsbrief eines Frontsoldaten an seine Eltern verlesen: »Obwohl mir der Abschied von Euch schwerfällt, werde ich doch freudig hinausgehen, weil es das Vaterland verlangt. Das Leben ist nicht das höchste Gut, wenn man mit ihm nicht einen Zweck verbindet. Nur das Leben für eine Idee und ein Ideal aber hat den Zweck. In der Schlachtenreihe ist daher mein Platz.«
Der erste Opfersonntag des Kriegs-WHW, der mit einer Haussammlung und Eintopfessen verbunden ist, bringt 124 000 RM ein.
In der Liederhalle konzertiert erstmals das Streichquartett der Württ. Staatstheater mit Karl Freund, Hans Reichardt, Hans Köhler und Ferdinand Merten.
Peter Kreuder spielt mit seinen Solisten in der Liederhalle.

23. Oktober Feindliche Flugblätter müssen bei der Polizei abgeliefert werden.
Mit der neuen Zuteilungsperiode sind die beziehbaren Mengen auf den Lebensmittelkarten aufgedruckt. Nur die »Nährmittelkarte«, bisher »Lebensmittelkarte«, hat Abschnitte, die »aufgerufen« werden.

24. Oktober Nach einer Verordnung des Reichsministers des Innern dürfen Juden nicht der Freiwilligen Feuerwehr angehören.
Im Schauspielhaus wird das schwäb. Volksstück »Üb' immer Treu und Redlichkeit...« von Karl Siber und Max Strecker uraufgeführt.

25. Oktober Die Güterwagen der Stuttgarter Straßenbahnen werden wegen fehlender Lastkraftwagen verstärkt für den Warentransport eingesetzt. So werden auf dem

OKTOBER 1939

Lagerplatz in der Ulmer Straße Kartoffeln aus Eisenbahngüterwagen auf die Straßenbahn umgeladen.
Die Milchverteiler sind ab sofort zur Lieferung ins Haus verpflichtet, dafür dürfen sie eine Gebühr von zwei Pfennig je Liter verlangen. Es ist aber erwünscht, daß die Verbraucher die Milch selbst abholen.

26. Oktober Im Amtsblatt wird mitgeteilt, daß die Neuberechnung des Familienunterhalts ab 1. Oktober für die Angehörigen der Einberufenen in wenigen Tagen abgeschlossen sein wird. Für die Berechnung ist das Nettoeinkommen im letzten Monat vor der Einberufung maßgebend. In den unteren Einkommensgruppen werden 40 % des Einkommens, mindestens aber 40 RM monatlich bezahlt. Mit dem Ansteigen der Einkünfte geht der Prozentsatz des Familienunterhalts zurück und erreicht bei 580 RM 30 Prozent. Bei Einkommen über 600 RM hört die Staffelung auf. Mehr als 200 RM kann eine Ehefrau nicht beziehen, aber auch hier treten noch die Zuschläge für Kinder und die Miete hinzu. Kinder erhalten monatlich mindestens 15,— RM.
Das Amtsblatt weist darauf hin, daß bei Verdunkelung Licht von Zündhölzern, Fahrradlampen und Autoscheinwerfern nur mit äußerster Zurückhaltung benutzt werden soll, um die Fahrer, besonders die der Straßenbahn, nicht zu blenden.
Wie Oberregierungsrat Wilhelm, der Leiter der Stuttgarter Verkehrspolizei, ausführt, sind in Stuttgart noch 11 000 Kraftfahrzeuge zugelassen.

27. Oktober Die Berufsfeuerwehr der Stadt Stuttgart wird zur Feuerschutzpolizei umgewandelt. Der Branddirektor führt die zusätzliche Bezeichnung Kommandeur der Feuerschutzpolizei Stuttgart.
Der Bildhauer Adolf Bidlingmaier hat die Figurengruppe aus Kirchheimer Muschelkalk über dem Portal des Neubaues der Städt. Spar- und Girokasse in der Königstraße, die die Arbeit, den Lohn und das Sparen versinnbildlicht, fertiggestellt.

28. Oktober OB Dr. Strölin ernennt den Ratsherrn Erwin Reuff zum Beirat für Tierparkfragen und den Ratsherrn Drescher zum Technischen Beirat und Beirat für die Angelegenheiten des Kurbads Cannstatt. Ratsherr Locher wird Wirtschaftsbeirat, legt aber die Funktion des Technischen Beirats nieder.
Auf der Gläubigerversammlung der im Jahre 1931 mit einer Überschuldung von 6,79 Mio. RM in Konkurs geratenen Deutschen Auto-Versicherungs AG in Stuttgart wird Bezirksnotar a. D. Möhle an Stelle von Rechtsanwalt Dr. Erwin Israel Mainzer, der am 26. August nach England emigriert ist, als neuer Konkursverwalter gewählt.

29. Oktober Bei der Lossprechung von 600 Lehrlingen der Kreishandwerkerschaft führt Kreisleiter Fischer u. a. aus: »In diesem uns aufgezwungenen Krieg haben wir in

der Heimat dafür einzustehen, daß dieser Kampf mit einem vollen Sieg ende ... Das Judentum hat zum letzten Kampf angesetzt, und daß wir diesen Kampf gewinnen, dafür wird unser Adolf Hitler sorgen.«
Georg Kulenkampff, Violine, am Klavier von Siegfried Schultze begleitet, eröffnet in der Liederhalle die Reihe der Meisterkonzerte 1939/40.
Der Stuttgarter Verband des Schwäb. Albvereins hält seine Jahresversammlung ab. Verbandsobmann und Vereinsführer Georg Fahrbach übergibt die Leitung des Stuttgarter Verbands an Karl Hoß, den Vertrauensmann von Feuerbach. Wegen der Reichsautobahn und anderer Bauten müssen viele Wanderwege verlegt und neu bezeichnet werden.
Prof. Dr. Ernst Schultze spricht im Rahmen der Veranstaltungsreihe »Die Stunde der Zeit« der Volksbildungsstätte Stuttgart im Gustav-Siegle-Haus über »Sorgen des britischen Weltreichs«.
In Altshausen stirbt im 74. Lebensjahr Herzog Albrecht von Württemberg.

30. Oktober Der Polizeipräsident fordert als örtlicher Luftschutzleiter die Bevölkerung auf, die Schutzräume endgültig bis 10. November 1939 fertigzustellen.
Das Gelände der Reichsgartenschau wird geschlossen.

31. Oktober Auf Veranlassung der Gauverwaltung der Deutschen Arbeitsfront und der Gauamtsleitung der NS-Volkswohlfahrt wurden in Einzelhandelsgeschäften, handwerklichen Betrieben usw. Plakate ausgehängt, mit denen auf die bevorzugte Bedienung kinderreicher, stillender und werdender Mütter, Körperbehinderter, Schwerkriegsbeschädigter usw. hingewiesen wird. Da hierfür wenig Verständnis gezeigt würde, werden die nicht berufstätigen Frauen aufgefordert, vormittags und am frühen Nachmittag einzukaufen.
Die Kunstgewerbeschule wird im Winterhalbjahr von 115 ordentlichen Studierenden und vier Gästen besucht (113 Reichsdeutschen, fünf Volksdeutschen, einem Ausländer).

1. November Die Wehrmacht gibt den bei Kriegsausbruch zu einem Reservelazarett eingerichteten Kursaal wieder frei.
Die Nähstube des Deutschen Roten Kreuzes wird von der NS-Frauenschaft übernommen. 120 Frauen der DRK-Ortsgemeinschaft Stuttgart haben im September und Oktober Betten genäht und behelfsmäßiges Verbandszeug hergestellt.
Die Presse befaßt sich mit den Auswirkungen des Krieges auf den Straßenbahnbetrieb. Der Berufsverkehr habe trotz der Einberufung vieler Männer zugenommen, weil zahlreiche Kraftwagenbesitzer wegen Stillegung ihres Fahrzeuges auf die Straßenbahnen umgestiegen seien. Die Zahl der Wochenkarteninhaber hat sich vom September 1938 bis September 1939 um 14 % erhöht. Die Wagen sind häufig überfüllt. Be-

sonders mit Einbruch der Dunkelheit setzt ein Ansturm auf die Straßenbahnen ein und dann wieder, wenn Kinos und Theater schließen. Dem Ausfall von Personal suchte man durch den Einsatz weiblicher Schaffner zu begegnen, von denen derzeit 84 Dienst versehen. Um die Gefahren der Verdunkelung zu vermindern, sollen nachts die Fahrzeiten um 20 % verlängert werden.
In Stuttgart wird eine Telegrammbildstelle, die 14. im Reich, eröffnet.
Die TWS werden nach der Eigenbetriebsverordnung organisiert und die Geschäftskreise der neuen Werkleiter festgelegt. An die Stelle der kameralistischen tritt die kaufmännische Buchführung; das Rechnungsjahr wird das Kalenderjahr.
Die Allianz und Stuttgarter Verein Versicherung AG Berlin hat den zur deutschen Zweigniederlassung der Liverpool and London Globe Ensurance Comp. Ltd. gehörenden Maschinen-, Montage- und Maschinengarantie-Versicherungsbestand übernommen.

2. November Die Stadt verkauft im Bereich des ehemaligen schienengleichen Übergangs der Korntaler Straße (seit 1938 Grusonstraße) über die Bahnlinie Stuttgart nach Calw in Zuffenhausen 11 Ar 36 Quadratmeter an die Reichsbahn. Wegen der Führung der Schwieberdinger Straße beim Haltepunkt Neuwirtshaus wird zwischen beiden Partnern ein Gelände von 16 Ar 81 Quadratmeter getauscht.
Auf dem Marktplatz, Karlsplatz und Schillerplatz werden donnerstags keine Märkte mehr abgehalten. Die Märkte am Dienstag und Samstag finden weiterhin statt.

3. November Die Stadt kauft von den Erben des Fabrikanten Eduard Marx die Gebäude Seelbergstraße 1, 1 a und 1 b. Die Erben seien »infolge der Zeitverhältnisse, vor allem wegen der geplanten Auswanderung,« zum Verkauf »gezwungen«.

4. November Die Stadt ordnet an, daß der städt. Kunstbesitz karteimäßig erfaßt wird und daß wichtige Bilder fotografiert werden. Nachdem der erste Stock der Villa Berg renoviert ist, sollen dort die Bilder verstorbener und im Erdgeschoß die Bilder lebender Künstler gezeigt werden.
Die Stadt beschließt, das am 9. August von der jüdischen Familie Scheurer gekaufte Anwesen Sonnenbergstraße 25 zu einem Kindergarten auszubauen.
Mit der Aufführung von Lessings »Minna von Barnhelm« wird das Kleine Haus der Staatstheater, das seit Kriegsausbruch aus Luftschutzgründen umgebaut wurde und deshalb geschlossen war, wieder eröffnet. Mit Ausnahme des dritten Ranges im Großen Haus, der auch weiterhin geschlossen bleibt, sind damit im Spielbetrieb der Staatstheater wieder normale Verhältnisse eingetreten.
Das Kunsthaus Schaller stellt Werke der Stuttgarter Maler Ernst Graeser und August Müller aus.
Auf der 40. Mitgliederversammlung des Reichsbundes für Vogelschutz im Gustav-

Siegle-Haus teilt der stellv. Vorsitzende Hermann Hähnle mit, daß alle Vogelschutzvereine im Reichsbund zusammengeschlossen seien.
Bei einem Zusammenstoß des Schnellzuges Zürich — Berlin mit einer Lokomotive auf dem Bahnhof Stuttgart-West werden 11 Personen verletzt.

4./5. November Die zweite Reichsstraßensammlung steht unter dem Leitwort »Stärke die innere Front, gib mehr für das Kriegswinterhilfswerk!« Es werden 80 000 RM gespendet.

5. November Vor dem Neuen Schloß sind Beutestücke aus dem Polenfeldzug aufgestellt.
Die Geigerin Lilia d'Albore (Rom) konzertiert in der Liederhalle.
Am Vormittag versammelt sich die Jugend in den Filmtheatern zur ersten neu eingeführten Filmfeierstunde.
Dr. Fritz Cuhorst, Kulturreferent der Stadt, verläßt Stuttgart, um das Amt des Stadtpräsidenten von Lublin zu übernehmen.

6. November Der dritte Transport von Volksdeutschen aus Polen verläßt den Stuttgarter Hauptbahnhof in Richtung Kattowitz, Beuthen und Königshütte.
Die am 2. September zunächst eingestellte vierzehntägige städt. Altpapiersammlung wird wieder fortgesetzt.
Sinfoniekonzert des Staatstheaterorchesters im Großen Haus; Solist ist Vasa Prihoda (Violine).

7. November Klavierabend mit Wilhelm Kempff in der Liederhalle.

8. November Richard Böhringer, Teilhaber der Firma Gebr. Böhringer, Zuffenhausen, verstorben.
Dr. h. c. Karl Esser, bis 1933 Generaldirektor der Stuttgarter Zeitungsverlag GmbH und des Stuttgarter Neuen Tagblattes, verstorben.

9. November Der Schwäb. Merkur schreibt in einem Leitartikel »Ein unfaßlicher Frevel« über das Attentat, das Georg Elser (Heidenheim-Schnaitheim) im Münchner Bürgerbräukeller am 8. November verübt hat: »Das deutsche Volk dankt heute mit heißem Herzen dem Herrgott, daß er den Führer gnädig bewahrt hat.«
Die Ortsgruppen der NSDAP gedenken in Feiern der Toten der NS-Bewegung.
Im Kleinen Haus wird das Schauspiel »Brommy« von Heinrich Zerkaulen erstaufgeführt.

NOVEMBER 1939

10. November Der Jahresabschluß der Eisenmöbelfabrik Lämmle AG, Zuffenhausen, weist für 1938 einen Verlust von 7167 (1937: 30 687) RM aus. Für Löhne und Gehälter wurden 330 937 (1937: 256 053) RM bezahlt.
Anläßlich des 180. Geburtstages von Schiller wird im Großen Haus »Don Carlos« aufgeführt.
Im Heeresmuseum wird eine Ausstellung über das Kampfgebiet der 7. (Württ.) Landwehr-Division im ersten Weltkrieg gezeigt.

12. November Der Kreis Stuttgart des Deutschen Schützenverbandes hält zum erstenmal sonntags die Schießbahnen offen, damit Interessenten unter Anleitung Schießen lernen können.
Die Graphische Sammlung eröffnet im Kronprinzenpalais eine Ausstellung von Rembrandt-Handzeichnungen in Nachbildungen.

13. November Kapitän A. Ritscher, Leiter der Deutschen Antarktischen Expedition 1938/39, hält im Planetarium einen Lichtbildervortrag über »Neu-Schwabenland in der Antarktis«.

14. November Die Wohlfahrtsbeiräte erheben keine Einwände, auf dem Traifelberg die SA-Hütte und die Ghibellinen-Hütte zur Einrichtung eines Kindererholungsheims zu mieten. Sie sind auch mit der Verwendung des Gebäudes Schickhardtstraße 35 als Kinderheim einverstanden. Neben der Olgakrippe, Kasernenstraße 26, soll in der Ortsgruppe Dreieck im ehemaligen jüdischen Anwesen Militärstraße 68 ein weiteres Kindertagheim eingerichtet werden. Zur Olgakrippe in der König-Karl-Straße 5, dem einzigen Kindertagheim in Bad Cannstatt, soll ein weiteres in der Badstraße 23 kommen.
Bisher haben die Stuttgarter über 100 000 Bücher als Lesestoff für die Soldaten gespendet.
Die Hauptversammlung der Württ. Elektrizitäts-AG Stuttgart, die zum Konzern der Allg. Lokalbahn und Kraftwerke AG Berlin gehört, beschloß eine Dividende von 6,5 %.

15. November Die jüdischen Bürger müssen eine von 20 auf 25 % erhöhte Vermögensabgabe bezahlen.
In einem Bericht des SD zur innenpolitischen Lage heißt es über die Reaktionen auf das Münchner Attentat auf Hitler am 8. November durch Georg Elser u. a.: »Die katholische Geistlichkeit enthält sich in allen Reichsteilen jeglicher Stellungnahme zu dem Geschehnis, übergeht es, als ob es sich nicht ereignet hätte. Im Gegensatz dazu hat die evangelische Kirche das Münchener Attentat scharf verurteilt... In den einzelnen Reichsteilen fanden... z. T. Kanzelabkündigungen statt, die, um ein Beispiel aus Stuttgart herauszugreifen, etwa folgenden Wortlaut hatten: In uns allen, die wir heute

zusammengekommen sind, zittert noch die Erregung über den teuflischen Anschlag, der auf das Leben unseres Führers geplant war. Daneben ist aber der Dank gegen Gottes bewährende Gnade groß und mächtig in uns ... wir wollen jeden Morgen Gott bitten, daß er unseren Führer erhalte.«

Nach einer Verfügung des Generalbevollmächtigten für die Regelung der Bauwirtschaft, Dr.-Ing. Todt, dürfen künftig nur noch kriegswichtige Bauvorhaben begonnen werden. Ausgenommen bleiben im Interesse des ortsansässigen Handwerks Bauten unter 5000 RM sowie lebensnotwendige Instandsetzungsarbeiten.

Die Wirtschaftsbeiräte lehnen ein Varieté im Stadtgarten ab, weil derzeit kein Bedürfnis bestehe. Ratsherr Eckstein bemängelt, daß die Verteilung von Lebensmitteln an die Händler zu bürokratisch sei. Nach Ratsherr Sauer lagern in Stuttgart große Mengen Butter; die Milchverwertung dürfe sie nicht vor vier Monaten ausgeben, obwohl sie ranzig werde.

Der Stuttgarter Weinherbst ist verschieden ausgefallen. Gute Erträge wurden in den höheren Lagen erzielt. In den niederen Lagen verursachten Fröste große Ausfälle.

Vor der Deutschen Gesellschaft für Wehrpolitik und Wehrwissenschaften, Zweig Stuttgart, spricht Oberst Rudolf von Xylander im Gustav-Siegle-Haus über Führung und Truppe im polnischen Feldzug.

Die Sammlung alter Musikinstrumente und die Abteilung Gebrauchsgegenstände im Landesgewerbemuseum, die wegen Luftschutzmaßnahmen geschlossen waren, sind wieder geöffnet.

16. November OB Dr. Strölin gibt bekannt, daß die bisher von der Geschäftsstelle Botnang betreute Markung Rot- und Schwarzwildpark, zu der auch die neueingegliederten Wohngebiete Endelbang — Gendarmeriekaserne —, Büsnauer Hof und Schatten gehören, künftig unmittelbar von den städt. Ämtern aus verwaltet wird.

Im Friedrichsbautheater beginnt die wegen Luftschutzmaßnahmen verschobene Winterspielzeit mit Willy Reicherts »Gartenschau«.

Edwin Fischer gibt in der Liederhalle einen Klavierabend.

17. November Stadtrat Dr. Schwarz berichtet den Technischen Beiräten über die Lage auf dem Arbeitsmarkt und ihre Auswirkung auf die Bauvorhaben der Stadt. Aus dem Arbeitsamtbezirk Südwestdeutschland sollen 8000 Arbeitskräfte, davon 600 aus Stuttgart, für Bauvorhaben in Nord- und Mitteldeutschland abgestellt werden. Eine Entlastung trete durch den Einsatz von Kriegsgefangenen ein; 100 seien in der Stuttgarter Landwirtschaft eingesetzt. — Das Gartenamt mache Flächen urbar und die Stadtgärtnerei habe sich auf Gemüsebau umgestellt. — Der Ausbau der Holz-, Charlotten- und Kräherwaldstraße sei als kriegswichtig eingestuft worden. — Für Baumaßnahmen seien 150 Tonnen Eisen genehmigt worden, die vor allem im Kranken-

hausbau verwendet würden. Ratsherr Ortmann bedauert den Abzug von Arbeitskräften, der die Baugeschäfte ruiniere und die Architekten arbeitslos mache. Dr. Schwarz führt dazu aus, daß baureifes Gelände für 15 000 Wohnungen vorhanden sei. Direktor Stöckle teilt mit, daß durch die Verdunkelung der Straßen der Stromverbrauch gesunken sei; auch Großabnehmer wie Bosch, Daimler, Kreidler und die Straßenbahnen würden weniger Energie verbrauchen. Der Gasabsatz habe sich kaum geändert.
Elly Rosemeyer-Beinhorn führt im Gustav-Siegle-Haus einen Film über ihren Flug nach Siam vor. Die Stadt gibt ihr einen Empfang.

18. November Zum Tag der Hausmusik konzertiert die Stuttgarter Musikschule im Wilhelm-Murr-Saal.
Die chilenische Sängerin Rosita Serrano trägt in der Liederhalle Schlager vor.

19. November 5000 Männer treten zum ersten Appell der SA-Wehrmannschaften an, deren Aufgabe die vormilitärische Erziehung ist.
In der Hochschule für Musik findet aus Anlaß ihrer (Wieder-)Eröffnung eine Morgenfeier statt.
Der Württ. Malerinnenverein eröffnet in seinem Haus Eugenstraße 17 eine Weihnachtsverkaufsschau.

19.—22. November Auf Einladung des Reichsprotektors Freiherr von Neurath reist OB Dr. Strölin in Begleitung von Dr. Könekamp nach Prag, wo er von Staatspräsident Dr. Hacha und von der Stadtverwaltung empfangen wird.

20. November Ludwig Elser, der Vater von Georg Elser, der am 8. November das Attentat auf Hitler verübt hat, wird von der Geheimen Staatspolizei dem Stuttgarter Gesundheitsamt zur Untersuchung vorgeführt. Bei einem Gewicht von 39,5 kg und weitgehender Entkräftung wird er als nicht haftfähig bezeichnet und in das Katharinenhospital überwiesen.
Die Stadt beschließt, an die Träger von Krankenpflegestationen wieder Zuschüsse zu zahlen. Die 10 Krankenpflegestationen der NS-Volkswohlfahrt sollen für 14 Schwestern 31 200 RM, die 43 evang. für 86 Schwestern 14 275 RM, die 14 kath. für 27 Schwestern 3510 RM und zwei sonstige für drei Schwestern 300 RM erhalten.
Nach dem neuen Fahrplan werden alle Straßenbahnlinien, wenn auch teilweise mit Einschränkungen, wieder befahren. Die Omnibuslinien A, P und M bleiben eingestellt.
Die Gustav-Siegle-Bücherei wird als letzte der Stuttgarter Volksbüchereien, die wegen des Kriegsausbruchs geschlossen wurden, wieder eröffnet.
Auf einer Tagung des »Sozial-Gewerks« für Handwerker von Stuttgart und Umgebung EGmbH sprechen die Vorstandsmitglieder Adam Fritz und Albert Schäfer

über die Bereitstellung von Mitteln für soziale Einrichtungen in den Betrieben. Es ist vorgesehen, daß jeder Betriebsangehörige hierfür in der Woche eine Stunde zusätzlich und unentgeltlich arbeitet.

21. November Die Stadt verkauft in Untertürkheim 6 Hektar 18 Ar Industriegelände an die Firma Daimler-Benz AG.
Die östliche Fahrbahnhälfte der Holzstraße, die seit Juli im Bau war, wurde dem Verkehr übergeben.

22. November Die Bußtag-Veranstaltungen werden mit der Begründung »Der dem deutschen Volk aufgezwungene Kampf nötigt zur Anspannung aller Kräfte« auf den nächsten Sonntag verlegt.
Die Stadt beschließt, auf dem Gelände der Puritas GmbH Ecke Insel- und Mercedesstraße in Untertürkheim einen Luftschutzturm für 500 Personen zu bauen.
Das Ernährungsamt ruft die Selbstversorger auf, sich zwecks Erfassung zu melden.
Morgenfeier mit Prof. Ludwig Feuerlein (Bariton) im Oberen Museum.

23. November Die Ratsherren besichtigen die Bauarbeiten in der Pragstraße und informieren sich über die vom städt. Wirtschaftsamt im Stadtgarten eingerichtete Kleiderkartenstelle, wo rund 350 Personen die Ausgabe der Kleiderkarte vorbereiten. Stadtrat Dr. Könekamp berichtet über die Reichsgartenschau, der im wesentlichen die Zunahme des Fremdenverkehrs um 31 % verdankt wird. Die Reichsbahn habe 340 Sonderzüge eingesetzt. Die Ratsherren erheben keine Einwände gegen den Erwerb des Umspannwerks der EVS beim Dampfkraftwerk Münster. Stadtrat Dr. Waldmüller berichtet über die Lebensmittelversorgung. Schweineschmalz und Öl seien sehr knapp, auch die Milchanlieferung ließe, bedingt durch Maul- und Klauenseuche und schlechte Ernte, zu wünschen übrig. Auch bei der Ausgabe von Schokolade habe es Engpässe gegeben. OB Dr. Strölin dankt der Familie Breuninger für die Schenkung eines Weinbergs im Azenberg für eine öffentliche Anlage. Stadtrat Dr. Schwarz teilt mit, daß Bauvorhaben nur nach Dringlichkeitsstufen ausgeführt werden dürfen. Zu den Stufen I, II und III gehöre das Kriegs- und Rüstungsprogramm, die Bauten der Wehrmacht und des Vierjahresplans. Bauvorhaben des zivilen Sektors dürften erst begonnen werden, wenn die Stufe III befriedigt sei.
Das Neue Tagblatt schildert die Maßnahmen der Stadt für die Krankenbetreuung: Obwohl viele Ärzte zur Wehrmacht einberufen worden seien, konnte die ärztliche Versorgung durch Vermehrung der ambulanten Behandlungen aufrechterhalten werden. Schwieriger sei die Situation der Krankenhäuser, weil einige als Lazarette herangezogen wurden. Besonderes Augenmerk wird den Kindern im Olgaspital, in der Säuglingsheilanstalt in Berg und im Säuglingsheim in der unteren Birkenwaldstraße,

NOVEMBER 1939

das zu einem Kinderkrankenhaus ausgebaut wurde, gewidmet. Das Viktor-Köchl-Haus wurde nach dem Umzug der auslandsdeutschen Mädchen in die Heidehofschule wieder zu einem Kinderheim umgestaltet. Auch das Kinderheim Geißeichstraße 25 steht erholungsbedürftigen Kindern zur Verfügung.
Das NS-Sinfonie-Orchester (Berlin) konzertiert in der Liederhalle.

24. November Vor der Nordischen Gesellschaft, Württemberg-Kontor, liest im Deutschen Ausland-Institut Marie Hamsun aus eigenen Werken.

25. November Unter Vorsitz von OB a. D. Dr. Lautenschlager hält der Württ. Kunstverein im Kunstgebäude seine Mitgliederversammlung ab. Der Verein zählte am 30. September 1939 2926 Mitglieder. Wegen des Krieges mußten die Ausstellungen in das Ausstellungsgebäude am Interimstheaterplatz verlegt werden.

25./26. November Der Schwäb. Singkreis führt unter Leitung von Hans Grischkat in der Stiftskirche die »Matthäus-Passion« von Johann Sebastian Bach auf.

26. November Der Vaterländische Gesangverein Ehrenfeld (Stuttgart), der in diesen Tagen auf sein 25jähriges Bestehen zurückblicken kann, gestaltet aus diesem Anlaß eine Totengedenkfeier in der Kapelle des Waldfriedhofs.
Bei einer Morgenfeier des Tierschutzvereins Stuttgart und Umgebung erwähnt der Vorsitzende, Georg Rau, daß in Stuttgart und Cannstatt vor mehr als 100 Jahren die ersten Tierschutzvereine Europas gegründet worden seien. General a. D. Freiherr von Soden wird zum Ehrenvorsitzenden ernannt.

27. November Kreisleiter Fischer spricht im Landesgewerbemuseum vor dem Schwäb. Albverein über »Die nationalsozialistische Weltanschauung«.

28. November Bei einer Besprechung zwischen OB Dr. Strölin und Reichsstatthalter Gauleiter Murr wird auf die starke Mißstimmung in Vaihingen und Möhringen über die Zugehörigkeit zum Kreis Böblingen hingewiesen. Murr wünscht neue Anträge auf Eingemeindung von Vaihingen und Möhringen, wobei die durch den Krieg gegebenen Notwendigkeiten hervorgehoben werden sollen.
Die Stadt gibt das 2. Baulos der Südleitung vom Seewasserwerk an der Hasenbergsteige bis zum Wasserwerk Gallenklinge in Auftrag.

29. November Die Rassenschutzkammer verurteilte einen jüdischen Kaufmann aus Stuttgart »wegen eines Verbrechens gegen das Blutschutzgesetz« zu 14 Monaten Zuchthaus und drei Jahren Ehrverlust.

NOVEMBER 1939

Die Wirtschaftsbeiräte besprechen Maßnahmen zur Linderung der Wohnungsnot. Stadtrat Dr. Waidelich hat dazu eine Drucksache verfaßt: Zu Beginn des ersten Weltkrieges waren etwa 4000 vermietbare Wohnungen gemeldet, am 23. November 1939 waren es 194. Die Zahl der Wohnungssuchenden ist nicht bekannt, sie ist aber jedenfalls sehr hoch. Zahlreiche Familien sind »menschenunwürdig« untergebracht. Die vielen kriegsgetrauten Frauen, vielfach schwanger, verlangen dringend eine Wohnung. Die Lage verschlimmert sich durch Rückwanderer vom Ausland, Abwanderer aus den frontnahen Gebieten im Westen (bisher 3500) und zuziehende Arbeiter für kriegswichtige Betriebe. Die an sich gute Seite des Familienunterhalts, bei der die Miete ohne Prüfung des Wohnbedarfs erstattet wird, hat zur Folge, daß Frauen von Einberufenen ihre Wohnung behalten, obwohl sie gar nicht in ihnen wohnen.

Die Wohnungsnot ruft Verbitterung bei den Betroffenen hervor. Von 1933 bis 31. Oktober 1939 wurden rund 18 300 Wohnungen gebaut:

	1933	1934	1935	1936	1937	1938	1939 31.10.
1. Privater Wohnungsbau	1950	2400	1770	2520	2820	2225	1122
2. Gemeinn. Wohnungsunternehmen	300	70	110	570	590	324	138
3. Stadt u. Stuttgarter Siedlungs-GmbH	50	630	20	510	90	127	145
	2300	3100	1900	3600	3500	2676	1405

Am 31. Oktober waren 1540 Wohnungen im Bau, davon von den Baugenossenschaften 238, von der Stadt 164, von der Stuttgarter Siedlungs-GmbH 99 und von Privaten 1042 Wohnungen. Augenblicklich kann nicht mehr als die Fertigstellung dieser Wohnungen erreicht werden.

Die Bevölkerung wird aufgerufen, an der gerechten und zweckmäßigen Verteilung des vorhandenen Wohnraums mitzuwirken. Wohnungen und Wohnungsteile sollen untervermietet werden. Alleinstehende, die in einem Altersheim oder bei Verwandten unterkommen können, sollen ihre Wohnungen freimachen. Größere Wohnungen, die nur von kleinen Haushalten besetzt sind, sollen gegen kleinere eingetauscht werden. Stadtrat Dr. Waldmüller berichtet über die Lage im Handel und Handwerk. Die Bäcker, Konditoren und Metzger hätten sich auf die Bewirtschaftung eingestellt, doch mache sich der Fettmangel bemerkbar. Der Lebensmittel- und Süßwarenhandel leide unter der Verringerung des Umsatzes und der Beschränkung der Verdienstspanne sowie der Mehrarbeit durch die Bewirtschaftung. Das metallverarbeitende Handwerk und das Bauhandwerk litten weniger unter Mangel an Aufträgen als an Arbeitskräften. Ungünstig wirke sich die Bewirtschaftung auf den Textil- und Schuhwaren-

Einzelhandel aus. Ratsherr Sauer kritisiert die oft unzweckmäßigen Einberufungen zur Wehrmacht. Vielfach müßten die wichtigsten Arbeiter eines Betriebes und selbständige Geschäftsleute einrücken, da die Anforderungen wahllos nach dem Alphabet erfolgten. Ratsherr Eckstein bemängelt, daß der Wirtschaft zu viele Fahrzeuge entzogen worden seien, zumal sie bei der Wehrmacht nicht voll eingesetzt würden.
Trotz der Schwierigkeiten auf dem Bau- und Arbeitsmarkt wurden in diesem Jahre an Verkehrsstraßen 5,6 Kilometer neu gebaut bzw. umgebaut und an Wohn- und Siedlungsstraßen, die meist in den äußeren Stadtteilen liegen, rund 9 Kilometer angelegt.
Die Württ. Heimstätte GmbH Stuttgart, die auch die Siedlung Büsnauer Hof baut, erhöhte 1938 die Bilanzsumme von 2,59 Mio. RM auf 4,49 Mio. RM.

30. November Die NS-Frauenschaft und die Hausbeauftragten der NSDAP verteilen die vom 1. November 1939 bis 31. Oktober 1940 gültigen Reichskleiderkarten an die Bevölkerung. Damit entfallen die Bezugscheine. Die Reichskleiderkarte für Erwachsene enthält 100 Abschnitte, mit denen Spinnstoffwaren bezogen werden können. Für ein Taschentuch werden z. B. 2, für ein Paar Socken 5, für ein Hemd 20, für ein Kostüm 45 und für einen Anzug 60 Abschnitte gebraucht.
Die Stadt beschließt, den Bildhauer Emil Kiemlen zu beauftragen, für den Platz auf der Doggenburg eine »Diskuswerferin« zu schaffen. Die erforderlichen 14 000 RM sollen aus der Stiftung gedeckt werden, die der Grundbesitzerverein Azenberg, Feuerbacher Heide und Umgebung am 1. Dezember 1937 beschlossen hat.
Seit Mitte November verkaufen die »grauen Glücksmänner« auf den Straßen und Plätzen und in Gasthäusern wieder Lose für die Winterhilfswerk-Lotterie.

1. Dezember Das Neue Tagblatt meldet auf der zweiten Seite, daß das Oberkommando der Roten Armee den Truppen den Befehl gegeben habe, am 30. November die sowjetisch-finnische Grenze zu überschreiten.
Der Kellerbrunnen in Bad Cannstatt ist neu gefaßt worden. Dadurch konnte die Schüttung von 3 auf 15 Liter in der Sekunde gesteigert werden. Ein Teil des Wassers speist verschiedene Brunnen in Bad Cannstatt. Da der kochsalzarme Säuerling sich zur Herstellung von Mineraltafelwasser eignet, beschließt die Stadt, eine Leitung vom Kellerbrunnen zum Neubau des Füllhauses zu legen.
Zum Kauf von Futtermitteln für Pferde, Rinder und Schweine durch nichtlandwirtschaftliche Tierhalter werden Bezugscheine eingeführt.
Die im Obertürkheimer Rathaus untergebrachte Gewerbliche Berufsschule Untertürkheim wird in die Werkschulräume der Firma Daimler-Benz AG verlegt.
Gertrud Pichl choreographiert im Großen Haus ihren ersten Stuttgarter Ballettabend.
Der Spiel- und Eisbahnverein Waldau überläßt der Stadt seine Tennisanlage.

2. Dezember   Der württ. Wirtschaftsminister teilt den Landrats- und Ernährungsämtern mit, daß der Reichsminister für Ernährung und Landwirtschaft den Verkauf von Schokoladeerzeugnissen und Lebkuchen an Juden verboten hat.
Der Polizeipräsident ruft zur Erfassung der Wehrpflichtigen der Jahrgänge 1908 und 1909 auf.
Im Kleinen Haus wird das Schauspiel »Der schwarze Reiter« von Georg Weitbrecht uraufgeführt.
Der Württ. Kunstverein eröffnet im Ausstellungsgebäude am Interimstheaterplatz seine Weihnachtsausstellung.

3. Dezember   General von Soden weiht in der Flandernkaserne (Burgholzhof) eine von Prof. Fritz von Graevenitz geschaffene Erinnerungstafel an die Taten des ehemaligen 7. Württ. Infanterie-Regiments Kaiser Friedrich (Nr. 125) im ersten Weltkrieg in Flandern ein.
Der Stuttgarter Liederkranz gibt in der Liederhalle sein erstes Konzert seit Kriegsausbruch.
Prof. Dr. Otto Schmitt von der TH hält im Kronprinzenpalais den ersten von drei Lichtbildervorträgen über »Meisterwerke der schwäbischen Bildhauerkunst aus sechs Jahrhunderten«.

4. Dezember   Das zur Ergänzung des Katharinenhospitals als Hilfskrankenhaus eingerichtete Brenzhaus, Hohe Straße 11, wird eröffnet (Leitung Dr. Albert Mann).

5. Dezember   BM Hirzel berichtet den Verwaltungsbeiräten über die Auswirkungen des Krieges auf den städt. Haushalt. Bis zum Ende des Etatjahres am 31. März 1940 würden voraussichtlich 16,8 Mio. RM Mehrausgaben anfallen, davon für den Kriegsbeitrag 10,8 Mio., für den Anteil am Familienunterhalt 3 Mio., für die neuen Ämter und Abteilungen, für Hilfskrankenhäuser und den Luftschutz 2 Mio. Der Einnahmeausfall werde 1 Mio. RM erreichen.
Der Schwäb. Merkur berichtet über die Arbeit des Ernährungsamtes: Die Lebensmittelzuteilung sei befriedigend. Die angekündigten Kartoffellieferungen würden den Bedarf annähernd decken. Neuerdings träfen wieder Seefische ein. Geflügel und Wild seien in beschränktem Umfang zu haben. Dank erhöhter Mehlzuteilung müsse auf die »Weihnachtsgutsle« nicht verzichtet werden. Wegen Hamsterns und Übertretens von Preisbildungsvorschriften seien nur wenige bestraft oder verwarnt worden.
August Lämmle spricht im Gustav-Siegle-Haus über »Der Weg des schwäbischen Volkes«.

6. Dezember   Die Rotenwaldstraße wird zu einer wichtigen Ausfallstraße umgebaut. Sie ist zwischen Charlottenbuche und Parkwärterhaus zum größten Teil fertiggestellt.

DEZEMBER 1939

Die Fußgängerwege werden abseits von der Fahrbahn im Walde angelegt. Die geologische Verwerfung am Birkenkopf wird der Öffentlichkeit zugänglich gemacht.
Im Schauspielhaus wird das Weihnachtsmärchen »Schneewittchen und die 7 Zwerge« von C. A. Görner und Fritz Klenk erstaufgeführt.

7. Dezember Bei der Eröffnung des neuen Stuttgarter Lehrganges des Langemarck-Studiums in der TH sprechen Gauleiter Murr und Reichsstudentenführer Scheel.

8. Dezember Stadtrat Dr. Schwarz berichtet den Technischen Beiräten über Maßnahmen zur Linderung der Wohnungsnot. Die Wohnungs- und Siedlungspolitik hätte sich von 1933 an mehrmals gewandelt, gleich geblieben sei nur das Bestreben, keine Mietskasernen mehr zu bauen. Ausdruck der nationalsozialistischen Siedlungsform sei die Gemeinschaftssiedlung, wie sie beispielsweise in der Wolfbuschsiedlung verwirklicht worden sei. Nach Freigabe der Baustoffe könnte der Wohnungsbau sofort wieder in Gang gebracht werden. Geplant sei der Bau von jährlich 4000 Wohnungen. Stadtkämmerer Hirzel dämpft die hohen Erwartungen. Er kritisiert, daß in der Presse viel zu optimistische Meldungen gebracht werden. Ratsherr Bühler schlägt vor, Verbindung mit den in der Rüstungsindustrie beschäftigten Firmen wie Hirth und Daimler aufzunehmen. Stadtrat Dr. Schwarz teilt mit, daß das Reich für Kleingärten auf öffentlichen Plätzen ein zinsloses Darlehen von 300,— RM gebe. Das Gartenamt plane Kleingärten in verschiedenen Stadtteilen. Ratsherr Häffner gibt zu bedenken, daß in den äußeren Stadtteilen viele Bauern ihre Pachtgrundstücke aus Mangel an Arbeitskräften zurückgeben. Die Stadt solle zuerst diese Grundstücke wieder verpachten. Stadtrat Dr. Schwarz teilt mit, daß die Schweinemastanlage in Weil bei Esslingen Ende Januar 1940 aufgegeben wird.
»Mit unserer Luftwaffe in Polen« lautet ein Bericht von Heinz Laubenthal vom Reichssender Stuttgart im Gustav-Siegle-Haus.
Die Gedok zeigt im Rathaus eine Weihnachtsausstellung.

10. Dezember Landesbischof D. Wurm legt dem Reichskirchenminister eine Denkschrift über die kirchenfeindlichen Maßnahmen von Staat und Partei vor.
Der »Kupferne Sonntag«, der erste Verkaufssonntag vor Weihnachten, lockt viele Käufer in die Stadt. Wie der Schwäb. Merkur berichtet, wurden zwei- bis dreimal mehr Bücher als im Vorjahr verkauft. Auch Schreibwaren und Geschenke, die sich für Feldpostsendungen eignen, waren sehr gefragt. Die Zeitung vermerkt weiter, daß die Kauffreudigkeit und die Kaufkraft dank der stabilen Lohn- und Preispolitik nahezu unverändert geblieben sei. In einem geheimen Lagebericht des Sicherheitsdienstes wird jedoch von Angstkäufen gesprochen. Ein Teil der Läden sei ausverkauft und geschlossen gewesen, was unter der ländlichen Bevölkerung, die ihre Weihnachts-

einkäufe tätigen wollte, Mißstimmungen hervorgerufen habe. Bei den überstürzten Käufen würde als Hauptursache die Furcht vor einer Geldentwertung angesehen.
Im Kleinen Haus wird das Märchenspiel »Der kleine Muck« von Friedrich Forster erstaufgeführt.
Die Stuttgarterin Sybille Banzhaf gibt zusammen mit Benno Kaminski im Kleinen Haus ein Tanzgastspiel.

12. Dezember In einer Sitzung der Beiräte für Frauenangelegenheiten teilt Rechtsrat Mayer mit, daß die städt. Speiseanstalten nicht so stark besucht werden, wie man ursprünglich angenommen hat.

13. Dezember Der Schwäb. Merkur veröffentlicht einen Brief des Direktors des Landesamts für Denkmalpflege Dr. Hans Schwenkel: »Alle Anhänger des Heimatschutzes und alle Freunde einer sauberen, geordneten und nicht der Verkrämerung im Sinne Amerikas verfallenen Heimat werden sich über den eindeutigen Erlaß der Reichsstelle für Eisen und Stahl freuen, der bestimmt, daß ›die Herstellung von Reklame- und Firmenschildern aus Eisen und Stahl jeder Art untersagt ist‹. Damit ist in heutiger Zeit mit der Fehlleitung eines der wichtigsten Rohstoffe Schluß gemacht.«

14. Dezember Stuttgart hat nach einer Meldung im Schwäb. Merkur in der Buchproduktion München überholt.

15. Dezember Folgende Straßen werden benannt: In Stuttgart: Wilhelm-Busch-Weg, Im Falkenrain, Im Steinberg, Holbeinweg, Grünewaldstraße; in Bad Cannstatt: Fortunastraße, Mannheimer Straße, Mannheimer Staffel, Gießener Straße, Wetzlarer Straße; in Stuttgart und Degerloch: Schimmelhüttenweg; in Degerloch: Rienzistraße, Körschstraße, Bonlandener Straße, Rüsternweg, Jasminweg; in Feuerbach: Arberweg, Böhmerwaldstraße; in Hedelfingen: Friedrichshafener Straße, Seemoosweg, Manzeller Weg, Kreßbronner Straße; in Heumaden: Grimbartweg; in Sillenbuch: Heinrich-Gontermann-, Werner-Voß- und Paul-Bäumer-Weg; in Untertürkheim: Hettichstraße; in Zuffenhausen: König-Heinrich-Straße, Otto-Planetta-, Franz-Holzweber-, Wilhelm-Neth- und Adolf-Kling-Weg, Schrozberger Straße.

16. Dezember Das württ. Staatsministerium beschließt ein Gesetz über eine Bürgschaft des Landes Württemberg für die Energie-Versorgung Schwaben AG in Stuttgart, wobei die Bürgschaft den Betrag von 20 Mio. RM nicht übersteigen und sich die Haftung des Landes nicht über den 31. Dezember 1969 hinaus erstrecken darf.

16./17. Dezember Die Hitlerjugend sammelt für das Kriegs-WHW. Reichsjugendführer Baldur von Schirach hat einen Tagesbefehl erlassen, in dem es u. a. heißt:

DEZEMBER 1939

»Jugend Deutschlands! Jugend des Führers! Kämpfe am 16. und 17. Dezember mit der Sammelbüchse in der Hand gegen die kapitalistischen Lords für die nationalsozialistischen Arbeiter und Soldaten und damit für den Sieg des Großdeutschen Reiches Adolf Hitlers!«
Der Stuttgarter Singkreis führt in der Stiftskirche unter Leitung von Gustav Wirsching das »Weihnachtsoratorium« von J. S. Bach auf.

17. Dezember Am »Silbernen Sonntag« meldet der Handel lebhafte Geschäfte. Man habe den Eindruck, daß der Preis eine untergeordnete Rolle spiele.
Der Weihnachtsmarkt auf dem Schillerplatz, Karlsplatz und in der Wilhelm-Murr-Straße wird eröffnet.

18. Dezember Das Adreßbuch der Stadt der Auslandsdeutschen Stuttgart 1940 bringt erstmals ein eigenes Verzeichnis der jüdischen Einwohner, Einrichtungen und Konsulenten.
Im Standesamt wird das erste Paar ferngetraut.
Auf der Strecke Leonberg — Weil der Stadt wird der elektrische Bahnbetrieb aufgenommen.
Der württ. Wirtschaftsminister genehmigt die vom gleichnamigen Kunsthaus errichtete Schaller-Stiftung.

19. Dezember Die Stadt beschließt den Bau einer Wasserleitung vom neuen Hochbehälter Burgholzhof zur Hallschlagsiedlung, weil das bisherige Wasserreservoir Hunklinge der Verbreiterung der Pragstraße weichen muß.

20. Dezember Die Reichsbahn eröffnet in Untertürkheim ein Ledigenheim.
Bei einer Weihnachtsfeier, zu der OB Dr. Strölin »Pimpfe« in den Ratskeller eingeladen hatte, dankt Jungstammführer Birkhold der Stadt für die Zuwendungen an die Hitlerjugend, mit denen sie an erster Stelle im Reich stehe.
Der seit 2. Mai 1938 beim Stadtarchiv Stuttgart tätige Archivrat Dr. Hermann Vietzen wird zum Direktor des Stadtarchivs ernannt.

21. Dezember BM Hirzel teilt den Ratsherren mit, daß die Bediensteten für jedes zuschlagsberechtigte Kind eine Weihnachtszuwendung von 8 RM erhalten. Stadtrat Dr. Könekamp berichtet über eine Reise mit OB Strölin nach Posen, Warschau, Lublin, Lodz und Krakau. OB Dr. Strölin empfiehlt, für den Luftschutz die Keller anstoßender Häuser miteinander zu verbinden. Man habe in Warschau die Erfahrung gemacht, daß die Keller im allgemeinen der Beschießung standgehalten hätten, aber die Ausgänge verschüttet worden seien.

DEZEMBER 1939

25. Dezember   Der 3. Rang des Großen Hauses ist wieder geöffnet.

27. Dezember   Um die Wohnungsnot zu lindern, erläßt OB Dr. Strölin eine »Anordnung zur Erleichterung der Wohnungsbeschaffung für kinderreiche Familien«. Vermieter müssen freiwerdende Wohnungen dem städt. Wohnungs- und Siedlungsamt melden. Im allgemeinen sollen bei einer Vermietung Familien mit mindestens drei Kindern berücksichtigt werden. Alleinstehende Wohnungsinhaber werden aufgefordert, sich um eine Unterkunft in einem Altersheim zu bewerben. In bestimmten Fällen könne die Stadt einen Teil der Umzugskosten übernehmen.

29. Dezember   In einem Artikel »Sie leben wie in einer Familie zusammen« berichtet das Neue Tagblatt vom Auslandsdeutschen Schülerheim in der ehemaligen Gaststätte Zum Sünder, Gerokstraße 21. Die Jungen gehen zur Schule und lernen auf Fahrten Deutschland kennen.

30. Dezember   Das Amtsblatt des Württ. Kultministeriums meldet folgende Schülerzahlen: Private Jüdische Volksschule 104; Private Oberschule Sieger (private Vorbereitungsanstalt) 159; Hauswirtschaftliche Jahresschule 278; Eberhard-Ludwigs-Gymnasium 531; Private kaufmännische Berufsfachschulen 741; Hilfsschulen 813; nicht voll ausgebaute Oberschulen 864; Oberschulen mit Klassen 1—5 919; Höhere Handelsschulen 1023; Mittelschulen 2482; Oberschulen für Mädchen 2556; Kaufmännische Berufsschulen 4508; Oberschulen 5071; Gewerbliche Berufsschulen 8086.
Dr. med. Johannes Port wurde zum leitenden Arzt der Allgemeinen Ortskrankenkasse Stuttgart bestellt. Er tritt die Nachfolge von Prof. Dr. du Mesnil de Rochemont an, der an die Universität Marburg berufen worden ist.

31. Dezember   Die Polizeistunde in der Silvesternacht wird auf 1 Uhr festgesetzt. Das Abbrennen von Feuerwerkskörpern ist verboten.
Im Kleinen Haus wird die Posse »Der Talisman« von Johann Nestroy (Musik: Adolf Müller) erstaufgeführt.
Die Hauptfahrbereitschaft hat seit 1. Oktober 18 700 Aufträge erledigt. Aufgabe der nach Kriegsbeginn eingerichteten Fahrbereitschaften, die es auch in Bad Cannstatt, Feuerbach und Zuffenhausen gibt, ist es, Fuhrleistungen zu organisieren, die von der Privatwirtschaft nicht erledigt werden können.
In diesem Monat wurde in der Schickhardtstraße 35 ein Kinderheim eingerichtet, das auch als Mütterheim verwendet wird.

1940

1. Januar Die Jahreswende verlief stiller als sonst; Feuerwerke waren untersagt. Im Familien- und Freundeskreise, in den Gasthäusern und Vergnügungsstätten ging es trotzdem lebhaft zu.
Zum Jahreswechsel führt OB Dr. Strölin u. a. aus: »An die ständige Verdunklung und an die Rationierung des lebenswichtigen Bedarfes haben wir uns bereits gewöhnt ... Die Stadtverwaltung steht dabei vor einer schwierigen Aufgabe. Jede Verbrauchsregelung greift naturgemäß in das persönliche Leben des einzelnen Volksgenossen aufs stärkste ein. Sie stellt damit eine Belastungsprobe zwischen Volk und Führung dar, im besonderen auch eine Probe des Vertrauens zwischen der Einwohnerschaft einer Stadt und der Stadtverwaltung, die mit der Durchführung all der kriegsnotwendigen Maßnahmen im örtlichen Bereich beauftragt ist.«
Die neue, verschärfte Beitragsordnung der Reichsvereinigung der Juden in Deutschland für die Erhebung des ordentlichen und außerordentlichen Beitrags (Auswandererabgabe) tritt in Kraft.
Beim Wohnungs- und Siedlungsamt wird eine Wohnungstauschstelle errichtet, deren Aufgabe es ist, Meldungen von Wohnungsinhabern, die ihre Wohnung tauschen wollen, entgegenzunehmen und auch beim Tausch mitzuwirken.
Durch Erweiterungen bei den städt. Altersheimen werden im Januar etwa 100 neue Plätze geschaffen. Damit sollen Alleinstehende und Ehepaare veranlaßt werden, ihre Wohnung aufzugeben und sie für Wohnungssuchende bereitzustellen.
Um Erzeugung und Bedarf besser aufeinander abzustimmen, wird mit dem 1. Januar 1940 die Bezugscheinpflicht für Lastkraftwagen eingeführt.
Mit einem 4 : 1-Sieg über die Sportfreunde Stuttgart wird der VfB Stuttgarter Stadtmeister.
Bei einem Eissportfest auf der Waldau tanzt das württ. Meisterpaar im Eiskunstlauf Hedwig und Wilhelm Trauth. Im Eishockey siegt die Gebietsmannschaft der HJ gegen die 1. Mannschaft des TEV Waldau.

1.–15. Januar Das Programm der Bunten Bühne Wilhelmsbau bestreitet Hans Lindenberg mit weiteren Mitwirkenden.

JANUAR 1940

2. Januar Die Stadt Stuttgart verkauft an die Stuttgarter Siedlungsgesellschaft rund 1 Hektar Grund zur Errichtung von Wohnhäusern Auf der Steig in Bad Cannstatt.
Das Amtsblatt stellt fest, daß in den ersten 4 Kriegsmonaten keine Ernährungsschwierigkeiten aufgetaucht sind. Erzeuger, Verteiler und Verbraucher hätten sich auf die Kriegswirtschaft umgestellt. In einem Artikel »Die zeitgemäße Speisenkarte« behandelt es Fragen der Gaststättenverpflegung: In den Gaststätten können Reisefleisch-, Reisefett- und Reisebrotkarten und die normalen Lebensmittelkarten verwendet werden. Neben dem markenfreien Stammgericht, das sich wegen seines geringen Preises allgemeiner Beliebtheit erfreue, können die Gaststätten alle bezugscheinfreien Lebensmittel verwenden (Geflügel, Fisch, Pilze usw.). Wildragout ist markenfrei und bei Schalenwild hat der Gast Anspruch auf die dreifache Menge des auf dem Abschnitt angegebenen Gewichts. An zwei Tagen in der Woche dürfen die Gaststätten keine fleischhaltigen Gerichte abgeben und auch keine markenfreien Lebensmittel verwenden. Das Gaststättengewerbe habe sich mit Hilfe von Schulungsmaßnahmen und dank beruflicher Tüchtigkeit gut auf die einschneidenden Änderungen der Kriegsernährungswirtschaft eingestellt.

5. Januar Die Jüdische Kultusvereinigung Württemberg, Rechtsnachfolgerin der früheren Israelitischen Religionsgemeinde Stuttgart, meldet sich beim Vereinsregister an.
Vor Angehörigen der Wehrmacht führt die Stuttgarter Kammeroper im Kunstgebäude die Lehár-Operette »Der Graf von Luxemburg« auf.
Erster Wettkampftag der Stuttgarter Boxer im neuen Jahr im vollbesetzten Saalbau Leicht.

6. Januar Folgende Straßenstrecken werden dem öffentlichen Verkehr übergeben: Anzengruberstraße vom Grillparzerweg bis zum Rosseggerweg, Straße Am Bismarckturm zwischen Feuerbacher Heide Nr. 60 und Anzengruberstraße, Kießstraße von Weddigenstraße bis zur Markungsgrenze Möhringen, Uhlandstraße von Weddigenstraße bis zur Markungsgrenze Möhringen und Straße Unterer Brühl zwischen Gallusstraße und Feldbergstraße.

6.–8. Januar Zum Tag der Briefmarke haben die KdF-Sammlergruppen in der König-Karl-Halle des Landesgewerbemuseums eine Briefmarkenausstellung aufgebaut, die lebhaftes Interesse findet.

7. Januar Im Bürgermuseum findet die Versammlung des Landesverbandes Schwaben im Reichsbund der Philatelisten statt, der auch Reichspostpräsident Dr. Auer (Stuttgart) beiwohnt.

JANUAR 1940

Premiere von Wagners »Tristan und Isolde«.
Harald Kreutzberg gibt im Schauspielhaus ein Tanzgastspiel.
Handharmonika-Konzert der Stuttgarter Handharmonika-Spielgemeinschaften in der Liederhalle.
Bei einem Eisfest auf der Feuerbacher Heide tanzt die württ. Gaumeisterin im Eiskunstlauf, Else Dobbratz. Im Eishockey siegt eine aus Spielern mehrerer Vereine zusammengesetzte Stadtmannschaft über die Gebietsmannschaft der Hitlerjugend mit 4 : 3.

8. Januar Die TH Stuttgart und die Landwirtschaftliche Hochschule Hohenheim nehmen den wegen des Krieges bisher eingestellten Lehrbetrieb wieder auf.
Friedrich Barth, Direktor i. R. der Firma Zahn-Nopper, ehemaliger Vorstand des Christlichen Vereins junger Männer, verstorben.

9. Januar Auf einer Beiratssitzung der Industrie- und Handelskammer gibt Präsident Kiehn einen Überblick über die Wirtschaftslage in Württemberg. Die Umstellung der Friedens- auf die Kriegswirtschaft bedinge eine Verlagerung auf die Produktionsgüterindustrie zu Lasten der Konsumgüterindustrie. Es fehle an Arbeitskräften und Rohstoffen, ein Abziehen von Arbeitskräften in größerem Umfang müsse daher die württ. Wirtschaft schwächen. Dank der ausgeglichenen Wirtschaftsstruktur hätten die Schwierigkeiten bisher gemeistert werden können; die Ausfuhr habe sich trotz des Krieges günstiger als erwartet entwickelt.

10. Januar Das Arbeitsamt Stuttgart meldet, daß es einen großen Bedarf an weiblichen Arbeitskräften für wichtige Industriebetriebe habe.
In diesen Tagen wurden 30 Wohnungen der 16. Bauserie der Baugenossenschaft Luginsland (Untertürkheim) bezogen, weitere 30 Wohnungen sollen bis Monatsende fertiggestellt werden.
Das städt. Gesundheitsamt richtet in der Unfallhilfsstelle des Deutschen Roten Kreuzes in der Neckarstraße 42 einen Arztnotruf ein.
In der Landesbibliothek wird eine Gedächtnisausstellung des Holzschneiders und Malers Wilhelm Laage gezeigt.

12. Januar Die Handelszeitung des Schwäb. Merkurs berichtet über die Bauindustrie im Krieg: Die Ausrichtung der deutschen Industrieerzeugung auf die Herstellung kriegswichtiger Güter hat in nachhaltiger Weise auch die Entwicklung der Bauindustrie beeinflußt. Durch Einberufungen zur Wehrmacht sind der Bauindustrie überdies unentbehrliche Arbeitskräfte, oft sogar der leitende Unternehmer entzogen worden. Mehrere Betriebe des Baugewerbes, dessen Beschäftigungsrückgang sich in Grenzen

hielt, schlossen sich, um den Schwierigkeiten zu begegnen, zu Arbeitsgemeinschaften zusammen.
Bei einem Straßenbahnzusammenstoß in der Neckarstraße werden 9 Personen leicht verletzt.
In einer Beratung mit den Technischen Beiräten wird der Einfluß der Verdunkelung auf die Verkehrsunfälle besprochen und statistisch belegt. Im Oktober und November 1939 verzeichnete man jeweils acht tödliche Verkehrsunfälle gegenüber vier und drei in den gleichen Monaten des Jahres 1938.

13. Januar Primator-Stellvertreter Prof. Dr. Pfitzner (Prag) besucht mit einer Delegation der Prager Stadtverwaltung Stuttgart.
Im ehemaligen Urach-Haus (Neckarstraße 68) wird das neue Heim der NSKK-Motorgruppe Südwest eröffnet.
Helge Roswaenge gastiert im Großen Haus als Herzog in »Rigoletto« von Verdi.
Das Stadtarchiv zeigt im Rathaus aus seinen Beständen Erzeugnisse Stuttgarter Zinngießer des 18. und 19. Jahrhunderts.
Die von Ringern aus Untertürkheim und Wangen gebildete Stuttgarter Mannschaft unterliegt beim Städtekampf der Ringer zwischen Prag und Stuttgart in Wangen mit 4 : 3.
Dr. Alfred Bofinger, Intendant des Reichssenders Stuttgart, wird zur Wehrmacht einberufen. Er entgeht dadurch einem Verfahren, das die Partei gegen ihn angestrengt hat.

14. Januar Am Opfersonntag dürfen von 10 bis 17 Uhr nur Eintopfgerichte verabreicht werden.
Von den am 1. September 1939 in Stuttgart gemeldeten 18 696 Kraftfahrzeugen sind derzeit noch 4900 Personenkraftwagen zugelassen. Demnächst sollen hiervon etwa 3000 stillgelegt werden.
Zur Frage des NS-Kuriers, ob die Anordnungen des Reichsverkehrsministers für die rotbewinkelten Fahrzeuge eingehalten werden, führt der Leiter der Stuttgarter Verkehrspolizei aus: »Privat- und Luxusfahrten im Personenkraftwagen werden heute nicht mehr ausgeführt. Die dauernden Verkehrskontrollen bestätigen diese Tatsache. Auch an den Sonntagen sieht man außer den Droschken nur noch vereinzelte Personenkraftwagen in den Straßen der Stadt.«
Um dem alten Mißstand bei den Straßenbahnen, der Überfüllung der Motorwagen abzuhelfen, schlägt ein Leser vor, die Fahrpreise im Motorwagen zugunsten der NS-Volkswohlfahrt oder des Roten Kreuzes um 5 Pfennig zu erhöhen.
Der bulgarische Volkschor Guslá gibt ein Konzert in der Liederhalle.
Im Konzertsaal der Liederhalle gastiert das Quartetto di Roma.

JANUAR 1940

15. Januar   Neben anderen Fahrpreisermäßigungen fallen auch die Sonntagsrückfahrkarten der Reichsbahn ab heute fort.

17. Januar   Die Hauptversammlung der Fr. Hesser Maschinenfabrik AG, Bad Cannstatt, beschließt, aus dem Reingewinn einschließlich Vortrag von 225 770 RM wieder 10 % Dividende auf die Stammaktien und 7 % auf die Vorzugsaktien auszuschütten. Die Nachfrage sei im In- und Ausland gestiegen. Trotz des Krieges sei das Unternehmen voll beschäftigt.
Thilde von Entreß, die Tochter der in Stuttgart unvergessenen Sängerin Anna Sutter, gastiert im Großen Haus als Amneris in »Aida«.

18. Januar   OB Dr. Strölin erstattet den Ratsherren den Verwaltungsbericht 1939. Er würdigt die Bedeutung der Reichsgartenschau und erläutert die Aufgaben, die der Krieg der Stadtverwaltung stellt. Für den Luftschutz seien an Straßenkreuzungen 400 Richtlampen angebracht worden, die auch bei Fliegeralarm brennen; hingegen würden 3500 Richtleuchten in den Hauptstraßen bei Alarm gelöscht. Da viele städt. Bedienstete zur Wehrmacht eingerückt seien, müsse von der Gefolgschaft Mehrarbeit bis an die Grenze der Leistungsfähigkeit geleistet werden. Er habe das Rechnungsprüfungsamt angewiesen, bei der Verwaltung auf Einsparungsmöglichkeiten zu achten. »Wir wollen alle daran arbeiten, daß bei dieser Gelegenheit aus unserer Verwaltung jede unnötige Umständlichkeit, jeder gedankenlose Schematismus vollends und endgültig beseitigt wird.« Der Haushaltsplan sei durch den Kriegsbeitrag an das Reich sowie durch wirtschaftliche und fürsorgerische Aufgaben überholt worden. Die Stadt müsse zunächst die Kosten für das Ernährungsamt und das Wirtschaftsamt aufbringen und ein Fünftel des Familienunterhalts der Einberufenen tragen. Weitere Ausgaben erwüchsen durch Luftschutzmaßnahmen und das Einrichten von Hilfskrankenhäusern, Kinderkrippen und Kindergärten. Da die Steuern nicht erhöht und keine Darlehen aufgenommen werden dürften, müsse an anderen Stellen, z. B. bei den Zuschüssen an Vereine und Anstalten, gespart werden. Zwar seien die Steuereingänge bisher kaum gesunken, doch sei zu befürchten, daß die Gewerbesteuer nachlasse. Einen Maßstab für die noch recht gesunde Wirtschaft stellten die Spareinlagen der Städt. Spar- und Girokasse dar, die von Ende 1938 bis Ende 1939 von 251,8 auf 277,4 Mio. RM gestiegen seien. Besonderes Augenmerk schenke die Stadt der Jugendpflege; sie beteilige sich auch an den Kindergärten der NS-Volkswohlfahrt. Bei Kriegsbeginn seien das Viktor-Köchl-Haus und die Kinderheilstätte bei der Geißeiche vom Verein für Kinderheime übernommen und den städt. Kinderheimen angegliedert worden. 7000 Kleinkinder wurden erstmals vom schulärztlichen Dienst untersucht, 6000 Kinder wurden gegen Diphtherie geimpft. Für das Ehrenkreuz der deutschen Mutter wurden 13 000 Frauen vorgeschlagen. Erfreulich sei die Bevölkerungsbewegung. 1932 wurden 3700,

1939 6800 Ehen geschlossen. 1932 zählte man 4200 Lebendgeborene, 1939 8700. Die Zahl der Gestorbenen stieg von 3950 auf 4600. Die Stadt kaufte 47 Hektar Grundstücke um 6 360 000 RM und verkaufte 26 Hektar für 3 Mio. RM. Bei 10 Baulandumlegungen wurden 1000 Bauplätze bereitgestellt. Außer der Reichsgartenschau wurden 39 Hektar Grünanlagen geschaffen und 1500 Bäume gepflanzt. Die Stuttgarter Siedlungs-GmbH habe am Rotweg in Zuffenhausen 97 Eigenheime, in der Föhrichstraße in Feuerbach 126 und in der Walckerstraße in Bad Cannstatt 35 Arbeiterwohnungen fertiggestellt. Insgesamt wurden 1700 Wohnungen gebaut und 1150 begonnen. Die TWS setzten gleichviel Strom wie im Vorjahr ab; Gas wurde um 5 % mehr erzeugt, Wasser um 5 % weniger verbraucht. Die 100 Kilovolt-Leitung von Marbach nach Stuttgart wurde in Betrieb genommen.

4. Meisterkonzert mit den Münchner Philharmonikern unter Oswald Kabasta in der Liederhalle.

BM Neunhoeffer von Möhringen teilt mit, daß trotz des Krieges im Jahre 1939 141 Baugesuche (1938: 190) genehmigt worden sind.

19. Januar Dr. Richard Schmid, Rechtsanwalt in Stuttgart (1953—1964 Oberlandesgerichtspräsident in Stuttgart), wird vom Volksgerichtshof Berlin wegen Vorbereitung zum Hochverrat zu 3 Jahren Zuchthaus verurteilt. Ihm wird vorgeworfen, als Funktionär der illegalen SAP (Sozialistische Arbeiterpartei), die auch in Stuttgart durch eine Gruppe vertreten war, tätig gewesen zu sein. Verdächtig war er darüber hinaus schon wegen seiner Bereitschaft, angeklagte Gegner des Naziregimes vor Gericht zu verteidigen, z. B. als er im Jahre 1934 vor dem Oberlandesgericht Stuttgart die Verteidigung eines von 11 Angeklagten übernahm, die dem Arbeiterturn- und Sportbund, der Sozialistischen Arbeiterjugend und der SPD angehört hatten. Als besonders belastend wurde Schmids Bekanntschaft mit dem Gausekretär des Reichsbanners, dem Schlosser Albert Salm und Wilhelm Braun, der in Stuttgart eine illegale Organisation leitete, gewertet. Er wurde weiter beschuldigt, Beziehungen zu einem Vertreter des Internationalen Sozialistischen Kampfbundes (ISK) unterhalten zu haben.

Die Reichsbahndirektion weist darauf hin, daß es wegen der notwendigen bevorzugten Bedienung des lebenswichtigen Güterverkehrs nicht möglich ist, Entlastungszüge für den Reiseverkehr einzusetzen oder Reisezüge so zu verstärken, daß eine weitere Lokomotive notwendig wird. Alle nicht unbedingt nötigen Reisen sollen unterbleiben.

Im Regierungsanzeiger wird auf die Anordnungen des Reichsverkehrsministers über die Verdunkelung bei der Straßenbahn und das Verhalten von Personal und Fahrgästen bei Fliegeralarm hingewiesen. Die Stuttgarter Straßenbahnen verwenden schon die vorgeschriebene blendfreie, nach oben abgeschirmte Stirnlampe. Bei Fliegeralarm sind die Straßenbahnwagen unverzüglich stillzulegen. Fahrgäste und Personal müssen die Wagen verlassen und den nächsten öffentlichen Luftschutzraum aufsuchen.

20. Januar   In einem Schreiben an Reichserziehungsminister Rust protestiert Landesbischof Wurm gegen das Zurückdrängen des christlichen Religionsunterrichts zugunsten eines Weltanschauungsunterrichts.
Die Kreisstelle Stuttgart des Deutschen Roten Kreuzes ruft zum Beitritt und zur Mitarbeit auf. Die Zahl von 3200 Mitgliedern sei im Verhältnis zur Einwohnerzahl und der aktiven Helfer (1800) ungewöhnlich gering.
Nach Umbau der früheren Kreissparkasse Stuttgart-Amt, Rotebühlstraße 27, hat hier die Städt. Spar- und Girokasse die Hauptzweigstelle Rotebühlstraße eröffnet und die Zweigstelle Alter Postplatz mit ihr zusammengelegt.
Die aus Stuttgart stammende Cembalistin Lisedore Häge wurde für einen Bach-Abend bei den Berliner Konzerten junger Künstler in diesem Monat verpflichtet.
Auf der Jahresversammlung des Württ. Geschichts- und Altertumsvereins wird Archivdirektor Dr. Hermann Häring wieder zum Vorstand gewählt. Dr. Reinhard Buchwald hält einen Vortrag über »Schiller als Dichter seiner Zeit«.

20./21. Januar   Bei der Gaustraßensammlung für das Kriegs-Winterhilfswerk wirken 190 Turn- und Sportvereine mit 15 000 Sammlern mit.

21. Januar   Mit Beginn des neuen Fahrplans finden die seit über eineinhalb Jahrzehnten verkehrenden Beschleunigten Personenzüge in Württemberg ihr Ende.
Der Stuttgarter Oratorienchor und das Landesorchester führen unter Martin Hahn in der Stiftskirche das Mozart-Requiem auf.
In der Liederhalle tritt der Zauberer Marvelli auf.
Mit Ausnahme des Spiels VfB gegen Sportclub (2 : 2) werden wegen der Kälte die Fußballspiele abgesagt.

22. Januar   Die Württ. Verwaltungsakademie, die während der ersten Kriegsmonate ihre Tätigkeit eingestellt hatte, beginnt ihr Wintersemester 1939/40.
Die einheimischen Künstler Hildegard Noller (Mezzosopran) und Eugen Steiner (Klavier) konzertieren in der Liederhalle.

23. Januar   In der Presse und durch Plakatanschlag wird bekanntgegeben, daß der am 22. Dezember 1939 vom Sondergericht Stuttgart wegen Einbruchs und Betrugs, begangen »unter Ausnutzung der zur Abwehr von Fliegergefahr getroffenen Maßnahmen«, zum Tode verurteilte Adolf E. heute hingerichtet wird.
Der Reichswirtschaftsminister erläßt eine Sonderregelung, nach der Juden keine

Reichskleiderkarte und keine Bezugscheine für Spinnstoffwaren, Schuhe und Sohlenmaterial erhalten.

Auf einer Sitzung der Wohlfahrts- und Gesundheitsbeiräte wird mitgeteilt, daß als Ersatz für die von der Wehrmacht in Anspruch genommenen 1400 Krankenbetten in städt. und anderen Krankenhäusern von der Stadt Stuttgart seit Kriegsbeginn zur Versorgung der Bevölkerung folgende Hilfskrankenhäuser mit insgesamt 800 Betten eingerichtet wurden und betrieben werden: Friedrich-List-Heim, Nürnberger Straße 145; Uhland-Oberschule, Kanonenweg 42; Brenzhaus, Hohe Straße 11; Furtbachhaus, Furtbachstraße 6.

Die Gesangvereine Frohsinn und Sängerbund Bad Cannstatt sowie das Landesorchester geben unter Leitung von Eugen Schneider im Kursaal ein Konzert für das Winterhilfswerk.

24. Januar   In der Liederhalle findet ein Wunschkonzert mit Michael Jary und über 80 Mitwirkenden statt.

25. Januar   Heinrich Lilienfein liest im Haus des Deutschtums aus eigenen Werken.

26. Januar   Das städt. Fuhramt hat in der letzten Zeit alle verfügbaren Kräfte aufbieten müssen, um die Hauptverkehrsstraßen vom Schnee zu reinigen. Zweimal in der Woche werden die Mülleimer entleert. Die Zusammensetzung des Mülls hat sich geändert; es befinden sich jetzt 70 % weniger verwertbare Altstoffe unter dem Müll als früher.

OB Dr. Strölin überreicht in der Liederhalle an zahlreiche städt. Gefolgschaftsmitglieder Treudienst-Ehrenzeichen für 25- und 40jährige Dienstzeit; er selbst wird für 25-jährige Dienstzeit ausgezeichnet. Mehrere Bedienstete wurden nicht geehrt, weil sie früher Sozialdemokraten oder Freimaurer waren.

28. Januar   Das Stroß-Quartett konzertiert in der Liederhalle.

Dank des vielen Schnees ist eine ungewöhnlich große Zahl von Stuttgartern mit Skiern unterwegs. Starke Anziehungskraft besitzt das von der NS-Gemeinschaft Kraft durch Freude veranstaltete Preisskirennen im Feuerbacher Tal; die DAF veranstaltet auf der Doggenburg ein Kreis-Skitreffen für die Beschäftigten der Stuttgarter Betriebe.

29. Januar   Beim 1. Sinfoniekonzert der KdF-Kulturgemeinde der Spielzeit 1939/40 dirigiert Gerhard Maaß das Landesorchester. Es singt Lore Fischer.

30. Januar   Rechtsrat Mayer berichtet den Beiräten für Frauenangelegenheiten, daß manche Frauen ihre Arbeit in den Betrieben aufgeben wollen. Andere würden am

FEBRUAR 1940

Wochenende fehlen. Man führe dies auf den gut bemessenen Familienunterhalt zurück. Frau Dr. Kommerell empfiehlt, die Industrie zu veranlassen, die Arbeitszeit für Frauen anders zu regeln. Um ihren Haushalt besorgen zu können, sollte man den Frauen am Freitag und Samstag freigeben oder sie nur halbtags beschäftigen. — Weiter wird erörtert, daß die meisten Geflügel- und Wildbrethandlungen Kundenlisten ablehnen, weil zu wenig Ware angeliefert werde. Hingegen hätten sich die Kundenlisten bei der Abgabe von Freibankfleisch bewährt. — Als ungerecht wird empfunden, daß Stoffe zum Selbstnähen mehr Punkte der Kleiderkarte erfordern als fertige Kleider. Das würde besonders die Kinderreichen hart treffen.
Bei der Uraufführung des Films »Weltrekord im Seitensprung« in den Palast-Lichtspielen sind die Hauptdarsteller Lucie Englisch und Ludwig Schmitz anwesend.

30./31. Januar General von Schröder, Präsident des Reichsluftschutzbundes, stattet der Landesgruppe Württ.-Baden einen Besuch ab und überprüft hierbei in Stuttgart den Stand der Selbstluftschutzmaßnahmen.

31. Januar OB Dr. Strölin beruft 8 Persönlichkeiten in die neugebildeten Beiräte für Jugendwohlfahrt.
Unter der ironisch gemeinten Überschrift »Wie wir hungern« berichtet der Schwäb. Merkur, daß allein die Ortsgruppe Karlshöhe von der abgelaufenen Zuteilungsperiode übrig gebliebene Marken für über 1000 Kilogramm Brot eingesammelt hat.

1. Februar Das Sondergericht Stuttgart verurteilt den 20jährigen Wilhelm St. aus Stuttgart zum Tode. Er hatte einen Arbeiter »unter Ausnutzung der zur Abwehr von Fliegergefahr getroffenen Maßnahmen« bewußtlos geschlagen und ihm den Geldbeutel mit 65 RM Inhalt gestohlen.
Mit dem Verkauf des 500 000. Loses der Kriegswinterhilfslotterie rückt Stuttgart prozentual erstmals an die Spitze der süddeutschen Großstädte.
Die Stadt beschließt, ihre Aktienanteile im Nennwert von rund 86 000 RM an der Kraftverkehr Württemberg AG an die Stuttgarter Straßenbahnen zu veräußern.
In einem Artikel »Darüber mußte endlich einmal gesprochen werden« behandelt der NS-Kurier das gespannte Verhältnis von Straßenbahn und Fahrgast und bittet um Verständnis für den schweren Dienst des Straßenbahnpersonals, das durch den ungewöhnlichen Frost und durch die Verdunkelung bis an die Grenzen der Leistungsfähigkeit gefordert wird.

1.—29. Februar Im Friedrichsbautheater treten in den zwei Einaktern »Vaterfreuden« und »Der Ehering« Willy Reichert, Elisabeth Amann, Oskar Heiler und Paul Land auf. Werner Kroll parodiert Prominente.

FEBRUAR 1940

2. Februar Wie das Jüdische Nachrichtenblatt bekanntgibt, müssen die aus Deutschland auswandernden Juden, soweit sie Mitglieder der Reichsvereinigung der Juden sind, bei einem Vermögen über 10 000 RM oder einem Ruhegehalt, das bei der Kapitalisierung diesen Wert übersteigt, eine außerordentliche Abgabe, die je nach Höhe des Vermögens 10 bis 60 Prozent beträgt, zahlen.
Bei einem Unterhaltungsabend in der Liederhalle wirken die Filmschauspieler Rotraut Richter und Ivan Petrovich mit.

3. Februar Der OB ruft die Bevölkerung auf, bei der Beseitigung der Schneemassen in den Straßen der Stadt mitzuarbeiten.
Drei weitere Kindertagesstätten der Stadt Stuttgart werden eingerichtet: ein Tagheim mit Schülerhort für rund 160 Kinder in der Badstraße in Bad Cannstatt, ein Tagheim für 140 Kinder in der Militärstraße und ein Kindergarten mit Schülerhort für rund 110 Kinder in der Sonnenbergstraße.

3./4. Februar Die vierte Reichsstraßensammlung im Kriegs-Winterhilfswerk 1939/40 erzielt in Stuttgart einen Ertrag von 87 000 RM.

4. Februar In einem Artikel »Dafür müssen heute alle Verständnis aufbringen!« führt der NS-Kurier als Hauptursachen der gegenwärtigen Kohlenverknappung die ungewöhnlich lange Kälteperiode und den Einsatz der Verkehrsmittel für den Krieg auf.
Beim 5. Meisterkonzert spielt Walter Gieseking (Klavier) in der Liederhalle.

5. Februar Vor dem Tierschutzverein hält der Leiter der Cannstatter Tierklinik, Dr. Erich Scheffel, einen Vortrag über die Organisation des veterinären Luftschutzes in Stuttgart.

6. Februar Dr. Gerhard Venzmer spricht in der Volksbildungsstätte an drei Abenden über Erbkrankheiten.
Alexander Schlicke, Mitbegründer und langjähriger Vorsitzender des Deutschen Metallarbeiterverbandes, verstorben.

7. Februar Das Wendling-Quartett (Karl Wendling, Andrea Wendling-Steffen, Hans Köhler, Alfred Saal) spielt in der Liederhalle.
Pfarrer a. D. Otto Ris, langjähriger Vorstand der evang. Diakonissenanstalt in Stuttgart, in Unterkochen verstorben.

8. Februar In einer Beratung mit den Ratsherren berichtet Oberbaurat Scheuerle über den zivilen Luftschutz. Ratsherr Güntner teilt mit, daß bisher 246 000 Volksgas-

FEBRUAR 1940

masken in Stuttgart verteilt worden seien. — Stadtrat Dr. Waldmüller legt die schwierige Lage bei der Kohlenversorgung dar. Das Dampfkraftwerk Münster verfüge noch über einen Vorrat von 6000 Tonnen für 8—10 Tage, das Werk Gaisburg über 10 500 Tonnen für 10 Tage. Einen Engpaß gebe es auch bei der Kartoffelversorgung, ferner müsse mit einer Knappheit bei Gemüse gerechnet werden.
»Die lustigen Weiber von Windsor« von Otto Nicolai werden in einer Neuinszenierung im Großen Haus aufgeführt.

9. Februar Generalmusikdirektor Albert von den Württ. Staatstheatern Stuttgart errang kürzlich als Gastdirigent eines Sinfoniekonzerts der Belgrader Philharmoniker mit Beethovens 5. Sinfonie und der Uraufführung einer Suite für Flöte und Orchester des serbischen Komponisten Schiwkowitsch einen großen Erfolg.
Bei der 3. Folge der Abende der 1000 Freuden tritt auch der »Hamsterkönig« der Wochenschauen, Ludwig Schmitz, in der Liederhalle auf.
Durch einen Gasrohrbruch in der Imnauer Straße in Bad Cannstatt stirbt ein älteres Ehepaar an Gasvergiftung.

10. Februar Das Rauchverbot in den Triebwagen der Stuttgarter Straßenbahnen gilt jetzt auch für die Vorderplattform.
Bei einem Vortragsabend des Schwäb. Albvereins im Landesgewerbemuseum spricht Prof. P. Goeßler (Tübingen) über »Burgen und Schlösser der Schwäbischen Alb«.
Der Malermeister Reinhold Nägele, Mitbegründer der Ortsgruppe Stuttgart des Schwäb. Albvereins, Vater des Kunstmalers Reinhold Nägele, im Alter von 91 Jahren in Ludwigsburg verstorben.

11. Februar Erna Sack singt, begleitet von Charles Cerné (Klavier) und Fritz Jungnitsch (Flöte) in der Liederhalle.
Unter der Schirmherrschaft von OB Dr. Strölin geben der Singchor der städt. Gefolgschaft, der Männerchor des Schwäb. Albvereins, der Singchor der Stuttgarter Sportfreunde, der Männerchor Sängerlust von Zuffenhausen und der Stuttgarter Pimpfenchor im Gustav-Siegle-Haus zugunsten des Winterhilfswerks ein Chorkonzert. Robert Schäfer dirigiert.
Im Kronprinzenpalais spricht Prof. Dr. A. Haseloff (Kiel) vor dem Verein der Freunde der Württ. Staatsgalerie über »Hohenstaufen-Schlösser in Italien«.

12. Februar Im Rathaus findet die konstituierende Versammlung des Zweckverbandes Gasversorgung Württemberg statt. In die Spitze des Verwaltungsrats werden gewählt: OB Dr. Strölin (Vorsitzender); OB Gültig, Heilbronn (1. stellvertretender Vorsitzender); OB Foerster, Ulm (2. stellvertretender Vorsitzender). Der Verwaltungsrat wählt zu seinem Geschäftsführer Direktor Bauser, zu dessen Stellvertreter Direktor Dr. Mezger, beide aus Stuttgart.

In einer Beratung mit den Technischen Beiräten wird mitgeteilt, daß die Stadtgärtnerei bis zu zwei Drittel auf Gemüsebau umgestellt werde und deshalb nur noch das Rathaus und einige andere Gebäude, nicht aber die Schulen mit Blumen geschmückt werden könnten.

Stadtrat Dr. Schwarz spricht im Hindenburgbau über »Die Frau in der Kriegswirtschaft«.

Staatssekretär Waldmann hält in der Württ. Verwaltungsakademie einen Vortrag »Die Verwaltung im Kriege«.

14. Februar In Zuffenhausen bricht die Maul- und Klauenseuche aus.

In der Ausstellung Deutsche Plastik der Gegenwart in der Galerie Valentien sind auch schwäb. Künstler vertreten: Fritz von Grävenitz, Emil Kiemlen jun., Alfred Lörcher, Gottlieb Schäfer.

15. Februar Das Stuttgarter Schnellgericht ahndete einen Mißbrauch des roten Winkels an einem Auto mit dem Entzug der Fahrerlaubnis und sechs Wochen Gefängnis.

Das Amtsblatt berichtet von der Arbeit der Stadtverwaltung: Im Rahmen des Vierjahresplanprogramms des Tiefbauamts ist es gelungen, den Schlamm des Feuerbachs fäulnisfähig zu machen und täglich rund 2000 Kubikmeter Klärgas als Treibstoff zu gewinnen. Durch Vermischung von Klärschlamm und Kleinmüll gewinnt die Stadtverwaltung aus bisher unverwertbaren Abfallstoffen billigen und wertvollen Dünger.

Der Gaubeauftragte für den Leistungswettkampf in den Betrieben, Rösler, überreicht den Stuttgarter Straßenbahnen für die Erstellung von rund 800 Wohnungen das Leistungsabzeichen für vorbildliche Heimstätten und Wohnungen.

Das Hilfskrankenhaus Hans-Sachs-Haus, Hauptstätter Straße 140/142, wird eröffnet. Es ist dem Katharinenhospital angegliedert und wird von Dr. Eberhard Klein geleitet.

Vor 75 Jahren wurde die heutige Feuerbacher Volksbank als Handwerkerbank nach den Grundsätzen der in Württemberg bestehenden Vorschußbanken gegründet.

Der frühere Leiter der Stuttgarter Hochschule für Musik, der Pianist Wilhelm Kempff, spielt an 6 Abenden im Konzertsaal der Liederhalle sämtliche Beethovensonaten.

Walter Rehberg (Klavier), Ernst Ludwig Herold (Violine) und Walter Deyle (Soloflötist des Württ. Landesorchesters) geben in der Hochschule für Musik einen Bach-Abend.

Dr. Maria Schneider (Wien) spricht im Deutschen Ausland-Institut über die Probleme der südosteuropäischen Staaten und Völker.

FEBRUAR 1940

16. Februar   In einem Aufruf werden die Hausfrauen aufgefordert, kein Altpapier zu verbrennen, sondern es der Altmaterialsammlung zu übergeben.
Unter dem Vorsitz des Landeshandwerksmeisters Philipp Baetzner fand eine Versammlung der Vertreter der württ.-hohenzollerischen Handwerkskammern zur Besprechung kriegswirtschaftlicher Fragen statt.
Das Pflanzenschutzamt Stuttgart beginnt in diesen Tagen mit einer Reihe von Arbeitstagungen für rund 1000 Pflanzenschutzfachwarte.
Vor den naturwissenschaftlichen Lehrern im NS-Lehrerbund und dem Deutschen Naturkundeverein sprach Dr. Friedrich Reinöhl über die Behandlung der Abstammungslehre im Schulunterricht.

17. Februar   Eine Tagung der Reichsarbeitsdienstführerinnen des Bezirks Württemberg, in der die Aufgaben besprochen wurden, die dem Arbeitsdienst durch die Einführung der Dienstpflicht für die weibliche Jugend gestellt worden sind, geht mit der Vereidigung der Führerinnen zu Ende.
Premiere von Friedrich Schillers »Die Verschwörung des Fiesco zu Genua«.
Im Künstler-Marionetten-Theater, Kriegsbergstraße 33, wird »Das kalte Herz« von Wilhelm Hauff aufgeführt.
Stadtarchivdirektor Dr. Hermann Vietzen spricht im Landesgewerbemuseum vor dem Württ. Geschichts- und Altertumsverein über »Das Münzwesen der Stauferzeit in Schwaben«.

17./18. Februar   Am Tag der Deutschen Polizei sammelt die Polizei für das Kriegs-Winterhilfswerk. Vier von den 20 Luftschutzrettungsstellen sind zur Besichtigung freigegeben: Friedrichstraße 23, Schloßturnhalle in der Schloßstraße, Schickhardtschule und Polizeiwache in der Urbanstraße. Die Sammlung erbringt 101 000 RM.

18. Februar   Die bei den Ortsgruppen der NSDAP aufgelegten Opferbücher für das Kriegs-Winterhilfswerk haben im Kreis Stuttgart 179 000 RM erbracht (1939: 51 000 RM).
In der Johanneskirche führt Harold Henning mit den Chören der Johanneskirche und der evang. Diakonieschule unter Mitwirkung von Helmut Stahl als Gesangssolisten geistliche Chorwerke alter Meister auf.
In der Markuskirche bringen Hermann Keller (Orgel), Helga Jäckh, Inge Sommer, Franz Rilling (Violine) und Anna Elisabeth Schaller (Cello) altitalienische Meister zu Gehör.

19. Februar   Die Stadt vergibt die Ausführung der Figur für den Brunnen an der Kreuzung Tübinger Straße / Furtbachstraße an den Bildhauer Jakob Clement.

FEBRUAR 1940

Willy Müller-Crailsheim, der neuernannte Lehrer für Violine an der Hochschule für Musik, gibt, am Flügel begleitet von Hans Brehme, einen Violinabend.
Im Verein für vaterländische Naturkunde spricht Baurat i. R. H. Vatter (Geislingen) über die Grundwasserverhältnisse und die Verkarstung der Mittleren Alb und ihre Bedeutung für die Stuttgarter Wasserversorgung und den geplanten Neckar-Donau-Kanal.

19.—22. Februar   Die Württ. Staatsoper gibt mit Mozarts »Figaros Hochzeit« (Dirigent Alfons Rischner) und »Cosi fan tutte« (Dirigent Herbert Albert) das erste Gastspiel einer Oper des Reichs in Prag. Die Bühnenbilder wurden nach Entwürfen von Felix Cziossek in Prag hergestellt.

20. Februar   26 000 Personen besuchten in drei Monaten die Kurse der Volksbildungsstätte Stuttgart.
Dr. Paul von Georgi, Konzertmeister des Rundfunkorchesters, und Hubert Thielemann, Pianist des Kleinen Rundfunkorchesters, bringen bei einem Violin- und Klavierabend u. a. Uraufführungen von Karl Bleyle und Roman Schimmer.
Dr. H. Bühler spricht im Planetarium an 5 Abenden über »Weltentwicklung und Weltuntergang in Sage und Wissenschaft«.
Prof. Heinrich Seufferheld, Maler und Radierer, in Tübingen verstorben.

22. Februar   In Anwesenheit von Kreisleiter Fischer und Polizeipräsident General Schweinle hielt der Reichsluftschutzbund einen Amtsträgerappell ab, an dem die Orts-, Revier-, Untergruppenführer und Luftschutzlehrer von Stuttgart teilnahmen.
Wie auf einer Sitzung der Beiräte für Leibesübungen festgestellt wird, besuchten an über 50 »Eistagen« vom 21. Dezember 1939 bis heute rund 76 000 Personen die städt. Eisbahnen Feuerbacher Heide (35 000), Waldau (31 000) und Adolf-Hitler-Kampfbahn (10 000).

23. Februar   Bei den Entscheidungskämpfen der Bereichskriegsmeisterschaften im Boxen im Saalbau Wulle gehen sechs von acht Meistertiteln nach Stuttgart.

24. Februar   Hans Grischkat führt in der Liederhalle mit seinen Singkreisen die Kantate »Die Bauernhochzeit« in Anwesenheit des Komponisten Cesar Bresgen auf.

25. Februar   Unter dem Motto »Kinder tanzen für Kinder« veranstalten die Geschwister Maria und Marta Döll mit ihrer Kinder-Tanzschule eine Morgenfeier im Schauspielhaus.
In der Fußballmeisterschaft Württembergs gewinnt der Tabellenführer der Staffel I,

655

FEBRUAR 1940

der VfB Stuttgart, auch sein letztes Spiel; der Sportclub verliert gegen ihn auf eigenem Platz mit 2 : 3. Der VfB beendet die Staffelmeisterschaft ungeschlagen mit dem Punkteverhältnis 19 : 1.

26. Februar Die Stuttgarter Straßenbahnen schränken ihren Betrieb ein. Die Linien 3 und 9 werden eingestellt, die Linien 4, 16, 20 und 21 verkehren von Montag bis Freitag nur während bestimmter Zeiten, ebenso am Samstag und Sonntag die Linien 4 und 16.

Um Wohnraum für kinderreiche Familien zu schaffen, soll alleinstehenden Personen, die eine Wohnung freimachen können, die Unterbringung in einem städt. Altersheim erleichtert werden. Zu diesem Zweck werden die Gebäude Ottostraße 1 und 11, Reinsburgstraße 187 und 189 sowie das Parkhotel Silber in der Villastraße als städt. Altersheime eingerichtet.

Ein Leser des NS-Kuriers schlägt vor, die eisernen Zäune an der englischen Kirche in der Olgastraße, in der Alexander-, Uhland- und Kernerstraße, an der Eugenstaffel und an anderen Orten der Kriegswirtschaft zur Verfügung zu stellen.

Bei einem Unterhaltungsabend in der Liederhalle treten die Tänzerin La Jana und der Humorist Karl Peukert auf.

27. Februar Im Kleinen Haus bringen die Württ. Staatstheater die Komödie »Die Prinzipalin« von Karl Zuchardt zur Erstaufführung.

Der rumänische Geiger Georges Boulanger spielt unter Mitwirkung von Herbert Ernst Groh (Tenor) mit seinem Orchester in der Liederhalle.

28. Februar Im Deutschen Ausland-Institut werden die Sieger der Reichsgartenschau geehrt. Der Reichsfachwart für Gartenbau, Präsident Boettner, dankt allen Beteiligten und gibt bekannt, daß 806 Preise an 286 Aussteller vergeben werden konnten. OB Dr. Strölin würdigt die wirtschaftliche, kulturelle, fachliche und ernährungspolitische Bedeutung der Reichsgartenschau. Der Leiter der Fachgruppe Gemüsebau Groß-Stuttgart, Gustav Steinle, dankt im Namen der ausgezeichneten Firmen OB Dr. Strölin für die Ehrung.

Bei einem Appell übermittelte der Leiter der Kriegswinterhilfswerk-Lotteriestelle in Stuttgart, Hirschmann, den Dank und die Anerkennung der Reichsleitung der NSDAP an die 27 Glücksmänner, die in diesem Winter 643 000 Lose verkauft und Stuttgart an die Spitze der süddeutschen Großstädte gebracht hätten. Der Stuttgarter Hans Kimmich erwies sich mit rund 70 000 verkauften Losen lt. NS-Kurier als der beste deutsche Glücksmann.

Die Stadt erwirbt das Anwesen der ehemaligen Wirtschaft Zum Wiesengrund in Buttenhausen zur Einrichtung eines Pflegeheims für ältere Menschen.

MÄRZ 1940

Das Claudio-Arrau-Trio spielt im 6. Meisterkonzert in der Liederhalle.

29. Februar Kreisamtsleiter Güntner eröffnet in der Brunnenstraße 7 in Bad Cannstatt die elfte Gemeindestation der NS-Schwesternschaft im Bereich der Kreisamtsleitung.
Vizeadmiral Dr. Groos spricht im Gustav-Siegle-Haus über die »Grenzen der englischen Seemacht«.

1. März Die Stadt beschließt, die frühere Gaststätte Panoramahöhe, Botnanger Steige 18, als HJ-Heim einzurichten. Dadurch soll die Raumnot der Hitlerjugend, in die diese wegen der Beschlagnahme mehrerer Heime für Kriegszwecke geraten ist, gemildert werden.
Unter Mitwirkung der Komponistinnen gibt der Bund der Gemeinschaften deutscher Künstlerinnen und Kunstfreundinnen im deutschen Frauenwerk in der Hochschule für Musik ein Konzert mit Werken der Stuttgarterin Hilde Kocher-Klein und der Münchnerin Philippine Schick.
Von der Theaterabteilung der Karnevalsgesellschaft Möbelwagen wird im Bürgermuseum der schwäb. Schwank »D'Familie Knöpfle« von Carl Siber uraufgeführt.

1.—31. März Im Friedrichsbautheater gastieren u. a. Marita Gründgens und das Greta-Visso-Ballett. In der 2. Märzhälfte tritt Claire Waldoff anstelle von Marita Gründgens auf.

2. März bis 2. Juni In einer Ausstellung im Kronprinzenpalais werden oberdeutsche Kupferstiche vor Dürer in Nachbildungen gezeigt.

4. März Das Strub-Quartett gibt in der Liederhalle einen Beethovenabend.

5. März General Horst von Metzsch spricht im Gustav-Siegle-Haus über »Die wehrpolitische Lage«.

6. März Am 40. Todestag Gottlieb Daimlers treffen sich im Kursaal in Bad Cannstatt zahlreiche Persönlichkeiten aus dem öffentlichen und privaten Leben zu einer Gedächtnisfeier. OB Dr. Strölin würdigt Daimler und gibt die Stiftung eines Gottlieb-Daimler-Gedächtnispreises bekannt, der jährlich an junge deutsche Ingenieure, die sich auf dem Gebiet des Fahrzeug- und Motorenbaus ausgezeichnet haben, verliehen werden soll. Dem Festakt schließt sich die Einweihung der Daimler-Gedächtnisstätte in seiner ersten Werkstatt in der Taubenheimstraße an.

MÄRZ 1940

7. März Erstaufführung des Luis-Trenker-Films »Der Feuerteufel« in Anwesenheit des Regisseurs im Universum.

8. März Gastspiel der Kuban-Kosaken unter dem Dirigenten Arkadi Juskaeff im Saalbau Dinkelacker.

9. März Bei der Stadtverwaltung wird ein Luftschutzamt eingerichtet und zu dessen Leiter Oberinspektor Wilhelm Steinbach ernannt.
In der Liederhalle veranstalten die NS-Gemeinschaft KdF und der Reichssender Stuttgart unter Mitwirkung von Mitgliedern der Württ. Staatstheater einen heiteren Nachmittag unter dem Motto »Gruß aus Stuttgart«.

10. März Der Heldengedenktag wird mit einer Feierstunde im Hof des Neuen Schlosses und zahlreichen Kranzniederlegungen begangen.
Das Spiel VfL Sindelfingen — Stuttgarter Kickers endet mit 2 : 6. Damit werden die Stuttgarter Kickers mit Torvorsprung württ. Fußballmeister der Staffel II vor den punktegleichen Stuttgarter Sportfreunden.

11. März Die Firmen C. und E. Fein und Zeiß-Ikon erhielten das Leistungsabzeichen für vorbildliche Berufserziehung.
Karl von Baltz und Richard Laugs geben in der Liederhalle einen Kammermusikabend.

12. März Das Internationale Komitee des Roten Kreuzes erläßt einen »Aufruf betreffend den Schutz der Zivilbevölkerung gegen Luftangriffe«. In ihm schlagen sich die Anregungen nieder, die OB Dr. Strölin bei den Besprechungen in Genf mit dem Präsidenten des Internationalen Komitees des Roten Kreuzes, Prof. Max Huber, und dem Stadtpräsidenten von Zürich, Dr. Klöti, Anfang Februar 1940 gegeben hatte.
Eine Durchführungsverordnung des Reichsluftfahrtministers verlangt, daß alle unmittelbar benachbarten Gebäude durch Mauerdurchbrüche in den Kellern zu verbinden sind, um für den Ernstfall möglichst viele Ausgangsmöglichkeiten zu schaffen.
Zur Förderung des künstlerischen Nachwuchses veranstalten die Reichsmusikkammer, Kreismusikerschaft Stuttgart, und die KdF-Kulturgemeinde gemeinsam eine Stunde der Musik in der Liederhalle.

13. März Bei einer Beratung mit den Ratsherren werden folgende Angelegenheiten besprochen: Die in der letzten Zeit zwischen der Stadt Stuttgart und der Neckar AG geführten Verhandlungen über den Ausbau der Neckarwasserkraft bei Hessigheim wurden abgeschlossen. Als Vergütung für die Überlassung des Stromes aus dem Kraftwerk Hessigheim hat die Stadt nach der vorläufigen Veranschlagung einen ein-

maligen Betrag in Höhe von 1 870 000 RM in Raten entsprechend dem Baufortschritt zu zahlen. — Der Neubau des Rundfunkgebäudes der Reichsrundfunkgesellschaft soll nicht auf der Silberburg, sondern auf der Karlshöhe erstellt werden. — In verschiedenen Stadtteilen werden vom Gartenamt insgesamt 450 Dauerkleingärten errichtet. — Unter dem Hindenburgplatz wird ein öffentlicher Luftschutzraum für 450 Personen gebaut; eine spätere Erweiterung als Unterführung zwischen Hauptbahnhof und Königstraße ist möglich. — In nächster Zeit werden am Wilhelmsplatz, Karlsplatz, Platz beim Lindle (Hauptstätter — Paulinenstraße), Diakonissenplatz, im Hof der Rotebühlkaserne, am Fangelsbachfriedhof, am Herbert-Norkus-Platz und im Hof der künftigen Feuerwache IV Wiener / Leobener Straße Löschwasserbehälter mit einem Fassungsvermögen von rund 500 cbm gebaut. — Bei der Versorgung mit Schuhen ist ein Engpaß eingetreten. Bezugscheine für Schuhwaren können nur an Bauern und Weingärtner sowie Arbeiter und Kinder ausgegeben werden. — Die Baustoffzufuhr für den Wohnungsbau der Baugenossenschaft Münster ist ins Stocken geraten, weil nicht genügend Treibstoff für die Kraftfahrzeuge zugeteilt wird.
In der Turnhalle des Katharinenstifts wurde ein Aufenthaltsraum für durchreisende Soldaten eingerichtet. Im Februar 1940 sind hier über 7000 Wehrmachtsangehörige betreut worden.

14. März Eugen Widmaier, ehem. Bezirksleiter der KPD, wird im Zuchthaus Ludwigsburg tot aufgefunden.
Gauleiter Murr verpflichtet im Beisein von Generaloberin Böttger, Reichshauptamtsleiter Hilgenfeldt und Gauamtsleiter Thurner im Weißen Saal des Neuen Schlosses 58 NS-Schwestern des Gaues Württemberg.
7. Meisterkonzert mit Elly Ney (Klavier) und Ludwig Hoelscher (Cello).

15. März Bei der Reichstagung des Hauptamtes für Kommunalpolitik der NSDAP in Kattowitz hält OB Dr. Strölin ein Referat über Energiewirtschaft.
Gauleiter Murr überreicht in der Gauschule II der NS-Frauenschaft auf dem Hohen Bopser an 78 Personen, die sich im Dienste der Volkswohlfahrt verdient gemacht haben, die Medaille für Deutsche Volkspflege.
In der Alleenstraße 8 wird das Hotel Brenner eröffnet.
Beim 3. Sinfoniekonzert der KdF-Kulturgemeinde wirken das Landesorchester unter Karl Leonhardt und Rosl Schmid (München), die Trägerin des Deutschen Musikpreises 1939, mit.

16. März Im Kunsthaus Schaller wird eine Ausstellung der Stuttgarter Maler Hermann Bäuerle, Alfred Reder, Helmut Mühle, Wilhelm Blutbacher und Theo Walz eröffnet.

MÄRZ 1940

16./17. März Der Tag der Wehrmacht wird mit einer Sammlung für das Kriegs-Winterhilfswerk, Eintopfessen, Militärkonzerten und weiteren Veranstaltungen begangen.

17. März Auf der Landesarbeitstagung des Rassenbiologischen Amtes spricht Gauamtsleiter Dr. Lechler über die biologische Lage des deutschen Volkes und seiner Gegner.
»Parsifal«-Aufführung im Großen Haus.
Bei der ersten Begegnung der beiden Staffelsieger VfB Stuttgart und Stuttgarter Kickers im Endkampf um die Bereichs-Fußballmeisterschaft siegt vor 12 000 Zuschauern in der Adolf-Hitler-Kampfbahn der VfB mit 5 : 4.

18. März Prof. Pedro Lain, Nationalrat der Falange und Leiter der Abteilung Schrifttum im spanischen Innenministerium, hält im Deutschen Ausland-Club Stuttgart einen Vortrag über »Die junge Generation und das Problem der spanischen Kultur«.
Anton Entreß, Ehrenvorsitzender der Sektion Schwaben des Alpenvereins, im Alter von 94 Jahren verstorben.

19. März Im Deutschen Ausland-Club spielen die römische Geigerin Lilia d'Albore und der Pianist Hubert Giesen.

20. März Erstaufführung von Grillparzers Trauerspiel »König Ottokars Glück und Ende«.

21. März Die Bäckerei-Kompanie einer württ. Division, meist Stuttgarter Bäcker, hat im Westen das einmillionste Kommißbrot gebacken und dem Stuttgarter OB Dr. Strölin überreicht, der es einer kinderreichen Familie weitergibt.
Im Schauspielhaus 100. Aufführung des Volksstücks »Der verkaufte Großvater« mit Max Strecker in der Hauptrolle.

22. März Die Hausbeauftragten, die bisher die Lebensmittelkarten an die Haushalte verteilt haben, sollen nun dafür sorgen, daß die Hausgemeinschaften den aus ihrer Mitte einberufenen Soldaten jeden Monat ein Päckchen schicken.
In der Leonhardskirche führt Hellmut Aichele mit dem Singchor zu St. Leonhard und der Singgemeinschaft Bad Cannstatt »Die sieben Worte Jesu am Kreuz« von Heinrich Schütz auf.

23. März Die staatlichen und städt. Behörden sowie die anderen Einrichtungen des

MÄRZ 1940

öffentlichen Bereichs leisten wegen des Krieges am Karsamstag Dienst wie an anderen Samstagen. Die Banken bleiben geschlossen.
Das Kunsthaus Hirrlinger stellt Werke der Münchner Maler Erich Erler und Max Märtens aus.

24. März Gegen 19.30 Uhr und gegen 22.15 Uhr wird starkes Nordlicht beobachtet.

24./25. März Frühlingsfest auf dem Cannstatter Wasen.

25. März Tanzmorgenfeier im Schauspielhaus mit Ilse Meudtner von der Staatsoper Berlin.

26. März Weil sich die Aufstellung des Haushaltsplans 1940 durch die Kriegsverhältnisse verzögert, trifft die Stadt eine vorläufige Haushaltsregelung: Es dürfen nur unbedingt nötige Ausgaben geleistet werden. Die Einnahmen werden weiterhin nach den Sätzen des Vorjahres erhoben.
Während der Osterfeiertage besuchten über 10 000 Besucher die Wilhelma.

28. März Bei der Beratung mit den Ratsherren wird darauf hingewiesen, daß die durch den Krieg notwendig gewordenen Einschränkungen sich auch auf den kommunalen Haushalt auswirken. Aufgaben müssen reduziert, Ausgaben gedrosselt werden, um Mittel für die Kriegswirtschaft und die Kriegsfürsorge freizumachen. Die Stadtverwaltung hat den Haushalt für 1939 im Nachtragshaushalt folgendermaßen ausgeglichen: Ordentlicher Nachtragshaushalt (Einnahmen und Ausgaben) 138 121 590 RM gegenüber 114 771 900 RM im ordentlichen Haushalt. Außerordentlicher Nachtragshaushalt (Einnahmen und Ausgaben) 13 956 900 RM gegenüber 35 097 000 RM im außerordentlichen Haushalt. — Die Steuersätze bleiben unverändert. — Es ist vorgesehen, das Gelände der Reichsgartenschau auf dem Killesberg auch im kommenden Sommer der Bevölkerung zugänglich zu machen, das Höhencafé und die Ländliche Gaststätte wieder zu eröffnen sowie Veranstaltungen und Sonderschauen durchzuführen. Die Freiflächen von zwei Hektar sollen während des Krieges auch der Kleintierhaltung (Kaninchen- und Hühnerzucht) und dem Anbau von Gemüse, Ölfrüchten, Heil- und Würzkräutern dienen. — Die Versorgung ist im allgemeinen befriedigend. Die Kartoffel- und Kohleversorgung bessert sich, doch noch immer mangelt es an Schuhen. — Für Eier werden bis zu 15 Pf je Stück bezahlt, hier breitet sich der »Schleichhandel« aus.
Die Kindermädchenschule der Mütterschule Stuttgart wurde zur Schule für Kinderpflege- und Haushaltsgehilfinnen umgewandelt.
Bei der Hauptversammlung der Stuttgarter Bank, der größten württ. Kreditgenossen-

MÄRZ 1940

schaft, berichtet Direktor Adolf Lieb über die günstige Entwicklung des Unternehmens im vergangenen Jahr und seine Bedeutung für die württ. Mittel- und Kleinbetriebe. Von den im Jahre 1939 von 18 137 auf 19 217 angewachsenen Konten gehören 28 % selbständigen Handwerkern, 22 % Geschäftsleuten und Fabrikanten. Die Umsätze überschritten die Milliardengrenze.

Dr. Colin Roß, Weltreisender und Schriftsteller, hält in der Liederhalle einen Vortrag »Erlebnisse im Fernen Osten während des Krieges — Asiens Schicksalsstunde«.

Prof. Pandit Tarachand-Roy spricht im Deutschen Ausland-Club in einem Lichtbildervortrag über Indien.

29. März In der Volksbildungsstätte wird — erstmals im Deutschen Reich — ein Singleiter-Lehrgang eröffnet, in dem Bedienstete der Wehrmacht dazu ausgebildet werden, die Soldaten zum richtigen Singen zu erziehen.

Die NSV-Kreisverwaltung Stuttgart eröffnete einen neuen Kindergarten in Wangen, den neunten innerhalb eines Jahres.

29./30. März Der NS-Bund deutscher Techniker, Abteilung Wehrtechnische Arbeitsgemeinschaft, hält unter Leitung des Obmanns Dr.-Ing. Klüsener in der TH eine Tagung über den Kriegseinsatz der Frau ab.

30. März Bei der Hauptversammlung des Kreises Stuttgart im Schwäb. Sängerbund wird Kreisführer Gustav Kuhnle wiedergewählt. Zum Nachfolger des verstorbenen Chormeisters Georg Adam ernennt er Max Schachtler. Zu Jahresbeginn zählte der Kreis 141 Vereine mit 6113 Sängern und 918 Sängerinnen.

Gastspiel des Kammersängers Peter Anders in der »Tosca«-Aufführung im Staatstheater.

Ein Musikkorps der Luftwaffe bringt in der Liederhalle zugunsten des Kriegs-Winterhilfswerks ein Sonderkonzert mit großem Zapfenstreich.

30./31. März Die 6. und letzte Reichsstraßensammlung im ersten Kriegswinter erbringt fast 130 000 RM.

30. März bis 9. April Für die sog. Metallspende werden alle entbehrlichen Gegenstände aus Kupfer, Bronze, Messing, Tombak, Rotguß, Nickel, Neusilber, Alpaka, Blei und Zink gesammelt. Als Sammelstellen dienen die 25 Außenstellen (Bezugscheinstellen) des städt. Wirtschaftsamts. Größere Spenden der gewerblichen Wirtschaft sollen direkt bei der Zentralsammelstelle in der Gewerbehalle abgeliefert werden. Nach einer Verordnung des Ministerrats für Reichsverteidigung wird mit dem Tode bestraft, wer sich an gesammeltem Metall bereichert oder es seiner Verwendung entzieht.

31. März Aufnahme der Jungen in die HJ und der Mädchen in den BDM.
Die Stuttgarter Straßenbahnen betreiben ihre Autobuslinien B, L und N nach einem eingeschränkten Sommerfahrplan, der im wesentlichen auf den Berufsverkehr ausgerichtet ist.
Im Fußball-Meisterschafts-Doppelspiel gewinnt der VfB gegen die Sportfreunde mit 3 : 1, die Kickers schlagen den Sportclub mit 8 : 0.
Rund 30 Mannschaften beteiligen sich an Waldlaufstaffeln mit Start und Ziel auf dem Kickersplatz in Degerloch.

1. April Seit 1918 wird erstmals wieder die Sommerzeit eingeführt. Dabei wird die Uhr um eine Stunde vorgestellt.
Das Kleiderkartensystem wird durch die Einführung der Säuglingskarte vervollständigt.
Zu Beginn des Schuljahres 1940/41 treten 2873 Kinder neu in die Schule ein.
Um deutsche Rückwanderer aus dem Ausland unterzubringen, hat die Stadt Stuttgart das Hotel Central in der Schloßstraße 16 gemietet. Dort befindet sich auch die Dienststelle des Rückwandereramts der Auslandsorganisation der NSDAP, Zweigstelle Stuttgart.
Mit großem Beifall wird beim 8. Sinfoniekonzert der Staatstheater unter Herbert Albert das neueste sinfonische Werk von Max Trapp, das zweite Konzert für Orchester, Werk 36 in D-Dur, bedacht. Peter Anders singt Arien.

1.–30. April Als letzte Premiere der Spielzeit 1939/40 zeigt das Friedrichsbautheater »Die große Parade«, inszeniert von Emil Neidhart.

3. April Das Hauptamt für Kriegsopfer der NSDAP übergibt dem Gau Württemberg einen im Hauptbahnhof Stuttgart stationierten Spezialtransportwagen für verwundete und kranke Soldaten.
In den Schulen wird in Gemeinschaftsempfang eine Rundfunkrede des Generalfeldmarschalls Göring angehört. Er fordert die Jugend auf, »der großen deutschen Volksgemeinschaft zu dienen«.
Sportbereichsführer Dr. Klett richtet im NS-Kurier an die schwäb. Turner und Sportler einen Aufruf, Auszeichnungen, Siegerpreise und Erinnerungsgaben zu sichten und Entbehrliches der »Metallspende« zu geben.

5. April Die Beiräte für das Kurbad Cannstatt erörtern folgendes: Der Mineralbrunnen ist seit Kriegsbeginn Wehrwirtschaftsbetrieb. Der Umsatz erreichte im September 1939 211 000 Flaschen, fiel im Oktober 1939 auf 67 000 Flaschen und steigt seither wieder. Mit 271 000 Flaschen im März 1940 wurde beinahe die Vorjahreshöhe erreicht.

APRIL 1940

Um den Anforderungen des Sommers gewachsen zu sein, müssen täglich 20 000 bis 22 000 Flaschen gefüllt werden. — Der Kurbrunnenausschank in den Anlagen soll während des Krieges entfallen. Das neue Abfüllhaus kann nicht vollendet werden, weil Arbeitskräfte und Baustoffe fehlen; die Abfülleinrichtung steht fertig in der Fabrik. — Das Stadtbad Cannstatt wird mit Beginn der neuen Kurzeit in Städt. Mineralbad Cannstatt umbenannt.

Im 5. Sinfoniekonzert der KdF-Kulturgemeinde spielt Siegfried Borries, Träger des Nationalen Musikpreises 1939 für Violine. Das Landesorchester bringt außerdem Werke von Karl Bleyle, Kurt Atterberg und Max Reger zur Aufführung.

6. April   Erstaufführung der Oper »Adriana Lecouvreur« von Francesco Cilèa im Großen Haus.

Adrian Aeschbacher gibt in der Liederhalle einen Klavierabend.

Der Städtekampf der Ringer zwischen Stuttgart und München in der Wangener Festhalle endet mit einem 4 : 3-Sieg der Münchner Mannschaft.

6./7. April   Sängertag des Schwäb. Sängerbundes in der Liederhalle.

»Volksbelustigung« auf dem Cannstatter Wasen mit Karussells, Schießbuden u. ä.

7. April   Zwei Stuttgarter Sänger, die Sopranistin Hedwig Cantz und der Bassist Hans Hager, tragen in der Liederhalle, am Klavier begleitet von Hermann Reutter, »Das Italienische Liederbuch« von Hugo Wolf vor.

8. April   Im Rahmen der neuen Sammelaktion für Altmaterial beginnt an den Stuttgarter Schulen die Knochensammlung. Die Schüler liefern Knochen, die während der Woche in den Haushalten ihrer Eltern oder ihrer Nachbarn anfallen, jeweils am Montag in der Schule ab. Die Erlöse verbleiben den Schulen.

9. April   Der Gesundheitszustand der Stuttgarter Jugend hat sich nach Aussage von Bannarzt Dr. Keßler und Prof. Saleck, dem Leiter des städt. Gesundheitsamtes, in den letzten Jahren erheblich gebessert. Auf Grund der jährlichen Reihenuntersuchungen der Stuttgarter Jugend im städt. Gesundheitsamt konnten im Lauf der letzten vier Jahre rund 30 000 Gesundheitspässe der HJ ausgestellt werden.

Auf einer Sitzung der Wohlfahrtsbeiräte wird erwähnt, daß die Volksschule in Neuwirtshaus wegen Diphtherie geschlossen wurde. Im stadteigenen Gebäude Felix-Dahn-Straße 39 in Degerloch soll ein Kindergarten für 50 Kinder eingerichtet und dann der NS-Volkswohlfahrt mietweise überlassen werden. Auf die Anregung eines Ratsherrn, die städt. Zuschüsse an konfessionelle Kindergärten zu streichen, wird mitgeteilt, daß

diese Zuschüsse schrittweise gesenkt worden seien und daß im nächsten Jahr keine mehr gewährt würden.
Die Mitgliederversammlung des Württ. Weinmarktes Stuttgart beschließt, in diesem Jahr keinen Weinmarkt abzuhalten. Von den erfaßten Weinbeständen sind 40 % zur Sicherung des Wehrmachtsbedarfs vorrätig zu halten.
Julius Faber, Fabrikant, optische Werke, verstorben.

10. April Unter der Überschrift »Die Schutzaktion im Norden« rechtfertigt der NS-Kurier in einem Leitartikel die am Vortage begonnene Besetzung Dänemarks und Norwegens durch deutsche Truppen.
Stuttgart will seine alte Tradition, eine Gartenstadt zu sein, auch im Kriege aufrechterhalten. Stadtverwaltung und Gartenamt schaffen aus Steinbrüchen, Auffüllplätzen und Brachland rund 40 Hektar Land für Kleingärten.
Die Stadt kauft das Anwesen Humboldtstraße 8. Mit der Zeit sollen alle Gebäude der oberen Humboldtstraße erworben und abgerissen werden, um das geplante Rundfunkhaus auf der Karlshöhe optisch genügend zur Wirkung kommen zu lassen.
Im Kleinen Haus geht die Erstaufführung von Paul Helwigs Komödie »Am hellichten Tag« über die Bühne.
Im Schauspielhaus findet die Premiere des Lustspiels »Hochzeitsreise ohne Mann« von Leo Lenz statt.
Das Volksmuseum im Ehrenmal der deutschen Leistung im Ausland wurde mit einer Ausstellung, die die »Schaffung Großdeutschlands« darstellt, erstmals wieder seit Kriegsbeginn geöffnet.

12. April Das von Robert Bosch gestiftete Krankenhaus gleichen Namens, die modernste homöopathische Heilstätte in Deutschland, wird seiner Bestimmung übergeben. Der Bau wurde nach dem Entwurf von Jakob Früh und Heinrich Mehlin ausgeführt. Die ärztliche Leitung des 300 Betten umfassenden Krankenhauses hat Dr. Alfons Stiegele. Die erste innere Abteilung untersteht Dr. H. Schlüter, die zweite Dr. Erich Unseld. Dr. Werner Burkart leitet die chirurgische, Dr. Werner Wundt die gynäkologische Abteilung. Für die Röntgenabteilung ist Dr. Glauner zuständig.
Herms Niels, der »Soldatenliederkönig«, gastiert in der Liederhalle mit 50 Musikern und Sängern.

13. April Juden werden aus den privaten Krankenkassen ausgeschlossen.
Kultminister Mergenthaler genehmigt die Stiftung Weltkriegsbücherei Richard Franck mit dem Sitz in Stuttgart.

14. April Vor zahlreichen Ehrengästen wird als 1500. Wehrmachtsveranstaltung der NS-Gemeinschaft Kraft durch Freude vom Schwäb. Fronttheater im Gustav-Siegle-

APRIL 1940

Haus das Lustspiel »Anna Susanna« aufgeführt.
In der Hospitalkirche weiht Helmut Rothweiler mit einem Konzert die neue Chororgel ein.

15. April Im 9. Sinfoniekonzert der Württ. Staatstheater spielt Georg Kulenkampff das 8. Violinkonzert von Ludwig Spohr und als Erstaufführung das Konzert für Violine von Karl Höller.

16. April Im Gustav-Siegle-Haus veranstalten das Gaujugendreferat des Deutschen Handwerks und die Hitlerjugend für die neu in den Handwerksberuf eingetretenen Lehrlinge erstmals eine Lehrlings-Einweisungsfeier.
Der Leiter des Kuramts Bad Cannstatt, Georg Nave, tritt seinen Dienst als Stadthauptmann und Kurdirektor der polnischen Badestadt Krynica an.

17. April In der Kunstgewerbeschule werden die neuen Studenten immatrikuliert.
Der NS-Kurier schlägt vor, die Galathee am Eugensplatz, das Denkmal Herzog Christophs, den Musikpavillon und die beiden Brunnen auf dem Schloßplatz sowie das Reiterdenkmal Kaiser Wilhelms auf dem Karlsplatz für die »Metallspende« zu opfern.

18. April Im Kleinen Haus wird die Komödie »Untreu« von Roberto Bracco erstaufgeführt.
Max Pauer, ehemaliger Direktor der württ. Musikhochschule, gibt in der Liederhalle ein Klavierkonzert.

19. April Die vom Gau Württ.-Hohenzollern im Hoppenlauweg 4 eingerichtete Mütterschule, die 13. im Gau, wird als Lina-Murr-Schule ihrer Bestimmung übergeben.

20. April Nach einem Geheimerlaß des Oberkommandos der Wehrmacht sollen »Mischlinge ersten Grades« und Ehemänner von Jüdinnen aus der Wehrmacht entlassen werden.
Zu Hitlers Geburtstag werden im Großen Haus »Siegfried« von Wagner und im Kleinen Haus »Die Verschwörung des Fiesco zu Genua« von Schiller aufgeführt.

21. April Das Arbeitsamt Stuttgart verschickt Briefe an kleinere Haushalte mit der Bitte, die Hausgehilfinnen zu anderweitigem Einsatz in der Hauswirtschaft freizugeben. Kinderreiche Mütter, ältere kranke Ehepaare und Geschäftsfrauen, deren Männer zum Heeresdienst eingezogen sind, seien ohne Hilfe und auch den Krankenanstalten fehle Personal.

APRIL 1940

Die Stürme und Wehrmannschaften der SA-Standarte 119 begehen auf dem Cannstatter Wasen Hitlers Geburtstag. Ministerpräsident Mergenthaler nimmt den Vorbeimarsch ab, ehe die Kolonnen in zwei großen Marschblöcken nach Bad Cannstatt und zum Karlsplatz ziehen.
Morgenfeier der Tanzgruppe Jutta Klamt im Schauspielhaus.
Vor 2000 Zuschauern veranstaltet der RV Spartania Zuffenhausen ein Rad-Eröffnungsrennen, in dessen Mittelpunkt das von Hoermann/Pfeiffer gewonnene 150-Runden-Mannschaftsfahren steht.

22. April Unter der Leitung von August Langenbeck bringen der Stuttgarter Kantatenchor, der Stuttgarter Singkreis, das Stuttgarter Kammerorchester sowie Sophie Hoepfel, Claus Stemann und Hermann Achenbach in der Liederhalle »Die Schöpfung« von Joseph Haydn zur Aufführung.

23. April Das 6. Sinfoniekonzert der KdF-Kulturgemeinde mit dem Landesorchester und Marianne Krasmann unter Karl Leonhardt ist Tschaikowsky zum 100. Geburtstag gewidmet.

24. April Rechtsrat Mayer teilt den Beiräten für Frauenangelegenheiten mit, daß die Stadt die bisherige kirchliche Erlöserkrippe in der Birkenwaldstraße 8 übernommen hat.

25. April In Anwesenheit des Komponisten Ermanno Wolf-Ferrari führen die Württ. Staatstheater im Großen Haus das musikalische Lustspiel »Die vier Grobiane« auf.
Der Geiger Barnabás von Géczy spielt mit seinem Orchester in der Liederhalle.
Ernst Brösamlen, Oberlehrer i. R., Musikdirektor, Verfasser des Heimatbuchs Das schöne Stuttgart-Berg, verstorben.

26. April Reichsgesundheitsführer Dr. Conti besichtigt das Robert-Bosch-Krankenhaus.
303. Aufführung des Orchester-Vereins Stuttgart in der Hochschule für Musik. Leitung Karl Leonhardt, Solistin Katharina Bosch-Möckel (Violine).

27. April Mit einer kleinen Feier wird der Volkspark auf dem Killesberg eröffnet. Im Park ist eine Kleintierlehr- und Werbeschau zu sehen.
Durch eine Nachtragsvereinbarung überläßt die Landesregierung der Stadt den Karlsplatz für den Wochenmarkt bis zum 15. Juli 1949. Die Stadt darf den Platz auch für Weihnachtsmärkte, Feste sowie als Parkplatz benützen.

MAI 1940

Ludwig Finckh liest vor Mitgliedern des Schwäb. Albvereins in der Liederhalle aus seinen Werken.

27./28. April   Eine Haussammlung für das Deutsche Rote Kreuz bringt in Stuttgart ein Ergebnis von rund 200 000 RM.

28. April   Auf einer Kundgebung der Bezirksgruppe Stuttgart des Reichsluftschutzbundes in der Liederhalle würdigt Bezirksgruppenführer Dr. Krauß die Bedeutung des zivilen Luftschutzes in Deutschland.
Über 600 Sänger des Stuttgarter Kreises des Schwäb. Sängerbundes unter Leitung von Kreischormeister Schachtler erfreuen die Insassen eines Stuttgarter Lazaretts mit ihren Liedern.
Der Männerchor des Stuttgarter Liederkranzes singt unter Hermann Dettinger in der Markuskirche geistliche Chöre.
Im Zweikampf der beiden Staffelsieger um die württ. Fußball-Bereichsmeisterschaft siegen vor 15 000 Zuschauern in der Adolf-Hitler-Kampfbahn die Stuttgarter Kickers über den VfB mit 3 : 1.

30. April   Die Stadt Stuttgart beabsichtigt, gemeinsam mit dem Württ. Landesgewerbeamt, der Robert Bosch GmbH und anderen Firmen der feinmechanischen Industrie Philipp Matthäus Hahn ein Denkmal zu errichten. Sie hat Stuttgarter Künstler beauftragt, Entwürfe zu fertigen.
Zum Abschluß einer Arbeitstagung der württ. BDM-Führerinnen spricht im Bacchussaal des Neuen Schlosses Gauleiter Murr über das Ziel der Jugendarbeit. Georg Schmückle liest aus eigenen Werken.
Die Mädchen des Ringes X vom BDM-Werk Glaube und Schönheit veranstalten im Wilhelmasaal eine Frühlingsfeierstunde.
Prof. Fritz von Graevenitz legte aus Gesundheitsgründen sein Amt als Direktor der Akademie der bildenden Künste nieder. Die Geschäfte führt nun der Lehrer für Holzschnitt, Erich Feyerabend.

1. Mai   Die Halter von Personenkraftwagen, auch Behörden, erhalten 25 % weniger Benzin zugeteilt.
Zu Gunsten des Kriegshilfswerkes für das Deutsche Rote Kreuz werden im Großen Haus die Operette »Der Zigeunerbaron« und im Kleinen Haus das Lustspiel »Am hellichten Tag« von Paul Helwig gespielt.

2. Mai   Gauleiter Murr und Reichsfrauenführerin Scholtz-Klink sprechen im Rahmen einer Feierstunde in der Liederhalle zu schwäb. Frauen.

MAI 1940

Mit einem Gottesdienst in der Stiftskirche begeht die Diakonissenanstalt Stuttgart ihr Jahresfest. Die Festpredigt hält Prof. D. Köberle (Tübingen), Pfarrer Walz gibt als Anstaltsvorsteher den Jahresbericht.
Die Stuttgarter Kickers werden nach einem 3 : 2-Sieg über die Stuttgarter Sportfreunde württ. Fußball-Kriegsmeister.

3./4. Mai Im Haus der Kameradschaft Horst Wessel in Stuttgart findet eine Führertagung des NS-Studentenbundes des Gaues Württ.-Hohenzollern statt. Besprochen wird u. a. die »Betreuung« von Westwall-Arbeitern durch Studentinnen.

4. Mai In der 71. Hauptversammlung der Stuttgarter Straßenbahnen weist OB a. D. Dr. Lautenschlager darauf hin, daß mehr Fahrgäste denn je befördert worden seien. Er unterstreicht den besonderen Einsatz der Gefolgschaft, vor allem der Frauen. Direktor Dr. Schiller betont, daß die Stuttgarter Straßenbahnen 1939 Hervorragendes geleistet haben. Die Bahn konnte den Massenverkehr zur Reichsgartenschau ohne weiteres bewältigen und sich später auf die Bedürfnisse des Krieges umstellen. Die Schwierigkeiten des Kriegswinters 1939/40 sind überwunden. In den ersten Monaten des Jahres 1940 ist die Zahl der beförderten Personen nochmals um 11 Prozent gestiegen. — Die Hauptversammlung beschließt, aus 1 178 000 RM Gewinn wieder 6 Prozent Dividende zu zahlen.
Auf einer Festsitzung zur 15. Wiederkehr der Gründung der Deutschen Akademie in der Aula der Universität München wird dem Mitglied des Großen Rates und Präsidenten des Deutschen Ausland-Instituts, OB Dr. Strölin, das Große Ehrenzeichen verliehen.
Im Haus des Deutschtums hält der Schwäb. Schillerverein seine 44. Mitgliederversammlung ab.
Im Gustav-Siegle-Haus spricht Paul von Lettow-Vorbeck über das Thema »Kampf um Deutsch-Ostafrika«.

5. Mai Im Kleinen Haus gelangt die szenische Kantate »Kampfwerk 39« von Marc-André Souchay in Anwesenheit des Autors zur Uraufführung.
1500 Sänger erfreuen die Insassen der Cannstatter Lazarette.
Im Württ. Kunstverein stellen schwäb. und auswärtige Künstler Gemälde und Graphiken aus. Zu sehen sind Werke von Leo Bauer, Fritz Steißlinger, Friedrich Felger, Maria Kopp-Gössele u. a.
Beim Rugby-Länderspiel Deutschland — Italien unterliegt die deutsche Mannschaft in der Adolf-Hitler-Kampfbahn vor 6000 Zuschauern mit 0 : 4.
Beim 22. Radrennen des RV Stuttgardia 1908 Rund um Stuttgart siegt der Wuppertaler Karl Heinz Trott. Den Karl-Hagdorn-Wanderpreis für die Mannschaft mit der besten Gesamtzeit erringt zum drittenmal und damit endgültig der RV Stuttgardia.

MAI 1940

6. Mai   Mit einem Beisammensein im Ratskeller endet der im Oktober 1939 eröffnete 6. Kommunalpolitische Lehrgang, an dem politische Leiter und kommunalpolitische Fachberater von NSDAP-Ortsgruppen teilnahmen.
Zum 60. Geburtstag von Karl Bleyle führt der Reichssender Stuttgart die Bacchanten-Ouvertüre und die Kleine Suite zum erstenmal auf.

7. Mai   Auf dem ersten Betriebsappell nach der Ernennung zum NS-Musterbetrieb fordert Gauleiter Murr die Belegschaft der Firma Mahle KG, Bad Cannstatt, auf, sich des Kampfes der Soldaten würdig zu erweisen: »Wir wissen: wir haben den besten Soldaten der Welt, aber wir haben auch den besten Arbeiter der Welt. Es müßte mit dem Teufel zugehen, wenn dieses Volk mit den besten Soldaten und mit den besten Arbeitern geschlagen werden könnte.«
Premiere von Kurt Sellmicks Lustspiel »Hilde und die 4 PS« im Schauspielhaus.

9. Mai   Die Gauleitung Württ.-Hohenzollern der NSDAP ordnet die listenmäßige Erfassung aller »Staatsfeinde und asozialen Elemente« an.
Der Reichsführer SS verbietet sämtliche konfessionellen Jugend- und Bibellager, Frei- und Rüstzeiten. Der Sicherheitsdienst-Leitabschnitt Stuttgart kommentiert das Verbot wie folgt: »Den Anforderungen der Verhältnisse entsprechend müssen heute die Jugendlichen in stärkstem Ausmaße zur vormilitärischen Ausbildung sowie zur Feldbestellungs-, Ernte- und sonstigen staatspolitisch vordringlichen Arbeiten herangezogen werden. Die Durchführung von konfessionellen Jugend- und Bibellagern, von Frei- und Rüstzeiten ist darum, insbesondere im Hinblick auf den Kriegszustand, unangebracht. Die deutsche Jugend kann für derlei Veranstaltungen heute keine Zeit haben.«
OB Dr. Strölin überreicht als Präsident des Deutschen Ausland-Instituts den volksdeutschen Schrifttumspreis für das Jahr 1940 dem in Stuttgart lebenden Ernst Moritz Mungenast für seinen Roman »Der Zauberer Muzot«.
Die Württ. Staatsoper spielt zum 100. Geburtstag Peter Tschaikowskys »Pique Dame«.

10. Mai   Die zum Angriff der deutschen Wehrmacht im Westen erschienene Sonderausgabe Nr. 1 des Neuen Tagblatts bringt folgende Schlagzeilen: »Anschlag der Westmächte auf Belgien und Holland. Vorstoß gegen die Ruhr angesetzt — Zusammenarbeit der belgischen und holländischen Stellen mit den Generalstäben Englands und Frankreichs. Rechtzeitige Gegenmaßnahmen.«
Der Postverkehr Heimat — Front wird für Briefe 5 Tage lang und für Feldpostpäckchen bis auf Widerruf gesperrt.
Der Technische Referent der Stadt Stuttgart, Stadtrat Dr. Schwarz, wurde zum Vorsitzenden der Südwestdeutschen Landesgruppe der Deutschen Akademie für Städtebau, Reichs- und Landesplanung bestellt.

11. Mai Der NS-Kurier gibt bekannt: »Das deutsche Volk ist in seinen Entscheidungskampf eingetreten. Dem Ernst der Zeit entsprechend, finden keine Tanzveranstaltungen statt.«
Im Kleinen Haus gelangt die Tragödie »Die Petersburger Krönung« von Friedrich Wilhelm Hymmen in Anwesenheit des Autors zur Uraufführung.
Im Stadtgarten wird das diesjährige Sommer-Varieté eröffnet.
Mit Händels Pastorale »Acis und Galatea« beginnen der Philharmonische Chor Stuttgart und das Landesorchester im Großen Kursaal in Bad Cannstatt die Kursaison 1940. Es dirigiert Erich Ade.
Im Ausstellungsgebäude auf dem Interimstheaterplatz wird durch den Württ. Kunstverein die Wanderausstellung Badische Kunst mit Werken der Malerei und Plastik eröffnet.

12. Mai Die Gefolgschaft der Firma Daimler-Benz hat den für die Maifeier vorgesehenen Betrag von 20 000 RM dem Kriegshilfswerk für das Deutsche Rote Kreuz gespendet.
Der 9400 Mitglieder zählende Stuttgarter Haus- und Grundbesitzerverein hielt im Bürgermuseum seine 36. ordentliche Mitgliederversammlung ab.

14. Mai Wegen des Baus eines Luftschutzraums am Hindenburgplatz müssen ab heute die hier verkehrenden Straßenbahnen bis auf weiteres umgeleitet werden.
Die Stadtverwaltung beschließt, in der Mörikestraße 7 und 9 ein Mütter- und Kinderheim einzurichten.

15. Mai Straßenbahnschaffnerinnen, die schon im ersten Weltkrieg auf der Straßenbahn Dienst geleistet haben, tragen als Auszeichnung auf dem Spiegel ihrer Uniform einen Stern.
Beim Stuttgarter Landgericht endet der am 3. April 1939 begonnene »Stuttgarter Bilderfälscher-Prozeß« mit Urteilen gegen die Angeklagten, die vorwiegend in München und Stuttgart auftraten und etwa 1 Mio. RM Schaden verursachten.

16. Mai Der NS-Kurier bemängelt den Schmutz auf den Straßen und Plätzen und fordert »Stuttgart muß sauber bleiben — auch im Kriege«.
Der Stuttgarter Liederkranz begeht in der Liederhalle das 116. Schillerfest. Die Festrede hält Dr. Hermann Binder, die musikalische Leitung hat Hermann Dettinger.

17. Mai Auf einer Tagung der Abteilung Groß-, Ein- und Ausfuhrhandel der Wirtschaftskammer für Württemberg und Hohenzollern im württ. Wirtschaftsministerium würdigt ihr Leiter Emil Stübler die Bedeutung des Großhandels für die Versorgung der Bevölkerung im Krieg.

18. Mai Das Amtsblatt meldet, daß dank der Mitarbeit der Bevölkerung »auf der gesamten Stuttgarter Markung wohl keine verwendbare Fläche mehr unbenutzt brachliegt und damit in diesem Abschnitt der Ernährungswirtschaft ein vollkommener Erfolg erzielt worden ist.«
Im Freizeitheim der Deutschen Arbeitsfront in Feuerbach überreicht W. Murr den im Leistungskampf ausgezeichneten 17 Unternehmen das Gaudiplom für hervorragende Leistungen.
Die Hauptversammlung der Ed. Züblin u. Cie. AG, Bauunternehmung Stuttgart, beschloß wiederum eine Dividende von 8 %.

18./19. Mai Sammlung für das Kriegshilfswerk des Deutschen Roten Kreuzes.

19. Mai Das Wirtschaftsministerium genehmigt die vom Reich errichtete Stiftung Forschungsanstalt Graf Zeppelin mit Sitz in Stuttgart.
In einer Feierstunde in der Liederhalle verleiht OB Dr. Strölin an 160 kinderreiche Familien die Ehrenpatenschaft der Stadt Stuttgart.
Unter der Leitung von Anselm Kunzmann führen der Chor der Marienkirche, der Philharmonische Chor und das Landesorchester in der Marienkirche die »Missa Solemnis« von Beethoven auf.

20. Mai Eine Verordnung der Reichsstelle für Mineralöl verschärft die Bestimmungen für den Kraftstoffbezug. Die Abgabe von Kraftstoff ist nur gegen Tankausweiskarten und Mineralölbezugscheine zulässig.
Der OB beruft neun Schulleiter und Elternvertreter in die neugebildeten Beiräte für Schulfragen.

21. Mai Das Amtsblatt beschreibt die Aufgaben des Wohlfahrtsamtes im Kriege: Das Schwergewicht der öffentlichen Fürsorge liegt vorwiegend in der Betreuung Jugendlicher, der Sozial- und Kleinrentner sowie der Kriegsopfer. Weitere Aufgaben sind die Ausgabe von Fettverbilligungsscheinen und die Befreiung von Rundfunkgebühren.
Glocken aus Bronze und Gebäudeteile aus Kupfer müssen dem Wirtschaftsamt gemeldet werden.
Dr. Gerhard Venzmer beginnt im Landesgewerbeamt mit einer dreiteiligen Vortragsreihe über »Das Wunder der Hormone«.

22. Mai In der TH werden die neu eintretenden Studenten immatrikuliert.
Mit dem 8. Sinfoniekonzert 1939/40 schließt die KdF-Kulturgemeinde ihren diesjährigen Zyklus ab.

22.–24. Mai Der Korb-, Kübler- und Holzwaren-Frühjahrsmarkt auf dem Skagerrakplatz ist mit 5 Händlern gegenüber 17 im Vorjahr nur schwach beschickt. Auch der Markt für Porzellan-, Glas- und Hafnerwaren zieht nur 6 Händler an (1939: 10).

23. Mai Durch eine Verordnung des Generalbevollmächtigten für die Reichsverwaltung wird »mit Rücksicht auf die dringend notwendige Kohlenförderung und die sonstigen Produktionsaufgaben« die Feier des Fronleichnamsfestes auf den kommenden Sonntag verlegt.
In der Beratung mit den Ratsherren werden folgende Fragen behandelt: Die Stuttgarter Handelshof AG, Ausstellungs- und Tagungsstelle soll unter dem Namen Stuttgarter Ausstellungs-GmbH fortgeführt werden, wobei 50 % des Kapitals auf die Stadt und 50 % auf die Industrie- und Handelskammer sowie auf die gewerbliche Wirtschaft entfallen. — OB Dr. Strölin bedauert die Beschlagnahmung des Parkhotels Silber durch die Wehrmacht. — Die von der Stadt angekauften Gebäude Reinsburgstraße 187/189 und Bismarckstraße 96 werden zum Altersheim Hasenberg umgebaut. — Der Einbau eines neuen Kessels im Dampfkraftwerk Münster erfordert mit den damit verbundenen Erweiterungen 1,4 Mio. RM. — Wegen des Krieges können die Prag- und Holzstraße nicht weitergebaut werden. — Die Schuh- und Kohlenversorgung sind sehr schlecht.
Das Hilfskrankenhaus Furtbachhaus ist unter der ärztlichen Leitung von Dr. Erwin Decker eröffnet worden.

24. Mai Der NS-Kurier berichtet, daß das Gartenamt Stuttgart, um ein Beispiel für den Ölfruchtanbau zu geben, auf einer Fläche von 5000 Quadratmetern Ölfrüchte angebaut hat.
In der Hochschule für Musik spielt Katharina Bosch-Möckel Werke für Violine von den Stuttgarter Komponisten Willy Fröhlich, Georg von Albrecht und Ewald Sträßer. Beim Bereichskampf der Boxer im Saalbau Wulle verliert die württ. Mannschaft gegen Bayern mit 2 : 14 Punkten.

25. Mai Mit einem »Vergleichsschießen« Stuttgarter Vereine wird die von der Stadt Stuttgart erbaute Schießanlage auf dem Cannstatter Wasen eröffnet.

25./26. Mai Reichs-Sportwettkampf der HJ.

MAI 1940

26. Mai In Anwesenheit des Komponisten und der Textdichter Hermann Heinz Ortner und Ludwig Andersen wird im Großen Haus die Oper »Tobias Wunderlich« von Joseph Haas erstaufgeführt.
Konzert des Landesorchesters mit Maisingen des Gesangvereins Frohsinn im Kursaal Bad Cannstatt.
Die württ. Fußballmannschaft, die sich aus Stuttgarter Vereinen rekrutiert, verliert einen Vergleichskampf mit Bayern in München mit 2 : 8.

27. Mai In einem Rundschreiben der Beratungsstelle Karlsruhe der Reichsvereinigung der Juden in Deutschland wird eine Mitteilung der jüdischen Mittelstelle in Stuttgart bekanntgegeben: »Es besteht Veranlassung, darauf hinzuweisen, daß der Besuch deutscher Gaststätten durch Juden auch dann unerwünscht ist, wenn besondere Hinweise wie ›Juden unerwünscht‹ und dergleichen nicht vorhanden sind. Wir bitten insbesondere die auswärtigen Juden, die vorübergehend hierherkommen, auch in ihrem eigenen Interesse dringend, sich an diesen Grundsatz zu halten, um sich nicht schweren Unannehmlichkeiten, wie sie in der letzten Zeit wiederholt aufgetreten sind, auszusetzen. In Stuttgart befindet sich eine jüdische Gaststätte Bloch, Rotebühlstraße 1 C (beim Wilhelmsbau). Wir bitten Sie, die Juden, die in Auswanderungsangelegenheiten nach Stuttgart kommen, in geeigneter Weise über diese Sachlage zu unterrichten.«
Peter Kreuder gibt mit seinen Solisten in der Liederhalle ein Konzert.

28. Mai Die Wohlfahrts- und Gesundheitsbeiräte erheben keine Einwände, daß die Stadt das Gebäude Am Weißenhof 44, das bisherige Rückwandererheim für Auslandsdeutsche, als Wohnheim nutzen, die Wohngebäude Am Weißenhof 14, 16, 18 und 20 als Hilfskrankenhaus mit der Bezeichnung Innere Abteilung des Krankenhauses Bad Cannstatt einrichten und das Gebäude Marienstraße 41 (früher Homöopathisches Krankenhaus) zu einem Hilfskrankenhaus ausbauen will.
Auf dem Killesberg wird eine Ausstellung des Reichsluftschutzbundes gezeigt.

Bei einem Vortrag im Deutschen Ausland-Club schildert Stadtrat Dr. Könekamp die Eindrücke, die er auf einer Vortragsreise im April durch die Balkanstaaten gewonnen hat. Nachdem zahlreiche Einladungen zu Lichtbildervorträgen über die »Stuttgarter Wunderschau« eingegangen waren, entsandte die Stadtverwaltung Dr. Könekamp als den seinerzeitigen Leiter der Reichsgartenschau zusammen mit dem Werbeleiter der Ausstellung, Schriftleiter Dr. Schlenker, zu einer Vortragsreise durch Ungarn, Bulgarien, Rumänien und Jugoslawien.

29. Mai OB Dr. Strölin übergibt an 125 Werkscharmänner das SA-Wehrabzeichen.
Wilhelm Geiger, der frühere Oberbürgermeister von Feuerbach, verstorben.

30. Mai Bei der Beratung mit den Technischen Beiräten wird über Planungen zur Vorbereitung des Wohnungsbaus berichtet. 4 Projekte ragen heraus: Mühlhausen mit 3600, Fasanenhof mit 2400, Hallschlag mit 3000 und Heumaden mit 1000 Wohnungen.

Major Fritz Jäger, Kommandeur eines Infanterie-Bataillons, erhielt als erster Stuttgarter das Ritterkreuz.

31. Mai Der NS-Kurier berichtet in einem Artikel »Auch Männer ohne Waffen schützen die Heimat« über den Sicherheits- und Hilfsdienst (SHD), dessen Aufgaben besonders auf dem Gebiet des Luftschutzes liegen. Der Luftschutz habe in Stuttgart vielfach die natürlichen Geländevorteile ausgenutzt; viele Keller und Luftschutzräume seien in ausgezeichnetem Zustand, so daß in Stuttgart bei einem etwaigen Luftangriff keine Opfer unter der Zivilbevölkerung zu erwarten seien.

Gauleiter Murr spricht in der Liederhalle in einer »Versammlung der Jugend« über deren Aufgaben im Krieg.

Erstaufführung des Schauspiels »Oberst Vittorio Rossi« von Edgar Kahn im Kleinen Haus.

Prof. Dr. Otto Schmitt von der TH hält den ersten Vortrag einer sechsteiligen Reihe »Kunstfahrt durch das Schwabenland«.

Baudirektor a. D. Franz Cloos, 1922—1931 Vorstand des städt. Hochbauamts, verstorben.

Den Pfarrern wurde untersagt, die Anschriften der Kriegsteilnehmer ihrer Gemeinden kartei- oder listenmäßig zu erfassen. Die »seelsorgerische und geistige Betreuung« der Soldaten ist künftig eine Angelegenheit der Partei. Die Pfarrämter bleiben »aus Gründen der Geheimhaltung« von ihr ausgeschlossen.

1. Juni Auf der Hauptversammlung der Albert Hirth-AG, Zuffenhausen, werden 8 % Dividende genehmigt.

Im Schauspielhaus beginnt mit der Aufführung von »Wiener Blut« die Operettenspielzeit.

1./2. Juni Bei der Haussammlung für das Kriegshilfswerk des Deutschen Roten Kreuzes gehen in Stuttgart 283 000 RM ein.

Auf dem Killesberg gestalten in der Ehrenhalle Künstler des Reichssenders Stuttgart ein buntes Programm. Die freischaffenden Künstler des Reichssenders Stuttgart haben sich zu einer Arbeitsgemeinschaft zusammengeschlossen, die während des Krieges Veranstaltungen der verschiedensten Art unter eigener Organisation und Regie durchführt. Sie begegnen damit der kriegsbedingten Zentralisation der Rundfunksendungen und der mit ihr verbundenen Beschränkung für die Künstler. Ihre Arbeit wird von der NS-Gemeinschaft KdF und von der Stadt Stuttgart unterstützt.

In der Schloßturnhalle werden die württ. Meisterschaften im Florett- und Säbelfechten der Männer und im Florettfechten der Frauen ausgetragen.

2. Juni Generalleutnant Oßwald besichtigt mit Ministerpräsident Mergenthaler auf dem Burgholzhof die SA-Wehrmannschaften und läßt sich die in knapp fünf Monaten erworbenen Kenntnisse vorführen.

Acht im Winter gebaute Segelflugzeuge der Flieger-HJ werden auf dem Marktplatz von Stadtrat Dr. Locher auf die Namen von Stuttgarter Fliegern getauft, die im zweiten Weltkrieg gefallen sind.

Im Alten Schloß wird eine ständige volkskundliche Ausstellung, in der alte Werkstätten der verschiedenen Handwerke und ihre Erzeugnisse aus Württemberg zu sehen sind, eröffnet.

12. Radrennen Rund um die Solitude.

3. Juni Der Sicherheitsdienst-Leitabschnitt Stuttgart lehnt es ab, Geistliche als Erziehungsberechtigte gelten zu lassen, weil ihr Erziehungsziel nicht auf die Einordnung und einwandfreie Haltung in der Volksgemeinschaft gerichtet sei, sondern auf die Vorbereitung für das Jenseits. Zur Verlegung des Fronleichnamstages berichtet er: »Wie die bis jetzt aus ... Stuttgart ... zum Fronleichnamstag vorliegenden Meldungen ergeben, wurde die staatliche Anordnung über die Verlegung auf den nachfolgenden Sonntag fast in allen Teilen des Reiches von der Kirche und ihren Anhängern kaum beachtet. Schon vorher war von den Kanzeln verkündet und von den Bischöfen in Weisungen an Pfarrämter und Erlasse in Kirchenblättern angeordnet worden, daß der Donnerstag nach wie vor kirchlich gebotener Feiertag mit Sonntagsgottesdienst bleiben würde und nur die Prozession verschoben wäre ... Die in den durch Luftangriffe besonders gefährdeten Gebieten erfolgte Einschränkung oder völlige Untersagung der sonntäglichen Prozessionen wurde verschiedentlich mißfällig aufgenommen, insbesondere da, wo zu gleicher Zeit Gebietssportfeste der Hitlerjugend abgehalten werden durften.«

3.—9. Juni Zum 20jährigen Bestehen der als Sportverein der Verkehrsbeamten gegründeten Reichsbahn- und Post-Sportgemeinschaft Stuttgart veranstaltet der mit 3400 Mitgliedern größte württ. Sportverein eine Sportwoche.

4. Juni In einem Artikel mit der Überschrift »Heute hilft die Arbeit der Front siegen« ruft das Amtsblatt die Frauen zur Arbeit in den Betrieben auf.

JUNI 1940

5. Juni   Landesbischof Wurm protestiert in einem Schreiben an Reichsstatthalter Murr gegen das Unterbinden der Kontakte zwischen Heimatpfarramt und Soldaten.

5.—7. Juni   Aus Anlaß der beendeten Kämpfe in Flandern und im Artois werden die Häuser beflaggt und von 12.00 bis 12.15 Uhr die Glocken geläutet.

6. Juni   Die Stadt kauft das Fabrikanwesen Wiener Straße 40—48 und Bregenzer Straße 41—43 in Feuerbach.
In Abänderung des Spielplans führen die Württ. Staatstheater aus Anlaß des Sieges in Flandern im Großen Haus den »Freischütz« von Carl Maria von Weber auf.

8. Juni   In Feuerbach, St. Pöltener Straße 20, ist ein Kindertagheim eröffnet worden.
Das Landesorchester unter Leitung von Gerhard Maaß unternimmt eine 14tägige Gastspielreise in den Warthegau und das Generalgouvernement.
Auf dem Killesberg werden die Sonderschauen Schnittblumen und Schwäbische Heimat eröffnet.

8./9. Juni   Jungvolk und HJ, Jungmädel und BDM sammeln am Reichsopfersonntag für das Jugendherbergswerk.

9. Juni   Mit Ansprachen von Kreisführer Rudolf Klaiber und Kreisleiter Fischer werden im Gustav-Siegle-Haus 600 Rote-Kreuz-Helferinnen und -Helfer vereidigt.
Im Großen Haus Erstaufführung des Balletts »Till Eulenspiegel« von Gertrud Pichl nach der Musik von Richard Strauß.
Im Kleinen Haus Erstaufführung des Lustspiels »Das lebenslängliche Kind« von Robert Neuner.
Im Kronprinzenpalais wird zum 10. Todestag des Malers eine Hans-Schönleber-Ausstellung eröffnet.
Die neue NSKK-Motorbooteinheit legt am Max-Eyth-See ihr erstes selbstgebautes Boot auf Kiel.

10. Juni   Anläßlich der Kriegserklärung Italiens an England und Frankreich versammelt sich eine große Menschenmenge zu einer Kundgebung vor dem Italienischen Konsulat in der Keplerstraße. Der italienische Konsul Dr. Pletti und Reichsstatthalter Murr halten Ansprachen.
In der Ludwigsburger Straße 120 in Zuffenhausen wird ein Kindertagheim eröffnet.

12. Juni   Zur Durchführung des Führerprinzips in der Gemeindepolizeiverwaltung wird die Gemeindesatzung über die Verwaltung der Ortspolizei in Stuttgart vom

JUNI 1940

2. Juli / 19. November 1925 aufgehoben und die Verwaltung der Gemeindepolizei durch Dienstanweisungen geregelt.
Eine öffentliche Aufführung der Staatlichen Hochschule für Musik ist der Kammermusik ihres einstigen Lehrers Ewald Sträßer gewidmet.

14. Juni In einer Sitzung der Beiräte für Jugendwohlfahrt wird ausgeführt, daß für die nicht schulpflichtige Jugend in Stuttgart mit rund 140 Kinderkrippen, Kindergärten und Kindertagheimen ausreichende Kindertagesstätten zur Verfügung stehen. Weniger günstig sind die Verhältnisse für die schulpflichtigen Kinder. Derzeit gibt es 16 Horte für 700 Kinder, die Zahl der hortbedürftigen Kinder beläuft sich aber auf rund 2800. Die Neuerrichtung von Schülerhorten stößt wegen Raummangels und Personalnot auf große Schwierigkeiten. Die NS-Frauenschaft soll gebeten werden, geeignete Frauen zur Anstellung als Hortleiterinnen vorzuschlagen.
Die Stadt überläßt in einem Erbbauvertrag dem Deutschen Reich zur Anlage einer Luftfahrterprobungsstelle rund 3,9 Hektar des Flughafengeländes. Das »Erbbaurecht läuft« vom 1. Januar 1940 bis 31. Dezember 1964.

15. Juni Die Stadt kauft das Anwesen Dillmannstraße 7. Das Gebäude ist als weiteres Wohnheim für auslandsdeutsche Kinder vorgesehen.

15./16. Juni Im Hindenburgbau treffen sich die Kameradschaftsführer der NS-Kriegsopferversorgung des Gaues Württ.-Hohenzollern zu einer Arbeitstagung. Behandelt werden Versorgungsfragen und der Arbeitseinsatz von Schwerkriegsbeschädigten.

16. Juni Im Rahmen einer Tagung des Württ. Gustav-Adolf-Vereins führt der Grischkat-Kreis vier Kantaten von J. S. Bach auf.
Im Kronprinzenpalais wird die ständige Ausstellung der Künstler-Kriegshilfe eröffnet. Sie soll württ. Künstlern Gelegenheit geben, ihre Werke zu zeigen und zu verkaufen.

16./17. Juni Die württ. Amtsärzte tagen in Stuttgart. Ministerialrat Dr. Stähle berichtet über den Stand der gesundheitlichen Verhältnisse im Reich und im Gau Württemberg, die hier besonders günstig lägen. Obermedizinalrat Dr. Mayser vom Innenministerium erläutert die »Organisation der Blutspender«; Prof. Dr. Saleck führt aus, daß für Stuttgart die notwendige Anzahl der Blutspender gefunden sei. Dr. Pickert, Oberfeldarzt der Polizei beim Polizeipräsidium Stuttgart, spricht über den Aufbau des hiesigen Luftschutz-Sanitätsdienstes und gibt Anregungen für die Einrichtung von Luftschutz-Rettungsstellen, von denen einige in Stuttgart besichtigt werden.

JUNI 1940

Einen Höhepunkt im Programm des Sommervarietés im Stadtgarten bilden die »Springerkünste« der Fünf Olanders aus Dänemark.

17. Juni Auf einem Großappell der Handelsbetriebe Stuttgarts im Saalbau Wulle teilt der Leiter des Reichsfachamts Der deutsche Handel, Gallert, mit, daß die Umstellung der deutschen Wirtschaft auf die Kriegswirtschaft vollzogen sei. Der Handel erfülle seine Aufgaben innerhalb der Kriegswirtschaft.
In der Nacht zum 18. Juni kommt in Stuttgart der erste Verwundetenzug von der Westfront an.

19. Juni Bei der Stadt trifft die Urkunde über die Erteilung des Deutschen Reichspatents Nr. 691 528, Verfahren zum Ausfaulen von Gerbereischlamm, ein. Der Erfinder ist Chemierat Dr.-Ing. Karl Behringer vom Tiefbauamt. Er hatte Versuche angestellt, um den bisher nicht faulenden und die Klärgasgewinnung stark störenden Gerbereischlamm zum Ausfaulen und Vergasen zu bringen. Dabei entwickelte er ein Verfahren, den im Feuerbachschlamm mitenthaltenen Ätzkalk in kohlensauren Kalk zu verwandeln. Die keimtötende Eigenschaft des Ätzkalkes wird dadurch beseitigt. Das Patent wird bei der Hauptkläranlage in Mühlhausen, wo die nötigen Einrichtungen bereits im Bau sind, verwertet.

20. Juni In der Liederhalle tritt die chilenische Lied- und Chanson-Sängerin Rosita Serrano auf.

21. Juni Im Wehrmachtsbericht wird der in Stuttgart geborene Major Eberhard Wildermuth genannt, weil er sich durch besondere Kühnheit und Unerschrockenheit beim Durchbruch durch die Maginot-Linie ausgezeichnet hat.
Die Juniausstellung des Württ. Kunstvereins im Ausstellungsgebäude am Interimstheaterplatz zeigt Werke von Paul Haustein, Prof. für Metallkunst an der Stuttgarter Kunstgewerbeschule, ferner von deutschen Künstlern aus dem früheren Polen, von den Stuttgartern Julius Koch und Gustav Hecker sowie Holzschnitte der Werkgemeinschaft deutscher Graphiker aus der Woensampresse in Köln. Auch das Landesgewerbemuseum stellt Werke von Haustein aus.
Das Marienhospital feiert sein 50jähriges Bestehen.

22. Juni Das Fronttheater Schwabenbühne führte vom 3. April bis 22. Juni 1940 vor rund 50 000 Zuschauern hundertmal das schwäbische Volksstück »Anna Susanna« auf.

22./23. Juni Die Sammlung für das Kriegshilfswerk des Deutschen Roten Kreuzes erbringt einen Betrag von 114 000 RM.

JUNI 1940

Im Mombach-Bad in Bad Cannstatt finden die Kriegsmeisterschaften im Schwimmen des Bereichs Württemberg statt.

23. Juni Im Kommentar des Neuen Tagblattes zum Waffenstillstand mit Frankreich heißt es: »In Compiègne ist eine der schmachvollsten Handlungen der Geschichte getilgt worden«.
Im Hof des Neuen Schlosses werden erstmals im Obergau Württemberg Mädchen des BDM auf das HJ-Gesetz vom 1. Juli 1936 »verpflichtet«. Pimpfe und Hitlerjungen folgen in den nächsten Tagen.

24. Juni Auf der Jahresversammlung des Vereins für württ. Kirchengeschichte in Bad Cannstatt sprechen Prof. Rückert (Tübingen) und Dekan Rauscher (Heilbronn) über das Werk des Kirchenhistorikers Karl Müller, der früher Vereinsvorstand war. Die Geschichte der drei alten Cannstatter Kirchen behandeln Stadtpfarrer Bossert und Kirchenrat Kopp.
Der Chor der Württ. Staatstheater feiert im Großen Haus sein 50jähriges Bestehen.

25. Juni Anläßlich des deutschen Sieges in Frankreich werden 10 Tage lang die Gebäude beflaggt und 7 Tage von 12 bis 12.15 Uhr die Kirchenglocken geläutet.

26. Juni In einer Sitzung der Beiräte für die Angelegenheiten des Kurbades Cannstatt werden folgende Punkte behandelt: Kürzlich wurde die Verwendung von Zucker zur Limonadenherstellung verboten. Durch eine auf 15. Juni 1940 erfolgte letzte Zuckerzuteilung ist eine Übergangsfrist zur Umstellung auf Süßstoff geschaffen worden. — Der Wirtschaftsbetrieb im Kursaal ist gut angelaufen, die Belegung der Kurhäuser ist zufriedenstellend. — Die Geschäftsstelle des Kurvereins am Wilhelmsplatz wurde mit Kriegsausbruch geschlossen; die Geschäfte des Vereins werden in den Diensträumen des Kuramts, Mergentheimer Straße 27, erledigt.
Mit den Einaktern »Vom Schwaben, der das Leberlein gefressen« von Georg Schmückle und »A kritischer Tag« von Paul Wanner mit der Akkordeonmusik von Hugo Herrmann beginnt die Schwabenbühne eine neue Rundreise an die Front.

27. Juni Die Ratsherren besichtigen das Robert-Bosch-Krankenhaus. OB Dr. Strölin überreicht Robert Bosch die Goldene Plakette des Deutschen Ausland-Instituts. Die Straße vor dem Krankenhaus wird nach dem Schöpfer der Homöopathie Hahnemannstraße benannt.
Im Kleinen Haus Premiere von Shakespeares »Der Widerspenstigen Zähmung«.
Dr. Adolf Seifert, Direktor der Stuttgarter Musikschule der KdF-Organisation, folgte einem Rufe seiner Heimat als musikpädagogischer Leiter an der Staatlichen Lehrer-

bildungsanstalt Trautenau im Riesengebirge. Er war am 15. September 1933 zum Direktor des Konservatoriums für Musik, aus der im Herbst 1936 die Stuttgarter Musikschule hervorging, berufen worden.

28. Juni Nach der Satzung des Reichsluftschutzbundes können Juden nicht Mitglieder sein.

28. Juni bis 1. Juli Das 4. Bad Cannstatter Mozartfest, das unter der Gesamtleitung von Erich Ade vom Kurverein Bad Cannstatt in Verbindung mit der NS-Gemeinschaft Kraft durch Freude und dem Württ. Staatstheater veranstaltet wird, bringt folgende Aufführungen: im Kleinen Kursaal selten gehörte Serenaden und Divertimenti, im Festsaal der Wilhelma Kammermusik mit dem Wendling-Quartett, im Staatstheater die »Zauberflöte«, in der Stadtkirche Bad Cannstatt kirchenmusikalische Werke Mozarts und im Großen Kursaal ein Sinfoniekonzert des Landesorchesters.

29. Juni OB Dr. Strölin hat anläßlich des 20jährigen Bestehens des Schwäb.-deutschen Kulturbundes in Jugoslawien dem Gründer und Ehrenobmann des Bundes, Senator Dr. Georg Graßl, die Goldene Plakette des Deutschen Ausland-Instituts in Stuttgart verliehen.

30. Juni Erster Luftalarm des zweiten Weltkrieges in Stuttgart.
Die Spielzeit im Kleinen Haus schließt mit der 100. Vorstellung des Stückes »Das kleine Hofkonzert« von P. Verhoeven und T. Impekoven.
Der Gaumusikzug des Reichsarbeitsdienstes vom Arbeitsgau XXVII gibt auf dem Schloßplatz und danach auf dem Killesberg ein Konzert.

1. Juli OB Dr. Strölin erläßt eine neue Vergnügungssteuerordnung für Stuttgart.
Die Stadt erwirbt in München-Pasing ein 75 Ar großes Anwesen, um der Josef Bosl KG, die vom Kuramt den Vertrieb von Cannstatter Mineralwasser in München übernommen hat, genügend Lagerplatz zur Verfügung stellen zu können.
Die Zweigstelle Gablenberg der Volksbücherei wird geschlossen.
Die ehem. Hofbuchdruckerei Carl Hammer, Inhaber Wilhelm Herget, Reinsburgstraße 14, feiert ihr 100jähriges Bestehen.

2. Juli Bei der Hauptversammlung der Energieversorgung Schwaben im württ. Wirtschaftsministerium werden die Direktoren Stöckle und Haeberle von den TWS in den Aufsichtsrat gewählt.

3. Juli Das Landesgewerbemuseum stellt Werke des Keramikers Prof. Max Laeuger (Karlsruhe) aus.

JULI 1940

4. Juli Auf dem Killesberg eröffnet Prof. Winsauer von der Staatsfachschule für Stickerei in Dornbirn eine Ausstellung der Vorarlberger Stickereiindustrie.

5. Juli Die Stadt erwirbt von der Jüdischen Kultusvereinigung Württemberg e. V. in Stuttgart den Platz der früheren Synagoge an der König-Karl-Straße in Bad Cannstatt.
Der Männergesangverein Concordia und der Singchor des Turnerbundes Bad Cannstatt geben den Verwundeten und Kranken des Reservelazaretts III im städt. Krankenhaus Bad Cannstatt ein Konzert.

6. Juli Das Amtsblatt bittet die Hausfrauen um Verständnis für die in den letzten Wochen bei der Versorgung Stuttgarts mit Kirschen und Erdbeeren aufgetretenen Schwierigkeiten. Der Großmarkt auf dem Karlsplatz, dessen Angebot durch den Direkteinkauf von Privaten beim Erzeuger verringert wird, könne den Einzelverbraucher erst berücksichtigen, wenn der Bedarf des Handels gedeckt sei.
Bei einem Konzert des Stuttgarter Liederkranzes bringt der Frauenchor das Chorwerk »Erntekranz und Reigentanz« von Hermann Schulz zur Uraufführung.
Im Ehrenmal der Deutschen Leistung im Ausland wird eine Ausstellung über Elsaß-Lothringen gezeigt.

6./7. Juli Künstler des Reichssenders Stuttgart bringen in der Ehrenhalle auf dem Killesberg eine schwäb. Bildfolge unter dem Titel »Der Gaisburger Marsch« von Ernst Stockinger zur Aufführung.

7. Juli Das Große Haus spielt in einer Neuinszenierung von Gustav Deharde Wagners »Lohengrin«.
Erstmals konzertiert die Stuttgarter Musikschule in der Veranstaltungsreihe Musik am Sonntag.
Die Stuttgarter Prof. Hans Brehme (Klavier), Prof. Willy Müller-Crailsheim (Violine) und Konzertmeister Ferdinand Merten (Violoncello) haben sich zu einem Trio zusammengeschlossen.

8. Juli Aus der Gegend von Langres trifft ein Verwundetentransport ein. Die Verwundeten kommen in das Reservelazarett Bad Cannstatt und das Marienhospital.
Um künftige Friedensaufgaben der Stadt auf dem Gebiet des Wohnungswesens vorzubereiten, bildet OB Dr. Strölin ein Wohnungsreferat. Zu seinem Leiter ernennt er Stadtrat Dr. Könekamp, zum Stellvertreter Stadtrat Dr. Schwarz. Gleichzeitig werden auch Wohnungsbeiräte berufen. Weiter hält Dr. Strölin die Zeit für gekommen, die Umgestaltung der Innenstadt von Stuttgart wieder aufzugreifen. Er beauftragt des-

halb den Technischen Referenten I, Stadtrat Dr. Schwarz, die Planungen hierfür voranzutreiben und ersucht die übrigen Referenten und städt. Ämter, diese Aufgabe zu unterstützen.
Beim 58. Verbandstag des Württ. Landesverbandes landwirtschaftlicher Genossenschaften wird u. a. auf die Bedeutung der genossenschaftlichen Maschinenbenutzung hingewiesen.

8./9. Juli Die in Stuttgart tagende Versammlung von Vertretern der norddeutschen Bruderräte mit Vertretern der süddeutschen Kirchen verfolgt das Ziel der »Wiederherstellung eines grundsätzlichen und praktischen Einvernehmens zwischen den norddeutschen und süddeutschen Kirchen; Sammlung und Konzentration aller kirchlichen, auf biblischem Boden stehenden Gruppen in der DEK (Deutschen Evangelischen Kirche) insbesondere im Blick auf die gegenwärtige Situation und kommende Entwicklung.«

8.—15. Juli Musterung der Dienstpflichtigen des Geburtsjahrganges 1900.

9. Juli Die neue Ortspolizeiliche Verordnung zum Schutze der Stuttgarter Wasserversorgung tritt in Kraft.
Die Stadtverwaltung stellt die Hauptgaststätte auf dem Killesberg über die Sommermonate verwundeten Wehrmachtsangehörigen als Lese- und Unterhaltungsraum zur Verfügung. Zunächst ist daran gedacht, daß jeweils 300 bis 400 Verwundete aus Stuttgarter Lazaretten den Nachmittag dort verbringen. Die Stadt beschließt, einen Beitrag von 8000 RM zur Anschaffung von Büchern für verwundete und kranke Soldaten in den Stuttgarter Lazaretten zu leisten. Gegenwärtig befinden sich 2000 bis 3000 Soldaten in Stuttgarter Lazaretten.
Verwundete, Pfleger und Pflegerinnen des hiesigen Standortlazaretts besuchen eine Aufführung der Strauß-Operette »Der Zigeunerbaron«.
Im Schauspielhaus geht zum 70. Geburtstag Franz Lehárs die Premiere seiner Operette »Der Zarewitsch« über die Bühne.
Kürzlich wurde ein Kammersinfonieorchester der Stadt der Auslandsdeutschen gegründet. Unter Leitung von Karl Münchinger soll es im kommenden Winter vier Konzerte veranstalten.

10. Juli Der Stuttgarter Oberlandesgerichtspräsident berichtet dem Reichsminister der Justiz über die allgemeine Lage: »Auch vor den glorreichen Siegen über Holland, Belgien und Frankreich war die allgemeine Stimmung im Oberlandesgerichtsbezirk Stuttgart erfreulich gut. Ein kleiner Teil des Bezirks war Operationsgebiet, ein größerer Teil Aufmarschgebiet. Dies hat natürlich viele, von der Bevölkerung aber willig

JULI 1940

aufgenommene Einquartierungen mit sich gebracht. Auch hatte der Bezirk sehr viele Rückgeführte aufzunehmen, mit denen es allerdings am Anfang gelegentlich Schwierigkeiten gab.

Wohl hat es in den ersten Septembertagen des vor. Js. auch manche gegeben, die in Erinnerung an den Weltkrieg vielleicht Zweifel am völligen oder baldigen Endsieg hatten; sie sind aber bald verstummt und werden heute auch bekehrt sein ... Auch Kreise, die bisher dem Nationalsozialismus innerlich vielleicht noch nicht so nahe gekommen waren, anerkennen rückhaltslos die Größe des Führers und der durch den Nationalsozialismus erzielten Erfolge an. Es ist aber nicht zu verkennen, daß die kath. Geistlichkeit, obwohl sie sich weitgehend zurückhält, in ihrer oppositionellen Einstellung beharrt. Beim Sondergericht Stuttgart sind einige schwere Fälle gegen kath. Geistliche anhängig (Abhören ausländischer Rundfunksender, Heimtücke).

Soziale Gegensätze spielen im Gegensatz zum Weltkrieg keine Rolle ... Die aus dem Weltkrieg bekannten üblen Typen des Neureichen und des Hamsterers fehlen so gut wie ganz ... Auch die Beamten und Angestellten tun voll ihre Pflicht. Am Anfang waren da und dort vereinzelte Hinweise darauf notwendig, daß jetzt im Krieg Umstände wie Dienstalter hinter den dienstlichen Obliegenheiten zurücktreten müssen. Vielfach wehren sich Beamte gegen ihre Uk-Stellung und möchten sich freiwillig zur Wehrmacht melden, weil sie mit dabei sein wollen und weil sie für die Zukunft Nachteile bei Beförderungen usw. befürchten. Es wird später ein schwieriges Problem sein, gerade etwa bei Beförderungen die berechtigten Interessen der Kriegsteilnehmer und der oft gegen ihren Willen im dienstlichen Interesse in der Heimat Zurückgehaltenen wirklich gerecht gegeneinander abzuwägen. Hier wird auch nicht unberücksichtigt bleiben können, daß nicht wenige zwar den feldgrauen Rock tragen, aber auf einem Posten verwendet sind, der vielleicht sogar bequemer, keinesfalls aber gefahrvoller ist, als ihre Zivilstelle.«

Der NS-Kurier berichtet über die Arbeit der NS-Volkswohlfahrt in Stuttgart: Die besondere Sorge galt den Rückwanderern und Rückgeführten. 700 Familien aus der Saarpfalz erhielten die Gauleiter-Bürckel-Spende. 42 000 Kleidungs- und Wäschestücke im Werte von 184 000 RM wurden an die Südtiroler Umsiedler im Lager Innsbruck gegeben. Im Schnitt hat jeder Stuttgarter für 1,80 RM WHW-Abzeichen erworben. Die Hausbeauftragten der Partei sammelten nicht benötigte Brotmarken für 184 Tonnen Brot ein. Für das Ernährungshilfswerk werden monatlich 6000 Zentner Küchenabfälle gesammelt. Damit können in den Stallungen Zazenhausen alle sechs Monate 800 Schweine schlachtreif gemästet werden. Die zweite Großmastanlage für weitere 1600 Schweine in Weilimdorf steht vor der Vollendung.

An der Mitteilung des Ratsherrn Bühler, daß in Zuffenhausen eine Siedlung für Asoziale geplant sei, entzündet sich in einer Beratung mit den Wirtschaftsbeiräten eine Debatte über die Unterbringung der Asozialen. Im allgemeinen wird die Meinung

vertreten, nicht zu viele in einer Siedlung zu konzentrieren, sondern auf die Wohnbezirke aufzuteilen, um eine bessere Kontrolle zu haben. Jedenfalls müßten sie »hart« angefaßt werden.
Die Volksbildungsstätte veranstaltet im Bürgermuseum eine Feierstunde unter dem Motto »Richard Wagner, der Revolutionär«.

10.—14. Juli Bereichs-Tennismeisterschaften von Württemberg auf der Waldau.

11. Juli Um auch gehbehinderten Verwundeten die Sehenswürdigkeiten Stuttgarts zu zeigen, haben die Stuttgarter Straßenbahnen wieder den gläsernen Aussichtswagen, den »Glasexpreß«, in Betrieb genommen.

12. Juli Der NS-Kurier schildert in einem Artikel »Männer und Frauen der NSKOV helfen Kriegsnot lindern« die Aufgaben dieser Organisation, nämlich die Betreuung der Verwundeten und Hinterbliebenen. Die Anteilnahme der Stuttgarter Bevölkerung an den Verwundeten war so groß, daß es zweckmäßig schien, eine gewisse Form in die Spende- und Besuchsfreudigkeit und in die kulturelle Betreuung zu bringen. Zusammen mit der KdF stellt die NS-Kriegsopferversorgung den Plan der Veranstaltungen in den Lazaretten auf. Sie überwacht die Verteilung der Spenden — manche Lazarette erhalten täglich mehrere Zentner Obst, während entfernt liegende Lazarette wenig bedacht werden — und hilft oder vermittelt Hilfe in den vielen Nöten der Verwundeten. Vielfach sind die Männer der NSKOV selbst Verwundete aus dem ersten Weltkrieg, so daß ihnen die Sorgen vertraut sind.
Im Großen Haus besucht Richard Strauß eine Aufführung seiner Oper »Daphne«.
In der Adolf-Hitler-Kampfbahn geht mit einer Vorführung gymnastischer Übungen, an der sich 2700 Schüler beteiligen, das Stuttgarter Schulturnfest 1940 zu Ende.

12./13. Juli 20 Vertreter großer deutscher Zeitungen, die auf Einladung des Reichsnährstandes an einer Besichtigungsfahrt durch Württemberg teilnehmen, besuchen Stuttgart.

13. Juli Die Jugenderholung der NS-Volkswohlfahrt wird auch im Kriege fortgeführt. Es sind 94 Stuttgarter Kinder nach Sachsen, 84 nach Kärnten und 78 nach Ostpreußen verschickt worden, weitere Kindertransporte in die »Ostmark« folgen.

13./14. Juli Das Stuttgarter Ehepaar Claß erringt bei der württ. Tennismeisterschaft auf der Waldau drei Meistertitel.

14. Juli Das ausverkaufte Große Haus nimmt Abschied von Trude Eipperle, die als Elsa in Richard Wagners »Lohengrin« noch einmal eine ihrer großen Partien singt.

JULI 1940

Trude Eipperle verbrachte in Stuttgart ihre Volontärzeit, und Stuttgart war die erste große Bühne, auf der sie auftrat. Sie geht nach München an die dortige Staatsoper.

15. Juli Die Opernschule der Hochschule für Musik bringt die Komische Oper »Abu Hassan« von Carl Maria von Weber und Szenen aus anderen Opern zur Aufführung. Kammermusikabend des Mozart-Quartetts.

15. Juli bis 7. August Musterung der Dienstpflichtigen des Geburtsjahrgangs 1901.

16. Juli In einer Sitzung der Technischen Beiräte und der Verwaltungsbeiräte wird die auf Grund der Tarifordnung für elektrische Energie vom 25. Juli 1938 notwendig gewordene Neufestsetzung der Tarife besprochen. Wesentlich ist die Umstellung auf den Grundpreistarif und im Zusammenhang damit die Herabsetzung des Arbeitspreises von 12 auf 8 Pfennig je Kilowattstunde.
In einer Beratung mit den Wohlfahrts- und Gesundheitsbeiräten berichtet Stadtamtmann Ernst Fritz über die Kinderheilfürsorge: Das Kindererholungsheim Storzeln ist seit Herbst 1939 wegen der Nähe der Grenze nicht mehr belegt. Als teilweiser Ersatz wurde die Albhütte Traifelberg, wo bis zu 80 Kinder untergebracht werden können, eingerichtet. Es wird jetzt versucht, Storzeln auf ungefähr 5 Wochen mit etwa 40 bis 50 Kindern zu belegen. Das Kindersolbad Rappenau wird nach zweimonatiger Unterbrechung, während der das Haus als Reservelazarett bereitstand, wieder genützt.

18. Juli Im Weißen Saal des Neuen Schlosses spielt im Rahmen der Schloßkonzerte das Wendling-Quartett.
Im Vortragssaal der Reichsgartenschau spricht der Beauftragte des Reichsbundes deutscher Kleingärtner in Württemberg, Carl Schaefer, über das Thema »Der Kleingarten im Städtebild«, wobei er die Leistungen Stuttgarts besonders würdigt.

19. Juli Landesbischof Wurm protestiert in einem Brief an den Reichsinnenminister gegen die Mitte 1940 beginnende Massentötung (Euthanasie) von »unnützen Essern« in den Heil- und Pflegeanstalten. Er fragt: »Weiß der Führer von dieser Sache und hat er sie gebilligt?« Auch an das Oberkommando der Wehrmacht richtet der Bischof eine Denkschrift.
In einer Sitzung der Technischen Beiräte wird mitgeteilt, daß die Reichsrundfunkgesellschaft den Silberburggarten für die Bevölkerung freigegeben hat, weil das geplante Rundfunkgebäude nicht hier, sondern auf der Karlshöhe errichtet werden soll.
BM Neunhoeffer beantragt beim Reichsminister der Finanzen für Möhringen die Ortsklasse S und damit die Gleichstellung mit Stuttgart mit folgender Begründung: Die Gemeinde Möhringen ist besonders seit 1934 Wohngebiet für Stuttgart geworden.

Von 1934 bis 1939 wurden 623 neue Wohnhäuser gebaut. Die Einwohnerzahl stieg von 5850 im Jahre 1933 auf 9403 am 1. Juli 1940. Die starke Nachfrage nach Wohnungen ließ die Mietpreise ansteigen. Besonders die Bediensteten der neuerbauten Luftnachrichtenkaserne klagen über die hohen Lebenshaltungskosten.
Auf dem Killesberg führen der Reichsverband Deutscher Turn-, Sport- und Gymnastiklehrer und die Fachschaft Tanz zu Gunsten des Kriegshilfswerks des Deutschen Roten Kreuzes Gymnastik und Tänze vor.

21. Juli   Karl Keidel, Inhaber der Buchdruckerei Christian Scheufele, verstorben.

22. Juli   Die Gestapo durchsucht das Pfarrhaus von St. Eberhard nach verbotenen Schriften.
Die Heeresverwaltung gibt den Kursaal, die Kursaalwirtschaft sowie die Kuranstalten wieder ganz frei.

23. Juli   Die Stadt beschließt, das städt. Anwesen Am Weißenhof 44, den alten »Schönblick«, als Wohnheim für alleinstehende Frauen einzurichten.

24. Juli   Wie der Schwäb. Merkur meldet, sind mittwochs und samstags »öffentliche Tanzlustbarkeiten« nach 19 Uhr wieder erlaubt.
Die Wirtschaftsbeiräte widersprechen dem Vorschlag des Gauwirtschaftsberaters, der zu einer Versteigerung von drei Wohnhäusern aus jüdischem Besitz nur einen Bieter zulassen möchte; man einigt sich auf vier.
Beim Kammermusikabend im Großen Kursaal singt Elsa Zelli-Lora (Köln); es musiziert das Württ. Streichquartett (Ernst Ludwig Herold, Adalbert Baranski, Andor Mulzer, Günther Schulz-Fürstenberg), am Flügel begleitet von Gerhard Maaß.

25. Juli   In einer Meldung des SD über den außerschulischen Religionsunterricht heißt es u. a.: »Nach Meldungen aus Stuttgart ... hat die Anordnung des Reichserziehungsministeriums, von der 5. bis 8. Klasse der höheren Schule den Religionsunterricht ausfallen zu lassen ... die Kirchen zu größter Aktivität für die Durchführung des außerschulischen Religionsunterrichts angefacht. So berichtet Stuttgart, daß auf den Erlaß eine bischöfliche Anordnung erfolgte, wonach die nunmehr fortgefallenen schulischen Religionsstunden außerhalb der Schule erteilt werden ... Eine neue Form des außerschulischen Religionsunterrichts wurde nach Meldungen aus ... Stuttgart ... in der Einrichtung sogenannter Arbeitsgemeinschaften und Arbeitskreise von Schülern gefunden, die von einem Pfarrer geleitet werden ... In einer Oberschule in Stuttgart wurden zur Werbung für den Besuch der Arbeitsgemeinschaft Zellen unter der Schülerschaft gebildet.«

JULI 1940

OB Dr. Strölin erläßt Richtlinien für einen Bebauungsplan des Gewanns Mönchfeld zwischen Mühlhausen und Zazenhausen mit 2500 Wohnungen und des Gewanns Hallschlag, Bad Cannstatt, mit 2700 Wohnungen.
In einer Beratung mit den Ratsherren berichtet BM Hirzel über die Gasfernversorgung, insbesondere über den Anschluß an ein Werk in Blumberg bei Donaueschingen und an die Saarferngasleitung. — Die Ratsherren erheben keine Einwände gegen den Verkauf von rund 2,5 Hektar städt. Grundstücke in der Martin-Schrenk-Straße, Bad Cannstatt, an das Reichsluftfahrtministerium. — OB Dr. Strölin berichtet über den Schriftwechsel, den er mit den im Felde stehenden Stuttgarter Truppenteilen führte und überbringt ihre Grüße an die Stuttgarter Bevölkerung.
Die Ordnungsstrafstelle des städt. Ernährungsamts »mußte in diesen Tagen einer Stuttgarter Hausfrau, die nachweislich in den Monaten Dezember bis Februar etwa 200 bis 250 Hühnereier von verschiedenen auswärtigen Hühnerhaltern ohne Bezugsberechtigung erworben hatte, eine Ordnungsstrafe von 120 RM auferlegen.«

26. Juli 100 Stuttgarter Jungmädelführerinnen fahren zur Erntehilfe in den Warthegau.
Die Stadt kauft von den Kammersängern Julius und Vera Neudörffer-Opitz das Anwesen Gerokstraße 29. Das Haus ist für das Institut für Biologie und Rassenkunde als Teil einer »Hohen Schule«, deren Gründung im Januar 1940 durch Führererlaß angeordnet wurde, in Aussicht genommen.

27. Juli Landesbischof Wurm sendet an sämtliche Dekanatämter einen Runderlaß folgenden Inhalts: »In den Kreisen der Bevölkerung, die Familienglieder in Anstalten für Geisteskranke, Schwachsinnige oder Epileptische untergebracht haben, herrscht zur Zeit eine große Beunruhigung über Maßnahmen, die gegen Anstaltspfleglinge ergriffen worden sind. Der Landesbischof hat in einem längeren Schreiben an den Herrn Reichsinnenminister dargelegt, warum vom menschlichen und christlichen Standpunkt aus diese Maßnahmen als unheilvoll beurteilt werden müssen.«
Premiere der Operette »Der Vetter aus Dingsda« von Eduard Künnecke im Vorführgarten auf dem Killesberg. Die Gesamtleitung hat Oswald Kühn. Fritz Wilm Wallenborn dirigiert das Landesorchester.
Kinderfest auf der Unterhaltungswiese des Gartenschaugeländes Killesberg.

28. Juli Die Stuttgarter Handharmonika-Spielgemeinschaft konzertiert im Kursaal.

29. Juli Auf Einladung von OB Dr. Strölin besuchen Verwundete aus Stuttgarter Lazaretten in der Höhengaststätte Killesberg eine Unterhaltungsveranstaltung, bei der eine Wehrmachtskapelle und das Sommer-Varieté der NS-Gemeinschaft Kraft durch Freude mitwirken.

30. Juli   Die NS-Volkswohlfahrt hat die Kindererholung in den Ferien infolge des Krieges als Naherholung aufgezogen. Für über 2000 Kinder stehen in Stuttgart acht Walderholungsheime der DAF, der HJ und der NSV zur Verfügung. Die Kinder fahren morgens in die Waldheime und abends wieder nach Hause.

31. Juli bis 14. September   Musterung der Dienstpflichtigen des Geburtsjahrgangs 1903.
Die in diesem Monat erfolgte Kürzung der wöchentlichen Brotration um 150 Gramm löst vor allem in der arbeitenden Bevölkerung Unzufriedenheit aus, nachdem schon die Einbeziehung von Kuchen und sonstigem Feingebäck in die Lebensmittelbewirtschaftung Mißfallen hervorgerufen hatte.
Ab Mitte Juli nimmt die Lufthansa mit neuen viermotorigen Großflugzeugen den täglichen Linienverkehr von Berlin über Stuttgart — Lyon — Barcelona nach Lissabon wieder auf.

1. August   In einem Lagebericht des Stuttgarter Generalstaatsanwalts an den Reichsjustizminister heißt es: »In der politischen Kriminalität ist ein entscheidender Rückgang der vom Volksgerichtshof abgegebenen Hoch- und Landesverratsfälle aus den Oberlandesgerichtsbezirken Stuttgart, Karlsruhe und Zweibrücken zu verzeichnen. Vor allem sind keine besonders umfangreichen Fälle dieser Art mehr angefallen, sondern in der Hauptsache kleine Einzelfälle von marxistischer Hetzpropaganda und fahrlässigem Landesverrat.«
Das Amtsblatt fordert zum wiederholten Mal die Bevölkerung auf, bei Fliegeralarm oder Flakschießen unbedingt die Luftschutzräume aufzusuchen. Im Interesse der Allgemeinheit wird die Polizei angewiesen, mit aller Schärfe gegen Personen einzuschreiten, die sich bei Fliegeralarm auf der Straße oder vor der Haustüre aufhalten.
Das Stuttgarter Trio (Catharina Bosch-Möckel, Alfred Saal, Walter Rehberg) spielt im Rahmen der Schloßkonzerte im Weißen Saal des Neuen Schlosses.

2. August   Bewohner von Pirmasens und Umgebung, die wegen des Krieges nach Württemberg evakuiert worden sind, kehren von Stuttgart aus in ihre Heimat zurück.

2. August bis 2. September   Die Dienstpflichtigen des Geburtsjahrganges 1902 werden gemustert.

3. August   In einem Artikel »Ganz Stuttgart sammelt Altmaterial« behandelt das Amtsblatt die Erfassung der Alt- und Abfallstoffe. Ein besonders eingerichteter Abhol-

AUGUST 1940

dienst der Stadtverwaltung holt das in Haushaltungen anfallende Altpapier alle 14 Tage ab. Lumpen, Flaschenkapseln, Folien, Tuben und Korken werden in den Stuttgarter Schulen gesammelt, Knochen werden separat in die Schulsammelstellen gebracht; Eisen und Metalle erfaßt der Althandel.
In der Charlottenstraße 6 B ist ein Kindertagheim eröffnet worden.

3./4. August   Deutschland gewinnt in der Adolf-Hitler-Kampfbahn den Leichtathletik-Länderkampf gegen Italien mit 104 : 74 Punkten.

4. August   Eine Zweigstelle Stuttgart der Deutsch-Italienischen Gesellschaft wird gegründet.
Die Schwabenbühne führt im Kursaal die Schwänke »Hyazinth Bißwurm« von Georg Schmückle und »A kritischer Tag« von Paul Wanner auf.

5. August   Im Schauspielhaus wird die Revue von Max Heye »Auf Wiedersehn am nächsten Sonntag« (Läberles Flucht um die Erde) unter der musikalischen Leitung von Fritz Klenk uraufgeführt.

6. August   Die Übernachtungen in Stuttgart sind im Winterhalbjahr 1939/40 gegenüber 1938/39 von 388 714 auf 283 643 zurückgegangen.
An der Kreuzung Richthofen- und Böheimstraße rammt ein Fernlastzug ein Haus, wobei der Fahrer getötet wird.
Bei einem Zusammenstoß zweier Personenkraftwagen auf der Kreuzung Schloß- und Seidenstraße stirbt eine junge Frau.

7. August   Auf der Fluglinie Berlin — Stuttgart — Barcelona wird der Luftpostdienst eröffnet.
In der Ortsgruppe Stöckach sammelt das städt. Fuhramt 14 Tonnen Flaschen.
Die Regensburger Domspatzen singen unter der Leitung von Prof. Theobald Schrems in der Liederhalle.

9. August   Die Technischen Beiräte besichtigen im Hochbauamt die Entwürfe für das Philipp-Matthäus-Hahn-Denkmal, wobei sie den Entwurf von Bildhauer Heim zur Ausführung vorschlagen.
In einer Sitzung der Technischen Beiräte wird berichtet, daß die Stadt rund 20 Kriegsgefangene mit dem Aussortieren von Müll in Mühlhausen beschäftigt. Ihre Brotration konnte von 300 auf 500 Gramm täglich aufgebessert werden. Schlecht ist ihre Ausstattung mit Kleidung und Schuhen.

AUGUST 1940

10. August Bei der Stadtverwaltung tritt ein Kriegs-Geschäftsverteilungsplan in Kraft.
Im Vorführgarten auf dem Killesberg wird das eigens von Ernst Stockinger für diese Bühne geschriebene Spiel »Märchenspuk am Killesberg« uraufgeführt.

11. August Im Gustav-Siegle-Haus wird im Rahmen einer Feier des Rassenpolitischen Amtes der Kreisleitung Stuttgart und des Reichsbundes Deutsche Familie, Kreisverband Stuttgart, an 90 kinderreiche Familien das Ehrenbuch überreicht.

12. August Die Linie 25 der Stuttgarter Straßenbahnen zwischen Schloßplatz und Untertürkheim, die bisher nur morgens und abends zwei Stunden verkehrte, fährt nun ganztägig.

12.–17. August In der Gauschule II in Stuttgart treffen sich die Gauabteilungsleiterinnen Organisation/Personal aus dem ganzen Reich zu einem Lehrgang.

13. August Das städt. Fuhramt, das durch eine 9 km lange Klärgasleitung mit der Kläranlage Mühlhausen verbunden ist, hat die erste Klärgas-Tankstelle in Betrieb genommen. In Stuttgart fallen jährlich 2 Mio. cbm Klärgas an, womit etwa 2 Mio. Liter Benzin gespart werden können. Mit der Verwertung von Klärgas als Treibstoff steht Stuttgart an der Spitze der deutschen Städte.

14. August In einer Sitzung der Beiräte für die Angelegenheiten des Kurbades Bad Cannstatt wird die gegenwärtige Belegung der Kuranstalt Leuze mit 43 Kurgästen angegeben.
Derzeit werden in Stuttgart die Außenaufnahmen zu einem Schillerfilm gedreht.

15. August Bis auf weiteres sind öffentliche Tanzlustbarkeiten verboten.
Die Stadt beschließt, das Vermögen des am 28. November 1938 aufgelösten Vereins für fakultative Feuerbestattung in Höhe von 4910,81 RM der Haas-Stiftung zuzuführen. Die Erträge dieser Stiftung dienen dazu, »arme, ehrliche und anständige hier wohnhafte Leute, die ohne eine derartige Unterstützung an die Anatomie abgeliefert werden müßten, beerdigen zu lassen«. Das Geld kann auch für Feuerbestattungen verwendet werden.
Die Stadt bewilligt für 340 Teilnehmer am Landjahr 1940 einen Beitrag von je 250 RM und stellt dem Kultministerium wieder ihr Anwesen in Wart zur Verfügung.

16. August In einer Sitzung der Technischen Beiräte wird mitgeteilt, daß für das Dampfkraftwerk Münster eine Turbine und zwei Hochleistungskessel für zusammen

rund 2 Mio. RM in Auftrag gegeben werden sollen.
Die Stadt kauft zur Einrichtung eines weiteren auslandsdeutschen Schülerheims das Anwesen Gerokstraße 13 A.

16. August bis 21. September   Musterung der weiblichen Jugend des Jahrgangs 1922 für den Reichsarbeitsdienst.

17. August   Die Wiener Sängerknaben führen in der Liederhalle die Märchenoper »Die sieben Schwaben« auf.

17./18. August   Straßensammlung für das Kriegshilfswerk des Deutschen Roten Kreuzes.

17.—19. August   Kirchweihe in Obertürkheim.

18. August   Im Rahmen einer Feierstunde im Marmorsaal des Neuen Schlosses überreicht Gauleiter Murr dem Dichter Georg Schmückle die ihm von Hitler zu seinem 60. Geburtstag verliehene Goethemedaille für Kunst und Wissenschaft.
Vor 2000 Zuschauern unterliegt im Kampf um den Tschammerpokal in der Adolf-Hitler-Kampfbahn die Spvgg Bad Cannstatt gegen Wacker Wien mit 0 : 7 und scheidet damit aus.

19. August   In einer Sitzung der Technischen Beiräte wird mitgeteilt, daß die für die Erweiterung der Adolf-Hitler-Kampfbahn benötigten Natursteine im Wert von rund 1 Mio. RM bei der Firma Burrer in Maulbronn-Gauingen in Auftrag gegeben werden. — Für die beim Landesarbeitsamt beantragten 300 bis 400 Kriegsgefangenen, die für die technischen Ämter arbeiten sollen und deren Zuweisung für Ende August 1940 vorgesehen ist, wird auf dem Lagerplatz des städt. Tiefbauamts ein Sammellager eingerichtet.

20. August   In einer Sitzung der Verwaltungsbeiräte teilt Direktor Hottmann von den TWS mit, daß etwa 550 Mann der Belegschaft zur Wehrmacht einberufen sind. Zweimal in der Woche müssen 12 Stunden gearbeitet werden; deshalb nehmen die Unfälle zu. Groß ist die Neigung, sich nach einer besser bezahlten Stelle in der Industrie umzusehen, was nur durch das Verbot des Arbeitsplatzwechsels verhindert wird.

23. August   Das Schauspielhaus lädt zur 25. Vorstellung des musikalischen Bilderbuchs »Auf Wiedersehn am nächsten Sonntag« verwundete und kranke Soldaten der Stuttgarter Lazarette ein.

AUGUST 1940

Die Stuttgarter Sommer-Stadtmeisterschaft der Fußballer wurde wegen der wieder beginnenden regulären Meisterschaftskämpfe vorzeitig abgebrochen. Die Spiele dienten der Förderung des Nachwuchses und ergaben folgende Reihenfolge: VfB Stuttgart 10 : 2 Punkte, Stuttgarter Sportfreunde 10 : 6 Punkte, FV Zuffenhausen 10 : 8 Punkte, SpV Feuerbach 6 : 10 Punkte, Spvgg Bad Cannstatt 5 : 9 Punkte, Stuttgarter SC 5 : 11 Punkte.

24./25. August Kirchweihe und Jahrmarkt in Wangen.
Auf dem Killesberg wird Bernhard Stemmlers Operette »Tumult im Himmelreich« erstmals in Stuttgart aufgeführt.

25. August 1. Luftangriff im zweiten Weltkrieg. Schwerpunkte: Gaisburg, Untertürkheim; 4 Tote, 5 Verwundete. Am folgenden Wochenende ziehen die Stuttgarter in Scharen zu den Schadenstellen.
Im Großen Kursaal singt unter der Leitung von Boris Ledkovsky der Schwarzmeer-Kosakenchor.
Die Graphische Sammlung der Staatsgalerie im Kronprinzenpalais eröffnet eine Ausstellung des graphischen Werks von Prof. Eckener aus Anlaß seines 70. Geburtstages.
Das Freundschaftsspiel Sportverein Feuerbach — VfB Stuttgart wird nach der ersten Halbzeit wegen Reibereien zwischen den Mannschaften und Ablehnung des Schiedsrichters durch den VfB beim Stand von 2 : 2 abgebrochen. Die erste Mannschaft des VfB erhält hierfür Heimspielsperre am 13. und 27. Oktober 1940.

26. August Aus Anlaß des gestrigen ersten Luftangriffs auf Stuttgart geben der Kreisleiter und der Oberbürgermeister ein Merkblatt über die Behandlung von Personen- und Sachschäden bei Luftangriffen heraus.

27. August Das Amtsblatt meldet, daß in wenigen Tagen die neue Fahrbahn der Charlottenstraße zwischen Olga- und Alexanderstraße dem Verkehr übergeben werden soll. Die Gesamtstraßenbreite wurde von 14,5 m auf 28 m erweitert. Die Verlegung der Straßenbahn in die Mitte der Fahrbahn kann erst nach dem Kriege erfolgen. Der Umbau war mit erheblichen Kosten verbunden. Allein der Grunderwerb für den rund 150 m langen Durchbruch erforderte 1,3 Mio. RM.

29. August Der Reichsminister für Wissenschaft, Erziehung und Volksbildung gibt bekannt, daß Bezugscheine für Ersatzbereifungen von Fahrrädern nur unter Anlegung strengster Maßstäbe erteilt werden können.
Das Kunsthaus Schaller zeigt eine Ausstellung von Ölgemälden und Zeichnungen des 1913 verstorbenen Professors an der Akademie der bildenden Künste, Carlos Grethe.

SEPTEMBER 1940

Im Rahmen der Schloßkonzerte singt im Weißen Saal des Neuen Schlosses Lore Fischer, am Flügel begleitet von Prof. Hermann Reutter, Schubert-Lieder.

30. August   Als Folge des ersten Luftangriffs auf Stuttgart verlegt Polizeipräsident General Schweinle als örtlicher Luftschutzleiter die Polizeistunde von 24.00 Uhr auf 22.30 Uhr und die Abfahrt der letzten Straßenbahn auf 23.00 Uhr, um den Anflug der gegnerischen Flugzeuge nicht durch die unvermeidlichen Abreißfunken an der Straßenbahnoberleitung zu begünstigen.
Die NSV-Kreisverwaltung Stuttgart betreute vom 29. Juli bis heute in acht Waldheimen 2000 Kinder im Rahmen der örtlichen Jugenderholung. Die auswärtige Jugenderholung kam bis Ende August 1260 Kindern zugute.

31. August bis 1. September   In Stuttgart-Münster werden die Kraftsport-Reichswettkämpfe ausgetragen.

1. September   In Krakau wird die Ausstellung Deutsche Leistung im Generalgouvernement, zu der das Deutsche Ausland-Institut eine Reihe von Gegenständen und Landkarten beisteuerte, eröffnet. OB Dr. Strölin hält als Präsident des DAI eine Ansprache.
Auf dem Burgholzhof legen 700 Männer der NSKK-Motorgruppe Südwest die Abschlußprüfung ihrer dreimonatigen wehrsportlichen Ausbildung ab.
Mit einem 5 : 2-Sieg über den VfB erringen die Stuttgarter Kickers den Stuttgarter Kriegspokal.

1.—3. September   Kirchweihe und Jahrmarkt in Hedelfingen.

2. September   Der Volksbund für das Deutschtum im Ausland zeigt im Ausstellungsgebäude auf dem Interimstheaterplatz die Ausstellung Deutsche Heimkehr, die vor allem von dem Görlitzer Maler und Zeichner Otto Engelhardt-Kyffhäuser gestaltet worden ist.
Beim Absturz eines deutschen Militärflugzeuges in Luginsland findet die vierköpfige Besatzung den Tod.

3. September   Das Sondergericht Stuttgart verurteilt die kath. Vikare Gebhard Luiz und Franz Peter wegen Abhörens ausländischer Sender zu je einem Jahr sechs Monaten Zuchthaus.

4. September   Bei den Württ. Staatstheatern ist zu Beginn der neuen Spielzeit nur ein geringer Wechsel im Personal zu verzeichnen. Für die Oper wurden Maud Cunitz,

Hetty Comfère und Ursula Semler-Kühne, für das Schauspiel Gaby Banschenbach, Fritz Brand, Elly Bezner und Hilde Sorgatz neu verpflichtet. Als neue Leiterin der Tanzgruppe wurde Mascha Lidolt gewonnen, als Übungsmeisterin tritt ihr Lilo Römer-Martin zur Seite. Der bisherige Dramaturg Dr. Müller-Eschborn scheidet aus.
Mit der Aufführung von Schillers »Kabale und Liebe« im Kleinen Haus beginnt die neue Spielzeit der Württ. Staatstheater. Die Inszenierung besorgte Kurt Junkers.

5. September   In einem Rundschreiben des Sicherheitsdienst-Leitabschnitts Stuttgart wird erklärt, daß sich in letzter Zeit in Württemberg Nachrichten über ein »gehässiges Verhalten« von Geistlichen beider Konfessionen gegen den NS-Staat mehrten. Es seien vor allem versteckte Angriffe in Predigten und Vorträgen, »gehässige Flüsterpropaganda« und staatsfeindliche Sätze in religiösen Schriften festgestellt worden.
Inszeniert von Gustav Deharde, musikalisch geleitet von Alfons Rischner, wird im Großen Haus mit Richard Wagners »Lohengrin« die Opernspielzeit eröffnet.

7. September   Der Württ. Kunstverein zeigt ab heute im Ausstellungsgebäude auf dem Interimstheaterplatz Bilder und Studien des verstorbenen Kriegsmalers Hans von Hayek (München) sowie Gemälde und Plastiken von Karl Fuchs, Ina Krämer, Martin Scheible, Ernst Scheurle, Ferdinand Zix.

7.–9. September   Kirchweihe in Uhlbach.

8. September   Mit dem ersten Opfersonntag des Kriegs-Winterhilfswerks 1940/41 beginnt wieder die Zeit, in der alle vier Wochen in den Gaststätten von 10–17 Uhr nur Eintopfgerichte verabreicht werden dürfen. Es werden angeboten: 1. Brühkartoffeln mit Einlage, 2. Weißkohl oder Wirsingkohl mit Rindfleisch, 3. Gemüsetopf nach Wahl. In Stuttgart werden 200 000 RM gesammelt.
In der ausverkauften Liederhalle steht Werner Kroll im Mittelpunkt eines Bunten Abends.
In einer Rassehundeausstellung werden in der Stadthalle 1000 Rassehunde aller Art gezeigt und in Wettbewerben die besten ermittelt. Besonderem Interesse begegnen beim Publikum die Vorführungen der Polizeidiensthunde.

8./9. September   Zum Abschluß der Sommerveranstaltungen im Großen Kursaal führen die Singgemeinschaft Bad Cannstatt und das Landesorchester unter der Leitung von Hellmut Aichele »Die Jahreszeiten« von Joseph Haydn auf.
Kirchweihe und Jahrmarkt in Feuerbach.

10. September   In einer Sitzung der Wohlfahrts- und Gesundheitsbeiräte wird mitgeteilt, daß die in Stuttgart untergebrachten Evakuierten aus Saarbrücken bis auf 60

SEPTEMBER 1940

wieder in ihre Heimat zurückgekehrt seien. Ferner wird vorgeschlagen, daß der Kindergarten des Vereins Werapflege in Botnang durch die NSV übernommen werden soll, weil »dieser Verein keine Existenzberechtigung mehr habe«. Der städt. Zuschuß zur Unterhaltung seines Kindergartens soll gestrichen werden.

Laut Bericht des Wohlfahrtsamts über die Tätigkeit der Schülerheilfürsorge im Rechnungsjahr 1939 ist die Zahl der Verschickungen in Erholungsheime, Heilstätten, Solbäder und sonstige Krankenanstalten gegenüber den Vorjahren etwas zurückgegangen, da die Transporte bei Kriegsbeginn vorübergehend eingestellt wurden. Verschickt wurden in den Jahren:

1937 2450 Kinder, zusammen 92 198 Tage
1938 2190 Kinder, zusammen 77 013 Tage
1939 1976 Kinder, zusammen 64 785 Tage.

11. September Auf dem Stuttgarter Hauptbahnhof trifft ein Lazarettzug aus Frankreich ein. Die Verwundeten werden in die hiesigen Lazarette eingeliefert.

12. September Die Hausbeauftragten geben die Reichskleiderkarten 1940/41 aus: 141 500 für Männer, 206 000 für Frauen, 31 000 für Knaben, 30 000 für Mädchen und 14 500 für Kleinkinder, zusammen 423 000 Stück.

Auf einem Kameradschaftsabend des Luftwaffenkommandos Stuttgart in der Villa Wolf (Am Tazzelwurm 18) lobt der Befehlshaber im Luftgau V, General Zenetti, die Stuttgarter Luftabwehr und OB Dr. Strölin dankt ihr für ihre Leistung, die selbst in einem englischen Bericht anerkannt werde.

14. September Unter der Leitung von Giuseppe Savagnone gibt das Kammerorchester Littoria (Rom) in der Liederhalle vor 1000 verwundeten Soldaten ein Konzert.

15. September In der Höhengaststätte Schönblick treffen sich rund 200 Vertreter der württ. gemeinnützigen Baugenossenschaften und -gesellschaften, um sich über das neue Wohnungs-Gemeinnützigkeitsgesetz zu unterrichten. Sie erörtern auch Fragen des Wohnungsbaus nach dem Kriege.

Bei der 14. reichsoffenen Herbstregatta auf dem Neckar zwischen Untertürkheim und Gaisburg siegt der Achter des Stuttgart-Cannstatter Ruderclubs.

15.—29. September Im staatl. Ausstellungsgebäude, Kanzleistraße 28, wird die Deutsche Abteilung der siebten Triennale in Mailand (internationale Ausstellung für Architektur und dekorative moderne Künste) gezeigt.

16. September Der Wirtschaftsbetrieb des Stadtgartens schließt, weil durch die Vorverlegung der Polizeistunde auf 22.30 Uhr kaum noch Gäste kommen.

Im Schauspielhaus Premiere der neuen Operette »Lisa, benimm Dich« von Ernst Friese, Rudolf Weys und Hans Lang.
Beim Konzert der Konzertgemeinschaft blinder Künstler Südwestdeutschland in der Liederhalle wirken Erwin Wieland (Klavier), Stuttgart, Franz Meggle (Violine), Stuttgart, und Adolf Spang (Baß), Waiblingen, mit.

17. September Die Stadt erwirbt von Albert Wunderlich (Stuttgart) eine Sammlung von 59 Gemälden schwäb. Künstler.

18. September Das Stuttgarter Sondergericht hat 11 Bibelforscher zu Zuchthausstrafen von zwei Monaten bis dreieinhalb Jahren verurteilt. Sie haben das 1934 erlassene Verbot der Internationalen Bibelforscher-Vereinigung nicht beachtet und nach Deutschland gebrachte Schriften wie Wachtturm verbreitet.
Im Planetarium beginnt die diesjährige Winterspielzeit, bei der im Wechsel mit Planetariumsveranstaltungen Kulturfilme, Spielfilme und die Wochenschauberichte gezeigt werden.

19. September OB Dr. Strölin erläßt in einer Ratsherrensitzung die Haushaltsatzung für das Rechnungsjahr 1940 und setzt den Haushaltplan 1940 wie folgt fest: Ordentlicher Haushalt: Einnahmen und Ausgaben 148 967 540 RM, außerordentlicher Haushalt: Einnahmen und Ausgaben 5 523 200 RM. Er führt hierzu aus: Die durch den Krieg bedingte Umstellung und Ausrichtung der gesamten Wirtschaft auf die Erfordernisse der Reichsverteidigung hat die Haushalts- und Finanzlage der Gemeinden tiefgreifend beeinflußt. Die Gemeinden müssen ihr Tätigkeitsfeld auf kriegs- und lebenswichtige Aufgaben beschränken und die Ausgabenwirtschaft drosseln. Die auf diese Weise freigesetzten Deckungsmittel werden für zusätzliche Kriegsaufwendungen im örtlichen Bereich eingesetzt. Von den vielfältigen neuen kriegswirtschaftlichen und kriegsfürsorglichen Aufgaben der Stadt Stuttgart seien hervorgehoben:
1. Leistung eines Kriegsbeitrags an das Reich
2. Sicherung des Familienunterhalts für die Angehörigen der Wehr-, Arbeits- und Luftschutzdienstpflichtigen, wozu die Gemeinden aus eigenen Mitteln beizutragen haben
3. Errichtung eines Ernährungsamts
4. Errichtung eines Kriegswirtschaftsamts
5. Einrichtung von Hilfskrankenhäusern
6. Ausgestaltung von Kinderkrippen und Kindergärten
7. verstärkte Luftschutzmaßnahmen
8. Leistungen für Wehrmachtszwecke (Quartierwesen, Fahrbereitschaft)

Der Ausgleich des Haushaltplans basiert auf der Annahme, daß die Steuern in der

SEPTEMBER 1940

veranschlagten Höhe eingehen und daß der Stadt nicht neue Belastungen auferlegt oder Deckungsmittel entzogen werden. OB Dr. Strölin erläutert auch an Hand von Lichtbildern grundsätzliche Fragen des Wohnungswesens, des Städtebaus und der Raumplanung. — Stadtrat Dr. Könekamp berichtet über den Stand der Planungsarbeiten für den Wohnungsbau. Bei der Planung des Geländes in Mühlhausen und im Hallschlag arbeiten unter Führung des Ratsherrn Leistner zwei Architektengruppen. Für die Anschaffung eines Vorrats an Baumaterialien, die auf den künftigen Baustellen in Mühlhausen und im Hallschlag gelagert werden sollen, stellt die Stadt einen Kredit von 1 Mio. RM zur Verfügung. — Die Verteilung des vorhandenen Wohnraums ist schwierig. Immerhin konnten bis 1. September 1939 274 und bis 18. September 1940 96 weitere städt. Wohnungen von Alleinstehenden freigemacht werden. — Stadtrat Dr. Schwarz berichtet über den Stand der Stadtplanung. Über die Auswahl der Bauplätze für das Gauforum und das neue Rathaus bestehe eine einheitliche Auffassung, die Verkehrsprobleme müßten noch eingehend untersucht werden. Bis zum 1. September 1940 wurden 1038 Wohnungen fertiggestellt (darunter 633 private), noch im Bau sind 157 Wohngebäude mit 455 Wohnungen.

Anstelle der Hausbeauftragten der NSDAP und der NS-Frauenschaft stellt jetzt der BDM die Lebensmittelkarten den Haushalten zu.

Im Kleinen Haus Erstaufführung des Lustspiels »Der teure Tanz« von Ernst Bacmeister.

20. September Seit 16. September findet in Welzheim ein Ausleselager zum Langemarck-Studium, Lehrgang Stuttgart, statt. Aufgabe des Langemarck-Studiums ist es, junge Männer nach einem strengen Ausleseprinzip für verantwortungsvolle Stellen in Wirtschaft und Staat heranzubilden. Zu den Prüfern zählen u. a. Prof. Dr. Stortz von der TH Stuttgart und Direktor Bäuerle von der Firma Bosch.

21. September In einem Schreiben an den Gesundheitsführer Dr. Conti wendet sich Landesbischof Wurm erneut gegen die Euthanasiemaßnahmen.

OB Dr. Strölin empfing über 100 auslandsdeutsche Mädchen und Jungen, vorwiegend aus Ungarn und Rumänien, die zur Zeit in den auslandsdeutschen Heimen der Stadt Stuttgart ausgebildet werden, im Rathaus.

Der »Herbstwasen« wird eröffnet.

21./22. September Umrahmt von zahlreichen sportlichen Veranstaltungen sammeln Sportler bei der ersten Reichsstraßensammlung des Kriegs-WHW 1940/41 90 000 RM.

21. September bis 7. Oktober OB Dr. Strölin unternimmt eine Südosteuropareise. In Budapest hält er vor der Ungarisch-Deutschen Gesellschaft einen Vortrag über das

Thema »Wohnungswesen, Stadtbau und Raumordnung«. In Sofia trifft er am 30. September ein. Er besucht hier auch die Frauenschaft der NSDAP-Ortsgruppe, die ihm 60 000 bulgarische Zigaretten als Geschenk für die Stuttgarter Lazarette übergibt.

22. September Im Rahmen der Schloßmusik am Sonntagmorgen im Weißen Saal des Neuen Schlosses spielen Lilly Kroeber-Asche, Gustav Scheck, Sigmund Bleier und Günther Schulz-Fürstenberg auf Original-Instrumenten Musik aus der Zeit um 1800.
Die Radsportler stellen sich in der Adolf-Hitler-Kampfbahn mit Wettbewerben in den Dienst des Kriegs-WHW. Sieger im Fliegerhauptfahren um das Goldene Rad von Stuttgart wird der zweifache Deutsche Meister Willy Schertle (Stuttgart). Den Städtekampf Stuttgart — München — Mannheim gewinnt Stuttgart.
Im Städtekampf der Fußballmannschaften von Wien und Stuttgart im Wiener Praterstadion erringen die Wiener vor 40 000 Zuschauern einen 6 : 3-Sieg.

24. September Bei den Gaumeisterschaften der württ. Schützen errang die Stuttgarter Schützengilde die Meisterschaft mit der Scheibenpistole und die Neue Schützengesellschaft Stuttgart die Meisterschaft im Pistolenschießen.

25. September Die Stadt beschließt, das Gefangenenlager in Gaisburg für die Unterbringung von weiteren 400 Gefangenen zu vergrößern.
Eingeladen von den Inhabern der Vergnügungsstätten, besuchen 300 verwundete Soldaten den Cannstatter Herbstwasen.
Den seit vier Wochen in den Palast-Lichtspielen laufenden Spielfilm »Die Geier-Wally« sahen bis jetzt über 85 000 Besucher.

26. September In Feuerbach, Hindenburgstraße 155, und in Untertürkheim, Wallmerstraße 126, wurden städt. Kindertagheime eröffnet.
Das Kunsthaus Hirrlinger zeigt derzeit Landschaften von Roland Niederbühl und Radierungen von Walter Romberg.
Im Filmtheater Universum gelangt der antisemitische Film »Jud Süß« zur Stuttgarter Erstaufführung. Joseph Süß Oppenheimer, um 1692 in Heidelberg geboren, Geheimer Finanzrat Herzog Karl Alexanders, wurde unter dem Vorwurf finanzieller Machenschaften am 4. Februar 1738 in Stuttgart hingerichtet.

27. September Das Bataillon 51 der Schutzpolizei, Standort Stuttgart, das im Dezember 1939 aufgestellt worden war, kehrt nach Einsatz bei »Säuberungsaktionen« aus dem Generalgouvernement zurück.

28. September Dr. Peters, Leiter des Amts für Tierpflege, eröffnet auf dem Killesberg die Ausstellung Schädlinge und Schädlingsbekämpfung.

SEPTEMBER 1940

Prof. Hugo Distler, bisher Lehrer an der Musikhochschule, wurde an die Akademische Hochschule für Musik in Berlin berufen, wo er die Klasse für Chorleitung und eine Kompositionsklasse übernimmt.

29. September Der Sicherheitsdienst beschlagnahmt in Stuttgart 373 Kettenbriefe der Alemannischen autonomistischen Bewegung und 500 Flugblätter, in denen unter einer Flagge mit weißem Kreuz auf grünem Grund ein freier alemannischer Staat mit Presse-, Meinungs-, Religions- und Wirtschaftsfreiheit gefordert wird.
Obergauführerin Maria Schönberger verabschiedet auf dem Stuttgarter Hauptbahnhof 85 BDM-Führerinnen aus Württemberg, die in den Warthegau fahren, um dort den neuangesiedelten Deutschen zu helfen.
Premiere von Lessings »Emilia Galotti« im Kleinen Haus.
Die Stuttgarter Kickers werden vor 20 000 Zuschauern in der Adolf-Hitler-Kampfbahn von Rapid Wien mit 5 : 1 geschlagen. Sie scheiden damit aus dem Tschammerpokal-Wettbewerb aus.

30. September Die Fernsprechanschlüsse jüdischer Teilnehmer werden mit wenigen Ausnahmen gekündigt.
Der Stuttgarter Generalstaatsanwalt berichtet an den Reichsminister der Justiz über die allgemeine Lage: »Was die schwäbische Bevölkerung zur Zeit am brennendsten bewegt, ist die Frage, wie sich die kriegerische Auseinandersetzung mit Großbritannien weiter entwickelt, insbesondere ob dem ständigen Ansturm der deutschen Luftwaffe noch in diesem Herbst der Sprung auf die englische Insel folgt. Die Stimmung in meinem Bezirk ist unverändert gut und zuversichtlich ... Die allgemeine Kriminalität ist in der Berichtszeit erneut etwas zurückgegangen. Das gleiche gilt auch für die politische Kriminalität. Das anhaltende Absinken gerade der politischen Strafsachen kann, wie mir scheint, als Zeichen dafür bewertet werden, daß die militärischen und politischen Erfolge des Großdeutschen Reiches allmählich auch den meisten hartnäckigen Nörglern und Besserwissern die Augen geöffnet haben ... Bei den Kriegswirtschaftsverbrechen stehen die Schwarzschlachtungen weitaus im Vordergrund. Anzeigen wegen mißbräuchlicher Benutzung von Kraftfahrzeugen und wegen genehmigungslosen Güterfernverkehrs mit Kraftfahrzeugen sind nach wie vor recht häufig; doch handelt es sich dabei meist um ziemlich unbedeutende Fälle. Unerfreulich ist die Feststellung, daß in meinem Bezirk eine Zunahme des geschlechtlichen oder unzüchtigen Verkehrs von deutschen Frauen und Mädchen mit Kriegsgefangenen zu verzeichnen ist ... Durchweg ist den beteiligten Frauen und Mädchen vor ihrer Überweisung an die Strafverfolgungsbehörde von den empörten Volksgenossen das Haar kurz geschoren und ihre Anprangerung veranlaßt worden ... Zu zahlreichen Mißhelligkeiten und Schwierigkeiten führt das Verhalten der im Bezirk eingesetzten ausländischen

Arbeiter, insbesondere der polnischen Landarbeiter. Vor allem die Polen erweisen sich vielfach als faul, unwillig und gehässig. Wie die Erfahrung zeigt, arbeiten sie, je länger der Krieg dauert, immer widerwilliger ... Darüber hinaus werden sie nicht selten beleidigend, handgreiflich und gewalttätig.«
Im Großen Saal der Brauerei Dinkelacker, Hohenstaufenstraße, findet eine Modellschau der Damenschneider-Innung Stuttgart statt.

1. Oktober Bei einer Beratung der Wohlfahrts- und Gesundheitsbeiräte über den Stand der Altersheimbeschaffung wird mitgeteilt, daß im Benehmen mit der Gestapo geprüft werde, ob die jüdischen Altersheime nicht durch Unterbringung der Insassen außerhalb Stuttgarts freigemacht werden könnten. — Um den Erfordernissen des Luftschutzes und der Wehrmacht Rechnung zu tragen und Mißstände im Straßenverkehr zu beseitigen, müssen auf Anordnung des Reichsverkehrsministers die Kraftfahrzeuge jetzt mit dem Wehrmachtstarnscheinwerfer ausgerüstet sein.
Die TWS übernehmen von den Neckarwerken Esslingen gegen einen Preis von 80 000 RM das Stromnetz und die Stromversorgung von Hedelfingen, nachdem die im Vertrag vom 16. November 1899 vereinbarte Konzessionsdauer der Neckarwerke am 31. August 1940 abgelaufen ist.
Frau Emma Müller hat der Stadt das Ölgemälde »Steinbrucharbeiter« von Friedrich von Keller geschenkt.
Dr.-Ing. Hermann Gretsch wird zum »zeitweiligen« Leiter der Kunstgewerbeschule in Stuttgart bestellt. Sein bisheriges Amt im Landesgewerbemuseum, Abteilung Sammlungen, behält er bei.

1.–31. Oktober Im Friedrichsbautheater wird die Winterspielzeit 1940/41 eröffnet. Im Mittelpunkt des Programms steht Willy Reichert mit der »Reise nach Daheim«.

2. Oktober Im Rahmen seiner auf sechs Abende verteilten Dichter- und Musiker-Bilder stellt Wilhelm Locks den ersten Abend unter das Thema »Der heroische Beethoven«.

2.–9. Oktober In der Liederhalle gastiert die Salzburger Max- und Moritz-Bühne mit sechs Bubenstreichen nach Wilhelm Busch.

3. Oktober Teile einer vom Frankreich-Feldzug heimgekehrten Division marschieren durch die Straßen Stuttgarts auf den Cannstatter Wasen.
Nach einer Anweisung der Hauptvereinigung der Deutschen Gartenbauwirtschaft ist die gesamte diesjährige Apfelernte mit Wirkung vom 28. September beschlagnahmt. Der Bezug von Tafel- und Mostobst ist für den Verbraucher nur durch den Einzel-

OKTOBER 1940

oder Großhandel möglich. Eine Ausnahme gilt für den Verkauf auf benachbarten Wochenmärkten und für den Obstverkauf von Erzeugern an Verbraucher in derselben Gemeinde. Die Mostobsternte in Württemberg ist nur mittelmäßig, der Bedarf soll durch Einfuhren aus Frankreich gedeckt werden. Von der noch befriedigenden Tafelobsternte in Württemberg muß ein Teil an Gebiete im Reich abgegeben werden.
Die Stadt beschließt, den bestehenden Gleisanschluß des oberen Kohlenlagerplatzes beim Dampfkraftwerk Münster so zu verlängern, daß zusätzlich 20 Güterwagen abgestellt werden können.
In der Liederhalle dirigiert Martin Hahn das Landesorchester beim 1. Volks-Sinfoniekonzert dieser Saison. Solist ist Karl von Baltz (Violine).

4. Oktober Die Gemeinnützige Baugenossenschaft Gartenstadt Luginsland hat mit der Fertigstellung von 96 Wohnungen im Gebiet Mössinger an der Markungsgrenze zu Fellbach ihre 16. Baugruppe vollendet.
Im ersten von zehn Meisterkonzerten spielen in der Liederhalle die Nationalpreisträger 1939 Siegfried Borries (Violine) und Rosl Schmid (Klavier).
Zur Eröffnung des Winterarbeitsprogramms der Volksbildungsstätte Stuttgart spricht Kreisleiter Fischer im Gustav-Siegle-Haus über das Thema »Europa ändert sein Gesicht«.
Dekan Rudolf Spohn wurde von Papst Pius XII. zum päpstlichen Geheimkämmerer ernannt.

5. Oktober In einer Veranstaltung der NS-Gemeinschaft Kraft durch Freude tritt in der Liederhalle auch Deutschlands populärste Humoristin, Claire Waldoff, auf.
Im vollbesetzten Festsaal des Hindenburgbaus eröffnet der Schwäb. Albverein die Reihe seiner Vortragsabende. Forstmeister Otto Feucht spricht zum Thema »Die Wälder um Stuttgart«.

6. Oktober Das Sondergericht Stuttgart verurteilt einen Zigeuner wegen mehrerer Diebstähle, obwohl die meisten vor Vollendung seines 18. Lebensjahres begangen wurden, zum Tode.
In der Markuskirche gestalten Dora von Möllendorf (Violine), Prof. Hermann Keller (Orgel) und Stadtpfarrer Rudolf Daur eine musikalische Feierstunde.
Im Kampf um den Fußball-Reichsbundpokal gewinnt die württ. Mannschaft in der Adolf-Hitler-Kampfbahn gegen die Mannschaft des Niederrheins ein Spiel mit 4 : 3.

7. Oktober Die Stuttgarter Straßenbahnen nehmen wieder die Linie 3 (Platz der SA — Heusteigstraße — Olgastraße — Danziger Freiheit — Hauptbahnhof — Schloßstraße — Silberburgstraße — Platz der SA) in Betrieb.

Die Stadt beschließt, das Umspannwerk Feuerbach, das letzte Werk, das die Neckarwerke noch im Stadtgebiet Stuttgart besitzen, zu erwerben und so die Stromversorgung Stuttgarts ausschließlich den TWS zu übertragen. Ein Weiterbenützungsrecht der Neckarwerke ist bis 30. September 1942 vorgesehen.

Das 1. Sinfoniekonzert der Württ. Staatsoper in dieser Saison ist Beethoven und Bruckner gewidmet. Walter Gieseking spielt Beethovens viertes Klavierkonzert.

8. Oktober Auf einer Beratung mit den Beiräten für Schulfragen berichtet Stadtrat Dr. Cuhorst über die Stuttgarter Schulen: da die Wehrmacht bei Kriegsausbruch mehrere Schulen belegt hatte, mußte in zwei oder drei Schichten unterrichtet werden; auch jetzt gibt es noch Schichtunterricht. In neun Schulen sind Außenstellen des städt. Wirtschaftsamts untergebracht. Bei der Benutzung von Turnhallen als Getreidelager sind Schäden an den Fußböden entstanden. Nur ein kleineres Schulhaus in der Neuwirtshaussiedlung und ein Anbau an der Filderschule in Degerloch konnten neu errichtet werden. Der Schulbau ist deshalb neben dem Wohnungsbau eine vordringliche Aufgabe der Nachkriegszeit. Für die Schulen werden im Jahr 1940 rund 8 Mio. RM ausgegeben, wobei für einen Volksschüler 123 RM, einen Mittelschüler 98 RM, einen höheren Schüler 241 RM, einen gewerblichen Berufs- und Fachschüler 122 RM, einen kaufmännischen Berufs- und höheren Handelsschüler 102 RM, eine hauswirtschaftliche Berufsschülerin 50 RM und eine Frauenarbeitsschülerin rund 540 RM aufgewendet werden. Die Stadt hat beim Kultministerium die Aufhebung der Frauenarbeitsschule beantragt. Eingehend wird über den Lehrer-Nachwuchs gesprochen. Wegen der schlechten Besoldung zögern viele junge Menschen, den Lehrerberuf zu ergreifen.

Die Stadt beschließt, den Wasserhochbehälter Birkenwäldle auf Markung Feuerbach, derzeitiger Inhalt 2700 cbm, um 6000 cbm zu vergrößern.

9./10. Oktober Eine Studiengruppe der Faschistischen Konföderation der Handelsangestellten Italiens besucht Stuttgart, wo sie eine Werkzeugmaschinengroßhandlung und ein Hotel besichtigt. Im Freizeitheim Feuerbach ist sie Gast der Deutschen Arbeitsfront.

10. Oktober OB Dr. Strölin, der am 3. Oktober infolge seiner Südosteuropareise am Empfang der heimgekehrten Truppen verhindert war, begrüßt im großen Ratskellersaal Offiziere und Mannschaften. Er erinnert an die Fürsorge, die die Stadtverwaltung den Angehörigen ihrer ausmarschierten Soldaten zuteil werden läßt und fordert einige Soldaten des Infanterie-Regiments 119 auf, sich ins Goldene Buch der Stadt Stuttgart einzutragen. Der Regimentskommandeur dankt für den Empfang durch die Bevölkerung der Stadt Stuttgart und betont, daß es kaum eine andere Stadtverwaltung gibt,

OKTOBER 1940

die wie Stuttgart schon im Frieden so eng mit ihren Truppen verbunden gewesen ist.
August Lämmle trägt »Schnurren« und Gedichte vor.
Zu Ehren des Infanterie-Regiments 119 wird im Schauspielhaus eine Sondervorstellung von »Lisa, benimm Dich« gegeben.
An der TH werden die neueintretenden Studenten immatrikuliert.

12. Oktober Stuttgart steht nach einem Bericht im NS-Kurier mit 85,2 Rundfunkhörern auf 100 Haushaltungen an der Spitze in der Rundfunkdichte im Reich. Durchschnitt in den Großstädten am 1. April 1940: 71,5.
Julius Patzak (München) singt in der Liederhalle.
Direktor Emil Neidhart lädt Offiziere und Mannschaften der heimgekehrten Truppen ins Friedrichsbautheater zu einer Ehrenvorstellung ein.
Die Ausstellung Kunst aus Württemberg im Kronprinzenpalais wird rege besucht. Seit 16. Juni sind 70 Bilder und Plastiken im Gesamtwert von ca. 18 000 RM verkauft worden.
Der Reichsminister für Wissenschaft, Erziehung und Volksbildung, Bernhard Rust, hat Dr. techn. e. h. Dr.-Ing. e. h. Ferdinand Porsche zum Honorarprofessor an der TH Stuttgart ernannt.

13. Oktober Auf einer Arbeitstagung der Hitlerjugend des Gebietes 20 übergibt Gebietsführer Uhland sein Amt an den von der Front zurückgekehrten Gebietsführer Erich Friedrich Sundermann.
Nach einer Pause von 16 Jahren wird in der Inszenierung von H. E. Mutzenbecher Mussorgskis »Boris Godunow« im Großen Haus aufgeführt.
Das Münchener Stroß-Quartett eröffnet mit einem Kammermusikabend in der Liederhalle die Gastspiele auswärtiger Kammermusikvereinigungen in dieser Saison.
Gaupropagandaleiter Mauer eröffnet im Ausstellungsgebäude auf dem Interimstheaterplatz die Herbstausstellung des Württ. Kunstvereins, die von rund 40 Künstlern beschickt ist. Vier Jubilaren sind größere Sonderschauen eingeräumt: den 70jährigen Alexander Eckener und Martin Nicolaus und den 60jährigen Karl Schmoll von Eisenwerth und Bruno May.
Im Reservelazarett II, Marienhospital, sind Photoalben, Buchhüllen und Schreibmappen ausgestellt, die von verwundeten Soldaten unter Anleitung einer Kunstgewerblerin angefertigt wurden.
Der Deutsche Radmeister Schertle aus Stuttgart gewinnt in der Berliner Deutschlandhalle den Fliegerkampf.
In der Poststraße überfährt ein Lastwagen zwei Frauen, von denen eine stirbt.

13./14. Oktober Führende Repräsentanten italienischer Zeitungen, an ihrer Spitze der Präsident des Verbandes der italienischen Presse, Nationalrat Guglielmotti, besuchen Stuttgart. Sie treffen sich mit ihren württ. Kollegen zum Erfahrungsaustausch. Die Kreisfrauenschaftsleiterinnen der NS-Frauenschaft kommen in Stuttgart mit den Abteilungsleiterinnen für Schulung und Pressepropaganda zu einer Arbeitstagung zusammen, auf der besonders der »Heimabend«, der im Mittelpunkt der Schulungsarbeit steht, besprochen wird.

14. Oktober Die Stadt beschließt, zur Unterbringung von 150 Kriegsgefangenen für Zwecke des Luftgaukommandos weitere 2 Baracken im Kriegsgefangenenlager Gaisburg aufzustellen. In diesem Zusammenhang weist BM Hirzel darauf hin, daß die Anforderungen der Wehrmacht, namentlich der Luftschutzstellen, um so unbefangener gestellt werden, je rascher sie die Stadt erfüllt. Er verlangt deshalb den Nachweis der rechtlichen Verpflichtung der Stadt, des Bedürfnisses und der künftigen Verwendbarkeit der Anlagen für städt. Zwecke.
Die Stadt kauft um 440 000 RM von der Firma Stuttgarter Bau-Consortium GmbH das Grundstück Schloßstraße 40 A samt Inventar.
Mit einem Vortrag von Obermedizinalrat a. D. Dr. Schober über das Bäderwesen in vergangenen Zeiten beginnt der Verein für vaterländische Naturkunde die Reihe seiner wissenschaftlichen Abende dieses Winters.

15. Oktober Den Wohlfahrts- und Gesundheitsbeiräten wird mitgeteilt, daß im Katharinenhospital und in den angeschlossenen Anstalten die Luftschutzräume beheizbar gemacht werden.
Beim Absturz eines deutschen Militärflugzeuges in Gablenberg findet die Besatzung den Tod.
Am ersten Abend einer sechsteiligen Vortragsreihe Volk und Kunst liest Heinrich Zerkaulen im Oberen Museum aus eigenen Werken.
Konteradmiral Walther hält im Landesgewerbeamt einen Lichtbildervortrag »Wir fahren gegen Engeland«.
Im Rahmen der Mitgliederversammlung des Reichskolonialbundes, Ortsverband Bad Cannstatt, spricht Prof. Dr. Walter, Direktor des Botanischen Instituts der TH Stuttgart, über »Deutsch-Südwestafrika im Vergleich zu den anderen deutschen Kolonien«.

16. Oktober Die Arbeitszeit der Behörden ist für das Winterhalbjahr von Montag bis Freitag auf 8 bis 17.15 Uhr und am Samstag auf 8 bis 12.45 Uhr festgesetzt worden.
Beim 2. Meisterkonzert spielt in der Liederhalle Wilhelm Backhaus (Klavier).

17. Oktober Zählte man noch vor 1933 durch verbotenes Auf- und Abspringen von der Straßenbahn jährlich Hunderte von Verletzten und sogar Tote, so haben sich diese

OKTOBER 1940

Zahlen, nicht zuletzt durch die strengen polizeilichen Maßnahmen, wesentlich verringert. Im Jahre 1939 erlitten nur etwa 70 Personen durch verbotswidriges Verhalten leichtere und schwerere Verletzungen; Tote waren nicht zu beklagen.
Mit Beginn des Winterhalbjahres wurde als Nachfolger von Prof. Distler der Komponist Philipp Mohler aus Nürnberg zum Lehrer für Komposition, Kontrapunkt und Harmonielehre an die Hochschule für Musik in Stuttgart berufen.

19. Oktober Der Leipziger Thomanerchor gibt unter Günter Ramin in der Stiftskirche zwei Konzerte.

19./20. Oktober Die zweite Reichsstraßensammlung für das Kriegs-Winterhilfswerk 1940/41 wird von der Deutschen Arbeitsfront veranstaltet. Im Hof des Neuen Schlosses zeigt die Wehrmacht erbeutete Waffen, Werkscharen der Stuttgarter Straßenbahnen betreiben Schießbuden und auf mehreren Plätzen finden Platzkonzerte statt.

20. Oktober Im Kleinen Haus wird in Anwesenheit des Autors das Schauspiel »Heinrich IV.« von Georg Schmückle uraufgeführt.
Bei einer Morgenfeier in der Hochschule für Musik singen Hitlerjungen unter Leitung von Luis Steiner Chorlieder aus dem 16. und 17. Jahrhundert; es spielt eine Kammermusikgruppe der HJ unter Charlotte Poerschke.

21. Oktober Die Städt. Sparkasse Stuttgart ruft zu Ehren des Vorsitzenden des Verwaltungsrats, OB Dr. Strölin, und aus Anlaß seines 50. Geburtstages die Dr.-Karl-Strölin-Stiftung mit einem Grundstock von 100 000 RM zur Unterstützung bedürftiger und würdiger Stuttgarter ins Leben.

22. Oktober In zwei Jahren haben über 1000 Teilnehmer die italienischen Sprachkurse des Stuttgarter Fascio besucht. »Die Kurse werden vom Italienischen Konsulat überwacht und von den Parteiorganen der beiden Nationen gefördert.«

23. Oktober Im Festsaal der Universität Tübingen eröffnet die württ. Arbeitsgemeinschaft für Auslandswissenschaften ihre Lehrgänge. Ministerpräsident Mergenthaler hebt in einer Ansprache die Zusammenarbeit der Universität Tübingen mit dem Deutschen Ausland-Institut in Stuttgart hervor. Dr. Strölin führt in seiner Rede aus, daß sich die gemeinsame Auslandsarbeit mit zwei Themen befassen müsse: dem Auslandsdeutschtum und dem Ausland selbst. Das Deutsche Ausland-Institut beschäftige sich daher mit den Vorarbeiten für ein großes Umweltmuseum. In ihm sollen die gesamte Auslandskunde und vor allem die Auslandsbeziehungen Deutschlands dargestellt werden. In das Auslandsmuseum sollen auch die völkerkundlichen Bestände des

Lindenmuseums und die Weltkriegsbücherei in Stuttgart eingefügt werden, die eine zweckmäßige Ergänzung fänden in den entsprechenden Tübinger Instituten. Die nun ins Leben gerufene Arbeitsgemeinschaft wolle eine Zusammenfassung aller vorhandenen und neu zu schaffenden auslandskundlichen Einrichtungen der Hochschulen Tübingen, Stuttgart und Hohenheim sein. OB Dr. Strölin überreicht für das geplante Auslandskundliche Seminar der Universität Tübingen wissenschaftliche Bücher und Volkstumskarten.

In der Gustav-Siegle-Bücherei berichtet auf einer Arbeitstagung der NSDAP, Kreis Stuttgart, Kreisfrauenschaftsleiterin Lütze über die von der NS-Frauenschaft im ersten Kriegsjahr bewältigten Aufgaben. Kreisleiter Fischer behandelt die politische Lage und umreißt die Aufgabe der Partei. Dr. Fritz Cuhorst spricht über die Aufgaben der Volksbücherei und das Buch als politisches Instrument.

Stadtrat Dr. Könekamp erläutert den Wohnungsbeiräten den Führererlaß vom 15. September 1940, nach dem vor allem Wohnungen für kinderreiche Familien gebaut werden sollen. Da sich die Behörden über den Wohnungsbau nicht einig geworden seien, wünschten sie jetzt dessen Übernahme durch das Reich. Man wende sich aber gegen zu weitgehende Baunormen mit der Gefahr einer öden Typisierung. Ratsherr Bühler schlägt für die reichseigenen Wohnungen das Gebiet Hallschlag vor. — Die Stadt hat für den Wohnungsbau nach dem Krieg für 950 000 RM Baustoffe, hauptsächlich Ziegelsteine, gekauft.

Dr. R. Krishniah aus dem indischen Staat Mysore hält im Deutschen Ausland-Club Stuttgart einen Vortrag über Indien.

24. Oktober Die Stadt kauft das Anwesen Gerokstraße 21, um dort ein auslandsdeutsches Schülerheim einzurichten.

Im Hause der Italienischen Gesellschaft begannen in Anwesenheit von Konsul Pletti die italienischen Sprachkurse der Dante-Gesellschaft.

Der Musikzug der Bahnschutzpolizei der Reichsbahndirektion Stuttgart gab im Rote-Kreuz-Krankenhaus und im Kolping-Haus, Reservelazarett III, den kranken und verwundeten Soldaten ein Konzert.

25. Oktober Der Reichsminister für kirchliche Angelegenheiten verfügt, daß nach nächtlichen Fliegeralarmen vor 13 Uhr des folgenden Tages keine Glocken geläutet werden dürfen.

Die neue Aufwärtsfahrbahn der Charlottenstraße wird dem Verkehr übergeben.

Prof. Dr. Schmitt von der TH beginnt im Landesgewerbeamt mit einer sechsteiligen Vortragsreihe »Kunst im Elsaß«.

In der Hochschule für Musik werden der Direktor, Prof. Karl Wendling, und Prof.

OKTOBER 1940

Alexander Eisenmann verabschiedet. Ministerpräsident Mergenthaler dankt ihnen für ihre Arbeit und begrüßt als neuen Leiter der Anstalt Prof. Dr. Hugo Holle.

26. Oktober Nach einem Geheim-Schreiben des Luftgaukommandos VII an den Höheren SS- und Polizeiführer Südwest in Stuttgart sind zur Beseitigung von Bomben, soweit Gefahr für die Räumungstrupps besteht, im Bereich des Luftgaukommandos VII nach Möglichkeit Insassen des Konzentrationslagers Dachau heranzuziehen.

27. Oktober Bei der zweiten Tanzmorgenfeier führt Gret Palucca im Schauspielhaus neue Tänze vor.
In der ersten von 10 Morgenfeiern zur Woche des Deutschen Buches im Kleinen Haus rezitieren Gaby Banschenbach, Rudolf Fernau und Fritz Brand deutsche Dichter. Die musikalische Umrahmung gestalten Hubert Giesen (Klavier) und die Dreisbach-Bläser-Vereinigung.
Eine Morgenfeier unter dem Motto »Vom Reich zum Volk« im Deutschen Ausland-Institut wird musikalisch umrahmt vom Werkchor und Quartett der Betriebsgemeinschaft Mahle KG.
In der Hochschule für Musik gibt der Stuttgarter Hermann Ruck zusammen mit Marianne von Beroldingen und Maria Wandel einen Liederabend mit eigenen Kompositionen.
Der Turnverein Cannstatt 1846 lädt 200 verwundete Soldaten der Bad Cannstatter Reservelazarette zu einem Heiteren Nachmittag in den Großen Kursaal ein.

28. Oktober Die Technischen Beiräte besichtigen die Hauptkläranlage in Mühlhausen, vor allem die Einrichtungen für die Aufbereitung von Mengedünger, der aus Müll und Klärschlamm hergestellt wird. Anschließend findet das Richtfest für zwei Klärbecken und einen dritten Faulturm für die Klärgasgewinnung statt.
Die Lehranstalt für medizinisch-technische Assistentinnen am Katharinenhospital nimmt mit 12 Schülerinnen ihren Unterrichtsbetrieb auf.
Die Württ. Staatstheater begeben sich mit rund hundert Künstlern auf eine mehrtägige Gastspielreise zu den deutschen Truppen nach Südwestfrankreich. Im Mittelpunkt stehen sechs »Fledermaus«-Aufführungen.
Ministerialdirektor a. D. Rudolf von Gross gestorben.

30. Oktober Das Strub-Quartett gibt in der Liederhalle einen Kammermusik-Abend. Dr. Kurt Zimmermann (Bremen) beginnt im Deutschen Ausland-Institut eine Vortragsreihe über den »Ring des Nibelungen« von Richard Wagner.

31. Oktober Die Allgemeine Ortskrankenkasse Stuttgart kann, wie deren Leiter,

Verwaltungsdirektor Munder, im Beirat berichtete, die Gesundheitsfürsorge und die Krankenbetreuung weiter ausbauen. Hierfür hat sie eine Abteilung Krankenfürsorge geschaffen. Die finanzielle Lage der Kasse ist gut, der Krankenstand bewegt sich in erträglichen Grenzen.

Zum Spartag erklärt ein Stuttgarter Geldinstitut: »Schwert, Hammer und Sparbuch, das sind die 3 Symbole unseres Freiheitskampfes; der deutsche Sparer kann das stolze Gefühl haben, seinen entscheidenden Beitrag zum Aufbau der neuen Wehrmacht geleistet zu haben«.

Prof. Baron Gustavo Barroso, Direktor des historischen Museums in Rio de Janeiro, besucht Stuttgart.

1. November Die beiden größten Stromversorger Württembergs, die Energieversorgung Schwaben AG und die Neckarwerke AG, führen gemeinsame Tarife ein, die zu den günstigsten in Deutschland gehören.

Das im früheren Gasthof Zum Wiesengrund in Buttenhausen von der Stadt Stuttgart errichtete Pflegeheim wird eröffnet.

Im Schauspielhaus Premiere des Lustspiels »Die kleine Parfümerie« von Leo Lenz.

2. November Bei einer neuen Welle von Parteiversammlungen sprechen die Redner über »Europas Abkehr vom Juden- und Freimaurertum«.

Gaupropagandaleiter Mauer eröffnet im Ehrenmal der deutschen Leistung die Jahresschau des deutschen Schrifttums und eine Kolonial-Schrifttumsschau, die nur in Stuttgart gezeigt wird.

Der Reichskolonialbund, Kreisverband Stuttgart, veranstaltet im Oberen Museum einen Carl Peters-Abend.

Auf der Jahresversammlung des Reichsbundes für Vogelschutz wird Dr. Wendehorst für weitere drei Jahre als Vorsitzender bestätigt.

2./3. November Auf einer Wochenendschulung der Stuttgarter BDM-Führerinnen spricht Dr. Csaki vom Deutschen Ausland-Institut über den »Volkstumskampf«.

Der Männergesangverein Liederkranz Stuttgart-Wangen feiert sein 100jähriges Bestehen.

4. November Unter Vorsitz von Staatsrat Dr. Emil Georg von Stauß beschließt die außerordentliche Hauptversammlung der Daimler-Benz AG, das Stammaktienkapital von 38 934 000 RM auf 50 Mio. RM zu erhöhen. Die Firma wurde vor 50 Jahren mit einem Kapital von 0,6 Mio. Mark gegründet.

Zwei zeitgenössische Werke geben einem Sinfoniekonzert des Staatstheater-Orchesters

NOVEMBER 1940

das Gepräge: Karl Bleyles »Kleine Suite für Orchester« op. 45 und Helmut Degens Klavierkonzert.

5. November Nach dem Jahresrückblick der Württ. Staatstheater zählte man im Spieljahr 1939/40 im Großen Haus bei 298 Vorstellungen 330 513 und im Kleinen Haus bei 251 Vorstellungen 137 197 Besucher.
Das Wendling-Quartett beginnt einen Zyklus von sechs Abenden, an denen die Streichquartette Beethovens aufgeführt werden.
Nach längerer Pause nahm das Marionetten-Theater im Stadtgarten wieder seine Vorstellungen auf.
Die Württ. Verwaltungsakademie eröffnet in der TH mit einem Vortrag von Prof. Dr. Haering (Tübingen) über »Verhängnis und Verheißung der deutschen Art« das Wintersemester.

6. November Der Oberlandesgerichtspräsident in Stuttgart berichtet an den Reichsminister der Justiz: »Die allgemeine Stimmung ist auch jetzt beim Beginn des zweiten Kriegswinters durchaus gut. Es ist zwar nicht zu verhehlen, daß viele Volksgenossen, nicht zuletzt wohl auf Grund der Veröffentlichungen der Presse, nach der beispiellos raschen Niederwerfung Frankreichs an eine ähnlich rasche Bezwingung Großbritanniens geglaubt haben. Die vielen Einflüge feindlicher Flieger haben die Bevölkerung eigentlich überrascht. Man hat es vielfach, wohl auch auf Grund der deutschen Propaganda, nicht für möglich gehalten, daß die Engländer in diesem Umfang in Deutschland einfliegen und Bomben abwerfen könnten ...
In der letzten Zeit haben mehrere Landgerichtspräsidenten die Ausmerzung Geisteskranker in Grafeneck zur Sprache gebracht, nicht etwa weil sie erst jetzt von dieser Sache erfahren haben, sondern weil allmählich in der Bevölkerung eine ernstliche Unruhe sich ausbreitet. Die Kenntnis dieser Dinge dringt in immer weitere Kreise ...
Ähnliche Zweifel erwecken in der Bevölkerung auch die von Zeit zu Zeit herausgegebenen Mitteilungen des Reichsführers SS, daß der und der wegen Widerstands erschossen worden sei. An den Widerstand glaubt wohl niemand mehr in der Bevölkerung. Und wenn es sich wohl auch in der Regel um Gewohnheitsverbrecher handelt, an deren persönlichem Schicksal niemand weiter Anteil nimmt, so fragt die Bevölkerung doch, auf welchem Gesetz dies beruhe und wozu die Justiz eigentlich da sei ...
Wohl allgemein werden Frauenspersonen, die sich mit Kriegsgefangenen eingelassen haben, vor ihrer Einlieferung ins Gefängnis auf Anordnung einer Parteidienststelle die Haare kurz geschnitten. Wenn die Bevölkerung wohl auch weithin Verständnis hat für eine derartige Brandmarkung, so handelt es sich doch um eine Art Justiz neben der eigentlichen Justiz, und zwar um eine Justiz, die mit ihrem Urteil und dessen Vollstreckung nicht wartet, bis der von Gesetzes wegen zuständige Richter die

Sache untersucht und sein ›Schuldig‹ gesprochen hat. Dieses Nebeneinander ist untragbar. Auch sonst erlebt man, daß Parteiorgane sich um gerichtliche Urteile wenig kümmern. So ist mir beispielsweise berichtet worden, ein Kreisleiter habe einem vom Sondergericht Freigesprochenen gerade in dieser Angelegenheit die Zahlung einer Buße an die NSV auferlegt; andere Kreisleiter befassen sich auch mit rechtskräftig gewordenen Zivilurteilen und bemühen sich, eine vom Urteil abweichende Regelung herbeizuführen. Von einem Kreisleiter wird mir berichtet, er habe sich dahin geäußert, der höchste Richter in seinem Kreis sei er, von einem andern, daß ein gerichtliches Urteil überhaupt nichts zu bedeuten habe. Der Einzelfall mag nicht besonders schwerwiegend sein; aber auch hier ist deutlich ein bewußtes Zurückdrängen der Justiz zu erkennen zum Schaden nicht nur der Justiz, sondern auch der Allgemeinheit.«

Unter Leitung von Elisabeth Nikolska gibt das Prager Ballett im Großen Haus ein Gastspiel.

Prof. Hermann Keller widmet César Franck in der Hochschule für Musik zu seinem 50. Todestag einen Orgelabend.

In der Liederhalle gestalten Will Glahe mit seinem Orchester und das Schuricke-Terzett einen Unterhaltungsabend.

7. November Bei einer Ratsherrensitzung wird der heutige Fliegeralarm zum Anlaß genommen, über den Beginn des Unterrichts nach einem Alarm zu sprechen. Stadtrat Dr. Cuhorst bittet die Ratsherren, in der Bevölkerung Verständnis für den Schichtunterricht zu wecken, der unumgänglich sei, weil Schulen von der Wehrmacht beschlagnahmt wurden. OB Dr. Strölin regt an, beim Kultministerium anzufragen, ob HJ-Dienst oder Schulbesuch vorgehe. Dr. Könekamp berichtet, daß der Reichssender Stuttgart vor einigen Tagen nach Frankfurt umgezogen sei. Oberbaurat Scheuerle erläutert die Anordnung, bombensichere und heizbare Luftschutzräume zu schaffen, die mit Waschgelegenheiten und Spülklosetts ausgestattet sind und für jede Person einen Liegeplatz vorsehen. Die Kosten trägt vorläufig das Reich. — Die Stadt beschließt zu Werbezwecken den Versand von 600 Exemplaren der Stuttgarter Illustrierten, insbesondere nach Südosteuropa.

7.—24. November Die Rundfunkspielschar 2 des Reichssenders Stuttgart unternimmt eine Fahrt zu deutschen Soldaten nach Nordfrankreich.

8. November 2. Luftangriff. Schwerpunkte: Gaisburgstraße, Alexanderstraße; 3 Verwundete.
Freitod des jüdischen Arztes Dr. Jakob Holzinger mit seiner Ehefrau.

9./10. November 50 junge Flugzeugbauer nehmen am Gruppenwettbewerb für Saalflugmodelle der Gruppe 15 des NS-Fliegerkorps im Kunstgebäude teil.

NOVEMBER 1940

10. November Mit einem Vortrag von Prof. Dr. Csaki in Tübingen über die Volkstumspolitik im Osten begann das Deutsche Ausland-Institut Stuttgart seine Zusammenarbeit mit der Universität Tübingen bei den dortigen auslandswissenschaftlichen Lehrgängen.
Im Rahmen der Vortragsreihe des Württ. Vereins für Handelsgeographie spricht im Lindenmuseum Prof. Dr. Kohlarsen über »Völkerkundliche und vorgeschichtliche Forschungen in Afrika«.
Der schwedische Forscher Bengt Berg hält in der Liederhalle einen Lichtbildervortrag »Meine Freundschaft mit wilden Tieren«.

11. November Die Südwestdeutsche Landesgruppe der Deutschen Akademie für Städtebau-, Reichs- und Landesplanung tagte unter ihrem Vorsitzenden, Stadtrat Dr. Schwarz, im Rathaus. Professor Gottfried Feder (Berlin) sprach über »Ausgangspunkt und Zielsetzung einer neuen Landes- und Stadtplanung«.
Die Kameradschaften des NS-Studentenbundes an der TH veranstalten eine Langemarckfeier.
Rund 140 000 Besucher sahen im Universum-Filmtheater seit 26. September 1940 den Jud Süß-Film.

11.–13. November Unter Leitung seines Kulturreferenten Rudolf Schäfer tagt in Stuttgart der Kulturausschuß der Reichshandwerksführung.

12. November Im Rahmen eines Betriebsappells überreicht der Gauobmann der DAF, Friedrich Schulz, den Mercedes-Schuhfabriken in Bad Cannstatt das Leistungsabzeichen für vorbildliche Berufserziehung.
In der Bühnenbearbeitung von Arthur Georg Richter und Rudolf Fernau hat die Posse von Johann Nestroy »Wohnung zu vermieten« im Kleinen Haus Premiere.

12.–17. November In einer Ausstellung der Volksbücherei Bad Cannstatt, Dürrheimer Straße 44, wird die Arbeit der Stuttgarter Volksbüchereien der Öffentlichkeit vorgeführt.

13. November Im Universum wird der Film »Friedrich Schiller, der Triumph eines Genies« in Anwesenheit der Darsteller Lil Dagover (Franziska von Hohenheim) und Heinrich George (Herzog Karl Eugen) uraufgeführt. Die Titelrolle spielt Horst Caspar.
Das Amt für Tierpflege eröffnet mit einem Referat von Prof. Hans Krieg (München) zum Thema »Als Zoologe in Patagonien« eine Reihe naturwissenschaftlicher Vorträge.

14. November Durch Entschließung des Oberbürgermeisters werden weitere 500 000 RM zur Beschaffung von Baumaterialien für das Wohnungsbauprogramm nach dem Kriege bereitgestellt.
Elly Ney spielt in der Liederhalle Klavierwerke von Beethoven und Schubert.
Im Ehrenmal der deutschen Leistung im Ausland wird eine Sonderschau über Elsaß-Lothringen, Luxemburg, Belgien, Holland gezeigt.

15. November Nach einem Erlaß des Reichsführers SS und Chefs der deutschen Polizei müssen alle Bediensteten der Polizei den Film »Jud Süß« ansehen.
Die Graphische Sammlung der Staatsgalerie im Kronprinzenpalais eröffnet eine Ausstellung mit Soldaten- und Schlachtenbildern aus vier Jahrhunderten.
Im Mittelpunkt eines KdF-Abends in der Liederhalle steht Olga Tschechowa.
Dr. Gscheidle hält im Wilhelm-Murr-Saal einen Lichtbildervortrag über die Pflanzenwelt von Stuttgart.

15. November bis 15. Dezember Im Landesgewerbemuseum wird eine vom Kulturamt Offenbach aufgebaute Ausstellung Schriftschönheit im Buchdruck gezeigt.

16. November Die Wehrmacht beschlagnahmt einen Teil des Kursaalgebäudes. Der Stadt verbleibt nur der große Saal. Der Kursaalpächter muß sofort ausziehen.
Der Oberbürgermeister beruft acht Ratsherren und Dr. med. Hermann Kötzle in die neugebildeten Beiräte für Luftschutzfragen.
Im Halbmondsaal des ehemaligen Landtagsgebäudes eröffnet Gauleiter Murr die »Volks-Röntgen-Untersuchung« gegen die Tuberkulose.
Auch im zweiten Kriegsjahr kommt im November traditionell der »Ring des Nibelungen« zur Aufführung: »Rheingold«, »Die Walküre«, »Siegfried« und »Götterdämmerung«.
Ministerpräsident Mergenthaler übergibt im Kultministerium an Georg Stammler (Ernst Krauß) aus Oppershausen bei Langensalza für seinen Gedichtband »Streit und Stille« und sein Werk »Was uns stark macht, Gedanken zur deutschen Aufgabe« und an Dr. Max Reuschle (Stuttgart) für seine Gedichtbände »Brudergestirn« und »Volk, Land und Gott, Deutsche Gesänge« den Schwäbischen Dichterpreis des Jahres 1940.
Bei der Mitgliederversammlung des Württ. Geschichts- und Altertumsvereins spricht Prof. Dr. Hans Erich Feine (Tübingen) über »Ursprung und Bedeutung des Eigenkirchenwesens im frühen Mittelalter«.
Mit einem Vortrag von Prof. Dr. Karl Haushofer im Deutschen Ausland-Institut über die Kolonialfrage geht eine Woche des deutschen Buches zu Ende.

NOVEMBER 1940

16./17. November Süddeutsches Ausscheidungsturnen in der Johannes-Kepler-Oberschule in Bad Cannstatt.

16.—23. November Schwäb. Schachkongreß.

17. November Im Kleinen Haus stellen Prof. Karl Erb, Hubert Giesen und Sigmar Schneider die 2. Morgenfeier unter das Motto »Deutsche Lyrik in Dichtung und Musik«.
Tanzmorgenfeier im Schauspielhaus mit Ilse Meudtner.
Unter der Leitung von Friedrich Ade führen in der Matthäuskirche Heslach der dortige Kirchenchor, der Gaumusikzug 26 des Reichsarbeitsdienstes und mehrere Solisten Kirchenmusik von J. S. Bach auf.
Im Kunsthaus Schaller sind etwa 65 Gemälde und einige Zeichnungen des schwäb. Malers Friedrich von Keller ausgestellt.

17. November bis 1. Januar 1941 Weihnachtsausstellung der Malerinnen in ihrem Heim Eugenstraße 17.

18. November Dr. Hermann Aichele, Ministerialrat im Württ. Innenministerium, Präsident der Landeskreditanstalt, in Esslingen verstorben.

19. November Nach einem Sofortprogramm für Luftschutzbauten werden die Bauarbeiten an folgenden 10 unterirdischen Bunkern mit 5400 Liegeplätzen begonnen: Marktplatz Stuttgart, Bahnhofsvorplatz Feuerbach, Bahnhofsvorplatz Untertürkheim, Wilhelmsplatz Cannstatt (frühere Synagoge), Wilhelmsplatz Stuttgart, Raitelsbergsiedlung, Metzstraße, Leonhardsplatz (Gustav-Siegle-Haus), Cannstatt Mühlgrün, Föhrich Feuerbach (Kinderspielplatz). Die Kosten von 9 Mio. RM trägt das Reich.
Da unter dem Marktplatz ein Luftschutzraum gebaut wird, findet der Gemüsegroßmarkt auf dem Karlsplatz statt. Bei einer Sitzung mit den Beiräten für die Angelegenheiten des Kurbads Cannstatt spricht sich Ratsherr Karl Drescher für eine großzügige Lösung bei der Umgestaltung des Wilhelmsplatzes in Bad Cannstatt aus, vor allem müsse der Fernverkehr umgeleitet und der Straßenbahnverkehr neu geregelt werden. — Ein Versuch in mehreren Badeorten des Reiches ergab, daß der Kohlensäureverlust bei der Zubereitung von Heilbädern im Mineralbad Leuze und im Mineralbad Cannstatt mit 19 bis 21 % am geringsten ist. — Oberbaurat Scheuerle erklärt das in der Gewerbehalle ausgestellte Modell für den Ausbau des Kurbades. Das Kurbadzentrum soll (nach dem Vorbild Budapests) im Rosensteinpark angelegt und das Mineralbad Leuze wegen des Neckarkanals aufgegeben werden; an seine Stelle sollen Grünanlagen mit einem Quellpavillon treten.

Um einen weiteren Platz für ihr Wohnungsbauprogramm zu gewinnen, kauft die Stadt Stuttgart von der Hofkammer des Hauses Württemberg den auf den Markungen Echterdingen, Unteraichen und Möhringen gelegenen 88 Hektar großen Fasanenhof.

Unter der Leitung von Hans Grischkat konzertierten die gemischten Bosch-Chöre von Stuttgart und Feuerbach sowie das Große Bosch-Orchester vor Verwundeten der Stuttgarter Lazarette.

Am Tag der Deutschen Hausmusik führt die Hochschule für Musik Hausmusik aus drei Jahrhunderten auf.

20. November Das Sondergericht Stuttgart verurteilte einen wegen Diebstahls und Vergewaltigung angeklagten Mann zum Tode.

Auf die Mitteilung eines Ratsherrn, daß die Kunden in der Freibankmetzgerei Feuerbach stundenlang anstehen müßten, wird geantwortet, daß auch Freibankfleisch zu einer Mangelware geworden sei.

Die Stadt kommt der Bitte des Hausvereins der Vitruvia nach, den Kaufvertrag vom 20. Juni 1940 über das Gebäude Eugenstraße 22 aufzuheben. Das Anwesen bleibt im Besitz der Stadt, die es der HJ überläßt.

Der in Stuttgart am 2. September 1900 geborene und hier ausgebildete Wilhelm Strienz singt in der Liederhalle.

21. November Erste Beratung mit den Beiräten für Luftschutzfragen. Nach dem Erlaß Hitlers vom 10. Oktober 1940 müssen in großem Ausmaß bombensichere Luftschutzräume gebaut werden. Im Luftschutzgau VII sind München und Stuttgart zum Ausbau als luftgeschützte Großstädte vorgesehen. Nach der Anordnung des Generalbevollmächtigten für die Bauwirtschaft, Dr. Todt, arbeiten der Gebietsbeauftragte für die Bauwirtschaft, der örtliche Luftschutzleiter und der OB zusammen. Dr. Strölin hat für die Luftschutzbauten den Luftschutzreferenten Oberbaurat Scheuerle bestimmt. Als Luftschutzbauten gelten auch Tunnels, Unterführungen usw., die im Frieden eine andere Verwendung haben. Oberbaurat Scheuerle berichtet über den Plan eines 780 m langen Tunnels von der Schillerstraße zur Wagenburgstraße (Wagenburgtunnel) mit zwei Röhren zu je 10 m Breite. Dieser Plan wird gegenüber dem Vorschlag von Stadtrat Dr. Schwarz, der eine Länge von 1200 bis 1300 m vorsieht, von den Beiräten gutgeheißen. Dr. Schwarz empfiehlt einen »U-Bahn-Schlauch« vom Platz der SA bis zum Hauptbahnhof und eine Unterführung der Königstraße im Bereich Schulstraße / Büchsenstraße.

Beim Absturz eines deutschen Militärflugzeuges westlich von Rohracker wird die Besatzung getötet.

NOVEMBER 1940

22. November Die Beiräte für Luftschutzfragen besichtigen den Engelbergtunnel, um Anregungen für den Bau des Wagenburgtunnels zu erhalten.
Im Saalbau Wulle gewinnt die württ. Boxstaffel den Vergleichskampf mit der badischen Boxstaffel mit 13 : 3.

23./24. November Auf einer Arbeitstagung der Bereichsfachwartinnen und Bezirksfrauenwartinnen des Frauensports spricht Reichsfrauenwartin Warninghoff (Hannover) über »Leibeserziehung der Frau«.

24. November Im Kleinen Haus gelangt »Das Schwert«, Curt Langenbecks neuestes Werk, zur Erstaufführung.

26. November Lieder- und Arien-Abend mit Erna Sack in der Liederhalle.
Das Archiv der Stadt Stuttgart zeigt im Rathaus aus eigenen Beständen weihnachtliche Gegenstände wie Springerle-Modeln, Kuchenformen, Puppengeschirre aus Metall, Steingut und Ton, ferner Krippenfiguren aus Tragantmasse, die um 1860 von dem Stuttgarter Konditormeister G. A. Doll hergestellt wurden.

28. November Nach Beratung mit den Beiräten für Luftschutzfragen vergibt die Stadt die Aufträge für Luftschutzbauten (Türme, Turmhäuser, Terrassenbauten und Häuser). Folgende Orte des Stadtgebietes sind hierfür vorgesehen: Altstadt Bad Cannstatt, Böheimstraße, Dachtlerstraße, Eiernest, Frauenklinik, Hoffeld, Jakobschule, Im Degen, Katharinenhospital, Krankenhaus Bad Cannstatt, Krankenhaus Feuerbach, Kinderklinik Birkenwaldstraße, Ludwigspital, Luisenstraße, Neuwirtshaus, Pragwirtshaus, Polizeisiedlungen Waldeck und Reutte, Raitelsbergsiedlung, Reisachsiedlung, Ringelgärten, Siegelbergsiedlung, Steinhaldenfeldsiedlung, Viktor-Köchl-Haus, Wallmer, Wilhelmsplatz Bad Cannstatt, Wolfbuschsiedlung, Zazenhausen. Oberbaurat Scheuerle berichtet, daß die Pläne über Luftschutzhochbauten Prof. Bonatz zur Beurteilung vorgelegt und ihm auf einer Rundfahrt die Standorte gezeigt worden sind: »Prof. Bonatz war größtenteils mit den Lösungen einverstanden. Am Pragwirtshaus schlug er vor, den zwölfeckigen Turm in Abänderung des Planes etwas zu verschieben. Auch mit den Lösungen in den Siedlungen ging er bei der Planbesprechung einig. Lediglich in der Steinhaldenfeldsiedlung schlug er eine zentrale Lage vor und in der Reisachsiedlung empfahl er 2 Häuser und 1 Turm statt 1 Haus und 2 Türme. Er ist für Verkleidung mit Werkstein. Erörtert wurde auch die Möglichkeit der Unterscheidung der jetzt zu bauenden Türme von den Wehrtürmen des Mittelalters. Dabei hat Prof. Bonatz die Frage aufgeworfen, die Türme mit Plattformen zu versehen. Dann ist aber die Frage der Tarnung von Bedeutung. Prof. Bonatz ist der Auffassung, daß die Gestaltung der Luftschutzhochbauten eine architektonisch und städtebaulich dankbare Aufgabe bietet.«

Bei einer Sitzung der Beiräte für Leibesübungen wird mitgeteilt, daß das Gelände des Turn- und Sportvereins Stuttgart 1907 und der Sportvereinigung Stuttgart 1893 in Degerloch für eine SS-Sportanlage herangezogen wird. Dem ersten Verein wird als Ersatz die Platzanlage des Turn- und Sportvereins Degerloch 1886 zur Mitbenützung zugewiesen, der zweite Verein wird auf den NSDAP-Sportplatz in Degerloch verwiesen. Für die Gebäude gewährt die Stadt den Vereinen eine Abfindung.
Die Gemeinderäte von Vaihingen besprechen die Eingemeindungswünsche Stuttgarts. Beigeordneter Messerle meint, daß viele Einwohner, besonders die neuzugezogenen, der Eingemeindungsfrage gleichgültig gegenüberstünden.
Der Stuttgarter Liederkranz, das Landesorchester, Irmela Weinhardt und Magda Strack bringen unter der Leitung von Hermann Dettinger in der Liederhalle das Chorwerk »Frohsinn im Handwerk« von Prof. Hermann Grabner, Text von Ernst du Vinage, zur Uraufführung.

29. November   Im Großen Haus wird unter Mitwirkung von Künstlern der Württ. Staatstheater der siebte Jahrestag der NS-Gemeinschaft Kraft durch Freude begangen. In seiner Ansprache führt Gauleiter Murr u. a. aus, »daß der Sinn der NS-Gemeinschaft ›Kraft durch Freude‹ nichts anderes ist als die unsterblichen Kulturgüter unseres Volkes, an denen wir so reich sind, allen zu vermitteln und nahe zu bringen«.
Im Schauspielhaus feiert die »Pension Schöller« Premiere.
Emil von Sauer, einer der letzten Liszt-Schüler, gibt in der Liederhalle einen Klavierabend.
Börries Freiherr von Münchhausen trägt im Oberen Museum eigene Balladen und Lieder vor.
Im Saalbau Wulle beginnen die Kriegsmeisterschaften 1941 im Boxen des Sportbereichs Württemberg.
Franz Michael Alland von der Volksbühne Wien und Otto von Rohr von den Städt. Bühnen Duisburg wurden an die Württ. Staatstheater verpflichtet.

30. November   Der Stuttgarter Generalstaatsanwalt registriert in seinem Bericht an den Reichsminister der Justiz eine zunehmende Passivität und Gleichgültigkeit der Bevölkerung gegenüber der außenpolitischen Entwicklung und dem militärischen Geschehen. »Die Sorgen und Mißstände des Alltags werden mit Verdrossenheit erörtert und manche innenpolitischen Vorgänge scharf, zum Teil mit Verbitterung kritisiert.« Als einen Hauptgrund für den Stimmungsabfall der Bevölkerung nennt er die trotz gegenteiliger Pressepropaganda immer stärker zunehmende Preissteigerung und Teuerung, die bei vielen Bedarfsgegenständen mit einer empfindlichen Qualitätsverschlechterung Hand in Hand gehe. Im Zusammenhang mit der Tötungsaktion von »lebensunwerten« Personen schreibt er: »Auch ist, wenn jemand eine unbedachte Äuße-

DEZEMBER 1940

rung politischer Natur macht, fast im ganzen Lande die Redensart gebräuchlich geworden, der Betreffende solle sich ja in acht nehmen, sonst werde er in Grafeneck verheizt.«

1. Dezember Die TH beabsichtigt, ein Institut für Kolonialtechnik einzurichten.
Im Kleinen Haus wird das Märchenspiel »Hampelmann und Hampelfrau« von Friedrich Forster uraufgeführt.
Im Hindenburgbau gastiert ab heute neben anderen Künstlern der Violin-Virtuose Hans Wilk.
Prof. Dr. Leo Bruhns, Direktor des Kaiser-Wilhelm-Instituts für Kunst- und Kulturwissenschaft in Rom, hält im Kronprinzenpalais einen Lichtbildervortrag über »Deutsche Kunst in Italien«.

1.–30. Dezember Die Hauptrollen des musikalischen Lustspiels »Bezauberndes Fräulein« von Ralph Benatzky im Friedrichsbautheater spielen Else Elster, Willy Reichert und Erik Ode.

2. Dezember In der Kunstgewerbeschule wurden die neueintretenden Studenten immatrikuliert.
Gastdirigent Graf Hidomaro Konoye (Tokio) leitet ein Sinfoniekonzert der Württ. Staatstheater.
Bei einem Unterhaltungsabend in der Liederhalle wirkt u. a. Kurt Engel (Xylophon) mit.

2./3. Dezember In den Stadtbezirken werden die Pferde gemustert.
Der Verein Deutscher Ingenieure hält im Stadtgarten und in der TH eine tropen- und kolonialtechnische Arbeitstagung unter dem Vorsitz von Dr.-Ing. H. Schult (Essen) ab. Aus diesem Anlaß hält sich Reichsminister Dr. Todt in Stuttgart auf.

3. Dezember In einer Sitzung der Wohlfahrts- und Gesundheitsbeiräte wird berichtet, daß die Stadt beabsichtigt, die jüdischen Altersheime in der Gerok-, Wagenburg- und Heidehofstraße zu übernehmen, um dadurch 50 Altersheimplätze zu gewinnen.
Die Stadt beschließt den Bau von Luftschutzräumen auf dem Platz der SA und auf dem Diakonissenplatz.
Lieder- und Opernabend mit italienischen Künstlern in der Liederhalle.

4. Dezember Im Schauspielhaus wird »Das Märchen vom Dornröschen« von Fritz Rügamer und Fritz Klenk uraufgeführt.

DEZEMBER 1940

Die Stadt Stuttgart erwirbt das Anwesen Bopserwaldstraße 61 und 61/1, um es als Klubheim und Wohnheim für auslandsdeutsche Studenten einzurichten.

6. Dezember Direktor Stöckle berichtet den Technischen Beiräten: die Kohlenvorräte der Technischen Werke sind fast doppel so hoch wie im Vorjahr und reichen für sechs Wochen. Der Strom- und Gasverbrauch steigt, obwohl die Industrie weniger Gas verbraucht; die Kapazität ist voll ausgelastet. Der neue Stromtarif bringt Mindereinnahmen von 1 Mio. RM, desgleichen der geplante neue Gastarif.

7. Dezember Die Stadt Stuttgart hat drei Verkehrsexperten und drei Architekten mit der Ausarbeitung eines Gutachtens über die künftige Verkehrsgestaltung in der Innenstadt beauftragt.
Die Stuttgarter Briefträgerinnen erhalten eine neue blaue Dienstkleidung mit kostümartiger Jacke und Rock sowie eine Tellermütze.
Wilhelm Furtwängler (Klavier) und Georg Kulenkampff (Violine) spielen bei einem Kammermusik-Abend in der Liederhalle.
Das KdF-Fronttheater Schwabenbühne, das über zwei Monate lang bei den Soldaten in Frankreich gastiert hatte, kehrte zurück.

8. Dezember In Anwesenheit des Komponisten gelangt im Großen Haus Francesco Cilèas Oper »L' Arlesiana« zur deutschen Erstaufführung.
Hans Grischkat führt mit seinem Singkreis in der Stiftskirche das »Weihnachtsoratorium« von J. S. Bach auf.
Der Württ. Kunstverein eröffnet im Ausstellungsgebäude auf dem Interimstheaterplatz seine Weihnachtsausstellung.
Karl Hagstotz, Leiter des städt. Ausstellungs- und Fremdenverkehrsamts, verstorben.

9. Dezember Nach der neuen Kinderbeihilfen-Verordnung wird Kinderbeihilfe nur für Kinder »deutschen oder artverwandten Bluts« gewährt.
22 ausländische Journalisten aus Italien, Japan, den USA, Spanien, Bulgarien, Ungarn, Dänemark, Norwegen und Jugoslawien besuchen Stuttgart. In der Villa Reitzenstein empfängt sie Gauleiter Murr.

10. Dezember Im Sommer besuchten 276 000 Badegäste, 30 000 mehr als im Vorjahr, die städt. Mineralbäder Bad Cannstatt und Leuze.
Prof. Jonel Perlea, Erster Kapellmeister der Bukarester Oper, leitet als Gastdirigent ein Sinfoniekonzert der KdF-Kulturgemeinde in der Liederhalle. Solist ist Ludwig Hoelscher (Cello).

DEZEMBER 1940

Im Landesgewerbemuseum werden in einer Ausstellung Hausgeräte aus mehreren Jahrhunderten gezeigt.
In der Hohenheimer Straße wird ein zwölfjähriges Mädchen von einem 44 Jahre alten Mann ermordet.
Ratsherr Friedrich Österle, Zuffenhausen, verstorben.

11. Dezember Die Stadt beschließt, für den Splitterschutz an Schulgebäuden 170 000 RM, für den »Gasschutz« 80 000 RM bereitzustellen.
In den Anlagen bei der Liederhalle ist der Entwurf für das Matthäus-Hahn-Denkmal von Otto Heim aufgestellt.
Im Ufa-Palast läuft der Film »Der ewige Jude« an.

12. Dezember In einer Beratung mit den Ratsherren berichtet BM Hirzel über den Stand der Ferngasversorgung: An der Absicht des Wirtschaftsministeriums, Württemberg mit Gas von Blumberg zu versorgen, habe sich nichts geändert. Das Werk Blumberg solle gebaut werden. Die Stadt habe mit der Doggererz-AG in Donaueschingen Fühlung aufgenommen, der Standort wurde besichtigt. Eine Verbindung zur Saar sei in Aussicht genommen und damit ein Anschluß an den deutschen Gasring. Stadtrat Dr. Könekamp teilt mit, daß die Planungen für die Wohngebiete Mühlhausen, Hallschlag und Fasanenhof fortgesetzt werden. Die Wohnungsnot werde immer unerträglicher. Es soll daher noch ein Versuch gemacht werden, die Genehmigung zum Bau von 1500 Wohnungen während des Krieges zu erhalten.
Die Staatliche Bauschule in Stuttgart wird im Winterhalbjahr 1940/41 von 244 Studierenden besucht.
Unter Leitung von Prof. Kurt Thomas singen die Buchenroder Finken, 100 Jungen vom Musischen Gymnasium in Frankfurt/Main, in der Liederhalle.
Im Rahmen der naturwissenschaftlichen Abende des städt. Amtes für Tierpflege hält Prof. Dr. Karl von Frisch einen Vortrag über das Leben der Biene.
Dr. Erich Schlenker, der Leiter des Fremdenverkehrsvereins der Stadt Stuttgart, sprach in der städt. Bücherei in Prag über die Reichsgartenschau Stuttgart 1939.

13. Dezember Die Entscheidungskämpfe der Boxmeisterschaften des Sportbereichs XV (Württemberg) im ausverkauften Saalbau Wulle bringen den Stuttgarter Boxern große Erfolge.

14. Dezember Die Lotterie des zweiten Kriegs-Winterhilfswerks wird eröffnet.
Die unter dem Vorsitz von OB a. D. Dr. Lautenschlager abgehaltene Hauptversammlung der Stuttgarter Mineralbad Berg AG genehmigte den Abschluß für das Geschäftsjahr 1939. Der »Rohüberschuß« ist im Berichtsjahr auf 79 068 RM gegenüber

73 710 RM im Jahre 1938 gestiegen. Nach Abschreibungen von 5147 RM auf das Anlagevermögen wird ein Gewinn von 1485 RM ausgewiesen, so daß sich der Verlustvortrag von 68 041 RM auf 66 556 RM verringert.
In Feuerbach wird der Neubau der Feuerbacher Volksbank in der Adolf-Hitler-Straße 63 eröffnet.
Der Präsident der Deutschen Akademie, Ministerpräsident Ludwig Siebert (München), der am Abend im Ehrenmal der deutschen Leistung über das Thema »Die Weltgeltung der deutschen Sprache« spricht, besichtigt einige volksdeutsche Heime der Stadt Stuttgart und vereinbart eine enge Zusammenarbeit mit dem Deutschen Ausland-Institut.

14./15. Dezember Die Hitlerjugend verkauft bei der Reichsstraßensammlung als Abzeichen Figuren aus deutschen Märchen.

15. Dezember Gauleiter Murr spricht auf einer Kundgebung in der Liederhalle zu über 1800 Politischen Leitern und Führern der Partei aus den Kreisen Stuttgart, Böblingen und Herrenberg über den gegenwärtigen Krieg und gibt ihnen Richtlinien für ihre Arbeit.
Der Organist Paul Krückl spielt in der Markuskirche eigene Kompositionen.

15.—24. Dezember Der Stuttgarter Weihnachtsmarkt findet in kleinerem Umfang statt.

16. Dezember Das Wirtschaftsamt der Stadt Stuttgart eröffnet in der Friedrichstraße 39 eine Schuhtauschstelle für Kinder und Erwachsene. Die bisher von der NS-Frauenschaft betriebene Kinderschuhtauschstelle in der Nadlerstraße 15 stellt ihre Tätigkeit ein.
Dr. Franz Josef Hoop, Regierungschef des Fürstentums Liechtenstein, hält im Deutschen Ausland-Club einen Vortrag über seine Heimat. Er trägt sich auch in das Goldene Buch der Stadt Stuttgart ein.

19. Dezember Das Tanzverbot wird gelockert; an drei Tagen in der Woche darf wieder getanzt werden.
Im Kleinen Haus Erstaufführung des Lustspiels »Annemarie gewinnt das Freie« von dem aus Stuttgart stammenden Heinrich Lilienfein.
Stuttgarter Erstaufführung des Films »Bismarck«.
Ein die Heilbronner Straße abwärts fahrender Straßenbahnzug der Linie 10 prallt auf einen an der Haltestelle Reichsbahndirektion haltenden Zug der Linie 5. Drei Personen werden schwer, elf leicht verletzt.

DEZEMBER 1940

20. Dezember   Um den zur Wehrmacht Eingezogenen eine Weihnachtsfreude zu bereiten, wurden von der NS-Frauenschaft gesammelte Feldpostpäckchen an sie verschickt.

21. Dezember   Unter der Überschrift »Großsiedlungen in Stuttgart nach dem Kriege« druckt der NS-Kurier Ausführungen von OB Dr. Strölin ab: »In dem Bauprogramm, das nach dem Krieg einsetzen soll, spielt die Erstellung von zwei Großsiedlungen eine besondere Rolle, und zwar sind in den äußeren Stadtteilen (Bad Cannstatt und Mühlhausen) zwei geschlossene Siedlungen mit je etwa 2500 bis 3000 Wohneinheiten in zwei- bis dreistockiger weiträumiger Bauweise vorgesehen. Es entstehen hier kleine Städte mit 8000 bis 10 000 Einwohnern, die mit allen Einrichtungen versehen werden, deren ein Gemeinwesen bedarf, die öffentlichen Verwaltungs- und Parteigebäude, Post- und ähnliche Dienststellen, HJ-Heime, Schule und Kindergärten, vor allem auch Ladengeschäfte und Handwerksbetriebe.
Im Rahmen der Gesamtplanung wird neben dem sozialen Wohnungsbau, der vorwiegend in den Außengebieten erfolgen wird, vor allem auch die Neugestaltung der Innenstadt betrieben werden. Den Anstoß zu dieser Neugestaltung geben zunächst die Bedürfnisse des in Zukunft zweifellos immer mehr anwachsenden Kraftfahrzeugverkehrs. Um den fließenden und den ruhenden Kraftfahrzeugverkehr zu bewältigen, sind Straßenverbreiterungen, Straßendurchbrüche und Parkplätze vorgesehen. Die Neugestaltung der Innenstadt wird weiter erforderlich durch die Notwendigkeit, im Stadtinneren repräsentative Bauten für Partei, Staat, Rundfunk und Stadtverwaltung zu schaffen. Unter anderem ist auch der Bau eines neuen Rathauses vorgesehen, in dem der größte Teil der städtischen Verwaltung, die heute auf eine große Zahl von Gebäuden zersplittert ist, zusammengefaßt werden soll.
Besonders dringlich ist in der künftigen Nachkriegszeit für die Stadt Stuttgart auch die Erstellung von neuen Schulgebäuden. Dank der nationalsozialistischen Maßnahmen auf dem Gebiet der Bevölkerungspolitik ist die Geburtenzahl in Stuttgart von 4169 im Jahre 1932 auf 8700 im Jahre 1939 gestiegen. Dies bedeutet, daß künftig jeder Jahrgang der Schulneulinge wesentlich stärker ist als der vorausgehende und daß daher Hunderte von neuen Schulräumen geschaffen werden müssen. Im Zusammenhang mit der besonderen Bedeutung des Massengüterverkehrs ist es von größtem Interesse, daß in einigen Jahren der Neckarkanal bis Stuttgart fortgeführt sein wird. Wenn der Neckarkanal bis Stuttgart durchgeführt ist, dann muß auch der Stuttgarter Kanalhafen fertig sein. Die Planung dieses Kanalhafens ist abgeschlossen und der Grunderwerb zum großen Teil durchgeführt. Durch den Ausbau des Neckarkanals wird Stuttgart unmittelbare Schiffsverbindung mit dem Rhein und damit auch mit den niederländischen Häfen gewinnen.«
Im weihnachtlich geschmückten Saal des Rückwandererheims Hotel Central finden

DEZEMBER 1940

sich Rückwanderer und Flüchtlinge aus Afrika, Ägypten, Palästina, der Schweiz und Umsiedler aus Südtirol zu ihrer ersten Weihnachtsfeier im Reich zusammen. Stadtrat Dr. Könekamp spricht von den Maßnahmen, die ergriffen wurden, um das Los der Rückwanderer und Flüchtlinge zu erleichtern.

21./22. Dezember Die Fußball- und Basketballspieler der SS-Sportgemeinschaft Straßburg treffen sich mit Stuttgarter Sportlern zu Freundschaftsspielen. Bei einem Empfang im Rathaus erinnert OB Dr. Strölin an die vielfältigen alten Beziehungen zwischen Stuttgart und Straßburg.

22. Dezember OB Dr. Strölin ließ durch städt. Gefolgschaftsmitglieder allen verwundeten und kranken Soldaten in den Stuttgarter Lazaretten ein Weihnachtspäckchen überreichen.
Im Großen Haus wird die Operette »Die Flucht ins Glück« von Nico Dostal uraufgeführt. Dostal dirigiert selbst.
Weihnachtsmusik des Stuttgarter Singkreises unter Gustav Wirsching in der Stiftskirche.

23. Dezember Mit den Technischen Beiräten werden u. a. folgende Fragen besprochen: Das Gartenamt errichtet Dauerkleingärten am Hungerbühl (Auffüllplatz in Bad Cannstatt), auf der Schloßwiese in Münster, an der Pfullinger Straße in Degerloch, am Rotweg in Zuffenhausen und am Lönsweg in Sillenbuch. — Der Verkauf von Gemüse aus dem Gelände der Reichsgartenschau, aus der Baumschule Steinhaldenfeld und aus der Stadtgärtnerei erbrachte 22 000 RM. — Durch den Bau von Luftschutzräumen sind eine Anzahl von Grünanlagen zerstört worden. Es sei zu überlegen, ob man das Reichsgartenschaugelände nicht als Tiergarten verwenden könne, etwa durch Überführung der Tiere von der Doggenburg auf die KdF-Wiese. — Ratsherr Albert Weischedel schlägt vor, mit den Luftschutzbauten am Bahnhof Feuerbach auch eine Schwimmhalle zu errichten und empfiehlt den Bau eines Tunnels zwischen Stuttgart und Feuerbach.
Als Abschluß des Schulungskurses, den der Reichskolonialbund in den letzten Monaten für seine Amtsträger und die Arbeitskameradschaft der Jugend veranstaltete, sprach Prof. Walter von der TH über Deutsch-Südwestafrika. Im Saalbau Weißenburg hielt der Ortsverbandsleiter von Stuttgart-Ost, Helfferich, einen Lichtbildervortrag über Deutsch-Ostafrika.

24. Dezember Unter Leitung von Musikdirektor Klöpfel tritt der Eisenbahnsingchor in der Bahnsteighalle des Hauptbahnhofes beim traditionellen Weihnachtssingen auf.

DEZEMBER 1940

25. Dezember 24 Studenten der Bauschule Stuttgart helfen seit einigen Wochen zusammen mit ihren Professoren Walter Hoß und Hans Kaiser am Wiederaufbau im Saarland mit.
Der Neckar ist zugefroren; die Eisdecke hat eine Dicke von neun Zentimetern. Mit wenigen Ausnahmen ist das Schlittschuhlaufen erlaubt.

26. Dezember Unter Leitung von Alfons Schmid führen der Liebfrauenkirchenchor Bad Cannstatt, Mitglieder des Staatstheaterorchesters sowie die Solisten Hans Hager, Emma Mayer und Hedwig Cantz das Oratorium »Das Lebensbuch Gottes« von Joseph Haas auf.
Vor 6000 Zuschauern siegen die deutschen Meister der Berufsboxer: Jean Kreitz gegen den schwedischen Meister Andersson und Gustav Eder gegen den Italiener Deyana. Dies ist die erste Veranstaltung in der Stadthalle, die seit Kriegsbeginn als Getreidespeicher diente.

28. Dezember Der Maler Rudolf Yelin verstorben.

29. Dezember Der für seine Bachinterpretation geschätzte Stuttgarter Organist Fred Kühlental gibt in der Eberhardskirche ein Orgelkonzert.
Kammersänger Richard Bitterauf von der Württ. Staatsoper singt in der Hochschule für Musik Lieder von Hugo Wolf, Johannes Brahms und eigene Kompositionen.

31. Dezember Dr. Strölin sendet als Oberbürgermeister der Stadt der Auslandsdeutschen über den Rundfunk Glückwünsche an die deutschen Volksgenossen im Ausland.
»Für den Dienstgebrauch« gibt die Stadt wieder eine »Judenliste« mit den in Stuttgart polizeilich gemeldeten über 19 Jahre alten Juden heraus; eine erste Liste erschien Ende Januar 1939. Auch in den Adreßbüchern werden sie seit 1940 in einem eigenen Verzeichnis aufgeführt.
Die Akademie der bildenden Künste zählt 57 Studierende.

1941

1. Januar Die Stuttgarter Bevölkerung begrüßt das neue Jahr mit verhaltener Freude. In vielen Familien stehen Fronturlauber im Mittelpunkt des Feierns. Da die Straßenbahnen ihren Betrieb zur üblichen Zeit einstellen und auch die Polizeistunde eingehalten werden muß, ist es in der Stadt um Mitternacht sehr still.
Die Technischen Werke übernehmen von der städt. Hausgebührenstelle den Einzug des Wasserzinses.
Die Neufassung der Richtlinien zur Durchführung der öffentlichen Fürsorge tritt in Kraft. Damit kommen größere Lasten auf die Stadt zu.
Vor 6000 Zuschauern gewinnt in der Adolf-Hitler-Kampfbahn die Fußballmanschaft der Ostmark gegen die Fußballmannschaft Württembergs mit 6 : 2.

1.—31. Januar Im Mittelpunkt des Programms im Friedrichsbautheater steht der Humorist und Parodist Werner Kroll.

2. Januar Der NS-Kurier begeht sein zehnjähriges Bestehen. Die Gefolgschaft versammelt sich zu einem Betriebsappell, auf dem Verlagsleiter Aschoff die Geschichte des Gauorgans der NSDAP schildert. Anläßlich der Rede Hitlers am 7. Dezember 1930 in der Stadthalle wurde die erste Werbenummer verteilt.

4. Januar SA-Obergruppenführer Hanns Ludin, Führer der SA-Gruppe Südwest, verläßt Stuttgart; er geht als deutscher Gesandter nach Preßburg.

5. Januar Wilhelm Kempff gibt in der Liederhalle einen Klavierabend.

5.—26. Januar Der Württ. Kunstverein zeigt im Ausstellungsgebäude auf dem Interimstheaterplatz Gemälde sowie Graphiken und Plastiken von Düsseldorfer Künstlern. Der Stuttgarter Dieter Franck ist mit Aquarellen vertreten.

7. Januar Dr. Rößler spricht im Wilhelm-Murr-Saal über »Deutschlands kolonialen Weg«.

JANUAR 1941

8. Januar   Die NS-Volkswohlfahrt betreute im Jahre 1940 in ihren 54 Hilfsstellen »Mutter und Kind« im Gebiet der Kreisamtsleitung Stuttgart 4987 werdende Mütter.
Das Quartetto di Roma spielt in der Liederhalle italienische Kammermusik.

9. Januar   Die Stadt Stuttgart kauft für Bürozwecke des Deutschen Ausland-Instituts das Anwesen Richard-Wagner-Straße 2.
In Anwesenheit des Autors geht im Kleinen Haus die Premiere von Hans Hömbergs Komödie »Kirschen für Rom« über die Bühne.

10. Januar   Für den gemeinnützigen Wohnungsbau (Siedlung Hallschlag) kauft die Stadt Stuttgart die Sportplatzanlage des Turnerbunds Bad Cannstatt e. V.
Uraufführung von Max Streckers Lustspiel »Seine Durchlaucht, der Schneider« im Schauspielhaus.
Beim 3. Sinfoniekonzert der Kulturgemeinde spielt Oskar Sala als Solist auf dem Trautonium.

11.—19. Januar   Die erste Gau-Ausstellung der KdF-Sammlergruppen zeigt im Landesgewerbemuseum Stuttgart Briefmarken, Münzen, Notgeldscheine und Plaketten. Der Stuttgarter Bildhauer Rudolf Pauschinger schuf dazu eine Erinnerungsplakette.

12. Januar   Catharina Bosch-Möckel (Violine) und Walter Rehberg (Klavier) beginnen in der Hochschule für Musik eine Reihe zeitgenössischer Kammermusik, die an vier Abenden Werke von Hilda Kocher-Klein, Georg von Albrecht, Ewald Sträßer und Walter Rehberg bringt.
Vor über 6000 Zuschauern gewinnt in der Stadthalle die deutsche Mannschaft den Ringerländerkampf gegen Italien mit 5 : 2.
Der Fußball-Städtekampf Barcelona — Stuttgart endet vor 25 000 Zuschauern mit 3 : 3.

13. Januar   Zur Verbreiterung der unteren Charlottenstraße und für die Freilegung des Platzes vor dem geplanten neuen Rathaus kauft die Stadt Stuttgart das Anwesen Charlottenstraße 8 und 8a.
Das Staatstheater-Orchester bringt im 6. Sinfoniekonzert neben Werken von Brahms und Tschaikowsky Goethelieder für Tenor und Orchester von Max Trapp, gesungen von Hans Blessin, zur Uraufführung. Mit dem Solopart in Brahms Violinkonzert stellt sich Guila Bustabo vor.
Der aus Stuttgart stammende Dr. A. Prinzing, Hauptstellenleiter der Dienststelle

Ribbentrop, spricht in der Deutsch-Italienischen Gesellschaft über »Die europäische Bedeutung des Mittelmeeres«.
Marie Lautenschlager, Malerin, verstorben.

14. Januar Das Amtsblatt befaßt sich in einem Artikel »Der Quartiermacher kommt« mit der Beschaffung von Quartieren für die Wehrmacht in Stuttgart. Das Reichsleistungsgesetz vom 1. September 1939 verpflichtet, Unterkunft an Angehörige der Wehrmacht zu gewähren.
Im Jahre 1940 starben bei Verkehrsunfällen 39 Menschen, 1939: 48.

15. Januar Anläßlich des 150. Geburtstags Franz Grillparzers wird sein Drama »König Ottokars Glück und Ende« wieder in das Programm des Kleinen Hauses aufgenommen.
Das Schauspielhaus zeigt die erste von fünf Märchenvorstellungen »Dornröschen« für Kinder aus kinderreichen Familien und aus Ehrenpatenfamilien der Stadt Stuttgart.
Der Württ. Bachverein veranstaltet in der Hochschule für Musik einen Abend mit Karl Isenberg (Cembalo) und Willy Müller-Crailsheim (Violine).

16. Januar Prof. Dr. med. h. c. Immanuel Gonser, Direktor des Deutschen Vereins gegen den Alkoholmißbrauch, verstorben.

17. Januar Die Kirchenglocken von St. Barbara in Hofen werden zum Einschmelzen abgeholt.

18. Januar Mit einem Vortrag »Von Bismarck zu Hitler« von Gaupropagandaleiter Mauer eröffnet die Volksbildungsstätte Stuttgart in der Liederhalle den Arbeitsabschnitt Januar — April 1941.
Bei der Entgleisung eines Straßenbahnzuges der Linie 26 in der Hackstraße werden 22 Fahrgäste leicht, 3 schwer verletzt.

18./19. Januar Bei der Reichsstraßensammlung verkauft der Reichsluftschutzbund schwäb. Trachtenfiguren als Abzeichen.

19. Januar Das Duo Roman Schimmer (Violine) — Hermann Loux (Klavier) spielt in der Hochschule für Musik.
Die Tanzschulen Maria und Marta Döll sowie Elsa Öhmichen veranstalten im Schauspielhaus eine Tanzmorgenfeier unter dem Motto »Kinder tanzen für Kinder«.
Vor 7000 Zuschauern wird in der Stadthalle die Radrennsaison 1941 eröffnet. Stutt-

JANUAR 1941

gart ist neben Berlin die einzige Stadt, deren Winterbahn in Betrieb ist.
Tauwetter löst die seit Jahresbeginn anhaltende Kälte ab.

20. Januar Zur Verbesserung der Verkehrsverhältnisse und zur Sanierung des Zentrums von Zuffenhausen erwirbt die Stadt Stuttgart die Gebäude Ludwigsburger Straße 117 und 117a.
In Weilimdorf ist die Maul- und Klauenseuche ausgebrochen. Ort und Feldmarkung des Stadtteils (ohne den Bergheimer Hof) werden zum Sperrbezirk erklärt.
Heute und am 3. Februar spielen Walter Deyle (Flöte) und Dagmar Benzinger (Cembalo) in der Hochschule für Musik sämtliche Sonaten von Johann Sebastian Bach.

20.–28. Januar Das Wendling-Quartett konzertiert im Elsaß. Zu Ehren des gebürtigen Straßburgers Prof. Karl Wendling gibt Oberstadtkommissar Dr. Ernst im Straßburger Rathaus einen Empfang.

22. Januar Beim 4. Sinfoniekonzert der KdF-Kulturgemeinde wirkt als Solist Helmut Zernick (Violine), Träger des Nationalen Musikpreises 1940, mit.
Anny May, Inhaberin der Möbelfabriken A. May Stuttgart, Tamm, Obertürkheim, in Bad Cannstatt verstorben.

23. Januar OB Dr. Strölin legt den Ratsherren den Verwaltungsbericht 1940 vor. Er geht auf die unmittelbaren Kriegsaufgaben der Stadtverwaltung ein. Das Ernährungsamt und das Wirtschaftsamt hätten alles getan, die Bewirtschaftungsmaßnahmen so reibungslos wie möglich durchzuführen. Sie werden von einer neu eingerichteten Ordnungsstrafstelle unterstützt. Die Aufgaben des Stadtpolizeiamts wurden auf dem Gebiet Lebensmittel-, Gesundheits- und Gewerbepolizei erweitert. Die Arbeit der Bediensteten des Wirtschaftsamtes sei besonders undankbar, weil viele Gesuche wegen des Mangels an Verbrauchsgütern abgelehnt werden müßten. Da viele städt. Gefolgschaftsmitglieder zur Wehrmacht einberufen worden seien, mußten Hilfskräfte und auch Ruheständler eingestellt werden. Die Steuereinnahmen, von denen ein Drittel als Kriegsbeitrag an das Reich gehen, seien insgesamt gleich geblieben. Der Ausgleich im Haushalt konnte erreicht werden, indem die meisten Bauvorhaben zurückgestellt wurden. Die Volksbüchereien meldeten höhere Leserzahlen. Im Sommer sei das Kinderkrankenhaus am Weißenhof eröffnet worden. Es bestünden Kindertagesstätten für 11 500 Kinder, 13 davon seien 1940 eröffnet worden. Der OB geht dann auf die Frage der »Vorbereitung der künftigen Friedensarbeit der Stadt« ein. Die dringendste Aufgabe sei die Schaffung von Wohnraum. Der Grunderwerb für die Siedlungen im Hallschlag und in Mühlhausen sei im Gang, beim Fasanenhof abgeschlossen. 1940 konnten 1200 Wohnungen, deren Bau meist 1939 begonnen wurde,

fertiggestellt werden. Seit 1933 seien 20 700 Wohnungen gebaut worden. 3800 Familien konnten 1940 in freigewordenen Wohnungen untergebracht werden. Durch Zusammenlegung jüdischer Familien seien 400 Wohnungen freigeworden. Der steigende Verkehr werde zu einer starken Ausdehnung des Verkehrsnetzes führen. Die Planungen hätten ergeben, daß ein Durchbruch von der Lautenschlagerstraße zum Alten Postplatz und von der Gartenstraße zum Wilhelmsplatz notwendig sei. Damit erhoffe man sich eine starke Entlastung des Innenringes, der im wesentlichen aus der Königstraße und der Eberhardstraße bestehe. Mit der Verkehrsplanung gehe die städtebauliche Planung Hand in Hand. Die Partei, die Wehrmacht, der Staat und die Stadt benötigten große Verwaltungsbauten. »Die organische Verbindung zwischen der Verkehrsgestaltung und dem architektonischen Aufbau, vor allem den vorgesehenen repräsentativen Bauten, soll und wird der Stadt Stuttgart ein neues Gesicht geben, das ihrer künftigen Bedeutung als Gauhauptstadt voll entsprechen wird.« Dr. Strölin behandelt weiter die »Generalplanung«, die sich nicht auf das derzeitige Stadtgebiet beschränken könne. Täglich pendeln 45 000 Personen nach Stuttgart. Die Entwicklung der Wirtschafts-, der Verkehrs- und der Siedlungsverhältnisse habe die Verwaltungsgrenzen der Stadt gesprengt. Man stehe vor der Frage, das Stadtgebiet auszuweiten. Wenn Stuttgart von Eingemeindungen rede, verfolge es nicht das Ziel, seine Einwohnerzahl zu erhöhen, vielmehr solle die großstädtische Bevölkerung mit ihren Wohn- und Arbeitsstätten über ein größeres Gebiet hin verteilt werden, um die »Lebens- und Entwicklungsbedingungen unserer Volksgenossen zu verbessern«. — Stadtrat Dr. Könekamp berichtet von den Versuchen der Stadtverwaltung, die Wohnungsnot zu mildern. Bei Verhandlungen im Reichsluftfahrtministerium wurde erreicht, daß der Stadt der Bau von 2700 Wohnungen im Hallschlag und 500 Wohnungen im Luginsland zugestanden wurde. Nach Fertigstellung müssen die Wohnungen auf die Luftrüstungsbetriebe für deren Belegschaften verteilt werden. — Die Stuttgarter Bevölkerung hat 70 % des Kohlenbedarfs erhalten. Durch die starken Schneefälle und die Vereisung der Wasserstraßen zu Anfang des Monats haben sich Engpässe bei der Industrie ergeben. Die Firma Daimler mußte einige Tage mit der Arbeit aussetzen. Beim Gaswerk schrumpften die Vorräte so zusammen, daß die Schulen von der Gasversorgung »abgehängt« werden mußten.
Bei der Hauptversammlung der Fr. Hesser Maschinenfabrik AG Bad Cannstatt wurde beschlossen, auf das Aktienkapital von 1,17 Mio. RM wieder 10 % Dividende auszuschütten.
Das Trio Santoliquido konzertiert in der Liederhalle.

25. Januar   Der Reichskommissar für die Festigung deutschen Volkstums, Himmler, erteilt dem Deutschen Ausland-Institut den »Auftrag zu einer umfassenden Dokumentation aller Vorgänge, die mit dem Gesamtwerk der deutschen Umsiedlung im Zusammenhang stehen«. Das auf diese Weise archivierte Schriftgut soll ein abgerundetes Bild der deutschen Umsiedlung bieten.

Die 68. ordentliche Hauptversammlung der Stuttgarter Hofbräu AG nimmt den Gewinn von 261 953 RM aus dem Geschäftsjahr 1939/40 (Ende 30. 9.) zur Kenntnis und beschließt eine Dividende von 4 % auf das Aktienkapital von 4,5 Mio. RM. Durch den Verkauf des Gasthauses Englischer Garten stehen mehr Mittel zur Verfügung.

Ernst Eisemann, Mitbegründer und Direktor der 1937 in der Firma Bosch aufgegangenen Eisemann-Werke AG, verstorben.

26. Januar Im Kronprinzenpalais lesen die Träger des Schwäb. Dichterpreises, Georg Stammler und Max Reuschle, aus ihren Werken.

29. Januar E. M. Mungenast liest im Oberen Museum aus seinen Romanen.

30. Januar Der Standort Stuttgart des NS-Studentenbunds feiert in der Hochschule für Musik sein 15jähriges Bestehen.

31. Januar Die Stadt Stuttgart erwirbt von den Brüdern Louis Israel Landauer und Julius Israel Landauer die Gebäude Marktplatz 17, 18 und Klosterstraße 1. Sie will die oberen Stockwerke als Büros nutzen, aber den Charakter des Geschäftshauses wahren.

Im Kleinen Haus hat Knut Hamsuns dramatisches Gedicht »Munken Vendt« in der Inszenierung von Heinz Haufe Premiere.

Prof. Dr. Richard Hennig (Düsseldorf) spricht im Lindenmuseum vor dem Württ. Verein für Handelsgeographie über das Thema »Neues Licht auf die vorcolumbische Kenntnis von Amerika«.

1. Februar Die Ausstellungen des Heeres (Künstler im feldgrauen Rock) und der Luftwaffe (Kunst der Front) werden eröffnet. Die Heeresausstellung findet im Kronprinzenpalais, die der Luftwaffe im Ausstellungsgebäude auf dem Interimstheaterplatz statt.

Lina Hähnle, Gründerin und Ehrenvorsitzende des Reichsbundes für Vogelschutz, viele Jahre in Stuttgart tätig, in Giengen an der Brenz verstorben.

1./2. Februar Beamte und Handwerker sammeln für das Winterhilfswerk.

2. Februar Beim 5. Meisterkonzert spielen in der Liederhalle Elly Ney (Klavier) und Ludwig Hoelscher (Violoncello).

Der Stuttgarter Oratorienchor unter Martin Hahn führt in der Stiftskirche Bruckners Messe in d-Moll auf.
Grete Breitkreuz tanzt im Schauspielhaus.
Vor 7000 Zuschauern gewinnen beim Radrennen auf der Winterbahn der Stuttgarter Stadthalle Weltmeister Walter Lohmann (Bochum) und Willi Schertle (Stuttgart) die Großen Preise von Stuttgart.

4. Februar Beratung mit den Wohlfahrts- und Gesundheitsbeiräten: Beim Stiftungsamt soll eine Wilhelmine-Westendorf-Stiftung errichtet werden. Wilhelmine Westendorf geb. Kamptmann wurde am 7. Juni 1851 in Rechenberg bei Crailsheim geboren, wanderte 1866 nach Amerika aus und starb am 21. April 1938 in Stuttgart. Durch Testament vermachte sie der Stadt den größeren Teil ihres Nachlasses, der vom Oberbürgermeister an Wohltätigkeitsinstitute in Stuttgart zu verteilen war. 29 000 RM wurden für Krankenhäuser und Kinderheime, 365 000 RM für die Stiftung aufgewendet. Deren Erträge sollen für Witwen, Waisen, bedürftige Kinder, Kranke, Gebrechliche, Blinde sowie für »verschämte Arme« verwendet werden.

5. Februar Der württ. Innenminister hebt den »staatlichen Schutz« für die Feiertage Erscheinungsfest (6. Januar) und Peter und Paul (29. Juni) auf.
Ministerialdirektor Dr. Dill vom württ. Innenministerium spricht in der TH über »Die Verwaltung im Kriege«. Um die Verwaltung auf eine feste Grundlage zu stellen, sei eine enge Zusammenarbeit mit Partei, Wehrmacht und Wirtschaft herbeigeführt worden.
Prof. Dr. Carl Troll spricht in der TH über »Koloniale Raumplanung in Afrika«.
Auf einem Informationsabend der Mörikebücherei in der Silberburgstraße 191 wird mitgeteilt, daß die Volksbüchereien monatlich 15 000 Bücher ausleihen.

6. Februar Ab heute erhalten Juden keine Kleiderkarten mehr.

9. Februar Der Stuttgarter Liederkranz singt in der Liederhalle zugunsten des Kriegs-Winterhilfswerkes Volkslieder.
Im Stuttgarter Kegler-Sportlerhaus gewinnt Schweden einen Keglerländerkampf gegen Deutschland.
Radstädtekampf Köln — München — Stuttgart.

10. Februar In der Liederhalle dirigiert Gerhard Maaß das Landesorchester beim 5. Sinfoniekonzert. Solistin ist Rosl Schmid (Klavier).

11. Februar Die Wiener Philharmoniker unter Generalmusikdirektor Hans Knap-

FEBRUAR 1941

pertsbusch konzertieren seit fast zehn Jahren erstmals wieder in der Liederhalle, wo sie stürmisch gefeiert werden.

Dr. Walther Veeck, Direktor der Altertümersammlung und des Schloßmuseums in Stuttgart, verstorben.

12. Februar Der Polizeipräsident von Stuttgart erläßt mit Zustimmung des Oberbürgermeisters eine Verordnung über den gewerbsmäßigen Verkehr von Wasserfahrzeugen auf dem Neckar.

In einer Feierstunde im Weißen Saal des Neuen Schlosses übergibt die Generaloberin des Reichsbundes der Freien Schwestern und Pflegerinnen, Frau Rancke, an 234 Schwestern die Schwesternbroschen.

Der Schweizer Dichter Alfred Huggenberger liest im Heim des Deutschen Ausland-Clubs, Mörikestraße 30, aus seinen Werken.

Prof. Julius Schaumann, Lehrer am Eberhard-Ludwigs-Gymnasium, Vorsitzender des Stuttgarter Turnerbundes, Schriftführer der Blätter des Württ. Schwarzwaldvereins, verstorben.

13. Februar Den Beiräten für Luftschutzfragen berichtet Oberbaurat Scheuerle, daß derzeit an etwa 35 Stellen bombensichere Luftschutzräume gebaut werden. Ferner muß die Stadt die Luftschutzräume in Privathäusern verstärken und erweitern lassen.

Im Landesgewerbemuseum stellt Erwin Hahn Werbe- und Gebrauchsgraphik aus.

14. Februar Marga Muff-Stenz rezitiert in der Hochschule für Musik Rilke, Kleist und Dostojewski.

Im Filmtheater Universum Stuttgarter Erstaufführung des im Auftrag des Oberkommandos der Wehrmacht gedrehten Films »Sieg im Westen«.

15. Februar Die Hauptversammlung der Brauerei Wulle AG genehmigt den Abschluß des Geschäftsjahres 1939/40 (30. 9.). Die Minderung des Stammwürzegehalts auf 6 Prozent hat, obwohl er nur auf zwei Monate beschränkt blieb, zusammen mit der häufig ungünstigen Witterung und der frühen Schließung der Gaststätten zu einem starken Rückgang des Absatzes geführt.

15./16. Februar Am Tag der Polizei wird in der Büchsenstraße 37 eine kriminalgeschichtliche Ausstellung gezeigt.

16. Februar Premiere des Lustspiels »Liebesbriefe« von Felix Lützkendorf im Kleinen Haus.

Karl August Schirmer spielt in der Hochschule für Musik die Toccaten von J. S. Bach.

FEBRUAR 1941

Am Filmvolkstag 1941 zeigen die Stuttgarter Lichtspieltheater vormittags für zehn Pfennig Eintritt eine Wochenschau, einen Kulturfilm und einen Spielfilm.

17. Februar Die bisher in Karlsruhe beginnenden und endenden Schnellzüge D 37 / D 38 über Stuttgart — München — Salzburg nach Wien werden bis Paris geführt.
Bernardino Molinari, der Leiter des Augusteum-Orchesters Rom, dirigiert beim 8. Sinfoniekonzert das Staatstheater-Orchester.
Prof. Dr. Grimm (Berlin) spricht im Rahmen der Württ. Verwaltungsakademie über »Deutschland und Frankreich — eine jahrhundertealte Auseinandersetzung«.
Prof. Dr. J. Zenneck (München) hält im Planetarium einen Vortrag über die »Erforschung der höchsten Schichten der Atmosphäre«.

18. Februar Der Generalbevollmächtigte für die Wirtschaft, Walther Funk, ordnet an, daß die Verbrauchergenossenschaften (Konsumvereine) unter Wahrung der vermögensrechtlichen Ansprüche ihrer Mitglieder aufzulösen sind. Das Vermögen der Konsumvereine wird auf die Deutsche Arbeitsfront übertragen.
Den Wohlfahrts- und Gesundheitsbeiräten berichtet Rechtsrat Mayer über neue Bestimmungen für den Luftschutz in Krankenhäusern. Häuften sich die Luftangriffe, werde man das Krankenhaus Feuerbach aus baulichen Gründen stillegen müssen. Nach einem Erlaß des Luftgaukommandos 7 soll das Bürgerhospital von seinen 860 Patienten geräumt werden, um einen Vorrat an Betten für akut Kranke aus anderen Spitälern bei erhöhter Luftgefahr zu schaffen.
Die Ackerbauschule Hohenheim wurde in eine Landwirtschaftsschule mit Lehrbetrieb umgewandelt. Die Schule, deren Ausbildung ein praktisches und ein theoretisches Jahr vorsieht, können künftig nur noch Schüler mit einer zweijährigen Landarbeiterlehre besuchen.

19. Februar Staatsminister Prof. Dr. Schmitthenner (Heidelberg) hält im Deutschen Ausland-Institut einen Vortrag über »Die Geschichte der deutschen Wehr«.
Das Malergeschäft Hermann Hürttle in der Seidenstraße 17 begeht in diesen Tagen das 50jährige Firmenjubiläum.

20. Februar Zum Abschluß des Wintersemesters der Württ. Verwaltungsakademie spricht Oberstleutnant Deutelmoser über »Das Geheimnis unserer militärischen Erfolge«.

21. Februar In der Beratung mit den Technischen Beiräten wird bemängelt, daß in Stuttgart 3000 Männer für Sicherheitsdienste eingezogen sind, ohne voll ausgelastet

FEBRUAR 1941

zu sein. Darunter seien auch viele Weingärtner, deren Grundstücke nun nicht bewirtschaftet würden.
In der Liederhalle singen Hildegarde Ranczak (Sopran) und Alfons Fügel (Tenor) Lieder, Arien und Duette.
Die Graphische Sammlung im Kronprinzenpalais zeigt altdeutsche Meisterzeichnungen in Kopien.

22. Februar Nach Abschluß der Pflichtkämpfe der Ringer-Bereichsklasse wird der TSV Stuttgart-Münster mit dem Rekordergebnis von 24 : 0 Punkten württ. Meister 1940/41. Er wird den Sportbereich Württemberg in den Kämpfen um die deutsche Meisterschaft vertreten.
Paul Fahrion, Gründer, Betriebsführer und Seniorchef der Firma P. Fahrion u. Co. Feuerbach, verstorben.

23. Februar Bei einem Appell der Amtsträger des Handwerks im Kammerbezirk Stuttgart sagt Reichshandwerksmeister Schramm, daß Hitler mit der Stärkung des deutschen Handwerks die soziale Struktur des deutschen Volkskörpers verbessert habe.
Im Schauspielhaus tanzt die früher in Stuttgart wirkende Brita Stegmann.
Bei einer Feier im Planetarium wird Adolf Nill, früherer Tiergartenbesitzer, anläßlich seines 80. Geburtstages am 22. Februar geehrt. Prof. Dr. Hans Krieg hält einen Vortrag über den alten Tiergarten.

24. Februar Im Hindenburgbau veranstaltet die Reichsmusikkammer eine Stunde der Unterhaltungs-Musik, ausgeführt von der Kapelle Fahrbach-Ehmki.
Die italienische Pianistin Letea Cifarelli spielt auf Einladung der Dante-Gesellschaft im Oberen Museum.

26. Februar Reichsminister Rust besichtigt die Akademie der bildenden Künste, die Kunstgewerbeschule, die Meisterschule des Deutschen Handwerks und verschiedene handwerkliche Fachschulen. Es kommt auch der Plan zur Sprache, die Kunstgewerbeschule mit der Akademie der bildenden Künste zu einer Hochschule für freie und angewandte Kunst zu vereinigen.
Der Nationalpreisträger von 1940, Erik Then-Bergh, spielt in der Liederhalle Klavierwerke.
Prof. Dr. Walter, Leiter des Botanischen Instituts der TH, hält beim Deutschen Naturkundeverein einen Vortrag über »Die Grundlagen der Farmwirtschaft in Deutsch-Südwestafrika«. Der NS-Kurier vom 1. März schreibt hierzu: »Wie die tiefgründigen Ausführungen des Vortragenden ergaben, ist Deutschland auch auf wissenschaftlichem Gebiet für die Übernahme seiner Kolonien aufs beste vorbereitet.«

MÄRZ 1941

Der Maler Prof. Robert Breyer, 1914—1933 Lehrer einer Malklasse an der Akademie der bildenden Künste in Stuttgart, in Bensheim-Auerbach an der Bergstraße verstorben.

27. Februar Die Beiräte für Luftschutzfragen widersprechen dem Entschluß der Reichsbehörden, Stuttgart und besonders die Industriebetriebe bei erhöhter Luftgefahr vernebeln zu lassen. Sie weisen auf den ersten Vernebelungsversuch hin, bei dem die Pflanzen schwer geschädigt worden waren.
Die Gemeinde Vaihingen kauft den rund drei Hektar großen Park der Familie Robert Leicht, um ihn der Bevölkerung zugänglich zu machen.
Im Großen Haus werden das Tanzspiel »Joan von Zarissa« von Werner Egk und die »Carmina Burana« von Carl Orff aufgeführt. Die Choreographie besorgt Mascha Lidolt. In den Beifall wird auch der anwesende Carl Orff einbezogen.
Prof. Dr. Hassinger (Wien) hält im Landesgewerbemuseum einen Vortrag »Aus dem Sudetengau, Landschaft und Volk«.

28. Februar Im Jahre 1940 wurden durch den Mütterdienst im Deutschen Frauenwerk, Stuttgart, in 286 Kursen 5494 Frauen und Mädchen in Säuglingspflege, Kindererziehung, Krankenpflege, Kochen und Hauswirtschaft, im Nähen und in Heimgestaltung unterrichtet.
Zum 50. Geburtstag des in Botnang geborenen Landschaftsmalers Hermann Umgelter wird im Kronprinzenpalais im Rahmen der Ausstellung Kunst aus Württemberg eine Kollektion seiner Bilder gezeigt.
Dr. Günther Hooltz hält im Oberen Museum einen Lichtbildervortrag über »Die deutsche Rassenpolitik und der Neubau Europas«.
Direktor Anton Schneider, Vorstand des städt. Steueramts, verstorben.

1. März SS-Standartenführer und Oberst der Polizei Dr. Hans Fischer wird zum Inspekteur der Sicherheitspolizei und des SD beim Höheren SS- und Polizeiführer Südwest in Stuttgart und mit Wirkung vom 15. März 1941 gleichzeitig zum Befehlshaber der Sicherheitspolizei und des SD in Straßburg berufen und tritt damit die Nachfolge des SS-Oberführers Dr. Gustav Adolf Scheel an, der bereits im Februar 1940 von Stuttgart abberufen worden ist.
Mit »Rheingold« beginnt im Großen Haus »Der Ring des Nibelungen«. Weitere Aufführungen: 2. März »Walküre«, 5. März »Siegfried«, 9. März »Götterdämmerung«. Luise Olmesdahl singt in der Hochschule für Musik Lieder zeitgenössischer Komponisten.
Prof. Dr. Martin Gusinde (Wien) hielt im Lindenmuseum einen Vortrag über die Ituri-Pygmäen im belgischen Kongo.

MÄRZ 1941

Die Faßfabrik Diener und Roth blickt auf ihr 50jähriges Bestehen zurück.

1./2. März   Die Reichsstraßensammlung für das Kriegs-WHW erbringt eine Summe von 160 000 RM.

1.–31. März   Im Mittelpunkt des Programms des Friedrichsbautheaters steht Lizzi Waldmüller.

2. März   Mitglieder der Oper, des Schauspiels, des Chors, des Balletts der Württ. Staatstheater und das Landesorchester gestalten unter Leitung von Fritz Schätzler in der Liederhalle einen Bunten Abend.
Beim Radrennen in der Stadthalle gewinnt Georg Stach zum drittenmal das Goldene Rad von Stuttgart.
Der Frühjahrswaldlauf in Degerloch mit 270 Teilnehmern aus 35 Vereinen eröffnet die Freiluft-Wettkampfzeit.

2.–30. März   Der Württ. Kunstverein zeigt im Ausstellungsgebäude auf dem Interimstheaterplatz Werke von Georg Broel und Otto Strützel (München) sowie Eugen Erhardt (Stockholm). Von Stuttgarter Künstlern sind Werke von Willy Planck, Josefine S. Wiest, Norbert G. Hartmann, Hans von Heider, August Hirsching, Erwin Alfred Pfitzenmaier und Erich Zeyer ausgestellt.

3. März   Der Reichsminister für Wissenschaft, Erziehung und Volksbildung untersagt den Privatunterricht für Juden.

4. März   Die Stadt beschließt, Zuschüsse zur Schaffung neuen Wohnraums zu gewähren. Für diesen Zweck werden insgesamt 20 000 RM bereitgestellt.
Staatsarchivrat Dr. Max Miller hielt im Württ. Geschichts- und Altertumsverein einen Vortrag über »Die Württemberger in Rußland«.

5. März   Die am 6. März 1823 gegründete Bürgergesellschaft verkauft die Gebäude Lange Straße 4 B (Gesellschaftshaus) sowie Kronprinzstraße 24 und 26 (Hotel König von Württemberg) an die Stadt Stuttgart. Sie schließt sich mit der Sängergesellschaft Fortuna-Lyra und dem Männergesangverein Arion zur Stuttgarter Sängervereinigung 1823 zusammen.
Dr. Karl Grunsky, Musikschriftsteller und Musikforscher, Begründer und langjähriger Vorsitzender des Württ. Brucknerverbandes, begeht seinen 70. Geburtstag. Prof. Alexander Eisenmann überreicht ihm in einer Feierstunde die vom Präsidenten der

Deutschen Brucknergesellschaft, Dr. Wilhelm Furtwängler, verliehene Brucknermedaille.

6. März In diesen Tagen müssen sich nahezu 3500 zehnjährige Mädchen zum Dienst in der Hitlerjugend (Jungmädelbund) melden.

Die Stadt gewährt auch für das Jahr 1941 Ehrensolde an die Kunstmaler Eugen Stammbach, Julius Kurz, Karl Goll, an die Schriftsteller Isolde Kurz, Hans Heinrich Ehrler und Christoph Schrempf, an die Musiker Emma Rückbeil-Hiller und Dr. Karl Grunsky.

Paul Eipper führt im Gustav-Siegle-Haus seinen Film »Wildtierwelt der deutschen Heimat« vor.

Der Großvenediger in den Hohen Tauern ist kürzlich mit dem größten Teil seiner Nordflanken und Täler in die Obhut des Vereins Naturschutzpark Stuttgart übergegangen und soll gemeinsam mit dem Glocknergebiet, Felbach- und Stubachtal zu einem Deutschen Nationalpark erklärt werden.

7. März Nach einem Erlaß des Präsidenten der Reichsanstalt für Arbeitsvermittlung sollen alle arbeitsfähigen Juden beschleunigt zur Arbeit herangezogen werden.

Auf einer Arbeitstagung der Oberbürgermeister und Bürgermeister der 32 württ. Städte mit mehr als 10 000 Einwohnern im Stuttgarter Rathaus umreißt der Vorsitzende der Landesdienststelle Württemberg-Baden des Deutschen Gemeindetags, OB Dr. Strölin, die Aufgaben, die der Krieg den Gemeinden auf den Gebieten der Ernährungs- und Versorgungswirtschaft, des Familienunterhalts, des Luftschutzes und der Vorbereitung des sozialen Wohnungsbaus gebracht hat. Alle diese Aufgaben müssen mit einem aufs äußerste eingeschränkten Bestand an Bediensteten und angesichts verschiedenartigster Schwierigkeiten gelöst werden. Die Gemeindeverwaltungen haben vielfach die unpopuläre Aufgabe, als Prellbock gegenüber manchen heute unerfüllbaren Wünschen zu dienen, weil wichtigere Aufgaben Vorrang haben. Dabei ist noch zu bedenken, daß die Gemeindeverwaltung in ihren Entscheidungen an strenge, von »oben« gegebene Weisungen gebunden ist.

In einer Sitzung des Aufsichtsrates der Flughafen Württemberg AG wird erklärt, daß durch den Einsatz immer größerer Flugzeuge eine Erweiterung der Start- und Landebahnen des Flughafens Stuttgart-Echterdingen nötig sein wird.

8. März Beim 1. Konzert des Wehrkreises V zugunsten des Kriegs-WHW in der Stadthalle singt ein Soldatenchor und spielen acht Musikkorps.

Lore Fischer (Alt) und Günther Ramin (Orgel) gestalten in der Stiftskirche einen Lieder- und Orgelabend.

MÄRZ 1941

Im Kunsthaus Hirrlinger stellt Prof. Hermann Göhler Ölbilder aus. Hier zeigt auch der seit 1937 in Stuttgart lebende Herbert Nassadowski Aquarelle.
Prof. Dr. Otto Schmitt hält im Kunstgebäude einen Lichtbildervortrag über »Straßburg und die deutsche Bildhauerkunst«.

9. März Aus Anlaß des 85. Geburtstages von General der Infanterie Franz Freiherr von Soden errichtete OB Dr. Strölin eine General-Freiherr-von-Soden-Stiftung in Höhe von 100 000 RM, die für bedürftige Stuttgarter Kriegsteilnehmer und deren Angehörige bestimmt ist.
Im Kleinen Haus wird das Schauspiel »Heinrich von Lützelburg« von Hans Friedrich Blunck uraufgeführt. Die Titelrolle spielt Waldemar Leitgeb. Nach der Vorstellung überbringen Vertreter des luxemburgischen Kulturlebens Blunck eine Ehrenurkunde und danken ihm, daß er »die Sache ihrer luxemburgischen Heimat wieder zu der deutschen Sache gemacht habe, die sie ehedem war und die sie nunmehr in alle Zukunft bleiben werde.«
Harald Kreutzberg tanzt im Schauspielhaus.
Die Regimentskameradschaft ehemaliger 126er Stuttgart im NS-Reichskriegerbund hält eine Gedenkfeier zum 225jährigen Gründungstag des Regiments am 18. März 1716 ab.
In Litzmannstadt (Lodz) wird eine Ausstellung Der Osten des Warthelandes eröffnet, die vom Deutschen Ausland-Institut in Stuttgart zusammengestellt und aufgebaut worden ist.
Die Firma Carl Hanne, Damenhüte, Ilgenplatz 14 und Königstraße 17, feiert ihr 75jähriges Bestehen.
Vor 51 000 Zuschauern gewinnt in der Adolf-Hitler-Kampfbahn die deutsche Nationalelf den Fußball-Länderkampf Deutschland — Schweiz mit 4 : 2.

10. März Zur Einschränkung des Weizenverbrauchs wird ab heute in Süddeutschland die Mehlmenge, die auf Nährmittelkarten bisher bezogen werden konnte, um 250 Gramm auf 500 Gramm gekürzt. Für die Selbstversorger fällt die Mehlbezugsberechtigung auf Nährmittelkarten weg.
Die italienischen Künstler Arturo Bonucci (Cello) und Alberta Suriana (Harfe) konzertieren vor der Deutsch-Italienischen Gesellschaft im Hotel Marquardt.
Prof. Dr. Schwenkel hält im Landesgewerbemuseum einen Lichtbildervortrag über »Naturdenkmale unserer Heimat«.

11. März Niederländische Tierärzte besichtigen den Stuttgarter Vieh- und Schlachthof.
Lili Kroeber-Asche spielt in der Hochschule für Musik auf dem Hammerklavier.

MÄRZ 1941

Der 1. Handharmonika-Club Bad Cannstatt gab im Martin-Luther-Gemeindehaus unter der Leitung von Albert Bohnet ein Konzert mit neuer Musik für Handharmonika.

12. März Dr. Jutta Rüdiger, Reichsreferentin des BDM, und OB Dr. Strölin verabschieden in einer Feierstunde fünfzig volksdeutsche Mädchen der Heidehofschule, die ein Jahr lang zu Führerinnen der Mädchenorganisationen ihrer Volksgruppen ausgebildet worden sind.
In der Liederhalle findet die 5000. KdF-Veranstaltung der Truppenbetreuung im Gau Württ.-Hohenzollern, ein Heiterer Nachmittag, statt.

13. März Stadtrat Dr. Schwarz berichtet den Ratsherren über die Verhandlungen zur Erweiterung der Firma Daimler-Benz. Die Firma erhält das stadteigene Gelände des sog. Flaschenhalses im Neckarbogen mit 8 — 9 Hektar und weitere 8 Hektar, soweit sie für öffentliche Zwecke nicht benötigt werden.
Dr. Lunde, norwegischer Staatsrat für Kultur und Volksaufklärung, besichtigt das Ehrenmal der deutschen Leistung im Ausland, das Robert-Bosch-Krankenhaus und die Daimler-Benz-Werke in Untertürkheim.
Die Münchner Philharmoniker konzertieren unter Oswald Kabasta in der Liederhalle.

14. März Der Oberbürgermeister, der Kreisleiter und der Polizeipräsident als örtlicher Luftschutzleiter geben ein »Wichtiges Merkblatt für Fliegerschäden« über erste Hilfsmaßnahmen und Entschädigungsansprüche heraus.
Der Landesbischof ernennt Missionsdirektor Dr. Hartenstein, Frühprediger an der Stiftskirche und Mitglied des Oberkirchenrats, zum Prälaten des Sprengels Stuttgart.
Beim 6. Sinfoniekonzert der KdF-Kulturgemeinde Stuttgart singt Arno Schellenberg (Bariton).
Der Direktor der Königlich Bulgarischen Hofgärtnerei in Sofia, Wilhelm Schacht, zeigt im Deutschen Ausland-Club Farbbilder von »Gärten und Blumen Bulgariens«.
Missionar Walter Burkhardt aus Stuttgart hält vor dem Württ. Verein für Handelsgeographie einen Lichtbildervortrag »Acht Jahre bei den Völkern Surinams«.

15. März Einen Höhepunkt der diesjährigen Hallenradrennzeit auf der Winterbahn in der Stadthalle bringt der Große Preis der Extraklasse für Berufsfahrer.

16. März In der Martinskirche führt der Stuttgarter Kammerchor die »Matthäuspassion« von Heinrich Schütz auf.
Vor 15 000 Zuschauern besiegen die Stuttgarter Kickers in der Adolf-Hitler-Kampfbahn den VfB mit 1 : 0.

MÄRZ 1941

16.—31. März Aus dem Programm der Bunten Bühne Wilhelmsbau ragt der Akrobatik- und Springakt der drei Italiener Hugony besonders hervor.

17. März Auf dem Hauptbahnhof läuft ein Lazarettzug mit verwundeten Soldaten ein, von denen ein Teil in den Stuttgarter Lazaretten untergebracht wird.

18. März Die Ratsherren befassen sich mit dem Rechnungsabschluß 1939 und einem Nachtragshaushaltsplan für das Rechnungsjahr 1940: Der Kriegsausbruch im September 1939 setzte den friedenswirtschaftlichen Zielen ein Ende. Zwar wurden durch die Drosselung nicht kriegswichtiger Aufgaben Mittel frei, doch reichten sie nicht aus, die neu von der Stadt zu tragenden Lasten (z. B. Kriegsbeitrag an das Reich, Gemeindeanteil des Familienunterhalts für die Einberufenen, Luftschutzmaßnahmen, Hilfskrankenhäuser, Ernährungs- und Kriegswirtschaftsamt) zu finanzieren, so daß dem Kriegshaushaltsplan 1939 zum Ausgleich Haushaltüberschüsse der Jahresrechnung 1938 zugeteilt worden sind. Auch das laufende Wirtschaftsjahr 1940 brachte Änderungen (z. B. die Vorbereitung des sozialen Wohnungsbaus), die eine Nachtragssatzung notwendig machten. An den bisherigen Steuersätzen ändert sich nichts. OB Dr. Strölin teilt mit, daß ein erster Bauabschnitt mit 1600 Wohnungen genehmigt worden ist. Mit dem Bau von 500 Wohnungen kann sofort begonnen werden. Die Ausführung erfolgt in der Dringlichkeitsstufe 1 wie die Luftschutzbauten.
Im Filmtheater Universum Stuttgarter Erstaufführung des Films »Kampfgeschwader Lützow«.

19. März Premiere des Lustspiels »Bob macht sich gesund« von Axel Ivers im Schauspielhaus.
Der württ. Sportbereichsführer, Gauamtsleiter Dr. Eugen Klett, wurde zum Sportdezernenten für Württemberg ernannt. Damit ist in seiner Hand die Führung des Sportbereiches und die staatl. Sportaufsicht vereint.

20. März In einer Beratung mit den Beiräten für Leibesübungen wird mitgeteilt, daß die wegen der Erweiterung der Firma Daimler-Benz am Neckarufer abgebrochenen Bootshäuser der Ruder- und Kanu-Vereine durch das Hochbauamt an anderer Stelle wieder aufgebaut werden sollen.
Die Stadt Stuttgart kauft von Moriz Israel Löwenstein die Anwesen Wernlinstraße 6 und 6 a für ein Kinderheim und ein Frauenwohnheim.

21. März Eine Versammlungswelle der NSDAP unter dem Leitwort »Front spricht zur Heimat« bildet den Auftakt zum Tag der Wehrmacht.
Vor dem Beirat der Industrie- und Handelskammer gab Präsident Fritz Kiehn einen

Rückblick auf das Kriegswirtschaftsjahr 1940: Die mittleren und kleineren Betriebe haben sich in die Kriegswirtschaft eingefügt. Bei der Umstellung hat man in Württemberg von Anfang an die öffentlichen Aufträge gestreut. Die von der Wirtschaftskammer Württemberg und Hohenzollern gegründete Auftragsbörse sorgte dafür, daß die Klein- und Mittelbetriebe Rüstungsaufträge erhielten. Schwierigkeiten bereitete die Einberufung von Facharbeitern. Da in Württemberg schon früher häufiger Frauen arbeiteten als in anderen Teilen des Reiches, waren dem Versuch, mehr Frauen zu beschäftigen, Grenzen gesetzt. Auch durch Kriegsgefangene und ausländische Arbeiter konnte kein voller Ausgleich geschaffen werden. Trotzdem ist es gelungen, durch rationellen Einsatz von Arbeitskräften und Maschinen die Kapazitäten auszunutzen und mehr zu erzeugen. Auch die Exportindustrie blieb lebensfähig.

Der Geschäftsbericht 1940 der Stuttgarter Bank weist eine außerordentliche Zunahme der Einlagen aus. So erhöhten sich die Girogelder von 8,6 auf 11 Mio. RM, die Spareinlagen von 15,1 auf 19,3 Mio. RM. Die Dividendensenkung von 6 auf 5 % ist durch das Fallen des Zinses begründet. Die Bilanzsumme konnte von 31,4 auf 40,1 Mio. RM gesteigert werden.

Das Freund-Quartett spielt bei einem Kammermusik-Abend in der Liederhalle.

Prof. Helmut de Boor (Bern) hielt in der TH einen Vortrag über den Schicksalsglauben der Germanen.

21./22. März Im Deutschen Ausland-Institut tagen seine Forschungsstellenleiter aus dem Reich, um die Zusammenarbeit zwischen den landsmannschaftlich gegliederten Forschungsstellen zu organisieren. Die Vorträge befassen sich u. a. mit dem Deutschtum in Südosteuropa, der Umsiedlung der Bessarabien-Deutschen und mit sippenkundlichen Fragen.

21.—23. März Rund 600 Jungen und Mädchen beteiligen sich an den Hallenkampfspielen der württ. Hitlerjugend.

22./23. März Tag der Wehrmacht. Tausende von Stuttgartern nehmen am Eintopfessen in den Kasernen und in der Stadthalle teil. Das Kammerorchester des Wehrkreises V gibt im Weißen Saal des Neuen Schlosses ein Konzert.

22. März bis 20. April Im Ehrenmal der Deutschen Leistung im Ausland Buch- und Dokumentenschau Der Rhein — Deutschlands ewiger Strom.

23. März Bei der Morgenfeier des Kaufmännischen Vereins Stuttgart in der Liederhalle wirkt auch August Lämmle mit.

In der Jahreshauptversammlung des Tierschutzvereins Stuttgart und Umgebung be-

MÄRZ 1941

richtet der Vereinsleiter Georg Rau, daß durch Spenden zweier Mitglieder beim Tierasyl im Feuerbacher Tal zwei Grundstücke erworben werden konnten. Das Tierasyl erfordert einen Jahresaufwand von 16 000 RM.

24. März Die Württ. Kreditverein AG, Bodenkreditanstalt Stuttgart, berichtet, daß die Nachfrage nach Pfandbriefen die nach Krediten überwog, weil nurmehr begonnene Bauten vollendet wurden.
Die Dividende der Württ. Hypothekenbank wurde für das Geschäftsjahr 1940 auf 5,5 % festgesetzt.

25. März Dr. O. Kurz spricht im Gustav-Siegle-Haus über »Einige Grundzüge japanischen Volkstums«.
Vor der Deutsch-Italienischen Gesellschaft hält Prof. Zimmermann aus Rom einen Lichtbildervortrag über »Germanen und Germanengräber in Rom«.

25./26. März In der TH tagt das Kaiser-Wilhelm-Institut für Metallforschung. Einen Höhepunkt bildet die Vorführung der von Dr. Förster und seinen Mitarbeitern gebauten neuen Apparate zur zerstörungsfreien Werkstoffprüfung mittels Elektronenstrahl.

26. März Dr. Schlenker vom Fremdenverkehrsverein Stuttgart berichtet den Wirtschaftsbeiräten, daß der Fremdenverkehr ein unerwartet großes Ausmaß angenommen habe. Die Hotels profitierten von den ungünstigen Zugverbindungen, die Übernachtungen in Stuttgart nötig machten. Dieser erfreulichen Nachfrage stehe aber eine verminderte Bettenzahl gegenüber. Von den 3200 Hotelbetten seien 400—500 von der Wehrmacht beschlagnahmt und mehrere Hotels mit zusammen rund 300 Betten seien geschlossen. Selbst an einem gewöhnlichen Wochenende müßten Gäste Stuttgarts in Schorndorf, Mühlacker und Ludwigsburg untergebracht werden. Hotelneubauten nach dem Kriege müßten schon jetzt geplant werden. — Die Wirtschaftsbeiräte genehmigen den Kauf von Grundstücken für den gemeinnützigen Wohnungsbau an der Heimbergstraße in Feuerbach durch die Stadt (rund 95 Ar) und Auf der Steig in Bad Cannstatt (247 Ar).
Das württ. Kultministerium hat die Errichtung eines Studienseminars in Stuttgart angeordnet; es tritt an die Stelle des bisherigen Seminars für Studienreferendare.

27. März Der Reichsminister der Justiz und der Reichswirtschaftsminister ordnen an, daß bei Übernahme eines jüdischen Gewerbebetriebs der Name des früheren Inhabers zu entfernen ist.
Adolf Lauster, Steinbruchbesitzer in Bad Cannstatt, tödlich verunglückt.

28. März Auf dem Pragfriedhof werden 88 Aschenurnen von Personen beigesetzt, die bei der Vernichtungsaktion »lebensunwerten Lebens« in den Anstalten Grafeneck (Kreis Reutlingen), Bernburg (Saale), Hartheim bei Linz, Sonnenstein bei Pirna und Hadamar bei Limburg umgebracht wurden. Drei weitere Urnenbeisetzungen stammen von Opfern aus den Konzentrationslagern Buchenwald und Dachau.
600 »Schwabenmädchen«, darunter eine Gruppe aus Stuttgart, fahren nach Weimar, um in Thüringen ihr halbes Jahr Arbeitsdienst abzuleisten.

28. März bis 6. April In der König-Karl-Halle des Landesgewerbemuseums zeigt die Deutsche Arbeitsfront handwerkliche und künstlerische Gegenstände, die von Berufstätigen dem Kriegs-Winterhilfswerk zur Verfügung gestellt worden sind.

29. März Jahreshauptversammlung des Stuttgarter Sängerkreises, an der die Vertreter der 133 Stuttgarter Männer- und Frauenchöre in der Liederhalle teilnehmen. Ende 1940 zählte der Stuttgarter Kreis über 6000 Männer und Frauen zu seinen Mitgliedern. Besonders hervorgehoben wird das Singen vor den Verwundeten und für das Kriegs-Winterhilfswerk.
Die Firma Württ. Kohlengeschäft, Königstraße 15, besteht 75 Jahre.

29./30. März Letzte Reichsstraßensammlung des Kriegs-Winterhilfswerks 1940/41. Tausende bewundern die Camilla-Mayer-Truppe bei ihren sensationellen Vorführungen auf dem Hochseil über dem Schloßplatz.

30. März Premiere des Schauspiels »Gastspiel in Kopenhagen« von Friedrich Forster im Kleinen Haus.
Bei der Mozart-Morgenfeier in der Hochschule für Musik dirigiert Karl Münchinger die Kammergruppe des Landesorchesters Gau Württ.-Hohenzollern. Die Solisten sind Roman Schimmer (Violine) und Margarete Ade (Flöte).
Unter der Leitung von Gustav Wirsching trägt der Stuttgarter Singkreis in der Stiftskirche Motetten und geistliche Konzerte von Heinrich Schütz vor.
Den Turn-Länderkampf Deutschland — Ungarn in der Stadthalle gewinnt Deutschland knapp mit 229 : 226 Punkten.
Der Rugbyvergleichskampf zwischen den Bereichsmannschaften von Württemberg und Baden auf dem Cannstatter Wasen endet 9 : 15.

31. März Durch Erlaß des Reichsstatthalters Murr werden die Staatsleistungen an die evang. Landeskirche um ein Drittel gekürzt.

APRIL 1941

Der Luftschutzbunker beim Gustav-Siegle-Haus ist fertiggestellt.

Zusammen mit dem Jahresabschluß 1940 veröffentlichte die Robert Bosch GmbH ihren Sozialbericht. Besondere Aufmerksamkeit schenkte die Gesellschaft Jugendlichen, Neueingestellten, Frauen und Mädchen und den unter besonders schweren Bedingungen Arbeitenden. Gefördert wurde vor allem der Reichsmütterdienst, dessen Kurse bisher von etwa 2500 Frauen und Mädchen der Firma besucht worden sind. Nach der »Erfolgsrechnung« wurde 1940 ein Jahresertrag von 107 Mio. RM erzielt.

Im Auftrag des Oberkommandos der Wehrmacht veranstaltet die NS-Gemeinschaft Kraft durch Freude in der Liederhalle für die Soldaten des Standorts Stuttgart und die Verwundeten der Stuttgarter Lazarette einen Konzertnachmittag mit Barnabás von Géczy und seinem Orchester.

Die Firma Hermann Schäuffele, Spezialapparate und Maschinenbau, Möhringer Straße 60, besteht seit 50 Jahren.

1. April Im Zuge einer Tarifreform im Versorgungsgebiet der TWS werden mit Ausnahme der Stadtteile Mühlhausen, Zazenhausen, Uhlbach, Rohracker, Sillenbuch und Heumaden neue Gaspreise eingeführt, die für den Verbraucher eine kaum merkbare Verbilligung, für die TWS aber eine erhebliche finanzielle Belastung bringen.

Die neuen Hausgebührenordnungen treten in Kraft.

Die städt. Hausgebührenstelle wird aufgelöst. Veranlagung und Einzug der Hausgebühren gehen auf das Steueramt über.

Das Quartieramt, bisher eine Abteilung des Statistischen Amts, wird dem Wohnungs- und Siedlungsamt angegliedert.

Beim städt. Gesundheitsamt wird eine Beratungsstelle für werdende Mütter eröffnet.

Unter dem Motto »Das BDM-Werk singt und spielt« zeigt die Arbeitsgemeinschaft Gymnastik im BDM-Werk Glaube und Schönheit in der Liederhalle Ausschnitte ihres Schaffens.

Dr. Curt Zimmermann (Bremen) führt an vier Tagen in den »Ring des Nibelungen« ein.

Vor dem Bund für Heimatschutz in Württemberg und Hohenzollern und der Volksbildungsstätte Stuttgart sprach Landeskonservator Dr. Schmidt über »Das Bauernhaus in Württemberg«.

Mit einem Vortrag von Prof. Dr. Robert Wetzel (Tübingen) über »Jagd und Wald von der Eiszeit bis zur Gegenwart« wird die naturwissenschaftliche Vortragsreihe 1940/41 im Amt für Tierpflege abgeschlossen.

In der Liederhalle werden die bis 6. April dauernden Hallenkampfspiele der Hitlerjugend eröffnet.

Vor 50 Jahren, am 1. April 1891, begann das Straßenreinigungsamt, Vorläufer des Fuhramts, seine Tätigkeit.

APRIL 1941

Die Firma Robert Mayer, Gas, Wasser, Heizung, Friedrichstraße 19, besteht seit 60 Jahren.

1.–30. April Zum Abschluß der Winterspielzeit bringt das Friedrichsbautheater eine Wiener Revue. Rudi Fränzl, Ballettmeister an der Staatsoper Wien, leitet das Ballett.

2. April Die Gesangvereine Liedertafel Stuttgart und Liederlust Gablenberg veranstalteten unter der Leitung von Anselm Kunzmann ein Chorkonzert.
Vor den Dentisten Stuttgarts und Umgebung sprach in der Liederhalle der Reichsdentistenführer Fritz Blumenstein über berufsständische Fragen.
Der badische Dichter Hermann Burte spricht im Vortragsring »Volk und Kunst« der KdF-Kulturgemeinde und Volksbildungsstätte über die europäische Sendung der deutschen Dichtung.

4. April Festvorstellung der württ. Staatstheater »Der fliegende Holländer« von Richard Wagner anläßlich der Hallenkampfspiele der HJ.
Walter Gieseking gibt in der Liederhalle einen Klavierabend.
Wie Bankdirektor Gotthilf Mader in der Hauptversammlung mitteilte, zeigt der Umsatz der Volksbank Zuffenhausen mit 96 Mio. RM im Jahre 1940 eine Steigerung des Geschäftsbetriebs.
Vor der Alten Gilde hielt der Vorsitzende Arthur Hallmayer einen Vortrag über »Die Entwicklung der Wirtschaftsoberschulen«. Von den 42 Wirtschaftsoberschulen im Jahre 1940 im Reich besitzt Stuttgart die jüngste und mit 67 Abiturienten zugleich eine der größten.
Der Bildhauer Julius Frick vollendete in seinem Stuttgarter Werkhof das rund 23 Tonnen schwere Denkmal Friedrich Silchers, das für die Silcher-Weihestätte in Tübingen bestimmt ist.

5. April Die Hauptversammlung der Schloßgartenbau AG Stuttgart genehmigte die Jahresrechnung für 1940 und beschloß, wieder eine Dividende von 2 % zu verteilen.

6. April Mit einem 3 : 1 über Union Böckingen verteidigen die Stuttgarter Kickers ihren Meistertitel in der Fußballbereichsklasse Württemberg. Tabellenzweiter wird der VfB Stuttgart.

7. April Mit der Überschrift »Kampf gegen die Kriegstreiber im Südosten — Einmarsch in Jugoslawien und Griechenland eine notwendige deutsche Gegenmaßnahme« meldet der NS-Kurier den Beginn des Feldzuges gegen Jugoslawien und Griechenland.

APRIL 1941

Die Lebensmittelkarten für die 22. Periode bringen eine Neuerung für die Brotzuteilung. Um den seit Kriegsbeginn steigenden Weizenverbrauch zu drosseln, wird das Reichsgebiet in vier Zonen mit einem unterschiedlich festgesetzten Verbrauchsverhältnis von Roggen und Weizen eingeteilt. Die Zone IV umfaßt Baden und Württemberg mit 40 Teilen Roggen- und 60 Teilen Weizenerzeugnissen.
Die Schachmeisterschaft Stuttgart 1941 ging zu Ende.

8. April Dr. R. Mehmke hält im Wilhelm-Murr-Saal einen Lichtbildervortrag über »Technik und Landschaft in Württemberg«.
Zur Erstaufführung des Films »Carl Peters« im Universum erscheinen zahlreiche Ehrengäste. Angehörige der ehemaligen Schutztruppe stehen in Kolonialuniform Spalier.
Die Ortsabteilung Stuttgart des Graphischen Bundes gedachte des 30. März 1881, als der Graphische Klub gegründet wurde. Prokurist Wilhelm Eschenbacher, 30 Jahre lang Vorsitzender bzw. Ortsabteilungsleiter des Graphischen Bundes, erinnerte bei seiner Rückschau daran, daß die Lehrer der 1903 gegründeten Fachschule für das graphische Gewerbe aus dem Graphischen Klub hervorgegangen sind.

9. April Die Wirtschaftsbeiräte befassen sich mit den Planungen für eine Großmarkthalle.
Die Energieversorgung Schwaben AG gibt derzeit 4%ige Teilschuldverschreibungen in Höhe von 10 Mio. RM aus. Der größere Teil ist bereits untergebracht.

10. April Der Höhenpark Killesberg öffnet seine Tore für die diesjährige Sommersaison. Trotz des Krieges wurden 20 000 Tulpen und 25 000 Rosen neu gepflanzt.
Auf einer Veranstaltung der DRK-Kreisstelle Stuttgart berichteten Kreisführer Polizeipräsident a. D. Klaiber und Bereitschaftsdienstleiterin Frau von Goeler über den Einsatz der 2000 Aktiven.

11. April In der Stiftskirche führt der Oratorienchor die »Johannespassion« von J. S. Bach auf.

12. April Der Zirkus Busch beginnt in der Stadthalle ein mehrwöchiges Gastspiel.
Dipl.-Ing. Paul Illig, 1906/07 technischer Direktor des städt. Gaswerkes, Fachmann für die Erzeugung von Schieferöl, verstorben.

12./13. April Bei den schwäb. Alpinen Skimeisterschaften in Riezlern, Kleines Walsertal, belegt Stuttgart im Sechsstädtekampf nach München den zweiten Platz.

APRIL 1941

13. April Das erste Spiel um die Deutsche Fußballmeisterschaft der Gruppe 4 zwischen dem württ. Meister Stuttgarter Kickers und dem bayerischen Meister 1860 München endet mit einem 3 : 3-Unentschieden.
Die Stuttgarter Kickers gewinnen mit einem 1 : 0-Sieg über die RPSG Stuttgart die württ. Bereichs-Hockeymeisterschaft der Männer.

13.—20. April Cannstatter Frühjahrswasen mit Vergnügungspark.

17. April Die Zahnräderfabrik Zuffenhausen Gebr. Metzger AG weist für das Jahr 1940 einen erhöhten Ertrag von 529 000 RM (1939: 486 000 RM) aus.
Premiere des Lustspiels »Die Frau ohne Kuß« von Richard Keßler im Schauspielhaus.

18. April Als Führer eines Stoßtrupps hißt der Stuttgarter Oberleutnant Graf Wolfgang von Bullion die Reichskriegsflagge auf dem Olymp, dem höchsten Berg Griechenlands.
Nico Dostal dirigiert bei einem Großen Operetten-Abend in der Liederhalle das Landesorchester Gau Württ.-Hohenzollern.

19. April Der von OB a. D. Dr. Lautenschlager geleiteten Hauptversammlung der Stuttgarter Straßenbahnen AG berichtet Direktor Dr. Schiller, daß die Bilanz auf 31. Dezember 1940 ein Vermögen von 25,44 Mio. RM und Erträge von 22,22 Mio. RM ausweise. Es wurde ein Reingewinn von rund 1,06 Mio. RM erzielt. An die Aktionäre werden 6 % Dividende bezahlt. Rund 145 Mio. Fahrgäste wurden befördert (1939: 135 Mio.). Derzeit werden 211 Schaffnerinnen beschäftigt. Für den Bau von weiteren 64 Dienstwohnungen wurde im Tausch mit der Stadt ein Grundstück an der Nürnberger Straße erworben. Das Reichsverkehrsministerium hat den Kauf eines vierachsigen und zweier zweiachsiger Probezüge für Meterspur genehmigt.
Die Zentralkasse Württ. Volksbanken, Stuttgart, legte einen außerordentlich guten Abschluß für das Jahr 1940 vor. Die Bilanzsumme wuchs von rund 79 auf 119 Mio. RM.
Als Höhepunkt einer Luftwaffen-Werbewoche spricht Oberleutnant Brandenburg in der Liederhalle über seine Feindflüge.

20. April Zu Hitlers Geburtstag führt das Große Haus die Oper »Fidelio« von Ludwig van Beethoven, das Kleine Haus das Schauspiel »Heinrich IV.« von Georg Schmückle auf. Die SA versammelt sich zu einer »Treuekundgebung« vor dem Neuen Schloß.
In der russisch-orthodoxen Kirche feiert der neue Priester Michael Lessig mit seiner Ge-

APRIL 1941

meinde, die vor allem aus von Frankreich nach Stuttgart übergesiedelten russischen Emigranten besteht, das Osterfest.

22. April   Prof. Dr. Schultze (Jena) hält im Oberen Museum einen Lichtbildervortrag »Griechenland im Kräftespiel des Mittelmeeres«.

23. April   Den Beiräten für Frauenangelegenheiten wird mitgeteilt, daß in der Frauenklinik nur noch Nottaufen stattfinden dürfen; zugleich wird die Meinung vertreten, daß das Taufen in ungeheizten Kirchen die Kinder gefährde.
Der Männerchor und das Orchester des Stuttgarter Liederkranzes veranstalten unter Leitung von Hermann Dettinger in der Liederhalle ein Schubert-Konzert. Als Solist singt Karl Erb, am Flügel begleitet von Lotte Roser.
Prof. Dr. Raabe, Präsident der Reichsmusikkammer, spricht in der Hochschule für Musik zum Thema »Der deutsche Lebensstil und die Kunst«.
Heinz Steguweit liest im Oberen Museum aus seinen Werken.

24. April   Das Universum zeigt den Film »Ohm Krüger«.

25. April   Gemeinschaftliche Beratung mit den Technischen Beiräten und den Verwaltungsbeiräten: Stadtrat Dr. Schwarz berichtet über den Wirtschaftsplan der Stadt Stuttgart. Neu ist vor allem die Festlegung des Industriegebiets bei Weilimdorf. — Zur Sicherung der Gasversorgung von Stuttgart soll die Ofenanlage der Gaskokerei in Gaisburg um zwei Blöcke mit je 14 Öfen und die Zentralgeneratorenanlage um zwei weitere Generatoren erweitert werden. Der zunächst benötigte Betrag von 540 000 RM ist im Finanzplan der Technischen Werke für das Jahr 1941 vorgesehen, der weitere Betrag von 2 740 000 RM soll je nach Baufortschritt in die Finanzpläne der folgenden Jahre eingestellt werden. — Im Wasserwerk Hasenberg soll für rund 90 000 RM ein Aufbereitungsgebäude mit den dazugehörigen maschinellen Einrichtungen erstellt werden.
Die Stadt erwirbt für den Großluftschutzraum Wagenburgtunnel das Anwesen Urbanstraße 41 A.
Mit einem Vortrag von Gauschulungsleiter Dr. Klett über »Krieg und Weltanschauung« eröffnet die Volksbildungsstätte Stuttgart im Gustav-Siegle-Haus den Arbeitsabschnitt April—Juli.

26. April   Nach dem Geschäftsbericht der städt. Pfandleihanstalt AG ist auch im Jahre 1940 das Faustpfandkreditgeschäft zurückgegangen. Insgesamt wurden 50 165 Darlehen (1939: 74 415) mit einer Summe von 825 692 RM (1939: 1,76 Mio. RM) gegeben.

APRIL 1941

Ernesto Piaggio, argentinischer Konsul, trägt sich bei seinem Abschied von Stuttgart in das Goldene Buch der Stadt ein.

26./27. April　Großkonzerte des Reichsarbeitsdienstes in der Liederhalle.

27. April　Erste Haussammlung zum zweiten Kriegshilfswerk für das Deutsche Rote Kreuz.
Wilhelm Kempff (Klavier) bestreitet in der Liederhalle das 9. Meisterkonzert.

28. April　Gauleiter Murr überreicht in der Liederhalle 88 Betrieben des Gaues Württ.-Hohenzollern, darunter 33 aus Stuttgart, das Gaudiplom für hervorragende Leistungen.
Die Dozenten der Landesuniversität Tübingen und zahlreiche Vertreter von Partei, Staat und Wehrmacht treffen sich zu einem Festabend im Deutschen Ausland-Institut, um die auslandskundliche Arbeitsgemeinschaft zwischen den beiden Einrichtungen auch nach außen hin zu bekunden. Prof. Dr. Littmann hält einen Vortrag über »Die deutsche Forschung im vorderen Orient«.

29. April　Im Gefangenenlager Gaisburg sind derzeit 1650 Kriegsgefangene untergebracht.
Im Jahresbericht 1940 der Gedok wurde mitgeteilt, daß die Mitgliederzahl von 110 auf 130 anstieg.

30. April　Den Wohnungsbeiräten teilt Dr. Könekamp mit, daß im Rahmen des Kriegswohnungsbauprogramms vorerst 280 Wohnungen im Hallschlag und 220 Wohnungen im Luginsland, in der Friedenau und am Klingenbach errichtet werden. Die Wohnungen im Hallschlag werden von der Stadt gebaut. Die Mieten betragen 0,70 bis 0,80 RM je qm, die Baukosten für eine Wohnung (75 qm) rund 14 000 RM. Die übrigen Wohnungen werden von den gemeinnützigen Wohnungsunternehmen Gartenstadt Luginsland, Gemeinnütziger Bau- und Wohlfahrtsverein sowie Bau- und Heimstättenverein erstellt.
Die gemeinsam vom Gesundheitsamt und dem städt. Kinderheim in der Birkenwaldstraße 10 betriebene Frauenmilchsammelstelle hat seit Eröffnung am 17. Februar 1940 bis heute 3171 Liter Muttermilch gesammelt.
Premiere des Dramas »Hannibal« von Christian Dietrich Grabbe im Kleinen Haus.
Im April wird im Haus Seestraße 39 eine Verkaufsstelle für jüdische Bürger, der sog. Judenladen, eingerichtet. Juden dürfen Lebensmittel, gleich ob bewirtschaftet oder frei, nur hier einkaufen. Im Verwaltungsbericht 1941 heißt es, »daß die in Stuttgart noch wohnhaften Juden im Laufe des Berichtsjahres organisatorisch von der Betreuung der

MAI 1941

Stuttgarter Volksgenossen völlig abgetrennt wurden und daß zugleich ihre Belieferung mit Lebensmitteln einem gesonderten Einzelhandelsgeschäft übertragen wurde.«
Samuel W. Honaker, seit Juli 1934 Generalkonsul der USA in Stuttgart, trat im Berichtsmonat von seinem Amt zurück.

1. Mai In dem von der Jüdischen Mittelstelle in Stuttgart betreuten Gebiet (Württemberg) leben noch 3267 jüdische Bürger. Musikdirektor Karl Adler leitete sie bis zu seiner Auswanderung Ende 1940.
Die Staatsleistungen in Württemberg an die evang. Kirche werden um 1,9 Mio. RM, an die katholische Kirche um 929 000 RM gekürzt.
Am »Nationalen Feiertag des deutschen Volkes« unterbleiben offizielle Feierlichkeiten und das Beflaggen der Häuser.
Reichsminister Rudolf Heß und Reichsorganisationsleiter Dr. Ley überreichen in Augsburg den Firmen Daimler-Benz AG, Gustav Epple, Hoch- und Tiefbau, Dr.-Ing. h. c. Porsche KG, Brauerei Robert Leicht und dem Forschungsinstitut für Kraftfahrwesen und Fahrzeugmotoren an der TH Stuttgart die Stiftungsurkunde zur Verleihung des Titels Nationalsozialistischer Musterbetrieb.
Der württ. Wirtschaftsminister hat den Landesgewerbearzt Dr. med. Karl Humperdinck beauftragt, das bisherige gewerbeärztliche Untersuchungslaboratorium und die Untersuchungsstelle zu einem württ. Arbeitsmedizinischen Institut auszubauen.
Im Reichsbahnausbesserungswerk Bad Cannstatt wird eine Ausstellung unter dem Motto »Feierabendschaffen« eröffnet.

2. Mai Nach Aufbau einer Sonderschau mit dem Titel »Der Südosten im Zeitgeschehen« wird das Ehrenmal der deutschen Leistung im Ausland wieder eröffnet.

3. Mai Zur Verbreiterung der Hohenheimer Straße und der Alexanderstraße erwirbt die Stadt Stuttgart das Anwesen Hohenheimer Straße 1.
Die Zentralkasse Württ. Volksbanken erreichte im Jahre 1940 eine Bilanzsumme von 118,7 Mio. RM, der Gewinn betrug 156 000 RM.

3./4. Mai Reit- u. Fahrturnier des Wehrkreiskommandos V in der Reiterkaserne Bad Cannstatt.

4. Mai Zur Eröffnung der Theaterwoche der schwäb. Hitlerjugend (bis 10. Mai) spricht im Kleinen Haus der Dichter und Staatspreisträger Hans Bethge über »Krieg und Drama — Dichter und Soldat«.
Das HJ-Heim Uhlbach, das frühere Dörtenbachsche Anwesen, wird seiner Bestimmung übergeben.

MAI 1941

In der Adolf-Hitler-Kampfbahn gewinnt vor 20 000 Zuschauern Rapid Wien das Fußballspiel gegen die Stuttgarter Kickers mit 5 : 1.

6. Mai Das städt. Wirtschaftsamt weist darauf hin, daß Anträge auf Zuweisung von Treibstoff eingehend begründet werden müssen. Treibstoff kann nur zugeteilt werden, wenn die Fahrt einem kriegswichtigen Zweck oder der Lebensmittelversorgung dient. Bei Kontrollen ist die Tankausweiskarte vorzuzeigen.
Im Kronprinzenpalais stellt derzeit die Graphische Abteilung der Staatsgalerie Meisterholzschnitte der Dürerzeit in Nachbildungen aus.

7. Mai Die Stadt Stuttgart erwirbt für den »Großluftschutzraum Wagenburgtunnel« das Anwesen Urbanstraße 41 B.
Die Öffentliche Bausparkasse Württemberg verzeichnete 1940 einen Zugang von 2539 Verträgen mit über 31 Mio. RM. Die Spareinlagen sind um rund 3 Mio. RM auf 16,8 Mio. RM gestiegen. Die Zuteilungen haben sich auf 116,6 (1939: 106) Mio. RM erhöht.
Im Rahmen der von Wilhelm Locks geleiteten Vortragsreihe Dichter- und Musikerbilder führen Fritz Windgassen (Tenor), Hanna Stumpf (Rezitation) und Elfi Erhardt (Klavier) den Liederzyklus »Die schöne Magelone« von Johannes Brahms auf.
Prof. Adolf Muesmann von der TH Dresden, 1914—1921 Leiter des Stuttgarter Stadterweiterungsamts, spricht in der TH über den neuen Stadtbauplan von Sofia.

8. Mai Die Stadt Stuttgart erwirbt in Zuffenhausen das Anwesen Ludwigsburger Straße 244.
OB Dr. Strölin verleiht im Rathaus die Goldene Plakette des Deutschen Ausland-Instituts an Dr. Robert Ernst, Oberstadtkommissar von Straßburg, und an Dr. Hermann Bickler, Kreisleiter von Straßburg. Abends sprechen beide im Deutschen Ausland-Institut.
Das Große Haus bringt Heinrich Sutermeisters Oper »Romeo und Julia«.
117. Schillerfest des Stuttgarter Liederkranzes in der Liederhalle.
Der Stuttgarter Gebrauchsgraphiker Helmut Schwarz gibt im Landesgewerbemuseum einen Einblick in sein Schaffen.

9. Mai Beratung mit den Technischen Beiräten: Zur Vorbereitung des Umzugs der Werkzeugmaschinenfabrik Unger aus dem künftigen Hafenbereich wird die Stadt Stuttgart an der Hedelfinger Straße bei der Schule eine Montagehalle errichten. — Die Stadt erwirbt das Anwesen Silberburgstraße 179, um es an das italienische Konsulat, das sich wegen der zunehmenden Zahl italienischer Arbeiter in Württemberg in großer Raumnot befindet, zu vermieten.
Dr. Strölin hat als Oberbürgermeister der Stadt der Auslandsdeutschen und Präsident

MAI 1941

des Deutschen Ausland-Instituts den Volksdeutschen Schrifttumspreis für das Jahr 1941 dem sudetendeutschen Dichter und Schriftsteller Dr. Wilhelm Pleyer für sein Buch »Das Tal der Kindheit« verliehen.
Baron Evola (Rom) spricht vor der Deutsch-Italienischen Gesellschaft über »Die arisch-römische Entscheidung im faschistischen Italien«.
Dr. Gerhard Venzmer hält im Oberen Museum einen Lichtbildervortrag über »Das Wunder der Menschwerdung«.

10. Mai Eine Gruppe norwegischer Erzieher besichtigte einige Stuttgarter Schulen.
Staatssekretär a. D. Prof. Gottfried Feder (Berlin) übergibt der Stadt Stuttgart seine im Auftrag von OB Dr. Strölin gefertigten Pläne zur Siedlung Fasanenhof.
Anläßlich der 45. Hauptversammlung des Schwäb. Schillervereins im Oberen Museum spricht August Lämmle über das Thema »Darf ein Schwabe schwäbeln?«.

11. Mai Der Kreisverband Stuttgart des Reichsbundes Deutsche Familie verleiht im Gustav-Siegle-Haus Ehrenbücher an 226 kinderreiche Familien.
Auf der Hauptversammlung des Schwäb. Albvereins in der Liederhalle berichtet Vereinsführer Georg Fahrbach, daß im Jahre 1940 an 2000 Wanderungen rund 300 000 Personen teilgenommen haben. Der Verein hat 41 000 Mitglieder.

13. Mai Nach dem in der Hauptversammlung abgegebenen Geschäftsbericht 1940 der Stuttgarter Gipsgeschäft AG Untertürkheim sank der Jahresertrag wegen der verminderten Bautätigkeit auf 71 000 RM (1939: 117 000 RM).

14. Mai Der NS-Kurier druckt unter der Überschrift »Die Aufklärung des Falles Heß« die parteiamtliche Mitteilung über den Flug von Rudolf Heß am 10. Mai nach England ab. Es sei zu befürchten, »daß Parteigenosse Heß das Opfer von Wahnvorstellungen wurde« und daß er »auf seinem Flug irgendwo abgestürzt bzw. verunglückt ist.«
Die Bilanzsumme der Städt. Spar- und Girokasse erhöhte sich von 299,4 Mio. RM Ende 1939 auf 383,3 Mio. RM Ende 1940. Der Gesamteinlagenbestand stieg mit dem Rekordzuwachs von 83,2 Mio. RM auf 360,6 Mio. RM. Die Spareinlagen einschließlich Zinsen von 44,6 Mio. RM erreichten 225,5 Mio. RM. Die Sparkonten haben um 17 524 auf 303 963 zugenommen. Es wurde ein Gewinn von 1 508 699,25 RM erzielt.

15. Mai Das Sondergericht Stuttgart verurteilte einen 35 Jahre alten Mann aus Bad Cannstatt wegen Diebstahls und Betrugs zum Tode.
Der Schweizer Dichter Jakob Schaffner liest im Oberen Museum aus eigenen Werken.
Konteradmiral Lützow spricht in der TH über »Das Mittelmeer im jetzigen Krieg«.

16. Mai Beratung mit den Ratsherren über den sozialen Wohnungsbau nach dem Kriege. Die Planung für das Gebiet Mühlhausen ist zurückgestellt. — Prof. Saleck bezeichnet den Gesundheitszustand der Stuttgarter Bevölkerung als erfreulich gut.
Das Sommer-Varieté im Stadtgarten wird wieder eröffnet.

17. Mai Im Kleinen Haus Premiere des Singspiels von Curt von Lessen und Alexander Steinbrecher »Brillanten aus Wien«.

18. Mai Im Rahmen einer Feier in der Liederhalle nimmt OB Dr. Strölin 188 viertgeborene Kinder in die Ehrenpatenschaft der Stadt Stuttgart auf.
OB Dr. Strölin überbringt Frau Charlotte Rapp, deren 8 Söhne zur Wehrmacht eingezogen sind, zum Muttertag die herzlichsten Wünsche.
Das Strub-Quartett führt »Die sieben Worte des Erlösers am Kreuz« von Haydn auf.
Vor dem Deutschen Ausland-Club sprach Otto Rombach über die »Ravensburger Handelskompagnie und ihre Verflechtung mit der Weltwirtschaft«.

20. Mai Die Stadt Stuttgart beschließt, Schloß Rot an der Rot zu kaufen, um es für ein Schullandheim und ein HJ-Ferienlager einzurichten.
Dr. Schmidhuber spricht im Wilhelm-Murr-Saal über das Thema »Moderne Völkerwanderung« (Umsiedlung der Volksdeutschen).
Gesandtschaftsrat K. Ehara der Kaiserlichen Gesandtschaft Mandschukuos in Berlin hält im Deutschen Ausland-Club einen Vortrag über »Die außenpolitischen Beziehungen Mandschukuos«.

21. Mai OB Dr. Strölin übergibt die von der Stadt Stuttgart gebaute neue Schweinemastanlage für 1600 Schweine in Weilimdorf in die Obhut der NS-Volkswohlfahrt. Sie wurde im September 1939 begonnen und ist die größte ihrer Art im Gau. Zusammen mit der Anlage in Zazenhausen können 2400 Schweine gemästet und damit der Fleischbedarf Stuttgarts für 8 bis 10 Wochen gedeckt werden.
Die Württ. Naturaliensammlung blickt auf ihr 150jähriges Bestehen zurück.

22. Mai Die Feierlichkeiten zum Fest Christi Himmelfahrt werden auf den folgenden Sonntag verlegt. In einer späteren Meldung des Sicherheitsdienstes heißt es hierzu: »Die Verlegung des Himmelfahrtstags hat nach vorliegenden Meldungen nicht überall zu den gewünschten Ergebnissen geführt ... In einigen Bezirken waren die Kirchen gut besucht. Dort fiel es auch auf, daß die Bauern nicht arbeiteten und am Nachmittag in Feiertagskleidung in der Stadt erschienen, um Besorgungen und Besuche zu machen«.

MAI 1941

Die Deutsche Reichsbahn ruft im Schwäb. Merkur die Bevölkerung auf, über Pfingsten vermeidbare Reisen zu unterlassen.

Die AOK beriet die Rechnung für das Geschäftsjahr 1940. Wie auch in früheren Jahren wird sich im Frühjahr wieder ein Abmangel ergeben, der aber im Laufe des Jahres ausgeglichen werden kann. Die Vermögenslage der Kasse ist gut, so daß auf Jahre hinaus ein ausgeglichener Haushalt ohne Änderung des Beitragssatzes möglich sein dürfte. Der Überschuß soll besonders für die Erholungs- und Genesungsfürsorge verwendet werden. In Zusammenarbeit mit den Betriebsgemeinschaften sollen etwa 5000 Versicherte in den Genuß einer zusätzlichen Erholung kommen.

Der Stuttgarter Komponist und Dirigent Dr. Friedrich Siebert wurde als Kapellmeister des Sinfonie- und Kurorchesters nach Baden-Baden berufen.

22.–25. Mai Unter Teilnahme zahlreicher Wissenschaftler findet auf dem Killesberg eine Arbeitstagung des Deutschen Fachbeirats im Internationalen Rat für Sing- und Sprechkultur statt, bei der die Bedeutung von Sprache und Lied für das deutsche Volkstum im Ausland untersucht wird.

23. Mai Der seit 1930 in Stuttgart lebende Maler Hans Brasch stellt im Kunsthaus Schaller Aquarelle aus.

23.–29. Mai Die Hochschule für Musik veranstaltet ihre erste Musikwoche. Sie wird mit einer Aufführung des Requiems von Mozart unter Leitung des Direktors der Hochschule, Prof. Dr. Holle, eröffnet.

24. Mai Im Schauspielhaus Premiere der Operette »Frühlingsluft« von Joseph Strauß.

24./25. Mai Reichssportwettkampf der Hitlerjugend.

25. Mai In den Gottesdiensten der evang. Kirche läßt der Oberkirchenrat bekanntgeben, daß nach Anordnung der Reichspressekammer ab 1. Juni 1941 nahezu die gesamte kirchliche Presse aus »kriegswirtschaftlichen Gründen« eingestellt wird.

Der Bild-Kurier, Beilage zum Stuttgarter NS-Kurier (Ausgabe B), stellt aus kriegswirtschaftlichen Gründen sein Erscheinen ein.

Auf der traditionellen Gautagung der NS-Frauenschaft von Württ.-Hohenzollern in der Liederhalle sprechen Gauleiter Murr und Reichsfrauenführerin Scholtz-Klink.

Anläßlich des 86. Jahresfestes der evang. Diakonissenanstalt Stuttgart werden 38 Schwestern zum Diakonissendienst eingesegnet.

Im Brunnenhof beim Kursaal wird die Reihe der Kurkonzerte in Bad Cannstatt eröffnet. Es spielt das Landesorchester und es singt ein Männerchor aus Cannstatt.
Radrennen Rund um Stuttgart.

27. Mai In der Jahresversammlung des Stuttgarter Haus- und Grundbesitzervereins referiert Vereinsleiter Adam Fritz über »Die Auswirkungen der Grundstücksbewertung unter Berücksichtigung des Preisstopps« und unterstreicht die Bedeutung der privaten Bautätigkeit. Nach der Statistik der Stadt Stuttgart sind von 1933 bis 1940 20 300 Wohnungen erstellt worden. Davon entfallen auf Private 16 200, auf gemeinnützige Baugenossenschaften 3600 und auf öffentliche Körperschaften 500 Wohnungen.

28. Mai Der Stuttgarter Siedlungsverein (Gemeinnütziger Bau- und Wohlfahrtsverein Stuttgart), der auf 75 Jahre erfolgreicher Arbeit zurückblickt, verfügt über rund 2000 Mietwohnungen.

30. Mai Landesbischof D. Wurm nennt in einem Brief an den Reichsverteidigungsrat das Verbot der kirchlichen Presse einen gegen die Kirchen gerichteten Kulturkampf.
Im Rathaus tagt die Arbeitsgemeinschaft württ. Städte. Fragen des sozialen Wohnungsbaus, der Ferngasversorgung u. a. werden besprochen.
Nach dem Geschäftsbericht der Württ. Bank AG, Stuttgart, ist die Bilanzsumme 1940 von 80,5 Mio. RM auf 101 Mio. RM gestiegen. Der Geschäfts- und Kundenkreis hat sich vergrößert.

30. Mai bis 22. Juni Im Ausstellungsgebäude auf dem Interimstheaterplatz stellt der Württ. Kunstverein Bulgarische Künstler in Deutschland vor.

31. Mai Nach einem Bericht des Stuttgarter Generalstaatsanwalts an den Reichsminister der Justiz ist die Bevölkerung mit den Presse- und Rundfunkinformationen unzufrieden. Sie fühlt sich über die politische und militärische Entwicklung nicht ausreichend unterrichtet. Die Folge ist ein zunehmendes Abhören feindlicher Sender. Weiter heißt es, daß sich in verschiedenen Orten Frauen und ältere Leute geweigert hätten, sich der seit November 1940 im Gau Württ.-Hohenzollern durchgeführten Volks-Röntgenuntersuchung zu unterziehen, weil sie diese Aktion in Zusammenhang mit der Beseitigung der unheilbar Kranken gebracht hätten. Die Amtswalter der Partei, die zur Teilnahme an der Untersuchung aufforderten, hätten nicht selten hören müssen, man habe keine Lust, in Grafeneck zu sterben.
Verschiedene Stuttgarter Zeitungen stellen aus kriegswirtschaftlichen Gründen ihr Erscheinen ein, darunter der Schwäbische Merkur (erscheint seit 3. Oktober 1785), die Cannstatter Zeitung (erscheint seit 1824), die Feuerbacher Zeitung (erscheint seit 67

JUNI 1941

Jahren), der Anzeiger für Münster, die Allgemeine Rundschau in Zuffenhausen und die Botnanger Zeitung.

Im Landesgewerbemuseum wird die Ausstellung Seefahrt ist not, die aus einem Schülerwettbewerb hervorgegangen ist, eröffnet.

Die Stadt Stuttgart schließt in diesem Monat mit der Energieversorgung Schwaben einen Stromlieferungsvertrag. Er beruht auf dem Grundvertrag, der im Jahr 1939 anläßlich des Verkaufs des Dampfkraftwerks Marbach mit der EVS abgeschlossen worden war.

Der Gemeinnützige Bau- und Wohlfahrtsverein beginnt im Mai mit dem Bau von 67 Wohnungen für Rüstungsarbeiter in der Klingenbach-Siedlung in Gaisburg, die 1943 bezugsfertig werden.

1. Juni Die Reichspressekammer verbietet die Zuteilung von Papier für kirchliche Zeitschriften. Dadurch müssen fast alle kirchlichen Zeitschriften ihr Erscheinen einstellen.

Am Pfingstsonntag wird in den evang. Kirchen eine Ansprache des Landesbischofs verlesen, in dem die finanzielle Not der Kirche geschildert und um ein Opfer für die Landeskirche gebeten wird.

1./2. Juni Im Höhenpark Killesberg gibt der Reichsarbeitsdienst Konzerte.

2. Juni Artur Anwander, Schauspieler bei den Württ. Staatstheatern, verstorben.

3. Juni Die westfälische Dichterin Josepha Berens-Totenohl liest im Oberen Museum aus ihren Werken.

Zwei Brüder im Alter von acht und neun Jahren ertrinken im Neckar bei Hofen.

5. Juni W. Köhler, Leiter der Volksbildungsstätte Stuttgart, beginnt eine vierteilige Vortragsreihe über Deutsche Geschichte.

6. Juni Direktor Dr. Brixner erläutert der Hauptversammlung der Württ. Milchverwertung AG den Geschäftsbericht und die Bilanz 1940. Es wurden 10 % mehr Milch angeliefert; die Buttererzeugung stieg, da die Frischmilch entrahmt ausgegeben wurde, um 68 %; 50 % mehr Eier wurden abgeliefert. OB Dr. Strölin lobt das vertrauensvolle Zusammenarbeiten zwischen Stadt und Land und dankt den Bauern für ihren Einsatz. Auf einer Tagung des Gauschulungsamtes der NSDAP im Wirtschaftsministerium spricht Gauschulungsleiter Dr. Klett über die weltanschauliche Schulungsarbeit und Prof. Dr. Hauer (Tübingen) über »Anthroposophie und Weltanschauung«.

JUNI 1941

OB Dr. Strölin verleiht die Goldene Plakette des Deutschen Ausland-Instituts an Prof. Dr. Kratzenberg, Führer der volksdeutschen Bewegung in Luxemburg.

7. Juni Die Ordnungsstrafstelle des Wirtschaftsamts der Stadt Stuttgart verhängte gegen eine Stuttgarter Hausfrau wegen »Erschleichung« eines Bezugscheins für einen Wintermantel eine Ordnungsstrafe von 1000 RM.

8. Juni In der Nacht zum 9. Juni wird das Stuttgarter Traditionsregiment Nr. 119 vom Bahnhof Zuffenhausen Richtung Osten in Marsch gesetzt.

9. Juni Die Stadt beschließt, die Hans-Schemm-Schule in Weilimdorf als Ersatzkrankenhaus für das Feuerbacher Krankenhaus, das den Anforderungen des Luftschutzes für bettlägerige und schwer zu transportierende Kranke nicht genügt, umzubauen.

10. Juni Dr. Otto Gillen hält im Wilhelm-Murr-Saal einen Lichtbildervortrag über »Entartete Kunst und ihre Überwindung in der neuen Deutschen Kunst«.

11. Juni An der TH werden die neu eintretenden Studenten immatrikuliert.
Prof. Dr. Menton (Karlsruhe) hält im Wilhelm-Murr-Saal einen Lichtbildervortrag über »Japan und der ostasiatische Großraum«.
Prof. Dr. K. Kümmel, Generaldirektor der Preußischen Museen (Berlin), spricht in der Hochschule für Musik über »Ostasiatisches Handwerk«.

12. Juni Das Fronleichnamsfest wird »mit Rücksicht auf die Erfordernisse der Kriegswirtschaft« am folgenden Sonntag begangen.
Die Professoren Alker (München) und Dr. Raab (Karlsruhe), Regierungsbaumeister Rietli (Berlin) und Prof. Tiedje (Stuttgart) sowie die Professoren Dr. Pirath und Wetzel (Stuttgart) erläutern den Ratsherren ihre Verkehrsgutachten. Die Gruppe Alker-Raab schlägt die Verlegung des Hauptbahnhofs an den Südrand des Rosensteinparks vor, die OB Dr. Strölin zwar für bestechend, aber auf absehbare Zeit nicht für realisierbar hält. Die beiden anderen Arbeitsgruppen behandeln die vordringlichen Verkehrsfragen und wollen die Verlegung des Hauptbahnhofs der Entwicklung überlassen. Dr. Strölin erwähnt, daß das neue Rathaus im Gebiet zwischen Charlottenstraße und Leonhardskirche gebaut werden soll. Der Charakter Stuttgarts als Gartenstadt soll erhalten bleiben.
Richard Dornseiff, der nach Bremen geht, inszeniert zum Abschied im Kleinen Haus »Über allen Zauber Liebe« von Wilhelm von Scholz.
Am ersten Abend der Schloßkonzerte Stuttgart 1941 bringen das Preßburger Quintett

JUNI 1941

und Maria Kisonova, Sängerin am slowakischen Nationaltheater Preßburg, Musik der Slowakei.

14. Juni   Der Stuttgarter Liederkranz gibt in der Liederhalle zugunsten des Kriegshilfswerks für das Deutsche Rote Kreuz ein Konzert.
Der Stuttgarter Singkreis führt in der Liederhalle alte deutsche Musik für Chor und Instrumente auf.
In der Ehrenhalle des Höhenparks Killesberg wird eine Arbeitsschau des BDM-Werkes Glaube und Schönheit eröffnet.
Der Stuttgarter Billardklub 1891 feierte sein fünfzigjähriges Bestehen.
Ratsherr Willy Haag, Gärtner, verstorben.

15. Juni   Zur 400. Wiederkehr des Todestages von Paracelsus findet im Großen Haus vormittags eine Gedächtnisfeier und abends eine Festveranstaltung statt. Im Anschluß gibt die Stadt in der Villa Berg einen Empfang. Im Kronprinzenpalais wird eine Paracelsus-Ausstellung eröffnet.
Herbert Liedecke gestaltet zusammen mit Emma Mayer (Alt) in der Markuskirche einen Orgelabend mit Werken von Max Reger.
In der Dauerausstellung Kunst aus Württemberg im Kronprinzenpalais werden Hitlerbilder von Stuttgarter Malern gezeigt.
Der württ. Meister im Mannschaftsringen, der TSV 1875 Stuttgart-Münster, besiegt Badens Meisterstaffel, den Verein für Körperpflege von 1886 Mannheim, mit 5:2 und gelangt damit in den Endkampf der Gruppe Süd.
Die russisch-orthodoxe Kirchengemeinde verabschiedet nach fast 20jähriger Tätigkeit ihren Priester Stefirtzy.

16. Juni   Prof. Dr. Hans Hildebrandt, der 1937 seine Lehrtätigkeit als Kunsthistoriker an der TH unter dem Vorwurf, Förderer »entarteter Kunst« zu sein, aufgeben mußte, bittet OB Dr. Strölin, sich für ihn um eine Arbeit zu bemühen. Seine Frau, die Malerin Lily Hildebrandt, hatte Berufsverbot.

17. Juni   Die Verwaltungsbeiräte diskutieren das Einstellen von Tageszeitungen. Wenn als Grund neben der Papierersparnis auch der Personalmangel der größeren Betriebe angeführt wird, dann sei es unverständlich, daß freigewordene Kräfte nicht unterkommen können.
Im Kirchlichen Amtsblatt der Diözese Rottenburg erscheint aus Anlaß seines 25jährigen Jubiläums als Bischof ein Hirtenwort von Joannes Sproll. Er wünscht seinen Gläubigen, daß sie »trotz Sturm und Kampf« im angestammten Glauben ausharren, auch wenn die Zeiten »noch so ernst und gefahrdrohend werden.«

JUNI 1941

General der Flieger Quade spricht an der TH über »Luftwaffe und Heer von Polen bis zum Balkan«.

18. Juni Anläßlich seines Abschieds von Stuttgart liest der Schauspieler Gerhard Geisler im Oberen Museum aus deutschen Dichtungen.
Das Altersheim Frauenheim, Bismarckstraße 6, feiert sein 50jähriges Bestehen.

19. Juni Dr. Otto Hirsch, geb. Stuttgart 9. Januar 1885, ehemal. Ministerialrat und Direktor der Neckar-Aktiengesellschaft, Präsident des Israelitischen Oberrats, Geschäftsführender Vorsitzender der Reichsvertretung der deutschen Juden, im KZ Mauthausen umgekommen.

20. Juni Nach einer Tagung der Bürgermeister württ. Städte mit über 10 000 Einwohnern, auf der die Versorgung und das Wohnungs- und Siedlungswesen besprochen werden, besuchen die Gäste den Höhenpark Killesberg.

20.–23. Juni Zum 150. Todestag des Komponisten veranstalten der Kurverein Bad Cannstatt, die NS-Gemeinschaft Kraft durch Freude und das Württ. Staatstheater das fünfte Mozartfest mit zwei Sinfoniekonzerten des Landesorchesters im Großen Kursaal, Kammermusik im maurischen Wilhelma-Schlößchen und im Schloß Rosenstein, dem »Requiem« in der Stadtpfarrkirche und »Cosi fan tutte« im Großen Haus.

21./22. Juni 200 Mannschaften mit 1500 Männern und Frauen tragen in der Adolf-Hitler-Kampfbahn die Volks-Vereinsmeisterschaftskämpfe aus.

23. Juni Schlagzeile im NS-Kurier: »Zum Kampf gegen Sowjetrußland angetreten!«

24. Juni Baudirektor Scheuerle berichtet den Beiräten für Luftschutzfragen, daß die Errichtung von 36 Luftschutzbauten (14 Tiefbauten, 19 Hochbauten, 1 Reichsbahnbunker und 2 Werkluftschutzbauten) gute Fortschritte macht; 19 Projekte sind bereits bis zum Rohbau gediehen. Es sind 797 deutsche und 887 kriegsgefangene Arbeiter eingesetzt. — Nach einem Erlaß des Reichsministers der Luftfahrt und Oberbefehlshabers der Luftwaffe vom 4. Juni 1941 sollen nach Abschluß dieses Programms weitere Luftschutzbauten errichtet werden. Vom örtlichen Luftschutzleiter wurden für den neuen Abschnitt 118 Objekte festgelegt, deren Umfang dem ersten Bauabschnitt entspricht. Die wichtigsten Luftschutzräume sollen mit Bildhauerarbeiten geschmückt werden.

25. Juni OB Dr. Strölin berichtet den Wirtschaftsbeiräten, daß die Bevölkerung den Mangel an Gemüse kritisiere. Schuld daran sei das kalte und schlechte Wetter. Auch sei die Nachfrage sehr groß, weil seit dem 2. Juni die wöchentliche Fleischration von 500 auf 400 Gramm gekürzt worden ist. Um dem Mangel abzuhelfen, wird vorgeschlagen, Karten oder Kundenlisten einzuführen, weniger Gärtner zur Wehrmacht einzuziehen, mehr Kriegsgefangene zuzuweisen, höhere Erzeugerpreise festzusetzen, den illegalen Gemüsehandel außerhalb der Märkte zu unterbinden, die Blumenzucht einzudämmen und die Baulandumlegungen einzuschränken, weil umgelegtes Bauland oft nicht mehr voll für den Gemüsebau genutzt wird.

Die Energieversorgung Schwaben AG, die 70 Prozent des württ. Strombedarfs deckt, hat im Geschäftsjahr 1940 um 5,6 Prozent mehr Strom abgegeben. Die Einnahmen haben sich um rund 5 Prozent erhöht. Die Bilanzsumme stieg von 173 auf 197 Mio. RM. Es werden 5 Prozent Dividende verteilt.

Im Großen Haus Premiere der Oper »Sternengebot« von Siegfried Wagner.

Max Nick, Oberregierungsrat, letzter Vorstand des Cannstatter Oberamts, in Bad Cannstatt verstorben.

26. Juni OB Dr. Strölin teilt den Ratsherren mit, daß die am 5. Juli 1935 vom Beauftragten der NSDAP berufenen Ratsherren bis Kriegsende im Amt verbleiben sollen. — Der Fehlbestand an Wohnungen beträgt in Stuttgart 10 000—15 000. BM Hirzel erläutert die Schreiben von OB Dr. Strölin vom 19. Mai und 18. Juni 1941 an Reichsstatthalter Murr über die verwaltungsmäßige Verbindung einer großen Stadt mit ihrem Umland. Es wird eingewendet, daß ein Stadt-Landkreis nur eine Verlegenheitslösung sei, besser wäre eine großzügige Eingemeindung. Während des Krieges sei jedoch nicht mehr mit einer auch die Landkreise berührenden Lösung zu rechnen. OB Dr. Strölin führt aus, daß die Anlage einer Stuttgarter Teilstadt auf dem Fasanenhofgelände mit 10 000 Einwohnern eine neue Lösung der Stadt-Umlandbeziehung erfordere.

In den württ. Orten mit Volks-, Mittel- und höheren Schulen beginnen nach der neuen Ferienordnung, die das Reich in drei Staffeln einteilt, die bis 16. August dauernden Sommerferien. In den ländlichen Gebieten bleibt es bei der alten Regelung der Sommer- und Herbstferien.

Das Landesorchester führt unter Gerhard Maaß im Rahmen der Schloßkonzerte 1941 im Weißen Saal des Neuen Schlosses Musik von der Donau auf.

27. Juni Bei einem Betriebsappell der Hirth-Motorenwerke in Zuffenhausen wird ein von Prof. Bredow geschaffenes Erinnerungsmal für den erfolgreichen Flieger Hellmuth Hirth enthüllt.

Die besten HJ-Leichtathleten des Reiches, die seit 23. Juni an einem Lehrgang der Reichsjugendführung in Degerloch teilnehmen, veranstalten in der Adolf-Hitler-Kampfbahn ein Abendsportfest.

Max Schiedmayer, Klavierfabrikant, verstorben.

28. Juni   Im Kleinen Haus Premiere des Schauspiels »Der Gigant« von Richard Billinger.
Die »Harmonie«, der älteste Cannstatter Männergesangverein, blickt auf ihr hundertjähriges Bestehen zurück.

28./29. Juni   An der ersten Reichsstraßensammlung des zweiten Kriegshilfswerks für das Deutsche Rote Kreuz, die durch zahlreiche Platzkonzerte umrahmt wird, beteiligen sich das Deutsche Rote Kreuz und die Deutsche Arbeitsfront.

1. Juli   Dr. Richard Csaki wird von der Leitung des Deutschen Ausland-Instituts entbunden und als Redner bei der Wehrmacht eingesetzt. Sein Nachfolger wird Dr. Hermann Rüdiger.

2. Juli   Die Stadtverwaltung fordert von ihren Bediensteten äußerste Sparsamkeit im Kanzleibetrieb.
In der Hochschule für Musik spricht Prof. Dr. Hans Joachim Moser (Berlin) über »Gotik, Renaissance und Barock in der Musik«.

3. Juli   Der Stuttgarter Oberlandesgerichtspräsident berichtet an den Reichsminister der Justiz über die allgemeine Lage: »Der ›Fall Heß‹, der in den Anfang des Berichtszeitraums fiel, hat auf die Bevölkerung schockartig gewirkt. Man konnte nicht fassen, wie so etwas möglich war und was das Ganze zu bedeuten hatte ... Der Fall wurde überall besprochen. Man konnte dabei vieles hören, was eigentlich nur vom englischen Nachrichtendienst stammen konnte. Ich habe den Eindruck, als ob während des Kriegs noch nie so viele ausländische Sender abgehört worden sind als in diesen Tagen ...
Für die meisten Volksgenossen kam auch der Krieg gegen Rußland völlig unerwartet. Die Nachricht hievon löste bei vielen Bestürzung aus, weil die amtlichen Verlautbarungen vorher nichts hatten davon ahnen lassen. Niemand zweifelte wohl daran, daß die Deutsche Wehrmacht und ihre Führung auch diese Aufgabe in gleich glänzender Weise wie die bisherigen lösen werde, aber mancher war vielleicht doch zunächst bedenklich, ob dieser Krieg uns nicht zu sehr von der eigentlichen Aufgabe, der Niederringung Englands abhalten würde. Der Gedanke, daß der Krieg dadurch doch länger dauern könnte, erschien doch manchem bedenklich.
Im Zuge der Maßnahmen, die vor kurzem im Zeitungswesen zur Einschränkung des Papierverbrauchs usw. getroffen worden sind, scheint auch das Erscheinen der kirchlichen Gemeindeblätter eingestellt worden zu sein. In den katholischen Teilen meines Bezirks legen die Unzufriedenen diese Maßnahme dahin aus, daß es sich nicht in erster Linie um Papierersparnis handle, sondern daß die Kirche getroffen werden solle ...

JULI 1941

Allmählich zeigen sich auch sonst manche Erscheinungen, die geeignet wären, die Stimmung der Bevölkerung zu beeinträchtigen, wenn nicht rechtzeitig Abhilfe geschaffen würde. So gab es z. B. in der letzten Zeit in Stuttgart nur sehr wenig Gemüse. Dies ist um so auffallender, als die Stadt von einer großen Zahl von Gemüsegärtnereien umgeben ist.«

Die Stadtverwaltung bringt am Cottahaus, Königstraße 42, eine von dem Stuttgarter Bildhauer Gerhard Beck geschaffene Gedenktafel an.

4. Juli Direktor Stöckle, Werkleiter der TWS, berichtet den Technischen Beiräten, daß die Technischen Werke unter starkem Personalmangel leiden, da etwa 600 Gefolgschaftsmitglieder (rund 23 % der Belegschaft) zur Wehrmacht einberufen sind. Die Beanspruchung der Betriebsangehörigen ist außerordentlich groß. — Der Absatz entwickelte sich günstig. Es wurden über 10 % mehr Gas und Strom als im Vorjahr abgegeben; auch der Wasserverbrauch ist sehr hoch. — Mit einem Aufwand von 1 200 000 RM soll im Dampfkraftwerk Münster ein neuer Kessel erstellt werden.

5. Juli Im Kunsthöfle in Bad Cannstatt stellen die Maler Hermann Metzger und Erich Zeyer aus.

5./6. Juli Im Höhenpark Killesberg versammeln sich über 100 Teilnehmer aus dem Protektorat Böhmen und Mähren, der Slowakei, Südtirol und dem Elsaß zu einem volksdeutschen Trachtentreffen.

6. Juli Das USA-Konsulat wird geschlossen.
Vor 12 000 Zuschauern gewinnt in der Adolf-Hitler-Kampfbahn die Stadtmannschaft von Barcelona das Fußball-Freundschaftsspiel gegen die Stadtmannschaft von Stuttgart mit 2 : 1.
13. reichsoffenes Radrennen Rund um die Solitude.

6./7. Juli Die Wiener Sängerknaben geben in der Liederhalle ein zweitägiges Gastspiel.

6. Juli bis 3. August Der Württ. Kunstverein stellt im Ausstellungsgebäude auf dem Interimstheaterplatz u. a. Gemälde der Münchner Maler Karl Walther, Anton Müller-Wischin und Oskar Kreuzer aus. Auch Stuttgarter Maler sind vertreten; Julius Kurz zeigt z. B. kleine Ölbilder Aus den Wäldern um Stuttgart.

8. Juli Südtirolerinnen, die am volksdeutschen Trachtentreffen im Höhenpark Killesberg teilgenommen haben, singen vor verwundeten Soldaten.

9. Juli Die Stadt beschließt, auch im Jahr 1941 den verwundeten und kranken Soldaten in Stuttgarter Lazaretten ein Weihnachtsgeschenk zu geben.

10. Juli Die Stadt hat ein Institut für Hundeforschung errichtet. Die Leitung wurde dem Leiter des städt. Amtes für Tierpflege, Dr. H. Peters, übertragen.

12. Juli Mit der Aufführung der Operette »Der Vetter aus Dingsda« von Eduard Künnecke beginnt die Operettenspielzeit im Höhenpark Killesberg. Das Orchester stellt der Gaumusikzug des RAD.

13. Juli Zu Beginn der Sommerferien hat die Reichsbahn zwei neue Zugpaare zwischen Stuttgart und Berlin eingesetzt.

14. Juli Um die Versorgung der Bevölkerung sicherzustellen, verbietet der Gartenbauwirtschaftsverband Württemberg den Verbrauchern, Obst und Gemüse direkt beim Erzeuger zu kaufen, es sei denn in der eigenen Gemeinde.
Die Langstreckentarife und die Wochenkarten der Stuttgarter Straßenbahnen werden zugunsten der Bewohner der äußeren Stadtteile verbilligt, ab 1. August auch die Monatskarten.
In der Reihe der öffentlichen Aufführungen der Hochschule für Musik bestreiten Schüler von Prof. Willy einen Arien- und Liederabend.

15. Juli Der Reichsminister für kirchliche Angelegenheiten bestätigt nochmals das Verbot der Teilnahme polnischer Arbeiter in Deutschland an den Gottesdiensten der örtlichen Pfarrgemeinden. Für Polen dürfen nur gesonderte Gottesdienste und diese nur in deutscher Sprache abgehalten werden.
Ein Geheimer Lagebericht des Sicherheitsdienst-Leitabschnitts Stuttgart bezeichnet die Versorgungslage in den größeren Städten als katastrophal. Die Entrüstung der breiten Bevölkerungsschichten über Mangel, Preisgestaltung und bevorzugte Verteilung von Frischgemüse, Obst und Kartoffeln habe einen bedenklichen Grad angenommen, der die Arbeitslust und Kampfentschlossenheit der Volksgenossen sehr nachteilig beeinflusse. Auch der Mangel an Mineralwasser, Obst, Obstsäften und dergleichen werde von der Arbeiterschaft infolge der Bierkürzung als bitter empfunden und scharf kritisiert. Stundenlanges Schlangestehen, um den Bedarf an Obst, Gemüse und vor allem Kartoffeln zu decken, gehöre heute schon zum Alltagsbild.
Mit der Verlegung der Polizeistunde von 22.30 Uhr auf 23 Uhr verschiebt die Straßenbahn die letzten Abfahrten von 23 Uhr auf 23.15 Uhr.
Im Schauspielhaus gelangt die von Max Heye entworfene und inszenierte Revue »Von

JULI 1941

Stuttgart im Zickzack nach Budapest« zur Uraufführung. Die Musik stammt von Fritz Klenk.

16. Juli Um »Ernst und Charakter der Kriegswochenschauen zu wahren« untersagen die Palastlichtspiele das Betreten und Verlassen des Theaterraumes während deren Vorführung.
Die Preisüberwachungsstelle des württ. Wirtschaftsministeriums hat kürzlich über neun Stuttgarter Firmen empfindliche Ordnungsstrafen wegen Kettenhandels und Preistreiberei verhängt. Diese Firmen hatten sich beim Vertrieb von Wasch- und Reinigungsmitteln vorschriftswidrig als Händler zwischen Hersteller und Verbraucher eingeschaltet und überhöhte Preise verlangt.
Die Stadt Stuttgart erwirbt das Anwesen Panoramastraße 27. Es soll an den Schwäb. Frauenverein zur Unterbringung seiner Frauenschule für Volkspflege vermietet werden.

17. Juli Die NSV-Kreisverwaltung Stuttgart hat seit Ende Juni elf örtliche Kindererholungsheime für fünf Wochen mit 2500 Kindern belegt.
Die Kunstgewerbeschule wird in diesem Semester von 125 ordentlichen Studierenden und 63 Gästen besucht. Von ihnen sind 177 Reichsdeutsche, 7 Volksdeutsche und 4 Ausländer.

19. Juli Die zahlreichen Gefallenenmeldungen von der Ostfront beunruhigen die Bevölkerung. Ein im NS-Kurier abgedruckter Brief des Kriegsberichters Frank Goetz versucht zu beschwichtigen: »Du darfst nicht ungeduldig werden, Mutter. Immer denke ich an Dich, an den Vater, an die Geschwister, an meine kleine Braut. Aber selten komme ich dazu, Euch zu schreiben. Und allen anderen Kameraden geht es genau so. Und dann bedenkt die weiten Räume, die uns trennen. Hunderte und tausende Kilometer muß mein Brief zurücklegen, bis er bei Euch ist . . .«

20. Juli Nach einer Verordnung des Reichsministers des Innern erhalten Juden keine Entschädigung für Kriegsschäden.
Durch einen 11 : 0-Sieg über den Bann 429 Reutlingen wird der Bann 119 Stuttgart Gebietsmeister im Fußball.

21. Juli Nachdem am 6. Juli in allen kath. Kirchen ein Hirtenbrief des deutschen Episkopats verlesen worden war, berichtet der SD: »Der starke Eindruck auf die Kirchenbesucher äußerte sich in lebhaften Debatten nach Beendigung des Gottesdienstes . . . Die überwiegende Mehrheit der Kirchenbesucher ließ sich . . . zu stark aggressiven Äußerungen hinreißen . . . Ein älterer Katholik in Stuttgart sagte: ›In Rußland

erschießen sie ihre Kommissare, man kann warten, bis es auch bei uns so weit ist‹ ...
Einige Frauen meinten, man könne nicht verstehen, daß auf der einen Seite gegen den Bolschewismus gekämpft werde und auf der anderen gegen die Kirche.«
Die Musterung der Mädchen des Jahrgangs 1923 für den Reichsarbeitsdienst beginnt.
Im Landesgewerbemuseum tritt die 10. Württ. Auftragsbörse zusammen. Seit der ersten Auftragsbörse am 15. April 1940 hat sich die Zahl der teilnehmenden Firmen von 20 auf 32 erhöht. Auch Nachbargaue sind vertreten.
Die Arbeitsgemeinschaft des Deutschen Fuhr- und Kraftfahrgewerbes, Bezirk V, Stuttgart, »Der Güternahverkehr«, konnte im Geschäftsjahr 1940 den Umsatz von 1,8 auf 6,1 Mio. RM steigern.
Die Württ. Kommission für Landesgeschichte besteht seit 50 Jahren.

21.–25. Juli Wegen der Schulferien müssen die Haushaltungen die Lebensmittelkarten für die 26. Zuteilungsperiode selbst bei den Kartenstellen des Ernährungsamts abholen.

24. Juli Die italienische Geigerin Lilia d'Albore gastiert im vierten Schloßkonzert.

25. Juli Das Stross-Quartett spielt im Hof des Hauses des Deutschtums.

26. Juli Der württ. Innenminister untersagt den polnischen Arbeitern den Besuch von Bädern. Ferner ordnet er an, Polen aus öffentlichen Anlagen, von Plätzen und Bahnhöfen »rücksichtslos zu entfernen«.
Bei einem Bunten Abend im Kurgarten Bad Cannstatt wirkt auch Albert Hofele mit.
Im Haus der Deutschen Kunst in München wird die Große Deutsche Kunstausstellung 1941 eröffnet. Von Stuttgarter Künstlern sind mit Plastiken vertreten: Gustav A. Bredow, Hermann Wilhelm Brellochs, Eugen Frey, G. Adh. Hedblom, Ulfert Janssen, Emil Kiemlen, Emma Möhrle, Suse Müller-Diefenbach, Fritz Nuß, Rudolf Rempel, Lore Rendlen-Schneider und Daniel Stocker. Erich Feyerabend stellt Holzschnitte, Hermann Mayrhofer-Passau Zeichnungen und Rudolf Pauschinger Plaketten aus.

27. Juli In Zuffenhausen beteiligen sich über zweihundert württ. Ringer an der Kriegsbereichsmeisterschaft.

28. Juli bis 23. August Reichs-Spinnstoffsammlung 1941.

29. Juli In der Hauptversammlung der Daimler-Benz AG gedenkt Staatsrat Dr. von Stauß als Aufsichtsratsvorsitzender der 50 Gefallenen und 200 Verstorbenen. Die sat-

zungsgemäß ausscheidenden Aufsichtsratsmitglieder Dr. Georg von Doertenbach, Otto Fischer, Carl Harter (Berlin) und Franz Popp (München) werden wieder einstimmig in den Aufsichtsrat berufen. An Stelle des verstorbenen Aufsichtsratsmitgliedes Paul Rohde (Berlin) tritt Dr. Günther Quandt (Berlin). Die Bilanzsumme stieg auf 186,4 Mio. RM (1939: 169,8 Mio. RM). Aus dem Reingewinn von 3,76 Mio. RM werden 7,5 % Dividende verteilt, auf die Vorzugsaktien 4 %.
Im Rahmen der Vortragsreihe Volk und Rasse spricht Prof. Dr. Pfahler (Tübingen) im Deutschen Ausland-Institut über das Thema »Vom Rassenleib zur Rassenseele«.

1. August Der Stuttgarter Generalstaatsanwalt berichtet an den Reichsminister der Justiz: »Die allgemeine Stimmung im Bezirk ist zur Zeit trotz der großen Waffenerfolge im Osten und Westen uneinheitlich und schwankend. Es läßt sich nicht verkennen, daß bei manchen Schichten der Bevölkerung eine gewisse Bedrücktheit, Kriegsverdrossenheit und Mißstimmung herrscht; die Gründe hierfür dürften insbesondere darin zu suchen sein, daß man wegen der verhältnismäßig zahlreichen Todesanzeigen, die die Zeitungen von Gefallenen aus dem Osten füllen, angesichts der in der Bevölkerung umlaufenden Gerüchte über schwere Verheerungen deutscher Städte durch englische Luftangriffe und aus Sorge vor den Folgen eines Kriegseintritts der USA einen ›Krieg ohne Ende‹ befürchtet, mit der Frühkartoffel-, Gemüse- und Beerenobstversorgung und den bei ihrer Verteilung sich zeigenden Mißständen sowie mit der Herabsetzung der Fleischrationen und der Kontingentierung des Bieres überaus unzufrieden ist und auch die derzeitige Wortkargheit und geographische Schweigsamkeit der Wehrmachtsberichte, die bereits Mitte Juli große sich anbahnende Erfolge im Osten angekündigt hatten, nicht recht verstehen kann ... Der Reichsstatthalter in Württemberg hat mir nun in seiner Eigenschaft als Reichsverteidigungskommissar für den Wehrkreis V neuerdings mitgeteilt, daß er wegen Gefährdung der Ernährungsgrundlage und damit der Landesverteidigung das gesamte Vermögen und den gesamten Besitz des Klosters Untermarchtal, Genossenschaft der Barmherzigen Schwestern vom Orden St. Vinzenz vom Paul, samt dem dazugehörigen auswärtigen Besitz und Vermögen, zu dem auch das Marienhospital in Stuttgart, das ganze Bad Ditzenbach, die Heilanstalt Rottenmünster sowie landwirtschaftliche Güter in Talheim, Gemeinde Lauterach, Kreis Ehingen, gehören, zugunsten des Landes Württemberg beschlagnahmt und den Württembergischen Innenminister mit den weiteren Maßnahmen, insbesondere der Einsetzung treuhänderischer Verwaltung für die einzelnen Vermögensteile beauftragt habe. Die Angelegenheit wird voraussichtlich sowohl politisch als auch strafrechtlich die öffentliche Meinung in meinem Bezirk in Bewegung halten.«
Die Hauptfürsorgestelle des Württ. Landesfürsorgeverbandes Abteilung Kriegsbeschädigte teilt Siegfried Israel Horn in Stuttgart mit, daß ihre Bemühungen, Arbeit für ihn zu finden, erfolgreich waren. Horn, wegen Verlust des rechten Beines zu 70 % kriegs-

AUGUST 1941

beschädigt, war seit 1. April 1928 beim Technischen Büro Stuttgart der Firma W. u. G. beschäftigt. Weil er Jude war, wurde sein Arbeitsverhältnis gekündigt. Bei der Lufttechnischen Gesellschaft mbH findet er, nachdem ihn zahlreiche Firmen zurückgewiesen haben, eine neue Beschäftigung.
Die Besitzer von zugelassenen Nutzfahrzeugen müssen ab heute ein Fahrtenbuch führen. Eine Treibstoffzuteilung erfolgt ab 1. September 1941 nur noch, wenn die Fahrtennachweise dem Antrag beigeschlossen sind.

2. August Nach einer Bekanntmachung des Präsidenten der Reichsschrifttumskammer dürfen Juden die allgemeinen Leihbüchereien nicht benützen.
Das im Rußlandfeldzug eingesetzte Stuttgarter Infanterieregiment 119 beklagt bis heute 100 Gefallene und 220 Verwundete.
Auf dem Killesberg Premiere der für die Freilichtbühne von Oswald Kühn bearbeiteten Operette »Dichter und Bauer« von Franz von Suppé. Albrecht Hübner dirigiert den Gaumusikzug des Reichsarbeitsdienstes.

2.—9. August 23. Schwäb. Schachkongreß in Zuffenhausen.

3. August Auf der Anlage des PSV Stuttgart werden die Bereichsmeisterschaften im Zwölfkampf der Männer, Achtkampf und Gymnastik-Siebenkampf der Frauen, Faustball der Männer und Frauen sowie Korbball der Frauen ausgetragen.

4. August Im Oberfinanzpräsidium wird der neuernannte Finanzpräsident Dr. von Oppen in sein Amt eingeführt.

6. August Dr. Schlenker teilt den Wirtschaftsbeiräten mit, daß der Fremdenverkehrsverein die Aufgaben des bei Kriegsbeginn aufgelösten Ausstellungs- und Fremdenverkehrsamts übernommen hat: Werbung für Stuttgart, Veranstaltungen verschiedener Art, Konzerte und Vorführungen im Höhenpark Killesberg, Ausstellungen.
Beim 5. Schloßkonzert führen das Landesorchester sowie Walter Rehberg (Zürich), Max Hengarter (Zürich), Hermann Achenbach (Kassel) und Catharina Bosch-Möckel Musik der Schweiz auf.

7. August Der württ. Kultminister hat angeordnet, daß die Gemeinden, die bisher schon Mittelschulen hatten, nach den Sommerferien erste Hauptschulklassen einrichten. Die Mittelschulen dürfen daher in Klasse 1 keine Schüler mehr aufnehmen. In Stuttgart werden außer den ersten Klassen der bestehenden Mittelschulen auch die ersten Klassen der Schloß-Oberschule, der Stöckach-Oberschule und der Jahn-Oberschule durch

AUGUST 1941

die gleiche Zahl erster Klassen der Hauptschule ersetzt. Damit wird die Umwandlung dieser Schulen in Hauptschulen eingeleitet.

7.—10. August Kampfspiele der schwäb. Hitlerjugend in der Adolf-Hitler-Kampfbahn.

9./10. August Die Landesfachgruppe Imker Württ.-Hohenzollern berät, wie die heimische Bienenzucht erhalten und gefördert werden kann.

10. August Im Ausstellungsgebäude auf dem Interimstheaterplatz wird eine Ausstellung Münchner Künstler mit Werken von 21 Malern und drei Bildhauern eröffnet.

12. August Den Wohlfahrts- und Gesundheitsbeiräten wird mitgeteilt, daß die Stadt auch 1941 wieder einen Zuschuß für das Landjahr gewährt. Die Zahl der Landjahrwilligen hat sich von 385 im Jahre 1939 und 340 im Vorjahr auf 277 verringert.
OB Dr. Strölin empfängt im Rathaus verwundete Matrosen der Kriegsmarine. Sie haben auf Grund einer Stiftung, die die Stadt Stuttgart zum Geburtstag Großadmiral Raeders gemacht hat, Gelegenheit, Stuttgart und Württemberg kennenzulernen.
Rudolf W. Vollmoeller, früherer Vorstand der Vereinigten Trikotfabriken (R. Vollmoeller) AG, Vaihingen, verstorben.

13. August Die Stadt Stuttgart — Technische Werke — und die Firma Daimler-Benz AG gründen die Heizkraftwerk Stuttgart GmbH. Nach dem Gesellschaftsvertrag beträgt das Stammkapital 3 Mio. RM, wovon auf die Stadt Stuttgart $^2/_3$ und die Firma Daimler-Benz AG $^1/_3$ entfallen. Gegenstand des Unternehmens ist der Bau und Betrieb eines in Stuttgart zu erstellenden Heizkraftwerks, das in erster Linie den Wärmebedarf der Firma Daimler-Benz decken soll.

15. August Auf einer Sitzung der Beiräte für Leibesübungen wird mitgeteilt, daß von den 66 städt. Turnhallen 13 von der Wehrmacht und dem Luftschutz beschlagnahmt wurden, wodurch die übrigen jeden Abend sehr stark belegt sind.
Mit der Aufführung von »Über allen Zauber Liebe« von Wilhelm von Scholz eröffnet das Kleine Haus die Spielzeit 1941/42, die häufige Gastspiele von Regisseuren bringen soll, da die Stelle des Oberspielleiters unbesetzt bleibt.

16. August Beim Konzert des Landesorchesters im Großen Kursaal Bad Cannstatt singt Alfons Fügel von der Staatsoper München.

17. August Auf dem Max-Eyth-See läuft das erste vom NS-Kraftfahrerkorps-Motor-

AUGUST 1941

bootsturm Stuttgart in Eigenbau erstellte Motorboot vom Typ Bodensee vom Stapel.
Der Stuttgarter Kimmig gewinnt das Rad-Rennen um den Großen Preis von Bad Cannstatt.

18. August   Der Stuttgarter Robert Kübler erzielte in Krakau im 5000-Meter-Bahngehen mit 20 Minuten, 3,8 Sekunden einen neuen Weltrekord.
Sanitätsrat Dr. med. Ludwig Grosse, Direktor i. R. der chirurgischen Abteilung des Krankenhauses Bad Cannstatt, verstorben.

20. August   Die Hauptversammlung der Eduard Züblin u. Cie. AG, Bauunternehmung Stuttgart, beschloß, aus dem Reingewinn von 230 000 RM wieder 8 Prozent Dividende zu zahlen. 1941 hat das Unternehmen rund 90 Prozent des Aktienkapitals der Elsässischen Tief- und Hochbau AG, Straßburg, übernommen. Außerdem ist es an einem Schleuderbeton-Rohrwerk in Mitteldeutschland beteiligt.

21. August   Der Kunstmaler Karl Erlenbusch hat für das Treppenhaus der Gustav-Siegle-Bücherei ein Bild geschaffen, das auf die Aufgaben einer öffentlichen Bücherei hinweist. Oberbürgermeister i. R. Dr. Lautenschlager ermöglichte durch eine Stiftung die Finanzierung.

22. August   Der Zirkus Carl Hagenbeck eröffnet auf dem Cannstatter Wasen sein Stuttgarter Gastspiel.

24. August   Kirchweih in Wangen.

27.August   Leopold Levi, letzter Präsident des Israelitischen Oberrats in Stuttgart, verläßt im plombierten Zug Deutschland.
Baudirektor Scheuerle teilt den Beiräten für Luftschutzfragen mit, daß in Stuttgart 21 Architekten hauptberuflich für den Luftschutz arbeiten. Nach der neuesten Anordnung soll für die äußere und innere »Schönheit« der Bunker nichts aufgewendet werden. Bis Ende des Jahres soll jeder Volksgenosse eine Liegestätte in einem behelfsmäßigen, splittersicheren Luftschutzraum haben. Seit Februar 1941 sind von den Arbeitskolonnen 6170 Keller von Gebäuden, in denen 76 877 Menschen wohnen, ausgebaut worden. An folgenden Stellen sollen Stollen gebaut werden: Kirchweinberg Wangen, Großglocknerstraße Untertürkheim, Kameruner Straße Obertürkheim, Am Mühlkanal Berg, Schmidener Straße Bad Cannstatt, Brücken-Glockenstraße Bad Cannstatt, Robert-Mayer-Straße Waldeck, ferner ein Verbindungsstollen vom Robert-Bosch-Werk in Feuerbach zum Stollen in der Wernerstraße.

SEPTEMBER 1941

28. August OB Dr. Strölin erläßt die Haushaltssatzung für das Rechnungsjahr 1941. Der Haushaltsplan wird im ordentlichen Haushaltsplan in Einnahmen und Ausgaben auf 162 686 660 RM, im außerordentlichen Haushaltsplan in Einnahmen und Ausgaben auf 11 062 000 RM festgesetzt. Der Gesamtbetrag der Darlehen in Höhe von 2 272 000 RM für den außerordentlichen Haushalt soll für Wohnungsneubauten und Kleingärten verwendet werden.
Baudirektor Scheuerle berichtet über den Luftschutzbau. Die Decken und Wände der öffentlichen Luftschutzbauten werden derzeit wesentlich dicker gemacht, um als bombensicher zu gelten. Öffentliche Luftschutzräume werden künftig für mindestens 500 Personen gebaut; eine friedensmäßige Verwendung wird nicht mehr berücksichtigt. Der Richtstollen am Wagenburgtunnel ist 150 Meter in den Berg hineingetrieben.
Im Landesgewerbemuseum wird die Ausstellung Das Bild als Wandschmuck gezeigt.

29. August In der Zeppelinoberschule wird ein neues Lazarett eingeweiht.
Gretel Tonndorff vom Stuttgarter Schauspielhaus, die nach Brünn verpflichtet wurde, singt vor Stuttgarter Verwundeten.

30. August In der Liederhalle spricht Gauleiter Murr über Sinn und Ziel des Krieges. — Er sagt: »In der Heimat ist die Partei der Garant dafür, daß die Heimat ebenso steht wie die Front!«

30./31. August Im Höhenpark Killesberg veranstaltet der Reichsverband für Hundewesen die 6. Reichssieger-Ausstellung von Hunden, die mit verschiedenen Vorführungen, Hunderennen und einer Tagung der deutschen Kynologen verbunden ist.

31. August Im Kleinen Haus wird die Kriminalkomödie »Sensation in Budapest« von K. G. Külb uraufgeführt.
Landesbischof Wurm berichtet von einem Besuch OB Dr. Strölins in diesem Monat, »obwohl es ihm von der Polizei verboten war, mit mir zu verkehren. Eine unterirdische Verbindung zu ihm habe ich von da an aufrechterhalten, die bis zum Zusammenbruch funktionierte.«

1. September Der Reichsminister des Innern erläßt eine Polizeiverordnung, nach der Juden nach Vollendung des 6. Lebensjahres in der Öffentlichkeit den Judenstern tragen müssen. Ferner wird den Juden verboten, die Wohngemeinde ohne schriftliche Erlaubnis der Ortspolizeibehörde zu verlassen und Orden, Ehrenzeichen und sonstige Abzeichen zu tragen.
In einem Geheimen Lagebericht des Sicherheitsdienst-Leitabschnitts Stuttgart heißt es: Allenthalben begegne man der Ansicht, daß auch in diesem Kriege die Kleinen wieder-

um die Dummen seien. Sie müßten schaffen, entbehren und das Maul halten, während sich die anderen mit Geld, Beziehungen usw. alles leisten könnten. Ein Außenstellenleiter bezichtigt die Partei, sie sei von der in der Kampfzeit vertretenen Idee der wahren Volksgemeinschaft abgewichen.
Mit Beginn des Winterhilfswerks 1941/42 werden wieder die »freiwilligen« Spenden vom Lohn oder Gehalt einbehalten. Sie betragen monatlich 10 Prozent der Lohnsteuer. Mit einer Großkundgebung in der Stadthalle eröffnet der Kreis Stuttgart der Deutschen Arbeitsfront seine Schulungen im Winterhalbjahr 1941/42.

1.–15. September Letztes Programm der diesjährigen Spielzeit des Stadtgarten-Varietés.

2. September Landesbischof D. Wurm kritisiert auf dem württ. Landeskirchentag die Ziele der nationalsozialistischen Kirchenpolitik, besonders die Beschlagnahme der evang.-theologischen Seminare und das Kürzen der Leistungen des Staates an die Kirche. Der Chef der Sicherheitspolizei und des Sicherheitsdienstes, Reinhard Heydrich, charakterisiert Wurms Rede als »evangelisches Gegenstück zu den bekannten Hetzpredigten des katholischen Bischofs Galen von Münster«.
Den Wohlfahrts- und Gesundheitsbeiräten berichtet Obermedizinalrat Dr. Lempp, daß die Ärzte an der Grenze ihrer Leistungsfähigkeit angelangt seien. Dem Gesundheitsamt fehlten Ärzte für Rassenpflege, aber auch für Säuglings- und Kinderfürsorge.

3. September Stadtrat Dr. Schwarz teilt den Wirtschaftsbeiräten mit, daß die Großmarkthallen in Köln, Düsseldorf, Braunschweig und Weimar besichtigt worden seien und letztere bei dem Bau der Stuttgarter Halle als Vorbild dienen werde. Sie soll am Schlachthof errichtet werden. — Obwohl der Preiskommissar fordert, Richtpreise für Bauland im Stadtkreis festzusetzen, halten es die Wirtschaftsbeiräte gegenwärtig nicht für erforderlich.
An der Gestaltung des Württemberger Hauses in Berlin beteiligten sich der Stuttgarter Architekt Prof. Adolf G. Schneck und der Stuttgarter Maler Rudolf Yelin, der ein (von der Firma V. Saile ausgeführtes) Glasgemälde für das Treppenhaus entworfen hat.
Das 7. und letzte Schloßkonzert bringt Musik aus Bulgarien mit dem Cello-Virtuosen Slavko-Popoff sowie Vera Yasnikova (Sopran) und Hubert Giesen (Klavier).
Das Fronttheater Schwabenbühne legt nach einer Tournee im Osten eine Ruhepause in Stuttgart ein. In 14 Tagen soll eine Reise durch Frankreich beginnen.

4. September Mit Richard Wagners »Lohengrin« eröffnet das Große Haus die Spielzeit 1941/42. Drei neue Sänger stellen sich vor: Res Fischer, Otto von Rohr und Frithjof Sentpaul.

SEPTEMBER 1941

Im Kunsthaus Schaller sind Bilder von Hildegard Rath, Grete Csaki-Copony und Gustav Vecker ausgestellt.

Im Oberen Museum gestalten August Lämmle, Sigmar Schneider, Emma Mayer (Alt) und Franz Balluf (Klavier) einen Ehrenabend für den anwesenden Schriftsteller Friedrich Wilhelm Mader, der am 1. September den 75. Geburtstag feierte.

5. September Der Oberlandesgerichtspräsident in Stuttgart berichtet an den Reichsminister der Justiz: »In der letzten Zeit haben insbesondere zwei Vorgänge in meinem Bezirk größeres Aufsehen erregt. Einmal hat der Reichsstatthalter in seiner Eigenschaft als Reichsverteidigungskommissar das Kloster Untermarchtal mit dem gesamten Vermögen (darunter das Bad Ditzenbach und ein großes Krankenhaus in Stuttgart) ›zugunsten des Landes Württemberg beschlagnahmt‹, weil das Kloster erhebliche Verfehlungen gegen die Vorschriften über die Versorgungsregelung usw. begangen habe. Eine Untersuchung über diese Verfehlungen wird zur Zeit bei der Anklagebehörde beim Sondergericht Stuttgart geführt. Die Beschlagnahme hat insbesondere in katholischen Kreisen großes Aufsehen erregt; sie wird dort angesehen nicht als eine Maßregelung von schuldigen Einzelpersonen, sondern als ein Schlag gegen die katholische Kirche als solche. Weiterhin wurden die 4 evang. Seminare, in denen seit Jahrhunderten die künftigen Theologen zur Aufnahme in das sogenannte Stift in Tübingen vorbereitet wurden, beschlagnahmt; sie sollen in neue Schulen umgewandelt werden. Auch diese Maßnahme hat über die unmittelbar betroffenen Kreise der Lehrer und der Angehörigen der Schüler hinaus weithin Aufsehen erregt.

Die allgemeine Stimmung ist, wo der dritte Kriegswinter vor der Türe steht, wo doch in größerem Maße als bisher mancherlei Verknappungen sich zeigen und wo die Verluste größer sind als in früheren Feldzügen dieses Kriegs, ernster geworden. Auch macht vielleicht die weitgehende Hilfeleistung Amerikas an unsere Gegner und der vielleicht bevorstehende Kriegseintritt der Vereinigten Staaten manchen bedenklich. Jedoch glaube ich, daß die Überzeugung von der Notwendigkeit des Sieges und der Wille zum Sieg sowie das Vertrauen zum Führer und zur Wehrmacht nach wie vor unerschüttert sind.«

Gauleiter Murr gründet den Verein Haus der Technik und ehrt damit Reichsminister Dr. Todt zu seinem 50. Geburtstag.

Im Englischen Garten in der Nordbahnhofstraße wird die neue Hallenkampfzeit im Boxen eingeleitet.

5.–7. September In der Adolf-Hitler-Kampfbahn wird der Tennis-Jugendländerkampf zwischen Deutschland und Italien ausgetragen. Die italienischen Jungen siegen mit 4 : 2, die italienischen Mädchen mit 6 : 3.

SEPTEMBER 1941

6. September   OB Dr. Strölin empfängt im Rathaus im Beisein des Kreisbeauftragten für die Altstofferfassung, Stadtrat Dr. Schwarz, die besten Altstoffsammler, drei Schülerinnen der Rotenberger Schule. Die Mädchen wurden mit ihrem Lehrer zu einem dreitägigen Aufenthalt nach Berlin eingeladen.
Mit dem neuen Hasenbergheim, Bismarckstraße 96 und Reinsburgstraße 187/189, ist die Zahl der Plätze in den Altersheimen um 50 vermehrt worden.

6./7. September   Auf dem 14. Württ. Ärztetag im Großen Kursaal in Bad Cannstatt, an dem auch Reichsgesundheitsführer Dr. Conti teilnimmt, berichtet der stellv. Leiter der Ärztekammer für Württemberg und Hohenzollern, Dr. Reimold, über die Schwierigkeiten, die Bevölkerung im Kriege ärztlich zu versorgen. Dafür müßten Ärzte herangezogen werden, die bereits im Ruhestand seien und Ärztinnen, die nicht praktiziert hätten; überdies seien Ärzte, die bisher nur eine Privatpraxis ausgeübt haben, verpflichtet worden, auch Kassenpatienten zu behandeln. Die Abnahme der Anträge auf Schwangerschaftsunterbrechung aus gesundheitlichen Gründen sei ein Beweis für den ungebeugten Lebenswillen des Volkes. Gauamtsleiter Dr. Stähle hebt in seinem Rechenschaftsbericht über 8 Jahre nationalsozialistischer Gesundheitsführung im Gau Württ.-Hohenzollern die gestiegenen Bevölkerungs- und Geburtenzahlen sowie die sinkende Säuglingssterblichkeit hervor.

7./8. September   Kirchweihe und Jahrmarkt in Hedelfingen.

7./9. September   Kirchweihe in Feuerbach.

8. September   Jahrmarkt in Weilimdorf.

10. September   Im Höhenpark Killesberg eröffnet der Reichsbund für Biologie in Zusammenarbeit mit der Stadtverwaltung, der württ. Naturaliensammlung und der Universität Tübingen eine Bernhard-Hauff-Ausstellung mit Fundstücken aus Holzmaden. In der ersten Woche werden 10 000 Besucher gezählt.
Die September-Ausstellung im Kunsthöfle Bad Cannstatt ist dem in Stuttgart-Münster ansässigen Maler Alfred Binder gewidmet.

11. September   OB Dr. Strölin richtet an Gauleiter Murr einen Brief, in dem er sich beklagt, daß die kirchliche Seelsorge in den volksdeutschen Umsiedlungslagern unterbunden werde.
Paul Wörner, Hotelier, verstorben.

12. September   Hans Spemann, Prof. der Zoologie in Freiburg, Nobelpreisträger, geb. Stuttgart 27. Juni 1869, in Freiburg verstorben.

SEPTEMBER 1941

13. September   In der Nachdichtung von Wilhelm von Scholz hat »Der Richter von Zalamea« von Calderón im Kleinen Haus Premiere.
Im Weißen Saal des Neuen Schlosses, der jetzt dem Reichssender Stuttgart als großer Sendesaal zur Verfügung steht, boten dieser und die NS-Gemeinschaft Kraft durch Freude verwundeten Soldaten der Stuttgarter Lazarette einen unterhaltsamen Nachmittag.

13./14. September   In der Stadthalle werden die bisher größten Deutschen Rollsport-Meisterschaften ausgetragen.
Sportappell der Betriebe im Allianz-Stadion in Vaihingen.

14. September   Erster Opfersonntag des Kriegs-Winterhilfswerks 1941/42.
Die Speiselokale geben von 10 bis 17 Uhr Eintopfgerichte zu 70 Pfennigen, einer oder zwei RM aus, wobei jeweils 20 Pfennige, 30 Pfennige und 1,20 RM als Spende bestimmt sind.
Zum Abschluß der diesjährigen Kurveranstaltungen in Bad Cannstatt gelangen Werke von Händel zur Aufführung. Unter Leitung von Hellmut Aichele wirken die Singgemeinschaft Bad Cannstatt und das Landesorchester mit.
An der Herbst-Regatta des Württ. Regattavereins in Stuttgart beteiligen sich neben sämtlichen Rudervereinen des Bereichs 15 (Württemberg) auch Ruderer aus Lindau, Schweinfurt, Klagenfurt und Wien.

16. September   Die Stadt begeht im Hallschlag das Richtfest des ersten Bauabschnitts der von ihr erstellten rund 500 Wohnungen.
Im Schauspielhaus Erstaufführung des musikalischen Schwankes »Ein toller Fall« von Toni Impekoven und Carl Mathern.
Prof. Dr. Gieseler (Tübingen) spricht im Deutschen Ausland-Institut über das Thema »Die Rassenseelenfrage in biologischer Sicht«.
Der Deutsche Ausland-Club eröffnet das Winterhalbjahr mit einem Vortrag von Prof. Dr. Adolf Keßler (Hamburg) über »15 Jahre Ostasien«.

17. September   Unter der Leitung von Gino Marinuzzi konzertiert das Orchester der Mailänder Scala in der Liederhalle.

18. September   Jahrmarkt in Untertürkheim.

19.—21. September   BM Hirzel und einige Ratsherren besuchen in Straßburg die Ausstellung Deutsche Wirtschaftskraft — Aufbau am Oberrhein.

SEPTEMBER 1941

20. September Gauleiter Murr eröffnet in der Ehrenhalle im Volkspark Killesberg die Großschau Der soziale Wohnungsbau, die vom NS-Bund deutscher Technik, Fachgruppe Bauwesen und Gauheimstättenamt der DAF, veranstaltet wird. Im Ufa-Palast beginnt eine Gautagung der Baufachleute.

20. September bis 5. Oktober Cannstatter Herbstwasen. Das ambulante Gewerbe spendet den Reinertrag der letzten beiden Tage dem Kriegs-Winterhilfswerk 1941/42. Vom 27.–29. 9. findet ein Jahrmarkt statt.

21. September OB Dr. Strölin überbringt mit einer Abordnung von Ratsherren und Beigeordneten Dr. h. c. Robert Bosch zu seinem 80. Geburtstag am 23. September 1941 die Glückwünsche der Stadtverwaltung. In dankbarer Würdigung des Werkes von Robert Bosch schenkt die Stadt Stuttgart ihrem Ehrenbürger ein Anwesen für ein Museum, in dem die Werke des Paracelsus und bedeutender Vorkämpfer und Repräsentanten der biologischen (homöopathischen) Heilkunde dargestellt werden sollen.
Die Straßenbahnhaltestelle Pragwirtshaus führt künftig die Bezeichnung Robert-Bosch-Krankenhaus.
Prof. Karl Erb leitet mit Liedern die Reihe der geplanten zehn Morgenfeiern im Kleinen Haus ein.
Auf einer Arbeitstagung des Gauschulungsamtes der NSDAP spricht neben weiteren Rednern Gauamtsleiter Dr. Coulon aus dem Warthegau über die Sicherung des deutschen Volkstums im Osten.

22. September In einer Ratsherrensitzung würdigt OB Dr. Strölin das Lebenswerk von Robert Bosch anläßlich seines 80. Geburtstags am 23. September 1941. Erstmals steht im Sitzungssaal die von Fritz von Graevenitz geschaffene Büste von Robert Bosch. — Prof. Bonatz berichtet anhand von Lichtbildern über das Gutachten, das er über Städtebau und Verkehrsfragen in Stuttgart erstattet hatte und in dem er folgende Vorschläge macht: 1. Der Hauptbahnhof bleibt an seinem Ort; Querverkehr unter den Bahnsteigen — 2. Parkstraße durch die Anlagen nach Bad Cannstatt — 3. Bäderanlagen im Rosensteinpark — 4. Bekrönung der Uhlandshöhe.
BM Faiß von Plieningen wendet sich in einem Schreiben an den Landrat in Esslingen gegen die vom württ. Innenminister vorgesehene Eingemeindung von Hohenheim und eines Teils von Plieningen nach Stuttgart. Bei Abtrennung eines Teils von Plieningen sollten wenigstens die übrigen zur Eingemeindung vorgesehenen Stücke des Gemeindegebietes bei Plieningen bleiben. Er schließt: »Sollte meine Hoffnung trügen, so bitte ich im klaren Bewußtsein meiner Verantwortung die völlige Eingemeindung von Plieningen zu erwägen, die nach meiner Überzeugung und wahrscheinlich nach dem Urteil

SEPTEMBER 1941

aller Plieninger das kleinere Übel bedeuten würde gegenüber der im Plan vorgesehenen unerträglichen Verstümmelung.«

23. September Zu seinem 80. Geburtstag werden Dr. h. c. Robert Bosch zahlreiche Ehrungen zuteil. In Baden-Baden sprechen ihm Reichsorganisationsleiter Dr. Ley und Gauleiter Murr persönlich ihre Glückwünsche aus. Dr. Ley überreicht dem Jubilar im Auftrag Hitlers die Urkunde und Ehrennadel in Gold zur Auszeichnung Pionier der Arbeit. Die Medizinische Fakultät der Universität Tübingen hat ihm die Würde eines Doktors der Medizin ehrenhalber verliehen.
In der Stuttgarter Liederhalle versammelt sich die Bosch-Betriebsgemeinschaft zu einem von Hans Grischkat geleiteten Festkonzert des Bosch-Orchesters und der Bosch-Chöre.
Unter dem Ehrenpräsidium und Vorsitz von Ministerpräsident Mergenthaler wird ein Verein Paracelsus-Museum für Geschichte der Heilkunst gegründet.
Den Wohnungsbeiräten teilt Stadtrat Dr. Könekamp mit, daß das Bauvolumen für das Reich von 8 auf 4 Milliarden RM herabgesetzt worden ist. Außerdem wurde der Beginn des dritten Kriegswirtschaftsjahrs auf 1. Juli 1941 zurückverlegt, so daß für die Zeit bis 30. September 1941 keine Baustoffe mehr zugeteilt werden. Für das Stuttgarter Wohnungsbauprogramm sind jedoch Baustoffe auf Vorrat angeschafft worden.
Auf einer Tagung des Evang. Reichsfrauenbundes in Stuttgart befaßt sich Landesbischof D. Wurm mit dem geplanten Zusammenschluß der Landeskirchen und der Bruderräte.
In der Volksbildungsstätte im Gustav-Siegle-Haus spricht Gauschulungsleiter Dr. Klett über »Körper, Seele und Geist im Weltanschauungskampf«.

24. September Else Herold (Klavier) spielt in der Hochschule für Musik Werke von Max Reger.
Unter der Leitung von Dr. med. A. Daiber beginnt im Wilhelm-Murr-Saal ein sich über 20 Abende erstreckender Erste-Hilfe-Kurs.

25. September Das Planetarium eröffnet mit der Vorführung des Kulturfilms »Tiergarten Südamerika« von Prof. Dr. Hans Krieg die Winterspielzeit.

26. September Die Stadt Stuttgart kauft von den Brüdern Louis Israel Landauer und Julius Israel Landauer das Gebäude Königstraße 45 (Kleiner Bazar).
Gauleiter Murr überreicht den ersten Frauen, die in der Rüstungsindustrie des Landes arbeiten, die Kriegsverdienstmedaille.
Im Universum-Filmtheater gelangt der Film »Ich klage an« zur Stuttgarter Erstaufführung. Der Film soll der Bevölkerung Euthanasiemaßnahmen nahebringen.

SEPTEMBER 1941

27. September   Nachdem sich Reichsstatthalter Murr bereits vor einigen Tagen »gegen die zunehmende Unsitte« wandte, untersagt eine Verordnung des württ. Innenministers Frauen das Tragen von Männerhosen in der Öffentlichkeit und droht mit Geldstrafen bis zu 150 RM oder Haft. Berufskleidung ist von diesem Verbot ausgenommen.

27./28. September   Die erste Reichsstraßensammlung für das Kriegs-Winterhilfswerk 1941/42 ist den Sportlern übertragen worden. Auf dem Marktplatz treten hierbei Künstler des Staatstheaters in einem Handballspiel gegen Stuttgarter Sportpioniere an. Rund 40 000 Personen besuchen den Höhenpark Killesberg. Besondere Anziehungspunkte sind die Ausstellung Der soziale Wohnungsbau und die Bernhard-Hauff-Ausstellung.

27.–30. September   Küblermarkt auf dem Skagerrakplatz.

28. September   Im Konzertsaal der Liederhalle, der in den vergangenen Wochen renoviert worden ist, beginnt die Salzburger Max- und Moritz-Bühne ein mehrtägiges Gastspiel.
Die Markuskirche hat zu ihrer Hauptorgel eine Kleinorgel erhalten; zu ihrer Einweihung veranstaltet Hermann Keller gemeinsam mit dem Esslinger Komponisten Walter Supper, nach dessen Entwurf die Kleinorgel gebaut wurde, eine Abendmusik.
Im Ausstellungsgebäude auf dem Interimstheaterplatz wird die Ausstellung Schlesische Kunst eröffnet, ferner eine Gedächtnisausstellung für den kürzlich gefallenen Hektor Kirsch; auch die Stuttgarter Georg Hoffmann, Paul Börner und Fritz Ketz sind vertreten.

29. September   Nach 13monatigen Verhandlungen kommen NSDAP-Reichsschatzmeister Schwarz, Reichsstatthalter Murr und OB Dr. Strölin überein, daß die Stadt Stuttgart ab 1. Januar 1942 das Anwesen Gerokstraße 29 an die Partei für ein Institut für Biologie und Rassenkunde vermietet.
Das Staatstheaterorchester unter der Leitung von Herbert Albert eröffnet in der Liederhalle mit dem ersten Sinfoniekonzert die Konzertsaison 1941/42.
Marianne Zügel, Gattin von Prof. Wilhelm Zügel (München), Tochter des Kommerzienrats Robert Franck in Ludwigsburg, verkauft der Stadt Stuttgart das elterliche Anwesen Landhaus Hohenstein mit Haus Cornelia und Parkanlagen in Murrhardt.
Auf einer Sitzung der Beiräte für Luftschutzfragen wird bekanntgegeben, daß in Stuttgart derzeit 79 Flakgeschütze aufgestellt sind, darunter 24 vom Kaliber 8,8 cm.

OKTOBER 1941

29. September bis 2. Oktober Die Wohnungs- und Technischen Beiräte besichtigen in Braunschweig die Hermann-Göring-Stadt und Siedlungen in Salzgitter und Wolfsburg.

30. September Der Stuttgarter Generalstaatsanwalt spricht in einem Bericht von der schlechten Stimmung in der Bevölkerung, die u. a. durch die nicht abzusehende Dauer des Krieges, die angespannte Ernährungs- und Rohstofflage mit ihren Begleiterscheinungen des Schleichhandels, des Hamsterns usw. sowie durch das staatliche Vorgehen gegen kirchliche Einrichtungen wie Klöster, Seminare, Diakonissenheime und ähnliche Anstalten verursacht wird.
Im 114. Geschäftsjahr (1. Oktober 1940—30. September 1941) verzeichnet der württ. Kunstverein einen Zugang von 107 Neumitgliedern.
Hauptmann Dr. von Seeger hält im Oberen Museum einen Vortrag über »Marschallstab und Kesselpauke«.
Stuttgarter Erstaufführung des Films »Die Rothschilds« im Ufa-Palast.
Der Beginn des Schuljahrs wird vom Frühjahr auf September verlegt. Die »deutsche Normalschrift« löst die bis dahin als Hauptschrift in den Schulen gelehrte Sütterlinschrift ab.

1. Oktober Juden wird die Auswanderung aus dem Reichsgebiet verboten.
Nach einer Vereinbarung des Reichsverkehrsministers mit dem Reichsarbeitsdienst können auch Verkehrsunternehmen an der Einrichtung des Kriegshilfsdienstes teilhaben. Die Stuttgarter Straßenbahnen haben 150 Arbeitsmaiden angefordert, die in einem mehrwöchigen Kurs zu Schaffnerinnen ausgebildet und danach in Stuttgart eingesetzt werden sollen.

2. Oktober 3. Luftangriff. Bombenabwürfe bei der Solitude, keine Opfer.
Das Amtsblatt der Stadt der Auslandsdeutschen Stuttgart stellt aus kriegswirtschaftlichen Gründen das Erscheinen ein. Zum öffentlichen Bekanntmachungsblatt der Stadt wird der NS-Kurier bestimmt.
Nach einer Anordnung der deutschen Gartenbauwirtschaft gelten Äpfel ab heute als beschlagnahmt, ausgenommen solche, die nicht erwerbsmäßig angebaut werden.
Unter der Leitung von Emil Neidhart eröffnet das Friedrichsbautheater die Spielzeit 1941/42. Im Mittelpunkt des Oktoberprogramms steht Willy Reichert.
Die NS-Gemeinschaft Kraft durch Freude hat verwundete Soldaten aus den Stuttgarter Lazaretten in die Liederhalle eingeladen.

4. Oktober Beim Amtsgericht Stuttgart I wird die Übernahme der Bau- und Sparverein Winterhalde eGmbH Bad Cannstatt durch die Allgemeine Bau- und Spargenossenschaft Cannstatt eGmbH in das Genossenschaftsregister eingetragen. Die über-

nehmende Genossenschaft ändert ihren Namen in Baugenossenschaft Bad Cannstatt eGmbH.
In der Stiftskirche beginnen wieder die samstäglichen Motetten.
Begleitet von Erich Herrmann gibt Hildegard Ranczak (Sopran) in der Liederhalle einen Lieder- und Arien-Abend.

5. Oktober Die NS-Gemeinschaft Kraft durch Freude erhielt neuerdings die Aufgabe, auch die ausländischen Arbeitskräfte kulturell zu betreuen. Der erste in diesem Sinne veranstaltete Abend in Stuttgart ist heute französischen und belgischen Arbeitern gewidmet. Die vorwiegend belgischen Künstler bieten französische und wallonische Musik und Unterhaltung.
Gret Palucca tanzt, am Flügel von Adolf Havlik begleitet, im Schauspielhaus.
Das Wendling-Quartett beendet in der Liederhalle seinen letzten Beethoven-Zyklus.
Im Rahmen der zweiten Morgenfeier im Kleinen Haus spricht Werner Egk über »Musik als Ausdruck ihrer Zeit«.
Im Kronprinzenpalais liest Roderich Arndt aus dem »Wagrainer Tagebuch« von Karl Heinrich Waggerl.

5.–12. Oktober Die Ortsbücherei Untertürkheim zeigt in der Frauenarbeitsschule Untertürkheim eine Leistungsschau der Volksbüchereien der Stadt Stuttgart.

6. Oktober Für Ferienlager der HJ kauft die Stadt Stuttgart das Anwesen Waldheim in Dietersweiler, Kreis Freudenstadt.

7. Oktober Baudirektor Scheuerle teilt den Beiräten für Luftschutzfragen mit, daß im Selbstschutzbau 370 Deutsche und 137 Kriegsgefangene beschäftigt sind. In 7329 Gebäuden sind die Luftschutzräume ausgebaut. Von 73 351 möglichen Liegestellen sind 62 478 eingerichtet. Trotz der geringen Zahl an Arbeitskräften ist man in Stuttgart dank guter Planung im Selbstschutzbau weiter vorangekommen als in Städten, wo der Reichsluftschutzbund mit dieser Aufgabe betreut war. — An der Abelsbergstraße soll für die an der Großbaustelle Wagenburgtunnel beschäftigten, vorwiegend ausländischen Arbeiter ein Wohnlager errichtet werden.
Der Wehrkreisarzt verfügt, daß zur Vergrößerung des Reservelazaretts Hohenheim erneut das Gemeindehaus Plieningen herangezogen wird, das bereits vom 1. September 1939 bis 1. November 1940 als Lazarett gedient hat. Die hier untergebrachte Volksschule und die Gliederungen der NSDAP müssen in andere Häuser ausweichen.
Im Oberen Museum liest die schwedische Romanschriftstellerin Clara Nordström aus eigenen Werken.

OKTOBER 1941

8. Oktober   Das Kölner Kammer-Sinfonie-Orchester unter Erich Kraack eröffnet die Reihe der Meisterkonzerte.

9. Oktober   Der NS-Kurier rügt »falsches Mitleid« und »schlecht angewandte Menschlichkeit« gegenüber jüdischen Mitbürgern, die seit September einen gelben Stern tragen müssen. So sei eine Frau auf einen Juden zugelaufen und hätte ihm gesagt: »Es gehört wahrlich mehr Mut dazu, diesen Stern zu tragen, als in den Krieg zu ziehen«. Der Kommentator meint hierzu: »Hier gibt es, glaube ich, nur eine Lösung: An die Wand stellen!«
Das Landesorchester unter der Leitung von Martin Hahn beginnt in der Liederhalle eine Reihe von Sinfoniekonzerten. Sie steht unter dem Motto »Musik aus deutschen Gauen«.

10. Oktober   Yella Hochreiter (Alt), am Flügel begleitet von Julius Weismann, gibt in der Hochschule für Musik einen Liederabend.
Karl Talmon Gros, Direktor i. R. der Höheren Handelsschule, verstorben.

11. Oktober   Im Kleinen Haus wird die Tragödie »Nero und Agrippina« von Georg Schmückle in der Inszenierung von Paul Riedy uraufgeführt.

12. Oktober   Der Liederkranz Gablenberg feiert in der Liederhalle sein hundertjähriges Bestehen.
Bei der Eröffnung des Veranstaltungsringes der Hitlerjugend in der Hochschule für Musik spricht Elly Ney über »Das Gesetz in Beethoven«.
Die Deutsche Stenografenschaft im Gau Württ.-Hohenzollern trifft sich aus Anlaß ihres 80jährigen Bestehens im Haus des Deutschtums.

12./13. Oktober   Bei einem Luftangriff auf die »Scheinanlage« des Stuttgarter Bahnhofs brennen in Lauffen rund 40 Häuser ab. Über Stuttgart werden Leuchtbomben und Flugblätter abgeworfen. Offenbar gelingt es den Flugzeugen, Stuttgart zu orten.

14. Oktober   Die Verwaltungsbeiräte behandeln folgende Fragen: Um die Forschungsstelle Schwaben im Deutschen Ausland-Institut und die mit ihm verbundene Arbeitsstelle Schweiz erweitern zu können, mietet die Stadt das Gebäude Richard-Wagner-Straße 4. Unter Leitung von OB Dr. Strölin soll die Stuttgarter Vereinigung zur Pflege nachbarlicher Beziehungen mit der Schweiz gegründet werden. — Die Stadt tritt dem Universitätsbund Tübingen mit einem Jahresbeitrag von 20 000 RM und der Vereinigung von Freunden der TH Stuttgart mit einem Jahresbeitrag von 30 000 RM bei. Dieser Beitrag ist zur Errichtung und Unterhaltung einer Professur für Auslandstechnik

bestimmt. — Die fünfprozentige Stuttgarter Ablösungsanleihe mit Auslösungsrechten vom 15. April 1927 und einer Laufzeit bis 1950 soll auf 31. Dezember 1941 gekündigt werden. Die noch im Umlauf befindlichen Inhaberschuldverschreibungen haben einen Wert von 3 401 700 RM. Hauptgründe für die Kündigung sind die Zinsenersparnis und der Wegfall des Zinsscheineinlösens. — Die Stadt kauft von Prof. Josef Zeitler die Original-Holzplastik Der wackere Schwabe.
Unter Leitung von Günther Ramin singt der Thomanerchor (Leipzig) in der Stiftskirche.

15. Oktober Nach dem Vorbild anderer Großstädte wird ein besonderer Verbraucherausweis zur gerechten Verteilung von nicht bewirtschafteten Mangelwaren an die Bevölkerung ausgegeben.

16. Oktober In einem Schnellbrief des Reichsministers des Innern an die Landesregierungen werden Sondervorschriften für den Postreisedienst bekanntgegeben, nach denen Juden von der Benutzung der Kraftsonderposten und Landkraftposten grundsätzlich ausgeschlossen sind. Bei Kraftposten im Überlandverkehr sind Juden mit Erlaubnisschein nur zu befördern, soweit Platz vorhanden ist. Juden dürfen Sitzplätze nur einnehmen, wenn diese nicht von anderen Fahrgästen benötigt werden.
Heute und in weiteren fünf Mozart-Feierstunden tragen Catharina Bosch-Möckel (Violine) und Lili Kroeber-Asche (Hammerklavier) Sonaten für Violine und Pianoforte in der Hochschule für Musik vor.

17. Oktober Für Ferienlager der HJ kauft die Stadt Stuttgart das Anwesen Seehof in Unteruhldingen.
Prof. Karl Leonhardt dirigiert in der Liederhalle das Landesorchester beim ersten Sinfoniekonzert der KdF-Kulturgemeinde Stuttgart in dieser Saison.
Ritterkreuzträger Oberstleutnant Gradmann spricht vor der Gefolgschaft der Daimler-Benz-Werke über seine Erlebnisse als Jagd- und Kampfflieger.

18. Oktober Dr. Curt Gravenkamp (Frankfurt/Main) hält im Kunstgebäude einen Lichtbildervortrag »Rembrandt als Zeichner«.

18./19. Oktober Die Sängergesellschaft Frohsinn, seit 1934 von Chormeister Kurt Brenner geleitet, begeht mit Konzerten in der Liederhalle ihr hundertjähriges Bestehen.

19. Oktober Unter der Leitung von Hans Grischkat gestaltet der Schwäb. Singkreis, auf der Orgel von Hermann Keller begleitet, in der Markuskirche eine Feierstunde zum Gedächtnis der Toten.

OKTOBER 1941

In der Liederhalle trägt Prof. Theodor Scheidl (München), früher Mitglied der Stuttgarter Oper, Lieder, Balladen und Arien vor.
Bei einer Morgenfeier im Kleinen Haus stellt sich das Kergl-Quartett vor.
In der Liederhalle wird die erste Nationalsozialistische Morgenfeier der Volksbildungsstätte abgehalten.
Im Gustav-Siegle-Haus stellte sich die Bunte Bühne des Wehrkreises V vor, eine neue Spieltruppe, die im kommenden Winter für die Wehrmacht eingesetzt werden soll.
Dr. med. Hans Dietrich Scholz ist zum neuen leitenden Arzt für die Eigenbetriebe der AOK Stuttgart berufen worden.

20. Oktober Die Deutsche Lufthansa nimmt den seit Mitte Juni eingestellten regelmäßigen Luftverkehr Berlin — Stuttgart — Barcelona — Madrid — Lissabon und zurück wieder auf.

20.–25. Oktober Rund 451 200 Kleiderkarten werden an die Stuttgarter Bevölkerung ausgegeben. Die Zuteilung an Spinnstoffen ist etwa auf die Hälfte herabgesetzt worden.
Auf Anordnung von Reichsstatthalter Murr sammelt die Schuljugend nachmittags unter Aufsicht der Lehrer Leseholz in den Staats-, Gemeinde- und Privatwäldern.

21. Oktober An der Hochschule für Musik beginnt Prof. Dr. Hermann Keller unter Mitwirkung von Lehrern und Studierenden seine Vorlesungen über J. S. Bach.
Im Rahmen eines Bunten Abends treten in der Liederhalle das argentinische Tango-Orchester Eduardo Bianco und die deutsche Filmtänzerin Charlotte Dalys auf.

22. Oktober Den Schulbeiräten wird mitgeteilt, daß 28,5 % der Lehrer einberufen sind. — An der Gewerblichen Berufsschule im Hoppenlau ist eine Meisterschule für Zahntechniker eingerichtet worden.
Stadtrat Dr. Waldmüller teilt den Wirtschaftsbeiräten mit, daß an die Stuttgarter Haushaltungen Einlagerungsscheine für 100 Kilogramm Kartoffeln für jeden Erwachsenen ausgegeben werden. — Mostobst kann nur in kleinen Mengen zugeteilt werden, da in anderen Gebieten des Reiches und auch im Ausland die Obsternte schlecht ausgefallen ist.
Im Schauspielhaus Premiere des Lustspiels »Polterabend« von Leo Lenz und Waldemar Frank.
Beim ersten Einführungsabend der Württ. Staatstheater in Werke der Bühnenkunst spricht Marc André Souchay im Haus des Deutschtums über »Mozart, das Theater und wir«.
Max Barthel liest im Oberen Museum aus eigenen Werken.

24. Oktober In einem Erlaß des Reichssicherheitshauptamts Berlin wird »deutschblütigen« Personen, die freundschaftliche Beziehungen zu Juden unterhalten, Schutzhaft, in schwerwiegenden Fällen Konzentrationslager angedroht.
BM Hirzel berichtet den Technischen Beiräten, daß Reichswirtschaftsminister Funk bestimmt hat, die Kokerei für die Ferngasversorgung nicht in Donaueschingen, sondern bei Kehl zu errichten. Außerdem wurde besprochen, daß die Bevölkerung von Lauffen über die Stadt Stuttgart sehr erbost sei, weil durch die Fliegerangriffe auf die »Scheinanlage« des Stuttgarter Bahnhofs erheblicher Schaden in Lauffen entstanden ist. Auf die Frage eines Ratsherrn, ob Stuttgart der Gemeinde Lauffen nach dem Krieg beim Wiederaufbau helfen solle, wendet OB Dr. Strölin ein, daß die in Lauffen getroffenen Maßnahmen zum Schutz der Rüstungsindustrie vom Luftgaukommando ausgehen und die Stadt Stuttgart deshalb keine Schuld treffe.
In diesen Tagen sind es 25 Jahre, daß die Stadt Stuttgart das Hofgut Storzeln am Hohentwiel erworben hat. Tausende von Kindern haben dort Erholung gefunden.
Im Rahmen eines Betriebsführer-Seminars spricht der Gauobmann der Deutschen Arbeitsfront, Fritz Schulz, in der Industrie- und Handelskammer über den »Wirtschaftsraum im Osten«.

25. Oktober Der Sicherheitsdienst — Leitabschnitt Stuttgart weist seine Außenstellen an, alle verfügbaren V-Männer zum Erkunden der Stimmung einzusetzen und sie zu laufenden Meldungen zu verpflichten.
Zur Kriegsbuchwoche 1941 hat das Reichspropagandaamt Württemberg im Kronprinzenpalais bis zum 2. November eine Buchausstellung unter dem Motto »Jahresschau des deutschen Schrifttums« eingerichtet. Eine Ergänzungsschau wird in der Gustav-Siegle-Bücherei gezeigt.

26. Oktober In das Netz der 20 Holz-»Tankstellen« in Württemberg ist auch Stuttgart eingeschaltet.
Die Gruppenleiterinnen der württ. Hebammen trafen sich zu einer Arbeitstagung in Stuttgart. An ihr nahmen auch Reichsleiterin Conti, Landesleiterin Geiger-Stengel und Obermedizinalrat Fetzer, der Leiter der Landeshebammenschule, teil.
Im Großen Haus Premiere von Mozarts Oper »Idomeneo« in der Bearbeitung von Richard Strauss.

27. Oktober Beginn der Hauptweinlese.
Das Staatstheater-Orchester spielt in der Liederhalle die »Japanische Festmusik«, die Richard Strauss zum 2600jährigen Bestehen des Kaiserreichs Japan komponiert hat, als erste Konzertaufführung in Europa. Solist ist Enrico Mainardi (Cello).
Unter der Leitung von Boris Papandopulo, Dirigent der Kroatischen Staatsoper in Agram, singt der kroatische Chor »Kolo« in der Liederhalle neuzeitliche kroatische Lieder.

OKTOBER 1941

28. Oktober Die Jüdische Mittelstelle Stuttgart schreibt an den »Landrat in D.«, weil die Gemeinde B. von den meist aus Stuttgart umgesiedelten Juden eine Kopfsteuer von 6 RM monatlich verlangt und bittet, ob diese Maßnahme nicht unterbleiben kann. Der »Bürgermeister von B.« begründet die Kopfsteuer mit dem erhöhten Verwaltungsaufwand, der vor allem durch das Ausstellen von Zeugnissen, Urkunden, Reise-Erlaubnisscheinen usw. für die Juden entstehe.

Mit einem Vortrag von Prof. Dr. Faust (Breslau) über »Deutsche Denker und der Krieg« eröffnet die Württ. Verwaltungsakademie das Wintersemester 1941/42.

In der ausverkauften Stadthalle siegt beim ersten Boxländerkampf in Stuttgart Italien mit 9 : 7 gegen Deutschland.

29. Oktober Die Württ. Landesfürsorgebehörde für Kriegsbeschädigte und Kriegshinterbliebene schlägt in einem Bericht an den Reichsarbeitsminister vor, schwerkriegsbeschädigte Juden vom Tragen des Judensterns zu befreien. Anlaß des Berichtes war ein Schreiben des im ersten Weltkrieg schwer verwundeten Stuttgarters Hermann Israel Mannheimer, worin dieser bat, seine Kriegsauszeichnungen weiterhin tragen zu dürfen. Die Wohnungsbeiräte befassen sich mit der Aussiedlung jüdischer Bürger: In Stuttgart lebten am 1. August 1939 2093 Juden, am 1. Januar 1940 1784, am 31. März 1941 1602, am 1. September 1941 1316 und derzeit noch etwa 1000. Die 1010 Juden, die am 1. August 1939 noch in Häusern nichtjüdischer Eigentümer lebten, haben alle 383 Wohnungen geräumt. Die in der Stadt verbliebenen 1000 Juden leben in 200 in jüdischem Eigentum befindlichen Wohnungen. Ausgesiedelt wurden bis jetzt nach Haigerloch 100 Juden, nach Buttenhausen 40, nach Oberndorf 30, nach Mergentheim 20 und nach Laupheim 10, insgesamt 200 Juden. Zur Zeit wird die Aussiedlung von 50 Juden nach Buchau, von 45 nach Schloß Weissenstein bei Süssen, von 55 nach Tigerfeld, von 110–120 nach Dellmensingen, von 100 nach Eschenau und von etwa 50 nach Michaelsberg betrieben. In den jüdischen Altersheimen Wagenburgstraße 26–28 und Heidehofstraße 9 befinden sich 90–100 jüdische Insassen, die nach Schloß Eschenau verbracht werden sollen. — Der Bau von 500 Wohnungen im Hallschlag macht gute Fortschritte. Einzelne Unternehmer sind bereits beim zweiten Bauabschnitt mit zunächst 150 Wohnungen tätig. Dieses große Wohnungsbauprogramm soll in einem Film dokumentiert werden.

30. Oktober Bis heute haben in Stuttgart 100 Ferntrauungen stattgefunden (1939: 2; 1940: 28).

Das Stuttgarter Kammer-Duo Walter Deyle (Flöte) und Dagmar Benzinger (Klavier, Cembalo) veranstaltet unter Mitwirkung von Walter Rehberg (Klavier) in der Hochschule für Musik den ersten von vier Abenden mit alter und neuer Kammermusik.

NOVEMBER 1941

Bei einem Elsässer Dichterabend lesen im Deutschen Ausland-Institut Eduard Reinacher (Straßburg) und Oskar Wöhrle (St. Ludwig) aus eigenen Werken.

31. Oktober In Anwesenheit von Gauleiter Murr und General Oßwald führt die NS-Gemeinschaft Kraft durch Freude im Auftrag des Oberkommandos der Wehrmacht und in Verbindung mit dem Sonderreferat Truppenbetreuung im Reichsministerium für Volksaufklärung und Propaganda in der Liederhalle die 10 000. Wehrmachtsveranstaltung durch.
Im Plieninger Rathaus wird der von Hauptlehrer Siegle und dem Studenten Fritz Wörner gedrehte Heimatfilm Schaffendes Plieningen uraufgeführt.
Prof. Karl Donndorf, Bildhauer, verstorben.
Im Oktober ruft die Jüdische Kultusvereinigung Württemberg die Juden in Württemberg und Hohenzollern zu einem Vermögensopfer auf, um die durch die Umsiedlung der Juden entstehenden Unkosten begleichen zu können.

1. November Die AOK verbessert die Leistungen. U. a. wird der Höchstbetrag für kleinere Heilmittel von 25 auf 30 RM erhöht und die Dauer der Krankenhauspflege von 13 auf 26 Wochen verlängert.
Im Deutschen Ausland-Institut nimmt die »Publikationsstelle Übersee« ihre Arbeit auf. Sie erforscht u. a. Nationalitätenfragen in Nordamerika.
Das Wendling-Quartett gibt in der Liederhalle das erste von vier Konzerten mit Werken Mozarts und Schuberts.

1./2. November Der Gau Württ.-Hohenzollern sammelt zum drittenmal Bücher für die Wehrmacht.

2. November Nachdem dieses Jahr über eine Million Menschen den Höhenpark Killesberg besucht hat, schließt er den Winter über seine Pforten.
Die Feuerschutzpolizei begeht das 50jährige Bestehen der Stuttgarter Berufsfeuerwehr mit einem Festappell auf dem Marktplatz. Die drei Stuttgarter Feuerwachen wurden in den vergangenen fünfzig Jahren über 15 000mal alarmiert; rund 8700 Brände haben sie gelöscht und in 6500 Fällen Hilfe geleistet. Annähernd 100 000 Kranke hat die Feuerschutzpolizei transportiert.
Beim Jahresfest der Württ. Bibelanstalt wird von einem erfreulichen, wenn auch oft behinderten Fortgang der Arbeit berichtet. Die stark gestiegene Nachfrage nach Bibeln zeige, daß sie für unzählige Menschen wieder ein unentbehrliches Buch geworden sei.
Die Tanzschule Herion bestreitet eine Tanzmorgenfeier im Schauspielhaus.
Das Kunsthaus Schaller zeigt im November eine Gedächtnisausstellung für Gustav Schönleber.

NOVEMBER 1941

Im Oberen Museum eröffnet Dr. Egon Kornmann (Starnberg) seine dreiteilige Vortragsreihe über »Dürers künstlerische Entwicklung«.
Hermann Stahl liest in der Liederhalle aus eigenen Werken.

3. November   Ab heute treten erhöhte Kriegszuschläge auf Tabakwaren, Schaumwein und Branntwein in Kraft; sie betragen bei Tabakwaren 50 %, bei Traubenschaumwein 3 RM und bei Fruchtschaumwein 1,50 RM je Flasche. Der Preis für einen Liter Weingeist erhöht sich um 1 RM.
In der Liederhalle geben Roman Schimmer, Konzertmeister des Stuttgarter Rundfunkorchesters, und Hermann Loux einen Kammermusikabend.
Generalleutnant Efisio L. Marras, Militärattaché der italienischen Botschaft in Berlin, hält im Hotel Marquardt einen Vortrag über »Die militärische Geschichte Italiens in den letzten 30 Jahren«.

4. November   Franz Völker von der Staatsoper Berlin singt beim 3. Meisterkonzert in der Liederhalle.
Im Deutschen Ausland-Club spricht der Generalsyndikus der finnischen Handelskammer in Helsinki, Dr. von Gadulin, über die Stellung Finnlands und Skandinaviens im gesamtgermanischen Wirtschaftsraum.

5. November   Wegen der angespannten Personal- und Geschäftslage wird für 1942 kein neuer Haushalt aufgestellt. Der Etat 1941 wird deshalb auch dem Rechnungsjahr 1942 zugrunde gelegt. Nur wo sich erhebliche Änderungen ergeben, sollen die Ansätze überarbeitet und neu festgesetzt werden.
Isolde Riehl, Leiterin der Meisterklasse für Gesang am Konservatorium der Stadt Wien, singt in der Hochschule für Musik Lieder von Schubert.

5./6. November   Besprechung zwischen Landesbischof D. Wurm, Oberkirchenrat Wilhelm Pressel, dem bayerischen Landesbischof Meiser sowie Vertretern der Landesbruderräte mit dem Ziel einer Einigung der evang. Kirche.

6. November   Die Stadt Stuttgart schenkt der württ. Naturaliensammlung zu ihrem 150jährigen Bestehen zwei Schieferplatten mit Versteinerungen (Seelilien und Haifisch) aus Holzmaden. Sie waren bereits 1925 der Naturaliensammlung als Leihgabe überlassen worden.
Das Volkssinfoniekonzert in der Liederhalle ist norddeutschen Meistern gewidmet. Solist ist Karl von Baltz (Violine).
Der Landesbund Württ.-Hohenzollern im Reichsbund der Deutschen Kleingärtner und das Gartenbauamt der Stadt zeigen in einer Ausstellung im Landesgewerbemuseum

NOVEMBER 1941

die große volkswirtschaftliche Bedeutung des Kleingartenwesens im Kriege. In Stuttgart wurden auf Öd- und Brachflächen über 3000 Kleingärten angelegt.

7. November   Peter Kreuder konzertiert mit seinen Solisten in der Liederhalle.
Frau Dr. Bertinelli (Rom) spricht im Oberen Museum über »Die Bedeutung der italienischen Frau in der neuen italienischen Geschichte«.

8. November   Der Reichsminister für Wissenschaft, Erziehung und Volksbildung hat die Vereinigung der Akademie der bildenden Künste in der Urbanstraße und der Staatlichen Kunstgewerbeschule Am Weißenhof zu einer Kunsthochschule mit dem Namen Staatliche Akademie der bildenden Künste Stuttgart genehmigt. Die beiden Abteilungen bleiben unter ihren bisherigen Leitern am alten Ort. Akademiedirektor für das Studienjahr 1941/42 wird Prof. Fritz von Graevenitz.
Vor dem Bund der Schweizer in Großdeutschland spricht Dr. Zander (Zürich) im Hotel Dierlamm über die Judenfrage in der Schweiz.

9. November   Die Kreisleitung der NSDAP veranstaltet in der Stadthalle eine Gedenkfeier zum 9. November 1923.

10. November   Um eine geordnete Verteilung der Tabakwaren zu erreichen, dürfen Tabakwaren an männliche Personen über 18 Jahre nur noch gegen Vorlage der Reichsseifenkarte verkauft werden.
Ministerpräsident Mergenthaler verleiht den Schwäbischen Dichterpreis 1941 an Otto Rombach für seinen Roman »Der junge Herr Alexius«.
In der TH wird eine Langemarckfeier veranstaltet.

11. November   Landesbischof D. Wurm protestiert beim Reichsführer SS Heinrich Himmler gegen die Beschlagnahme von 70 000 Exemplaren des Blattes »Nimm und lies«, das die württ. Bibelanstalt bisher den Bibeln beigelegt hatte.
Laut Erlaß von Reichsstatthalter Murr sollen die Gemeinden Vaihingen mit Rohr, Möhringen, Plieningen mit Hohenheim, Birkach mit Riedenberg, Stammheim und von der Gemeinde Gerlingen der Markungsteil Solitude mit Schloß und Domäne auf 1. April 1942 nach Stuttgart eingemeindet werden.
Augustin Krämer, Prof. für Völkerkunde an der Universität Tübingen, Direktor des Lindenmuseums 1911—1915, Vorsitzender des Württ. Anthropologischen Vereins bis 1938, verstorben.

12. November   Beim 70. Gründungstag der Höheren Handels- und Wirtschaftsoberschule Stuttgart berichtet Oberstudiendirektor Dr. Wätzig im Verein für die Höhere

NOVEMBER 1941

Handelsschule zu Stuttgart über die erfreuliche Entwicklung. Die Wirtschaftsoberschule habe ohne Drogistenfachschule 400 Schüler.
Der Fascio Italiano, Kronenstraße 31, beginnt mit Vorlesungen über die Geschichte der italienischen Literatur und des Faschismus.

13. November Prof. Dr. Heberer (Jena) spricht im Amt für Tierpflege über die »Abstammungslehre und Menschheitsentwicklung im Lichte der modernen Forschung«.
Carl Greiner, Mitbegründer der Firma Gebrüder Greiner, Großgaststätten Hindenburgbau-Wilhelmsbau, verstorben.

13.–15. November Bachfest in der Liederhalle mit Hermann Diener und seinem Collegium.

15. November Bedarfsbescheinigungen für Möbel werden nur noch bei Schäden durch Katastrophen oder Feindeinwirkung ausgegeben.
Oberregierungsrat a. D. Karl Wurster, Amtsvorstand des früheren Stadtpolizeiamts, verstorben.

16. November Vom Vizepräsidenten der Deutsch-Ungarischen Gesellschaft, Vizeadmiral Albrecht von Freyberg, wird in der Villa Berg die Zweigstelle Stuttgart der Deutsch-Ungarischen Gesellschaft gegründet. Er ernennt OB Dr. Strölin zum Ehrenpräsidenten, Ministerialdirektor Dr. Dill zum Präsidenten.
Das Kammerorchester Neapel, das erstmals in Deutschland auftritt, konzertiert unter seinem Dirigenten Adriano Lualdi in der Liederhalle.
Zusammen mit dem Landesorchester und mehreren Chören führt der Stuttgarter Oratorienchor in der Stiftskirche Händels »Messias« auf.
Der Württ. Kunstverein eröffnet im Ausstellungsgebäude auf dem Interimstheaterplatz die diesjährige Weihnachtsverkaufsausstellung des Württ. Malerinnenvereins.

17. November Jeder Jude, der nach Osten deportiert wird, muß dafür 57,65 RM zahlen. Die Jüdische Kultusvereinigung Württemberg bittet ihre Mitglieder um Spenden für diejenigen jüdischen Mitbürger, die den Betrag nicht oder nicht voll aufbringen können.

18. November Ein Erlaß der Geheimen Staatspolizei-Staatspolizeileitstelle Stuttgart behandelt die Deportation von Juden nach dem Reichskommissariat Ostland:
»I. Im Rahmen der gesamteuropäischen Entjudung gehen z. Z. laufend Eisenbahntransporte mit je 1000 Juden aus dem Altreich, der Ostmark und dem Protektorat Böh-

men und Mähren nach dem Reichskommissariat Ostland. Württemberg und Hohenzollern ist daran zunächst mit einem Transport von 1000 Juden beteiligt, der am 1. 12. 1941 von Stuttgart aus abgeht ...

II. Die in Frage kommenden Juden wurden bereits hier zahlenmäßig und personell erfaßt ... Ausgenommen wurden 1. in deutsch-jüdischer Mischehe lebende Juden; 2. Juden ausländischer Staatsangehörigkeit; 3. Juden im Alter von über 65 Jahren. In Einzelfällen wurde allerdings dieser Rahmen durchbrochen.

Die aus dem dortigen Bereich für die Evakuierung in Betracht kommenden Juden sind aus der Anlage 1 ersichtlich. Einzelne Änderungen, die durch die parallel laufende Umsiedlung der restlichen Juden innerhalb Württembergs, durch besondere Verhältnisse, Krankheit usw. unvermeidlich sind, werden laufend mitgeteilt. Ich mache besonders darauf aufmerksam, daß auf keinen Fall von der für den dortigen Bereich vorgesehenen Kopfzahl, sowohl nach oben als nach unten, abgewichen werden darf ... Ausfälle (durch Selbstmord usw.) sind unverzüglich mitzuteilen.

III. Der für die Beförderung der Juden vorgesehene Eisenbahnzug fährt fahrplanmäßig am 1. Dezember 1941 zwischen 7 und 9 Uhr von Stuttgart ab.

Die zu evakuierenden Juden sowohl aus Stuttgart als auch aus dem Lande werden in einem Durchgangslager auf dem Gelände der früheren Reichsgartenschau (Killesberg) in Stuttgart vom 27. 11. 1941 ab konzentriert.

IV. Es darf pro Person mitgenommen werden:

a) Zahlungsmittel bis zu RM 50.— in Reichskreditkassenscheinen. Die Beschaffung dieser Zahlungsmittel erfolgt von hier aus, so daß die dortigen Juden praktisch keine Zahlungsmittel beim Transport hierher mit sich führen dürfen.

b) 1 oder 2 Koffer mit Ausrüstungsstücken (kein sperriges Gut). Dieses Gepäck darf das Gewicht von 50 kg nicht überschreiten.

c) Bettzeug, bestehend aus 1—2 Wolldecken, 2 Leintüchern und für 2 Personen 1 vollständige Matratze (jedoch ohne Kopfkeil).

d) Vollständige Bekleidung (besonders warmes Überzeug und ordentliches Schuhwerk).

e) Mundvorrat für 1—2 Tage. Für die übrige Verpflegung aller Transportteilnehmer ist bereits von hier aus ausreichend Vorsorge getroffen.

f) Eßgeschirr (Teller oder Topf mit Löffel).

Nicht mitgenommen werden dürfen: Wertpapiere, Devisen, Sparkassenbücher usw., Wertsachen jeder Art (Gold, Silber, Platin, mit Ausnahme des Eherings), lebendes Inventar.

Die ab 1. 12. 1941 gültigen Lebensmittelkarten sind vorher gegen Aushändigung einer Bescheinigung beim zuständigen Ernährungsamt abzugeben ... Die Arbeitsbücher sind einzuziehen und dem örtlichen Arbeitsamt zu übergeben.

V. Vor Überstellung der in den einzelnen Landkreisen zusammengestellten Transporte nach hier ist durch die Ortspolizeibehörde eine eingehende Durchsuchung nach Waffen,

Munition, Sprengstoffen, Gift, Devisen, Schmuck usw. vorzunehmen. Das dabei erfaßte Vermögen ist listenmäßig dem örtlichen Finanzamt zu übergeben ...

VI. Um etwaigen Vermögensverschiebungen vorzubeugen, wird das Vermögen der abzuschiebenden Juden in seiner Gesamtheit staatspolizeilich beschlagnahmt ...

Das gesamte Vermögen dieser Juden wird generell eingezogen. Die Einziehungsverfügungen werden den einzelnen hier im Sammellager zugestellt. Die Liquidation führt der Oberfinanzpräsident in Württemberg durch die örtlichen Finanzämter durch. Ich ersuche daher, sofort mit diesen wegen der Versiegelung der Wohnungen und sonstigen Maßnahmen in Fühlung zu treten ...

VII. Die zur Evakuierung kommenden Juden werden aus Gründen der Verwaltungsvereinfachung und der Einheitlichkeit wegen auf meine Anordnung durch die Jüdische Kultusvereinigung heute ... verständigt. Jedem dieser Juden ist durch diese Mitteilung eine Transportnummer gegeben ... Ich bitte daher der Einfachheit halber bei irgendwelchen Rückfragen und bei der Zusammenstellung des dortigen Transportes jeweils diese Nummer anzuführen.

Bei der beschränkten Zahl der zur Verfügung stehenden Güterwagen ersuche ich besonders darauf zu achten, daß sich das Gepäck der einzelnen streng im Rahmen des Vorgeschriebenen hält.

Ins Auffanglager in Stuttgart und auf den Reiseweg dürfen nur das allernotwendigste Handgepäck sowie 1—2 Wolldecken von den einzelnen mitgeführt werden.

Zur Sammlung des übrigen, zum Teil schweren Gepäcks habe ich für den ganzen Bereich Württemberg und Hohenzollern die Firma Barr, Moering u. Co., Stuttgart, beauftragt. Sie hat im Benehmen mit der dortigen Behörde das anfallende Gut aus den einzelnen Kreisen zusammenzuziehen und zum Abgangsbahnhof zu befördern ...

Ich ersuche ferner zu veranlassen, daß eine genaue Bezeichnung, insbesondere die Anbringung der Transportnummer der Eigentümer auf den Gepäckstücken, deutlich angebracht wird.

Weil in dem Siedlungsgebiet zur Errichtung eines Ghettos nicht das geringste Material sowohl zum Aufbau als zur Lebenshaltung selbst vorhanden ist, ersuche ich ferner etwa durch Einschaltung eines jüdischen Mittelsmannes zu veranlassen, daß eine sich nach der jeweiligen Kopfzahl richtende Menge von Baugerät, Werkzeugkästen, ferner Küchengerät für Gemeinschaftsverpflegung, z. B. Kessel, sowie Öfen, Eimer und Sanitätskästen vorhanden sind. Diese Gegenstände werden zusammen mit dem größeren Gepäck befördert.

Dabei ist ungefähr folgender Maßstab anzulegen: Auf je 10 Personen einen Eimer, auf je 10 Personen eine Schaufel oder Spaten, auf je 10 Personen einen Pickel, ein scharfes Beil oder eine Axt, auf je 20 Personen eine Säge, auf je 50 Personen einen Ofen mit Ofenrohr und Ofenblech und Sanitätskasten, auf je 100 Personen einen Koch-

kessel und 1 Nähmaschine, auf je 20 Personen einen größeren Werkzeugkasten. Ein Neuerwerb von Gegenständen soll jedoch unterbleiben.
VIII. Dortige Aufgabe ist es also, die Juden rechtzeitig zu sammeln, im Benehmen mit den Finanzbehörden das Vermögen sicherzustellen, die Wohnungen zu versiegeln, evtl. Hausverwalter zu bestellen, die einzelnen Personen durchsuchen zu lassen, das Gepäck zu kontrollieren und mit einer entsprechenden Anzahl von Beamten die Juden am 27. bzw. 28. 11 1941 (wegen des genauen Termins für die Einlieferung in das Sammellager ergeht noch ein besonderer Erlaß) im Sammellager in Stuttgart einzuliefern. Soweit für den Personentransport nach Stuttgart im Hinblick auf die Zahl der zu befördernden Personen besondere Eisenbahnwagen benötigt werden, ist das Erforderliche von dort aus zu veranlassen. Der Transportführer (Beamter) hat hier eine genaue Transportliste, die die Transportnummer, die Personalien, den Beruf und die Kennummer enthält, in vierfacher Fertigung vorzulegen.
Etwaige Kosten werden durch die Jüdische Kultusvereinigung in Stuttgart getragen und aus einem Sonderfonds bezahlt ... In Vertretung: Mußgay.«
Rechtsrat Mayer berichtet den Beigeordneten, daß die auf 1. November 1941 geplante »Entkonfessionalisierung« der Kindergärten zurückgestellt wurde.
Heinrich Schlusnus von der Staatsoper Berlin singt in der Liederhalle.

19. November Die Swissair eröffnet wieder die Fluglinie Zürich—Stuttgart—Berlin.
Der Ertrag des Weinherbstes 1941 wird auf 9000 Hektoliter Wein geschätzt.
Im Schauspielhaus Premiere des Lustspiels »Das Himmelbett von Hilgenhöh« von Gerhard Brückner.
Dem Bildhauer Karl Calwer wird der Auftrag erteilt, einen Brunnen mit dem Motiv Bläser und Bock für die Ecke Landhausstraße—Schurwaldstraße zu schaffen.
Prof. Leo Bruhns vom Kaiser-Wilhelm-Institut in Rom hält im Deutschen Ausland-Club einen Lichtbildervortrag über »Burgen der Hohenstaufen in Italien«.

20. November Konzert des Liederkranzes Stuttgart in der Liederhalle zum 100. Geburtstag des Schweizer Komponisten Friedrich Hegar unter der Leitung von Hermann Dettinger.

21. November Den Ratsherren (neun sind zur Wehrmacht einberufen) schildert OB Dr. Strölin anhand von Lichtbildern den Weg des Infanterieregiments 119 im Osten bis 5. November 1941. — Stadtrat Dr. Könekamp berichtet, daß durch Judenevakuierung Ende des Monats 100 Wohnungen frei werden. Im Besitz von Juden bleiben noch 100 Wohnungen. — Derzeit sind 600 Wohnungen im Bau. — Für die Gefolgschaft der Firma Daimler-Benz baut die Luftwaffe 100 Holzhäuser mit 200 Wohnungen. — In Stuttgart gibt es 700—800 Wohnungen mit 5 und mehr Zimmern, die von Allein-

NOVEMBER 1941

stehenden bewohnt werden. Um diesen Wohnraum besser zu nutzen, hat die Stadtverwaltung 170 Eigentümern vorgeschlagen, ihre Wohnung zu teilen. Der Erfolg steht noch aus. — BM Hirzel nimmt zur Eingemeindungsfrage Stellung. Er sagt, daß der Stadt-Landkreis weder vom Reichsinnenministerium noch vom Land befürwortet werde. — Obermedizinalrat Dr. Lempp vom Gesundheitsamt erklärt, daß Diphtherie und Scharlach in letzter Zeit nicht nur häufiger, sondern auch in schwererer Form aufträten. Auf Anordnung des Reichsministers der Luftfahrt müssen die erkrankten Kinder in Krankenhäuser gebracht werden. Für Scharlachkranke wurde das frühere Kinderheim an der Geißeiche, für Keuchhusten das Viktor-Koechl-Haus, für Scharlach- und Diphtheriekranke das Mies van der Rohe-Haus am Weißenhof bestimmt. — Der Winterbedarf an Kartoffeln ist in Stuttgart zu rund 90 % gedeckt. — Das Anwesen Neckarstraße 59/1 soll zu einer Büchereifachschule umgebaut werden.

Die Stadt beabsichtigt, die Altersheime des Israelitischen Landesasyl- und Unterstützungsvereins für Württemberg in der Heidehofstraße 9 und Wagenburgstraße 26/28 zu erwerben. Die Insassen sollen Anfang Dezember nach Schloß Eschenau im Kreis Heilbronn verlegt werden.

Im Kleinen Haus Premiere des Lustspiels »Tageslauf der Liebe« von Dario Niccodemi. Den Volkspreis der deutschen Gemeinden und Gemeindeverbände für deutsche Dichtung erhalten Berthold Gierer und der Stuttgarter Ratsherr Karl Götz für seinen Roman »Die große Heimkehr«, der die Rücksiedlung der Wolhyniendeutschen behandelt. Im Universum läuft der mit dem Prädikat Film der Nation ausgezeichnete Film »Heimkehr« an.

22. November Das Stuttgarter Künstler-Marionettentheater von Georg Deininger gastierte in mehreren deutschen Städten.

Marianne Eichhorn, Tochter des Stuttgarter Komponisten Karl Eichhorn, gibt in der Hochschule für Musik ihr erstes Klavierkonzert.

Vor 4000 Zuschauern gewinnen die Boxer der Reichsbahn-Sportgemeinschaft Stuttgart in der Stadthalle gegen die Reichsbahn-Sportgemeinschaft Wien mit 11 : 5 Punkten.

23. November Baurat Georg Staehelin, Architekt, 1895 Mitbegründer der Firma Schmohl u. Staehelin, beteiligt am Bau des Großen Hauses, des Stadtgartens, des Hindenburgbaus, des Ufa-Palastes, des Universums und von über 160 Einfamilienhäusern und Villen in Stuttgart, verstorben.

24. November Die Stadt verkauft 3 Hektar 48 Ar des Cannstatter Wasens, wo die Luftwaffe ein Forschungsinstitut betreibt, an das Reich. Der niedrige Quadratmeterpreis von 10 RM erklärt sich aus dem Bemühen, das Institut in Stuttgart zu halten.

25. November   In der Sitzung des Württ. Kunstvereins wird bekanntgegeben, daß der »Polizeipräsident das Gesuch des Vereins um Freigabe der Ausstellungsräume im Kunstgebäude erneut abgelehnt hat.«
Lieder- und Arien-Abend mit Erna Sack in der Liederhalle.

26. November   Den Beiräten für Luftschutzfragen wird von Baudirektor Scheuerle mitgeteilt, daß der Ausbau der Bunker nur langsam voranschreitet, weil die Heizungs- und Belüftungsanlagen sehr schleppend geliefert werden. Um stets Wasser zum Löschen zu haben, sollen im Einzugsgebiet des Feuerbachs 14 Rückhaltebecken mit Stauvorrichtungen angelegt, Stauvorrichtungen in den Rückhaltebecken im Einzugsgebiet des Nesenbachs eingebaut und die Wasserbehälter beim Mühlbachhof und an der Jahnstraße in Degerloch an die Kanalisation angeschlossen werden. Weitere Stollen sollen gebaut werden für das Gaswerk an der Röntgenstraße, für das Elektrizitätswerk in Münster, eine Anlage in der Siedlung Luginsland mit 1500 Liegeplätzen und 1700 Sitzplätzen und ein Stollen in Wangen an der Nähterstraße. — Die Theater und Kinos müssen um 22 Uhr schließen.
Der Kreiskriegerverband veranstaltet in der Liederhalle unter Mitwirkung des Musikzugs der Gaukriegerführung Südwest, der Singchöre der Schutzpolizei, der ehemaligen Olgagrenadiere und der Kameradschaft Herzogin Wera sowie von Staatsschauspieler Kurt Junker eine »soldatische Feier«.
Mit einem Vortrag von Prof. W. Kurth (Berlin) über »Graphische Formprobleme« eröffnen die Staatlichen Kunsthochschulen Württembergs die Vortragsreihe im Winter 1941/42.
Im Oberen Museum zaubert Heinz Seemann vom Magischen Zirkel.

27. November   Die Stadt erwirbt von dem Fabrikanten Karl Simon 96 Ar Grund für die Hallschlagsiedlung.
Das Florentinische Kammerorchester konzertiert unter Mario Rossi in der Liederhalle.
Unter der musikalischen Leitung von Hans Müller-Kray und in der Choreographie von Mascha Lidolt gibt das Große Haus einen Ballettabend. Im Mittelpunkt steht die Uraufführung »Spiegel der Prinzessin« von Hans Müller-Kray.

29./30. November   Beim ersten Dreiländer-Ringkampf auf deutschem Boden erringt die deutsche Staffel in der Stadthalle einen 5 : 2-Sieg über Dänemark und einen 7 : 0-Sieg über Kroatien.

30. November   Ilse Meudtner (Berlin) zeigt bei der Tanzmorgenfeier im Schauspielhaus ihr neues Programm.

DEZEMBER 1941

30. November bis 7. Dezember Die Württ. Staatstheater spielen in einer Mozart-Festwoche »Idomeneo«, »Cosi fan tutte«, »Die Entführung aus dem Serail«, »Don Giovanni« und »Die Zauberflöte«.

1. Dezember Tausend württ. Juden, die an den Vortagen auf dem Killesberg zusammengezogen worden waren, werden mit der Reichsbahn nach Riga deportiert.
Der Stuttgarter Generalstaatsanwalt berichtet an den Reichsminister der Justiz: »Die Teuerung wächst unverkennbar. Preiswucher, Schleichhandel, Hamstern und Schwindel auf allen Wirtschaftsgebieten machen sich immer deutlicher bemerkbar, ohne daß die Strafverfolgungsbehörden hinreichend Handhaben zum Eingreifen hätten. Bei den Bauern herrscht Empörung über die niederen Erzeugerpreise... Der Bauer wie der Arbeiter sagt, wenn er sich heute ein Paar Schuhe oder einen ähnlichen Gebrauchsgegenstand kaufe, so müsse er darum etwa zwei- bis dreimal so viel schaffen wie in Friedenszeiten. Weithin herrscht der Eindruck, daß viele Verwaltungsbehörden diesen Zuständen hilflos gegenüberstehen, während die Wirtschaft in ihrer Überorganisation erstickt.«
Der Mozart-Zyklus der KdF-Kulturgemeinde Stuttgart beginnt in der Liederhalle mit einem Konzert des Karl-Freund-Quartetts.

1.—15. Dezember Im Friedrichsbautheater geben die Filmschauspieler Jupp Hussel und Ludwig Schmitz ein Gastspiel.

2. Dezember »Schweigend« nehmen die Plieninger Gemeinderäte zur Kenntnis, daß ihre Gemeinde am 1. April 1942 nach Stuttgart eingemeindet werden soll.

3. Dezember Auf einer Arbeitstagung der Wirtschaftsgruppe Elektrizitätsversorgung, Bezirksgruppe Württemberg, im Haus der Technik erläutert Direktor Kittler von den Neckarwerken Esslingen die neuen Tarife, Direktor Dr. Luttinger von der Energieversorgung Schwaben, wie die Konzessionsabgaben der Elektrizitätswerke an die Gemeinden künftig geregelt werden sollen. Direktor Dr. Speidel (EVS) berichtet über seinen Einsatz bei der Energieversorgung in den besetzten Gebieten.
Im Schauspielhaus gelangt das Märchen »Der gestiefelte Kater« von Fritz Rügamer, Musik von Fritz Klenk, zur Uraufführung.
Die Stuttgarter Boxer gewinnen vor 4000 Zuschauern in der Stadthalle den Kampf gegen eine Staffel aus Kopenhagen mit 9 : 7.

4. Dezember Die Stadt erwirbt von Brauereibesitzer Robert Leicht in Vaihingen das Gelände zwischen Gebelsberg-, Schickhardt- und Böblinger Straße mit einer Fläche von 98 Ar.

5. Dezember   Die Stadt kauft das Anwesen Jahnstraße 84 (Gaststätte Charlottenhöhe) in Degerloch.
Res Fischer und Max Roth von den Württ. Staatstheatern sind als Lehrer für Gesang an die Hochschule für Musik in Stuttgart berufen worden.

6. Dezember   Die Hauptversammlung der Bau- und Heimstättenverein eGmbH genehmigte die Übernahme der Familienheime eGmbH, Stuttgart, und der Wohnungsbaugenossenschaft Möhringer Straße. Es wurden weniger Wohnungen und Heimstätten als im Vorjahr gebaut. In der »Landstadt am Silberwald« in Sillenbuch wurden 87 von 92 geplanten Heimstätten fertiggestellt. Die Hauptversammlung beschloß die Umbenennung in Stuttgarter Heim eGmbH.
Im Stadtgartensaal spricht bei einem Kameradschaftsabend des Standorts Stuttgart General der Infanterie Ernst Kabisch über das Thema »Der Führer als Feldherr«.

6./7. Dezember   Bei Reichswettkämpfen im Turnen in Mainz siegt Erich Wied vom TSV Stuttgart-Münster. Sein Bruder Theo Wied belegt den dritten Platz.

7. Dezember   Im Kleinen Haus Premiere des Weihnachtsmärchens »Die Zauberlaterne« von Rudolf Schröder.

8. Dezember   In einer Gestapo-Meldung heißt es u. a.: »Durch die Stapoleitstelle Stuttgart wurden die verw. Putzfrau Luise Weber... wohnhaft in Stuttgart und der Zimmermann Josef Brändle... wohnhaft in Stuttgart festgenommen und gegen beide Strafanzeige wegen Vergehens gegen das Heimtückegesetz erstattet. Die Beschuldigten, die als fanatische Anhänger der katholischen Kirche bekannt sind, hatten ein gegen den Führer gerichtetes hetzerisches Gerücht verbreitet.«
Georg Kulenkampff und Siegfried Schultze geben in der Liederhalle einen Kammermusikabend.

10. Dezember   Landesbischof D. Wurm übergibt in der Reichskanzlei Unterstaatssekretär Kritzinger eine im Auftrag der evang. Kirchenführer verfaßte Denkschrift an Hitler, in der er den Kampf gegen die Kirche, die Beseitigung der Geisteskranken und die unmenschliche Behandlung der Nichtarier anprangert und Hitler bittet, »um unseres Volkes und um der Gerechtigkeit willen... dieser ganzen unheilvollen Entwicklung Einhalt zu gebieten.« Bischof Wienken überreicht eine von Kardinal Bertram (Breslau) unterzeichnete Eingabe der Fuldaer Bischofskonferenz.
Den Wohnungsbeiräten wird berichtet, daß das im Bau begriffene Reichsinstitut für Puppenspiele in Sillenbuch als Lager für etwa 350 deutsche Arbeiter ausgebaut und bereits am 1. Januar 1942 bezogen werden soll.

DEZEMBER 1941

11. Dezember   Das Landesgewerbemuseum zeigt in der Weihnachtsausstellung Spielzeug von Walter Buschle.

12. Dezember   »Die Abrechnung des Führers mit dem Kriegsverbrecher Roosevelt — Kriegszustand mit USA« lauten die Schlagzeilen des NS-Kuriers zur Kriegserklärung Deutschlands an die USA.
Ein Erlaß des Reichssicherheitshauptamts verbietet den Juden die Benutzung öffentlicher Fernsprechzellen.

14. Dezember   Bei einem Chor- und Handharmonikakonzert spielt der 1. Handharmonika-Club Bad Cannstatt 1930 auch eine Kantate von Hugo Herrmann als Erstaufführung.

14.—24. Dezember   Auf dem Marktplatz, dem Schillerplatz und am Alten Schloß findet der Weihnachtsmarkt statt. Wegen des Mangels an Arbeitskräften und Treibstoff wird kein Weihnachtsbaum aufgestellt.

15. Dezember   Das 5. Sinfoniekonzert des Staatstheater-Orchesters ist Mozart gewidmet. Solist ist Wilhelm Stroß (München).
Eugen Steigleder, Architekt, verstorben.

16. Dezember   In Stuttgart wird die Südwestdeutsche Ferngas AG gegründet. Zweck der Gesellschaft ist die Versorgung des südwestdeutschen Raumes (Württemberg, Baden, Elsaß) mit Ferngas. Das Grundkapital, an dem das Reich mit 51 % beteiligt ist, beträgt 10 Mio. RM. Die Kokerei soll in Kehl gebaut und das Gas nach Württemberg, Baden und in das Elsaß geleitet werden. Die Arbeiten in Kehl wurden bereits begonnen.
Künstlerinnen und Künstler übergaben anläßlich der Jahresversammlung des Kunsthöfles in Bad Cannstatt dessen Stifter, Architekt Eugen Mertz, eine Mappe mit ihren Arbeiten. Das Kunsthöfle entstand 1936.
Die Ölmühle Zuffenhausen F. Thomä blickt in diesen Tagen auf ihr hundertjähriges Bestehen zurück.

18. Dezember   Stadtrat Dr. Könekamp erläutert den Ratsherren die Finanzierung des 1. Bauabschnitts der Siedlung Hallschlag. Es sollen 333 Wohnungen entstehen, die zusammen 4 869 320 RM kosten werden. Eine Wohnung, 50—60 qm groß, wird für rund 40 RM vermietet. In die Wohnungen sollen Gefolgschaftsmitglieder von Betrieben, die für die Luftwaffe arbeiten, einziehen.

21. Dezember In der Liederhalle veranstaltet das Gauschulungsamt der NSDAP für Paul de Lagarde eine Morgenfeier.

22. Dezember Bankdirektor a. D. Wilhelm Keller schenkt der Stadt Stuttgart das Anwesen Heidehofstraße 5.

23. Dezember Im Schauspielhaus wird Max Heyes Lustspiel »Ist das ein Grund zur Heirat?« uraufgeführt.

24. Dezember Aus Mangel an Arbeitskräften wird im Winter den Haushalten keine Milch zugestellt.
Universität Tübingen und Robert-Bosch-Krankenhaus bilden eine Arbeitsgemeinschaft, die durch wissenschaftliche Forschung dazu beitragen soll, Gedanken und Erfahrungen der Homöopathie nutzbar zu machen.

25. Dezember Der NS-Kurier berichtet, daß es vor Weihnachten in den Läden nur noch wenig zu kaufen gab und der Gabentisch kleiner und einfacher geworden sei. Er wünscht den Lesern »eine starke Kriegsweihnacht. Die Weihnacht 1941 steht im Zeichen des Kampfes. Wir alle wissen, daß wir ihn siegreich beenden werden.«

27. Dezember 1941 bis 11. Januar 1942 Für die Soldaten an der Ostfront sammeln die politischen Leiter, die NS-Frauenschaft, die NS-Volkswohlfahrt und die Hitlerjugend Wollsachen und Skier. Es werden rund 3800 Paar Skistiefel, 28 000 Paar Skier, 68 000 Paar Socken, 21 000 Paar Handschuhe, 41 000 Pullover, 10 000 Felle und Pelze und 46 000 Schals gespendet. Beherbergungsbetriebe müssen ihre Leihskier ebenso abliefern wie die Hitlerjugend ihre über 170 cm langen Skier. Der Reichssportführer sagt alle Ski-Lehrgänge und Meisterschaften ab.

28. Dezember Die Ortsgruppe Zuffenhausen-Stadtpark der NSDAP sammelte 900 Schallplatten und 33 Grammophone für die Wehrmacht.
Die Bevölkerung wird nochmals gebeten, keine Neujahrsglückwünsche zu versenden.

30. Dezember BM Neunhoeffer von Möhringen führt vor den Gemeinderäten aus, daß die geplante Eingemeindung nach Stuttgart viel Unruhe und Verbitterung unter die Bevölkerung gebracht hat. Er bedauert, daß die Gemeindevertretung nicht in dieses Vorhaben eingeschaltet worden ist. Es sei nur zu hoffen, daß die Stadt Stuttgart das Eigenleben der Gemeinde und die Bedürfnisse der Bevölkerung berücksichtige.

31. Dezember »Staatstheater zweimal verkehrt« lautet das Motto eines Festes im Großen Haus.

DEZEMBER 1941

In diesem Monat erscheinen die letzten Mitteilungen des Verschönerungsvereins während des Krieges. Sie beklagen die willkürlichen Verwüstungen und Beschädigungen der Grünanlagen und fragen, ob es nicht gewagt gewesen sei, die Einfriedungen zu beseitigen.

Um die Jahreswende 1941/42 legt die Stadt Reichsstatthalter und Gauleiter Murr eine Denkschrift zur »Neugestaltung der Stadt der Auslandsdeutschen Stuttgart« vor. Mit dem geplanten Bau des Gauforums, für das die Standorte Bollwerk, Rosenstein oder Uhlandshöhe in Frage kommen, des Rundfunkgebäudes auf der Karlshöhe und des Stadtforums mit einem neuen Rathaus zwischen Danziger Freiheit und Leonhardsplatz sollen architektonische Akzente gesetzt werden. Auch andere öffentliche Gebäude sind geplant. Straßendurchbrüche sollen den Verkehr durch die Stadt flüssiger machen. Um den Kursaal in Bad Cannstatt und im Rosensteinpark soll je ein Kur- und Badeforum entstehen.

1942

1. Januar OB Dr. Strölin wendet sich an die städt. Mitarbeiter: »Das deutsche Volk hat in dem abgelaufenen Jahre so viele große und einmalige Siege errungen wie dies selten einmal in der Geschichte einem Volke vergönnt war. Wenn wir auf dieses unerhört große Geschehen zurückblicken, so offenbart sich uns erst recht die Größe unseres Führers und die Tapferkeit unserer Soldaten ... Wir sind stolz auf unsere Soldaten und wollen ihnen in ihrer harten Pflichterfüllung einen festen Rückhalt geben ... Ich benütze den Jahreswechsel, um allen Gefolgschaftsmitgliedern für ihre Treue und ihren Einsatz im vergangenen Jahre zu danken.«

Von der Prämisse ausgehend, es dürfe an der Zeit sein, einen literarischen Feldzug gegen England einzuleiten, das »für den Fall des Sieges dem russischen Bolschewismus freie Hand in Europa« lasse, sendet Landesbischof Wurm seine Denkschrift »Englands Verrat an Europa und unsere Gegenwehr« an Mitglieder der Reichsregierung. Wurm schreibt: »Wenn die Lage eines Volkes so ernst geworden ist wie die Deutschlands in diesem Winter, ist völlige Offenheit und Sachlichkeit erste Pflicht aller Deutschen, die durch ihr Amt berufen sind, auf Schäden in Volk und Staat hinzuweisen ... Es ist gar nicht auszurechnen, wieviel Schaden der seit Jahren geführte Kampf gegen den christlichen Glauben und die christliche Kirche bisher gestiftet hat nach innen und nach außen, nach innen durch die Verärgerung deutscher Menschen, nach außen durch die Lieferung von Propagandastoff an den Feind, wie er ihn sich nicht besser wünschen könnte, um die Motive und Ziele der deutschen Politik zu verdächtigen und zu entstellen ... Es ist unbegreiflich, daß in einer vom Hauptschulungsamt der Partei herausgegebenen Schrift ... der Kampf gegen das Christentum als Voraussetzung für den Sieg gefordert wird ... Oder nimmt man an, daß dieser Kampf dem Gott, dessen Hilfe anzurufen der Führer nie unterläßt, besonders wohlgefällig sei?«

Seit dem 16. Juni 1933 ist die Zahl der in Stuttgart wohnhaften Juden von 4876 auf 840 gesunken.

5. Januar Im Feldpostverkehr werden wieder Briefe bis zu 100 Gramm und Feldpostpäckchen bis zu 1000 Gramm zugelassen.

JANUAR 1942

Die NS-Gemeinschaft Kraft durch Freude veranstaltet in Anerkennung des Wirkens von Georg Deininger eine Festvorstellung des mittelalterlichen Puppenspieles »Dr. Johannes Faust« im Haus des Deutschtums.

6. Januar OB Dr. Strölin fordert von allen ihm nachgeordneten Dienststellen erneut strengste Verdunkelungsdisziplin, da der Verdunkelung als wichtiger Voraussetzung für eine wirksame Luftabwehr außerordentliche Bedeutung zukomme und die Bevölkerung auf die Verdunkelung der Behörden- bzw. Dienstgebäude besonders achte.
Fortan dürfen Fisch, Wild und Geflügel nur noch gegen Abstempelung eines vom Ernährungsamt aufgerufenen Abschnitts des Verbraucherausweises für Mangelwaren abgegeben werden; die bisher geführten Kundenlisten der Fisch-, Wild- und Geflügelverteiler sind aufgehoben.
Die Wirtschaftsgruppe Einzelhandel weist ihre Mitglieder darauf hin, daß Waren und Schaupackungen nur dann ins Schaufenster gestellt werden dürfen, wenn sie in ausreichender Menge im Laden vorhanden sind oder mit Sicherheit binnen kurzem vorhanden sein werden.
Uraufführung der Operette »Die Nacht mit Casanova« von Franz Grothe im Großen Haus in Anwesenheit der Autoren Karl-Georg Külb und Bruno Balz.

7. Januar Das Sondergericht Stuttgart verurteilte einen 33jährigen Ladeschaffner wegen Diebstahls von Expreßgutpaketen zu vier Jahren Zuchthaus. Bei der Verkündung des Urteils erinnerte der Vorsitzende daran, daß der Strafvollzug zwar sofort beginne, die Vollzugszeit während des Krieges jedoch nicht auf die Strafzeit angerechnet werde.
Der Bürgermeister von Möhringen, Max Neunhoeffer, übergibt der Stuttgarter Stadtverwaltung eine vorläufige Übersicht der bei den Eingemeindungsbesprechungen zu behandelnden Punkte. Neunhoeffer fordert, daß die Planungen des Möhringer Gemeinderates auch nach der Eingemeindung weitergeführt und die Bediensteten in ihren Ämtern verbleiben dürfen.
Erstmals werden evang. Frauen bei der Pelz- und Stoffsammlung des Winterhilfswerkes um ihre Mithilfe gebeten. Aus diesem Anlaß schreibt Landesbischof Wurm an Goebbels: »Es war eine Unnatur, daß man bisher in diesem Kriege die literarische und caritative Mitarbeit der christlichen Kreise ausschloß.«
Unter der Leitung von Gerhard Maaß spielen in der Liederhalle Wolfgang Schneiderhan und das Landesorchester.

8. Januar Im Rahmen seines Verwaltungsberichtes für das Jahr 1941 behandelt OB Dr. Strölin auch Stuttgarts Aufgaben als Stadt der Auslandsdeutschen. Dabei geht er auf das 25jährige Bestehen des Deutschen Ausland-Instituts am 10. Januar ein und führt aus, daß die großen politischen und militärischen Ereignisse des Jahres 1941 Rückwirkungen auf das Deutschtum im Ausland gehabt und einen weiteren Zustrom deutscher Flüchtlinge und Rückwanderer auch nach Stuttgart gebracht hätten; die Stadt der Auslandsdeutschen verfüge nun über 13 auslandsdeutsche Heime.

10./11. Januar Große Geflügel- und Taubenschau in der Stadthalle mit mehr als 900 prämierten Tieren.

11. Januar Die Ostfront-Sammlung im Gau ermöglichte es, 58 Eisenbahnwagen mit Wintersachen und 83 mit Schiern abzufertigen.

12. Januar Ab heute bieten alle Stuttgarter Gaststätten montags und donnerstags ein preiswertes »Stammgericht« an und servieren an diesen Tagen keine Vorspeisen.
Die Volksbildungsstätte Stuttgart gibt bekannt, daß sie mit 106 568 Besuchern in der Zeit von Oktober bis Dezember 1941 an der Spitze aller deutschen Volksbildungsstätten stehe.

13. Januar Die württ. Naturaliensammlung erhält anläßlich ihres 150jährigen Bestehens von der Stadt Stuttgart eine Jubiläumsspende von 10 000 RM zum Ankauf von Ausstellungsstücken.
Im Deutschen Ausland-Club spricht der rumänische Dichter und Intendant sämtlicher rumänischer Staatstheater, L. Rebreanu, über das rumänische Geistesleben.

13.—15. Januar Reichsarbeitstagung des Reichsverbands Deutscher Kleintierzüchter im Hindenburgbau.

14. Januar Vorübergehend werden im Feldpostverkehr keine Päckchen zugelassen, sondern nur Briefe bis 50 g.
Das Archiv der Stadt Stuttgart hat die ersten 1200 Meter eines Filmes über die »Kriegsarbeit« der Stadt fertiggestellt.
Erster Rechenschaftsbericht der Wirtschaftsgruppe Einzelhandel seit Kriegsbeginn. Aus dieser die Jahre 1939—41 umfassenden Analyse geht hervor, daß umsatzmäßig die günstige Konjunktur bis Ende 1940 andauerte, was zum Teil auf eine Erhöhung der Preise zurückgeführt wird, zum Teil darauf, daß die technischen Branchen des Einzelhandels auch zur Deckung des Heeres- und Rüstungsbedarfs herangezogen wurden; erst jetzt ist wegen des Abbaus der Vorräte und der Umstellung der Produktion auf die Kriegswirtschaft mit Umsatzrückgängen zu rechnen.
Das Quartetto di Roma spielt in der Liederhalle.

JANUAR 1942

15. Januar Entgegen früheren Bestimmungen wird empfohlen, die elektrischen Hauptschalter bei Fliegeralarm nicht abzuschalten, da bei etwaigen Bränden die elektrische Beleuchtung des Treppenhauses und der Wohnungen sowie die Fahrstühle für die Hausfeuerwehr wichtig seien.
Die Hesser-Maschinenfabrik AG, Stuttgart-Bad Cannstatt, nimmt eine 80 %ige Kapitalberichtigung nach oben auf 2,115 Mio. RM vor und verteilt eine 5,5 %ige Dividende auf das berichtigte Aktienkapital.

16. Januar Der Reichswirtschaftsminister hat bestimmt, daß bis auf weiteres keine Sommer- und Winterschlußverkäufe stattfinden.
Wilhelm Schäfer spricht in der TH über »Das Wesen der Dichtung von der Epik aus gesehen« und liest anschließend aus seinen Werken.
Aus Anlaß des 75jährigen Geschäftsjubiläums der Firma C. u. E. Fein und des 100. Geburtstages ihres Gründers W. E. Fein wird Dr.-Ing. Hans Fein wegen seiner Verdienste auf dem Gebiet des Elektrowerkzeuges und der Ausbildung des Ingenieurnachwuchses zum Ehrensenator der TH Stuttgart ernannt.

17. Januar Auf Fragen von Rauchern, weswegen sie in der letzten Zeit weniger Tabakwaren erhalten hätten, obwohl das Reich im Besitz der Hauptanbaugebiete für Tabak in Thrazien, Mazedonien und Thessalien sei, erwidert das Neue Tagblatt, das liege u. a. daran, daß zuerst der Bedarf der Wehrmacht befriedigt werden müsse. »Darüber ist kein Wort zu verlieren.«
In einem Vortrag des Leiters des Deutschen Ausland-Institutes, Dr. Rüdiger, über die Wandlung Mitteleuropas zu Großeuropa unter deutscher Führung erklärte der Referent, daß die Binnenwanderung durch staatlich gelenkten Austausch der Arbeitskräfte Europa bereits in den Stand setzt, 90 % seiner Lebensmittelversorgung zu decken.

17./18. Januar Gaustraßensammlung für das Kriegs-Winterhilfswerk; der Kreis Stuttgart spendet 160 000 RM.

17. Januar—8. Februar Eine Ausstellung unter dem Motto »Künstler in feldgrauem Rock« im Kronprinzenpalais findet rund 38 000 Besucher.

19. Januar Das städt. Wirtschaftsamt fordert die Bevölkerung auf, den Gasverbrauch einzuschränken und keine gasbeheizten Badeeinrichtungen, Gasraumheizungen und Gasbacköfen mehr zu benutzen.
Gastspiel der Königlichen Oper Florenz: Mario Rossi dirigiert »Das Aschenbrödel« von Rossini.

Durch Anzeige im Neuen Tagblatt sucht ein privater philosophischer Lesezirkel weitere Teilnehmer.

20. Januar   Der NS-Kurier veröffentlicht einen Leserbrief, in dem es u. a. heißt: »Ich bin 22 Jahre alt, Waise, Feinmechaniker und Kriegsfreiwilliger seit 1939. Nach kurzer Ausbildung kam ich sofort an die Front. Dort ... erhielt ich einen Armschuß. Ich kam ins Lazarett ... Eines Tages erhielt ich einen Brief von einer Familie in Stuttgart-Zuffenhausen. Ich erfuhr dadurch, daß diese Leute sich bereiterklärt hatten, einen Soldaten zur Erholung aufzunehmen. Der Mann ist 55 Jahre alt und bei Bosch in Feuerbach als Schlosser tätig. Der einzige Sohn ist in Frankreich gefallen. Und nun pflegte mich Frau X. mit aller Sorgfalt so gut, daß ich mich wie ein neuer Mensch fühle ... Nun fahre ich wieder zu meiner Truppe, um von ganzem Herzen meine Pflicht zu tun. Denn ich denke dann immer an diese treuen Menschen. Ich freue mich auch schon auf die Briefe und bin künftig bei der Feldpost nicht beinahe jedesmal ›geschnappt‹. Dieser Erholungsurlaub hat mir ein Elternhaus gebracht ... Man kann sich denken, daß ich meinen Urlaubseltern viele Briefe schreiben werde, aber nicht weniger ihrer hübschen Nichte, die es mir auch versprochen hat, daß ich nie mehr ohne Briefe bleiben werde. Heil Hitler! Unteroffizier Franz L.«

Die im Württ. Genossenschaftsverband zusammengeschlossenen 108 württ. Volksbanken melden eine 27 %ige Erhöhung ihrer Einlagen und eine Erweiterung ihrer Bilanzsumme auf 620 Mio. RM für das Jahr 1941. Sie schöpfen überschüssige Kaufkraft ab und ermöglichen es kleineren Betrieben, durch Vorfinanzierung von Aufträgen sich in die Kriegsproduktion einzuschalten.

Zum ersten Mal seit vielen Jahren verteilt die Maschinenfabrik Ziemann AG, Stuttgart-Feuerbach, eine 6 %ige Dividende.

Die Obstbautagung der Kreisbauernschaft Stuttgart dient u. a. der Vorbereitung einer Aktion, die Württemberg durch Gemeinschaftspflanzungen zum »Apfelland des Reiches« machen soll.

Prof. Dr. Kriegbaums (Florenz) von der Deutsch-Italienischen Gesellschaft hielt einen Lichtbildervortrag über Michelangelo.

21. Januar   Bekanntgabe der Gesamtkündigung der Stuttgarter Stadtanleihe von 1928/29 auf 1. September 1942.

Von den Wirtschaftsbeiräten der Stadt Stuttgart wird die Kohlenversorgung und die Gaserzeugung behandelt; der Kohlenvorrat beim städt. Gaswerk reicht nur noch für einen Tag aus.

22. Januar   In sämtlichen Haushaltungen im Versorgungsgebiet der Technischen Werke der Stadt Stuttgart darf Gas nur zu folgenden »Kochzeiten« entnommen werden:

JANUAR 1942

3.30—8.00; 10.00—14.00; 17.00—20.30. Zuwiderhandelnde haben mit einer Gassperre zu rechnen; diese durch »höhere Gewalt« erzwungene Regelung berechtigt, wie amtlich festgestellt wird, die Mieter nicht zu einer Kürzung des Mietzinses.
Mit Rücksicht auf die schweren Abwehrkämpfe an der Ostfront wird das bestehende Tanzverbot auch auf nichtöffentliche Tanzveranstaltungen von Tanzstundenzirkeln, Vereinen und vereinsähnlichen Zusammenschlüssen ausgedehnt.

23. Januar   Der Beginn der Verdunkelung wird auf eine Stunde nach Sonnenuntergang und das Ende der Verdunkelung auf eine halbe Stunde vor Sonnenaufgang festgelegt.
Die Albert Hirth AG, Maschinenfabrik, Stuttgart-Zuffenhausen, nimmt eine 60 %ige Kapitalberichtigung auf 1,6 Mio. RM vor und verteilt eine 5 %ige Dividende auf das berichtigte Aktienkapital.
Beim Deutschen Ausland-Club spricht N. G. Ganpuley über »Indien und der europäische Raum«.

24. Januar   Das Sondergericht Stuttgart verurteilte einen 27- und einen 28jährigen Mann wegen vollendeten und versuchten Diebstahls bei Verdunkelung zu je einem Jahr und zehn Monaten Zuchthaus.
Erstaufführung der Posse »Die beiden Nachtwandler« (oder Das Notwendige und das Überflüssige) von Johann Nestroy im Kleinen Haus.
Eröffnung der Ausstellung Rumänische Volkskunst im Ehrenmal der deutschen Leistung in Anwesenheit des rumänischen Gesandten Bossy.
Der Hauptkonservator der Staatsgalerie Stuttgart, Dr. Heinrich Theodor Musper, hält einen Lichtbildervortrag über J. H. Dannecker.
Der Direktor der Naturaliensammlung, Prof. Dr. Max Rauther, spricht beim Verein für württ. Familienkunde über »Gobineau und die rassenkundliche Geschichtsdeutung«.

25. Januar   Eröffnung der Schuhmuster-Schau in der Liederhalle. Große Nachfrage besteht nach bezugscheinfreien Schuhen.
Unter der Leitung von Martin Hahn singt der Stuttgarter Oratorienchor Beethovens »Missa solemnis« in der Stiftskirche.

26. Januar   Die Batterien von stillgelegten Kraftfahrzeugen und -rädern werden beschlagnahmt und müssen für die Wehrersatzinspektion Stuttgart zur Verfügung gehalten werden.
Der Fahrplan der Omnibuslinien der Stuttgarter Straßenbahnen wird weiter eingeschränkt.

Wegen mangelhafter Kohlenversorgung bleiben die Volks-, Fach- und höheren Schulen von heute an bis auf weiteres geschlossen.

Gerhard Schumann wurde von Generalintendant Gustav Deharde als Chefdramaturg an die Württ. Staatstheater verpflichtet.

27. Januar Auf die Aufforderung der Deutschen evang. Kirchenkanzlei, geeignete Vorkehrungen zu treffen, um die »getauften Nichtarier« vom kirchlichen Leben der deutschen Gemeinden fernzuhalten, erwidert Landesbischof Wurm: »Vom Evangelium her ist der Ausschluß der getauften Nichtarier nicht zu rechtfertigen«, indessen ist »von keiner Evangelischen Kirche... dem Staat das Recht bestritten worden, zum Zweck der Reinerhaltung des deutschen Volkes eine Rassegesetzgebung durchzuführen. Führende Männer der Evangelischen Kirche — ich erinnere an Adolf Stöcker und seine Gesinnungsgenossen — haben einst zuerst auf die Gefahren hingewiesen, die dem deutschen Volk aus der jüdischen Überfremdung auf wirtschaftlichem, politischem und kulturellem Gebiet drohen. Aber es wäre einem Mann wie Stöcker nicht eingefallen, Maßnahmen zu befürworten, die der Universalität des kirchlichen Auftrages und der Heilsbedeutung der Taufe widersprechen... Wenn eine Erfahrung aus dem Geschehen der letzten neun Jahre zu gewinnen war, so doch ganz gewiß diese, daß Zugeständnisse in Glaubenssachen die Feindschaft gegen Kirche und Christentum nie beseitigen konnten, wohl aber die innere Festigkeit der Kirche erschüttert haben.«

Die Beiräte für Frauenangelegenheiten beschließen, daß das Sachgebiet »Verleihung von Ehrenpatenschaften« aufrechterhalten bleiben soll und daß Fürsorgerinnen des Wohlfahrtsamtes Ehrenpatenfamilien nur noch auf Wunsch des Beirates oder mit dessen Einvernehmen besuchen.

Die Führerin des württ. weiblichen Arbeitsdienstes macht die Gemeinschaftsunterbringung ihrer Mädel zur Bedingung für jeglichen Kriegshilfsdienst.

Aus Anlaß der Eröffnungsfeier des neuen Arbeitsabschnitts der Volksbildungsstätte spricht Gauschulungsleiter Dr. Klett über »Persönlichkeit und Gemeinschaft — Individuum und Kollektive«. »Jenseits vom westlich geprägten Individualismus und der sowjetischen Anarchie aus dem Osten steht das biologische Lebensgesetz des Nationalsozialismus von Familie und Volk, jenes Spannungsfeld, aus dem Persönlichkeit und Gemeinschaft, Leistung und Wille gestaltend und formend wachsen.«

28. Januar Das Trio Santoliquido spielt in der Liederhalle.

29. Januar Anläßlich einer Beratung mit den Ratsherren über die Kohleversorgung wird festgestellt, daß die Gas- und Kohlelieferungen an die Industrie bis zu 50 % gedrosselt worden seien. Zu Besorgnissen über die gefährliche Produktionssenkung der Rüstungsindustrie erklärt OB Dr. Strölin, wenn die Haushalte kein Gas mehr erhielten, müßten ca. 30 000 Familien mit rund 120 000 Personen versorgt werden, die dann zu Hause nicht mehr kochen könnten.

30. Januar   Prof. Martin Doerne spricht über »Bekenntnis und Lebendige Gemeinde«. Damit beginnen die von Landesbischof Wurm angeregten theologischen Aussprachen, die dem Ziel dienen, den deutschen Protestantismus zu einigen.

31. Januar   In den Mitteilungen des Internationalen Verbandes für Wohnungswesen und Städtebau veröffentlicht OB Dr. Strölin einen Tätigkeitsbericht über »Zwei Jahre Verbandsarbeit während des Krieges«.
Der Gemeinderat von Möhringen lehnt den von der Stadt Stuttgart vorgeschlagenen Eingemeindungsvertragsentwurf ab.
Generalstaatsanwalt Wagner berichtet dem Reichsminister der Justiz: »Die allgemeine Stimmung in meinem Bezirk hat während der letzten zwei Monate unverkennbar eine Verschlechterung erfahren. Überall sieht man der weiteren Entwicklung mit sorgenvollem Ernst, weithin mit einer gewissen Bedrücktheit und in manchen, vor allem in kirchlich-beeinflußten Kreisen auch mit Niedergeschlagenheit und Mißtrauen entgegen. Die Rückschläge im Osten und — zunächst auch — in Nordafrika, die Notwendigkeit der Wollsammlung, der Abgang des Generalfeldmarschalls v. Brauchitsch, die schmerzlichen blutigen Verluste und die Einbuße an schwer erkämpftem Geländegewinn im Osten, gelegentliche pessimistische Schilderungen von Verwundeten oder in Feldpostbriefen von der Front, die Teuerung und die mannigfachen wirtschaftlichen und Versorgungsschwierigkeiten, so neuerdings etwa die rasche Zunahme des Ausverkaufs von Haushaltungsgegenständen und Verbrauchsgütern aller Art oder die Überhandnahme des Tauschhandels mit Mangelwaren, die zahlreichen neuen Einziehungen zur Wehrmacht, die durch den Kälteeinbruch verschärften empfindlichen Mängel der Kohlenversorgung, all das hat zusammengewirkt, um jedermann den Ernst der Lage, die Härte des Krieges und das Ausmaß der Schwierigkeiten klarzumachen ... Nicht selten ist ein merkbares Mißtrauen gegenüber unserer Propaganda mit ihrem Nachrichtendienst, zum Teil auch gegenüber der Arbeit der Partei in Erscheinung getreten; die Hauptursache wird darin zu finden sein, daß man auf Grund verschiedener amtlicher oder halbamtlicher Verlautbarungen ... den Russen nicht mehr die große Kampfkraft und Zähigkeit zugetraut hatte, die sie in der letzten Zeit doch an den Tag gelegt haben. Trotz alledem ist erfreulicherweise festzustellen, daß die Bevölkerung in ihrem wesentlichen Kern ihre Zuversicht und ihre feste Entschlossenheit zum Durchhalten und zum Siegen auch nicht einen Augenblick lang eingebüßt hat, zumal niemand sich über die Folgen einer etwaigen Niederlage irgendwelchen Illusionen hingibt ... Als Barometer für die Stimmungslage der letzten Wochen ist ... auch der zum Teil recht geringe Erfolg anzusehen, den die eiserne Sparaktion nach mir zugegangenen verläß-

lichen Mitteilungen bisher bei der Industriearbeiterschaft gehabt hat, selbst wenn man davon ausgeht, daß viele Lohnempfänger das eiserne Sparen angesichts der wachsenden Teuerung schon deshalb nicht mitmachen können, weil ihr Einkommen zu gering ist. Bei vielen großen oder doch größeren Werken und Rüstungsbetrieben hat sich nämlich nur etwa 1/30tel, 1/20tel oder allenfalls 1/10tel der Belegschaft am eisernen Sparen beteiligt... Sowohl bei der Anklagebehörde beim Sondergericht als bei den übrigen Staatsanwaltschaften ist eine Zunahme des Geschäftsanfalls zu verzeichnen... Recht häufig sind nach wie vor Diebstähle von Geflügel, Stallhasen (Kaninchen), Wäsche, Kleidungsstücken und Fahrrädern. Ebenso ist eine leichte Steigerung der Jugendkriminalität festzustellen... Die Bewältigung des erhöhten Geschäftsanfalls wird dadurch erschwert, daß durch die neuerlichen Einziehungen zur Wehrmacht auch die staatsanwaltschaftlichen Kräfte eine weitere Einschränkung erfahren haben. Dazu kommt, daß bei einer wachsenden Zahl von wichtigeren Strafsachen die Staatsanwaltschaft die Ermittlungen selbst vornehmen oder weiterführen muß, weil die polizeilichen Erhebungen unzureichend und die Polizeibehörden infolge Kräftemangels zu einer Ergänzung oder Vertiefung der Erhebungen oft nicht in der Lage sind.«

31. Januar/1. Februar Reichsstraßensammlung des Reichsluftschutzbundes zugunsten des Kriegs-Winterhilfswerkes; der Kreis Stuttgart spendet 143 000 RM.

1. Februar Einführung der Raucherkarte: Männer erhalten die doppelte Menge Kontrollabschnitte als Frauen (z. B. für 5 Zigaretten bzw. 3); Juden keine.
Der Vorstand der Daimler-Benz AG gibt bekannt, das Grundkapital von 50 216 000 RM durch Ausgabe von 25 000 Aktien über je 1000 RM erhöht zu haben.
Li Stadelmann (Cembalo), Louise Walter (Gitarre), Max Kergl (Violine) und Hubert Giesen (Klavier) spielen im Kleinen Haus.
In einem Städtespiel in der Adolf-Hitler-Kampfbahn wird die Stuttgarter Fußballmannschaft von der Züricher 1 : 4 geschlagen.
Peter Igelhoff singt, pfeift und spielt seine Schlager im neuen Programm des Friedrichsbautheaters.

2. Februar Der Mutterschutz wird ausgebaut: Bis zum sechsten Monat der Schwangerschaft dürfen werdende Mütter nur noch mit ihrer Zustimmung zum Notdienst herangezogen werden, danach überhaupt nicht mehr.

3. Februar Wilhelm Backhaus (Klavier) spielt in der Liederhalle.

4. Februar Oberst Rudolf Klett, Rüstungsinspekteur im Wehrkreis V, hält auf Einladung der Stuttgarter Industrie- und Handelskammer vor Vertretern der württ. Wirt-

FEBRUAR 1942

schaft und der Wehrmacht einen Vortrag über »Kriegsführung und Kriegswirtschaft«. Die Volksbildungsstätte eröffnet ihr Aufbauprogramm für Volksdeutsche mit einem Deutschkurs von vier bzw. zwei Wochenstunden und einem Grundrechenkurs von drei Stunden.

5. Februar   Die G. Siegle & Co. GmbH Stuttgart hat das Stammkapital von 1,80 auf 6 Mio. RM berichtigt.

6. Februar   Unter der Überschrift »Unverbesserliche Gewohnheitsverbrecher haben ihr Leben verwirkt« berichtet der NS-Kurier, daß das Sondergericht Stuttgart einen 33jährigen Mann zum Tode verurteilt habe, der seit seiner Entlassung aus dem Zuchthaus nichtstuend von Ort zu Ort gezogen sei und unter Ausnutzung der kriegswirtschaftlichen Verhältnisse zahlreiche Personen betrogen habe, indem er die Lieferung von Mangelwaren vortäuschte und dafür Anzahlungen verlangte. Hierzu heißt es: »Im Laufe der letzten Jahre ist der gefährliche Gewohnheitsverbrecher zu einem festumrissenen Begriff geworden. Es ist jener asoziale Verbrechertypus, der durch keine Strafe mehr zu bessern oder abzuschrecken ist und eine ständige Gefahr für die Volksgemeinschaft darstellt. Eben dieser Gefahr begegneten die Gerichte bislang durch Anordnung der Sicherungsverwahrung. In dieser Zeit jedoch, in der das deutsche Volk im größten Schicksalskampf seiner Geschichte steht und seine Söhne tagtäglich die Heimat unter Einsatz ihres Lebens gegen den äußeren Feind schützen, erfährt unsere Einstellung gegen solche Volksschädlinge eine Wandlung. Das immer wache Bedürfnis nach gerechter Sühne sowie das Anrecht unseres arbeitenden und kämpfenden Volkes, von der ständigen Gefahr und Last solcher asozialer Verbrecher für immer befreit zu werden, verlangen fortan die Todesstrafe für Gewohnheitsverbrecher.«
Arbeitskräfte, die durch Stillegungsaktionen frei werden, müssen neue Arbeit dort aufnehmen, wo sie am dringendsten benötigt werden, da kein Wirtschaftszweig einen Anspruch darauf habe, die ihm zugeteilten Arbeitskräfte zu behalten, wenn die Kriegswirtschaft einen Noteinsatz an anderer Stelle erfordere.
Gemälde zeitgenössischer flämischer Künstler, Graphiken von James Ensor und Jules de Brunckers sowie Plastiken von George Minne umrahmen eine Walter Ostermayer, Franz Weiger, Hans Dorn, Reinhold Breitling und Herbert Gnaedig gewidmete Gedächtnis-Ausstellung des Württ. Kunstvereins.
In der TH spricht Prof. Pongs über die soldatische Ehre in der Dichtung der Gegenwart.
Gastspiel des Humoristen Ludwig Manfred Lommel in der Liederhalle.

7. Februar   In einer Polizeiverordnung untersagt das württ. Innenministerium den polnischen Zivilarbeitern und -arbeiterinnen den Besuch deutscher Veranstaltungen

FEBRUAR 1942

und Einrichtungen kultureller, kirchlicher und geselliger Art sowie Besitz und Benutzung von Fotoapparaten und Fahrrädern; die Arbeitgeber und ihre Stellvertreter tragen die Verantwortung dafür, daß jede nicht arbeitsbedingte Berührung zwischen deutschen Volksgenossen und Zivilarbeitern und -arbeiterinnen polnischen Volkstums unterbleibt.
Julius Patzak gastiert in Mozarts »Zauberflöte« im Großen Haus.
Am Boxgroßkampftag in der Stadthalle kämpfen Kölblin (Berlin) und Tandberg (Stockholm) unentschieden vor 7000 Zuschauern.

8. Februar Inserat im NS-Kurier: »Aus dem zugunsten des Reichs eingezogenen Vermögen der jüdischen Eheleute Edgar Israel und Ilse Sara Marx, zuletzt hier,« sind »die Hälfte folgenden Grundstücks, Gebäude Nr. 32, Relenbergstraße, mit Gebäude Nr. 32 a, Wohnhaus mit Anbauten, Autohalle, Hofraum samt Rabatten, Mauern und Staffeln«, zusammen 10 a 82 qm, zu verkaufen. »Der Verkehrswert des ganzen Grundstücks beträgt 95 000 RM.«
Opfersonntag zugunsten des Winterhilfswerkes; der Gau Württ.-Hohenzollern spendet 1 203 333 RM, der Kreis Stuttgart 206 377 RM.
Die Kriminalpolizei Stuttgart zeigt aus Anlaß des Tages der Polizei am 14./15. ab heute Schaustücke aus ihrem sonst nicht zugänglichen Kriminalmuseum im Kunstgebäude.

9. Februar Im Neuen Tagblatt wird verlangt, daß Abitur-Kandidaten nach gewissenhafter Prüfung ihrer Fähigkeiten und ihres Interesses sich da einsetzen, wo sie für das deutsche Volk am meisten zu leisten in der Lage sind. In Tübingen stellen die Philosophie-, Theologie- und Jus-Fakultäten bereits nur noch 371 von 1480 Studierenden; an der TH Stuttgart studieren 1108, in Hohenheim 76.
Uraufführung des Lustspieles »Der Tolpatsch« von Viktor de Kowa und Hans Reimann im Schauspielhaus.

10. Februar Hinrichtung eines vom Oberlandesgericht Stuttgart wegen Zersetzung der Wehrkraft, Vorbereitung zum Hochverrat und Abhörens ausländischer Sender zum Tod verurteilten 44jährigen Mannes.

11. Februar Zu einer SA-Führertagung hält sich der Stabschef der SA, Viktor Lutze, in Stuttgart auf.
Wegen ungünstiger Witterung und schwieriger Transportverhältnisse innerhalb des Stadtgebietes, insbesondere in den Höhenlagen, muß der Stuttgarter Kohlenhandel die Lieferfrist von Brennmaterial auf 14 Tage erhöhen.

FEBRUAR 1942

Erstaufführung der Tragödie von Friedrich Bethge »Annke von Skoepen« im Staatstheater in Anwesenheit des Dichters.

12. Februar Gastspiel der Staatsschauspielerin Olga Tschechowa in »Blaufuchs«, einer Komödie von Franz Herczeg.
Im Auftrag der Volksbildungsstätte referiert Dr. Bozenhardt von der TH Stuttgart in einem Lichtbildervortrag über »Historische Wohnformen in Württemberg und ihre zeitgemäße Abwandlung«.
Im Auftrag der Volksbildungsstätte und des Bundes für Heimatschutz hält Prof. Otto Schmitt einen Lichtbildervortrag über »Die Kunst im Gebiet des Deutschritterordens«.

13. Februar Auf dem Pragfriedhof werden 66 Aschenurnen von Personen beigesetzt, die bei der Vernichtungsaktion »lebensunwerten Lebens« umgebracht wurden. Neun weitere Urnenbeisetzungen stammen von Opfern aus Konzentrationslagern.
Fortan dürfen an Juden keine Zeitungen mehr verkauft werden.
Die Anregung, auf Sportplätzen während des Krieges Kartoffeln zu pflanzen, wird — solange dies nicht reichseinheitlich angeordnet ist — von den Beiräten für Leibesübungen verworfen, da ein Ertrag erst in zwei Jahren erzielt werde und die Plätze verdorben würden. Ferner stellen die Beiräte fest, daß von 67 städt. Turnhallen 19 ausschließlich für Kriegszwecke belegt und in den restlichen während einer Woche 675 verschiedene Abteilungen hätten untergebracht werden müssen. Obwohl Vereine und Betriebssportgemeinschaften teilweise zusammengelegt worden sind, üben bis zu 32 Abteilungen an einem Tag in der oberen Schloßturnhalle.
In Stuttgart sind 160 Reichsarbeitsdienstführerinnen des Gaues zusammengekommen. Am 14. Februar spricht Gauleiter Murr zu ihnen über »die politische Willensausrichtung der Frau«.
Gauamtsleiter Schumm sprach bei der Württ. Verwaltungsakademie über »Beamte im Kriege«. »Ideell gesehen« sei »jeder Beamte von der NSDAP zur Dienstleistung im Staat abkommandiert« und solle »durch fortgesetzte enge dienstliche Zusammenarbeit« mit der NS-Bewegung immer »volksnah« bleiben und handeln.

14./15. Februar Zum Tag der Deutschen Polizei veranstalten die Angehörigen der Polizei einschließlich der Feuerschutzpolizei, der SS und des NS-Kraftfahrerkorps Fährtenhunde- und Pferdevorführungen; die Feuerschutzpolizei turnt gegen eine Bereichsauswahl in der Stadthalle. Der Gau Württ.-Hohenzollern spendet 1 596 482 RM, in Stuttgart kommen 325 000 RM für das WHW zusammen.

16. Februar In der Casa d'Italia werden Bildungskurse zur italienischen Musik-, Kunst- und Literaturgeschichte sowie zur Doktrin und Geschichte des Faschismus durchgeführt.

FEBRUAR 1942

17. Februar   Anläßlich des Austritts von Gauleiter Murr und seiner Frau aus der evang. Landeskirche nimmt Landesbischof Wurm in einem Schreiben an diesen zu kirchenfeindlichen Maßnahmen Stellung.

18. Februar   Mit dem Kommentar »Wer als Pole das Wohl des deutschen Volkes schädigt, hat sein Leben verwirkt« gibt der NS-Kurier das vom Sondergericht Stuttgart wegen Notzuchtversuches gefällte Todesurteil gegen einen 27jährigen Polen bekannt.

19. Februar   Abermals beschwert sich der evang. Oberkirchenrat bei Reichsstatthalter Murr über die systematischen Versuche bestimmter Parteifunktionäre, kirchliche Hilfskräfte unter Druck zu setzen, um sie zur Niederlegung ihres kirchlichen Amtes zu veranlassen.
Erneute Beratung der Ratsherren über die Eingemeindung von Vaihingen mit Rohr, Möhringen, dem Fasanenhof von der Markung Echterdingen, Plieningen mit der Landwirtschaftlichen Hochschule Hohenheim, Birkach mit Riedenberg, Stammheim und aus dem Gemeindebezirk Gerlingen Schloß und Domäne Solitude. Hervorgehoben wird, daß dank der von der Stadtverwaltung erzielten Ausnahme von der Reichseingemeindungssperre das Stadtgebiet Stuttgart sich verdoppeln und südlich bis zur Reichsautobahn reichen werde. OB Dr. Strölin stellt das Einverständnis der Ratsherren mit den von BM Hirzel vorgetragenen Wünschen der einzugliedernden Gemeinden fest und hebt hervor, »daß die Stadtverwaltung sich die Sorge für die neuen Stadtteile sehr angelegen sein lassen wolle, zumal die Gemeinden sich in geordneten Verhältnissen« befänden. — Bei der anschließenden Beratung über die Kohlenversorgung wird festgestellt, daß 20 % des vorgesehenen Hausbrandkontingents nicht geliefert wurde und die Stadt ca. 13 000 Gesuchen um zusätzliche Kohlen stattgegeben habe. OB Dr. Strölin berichtet seinerseits über die weit ungünstigere Kohlen- und Gasversorgung in Paris.
Zahlreiche Ehrengäste wohnen einem vom Reichsarbeitsdienst, Arbeitsgau Württemberg, veranstalteten Konzert in der Liederhalle bei. Spielmannszüge der Arbeitsgaue Württemberg und Innsbruck spielen u. a. Werke von Herms Niel, die dieser selbst dirigiert, darunter »Mit Mercedes-Benz voran« und »Das Lied der Auslandsdeutschen« als Stuttgarter Erstaufführungen.
Oberlehrer Mayer (Korntal) spricht bei der Volksbildungsstätte über »Das Cannstatter Thing — das Schicksal der Alemannen«.

20. Februar   Gustav Stange, der den Ernsten Bibelforschern angehörte und aus religiöser Überzeugung den Kriegsdienst und die Eidesleistung auf Hitler verweigert hatte, wird in Stuttgart durch Erschießen hingerichtet.

FEBRUAR 1942

Die Technischen Beiräte stimmen dem ihnen vorgelegten Hafenplan zu. Vorgesehen sind 3 Hafenbecken mit zusammen 8500 m Uferlänge; die Ufer der Hafenbecken sollen mit 3 Eisenbahngleisen versehen werden.
Zum Abschluß des Wintersemesters der Württ. Verwaltungsakademie spricht Oberst Deutelmoser über »Das Geheimnis unserer Siege«.
Auf Veranlassung des Amtes für Volksgesundheit hält der Psychiater Dr. Weitbrecht (Göppingen) einen Vortrag über »Seelische Störungen — Umwelt und Zeitumstände« im Oberen Museum.
Uraufführung des Filmes »Himmelhunde« von Roger von Norman; Waldemar Leitgeb und Sigmar Schneider vom Württ. Staatstheater wirken in diesem in der schwäb. Landschaft gedrehten Film mit.

21. Februar Die Stadtverwaltung gibt für die Dauer des Krieges 3,5 Hektar Brachflächen und Grünanlagen zum Anbau von Kartoffeln und Gemüse unentgeltlich ab. Es handelt sich um Gelände beim Pragfriedhof sowie auf den Markungen Degerloch, Feuerbach, Zuffenhausen und Untertürkheim.
Zum zehnten Jahrestag des Eintritts der ersten Nationalsozialisten in den Stuttgarter Gemeinderat erinnert OB Dr. Strölin an die wichtigsten Aufgaben, die in dieser Zeit bewältigt wurden: Beseitigung der Arbeitslosigkeit, Förderung des Wohlfahrts- und Gesundheitswesens, verschiedene Krankenhausneubauten, körperliche Ertüchtigung der Jugend durch starke Förderung des Sports, organisatorische Zusammenfassung und Ausbau der Energiewirtschaft, Schaffung einer neuen Ortsbausatzung, Förderung des Wohnungs- und Siedlungswesens — in der Zeit vor 1939 habe Stuttgart hierin an allererster Stelle im Reich gestanden —, Schaffung von Altersheimen, Ausbau von Bad Cannstatt, Anlage des Höhenparks Killesberg als großzügige Volkserholungsstätte im Zusammenhang mit der Reichsgartenschau, Ausbau des Neckarkanals mit dem Max-Eyth-See, Lösung der Raumnot durch verschiedene Eingemeindungen und eingehende Vorarbeiten für die Neugestaltung der Innenstadt und für ein großes soziales Wohnungsbauprogramm der Nachkriegszeit.
Tod des 82jährigen früheren Stadtdekans von Stuttgart, Prälat D. Theodor Traub, der mehr als 50 Jahre der evang. Landeskirche diente, davon über 40 Jahre in Stuttgart.

23. Februar Die ständig wachsende Nachfrage nach Gemüse veranlaßte den Reichsernährungsminister, die Gemüseanbaufläche um 25 % auszuweiten. Der Vorsitzende des Landesleistungsausschusses, Sieß (Tübingen), drückt die Hoffnung aus, die Aufgabe durch Zusammenarbeit mit den Feldgemüseanbauern bzw. Heranziehung der Baumschulen und Friedhofsgärtner lösen zu können.

28. Februar Das Ernährungsamt gibt erneut bekannt, daß beim Einkauf von Mangelwaren die Verbraucher keineswegs an ein bestimmtes Geschäft gebunden seien; die Kleinverteiler seien vielmehr verpflichtet, an jeden Verbraucher — ob Stammkunde oder nicht — die aufgerufenen Mengen unter Abstempelung des Verbraucherausweises abzugeben.

Die im Reichsanzeiger vom 27. Februar veröffentlichte Anordnung einer sofortigen Aktienmeldepflicht über die Freigrenze von 100 000 RM verursacht einen Rückgang der Aktienkurse in Stuttgart.

Der italienische Botschafter in Berlin, Dino Alfieri, ist anläßlich der Einweihung der Casa d'Italia in Stuttgart. Das »Haus der Italiener«, das künftig allen Italienern, die sich in Württemberg aufhalten, zur Stärkung ihres Nationalgefühls zur Verfügung stehen soll, wird in Anwesenheit von OB Dr. Strölin in seiner Eigenschaft als Präsident der Deutsch-Italienischen Gesellschaft, Dr. Gigli, dem italienischen Konsul in Stuttgart, u. a. seiner Bestimmung übergeben.

Erstaufführung des Lustspiels »Der blaue Strohhut« von Friedrich Michael im Kleinen Haus.

1. März Die Bevölkerung wird darauf hingewiesen, daß das Horten der ungültig gewordenen Kupferpfennige strafbar ist.

2. März Landesbischof Wurm appelliert zum zweiten Mal an Hitler persönlich, daß den von der evang. Kirchenführerkonferenz am 9. Dezember 1941 erfolglos vorgebrachten Beschwerden nachgegangen und von höchster Stelle Abhilfe geschaffen und »dem unheilvollen Kulturkampf, den die Partei mitten im Kriege« gegen die christlichen Kirchen führe, ein Ende gesetzt werde.

Sportveranstaltungen einschließlich der Meisterschaftsspiele des Reichsbundes für Leibesübungen sowie Lehrgänge sind örtlich uneingeschränkt zulässig, überörtlich nur so weit, als sich der Sportverkehr auf den ortszuständigen Sportbereich oder Sportgau beschränkt. Sportveranstaltungen über die Grenzen eines Sportbereiches hinaus sind nur zulässig, wenn der Reiseweg nicht mehr als 50 Kilometer in einer Richtung beträgt.

Die bulgarische Kolonie von Stuttgart begeht im Hindenburgbau ihren nationalen Feiertag (3. März).

3. März Das Ernährungsamt der Stadt gibt den Geflügelhaltern des Stadtbezirks bekannt: Die jährliche Ablieferungsmenge beträgt mindestens 60 Eier je gehaltene Henne oder Ente; bei der Berechnung der abzuliefernden Menge bleiben für jeden Haushaltsangehörigen, der zum Betrieb des Geflügelhalters gehört, 1½ Hennen oder Enten unberücksichtigt, deren Eier für den Eigenverbrauch der Selbstversorger bestimmt sind.

MÄRZ 1942

Im Auftrag der Volksbildungsstätte hält der Gauhauptstellenleiter beim Rassenpolitischen Amt, Günther Holtz, einen Lichtbildervortrag über »Der Rassegedanke im Weltanschauungskampf unserer Zeit«.

5. März Die Geheime Staatspolizei stellt sämtliche Verlagsartikel des Appel-Verlages sicher; drei bis vier Millionen evang. Verteilbildchen, die nicht den vorgeschriebenen Druckvermerk tragen, werden eingestampft.

Auf der Mitgliederversammlung der Industrie- und Handelsbörse Stuttgart setzte sich der Fabrikant Robert Leuze (Owen u. T.) mit der Forderung auseinander, die Textilindustrie solle trotz Rohstoffverknappung Höchstleistungen erbringen.

Um Preissenkungen bei öffentlichen Aufträgen zu bewirken, treten neue Richtsätze zur Gewinnbemessung in Kraft. Für die Bemessung des kalkulatorischen Gewinns gelten 4,5 % des betriebsnotwendigen Kapitals und 1,5 % auf das betriebsnotwendige Vermögen, ferner 1,5 % vom Umsatz, höchstens jedoch 4,5 % des betriebsnotwendigen Vermögens.

Eine Gruppe belgischer Journalisten besichtigte die sozialen Einrichtungen mehrerer Stuttgarter NS-Musterbetriebe.

6. März In der Zeitschrift Sozialer Wohnungsbau erneuert OB Dr. Strölin seinen Vorschlag, den Hausbesitzern zu ermöglichen, ihre Häuser abzuschreiben: Einerseits verlören die Gebäude durch Veralterung ständig an Wert, was im Zeichen des Preisstops nicht mehr durch Steigerung der Bodenpreise auszugleichen sei, andererseits ermögliche diese Lösung den Bauämtern den Abbruch verwahrloster oder überalterter Gebäude, ohne daß dem Eigentümer eine Entschädigung zu zahlen sei.

Mit der Veröffentlichung der Ausführungsbestimmungen zur Verordnung über den Aktienbesitz — allein die Aktien, die seit dem 1. September 1939 gekauft wurden und deren Kurswert die 100 000 RM-Grenze überschreitet sind meldepflichtig — stabilisiert sich der Stuttgarter Aktienmarkt.

7. März Als Begleitmaßnahme zu ihrer im Januar erfolgten 50 %igen Kapitalberichtigung legt die Daimler-Benz AG eine 4 %ige Anleihe über 40 Mio. RM auf.

Bei der ersten öffentlichen Veranstaltung der im November 1941 gegründeten Zweigstelle Stuttgart der Deutsch-Ungarischen Gesellschaft hielten der Präsident der Zweigstelle, Ministerialdirektor Dill, und Prof. Dr. Pukanszky Festvorträge; anschließend spielte Geza Anda (Klavier).

8. März Opfersonntag des Kriegs-Winterhilfswerkes; der Gau Württ.-Hohenzollern spendet 1 228 998 RM.

MÄRZ 1942

Kranzniederlegung zum 25. Todestag des Grafen Zeppelin, Ehrenbürger der Stadt Stuttgart.
Die Stuttgarter Kickers gewinnen 2 : 1 gegen den Stuttgarter VfB und werden zum 26. Male württ. Fußballmeister.

9. März Ewald Doch, seit zwanzig Jahren Schriftleiter für Politik beim Stuttgarter Neuen Tagblatt, verstorben.

9./10. März OB Dr. Strölin hält sich in seiner Funktion als Präsident des Internationalen Verbands für Wohnungswesen und Städtebau in Madrid auf, wo er u. a. von Außenminister Suner und Innenminister Gallarza empfangen wird.

10. März Die Einkaufs- und Lieferungsgenossenschaft des Metzgerhandwerkes Stuttgart gibt bekannt, daß sie 1941 den Warenumsatz des Vorjahres habe nahezu halten können; verschiedene Kontingentkürzungen konnten durch den Vertrieb neuer Artikel ausgeglichen werden; sie verteilt satzungsgemäß eine 5 %ige Warenrückvergütung an ihre 429 Mitglieder.

11. März Anläßlich seines im Namen des deutschen Volkes und aller christlichen Deutschen erhobenen Protestes gegen die Anordnung der NSDAP-Parteikanzlei, wonach die kirchliche Konfirmation durch die »Verpflichtung der Jugend« verdrängt werden soll, stellt Landesbischof Wurm fest: »Daß der nationalsozialistische Staat ein totaler Staat sei, hat man schon 1933 gewußt und erklärt; daß diese Totalität mit der Respektierung der christlichen Kirchen unvereinbar sei, ist aber parteiamtlich aufs schärfste bestritten worden ... und ist ja auch durch § 24 des Parteiprogramms widerlegt ... Besonders anstößig an dieser Anordnung der Parteikanzlei muß es wirken, daß hier mit völliger Offenheit zugegeben wird, daß das deutsche Volk in seiner überwiegenden Mehrheit an der hergebrachten Konfirmationsfeier hängt und daß eine ›Umgewöhnung der Elternschaft und der Jugend‹ teils durch das brutale Mittel eines Verbots, teils durch klug erdachte andere Maßnahmen erstrebt werden soll.«
In Anbetracht ihres auf 900 000 Stück gestiegenen Obstbaumbestandes hat die Stadt Stuttgart als erste deutsche Großstadt ein eigenes Obstbauamt eingerichtet.

12. März Die Geheime Staatspolizei — Staatspolizeileitstelle Stuttgart gibt bekannt, »daß das Vermögen des Louis Israel Landauer, geb. 4. Mai 1858 in Buttenhausen/Württ., verstorben am 16. August 1940 in Linthal/Schweiz, letzter inländischer Wohnsitz: Stuttgart, Gänsheidestraße 69, zur Förderung volks- und staatsfeindlicher Bestrebungen gebraucht oder bestimmt war.« Daher »werden die inländischen Vermögenswerte des Louis Israel Landauer zugunsten des Deutschen Reiches eingezogen.«

MÄRZ 1942

Im Landesgewerbemuseum hält August Lämmle einen Vortrag über »Norddeutsche und Schwaben«.
Tod des Ehrenbürgers der Stadt Stuttgart, Dr. h. c. Robert Bosch.

13. März Im Kreise der Verwaltungsbeiräte stellt BM Hirzel fest, daß mit Robert Bosch ein Mann aus dem Leben geschieden ist, der die Stadt Stuttgart — deren treuer Förderer er in seiner Art gewesen sei — zu wirtschaftlicher Blüte gebracht habe. Eine Trauersitzung im Rathaus wird beschlossen und findet am 17. statt. Die Familie Bosch hat das ihr von der Stadtverwaltung angebotene Ehrengrab auf dem Waldfriedhof dankend angenommen.
Ein angesichts der weitgehenden Stillegung des Wohnungsneubaues befriedigendes Ergebnis nennt die Württ. Hypothekenbank die Verteilung einer 5,5 %igen Dividende. Das Beleihungsgeschäft ging 1941 weiter zurück, die sehr lebhafte Nachfrage nach Pfandbriefen hielt an und konnte nicht befriedigt werden.

14. März In einem Schreiben an Reichsstatthalter Murr wendet sich Generalvikar Dr. Kottmann vom Bischöflichen Ordinariat gegen einen Erlaß des Reichskirchenministers, wonach am Heldengedenktag sämtliche kirchliche Feiern auf den Nachmittag verlegt werden sollen. In dem Schreiben heißt es u. a.: »Diese Anordnung verletzt gröblich die feierlich garantierte freie Ausübung unserer Religion ... und wir nehmen an, daß künftig derartige Eingriffe in die Freiheit der Religionsübung unterbleiben«.
OB Dr. Strölin und der Rektor der Landwirtschaftlichen Hochschule Hohenheim, Prof. Zimmermann als Vertreter des Landes Württemberg, treffen eine Vereinbarung zur Eingliederung der auf Kosten der Gemeinde Plieningen erweiterten Markung Hohenheim an die Stadt Stuttgart.
Der Reichstreuhänder der Arbeit für das südwestdeutsche Gebiet gibt bekannt, daß die Vertretung einberufener Gefolgschaftsmitglieder nicht grundsätzlich zu einer Gehaltserhöhung führen darf, vielmehr solle jedes Gefolgschaftsmitglied die mit der Vertretung verbundene stärkere Beanspruchung als kriegsbedingte Leistung auf sich nehmen. Nur wenn die Vertretung mit einer höherwertigen Tätigkeit verknüpft sei, könne und solle eine angemessene Funktionszulage gewährt werden.

15. März General Oßwald, Befehlshaber im Wehrkreis V und im Elsaß, schließt die Veranstaltungen zum Heldengedenktag der Gefallenen des gegenwärtigen Krieges, des ersten Weltkrieges und der Toten der NS-Bewegung mit einer Gedenkansprache. Er nennt die Gefallenen »Garanten des Sieges« und fährt fort: »Noch ist dieses weltenweite Ringen nicht zu Ende. Es bedarf noch der ungeheuerlichsten Anstrengungen eines jeden, um den Endsieg zu erringen, ob er Kämpfer mit der Waffe in der Faust oder Kämpfer daheim, ob er Mann oder Frau, ob Greis oder noch halbes Kind ist.

Keiner ist ausgenommen ... alle eint ... der Glaube an unseren Führer, der in seinen starken Händen das Schicksal unseres Reiches und unseres Volkes hält.«
Mit einem 6 : 1-Sieg gegen TG Esslingen wird die SS-Sportgemeinschaft Stuttgart Bereichsmeister im Hallenhandball.

16. März Reichsstatthalter Murr bestätigt die Eingemeindungsverträge zwischen Stuttgart und den Gemeinden Vaihingen, Möhringen, Plieningen, Birkach und Stammheim sowie die Vereinbarung zwischen dem Land Württemberg (Landwirtschaftliche Hochschule Hohenheim) und Stuttgart. Ferner entscheidet er, daß die Kosten der Vermessung und Vermarkung ganz von der Stadt Stuttgart übernommen werden, soweit es sich um eingegliedertes Gebiet handelt und verfügt, daß in dem neu eingegliederten Gebiet auf den Fildern sobald wie möglich ein neues, leistungsfähiges Krankenhaus von der Stadt Stuttgart zu errichten sei.
Anläßlich einer Arbeitstagung des Gauausschusses für gärungslose Früchteverwertung wird festgestellt, daß der Direktverkehr zwischen Obsterzeugern und Verbrauchern derart zugenommen habe, daß solches künftig weitgehend unterbunden und für eine schärfere Erfassung des Obstes durch die Bezirksabgabestellen Sorge getragen werden müsse. Das württ. Kriegswerk 1942 »Ernährung vor Vergärung« sei bestrebt, die Erzeugung und den Verbrauch von Mostgetränken drastisch einzuschränken und in größerem Maße als bisher Obst für die Ernährung bereitzustellen.

17. März Stadtoberinspektor Gerhard Steinmayer vom Stuttgarter Ernährungsamt gibt im Auftrag der Volksbildungsstätte seinen Zuhörern Einblick in das Kartensystem und die Marktordnung, die der deutschen Ernährungswirtschaft und Rationierung zugrunde liegen.

18. März Staatsbegräbnis für Robert Bosch. Für die Reichsregierung spricht in der Halle des Landesgewerbemuseums Reichswirtschaftsminister Funk. Wegen der aus allen Teilen des Reiches und auch aus dem Ausland eingelaufenen Aufträge für Kranzspenden anläßlich seines Todes stellen einige Stuttgarter Blumengeschäfte den Ladenverkauf ein.

19. März Die Stuttgarter Bank, die größte Genossenschaftsbank Württembergs, meldet für 1941 einen Zuwachs ihrer Bilanzsumme von 40 auf 50 Mio. RM, die im wesentlichen auf eine 30%ige Einlagenerhöhung zurückzuführen ist, stellt ein fast völliges Aussetzen der Kreditnachfrage für den privaten Güterbedarf fest und verteilt eine 5%ige Dividende.

MÄRZ 1942

20. März Richard Bitterauf singt und spielt Schuberts »Winterreise« in der Liederhalle.
Der schweizerische Dichter Emanuel Stickelberger liest im Deutschen Ausland-Club aus seinem Holbein-Roman.

21. März Erneut erinnert OB Dr. Strölin die Bediensteten der Stadtverwaltung daran, daß es unzulässig ist, städt. Akten in Urschrift an private Organisationen weiterzugeben. Akten dürfen grundsätzlich nur innerhalb der städt. Verwaltung abgegeben werden, soweit die Stadt nicht durch Gesetz oder Vertrag verpflichtet ist, ihre Akten vorzulegen oder die Einsicht in die Akten zu gewähren.

22. März Im Hinblick auf die beginnende Frühlingszeit und die bevorstehenden Ostertage geben der Reichsminister für Volksaufklärung und Propaganda und der Reichsverkehrsminister bekannt, daß Reisende Strafe oder bei schweren Verstößen Überführung in ein Konzentrationslager zu gewärtigen haben, wenn sie die mit kriegswichtigen Transporten überlastete Reichsbahn zum »Vergnügen« benützen.
Das Landeswirtschaftsamt gibt die Aufhebung der Gasverbrauchseinschränkungen für Haushalte infolge der milden Witterung bekannt. Die Stuttgarter Gaskokerei und das Elektrizitätswerk Münster verfügen wieder über einen Kohlenvorrat für drei Wochen. Die von der Stadtverwaltung erteilten Ausnahmebewilligungen von den Gasverbrauchs-Beschränkungen sind Anlaß zahlreicher Anzeigen von »Hausgenossen« wegen Nichteinhaltung der Gasverbrauchssperre gewesen.
Über 4000 Stuttgarter und auslandsdeutsche Jungen und Mädel, die das 14. Lebensjahr vollendet haben, verpflichten sich, »in der Hitler-Jugend allzeit ihre Pflicht zu tun in Liebe und Treue zum Führer und unserer Fahne«. Um die Bedeutung der Feiern zu unterstreichen, forderten die Arbeitsfront und die Wirtschaftsgruppe Einzelhandel alle Ladengeschäfte auf, ihre Schaufenster zu schmücken.
Erstaufführung von »Der Einsame« (Ein Menschenuntergang) von Hanns Johst im Kleinen Haus.
Das Elly-Ney-Trio spielt in der Liederhalle.
Mit einem 13 : 10-Sieg über den Titelverteidiger TSV Süßen wird die SS-Sportgemeinschaft Stuttgart auch im Feldhandball württ. Meister.

24. März Beratung der Verwaltungsbeiräte über den Jahresabschluß 1940. Haushaltsreste in Höhe von 17 827 340 RM (ordentlicher Haushalt) und 100 380 RM (außerordentlicher Haushalt) werden festgestellt. Es wird darauf hingewiesen, daß Kriegsaufwendungen in Höhe von 23 Mio. RM hätten erbracht werden müssen, obschon bereits die Haushaltssatzung 1940 mit einem Haushaltssoll von 174 002 100 RM geschlossen habe. Zusammenfassend wird bemerkt, daß Mehraufwendungen bei einzelnen Ver-

waltungszweigen gegenüber den Haushaltsansätzen auf die Vorbereitung des nach Beendigung des Krieges durchzuführenden Wohnungsbaus entfallen, z. B. für die Sicherung von Baugelände, ferner für Grunderwerbungen zur Durchführung von Verkehrsverbesserungen. Ersparnisse wurden erzielt, da an sich notwendige Renovierungsarbeiten städt. Einrichtungen wegen Mangels an Arbeitskräften und Material nicht hätten ausgeführt werden können. — Auf eine Ratsherren-Anfrage, ob nicht geplant sei, auch die Bevölkerung der am 1. April 1942 einzugemeindenden Orte an der feierlichen Ratsherrensitzung vom 2. April anläßlich der Übernahme der Gemeinden teilnehmen zu lassen, verweist BM Hirzel darauf, daß durch einen Erlaß des Reichsinnenministers von jeder diesbezüglichen öffentlichen Feier abzusehen sei, ebenfalls dürfe in der Presse nichts berichtet werden. — Auf den Hinweis eines Ratsherrn, die Durchführung des Staatsbegräbnisses für Robert Bosch sei für die Stuttgarter Bevölkerung eine Enttäuschung gewesen, bemerkt OB Dr. Strölin, die Stadt Stuttgart habe hiermit gar nichts zu tun gehabt, »da zur Durchführung des Staatsbegräbnisses einige Herren aus Berlin gekommen seien.« — Die Verwaltungsbeiräte nehmen von dem Plan der Stadt Kenntnis, die Errichtung eines Paracelsus-Museums durch einen laufenden Jahresbeitrag von 10 000 RM zu fördern; anläßlich seines 80. Geburtstages ist Robert Bosch bereits ein Grundstück zur Errichtung eines solchen Museums zugesagt worden.
Im Regierungsanzeiger wird die Eröffnung einer Orchesterschule an der Staatl. Hochschule für Musik im Sommerhalbjahr 1942 bekanntgemacht. Sie steht auch Schülern mit abgeschlossener Volksschulbildung offen. Die Schüler werden in drei bis vier Jahren zu Orchestermusikern ausgebildet.

26. März 1600 Erwachsene und 240 Kinder eines Transports jüdischer Bürger (darunter auch Stuttgarter), die am 1. Dezember 1941 ins KZ Riga-Jungferndorf deportiert wurden, werden als untauglich für die kommende Frühjahrsarbeit im Bickernschen Hochwald bei Riga erschossen.
Die ersten 500 kriegsdienstverpflichteten Stuttgarter »Arbeitsmaiden« werden verabschiedet; 141 arbeiteten bei der Stuttgarter Straßenbahn, 74 in verschiedenen Krankenhäusern, 55 bei Behörden und der Stadtverwaltung, 50 bei Dienststellen der Wehrmacht, 42 bei der Reichspost, 40 als NSV-Haushalthilfen, 30 bei der Reichsbahn, 29 beim Stuttgarter Gartenamt, 16 beim Forschungsinstitut Graf Zeppelin, 6 im Auslandsdeutschen Schülerheim und 6 bei der Städt. Girokasse; einige waren vorzeitig entlassen worden.
Der »Film der Nation«: »Der große König« mit Otto Gebühr als Friedrich der Große wird in Stuttgart erstaufgeführt.

27. März Im Filmtheater Universum wird der »erste deutsche Farbengroßfilm«: »Frauen sind doch bessere Diplomaten« gezeigt.

MÄRZ 1942

27.–29. März Statt von üblichen 15 bis 20 wird der Korb-, Kübler- und Holzwarenmarkt auf dem Skagerrakplatz nur von zwei Händlern, der Porzellan-, Glas- und Hafnerwarenmarkt auf der Danziger Freiheit nur von einer Händlerin beschickt.

28. März Anfang April sollen dienstverpflichtete Arbeitsmänner aus dem Elsaß in Stuttgart eintreffen und das Ende 1941 eingesetzte erste sog. elsässische Arbeitskontingent ablösen.

28./29. März Tag der Wehrmacht. Die vorgesehene Hauptattraktion des Tages bleibt aus: der zur Besichtigung freigegebene Sowjetpanzer von 45 Tonnen trifft nicht rechtzeitig auf dem Schloßplatz ein. Höhepunkt der Veranstaltungen des Kriegs-Winterhilfswerks sind das große Eintopfessen und die Versteigerung von 2000 Konservengläsern. Der Gau spendet 1 682 831 RM.

29. März Das Staatstheater führt Pfitzners Oper »Palestrina« in einer Neueinstudierung auf.
Auf Einladung von Hugo Borst hält Dr. Buchner, Generaldirektor der Bayerischen Staatsgemäldesammlungen, im Kronprinzenpalais einen Lichtbildervortrag über Martin Schongauer.

30. März Die TWS geben die Einführung neuer, insbesondere für Großabnehmer stark gesenkter Stromtarife bekannt.
Frascati gibt eine Zaubervorstellung in der Liederhalle.

31. März Auftraggemäß berichtet Oberlandesgerichtspräsident Küstner dem Reichsminister der Justiz: »Es läßt sich nicht leugnen, daß die allgemeine Stimmung um die Zeit des Rücktritts des Generalfeldmarschalls von Brauchitsch etwas gedrückt war... Bedenken erregte auch der späte dringliche Aufruf zur Wollsachen-Sammlung zu einer Zeit, als ein Teil des Winters schon vorbei war. Viele Familien hatten um diese Zeit auch von ihren im Osten stehenden Angehörigen die Mitteilung erhalten, daß die auf ihre Bitten schon vor Wochen an sie abgeschickten Wollsachen immer noch nicht angekommen waren. Die Wollsammlung selbst war wirklich eine Herzensangelegenheit des ganzen Volkes. Wohl kaum wurde zu einer Sammlung so gerne gespendet wie hier, obwohl es sich nicht um Geld handelte, für das zur Zeit vielfach keine weitere Verwendungsmöglichkeit besteht, sondern um Sachwerte, die auf gar nicht absehbare Zeit nicht ersetzt werden können und deshalb umso wertvoller sind. Hier zeigte sich wirklich eine vorbildliche Einstellung der Heimat zur Front. Heute ist die Stimmung längst wieder gehobener: Jeder weiß, daß die Ostfront fest steht und daß das Frühjahr und

der Sommer uns wieder große Entscheidungen bringen werden. Die Erfolge in Nordafrika und in Ostasien sowie die Erfolge unserer U-Boote haben das ihrige zur Hebung der Stimmung beigetragen. Die Personallage wird durch die zahlreichen Einberufungen und Abordnungen in die Ostgebiete allmählich recht schwierig. Mit Befriedigung kann festgestellt werden, daß die Beamten gerne leisten, was unter den heutigen Umständen von ihnen verlangt werden muß... Aus diesen Gründen würde ich es auch für nachteilig halten, wenn, wie Gerüchte besagen, im neuen Urlaubsjahr kein Erholungsurlaub möglich wäre. Für eine Kürzung des Urlaubs hätte sicher jeder Beamte volles Verständnis. Wenn es aber gar keinen Urlaub geben würde, wären sicher zahlreiche Beamte gezwungen, ein ärztliches Zeugnis vorzulegen, und es ist zu befürchten, daß dieses ärztliche Zeugnis vielfach eine längere Ausspannung für notwendig erklären würde, als der Beamte von sich aus Urlaub erbeten hätte...
Die Entwicklung der letzten Jahre hat dazu geführt, daß nahezu alle politischen, insbesondere auch kriegswirtschaftliche Straftaten vom Sondergericht abgeurteilt werden. Das bedeutet eine an sich bedauerliche Verkümmerung der Tätigkeit der Strafkammern (und der Staatsanwaltschaften). Ich habe deshalb mit dem Herrn Generalstaatsanwalt vereinbart, daß versuchsweise in geeigneten Fällen einfachere politische Strafsachen vor den Strafkammern angeklagt werden sollen...
In der letzten Zeit hat eine Strafkammer meines Bezirks kurz hintereinander zwei zur Zeit der Tat 18 bis 19 Jahre alte Führer von Landdienstlagern zu schweren Strafen verurteilt, weil sie die ihnen unterstellten Landdienstjungen aufs Gröbste mißhandelt hatten; der eine hatte die Jungen auch in schamloser Weise bestohlen. Die Fälle zeigen, wie groß die Verantwortung der HJ bei der Auswahl solcher Führer ist, damit nicht die wichtige Einrichtung des Landdienstes oder die HJ selbst in Mißkredit kommen.«
Infolge der durch die Ausweitung des Krieges immer schwieriger werdenden Nachrichtenbeschaffung und der Tendenz der Reichsministerien, der Wehrmacht und der SS, ihre Geheimhaltungsbestimmungen zu verschärfen, stellt das Deutsche Ausland-Institut im März jegliche Öffentlichkeitsarbeit ein, beschränkt sich fortan auf gutachtliche Stellungnahmen, wird 1943 der volksdeutschen Mittelstelle unterstellt und bleibt dadurch trotz wiederholter Schließungsversuche seitens verschiedener Reichsministerien »kriegswichtig«.

1. April In einem an Reichsminister Goebbels gerichteten Brief — der 1942/43 von ausländischen Sendern und Zeitungen weltweit verbreitet wurde — stellt Landesbischof Wurm anläßlich Goebbels Artikels »Offene Aussprache« in der Zeitschrift »Das Reich« vom 29. März unter anderem fest: Es wird sich leider an dem, was dem deutschen Volk »an wirtschaftlichen Nöten und an schmerzlichsten persönlichen Opfern zugemutet wird, jetzt und auf längere Zeit nichts ändern lassen. Was aber jeden Augenblick geändert werden könnte, ist die unsinnige Weltanschauungshetze gegen den christlichen

APRIL 1942

Glauben, die Mundtotmachung der Kirche, die Gewissensbedrängung vieler Christen, besonders derer, die die Zugehörigkeit zur Partei mit der tätigen Mitgliedschaft in der Kirche vereinigen zu können glaubten auf Grund der Einstellung des Nationalsozialismus zum Christentum, wie sie im Parteiprogramm und in den Erklärungen bei der Machtübernahme festgelegt war.« »Bei uns wird die Bevölkerung dahin bearbeitet, daß sie keine kirchlichen Handlungen mehr vollziehen lassen solle, und der kirchlichen Konfirmation ist schon recht deutlich das Ende angedroht.« Dem russischen Volk wird gleichzeitig verkündet, »daß ihm Adolf Hitler und das deutsche Heer die christliche Glaubensfreiheit zurückgebracht habe. ›Eure Kinder werden wieder getauft, eure Ehen gesegnet! Hinweg mit dem System, das eure Kirchen geschändet hat‹, heißt es wörtlich auf einem Plakat.« »Ist eine solche Zwiespältigkeit tragbar?«

Neue Bestimmungen für die Benutzung von Personenkraftwagen, die darauf abzielen, noch mehr als bisher alle nicht unbedingt kriegswichtigen Fahrten zu verhindern, treten in Kraft.

Bis zum 8. April dürfen die meisten Schnell- und Eilzüge nur mit Zulassungskarten benutzt werden.

1.—15. April In der Stadthalle gastiert der Zirkus Busch.

2. April In einer Sitzung der Ratsherren und Beigeordneten im großen Sitzungssaal des Stuttgarter Rathauses teilt OB Dr. Strölin mit, daß die Gemeinden Vaihingen mit Rohr, Möhringen, der Fasanenhof, Plieningen mit Hohenheim, Birkach mit Riedenberg und Stammheim sowie die Markung Solitude am 1. April 1942 mit Stuttgart vereinigt worden seien und gibt abschließend die Zusage, dafür zu sorgen, daß die einzelnen Gemeinden als nunmehrige Glieder der Stadt Stuttgart in der Zukunft eine zumindest ebenso günstige Entwicklung nehmen würden, wie sie ihnen bei Aufrechterhaltung ihrer kommunalpolitischen Selbständigkeit zuteil geworden wäre. Anschließend wird das Ratsherrenkollegium der Stadt Stuttgart auf die satzungsgemäße Zahl von 36 gebracht durch Ernennung von Wilhelm Haarer (Vaihingen), Karl Grundler (Möhringen) und Karl Harsch (Birkach); danach werden die Haushaltspläne für 1942 erörtert, deren Ausgaben sich auf rund 190 Mio. RM belaufen.

Gemäß einer Weisung des Reichsministers des Innern unterlassen die Stuttgarter Zeitungen jegliche Erörterung der vollzogenen Eingemeindungen und bringen folgende amtliche Bekanntmachung: »In den Stadtteilen Vaihingen mit Rohr, Möhringen mit Sonnenberg, Plieningen mit Hohenheim, Birkach mit Riedenberg und Stammheim sind am 1. April 1942 Ortsämter der Stadt Stuttgart errichtet worden, die die Bezeichnung führen: ›Der Oberbürgermeister der Stadt der Auslandsdeutschen Ortsamt ....‹. Die Ortsämter sind für alle zur örtlichen Erledigung geeigneten Aufgaben der Gemeindeverwaltung zuständig. Das Stuttgarter Ortsrecht tritt in den genannten Stadtteilen sowie in den Markungen Fasanenhof und Solitude grundsätzlich vom 1. Oktober 1942 an in Kraft. Mit sofortiger Wirkung gelten in den genannten Gebieten jedoch u. a. die Stuttgarter Wohnungsordnung vom 25. September 1934 und die Anordnung zur Erleichterung der Wohnungsbeschaffung für kinderreiche Familien in der Fassung vom 6. August 1941.«

3. April   Die noch von Juden bewohnten Wohnungen werden mit dem »Judenstern« gekennzeichnet.

4. April   Der Württ. Sparkassen- und Giroverband Stuttgart meldet für 1941 eine 10 %ige Umsatzsteigerung auf 16,21 Milliarden RM und eine 25 %ige Erhöhung seiner Bilanzsumme; der Zuwachs stammt hauptsächlich aus einer 28,78 %igen Steigerung der Gesamteinlagen, wovon die Spareinlagen ca. 81 % ausmachen; von 10 Einwohnern des Landes besitzen rund sieben ein Sparbuch mit einem Durchschnittsbetrag von 900 RM.

4.–19. April   Cannstatter Frühjahrswasen.

6. April–3. Mai   Veränderte Lebensmittelzuteilung: weniger Brot, Fleisch und Fett, mehr Käse.

7. April   Die Wochenmärkte finden wieder dienstags, donnerstags und samstags statt.

8. April   Auf Veranlassung der Deutsch-Niederländischen Gesellschaft, Berlin, spricht Prof. Dr. Goedewaagen, Generalsekretär im niederländischen Ministerium für Volksaufklärung und Künste, über »Die Niederlande und das Reich«.

10. April   Das Neckartal wird von einer Spezialeinheit des Luftgaukommandos VII probeweise künstlich vernebelt.
Die Inhaber von Lebensmittelgeschäften dürfen fortan jeden Mittwochnachmittag, die übrigen Einzelhändler jeden zweiten Mittwochnachmittag ihre Läden schließen.

11. April   Das Kunsthaus Schaller stellt ab heute Gemälde von Peter Jakob Schober und Federzeichnungen von Alfred Kubin anläßlich seines 65. Geburtstags aus.

11./12. April   Straßensammlung zugunsten des Kriegs-Winterhilfswerkes; der Gau Württ.-Hohenzollern spendet 1 226 526 RM.

12. April   In der Liederhalle spielen Walter Gieseking und abends Edwin Fischer.

APRIL 1942

14. April Die Stuttgarter Straßenbahn AG gibt bekannt, im ersten Vierteljahr 1942 9 % mehr Personen als während der gleichen Vorjahreszeit befördert, ferner eine Kapitalberichtigung von 11,9 auf 16,6 Mio. RM vorgenommen zu haben; 4,5 % Dividende auf das berichtigte Aktienkapital sollen gezahlt werden.
Nach der Röntgenuntersuchung in Stuttgart gibt das städt. Gesundheitsamt bekannt, daß 737 behandlungsbedürftige und 2411 überwachungsbedürftige Kranke registriert wurden.
Gebietsmädelführerin Maria Schönberger verabschiedet 100 württ. BDM-Mädel und -Führerinnen, die als Pflichtjahrmädel bei den Umsiedlern in den Ostgebieten eingesetzt werden.

15. April Das Stuttgarter Amtsgericht verurteilte einen 18jährigen Arbeitsdienstverpflichteten wegen Arbeitsverweigerung und Diebstahls zu 8 Monaten Gefängnis.
Der am 20. und 21. April fällige Pferdemarkt auf dem Cannstatter Wasen und die damit verbundenen Nebenmärkte (Hunde-, Vieh- und Holzmarkt) werden nicht abgehalten.

16. April Im Gustav-Siegle-Haus fand eine Modellschau der Damenschneiderinnung statt.
Erstaufführung des Schauspiels »Christian de Wet« im Kleinen Haus in Anwesenheit des Autors Arnold Krieger.

17. April Dr. med. Gerhard Venzmer hält einen Lichtbildervortrag über »Der Siegeszug der deutschen Tropenmedizin« im Landesgewerbeamt.
Otto Rombach, Träger des Schwäbischen Dichterpreises 1941, liest im Oberen Museum aus seinem preisgekrönten Roman »Der junge Herr Alexius«.

18. April Arbeitstagung des Deutschen Siedlerbundes im Hindenburgbau.
Die Volksbildungsstätte veranstaltet eine Besichtigung des Ateliers von Fritz von Graevenitz.

19. April 4859 zehnjährige Jungen und Mädel aus Stuttgart werden in die HJ (Jungvolk) aufgenommen und treten somit ihre achtjährige Jugenddienstpflicht an.

20. April In Stuttgart wird eine für den ganzen Gau Württ.-Hohenzollern zuständige Gauwirtschaftskammer gebildet.

Anläßlich des Geburtstags Hitlers gibt die Oper eine Galavorstellung der »Meistersinger von Nürnberg«.

21. April Die Beiräte für Frauenangelegenheiten stellen fest, daß die Hausfrauen zum Einkaufen sehr lange brauchen, ihre Kinder nicht allein lassen können und daher ein striktes Verbot, Kinderwagen in die überfüllte Markthalle mitzuführen, nicht in Frage kommt. Weiter wird mitgeteilt, daß die Verwendung von Wildgemüse durch die NS-Frauenschaft besonders gefördert werde durch Abgabe von Kostproben in der Beratungsstelle. Zwei Händler in der Markthalle seien bereit, angeliefertes Wildgemüse zu verkaufen. Die Volksbildungsstätte organisiere Wildgemüse-Führungen.

22. April Da die zehnminütige Vernebelung des Neckartals am 10. April die Vegetation schwer geschädigt hat, wird im Beirat für Luftschutzfragen die Stadt gefragt, was sie getan habe, um Schäden zu verhindern. Baudirektor Scheuerle antwortet: Die Vernebelung sei eine Idee des Luftgaukommandos VII. Diese sei von der Industrie aufgegriffen worden, wohl auch deswegen, weil eine solche Maßnahme billiger sei als eine ausreichende Tarnung; die Stadtverwaltung sei nicht in der Lage gewesen, mit Nachdruck gegen die Vernebelung vorzugehen; die benutzten technischen Einrichtungen seien geschaffen worden, ohne einen Meteorologen und Klimatologen zuzuziehen. In der anschließenden Aussprache vertreten die Beiräte die Auffassung, die aufgestellten Geräte müßten einwandfrei funktionieren und die Erfahrungen anderer Städte sollten verwertet werden. In der gleichen Sitzung weist Ratsherr Notter darauf hin, daß in der Markthalle häufig an den Ständen nichts zum Verkauf stehe, indessen Körbe mit Blumenkohl, Salat usw. für »andere« Kunden zurückgestellt seien. Auf den Einwurf, die Einzelhändler seien auf Dauerkunden, für die sie Waren zurücklegen, angewiesen, bemerkt OB Strölin, es müßte dafür gesorgt werden, »daß die zurückgelegte Ware rechtzeitig aus der Halle entfernt wird.«

23. April Die Stadt Stuttgart übernimmt die Patenschaft für das von Kapitänleutnant Metzler geführte U-Boot.

25. April Feier anläßlich der Fertigstellung des südlichen Richtstollens des Wagenburgtunnels als Großluftschutzraum.
OB Strölin empfängt 40 slowakische Jugendführer.
In der Stuttgarter Stadthalle finden die Hallenspiele der württ. Hitlerjugend statt.

26. April 278 Personen, darunter die letzten jüdischen Kinder Stuttgarts, werden vom Auffanglager Killesberg aus nach Izbica (Distrikt Lublin) deportiert.

APRIL 1942

Haussammlung für das Kriegshilfswerk des Deutschen Roten Kreuzes; der Gau Württ.-Hohenzollern spendet 1 670 473 RM.

Wiedereröffnung des Höhenparks Killesberg. Etwa ein Zehntel des ganzen Geländes ist mit Gemüse bepflanzt worden; die Erzeugnisse werden in erster Linie an Lazarette, Krankenanstalten, Kinderheime und Kindertagesstätten geliefert.

In der Adolf-Hitler-Kampfbahn gewinnt vor 15 000 Zuschauern die deutsche Fußball-Nationalmannschaft gegen eine Stuttgarter Stadtelf 10 : 0.

27. April Die Wirtschaftsgruppe Gaststätten- und Beherbergungsgewerbe hat mit Wirkung ab heute die Speisenabgabe in den Gaststätten den neuen Rationen angepaßt: Montag und Donnerstag sind Feldküchentage, mittwochs, samstags und sonntags darf die Speisekarte 4 Fleischgerichte enthalten, wovon eines ein Eintopf- oder Tellergericht (für 50 Gramm Fleischmarken) sein muß.

Im Auftrag der Volksbildungsstätte spricht der Dichter Dr. Erwin Guido Kolbenheyer über »Das Geistesleben in seiner volksbiologischen Bedeutung«.

28. April Verweigert ein Hauseigentümer die Erlaubnis zum Untervermieten »ohne wichtigen Grund«, so kann diese auf Antrag vom Mieteinigungsamt erteilt werden, verkündet der Regierungsanzeiger.

Karl Münchinger wurde von der Stadt Hannover beauftragt, acht Sinfoniekonzerte im Schloß Herrenhausen durchzuführen.

29. April Anläßlich einer Beratung mit den Wohnungsbeiräten wird bemerkt, daß etwa 20 000 ausländische Arbeiter in Stuttgart tätig sind und daß man sich bemüht, die rund 1500 männlichen und weiblichen Ausländer, die noch in Einzelzimmern untergebracht sind, in einem Lager zusammenzufassen.

Die Fachgruppe Brotindustrie weist darauf hin, daß frischgebackenes Brot gesundheitsschädlich sei und daß man von gelagertem Brot mindestens ein Drittel weniger esse als von frischem.

Unter der Leitung von Carl Leonhardt spielt das Landesorchester in der Liederhalle.

In der Musikhochschule hält der Direktor der Mannheimer Kunsthalle, Dr. Walter Passarge, einen Vortrag über »Das Wesen der deutschen Kunst«.

30. April Auftraggemäß berichtet Generalstaatsanwalt Wagner dem Reichsminister der Justiz: »Die Gesamtstimmung in meinem Bezirk ist trotz der schweren Sorgen, die auf der Bevölkerung lasten, fest und von grimmiger Entschlossenheit. Starke Beunruhigung hat die bevorstehende empfindliche Kürzung der Lebensmittelrationen hervorgerufen, weil man sich sagt, daß es um die Ernährungslage Deutschlands doch wenig günstig bestellt sein müsse ... und weil man eine merkbare Herabsetzung der

Arbeitsfähigkeit und da und dort auch des Arbeitswillens befürchtet. Auf die Stimmung drückt auch der außerordentliche Mangel an Arbeitskräften, vor allem in der Landwirtschaft ... Bei den konfessionell eingestellten Kreisen herrscht nach wie vor weithin Mißstimmung über die Behandlung mehrerer kirchenpolitischer Fragen, so z. B. über die zwangsweise Übernahme der konfessionellen Kindergärten durch die NSV ... Die Belastung der Staatsanwaltschaften hat in der Berichtszeit weiter zugenommen; dies gilt namentlich für den Anfall von Sondergerichtssachen ... Die jetzige Berliner Tagung der Oberlandesgerichtspräsidenten und Generalstaatsanwälte gibt mir Anlaß zu der Feststellung, daß in meinem Bezirk die Gauleitung und die sonstigen maßgebenden Parteistellen an der Strafrechtspflege im Gau nichts irgendwie Wesentliches auszusetzen haben oder hatten ... Wenn ... in vereinzelten Fällen Anfragen über Straferkenntnisse von der Partei kamen, so gingen sie fast immer dahin, ob die beantragte und erkannte Strafe im Einzelfall nicht als zu hart erscheine; als zu mild ist ein Urteil so gut wie nie beanstandet worden.«

1. Mai Juden dürfen keine öffentlichen Verkehrsmittel mehr benützen.
Die Polizeistunde der Gaststätten wird auf 23 Uhr zurückverlegt.
Der Kunstverein zeigt Gemälde und Zeichnungen von August Illenberger, Leonhardt Schmidt, Dieter Franck und Helmut Muehle.
Hitler ernennt Prof. Dr. Ferdinand Porsche und Prof. Dr. Ernst Heinkel zu Pionieren der Arbeit.

2. Mai Durch die Verlegung des 1. Maifeiertags auf den Samstag sind den meisten zwei zusammenhängende Tage Arbeitsruhe vergönnt; sämtliche Stuttgarter Filmtheater, die Württ. Staatstheater und das Stuttgarter Schauspielhaus spielen heute kostenlos vor Rüstungsarbeitern und Verwundeten.
Die Mindestarbeitszeit für Beamte wurde auf 56 Stunden wöchentlich festgesetzt; Samstag nachmittags und Sonntag vormittags sollen jedoch nur soviel Kräfte beschäftigt werden, wie zur Erledigung der dringenden Dienstgeschäfte erforderlich sind.

3. Mai Bei der Morgenfeier der Volksbildungsstätte spricht Gauschulungsleiter Dr. Klett über die Einheit von »Körper, Seele, Geist« in der Stadthalle.

4. Mai Bei der Sitzung der Arbeitskammer Württemberg werden von insgesamt 36 569 Betrieben 10 neu als Musterbetriebe und 70 mit dem Gaudiplom für hervorragende Leistungen ausgezeichnet.
Neuinszenierung des Schauspiels »Entscheidung« im Kleinen Haus in Anwesenheit des Dichters Gerhard Schumann.

MAI 1942

5. Mai 4. Luftangriff. Schwerpunkte: Zuffenhausen, Bad Cannstatt. 13 Tote, 37 Verletzte.
Das Friedhofamt gibt bekannt, daß es über die seit längerer Zeit nicht gepflegten Wahlgräber, die bis zum 15. Juli nicht in Ordnung gebracht worden sind, anderweitig verfügen wird.
Edwin Fischer, Georg Kulenkampff und Enrico Mainardi spielen in der Liederhalle.

7. Mai Das Sondergericht Stuttgart verurteilte eine 29jährige Frau wegen verbotenen Umgangs mit einem Kriegsgefangenen zu 2 Jahren 3 Monaten Zuchthaus.
OB Dr. Strölin sagt vor den Ratsherren, daß die neuerlichen Luftangriffe die Meinung widerlegten, Stuttgart sei von feindlichen Bombern nur schwer zu orten; es müsse mit weiteren Luftangriffen gerechnet werden.

8. Mai Fritz Mader, Gauwart der NS-Gemeinschaft Kraft durch Freude, wurde zum Professor an der Akademie der bildenden Künste ernannt.

9. Mai Der Zirkus Althoff schlägt seine Zelte auf dem Cannstatter Wasen auf.

10. Mai In der Stadthalle treten 3000 Sänger und Sängerinnen der im Stuttgarter Kreis des Schwäb. Sängerbundes zusammengeschlossenen Gesangvereine zugunsten des Deutschen Roten Kreuzes auf.
Mit einer 0 : 2-Niederlage gegen die SS-Sportgemeinschaft Straßburg scheiden die Stuttgarter Kickers in Straßburg im ersten Spiel der Vorrunde zur deutschen Fußballmeisterschaft aus.

10.–12. Mai 8. Schuhmuster-Schau in der Liederhalle. Die bisher noch üblichen Luxusausführungen, die viel Arbeitszeit und Leder verbrauchten, sind durchweg verschwunden; an ihre Stelle sind einfache Modelle getreten.

10. Mai–11. Juni Die Staatsoper veranstaltet einen Zyklus mit Werken zeitgenössischer deutscher Opernkomponisten.

11. Mai In der Horst-Wessel-Turnhalle (Zuffenhausen) findet die Beisetzungsfeier für die Opfer des Luftangriffes vom 5. Mai statt. In seiner Ansprache zitiert Kreisschulungsleiter Hilburger die Hitlerworte: »In der Hingabe des eigenen Lebens für die Existenz der Gemeinschaft liegt die Krönung allen Opfersinns«.

12. Mai Das Sondergericht Stuttgart verurteilte vier Metzger wegen Verbrechens im Sinne der Kriegswirtschaftsverordnung, Vergehens gegen die Verbrauchsregelung und Schlachtsteuerhinterziehung zu 12, 6, 5 und 2 Jahren Zuchthaus.

Wilhelm Kempff spielt in der Liederhalle.
Mit dem Thema »Nationalsozialistische Geschichtsbetrachtung« wird im Wilhelm-Murr-Saal eine Vortragsreihe über »Deutsche Geschichte« begonnen.

14. Mai Mit Rücksicht auf die Erfordernisse des Krieges wird der heutige Himmelfahrtstag am kommenden Sonntag begangen.
OB Dr. Strölin bittet den Polizeipräsidenten und örtlichen Luftschutzleiter um Verbesserung der Vernebelungseinrichtungen und unterrichtet ihn davon, daß voraussichtlich ca. 300 Schadenersatzansprüche von Gemüse- und Obstbauern als Folge des Vernebelungsversuchs vom 10. April zu erwarten seien.
In einer längeren Beratung über die Versorgungslage mit den Beiräten für Frauenangelegenheiten stellt OB Strölin fest, daß der einzelne Verbraucher nur etwa ein Fünftel seines Bedarfs an Gemüse decken könne.

15. Mai Da die in Deutschland beschäftigten ausländischen Arbeitskräfte nur noch Arbeiter-Urlaubertransporte zu den ihnen vertraglich zustehenden Urlaubs- und Familienheimfahrten benutzen dürfen, wird ein Urlaubertransport für belgische und in Nordfrankreich wohnende Arbeitskräfte von Stuttgart nach Brüssel am 15. Mai und zurück am 28. Mai durchgeführt.
Weil Arbeiter der Rüstungsindustrie in der Regel nur an den Samstagnachmittagen Zeit haben, das meistens überfüllte Cannstatter Mineral-Schwimmbad zu benützen, sollen fortan Schüler an den Samstagnachmittagen nicht mehr eingelassen werden.
Der Volksdeutsche Schrifttumspreis der Stadt der Auslandsdeutschen Stuttgart wurde an Egon Rakette für seinen Roman »Planwagen« verliehen. Die Preisverleihung erfolgte nicht wie üblich an Schillers Geburtstag (9. Mai), sondern verzögerte sich wegen der noch nicht vorliegenden Zustimmung des Reichspropagandaministeriums. Nach 1942 wurde der Volksdeutsche Schrifttumspreis nicht mehr verliehen.

16. Mai Für »wertvoll« im Sinne der zu treffenden Luftschutzmaßnahmen werden nach eingehenden Beratungen erklärt:
  I. Städtischer Besitz:
    a) Brunnen und Denkmäler
      1. Schillerdenkmal von Thorwaldsen, Schillerplatz
      2. Quellnymphe am Neckartor (Marmorkopie nach dem Original von Dannecker)
      3. Sammlung mittelalterlicher Steinbildwerke im Kreuzgang der Hospitalkirche
      4. Mittelalterliche Bildwerke aus Privatbesitz z. Zt. im Keller des alten Steinhauses trümmersicher aufbewahrt
      5. Die Kreuzigungsgruppe in der Hospitalkirche

b) Gemäldesammlung in der Villa Berg
   c) Städtisches Archiv im Rathaus
   d) Bauten
      1. Ehrenmal der deutschen Leistung im Ausland, Neckarstr. 2
      2. Villa Berg
      3. Kursaal Bad Cannstatt
      4. Katharinenhospital
      5. Altes Steinhaus Grabenstr. 11

II. Gebäude der Kirchengemeinde Stuttgart:
   1. Stiftskirche
   2. Hospitalkirche
   3. Leonhardskirche
   4. Veitskapelle in Mühlhausen
   5. Michaelskirche in Wangen
   6. Stadtkirche in Cannstatt
   7. Kirche in Plieningen

III. Staatliche Gebäude:
   1. Altes Schloß
   2. Neues Schloß
   3. Kronprinzenpalais, Königstr. 32
   4. Staatsarchiv, Neckarstr. 4/6
   5. Landesbibliothek, Neckarstr. 8
   6. Staatsgalerie, Neckarstr. 32
   7. Schloß Rosenstein Bad Cannstatt
   8. Schloß Wilhelma
   9. Kunstgebäude, Ludendorffstr. 2
   10. Sammlungen im Landesgewerbemuseum
   11. Sammlungen im Lindenmuseum, Hegelplatz 1
   12. Prinzenbau, Schillerplatz
   13. Wilhelmatheater Bad Cannstatt
   14. Hoftheater
   15. Stockgebäude, Königstr. 44
   16. Ständehaus (altes), Kronprinzstr.
   17. Hauptbahnhof
   18. Königsbau
   19. Kapelle auf dem Rotenberg
   20. Schloß Solitude
   21. Schloß Hohenheim

16. Mai—28. Juni Sonderschau »Vom Pimpf zum Flieger« über die gesamte vormilitärische fliegerische Ausbildung des NS-Fliegerkorps auf dem Killesberg.

16. Mai—19. September Kursaison in Bad Cannstatt.

17. Mai Haussammlung für das Kriegshilfswerk des Deutschen Roten Kreuzes; der Kreis Stuttgart spendet 355 000 RM.
Anläßlich des Muttertages übergibt die Stadt Ehrenpatenurkunden und -geschenke. Mit besonderer Freude stellt OB Dr. Strölin fest, daß die Stadtteile Vaihingen mit Rohr, Möhringen, Birkach mit Riedenberg, Plieningen mit Hohenheim sowie Stammheim im Kreis der neuen Patenfamilien der Stadt verhältnismäßig stark vertreten seien, ein Beweis, welche willkommene Stärkung der Volkskraft diese Gebiete der Stadt gebracht hätten.
729 Läufer beteiligen sich am traditionellen Stuttgarter Stadtlauf; erneut siegt die Kickers-Mannschaft überlegen.
Amateurstraßenradrennen Rund um Stuttgart.

18. Mai Verbandstag der 3439 landwirtschaftlichen Genossenschaften Württembergs in der Liederhalle. Landesbauernführer Arnold spricht den Teilnehmern seinen Dank dafür aus, daß Württemberg bei allen Ablieferungen an der Spitze des ganzen Reiches stehe; Otto Greiner, Direktor der Landwirtschaftlichen Genossenschafts-Zentralkasse, gibt bekannt, daß die Kreditsumme auf 400 Mio. RM erhöht wurde.

19. Mai Bei der gemeinsamen Beratung der Beiräte für Jugendwohlfahrt und der Wohlfahrts- und Gesundheitsbeiräte erstattet Dr. Berthold Schairer vom Sozialamt Bericht über die Erziehungslage der Jugend in Stuttgart: Höchstleistungen seien zur Zeit bei der Jugend schwer zu erzielen — die Verhältnisse im dritten Kriegsjahr könnten indessen wesentlich schlimmer sein; die Bejahung des Geschlechtlichen erfordere eine biologische Aufklärung; das Selbstbewußtsein der Jugend sei übersteigert, insbesondere weil sie als Arbeitskraft sehr begehrt sei; weggefallene Erziehungsfaktoren sollten durch eine Unterweisung über die Grundgesetze des völkischen Zusammenlebens ersetzt werden — sie könne durch HJ und BDM allein nicht geschehen.
Für die Versetzung der Schüler der höheren Schulen hat der Reichserziehungsminister einheitliche Richtlinien herausgegeben. Demnach hat ein Schüler nur dann das Anrecht auf Versetzung, wenn er den Anforderungen genügt und den Willen zu Leistung und Mitarbeit hat, jedoch kann ein Schüler, der in Deutsch und Geschichte gleichzeitig versagt, im allgemeinen nicht versetzt werden.
Hauptversammlung der Fortuna-Werke Spezialmaschinenfabrik AG, Stuttgart-Bad Cannstatt: Das Geschäftsjahr 1941 erbrachte einen Gewinn von 327 060 RM, woraus eine Dividende von 6 % auf das Aktienkapital von 1,6 Mio. RM verteilt wird.

MAI 1942

20. Mai   Das Wendling-Quartett gibt einen Mozart-Abend in der Liederhalle.

21. Mai   Erstaufführung der Komödie »Ich brauche Dich« von Hans Schweikart im Kleinen Haus.
Der Stuttgarter Liederkranz feiert das 118. Schillerfest.

22. Mai   Da weitere 10 000 ausländische Arbeiter erwartet werden, beraten die Technischen Beiräte über deren Unterbringung. Geplant sind reichseigene kleinere Lager für 500—600 Personen. Bis jetzt wurden ca. 10—11 ha Gelände ausgewählt, das von der Stadt hierfür zur Verfügung gestellt werden muß.
Auf Grund des Führererlasses vom 28. 8. 1939 gibt die Stadtverwaltung zwei der 17 in Frage kommenden Denkmäler aus Bronze zur Ablieferung frei: das Eugendenkmal, weil es überflüssig sei und das Hauffdenkmal, weil es auf dem Hasenberg zu versteckt liege.

23. Mai   Auf der Mitgliederversammlung des Stuttgarter Haus- und Grundbesitzervereins wurde berichtet, daß die Senkung der Hypothekenzinsen auch im vergangenen Jahr angehalten hat. Der Verein strebt eine steuerfreie Rücklage für die nach dem Krieg notwendig werdenden Reparaturen an.
Eröffnung der Julius Kurz, Josef Zeitler und August Köhler gewidmeten Frühjahrsschau des Künstlerbundes Stuttgart. Der Vorsitzende, Prof. Zeitler, würdigt die Bedeutung der Stadt der Auslandsdeutschen als Kunststadt, die in der Förderung künstlerischer Arbeit mit an erster Stelle im Reich stehe. OB Dr. Strölin stiftet zehn Künstlern die Reise- und Aufenthaltskosten eines dreitägigen Besuchs der Großen Deutschen Kunstausstellung in München und erklärt die Bereitschaft der Stadtverwaltung, junge, begabte und strebsame Künstler in die Dörfer und Siedlungen der deutschen Volksgruppen in Südosteuropa zu schicken, um ihnen die Möglichkeit zu geben, die Fülle künstlerischer Motive im Volks- und Trachtenleben der Deutschen kennenzulernen.
Jupp Besselmann (Köln) schlägt in der Stadthalle den Italiener Mario Casadei nach Punkten und wird Europameister im Mittelgewicht der Berufsboxer.

24. Mai   Die Spender von Skiern werden entschädigt. Jeder kann für ein Paar Ski mit Bindung und Stöcken gegen Rückgabe der Abgabebescheinigung eine Vergütung von 30 RM beantragen.

24.—30 Mai   200 Pfarrer nehmen an einem vom evang. Oberkirchenrat veranstalteten kirchlich-theologischen Lehrgang teil.

29. Mai   Sorgen der Eltern wegen des Ernteeinsatzes der Schüler der 5. und 6. Klasse der mittleren und höheren Schulen sowie der Schülerinnen der 7. Klasse der Oberschulen weist der NS-Kurier zurück: »Die Arbeit beim Bauern richtet sich nach der körperlichen Einsatzfähigkeit der 15—17jährigen. Eine Unterbringung der Jungen in Lagern läßt sich im Gebiet Württemberg wegen der zu großen Entfernung von Hof zu Hof nicht durchführen, es werden alle also beim landwirtschaftlichen Betriebsführer untergebracht. Der Ortsgruppenleiter des betreffenden Ortes prüft die bereitgestellten Quartiere nach, so daß jeder Junge ein sauberes Bett, einen verschließbaren Schrank und gute Waschgelegenheit hat, und daß er in einem Zimmer untergebracht wird, das auch sonst von der Familie bewohnt ist. Es kommt natürlich nicht vor, daß Jungen mit weiblichen Personen oder mit ausländischen Arbeitskräften den Raum teilen müssen. Bei dem vierwöchigen langfristigen Einsatz bekommt der Hitler-Junge Selbstverpflegerrationen, die Eltern müssen also den Jungen vor dem Einsatz bei dem zuständigen Ernährungsamt abmelden. Das Essen nimmt der Junge am Tische des landwirtschaftlichen Betriebsführers ein und wird auch sonst in die Familiengemeinschaft aufgenommen. Für die Kleidung hat der Junge selbst zu sorgen. Für den Verschleiß an Kleidern bekommt der Junge am Ende des Einsatzes aus der Lagerkasse einen angemessenen Betrag ausgehändigt. Für jedes Lager wird ein Arzt bestimmt, dem die gesundheitliche Betreuung obliegt... Der Lagerführer und der Lagermannschaftsführer kontrollieren regelmäßig die Unterbringung, Verpflegung und das sonstige Wohlergehen der Jungen, so daß die Eltern beruhigt sein können.«

30. Mai Das Sondergericht Stuttgart hat einen polnischen Landarbeiter wegen »Schädigung des deutschen Volkswohls« zum Tode verurteilt.
Die Württ. Elektrizitäts-AG, Stuttgart, nimmt eine Kapitalerhöhung von 4 Mio. RM auf 4,6 Mio. RM vor und verteilt eine 6 %ige Dividende.
Anläßlich der Jahresversammlung des Reichskolonialbundes spricht dessen Führer, General Ritter von Epp, über die politischen und militärischen Voraussetzungen der Neuordnung Europas. Über das europäisch-kontinentale Denken hinaus werde heute vom deutschen Volk Weltdenken gefordert.
Im Ehrenmal der deutschen Leistung im Ausland veranstaltet der Reichskolonialbund eine Ausstellung, die dem in diesem Krieg gefallenen ostafrikanischen Maler und Bildhauer Walter von Ruckteschell gewidmet ist.

30./31. Mai HJ-Reichssportwettkämpfe in allen Standorten der Hitlerjugend.
In diesem Monat sollen Lehrerinnen und Angestellte des Schwäb. Frauenvereins (seit 1938 Deutsches Frauenwerk, Gau Württ.-Hohenzollern, Schwäb. Frauenverein e. V. Stuttgart) Personalbogen der NSDAP ausfüllen, was aber vermieden werden kann.

1. Juni Der Stuttgarter Generalstaatsanwalt berichtet, daß in den beiden letzten Monaten im Bereich des Oberlandesgerichts Stuttgart zehn Hinrichtungen stattgefunden

JUNI 1942

hätten, fünf dieser Urteile habe das Sondergericht gefällt; derzeit säßen in der Untersuchungshaft 26 zum Tod Verurteilte ein.
Aus kriegswirtschaftlichen Gründen wird der Umfang der Stuttgarter Zeitungen ab heute gekürzt.

1.—22. Juni Altkleider- und Spinnstoffsammlung; an Altspinnstoffen werden im Kreis Stuttgart knapp 111 000 kg gesammelt.

2. Juni Abermalige Aufforderung des städt. Wirtschaftsamts an die Stuttgarter Bevölkerung, Kupferdächer und Gebäudeteile aus Kupfer anzuzeigen.
Der Jahresabschluß 1941 der Städt. Sparkasse und der Städt. Girokasse Stuttgart belegt, daß die ca. 25 %ige Erhöhung der Bilanzsumme im wesentlichen auf eine 24 %ige Steigerung der Einlagen zurückzuführen ist. Umgerechnet auf die Einwohnerzahl kommen in Stuttgart auf rund drei Einwohner zwei Sparbücher mit einem Durchschnittsguthaben von 888 RM.
Feierstunde des Deutschen Sprachvereins in Verbindung mit dem Deutschen Ausland-Institut. Franz Joseph Brecht spricht über »Die deutsche Sprache in der Welt«.

3. Juni Baudirektor Scheuerle trägt den Beiräten für Luftschutzfragen vor: Durch den Einsatz von 10 Baukolonnen, deren Stärke sich im Winter auf 650 Arbeiter einschließlich der Kriegsgefangenen erhöhte, wurden bisher 14 000 Gebäude, in denen 176 158 Menschen wohnen, luftschutzmäßig eingerichtet; gleichzeitig wurden 68 530 der 102 126 vorgesehenen Liegestätten eingebaut. Nach Abzug der Einberufenen und der Personen, die in Fabrikbetrieben, größeren Verwaltungsgebäuden usw. luftschutzmäßig untergebracht sind, sind von der Gesamteinwohnerzahl Stuttgarts noch rund 170 000 Menschen zu betreuen; die Belegung der vorhandenen Bunker kann bis zu 60 000 Personen gesteigert werden.

4. Juni Das Fronleichnamsfest wird, wie schon zuvor der Himmelfahrtstag, auf den nachfolgenden Sonntag »verlegt«; die entsprechenden kirchlichen Veranstaltungen finden an diesem Sonntag statt.
Ratsherrensitzung. Berichtet wird u. a. über die Lage auf dem Wohnungsmarkt und über die Versorgung; es werden Vorschläge gemacht, wie den Frauen trotz Berufstätigkeit das Einkaufen ermöglicht werden könne. — Die Stadtverwaltung teilt die bevorstehende Eröffnung weiterer Altersheime und ihr Bestreben mit, weitere Anwesen in Altersheime umzubauen. Seit Beginn des Krieges sind bereits rund 200 Altersheimplätze geschaffen worden. Da in die Heime nur solche Personen aufgenommen werden, die eine Wohnung freimachen, konnten dadurch mit verhältnismäßig geringem Aufwand rund 200 größere und meist preiswerte Altbauwohnungen von Einzel- oder

JUNI 1942

Kleinhaushalten freigemacht und von Wohnungssuchenden aus Stuttgart bezogen werden. — Die Ratsherren geben dem Gesuch der Heizkraftwerk GmbH statt, die Bürgschaft für einen dreifach überzeichneten Baukredit von 12 Mio. RM zu übernehmen und beschließen weiter, ein ca. 70 ha großes Gelände nördlich der Bahnlinie Korntal-Ditzingen und beiderseits der Münchinger Straße zu erwerben. Dabei wird darauf hingewiesen, daß die Ankaufverhandlungen des Liegenschaftsamtes empfindlich gestört wurden, einerseits durch das Gerücht, die Stadt wolle gar kein Industriegebiet anlegen, sondern ihr Geld in Sachwerten investieren, andererseits durch den Umstand, daß die Industriellen selbst höhere Preise als die Stadt böten, das Liegenschaftsamt indessen ihre Verhandlungen nicht verhindern könne, solange es sich nicht auf das vom Gauleiter noch nicht genehmigte Wohnsiedlungsgesetz berufen könnte.

5. Juni Anläßlich eines Appells des NS-Studentenbundes an den württ. Hoch- und Fachschulen spricht der Stellvertreter des Reichsstudentenführers, Dr. Ulrich Gmelin, über Ziele und Aufgaben der Studentenschaft im Kriege.
Begleitet von Heinz Schröter am Flügel spielt Guila Bustabo (Violine) in der Liederhalle.

6. Juni Der städt. Informationsdienst empfiehlt allen Haushalten, Haushalt-Bestandslisten in doppelter Fertigung aufzustellen und weist darauf hin, daß im Schadensfall nicht die Anschaffungskosten, sondern die Kosten der Wiederbeschaffung oder Wiederherstellung maßgebend für die Höhe der Entschädigung sind.

7. Juni Haussammlung für das Deutsche Rote Kreuz; der Kreis Stuttgart spendet 365 000 RM.

8. Juni Es wird darauf hingewiesen, daß Bräute gefallener Soldaten eine Namensänderung beantragen können, auch wenn aus dem Verlöbnis kein Kind hervorgegangen ist, und daß in diesem Fall dem neuen Namen der Braut der bisherige Geburtsname mit einem Bindestrich angefügt werden kann.

9. Juni Die Hilfsstelle für nichtarische Christen bei der evang. Kirche Württembergs hebt in einem Bericht die vermehrte Tätigkeit unter dem Einfluß der Judendeportationen seit dem Spätjahr 1941 hervor.
Infolge neuer Richtlinien des Bevollmächtigten für den Arbeitseinsatz soll die Gewerbeaufsicht die Doppeltätigkeit von Betriebs- und Heimarbeiter im Kriege nicht beanstanden, soweit die gesamte Beschäftigungsdauer nicht mehr als zehn Stunden täglich beträgt.

JUNI 1942

10. Juni Verhaftung von Theodor Bäuerle durch die Gestapo.
Erneut kursiert das Gerücht, daß Aktien, die im Kriege erworben wurden, abgeliefert werden müßten, wenn ihr Wert 100 000 RM übersteigt.

11. Juni Es wird daran erinnert, daß Trauerkleidung nur an Ehegatten oder Eltern Verstorbener frei, d. h. ohne Anrechnung auf die Kleiderkarte, abgegeben oder von diesen frei bezogen werden darf; Geschwister erhalten Trauerkleidung, sofern sie mit dem Verstorbenen in Hausgemeinschaft gelebt haben.

12. Juni Es wird bekanntgemacht, daß der Reichsinnungsmeister des Bäckerhandwerkes die Obermeister angewiesen hat, durch Selbstkontrolle den Verkauf frischen Brotes zu unterbinden.
Bei der Deutsch-Ungarischen Gesellschaft spricht Prof. Dr. von Farkas über »Das Magyarenbild des Deutschtums im Wandel der Zeit«.

13. Juni Endgültig werden bei den Stuttgarter Straßenbahnen Fahrräder während des Krieges von der Beförderung ausgeschlossen.

14. Juni Die Volksbildungsstätte führt Musik schwäb. Komponisten auf: Eine Klaviersonate von Hans Ziegler, eine Sonate für Violine und Klavier von Max Zipperer, Lieder von Otto Erich Schilling und Helmut Löffler.
Die graphische Sammlung der Staatsgalerie im Kronprinzenpalais stellt Meisterzeichnungen und Aquarelle des 19. Jahrhunderts in Faksimiles aus.

15. Juni Fortan kommt in Stuttgart die Müllabfuhr nur noch einmal in der Woche.
Im Neuen Tagblatt wird davor gewarnt, sog. Kettenbriefe, d. h. Briefe, die mit dem Bemerken weitergegeben werden, der Empfänger solle sie in mehrfacher Abschrift an seine Bekannten schicken, weiterzuverbreiten.

17. Juni Die Strafkammer Stuttgart verurteilte einen voll geständigen, »anscheinend etwas beschränkten« jungen Mann wegen einfacher und schwerer Diebstähle zu einer Gefängnisstrafe auf unbestimmte Zeit; die im Urteil festgesetzte Mindestdauer beträgt 1½ Jahre, die Höchstdauer 3 Jahre 10 Monate. Das endgültige Strafmaß wird sich nach der Zeit richten, die der Angeklagte braucht, um ein »brauchbares Mitglied der Volksgemeinschaft« zu werden.
Die ersten 410 Auslandsdeutschen aus Amerika, die im Austausch gegen amerikanische Staatsangehörige nach Lissabon abgeschoben worden waren, treffen im Stuttgarter Hauptbahnhof ein und werden von OB Dr. Strölin und Vertretern des Staates, der Wehrmacht und der Partei begrüßt. Im Stadtgartensaal übermittelt ihnen Gauschu-

lungsleiter Dr. Klett am folgenden Tag die Grüße des Gauleiters und zeichnet den Rückwanderern ein Bild vom Neuaufbau des Großdeutschen Reiches, das ihnen bei ihrer Rückkehr zweifellos neu und ungewohnt erscheinen müsse, da die meisten Deutschland in einer Zeit der wirtschaftlichen Not verlassen hätten.

18. Juni   Ludwig Suthaus, Kammersänger an den Württ. Staatstheatern, gibt in der Liederhalle einen Abschiedsabend anläßlich seiner Verpflichtung an die Staatsoper Berlin.

19. Juni   Thorwaldsens Schiller-Denkmal wurde in Sicherheit gebracht. Es überstand den Krieg unbeschädigt im Wagenburg-Tunnel.

19.–22. Juni   6. Bad Cannstatter Mozartfest. Unter der musikalischen Gesamtleitung von Erich Ade. werden Sinfoniekonzerte im Großen Kursaal, Kammermusik im Schloß Wilhelma, Bläserserenaden im Schloß Rosenstein, die »Krönungsmesse« in der Stadtkirche und »Idomeneo« im Großen Haus aufgeführt.

20. Juni   Die Schließung aller jüdischen Schulen in Deutschland wird angeordnet.
Unter der Schlagzeile »Wer hat als gemeinschaftsunfähig zu gelten?« schreibt der NS-Kurier: »Seit jeher ist die Bekämpfung der Asozialen ein vordringliches Problem der praktischen Bevölkerungspolitik, und da die Asozialen ein Unruheelement erster Ordnung darstellen, ist diese Arbeit gerade im Kriege sehr wichtig... Gemeinschaftsunfähig sind demnach Personen, die auf Grund einer anlagebedingten und daher nicht besserungsfähigen Geisteshaltung nicht in der Lage sind, den Mindestanforderungen der Volksgemeinschaft an ihr persönliches, soziales und völkisches Verhalten zu genügen. Gemeinschaftsunfähig ist also, wer infolge verbrecherischer, staatsfeindlicher und querulatorischer Neigungen fortgesetzt mit den Strafgesetzen, der Polizei und anderen Behörden in Konflikt gerät, ferner der arbeitsscheue Rentenjäger und Versicherungsschmarotzer oder wer den Unterhalt für sich und seine Kinder laufend der Allgemeinheit aufzubürden versucht, wer besonders unwirtschaftlich und hemmungslos ist und aus Mangel an eigenem Verantwortungsbewußtsein weder einen geordneten Haushalt zu führen noch Kinder zu brauchbaren Volksgenossen zu erziehen vermag. Weiter der Trinker, der einen wesentlichen Teil seines Lohnes in Alkohol umsetzt und seine Familie gefährdet, schließlich Personen, die durch unsittlichen Lebenswandel aus der Volksgemeinschaft herausfallen bzw. Lebensunterhalt dadurch verdienen. Die Gemeinschaftsunfähigen werden als eine schwere Gefahr für unser Volk bezeichnet. Sie zersetzen die Volksgemeinschaft und bedrohen durch ihren zahlreichen minderwertigen Nachwuchs den Wert der kommenden Generationen.«
Obst wird nur noch auf Verbraucherausweis verkauft. Der Direktverkauf wird unter-

JUNI 1942

bunden und die Erzeuger werden verpflichtet, Gemüse und Obst bei Sammelstellen abzuliefern.
Die zwecks gemeinnütziger Verkaufsvermittlung von Hausrat jeglicher Art in der Inflationszeit gegründete Mittelstandshilfe besteht seit 20 Jahren.

22. Juni Ein zweiter Sonderzug mit amerikanischen Rückwanderern trifft in Stuttgart ein. Weitere Sonderzüge werden erwartet.
Der Präsident der Reichsbahndirektion Stuttgart, Robert Honold, tritt im 69. Lebensjahr in den Ruhestand; sein Nachfolger wird Hermann Stroebe.

23. Juni Hinrichtung eines vom Oberlandesgericht Stuttgart wegen hochverräterischer Betätigung gegen das Deutsche Reich zum Tode verurteilten 35jährigen Mannes.
Die NS-Gemeinschaft Kraft durch Freude und das Amt für Arbeitseinsatz der DAF veranstalten für die in Stuttgart arbeitenden französischen Zivilarbeiter und -arbeiterinnen eine von Pariser Künstlern bestrittene Revue in der Liederhalle.

24. Juni Landesbischof Wurm nimmt an einer Besprechung führender Vertreter des »Kreisauer Kreises«, Helmuth von Moltke, Peter Graf Yorck von Wartenburg und Eugen Gerstenmaier, teil.
In einer längeren Beratung über die Versorgungslage vertreten die Beiräte für Frauenangelegenheiten die Auffassung, daß die Markthalle für Kleinverbraucher von Gemüse geschlossen werden solle, damit das Ärgernis beseitigt werde, das die Bedienung der sog. Stammkundschaft immer wieder hervorrufe.

27./28. Juni Straßensammlung für das Deutsche Rote Kreuz; der Kreis Stuttgart spendet 267 000 RM.
Der japanische Botschafter, General Oshima, hält sich in Stuttgart anläßlich der Gründung (27.) einer Zweigstelle Stuttgart der Deutsch-Japanischen Gesellschaft auf.
1300 Turner, Leichtathleten, Fechter, Schwerathleten und Kanufahrer beteiligen sich in der Adolf-Hitler-Kampfbahn am Volkssporttag des Sportbezirks Georgii-Stuttgart.

28. Juni Die Öffentliche Bausparkasse Württemberg, das größte der 19 Unternehmen dieser Art in Deutschland, verteilt eine 4 %ige Dividende, meldet einen auf 23 633 Stück gestiegenen Gesamtvertragsbestand und die Zuteilung von 1074 Verträgen zu einem auf 3,6 % gesenkten Zinssatz; die Vertragssumme der im Jahre 1941 abgeschlossenen Verträge beläuft sich auf 44,6 Mio. RM, was die Finanzierung des von einer Stadt wie Schwäbisch Gmünd benötigten Wohnraumes ermögliche.
Anton Kreidler, Drahtfabrikant, verstorben.

29. Juni Der württ. Innenminister verbietet den Verkauf von Speiseeis in Verkaufsstellen jeder Art an Jugendliche unter 16 Jahren, die sich nicht in Begleitung einer volljährigen Person befinden.

30. Juni Die Hauptversammlung der Daimler-Benz AG nimmt die erfolgte Kapitalerhöhung auf 90 Mio. RM zur Kenntnis; eine Dividendenausschüttung von 6 % auf 60 Mio. Aktienkapital wird genehmigt und eine erneute Kapitalerhöhung auf 120 Mio. RM beschlossen.

1. Juli Die Wirtschaftsgruppe Uhreneinzelhandel gibt bekannt, welche Uhren überhaupt und in welcher Reihenfolge zur Reparatur angenommen werden dürfen. Zur ersten der drei festgelegten Dringlichkeitsstufen rechnen Wecker von Angestellten und Beamten der Reichspost und der Reichsbahn sowie von Schiffseignern und Schiffsführern der Binnenschiffahrt, von Rüstungsarbeitern und der durch Feindeinwirkung Geschädigten. Auch Taschen- und Armbanduhren von Frontsoldaten und in Frontnähe tätigen Rot-Kreuz-Schwestern gehören dieser Dringlichkeitsstufe an. Die Einzelhändler sind angewiesen, die Zugehörigkeit der Uhrenbesitzer zu den verschiedenen Stufen zu prüfen; Zuwiderhandlungen gegen diese Anweisung sind strafbar.
Der Verlag J. F. Steinkopf feiert sein 150jähriges Bestehen.
Die Firma G. H. Beringer, Großhandlung in Kurzwaren, kann auf ihr 100jähriges Bestehen zurückblicken.

2. Juli Stadtrat Dr. Könekamp berichtet den Ratsherren über die laufenden Bemühungen der Stadtverwaltung, sich Kunstwerke aus privaten Sammlungen und aus Künstlerbesitz zu sichern. Durch Schaffung von Atelier-Raum, Stipendien und Reisezuschüssen, Ausschreibung von Wettbewerben, persönliche Fühlungnahme und geeignete Besetzung der Professuren an der Kunstakademie will man den Begabtennachwuchs fördern.

3. Juli Arbeitstagung der Bürgermeister von württ. Gemeinden mit über 10 000 Einwohnern im Stuttgarter Rathaus. Gauleiter Murr weist auf die Wichtigkeit der engen Zusammenarbeit zwischen den Bürgermeistern und den NS-Dienststellen hin.

4. Juli Beginn der Sommerschulferien. Für die Schulen, in denen im vergangenen Winter wegen Kohlenmangels der Unterricht vier Wochen und mehr ausfiel, beginnen die Sommerferien erst am 18. Juli. Die Bestimmungen über den Kriegseinsatz der Schuljugend zur Sicherung der Ernährung werden von dieser Maßnahme nicht berührt. Uraufführung der Revue »Liebe auf den ersten Kuß« von Max Heye und Fritz Klenk im Schauspielhaus.

JULI 1942

4. Juli—7. August Der Württ. Kunstverein stellt Werke von 70 Berliner Künstlern aus.

5. Juli Eine Stuttgarter Marktfrau, die Orangen vorrätig hatte und die Abgabe dieser Früchte an zwei Soldatenfrauen verweigerte, weil diese nicht zu ihrer Stammkundschaft gehörten, wurde zu einer Geldstrafe in Höhe von 100 RM verurteilt.
Es wird erneut darauf hingewiesen, daß das Kaufen und Verkaufen von Uniformen, Uniformteilen und Rangabzeichen nur gegen Vorlage eines Ausweises, der den Inhaber zum Erwerb berechtigt, gestattet ist, ferner, daß laut Anordnung der Reichsstelle für Kleidung Herrenwintermäntel und -mantelstoffe bis zum 15. September von Verbrauchern weder gekauft noch vorbestellt werden dürfen.

6. Juli Der Versand eines Feldpostpäckchens bis zu 1000 Gramm pro Monat und Person wird wieder zugelassen.

7. Juli Die jüdische Schule wird geschlossen.
Zur Abhaltung von Ferienlagern, Führerschulungen usw. der Hitlerjugend des Standorts Groß-Stuttgart genehmigt OB Dr. Strölin endgültig den Erwerb des Schlosses Isny durch die Stadt Stuttgart zum Preis von 1,06 Mio. RM.

8. Juli Die Strafkammer des Landgerichts Stuttgart verurteilte fünf Personen zu zwei bis sechs Monaten Gefängnis, die einem Verwandten in der Überzeugung, er sei zu Unrecht in eine Heilanstalt eingeliefert worden, zur Flucht verholfen hatten.
Hauptversammlung des größten württ. Stromversorgungsunternehmens, der Energie-Versorgung Schwaben AG Stuttgart. 25 Aktionäre, die nahezu das gesamte Aktienkapital vertreten, sind anwesend. Eine Dividendenausschüttung von 5 % auf das Aktienkapital von 41 Mio. RM wird genehmigt.
Im Auftrag des Dozentenbundes der Landwirtschaftlichen Hochschule Hohenheim sprach Prof. Dr. Otto Sommer über ukrainische Landwirtschaft unter besonderer Berücksichtigung der Tierzucht.

9. Juli Anläßlich der ersten Arbeitstagung des NS-Reichsbundes Deutscher Schwestern erläutert Gauhauptamtsleiter Thurner die fachliche, politische und weltanschauliche Aufgabe der Schwestern.
Das Wendling-Quartett spielt im Neuen Schloß Werke von Schumann und Reger, die Altistin Gertrude Hepp singt Lieder von Hugo Wolf.

10. Juli Die Reichsbahndirektion Stuttgart gibt bekannt, daß durch die Einschränkung der Zahl der Reisezüge auch die Beförderung von Fahrrädern bis zum 30. September erheblich eingeschränkt werden muß.

11. Juli Haussammlung des Deutschen Roten Kreuzes; der Gau Württ.-Hohenzollern spendet 1 728 540 RM.
Fortan erhalten im Bereich des Ernährungsamts Stuttgart Urlauber der Wehrmacht, der Polizei, des Reichsarbeitsdienstes usw. bei einer Urlaubsdauer von mindestens sieben Tagen von den Kartenausgabestellen des Stuttgarter Ernährungsamtes Sonderbezugsausweise für Obst.
Kürzlich trat OB Dr. Strölin in einem Aufsatz in der »Sozialen Praxis« dafür ein, den künftigen Zuwachs an Grundrente des Baugeländes für die Allgemeinheit abzuschöpfen bzw. durch eine Grundrentenzuwachssteuer den Gemeinden zuzuführen; die Einführung dieser Steuer sei ein zwingendes Gebot der nationalsozialistischen Bodenpolitik, da sie eine dauernde Bindung der Bodenpreise und damit eine Förderung des Wohnungsbaues nach sich zöge, was den Stadtverwaltungen ermögliche, eine aufgelockerte Bauweise im Sinne der erwünschten Heimstättenherstellung zu bevorzugen.
Eröffnung der Nationalen Schau der Slowakei auf dem Killesberg; besondere Anziehungspunkte sind das kleine slowakische Dorf und die slowakische Weinschenke. Die Ausstellung soll bis Ende September geöffnet bleiben.
Gauschulungsleiter Dr. Klett wurde zum Leiter der neugegründeten Arbeitsgemeinschaft für Erwachsenenbildung ernannt, die sämtlichen im Gau Württ.-Hohenzollern bestehenden Vereinen und Gesellschaften, die Volksbildung betreiben, übergeordnet wurde, um sie im Interesse einer einheitlichen Erziehungs- und Bildungsarbeit zu »betreuen«.

12. Juli Wegen des in der Adolf-Hitler-Kampfbahn stattfindenden Endspieles um die Deutsche Handballmeisterschaft verhängte der Sportbereich Württemberg ein generelles Spielverbot für alle Sportarten. Vor 15 000 Zuschauern siegt die Polizeimannschaft von Magdeburg mit 6 : 5 gegen Mannheim-Waldhof.

13. Juli 49 Juden, darunter mehrere Stuttgarter, werden vom Israelitischen Gemeindehaus aus in der Hospitalstraße nach Auschwitz deportiert.
Staatssekretär Waldmann und OB Dr. Strölin geben 28 höheren flämischen Beamten einen Empfang.

14. Juli Landesbischof Wurm bittet Reichsleiter Bormann um eine persönliche Unterredung, da trotz der Erlasse des Gauleiters Murr vom 16. September 1939 und 24. Juli 1941, mit denen er angeordnet habe, von einer Werbung für den weltanschaulichen Unterricht abzusehen und den Erziehungsberechtigten die freie Entscheidung über die Teilnahme am Konfessions- oder Weltanschauungsunterricht zu überlassen, die württ. Schulpolitik unverändert darauf hinauslief, den christlichen Religionsunterricht in allen württ. Schulen durch den Weltanschauungsunterricht zu ersetzen. In diesem unbeant-

JULI 1942

wortet gebliebenen Schreiben, dem ein Bericht des evang. Oberkirchenrates beigefügt war mit dem Bemerken, es sei »doch gewiß nicht rühmlich für die zuständigen staatlichen Stellen, die sich einfach drücken, wenn man mit Tatsachen und Gründen zu ihnen kommen will«, stellt Landesbischof Wurm fest: »Die Verschiedenheit der Standpunkte sollte einer solchen Aussprache nicht im Wege stehen, die Verantwortung für Volk und Vaterland, wie sie auf beiden Seiten liegt, fordert sie. Die Parteiführung scheint sich nicht im klaren darüber zu sein, wie verhängnisvoll die Maßnahmen der letzten Jahre wirken mußten; sie haben der angelsächsischen Propaganda, die sich von jeher auf Vorgänge im kirchlichen Leben Deutschlands gestützt hat, sehr genützt und sie haben im eigenen Volk niederschlagend und verwirrend gewirkt ... Wenn die Parteiführung der Meinung sein sollte, der christlich-gläubige Volksteil werde sich durch Verstärkung des Druckes von seiner religiösen Haltung und Überzeugung abbringen lassen, so täuscht sie sich; Druck erzeugt immer Gegendruck.«

15. Juli 2000 Angehörige des Stuttgarter Lebensmittel-Einzelhandels treffen in der Liederhalle zu einer Pflichtmitgliederversammlung der Fachgruppe Nahrungs- und Genußmittel zusammen.

16. Juli Hinrichtung eines vom Sondergericht Stuttgart wegen schwerer »Beschimpfungen des deutschen Volkes« und Aufforderung zu Sabotagehandlungen zum Tode verurteilten 27jährigen polnischen Arbeiters.
Aus Erhebungen der Gustav-Siegle- und der Mörike-Bücherei ergibt sich, daß die Nachfrage nach Sachbüchern bei jugendlichen Lesern beständig wächst. In 90 von 100 Fällen erstreckt sich das Interesse auf nur 10 Sachgebiete (bei einer Anzahl von 25 Sachgebieten); erst bei den Erwachsenen verteilen sich die Interessen über die gesamte Breite des Schrifttums.
Uraufführung des japanischen Großfilmes »Nippons wilde Adler« in Verbindung mit der Deutsch-Japanischen Gesellschaft und dem Reichspropagandaamt Württemberg.

17.—19. Juli 2800 Jungen und Mädel finden sich zu den Kampfspielen der württ. Hitlerjugend in Stuttgart ein.

18. Juli Das Sondergericht Stuttgart verurteilte einen 45jährigen Postverwalter wegen Unterschlagung von Feldpostsendungen zu zehn Jahren Zuchthaus; nur der Umstand, daß er sich im Weltkrieg ausgezeichnet hatte, bewahrte ihn vor der Todesstrafe.
Die Bauunternehmung Ed. Züblin & Cie. AG, Stuttgart, nimmt eine 200 %ige Kapitalerhöhung auf 1,5 Mio. RM vor und verteilt eine 3 %ige Dividende auf das berichtigte Kapital.
Der Vorstandsvorsitzende der Daimler-Benz AG, Dr.-Ing. e. h. Wilhelm Kissel, verstorben.

19. Juli   Zehn junge Däninnen, die in den Lagern des Arbeitsdienstes für weibliche Jugend ausgebildet werden sollen, sind in Stuttgart eingetroffen; finnische, norwegische, flämische Mädchen und solche aus dem serbischen Banat sind bereits in den Lagern des Bezirks XII Württemberg ausgebildet worden.
Verwundete finnische Offiziere und Soldaten besuchen im Rahmen einer Deutschlandreise Stuttgart.

21. Juli   Auf das Ersuchen des Reichskirchenministeriums an die kirchlichen Behörden, dafür zu sorgen, daß in Zukunft die Bevölkerung durch kirchliche Stellen an Sonn- und Feiertagen in keiner Weise mehr von der Arbeit abgehalten werde, erwidert Landesbischof Wurm: »Die Tatbestände reden hier eine eindeutige und ernste Sprache und zeigen, wie landauf, landab der Sonntagvormittag ausgefüllt wird mit Amtswalterappellen, Wehrdienst, Feuerwehrübungen, Luftschutzübungen, Straßensammlungen, Kartoffelkäfersammeln, Parteiversammlungen aller Art, Morgenfeiern, Jugendweihe- und Lebensweihefeiern, Filmveranstaltungen, Preisschießen, sportliche Veranstaltungen und anderem mehr. Dazu kommt der in vielen Gegenden nunmehr alle Sonntage beanspruchende Dienst der HJ mit all ihren verschiedenen Gliederungen... Auch wo dies nicht... öffentlich ausgesprochen und zugegeben wurde, beurteilt die öffentliche Meinung diese regelmäßigen, auf den Sonntagvormittag gelegten Veranstaltungen als Ausfluß einer bewußten, auf Zerstörung des christlichen Sonntags und Verhinderung des Gottesdienstbesuchs gerichteten einheitlichen Absicht.«
Das vorübergehend aufgehobene Vorbestellverfahren für den Kauf von Kartoffeln wird wieder eingeführt.
Der Kreisleistungsausschuß für den Gemüse- und Obstbau berichtet über eine Anbauflächenerweiterung um 120 ha; die spürbaren Stockungen auf dem Gemüsemarkt und die Unzufriedenheit der Verbraucher seien auf die Witterungsverhältnisse sowie die größere Nachfrage zurückzuführen; die Gartenbauer hätten das Gemüsebauförderungsprogramm trotz des Mangels an Arbeitskräften durchaus erfüllt.

23. Juli   Von der Erkenntnis ausgehend, daß durch das Kriegsgeschehen die Berufswünsche der Jugendlichen äußerst einseitig seien, veranstalten die Arbeitsämter eine Aufklärungsaktion. Für die Berufswahl sei entscheidend die Lage des Reiches in der Nachkriegszeit, in der für die Jungen neben Landwirtschaft und Beamtenberuf vor allem Bau- und Textilberufe, für die Mädel vor allem hauswirtschaftliche, pflegerische und erzieherische Berufe in Frage kämen. Gleichzeitig wird bekanntgegeben, daß die dienstpflichtigen Jungen und Mädel, auch wenn sie das Pflichtjahr bereits abgeleistet haben, noch ein Jahr Reichsarbeitsdienst absolvieren müssen.

24. Juli   194 Amerikadeutsche, vorwiegend aus Venezuela, treffen in Stuttgart ein.

AUGUST 1942

Bisher sind 90 % der in drei Schüben angekommenen Rückwanderer weitergereist; die wenigen, die noch kein geeignetes Betätigungsfeld gefunden haben, bleiben als Gäste der Stadt im Centralhotel, das ausschließlich für Auslandsdeutsche eingerichtet ist.

25. Juli Uraufführung des Lehrfilmes »Der Baumwart zeigt: Obstbaumpflege in Württemberg« anläßlich einer Vertretertagung des Landesverbandes der Gartenbauvereine in Württemberg und Hohenzollern.

26. Juli Es wird bekanntgegeben, daß die Ausflügler und Wanderer, die am Wochenende unzulässigerweise und ohne dringenden Grund Schnell- und Eilzüge statt Personenzüge benützen, künftig damit rechnen müssen, zur Fahrt nicht zugelassen zu werden, auch wenn sie Fahrkarten besitzen.
80. Jubiläum der Stuttgarter Fleischer-Innung, in der 420 »Ladenfleischer«- und 20 Großschlächterbetriebe zusammengefaßt sind.
Sämtliche Gemeinschaften des NS-Reichsbundes für Leibesübungen von Groß-Stuttgart treten entweder am Vormittag in der Adolf-Hitler-Kampfbahn oder am Nachmittag im Vaihinger Allianz-Stadion zur Ablegung der Übungen zur Deutschen Vereinsmeisterschaft an.

29. Juli Im Hinblick auf den Beginn der Ferien erinnert der NS-Kurier an das Verbot, Freunden oder Nachbarn aus Gefälligkeit Milchkarten zu überlassen.

31. Juli Nach dem Geschäftsabschluß 1941 der in Familienbesitz befindlichen Breuninger AG Stuttgart hat diese eine 100 %ige Kapitalaufstockung auf 6 Mio. RM vorgenommen und verteilt eine 5 %ige Dividende auf das berichtigte Aktienkapital.

1. August Im Vierteljahresbericht des Gauamts für Volksgesundheit wird festgestellt, daß der Gesundheits- und Leistungszustand der Stuttgarter durchaus befriedigend sei. Ernährungsfragen nehmen im täglichen Gespräch der Volksgenossen einen unverdient breiten Raum ein, dem immer wieder entgegengehalten werden müsse, daß noch niemand durch Nahrungsmangel an seiner Gesundheit Schaden gelitten habe und daß bisher noch kein Fall von Hungerödem beobachtet wurde. In dem Bericht wird erklärt, daß immer noch viele Kinder an Überfütterung und falscher Ernährung sterben.
In einem Interview für das Stuttgarter Neue Tagblatt geben Stadtrat Dr. Könekamp und der Vorstand des städt. Wohnungs- und Siedlungsamtes, Direktor Karl Ungerer, zu, daß trotz ihrer Bemühungen die Zahl der wohnungssuchenden Familien mit Kindern auf über 5000 angestiegen ist und appellieren an die Vernunft derjenigen, die als Ein- oder Zwei-Personen-Haushalt über mehr als fünf Zimmer verfügen.

AUGUST 1942

120 HJ-Führer sind für vier bis acht Wochen von Stuttgart aus in die besetzten Gebiete im Osten abgefahren; sie sollen dort als Jugendführer tätig sein und aus den Reihen der Volksdeutschen die Jugendlichen auswählen, die später im Dorf für Führungsaufgaben geeignet sind.
Eröffnung einer Ausstellung auf dem Killesberg unter dem Motto »Zehn Jahre Nationalsozialistische Volkswohlfahrt«.
Die Firma A. Mayer am Markt, Kolonial-, Material- und Farbwarengeschäft, blickt auf ihr 100jähriges Bestehen zurück.

1./2. August   Haussammlung der NS-Volkswohlfahrt für das Kriegs-Winterhilfswerk; der Gau Württ.-Hohenzollern spendet 1 760 579 RM.

2. August   Im NS-Kurier erscheinen 16 Todesanzeigen gefallener Soldaten.

3. August   Julius Neudörffer-Opitz, Gesangspädagoge und Bariton der ehemal. Stuttgarter Hofoper, verstorben.

3. August—26. September   Zum zweiten Male seit Kriegsausbruch »verzichten« rund 1100 Studenten des Gaus auf den größeren Teil ihrer Ferien; vom Arbeitsamt für acht Wochen dienstverpflichtet, arbeiten sie, um einen »praktischen Beitrag zum Siege zu leisten«, in Rüstungsbetrieben und anderen Fabriken.

9. August   Das »Olgaspitäle« ist hundert Jahre alt; zur Wiedererrichtung eines Freibettenfonds in dem ältesten Stuttgarter Kinderkrankenhaus stellt die Stadt einen größeren Betrag zur Verfügung.
Es wird erneut darauf hingewiesen, daß das Anfassen von Splittern abgeworfener Bomben gefährlich sein kann, weil diese zum Teil giftigen Phosphor enthalten.
Die Stuttgarter Kickers unterliegen 1860 München 1 : 3 und scheiden aus dem Tschammerpokal-Wettbewerb aus.

10. August   Auf zahlreiche Anfragen, wieviel Urlaub Jugendlichen zustehe, teilt der NS-Kurier mit: »Ein Junge von 16—18 Jahren hat grundsätzlich Anspruch auf mindestens zwölf Tage Urlaub. Nun besteht aber auf Wunsch des Führers für die Jahrgänge 1924 und 1925 die Verfügung, daß die Jungen drei Wochen in einem Wehrertüchtigungslager der Hitlerjugend zubringen. Dazu sollen die zwölf Urlaubstage verwendet werden. Ein großzügiger Betriebsführer wird, wenn die Arbeit es zuläßt, den Jungen seinen Urlaub oder wenigstens einen Teil des Urlaubs nehmen lassen und ihn zusätzlich für die drei Wochen Wehrertüchtigungslager freigeben. Freilich wird dies gerade

AUGUST 1942

heute in der Zeit des erhöhten Arbeitsanspruchs nur in seltenen Fällen und nur unter bestimmten Voraussetzungen möglich sein.«
Im Austausch mit den in Italien weilenden deutschen Jugendführerinnen von Heimen der Kinderlandverschickung trafen 15 italienische Jugendführerinnen in Stuttgart ein.

11. August Gauleiter Murr verfügt, »daß die schulpflichtige Jugend von dem Besuch der Gottesdienste und des kirchlichen Religionsunterrichts in den Morgenstunden vor Beginn des Schulunterrichts zu befreien sei, da dies als schwere gesundheitliche Gefährdung der Kinder anzusehen sei.«

12. August Eine Gruppe von Professoren und Studenten der Architekturabteilung der Kunstakademie Gent besuchte kürzlich Stuttgart, besichtigte städt. Siedlungen und erhielt durch Prof. Keuerleber Einblick in die städtebauliche Lehrtätigkeit der TH Stuttgart.

14. August Erlaß der Geheimen Staatspolizei — Staatspolizeileitstelle Stuttgart betr. »Abschiebung von Juden«: »Am 22. 8. 1942 geht von Stuttgart aus ein Transport mit Juden nach dem Protektorat. Zu diesem Transport sind vom dortigen Kreis die in beiliegender Liste namhaft gemachten Juden eingeteilt. Diese werden inzwischen von der Jüdischen Kultusvereinigung, Stuttgart, schriftlich von der Evakuierung verständigt. Die Juden werden in einem Sammellager (Killesberg) in Stuttgart zusammengefaßt. Ich ersuche, sämtliche namhaft gemachten Juden dort zu sammeln und ... nach Stuttgart (Hauptbahnhof) zu überstellen. Für den Abtransport der Juden aus den Gemeinden Laupheim, Dellmensingen, Oberstotzingen, Haigerloch, Tigerfeld, Rexingen, Eschenau, Oberdorf, Baisingen, Weissenstein, Göppingen, Buttenhausen und Buchau sind die auf den beiliegenden Fahrübersichten angegebenen Züge zu benützen, da von der Reichsbahndirektion Stuttgart zu diesem Zwecke Beförderungsmöglichkeiten geschaffen wurden. Der Transportleiter hat jeweils mit dem zuständigen Fahrdienstleiter in Verbindung zu treten. Die genaue Abfahrtszeit und die Ankunftszeit des dortigen Transportes in Stuttgart ist bis spätestens Dienstag, den 18. 8. 1942, telefonisch mitzuteilen... Ein Ausscheiden eines namhaft gemachten Teilnehmers aus irgendeinem Grunde, Krankheit, Gebrechlichkeit usw. kann nicht erfolgen. Vorkehrungen für den Transport der sogen. Transportunfähigen sind rechtzeitig zu treffen, so daß sämtliche eingeteilten Juden rechtzeitig in Stuttgart eintreffen. Je Person ist mitzunehmen: Ein Koffer oder Rucksack mit Ausrüstungsgegenständen (kein sperrendes Gut), und zwar: vollständige Bekleidung (ordentliches Schuhwerk), Bettzeug mit Decke, Eßgeschirr (Teller oder Topf) mit Löffel, Mundvorrat für 2—3 Tage. Nicht mitgenommen werden dürfen: Wertpapiere, Devisen, Sparkassenbücher, Bargeld usw., Wertsachen jeder Art

AUGUST 1942

(Gold, Silber, Platin — mit Ausnahme des Eheringes), lebendes Inventar, Messer und Gabeln, einschließlich Taschenmesser, Rasiermesser, Scheren, Zündhölzer und Feuerzeuge, Lebensmittelkarten. Sämtliches Gepäck ist dort eingehend zu durchsuchen und zu überwachen, daß das Gepäck des einzelnen sich streng im Rahmen des Vorgeschriebenen hält.«

Obermedizinalrat Dr. Lempp berichtet den Technischen Beiräten und den Wirtschaftsbeiräten, daß die gesundheitliche Überwachung von über 16 000 derzeit in Stuttgarter Betrieben eingesetzten ausländischen Arbeitskräften Pflichtaufgabe des Gesundheitsamtes sei. Ein schwieriges Problem stelle die Behandlung der Ausländer mit Ohren-, Nasen- und Augenkrankheiten dar. Für innerlich Kranke ist eine besondere Abteilung im Bürgerhospital eingerichtet worden; für ausländische werdende Mütter besteht die Vorschrift, sie sofort ins Heimatland zurückzuschicken und nur in Ausnahmefällen hier zu entbinden, wenn der Arbeitgeber die entstehenden Kosten vor und nach der Entbindung übernehme.

Direktor Stöckle berichtet den Technischen Beiräten über die Lage bei den Technischen Werken: Wegen des — teilweise durch die starke Zunahme von ausländischen Arbeitern ermöglichten — Übergangs vom Zwei- zum Dreischichten-Betrieb bei der Industrie habe sich der Strom- und Gasabsatz, der in den letzten Monaten stark rückläufig war, in den letzten sechs Wochen um 4 % bei Strom und 12 % bei Gas gesteigert. Dank des mit der Elektrizitäts-Versorgung Schwaben AG abgeschlossenen Stromlieferungsvertrages über eine Leistung von 56 000 KW würden die Technischen Werke dem im Winter noch weiter ansteigenden Strombedarf nachkommen können. Der Gasbedarf hingegen könne nur befriedigt werden, wenn die im Bau befindliche Wassergasanlage wie vorgesehen am 1. Oktober in Betrieb gesetzt und das Gaisburger Gaswerk, das zur Zeit über Lagerbestände für etwa vier Wochen verfüge, weiterhin ausreichend mit Kohle beliefert werde. Abschließend stellt Direktor Stöckle fest: »Die Tarifreform ist nunmehr in Stuttgart in vollem Umfang durchgeführt. Lediglich die Einführung eines 6-Pf-Stromtarifs für Abnehmer mit hohen Verbräuchen konnte nicht mehr durchgeführt werden, da der Preiskommissar diesen Tarif für das ganze Reich abgestoppt hat. Es ist selbstverständlich ein Unding, bei dem zur Zeit überall bestehenden Kohlenmangel Tarife zu schaffen, die den Verbrauch stark anreizen. In der Tariffrage selbst ist eine gewisse Vorsicht geboten . . . da der aus Marbach bezogene Strom mindestens während der Anlaufzeit sehr teuer wird«. Außerdem bestehe eine starke finanzielle Belastung der Technischen Werke durch die auf 300 000 bis 600 000 RM im Jahr zu erwartende außerplanmäßige Beteiligung der Stadt Stuttgart »an der Übertreuerung der Vorarlberger Wasserkräfte«.

15. August Zur Eröffnung der neuen Spielzeit bringt das Staatstheater Schillers »Wallenstein«.

AUGUST 1942

Das italienische Luftwaffen-Orchester und ein Musikkorps der deutschen Luftwaffe geben ein Konzert in der Liederhalle.
Der Zirkus Helene Hoppe schlägt sein Zelt auf dem Cannstatter Wasen auf.

15. August—6. September Im Ehrenmal der Deutschen Leistung im Ausland stellen deutsche Künstler aus Siebenbürgen und aus dem Banat Gemälde und Plastiken aus.

16. August—13. September Plastiken und Gemälde von Karl und Lilli Kerzinger, Ernst Graeser, Paul Beuttner sowie von drei Schülerinnen Fritz von Graevenitz' umrahmen die Heinrich Lotter, Franz Boeres, Karl Fuchs, C. H. Münch und Karl Stirner gewidmete Ausstellung des Württ. Kunstvereins.

18. August Das Sondergericht Stuttgart verurteilte einen 19 Jahre alten polnischen Arbeiter wegen intimen Verkehrs mit einer deutschblütigen Frau zum Tode.

19. August Die Württ. Landwirtschaftsbank GmbH Stuttgart meldet eine 45%ige Erhöhung ihres Einlagenzuganges und verteilt eine 4%ige Dividende.

20. August Das städt. Wohnheim Wernlinstraße 6 ist bezugsfertig. In den Einzelzimmern mit Kochgelegenheit und Zentralheizung finden alleinstehende Frauen Aufnahme, die in Stuttgart ihre Wohnung aufgegeben haben.

22. August Über 900 jüdische Bürger, darunter Stuttgarter, die seit 1941 in jüdischen Altersheimen in Württemberg untergebracht waren, werden vom Auffanglager Killesberg aus ins »Vorzugslager« Theresienstadt deportiert.
Oberbereichsleiter Dr. Klett begrüßte kürzlich 57 volksdeutsche Lehrer aus der Ukraine, die während einer dreimonatigen Schulungsfahrt durch das Reich nach Stuttgart kamen.

23. August Französische Journalisten aus dem besetzten und unbesetzten Frankreich trafen kürzlich in Stuttgart ein. Ihnen soll Gelegenheit geboten werden, sich davon zu überzeugen, daß die »freiwillig« ins Reich gekommenen französischen Zivilarbeiter und -arbeiterinnen den deutsch-französischen Vereinbarungen entsprechend aufgenommen, untergebracht und betreut werden.
Dr.-Ing. Haspel wurde als Nachfolger des verstorbenen Wilhelm Kissel zum Vorsitzenden des Vorstandes der Daimler-Benz AG bestellt.

25. August Der Südwestdeutsche Kanalverein legt Reichsstatthalter Murr ein von Strombaudirektor Konz erarbeitetes Projekt für eine Bodensee-Donau-Verbindung mit

der Bitte vor, es an die Reichsinstanzen weiterzuleiten, damit der geplante Kanal in das künftige Reichswasserstraßennetz einbezogen werden könne.
Nach längere Pause setzt die Rundfunkspielschar Stuttgart ihre Sendereihe »Deutsche Jugend singt und spielt« mit der Sendung »Gruß aus Schwaben« fort.

28. August 502 Wohnungen des ersten Bauabschnittes des städt. Kriegswohnungsbauprogramms sind größtenteils im Rohbau fertiggestellt. Vom zweiten Abschnitt sind 130 Wohnungen im Bau.

29. August 6. Luftangriff. Ein einzelner britischer Bomber bombardiert die Brauerei Dinkelacker und richtet Sachschaden an.
Da viele betroffene Frontsoldaten keine Scheidung beantragen, um ihren Kindern das Elternhaus zu erhalten und somit die Bestrafung von Ehebrechern strafrechtlich unmöglich ist, gehen die Gerichte, wie das Neue Tagblatt berichtet, dazu über, Ehebrecher wegen Beleidigung der an der Front befindlichen Ehemänner zu verurteilen, was mit einer einjährigen, also doppelt so langen Gefängnisstrafe geahndet werden kann wie ein Ehebruch.

30. August Inbetriebnahme des Telephon-Selbstwählferndienstes zwischen Ludwigsburg, Besigheim, Bietigheim, Großbottwar, Großsachsenheim, Marbach, Markgröningen und Neckarrems einerseits und Stuttgart andererseits.
Gausportführer Dr. Klett führt 35 neue Sportkreisführer in ihr Amt ein und stellt fest: Der Nationalsozialistische Reichsbund für Leibesübung bleibe alleiniger Träger der deutschen Leibeserziehung, das Schwergewicht der Arbeit werde jedoch mehr und mehr in die Kreise verlegt, die sich jetzt mit den Grenzen der Kreise der NSDAP deckten.
In der Adolf-Hitler-Kampfbahn unterliegt der VfB Stuttgart Düdelingen 0:2 und scheidet aus den Tschammerpokal-Spielen aus.

31. August Wegen Personalmangels wird der Strom-, Gas- und Wasserverbrauch der Haushalte nur noch viermal im Jahr abgelesen.

1. September Baudirektor Scheuerle erstattet den Beiräten für Luftschutzfragen Bericht über die vom Luftgaukommando geplante Verbesserung der Vernebelungsanlage Neckartal. Es sollen weitere 60 Vernebelungsapparate am Max-Eyth-Bad, Pragwirtshaus, Burgholzhof, Zuckerfabrik und Rosensteinpark aufgestellt werden. Ungelöst sei noch die Vernebelung des großen Gaskessels. Nach kurzer Diskussion über das Ausmaß der durch Verwendung von Chlorsulfonsäure als Vernebelungsstoff entstandenen Vegetationsschäden schließen sich die Beiräte der Meinung der Ratsherren Drescher und Schwinger an, es gebe Wichtigeres als den Schutz der Pflanzen. Auf jeden Fall würde verhindert, daß Tiefflieger Werke zerstören.

SEPTEMBER 1942

Das Stadtplanungsamt gibt bekannt, daß die Ende des Jahres ablaufenden Bausperren um ein Jahr bzw. zwei Jahre verlängert worden sind.
Die Polizeistunde für Gaststätten wird auf 22.30 Uhr vorverlegt, die letzten Straßenbahnen fahren um 23 Uhr vom Schloßplatz ab.

6. September   Opfersonntag des Kriegs-Winterhilfswerkes; der Kreis Stuttgart spendet 268 000 RM.
Tag der schwäb. Musik. Das Freund-Quartett spielt im Schloß Rosenstein Werke der Stuttgarter Komponisten Ade, Fröhlich und Herrmann.
Dr. med. Johann Wilhelm Camerer, Gründer und Leiter der Säuglings- und Kinderheilstätte Berg, verstorben.

7. September   Damit der Wein der allgemeinen Versorgung zur Verfügung steht, werden sowohl die Erzeuger- als auch die Verteilerbetriebe verpflichtet, innerhalb bestimmter Fristen festgelegte Weinmengen abzusetzen. Privatpersonen, die seit Jahren unmittelbar beim Erzeuger eingekauft und damit die Winzer durch regelmäßige Abnahme im Absatz des Weines unterstützt haben, können beliefert werden, wenn sie in den Jahren 1937/38 eingekauft haben und einen Schlußschein vom Einkauf im Herbst 1941 vorlegen können.

7.–25. September   60 Jungen und Mädel der Standortspielschar Stuttgart gestalten Dorfnachmittage, Kindernachmittage, Dorfgemeinschaftsabende und Lazarettbesuche im Generalgouvernement.

8.–30. September   Die Salzburger Max und Moritz-Bühne gastiert in der Liederhalle.

11. September   Ein neues Warnsignal wird eingeführt; es heißt »öffentliche Luftwarnung«, besteht aus der dreimaligen Wiederholung eines hohen Dauertons von etwa 15 Sekunden Länge und bedeutet, daß feindliche Flugzeuge einfliegen, jedoch mit größeren Luftangriffen nicht gerechnet wird.

12. September   Anläßlich einer Arbeitstagung des Gauschulungsamtes gibt Oberbereichsleiter Dr. Klett bekannt, daß die Schulungsarbeit der NSDAP geändert werden muß. Neben weltanschaulich-ideologischen Fragen soll mehr Wissen vermittelt werden. Er weist dem Volksbildungswerk die Aufgabe zu, durch fachliche Unterrichtung den Grundstock zu legen, auf dem dann die Partei den weltanschaulich-politischen Überbau errichten kann.
Erstaufführung der Komödie »Die Häuser des Herrn Sartorius« von Bernard Shaw im Kleinen Haus.

15. September Straßen-, Turn- und Hausschuhe sind ab heute bezugsscheinpflichtig; Babyschuhe bis zur Größe 22 werden nur noch gegen Abstempelung der Säuglingskleiderkarte abgegeben; bezugsscheinfrei bleiben nur Holzpantinen und Arbeitsschuhe aus Holz.
Auf dem Pragfriedhof wird der in Egern verstorbene Möbelfabrikant, Ratsherr und Ehrensenator Karl Mayer bestattet.

16. September Obermedizinalrat Dr. Lempp erstattet den Beiräten für Wohlfahrt und Gesundheit Bericht über die Gesundheit der Schuljugend und stellt unter anderem fest: »Die Auswirkung der Ernährungsverhältnisse bei der Schuljugend« zeigt sich »in der Abnahme des Durchschnittsgewichts um $1/2 - 2$ kg und des durchschnittlichen Längenmaßes um $1 - 2$ cm. Wenn die Ernährung nicht lange Zeit mangelhaft ist, kann mit einem späteren Ausgleich gerechnet werden«.
Das Ernährungsamt weist erneut darauf hin, daß Kleinverteiler die Abgabe von Obst auf den Stuttgarter Verbraucherausweis keinesfalls vom gleichzeitigen Bezug von Gemüse abhängig machen dürfen; Obst müsse vielmehr auf den Verbraucherausweis an jeden Verbraucher abgegeben werden.

17. September Unter dem Eindruck zahlreicher Luftangriffe auf deutsche Großstädte beraten OB Dr. Strölin und die Ratsherren erneut über die künstliche Vernebelung des gesamten Stuttgarter Kessels; Maßnahmen zur Verdunkelung, Brandbekämpfung und Bergung von Hausrat aus zerstörten Gebäuden werden getroffen.
Zur Eröffnung des Wintersemesters der Volksbildungsstätte Stuttgart spricht Prof. Suchenwirth (München) über »Der Ostraum in der deutschen Geschichte« im Gustav-Siegle-Haus.

19. September Julius Patzak singt, am Flügel begleitet von Hubert Giesen, in der Liederhalle.
Mit einem Konzert des Geigers Siegfried Borries und des Landesorchesters beschließt der Kurverein Bad Cannstatt die Kursaison.
Eröffnung einer Ausstellung über Zweckeinsatz der Bauwirtschaft im Kriege auf dem Killesberg. Bei der gleichzeitig stattfindenden Gauarbeitstagung der Fachgruppe Bauwesen berichtet Dipl.-Ing. Fritz Kübler über das Leistungslohnsystem.

20. September Als Auftakt der vom NS-Reichsbund für Leibesübungen übernommenen ersten Reichsstraßensammlung spielt die Sportgauführung gegen das Württ. Staatstheater und gewinnt 3 : 2; während der Pause sammeln Damen des Schauspiels und der Oper auf der gutbesetzten Tribüne der Adolf-Hitler-Kampfbahn. Anschließend spielen die Fußballmannschaften von Stuttgart und Augsburg im Rahmen eines Winterhilfswerk-Städtespieles unentschieden 1 : 1.

SEPTEMBER 1942

20. September—18. Oktober Der Württ. Kunstverein widmet Robert Breyer, der von 1916 bis 1933 an der Stuttgarter Akademie lehrte, eine Gedächtnisausstellung.

21. September Die auf die einzelnen Wochenabschnitte des Bezugsausweises auszugebende Kartoffelmenge wird um 1 kg auf 4,5 kg erhöht; für die Einkellerung werden vorläufig 2½ Zentner Speisekartoffeln je Versorgungsberechtigten freigegeben.
Laut NS-Kurier wird die vom Verein für Kinderküchen im Einvernehmen mit der Stadtverwaltung in Vaihingen eingerichtete Kinderküche zur Entlastung erwerbstätiger Mütter in Betrieb genommen.

22. September Kreisamtsleiter Dr. Wahl rief dieser Tage die Amtswalter des NS-Lehrerbundes im Kreis Stuttgart zusammen, um sie für die Herbst- und Winterarbeit »politisch auszurichten«.
Da die Hitlerjugend keine Ausleseorganisation mehr sei, müsse sie, um die gesamte Jugend betreuen zu können, alle diejenigen heranziehen, die mit der Jugend in Berührung kommen oder in irgendeiner Form Jugendarbeit leisten, stellt Hauptbannführer Schröder fest und erklärt damit die Arbeit der neugegründeten Gauarbeitsgemeinschaft für Jugendbetreuung: Beaufsichtigung der Jugend, Erziehungsmaßnahmen im Einzelfall, Betreuung des Einzelfalls, Verstärkung der Erziehungsmittel.
Der NS-Kurier berichtet über die Aktivitäten einer der Ortsgruppen der NSDAP im östlichen Stadtteil Stuttgarts. Diese Ortsgruppe »betreut« über 2000 im Krieg befindliche Mitglieder durch Schulungs- und Heimatbriefe, darüber hinaus aber auch noch zwei Patenkompanien eines Panzerregiments und ein Lazarett mit 300 Verwundeten; ihren Mitgliedern schickte die Ortsgruppe im letzten Monat 1148 Feldpostpakete, dem Lazarett 3 Zentner Trauben, 3 Zentner Pfirsiche, 300 Flaschen Wein und 1000 Bücher.
Es wird bekanntgegeben, daß die Übertragung von Kleiderpunkten auf Familienangehörige gestattet ist für den Bezug von Stoff als Meterware, nicht jedoch für Wäsche und Fertigwaren.
Die Verbindungsstelle der Ustascha veranstaltet zusammen mit der NS-Gemeinschaft Kraft durch Freude einen Bunten Abend für die kroatischen Arbeiter des Gaues im Oberen Museum.

23. September Dr. Gillen spricht im Wilhelm-Murr-Saal über »Nordischer Humor — Busch, Gulbransson, Adamson«.

24. September Bei der Wirtschaftskammer Württ.-Hohenzollern gab der Reichstreuhänder für Südwestdeutschland, Dr. Kimmich, einen Überblick über aktuelle sozialpolitische Fragen. Ausgehend von der Feststellung, daß nicht die quantitative, sondern die qualitative Befriedigung des Bedarfs an Arbeiskräften ein Problem darstelle, empfahl er den Vertretern der württ. Wirtschaft, die Arbeiter aus den eroberten Gebieten nicht nach einem falsch verstandenen Herrenstandpunkt zu behandeln, ihnen allerdings trotz des Leistungsprinzips keinen den deutschen Arbeitern angeglichenen Lohn zu zahlen. Dr. Kimmich meinte, die Rüstungsindustrie sei vielleicht weniger rationalisiert als die Konsumgüterindustrie, da sie leichter Arbeitskräfte erhalte. Die letztere habe 60 % ihrer Belegschaft abgegeben, erreiche aber mit den restlichen noch über 90 % ihrer alten Leistung.

25. September Im Auftrag der Volksbildungsstätte spricht Dr. Janko Janeff über »Die germanische Sendung in Südosteuropa«.

26. September Als erste Veranstaltung der Deutsch-Japanischen Gesellschaft, Zweigstelle Stuttgart, fand ein Vortrag von Oberstleutnant von Olberg über »Geist, Erziehung und Kampfwert des japanischen Heeres« statt.

26. September—5. Oktober Auf dem Cannstatter Wasen findet die traditionelle Herbstmesse statt; anschließend spendet die Wirtschaftsgruppe Ambulantes Gewerbe 3 011 RM für das Kriegs-Winterhilfswerk.

27. September Mit der Parole »Nach der Erziehung die Bewährung« werden die von der Hitlerjugend verabschiedeten 18jährigen Mädel und Jungen in die Partei aufgenommen.
Landesbischof Wurm hält in der Markuskirche einen Trauergottesdienst für seinen im Osten gefallenen Sohn.

28. September Versuch eines neuen Vernebelungsverfahrens, das im Vergleich zur stationären Vernebleranlage Neckartal fast keine Einrichtungs- und Wartungskosten und wegen seiner chemischen Zusammensetzung keine Korrosions- und Vegetationsschäden verursacht.

28.–30. September OB Dr. Strölin lädt die 1600 Ehrenpatenkinder der Stadt im Alter von vier bis sieben Jahren zu drei Sondervorstellungen der Salzburger Max und Moritz-Bühne in die Liederhalle ein.

29. September Landesbischof Wurm verleiht die Amtsbezeichnung eines Kirchenmusikdirektors an Erich Ade, Organist und Chorleiter an der Stadtkirche in Bad Cannstatt, an Hans Grischkat, Chorleiter an der Markuskirche und an Harold Henning, Organist und Chorleiter an der Johanneskirche und Lehrer an der Kirchlichen Orgelschule in Stuttgart.

OKTOBER 1942

1. Oktober Den Gaststätten- und Beherbergungsbetrieben wird die Zubereitung der durch Gäste mitgebrachten Eier untersagt.
Dr. Helmut Thielicke wird vom evang. Oberkirchenrat zum Beauftragten der evang. Kirche Württembergs für kirchliche und theologische Weiterbildung ernannt.
Im Alter von 34 Jahren nahm sich der Komponist und ehemal. Lehrer an der Hochschule für Musik in Stuttgart, Hugo Distler, in Berlin das Leben.

2. Oktober Hinrichtung einer vom Volksgerichtshof wegen »landesverräterischer Feindbegünstigung« zum Tode verurteilten 21jährigen Frau aus Esslingen. »Die Verurteilte hat es unternommen, während des Krieges den Feindmächten durch Hetzpropaganda Vorschub zu leisten.«

4. Oktober Erntedankfeier in der Liederhalle. 182 Bauern und Landwirte erhalten das Kriegsverdienstkreuz II. Klasse. Gauleiter Murr trägt vor: Während früher gewisse Parteien es als sinnlos bezeichnet hätten, mühselig den eigenen Boden zu bearbeiten, wenn man doch die wichtigsten Nahrungsmittel wie Brot und Fleisch billiger aus dem Ausland beziehen könne, habe schon der erste Weltkrieg ebenso grausam wie heilsam auf den Wert der eigenen Scholle hingewiesen. Darum verfolge heute die städt. Bevölkerung mit demselben Interesse und mit derselben Sorge wie der Landmann die Blüte, das Reifen und die Einbringung der landwirtschaftlichen Erzeugnisse. Ein gemeinsames Band der Gesinnung und des Dankes umschließe daher am Erntedanktag Stadt und Land und darum sei es berechtigt, dieses Fest wie auf dem Lande, so auch in der Stadt zu feiern.
Nach der Wallenstein-Trilogie wird die Reihe der Schiller-Neuinszenierungen des Staatstheaters mit »Maria Stuart« fortgesetzt.
6000 Wettkämpfer und 4000 Zuschauer finden sich beim SA-Wehrkampf und dem Mannschaftskampf der Betriebe in der Adolf-Hitler-Kampfbahn ein.

5. Oktober In einem geheimen Lagebericht des Sicherheitsdienstes wird u. a. auch auf Gerüchte über den Wert der Reichsmark und Verfügungsbeschränkung bei Spareinlagen eingegangen. Hier heißt es z. B.: »Aus Stuttgart wird weiterhin über zahlreiche Anfragen, insbesondere älterer Leute, bei den Sparkassen über den Wert des Papiergeldes berichtet.«

6. Oktober Das Sondergericht Stuttgart verurteilt einen nicht vorbestraften Zigeuner wegen einer größeren Anzahl von Diebstählen, von denen er die meisten vor der Vollendung seines 18. Lebensjahres begangen hatte, zum Tode.
In Gegenwart von Obergebietsführer Sundermann trafen die HJ-Sachbearbeiter der Gemeinden und der Gemeindeverbände zu einer Arbeitstagung über die Sozialarbeit

der HJ zusammen. Dabei wurde auch ein Vortrag über »Die praktische Zusammenarbeit zwischen Gemeinde und Hitler-Jugend« gehalten.
Am Flügel begleitet von Helmut Hidegethy spielt Gioconda de Vito (Violine) Werke von Tartini u. a.

7. Oktober   Herbsttagung der württ. Winzergenossenschaften auf dem Killesberg.

8. Oktober   Der NS-Kurier berichtet, daß ein 26 Jahre alter Pole hingerichtet wurde, »den das Sondergericht Stuttgart als Volksschädling zum Tode verurteilt hat. Er hatte die Scheune seines deutschen Dienstherrn in Brand gesetzt und dadurch kriegswichtige Vorräte vernichtet. Ebenfalls ist der ... 1907 in Spindelwag geborene August A. hingerichtet worden, der, aus dem Zuchthaus entwichen, wieder viele Einbrüche unter Ausnutzung der Verdunkelung begangen hatte. Außerdem wurde der 50 Jahre alte Josef M. aus Hochdorf-Schönebürg hingerichtet, weil er seine 85 Jahre alte Schwiegermutter nachts heimtückisch erstochen hatte, um das ihr zustehende Leibgeding nicht mehr leisten zu müssen.«

9. Oktober   »Modellschau« der Damenschneiderinnung Stuttgart. Die Röcke sind länger. Auf Briefe von Leserinnen, denen das Verlängern ihrer Röcke angesichts des Mangels an Stoff widersinnig erscheint, antwortet ein Redakteur des NS-Kurier, »daß keine Schöne ins Konzentrationslager abgeführt wird, die ihren Rock in alter Frische und Kürze weiter durch diese Zeit trägt.«
Die mit einem Gaudiplom ausgezeichnete Süddeutsche Handelsgesellschaft für das Fleischereigewerbe AG, Stuttgart-Feuerbach, verteilt eine 10 %ige Dividende.
Im Auftrag der Volksbildungsstätte spricht Prof. Wunderlich (Hannover) über »Das heutige Rußland«.

9./10. Oktober   In Begleitung einiger Vertreter des Reichsinnenministeriums trifft der slowakische Innenminister Sano Mach in Stuttgart ein. Er besucht die slowakische Ausstellung auf dem Killesberg.

10. Oktober   Die Vereinigten Eisenhandelsgesellschaften Zahn & Cie. und Friedrich Nopper GmbH Stuttgart erhöhen ihr Stammkapital um 0,24 Mio. RM auf 1,44 Mio. RM.

10. Oktober—1. November   Ausstellung Niederländische Kunst der Gegenwart im Ehrenmal der Deutschen Leistung im Ausland.

11. Oktober   Opfersonntag des Kriegs-Winterhilfswerkes; der Gau Württ.-Hohenzollern spendet 1 493 000 RM.

OKTOBER 1942

Als Vorbereitung für ihr nächstes Spiel gegen die Schweiz bestreitet die deutsche Fußball-Nationalmannschaft ein Übungsspiel gegen die Stuttgarter Kickers und gewinnt 7 : 0 in der Adolf-Hitler-Kampfbahn.

12. Oktober 50. Aufführung des Schwankes von Curt Kraatz und Max Neal »Der Hochtourist« im Schauspielhaus.
Unter dem Thema »Eine praktische Bibelstunde« findet in St. Eberhard eine Bibelkonferenz des Kath. Bibelwerks statt.

13. Oktober Die Stadt Stuttgart gibt einen einmaligen Zuschuß von 5000 RM zum Druck der großen achtbändigen Stuttgarter Hölderlin-Ausgabe.

14. Oktober Der NS-Kurier macht erneut bekannt, daß in privaten Betrieben der zwölf besonders kriegswichtigen Wirtschaftszweige die Lösung von Arbeits- und Lehrverhältnissen auch dann nur mit Zustimmung des Arbeitsamtes möglich ist, wenn die Lösung im Einverständnis beider Partner herbeigeführt werden soll.
Dr. Ebert spricht im Wilhelm-Murr-Saal über »Der durch den Ostfeldzug von uns gewonnene Zuwachs an Versorgungs- und Rüstungskraft«.

15. Oktober Hinrichtung eines vom Volksgerichtshof wegen »Landesverrates« zum Tode verurteilten 47jährigen Mannes.
Die Wochenmärkte finden fortan nur noch dienstags und samstags statt.
Der Träger des volksdeutschen Schrifttumspreises der Stadt der Auslandsdeutschen 1942, Egon H. Rakette, liest im Haus des Deutschtums aus seinen Werken.
Der mit dem Prädikat »Film der Nation« ausgezeichnete Bismarckfilm »Die Entlassung« wird im Universum erstaufgeführt.
Im Alter von 62 Jahren stirbt Emil Neidhart, der mit Willy Reichert das Friedrichsbautheater zu einer der besten Bunten Bühnen Deutschlands machte.

16. Oktober Auf einer Städtebau-Tagung in Straßburg sprachen Stadtrat Dr. Schwarz über Wirtschaftsplan und Stadtbauplan als Grundlage des neuzeitlichen Städtebaues und Baudirektor Dr.-Ing. Stroebel über die Voraussetzungen für die Schaffung neuer Industrieanlagen im Rahmen der Landesplanung.
Semesterbeginn der Württ. Verwaltungsakademie: Prof. Schönfeld (Tübingen) spricht über »Leben und Werk von Ernst Moritz Arndt«.
In Bad Cannstatt stoßen zwei Züge zusammen. Zu beklagen sind 10 Tote und 40 Schwerverletzte.

17. Oktober Die Geheime Staatspolizei — Staatspolizeileitstelle Stuttgart gibt bekannt, das gesamte Vermögen von 14 »verstorbenen« Juden eingezogen zu haben.

OKTOBER 1942

Schriftleiter der Stuttgarter Zeitungen unternehmen eine Studienreise in die Slowakei, um die durch die Slowakei-Ausstellung auf dem Killesberg angebahnten Beziehungen zwischen Stuttgart und der Slowakei zu vertiefen.
Uraufführung des Tanzwerkes von Boris Blacher »Das Zauberbuch von Erzerum« im Staatstheater.
Das Kunsthaus Schaller stellt ab heute Gemälde und Zeichnungen von Walter Strich-Chapell und Waldemar Flaig aus.
Lamari gibt ein Zauber-Gastspiel in der Liederhalle.

18. Oktober Der NS-Kurier berichtet, daß zur restlosen Erfassung der diesjährigen Bucheckernernte Gemeinschaftssammlungen der HJ und der Schulen durchgeführt werden. Sonstige Sammler erhalten bei Ablieferung »Fettprämien«: »Von 5 bis 10 Kilo Bucheckern ab gibt es 1 Kilo Sonderzuteilung von Margarine oder Speiseöl« usw.
Erste Morgenfeier des Wintersemesters der Volksbildungsstätte in der Liederhalle. Gauwart Etter trägt vor: »Der deutsche Mensch sucht besonders in schweren Zeiten über sein eigenes Ich hinaus das Höhere, den Gott . . . Gott suchen und deutsch sein ist eines . . . Die Sprache des Blutes ist der Strom, der den Kreislauf des Lebens bestimmt. Der Mensch stellt die Krönung der Schöpfung dar, die ihre innere wahre Würde erst durch den gemeinschaftlichen Willen eines ganzen Volkes aus dem gleichen Blute erhalte . . . Leben ist Gott . . . Der bewußt im Leben stehende Mensch kommt durch den Adel seines Daseins Gott am nächsten.«
Anläßlich einer Obermeistertagung des Bäckerhandwerks Württ.-Hohenzollern gibt Bezirksinnungsmeister Kächele bekannt, daß in Zukunft die Existenz eines Bäckereibetriebes von der Lieferung eines einwandfreien Brotes abhängig gemacht werde.
Unter der Leitung von Martin Hahn singt der Stuttgarter Oratorienchor das »Requiem« von Brahms in der Stiftskirche.
Der Schubertverein Bad Cannstatt feiert sein 75jähriges Jubiläum.

19. Oktober Drastische Einschränkung der Lebensmittelversorgung für jüdische Bürger im Reichsgebiet. Sie erhalten u. a. keine Fleisch- und Milchprodukte mehr.
Die Verwendung von Elektrizität und Gas zur zusätzlichen Beheizung von anderweitig beheizten gewerblich genutzten Räumen ist fortan verboten.
Gründung der »Gemeinschaft Schuhe« mit Wirkung vom 1. 11., die unter dem Vorsitz von Direktor Theodor Röder, Mercedes Schuhfabrik AG, Stuttgart, fast alle Betriebe und Einzelpersonen zusammenfaßt, die Schuhe aller Art gewerblich herstellen, ausbessern und verteilen. Diese Zusammenfassung soll sicherstellen, daß der Bedarf an Schuhen gedeckt wird.
Der vormalige deutsche Botschafter am Quirinal, Ullrich von Hassell, spricht auf Veranlassung der Deutsch-Italienischen Gesellschaft über »Cavour und Bismarck«.

OKTOBER 1942

19. Oktober—15. November Die Lebensmittelrationen für Normalverbraucher werden um wöchentlich 250 Gramm Brot und 50 Gramm Fleisch erhöht.

20. Oktober Das Neue Tagblatt berichtet, daß OB Dr. Strölin in der neuesten Nummer der Zeitschrift des internationalen Verbandes für Wohnungswesen die Meinung vertrat, Ordnung, Zweckmäßigkeit und Schönheit im Städtebau könnten nur dann erreicht werden, wenn das Bauwesen vom Staat her nach den übergeordneten Erfordernissen der Raumordnung gelenkt werde.
Arbeitstagung der sozialen Betriebsarbeiterinnen des Gaus Württ.-Hohenzollern. Dr. Kommerell, Beirätin der Stadt Stuttgart, sprach über die rassenpolitische Lage Europas und die bevölkerungspolitische Lage Deutschlands, Dr. Kimmich, der Reichstreuhänder der Arbeit, über sozialpolitische Probleme der Gegenwart.

21. Oktober Im Kreis Stuttgart wohnhafte Eltern von Kriegsgefallenen erhalten fortan auf Antrag von der Stuttgarter Kameradschaft der NS-Kriegsopferversorgung eine einmalige Elterngabe in Höhe von 300 RM.
Das Deutsche Frauenwerk eröffnet in der Kronprinzstraße eine Mode- und hauswirtschaftliche Beratungsstelle.
Im Auftrag der Volksbildungsstätte liest Prof. Dr. Adolf Meschendörfer, volksdeutscher Dichter aus Siebenbürgen, aus seinen Werken.

22. Oktober Auf Grund des im Vorjahr eingeführten Sonderstrafrechts wurden zwei Polen wegen Diebstahls vom Sondergericht Stuttgart zum Tode verurteilt.
Bei einer Tagung des Gesamtkirchengemeinderats Stuttgart stellt Landesbischof Wurm fest: Heute heißt Trennung von Staat und Kirche Verwerfung der Kirche durch den Staat, Unterdrückung durch den Staat, Erklärung der Kirche zu einem nebensächlichen, zu einem volksschädlichen Institut. Es hat keinen Sinn, irgendwelchen Gedankengängen nachzugehen, als ob es nicht so schlimm gemeint sei; wer die Personen und die Dinge kennt, muß sich klar sein, daß wir uns auf eine weitere Verschärfung des Kampfes, auf eine weitere Erschwerung allen kirchlichen Dienstes einrichten müssen.
Erstaufführung des Streichquartetts c-Moll (opus 50) von Hans Pfitzner durch das Strub-Quartett in der Liederhalle.

24. Oktober Nach langer Pause eröffnet das von Georg Deininger geleitete Stuttgarter Marionettentheater seine Winterspielzeit mit dem Märchen »Der gestiefelte Kater«.
Frédéric Ogouse gibt einen Chopin-Abend in der Liederhalle.
Max Wegener, ein junger Dichter aus Westfalen, liest vor der Stuttgarter Hitlerjugend aus seiner Erzählung »Die gebrochenen Hände«.

24./25. Oktober Reichsstraßensammlung; der Gau Württ.-Hohenzollern spendet für das WHW 1 361 860 RM.

25. Oktober Unter dem Leitgedanken »Der biologische Leistungswert des schaffenden Menschen muß gesichert werden« treffen die Betriebsärzte des Gaues Württ.-Hohenzollern zu ihrer ersten wissenschaftlichen Arbeitstagung im Robert-Bosch-Krankenhaus zusammen. Vortragsthemen sind: »Der Betriebsarzt als Produktionsfaktor im Krieg«, »Der Herzkranke im Betrieb«, »Neurose und Arbeit«.
140 kriegsdienstverpflichtete Arbeitsmaiden, die 7 Monate lang als Schaffnerinnen im Dienst der Stuttgarter Straßenbahnen tätig waren, werden von Betriebsführer Dr. Schiller verabschiedet.

25. Oktober bis 22. November Jubilarschau des Württ. Kunstvereins: Fritz von Graevenitz, Hans von Heider, Leo Bauer, Julius Koch, Walter Waentig, Karl Oertel und Gertrud von Berg werden als schwäb. Künstler gewürdigt.

27. Oktober Die Pianistin Branka Musulin spielt in der Liederhalle.

28. Oktober Obermedizinalrat Dr. Lempp erstattet den Beiräten für Frauenangelegenheiten Bericht über die gesundheitlichen Verhältnisse der Schuljugend: Der Ernährungszustand »gut« gehe allgemein zurück und der Ernährungszustand »mager« nehme zu; auch die Krankheitsstatistik der Allgemeinen Ortskrankenkasse zeige, daß die Bevölkerung anfälliger geworden sei.
Erstaufführung des Schauspiels »Isabella von Spanien« von Heinz Ortner im Kleinen Haus.

31. Oktober Als Auftakt zum Fußballländerspiel zwischen Kroatien und Deutschland werden die beiden Mannschaften von OB Dr. Strölin empfangen, der Paul Janes zu seinem 70. Spiel für die deutsche Nationalmannschaft beglückwünscht.
Ende Oktober wird die neuerrichtete Bücherei(fach)schule Stuttgart eröffnet.

1. November Durch Erlaß des württ. Wirtschaftsministeriums werden für Gerichte in Gaststätten Höchstpreise festgesetzt; die Kaffeepreise werden um durchschnittlich 20 % gesenkt.
In der Stiftskirche predigt Landesbischof Wurm anläßlich des auf den Sonntag verlegten Reformationsfestes und verliest zum ersten Mal die »13 Sätze über Auftrag und Dienst der Kirche«, eine Sammlung theologischer und praktisch-kirchlicher Aussagen zum Einigungswerk der evang. Kirche.

NOVEMBER 1942

Die eingeschriebenen Mitglieder der Deutschen Christen Groß-Stuttgarts werden ersucht, zu einem Vortrag von Oberpfarrer Le Seur im Gustav-Siegle-Haus zu erscheinen.
In der Adolf-Hitler-Kampfbahn gewinnt vor 50 000 Zuschauern die deutsche Fußballmannschaft 5 : 1 gegen die kroatische.

2. November Aus allen Teilen des Reiches kommend treten 150 Mädchen, die vor kurzem aus den Lagern des Reichsarbeitsdienstes entlassen wurden, ihren halbjährigen Kriegshilfsdienst als Schaffnerinnen bei den Stuttgarter Straßenbahnen an.
An der TH wird im Zuge der Neuordnung des Ausbildungswesens im Reich eine u. a. von den Stadtkreisen Stuttgart, Heilbronn und Ulm getragene Württ. Gemeindeverwaltungs- und Sparkassenschule eröffnet.

3. November OB Dr. Strölin gibt bekannt, daß die Technischen Werke beginnen, die Treppenhausschaltuhren auf Drei-Minuten-Beleuchtung umzustellen; über die Dauer des Krieges fällt die automatische Dauereinschaltung der Treppenhauslampen vom Einbruch der Dunkelheit bis 21 Uhr weg.

4. November Die Reichspressekammer verbietet die Veröffentlichung von amtlichen kirchlichen Nachrichten.

5. November Die Musikhochschule wird um die Fachgruppen Opernschule und -regie, Opernchorschule, Schauspielschule und -regie und Tanzschule erweitert.

7. November Eröffnung einer Leins-Gedächtnis-Ausstellung im Kronprinzenpalais.
Die Kunsthandlung Otto Starker stellt derzeit Werke von Otto Bauriedl, Anton Müller-Wischin u. a. aus.

7.–22. November Unter der Leitung ihres Generalmusikdirektors Herbert Albert, der einen Ruf nach Breslau angenommen hat, und Generalmusikdirektor Wüst (Breslau) bringt die Staatsoper Wagners gesamten Ring-Zyklus; den Aufführungen gehen vier Einführungsvorträge von Dr. Zimmermann (Bremen) voraus.

8. November Auf der vorverlegten Feier zum 9. November spricht Kreisleiter Fischer in der Liederhalle. Die Beflaggung der Gebäude unterbleibt, auch fällt am 9. November der Unterricht an den Schulen nicht aus, doch wird auf Anordnung des Kultministers Mergenthaler an allen Schulen des Landes im Rahmen des Unterrichts der »Blutzeugen« der NS-Bewegung, der Gefallenen des Weltkrieges und aller derer gedacht, die im jetzigen Krieg ihr Leben gaben.

NOVEMBER 1942

Dr. Ernst Holzinger, Direktor des Frankfurter Städels, spricht im Kronprinzenpalais über »Adam Elsheimer, der römische Maler deutscher Nation«.
Konsul Dr. Wilhelm Söder (Bremen) hält im Gustav-Siegle-Haus einen Lichtbildervortrag über »Unser Freiheitskampf zur See«.
Der VfB Stuttgart verliert mit 3 : 4 gegen die Kickers das wichtigste Spiel der Vorrunde zur württ. Fußballmeisterschaft.

10. November Nach der Landung amerikanischer und britischer Streitkräfte in Marokko und Algerien lauten vom 10. bis zum 12. November 1942 die Schlagzeilen des Neuen Tagblatts »Deutscher Einmarsch ins unbesetzte Frankreich«, »Schwere Schläge gegen die Transportflotte« und des NS-Kuriers »Nachschub für USA-Truppen versinkt im Ozean«, »Achsentruppen übernehmen den Schutz der französischen Mittelmeerküste/Den englisch-amerikanischen Angriffsplänen auf Südfrankreich zuvorgekommen«.
Das städt. Liegenschaftsamt gibt bekannt, daß wiederum Brachland zum Anbau von Kartoffeln und Gemüse an Interessenten mit Erfahrungen im Kleingartenbau unentgeltlich abgegeben wird.
Die Reichssportschule der Hitlerjugend in Stuttgart-Degerloch wurde vom BDM übernommen und um eine Reichsgymnastikschule erweitert.
Das Végh-Quartett spielt in der Liederhalle Werke von Bartók, Kodály u. a.

11. November In der Vortragsreihe der Wirtschaftskammer Württ.-Hohenzollern spricht Ministerialrat Dr. Rentrop vom Preiskommissariat über »Preispolitik als Antriebsmoment der Wirtschaft«. Jeder Krieg senke den Lebensstandard, weil der vorhandenen Kaufkraft immer weniger Verbrauchsgüter gegenüberstehen. Dem begegne die deutsche Regierung damit, daß sie Preise und Löhne stabilisiert, die Waren rationiert und die überschüssige Kaufkraft durch höhere Steuern und neue Sparanreize wie das Eiserne Sparen einfriere.

12. November Zu dem Thema »Warum die Theaterkarte Mangelware ist« druckt der NS-Kurier eine ihm von der Generalintendanz der Württ. Staatstheater übermittelte Darstellung ab: »Damit der Öffentlichkeit bekannt wird, warum für den freien Verkauf nur eine so verhältnismäßig kleine Anzahl von Karten zur Verfügung steht, ein Blick hinter die Kulissen ... Da bestehen zunächst die beiden großen Gruppen, die aus ihrem Mitglieds-Verhältnis einen Rechtsanspruch und nicht weniger auf Grund ihres Treueverhältnisses zum Theater einen moralischen Anspruch auf die Teilnahme am Theaterleben haben, nämlich 1. die Mieter ... 2. die Kulturgemeinde der NS-Gemeinschaft Kraft durch Freude ... die in ähnlicher Weise wie die Mieterschaft in einem festen tragenden Verhältnis zu unserem Theater ... steht. Für die Theatergemeinde der Hitler-Jugend und die Schülergemeinde gilt dasselbe.

NOVEMBER 1942

Die entscheidende Gruppe, die den größten Teil der »freien« Karten (d. h. der nicht durch Miete, Kulturgemeinde und Jugend fest belegten Plätze) beansprucht, ist die Wehrmacht. Und hier möchten wir nun allerdings denjenigen sehen, der an dieser Bevorzugung unserer Soldaten zu rütteln wagt... Eine kleine Anzahl von Karten wird darüber hinaus täglich noch für Urlauber zurückgehalten, die unmittelbar von der Front kommen. Für auswärtige Besucher ist das Kartenkontingent auf etwa 15 v. H. festgesetzt.«

14. November Oberbereichsleiter Dr. Klett eröffnet die Kreisverbandsleiter-Tagung des VDA-Gauverbandes Württ.-Hohenzollern mit einem Vortrag über die durch das Kriegsgeschehen entstandenen neuen volkspolitischen Aufgaben des Volksbundes für das Deutschtum im Ausland. Gauverbandsleiter Hermann Kurz gibt bekannt, daß dessen Stuttgarter Beratungsstelle in den letzten neun Monaten 2400 Volksdeutsche betreut, 227 Stipendien zur Berufsausbildung vergeben und über 1 Mio. RM an Beiträgen und Spenden aufgebracht habe.
Tag der Deutschen Hausmusik.

15. November Weihnachts- und Adventskerzen dürfen fortan nur noch an Haushalte mit Kindern von ein bis vier Jahren und Kinderheime abgegeben werden. Der Einzelhandel wird angewiesen, nur gegen Vorlage der dritten Reichskleiderkarte in Verbindung mit den entsprechenden Kleinkinderkarten (Säuglings-, Kleinkinder-, Knaben- und Mädchenkarten) bis zu sechs Weihnachtskerzen oder vier Adventskerzen abzugeben.
Ministerpräsident Kultminister Mergenthaler überreicht Auguste Supper den Schwäbischen Dichterpreis in Höhe von 5000 RM für ihr »gesamtes durch und durch schwäbisches und damit deutsches Schaffen«.
Im Gauamt für Erzieher erläuterte Minna Bäurle, Leiterin der Gaustelle für Schülerzeitschriften, Sinn und Zweck des vor kurzem angelaufenen Schüler-Reichswettbewerbs »Für Deutschlands Freiheit — Der Kampf im Osten!«

16. November In einer Meldung des SD zum Religionsunterricht wird u. a. die Stimme eines Arbeiters wie folgt wiedergegeben: »Ich schicke meinen Jungen so lange in die Religionsstunde, bis ich klar sehe. Auch die Kinder der Lehrer und Politischen Leiter gehen ja heute meistens in beides (in den Weltanschauungsunterricht und in die Konfessionsstunden), ein Zeichen, daß selbst diese Herren noch nicht richtig wissen, was sie wollen, was sie ihren Kindern in religiösen Dingen sagen sollen. (Stuttgart).«
Das Kultministerium gibt bekannt, daß wegen der günstigen Kohleversorgung die Schulferien an Weihnachten um acht Tage verkürzt werden konnten und auf die Zeit vom 23. Dezember bis 10. Januar 1943 festgesetzt wurden.

NOVEMBER 1942

Auf den Brief eines Lesers, dem der schlechteste Koks für Feuerbestattungen noch zu schade ist, erwidert der NS-Kurier: »Solange keine reichseinheitliche Regelung die Feuerbestattungen aus irgendwelchen Gründen verbietet, sehen wir, obwohl wir uns über die Notwendigkeit und den Sinn des sparsamen Energieverbrauchs vollkommen im klaren sind, nicht ein, weshalb nun von heute auf morgen die Feuerbestattungen abgeschafft und ausnahmslos Beerdigungen anberaumt werden sollen.«

17. November Anläßlich der ersten Tagung des Gaugesundheitsrates hebt Gaugesundheitsführer Dr. Stähle in Anwesenheit des Reichsgesundheitsführers Dr. Leonhard Conti hervor, daß der Gaugesundheitsrat »kein Parlament, sondern ein politisches Kampfinstrument« sei — weil im Sinne der NS-Bewegung Biologie eigentlich identisch mit Politik ist.

18. November Hitler verlieh 25 Werken, darunter zwei württembergischen, das Prädikat »Kriegsmusterbetrieb«. Diese Auszeichnung hatten zuvor schon 19 andere Unternehmen im Gau Württ.-Hohenzollern erhalten.
Anläßlich einer Beratung über die angespannte Wohnungslage stellen die Wirtschaftsbeiräte fest: Von den am 1. November 1942 gemeldeten 11 368 Wohnungssuchenden sind 8 184 ohne Wohnung; bei städt. Wohnungen sind durch die Alleinstehenden-Aktion bisher 530 Wohnungen freigemacht worden, was als ein sehr guter Erfolg bezeichnet werden kann.
Das Deutsche Frauenwerk zeigt im Vortragssaal der TWS, wie Gas bei Haushaltungen eingespart werden kann, das der Rüstungsindustrie in Groß-Stuttgart zugute kommen würde.

20. November Unter der Überschrift »Gesunde Lebensführung wird jeder Frau zur Pflicht« berichtet der NS-Kurier über eine Ausstellung der Abteilung Mütterdienst bei der Stuttgarter NS-Frauenschaft. Eine Schautafel erläutert die Sippenforschung, eine zweite graphische Darstellung veranschaulicht Gattenwahl, Erbgesundheit und Ehetauglichkeit. Die Gesetze zur Verhütung erbkranken Nachwuchses stellt eine weitere Schaukarte dar. Außerdem gibt das Anschauungsmaterial Hinweise zu gesunder Wohngestaltung und zu richtiger Kleidung und Körperpflege. All dies wird Frauen und Mädchen auch bei Vortragsabenden nahegebracht. »Bilder von glücklichen Müttern und strahlenden Kindern überzeugen sie davon, daß Gesundheit ein hohes Geschenk ist, aber die Verpflichtung mit sich bringt, sie sich und vor allem dem Volksganzen zu erhalten.«

21. November In der Musikhochschule singt Maria Wandel Werke von Händel u. a. sowie von Hermann Ruck und Hermann Henrich in Uraufführung.

NOVEMBER 1942

Prof. Dr. Heinrich Hess wurde als Nachfolger von Prof. Dr. Erich Schönhardt zum Rektor der TH Stuttgart ernannt.

22. November 7. Luftangriff. Schwerpunkte: Vaihingen, Rohr, Möhringen, Hauptbahnhof. 28 Tote, 71 Verletzte. In den Filderorten werden 88 Häuser zerstört und 334 schwer beschädigt. Die hölzernen Bahnsteigüberdachungen des Hauptbahnhofs brennen ab und auf den Bahnsteigen brennen zahlreiche Züge aus.
Unter der Leitung von Hans Grischkat singt der Schwäb. Singkreis Bachs »Matthäuspassion« in der Stiftskirche.
Im Städtekampf verliert Stuttgarts Handballelf erneut gegen die Mannschaft aus Bern.

24. November Bei einer Feierstunde der Deutschen Arbeitsfront im ehemaligen Landtag überreicht Gauleiter Murr zehn württ. Betrieben Kriegsauszeichnungen im Leistungskampf der deutschen Betriebe.
Alfred Cortot (Klavier) gastiert in der Liederhalle.
Im Auftrag des Hauptamtes für Volksgesundheit spricht Dr. med. Carl im Oberen Museum über »Beeinflußt der Krieg unsere Gesundheit?«

25. November Walter Barylli, erster Konzertmeister der Wiener Philharmoniker, spielt in der Liederhalle.

26. November Im Auftrag der deutsch-flämischen Arbeitsgemeinschaft und in Verbindung mit der DAF sprechen die Flamenführer Prof. Dr. Borms und Ward Herman vor Vertretern der Stadt und Betriebsführern und Obmännern der württ. Betriebe, die flämische Arbeiter beschäftigen. Prof. Borms betont u. a., daß die Flamen ein germanisches Brudervolk seien.
Entsprechend der bisherigen milden Witterung werden die Bezugsmengen der Hausbrandverbraucher um 10 % gekürzt.
Unter der Leitung von Prof. Schrems singen die Regensburger Domspatzen in der Stiftskirche.
In einem Vortrag über »Raumordnung und Verkehrsplanung« vor der Württ. Verwaltungsakademie hebt Prof. Pirath hervor, daß die erstrebte Auflockerung der Innenstadt neue Verkehrsplanungen und die Raumschaffung für neue große Geschäftshäuser die Umsiedlung eines Teiles der Wohnbevölkerung des Stadtkernes an die Peripherie voraussetzen — Aufgaben, die nicht von der Stadt, sondern von der Reichsstelle für Raumordnung in Angriff genommen werden sollten.
Dr. Keim spricht im Oberen Museum über »Woher kommt die Nervosität?«

27. November Die Geheime Staatspolizei — Staatspolizeileitstelle Stuttgart gibt bekannt, das gesamte Vermögen von sechs Juden eingezogen zu haben. Hiermit beläuft sich die Zahl der Juden, deren Vermögen in den letzten vier Monaten entschädigungslos eingezogen wurde, auf 26.

28. November Im Landesgewerbemuseum findet ein Trauerakt für die Opfer des Luftangriffes vom 22. November statt.
Die Württ. Hypothekenbank Stuttgart feiert ihr 75. Jubiläum.

29. November Unter dem Schlagwort »Löffelspende« beginnen die Blockfrauenschaftsleiterinnen der NS-Frauenschaft die Hausfrauen aufzusuchen und zu bitten, einige Löffel Mehl, Fett, Zucker oder Grieß zu spenden, damit alle Verwundeten Gebäck für die Weihnachtsfeier bekommen.
Der Ortsbann des Bundes der Schweizer in Großdeutschland veranstaltet in der Liederhalle eine Kundgebung mit Vorträgen der »Schweizer-Nationalsozialisten« Dr. Alfred Zander und Dr. Heinrich Wechlin.

30. November Oberlandesgerichtspräsident Küstner berichtet dem Reichsminister der Justiz, Dr. Thierack: »Die allgemeine Stimmung in meinem Bezirk kann, im ganzen betrachtet, durchaus als gut bezeichnet werden. Daß allgemein der Wunsch nach einem baldigen Kriegsende besteht, ist im 4. Kriegswinter nicht weiter verwunderlich. Aber darin sind sich wohl alle einig, daß zunächst der endgültige Sieg errungen werden muß. Die gute Getreide- und Kartoffelernte sowie die angekündigte und inzwischen auch erfolgte Erhöhung mancher Lebensmittelrationen haben sicher zur Hebung der Stimmung beigetragen. Der Rückschlag in Ägypten und die Landung der Amerikaner in Nordafrika haben naturgemäß die allgemeine Stimmung etwas belastet. Doch vermochten diese Umstände das Vertrauen in die deutsche Führung und in die deutsche Wehrmacht sicher nicht zu erschüttern, und seit die deutschen Gegenmaßnahmen sichtbar geworden sind, ist wohl allgemeine Beruhigung eingetreten.«

1. Dezember Alle Hauseigentümer und Garagenbesitzer werden aufgefordert, die bei ihnen untergestellten Personenkraftwagen oder Krafträder unter Angabe des polizeilichen Kennzeichens und des Eigentümers der Wehrersatzinspektion Stuttgart zu melden.
50. Aufführung des Lustspiels »Neuer Herr auf Lindenhof« von Richard Bars und Georg Okonkowski im Schauspielhaus.
20jähriges Jubiläum der Landesnaturschutzstelle.

1. Dezember 1942—31. März 1943 Wie erstmals im Winter vorigen Jahres wird im

DEZEMBER 1942

Rahmen der Säuglingsfürsorge in Groß-Stuttgart den werdenden Müttern kostenlos Cebionzucker mit einem Zusatz von organischen Kalksalzen zugeteilt.

2. Dezember Der NS-Kurier propagiert den Anbau von Mohn in den Ziergärten. Möglichst viele Volksgenossen sollten auf diese Weise Selbstversorger in Öl und Fetten werden. Eine Parzelle von 3 bis 5 Ar reiche für die Versorgung einer drei- bis fünfköpfigen Familie aus.
Gerhard Schumann, Träger des Nationalen Buchpreises und des Schwäbischen Dichterpreises, liest im Oberen Museum aus seinen Werken.

3. Dezember Luftschutzreferent Baudirektor Scheuerle berichtet den Ratsherren über den Luftangriff vom 22. November 1942. Er verdeutlicht die durch Umquartierung von 1 526 obdachlos gewordenen Personen äußerst angespannte Wohnungslage. Stadtrat Könekamp erläutert die geplante Wohnungszusammenlegung Alleinstehender und stellt fest: »Von den vorhandenen 130 000 Wohnungen sind 8 bis 10 % von Alleinstehenden belegt. Wenn 10 000 Wohnungen zusammengelegt würden, wären 5 000 Wohnungen gewonnen ... Im Vergleich zu den großen Umsiedlungen im Osten handelt es sich um eine Sache geringer Bedeutung. Wenn man in der Presse ankündigen würde, daß die Wohnungen Alleinstehender ab 1. Oktober 1943 zusammengelegt werden, falls die Alleinstehenden nicht bis dahin selbst einen anderen Weg gefunden haben, könnte der Erfolg schon erreicht sein. Kinder und alleinwohnende Elternteile würden dann von sich aus zusammenziehen und es würden Wohnungen, Möbel und Hausangestellte frei.« Gegen die sog. Wohnungszusammenlegung Alleinstehender werden von den Anwesenden keine Einwendungen erhoben, weil es aus bevölkerungspolitischen Gründen undenkbar sei, daß Alleinstehende mehrere Zimmer zur Verfügung hätten, während junge Paare, »die Kinder zeugen und das im Krieg verlorene Blut wieder ersetzen«, keine Wohnungen haben.
Viehzählung. Neben Pferden, Rindern, Eseln, Schafen, Schweinen, Ziegen, Federvieh und Bienen werden zum ersten Mal auch Kaninchen erfaßt. Angesichts der angedrohten strengen Bestrafung im Falle unvollständiger Angaben schlachten zahlreiche Kaninchenhalter ihre Tiere.
In verschiedenen Stadtteilen kollidieren einige Straßenbahnwagen; zehn Personen werden leicht verletzt.

4. Dezember Anläßlich des bevorstehenden Weihnachtsfestes erinnert die Wirtschaftsgruppe Einzelhandel ihre Mitglieder daran, daß die Kunden oft enttäuscht und verärgert werden, wenn sie beim Betreten eines Geschäftes hören, daß es sich bei den im Schaufenster gezeigten Waren um bereits verkaufte Ausstellungsstücke handele. Richtig sei es, ein einziges Stück, das den Charakter des Geschäftes repräsentiere, so auszu-

stellen, daß die Passanten erkennen, weitere Waren seien zur Zeit nicht zu haben.
Die Hitlerjugend hat die Betreuung und Überwachung der öffentlichen Grünanlagen übernommen, da die städt. Anlagen nicht mehr in dem Umfange gepflegt werden können wie in Friedenszeiten.
Die Robert Bosch GmbH legt ihren Sozialbericht für das abgelaufene Geschäftsjahr vor: Auf 100 000 Arbeitsstunden entfielen 2,28 Arbeitsunfälle, 100 000 RM wurden an »mitdenkende« Gefolgschaftsmitglieder ausgezahlt, vor allem aber wurden die sog. »Fertigungshilfen« weiter ausgebaut, die gleichzeitig die Fertigungswerkstätten auf höchste Leistung bringen und die Höhe des Lohnes nach genauer Stückzeitermittlung und Schwierigkeit des Arbeitsganges festsetzen.

5./6. Dezember Das Wochenende steht im Zeichen verschiedener Kundgebungen. Am Samstagnachmittag findet eine Arbeitstagung des Gauschulungsamtes statt. Am Sonntagmorgen wird eine weltanschauliche Feierstunde im Großen Haus unter dem Leitgedanken »Sippe und Volk« veranstaltet. Am Sonntagnachmittag spricht im Rahmen der Gauarbeitsgemeinschaft auch Reichsleiter Alfred Rosenberg. Außerdem treffen sämtliche Kreispropagandaleiter des Gaues zu einer Arbeitsbesprechung der Gaupropagandaleitung zusammen.

6. Dezember Wegen des Weihnachtsfestes ist die Haussammlung des Kriegs-Winterhilfswerkes um eine Woche vorverlegt worden. Weil das Gesamtergebnis der letzten Sammlung im Gau Württ.-Hohenzollern unter dem Reichsdurchschnitt lag, wendet sich die NS-Volkswohlfahrt besonders eindringlich an die Bevölkerung. Der Gau Württ.-Hohenzollern spendet rund 1,5 Mio. RM.
Esslingen wird an das Telefon-Ortsnetz Stuttgart angeschlossen.
Die SSV Reutlingen bringt den Stuttgarter Kickers mit 3 : 2 die erste Niederlage der Saison bei.
Der Turnerbund Bad Cannstatt feiert sein 50jähriges Bestehen und dessen Ehrenvorstand Carl Fink am 21. 12. seinen 70. Geburtstag.

7. Dezember Im Rahmen einer Kriegsschulungstagung für das höhere Führungskorps des Gaus Württ.-Hohenzollern sprach Reichsleiter Rosenberg über die weltanschauliche Lage. Danach empfing er 50 volksdeutsche Lehrerinnen aus der Ukraine, die sich zur Ausbildung in Deutschland aufhalten.

8. Dezember Am Flügel begleitet von Otto Eisenburger singt Isolde Riehl (Wien) in der Musikhochschule.

9. Dezember 25. Jubiläum des Stuttgarter Verbands des Schwäb. Albvereins.

DEZEMBER 1942

10. Dezember Landesbischof Wurm beschwert sich bei Gauleiter Murr über die Angriffe von Gauschulungsleiter Dr. Klett und Gauhauptstellenleiter Hornickel gegen die Kirche.
In einem Runderlaß an sämtliche Dekanatämter stellt der evang. Oberkirchenrat fest: »Gegenüber allen Versuchen, den Religionsunterricht unter Hinweis auf die Kriegsverhältnisse ruhen zu lassen oder durch einen Weltanschauungsunterricht zu verdrängen, müssen sich die betroffenen Eltern und Gemeinden bei jeder sich bietenden Gelegenheit auf den Rechtsstand und auf die Zusagen des württembergischen Herrn Kultministers berufen ... Wenn evangelische Eltern vor die Wahl gestellt werden, ob sie ihre Kinder dem Religionsunterricht oder dem sogenannten Weltanschauungsunterricht zuführen wollen, ist es in der jetzigen Entscheidungszeit ihre Pflicht, am Religionsunterricht festzuhalten ... Wenn evangelische Eltern ihre Kinder trotz rechtzeitiger und deutlicher Aufklärung aus dem evangelischen Religionsunterricht ab- und in den Weltanschauungsunterricht anmelden bzw. den Versuch unterlassen, ihre Kinder rechtzeitig ... wieder in den Religionsunterricht anzumelden, ist es der Kirche nicht möglich, Kinder, deren Eltern durch die Abmeldung aus dem Religionsunterricht eine deutliche Entscheidung gegen die christliche Unterweisung getroffen haben, zum Konfirmationsunterricht und zur Konfirmation zuzulassen.«
Semesterbeginn der Akademie der bildenden Künste. Akademiedirektor Prof. Fritz von Graevenitz hält die Eröffnungsansprache; der Bildhauer Curt Scholz, der neue Leiter der Grundklassen, behandelt in einem Lichtbildervortrag Probleme der Kunsterziehung.
Im Rahmen der Deutsch-Italienischen Gesellschaft spricht Prof. Dr. Carlo Picchio (Rom) über Machiavelli.

11. Dezember Dr. Curt Rothenberger, Staatssekretär im Reichsjustizministerium, spricht vor dem NS-Rechtswahrerbund über »Das Zukunftsbild des lebensnahen deutschen Richters«.
Dr. Hugo Holle, Leiter der Musikhochschule, verstorben.

13. Dezember Im Auftrag des Bundes der Schweizer in Großdeutschland e. V. spricht der schweizerische Schriftsteller A. T. Gruelich über »Liberalistische oder Nationalsozialistische Kunst« in der Liederhalle.
Im Städtespiel unterliegt die Stuttgarter Fußballmannschaft der Frankfurter 1 : 2.

14. Dezember Der Müll wird in den meisten Stadtteilen fortan wieder zweimal wöchentlich abgeholt.

15. Dezember Ein 60jähriger Schwarzschlächter wird hingerichtet. Ihm wurden die

nichtgenehmigte Schlachtung von 25 Kälbern und 55 Schweinen sowie sonstige Manipulationen zur Last gelegt.
Große Kundgebung in der Liederhalle. Die württ. Ritterkreuzträger Pfeiffer, Brachat und Hengstler berichten über ihre Erfahrungen im Westen und Osten unter dem Motto »Über allem aber steht die deutsche Infanterie«.
Aufführung der von Gustav Deharde neuinszenierten Oper von Gluck »Orpheus und Eurydike« im Großen Haus.
Für die Kinder führen in der Weihnachtszeit das Schauspielhaus Rügamers »Märchen von der Wundergeige«, das Staatstheater »Peterchens Mondfahrt« von Bassewitz und das Marionettentheater von Georg Deininger »Schneewittchen« und »Der Froschkönig« auf.

17. Dezember Beginn des Verkaufs von Weihnachtsbäumen und Eröffnung des Weihnachtsmarktes.
Das städt. Fuhramt läßt derzeit 15 verkehrsreiche Plätze in der Stadt mit Leuchtfarben anstreichen, um den Fußgängerverkehr auch bei Nacht zu sichern.
Der zweite deutsche Farbfilm, »Die goldene Stadt«, läuft in Stuttgart an.

19. Dezember Uraufführung des Schauspiels »Das Dorf bei Odessa« von Herbert Reinecker im Kleinen Haus.

21. Dezember Das Sondergericht Stuttgart verurteilt einen Schneidermeister und Textilwarengroßhändler wegen »Kriegswirtschaftsverbrechens« zum Tode. Sein Vermögen wird konfisziert.
Der Landeskirchenausschuß bestellt die Prälaten Lic. Schlatter und Dr. Hartenstein zu Stellvertretern des Landesbischofs für geistliche Angelegenheiten unter Vorbehalt näherer Bestimmung ihrer Dienstaufgaben durch den Landesbischof. Dem Oberkirchenrat Schaal verleiht der Landesbischof die Amtsbezeichnung Prälat.

23. Dezember Kundgebung in der Liederhalle. Unter dem Motto »Deutschland für immer die stärkste Luftmacht der Welt« erzählt der bisher erfolgreichste Jagdflieger, Major Graf, von seinen Kriegserlebnissen.

26./27. Dezember Unter der Leitung von Erich Ade führen die Chöre der Stadt- und der Lutherkirche in Bad Cannstatt Bachs »Weihnachtsoratorium« in gekürzter Fassung auf.

28. Dezember Die Hansa-Metallwerke AG, Stuttgart-Möhringen, gibt eine 100 %ige Kapitalaufstockung und die Absicht bekannt, innerhalb der nächsten fünf Jahre das

DEZEMBER 1942

Aktienkapital darüber hinaus bis zum Betrag von 930 000 RM zu erhöhen; die Dividende beträgt 3,5 % auf das berichtigte Aktienkapital.

29. Dezember   Die Mercedes-Schuhfabriken AG, Stuttgart-Bad Cannstatt, nimmt eine 75 %ige Kapitalerhöhung vor und verteilt eine 3,5 %ige Dividende auf das berichtigte Kapital von 5 Mio. RM.

31. Dezember   Die Polizeistunde in der Silvesternacht ist für die Gaststätten im Stadtbezirk Stuttgart auf 1 Uhr festgesetzt; Theater-, Lichtspiel- und andere Vorstellungen müssen jedoch wie sonst spätestens um 21.15 Uhr beendet sein.
In einem Aufruf Murrs zum Jahreswechsel heißt es: »Während wir einem neuen Kampfjahr voll Zuversicht entgegengehen, nehmen wir Abschied von dem vergangenen mit dem Gefühl tiefster Dankbarkeit gegenüber der Feldherrnkunst des Führers und der Tapferkeit seiner Soldaten, die in einem schicksalsschweren Jahr in harten, entbehrungsreichen Kämpfen weit vor den Grenzen des Reiches unser Dasein gesichert haben ... Die Heimat aber ist unermüdlich am Werk, der kämpfenden Front das zu geben, was sie zum Siege braucht. Auch die ruchlosesten Terrorangriffe anglo-amerikanischer Flieger können daran nichts ändern. In siegessicherer Entschlossenheit und Kampfbereitschaft marschieren Front und Heimat gemeinsam mit den verbündeten Völkern der jungen Nationen dem Ziele dieses gigantischen Kampfes entgegen, der Neuordnung der Welt und der gerechten Verteilung der Güter dieser Erde«.
Mitte Dezember wurde der Reichssender Stuttgart im Haus des Deutschtums stillgelegt.

1943

1. Januar Als Rechtsnachfolgerin der durch Erlaß des Reichswirtschaftsministers aufgelösten Industrie-, Handels- und Handwerkskammern des Gaues Württ.-Hohenzollern nimmt die Gauwirtschaftskammer ihre Tätigkeit auf. Unter der Leitung von Oberbereichsleiter Rudolf Rohrbach, bisher Leiter des Gauamtes für Technik, hat die Gauwirtschaftskammer Württ.-Hohenzollern die Aufgabe, die regionale Selbstverwaltung der Wirtschaft mehr als bisher in die rüstungswirtschaftlichen Aufgaben einzuordnen. Kraft Reichsverordnung können ab 30. Januar auf Gauebene Arbeitskräfte für »Aufgaben der Reichsverteidigung« durch Stillegen von Betrieben herangezogen werden.
Unter dem Schlagwort »Vereinfachung und Verbilligung« führen die Stuttgarter Straßenbahnen Fahrscheinhefte und einen Einheitstarif ein; die Fahrkarte für Erwachsene kostet 20 Pf und berechtigt auch zur Benutzung der Filderbahn, der Autobuslinie S und der Seilbahn.
Die Verlagsbuchhandlung Eugen Ulmer feiert ihr 75jähriges Jubiläum.

2./3. Januar Die Deutsch-Flämische Arbeitsgemeinschaft und die NS-Gemeinschaft Kraft durch Freude veranstalten für die von ihnen betreuten Berufstätigen zwei Solistenkonzerte im Oberen Museum.

3. Januar Die Gesellschaft für elektrische Anlagen AG, Stuttgart/Fellbach, nimmt eine 200%ige Kapitalerhöhung auf 1,5 Mio. RM vor.

4. Januar Der Landschafts- und Tiermaler Richard Herdtle verstorben.

6. Januar In der Liederhalle berichtet Hauptbannführer Strübe vor HJ-Führern und BDM-Führerinnen des Bannes 119 über den Einsatz der HJ bei der Abwehr von Luftangriffen auf das Ruhr-Niederrhein-Gebiet.
Anläßlich einer Sitzung mit den Beiräten für die Ortsämter Vaihingen und Möhringen über den Luftangriff vom 22. November 1942 räumt OB Dr. Strölin ein, daß der städt.

JANUAR 1943

Luftschutzdienst noch nicht ganz auf die Verhältnisse der Fildergemeinden umgestellt gewesen sei, was mit der späten Eingemeindung von Möhringen, Vaihingen und Rohr zusammenhinge.

7. Januar Es wird daran erinnert, daß das Streuen mit dem der Bevölkerung kostenlos abgegebenen Löschsand bei Glatteis strafbar ist.
Das Wendling-Quartett und Hubert Giesen spielen in der Liederhalle.

9. Januar Kreisleitung und Stadtverwaltung geben bekannt, daß bisher schon über 1 000 Personen dem Aufruf, Mohn anzupflanzen, gefolgt sind und die Anbauer mit einem durchschnittlichen Ertrag von 10 bis 15 Liter Öl rechnen könnten.

10. Januar Opfersonntag; der Gau Württ.-Hohenzollern spendet über 1,5 Mio. RM für das WHW.
In einem Duo-Abend mit dem Stuttgarter Flötisten Walter Deyle spielt Walter Gieseking selbstkomponierte Variationen über ein Thema von Grieg u. a.
Beim Gauvergleichsspiel in der Adolf-Hitler-Kampfbahn verliert die württ. Fußballmannschaft gegen die badische 0 : 1; im Endspiel des württ. Handballturniers zur Ermittlung der besten Städtemannschaft spielen Stuttgart und Göttingen unentschieden.
Direktor Hans Rummel (Deutsche Bank) wurde als Nachfolger des verstorbenen Staatsrats von Stauß zum Vorsitzenden des Aufsichtsrates der Daimler-Benz AG bestimmt.

11.–15. Januar Tagung der Internationalen Fahrplankonferenz. OB Dr. Strölin begrüßt die Teilnehmer und gibt seiner Freude darüber Ausdruck, daß Stuttgart zum Tagungsort gewählt und damit Stuttgarts wachsende Bedeutung für den internationalen Verkehr anerkannt wurde.

13. Januar Baudirektor Scheuerle teilt den Beiräten für Luftschutzfragen mit, daß die Abwehr von feindlichen Fliegerangriffen auf Stuttgart kürzlich durch Heranziehung weiterer Flakgeschütze bzw. durch die Ausdehnung der Vernebelungseinrichtungen auf den Stadtteil Feuerbach verstärkt wurde; auf Wunsch des Luftgaukommandos seien neben den 43 Vernebelungsstellen in Feuerbach und 32 in Bad Cannstatt weitere 23 in Gablenberg, Ostheim und Gaisburg errichtet worden; Stuttgart verfüge nun über ausgezeichnete Vernebelungsmöglichkeiten.
Mit Beginn des Jahres ist der älteste Mitarbeiter Robert Boschs, Ing. Max Rall, von seiner Stellung als Geschäftsführer der Robert Bosch GmbH aus Gesundheitsgründen zurückgetreten.

14. Januar Unter dem Leitspruch »Den deutschen Menschen die deutsche Land-

schaft erhalten« berichtet Prof. Schwenkel, Leiter der württ. Naturschutzstelle, über die Auswirkungen des neuen Naturschutzgesetzes.
Im Vortragssaal des Amtes für Tierpflege spricht Prof. Dr. Kretschmer (Marburg) über »Gehirn und Seele«.

15. Januar   Das Quartetto di Roma spielt in der Liederhalle.

15.—17. Januar   In der Musikhochschule findet eine Musikarbeitstagung der Hitlerjugend statt.

16./17. Januar   Straßensammlung für das Winterhilfswerk; der Gau Württ.-Hohenzollern spendet 960 000 RM.

17. Januar   Die Deutsche Arbeitsfront und die Deutsch-Italienische Gesellschaft laden die italienischen Zivilarbeiter des Gaues zu einem Bunten Nachmittag in der Liederhalle ein — wie es heißt, als kleine Entschädigung dafür, daß sie das Weihnachtsfest nicht in der Heimat feiern konnten.
Morgenfeier der Volksbildungsstätte. Unter dem Motto »Die völkische Gemeinschaft allein kann die gestaltende politische Kraftquelle sein« trägt Abschnittsleiter Hilburger vor: »Es wäre der göttlichen Weltordnung Hohn gesprochen, wenn man den Gesetzen des Lebens durch den Tod ausweichen will ... Ein Sein ohne Widerstände gibt es nicht, und wenn dem so ist, dann hat es Gott gewollt. Die Größe der Zeit wird dereinst nach der Größe des Kampfes gemessen und das Ich wird nach den Leistungen für das Volk gewogen werden, da wird dann nicht das Gebet für den Frieden entscheidend sein, sondern einzig und allein die Tat für den Sieg.«
Uraufführung des Lustspiels »Das Dementi« im Kleinen Haus in Anwesenheit des Autors Wilhelm Utermann.

18./19. Januar   Die Deutsche Gesellschaft für Betriebswirtschaft und die Gauwirtschaftskammer für Württ.-Hohenzollern veranstalten im Oberen Museum eine zweitägige Vortragsreihe über »Kostenrechnung und Preisbildung in der Kriegswirtschaft«.

20. Januar   Gemäß einer Verfügung des Reichsinnungsmeisters für das Friseurhandwerk dürfen Kinder nur von Montag bis Donnerstag und nur in den Stunden zwischen 8 und 11 und 14 bis 16 Uhr bedient werden, damit den Berufstätigen die übrigen Tagesstunden reserviert bleiben.
Oberregierungsrat Dr. Gaßmann spricht im Wilhelm-Murr-Saal über »Die Rassen Europas«.

JANUAR 1943

21. Januar Anstelle des üblichen Verwaltungsberichtes gibt OB Dr. Strölin einen kürzeren Rückblick auf die Arbeit der Stadtverwaltung im Jahre 1942. Einschneidendstes Ereignis sei, daß die Stadt nunmehr dank der Eingliederung von Vaihingen, Möhringen, Plieningen, Birkach und Stammheim mehr als eine halbe Million Einwohner zähle und im Norden und Süden aus der Enge des Talkessels hinausgewachsen sei. Nach kurzen Ausführungen über den Stand der Stadtfinanzen — die Stadt hätte sowohl ihre ordentlichen wie auch ihre außerordentlichen Ausgaben weitgehend selbst finanzieren und ihre Schuldenlast geringfügig verringern können — stellt OB Dr. Strölin fest, daß nach Geschäftsumfang und organisatorischem Ausbau insbesondere das Ernährungs- und das Wirtschaftsamt ihren Höhepunkt wohl erreicht hätten — es gäbe derzeit nicht weniger als 136 verschiedene Arten von Lebensmittelkarten und Berechtigungsscheine für die Verbraucher. An diese Feststellung anknüpfend bittet OB Dr. Strölin die Stuttgarter, die Behörden nicht unnötig in Anspruch zu nehmen; die öffentliche Verwaltung leide bereits unter außerordentlichem Mangel an Dienstkräften und werde neue und kriegswichtige Aufgaben übernehmen müssen.
Auf Antrag von OB Dr. Strölin erklärt das württ. Innenministerium den Stadtkreis Stuttgart zum Wohnsiedlungsgebiet. Durch Unterbinden ungeregelter Siedlungstätigkeit und Lenken des privaten Grundstücksverkehrs zwecks Sicherung des öffentlichen Interesses wird der Stadtverwaltung unter anderem die Möglichkeit gegeben, die Gemeindefläche in Wohn- und Industriegebiete nach einem auszuarbeitenden Bebauungs- und Wirtschaftsplan aufzuschließen und einzuteilen.
Kammertanzabend mit Uraufführungen der »Ballade« von Lilo Römer-Martin und »Episode« von Hans Müller-Kray im Kleinen Haus.

22. Januar Es wird darauf hingewiesen, daß angesichts der zuletzt in größerem Umfang getätigten Käufe von Aktien solcher Gesellschaften, bei denen Kapitalerhöhungen unmittelbar bevorstanden, das Reichswirtschaftsministerium die Freistellung des Erwerbs junger Aktien von der Meldepflicht bzw. von der 100 000-RM-Abgabeverordnung mit Wirkung vom 1. Januar 1943 ab aufgehoben hat.
Walter Deyle (Flöte), Li Stadelmann (Cembalo) und Hermann von Beckerath (Viola da Gamba) geben einen Bach-Abend in der Musikhochschule.
Im Oberen Museum liest der Dichter Gerhard Uhde aus seinen Werken.

23. Januar Die Fachgruppe Wäscheindustrie teilt die Eröffnung einer Reihe von Betrieben mit, die sich auf Reparaturarbeiten umgestellt haben. Zunächst werden Herrenoberhemden und Sporthemden instand gesetzt, Werkstätten für Kittel- und Schürzenreparaturen sollen folgen.
Das Kunsthaus Schaller stellt ab heute Gemälde von Norbert Hartmann, Lithographien von Alexander Kanoldt und Aquarelle von Dora Brandenburg-Polster aus.

23./24. Januar Zur Intensivierung der Kulturarbeit führt die Gauleitung eine Kulturtagung mit mehreren Vorträgen z. B. über Dorfkulturarbeit, praktische Volkstumsarbeit, »Tanzmusik und Rasse« durch. Bei der Schlußkundgebung spricht Gauleiter Murr und gibt die Stiftung eines Gaukulturpreises in Höhe von 10 000 RM für hervorragende Leistungen auf dem Gebiet des Schrifttums, der Musik und der bildenden Künste bekannt.

23. Januar bis 28. Februar Der Württ. Kunstverein und die Deutsch-Italienische Gesellschaft stellen Werke zeitgenössischer toskanischer Künstler aus.

24. Januar In der Stiftskirche führt der Stuttgarter Oratorienchor Bruckners Messe in f-Moll auf.
Beim Endspiel des nationalen Hallen-Handball-Turniers in der Stuttgarter Stadthalle unterliegt SS-Stuttgart der Mannschaft von Landau 4 : 5.

26. Januar Eine größere Anzahl von Haltestellen wird verlegt, da die Gleise auf den von mehreren Linien befahrenen Straßenbahnstrecken durch die Bremswirkung stark abgenutzt sind und zur Zeit nur in sehr beschränktem Umfang erneuert werden können.
In der TH hält Dr. Vermeulen, Ministerialrat im niederländischen Ministerium für Aufklärung und Künste, einen Vortrag über »Deutsch-Niederländische Architekturbeziehungen«.

27. Januar Jakob Kraus, ehem. KPD-Stadtrat in Feuerbach, in der Haft im Polizeigefängnis (Büchsenstraße) umgekommen.
Die 108 württ. Volksbanken, die in der Zentralkasse württ. Volksbanken Stuttgart zusammengeschlossen sind, geben bekannt, daß sich wie schon im Vorjahr auch 1942 ihre Bilanzsumme gesteigert hat.

28. Januar Auftraggemäß berichtet Gerneralstaatsanwalt Wagner dem Reichsminister der Justiz, Dr. Thierack: »Die allgemeine Stimmung in meinem Bezirk steht — wie wohl in ganz Deutschland — unter dem beherrschenden Einfluß des erbitterten Ringens im Osten. Nachdem schon die monatelangen blutigen Kämpfe zur Eroberung von Stalingrad die Nerven der Bevölkerung ständig in Spannung gehalten hatten, ist es verständlich, daß die jetzigen militärischen Rückschläge ... nicht ohne stimmungsmäßige Auswirkungen bleiben können. Überall, in den Verkehrsmitteln, auf den Straßen, in den Betrieben oder Dienststellen tauschen die Volksgenossen ihre Hoffnungen und noch mehr ihre Befürchtungen über die weitere Entwicklung der harten Kämpfe um Stalingrad, am Don und Donez, im Kaukasus und an den sonstigen Brennpunkten der

JANUAR 1943

Ostfront aus. Die hochgespannte militärische Lage läßt in verstärktem Maße ein Sehnen nach dem Kriegsende, da und dort unverkennbar sogar eine gewisse Kriegsmüdigkeit und Angst vor der Zukunft in Erscheinung treten. Allgemein sieht man mit ernster Sorge den noch bevorstehenden Wintermonaten entgegen. Doch hat sich bei dem überwiegenden Teil der schwäbischen Bevölkerung die Erkenntnis durchgesetzt, daß es um das Ganze geht und daß es gilt, alles zu tun und kein Opfer zu scheuen, um den Kampf im Osten und den Krieg überhaupt zu einem siegreichen Abschluß zu bringen ... Ein Absinken der Kriminalität kann nach meinen Beobachtungen nicht festgestellt werden. Entsprechend dem vermehrten Zuzug ausländischer Arbeitskräfte ist insbesondere eine Zunahme der von Ausländern begangenen Straftaten zu verzeichnen. Auch der Anfall von Anzeigen wegen verbotenen Umgangs mit Kriegsgefangenen ist nach wie vor groß; wenig erfreulich ist dabei, daß die Fälle der Schwängerung deutscher Frauen durch Kriegsgefangene recht häufig und im Zunehmen begriffen sind. Bei der Anklagebehörde beim Sondergericht verursachen die Kriegswirtschaftsdelikte die stärkste Belastung. Im Vordergrund stehen immer noch die Schwarzschlachtungen. Diejenigen Kriegswirtschaftsverbrechen, die sich auf andere Rohstoffe oder Erzeugnisse beziehen, nehmen stetig zu; vielfach handelt es sich dabei um besonders schwer zu ermittelnde und komplizierte Tatbestände.«

Landesbischof Wurm schreibt an Ministerialdirektor Dr. Dill vom württ. Innenministerium, ob nicht der Augenblick gekommen sei, »das Verhältnis des nationalsozialistischen Staates zu den christlichen Kirchen ... anders und befriedigender zu gestalten, als es sich besonders in den letzten Jahren entwickelt« habe, nämlich: »Die Hetze gegen Christentum und Kirche in Parteiversammlungen und Parteischulungen ... sofort einzustellen ... Die in solchen Versammlungen ausgesprochenen Bedrohungen, daß nach Kriegsende ... das christliche Bekenntnis in Deutschland keinen Raum mehr haben werde ... durch eine feierliche Erklärung als sinnloses Gerede« zu bezeichnen. »Der Deutschen Evang. Kirche ... die Möglichkeit zu geben, ohne Einmischung von staatlichen und Parteistellen ihre durch die Ereignisse in den Jahren 1933 und 1934 zerstörte Ordnung mit rein kirchlichen Mitteln und in geordnetem Verfahren wiederherzustellen ... Mit der völligen Totschweigung der Kirche und des kirchlichen Lebens in der öffentlichen Presse ... Schluß« zu machen; jeder größeren Landeskirche ein Sonntags- und Gemeindeblatt zu bewilligen, welche die durch die überaus starke Heranziehung von evangelischen Pfarrern zum Dienst in der Wehrmacht stark beeinträchtigte mündliche Wortverkündigung ersetzen und allen Kirchengenossen den Anschluß an die kirchliche Gemeinschaft emöglichen sollte. Anschließend stellt Landesbischof Wurm fest: »In weiten Kreisen, nicht bloß in konfessionell-christlichen, ist man bedrückt durch die Art und Weise, wie der Kampf gegen andere Rassen und Völker geführt wird. Man erfährt durch Urlauber, was in den besetzten Gebieten an systematischer Ermordung von Juden und Polen geschieht. Auch diejenigen, die die Vormacht des Judentums auf den verschiedenen Gebieten des öffentlichen Lebens schon damals, als fast die gesamte Presse philosemitisch eingestellt war, für einen schweren Schaden gehalten haben, können nicht annehmen, daß ein Volk berechtigt ist, ein anderes Volk durch Maßnahmen, die jeden einzelnen ohne Rücksicht auf persönliche Verschuldung treffen, auszurotten. Menschen ohne richterlichen Urteilsspruch lediglich wegen ihrer Zugehörigkeit zu einem anderen Volkstum oder wegen ihres kranken Zustandes zu Tode zu bringen, widerspricht dem klaren göttlichen Gebot und darum auch den Begriffen von Recht und Menschlichkeit, wie sie in einem Kulturvolk unentbehrlich sind. Darauf kann kein Segen liegen, und es gibt zu denken, daß seit der Zeit, in der solche Mittel angewendet worden sind, den deutschen Waffen nicht mehr die Erfolge beschieden worden sind wie am Anfang des Krieges. Viele Volksgenossen empfinden solche Vorgänge nicht bloß als Not, sondern auch als Schuld, die sich bitter rächen kann. Sie würden aufatmen, wenn durch einen mutigen und hochherzigen Entschluß der Staatsführung alles beseitigt würde, was den deutschen Ehrenschild befleckt. Die evang. Kirche hat in der Öffentlichkeit von all dem geschwiegen, um das deutsche Volk nicht vor dem Ausland bloßzustellen. Aber wenn jetzt neue und große Opfer vom Volk verlangt werden, dann sollte ihm auch eine Entlastung in moralischer Hinsicht gewährt werden.«

Im Auftrag der Volksbildungsstätte spricht Karl Hornickel über die »Nationalsozialistische Weltanschauung und die Neuordnung Europas«.

Vor einer größeren Anzahl geladener Gäste sprach Admiral Aßmann über »Die Seekriegslage 1939—1942«.

29. Januar Der evang. Oberkirchenrat übermittelt dem Stuttgarter Stadtdekanat eine Liste der noch in Stuttgart bestehenden 233 sog. nichtarischen Mischehen, davon 192 sog. privilegierte Mischehen mit dem Ersuchen, sich auch der in Mischehen lebenden Evangelischen seelsorgerisch anzunehmen, da diese heute »unter besonderem seelischen Druck« stünden.

Wegen der neuerlichen Einteilung der Fleischkarten in Abschnitte zu 50 Gramm sollen Fleisch und Wurst nicht mehr in 125 Gramm, sondern in 100-Gramm-Mengen ausgezeichnet werden.

Im Kronprinzenpalais wird eine Ausstellung farbiger Lichtbilder von bedeutenden Zeitgenossen des Kriegsberichterstatters Walter Frentz eröffnet.

30. Januar Um Transportraum für die Versorgung der Ostfront freizubekommen, werden Feldpostpäckchen über 100 Gramm, auch wenn sie mit Zulassungsmarken versehen sind, bis zum 31. März nicht mehr angenommen.

Die am Tage der NS-Machtübernahme bisher übliche allgemeine Beflaggung unter-

FEBRUAR 1943

bleibt auf Weisung des Propagandaministers. In der Liederhalle findet am 31. eine Morgenkundgebung statt.

Rund 36 000 Betriebe des Gaus nehmen am diesjährigen Leistungskampf der deutschen Betriebe teil; davon sind bereits ausgezeichnet worden: 27 als NS-Musterbetrieb, 82 als vorbildlicher Kleinbetrieb. Es erhielten ferner 369 Betriebe das Gaudiplom für hervorragende Leistungen, 105 die Leistungsabzeichen für vorbildliche Berufserziehung, 298 die Kraft-durch-Freude-Medaille für vorbildliche Förderung, 100 für vorbildliche Sorge um die Volksgesundheit, 33 für vorbildliche Heimstätten.

Wie im Vorjahr verteilt die Hesser Maschinenfabrik AG, Stuttgart-Bad Cannstatt, eine 5,5%ige Dividende auf das inzwischen erneut um rund 35 % auf 2,115 Mio. RM aufgestockte Aktienkapital.

31. Januar Das Sondergericht Stuttgart verurteilte einen 61jährigen »Feldpostmarder« zum Tode.

50. Aufführung des Lustspieles von Vaszary »Viele Küsse, Deine Bubusch« im Schauspielhaus.

Die Graphische Sammlung im Kronprinzenpalais eröffnet eine Ausstellung von Tizian und Zeitgenossen in photographischen Wiedergaben.

In der Landwirtschaftlichen Hochschule Hohenheim referierte Dr. Rüdiger, Leiter des Deutschen Ausland-Institutes, über »Die Arktis in Geopolitik und Kriegsgeschehen«.

Helmut Paulus liest im Oberen Museum vor Mitgliedern und Freunden des Scheffelbundes aus seinen Werken.

Seit diesem Monat unterliegen Haushaltungsgeräte aus Eisen und Metall (Kochtöpfe, Schüsseln, Wannen, Bratpfannen, Waschkessel, Eimer usw.) der Bewirtschaftung.

1. Februar Unter der Überschrift »Durch Übermacht bewältigt« meldet das Neue Tagblatt die Kapitulation der sechsten deutschen Armee in Stalingrad.

Das Brot besteht fortan aus 75 % Roggenmehl und 25 % Gerstenmehl; Weizenmehl wird dem Brot nicht mehr beigemischt.

Die Stadtverwaltung gibt bekannt, daß die Personen, die ihren Lebensunterhalt aus den Erträgen von Wertpapieren bestreiten, die auf Grund der Zinsermäßigungsgesetze von 1935 im Zins gesenkt wurden, eine Härtebeihilfe beim städt. Wohlfahrtsamt beantragen können.

2. Februar Reichsaußenminister a. D. und Ehrenbürger der Stadt Stuttgart, Freiherr von Neurath, wird 70 Jahre alt; da ihm keine Glückwünsche vom Reich und vom Gauleiter zukommen, unterläßt das städt. Presseamt jegliche Meldung über die Glückwünsche von OB Dr. Strölin und den anschließenden Besuch Neuraths im Stuttgarter Rathaus.

3. Februar Durch rückwirkende Verordnung des württ. Innenministeriums gewährt fortan die württ. Gebäudebrandversicherungsanstalt mit Wirkung vom 1. Januar 1943 bei Schadensfall durch Brand, Blitzschlag, Explosion, Absturz von Luftfahrzeugen Mietzinsersatz bis zum Ablauf von sechs Monaten nach Eintritt des Schadenfalles.

4. Februar Auf Anordnung des Reichswirtschaftsministers erhalten im Rahmen der Arbeitseinsatz- und Stillegungsaktion alle Gewerbetreibende des Gaues Fragebogen von der Gauwirtschaftskammer. Hauptsächlich der Einzelhandel wird von dieser Maßnahme betroffen. Damit die Versorgung nicht gefährdet wird, sollen die Räume stillgelegter Geschäfte den nicht betroffenen benachbarten Lebensmittelgeschäften zur Verfügung gestellt werden.

4.–6. Februar Auf Anordnung des Reichsministers für Volksaufklärung und Propaganda fallen alle Veranstaltungen künstlerischer und unterhaltsamer Art aus (Fall von Stalingrad).

5. Februar Anläßlich einer Arbeitstagung im Haus des Deutschtums gibt der Milch- und Fettwirtschaftsverband Württemberg bekannt, binnen Jahresfrist die Milchablieferung um 3,75 %, die Buttererzeugung um 7,3 % und die Käseerzeugung um 9,5 % gegenüber 1941 erhöht zu haben.

6. Februar Prälat i. R. D. Gustav Groß, früher an der Stiftskirche, verstorben.

6./7. Februar Reichsstraßensammlung des Kriegs-Winterhilfswerkes. Mit Rücksicht auf die Stalingrad-Niederlage werden die vorgesehenen Kasperleabzeichen nicht verkauft. Der Gau Württ.-Hohenzollern spendet 2 502 669 RM.

7. Februar Rudolf Horn rezitiert Homer in der Liederhalle.
Uraufführung des sog. Pimpfenfilmes »Hände hoch« im Gustav-Siegle-Haus.
Im Rahmen des 20. Kampftages des Schwabenrings in der ausverkauften Stadthalle schlägt der Bonner Adolf Heuser seinen niederländischen Boxgegner Harry Staal nach Punkten.

8. Februar Aus Anlaß der ersten Wiederkehr des Todestages von Reichsminister Dr. Todt veranstaltet das Gauamt für Technik eine Arbeitstagung im großen Saal des Wirtschaftsministeriums. Die Tagung gilt u. a. der Leistungssteigerung und Rationalisierung.
Die »Gemeinschaft ›Schuhe‹« regelt die Arbeit von Schuhausbesserungswerkstätten. Diese Werkstätten müssen vom 1. März bis 30. April neue Kundenlisten anlegen. Um

FEBRUAR 1943

Doppeleintragungen zu verhindern, erfolgt die Anmeldung gegen Abstempelung der Kleiderkarte. Ausbesserungsarbeiten dürfen nur für eingetragene Kunden ausgeführt werden.

9. Februar Da sich viele Hausfrauen angesichts ihres möglicherweise bevorstehenden Pflichtarbeitseinsatzes Gedanken darüber machen, wie sie neben dem Beruf noch den Haushalt führen können, startet das Neue Tagblatt eine Artikelserie mit einem Beitrag über die Stuttgarter Briefträgerinnen.
Die Hausbrandverbraucher werden aufgerufen, Kohlen zu sparen und möglichst große Mengen für den nächsten Winter zurückzulegen.
In Zusammenarbeit mit der Schneiderinnen-Innung Stuttgart veranstaltet die Abteilung Volkswirtschaft-Hauswirtschaft des Deutschen Frauenwerkes im Hindenburgbau eine Lehrschau über das Umarbeiten getragener Kleider.
Die NS-Gemeinschaft Kraft durch Freude zeigt eine Revue der Max-Paulsen-Bühne (Berlin) in der Liederhalle.

10. Februar Es wird darauf hingewiesen, daß in allen Wehrkreisen die Dienststellen des Heeres und der Luftwaffe mit der Ermittlung und der Sammlung von Nachrichten über den Verbleib der Stalingrad-Soldaten beauftragt worden seien, diese jedoch z. Zt. noch keine Auskünfte geben könnten.
Frédéric Ogouse gibt einen Chopin-Abend in der Liederhalle.

11. Februar Im Landesgewerbemuseum spricht Prof. Harald Hanson über »Nordische Baukunst. Altes und neues Bauen in Skandinavien, Dänemark und Finnland«.

12. Februar Erstaufführung des Dokumentarfilms der Dr.-Schäfer-Expedition 1938/1939 »Geheimnis Tibet« im Ufa-Palast.

13. Februar Fortan bleibt die Stuttgarter Wertpapierbörse am Dienstag, Donnerstag und Samstag geschlossen.
Bei einer Arbeitstagung des Gauschulungsamtes wird eine Gauarbeitsgemeinschaft für deutsche Volkskunde gegründet.
Bei den in der Stadthalle ausgetragenen italienisch-flämischen Boxkämpfen gewinnt die italienische Mannschaft.

14. Februar Opfersonntag zugunsten des Kriegs-Winterhilfswerkes; der Gau Württ.-Hohenzollern spendet 1 987 850 RM.
Uraufführung der Tragödie von Gerhard Schumann »Gudruns Tod« im Staatstheater in Anwesenheit des Dichters.

14./15. Februar Die Münchener Philharmoniker unter der Leitung von Oswald Kabasta spielen in der Liederhalle Werke von Richard Strauss und Bruckner sowie die »Legende vom Prinzen Eugen« von Theodor Berger.

15. Februar Unter der Überschrift »Einzelheiten über den Einsatz der jungen Luftwaffenhelfer« bringt der NS-Kurier eine Reichsmitteilung über die künftige Heranziehung höherer Schüler als Luftwaffenhelfer zum Kriegshilfsdienst mit dem Bemerken, die Eltern brauchten keinerlei Anlaß zur Besorgnis zu haben, da für alles gesorgt sei. Der Dienst der Hitlerjungen erfolgt in unmittelbarer Umgebung des Einsatzortes. Essen wird im Lager ausgegeben. Der Schulunterricht geht weiter und wird nach Möglichkeit vom gleichen Lehrer erteilt. Als Kleidung wird die HJ-Uniform getragen. Der Dienst gilt nicht als Wehrdienst. Einmal in der Woche bekommt der Hitlerjunge Urlaub nach Hause und darf dort übernachten, wenn die Lage es gestattet; zweimal im Jahr erhält er 14 Tage Urlaub.
Durch Plakate und Aufrufe in der Tagespresse werden die ledigen und verheirateten kinderlosen Frauen vom 17. bis zum 45. Lebensjahr ersucht, im Rahmen der Meldepflicht der Frauen für den Arbeitseinsatz alsbald bei dem für ihre Wohnung zuständigen Polizeirevier Meldeformulare abzuholen. Die auszufüllenden Fragebogen weisen zum erstenmal die Personenstandsbezeichnung »lediggehend« auf. Lediggehende sind den Ledigen gleichgestellt, da sie, obwohl verheiratet, allein leben und somit keine Bindung an einen Haushalt oder an den Ehemann oder an Kinder haben.

16. Februar Die Hitlerjungen der Stuttgarter Oberschulen geloben, »als Luftwaffenhelfer allzeit ihre Pflicht zu tun, treu und gehorsam, tapfer und einsatzbereit zu sein«.

17. Februar Das von der Stadtverwaltung zum Hilfskrankenhaus umgebaute ehemalige Hotel-Restaurant Filderhof in Vaihingen wurde eröffnet. Kranke aus den Stadtteilen Vaihingen, Möhringen, Birkach und Plieningen können dort in dringenden Fällen sofort aufgenommen werden.

18. Februar Es wird bekanntgemacht, daß Herrenanzüge nur gegen die gesetzliche Anzahl Reichskleiderkartenpunkte und einen Bezugsschein gekauft werden können; dieser könne wegen der Kontingentierung nur ausgestellt werden, wenn der Verbraucher im Besitz von weniger als zwei tragfähigen Anzügen (Arbeitsanzug inbegriffen) oder den entsprechenden Einzelteilen sei.
Mit der Parole »Durch Kampf und Not zum Sieg« startet Gauschulungsleiter Dr. Klett eine Versammlungswelle in Stuttgart. An den folgenden Tagen sprechen Kreisleiter Fischer und andere Redner in verschiedenen Stadtteilen.
Im Rahmen der Winterveranstaltungen der Deutsch-Ungarischen Gesellschaft spricht

der ungarische Reichstagsabgeordnete Dr. A. Németh über »Fragen der ungarischen Landwirtschaft«.
Stuller-Bosco gibt eine Zaubervorstellung in der Liederhalle.

20. Februar Die Proklamierung des »totalen Krieges« kommentiert der NS-Kurier mit den Schlagzeilen: »Die Achse kämpft — ganz Europa wird arbeiten. Reichsminister Dr. Goebbels zeigt den Weg zur Rettung des Abendlandes«.
Uraufführung von »König Drosselbart« in Deiningers Marionettentheater am Stadtgarten.

21. Februar Mit der Parole: »England wird niemals den Sturm der bolschewistischen Weltrevolution aufhalten können, wenn er je über die europäischen Nationen hinwegbrausen würde« schließt Gaupropagandaleiter Mauer die am 18. Februar gestartete Stuttgarter Versammlungswelle.
Michael Kroecher, Solotänzer der Staatsoper München, gibt einen Galaabend im Schauspielhaus.

23. Februar Nachdem das Schneiderhandwerk dazu übergegangen ist, Reparatur- und Änderungsarbeiten vor Neuanfertigungen den Vorrang zu geben, wird eine Dringlichkeitsabstufung der Reparaturarbeiten eingeführt: an erster Stelle stehen Uniformen, an zweiter Arbeitskleidung, an dritter Straßenkleidung.
Wolfgang Schneiderhan (Violine) und das Landesorchester unter Leitung von Gerhard Maaß konzertieren in der Liederhalle.

24. Februar Vorübergehende Einschränkung des Feldpostverkehrs für den größten Teil der Ostfront: Briefe von der Heimat zur Front werden nur bis zum Höchstgewicht von 20 Gramm befördert.
Mehrere Hinrichtungen, u. a. auch eines vom Sondergericht Stuttgart wegen Kriegswirtschaftsverbrechens (er hatte u. a. Textilien gegen Lebens- und Genußmittel vertauscht) zum Tode verurteilten 51jährigen Textilwarengroßhändlers.
Es wird darauf hingewiesen, daß »Volksgenossen«, die während eines Fliegeralarms gröblich gegen die Verdunkelungspflicht verstoßen, weil sie glauben, »daß es, wenn erst irgendwo Häuser brennen, auf ein paar unverdunkelte Fenster nicht mehr ankomme«, empfindlich bestraft werden können.
In den nächsten sechs Monaten können ausgebrannte oder zerbrochene Glühbirnen nicht ersetzt werden.

25. Februar Der Leiter der Wirtschaftsgruppe Einzelhandel, Dr. Hayler, weist die Einzelhandelskaufleute, die voraussichtlich von der kürzlich gestarteten Stillegungsaktion betroffen werden, darauf hin, daß viele Betriebe durch rechtzeitiges Zusammenlegen die Ziele der Aktion erreichen können: Freisetzung möglichst vieler für die Kriegswirtschaft brauchbarer Arbeitskräfte und Einsparung von Kohle, Energie, Dienstkleidung und Räumen.

26. Februar Prof. Friedrich Baethgen sprach bei der Deutsch-Italienischen Gesellschaft über »Stauferkaiser Friedrich II.«.

27. Februar Durch Verordnung des Gauwohnungskommissars Murr soll unbenützter, zweckentfremdeter und durch Um- und Ausbauten leicht zu gewinnender Wohnraum künftig von den Gemeinden erfaßt und bestimmten Volkskreisen bevorzugt zugewiesen werden. Wird durch die Gemeindeverwaltung festgestellt, daß durch Teilung, durch Umbau oder Ausbau von Großwohnungen Wohnraum verfügbar gemacht werden könne, sind die Hauseigentümer verpflichtet, die erforderlichen Bauarbeiten entweder selbst vorzunehmen oder sie durch die Gemeinde zu dulden. Ebenfalls neu ist die den Gemeinden des Gaues gegebene Möglichkeit, sich zu Brennpunkten des Wohnbedarfs zu erklären und somit gegebenenfalls den Zuzug auswärtiger Familien zu unterbinden.
Martha Fuchs und Julius Pölzer von der Staatsoper Berlin singen im Großen Haus die Titelrollen in »Tristan und Isolde«.
Viktoria Svihlikova (Klavier) spielt in der Liederhalle.

28. Februar Das Sondergericht Stuttgart verurteilt einen wiederholt vorbestraften Metzger wegen Schwarzschlachtungen »sowie sonstiger unredlicher Manipulationen im Betrieb« zum Tode und eine Mitangeklagte, eine Gastwirtin, zu zehn Jahren Zuchthaus.
Anläßlich der Verleihung des Schwäbischen Komponistenpreises 1942 an Hermann Reutter spielen Orchester und Solisten des Staatstheaters Werke von Hugo Herrmann, Hans Brehme, Karl Bleyle, Hans Gansser und des Preisträgers.
Auf einer Veranstaltung des Scheffel-Bundes im Oberen Museum liest Staatsschauspieler Arndt zu Ehren des 80jährigen Gerhart Hauptmann »Der Schuß im Park«.

1. März 27 Juden werden nach Auschwitz deportiert; binnen Jahresfrist (1. 1. 1942 bis 1. 1. 1943) ist die Zahl der in Stuttgart ansässigen jüdischen Bürger von 840 auf 360 gesunken.
Großkundgebung des Gaugesundheitsführers und des Ärztebundes des Gaues Württ.-Hohenzollern in der Liederhalle mit einem Vortrag über »Ziele und Aufgaben der nationalsozialistischen Gesundheitsführung«.
Die beim Gauamt für Volksgesundheit errichtete Gaustelle für Eheberatung und Ehe-

vermittlung nimmt ihre Tätigkeit auf. Ihr Zweck ist »erbtüchtigen und unbescholtenen Volksgenossen zur Ehe zu verhelfen und damit die Voraussetzungen für rassisch wertvolle Kinder zu schaffen«.

2. März Eugen Grimminger im Zusammenhang mit dem Prozeß gegen die Widerstandsbewegung »Die weiße Rose« verhaftet. Er wird später zu 10 Jahren Zuchthaus verurteilt.
Unter der Überschrift »Ein offenes Wort zum stillen Abschied von der Mode« schreibt der NS-Kurier: »Die Theorie der Modeschöpfung ist ebenso umstritten wie die Geldtheorie ... Der ständige Wechsel der Kollektion zu jeder Saison ist bis heute geblieben. Künftig aber werden alle Kleider und Anzüge nur noch in bestimmten festgelegten Metermengen hergestellt werden dürfen ... Die Mode ist im Augenblick völlig unwichtig ... Was not tut, ist eine ›kriegsbedingte Stoff- und Kleidergestaltung‹ ... Firmen, die gegen diese Vorschrift verstoßen, werden geschlossen werden.«
25. Vorstellung der Komödie von Fritz Fischer und Alexander Runge »Der Kurszettel der Liebe« im Schauspielhaus.

4. März In einem geheimen Lagebericht des Sicherheitsdienstes über die Kriegswochenschauen heißt es u. a.: »In den Sondervorführungen der Wochenschau im Stuttgarter Ufa-Palast am 1. und 2. 3. 1943 sind nur 25 bis 30 Besucher gezählt worden.«
Im Auftrag der Deutschen Christen spricht Cläre Quambusch über »Glauben und Leben in Volk und Reich« im Gustav-Siegle-Haus.
Prof. Stepanow (Rom) hält den ersten seiner zwei »Venedig und Tizian« gewidmeten Lichtbildervorträge in der Hochschule für Musik.

5. März Bei der Volksbildungsstätte spricht Prof. Bonatz über den »Weg der neuen deutschen Baukunst«.
Im Auftrag der Deutsch-Italienischen Gesellschaft spricht Egon Heymann über »Italiens Kampf gegen Englands Mittelmeerstellung«.

6. März Als Auftakt einer »Ostschulungsaktion« führt Mädelhauptgruppenführerin Lotte Schellhas die Jungmädel und Mädel des Bannes Stuttgart in die Geschichte des deutschen Ostens ein und macht sie mit den Möglichkeiten des Osteinsatzes vertraut.
Arturo Benedetti-Michelangeli spielt in der Liederhalle Werke von Bach, Scarlatti, Beethoven und Chopin.
Das Kunsthaus Schaller stellt Gemälde und Aquarelle von Käte Schaller-Härlin und Werner von Houwald aus.

MÄRZ 1943

6./7. März   Unter dem Motto »Wir machen Musik — für Deine Spende!« findet die Reichsstraßensammlung erneut ohne Abzeichenverkauf statt. Über eine Musik-Übertragungs-Großanlage können Interessenten die Schallplatten spielen lassen, die sie wünschen. Der Gau spendet 1 941 876 RM.

7. März   Uraufführung des Schauspiels »Fessel und Schwinge« im Kleinen Haus in Anwesenheit des Autors Artur Müller.
Das Trio Santoliquido spielt in der Liederhalle.
Bei einem Mitgliederappell der Kreisdienststelle Stuttgart der NS-Gemeinschaft Kraft durch Freude, Abteilung Sport, erklärt der Leiter des Sportamts der NS-Gemeinschaft, Standartenführer Stegemann (Berlin), in einer »zielsetzenden Ansprache«: »Das Bindeglied der gemeinsamen Rasse werde hauptsächlich durch den gesunden Sport erhalten und zur Höherentwicklung veranlaßt ... Ganz abgesehen davon seien heute, da das Prinzip der gesteigerten Arbeitsleistung an erster Stelle stehe, die ausgleichenden Leibesübungen ... wichtige Faktoren zur Erlangung von höchsten Arbeitsergebnissen.«

8. März   Die Geheime Staatspolizei — Staatspolizeileitstelle Stuttgart gibt bekannt, daß der Reichsminister des Innern mit Erlaß vom 30. 6. 1942 verfügt habe, daß die Bestrebungen des am 28. Februar 1943 durch Freitod verstorbenen Hermann Israel Krieger, seiner Ehefrau und seiner vierjährigen Tochter, zuletzt wohnhaft in Stuttgart-Bad Cannstatt, »volks- und staatsfeindlich« gewesen seien. Ihr gesamtes im Reichsgebiet befindliches Vermögen wurde eingezogen.
Bei den Schulen Groß-Stuttgarts beginnt fortan der Unterricht um 7.45 Uhr.
Unter der Leitung von Herbert Albert spielt das Staatsorchester Werke von Paul Höffer, Francesco Malipiero, Robert Volkmann u. a.
Generalmajor Ritter von Xylander spricht im Oberen Museum über die Kriegsführung der Achsenmächte in Abessinien und Nordafrika.

10. März   Einem »dringenden Bedürfnis der Öffentlichkeit Rechnung tragend«, gibt das Schauspielhaus jeden Mittwoch und Samstag um 16.00 Uhr eine Vorstellung des jeweils auf dem Abendspielplan stehenden Stückes.
Beim letzten der für die Hitlerjugend veranstalteten sechs Abende Deutsche Musik in fünf Jahrhunderten spielte das Landesorchester Werke von Reger, Pfitzner, Maaß und Spitta.
Auf einer Veranstaltung des Bayreuther Bundes spricht Prof. Hermann Keller über »J. S. Bachs deutsche Sendung«.

11. März   8. Luftangriff. Schwerpunkte: Vaihingen, südliches Stadtgebiet, Kaltental. 112 Tote, 386 Verletzte. Erstmals über einhundert Todesopfer.

MÄRZ 1943

Die Gauleitung nahm diesen Luftangriff zum Anlaß, um bei Reichsleiter Baldur von Schirach die Einbeziehung Stuttgarts in die »Erweiterte Kinderlandverschickung«, das heißt Evakuierung von Müttern mit Kleinkindern und von Schulklassen der Altersgruppen von 10 bis 14 Jahren zu beantragen. Anfang April gab von Schirach diesem Ersuchen statt.
Im Oberen Museum liest August Lämmle aus seinen Werken.
Das von der NS-Gemeinschaft Kraft durch Freude gemeinsam mit der Reichsjugendführung, dem Gemeindetag und der Stadt Stuttgart gegründete Reichsinstitut für Puppenspiele begeht sein 5jähriges Jubiläum. Aus »technischen Gründen« wurde das Institut noch nicht wie vorgesehen von Berlin nach Stuttgart verlegt.

12. März Landesbischof Wurm richtet an den Reichskirchenminister ein Schreiben, in dem er sich gegen die »gegen die Juden in Deutschland ergriffenen Maßnahmen« wendet. Er bemerkt, er habe im Jahr 1938 aus Anlaß des mit dem Synagogenbrand zusammenhängenden Falles des Pfarrers Julius von Jan »auf die verhängnisvolle außenpolitische Auswirkung aller der Menschlichkeit und Gerechtigkeit widersprechenden Maßnahmen aufmerksam gemacht.«
Da Frauen verpflichtet sind, sich zum Arbeitseinsatz zu melden und zahlreiche Handels-, Handwerks-, Gaststätten- und Beherbergungsbetriebe stillgelegt wurden, können den Firmen, die für die Kriegswirtschaft arbeiten, weibliche Arbeitskräfte zugeführt werden. Den Einsatz dieser Kräfte behandelt eine Arbeitstagung der Gauwirtschaftskammer Württ.-Hohenzollern.
Der Württ. Kunstverein stellt Arbeiten der diesjährigen Albrecht-Dürer-Preisträger aus und widmet dem kürzlich gefallenen Hans Friedel eine Gedächtnisausstellung.

13. März Zweiter Aufruf der Meldepflichtigen für den Arbeitseinsatz. Aufgerufen werden alle Männer und Frauen im meldepflichtigen Alter (16.–65. bzw. 17.–45. Lebensjahr), die weniger als 48 Stunden arbeiten sowie Frauen mit einem schulpflichtigen Kind unter 14 Jahren und diejenigen, deren Kinder älter als 14 Jahre sind. Ferner haben sich zu melden Heimarbeiter jeder Art und Ruhestandsbeamte unter 65 Jahren.

14. März Opfersonntag zugunsten des Kriegs-Winterhilfswerkes; der Gau Württ.-Hohenzollern spendet 1 944 693 RM.
Die Stuttgarter Straßenbahnen weisen darauf hin, daß Schaffner fehlen und »strecken« den Sonntagsfahrplan; statt des 6-Minuten-Verkehrs von 9–21 Uhr tritt ein solcher von 7½ Minuten und anstelle des 12-Minuten-Sonntags-Verkehrs tritt ein solcher von 15 Minuten ein.

15. März Der Reichsfinanzhof in München spricht der Württembergischen Bibelanstalt den Charakter der Gemeinnützigkeit ab. Als Begründung führt er an, daß die

Herstellung und Verbreitung des Alten Testaments, in dem die jüdische Rasse und Geschichte verherrlicht werde, mit der nationalsozialistischen Weltanschauung nicht in Einklang zu bringen sei. Das nationalsozialistische deutsche Volk könne es nicht verstehen, daß die Herausgabe und der Vertrieb einer Schrift, die das Judentum, mit dem es einen Kampf auf Leben und Tod führe, verherrliche und als das auserwählte Volk darstelle, als gemeinnützig und damit als steuerbegünstigt anerkannt werde.
Nach dem Verbot, lange Damenhosen nach Maß herzustellen, das schon vor einiger Zeit ergangen ist, dürfen bis zum 15. Mai überhaupt keine Maßarbeiten mehr angefertigt werden. Alle Geschäftsbetriebe müssen ausschließlich Ausbesserungsaufträge ausführen. Nur einige Firmen dürfen Konfektionskleidung herstellen.

15. März bis 30. September Durch Erlaß des Stadtpolizeiamtes ist es mit Rücksicht auf den Vogelschutz verboten, Hecken aller Art abzuhauen oder dürres Gras und Hecken abzubrennen.

16. März Das Dresdner Streichquartett spielt in der Liederhalle.

17. März 330 Auslandsdeutsche aus Guatemala, in der Mehrzahl Frauen und Kinder, treffen in Stuttgart ein.
Unter Hinweis auf das Beispiel eines städt. Beamten, der Bezugscheinvordrucke für bewirtschaftete Verbrauchsgüter entworfen habe, die auf Veranlassung des Reichswirtschaftsministeriums nun in verschiedenen Teilen des Reichsgebietes ausprobiert werden, bittet OB Dr. Strölin die Gefolgschaftsangehörigen erneut, ihm auf dem Dienstweg geeignete Verbesserungsvorschläge zu machen und gibt am 20. 4. bekannt, sieben Angehörige der TWS mit Prämien belohnt zu haben.

18. März Trauerfeier für die Opfer des Luftangriffs vom 11. März im Hof des Neuen Schlosses.
Das Neue Tagblatt gibt den Sommerdienstplan der Jungen und Mädel bekannt. Neben dem planmäßigen Pflichtdienst ist ein sog. zusätzlicher Pflichtdienst vorgesehen. Der Kriegseinsatz der Jugend vom 10. Lebensjahr an umfaßt: Osteinsatz, Erntehilfe, Kinderlandverschickungs-Einsatz, Wehrertüchtigung, Werkarbeit, Sammlungen, Elternbetreuung, Stoßaktionen u. a.

19. März Ein zu zwei Jahren Gefängnis verurteilter 38jähriger Mann wird vom Sondergericht Stuttgart wegen Ausbruchsversuches zum Tode verurteilt.
In einer Beratung der Ratsherren über den Luftangriff vom 11. März wird die Notwendigkeit besprochen, die künstliche Vernebelung auf Feuerbach, Kaltental, Heslach und Vaihingen auszudehnen, und angeregt, die Tarnung der hellen Häuser, mit der in

MÄRZ 1943

Heumaden bereits begonnen wurde, auf alle Stadtteile auszudehnen. Ratsherr Sauer schlägt vor, Fliegerschäden künftighin so groß wie möglich hinzustellen, damit der Feind glaube, er habe sein Ziel erreicht und von künftigen Angriffen auf Stuttgart absehe. Abschließend stellt Ratsherr Sauer die Frage, ob die Stadtverwaltung in ihrem Archiv von jeder Straßenkreuzung ein Fotobild habe, damit man in späteren Zeiten noch wisse, wie Stuttgart einmal ausgesehen habe. OB Dr. Strölin stimmt der Auffassung des Ratsherrn Sauer zu, daß Fliegerschäden nicht groß genug dargestellt werden könnten, verweist aber auf die entgegengesetzte Auffassung des Reichspropagandaamtes und bestätigt, daß Fotoaufnahmen von Straßenkreuzungen bereits vor längerer Zeit angeordnet worden seien.

Erstaufführung des Bühnenspiels von Carl Orff »Die Kluge« im Staatstheater in Anwesenheit des Komponisten und des Balletts »Die Kirmes von Delft« von Hermann Reutter.

Rudolf Horn rezitiert in der Liederhalle Gedichte von Hölderlin.

20. März Die Lederwarenfirma Geo D. Knipp begeht ihr 100jähriges Bestehen.
Im NS-Kurier erscheinen 18 Todesanzeigen gefallener Soldaten.

21. März Heldengedenktagsfeier im Hof des Neuen Schlosses.
Die Stuttgarter Bank verteilt eine 5%ige Dividende und meldet eine Steigerung ihrer Bilanzsumme von 50,3 auf 65,2 Mio. RM, wodurch sie die größte Kreditgenossenschaft des »Altreiches« wird.
Durch Erlaß des Gauamtes für Volksgesundheit werden die Zahnärzte gehalten, montags und freitags bis 19 Uhr zu ordinieren.

22. März Gaupropagandaleiter Mauer spricht in der Liederhalle über »Die geistige Befreiung der Ukraine aus den Krallen des Bolschewismus«.

24. März Alle Personen, denen die Obhut für durch Abwesenheit des Mieters nicht bewohnte Wohnungen oder Teile von Wohnungen übertragen wurde, werden aufgefordert, diese zur Unterbringung der durch den Fliegerangriff vom 11. März obdachlos gewordenen Volksgenossen dem städt. Wohnungsamt zu melden.
Das Staatstheater führt Ibsens »Peer Gynt« in der Übertragung von Dietrich Eckart anläßlich dessen 75. Geburtstags wieder auf.

25. März Ein 31jähriger Mann wurde vom Sondergericht Stuttgart wegen zwei »Kameradschaftsdiebstählen« und anderer Delikte zum Tode verurteilt.
Zur Durchführung des Reichserlasses über die »Prüfung privater Feldposttelegramme auf Dringlichkeit und Notwendigkeit« ordnet OB Dr. Strölin an, daß den Anträgen

grundsätzlich zu entsprechen ist, wenn Angehörige von im Felde stehenden Soldaten gestorben, durch Luftangriffe getötet oder erheblich verletzt bzw. in ihrer Gesundheit in besorgniserregender Weise geschädigt oder ernstlich erkrankt sind; ebenfalls, wenn der Betroffene an seinem Eigentum einen totalen oder schweren Schaden erlitten hat, insbesondere, wenn er obdachlos geworden ist.

26. März Das Kölner Kammerorchester spielt in der Liederhalle.

27. März Dritter Aufruf zum Arbeitseinsatz; erfaßt werden die selbständigen Berufstätigen von 16 bis 65 Jahren, die am 1. Januar 1943 keine oder nicht mehr als fünf vollbeschäftigte Personen mindestens 48 Stunden wöchentlich beschäftigt haben; ausgenommen sind u. a. selbständige Bauern und Landwirte und die hauptberuflich im Gesundheitswesen selbständig Tätigen.
Für Luftwaffenhelferinnen, Nachrichtenhelferinnen des Heeres, der Waffen-SS und der Polizei besteht, solange sie im Einsatz sind, keine Berufsschulpflicht.
Die Stuttgarter Schuhtauschstelle zieht in den Wilhelmsbau um; etwa 800 Kunden werden wöchentlich bedient.
Kürzlich überwies eine württ.-badische Division OB Dr. Strölin 210 000 RM für die Bombengeschädigten.

28. März 4600 Stuttgarter Jungen und Mädchen werden auf »den Führer« verpflichtet. Mit der Verpflichtung der 14jährigen sind die Übernahme in die Hitlerjugend und den Bund Deutscher Mädel sowie ihre Schulentlassung und der Berufseintritt verbunden. Der Verpflichtung ging weltanschaulicher Unterricht voraus. Für das Jungvolk lauten die Parolen: »Sei des deutschen Soldaten würdig! ... Führer, wir gehören Dir!«, für die Jungmädel »Mädel, sei gesund an Leib und Seele ... Führer, wir gehören Dir!«. Eigens für den diesjährigen Tag der Verpflichtung sind HJ-Sparkassen-Gutscheine geschaffen worden, die an den Schaltern der öffentlichen Sparkassen erhältlich sind.

28./29. März Reichsstraßensammlung der Deutschen Arbeitsfront für das WHW; der Gau Württ.-Hohenzollern spendet 2 057 699 RM.

29. März Wie im Vorjahr will die Württ. Elektrizitäts-AG Stuttgart eine 6%ige Dividende verteilen.

30. März OB Dr. Strölin bittet Reichsleiter Fiehler, ihn von seiner Tätigkeit als Reichsamtsleiter des Hauptamtes für Kommunalpolitik zu entbinden.

MÄRZ 1943

31. März Nach einem vielbeachteten Trostgottesdienst am 21. 3. in der Markuskirche anläßlich des Luftangriffes vom 11. März auf Stuttgart stellt Landesbischof Wurm in einem Hirtenbrief fest: »Der heutige Staat lehnt nicht bloß jede Kritik der Kirche an seinem Handeln ab, sondern er lehnt auch ihre Mitarbeit ab ... Wir sind also ... der Versuchung enthoben, den Gang der Dinge von der Kanzel aus beeinflussen zu wollen und die Kriegswichtigkeit unseres Amtes durch politische Glossen zu beweisen. Es war eine merkwürdige Fügung, daß durch den Fliegerangriff auf die Hauptstadt und durch Verlegung des Heldengedenktags auf den Sonntag Reminiscere, den früheren Termin, der Absicht, dem Sonntag Invocavit den Charakter des Landesbußtags wieder zu geben, so großer Vorschub geleistet wurde. Ich hoffe, daß dies von den Predigern verstanden und benützt worden ist ... Dagegen wird das, was nach der heute herrschenden Weltanschauung an Unrecht gegenüber anderen Völkern und Rassen geschieht, nicht dem deutschen Volk als solchem angerechnet werden dürfen; es ist eine kleine Minderheit, die das vollzieht und daran Gefallen findet.«

Die Bevölkerung wird aufgefordert, den Löschsandvorrat in jedem Haus zu überprüfen und gegebenenfalls aus den vom städt. Fuhramt aufgestellten Sandkisten zu ergänzen.

Alle Gaststätten und Beherbergungsbetriebe, die von Bombenschäden nicht betroffen sind, müssen nach Luftangriffen an den folgenden Tagen geöffnet bleiben. Ebenfalls müssen alle Gaststätten- und Kaffeebetriebe, die eine gebrauchsfähige Kochvorrichtung haben, im Großschadensfall Eintopfgerichte für Obdachlose herstellen und abgeben.

Letzte Ausgabe des fast 100jährigen Stuttgarter Neuen Tagblattes, dessen Leser ab 1. April den Stuttgarter NS-Kurier zugestellt bekommen. Ebenfalls auf Anordnung der Reichspressekammer erscheint fortan der Regierungsanzeiger für Württemberg nicht mehr als Beilage des NS-Kuriers, sondern als selbständiges behördliches Mitteilungsblatt und kann nur noch durch die Post bezogen werden.

Verlag und Schriftleitung des Neuen Tagblatts »verabschieden« sich von ihren Lesern: »Wir müssen Abschied von unseren Lesern nehmen. Im Zuge der totalen Mobilmachung, die stärkste Konzentration aller Kräfte erfordert, wird das Stuttgarter Neue Tagblatt heute zum letztenmal erscheinen. Verlag und Schriftleitung ist dieser Entschluß, den uns die Notwendigkeiten des Krieges auferlegt haben, nicht leicht gefallen. Viele Leser, denen unser jetzt im hundertsten Jahrgang stehendes Blatt seit langem ein guter Freund und treuer Berater geworden war, werden ihre gewohnte Zeitung ungern missen. Aber der Preis, den es zu erringen gilt, rechtfertigt das Opfer, das von uns gefordert wird. Wichtig ist jetzt nur, daß wir den Krieg siegreich beenden ... Das Tagblatt hat ein Jahrhundert hindurch im öffentlichen Leben Stuttgarts und Württembergs eine bedeutsame publizistische Rolle gespielt. Auch in der Reihe der maßgebenden Presse des Reiches hatte das Stuttgarter Neue Tagblatt stets großes Ansehen. Unsere Arbeit war also nicht vergeblich.«

2. April Wegen der Sommerzeit verlegen die Kinos ihre Abendvorstellungen auf 19.30 Uhr.

2.—6. April Die NS-Gemeinschaft Kraft durch Freude veranstaltet jeweils für die von ihr betreuten französischen, italienischen, kroatischen, westukrainischen, wallonischen, flämischen und holländischen Arbeiter Sondervorführungen der Musikalschau »Castagnoli« im Gustav-Siegle-Haus.

2.—9. April Beim Sammeltag der Wehrmacht für das Winterhilfswerk tritt die Camilla-Truppe auf einem Seil zwischen Karlsplatz und Turm des Alten Schlosses auf.

3. April Fortan hat jeder Polizeibeamte, Luftschutzwart und Selbstschutztruppführer das Recht, alle in der Nähe einer Schadensstelle sich aufhaltenden und nicht anderweitig eingesetzten Personen zum Luftschutzdienst anzustellen und einzusetzen.
OB Dr. Strölin ordnet an, daß jeder Wohnungsinhaber melden muß, wenn er über mehr als eine selbständige Wohnung für seinen eigenen Bedarf oder den seiner Familie verfügt; als selbständig gilt eine Wohnung, wenn sie eine eigene Küche oder zumindest eine eigene Kochgelegenheit besitzt.
Die Schuhmacherinnung gibt die Einrichtung einer zweiten Gemeinschaftsreparaturwerkstätte bekannt.
Als Nachfolger des beim Luftangriff vom 11. März 1943 ums Leben gekommenen Präsidenten der Reichspostdirektion Stuttgart, Dr. Auer, ist Dipl.-Ing. Otto Streich bestimmt worden.

4. April Uraufführung der Komödie »Noch einmal Napoleon?« von Herybert Menzel im Kleinen Haus.

5. April Auf Anordnung des Reichsministers des Innern wird der Erholungsurlaub der Beamten und Angestellten im öffentlichen Dienst auf jeweils höchstens 14 bzw. 20 Werktage gekürzt. OB Dr. Strölin ordnet an: »Der Erholungsurlaub ist in der Zeit vom 1. Mai bis 30. September möglichst gleichmäßig zu verteilen ... Zur Entlastung der öffentlichen Verkehrseinrichtungen und nicht zuletzt, um den Urlauber bei dringendem Bedarf jederzeit vom Urlaub zurückrufen zu können, bitte ich, den Urlaub möglichst am Wohnsitz zu verbringen ... Die Entscheidung, ob einem Beamten oder Angestellten Erholungsurlaub gewährt werden kann, trifft nach sorgfältiger Prüfung der Urlaubsbedürftigkeit und der Geschäftslage der Amtsvorstand.«
Prof. Dr.-Ing. e. h. Bernhard Pankok in Baierbrunn bei München verstorben.

7. April Das Ehrenmal der deutschen Leistung im Ausland — Volksmuseum der Deutschen im Ausland — wird geschlossen. In die freigewordenen Ausstellungsräume

APRIL 1943

ziehen einige Abteilungen des Wirtschaftsamtes ein, deren Diensträume ihrerseits wieder zu Wohnungen umgewandelt werden. Wegen Personalverknappung durch Einberufungen werden gleichzeitig mit dem Ehrenmal der deutschen Leistung im Ausland sämtliche nicht unmittelbar kriegswichtigen Abteilungen des Deutschen Ausland-Instituts stillgelegt.

8. April Die Kohlenhändler erhalten künftig nur 75 % ihrer früheren Kohlenmenge und müssen die Zuteilung an ihre Kunden dementsprechend kürzen, wobei 15 % des dem Verbraucher zustehenden Kontingents an Steinkohlenhausbrand durch Braunkohle ersetzt werden; abschließend wird daran erinnert, daß im vergangenen Jahr ein Ehepaar wegen »Kohlenklauerei« zu zwei Monaten Gefängnis verurteilt wurde.

9. April In der 50. öffentlichen Dichterstunde des Ortsverbands Stuttgart des Deutschen Scheffel-Bundes rezitierte Staatsschauspieler Roderich Arndt »Der Raub der Persefone«, Versdichtung von Albrecht Schäffer.
Der Dichter des Böhmerwaldes, Träger des Eichendorff-Preises und der Goethe-Medaille für Kunst und Wissenschaft, Hans Watzlik, liest aus seinen Werken im Oberen Museum.

10. April Die Stadtverwaltung weist die Amtsvorstände und Leiter der städt. Betriebe darauf hin, daß laut Mutterschutzgesetz werdende und stillende Mütter höchstens 48 Stunden, aber nicht in der Zeit zwischen 20 und 6 Uhr und nicht an Sonn- und Feiertagen beschäftigt werden dürfen; ferner darauf, daß einzig die Frauen aus Bulgarien, Italien, Kroatien, Slowakei, Spanien und Ungarn Anspruch auf den gleichen Schutz wie die deutschen werdenden Mütter haben.
Auf Einladung der Kroatischen Verbindungsstelle »Ustascha-Arbeiter« finden sich die in Stuttgart eingesetzten kroatischen Arbeiter im Bürgermuseum zur dritten Jahresfeier der Gründung Kroatiens ein.

11. April Auf Veranlassung der Flämischen Gauverbindungsstelle spielt das Landesorchester zugunsten der Hinterbliebenen der »germanischen« SS-Freiwilligen.
Beim »Schlußdienst« der HJ-Hallenkampfspiele in der Stadthalle gratuliert Reichsjugendführer Axmann den Reichssiegern im Box- und Geräteturnier.

12. April Die Kreisamtsleitung der NSV gibt bekannt, daß bei ihrer Stuttgarter Verkaufsstelle wieder Volksgasmasken käuflich zu erwerben sind.

13. April Anläßlich einer Sitzung der Beiräte für Frauenangelegenheiten über den derzeitigen Stand der Jugendpflege wird festgestellt, daß in den ersten drei Kriegs-

jahren in Stuttgart keine wesentliche Zunahme in der Verwahrlosung und Kriminalität der Jugendlichen eingetreten sei, dagegen aber seit Mitte des Jahres 1942. Ebenfalls nähmen die Arbeitspflichtverletzungen der Jugendlichen ständig zu, was u. a. auf den Mangel an Arbeitskräften und die dadurch eingetretene Übersteigerung des Selbstbewußtseins der Jugendlichen zurückzuführen sei.
Nach mehrwöchiger Unterbrechung setzt Dr. Thielicke seine Donnerstagsvorträge in der Stiftskirche fort, außerdem predigt er fortan jeden Sonntag in der Markuskirche.
Mit einem einmaligen Beitrag von 10 000 RM beteiligt sich die Stadtverwaltung zu einem Drittel an den Herstellungs- und Druckkosten der geplanten Stuttgarter Mörike-Ausgabe.
Der Maler Oskar Schlemmer in Baden-Baden verstorben.

14. April Betriebsführer und Obmänner sämtlicher Handelsbetriebe des Kreises Stuttgart nehmen an einem Großappell der Deutschen Arbeitsfront in der Liederhalle mit einem Vortrag über »Der Kaufmann als politischer Willensträger im Kriegseinsatz« teil.
Der Stuttgarter Kantatenchor führt »Die sieben Worte am Kreuz« und andere Werke von Heinrich Schütz in der Stiftskirche auf.
Sportgauführer Dr. Klett erklärt die Stuttgarter Kickers und den VfB Stuttgart zum württ. Fußballmeister 1943; beide Mannschaften standen nach Abschluß der Meisterschaftsspiele punktgleich mit gleichem Torverhältnis an der Tabellenspitze, ein Entscheidungsspiel konnte jedoch wegen des Ausfalls von Spielern nicht stattfinden.
Kirchenrat i. R. D. Gottlob Wüterich, der frühere Leiter der Landesjugendstelle, verstorben.

14./15. April Wegen der durch den Zustrom dienstverpflichteter Frauen in die Fabriken erhöhten Gefahr der Arbeitsunfälle organisiert die Deutsche Arbeitsfront eine zweitägige Arbeitstagung. Es wird beschlossen, eine Aufklärungskampagne unter dem Leitwort »Sucht die Unfallquellen in den Betrieben« zu starten, die bei den arbeitsverpflichteten Frauen den Gedanken zerstreuen soll, die Fabrikarbeit sei gefährlich.

15. April 9. Luftangriff. Schwerpunkte: Bad Cannstatt, Münster, Mühlhausen. 619 Tote, 703 Verletzte. Ein Volltreffer tötet rund 400 alliierte Kriegsgefangene in einem betonierten Deckungsgraben eines Kriegsgefangenenlagers in Gaisburg.
Die Reichspostdirektion Stuttgart weist darauf hin, daß nach Luftangriffen die Reichsverteidigungsstellen vermehrt telefonieren müßten, dementsprechend sollten für einige Tage alle anderen Fernsprechbenützer private und minder wichtige Gespräche von 8 bis 17 Uhr unterlassen, sonst werde eine Sperre notwendig.
Fliegergeschädigte aus den Hauptschadensgebieten erhalten bis zu 5 qm Drahtroll-

glas und 60 qm Dachpappe zugeteilt. Den von der Wirtschaftsgruppe Bauindustrie angewendeten Richtlinien entsprechend werden beschädigte Luftschutzräume instand gesetzt; Wohnungen haben vor anderen Räumen Vorrang.

16. April Anläßlich des Aufrufes, die Bevölkerung solle einen Teil der Wäsche und Bekleidung in den Luftschutzkellern aufbewahren, um sie vor Luftangriffen zu schützen, schreibt der NS-Kurier unter der Überschrift »Kellerdiebstähle sind todwürdige Verbrechen«: »Es kam vereinzelt vor, daß kriminelle Elemente durch Einbrüche in Kellern dort in Sicherheit gebrachte Gegenstände stahlen ... Wer solche Straftaten begeht, ist ein Volksschädling und wird vom Sondergericht zum Tode oder zu hohen Zuchthausstrafen verurteilt. Die Volksschädlings-Verordnung ... geht ... aber noch weiter und bedroht mit der Todesstrafe und dem Zuchthaus denjenigen, der vorsätzlich unter Ausnützung der besonderen Kriegsverhältnisse eine Straftat begeht ... Ein Urteil des Sondergerichts in Stuttgart vom 13. Mai 1941, durch das ein Einbrecher zum Tode verurteilt wurde, hebt besonders hervor, daß der Verbrecher sich die an die Bevölkerung ergangene Aufforderung, Wertsachen in Luftschutzkellern unterzubringen, zunutze gemacht habe und deshalb als Volksschädling auszumerzen sei. Nachdem es jetzt allgemein bekannt ist, daß die Frauen zum Kriegseinsatz herangezogen wurden, wird auch ein Einbrecher, der bei Tag in ein Haus eindringt, das durch den Kriegseinsatz der Bewohner stundenweise ohne Aufsicht ist, als Volksschädling den Kopf verwirken.«
Es wird auf einen Erlaß des Reichswirtschaftsministers hingewiesen, wonach die Zulassung zur selbständigen Ausübung eines Handwerks erleichtert wurde. Dadurch können nicht nur ältere Handwerker, sondern auch Ehefrauen, die längere Zeit in einem Handwerk tätig waren, eingesetzt werden. Ebenfalls dürfen für die Dauer des Krieges diejenigen, die über besondere handwerkliche Fähigkeiten verfügen und diese schon früher durch Gelegenheitsarbeiten bestätigt haben, zur Beseitigung der Mangellage im Reparaturwesen in erhöhtem Maße beitragen.

17. April 19 Stuttgarter Juden werden nach Theresienstadt deportiert.
Hinrichtung eines vom Sondergericht Stuttgart zum Tode verurteilten 33jährigen »Feldpostmarders« und eines vorbestraften 32jährigen Mannes wegen Plünderung eines durch Fliegerangriff beschädigten Hauses.
Kurz vor seinem Absturz wirft ein englisches Flugzeug seine Bomben im Notwurf ab: 1 Toter, 58 Verwundete (Rosenbergstraße).
Georg Kulenkampff und Wilhelm Kempff geben einen Beethoven-Abend in der Liederhalle.

18. April In der Liederhalle werden 1789 Hitlerjungen und 820 Mädel des Jahrganges 1925 in die NSDAP aufgenommen.

19. April Trauerfeier für die Opfer des Luftangriffes vom 15. April 1943.
Zur Bearbeitung von Luftschutzangelegenheiten, insbesondere Beseitigung von Gebäudeschäden, Obdachlosenbetreuung und Schädenfeststellung richtet die Stadtverwaltung ein Kriegsschädenamt ein.
Das Orchester der Staatsoper, Maud Cunitz, Res Fischer, Jakob Sabel und Hans Ducrue als Solisten und der Singchor der Staatstheater, verstärkt durch Mitglieder des Philharmonischen Chors, führen unter der Leitung von Herbert Albert die Neunte Sinfonie von Beethoven auf.
Der von seinem Lehrstuhl an der Technischen Hochschule Dresden entfernte Prof. Friedrich Delekat übernimmt die Vertretung des einberufenen evang. Pfarrers Hermann Maurer für die II. Pfarrstelle an der Stadtkirche Feuerbach.

20. April In der Liederhalle hält Gauleiter Murr vor geladenen Gästen eine Ansprache zu Hitlers Geburtstag.
Die Rüstungskommission V a weist die Stuttgarter Rüstungsbetriebsführer darauf hin, daß die gesetzlichen Feiertage am Karfreitag und Ostermontag arbeitsfrei gehalten werden können, Ostersonntag arbeitsfrei gehalten werden soll.
Wiedereröffnung des Höhenparks Killesberg. Durch eine Anordnung von OB Dr. Strölin ist der Eintritt frei; bereits gelöste Dauerkarten werden gegen Rückerstattung des entrichteten Betrags zurückgenommen.
Julius Pölzer von den Staatsopern Berlin und Wien singt die Titelpartie des »Tannhäuser« im Großen Haus.

21. April Auf einer Sitzung der Wohnungs- und Wirtschaftsbeiräte wird beschlossen, daß Personen, die nach auswärts ziehen wollen und in Stuttgart eine selbständige Wohnung frei machen, die Umzugskosten vergütet erhalten. Infolge der augenblicklichen starken Inanspruchnahme des Möbelspeditionsgewerbes können solche Umzüge jedoch erst wieder Anfang Mai stattfinden.
Die Schwäb. Treuhand AG Stuttgart verteilt erneut eine 6%ige Dividende.

21.—28. April An Ostern dürfen Schnell- und Eilzüge nur mit Zulassungskarten benutzt werden. Auch für eine Reihe von Personenzügen sind solche Zulassungskarten erforderlich.

22. April In einer Meldung des SD über Kirchenaustritte heißt es: »Es wäre falsch, jetzt auf eine erhebliche Vermehrung der Zahl der Kirchenaustritte zu hoffen, die wohl auch nur aus wenig ideellen Gründen erfolgen würden. Wird doch aus einer Reihe von Gemeinden gemeldet, daß kaum jemals so rasch und freudig von allen Seiten Kirchensteuer bezahlt worden ist wie gerade in dieser Zeit. Selbst dort, wo eine Er-

APRIL 1943

höhung der Kirchensteuer erfolgte, wie z. B. in Württemberg, erhob sich der Unmut der Bevölkerung nicht gegen die Steuererhöhung durch die Kirche, sondern gegen den Staat und die Partei, welche die Kirche um ihre von Rechts wegen zustehenden Beträge brächten (Kürzungen der staatlichen Leistungen an die Kirchen). Das ganze wirkt sich letzten Endes stimmungsmäßig gegen den Nationalsozialismus aus und führt nur in den seltensten Fällen zu einem Kirchenaustritt (Stuttgart).«

22. April bis 3. Mai Osterferien für die Volks-, Mittel- und höheren Schulen; die Pfingstferien entfallen.

23. April Die Stuttgarter Straßenbahnen AG verteilt wieder eine 4,5%ige Dividende. Bei 3% geringerer Verkehrsleistung gegenüber 1941 wurden 14% mehr Personen befördert und die Einnahmen auf 25,4 Mio. RM erhöht; bei 16,6 Mio. RM Aktienkapital beträgt das Umlaufvermögen 15,23 Mio. RM, davon sind knappe 10 Mio. Rücklagen vor allem zur künftigen Durchführung notwendiger Reparaturen vorgesehen.
Bei einem »Appell« der Fachabteilung Der Deutsche Handel bei der Deutschen Arbeitsfront wurden Vorträge gehalten über »Der Kaufmann als politischer Willensträger im Kriegseinsatz« und über »Die Aufgaben der Betriebsgemeinschaft im totalen Krieg«.
Im Fußballvergleichskampf des Sportgaues Baden und Württemberg gewinnt die württ. Elf 3 : 0.

24. April Der Oberbürgermeister gibt bekannt: »Auf Grund der Verordnung des Reichswohnungskommissars zur Wohnraumlenkung vom 27. Februar 1943 ... und der Anordnung des Gauleiters als Gauwohnungskommissar vom 27. März 1943 ... wurde für den Stadtbezirk Stuttgart eine Anordnung zur Wohnraumlenkung getroffen, die den Zweck hat, a) freien Wohnraum festzustellen, b) in vorhandenen Gebäuden Wohnraum durch Um- und Ausbauten verfügbar zu machen, c) zweckentfremdeten Wohnraum seinem ursprünglichen Zweck wieder zuzuführen, d) Wohnraum im Sinne der Buchst. a) bis c) zu erfassen und bestimmten Volkskreisen bevorzugt zuzuweisen ... Jeder Hauseigentümer oder sonstige Verfügungsberechtigte hat freie Wohnungen binnen einer Woche dem Städt. Wohnungs- und Siedlungsamt (Wohnungsamt) zu melden, sobald das Freiwerden z. B. durch Kündigung zu seiner Kenntnis gelangt. Bei neugeschaffenen Wohnungen hat die Meldung spätestens zum Zeitpunkt der Bezugsfertigkeit der Wohnung zu erfolgen. Ist nach den Bestimmungen dieser Anordnung über eine freie, neue oder wiedergewonnene Wohnung endgültig durch Vermietung oder in anderer Weise verfügt, hat der Eigentümer die Wohnung binnen dreier Tage beim Wohnungsamt abzumelden.«

APRIL 1943

Gastspielbeginn des Zirkus Busch in der Stadthalle.

25. April Mit dem Fazit: Die Menschen haben sich den Verhältnissen angepaßt und strecken sich nach der Kriegsdecke, beschließt der NS-Kurier seine angesichts der bevorstehenden Osterfeiertage gestartete Umfrage »Zwei Kriegsfeiertage! Was fangen Sie damit an?« mit folgenden Interviews: »Der Arbeiter: Er wägt seine Antwort zuerst ab und meint dann, es sei mit der freien Zeit gar nicht so weit her. Zuerst mal ausschlafen, gewiß, wenn man eine 65-Stunden-Arbeitswoche hinter sich hat, ist man müde. ›Aber dann muß ich ... mit meinen Arbeiten als Luftschutzwart für drei Häuser endlich einigermaßen zu Ende kommen ... Außerdem warten ein paar Soldaten draußen an der Front sehnlich auf Post ... Wenn dann für einen Spaziergang noch Zeit übrig bleibt, bin ich zufrieden‹ ... Ein vielbeschäftigter Arzt: ... ›Wenn man die Pausen für Mittag- und Abendessen abrechnet, komme ich auf immerhin 70 bis 80 Stunden Arbeit in der Woche. Da freut man sich auf zwei Feiertage, weil man dann weiß, daß wenigstens die Sprechstunde ausfällt ... Wenn dann keine unnötigen Krankenbesuche hinzukommen, kann ich damit rechnen, daß ich wenigstens an den Nachmittagen ... ausruhen ... oder in meinem Garten schaffen und am Abend medizinische Literatur lesen kann.‹ Die Hausfrau: ... ›Es ist schon eine Erholung, wenn man zwei Tage lang nicht in den Läden herumstehen muß‹ ... Der geistige Arbeiter: ... Ein Buch, dessen Lektüre er lange hinausgeschoben habe, werde er aufs Land mitnehmen« — wenn ihn die Reichsbahn dorthin befördere.
Veröffentlichung der »13 Sätze über Auftrag und Dienst der Kirche«.

28. April Über Lissabon trafen einhundert auslandsdeutsche Flüchtlinge aus Honduras, Costa Rica und Guatemala im Austauschverfahren in Stuttgart ein.
Das Gesundheitsamt der Stadt ersuchte vor 14 Tagen die männliche Jugend des Jahrganges 1927, sich innerhalb der nächsten zwei Monate einer zahnärztlichen Untersuchung und gegebenenfalls einer Behandlung zu unterziehen. Zur Behandlung sind alle Zahnärzte und Dentisten vepflichtet, und zwar vordringlich vor anderen Patienten. Die jungen Männer, die zum Reichsarbeitsdienst und zum Wehrdienst einrücken, sollen gesunde Zähne haben.
Anläßlich eines Vortrages über das Thema »Unsere Aufgaben im totalen Krieg« wies Gaugesundheitsführer Dr. Stähle auf die vom Gauamt für Volksgesundheit vorausgesagte und tatsächlich eingetretene Geburtenzunahme für das Frühjahr 1943 hin und gab eine neue Verordnung bekannt, wonach Abtreibungen künftig mit dem Tode bestraft werden können.
Walter Gieseking spielt in der Liederhalle.
Das Cannstatter Kunsthöfle stellt Werke von Otto Groß, Ernst Lieb, Christian Oehler und Rolf Schneider aus.

MAI 1943

30. April Auf Grund eines Hinweises der Geheimen Staatspolizei — Staatspolizeileitstelle Stuttgart, es müsse von Dr. Thielicke verlangt werden, sich in maßvoller Weise zu äußern, wird diesem vom evang. Oberkirchenrat nahegelegt, die wertvolle Arbeit, die er leiste und die die volle Anerkennung des Oberkirchenrates finde, nicht durch unvorsichtige Äußerungen zu gefährden.
Zwischen Vaihingen und Kaltental entgleist ein Straßenbahnzug; 30 Personen werden verletzt, sechs getötet.
In diesem Monat erschienen im NS-Kurier 223 Todesanzeigen gefallener Soldaten.

1. Mai Der Feiertag dient ausschließlich der Entspannung der schaffenden Bevölkerung, politische Veranstaltungen und Beflaggung unterbleiben.
Alle Stuttgarter Kinos veranstalten Sondervorstellungen für Rüstungsarbeiter und Verwundete; gegen Vorweisen einer von der Kreisleitung der NSDAP ausgegebenen Einladungskarte ist der Eintritt frei.
10. Jahrestag der Gründung der Technischen Werke der Stadt Stuttgart.

2. Mai Ein Erdbeben, dessen Herd bei Ebingen liegt, weckt die Stuttgarter aus dem Schlaf; der Hauptstoß erreicht den Stärkegrad 5 bis 6 der Richterskala, Schäden im Stuttgarter Stadtgebiet entstehen jedoch nicht.
Der VfB Stuttgart, der bei der deutschen Kriegs-Fußballmeisterschaft als württ. Meister antritt, wird in der Adolf-Hitler-Kampfbahn von 1860 München 3 : 0 besiegt und scheidet in der Vorrunde aus. Zuvor wurde des verstorbenen Reichssportführers von Tschammer und Osten gedacht.

3. Mai Bei der Jahrestagung der Arbeitskammer Württemberg zeichnet Gauleiter Murr 29 württ. Betriebe mit dem Gaudiplom für hervorragende Leistungen aus und führt hierbei aus: Wenn in Amerika »97 % der Schwerindustrie, 97 % der Zeitungen und 99 % der Textilindustrie im Besitz von Juden sind, braucht man sich nicht zu wundern, daß diese Kreise für die sozialen Errungenschaften Deutschlands kein Verständnis aufbringen.« Gauobmann Schulz erstattet den Rechenschaftsbericht über den Kriegsleistungskampf 1942/43 und stellt fest, daß die künftige Aufgabe der Arbeitskammer darin bestehe, im Erfahrungsaustausch mit den 36 712 am Wettbewerb teilnehmenden Betrieben gewisse Leistungshemmnisse zu beseitigen, die in Form einer falschen Entlohnung, schlecht gestalteter Arbeitsplätze, unzureichender Arbeitsmittel, schlechter Arbeitsvorbereitung auftreten.
In Anbetracht der verstärkten Luftkriegsgefahr und der Überbeanspruchung zahlreicher erwerbstätiger Mütter erweitert die Stadtverwaltung ihr bisheriges Kinderlandverschickungsprogramm. Der Stuttgarter NS-Volkswohlfahrt obliegt die Unterbringung der Mütter und ihrer Kleinkinder und Kinder bis zu 10 Jahren in geeigneten

Familien, die 10- bis 14jährigen werden von der Hitlerjugend (Bann 119) in Lagern zusammengefaßt.
Beginn des Unterrichts in der Staatsbauschule. Er hatte sich um eine Woche verzögert, da die Studenten halfen, Fliegerschäden zu beseitigen.
Hans Priegnitz gibt einen Klavier-Abend in der Liederhalle.

4. Mai Die Gaudienststelle der NS-Kriegsopferversorgung macht bekannt, daß fortan die sog. Elterngabe auch den Eltern von Söhnen und Töchtern, die an den Folgen einer »Notdienst- oder Luftschutzdienstbeschädigung« gestorben sind, gewährt wird.

5. Mai Das Sondergericht Stuttgart verurteilte eine Frau, die in einem Verwandtenstreit unter Anspielung auf den Heldentod eines Gefallenen geäußert hatte: »Um keinen von seiner Art ist es schade«, wegen Beleidigung eines Gefallenen zu acht Monaten Gefängnis.
Die Wirtschaftsgruppe Elektroindustrie und der Reichsinnungsverband des Elektrohandwerks haben vereinbart, daß Elektroinstallateure in abhängiger Stellung, gegen deren Person keine Bedenken bestehen, für die Kriegsdauer auch ohne besondere Zulassung Ausbesserungs- und kleine Erweiterungsarbeiten ausführen dürfen; indessen bleibt die Ausführung von Neuanlagen den ausdrücklich zugelassenen Installateuren vorbehalten.

6. Mai Das Sondergericht Stuttgart verurteilte eine 24jährige Frau, die einen kriegsgefangenen Franzosen ein Jahr lang in ihrer Wohnung verborgen gehalten hatte, zu vier Jahren Zuchthaus.
Fortan findet die Vortragsreihe von Dr. Thielicke »Die Grundlagen des christlichen Glaubens — Eine Vortragsreihe für Freunde und Gegner der Kirche« jeden Donnerstag in der Markuskirche statt.
Anläßlich des 119. Schillerfestes des Stuttgarter Liederkranzes in der Liederhalle spricht Dr. Hermann Binder über »Schiller und die Frauen«; Staatsschauspieler Roderich Arndt rezitiert Gedichte von Schiller.

7. Mai Werke von Seghers, de Vos, Griffier, Bassano, Castiglione, Lebrun, Millet u. a. aus der Sammlung Grossmann/Brombach werden von Paul Hartmann im Kunstgebäude versteigert.

8. Mai 50. Aufführung des Volksstückes »Junger Wein in alten Schläuchen« von Heinz Steguweit im Schauspielhaus.

9. Mai In der Stiftskirche predigt Dr. Hartenstein über »Und ich sah keinen Tempel

MAI 1943

darinnen; denn der Herr der allmächtige Gott ist ihr Tempel und das Lamm. Und die Stadt bedarf keiner Sonne, noch des Mondes; denn die Herrlichkeit Gottes erleuchtet sie«: Die großen Schlachtfelder in Tunis und Stalingrad sind furchtbar und die Ruinenviertel unserer Städte erschütternd; aber es gibt für den, der tiefer sieht, noch größere Not. Es könnte sein, daß die Schlachtfelder in den Herzen unserer Kinder und die Ruinenstädte in der Seele des kommenden Geschlechts noch viel notvoller werden, wenn dieser kommenden Generation das Angesicht Gottes verblaßt.
Erstaufführung des Schauspiels »Der Sturz des Ministers« von Eberhard Wolfgang Möller im Kleinen Haus.
Karl Wilhelm von Eiff, Prof. an der Kunstgewerbeschule (Glasschneidekunst), verstorben.

10. Mai Der Müll wird nur noch einmal wöchentlich abgefahren.

11. Mai Weil Veröffentlichungen, die nicht im Einklang mit den allgemeinen, festgelegten Grundsätzen stehen, die Preispolitik des Reiches stören, werden die Beamten und Angestellten der Stadtverwaltung ersucht, entsprechende Arbeiten vor der Drucklegung über den Fachreferenten dem OB vorzulegen.

13. Mai Aus Anlaß der Einstellung der Kämpfe in Tunesien verliest OB Dr. Strölin ein Telegramm an Generalfeldmarschall Rommel, in dem es u. a. heißt: »In der heutigen Ratsherrensitzung in Stuttgart haben wir Ihrer und der tapferen Truppen in Afrika mit tiefstem Dank und mit aufrichtiger Bewunderung gedacht.«
Zur Eröffnung des Sommersemesters der Volksbildungsstätte spricht Gauschulungsleiter Dr. Klett zum Thema »Auf dem Weg zum neuen Europa«.
Am Flügel begleitet von Gerhard Puchelt singt Gerda Lammers von der Staatsoper Berlin Werke von Schubert und Wolf in der Liederhalle.

14. Mai Das Trio Fischer-Kulenkampff-Mainardi konzertiert in der Liederhalle.

15. Mai In Zusammenarbeit mit der Landesleitung der Reichskammer der Bildenden Künste und dem Reichspropagandaamt Württ. organisiert der Württ. Kunstverein eine Gauausstellung Württembergische Künstler 1943. Zur Eröffnung hält Gaupropagandaleiter Mauer eine Ansprache: »Unserer politischen und militärischen Revolution wird ein revolutionäres Schaffen und Schöpfen auf dem Gebiet der Kunst folgen ... wenn erst die Künstler nach dem Siege die Möglichkeit haben ... die große Zeit monumental zu gestalten, dann wird erst die Epoche der nationalsozialistischen Revolution ihren Höhepunkt erleben und alles das, was wir erhalten, erträumt und erkämpft haben, wird dann den folgenden Generationen in erhabenen und wahrhaften Kulturwerken als Mahnmale und Symbole und als Dokumente des von uns gestalteten XX. Jahrhunderts überliefert werden ... Die politisch Verantwortlichen und die Kulturpolitiker der Gegenwart wollen nicht mehr als die Gärtner sein im Garten der deutschen Kultur ... sie wollen alles wachsen lassen, hegen und pflegen, was schön, echt, farbenfroh und gesund ist, und sie wollen entfernen und alles das an der Wurzel packen und beseitigen, was vom Übel ist.«

Auf Veranlassung des Vorsitzenden der Deutsch-Japanischen Gesellschaft, OB Dr. Strölin, gab Michiko Tanaka einen japanischen Liederabend im Hotel Marquardt. Branka Musulin (Klavier) spielt in der Liederhalle.

16. Mai Damit sie Gelegenheit haben, den Muttertag im Kreise ihrer Familie zu verleben, werden die HJ- und BDM-Mitglieder vom Dienst befreit; ausgenommen sind Mädel, die kinderreichen Familien Hilfe leisten und Mitglieder von Spieleinheiten, die zur Ausgestaltung der Feierstunden der NSDAP zu Ehren der Mütter herangezogen werden.

Die Kreisamtsleitung der NS-Volkswohlfahrt weist darauf hin, daß die am 14. Mai wie angekündigt eingetroffenen Volksgasmasken bereits ausverkauft sind; ein neuer Verkauf wird wieder in der Presse bekanntgegeben.

20. Mai Große Kundgebung unter dem Leitwort »Über allem aber steht die deutsche Infanterie« in der Liederhalle. In Anwesenheit vom Befehlshaber im Wehrkreis V und im Elsaß, General Oßwald, berichtet ein württ. Infanterie-Stoßtrupp über den Osteinsatz seiner Division, bei der viele der Zuhörer ihre Angehörigen wissen.

Uraufführung der Komödie »Der Autor und das Abenteuer« im Kleinen Haus in Anwesenheit des Dichters Bernd Rehse.

21. Mai Unter der Überschrift »Wer wird als Volksschädling betrachtet und bestraft?« schreibt der NS-Kurier u. a.: »Eine zusammenfassende Betrachtung der Schwere der Tat und der Persönlichkeit des Täters ergibt die Antwort auf die Frage: Volksschädling oder nicht? ... So ist es möglich, daß Straftaten, die an sich betrachtet fast geringfügig anmuten, wie etwa das Hamstern von einigen Eiern, dann unter die Volksschädlingsverordnung fallen können, wenn der Täter dabei eine besonders gemeine Gesinnung geoffenbart hat, also wenn er sich etwa bei diesem Hamstern, um sein Ziel zu erreichen, fälschlich als Stalingradkämpfer ausgab.

Bei der Strafzumessung kennt man den Sühnegedanken wie den Schutzgedanken. Die Strafverschärfung der Volksschädlingsverordnung soll der Allgemeinheit einen erhöhten Schutz bieten. Dieser Schutz besteht in der Abschreckung, die hohe Zuchthausstrafen auf manchen labilen Charakter ausüben, der weniger aus Verantwortungsgefühl der Volksgemeinschaft gegenüber als vielmehr aus Angst vor der Strafe vor der Begehung des Verbrechens zurückschreckt.«

Tätigkeitsbericht des Gaugesundheitsamtes. In ihm wird das Gerücht dementiert, Kranke über 60 Jahre hätten keinen Anspruch auf Versorgung und Arzneimittel. Weiter seien alle Behauptungen von Gewichtsverlusten bei der Mehrzahl der Volksgenossen »kritiklose Verallgemeinerungen oder bösartiges Geschwätz«.

Wegen Raum- und Papiermangels ordnet die Stadtverwaltung an, daß entbehrliche Akten in größtmöglichem Umfang der Altpapiersammlung zur Verfügung gestellt werden. Insbesondere wird die 10jährige Aufbewahrungsfrist auf 5 Jahre herabgesetzt und dabei grundsätzlich davon ausgegangen, daß erhaltungswürdige Schriftstücke in den städt. Rechnungsakten in aller Regel nicht enthalten seien.

22. Mai   Arbeitstagung der südwestdeutschen Landesgruppe der Deutschen Akademie für Städtebau, Reichs- und Landesplanung und der Fachgruppe Bauwesen des NS-Bundes Deutscher Technik im Stadtgartensaal. Landesplaner Bohnert spricht über »Die ländliche Neuordnung in ihrer biologischen und kriegswirtschaftlichen Bedeutung«, Gaufachgruppenleiter Blind über »Luftkrieg und Städtebau« und Stadtrat Schwarz über »Landwirtschaft und Gartenbau in Stadtgebieten«.

23. Mai   In der Liederhalle übergibt OB Dr. Strölin 213 Eltern, denen in diesem Jahr das vierte Kind geboren wurde, Ehrenurkunden; die Gesamtzahl der von der Stadt übernommenen Ehrenpatenschaften beträgt nun 1362.

Die Württ. Bank AG Stuttgart verzeichnet einen rund 70%igen Spareinlagenzuwachs auf 9,43 Mio. RM und verteilt eine 5%ige Dividende.

24. Stuttgarter Stadtlauf; die Vaihinger Mannschaft gewinnt, die Kickers-Mannschaft wird zum erstenmal besiegt.

23.–29. Mai   »Woche der Frontdramatiker« im Staatstheater. Aufgeführt werden Werke von Gerhard Schumann, Herybert Menzel, E. W. Möller, Artur Müller, Herbert Reinecker u. a. Zur Eröffnung heißt es: »Diese Woche ist im Bereich des Theaters Dank der Heimat an die Front ... Die jungen Dichter und Komponisten, die an den Fronten zu Männern reiften, stehen damit nicht außerhalb der künstlerischen Konkurrenz, daß wir sie in der kommenden Woche an mehreren Theaterabenden herausstellen. Aber wie auch schon Goethe nicht selbst Kriegsgedichte über die Völkerschlacht bei Leipzig ersann ... wird auch jetzt wieder das Kriegserleben vorwiegend von der daran aktiv beteiligten Generation schöpferisch gestaltet ... Der Kampf ist der Vater aller Dinge ... Ohne Krieg und Kampf ist das Drama undenkbar ... Noch stehen wir mitten im Kriege und vermögen vom Heutigen nur um weniges den Schleier zu lüften. Doch wir sind jener künftigen Genien gewiß, die ihr schöpferisches Schweigen in die neue unendliche Zeit werfen werden!«

23. Mai bis 12. Juni Spinnstoff- und Schuhsammlung. Als Auftakt führt das Kriegshilfswerk eine Hauslistensammlung für das Deutsche Rote Kreuz durch; der Gau Württ.-Hohenzollern spendet 2 179 899,99 RM.

25. Mai Auf das zehnjährige Bestehen des Frauenbeirats der Stadt Stuttgart zurückblickend, führt OB Dr. Strölin aus, daß nach anfänglichen Schwierigkeiten und trotz aller finanziellen, materiellen und gesetzlichen Unzulänglichkeiten sich der Stuttgarter Frauenbeirat bewährt und Schule gemacht habe. Ein Bedürfnis für die Mitarbeit der Frauen bestehe insbesondere in der Kriegszeit, wo sie auf den wichtigen Gebieten der Ernährung, der Hauswirtschaft und der sozialen Fürsorge eingesetzt werden. Aus dem anschließenden Erfahrungsbericht der Beirätinnen und ihrer 18 ehrenamtlichen Helferinnen bei der Betreuung der 1362 Ehrenpatenfamilien der Stadt Stuttgart wird der Schluß gezogen, daß diese Familien die Gewißheit haben sollen, daß sie sich in all ihren Sorgen und Nöten vertrauensvoll an die Stadtverwaltung wenden können.
Der württ. Sparkassen- und Giroverband gibt eine 33,3%ige Steigerung der Spareinlagen auf 2,48 Milliarden RM bekannt. Von je 4 Einwohnern in Württemberg besitzen 3 (2,25 Mio.) ein Sparbuch mit einem Durchschnittsbetrag von 1103 RM.
Die Spezialmaschinenfabrik Fortuna-Werke AG verteilt erneut eine 6%ige Dividende.

26. Mai Mit dem vorangestellten Bemerken, »die heimtückischste Art, die Existenz eines Menschen zu erschüttern, wo nicht zu vernichten, ist der anonyme Brief«, berichtet der NS-Kurier über verschiedene, kürzlich von Stuttgarter Gerichten gegen sog. Heckenschützen gefällte Urteile.
Erstaufführung der Oper »Mariana« von Otto Nicolai im Großen Haus.

26.—28. Mai Die traditionellen Frühjahrsmärkte auf dem Skagerrakplatz und bei der Danziger Freiheit werden sehr schlecht beschickt (2 Verkäufer bzw. gar keiner). Die Einnahmen an Platzgeldern betragen 22 RM.

28. Mai Rektor Prof. Heß begrüßte die Studenten der TH, der weitaus größte Teil kriegsversehrt, verpflichtete die Neuimmatrikulierten durch Handschlag und gab bekannt, daß durch die jüngsten Erlasse des Reichswissenschaftsministers eine laufende Überprüfung der Studierenden angeordnet wurde mit dem Ziel, die nach Leistung und Haltung Ungeeigneten aus der Hochschule zu entfernen und sie einer anderen Arbeit zuzuführen.
Ein Erdbeben der Stärke 8, dessen Herd wieder im Gebiet der Ebinger Alb lag, richtet leichte Dach- und Kaminschäden im Gebiet der Stadt an.

29. Mai Der OB verfügt aus luftschutztechnischen Erwägungen die völlige Beseiti-

MAI 1943

gung der durch die Entfernung der Latten- und Bretterverschläge auf Dachböden freiwerdenden Latten, Bretter, Beschläge und Nägel und deren Sicherstellung für die Beseitigung von Fliegerschäden.
90 Studentinnen der TH und 30 der Kunstakademie treten dieser Tage ihren sog. Semestereinsatz als Straßenbahnschaffnerinnen an.
Am Flügel begleitet von Dr. Kalix singen Olga Moll und Hans Hager Lieder von Paul Groß; anschließend spielen in der Musikhochschule das Kergl-Quartett und Fritz Jungnitsch Kompositionen von Karl Münchinger.
Das Kunsthaus Schaller stellt ab heute Graphiken von Prof. Hermann Mayrhofer aus.

30. Mai Die Württ. Girozentrale (Württ. Landeskommunalbank) gibt eine 12,6%ige Umsatzsteigerung auf 10,86 Milliarden RM bekannt und verteilt eine 4%ige Dividende.
Dr.-Ing. Speidel, Generaldirektor der Energie-Versorgung Schwaben-AG, wurde zum Bezirksbeauftragten für die Stromeinsparung in Württemberg bestellt.

31. Mai 50. Zuteilungsperiode (bis 27. Juni); die Fleisch- bzw. Fleischwaren-Zuteilungen werden um 100 Gramm auf 250 Gramm pro Woche und Normalverbraucher herabgesetzt.
Auftragsgemäß berichtet Generalstaatsanwalt Wagner dem Reichsminister der Justiz, Dr. Thierack: »Auch bei vorsichtigster Auswertung aller Beobachtungen muß man für den Gau Württemberg-Hohenzollern zu der Feststellung kommen, daß trotz der gelungenen Stabilisierung der Ostfront bei einem zahlenmäßig nicht ganz geringen Teil der Bevölkerung die Siegeszuversicht und das Vertrauen in die Führung z. Zt. merkbar erschüttert sind: Die mit erheblichen Einbußen an Gebiet, Menschen und Material verbundenen militärischen Rückschläge im Osten, die im Namen und Begriff ›Stalingrad‹ ihren symbolhaften Ausdruck gefunden haben, der Verlust Tunesiens, das trotz besserer Wetterbedingungen zu verzeichnende Nachlassen unserer U-Bootserfolge ... die Fortdauer der gegen die deutschen Städte gerichteten gegnerischen Terrorluftangriffe, deren Vergeltung oder wenigstens Eindämmung man z. Zt. nicht für möglich und jedenfalls nicht für ausreichend hält, die kriegsbedingten, immer fühlbarer werdenden Schwierigkeiten der Lebensführung in der Heimat, die wachsenden Blutopfer, deren von höchster Stelle mitgeteilter Gesamtzahl man mit Zweifel begegnet und die Tatsache gegenüberstellt, daß die Zahl der Gefallenen des Krieges 1914/18 in manchen Gemeinden bereits erreicht oder überschritten ist — all das nagt an der seelischen Widerstandskraft des Volkes.
So erklärt es sich, daß ein kleinerer Teil der Bevölkerung sich keine allzu großen Hoffnungen auf einen günstigen Ausgang des Krieges mehr macht und seine täglichen Pflichten mit einer gewissen Niedergeschlagenheit oder doch mit apathischer Ergebung verrichtet ... Der weitaus größere Teil der Volksgenossen aber steht der Lage in ab-

wartender Ruhe gegenüber und ist nach wie vor grimmig entschlossen, den Kampf um das Sein oder Nichtsein der Nation um jeden Preis durchzustehen und zu einem guten Ende zu bringen. Für die Träger des völkischen Kampfwillens folgt daraus die Notwendigkeit und die Pflicht, hart zu bleiben und, falls erforderlich, noch härter zu werden, damit die Gefahr einer nationalen Knochenerweichung gar nicht aufkommen kann.

Der vermehrte Einsatz ausländischer Arbeiter und Kriegsgefangener in der Industrie und vor allem in der Landwirtschaft bereitet der Bevölkerung zunehmende Sorgen und Nöte, der Polizei und den Strafverfolgungsbehörden erhöhte Arbeit und Schwierigkeit ... Die noch vorhandenen Polizei- und Gendarmeriebeamten werden mit den ausländischen Arbeitern zum Teil kaum noch fertig und lassen sie eben manchmal gewähren. Die Landfrauen haben vor ihnen Angst, zumal in der Presse hin und wieder über Gewalttätigkeiten und Morde an Landwirten berichtet wird. Die immer mehr zunehmenden Anzeigen wegen verbotenen Umgangs mit Kriegsgefangenen, insbesondere auch wegen Schwängerung deutscher Mädchen und Frauen, sind nicht zuletzt auf diese Zustände zurückzuführen. Des öfteren geben Frauen bei ihrer Vernehmung als Beschuldigte an, daß sie dem Kriegsgefangenen deshalb willfährig wurden, um seine Arbeitskraft nicht zu verlieren. Daß die militärischen Wachmannschaften den Kriegsgefangenen gegenüber nachlässig und nachsichtig sind, kann man immer wieder hören. Verfehlungen gegen das Ausgehverbot und gegen die Bestimmungen über den Wirtshausbesuch werden kaum verfolgt ... Die Straftaten dieser ausländischen Hilfskräfte nehmen ständig zu ... Man wird ... in der Annahme nicht fehlgehen, daß viele Diebe und Einbrecher in Gärten, Kellern, Magazinen und dergl. und viele der unbekannt gebliebenen Täter, die bei Nacht unsittliche Attentate gegen Frauen begehen, in ihren Kreisen zu suchen sind ... Wie aus Polizeiberichten zu entnehmen ist, wird in manchen Unterkünften der ausländischen Arbeiter ein regelrechter Schwarzhandel mit Fleisch, Käse und anderen Nahrungsmitteln betrieben, die wahrscheinlich von den in Erzeugerbetrieben oder bei der Reichsbahn arbeitenden Ausländern gestohlen worden sind ... Eine Vermehrung ist — außer bei den Straftaten der Ausländer — auch bei der Jugendkriminalität zu verzeichnen. Es handelt sich dabei vor allem um Diebstähle, Arbeitsvertragsbruch, Umhertreiben und Sachbeschädigungen. Doch liegen die Fälle meist leicht und halten sich im Rahmen der üblichen Jugendverfehlungen, so daß sie größtenteils mit Jugendarrest geahndet werden können und keinen Anlaß zu besonderer Besorgnis bieten ... Die nötige Steigerung der Rüstungserzeugung hat auch in meinem Bezirk zwangsläufig zu einer weiteren Erhöhung der Arbeitszeit geführt. In den Rüstungsbetrieben beträgt die wöchentliche Arbeitszeit zum Teil 72, ja 84 Stunden. Wenn dazu noch in den mehr ländlichen Gebieten ... für einen Teil der Belegschaft ein langer Anmarschweg kommt ..., so kann dies zu einer Beanspruchung der Arbeitskraft führen ... bei der die Frage auftaucht, wie lang dies der Einzelne ohne Ausfallerscheinungen oder Gesundheitsschäden aushalten kann. Während nun die körperlich Schaffenden entsprechende Verpflegungszulagen erhalten, sind diese den Angestellten, die ebensolang arbeiten, bisher versagt geblieben. Trotz aller Bemühungen der Betriebsführer ist es seither nicht gelungen, hierin eine Änderung bei den beteiligten Reichsministerien zu erreichen, vermutlich, weil die Ernährungsdecke nicht groß genug ist. Dieser Zustand hat auch kriminelle Auswirkung. Denn die Versagung der Lang- und Längstarbeiterzulage bei den Angestellten macht sich nicht nur in körperlichen Ermüdungserscheinungen, sondern auch in dem Bestreben der Betroffenen bemerkbar, sich zusätzlich Nahrungsmittel ohne Rücksicht auf deren Herkunft und Preis zu verschaffen.«

1. Juni Vier französische Widerstandskämpfer werden hingerichtet. Insgesamt finden heute 35 Hinrichtungen statt.
Mit dem heutigen Tage ist die Tarnung der über die natürliche Vernebelung, d. h. über 300 m Meereshöhe, herausragenden, früher hell gestrichenen Häuser von Groß-Stuttgart in der Hauptsache abgeschlossen.
OB Dr. Strölin gibt bekannt, daß der Gauleiter »dem ›Oberbürgermeister der Stadt der Auslandsdeutschen Stuttgart für die Betriebe Bäderverwaltung, Gartenamt, Technische Werke, Tiefbauamt und Vieh- und Schlachthof‹ für die im Jahre 1942/43 im Leistungskampf der deutschen Betriebe gezeigten Leistungen für ein weiteres Jahr das Gaudiplom für hervorragende Leistungen verliehen« hat.
Obermedizinalrat Dr. Lempp erstattet den Beiräten für Wohlfahrt und Gesundheit Bericht über die Gesundheitslage: Während in den ersten Kriegsjahren kein Geburtenrückgang festgestellt wurde, ist im Jahre 1942 im Vergleich zu 1941 in Stuttgart die Geburtenzahl um rund 12 % gesunken. Bei den Erwachsenen haben die Angehörigen älterer Jahrgänge im allgemeinen an Gewicht abgenommen. Die durchschnittliche Krankheitsdauer und Krankheitshäufigkeit hat sowohl bei der städt. Gefolgschaft wie auch bei den Versicherten der Allgemeinen Ortskrankenkasse zugenommen, obgleich durch die Einführung der vertrauensärztlichen Untersuchung ein wesentlicher Rückgang der Krankheitsfälle erreicht worden ist.
Über die sog. jugendlichen Arbeitsbummler wird den Beiräten berichtet: »Die beteiligten Stellen sind sich darüber einig, daß Arbeitsvertragsbruch und Arbeitsversäumnis heute besonders schwere Vergehen darstellen und deshalb auch gegen die Jugendlichen mit aller Schärfe vorgegangen werden muß. Nach den bisherigen Erfahrungen hat der Jugendarrest ... die gesetzte Hoffnung vielfach nicht erfüllt«, weswegen künftig »in schwierigeren Fällen« mit der »Anordnung vorläufiger Fürsorgeerziehung« und Überführung in die entsprechende Sonderabteilung in Buttenhausen vorgegangen werde – das »Arbeitserziehungslager Moringen ... mit der schärfsten Form pädagogischer Erfassung« komme allerdings nur für die »aussichtslosen Fälle in Frage.«

JUNI 1943

Eugen Göggel, Meister bei der Stuttgarter Feuerschutzpolizei, neuer deutscher Meister 1943 im Zehnkampf sowie am Reck, wird von OB Dr. Strölin empfangen und beglückwünscht.
Dr. Alfred Marquard, vormals Syndikus des Verbands württ. Industrieller und Mitgründer des Landesverbandes der Presse und des Vereins für Zeppelin-Luftfahrten, verstorben.

2. Juni   Zur Produktionssteigerung werden die Erzeugungsbetriebe des Gartenamtes und des Obstbauamtes für die Dauer des Krieges beim Gartenamt zusammengefaßt; in den vereinigten Erzeugungsbetrieb wird der Weinbaubetrieb des Liegenschaftsamts einbezogen.
125. Jubiläum der Württ. Landessparkasse, Stuttgart.

3. Juni   Die Hochschule für Musik einschließlich der ihr angegliederten Orchesterschule wird im Sommersemester 1943 von 229 Studierenden besucht.

4. Juni   Um die Auslagen in den Schaufenstern der wirklichen Verkaufslage anzupassen, d. h. zu verhindern, daß die ausgestellten Waren bei einer Nachfrage in den Geschäften für gewöhnlich entweder als unverkäufliche Dekorationsstücke oder als bereits mehrmals vorgemerkt bezeichnet werden, erläßt die Gauwirtschaftskammer eine Verordnung über das »leistungstreue Schaufenster«.

5. Juni   Aus dem Geschäftsbericht der städt. Pfandleihanstalt in Stuttgart für 1942 geht hervor, daß die Zahl ihrer Neubeleihungen im Vergleich zu 1941 stark zurückgegangen ist. Den veränderten Verhältnissen Rechnung tragend, stellt die Anstalt ihren Betrieb bis auf weiteres ein.
50. Aufführung von »Nero und Agrippina«, Tragödie von Georg Schmückle, im Staatstheater.

6. Juni   Hauslistensammlung des Kriegshilfswerkes für das Deutsche Rote Kreuz; der Gau Württ.-Hohenzollern spendet 2 154 168 RM.
»Reichsfeierstunde« zu Hölderlins 100. Todestag im Großen Haus der Staatstheater.
Im Schloß Rosenstein spielt das Wendling-Quartett.

8. Juni   Die Daimler-Benz AG gibt für 30 Mio. RM neue Stammaktien aus und erhöht das Grundkapital auf 120 Mio. RM; die Aktien, die ab 1. 1. 1943 dividendenberechtigt sind, werden den Inhabern alter Aktien im Verhältnis 3000 RM alten zu 1000 RM neuen Aktien zum Kurs von 130 % zum Bezug angeboten. Die anschließende

JUNI 1943

Hauptversammlung genehmigt eine Dividenden-Ausschüttung von 6 % auf 90 Mio. Reichsmark.

Das Kammerorchester Wilhelm Stroß beginnt eine Reihe von drei Bach-Konzerten in der Liederhalle und setzt sie am 9. und 12. Juni fort.

9. Juni Die landwirtschaftliche Genossenschaftszentralkasse GmbH Stuttgart, das finanzielle Zentralinstitut der landwirtschaftlichen Genossenschaften in Württemberg, feiert am 1. Juli ihr 50jähriges Jubiläum. Sie verzeichnet eine rund 45%ige Steigerung ihrer Bilanzsumme auf rund 418 Mio. RM; die Einlagen haben sich gegenüber 1942 um mehr als 68 % erhöht.

10. Juni Das Landeswirtschaftsamt erlegt den Privathaushalten eine Verringerung des Gasverbrauchs um mindestens 10 Prozent und eine solche des Stromverbrauchs um wenigstens 30 Prozent gegenüber dem gleichen Zeitraum des Vorjahres auf.

Im Rahmen der Volksbildungsstätte spricht Dr. Hermann Schneider über »Frankreich und wir« im Deutschen Ausland-Institut.

11. Juni Ein Vater, der im Laufe eines Jahres seinem Sohn rund drei Dutzend Entschuldigungsschreiben ausstellte, in denen er dessen Fernbleiben vom HJ-Dienst mit »allen nur erdenklichen Begründungen« zu rechtfertigen versuchte, wird von der Jugendschutzkammer zu 150 RM Geldstrafe verurteilt.

Die Städt. Sparkasse und Girokasse Stuttgart berichtet über eine Erweiterung ihrer Bilanzsumme von 477,97 Mio. RM auf 635,29 Mio. RM; 22,87 Mio. RM der von 291,68 Mio. RM auf 414,74 Mio. RM erhöhten Spareinlagen entfallen auf die eingemeindeten Bezirke; bei den Sparkonten betragen die Einzahlungen 967 888, die Auszahlungen 255 623 Posten, entsprechend schwach und rückläufig war das Kreditgeschäft.

Eröffnung der Gauausstellung des »Hilf mit!«-Werkes der deutschen Erzieher auf dem Killesberg »Für Deutschlands Freiheit — Der Kampf im Osten!«. Aus dem Gau Württ.-Hohenzollern beteiligen sich 3500 Jungen und 1870 Mädchen mit 13 654 Arbeiten an diesem Schülerwettbewerb.

12. Juni Nach dreiwöchiger Dauer erbringt die Spinnstoff- und Schuhsammlung in Stuttgart mehr als 200 Tonnen Lumpen, 85 000 Paar Schuhe, 19 300 Kleidungsstücke, 4600 Wäschestücke und rund 60 Zentner sonstige Textilwaren.

13. Juni In der ausverkauften Adolf-Hitler-Kampfbahn schlägt der FV Saarbrücken Vienna Wien 2 : 1 in der Vorschlußrunde zur deutschen Fußball-Meisterschaft.

15. Juni Nachdem eine Nachprüfung ergab, daß manche Hauseigentümer ihrer Pflicht zur Meldung zweckentfremdeten Wohnraums nicht nachgekommen waren, fordert die Stadtverwaltung erneut auf, die Meldungen bis zum 30. Juni nachzuholen.

16. Juni Vor geladenen Vertretern der württ. Wirtschaft, der Partei, der Wehrmacht und des Staates spricht der Generalbevollmächtigte für den Arbeitseinsatz, Gauleiter Sauckel, über Fragen des Arbeitseinsatzes und der lohnordnenden Maßnahmen sowie über die Mobilisierung der europäischen Arbeitskräfte. Er führt u. a. aus: »Daß viele der ausländischen Arbeiter im Haß gegen Deutschland erzogen worden sind, ist nicht unsere Schuld; daß sie trotzdem für uns arbeiten, ist kein Verdienst irgendwelcher Organisationskunst, sondern einfach ein Sieg der nationalsozialistischen Idee«.

17. Juni Die Israelitische Kultusvereinigung Württemberg und Hohenzollern wird aufgelöst; ihre Räume in der Hospitalstraße 36 samt Mobiliar werden von militärischen Stellen beschlagnahmt.
9 Juden werden nach Theresienstadt und 13 nach Auschwitz deportiert.
Ratsherrensitzung. Vor Eintritt in die Tagesordnung und der Erörterung der üblichen Luftschutz-, Wohnraumbeschaffungs- und Versorgungsangelegenheiten teilt OB Dr. Strölin mit, von einem im Norden der Ostfront eingesetzten Grenadierregiment 35 738 RM für die Bombengeschädigten im Gebiet von Stuttgart erhalten zu haben, wodurch der Gesamtbetrag der Spenden sich nun auf rund 300 000 RM belaufe.
Fortan werden die Lebensmittelgeschäfte dienstags und freitags bis 19.30 Uhr offengehalten, samstags fällt der Mittagsladenschluß weg.
Die Albert Hirth AG, Maschinenfabrik Stuttgart-Zuffenhausen, verteilt eine 5%ige Dividende auf das Aktienkapital von 1,60 Mio. RM.

18. Juni Vor den Beiräten für die Ortsämter berichtet Baudirektor Scheuerle über den Stand der Tarnungs- und Vernebelungsmaßnahmen. Die Wetterverhältnisse auf der Filderebene seien sehr ungünstig. Bisher wurden lediglich in Vaihingen, Möhringen und Rohr je eine sog. Nebelschleuder aufgestellt.

18.–21. Juni Zur Eröffnung des Bad Cannstatter Mozartfestes dirigiert Karl Leonhardt. An den darauffolgenden Tagen werden die c-Moll-Messe in der Stiftskirche, Kammermusik im Schloß Rosenstein und die »Hochzeit des Figaro« in der Staatsoper aufgeführt. Dem künstlerischen Leiter des Mozartfestes, Kapellmeister Erich Ade, wird anschließend von der Stadtverwaltung eine Reise nach Salzburg zur Vertiefung seiner Kenntnisse bewilligt.

JUNI 1943

19. Juni Beim großen Gauvergleichskampf der Ringer-Auswahlstaffeln von Baden und Württemberg siegen die Württemberger 4 : 3.

19.–21. Juni Unter dem Schlagwort »Alt wird neu« zeigt die Firma Salamander eine Ausstellung von Produkten ihrer Nähkurse.

20. Juni Im NS-Kurier erscheint zweisprachig ein amtlicher Aufruf des Italienischen Konsulats Stuttgart mit der nachdrücklichen Bitte an alle Betriebsführer, ihn ihren italienischen Gefolgschaftsangehörigen bekanntzumachen. »Alle im Gau Württemberg und Hohenzollern wohnhaften italienischen Staatsangehörigen der Jahrgänge 1909 bis einschließlich 1924, die noch keine Vorladung zur Prüfung ihrer Militärangelegenheiten ... erhalten haben sollten, werden hiermit aufgefordert ... beim Kgl. Italienischen Konsulat in Stuttgart ... vorstellig zu werden.«

23. Juni Ein in Stuttgart arbeitender Kroate wurde vom Sondergericht in Stuttgart zum Tode verurteilt, da er aus einer Wohnung, die wegen Zerstörung des Hauses durch einen Luftangriff von den Bewohnern geräumt worden war, Wäschestücke und Bekleidung sowie aus einer benachbarten Kantine einen Koffer mit Inhalt, der von Fliegergeschädigten dort untergestellt worden war, entwendet hatte.

24. Juni Landesbischof Wurm erbittet in einer an den Reichsführer SS Himmler gerichteten Eingabe die Freilassung von Pfarrer Niemöller aus seiner nun sechs Jahre dauernden Haft im Konzentrationslager. Die ihm erteilte Antwort lautet: »Eine Entlassung des Pfarrers Niemöller und der übrigen Geistlichen kann erst dann erfolgen, wenn diese die Gewähr dafür bieten, daß sie sich in Zukunft in ihrer geistlichen Tätigkeit auf rein konfessionelle und kirchliche Fragen beschränken und nicht weiterhin unter dem Deckmantel einer angeblich religiösen Betätigung den Aufbau einer nationalsozialistischen Volksgemeinschaft stören.«
Der Kammermusikkreis Scheck-Wenzinger spielt auf alten Instrumenten Werke von Geminiani, Boccherini u. a. in der Liederhalle.
Das Kunsthöfle zeigt Gemälde von Richard Weegmann u. a.

25. Juni Abschluß der Verhandlungen, das Parkhotel Silber, das für ein Altersheim vorgesehen, dann aber von der Wehrmacht in Anspruch genommen worden war, seinem ursprünglichen Zweck als städt. Altersheim mit 85 Plätzen zuzuführen.
Karl Hengerer, Architekt, Miterbauer der Arbeiterkolonien Ostheim und Südheim, Plan und Oberleitung der Stuttgarter Altstadtsanierung 1906–09, verstorben.

27. Juni Zum Abschied dirigiert Herbert Albert, nunmehr Operndirektor und Leiter der Schlesischen Philharmonie in Breslau, Bruckners 8. Symphonie in der Liederhalle. Das Reichspropagandaamt in Verbindung mit der Deutsch-Japanischen Gesellschaft zeigt als Stuttgarter Erstaufführung den Dokumentar-Film »Nippon, das Land der aufgehenden Sonne« im Ufa-Palast.

29. Juni Vier weitere französische Widerstandskämpfer werden hingerichtet. Auch ein 33jähriger Händler wird ... als »Volksschädling und Schieber« ... exekutiert. Ihm wurde zur Last gelegt, daß er »unter Ausnutzung der Kriegsverhältnisse einen schwunghaften Handel mit minderwertigen Fußbodenpflegemitteln und hauswirtschaftlichen Gegenständen betrieben« habe, »wobei er allein innerhalb der letzten Jahre unter Umgehung der Preisbestimmungen einen unerlaubten Gewinn von 45 000 RM einstrich. Daneben hatte er sich des Unterstützungsbetrugs und der Steuerhinterziehung schuldig gemacht.« Der »NS-Kurier« kommentiert: »Da er am Kriege verdiente, während andere kämpften, ist er der Todesstrafe verfallen.«
Gauschulungsleiter Dr. Klett spricht im Oberen Museum über das Thema »Krieg und Weltanschauung«, wobei er erklärt, daß dieser Krieg letztlich »ein Rassenkrieg« sei, »der zur Erhaltung unseres Blutes« geführt werden müsse.
Landesbauernführer Arnold empfing eine lettische Bauernabordnung.
Bei knapp behauptetem Rohüberschuß und starker Erhöhung der Personalkosten wegen Einstellung zahlreicher Ersatzkräfte verteilt die Bauunternehmung Ed. Züblin & Cie. AG, Stuttgart, eine 3%ige Dividende.

1. Juli Der Bezug von Tabakwaren wird neu geregelt; auf einen für zwei Tage geltenden Doppelabschnitt erhält man sechs Zigaretten oder eine 12-Pfennig-Zigarre oder 2 Zigarren zu 7—12 Pf oder 3 Zigarren bis zu 6 Pf oder für 7 Doppelabschnitte 50 Gramm Rauchtabak.
Die Breuninger AG Stuttgart meldet eine Verminderung des Gesamtertrags um rund 1 Mio. RM, die auf Schwierigkeiten bei der Warenbeschaffung und Herstellungsbeschränkungen zurückgeführt wird; die Dividende bleibt bei 5 %.
Im Sommersemester 1943 sind an der TH Stuttgart 782 Studierende (darunter 177 Frauen) und an der Landwirtschaftlichen Hochschule Hohenheim 76 Studierende (darunter 18 Frauen) eingeschrieben.

2. Juli Die Kranken des Stadtkreises Stuttgart, die der Pflege in einer Heilanstalt bedürfen, werden, wie es heißt aus organisatorischen Gründen, nur noch in die Heilanstalt Winnental eingewiesen.
In der TH spricht Prof. Jakob Hauer (Tübingen) über »Die geistigen Grundlagen des indischen Freiheitskampfes«.
Dr. Kost, Landesleiter des Reichsbundes für deutsche Vorgeschichte, spricht bei der

JULI 1943

Volksbildungsstätte über »Wie unsere süddeutsche Heimat germanisch wurde«.

3. Juli Landesbischof Wurm beantwortet einen Brief des Staatssekretärs beim Reichskirchenministerium, Dr. Muhs. Dieser hatte geschrieben, das Kirchliche Einigungswerk, die sog. Wurm-Aktion, sei unzweckmäßig und unerwünscht. Wurm antwortete: »Es kann wohl kaum ein zentraleres kirchliches Thema geben als Sätze über Auftrag und Dienst der Kirche. Diese Sätze werden auf einer Pfarrkonferenz zur Diskussion gestellt. Es geht nicht darum, ihre Annahme zu erzwingen, wie das in der deutsch-christlichen Ära zuweilen vorkam, sondern sie nach allen Seiten auf ihre Schriftgemäßheit und Haltbarkeit zu prüfen ... Trotzdem wird seitens des Reichskirchenministeriums die Diffamierung des kirchlichen Einigungswerks fortgesetzt ... Dies alles ist für mich kein Grund, in meinen Bemühungen nachzulassen oder irgendwelche Befürchtungen zu hegen.«
Bei der Abschlußfeier zum 100. Todestag des Begründers der Homöopathie, Samuel Hahnemann, im Robert-Bosch-Krankenhaus, erklärt Gaugesundheitsführer Prof. Stähle nach Referaten von Prof. Dr. Tischner und Prof. Dr. Stiegele abschließend, jene vom »jüdischen Geschäftsgeist« bewußt unterdrückte Heillehre sei in ihren naturverbundenen Anschauungen und Methoden dem biologischen Denken des Nationalsozialismus am »artgemäßesten«.
Nach dreijährigem Einsatz fiel der Ratsherr der Stadt Stuttgart, Oberarzt Dr. Lechler, an der Ostfront (oder am 4. 7.).

4. Juli Die Bevölkerung wird darauf hingewiesen, daß wirtschaftsstatistische Daten nur mit Genehmigung des Statistischen Zentralausschusses erhoben werden dürfen.
Unter der Leitung von August Langenbeck führen Hermann Achenbach, Eva Dräger, Claus Stemann und der Stuttgarter Kantaten-Chor Werke von Schütz in der Stiftskirche auf.
Die Bauunternehmung C. Baresel AG verteilt erneut eine 4%ige Dividende.

6. Juli Auf die durch den Reichsfinanzhof verfügte Aberkennung der Gemeinnützigkeit der württ. Bibelanstalt protestiert Landesbischof Wurm beim Präsidenten des Reichsfinanzhofes München, nachdem die Evang.-Theol. Fakultät der Universität Tübingen hierzu am 17. April ein Gutachten erstattet hatte: Das Alte Testament verherrliche niemanden als Gott allein und stelle die Sünden der Juden und ihrer Vorväter schonungslos an den Pranger.
Wegen Unklarheiten über die sog. Ostarbeiterabgabe wird festgestellt: In der Hauswirtschaft beschäftigte »Ostarbeiterinnen im Alter von 14 bis 15 Jahren haben einen monatlichen Barlohn von 10,50 RM zu erhalten, für die 16 und 17 Jahre alten Ostarbeiterinnen erhöht er sich auf 13,50 RM«; er ist nicht abgabepflichtig. Allein für die

JULI 1943

Ostarbeiterinnen über 18 Jahre muß der Haushaltsvorstand zusätzlich zu den 18 RM Lohn 1,50 RM an das Finanzamt überweisen. An die AOK ist für alle Altersklassen ein monatlicher Betrag von 4 RM zu zahlen.
Axel Stang, norwegischer Staatsjugendführer, hält sich in Stuttgart auf.

7./8. Juli Hauptversammlung der Energie-Versorgung Schwaben AG, Stuttgart. Eine 5%ige Dividende wird verteilt.

9. Juli Ein erster Transport mit 34 von 109 deutschen Seeleuten, die der Kriegsausbruch auf ihren Handelsschiffen überrascht hatte und die seitdem in Portugiesisch-Angola und Mozambique interniert waren, kommt über Lissabon nach Stuttgart.
Im Auftrag der Volksbildungsstätte spricht im Oberen Museum Habibur Rahman, Mitarbeiter von Subhas Chandra Bose, über »Indiens Freiheitskampf«.

11. Juli Wegen Unterschlagung von Feldpostpäckchen wird der 32jährige Pförtner einer Tübinger Klinik vom Sondergericht Stuttgart zum Tode verurteilt.
In Verbindung mit der NS-Gemeinschaft Kraft durch Freude veranstaltet die flämische Verbindungsstelle bei der Deutschen Arbeitsfront anläßlich des flämischen Nationalfeiertages eine Feierstunde auf dem Killesberg.
Zur Erinnerung an das Deutsche Turnfest in Stuttgart 1933 findet im Sportgau Württemberg ein Volks-Turn- und Sporttag statt. »Der Sportgau Württemberg will mit dieser Veranstaltung zeigen, daß die Arbeit für die Leibesertüchtigung trotz aller kriegsbedingten Schwierigkeiten weitergeht.«

13. Juli Erneut weist der evang. Oberkirchenrat Gauleiter Murr darauf hin, daß entgegen dem Erlaß des Reichsleiters für die Jugenderziehung der NSDAP, Abteilung Kinderlandverschickung, »wonach Religionsunterricht und Konfirmandenunterricht durch die Geistlichen außerhalb des Rahmenplans und des Lagers im Rahmen der Freizeit der Jugendlichen auf freiwilliger Grundlage gebilligt werde«, den aus Stuttgart evakuierten Schulkindern der Kinderlandverschickungslager Berneck, Freudenstadt, Nagold und Reutlingen »der Besuch des Konfirmandenunterrichts verboten« worden sei, »obwohl schriftliche Willensäußerungen der Eltern vorliegen.«
Der in Stuttgart aufgewachsene Philosophieprofessor Kurt Huber wird in München im Zusammenhang mit der Flugblattaktion der Geschwister Scholl hingerichtet.
Prof. Hofmann (Tübingen) hält im Oberen Museum einen Vortrag über »Haben wir ein Recht auf Nervosität?«

14. Juli In Anwesenheit zahlreicher Gäste begeht das Königin-Katharina-Stift die

JULI 1943

125. Wiederkehr seines Gründungstages; aus diesem Anlaß zeigt das Landesgewerbemuseum eine Auswahl der unter der Leitung von Kunsterzieher Wolfgang Zeller angefertigten Arbeiten.

15. Juli   Die Akademie der bildenden Künste hat im Sommersemester 1943 214 Studierende und 21 Gäste.

16. Juli   In einem Appell an Hitler schreibt Landesbischof Wurm unter anderem: »In den letzten Jahren und noch bis in die jüngste Zeit hinein haben Männer der Kirche mehrfach versucht, mit der Führung des Reichs oder mit einzelnen maßgebenden Persönlichkeiten in hohen Staats- oder Parteiämtern Fühlung zu gewinnen, um wichtige Anliegen der christlichen Volkskreise zu Gehör zu bringen. Ihre schriftlichen Vorlagen haben keine Antwort gefunden, ihre Bemühungen um persönliche Aussprache keinen Erfolg gehabt ... Nachdem die dem deutschen Zugriff unterliegenden Nichtarier in größtem Umfang beseitigt worden sind, muß auf Grund von Einzelvorgängen befürchtet werden, daß nunmehr auch die bisher noch verschont gebliebenen sogenannten privilegierten Nichtarier erneut in Gefahr sind, in gleicher Weise behandelt zu werden. Insbesondere erheben wir eindringlichen Widerspruch gegen solche Maßnahmen, die die eheliche Gemeinschaft in rechtlich unantastbaren Familien und die aus diesen Ehen hervorgegangenen Kinder bedrohen ... Die deutsche Christenheit hat bis heute den Angriffen auf den christlichen Glauben und die Freiheit seiner Betätigung widerstanden. Sie beklagt aber auf das tiefste die vielfache Unterdrückung der Glaubens- und Gewissensfreiheit, die fortgehende Zurückdrängung des elterlichen und christlichen Einflusses in der Jugenderziehung, die Festhaltung von durchaus ehrenhaften Persönlichkeiten in Konzentrationslagern ... Indem wir dies im Namen unzähliger evangelischer Christen aussprechen, begehren wir nichts für uns selbst ... Aber nichts und niemand in der Welt soll uns hindern, Christen zu sein und als Christen einzutreten für das, was recht ist vor Gott. Darum bitten wir in ganzem Ernst, daß die Führung des Reiches diesem Begehren Gehör schenken möge eingedenk ihrer hohen Verantwortung für Leben und Zukunft des deutschen Volkes.«
Eine Abordnung von Journalisten aus Frankreich besichtigte soziale Einrichtungen der Stuttgarter NS-Volkswohlfahrt sowie eine Anzahl Betriebe mit französischen Arbeitern.

18. Juli   An der Schlußkundgebung der Kampfspiele der Hitlerjugend beteiligen sich über 25 000 Personen, darunter zahlreiche Norweger, Wallonen, Flamen und Holländer, die der sog. germanischen Jugend angehören.
Der Württ. Kunstverein stellt Werke von Ernst Schlatter, Franz Heinrich Gref, Hans Brasch u. a. aus.

JULI 1943

19. Juli Der württ. Gaumeister im Leichtgewicht, Fritz Bihler, der durch Disqualifikation seines Gegners, des Titelverteidigers und Europameisters Nürnberg (Berlin), deutscher Boxmeister im Leichtgewicht geworden ist, wird von einer Abordnung des Sportgaues empfangen.

21. Juli Der Schriftsetzer und Publizist Alfred Borghammer, der 1938 zu einer zwölfjährigen Zuchthausstrafe wegen Vertreibung illegaler Schriften verurteilt wurde, auf dem Hohenasperg im Alter von 32 Jahren verstorben.
Die Karl Kübler AG, Bauunternehmen, verteilt eine 5%ige Dividende.

22. Juli Die Stadtverwaltung beschließt, fünf neue Altersheime mit 160 Plätzen einzurichten, um dafür Wohnräume für Fliegergeschädigte freizubekommen.
Im Rahmen der Deutsch-Ungarischen Gesellschaft spielen Julian von Károlyi (Klavier) und Sandor Végh (Violine) im Neuen Schloß.

23. Juli Die Stadtverwaltung weist die Amtsvorstände und Leiter der städt. Betriebe erneut darauf hin, daß Frauen aus Dänemark, den Niederlanden, Norwegen, Rumänien, Schweden und der Schweiz sowie die Fläminnen, die ihre Zugehörigkeit zum flämischen Volkstum durch eine amtliche Bescheinigung nachweisen, unter dem Mutterschutzgesetz stehen.

24. Juli Eine an einer deutsch-spanischen Arbeitstagung in Heidelberg teilnehmende Abordnung spanischer Studenten hält sich in Stuttgart auf.

25. Juli Nach der Landung der Alliierten auf Sizilien bricht das faschistische System in Italien zusammen; Mussolini tritt zurück und wird verhaftet. Die Schlagzeilen des NS-Kuriers vom 25. und 26. Juli lauten: »Stalin sucht Entscheidung um jeden Preis« und »Alle Sowjetangriffe zerschlagen oder abgewehrt«; in der Ausgabe vom 27. Juli, deren Schlagzeile lautet »61 Flugzeuge bei erneuten Terrorangriffen vernichtet«, bringt der NS-Kurier die Meldung, der König von Italien habe die von Benito Mussolini angebotene Demission vom Amt des Regierungschefs und Ministerpräsidenten angenommen und den Marschall von Italien, Pietro Badoglio, zum Regierungschef ernannt.

26. Juli Einweisung von Dr. Paul Collmer in das Konzentrationslager Dachau unter dem Vorwurf, einen »illegal in Stuttgart lebenden Staatsfeind« unterstützt zu haben und »der Verwahrung bzw. Beiseiteschaffung jüdischer Vermögenswerte«.

28. Juli 75jähriges Bestehen der Stuttgarter Straßenbahn (Pferde-Eisenbahn).

AUGUST 1943

29. Juli Erlaß des Polizeipräsidenten und örtlichen Luftschutzleiters über die Behandlung der brandgefährdeten Holzbauteile von Gebäuden in Privatbesitz mit Feuerschutzmitteln; die entstehenden Kosten übernimmt das Kriegsschädenamt. Werksanlagen werden in gleicher Weise geschützt, jedoch im Rahmen des Werkluftschutzes und somit auf Kosten der Pflichtigen.

Großer Betriebsappell der Reichspostdirektion Stuttgart. Präsident Streich erklärt, daß die Bevölkerung ein Recht darauf habe, daß die Reichspost hervorragend funktioniere und vom einzelnen Gefolgschaftsmitglied das letzte an Arbeitskraft verlangt werde. Oberbereichsleiter Fachamtsleiter Körner (Berlin) führt aus: »Europas Arbeitskraft und ein unbeugsamer Wille stehen uns zur Verfügung ... Mit der Stärke unserer Herzen wird das Schicksal eines 100-Millionen-Volkes für Jahrhunderte entschieden.«

Die NS-Gemeinschaft Kraft durch Freude teilt mit: Künftig darf bei allen öffentlichen Konzerten der Anteil der Abonnenten 60 % der Plätze nicht übersteigen, ein angemessener Prozentsatz der restlichen Karten ist der Wehrmacht unentgeltlich zur Verfügung zu stellen. Ferner sind die Veranstalter verpflichtet, Karten an Betriebe abzugeben für Berufstätige, die keine Zeit haben, sich an den Kassen anzustellen.

Das Trio Antico Italiano spielt Werke für Harfe, Violine und Violoncello im Neuen Schloß.

31. Juli Die Möbelfabrik Schildknecht AG verteilt erneut eine 6%ige Dividende.

1. August Wegen Verführung mehrerer Jugendlicher wurde ein bereits wegen eines solchen Deliktes entmannter 46jähriger Monteur vom Sondergericht Stuttgart zum Tode verurteilt.

Die Stuttgarter Straßenbahnen führen andere Zoneneinteilungen und neue Preise für Wochen- und Monatskarten ein.

Zum 78. Male spielen der VfB und die Kickers gegeneinander; das diesjährige Endspiel um die württ. Pokal-Meisterschaft gewinnen die Kickers 4 : 3.

3. August Der evang. Oberkirchenrat Stuttgart beschwert sich bei Gauleiter Murr über den Kreisamtsleiter der Nationalsozialistischen Volkswohlfahrt in Stuttgart, Güntner. Dieser habe im Auftrag des Gauamtsleiters Dietrich Thurner »kategorisch gefordert, daß alle Funktionäre der NSV aus der Kirche austreten« und diese Forderung damit begründet, der »gottlose Bolschewismus habe eine solche Angriffs- und Verteidigungskraft an den Tag gelegt, daß man daran die Wertlosigkeit des Christentums und der Kirchen ermessen könne.«

6. August Der Präsident des Landesarbeitsamtes Südwestdeutschland, Friedrich

Burkhardt, wird vom ausscheidenden Reichstreuhänder der Arbeit für das Wirtschaftsgebiet Württemberg, Dr. Kimmich, zu seinem Nachfolger bestimmt.

7. August Im Zuge der Überführung der Privattheater im Reich in öffentliche Hand wird die Stadt Stuttgart vom Ministerium für Volksaufklärung und Propaganda angewiesen, das Schauspielhaus in städt. Regie zu übernehmen. Neuer Intendant wird der bisherige Leiter des Bremer Schauspielhauses, Schauspieldirektor Hans Tannert.
Zur Eröffnung der neuen Saison führt das Staatstheater Schillers »Maria Stuart« auf. 100. Vorstellung der Operette von Eduard Künnecke »Der Vetter aus Dingsda« im Schauspielhaus.

8. August Der Polizeipräsident als örtlicher Luftschutzleiter und OB Dr. Strölin geben auf Grund der neuesten Erfahrungen bekannt:

»1. Es kann gar nicht genug Sand und vor allem Wasser bereitgestellt werden. Alle vorhandenen Gefäße müssen dauernd mit Wasser gefüllt sein, auch die Badewannen. Sand und viel Wasser müssen auch in den Luftschutzräumen und in den Gasschleusen vorhanden sein, damit in oder vor den Schutzräumen entstehende Brände sofort bekämpft und Decken, Tücher oder Kleider beim Verlassen der Schutzräume im Brandfall wassergetränkt werden können.

2. Ausstattungsgegenstände (Wäsche, Kleider usw.) die irgendwie entbehrlich sind ... sollen in weniger gefährdete Gebiete zur Aufbewahrung verschickt werden.

3. An Möbel, Teppichen, überhaupt an Hausrat aller Art, sollen Zettel mit der genauen Anschrift des Besitzers angebracht werden. Wer Gelegenheit hat, verlagere auch solches Gut.

4. Die notwendigsten Dinge (ein vollständiger Anzug, ein Kleid, ein Mantel, ein Paar Schuhe, eine genügende Ausstattung für die Kinder, einige Handtücher und dergl.) müssen jeden Abend in den Keller gebracht werden, ebenso die Gasmaske und Decken. Kerzen und Streichhölzer müssen ebenfalls im Keller sein.

5. Fluchtwege aus dem Keller ... dürfen niemals mit Kisten, Geräten oder auch Luftschutzgepäck verstellt sein.

6. Die Mauerdurchbrüche müssen bis zum eintretenden Notfall geschlossen bleiben, damit sie nicht beim Brand des Nebenhauses als Luftkamine brandfördernd wirken. Werkzeuge zum Durchschlagen (Pickel, Axt, Hammer, Brecheisen und dgl.) müssen an einem allen bekannten Platz griffbereit sein.

7. In den Luftschutzkellern darf es keine Glasfenster mehr geben. Die Kellerfensteröffnungen sind mit nicht brennbarem Material (Backsteinen oder Beton) zu verschließen ...

8. Der über den Erdboden hinausreichende Teil der Kellerwand soll verstärkt sein, am einfachsten und am besten durch Anschütten eines Erdwalls ...

9. Es ist empfehlenswert, Schutzräume in Form von sogenannten Pionierstollen in den Berg hineinzubauen, wo dies die geologischen Verhältnisse gestatten und fachmännisch geführte Selbsthilfegemeinschaften gebildet werden können ...
10. Frauen und Kinder gehören bei Alarm in den Luftschutzraum ...
11. Sämtliche Läden und Fenster am Haus sind bei Alarm zu schließen, um das Eindringen bzw. Einspritzen von Phosphor zu verhindern.
12. Der Gashaupthahnen des Hauses und die Haupthahnen der einzelnen Wohnungen sind künftig bei Fliegeralarm zu schließen, damit entstehende Brände nicht durch das aus zerstörten Leitungen ausströmende Gas genährt werden ... Ebenfalls sind beim Alarm zu schließen die Wasserhaupthahnen, die selbstverständlich bei Wasserbedarf zu Löschzwecken wieder geöffnet werden müssen ...
13. Das Luftschutzgepäck ... ist jeden Abend griffbereit zu halten. Es hat alle notwendigen Sachen zu enthalten. Dazu gehören auch Eßgeschirr und Eßbesteck neben den mancherlei bekannten Dingen vom Sparbuch bis zu den Lebensmittelkarten und Familienakten. Besonders erwähnt sei noch, daß auch Trinkwasser und Mundvorräte mit in den Keller genommen werden müssen, um versorgt zu sein, wenn die Freilegung eines verschütteten Kellers längere Zeit in Anspruch nimmt.
14. Die Luftschutzkleidung der Frauen und Kinder soll möglichst wenig kunstseidenen und baumwollenen Stoff enthalten, weil diese Stoffarten leicht entzündlich sind und intensiv brennen ... Zur Luftschutzausrüstung gehören auch Leder-, Schi- oder sonstige, möglichst derbe Handschuhe, die vor der Brandbekämpfung mit Wasser zu tränken sind, und Brillen mit seitlichem Schutz ... zum Schutz der Augen in Ermangelung einer Gasmaske.
15. Die Gasschleusen und alle Öffnungen zu den Luftschutzräumen müssen über die Dauer des Angriffs geschlossen werden ...
16. Die Bekämpfung eines Brandes ist erste Pflicht, nicht dagegen der Versuch, Möbel und Teppiche vor der für unbezwingbar gehaltenen Gewalt des Feuers zu bergen.
17. Man soll niemals allein Brandstellen bekämpfen. Einer muß mindestens dabei sein, der Hilfe herbeirufen oder selber helfen kann ...
18. Phosphor kann nie mit der Feuerpatsche bekämpft werden, sondern nur mit reichlich Wasser und Sand ... Der bei Abbrennen des Phosphors entstehende Rauch greift die Augen an; am besten schützt man sich dagegen durch Aufsetzen der Gasmaske ...
19. Besteht die Gefahr, daß ein brennendes Haus über dem Luftschutzkeller zusammenstürzt, so muß der Schutzraum verlassen werden. Für diesen Fall muß man sich mit wassergetränkten Decken und Mänteln behängen oder die Kleider mit Wasser tränken, die Gasmaske aufsetzen oder auch nasse Tücher vor Mund und Nase halten.
20. Zur Bekämpfung des Feuers gehört außer Sand, Wasser, einer gut instand gehal-

tenen Gasmaske und den anderen bekannten Hilfsmitteln vor allem Mut. Man soll sich nicht einschüchtern lassen. Wer sich vom ersten Eindruck einschüchtern läßt, hat von vornherein verloren.«

Die Staatsgalerie eröffnet im Kronprinzenpalais eine Ausstellung mit Nachbildungen von Rubens-Gemälden.

9. August Da er wegen auswärtiger Verpflichtung selbst keinen Gottesdienst am Sonntag, 15. August 1943, übernehmen kann, richtet Landesbischof Wurm an seine Amtsbrüder in Stuttgart einen Rundbrief mit dem Bemerken, es sei ihnen freigestellt, ob und welchen Gebrauch sie davon machen wollen: »Ich begrüße es mit herzlicher Zustimmung, daß die Gottesdienste am nächsten Sonntag darauf gerichtet sein sollen, den ewigen und barmherzigen Gott um Abwendung des unserer Stadt drohenden Unheils zu bitten ... Das Anliegen der Gemeinde Jesu Christi geht aber nie bloß auf die Rettung aus äußerer Gefahr ... Um die Kraft der Bewährung in den Tagen des Leidens, um die Freudigkeit des Zeugnisses auch unter fallenden Trümmern, um Ruhe und Frieden auch unter Todesschrecken wollen wir bitten«.

Landesbischof Wurm schreibt an seinen hannoverschen Amtskollegen August Marahrens: »In unserem Volk ist weithin die Empfindung, daß nun viele Sünden, die das deutsche Volk entweder begangen oder unwidersprochen gelassen hat, gebüßt werden müssen«.

11. August Gauleiter Murr räumt Luftschutzbauten gegenüber der Wiederinstandsetzung bombengeschädigter Häuser und Wohnungen Vorrang ein. Reparaturen an Häusern dürfen nur vorgenommen werden, wenn für sie nicht mehr als vier Wochen Arbeitszeit erforderlich sind; die Wiederinstandsetzung eines Hauses soll lediglich die allernotwendigsten Räume umfassen: Je Familie eine Küche, ein Wohn- und ein Schlafzimmer, für Alleinstehende einen Raum.

13. August Die Deutsche Gemeindeverlag-GmbH ging durch Übertragung ihres Vermögens auf den Verlag W. Kohlhammer, ihre alleinige Gesellschafterin, über.

14./15. August Die Sängerin Lale Andersen gibt zwei Vorstellungen in der Liederhalle.

15. August Durch Anordnung des württ. Wirtschaftsministers — Landeswirtschaftsamt für den Wehrwirtschaftsbezirk V a — wird mit dem 23. August 1943 ein Haushaltungspaß für gewerbliche Erzeugnisse eingeführt. Er soll der gerechten Verteilung nicht bezugsbeschränkter Erzeugnisse dienen.

AUGUST 1943

16.–31. August Nach fast zehnjähriger Schauspielhaus-Direktion übernimmt Max Heye in einer Reihe von Abschiedsvorstellungen die Hauptrolle des von ihm geschriebenen und inszenierten Lustspiels »Ist es ein Grund zur Heirat?«.

17. August Die Gefährdung der württ. Landeshauptstadt veranlaßt das schweizerische Konsulat, seinen Sitz (mit Ausnahme der Visa-Abteilung und der Auskunftsstelle für Schutzmachtangehörige) nach Markgröningen zu verlegen.
Tagung des Gauarbeitsamts Württemberg. Eingehend erörtert werden u. a. Fragen des Arbeitseinsatzes sowie lohnpolitische Maßnahmen zur Herstellung der Lohn- und Akkordgerechtigkeit und zur Leistungssteigerung in der Rüstungswirtschaft. Gauleiter Murr weist auf die politische Bedeutung der vom Gauarbeitsamt und den Arbeitsämtern übernommenen »Menschenbetreuung« hin — eine Aufgabe, die nur in enger Anlehnung an die Partei gemeistert werden könne.

19. August Der Stuttgarter Arbeitsamtsleiter meldet Gauleiter Murr, bisher seien 4883 Haushaltungen der Hausangestellten-Meldepflicht nachgekommen. In 2769 Familien könne die Haushaltskraft nicht entbehrt werden, in 1834 Familien sei die Frage noch unklar, in 280 könnten die Hausgehilfinnen abgezogen werden, jedoch nur in 104 Fällen gänzlich.
Der Pianist Alexander Demetriad spielt im Neuen Schloß.

21. August Die Deyle Weinbrennerei AG Stuttgart verteilt eine 5%ige Dividende.

22. August Das Amtsgericht Bad Cannstatt verurteilte einen kroatischen Zivilangestellen, der sich geweigert hatte, in seiner Firma dem ihm zugewiesenen Luftschutzdienst nachzukommen, zu drei Wochen Gefängnis.
Unter den Tieren, die vor wenigen Tagen in die städt. Schlachthäuser eingeliefert wurden, wurde auch das 50 000. Schwein, das das Ernährungshilfswerk der NS-Volkswohlfahrt mit den von den Hausfrauen des Gaues gesammelten Küchenabfällen gemästet hatte, gezählt.
Erstaufführung der Komödie »Spuren im Schnee« von Josef Nowak im Kleinen Haus.

23. August Im Rahmen der kulturellen Betreuung von verwundeten Soldaten veranstaltete das NS-Volkskulturwerk in der Liederhalle unter dem Motto »An der schönen blauen Donau« einen Abend volkstümlicher Musik. Es dirigierte Kurt Brenner.

24. August Der NS-Kurier macht Reklame für Schuhe aus »Stroh und Espenholz«.

25. August Uraufführung des als staatspolitisch und künstlerisch besonders wertvoll bezeichneten Bavaria-Films »Der unendliche Weg«, in dessen Mittelpunkt das Leben des Nationalökonomen Friedrich List steht.

26. August   Ratsherrensitzung. Nach einem Referat von Stadtbaudirektor Scheuerle über die letzten Luftangriffe auf Hamburg berichtet Stadtrat Dr. Könekamp über die Evakuierungsmaßnahmen der Stadt Stuttgart und die damit zusammenhängenden Wohnungs- und Schulfragen: Schätzungsweise seien von Stuttgart bisher 2500 bis 3000 Familien aller Schichten weggezogen. Im Rahmen der Schülerevakuierung sollten zuerst die im Stadtinneren befindlichen Schulen (Falkert-, Neckar-, Jakob-, Hospitalschule usw.) verlegt werden. Die Schulkinder bis zu zehn Jahren sollen in Familien kommen, für über zehn Jahre alte Schüler seien Lager vorgesehen.

27. August   OB Dr. Strölin wendet sich an die Bediensteten der Stadt: »In der Ratsherrensitzung am 26. August ist zur Sprache gekommen, in der Stadt werde ganz systematisch das Gerücht verbreitet, daß ich ... jeden Abend nach Murrhardt fahre, um mich in Sicherheit zu bringen. Ich kann eine solche Behauptung nur ansehen als den Ausdruck der augenblicklichen überreizten Stimmung der Bevölkerung. Da es sich bei einem solchen Gerücht aber nicht nur um meine Person, sondern um das Ansehen der Stadtverwaltung und vor allem darum handelt, daß die Bevölkerung in Unruhe versetzt wird, sehe ich mich genötigt, folgendes zu erklären: 1. Es ist selbstverständlich völlig unwahr, daß ich jemals abends die Stadt verlassen hätte, um mich irgendwohin in Sicherheit zu bringen. Wahr ist im Gegenteil, daß ich, wenn ich mich aus irgendwelchen Gründen auswärts befinde, mich ständig telefonisch mit Stuttgart in Verbindung halte und schon bei der Voralarmnachricht unverzüglich in die Stadt zurückkehre. 2. Zu den umlaufenden Gerüchten gehört auch die Behauptung, daß die Stadtverwaltung ganz oder teilweise nach Murrhardt verlegt sei bzw. daß sie sich im Katastrophenfall dorthin zurückziehen wolle. Das ist natürlich ebenfalls völlig unsinnig. Selbstverständlich bleibt die Stadtverwaltung auch im Katastrophenfall in Stuttgart. Entsprechende Ausweichstellen sind festgelegt, aber natürlich innerhalb des Stadtgebiets. Im Interesse der Beruhigung der Bevölkerung ersuche ich, solchen böswilligen Gerüchten überall energisch entgegenzutreten.«

28. August   Das Stadtarchiv erinnert die städt. Behörden erneut an die Vorschrift, »Verträge, Urteile und andere Urkunden, die zum Beweis von Rechten und Rechtsverhältnissen für die Stadt von erheblicher Bedeutung sind, dem Archiv zu übergeben, das die Urkunden besonders sicher verwahrt.«

29. August   Es wird darauf hingewiesen, daß der Versuch, mit einem radierten Fahrschein eine kostenlose Fahrt auf den Straßenbahnen zu erschleichen, in jedem Fall als

Urkundenfälschung und versuchter Betrug betrachtet wird, d. h., mit einer Gefängnisstrafe geahndet werden kann.

31. August General der Infanterie, Befehlshaber im Wehrkreis V und im Elsaß, Erwin Oßwald, scheidet nach 41½ Dienstjahren aus der Wehrmacht aus; sein Nachfolger wird der 50jährige General der Panzertruppe Rudolf Veiel.
Diesen Monat erschienen im NS-Kurier 306 Todesanzeigen meist im Osten gefallener Soldaten.
Im August leitet Dr. Strölin dem Reichsministerium des Innern eine Denkschrift zu, die das Konzept eines vollständigen innen- und außenpolitischen Kurswechsels des Reiches enthält. Die von ihm verfaßte und mit Carl Goerdeler durchgesprochene Denkschrift fordert u. a. Wiederherstellung eines Rechtsstaates, im besonderen die Verhinderung der Gewaltmethoden der Geheimen Staatspolizei; Ausschaltung des Einflusses der Partei auf die Verwaltung; Einstellen der Verfolgung von Kirche und Religion; Abkehr von der unmenschlichen Behandlung der jüdischen Einwohner; Überprüfung der Zustände in den Konzentrationslagern.

1. September Anläßlich der Einführung des neuen Bezirksbeauftragten der Arbeitsgemeinschaft Rüstungshandel für Württ.-Hohenzollern, Wilhelm Petzold, wurde festgestellt, daß der Handel sich zunehmend als unentbehrlich erwiesen habe und hoffe, in Zukunft denselben Schutz zu erfahren wie die Rüstungsindustrie.
Der NS-Kurier meldet, daß das Gesundheitsamt die Eheunbedenklichkeitsbescheinigung für eine 39jährige Frau, die einen 21jährigen Soldaten heiraten wollte, zurückzog, da sie ihr Alter mit 29 angegeben hatte.
Während ihrer Semesterferien sind 70 Studentinnen als Schaffnerinnen bei den Stuttgarter Straßenbahnen tätig.
Anläßlich der Amtseinführung der neuen Gaufrauenwartin Schöberl stellte Gausportführer Dr. Klett fest, daß die Entwicklung des Kinderturnens im Gau zufriedenstellend sei, jedoch mehr Frauen, die im Kriegsarbeitseinsatz stehen, für die Leibesübungen gewonnen werden müßten.

2. September Die Gauwirtschaftskammer Württ.-Hohenzollern veranstaltete eine Vortragsreihe mit dem Ziel, auch den Vertretern kleinerer Betriebe die Erkenntnis zu vermitteln, »daß nur dann höchstmögliche Leistungen erzielt werden können, wenn der arbeitende Mensch in Ordnung ist.« Dr.-Ing. Hans Fein referierte über den »Einsatz der ausländischen Arbeiter«, Obergemeinschaftsleiter Schofer von der Deutschen Arbeitsfront über den »Standpunkt des deutschen zum fremden Arbeiter« und Hitlers »Forderung«, »daß der deutsche Arbeiter in steigendem Maße von der primitiven Arbeit« wegzuführen sei.

3. September Im Hinblick auf den Opfersonntag am 12. September gibt das Kriegs-Winterhilfswerk bekannt: Die Gaststätten dürfen wie an den anderen Sonntagen ihre Speisekarte aufstellen, nach Möglichkeit soll jedoch an den Opfersonntagen immer auch ein Eintopfgericht angeboten werden. In der Zeit von 10 bis 17 Uhr wird eine Spende, deren Höhe im Gegensatz zu den Vorjahren nicht vorgeschrieben ist, für das Kriegs-Winterhilfswerk eingezogen. Eine Spende ist zu zahlen ohne Rücksicht darauf, ob ein Hauptgericht oder nur eine Nebenspeise eingenommen wird.
Die Trikotwaren-Fabrik G. J. Schober GmbH, Stuttgart-Feuerbach, erhöht ihr Stammkapital um 100 % auf 0,80 Mio. RM.

4. September Das Dresdner Streichquartett spielt in der Liederhalle.
Vor Mitgliedern und Gästen der Deutsch-Ungarischen Gesellschaft sprach Prof. Dr. Stefan Barta (Berlin) über »Die Herkunft der Magyaren und ihre Verwandtschaft mit den finnisch-ugrischen Stämmen«.

4./5. September Im Rahmen der Zeitgenössischen Musiktage Bad Cannstatt führen der Kurverein und die Württ. Staatstheater Werke von Erich Ade, Hermann Reutter, Hermann Erpf, Hugo Herrmann, Willy Fröhlich und Paul Groß auf; den Abschluß bestreitet die Staatsoper mit Carl Orffs »Die Kluge« und Hermann Reutters »Kirmes von Delft«.

5. September Erich Wied wird in Augsburg deutscher Turnmeister im Zwölfkampf; neben ihm und seinem Bruder Theo stellt die sog. Stuttgarter Turnschule vier weitere Turner unter den ersten acht.

6. September 11. Luftangiff. Schwerpunkte: Kanzlei-, Militär-, Falkert-, Rosenberg-, Schwab-, Reinsburgstraße. 107 Tote, 165 Verletzte, 1 Vermißter. Erster Tagesangriff auf Stuttgart im zweiten Weltkrieg und erstmals greifen US-Flugzeuge in den Luftkrieg über Stuttgart ein.
Angesichts der Überforderung der Behörden und der beteiligten Organisationen sowie der zur Beseitigung von Bombenschäden eingesetzten Arbeitskräfte ruft OB Dr. Strölin die Bevölkerung auf, durch Selbst- und Gemeinschaftshilfe bei Glaser- und Dachdeckerarbeiten an der Beseitigung der Schäden mitzuhelfen.

7. September Erich Buchin, Verbindungsmann zur Stuttgarter Gruppe des Nationalkomitees Freies Deutschland, wegen »defaitistischer Reden« hingerichtet.

8. September Landesbauernführer Arnold überreicht im Hindenburgbau den Landes- und Kreissiegern im Leistungswettbewerb für Gemüse- und Obstbau 1942 ihre Urkunden und gibt die Gründung eines Leistungsausschusses bekannt, dem die Ausweitung der Anbauflächen, die Steigerung des Ertrages und der Qualität durch Beratung über rechtzeitige und richtige Schädlingsbekämpfung in Zusammenarbeit mit dem Pflanzenschutzdienst sowie die Betreuung und Schulung der erforderlichen Arbeitskräfte obliegt.

Auf Veranlassung des bulgarischen Generalkonsulats fand in der russischen Kirche ein Trauergottesdienst für König Boris III. und ein Dankgottesdienst für den jungen König Simeon II. statt.

9. September Das schwedische Konsulat verlegt seinen Sitz nach Lichtenberg, Gemeinde Oberstenfeld.

Trotz Rückgangs ihres Reingewinnes um rund 10 000 RM verteilt die Schwabenverlag AG Stuttgart eine 6%ige Dividende.

10. September Unter Androhung der Todesstrafe wird die Bevölkerung aufgefordert, gefundene, vom Gegner bei Luftangriffen abgeworfene gefälschte Lebensmittelkarten bei der nächsten Kartenstelle oder Polizeidienststelle abzuliefern.

Kraft Verordnung von OB Dr. Strölin werden sämtliche freien und freiwerdenden Wohnungen vom Wohnungs- und Siedlungsamt in Anspruch genommen. Hauseigentümer oder sonstige Verfügungsberechtigte werden aufgefordert, Überlassungsanträge über freie Wohnungen grundsätzlich nur für Stuttgarter fliegergeschädigte Familien auszustellen.

11. September Wegen seines Eintretens für die religiösen Belange volksdeutscher Umsiedler wird der evang. Stadtpfarrer Wilfried Lempp von der Geheimen Staatspolizei verhaftet und für drei Tage im Stuttgarter Polizeigefängnis inhaftiert. Ihm wird ein Verweis wegen »verbrecherischer Volksverhetzung« erteilt und ein sog. Sicherheitsgeld abverlangt.

12. September Totenfeier für die Opfer des Luftangriffs vom 6. September im Schloßhof.

13. September In einem an das württ. Innenministerium gerichteten Schreiben teilt OB Dr. Strölin mit, daß die Stadt Stuttgart außerstande sei, weitere auswärtige Fliegergeschädigte aufzunehmen. Zusammen mit den beim Tagesangriff vom 6. September obdachlos gewordenen Familien habe sich die Zahl der beim Wohnungsamt zur Versorgung mit einer Wohnung gemeldeten Familien auf über 3500 erhöht, zu denen noch die 12 000 sonstigen Wohnungssuchenden kämen.

SEPTEMBER 1943

In den Ausstellungsräumen am Interimsplatz eröffnete Betriebsführer Walz die erste Werk-Kunstausstellung der Betriebsgemeinschaft der Bosch-Werke.

15. September Die württ. Forstdirektion hat mit der Gebietsführung der Hitlerjugend vereinbart, daß die Jungen und Mädel die Roßkastanienernte für die Winterfütterung des Wildes im ganzen Land als Pflichtdienst übernehmen.

17. September Im Zusammenhang mit dem öfters umgangenen Verbot, Tiere in öffentliche Luftschutzräume mitzunehmen, wird festgestellt, daß Tiere in private Luftschutzkeller mitgenommen werden können, wenn die Insassen es gestatten und die Hunde Maulkörbe tragen.
Die Daimler-Benz AG stellt einen Personenwagen-Holzgasgenerator vor, der nur 70 kg wiegt, 800 RM kostet, an einem Tag eingebaut werden und mit einer Füllung von 24 kg Holzkohle 100 bis 130 km fahren kann.

18. September Erstaufführung der Komödie »Schluck und Jau« von Gerhart Hauptmann im Kleinen Haus.

19. September Das Sondergericht Stuttgart verurteilte einen 58jährigen Mann und seine Ehefrau wegen Abhörens feindlicher Sender zu drei Jahren Zuchthaus bzw. 8 Monaten Gefängnis.
Beim »Führer-Appell« des Kreises Stuttgart der NSDAP spricht Gauleiter Murr in der Liederhalle vor den Politischen Leitern und Gliederungsführern. »Unsere Generation muß es mit Stolz erfüllen, diesen gigantischen Kampf miterleben und mitgestalten zu dürfen.«
Anläßlich der Zehnjahrfeier der Einweihung der evang. Kirche in Sillenbuch predigt Landesbischof Wurm.

21. September Das Schneiderhan-Quartett spielt in der Liederhalle.
Zur Eröffnung des Wintersemesters der Volksbildungsstätte im Gustav-Siegle-Haus findet ein Vortrag über die »Einheit Europas, von den Randfeldern des Kontinents aus gesehen« statt; es spricht »Reichsredner« Adalbert Forstreuter (Berlin). Auf dem Lehrplan der Volksbildungsstätte steht zum erstenmal ein Allgemeinbildungskurs in Geschichte, Erdkunde, Naturwissenschaft und Deutsch mit vier Wochenstunden.

23. September Da sich einzelne Händler weigerten, faule Eier, die erst gegen Ende des Versorgungsabschnittes gekauft wurden, umzutauschen, wird verfügt, daß das Umtauschrecht mit dem Zeitpunkt des Einkaufs nichts zu tun habe, d. h. die schlechten Eier gegen gute umgetauscht werden müssen.

OKTOBER 1943

27. September Der traditionelle Herbstjahrmarkt findet in beschränktem Umfang auf dem Cannstatter Wasen unter der König-Karls-Brücke statt.
Die Polizeistunde für Gaststätten wird auf 22.30 Uhr, der Betriebsschluß der Straßenbahnen ab 28. 9. auf 23 Uhr ab Stadtmitte verlegt.
Letzte Veranstaltung der unter Wurms Leitung stehenden, 1942 begonnenen theologischen Aussprachen über interkonfessionelle Fragen mit einem Referat von Prof. Adolf Köberle (Tübingen) zum Thema »Die Kirche und die Konfessionen«.

29. September Die vor Jahresfrist in Stuttgart gegründete Gemeinschaft Schuhe gibt bekannt, daß mit der Einführung einer auf höchstens 20 Modelle beschränkten Produktion die »Ausbringungsquote« je Arbeitskraft erheblich gestiegen sei. Ferner solle die »Typisierung« der Schuhmodelle weiterentwickelt werden, damit der Verbraucher, insbesondere die Verbraucherin, an Stelle des vormaligen »Modeschuhs« einen praktischen und haltbaren Gebrauchsschuh bekomme.
Das Deutsche Frauenwerk nimmt sein vielbesuchtes, kostenloses Schaukochen zeitgemäßer Gerichte in der Kronprinzstraße 3 wieder auf und veranstaltet zum erstenmal Kochkurse für Strohwitwer.

30. September Die Südunion Bausparkasse AG, Stuttgart, verteilt eine 4%ige Dividende.
Diesen Monat erschienen im NS-Kurier 330 Todesanzeigen meist im Osten gefallener Soldaten.

1. Oktober Der Reichswohnungskommissar hat die Stadt Stuttgart zu einem Brennpunkt des Wohnungsbedarfs erklärt; entsprechend darf der Zuzug auswärtiger Familien nach Stuttgart nur mit vorheriger Genehmigung des Oberbürgermeisters erfolgen.
Da Leser wegen der sonntäglichen »Stehkonvente« der Ostarbeiter am Schloßplatz Auskunft darüber verlangten, was den Ostarbeitern erlaubt und verboten sei, schreibt der NS-Kurier: »Das Auftreten dieser Ostarbeiter im Freien ist aber immer noch besser, als wenn sie sich in Lokalen versammeln würden. Dafür, daß das nicht vorkommen kann, sorgt die gleiche Polizeiverordnung, in der den Ostarbeitern der Besuch von Gaststätten aller Art verboten ist, soweit nicht von der Kreispolizeibehörde für bestimmte Zeiten aus besonderen Gründen für einzelne, ausschließlich für Ostarbeiter bestimmte Lokale eine Ausnahme gemacht wurde. Ebenso ist ihnen der Besuch von Veranstaltungen und Einrichtungen kultureller, kirchlicher, unterhaltender und geselliger Art, einschließlich der öffentlichen Badeanlagen, die für deutsche oder andere ausländische Arbeiter vorgesehen sind, verboten. Ausgenommen sind Veranstaltungen der DAF oder des Reichsnährstandes, die der Ausländerbetreuung dienen. Öffentliche Verkehrsmittel, also auch die Straßenbahn, dürfen Ostarbeiter nur innerhalb des Orts-

bereichs benützen. Daß bei ihnen selbstverständlich die in allen Straßenbahnen angeschlagene Regel, wonach die Sitzplätze vor allem den Deutschen und unter ihnen bevorrechtigt den Versehrten, Älteren und Frauen mit Kindern vorbehalten sind, sehr genau eingehalten wird, ist Sache des Schaffners und auch aller deutschen Fahrgäste. Der Ausgang und der Aufenthalt außerhalb ihrer Unterkunft ist den Ostarbeitern während der Verdunkelungszeiten nicht gestattet. Die Mindestsperrzeit umfaßt im Winterhalbjahr die Stunden zwischen 20 und 6 Uhr. Wenn zum Zwecke des Arbeitseinsatzes andere Zeiten notwendig werden, so muß der Inhaber eine besondere Genehmigung der Ortspolizeibehörde besitzen und stets bei sich tragen. Durch alle diese Bestimmungen wird erreicht, daß der selbstverständliche Abstand, der zwischen uns und den Ostarbeitern besteht, auch äußerlich und räumlich eingehalten wird.«
Eröffnung der Tauschzentrale am Markt; um Ringtausch zu ermöglichen, erhalten alle angelieferten Gegenstände Schätzungsurkunden, Preisunterschiede werden in bar abgegolten.

3. Oktober Erntedanktag. Die übliche allgemeine Beflaggung und Ausschmückung der Gebäude unterbleibt auf Weisung.
Unter der Überschrift »Das Recht auf Grobheit ist beschränkt« berichtet der NS-Kurier über einen kürzlich an die Stuttgarter Gaststätten- und Beherbergungs-Wirtschaftsgruppe ergangenen Aufruf der Reichsgruppe Fremdenverkehr: »Die erste Tugend der Gastlichkeit ... ist die Höflichkeit, die sogar einem gereizten Gast gegenüber anzuwenden sei. Der Kellner sei jedenfalls nicht berechtigt, heute grob zu sein oder unpassende Bemerkungen zu machen. Vor allem gilt dies bei Fronturlaubern und Verwundeten, Bombengeschädigten und Umquartierten, also Personengruppen, die sich oft in einer ohnedies schwierigen Lage befinden und für die gerade die Gaststätte häufig der einzige Ort ist, wo sie Erholung finden. Es wird dann noch mitgeteilt, daß besonders krasse Fälle von schlechtem Benehmen durch Verhängung von Freiheitsstrafen geahndet worden sind. Der Aufruf sieht allerdings die Schuld nicht in allen Fällen beim Bedienenden; denn häufig ist der Gast der schuldige Teil, weil seine Ansprüche die Leistungsfähigkeit des Kellners übersteigen. Wer das nicht einsieht und dann seinerseits unhöflich wird, hat es sich selbst zuzuschreiben, wenn er ein entsprechendes Echo erhält.«
Das Schauspielhaus gibt bekannt, daß die aufgelegten Mieten bereits ausverkauft sind.

4. Oktober In einem an Reichsinnenminister Frick gerichteten Brief anläßlich der Verhaftung von Stadtpfarrer Wilfried Lempp schreibt Landesbischof Wurm: »Viele Unstimmigkeiten zwischen Staat und Kirche, jedenfalls der evangelischen Kirche, könnten ausgeräumt werden, wenn Staat und Partei zu den grundsätzlichen Auffassungen zurückkehren würden, die die Partei von ihrer Gründung bis zum Jahr 1933 öffent-

OKTOBER 1943

lich in Presse und Parlament vertreten hat und deren Verlassen unserem Volk und Staat nicht zum Segen geworden ist.«
Rückkehr von der Sommerzeit zur Normalzeit.
Unter der Überschrift »Stuttgarter Arbeiterlager im Schönheitswettbewerb« berichtet die Württ. Zeitung: »Schon beim Besuch vor Monaten erschien uns das Arbeiterlager einer Stuttgarter Firma ein Musterbeispiel für sauberes und schönes Lagerwohnen ... Am gestrigen Sonntag erhielt dieses Lager in einer kurzen Feierstunde die Auszeichnung als Sieger im Lagerwettbewerb innerhalb unseres Gaues.«

5. Oktober Frédéric Ogouse (Klavier) spielt in der Liederhalle.

6. Oktober Zur Eröffnung der Saison führt das Schauspielhaus »Der Parasit« von Schiller unter der Leitung des neuen Intendanten Hans Tannert auf.

7. Oktober Nachdem kürzlich in Anwesenheit von Generalvikar Dr. Kottmann die Diözese Rottenburg durch Bischof Sproll der Gottesmutter geweiht worden war, schreibt das Bischöfliche Ordinariat in einem Rundbrief an sämtliche Seelsorgerstellen der Diözese: »Ist es da ein Wunder, wenn auch wir in unserer schweren Notzeit zu Maria flüchten ... Oder sind wir nicht durch den fürchterlichen Weltkrieg und dessen unabsehbares Ende in Glaubensnot geraten? Wie manche wollen an Gottes Gerechtigkeit und Barmherzigkeit zweifeln und verzweifeln, da Er uns aus dieser großen Not nicht befreie; sie wollen nicht mehr glauben an diesen Gott und vergessen ganz, daß die Menschen selber es sind, die sich in diese Not hineingestürzt haben.«
Ratsherrensitzung. Es wird über Luftschutz-, Versorgungs- und Wohnraumangelegenheiten gesprochen. Anschließend berichtet Stadtrat Dr. Könekamp über den Stand der Kinderlandverschickung: Bisher seien 4700 Schüler im Klassenverband evakuiert und 15 200 einzeln bei Verwandten und Bekannten untergebracht worden.
Rudolph Horn spricht Dantes »Göttliche Komödie« in der Liederhalle.

8. Oktober 12. Luftangriff. Schwerpunkte: Hegelplatz, Liederhalle, Tübinger Straße. 101 Tote, 300 Verletzte, 3 Vermißte. Aus Anlaß dieses Angriffs wird kurze Zeit später Stuttgart in den Kreis der besonders luftgefährdeten Städte einbezogen, für die Verwandtenhilfe bei der Beschaffung von Ausweichquartieren zugelassen ist.
Für ihren Einsatz in der Angriffsnacht werden 51 Jugendlichen Kriegsauszeichnungen verliehen.

9. Oktober Die Stadtverwaltung weist darauf hin, daß laut neuerlichem Erlaß des Reichsministers des Innern der Nachweis der deutschblütigen Abstammung bei neu eintretenden Gefolgschaftsmitgliedern durch folgende Erklärung erbracht wird: »Ich versichere nach bestem Wissen, daß mir keine Umstände bekannt sind, welche die Annahme rechtfertigen könnten, daß ich — und mein zukünftiger Ehegatte — von jüdischen Eltern oder Großeltern abstamme — abstammen«, ferner (am 14.), daß Beamte, die die Ehe mit einer bereits einmal verheirateten Frau eingehen wollen, die Versicherung abgeben müssen, daß ihre künftige Ehegattin nicht mit einem Juden verheiratet war.

10. Oktober   Um den fliegergeschädigten Stuttgartern die Deckung ihres dringenden Sofortbedarfs zu ermöglichen, ordnet OB Dr. Strölin im Einvernehmen mit dem Polizeipräsidenten an, daß in den von Fliegerschäden betroffenen Stadtteilen sämtliche Lebensmittel-, Haushaltswaren-, Textil- und Schuhwarengeschäfte am Sonntag, 10. Oktober, in der Zeit von 10 bis 12 Uhr und 14 bis 16 Uhr geöffnet bleiben müssen. Warenabgabe ist grundsätzlich nur an Fliegergeschädigte gestattet. Ferner erhalten alle Inhaber von Raucherkontrollkarten des Stadtkreises eine Sonderzuteilung von Tabakwaren und alle in Stuttgart wohnhaften Versorgungsberechtigten — mit Ausnahme der ausländischen Zivilarbeiter und der ihnen Gleichgestellten — eine Sonderzuteilung von Süßwaren, Kaffee, Wein und Trinkbranntwein.
SA-Stabschef Schepmann spricht in der Liederhalle zu den Führern der SA-Gruppe Neckar.

11. Oktober   Unter der Leitung von Rudolf Krasselt gibt das Landesorchester in der Oper ein Sinfoniekonzert.

12. Oktober   Vor zahlreichen Vertretern der Rüstungsdienststellen und der Industrie eröffnet der Wehrkreisbeauftragte V a, Ortmann, eine in einem Reichsbahnsonderzug untergebrachte Lehrschau des Vereins Deutscher Ingenieure über Produktionssteigerungen bei der Herstellung technischer Erzeugnisse durch Einsparung von Material und Arbeitszeit.

13. Oktober   Auf den Brief einer Leserin, die berichtet, man habe Anstoß genommen, daß sie bei Fliegeralarm einen Trainingsanzug trage, antwortete der NS-Kurier: »Wie lange ist das schon her — oder scheint es uns nur so? —, daß wir gegen die affige Unsitte mancher ›Damen‹, sich in Männerhosen mit scharfer Bügelfalte ... vorzuführen, Stellung nehmen mußten, um der Würde willen, aus ästhetischen Gründen und aus Ursachen, die mit der Forderung, mit Textilien haushälterisch umzugehen, zusammenhingen. Die Arbeiterin im Rüstungsbetrieb, die Reichsbahnschaffnerin oder die Luftschutzwartin haben wir nie damit gemeint ... Heute möchten wir allen Frauen und Mädchen ... empfehlen, bei Fliegeralarm ›das Derbste anzuziehen‹, was man zur Hand hat, am besten ... den Trainingsanzug ... oder ein Paar Überziehhosen, die man sich selbst machen kann, und dazu die kräftigsten Schuhe. Die so gekleidet waren, konnten, wie ich in der bösen Nacht beobachtete, rasch und ohne Hemmungen zur Hand sein ... Ärgernis hat niemand an ihren Hosen genommen.«

14. Oktober In einem »Wegweiser« für Fliegergeschädigte des Kreises Stuttgart heißt es u. a.:
»In den Obdachlosen-Sammelstellen mit Notunterkünften, die in den einzelnen Schadensgebieten eingerichtet sind, werden die Obdachlosen durch den Ortsgruppenleiter und die Politischen Leiter unter Mitwirkung der NSV und der NS-Frauenschaft in jeder Hinsicht betreut. Die Stadtverwaltung hat, um den Geschädigten die Gänge zu den verschiedenen städtischen Ämtern zu ersparen, bei den Obdachlosen-Sammelstellen Notdienststellen des städtischen Kriegsschädenamts eingerichtet. Die Notdienststellen leisten Geldvorschüsse für den ersten Bedarf, erteilen Bezugscheine für Bekleidung, andere Spinnstoffe und Schuhwaren sowie Einkaufsausweise für die notwendigsten Haushaltgeräte. Sie ersetzen auch in Verlust geratene Lebensmittelkarten und sonstige Bedarfsausweise. Notwendige Gemeinschaftsverpflegung führt die NSV in den Obdachlosen-Sammelstellen durch. Wer an der Gemeinschaftsverpflegung teilnimmt, soll so bald wie möglich, spätestens aber vom 4. Tag nach dem Schadensfall an, Lebensmittelmarken abgeben ...
Jeder Fliegergeschädigte erhält von der Notdienststelle einen Ausweis ... Leistungen aller Art, insbesondere Unterkunft, Bekleidung, Lebensmittel- und Seifenkarten, Heilfürsorge und Geldvorschüsse werden nur auf Grund dieses Ausweises bewilligt. Geschädigte, die Stuttgart verlassen wollen, müssen sich bei der städtischen Notdienststelle eine Abreisebescheinigung beschaffen; die weitere Betreuung am Aufnahmeort ist von der Vorlage dieser Abreisebescheinigung abhängig.«
Georg Stammler liest im Oberen Museum aus seinen Werken.
Stadtkämmerer Bürgermeister Walter Hirzel verstorben. BM Hirzel, der Stellvertreter des Oberbürgermeisters Dr. Strölin war, hat sich für Eingemeindungen und damit für die Vergrößerungen des Markungsbereiches der Stadt in besonderer Weise eingesetzt.

17. Oktober Der NS-Kurier berichtet über die Totenfeier für die Opfer des Luftangriffes vom 8. Oktober im Neuen Schloß.
Wie am vergangenen Sonntag werden die Halter von Lastkraftwagen mit Holzgasgeneratoren oder Treibgasantrieb mit einer Nutzlast von 1,5 Tonnen und mehr aufgefordert, ihre Fahrzeuge mit Fahrer der städt. Fahrbereitschaft zum Einsatz zu überstellen.
Das Wohnungsamt gibt bekannt, daß auch bei der Vermietung von Teilwohnungen an fliegergeschädigte Familien eine Genehmigung eingeholt werden muß.

Der Stuttgarter Oratorienchor und das Landesorchester führen unter der Leitung von August Langenbeck Schuberts Es-Dur-Messe in der Stiftskirche auf.

18. Oktober Die Brotrationen werden um 400 g pro Normalverbraucher und Zuteilungsperiode erhöht; demnach liegen sie um 100 g höher als im ersten Kriegsjahr.

19. Oktober Im Handball-Städtespiel schlägt die Budapester Elf die Stuttgarter 8 : 6.

21. Oktober Unter der Überschrift »Der Kriegsgefangene ist und bleibt ein Feind« stellt der NS-Kurier fest: »Es ist fast erschreckend, festzustellen, wie gleichgültig manche Volksgenossen das Verbot des Umgangs mit Kriegsgefangenen aufnehmen.« Die Verordnung über den Umgang mit Kriegsgefangenen besagt: »Sofern nicht ein Umgang mit Kriegsgefangenen durch die Ausübung einer Dienst- oder Berufspflicht oder durch ein Arbeitsverhältnis des Kriegsgefangenen zwangsläufig bedingt ist, ist jedermann jeglicher Umgang mit Kriegsgefangenen und jede Beziehung zu ihnen untersagt.«

23. Oktober Reichsorganisationsleiter Dr. Ley besucht Stuttgart.
Von städt. Seite wird bekanntgegeben, daß durch Fliegerschaden entstandene, erhebliche Beeinträchtigungen einer gemieteten Wohnung ausreichen können, um eine Mietzinssenkung über die Dauer dieser Beeinträchtigungen zu rechtfertigen. Soweit Mietzinssenkungen berechtigt sind, erhält der antragstellende Vermieter vom Kriegsschädenamt Entschädigung für den ihm entstehenden Mietzinsausfall abzüglich ersparter Aufwendungen.
Als unbegründet verwarf kürzlich eine Stuttgarter Strafkammer die Berufungsklage eines wegen Unverträglichkeit aus dem Schuldienst entlassenen Studienassessors, der, vom Arbeitsamt zur Dienstleistung bei einer Stuttgarter Firma als kaufmännische Hilfskraft dienstverpflichtet, diese »verproletarisierende« Beschäftigung abgelehnt hatte, weshalb er wegen Arbeitsvertragsbruchs in vorläufige Haft genommen und vom Schnellrichter zu zwei Wochen Gefängnis verurteilt wurde.
Prof. Dr. Schmitt spricht beim Württ. Kunstverein über das Thema »Vom Wesen der schwäbischen Kunst«.
Der Männerturnverein Stuttgart 1843 feiert sein hundertjähriges Jubiläum.

25. Oktober Unter der Leitung von Fritz Mechlenburg (Darmstadt) spielen Wolfgang Schneiderhan und das Orchester der Staatsoper Werke von Brahms, Beethoven und Haydn.

NOVEMBER 1943

Dr. Vilma Kopp, 1922—33 Dozentin an der Sozialen Frauenschule des Schwäb. Frauenvereins, 1928—33 Stadträtin der Deutschen Demokratischen Partei, verstorben.

26. Oktober Zur Vermeidung von Glasschäden bei Fliegerangriffen und als sofort greifbare Reserve für zerstörte Fensterscheiben werden in allen städt. Ämtern die Vorfenster entfernt.
Bei der Gründung einer Stuttgarter Zweigstelle der Hölderlin-Gesellschaft hält Hermann Burte die Festansprache; Staatsschauspieler Matthias Wieman trägt aus Hölderlins Werken vor.

29. Oktober OB Dr. Strölin beschlagnahmt als Leiter der Sofortmaßnahmen die Reste von zerstörten Gebäuden. Sie sollen für die Instandsetzung von beschädigten Gebäuden oder für Luftschutzbauten verwendet werden.
Apotheker Dörr, Inhaber der Paulinen-Apotheke Stuttgart, kürzlich mit der »Ehrengabe der Deutschen Apothekerschaft« ausgezeichnet, im Alter von 87 Jahren verstorben.

30. Oktober Es wird darauf hingewiesen, daß gemäß einem neuen Reichserlaß den Frauen mit eigenem Hausstand, die wöchentlich mindestens 48 Stunden arbeiten, im Zeitraum von vier Wochen jeweils ein ganzer freier Arbeitstag als Hausarbeitstag zu gewähren ist. Ein Anspruch auf Vergütung der Freizeit besteht grundsätzlich nicht.
Dr. August Nagel, Direktor der Kodak AG, verstorben.

31. Oktober Als künftigen Sitz des Institutes für Biologie und Rassenkunde kauft die Gauleitung Württ.-Hohenzollern der Stadt Stuttgart das Anwesen Gerokstraße 29 zum Preis von 216 000 RM ab.
In der Adolf-Hitler-Kampfbahn siegt Vienna Wien gegen LSV Hamburg 3 : 2 vor 50 000 Zuschauern und gewinnt den Tschammerpokal.
Diesen Monat erschienen im NS-Kurier 315 Todesanzeigen gefallener Soldaten.

31. Oktober bis 10. November Um das Band zwischen Front und Heimat zu verstärken, stellt die Bildstelle einer württ.-badischen Jägerdivision Photos im Kronprinzenpalais aus; die Ausstellung findet rund 6000 Besucher.

1. November Die Geheime Staatspolizei — Staatspolizeileitstelle Stuttgart gibt bekannt, das gesamte Vermögen zweier infolge von KZ-Haft verstorbener Jüdinnen entschädigungslos eingezogen zu haben.
Wegen Personalmangels öffnen die Stuttgarter Kreditinstitute fortan nur noch von 9.30 bis 13 Uhr und von 13.30 bis 15.30 Uhr.

3. November Um Strom zu sparen, werden ein Dutzend Haltestellen der Stuttgarter Straßenbahnen aufgehoben. Andere Haltestellen werden zusammengefaßt und an eine neue Stelle gelegt.

4. November Erstaufführung des Dramas von Bernard Shaw »Die Heilige Johanna« im Schauspielhaus.
August Lämmle spricht im Oberen Museum über »Schwäbische Bewährung einst und jetzt«.
Die Altistin Emmi Leisner singt alte Volksweisen und Lieder u. a. von Schubert und Strauss im Stadtgartensaal.

6. November Erstaufführung der Posse »Das Mädel aus der Vorstadt« (oder Ehrlich währt am längsten) von Johann Nestroy im Kleinen Haus.

8. November Hermann Köhler, Direktor der Stuttgarter Filiale der Deutschen Bank, wegen »defaitistischer Äußerungen« in Brandenburg hingerichtet. Er hatte nach der Verhaftung Mussolinis geäußert, Hitler werde es bald ebenso ergehen, und war denunziert worden.

9. November In allen Schulen wird der »Blutzeugen der Bewegung« und der Gefallenen der Weltkriege gedacht.

10. November Weil die Eigentümer von leerstehenden Büro- und Ladenräumen diese zwar gerne für die Dauer des Krieges in Wohnräume umwandeln würden, jedoch befürchten, daß eine Rückwandlung dieser Räume in Geschäftsräume später nicht oder nur mit Schwierigkeiten möglich sei und daher diese dem Wohnungsamt nicht melden, weist die Stadtverwaltung auf einen Reichserlaß hin, wonach vorbehaltlich einer Prüfung im Einzelfall die Rückwandlung zu gegebener Zeit grundsätzlich zu genehmigen ist.

12. November Das Sondergericht Stuttgart verurteilte einen 47jährigen Kunstmaler wegen Abhörens ausländischer Sender zu sieben Jahren Zuchthaus.
Durch Aushängen der Gartentüren, Durchbrüche der Umfriedungen zu den Nachbargrundstücken und Festlegung von Fluchtwegen innerhalb des Stadtgebietes soll die Evakuierung der Bewohner auf nicht feuergefährdete Plätze des Stadtkerns gewährleistet werden.

14. und 16. November Zum Tag der Deutschen Hausmusik veranstaltet die Kreismusikerschaft Stuttgart einen Abend mit Klaviermusik zu vier Händen und einen Abend mit Hausmusik von Max Reger in der Musikhochschule.

15. November Die Normalverbraucher erhalten drei kg Kartoffeln je Kopf und Woche; für die Periode vom 15. November 1943 bis zum 23. Juli 1944 sind zusätzlich 2½ Zentner Kartoffeln zum Einkellern freigegeben, von denen 2 Zentner sofort zu beziehen sind.

16. November Das Kunsthöfle stellt derzeit Gemälde von Hermann Metzger, Hans Düver u. a. aus.
Amalie Troscher-Schier rezitiert aus der »Edda« im Oberen Museum.

17. November Im Auftrag der Volksbildungsstätte hält Prof. Dr. Reinerth (Berlin) einen Lichtbildervortrag über den »Nordisch-Germanischen Schicksalskampf im Ostraum«.

18. November Gauleiter Murr verlieh 314 Personen, die sich beim Luftangriff vom 8. Oktober ausgezeichnet haben, das Kriegsverdienstkreuz.
Ratsherrensitzung. Beratung der Haushaltssatzung 1943/44; der ordentliche Haushalt wird ausgeglichen auf 208 Mio. RM und die außerordentlichen Kriegsaufwendungen auf 50 % der Steuereinnahmen festgesetzt. Anschließend besprechen die Ratsherren wieder Wohnungs-, Luftschutz- und Versorgungsfragen.

19. November Das Oberlandesgericht Stuttgart verurteilte einen 30jährigen Mann zu zehn Jahren Zuchthaus wegen Abhörens feindlicher Sender.

20. November Hinrichtung zweier Männer als »Punktschieber« (Beiseiteschaffen von Spinnstoffwaren und Kleiderkartenpunkten), die das Sondergericht Stuttgart wegen Kriegswirtschaftsverbrechens zum Tode verurteilt hat.
Zur Eröffnung einer Ausstellung mit dem Titel »Schwäbische Division im Osten« kommt ein Stoßtrupp nach Stuttgart und wird auf seinem Propagandamarsch durch die Stadt von der Bevölkerung herzlich begrüßt.
Die Fachgruppe Bauwesen veranstaltet eine Vortragsreihe in der TH. Gausachwalter, Regierungsbaumeister Blind spricht über »Behelfswohnungsbau für Luftkriegsbetroffene — das deutsche Wohnungshilfswerk«. Anschließend zeigt Landschaftsgestalter Prof. Wiepking-Jürgensmann anhand von Lichtbildern, wie sehr das »germanische Landschaftsgefühl« der eigentliche geistige Träger der seelischen und künstlerischen Äußerungen des deutschen Volkes ist, und führt Pläne des Reichsführers SS vor, die beweisen sollen, daß aus den »gänzlich verwahrlosten« Bezirken im Osten gesunde und fruchtbare »deutsche Landschaften« erstehen könnten.

NOVEMBER 1943

20./21. November Reichsstraßensammlung zugunsten des Kriegs-Winterhilfswerkes.

21. November Das Deutsche Frauenwerk veranstaltet zweimal wöchentlich Schaubacken von Weihnachtsgebäck in der Kronprinzstraße.
Zum Totensonntag führen die Deutsch-Niederländische Gesellschaft, Verbindungsstelle Stuttgart, und der Schwäb. Singkreis altniederländische Motetten aus dem XV. und XVI. Jahrhundert in der Stiftskirche auf.
Branka Musulin (Klavier) spielt im Stadtgarten.
Die Stuttgarter Kickers gewinnen gegen den VfB Stuttgart 1 : 0; das Spiel wurde zum Gedenken an die gefallenen Spieler Engel (VfB) und Otterbach (Kickers) kurz unterbrochen.

23. November OB Dr. Strölin wendet sich an die Bediensteten der Stadt: »Wir müssen nach wie vor den größten Wert legen auf eine enge Verbindung mit der Bevölkerung und auf deren ständige Unterrichtung über alle die Öffentlichkeit berührenden Vorgänge und Maßnahmen der Stadtverwaltung ... Ich bitte, immer wieder Überlegungen darüber anzustellen, was der Bevölkerung mitgeteilt werden muß ... Vor Erteilung von Auskünften an die Presse ist der städt. Informationsdienst fernmündlich zu unterrichten.«
Hauptbereichsleiter Schulz und Obergebietsführer Sundermann eröffnen den diesjährigen Kriegsberufswettkampf im Gustav-Siegle-Haus. Hauptbereichsleiter Schulz trägt vor: »Alles, was wir heute tun, dient der Leistungssteigerung und damit dem Sieg ... Der heutige junge Mensch drängt zum militärischen Einsatz, wir wollen der Jugend in diesem Kriegsberufswettkampf aber zeigen, daß der Arbeitsplatz heute auch ein Kampfplatz von großer Bedeutung ist. Auch die Pflicht im Beruf und die Arbeitsdisziplin müssen für die deutsche Jugend soldatische Tugend sein.«

24. November Vom Sondergericht Stuttgart wurde ein Ehepaar, das, obwohl durch den letzten Bombenangriff nur »leichtgeschädigt«, mit falschen Angaben einen »F-Schein« und somit Hermann-Göring-Spenden erschlichen hatte, zu einem Jahr bzw. sechs Monaten Gefängnis verurteilt.
Beim Deutschen Scheffelbund las Staatsschauspieler Roderich Arndt aus der Erzählung »Der Kranichschrei« von Otfried Finckenstein.

25. November Es wird darauf hingewiesen, daß Glückwunschschreiben in diesem Jahre unterbleiben sollen, um die Nachrichten- und Verkehrsmittel für kriegswichtige Zwecke zu entlasten.
Fortan finden die Wochenmärkte nur noch dienstags und samstags statt.

DEZEMBER 1943

Erstaufführung der Komödie von Harald Bratt »Ein großer Mann privat« im Schauspielhaus.

26. November 13. Luftangriff. Schwerpunkte: Bad Cannstatt, Untertürkheim. 31 Tote, 156 Verletzte.
Auf Einladung der Württ. Verwaltungsakademie spricht in der TH Ministerialrat Dr. Grünewald (Berlin) über »Sozialpolitik im Dritten Reich«.

27. November Das Stadtplanungsamt gibt bekannt, daß die Bausperren, die in der Zeit vom 1. Januar bis zum 31. März 1944 ablaufen würden, um ein Jahr verlängert worden sind.

28. November Die in Stuttgart und Umgebung berufstätigen Ungarn treffen zu einem kameradschaftlichen Zusammensein mit Vorträgen und Kulturfilmen im Deutschen Ausland-Institut zusammen.

29. November Am Flügel begleitet von Erich Herrmann singt Gabriele Elschenbroich (Berlin) in der Musikhochschule.

30. November Nach einem Vortrag des Gauschulungsleiters Dr. Klett über die Aufgaben des Deutschen Roten Kreuzes werden 19 Helfer und 275 Helferinnen der DRK-Kreisstelle Stuttgart im Gustav-Siegle-Haus vereidigt.

1. Dezember Totenfeier für die Opfer des Luftangriffs vom 26. November.
Wegen der in weiten Kreisen der Bevölkerung immer noch bestehenden Unklarheiten über die Bedeutung der Warnsignale bei Feindeinflügen gibt der Stuttgarter Polizeipräsident als örtlicher Luftschutzleiter bekannt: Das Signal »öffentliche Luftwarnung«, das nur tagsüber verwendet wird, soll die Bevölkerung zu erhöhter Aufmerksamkeit veranlassen — ergibt sich die Notwendigkeit, nach dem Signal »öffentliche Luftwarnung« noch das Signal »Fliegeralarm« auszulösen, ist die Bevölkerung verpflichtet, sofort die Luftschutzräume aufzusuchen.

1./2. Dezember Anläßlich einer Arbeitstagung der Abteilungsleiter und Obmänner der Deutschen Arbeitsfront gibt Gauleiter Murr einen Überblick über die politische und militärische Lage des Reiches mit dem Fazit: Dank »der überlegenen Führung Adolf Hitlers und der Tapferkeit« der deutschen und der verbündeten Soldaten ist der »Sieg absolut sicher«.

2. Dezember Das Tiefbauamt ruft die Hausgemeinschaften auf, im eigenen Interesse die noch mit Schutt und Aushub überdeckten Doleneinläufe und Kandel freizumachen.

Wie in anderen Städten des Reiches begannen kürzlich auch in Stuttgart wiederum Sonderlehrgänge, die Kriegsversehrte mit mittlerer Reife in sechs Monaten zur Hochschulreife führen sollen.

Auf einer Veranstaltung des Deutschen Bundes für Heimatschutz spricht August Lämmle im Landesgewerbemuseum über »Sitte und Brauchtum«.

3. Dezember Bei der Zehnjahresfeier der NS-Gemeinschaft Kraft durch Freude im Großen Haus händigt Gauleiter Murr Betriebsführern, Betriebsobmännern und Betrieben KdF-Leistungsabzeichen und -Urkunden aus.

Das Kunsthaus Schaller stellt derzeit Gemälde, Aquarelle und Zeichnungen von Christian Oehler, Ilse Beate Jäkel, Leo Schobinger, Franz Heinrich Gref, Hermann Bäuerle, Paul Kälberer, Felix Hollenberg, Oskar Frey, Eugen Stammbach, Oskar Rühle, Julie Wertz, Walter Strich-Chapell, Tell Geck, Erwin Schweitzer, Karl Ebert, Klara Rühle u. a. aus.

4. Dezember Oberlandesgerichtspräsident Küstner berichtet auftragsgemäß dem Reichsminister der Justiz, Dr. Thierack: »Daß die allgemeine Stimmung im 5. Kriegsjahr wesentlich ernster ist als am Anfang des Krieges, ist nicht weiter verwunderlich. Zweifellos haben auch die Rückschläge des Jahres 1943 die Stimmung vielfach schwer belastet und in manchen Zweifel an einem günstigen Ausgang des Krieges hervorgerufen. In auffallendem Gegensatz dazu steht die Stimmung der Fronturlauber, insbesondere derer aus dem Osten. Diese Männer, die seit Monaten in schwersten Kämpfen, dazu vielfach in Rückzugskämpfen stehen, sind fast durchweg voll Zuversicht und Vertrauen auf den Endsieg; sie sprechen sich oft sehr ungehalten über die schlechte Stimmung in der Heimat aus. Trotz alledem kann aber nicht gesagt werden, daß der Wille zum Durchhalten etwa in wesentlichem Umfang nicht mehr vorhanden wäre. Schon rein verstandesmäßig weiß heute jeder, um was es in diesem Krieg und vor allem in seinem jetzigen Stadium geht ... Die Haltung der Bevölkerung bei den verschiedenen Terrorangriffen der feindlichen Luftwaffe auf Stuttgart und andere Orte des Bezirks war gut. Allerdings hat die Bevölkerung lange nicht einsehen können, daß derartige Angriffe tief im Binnenland, sogar bei Tag, eben nicht verhindert werden können. Der Bezirk ist stark mit Bombengeschädigten und Evakuierten belegt, teils aus Stuttgart, zum größeren Teil aber aus westdeutschen Großstädten. Hier gibt es naturgemäß bei allem guten Willen nicht selten Reibungen ... Im jetzigen Stadium des Kriegs ist die Bekämpfung hetzerischer, zersetzender, defaitistischer Äußerungen eine der wichtigsten Aufgaben der dazu berufenen Gerichte. Wenn die Ge-

richte hier versagen würden, bestünde die Gefahr, daß wir im Innern Zustände bekämen wie im Herbst 1918.«
Im früheren Planetarium am Hindenburgplatz öffnet das Theater der Zeit seine Pforten. In pausenloser Vorstellung soll dieses Filmtheater mit einstündigen Kurzfilmen einen Querschnitt durch das Zeitgeschehen geben bzw. den Soldaten, die im Stuttgarter Bahnhof einen längeren Aufenthalt haben, die Wartezeit verkürzen helfen; ebenfalls zu diesem Zweck bleiben die Bahnhofsbuchhandlungen fortan über Nacht geöffnet.

6. Dezember   Die Galerie Valentien zeigt z. Zt. Kohlezeichnungen, Aquarelle, Gemälde und Keramikfiguren von Albert Elser.

7. Dezember   Da Mangelwaren vorzugsweise an die Stammkunden abgegeben werden sollen, bestimmt die Fachgruppe Nahrungs- und Genußmittel der Gauwirtschaftsgruppe Einzelhandel, daß jeder als Stammkunde zählt, der sich in einem Lebensmittelgeschäft mit seiner Zucker-, Marmelade- und Nährmittelkarte eintragen läßt.
Appell der Stuttgarter Reichsbahnstellen. Entsprechend dem Leitwort »Mag kommen was will, wir fahren dennoch« hebt der Präsident der Reichsbahndirektion Stuttgart, Stroebe, hervor: Der Eisenbahner in der Heimat steht in Haltung und Leistung seinen Kameraden an der Front nicht nach. Hat der Fronteisenbahner die Waffe in der Hand, so muß der Eisenbahner im Heimatgebiet den Terror auf sich nehmen — trotzdem harrt er aus, wo sein Dienst ihn hingestellt hat. Auch in den besetzten Gebieten erbringt der deutsche Eisenbahner Leistungen von ausschlaggebender Bedeutung für die Kriegsführung.
Ministerialrat, Gaugesundheitsführer Prof. Dr. Stähle spricht bei der KdF-Volksbildungsstätte über »Aufgaben der Gesundheitsführung im Kriege« und stellt aus diesem Anlaß fest, daß der Gesundheitszustand und die Leistungskraft der Bevölkerung des Gaues gut und den erhöhten Anforderungen durchaus gewachsen seien.
75. Geburtstag des Landesbischofs Theophil Wurm. In seinem Gratulationsbrief (vom 2. 12.) schreibt der aus seiner Diözese vertriebene Bischof Sproll: »Es freut mich, feststellen zu dürfen, daß es in der langen Zeit unseres Nebeneinander-Wirkens ohne Zusammenstöße abgegangen ist, ja daß es zumeist ein friedliches und harmonisches Zusammenarbeiten auf den Grundlagen der beiden Konfessionen war. Möge es so bleiben, auch wenn die beiden Kirchen in der Zukunft schwere Kämpfe um ihre Existenz gegen alle Feinde christlichen Glaubens und christlicher Kultur durchzufechten haben sollten. Es tut mir immer im Herzen leid, wenn ich höre, daß das schöne Stuttgart immer wieder unter den Angriffen feindlicher Flieger zu leiden hat. Möchten doch diese schrecklichen Wirkungen des Krieges bald aufhören und der ersehnte Friede einkehren! Leider sind die Aussichten noch immer nicht gut und werden die Völker sich bis zum Letzten zerfleischen.«

DEZEMBER 1943

8. Dezember   Erstaufführung des Märchens »Das verlorene Herz« von Franz Karl Ginzkey im Schauspielhaus; das Staatstheater bringt über die Weihnachtszeit Humperdincks »Hänsel und Gretel«.

9. Dezember   Das Sondergericht Stuttgart verurteilte einen 32jährigen vorbestraften Mann wegen Betrügereien und Heiratsschwindel zum Tode.

10. Dezember   Die Reichsbahn kündigt starke Einschänkungen des Weihnachts-Reiseverkehrs an. »Es wird deshalb gut sein, wenn sich alle Volksgenossen, auch die Kinder, soweit sie sich fern von der Heimat befinden, schon jetzt darauf einstellen, daß sie das Weihnachtsfest diesmal nicht zu Hause verbringen können.«
Stuttgarter Uraufführung des spanischen Filmes »Blutzeugen« in Anwesenheit zahlreicher Ehrengäste.

11. Dezember   Bei einer gemeinsamen Veranstaltung der Deutsch-Niederländischen Gesellschaft und des Württ. Kunstvereins spricht Dr. Carl Schellenberg (Hamburg) im Kunstgebäude über »Das niederländische Bildnis im 17. Jahrhundert«.

12. Dezember   Drei französische Arbeiter wurden vom Sondergericht Stuttgart wegen Diebstählen von Handkoffern und Paketen auf dem Stuttgarter Hauptbahnhof als »Volksschädlinge« zu Zuchthaus- bzw. Gefängnisstrafen verurteilt.
Es wird auf einen Erlaß des Reichsministers der Luftfahrt und Oberbefehlshabers der Luftwaffe hingewiesen, wonach die Benutzung der Luftschutz-Bunker und -Stollen den Personen vorbehalten ist, die in der Umgebung dieser Bunker wohnen und in ihren Häusern keine oder nur unzulängliche Luftschutz-Räume haben. Damit einsatzfähige Männer die ihnen vom Luftschutzwart zugewiesenen Schutzräume nicht verlassen, um in Bunkern und Stollen Schutz zu suchen, kontrollieren Streifen der Polizei während des Alarms.
Unter der Leitung von August Langenbeck bringen der Stuttgarter Kantatenchor und Solisten Advents-Musik von Heinrich Schütz in der Stiftskirche.
Im Städtekampf gewinnen die Stuttgarter Hand- und Fußballmannschaften in Straßburg gegen die Straßburger.

14. Dezember   Auf einer Sitzung der Beiräte für Schulfragen über die eben abgeschlossene Umquartierungsaktion wird festgestellt: Von den rund 41 800 Kindern der Volks-, Haupt- und Mittelschulen seien ca. 35 000 Kinder in rund 260 Gemeinden des Gaues umquartiert; wegen Krankheit oder aus sonstigen Gründen seien rund 7000 Schüler in Stuttgart belassen worden, davon 300 wegen des Einspruches ihrer Eltern gegen die erweiterte Kinderlandverschickung.

DEZEMBER 1943

16. Dezember Ratsherrensitzung. Vor Eintritt in die Tagesordnung teilt OB Dr. Strölin mit, er habe die Presse gebeten, den Beratungen beizuwohnen, da verschiedene Gegenstände von besonderem Interesse seien. So müsse z. B. klargestellt werden, daß die Möglichkeiten der Stadtverwaltung, die Bedürfnisse der Bevölkerung zu befriedigen, immer kleiner würden. Nach Erörterung von Versorgungs-, Schulevakuierungs- und Wohnungsfragen berichtet der Direktor des Deutschen Ausland-Instituts, Prof. Rüdiger, über die prekäre Lage des Auslandsdeutschtums. 10 bis 15 der ursprünglich 30 Mio. Auslandsdeutschen leben noch im Ausland.
Anläßlich des Inkrafttretens des neuen Reichsjugendgerichtsgesetzes zum 1. 1. 1944 treffen u. a. sämtliche württ. Jugendrichter, Jugendstaatsanwälte sowie die Bannrechtsreferenten der Hitlerjugend im Stuttgarter Landgericht zusammen, um die Zusammenarbeit zwischen Jugendrichtern und Hitlerjugend noch enger zu gestalten.

17. Dezember Es wird darauf hingewiesen, daß der Ertrag der diesjährigen Kartoffelernte dazu zwingt, mit den vorhandenen Mengen haushälterisch umzugehen; nachdrücklich empfohlen wird eine zweckmäßige Lagerung sowie der Genuß von Pellkartoffeln.
OB Dr. Strölin berichtet an das Reichsministerium des Innern über Stand und Kapazität der Luftschutzraumbauten. Er erwähnt, daß die Mannheimer Bevölkerung über eine größere Anzahl einigermaßen bombensicherer Bunker verfüge als die Stuttgarter und daß in Stuttgart die Summe der schweren und totalen Bombenschäden sich auf nur 15 % der insgesamt beschädigten Gebäude belaufe — nicht zuletzt wegen der Einsatzbereitschaft der Stuttgarter zum Schutz des eigenen Besitzes und der frühzeitigen Brandbekämpfung.

18. Dezember OB Dr. Strölin wendet sich an die Bediensteten der Stadt: »Am Ende des arbeitsreichen und kampferfüllten Jahres 1943 kann ich der ganzen städt. Gefolgschaft die erfreuliche Mitteilung machen, daß mir heute durch den Gauobmann der DAF und den Wehrkreisbeauftragten des Reichsministers für Bewaffnung und Munition die Anerkennungsurkunde für den hohen und vorbildlichen Leistungseinsatz der Technischen Werke im bisherigen Kriegsverlauf ausgehändigt worden ist. Gleichzeitig wurde dem städt. Fuhramt durch den Gauobmann der DAF das Leistungsabzeichen in Bronze für vorbildliche Berufserziehung verliehen. Den beiden ausgezeichneten Betrieben ... spreche ich zu den verliehenen Auszeichnungen meinen Dank und meine Anerkennung aus.«
Obergebietsführer Sundermann empfing eine Gruppe volksdeutscher Jungen aus der Südukraine, die, zu Nachwuchsführern der Hitlerjugend bestimmt, sich acht Tage als Gäste der Hitlerjugend-Gebietsführung Württemberg im Gau aufgehalten haben.

Erstaufführung der komischen Oper »Der Kalif von Bagdad« von François Adrien Boieldieu im Großen Haus.

Dr.-Ing. e. h. Berthold Fein wurde Konsul des neu eröffneten ungarischen Konsulats für den Gau Württ.-Hohenzollern.

18./19. Dezember Reichsstraßensammlung der Hitlerjugend zugunsten des Kriegs-Winterhilfswerkes; zum Verkauf gelangen die in Zusammenarbeit der Hitlerjugend mit den Lehrwerkstätten der Betriebe des Gaus gefertigten 500 000 Spielsachen.

18.—24. Dezember Der diesjährige Weihnachtsmarkt wird auf dem Cannstatter Wasen abgehalten.

19. Dezember Wilhelm Kempff (Klavier) spielt im Stadtgarten.

20. Dezember In einem an Reichsminister Dr. Lammers gerichteten Brief schreibt Landesbischof Wurm u. a.: »Es ist Anweisung gegeben worden, die Mischlinge und die mit jüdischen Frauen verheirateten Arier in Arbeitstrupps zusammenzustellen, die eine besondere Uniform zu tragen haben. Selbstverständlich ist keine Einwendung dagegen zu erheben, daß, nachdem ihnen die Wehrfähigkeit abgesprochen worden ist, sie zu besonderen Dienstleistungen im Kriege herangezogen werden. Aber daß sie nicht in die Organisation Todt eingereiht werden, zeigt, daß die Absicht besteht, den Prozeß der Absonderung dieser Personen vom Volksganzen weiterzutreiben. In dieselbe Richtung weist die Tatsache, daß neuerdings Bombengeschädigte nach der Rassezugehörigkeit gefragt werden. Niemand, der die Entwicklung der Rassepolitik in den letzten Jahren aufmerksam verfolgt hat, kann darüber im unklaren sein, daß diesen Mischlingen dasselbe Schicksal droht, das die Volljuden getroffen hat, die Ausmerzung. Nicht aus irgendwelchen philosemitischen Neigungen, sondern lediglich aus religiösem und ethischem Empfinden heraus muß ich in Übereinstimmung mit dem Urteil aller positiv christlichen Volkskreise in Deutschland erklären, daß wir Christen diese Vernichtungspolitik gegen das Judentum als ein schweres und für das deutsche Volk verhängnisvolles Unrecht empfinden. Das Töten ohne Kriegsnotwendigkeit und ohne Urteilsspruch widerspricht auch dann dem Gebot Gottes, wenn es von der Obrigkeit angeordnet wird, und wie jedes bewußte Übertreten von Gottes Geboten rächt sich auch dieses früher oder später. Unser Volk empfindet vielfach die Leiden, die es durch die feindlichen Fliegerangriffe ertragen muß, als Vergeltung für das, was den Juden angetan worden ist. Das Brennen der Häuser und Kirchen, das Splittern und Krachen in den Bombennächten, die Flucht aus den zerstörten Häusern mit wenigen Habseligkeiten, die Ratlosigkeit im Suchen eines Zufluchtortes erinnern die Bevölkerung aufs peinlichste an das, was bei früheren Anlässen die Juden erdulden mußten.«

DEZEMBER 1943

22. Dezember Auf Ausführungen von Prof. Adolf Münzinger (Hohenheim) zum Thema »Ist Württemberg noch ein Vorbild gesunden Bauerntums?« schreibt der NS-Kurier: Sicher hat die Industrialisierung dem Bauerntum nicht nur Nachteile gebracht, sondern es auch zu Fortschritten ermuntert. Daß eine allzu einseitige Industrieentwicklung die bäuerliche Substanz aufzehrt, ist freilich nicht zu bestreiten.

23. Dezember Die erste Stuttgarter Tankstelle für Permagas wird in Betrieb genommen. Mit der Umrüstung von zunächst 300 Fahrzeugen aus Stuttgart wird begonnen; die nächste Permagastankstelle befindet sich in Straßburg.

24. Dezember Gauleiter Murr empfängt den Stuttgarter Major Günter Rall, einen erfolgreichen Jagdflieger.
Heute können die Geschäfte um 17 Uhr schließen.
Prof. Karl Weller, Landeshistoriker, verstorben.

26. Dezember In Anwesenheit von Sportgauführer Dr. Klett und OB Dr. Strölin gewinnt die Stuttgarter Stadt-Fußballmannschaft vor 5000 Zuschauern gegen die Luftwaffenelf Rote Jäger 6 : 3.

28. Dezember Gotthilf Österle, Direktor der städt. Spar- und Girokasse, verstorben.

29. Dezember Durch Polizeiverordnung des württ. Innenministeriums wird jeder nähere Umgang zwischen Zivilarbeitern und -arbeiterinnen polnischen Volkstums und deutschen Volksgenossen, soweit er nicht bei der Arbeit erforderlich wird, verboten.
Unter der Führung von OB Dr. Strölin und Stadtbaudirektor Scheuerle besichtigen die Ratsherren und Vertreter der Presse den noch nicht fertiggestellten, als Großluftschutzraum verwendeten Wagenburgtunnel.

30. Dezember Beim Jahresschlußappell der politischen Leiter des Kreises Stuttgart erklärt Kreisleiter Fischer: Das politische Führertum sei heute ein ganz neuer Begriff und werde nicht so sehr durch den Intellekt als durch den Charakter und den gesunden Menschenverstand bestimmt. In jedem echten Nationalsozialisten sei auch echter Fanatismus vorhanden. »Wir müssen in diesem Kampf stark und gläubig sein, und der politische Führer ist dazu berufen, diesen Glauben mehr durch persönliches Vorleben als durch Befehlen zu stärken.«

31. Dezember Prof. Dr. Csaki bei einem Rednereinsatz tödlich verunglückt.

1944

1. Januar Gauleiter Murr wendet sich an die Volksgenossen und Volksgenossinnen: »Ein Kriegsjahr geht zu Ende, das an Front und Heimat außerordentliche Anforderungen gestellt hat... Unsere Feinde haben geglaubt, daß sich die Weltgeschichte wiederhole, sie haben sich dem Trugschluß hingegeben, daß unser Volk die Nerven verlieren würde. Die Ereignisse dieses Jahres haben indessen bewiesen, daß das Vertrauen unseres Volkes zum Führer und in die eigene Kraft unerschütterlich sind. Denn unser Volk weiß, warum es kämpfen muß, die blutrünstigen Drohungen unserer Gegner lassen daran keinen Zweifel übrig. Während die gegnerischen Heere nicht wissen, warum und wofür sie bluten sollen, ist es unserem Volk Gewißheit, daß es in diesem Kriege um seine Freiheit, um seine Zukunft kämpft. So wie unsere Feinde heute den unterworfenen Teil Italiens behandeln, indem sie die Bevölkerung hungern lassen und die italienischen Kinder nach der Sowjetunion verschleppen, so und noch schlimmer würden sie Deutschland behandeln, wenn sie die Macht dazu besäßen... Auch im neuen Kriegsjahre wird sich daran nichts ändern. In verbissener Kampfentschlossenheit sehen wir dem neuen Zeitabschnitt entgegen, überzeugt davon, daß keine Macht der Erde uns zu entreißen vermag, was für den endgültigen Sieg erforderlich ist. In diesem felsenfesten Glauben treten wir in das neue Jahr. Es lebe der Führer!«
Die gewerblichen Betriebe sind fortan verpflichtet, Aufzeichnungen über Lieferpreise und Kalkulation an einem sicheren Ort so aufzubewahren, daß sie jederzeit von den Behörden eingesehen werden können. Fehlen diese Unterlagen, orientieren sich die Kontrollbehörden ausschließlich nach den Marktverhältnissen.

5. Januar Dem NSKK wurde die gesamte Ausbildung von Kraftfahrern übertragen; Voraussetzung hierfür ist deren Kriegsnotwendigkeit.
Das Kunsthöfle Bad Cannstatt zeigt z. Zt. Gemälde von Erich Zeyer, Richard Weegmann, Julie Wertz, Hermann Metzger und Karl Calwer.

9. Januar Opfersonntag des Kriegs-Winterhilfswerkes.

JANUAR 1944

10. Januar   Fortan sind die Raucherkarten auf die jeweilige Lebensmittelperiode abgestellt, Vorgriff auf 14 Tage und Rückgriff in jedem Umfang sind erlaubt.
Lale Andersen singt im Gustav-Siegle-Haus.

11. Januar   35 Stuttgarter Juden, deren sog. Mischehen durch Tod oder Scheidung eines Ehepartners nicht mehr bestehen, werden von der Gestapo verhaftet und nach Theresienstadt deportiert. Innerhalb eines Jahres ist die Zahl der in Stuttgart wohnhaften Juden von 360 auf 220 gesunken.
Dr. Arnold Elben, ehemal. Hauptschriftleiter beim Schwäbischen Merkur, verstorben.

13. Januar   In Deutschland wurden Postleitzahlen eingeführt. Der Gau Württemberg-Hohenzollern erhielt die Nummer 14.

15. Januar   Die Stadtbriefkästen werden gegenwärtig dreimal täglich geleert.
Um die Versorgung der Soldaten und Bombengeschädigten sicherzustellen, wird ein Teil des aus der Obsternte 1943 im Gau erzeugten Branntweins beschlagnahmt.

16. Januar   Der NS-Kurier berichtet, daß der Stuttgarter Haushalt-Gastarif in den 1942 eingemeindeten Filder-Stadtteilen eingeführt wird.

17. Januar   Einkopiert auf das Titelblatt des NS-Kuriers erscheint zum erstenmal der bereits durch Plakate bekannte Schattenriß »Feind hört mit!«

20. Januar   Der Kultminister verfügt: »Da heuer der 30. Januar — Tag der Machtübernahme durch die NSDAP — auf einen Sonntag fällt, haben die Schulen, die kein Schülerheim besitzen und nicht in KLV-Lager verlegt sind, am Samstag, dem 29. Januar, im Rahmen des Unterrichts kurze würdige Feiern des Jahrestags der Machtübernahme durch den Führer abzuhalten. Die Schulen, denen Schülerheime angegliedert und die in KLV-Lager verlegt sind, halten die Feier am 30. Januar. Bei der Feier ist nicht bloß auf die gewaltigen politischen und militärischen Erfolge des nationalsozialistischen Deutschlands unter Adolf Hitler, sondern auch auf die noch zu erwartenden schweren Kämpfe und auf die Verpflichtung jedes Deutschen hinzuweisen, in unbedingter Treue zu Führer und Vaterland jedes Opfer zu bringen.«

21. Januar   Kürzlich sprach Reichslandschaftsanwalt Prof. Seifert vor den Führern der Arbeitsgauleitung über »Beeinflussung der deutschen Landschaftsbilder durch technische Arbeit«.

22./23. Januar   Straßensammlung für das Kriegs-Winterhilfswerk.

23. Januar Feierstunde der HJ und der SS im Staatstheater unter dem Motto »Die Jugend ist auf Grund ihrer politischen Erziehung in der Hitler-Jugend am besten zum politischen Soldatentum geeignet«.
Erstaufführung der »Antigone« von Sophokles in der Hölderlin-Übertragung im Staatstheater.
Rudolf Nel (Viola), Hermann Reutter (Klavier) und die Altistin Lore Fischer bringen Werke von Bach, Gluck, Mozart u. a. und in Erstaufführung die Vertonung fünf antiker Oden von Hermann Reutter zu Gehör.

24. Januar Bei der Volksbildungsstätte spricht Prof. Herbert Cysarz über »Gibt es ein Gesetz der Geschichte?« im Oberen Museum.
Prof. Heß (Zürich) referiert über »Maßstab in der Architektur« in der TH.

25. Januar OB Dr. Strölin appelliert an die Bediensteten der Stadt: »Der fortschreitende Luftkrieg macht in immer steigendem Maß Umquartierungen erforderlich. Je schwieriger die Verhältnisse liegen und je mehr Quartiergeber und Quartiernehmer auf manche Wohnbequemlichkeit verzichten müssen, um so mehr werden die Volksgenossen darauf achten, wie sich die im Blickfeld der Öffentlichkeit stehenden Männer bei Umquartierungen verhalten. Ich erwarte daher von allen Beamten, daß sie und ihre Familien hier mit bestem Beispiel unter Zurückstellung eigener Bequemlichkeiten vorangehen ... ihre Dienstwohnungen für Umquartierte zur Verfügung stellen.«

26. Januar Das »Hilf-mit!«-Werk der deutschen Erzieher ruft in Verbindung mit dem Oberkommando des Heeres zur Teilnahme am diesjährigen Sandkastenwettbewerb auf mit der Begründung: »Die Arbeit am Sandkasten weist dem Erzieher einen Weg, bei der Jugend Liebe und Verständnis für das Heer und seine Leistungen zu wecken, in den verschiedensten Unterrichtsfächern wichtige Voraussetzungen für das künftige soldatische Können der Jungen zu schaffen und das Zeitgeschehen in die Schulstuben hineinzutragen.«

30. Januar Die Veranstaltungen zum 11. Jahrestag der nationalsozialistischen Machtübernahme enden mit einem Sternmarsch der Gliederungen und Formationen der Partei, der Wehrmacht und der SS zum Marktplatz. Anschließend spricht Gauschulungsleiter Dr. Klett.

1. Februar Wilhelm Kempff spielt im Stadtgarten.

3. Februar Davon ausgehend, daß die Arbeit der Stadtverwaltung im vergangenen Jahr 1943 ausschließlich auf die Erfüllung der kriegswichtigen Aufgaben und die Aufrechterhaltung der lebenswichtigen öffentlichen Einrichtungen gerichtet gewesen sei, beschränkt OB Dr. Strölin erneut seinen Rechenschaftsbericht auf einen statistisch belegten Überblick. Die gemeindliche Selbstverwaltung befindet sich zur Zeit in einer besonders schwierigen und undankbaren Lage. Für eine eigene schöpferische Tätigkeit bleibt den Gemeinden im Krieg naturgemäß nur noch ein eng begrenzter Raum. Neben dieser durch die Kriegsverhältnisse gebotenen Beschränkung sind die Gemeindeverwaltungen strengen Anweisungen unterworfen, die sich vielfach bis in die letzten Einzelheiten erstrecken. Die Stadtverwaltung erscheint daher der Öffentlichkeit gegenüber für viele Maßnahmen verantwortlich, obgleich sie tatsächlich nur ausführendes Organ ist.

4. Februar Das Sondergericht Stuttgart verurteilte zwei französische Arbeiter wegen versuchten Straßenraubes an einem italienischen Kollegen zum Tode.
Der württ. Sparkassen- und Giroverband gibt eine Erhöhung seiner Einlagen um rund 843 Mio. RM auf 3,73 Milliarden RM bekannt; parallel dazu erhöhten sich die Einlagen der 106 württ. Volksbanken um 21,8 % auf 847,4 Mio. RM bei erneut um 7,5 % zurückgegangenen Krediten.

5. Februar Unter der Überschrift »Wie groß ist die Selbstversorgerration des Bauern?« vergleicht der NS-Kurier diese mit der Ration des Schwerarbeiters in der Stadt und schreibt u. a.: »Nun wäre es freilich falsch, daraus den Schluß zu ziehen, daß der Bauer schlechter gestellt sei. Denn es wird bei der Selbstversorgerration, mit Ausnahme des Fleisches, kein Unterschied zwischen Erwachsenen und Kindern gemacht. Außerdem hat der Bauer die gute Vollmilch, deren Ablieferungsmenge nicht kontingentiert ist, er hat wesentlich mehr Eier, und schließlich ist er meist Erzeuger von Hülsenfrüchten und Gemüsen, die der Städter oft vermissen muß. Daß er aber in den Hauptnahrungsmitteln teilweise schlechter gestellt ist als der städtische Schwerarbeiter, werden die wenigsten gedacht haben.«

5./6. Februar Straßensammlung des Kriegs-Winterhilfswerkes im Zeichen des Reichsluftschutzbundes.

6. Februar Der NS-Kurier stellt in einem längeren Aufsatz über die städt. Erziehungsfürsorge bzw. die Arbeit des Jugendamtes und der Erziehungsberatungsstelle sowie über die neuorganisierten Beobachtungsheime und Fürsorgeerziehungsheime in Schönbühl, Oberurbach, Kirchheim/Teck, Karlshöhe Ludwigsburg und Buttenhausen fest: »Daß es aber auch erziehungsschwierige Kinder und Jugendliche gibt, die sich dem erzieherischen Einfluß des Elternhauses oft völlig entziehen, hat zur Schaffung von Einrichtungen geführt, die solchen Erziehungsschwierigkeiten begegnen wollen.«

FEBRUAR 1944

Die Hesser AG, Stuttgart, verteilt eine 5,5%ige Dividende.

7. Februar In fast allen Stadtteilen eröffnet das BDM-Werk Glaube und Schönheit Nähstuben, die allen BDM- und BDM-Werkmädeln in den Abendstunden zur Verfügung stehen.
Der Architekt für die Neugestaltung Hamburgs, Baurat Gutschow, sprach in der TH über seine Erfahrungen.

8. Februar Es wird bekanntgegeben, daß Frauen, die weniger als sechs Tage in der Woche tätig sind, grundsätzlich keinen Anspruch auf einen Hausarbeitstag haben.
Umquartierte Schüler der Volks-, mittleren und höheren Schulen, die die Schule zum Ostertermin verlassen, müssen sich unverzüglich nach ihrer Rückkehr bei den Berufsberatungsstellen der Arbeitsämter melden.

10. Februar Ein Lastkraftwagenfahrer, der entgegen dem Verbot des Stuttgarter Schlachthofes die von ihm abgelieferten Tiere über den Wagenschlag hinunterwarf, wurde in zweiter Instanz zu einem Monat Gefängnis wegen Tierquälerei verurteilt.
Beiratssitzung des Kirchlichen Einigungswerkes unter Teilnahme von Wurm, Hartenstein und Pressel sowie Eugen Gerstenmaier, Hanns Lilje, Otto Dibelius, Hans Meiser u. a.

11. Februar In der TH referiert Prof. Paul Hesse über »Landvolk und Großraumwirtschaft in Europa«.

12. Februar Vor der Württ. Verwaltungsakademie spricht Innen- und Wirtschaftsminister Dr. Schmid über »Das Recht als Grundlage der Gemeinschaft«.
Josef Pembaur (Klavier) spielt im Haus des Deutschtums.

12.–15. Februar Sämtliche Lagerführerinnen des Bezirks XII des Arbeitsdienstes der weiblichen Jugend, denen 81 Lager mit 3674 Arbeitsmaiden und 50 Unterkünfte für den Kriegshilfsdienst unterstehen, treffen zu einer Arbeitstagung zusammen und beraten u. a. über die politische Arbeit im Dorf sowie den Luftwaffeneinsatz der Arbeitsmaiden.

13. Februar Vor 5000 Zuschauern unterliegt die Stuttgarter Fußballmannschaft der von Nürnberg-Fürth mit 0 : 4 in der Adolf-Hitler-Kampfbahn.
Der ehemalige Pfarrer und Kierkegaard-Biograph Christoph Schrempf im Alter von 84 Jahren verstorben.

FEBRUAR 1944

14. Februar Nach einem Bericht des Gaugesundheitsamts über den Gau Württ.-Hohenzollern überstieg die Zahl der Neugeborenen im letzten Quartal des Jahres 1943 mit 12 896 um 480 die der drei Vormonate; die »Mütterberatungsstunden« erfreuten sich eines guten Besuches; Rachitis sei nur in Ausnahmefällen zu finden; die kombinierte Scharlach-Diphtherie-Schutzimpfung habe sich voll bewährt.

17. Februar Unter der Überschrift »Geschädigte dürfen nicht einfach drauflos bauen« berichtet der NS-Kurier: »Wenn jemand bei einem Terrorangriff gleich mehrere Häuser verliert, so ist das zweifellos ein herber Schlag. Es ist auch begreiflich, daß man danach zu retten sucht, was noch zu retten ist. So beschaffte sich in einem Fall der Geschädigte Baumaterial und Arbeiter und fing an, das Erdgeschoß des einen Hauses, in dem er sein eigenes Büro gehabt hatte, wieder herzustellen ... als die Baubehörde auf ihn aufmerksam wurde. Gemäß einer Verordnung dürfen Häuser, die mehr als zur Hälfte zerstört sind, vorläufig nicht wieder aufgebaut oder instandgesetzt werden. Hätte der Geschädigte ein Baugesuch für die Herstellung seines Erdgeschosses eingereicht, so wäre es niemals genehmigt worden. In bestimmten Gebieten, die besonders zerstört sind, wird nach dem Krieg in ganz anderer Form wieder gebaut werden müssen. Deshalb darf der einzelne, der darüber keinen Überblick haben kann, nicht von sich aus einfach drauflosbauen. Auf Veranlassung der Baubehörde wurde der Notbau, der hier unerlaubterweise erstellt wurde, wieder abgebrochen, und der Geschädigte mußte sich jetzt wegen des Verstoßes gegen die Bauverordnung vor dem Richter verantworten, der ihn zu einer Geldstrafe von 60 RM verurteilte.«

18. Februar Um den in Stuttgart eingesetzten französischen Arbeitskräften Gelegenheit zu geben, sich zu unterhalten und damit zur »Hebung der eigenen Arbeitsfreude« beizutragen, stellt ihnen die Deutsche Arbeitsfront die Räume des früheren Kabaretts Maxim zur Verfügung.

19. Februar Der städt. Informationsdienst teilt mit: »Bei der Feststellungsbehörde führen die Fälle, in denen der Geschädigte es vor dem Schadensfall unterlassen hatte, ein Inventarverzeichnis über seinen Hausrat anzulegen und sicherzustellen, vielfach zu Schwierigkeiten ... Ein hintennach aus dem Gedächtnis gefertigtes Verzeichnis der zerstörten Sachen ist stets mehr oder weniger unvollständig; auch läuft der Geschädigte Gefahr, daß er mit später geschriebenen Aufstellungen nicht mehr in vollem Umfang Glauben findet. Ist der Geschädigte, vielleicht weil er selbst Opfer des Fliegerangriffs wurde, nicht mehr am Leben, so stehen die Erben ... u. U. vor der Unmöglichkeit, nähere Angaben zu machen. Es ist deshalb für jeden verantwortungsbewußten Volksgenossen in luftgefährdeten Gebieten unerläßlich, eine mit Datum und Unterschrift

FEBRUAR 1944

versehene Liste über sein Hab und Gut . . . in mehreren Fertigungen aufzunehmen und diese an verschiedenen Orten zu verwahren.«
Auf Einladung des Württ. Kunstvereins und der Deutsch-Niederländischen Gesellschaft spricht Prof. Stange (Bonn) in der TH über »Schicksal und Erfüllung der flämischen und niederländischen Malerei«.

20. Februar Die Kreisfrauenschaftsleitung Stuttgart gibt im Benehmen mit dem Arbeitsamt Stuttgart bekannt: »Die Eltern der zur Zeit noch auswärts befindlichen Stuttgarter Schülerinnen werden dringend aufgefordert, sich jetzt schon beim Arbeitsamt Stuttgart . . . Pflichtjahrstellen für die Töchter nachweisen zu lassen . . . Der Bedarf an Pflichtjahrmädchen ist trotz der Evakuierung der Stuttgarter Schulkinder und der Aussiedlung zahlreicher Familien mit Kleinkindern nicht zurückgegangen. Kinderreiche Familien, die hiergeblieben sind, lebenswichtige Geschäftshaushaltungen und vor allem landwirtschaftliche Stellen sind in großer Zahl zu versorgen. Die Überlastung der Landfrau ist durch weitere Einberufungen der Männer und das Fehlen fremder Arbeitskräfte so groß geworden, daß die künftigen Pflichtjahrmädel, soweit sie gesund und geeignet sind, vordringlich zur Ableistung des Pflichtjahres auf dem Lande angehalten werden müssen. Auch die zahlreichen aufs Land umgesiedelten Stuttgarter Familien müssen mit Stuttgarter Mädeln versorgt werden.«

21. Februar 14. Luftangriff. Schwerpunkte: Bad Cannstatt, Feuerbach. 159 Tote, 977 Verletzte, 1 Vermißter. Schwere Schäden entstehen im Industrie- und Arbeiterwohngebiet zwischen Bad Cannstatt und Feuerbach; getroffen wird aber auch die Innenstadt (Hospitalkirche, Landtagsgebäude, Katharinenstift, Olgabau u. a.).

22. Februar Im NS-Kurier heißt es: »Terror heißt auf deutsch: Schrecken. So müßte Terrorangriff mit Schreck-Angriff übersetzt werden. Wir haben wieder einen erlebt und erfahren, was der Gegner damit meinte: mehr als Schrecken zu verursachen, denn das könnte er ja auch, ohne die Wohnstätten der Bürger zu zerstören, ohne Frauen und Kinder zu morden, ohne brandstiftend eine große Stadt zu überfallen . . . Das ist eine . . . Feststellung, gewonnen aus der Erfahrung dieser Nacht, eine Erfahrungstatsache also, die nicht nur ich erlebt habe, nein, die diese abermals verwundete Stadt an ihrem eigenen Leibe erlebt hat.«
Zur Sicherstellung der vordringlichen Versorgung der Stuttgarter Verbraucher ordnet das Wirtschaftsamt an, daß die Bezugsrechte auf Spinnstoffe und Schuhwaren (Kleiderkarten, Bezugscheine, Sonderbezugscheine) von Verbrauchern, die nicht im Stadtkreis Stuttgart wohnen, vom Einzelhandel bis einschließlich 11. März 1944 nicht beliefert werden dürfen.

FEBRUAR 1944

In den Stadtteilen, in denen die Stromversorgung noch nicht wiederhergestellt ist, kann jeder Haushalt einmalig eine Kerze beziehen.

Durch Plakate und Inserate gibt der örtliche Luftschutzleiter bekannt: »Flakfeuer bedeutet ab sofort Fliegeralarm.«

24. Februar   OB Dr. Strölin berichtet den Ratsherren über die Arbeitstagung der Oberbürgermeister und Gauhauptämter in Posen. Der Reichsinnenminister und Reichsführer SS Himmler habe den Gemeinden tatkräftige Unterstützung bei der Erfüllung ihrer schwierigen Aufgaben zugesagt und sich »sehr beruhigend« über die Sicherheitslage des Reiches im Innern geäußert.

Die Gauwirtschaftskammer Württemberg-Hohenzollern und die Deutsche Gesellschaft für Betriebswirtschaft eröffnen eine neue Vortragsreihe. Auf dem Programm stehen Fragen des Kriegssachschädenrechtes wie z. B. der Mietausfall bei Hauszerstörungen.

25. Februar   15. Luftangriff. Schwerpunkt: Pragstraße. 10 Tote, 24 Verletzte. Getroffen wird insbesondere das Werk der Vereinigten Kugellagerfabriken.

26. Februar   Es wird darauf hingewiesen, daß die Deutsche Reichspost seit Dezember 1943 die sog. Eilnachricht eingeführt habe, um jedem Volksgenossen unmittelbar nach einem Luftangriff die Möglichkeit zu geben, seine auswärts lebenden Verwandten schnell zu benachrichtigen. Vorgedruckte Karten mit jeweils grünen und roten Umrandungen sollen die erste Verbindung zwischen den vom Bombenangriff betroffenen und ihren Angehörigen herstellen. Die Karten sind zweiseitig beschriftet, auf der einen Seite steht »Eilnachricht«, während auf der anderen »Lebenszeichen von ...« vorgedruckt ist.

Prof. Dr. Hermann Aubin (Breslau) spricht in der TH über »Deutschland und seine östlichen Nachbarn in der Verteidigung des abendländischen Kulturbereichs gegen asiatische Gefahren«.

27. Februar   Gedenkstunde für die Opfer des Luftangriffes vom 21. Februar auf dem Pragfriedhof.

Alle in Stuttgart wohnhaften über 18 Jahre alten Normalverbraucher erhalten aus Anlaß des Luftangriffes vom 21. Februar 50 Gramm Bohnenkaffee und eine halbe Flasche Trinkbranntwein, die Jugendlichen bis zu 18 Jahren 125 Gramm Süßwaren, deren Abgabetermin noch aussteht.

Denjenigen, die nicht einmal einen Fensterflügel im Zimmer neu verglast bekamen, empfiehlt der NS-Kurier, in die Fensterpappe ein größeres Loch in Kopfhöhe zu schneiden, dieses zu verglasen und somit tagsüber Elektrizität zu sparen.

27./28. Februar Bei verschiedenen Appellen feiern über 2900 ehrenamtliche Mitarbeiterinnen des Gauamtes für Volkswohlfahrt, Hilfswerk Mutter und Kind, das 10. Jubiläum der Gründung ihres Werkes.

28. Februar Die durch den Krieg bedingten personellen und materiellen Schwierigkeiten machen es nötig, die städt. Verwaltung soweit wie möglich zu dezentralisieren. Damit die Leiter der Geschäftsstellen in den Außenstadtteilen ihren erweiterten Auftrag ordnungsmäßig ausführen können, wird deren Zuständigkeit erweitert. Künftighin werden sie in Personalunion zu Außenstellenleitern des Ernährungs- und Wirtschaftsamtes bestellt bzw. als besondere Beauftragte des OB amtieren mit der Aufgabe, die Bevölkerung in allen Angelegenheiten, für welche die Stadtverwaltung zuständig ist, zu beraten und ihnen, wenn dies nötig ist, schnell die Verbindung zu den zentralen Fachämtern zu vermitteln.

Im Februar findet in der Wohnung des Feldmarschalls Rommel in Herrlingen eine Unterredung zwischen diesem und OB Dr. Strölin über die politische und militärische Lage statt. Rommel erklärt hierbei, daß seiner Überzeugung nach der Krieg nicht mehr zu gewinnen ist; sie erörtern Wege zur Beendigung des Krieges und Strölin versucht, den Feldmarschall für den Widerstand zu gewinnen.

1. März Erneut wird der Gasverbrauch eingeschränkt; Zuwiderhandlungen können mit Gassperre und hohen Geldstrafen geahndet werden.

2. März Das Sondergericht Stuttgart verurteilte einen staatenlosen Häftling wegen gewaltsamen Ausbruchsversuches zu acht Jahren Zuchthaus.

16. Luftangriff. Schwerpunkte: Innenstadt, Bad Cannstatt. 121 Tote, 510 Verletzte, 4 Vermißte. Getroffen werden vor allen Dingen die Bosch-Werke Ecke Rosenberg- und Seidenstraße, die Forststraße, das Neue Schloß, der Hindenburgbau, der Hauptbahnhof und der Eisenbahnviadukt bei Stuttgart-Münster.

Der Leiter der Sofortmaßnahmen, OB Dr. Strölin, wendet sich an die Fliegergeschädigten: »Behörden und beteiligte Organisationen tun alles, was im Bereich der Möglichkeit liegt, um die erneut in den Wohnvierteln unserer Stadt entstandenen Bombenschäden zu beseitigen. Die Zahl der zur Verfügung stehenden Arbeitskräfte reicht jedoch nicht aus, um die Schäden so kurzfristig zu beheben, wie es wünschenswert wäre. Es ist deshalb erforderlich, die eingesetzten Arbeitskräfte durch Selbst- und Gemeinschaftshilfe zu unterstützen. Ich rufe daher die Bevölkerung auf, an der Beseitigung der Schäden tatkräftig mitzuhelfen ... Selbst- und Gemeinschaftshilfe ist vor allem bei Glaser- und Dachdeckerarbeiten erwünscht. Hierfür empfehle ich die Beachtung folgender Richtlinien:

MÄRZ 1944

Glaserarbeiten

1. Zuerst Küche und ein Zimmer verglasen. Wenn in einem Zimmer keine beschädigten Fenster vorhanden sind, soll dieses als Schlafzimmer benützt werden. Treppenhausfenster und Fenster solcher Räume, die entbehrlich sind, können zunächst nicht verglast werden. Die Bevölkerung wird angehalten, diese Fenster durch Verschalen mit Brettern, Pappe oder ähnlichem Behelfsmaterial zu verschließen.
2. Es werden zunächst von den Glaserwerkstätten nur Fensterflügel aus Küchen und einem Zimmer zur Reparatur angenommen ...
3. Scheibenreste vorsichtig entfernen, Glasscherben sammeln, von Geröll, Schutt und dergleichen reinigen und beides getrennt zur Abfuhr an der Bordkante des Gehweges bereithalten ... Nur saubere Glasreste können wieder verhüttet werden.
4. Kittreste an den Fensterrahmen vorsichtig ... entfernen, Holzwerk nicht beschädigen. Ordnungsmäßig gesäuberte Fenster werden zuerst verglast.
5. Die so vorbereiteten Fensterflügel sind zu der in dem betreffenden Schadensbezirk eingerichteten Glaserwerkstatt zu bringen und nach der Einglasung wieder abzuholen.
6. Alle Schäden werden nur durch die in den einzelnen Schadensgebieten eingesetzten Betriebe instandgesetzt.
7. Rückfragen bei dem Glaser, dem Obermeister der Glaserinnung oder an sonstiger Stelle über Beginn der Durchführung der Arbeiten unterlassen.

Dachdeckerarbeiten

1. Durch Gemeinschaftshilfe die Dachböden aufräumen und das unbeschädigte Dachdeckungsmaterial auf dem Dachboden sorgfältig stapeln ...
2. Loses Dachdeckungsmaterial möglichst im Beisein des Dachdeckers nach innen nehmen und gleichfalls stapeln ...
3. Dachziegel notdürftig einhängen, soweit ohne Gefahr möglich.
4. Zum Heranschaffen der Neueindeckung sowie zum Herunterschaffen des Schuttes Mithilfe der Hausgemeinschaft unter Anleitung der Dachdecker erwünscht.

Schreiner- und Anschlagarbeiten

1. Zunächst können nur beschädigte Haus- und Glastüren, nicht jedoch Zimmertüren instandgesetzt werden.
2. Die Schlosser können bis auf weiteres nur Haus- und Glastüren anschlagen und verschließbar machen. Die übrigen Türen sollen möglichst durch Selbsthilfe wieder gangbar gemacht werden.

Tapezierarbeiten

1. Tapezierarbeiten sind nur in Selbsthilfe zulässig.
2. Bescheinigungen zum Bezug von Tapeten können bei den Bezirksbauleitungen beantragt werden.

Selbsthelfer finden Rat und Hilfe bei den Bezirksbauleitungen des Leiters der Sofortmaßnahmen. Die Bezirksbauleiter stellen Baustoffe, ausgenommen Glas, insbesondere aber Dachlatten und kleine Schnittholzmengen zur Selbstausbesserung der beschädigten Dachstühle, Türen usw. zur Verfügung. Die Befolgung dieser Richtlinien beschleunigt die Behebung der Schäden und trägt zur reibungslosen Erledigung bei.«
OB Dr. Strölin gibt eine Zusammenfassung der Aufgaben der Stadtverwaltung nach einem Luftangriff. »Damit soll allen städt. Ämtern und Dienststellen ein Überblick über dieses Arbeitsgebiet im ganzen gegeben werden, das im Mittelpunkt unserer Verwaltungstätigkeit steht.«
Alle jugenddienstpflichtigen Stuttgarter Jungen und Mädel im Alter von 12 bis 18 Jahren werden aufgefordert, sich am kommenden Tag in geeigneter Arbeitskleidung bei einer der vorgesehenen zehn Meldestellen zum Katastropheneinsatz zu melden.
Im Rahmen der Deutsch-Ungarischen Gesellschaft spielt Tibor Varga (Violine) in der Musikhochschule.

3. März   Gauleiter Murr verleiht sieben württ. Erfindern die Silber- bzw. Stahlehrennadel zum Dr.-Fritz-Todt-Preis und erklärt, daß in dem Ringen um die Neuordnung unseres Kontinents sowohl in politischer wie in wirtschaftlicher und sozialer Hinsicht die einzelnen Nationen die Entscheidung nicht nur durch Gewalt, sondern ebenso durch den Einsatz ihrer Intelligenz zu ihren Gunsten zu erzwingen suchten. In einem solchen Krieg werde deshalb derjenige siegen, der nicht nur von der Richtigkeit seines Kampfes überzeugt, sondern auch in der Lage sei, den Gegner auf dem technischen Gebiet zu schlagen.

4./5. März   Reichsstraßensammlung zugunsten des Kriegs-Winterhilfswerkes.

5. März   Wegen der erhöhten Bedeutung, die durch den Krieg dem Eigenanbau von Obst und Gemüse zukomme, verurteilte das Sondergericht Stuttgart eine 25jährige Frau wegen Gartendiebstählen zu 6 Monaten Zuchthaus.

6. März   Zur Zeit stellt das Kunsthaus Schaller 150 Handzeichnungen von Leo von Welden aus.

8./9. März   Gefallenen-Gedenkfeiern für die Opfer der letzten Luftangriffe. Bei der Totenfeier auf dem Pragfriedhof sagt Abschnittsleiter Hilburger: »Gott hat dem deutschen Volk hohe Werte ins Blut und in die Seele gelegt, und unser Volk wäre glücklich gewesen, wenn nicht internationale Kräfte an unserem Untergang gearbeitet hätten ... So mußten wir uns wieder zur Wehr setzen, und da unsere Todfeinde auf einen

MÄRZ 1944

Heroismus der Gemeinschaft stoßen, der nicht zu besiegen ist, versuchen sie diese Gemeinschaft mit feigem Terror zu vernichten. Sie meiden den offenen Kampf, wo sie können und werfen Bomben auf wehrlose Frauen und Kinder ... Der Soldat wird als Schwertpriester die Mordtaten der Luftgangster rächen.«

9. März Nach einer längeren Beratung über Fragen der künstlichen Vernebelung bzw. über die Ortungsmöglichkeiten des Gegners verfügt Gauleiter Murr, daß künftighin bei Luftalarm grundsätzlich vernebelt werden solle, wenn auch nur wenig dafür spreche, daß dies von Nutzen sei.

10. März Es wird darauf hingewiesen, daß alle 10- bis 18jährigen Mädel der Jugenddienstpflicht unterstehen und regelmäßig den Dienst des BDM besuchen müssen.

12. März Das Reichsinnenministerium hat alle Veranstaltungen untersagt, bei denen ein der Bedeutung des Heldengedenktages entsprechender soldatischer und heroischer Charakter nicht zu wahren ist. Im Gustav-Siegle-Haus spielt das Orchester der Staatsoper die Egmont-Ouvertüre, das Violinkonzert und die fünfte Sinfonie von Beethoven. Tags darauf schreibt der NS-Kurier: »Dieses Orchesterkonzert schien mir die schönste Heldengedenkfeier gewesen zu sein, vor allem für jene Inwendigen, die des Wortes nicht bedürfen, um daraus Stärkung und Trost zu gewinnen. Und ihr Dank für die Stärkung war groß und wahr und herzlich.«

15. März Weil nur Küchen- und Wohnzimmerfenster neu verglast werden dürfen, sind viele Treppenhäuser dunkel, deren Fensteröffnungen mit Pappe oder Holz verschlossen wurden. In ihnen darf die automatische Drei-Minuten-Beleuchtung auf 1 bis 1½ Stunden umgestellt werden.
Alle Besitzer von stillgelegten Personenkraftwagen werden aufgefordert, ihre Fahrzeuge dem Staat zum Ankauf anzubieten; bezahlt werde der durch die Automobil-Treuhand GmbH ermittelte Wert zuzüglich 10 %.
Die Robert Bosch GmbH feiert den 25. Jahrestag des Ersterscheinens der Firmenzeitschrift Bosch-Zünder.

15./16. März 17. Luftangriff. Schwerpunkte: Innenstadt, Vaihingen, Möhringen. 88 Tote, 203 Verwundete. Der Zahl der Bombenflugzeuge nach (863) der bisher stärkste Angriff auf Stuttgart.

16. März Unter der Überschrift »Leerstehende Wohnungen nicht mehr sicher vor Belegung« berichtet der NS-Kurier: »Da und dort ist in den einzelnen Stadtteilen zu beobachten, daß Wohnungen, Einfamilienhäuser und sonstige kleinere Wohngebäude infolge Umquartierung ihrer Bewohner leer stehen. Die betreffenden Wohnungsinhaber oder Gebäudeeigentümer haben sich aus Gründen einer besseren Luftsicherheit vorübergehend von Stuttgart entfernt. Manche davon versuchen den Anschein zu erwecken, als ob sie ihre Stuttgarter Wohnung nach wie vor regelmäßig benützen ... Ein solches Verhalten ist im Hinblick auf die Unterbringung der vielen obdachlosen fliegergeschädigten Familien als unsozial und gemeinschaftswidrig zu bezeichnen. Dann aber ist es eine unverantwortliche Haltung auch in der Richtung, daß die betreffenden Wohnungen und Gebäude meist ohne jeglichen Schutz bei Fliegerangriffen dastehen. Ein nicht rechtzeitiges Bekämpfen von Brandschäden oder gar ein Ausweiten von Bränden ist auf solche Volksgenossen zurückzuführen, die sich selbst in Sicherheit gebracht haben, aber im übrigen den Stuttgarter Ereignissen aus der Ferne mit Ruhe zusehen ... Wenn solche Volksgenossen schon mangelnden Gemeinschaftssinn zeigen, dann müssen sie notfalls durch eine zwangsweise Belegung ihrer Wohnung an ihre Pflichten gegenüber der Volksgemeinschaft erinnert werden ... Den in Frage kommenden Volksgenossen ist deshalb nur zu empfehlen, umgehend ihre nichtbenützten Wohnungen entweder ganz oder zum größeren Teil dem Wohnungs- und Siedlungsamt der Stadt Stuttgart zur Untervermietung an Luftkriegsbetroffene freiwillig anzubieten.«

Die Gärtnerei Pfitzer feiert in diesem Frühjahr ihr 100jähriges Jubiläum.

18. März Die Stuttgarter Kohlenhandlungen sind nicht mehr imstande, ihren Kunden den Hausbrand frei Haus zu liefern. Kleine Mengen sollen möglichst selbst abgeholt werden, bei großen Mengen ist schnelle Auslieferung ebenfalls nur bei Selbstabholung gewährleistet. Die Lieferung der Brennstoffe in Säcken ist nicht mehr in allen Fällen möglich; soweit daher Lieferung in offenen Fuhren vor das Haus erfolgt, muß der Empfänger die Brennstoffe selbst ins Haus tragen.

Die Ende Februar angeordnete und bis 18. 3. befristete Einschränkung des Gasverbrauchs wird bis auf weiteres verlängert; fortan soll, wer wegen Zuwiderhandlung bestraft wird, mit vollem Namen in der Stuttgarter Presse genannt werden.

Zur Sicherung der Ernährung rufen Landesbauernführer Arnold und Wirtschaftsminister Dr. Schmid die Bevölkerung auf, alle nicht oder mangelhaft bebauten Grünflächen alsbald umzubrechen oder Dritten für den Umbruch zum Kartoffelanbau zu überlassen.

Erstaufführung von Hans Rehbergs »Heinrich und Anna« im Schauspielhaus.

18./19. März Straßensammlung der Wehrmacht zugunsten des Winterhilfswerkes; da nur eine beschränkte Zahl markenfreier Eintopfessen verabreicht wird, sind die 50-Pf-Essenkarten im Vorverkauf zu lösen.

MÄRZ 1944

20.—26. März   Vor ihrer Aufnahme in das Jungvolk bzw. in den Jungmädelbund werden etwa 4000 Buben und Mädchen des Gaues, die zehn Jahre alt geworden sind, verabschiedet; jedem wird eine Erinnerungskarte zum Andenken an die Zeit in der Kindergruppe ausgehändigt.

22. März   Eine Gruppe rumänischer Offiziere unter der Leitung von General Badalescu hält sich derzeit in Stuttgart auf.

24. März   Um eine schnellere Versorgung der Fliegergeschädigten mit Schuhen sicherzustellen, werden die Hersteller, die früher unmittelbar an den Einzelhandel lieferten, verpflichtet, ihre Erzeugnisse nur an die von der »Gemeinschaft Schuhe« bestimmten Großhändler zu liefern.
Am Flügel begleitet von Erich Herrmann singt Marta Schilling (Berlin) Lieder von Schubert und Wolf im Stadtgartensaal.

26. März   Das Sondergericht Stuttgart verurteilte eine 30jährige Frau wegen vorsätzlich falscher eidesstattlicher Versicherungen bei den Kriegsschädenämtern Mainz, Duisburg und Stuttgart zum Tode.
Vorübergehende Einschränkung des Feldpostverkehrs: Es werden nur noch mit Zulassungsmarke versehene Feldpostpäckchen bis zu 100 Gramm angenommen und befördert.
Nach vier Jahren Dienst im Deutschen Jungvolk und im Jungmädelbund treten die 14 Jahre alten Jungen und Mädel in die Hitlerjugend ein. Bei der Feier im Gustav-Siegle-Haus sagt Kreisleiter Fischer: »Wir glauben, wo wir nicht mehr sehen und verstehen, wir glauben an die Größe unseres Volkes, und wir glauben an unseren Sieg ... In unseren Herzen wird das Feuer des Fanatismus noch brennen, wenn die anderen mit ihren klugen Überlegungen schon längst nicht mehr da sein werden.«
Die Stuttgarter Bank verteilt eine 5%ige Dividende, meldet einen weiteren Rückgang der Nachfrage nach Krediten und eine rund 30%ige Erhöhung der Spareinlagen.
25. Aufführung der Komödie von E. J. Braun »Mit meinen Augen« im Schauspielhaus.
Der Stuttgarter Kantatenchor führt Werke von Buxtehude und Bach in der Leonhardskirche auf.

27. März   Die Stuttgarter Straßenbahnen und Autobusse befördern keine Hunde mehr mit Ausnahme von Blindenführ-, Polizei- und Jagdhunden. Auf der vorderen Plattform der Triebwagen darf ein Kinderwagen abgestellt werden (bisher waren für die Kinderwagen nur die vorderen Plattformen der Anhängerwagen zugelassen).

28. März   Auf die Anfrage von Stadtrat Dr. Locher, ob das seinerzeit von der Stadt an die NSDAP verkaufte und seitdem leerstehende Gebäude Gerokstraße 29 als Ersatz-

APRIL 1944

unterkunft fliegergeschädigten kriegswichtigen Dienststellen der Stadtverwaltung überlassen werden könnte, antwortet die Gauleitung Württ.-Hohenzollern, das Anwesen sei vom Reichsstatthalter als Ausweichstelle für die Gauleitung bestimmt worden.

29. März   Dr. h. c. Eugen Gärtner, der »schwäbische Stradivarius«, im Alter von 79 Jahren verstorben.

30. März   Die Reichsbahndirektion Stuttgart gibt bekannt: In der Zeit vom 5. bis 12. April (Osterwoche) dürfen Schnellzüge mit Fahrkarten auf Entfernungen bis 150 km und Eilzüge mit Fahrkarten auf Entfernungen bis 50 km nicht benutzt werden. Ferner sind während dieser Zeit für die meisten Schnellzüge Zulassungskarten erforderlich. Bahnsteigkarten berechtigen in dieser Zeit nicht zum Betreten der Bahnsteige.

31. März   Unter der Überschrift »Vom Stollen-Egoismus und seinen Folgen« meint der NS-Kurier: »Man wird sich ... von der Auffassung freimachen müssen, daß nur die Großstollen und Bunker den selbstverständlich jedem Volksgenossen zuzubilligenden Luftschutz gewähren könnten. Unsere Keller haben in der Hauptsache ihre Eignung als Schutzräume vollauf bewiesen ... Es darf nicht sein, daß ganze Häuserblocks ohne jede Wacht und auch ohne jeden Brandschutz bleiben, weil ihre Bewohner sich in die öffentlichen Stollen verfügt haben ... Selbst wenn bei den Stollenbesuchern die Absicht bestünde, sich zur Brandbekämpfung zur Verfügung zu stellen, ist dies in vielen Fällen nicht möglich, weil die betreffenden Häuser viel zu weit entfernt liegen, um einen dort aufkommenden Brand überhaupt rechtzeitig feststellen zu können.«
Im Auftrag der Volksbildungsstätte hält Mostafa Namdar im Bürgermuseum einen Lichtbildervortrag über »Iran, Land und Leute, Sitten und Gebräuche«.
Diesen Monat erschienen im NS-Kurier 321 Todesanzeigen gefallener Soldaten.

1. April   Um möglichst vielen Fronturlaubern, deren Heime durch Luftangriffe zerstört worden sind, ein Zusammensein mit ihren Frauen und Angehörigen in Fremdenverkehrsorten zu gewährleisten, wird der Erholungsaufenthalt auf zwei Wochen beschränkt. Er wird auf der Reichskleiderkarte vermerkt.
Für den Stuttgarter Nahverkehr mit Ludwigsburg, Esslingen, Waiblingen und Korntal werden versuchsweise Fahrkartenblocks 3. Klasse mit zehn Fahrkarten zum gewöhnlichen Fahrpreis ausgegeben, um den Reisenden, die öfter die gleiche Strecke fahren, das Lösen von Fahrkarten vor jeder Fahrt zu ersparen.
Auf Einladung der Hölderlin-Gesellschaft spricht Prof. Friedrich Beißner (Tübingen/Gießen) in der Musikhochschule über »Hölderlin und das Griechentum«.
50. Jahrestag der Eröffnung des Karl-Olga-Krankenhauses.

APRIL 1944

4. April Verhaftung von Heinz Eschwege unter der Anschuldigung »eines Rundfunkverbrechens und der Zersetzung der Wehrkraft«. Der Verteidigung (Verteidiger ist Rechtsanwalt Dr. Arnulf Klett) gelingt es, »die Einstellung des Verfahrens« zu erreichen.

6. April OB Dr. Strölin teilt der Gauleitung und anderen Dienststellen mit, daß er seinem Wunsch entsprechend von seiner Tätigkeit im Hauptamt für Kommunalpolitik entbunden worden sei. 1935 war er zum Hauptstellenleiter berufen worden.
Die Schriftstellerin Isolde Kurz im Alter von 90 Jahren in Tübingen verstorben.

7. April Im NS-Kurier wird darauf hingewiesen, »daß Eigentum Eigentum bleibt, auch wenn ein Gebäude durch Fliegerangriff zerstört ist und der Eigentümer des geborgenen Hausrates vielleicht bei dem Angriff ums Leben gekommen ist. In diesem Fall können seine gesetzlichen bzw. testamentarischen Erben als Rechtsnachfolger selbstverständlich ihre Eigentumsansprüche geltend machen. Es empfiehlt sich deshalb, daß wenigstens die Bewohner der luftgefährdeten Gebiete diejenigen, die einmal ihr Erbe antreten sollen, schon jetzt von dieser Absicht in Kenntnis setzen, damit sie, sobald sie von Terrorangriffen auf den betreffenden Ort hören, mit dem Erblasser Fühlung nehmen und sich in einem Todesfall sofort um ihr Erbe kümmern und bei dem Landrat oder Oberbürgermeister melden können. Die Erben müssen dann ein begründetes Interesse an der alsbaldigen eigenen Verwendung geltend machen. Das wird in den meisten Fällen nicht schwer sein. Ist es aber ausnahmsweise nicht möglich und wird der Hausrat für Zwecke des Gemeinwohls, z. B. für andere fliegergeschädigte Personen, in Anspruch genommen, gelten die Sachen als durch das Kriegsereignis in Verlust geraten und geben den Berechtigten einen Anspuch auf Schadenersatz nach der Kriegssachschädenverordnung.«
Zum Karfreitag führt der Stuttgarter Oratorienchor Bachs »Johannespassion« in der Stiftskirche auf.

9. April Der NS-Kurier berichtet: »Eine Panzeraufklärungsabteilung der Waffen-SS ... hat ... eine Sammlung für die Stuttgarter Opfer der britisch-amerikanischen Terrorangriffe durchgeführt. Diese freiwillige Sammlung erbrachte den überraschenden Betrag von 400 000 Francs ... Wenn man nun überlegt, daß diese 400 000 Francs nur zusammenkommen konnten, wenn jeder Mann einen ganzen Monatssold spendete, und wenn man weiter bedenkt, daß sich im Westen mit Geld da und dort noch einiges kaufen läßt, ... dann begreift man das Opfer dieser erstaunlichen Spende.«
Der neue Fußballgaumeister SV Göppingen schlägt den Vorjahresmeister VfB Stuttgart 7 : 0.

10. April Aus Anlaß des kroatischen Staatsfeiertages lädt die kroatische Gauverbindungsstelle bei der Deutschen Arbeitsfront die im Kreis Stuttgart eingesetzten kroatischen Arbeitskräfte zu einer Jubiläumsfeier ins Bürgermuseum ein.

11. April Arbeitstagung des Deutschen Vereins für Vermessungswesen in der TH. Berichtet wird über die Grenzziehungen berührenden Rechtsfragen, die für die Einführung der Grenzverhandlungen in Württemberg von Wichtigkeit sind, sowie über die Umlegungsordnung und die damit verbundene Neugestaltung des bäuerlichen Besitzes im Sinne einer rationellen Bewirtschaftung der Grundstücke.

13. April Auf Veranlassung der Rumänischen Gesellschaft, Berlin, geben Iris Barbura und Vergiu Cornea einen Tanzabend im Gustav-Siegle-Haus.
Botschafter a. D. Herbert von Dircksen hielt vor der Deutsch-Japanischen Gesellschaft und dem Deutschen Ausland-Club einen Vortrag über »Japans Bedeutung für Deutschland in diesem Krieg«.

15. April Harald Kreutzberg bestreitet ein Tanzgastspiel im Großen Haus.
Anläßlich seines Ausscheidens aus den Württ. Staatstheatern gibt Frithjof Sentpaul einen Lieder- und Arienabend in der Musikhochschule.

15./16. April Im Auftrag der Volksbildungsstätte hält der Gaureferent der Reichsarbeitsgemeinschaft »Ernährung aus dem Walde«, Gackstatter, zwei Einführungsvorträge über »Wildgemüse und Frühjahrspilze«.

16. April Es wird darauf hingewiesen, daß die Reichsregierung kürzlich angeordnet habe, daß jeder, der Feindflugblätter findet, diese unverzüglich bei der nächsten Polizeidienststelle abzuliefern hat. Wer es unterläßt, wird mit Gefängnis bestraft. Wer gefundene Feindflugblätter weitergibt oder aus ihnen vorliest oder ihren Inhalt weitererzählt, hat wegen Begünstigung des Feindes eine noch schwerere Bestrafung zu gewärtigen.

18. April Weil die Fälle zunehmen, in denen schutzsuchende Straßenpassanten bei Fliegeralarm aus sog. Privatbunkern verwiesen wurden, da sie nicht zur Stollengemeinschaft zählten, d. h. sich am Gemeinschaftsbau nicht beteiligt hatten, wird darauf hingewiesen, daß die Aufnahme in einen Privatkeller oder einen Stollen nur verweigert werden kann, wenn der Luftschutzraum bereits vollbesetzt ist.
Glückwünsche des OB Dr. Strölin an den Führer und Reichskanzler Adolf Hitler: »Mein Führer! Zu Ihrem Geburtstag entbiete ich Ihnen zugleich im Namen der Stadt Stuttgart und des Deutschen Ausland-Instituts die herzlichsten Glückwünsche. Die

APRIL 1944

Terrorangriffe der Feinde werden den entschlossenen Einsatzwillen der Stuttgarter Bevölkerung nicht brechen. Gerade in diesen entscheidungsvollen Wochen und Monaten blickt die Stadt der Auslandsdeutschen Stuttgart voll Zuversicht und gläubigen Herzens den kommenden Ereignissen entgegen.«

19. April Es wird eine Anweisung des Reichsluftfahrtministers vom 13. 3. bekanntgegeben, in der es u. a. heißt: »Ob eine Person infolge ihres Lebensalters oder Gesundheitszustandes zum Luftschutzdienst ungeeignet ist, wird ... durch ärztliche Untersuchung festgestellt. Weibliche Gefolgschaftsmitglieder mit Kindern im eigenen Hausstand und Jugendliche zwischen 15 und 18 Jahren sind erst einzuteilen, wenn die Zahl der luftschutzdienstfähigen Männer zur Aufstellung des Bereitschaftsdienstes in der festgelegten Stärke nicht ausreicht. Kriegshilfsdienstmaiden sind nur zum Luftschutzbereitschaftsdienst einzuteilen, wenn ihre Unterkunft in unmittelbarer Nähe des Betriebes liegt ... Innerhalb eines Monats können zum Luftschutzbereitschaftsdienst männliche Jugendliche von 15 Jahren bis zu viermal, von 16 bis 18 Jahren bis zu achtmal, über 18 Jahren bis zu zehnmal, weibliche Gefolgschaftsmitglieder über 18 Jahren bis zu achtmal ... herangezogen werden ... Zum Luftschutzbereitschaftsdienst dürfen nicht eingeteilt werden: werdende Mütter und weibliche Gefolgschaftsmitglieder, die Kinder unter drei Jahren oder wenigstens drei Kinder unter 14 Jahren im gemeinsamen Haushalt zu versorgen haben«.
Am Vorabend des 55. Geburtstags Hitlers werden die Zehnjährigen in die HJ aufgenommen und am 20. 4. neue Politische Leiter vereidigt.
Erstaufführung des Lustspiels von Manfred Rößner »Mein Liebster macht Musik für mich« im Schauspielhaus.

20. April Wegen knapper Kartoffelernte und der bevorstehenden gemüsearmen Monate wird das bisher vorwiegend aus Kartoffeln und Gemüse bestehende markenfreie Stammgericht jetzt aus Brot- und Mehlspeisen hergestellt und gegen Abgabe der entsprechenden Roggen- und Nährmittelmarken verabreicht.
Das Archiv der Stadt Stuttgart gibt bekannt, daß es Berichte aller Art über das Kriegsschicksal der Bewohner und ihrer Häuser als Unterlagen für die künftige Stadtchronik sammelt und bittet die Stuttgarter Einwohner, solche Aufzeichnungen anzufertigen und dem Stadtarchiv zuzuschicken.

22. April Das im Gustav-Siegle-Haus eingerichtete Filmtheater wird eröffnet.

23. April Haussammlung des Kriegs-Winterhilfswerkes für das Rote Kreuz.
Im Kleinen Saal des Stadtgartens geloben »germanische Freiwillige«: »Wir wollen treu dem Treuen uns verbinden und woll'n dem Ehrenhaften Ehre sein. Es soll der Starke

in uns Stärke finden, und alle woll'n wir uns dem Besten weihn« und werden auf den Führer vereidigt.
Weil Fahrscheine der Stuttgarter Straßenbahn häufig gefälscht werden, sollen diese Betrugsversuche künftig mit zehn Tagen Gefängnis bestraft werden.
Beim Rückspiel zum Fußballstädtekampf Nürnberg/Fürth — Stuttgart spielen die Mannschaften unentschieden 2 : 2.

23. April bis 23. Mai Entsprechend dem Verlangen Hitlers, »daß treffsicheres Schießen Allgemeingut des deutschen Mannes wird«, werden alle Stuttgarter aufgerufen, sich sonntags an den dafür vorgesehenen Wehrschieß-Ständen einzufinden.

25. April Am Flügel begleitet von Hubert Giesen singt Karl Schmitt-Walter im Stadtgartensaal.

26. April Der Polizeipräsident als örtlicher Luftschutzleiter teilt mit: »Die Polizeiorgane sind angewiesen, durch Kontrollen sich von dem Stand der Entrümpelung zu überzeugen. Wer den Vorschriften ... zuwiderhandelt, setzt sich nicht nur schwerer Strafe aus, sondern ist im Brandfall zum Schadenersatz verpflichtet, wenn durch unterlassene Entrümpelung dritten Personen Schaden zugefügt wurde.«

27. April Entsprechend einem Führererlaß vom 8. 4. wurde die Dienstzeit im Reichsarbeitsdienst der weiblichen Jugend für die in der Luftverteidigung eingesetzten und für die für den Einsatz in der Luftverteidigung vorgesehenen Arbeitsdienstpflichtigen einschließlich Kriegshilfsdienst um sechs auf 18 Monate verlängert.

28. April 18. Luftangriff. Schwerpunkte: Wilhelmsplatz, Lenbachstraße, Bad Cannstatt. 9 Verletzte.
Der württ. Wirtschaftsminister gibt bekannt: »Meine Anordnung vom 29. Februar 1944 über das Verbot der Benützung von Gasbadeöfen und Durchlauferhitzern für Badezwecke, der Verwendung von Gasbacköfen zum Backen und Heizen und der zusätzlichen Heizung mit Gasheizkörpern wird mit sofortiger Wirkung aufgehoben. Ich erwarte jedoch, daß nach wie vor äußerste Sparsamkeit in der Benützung aller Gasgeräte beobachtet wird.«

29. April Das Sondergericht Stuttgart verurteilte zwei Eisenbahner im Alter von 30 und 32 Jahren wegen Diebstählen von Beförderungsgütern zum Tode.
Das Ernährungs- und Wirtschaftsamt weist darauf hin, daß sämtliche Lebensmittelkarten und Ausweise von Verstorbenen sofort abgeliefert werden müssen und keines-

MAI 1944

falls etwa für die Verpflegung und Bekleidung von Hinterbliebenen in Anspruch genommen werden dürfen.
Gaspar Cassadó gibt einen Cello-Abend im Stadtgartensaal.

30. April In der Leonhardskirche predigt Landesbischof Wurm anläßlich des evang. Männertages.

1. Mai Der diesjährige Nationale Feiertag des deutschen Volkes soll ausschließlich der Entspannung der Bevölkerung dienen; nur eine Morgenfeier der Partei findet statt. Es wird nicht geflaggt.

4. Mai Erstaufführung des Volksstückes »Magdalena« von Ludwig Thoma im Schauspielhaus.

5. Mai Das städt. Wohnungs- und Siedlungsamt gibt bekannt: »Nach der Anordnung zur Wohnraumlenkung in Stuttgart vom 22. April 1943 hat jeder Hauseigentümer oder sonstige Verfügungsberechtigte freie Wohnungen, sobald das Freiwerden z. B. durch Kündigung zu seiner Kenntnis gelangt, binnen einer Woche dem städt. Wohnungs- und Siedlungsamt ... zu melden. Grundsätzlich wird jede zu meldende Wohnung zur Unterbringung einer durch Fliegerangriff obdachlos gewordenen Familie benötigt. Sämtliche freien oder in Zukunft freiwerdenden Wohnungen werden deshalb ... hiemit in Anspruch genommen.«

6. Mai Der NS-Kurier schreibt unter der Überschrift »Falscher Arzneimittelhunger«: »Mancherlei Verknappungserscheinungen sind in der Kriegswirtschaft nicht deshalb entstanden, weil der Umfang der Erzeugung zurückgegangen ist, sondern sie rühren daher, daß sich auf der Nachfrageseite eine künstliche Bedarfsaufblähung geltend macht ... Diesem Sachverhalt ist es in erster Linie zuzuschreiben, wenn gegenwärtig hier und da ein Mangel an Arzneimitteln in Erscheinung tritt ... Der moderne Mensch leidet vielfach an einer krankhaften Arzneimittelsucht und förmlichen Arzneimittelhypochondrie ... Mit großer Wahrscheinlichkeit ist aber der starke Zulauf zu den Apotheken gegenwärtig noch auf einen ganz anderen Umstand, und zwar darauf zurückzuführen, daß hier noch punkt- und markenfreie, in kein Rationierungsschema gepreßte Waren feilgehalten werden. Prüft man die Verwendung mancher Arzneimittel genauer nach, läßt sich in vielen Fällen eine weitgehende Zweckentfremdung konstatieren: Die Arznei ... geht als Ausweichnahrungsmittel in den allgemeinen Ernährungsetat ein, in dessen Rahmen sie zur Anreicherung und Geschmacksverbesserung dient.«

7. Mai Unter der Leitung von August Langenbeck führt der Stuttgarter Kantatenchor das Oratorium »Die Auferstehung« von Heinrich Schütz in der Stiftskirche auf.

7. Mai bis 4. Juni Spinnstoff-, Wäsche- und Kleidersammlung.

9. Mai Auf folgendes wird hingewiesen: »Es entspricht dem gesunden Volksempfinden, daß Plünderer mit dem Tode bestraft werden ... Das Verbrechen wird dabei nicht nach dem Wert des geplünderten Gegenstandes gemessen, sondern nach der gemeinen Gesinnung, die aus der Handlung des Plünderers spricht. Der Bombengeschädigte hat Anspruch auf den Schutz des Staates bis zum letzten Stück seines Besitzes. Jeder Gegenstand, den jemand für mitnehmenswert hält, hat auch noch Wert für seinen ursprünglichen Besitzer. Es kann dem Einzelnen nicht überlassen werden ... ob eine Sache wert- oder herrenlos ist. Infolgedessen ist der Begriff ›Plündern‹ sehr weit zu fassen.«
Dr. Hermann Binder spricht zum 120. Schillerfest des Stuttgarter Liederkranzes über »Die Idee der Freundschaft in Schillers Leben und Werk«; das Landesorchester führt die Ouvertüre zu Verdis Oper »Die Jungfrau von Orleans« sowie die sog. »Schiller-Kantate 1882« von S. G. Fischer in der Musikhochschule auf.

10. Mai Nach zehnjähriger Tätigkeit teilt das Rassenpolitische Amt der NSDAP mit: »In den letzten Jahren hat die rassenpolitische Arbeit auch im Gau Württemberg-Hohenzollern und seinen Kreisen große Bedeutung erlangt. Im Vordergrund standen die Untersuchung und Erfassung der im Gau befindlichen Gemeinschaftsunfähigen, der jüdischen und der übrigen fremdrassigen Mischlinge, der Behandlung von Ehefragen und der Probleme, die sich aus der Anwesenheit der vielen Fremdvölkischen ergeben sowie Auskunft und Beratung in rassen- und bevölkerungspolitischen Fragen. Als wichtigstes rassenpolitisches Propaganda- und Schulungsmittel dient der Kalender ›Neues Volk‹. Im Absatz dieses Kalenders stand unser Gau im ganzen Reich an der Spitze. Über die Hauptstelle Schulung, die Hauptstelle Frauen- und Mädelarbeit und unmittelbar vom Gauamt aus wurden jährlich weit über 1000 Vorträge gehalten.«

12. Mai Arbeitstagung der Abteilung Industrie der Gauwirtschaftskammer Württ.-Hohenzollern. Vor Betriebsführern der Industrie, Vertretern der Wehrmacht, der Arbeitseinsatzbehörde und der Deutschen Arbeitsfront spricht der Vertrauensmann für den industriellen Arbeitseinsatz, Dr.-Ing. E. h. H. Fein, über die Beschäftigung der ausländischen zivilen und kriegsgefangenen Arbeitskräfte; er hebt die Notwendigkeit einer »lebensnahen Behandlung« der damit verbundenen Probleme hervor und würdigt die den deutschen Unternehmern zukommende »Führungsaufgabe«. Anschließend

MAI 1944

referiert Oberstleutnant Farny über die politische Bedeutung des Einsatzes von Kriegsgefangenen für das neue Europa.

13. Mai Eine 30jährige dienstverpflichtete Frau wurde zu vier Monaten Gefängnis wegen Faulheit bzw. Verletzung der Arbeitsdisziplin verurteilt.
Aufruf des Kreisleiters Fischer an alle wehrfähigen Männer des Kreises Stuttgart: »Am Sonntag, 14. Mai, ist wie überall im ganzen Gau ... nochmals die Möglichkeit gegeben, am Deutschen Wehrschießen teilzunehmen. Ich halte es für die Ehrenpflicht jedes wehrfähigen Volksgenossen, an diesem Wehrschießen teilzunehmen, denn über die Beherrschung der Schußwaffe hinaus ist die Teilnahme daran der Ausdruck unseres unerschütterlichen Willens zum Siege. Die Front hat ein Recht darauf, daß die Heimat ihr bei jeder Gelegenheit zeigt, daß sie bereit ist, alles für unser Volk einzusetzen. In diesem Sinne fordere ich alle Partei- und Volksgenossen auf, am kommenden Sonntag auf den in der Presse näher bezeichneten Schießplätzen zu erscheinen und in freudiger Bejahung der Wehrkraft unseres Volkes nach dem Wort: ›Üb Aug und Hand fürs Vaterland!‹ zu handeln.«

14. Mai Haussammlung des Kriegs-Winterhilfswerkes für das Rote Kreuz.
Brita Stegman gibt einen Tanz-Abend im Staatstheater.

17. Mai Das städt. Straßenverkehrsamt gibt bekannt: »Die außerordentlichen im Straßenverkehr zu bewältigenden Transportaufgaben und die daraus folgende starke Beanspruchung der Nutzkraftfahrzeuge erfordern, daß diese besonders sorgfältig gewartet und kleine Reparaturen, auch zur Entlastung der Werkstätte, sofort durch den Kraftfahrzeugführer ausgeführt werden. Der Führer hat daher den Korpsführer des NSKK beauftragt, die Fahrer der Nutzkraftfahrzeuge einer technischen Schulung und handwerklichen Ausbildung durch das NSKK zu unterziehen ... Fahrer, die ihrer Meldepflicht bis zum 31. Mai nicht nachkommen, werden unverzüglich notdienstverpflichtet oder in Strafe genommen. Für die Meldung ist auch der Fahrzeughalter verantwortlich.«

19. Mai Zu Beginn der Sommerarbeit der Volksbildungsstätte spricht Dr. Rüdiger, Leiter des Deutschen Ausland-Instituts, über »Deutschland und das neue Europa«.

20. Mai Alle Lebensmittel-Einzelhandelsgeschäfte sind fortan verpflichtet, Bestellzettel der im Arbeitseinsatz befindlichen Frauen entgegenzunehmen; die Bestellungen müssen im Rahmen der Zustellungsquote ausgeführt, d. h. die zur Verfügung stehenden Waren so verteilt werden, daß die werktätigen Frauen keinerlei Nachteile gegenüber den Frauen haben, die ihre Einkäufe jederzeit tätigen können. Die schaffenden

MAI 1944

Frauen, die ihre Bestellung abgegeben haben, sind in jedem Fall vor der anderen Kundschaft abzufertigen; um auch den Frauen zu helfen, die durch lange Arbeitszeiten die Ladenschlußzeiten nicht einhalten können, soll zwischen diesen Frauen und den Geschäftsinhabern vereinbart werden, wo sie vor oder nach Ladenschluß die Bestellscheine abgeben und die Waren in Empfang nehmen können.

21. Mai Am Muttertag übernimmt OB Dr. Strölin für 227 Kinder die Ehrenpatenschaft; die Gesamtzahl der Ehrenpatenkinder der Stadt Stuttgart beträgt nun 1575.
Die Gaustelle Mütterdienst im Deutschen Frauenwerk feiert das 10jährige Jubiläum; bisher nahmen an ihren Kursen fast eine Viertelmillion Frauen und Mädchen teil.

23. Mai In einem Bericht von OB Dr. Strölin an die Ratsherren über den Stand der Luftschutz- und Sofortmaßnahmen in Stuttgart heißt es u. a.:
»Es wird in diesem Rahmen erinnert an die Schaffung von trümmer-, splitter- und gassicheren Schutzräumen in den Keller- und Untergeschoßräumen der bestehenden Gebäude, wobei allein seit Februar 1941 insgesamt 305 000 Schutzraumplätze geschaffen wurden ... Allein 7216 reine Brandmauerdurchbrüche und 4725 unterirdische Fluchtwege mit einer Gesamtlänge von 26,7 km geben ein eindrucksvolles Bild von den Leistungen der Fachkräfte zusammen mit der Selbsthilfearbeit der Luftschutzgemeinschaften. Daneben sind 19 300 Plätze in trümmer- und splittersicheren öffentlichen Luftschutzräumen, 68 160 Plätze in bombensicheren Bunkern, 38 100 Plätze in bombensicheren Betonstollen, dem Wagenburg- und Schwabtunnel, sowie rund 42 000 Plätze in Pionierstollen — letztere bekanntlich hälftig mit Fachkräften, Wehrmachtshelfern einerseits und Selbsthilfekräften aus der Bevölkerung andererseits — erstellt worden. Rechnet man noch die in behelfsmäßigen Deckungsgräben gewonnenen 4500 Schutzplätze dazu, dann hat Stuttgart bis jetzt rund 477 000 Schutzraumplätze erstellt, ohne diejenigen für die Industrie in Ansatz zu bringen. Die Bedeutung dieser Leistung wird erst dann vollends klar, wenn man die derzeitige Einwohnerzahl von Stuttgart mit 352 000 daneben stellt. Trotzdem gibt es immer noch berechtigte und vordringliche Wünsche der Bevölkerung auf Schaffung weiterer Schutzraumplätze, hauptsächlich in den Außenstadtteilen und in den erst im Jahre 1942 eingemeindeten Filderorten ... Es wurden ... bis jetzt in Stuttgart 80 Großlöschteiche mit einem Einzelfassungsvermögen von 500 bis 1000 cbm und rund 350 Selbstschutzteiche mit 50 bis 100 cbm Wasserinhalt erstellt ... Rechnet man hinzu, daß im Stadtgebiet Stuttgart fast alle übrigen Möglichkeiten der zusätzlichen Löschwassergewinnung durch Anlage von Rückhaltebecken, Zisternen, Seen, Feuerlöschbrunnen, Staustellen in der Kanalisation und Entnahmemöglichkeiten aus dem Neckar ausgenützt worden sind, dann darf Stuttgart zu den Städten gezählt werden, die auch auf dem Gebiete der unabhängigen Löschwasserversorgung mit an der Spitze aller deutschen Großstädte

JUNI 1944

stehen. Die Bekämpfung der bisher schwersten Angriffe auf unsere Stadt hat jedenfalls bewiesen, daß ein wirklich bedeutender Wassermangel bei den Löscharbeiten nur ganz selten aufgetreten ist ... Nur dadurch war es letzten Endes auf dem Gebiete der Sofortmaßnahmen möglich, von 59 624 Gebäudeschäden 29 051 wiederherzustellen.«
Die Daimler-Benz AG verteilt eine 6%ige Dividende.
Bei der Volksbildungsstätte spricht Hermann Girgensohn (Berlin) über »Englands Weg nach Indien«.

25. Mai Kürzlich trafen etwa 90 aus amerikanischen Internierungslagern kommende Volksdeutsche in Stuttgart ein.

26. Mai Mit einem Lichtbildervortrag über »Schwabentum im Schwabenlied« eröffnet Dr. Kolesch (Tübingen) die Vortragsreihe der Volksbildungsstätte »Denkmale arteigener deutscher Volkskultur«.

27. Mai Das Sondergericht Stuttgart verurteilt zwei Kaufleute wegen Preistreiberei zu zwei bzw. fünf Jahren Zuchthaus, erheblichen Geldstrafen und Einzug des unzulässigen Mehrerlöses.
Unterredung zwischen Generalleutnant Speidel, dem ehemaligen Reichsaußenminister Freiherr von Neurath und OB Dr. Strölin in Freudenstadt, in der Speidel gebeten wird, auf Feldmarschall Rommel einzuwirken, sich dem Widerstand zur Verfügung zu halten.
Nach einem Bericht in der Presse hat OB Dr. Strölin das Personal der städt. Dienststellen erneut ermahnt, allen Fliegergeschädigten mit Rat und Tat beizustehen und sie verständnisvoll, freundlich und zuvorkommend zu behandeln.

31. Mai Die Landwirtschaftliche Genossenschaftszentrale Stuttgart gibt eine 50%ige Steigerung ihrer Bilanzsumme auf 627 Mio. RM und die Verteilung einer 4%igen Dividende bekannt; die Einlagen wurden um 51 % erhöht und stellen nun rund 97,7 % der Bilanzsumme.

1. Juni Wie bisher müssen Briefe und päckchenartige Feldpost-Sendungen von 20 bis 100 Gramm ebenfalls mit einer Päckchen-Zulassungsmarke versehen werden; Zeitungen und Zeitschriften können, sofern sie nicht unmittelbar von den Verlagen an die Feldpostadressen eingewiesen wurden, unter Streifband an Empfänger mit Feldpostnummern ohne Verwendung von Päckchen-Zulassungsmarken versandt werden. Sendungen über 100 Gramm sind unzulässig.

2. Juni Beim Kriegsberufswettkampf der Jugend stellte der Kreis Stuttgart 5000 Teilnehmer zu den einzelnen Wettkampfgruppen; 40 Gausieger gingen aus ihnen hervor.

JUNI 1944

3. Juni Auf der 200. Monatsversammlung des Vereins für württ. Familienkunde spricht Prof. Brechenmacher über »Die Entstehung und das Festwerden unserer Familiennamen«.

4. Juni Haussammlung des Kriegs-Winterhilfswerkes für das Rote Kreuz.

4.–11. Juni Richard-Strauss-Woche der Oper anläßlich des 80. Geburtstages des Komponisten.

6. Juni Landung der Alliierten in der Normandie; die Überschriften im NS-Kurier lauten »Das deutsche Volk hört auf das Kommando des Führers« / »Der Angriff im Westen hat begonnen« / »Unsere Abwehr konnte an keiner Stelle überrascht werden«.

7. Juni Arbeitstagung der Kreisamtsleiter und der Ortsgruppenleiter des Kreises Stuttgart; Oberabschnittsleiter Riegraf trägt vor: »Mit Beginn der Invasion sind die Würfel gefallen –, es gibt für unsere Feinde kein Zurück mehr. Es ist der Augenblick gekommen, in dem die Rechnung mit unseren verbrecherischen Feinden beglichen wird ... In bedingungslosem Vertrauen folgen wir dem Führer, dessen Wort, daß der Feind an der entscheidendsten Stelle die vernichtende Niederlage erleben wird, nun in Erfüllung geht.«

8. Juni Wie zuvor der Himmelfahrtstag werden der Fronleichnamstag bzw. die entsprechenden kirchlichen Feiern auf den nachfolgenden Sonntag verlegt.
Der NS-Kurier gibt bekannt: »Für die in Kinderlandverschickungs-Lagern untergebrachten Schulen ist eine Unterrichtspause von drei Wochen vorgesehen. Wenn nötig, kann für die umquartierten Schüler und Schülerinnen während der Ferien ein (bis zu zwei Stunden dauernder) Förderunterricht eingerichtet werden ... Eine geschlossene Rückkehr der Kinder an den Heimatort kann angesichts der Fortdauer des feindlichen Bombenterrors nicht verantwortet werden. Die Kinder werden auch während der Unterrichtspause von ihren Lehrern betreut.«
Bei der Volksbildungsstätte spricht Oberschulrat Kimmich über »Rassenunterschiede in der Art der Kriegsführung. Ein Versuch zur Klärung der seelischen Hintergründe britisch-amerikanischer Terrorangriffe«.

9. Juni Das Sondergericht Stuttgart verurteilte eine 58jährige Frau wegen verbotenen Umgangs mit französischen und belgischen Kriegsgefangenen zu drei Jahren Zuchthaus.
Um die Fernsprechämter nicht unnötig zu belasten, hat die Fachgruppe Filmtheater

JUNI 1944

die Stuttgarter Kinobesitzer angewiesen, in Zukunft keine telephonischen Kartenbestellungen mehr entgegenzunehmen.

10. Juni   Anna Dammann rezitiert in der Musikhochschule Gedichte von Hölderlin, Goethe, Mörike, Nietzsche, Rilke und George.

11. Juni   Zum Abschluß der Sommerarbeitstagung der Deutsch-Flämischen Arbeitsgemeinschaft Württ.-Hohenzollern sprechen Dr. Jef van de Wiele, SS-Obersturmbannführer Betzold und Dr. Henskens auf einer Kundgebung für flämische Arbeiter und Arbeiterinnen; in den Kammerlichtspielen wird der Film »Wehrhaftes Flandern« gezeigt.
In der TH sprach Prof. Dr. Schönemann (Berlin), ständiger Mitarbeiter des Stuttgarter NS-Kuriers, über »Deutschland und Amerika«.
Im Städtekampf Straßburg—Stuttgart spielen die Fußballmannschaften unentschieden 2 : 2; die Stuttgarter Handballmannschaft gewinnt gegen die Straßburger 24 : 5.

13. Juni   Nach einer Untersuchung des Arbeitswissenschaftlichen Instituts der Deutschen Arbeitsfront über die Leistungen der Ostarbeiter in der Industrie wird festgestellt, daß der Ostarebiter ein gut geeigneter und brauchbarer Arbeiter sei, der bei berufsfremdem Einsatz bereits im ersten Jahr eine Durchschnittsleistung von rund 80 % des normal geeigneten deutschen Hilfsarbeiters erzielen könne.

14. Juni   Im Auftrag der Volksbildungsstätte spricht Gottlieb Weinmann über »England in Irland — Deutschland in Böhmen-Mähren«.

15. Juni   Nach längeren Auseinandersetzungen zwischen dem Gewerbeaufsichtsamt — das sich mit Erfolg gegen die Überschreitung der zulässigen Höchstarbeit von zehn Stunden am Tag wehrt — und der Abteilung Handel bei der Gauwirtschaftskammer wird die Mindestarbeitszeit für sämtliche Handelsbetriebe des Gaues auf 53 Wochenstunden festgelegt. Bäckereien, Fleischereien und Lebensmittelgeschäfte und Geschäfte mit mehr als fünf im Verkauf tätigen Gefolgschaftsmitgliedern dürfen nicht mehr — z. B. auch nicht wegen Urlaubs — schließen.

15.—24. Juni   Stoßtruppkämpfer einer im Osten eingesetzten württ.-badischen Sturmdivision, der sog. Division mit der Eisernen Hand, werden bei ihrer Ankunft in Stuttgart von OB Dr. Strölin begrüßt und von Gauleiter Murr empfangen; sie treten am übernächsten Tag eine einwöchige Propaganda-Gaufahrt an.

16. Juni   Das Seemann-Hubl-Münch(Holland)-Trio gibt einen Reger-Abend in der Musikhochschule.

17. Juni Unter der Überschrift »Endlich ...!« schreibt der NS-Kurier: »Das ist der Ruf, der am 6. Juni millionenfach durch Großdeutschland hallte, ist der Ruf, der Millionen unserer Soldaten an allen Fronten entfuhr. Es ist wohl keiner unter uns Deutschen, der dieses Wort leichtfertig sprach ... Wir wissen, daß der Beginn der entscheidenden Auseinandersetzung im Westen keine leichte Sache ist und zu den schon gebrachten weitere Opfer auch von uns fordert ... Alles das, was wir in das kleine Wörtchen ›endlich!‹ legen ... wird sich zeigen auch in unserer Hilfs- und Spendenbereitschaft bei der Straßensammlung für das Kriegshilfswerk am Samstag und Sonntag!«

17./18. Juni Reichsstraßensammlung zugunsten des Kriegs-Winterhilfswerkes.

18. Juni Zum Aufruf der Reichsfrauenführung über den erweiterten Kriegseinsatz der Frauen schreibt eine Redakteurin des NS-Kuriers unter der Überschrift »Flakwaffenhelferin — der neue Kriegseinsatz der Frau / Die frauliche Würde gewahrt: Keine Verwendung bei der schießenden Waffe«: »Wenn somit zum erstenmal im Kriegseinsatz der deutschen Frau die Bezeichnung ›Flakwaffenhelferin‹ auftaucht, so ist sie damit noch lange nicht zum Soldaten geworden ... Wir unterstreichen mit dieser Haltung ausdrücklich den Gegensatz zu unserem Gegner. Während die Sowjets ihre Mädchen jahrelang vor dem Krieg schon zu Heckenschützen drillten und ... auch als Richtschützen in Panzerwagen mitfahren lassen, haben wir bewußt darauf verzichtet, Frauen mit der schießenden Waffe in Berührung zu bringen. Wenn sie nun jetzt in die Luftverteidigung des Reiches einbezogen werden, so ist dies ein kategorischer Zwang durch die Entwicklung des Krieges. Die Frau wird an diesen Platz geholt, um Männer für kriegsentscheidendere Einsätze freizugeben und Verstärkungen zu ermöglichen. Aber die Achtung vor der Ehre und Würde der Frau gebietet uns auch weiterhin die schärfste Ablehnung jeden Fraueneinsatzes an der Waffe ... Jede Frau und jedes Mädel kann sich ab 20 Jahren als Flakwaffenhelferin melden. Es ist keine Altersgrenze nach oben gesetzt.«

19. Juni Weil die Beschwerde der evang. Landeskirche Württembergs gegen die württ. Schulverwaltung — die in den Aufbau- und Hauptschulen alle Kinder verpflichtete, am Weltanschauungsunterricht teilzunehmen — erfolglos war, beschließt der evang. Oberkirchenrat, diese Kinder zum Konfirmandenunterricht zuzulassen, denn sie müßten ohne Willenserklärung der Eltern jenen Unterricht besuchen. Alle württ. Dekanatsämter werden angewiesen, die evang. Eltern an ihr Recht zu erinnern, am evang. Religionsunterricht für ihre Kinder festzuhalten und eine etwa vollzogene Anmeldung zum Weltanschauungsunterricht am Schluß des Schuljahres zurückzunehmen.

JUNI 1944

22. Juni Hinrichtung des vom Sondergericht Stuttgart wegen »defaitistischer Äußerungen« zum Tode verurteilten 49jährigen Adolf Gerst.
Die Gauwirtschaftskammer und das wirtschaftswissenschaftliche Institut der TH veranstalten eine gemeinsame Vortragsreihe über »Nationalisierung und Leistungssteigerung in der Industriewirtschaft«.
Unter der Überschrift »Die Arbeitsmeldepflicht wird ergänzt« berichtet der NS-Kurier: »Während die Verordnung vom Januar 1943 nur eine einmalige Meldepflicht dekretierte, für die als Stichtag der 30. Januar 1943 galt, blieben die Männer und Frauen, die nach diesem Termin 16 bzw. 17 Jahre alt wurden, von der Meldepflicht verschont. Daraus ergab sich eine Ungerechtigkeit, die durch die neue Verordnung nunmehr beseitigt wird. Diejenigen Männer und Frauen, die seit dem 30. Januar 1943 in das meldepflichtige Alter von 16 bzw. 17 Jahren hineingewachsen sind oder noch hineinwachsen, müssen sich künftig melden ... Andererseits ist es natürlich nicht so, daß diejenigen Männer und Frauen, die auf Grund der Meldepflichtverordnung zur Arbeit verpflichtet wurden, wieder vom Einsatz befreit werden, wenn sie das 65. bzw. das 45. Lebensjahr überschreiten ... Eine weitere Ergänzung erfährt die Verordnung des vergangenen Jahres auch hinsichtlich der Meldepflicht von Frauen mit Kindern.«

23. Juni Private Feldpostsendungen an Empfänger mit Feldpostnummern der Westfront werden vorübergehend nur noch bis zum Gewicht von 20 Gramm befördert. Schwerere Sendungen gehen an die Absender zurück, ohne daß die dafür verwendeten Zulassungsmarken zurückerstattet werden.

23.—26. Juni Bad Cannstatter Mozartfest unter der musikalischen Leitung von Carl Leonhardt.

24. Juni Das Sondergericht Stuttgart verurteilte einen 36jährigen Mann, weil er in einen Luftschutzkeller eingebrochen war, zum Tode.

25. Juni Morgenfeier des Reichsarbeitsdienstes auf dem Killesberg aus Anlaß der Sommersonnenwende.
Erstaufführung des Lustspiels »Pantalon und seine Söhne« von Paul Ernst im Kleinen Haus.
Bei einem Städte-Vergleichskampf in der Adolf-Hitler-Kampfbahn schlägt die Stuttgarter Fußballmannschaft die Augsburger 5 : 4.

26. Juni Im Rahmen der von der Gauwirtschaftskammer und dem Wirtschaftswissenschaftlichen Institut der TH organisierten Vortragsreihe referiert Direktor Dipl.-Ing. Dolezalek (Hildesheim) über »Fließfertigung als Mittel der Leistungssteigerung« und führt aus: »Die Ermüdungserscheinungen seien bei gleicher Tagesleistung beim Fließfertigungsverfahren kleiner als bei der Serienfertigung, außerdem existiere die Angst vor der Monotonie gar nicht in dem Sinne, wie es sich menschenfreundliche Sozialtheoretiker vorstellen ... Die meisten Menschen, besonders Frauen, würden eine monotone Arbeit jeder anderen vorziehen, die vielleicht abwechslungsreicher, aber deshalb auch mit selbständigerem Denken verbunden sei. Für hochqualifizierte Menschen sei die Fließfertigung freilich nichts, aber erfahrungsgemäß für 60 % der Männer und 90 % der Frauen.«

27. Juni Da die Beschäftigten der Rüstungsbetriebe wegen ihrer Arbeitszeiten oftmals nicht einkaufen können, wird in einem Stuttgarter Rüstungsbetrieb das kürzlich eingeführte Bestell- und Abholsystem außerhalb der Ladenzeiten zum erstenmal in die Praxis umgesetzt, worüber der NS-Kurier berichtet: »Man betritt einen großen Raum und sieht sich in einem ganz normalen Laden des Gemeinschaftswerkes des Versorgungsringes Stuttgart ... Lebensmittel aller Art, auch die Mangelwaren liegen hier auf. Der große Vorzug besteht darin, daß die Angehörigen des Betriebes ihre Käufe in der Art während der Betriebszeit tätigen können, daß sie durch den Vesperholer einen Bestellzettel schicken und ihnen dann bis zum Betriebsschluß ihre Bestellungen fertiggemacht werden. In der Vesperpause wickelt sich auch ein reger Verkehr vor allem der Junggesellen in dem Laden ab ... Wer für 50 Mark Einkaufsbons abliefert, erhält als Stammkunde das Anrecht, ein bestimmtes Quantum gewisser, besonders begehrter Mangelwaren kaufen zu können. Aber auch auf anderen Gebieten hat die Betriebsführung für die Belegschaft gesorgt. Ein Schuhmacher aus der Umgebung hat in dem Unternehmen einen Zweigbetrieb in Art einer Schnellbesohlanstalt eröffnet. Morgens abgegebene Schuhe werden meist noch am gleichen Tage repariert. Der ›Frisiersalon Schraegle‹ erfreut sich großen Zuspruchs. Hier hat ein totalfliegergeschädigter Friseur mit Hilfe des Betriebsführers seinen Laden aufgemacht. Eine weitere soziale Einrichtung ist ein Abkommen des Betriebes mit den Zahnärzten und Dentisten der Nachbarschaft, nach dem an gewissen Nachmittagen ausschließlich Gefolgschaftsmitglieder der Firma behandelt werden. Schließlich hat dieser Rüstungsbetrieb noch eine Annahmestelle für schmutzige Arbeitskleidung geschaffen, die bei einer Waschanstalt, mit der ein Vertrag abgeschlossen ist, gereinigt wird.«
Der Kunstpädagoge und Maler Alfred Lehmann hält im Wilhelm-Murr-Saal einen Lichtbildervortrag über »Die bildende Kunst als Lebenswert«.

28. Juni Willy Widmann, ehemal. Inhaber der als Treffpunkt zahlreicher Künstler bekannten »Elsässer Taverne«, verstorben.

30. Juni Die württ. Warenzentrale landwirtschaftlicher Genossenschaften gibt eine

JULI 1944

15,9%ige wertmäßige Steigerung ihres Umsatzes bekannt und verteilt eine 5%ige Dividende.

1. Juli Die im Herbst 1943 gegründete Stuttgarter Tauschzentrale ist in den ersten neun Monaten ihres Bestehens von rund 7000 Personen aufgesucht worden und konnte 2220 Kunden befriedigen. Um Interessenten die Möglichkeit zu geben, sich schnell und zuverlässig über die Tauschobjekte zu informieren, wurde eine Such- und Gegensuchkartei angelegt. Der Tauschwillige kann so erfahren, ob ein benötigter Gegenstand angemeldet oder eingeliefert worden ist und was dafür im Tausch verlangt wird, während umgekehrt festgestellt werden kann, ob für eigene Angebote ein Interessent eingeschrieben ist und was dieser dafür anzubieten hat.
Anläßlich seines 75. Geburtstages veranstaltet die Volksbildungsstätte Stuttgart eine Hans-Pfitzner-Feierstunde.
Die Bunte Bühne im Wilhelmsbau bietet eine neue, von Direktor Greiner geleitete unterhaltsame Spielfolge.
Varietékunst wird im Stadtgarten geboten. Die Kapelle Will Dinges begleitet das Programm.

2. Juli Kürzlich wurde ein zweites »Verkehrslokal« für ausländische Arbeiter, das kroatische Heim »Tomislav«, eröffnet.
Zu seinem 50. Geburtstag werden in der Hochschule für Musik Werke des Komponisten Willy Fröhlich aufgeführt.

3. Juli Die Stuttgarter Wertpapierbörse meldet unter der Überschrift »Ruhige Börsentendenz«: Der Geschäftsverkehr an den Renten- und Anleihemärkten war am ersten Börsentag des Monats weniger lebhaft als sonst, der Umsatz in Reichsschatzanweisungen ziemlich eng begrenzt. Auch in anderen Abschnitten der festverzinslichen Werte beobachtete man Zurückhaltung. Die Aktienkurse stiegen (als Folge des Dividendenzuschlags) u. a. Brauerei Wulle 137,75 (137,5), Stuttgarter Bäckermühlen 172,5 (172), Trikot Vaihingen 114,75 (114,25).
Der Straßburger Generalmusikdirektor Hans Rosbaud ist Dirigent im Sinfoniekonzert der Württ. Staatstheater. Er tritt zum erstenmal in Stuttgart auf.

4. Juli Im Rahmen eines Kammermusikzyklus gastiert das Strub-Quartett im Gustav-Siegle-Haus.

6. Juli Der langjährige Vorsitzende des Stuttgarter Haus- und Grundbesitzer-Vereins, Gustav Beßmer, stirbt an seinem 78. Geburtstag.

8. Juli   Die Württ. Staatstheater bringen als letzte Premiere der Spielzeit eine Neuinszenierung von Hebbels »Gyges und sein Ring« heraus.

9. Juli   In der zweiten vom Kurverein veranstalteten Kammermusik im Kleinen Kursaal Bad Cannstatt spielt das Kergl-Quartett.
Fußballspiel der beiden größten Vereine Stuttgarts. Diesmal besiegen die Kickers den Lokalrivalen VfB nach Verlängerung mit 2 : 1 Toren.

10. Juli   Nach der 2. Verordnung über die Meldung von Männern und Frauen für die Aufgaben der Reichsverteidigung müssen sich alle Männer vom 16. bis zum 65. Lebensjahr und alle Frauen vom 17. bis zum 45. Lebensjahr beim zuständigen Arbeitsamt melden.
In den Mitteilungen der Stadtverwaltung Stuttgart erscheint unter der Überschrift »Wiederverleihung des Gaudiploms für hervorragende Leistungen im Leistungskampf der deutschen Betriebe 1943/44« folgende Meldung: Zum 1. Mai 1944 hat der Gauleiter dem »Oberbürgermeister der Stadt der Auslandsdeutschen Stuttgart für die Betriebe Bäderverwaltung, Gartenamt, Technische Werke, Tiefbauamt und Vieh- und Schlachthof« auf Grund der im Jahre 1943/44 im Leistungskampf der deutschen Betriebe gezeigten Leistungen für ein weiteres Jahr das Gaudiplom für hervorragende Leistungen verliehen.
Mit dem heutigen Nachmittag wird der bisherige Straßenbahnverkehr zwischen Obertürkheim und Oberesslingen durch eine Omnibuslinie abgelöst. Eingesetzt sind Obusse, d. h. elektrisch angetriebene, aus einem Oberleitungsnetz versorgte Fahrzeuge.
Prof. Dr. Otto Jüngling, ehemal. Direktor der Chirurg. Abt. des Katharinenhospitals, verstorben.

11. Juli   Eine Arbeitstagung unter Leitung von Gauhandwerksmeister Baetzner behandelte Fragen des kriegswirtschaftlichen Einsatzes des Handwerks.

12. Juli   Im Festsaal der Zeppelin-Oberschule findet unter Mitwirkung des Geigers Sigmund Bleier und des Pianisten Marc-André Souchay das erste (öffentliche) Konzert statt, das von einer neugegründeten kulturellen Arbeitsgemeinschaft im Stuttgarter Reservelazarett I veranstaltet wird.

13. Juli   Der NS-Kurier bringt folgende Meldung: »Immer wieder werden Ausländer gefaßt, die sich die Vorliebe der Ostarbeiter für große Brotrationen zunutze machen und gestohlene Brotmarken zu unerhörten Preisen an Ostarbeiter verkaufen. Diesmal hatten sich sechs Holländer im Alter von 22 bis 30 Jahren zu einer Diebesbande zusammengeschlossen. Sie stahlen Brotmarken aus Geschäften, unternahmen Ein-

JULI 1944

brüche, bei denen sie französische Zivilarbeiter schädigten, verkauften Brotmarken und versuchten, sich für eine beabsichtigte Flucht nach Wien gefälschte Ausweise zu beschaffen. Der Rädelsführer, ein 22 Jahre alter Hilfsarbeiter, wurde zu einem Jahr vier Monaten Zuchthaus, die anderen fünf Mittäter zu Gefängnisstrafen zwischen vier und acht Monaten verurteilt.«

Der Leiter der Beratungsstelle »Hilfe bei Kinderlosigkeit in der Ehe« beim städt. Gesundheitsamt, Dr. med. E. Bauer, spricht über »Warum Kinder im Kriege?« Der Redner »ging gleich zu Beginn seines Vortrages im Bürgermuseum dazu über, die Gründe aufzuzeigen, warum Kinder heute im Kriege für unser Volk unerläßlich sind ... Der Vortragende gab viele Beispiele aus seiner Praxis beim städt. Gesundheitsamt, die zeigten, wie schädigend sich eine jahrelange Pause nach dem ersten Kind auswirke und die bewiesen, daß Kinderlosigkeit die Frau viel rascher altern lasse. Auch wenn der Mann an der Front stehe, muß der Wille zum Kind stark sein, sei es, um den Mann fühlen zu lassen, wofür er kämpft, oder auch, wenn es das Schicksal so will, um das Kind als Vermächtnis zu haben.«

14. Juli Stadtbaudirektor Scheuerle gibt den Beiräten für Luftschutzfragen Kenntnis von einer Prüfung der Luftschutzeinrichtungen, die an den beiden letzten Tagen durch die Reichsinspektion für zivile Luftkriegsmaßnahmen stattgefunden hat. »Stuttgart habe bei der Prüfung gut abgeschnitten und stehe hinsichtlich seiner Vorbereitungen mit an der Spitze. Bei der Schlußbesprechung haben der Leiter und die Mitglieder der Reichsinspektion verschiedene Richtlinien und Anregungen gegeben ... Am einschneidendsten sei die Mitteilung, daß für die Durchführung des Luftschutzes kein Mann und kein Gramm Material mehr zur Verfügung stehe und daß das, was noch gemacht werde, nur auf dem Wege der Selbsthilfe und mit Materialien aus Trümmern durchgeführt werden könne«. Oberbaurat Reuß berichtet über den Bau von Pionierstollen. In der letzten Zeit sei eine Zunahme zu verzeichnen. Im ganzen seien bis jetzt 177 Pionierstollen genehmigt worden. Sie bieten 50 000 Personen bombensicheren Schutz. Noch unversorgt seien die Stadtteile Möhringen, Birkach, Plieningen und Weilimdorf. Im Stadtteil Stammheim befinde sich bis jetzt nur ein Stollen. Schwierigkeiten bereite die Holzbeschaffung.

In der TH spricht Dr. Hans-Siegfried Weber über »Europas Treibstoffversorgung und Deutschlands Treibstoffgewinnung«.

Die württ. Gartenbauschule in Hohenheim blickt in diesem Jahre auf das hundertjährige Bestehen zurück. Sie wurde im Jahre 1844 als Zweig der damaligen Landwirtschaftlichen Unterrichts- und Versuchsanstalt gegründet, um Fachleute für Obst- und Gartenbau heranzubilden.

Dieser Tage beging der Schwarzwaldverein sein 80jähriges Jubiläum.

16. Juli 19. Luftangriff. Schwerpunkte: Bad Cannstatt, Winterhalde, Remstal- und Gäubahn. 42 Tote, 94 Verletzte. Dieser dritte Tagesluftangriff richtet sich vor allem gegen Verkehrsverbindungen der Reichsbahn.
Geologische Führung von Hauptkonservator Dr. Fritz Berckhemer: »Die Entstehung des Stuttgarter Talkessels«.
Auf der Aschenbahn des SA-Sportplatzes im Feuerbacher Tal findet das erste diesjährige Bahnradrennen in Stuttgart statt.

17. Juli Der Reiseverkehr bei der Reichsbahn wird einschneidend eingeschränkt.
Der NS-Kurier bringt einen Bericht über das Güldensporenfest der »Stuttgarter Flamen«: »Ein besonderes Gesicht gab die Deutsch-Vlämische Arbeitsgemeinschaft der flämischen Volksfeier, dem ›Güldensporentage‹, der das geschichtliche Ereignis des flämischen Befreiungskampfes gegen welsche Überfremdung am 11. Juli 1302 in lebendigem Gedächtnis hält ... Nachdem Gaugeschäftsführer Kurz zu Beginn die Bedeutung dieses Flamenfestes ... dargelegt hatte, folgte die ... Orgelwiedergabe des a-moll-Präludiums des Deutsch-Flamen César Franck durch Prof. Keller. In seiner Ansprache ging der flämische Gauverbindungsmann der DAF, De Winter, auf die Einsatzbereitschaft der flämischen Arbeiter ... ein. Die eigentliche ... Feierrede hielt der flämische Gauschulungsbeauftragte Lode Vrancken. Die soldatische Grundhaltung der Flamen, in all den Jahrhunderten bewiesen, müßte auch heute wieder Seite an Seite der blutsverbundenen Deutschen dazu helfen, die Neuordnung Europas heraufzuführen.«

17.–29. Juli Stuttgarter Verbraucher, die im Jahre 1880 und früher geboren sind, erhalten gegen Abgabe einer leeren Kronenkork- oder Weinflasche eine Flasche Traubengetränk.

18. Juli Eugen Gerstenmaier sucht Landesbischof Wurm auf, der unmittelbar nach dem bevorstehenden Staatsstreich eine Rede über alle deutschen Sender halten soll.

19. Juli Erstaufführung »Lelio der Lügner« von Carlo Goldoni im Schauspielhaus.

20. Juli Eine von Oberst Claus Graf Schenk von Stauffenberg, einem ehemaligen Schüler des Eberhard-Ludwigs-Gymnasiums, ins Führerhauptquartier gebrachte Bombe tötet mehrere Anwesende, verletzt Hitler jedoch nur leicht. Himmler läßt alle Verdächtigen und deren Angehörige festnehmen. Die Zahl der im Zusammenhang mit dem 20. Juli Verhafteten beträgt etwa 7000. Der Volksgerichtshof unter Roland Freisler verhängt in einer Reihe von Schauprozessen Hunderte von Todesurteilen, die durch Strang und Beil vollzogen werden. Auch der in Stuttgart geborene Bruder von Claus

JULI 1944

von Stauffenberg, Berthold, befindet sich unter den Opfern. Die Aburteilungen ziehen sich vom 7. August 1944 bis April 1945 hin. Noch in den letzten Kriegswochen werden Gefangene umgebracht. Zahl der Hingerichteten: rund 4980.
Öffentlicher Vortrag der Fachschaft Architektur an der TH: Prof. Karl Schmoll von Eisenwerth spricht über »Fläche und Raum im Wandbild«.

21. Juli Schlagzeilen des NS-Kurier: »Der Führer lebt! Der Führer befiehlt! Wir folgen!« »Die Abrechnung mit den Verbrechern«.
Auf dem Marktplatz findet eine »Treuekundgebung« des Kreises Stuttgart der NSDAP statt. Gauleiter Murr spricht: »Unser Schicksalsweg wird ein Weg des Sieges und des Stolzes sein, solange wir mit dem Führer gehen, und der wird vernichtet, der ihn verläßt.«
Baurat Albrecht Fischer, ein enger Mitarbeiter von Robert Bosch, wird wegen Verbindung mit dem ehemaligen Leipziger Oberbürgermeister Carl Goerdeler, einem führenden Vertreter des Widerstands gegen Hitler, verhaftet. Am 12. Januar 1945 Verhandlung vor dem Volksgerichtshof in Berlin. Fischer wird freigesprochen, jedoch ins KZ Sachsenhausen eingeliefert. Am 3. 4. 1945 wird er entlassen.
20. Luftangriff. Schwerpunkt: Zuffenhausen. 31 Tote, 29 Verletzte. Der Angriff gilt den Hirth-Motorenwerken.

22. Juli Ab heute zeigt der Württ. Kunstverein in Verbindung mit der Deutsch-Niederländischen Gesellschaft in der Ausstellungshalle beim Landesgewerbemuseum eine Ausstellung holländischer Meisterwerke in deutschen Museen in farbigen Reproduktionen.

23. Juli Arbeitstagung des Gaupresseamts der NSDAP: »Am Sonntag fand in Stuttgart eine vom Gaupresseamt der NSDAP, Gauleitung Württemberg-Hohenzollern, einberufene Arbeitstagung der Hauptschriftleiter sämtlicher Tageszeitungen des Gaues statt ... Höhepunkt der Tagung war eine Ansprache von Gauleiter Reichsstatthalter Murr, der das verbrecherische, völkerzersetzende Treiben des Weltjudentums und seiner Hilfsvölker brandmarkte und von der Härte und Unerbittlichkeit sprach, mit der das nationalsozialistische Deutschland dagegen seinen Daseinskampf führe, bis die Judenfrage für alle Zeiten gelöst und diese für die ganze Welt verderbliche Macht ausgeschaltet sei ... Der ... Auftrag des Gauleiters, täglich neu zu entflammen und Stärke und Kraft zu vermitteln, war für alle Tagungsteilnehmer eine innere Verpflichtung.«
Die Konzertgemeinschaft blinder Künstler veranstaltet in der Leonhardskirche ein Konzert, bei dem Franz Meggle (Geige), Adolf Spang (Baß) und Erwin Wieland (Orgel) auftreten.

Der Sportgau Württemberg führt im Stadtgarten eine Morgenveranstaltung unter dem Motto »Spiel-Tanz-Sport« durch.

24. Juli   Verhaftung des ehemaligen SPD-Landessekretärs und Landtagsabgeordneten Otto Steinmayer.
Letzte Vorstellung der Stuttgarter Oper im zweiten Weltkrieg. Das Kleine Haus der Württ. Staatstheater schließt zwei Wochen später, am 8. August, seine Pforten. Opernsänger und Schauspieler werden zur Arbeit in der Rüstungsindustrie dienstverpflichtet.

25. Juli   21. Luftangriff. Schwerpunkt: Stadtzentrum (s. hierzu 10. August 1944).
Der OB gibt einen »Wegweiser für Fliegergeschädigte« bekannt, in dem es u. a. heißt:
»1. Auskunft und erste Hilfe
In den Obdachlosen-Sammelstellen mit Notunterkünften, die in den einzelnen Schadensgebieten von der Stadtverwaltung eingerichtet sind, werden die Obdachlosen ... betreut. Um den Geschädigten die Gänge zu den verschiedenen städtischen Ämtern zu ersparen, hat die Stadtverwaltung bei den Obdachlosen-Sammelstellen Notdienststellen des städt. Kriegsschädenamts eingerichtet ... Ausländer werden in den Notdienststellen nicht versorgt; sie müssen sich vielmehr in allen Schadensfällen an die Abteilung Ausländerversorgung des Ernährungs- und Wirtschaftsamts ... wenden. Notwendige Gemeinschaftsverpflegung für Fliegergeschädigte, die über keine eigene Koch- oder Verpflegungsmöglichkeit mehr verfügen, führt die NSV in den Obdachlosen-Sammelstellen oder in den von Fall zu Fall festgelegten Gemeinschaftsverpflegungsräumen durch ... Wer an der Gemeinschaftsverpflegung teilnimmt, hat von einem noch zu bestimmenden Tage an Lebensmittelmarken abzugeben.

2. Ausweise
Jeder Fliegergeschädigte erhält von der Notdienststelle einen Ausweis ... Leistungen aller Art, insbesondere Unterkunft, Bekleidung, Lebensmittel- und Seifenkarten, Heilfürsorge und Geldvorschüsse werden nur auf Grund dieses Ausweises bewilligt ...

3. Bezugsberechtigungen
Auf den Notdienststellen werden Bezugscheine nur in Notfällen ausgestellt ... Die weitere Versorgung der Fliegergeschädigten mit Spinnstoff- und Schuhwaren sowie mit Haushaltgerät (Porzellan, Küchengerät und dgl.) kann frühestens vom 5. Tage nach dem Angriff an bei den zuständigen Außenstellen des Ernährungs- und Wirtschaftsamts erfolgen ... Bezugsberechtigungen für Herde, Öfen, Möbel, Nähmaschinen und Rundfunkgeräte sind beim städt. Wirtschaftsamt ... zu beantragen ...

JULI 1944

4. Unterkunft

Die Partei weist auf der Notdienststelle vorläufige Unterkunft in Notunterkünften oder Privatquartieren nach. Die Geschädigten werden jedoch gebeten, wenn möglich, selbst für Unterkunft bei Verwandten oder Bekannten zu sorgen ...

5. Wohnungsvermittlung

Wohnungen vermittelt das städt. Wohnungs- und Siedlungsamt ... Da die Zahl der zur Verfügung stehenden Wohnungen klein ist, können zunächst nur die dringendsten Fälle berücksichtigt werden ... Wenn die Möglichkeit besteht, wird Wegzug von Stuttgart empfohlen.

6. Bergung von Hausrat

Die Bergung von Möbeln und anderem Hausrat besorgt, soweit die Geschädigten einer Hilfe bedürfen, das städt. Straßenverkehrsamt ...

7. Gebäudeschäden

... Gebäudeschäden dürfen vom Geschädigten selbst keineswegs eigenmächtig beseitigt werden, sondern stets erst nach Genehmigung durch den Leiter der Sofortmaßnahmen oder seine beauftragten Bezirksbauleiter. Zur Durchführung der genehmigten Arbeiten stehen heute nur noch in ganz geringem Umfang Arbeitskräfte der Bauwirtschaft zur Verfügung, weshalb weitgehend die Selbst- und Gemeinschaftshilfe nach den besonders bekanntgegebenen Richtlinien eintreten muß ...

8. Schäden an beweglichen Sachen, Nutzungs- und Flurschäden

Solche Schäden melden die Geschädigten beim Kriegsschädenamt ... schriftlich an ...

9. Schäden durch Lohnausfall

Lohnausfälle infolge vorübergehender Betriebsstörung oder durch Arbeitszeitversäumnis wegen eigenen Schadens vergüten die Betriebsinhaber an ihre Gefolgschaft auf Rechnung des Arbeitsamts, jedoch im allgemeinen höchstens bis zu 14 Tagen.

10. Personenschäden

Zivilpersonen, die durch Fliegerangriff Schaden an Leib und Leben erleiden und deren Hinterbliebene erhalten auf Antrag Fürsorge und Versorgung ... durch das zuständige Versorgungsamt. Heilfürsorgeausweise für sofortige ärztliche oder Krankenhausbehandlung geben die städtischen Notdienststellen, die Dienststellen für Familienunterhalt und die Ortsämter aus. Dort sind auch die Anträge zu stellen auf Bewilligung von Renten, Bestattungsgeld, Hinterbliebenenversorgung sowie Umstellungsbeihilfe für solche Personen, deren notwendiger Lebensunterhalt infolge eines Personenschadens des Ernährers nicht mehr gesichert ist.«

Weiter erläßt OB Dr. Strölin »Richtlinien für die Selbst- und Gemeinschaftshilfe« bei Glaserarbeiten, Dachdeckerarbeiten, Zimmerarbeiten, Maurerarbeiten, Gipserarbeiten, Schreiner- und Anschlagarbeiten und Tapezierarbeiten.

26. *Juli* 22. Luftangriff. Schwerpunkt: Innenstadt (s. hierzu 10. August 1944).

28. *Juli* OB Dr. Strölin veröffentlicht in den Mitteilungen der Stadtverwaltung folgenden Aufruf: »Liebe Arbeitskameraden und Arbeitskameradinnen! In der Nacht vom 25./26. Juli 1944 wurde unsere Stadt von einem Terrorangriff betroffen, wie wir ihn bisher noch nicht erlebt hatten. Ich selbst habe mich in der Nacht zum 26. Juli im Rathaus befunden, weil ich nach den Ereignissen der vorhergegangenen Nacht, vom 24./25. Juli, mit einem weiteren Luftangriff und auch damit gerechnet hatte, daß dieser Angriff sich wohl auf die Innenstadt richten würde. Meine Vermutung wurde leider bestätigt ... Die altehrwürdigen schönen Geschäftshäuser rings um den Marktplatz und um das Rathaus, die Stätten des unermüdlichen Fleißes unserer Stuttgarter Geschäftsleute, sanken nacheinander in Schutt und Asche. Durch den unerhörten Funkenregen wurde das Rathaus selbst immer mehr gefährdet. Als die Flammen es einmal erfaßt hatten, waren Rettungsversuche infolge des totalen Wassermangels aussichtslos ... Trotz des heldenmütigen Einsatzes der Luftschutzwache ... und der ... Feuerschutzpolizisten war das Schicksal unabwendbar. Den eingesetzten Luftschutzkräften sowie dem immer unermüdlich um das Rathaus bemüht gewesenen Stadtsekretär Blessing und seiner Frau spreche ich an dieser Stelle meinen Dank und meine volle Anerkennung für ihre hervorragende Haltung und für ihren vorbildlichen Einsatz bei der Brandbekämpfung aus ... Das in langen Jahren gemeinsamer Arbeit uns allen liebgewordene Rathaus, das Wahrzeichen unserer Stadt ... besteht nicht mehr. Die Arbeit aber geht weiter ... Die beiden Terrorangriffe in der Nacht vom 24./25. und vom 25./26. Juli 1944 haben über weite Teile unserer Stuttgarter Bevölkerung großes Unglück und Leid gebracht. Viele bis jetzt noch erhalten gebliebene Kulturstätten, die meisten Krankenhäuser, Schulgebäude und sonstigen öffentlichen Gebäude, hauptsächlich aber ungezählte Wohnhäuser, die Heimstätten unserer fleißigen Bevölkerung, wurden entweder schwer beschädigt oder vollkommen vernichtet ... Es ist an uns, an jedem einzelnen städtischen Gefolgschaftsangehörigen, den geschädigten Volksgenossen durch unermüdliche Pflichterfüllung das Bewußtsein zu vermitteln, daß wir alles tun, was irgend möglich ist, um zu helfen und die Not so gut dies geht zu lindern ... Zu den schweren Schlägen, die wir erlitten haben, werden wohl neue Angriffe kommen, die sich in ihrer Heftigkeit noch steigern können. Auch diesen müssen wir mit einer unbeugsamen Willenskraft entgegensehen und ohne Rücksicht auf die noch zu erwartenden Opfer unseren Weg gehen, bis die schwere Zeit, die noch vor uns liegt, überwunden ist.«

23. Luftangriff. Schwerpunkt: Nordbahnhofgegend (s. hierzu 10. August 1944).

In der »Gemeinschafts-Ausgabe der Stuttgarter Tageszeitungen« Stuttgarter NS-Kurier und Württemberger Zeitung — WLZ heißt es: »Unsere Leser werden gebeten, den

JULI 1944

›Stuttgarter NS.-Kurier‹ und die ›Württemberger Zeitung/WLZ‹ vorläufig selbst bei den Geschäftsstellen der Ortsgruppen der NSDAP. abzuholen.«

In der Presse wird bekanntgegeben: »Mit sofortiger Wirkung bestätigen die Telegramme an Wehrmachtsangehörige bei Bombenschäden nicht mehr wie bisher die Polizeireviere, sondern nur noch die Ortsgruppen der NSDAP. Zur Steuerung der Beurlaubung von Wehrmachtsangehörigen werden die Schadenfälle in die Gruppen A, B und C eingeteilt.

A: Leichte Schäden: Wohnung oder Mobiliar wenig beschädigt oder benutzbar, Familienangehörige gesund.

B: Mittlere Schäden: Wohnung oder Gewerbebetrieb ohne größere Instandsetzung nicht mehr benutzbar, Familienangehörige gesund.

C: Schwere Schäden: Wohnung oder Gewerbebetrieb total zerstört oder schwere Verletzung von Familienangehörigen.«

»Um für den totalen Kriegseinsatz alle für den Einsatz in Betracht kommenden Frauen zu erfassen, wurde vom Generalbevollmächtigten für den Arbeitseinsatz in Ergänzung der Verordnungen ... vom 27. 1. 1943 und vom 10. 6. 1944 die Dritte Verordnung vom 28. 7. 1944 erlassen. Nach dieser Dritten Meldepflichtverordnung haben sich für den Arbeitseinsatz alle Frauen über 45 Jahre zu melden, die am 29. 1. 1943 ... das 50. Lebensjahr noch nicht vollendet hatten. Es unterliegen somit alle Frauen der Meldepflicht, die nach dem 29. 1. 1893 geboren sind und am 1. 8. 1944 das 17. Lebensjahr vollendet hatten. — Darüber hinaus haben sich beim Arbeitsamt alle die bisher aufgerufenen, aber ... aus irgendeinem Grund durch das Arbeitsamt noch nicht in Arbeit eingesetzten Männer und Frauen erneut zu melden, da die früher eingereichten Meldebogen verlustig gingen.« Nur wenige Ausnahmen wie werdende Mütter u. ä. werden von der Meldepflicht befreit.

29. Juli 24. Luftangriff. Schwerpunkte: Innenstadt, Feuerbach, Botnang, Ostheim, Gablenberg. Opfer der letzten vier Angriffe: 884 Tote, 1916 Verletzte, 14 Vermißte (s. hierzu 10. August 1944).

Schlagzeile des NS-Kurier: »Die Nation duldet keine Drückeberger mehr«. »Wer seine Arbeitskraft der um ihr Dasein kämpfenden Nation vorenthält oder anderen dabei Vorschub leistet, dient dem Feind!«

Der NS-Kurier gibt Hinweise für richtiges Atmen in Bunkern und Stollen: »Die naheliegende Überfüllung der öffentlichen Luftschutzräume, vor allem aber der Bunker und Pionierstollen, mit Schutz suchenden Menschen erfordert eine äußerste Sauerstoff-Disziplin. Die Erfahrung der letzten Tage hat gezeigt, daß dort, wo sich die Volksgenossen ruhig verhalten und die Anweisungen der Ordner, das Sprechen einzustellen, befolgt haben, nur sehr selten Sauerstoffmangel eingetreten ist.«

Ab heute findet der Stuttgarter Großmarkt bis auf weiteres auf folgenden Plätzen

statt: Karlsplatz, Platz bei der Heslacher Kirche, Platz der SA, am Feuersee, beim Vieh- und Schlachthof in Gaisburg, in Bad Cannstatt beim Rathaus und in Zuffenhausen beim Rathaus.
Alle Stuttgarter Verbraucher erhalten eine Sonderzuteilung von 200 g Fleisch oder Fleischwaren und 125 g Käse und alle Stuttgarter Verbraucher über 18 Jahre eine weitere Sonderzuteilung von 50 g Bohnenkaffee und einer halben Flasche Trinkbranntwein; Jugendliche bis zu 18 Jahren bekommen 125 g Süßwaren.

30. Juli Sämtliche Dienststellen der Stadtverwaltung sind am heutigen Sonntag wie an Werktagen geöffnet.
Ab heute früh »darf in Stuttgart kein Nutzkraftfahrzeug (Lkw) von einer Tonne aufwärts mehr verkehren, das nicht an der Windschutzscheibe das Zeichen ›Luftkriegseinsatz‹ (grünes Dreieck) trägt. Dieses Zeichen erhalten alle in Frage kommenden Lastkraftwagen beim Straßenverkehrsamt ... Alle Fahrzeuge, die dieses Zeichen nicht besitzen, werden festgehalten.«

31. Juli Die Presse meldet, daß für die bisherigen Einzelhandelsgeschäfte, die ausgebombt sind, durch den Handel fahrbare Verkaufsstellen eingerichtet werden.

1. August In einem Aufruf des Reichsverteidigungskommissars Murr heißt es: »Alle Versuche des Feindes, unsere Moral durch den Luftterror zu brechen, müssen an unserem unbeugsamen Widerstandswillen zuschanden werden. Darum dürfen wir uns auch von der Arbeit keine Stunde länger stören und aufhalten lassen, als unbedingt notwendig ist. Jeder Arbeiter und jede Arbeiterin haben die Pflicht, ohne Rücksicht auf eigenen Fliegerschaden und ohne Rücksicht auf Verkehrsschwierigkeiten sich unverzüglich bei ihren Betrieben zu melden und jede ihnen zugewiesene Arbeit auszuführen. Ist die Arbeitsstätte durch Feindeinwirkung verlorengegangen, ohne daß die Betriebsführung für einen anderweitigen eigenen Einsatz ihrer Gefolgschafter gesorgt hat, so muß sich der Arbeitspflichtige alsbald bei dem für seinen bisherigen Betrieb zuständigen Arbeitsamt melden.«
Aufruf des Oberbürgermeisters: »Durch die letzten Fliegerangriffe ist der Betrieb der öffentlichen Verkehrsmittel zum größten Teil zum Erliegen gekommen. Es ist deshalb bis auf weiteres notwendig, daß die Fahrer von Pkw und Lkw, sofern in und auf ihren Fahrzeugen noch Platz vorhanden ist, Fußgänger mitnehmen, soweit dieselben den gleichen Weg wie das betr. Kraftfahrzeug haben. Dies gilt auch für die Fahrer städtischer Kraftfahrzeuge. Zur Mitnahme kommen vor allem in Betracht Gebrechliche, Kriegsversehrte, sonstige Körperbehinderte, Frauen mit Kindern sowie ältere Personen.«
Der Fuhrunternehmer K. W. aus Weilimdorf wurde von der Sicherheitspolizei in Haft genommen, »weil er der Beorderung seines Kraftfahrzeuges durch das Straßenver-

kehrsamt« nicht nachgekommen ist. »Die gleiche Behandlung haben alle diejenigen Kraftfahrer zu erwarten, die in Zukunft einer Beorderung durch das Straßenverkehrsamt nicht Folge leisten.«

Der NS-Kurier fordert auf, »Marketendereien« einzurichten, und schreibt: »Durch die Luftangriffe sind verschiedene Gaststätten, die bisher ihren Anteil an der Verpflegung der Bevölkerung hatten, ausgefallen. In vielen Fällen kann auf behelfsmäßige Weise vom Inhaber der bisherigen Gaststätte eine Marketenderei eingerichtet werden, die wenigstens die notwendigsten Bedürfnisse befriedigen kann. Es gilt auch hier das Gebot, daß Improvisation und Selbsthilfe das Beste zu leisten vermögen.«

In den Stadtteilen, in denen die Stromversorgung noch nicht geregelt ist, kann jeder Haushalt nach »Vorlage des Haushaltpasses gegen Abtrennung des Abschnitts b in den einschlägigen Geschäften — soweit Vorrat — einmalig eine Kerze erhalten.«

2. August Unter der Überschrift »Gegenseitige Wohnungshilfe« schreibt der NS-Kurier: »Wir haben schon einmal darauf hingewiesen, daß in Stuttgart der schaffende Volksgenosse, der Berufstätige also, seinen Standort haben und behalten muß. Die Voraussetzung für diese Forderung besteht aber darin, daß ihm auch eine Wohnmöglichkeit gegeben wird. Hier wird also eine Umlagerung Platz greifen müssen ... Frauen und Kinder und alte und gebrechliche Menschen haben hier nichts mehr zu suchen. Sie müssen den Platz frei machen für die, die hier Arbeit haben.«

Weiter heißt es in dieser Zeitungsausgabe: »Bei der Schwere der gegen Stuttgart gerichteten Terrorangriffe kann die Möbelbergung nicht die vordringlichste Aufgabe sein«.

3. August Der NS-Kurier berichtet unter der Überschrift »Baureste sind beschlagnahmt«: »Es liegt Veranlassung vor, erneut darauf hinzuweisen, daß Baureste aus Bombenschäden ohne Ausnahme ... beschlagnahmt sind. Die Sicherstellung geschieht, um die Baureste für die Instandsetzung der Kriegssachschäden oder für die Durchführung von Luftschutzmaßnahmen verwenden zu können ... Ein Rechtsmittel gegen die Beschlagnahme und Inanspruchnahme der Baureste steht den Betroffenen nicht zu.«

In der gleichen Zeitungsnummer wird gemeldet: »Der Bekleidungszug des ›Hilfszugs Dr. Goebbels‹ hat mit der Ausgabe von Bekleidungs- und Wäschestücken an total fliegergeschädigte Volksgenossen begonnen. Wir haben Anlaß, darauf hinzuweisen, daß die Bekleidungsvorräte des Hilfszuges nicht unbeschränkt sind, weshalb dort nur die dringendsten Fälle erledigt werden können.«

4. August Kreisleiter Fischer und OB Dr. Strölin richten folgende Aufforderung an die Stuttgarter Bevölkerung: »Durch die letzten schweren Luftangriffe haben überaus zahlreiche Stuttgarter Volksgenossen ihre Wohnung verloren. Die Versorgung der obdachlos gewordenen Personen, die beruflich an Stuttgart gebunden sind, begegnet angesichts der Zerstörungen in den Wohngebieten größten Schwierigkeiten. Wir richten daher an alle diejenigen Volksgenossen, die nicht durch Arbeitseinsatz in Stuttgart festgehalten sind, die dringende Aufforderung, die Stadt zu verlassen und auf dem Land Unterkunft zu nehmen ... Der durch Wegzug freiwerdende Wohnraum ist alsbald dem städt. Wohnungsamt ... zu melden ... Die Not verlangt gebieterisch von uns allen, daß wir in Wohnung und Geschäftsraum aufs engste zusammenrücken und für die obdachlos gewordenen Menschen und Betriebe Platz schaffen.«

5. August Der NS-Kurier schreibt u. a.: »Wer Rad fährt, muß sein Fahrrad jetzt besonders sorgfältig pflegen.« Und: »Verschiedene Kraftfahrzeuge der Wehrmacht werden nur noch mit einem linken Scheinwerfer ausgestattet«. Die Zeitung bringt außerdem Hinweise, wie »eine Kochstelle im Freien angelegt wird«, da viele Familien keinen oder nur noch einen beschädigten Kohlenherd besitzen.

8. August »Der Sicherheitsdienst des Stuttgarter Abschnittes berichtete, daß außer den Aktivisten der Partei und einer kleinen Minorität niemand mehr an einen Sieg glaube ... Das Attentat habe klargemacht, ›daß das deutsche Volk von den führenden Staatsmännern in der gemeinsten Weise belogen werde. Sämtliche Publizisten und Staatsmänner, unter anderem der Führer, Dr. Goebbels, Göring, Ley usw., hätten seit Jahren behauptet, die Zeit arbeite für uns, unsere Kriegsproduktion sei ständig im Steigen und der Tag, an dem wir wieder offensiv werden würden, stehe ebenso fest wie daß wir neue entscheidende Waffen im Hinterhalt hätten. Nun höre man plötzlich, und zwar aus keinem geringeren Mund als dem des Führers, daß seine Maßnahmen seit Jahren sabotiert würden und daß nun endlich, nachdem der letzte Hinterhalt beiseite geschafft worden wäre, die deutsche Kriegsmaschine auf vollen Touren laufen könne. Mit anderen Worten würde das heißen: Der Führer gibt zu, daß die Zeit bisher nicht für uns, sondern gegen uns gearbeitet hat. Wenn sich also ein Mann wie der Führer einer solch gewaltigen Täuschung hingegeben hat ... so wäre er entweder nicht das Genie, für das er immer hingestellt wird, oder aber er hätte in Kenntnis der Tatsache, daß Saboteure am Werk sind, das deutsche Volk vorsätzlich belogen, was ebenso schlimm wäre, denn mit solchen Feinden im eigenen Haus könnte die Kriegsproduktion niemals gesteigert werden, könnten wir niemals siegen. Die Zeit hätte also in all den Jahren, in denen es der Führer behauptete, nicht für uns gearbeitet, sondern gegen uns, zumal die amerikanische und die russische Kriegsproduktion zu diesem Zeitpunkt erst richtig ins Laufen kamen.‹ Der SD-Berichterstatter aus Stuttgart fügte hinzu: ›Das Bedenklichste an der ganzen Sache ist wohl, daß die meisten Volksgenossen, auch diejenigen, die bisher unerschütterlich glaubten, jeden Glauben an den Führer verloren haben.‹ Man habe bisher derartige Äußerungen zurückgehalten, weil andere Beobachtungen dagegengestanden hätten, ›heute muß das jedoch mit Bestimmtheit gesagt werden‹.«

Die Bevölkerung wird aufgefordert, die Straßeneinläufe durch Selbsthilfe von Schutt frei zu machen, damit bei Regenwetter das Wasser ungehindert abfließen kann. »Dazu gehört auch, daß die Volksgenossen in Gemeinschaftsarbeit die einzelnen Straßenabschnitte säubern, vor allem aber die Glasscherben sorgfältig zusammentragen.«

Um die »mißbräuchliche Verwendung von Kraftstoffen, die für andere Zwecke zugeteilt worden sind, in Personenkraftwagen zu verhindern«, hat der Reichsbeauftragte für Mineralöl eine »Anordnung erlassen, wonach für Personenkraftwagen besondere Tankausweiskarten ausgegeben werden ... Der auf diese Tankausweiskarten verabfolgte Kraftstoff muß von den Tankstellen unmittelbar in die Vorratsbehälter der Personenkraftwagen eingefüllt werden. Lieferung und Bezug in Gebinden ist verboten.«

9. August Aufruf des Reichsstatthalters Murr unter der Überschrift: »Nur Berufstätige in Stuttgart!« Am Schluß heißt es: »Es ist angeordnet, daß von den Ortsgruppen die Ausweise zur Benützung der öffentlichen Luftschutzräume einschließlich der Stollen erneut überprüft werden und nur an die Volksgenossen und Volksgenossinnen ausgegeben werden, die aus beruflichen Gründen an Stuttgart gebunden sind.«

10. August Die Gestapo durchsucht die Wohnung Dr. Strölins — vermutlich auf Verdacht, hier den ehemaligen Leipziger Oberbürgermeister Carl Goerdeler zu finden.

In der Sitzung der Ratsherren gibt OB Dr. Strölin einen Bericht über die Luftangriffe vom 25., 26., 28. und 29. 7. 1944. Er führt hierzu u. a. aus: »In der mehr als 700jährigen Geschichte der Stadt Stuttgart bilden die Luftangriffe vom 25., 26., 28. und 29. 7. 1944 das weitaus schwerwiegendste Ereignis. Die Innenstadt, das alte Stuttgart, ist vernichtet. Die Baudenkmäler sind zum großen Teil zerstört; nicht nur der engere kulturell wertvollste Teil der Innenstadt wurde schwer getroffen, auch Kulturbauten im weiten Gebiet des Talkessels sind vernichtet worden ... Wie von maßgeblicher Stelle erklärt wurde, war der Angriff vom 26. Juli 1944, was die Konzentration auf die Innenstadt betrifft, stärker als die Angriffe auf München und andere deutsche Städte. Neben dem Innengebiet von Stuttgart, das weitgehend vernichtet wurde, sind große Schäden besonders wieder im westlichen Stadtgebiet, ferner in Heslach, Ostheim, Gablenberg und am Weißenhof, in Feuerbach, in Botnang und am Sonnenberg, beträchtliche Schäden auch in Zuffenhausen und Weil im Dorf entstanden. Die Zahl der Gefallenen und Vermißten beträgt rund 1000. Bei den früheren Luftangriffen auf Stuttgart sind 1470 Personen gefallen. Insgesamt sind in Stuttgart bei 24 Luftangriffen etwa 2500 Tote zu beklagen. Verwundet wurden bei den neuesten Angriffen rund 1400 Personen. Die Zahl der Obdachlosen wird auf rund 100 000 geschätzt.

Davon sind etwa 60 000 — vorwiegend Frauen mit Kindern und alte Leute — in den letzten Tagen aus Stuttgart abgewandert ... Die zentralen Verwaltungsämter der Stadt, die in der Hauptsache im Rathaus und in der Innenstadt untergebracht waren, haben zum großen Teil ihre Amtsräume verloren ... Ein großer Teil des städtischen Personals war selbst total oder schwer geschädigt. Die von der Stadtverwaltung getroffenen Luftschutzmaßnahmen haben sich grundsätzlich bewährt. Wenn sich die Zahl der Todesopfer bei diesen schweren Angriffen in erträglichen Grenzen gehalten hat, so ist dies vor allem darauf zurückzuführen, daß der Bevölkerung eine große Zahl von Bunkern, Stollen und anderen sicheren Schutzräumen zur Verfügung stand. Unter den Sofortmaßnahmen steht im Vordergrund die Beseitigung der Schäden an den für die Betreuung der Bevölkerung und den Fortgang der Rüstungsindustrie wichtigsten Einrichtungen, vor allem die Wiederherstellung des Gas- und Wasserrohrnetzes, des Stromnetzes, des Fernsprechnetzes, der Schienen und Oberleitungen der Straßenbahnen, der beschädigten Krankenhäuser und Apotheken sowie einer Anzahl von Bäckereien, Metzgereien und Lebensmittelgeschäften. Für die Instandsetzung der Wohngebäude können im Hinblick auf den Vorrang der Versorgungs- und Verkehrsbetriebe, der Rüstungsbetriebe und der Krankenhäuser keine Arbeitskräfte und nur sehr wenig Baumaterialien eingesetzt werden ... Insgesamt wurden 46 Notdienststellen und 3 Leitstellen eröffnet, die unmittelbar nach den Angriffen in Betrieb genommen worden sind ... Die Zahl der beim Wohnungsamt gemeldeten fliegergeschädigten Familien betrug nach dem Stand vom 6. 8. 1944 12 000. Davon wurden mit Wohnungen versorgt 8600, unversorgt waren 3400 ... Die Ernährung der Bevölkerung hat auf das Ganze gesehen gut funktioniert ... Besonders schwierig waren die Aufgaben auf dem Gebiet des Bestattungswesens, da die Friedhöfe selbst teilweise stark betroffen wurden und durch den Mangel an Kraftfahrzeugen und Personal sich die Arbeiten verzögerten. Es mußte angeordnet werden, daß künftig die Beisetzung der zivilen Luftkriegsgefallenen nur noch auf dem städtischen Hauptfriedhof im Steinhaldenfeld auf dem dortigen Ehrenfeld stattfindet ... Von den städtischen Schulgebäuden sind rund 60 % total zerstört oder schwer beschädigt ... Das gesamte Kulturleben in Stuttgart stockt, da die materiellen Grundlagen im wesentlichen zerstört sind.«

11. August   Unter der Überschrift »Ein weiterer Schritt zum totalen Kriegseinsatz« werden sechs neue Anordnungen bekanntgegeben:
»1. Sämtliche fremdvölkischen Haus- und Wirtschaftsgehilfinnen werden der Rüstungsindustrie zugeführt. Die zur Zeit noch ihren Beruf als Haus- und Wirtschaftsangestellte ausübenden deutschen Arbeitskräfte werden zum Teil der Rüstung, zum Teil solchen Haushalten zugewiesen, in denen sie dringend benötigt werden. Also in erster Linie kinderreichen Familien.
2. Eine ganze Reihe von Jahrgängen Uk.-Gestellter, deren die Front besonders drin-

gend bedarf, werden aus dem gesamten öffentlichen Leben und nach Übereinkunft mit dem Reichsminister für Rüstung und Kriegsproduktion, Albert Speer, zum großen Teil auch aus der Rüstungsindustrie herausgezogen, nachdem die Ersatzkräfte dort eingearbeitet sind.

3. Die Kreise der Bevölkerung, die bisher wenig Gelegenheit hatten, an den gemeinsamen Kriegsanstrengungen teilzunehmen, werden durch größtmögliche Intensivierung der Heimarbeit der Rüstungsproduktion dienstbar gemacht. Für Heimarbeit kommen in erster Linie solche Kräfte in Frage, die nicht arbeitspflichtig sind.

4. Das Kulturleben in allen seinen Sparten wird wesentlich eingeschränkt. Die diesbezüglichen Einzelmaßnahmen sind eingeleitet. Unter anderem wird schon in den nächsten Tagen der gesamte deutsche Nachwuchs für Film und Theater geschlossen in die Rüstungsindustrie überführt.

5. Weitere wesentliche kräftesparende Maßnahmen auf dem Gebiet der allgemeinen inneren Verwaltung, der Reichsbahn, der Reichspost und des kulturellen Lebens sind im Gange oder in Vorbereitung. Sie werden der Öffentlichkeit von Fall zu Fall vor Inkrafttreten bekanntgegeben.

6. Was den Stil des öffentlichen Lebens betrifft, so ist er nunmehr grundsätzlich den Erfordernissen des totalen Krieges anzupassen. Nicht der äußere Aufwand einer Veranstaltung soll in Zukunft als Maßstab ihrer Bedeutung gelten, sondern ihre Einfachheit und Zweckmäßigkeit.

Alle öffentlichen Veranstaltungen nicht kriegsmäßigen Charakters wie Empfänge, Amtseinführungen, Fest- und Theaterwochen, Musiktage, Ausstellungseröffnungen und Gedenkfeierlichkeiten, die nicht der unmittelbaren Förderung unserer gemeinsamen Kriegsanstrengungen dienen, haben zu unterbleiben. Der unumgängliche Rest solcher Veranstaltungen hat in einem Rahmen zu erfolgen, der jeden unzeitgemäßen Aufwand vermeidet und ganz auf den Zweck der Veranstaltung ausgerichtet ist.«

12. August Nach einer Anordnung des Polizeipräsidenten wird die bisher übliche Schließung der Verkaufsstellen an jedem Mittwochnachmittag für sämtliche Verkaufsstellen einschließlich der Verkaufsstellen des Handwerks mit sofortiger Wirkung bis auf weiteres aufgehoben. Das gleiche gilt für die Friseurgeschäfte hinsichtlich der Schließung an einem halben Tag in der Woche. Bei den Fleischereien verbleibt es bei der Ladenschließung dienstags.

15. August In einer gemeinsamen Beratung der Verwaltungs-, Wirtschafts- und Luftschutzbeiräte bringen die Beiräte »ihre Empörung zum Ausdruck über die Ungerechtigkeiten, die bei der Behebung der Fliegerschäden zu beobachten seien. Leider müsse man immer wieder feststellen, daß gewisse Persönlichkeiten, z. B. Rüstungsbetriebe wie die Firmen Daimler und Bosch, infolge ihrer Beziehungen bevorzugt behandelt werden. Auch sonstigen Personen gelinge es durch Bestechung der maßgebenden Stellen, durch Tauschhandel und dergleichen vorzugsweise berücksichtigt zu werden. Dies gelte auch auf dem Gebiet der Treibstoffversorgung, wo es die Betreffenden verstehen, bei der Verwendung des Treibstoffs noch in großem Maße privaten Bedürfnissen Rechnung zu tragen. Die Beiräte fordern nachdrücklich, daß gegen diese handgreiflichen Mißstände aufs schärfste vorgegangen wird und bitten, ihre Beanstandungen dem Herrn Oberbürgermeister zu unterbreiten und den zuständigen Stellen zu berichten. Stadtbaudirektor Scheuerle bemerkt, die Rüstungsbetriebe genießen von den maßgebenden Stellen zu weitgehende Unterstützung. Die Firma Bosch z. B. verstehe es ausgezeichnet, diese Unterstützung auszuwerten. Personen, die unter Ausnützung ihrer Beziehungen und auf Grund sonstiger gemeinschaftswidriger Handlungen sich Vorteile verschaffen, sollten exemplarisch bestraft werden. In einer Beratung mit den Bezirksbauleitungen und Unternehmen habe er diese bereits auf ihre Pflicht zu einwandfreiem Verhalten nachdrücklich hingewiesen.« Ratsherr Harsch bemängelt, »bei der Bewachung russischer Kriegsgefangener sei das Verhalten der deutschen Aufsichtspersonen zu nachsichtig. Das deutsche Bewachungspersonal sollte entsprechend angewiesen werden. Weitere Ratsherren sind ebenfalls dieser Auffassung.«

Die Zerstörungen durch die Luftangriffe machen auch im Fernsprechwesen einschneidende Maßnahmen erforderlich. Es wird bekanntgegeben: »Das Fernsprechamt Stuttgart arbeitet mit äußerster Energie an der Beseitigung der Terrorschäden, damit die kriegswichtigen Fernsprechanschlüsse so rasch wie möglich wiederhergestellt werden ... Privatgespräche scheiden derzeit aus dem Fernsprechverkehr ganz aus ... Wer bisher als Privatmann zu Hause einen Anschluß hatte, wird also nicht mit der Wiederherstellung seines Fernsprechanschlusses rechnen dürfen. Es ist für ihn zwecklos, wegen der Instandsetzung seines Fernsprechers zu reklamieren ... Die Disziplin verlangt, daß die Fernsprechteilnehmer, die wieder einen Anschluß haben, nur wichtige Gespräche und die mit tunlichster Kürze führen. Wer seinen Apparat einem anderen zur Verfügung stellt, ist dafür verantwortlich, daß keine Privatgespräche geführt werden.«

Im Sommerhalbjahr 1944 befanden sich an der TH Stuttgart 828 Studierende, darunter 202 weibliche. Nach den Studienfächern verteilen sich die Studierenden wie folgt: Physik 45, Mathematik 21, Chemie 145, Biologie 31, nichtnaturwissenschaftliche Ergänzungsfächer 38, Architektur 195, Bauingenieurwesen 76, Vermessungswesen 4, Maschineningenieurwesen 128, Elektrotechnik 95, Luftfahrttechnik 50. An der Landwirtschaftlichen Hochschule in Hohenheim gab es 82 Studierende, darunter 25 weibliche.

16. August Unter der Überschrift »Schutzhaft für unsoziales Verhalten« berichtet der NS-Kurier: »Zwei Schwestern, die im eigenen Hause eine Vierzimmerwohnung mit leerstehendem Mansardenzimmer allein bewohnten, hatten sich trotz Aufforde-

AUGUST 1944

rung des Wohnungsamtes und der Polizei und Parteidienststellen hartnäckig geweigert, das leerstehende Mansardenzimmer einer total bombengeschädigten Familie zu überlassen. Wegen eines gemeinschaftswidrigen Verhaltens wurden sie vorläufig in Schutzhaft genommen. In ihre Wohnung wurde nunmehr die ausgebombte Familie eingewiesen und sie selbst auf das Mansardenzimmer beschränkt.«

Aufruf des Oberbürgermeisters zur Ablieferung und Beschlagnahme von Orgelpfeifen und Windleitungen: »Nach der Anordnung M 66 der Reichsstelle Eisen und Metalle vom 14. März 1944 über die Beschlagnahme und Ablieferung von Orgelpfeifen und Windleitungen ... sind sämtliche Orgelpfeifen und Windleitungen aus Blei, Zinn, Zink, Kupfer und Aluminium sowie aus deren Legierungen beschlagnahmt ... Alle Orgeln, welche beschlagnahmte Metallteile enthalten, sind vom jeweiligen Besitzer, Gewahrsaminhaber oder Benutzer zu melden. Die Durchführung des Meldeverfahrens für kirchliche Orgeln liegt in den Händen der zuständigen kirchlichen Stellen. Die nicht kirchlichen Orgeln sind ausnahmslos beim Oberbürgermeister der Stadt Stuttgart anzumelden. Von der Meldung von Schausteller- und Drehorgeln wird zunächst abgesehen ... Der Zeitpunkt der Ablieferung der Orgelpfeifen und Windleitungen wird rechtzeitig bekanntgegeben werden ... Angemessene Entschädigung nach Kriegsende sowie jede sonstige Hilfe für den Wiederaufbau der Orgeln wird zugesichert. Wer es unterläßt, der vorgeschriebenen Meldepflicht zu genügen, wird ... bestraft.«

Als Polizeipräsident in Stuttgart wird SS-Standartenführer und Oberst der Schutzpolizei Heinrich Wicke eingesetzt. Gleichzeitig scheidet der bisherige Stuttgarter Polizeipräsident, Generalmajor der Schutzpolizei a. D. Karl Schweinle, aus dem Amt.

17. August Oberkirchenrat Reinhold Sautter wegen seines Eintretens gegen den Weltanschauungsunterricht verhaftet.

Die SWISSAIR stellt ihren Flugbetrieb in Echterdingen ein.

Zur Behebung des »Verkehrsnotstandes« in Stuttgart ordnet Reichsverteidigungskommissar Murr an: »Die Fahrer von Fahrzeugen jeder Art, insbesondere von Motorfahrzeugen, sind verpflichtet, in den Stadtteilen, in denen bisher die Straßenbahn verkehrte, aber infolge der letzten Luftangriffe nicht in Betrieb ist, Passanten auf deren Wunsch und Gefahr mitzunehmen, soweit es der freie Raum im Fahrzeug zuläßt. Zuwiderhandelnde haben mit strenger Bestrafung zu rechnen.«

Das Deutsche Frauenwerk, Kreis Stuttgart, Abteilung Mütterdienst, teilt mit, »daß die laufenden Kurse des Mütterdienstes ab sofort in der Mittelschule I, Tunzhoferstraße 15, weitergeführt werden ... Anmeldungen für weitere Kurse werden angenommen. Beratung für werdende Mütter über Kleidung, Pflege und Ernährung des Säuglings wird täglich in der Mütterschule erteilt. Betreuungsstunden in den Außenortsgruppen sind durch die Ortsfrauenschaftsleiterinnen zu erfahren.«

AUGUST 1944

18. August Gauleiter Murr beruft die Gauamtsleiter, Kreisleiter und Gliederungsführer des Gaues zu einer Arbeitsbesprechung. Behandelt werden die Überprüfung der Uk.-Stellungen (= unabkömmlich), die Frage des Arbeitseinsatzes der Evakuierten, die Organisation der Heimarbeit in größtem Umfang u. a.
Da der Bedarf an Geschäftsräumen außerordentlich groß ist, wird vom Wohnungsamt aufgerufen, jeden Geschäftsraum, der zur Zeit nicht benützt oder nicht voll ausgenützt ist oder der bei Zusammenrücken Aufnahmemöglichkeit für einen weiteren Betrieb bietet, restlos zu verwerten. Die Gebäudeeigentümer, Inhaber oder Benützer solcher Geschäfts-, Büro-, Praxisräume usw. werden erneut ersucht, derartige Räume sofort beim städt. Wohnungsamt zu melden.

21. August Reichsverteidigungskommissar Murr zeichnet Personen, die während der Bombenangriffe Mut, Tatkraft und Umsicht bewiesen haben, mit dem Kriegsverdienstkreuz 1. Klasse aus.
Bis 9. September können alle über 18 Jahre alten Stuttgarter Verbraucher, »die im Juli 1944 die Fliegerangriffe in Stuttgart mitgemacht haben ... die bereits bekanntgegebene Sonderzuteilung von 50 Gramm Bohnenkaffee« beziehen.
Die bisherige Zuteilungsmenge von Tabakwaren wird um ein Drittel gesenkt.

22. August In der »Aktion Gewitter« läßt Hitler rund 5000 ehemalige Minister, Bürgermeister, Parlamentarier, Parteifunktionäre und politische Beamte der Weimarer Republik verhaften und festsetzen. Auch Fritz Ulrich und Erich Roßmann (in Berlin) werden erneut verhaftet. Im August wird auch die ehemalige Gemeinderätin Charlotte Armbruster (Zentrum) im Zusammenhang mit den Ereignissen des 20. Juli in Haft genommen, schon im Juli der ehemalige Zentrumsabgeordnete Josef Andre.

23. August Die Direktoren der Akademie der bildenden Künste und der Hochschule für Musik sowie die jeweiligen Dozenten und Studentenführer »haben an die Dozenten und Studenten der Akademie der bildenden Künste und der Staatlichen Hochschule für Musik einen Aufruf gerichtet, im Sinne des totalen Kriegseinsatzes im kommenden Wintersemester 1944/45 auf die Hochschularbeit zu verzichten und sich für unmittelbar kriegswichtige Aufgaben einzusetzen. Dozentenschaft und Studentenschaft der beiden staatlichen Kunsthochschulen, die für die Ferien im studentischen Kriegseinsatz stehen, werden sich hernach für kriegswichtige Aufgaben zur Verfügung stellen«.
Auf Einladung der Regierung des Fürstentums Liechtenstein gaben die Stuttgarter Künstler der Württ. Staatstheater, Hans Blessin und Josef Dünnwald, zusammen mit Margarete Wagener-Deharde in Vaduz ein Konzert.

AUGUST 1944

24. August Ein 37 Jahre alter Pole, den das Sondergericht in Stuttgart zum Tode verurteilte, wird hingerichtet. Er hatte aus einem Luftschutzkeller in Backnang Wäschestücke und Stoffe entwendet.

26. August Der NS-Kurier bringt einen Artikel zum Thema: »Worin besteht Trauerkleidung?« und schreibt hierzu: »Nach einer neueren Anordnung besteht die Trauerkleidung bei Männern aus einem Trauerflor sowie einer schwarzen Krawatte, bei Frauen aus einem Paar schwarzer Strümpfe. Über jede dieser Spinnstoffarten wird ein besonderer Bezugschein ausgestellt. In diesem Zusammenhang wird daran erinnert, daß nur die nächsten Angehörigen eines Verstorbenen, wenn sie im Besitz der Reichskleiderkarte sind, auf Antrag diese Bezugscheine erhalten; es sind dies der Ehegatte, die Eltern und die Kinder, wenn sie am Todestag des Verstorbenen das 15. Lebensjahr vollendet hatten.«
Als neues Filmtheater Stuttgarts eröffnet das Freilicht-Filmtheater am Rosengarten mit dem Film »Wildvogel« seine Vorstellungen.

27. August Margarete und Erich Ade bringen auf der dritten Veranstaltung im Rahmen der Kammermusik des Kurvereins Bad Cannstatt im Kleinen Kursaal Werke von J. S. Bach zu Gehör.
Fußballspiele in der Adolf-Hitler-Kampfbahn: Stuttgarter Sportclub — HSV Heilbronn 5 : 4; VfB Stuttgart — FV Zuffenhausen 8 : 3.

28. August Ab 0.00 Uhr werden mit Rücksicht auf die Erntetransporte keine Fahrkarten für Erholungsreisen mehr ausgegeben.
Kinder und Jugendliche bis 18 Jahre, die die letzten Luftangriffe in Stuttgart mitgemacht haben, erhalten eine Sonderzuteilung von 250 Gramm Süßwaren.
Eugen Dolmetsch, Direktor beim Allg. Deutschen Versicherungsverein in Stuttgart, Heimatforscher, in Calw verstorben.

30. August Überschrift im heutigen NS-Kurier: »Die Geschichte lehrt: Wer den Mut nicht verlor, gewann die letzte Schlacht«.

31. August Die in Stuttgart wohnenden Mädchen der Geburtsjahrgänge 1933 und 1934 werden aufgerufen, sich beim Bund Deutscher Mädel Bann Groß-Stuttgart zur Erfassung zu melden.
Auf der Großen Deutschen Kunstausstellung 1944 in München sind die folgenden Stuttgarter Künstler vertreten: Roland Niederbühl, Peter Schober, Hans Spiegel, Erich Feyerabend, Gretli Fuchs, Fritz Nuß, Rudolf Köll, Gustav Adolf Bredow, Hanne Pflumm, Ulfert Janssen, Lilli Kerzinger-Werth.

SEPTEMBER 1944

2. September Der NS-Kurier bringt einen Bericht über die »Meldepflicht der Kulturschaffenden«. Hier heißt es: »Der Generalbevollmächtigte für den Arbeitseinsatz hat eine Verordnung erlassen, wonach alle den Einzelkammern der Reichskulturkammer angehörenden Männer und Frauen sowie alle sonstigen Personen, die durch die Einschränkung des gesamten deutschen Kulturwesens von ihrer bisherigen Berufstätigkeit freigestellt werden, sich bis zum 15. September 1944 bei dem für ihren Wohnort zuständigen Arbeitsamt zu melden haben ... Die zur Wehrmacht, zur Polizei und zum Reichsarbeitsdienst Einberufenen sind von der Meldung befreit. Die Meldepflichtigen können ... erklären, für welche Beschäftigung sie sich für besonders befähigt halten und gegebenenfalls auch außerhalb ihres Wohnortes zur Verfügung stellen.«

3. September Ein Fußballspiel zwischen den alten Widersachern SpV Feuerbach und FV Zuffenhausen endet 3 : 6.

4. September Der Oberbürgermeister gibt als Leiter der Sofortmaßnahmen »Richtlinien für die Selbst- und Gemeinschaftshilfe« bekannt; hier heißt es u. a.: »Um die in unserem Stadtgebiet entstandenen Bombenschäden weitmöglichst beseitigen zu können, muß alles zusammenhelfen, damit nicht weitere Schäden durch Witterungseinflüsse entstehen. Ich habe ... in allen Luftschutzrevieren Bezirksbauleitungen eingerichtet, die den Geschädigten Ratschläge zur technischen Durchführung erteilen und soweit möglich Material bereitstellen. Vor der Verwendung von neuen Baustoffen ist es Pflicht, alles noch Verwertbare aus den Bauresten schwerer beschädigter Gebäude herauszuholen ... Die Baureste sind jedoch kein herrenloses Gut; sie wurden beschlagnahmt. Zur Verwendung der Baureste aus fremden Grundstücken bedarf es daher eines schriftlichen Ausweises des zuständigen Bezirksbauleiters.«

5. September 25. Luftangriff. Schwerpunkte: Untertürkheim und Wangen. 37 Tote, 70 Verletzte (s. hierzu 12. Oktober 1944).

7. September Das Sondergericht Stuttgart verurteilte den 22 Jahre alten Heinrich M. aus Frankfurt/Main als »Volksschädling und gefährlichen Gewohnheitsverbrecher wegen Kriegsverbrechens, Diebstahls und Unterschlagung zum Tode«. Der mitangeklagte 40 Jahre alte Alfred M. aus Leonberg erhielt »wegen gewerbsmäßiger Hehlerei fünf Jahre Zuchthaus«. Der Hauptangeklagte »hatte in verschiedenen Häusern in Stuttgart unter Ausnutzung der Kriegsverhältnisse Kellereinbrüche und Nachschlüsseldiebstähle verübt. Das Diebesgut bestand großenteils aus Luftschutzgepäck von beträchtlichem Umfang und Wert.« Ferner entwendete er »während seines Luftschutzdienstes aus dem Lagerraum einer Schokoladenfabrik ein Paket mit 25 Tafeln Blockschokolade und 15 Kilogramm Trinkschokolade. Einem Stuttgarter Uhrmacher stahl er Uhren und

SEPTEMBER 1944

Bargeld.« Der größte Teil des Diebesgutes wurde von dem zweiten Angeklagten, »der den unredlichen Erwerb kannte, zu Überpreisen weiterverkauft«.
OB Dr. Strölin sucht Feldmarschall Rommel in Herrlingen auf, um Maßnahmen zur Rettung des verhafteten Generalleutnants Dr. Hans Speidel zu besprechen.
Die Sammlungen zum 6. Kriegs-Winterhilfswerk werden angekündigt: »Mit dem ersten Opfersonntag am kommenden Sonntag beginnt das Kriegswinterhilfswerk 1944/45. Es führt wieder 7 Opfersonntage durch, und zwar am 10. September, 8. Oktober, 5. November, 3. Dezember 1944 und am 14. Januar, 4. Februar und 4. März 1945. Bei der Überlegung, wieviel jeder Volksgenosse geben will und vor seinem eigenen guten deutschen Gewissen muß, muß er auch bedenken, daß nunmehr im Zuge der Kräfteeinsparung im Dienste des totalen Kriegseinsatzes während des Krieges sämtliche Beitragspflichten gegenüber der Nationalsozialistischen Volkswohlfahrt ruhen.«

8. September Wegen »vorübergehender« Schließung der Theater werden die Abonnenten von Mieten aufgefordert, sich die schon geleisteten Vorauszahlungen zurückerstatten zu lassen.

9. September Ab heute (bis 1. Oktober) können alle über 18 Jahre alten Stuttgarter »Verbraucher«, die die Fliegerangriffe im Juli in Stuttgart mitgemacht haben, die Sonderzuteilung von 1/2 Flasche Trinkbranntwein (gegen Abgabe einer leeren Flasche) beziehen.

10. September 26. Luftangriff. Schwerpunkte: Zuffenhausen, Feuerbach und Stammheim. 28 Tote, 113 Verletzte (s. hierzu 12. Oktober 1944).

12. September Nach einer Aufstellung erfolgten zwischen 1942 und 1944 in Stuttgart 381 Hinrichtungen (430 ab 1933) im Gefängnis zwischen Urban- und Archivstraße. Danach wurden die Hinrichtungen, weil das Gefängnis von Bomben schwer beschädigt worden war, vor allem in Bruchsal vollzogen.
27. Luftangriff. Schwerpunkt: Innenstadt, hauptsächlich westlicher Stadtteil. 957 Tote, 1600 Verletzte, 14 Vermißte (s. hierzu 12. Oktober 1944).

14. September Appell des Oberbürgermeisters an die städt. Gefolgschaft: »In meinem Aufruf vom 29. Juli 1944 an die städt. Gefolgschaft ... mußte ich die Feststellung treffen, daß durch den Terrorangriff in der Nacht vom 25./26. Juli 1944 unsere Stadt sehr schwer betroffen wurde ... Gleichzeitig mußte ich meiner Vermutung Ausdruck verleihen, daß wohl neue Angriffe kommen werden, die sich in ihrer Heftigkeit noch steigern könnten. Diese Vermutung ist nun leider in der Nacht vom 12./13. September 1944 zur Tatsache geworden. Ein weiterer sehr schwerer Terrorangriff hat wiederum große Zerstörungen in unserer Stadt angerichtet und viele weitere Volksgenossen, die ihr Hab und Gut sowie Angehörige verloren haben, in schweres Leid gebracht. Neben unzähligen Wohn- und Geschäftshäusern sind auch viele städt. Dienstgebäude zum Teil schwer beschädigt, zum Teil zerstört worden ... Es gilt nun für jedes Gefolgschaftmitglied der Stadtverwaltung, sich erneut mit aller Kraft dafür einzusetzen, daß die durch den Luftangriff schwer betroffenen Volksgenossen betreut werden und ihnen nach Möglichkeit mit Rat und Tat geholfen wird. Ich weiß, daß die gegenwärtige schwere Zeit an die städt. Gefolgschaft sehr große Anforderungen stellt. Jeder muß daher innerlich bereit sein, mit ganzer Kraft zu helfen, um die Not so gut wie möglich zu lindern.«

OB Dr. Strölin verfügt: »Mit Rücksicht darauf, daß die Gefolgschaftsangehörigen der Stadtverwaltung an den Wochentagen äußerst stark in Anspruch genommen sind und die zahlreichen geschädigten Gefolgschaftsmitglieder auch Gelegenheit haben müssen, ihre eigenen Angelegenheiten zu erledigen, sehe ich davon ab, am kommenden Samstagnachmittag und am Sonntag Dienst wie an Werktagen anzuordnen. Um aber den geschädigten Volksgenossen die Möglichkeit zu geben, dringende Angelegenheiten bei den für die Fliegergeschädigten zuständigen Ämtern und Betrieben auch an diesen Tagen zu erledigen, ordne ich am Samstag, 16. September, ab Dienstschluß bis 17.45 Uhr, und am Sonntag, 17. September, von 9 Uhr bis 17 Uhr, die Einrichtung eines Bereitschaftsdienstes an, den die Amtsvorstände und Leiter der Betriebe nach ihrem Ermessen und unter Berücksichtigung der Notwendigkeiten ihres Amts oder Betriebs zu bestimmen haben.«

Der NS-Kurier erscheint (bis 28. Oktober) erneut als Notausgabe.

15. September Die schweren Schäden des letzten Luftangriffs kommen auch in den folgenden Zeitungsberichten und -meldungen zum Ausdruck: »Zur Behebung von Fliegerschäden ist der Einsatz einer großen Zahl von Fahrzeugen notwendig. Es ergeht daher an alle Fahrzeughalter die Aufforderung, ihre Fahrzeuge von einer Tonne und mehr sofort dem Straßenverkehrsamt ... zur Verfügung zu stellen ... Die Meldung ist Pflicht. Wer sein Fahrzeug nicht meldet, läuft Gefahr, neben einer empfindlichen Strafe sein Fahrzeug zu verlieren.«

»Mit Stand vom 15. September bestehen Bahnverbindungen wie folgt: Richtung Stuttgart-Feuerbach: Bis und ab Bahnhof Stuttgart-Nord (in Stuttgart-Zuffenhausen Anschluß Richtung Leonberg). Richtung Waiblingen: Bis und ab Fellbach, vereinzelte Züge bis und ab Bahnhof Bad Cannstatt. Richtung Eßlingen: Pendelverkehr bis und ab Stuttgart-Bad Cannstatt. Richtung Böblingen: Bis und ab Stuttgart-West. Anschluß auf die Fernzüge: Richtung Ludwigsburg in Kornwestheim und Ludwigsburg. Richtung Eßlingen: in Eßlingen. Richtung Nürnberg: in Fellbach. Fahrplanauskunft in Stuttgart Hauptbahnhof. Annahme von Reisegepäck und Expreßgut in beschränktem

SEPTEMBER 1944

Umfange im Hauptbahnhof, Expreßgutstelle Cannstatter Straße. Die Reichspostdirektion Stuttgart hat sofort alles in die Wege geleitet, um unsere Stadt, die zur Zeit gewissermaßen isoliert ist, mit der Außenwelt wieder zu verbinden. Telegramme, selbstverständlich nur solche, die von der Ortsgruppe bestätigt sind, und Eilnachrichten verlassen schon wieder die Stadt, um den Angehörigen und Verwandten draußen von dem Schicksal der schwergeprüften Stuttgarter zu berichten ... Der Reichspostdirektion ist es ... gelungen ... fünf fahrbare Postämter einzurichten. Diese stehen auf dem Rosenbergplatz, Bismarckplatz, Leonhardsplatz, Platz der SA., Urbanplatz und Hegelplatz ... Die Annahme von Paketen und Päckchen ist zur Zeit für Stuttgart gesperrt ... Für Stuttgart bestimmte Post wird voraussichtlich in zwei Tagen wieder ausgetragen werden.«

Unter der Überschrift »Möbelbergung noch nicht vordringlich« heißt es: »Vieles ist verbrannt, manches wurde ... noch aus den brennenden Häusern geborgen. Diese Gegenstände, Möbel, Kleider, Küchengeräte, auch Betten und Matratzen, wurden auf die Straße gestellt; dort stehen sie mitten im Regen. Was kann getan werden? Für die Möbelbergung stehen in den nächsten Tagen nur sehr wenige Fahrzeuge zur Verfügung, da der Großteil aller im Augenblick vorhandenen Kraftfahrzeuge für die Lebensmittel- und Trinkwasserversorgung der Stadt sowie für den behelfsmäßigen Verkehrsdienst gebraucht werden. Wo irgend eine Möglichkeit besteht, sollen deshalb die Möbel notdürftig untergestellt oder mit irgendwelchen Behelfsmitteln gegen Nässe geschützt werden.«

Erneut wird die Forderung erhoben: »Die nicht Berufstätigen hinaus aus der Stadt!« Hierzu heißt es: »Diese Art von Umquartierung im jetzigen Augenblick der Gefährdung durch Fliegerangriffe hat natürlich mit einem ordnungsgemäß durchgeführten Umzug nichts zu tun. Es kann sich also heute nicht mehr darum handeln, ganze Wohnungseinrichtungen aufs Land schaffen zu lassen, sondern alles muß so schnell als möglich vonstatten gehen. Deshalb dürften die Abziehenden nur die wichtigsten Dinge als Handgepäck mit sich nehmen.«

Landesbischof Wurm beschwert sich beim Generalstaatsanwalt, daß beim Luftangriff vom 12. September die Untersuchungsgefangenen, darunter auch Oberkirchenrat Sautter, nicht in den Luftschutzkeller gebracht, sondern in den Zellen eingeschlossen wurden.

16. September Auch in der heutigen Zeitungsausgabe befassen sich viele Berichte mit den Folgen der Fliegerangriffe. So heißt es z. B.: »Es war bisher schon eine Selbstverständlichkeit, daß diejenigen Volksgenossen, die noch über ein Gastbett verfügen, dieses Fliegergeschädigten zur Verfügung stellten. Der neuerliche Terrorangriff zwingt uns, den Kreis derer, denen wir Unterkunft gewähren wollen, erheblich weiter zu ziehen. Es sollte niemanden geben, der keine Schlafgelegenheit hat, solange in Stutt-

gart noch ein Bett frei steht ... Es ist eine Selbstverständlichkeit, daß man ein freistehendes Bett jedem, der dessen bedarf, zur Verfügung stellt.«
»Infolge des Ausfalls zahlreicher Stuttgarter Bäckereien macht sich ein Mangel in der Brotversorgung der Bevölkerung bemerkbar. Die Praxis zeigt, daß in den meisten Bäckereien der Stadt und der Vororte schon am frühen Nachmittag die Vorräte des Tages ausverkauft sind. Da jedoch die Berufstätigen in den allermeisten Fällen erst am späten Nachmittag oder in den Abendstunden einkaufen können, sollte man erwarten dürfen, daß die Bäcker für diese Volksgenossen einen Vorrat zum Verkauf zurückbehalten ... Auf keinen Fall aber geht es an, die einzelnen Bäckereien schon am frühen Nachmittag zu schließen und einfach ein Schild ›Ausverkauft‹ an die Türe zu hängen.«
»Die Ausgabe der Lebensmittelmarken für die neue Kartenperiode konnte durch den letzten Terrorangriff nicht vollständig durchgeführt werden. Deshalb wird die Verpflegung durch das Amt für Volkswohlfahrt der NSDAP ohne Marken bis auf weiteres verlängert. Vorläufig brauchen also für die Gemeinschaftsverpflegung keine Marken abgegeben werden.«
»Die Kreisleitung verweist alle Ortsgruppen darauf, die Essensbehälter, in denen die Gemeinschaftsverpflegung herangebracht wird, sofort nach der Essensausgabe wieder zurückzuschicken, da sonst eine regelmäßige Belieferung der einzelnen Verpflegungsstellen in Frage gestellt wird. In keinem Fall dürfen auch Milchkannen als Wasserbehälter benutzt werden, sondern müssen sofort an den Milchhof zurückgegeben werden.«

17. September Für heute wird zu einem »Generaleinsatz der gesamten Bevölkerung zum Freimachen der Straßen in den vom letzten Angriff betroffenen Stadtteilen« aufgerufen: »Jeder Volksgenosse und jede Volksgenossin sowie jeder Betrieb und jede Dienststelle hat die Pflicht, das Straßenstück vor dem eigenen Haus bzw. Betrieb restlos dem Verkehr freizumachen. Niemand darf sich dieser für die Versorgung der Stadt so wichtigen Aufgabe entziehen.«
Sämtliche Stuttgarter Lebensmittelgeschäfte, Bäckereien und Metzgereien sowie Tabakwarenverkaufsstellen müssen am heutigen Sonntag in der Zeit von 10 bis 12 Uhr offenhalten.

18. September Eine »Notversorgung mit Kleidung« wird eingerichtet: »Da die Mehrzahl der Bekleidungsgeschäfte in Stuttgart nicht mehr besteht, muß auf andere Weise geholfen werden. Der Hilfszug Hermann Göring wurde nach Stuttgart abgesandt und wird nach Maßgabe seiner Bestände und in den dringendsten Fällen helfen. Bei der großen Anzahl der Bedürftigen wird es vermutlich nicht möglich sein, daß alle sogleich zum Zug kommen. Es wird deshalb erneut an die Hilfsbereitschaft der anderen Volksgenossen zu appellieren sein, damit sie den Totalgeschädigten und Obdachlosen vorläufig aus ihren Beständen an Kleidung und Wäsche aushelfen.«

19. September Notlage bei der Trinkwasserversorgung: »Auch nach diesem Terrorangriff übernehmen wieder die Wasserwagen der städtischen Wasserversorgung die Belieferung der Bevölkerung mit Trinkwasser. Infolge des Ausfalls vieler Kraftfahrzeuge in unserer Stadt können die Wagen nur einmal täglich die Ortsgruppen versorgen. Für diejenigen Volksgenossen, die tagsüber ihrem Beruf nachgehen und sich nicht um die Beschaffung von Trinkwasser bekümmern können, sollten die Hausbewohner oder Nachbarn in bereitgestellten Gefäßen das Trinkwasser mit empfangen. Trinkwasser ist eine Transportfrage; es muß daher mit jedem Trinkwasser sehr sparsam umgegangen werden.«
Auch die Zeitungszustellung ist schwierig: »Luftkriegsschäden, Umquartierung und Umschichtung der Stuttgarter Bevölkerung haben es mit sich gebracht, daß vorläufig den Zeitungsabonnenten die Zeitung nicht mehr ... ins Haus zugestellt werden kann. Um trotzdem den Leser täglich ... zu bedienen, wird die Zeitung über die Leitstellen der Partei und über die Ortsgruppen verteilt. Diese behelfsmäßige Art der Zustellung ... setzt allerdings voraus, daß die Zeitung, nachdem sie gelesen ist, von Hand zu Hand und von Haus zu Haus weitergereicht wird.«

20. September Ab heute werden für die Gemeinschaftsverpflegung Lebensmittelkarten verlangt.

21. September Aus Anlaß des letzten schweren Luftangriffs wird eine Sonderzuteilung von 200 Gramm Fleisch oder Fleischwaren für alle ständig in Stuttgart wohnhaften Versorgungsberechtigten angekündigt, zwei Tage später eine Sonderzuteilung von 50 Gramm Kaffee und ¹/₂ Flasche Trinkbranntwein für alle über 18 Jahre alten Einwohner bzw. 125 Gramm Süßwaren für alle jüngeren sowie für jeden 2 Dosen Kondensmilch.
Im NS-Kurier erscheint ein historischer Beitrag unter der Überschrift »Wie es damals war: Kampfesmut und Siegesgewißheit des kleinen Macedonierheeres zerstörten das gewaltige Perserreich«.
Das Landeswirtschaftsamt ordnet die Erfassung des Knüllpapiers (Papierabfälle) in den Haushaltungen mit der Begründung an, dieses sei von ausschlaggebender Bedeutung für die Rohstoffversorgung der mit kriegswichtigen Aufträgen betrauten Papierindustrie.

23. September Gedenkfeier auf dem Steinhaldenfeld-Friedhof für die Opfer der letzten Fliegerangriffe. Wegen ihrer großen Zahl mußten sie in Reihen-Einzelgräbern beerdigt werden.

Die Kreisleitung der NSDAP macht bekannt: »Der Inhaber einer 5-Zimmer-Wohnung wurde verhaftet und für längere Zeit einem Sonderkommando zu Aufräumungsarbeiten zugeführt, weil er sich geweigert hatte, eine totalgeschädigte, berufstätige Familie bei sich aufzunehmen. Obwohl die 5-Zimmer-Wohnung lediglich von zwei Personen benutzt wurde, lehnte er es ab, 2 Zimmer mit Notküche an die totalgeschädigten Volksgenossen auf Grund einer Einweisung des städtischen Wohnungs- und Siedlungsamtes abzugeben ... Wer sich den gerechten und billigen Anforderungen der Volksgemeinschaft zu widersetzen versucht, wird unweigerlich zur Rechenschaft gezogen. Dies mögen sich alle gesagt sein lassen, die bisher noch eine Auffassung hegten, die den Notwendigkeiten unserer heutigen Lage nicht mehr gerecht wird.«

Die für das Wochenende vorgesehene erste Reichsstraßensammlung für das 6. Kriegswinterhilfswerk wird nicht mit Büchsen auf öffentlichen Straßen und Plätzen, sondern mit Sammellisten in allen Haushalten durchgeführt. Außerdem wird nicht nur am Samstag und Sonntag, sondern auch noch an den darauffolgenden Wochentagen gesammelt. »Jeder Volksgenosse muß durch eine erhöhte Spendenfreudigkeit dazu beitragen und beweisen, wie unüberwindlich die Widerstandskraft unseres Volkes und opferbereit seine Haltung ist.«

25. September Anton Hummler und Max Wagner von der Sektion Stuttgart des Nationalkomitees Freies Deutschland hingerichtet. In der Mitteilung des Oberreichsanwalts beim Volksgerichtshof an Hummlers Frau vom 5. Dezember 1944 heißt es: »Die Veröffentlichung einer Todesanzeige ist nicht zulässig.«

26. September Die Kreisleitung Stuttgart teilt mit: »Eine jüngere meldepflichtige Frau wurde in Haft genommen und für mehrere Wochen einem Sonderkommando für Aufräumungsarbeiten zugewiesen, weil sie das Kind einer Ausländerin bei sich aufgenommen hat, um sich dadurch dem Arbeitseinsatz zu entziehen. Der Vater dieses Kindes ist ebenfalls ein Ausländer. Wer sich im Zeitpunkt des totalen Kriegseinsatzes durch ein derart würdeloses Verhalten um seine nationale Pflicht zu drücken versucht, muß damit rechnen, daß die kämpfende Nation schonungslos gegen ihn vorgeht.«

27. September Der frühere Vorstand des städt. Gesundheitsamtes, Prof. Dr. Alfred Gastpar, der nahezu 40 Jahre — bis 1938 — im Dienste der Stadt Stuttgart tätig war, im Alter von 71 Jahren verstorben. Die Entwicklung des Gesundheitsamts der Stadt Stuttgart, das als eines der vorbildlichsten in Deutschland gilt, ist vor allem sein Lebenswerk.

OKTOBER 1944

28. September Landesbischof Wurm weist Reichsstatthalter Murr darauf hin, daß von 748 einberufenen evang. Geistlichen Württembergs bisher 165, das heißt 13 Prozent aller evang. Geistlichen (bzw. 22 Prozent der ausmarschierten) gefallen sind.

1. Oktober In einem Fußballspiel in der Adolf-Hitler-Kampfbahn besiegt der VfB Stuttgart Ulm 1846 mit 7 : 2 Toren.

3. Oktober 28. Luftangriff. Schadenstelle: Fasanengarten bei Weilimdorf.
Der NS-Kurier berichtet: »In den Sterbebucheintragungen auf den Standesämtern wird der Heldentod von Soldaten, die an der Front gefallen sind, als solcher ausdrücklich charakterisiert. In Ergänzung dieser Regelung ist ... angeordnet worden, daß auch der Tod von Personen, der bei einer feindlichen Kriegshandlung gegen die Zivilbevölkerung eingetreten ist, entsprechend im Sterbebuch bezeichnet wird. Statt ›verstorben‹ wird in diesen Fällen dann neben der Bezeichnung der Örtlichkeit des Todes zum Beispiel einzutragen sein: ›Bei einem feindlichen Luftangriff gefallen‹.«
Der Stuttgarter Generalstaatsanwalt Wagner berichtet an den Reichsminister der Justiz: »In diesen Tagen, in denen alles auf mannhafte Entschlossenheit und Taten ankommt, scheint es mir nicht angebracht, viel Worte über die allgemeine Stimmung zu machen. Daß sie auch in Württemberg-Hohenzollern sehr ernst und besorgt und weithin recht gedrückt ist, kann bei den schweren militärischen Rückschlägen im Osten und im Westen, die den Feind schon an die Reichsgrenzen geführt haben, bei dem verräterischen Attentat auf den Führer, bei dem politischen Zusammenbruch Rumäniens, Finnlands und Bulgariens und bei der ständig wachsenden Intensivierung der feindlichen Luftangriffe in einem Gau, der den Kanonendonner der Front deutlich herüberdringen hört, der täglich Fliegerangriffe erfährt und der seine 14jährigen Jungen zum Schippen in den Westen abgestellt hat, nicht weiter wundern. Nicht verschwiegen kann werden, daß man in der Bevölkerung mit bitterem Ingrimm von den Stellen spricht, die man dafür für verantwortlich hält, daß die feindliche Luftwaffe ohne merkbare Gegenwirkung unsere Front und unsere Heimat in größte Bedrängnis bringen kann, wo und wie es ihr gerade paßt, und daß unsere defensiven Luftschutzmaßnahmen in der Heimat selbst großenteils noch unzulänglich sind ... Positiv in der Stimmung ist, soweit ich sehe, vor allem dreierlei: 1. das Vertrauen auf den Führer, sein Genie und seine ruhige Zielsicherheit; 2. das Vertrauen zur Festigkeit, Tapferkeit und Treue der kämpfenden Front (trotz dem trüben Bild, das einige vom Westen in meinen Bezirk versprengte oder flüchtende kleinere Teile der fechtenden Truppe geboten haben, von dem mehr als üblen Eindruck und Auftreten mancher Etappenformationen ganz zu schweigen); 3. das Vertrauen zu den immerhin erfreulich oft anzutreffenden, soldatisch eingestellten und unbedingt standfesten Persönlichkeiten in der Heimat, die Kraft und Zuversicht ausstrahlen (ich meine damit nicht die vielen, die sich nicht aus Über-

zeugung, sondern aus Angst vor dem Kreisleiter oder der Gestapo zuversichtlich stellen) ... Die Entwicklung der Kriminalität ist für Kriegszeiten normal zu nennen und weist keine Besonderheiten auf. Hervorzuheben habe ich lediglich, daß die Zahl der Wehrkraftzersetzungsfälle ... schnell und ständig ansteigt.«

5. Oktober Alle Wehrpflichtigen des Geburtsjahrgangs 1928, die im Stadtkreis Stuttgart ihren dauernden Aufenthalt haben, müssen sich melden. Meldeschluß: 26. Oktober.
Ab heute wird in Stuttgart eine Sonderzuteilung an Zigaretten und Zigarren bzw. Tabak ausgegeben.

7. Oktober Die Mittelstandshilfe hat nach 22jähriger Tätigkeit ihre Arbeit eingestellt.

9. Oktober Ein bei einem totalfliegergeschädigten Geschäftshaus in Stuttgart zu Aufräumungs- und Bergungsarbeiten eingesetzter »Ostarbeiter«, der hierbei Kleidungsstücke und Lebensmittelkarten entwendete, wird durch Erhängen exekutiert.

10. Oktober Stadtpfleger a. D. Heinrich Schäfer verstorben. Er stand rund 40 Jahre im Dienste der Stadt Stuttgart. Von 1919 bis zu seiner Zurruhesetzung im Jahre 1938 leitete er die Stadtkämmerei.

11. Oktober Ab sofort wird als Sonderzuteilung an alle Stuttgarter 1 Normaldose (170 Gramm) Kondensmilch ausgegeben.
Es wird geklagt, daß einige Kaffeehäuser nur 20 Gramm Butterportionen verabreichen und die Abgabe von 10 Gramm mit der Begründung ablehnen, daß der Verlust in diesem Falle zu groß sei.

12. Oktober OB Dr. Strölin gibt den Ratsherren einen Bericht über die Lage der Stadt Stuttgart nach den letzten Luftangriffen: »Der größte Teil der Wohn- und Geschäftsgebäude in unserer Stadt ist nunmehr zerstört oder beschädigt. Viele Volksgenossen haben alles verloren ... Was im einzelnen die nächste Zeit bringen wird, wissen wir nicht ... Der Tagesangriff vom 5. September hat ... der Firma Daimler-Benz in Untertürkheim gegolten. Bei dem Tagesangriff vom 10. September wurde vor allem der Stadtteil Zuffenhausen betroffen. Den bisher schwersten von insgesamt 29 Angriffen hat Stuttgart am 12. September von 11 bis $^1/_2$12 Uhr nachts erlebt. Dieser Angriff hat sich mit vernichtender Wirkung auf die Innenstadt, den Westen und Nordwesten konzentriert. Insgesamt wurden bei den September-Angriffen 4300 Sprengbomben, 75 Minenbomben und 180 000 Stabbrandbomben festgestellt ... 3082 Gebäude wurden total, über 1400 schwer, 2000 mittelschwer und 4800 leicht beschädigt ...

OKTOBER 1944

Stuttgart gehört nun zu den am schwersten betroffenen Städten im Reich. Die in unserer Stadt vorsorglich getroffenen Luftschutzmaßnahmen haben sich auch diesmal durchaus bewährt. Größere Menschenverluste sind dadurch vermieden worden. Die Stadtverwaltung ist durch den Angriff vom 12. September wiederum schwer betroffen worden. Nach dem Rathaus ist nun auch der letzte große Verwaltungsbau der Stadt, das Haus der TWS., völlig ausgebrannt. Gleichzeitig wurde eine große Zahl städt. Ämter und Betriebe total ausgebombt oder durch Beschädigung der Dienstgebäude in ihren Funktionen beeinträchtigt ... Während nach den Angriffen vom 5. und 10. September nur wenige Notdienststellen geöffnet waren, mußten nach dem Angriff vom 12. September insgesamt 31 Notdienststellen und 2 Leitstellen (Esslingen und Vaihingen) in Betrieb genommen werden. Rund 43 500 Obdachlose haben sich auf den Notdienststellen gemeldet ... Durch die Abwanderung zahlreicher Frauen und die Verkehrserschwerungen, die eine Heimfahrt zum Mittagessen unmöglich machen, ist ein dringendes Bedürfnis nach Ausweitung der Gaststättenverpflegung entstanden ... In den Krankenanstalten sind durch den Angriff vom 12. September erneut schwerste Schäden entstanden. Todesopfer sind aber unter den Kranken und dem Pflegepersonal nicht zu beklagen. Die noch betriebsfähigen Krankenanstalten verfügen über rd. 1800 Betten; bei engster Belegung kann ihre Zahl auf 2600 Betten erhöht werden ... Das Gesundheitsamt konnte seine Dienstaufgaben, die gerade jetzt auf dem Gebiet der Hygiene und der Seuchenbekämpfung besonders wichtig sind, trotz des Verlustes von 3 Dienstgebäuden ohne Unterbrechung durchführen. Im Bestattungswesen wurden neue Richtlinien für die Bergung, die Kennzeichnung, den Abtransport und die Bestattung der Gefallenen aufgestellt. Alle zivilen Gefallenen von Luftangriffen werden auf dem Hauptfriedhof Steinhaldenfeld und die Militärpersonen auf dem Kriegerehrenfeld des Waldfriedhofs beigesetzt ... Die Beisetzung erfolgt nicht in Massengräbern, sondern in Reihen-Einzelgräbern, von denen jede einzelne Grabstelle mit dem Namen des Gefallenen gekennzeichnet ist ... Das Schul- und Kulturwesen ist lahmgelegt. Die Hälfte der Schulgebäude ist völlig unbenützbar. Die noch einigermaßen brauchbaren Schulgebäude werden zur Unterbringung von Wehrmachts- und Polizeidienststellen, von Baukompanien sowie von städtischen und staatlichen Ämtern benötigt. Eine Wiederaufnahme des Schulbetriebs ist zur Zeit nicht möglich. Nachdem außer den Verlagen auch die großen Buchhandlungen des Stadtzentrums fast völlig vernichtet sind, kommt der Tätigkeit der städt. Volksbüchereien erhöhte Bedeutung zu, zumal die Nachfrage nach dem Buch außerordentlich gestiegen ist. Durch die große Zahl der Schäden ist der Geschäftsanfall bei der Feststellungsbehörde geradezu ins Ungeheuerliche gestiegen. Die Feststellungsbehörde muß sich daher vorläufig im wesentlichen auf die Gewährung von Vorauszahlungen auf Sach- und Nutzungsschäden beschränken und die nähere Prüfung und Behandlung der Anträge auf eine spätere Zeit zurückstellen. Die Sperrzone, die sich etwa mit dem Bereich der Ortsgruppen Rosenberg,

Stadtgarten, Kriegsberg, Altstadt, Bollwerk, Silberburg und Dreieck deckt, stellt kein totes Gebiet dar, sie wird vielmehr nach wie vor auf einer Reihe von Durchgangsstraßen dem Verkehr zugänglich sein. Innerhalb der Sperrzone werden zahlreiche Gebäude und Einrichtungen für verschiedene Zwecke in Betrieb bleiben und auch wiederhergestellt ... Neben der besonderen Gestaltung der Sofortmaßnahmen sind für die Sperrzone gewisse sanitäre und sicherheitspolizeiliche Maßnahmen dringend erforderlich ... Seit Kriegsbeginn sind schätzungsweise 140 000 bis 150 000 Personen von hier abgewandert. Zur Zeit hat Stuttgart noch etwa 320 000 Einwohner, darunter etwa 30 000 Ausländer. Nach Lage der Verhältnisse ist eine weitere Abwanderung notwendig. Neben dem Wohnraum fehlt es vor allem auch an den erforderlichen Schutzräumen. Die entscheidende Schwierigkeit in der Umquartierungsfrage besteht darin, daß keine Zwangsmittel angewendet werden dürfen. Man muß daher diese Frage zwar zielbewußt, aber mit einer gewissen Vorsicht, vor allem mit Takt und psychologischem Verständnis behandeln.«

Das Wirtschaftsamt gibt zur Versorgung der Bevölkerung mit Kerzen bekannt: »1. Die Abgabe und der Bezug von Kerzen auf Abschnitt C des Haushaltspasses wird ab sofort eingestellt. 2. Diejenigen Stuttgarter Haushaltungen, die noch kein elektr. Licht haben, können auf ihrer zuständigen Außenstelle des Ernährungs- und Wirtschaftsamts Kerzen-Bedarfsscheine erhalten. Der Ausfall der elektr. Lichtversorgung ist vom Hauseigentümer bzw. vom Hausverwalter auf dem bei den Außenstellen erhältlichen Antragsvordruck zu bescheinigen.«

Das Versorgungsamt Stuttgart hat seinen Sitz von Stuttgart nach Reutlingen verlegt.

14. Oktober Generalfeldmarschall Rommel, von Hitler vor die Alternative »Gift oder Anklage« gestellt, scheidet durch Freitod aus dem Leben. Der NS-Kurier meldet am 16. Oktober: »Generalfeldmarschall Rommel ist an den Folgen einer schweren Kopfverletzung, die er als Oberbefehlshaber einer Heeresgruppe im Westen durch Kraftfahrzeugunfall erlitten hat, verstorben. Der Führer hat ein Staatsbegräbnis angeordnet.« Am 19. Oktober kommt ein Bericht unter der Überschrift »Gauleiter Murr nimmt Abschied von Rommel«; er beginnt: »An der Bahre des großen Toten unserer schwäbischen Heimat würdigte Gauleiter Reichsstatthalter Murr die Persönlichkeit des Generalfeldmarschalls Rommel« und endet: »So nehmen wir Abschied von einem Mann, der unsterblich in die Geschichte unseres Volkes eingeht und der für alle Zeiten ein leuchtendes Vorbild für die gegenwärtigen und die zukünftigen Geschlechter unseres Volkes bleibt.«

29. Luftangriff. Schadensgebiet: Zuffenhausen. 2 Tote, 40 Verletzte.

Um den Gasverbrauch einzuschränken, erläßt der Oberbürgermeister folgende Anordnung: »1. Die Benützung von Gasbadeöfen und Durchlauferhitzern für Badezwecke, die Verwendung von Gasbacköfen zum Backen und Heizen und die zusätzliche Hei-

OKTOBER 1944

zung mit Gasheizkörpern ist verboten. 2. In der Verwendung von Gas zu Kochzwekken ist größtmögliche Sparsamkeit zu üben, insbesondere wird erwartet, daß für die Bereitung der Hauptmahlzeiten, wo Kohlenherde vorhanden sind, diese benützt werden.«

15. Oktober Das Wintersemester 1944/45 an der TH Stuttgart beginnt.

16. Oktober Gauleiter Murr, Reichsverteidigungskommissar für den Reichsverteidigungsbezirk Württemberg, setzt ab heute die Mindestarbeitszeit der Reichs-, Landes- und Kommunalbehörden in Württemberg und Hohenzollern wie folgt fest: an Orten mit getrennter Arbeitszeit werktäglich (auch samstags) von 7.45–12.30 Uhr und von 13.30 bis 18.45 Uhr, an Orten mit durchgehender Arbeitszeit montags bis freitags von 7.45–18.30 Uhr, samstags von 7.45–13.30 Uhr.
Der NS-Kurier geht auf die »Sonderzuteilungen« ein, deren Abgabe sich häufig verzögert. Er schreibt: »Zwischen der Bekanntgabe einer Sonderzuteilung aus Anlaß von Terrorangriffen und deren Abgabe an die Verbraucher vergeht stets eine gewisse Zeit, die vom Groß- und Einzelhandel benötigt wird, um Kaffee und Trinkbranntwein oder Kondensmilch und Süßwaren nach dem Ausgabeort heranzuholen und auf die einzelnen Geschäfte zu verteilen ... Mit der Freigabe des Verkaufs einer Sonderzuteilung kann jedoch heute aus bekannten Gründen nicht mehr gewartet werden, bis alle einschlägigen Geschäfte mit der ganzen Warenmenge beliefert sind. Der Aufruf durch das Ernährungsamt muß vielmehr so rasch als möglich erfolgen, sobald ein gewisser Teil der Geschäfte mit Ware versorgt ist. Langes Anstehen vor denjenigen Geschäften, die die Ware gleich am ersten Tag nach dem Aufruf abgeben können, ist jedoch für den Verbraucher ganz überflüssig. Schon wenige Tage später werden die übrigen einschlägigen Geschäfte ebenfalls beliefert werden können und der Einkauf der Sonderzuteilung kann überall erfolgen.«
Mit dem Beginn dieser Zuteilungsperiode tritt eine Senkung der Brotration ein. Für den Normalverbraucher beträgt die Ration nunmehr 2225 Gramm je Woche.

18. Oktober Nach dem Geschäftsbericht der Städt. Spar- und Girokasse Stuttgart für das vergangene Jahr erhöhten sich die Gesamteinlagen um 165,5 Mio. RM auf 744,6 Mio. RM, also um 27,6 %. 113 Mio. RM des Zugangs entfallen auf die Spareinlagen. Die Bilanzsumme beider Anstalten stieg von 635,6 Mio. RM auf 815 Mio. RM. Die Spareinlagen sind einschließlich 11,96 Mio. RM kapitalisierter Zinsen von 414,74 Mio. RM auf 527,58 Mio. RM angewachsen. Die Zunahme gegenüber dem Vorjahr beträgt 27,2 %. Die Sparkontenzahl einschließlich der Eisernen Sparkonten nahm im Berichtsjahr von 403 433 auf 417 508 zu. Die Spareinlagen betrugen bei einer Einwohnerzahl von 512 502 je Einwohner 1029,42 RM.

19. Oktober Im NS-Kurier ist der »Führererlaß über den Volkssturm« abgedruckt. Es heißt hier u. a.: »Nach fünfjährigem schwerstem Kampf steht infolge des Versagens aller unserer europäischen Verbündeten der Feind an einigen Fronten in der Nähe der oder an den deutschen Grenzen. Er strengt seine Kräfte an, um unser Reich zu zerschlagen, das deutsche Volk und seine soziale Ordnung zu vernichten. Sein letztes Ziel ist die Ausrottung des deutschen Menschen ... Ich befehle: Es ist in den Gauen des Großdeutschen Reiches aus allen waffenfähigen Männern im Alter von 16 bis 60 Jahren der deutsche Volkssturm zu bilden.«
Rund 35 000 Männer waren in Stuttgart zum Dienst im Volkssturm verpflichtet, im Bereich des Wehrmachtskommandos Stuttgart, das neben der Landeshauptstadt die Landkreise Leonberg, Böblingen, Esslingen und Waiblingen umfaßte, etwa 100 000. Für Stuttgart war die Aufstellung von 55 Bataillonen vorgesehen. Im Januar 1945 waren vier Bataillone marschbereit.
Die von der Stadt Stuttgart errichteten Knochensammelstellen sind nach wie vor geöffnet. »Um auch kleineren Haushaltungen die Möglichkeit zu geben, die bei ihnen anfallenden Knochen rasch und mühelos der Verwertung zuzuführen, wird die städtische Knochensammlung wie bisher zweimal wöchentlich durchgeführt. Die Knochen können also in einem besonderen Behälter an den Tagen der Müllabfuhr zur Abholung bereitgestellt werden ... Die Stuttgarter Bevölkerung wird aufgefordert, die Knochen restlos zu sammeln und sie entweder an eine Knochensammelstelle abzuliefern oder der städtischen Knochensammlung mitzugeben.«

19./20. Oktober Doppelangriff Nr. 30/31 am 19. Oktober und am 20. Oktober. Schwerpunkt bei Nr. 30: Bad Cannstatt, Gaisburg — bei Nr. 31: Bad Cannstatt, Feuerbach. Insgesamt 338 Tote, 872 Verletzte, 38 Vermißte (s. 24. Oktober 1944).

21. Oktober Das Straßenverkehrsamt gibt bekannt: »Alle Stuttgarter Halter von Nutzfahrzeugen haben sich sofort beim Straßenverkehrsamt der Stadt Stuttgart ... zu melden. Nichterscheinen hat Entziehung des Fahrzeugs und Bestrafung zur Folge.«

21./22. Oktober Für das Winterhilfswerk sammelt das Handwerk zusammen mit den Beamten. Die Aktion wird mit Haussammellisten (d. h. ohne Sammelbüchsen) durchgeführt.

24. Oktober OB Dr. Strölin gibt den Ratsherren einen Bericht über die Auswirkungen der Luftangriffe vom 19. und 20. Oktober 1944, wobei »erstmals in einer Nacht 2 Terrorangriffe nacheinander auf Stuttgart erfolgt sind; jeder der beiden Angriffe dauerte etwa 45 Minuten. Die Abwurfmittel werden angegeben auf mindestens 4000 Sprengbomben und 100 Minenbomben, ferner auf mehrere 100 000 Stabbrand-

OKTOBER 1944

bomben. Noch in keiner Nacht ist eine solche Menge von Abwurfmitteln auf Stuttgart niedergegangen. Die Zahl der Gefallenen beträgt nach den bisherigen Meldungen etwa 350; der größere Teil ist nach den Angaben beim zweiten Angriff gefallen, da dieser Angriff überraschend kam. Die Zahl ... der Obdachlosen wird auf 25 000 geschätzt. Betroffen wurden durch den Angriff vor allem die Innenstadt mit den beiderseitigen Hanggebieten, Berg, Gablenberg, Ostheim und Gaisburg, weiterhin die Stadtteile Cannstatt, Feuerbach, Zuffenhausen, Stammheim, Weil im Dorf und Botnang sowie Untertürkheim, Obertürkheim und Wangen. An Gebäudeschäden sind bis jetzt gemeldet 1550 Totalschäden, 1500 schwere Schäden, 2700 mittelschwere Schäden, 5500 leichte Schäden ... Das Gebäude Schönleinstraße 11, das der Hauptverwaltung als Ausweichunterkunft dient, wurde durch Brand erheblich beschädigt, kann aber weiterhin benützt werden ... Totalgeschädigt ist die Ausweichunterkunft des Personalamts und der Botenmeisterei in der Mohlstraße 20 sowie das alte Rathaus in Botnang, das Gebäude des Gartenamts und das Verwaltungsgebäude des Pragfriedhofs. Im übrigen ist die Arbeit der städt. Verwaltungsämter insofern erheblich beeinträchtigt worden, als zahlreiche Gefolgschaftsangehörige selbst stark fliegergeschädigt sind; außerdem haben die Dienststellen zum großen Teil Fenster-, Türen- u. Dachschäden erlitten, und es fehlt vielfach an Beleuchtung und Heizung. Insgesamt sind 33 Notdienststellen, etwa die Hälfte aller planmäßig vorgesehenen Stellen, in Tätigkeit getreten. Die erste Unterbringung der Obdachlosen erfolgte wiederum durch die Ortsgruppen der Partei ... Da durch die Angriffe vom 19. u. 20. Oktober erneut ein großer Teil des bisher noch verbliebenen Wohnraums weggefallen ist und es naturgemäß immer schwieriger wird, in Stuttgart Obdachlose unterzubringen, ist zu hoffen, daß eine beträchtliche Anzahl von Volksgenossen, die nicht beruflich an Stuttgart gebunden sind, die Stadt verlassen und damit für Berufstätige Platz freimachen. Die Notverpflegung der Obdachlosen hat wiederum die NSV. übernommen. Der NSV-Verpflegung wird in den nächsten Wochen größere Bedeutung zukommen, da sie teilweise auch die Gaststättenverpflegung ersetzen und ergänzen muß. Der Vieh- u. Schlachthof ist sehr stark betroffen worden, doch kann der Betrieb im großen und ganzen weitergeführt werden. Da der Betrieb der Kühlhallen jedoch auf längere Zeit unmöglich geworden ist, muß das in den Kühlhallen liegende Fleisch rasch der Verwertung zugeführt werden. Dies geschieht durch eine Sonderzuteilung von 250 gr. pro Kopf der Bevölkerung. Sehr schwere Schäden hat der Milchhof der Württ. Milchverwertungs-A.G. erlitten ... doch ist die Milchversorgung mit Hilfe der auswärtigen Zweigbetriebe gesichert. Die Markthalle wurde erneut stark betroffen ... Auf dem Gebiet des Gesundheitswesens haben vor allem eine Reihe von Krankenanstalten schwere Schäden erlitten und mußten zum Teil geräumt werden ... Betriebsfähig sind jetzt noch 13 Krankenanstalten mit rd. 1100 Betten für Erwachsene und 250 Betten für Kinder ... Das Bäderwesen wurde durch die starke Beschädigung der Badanstalt in Ostheim schwer betroffen. Ferner ist nun auch das Mineralbad Leuze völlig ausgebrannt. Auf dem Gebiet des Bestattungswesens mußte an dem Grundsatz, die zivilen Luftkriegsgefallenen auf dem Hauptfriedhof Steinhaldenfeld beizusetzen, festgehalten werden. Eine Ausnahme war lediglich in der Richtung vorgesehen, daß die Gefallenen der äußeren Stadtteile auf den Ortsfriedhöfen draußen bestattet werden ... An die Aufnahme eines Schulbetriebs ist nicht zu denken ... Die Durchführung der Sofortmaßnahmen wird von Angriff zu Angriff schwieriger, zumal auch die anderen Großstädte gleichzeitig betroffen wurden und deshalb wenig Hilfe von auswärts zu bekommen ist. Es fehlt gleichermaßen an Arbeitskräften, Baumaterialien, Fahrzeugen und Treibstoff. Die Schwierigkeiten bei der Fahrzeugbeschaffung sind dadurch besonders verschärft worden, daß ... das Fuhramt ... etwa 25 Fahrzeuge — ungefähr die Hälfte seines Bestands — verloren hat ... Ein besonderer Notstand ergab sich aus dem weitgehenden Ausfall der Wasserversorgung. Die Landeswasserzubringerleitungen sind wiederum unterbrochen worden, so daß das Landeswasser ausgefallen ist. Außerdem ist das Neckarwasserwerk in Berg und der wichtige Hochbehälter Mühlbachhof schwer betroffen worden. Ferner wurde eine Reihe der Hauptverbindungsleitungen innerhalb des Stadtgebiets mehrfach unterbrochen. Es wurde eine umfassende Notwasserversorgung mit Wasserwagen und durch die Aufstellung von Standrohren als Wasserentnahmestellen eingeleitet ... Große Schwierigkeiten bereitet die Gasversorgung. Schwere Schäden entstanden in der Gaskokerei; außerdem sind sämtliche Gasbehälter ausgefallen. Es muß damit gerechnet werden, daß auf längere Zeit kein Gas abgegeben werden kann ... Es wird notwendig sein, die NSV-Verpflegung zur Ergänzung der Gaststätten- u. Werksküchenverpflegung heranzuziehen. Die Elektrizitätsversorgung ist in einem großen Teil des Stadtgebiets ausgefallen, weil die Zuleitungen unterbrochen waren und auch die Verbindung vom Dampfkraftwerk Münster zum Stadtinnern gestört war; es ist aber rasch gelungen, etwa $^2/_3$ des Stadtgebiets wieder mit Strom zu versorgen ... Auch im Nahverkehrswesen sind sehr große Störungen eingetreten. Der Reichsbahnverkehr fiel sowohl im Hauptbahnhof als auch in den nächstgelegenen Vorortbahnhöfen aus. Der Straßenbahnverkehr lag zunächst völlig still, da kein Strom vorhanden war. Sehr weitgreifend ist die Zerstörung der Oberleitungen. Wiederum ist eine Reihe von Wagen auf der Strecke getroffen worden und verbrannt. Trotzdem ist es gelungen, bereits wieder einige Linien in Gang zu bringen.«

In der Aussprache der Ratsherren stellt Direktor Stöckle fest, daß bei der Wasserversorgung nur ein Notbetrieb möglich ist. Aus dem Kreis der Ratsherren kommt der Vorschlag, zur Minderung des Wasserverbrauchs, insbes. zur Einsparung des Spülwassers für die Klosetts, nach Möglichkeit in den Gärten Fäkaliengruben anzulegen.

Die Stuttgarter Bevölkerung erhält aus Anlaß der Fliegerangriffe vom 19./20. Oktober eine Sonderzuteilung von 250 Gramm Fleisch oder Fleischwaren.

NOVEMBER 1944

25. Oktober Im NS-Kurier heißt es unter der Überschrift »Bildet Lesergemeinschaften«: »Die Nachfrage nach der Tageszeitung ist heute größer denn je. Trotzdem kann die Auflage nicht erhöht werden. Aus diesem Grunde ist es noch mehr als bisher notwendig, daß sich Lesergemeinschaften bilden, daß also die Zeitung zur Nachbarfamilie gegeben wird, damit auch diejenigen Volksgenossen, die zur Zeit ohne Zeitung bleiben müssen, sich über das Geschehen in der Welt und in der Heimat unterrichten können. Das ist vor allem dort erforderlich, wo Volksgenossen in der Hausgemeinschaft leben, denen der feindliche Luftterror alles genommen hat oder die Haus und Hof im Stich lassen mußten, um sich dem Zugriff des Feindes zu entziehen. Für sie ist die Tageszeitung oft das einzige Orientierungs- und Informationsmittel.«

26. Oktober Der Führer des Deutschen Volkssturms in Stuttgart, Kreisleiter Fischer, gibt bekannt: »Nach dem Befehl des Führers sind alle deutschen Männer der Jahrgänge 1884 bis 1928 volkssturmpflichtig. Die Volkssturmpflichtigen werden aufgefordert, sich am Sonntag, 29. Oktober 1944 ... bei der zuständigen Meldestelle persönlich zu melden ... Es ist Ehrensache jedes deutschen Mannes, sich freiwillig zum Deutschen Volkssturm zu melden.«

27. Oktober Der Kohlenhandel teilt mit: »Dem Stuttgarter Kohlenhandel ist die Zufuhr der Brennstoffe von den Kohlenlagern zum Verbraucher nur noch beschränkt möglich. Die Verbraucher werden daher aufgefordert, die Brennstoffe möglichst am Kohlenlager ihres Kohlenhändlers abzuholen. Handwagen und Säcke müssen unbedingt mitgebracht werden ... Bei Verbrauchern, die dieser selbstverständlichen Forderung nicht Folge leisten, müssen die Kohlen vor dem Hause aus den Säcken entleert werden. Das Eintragen muß der Verbraucher dann selbst durchführen.«
Ende Oktober stellt die Lufthansa ihre Flüge von Echterdingen nach Spanien ein.
Ende Oktober wird die Büchereifachschule geschlossen.

1. November Der Chordirektor und Musikpädagoge Ewald Huth wird wegen »Zersetzung der Wehrkraft« auf dem Stuttgarter Schießstand Dornhalde erschossen.

2. November Aus Anlaß der letzten Luftangriffe erhalten alle über 18 Jahre alten Stuttgarter Verbraucher mit Ausnahme der ausländischen Zivilarbeiter eine Sonderzuteilung von 1 Flasche Wein gegen Abgabe einer leeren Weinflasche.
Das Steueramt erläßt folgende Aufforderung zur Zahlung städt. Steuern: »Am 15. November ist die 3. Rate der Schuldigkeiten auf die Grundsteuer usw. 1944 zur Zahlung fällig. Auch für fliegerbeschädigte oder zerstörte Gebäude sind die Steuerschuldigkeiten (mit Hausgebühren) fortzuentrichten; Vergütung dafür erfolgt im Rahmen des vom Kriegsschädenamt festzusetzenden Nutzungsschadenspunkts.«

NOVEMBER 1944

Auf der Strecke Obertürkheim—Untertürkheim kommt es um 6.15 Uhr zu einem Zusammenstoß zwischen einem Vorortzug und einem »Leerpersonenzug«, der 40 Tote und zahlreiche Leicht- und Schwerverletzte fordert.

2.—8. November   Haussammlung des Kriegs-Winterhilfswerkes 1944/45.

3. November   Arbeitstagung der Kreisbauernführer, auf der ernährungswirtschaftliche Maßnahmen besprochen wurden.
Stuttgarts älteste Fischhändlerin, Frau Pauline Reutter, feierte dieser Tage ihren 75. Geburtstag und gleichzeitig ihr 40. Geschäftsjubiläum. »Heute noch steht sie hinter ihrem Ladentisch in der Markthalle«.

4. November   Das Stiftungsamt gibt bekannt, daß bis 15. Januar 1945 Anträge gestellt werden können auf Übernahme von Ehrenpatenschaften durch die Stadt Stuttgart für viertgeborene Kinder von Stuttgarter Familien. Neben einer einmaligen Spende von 100 RM erhalten die Eltern eine Ehrenurkunde. Die Übernahme der Ehrenpatenschaft und die damit verbundenen Leistungen sind unabhängig von den wirtschaftlichen Verhältnissen der Eltern und des Kindes.

5. November   Doppelangriff Nr. 32/33. Schwerpunkte: Bad Cannstatt, Münster. Insgesamt 24 Tote, 46 Verletzte.

6. November   Eine neue Weizenmehltype wird eingeführt, dieses Mehl ist zu 88 % gegenüber dem bisherigen mit 83 % ausgemahlen.

7. November   Die Landwirtschaftliche Hochschule Hohenheim beginnt mit den Vorlesungen des Wintersemesters 1944/45. Die Hörer sind zum größten Teil Kriegsversehrte.

8. November   Nach einem Bericht der SD-Hauptaußenstelle Stuttgart ist der Führer-Erlaß über die Bildung des Volkssturmes »von der überwiegenden Mehrzahl der Bevölkerung negativ aufgenommen worden«. »In Stuttgart-Heslach könne man hören: ›Jetzt wissen wir, was V 2 ist, der Deutsche Volkssturm ist V 2‹, und es wurde behauptet, daß mit dem Volkssturm die Aufstellung einer Partisanenarmee bezweckt werde … ›Was sollen die alten und die jüngsten Jahrgänge (Kinder) gegen Panzer und viermotorige Bomber tun?‹ (Stuttgart-Vaihingen-Rohr). Als nahezu einhellige Ansicht aller Bevölkerungskreise bezeichnete der SD-Beobachter in Stuttgart-Feuerbach folgende Äußerung: ›Der Volkssturm wird aufgerufen, weil dem Ansturm unserer Gegner außer Menschen und Blut nichts mehr entgegenzusetzen ist. Der Krieg ist

NOVEMBER 1944

hundertprozentig verloren. Die Schuld will man nun dem Volk zuschieben und läßt es deshalb antreten, um einen letzten verzweifelten Bandenkrieg des Menschen gegen neuzeitliche Waffen bis zur völligen Vernichtung zu führen‹.«
Ein Bericht der Hauptaußenstelle des Sicherheitsdienstes beschreibt die »ausweglose Lage gegen Kriegsende«.

10. November Bei Ablieferung von 1 Kilogramm Altpapier geben die Annahmestellen für Altmaterialien eine Bezugsmarke aus. Für 5 solcher Marken kann man in den Papierhandlungen 5 Bogen Briefpapier mit 5 Umschlägen kaufen.

12. November Wie überall im Reich werden auch in Stuttgart die Angehörigen des Volkssturms vereidigt. Die Eidesformel lautet: »Ich schwöre bei Gott diesen heiligen Eid, daß ich dem Führer des Großdeutschen Reiches, Adolf Hitler, bedingungslos, treu und gehorsam sein werde. Ich gelobe, daß ich für meine Heimat tapfer kämpfen und lieber sterben werde, als die Freiheit und damit die soziale Zukunft meines Volkes preiszugeben.«
Das Meisterschaftsspiel in der Adolf-Hitler-Kampfbahn zwischen dem VfB Stuttgart und dem MTV Stuttgart endet mit einem Sieg der Wasenelf von 10 : 0 Toren.

13. November Prof. Dr. Wetzel, der der Architekturabteilung der TH Stuttgart angehört, wurde in die Deutsche Akademie für Wohnungswesen berufen.

14. November Reichsverteidigungskommissar Murr weist auf folgendes hin: »Wer unterwegs vom Luftalarm überrascht wird und seinen zuständigen LS.-Raum nicht mehr erreichen kann, hat Anspruch auf Aufnahme in einem der nächsten LS.-Räume, soweit Platz vorhanden ist, auch wenn es sich um keinen sogenannten öffentlichen LS.-Raum handelt. ›Private‹ Luftschutzräume gibt es nicht. Nachbarn und Passanten haben ein Mitbenützungsrecht an den nichtöffentlichen LS.-Räumen. Zuwiderhandelnde machen sich strafbar. Ferner ist es unzulässig, die Aufnahmemöglichkeit von Schutzsuchenden in LS.-Räumen dadurch einzuschränken, daß man Möbel und dergleichen dort unterstellt.«

16. November Jeder Verbraucher erhält als Sonderzuteilung zu Weihnachten 2 Eier.

16.—22. November 3. Hauslistensammlung zum Kriegs-Winterhilfswerk. Auch diesmal stehen also die Sammler nicht mehr mit den Sammelbüchsen auf der Straße, sondern kommen in alle Haushaltungen und legen ihre Sammelliste zur Einzeichnung der Spende vor.

19. November Nach einer Reihe von Gastspielen tritt das im Rahmen des Kriegseinsatzes der Künstler gebildete Kammerorchester der Staatsoper in Stuttgart mit einem Konzert auf. Unter der Leitung von Generalmusikdirektor Philipp Wüst werden Werke von Händel, Bach und Mozart zu Gehör gebracht. Gesangssolist ist Prof. Karl Erb.

20. November Reichspostminister Dr. Wilhelm Ohnesorge sprach vor Mitarbeitern der Deutschen Reichspost.
Apotheken können in Zukunft Arzneien in Flaschen nur noch gegen Rückgabe von alten Medizinflaschen abgeben, da sie für das Abfüllen der Arzneien kaum noch neue Flaschen erhalten.

21. November Jakob Weimer, ehemaliger Abgeordneter der SPD im württ. Landtag (ab 1927) und im Reichstag (1933), nach Gestapo-Verhören im Robert-Bosch-Krankenhaus verstorben.
34. Luftangriff. Schwerpunkt: Südliches Stadtgebiet. 1 Toter, 1 Verletzter.

22. November Alle Stuttgarter Verbraucher erhalten eine Sonderzuteilung von 2 Dosen Kondensmilch.

24. November Im NS-Kurier wird darauf aufmerksam gemacht, daß Winterhandschuhe zu den Bekleidungsgegenständen zählen, für deren Einkauf die Kleiderkarten der Männer und Frauen gesperrt worden sind. Die Winterhandschuhe können nur gegen Bezugsscheine bezogen werden, die lediglich bei dringendem Bedarf ausgestellt werden.

25. November Um den Maschinenpark in den metall- und holzverarbeitenden Handwerksbetrieben besser auszunützen, wird eine zweite Arbeitsschicht eingeführt, wie sie in der Industrie schon lange üblich ist. Hierbei sollen vor allem Frauen eingesetzt werden.

26. November 35. Luftangriff. Schadenstelle: Bad Cannstatt, Bahnhof und Postamt. 10 Verletzte.
Das Kammerorchester der Staatsoper veranstaltet sein zweites Konzert im Künstler-Kriegseinsatz; Gesangssolistin ist Res Fischer.

27. November Die Zuteilung an Kaffee-Ersatzmischung wird um 100 Gramm gesenkt und beträgt jetzt 150 Gramm.

DEZEMBER 1944

28. November Die Halter von Permagas-Kraftfahrzeugen werden aufgefordert, ihren Kundenausweis zur Nachprüfung beim Straßenverkehrsamt vorzulegen. Die Ausweise werden mit einem Sichtvermerk versehen, ohne den ab 2. Dezember kein Permagas mehr abgegeben wird.
Das Wirtschaftsamt gibt bekannt, daß die im Stadtkreis Stuttgart wohnhaften Inhaber von Raucherkarten wegen des Luftangriffs vom 19. Oktober eine Sonderzuteilung erhalten. Ab 2. Dezember werden durch die Tabakfachgeschäfte je 10 Zigaretten oder, soweit Vorrat reicht, eine entsprechende Menge anderer Tabakwaren abgegeben.

29. November Der NS-Kurier bringt einen historischen Bericht unter dem Titel: »Prinz Eugen setzte seine letzte Armee gegen die Türken ein, und sie siegte.«
Kurz nach 9 Uhr stoßen auf der Strecke Feuerbach — Zuffenhausen der Vorortzug nach Ludwigsburg und der Personenzug nach Weil der Stadt zusammen. Zahlreiche Leicht- und Schwerverletzte sowie 11 Tote sind zu beklagen.

30. November Wegen »Vorbereitung zum Hochverrat« werden die Antifaschisten Gotthilf Schlotterbeck, Maria Schlotterbeck, Gertrud Lutz, geb. Schlotterbeck, Erich Heinser, Emil Gärttner, Sofie Klenk, Else Himmelheber, Emmy Seitz und Hermann Seitz hingerichtet. Theo Seitz wird im Frühjahr 1945 von einem Kriegsgericht zum Tode verurteilt.
Errichtung des KZ Echterdingen als Außenlager des KZ Natzweiler. Die Häftlinge sollen Bauarbeiten am Flughafen ausführen.

30. November bis 6. Dezember 4. »Opfersonntag« des Winterhilfswerks.
Im November werden jüdische Mischlinge und Mischehepartner nach Wolfenbüttel deportiert, wo sie in einem KZ die letzten Kriegsmonate überleben.

1. Dezember Der Zugverkehr nach Berlin wird eingeschränkt. Einige Züge dürfen nur noch mit Zulassungskarten benutzt werden.
Nach einer Verfügung des Polizeipräsidenten können die Einzelhandelsgeschäfte an Mittwoch-Nachmittagen geschlossen bleiben.

3. Dezember Das im Künstler-Kriegseinsatz am 19. November durchgeführte erste Konzert des Kammerorchesters der Württ. Staatstheater wird mit der Solistin Olga Moll wiederholt.
Der VfB Stuttgart unterliegt dem FV Mettingen mit 4 : 6 Toren.

4. Dezember 36. Luftangriff. Schadenstelle: Hofen. 1 Toter, 2 Verletzte.
Vom Reichsminister für Ernährung und Landwirtschaft wird auf den heutigen Tag

die übliche allgemeine Viehzählung im gesamten Reichsgebiet festgesetzt. Die Großstädte sind jedoch in diesem Jahr hiervon befreit; im Stadtgebiet Stuttgart findet daher keine Viehzählung statt.
Beim Postamt Stuttgart 9 unter den Arkaden wurde ein Sonderbriefkasten aufgestellt, der ausschließlich für Ortsbriefe nach Stuttgart N, S, O und W bestimmt ist.

7. Dezember Ein 26jähriger, den das Sondergericht Stuttgart zum Tode verurteilt hat, weil er nach vorausgegangenem Streit mit seinem Arbeitgeber dessen Scheune und Stallgebäude angezündet hat, wird hingerichtet.

9. Dezember 37. Luftangriff. Schwerpunkt: Bad Cannstatt. 24 Tote, 55 Verletzte.
Die Gaufrauenschaftsleiterin und Gauführerin des Deutschen Frauenwerks, Anny Haindl, ruft die Frauen und Mädchen in Württemberg auf, sich dem Wehrmachtshelferinnenkorps zur Verfügung zu stellen: »Heiß tobt der Kampf an den Grenzen unseres Vaterlandes. Es geht um Sein oder Nichtsein. Das weiß auch die deutsche Frau. Deshalb ist sie nicht gewillt, das, was ihre Welt bedeutet, ihre Familie, ihr Heim kampflos dem Feind zu überlassen. Viel eher ist sie bereit, sich mit ganzer Kraft und allem Fanatismus zu verteidigen, wenn es sein muß, auch mit der Waffe in der Hand. Dazu ist ihr aber als Wehrmachtshelferin Gelegenheit geboten. Als seine beste Kameradin wird sie dem Mann zur Seite stehen und ihn überall da ersetzen, wo sie dazu in der Lage ist. Hart ist die Zeit, in der wir leben, ganz besonders auch für uns Frauen, noch härter aber werden wir sein. Es ist mit in unsere Hand gegeben, das Schicksal zu meistern.«

11. Dezember 38. Luftangriff. Schadenstelle: Untertürkheim. 3 Tote, 11 Verletzte.
Die Blindenanstalt Nikolauspflege begeht ihr 80jähriges Bestehen.

18. Dezember Landesbischof Wurm wendet sich erneut mit der Bitte um Freilassung von Pastor Niemöller an den Chef des Sicherheitsdienstes und tritt dabei auch für den seit Mitte August wegen seines Kampfes gegen den »Weltanschauungsunterricht« inhaftierten Stuttgarter Oberkirchenrat Sautter ein.
Die am 16. Dezember begonnene sog. Ardennenoffensive meldet der NS-Kurier mit der Schlagzeile: »In breiter Front aus dem Westwall zum Angriff übergetreten.«

19. Dezember Anklageerhebung des Generalstaatsanwalts gegen die Wirtin der Gastwirtschaft Lindenspürstüble mit folgender Begründung: »Die Beschuldigte hat in ihrer Gastwirtschaft in Stuttgart im Frühjahr 1944 öfters Gästen gegenüber leitende Persönlichkeiten des Staates und der Bewegung beschimpft und ihrer Hoffnung auf den Zusammenbruch des nationalsozialistischen Staates Ausdruck gegeben. Durch diese poli-

DEZEMBER 1944

tisch verhetzenden und die Wehrkraft zersetzenden Äußerungen hat sie es unternommen, dem Kriegsfeinde Vorschub zu leisten.« Zur Verhandlung kam es nicht mehr.

Das Wirtschaftsamt gibt bekannt, daß die »in Kellern zerstörter oder unbenützbar gewordener Gebäude in Stuttgart lagernde Kohle sowie die ungenützte Kohle in den Kellern evakuierter Hausbrandverbraucher ... soweit es sich um Mengen von 5 Ztr. und mehr handelt«, beschlagnahmt wird.

OB Dr. Strölin würdigte im Rahmen einer städt. Veranstaltung die Tätigkeit der mit Kriegsaufgaben befaßten Ämter der Stadtverwaltung, im besonderen die der Technischen Werke, der städt. Notdienststellen sowie der Außenstellen des Ernährungs- und Wirtschaftsamts.

21. Dezember   Ab heute (bis 2. Januar 1945) treten Beschränkungen im Reichsbahnverkehr auf. Schnellzüge dürfen nur für Entfernungen von 151 km und mehr, Eilzüge nur für Entfernungen von 51 km und mehr benützt werden.

27. Dezember   Zu Weihnachten spielte das Kammerorchester der Staatsoper unter Philipp Wüst Werke von Bach, Händel und Haydn. Die »Weihnachtslieder« von Peter Cornelius sang Paula Kapper.

30. Dezember   »Fertig machen zum großen Schlag!«, das ist die Überschrift, die Gauleiter Wilhelm Murr seinem Neujahrsaufruf im NS-Kurier gibt.

Gegen Jahresende leben in Stuttgart noch etwa 150 Juden, meist »Mischehepartner«.

1945

1. Januar Der Neujahrsglückwunsch des Gauleiters Murr an »den Führer« spricht von »gläubigem Vertrauen« der Bevölkerung.

4. Januar Dr. Fritz Elsas, langjähriger Mitarbeiter der Stuttgarter Stadtverwaltung und von 1931 bis zu seiner Entlassung durch die NS-Machthaber 1933 Bürgermeister von Berlin, wird im KZ Sachsenhausen ohne Verhandlung und ohne Urteil hingerichtet. Er hatte den nach dem 20. Juli flüchtigen Dr. Carl Goerdeler in seiner Berliner Wohnung aufgenommen und fiel hierbei einer Denunziation zum Opfer.
OB Dr. Strölin erstattet den Ratsherren einen gedrängten Verwaltungsbericht über das Jahr 1944. Er hebt hervor, daß dieses Jahr »so angefüllt mit ungeheurem Geschehen und Erleben (war), wie kein anderes Jahr in der 700jährigen Geschichte der Stadt Stuttgart ... Die Kriegszerstörungen und die Entwicklung der allgemeinen Lage haben die Stadtverwaltung ... immer einseitiger auf ein Grundprogramm beschränkt ... die Fortführung des Lebens in unserer Stadt zu gewährleisten«. Für das kommende Jahr gelte »die Parole: ›Bereit sein ist alles‹.«

5. Januar Der Polizeipräsident gibt bekannt, daß während der Stromsperrzeiten Luftalarm durch drei Flaksalven gegeben wird.
Die Stromlieferung im Stadtkreis wird an jedem Montag von 8—11 und von 13 bis 16 Uhr abgeschaltet.
Zur Einsparung von Papier darf Schnittbrot nicht mehr »in verpacktem Zustande« abgegeben werden.

6. Januar Verlagsbuchhändler Robert Kröner in Kirchheim u. T. verstorben.

7. Januar 39. Luftangriff. Schadenstelle: Feuerbach. Keine Opfer.
Beginn der Sachspendensammlung des »Volksopfers« für die Wehrmacht und den Volkssturm. Sie sollte ursprünglich am 31. Januar enden, wurde dann bis 11. Februar verlängert. Gesammelt werden Uniformen und Uniformteile, tragfähiges Schuhwerk, Wolldecken, Rucksäcke, Spaten, Wäsche, Kleidung, sonstige Spinnstoffe usw.

JANUAR 1945

Das Kammerorchester der Württ. Staatstheater gibt mit dem Solisten Prof. Philipp Dreisbach (Klarinette) ein Konzert.

8. Januar Nach dem Jahresbericht der Württ. Landessparkasse für 1943 sind die Gesamteinlagen in diesem Jahr von 295,3 Mio. auf 361 Mio. RM gestiegen. Vom Gesamtzuwachs von 65,7 Mio. RM entfallen 61,7 Mio. auf Spareinlagen. Die Zahl der Sparkonten stieg 1943 von 294 679 auf 307 574. Das Durchschnittsguthaben eines Einlegers stieg von 919 auf 1081 RM. »Die Anstalt wurde auch im Jahre 1943 wieder mit dem Gaudiplom für hervorragende Leistungen ausgezeichnet.«

9. Januar Josef Ersing, früherer Reichstagsabgeordneter (Zentrum) und Funktionär der Christlichen Gewerkschaften, wird wegen Beteiligung an der Widerstandsgruppe um Dr. Goerdeler verhaftet. Durch das rasche Kriegsende entgeht er der Verurteilung.

10. Januar Ab heute verkehren die Straßenbahnen nach 20.00 Uhr nur noch alle 30 Minuten; die letzten Straßenbahnen fahren 21.30 Uhr ab Schloßplatz.

11. Januar Dr. Eugen Gerstenmaier, der am 20. Juli 1944 (in Berlin) verhaftet worden war, wird vom Volksgerichtshof zu 7 Jahren Zuchthaus verurteilt.

14. Januar 5. Opfersonntag des Kriegs-Winterhilfswerks 1944/45.
Wiederholung des Konzertes vom 7. Januar mit Prof. Ludwig Hoelscher (Cello) als neuem Solisten.

15. Januar Der Reichsminister des Innern, der Generalbevollmächtigte für den Arbeitseinsatz und der Reichsarbeitsführer verfügen in einer gemeinsamen Anordnung zum 1. Februar 1945 die Umwandlung der für den Wehrmachtseinsatz des Reichsarbeitsdienstes der weiblichen Jugend ausgesprochenen Dienstverpflichtungen in Notdienstverpflichtungen. Die Arbeitsmaiden können damit langfristig einem ihrem Arbeitsvertrag nicht entsprechenden Beschäftigungsverhältnis zugewiesen werden.
In der Presse wird bekanntgegeben, daß in den entsprechenden Fachgeschäften auf Bezugsmarken für 15 Kilogramm Altpapier ein Taschenkalender für 1945 gekauft werden kann.

20. Januar 40. Luftangriff. Schwerpunkt: Bad Cannstatt. 1 Toter, 12 Verletzte.

21. Januar 41. Luftangriff. Schwerpunkte: Münster, Hofen. Keine Opfer.

22. Januar Der Oberbürgermeister ruft zur Bildung von Schneeräumgemeinschaften auf: »Wie in den vergangenen Kriegswintern wird die Einwohnerschaft auch in diesem Winter wieder zur Bildung von Schneeräumgemeinschaften aufgerufen, um die Gehwege und Fahrbahnen in verkehrssicherem Zustand zu erhalten.«

22./23. Januar Mit der heutigen Nacht wird der Reisezugverkehr wesentlich eingeschränkt: D- und Eilzüge verkehren nicht mehr. Personenzüge dürfen ohne Sonderbescheinigung nur noch auf Entfernungen bis zu 75 km benutzt werden. Durch den Wegfall der D- und Eilzüge werden auch die Beförderungsmöglichkeiten für Postsendungen einschneidend eingeschränkt; im allgemeinen ist nur noch die Postkarte zugelassen.

23. Januar Eugen Bolz, ehemaliger württ. Staatspräsident, in Berlin (Plötzensee) hingerichtet. Er war am 12. August 1944 verhaftet und am 21. Dezember 1944 vom Volksgerichtshof zum Tode verurteilt worden.

24. Januar Ab sofort ist die Verwendung von Strom für Heizzwecke in der Zeit von 17 bis 20 Uhr untersagt.
Der Betrieb der Straßenbahnen ruht ab Schloßplatz Montag bis Freitag von 13 bis 17 Uhr, Sonntag von 9 bis 17 Uhr.

25. Januar Der württ. Innenminister empfiehlt den Städten, wegen der in nächster Zeit nicht zu behebenden Störungen in der Hausbrandversorgung Wärmestuben einzurichten, sofern ein Bedürfnis bestehe. Die Errichtung solcher Wärmestuben, die allen zur Verfügung stehen, soll durch die Gemeinden erfolgen, die auch das erforderliche Heizmaterial beschaffen müssen.

26. Januar Adolf Nill, der frühere Besitzer des gleichnamigen Tiergartens, in Legau (Allgäu) verstorben.

27. Januar Ab heute bleibt ein Teil der städt. Ämter und Dienststellen, um Kohlen zu sparen, samstags und montags geschlossen. Die Kriegsämter unterhalten einen Bereitschaftsdienst.
Eintreffen größerer Transporte von Schwerverwundeten und Angehörigen des Sanitätsdienstes aus der Kriegsgefangenschaft im Wege des Austausches. Diese Transporte reichen bis in die ersten Tage des Februar.

28. Januar 42./43. Doppelangriff. Schwerpunkte bei Nr. 42: Feuerbach, bei Nr. 43: Weilimdorf, Botnang. 119 Tote, 78 Verletzte, 4 Vermißte. Mit diesen beiden Nachtangriffen britischer Bomber enden die größeren Operationen der westalliierten Luftflotten gegen Stuttgart. Beim ersten dieser Angriffe fielen hauptsächlich Sprengbomben, vor allem im Umkreis der Bosch-Werke, während beim zweiten Angriff überwiegend Brandbomben auf Wohngebiete in Weilimdorf und Botnang abgeworfen wurden.

29. Januar Der Oberbürgermeister gibt Richtlinien für die Selbst- und Gemeinschaftshilfe zur Behebung von Fliegerschäden heraus. Hiernach dürfen in Küchen und in einem Wohnraum nur noch ein Fensterflügel verglast, alle anderen Fenster müssen mit Holz verschalt werden. Maurerarbeiten sollen mit geeigneten Bauresten ausgeführt werden. Größere Gipserarbeiten dürfen nicht durchgeführt werden usw.

31. Januar Es wird bekanntgegeben, daß wieder Briefe bis zu einem Gewicht von 20 Gramm im Fernverkehr zugelassen sind.
Bericht der SD-Hauptaußenstelle Stuttgart vom Januar 1945: »Die SS-Hauptaußenstelle hat bereits in einem Führungsbericht im September vorigen Jahres erwähnt, daß die Volksgenossen — vor allem sogenannte Intelligenzler und intelligente Arbeiter z. T. unter Zitierung bestimmter Stellen aus ›Mein Kampf‹ zum Ausdruck bringen, die Kriegsschuld liege eindeutig auf unserer Seite, denn einer der Kernpunkte von des Führers Politik sei ja die Ausdehnung des Reiches nach Osten gewesen und ferner die Vereinigung aller Deutschen in einem gemeinsamen Reich. Der Führer selbst habe ja in allen seinen Reden immer wieder betont — und das bis in die letzte Zeit hinein —, daß er keinen Finger breit von seiner früheren Politik abgewichen ist. Jeder vernünftige und gesund denkende Mensch hätte als selbstverständlich hinnehmen müssen, daß sich diese Programmpunkte keineswegs auf friedliche Weise verwirklichen lassen, denn die Expansion Deutschlands geht ja auf Kosten anderer Staaten. Der Führer habe also von allem Anfang an auf den Krieg hingearbeitet ... Auf diese Beobachtungen hin versandte der Leitabschnitt ein Rundschreiben an alle Vertrauensmänner. Die Antworten ergaben, ›daß weniger in ausgesprochenen Landgemeinden, als vielmehr in Groß-Stuttgart davon gesprochen werde, daß Deutschland seine augenblickliche Lage selbst verschuldet habe und daß die Kriegsschuld auf unserer Seite liege‹. Aus den Berichten ging hervor, daß vor allem die Passagen, die sich auf Hitlers Lebensraumpläne im Osten bezogen, eifrig diskutiert und daraus folgerichtig auf die Expansionsgelüste des Regimes geschlossen wurde. Ein Beobachter teilte mit: ›Nach den Beobachtungen der z. Zt. bestehenden Verhältnisse muß festgestellt werden, daß viele Volks- und Parteigenossen sehr pessimistisch gegen die NSDAP eingestellt sind‹. Nicht zu Unrecht meinte der berichtende SS-Obersturmführer aus dem Stuttgarter Raum, ›daß die feindliche Propaganda gewisse Stellen aus ›Mein Kampf‹ zitiere und propagandistisch für sich nutzbar mache‹.«

FEBRUAR 1945

1. Februar   44. Luftangriff. Schadenstelle: Bad Cannstatt. 13 Verletzte.

2. Februar   Erich Feyerabend, Lehrer für Holzschnitt an der Akademie für bildende Künste, wurde zum Professor ernannt.

3. Februar   In einem Leitartikel stellt der stellvertretende Hauptschriftleiter des NS-Kurier, Hermann Hirsch, die »geistige Rüstung« des deutschen Volkes als entscheidend in diesem »Schicksalskampf« hin. Heute kämpfe ein ganzes Volk um sein Leben — ohne Ausnahme und ohne Vorbehalt: »Und der fanatische Willen zum Leben ist nicht weniger als Waffen.«

4. Februar   6. Opfersonntag des Kriegs-Winterhilfswerks.

5. Februar   Im NS-Kurier erscheint unter der Überschrift »Gefälschte Nährmittelmarken« folgende Notiz: »In den letzten Tagen sind aus Feindflugzeugen auf Stuttgart und Umgebung Lebensmittelmarken für Nährmittel ... abgeworfen worden ... Aufgefundene Falschstücke, die bis jetzt noch nicht abgeliefert wurden, sind unverzüglich bei der nächsten Polizeidienststelle abzuliefern. Personen, die Falschstücke finden und verwenden, ... ohne den Fund abzugeben oder anzuzeigen, werden als Volksschädlinge und Kriegswirtschaftsverbrecher mit Zuchthaus oder mit dem Tode bestraft.«

6. Februar   Der NS-Kurier erscheint fortan nur noch zweiseitig.
Auf Anordnung von Reichsstatthalter Murr dürfen Haushalte, Behörden, Dienststellen und gewerbliche Betriebe Geräte, die Strom oder Gas verbrauchen wie Heizkörper, Kocher und Wasserspeicher, Staubsauger, Haushaltswaschmaschinen usw., nicht mehr benutzen.

8. Februar   Landesbischof Wurm wendet sich in einem Schreiben an Reichsstatthalter Murr gegen die Vernichtungsaktion gegenüber Mischlingen und Mischehen.

12. Februar   Letzte Deportation von jüdischen Mischehepartnern und Mischlingen nach Theresienstadt. Unter ihnen befindet sich auch der ehemalige Amtsrichter und (ab Ende Oktober 1940) Leiter der jüdischen Mittelstelle, Alfred Marx.
45. Luftangriff. Schwerpunkte: Stuttgart (Schwarenbergstraße, Haußmannstraße); Bad Cannstatt. 68 Tote, 139 Verletzte, 3 Vermißte. Der Angriff wurde von sehr schnellen Flugzeugen ausgeführt, so daß viele Menschen noch auf dem Weg in die Schutzräume von den — meist schweren — Bomben überrascht wurden, woraus sich die große Zahl von Toten erklärt.

MÄRZ 1945

15. Februar Butter wird künftig unverpackt verkauft, um Pergamentpapier zu sparen.

15.–21. Februar 6. Hauslistensammlung dieses Winters.

18. Februar Konzert des Kammerorchesters des Staatstheaters mit Kammersänger Marcell Wittrisch, begleitet von Erich Herrmann am Flügel.

23. Februar Heinrich Baumann, ehemaliger Stadtrat (KPD), im KZ Dachau umgekommen.

28. Februar Der Volksgerichtshof verurteilt den am 5. August 1944 im Zusammenhang mit den Ereignissen des 20. Juli verhafteten früheren Stuttgarter Oberpolizeidirektor Paul Hahn zu drei Jahren Zuchthaus.

1. März Die Straßenbahn richtet regelmäßige Gütertransporte von und nach Sillenbuch und Botnang ein, um den dort wohnenden Gärtnern die Belieferung des Stuttgarter Marktes zu erleichtern.

3. März 46. Luftangriff. Schwerpunkte: Panoramastraße, Jägerstraße. 1 Toter, 1 Verletzter.

4. März 47. Luftangriff. Schwerpunkte: Stuttgart (westlicher Stadtteil) und Bad Cannstatt. 50 Tote, 135 Verletzte, 3 Vermißte.
7. Opfersonntag des Kriegs-Winterhilfswerks 1944/45.

8. März Gaststätten und Kantinen dürfen das sog. Stammgericht, für das bisher keine Marken verlangt wurden, nicht mehr abgeben.

9. März 48. Luftangriff. Schwerpunkt: Bad Cannstatt. 4 Verletzte.
Nach einem Lagebericht des Gauamts für Volksgesundheit hat sich 1944 die Zahl der Geburten »auf annähernd der gleichen Höhe gehalten« wie 1943.

13. März Der Oberbürgermeister gibt für das Rechnungsjahr 1944 und 1945 als Haushaltssatzung bekannt: Die Gemeindesteuern werden wie folgt festgesetzt: 1. Grundsteuer: a) für die land- und forstwirtschaftlichen Betriebe Hebesatz 100 v. H., b) für die Grundstücke Hebesatz 100 v. H. 2. Gewerbesteuer: Hebesatz 280 v. H.

15. März Der NS-Kurier legt seinen Lesern nahe, Brot möglichst zu sparen und deshalb niemals frisches, sondern nur abgelagertes Brot zu verzehren, weil erst beim abgelagerten Brot der Nährwert am größten sei. Die Zeitung empfiehlt den Haushaltungen, einen Brotvorrat anzulegen.

17. März   49. Luftangriff. Schadenstelle: Feuerbach. 6 Tote, 11 Verletzte.

17./18. März   Reichsstraßensammlung.
Konzerte des Kammerorchesters der Württ. Staatstheater mit Alfons Fügel als Solist.

18. März   Der Sonntagsverkehr der Straßenbahnen wird wieder durchgehend aufgenommen.

19. März   Die Staatsbauschule, die in diesem Jahr auf ihr hundertjähriges Bestehen zurückblicken kann, eröffnet das Sommersemester.

21. März   Das Dampfkraftwerk Münster wird stillgelegt.
Reichsstatthalter Murr überreichte Dr.-Ing. Hermann Kästner, Dr. Hans Binder, Dr.-Ing. Alois Spieß und Direktor Karl Rentschler den Dr.-Fritz-Todt-Preis für hervorragende Leistungen auf dem Gebiet der Technik. Murr forderte die Preisträger auf, ihr großes Können auch weiterhin im »Schicksalskampf« des deutschen Volkes einzusetzen.

22. März   Mit der Ausgabe von Lebensmittelsonderzuteilungen, die der Vorratsbildung für den Fall der Besetzung der Stadt dienen sollen, wird begonnen.

23. März   Wegen des Näherrückens der Front wird ein neues Luftwarnsignal, das Signal für akute Luftgefahr, eingeführt. Im Unterschied zu den bis dahin üblichen Signalen für Kleinalarm (luftschutzmäßiges Verhalten bleibt jedem überlassen) und Fliegeralarm (luftschutzmäßiges Verhalten Pflicht) bedeutete dieses Warnsignal: Sofort in Deckung gehen. Aufsuchen der Schutzräume im Haus. Es besteht keine Zeit mehr, entfernter liegende Luftschutzräume aufzusuchen.

24. März   Das Wendling-Quartett spielt Musik von Beethoven, Mozart und Schubert.

25. März   50. Luftangriff. Schadensgebiet: Weilimdorf. Keine Opfer.
51. Luftangriff. Schadenstellen: Stammheim, Zuffenhausen. 3 Tote, 4 Verletzte.
Verpflichtungsfeier aller zwischen dem 1. Juli 1934 und dem 31. Dezember 1935 Geborenen, die noch in Stuttgart wohnen, durch den Bann 119 der HJ.

27. März   In einem Bericht an den SD-Leitabschnitt Stuttgart heißt es: »Allgemein ist man der Ansicht, für uns in Württemberg sei der Krieg in Kürze zu Ende. Teils sind

APRIL 1945

die Volksgenossen über das rasche Vordringen der Anglo-Amerikaner an der Westfront bestürzt, zum großen Teil aber ist die bisherige Bevölkerung ›beinahe froh, daß dieser Krieg endlich für sie ein Ende nimmt‹. Angst vor den Amerikanern und Engländern — man ist der festen Überzeugung, unser Gebiet werde von den Amerikanern besetzt — besteht nirgends. So kommt es auch, daß die Volksgenossen fest entschlossen sind, hier zu bleiben. Es komme ja nicht der Russe, sondern ein kultiviertes Volk, und man wisse aus den bereits besetzten Gebieten, daß es den dortigen Bewohnern unter der alliierten Besetzung gut gehe. Die meisten Menschen rechnen damit, daß, wie sich ein Platzanweiser im Kino gestern ausdrückte, ›die Amerikaner absolut Ostern in Stuttgart verbringen wollen‹ . . . Der Aufruf des Stuttgarter Oberbürgermeisters und Kreisleiters, die Bevölkerung solle wegen der zu erwartenden Ernährungsschwierigkeiten die Stadt verlassen und aufs Land gehen, wurde fast nur von Müttern mit Kindern befolgt; die anderen zogen es vor zu bleiben: ›An eine Wende des Kriegsglücks glaubt schlechthin niemand mehr.‹ Wer noch von neuen Waffen sprach, wurde mitleidig belächelt. Allerdings liefen zahlreiche Gerüchte um, darunter auch, ›der Führer würde Gas anwenden, um Deutschland selbst zu vernichten‹. Auch hier wurden die Parteifunktionäre heftig kritisiert. Jetzt, wo sie ihre Liebe zu Deutschland unter Beweis stellen könnten, säßen sie immer noch in der Heimat herum. ›Nun habe man den letzten Beweis dafür, daß bei ihnen alles nur Phrase war‹.«

Reichsverteidigungskommissar Murr gibt den sog. Führererlaß vom 19. März als Geheime Reichssache bekannt. In ihm werden unter dem Stichwort Cäsar Vorbereitungen für die Wegführung der Zivilbevölkerung aus Stuttgart getroffen. Die Räumung selbst sollte erst nach Ausgabe des Stichwortes Nero erfolgen. Für die Räumung und die Zerstörung der Betriebe wurde das Stichwort Schwabentreue erfunden.

Die Mitglieder der inzwischen gebildeten städt. Notverwaltung erhalten Dienstbefehle, in denen ihnen untersagt wird, die Stadt zu verlassen; sie werden verpflichtet, im Falle der Besetzung der Stadt ihren Dienst auf den bisherigen Dienststellen weiter zu versehen.

Sämtliche Einschränkungen im Stromverbrauch werden aufgehoben.

1. April Führende Männer der Industrie wie der Obmann der industriellen Selbstverwaltung in Württemberg. Dr.-Ing. Otto Fahr, und das Vorstandsmitglied der Firma Bosch, Dr. Alfred Knörzer, treffen sich beim Oberbürgermeister, um zu beraten, wie der Neroplan verhindert werden kann.

Über den Rundfunk ergeht ein Aufruf des »Werwolf« als »Organ einer Bewegung der nationalsozialistischen Freiheitskämpfer« an das deutsche Volk, in dem von dem »festen, unverrückbaren . . . Entschluß« die Rede ist, »sich niemals dem Feinde zu

beugen, ihm ... Widerstand entgegenzusetzen ... und jede Untat, die er einem Angehörigen unseres Volkes zufügt, mit seinem Tod zu rächen«.
52. Luftangriff. Schadenstelle: Weilimdorf. 2 Tote, 16 Verletzte.

2./3. April Reichsverteidigungskommissar Murr gibt in der Nacht durch Drahtfunk das Stichwort Schwabentreue aus, das u. a. auch die Ermächtigung zum Öffnen der Vorratslager und zum freien Warenverkauf auslöst. Jeder sucht sich daraufhin mit Lebensmitteln und anderen Bedarfsgegenständen einzudecken. Am Nachmittag wird das Stichwort zurückgenommen.

3. April Der Straßenbahn-Güterverkehr nach Bad Cannstatt und Rohr wird aufgenommen.

4. April OB Dr. Strölin sucht in Begleitung des Wehrmachtskommandanten, Oberst Freiherr von Scholley, und des Kreisleiters Fischer Gauleiter Murr auf, um zu erreichen, daß auf die Verteidigung der Stadt als militärisch undurchführbar und sinnlos verzichtet und Stuttgart zur offenen Stadt erklärt wird. Murr lehnt ab.

5. April Der NS-Kurier erscheint zum erstenmal mit dem Werwolfszeichen in seiner Kopfleiste.
Aus dem Kurhaus Bad Mergentheim, in das er 1944 verlegt wurde, kommt um 23 Uhr die letzte Durchsage des Reichssenders Stuttgart.

5./6. April Um Mitternacht wird die Sendeanlage des Reichssenders Stuttgart bei Mühlacker gesprengt.

8. April Rechtsanwalt Dr. Arnulf Klett nimmt als Exponent eines Widerstandskreises in Stuttgart Verbindung mit OB Dr. Strölin auf und bietet ihm die Hilfe seiner Freunde bei den Bemühungen an, Zerstörungen zu verhindern. Zu diesem Kreis gehören u. a. Rechtsanwalt Dr. Wolfgang Haußmann, Staatsanwalt Heinrich Gauss, der ehemalige Kriminalbeamte Karl Weber, der Arzt Dr. Eugen Winter, der Architekt Eugen Mertz und Dr. Kruse, der Verbindungsmann des bischöflichen Ordinariats Rottenburg.

9. April Für die bis 29. April dauernde Versorgungsperiode werden von der Stadt noch 99 normale Lebensmittelkarten für in jüdischer Mischehe lebende Verbraucher ausgegeben. Bei Kriegsende gab es in Stuttgart noch 24 Juden, denen jüdische Lebensmittelkarten zustanden.
Die Arbeitsgemeinschaft »Ernährung aus dem Walde« hat in der Stuttgarter Markt-

APRIL 1945

halle eine Beratungsstelle für die Sammlung und Gewinnung von Wildgemüsen und Pilzen eingerichtet.

10. April Reichsverteidigungskommissar Murr erläßt einen Aufruf zu »verbissenstem Widerstand« und zum »Kampf bis aufs Messer den Feinden unseres Volkes«.
OB Dr. Strölin läßt durch einen elsässischen Mittelsmann den alliierten Streitkräften mitteilen, daß Bevölkerung und OB zur Übergabe der Stadt bereit seien.

12. April Der Stuttgarter Bevölkerung wird geraten, alle verfügbaren Wassergefäße zu füllen und sicher unterzustellen, da bei Kriegshandlungen mit vorübergehender Störung der Wasserversorgung gerechnet werden müsse.

13. April Else Josenhans, aus einer bekannten jüdischen Familie, eine Französin, ein Lette und eine weitere unbekannte Person werden im Gestapokeller erhängt.
Der Befehlshaber des Wehrkreiskommandos V, General Rudolf Veiel, der den Bestrebungen von OB Dr. Strölin zur Rettung Stuttgarts Verständnis entgegengebracht und sich gegen die Verteidigung der Stadt ausgesprochen hatte, wird abgesetzt und — darauf — zum Tode verurteilt. Im allgemeinen Zusammenbruch ist das Urteil nicht mehr vollstreckt worden.
Reichsverteidigungskommissar Murr erläßt eine Bekanntmachung, in der es u. a. heißt: »Der Feind versucht, die Bevölkerung zu veranlassen, das Schließen von Panzersperren zu verhindern. Ich mache mit allem Ernst darauf aufmerksam, daß jeder Versuch, die Schließung einer Panzersperre zu verhindern oder eine geschlossene Panzersperre wieder zu öffnen, auf der Stelle mit dem Tode bestraft wird. Ebenso wird mit dem Tode bestraft, wer eine weiße Fahne zeigt. Die Familie der Schuldigen hat außerdem noch drakonische Strafen zu erwarten.«
Nachdem der Postdienst einige Zeit zum Erliegen gekommen war, wird ein Notpostdienst in Gang gebracht. Briefe werden wieder ausgetragen.

14. April OB Dr. Strölin weist die Bevölkerung nochmals darauf hin, daß die gegenwärtig ausgegebenen Lebensmittel-Sonderzuteilungen zur Anlegung einer eisernen Lebensmittelration bestimmt sind.

16. April Vertreter des Handwerks, u. a. die Bäckermeister Gottlieb Leeger und Gotthilf Kächele, bitten OB Dr. Strölin, zu verhindern, daß Bäcker, Metzger und andere für die Lebensmittelversorgung unentbehrliche Kräfte einberufen und die Handwerksbetriebe zerstört werden.

19. April 53. (letzter) Luftangriff. 1 Toter, 7 Verletzte.

Um 20 Uhr verlassen die letzten Züge den Hauptbahnhof.
Beim Sicherheitsdienst in Stuttgart trifft ein Funkbefehl zur Verhaftung von Dr. Strölin »wegen Aufnahme der Verbindung mit den alliierten Truppen zwecks kampfloser Übergabe der Stadt« ein. Der aufnehmende Funker gibt ihn jedoch nicht weiter, sondern vernichtet ihn.

20. April Der im Juni 1944 verhaftete Kunsthistoriker Dr. Hermann Wurz (Leiter der Stuttgarter Sektion des »Nationalkomitees Freies Deutschland«) wird auf einem Transport erschossen.
Aus dem Zuchthaus Ludwigsburg werden auf Betreiben von OB Dr. Strölin elsässische Häftlinge entlassen und von ihm teils in Stuttgart, teils in der näheren Umgebung untergebracht. Strölin hatte sich schon 1942 mehrmals u. a. beim Präsidenten des Volksgerichtshofs Freisler und beim Reichsführer SS Heinrich Himmler für 21 wegen Zusammenarbeit mit dem Feind zum Tode verurteilte Elsässer eingesetzt und die Aussetzung der Urteilsvollstreckung bis nach dem Krieg erreicht.
Zwischen 17 und 18 Uhr besetzen französische Panzer als ersten Stadtteil Stuttgarts Plieningen ohne Widerstand.
Die beiden Zeitungen NS-Kurier und Württemberger Zeitung erscheinen zum letztenmal. Im NS-Kurier heißt es: »In diesen Stunden wurde der Großraum Stuttgart durch die Operationen der feindlichen Verbände im wesentlichen umschlossen.« Der NS-Kurier werde »als Gauorgan nicht mehr in Stuttgart, sondern in einem anderen Raum unseres Gaues erscheinen«.
Ein kleiner Kreis von Bankleuten findet sich zur letzten »Kriegsbörse« zusammen.

21. April Ermordung von Hermann Eugen Schlotterbeck durch die SS.
Von französischen Truppen werden Möhringen, Riedenberg, Sillenbuch, Heumaden, Hedelfingen, Vaihingen, Stammheim, Zuffenhausen, Weilimdorf besetzt, und auch die Innenstadt wird erreicht.
Morgens 6 Uhr werden von deutschen Truppen die Neckarbrücken gesprengt. 6 Straßenbrücken, 3 Eisenbahnbrücken und 3 Fußgängerstege sind die Opfer dieser Zerstörung.
Gegen 20.30 Uhr wird auch die 7. und letzte Straßenbrücke zwischen Untertürkheim und Wangen gesprengt. Von den Neckarbrücken blieben allein erhalten der sog. Voltasteg, der das Kraftwerk Münster mit Kühlwasser versorgt (er wurde nur beschädigt), und, noch wichtiger, der sog. Berger Steg, unter dem die Zuleitungen der Landeswasserversorgung verlaufen.
Die Straßenbahnen verkehren noch bis in die Vormittagsstunden, dann bleiben sie stehen, da die Stromzufuhr aussetzt.
Im Rathaus wird ein Bereitschaftsdienst der Stadtverwaltung eingerichtet.

APRIL 1945

22. April Im Gasthof Zum Ritter in Degerloch übergibt OB Dr. Strölin dem französischen General Schwartz die Stadt. Die Übergabe wird um 12 Uhr durch den Rundfunk bekanntgegeben. Dr. Strölin erhält den Auftrag, die Stadtverwaltung weiter zu leiten. Im Laufe des Tages werden alle übrigen Stadtteile und die Innenstadt Stuttgart besetzt, von US-Truppen Rotenberg, Uhlbach, Ober- und Untertürkheim sowie Bad Cannstatt. Es wird eine Bekanntmachung angeschlagen, in der es heißt: »Achtung, Achtung, die Militärregierung in Stuttgart hat für den Stadtkreis Stuttgart folgende Anweisung getroffen: Stuttgart ist ab 21. 4. 1945 in alliierter Hand. Die Befehle des Kommandanten sind sofort auszuführen...«

23. April Dr. Strölin wird mitgeteilt, daß er auf Grund einer generellen Anordnung nicht in seinem Amte belassen werden kann. Ihm wird zugestanden, einen Nachfolger zu benennen. Seine Wahl fällt auf Dr. Arnulf Klett. Dieser stimmt nach kurzer Bedenkzeit seiner Nominierung zu. Um 14 Uhr wird Dr. Klett den Franzosen als Oberbürgermeister vorgeschlagen. Um 17 Uhr wird der Vorschlag von der französischen Militärregierung bestätigt. Dr. Strölin wird am 24. von den Amerikanern festgenommen.
In der vom neuen Oberbürgermeister übernommenen Ruinenstadt Stuttgart leben noch 266 067 Menschen, darunter 123 jüdische Einwohner. Rund 5 Millionen cbm Schutt- und Trümmermassen bedecken Straßen und Plätze. 15 142 Einwohner waren gefallen oder in Gefangenschaft verstorben. Rund 4500 Einwohner (Deutsche 3618, Ausländer 770, Ortsfremde 89, Vermißte 85) waren bei den Fliegerangriffen getötet worden. Über eintausend jüdische Bürger wurden ermordet oder in den Tod getrieben. Zu dieser langen Reihe der Toten kommen noch jene, die als Gegner des NS-Regimes in Konzentrationslagern oder an Haftfolgen verschieden sind. Nach einer Übersicht der Vereinigung der Verfolgten des Naziregimes (VVN) haben in Stuttgart 1486 Personen — 985 Männer und 501 Frauen — ihr Leben im Widerstand verloren. Die Gesamtzahl der Stuttgarter Widerstandskämpfer, die in den verschiedenen KZ ermordet wurden oder auf andere Weise umgekommen sind, ist nicht bekannt.
In seiner Sitzung am 5. August 1946 legte der erste wieder von der Bevölkerung gewählte Gemeinderat einstimmig folgendes politisches Bekenntnis ab:
»Das deutsche Volk muß unerbittlich die Lehren aus seiner gesamten Vergangenheit ziehen und vorbehaltlos mit der Denkungsweise der Machtpolitik gegenüber anderen Völkern und einer militaristischen Geisteshaltung brechen. Nur auf einer völlig neuen Denkgrundlage kann das Werk errichtet werden, das den großen Sieg der freien Völker und unsere eigene große Niederlage in einen ebenso großen Frieden verwandelt.
Die gewählten Vertreter der Stuttgarter Bürgerschaft bekunden hiermit ihre Entschlossenheit, im Sinne einer wahrhaften Umerziehung des Volkes zum friedlichen humanistischen Wirken auf das engste zusammenzuarbeiten und die Schmach der nazistischen Zeit für immer auszulöschen.«

PERSONENNAMENREGISTER

A

Abbas Hilmi II. 131
Abel, Hans Karl 444
Abendroth, Hermann 157, 251, 342, 384, 520, 575
Achenbach, Hermann 667, 767, 912
Ackermann, Erwin 375
Adam, Georg 662
Adam, Dr. Karl 93
Adamson, Schriftsteller 852
Ade, Erich 171, 178, 190, 399, 588, 671, 681, 837, 850, 853, 869, 909, 923, 990
Ade, Friedrich 714
Ade, Margarete 743, 990
Adler, Karl 77, 247, 750
Aeschbacher, Adrian 521, 664
Ahlmann, Dr., Prof. 435
Aichele, Hellmut 200, 279, 660, 695, 774
Aichele, Dr. Hermann 18, 714
Albeniz, Juan 502
Alber, Landrat 622
Albers, Hans 278, 437
Albert, Eugen d' 114, 584
Albert, Herbert 329, 349, 352, 374, 420, 432, 516, 620, 652, 655, 663, 777, 860, 885, 895, 910
Albore, Lilia d' 629, 660, 765
Albrecht, Georg von 381, 589, 673, 726
Aldag, Dr. 170
Aldinger, Friedrich 67, 90
Alfieri, Dino 813

Alfonso, J. 390
Aljechin, Dr. 409
Alker, Prof. 757
Alland, Franz Michael 717
Altherr, Heinrich 564
Altvatter, Eugen 89, 308
Alvensleben, Ludolf von 320, 495
Amann, Elisabeth 650
Anda, Geza 814
Anders, Peter 662, 663
Andersen, Lale 612, 919, 944
Andersen, Ludwig 674
Andersen, Marino 555
Andersson, Boxer 724
Andre, Josef 6, 37, 989
Andreä, Johann Valentin 316
Angermayer, Fred A. 39, 383
Anglès, Higini 326
Anhegger, Eugen 8, 67
Ansmink, J. C. 338
Anstein, Pfarrer 230
Anwander, Artur 756
Anzengruber, Ludwig 83
Apel, Kapitän zur See 535
Aristoteles 329
Armbruster, Charlotte 58, 86, 989
Arndt, Ernst Moritz 179, 856
Arndt, Roderich 140, 482, 779, 883, 892, 899, 935
Arnold, Alfred 36, 54, 115, 116, 121, 145, 158, 181, 227, 327, 358, 439, 486, 831, 911, 923, 955
Arrau, Claudio 359, 471
Aschoff, Verlagsleiter 725

Asmuß, Gustav 188, 240, 605
Assion, Robert 480
Aßmann, Admiral 877
Atterberg, Kurt 664
Auber, Daniel 258
Aubin, Dr. Hermann 950
Auer, Dr. Wilhelm 308, 643, 891
Auerbach, Alfred 369
Autenrieth, Karl 58, 362, 497
Axmann, Artur 251, 892

B

Bach, Friedrich 6
Bach, Johann Sebastian 2, 106, 178, 190, 200, 238, 279, 445, 476, 534, 559, 561, 567, 621, 634, 640, 648, 653, 678, 714, 719, 728, 732, 746, 782, 788, 864, 869, 884, 885, 945, 956, 958, 990, 1009, 1012
Bachofen, Karl 338
Backhaus, Wilhelm 90, 173, 251, 274, 458, 563, 705, 807
Bacmeister, Ernst 191, 392, 421, 698
Badalescu, General 956
Bader, Dr. Karl Siegfried 531
Badoglio, Pietro 915
Bälz, Dr. Erwin 424, 522
Bärtle, Josef 470
Bässler, Reinhold 446
Baethgen, Friedrich 883
Bätzner, Philipp 124, 301, 316, 439, 543, 552, 589, 654, 973
Baisch, Dr. Karl 98

PERSONENNAMENREGISTER

Bäuerle, Hermann 659, 937
Bäuerle, Theodor 698, 836
Bäurle, Minna 862
Balluf, Franz 772
Balmat, Jacques 112
Baltes, Peter 71
Baltz, Karl von 360, 466, 658, 702, 786
Balz, Bruno 800
Bangert, Karl 258
Banschenbach, Gaby 695, 708
Bantel, Emil 110
Banzhaf, August 200
Banzhaf, Sybille 639
Baranski, Adalbert 687
Barbura, Iris 959
Barlach, Ernst 290, 402
Barroso, Gustavo 709
Bars, Richard 865
Barta, Dr. Stefan 923
Barth, Albert 548
Barth, Friedrich 644
Barthel, Max 782
Barthou, Louis 125
Bartók, Béla 861
Barylli, Walter 359, 518, 864
Basner, Georg 618
Bassano, Iacopo 899
Bassewitz, Gerdt von 534, 869
Battenberg, Dr. Ludwig 31, 39, 297
Bauder, Dipl.-Ing. Reinhold 338, 339, 466
Bauder, Theodor 73, 163
Baudissin, Graf Klaus von 96
Bauer, Dr. Erich 248, 974
Bauer, Eugen 195, 571
Bauer, Dr. Fritz 17
Bauer, Karl 64
Bauer, Leo 669, 859
Bauer, Walter 462
Bauknecht, Anna 535
Baum, Dr. Julius 25
Baumann, Heinrich 1018
Baumeister, Willi 166, 365, 402
Baumgärtner, Alfons 603
Baur, Georg Friedrich 335
Bauriedl, Otto 860
Bauser, Adolf 24, 65, 78, 162
Bauser, Walter 623, 653
Bavink, Prof. 79

Bayer, Karl 326
Bayh, Gotthilf 18, 97
Bazille, Dr. Wilhelm 6, 96
Bazlen, Julius 371
Bebermeyer, Gustav 245
Becher, Rosa 473
Bechstein, Lothar 431
Bechtle, Wilhelm, Willi 6, 21
Beck, Gerhard 762
Beck, Karl 454
Beck, Lis 548
Beck, Ludwig 204
Beck, Dr., Rektor 123
Becker, Kurt, Baurat 475
Becker, Kurt, Konzertmeister 570
Becker, Meinhart 467
Beckerath, Hermann von 874
Beckmann, Dr. Kurt 110, 269
Beckmann, Max 402
Beecham, Thomas 335
Beethoven, Ludwig van 25, 69, 102, 128, 198, 214, 301, 320, 445, 521, 569, 652, 657, 672, 703, 710, 713, 747, 779, 780, 804, 884, 895, 931, 954, 1019
Behr, Rudolf 237, 340
Behr, Wera 463
Behringer, Dr.-Ing. Karl 679
Beihl, Stabsführer 512
Beinhauer, Eugen 365
Beinhorn, Elly 92, 288
Beißner, Friedrich 957
Belgien, König von 464
Bellemann, Franz 64
Benatzky, Ralph 582, 718
Benedetti-Michelangeli, Arturo 884
Benning, C. 522
Benz, Erich 303
Benzinger, Dagmar 728, 784
Berchtold, Armin 443
Berchtold, SA-Brigadeführer 82
Berckhemer, Dr. Fritz 106, 185, 975
Berens-Totenohl, Josepha 756
Berg, Bengt 712
Berg, Gertrud von 859
Bergengruen, Werner 151
Berger, Dr.-Ing. Arthur 433
Berger, Eugen 249

Berger, Theodor 881
Bergman, Hjalmar 98, 280
Bergmann, Rechtsrat 502
Berlichingen, Freifrau Karoline von 181
Bernatzik, Dr. Hugo 261
Berner, E. F. 236
Berner, Dr. Karl 53
Bernert, Kapellmeister 499
Bernhardt, Kurt 454
Beroldingen, Constantin Graf von 263
Beroldingen, Marianne von 708
Berthold, Dr. 480
Bertinelli, Dr. 787
Bertram, Adolf 795
Bertsch, Karl 567
Besele, H. von 171
Besselmann, Jupp 832
Beßler, Otto 73, 114
Beßmer, Gustav 972
Best, Dr. Karl Rudolf Werner 542
Best, K. G. Walter 404, 572
Best, Dr. 583
Bethge, Friedrich 422, 810
Bethge, Hans 750
Betzold, SS-Obersturmbannführer 968
Beuré, Camille 303
Beuttner, Paul 848
Beyer, Dr. Hans-Joachim 451
Beyerle, Dr. Josef 6, 15
Bezler, Ernst 526
Bezner, Elly 695
Bickes, Theodor 45
Bickler, Dr. Hermann 751
Bidell, Verlagsleiter 41
Bidlingmaier, Adolf 626
Bielen, Otto 454
Bier, Dr. August 274
Biermann, Dr. Franz 531
Biese, Gert 403, 567
Biesenberger, Julius 465
Bihler, Fritz 915
Billing, Hermann 280
Billinger, Richard 323, 761
Binder, Alfred 773
Binder, Dr. Hans 1019
Binder, Dr. Hermann 122, 281, 285, 300, 302, 482, 577, 671,

1026

PERSONENNAMENREGISTER

899, 963
Binding, Rudolf G. 400
Birabeau, André 524
Bircher, Dr. Franklin 228
Birgel, Willy 314
Birkert, Alfred 538
Birkhold, Jungstammführer der HJ 640
Bischoff, Karl Heinrich 443
Bismarck, Herbert Graf von 2
Bismarck, Otto Fürst von 20, 239, 307, 721, 727, 857
Bitterauf, Richard 560, 724, 818
Bizet, Georges 176
Blacher, Boris 857
Blaich, Dr. Emil 481, 576
Blarer, Ambrosius 163
Bleicher, Willi 257
Bleier, Sigmund 356, 699, 973
Blessin, Hans 510, 726, 989
Blessing, Stadtsekretär 979
Bleyle, Karl 468, 553, 655, 664, 670, 710, 883
Blezinger, Dr. Heinrich 359
Blind, Fritz 902, 934
Bloch, Alice 243
Bloch, Friederike 540
Bloch, Oskar 200
Blomberg, Werner von 11, 82, 244
Blos, Anna 27
Blümer, Ernst 264
Blume, Bernhard 175, 186
Blumenstein, Fritz 745
Blunck, Dr. Hans Friedrich 107, 169, 265, 738
Blutbacher, Wilhelm 659
Bobkowski, stellv. poln. Verkehrsminister 344
Boccherini, Luigi 910
Bock, Licentiat 155
Bodelschwingh, Friedrich von 304
Bodenreuth, Friedrich 482
Böhm, Dr. Karl Hans 34, 64, 76, 84
Böhm, Konrad 394
Boehme, Karl 491
Böhringer, Richard 629
Böklen, Dr. Ernst 288
Boemcken, von, Oberstleutnant 569
Bömer, Dr., Prof. 585
Boeres, Franz 497, 848
Börger, Dr. Wilhelm 265
Börner, Paul 777
Böttcher, Maximilian 205, 316
Boettcher, Gaufilmstellenleiter 547
Böttger, Käthe 238, 659
Boettner, Johannes 568, 656
Bofinger, Dr. Alfred 553, 593, 645
Bofinger, Karl 424, 556
Bogoljubow, J. D. 582
Bohle, Ernst Wilhelm 310, 394, 416, 417, 418, 507, 508, 509
Bohn, Willi 6
Bohnenberger, Fritz 86
Bohnert, August 307, 902
Bohnet, Albert 739
Boieldieu, François Adrien 941
Bollmann, Paul 365
Bolz, Dr. Eugen 3, 6, 11, 13, 15, 16, 23, 39, 40, 1015
Bomblat, Gustav 586
Bonatz, Dr. Paul 12, 84, 93, 107, 164, 186, 340, 370, 545, 575, 716, 775, 884
Bonnet, Wilhelm 374
Bonucci, Arturo 738
Boor, Helmut de 741
Boos, Dr. Roman 121
Borchmeyer, Erich 411
Borghammer, Alfred 915
Boris III., König von Bulgarien 924
Bormann, Martin 841
Borms, Dr., Prof. 864
Bornkamm, Dr. Heinrich 267
Borries, Siegfried 410, 664, 702, 851
Borries, Dr. von 525
Borst, Hugo 166, 486, 820
Borst, Dr. Otto 316, 396
Bortfeldt, Kurt 321
Bortolotti, Guido 365
Bosch, Elisabeth 45, 79
Bosch, Dr. h. c. Robert 62, 63, 138, 213, 306, 318, 319, 384, 395, 407, 453, 475, 665, 680, 775, 776, 816, 817, 819, 872, 976
Bosch-Gimpera, Prof. 245
Bosch-Möckel, Catharina 559, 667, 673, 689, 726, 767, 781
Bosco, Zauberer 463
Bose, Subhas Chandra 913
Bossert, Gustav 283, 680
Bossy, rumänischer Gesandter 804
Bothe, Dr., Prof. 534
Bothmer, Fritz Graf von 474
Bothner, Albert von 5
Boulanger, Georges 656
Boyer, Lucienne 470
Boyna, Franz 44
Bozenhardt, Dr. 810
Bracco, Roberto 666
Brachat, Ritterkreuzträger 869
Brändle, Josef 795
Brahms, Johannes 13, 22, 198, 463, 521, 724, 726, 751, 857, 931
Brand, Fritz 695, 708
Brandenburg, Oberleutnant 747
Brandenburg-Polster, Dora 874
Brandis, Dr. 296
Brandt, Fritz 604
Brandt, Theodor 551
Brasch, Hans 754, 914
Bratt, Harald 284, 936
Brauchitsch, Manfred von 128, 174, 232, 411, 416, 444, 483, 505
Brauchitsch, Walter von 806, 820
Braun, E. J. 956
Braun, Friedrich 329
Braun, Georg 371
Braun, Heinrich 346
Braun, Leo Hubert 74
Braun, Wilhelm 192, 407, 647
Brechenmacher, Josef Karlmann 967
Brecht, Franz Joseph 834
Bredow, Gustav Adolf 583, 760, 765, 990
Brehm, Bruno 587
Brehme, Hans 589, 655, 682, 883
Breitenfeld, Dr. 587

1027

PERSONENNAMENREGISTER

Breitkreuz, Grete 462, 731
Breitling, Lina 396
Breitling, Reinhold 808
Breitling, Dr. Wilhelm 396
Breitweg, Walter 86
Brellochs, Wilhelm Hermann 497, 765
Brenner, Kurt 437, 781, 920
Brenner, Rudolf 437
Bresgen, Cesar 515, 655
Breucha, Hermann 483
Breuninger, Alfred 216, 313
Breuninger, Familie 633
Breyer, Robert 319, 335, 735, 852
Brigel, Dr. Oskar 258
Brigl, Dr. Percy 29
Briquet, P. E. 434
Britsch, Gustav 399
Brixner, Dr. Friedrich 756
Briz, Paul 561
Broel, Georg 736
Brösamle, Jakob 372
Brösamlen, Ernst 443, 667
Bruch, Max 466
Bruckenthal, Freiherr Samuel von 313
Brucklacher, Heinrich 249
Bruckner, Anton 318, 324, 382, 555, 703, 731, 875, 881, 911
Bruder, Otto 73
Brückner, Gerhard 791
Brühlmann, Hans 321, 365
Brüllmann, Jakob 63, 538
Brümmer, Johannes 121
Bruhns, Dr. Leo 718, 791
Brunckers, Jules de 808
Bruyn, Annemarie de 510
Buber, Martin 2
Buch, Peter 464
Buch, Walter 394, 419
Buchin, Erich 923
Buchmann, Albert 6, 29, 75
Buchmann, Dr. Frank 89
Buchner, Paula 416
Buchner, Dr., Generaldirektor 820
Buchwald, Dr. Reinhard 648
Buder, Walter 581
Bücheler, Willi 243
Bühl, Dr. Alfons 343
Bühler, Dr. Hermann 176, 206, 655
Bühler, Karl 21, 25, 86, 220, 620, 638, 684, 707
Bühler, Dr. 264
Bühner, Karl Hans 235
Bürckel, Josef 508
Bürkle, Rudolf 254, 371
Bürkle, Veit 443
Bürkner, Trude 333
Büttner, Dr. Erhard 495
Büttner, Max 283
Buhlmann, Dr. Eugen 283
Bulling, Otto 586
Bullion, Graf Wolfgang von 747
Burgdörfer, Dr. Friedrich 310
Burger, Karl 278
Burggaller, Ernst 91
Burkart, Dr. Werner 665
Burkhardt, Friedrich 183, 300, 438, 916
Burkhardt, Walter 739
Burte, Hermann 745, 932
Busch, Wilhelm 701, 852
Busch, ev. Pfarrer 230
Buschkötter, Dr. Wilhelm 334, 480
Buschle, Walter 796
Bustabo, Guila 726, 835
Butz, Bürgermeister 449
Buxtehude, Dietrich 956
Buxton, Noel 467

C

Caillavet, de 510
Calderón de la Barca, Pedro 261, 774
Callesen, Peter 584
Calvin, Johannes 201
Calwer, Karl 205, 791, 943
Camerer, Dr. Johann Wilhelm 850
Cantz, Hedwig 664, 724
Caracciola, Rudolf 174, 232, 250, 328, 411, 416, 444, 483, 505, 549, 599
Carl, Dr., Arzt 864
Carstens, Dr. Peter 248, 477
Casadei, Mario 374, 832
Casanova, Marchese di 108
Casella, Alfredo 482
Casini, Dr. Gherardo 378
Caspar, Horst 712
Caspar, Karl 379
Caspar-Filser, Maria 379
Cassadó, Gaspar 369, 437, 516, 962
Castell, Clementine von und zu 499
Castellan, Graf Jean de 167
Castiglione, Giovanni Benedetto 899
Cavour, Camillo Benso Graf von 857
Cebotari, Maria 535
Cerff 442
Cerné, Charles 652
Chamberlain, Arthur Neville 577
Chiusano, Vittorio 97, 335
Chopin, Frédéric 259, 519, 884
Christaller, Hans 162, 573
Cianetti, Nationalrat 595
Cifarelli, Letea 734
Cilèa, Francesco 664, 719
Cillario, Carlo Felice 555
Clarry, Reginald 151
Claß, Tennisspieler 685
Claudius, Marialuise 466
Clauß, Hanna 604
Clement, Jakob 109, 654
Cloos, Franz 675
Colijn, Henric 224
Collmer, Dr. Paul 915
Comfère, Hetty 695
Conti, Dr. Leonhard 667, 698, 773, 863
Conti, Reichsleiterin der Hebammen 783
Conz, Walter 290
Cornea, Vergiu 959
Cornelius, Peter 472, 484, 1012
Cortot, Alfred 449, 527, 864
Corzilius, Viktor 427
Coubier, Heinz 516
Coulon, Dr. 775
Cronmüller, Friedrich 395
Csaki, Dr. Richard 51, 54, 62, 98, 150, 185, 199, 295, 373, 398, 414, 493, 585, 709, 712, 761, 942
Csaki-Copony, Grete 772

Cuhorst, Dr. Fritz 139, 161, 173, 176, 193, 218, 219, 236, 240, 314, 321, 467, 486, 562, 577, 629, 703, 707, 711
Cuhorst, Hermann, Oberstaatsanwalt 358
Cuhorst, Hermann, Senatspräsident 460, 470, 473, 528, 535, 536, 597
Cunitz, Maud 694, 895
Cysarz, Herbert 945
Csiossek, Felix 655

D

Dähn, Hans 407, 455
Dättel, Paul 510
Dagover, Lil 77, 194, 228, 314, 712
Daiber, Alfred 21
Daiber, Dr. Axel 776
Daimler, Gottlieb 36, 107, 108, 109, 118, 226, 227, 303, 304, 657
Dalys, Charlotte 782
Dammann, Anna 968
Dannecker, J. H. 804, 829
Dannenbauer, Heinrich 92
Dante Alighieri 928
Danzer, Dr., Redakteur 428
Darré, Walter Richard 65, 145, 353, 571, 637
Daur, Rudolf 581, 702
Daviod, Gordon 230
Daye, Pierre 341
Decker, Dr. Erwin 673
Decker, Dr. Will 105, 141, 502
Degen, Helmut 710
Degenfeld, Graf Konrad 617
Deharde, Gustav 370, 395, 402, 416, 422, 466, 682, 695, 805, 869
Dehlinger, Dr. Alfred 6, 16, 17, 28, 31, 59, 92, 109, 118, 136, 219, 248, 250, 302
Dehlinger, Ulrich 232
Deininger, Georg 236, 413, 504, 792, 800, 858, 869, 882
Delbès, Emil 302, 598
Delekat, Friedrich 895
Delibes, Leo 587
Demetriad, Alexander 920

Dempel, Karl 32, 89, 173, 249, 259, 301, 401, 552, 586
Deniker, Georges Jean 510
Deppe, Eugen 2
Derblin, Frau Leins von 518
Derichsweiler, Reichsstudentenbundführer 286
Dettinger, Hermann 362, 535, 560, 668, 671, 717, 748, 791
Dettmer, SA-Brigadeführer 275
Deutelmoser, Oberstleutnant 733, 812
Deyana, Boxer 724
Deyle, Walter 653, 728, 784, 872, 874
Dibelius, Otto 947
Diebold, Franz 444
Diener, Hermann 788
Diesel, Gustav 110
Dietlen, Präsident 36
Dietrich, Dr. B. 588
Dietrich, Hermann 1
Dietrich, Marlene 152
Dietrich, Dr. Otto 474
Digele, Gottlieb 32, 516
Dihlmann, Walter 534
Dill, Dr. Gottlob 31, 150, 151, 155, 157, 213, 382, 440, 731, 788, 814, 876
Dill, Ludwig 517
Dillenius, Albert 578
Dinkelacker, Carl 149, 228
Dipper, Eugen 347
Dipper, Theodor 453
Dircksen, Herbert von 959
Distler, Hugo 355, 405, 453, 552, 589, 700, 706, 854
Dix, Otto 38, 241
Dix. Landesleiter der Deutschen Christen 493
Djün, Jung Dschu 381
Dobbratz, Else 644
Doch, Ewald 815
Döcker, Dr. Richard 12, 15, 22
Dölker, Johannes 137
Döll, Maria 655, 727
Döll, Marta 655, 727
Dörge, Georg 24
Doerne, Martin 806
Dörr, Hermann 44
Dörr, Paul 248

Dörr, Walter 294, 932
Dörr, W. E. 544
Dörrer, Karl 550
Dörrfuss, Dr. Adolf 471
Doertenbach, Dr. Georg von 766
Doll, Gustav Adolf 716
Dolezalek, Dipl.-Ing., Direktor 970
Dollinger, Dr. Paul 10, 33, 142
Dollinger, Richard 130
Dolmetsch, Eugen 990
Domberger, Else 479
Domgraf-Faßbaender, Willi 145, 542
Dompert, Alfred 311, 411
Donizetti, Gaetano 357
Donndorf, Karl 785
Dopfer, Dr. Ulrich 385
Dorn, Hans 808
Dornseiff, Richard 314, 422, 757
Dorpmüller, Dr. Julius 67, 99, 145, 818
Dostal, Nico 206, 428, 548, 723, 747
Dostojewski, F. D. 732
Dräger, Eva 912
Drascher, Dr. Wahrhold 284, 433, 442
Dreher, Wilhelm 76, 337
Dreisbach, Philipp 1014
Dreizler, Karl 451
Drescher, Karl 575, 625, 714, 849
Drewes, Dr. Heinz 461
Drewitz, Karl A. 433
Drinkwater, John 275
Drost, Ferdinand 334
Drück, Dr. Karl Friedrich 43, 101, 329, 393, 441
Ducrue, Hans 555, 895
Dünnwald, Josef 604, 989
Düren, Margarete 416, 595
Dürer, Albrecht 595, 657, 786
Dürr, Adolf 479
Dürr, Max 205
Dürr, Wilhelm 530
Düver, Hans 934
Dwinger, Edwin Erich 260, 445
Dyk, Emanuel 353

PERSONENNAMENREGISTER

E

Eberhard, Heinrich 160, 365, 480
Eberhard, Oberst 537
Eberspächer, Helmut 490
Ebert, Georg 473
Ebert, Hidde 510
Ebert, Karl 273, 937
Ebert, Dr. 856
Eberz, Josef 365
Ebrecht 334
Eckart, Dietrich 163, 254, 888
Eckener, Alexander 248, 480, 529, 693, 704
Eckstein, Hans 216, 308, 566, 631, 636
Eder, Gustav 374, 724
Eder, D. 531
Eduard VIII., König von England 435
Egelhaaf, Dr. Gottlob 103
Eger, Rudolf 77
Egger, Kurt 499
Egk, Werner 735, 779
Egloff, Dr. Wilhelm 19
Ehara, K. 753
Ehrle, Franz 166
Ehrler, Hans Heinrich 175, 271, 527, 737
Ehrlinger, Hans 58
Eich, Günter 184
Eichele, Dr. Erich 118
Eichendorff, Joseph Freiherr von 184
Eichhorn, Karl 792
Eichhorn, Marianne 554, 792
Eichler, Ludwig 540
Eiff, Karl Wilhelm von 195, 333, 504, 900
Eilers, Dr. Willi 113, 277, 288
Ein-Ecke, J. C. 378
Eipper, Paul 737
Eipperle, Trude 416, 685, 686
Eisele, Nazi (Ignaz) 479
Eisemann, Ernst 730
Eisenburger, Otto 867
Eisenmann, Alexander 708, 736
Eisenmann, Eugen 494, 517
Eitel, Albert 147, 257
Elben, Dr. Arnold 944

Ellinger, Werner 448
Ellinghaus, Dr. Hermann 297, 363
Elmendorff, Karl 315, 347
Elsas, Dr. Fritz 1013
Elschenbroich, Gabriele 936
Elser, Albert 938
Elser, Georg 629, 630, 632
Elser, Ludwig 632
Elsheimer, Adam 861
Elster, Else 718
Eltz-Rübenach, Paul Freiherr von 118, 221
Elwenspoek, Dr. Curt, Kurt 84, 108, 140, 221, 271
Emminger, NSKK-Führer 406, 423
Ende, Hans am 388
Enderling, Paul 458
Endrikat, Fred 353
Engel, Kurt 718
Engel, Spieler beim VfB 935
Engelhardt, Franz 18
Engelhardt-Kyffhäuser, Otto 694
Engelke, B. 157
Englisch, Lucie 650
Enke, Dr. Alfred 381
Ensor, James 808
Entreß, Anton 660
Entreß-Sutter, Thilde von 405, 646
Enz, Anton, Prof. 223
Epp, Franz Freiherr Ritter von 585, 833
Epple, Gustav 44
Epple, Maximilian 73
Erb, Karl 262, 714, 748, 775, 1009
Erdmann, Eduard 334
Erhardt, Elfi 751
Erhardt, Eugen 736
Erlenbusch, Karl 769
Erler, Erich 661
Ernst, Paul 37, 970
Ernst, Dr. Robert 728, 751
Ernst, Dr. Viktor 72
Erpf, Hermann 923
Ersing, Josef 1014
Erzberger, Matthias 23
Eschenbacher, Wilhelm 504, 544, 746

Eschwege, Heinz 958
Esser, Hermann 417
Esser, Karl 629
Etherton, Oberst 195, 521
Etter, Gauwart 857
Ettwein, Friedrich 18, 27, 33, 61, 69, 114, 133, 134, 135, 137, 140, 151, 166, 167, 177, 179, 203, 212, 221, 240, 296, 299, 313, 423, 436, 451, 456
Etzel, Eberhard 109
Eucken, Gerhard 360, 517
Eugen, Prinz von Savoyen-Carignan 1010
Euwe, Dr. 409
Evola, Baron 752
Ewald, Dr. Paul 2, 15, 25, 232
Eychmüller 573
Eyth, Max 284, 312

F

Faber, Arthur 263
Faber, Julius 665
Fabritius, Fritz 414, 583
Fähnle, Hans 314
Färber, Richard 332
Fagioli, Luigi 174, 232
Fahr, Dr.-Ing. Otto 1020
Fahrbach, Georg 166, 559, 627, 752
Fahrion, Paul 734
Faiß, Arthur 500
Faiß, Eugen 775
Faiß, Fritz 314
Falla, Manuel de 502
Farkas, Dr. von, Prof. 836
Farny, Oberstleutnant 964
Faßbänder, Grete 234
Fausel, Heinrich 36
Fauser, Dr. August 473
Faust, Dr., Prof. 522, 784
Fechenbach, Hermann 258
Feder, Gottfried 59, 156, 712, 752
Fehrle, Jakob Wilhelm 166, 274, 429
Feickert 252
Feil, Albert 17
Fein, Berthold 941
Fein, Dr.-Ing. Hans 802, 922, 963

Fein, W. E. 802
Feine, Dr. Hans Erich 239, 535, 713
Feininger, L. 403
Feldmann, Dr. Hermann 267, 413, 477
Feldner, Wilhelm 137
Feldtkeller, Dr. Richard 319
Felger, Friedrich 669
Felix, Oskar 317
Felix, Viktor 407
Fellmeth, Direktor 97
Fernau, Rudolf 708, 712
Fetzer, Hermann 130
Fetzer, Dr. Max 318, 783
Fetzer, Dr., Rektor 136
Feucht, Otto 702
Feucht, Walter 110
Feuerlein, Ludwig 375, 633
Feyerabend, Erich 529, 541, 556, 668, 765, 990, 1017
Feyerabend, Dr. Karl 532
Fezer, Dr. Karl 36, 47, 237
Fichte, Johann Gottlieb 204, 332
Fiehler, Karl 162, 187, 889
Fieseler, Gerhard 137
Finckenstein, Otfried 935
Finckh, Ludwig 278, 332, 668
Find, Eugen 246
Find, Friedrich 246
Fink, Carl 867
Finke, Dr. Heinrich 166
Finster, Hans von 99, 243
Fischer, Albert 54
Fischer, Albrecht 976
Fischer, Edwin 350, 379, 438, 454, 470, 631, 823, 828
Fischer, Franz Josef 164
Fischer, Friedrich Otto 476
Fischer, Fritz 884
Fischer, Dr. Hans 735
Fischer, Hildegard 586
Fischer, Johann Georg 34
Fischer, Johannes 38
Fischer, Dr. Julius 360
Fischer, Lore 432, 459, 505, 561, 649, 694, 737, 945
Fischer, Dr. Moritz 114
Fischer, Otto 766
Fischer, Res 771, 795, 895, 1009

Fischer, Robert 525
Fischer, S. G. 963
Fischer, Dr. Theodor 538
Fischer, Walter 497
Fischer, Dr. Werner 114
Fischer, Wilhelm 147, 296, 395, 401, 417, 442, 462, 513, 514, 521, 531, 626, 634, 655, 677, 693, 702, 707, 739, 860, 881, 942, 956, 964, 982, 1006, 1021
Fitz, Hans 460
Flaig, Waldemar 857
Flaischlen, Caesar 34, 123
Flers, de 510
Flood, Leona 326
Flower, Archibald 167
Fochler-Hauke, Dr. 555
Focke, Dr., Rektor 302
Foell, Maria 365
Foerster, Friedrich 652
Förster, Dr. Friedrich 742
Forst, Willi 309
Forster, Albert 414
Forster, Friedrich 639, 718, 743
Forstreuter, Adalbert 925
Fortner, Wolfgang 381
Fränzl, Rudi 745
Franck, César 520, 711, 975
Franck, Dieter 725, 827
Franck, Richard 223
Franck, Robert 777
Franckenstein, Clemens von 159
Franco Bahamonde, Francisco 585
Frank, Dr. Arnold 377
Frank, Bruno 7
Frank, Dr. Gottlieb 5
Frank, Hans 586
Frank, Dr. Hans 11, 400, 419
Frank, Robert 543
Frank, Waldemar 782
Frank, Pfarrer 36
Franke, Waldemar 486
Frascati, Zauberer 820
Frasch, Adolf 583
Fratellini 149
Frauenfeld 247
Frei 50
Freisler, Dr. Roland 265, 975, 1023

Frentz, Walter 877
Freudenberg, Walter 237
Freund, Karl 625
Frey, Anton 240
Frey, Eugen 765
Frey, Joseph 342
Frey, Oskar 480, 598, 937
Frey, Theophil 57, 124
Freyberg, Albrecht von 788
Freytagh-Loringhoven, Dr. Axel Freiherr von 151
Frick, W. Julius 317, 745
Frick, Dr. Wilhelm 10, 41, 94, 100, 172, 240, 414, 507, 514, 927
Fricke, Wilhelm 250
Friedel, Hans 886
Friedrich, Caspar David 272
Friedrich der Große 302, 819
Friedrich Wilhelm I., König von Preußen 183
Friedrich II., Kaiser des Mittelalters 294, 883
Friedrich, Dr., Prof. 249, 250
Friese, Ernst 697
Frik, Erwin 463
Frisch, Dr. Karl von 720
Fritsch, Werner Freiherr von 112, 204
Fritsch, Willy 49, 87, 225
Fritz, Adam 595, 632, 755
Fritz, Ernst 686
Fritz, Reinhold 82
Fritz, Richard 71
Fritz, Dr.-Ing., Prof. 541
Friz, Karl 389
Frobenius, Leo 91, 258, 333
Fröhlich, Willy 150, 381, 552, 673, 850, 923, 972
Frölicher, Helene 510
Frommann, Dr. 393
Früh, Jakob 665
Fuchs, Gretli 990
Fuchs, Hans 574
Fuchs, Karl 695, 848
Fuchs, Karl Johannes 174
Fuchs, Mart(h)a 434, 523, 883
Fuchs, Dr.-Ing. Willy 497, 534, 566
Fügel, Alfons 586, 734, 768, 1019

PERSONENNAMENREGISTER

Funk, Dr. Walther 733, 783, 817
Funke, Ewald 465, 472
Furtwängler, Dr. Wilhelm 121, 211, 284, 438, 575, 719, 737

G

Gabler 250
Gabriel, Friedrich 583
Gackstatter 959
Gadulin, Dr. von 786
Gärtner, Dr. h. c. Eugen 115, 957
Gärttner, Emil 1010
Gaiser, Dr. Konrad 572
Galen, Clemens August Graf von 771
Gallarza, span. Innenminister 815
Gallert 679
Galli, Mario von 182, 187
Ganpuley, N. G. 804
Gansser, Hans 270, 359, 883
Ganzmüller 361
Gasser, Hans 553
Gaßmann, Dr. 873
Gastpar, Dr. Alfred 101, 204, 221, 232, 233, 488, 997
Gauger 265
Gaupp, Prof. 156
Gauss, Heinrich 1021
Gayler, Karl 171
Gebühr, Otto 7, 116, 352, 819
Geck, Tell 937
Géczy, Barnabás von 192, 279, 386, 478, 667, 744
Gedat, Gustav Adolf 188
Geduldig, Heinrich 586
Gehring, Dr. Paul 52
Gehrt, Bernd 186
Gehrung, Erwin 274
Geidel, Eugen 490
Geier, Dr. 427
Geiger, Dr. Hans 162, 169
Geiger, Theodor 15
Geiger, Wilhelm 19, 674
Geiger-Stengel 783
Geisler, Gerhard 759
Geiß, Alfons 383, 493
Geissler, Ewald 385

Gekle, Peter Anton 138
Geminiani, Francesco 910
Gemmingen, Freiherr H. von 211
Gemmingen, Freiherr von 328
Gengenbach, Wilhelm 216
Georg V., König von Großbritannien 263
George, Heinrich 280, 712
George, Stefan 968
Georgi, Dr. Paul von 452, 655
Gerber, Eberhard 440
Gerber, Hans 70, 72
Gereke, Dr. Günther 4
Gerhardt, ev. Dekan 316
Gerlach, Adolf 407, 455, 613
Gerok, Friedrich von 134
Gerok, Karl, Landgerichtsdirektor 307
Gerok, Karl, Schriftsteller 307
Gerst, Adolf 970
Gerstberger, Karl 381
Gerstberger, Kirchenrat 531
Gerstenmaier, Eugen 838, 947, 975, 1014
Gerster, Ottmar 441
Gerzer, Lina 149, 283, 360, 445, 587
Geyer, Hans 174
Geyer, Hermann 142, 143, 192, 244, 251, 270, 334, 359, 377, 570, 574
Geyer, Wilhelm 63
Gideon, Dr. Simon 431
Gienger, Georg 569
Gierer, Berthold 792
Giese, Dr. Fritz 77
Gieseking, Walter 251, 461, 520, 623, 651, 703, 745, 823, 872, 897
Gieseler, Dr. Wilhelm 106, 245, 293, 532, 774
Giesen, Hubert 79, 337, 542, 660, 708, 714, 771, 807, 851, 872, 961
Gigli, Beniamino 278, 323
Gigli, Dr., Konsul 813
Gillen, Dr. Otto 757, 852
Ginzkey, Franz Karl 939
Giovara, Cesare 600
Girgensohn, Hermann 966

Gissibl, Fritz 356, 391
Gissibl, Peter 458
Glahé, Will 561, 711
Glaise-Horstenau, Dr. Edmund von 466
Glasunow, Alexander 451
Glauner, Dr., Arzt 665
Glehn, Thoda von 116
Glinka, Michael 388
Glocker, Dr. Richard 298
Glocker, Richard von 69
Glöckler, Oskar 420, 429, 435, 460
Gluchowski, Bruno 437
Gluck, Christoph Willibald 360, 945
Glück, Dr. Eugen 474
Glücker, Emil 317
Gmelin, Dr. Ulrich 531, 835
Gnaedig, Herbert 808
Gnamm, Dr. Helmut 48
Gobineau, Joseph Arthur Graf von 804
Godin, Emmerich von 604
Goebbels, Dr. Josef, Joseph 45, 51, 52, 73, 182, 221, 245, 270, 297, 343, 370, 380, 419, 509, 510, 800, 821, 882, 983
Goedewaagen, Dr., Prof. 823
Göggel, Eugen 907
Göhler, Hermann 738
Göhrum, Kurt 471
Göler, Freiherr Kurt von 296
Goeler, Frau von 746
Goerdeler, Carl 922, 976, 984, 1013, 1014
Göring, Dr. Dr. Helmut 40, 92, 123, 151, 166, 171
Göring, Hermann 127, 128, 173, 275, 293, 419, 544, 552, 663, 983
Göring, Karin 173
Goeritz, Artur 494
Görlach, Dr. Eugen 549
Görner, C. A. 638
Gös, Hans 284
Goeßler, Dr. Peter 6, 95, 238, 239, 652
Goethe, Johann Wolfgang von 171, 215, 266, 282, 290, 510, 726, 902, 968
Gött, Hans 490

1032

PERSONENNAMENREGISTER

Goetz, Curt 128, 248, 325
Goetz, Frank 764
Götz, Karl 77, 204, 216, 353, 379, 380, 493, 576, 603, 617, 624, 792
Goetz, Wolfgang 476
Goetze, Walter W. 189, 412
Göz, Walter 342
Goldoni, Carlo 975
Goldschmidt, Dr. Emil 200
Goll, Karl 158, 737
Golther, Ludwig 110
Golther, Wolfgang 4, 110, 128, 551
Goltz, Colmar Freiherr von der 261
Gomboz, Viktor 322
Gommel, Adolf 471
Gonser, Dr. Immanuel 727
Gottwald, Fritz 291
Gottwik, Willy 541
Grabbe, Christian Dietrich 364, 749
Grabner, Hermann 717
Gradmann, Oberstleutnant 781
Graef, Otto A. 518
Graener, Paul 271, 360, 586
Graeser, Ernst H. 64, 599, 628, 848
Graevenitz, Fritz von 306, 429, 461, 529, 594, 637, 653, 668, 775, 787, 824, 848, 859, 868
Graf, Gottfried 160, 365, 513, 529
Graf, Dr. Otto 160
Graf, Major 869
Graff, Sigmund 65, 441
Grahe, Karl 134
Granado, Enrique 502
Grasser, Ernst 63
Graßl, Dr. Georg 681
Graubner, Gerhard 267, 571
Grauert, Ludwig 184
Gravenkamp, Dr. Curt 781
Graveur, Louis 77
Greber, Julius 151
Gref, Franz Heinrich 429, 599, 914, 937
Greiff, von 516
Greiner, Carl 788

Greiner, Otto 831
Greiner, Direktor 972
Greiner, Gebrüder 7
Greß, Richard 590
Grethe, Carlos 63, 462, 693
Gretsch, Dr. Hermann 504, 701
Griebitz, Franz 291
Grieg, Edvard 872
Griesmeier, Dr. Josef 590
Griesser, Ludwig 553
Griffier, Jan 899
Grillparzer, Franz 660, 727
Grimm, Hans 378
Grimm, Dr., Prof. 773
Grimm, Gebrüder 450
Grimme, Generalleutnant 178
Grimminger, Eugen 884
Grimschitz, Dr. Bruno 543
Grischkat, Hans 106, 292, 381, 382, 450, 534, 548, 561, 634, 655, 715, 719, 776, 781, 853, 864
Grisebach, Manfred 239
Grock, Clown 258
Gröner, Kreisleiter 407
Groh, Herbert Ernst 361, 656
Groos, Dr., Vizeadmiral 657
Gros, Karl Talmon 780
Groß, Dr. Friedrich 156, 204
Groß, D. Gustav 74, 164, 879
Groß, Johannes 29
Groß, Karl 14
Groß, Otto 599, 897
Groß, Paul 589, 904, 923
Gross, Rudolf von 708
Groß, Dr. Walter 180, 236, 246, 295, 381, 419
Grosse, Hanna 510
Grosse, Dr. Ludwig 178, 769
Grosz, George 38
Grothe, Franz 800
Grube, Dr. Walter 289
Gruelich, A. T. 868
Gründgens, Gustaf 462
Gründgens, Marita 569, 657
Grünenwald, Jakob 273
Grünewald, Dr. 936
Grund, Prof. 340, 370
Grundler, Karl 822
Grunsky, Dr. Karl 736, 737
Grunsky, Dr., Prof. 522

Grzyb, Heinz 510
Gscheidle, Dr. 713
Gschwend, Wilhelm 86, 313
Gültig, Heinrich 652
Gültlingen, Freiherr von 239
Günther, Agnes 220
Günther, Dr. Hans 273
Günther, Dr., Prof. 525
Güntner, Herbert 86, 161, 174, 222, 236, 278, 280, 293, 456, 463, 476, 541, 581, 651, 657, 916
Güntter, Dr. Otto von 287
Günzler, Wilhelm 529, 547
Gürster, Eugen 69
Gürtner, Dr. Franz 178, 429
Guggenheimer, Ernst 200
Guglielmotti 704
Gui, Vittorio 532
Gulbransson, Olaf 437, 852
Guldinis, Vier 450
Gunzert, Hermann von 551
Gusinde, Dr. Martin 735
Gustloff, Wilhelm 264, 265, 267, 417, 530
Gutbrod, Alfred 271
Gutbrod, Dr. Karl, Direktor 296
Gutbrod, Karl, Pfarrer 355
Gutbrod, Reichsgerichtspräsident 296
Gutschow, Architekt 340, 370, 947
Gylling, Birgit 510

H

Haag, Dr. Albert 508
Haag, Heinrich 12
Haag, Willy 216, 758
Haarer, Wilhelm 822
Haas, Joseph 590, 674, 724
Habermaas, D. Dr. Hermann von 474
Habich, Ludwig 429, 461
Hablizel, Gotthilf 173, 240, 331
Hácha, Dr. Emil 632
Hadamovsky, Eugen 79, 190, 354
Haeberle, Erich 623, 681
Häberlein, Otto 137

PERSONENNAMENREGISTER

Häcker, Karl 86
Häffner, August 563, 597, 638
Häffner, A. 598
Häffner, Wilhelm 282
Häge, Lisedore 648
Hähl, Dr. Erich 318
Hähnle, Hermann 629
Hähnle, Lina 442, 730
Haenchen, Prof. 114
Händel, Georg Friedrich 171, 184, 188, 218, 381, 480, 521, 526, 561, 671, 774, 788, 863, 1009, 1012
Haenle, Adolf 576
Haering, Dr. Hermann 52, 239, 326, 335, 648
Haering, Dr., Prof. 710
Härle, Christian 44
Häßler, Hermann 44
Häußermann, Friedrich 100, 327, 588
Häußermann, Ludwig 357
Haffner, Erik 65
Haffner, Karl von 283
Hager, Georg 367
Hager, Hans 664, 724, 904
Hagstotz, Karl 602, 610, 719
Hahn, Erwin 732
Hahn, Hermann 604
Hahn, Immanuel 621
Hahn, Martin 178, 188, 237, 320, 326, 356, 375, 430, 463, 551, 552, 555, 561, 621, 648, 702, 731, 780, 804, 857
Hahn, Paul 475, 1018
Hahn, Philipp Matthäus 668
Hahnemann, Samuel 318, 680, 912
Haindl, Anny 353, 382, 425, 1011
Haintz, Raimund 469
Haldenwang, Maximilian von 243
Halfeld, Dr. Adolf 276
Halffter, Ernesto 502
Haller, Dr. Friedrich von 532
Haller, Dr., Prof. 290
Hallmann, Gerhard 286
Hallmayer, Arthur 82, 171, 251, 745
Halm, August 274
Halmhuber, Prof. Dr. Gustav 310, 350
Halt, Karl Ritter von 110
Hamerik, Ebbe 232
Hammer, Annetraut 469
Hamsun, Knut 730
Hamsun, Marie 634
Handy-Bandy, Zauberer 420
Hank, Dr. Konstantin 100
Hannemann, Alfred 222
Hanson, Harald 880
Happold, Fritz 193
Hara, Setsuko 377
Hardt, Eugen 257
Hardt, Karin 368
Harsch, Karl 822, 987
Hartenstein, Dr. Karl 387, 739, 869, 899, 947
Harter, Carl 766
Hartmann, Jörg Rudolf 609
Hartmann, Norbert Gerd 736, 874
Hartmann, Paul 899
Haseloff, Dr. A. 652
Haspel, Dr.-Ing. Wilhelm 848
Hass, Hedwig 453
Hassell, Ulrich von 857
Hassinger, Dr., Prof. 735
Hauer, Dr. Jakob Wilhelm 4, 40, 103, 107, 172, 587, 756, 911
Haufe, Heinz 395, 416, 730
Hauff, Bernhard 773
Hauff, Wilhelm 654
Haug, Dr. Martin 36, 245
Hauptmann, Gerhart 883, 925
Hausegger, Siegmund von 349, 460
Haushofer, Dr. Karl 62, 258, 575, 713
Hausmann, Manfred 73
Haußmann, Dr. Wolfgang 12, 1021
Haustein, Paul 625, 679
Havlik, Adolf 779
Haxel, Dr. Otto 184
Haydn, Joseph 198, 432, 667, 695, 753, 931, 1012
Hayek, Hans von 695
Hayler, Dr. Franz 196, 882
Hebbel, Friedrich 297, 553, 973
Heberer, Dr., Prof. 788
Heckel, ev. Bischof 418
Hecker, Gustav 679
Heckmann, Bert 336
Hedblom, G. Adh. 765
Hedin, Sven 165, 238, 244, 268, 308, 332
Hedvall, Dr., Prof. 524
Hefele, Dr. Hermann 281
Hegar, Friedrich 791
Hege, Walter 150
Hegel, Georg Wilhelm Friedrich 92
Hegelmaier, Dr. Leopold 31, 425
Heide, Hans von der 194
Heider, Hans von 366, 625, 736, 859
Heiges, Ministerialrat 569
Heilemann, Julius 504
Heiler, Oskar 234, 337, 650
Heiligenstaedt, Dr. 543
Heim, Hella 79
Heim, Otto 690, 720
Heim, Paul 78, 366
Heim, Philipp Israel 555
Heim, Dr., Prof. 280
Heinig, Kurt 11
Heinkel, Dr. Ernst 827
Heinser, Erich 1010
Heintzeler, Karl 429
Heiseler, Henry von 37, 157
Heisenberg, Dr. Werner 449
Heitmüller, Friedrich 132
Helbig, Dr. Karl 530
Held, Dr. Robert 20, 282, 355, 459
Helfferich, Emil 151
Helfferich 723
Hellenthal, Dr. W. 529
Heller, Dr.-Ing. Adolf 537
Heller, Erich 433
Heller, Dr. Walter 147
Hellmund, Dr. Friedrich 141, 146
Helms, Dr. 613
Helwig, Paul 612, 665, 668
Hengarter, Max 767
Hengerer, Karl 154, 910
Hengstler, Ritterkreuzträger 869
Henlein, Konrad 414, 461, 519
Hennig, Kurt 422

1034

PERSONENNAMENREGISTER

Hennig, Dr. Richard 730
Henning, Harold 654, 853
Henninger, Manfred 12
Hennings, Dr. C. R. 99
Henrich, Hermann 863
Henriet, Albert 125, 502, 510
Hensel-Haerdrich, Paul 84, 115
Henskens, Dr. 968
Hepp, Gertrude 840
Herbe, Herbert 510
Herberger, Sepp 486
Herbert, Johannes 311
Herczeg, Franz 810
Herdtle, Richard 871
Herell, Ruth 410
Herget, Wilhelm 681
Herkommer, Albert 372
Herkommer, Johannes 164
Hermann, Heinrich 616
Herman, Ward 864
Hermecke, Hermann 428, 548, 621
Herold, Else 374, 538, 555, 776
Herold, Ernst Ludwig 570, 653, 687
Herriot, Edouard 215
Herrmann, Erich 779, 936, 956, 1018
Herrmann, Hugo 334, 381, 590, 680, 796, 850, 883, 923
Herrmann, Dr. Immanuel 25
Herrmann, Lilo, Liselotte 494, 505
Herrmann, Stadtpfarrverweser 312
Hertz, Wilhelm 223
Heß, Emil 78, 497
Heß, Erwin 20, 176
Heß, Friedrich 945
Heß, Dr.-Ing. Heinrich 864, 903
Heß, Rudolf 102, 170, 273, 417, 418, 496, 507, 750, 752, 761
Heß, Walter 68
Hesse, Paul 947
Hesselbacher, Kirchenrat 164
Hetsch, Erwin 273
Heuberger, Richard 345
L' Heureux, Hervé J. 347

Heuschele, Otto 185
Heuser, Adolf 314, 594, 879
Heydrich, Reinhard 85, 771
Heye, Max 113, 152, 407, 499, 554, 593, 690, 763, 797, 839, 920
Heye, Generaloberst a. D. 37
Heymann, Berthold 7, 23
Heymann, Egon 884
Heyne, Ernst F. 410
Hidegethy, Helmut 855
Hierl, Constantin, Konstantin 96, 393, 477, 548
Hilbert, Eugen von 198, 580
Hilburger 828, 873, 953
Hildebrand, Hilde 368
Hildebrandt, Dr. Hans 758
Hildebrandt, Lily 758
Hildenbrand, Karl 27, 56, 228
Hilgenfeldt, Erich 98, 382, 488, 659
Hiller, Johann Adam 500
Hilscher, Hildegard 548
Hilzinger, Friedrich 80
Himmel, Gustav 355, 425
Himmelheber, Else 1010
Himmler, Heinrich 84, 85, 110, 251, 419, 455, 474, 494, 508, 553, 563, 729, 787, 910, 950, 975, 1023
Himpel, Eduard 191, 332, 478
Hindenburg, Paul von 1, 5, 28, 31, 71, 76, 143, 145, 147, 156, 183, 201, 222, 234, 307, 427
Hinkel, Hans 270
Hinkelbein, Oberst a. D. 345
Hinrichs, August 365, 535
Hirn, Josef 4, 10
Hirrle, Wilhelm 277
Hirrlinger, Alfred 504
Hirsch, Dr. Caesar 21, 25, 137
Hirsch, Helmut 394
Hirsch, Hermann 1017
Hirsch, Dr. Otto 759
Hirsching, August 625, 736
Hirschmann 656
Hirth, Dr.-Ing. e. h. Albert 236
Hirth, Hellmuth 331, 496, 514, 580, 760
Hirth, Dipl.-Ing. Wolf 580

Hirzel, Walter 2, 17, 26, 32, 33, 42, 55, 87, 89, 111, 117, 128, 193, 196, 216, 220, 240, 299, 321, 323, 519, 552, 557, 592, 624, 637, 638, 640, 688, 705, 720, 760, 774, 783, 792, 811, 816, 819, 930
Hitler, Adolf 5, 6, 8, 9, 10, 12, 25, 28, 29, 31, 38, 45, 47, 50, 52, 60, 62, 63, 65, 71, 72, 73, 74, 75, 76, 79, 92, 95, 96, 97, 98, 101, 102, 107, 108, 109, 110, 117, 118, 125, 130, 132, 134, 135, 137, 138, 142, 143, 144, 145, 147, 150, 152, 155, 161, 162, 163, 167, 181, 183, 188, 192, 193, 197, 198, 200, 201, 206, 207, 213, 214, 216, 224, 225, 229, 233, 235, 239, 241, 244, 254, 260, 262, 272, 273, 274, 275, 277, 279, 280, 281, 285, 289, 292, 293, 295, 299, 303, 309, 311, 313, 315, 320, 326, 332, 343, 347, 353, 367, 373, 377, 380, 389, 400, 402, 406, 408, 417, 418, 429, 438, 474, 476, 479, 482, 485, 498, 507, 508, 514, 519, 523, 529, 538, 546, 554, 559, 560, 562, 563, 570, 571, 573, 574, 580, 581, 587, 595, 598, 609, 617, 621, 627, 629, 630, 632, 640, 666, 667, 684, 686, 692, 715, 725, 727, 734, 747, 758, 772, 776, 795, 796, 799, 811, 817, 818, 822, 825, 827, 845, 863, 870, 889, 895, 914, 922, 933, 936, 943, 944, 959, 960, 961, 964, 967, 975, 976, 983, 989, 998, 1001, 1006, 1008, 1016, 1020
Hitzig, Albert 278, 315, 399
Hochreiter, Yella 780
Höffer, Paul 173, 885
Hölderlin, Johann Christian Friedrich 888, 907, 932, 957, 968
Höller, Karl 666
Hölscher, Ludwig 92, 357, 484, 561, 659, 719, 730, 1014
Hölzel, Adolf 32, 160, 166, 321, 365

PERSONENNAMENREGISTER

Hölzle, Oskar 515
Hömberg, Hans 726
Hönl, Dr. H. 201
Hoepfel, Sophie 667
Hörbiger, Paul 79
Höring, Heinz 7, 203
Hörmann, Eugen 548
Hoermann, Radrennfahrer 667
Hörner, Dr. N. G. 165
Hoerschelmann, Fred von 243
Hofacker, Adolf 237, 383
Hofele, Albert 241, 765
Hofer, Andreas 187
Hofer, Carl 306
Hofer, Franz 68
Hoff, Dr. von 543
Hoffmann, Erwin 277
Hoffmann, Georg 567, 777
Hoffmann, Josef 86, 307
Hoffmann, Dr. Leo 97, 279
Hoffmann, Lore 501
Hoffmann, Dr., Prof. 337
Hoffmann, Oberst 577
Hofmann, Ernst 78
Hofmann, Peter 78
Hofmann, Prof. 913
Hofmannsthal, Hugo von 54
Hohenheim, Franziska von 712
Hohlbaum, Robert 364
Hohn, Karl Otto 331, 560
Holborn, Leiterin der Gauschule Schillereiche 426
Hollatz, Willi 559
Holle, Dr. Hugo 355, 708, 754, 868
Hollenberg, Felix 248, 480, 588, 937
Holtz, Günther 814
Holzinger, Dr. Ernst 861
Holzinger, Dr. Jakob 711
Holzwarth, Heinz 398
Homann, Günther 366
Homer 879
Honaker, Samuel W. 529, 750
Honold, Robert 838
Hooltz, Dr. Günther 735
Hoop, Dr. Franz Josef 721
Hopwood, A. 24
Horn, Ernst 382
Horn, Rudolf 879, 888, 928

Horn, Siegfried Israel 766
Horneffer, Dr. E. 99, 101, 258, 264, 282
Hornickel, Karl 868, 877
Hoß, Karl 627
Hoß, Walter 724
Hossenfelder, Johannes 47, 67
Hottmann, Gottlob 451, 623, 692
Houwald, Werner von 490, 884
Hower, Vinzenz 485
Huber, Christian 535
Huber, Ernst 23, 43, 232
Huber, Helmut 377
Huber, Josef 553, 619
Huber, Kurt 913
Huber, Max 658
Huber, Theodor 289
Hubl, Hermann 285, 359
Hueber, Dr. Franz 493
Hübler, Bruno 231
Hübner, Albrecht 767
Hühnlein, Adolf 411
Hütwohl, Pfarrer 238, 271
Hugenberg, Dr. Alfred 5, 11, 34, 40
Hugendubel 515
Huggenberger, Alfred 460, 732
Hugony, Akrobaten 740
Hummel, Klemens 342
Hummler, Anton 997
Humperdinck, Engelbert 939
Humperdinck, Dr. Karl 750
Hurt(h), Karl 90, 131
Hurth, Walter 409
Hussel, Jupp 794
Huth, Ewald 1006
Huth, Jochen 330
Huthmann, Albert 616
Hutten, Dr. Kurt 87, 107, 205
Hutten, Ulrich 163
Hymmen, Friedrich Wilhelm 671

I

Iberle, Georg 581
Ibsen, Henrik 368, 444, 888
Igelhoff, Peter 807
Ihle, Wilhelm 495

Ilgen-Prohl, Theresa 546
Illenberger, August 541, 827
Illig, Paul 746
Impekoven, Toni 344, 681, 774
Isenberg, Karl 727
Ivers, Axel 454, 740

J

Jacobs, Walter 466
Jäckh, Helga 654
Jäckle, Alfred 58
Jäger, August 149, 151, 162
Jäger, Fritz 675
Jäkel, Ilse Beate 937
Jagow, Dietrich von 6, 13, 14, 16, 134
Jahn, Friedrich Ludwig 347
Jakobs, Karl 519
Jamnig, Herbert H. 259
Jan, Julius von 886
Janeff, Dr. Janko 853
Janes, Paul 859
Jannings, Emil 183
Jansen, Matthias 429
Janssen, Ulfert 497, 504, 765, 990
Janssen 74
Jaroff, Serge 265, 349, 503, 544
Jary, Michael 649
Jauch, Dr. Karl 461
Jedele, Dr. Eugen 305
Jehol, Sultan von 147
Jenisch, Dr. Carl 275
Jenisch, Emil 536
Jeserich, Dr. 325, 456
Jessel, Leon 146
Jesser, Hugo 204
Jetter, Jakob 525
Jetter, Martha 288
Johst, Hanns 26, 327, 329, 818
Jonas, Hans 194
Josenhans, Else 1022
Jourdan, Henri 204
Jüngling, Dr. Otto 110, 973
Jugo, Jenny 77
Jung, Friedrich 597
Jung, Otto 422
Jung, Dr., Rektor 477
Jungeblodt, Albert 222

PERSONENNAMENREGISTER

Junghans, Dr.-Ing. Erhard 5, 44
Jungkurth, Hedwig 46
Jungnitsch, Fritz 652, 904
Junker, Kurt 695, 793
Juskaeff, Arkadi 658

K

Kabasta, Oswald 543, 647, 739, 881
Kabisch, Ernst 209, 795
Kächele, Gotthilf 2, 51, 61, 241, 857, 1022
Kälberer, Paul 937
Kälble, Hermann 459
Kästner, Dr.-Ing. Hermann 1019
Kahle, Gerd 512
Kahn, Edgar 675
Kaiser, Dr.-Ing. Hans 526
Kaiser, Hans 481, 724
Kaiser, Theodor 216, 359, 409
Kalckreuth, Leopold Graf von 29, 63
Kalenberg, Josef 546
Kalix, Dr. 904
Kallee, Richard 46
Kaminski, Benno 639
Kaminski, Heinrich 381
Kammerer, Paul 476
Kanoldt, Alexander 874
Kamptmann, Wilhelmine 731
Kant, Immanuel 264
Kapff, Dr. Paul von 344
Kapper, Paula 1012
Kappis, Albert 315
Karmasin 583
Károlyi, Julian von 915
Katharina, Königin von Württemberg 212
Katharina II., Zarin 152
Kauderer, Karl 105
Kauffmann, Dr. h. c. Cornelius 253
Kauffmann, Dr. 25
Kaufmann 541
Kaul, Kurt 364, 506, 616
Kayßler, Christian 64, 183
Kehm, Albert 19
Keidel, Friedrich 466
Keidel, Karl 687

Keil, Ernst 338
Keil, Wilhelm 3, 7, 16, 37
Keim, Karl 76
Keim, Dr. 864
Keller, Dr. Franz 216
Keller, Friedrich von 701, 714
Keller, Dr. Hermann 217, 292, 362, 381, 450, 654, 702, 711, 777, 781, 782, 885, 975
Keller, Wilhelm, Bankdirektor 797
Keller, Wilhelm, Leiter des Standesamtes 73
Keller, Dr., Pfarrer 47, 266, 293
Kellermann, H. 573
Kelling, Hans 576
Kemmler, Hans 366
Kemp, Paul 362, 548
Kempff, Wilhelm 194, 436, 462, 546, 629, 653, 725, 749, 829, 894, 941, 945
Kergl, Max 807
Kerkovius, Ida 166, 365, 535
Kern, Dr. Josef 114
Kern, Reichsbahnrat 109
Kerner, Justinus 34
Kerrl, Hans 438, 619
Kerschensteiner, Josef 329
Kerzinger, Karl 125, 497, 848
Kerzinger-Werth, Lilli 125, 497, 848, 990
Keßler, Dr. Adolf 774
Keßler, Emil von 147
Keßler, Richard 9, 747
Keßler, Dr., Bannarzt 664
Keßner, Dr. Karl 610
Kettenmannn, Bürgermeister 17
Ketz, Fritz 541, 777
Keuerleber, Hugo 30, 846
Keussen, Dr., Prof. 326
Keyser, Dr. Erich 216
Kiefe, Friedrich Ludwig Israel 568
Kiefner, Agnes 86
Kiehn, Fritz 119, 142, 181, 196, 229, 259, 273, 308, 396, 444, 462, 644, 740
Kiemlen, Emil 281, 497, 636, 653, 765
Kiener, VfB-Vereinsführer 413

Kienzl, Wilhelm 214
Kienzle, Alfred 311
Kienzle, Oskar 222
Kimmich, Adolf 298, 407, 513, 595, 967
Kimmich, Hans 656
Kimmich, Dr. Wilhelm 351, 529, 852, 853, 858, 917
Kimmig, Radrennfahrer 769
Kind, Werner 86, 402, 451, 563
Kirchhoff, Fritz 36
Kirchner, Ernst Ludwig 402
Kirsch, Hektor A. 777
Kisonova, Maria 758
Kissel, Dr. Wilhelm 150, 175, 202, 283, 384, 842
Kißling, H. G. 63
Kitayama, Dr. 431, 545
Kittel, Herma 416
Kittler, Direktor 794
Klaiber, Rudolf 94, 161, 207, 229, 260, 439, 488, 495, 501, 677, 746
Klaiber, Dr., Oberbürgermeister 59
Klaiber-Gottschau, Pauline 258
Klamt, Jutta 667
Klatte, Werner 138
Klebelsberg, Dr. von 481
Klee, Paul 402
Kleemann, Willy 466
Klein, Dr. Eberhard 177, 653
Klein, Dr. Gottfried 13, 18, 21, 188
Kleinert, Dr. Hans 24, 86, 108
Kleinmann, Adolf 27
Kleinmann, Staatssekretär 216, 334, 569
Kleist, Heinrich von 36, 64, 229, 270, 732
Klemme, Ludwig 170, 249, 337, 424
Klenau, Paul von 74, 351, 360
Klenk, Anne 330
Klenk, Fritz 499, 593, 638, 690, 718, 764, 794, 839
Klenk, Sofie 1010
Klett, Dr. Arnulf 958, 1021, 1024
Klett, Dr. Eugen 135, 309, 321,

PERSONENNAMENREGISTER

410, 473, 528, 532, 544, 663, 740, 748, 756, 776, 805, 827, 837, 841, 848, 849, 850, 862, 868, 881, 893, 900, 911, 922, 936, 942, 945
Klett, Rudolf 807
Kletzl, Dr. Otto 563
Klimsch, Fritz 598
Klinckerfuss, Margarethe 419
Kling, Adolf 348, 367, 382, 426, 459
Kling, Albert 96, 252, 261, 449, 544
Klöpfel, Musikdirektor 723
Klöpfer, Dr. Hans 479
Klöti, Dr. 658
Kloß, Erich 523
Klotz, Paul 159
Klubertanz, Karl Heinz 194
Klüsener, Dr.-Ing. 662
Kluge, Kurt 150
Knab, Armin 515
Knapp, Albert 34, 592
Knapp, Gustav 56, 149
Knappertsbusch, Hans 66, 236, 318, 427, 731, 732
Knauß, Heinrich 358
Knauß, Samuel 254
Knirsch, Hans 450
Knörzer, Dr. Alfred 1020
Knoll, Dr. 161
Knoteck, Hansi 220
Knüpfer, Sebastian 534
Koch, Ernst 537
Koch, Julius 679, 859
Koch, D., Präses 304
Kocher-Klein, Hilde 657, 726
Koczalski, Raoul von 259, 323, 440, 519
Kodály, Zoltán 861
Koebel, Dr. Friedrich 114
Köberle, D. Adolf 243, 669, 926
Köhler, August 832
Köhler, Bernhard 264, 340
Koehler, Hans 487, 625, 651
Köhler, Hermann 933
Köhler, Maxim 429
Köhler, Walter 385
Köhler, W. 756
Kölblin, Boxer 809
Köll, Rudolf 990

Könekamp, Dr. Eduard 139, 240, 262, 305, 331, 373, 411, 425, 478, 494, 571, 584, 632, 633, 640, 674, 682, 698, 707, 711, 720, 723, 729, 749, 776, 791, 796, 839, 844, 866, 921, 928
Koenigs, Gustav 568
Körner, Theodor 27
Körner, Oberbereichsleiter der Reichsbahn 916
Koestel, Dr. Walter 41
Köster, Dr. Werner 214, 392, 429
Köstlin, Theodor 551
Köstlin 582
Kötzle, Else 163, 402
Kötzle, Dr. Hermann 206, 271, 713
Kofler, Dr., Prof. 294
Kohl, Hans 480
Kohl, Ludwig 406
Kohlarsen, Dr., Prof. 712
Kohler, Christian 432
Kohler, Hermann 17
Kohler, Walther 314
Kohlhaas, Dr. Max 177
Kolb, Th. 116
Kolbenheyer, Erwin Guido 92, 153, 264, 302, 441, 461, 473, 826
Kolesch, Dr. 966
Kolig, Anton 327
Kommerell, Dr. Blanche 204, 650, 858
Komorek, Hans 510
Konoye, Graf Hidomaro 718
Konz, Dr. Otto 39, 161, 219, 307, 475, 848
Kopp, Mila 64, 301
Kopp, Dr. Vilma 932
Kopp, Kirchenrat 680
Kopp-Gössele, Maria 669
Koppenhöfer, Dr. Ernst 576
Korff, Berthold 417, 442
Koringa 428
Kornmann, Dr. Egon 399, 785
Kost, Dr. 911
Kothen, Hans von 68
Kottmann, Dr. Max 816, 928
Kowa, Viktor de 809
Kraack, Erich 360, 780

Kraatz, Curt 856
Krämer, Alfred 5
Krämer, Dr. Augustin 18, 787
Krämer, Ina 695
Kraft, Dr. 159
Kraft, Autor 116
Krailsheimer, Dr. Robert 133
Krais, Felix 371
Krais-Widmann 504
Kralik, Heinrich R. 476
Kramer, Trudl 450
Krapf, Ludwig 163
Krasmann, Marianne 667
Krasselt, Rudolf 929
Kratzenberg, Dr. 757
Kraus, Jakob 875
Kraus, Richard 128, 359, 405
Krauß, Clemens 356, 372, 466
Krauß, Eberhard 152
Krauß, Ernst 713
Krauß, Otto 19, 25, 63, 74, 84, 155, 170, 238, 255, 370, 374
Krauß, Dr. Rudolf 119
Krauß, Werner 552
Krauß, Dr. 668
Kraut, Dr. Heinrich 227
Krebs, Hans 514
Krehl, Dr. Alfred 231
Kreidler, Anton 838
Kreitz, Jean 724
Kremer, Dr. 206
Kress, Hildegard 365
Kretschmayer, Bruno 384
Kretschmer, Dr. Ernst 104, 873
Kreuder, Peter 523, 625, 674, 787
Kreutter, Horst 604
Kreutz, Alfred 381
Kreutzberg, Harald 241, 347, 458, 541, 644, 738, 959
Kreutzer, Konradin 138, 596
Kreuzer, Oskar 762
Kreuzer, Bischof 312
Krick, Wilhelm 251
Krieg, Gotthilf 451
Krieg, Dr. Hans 325, 550, 712, 734, 776
Kriegbaums, Dr., Prof. 803
Krieger, Arnold 824
Krieger, Hermann Israel 885
Krishniah, Dr. R. 707
Kritzinger 795

PERSONENNAMENREGISTER

Kroeber-Asche, Lilly 699, 738, 781
Kroecher, Michael 882
Kröner, Robert 169, 1013
Krogmann 301
Kroh, Dr., Prof. 268
Kroll, Hugo 18, 31, 240, 260, 264, 584
Kroll, Werner 650, 695, 725
Krückl, Paul 554, 721
Krüger, Dr. F. K. 405
Kruse, Dr. 1021
Kube, Wilhelm 235
Kubin, Alfred 403, 517, 823
Kübel, Karl Oskar 331, 381, 417
Kübler, August 360
Kübler, Erwin 452
Kübler, Dr.-Ing. Fritz 851
Kübler, Hugo 255
Kübler, Robert 769
Kübler, Theo 316
Kübler 268
Kühlental, Fred 724
Kühlewein, D. 74
Kühn, Ludwig 480
Kühn, Oswald 121, 243, 304, 500, 560, 688, 767
Külb, Karl Georg 770, 800
Kümmel, Konrad 295
Kümmel, Dr. K 757
Künneke, Eduard 9, 35, 183, 216, 274, 503, 542, 560, 688, 763, 917
Künniger, Martha 406
Küstner, Dr. Otto 112, 183, 322, 820, 865, 937
Kuhn, Fritz 309
Kuhn, Rudolf 463
Kuhn, Dr. 577
Kuhnle, Gustav 361, 362, 662
Kulenkampff, Georg 451, 462, 524, 546, 627, 666, 719, 795, 828, 894
Kunzmann, Anselm 672, 745
Kuohn, Hans 597
Kurth, W. 793
Kurtz, Paul 583
Kurz, Erwin 127
Kurz, Hermann 312, 401, 862, 975

Kurz, Isolde 105, 121, 127, 532, 737, 958
Kurz, Julius 164, 480, 737, 762, 832
Kurz, Otto 185
Kurz, Dr. O. 742
Kurz, Th. 373
Kurzenberger 483
Kusterer, Arthur 294

L

Laage, Wilhelm 274, 644
Laber, Heinrich 502
Lachenmann, Ernst 36, 58
Lämmle, August, 153, 185, 242, 271, 278, 332, 341, 421, 617, 637, 704, 741, 752, 772, 816, 886, 933, 937
Lämmle, Willy 407
Laeuger, Max 681
Lagarde, Paul de 797
Laholm, Eyvind 47, 110, 113, 534
Laible, Sylvester 366
Lain, Pedro 660
La Jana 540, 656
Lamari, Zauberer 857
Lambert, André 290
Lammers, Gerda 900
Lammers, Dr. Heinrich 199, 941
Land, Paul 650
Landauer, Julius Israel 730, 776
Landauer, Louis Israel 730, 776, 815
Landauer, Brüder 313
Landenberger, Christian 356, 508
Lang, Hans 697
Lang, Hermann 383, 392, 416, 444, 483, 500, 591, 602
Lang, Martin 119, 123
Lang-Kurz, Paul 346
Langeloth, Fritz 510
Langenbeck, August 357, 381, 432, 545, 559, 667, 912, 931, 939, 963
Langenbeck, Curt 162, 514, 716

Laubenthal, Heinz 638
Laubinger, Otto 155
Lauckner, Rolf 76, 275, 461, 533
Laufkötter, Karl 293
Laugs, Richard 658
Lauster, Adolf 742
Lautenschlager, Emma 131, 163
Lautenschlager, Dr. Carl 2, 3, 8, 13, 18, 21, 22, 28, 30, 31, 32, 33, 34, 49, 79, 93, 131, 170, 203, 212, 245, 254, 264, 265, 319, 336, 360, 376, 382, 536, 634, 669, 720, 747, 769
Lautenschlager, Marie 245, 567, 727
Lautenschlager, Otto 525
Lauterbacher, Hartmann 135, 349
Lauxmann, Richard 552
Laven, Dr. Paul 319
Lazek, Heinz 499
Lebrun, Charles 899
Lechler, Gertrud 448
Lechler, Dr. Karl Ludwig 296, 343, 390, 435, 505, 526, 660, 912
Lechler, Dr. Paul 445
Ledkovsky, Boris 693
Leeger, Gottlieb 1022
Lefébure, Yvonne 559
Lehar, Franz 510, 550, 643, 683
Lehmann, Alfred 971
Lehmbruck, Wilhelm 402
Lehnich, Dr. Oswald 17, 23, 31, 42, 44, 48, 54, 57, 71, 107, 108, 109, 118, 119, 120, 141, 158, 163, 169, 171, 174, 184, 185, 194, 199, 209, 225, 238, 264, 288
Leibfried, Eugen 555
Leicht, Robert 794
Leicht, Robert, Familie 735
Leins von Derblin, Frau 518
Leisner, Emmi 933
Leistner, Ernst 107, 112, 179, 698
Leitgeb, Waldemar 39, 76, 122, 460, 738, 812
Lempicke, Prof. 121

PERSONENNAMENREGISTER

Lempp, Dr. Christian Eduard 544
Lempp, Dr. Karl 521, 771, 792, 847, 851, 859, 906
Lempp, Dr. Richard 78, 90, 133, 229, 300, 326, 353, 357, 360, 363, 389, 422, 434, 436, 442, 463
Lempp, Wilfried 330, 924, 927
Lenard, Philipp 214, 343
Lengbach, Georg 427
Lenk, Franz 241
Lensch, Otto 208, 296
Lensch, Stahlhelmführer 82, 160, 172
Lenz, Leo 194, 448, 665, 709, 782
Lenz 531
Leonhardt, Carl, Karl 62, 80, 106, 173, 301, 323, 353, 389, 555, 659, 667, 781, 826, 909, 970
Leopold III., König von Belgien 464
Lersch, Heinrich 173
Le Seur, D. Paul 284, 432, 860
Lessen, Curt von 753
Lessig, Michael 747
Lessing, Gotthold Ephraim 174, 628, 700
Lessing, Dr. O. E. 82
Lettow-Vorbeck, Paul von 282, 669
Leube, Dr. Martin 238
Leuchtenberg, Nikolaus Herzog von 239, 362
Leutelt, Dr. Rudolf 546
Leutloff 340
Leuze, Robert 814
Levi, Leopold 769
Levi, Raphael 413
Ley, Otto 287, 389
Ley, Dr. Robert 46, 58, 71, 72, 138, 247, 274, 288, 329, 358, 365, 397, 406, 419, 436, 496, 577, 750, 776, 931, 983
Leyers, Rudolf 347
L'Heureux, Hervé J. 347
Lidolt, Mascha 695, 735, 793
Lieb, Adolf 227, 662
Lieb, Ernst 897
Liebel, Willy 220

Liebeneiner, Wolfgang 472
Liebmann, Kurt 28, 82, 142
Liedecke, Herbert 518, 758
Lilie, Willy 390
Lilienfein, Heinrich 231, 649, 721
Lilje, Dr. Hanns 304, 947
Linck, Otto 246
Lincke, Paul 273
Lindel, Hans 601
Linden, Graf Karl von 185, 488
Lindenberg, Hans 642
Lindenfels, Walther Freiherr von 499, 516, 534
Linder, Kreisschießwart 342
Lindmaier, Karl 366, 555
Ling, Heinrich 75
Link, Erwin 215, 623
Link, Otto 480
Linse, Eugen 44
Lippl, Alois Johannes 202, 429
Lissmann, Kurt 362
List, Friedrich 921
List, Karl 202
Liszt, Franz 365, 437, 520, 717
Littmann, Dr., Prof. 749
Litzmann, Karl 145
Lloyd George, David 315
Lobmiller, Josef 495
Locher, Dr. Albert 48, 93, 119, 138, 176, 177, 217, 222, 240, 311, 481, 558, 591, 676, 956
Locher, Willy 216, 626
Locks, Wilhelm 516, 701, 751
Loder, Dietrich 91
Loeffelholz von Colberg, Curt 391
Löffler, Dr. Eugen 139, 272, 620
Löffler, Helmut 836
Löffler, Dr. Karl 230
Löffler, Dr. Lothar 347, 458
Löhr, Johanna 448
Löns, Hermann 153
Lörcher, Alfred 243, 429, 535, 653
Loertscher, Oskar 303
Loerzer, Bruno 128
Loerzer, Pfarrer 47

Löwenstein, Moriz Israel 740
Lohmann, Walter 731
Lommel, Ludwig, Manfred 365, 808
L' Orange, Dr.-Ing. Prosper 601
Lorenz, Hans 43
Lorring, Lotte 81
Lortzing, Albert 69, 121, 452
Losch, Dr. Hermann von 252
Lossen, Karl 547
Lothar, Mark 534
Lotter, Heinrich 848
Lotze, Dr. Reinhard 3, 75
Loux, Hermann 727, 786
Lovasz, Stefan 494
Lowig, Dr. Emil 483
Lualdi, Adriano 482, 788
Lubitz, Arnold 88
Luckner, Felix Graf 182, 193
Ludendorf, Erich 4, 104, 198
Ludendorff, Dr. Mathilde 4, 129
Ludin, Hanns Elard 268, 295, 337, 343, 458, 483, 513, 514, 532, 543, 554, 725
Ludwig II., König von Bayern 39
Ludwig, Dr. Georg 4, 33, 49, 70, 91, 131, 479
Ludwig, Leopold 327
Ludwig, Otto 450, 480
Lütze, Theodora 707
Lützkendorf, Felix 732
Lützow, Konteradmiral 752
Luiz, Gebhard 694
Lunde, Dr., norwegischer Staatsrat 739
Lunghard, Rudolf 535
Lupfer, August 434
Luther, Dr. Hans 140, 487
Luther, Martin 73, 76, 78, 124, 171, 207, 245, 330, 531, 551
Luttinger, Dr. 794
Lutz, F. A. 23
Lutz, Gertrud 1010
Lutz, Dipl.-Ing. Paul 91, 115
Lutz, Walter 178
Lutze, Viktor 168, 419, 809
Luxenburger, Prof. 385

M

Maaß, Gerhard 555, 578, 649, 677, 687, 731, 760, 800, 882, 885
Mach, Sano 855
Machiavelli, Niccolò 868
Mack, Karl 94
Macke, August 378, 403
Mackensen, Hans-Georg von 419
Mader, Friedrich Wilhelm 772
Mader, Fritz 337, 350, 828
Mader, Gotthilf 745
Mährlen, Landesökonomierat 84
Maercklin, Jakob Friedrich 232
Märtens, Max 661
Magnus, Josef 526
Mahle, Ernst 384
Mahle, Gottlob 55, 140
Mahlke, Ellen 246
Maier, Dr. Emil 39, 219, 239, 402
Maier, Hermann 216
Maier, Johannes 567
Maier, Otto 65, 94, 101, 118, 135, 136, 139
Maier, Dr. Reinhold 1, 6, 8, 9, 11, 12
Maier, Wilhelm 138
Mailänder, Karl 61, 198, 403, 587
Mainardi, Enrico 783, 828
Mainzer, Dr. Erwin Israel 26, 626
Maisch, Herbert 475
Maisch, Mathilde 3
Makarius, Fuad 420
Malfatti di Montetretto, Carlo de 335, 346, 596
Malipiero, Francesco 482, 885
Malsen-Ponickau, Freiherr Erasmus von 320
Malten, Dr. 203
Manén, Juan 260
Mann, Dr. Albert 637
Manheimer, Hermann Israel 784
Mansfeld, Rennfahrer 389

Marahrens, D. August 162, 438, 919
Marchtaler, Kurt von 131
Marées, Hans von 394
Marinuzzi, Gino 774
Marquard, Dr. Alfred 907
Marquardt, Ernst 48
Marras, Efisio L. 786
Martin, Lilo s. Römer-Martin, Lilo
Marvelli, Zauberer 560, 648
Marwitz, Roland 13
Marx, Alfred 1017
Marx, Edgar Israel 809
Marx, Eduard 628
Marx, Ilse Sara 809
Marx, Leopold 618
Marx, Max 10
Mataré, Ewald 403
Mathern, Carl 774
Mattern, Hermann 267, 341, 571
Mattes, Dr. Wilhelm 11
Mattheiß, Dr. Hermann 55, 64, 84, 113, 134
Mauch, Albert 443
Mauer, Adolf 164, 188, 198, 202, 216, 240, 253, 282, 283, 311, 312, 317, 319, 356, 364, 384, 395, 497, 518, 520, 534, 553, 563, 576, 622, 704, 709, 727, 882, 888, 900
Maugham, W. Somerset 575
Maupassant, Guy de 472
Maur, Carl von 347
Maur, Eitel von 612
Maur, Dr. Heinrich von 80, 141, 499
Maurer, Hermann 895
Maurick, Ludwig 326
May, Anny 728
May, Bruno 704
Mayer, Egon 436
Mayer, Emma 724, 758, 772
Mayer, Felix 536, 583, 587, 606, 639, 649, 667, 733, 791
Mayer, Hannes 280
Mayer, Dr. Jakob 153
Mayer, Josef Anton 339
Mayer, Karl, Dichter 34
Mayer, Karl, Ratsherr 53, 216, 286, 851

Mayer, Rupert 436
Mayer, Sophie 625
Mayer, Oberlehrer 811
Mayer-List, Max 30, 151
Mayer-List, Dr. Richard 246
Mayer-List, Dr. Rudolf 246
Mayrhofer, Hermann 529, 765, 904
Mayser, Dr. Edwin 381
Mayser, Dr. Hans 678
Mechlenburg, Fritz 931
Mecklenburg, Adolf Friedrich Herzog zu 341, 479
Meggle, Franz 697, 976
Mehlin, Heinrich 665
Mehncke, Dr. R. 746
Meinberg, Staatsrat 116
Meiser, D. Hans 107, 152, 162, 786, 947
Meißner, Dr. Georg 520
Melichar, Alois 350, 361, 501, 603
Melle, Bischof 438
Memmer, Jarl 258
Menaka, Tänzerin 445
Mendelssohn, Arnold 200
Mengelberg, Willem 554
Menton, Dr. 757
Menzel, Adolf von 200
Menzel, Heribert, Herybert 343, 891, 902
Menzel, Hermann 42
Mergenthaler, Christian 7, 10, 13, 15, 16, 19, 22, 29, 30, 31, 32, 34, 35, 37, 41, 43, 45, 48, 49, 64, 70, 72, 78, 92, 96, 102, 115, 116, 118, 123, 140, 145, 147, 156, 157, 161, 168, 172, 174, 200, 204, 214, 219, 221, 234, 236, 238, 242, 262, 271, 277, 281, 289, 292, 309, 318, 324, 325, 329, 332, 341, 355, 364, 377, 379, 393, 402, 417, 430, 435, 443, 450, 476, 506, 513, 521, 527, 529, 535, 551, 569, 570, 585, 591, 603, 607, 665, 667, 676, 706, 708, 713, 776, 787, 860, 862
Merkert-Hagen, Hilde 336
Merten, Ferdinand 625, 682
Mertz, Eugen 796, 1021
Meschendörfer, Dr. Adolf 858

PERSONENNAMENREGISTER

Mesnil de Rochemont,
  Dr. René du 641
Messerle, Karl 717
Mettler, Dr. Adolf 460
Metz, Friedrich 187, 311
Metze, Erich 555
Metzger, Hans-Arnold 356
Metzger, Hermann 580, 762, 934, 943
Metzger, Karl 124, 401
Metzger, Wolfgang 325
Metzler, Johannes Ph. 495
Metzler, Kapitänleutnant 825
Metzsch, Horst von 657
Meudtner, Ilse 549, 661, 714, 793
Meuth, Dr. 482
Meyer, Conrad Ferdinand 171
Meyer, Dr.-Ing. Georg 453
Meyer, Theodor 325
Meyer-Amden, Otto 365
Mezger, Dr. Julius 318
Mezger, Martin 341
Mezger, Dr. Otto 204
Mezger, Dr.-Ing. Robert 280, 623, 653
Michael, Friedrich 813
Michaelis, Ruth 416
Michelangelo 803
Miethke, Otto 506
Milch, Erhard 293
Mildenberger, Emil 471
Mildner, Poldi 428
Miller, Alois 31
Miller, Dr. Konrad 50, 130, 131
Miller, Dr. Max 130, 254, 289, 537, 736
Millet, Jean-François 899
Millöcker, Karl 99, 505
Minne, George 808
Minnich, Erhard 135, 140
Modersohn, Otto 388
Modersohn, Pastor 394
Modersohn-Becker, Paula 388
Möhle, Joh. 626
Möhler, Dr. Eugen 288
Möhrle, Emma 765
Möllendorf, Dora von 702
Möller, Alfred 43
Möller, Eberhard Wolfgang 494, 900, 902

Möller, Karl von 448
Mörike, Eduard 137, 155, 250, 287, 968
Möschet, Paul 104
Mößner, Julius 266
Mohler, Philipp 706
Mohr, Trude 159
Molière 317
Molinari, Bernardino 435, 733
Moll, Olga 904, 1010
Molnár, Franz 9, 10
Molo, Alois Ritter von 21, 80, 134, 369, 548
Molo, Walter von 198, 200
Molt, Dr. h. c. Emil 294
Moltke, Helmut Graf von 307
Moltke, Helmuth von 838
Monte, Toti dal 458
Montell, Dr. Gösta 268
Montesanto, Luigi 458
Montetretto, s. Malfatti
Monteverdi, Claudio 453
Montgomery, Edward 517
Morlang, Adolf 480
Moser, Gustav von 236
Moser, Dr. Hans Joachim 761
Moser, Dr. Hugo 208
Moshack, Gustav 413, 454, 604
Most, Albert 21, 538
Mosthaf, D. Dr. h. c. Heinrich von 68
Mozart, Wolfgang Amadeus 284, 405, 648, 655, 681, 743, 754, 759, 782, 783, 785, 794, 796, 809, 945, 1009, 1019
Muckermann, Hermann 7
Muehle, Helmut 224, 317, 429, 659, 827
Mülberger, Dr. Max von 378
Müller, Adolf, Komponist 641
Müller, Adolf, Oberfinanzrat 335
Müller, Alfred 36, 96, 138, 147, 155, 214, 592
Müller, Artur 885, 902
Müller, August 628
Müller, Emma 701
Müller, Dr. Ernst 273
Müller, Eugen 265
Müller, Gustav von 558
Müller, Dr. Heinrich 550
Müller, Hermann 595

Müller, Karl 680
Müller, Dr. Karl Otto 289
Müller, Ludwig 81, 92, 95, 107, 116, 120, 151, 156, 205, 493
Müller, Otto 42, 412
Müller, Renate 309
Müller, Willi 280
Müller, Wehrkreispfarrer 47
Müller-Crailsheim, Willy 655, 682, 727
Müller-Diefenbach, Suse 765
Müller-Eschborn, Dr. 695
Müller-Kray, Hans 793, 874
Müller-Palm, Hans 355
Müller-Wischin, Anton 491, 762, 860
Münch, C. H. 848
Münchhausen, Börries Freiherr von 717
Münchinger, Karl 581, 683, 743, 826, 904
Münter, Gabriele 378
Münzenmaier, Dr. Heinrich 326
Münzenmayer, Karl 216, 451
Münzinger, Adolf 942
Muesmann, Adolf 751
Muff, Generalleutnant a. D. 3
Muff-Stenz, Marga 732
Muhs, Dr. 912
Mulzer, Andor 687
Munder, Eugen 177, 179, 554, 709
Mungenast, Ernst Moritz 670, 730
Munk, Paul 497
Munz 322
Murr, Lina 357, 811
Murr, Wilhelm 6, 12, 16, 17, 19, 23, 28, 29, 31, 37, 42, 45, 48, 55, 57, 65, 70, 72, 76, 82, 90, 96, 97, 100, 102, 108, 109, 110, 112, 116, 118, 120, 129, 130, 134, 140, 141, 145, 153, 156, 159, 161, 163, 164, 168, 170, 172, 178, 199, 203, 238, 240, 263, 272, 290, 295, 296, 310, 311, 318, 320, 322, 323, 330, 344, 351, 357, 358, 359, 364, 377, 394, 395, 396, 400, 403, 408, 409, 417, 418,

PERSONENNAMENREGISTER

435, 436, 446, 453, 461, 469, 472, 474, 476, 477, 484, 509, 511, 514, 516, 523, 525, 530, 543, 548, 553, 571, 572, 580, 581, 587, 593, 608, 634, 638, 659, 668, 670, 672, 675, 677, 692, 713, 717, 719, 721, 743, 749, 754, 760, 770, 772, 773, 775, 776, 777, 782, 785, 787, 798, 810, 811, 816, 817, 839, 841, 846, 848, 854, 864, 870, 875, 883, 895, 898, 913, 916, 919, 920, 925, 954, 936, 937, 942, 943, 953, 954, 968, 976, 981, 984, 988, 989, 998, 1001, 1002, 1008, 1012, 1013, 1017, 1019, 1020, 1021, 1022
Musper, Dr. Heinrich Theodor 804
Mußgay, Friedrich 791
Mussolini, Benito 431, 915, 933
Mussorgski, Modest 704
Musulin, Branka 859, 935
Mutzenbecher, H. E. 704
Mysz-Gmeiner, Lula 151

N

Nack, Georg Adam 482, 599
Nacken, Peter 41
Nägele, Reinhold, Malermeister 652
Nägele, Reinhold, Maler 146, 166, 403, 430, 652
Nagel, Dr. August 932
Nagel, Wilhelm 621
Nagel, Dipl.-Ing. 134
Nagel, Dienstvorstand des Oberamts Calw 157
Nagel, Ministerialdirektor 321
Nagy, Käthe von 241
Nallinger, Dipl.-Ing. Fritz 433, 488
Namdar, Mostafa 957
Napoleon 261, 280
Nassadowski, Herbert 738
Natterer, Ludwig 285, 470
Nave, Georg 524, 573, 666
Neal, Max 856
Nedden, Dr. Otto zur 22
Neef, Hermann 98, 186

Neher, Kaspar 556
Neidhart, Emil 66, 533, 663, 704, 778, 856
Nel, Rudolf 945
Németh, Dr. A. 882
Nernst, Dr. Walther 181
Nerz, Dr. 486
Nestle, Dr. Wilhelm 329
Nestroy, Johann 293, 498, 641, 712, 804, 933
Neubacher, Dr.-Ing. 493
Neubauer, Alfred 250
Neubrand, Otto 567
Neudörffer-Opitz, Julius 688, 845
Neudörffer-Opitz, Vera 688
Neuffer, Dr. Eduard 385
Neuffer, Hugo 70, 203, 336
Neumann, Balthasar 563
Neumann, Dr. Ernst 591, 593
Neumann, Dr.-Ing. Erwin 44
Neuner, Robert 677
Neunhoeffer, Max 342, 647, 686, 797, 800
Neurath, Dr. Konstantin Freiherr von 8, 51, 62, 145, 151, 197, 231, 300, 302, 311, 414, 418, 461, 474, 540, 560, 600, 632, 878, 966
Neusel, Walter 499
Ney, Elly 22, 92, 352, 561, 659, 713, 730, 780
Nibel, Dr. Hans 170
Niccodemi, Dario 567, 792
Nick, Edmund 344
Nick, Max 760
Nicolai, Otto 652, 903
Nicolaus, Martin 63, 480, 704
Nicolay, Carl 391
Niederbühl, Roland 699, 990
Niels, Herms 665, 811
Niemöller, Martin 282, 910, 1011
Niethammer, Hermann 322
Niethammer, Generalleutnant 97
Nietzsche, Friedrich 99, 968
Niewiarowicz, R. 595
Nikolska, Elisabeth 711
Nill, Adolf 734, 1015
Nilsson, Sven 232
Nolde, Emil 402, 403

Noller, Hildegard 648
Nordström, Clara 779
Normann, Roger von 812
Notter, Eugen 86, 620, 825
Nowak, Josef 920
Nübling, Dipl.-Ing. Dr. Richard 9, 28, 37, 73, 158, 277, 324
Nuß, Fritz 74, 429, 497, 765, 990

O

Oberländer, Dr. 366
Oberlindober, Hanns 71, 209, 213, 367
Obier, Oskar 335, 480
Ode, Erik 718
Oechsle, Richard 31
Oehler, Christian 897, 937
Öhmichen, Elsa 727
Oehquist, Dr. Joh. 165
Oertel, Karl 859
Oesterle, Friedrich 216, 720
Oesterle, Gotthilf 203, 205, 942
Österle, Walter 354, 403, 585
Ogouse, Frédéric 858, 880, 928
Ohnesorge, Dr. Wilhelm 383, 582, 1009
Okonkowski, Georg 865
Olberg, von 853
Olmesdahl, Luise 381, 735
Onegin, Sigrid 68, 234, 336, 441
Oppen, Dr. von 767
Oppenheimer, Josef Israel 613
Oppenheimer, Joseph Süß 699
Orff, Carl 453, 735, 888, 923
Ortmann, Friedrich 216, 423, 537, 620, 632, 929
Ortner, Hermann Heinz 674
Ortner, Heinz 859
Oschanitzky, Richard 576
Oshima, jap. Botschafter 838
Oßwald, Erwin 542, 676, 785, 816, 901, 922
Osswald, Max 416
Oster, Eugen 275
Oster, Karl 275
Ostermayer, Walter 429, 808
Ostertag, Otto 339

1043

PERSONENNAMENREGISTER

Ott, Valerian 487
Ottenheimer, Josef Israel 602
Otterbach 935
Otto, Fritz 184, 185
Otto, Wilhelm, Dekan 138
Otto, Wilhelm, Sänger 510
Overbeck, Fritz 388
Overdyck, Karl 34, 94, 199, 351, 381, 407

P

Pacelli, Eugenio (später Papst Pius XII.) 393
Palm, Familie 277
Pals, Dr. Nikolai van der 549
Palucca, Gret 235, 445, 623, 708, 779
Pankok, Bernhard 404, 435, 891
Pantlen, Dr. Hermann 243
Papandopulo, Boris 783
Papen, Franz von 12, 52
Paracelsus 441, 758, 775
Paret, Oskar 91, 161, 185, 324
Parler, Peter 333, 563
Passarge, Dr. Walter 826
Patzak, Julius 360, 704, 809, 851
Pauer, Max 429, 523, 666
Pauer, Othmar 207
Paul, Heinz 93
Paulus, Helmut 525, 878
Pauschinger, Rudolf 726, 765
Payer, Alwine 286
Payer, Friedrich von 286
Pazaurek, Dr. Gustav E. 182
Pellegrini, Alfred Heinrich 365
Pembauer, Josef 353, 549, 947
Penzoldt, Ernst 126
Perlea, Jonel 719
Perras, Margherita 426
Peschko, Sebastian 244
Peter, Franz 694
Peters, Carl 709
Peters, Dr. Hermann 525, 622, 699, 763
Peters, Walther Friedrich 416
Petrovich, Ivan 651
Petyrek, Felix 581
Petzold, Wilhelm 922

Peukert, Karl 656
Pfahler, Dr., Prof. 766
Pfalzer, Martin 283
Pfannenschwarz, Dr. Karl 37
Pfeiffer, Ernst 82
Pfeiffer, Paul 530
Pfeiffer, Radrennfahrer 667
Pfeiffer, Ritterkreuzträger 869
Pfitzenmaier, Erwin Alfred 736
Pfitzenmaier, Immanuel 432
Pfitzner, Hans 87, 368, 484, 578, 585, 820, 858, 885
Pfitzner, Dr. 645
Pfizer, Gustav 34
Pfizer, Paul 34, 160
Pfleiderer, Dr. Adolf 98
Pfleiderer, Max 173, 341
Pfletschinger, Josef 284
Pflüger, Albert 16, 17, 26, 38
Pfohl, Adolf 302
Pflomm, Dr. 524
Pflumm, Hanne 990
Piaggio, Ernesto 749
Picchio, Dr. Carlo 868
Pichl, Gertrud 604, 636, 677
Pickert, Dr. Adolf 678
Pietzsch 385
Pilgram, Wilhelm 273
Pinder, Dr. Wilhelm 186
Pinkatzky, Heinrich 510
Piranesi, Giambattista 103
Pirath, Dr.-Ing. Carl, Karl 123, 280, 370, 381, 422, 484, 757, 864
Pistorius, Theodor von 70, 546
Pius XI., Papst 367
Pius XII., Papst 702, s. a. Pacelli
Planck, Willy 736
Pletti, Mario 619, 677, 707
Pleyer, Dr. Wilhelm 752
Pölchau, Bischof 153
Pölzer, Julius 883, 895
Poerschke, Charlotte 706
Pohl, Julius 287
Pongs, Dr. Hermann 79, 82, 183, 247, 324, 808
Popp, Franz 766
Porsche, Dr. Ferdinand 91, 481, 510, 704, 827

Port, Dr. Johannes 641
Portero, Fernandez 147
Possinke, Gabriele 586
Presber, Rudolf 209
Pressel, Wilhelm 144, 151, 157, 192, 786, 947
Preußen, Prinz August Wilhelm von 52, 145, 337, 418, 419
Preußen, Prinz Eitel Friedrich von 128
Preußen, König Friedrich Wilhelm I. von 183
Priegnitz, Hans 899
Prihoda, Vasa 373, 629
Prinzing, Dr. A. 726
Prützmann, Hans Adolf 85, 364
Puccini, Giacomo 81, 215, 329, 401
Puchelt, Gerhard 900
Puhlmann, Günter 258, 422
Pukanszky, Dr. 814
Purrmann, Karl 74, 366
Putlitz, Joachim 422

Q

Quade, General der Flieger 759
Quambusch, Cläre 884
Quandt, Dr. Günther 766

R

Raab, Dr. 757
Raabe, Dr. Peter 748
Raabe, Wilhelm 79, 247, 498
Rachmanowa, Alja 433
Raeder, Erich 509, 585, 768
Raeder, Autor 88
Rahmann, Habibur 913
Raiser, Dr. Karl 283
Raitelhuber, S. 159
Rakette, Egon H. 829, 856
Rall, Günter 942
Rall, Max 481, 872
Rama VII. Prajadhibok, König von Siam 139
Ramin, Günther 553, 706, 737, 781
Rancke, Generaloberin 732

PERSONENNAMENREGISTER

Ranczak, Hildegard(e) 481, 734, 779
Rapp, Charlotte 753
Rapp, Georg 26
Rapp, Prof. 160
Rassaerts, Heinz 510
Raßbach, Dr. Erich 343
Rath, Ernst vom 530
Rath, Hanns Wolfgang 155
Rath, Hildegard 772
Rath-Hörig, Else 176
Rau, Alfred 362
Rau, Dr. Edmund 20, 60, 112
Rau, Fritz 85
Rau, Georg 634, 742
Rau, Max 104
Rauscher, D. Dr. Julius 136, 260, 680
Rauschning, Dr. Hermann 62
Rauther, Dr. Max 804
Rebers, Anni 551
Rebers, Greta 551
Rebmann, Heinrich 25, 298
Rebmann, Johannes 163
Rebreanu, L. 801
Reder, Alfred 420, 429, 604, 659
Redies, Dr. Hermann 178
Reed, Stanley 238
Regener, Dr. Erich 1, 33, 82, 136, 224, 232, 284, 298, 328
Reger, Max 80, 200, 283, 432, 664, 758, 776, 840, 885, 934
Rehberg, Hans 955
Rehberg, Walter 286, 381, 408, 448, 480, 498, 499, 521, 559, 653, 689, 726, 767, 784
Rehm, Dr. Theo 194
Rehm, Pfarrer 47
Rehse, Bernd 901
Reich, Adolf 578
Reichardt, Hans 625
Reichardt, Walter 331, 560
Reichert, Willy 66, 88, 99, 141, 156, 171, 190, 234, 258, 337, 353, 515, 533, 631, 650, 701, 718, 778, 856
Reichert, von 583
Reiff, August 482
Reihle, Walter 327, 339, 344, 348, 356, 488
Reihlen, Dr. Max 257, 447

Reimann, Hans 809
Reimold, Dr. 773
Reinacher, Eduard 785
Reinecker, Herbert 869, 902
Reiner, Hermann 35
Reinert, Dr. Emil 603
Reinerth, Dr., Prof. 934
Reinhard, Generalmajor a. D. 537
Reinhardt, Generalleutnant a. D. 539
Reinöhl, Dr. Friedrich 266, 276, 654
Reisner, Dr. Alfred 166
Reitsch, Hanna 320
Rembrandt 186, 630, 781
Remme, Dr. Georg 380
Rempel, Rudolf 497, 765
Rendlen-Schneider, Lore 497, 765
Renner, Otto von 166
Rens, Julius 338
Renteln, Dr. Theodor Adrian von 167
Rentrop, Dr. 861
Rentschler, Karl 1019
Rentschler, Otto 520
Repgow, Eike von 532
Rettich, Dr. Heinrich 279
Reuff, Erwin 541, 575, 626
Reuschle, Dr. Max 175, 271, 713, 730
Reuschle, Walter 20, 185, 186
Reuß, Paul 974
Reuter, Eugen 70
Reutter, Hermann 234, 269, 307, 505, 510, 664, 694, 883, 888, 923, 945
Reutter, Pauline 1007
Rey, Bühnenautor 510
Reyhing, Hans 242
Reznicek, Emil Nikolaus von 266
Ribbentrop, Joachim von 417
Richter, Arthur Georg 712
Richter, Rotraut 651
Richter, Walter 594
Riedy, Paul 780
Riefenstahl, Leni 261, 476, 484
Rieger, Dr. Paul 80

Riegraf, Oberabschnittsleiter 967
Riehl, Isolde 786, 867
Riesen, Dr. 51
Riethmüller, Ernst 219
Rietli, Regierungsbaumeister 757
Rilke, Rainer Maria 732, 968
Rilling, Franz 654
Rimski-Korssakow 360
Rio, Manuela del 390, 462
Ris, Otto 65, 651
Rischner, Alfons 375, 416, 422, 655, 695
Risler, Autor 213
Rissmann, Charlotte 353
Ritscher, A. 630
Rittelmeyer, Dr. Friedrich 471
Ritter, Dr. Gerhard 5
Rivel, Charlie 346
Roca, J. 390
Rochemont, Dr. René du Mesnil de 641
Rochga, Rudolf 495
Röchling, Hermann 43, 51, 448
Röcker, Hermann 93
Roeder, Theodor 857
Roehm, Ernst 134
Roehm, Hermann 68
Rölli, Alois 395, 551
Roemer, Horand 604
Römer, Dr. Karl 156
Römer-Martin, Lilo 581, 695, 874
Rösch, Hermann von 437
Rösler 653
Rössler, Paul 404
Rößler, Dr. 725
Rößner, Manfred 960
Rohde, Paul 766
Rohr, Otto von 717, 771
Rohrbach, Rudolf 376, 871
Rokyta, Erika 555
Rombach, H. 403
Rombach, Otto 753, 787, 824
Romberg, Walter 248, 699
Rommel, Erwin 227, 900, 951, 966, 992, 1001
Romus, Rex 485
Roos, Friedrich 432, 442

PERSONENNAMENREGISTER

Roosevelt, Franklin Delano 796
Roques, von 301
Rosbaud, Hans 972
Rosemeyer-Beinhorn, Elly 632
Rosen, Suse 10
Rosenberg, Alfred 168, 170, 174, 182, 205, 282, 310, 522, 867
Rosenfelder, Fritz 22
Rosenthal, Heinz 10
Roser, Fritz 147, 237, 508
Roser, Lotte 748
Roß, Dr. Colin 335, 443, 493, 662
Rossi, Mario 793, 802
Rossini, Gioacchino 802
Roßmann, Erich 9, 11, 20, 38, 45, 989
Roswaenge, Helge 426, 470, 645
Roth, Dr. Hans Otto 421
Roth, Herta 416
Roth, Karl 508
Roth, Max 74, 173, 795
Roth, Robert 195
Rothacker, Gottfried 516, 522
Rothenberger, Dr. Curt 868
Rothmund, Dr. Leopold 215
Rothweiler, Helmut 666
Roy, Tarachand 558
Rubatscher, Maria 424
Ruck, Hermann 708, 863
Ruckteschell, Walter von 833
Rudolph 58
Rückbeil-Hiller, Emma 737
Rückert, Dr. Hanns 142, 171, 201, 680
Rücklos, Heinrich 121
Rüdiger, Dr. Hermann 207, 231, 264, 555, 761, 802, 878, 940, 964
Rüdiger, Dr. Jutta 739
Rüdiger, Dr. Max 25, 435
Rüdt, Ernst 574
Rügamer, Fritz 336, 448, 499, 532, 718, 794, 869
Rühle, Clara, Klara 599, 937
Rühle, Oskar 937
Rühmann, Heinz 24, 77, 236, 309
Rümelin, Eduard 133, 264

Ruepprecht, Dr. Otto Freiherr von 81, 480
Ruf, Philipp 547
Ruffin, Kurt von 81
Ruggaber, Karl 17, 261
Rummel, Hans 872
Runge, Alexander 884
Ruoff, Emil 182, 565
Ruoff, Kurt 325
Ruoff, Richard 574
Rupp, Karl 89, 311
Rupprecht, Wilhelm 23
Rust, Bernhard 128, 589, 624, 648, 693, 704, 734, 736, 787
Ruttmann, Walter 252

S

Saal, Alfred 285, 559, 651, 689
Saal, Gerhard 520
Sabel, Jakob 895
Sack, Erna 260, 466, 531, 652, 716, 793
Saile, Adolf 317, 429
Sailer, Max 504
Sakmann, Dr. Paul 336
Sala, Oskar 726
Saleck, Dr. Walter 276, 488, 664, 678, 753
Salm, Albert 647
Salver, Walter 388
Sandberger, Dr. Martin 443, 460
Sanden, Bruno von 160
Sarasate, Pablo de 502
Sardou, Victorien 280
Sarvay, Franziska 523
Sattler, Joachim 496
Sauckel, Fritz Ernst Christoph 909
Sauer, Emil von 717
Sauer, Paul 312, 542, 551, 597, 631, 636, 888
Sauerbruch, Ferdinand 520
Sauter, Jonathan 31
Sautter, Reinhold 988, 994, 1011
Savagnone, Guiseppe 696
Scarlatti, Domenico 884
Schaaff, Dr. Gustav 520
Schaal, Adolf 205, 869

Schacht, Dr. Hjalmar 167, 168, 225, 318, 385
Schacht, Roland 523
Schacht, Wilhelm 739
Schachtler, Max 662, 668
Schad, Karl 372
Schäfer, Albert 632
Schaefer, Carl 686
Schäfer, Fritz 329
Schäfer, Gottlieb 653
Schäfer, Heinrich 524, 999
Schäfer, Robert 481, 652
Schäfer, Rudolf 712
Schäfer, Walter Erich 79, 99, 167
Schäfer, Wilhelm 521, 549, 802
Schäff, Heinrich 454, 537
Schäffer, Albrecht 892
Schaeffer, Reichsdentistenführer 245
Schätzler, Fritz 736
Schaffner, Jakob 428, 526, 534, 752
Schaible, E. 324
Schairer, Dr. Berthold 831
Schairer, Dr. Erich 18
Schairer, Dr. Immanuel 47, 110
Schaljapin, Feodor 114
Schall, Oberstleutnant 548
Schaller, Anna Elisabeth 654
Schaller, Ludwig 236
Schaller-Härlin, Käte 437, 884
Schaller-Lang, Elisabeth 292
Scharnagel, Martin 89
Scharnhorst 522
Schauffler, Dr. Gerhard 151, 157, 168
Schaufler, Alfred 86
Schaumann, Julius 732
Schautz., Dipl.-Ing. Bernhard 360
Scheck, Gustav 699
Scheef, Wilhelm 388
Scheel, Dr. Gustav Adolf 332, 419, 446, 454, 462, 494, 506, 584, 638, 735
Scheerer, Richard 134
Scheffel, Dr. Erich 651
Scheible, Martin 695
Scheidl, Theodor 269, 782

Scheidt, Samuel 450
Schellenberg, Arno 410, 739
Schellenberg, Dr. Carl 939
Schellenberger, Julius 104, 206
Schellhas, Lotte 884
Schemm, Hans 32, 157
Schempp, Dr. Erich 258
Schenkel, Dr. Gotthilf 17
Schepmann, SA-Stabschef 929
Scherrer, Arnold 99, 545
Scherrmann, Erwin 383, 489
Schertle, Willy 699, 704, 731
Scheuerle, Richard 341, 498, 597, 603, 651, 711, 714, 715, 716, 732, 759, 769, 770, 779, 793, 825, 834, 849, 866, 872, 909, 921, 942, 974, 987
Scheuerpflug, Hermann 278
Scheurer, jüd. Familie 628
Scheurle, Ernst 695
Scheurlen, Dr. Ernst von 259
Schick, Philippine 657
Schickhardt, Karl 8
Schieber, Anna 175, 259, 332, 446, 452
Schiedmayer, Johann Lorenz 339
Schiedmayer, Max 760
Schiestl, Rudolf 314
Schiller, Friedrich von 24, 34, 107, 119, 121, 122, 132, 140, 146, 149, 154, 166, 170, 171, 175, 185, 204, 214, 285, 301, 383, 422, 482, 527, 577, 594, 630, 648, 654, 666, 691, 695, 712, 829, 847, 899, 917, 928, 963
Schiller, Dr. Walter 490, 572, 669, 747, 859
Schilling, Dr. Kurt 266
Schilling, Marta 956
Schilling, Otto Erich 589, 836
Schillings, Max von 50, 62, 74, 378
Schimmer, Roman 331, 444, 560, 655, 727, 743, 786
Schinnerer, Adolf 490
Schippert, Karl 118
Schirach, Baldur von 94, 102, 130, 168, 197, 210, 215, 262, 329, 349, 419, 508, 561, 639, 886
Schirmer, Karl August 732
Schiwkowitsch, serb. Komponist 652
Schlageter, Leo 34, 126, 136, 289
Schlatter, Ernst 914
Schlatter, Prälat 869
Schlegel, August Wilhelm von 294
Schlegelberger, Dr. 264
Schleicher, Berta 535
Schleicher, Kurt von 1
Schlemmer, Oskar 16, 166, 365, 378, 402, 893
Schlenker, Carl Johannes 327
Schlenker, Dr. Erich 674, 720, 742, 767
Schlicke, Alexander 651
Schlieper, Ernst Joachim 416
Schlösser, Hugo 69
Schlösser, Rainer 235
Schlotter, Paul 208
Schlotterbeck, Gotthilf 1010
Schlotterbeck, Hermann Eugen 1023
Schlotterbeck, Maria 1010
Schloz, Wilhelm 525
Schlüter, Dr. H. 665
Schlusnus, Heinrich 18, 78, 244, 352, 447, 791
Schmehl, Albert 29, 40, 46, 104, 121, 166, 172, 179
Schmeling, Max 149, 594
Schmelz, Karl 160
Schmelzeisen, Dr. 532
Schmid, Alfons 724
Schmid, Dr. Ernst 264
Schmid, Dr. Franz 57
Schmid, Georg 331, 560
Schmid, Hermann 490
Schmid, Dr. Jonathan 16, 31, 44, 55, 56, 97, 129, 144, 148, 178, 208, 210, 218, 219, 259, 264, 265, 300, 323, 371, 385, 412, 447, 456, 501, 543, 551, 947, 955
Schmid, K. J. 217
Schmid, Dr. Richard 647
Schmid, Rosl 520, 659, 702, 731
Schmidhuber, Dr. 753
Schmidt, Alfred 203
Schmidt, Dr. Alfred 132
Schmidt, Dr. Axel 230
Schmidt, Eduard 587
Schmidt, Dr. Erich 181
Schmidt, Felix 447
Schmidt, Friedrich 6, 61, 76, 89, 97, 120, 129, 132, 180, 195, 196, 207, 220, 236, 241, 247, 272, 296, 308, 332, 342, 343, 349, 351
Schmidt, Karl 278
Schmidt, Karl Ludwig 2
Schmidt, Leonhardt 290, 625, 827
Schmidt, Marie 225
Schmidt, Dr. Oskar 317, 433
Schmidt, Dr. Otto 461
Schmidt, Wilhelm 117
Schmidt, Dr., Landeskonservator 744
Schmidt-Logan, Polizeigeneral 74, 80, 105, 168, 175
Schmidt-Wodder, D. Joh. 150, 583
Schmitt, Alfred 384
Schmitt, August Ludwig 336, 349, 365
Schmitt, Dr. Otto 272, 350, 564, 637, 675, 707, 738, 810, 931
Schmitt-Walter, Karl 961
Schmitthenner, Paul 7, 13, 22, 23, 45, 63, 123, 152, 223, 286, 575
Schmitthenner, Dr. Paul 440, 443, 516, 733
Schmitz, Hugo 327
Schmitz, Ludwig 650, 652, 794
Schmohl, Paul 243
Schmoll von Eisenwerth, Karl 704, 976
Schmoller, Dr. Eugen 20, 580
Schmolz, Autor 213
Schmückle, Dr. Georg 94, 185, 204, 207, 235, 245, 271, 328, 334, 526, 578, 668, 680, 690, 692, 706, 747, 780, 907
Schnack, Friedrich 172, 437
Schneck, Adolf G. 771
Schneider, Adolf 380

PERSONENNAMENREGISTER

Schneider, Anton 735
Schneider, Dipl.-Ing. Erwin 165
Schneider, Eugen 649
Schneider, Dr. Eugen 420
Schneider, Georg 210, 221, 323, 328
Schneider, Hannes 338
Schneider, Helmut 583
Schneider, Herbert 416
Schneider, Dr. Hermann 343, 533
Schneider, Hermann 908
Schneider, Hugo 347
Schneider, Dr. Maria 653
Schneider, Rolf 897
Schneider, Sigmar 604, 714, 772, 812
Schneiderhan, Walter, 361, 384, 427, 461
Schneiderhan, Wolfgang 800, 882, 931
Schnitzer, Theodor 625
Schober, Dr. Paul 705
Schober, Peter Jakob 429, 560, 604, 823, 990
Schobinger, Leo 937
Schocke, Johannes 410
Schöberl, Gaufrauenwartin 922
Schöck, Hermann 57
Schoeck, Dipl.-Ing. 119
Schoell, Hellmuth 475
Schoell, D. Dr. Jakob 88
Schönberger, Maria 118, 323, 700, 824
Schönemann, Dr., Prof. 968
Schönfeld, Dr. Walt(h)er 92, 327, 521, 856
Schönhals, Albrecht 460
Schönhardt, Dr. Erich 530, 864
Schönleber, Gustav 785
Schoenleber, Hans Otto 414, 677
Schönthan, Franz 618
Schönthan, Paul 618
Schöpfer, Otto 179, 283
Schoettle, Erwin 11, 29
Schofer, Franz 62, 922
Scholl, Dr.-Ing. Friedrich 360
Scholl, Reinhold 310
Scholl, Rudolf 148

Scholl, Geschwister 913
Scholley, Freiherr von 1021
Scholpp, Paul 55
Scholtz-Klink, Gertrud 318, 382, 425, 441, 488, 579, 668, 754
Scholz, Curt 868
Scholz, Hans Dietrich 782
Scholz, Wilhelm von 757, 768, 774
Schomburgk, Hans 452
Schongauer, Martin 820
Schopf, Gustav 74
Schosser, Alfons, Pfarrer bei der Evang. Gesellschaft 388
Schosser, Alfons, Krankenseelsorger in Bad Cannstatt 551
Schott, Dr. Arthur 291
Schott, Dr. Ernst 26, 553
Schott, Dr. Stefan 470
Schramm, Ferdinand 571, 734
Schramm, Dr. Karl 416
Schreiner, ev. Pfarrer 418
Schreiner, Schriftsteller 394
Schrempf, Christoph 737, 947
Schrems, Theobald 690, 864
Schrenk, Dr. Martin 125
Schrenk, Theodor 88, 90, 143, 203, 316, 355, 442
Schröder, Dr. Fritz 604, 613
Schröder, Rudolf 795
Schröder, August 291
Schröder, von, General 513, 650
Schröder, Hauptbannführer 852
Schröter, Heinz 835
Schröter, Leonhart 90
Schröter, Oskar 581
Schubart, Christian Friedrich Daniel 287, 526, 562, 572
Schubert, Daniel 441
Schubert, Franz 151, 173, 365, 375, 381, 459, 501, 694, 713, 748, 785, 786, 818, 900, 931, 933, 956, 1019
Schubert, Georg von 382
Schubert, Karl 474
Schubert, Oberbürgermeister 536
Schüle, Albert 65

Schütz, Heinrich 237, 238, 257, 279, 561, 660, 739, 743, 893, 912, 939, 963
Schütz, Bergrat 44
Schüz, Theodor 503
Schulenburg, Werner von der 288
Schuler, Emil 22
Schuler, Walter 371
Schult, Dr.-Ing. H. 718
Schultz, Dr. Arthur 244
Schultze, Dr. Ernst 627
Schultze, Norbert 422
Schultze, Siegfried 627, 795
Schultze, Dr. Walter 581
Schultze, Dr., Prof. 748
Schulz, Friedrich, Fritz 30, 55, 58, 68, 163, 169, 263, 264, 315, 439, 496, 529, 712, 783, 898, 935, 940
Schulz, Hermann 552, 682
Schulz, Oberstudiendirektor 326
Schulz-Dornburg, Rudolf 262
Schulz-Fürstenberg, Günther 570, 687, 699
Schulz-Kampfhenkel 512, 521
Schulze, Anneliese 510
Schumacher, Karl 477
Schumacher, Dr. Kurt 7, 9, 12, 14, 44
Schumann, Gerhard 77, 245, 261, 270, 271, 287, 359, 458, 459, 542, 591, 805, 827, 866, 880, 902
Schumann, Hans 404
Schumann, Paul 424
Schumann, Robert 560, 840
Schumm, Gauamtsleiter für Beamte 810
Schuschnigg, Kurt 469
Schussen, Wilhelm 167, 175
Schwaderer, Dr.-Ing. Ernst 112, 518
Schwartz, Otto 427
Schwartz, General 1024
Schwarz, Franz 292, 777
Schwarz, Georg 273
Schwarz, Gustav 174
Schwarz, Helmut 751
Schwarz, Dr.-Ing. Otto 172, 240, 339, 396, 402, 421, 511,

557, 562, 585, 609, 631, 632, 633, 638, 653, 670, 682, 683, 698, 712, 715, 739, 748, 771, 773, 856, 902
Schwarz, von 583
Schwarze, Woldemar 567
Schweickhardt, Willi 471
Schweikart, Hans 453, 832
Schweiker, Erwin 599
Schweinle, Carl 495, 622, 655, 694, 929, 936, 988
Schweitzer, Erwin 937
Schweizer, Hans 329
Schwenkel, Dr. Johannes 186, 332, 356, 389, 639, 738, 873
Schwenzen, Per 497
Schwenzen-Malina 127
Schwerin-Krosigk, Lutz Graf von 387
Schwinger, Ferdinand 313, 849
Scribe, Eugène 317
Seaman, Richard 444, 500, 505
Seeger, Dr. Traugott 537
Seeger, Dr. von 778
Seemann, Heinz 793
Seezer, Friedrich 78
Seghers, Gerard 899
Seibold, Eduard 367
Seibold, Gaujugendwalter 197
Seidel, Alfred 510
Seifert, Dr. Adolf 77, 441, 680
Seifert, Reichslandschaftsanwalt 944
Seiter, Dr.-Ing. 524
Seitz, Anny 510
Seitz, Emmy 1010
Seitz, Hermann 1010
Seitz, Theo 1010
Seldte, Franz 160, 584
Sellier, Minister a. D. 589
Sellmick, Kurt 670
Selzner, Claus 272
Semler-Kühne, Ursula 695
Senefelder, Alois 104
Sentpaul, Frithjof 771, 959
Serrano, Rosita 632, 679
Seufferheld, Heinrich 284, 655
Seuffert, Rudolf 586
Seur, Paul Le 284, 432
Seyfang, Dr. Rudolf 234
Seyffardt, Ernst H. 573

Seyffer, Hans 615
Seyß-Inquart, Dr. Arthur 469, 493, 562
Seytter, Johannes 320
Shakespeare 2, 53, 118, 254, 270, 294, 314, 372, 446, 538, 680
Shaw, George Bernard 108, 275, 422, 552, 591, 850, 933
Siam, König von 139
Sibelius, Jan 232
Siber, Carl, Karl 188, 625, 657
Siebert, Dr. Friedrich 601, 754
Siebert, Ludwig 721
Siegel, Erich 129
Siegle, Gustav 300
Siegle, Heinrich 300
Siegle, Hauptlehrer 785
Siegmund, Dr. Herbert 244
Sieß 812
Sigloch, Dr. Daniel 33, 39, 95, 114, 129, 179, 193, 222, 240, 267, 269, 313, 402
Silcher, Friedrich 197, 243, 497, 581, 587, 745
Simeon II., König von Bulgarien 924
Simon, Karl 793
Simon, Prof. 194
Sindbad, Autor 4
Singer, Ventur 591
Singhof, Dr. Wilhelm 193, 539
Sintenis, Renée 290
Sitzig, Dr., Prof. 536
Slavko-Popoff 771
Smith, Oberbürgermeister von Detroit 312
Soden, Franz Freiherr von 68, 80, 128, 270, 300, 634, 637, 738
Söder, Dr. Wilhelm 861
Söhnker, Hans 81
Sommer, Inge 654
Sommer, Dr. Otto, Kaufmann 12
Sommer, Dr. Otto, Prof. 840
Sommerschuh, Gerda 604
Sonnemann, Emmi 174
Sonnen, Otto 360
Sonntag, Athanasius 150
Sophokles 945
Sorgatz, Hilde 695

Souchay, Dr. Marc-André 84, 250, 669, 782, 973
Spahn, Martin 100
Spang, Adolf 697, 976
Spaniol, Grete 181
Spaniol, Staatsrat 114
Spee, Maximilian Graf von 296
Speer, Albert 241, 940, 986
Speidel, Dr. Hans 966, 992
Speidel, Dr. Willy 358, 409, 594, 794, 904
Speidel, Dr., Prof. 538
Spemann, Hans 217, 252, 773
Spengler, Oswald 101
Spiegel, Hans 480, 990
Spieß, Dr.-Ing. Alois 1019
Spiess, Martin 407
Spitta, Komponist 885
Spitznagel, Dr. Anton 113
Spoerri, Dr. Theophil 89
Spohn, Rudolf 702
Spohn 308
Spohr, Ludwig 666
Sprengel, Dr. 425
Springenschmid, Karl 480
Sproll, Dr. Joannes Baptista 8, 26, 29, 30, 44, 66, 69, 75, 90, 93, 96, 108, 122, 168, 174, 217, 240, 342, 393, 445, 461, 476, 479, 484, 489, 506, 517, 547, 758, 928, 938
Staal, Harry 879
Stach, Georg 736
Stadelmann, Li 807
Stadelmann, Dr., Prof 522
Staebe, Gustav Lois Erich 129
Staehelin, Georg 792
Stähle, Dr. Eugen 19, 38, 139, 180, 214, 249, 678, 773, 863, 897, 912, 938
Stahl, Dr. Georg 319
Stahl, Helmut 654
Stahl, Hermann 786
Stahl, Richard 228
Staiger, Paul 239
Staiger, Ministerialdirektor 340, 484, 580,
Stalin 915
Stalteri 62
Stammbach, Eugen 335, 480, 737, 937

PERSONENNAMENREGISTER

Stammler, Georg 713, 730, 930
Stang, Axel 913
Stange, Gustav 811
Stange, Prof. 949
Stangenberger, Hans 297
Stapel, Dr. Wilhelm 35
Stark, Johannes 214
Starker, Erwin 395, 541, 585
Stauffenberg, Alfred Schenk Graf von 260
Stauffenberg, Berthold Schenk Graf von 976
Stauffenberg, Claus Schenk Graf von 260, 975
Stauffenberg, Freiherr von 43
Stauß, Dr. Emil Georg von 16, 139, 215, 578, 709, 765, 872
Stech, Willy 350
Stech, Dr. 204
Steck, Richard 504
Steffen, Willy 588
Stefirtzy, Michael 758
Stegemann, Standartenführer 885
Steger, Dr. Karl 60, 98, 132
Stegmann, Brita 261, 483, 734, 964
Steguweit, Heinz 230, 748, 899
Steidle, Josef 494
Steigleder, Eugen 257, 796
Steimle, Gaustudentenbundführer 286
Stein, Fritz 381
Steinacher, Dr. Hans 139, 140
Steinacker, Dr. Harold 490, 493
Steinbach, Wilhelm 371, 658
Steinbrecher, Alexander 753
Steiner, Eugen 468, 648
Steiner, Luis 706
Steiner, Marie 171
Steinhoff, Hans 444
Steinle, Gustav 656
Steinmayer, Gerhard 817
Steinmayer, Otto 977
Steinthal, Dr. Karl 494
Steinthal, Paula 336
Steißlinger, Fritz 669
Stellrecht, Hellmuth 178

Stelter, Hermann 450
Stemann, Claus 667, 912
Stemmler, Bernhard 693
Stemmler, Hermann 365
Stender, Friedrich 283, 490
Stenner, Hans 365
Stenzel, Dr. Karl 36, 248, 289, 333, 518, 522, 583
Stepanow, Prof. 884
Steppes, Edmund 63
Stern, Ludwig 21
Sternberg, Josef von 152
Stickelberger, Emanuel 818
Stiegele, Dr. Alfons 665, 912
Stierle, Dr.-Ing. Werner 92
Stierling, Oberbannführer 61
Stikel, Ludwig 473
Stillhammer, Hans Wilhelm 599, 619
Stirner, Karl 848
Stocker, Daniel 127, 497, 765
Stockinger, Ernst 54, 682, 691
Stockmayer, Ludwig von 96, 293
Stöcker, Adolf 805
Stöckle, Walter 540, 608, 623, 632, 681, 719, 762, 847, 1005
Stör, Willi 205
Stoll, Dr. 186
Stolz, Robert 94
Stooß, Heinrich 23
Storm, Dr. 363
Stortz, Wilhelm 23, 210, 252, 262, 283, 296, 319, 332, 338, 530, 698
Stoß, Veit 597
Stotz, Hans 280
Strack, Magda 47, 717
Strack, Theo 118
Sträßer, Ewald 673, 678, 726
Stratil-Sauer, Dr. 551
Straub, Karl 224
Straube, D. Dr. Karl 327
Straubinger, Dr. Johannes 355, 409
Strauß, Johann, Walzerkönig 88, 304, 538, 683
Strauß, Johann, Enkel d. Walzerkönig 462
Strauß, Joseph 754
Strauss, Richard 77, 81, 106, 130, 182, 459, 576, 585, 587,

677, 685, 783, 881, 933, 967
Strawinsky, Igor 445
Strecker, Heinrich 291
Strecker, Max 365, 625, 660, 726
Streich, Dipl.-Ing. Otto 891, 916
Strich-Chapell, Walter 598, 857, 937
Strienz, Wilhelm 715
Strindberg, August 450
Stroebe, Hermann 838, 938
Stroebel, Dr. Hermann 210, 390, 593, 856
Ströbel, Dr. Wilhelm 58
Ströhmfeld, Gustav 504
Strölin, Dr. Karl passim
Stroß, Wilhelm, Willy 92, 796
Strub, Max 364, 484
Strübe, Hauptbannführer 871
Strützel, Otto 736
Strunk, Roland 350
Stuber, Dr. Bernhard 223
Stuck, Hans 91
Stübler, Emil 672
Stümper, Dr. Franz 299
Stüwe, Hans 220
Stüwe, Reichsbundesleiter der Kinderreichen 233
Stuller-Bosco, Zauberer 882
Stumpf, Hanna 751
Stutz, Friedrich 565
Suchenwirth, Dr. Richard 185, 310, 851
Sudermann, Bühnenautor 464
Sulzmann, Johanna 625
Sundermann, Erich Friedrich 135, 172, 180, 187, 208, 248, 287, 304, 369, 373, 380, 439, 441, 496, 704, 854, 935, 940
Suner, span. Außenminister 815
Suppé, Franz von 767
Supper, Auguste 175, 271, 862
Supper, Walter 777
Suriana, Alberta 738
Suter, Ernst 122, 596
Sutermeister, Heinrich 751
Suthaus, Ludwig 837
Sutter, Anna 405, 646
Svihlikova, Viktoria 883
Swinderen, van 571

Swoboda, Albin 428
Syrup 153
Szepan, Hilde 361

T

Tagliani, Dr. 290
Takenouchi, Dr. 424
Talmon-Gros, Greta 453
Tanaka, Michiko 901
Tandberg, Boxer 809
Tannert, Hans 917, 928
Tarachand-Roy, Pandit 662
Tartini, Giuseppe 855
Tasnady, Maria von 314
Taube, Otto von 151, 378
Taxis, Hel(l)mut 401, 601
Teichmann, Karl von 54, 292
Teichmann, Walter 276
Teichs-Johnson 456
Teschemacher, Margarete 77, 214
Thadden-Triglaff, Dr. Reinold von 304
Then-Bergh, Erik 734
Theurer, Gustav 32, 263, 524, 525
Theurer, Dr. Richard 300
Thibaut, Karl 346
Thielemann, Hubert 655
Thielicke, Dr. Helmut 854, 893, 898, 899
Thierack, Dr. Otto Georg 865, 875, 904, 937
Thiesing, Dr. Adolf 178, 195
Tholens, Gauarbeitsführer 122
Thoma, Ludwig 359, 962
Thomä, Friedrich 487
Thomas, Ambroise 455
Thomas, Kurt 511, 720
Thorwaldsen, Bertel 285, 829, 837
Thuma, Friedrich 74
Thumm, Oberreallehrer 47
Thurner, Dietrich 659, 840, 916
Tiedje, Wilhelm 545, 757
Timmermanns, Felix 369, 519
Tischner, Dr. 912
Tizian 878, 884
Tobel, Robert zum 112

Todt, Dr. Fritz 152, 280, 320, 488, 631, 715, 718, 772, 879
Tonndorf, Gretel 770
Touzot, Ch. 548
Trapp, Hans 528
Trapp, Max 663, 726
Traub, D. Theodor 65, 812
Trauth, Hedwig 642
Trauth, Wilhelm 642
Trautmann, Dr. 308
Treiber 571
Trenker, Luis 149, 371, 513, 658
Troll, Dr. Carl, Karl 542, 731
Troscher-Schier, Amalie 934
Trotha, Adolf von 337
Trott, Karl Heinz 669
Trunk, Richard 130, 197, 573
Tschaikowsky, Peter 115, 667, 670, 726
Tschammer und Osten, Hans von 51, 110, 218, 368, 419, 501, 898
Tschechowa, Olga 713, 810
Tscherning, Dr. Marie 28, 204
Tügel, Ludwig 77

U

Ucicky, Gustav 278
Udet, Ernst 22
Uebersberger, Dr. 585
Uhde, Gerhard 525, 874
Uhland, Ludwig 34, 287
Uhland, Gebietsführer der HJ 704
Uhlig, Dr. Dr. Carl 91, 511
Uhlig, Eugen 1
Uhlmann, Fred 21
Uhrig, Helmut 64, 184
Ulbrich, Charlotte 416
Ulrich, Fritz 9, 16, 989
Umgelter, Hermann 248, 735
Umgelter, Karl 401
Unger, Carl 286, 446
Ungerer, Karl 844
Unkel, Rolf 552, 580
Unseld, Erich 665
Uphoff, F. 388
Usadel, Dr. Willy 181, 250
Uslar, Hans von 495
Utermann, Wilhelm 873

V

Valente, Maria 539
Van de Veer, Gina 359
Varga, Tibor 953
Vaszary, Autor 878
Vatter, H. 655
Vecker, Gustav 772
Veeck, Dr. Walther 367, 732
Veesenmeyer, Emil 352
Vega, Lope de 583
Végh, Sandor 915
Veidt, Werner 554
Veiel, Rudolf 922, 1022
Veigele, Julius 378
Veit, Walter 504
Venzmer, Dr. Gerhard 651, 672, 752, 824
Verdi, Giuseppe 83, 91, 535, 645, 963
Verhoven, Paul 344, 681
Vermeulen, Dr. 875
Verschuer, Dr. Freiherr von 524
Vetter, Richard 194
Vietzen, Dr. Hermann 610, 640, 654
Viktor Emanuel III., König von Italien 915
Vinage, Ernst du 717
Vischer, Friedrich Theodor 592
Vischer, Hermann 513
Vito, Gioconda de 855
Vlissingen, Fentener van 209
Vöhringer, Prälat 78
Völker, Franz 786
Vogeler, Heinrich 388
Vogt, Anton 297
Vogt, Dr. 545
Volkart, Hans 125
Volkmann, Robert 885
Vollerthun, Georg 44
Vollmoeller, Kurt 288
Vollmoeller, Rudolf W. 768
Vos, Cornelis de 899
Vrancken, Lode 975

W

Wacha, Heinrich 47, 68, 97, 121, 135

PERSONENNAMENREGISTER

Wächter, Georg von 201
Waentig, Walter 859
Wätzig, Dr. Alfred 787
Wagenbauer, Richard 275
Wagener-Deharde, Margarete 989
Wagenfeld, Wilhelm 525
Waggerl, Karl Heinrich 779
Wagner, Albert 273
Wagner, Christian 223
Wagner, Dr. Christoph 289
Wagner, Hans 535
Wagner, Josef 560
Wagner, Max 997
Wagner, Otto 429, 806, 826, 875, 904, 998
Wagner, Richard 4, 47, 48, 61, 87, 110, 113, 118, 124, 130, 149, 175, 186, 201, 214, 238, 260, 279, 289, 302, 314, 315, 349, 377, 402, 420, 447, 484, 485, 496, 531, 533, 538, 546, 570, 581, 613, 644, 666, 682, 685, 695, 708, 745, 771, 860
Wagner, Robert 525
Wagner, Siegfried 128, 197, 760
Wagner, Winifred 197
Wagner, Geschäftsführer des Heimstättenamtes der NSDAP 210
Wagner-Régeny, Rudolf 445, 556
Wahl, Adalbert 23
Wahl, Dr. 852
Waibel, Anton 39
Waidelich, Dr. Ernst 98, 240, 558, 635
Wais, Alfred 378, 546
Wais, Gustav 380
Waizenegger, Gotthilf 347
Waldenau, Elisabeth 555
Waldmann, Karl 31, 37, 48, 62, 63, 66, 70, 80, 112, 130, 135, 136, 147, 158, 164, 169, 192, 325, 327, 441, 653, 841
Waldmann, Robert 482
Waldmüller, Dr. Hans 4, 133, 176, 240, 313, 331, 505, 551, 570, 579, 597, 624, 633, 635, 652, 782
Waldmüller, Lizzi 736

Waldoff, Claire 358, 470, 657, 702
Waldschmidt, Arnold 23
Wallenborn, Fritz Wilm 596, 688
Wallot, Paul 310
Waltemath, Kuno 275
Walter, Georg A. 217
Walter, Dr. Heinrich 249, 533, 705, 723, 734
Walter, Herbert 186
Walter, Louise 807
Walther, Dr. Adolf Richard 29
Walther, Karl 762
Walther, Konteradmiral 705
Walz, Hans 184, 209, 308, 318, 319, 573, 925
Walz, Hermann 65, 71, 579, 669
Walz, Theo 659
Wandel, Maria 708, 863
Wannenmacher, Prof. 118
Wanner, Paul 141, 680, 690
Wanner, Theodor 290
Warninghoff, Henni 410, 716
Wartenburg, Peter Graf Yorck von 838
Watzlik, Hans 892
Weber, Adalbert 469
Weber, Carl Maria von 63, 343, 418, 591, 677, 686
Weber, Dr. Hans-Siegfried 974
Weber, Karl 1021
Weber, Luise 795
Weber, Vinzent 160, 365
Weber, ev. Pfarrer 157
Weber, Gauwanderwart 349
Weber, Dr. 496
Wechlin, Dr. Heinrich 865
Weegmann, Richard 910, 943
Wegener, Alfred 265
Wegener, Dr. K. 265
Wegener, Max 858
Wegener, Paul 450, 464
Wehner, Dr. Ernst 173
Wehner, Josef Magnus 77
Weidenbach, Dr. Karl 529
Weidenbach, Familie 179
Weidenmann, Alfred 522
Weidler, Dr. Hugo 240, 252, 557, 566, 575

Weigand, Paul 40
Weiger, Franz 808
Weigle, Richard 285
Weikersthal, Fischer von 325
Weil, Hermann 10
Weimer, Jakob 1009
Weinbrenner, Dr. Hermann 26, 375
Weinert, Hans 191
Weinhardt, Irmela 717
Weinheber, Josef 340, 533
Weinmann, Gottlieb 968
Weinreich, Prof. 173
Weinschel, Oskar Israel 570
Weippert, Emil 63
Weischedel, Albert 597, 723
Weismann, Julius 780
Weiß, Dr. Friedrich 216
Weiß, Dr. Otto 41
Weißenborn, Alfred 216, 566, 592
Weißenbühler, Albert 297
Weißenburg, Otfried von 150
Weißer, Wilhelm 567
Weitbrecht, Georg 637
Weitbrecht, Otto 278
Weitbrecht, Dr. 812
Weitemeyer, Herbert 499
Weitz, Dr. Wilhelm 256, 269
Weitzner, Ida 570
Weizsäcker, G. 599
Weizsäcker, Familientag 600
Welden, Leo von 953
Wellenkamp, Bruno 246
Wellenstein, Walter 384
Weller, Dr. Karl 326, 942
Wendehorst, Dr. 442, 709
Wendling, Karl 171, 285, 521, 553, 651, 707, 728
Wendling-Steffen, Andrea 651
Weng, August 58, 100
Wenter, Josef 466
Werber, Kapitän a. D. 20
Werlin, Jakob 187, 202
Werner, Theo 314
Wertheimer, Dr. Fritz 14
Wertz, Julie 937, 943
Wessel, Horst 130, 268, 432, 517, 518
Wessely, Paula 167
Westendorf, Wilhelmine 731

Westhoff, Helmut 388
Westra, Dr. 577
Wetzel, Heinrich 30, 40, 68, 74, 106, 123, 176, 223, 300, 757, 1008
Wetzel, Otto 546
Wetzel, Dr. Robert 744
Weys, Rudolf 697
Wick, Emil 375
Wick, Eugen 375
Wicke, Heinrich 986
Wider, Dr. Fritz 34, 40, 45
Wider, Dr. Helmut 393
Widmaier, Eugen 659
Widmann, Ines 479
Widmann, Willy 971
Wiechert, Ernst 120, 445
Wieck, Dorothea 456
Wied, Erich 795, 923
Wied, Fürstin Pauline zu 318
Wied, Theo 795, 923
Wieland, Erwin 697, 976
Wiele, Dr. Jef van de 968
Wiemann, Matthias 932
Wienken, Bischof 795
Wiepking-Jürgensmann, Prof. 934
Wieser, Prof. 551
Wiest, Josefine S. 736
Wiest, Geschwister 619
Wigmann, Mary 351, 473
Wilamovitz-Moellendorf, Gräfin 173
Wilde, Oscar 238, 335, 399
Wildermuth, Eberhard 679
Wildermuth, Dr. Karl 503
Wilhelm I., deutscher Kaiser 666
Wilhelm II., König von Württemberg 36, 156, 227, 260, 269
Wilhelm, Josef 626
Wilhelm, Karl 446
Wilk, Hans 718
Willich, Gertrud von 336
Willy, Johannes 763
Willy, Ruth 416
Windgassen, Fritz 113, 130, 262, 584, 751
Winds, Erich Alexander 266, 317, 359, 399
Windsor, Herzog von 435, 436

Windsor, Herzogin von 435
Winker, Friedrich 23
Winkler, Otto 360, 426, 428, 581
Winkler, Gauwerkscharführer 478
Winsauer, Prof. 682
Winter, Dr. Eugen 1021
Winter, Simon 439
Winter, De 975
Winterling, Arno 621
Wintterlin, Dr. Friedrich 52
Wirsching, Gustav 640, 723, 743
Wirth, Josef A. 365
Wisten, Fritz 10
Witt, Adolf 280
Wittich, Engelbert 363
Wittmer, Eberhard Ludwig 381
Wittrisch, Marcell 1018
Wittstock, Erwin 152
Wittwer, Franz 137
Witzel, Dr. Otto 96
Wöhrle, Oskar 785
Wölfle, Dr. Robert 178
Woellwarth-Lauterburg, Elisabeth Freiin von 288
Wörner, Fritz 785
Wörner, Paul 773
Wörnle, Dr. Paul 148
Wohlgemuth, Josef 86, 111
Wolf, Adolf 560
Wolf, Elise 309
Wolf, Dr. Friedrich 21, 125, 211, 309
Wolf, Dr. Hermann 548
Wolf, Hugo 151, 365, 505, 664, 724, 840, 900, 956
Wolf, Julius Israel 604
Wolf, Karl 326
Wolf, Otto 553
Wolf, Selma 560
Wolf-Ferrari, Ermanno 211, 667
Wopfner, Josef 327
Worm, Paul 471
Wrangel, von 583
Wrangell, Alexander Freiherr von 358
Wührer, Friedrich 369
Würth, Robert 450

Württemberg, Herzog Albrecht von 72, 76, 255, 328, 627
Württemberg, Herzog Christoph von 666
Württemberg, Herzog Karl Alexander von 699
Württemberg, Herzog Karl Eugen von 324, 526, 712
Würtz, Dr. Adolf 386
Würzburger, Julius Israel 563
Wüst, Ida 523
Wüst, Philipp 860, 1009, 1012
Wüterich, Gottlob 893
Wunderlich, Albert 697
Wunderlich, Dr. Erich 487, 621, 855
Wundt, Max 23
Wundt, Dr. Werner 665
Wurm, Friedrich 853
Wurm, Marie Friedericke 527
Wurm, D. Theophil 17, 21, 24, 28, 33, 45, 47, 59, 69, 75, 78, 90, 97, 101, 104, 106, 107, 116, 136, 151, 152, 157, 159, 160, 162, 164, 168, 177, 186, 198, 276, 280, 282, 304, 316, 347, 357, 388, 389, 418, 425, 432, 434, 438, 442, 471, 498, 499, 522, 531, 551, 559, 610, 638, 648, 677, 686, 688, 698, 755, 770, 771, 776, 786, 787, 795, 799, 800, 805, 806, 811, 813, 815, 821, 838, 841, 842, 843, 853, 858, 859, 868, 876, 886, 890, 910, 912, 914, 919, 925, 926, 927, 938, 941, 962, 975, 994, 998, 1011, 1017
Wurster, Karl 788
Wurz, Dr. Hermann 1023

X

Xylander, Rudolf von 631, 885

Y

Yasnikova, Vera 771
Yelin, Ernst 317
Yelin, Rudolf, sen. 724
Yelin, Rudolf, jun. 429, 771

PERSONENNAMENREGISTER

Z

Zabala, Juan 288
Zacharias, Alfred 522
Zahn, Ernst 435
Zahn, Reichsjugendpfarrer 97, 147
Zander, Dr. Alfred 787, 865
Zarges-Dürr, Erna 504
Zdravkoff, Oberbürgermeister 344
Zeemann, Boxer 314
Zeitler, Josef 781, 832
Zeller, Dr. Hermann 350
Zeller, Wolfgang 914
Zeller, Dr.-Ing. W. 541
Zeller, Wolfgang 471
Zelli-Lora, Elsa 687
Zenetti, Generalmajor 328, 696
Zenkl, Dr. 461
Zenneck, J. 733
Zeppelin, Ferdinand Graf von 53, 364, 497, 514, 815
Zerkaulen, Heinrich 259, 349, 629, 705
Zernick, Helmut 728
Zerweck, Hermann 454, 537
Zeyer, Erich 736, 762, 943
Zickwolff, Oberst 328, 577
Ziegler, Hans 261, 836
Zill, Elfriede 241
Zillich, Dr. Heinrich 152, 185, 383, 414
Zilling, Paul 330, 467
Zimmermann, Dr. Curt, Kurt 485, 708, 744, 860
Zimmermann, Elisabeth 587
Zimmermann, Erich 586
Zimmermann, Dr. Walter 435, 466, 816
Zimmermann, Prof. 742
Zindel, Karl von 225
Zinn, Adalbert Alexander 545
Zinser, Karl, Juwelier 257
Zinser, Karl, Metzgermeister 218
Zipperer, Max 836
Zix, Ferdinand 695
Zobel, Otto 407
Zuchardt, Karl 656
Zügel, Marianne 777
Zügel, Wilhelm 777
Zwehl, Hans Fritz von 84, 102, 109

SACH- UND ORTSNAMENREGISTER

Bei der Benutzung des Sach- und Ortsnamenregisters ist zu beachten, daß mehrgliedrige Ausdrücke im allgemeinen in ihrer Reihenfolge aufgenommen wurden (so ist z. B. das Stichwort Bibelanstalt unter dem Buchstaben W, Württembergische Privilegierte Bibelanstalt, zu finden). Beginnen solche Wendungen mit einem häufig wiederkehrenden Adjektiv (z. B. deutsch, nationalsozialistisch, schwäbisch, württembergisch), so sind diese Adjektive jeweils zu Gruppen mit den Endungen auf -e, -er und -es zusammengefaßt worden (die alphabetische Einordnung erfolgt also zunächst nach dem jeweiligen Artikel bzw. Adjektiv und erst dann nach dem Substantiv). NS-geprägte Stichwörter wie z. B. Reichsparteitage sind unter dem Oberbegriff Nationalsozialistische Deutsche Arbeiterpartei zu finden.

A

Aalen 67, 606
Abelsberg 413
Abelsbergstr. 779
Abessinien 230, 268, 301, 885
Abspannwerke 403, 492
  s. a. Umspannwerke
Abstammungslehre 654
Abtreibung 897
Abwasserbeseitigung 47
  s. a. Dolen, Kanalisation
Achardweg 512
Ackerbauschule Hohenheim 733
  s. a. Landwirtschaftsschule Hohenheim
Adalbert-Stifter-Str. (1938—1948, früher Teil der Eduard-Pfeiffer-Str., jetzt Eduard-Pfeiffer-Str.) 533
Adolf-Hitler-Freiplatzspende 380, 561
Adolf-Hitler-Kampfbahn (Stadion auf dem Wasen) 4, 37, 41, 43, 49—52, 118, 120, 143, 149, 216, 219, 228, 231, 283, 298, 300, 302, 303, 318, 369 f., 380, 396, 399 f., 406, 410, 412, 418, 426, 432, 449, 465 f., 469, 478 f., 485 f., 495 f., 499, 502, 507, 513, 561, 568, 570, 576, 579, 583, 591, 594, 600, 655, 660, 668 f., 685, 690, 692, 699 f., 702, 725, 738, 739, 751, 759 f., 762, 768, 772, 807, 826, 841, 844, 849, 851, 854, 856, 860, 872, 898, 908, 932, 947, 970, 990, 998, 1008
Adolf-Hitler-Str. (früher u. jetzt Planie) 18, 307, 395
Adolf-Hitler-Str. (Feuerbach; früher Stuttgarter Str. u. Wilhelm-Murr-Str.; die Wilhelm-Murr-Str. hieß bis 1933 Rosenstr.) 461, 555, 721
Adolf-Kling-Weg (Zuffenhausen; jetzt Franckeweg) 639

Ägypten 131, 303, 305 f., 617, 723, 865
Ärzte 153, 633, 678, 771, 773, 859, 897
  s. a. Verband, Vereinigung
Ärztebund, Württ.-Hohenzollern, Gau 883
  s. a. Ärzteschaft, württ.
Ärztekammer, Württ.-Hohenzollern, Gau 518, 773
Ärzteschaft, württ. 19
  s. a. Ärztebund, Württ.-Hohenzollern, Gau
Ärztetag, württ. 236, 773
Ärzteverband, Württ. 19, 53
Afrika 91 f., 333, 452, 479, 517, 535, 712, 723, 731, 806, 821, 833, 865, 885, 900
Afrika-Expedition 258
Akademie (ehemalige Hohe Karlsschule) 121
Akademie der bildenden Künste 29, 63, 160, 260, 294, 327, 354, 429, 461, 513, 529, 556, 564, 589, 594, 693, 724, 734, 735, 787, 852
  s. a. Staatliche Akademie der bildenden Künste Stuttgart (Hochschule für freie u. angewandte Kunst)
— Direktor 668
Akademie für zahnärztliche Fortbildung, Bezirksstelle Württ. 118
Akademiehof (hinter dem Neuen Schloß) 14, 46, 188, 349
Akademischer Ski-Club Stuttgart 546
Akkord, Sängergesellschaft 523
Aktienmarkt 814
Aktienmeldepflicht 813 f., 836, 874
Aktion Gewitter 989
Alania, CV-Studentenverbindung 211
Albert-Schäffle-Str. 338
Albstr. (Degerloch) 554
Aldingen 186, 370, 457, 478
Alemannen 510, 811
Alemannia, Gesangverein 413

SACH- UND ORTSNAMENREGISTER

Alemannische autonomistische Bewegung 700
Alexanderstr. 386, 656, 693, 711, 750
All Peoples' Association 167, 173, 195, 238, 296, 333
Alldeutscher Verband 20
Alleenstr. 416, 517, 614, 659
Alleenstr. (Zuffenhausen) s. Ohmstr.
Allewind, Hofgut 133
Allgäu 434
Allgemeine Bau- u. Spargenossenschaft Cannstatt eGmbH 505, 578, 778 f.
   s. a. Baugenossenschaft Bad Cannstatt eGmbH, Bau- u. Sparverein Winterhalde eGmbH Bad Cannstatt
Allgemeine Elektrizitäts-Gesellschaft (AEG) 42
Allgemeine Lokalbahn u. Kraftwerke AG Berlin 630
Allgemeine Ortskrankenkasse (AOK) 97, 101, 179, 189, 235, 257 f., 342, 401, 427, 496, 554, 567, 608 f., 754, 782, 785, 859, 906, 913
— Beirat 449, 709
— Kassensatzung 478
— Leiter 58, 177, 641
Allgemeine Rentenanstalt 35, 207, 396, 559, 590
Allgemeiner Bildungsverein 459
— Singchor 544
Allgemeiner Deutscher Versicherungsverein 990
Allianz, Männergesangverein 595
Allianz u. Stuttgarter Lebensversicherungsbank AG Berlin 33, 385, 590, 628
Allianz u. Stuttgarter Verein Versicherungs AG 33
Allianzstadion 147, 774, 844
Alliierte 915, 967, 1020, 1022—1024
Alte Garde (Kaufmännischer Verein ehemaliger Schüler der Höheren Handelsschule Stuttgart) 81 f., 101, 171, 251, 274
   s. a. Alte Gilde
Alte Gilde 274, 289, 328, 331, 745
   s. a. Alte Garde
Alte Stuttgarter Lebensversicherungsgesellschaft AG 504, 590
Alte Weinsteige 310, 403
Alter Postplatz 280, 392, 586, 592, 648, 729
Alter Rheno-Nicaren e. V., Hausverein 415
Alter Schloßplatz s. Schillerplatz
Altersheime 50, 68, 92, 122, 130, 228, 289, 318, 423, 447, 580, 586 f., 604, 635, 641 f., 656, 673, 701, 718, 758, 773, 812, 834, 910, 915

s. a. Juden, Altersheime
Altertümersammlung 732
   s. a. Württ. Landesmuseum
Altes Schloß 7, 45 f., 152, 241, 518, 530, 544, 676, 796, 830, 891
Altherrenschaften 446
   s. a. NS-Altherrenbund
Althoff, Zirkus 828
Altmaterialien 339, 348, 384, 412, 420, 523, 529, 557, 594, 619, 629, 649, 654, 662, 664, 689 f., 902
   s. a. Annahmestellen
Altshausen 76, 255, 627
Altstadt 8, 93, 335, 340
Altstadtsanierung 246, 360, 402, 423, 599, 812, 910
Am Mühlkanal (Berg) 769
Am Tazzelwurm 622, 696
Amazonas-Expedition 512
Amazonas-Jary-Expedition 522
Ambulantes Gewerbe 515, 775, 853
Amerika, amerikanisch 82, 156, 188, 219, 252, 258, 300, 303, 314, 325, 329, 331, 333, 380, 391, 404, 432, 443, 458, 529, 566, 576, 599, 639, 730 f., 772, 785, 836, 838, 861, 865, 898, 966, 968, 983, 1020, 1024
   s. a. Vereinigte Staaten von Amerika, vgl. a. Anglo-Amerikaner
— Amerikadeutsche, Deutschamerikaner 82, 141, 843
Amt für Rassenpflege u. Bevölkerungspolitik 113
   s. a. Gesundheitsamt, städt.
Amt für Tierpflege, städt. 622, 699, 712, 720, 744, 763, 788, 873
Amt für Volksgesundheit s. NSDAP Gauamt für Volksgesundheit
Amtsgericht 129, 176, 218, 379, 590, 824
— Leiter 27, 597
Amtsgericht Stuttgart-Amt 495
Amtsgericht Stuttgart-Bad Cannstatt 595, 778, 920
— Leiter 479
Amtskörperschaften, württ. 34
Amtsoberamt Stuttgart 148, 156, 594
   vgl. a. Stuttgart-Amt
Anerbengericht Stuttgart I 346
Angestellte 105, 109, 150, 189, 249, 348, 361, 366, 684, 839, 891, 900, 906
Anglerheim 312
Anglerverein, Württ. 549
   vgl. a. Württ. Landesfischereiverein

SACH- UND ORTSNAMENREGISTER

Anglo-Amerikaner, anglo-amerikanisch 870, 958, 967, 1020
  vgl. a. Amerika
Anlagen 55, 200, 363, 518, 664
  s. a. Schloßgarten-Anlagen
Anlagensee 419
Anliegerleistungen der Hauseigentümer 228
Annahmestellen für Altmaterialien 1008
  s. a. Altmaterialien
Anwaltskammer, württ., Vorstand 26
Anzengruberstr. 643
Apenrade 584
Apotheken 962, 985, 1009
  s. a. Charlotten-, Internationale, Kron-, Löwen-, Paulinen-, Sigelsche Apotheke
Apotheker 294, 435
Appel-Verlag 814
Aquarien- u. Terrarienverein Stuttgart 1930 499
Arbeiter(innen) 5, 7, 38, 57, 63 f., 66—68, 71, 75, 78, 100, 105, 109, 116 f., 122, 131, 150, 189, 201, 220, 227, 249, 274, 297, 315, 320, 334, 337, 342, 348, 390, 459 f., 478, 488, 509, 562, 584, 589, 591, 595, 598, 635 f., 640, 647, 650, 659, 669 f., 701, 741, 751, 759, 763, 765, 779, 794 f., 826, 829, 832, 834, 842, 847 f., 852 f., 862, 864, 891 f., 897, 905 f., 909, 914, 922, 926, 929, 939, 946, 948, 963, 968, 972, 975, 981, 1016
  s. a. Bergarbeiter, Betriebsarbeiter(innen), Facharbeiter, Heimarbeiter, Hilfsarbeiter, Industriearbeiter, Jungarbeiter, Landarbeiter, Ostarbeiter(innen), Rüstungsarbeiter, Schwarzarbeiter, Schwerarbeiter, Zivilarbeiter
Arbeiterjugend, sozialistische 274, 375, 647
  s. a. Naturfreunde
Arbeiterkolonien s. Verein
Arbeiterlager 928
Arbeiterradiobund 43
Arbeiterrad- u. Kraftfahrerbund 43
Arbeiter- u. Soldatenräte 260
Arbeitersängerbund 437
Arbeitersamariterbund 43
Arbeitersportbewegung 192
Arbeiterturn- u. Sportbund 75, 647
Arbeiterwohnstättenbau, Arbeitsgemeinschaft 358
Arbeitgeber 102, 137, 153, 299, 809, 847
Arbeitgeberverbände, württ. 19
Arbeitsämter 300, 843, 920, 947
Arbeitsamt 57, 96, 102 f., 116, 119, 124, 154, 179, 183, 196, 211 f., 252, 296, 316, 438, 468, 538, 573, 608, 616, 644, 666, 845, 856, 931, 949, 973, 978, 980 f., 991
— Leiter 920
Arbeitsamtsbezirk 357
Arbeitsbeschaffung 4, 56 f., 59, 63 f., 66, 69—71, 100, 106, 109, 116, 154, 165, 291 f., 538, 604
  vgl. a. Arbeitslose
Arbeitsbeschaffungsamt des Bürgermeisteramts 115
Arbeitsbeschaffungsstelle des Bürgermeisteramts 83, 86
Arbeitsbuch 300, 789
Arbeitsdienst 14, 27, 39, 46, 93, 96, 105 f., 138, 141, 143 f., 147, 149, 162, 180, 199, 209, 233, 296, 305, 314, 316, 325, 380, 384, 391, 400, 419, 427, 469, 502, 565, 596, 749, 756, 778, 824, 841, 843, 897, 970, 991
— Abteilung für württ. Studenten 122
— Arbeitsdienstschule Südwest 141
— Arbeitsgau 26 Württ. 122, 138, 548, 592, 811
— Arbeitsgau 27 681
— Bezirk XII des weiblichen Arbeitsdienstes, Württ. 843, 947
— Bezirksführerschule des staatlichen Arbeitsdienstes Südwestdeutschlands 36
— Demonstrationen u. Kundgebungen 105, 214, 262 f., 473
— elsässisches Arbeitskontingent 820
— Führerin des württ. weiblichen Arbeitsdienstes 805
— Führerinnen 654, 810
— Gaumusikzug 444, 681, 763, 767
— Gauschule 155
— Gauwirtschaftslager 592
— Gruppe 261 146, 391
— Kampfspiele 601
— Lager 393, 462, 477, 548
— Lager Feuerbach 207
— Lager Mühlhausen 83, 122, 308, 375
— Lazarett 475
— Vereidigung 654
— weibliche Jugend (Maiden) 61, 548, 622, 692, 743, 765, 778, 819, 843, 859, 860, 947, 960, 1014
Arbeitsdienstpflicht 36, 296, 654
Arbeitseinsatzbehörde 963
Arbeitsfürsorge, städt. 240, 474
Arbeitsfürsorgestätten (Beschäftigungsheime) 291, 370

SACH- UND ORTSNAMENREGISTER

s. a. Buttenhausen, Beschäftigungs- u. Bewahrungsheim GmbH
Arbeitsgauleitung 944
Arbeitsgemeinschaft für deutsche Ware, württ. 68
Arbeitsgemeinschaft Ernährung aus dem Walde 959, 1021
Arbeitsgemeinschaft kath. Deutscher 155
Arbeitsgemeinschaft, kulturelle 973
— Volk und Kunst 445, 521
Arbeitsgericht Stuttgart 207, 598
Arbeitsgerichte 207, 350
Arbeitsinvaliden, Arbeitsunfähige 169, 196
Arbeitskammer Württ.-Hohenzollern, Gau 247, 264, 297, 339, 465, 477, 827, 898
vgl. a. Reichsarbeitskammer
Arbeitskonferenz, internationale 275
Arbeitslose, Arbeitslosigkeit 1, 4, 7, 32, 39, 46, 48, 56 f., 59, 63 f., 68, 76, 79, 81, 85—87, 95, 102 f., 108 f., 112, 116 f., 119, 121, 124 f., 127, 131, 137, 139, 142, 144, 151, 156, 168, 170, 179 f., 186, 193—196, 202, 205, 211 f., 224, 233, 240, 247, 256, 269, 274, 292, 314, 322, 345, 348, 356, 472, 507, 577, 812
vgl. a. Arbeitsbeschaffung
— Demonstrationen u. Kundgebungen 4
Arbeitslosenhilfe 292
Arbeitsmedizinisches Institut württ. (Projekt) 750
(Arbeits)meldepflicht 970, 980
Arbeitsrecht 321, 355
Arbeitszeit 968, 1002
Arberweg (Feuerbach; jetzt entfallen) 639
Architekten 13, 56, 198, 397, 609, 632, 698, 719, 769
Architektenkammer 39
Archivdirektion, württ. 289
vgl. a. Württ. Staatsarchiv
Archivpfleger 289
Archivstr. 992
Ardennenoffensive 1011
Argentinien 217, 223, 262, 288, 290, 303, 433, 538, 749, 782
Arier, arisch 47, 67, 77, 231, 313, 941
Arion, Männergesangverein s. Stuttgarter Sängervereinigung 1823
Armee 297, 617
s. a. Heer
Armee, kgl.-württ. 181
s. a. Heer, kgl.-württ.
Armee, sechste deutsche 878
Armeekorps, V. 251, 325, 377, 542, 574

Arminia, Studentenverbindung 377, 412
Arnoldsche Spinnerei 299, 356, 577
Arnulfstr. 570
Artilleriekameradschaft König Wilhelm II. 316
Arzneimittel 962, 1009
Asangstr. 592
Asch 373
Asien 188, 443, 551, 662, 950
Asoziale 61, 684 f., 837
Astoria, Hotel 538
Auf der Steig 643, 742
Aufträge, öffentliche 814
Augsburg 35, 192, 278, 535, 604, 750, 851, 923, 970
— Städt. Chor 531
Augsburger Str. (Obertürkheim) 586
Augustendorf (Bukowina) 150
Aurora, Gesangverein 224
Auschwitz, Konzentrationslager 841, 883, 909
Ausgrabungen 324
vgl. a. Funde, Grabfunde
Ausländerbetreuung 926
Ausländerpolizei 523
Ausland, ausländisch 20, 30, 163, 169, 202, 206, 215, 222, 231, 246, 256, 267, 309 f., 361, 363, 387, 391, 394, 396, 411, 420, 484, 487, 493 f., 497, 507, 509, 512, 516, 532, 538, 547, 554, 570, 572, 585 f., 600, 604, 622, 624, 635, 646, 663, 684, 694, 700 f., 706, 719, 724, 741, 754, 761, 779, 782, 801, 809, 817, 821, 826, 829, 832 f., 847, 854, 876 f., 905, 909, 922, 926, 929, 933, 940, 963, 972 f., 977, 985, 997, 1001, 1006, 1024
Auslandsdeutsche, Volksdeutsche 20, 46, 51, 78, 83, 139 f., 152, 164, 210, 243, 284, 289, 291, 302, 304, 308—311, 317, 322, 325, 329 f., 334, 337, 342, 345, 354, 356, 361, 365, 370, 384, 391, 395, 398, 410, 414, 417, 419, 441, 447, 463, 480, 487, 497, 507 f., 512, 524, 530, 600, 617, 627, 629, 634, 674, 698, 706, 739, 753, 762, 764, 773, 792, 808, 811, 818, 836, 844 f., 848, 862, 867, 887, 897, 924, 940, 966
vgl. a. Tag
— Heime 128, 313, 328, 403, 465, 554, 678, 698, 719, 721, 801
s. a. Deutsche Burse für auslanddeutsche Studenten, Deutsches Volksheim, Jungmädchenschule, Verein, Volksbund, Volksdeutsche Mittelstelle, Volksdeutsche Werkschule

SACH- UND ORTSNAMENREGISTER

— Reichstagungen 365, 396, 413, 416—419, 423, 447, 506, 507, 509
Auslandsdeutsche Schülerheime 415, 465, 508, 641, 692, 707, 819
Auslanddeutscher Katechismus 361
Auslandsdeutsches Frauenheim 403, 466
Auslandsdeutsches Rückwandererheim 508
Auslandskunde 706
Auslandslehrertagung 309
Auslandsmuseum (Projekt) 706 f.
  s. a. Umweltmuseum
Auslandstechnik 780
Auslandswissenschaften, württ. Arbeitsgemeinschaft für 706 f., 712, 749
Ausstellungen (Künstler) 16, 29, 32, 74, 103, 130 f., 136, 146, 158, 166, 200, 236, 241, 243, 274, 284, 290, 305, 308, 314 f., 319, 321, 327, 335, 349 f., 354, 356, 365 f., 378 f., 384, 394—396, 414, 420, 422, 431, 437, 462 f., 476, 490 f., 503, 517, 541, 556, 562 f., 567, 577 f., 580, 585, 588, 590, 595, 597, 598 f., 625, 628, 644, 659, 661, 669, 677, 681, 693, 695, 699, 714, 725, 732, 736, 738, 751, 754, 758, 762, 772 f., 777, 785, 796, 823, 827, 832 f., 852, 857, 859 f., 874, 877, 884, 886, 897, 904, 910, 914, 934, 937 f., 943, 953
  vgl. a. Messen, Messewesen
Abstammungs- u. Vererbungslehre 601
Abwassertechnik 582
Akademie der bildenden Künste 594
Albrecht-Dürer-Preisträger 886
Altdeutsche Meisterzeichnungen in Kopien 734
Alte u. neue Meister 308
Arabische Volksbücher u. griechische Volksmalerei 486
Ausland im Spiegel der schwäb. Malerei, Das 413
Automobilausstellung der Firma Daimler-Benz 488
  s. a. Daimler-Benz
Auto-Union 197
Badische Kunst 671
Bauausstellung Stuttgart 1934 91, 107
  s. a. Verein
Bauerntum u. Schule 479
Bauwirtschaft im Kriege 851
Belgien, Elsaß-Lothringen, Holland u. Luxemburg 713
Bengel-Gedächtnis-Ausstellung 437
Berliner Künstler 840
Bibelausstellung 124

Bild als Wandschmuck, Das 770
Bilder aus Beständen des Stadtarchivs 534
Bilder aus dem Kampfgebiet des 8. Württ. Infanterie-Regiments Nr. 126 im Oberelsaß 529
Bilder aus Alt-Stuttgart vor 100 Jahren 503
Bilder u. Bücher über Alt-Stuttgart 504
Bildnerische Erziehung der Jugend 526
Blindenbildung u. Blindenarbeit 122
Blumen s. Schnittblumen
Blumenbindekunst 599
Blumenbinderei, Meisterwerke 502
Böttcher- u. Küferhandwerk, Reichsfachausstellung 217
Bolschewismus 408
  s. a. Weltfeind
Borst, Hugo, Sammlung 166
Briefmarkenausstellung 643
  s. a. Schwäb. Postwertzeichen-Ausstellung
Buch als Kraftquell der Nation, Das 525
Buchausstellungen 80, 150, 418
  s. a. Kriegsbuchwoche, Schrifttum
Bulgarische Künstler in Deutschland 755
Bund Deutscher Mädel (BDM) 583
Chinesische Gemälde 308
— Holzschnitte 282
Daimler-Benz 199
  s. a. Automobilausstellung
Deutsche Arbeit in Afrika 535
Deutsche Arbeit in Rußland 583
Deutsche Handwerksarbeiten aus Österreich u. Südosteuropa 480
Deutsche Heimkehr 694
Deutsche Künstler aus Siebenbürgen u. dem Banat 848
Deutsche Plastik der Gegenwart 653
Deutsche Schulen u. Lehrer im Ausland 309
Deutsche Volksgesundheitsbewegung 588
Deutsches Hochschul- u. Studentenwesen außerhalb der Reichsgrenzen 4
Deutsches Holz für Hausbau u. Wohnung 63
Deutsches Volk — Deutsche Arbeit 126
Deutsches Volk jenseits der Grenzen 150
Deutsches Wohnen 316
Deutschland, Das wehrhafte 281
Deutschtum im Osten — Bollwerk Europas 414
Dokumente aus dem Reichsarchiv der NSDAP 506
Düsseldorfer Künstler 725
Elektrotechnik 134

SACH- UND ORTSNAMENREGISTER

(noch Ausstellungen)

Elsaß-Lothringen 682
Englische Anlagen in Hohenheim 597
Entwicklung der Nähmaschinen 495
Entwicklung von Weizen, Roggen u. Kartoffeln 602
Entwürfe zur Neugestaltung der Kur- u. Badeanlagen Bad Cannstatt 181
Entwürfe zur Gestaltung eines Marktbrunnens 125
Entwürfe für ein Wandbild in der Markthalle 273
Entwürfe zu einer Großplastik für die Reichsgartenschau 507
Erster Weltkrieg 601
— Kampfgebiet der 7. (Württ.) Landwehr-Division 630
Europas Schicksalskampf im Osten 602
Exportmusterschau 418
Frauen am Werk 353, 380
Frontfotos einer württ.-badischen Jägerdivision 932
Frühjahrsausstellung des Kunsthauses Schaller 103
Für Deutschlands Freiheit — Der Kampf im Osten! 908
Gastronomie 246
Geflügel- u. Taubenschau 801
Gesicht der vaterländischen Erdkunde in der nationalsozialistischen Schule 243
Gesundes Volk 81, 433
Gold, Das deutsche (Bernstein) 340
Gold u. Silber 496
Graphiken der Dürerzeit in Nachbildungen 595, 751
Großdeutschland, Schaffung 665
Griechische Volksmalerei s. Arabische Volksbücher
Handwerk, Schaffendes 425
Handwerk u. Heimat 583
Handwerkliche Arbeiten 107, 563
Handwerkliche u. künstlerische Gegenstände für das Kriegs-Winterhilfswerk 743
Handwerkskunst, Stuttgarter 601
Hausgeräte aus mehreren Jahrhunderten 720
Hausrat des Siedlers, Der 371
Haustechnik 81
Heilig Land — Ostland 235
Heimat, Unsere schöne 505

Herbstausstellungen des Württ. Kunstvereins 63, 704
Herren- u. Damenoberbekleidung 518
Hilfswerk für deutsche bildende Kunst in der NS-Volkswohlfahrt 394, 546
HJ-Heimbau 428
Hölzel, Adolf, u. seine Schule vor 25 Jahren 365
Holländische Meisterwerke in deutschen Museen (Reproduktionen) 976
Holz als deutscher Werkstoff 365
Hundeausstellungen 23, 229, 431, 695, 770
Installationstechnik 81
Internationale Ausstellung für Architektur u. dekorative moderne Künste 696
Italien. Renaissance 558
Jahresschau des deutschen Schrifttums 440, 525, 709, 783
Japanische Gebrauchsgegenstände 522.
— Holzschnitte 282
Jubiläum der Lerchenrainschule 138
Jubiläum des Bundes für Heimatschutz, Württ. u. Hohenzollern 136
Jubiläums- u. Wanderausstellung der Reichsgenossenschaft Deutscher und Österreichischer Künstlerinnen (Gedok) 406
Jugend sucht ihren Beruf 578
Kabriolett-Sonderschau der Schwabengarage AG 190
Kamera, Die 110
Kartographie 512
Klanggerätesammlung der Württ. Landesanstalt für Erziehung u. Unterrricht 217
Königin-Katharina-Stift 914
Kolonial-Schrifttumsschau 709
Komponisten in Schwaben 553
Konditorbund, Deutscher, Fachausstellung 286
Kriegsblindenausstellung 209
Kriegsbuchwoche 1941 783
Kriminalgeschichtliche Ausstellung 732
Küferhandwerk s. Böttcher
Künstler-Kriegshilfe 678
Künstler im feldgrauen Rock 730, 802
Kunst der Front 730
Kunstbesitz der Stadt 108
Kunstgewerbeschule 597
Künstlerbund Stuttgart 480, 576
Kunst aus Württ. 704, 758
Kunstausstellungen von Studenten der Akademie der bildenden Künste 260, 354

SACH- UND ORTSNAMENREGISTER

(noch Ausstellungen)

Leben und Gesundheit 204
Lehrschau des Vereins Deutscher Ingenieure über Produktionssteigerungen 929
Leipziger Künstlergenossenschaft 384
Leistungsschau der Deutschen Arbeitsfront 332
Leistungsschau, Stuttgarter 235
Lied, schwäb., Geschichte 498
Luftfahrt tut not 34
Luftschutz 120, 178
Luftsport 120
Meisterzeichnungen u. Aquarelle des 19. Jahrhunderts in Faksimiles 836
Modell für den Ausbau des Kurbads Bad Cannstatt 714
Modell der Stadt Stuttgart 521
Möbelsonderschau 426
Münchner Künstler 347, 578, 768
Münzen, Notgeldscheine u. Plaketten 726
Mütterdienst der NS-Frauenschaft 863
NS-Kriegsopferversorgung 385, 394
Naturschutz 520
Neue deutsche Malerei, Teil Nord- u. ostdeutsche Malerei 375
Neue Meister s. Alte Meister
Niederländische Kunst der Gegenwart 855
Novembergeist — Kunst im Dienste der Zersetzung 38
Oberdeutsche Kupferstiche von Dürer in Nachbildungen 657
Olympia-Ausstellung 218
Olympia u. die Schule 249
Ostpreußen, Kultur u. Wirtschaft 238
Paracelsus 758
Park- u. Gartenanlagen, alte, in u. um Stuttgart 590
Raabe-Bücher u. -Bilder 498
Rasse u. Erziehung 72
Rasse u. Volk 418
Reformation in Württ. 124, 155
Reichsautobahn 347
Reichsberufswettkampf 121
Reichsluftschutzbund 674
Rembrandt-Handzeichnungen in Nachbildungen 630
Rhein — Deutschlands ewiger Strom 741
Rheinlands Freiheitskampf gegen Besatzung u. Separatismus 319
Rubens-Gemälde in Nachbildungen 919

Rumänische Volkskunst 804
Saarausstellung 43, 103 f., 288
Salamander 910
Schädlinge u. Schädlingsbekämpfung 699
Schiller, Bilder u. Dokumente 577
Schlesische Kunst 777
Schlesische Werkkunst unserer Zeit 562
Schnittblumen 677
Schreinertechnik, Zeitgemäße 316
Schrift der Deutschen, Die 287
Schriftschönheit im Buchdruck 713
Schrifttum, auslandsdeutsches 329
Schrifttum im deutschen Volk, Nordisches 282
Schrifttum schwäb. Erzieher, Das 236
Schuhmacherarbeiten 306 f.
Schule u. Luftfahrt 431
Schwäb. Division im Osten 934
Schwäb. Heimat 677
Schwäb. Künstler 347, 429
Schwäb. Kulturschaffen der Gegenwart 270
Schwäb. Maler der 2. Hälfte des 19. Jahrhunderts 273
Schwäb. Postwertzeichen-Ausstellung 455
  s. a. Briefmarkenausstellung
Schwäb. Volksleben — Trachtenbilder 413
Schweizer Wandmalereien der Gegenwart 290
Seefahrt ist not 756
Slowakische Ausstellung 841, 855, 857
Soldaten- u. Schlachtenbilder aus vier Jahrhunderten 713
Städtebau u. Landesplanung in Württemberg 436
Studentisches Schaffen 490
Stuttgart in Bild u. Modell 588
Stuttgarts Vergangenheit 36
  s. a. Bilder
Sudetendeutsche Kunstausstellung 461
Sudetendeutscher Kampf 515, 521
Südosten im Zeitgeschehen, Der 750
Synthetische Werkstoffe 452
Taubenschau s. Geflügelschau
Textilleistungsschau, südwestdeutsche 397
Theaterfiguren u. Masken der Völker 278 f.
Tizian u. Zeitgenossen in photographischen Wiedergaben 878
Toskanische Künstler, zeitgenössische 875
Urmenschenschädel von Steinheim 69
Urwald, In der Hölle des 512
Volksbücherei Bad Cannstatt 712

SACH- UND ORTSNAMENREGISTER

(noch Ausstellungen)

Volksdeutsche Arbeit der Reichsstudentenführung 584
Volksgemeinschaft — Blutsgemeinschaft 535
Volksgemeinschaft — Wehrgemeinschaft 455
Volkswirtschaftliche Bedeutung des Kleingartenwesens im Kriege 787
Von Krieg zu Krieg 61
Vorarlberger Stickereiindustrie 682
Wanderausstellung württ. Künstler 203
Wasserstraßen und Wassersport 212, 221
Weihnachtliche Gegenstände aus Beständen des Stadtarchivs 716
Weihnachtsausstellung der Gedok 638
Weihnachtsausstellung der Württ. Malerinnen 714, 788
Weihnachtsausstellung des württ. Handwerks 447
Weihnachtsausstellung des Württ. Kunstvereins 81, 250, 534, 637, 719
Weihnachtsausstellung schwäb. u. bayrischer Künstler 340
Welt des Kindes 222
Weltfeind Nr. 1 — der Weltbolschewismus 322
  s. a. Bolschewismus
Werkbundausstellung Deutsches Holz (Kochenhofsiedlung) 13
Werk-Kunstausstellung (Kunst allen Schaffenden) 247
Werk-Kunstausstellung der Bosch-Werke 925
Werkkunstschau des BDM 382
Werkstoffe 543
Wettbewerbsentwürfe für ein neues Stadtwappen 530
Wiener Sezession 491
Wilhelm II., König von Württ. 36
Wohnungsbau, Der soziale 775, 777
Worpsweder Kunst 388
Württ. Bildnisse 506
Württ. Handwerksstätten u. ihre Erzeugnisse 676
Württ. Künstler 1943 900
Württ. Kunstschau 1933 35
Württ. Landesgeschichte 6
Zehn Jahre Nationalsozialistische Volkswohlfahrt 845
Zeitung u. Anzeige 481
Zinngießer, Stuttgarter 645

Ausstellungs- u. Verkehrsamt, städt. 277, 602
  s. a. Verkehrsamt
— Leiter 719
Ausstellungsgebäude, Interims(theater)platz (Horst-Wessel-Str., jetzt Landtag) 35, 103, 125, 217, 235, 273, 287, 319, 340, 414, 416, 433, 455, 465, 490, 502, 506, 512, 526, 535, 583, 602, 625, 634, 637, 671, 679, 694 f., 704, 719, 725, 730, 736, 755, 762, 768, 777, 788, 925
Ausstellungsgebäude, staatliches (Kanzleistr.) 107, 222, 270, 371, 426, 436, 447, 455, 480, 490, 522, 530, 582, 583, 597, 696, 976
Ausstellungs- und Versammlungshalle (Projekt) 286
Auswärtiges Amt 281, 389, 529
Auswanderer 229, 246, 254, 325, 503, 544, 557, 611, 731
Autobahn 44, 59, 90, 99, 108 f., 131, 152, 248, 281, 320, 328, 347, 350, 390, 402, 428, 439 f., 454, 514, 525, 535, 545, 621, 627, 811
— Generalbaukommando 479
Automobilclub s. Vereinigung
Automobilindustrie 256, 295, 454
Automobil-Treuhand GmbH 954
Auto-Union 190, 197
Autoverkehrsverband Stuttgart GmbH 124, 175
  s. a. Straßenbahn
Azenberg 633

B

Bach-Stiftung für Forschungsarbeiten an der Materialprüfungsanstalt der TH 603
Backhäuser, städt. 225
Backnang 106, 135, 140, 210, 253, 314, 340 f., 990
Bad Cannstatt 1, 8, 14, 27, 33, 45, 48, 50, 58, 64, 66, 69 f., 73, 77 f., 82, 85, 87 f., 95, 97, 99 f., 103, 105, 107 f., 109, 114, 117 f., 120, 126 f., 132 f., 144—146, 162 f., 172, 184, 190, 194, 201—203, 212, 227, 241, 244, 252, 255, 257, 262, 281, 283, 287, 290, 296, 305, 317 f., 337, 341, 351, 359, 368, 380, 390, 395, 397, 406, 410, 412, 424, 431, 433, 436, 442, 449 f., 460, 481 f., 487, 493, 495 f., 498, 500, 518, 521, 526 f., 545, 548, 558, 561, 563, 565, 573—575, 578, 580 f., 587, 601, 612, 617, 634, 636, 641, 664, 667, 669, 680—682, 705, 708, 714, 716, 722, 728, 742, 747, 752, 755, 760, 774 f., 812, 823, 828—831, 856, 872, 893, 936,

949, 951, 975, 1003 f., 1007, 1009, 1011, 1014, 1017 f., 1021, 1024
- Bahnhof 993
— Evang. Kirchengemeinde 73, 190, 208
— Kübler 266, 351
— Kuranstalt Daimler (Kurheim) 303 f., 485, 554, 617
— Kuranstalt Leuze 363, 587, 691
— Kuranstalten 687
— Kurhaus am Sulzerrain 200, 224, 304
— Kurhotel (Projekt) 485
— Kursaal, Kurgarten 48, 85, 145—147, 149, 163, 181 f., 190, 202, 211 f., 236, 239, 245, 280, 298, 304, 315, 341 f., 351, 362, 399, 404 f., 408, 410, 412, 472, 482, 486 f., 490, 495 f., 498, 500 f., 503, 505, 510, 524, 526, 535, 550, 560, 568, 578, 581, 603, 627, 649, 657, 671, 674, 680 f., 687 f., 690, 693, 695, 708, 713, 755, 759, 765, 768, 773, 798, 830, 837, 973, 990
— Kur- u. Badeanlagen (Kurbetrieb) 99, 153, 179, 200, 252, 304, 318, 341, 370, 410, 485, 492, 502, 509, 565, 680
— Kur- u. Badeforum (Projekt) 798
— Kurorchester 481, 510, 578, 585, 589, 601, 603
— Kurtaxe 193
— Kurverein 331, 341, 399, 410, 496, 502, 536, 573, 588, 596, 621, 680 f., 759, 851, 923, 973, 990
— Marktplatz 145 f., 189, 611
— Markung 596
— Mineralwasserabfüllhaus 379, 485, 636, 664
— Oberamt 760
— Rathaus 981
— Volksfest (Herbstwasen) 65, 154 f., 224, 231, 233, 252, 316 f., 320, 423—426, 487, 512, 513, 514, 515, 607, 698, 699, 775
— Wasen 4, 28, 37, 41, 43, 45, 49—51, 57, 65, 69, 83, 100, 112, 118, 120, 128, 134, 137 f., 140 f., 154 f., 162, 198, 202, 205, 212, 219, 221, 231, 233, 281—283, 286, 316 f., 372, 375 f., 392, 402, 418 f., 424 f., 431, 435, 439, 476, 487, 491, 494, 496, 503, 570 f., 584, 586, 619, 661, 664, 667, 673, 701, 743, 769, 792, 824, 828, 848, 853, 926, 941
Bad Ditzenbach 766, 772
Bad Mergentheim 121, 137, 362, 426, 784, 1021
Badbrunnenstr. 505
Baden 46, 62, 74, 105, 120, 141, 159, 206, 208 f., 233, 242, 300, 345, 348, 417, 430, 440, 443, 489, 525, 563, 565, 596, 598, 650, 671, 716, 743, 745 f., 758, 796, 872, 896, 910, 932
Baden-Baden 164, 203, 329, 349, 494, 754, 776, 893
Badische Anilin- u. Sodafabrik 300
s. a. Siegle, Heinrich, Farbenfabrik
Badischer Hof 392
Badstr. 339, 630, 651
Bäcker(eien) 353, 635, 660, 968, 985, 995, 1022
— Obermeister 60, 836, 857
— Reichsinnungsmeister 836
Bäder 42, 64, 123, 125, 131 f., 163, 167, 199, 219, 226, 228, 232, 237, 277, 292, 310, 312 f., 322, 324, 338, 346, 363, 377, 392, 395, 413, 423, 447, 485, 493, 545, 550, 555, 561, 565, 583, 585, 597, 603, 612, 622, 664, 680, 686, 696, 714, 719, 723, 765, 775, 829, 849, 926, 1004 f.
Bäderverwaltung 906, 973
Bäderwesen 705, 1004
Bahnhofplatz-AG 196, 271
Bahnhofstr. 337
Bahnschutzpolizei 707
Baisingen 846
Bali- u. Java-Theater 569
Balkan, Balkanstaaten 674, 759
Ballett 79, 189, 212, 235, 246, 249, 259, 283, 306, 360, 445, 462, 470, 587, 636, 657, 677, 711, 745, 793, 888
s. a. Staatstheaterballett
vgl. a. Tanz
Baltikum 151, 260, 334, 378
Banat 153, 164, 843, 848
— Deutscher Sängerbund 414
Banater Schwaben 128, 558
Banzhaf, Hotel s. Royal
Barcelona 234, 245, 326, 689, 690, 726, 762, 782
Baresel AG, Bauunternehmung 209, 401, 588, 912
Barr, Moering u. Co., Sammelverkehre, Auslandstransporte 790
Basel 44, 230, 243, 288, 290, 330
— Ortsgruppe der NSDAP 396
Basketball 723
Baubehörde 948
Bau- u. Bergdirektion, württ. 438
Bauer, Eugen, Fabrik für Kinematographen u. elektrische Apparate 504
Bauer, Luwig, Baufirma 127
Bauern u. Landwirte 65, 116, 154, 182, 349,

SACH- UND ORTSNAMENREGISTER

358, 390, 591, 659, 794, 812, 829, 833, 854, 889, 905, 942, 946
s. a. Kreisbauernschaft, Landesbauernschaft
Baugenossenschaft Bad Cannstatt eGmbH 779
  s. a. Allgemeine Bau- u. Spargenossenschaft Cannstatt eGmbH
Baugenossenschaft des Christlichen Notbundes zur gegenseitigen Hilfe GmbH 304
Baugenossenschaft Gartenstadt Luginsland, Gemeinnützige 315, 500, 596, 644, 702, 749
Baugenossenschaft Möhringer Str. 795
  s. a. Stuttgarter Heim eGmbH
Baugenossenschaft Münster 505, 659
Baugenossenschaft Zuffenhausen, Gemeinnützige 468, 505
Baugenossenschaften, Gemeinnützige 244, 343, 421, 533, 635, 696, 755
Baugewerbe 82, 91, 213, 265, 477, 533, 632, 635, 644, 775
Baukommission, städt. 177
Baulandumlegungen 78, 647, 760
Baumeistertag, württ. 136
  vgl. a. Württ. Baumeisterbund
Baumgartenstr. s. Dreysestr.
Baumschule Steinhaldenfeld 723
Baumschulen 812
Bauordnung, württ. 95
Baupolizei 56
Baupolizeiamt, städt. 59, 242, 299
Baurecht 84
Bauschulring (Bund der Alten Herren der Höheren Bauschule) 408, 459
Bausparbewegung 170
Bausparkasse, Leonberger 233, 319, 559
Bausparkasse Württ., Öffentliche 572, 751, 838
Bausparkasse Wüstenrot 119
Bausparkassen, öffentliche 213, 572
Bausperre 415, 850, 936
Baustaffelplan 580
Baustoffplan 172
Bau- u. Heimstättenverein eGmbH 749, 795
  s. a. Baugenossenschaft, Möhringer Str., Familienheime eGmbH, Stuttgarter Heim eGmbH
Bau- u. Sparverein Winterhalde eGmbH Bad Cannstatt 778
  s. a. Allgemeine Bau- u. Spargenossenschaft Cannstatt eGmbH, Baugenossenschaft Bad Cannstatt eGmbH
Bau- u. Wohlfahrtsverein, Gemeinnütziger 205, 319, 409, 505, 599, 749, 755 f.
  s. a. Stuttgarter Siedlungsverein

Bauvorhaben (Dringlichkeitsstufen) 633
Bauwirtschaft 588, 631, 644, 715, 978
— Fachgruppe Bauwesen 851, 934
  s. a. Verband
Bavaria, Studentenverbindung 404, 412
Bayern 35, 39, 107, 141, 152, 159, 209, 417, 673, 674, 747, 786, 820
  s. a. Verein
Bayreuth 110, 113, 201, 402, 531, 597
Bayreuther Bund 885
Beamte 47, 58, 74, 109, 111 f., 117, 123, 135, 143, 164, 184, 186, 199, 208, 210, 218, 233, 249 f., 269, 274, 297, 301, 321, 325, 338, 361, 366, 387, 421, 441, 445, 452, 456, 489, 506, 523, 550, 580, 676, 684, 810, 821, 827, 839, 843, 887, 891, 900, 929, 945, 1003
  s. a. Berufsbeamtentum, Ruhestandsbeamte, vgl. a. Verein(igung)
— Treuekundgebung 98
— Vereidigung 147 f.
Beamten- u. Lehrerbeiräte 52
Beamtenrecht 393
Beamtenwohnungsverein Stuttgart EGmbH 576
Beck, Paul, Metzgerei 498
Behringer, G. H., Kurzwarengroßhandlung 839
Bei der Meierei 1 507
Beigeordnete 202, 240, 291, 333, 442, 462, 521, 775, 791, 822
  s. a. Bürgermeister, Referate
Beiräte, städt., für ärztliche Personalangelegenheiten 249
— für Angelegenheiten des Kurbads Cannstatt 249, 252, 597, 626, 663, 680, 691, 714
— für auslandsdeutsche Angelegenheiten 361
— für die Baupolizei 240
— für das zu errichtende Ehrenmal der deutschen Leistung im Ausland 289
— für die Ortsämter 871, 909
— für Frauenangelegenheiten 79, 100, 166, 203, 263, 584, 606, 639, 649, 667, 748, 804, 825, 829, 838, 859, 892, 903
— für Jugendwohlfahrt 650, 678, 831
— für Leibesübungen 599, 655, 717, 740, 768, 810
— für Luftschutzfragen 713, 715, 716, 732, 735, 759, 769, 777, 779, 793, 825, 834, 849, 872, 974, 986
— für die Reichsgartenschau 560
— für Schulfragen 672, 703, 782, 939
— für Stadtplanung 533

– für Technik 344, 469, 533, 540 f., 548, 551, 556, 559, 563, 585, 593, 608, 615, 620, 626, 631, 638, 645, 653, 675, 686, 690—692, 708, 718, 723, 733, 748, 751, 762, 778, 783, 812, 832, 847
– für Tierparkfragen 249, 626
– für Turn- u. Sportwesen 93
– für Verwaltung 221, 232, 269, 287, 344, 540, 556, 559, 577, 603, 620, 637, 686, 692, 748, 758, 780, 816, 818 f., 986
– für Wirtschaft 221, 312, 498, 540, 542, 551, 560, 566, 570, 572, 595, 597, 602, 604, 607, 626, 631, 635, 684, 687, 742, 746, 759, 767, 771, 782, 803, 847, 863, 895, 986
– für Wohlfahrt 221, 232, 263, 269, 271, 630, 664
– für Wohlfahrt u. Gesundheit 271, 287, 333, 456, 462, 476, 484, 521, 541, 548, 557, 559, 566, 603, 649, 674, 686, 695, 701, 705, 718, 731, 733, 768, 771, 831, 851, 906
– für Wohnungsangelegenheiten 682, 707, 749, 776, 778, 784, 795, 826, 895
Bekennende Kirche 282, 438
– Landesbruderrat 453
Bekleidungsgeschäfte 995
Bekleidungsindustrie
– Arbeitsgemeinschaft deutscher Fabrikanten der Bekleidungsindustrie e. V. (Adefa) 518
Belfort 291
Belgien 218, 261, 276, 286, 304, 341, 411, 502, 574, 584, 591, 598, 607, 670, 683, 713, 779, 814, 829, 967
– König 464
– Rex-Partei 341
Belgisch-Kongo 735
Belgrad 217
– Philharmoniker 652
Belser, Chr., Verlagsbuchhandlung u. Buchdruckerei 189, 230, 329, 391
  s. a. Müller, Albert, Buchhandlung
Belz, Julius, Juweliergeschäft 533
Bengel-Gedenkjahr 437
Benger, Wilhelm, Söhne, Kommanditgesellschaft 257
Beratungsstelle für Familien- u. Sippenforschung beim Standesamt
  s. a. Standesamt
– Leiter 131
Bereichsfachwartinnen des Frauensports 716
Bereitschaftspolizei 14
Berg 66, 219, 260, 292, 416, 487, 586, 595, 623, 667, 1004, 1005

– Insel 423, 447, 587
Bergarbeiter 447
Bergheimer Hof 406, 728
Berlin 10 f., 18 f., 20, 27 f., 29, 37, 44 f., 47, 49 f., 52, 56, 58, 62, 68, 71, 76, 78, 80, 82, 84, 87, 89, 91, 94, 98, 105, 107, 110, 122—124, 126 f., 129, 133 f., 141, 144—146, 148, 150, 161, 169 f., 174, 178, 197 f., 200, 204, 211, 217 f., 223, 228, 231, 244, 252 f., 264, 267, 273 f., 283, 287, 292 f., 301, 303 f., 308—310, 313, 318 f., 327, 330, 342, 350, 353 f., 361, 571, 585, 587, 598 f., 629, 647 f., 661, 689, 405, 410, 416, 418, 420, 426, 431, 433 f., 453, 456, 459, 461, 463, 465 f., 470 f., 479, 483, 494, 501, 514, 518, 521, 524, 527, 529, 531, 534, 541—543, 545, 549, 551, 554, 556, 568, 571, 585, 587, 598 f., 629, 647 f., 661, 689, 690, 700, 704, 712, 728, 733, 752 f., 757, 763, 766, 773, 782, 786, 791, 793, 809, 813, 819, 823, 827, 837, 840, 854, 883, 885 f., 895, 900, 915 f., 923, 925, 934, 936, 956, 959, 966, 968, 976, 989, 1010, 1013, 1014
– Automobilausstellung 187, 268, 359
– Deutsches Opernhaus 484, 501, 535
– Die deutsche Gemeinde (Ausstellung) 292, 302
– Funkausstellung 225
– Kantorei der Hochschule für Musik 510
– Kongreß für Brücken- u. Hochbau, Internationaler 325
– Kurt-Thomas-Kantorei 321
– Max-Paulsen-Bühne 880
– NS-Gastspielbühne 45
– NS-Reichssymphonie-Orchester (Orchester des Führers) 523
– Philharmoniker 121, 211, 284, 367, 438, 575
– Reichsausstellung 302 f.
– Theater am Kurfürstendamm 11
– Universität 332
– Verein der Württemberger 197
– Württ. Haus 771
Berlin-Charlottenburg 19
Berlin-Dahlem 282
Berlin-Moabit 85
Berlin-Plötzensee 505, 1015
Berlin-Spandau 241, 558
Berlin-Steglitz 56
Bern 230, 404, 416, 741, 864
– Ortsgruppe der NSDAP 396
Bernburg 743
Berneck 35
– Kinderlandverschickungslager 913

SACH- UND ORTSNAMENREGISTER

Bernhausen 108, 583
Bernloch 221
Bernstein 221
Berthold-Auerbach-Verein s. Juden
Berufsbeamtentum 3, 25, 60, 135
  s. a. Beamte
Berufsgenossenschaft der deutschen Straßen- u. Kleinbahnen 572
Berufskrankenkassen 433
Berufsschulpflicht 889
Berufswettkämpfe 107, 115, 121 f., 183, 187, 192, 197 f., 202, 251, 263, 272, 283, 286, 294, 340, 372, 451, 453, 471, 497, 547, 562 f., 574, 653, 672, 935, 966
Besigheim 467, 549, 849
Bessarabien 164, 194, 231, 308, 503, 576
Bessarabiendeutsche 741
Bessemerstr. (Zuffenhausen; früher Calwer Str., jetzt Bessemerstr.) 512
Bestattungswesen 863, 985, 1000, 1005
  s. a. Feuerbestattung
Betriebsarbeiter 835
Betriebsarbeiterinnen, soziale 858
Betriebsführer 153, 350, 400, 406, 426, 429, 783, 845, 864, 893, 906, 910, 937, 963, 971, 981
  s. a. Rüstungsbetriebsführer
Betriebsgefolgschaft 153, 981
Betriebsobmänner 864, 893, 937
Betriebsrat, städt. 27, 117
  vgl. a. Personalrat, Vertrauensmänner
Betriebssport, städt. 589
Betriebssportgemeinschaften 534
Beuron 108
Beuthen 629
Bevölkerungsbewegung 646 f.
Bevölkerungspolitik 18, 81, 255, 347, 361, 366 f., 722, 837, 858, 866, 963
Bevollmächtigter für den Arbeitseinsatz 835
Bezirksbauamt Stuttgart 7, 103
Bezirksbauleiter 953, 978, 991
Bezirksbauleitungen 952 f., 987, 991
Bezirksbeauftragter der Arbeitsgemeinschaft Rüstungshandel für Württ.-Hohenzollern 922
  s. a. Petzold, Wilhelm
Bezirkbeauftragter für die Stromeinsparung in Württ. 904
  s. a. Speidel, Dr. Willy
Bezirksfrauenwartinnen des Frauensports 716
Bezirksgericht für die württ. Presse 239
— Vorsitzender 277

Bezirksplanungsverband Stuttgart 156, 210, 319, 389
  vgl. a. Reichsstelle für Raumordnung
Bezirksrat, Stuttgarter 94
  s. a. Kreisrat
Bezirksschulämter 379, 513
Bezirksschulräte 393
Bezirksverein der Ingenieure 448
Bezirks- u. Körperschaftsverwaltung, Ministerialabteilung für die 50, 56, 65, 86, 112, 173
— Präsident 11, 149, 341
Bezugscheinstellen 662
Bianco, Eduardo, Tango-Orchester 782
Bibelforscher 473, 475, 697, 811
— Verbot 96, 697
Bibelgesellschaften, deutsche 426
Biberach 162, 273, 573
Biedermann, Travertinsteinbruch 593
Bienenzucht 768
Binnenschiffahrt 839
Binnenwanderung 802
Bietigheim 315, 336, 358, 432, 849
Birkach 56, 117, 286, 372, 457, 822, 831, 881, 974
— Eingemeindung 371, 787, 811, 817, 822, 874
— Gemeinderat 56
Birkenkopf 558, 638
Birkenwäldle 539, 703
Birkenwaldstr. 286, 403, 412, 633, 667, 716, 749
Birmingham 486
Bischöfe, kath. 321, 676
— Kommissar 493
Bischofstag 445
Bismarckbund, Auflösung 40
Bismarckhütte (Polen) 177
Bismarckplatz 611, 994
Bismarckstr. 420, 604, 621, 673, 759, 773
— Bad Cannstatt 412
— Feuerbach 368
Bismarckturm 12, 40, 131 f., 136, 399, 550, 571, 643
Bitzer, Carl, Trikotwarenfabrik 424
Blauer Weg 380
Bleyle, Wilhelm, Firma 120, 315, 536
Blindenerholungsheim Rohr 417
  vgl. a. Württ. Blindenverein
Bloch, Alice, orthopädisch-gymnastisches Institut 243
Blumberg 688, 720
Blumenstr. 113

Blutspender 678
Bodensee 142, 488, 553, 573
Bodensee-Donau-Kanal (Projekt) 848 f.
Böblingen 39, 297, 372, 449, 570, 993
— Flughafen 20, 35, 52, 72, 96, 115, 127, 202, 226, 263, 372, 387, 401, 417, 419, 574
  s. a. Flughafen Stuttgart-Echterdingen
— Klemm-Werke 521
— Kreis 515, 539, 607, 634, 721, 1003
Böblinger Str. 474, 541, 794
Böheimstr. 555, 690, 716
Böhmen 482, 516, 559, 563, 587
  s. a. Protektorat
Böhmerwaldstr. 639
Böhringer, Gebr., Firma 629
Börse s. Kriegsbörse, Württ. Auftragsbörse, Württ. Wertpapierbörse
Börstingen 221
Böttcher- u. Küferhandwerk 150, 225
— Reichsinnungsverband 217
Bofinger, Karl, Stempelfabrik 556
Bollwerk (jetzt etwa Fritz-Elsas-Str.) 798
Bolschewismus 30, 38, 188, 273, 286, 322, 329, 339, 350, 364, 384, 389, 390, 408, 414, 431, 433, 507, 765, 799, 822, 888, 916
Bombenangriffe s. Luftangriffe, Luftkrieg
Bombengeschädigte s. Fliegergeschädigte
Bombenräumung 708
Bombenschäden s. Fliegerschäden, Kriegsschäden, vgl. a. Luftangriffe
Bomblat, Gustav, Gesangschule 586
Bonlandener Str. 639
Bonn 116, 186, 312, 326, 542, 553, 605, 879, 949
Bopserwaldstr. 719
Borst, Hugo, Sammlung 166, 486
Borussia, Studentenverbindung 410
Bosch, Robert, AG (GmbH) 14, 72, 97, 105, 124 f., 129, 138, 184, 201, 209, 216, 225, 263, 270, 297, 319, 339, 343, 364, 395, 407, 452, 462, 472, 492, 501, 504, 510, 543, 555, 560, 566, 573, 632, 668, 698, 730, 744, 769, 776, 803, 867, 872, 925, 951, 954, 986 f., 1016, 1020
  s. a. Eisemann-Werke AG
Boschchöre von Stuttgart u. Feuerbach 715, 776
Bosch-Einspritzpumpe 319
Boschhilfe 364, 560
Bosch-Jugendhilfe 489
Bosch-Krankenhaus 319, 475, 665, 667, 680, 739, 775, 859, 912, 1009

Bosch-Lavalette, Firma (Paris) 125
Bosch-Lehrlingswerkstätte 489, 496
Bosch-Magnetzünder 319
Bosch-Orchester 715, 776
Bosch-Siedlung GmbH 255
Bosch-Stiftung 319, 346
Bosl, Josef, KG 681
Botenmeisterei, städt. 1004
Botnang 1, 21, 61, 69, 78, 103, 166, 401, 465, 530, 595, 696, 735, 980, 984, 1004, 1015 f., 1018
— Geschäftsstelle des Bürgermeisteramts 631
— Rathaus, altes 1004
Botnanger Sattel 164
Botnanger Steige 657
Boulanger, Georges, Orchester 656
Boxen 160, 214, 242, 261, 280, 314, 323, 359, 374, 424, 446, 454, 480, 485, 499, 555, 594, 621, 643, 655, 673, 716, 717, 720, 724, 772, 784, 792, 794, 809, 832, 879, 880, 892, 915
Brände 59, 130, 387, 527, 855, 955
  s. a. Feuerwehr, Luftangriffe
Brandenburg 933
Brasilien 52, 96, 115, 217, 462, 538, 600
Brauer u. Mälzer, Reichsinnungsverband 587
Braun, C. F., Betten- u. Aussteuergeschäft 329
Braun, J. A., Teer- u. Asphaltwerk 162
Braunes Haus (Goethestr. 14) 9, 16, 20
Braunschweig 142, 199, 293, 771, 778
Bregenz 590
Bregenzer Str. 677
Breitlingstr. 550
Bremen 372, 485, 543, 708, 744, 757, 860 f., 917
Brennabor, Renn- u. Tourenclub 487
Brenner, Hotel 659
Brennersche Chorvereinigung 437
Brennerstr. 478, 491
Brenzhaus 22, 637, 649
  s. a. Katharinenhospital
Breslau 49, 151, 197, 314, 320, 372, 388, 522, 545, 784, 795, 860, 911, 950
— Deutsches Turn- u. Sportfest 446, 501
— Sängerbundfest 412
Breuninger, Kaufhaus 223, 232, 436, 590, 592, 844, 911
Bruchsal 992
Bruckwiesenstr. 550
Bruderräte 683, 776
  s. a. Bekennende Kirche, Landesbruderräte
Brücken 1023
— Berger Steg 154, 1023

SACH- UND ORTSNAMENREGISTER

— Daimlerbrücke 404
— Gaisburger Brücke 45, 563
— König-Karls-Brücke 83, 154, 314, 317, 455, 469, 926
— Landhausstr./Weißenhof (Projekt) 566
— Neckarbrücke, Hofen 237
— Talstraßen-Brücke 404
— Voltasteg 1023
Brückenstr. 146, 431, 769
Brüder in Not, württ. Landesausschuß 61
Brühl 563
Brünn 552, 770
Brüssel 27, 52, 127, 464, 617, 829
Brukenthal-Weg (jetzt entfallen) 313
Brunnen 48 f., 109, 113, 125, 177, 200, 214, 337, 341, 594, 636, 654, 663, 664, 666, 791, 829
Brunnenhof s. Bad Cannstatt, Kurgarten, Kursaal
Brunnenstr. 169, 387, 600
Brunnenverein Bad Cannstatt 91, 211
— Auflösung 538
— Brunnenordnung 53
— Vorsitzender 49
Buchau 490, 784, 846
Buchbinder, Bezirksinnungsmeister 219
— Reichsinnungstag 219
— Männerchor 445
  s. a. Graphischer Gesangverein Gutenberg
Buchdrucker 500
Buchdrucker-Gesellschaft 445
  s. a. Graphischer Gesangverein Gutenberg
Buchenwald, Konzentrationslager 743
Buchhändler, württ.-hohenzollerische 445
  s. a. Vereinigung
Buchhandel 153, 486, 583, 938, 1000
Buchpreis, Nationaler 587
Buchproduktion 639
Buchwoche 166, 242, 328, 440 f., 444, 708, 713
— Großdeutsche 524—526
  s. a. Kriegsbuchwoche
Budapest 258, 355, 395, 714, 764, 770, 931
— Ungarisch-Deutsche Gesellschaft 698
— Zigeunerknaben, (-buben), Orchester 404, 545
Büchereien 92, 380, 394, 437, 440, 513, 543, 707, 720, 731, 767, 769, 783, 842
  s. a. Volksbibliothek, Volksbüchereien
Bücherei(fach)schule 792, 859, 1006
Büchsenstr. 64, 106, 270, 296, 314, 338, 491, 496, 523, 540, 568, 609, 612, 715, 875
Bückeberg 65, 155, 235

Bündische Jugend, Verbot 384
Buenos Aires 226
Bürgerausschuß 237, 335
Bürgerbank Feuerbach 568
Bürgergesellschaft s. Stuttgarter Sängervereinigung 1823
Bürgerhospital 11, 201, 289, 304, 513, 548, 554, 594, 733, 847
— psychiatrische Klinik 473
Bürgermeister 21, 133, 142, 240, 242, 269
  s. a. Beigeordnete, Referate
Bürgermeister württ. Gemeinden 66, 325, 456, 458, 759, 839
Bürgermeisteramt 14, 17, 42, 93, 115
— Geschäftsverteilungsplan 32
— Kanzlei 173, 240
Bürgermuseum 39, 53, 58, 105, 120, 126, 129, 151, 187, 265 f., 292, 336, 376, 380, 383, 395, 421, 435, 487, 515, 518, 523, 526, 565, 596, 621, 643, 657, 671, 685, 892, 957, 959, 974
Bürgerschaft 86, 1024
Bürgerverein 118
— Heslach 118
— Nordweststadt 118
— untere Stadt u. Vorstadt Berg 16
Bürgervereine von Stuttgart, Vereinigte, Auflösung 118
Bürgerversammlung 254, 374
Bürgerwehren 233
Büsnauer Hof, Siedlungsgebiet 468, 483, 509, 539, 572, 631, 636
Bukarest 421, 561, 719
Bukowina 164
Bulgarien, bulgarisch 144, 290, 304 f., 403, 479, 497, 674, 699, 719, 739, 755, 771, 892, 924, 998
— Gusla, Volkschor 645
— Kolonie von Stuttgart 813
Bund der Gemeinschaften deutscher Künstlerinnen u. Kunstfreundinnen 657
Bund der Heilpraktiker 330
Bund der Kinderreichen s. Reichsbund der Kinderreichen
Bund der Saarpfalzvereine 509
Bund der Saarvereine 114
Bund der Schweizer in Großdeutschland e. V. 787, 865, 868
Bund deutscher Architekten 12
Bund deutscher Filmamateure 567
Bund Deutscher Mädel (BDM) 118, 135, 159, 181, 296, 305, 307, 368, 379, 407, 457, 537,

583, 677, 698, 739, 824, 831, 884, 894, 901, 954
— Ärztinnen 248
— Demonstrationen u. Kundgebungen 61, 118, 144, 274
— Eingliederung (Erfassung) 377, 570, 663, 889, 990
— Führerinnen 668, 688, 700, 709, 739, 824, 871
— Gauführerinnenschule 47, 307
— Gelöbnis 324
— Reichssportschule auf der Waldau 861
  s. a. Hitlerjugend, Reichssportschule
— Glaube u. Schönheit 499, 668, 744, 758, 947
— Kolonialreferentinnen 237
— Nähstuben 947
— Obergau Württ. 323 f., 412, 680
— Obergauführerinnenschule 333, 561
— Sportfeste 241, 303, 412
— Untergau, Württ. 323
— Vereidigung 281, 680
— Werkmädel 947
Bund Deutscher Osten 366, 486
Bund erblindeter Krieger Württ. 322
Bund für Deutschkirche 221
Bund heimattreuer Schlesier 496
  vgl. a. Schlesienverein
Bund Königin Luise 79
Bund Nationalsozialistischer Deutscher Juristen, Württ.-Hohenzollern, Gau 63, 91, 100
  s. a. NS-Rechtswahrerbund, Württ. Notariatsverein
Bund reichsdeutscher Buchhändler 235
Bund schwäb. Bibelkreise 47
Bund württ. kynologischer Vereine 23
Bundesratsbevollmächtigter, württ. 225
Bunte Bühne des Wehrkreises V 782
Bunte Bühne (Wilhelmsbau) 554, 612, 642, 740, 972
Burgholzhof 131, 168, 171, 182, 186, 224, 296, 300, 399, 492, 577, 637, 640, 676, 694, 849
Burgos 372
Burgstallstr. 611
Burrer, Firma, Maulbronn-Gauingen 692
Busch, Zirkus 494, 746, 822, 897
Buttenhausen 784, 815, 846
— Beobachtungs- u. Fürsorgeerziehungsheim 946
— Beschäftigungs- u. Bewahrungsheim GmbH 167, 179, 201, 287, 296, 370, 417, 474, 598, 906

  s. a. Arbeitsfürsorgestätten, vgl. a. Gustav-Werner-Stiftung
— Pflegeheim für ältere Menschen 656, 709
— Trinkerheilanstalt 296
Buxtehude-Festwoche 357

C

Cäsar-Flaischlen-Str. 560
Calw 141, 428, 628, 990
— Oberamt 157
Calwer Str. 195, 410, 413, 491, 568
Calwer Str. (Zuffenhausen) s. Bessemerstr.
Calwer Vereinsbuchhandlung 325
Calwer Verlagsverein 43
Camilla-Mayer-Artistentruppe 743, 891
Cannstatter Bank EGmbH 561
Cannstatter Str. 252, 337, 363, 411, 451, 476, 570, 616, 994
Canterbury, Erzbischof 563
Caritas 83, 104, 294, 355, 619
Carlos-Grethe-Weg 63
Carolingia, CV-Studentenverbindung 211
Cartellverband der kath. deutschen Studentenverbindungen (CV) 100, 211, 494
Casa d'Italia 810, 812
Central, Hotel 261, 376, 663, 722, 844
Charlottenapotheke 403
  s. a. Sigelsche Apotheke
Charlottenasyl 327
Charlottenhof, Restaurant 166, 224, 234, 258
Charlottenplatz s. Danziger Freiheit
Charlottenstift 243
Charlottenstr. 395, 410, 421, 439, 478, 491, 545, 590, 617, 631, 690, 693, 707, 726, 757
Chemisches Untersuchungsamt, städt., Leiter 204
Chicago 35, 141, 333, 359
— Amerika-Deutscher Volksbund 458
— Oberbürgermeister 582
— Schwabenverein 323, 581
Chile, chilenisch 217, 226, 350, 632, 679
China, chinesisch 46, 282, 290, 308, 331, 335, 381, 431
Christengemeinschaft 471
Christlich-Sozialer Volksdienst 5, 13, 24, 27, 31, 44
Christlicher Verein Junger Männer (CVJM) 21, 93, 363, 406, 439, 455, 644
— Wangen 522
Claudio-Arrau-Trio 657
Coburg 210

Comedian Harmonists 257, 375, 475
Concordia Bad Cannstatt, Männergesangverein 482, 581, 682
Continentalhaus s. Reichsreifenlager
Costa Rica 897
Cotta, Verlagsbuchhandlung 169
Cottahaus 762
Cottastr. 403
Coventry 126

D

Dachau 359
— Konzentrationslager 408, 708, 743, 915, 1018
Dachtlerstr. 716
Dänemark, dänisch 150, 164, 217, 232, 290, 295, 302, 304, 583, 679, 719, 793, 843, 880, 915
— Besetzung 665
Daimler-Benz AG 16, 72, 99, 108 f., 118, 120 f., 128, 131, 135, 139, 150, 155, 169 f., 174 f., 187, 190, 199, 202, 209, 215 f., 225 f., 232, 239, 247, 250 f., 256, 263, 268, 283, 285, 295, 315, 328, 333, 342, 359, 367, 377 f., 383, 391, 392, 396, 405, 411, 416, 433, 436, 444, 483, 488, 492, 498, 500, 505, 513, 523, 537, 549, 569, 578, 599, 602, 609, 632 f., 636, 638, 671, 709, 729, 739, 740, 750, 765 f., 768, 781, 791, 807, 811, 814, 839, 907, 925, 966, 986, 999
— Automobilmuseum 279
— Vorsitzender des Aufsichtsrates 872
  s. a. Rummel, Stauß
— Vorstandsvorsitzender 842, 848
  s. a. Haspel, Kissel, Stauß
Daimler-Gedächtnisstätte 657
Daimlerstr. 491
Danneckerstr. 510
Dantegesellschaft 346, 479, 707, 734
  vgl. a. Deutsch-Italienische Gesellschaft, Deutsch-Italienischer Klub, Italienische Gesellschaft
Danzig 8, 52, 54, 62, 127, 141, 216, 235, 304, 359, 414, 458
Danziger Freiheit (früher u. jetzt Charlottenplatz) 125, 127, 290, 391, 468, 478, 537, 593, 599, 702, 798, 820, 903
Davos 264
— Ortsgruppe der NSDAP 396
Degenfeld 121
Degerloch 3, 66, 78, 84, 89, 98 f., 103, 109, 144, 147, 289, 293, 302, 304, 326, 343, 379, 383, 409, 429, 432, 454, 463, 466, 481, 483, 485, 497, 512, 574, 580, 586, 590, 599, 601, 663, 717, 736, 760
— Exerzierplatz 406
— Markung 812
Dekanate, Bad Cannstatt, evang. 442
— Stadtdekanat, evang. 78, 328, 366, 436, 877
— Stadtdekanat, kath. 49, 284
Dekanatsämter 506, 688, 868, 969
Delft 298, 888, 923
Dellmensingen 784, 846
Delphin, Schwimmverein 338
Demokratische Volkspartei 278
Den Haag 338
Denkschrift Strölin-Goerdeler 922
Denkschrift zur Neugestaltung der Stadt der Auslandsdeutschen 798
Dessau 503, 549
Detroit 312, 333
Deutsch-Englische Gesellschaft 429, 533
Deutsch-Flämische Arbeitsgemeinschaft 864, 871, 968, 975
Deutsch-Französische Gesellschaft 548
Deutsch-Italienische Gesellschaft 690, 727, 738, 742, 752, 803, 813, 857, 868, 873, 875, 883, 884
  s. a. Deutsch-Italienischer Klub, Italienische Gesellschaft
  vgl. a. Dantegesellschaft
Deutsch-Italienischer Klub 346
  s. a. Deutsch-Italienische Gesellschaft, Italienische Gesellschaft
  vgl. a. Dantegesellschaft
Deutsch-Japanische Gesellschaft 338, 842, 853, 901, 959
Deutschlandflug 401
Deutschnationale 133
Deutschnationale Betriebszellen, Auflösung 40
Deutschnationale Kampffront Schwarz-Weiß-Rot 12 f., 24, 34, 40
— Auflösung 45
Deutschnationale Volkspartei (DNVP) 5, 11, 17, 20, 24, 26 f., 29, 31, 86
— Landesvorsitzender 2
Deutschnationaler Handlungsgehilfen-Verband, Männerchor 361
  vgl. a. Deutscher Handlungsgehilfen-Verband
Deutschnationaler Kampfbund für den gewerblichen Mittelstand, Auflösung 40
Deutschnationaler Kampfring, Auflösung 40

Deutsch-Niederländische Gesellschaft 935, 939, 949, 976
Deutsch-Ostafrika 165, 282, 669, 723
Deutsch-Sowjetischer Nichtangriffspakt 604
Deutsch-Südwest-Afrika 442, 533, 705, 723, 734
Deutsch-Ungarische Gesellschaft 788, 814, 836, 881, 915, 923, 953
Deutschvolk e. V., Auflösung 68
Deutsche Akademie für Städtebau, Reichs- u. Landesplanung 436, 712, 902
— Vorsitzender der Südwestdeutschen Landesgruppe 670
  s. a. Schwarz, Dr. Otto
Deutsche Akademie für Wohnungswesen 1008
Deutsche Angestelltenschaft 120, 153, 156
— Landesbezirksleiter 155
Deutsche Antarktische Expedition 1938/39 630
Deutsche Arbeitsfront (DAF) 35, 58, 62, 71, 122, 155, 158, 169, 213, 235, 247, 263 f., 272, 288, 300, 311—313, 315, 326, 350 f., 361, 377 f., 397 f., 439, 448, 451, 460, 462, 471, 488, 494, 509, 513, 520, 529, 539, 544, 601, 623, 649, 689, 703, 706, 712, 733, 743, 761, 783, 818, 864, 873, 889, 893, 922, 926, 948, 959, 963
— Abteilungsleiter 936
— Amt für Arbeitseinsatz 838
— Arbeitswissenschaftliches Institut 968
— Bereitschaften 351
— Demonstrationen u. Kundgebungen 46, 138, 153, 163, 167, 771
— Fachabteilung Der Deutsche Handel 896
— Fachamt Eisen u. Metall 577
— Fachamt Gesundheit 584
— Fachgruppe Bauwesen u. Gauheimstätten- amt 775
— Flämische Gauverbindungsstelle 892, 913, 975
— Freizeitheim 501, 553 f., 570, 672, 703
— Gaujugendwaltung 438
— Gaumusikzug 26 714
— Gauobmann 529, 940
  s. a. Schulz, Fritz
— Gauschule (Projekt) 570
— Gauverwaltung 627
— Haus 587
— Hausgehilfinnenheim 357
— Kreisschulungswaltung 400
— Mitglieder 351
— Obmänner 936
— Reichsheimstättenamt 546

— Wahlen 197
— Walter 529
— Warte 529
Deutsche Auto-Versicherungs AG 626
Deutsche Bank 872, 933
Deutsche Bau- u. Bodenbank 133
Deutsche Bauernpartei 13
Deutsche Bergwacht 404
Deutsche Betriebsingenieure, Arbeitsgemein- schaft 452
Deutsche Brucknergesellschaft 737
  s. a. Württ. Brucknerbund
Deutsche Bühne, Theaterbesucherorganisation 69, 74
  s. a. Deutsche Volksbühne e. V.
Deutsche Burse für auslanddeutsche Studenten 295, 334, 403, 448
Deutsche Christen (DC) 36, 50, 59 f., 67, 81, 90, 114, 152, 157, 210, 253, 323, 328, 389, 493, 860, 884
— Demonstrationen u. Kundgebungen 47, 132
Deutsche Demokratische Partei (DDP) 21, 31, 38, 237, 932
Deutsche Dermatologische Gesellschaft 424
Deutsche evang. Kirche s. Reichskirche
Deutsche evang. Kirchenkanzlei 805
Deutsche Evang. Woche 304
Deutsche Fachschulschaft 244
Deutsche Frauenfront 45
Deutsche Freiheitspartei 547
Deutsche Gemeindeverlag GmbH 919
  s. a. Kohlhammer, Wilhelm, Buchdruckerei u. Verlagsbuchhandlung
Deutsche Gesellschaft für Bauwesen 253
  vgl. a. Württ. Baumeisterbund, Württ. Verein für Baukunde
Deutsche Gesellschaft für Betriebswirtschaft 873, 950
Deutsche Gesellschaft für Gartenkunst 600
Deutsche Gesellschaft für öffentliche Arbeiten 83
Deutsche Gesellschaft für Photogrammetrie 436
Deutsche Gesellschaft für Rassenhygiene 18, 79, 385, 458
Deutsche Gesellschaft für Wehrpolitik u. Wehrwissenschaften 631
Deutsche Glaubensbewegung 103, 107, 172
Deutsche Jägerschaft 600
Deutsche Jugendkraft, Auflösung 42

SACH- UND ORTSNAMENREGISTER

Deutsche Kartographische Gesellschaft, Ortsgruppe Stuttgart 487, 512
Deutsche Kolonialgesellschaft 96, 163, 184, 235, 249
s. a. Reichskolonialbund
— Arbeitsgemeinschaft, Jungkoloniale 235
— Arbeitsgemeinschaft, Koloniale 19
Deutsche Lebensrettungsgesellschaft (DLRG) 394, 458, 539
Deutsche Linoleum-Werke, Bietigheim 297
Deutsche Lufthansa 20, 115, 196, 226, 230, 357, 372, 393, 416, 554, 689, 782, 1006
Deutsche Physikalische Gesellschaft, Württ., Gau 184
Deutsche Rechtsfront 447
Deutsche Röntgengesellschaft 285, 581
Deutsche Staatspartei (Demokraten) 1, 3, 9 f., 12 f., 24, 27
Deutsche Stenografenschaft 780
s. a. Stenografenverein
Deutsche Studentenschaft 253, 332
Deutsche Turnerschaft 126, 194, 210, 555
— Bundesbanner 211, 501
Deutsche Verlagsanstalt 338, 545
Deutsche Versorgungsanstalt Versicherungs-AG Stuttgart 586
Deutsche Volksbühne e. V., Theaterbesucherorganisation 32
s. a. Deutsche Bühne
— Auflösung 69
Deutsche Volksgemeinschaft Stuttgart 24
Deutsche Volksgesundheitsbewegung 588
Deutsche Volkskunde, Gauarbeitsgemeinschaft 524, 880
Deutsche Volkspartei (DVP) 5, 8, 11, 13, 103, 282
— Auflösung 32
— Frauengruppe 3
— Landesvorsitzender 45
Deutsche Volksschule 281 f., 298, 321, 324, 348, 353, 374, 407
s. a. Gemeinschaftsschule
Deutsche Wehrschaft 46, 82, 287
Deutsche Weltwirtschaftliche Gesellschaft 169, 209
Deutsche Wirtschaftswissenschaftliche Gesellschaft, Berlin 363
Deutscher Akademischer Austauschdienst 230, 408, 433
Deutscher Alpenverein 470, 481, 494, 517, 562, 660
s a. Deutscher u. Österreichischer Alpenverein

Deutscher Amateur-, Sende- u. Empfangsdienst 306
Deutscher Apothekertag 294 f.
Deutscher Ausland-Club, Ortsgruppe Stuttgart 289, 304, 341, 429, 431, 434, 440, 467, 479, 532, 548, 577, 660, 662, 674, 707, 721, 732, 739, 753, 774, 786, 791, 801, 804, 818, 959
s. a Vereinigung des Württ. Automobilclubs (WAC)
Deutscher Automobilclub (DDAC) 92, 155, 195, 260, 383, 440, 481, 498, 568, 576
Deutscher Automobilhändlerverband, Sektion Württ.-Hohenzollern 239
Deutscher Beamtenbund 58, 98
s. a. NS-Beamtenbund, Reichsbund der deutschen Beamten
Deutscher Betriebswirtschaftertag 518
Deutscher Bund für Heimatschutz 136, 341, 360, 549, 744, 810, 937
Deutscher Bund für naturgemäße Lebens- u. Heilweise (Prießnitzbund) 376, 589
Deutscher Gemeindetag 38, 47, 105, 173, 201, 270, 325, 456, 465, 886
s. a. Deutscher Städtetag
— Dienststelle Baden 617
— Dienststelle Württ. 617
— Dienststelle Württ.-Baden 617, 737
— Ehrenpreis 303
— Vorstand 100
Deutscher Handlungsgehilfen-Verband 63
vgl. a. Deutschnationaler Handlungsgehilfen-Verband
Deutscher Kolonialverein 330
Deutscher Konditorbund 286
Deutscher Landhandelsbund, württ. Landesgruppe 23
Deutscher Luftschutzverband 48, 268
s. a. Reichsluftschutzbund
Deutscher Luftsportverband 128, 248
Deutscher Marien-Ritterorden, Verbot 564
Deutscher Metallarbeiterverband 651
Deutscher Musikpreis 659
Deutscher Muttertag 32, 124, 205, 285, 383, 483, 580 f., 753, 831, 901, 965
Deutscher Naturkundeverein 431, 654, 734
Deutscher Physiker- u. Mathematikertag 232
Deutscher Radfahrerverband 418
Deutscher Reichsbund für Leibesübungen 317, 347, 368, 373, 383, 410, 432, 442, 463, 481, 528, 813
s. a. NS-Reichsbund für Leibesübungen
— Vereinsjugendwarte 453

Deutscher Reichskriegerbund (Kyffhäuser) 82, 141, 213, 248, 342, 378, 448, 594
   s. a. Kreiskriegerbund, NS-Reichskriegerbund, Württ. Kriegerbund
— Bundesführer 470
— Führer des Landeskriegerverbandes Südwest 499, 516, 534, 537
— Gebietsführer Stuttgart 516
Deutscher Sängerbund 362
Deutscher Scheffelbund 278, 878, 883, 892, 935
— Vorsitzender der Ortsgruppe Stuttgart 257
Deutscher Schützenverband 630
Deutscher Siedlerbund 596, 824
Deutscher Sportklub 8, 10
Deutscher Sprachverein 207, 285, 533, 834
Deutscher Städtetag 22
   s. a. Deutscher Gemeindetag, Württ. Städtetag
Deutscher Technikerverband, Ortsgruppe Stuttgart 62
Deutscher u. Österreichischer Alpenverein 63, 93, 165, 382, 430, 448, 459, 470, 481
   s. a. Deutscher Alpenverein
— Stuttgarter Hütte 316
Deutscher Verband für Materialprüfung 160
Deutscher Verein für Vermessungswesen 959
Deutscher Verein gegen den Alkoholismus 156, 727
Deutscher Verein von Gas- u. Wasserfachmännern 277, 536, 573
Deutscher Verein für Wohnungsreform 527
Deutscher Volkstag für Ehre, Freiheit u. Frieden 275
Deutscher Waffenring, Allgemeiner 94
Deutscher Wandertag 505
Deutscher Weinbauverband, Gesamtausschuß 84
Deutsches Ausland-Institut (DAI) 62, 82, 96, 99, 127, 140, 149—151, 153, 159, 161, 164 f., 178, 185, 199, 202, 210, 216, 229, 231, 233, 258, 281, 284, 290, 295, 301, 305, 309—311, 315, 329, 334, 337, 341, 361, 366, 373, 398, 413 f., 417, 421, 424, 427, 433, 440—443, 448, 451, 458, 463 f., 479, 486 f., 491, 499, 509, 511, 529, 552, 555, 570, 575 f., 584 f., 591, 597, 634, 653, 656, 669 f., 674, 706, 708, 709, 712 f., 721, 726, 729, 733, 738, 741, 749, 751 f., 766, 774, 785, 800, 802, 821, 834, 878, 892, 908, 936, 940, 959, 964
— Forschungsstelle Schwaben im Ausland 379, 780
— Forschungsstelle Schweiz 780
— Forschungsstellenleiter (aus dem Reich) 741
— Generalsekretär 14
— Kulturrat 151
— Leiter 54, 62, 761
— Plakette 414, 416, 458, 493, 680 f., 751, 757
— Publikationsstelle Übersee 785
— Vorstandsvorsitzender 62, 83
— Wirtschaftsrat 151
— Wissenschaftlicher Rat 151, 229
— Zentralstelle für familienkundliche Forschungen des Deutschtums im Ausland (Hauptstelle für die Sippenkunde des Deutschtums im Ausland) 110, 239, 310, 414, 584 f.
Deutsches Frauenwerk 252, 330, 424, 657, 735, 833, 863, 926, 935, 1011
— Abteilung Volkswirtschaft — Hauswirtschaft 880
— Mode- u. hauswirtschaftliche Beratungsstelle 858
Deutsches Fuhr- u. Kraftfahrgewerbe, Arbeitsgemeinschaft 765
Deutsches Institut für ärztliche Mission 386
Deutsches Institut für nationalsozialistische technische Arbeitsforschung u. -schulung (Dinta) 159
— Schulungsheim 219
Deutsches Jugendherbergswerk 483, 576, 677
Deutsches Nachrichtenbüro 591
— Leiter der Stuttgarter Hauptstelle 380
Deutsches Rotes Kreuz (DRK) 61, 69, 92, 95, 181, 250, 294, 318, 339, 388, 435, 439, 543, 565, 608, 644 f., 668, 761, 828, 835, 838, 841, 960, 964, 967
   vgl. a. Internationales Komitee des Roten Kreuzes
— Beratungsstelle 616
— Frauenverein für Deutsche über See 104, 181, 260, 337
— Helfer(innen) 677, 936
— Kreis Stuttgart 515, 593, 615, 627, 648, 746, 936
— Kriegshilfswerk 668, 671 f., 675, 679, 687, 692, 749, 758, 761, 826, 831, 903, 907, 969
— Landesführer 456
— Präsident des württ. Landesvereins 425
— Samariterinnen 286
— Schwestern 578, 839
   s. a. NSV-Schwestern
— Vereidigung 677, 936
Deutsches Turnfest, Stuttgart 49—52, 68, 104,

SACH- UND ORTSNAMENREGISTER

120, 124, 148, 171, 211 f., 254, 501, 913
Deutsches Volksbildungswerk 424, 455, 613, 850
— Kreisreferenten 340
Deutsches Volksheim (Bad Cannstatt) 127, 210, 237, 403, 427, 464 f.
  s. a. Friedrich-List-Heim, Wichernhaus
— (Neuwirtshaus) 459
— (Steinhaldenfeld) 305, 355
Deyle, Weinbrennerei AG 920
Diakonie 71, 203, 208, 324, 566, 754
  s. a. Tag der Diakonie
Diakoniegemeinschaft, evang. 281, 376, 477
Diakonieschule, evang. 654
Diakonissenanstalt, evang. 71, 92, 122, 150, 228, 258, 305, 307, 316, 351, 382, 427, 579, 651, 669, 754
  s. a. Paulinenhospital, Wilhelmhospital
— Innere Abteilung 246
— Leiter 65
— Oberin 288
Diakonissenanstalt Bethesda 310
Diakonissenheime 778
Diakonissenplatz 659
Diemershalde 415
Diemershaldenstr. 415
Diener u. Roth, Faßfabrik 736
Dierlamm, Hotel 600, 787
Dietersweiler 779
Dijon 160
Dillmannstr. 475, 678
Dinges, Will, Kapelle 972
Dinkelacker, Carl, Brauerei 149, 470, 501, 536, 849
— Stiftung 228
Dinkelackersaal 6, 74, 104, 141, 245, 254, 272, 419, 434, 439, 445, 483, 513, 520, 525, 532, 547, 595, 658, 701
Diözesanbildungswerk 289
Diözesanstelle für kirchliche Kriegshilfe 619
Diphtherie 646, 664, 792
Disziplinargerichtshof Stuttgart, Vorsitzender 407
Ditzingen 440, 482, 835
Division, 5. 7
— Kommandeur 142
Division, württ. 901
Division, württ.-badische 889, 968
Döll, Maria u. Marta, Kindertanzschule 655, 727
Doggenburg 243, 267, 457, 636, 649, 723
Doggererz-AG, Donaueschingen 720

Dolen 66, 518, 937
  s. a. Abwasserbeseitigung, Kanalisation
Donaueschingen 531, 783
Donauschwaben 96, 448
Don-Bosco-Feier 168
Don-Kosaken-Chor 239, 265, 362, 503, 544
Dornach 121
— Sprechchor des Goetheanums 171
Dornahof, bei Altshausen 198
Dornbirn 590, 682
Dorotheenplatz 542
Dorotheenstr. s. Wilhelm-Murr-Str.
Drackensteiner Hang 350
Dragonerregiment König 239
Dreisbach-Bläser-Vereinigung 708
Dresden 10, 49, 123, 146, 197, 199, 214, 232, 325, 372, 410, 434, 535, 751, 895
— Philharmoniker 554
— Streichquartett 887, 923
Dresdner Bank 48, 103, 177
Dreysestr. (Zuffenhausen; früher Baumgartenstr., jetzt Dreysestr.) 512
Drittordensgemeinde Groß-Stuttgart 355
Druckgewerbe, Buchdruckgewerbe 104, 115, 213, 371
Dudelingen 848
Dürrbach 63, 66, 620
Dürrheimer Str. 712
Düsseldorf 326, 454, 571, 725, 730, 771
Düsseldorfer Str. 539

E

Eberhardbau 400
Eberhardstr. 110, 374, 520. 590, 729
Ebitzweg 500
Echterdingen 53, 89, 374, 390, 439, 457, 481, 554
— Konzentrationslager 1010
— Markung 715, 811
Eckardt, J. C., AG, Bad Cannstatt 578, 596
Eckartshaldenweg 243
Eckhardhaus 464
Eckstein u. Co., Wäsche- u. Bettengeschäft 569
Edeka-Großhandel GmbH (früher Spezereihändlerverein) 247
Edeka-Verband Württ. u. Baden 18
Eduard-Pfeiffer-Haus 123, 250, 259, 322, 388, 512, 544
  s. a. Fangelsbach-Haus
Eduard-Pfeiffer-Str. (1938 in Adalbert-Stifter-

Str. und Parlerstr. aufgeteilt; Adalbert-Stifter-Str. jetzt Eduard-Pfeiffer-Str.) 533
Effektenbörse 13
Eger 514, 531
Egerland 153
Egern/Tegernsee 851
— Ganghofer-Thoma-Bühne 65
Eggers, Kurt, Kapelle 499
Eheschließungen (Zahl) 218, 335, 647
Ehestandsdarlehen 232
Ehrenbuch der Kinderreichen 362, 691, 752
Ehrenbürger 31, 71, 461, 497, 560, 775, 815 f., 878
Ehrenfeld, Vaterländischer Gesangverein 634
Ehrengericht, kaufmännisches 62
Ehrenkreuz der Deutschen Mutter 559, 580, 621, 646
Ehrenmal der deutschen Leistung im Ausland (Wilhelmspalais) 289, 311–313, 334, 364, 384, 389, 417, 421, 427, 479, 482, 509, 515, 522, 535, 563, 576, 583 f., 590, 665, 682, 709, 713, 721, 739, 741, 750, 804, 830, 833, 848, 855, 891 f.
Ehrenpatenfamilien 538, 727, 785, 831, 903
Ehrenpatenkinder 536, 853, 965
Ehrenpatenschaften 205, 285, 383, 483, 581, 672, 753, 805, 831, 902, 965, 1007
Ehrensold 737
Ehrentag der schwäb. Dichtung 185
Eichendorffpreis 892
Eichenhain 454
Eichstr. 279, 537, 542
Eiernest 716
Eigenes Heim, Selbstbauverein 98
Eingemeindungen 286, 415, 427, 463, 607, 729, 760, 792, 812, 819, 822, 930, 965
    s. a. Birkach, Fasanenhof, Feuerbach, Heumaden, Möhringen, Mühlhausen, Plieningen, Riedenberg, Rohr, Rohracker, Sillenbuch, Solitude, Stammheim, Uhlbach, Vaihingen, Weilimdorf, Zazenhausen
Einigungswerk der evang. Kirche 776, 786, 859, 912, 947
Einsteinstr. s. Fichtestr.
Eintracht 1896, Sportverein 599
Eintracht-Harmonie, Gesangverein 223
Einwohner (Zahl) 371, 579, 729, 760, 834, 874, 965, 1001 f.
    s. a. Wegzug, Zuzug
Einwohnermeldeamt, städt. 495
Einzelhandel 166, 175, 196, 223, 354, 535, 609, 627, 636, 701 f., 722, 800 f., 818, 823, 825, 862, 866, 879, 882 f., 925, 938, 942, 949, 956, 981, 1002, 1010
    s. a. Uhreneinzelhandel
— Arbeitsgemeinschaft, württ. 25, 259
— Bezirksfachgruppe Nahrungs- u. Genußmittel 424, 842, 938
Eisbahnen 83, 217, 344, 363, 457, 655
    vgl. a. Verein
Eisemann-Werke AG 270, 452, 730
    s. a. Bosch, Robert, AG (GmbH)
Eisenbahnen 500, 612, 626
    vgl. a. Gäubahn, Reichsbahn, Remstalbahn, Verein, Württ. Staatseisenbahnen
Eisenbahnbausektion Stuttgart 378
Eiserne Front 2, 6, 11 f., 14
— Verbot 16
Eisernes Sparen 806 f., 861, 1002
Eissport 642, 644
Elektrizitätsversorgung, Bezirksgruppe Württ. 794
Elektrizitätsversorgung Württ. AG 173, 566
    s. a. Energieversorgung Schwaben AG, Württ. Landeselektrizitäts-AG, Württ. Sammelschienen-AG
Elektrizitätsversorgung, -wirtschaft 162, 566
    s. a. Marbach
Elektrizitätswerk 28, 56
    s. a. Technische Werke der Stadt Stuttgart (TWS)
Elektrogemeinschaft Stuttgart e. V. 426 f.
Elektrohandwerk, Reichsinnungsverband 899
    s. a. Verband
Elektroindustrie 899
Elektron-Co. mbH 454, 488
Elektronmetall GmbH Bad Cannstatt 241, 396, 424, 454, 558
Elisabeth-Klinik (Privatklinik Prof. Dr. E. Wehner) 173
Elisabethenchor 555
Ellwangen 427
Ellwanger u. Geiger, Bankhaus 358
Elly-Ney-Trio 818
Elsässer Taverne 971
Elsässische Tief- u. Hochbau AG, Straßburg 769
Elsaß 151, 153, 444, 707, 728, 762, 785, 796, 816, 820, 901, 922, 1022 f.
Elsaß-Lothringen 682, 713
— Chor- u. Theaterverein in Stuttgart 151
Eltingen 457
Emigranten 12, 29, 133, 309, 626

SACH- UND ORTSNAMENREGISTER

s. a. Juden
Endelbang, Siedlungsgebiet 631
Energieversorgung 592, 794
s. a. Gasversorgung, Stromversorgung
Energieversorgung Schwaben AG 566, 573, 578, 594, 633, 639, 681, 709, 746, 756, 760, 794, 840, 847, 904, 913
s. a Elekrizitätsversorgung Württ. AG
Energiewirtschaft 130, 134, 317, 559, 598, 659, 812
— stellvertretender Führer der deutschen Energiewirtschaft 128
Engelbergtunnel 716
Engelhorn Nachfolger, Verlag 218
England, englisch 29, 55, 97, 108, 140, 144, 151, 203, 209, 222, 224, 229 f., 232, 241, 263, 275 f., 278 f., 290, 308, 315, 323 f., 375, 378, 388, 430, 435, 467, 486, 496, 502, 512, 514, 521, 528, 551, 555, 608, 610, 613, 626 f., 657, 670, 677, 696, 700, 705, 710, 752, 761, 766, 799, 842, 849, 861, 882, 884, 894, 966, 968, 1016, 1020
— Fleet-Street-Choir 429
— Institution of Automobile Engineers 395
— Saint Marylebone Grammer School 118
Englischer Garten 609, 621, 772
— Grundstück GmbH 609
Enke, Ferdinand, Verlagsbuchhandlung 349, 381
Entbindungsheim S. Mayer 625
Epple, Gustav, Hoch- u. Tiefbau 750
Erbbaurecht 125, 678
Erbbiologie 361, 366, 512
s. a. Rassenlehre, Vererbungslehre
Erbgesundheitsgerichte u. -obergericht 99
Erbgesundheitssenat 89
Erbhöfe 148, 586
Erbhofgericht 114
Erbkranke 207, 246, 249, 269, 280, 651
s. a. Rassenlehre, Gesetze
Erdbeben 10, 898, 903
Erdbebenwarte 94
Erfurt 441
— Thüringer Sängerknaben 411, 499
Ergenzingen 221
Erlach 198
Erlasse, Verfügungen, Verordnungen 5, 60, 70, 100, 105, 163, 196, 214 f., 235, 305 f., 330, 338, 354, 367, 371, 378, 384 f., 389, 393 f., 420, 430, 438, 444, 450, 453, 456, 473 f., 491, 500, 506, 514, 517 f., 528 f., 535, 544, 549, 551 f., 555, 561—563, 574, 589, 594, 598, 605, 619, 624 f., 639, 641, 645, 647, 648 f., 658, 662, 672 f., 676, 683, 687 f., 701, 707, 713, 715, 719, 731—733, 737, 743, 759, 764 f., 767, 769 f., 777, 779, 782 f., 787, 788, 796, 814, 816, 819, 823, 832, 841, 846 f., 859, 868, 871, 873 f., 879, 883, 885, 887 f., 890 f., 894—897, 902 f., 907, 913, 916, 919, 924 f., 928 f., 931—933, 939, 944, 948, 954 f., 959, 961 f., 970, 980, 984—986, 988, 991, 993, 998, 1001, 1003, 1007, 1014, 1017, 1020, 1024
Ernährungsämter 637, 833
Ernährungsamt, städt. 607—609, 616, 633, 637, 646, 697, 728, 740, 765, 800, 812 f., 817, 841, 851, 874, 951, 961, 977, 1001 f., 1012
— Leiter 609 f.
— Ordnungsstrafstelle 688, 728, 757
Ernährungshilfswerk 684
Ernährungswirtschaft 386, 643, 672, 737, 817, 1007
Ernst-vom-Rath-Str. (jetzt entfallen) 530
Ernst-Weinstein-Str. (früher u. jetzt Sophienstr.) 401, 439, 613
Erntedankfest 65 f., 155, 235, 322, 428, 516, 624, 854, 927
Ernteeinsatz der Schüler 832 f., 839
Erntetransporte 990
Ersatzkrankenhaus 757
s. a. Hilfskrankenhäuser, Schulen (Hans-Schemm-Schule)
Erwachsenenbildung, Arbeitsgemeinschaft 841
Erwin-Bälz-Str. (Degerloch, früher Olgastr., jetzt Erwin-Bälz-Str.) 512
Erwin-von-Steinbach-Preis 575
Erzeuger 57, 158, 702, 763, 817, 838, 850, 905, 907, 946
Erziehungsberatungsstelle, städt. 946
Eschenau 846
— Schloß 784, 792
Essen 96, 198, 230, 238, 375, 604, 718
— Reichsgartenschau 478
Essinger u. Rosengart, Firma 563
Esslingen 12, 15, 26, 41, 59, 78, 100, 134, 190, 281, 338, 346, 377 f., 390, 393, 415, 425, 427, 436, 490, 570, 597, 714, 775, 777, 817, 854, 867, 957, 993, 1000
— Hochschule für Lehrerbildung 183, 393
— Kreis 515, 607, 1003
Esslinger Str. 9, 97 f., 373, 410, 415, 599
Estland 52, 140, 164, 583, 584
Etzelstr. 541
Eugenstaffel 656

SACH- UND ORTSNAMENREGISTER

Eugenstr. 632, 714, 715
Eupen-Malmedy 52, 140
Euthanasiemaßnahmen 622, 686, 688, 698, 710, 717 f., 743, 755, 776, 795, 810
  vgl. a. Grafeneck
Evakuierte 937, 989, 1012
Evakuierung 695, 886, 913, 921, 928, 933, 940, 1020
  s. a. Schülerevakuierung
Evangelisch-kirchliche Arbeitsgemeinschaft 60
Evang.-kirchliches Disziplinargericht, Vorsitzender 537
Evangelische Arbeitervereine, Württ. 36, 58, 65
Evang. Gemeindevereine, württ., Auflösung 591
Evang. Gesamtkirchengemeinde Stuttgart 78, 80, 171, 245, 330, 366, 442, 531, 565, 830
— (Gesamt)kirchengemeinderat 266, 858
Evang. Gesellschaft Stuttgart 39, 267, 294, 388, 440 f.
— Buchhandlung 437
— Leiter 360
Evang. Jugendverbände 97, 104, 119
  s. a. Württ. evang. Jungmännerbund
Evang. Kirche 24, 33, 38, 47, 54, 59, 80 f., 90, 97, 120, 137, 152, 156, 210, 215, 221, 276, 282, 389, 434, 438, 462, 498, 551, 563, 630 f., 750, 754, 771, 786, 795, 805, 815, 859, 868, 876 f., 890, 914, 916, 927, 938
Evang. Kirchengemeinderatswahlen 50
Evang. Landeskirche, württ. 90, 135, 144, 149, 151—153, 156 f., 163, 172, 186, 205, 260, 743, 756, 811 f., 835, 969
— Beauftragter für kirchliche u. theologische Weiterbildung 854
  s. a. Thielicke
Evang. Landeskirchen 776
  vgl. a. Landesjugendpfarrer, Landesjugendstelle, Landeskirchenausschuß, Landeskirchentag
Evang. Nationalsynode 144, 172
Evangelischer Gemeindedienst 90
  s. a. Evang. Volksbund für Württ.
Evang. Kirchengesangverein für Deutschland 38
Evang. Männertag 962
Evang. Oberkirchenrat 38, 54, 88, 90, 125, 152, 293 f., 323, 384, 438, 475, 563, 739, 754, 811, 832, 842, 854, 868, 877, 898, 913, 916, 969
Evang. Pfarrernotbund 91, 96

Evang. Reichsfrauenbund 776
Evang. Verein Bad Cannstatt 600 f.
Evang. Volksbund für Württ. 5, 38, 75, 90
  s. a. Evang. Gemeindedienst
Evangelisches Oberkirchenamt 440
Excelsior, Kleinkunstbühne 353
— Leitung 278
Exportindustrie 348, 741
Exportmusterlager Stuttgart 330
— Auflösung 467

F

Faber, Julius, optische Werke 665
Facharbeiter 94, 191, 212, 396, 401, 487, 573, 596, 741
Fachschaft Artistik 412
Fachschaft Blumenbindereien 312
Fachschaft Bühne 247
Fachschaft Tanz 687
Fachschule für das graphische Gewerbe 466, 746
Fachschule für Kriminalpolizei 401
Fachschulen, handwerkliche 734
Fachschulen, Ministerialabteilung für die 316
Färberstr. 437
Fahrbach-Ehmki, Kapelle 734
Fahrbereitschaft, städt. 641, 697, 930
— Leiter 612, 616
Fahrion, P. u. Co., Feuerbach 734
Falkertstr. 502, 923
Familienbücher 233
Familienheime eGmbH 795
  s. a. Stuttgarter Heim eGmbH
Familienkunde s. Verein
Familienunterhalt für Angehörige der Wehr-, Arbeits- u. Luftschutzdienstpflichtigen 609, 620, 626, 635, 637, 646, 650, 697, 703, 737, 740, 978
Fangelsbach-Haus 544, 581
  s. a. Eduard-Pfeiffer-Haus
Fangelsbachstr. 403
Fasanengarten 998
Fasanenhof 675, 715, 720, 728, 752, 760, 823
— Eingemeindung 811, 822
Fasanenweg s. Rungestr.
Fasching 9—11, 95 f., 98 f., 187—191, 266—268, 271, 349, 351, 353, 355, 460, 548, 552
Faustball 767
Fechten 51, 326, 404, 439, 452 f., 676, 858

SACH- UND ORTSNAMENREGISTER

Feibisch, G. u. Co. AG Berlin, Teppichfabrik 407
Feil, Emil, GmbH, Posamentenfabrik 192
Fein, C. u. E., elektrotechnische Fabrik 658, 802
Feinmechanische Industrie 668
Feldartillerieregiment König Karl 201
Feldbereinigungsämter, württ. 114
  s. a. Vermessungsämter für Feldbereinigung, württ.
Feldbergstr. 643
Feldpost 610 f., 615, 638, 670, 722, 799 f., 803, 806, 840, 842, 852, 877 f., 882, 888 f., 894, 913, 956, 966, 970
Felix-Dahn-Str. 611, 664
Fellbach 66, 85, 227, 241, 262, 359, 412, 440, 457, 500, 558, 574, 993
— Markung 478, 565, 702
Fen Brielen, Belgien 191
Ferdinand-Freiligrath-Museum 108
Ferienkolonien s. Verein
Ferntrauungen 640, 784
Fest der deutschen Jugend 41, 213
Fest der deutschen Leibesübungen 368, 397
Fest der deutschen Schule 77, 424
Fest der deutschen Traube u. des Weines 239, 241, 316
Fest des deutschen Volkstums 140
Festspiele der Jugend 591
Festwoche, Stuttgarter (Festwoche des Deutschen Ausland-Instituts u. des Volksbundes für das Deutschtum im Ausland) 149 f., 153
Fettverbilligungsscheine 565, 672
Feuerbach 4, 35, 40, 55, 59, 70, 80, 87, 89, 103, 126, 130, 146 f., 150, 177, 192, 195, 203, 207, 219, 222, 224, 237, 268, 294, 335, 339, 343, 362, 365, 377, 391, 403, 433, 440, 462, 465 f., 474, 492, 508, 510 f., 521, 543, 553, 555, 569, 575, 578, 580, 589, 597, 621, 641, 672, 674, 695, 703, 714 f., 721, 769, 773, 803, 872, 875, 887, 949, 980, 984, 992 f., 1003 f., 1007, 1010, 1013, 1015, 1019
— Bahnhof 513, 723
— Eingemeindung 25, 28, 174
— Eisenbahnersiedlung auf der Prag 513
— Evang. Kirchengemeinde 198
— Gemeinderat 7
— Heimatmuseum 46
— Markung 703, 812
— Oberbürgermeister 19
— Rathaus, altes 443
— Staatskommissar 21

— Turn- u. Festhalle 55, 126, 146 f., 294
Feuerbach (Wasserlauf) 83, 146, 239, 522, 653, 679, 793
Feuerbacher Heide 139, 242, 267, 494, 643 f., 655
Feuerbacher Tal 147, 291, 501, 649, 742, 975
Feuerbacher Volksbank 582, 721
  s. a. Gewerbebank Feuerbach eGmbH
Feuerbestattung s. Verein
Feuerschutzpolizei 608, 626, 785, 810, 907, 979
  s. a. Feuerwehr
Feuerschutzwoche 154
Feuersee 1, 543, 611, 981
Feuerversicherungsanstalten, deutsche 384
  s. a. Württ. Feuerversicherungs-AG
Feuerwehr 59, 144, 154, 252, 349, 380, 439, 458, 491, 527, 625 f., 659, 785, 843
  s. a. Brände, Feuerschutzpolizei
Fichtestr. (früher Einsteinstr., jetzt Fichtestr.) 18
Filder 53, 56, 109, 390, 559, 817, 909
Filderbahn 87, 89, 379, 871
  s. a. Straßenbahn, Stuttgarter
Fildergemeinden (-orte) 156, 541, 595, 864, 872, 944, 965
Filderhof, Hotel-Restaurant 881
Filderkrautmarkt 61
Filderwasserversorgung, Gemeindeverband 372
  s. a. Wasserversorgung
Film(e) 238, 272, 294, 543, 547, 870, 921, 986
  s. a. Filmvolkstag, Gaufilmstelle, Kreisfilmstelle, Lichtspielhäuser, Planetarium, Wochenschauen
— Bad Cannstatter Mineralbrunnenerzeugnisse 548
— Fern dem Land der Ahnen (5. Reichstagung der AO in Stuttgart) 447
— Festzug der 6. Reichstagung der Auslandsorganisation 1938 550
— 5. Reichstagung der Auslandsdeutschen in Stuttgart 449
— 100. Cannstatter Volksfest 1935 252 f., 550
— Kennst du das Land in deutschen Gauen? (Schwaben) 550
— Kriegsarbeit der Stadt Stuttgart 801
— Reichsgartenschau (Farbfilm) 603, (Trickfilm) 550
— Schaffendes Plieningen 785
— Schiller-Gedächtnisstätten in Stuttgart 119
— Schwäbische Kunde 542, 544

— Stadtbild von Stuttgart in alter und neuer Zeit 160
— Stuttgart — Großstadt zwischen Wald u. Reben 252 f.
— Stuttgart — Tonfilm 391
— Turnfest 1933, Deutsches 68, 120
Filmvolkstag 555, 733
Filmwesen 621
Finanzamt 913
Finanzminister, württ. 77
Finanzministerium, württ. 7, 16, 31, 248, 411, 423
Find, Eugen, Buchdruckerei u. Zeitungsverlag (Filderbote) 246
Finnland, finnisch 133, 165, 231, 234, 258, 290, 296, 504, 584, 636, 786, 843, 880, 998
— finnisch-ugrische Stämme 923
Fischer, Edwin, Kammerorchester 379, 470
Fischer, Emil, Spezialgeschäft für Gummiwaren u. Kellereiartikel 330
Fischer-Kulenkampff-Mainardi, Trio 900
Fischerstr. 410
Fischlehrküche 424
Fischsterben 414, 543
Flak 607, 619, 622, 689, 777, 872, 950, 1013
s. a. Luftabwehr
Flakwaffenhelferinnen 969
Flandern, flämisch 52, 165, 369, 637, 677, 841, 843, 864, 880, 891, 914 f., 949, 968, 975
Flaschenhals, Gelände im Neckarbogen 739
Fleischer(eien), Metzger(eien) 117, 166, 635, 968, 985 f., 995, 1022
s. a. Großschlächter
— Einkaufs- u. Liefergenossenschaft 815
— Innung, Stuttgarter 247, 326, 357, 844
— Obermeister 326
— Reichsinnungsverband 588
Fliegergeschädigte 889, 893 f., 909, 910, 915, 924, 927, 929 f., 937, 941, 944, 948, 951, 955—958, 963, 966, 971, 977 f., 982, 985, 988, 993 f., 999, 1004
— Ausweise (F-Scheine) 930, 935, 977
— Wegweiser 977 f.
Fliegerheim 248
Fliegerschäden 888, 899, 904, 919, 923, 929, 931, 940, 951, 980, 981, 982, 986, 991, 993, 1006, 1016
s. a. Kriegsschäden
vgl. a. Luftangriffe
Florenz 803
— Kammerorchester 793
— Königliche Oper 802

Flugblätter 625, 780, 959
Flughafen Stuttgart-Echterdingen 263, 374, 402, 412, 457, 540, 546, 550, 554, 568, 574, 583, 609, 678, 737, 988, 1006, 1010
s. a. Böblingen, Flughafen
Flughafen Württ. AG Stuttgart 411 f., 465, 737
s. a. Luftverkehr Württ. AG
Flugmotorenbau 433
Flugzeugabstürze 203, 694, 705, 715, 894
Flurschäden 978
Föderation textilchemischer u. koloristischer Vereine 290
Föhrenwaldstr. 377, 412
Föhrich 319, 467, 570, 714
Föhrichstr. 377, 647
Ford, Autofirma 190
Forschungsanstalt Graf Zeppelin, Stiftung 672, 819
Forstdirektion 148, 289, 925
Forststr. 92, 263, 575, 951
Forststr. (Zuffenhausen) s. Mitterhoferstr.
Forstwirtschaft 287, 1018
Fortuna-Lyra, Sängergesellschaft s. Stuttgarter Sängervereinigung 1823
Fortunastr. (Bad Cannstatt; jetzt entfallen) 639
Fortuna-Werke, Spezialmaschinenfabrik AG Bad Cannstatt 236, 377, 381, 392, 587, 831, 903
Franckhsche Verlagsbuchhandlung 504
Frankfurt/Main 80, 115, 134, 166, 175, 262 f., 307, 315, 328, 372, 383, 396, 399, 406, 416, 445, 493, 522, 524, 575, 601, 604, 711, 781, 861, 868, 991
— Buchenroder Finken 720
— Deutsche Bau- u. Siedlungsausstellung 509, 521
Franklinstr. (Zuffenhausen; früher Jägerstr., jetzt Franklinstr.) 512
Frankreich, französisch 97, 118, 139, 167, 192, 204, 209, 213, 215, 217 f., 241, 254, 275 f., 285 f., 290, 302—304, 306, 308, 319, 368 f., 375, 386, 408 f., 416, 437, 445, 494, 502, 510, 513, 528, 543, 548, 584, 589, 593, 598, 610, 624, 670, 677, 680, 683, 696, 701 f., 708, 710 f., 719, 733, 748, 771, 779, 803, 829, 838, 848, 861, 891, 899, 906, 908, 911, 914, 939, 946, 948, 967, 974, 1022—1024
Franz-Holzweber-Str. (Zuffenhausen; jetzt Völterweg) 639
Frauenarbeitsschulen 703, 779

SACH- UND ORTSNAMENREGISTER

Frauenbewegung 27, 225, 336
Frauenklinik der St. Anna-Schwestern 3, 149
Frauenklinik, städt. 99, 277, 300, 716, 748
— Chefarzt 98
— Erweiterungsbau 420
Frauenkopf 147, 254
Frauenmilchsammelstelle 749
Frauentagheim 291
Freibank 650, 715
Freiburg (Breisgau) 5, 20, 99, 115, 202, 252, 289, 311, 416, 423, 444, 493, 506, 525, 575, 590, 773
Freidenker s. Verband
Freiheit Botnang, Arbeitergesangverein 46
Freiherr-vom-Stein-Str. (früher u. jetzt Friedrich-Ebert-Str.) 34, 585
Freikorpskämpfer 448, 470
Freilichtbühne im Bopserwald 34, 53, 137 f., 141, 146
Freimaurer 441, 449 f., 469, 649, 709
Freiwirtschaftsliga, Internationale 126
Fremdenführer 179, 194, 209
Fremdenverkehr 138, 163, 171, 209, 220, 222, 240 f., 290, 327, 633, 742
vgl. a. Übernachtungen
— Gebietsausschuß Württemberg Mitte 171
s. a. Landesfremdenverkehrsverband
— Reichsgruppe 927
Fremdenverkehrsverein Stuttgart 341, 499, 536, 588, 720, 742, 767
Freudenstadt 316, 966
— Kinderlandverschickungslager 913
Freund-Quartett 741, 794, 850
Friedenau 749
Friedhöfe 22, 985, 1005
— Fangelsbachfriedhof 149, 331, 454, 537, 562, 659
— Hedelfingen 55
— Pragfriedhof 53, 80, 104, 170, 203, 227, 289, 364, 422, 497, 526, 616, 743, 810, 812, 851, 950, 953, 1004
— Steigfriedhof 337
— Steinhaldenfeld 547, 935, 996, 1000, 1005
— Waldfriedhof 79, 125, 127, 192, 211, 227, 359, 409, 424, 443, 497, 522, 585, 634, 816, 1000
— Zuffenhausen 490
Friedhofamt, städt. 828
Friedhofstr. 361
Friedrich-Ebert-Str. s. Freiherr-vom-Stein-Str.
Friedrich-Ettwein-Str. (früher und jetzt Teilstück der Waiblinger Str.) 456

Friedrich-List-Heim 465, 613, 649
s. a. Deutsches Volksheim, Wichernhaus
Friedrichsbautheater 11, 29, 66, 156, 171, 190, 199, 234, 258, 279, 346, 358, 470, 474, 479, 515, 533, 539, 548, 569, 631, 650, 657, 663, 701, 704, 718, 725, 735, 745, 778, 794, 807, 856
Friedrichshafen 35, 211, 372, 388, 399
Friedrichshafener Str. 639
Friedrichsplatz 408, 416
Friedrichstr. 122, 192, 654, 721
Friseure 305, 522, 971, 986
— Innung 261
— Reichsinnungsmeister 873
Frohsinn, Sängergesellschaft 781
Frohsinn Cannstatt e. V., Gesangverein 455, 581, 649, 674
Frühjahrsmarkt (-messe) 125, 371, 472, 562, 903
Frühjahrswasen 747, 823
Frühlingsfest 287, 661
Führerprinzip 44, 70, 159, 254
Fürsorge 28, 38 f., 103, 134, 151, 167, 201, 240, 267, 269, 294, 366, 369, 427, 539, 556 f., 580, 609, 646, 672, 725, 903, 978
s. a. Landesfürsorge
Fürsorgeamt, städt. 29
vgl. a. Sozialamt, Wohlfahrtsamt
Fürsorgeanstalten, -heime 61, 361, 474, 554, 594
Fürsorgeerziehung 379, 906
Fürsorge- u. Gesundheitswesen 201
s. a. Gesundheitswesen
Fürstenstr. 48
Fuhramt, städt. 348, 485, 649, 690 f., 744, 869, 890, 940, 1005
— Leiter 278
Fuhrgewerbe 616
Fuhrpark, städt. 398
Fulda, Bischofskonferenz 321, 795
Funde 324
vgl. a. Ausgrabungen, Grabfunde
Furtbachhaus 36, 59, 93, 114, 153, 282, 649, 673
Furtbachstr. 267, 388, 649, 654
Fußball 41, 89, 118, 128, 133, 147 f., 169, 177, 182, 192, 199, 213, 226, 258, 269, 288, 357, 368 f., 371, 388, 399, 413, 437, 469, 483, 486, 556, 568, 576, 579, 591, 606, 642, 655 f., 658, 660, 663, 668 f., 674, 692—694, 699 f., 702, 723, 725 f., 738 f., 745, 747, 751, 762, 764, 807, 815, 826, 828, 851, 856, 859—861, 867 f.,

872, 893, 896, 898, 908, 916, 939, 947, 958, 961, 968, 970, 973, 990 f., 998, 1008, 1010
Fußballverein (FV) Stadion Untertürkheim 414
  s. a. Sportvereinigung (SpVgg.) 07 Untertürkheim
Fußballverein (FV) Zuffenhausen 483, 693, 990 f.

G

Gablenberg 70, 126, 140, 142, 146, 393, 429, 681, 705, 872, 980, 984, 1004
Gänsheide 397
Gänsheidestr. 815
Gäubahn 449, 975
Gaisburg 47, 66, 69 f., 131, 146, 201, 267, 297, 370, 393, 415, 420, 429, 457, 540, 652, 682, 693, 696, 748, 847, 872, 981, 1003 f.
Gaisburgstr. 711
Galathee am Eugensplatz 666
Galerieverein 268
Gallenklinge 416, 623, 634
Gallion, Wilhelm, Firma 423
Gallusstr. 643
Galvanistr. (Zuffenhausen; früher Kernerstr., jetzt Galvanistr.) 512
Garnison 11, 359
  s. a. Kasernen
— Bad Cannstatt 239
— Möhringen 480
— Vaihingen 480
Garnisonkirchenplatz s. Skagerrakplatz
Gartenamt, städt. 195, 571, 631, 638, 659, 665, 673, 723, 786, 819, 906 f., 973, 1004
Gartenbau(wirtschaft) 568, 701, 778, 902, 974
  s. a. Württ. Gartenbauwirtschaftsverband
Gartenbauschule Hohenheim 974
Gartenstr. 475, 574, 592, 729
Gartenstr. (Hedelfingen) s. Paul-Scholpp-Str.
Gasfachhandel 427
Gasgemeinschaft Stuttgart e. V. 427
Gas-Installationsgewerbe 427
Gaskokerei 317, 415, 457, 540, 604, 652, 748, 818, 1005
  s. a. Gaswerk
Gasmaske s. Volksgasmaske
Gasring, deutscher 720
Gasschutz 70
Gas- u. Luftschutzschule s. Schulen, Torschule
Gastarife 944
Gaststätten, Gasthöfe 65, 108, 156, 166, 263, 280, 293, 313, 324, 339, 353 f., 365, 386, 415, 423, 441, 463, 471, 481, 492, 500, 507, 540, 566, 570 f., 582, 594, 605, 607 f., 614, 619 f., 624, 641—643, 657, 674, 683, 688, 695, 730, 732, 774, 795, 801, 826 f., 850, 859, 870, 890, 923, 926 f., 982, 1011, 1018, 1024
  s. a. Charlottenhof, Dinkelackersaal, Elsässer Taverne, Greiner, Könighof, Ländliche Gaststätte, Leicht, Schönblick, Stadtgarten, Weißes Bräuhaus, Weißenburg, Zum Kirchtal
Gaststätten- u. Hotelgewerbe 191, 246, 250, 311 f., 339, 406, 446, 561, 565, 570, 643, 797, 826, 854, 886, 927
  vgl. a. Vereinigung
Gastwirte 138, 1011
Gasversorgung 66, 415, 536, 559, 608 f., 647, 652, 688, 720, 729, 755, 783, 802—805, 818, 847, 908, 951, 955, 961, 985, 1001 f., 1005, 1017
  s. a. Deutscher Verein von Gas- u. Wasserfachmännern, Gas- u. Wasserversorgung, Bezirksgruppe Südwestdeutschland, Gaswerk, Landesverband württ. Gaswerke, Südwestdeutsche Ferngas AG, Technische Werke der Stadt Stuttgart
Gas- u. Wasserversorgung, Bezirksgruppe Südwestdeutschland (Württ. u. Hohenzollern) 277, 536, 573
Gaswerk 9, 28, 37, 56, 188, 201, 267, 324, 415, 540, 729, 746, 793, 803, 847
  s. a. Gaskokerei
Gauarbeitsamt Württ. 916, 920
  s. a. Landesarbeitsamt für Südwestdeutschland
Gauausschuß für gärungslose Früchteverwertung 817
Gaudiplom für hervorragende Leistungen 572, 672, 749, 827, 855, 878, 898, 906, 973, 1014
Gaufilmstelle 384
Gaukulturpreis 875
Gaußstr. 79, 592
Gaustelle Genußgifte u. Volksgesundheit 573
  s. a. NS-Gauamt für Volksgesundheit
Gautag der Technik, württ. 198, 280, 376, 532
Gauwirtschaftskammer, Württ.-Hohenzollern 824, 871, 873, 879, 886, 907, 922, 950, 963, 970
  s. a. Wirtschaftskammer für Württ.-Hohenzollern

SACH- UND ORTSNAMENREGISTER

vgl. a. Industrie-, Handels- u. Handwerkskammern
— Abteilung Handel 968
Gayler, Karl, Privatbank 171
Gebelsbergstr. 794
Geburten (Zahl) 218, 277, 286, 367, 579, 647, 722, 773, 897, 906, 948, 1018
Géczy, Barnabás von, Orchester 192, 279, 386, 478, 667, 744
Gedenkfeiern 4, 17, 20—22, 34, 53, 68, 73, 78—80, 95, 102, 104, 108, 118 f., 122 f., 127 f., 143 f., 149, 153, 155 f., 159, 160 f., 164 f., 187, 190, 204, 208, 211 f., 226 f., 234, 259, 263, 265, 269, 281, 284, 289, 291, 296, 334, 359, 417, 422, 431 f., 443, 450, 464, 469, 479, 488, 497, 500, 522, 526 f., 529, 577, 587, 634, 657, 712, 738, 758, 781, 787, 828, 860, 865, 887, 890, 924, 930, 933, 936, 950, 953 f., 996 f.
s. a. Heldengedenktag, Luftangriffe
Gedenkstätten (Denkmäler) 21, 119, 121—123, 127, 130, 149, 184, 205, 227, 270, 285, 300, 359, 383, 443, 498, 517 f., 522, 526, 537, 544, 552, 760, 762, 829, 832
s. a. Daimler-Gedächtnisstätte, Ehrenmal der deutschen Leistung im Ausland, Galathee, Herzog-Christoph-Denkmal, Kaiser-Wilhelm-Reiterdenkmal, Philipp-Matthäus-Hahn-Denkmal, Schillerdenkmal
Gedok (Gemeinschaft deutscher u. österreichischer Künstlerinnen) 638, 749
Gefängnis 992
s. a. Polizeigefängnis
Gefallene 446, 497, 518, 526, 529, 555, 585, 609, 611, 616, 764—767, 803, 816, 835, 845, 853, 858, 860, 888, 898 f., 904, 912, 922, 926, 932 f., 953, 957, 984 f., 998, 1000, 1004 f., 1024
Geheime Staatspolizei (Gestapo) 227, 386, 395, 454, 493, 506, 524, 527, 541, 549—551, 566, 574, 591, 613, 622, 632, 687, 701, 788, 795, 814 f., 836, 846 f., 856, 865, 885, 898, 922, 924, 932, 944, 984, 999, 1009
s. a. Gestapokeller
Geißeiche 646, 792
Geißeichstr. 634
Geißlerstr. (Zuffenhausen; früher Gerberstr., jetzt Geißlerstr.) 512
Geistliche 675, 687, 832, 910, 913, 998
s. a. Verein
Gemeindekongreß, Internationaler 292

Gemeindejagd 565
Gemeinden, deutsche 45, 242, 697
Gemeinden, württ. 794
— Arbeitsgemeinschaft 203
s. a. Württ. Gemeindetag
Gemeindeordnung, Deutsche 184, 192, 196, 202 f., 208, 212, 216, 242
vgl. a. Hauptsatzung der Stadt Stuttgart
Gemeindeordnung, Württ. 42, 216
Gemeindepolizei 341
Gemeinderat 2, 4, 7 f., 13 f., 17, 19, 24, 30 f., 33, 37, 39, 42, 48, 85—87, 94 f., 103, 109, 111 f., 121, 133, 148, 160, 165, 172, 179, 193 f., 196, 202, 210, 216, 812, 843, 1024
s. a. Ratsherren
— Abteilungen 54
— Auflösung 20
— Bauabteilung 14
— Einschränkung der Befugnisse 42
— Finanzabteilung 7, 18
— Hauptabteilung 159
— Neubildung 27, 30
— Rathausverbote u. Mandatsniederlegungen 18, 31, 41, 44, 58, 86
— Technische Abteilung 2 f., 5, 9, 16, 158, 188
— Verpflichtung der Stadträte 30
— Wirtschaftsabteilung 2, 4, 10
Gemeindesatzung über die gemeinderätlichen Abteilungen 31
Gemeindeschwestern 222
Gemeindeumlage 24
Gemeinschaftsschule 284, 298, 321, 324,
s. a. Deutsche Volksschule
Gemüseanbau 661, 760, 812, 826, 843, 861, 953
Gemüsebau Groß-Stuttgart, Fachgruppe 656
Gemüsegärtnereien 762
Gemüsegroßmarkt 714, 1018
Gemüse- u. Obstmärkte s. Obst- u. Gemüsemarkt
Gendarmerie 905
Generalbevollmächtigter für den Arbeitseinsatz 980, 991, 1014
s. a. Sauckel
Generalbevollmächtigter für die Reichsverwaltung 673
s. a. Frick
Generaldirektion der württ. Post 308
Generalstaatsanwalt, Stuttgarter 196, 406, 429, 821, 994, 1011
— Berichte 689, 700 f., 718 f., 755, 766, 778,

794, 806 f., 826 f., 833 f., 875, 904—906, 998 f.
Generalstaatsanwaltschaft Stuttgart 196
Genf 230, 372, 658
— Autosalon, internationaler 190
Gent 846
Georgii-Allianz, Turn- u. Sportverein 291, 838
Gerberstr. (Zuffenhausen) s. Geißlerstr.
Gerbervereinigung, Internationale 237
Gerlingen 49, 85, 87, 89, 125, 203, 440, 787, 811
Gerlinger Höhe 406
Germania Stuttgart 1897, Fußballverein 160, 399, 599
Geroksruhe 131, 383
Gerokstr. 401, 597, 641, 688, 692, 707, 718, 777, 932, 956
Gesamtverband der deutschen Angestellten 62
Gesandtschaft Bayern 35
— Württ. 10, 21, 26, 56, 228
Geschäftsverteilungsplan der Stadtverwaltung 409
 s. a. Kriegsgeschäftsverteilungsplan
Gesellenvereine, kath., Auflösung 42
Gesellschaft der Freunde Wilhelm Raabes 79
Gesellschaft der Mörikefreunde 155
Gesellschaft Deutscher Naturforscher u. Ärzte 512
Gesellschaft für elektrische Anlagen AG Stuttgart-Fellbach 325 f., 871
Gesellschaft für Eugenik 3, 7
Gesellschaft für Geschichte der Pharmazie 294
Gesellschaftshaus (früher im Besitz der Bürgergesellschaft) 736
Gesetze
 Agrargesetze, nationalsozialistische 358
 Aktien 452
 Altenversorgung des Handwerks 590
 Blutschutz 296, 348, 433, 634
 Bürgschaft des Landes Württ. für die Energieversorgung Schwaben AG 639
 Darlehens-Teilbetrag von 600 000 RM an die Flughafen Württ. AG Stuttgart 411 f.
 Devisen 143
 Einkommensteuer 551
 Einzelhandelsschutz 166
 Erbgesundheit 246, 296
 Ermächtigung, württ. 37
 Ernennung der württ. Ortsvorsteher 40
 Gesundheitswesen 232
 Gewährung von Entschädigungen bei der Einziehung oder dem Übergang von Vermögen 451
 Gleichschaltung 20, 37
  s. a. 24 f., 157
 Heimtücke 363, 400, 587, 622, 684, 795
 Hitlerjugend 338, 680
 Krankenkassen 161
 Kreisreform 515
 Luftschutz 420
 Mietverhältnisse mit Juden 574, 582
 Münzprägung 135
 Mutterschutz 892, 915
 Naturschutz 332, 589, 873
 Neuaufbau des Reiches 80, 95
 Neubildung des Landtags 23
 Nürnberger 230 f., 296, 428
 Rasse 805
 Reichsarbeitsbeschaffung 57
 Reichsbürger 491, 514, 518, 594
 Reichsgewerbesteuer 457
 Reichsjugendgericht 940
 Reichsleistung 727
 Sammlung 591
 Schutz von Volk u. Staat 506
 Sonderfeiertag 20. 4. 1939 (Hitlers 50. Geburtstag) 598
 Sozialversicherung (sogenannte Aufbaugesetzgebung) 478
 Staatsjugend 352
 Strafgesetze 364, 837
 Straßenraub durch Autofallen 541
 Übergang der württ. Justizhoheit auf das Reich 178
 Vereidigung auf den Führer u. Reichskanzler 161
 Vereinigung des Amtes des Reichspräsidenten mit dem des Reichskanzlers 143
  s. a. Volksbefragung über die Vereinigung des Reichspräsidenten- u. Reichskanzleramts
 Verhütung erbkranken Nachwuchses 246, 428, 863
 Wehrgesetz 218
 Wiederherstellung des Berufsbeamtentums 25, 60, 274
 Wohnsiedlung 835
 Wohnungs-Gemeinnützigkeit 696
 Zinsermäßigung 878
Gestapokeller 1022
 s. a. Geheime Staatspolizei
Gesundheitsamt, städt. (Städt. Gesundheitsamt — Amt für Rassenpflege u. Bevöl-

1083

kerungspolitik) 101, 109, 113, 204, 232 f., 361, 368, 632, 644, 664, 749, 771, 792, 824, 847, 897, 922, 974, 997, 1000
  s. a. Amt für Rassenpflege u. Bevölkerungspolitik
— Abteilung für gerichtliche Medizin u. Gesundheitspolizei 196, 461
— Beratungsstelle für werdende Mütter 744
— Beratungsstelle bei Kinderlosigkeit in der Ehe 974
— Desinfektionsanstalt 277, 304
— Entkeimungsanstalt 380
— Leiter 488
Gesundheitspolizei 728
Gesundheitswesen 180, 201, 232, 271, 709, 753 f., 812, 844, 847, 851, 859, 878, 889, 897, 902, 930, 938, 1004
  s. a. Sozial- u. Gesundheitspolitik
Gewerbe 94, 130, 158, 210, 214, 365, 386, 390, 423, 426, 457, 879, 943, 980, 1017
  s. a. Zentralstelle
Gewerbeaufsichtsamt 968
Gewerbe- u. Handelsaufsicht 385, 515, 835
Gewerbebank Feuerbach eGmbH 387, 582
  s. a. Feuerbacher Volksbank
Gewerbehalle 11, 23, 82, 120, 127, 185, 204, 212, 229, 326, 380, 408, 431, 465, 467, 487, 493, 496, 507 f., 516–518, 540, 543, 551, 555, 563, 570 f., 573, 578, 584 f., 593, 596 f., 604, 615, 662, 714, 976
Gewerbepolizei 728
Gewerbeverein, Stuttgarter 15
— Auflösung 184, 207
  s. a. Verband
Gewerbeverein der Heimarbeiterinnen in Stuttgart, Christlich-Nationaler 225
Gewerbe- u. Handelsverein Feuerbach e. V., Auflösung 173
Gewerkschaften
— Angestellte 3, 24
— Christliche 24, 29, 41, 1014
— Einheitsgewerkschaft 30
— Freie 29
— Sozialistische 30
Gewerkschaftsbund, Internationaler 29
Gewerkschaftsbund der Angestellten 32
Gewerkschaftshaus, altes, Esslinger Str. 97 f., 589
— Ecke Rote- u. Kanzleistr. 213
Gheluwe (Belgien) 191
Gießener Str. (Bad Cannstatt; jetzt entfallen) 639

Gipser- u. Stukkateure 605
— Innung 250
Girokasse, Städt.
  s. Spar- u. Girokasse, Städt.
Gladbeck 605
Gläser-Tabler, Buchhandlung 498
Glahé, Will, Tanzkapelle 561, 711
Glaser 547, 952
— Innung 952
— Obermeister 952
Glas-, Porzellan- u. Hafnerwarenmarkt 391, 673, 820
Glatz 536
Glemseck 539
Glockenstr. 769
Glottertäler Nachtigallen 428
Göppingen 100, 441, 812, 846, 958
— Kreis 515, 607
Göteborg 524
Goethemedaille für Kunst u. Wissenschaft 692, 892
  s. a. Württ. Goethebund
Goethestr. 9, 16, 95
Göttelfingen, Zwangsarbeitsstätte 167
Goldbergstr. 570
Goldenes Buch der Stadt Stuttgart 583, 593, 703, 721, 749
Gottfried-Keller-Str. 410
Gottlieb-Daimler-Gedächtnispreis 657
Gottschee (Slowenien) 164
Graben, alter 518
Grabenstr. 231, 830
Grabfunde, Gräber 91, 161, 224, 337, 429, 510
  vgl. a. Ausgrabungen, Funde
Grabkapelle, Württ. 131, 212, 830
Graf, Reitschule 595
Grafeneck (Krs. Reutlingen) 710, 718, 755
— Anstalt 246, 298, 622, 743
Grafenwald (Wald an der Markungsgrenze zu Esslingen) 415
Graphische Sammlung der Staatsgalerie, Kronprinzenpalais 413, 630, 693, 713, 734, 751, 836, 878
Graphischer Bund 544, 746
Graphischer Gesangverein Gutenberg 445
  s. a. Buchbinder-Männerchor, Buchdrucker-Gesellschaft
Graphischer Klub 544, 746
Graphisches Gewerbe 500
Graßhoff, Otto, Kaffee- u. Teegeschäft 231
Gregor-Schmid-Str. (früher u. jetzt Neue Brücke) 391 f.

Greiner, Gaststätte 7, 788
Grenzlanddeutsche 51, 78, 238, 243, 447
Grenzlandarbeit 46
Grenzmark 296
Greta-Visso-Ballett 657
Gretsch u. Co., Feuerbach, Baubeschlagfabrik 509
Griechenland, griechisch 304, 486, 745, 748, 957
Griechisch-Orthodoxe Kirche 212
Grillparzerweg 643
Grimbartweg 639
Grippeepidemie 189, 552, 554, 567
Grischkat-Singkreis 382, 481, 655, 678, 719
Grötzingen 210
Großbottwar 849
Großes Haus 9, 25, 32, 34, 47, 53, 61, 63, 69, 74, 83, 88, 95, 99, 102, 110, 118, 124, 132, 137, 149, 159, 166, 175 f., 183, 189, 197, 206, 211, 215, 220, 238, 254, 266, 271, 281, 293, 304, 314—317, 329, 334, 349, 351, 356 f., 360, 368, 374, 381, 390, 395, 400 f., 405, 414, 422, 428, 432, 441, 445 f., 452, 455, 463, 470, 474, 476, 481 f., 484, 496, 507, 510, 534—536, 538, 546, 548, 553, 556, 559, 569 f., 578, 584—586, 591, 613, 618, 620, 623, 628—630, 636, 641, 645 f., 652, 655, 660, 664, 666—668, 670, 674, 677, 680, 682, 685, 695, 703 f., 710 f., 717, 719, 723 f., 735 f., 747, 751, 758, 760, 771, 782 f., 792 f., 797, 800, 809, 825, 828, 837, 860, 867, 869, 883, 895, 903, 907, 909, 929, 937, 941, 959, 967, 977
s. a. Württ. Landestheater, Württ. Staatstheater
Großglocknerstr. 769
Großhandel 223, 494, 583, 616, 672, 702, 956, 1002
Großmarkt 307, 386, 501, 682, 980
Großmarkthalle (Projekt) 746, 771
Großsachsenheim 849
Großschlächter 844
s. a. Fleischer(eien)
— Landesinnung 218
Grünanlagen 647, 723, 798, 867, 955
Grüneisenstr. 550
Grünewaldstr. 639
Grundbesitzerverein Azenberg, Feuerbacher Heide u. Umgebung, Auflösung 457, 494
— Stiftung 636
Grund- u. Gebäudeerwerb der Stadt 370, 373, 377, 379, 392, 410, 412 f., 415, 423, 438 f., 455, 457, 463, 468, 478, 485, 491 f., 546, 554 f., 558, 560, 568, 570, 580, 583, 586, 592, 597, 600, 602—604, 613, 628, 647, 656, 665, 673, 677 f., 681, 688, 692 f., 705, 707, 715, 719, 726, 728, 730, 736, 740, 742, 748, 750 f., 753, 764, 776 f., 779, 781, 793—795, 797, 819, 835, 840
Grund- u. Gebäudekataster 370
Grundstücksgesellschaften 552
Grusonstr. (Zuffenhausen; früher Korntaler Str., jetzt Teil der Marconistr.) 512, 628
Guatemala 887, 897
Güldensporenfest 913, 975
Güterbahnhof 615
Güterfernverkehr 700
Güterzugfahrplan-Konferenz, internationale 276
Gustav-Adolf-Verein 678
Gustav-Britsch-Institut für Kunstwissenschaft 399
Gustav-Siegle-Haus 4, 14, 40, 46, 89, 92, 104, 107, 115, 132, 139, 173, 181, 192, 230, 238, 247, 250, 258, 263, 268, 271, 275, 286, 318, 326, 342, 369, 387, 391, 394, 404, 412, 428, 435, 441—444, 452, 456, 462, 480, 497, 515 bis 517, 525, 531, 536, 541 f., 544, 553, 555, 573, 582, 613, 621, 627—629, 631 f., 637 f., 652, 657, 665 f., 669, 677, 691, 702, 714, 737, 742 f., 748, 752, 776, 782, 824, 851, 860 f., 879, 884, 891, 925, 935 f., 943, 954, 956, 959 f., 972
Gustav-Werner-Stiftung 179, 598
vgl. a. Buttenhausen
Gustloffstr. (jetzt Goerdelerstr.) 267, 530
Gutenbergstr. 282, 297
Gutsverwaltungen, städt. 565
Guttenbrunn 128
Gymnasiumstr. 498

H

Haas-Stiftung 691
Hackstr. 68, 130, 169, 727
Hadamar 743
Händel-Plakette 553
Haenle, Adolf, Elektro- u. Radiogroßhandel 503, 576
Hafen, Stuttgarter (Projekt) 370, 402, 465, 551, 568, 592, 722, 751, 812
Hafenamt s. Tiefbauamt
Hagenbeck, Carl, Zirkus 769
Hahn u. Kolb, Werkzeugmaschinen 396, 574, 604

SACH- UND ORTSNAMENREGISTER

Hahnemann-Museum 318
Hahnemannstr. 680
Haidlenstr. (Degerloch) s. Werderstr.
Haigerloch 784, 846
Haigst 310
Haldenstr. 66, 491
Halle/Saale 20, 359, 372, 405, 553
Hallschlag 48, 505, 561, 574, 579, 586, 602, 640, 675, 688, 698, 707, 720, 726, 728 f., 749, 774, 784, 793, 796
Hamburg 37, 52, 76, 80, 132, 145 f., 156, 228, 256, 269, 303, 308 f., 364, 372, 399, 471, 496, 530, 774, 921, 932, 939, 947
— Schilleroper 114
— Weltkongreß für Freizeit u. Erholung 397
Hammer, Carl, ehemalige Hofbuchdruckerei 681
Handball 79, 408, 432, 449, 458, 473, 546, 777, 817 f., 841, 864, 872, 875, 931, 939, 968
Handel 83, 94 f., 107, 109, 120, 208, 254, 393, 555, 562, 631, 635, 640, 682, 886, 893, 922, 968, 981
  s. a. Zentralstelle
— Reichsfachamt Der deutsche Handel 679
Handelshof AG 44
— Ausstellungs- u. Tagungsstelle 673
— Liquidation 277
Handelskammer, Internationale 209
Handelskammer Stuttgart 25, 62, 97, 119, 155, 161, 183, 253, 295, 301, 525
  s. a. Industrie- u. Handelskammer
— kommissarischer Vorsitzender 119
Handelsschule, Höhere s. Verein
Handelsvertreter u. Handelsmakler 452
Handharmonika-Club Bad Cannstatt 1930 739, 796
Handwerk 69—71, 76, 83, 95, 107, 109, 116 f., 124, 126, 129, 173, 207 f., 212, 233, 250, 259, 282, 297, 316, 404, 417, 426, 439 f., 447, 477, 489, 511, 555, 563, 571, 590, 607, 627, 631, 635, 662, 666, 717, 722, 734, 886, 894, 973, 986, 1003, 1009, 1022
  vgl. a. Meisterschule, Tag
— Bezirksinnungsmeister 259, 301
— Gemeinschaftsladen der notleidenden Handwerkerberufe (Projekt) 234
— Innungen 50, 69, 124, 234, 359, 401
— Kreishandwerkerführer 301
— Kreishandwerkerschaft 167, 179, 359, 380, 401, 409, 626
— Kreishandwerksmeister 259, 409
— Landeshandwerksführer für Südwestdeutschland 124
— Landeshandwerksmeister 180
  s. a. Bätzner
— Obermeister 259, 301
— Reichshandwerksführung 712
Handwerkerheim, auslanddeutsches s. Deutsches Volksheim, Bad Cannstatt
Handwerkertag, südwestdeutscher 117 f.,
Handwerksgesellenwandern 378
Handwerkskammer Stuttgart 3, 19, 32, 38, 129, 173, 183, 249, 394, 401, 489, 515, 607, 615
  s. a. Württ. Handwerkskammertag
— Ehrengericht 305
— Präsident 25, 552
  s. a. Bätzner, Dempel
— Schlichtungsstelle für Wettbewerbsstreitigkeiten 158
Handwerkskammern, württ.-hohenzollerische 654
Handwerkskarten 259
Hanne, Carl, Damenhütegeschäft 738
Hannover 47, 49, 162, 275, 372, 410, 438, 826, 855, 919
Hanomag, Autofirma 190
Hans-Sachs-Haus 653
  s. a. Katharinenhospital
Hansa-Metallwerke AG Stuttgart-Möhringen 869
Hans-Schemm-Preis 522
Harmonie Bad Cannstatt, Männergesangverein 761
Hartheim (bei Linz) 743
Hasenberg 673, 748, 832
Hasenbergsteige 634
Hasenbergstr. 300, 374, 416
Hasenbergtunnel 380
Hasenbergturm 136
Hasenweide 596
Hauff AG Stuttgart-Feuerbach, photochemische Fabrik 255, 375
Hauptbahnhof 48, 51, 93 f., 121, 125, 127, 132, 144, 147, 165, 182, 209, 234, 242, 257, 261, 266, 309, 315, 337, 344, 373, 388, 395, 413, 434, 471, 475, 511, 514, 519, 529, 532, 538, 552, 629, 659, 663, 696, 700, 702, 715, 723, 740, 757, 775, 830, 836, 846, 864, 938 f., 951, 993 f., 1005, 1009, 1023
— alter 464
Hauptsatzung der Stadt Stuttgart 202, 212
Hauptstätter Str. 49, 252, 264, 284, 653, 659

Hauptstätter Tor 264
Hauptversorgungsamt, württ. 6, 20
Hauptversorgungsamt Südwestdeutschland 21
Haus der Deutschen Angestelltenschaft 163
— der Technik u. Industrie 438, 794
  s. a. Verein
— der Volkstreue, Gablenberg 253, 380, 550
— des Deutschtums 5, 11 f., 35, 61, 77, 83, 107, 121, 172, 181, 184, 192, 236 f., 239, 267, 325 f., 331, 359, 365, 383, 389, 429, 443, 445, 448, 475, 480, 521 f., 532, 555, 560, 578, 581, 599, 604, 649, 669, 765, 780, 782, 800, 856, 870, 879, 947
Hausarbeitstag 932, 947
Haus- u. Grundbesitzerverein, Stuttgarter 58, 61 f., 395, 421, 595, 671, 755, 832
  s. a. Württ. Haus- u. Grundbesitzerverein
— Vorsitzender 51, 972
Haus- u. Grundbesitzervereine, deutsche 162
Haus- u. Grundbesitzervereine, württ.
  s. Württ. Haus- u. Grundbesitzerverein
Hauser, Firma 315
Hausgebühren 1006
Hausgebührenordnungen 744
Hausgebührenstelle, städt. 725, 744
Hausgemeinschaften 660, 936, 952, 1006
Haushahn, C., Maschinenfabrik 553, 621
Haushalts- u. Familienhilfe 236
Hausverein der Vitruvia 715
Hausmusik, Arbeitsgemeinschaft 292
  vgl. a. Tag
Hayum u. Schwarz, Harburger, J. S., Vereinigte Bekleidungswerke AG, Schürzen- u. Wäschefabrik 464
Hedelfingen 1, 30, 47, 63, 66, 70, 103, 113, 290, 312, 393, 465, 510, 574, 601, 694, 701, 773, 1023
— Geschäftsstelle des Bürgermeisteramts 196
— Markung 620
— Schulhaus 131
— Standesamt 113
— Turn- u. Versammlungshalle 131
Hedelfinger Platz 66
Hedelfinger Str. 751
Heer 143, 233, 482, 504, 605, 730, 759, 880, 889, 945
  s. a. Armee
Heer, kgl.-württ. 68, 80, 134, 205, 263
  s. a. Armee, kgl.-württ.
Heeresarchiv Stuttgart s. Reichsarchivzweigstelle Stuttgart
Heeresbauamt Stuttgart 244

Heeres- u. Rüstungsbedarf 801
Heeresbücherei 85
Heeresleitung 204
Heeresmuseum 21, 172, 359, 529, 601, 630
Heeresverwaltung 492, 687
Hegelplatz 55, 69, 830, 928, 994
Hegelstr. 263
Hegnach 457
Heidehofstr. 328, 441, 466, 554, 718, 784, 792, 797
Heidelberg 139, 175, 194, 207, 211, 213, 250, 372, 440, 443, 494, 500, 534, 619, 699, 733, 915
Heidenheim 204, 294, 399
Heidenheim-Schnaitheim 629
Heil- u. Pflegeanstalten 686, 840, 911
  s. a. Grafeneck, Winnental
Heilbronn 36, 41, 84, 94, 101, 139, 206, 220 f., 248, 260, 285, 334, 337, 376, 467, 538, 549, 568, 652, 680, 860, 990
— Neckarhafen 221
Heilbronner Str. 354, 434, 468, 491, 615, 721
Heiligjahrfeier 93
Heilkunde, Neue Deutsche, Abeitsgemeinschaft 318
Heimarbeit(er) 835, 886, 986, 989
Heimatmuseumspfleger, württ. 367
Heimatpflege s. Verein
Heimatschutz 639
  s. a. Württ. Bund
Heimattag, Schwäb. 35 f.
Heimberg 226, 291, 569
Heimbergstr. 742
Heimschutz GmbH, Stuttgarter 165
Heinestr. s. Richard-Wagner-Str.
Heinrich-Gontermann-Weg 639
Heizkraftwerk (Projekt) 768
Heizkraftwerk Stuttgart GmbH 768, 835
Held u. Francke, Straßenbaufirma 109
Heldengedenktag 192, 271, 359, 469, 559, 658, 816, 888, 890, 954
Helfferichstr. 533
Hellmuth-Hirth-Str. (Zuffenhausen; früher Parkstr., jetzt Hellmuth-Hirth-Str.) 505, 512
Helsingfors 549
Helsinki 786
Herbert-Norkus-Platz (zwischen Hasenberg-, Bismarck- u. Elisabethenstr.; jetzt entfallen) 351, 659
Herbstwasen s. Bad Cannstatt, Volksfest

SACH- UND ORTSNAMENREGISTER

Herdweg 125, 382, 415, 463, 465, 508, 533, 558, 560
Herion, Tanzschule 785
Hermann, Heinrich, Papierwarenfabrik 616
Hermannstadt 421
— Chor des Brukenthalgymnasiums 142, 150
— deutsches Landestheater 575
Hermannstr. 498
Herrenberg 27, 296 f., 346, 721
Herrlingen 951, 992
Herrmann, Hotel, Bad Cannstatt 339
Herzog Christoph, Hotel (Hospiz) 24, 170, 179, 210, 221, 540
Herzog-Christoph-Denkmal 666
Heslach 5, 11, 20, 43, 58, 64, 70, 90, 103, 118, 123, 146, 167, 215, 232, 237, 275, 310, 322, 377, 404, 413, 542, 548, 594, 598, 611, 612, 887, 984, 1007
s. a. Karlsvorstadt
Hesser AG Stuttgart-Bad Cannstatt, Maschinenfabrik 256, 295, 504, 544, 646, 729, 802, 878, 947
Hessigheim, Kraftwerk 658
Hettichstr. 639
Heuberg, Konzentrationslager 17, 19, 21, 23, 25, 29—31, 38, 40, 43—46, 53, 261
— Truppenübungsplatz 217, 298
Heuglinweg (Degerloch; früher Hirschstr., jetzt Heuglinweg) 512
Heumaden 117, 286, 330, 372, 415, 427, 451, 572, 601, 675, 744, 888, 1023
— Eingemeindung 348, 371, 579
— Einwohner (Zahl) 274
— Gemeinderat 17
— Markung 620
— Rathaus 460
— Zuzug 274
Heusteigstr. 184, 255, 374, 403, 702
Hilaritas, Studentenverbindung 36
Hilfsarbeiter 41, 531, 968, 974
Hilfsbund der Deutsch-Österreicher 207, 444, 469, 471, 500
— Auflösung 538
Hilfskrankenhäuser 637, 646, 649, 653, 673 f., 697, 740, 881
    s. a. Brenzhaus, Filderhof, Friedrich-List-Heim, Furtbachhaus, Hans-Sachs-Haus, Krankenhaus (Homöopath.), Uhland-Oberschule, Weißenhof
    vgl. a. Ersatzkrankenhaus
Hilfspolizei 15
Hilfsstelle für nichtarische Christen 835

Himalaja-Expedition 97, 165, 195
Himmerreich 226, 253, 291
Hindenburgbau 5, 7, 105, 123, 171, 190, 217, 220, 232, 235, 239, 285, 330, 349, 362, 384, 404, 459, 524, 592, 653, 678, 702, 718, 734, 792, 801, 813, 824, 880, 923, 951
Hindenburgplatz (jetzt Arnulf-Klett-Platz) 303, 305, 408, 416, 468, 554, 590, 659, 671, 938
Hindenburgstr. (Feuerbach; jetzt Weilimdorfer Str.) 699
Hinrichtungen 140, 174, 197, 300, 354, 394, 406, 465, 472, 494, 505, 648, 699, 809, 811, 833 f., 842, 854—856, 858, 868, 882, 894, 906, 911, 913, 923, 933 f., 970, 976, 990, 992, 997, 999, 1006, 1010 f., 1013, 1015
Hirrlinger, Oskar, Fotohaus 603
Hirschpark 352
Hirschstr. 246, 279, 313, 391, 542
Hirschstr. (Degerloch) s. Heuglinweg
Hirth AG, Maschinenfabrik Stuttgart-Zuffenhausen 580, 675, 804, 909
Hirth-Flugmotor 331
Hirth-Minimeter, Feinmeßinstrument 236
Hirth-Motoren GmbH Stuttgart-Zuffenhausen 236, 331, 638, 760, 976
Hitlerbesuche in Stuttgart 9 f., 52, 72, 192 f., 224 f., 254, 279, 299, 474, 519, 725
Hitlerjugend (HJ) 5, 22, 47, 62, 65, 68, 77 f., 84 f., 93, 97, 102—104, 107, 115, 119, 125, 129, 131, 135, 140, 143, 159, 162, 165, 168, 172, 180—183, 187, 194, 197, 199, 208, 213 f., 235, 245, 248, 250 f., 262, 272, 283, 287 f., 296, 304—307, 315, 321, 324, 334, 338, 349, 352, 361, 366, 368, 377, 379—381, 392, 397, 400 f., 403, 406 f., 415, 419, 436, 439, 442, 453 f., 457, 471, 477, 489, 496, 503, 508, 524, 526, 529, 537, 593, 623, 639 f., 642, 644, 657, 666, 677, 689, 706, 711, 715, 721, 737, 780, 797, 821, 825, 831, 833, 840, 843, 845, 852 f., 855, 857 f., 867, 871, 873, 881, 885, 894, 901, 908, 940 f., 945
— Ärzte 248
— Bann 119 94, 413, 605, 871, 899, 1019
— Bann 120 94
— Bannführer 428
— Bannführerschule, württ. 41
— Bannrechtsreferenten 940
— Bann- u. Jungbannstellenleiter für Presse u. Propaganda der schwäb. HJ 293
— Beauftragte der körperlichen Schulung 293
— Demonstrationen u. Kundgebungen 6, 37,

SACH- UND ORTSNAMENREGISTER

45, 57, 77 f., 102, 129, 144 f., 178, 192, 214, 226, 262, 273, 349, 561, 584
— Eingliederung 373, 570, 663, 818, 824, 889, 956, 960, 1019
— Flieger-HJ 676
— Freizeitlager 221, 305, 503, 779, 781, 840
— Führerschulungswerk 524
— Führertagungen 102, 496
— Gebiet 20 704
— Gebietsführer 135, 704
— Gebietsführerschule Wilhelm-Neth 209, 251, 332, 375
— Gebietsführerschule auf der Gerlinger Höhe (Grundsteinlegung) 476
— Gebietsführung, württ. 101, 438 f., 493, 925, 940
— Gefolgschaftsbereich 36 260
— Gesetz 680
— Gesundheitspässe 664
— Heime 191, 260, 263, 330, 370, 376, 379, 412 f., 423, 428, 459, 478, 513, 545, 550, 552, 570, 592, 657, 722, 750
— Hitlerjugendtag 44, 295
— Italienische Arbeitsgemeinschaft 385
— Jugenddienstverordnung 562
— Jungfliegerscharen 319 f.
— Kammermusikgruppe 706
— Kampfspiele 496, 561, 599, 741, 744 f., 768, 842, 892, 914
— Lager 603, 605, 753, 899
— Marine-HJ 164, 208, 306, 320
— Motor-HJ 320
— Obergauführung 493
— Propagandawoche für den Landdienst 354
— Reichsmusikschulungslager 441 f., 444
— Reichsmusiktage 444
— Reichssportschule auf der Waldau 439, 861 s. a. Bund Deutscher Mädel, Reichssportschule
— Sachbearbeiter der Gemeinden u. Gemeindeverbände 854
— Sparkassen-Gutscheine 889
— Sportanlagen 413, 599
— Sportreferenten 453
— Sportwettkämpfe 317, 392, 583, 673, 676, 754, 760, 833
— Sportschule Sillenbuch 293, 306, 465
— Theatergemeinde 861
— Vereidigung 281, 680
— Wehrertüchtigungslager 845
Hitler-Urlauber 397, 432, 447, 480

Hochbauamt, städt. 176, 317, 469, 609, 675, 690, 740
Hochschulen, deutsche 332
— Stuttgarter 50
Hoch- u. Fachschulen, württ. 296, 446, 490
Hochschulkreis Württ. 341
Hochschulhaus 409
Hochwasser 83, 184
Hockey 122, 291, 316, 486, 747
Höhere Bauschule 92, 136, 408, 459 f., 490, 501, 545
s. a. Staatliche Bauschule
— Leiter 243
Höhere Schulen, Ministerialabteilung für 357
Hölderlin-Ausgabe, Stuttgarter 856
Hölderlingesellschaft, Stuttgarter Zweigstelle 932, 957
Hölderlinplatz 79, 122, 159
Hölderlinstr. 228, 429, 502
Hofen 39, 114, 184, 193, 219, 266, 410, 541, 547, 558, 571, 756, 1010
— Kraftwerk 186, 219
— Ortsbauernführer 114
— Stausee 219, 222, 228, 266, 312
s. a. Max-Eyth-See
Hoffeld 66, 98, 170, 716
Hoffmannsche Buchdruckerei 504
Hofkammer, württ. 715
Hohe Str. 637, 649
Hohenasperg 40, 915
Hoheneck 492
Hohenheim 89, 94, 483, 490, 597, 712, 779, 830 f.
— Eingemeindung 775, 787, 816, 822
Hohenheimer Str. 85, 720, 750
Hohenstaufenstr. 6, 58, 609, 701
Hohenwartstr. (Zuffenhausen) 323, 410
Hohenzollern 43, 62, 159, 163, 232, 280, 345, 348, 489, 789
Hohenzollernstr. 3, 173
Hoher Bopser 550, 659
Holbeinweg 639
Holland u. Josenhans, Verlagsbuchhandlung 315
Holzgartenstr. 286, 549
Holzindustrie 56, 263
Holzstr. 415, 421, 457, 463, 468, 478, 491, 545, 558, 589, 599, 617, 631, 633, 673
Holz-Tankstellen 783
Holz-, Korb- u. Küblerwarenmarkt 64, 391, 619, 673, 777, 820, 824
Homöopathie, Arbeitsgemeinschaft der

1089

SACH- UND ORTSNAMENREGISTER

Universität Tübingen u. des Bosch-Krankenhauses 797
Honduras 897
Hoppe, Zirkus 848
Hoppenlauklinik 431
Hoppenlauweg 666
Horst-Wessel-Str. (früher Schloßgartenstr., nach 1945 Witzlebenstr., jetzt entfallen) 34, 465, 517
Hospitalstr. 200, 527, 593, 841, 909
Hürttle, Hermann, Malergeschäft 733
Hugendubel, Schirmfabrik 35
Humboldtstr. 665
Hungerbühl 723
Hunklinge 596, 640

I

Iberoamerikanischer Kreis von Stuttgart u. Umgebung 433, 600
Idar-Oberstein 356
Ideal-Werke AG für drahtlose Telefonie, Berlin 270
Ihmlingstr. 500
Ilgenplatz 542, 738
Ilgenstr. 391
Illertal 573
Im Degen 716
Im Falkenrain 639
Im Götzen 525
Im Rebenweg 567
Im Steinberg 639
Imker 279, 768
Immenhofer Str. 386
Imnauer Str. 652
In den Klingen 406
Indien, indisch 46, 238, 290, 316, 428, 445, 558, 662, 707, 804, 911, 913, 966
Industrie 40, 71, 74, 76, 94 f., 109, 111, 129 f., 158, 161, 191, 208 f., 214, 220, 256, 263, 292, 297, 304, 307, 350, 393, 457, 525, 644, 650, 692, 719, 729, 735, 805, 825, 835, 847, 856, 905, 929, 963, 965, 968, 970, 1009, 1020
  s. a. Automobilindustrie, Bekleidungsindustrie, Elektroindustrie, Exportindustrie, Feinmechanische Industrie, Holzindustrie, Klavierindustrie, Konsumgüterindustrie, Lederindustrie, Metallindustrie, Nichteisenmetall-Industrie, Papierindustrie, Rüstungsindustrie, Textilindustrie, Verband, Wäscheindustrie, Wirtschaft

Industriearbeiter 123, 807
Industrie- u. Handelsbörse Stuttgart 8, 67, 97, 185, 814
— Vorsitzender 184 f.
Industriegebiete 874
Industriehof-AG 87, 196, 271, 543, 552
Industrie- u. Handelskammer Stuttgart 142, 167, 169, 181, 199, 216, 259, 266, 273, 279 385, 396, 462, 476, 487, 644, 673, 740, 783, 807
  s. a. Handelskammer Stuttgart, Württ. Industrie- u. Handelstag
— Präsident 180, 308
— Schlichtungsstelle für Wettbewerbsstreitigkeiten 158
Industrie-, Handels- u. Handwerkskammern, Württ.-Hohenzollern, Gau 871
  s. a. Gauwirtschaftskammer
Infanterie-Regiment 7 (Kaiser Friedrich) 637
Infanterie-Regiment 119 (Stuttgarter) 327 f., 582, 703 f., 767, 791
  s. a. Traditionsregiment 119, Reserveregiment 119
— Kommandeur 577
Infanterieregimenter, württ. 127 f.
Informationsdienst, städt. 835, 935, 948
  s. a. Presse- u. Nachrichtenamt
Ingenieure 198, 250, 253, 487 f., 490, 802
  s. a. Bezirksverein, Verein
Innenminister, württ. 384, 399, 457, 607, 731, 765 f., 775, 777, 839, 1015
  s. a. Schmid, Dr. Jonathan
Innenministerium, württ. 7, 10, 13, 16 f., 20, 23, 25 f., 28, 31, 39, 42, 51, 58, 68, 77, 84 f., 96 f., 99, 102, 113, 126, 148, 153, 157, 195, 199, 214, 247, 282, 330, 341, 355 f., 533, 556, 574, 605, 608, 678, 714, 731, 808, 874, 876, 879, 924, 942
Innsbruck 63, 187, 294, 481, 490, 493, 503, 546, 684, 811
Inselstr. 633
Institut für Biologie u. Rassenkunde (Projekt) 688, 777, 932
Institut für Deutsche Wirtschaftspropaganda 120, 235
Institut für Hundeforschung 763
Institut für Konjunkturforschung 503
Institut für Schall- u. Wärmeforschung 485
Interims(theater)platz (jetzt etwa Platz des Landtags) 35, 103, 125, 217, 235, 385, 428, 594
Internationale Apotheke 337

Internationale Fahrplankonferenz 872
Internationaler Eisenbahnverband 471
Internationaler Rat für Sing- u. Sprechkultur, Deutscher Fachbeirat 754
Internationaler Sozialistischer Kampfbund (ISK) 647
Internationaler Verband für Wohnungswesen (Sitz Frankfurt/M.) 405
Internationaler Verband für Wohnungswesen u. Städtebau (Sitz London) 218, 405, 436, 589, 617, 806, 815, 858
— Präsident 405, 464, 515, 596
Internationales Komitee des Roten Kreuzes 658
  vgl. a. Deutsches Rotes Kreuz
Internationales Musikfest des Ständigen Rates für die internationale Zusammenarbeit der Komponisten 482—484
Iran 239, 957
Isny 228, 840
Italien, italienisch 1, 35, 71, 97, 127, 173, 209, 217, 258, 276, 278, 290, 315, 319, 335, 346, 358, 363, 368, 371, 374, 378, 383, 385, 403, 431, 436, 452, 460, 466, 477, 484, 488, 490, 495, 504, 507 f., 511, 528, 567, 591, 595 f., 603, 652, 654, 664, 669, 690, 703—707, 718 f., 724, 726, 734, 738, 740, 751 f., 765, 772, 784, 786—788, 791, 810, 813, 832, 846, 857, 873, 880, 884, 891 f., 910, 915, 943, 946
— Antico Italiano, Trio 916
— Faszio Italiano 62, 706, 788
— König 915
— Luftwaffen-Orchester 848
— Orchestra Nazionale Universitario Italiano 573
Italienische Gesellschaft 707
  s. a. Deutsch-Italienische Gesellschaft, Deutsch-Italienischer Klub
  vgl. a. Dantegesellschaft
Izbica, Distrikt Lublin 825

J

Jägerstr. 1018
Jägerstr. (Zuffenhausen) s. Franklinstr.
Jagdbehörden, württ.-hohenzollerische 383
Jahn, Essigfabrik 470
Jahnstr. (Degerloch) 793, 795
Jahnstr. (Zuffenhausen) s. Marconistr.
Jahrmärkte 150, 231, 310, 312, 510 f., 615, 693, 694 f., 773—775, 926
Japan, japanisch 68, 282, 290, 306, 377, 424, 431, 441, 513, 522, 545 f., 719, 742, 757, 783, 838, 842, 853, 901, 959
Jasminweg 639
Jehol, Sultan 147
Jerusalem 324, 611
Johannesstr. 155, 349, 376
Juden 20, 22 f., 77, 93, 139, 212, 221, 226, 231, 252, 264, 272, 276, 348, 356, 358, 361, 363, 368, 386, 397, 400, 443, 449, 469, 528, 530, 547, 552, 562, 564, 598, 613, 625, 628, 630, 634, 637, 648 f., 681, 699 f., 712 f., 720, 729—731, 736 f., 740, 749 f., 764, 776, 783, 788, 805, 807, 810, 886 f., 912, 922, 929, 941
— Ärzte, Zahnärzte 20 f., 57, 137, 211, 253, 310, 330, 350, 421, 431, 518, 546
  s. a. Berufsverbote
— Altersheime 564, 701, 718, 784, 792, 848
— Arbeitsbeschaffung 566, 766 f.
— Arbeitsgemeinschaft Stuttgarter jüdischer Jugendbünde für Berufsumschichtung 58
— Arbeitslose 564
— Aufenthaltserlaubnisse 538
— Ausbürgerung 211
— Ausschluß aus privaten Krankenkassen 665
— Aussiedlung 784 f., 789
— Auswandererabgabe 642
— Auswandererstelle für Württ. u. Hohenzollern 574
— Auswanderung 26, 544, 555, 558, 564, 566, 594, 628, 651, 674, 750, 778
— Autoren 21, 211, 237
— Badeverbot in öffentlichen Bädern 310, 313, 505
— Banken 20, 284, 568
— Benutzungsverbot allgemeiner Leihbüchereien 767
— Benutzungsverbot öffentlicher Fernsprechzellen 796
— Benutzungsverbot öffentlicher Verkehrsmittel 827
  s. a. Sondervorschriften
— Beratungsstellen 564
— Berthold-Auerbach-Verein 58
— Berufsverbote 57, 77, 225, 258, 330, 371, 435, 529, 546
  s. a. Ärzte, Entlassungen
— Besuchsverbot deutscher Schulen 529
— — von Universitäten 535
— Boykott 14 f., 20 f., 33, 231
— Deportationen 523, 769, 788—791, 794, 819, 825, 835, 841, 846—848, 883, 894, 909, 944, 1010, 1017

1091

SACH- UND ORTSNAMENREGISTER

- Einkommensteuer 551
- Einwohner (Zahl) 39, 515, 784, 799, 883, 944, 1024
- Emigranten 21, 25, 211, 430, 626
  s. a. Kindertransport
- Entlassungen u. Beurlaubungen 10, 14, 25, 27, 133
- Ermordung 819, 876 f., 1022, 1024
- Firmen (Geschäfte) 15, 19, 23, 26, 34, 313, 331, 354, 421, 460, 462, 464, 491, 527 f., 540, 566, 570, 742, 749 f.
- Friedhöfe 80, 104, 547
- Führerscheinentzug 533, 542
- Gemeindeblatt 524
- Gemeindehaus 841
- Gemeindepflegen 527, 558
- Ghetto 790
- Israelitische Religionsgemeinde Stuttgart 37, 103 f., 192, 262, 564, 607, 643
  s. a. Jüdische Kultusvereinigung Württ.
- Israelitischer Landesasyl- u. Unterstützungsverein für Württ. 792
- Israelitischer Oberrat 26, 588, 759, 769
- Israelitisches Fürsorgeamt Stuttgart 556 f.
- Juden ausländischer Staatsangehörigkeit 789
- Juden polnischer Staatsangehörigkeit 523, 613
- Judenfrage 35, 331, 522, 532, 577, 787, 976
- Judenladen 749 f.
  s. a. Lebensmittelversorgung
- Judenliste 724
- Judenstern 770, 780, 784, 823
- Judentum 2, 322, 364, 384, 408, 450, 543, 553, 598, 627, 709, 876, 887, 941, 976
- Jüdische Kultusvereinigung Württ. u. Hohenzollern 609, 643, 682, 785, 788, 790 f., 846, 909
  s. a. Israelitische Religionsgemeinde Stuttgart
- Jüdische Mittelstelle Stuttgart 750, 784, 1017
- Jüdisches Nachrichtenblatt 651
- Kindertransport 608
- Krankenpflege 546, 557
- Kunstgemeinschaft 247, 369, 519
- Kurgäste in Bädern 589, 597
- Lebensmittelversorgung 857
  s. a. Judenladen
- Loge Bnej-Brith 376
- Mietverhältnisse 574, 582, 602
- Mischehen (-partner) 218, 229, 666, 789, 944, 1010, 1012, 1017, 1021
- Mischlinge 666, 941, 963, 1010, 1017
- Nothilfe in Württ. 26
- Pfadfinderbund 58
- Pogrom 527—529
  s. a. Reichskristallnacht
- Purimfest 192, 361
- Rassenschandeurteile 262, 433, 445, 466
- Rechtsanwälte 20 f., 57, 434, 514
- Reichsbund jüdischer Frontsoldaten 58, 80
- Reichskristallnacht 547
  s. a. Pogrom
- Reichsvereinigung der Juden in Deutschland 594, 642, 651, 674
- Reichsvertretung der Juden in Deutschland 243, 759
- Reichszentrale für jüdische Auswanderung 544
- Reisepässe 516 f.
- Sammellager (Durchgangslager) Killesberg 789—791, 794, 825, 846, 848
- Schüler, Schulen 73, 200, 527, 564, 594, 641, 837, 840
- Schutzhaft 27, 222, 225
- Selbstmorde 22, 295, 564, 711, 789, 885
- Sondervorschriften für den Postreisedienst 781
  s. a. Benutzungsverbot
- Sportschule 243
- Straßennamen 497
- Studenten 46
- Synagogen 527 f., 618, 682, 714, 886
- Tierärzte 546
- Union-Club Stuttgart 609
- Verein der Freunde Israels 455
- Verein Jüdisches Lehrhaus 2
- Verein zum Neubau einer jüdischen Schule 103
- Vermögen 67, 125, 354, 581, 619, 630, 651, 687, 790 f., 809, 815, 856, 865, 885, 915, 932
- Vermögensopfer 785
- Versöhnungstag 618
- Viehhändler 358
- Vornamen 539
- Vorsteherämter 558
- Winterhilfe 247, 564
- Wohlfahrtspflege 539, 556 f., 564, 574, 594
- Wohlfahrtsvereine 26
- Wohnungsmangel 564
- Württ. Landesverband für Israelitische Wohlfahrtsbestrebungen 556
- Zuzug 602

Jugendamt, städt. 67, 232, 277, 341, 474, 536, 946
Jugenddienstpflicht(ige) 824, 953 f.
Jugenderholung 253, 685, 694
Jugenderziehung 174, 831, 914
— Gauarbeitsgemeinschaft für Jugendbetreuung 852
Jugendführer, volksdeutsche 584
Jugendgerichtshilfe Stuttgart u. Bad Cannstatt, Arbeitsgemeinschaft 277
Jugendheim, städt. 427, 602
Jugendherbergen 85, 329, 376, 499, 560
s. a. Reichsverband
Jugendherbergswerk, Schwäb., Auflösung 85
Jugendkriminalität 807, 892 f., 905
Jugendschutzkammer 908
Jugendseelsorge, evang. 137
Jugendverband (-verein), Stuttgart 51, 576
Jugendverbände, deutsche, Reichsausschuß, Zweigstelle Stuttgart 22
— konfessionelle 214
Jugendvereinshäuser 260
Jugendweihe 843
— Verbot 19
Jugoslawien, jugoslawisch 290, 301, 303, 462, 504, 674, 719, 745
— Schwäb.-deutscher Kulturbund 681
Jung u. Brecht, Buchdruckerei 297
Jungarbeiter 129, 197, 208, 221, 251, 272, 531
Jungdeutschland 47, 181, 261
— Auflösung 431
— Von-der-Goltz-Heim, Welzheim 181, 261, 431
Jungmädchenschule, volksdeutsche 139, 238, 403, 554
s. a. Viktor-Köchl-Haus
Jungmädel 118, 280, 327, 377, 379, 559 f., 570, 617, 677, 884, 956
— Eingliederung 471, 570, 737, 889, 956
Jungvolk, Pimpfe 280, 307, 324, 327, 338, 369, 373, 377, 379 f., 384, 400, 407, 409, 446, 529, 559 f., 570, 617, 619, 623, 640, 652, 677, 831, 956
— Eingliederung 377, 471, 570, 824, 889, 956
— Führer 315
— Sportfest 317
— Tag des Deutschen Jungvolks 295
— Tagheime 294, 334
— Vereidigung 281, 680
Junkers u. Co. GmbH, Dessau 270
Justiz s. Reichsbeauftragter
Justizbehörden, Stuttgarter 264, 480

Justizdepartement, württ. 178
Justizgebäude 140, 174
Justizministerium, württ. 16, 31, 99, 113, 183 f., 196
— Aufhebung 195
Justizpressestelle 299

K

Kadep, Kaufhaus 15
Kärnten 68, 150, 471, 685
Kairo 418, 420
Kaiser-Wilhelm-Gesellschaft zur Förderung der Wissenschaften 214
Kaiser-Wilhelm-Institut für Metallforschung 287, 392, 429, 742
— Direktor 214
Kaiser-Wilhelm-Reiterdenkmal 666
Kaiserslautern 51
Kalckreuthweg 63
Kaltental 59, 103, 380, 507, 541, 583, 885, 887, 898
Kameradschaften 249, 252, 391, 410, 412, 446, 712, 793
— Heime 287, 295, 404, 447, 451, 669
— Namensverleihungen 460
Kameradiat Stuttgart 372
Kameruner Str. (jetzt Ebniseestr.) 769
Kammerorchester der württ. Staatstheater 1009 f., 1012, 1014, 1018 f.
Kammersinfonieorchester der Stadt der Auslandsdeutschen 683
Kampfbund der deutschen Architekten u. Ingenieure 33, 59, 74, 93, 102
Kampfbund für deutsche Kultur 22 f., 32, 79, 82, 140
Kampfbund gegen den Faschismus 15, 69, 106
— Verbot 16
Kampfring der Deutschösterreicher 84
Kanada 99, 186, 306
Kanalisation 71, 147, 793, 965
s. a. Abwasserbeseitigung, Dolen
Kaninchenzucht, städt. (Projekt) 618
Kanonenweg 415 f., 649
Kantgesellschaft 92, 266, 273
Kanzleistr. 107, 213, 439, 457, 541, 923
Karl-Olga-Krankenhaus 99, 353, 432, 957
Karlshöhe 376, 553, 659, 665, 686, 798
Karlsplatz 18, 27 f., 34, 37, 65, 145, 192, 253, 267, 307, 342, 364, 500 f., 525, 587, 611, 628, 640, 659, 666 f., 682, 714, 891, 981
Karlsruhe 21, 44, 152, 169, 198, 203, 343, 385,

SACH- UND ORTSNAMENREGISTER

436, 498, 516 f., 583, 597, 606, 674, 681, 733, 757
— Geheimes Staatspolizeiamt 208
Karlstr. 146
Karlsvorstadt 215
   s. a. Heslach
Kartellverband kath. deutscher Studentenvereine 494
Kartoffelanbau 812, 861, 955
Kartoffelkäfersammeln 443
Kartoffelmarkt 67, 147
Kasernen 242, 321, 327, 441, 529, 561, 741
   s. a. Garnison
— Bergkaserne 582
— Flandernkaserne (auf dem Burgholzhof) 171, 244, 306, 475, 531, 577, 637
— Funkerkaserne 531
— Gendarmeriekaserne Vaihingen 474, 500, 631
— Grenadierkaserne am Mönchs- u. Rappenberg 482, 582
— Luftnachrichtenkaserne 687
— Moltkekaserne 175, 210
— Reiterkaserne 531, 750
— Rotebühlkaserne 28, 46, 70 f., 85, 98, 101 f., 117, 128, 144, 160, 231, 257, 262, 270, 317, 334, 378, 380, 400, 579, 593, 659
— SA-Kaserne auf dem Burgholzhof 532
— Taubenheimkaserne 531
Kasernenstr. 475, 524, 630
Kassel 441, 767
— Wenzinger-Scheck, Kammermusikkreis 381
Kast u. Ehinger GmbH Stuttgart 257
Katalonien 326
Katharinenhospital 110, 156, 300, 456, 632, 637, 653, 705, 716, 830
   s. a. Brenzhaus, Hans-Sachs-Haus, Ludwigspital
— Apotheke 526
— Augenabteilung 133 f., 263
— Chirurgische Abteilung 204, 494, 973
— Hals-, Nasen- u. Ohrenabteilung 134, 179, 259, 355, 431
— Innere Medizin 249
— Krankenpflegeschule 565
— Lehranstalt für medizinisch-technische Assistentinnen 708
— Pathologisches Institut 244
— Strahleninstitut 166, 285
— Verwaltungsdirektor 524, 536
— Zahn- u. Kieferabteilung 96
Katharinenstift 659, 913, 949
— Leiterin 204
Katharinenstr. 67, 169, 302, 435
Katholisch-Nationalkirchliche Bewegung 238, 258, 271, 312, 326, 541
Katholische Bibelbewegung 470
   s. a. Kath. Bibelwerk
Kath. Jugend 168, 541
Kath. Jugendverbände 115, 119
Kath. Kirche 90, 93, 119, 122, 215, 221, 393, 506, 517, 630, 676, 684, 750, 764 f., 772, 795, 938
   s. a. Arbeitsgemeinschaft kath. Deutscher
Kath. Kirchengemeinde 166
Kath. Vereine, Bad Cannstatt 540
Katholischer Akademikerverband 564
Kath. Jungmännerverband Deutschland, Auflösung 549 f., 564
Kath. Lehrerverein 50
   s. a. NS-Lehrerbund
— Auflösung 43, 72
Katholisches Bibelwerk 409
   s. a. Kath. Bibelbewegung
— Vorsitzender u. Direktor 470
Kattowitz 629, 659
— deutscher Gesangverein 153
Katzenbachwald 415
Katzensteigle 603
Kaufmännischer Verein ehemaliger Schüler der Höheren Handelsschule s. Alte Garde, Alte Gilde
Kaufmänischer Verein Stuttgart 245, 531, 741
   vgl. a. Vereine
— Männerchor 361
Kaufstelle Landwirtschaftlicher Genossenschaften AG 291
   s. a. Württ. Warenzentrale Landwirtschaftlicher Genossenschaften AG
Kaukasus-Expedition 329
Kautzenhecke 131
Kavallerieregiment 18 (Stuttgarter) 344, 537
Kegeln 483, 731
Keglersporthaus 483, 731
Kehl 213, 783, 796
Keltern 70, 131, 155, 225, 241, 277, 521
Kemnat 457
Kentner, Eugen, AG, Gardinen-Spezialfirma 479
Keplerstr. 410, 412, 439, 677
Kergl-Quartett 782, 904, 973
Kernerplatz 113, 268
Kernerstr. 656
Kernerstr. (Zuffenhausen) s. Galvanistr.

Kettenbriefe 700, 836
Kettenhandel 764
Keuchhusten 521, 792
Kiel 49, 223, 244, 652
Kienzle, Uhrenfabrik 327
Kießstr. 643
Killesberg 131, 221, 291, 370, 391, 463, 483, 567, 569, 583, 618, 661, 674 f., 677, 681—683, 687 f., 691, 693, 699, 754, 789, 831, 841, 845, 851, 855, 857, 908, 913, 970
   s. a. Juden
— Ehrenhalle 675, 682, 758, 775
— Freilichtbühne 767
— Höhencafé 661
— Höhenpark 746, 756, 758 f., 762 f., 767, 770, 773, 777, 785, 812, 826, 895
Kinderbeihilfe 719
Kindererholung 253, 359, 422, 622, 689, 783
   s. a. Kinder(land)verschickung
Kinder(erholungs)heime 252, 286, 333, 346, 359, 474, 476, 484, 500, 554, 594, 612, 622, 630, 634, 641, 646, 671, 686, 689, 696, 731, 740, 749, 764, 792, 826, 862
   s. a. Verein
Kindergärten 67, 90, 130, 138, 253, 302, 305, 318, 321, 433, 455, 462 f., 476, 511 f., 568, 570, 583, 591 f., 596, 598, 628, 646, 651, 664, 678, 696 f., 722, 791
   s. a. NS-Volkswohlfahrt, Verein
Kinderheilfürsorge 686
Kinderkrankenhäuser 485, 634, 646, 696, 716, 728
   s. a. Olgaspital, Säuglings- u. Kinderheilstätte Berg
Kinderkrippen 646, 667, 678, 697
Kinderlähmung 512
Kinder(land)verschickung (KLV) 221, 303, 696, 846, 887, 913, 928
   s. a. Kindererholung
— Erweiterte Kinderlandverschickung (Evakuierung) 886, 898 f., 939, 944, 967
Kindertagesstätten, -tagheime 630, 651, 677 f., 690, 699, 728, 826
Kirben 59, 61, 150, 226, 308, 310, 312, 434, 505, 509—511, 692—695, 769, 773
Kirchen, Kapellen 76, 117, 136, 180, 276, 336, 680, 748, 753, 756
— Berger Kirche 283, 443
— Bonifatiuskirche 168, 217
— Brenzkirche 21, 262
— Christuskirche 366
— Englische Kirche 113, 263, 656

— Erlöserkirche 55, 285, 548
— Evang. Behelfskirche Haigst 326
— Evang. Kirche Berg 260
— Evang. Kirche Botnang 229
— Evang. Kirche Gaisburg 520
— Evang. Kirche (alte) Kaltental 471, 565
— Evang. Kirche (neue) Möhringen-Sonnenberg 610
— Evang. Saalkirche 310
— Evang. Stadtkirche Bad Cannstatt 95, 399, 495, 499, 588, 681, 759, 830, 837, 853, 869
— Evang. Stadtkirche Feuerbach 159, 198, 895
— Evang. Stadtkirche Untertürkheim 320
— Friedenskirche 59, 130, 205, 230, 316, 372
— Garnisonkirche 125, 156, 201, 234, 270, 290, 306, 391, 549
— Gedächtniskirche 340, 434, 436
— Heilandskirche 324, 432
— Hospitalkirche 59, 78, 80, 150, 262, 304, 316, 496, 552, 561, 666, 829 f., 949
— Johanneskirche 55, 282, 520, 572, 654, 853
— Kath. Kirche (alte) Feuerbach 80, 164
— Kirche auf dem Hoffeld 138
— Kirche im Wolfbusch 471
— Kreuzkirche (Heslach) 90, 432, 463, 598, 611
— Leonhardskirche 59, 90, 106, 150, 200, 230, 237, 262, 279, 304, 316, 561, 593, 615, 660, 757, 830, 956, 962, 976
— Liebfrauenkirche (Bad Cannstatt) 91, 132, 383, 445, 551, 724
— Ludwig-Hofacker-Kirche 384
— Lukaskirche 509, 529
— Lutherkirche (Bad Cannstatt) 332, 739, 869
— Lutherkirche (Feuerbach) 198
— Lutherkirche (Sillenbuch) 63, 925
— Mariä-Himmelfahrts-Kirche (Degerloch) 483
— Markuskirche 30, 157, 389, 411, 450, 481, 534, 548, 581, 654, 668, 702, 721, 758, 777, 781, 853, 890, 893, 899
— Martinskirche (Plieningen) 830
— Martinskirche (Eckartshaldenweg) 243, 347, 615, 739
— Matthäuskirche (Heslach) 265, 310, 326, 542, 611, 623, 714, 981
— Michaelskirche (Neuwirtshaus) 411, 471
— Michaelskirche (Wangen) 830
— Pauluskirche 55, 422
— Petruskirche (Gablenberg) 352
— Rosenbergkirche 237, 601
— Russisch-orthodoxe Kirche 747, 758, 924
— St. Barbarakirche (Hofen) 217, 727

SACH- UND ORTSNAMENREGISTER

— St. Christophoruskirche (Wangen) 342
— St. Eberhardskirche 26, 103, 108, 122, 150, 156, 182, 244, 270, 318, 407, 437, 445, 490, 687, 724, 856
— St. Elisabethkirche 43
— St. Fideliskirche 352, 550
— St. Georgskirche 383, 489
— St. Josefskirche (Feuerbach) 49, 80, 164, 168, 235
— St. Klemens-Maria-Hofbauer-Kirche (Botnang) 69
— St. Marienkirche 37, 68, 372, 490, 672
— St. Martinskirche (Bad Cannstatt) 66, 490
— St. Oswaldkirche (Weilimdorf) 414
— Schloßkirche 37, 323, 328
— Stiftskirche 18, 43, 59, 68, 74, 88, 95, 106, 118, 133, 143, 150, 157, 164, 171, 178, 188, 200, 203, 208, 230, 238, 243 f., 253, 262, 279, 284, 288, 294, 302, 304, 316, 320 f., 324, 327, 355, 363, 366, 381 f., 388, 417, 419, 423, 425, 432, 463, 476, 511, 526, 530, 542, 559, 567, 593, 615, 634, 640, 648, 669, 706, 719, 723, 731, 737, 739, 743, 746, 779, 781, 788, 804, 830, 857, 859, 864, 875, 879, 893, 899, 909, 912, 931, 935, 939, 958, 963
— Theodor-Fliedner-Kapelle 353
— Thomaskirche (Kaltental) 328, 499, 565
— Veitskapelle (Mühlhausen) 830
Kirchenaustritte 895 f.
Kirchenbau 55, 80, 103, 159, 168, 229, 366, 411, 471, 623
Kirchenführer(konferenz), evang. 389, 795, 813
Kirchengesangtag, Deutscher 37
Kirchengeschichte s. Verein
Kirchenkampf 151—153, 157—160, 162 f., 172, 205, 461, 564, 638, 648, 676 f., 687, 755, 761, 771 f., 795, 799, 805, 811, 813, 815, 821 f., 841—843, 846, 858, 868, 876, 912—914, 922, 927 f., 938
    vgl. a. Evang. Kirche, Evang. Landeskirche, Kath. Kirche, Reichskirche
Kirchenmusik s. Verein
Kirchenmusikschule 474
Kirchenpräsident 45
    s. a. Landesbischof
Kirchheim u. T. 325, 383, 439, 1013
— Beobachtungs- u. Fürsorgeerziehungsheim 946
Kirchlich-theologische Sozietät von Württ. 282
Kirchner u. Wilhelm, Hartgummi-, Zelluloid-, Metallwarenfabrik, chirurgische Instrumente 504
Kirchstr. 542
Kirchweinberg 769
Klärgas 348, 398, 498, 557, 653, 679, 691, 708
— Abfüllanlage 398, 485
Klamt, Jutta, Tanzgruppe 667
Klavierindustrie, württ. 339
Kleemann-Quartett 459, 538
Kleiderkartenstelle 633
Kleine Weide 539
Kleines Haus 2, 7, 9, 13, 22, 30, 37, 43, 45, 64, 69, 79, 83, 88, 115, 118, 126, 128, 149 f., 153, 157, 162, 175, 184—186, 198, 200, 202, 204 f., 209, 213, 216, 218, 230 f., 235, 237 f., 241, 243, 246, 251, 261, 266, 270, 275, 284, 301, 314, 323, 329, 332, 335, 343, 349, 353, 359, 364, 372, 377, 383, 392, 399, 404, 421 f., 429, 437, 443, 445 f., 448, 450, 453 f., 459, 461 f., 464, 466, 473, 494, 497, 510, 514, 516, 519, 526 f., 529, 533 f., 538, 543, 545, 548 f., 551—553, 559, 572, 575, 583, 591, 595, 628 f., 637, 639, 641, 656, 665 f., 668 f., 671, 675, 677, 680 f., 695, 698, 700, 706, 708, 710, 712, 714, 716, 718, 721, 726 f., 730, 732, 736, 738, 743, 747, 749 f., 753, 757, 761, 768, 770, 774 f., 779 f., 782, 792, 795, 804, 807, 813, 818, 824, 827, 832, 850, 859, 869, 873 f., 885, 891, 900 f., 920, 925, 933, 970, 977
    s. a. Württ. Landestheater, Württ. Staatstheater
Kleinhohenheim 56
Klinckerfuß, B., Firma 457
Klinge 596
Klingenbach 749
Klingenbach-Siedlung, Gaisburg 756
Klingenstr. 468
Klosterstr. 730
Klotzsche Fabrik 361
Knipp, Geo D., Lederwarenfirma 888
Knochensammlung, städt. 1003
Koblenz 500
Koburger Str. (jetzt Aberlin-Jörg-Str.) 505
Kochenhof 13, 15, 22, 63, 68, 229, 232, 363, 414, 485, 567, 585, 622
Kochshalde 596
Kodak-Werke Dr. Nagel, Wangen 315, 375
— Direktor 932
Köln 50 f., 76, 146, 187 f., 194, 213, 265, 275, 310, 314, 359, 410, 441, 485, 503, 574, 583, 679, 687, 731, 771, 832
— Kammer-Sinfonie-Orchester 360, 780, 889

— Stuttgarter Bühnenkunst, Ausstellung 565
König-Heinrich-Str. (Zuffenhausen; jetzt
　Löwensteiner Str.) 639
König-Karl-Medaille 202
König-Karl-Str. 492, 630, 682
König von Württ., Hotel 617, 736
Königin-Katharina-Stift s. Katharinenstift
Königin-Olga-Stift s. Olgastift
Königsbau 78 f., 165, 365, 486, 570, 830
— Café 78, 165
Königsberg 12, 49, 52, 142, 146, 340, 347, 365,
　458, 604
— Deutsche Ostmesse 194, 225
Königshof 470
Königshütte 629
Königsplatz 109
Königstr. 26, 93, 99, 147, 154, 167, 190, 192,
　231 f., 268, 273, 298, 337, 590, 600, 626, 659,
　715, 729, 738, 743, 762, 776, 830
Körschstr. (Degerloch; jetzt entfallen) 639
Kohlenhändler 622, 892, 1006
　s. a. Verein
Kohlenhandel 809, 955, 1006
Kohlenversorgung 729, 803, 805 f., 811, 847,
　862, 880, 892, 955, 1015
Kohlhammer, Wilhelm, Buchdruckerei u.
　Verlagsbuchhandlung 420, 549, 919
　s. a. Deutsche Gemeindeverlag-GmbH,
　　Union Deutsche Verlagsgesellschaft
　　Stuttgart
Kolonialfest 548
Kolonialkriegerbund 569
Kolonien 19, 91, 134, 163, 229, 249, 268, 295,
　331, 381, 400, 440, 442, 467, 569, 577, 585,
　705, 709, 713, 718, 725, 731, 734, 746
— Forschungsstelle für rassenkundliche
　Kolonialwissenschaft 585
— Vereinigte koloniale Verbände, Württ. 134
　vgl. a. Reichskolonialbund
Kolpinghaus 707
Kolumbien 46
Kommunale Woche 192
Kommunistische Partei Deutschlands (KPD)
　4—8, 10—16, 19—21, 27, 29 f., 35, 38—41, 43,
　45, 50, 52—55, 57 f., 60, 64, 67, 69, 75 f., 78, 83,
　85, 106, 108, 124, 130, 135, 140, 186, 191,
　257, 274, 299, 309, 325, 336, 375, 400, 408,
　453, 468, 472, 494, 659, 875, 1018
— Betriebszellen 227
— Büro- u. Redaktionsräume 11, 15
— Demonstrationen u. Kundgebungen 1, 4 f.,
　8 f., 12, 39

— Jugendorganisation 10, 90, 336
— Sportvereine 16
— Verbot 279
Kommunistische Partei-Opposition 257, 299
Kompetenzgerichtshof, Vorsitzender 425
Konfirmandenunterricht 868, 913, 969
Konfirmation 366, 815, 822, 868
Konservatorium für Musik 77, 333, 339, 681
　s. a. Stuttgarter Musikschule (Musikschule
　　der NS-Gemeinschaft Kraft durch
　　Freude)
— Leiter 681
Konsistorium 276
— Präsident 350
Konstanz 115
Konsulate
— Argentinien 262, 749
— Belgien 574
— Bulgarien 924
— Frankreich 218, 303, 502, 510
— Italien 1, 97, 335, 596, 677, 706, 751, 910
— Niederlande 338
— Norwegen 516
— Österreich 95
— Schweden 924
— Schweiz 218, 303, 610, 920
— Spanien 332, 348
— Tschechoslowakei 353
— Ungarn 941
— Vereinigte Staaten von Amerika (USA) 17,
　347, 529, 566, 750, 762
Konsumgüterindustrie 853
Konsumvereine 18, 35, 53, 283
　s. a. Verbrauchergenossenschaften
— Auflösung 733
Konzentrationslager 333, 408, 783, 810, 818,
　855, 910, 914, 922, 932, 1024
　s. a. Auschwitz, Buchenwald, Dachau,
　　Echterdingen, Heuberg, Mauthausen,
　　Natzweiler, Riga-Jungfernhof,
　　Sachsenhausen, Theresienstadt,
　　Wolfenbüttel
Konzerte 2, 10, 13, 18, 22, 38, 55, 62, 66, 68,
　77 f., 80, 90, 92, 95, 106, 114, 116, 121, 130,
　132, 145, 150—152, 154, 157, 168, 171, 173,
　178, 184, 188, 190, 194, 197 f., 200, 211, 217 f.,
　223 f., 232, 234, 236—239, 244, 247, 251, 257,
　259 f., 262, 265, 269, 273 f., 277—279, 284—
　286, 289, 292, 298, 302, 318, 320, 321—324,
　326—328, 331, 334—336, 347 f., 350, 352 f.,
　356 f., 359—362, 364, 366 f., 369, 372—375,
　379, 381 f., 384, 386, 392, 396, 399, 404 f.,

SACH- UND ORTSNAMENREGISTER

407 f., 410—412, 414, 418 f., 421, 426—432, 434—438, 440 f., 443—454, 458—463, 466—468, 470 f., 475, 477—482, 484, 487, 495, 498—500, 503, 505, 508—511, 515—524, 526 f., 531 f., 534 f., 538, 541—546, 548 f., 551, 553—555, 559—561, 563, 567—569, 573, 575, 577 f., 580 f., 585—590, 595 f., 598, 601—603, 620 f., 623, 625, 627, 629, 631 f., 634, 637, 644 f., 647—649, 651—660, 662—664, 666—669, 671—674, 678 f., 681—683, 686—690, 693—697, 699, 702—721, 723—735, 737—739, 741, 743—746, 748 f., 753—763, 765, 767 f., 771, 774—777, 779—787, 791—796, 800 f., 804 f., 807, 811, 818, 823, 826, 828 f., 832, 835—837, 840, 848, 851, 855, 857—859, 861, 863 f., 867, 869, 871 f., 874 f., 880—885, 887, 889, 893—895, 897, 899—901, 904, 907—912, 915 f., 919 f., 923, 925, 928 f., 931, 933—936, 939, 941, 944 f., 947, 954, 956, 958, 961—963, 968, 970, 972 f., 976, 989 f., 1009 f., 1012, 1014, 1018 f.
s. a. Werkkonzerte
Konzertgemeinschaft blinder Künstler Südwestdeutschland 697, 976
Kopenhagen 52, 74, 743, 794
Kopernikusstr. (Zuffenhausen; früher Panoramastr., jetzt Teil der Schwieberdinger Str.) 512
Korbball 767
Korntal 160, 325, 330, 428, 439 f., 449, 482, 811, 835, 957
Korntaler Str. (Zuffenhausen) s. Grusonstr.
Kornwestheim 127, 175, 208, 371, 449, 565, 623, 993
Korporationen s. Studentenverbindungen
Korps, diplomatisches 263
— konsularisches 325
Kräherwald 79, 159, 252, 484 f., 571
Kräherwaldsportplatz 437
Kräherwaldstr. 586, 631
Krämer, August, Kunstanstalt für Klischeefabrikation 397
Krämer-, Faß- u. Schweinemarkt 226, 231, 310, 371, 423, 472
Krämerstr. (Gablenberg) 66
Kraftfahrzeuge 88, 134, 226, 398, 551, 626, 645, 954, 981, 993, 1003
s. a. Volkswagen
— Fahrtenbuch 767
Kraftsport 694
Kraftsportverein (KV) 95 Stuttgart 413
Kraftverkehr Württ. AG 650

Kraftwagenreinigungs- u. Entseuchungsanlage 370
Krais, Felix, Hoffmannsche Druckerei 504
Krakau 640, 769
— Deutsche Leistung im Generalgouvernement, Ausstellung 694
Krankenbetreuung 633, 709, 978
Krankenhäuser 286, 333, 348, 566, 569, 606, 618, 631—633, 649, 666, 696, 731, 733, 792, 812, 817, 819, 826, 879, 985, 1000, 1004
s. a. einzelne Krankenhäuser, Ersatzkrankenhaus, Hilfskrankenhäuser, Kinderkrankenhäuser
— Seelsorge 456, 551
Krankenhaus Bad Cannstatt, städt. 87, 99, 163, 251, 300, 304 f., 307, 321, 348, 351, 380, 456, 525, 565, 622, 682, 716
— Chirurgische Abteilung 178, 613, 769
— Gutshof 568
— Hautabteilung 180, 424, 439
— Innere Abteilung 256, 269, 318, 511, 526, 674
— Krankenpflegeschule 234, 351
— Röntgenabteilung 178
Krankenhaus Bethesda 310
Krankenhaus Feuerbach 300, 427, 716, 733, 757
— Chefarzt 520
Krankenhaus, Homöopathisches 514, 674
Krankenhaus für Nervenleidende (Villa Siemens), Degerloch 603
Krankenhausfürsorgerinnen 299 f.
Krankenhausverwaltungen s. Vereinigung
Krankenhauswesen 270, 785
Krankenkassen, württ. 203
Krankenkontrolle 179, 235
Krankenpflegestationen 632
Krankenstand 449, 554 f., 567, 709
Krankenversicherung 235
Krauß, Fotofachgeschäft 251
Kreidler GmbH, Metall- u. Drahtwerke 632
Kreisauer Kreis 838
Kreisbauernführer 70, 1007
Kreisbauernschaft 803
Kreisfilmstelle Stuttgart 274
Kreisfilmstellenleiter 384, 459
Kreisfunkberatungsstelle Groß-Stuttgart 79
Kreiskriegerbund 793
s. a. Deutscher Reichskriegerbund, NS-Reichskriegerbund, Württ. Kriegerbund
Kreisliederfest, Stuttgarter 300

Kreisordnung 94, 456
Kreispolizeibehörde 926
Kreisrat, Stuttgarter 94
  s. a. Bezirksrat
Kreisschlichtungsstelle 449
Kreissparkasse Stuttgart-Amt 586, 648
Kreßbronn 359
Kreßbronner Str. 639
Kriegsarbeitseinsatz 889
Kriegsbeitrag an das Reich 610 f., 637, 646, 697, 728, 740
Kriegsbergstr. 468, 654
Kriegsberufswettkampf s. Berufswettkämpfe
Kriegsbeschädigte 70, 209, 228, 269, 274, 373, 388, 440, 627, 672, 678, 766 f., 784, 937, 1007
Kriegsbörse 1023
Kriegsbuchwoche 783
  s. a. Buchwoche
Kriegseinsatz der Jugend 887
— der Künstler 1009 f.
— der Studenten 989
— von Frauen 584, 662, 807, 886, 894, 922, 969, 980, 997
  s. a. Kriegshilfsdienste, Pflichtarbeitseinsatz von Frauen
Kriegsernährungswirtschaft s. Ernährungswirtschaft
Kriegsfürsorge 661, 697
Kriegsgefallene s. Gefallene
Kriegsgefangene 631, 690, 692, 699 f., 705, 710, 741, 759 f., 779, 828, 834, 876, 893, 905, 931, 963 f., 967, 987
Kriegsgefangenenaustausch 1015
Kriegsgefangenenlager Gaisburg 699, 705, 749, 893
Kriegsgeschäftsverteilungsplan der Stadtverwaltung 691
Kriegshilfsdienste 778, 805, 860, 881, 941, 947, 960 f.
  s. a. Kriegseinsatz von Frauen, Pflichtarbeitseinsatz von Frauen
Kriegshinterbliebene 269
Kriegsmusterbetrieb 863
  s. a. NS-Musterbetrieb
Kriegsopferehrentag, schwäb. 70
  vgl. a. Tag
Kriegsopfersiedlung Stuttgart 373, 423
Kriegssachschädenrecht 950
Kriegssachschädenverordnung 958
Kriegsschäden 764, 890, 895, 982, 996
  s. a. Fliegerschäden
  vgl. a. Luftangriffe

Kriegsschädenamt, städt. 895, 916, 930 f., 948, 956, 977 f., 1000, 1006
Kriegswerk, württ. 817
Kriegswinterhilfslotterie s. Winterhilfslotterie
Kriegswinterhilfswerk s. Winterhilfswerk
Kriegswirtschaft 584, 612, 643 f., 653 f., 656, 661, 679, 697, 741, 754, 757, 776, 778, 801, 803, 808, 834, 856, 873, 883, 886, 902, 962, 973, 983
Kriegswirtschaftsamt s. Wirtschaftsamt, städt.
Kriegswirtschaftsordnung 610, 612, 828
Kriegswirtschaftsverbrechen 700, 869, 876, 882, 934
Kriegswirtschaftsverbrecher 1017
Kriminalität 876, 999
  s. a. Jugendkriminalität
Kriminalmuseum 809
Kriminalpolizei, Stuttgarter 29, 454, 809
— Mordkommission 347
Kroatien 793, 859 f., 891 f., 910, 920, 959, 972
— Kolo (Chor) 783
— Ustascha (Bewegung für ein unabhängiges Kroatien) 852, 892
Kröner, Alfred, Verlag 464
Kron-Apotheke 538
Krone, Zirkus 197, 269, 372, 475
Kronenbau AG 425
Kronenstr. 62, 407 f., 416, 458, 788
Kronprinzenpalais 38, 61, 151 f., 200, 281, 284, 399, 503, 506, 558, 564, 595, 637, 652, 657, 677 f., 704, 718, 730, 735, 751, 758, 779, 783, 802, 820, 830, 860 f., 877, 919, 932
Kronprinzstr. 198, 296, 463 f., 519, 736, 858, 926, 935
Kronstadt 151
— Bachchor der Schwarzen Kirche 419
Krumau/Moldau 603
Krumrein u. Katz, Holzbearbeitungsmaschinenfabrik 372
Kuban-Kosaken 658
Kübler AG, Bauunternehmen 127, 594, 915
Küchen, Speiseanstalten, städt. 11, 20, 639
  vgl. a. Volksküche
Küferhandwerk s. Böttcher- und Küferhandwerk
Küferstr. 246, 391, 537
Kühnersches Anwesen (Degerloch) 505
Künstlerbund, Stuttgarter 98, 189, 267, 329, 335, 437, 480, 576, 832
— Vorsitzender 164
Künstlerkriegshilfe 678
Künstlernothilfe 90, 426

SACH- UND ORTSNAMENREGISTER

Künstler-Renten- u. Pensionsanstalt 385
Kultminister, württ. 356, 367, 393, 467, 543, 589, 767, 868, 944
 s. a. Mergenthaler
Kultministerium, württ. 5, 16, 23, 29, 31, 43, 47, 57, 59, 103, 128, 204, 237, 243, 248 f., 261, 284, 313, 328 f., 336, 357, 361, 378, 393, 526, 620, 691, 703, 711, 713, 742, 862
Kulturwarte 401
Kunstbesitz, Kunstsammlung, städt. 108, 628
Kunstgebäude 2, 16, 32 f., 35, 40, 62, 81 f., 94, 96, 98, 122 f., 150, 156, 171, 181, 184, 189 f., 197, 203 f., 238, 246, 249, 251 f., 260, 267, 270, 286, 295, 312, 335 f., 375, 392, 394, 406, 413, 429, 434, 437, 461, 466, 471, 480 f., 488, 498, 505, 511, 525, 543, 546, 548 f., 552, 556, 559, 567, 576, 581, 589, 594, 634, 643, 711, 738, 781, 793, 809, 830, 899, 939
Kunstgewerbeschule 244, 404, 460, 495, 504, 567, 597, 625, 627, 666, 679, 718, 734, 764, 787, 900
 s. a. Staatliche Akademie der bildenden Künste Stuttgart (Hochschule für freie u. angewandte Kunst)
Kunsthandlungen, Kunsthäuser
— Fischinger 354, 378, 395, 420, 462, 546
— Hartmann 273, 319, 335
— Hirrlinger 491, 578, 661, 699, 738
— Lang 378
— Schaller 103, 146, 158, 236, 241, 274, 290, 308, 314, 321, 340, 356, 379, 394, 399, 431, 437, 463, 490, 517, 585, 598, 628, 640, 659, 693, 714, 754, 772, 785, 823, 857, 874, 884, 904, 937, 953
— Starker 860
— Valentien 16, 32, 282, 306, 319, 365, 378, 388, 403, 414, 422, 486, 653, 938
Kunsthöfle, Bad Cannstatt 580, 762, 773, 796, 897, 910, 934, 943
Kunstkommission, städt. 24
Kunstkraftsport 450
Kuramt 145, 315, 565, 587, 621, 680 f.
— Leiter 524, 666
Kurtz, Glockengießerei 306, 530
Kurtz, Spielwarenhandlung 70

L

Lämmle AG Zuffenhausen, Eisenmöbelfabrik 407, 630
Ländliche Gaststätte, Killesberg 661
Landarbeiter 598, 701, 733, 833
Landauer, Firma 313
Landdienst 296, 354, 391, 439, 821
 s. a. Landhilfe
Landesamt für Denkmalpflege, Landesdenkmalamt 133, 324, 421, 609, 639
— Leiter 95
Landesanstalt für den Physikunterricht, württ. 248
— Leiter 503
Landesanstalt für landwirtschaftliche Gewerbe Hohenheim, Direktor 435
Landesanstalt für Pflanzenschutz Hohenheim 508
Landesarbeitsamt für Südwestdeutschland 1, 66, 94, 153, 300, 438, 631, 692
 s. a. Gauarbeitsamt Württ.
— Präsident 180, 183, 528
Landesausschuß für Jugendpflege, württ. 5
Landesausschuß für Volksgesundheitsdienst, württ. 81
Landesbauernschaft 49, 54, 116, 187, 207, 241, 292, 358, 479, 508
 s. a. Landwirtschaftlicher Hauptverband, Württ. Bauernbund, Württ. Landesobstbauverein, Württ. Weinbauverein
— Führer 36
 s. a. Arnold
Landesbauerntag, Württ.-Hohenzollern, Gau 358
Landesbaugenossenschaft württ. Verkehrsbeamter u. -arbeiter 304
Landesbischof, württ. 33, 45, 54, 92, 136, 152, 157, 159, 438, 527, 551, 563, 688, 739, 756, 869
 s. a. Wurm
— Stellvertreter 869
Landesbruderräte 786
 s. a. Bruderräte
Landesfinanzamt 82, 382
Landesfremdenverkehrsverband Württ.-Hohenzollern 417
— Leiter 520
Landesfürsorge 296, 369
 s. a. Fürsorge, Württ. Landesfürsorgeverband
Landesgeflügelzuchtanstalt 306
Landesgewerbeamt, württ. 3, 110, 163, 440, 447, 452, 479, 490, 495, 668, 672, 705, 707, 824
— Leiter 482
Landesgewerbemuseum 18, 80 f., 89, 108, 134, 141, 182, 207, 249, 270, 290, 306, 350, 365,

371, 382, 401, 418, 455, 496, 512, 520—522,
525, 537, 543, 562, 578, 583, 631, 634, 643,
652, 654, 679, 681, 701, 713, 720, 726, 732,
735, 738, 743, 751, 756, 765, 770, 786, 796,
816 f., 830, 865, 880, 914, 937
Landeshebammenanstalt 249
  s. a. Württ. Landeshebammenschule
Landesjugendpfarrer von Württ., evang. 137
Landesjugendstelle, evang. 147, 893
Landeskirchenausschuß 869
Landeskirchentag (Landessynode) 45, 59 f., 93.
  98, 116, 152, 157, 771
— Ausschuß 116
— Präsident 60
Landeskongreß der Erwerbslosen 4
Landeskriminalpolizeiamt 31
  s. a. Politische Polizei
Landesorchester Württ.-Hohenzollern 161,
  170, 200, 236, 278, 318, 320, 326, 350, 356,
  361, 381, 384, 426 f., 430, 441, 461, 476, 480,
  495, 501—503, 520, 542, 549, 555, 567, 570,
  581, 585, 588, 590, 596, 621, 648 f., 653, 659,
  664, 667, 671 f., 674, 677, 681, 688, 695, 702,
  717, 731, 736, 743, 747, 755, 759 f., 767 f.,
  774, 780 f., 788, 800, 826, 851, 882, 885, 892,
  929, 963
Landesplaner 492
Landesplanung 856
Landesplanungsbehörden 389
Landesplanungsgemeinschaft Württ.-Hohen-
  zollern 299, 307, 341, 389, 533
— Bezirksstelle Stuttgart 389 f., 458
Landesplanungsgemeinschaften 389
Landespolizei, württ. (früher Polizeiwehr)
  105, 175, 208, 237, 414
  s. a. Nachrichtenabteilung, Schutzpolizei
— Vereidigung 210
Landespreisstelle 252
  s. a. Preisüberwachungsstelle
Landesrechnungshof s. Rechnungshof
Landessaatzuchtanstalt Hohenheim 483
Landesschießen, württ. 317
Landesschule Süd für Arbeitsführung 244
Landesturnanstalt 404, 452
  s. a. Turnlehrerbildungsanstalt
Landesverband der Gartenbauvereine, Württ.-
  Hohenzollern 844
Landesverband der kath. Arbeiter u. Arbeite-
  rinnen Württ. e. V. 464, 601
— Auflösung 451
Landesverband der Presse, württ. 907

Landesverband der Stadtgarden u. Bürger-
  wehren Württ. 18
Landesverband württ. Gaswerke 73
  s. a. Deutscher Verein von Gas- u. Wasser-
    fachleuten, Gas- u. Wasserversorgung
— Auflösung 277
Landesverkehrsverband Württ.-Hohenzollern
  171, 220
Landesversicherungsanstalt, Württ. 326, 465,
  580
  s. a. Verband
Landeswahlausschuß 23
Landeswahlleiter 23
Landeswasserversorgung 3, 5, 20, 84, 87, 113,
  1005, 1023
  s. a. Wasserversorgung
Landeswirtschaftsamt 818, 908, 919, 996
Landflucht 125, 300, 307, 439
Landgericht 57, 64, 81, 97, 104, 168, 262, 284,
  330, 348, 375, 429, 447, 671, 840, 940
— Präsident 112, 183
Landhausstr. 535, 566, 791
Landhausstr. (Zuffenhausen) s. Wattstr.
Landhilfe 76, 86, 95, 116, 121, 124, 137, 144,
  194, 221, 240, 242, 354, 439, 688, 887
  s. a. Landdienst
Landjahr 191, 242, 341, 354, 393, 611, 691,
  768, 949
Landjahrheime (-lager) 221, 242, 315, 340,
  374, 431, 449
  s. a. Wart
Landjahrpflicht 324 f.
Landräte 208, 325, 428, 458, 775, 784, 958
Landratsämter 637
Landtag 2 f., 5—7, 10, 15 f., 20, 23, 27, 37 f.,
  41, 44, 58, 80, 96, 1009
— Präsident 6, 16 f., 27, 37, 112, 227
Landtagsarchiv 464
  s. a. Württ. Staatsarchiv
Landtagsbücherei 463
  s. a. Regierungsbücherei
Landtagsgebäude 11, 13, 66, 70, 94, 101, 105,
  172, 174, 178, 238, 259, 272, 274, 276, 287,
  289, 297, 327, 339, 348, 395, 428, 439, 463,
  472, 523, 532, 536, 550, 622, 713, 864, 949
Landwehr-Infanterie-Brigade, 9. württ. 263
Landwirtschaft 115 f., 139, 144, 158, 181 f.,
  214, 287, 300, 344, 348, 390, 557, 565, 631,
  827, 843, 902, 905, 949, 1018
  s. a. Zentralstelle
Landwirtschaftliche Berufsgenossenschaft
  Württ. 346, 427

SACH- UND ORTSNAMENREGISTER

Landwirtschaftliche Genossenschaften, württ. 23, 43, 132, 683, 831, 908
— Vorsitzender 43 f.
— Warenzentrale 971
Landwirtschaftliche Genossenschafts-Zentralkasse eGmbH Stuttgart 582, 831, 908, 966
s. a. Württ. Landwirtschaftsbank, Württ. Warenzentrale
Landwirtschaftliche Hochschule Hohenheim 92, 94, 123, 211, 248, 291, 294, 303, 306, 398, 435, 490, 538, 644, 707, 809, 811, 816 f., 840, 878, 911, 942, 987, 1007
— Rektor 25, 29, 123, 477
Landwirtschaftliche Woche 10
Landwirtschaftlicher Hauptverband, Württ. u. Hohenzollern 10, 49
s. a. Landesbauernschaft
— Präsident 36
Landwirtschaftskammer, württ. 10
— Vorsitzender 58
Landwirtschaftsschule Hohenheim 733
s. a. Ackerbauschule Hohenheim
Lange Str. 424, 736
Lauffen 780, 783
Laupheim 541, 784, 846
Lautenschlagerstr. 86, 127, 158, 210, 317, 407 f., 416, 458, 464, 542, 729
Lazarette 613, 618, 623, 627, 633, 668 f., 682 f., 685 f., 688, 692, 696, 699, 704, 707 f., 715, 723, 740, 744, 763, 770, 774, 778 f., 803, 826, 852, 973
Lazarettschiff Stuttgart 617
Lazarettzüge, Verwundetentransporte 679, 696, 740, 1015
Lebensmittelgeschäfte 616, 823, 842, 879, 909, 929, 938, 964, 968, 985, 995
Lebensmittelpolizei 728
Lebensmittel(sonder)zuteilung 82 f., 174, 196, 609, 631, 637, 823, 975, 981, 989 f., 992, 996, 999, 1002—1006, 1008—1010, 1019, 1022
s. a. Rationierung
Lebensmittelversorgung 575, 633, 751, 763, 802, 981, 994, 1022
s. a. Rationierung
Lechler, Christian, Lack- u. Farbenfabrik Stuttgart-Feuerbach 192, 258, 362
Lederberg 550, 620
Lederindustrie 237
Lehenstr. 263
Lehrbaustelle Württ. 477
Lehrer 117, 157, 171, 187, 219, 298, 329, 431, 449, 506, 595, 703, 746, 782, 862, 931, 967

— Schulungslager 219
Lehrerbund, republikanischer 25
Lehrergesangverein, Stuttgarter 285
Lehrergesangvereine 106
Lehrerinnenverein, Allgemeiner, Württ. 28
Lehrerschaft, deutschnationale 34
Lehrerseminare, württ., Aufhebung 183
Lehrerverbände, württ. 23
s. a. Verband, Württ. Lehrerverein
Lehrwerkstätte Mühlhausen 356, 363, 472, 577
s. a. Umschulungswerkstätten, städt.
Leibeserziehung der Jugend, Ausbildungsvorschriften 623
Leicht, Robert, Brauerei 465, 750
— Saalbau 643
Leichtathletik 43, 51, 110, 116, 146, 216, 228, 231, 277, 288, 298, 308, 318, 399, 406, 410 f., 426, 495, 591, 600, 690, 760, 767, 769, 838, 907
Leinfelden 89, 457, 500
Leipzig 20, 39, 43, 76, 106, 146, 156 f., 170, 188, 267, 306, 344, 372, 399, 449, 454, 464, 487, 520, 976, 984
— Gewandhausorchester 251, 384
— Künstlergenossenschaft 384
— Thomanerchor 327, 444, 706, 781
— Völkerschlacht 902
Leipziger Platz 126
Leistungsabzeichen für vorbildliche Berufserziehung 377, 496, 658, 712, 878, 940
Leistungsabzeichen für vorbildliche Heimstätten u. Wohnungen 653
Leistungsausschuß für Gemüse- u. Obstbau 924
Leistungskampf der deutschen Betriebe 864, 878, 898, 906, 973
Leistungslohnsystem 851
Leistungsprinzip 163, 853
Leistungswettbewerb für Gemüse- u. Obstbau 923
Lenbachstr. 961
Leobener Str. 659
Leonberg 121, 175, 257, 439, 457, 482, 578, 640, 991, 993
— Kreis 515, 539, 607, 1003
Leonberger Str. 319
Leonhardsplatz 61, 67, 147, 415, 468, 478, 589 f., 599, 611, 714, 798, 994
Leo-Vetter-Str. 205
Lerchenheide 540
Lerchenstr. 349

Lettland, lettisch 52, 140, 164, 583 f., 911, 1022
Levi, R., Buchhandlung u. Antiquariat 413
Lichtspielhäuser 509, 605, 628 f., 733, 793, 827, 891, 898
— Filmtheater im Gustav-Siegle-Haus 960
— Freilicht-Filmtheater am Rosengarten 990
— Kammerlichtspiele 152, 437, 501, 528, 968
— Königsbau-Lichtspiele 91, 253
— Palast-Lichtspiele 143, 152, 165, 191, 241, 309, 323, 437, 444, 447, 472, 529, 650, 699, 764
— Theater der Zeit (ehemaliges Planetarium) 938
— Tobi-Lichtspiele 110
— Ufa-Palast 169, 253, 409, 452, 495, 508, 522, 550, 720, 775, 778, 792, 880, 884
— Union-Theater 621
— Universum 7, 49, 62, 77, 82, 92 f., 97, 112, 143, 149, 174, 183, 220, 225, 261, 278, 314, 321, 352, 371, 377, 400, 430, 444, 449, 460 f., 475 f., 484, 513, 529, 533, 544, 588, 658, 699, 712, 732, 740, 746, 748, 776, 792, 819, 856
— Urania 46, 314
Lichtspieltheaterbesitzer 62, 105, 238, 384, 547, 967 f.
Liechtenstein, Fürstentum 721
Liederhalle 1, 4, 8, 10—13, 22, 28, 37, 39, 43—45, 47 f., 54, 59, 62, 66—68, 72, 75, 77—79, 83, 90, 92 f., 101, 105, 114, 119, 121, 128, 132, 134, 138, 150, 152, 156 f., 159—161, 167, 170 f., 173, 182, 184, 186, 188, 192, 193 f., 196, 198, 204, 207, 209, 211, 217, 228, 232, 236—239, 242, 245, 250 f., 257, 259—262, 265, 270—275, 277 f., 280, 282 f., 284, 286, 288—290, 292, 298, 301 f., 309, 315, 317—319, 322—324, 326—328, 333, 335 f., 338, 340, 343 f., 347, 349, 350, 352—354, 357, 359—362, 364—367, 369, 372 f., 374—376, 379, 381, 383, 386, 396 f., 404, 407, 414, 418 f., 425—432, 434—438, 440—442, 444—452, 454, 458—463, 466 f., 470 f., 475, 478—482, 486 f., 490, 493, 501, 506, 509, 516—524, 526—529, 531 f., 534—536, 540—546, 548 f., 552—555, 559—563, 569, 573, 575, 577, 581 f., 584, 586 f., 600, 621, 625, 627, 629, 631 f., 634, 637, 644 f., 647—649, 651—653, 655—658, 662, 664, 668, 671 f., 675, 679, 690, 692, 695—697, 701 f., 704 f., 708, 711—713, 715—721, 725—727, 729—732, 734, 736, 739, 741, 743—745, 747—749, 751—754, 758, 762, 770, 774, 776—783, 785—788, 791, 793—795, 797,
800 f., 804 f., 807 f., 811, 818, 820, 823, 826, 828 f., 831 f., 835, 837 f., 842, 848, 850 f., 853 f., 857—861, 864 f., 868 f., 871—873, 878—885, 887—889, 893—895, 897, 899—902, 908, 910 f., 919 f., 923, 925, 928 f.
Liederkranz Botnang 217, 463
Liederkranz Gablenberg 780
Liederkranz Möhringen 497
Liederkranz Untertürkheim 390
Liederkranz Wangen 709
Liederkranz Weilimdorf 588
Liederlust Gablenberg 745
Liedertafel Stuttgart 745
Liegenschaftsamt, städt. 543, 835, 861, 907
Lilienthal-Gesellschaft für Luftfahrtforschung 293, 433
Lindemann, Buchhandlung 73, 446
Lindenhof, bei Schwäbisch Gmünd 133
Lindenmuseum 91, 185, 187, 261, 268, 278 f., 290, 435, 488, 525, 530, 545, 558, 707, 712, 730, 735, 787, 830
Lindenschulstr. 550
Lindenstr. 77, 315, 410
Lindenstr. (Bad Cannstatt) 135
Lissabon 357, 372, 689, 782, 836, 897, 913
Liststr. 398
Litauen, litauisch 140, 164, 195, 583
Literarischer Klub 169, 175, 247, 259, 264, 278, 325
— Auflösung 300
Literaturpreis der Stadt Stuttgart und des Deutschen Ausland-Instituts 185, 204
s. a. Schrifttumspreis der Stadt der Auslandsdeutschen, Volkspreis
Liverpool 288
Liverpool and London Globe Ensurance Comp. Ltd. 628
Lodz 640, 738
Löhne u. Gehälter 56, 131, 150 f., 167, 189, 227, 529, 611, 630, 638, 807, 816, 853, 861, 867, 898, 913, 920
Lönsweg 723
Löwenapotheke 113
Löwenstein, Firma 130
Löwentor 219, 586
Löwe's Verlag 477
London 27, 38, 45, 52, 99, 218, 237, 276, 326, 515, 577
— Ausstellungsräume der Firma Daimler-Benz 202
— Ortsgruppe der NSDAP 453
— Philharmoniker 335

SACH- UND ORTSNAMENREGISTER

Lortz-Plakat, Firma 512
Lubitz, Arnold, Tanzkapelle 88
Lublin 629, 640
Ludendorffstr. (früher Teilstück der Schloßstr., jetzt Bolzstr.) 198, 830
Ludwigsburg 40, 77, 101, 103, 114, 156, 178, 190, 223, 227, 255, 279, 289, 292, 322, 325, 334, 339, 369, 425, 432, 459, 471, 492, 525, 573, 623, 652, 659, 777, 849, 957, 993, 1010, 1023
— Beobachtungs- u. Fürsorgeerziehungsheim 946
— Kreis 515, 607
Ludwigsburger Str. 165, 223, 226, 268, 284, 303, 677, 728, 751
Ludwigspital 177, 263, 300, 716
   s. a. Katharinenhospital
Luftabwehr 696, 800, 871 f.,
   s. a. Flak
Luftabwehrkommando 622
Luftalarm (Fliegeralarm) 681, 689, 707, 711, 802, 882, 918, 929, 936, 939, 950, 954, 959, 1008, 1013, 1019
   vgl. a. Luftwarnung
Luftamt Stuttgart 130, 154
   s. a. Reichsluftfahrtverwaltung
Luftangriffe (Fliegerangriffe) 60, 184, 416, 420, 449, 619, 622, 624 f., 658, 675 f., 693 f., 710 f., 733, 766, 778, 780, 783, 828, 849, 850 f., 864–866, 870 f., 885–891, 893 f., 904, 910, 923 f., 928, 930, 932, 934 f., 936–938, 941, 948–951, 953–955, 957 f., 961 f., 966, 975–982, 984 f., 987–1007, 1009–1011, 1013–1019, 1021 f., 1024
   s. a. Luftkrieg
   vgl. a. Fliegergeschädigte, Fliegerschäden, Kriegsschäden
Luftfahrt s. Luftverkehr
   s. a. Lilienthal-Gesellschaft
   vgl. a. Tag der deutschen Luftfahrt
— Forschungs- u. Lehrzentren (Projekt) 293
Luftfahrterprobungsstelle 678
Luftgau 15 345
— Kommandeur 328
Luftgaukommando VII 705, 708, 733, 783, 823, 825, 849, 872
Luftgaunachrichtenabteilung 480
Luftkrieg 898, 902, 923, 934, 945, 955
   s. a. Luftangriffe
Luftkriegsmaßnahmen, zivile, Reichsinspektion 974
Luftpost 52, 690

Luftschiffe 53, 152, 175, 275, 312, 382, 388, 399, 512, 544, 599
Luftschutz 48, 59, 68, 95, 120, 126, 144, 178, 182, 335 f., 345, 449, 458 f., 497, 531, 534, 540, 548, 559, 575, 581, 592, 603, 607–609, 612–615, 619, 622, 627 f., 631, 633, 637, 640, 646, 648, 650 f., 658 f., 668, 671, 675, 689, 694, 697, 701, 705, 711, 713–716, 718, 723, 732 f., 737, 739 f., 744, 748, 751, 757, 759, 768–770, 779, 793, 825, 829, 834, 843, 887 f., 891, 894 f., 899, 903, 906, 909, 916–920, 925, 928, 932, 934, 939 f., 942, 957, 959 f., 965 f., 974, 980, 982, 984 f., 998, 1000, 1001, 1008–1010, 1019
   s. a. Deutscher Luftschutzverband, Reichsluftschutzbund, Verdunkelung, Vernebelung
— Beratungsstelle für Luftschutzbauten 59
— Fachgruppe 98
— Haus- v. Brandwarte 178, 336, 392, 420, 897
   s. a. Luftschutzwarte
— Sanitätsdienst 678
Luftschutzamt, städt. 658
Luftschutzdienst 207, 871 f., 891, 960, 979
Luftschutzgau VII 715
Luftschutzgemeinschaften 965
Luftschutzlehrer 655
Luftschutzleiter, örtlicher 715, 759, 829, 916 f., 936, 950, 961
Luftschutzrettungsstellen 624, 654, 678
Luftschutzreviere 991
Luftschutztag 393
Luftschutzwarte 891, 929, 939
Luftsport 120, 128, 137, 154, 182, 205, 248, 263, 320, 392
   s. a. Volksflugtag
Luftsportlandesgruppe 15 400
   s. a. NS-Fliegerkorps
Lufttechnische Gesellschaft mbH 767
Luftverkehr 20, 35, 52, 96, 115, 127 f., 202, 226, 248, 263, 280, 372, 393, 484, 514, 580, 604 f., 609, 689, 782, 791, 988, 1006
   vgl. a. Verein
Luftverkehr Württ. AG 213, 411
   s. a. Flughafen Württ. AG Stuttgart
Luftverteidigung 961, 969
Luftwaffe 60, 233, 297, 540, 574, 605, 609, 628, 662, 696, 700, 730, 747, 759, 791, 796, 848, 880, 937, 942, 947, 998
— Forschungsinstitut 792
Luftwaffenhelfer(innen) 881, 889

Luftwarnung 850, 936, 1019
vgl. a. Luftalarm
Luginsland 326, 477, 500, 552, 565, 569, 694, 729, 749, 793
Luisenstr. 716
Lutherischer Schulverein, Allgemeiner 248
Lutz, Robert, Verlag 243
Luxemburg 713, 738
— volksdeutsche Bewegung 757
Lyon 215, 548, 689

M

Mack, B. u. Sohn, Bad Cannstatt 470
Madental 411
Madrid 326, 782, 815
Männerturnverein (MTV) 72, 322, 338, 342, 366, 371, 437, 529, 931, 1008
Maercklin, Jakob Friedrich, Haushaltswarengeschäft 232
Magdalenenverein 388
Magirus, C. D., AG Ulm 229
Magstädter Str. 483
Mahle KG Bad Cannstatt 454, 488, 558, 670
s. a. Elektron-Co. mbH, Elektronmetall GmbH Bad Cannstatt
— Werkchor u. Quartett der Betriebsgemeinschaft 708
— Siedlungs GmbH 488
Maifeier 28 f., 120, 201 f., 283, 379 f., 479, 574, 671, 750, 827, 898, 962
Mailänder, I. G., Druckmaschinenfabrik 504
Mailand 374, 696
— Scala 458, 774
Mainstr. 505
Makaria, Studentenverbindung 209
Malerhandwerk 194
— Reichsinnungsverband, Bezirksstelle Württ.-Hohenzollern 433 f.
Manchester 388
Mannheim 94, 146, 169, 372, 405, 518, 699, 758, 826, 940
Mannheimer Staffel 639
Mannheimer Str. 639
Manzeller Weg 639
Marbach a. N. 24, 849
— Dampfkraftwerk 317 f., 458, 578, 647, 756, 847
— Schiller-Nationalmuseum 206, 223, 315
— Staustufe 492
— Wasserkraftwerk 402, 492
Marburg 104, 563, 641, 873

Marconistr. (Zuffenhausen; früher Jahnstr., jetzt Marconistr.) 468, 512
Marienanstalt 67, 435
Marienburg (im Abelsberg) 413
Marienburg (Ostpreußen) 182
Marienhospital 25, 96, 484, 679, 682, 704, 766, 772
Marienplatz s. Platz der SA
Marienstr. 318, 423, 447, 501, 508, 617, 674
Marine 311, 314 f., 337, 509, 535, 585, 768, 821, 904, 913
Marinekameradschaft Stuttgart 307
Marineverein Stuttgart 127
Markelstiftung 400
Markgröningen 341, 849, 920
Marktamt 18
Markthalle 59, 225, 273, 307, 501, 825, 838, 1004, 1007, 1021 f.
Marktplatz 1, 6, 9, 11—13, 18, 28, 37, 45, 51, 65, 70, 73, 76, 107, 109, 115, 117, 122, 126, 129, 137, 144, 147, 154, 159, 168, 174, 178, 195, 206, 213, 233, 253, 275 f., 283, 292, 305, 323, 353, 379 f., 471, 479, 505, 514, 526, 537, 587, 590, 611, 628, 676, 714, 730, 777, 785, 796, 927, 945, 976, 979
Marktstr. 542
Markungsgrenzänderungen 160, 387, 415, 474, 478, 565, 620
Marquardt, Hotel 123, 127, 147, 167, 246, 250, 325, 351, 368, 371, 396, 400, 415, 444, 452, 460, 525, 570, 738, 786, 901
Marseille 357, 372
Marstall 93
— Café 375
Martin-Schrenk-Weg (Str.) 688
Martin-Luther-Str. (Bad Cannstatt; früher Teckstr., jetzt Martin-Luther-Str.) 77
Marwitz, Firma 315
Materialprüfungsanstalt 487
Matineen 4, 22, 78, 82, 153, 159, 235, 261, 343, 347, 351, 409, 440, 450, 462, 473, 551, 623, 632—634, 655, 661, 667, 706, 708, 714, 727, 741, 743, 775, 779, 782, 785, 793, 797, 827, 843, 857, 873, 962, 970, 977
Maul- u. Klauenseuche 430, 440, 527, 556, 568, 583, 633, 653, 728
Maur, Paul von, Speditionsfirma 347, 477, 616
Mauthausen, Konzentrationslager 759
Mauz u. Pfeiffer, Elektro-Apparatebau 530
Max-Eyth-See 312, 395, 409, 519, 677, 768, 812

SACH- UND ORTSNAMENREGISTER

s. a. Hofen, Stausee
Maxim, Kabarett 948
May, A., Stuttgart, Tamm, Obertürkheim, Möbelfabriken 728
Mayer, A., Kolonial-, Material- u. Farbwarengeschäft 845
Mayer, Robert, Gas-, Wasser- u. Heizungsanlagen 745
Mehrkampf 499
Meisterschule des Deutschen Handwerks 734
Meisterschule für Zahntechniker 782
Meldepflicht der Hausangestellten 920
— der Kulturschaffenden 991
Melderecht, neues 495
Memeldeutsche 195, 591, 593
Memelland 195, 235, 561 f., 563 f., 576
Menschenfreundliche Versammlung, Gesellschaft, Auflösung 97
Mercedes-Benz s. Daimler-Benz
Mercedes Schuhfabriken AG Bad Cannstatt 495, 612, 622, 712, 857, 870
Mercedesstr. 120, 491, 563, 633
Mergentheimer Str. 485, 492, 621, 680
Merz, Conrad, Leinenhaus 490
Messen, Messewesen 141, 548
vgl. a. Ausstellungen
— Braune Messe 76, 120, 141
— Frühjahrsmesse 290
— Gaststätten- u. Beherbergungsgewerbe 311
— Herbstmesse 853
— Sattlerarbeiten, landwirtschaftliche Maschinen u. Geräte 117
— Weihnachtsmesse s. Weihnachtsmarkt
Metallarbeiterheim 15
Metallgewerbe 356, 577
Metallindustrie 357
Metallspende 662 f., 666
Methodistenkirche 438
Metz 326
Metzger AG, Zahnräderfabrik Zuffenhausen 747
Metzingen 99
Metzstr. 714
Michaelsberg 784
Mies-van-der-Rohe-Haus 792
Mietbeihilfe 285
Mieteinigungsamt 62, 220, 826
Mieten 4, 53, 158, 188 f., 220, 227, 255, 265, 331, 343, 421, 450, 468, 488, 565, 582, 626, 635, 687, 749, 796, 804, 931
— Preisbildungsstelle bei der Miet- u. Pachtfestsetzung für Wohn- u. Geschäftsräume 444
Mieterschutz 450, 468, 574
Mieterverein 62
Milchhandel 611, 626
Milchhof 416, 503, 995, 1004
s. a. Württ. Milchverwertungs-AG
Milch- u. Fettwirtschaftsverband Württ. 879
Milchversorgung 333, 396, 797, 879, 1004
Milchversorgung Stuttgart GmbH 57
s. a. Vereinigung
Militärgerichtsbarkeit 101
Militärregierung, französische 1024
Militärsportplatz 155
Militärstr. 401, 570, 630, 651, 923
Mineralbad Berg AG 583, 720
Mineralquellen, Mineralwasser 99, 292, 498, 548
Ministerpräsident, württ. 31, 147
s. a. Mergenthaler
Ministerrat für die Reichsverteidigung 608, 610, 662
Mission, Basler 386
— deutsche evang. 386
— Innere 294, 388
Mitteleuropäischer Wirtschaftstag 498
Mittellandkanal, Süddeutscher (Projekt) 376, 553
Mittelstand 107, 196, 220, 225, 571
s. a. Württ. Mittelstandsbund
Mittelstandshilfe 838, 999
Mitterhoferstr. (Zuffenhausen; früher Forststr., jetzt Mitterhoferstr.) 512
Mittwochsgesellschaft, Auflösung 365
Mobilien-Zwecksparverband eGmbH, Stuttgarter 387
Mobilmachung 606 f.
s. a. Nottrauungen
Mode(nschauen) 156, 701, 824, 880, 884
Möbelgeschäfte, Landesverband Württ. 53
Möbelhandel, deutscher, Bezirksfachgruppe Württ. 277
Möbelwagen, Karnevalsgesellschaft 187 f., 353, 548, 657
Möckmühler Str. 539
Möhringen 84, 89, 108, 117, 222 f., 234, 342, 379, 457, 477, 481, 532, 545, 570, 643, 647, 686, 800, 822, 831, 864, 871, 881, 909, 954, 974, 1023
— Eigenheimsiedlung der Leonberger Bausparkasse 233
— Eingemeindung 342, 634, 787, 797, 800,

SACH- UND ORTSNAMENREGISTER

806, 811, 817, 822, 872, 874
→ Einwohner (Zahl) 687
— Gemeinderat 797, 800, 806
— Markung 715
— Sängerhalle 218
— Volkszählung 222
— Wohnungsbau 687
Möhringer Str. 169, 252, 284, 621, 744
Mönchfeld 688
Mönchsberg 83, 482
Mörike-Ausgabe, Stuttgarter 893
Mörikestr. 318, 479, 671, 732
Mössinger 565
Mohlstr. 377, 412, 1004
Mohnanbau 866, 872
  s. a. Ölfruchtanbau
Mollenkopf, Firma 428
Moltkestr. (Zuffenhausen) s. Morsestr.
Mordkommission s. Kriminalpolizei
Moringen, Arbeitserziehungslager 906
Morsestr. (Zuffenhausen; früher Moltkestr., jetzt Morsestr.) 512
Moselstr. 505
Motorsport 128, 174, 206, 232, 287, 295, 328, 360, 383, 392, 404, 411, 416, 483, 500, 505, 591, 599, 602
Mozambique 913
Mozartfest, Bad Cannstatter 495, 588, 681, 759, 837, 909, 970
Mozart-Quartett 686
Mühlacker 742, 1021
— Rundfunksender 99, 107, 110
Mühlbachhof 379, 412, 416, 513, 550, 793, 1005
Mühlgrün 714
Mühlhäuser Str. 48
Mühlhausen 48, 70, 83, 87, 122, 146, 148, 237, 277, 299, 505, 522, 527, 675, 688, 690, 720, 722, 728, 744, 753, 893
— Eingemeindung 28
— Kläranlage 66, 83, 239, 286, 348, 478 f., 679, 691, 708
— Siedlung 365, 397, 409, 492, 509, 698
  s. a. Palmsches Gelände
Mühlstr. (Wangen; jetzt Inselstr.) 130
Müllabfuhr 47, 649, 836, 868, 900, 1003
Müller, Albert, Buchhandlung 189
  s. a. Belser
München 21, 42, 49, 66 f., 80, 95, 101 f., 115, 146, 162 f., 186—188, 194, 196, 211 f., 224, 245, 254, 266, 283, 290, 292, 310, 312, 325, 332, 342, 348, 360, 368, 372, 385, 396, 402,
404, 428, 438, 474, 480 f., 483, 491, 498, 502, 517, 522, 535, 538, 541, 546, 549, 553, 555, 575, 578, 598, 621, 630, 639, 657, 659, 661, 664, 671, 674, 681, 686, 695, 699, 704, 712, 715, 731, 733, 736, 746 f., 757, 762, 768, 777, 782, 796, 845, 851, 882, 886, 898, 912 f., 984
— Ausstellung Entartete Kunst 402
— Bürgerbräukeller 629
— Deutsche Akademie 258, 555, 669, 721
— Deutsche Architektur- u. Kunsthandwerksausstellung 535
— Deutsche Kunstausstellung 497, 765, 832, 990
— Deutsches Museum 384, 433, 481
— Domchor 318
— Haus der Deutschen Kunst 408, 497, 765
— Luftkreiskommando 5 457
— Philharmoniker 349, 460, 543, 647, 739, 881
— Simplicissimus (Simpl), Ensemble 353, 440, 474
— Stroß-Quartett 649, 704, 765
— Stroß-Kammerorchester 908
— Tag der Deutschen Kunst 408
Münchingen 387, 440, 485, 565
Münchinger Str. 835
Münster 3, 21, 39, 48, 70, 103, 219, 276, 409, 423, 468, 496, 596, 694, 723, 773, 893, 1007, 1014
— Dampfkraftwerk (Fernheizwerk) 39, 163, 251 f., 297, 458, 492, 540, 544, 622, 633, 652, 673, 691, 702, 762, 793, 818, 1005, 1019, 1023
— evang. Gemeindehaus 443
— Schulhauserweiterungsbau 201
— Viadukt 622, 951
— Wasserwerk II 607
Münze, württ., Aufhebung 135
Münzstr. 232, 537, 542
Mütterberatung 948
Müttererholung 253
Mütter(erholungs)heime 226, 291, 641, 671
Mütterschulen s. NS-Frauenschaft
Museum für Kriegsgeschichte 32
Museum, Oberes 337, 351, 385, 445, 453, 479, 511, 519, 533, 535, 551, 572, 596, 624, 633, 705, 709, 717, 730, 734 f., 748, 752, 756, 759, 772, 778 f., 782, 785, 787, 793, 812, 824, 852, 864, 866, 871, 873 f., 878, 883, 885 f., 892, 911, 913, 930, 933 f., 945
Museum, städt. (Projekt) 451
Museum vaterländischer Altertümer 95

1107

SACH- UND ORTSNAMENREGISTER

Museumsgesellschaft 337, 560
Musiker 106, 338, 598, 665, 819, 873
— Kreismusikerschaft 302, 381, 480, 658, 933 f.
— Landesmusikerschaft 161
Musikpavillon 666
Musiktage, Stuttgarter 381
   vgl. a. Tag
— Bad Cannstatt 923
Musikverband, süddeutscher 55
Musikverein Gablenberg 140
Musikverein (Stadtorchester) Zuffenhausen 482
Musterung 212, 400, 504, 596, 624, 683, 686, 689, 692, 765
Mutterschutz 807, 892, 915
   s. a. Württ. Verein Mutterschutz
Muttertag s. Deutscher Muttertag

N

Nachrichtenabteilung 35 414
Nachrichtenhelferinnen 889
Nadlerstr. 279, 542, 721
Nährstand s. Reichsnährstand
Näherstr. 455, 499, 793
Nagold 309
— Kinderlandverschickungslager 913
Nancy 326
Natal-Pernambuco (Brasilien) 96, 115
Nationalbühne Stuttgart, Preisverleihungen 102, 115
Nationaler Buchpreis 866
Nationaler Musikpreis 664, 728
Nationalkomitee Freies Deutschland, Stuttgarter Gruppe 923, 997, 1023
Nationalpreisträger 510, 702, 734
   s. a. Staatspreisträger
Nationalsozialismus 28, 37 f., 43, 45, 47, 50, 58 f., 62, 64, 71—73, 81, 97 f., 100, 102 f., 116 f., 120 f., 130, 135—137, 140, 151 f., 159, 163, 170, 174, 178, 182, 202, 210 f., 216, 225, 236, 238, 244, 261, 265, 270 f., 288, 293, 318, 322, 329, 332, 334, 340, 342, 350, 358, 367, 378, 384, 408, 413, 485, 509, 542 f., 553, 569, 684, 805, 810, 816, 822, 860, 863, 877, 887, 896, 900, 909, 912, 1011
Nationalsozialistische Deutsche Arbeiterpartei (NSDAP) 5 f., 8 f., 11—15, 22 f., 25, 27, 30—32, 35, 37, 39, 53, 58 f., 70, 72 f., 76, 80, 82, 92, 97 f., 101, 112, 119 f., 137, 144, 157, 164 f., 168, 170, 176, 187, 192, 196, 204 f., 208, 212, 232, 236, 242, 247, 251, 262 f., 271 f., 273, 275 f., 280, 292, 297, 322 f., 327, 332, 334 f., 337, 355 f., 359, 361, 363 f., 376—378, 396, 399 f., 419, 438, 441, 443, 447, 450 f., 456, 462, 464, 494, 497, 500, 517, 523, 527, 532, 536, 541, 543 f., 564, 566, 580, 584, 594, 622, 638, 640, 645, 675, 706 f., 709—711, 717, 722, 725, 729, 731, 740, 749, 755, 760, 770 f., 777, 779, 806, 810 f., 813, 822, 827, 833, 836, 839, 843, 849 f., 896, 901, 909, 920, 922, 925, 927, 942, 944 f., 956, 962, 964, 978, 983, 988 f., 995 f., 1015 f., 1020
   vgl. a. Schutzstaffel, Sturmabteilung
— Auslandsorganisation (AO) 305, 310, 365, 391, 416—419, 423, 454, 463, 506 f., 538, 604, 663
— Austritt 329
— Beauftragter für Städtebau 241
— Betriebszellen 30, 55, 68, 210, 400
— Blutorden 554
— Demonstrationen u. Kundgebungen 1, 5, 13, 16, 18, 20, 54, 68, 100, 117, 119, 144 f., 172, 241, 245, 329, 337—339, 418 f., 469, 471, 562, 574, 721, 976
— Fachamt für Leibesübungen 293
— Führerkorps, Württ.-Hohenzollern, Gau 867
— Führernachwuchs 274
— Gauamt für Erzieher 862
— Gauamt für Kommunalpolitik 456
— Gauamt für Technik 533, 871, 879
— (Gau)amt für Volksgesundheit, Gaugesundheitsamt 812, 844, 883, 888, 897, 902, 948, 1018
   s. a. Gaustelle
— Gauamtsleiter, -walter 296, 400, 472, 989
— Gauarbeitsgemeinschaft 867
— Gauforum (Projekt) 698, 798
— Gaufrauenwartin 922
   s. a. Schöberl
— Gaufunkwart 293
— Gaugesundheitsführer 883
   s. a. Stähle
— Gaugesundheitsrat 863
— Gauhaus (Projekt) 558, 593
— Gaukulturwart s. Schmückle
— Gauleiter 835, 837, 878, 896, 906, 973, 976
   s. a. Murr
— Gauleiter-Bürckel-Spende 684
— Gauleitung 303, 346, 527, 670, 827, 875, 886, 932, 957 f., 976
— Gauobmann für Technik 301
— Gauparteitage 94, 100—102, 400

SACH- UND ORTSNAMENREGISTER

— Gaupresseamt 223, 976
— Gaupropagandaleitung, Württ.-Hohenzollern 126, 546, 867
— Gaurichter 394
— Gauschulungsamt 532, 756, 775, 797, 850, 867, 880
  s. a. Klett, Eugen
— Gaustelle für Eheberatung u. Ehevermittlung 883 f.
— Gaustelle für Schülerzeitschriften 862
— Gauwirtschaftsberater 313, 344, 687
— Gauwohnungskommissar 896
  s. a. Murr
— Hauptamt für Kommunalpolitik 162, 598, 659, 889, 958
— Hauptamt für Kriegsopfer 663
— Hauptamt für Volksgesundheit 433, 864
— Hauptschulungsamt 799
— Hausbeauftragte 619, 636, 660, 684, 696, 698
— Heimstättenamt 210, 300
— Kreis Stuttgart 72, 297, 574, 707
— Kreisamtsleiter (für Kommunalpolitik) 208, 428, 967
— Kreisgeschäftsführer 293, 469
— Kreisleiter 327, 348, 395, 428, 458, 472, 693, 711, 739, 989, 999, 1020
— Kreisleitung 54, 65 f., 68, 70, 94 f., 97, 107, 135, 139, 158, 164, 175, 202, 216, 259, 265, 338, 340, 374, 400, 409, 443, 787, 872, 898, 995, 997
— Kreispropagandaleiter 867
— Kulturhauptstellenleiter 270
— Landtagsfraktion 3, 5, 7, 24, 30, 44
— Mitgliedersperre 297
— Ortsgruppe Altstadt 1001
— — Bollwerk 1001
— — Dreieck 630, 1001
— — Furtbach 260
— — Gablenberg 253
— — Heumaden 460
— — Karlshöhe 650
— — Kriegsberg 1001
— — Leonhardtsplatz 449
— — Marienplatz 263, 398
— — Obertürkheim 225
— — Prag 243
— — Rosenberg 1000
— — Silberburg 1001
— — Stadtgarten 1000
— — Stöckach 412, 690
— — Zuffenhausen 225
— — Zuffenhausen-Stadtpark 797
— Ortsgruppen 100, 260, 293, 322, 343, 373, 442, 514, 580, 619, 621, 629, 654, 670, 852, 980, 984, 994—996, 1004
— Ortsgruppenleiter 327, 417, 442, 833, 930, 967
— Parteigebäude (Projekt), Dorotheenstr. 461
— Parteischulungsheim auf der Waldau (Projekt) 439
— Politische Leiter 272, 281 f., 297, 380, 397, 399 f., 419, 521, 570, 597 f., 670, 721, 797, 862, 925, 930, 942, 960
— Rassenbiologisches Amt 660
— Rassenpolitisches Amt, Kreisleitung Stuttgart 691
— Rassenpolitisches Amt, Reichsleiter 236, 246, 295, 381, 419
— Rassenpolitisches Amt, Württ.-Hohenzollern, Gau 343, 346, 418, 435, 526, 814, 963
— Rathausfraktion 8, 13, 24, 27, 31, 188, 240, 812
— Reichsleiter für die Jugenderziehung 913
— Reichsparteitage 57, 59, 85, 91, 110, 141, 149, 152, 198, 226, 230, 314 f., 320, 323, 510, 597, 600
— Rückwandereramt 305, 454, 604, 663
— Vereidigungen 188, 281, 853
— Wirtschaftskommission, Kommission für Wirtschaftspolitik 264, 340
NS-Frauenschaft 75, 83, 100, 159, 200, 238, 246, 272, 328, 380, 424, 488, 605, 636, 678, 707, 721 f., 754, 797, 825, 863, 930
— Abteilungsleiterinnen für Schulung u. Pressepropaganda 705
— Blockfrauenschaftsleiterinnen 865
— Führerinnen 441, 469
— Führerinnenschule 353, 373
— Gauabteilungsleiterinnen Organisation/Personal 691
— Gauarbeitsleiterinnen 425
— Gauschule II, Wernhaldenstr. 425 f., 441, 469, 659, 691
— Hausbeauftragte 698
— Kindermädchenschule 661
  s. a. Schule für Kinderpflege- u. Haushaltsgehilfinnen
— Kreisfrauenschaftsleiterinnen 352, 705
— Kreisfrauenschaftsleitung 949
— Mütterdienst 287, 735, 744, 863, 965, 988
— Mütterschulen 287, 433, 661, 666, 988
— Nähstube 627
— Ortsfrauenschaftsleiterinnen 988

- Reichsschule für auslandsdeutsche Frauen u. Mädchen 425, 441
- Schule für Kinderpflege- u. Haushaltsgehilfinnen 661
  s. a. Kindermädchenschule
NS-Gemeinschaft Kraft durch Freude (KdF) 97, 100 f., 117, 138, 140, 144, 162, 166, 168, 170, 173, 188, 194, 241, 247, 249 f., 275, 309, 315, 329, 334, 336, 350, 361, 381, 384, 392, 424, 436, 448, 455 f., 465, 471, 480, 500, 504, 509, 516, 534, 539, 568, 613, 643, 649, 658, 665, 676, 681, 685, 689, 702, 713, 717, 719, 726, 739, 744, 759, 774, 778 f., 785, 800, 828, 838, 852, 871, 880, 885 f., 891, 913, 916, 937 f.
- Betriebswanderwarte 349
- Führer der württ. Organisation 337
- Kreisdienststelle Stuttgart 349, 885
- Laienspielschar 404
- (Reichs)amt Feierabend 288, 337
NS-Handwerks-, Handels- u. Gewerbeorganisation 76, 89, 167
NS-Kampfspiele 402, 405, 408, 502
NS-Kriegsopferversorgung 388, 439, 678, 685, 858, 899
NS-Kulturgemeinde 207, 247, 278, 318, 341, 353, 359, 399, 424, 444, 572, 577, 649, 658 f., 664, 667, 673, 719, 726, 728, 739, 745, 781, 794, 861 f.
- Abteilung Volkstum u. Heimat 335
  s. a. Reichsbund für Volkstum u. Heimat
- Gauobmann, Württ.-Hohenzollern 350
NS-Musterbetriebe 479, 543, 574, 670, 750, 814, 827, 878
  s. a. Kriegsmusterbetrieb
NS-Studentenkampfhilfe 382, 399, 404, 408, 412, 447
- Gauverbandsleiter 462
NS-Volkswohlfahrt (NSV) 83, 98, 100, 107, 112, 118, 134, 138 f., 141, 217, 221, 223, 226, 234, 237, 254, 278, 280, 291, 293 f., 296, 302, 323, 348, 359, 362, 367, 394, 397, 420, 422, 456, 459, 462 f., 476, 484, 500, 520, 523 f., 556, 581, 591, 623, 627, 632, 645 f., 659, 684 f., 689, 696, 711, 753, 797, 845, 867, 898, 914, 916, 930, 951, 977, 992, 995
  vgl. a. Wohlfahrtsverein
- Abteilung Jugendhilfe 341
- Bahnhofsdienst 606 f.
- Ernährungshilfswerk 393, 599, 920
- Haushaltshilfe 558, 819
- Hauspflegerinnenheim 382

- Jugenderholungsheim 359
- Kindergärten 398, 459, 580, 611, 621, 646, 662, 664, 827
  s. a. Kindergärten
- Kreisleitung 561, 581, 657, 726, 901
- Kreisverwaltung 397, 662, 694, 764
- Lotterie 374
- Mitglieder (Zahl) 385, 581
- Mutter u. Kind, Hilfswerk 236, 282, 323, 726, 951
- Säuglings- u. Kleinkinderheilstätte Stuttgart-Berg 435
- Schwestern 238, 305, 307, 321, 351, 427, 487, 600, 657, 659
  s. a. Deutsches Rotes Kreuz
- Schwesternstationen 222, 293, 459
- Tagheim für Pflichtarbeiterinnen 282
- Verkaufsstelle 892
- Verpflegung 1004 f.
NS-Ärztebund 19, 100, 249, 271, 458
NS-Altherrenbund 446 f., 494, 506
  s. a. Altherrenschaften
NS-Beamtenbund 100
  s. a. Deutscher Beamtenbund, Reichsbund der deutschen Beamten
NS-Bund Deutscher Technik(er) 131, 198, 249, 436, 481, 488, 493, 537, 582, 662, 775, 902
NS-Frontkämpferbund (Stahlhelm) 112, 119, 141, 143, 160, 172, 209, 213, 234
  s. a. Stahlhelm, Württ. Frontkämpferbund
NS-Marinebund 499
NS-Studentenbund 182, 244, 248 f., 253, 332, 354, 400, 404, 410, 446, 460, 506, 529, 544, 564, 584, 669, 712, 730, 835
  s. a. NS-Studentenkampfhilfe, Studenten
- Ehren- u. Disziplinarrichter 425
- Führer des NS-Deutschen Studentenbundes Stuttgart 29, 179, 283
  s. a. Studentenführer
- Gaustudentenbundführer 286, 446
- Gaustudentenführung 412
- Reichsstudentenführer 531, 835
  s. a. Scheel
- Reichsstudentenführung 411, 584
- Studentenführer der TH 490
NS-Dozentenbund 339, 840
  vgl. a. Reichsdozentenwerk, Württ. Dozentenschaft
- Gaudozentenbundführer 466
NS-Freizeitheimverein Stuttgart 377
NS-Kameradschaftsbund deutscher Polizeibeamter 58

s. a. Verband württ. Landjäger
NS-Kampfbund des gewerblichen Mittelstandes 25, 34
NS-Kriegsopferverband (NSKOV) 71, 79 f., 100
NS-Lehrerbund 23, 32, 43, 61, 65, 72, 100, 157, 232, 266, 272, 278, 455, 480, 654, 852
 s. a. Kath. Lehrerverein, Lehrerverbände, württ., Württ. Lehrerverein, Württ. Philologenverband
NS-Pfarrerbund 33
NS-Rechtswahrerbund 434, 868
 s. a. Bund Nationalsozialistischer Deutscher Juristen, Württ. Notariatsverein
NS-Reichsbund deutscher Diplomlandwirte 41
 s. a. Reichsbund deutscher Diplom-Landwirte
NS-Reichsbund Deutscher Schwestern 840
NS-Reichsbund für Leibesübungen 544, 844, 849, 851
 s. a. Deutscher Reichsbund für Leibesübungen
NS-Reichskriegerbund 529, 534, 738
 s. a. Deutscher Reichskriegerbund, Kreiskriegerbund, Württ. Kriegerbund
NS-Amt Schönheit der Arbeit 163, 275
NS-Aufklärungsamt für Bevölkerungspolitik u. Rassenpflege 180
NS-Fliegerkorps (NSFK) 400 f., 435, 462 f., 522, 526, 591, 711, 831
 s. a. Luftsportlandesgruppe 15
NS-Kraftfahrerkorps (NSKK) 206, 272, 306, 350 f., 406, 411, 457, 526, 568, 810, 943, 964
 — Heim 645
 s. a. Urach-Haus
 — Motorbooteinheit (-sturm) 677, 768 f.
 — Motorbrigade Südwest 74, 306, 423, 457, 500, 645, 694
NS-Volkskulturwerk 920
Naturfreunde 15
Naturheilverein Zuffenhausen 42, 561
Naturheilvereine, württ. 203
Naturschutz 332, 356, 389, 525, 589, 622, 865, 873
 s. a. Reichsstelle, Verein
Natzweiler, Konzentrationslager 1010
Neapel, Kammerorchester 788
Neckar 83 f., 92, 113, 221, 285, 376, 404, 414, 420, 455, 478, 495, 519, 549, 553, 597, 658, 696, 724, 732, 739 f., 756, 965
Neckar AG 186, 307, 423, 466 f., 492, 658, 759
Neckarbau-Direktion 478

— Leiter 475
Neckar-Donau-Kanal (Projekt) 655
Neckardurchstich 465
Neckargröningen 322
Neckarkanal 94, 193, 206, 212, 220, 285, 307, 370, 376, 390, 402, 423, 466 f., 492, 568, 714, 722, 812
Neckarregulierung 39, 83, 184, 219
Neckarrems 849
Neckarstr. 8, 69, 95, 135, 154, 231, 252, 313, 394 f., 411, 434, 448, 467, 518, 549, 586, 609, 611, 616, 644 f., 792, 830
Neckartor 549, 586
Neckarweihingen, Dampfkraftwerk 492, 576, 600
Neckarwerke AG, Esslingen 485, 572, 701, 703, 709, 794
Nellingen 457, 540
Nesenbach 503, 518, 793
Neudeutschland, Vereinigung kath. Schüler höherer Lehranstalten 399, 401
Neue Weinsteige 3, 109, 195, 439, 541, 552, 590
Neues Schloß, Schloßhof 16, 30, 36, 45, 49, 51 f., 69—71, 75, 96 f., 105, 124, 126 f., 135, 147, 151, 159—161, 163 f., 182, 189, 209, 215, 235 f., 244, 270, 273, 296, 302, 307, 328, 332, 349, 351, 359, 364, 369, 374, 377, 381, 392, 408, 418 f., 443, 460, 469, 471, 473, 479, 493, 499, 508 f., 521, 527, 548, 559, 563, 569, 573, 585, 598, 601, 615 f., 618, 629, 658 f., 668, 680, 686, 689, 692, 694, 699, 706, 732, 741, 747, 760, 774, 830, 840, 887 f., 915 f., 920, 924, 930, 951
Neuffenstr. 611
Neugereut 558
Neuhausen 49, 89, 447, 500
Neuß 605
Neustadt 348
Neuwald 474
Neuwirtshaus 129, 133, 160, 170, 189, 318, 387 f., 471, 485, 628, 716
 — Schulhaus 423, 703
New York 35, 141, 333
 — Deutscher Tag 322, 519
 — Oberbürgermeister 293
New York — Brooklyn, Arion, deutscher Gesangverein 413
Nichtarier, nichtarisch 57, 77, 212, 795, 805, 877, 914
Nichteisenmetall-Industrie 287, 429
Niederlande, niederländisch 46, 209, 222, 224,

SACH- UND ORTSNAMENREGISTER

232, 241, 286, 290, 303, 306, 338, 349, 584, 670, 683, 713, 722, 738, 823, 855, 875, 879, 891, 914 f., 935, 939, 949, 973
Nikolauspflege 209, 327, 1011
Nittel 623
Nordbahnhof 279, 979, 993
Nordbahnhofstr. 572, 772
Nordische Gesellschaft 282, 543, 548, 634
Nordschleswig 217, 302, 308
Norma Compagnie GmbH 236
  s. a. Vereinigte Kugellagerfabriken
Norwegen 46, 290, 295, 516, 665, 719, 739, 752, 843, 913—915
Notarkammer Stuttgart 553
Notdienststellen, städt. 930, 977 f., 985, 1000, 1004, 1012
Notdienstverpflichtete, -verpflichtungen 964, 1014
Nothilfe, württ. 7
Notstandsarbeiten 48, 58, 109, 144, 179
Notstandsgebiet (Stadt Stuttgart) 102
Nottingham 242, 323 f.
Nottrauungen 610
Notverpflegung 1004
Notversorgung (mit Kleidung) 995
Notverwaltung, städt. 1020
Notwerk der deutschen Jugend 1
— Arbeitsgemeinschaft für Stuttgart 4
Nürburgring 411, 500, 599
Nürnberg 49, 57, 59, 85, 110, 115, 146, 149, 152, 197, 220, 226, 230, 235, 238, 299, 314 f., 320, 331, 372, 389, 428, 502, 510 f., 514, 522, 601, 706, 825, 993
Nürnberger Str. 427, 456, 464, 537, 649, 747
Nürtingen 67, 273, 433, 480

O

Obdachlose 155, 403, 888 f., 890, 895, 924, 930, 955, 962, 977, 983 f., 996, 1000, 1004
Obdachlosenheime 155, 289
Oberbürgermeister, Amtskette 416 f.
— Einsetzung, Ernennung 31, 42, 1024
— Entlassung 1024
— Stellvertreter 32, 930
Oberdorf 846
Oberesslingen 973
Oberfinanzpräsident, württ. 557, 767, 790
Oberfinanzpräsidium 767
Oberlandesgericht Stuttgart 22, 38, 51, 57, 64, 67, 71, 75, 83, 89, 99, 130, 196, 274, 279,

299, 325, 336, 346, 406 f., 472, 532, 580, 647, 809, 833, 838, 934
Oberlandesgerichtsbezirk 683, 689
Oberlandesgerichtspräsident 20, 176, 183, 196
— Berichte 683 f., 710 f., 761 f., 772, 820, 865, 937 f.
Oberndorf 784
Oberrechnungskammer, württ. 5
— Präsident 6
Oberreichsanwalt 14, 997
Oberschlesien 140 f., 308
Oberschulrat, evang. 113, 266
  vgl. a. Konsistorium, Volksschulen
— Präsident 276
Oberschulrat, kath. 113, 284
  vgl. a. Volksschulen
— Präsident 113
Obersontheim, Behindertenheim 246, 298
Oberstaatsanwalt 262, 461, 480
Oberstotzingen 846
Obertürkheim 1, 70, 76, 103, 113, 144, 171, 241, 290, 308, 358, 393, 505, 592, 601, 692, 973, 1004, 1007, 1024
— Geschäfts- u. Steuerstelle, städt. 196, 371, 427
— Markung 474
— Rathaus 636
— Standesamt 113
Obertürkheimer Bank 567
Oberurbach 90
— Beobachtungs- u. Fürsorgeerziehungsheim 946
Obstbau 953, 974
  s. a. Württ. Landesobstbauverein
— und Gemüsebau, Kreisleistungsausschuß 843
— Landesleistungsausschuß 812
Obstbauamt, städt. 815, 907
Obstgroßmarkt 587
Obst- u. Gemüsemarkt, -märkte 223 f., 611, 760
Oeffingen 457
Öhmichen, Elsa, Tanzschule 727
Ölfruchtanbau 673
  s. a. Mohnanbau
Öl- u. Petroleumgesellschaft, Deutsch-Russische 26
Öschelbronn 59
Österreich 35, 68, 82, 95, 173, 182, 187, 207, 209, 232, 241, 290, 295, 323, 327, 340, 443, 466, 474, 479 f., 485 f., 493, 507, 509, 534 f.
  s. a. Hilfsbund, Kampfring, Ostmark
— Anschluß 469—471, 473

1112

— Christlich-Soziale Partei 39
— evang. Kirche 531
Ohmstr. (Zuffenhausen; früher Alleenstr., jetzt Ohmstr.) 512
Olgabau 48, 949
Olgagrenadiere 328, 536, 539, 793
Olgaheilanstalt 114
Olgaschwestern 68, 324
— Diakonissenmutterhaus 432
Olgaspital 633, 845
Olgastift 48, 180, 217, 228, 344, 592
Olgastr. 85, 113, 410, 427, 602, 656, 693, 702
Olgastr. (Degerloch) s. Erwin-Bälz-Str.
Olgastr. (Zuffenhausen) s. Straßburger Str.
Olympiakämpfer, Stuttgarter 312
Olympia-Trainingsgemeinschaft, Stuttgarter 149
Olympia-Werbezug 285
Olympische Spiele 110, 116, 174, 218, 266, 288, 293, 302—305, 308 f., 313, 319, 327, 476, 484, 600
Omnibuslinien 99, 159, 175, 330, 390, 526, 539, 608, 616, 632, 663, 804, 871, 956, 973
s. a. Straßenbahn
Oper 4, 25, 44, 47 f., 61, 63, 69, 74, 81, 83 f., 87, 91, 106, 110, 113—116, 118, 121, 124, 128, 130, 138, 149, 155, 159, 173, 175 f., 182 f., 186, 197, 201, 211, 214 f., 218, 220, 238, 250, 258, 260, 266, 271, 279, 281, 294, 301, 307, 314 f., 326, 329, 343, 349, 351, 356 f., 360, 368, 374, 377 f., 381, 388, 400 f., 405, 418, 420, 422, 441, 447, 452, 455, 459, 463, 470, 472, 476, 481 f., 484, 496, 500, 510, 534 f., 538, 546, 556, 570, 578, 581, 584, 586, 591, 595 f., 613, 644—646, 652, 655, 660, 662, 664, 666 f., 670, 674, 677, 681 f., 685 f., 692, 694 f., 704, 713, 719, 745, 747, 751, 760, 771, 783, 794, 802, 809, 820, 825, 828, 860, 869, 883, 895, 903, 909, 923, 939, 941
Operette, Singspiel 9, 35, 88, 94, 99, 146, 189, 206, 216, 243, 274, 304, 316, 345, 393, 395, 412, 427 f., 489, 505, 510, 536, 538, 548, 550, 560, 576, 582, 621, 643, 648, 675, 683, 688, 693, 697, 708, 718, 723, 747, 753 f., 763, 767, 800, 917
Operetten-Theater (im Bürgermuseum) 621
Opferkuch, Jos., Fabrik für Intarsien 504
Ordnungspolizei 495, 527, 616
Orgelschule Stuttgart 853
— Chor 257
Ortsämter, städt. 822, 978
Ortsbauplan 95, 331, 478

Ortsbausatzung 56, 158, 160, 172, 214, 292, 812
Ortspolizei 597, 677 f., 683, 770, 927
Ortsrecht 427, 539, 822 f.
Oslo 52
— deutsche Kolonie 624
Ostarbeiter(innen) 912 f., 926 f., 968, 973, 999
Osteinsatz 884, 887, 901
Ostendstr. 438, 611
Ostfront-Sammlung 801
Ostheim 21, 40, 64, 90, 144, 187, 393, 559, 580, 611 f., 872, 980, 984, 1004 f.
— Arbeiterkolonie 910
Ostmark 507 f., 527, 544 f., 562, 570, 587, 595, 685, 725, 788
s. a. Österreich
Ostpreußen 143 f., 194, 225, 235, 307, 340, 407, 501, 597, 685
— Landesplanungsstelle 238
Otto-Elben-Kreis Möhringen 218
Otto-Planetta-Weg (Zuffenhausen; jetzt Gemmrigheimer Str.) 639
Ottostr. 586, 656

P

Palästina 77, 204, 316, 617, 723
Palmenwald 415
Palmsches Gelände (Mühlhausen) 277, 360, 365, 397, 405, 522
s. a. Mühlhausen
Palucca-Ballettschule 261
Panoramastr. 334, 403 f., 415, 764, 1018
Panoramastr. (Zuffenhausen) s. Kopernikusstr.
Papierindustrie 996
Papierwarengeschäfte 612, 1008
Paracelsus-Museum (Projekt) 775, 819
s. a. Verein Paracelsus-Museum
Paraguay 538
Paris 52, 78, 125, 149, 192, 254, 302, 409, 470, 515, 530, 559, 598, 733, 811, 838
— deutsche Kolonie 403
— Weltausstellung 403, 413, 436, 504
Parkplätze 165, 246, 279, 296, 360, 391, 398, 439, 525, 579, 667, 722
Parkstr. 468
Parkstr. (Zuffenhausen) s. Hellmuth-Hirth-Str.
Parlerstr. (früher Teil der Eduard-Pfeiffer-Str.) 533
Pasquier-Trio 526
Passagierschiff Stuttgart 87, 539

SACH- UND ORTSNAMENREGISTER

Paul-Ernst-Gesellschaft 378
Paul-Scholpp-Str. (Hedelfingen; früher Gartenstr., jetzt Gärtnerstr.) 55
Paulinenapotheke 932
Paulinenhospital 246
   s. a. Diakonissenanstalt, Innere Abteilung
Paulinenpflege 367
Paulinenstr. 127, 260, 334, 410, 575, 659
Peking 65, 288, 382
Pendler 369, 729
Permagas 942, 1010
Personalamt, städt. 1004
Personalrat, städt. 75
   vgl. a. Betriebsrat, Vertrauensmänner, städt.
Perthes, Friedrich Andreas, AG 545
Pfadstr. (Münster; jetzt Elbestr.) 146
Pfaffenweg 2
Pfandleihanstalt, städt. 190, 552, 589, 748, 907
Pfeiffer, Carl A., Klavierfabrik 380
Pfeiffer, Christian, AG, Immobilien 183
Pferdemarkt 26, 117, 198, 283, 318, 375, 824
Pferdemusterung 718
Pferderennen 487
Pfitzer, Gärtnerei 955
Pfitzerstr. 510
Pfitzner-Feierstunde 972
Pflanzenschutzamt, -fachwarte 508, 654
Pflanzenschutzdienst 924
   vgl. a. Landesanstalt
Pflichtarbeitseinsatz von Frauen 880 f., 893
   s. a. Kriegseinsatz von Frauen, Kriegshilfsdienste
Pflichtjahrmädel, -stellen 824, 949
Pforzheim 59, 152, 312, 356, 473, 477, 498, 525
Pfullinger Str. 723
Philharmonischer Chor Stuttgart 106, 495, 555, 588, 671 f., 895
Philipp-Jeningen-Haus 132
Philipp-Matthäus-Hahn-Denkmal (Projekt) 668, 690, 720
Pionier der Arbeit 776, 827
Pioniere deutscher Technik im Ausland 295
Pirmasens 141, 689
Plakette der Stadt Stuttgart 122, 128, 383, 494
Planetarium 2, 33, 55, 97, 120, 162, 165, 176, 181, 187, 206, 216, 245, 265, 404, 449, 511, 524, 531, 534, 630, 655, 697, 733 f., 776, 938
Planie s. Adolf-Hitler-Str.
Platz der SA (früher u. jetzt Marienplatz) 145, 179, 343, 364, 403, 416, 702, 715, 981, 994
Plieningen 88 f., 108, 117, 138, 281, 457, 481, 816, 822, 831, 881, 974, 1023
— Eingemeindung 775 f., 787, 794, 811, 817, 822, 874
— Gemeindehalle 550
— Gemeindehaus 779
— Gemeinderat 794
— Markung 387
— Rathaus 785
Plochingen 67, 94, 100, 146, 206, 285, 466 f.
Plovdiv 344
Polen, polnisch 46, 121, 164, 290, 304, 308, 323, 344, 414, 424, 453, 504, 523, 573, 576, 593, 606, 608, 611, 613, 616, 617, 620 f., 629, 631, 638, 679, 701, 759, 763, 765, 808 f., 811, 833, 842, 848, 855, 858, 876, 942, 990
— Nationalballett 212, 470
Politische Polizei 12, 15, 31, 38, 40 f., 44, 53—56, 64, 76, 84 f., 90, 96, 137
Politisches Landespolizeiamt, Württ. 94, 113, 119, 125, 134, 309
Polizei 2, 4 f., 9, 11 f., 15, 19—21, 29, 35, 39, 43, 46, 49 f., 54, 65, 79—83, 89, 99, 105, 115, 135, 143, 156, 160, 164, 168, 175, 177, 180, 187, 190 f., 223, 225 f., 255, 261, 295 f., 320, 322, 346, 351, 400, 426, 432, 499, 503, 520, 523, 527 f., 546, 551, 555, 561, 563, 570, 610, 615, 618, 625, 654, 678, 689, 706, 713, 724 f., 763, 770, 790, 807, 810, 827, 837, 841, 850, 870, 889, 891, 905, 924, 926, 939, 956, 959, 961, 988, 991, 1000, 1017
   s. a. Ausländerpolizei, Bahnschutzpolizei, Baupolizei, Baupolizeiamt, Bereitschaftspolizei, Feuerschutzpolizei, Geheime Staatspolizei, Gemeindepolizei, Gendarmerie, Gesundheitspolizei, Gewerbepolizei, Hilfspolizei, Kreispolizeibehörde, Kriminalpolizei, Landeskriminalpolizeiamt, Landespolizei, Lebensmittelpolizei, Ordnungspolizei, Ortspolizei, Politische Polizei, Politisches Landespolizeiamt Württ., Reichsführer, Schutzpolizei, Sicherheitsdienst, Sicherheitspolizei, Tag, Unfallkommando, Vereinigung, Vollzugspolizei
Polizeiamt, städt. 728, 788, 887
— Leiter 182, 565
Polizeidirektion, städt. 91
Polizeigefängnis 875
   s. a. Gefängnis

SACH- UND ORTSNAMENREGISTER

Polizeikommissar für Württ. 14, 16
  s. a. Jagow, von
Polizeipräsident 272, 306, 430, 440, 488, 495, 501, 528, 540, 542, 561 f., 608, 613 f., 619, 624 f., 627, 637, 732, 739, 793, 829, 916 f., 929, 936, 961, 986, 988, 1010, 1013
  s. a. Klaiber, Rudolf; Schweinle, Wicke
Polizeipräsidium Stuttgart 13, 23, 31, 39, 187, 238, 272, 313, 471, 491, 495, 501, 503, 678
Polizeireviere 354, 392, 495 f., 980
Polizeirufanlage 161
Polizeisportverein (PSV) 229, 323, 767
— Vereinsheim (Rudolf-Klaiber-Heim), Vereinsplatz 229
Polizeiturnmeisterschaften s. Deutsches Turnfest Stuttgart
Polizeiverordnung 808, 926, 942
Pomol GmbH Stuttgart-Zuffenhausen 266
Poppenweiler 322
— Wasserkraftwerk 402
Porsche GmbH (KG) 91, 367, 750
Portugal 276, 278, 554
Portugiesisch-Angola 913
Posen 141, 640
— Arbeitstagung der Oberbürgermeister u. Gauhauptämter 950
Post s. Reichspost
Poststr. 503, 704
Postwissenschaftliche Woche 582
Potsdam 18, 94, 267, 432, 571
Prälatur Reutlingen s. Prälatur Stuttgart
Prälatur Stuttgart 65, 88, 739
Prag 103, 223, 226, 595, 720
Prag 27, 148, 171, 229, 231, 297, 333, 461, 552, 632, 645, 655
— Ballett 711
Pragstr. 164, 491, 555, 586, 623, 633, 640, 673, 950
Pragtunnel 589
Pragwirtshaus 16, 28, 268, 306, 323, 401, 586, 716, 775, 849
Preisbehörde, städt. 519, 565, 582
Preisbildungsvorschriften, Preispolitik 637, 900
Preise 26, 60, 83 f., 100, 117, 147, 154, 158, 161, 166 f., 181 f., 198 f., 202, 222—224, 227, 230, 237, 277, 292, 318, 324, 348, 386, 433, 468, 486, 489, 533, 551, 575, 577, 609, 612, 624, 638, 640, 643, 645 f., 717, 760, 763 f., 771, 786, 792, 794, 801, 814, 835, 841, 859, 861, 871, 873, 906, 932, 943, 957, 973
Preiskommissar(iat) 771, 847, 861
  s. a. Reichskommissar
Preisüberwachungsstelle des württ. Wirtschaftsministeriums (Polizeipräsidiums) 166, 612, 764
  s. a. Landespreisstelle
Preisverleihungen 179, 224, 267, 273, 397, 422, 504, 575
Preßburg 725, 758
— Quintett 757
Presse 12, 134, 199, 208, 231, 351 f., 365, 391, 401, 423, 455, 481, 534, 547 f., 550, 568, 570, 585, 614, 622, 638, 710, 754 f., 761, 810, 819, 866, 876 f., 890, 901, 905, 928, 935, 940, 942, 955, 964
  s. a. Reichspressekammer, Reichsverband, Zeitungen, Zeitungsverbote
— Arbeitsgemeinschaft deutscher Zeitungen u. Zeitschriften im In- u. Ausland 584
Presse- u. Nachrichtenamt, städt. 878
  s. a. Informationsdienst
— Leiter 57
Prießnitzbund s. Deutscher Bund für naturgemäße Lebens- u. Heilweise
Prinzenbau 830
Privatversicherungen 323
Protektorat Böhmen u. Mähren 560, 562—564, 579, 600, 762, 788 f., 846, 968
  s. a. Böhmen
Puritas GmbH 633

Q

Quartieramt, städt. 744
Quartierwesen 217, 684, 697, 727, 866
Quellnymphe (am Neckartor) 829

R

Raabe-Gesellschaft 247, 278, 339
  s. a. Gesellschaft
Radsport 1, 9, 144, 172 f., 176, 182, 225, 259, 261, 349, 376, 396, 418, 445, 456, 459, 483, 487, 493, 540, 543, 555, 667, 669, 676, 699, 704, 727, 731, 736, 739, 755, 762, 769, 831, 975
Raitelsbergsiedlung 714, 716
Ramsbachtal 21
Rapp, Theodor, Zigarrenhandlung 516
Rappenau 346, 476, 554, 686
Rappenberg 482
Rassenlehre, -pflege, -politik 5, 27, 47, 69, 75, 79, 81, 101, 104, 106, 110, 129, 180, 186, 191, 204, 206, 266, 268, 273, 275 f., 293, 361, 364,

SACH- UND ORTSNAMENREGISTER

381, 441, 486, 532, 766, 771, 774, 804, 814, 858, 873, 941
s. a. Abstammungslehre, Erbbiologie, Erbkranke, Gesetze, Juden, Vererbungslehre
Rassenschutzkammer 634
Rathaus 4, 13 f., 17, 27, 35, 42, 47, 50 f., 71, 73, 75, 85, 89, 115, 122, 125, 128—130, 133, 137 f., 140, 143, 161, 172, 177, 182, 191, 201, 203, 205 f., 220, 222 f., 245, 254, 270, 277, 279, 285, 288, 311, 313, 344, 416, 442, 458, 466, 474, 502 f., 510 f., 519, 525, 534, 554, 577, 590, 601, 615, 638, 645, 652 f., 698, 712, 716, 723, 737, 751, 755, 768, 773, 775, 816, 822, 830, 839, 979, 985, 1000, 1023
— altes 177
— Erweiterung, Neubau (Projekt) 340, 402, 410, 415, 468, 558, 593, 698, 722, 726, 757, 798
— Glockenspiel 587
Rationierung 606, 608, 611—613, 625, 668, 680, 689 f., 760, 763, 766, 802—804, 815, 817, 826, 857 f., 861, 864 f., 878, 904, 911, 931, 934, 946, 962, 989, 995, 999, 1002, 1022
s. a. Lebensmittel(sonder)zuteilung, Lebensmittelversorgung
— Ausweiskarten, Einkaufsausweise 605 f., 618, 930
— Bedarfsbescheinigungen 788, 930
— Berechtigungsscheine 874
— Bezugsausweise 852
— Bezugsscheine 605—607, 609, 613 f., 616 f., 619 f., 636, 642, 649, 659, 672, 693, 757, 851, 881, 887, 930, 949, 952, 977, 990, 1009
— Bezugsmarken 1008, 1014
— Brotmarken(-karten) 618, 650, 684, 973 f.
— Fettkarten 618
— Fleischkarten 618, 877
— Hausbrand-Kohlenversorgungskarten 622
— Haushaltungspaß 919, 982, 1001
— Kartoffel-Einlagerungsscheine 782
— Kerzen-Bedarfsscheine 1001
— Kleiderkarten 633, 636, 649 f., 663, 696, 731, 782, 836, 852, 862, 880, 881, 934, 949, 957, 990, 1009
— Kleinkinderkleiderkarten, Knaben-, Mädchen-, Säuglingskleiderkarten 663, 851, 862, 872
— Kundenausweis, -liste 464, 1010
— Lebensmittelkarten(-marken) 616, 618—620, 625, 643, 660, 698, 746, 765, 789, 847, 874, 918, 924, 930, 961, 977, 995 f., 1021
— Marmelade- u. Zuckerkarten 618, 938
— Milchkarten 618, 844
— Nährmittelkarten (-marken) 625, 738, 938, 960, 1017
— Raucherkarten 807, 929, 944, 1010
— Reisebrotkarten 643
— Reisefettkarten 643
— Reisefleischkarten 643
— Roggenmarken 960
— Seifenkarten 618 f., 787, 930, 977
— Sonderbezugsausweise, -scheine 841, 949
— Tankausweiskarten, Treibstoffzuteilung 614, 667, 672, 751, 984
— Verbraucherausweise 781, 800, 813, 837, 851
Ratschreiberei, Verwaltungsratschreiberei 73, 193, 240
Ratsherren 220, 232, 240, 244, 252, 262, 266, 277, 286, 291, 293, 299, 312 f., 318, 321, 331, 333, 341, 344, 348, 361 f., 369, 371, 373 f., 377, 379, 390 f., 398, 401—403, 409 f., 415, 422 f., 438, 442, 451 f., 456 f., 462—465, 467—469, 477, 485, 491, 503, 505, 511, 518 f., 521, 530, 544, 557 f., 562, 569, 575, 577, 579, 592, 600, 617, 624, 633, 640, 646, 651, 658, 661, 664, 673, 680, 688, 697, 711, 715, 720, 728, 739, 740, 753, 757 f., 760, 774 f., 783, 791, 796, 805, 811, 819, 822, 828, 834 f., 839, 851, 866, 887, 900, 909, 921, 928, 940, 942, 950, 965, 984, 987, 999, 1003, 1005, 1013
s. a. Gemeinderat
— Amtsketten 452
— Berufungen 216, 451, 505, 713, 822
— Entlassung 477
Ratskeller 118, 488, 640, 670, 703
Rattenbekämpfung 561
Raumplanung 286, 325, 341, 698 f.
vgl. a. Reichsstelle für Raumordnung
Reblausbefall 601
Rechnungshof des Deutschen Reiches 550
Rechnungshof, württ. 26, 77
— Präsident 42, 412
Rechnungs(prüfungs)amt, städt. 189, 646
Rechtsanwaltkammer Stuttgart 375, 474
Redemptoristenpatres 69
Referate, städt.
s. a. Beigeordnete, Bürgermeister
— Ausstellung u. Fremdenverkehr 240
— Kultur 240, 629
— Organisation 240
— Personal 240
— Polizei 240

SACH- UND ORTSNAMENREGISTER

— Recht 240
— Versorgungsbetriebe 409
— Technisches Referat 240, 299, 402, 409, 491, 683
— Wirtschaft 240, 444
— Wohlfahrt 133, 240, 436, 606
— Wohnung 682
Regensburg, Domspatzen 277, 690, 864
Regierungsbücherei 463
  s. a. Landtagsbücherei
Regimentskameradschaft ehemaliger 126er Stuttgart 738
Reiber, Schuhhaus 601
Reichenberg (Tschechoslowakei) 229, 388
Reichsanstalt für Arbeitsvermittlung u. Arbeitslosenversicherung 153, 439
— Präsident 737
Reichsarbeitsdienst s. Arbeitsdienst
Reichsarbeitskammer 574
Reichsarbeitsminister 599, 784
  s. a. Seldte
Reichsarbeitsministerium 53, 161
Reichsarchivzweigstelle Stuttgart 372
— Leiter 243
Reichsautobahn s. Autobahn
Reichsbahn 35, 42, 67, 97, 99, 112, 127, 145, 149, 156 f., 171, 175 f., 180, 182, 189 f., 194, 200, 208, 211 f., 216, 234, 248, 264, 271, 279, 287, 290, 297 f., 315, 322, 330, 334, 344, 388, 390, 402, 425, 428, 434, 449, 453, 482, 485, 511, 540, 578, 605, 612, 618, 628, 633, 640, 646 f., 754, 759, 763, 794, 818 f., 822, 835, 839, 844, 895, 897, 905, 929, 938 f., 975, 986, 993, 1005, 1007, 1010, 1012, 1015
  vgl. a. Eisenbahnen, Gäubahn, Remstalbahn, Württ. Staatseisenbahnen
— Zulassungskarten 822, 1010
Reichsbahnchöre 538, 553, 723
Reichsbahndirektion Stuttgart 371 f., 707, 721, 840, 846, 957
— Präsident 838
  s. a. Honold, Stroebe
Reichsbahngesellschaft 67, 145, 485
Reichsbahnschutz 569
Reichsbahn- u. Post-Sportgemeinschaft Stuttgart 288, 676, 747, 792
Reichsbankhauptstelle Stuttgart 470
Reichsbanner Schwarz-Rot-Gold 8, 12, 15, 261, 336, 472, 647
— Verbot 16
Reichsbeauftragter der Justiz für Württ. u. Baden 178, 195

Reichsbeauftragter für Mineralöl 984
Reichsberufswettkämpfe s. Berufswettkämpfe
Reichsbetriebsgemeinschaft Textil 397
Reichsbetriebsgruppe Druck 115
— Holz 365
Reichsbischof, evang. 36, 152, 158, 172
  s. a. Müller, Ludwig
Reichsbund der deutschen Beamten 186, 242, 301, 445
  s. a. Deutscher Beamtenbund, NS-Beamtenbund
Reichsbund der Deutschen Kapital- u. Kleinrentner 518
Reichsbund der deutschen Kleingärtner 686, 786
Reichsbund der deutschen Schwerhörigen 291
Reichsbund der Freien Schwestern u. Pflegerinnen 487, 531, 732
Reichsbund der Kinderreichen 38, 139, 165, 180, 233, 362, 428, 430, 526
Reichsbund der Körperbehinderten 221
Reichsbund der Philatelisten 455, 643
Reichsbund Deutsche Familie 691, 752
Reichsbund deutscher Diplom-Landwirte 41, 349, 486
  s. a. NS-Reichsbund deutscher Diplom-Landwirte
Reichsbund deutscher Ober- u. Aufbauschulen 153
Reichsbund deutscher Seegeltung 417
Reichsbund für Arbeitsbeschaffung 126
  s. a. Reichskommissar
Reichsbund für Biologie 773
Reichsbund für deutsche Vorgeschichte 911
Reichsbund für Vogelschutz 332, 524 f., 628, 730
— Vorsitzender 442, 709
Reichsbund für Volkstum u. Heimat, Auflösung 335
  s. a. NS-Kulturgemeinde
Reichsdozentenwerk 339
Reichsfilmkammer, Präsident 238, 264
Reichsfinanzhof 886, 912
Reichsfinanzminister 686
  s. a. Schwerin-Krosigk
Reichsführer SS u. Chef der Deutschen Polizei 471, 508 f., 533, 549, 670, 710, 713, 934
  s. a. Himmler
Reichsgaragenordnung 556
Reichsgartenschau 221, 242, 299, 341, 353, 363, 370, 391, 398 f., 401, 411, 478, 483, 485, 507, 510 f., 530, 533, 550, 552, 558, 560, 564,

1117

SACH- UND ORTSNAMENREGISTER

566—572, 575, 582—585, 587—589, 591 f.,
595 f., 598—600, 602 f., 607, 610, 617, 627,
633, 646 f., 656, 661, 669, 674, 686, 720, 723,
789, 812
Reichsgericht 15, 106, 108
Reichsinnenminister 294, 430, 544, 613, 625,
686, 688, 764, 770, 781, 819, 822, 885, 891,
928, 1014
  s. a. Frick, Himmler
Reichsinnenministerium 58, 68, 95, 184, 202,
211, 235, 792, 855, 922, 940, 954
Reichsinstitut für Puppenspiel, Sillenbuch
465, 544, 795, 886
Reichsjugend(führer) 180, 262, 338, 617
  s. a. Axmann, Schirach
Reichsjugendführung 442, 465, 760, 886
Reichsjugendpfarrer 147
Reichsjustizminister 30, 346, 461, 683, 689,
700, 710, 717, 742, 755, 761, 766, 772, 794,
826, 865, 998
  s. a. Gürtner, Thierack
Reichsjustizministerium 195, 264 f., 296, 421,
868
Reichskammer der bildenden Künste 243, 258,
402, 430, 502, 553
— Landesleiter, Landesleitung 420, 426, 429,
460, 518, 900
— Präsident 536
Reichskirche (Deutsche evang. Kirche) 107,
114, 116, 120, 144, 149, 152, 156 f., 163, 205,
683
Reichskirchenminister 389, 638, 707, 763, 816,
886
  s. a. Kerrl
Reichskirchenministerium 282, 843, 912
Reichskolonialbund 165, 268, 295, 331, 381,
405, 442, 498, 569, 585, 705, 709, 723, 833
  s. a. Deutsche Kolonialgesellschaft
— Gauverbandsleiter 417
Reichskommissar für Arbeitsbeschaffung 4
  s. a. Reichsbund
Reichskommissar für den Mittelstand 18
Reichskommissar für die Preisbildung 450,
500
  s. a. Preiskommissariat, Wagner, Josef
Reichskommissar für Württ. 10, 16
  s. a. Jagow, von
Reichskonkordat 75, 90, 122, 168, 321, 430
Reichs-Kraftwagen-Betriebsverband 283
Reichskriegsflagge 321, 747
Reichskulturkammer 254, 991
— Präsident 528

  s. a. Goebbels
Reichskunstkammer 341
Reichsluftfahrtminister 658, 759, 792, 960
  s. a. Göring
Reichsluftfahrtministerium 384, 688, 729
Reichsluftfahrtverwaltung 130
  s. a. Luftamt
Reichsluftschutzbund 59, 98, 178, 184, 254,
301, 336, 420, 458 f., 512 f., 531, 594, 650,
655, 668, 681, 727, 779, 807, 946
  s. a. Deutscher Luftschutzverband
— Führer der Landesgruppe Württ. 345
Reichsluftsportkorps 306
Reichsminister für Ernährung u. Landwirtschaft 637, 812, 1010
  s. a. Darré
— für Volksaufklärung u. Propaganda 472,
818, 878 f.
  s. a. Goebbels
— für Wissenschaft, Erziehung u. Volksbildung 367, 535, 624, 693, 736, 787, 831,
903
  s. a. Rust
Reichsministerium für Volksaufklärung
u. Propaganda 304, 433, 525, 572, 585, 785,
829, 917
— württ. Landesstelle (Württ. Reichspropagandaamt) 182, 351, 433, 520, 534, 783, 842,
888, 900, 911
— für Wissenschaft, Erziehung u. Volksbildung 187, 687
Reichsmünzstätte 135
Reichsmütterdienst s. NS-Frauenschaft
Reichsmusikkammer 461, 658, 734, 748
Reichsnährstand 84, 107, 126, 238, 312, 348,
401, 569, 571, 685, 926
Reichsorganisationsleiter 465, 484
  s. a. Ley, Robert
Reichspost 48, 74, 134, 156, 190, 226, 320 f.,
349, 383, 386, 394, 466, 618, 722, 819, 839,
890, 950, 986, 1009, 1015 f., 1022
  s. a. Feldpost, Luftpost
— Briefträgerinnen 719, 880
— Eilnachricht 950, 994
— Fernsprechämter 440, 968, 987
— Lehrwerkstätte 489
— Oberpostdirektion 9 f., 74, 110, 542
— Postämter 475, 994, 1009, 1011
— Postleitzahlen 944
— Postreisedienst 48, 781
— Postscheckamt Stuttgart 26
— Postsperre 605, 610

1118

SACH- UND ORTSNAMENREGISTER

— Reichspostdirektion Stuttgart 308, 891, 893, 916, 994
— Stadtbriefkästen 944, 1011
— Telefonnetz 867, 985
— Telefon-Selbstwählferndienst 849
— Telegrammbildstelle 628
— Telegraphenbauamt 10, 115
Reichspostministerium 9 f., 308
Reichspräsident 143, 146 f.
  s. a. Hindenburg
Reichspressekammer 330, 338, 391, 754, 756, 860, 890
Reichsreifenlager (Continentalhaus) 613
Reichsrundfunkgesellschaft 113, 261, 659, 686
  s. a. Rundfunk
  vgl. a. Reichssender Stuttgart
Reichsschrifttumskammer 107, 166, 169, 204, 245, 265, 327 f., 341
— Präsident 767
Reichssender Stuttgart 113, 152, 167, 186, 261, 263, 338, 419, 444, 458, 480, 529, 547, 553, 560, 564, 569, 574 f., 577, 580, 588, 593, 616, 638, 645, 658 f., 670, 675, 682, 711, 774, 870, 1021
  s. a. Rundfunk
  vgl. a. Reichsrundfunkgesellschaft
Reichssicherheitshauptamt 783, 796
Reichssparkommissar 2
Reichssportführer 338, 797
  s. a. Tschammer und Osten
Reichsstädtebund 5
Reichsstatthalter für Württ. 29, 98, 134, 147, 202, 457, 477, 766, 772, 957
  s. a. Murr
Reichsstelle für den Außenhandel, Bezirk Württ. 97, 279
— für Eisen u. Stahl (Metalle) 639, 988
— für Kleidung 840
— für Mineralöl 672
— für Naturschutz 488
— für Raumordnung 389, 864
  vgl. a. Bezirksplanungsverband
Reichsstelle zur Förderung des deutschen Schrifttums 80, 418 f.
Reichstag 11, 18, 22, 85, 96, 143, 206, 310, 353, 534, 546, 573, 609, 621
— Wahlen 9, 11—13, 30, 70—76, 78, 271—276, 279, 363, 471—473, 475 f., 479, 484, 534
Reichstheaterkammer 155, 247, 412, 465
Reichstierschutztag 531
Reichstreuhänder der Arbeit für Südwestdeutschland 56, 816, 917

  s. a. Kimmich
Reichsverband der Baltikum- u. Freikorpskämpfer in Württ. 117
— der bildenden Künstler Deutschlands 23
— der deutschen Presse 34, 156, 301, 351, 455, 514, 532
— der deutschen Theaterbesucherorganisation Deutsche Bühne e. V. Württ. 32
— der deutschen Wasserwirtschaft 215
— der deutschen Zeitungsverleger 199, 481
— Vorsitzender 41, 271
— des deutschen gemeinnützigen Wohnungswesens 584
— Deutscher Kleintierzüchter 801
— Deutscher Offiziere 159, 213
— Deutscher Rundfunkteilnehmer 224
— Deutscher Schriftsteller 77
— Deutscher Stempelfabrikanten 424
— Deutscher Turn-, Sport- u. Gymnastiklehrer 687
— für Deutsche Jugendherbergen 590
Reichsverein Deutscher Feuerwehringenieure e. V. 493
Reichsverkehrsminister 645, 647, 701, 778, 818
  s. a. Dorpmüller, Eltz-Rübenach
Reichsverkehrsministerium 170, 568, 747
Reichswasserstraßennetz, -verwaltung 465, 492, 849
Reichswehr 18, 24, 46, 49, 65 f., 68, 79 f., 140, 143, 165, 168, 180 f., 186 f., 190, 202, 208
  s. a. Wehrmacht
Reichswehrministerium 142, 170
Reichswirtschaftsgericht 129
Reichswirtschaftskammer 199, 385
— Wehrwirtschaftsrat 462
Reichswirtschaftsminister 588, 648, 742, 802, 871, 879, 894
  s. a. Funk, Schacht
Reichswirtschaftsministerium 53, 59, 77, 874, 887
Reichswohnungskommissar 896, 926
Reims 558
Reinsburgstr. 604, 656, 673, 681, 773, 923
Reisach 125, 129, 137, 148, 159, 170, 716
Reisstr. (Zuffenhausen; früher Ulrichstr., jetzt Reisstr.) 512
Reiterverein, Schwäb. 191, 425, 448, 556, 586
Reithalle 18, 214, 253, 448
Reitsport 18, 155, 191, 317, 364, 425, 448, 472, 556, 586, 750
  s. a. Verband
Relenbergstr. 809

1119

SACH- UND ORTSNAMENREGISTER

Religionsfreiheit 816
Religionsunterricht 564, 595, 648, 687, 841, 846, 862, 868, 913, 969
Remstalbahn 456, 975
Rentkammer, hzgl. württ. 233
Reserve-Division, 26. 300
Reserve-Infanterie-Regiment 119
540
   s. a. Infanterie-Regiment 119, Traditionsregiment 119
Retraitestr. 191, 303, 411
Reutlingen 25, 43, 56, 88, 99, 158, 211, 427, 597, 764, 867, 1001
— Kinderlandverschickungslager 913
— Singkreis 382
Reutte, Polizeisiedlung 716
Rexingen 846
Rheinlandstr. (Bad Cannstatt) 432
Rhein-Main-Donau-Kanal (Projekt) 220
Rhenania, Studentenverbindung 36, 404
— Auflösung 238
Richard-Wagner-Str. (früher Heinestr., jetzt Richard-Wagner-Str.) 34, 726, 780
Richard-Wagner-Verband deutscher Frauen 289, 402, 533
Richthofenstr. 690
Richtstr. 264
Riedenberg 56, 457, 822, 831, 1023
— Eingemeindung 56, 787, 811, 822
— Gemeinderat 56
Rienzistr. 639
Riga 153, 794, 819
Riga-Jungferndorf, Konzentrationslager 819
Rilling, Ludwig, Weingroßhandlung, Sektkellerei 504
Ringelgärten 66, 716
Ringen 57, 346, 413, 446, 452, 520, 542, 645, 664, 726, 734, 758, 765, 793, 910
Rio de Janeiro 709
Robert-Mayer-Str. 360, 567, 585, 769
Röhm-Putsch 133—137
Römerstr. 403
Röntgenstr. 793
Röntgenuntersuchungen 713, 755, 824
Rohr 380 f., 822, 831, 864, 909, 1007, 1021
— Eingemeindung 322, 787, 811, 822, 872
Rohracker 117, 254, 330, 415, 427, 451, 572, 601, 715, 744
— Eingemeindung 348, 371, 579
— Markung 620
Rohrackerstr. 63, 620
Rohrer Höhe 592

Rollsport 203, 235, 276, 278, 340, 383, 414, 434, 437, 502, 528, 774
Rom 133, 257, 261, 271, 365, 367, 446, 479, 591, 629, 660, 718, 726, 742, 752, 787, 791, 868, 884
— Augusteum-Orchester 733
— Deutsche Botschaft 393
— Kammerorchester Littoria 696
— Ortsgruppe der NSDAP 257
— Quartetto di Roma 347, 459, 541, 645, 726, 801, 873
— Staatsorchester der Accademia di Santa Cecilia 435
— Trio Vocale Romano 479
Romagne-sous-Montfaucon 191
Roseggerweg 643
Rosenbergplatz 994
Rosenbergstr. 248, 894, 923, 951
Rosengarten 399
Rosenmontagsgesellschaft 99
Rosenstein, Schloß 32, 223, 386, 399, 567, 580, 759, 830, 837, 850, 907, 909
Rosensteinpark 187, 243, 267, 545, 571, 602, 714, 757, 775, 798, 849
Rosenstr. 415, 589
Roser, C. F., Lederfabrik 147, 362, 508
Rot (Schloß) 753
Rot (Wasserlauf) 753
Rotarier 140, 167
Rote Hilfe 41, 55, 69, 106, 227, 325
Rote Kämpfer 406
Rote Str. 213, 227, 313, 491, 541, 568, 587, 592
Rotebühlplatz 424
Rotebühlstr. 49, 123, 268, 283, 300, 313, 392, 401, 540, 566, 586, 648, 674
Rotenberg 70, 146, 194, 212, 266, 373, 521, 558, 601, 830, 1024
— Markung 474
— Poststelle 263
— Rathaus 281
Rotenbergstr. 611
Rotenwaldstr. 563, 637
Rotes-Kreuz-Krankenhaus, Bad Cannstatt 339, 707
— Chirurgische Abteilung 384 f.
— Hautklinik 339
Rottenburg 8, 75, 164, 484, 506, 551
— Bischöfliches Ordinariat 355, 479, 506, 619, 816, 928, 1021
— Bischof 476, 489, 506, 520, 551, 758
   s. a. Sproll

vgl. a. Bischöfe
— Diözese 506, 517, 520, 547, 758, 928, 938
Rottenmünster 766
Rotweg 467, 647, 723
Rotwegsiedlung 495, 586, 592
— Gemeinschaftshaus (Projekt) 597
Rot- u. Schwarzwildpark 360, 431, 474, 589, 631
Royal (Banzhaf), Hotel 107, 200, 454
Ruder- u. Kanusport 51, 154, 212, 229, 314, 404, 420, 495, 696, 740, 774, 838
s. a. Württ. Regattaverein
Rückwanderer 454, 538, 599, 604, 635, 663, 684, 723, 801, 837, 844
— Heime 604, 615, 674, 722
— Hilfs- u. Beratungsstelle für Rückwandererseelsorge 519
Rümelin, Bekleidungshaus 389
Rüsternweg 639
Rüstung 67, 73, 100, 633, 741, 905, 985
Rüstungsarbeiter 756, 827, 829, 839, 898
Rüstungsbetriebsführer 895
s. a. Betriebsführer
Rüstungsindustrie 199, 638, 729, 776, 783, 805, 807, 845, 853, 863, 871, 905, 920, 922, 929, 971, 977, 985—987
Rüstungskommission Va 895
Rugby 466, 561, 570, 669, 743
Ruhrgas AG 277
Ruit 372, 457
Rumänien, rumänisch 51 f., 96, 128, 290, 303, 306, 421, 504, 575, 583, 600, 656, 674, 698, 801, 804, 915, 956, 998
— Deutsche Parlamentspartei 421
— Deutsche Volksgemeinschaft 414
— Nationalchor Cantarea Romaniei Bukarest 440
Rundfunk 9, 12, 28, 65, 71, 76, 79, 95, 101 f., 108 f., 115, 120, 127, 137, 141, 143 f., 145, 155, 162, 170, 174, 190, 194, 197, 235, 268, 272, 275 f., 279, 283, 292, 319 f., 331, 343, 349, 354, 381, 391, 406, 455, 471, 503, 509, 519, 547, 596, 621, 663, 665, 675, 684, 686, 694, 704, 722, 724, 755, 798, 809, 821, 825, 933 f., 1020, 1024
s. a. Reichssender Stuttgart
vgl. a. Reichsrundfunkgesellschaft, Reichsverband
— Gebühren 672
Rundfunk, Süddeutscher 14, 44, 79, 96, 573
s. a. Mühlacker, Reichssender Stuttgart, Südfunk

vgl. a. Reichsrundfunkgesellschaft
— Programmbeirat 39
— Programmdirektor 20
— Staatskommissar 20
Rundfunk GmbH (AG), Süddeutsche 113, 293
s. a. Reichsrundfunkgesellschaft
vgl. a. Reichssender Stuttgart
Rundfunkorchester, Stuttgarter 342, 655, 786
— Leiter 334
Rungestr. (Zuffenhausen; früher Fasanenweg, jetzt Rungestr.) 512
Rußland, russisch 258, 422, 433, 538, 585, 736, 748, 759, 761, 764, 767, 806, 822, 855, 983, 987, 1020
s. a. Sowjetunion
Rußlanddeutsche 44, 62, 330
vgl. a. Verband der Rußlanddeutschen
Ruwenzori-Expedition 494, 517

S

Saarabstimmung 141, 178, 180 f., 259
Saarbrücken 51, 356, 372, 604, 695, 908
Saarferngasleitung 688
Saarkundgebungen 51, 115, 180, 189
Saar(land) 12, 43, 51, 71, 114 f., 141, 147 f., 169, 177 f., 180 f., 185 f., 199, 206, 288, 348, 376, 439, 553, 720, 724
— Rückgliederung 189
Saarpfalz 417, 489, 607, 684
s. a. Bund
Saarpfalz-Rheinkanal (Projekt) 376
Saarvereinigung s. Württ. Saarvereinigung
Sachsenhausen, Konzentrationslager 976, 1013
Sänger 361, 513, 587, 665, 669
vgl. a. Tag
— Kreisführer der Stuttgarter Sänger 362
Sängerbund Bad Cannstatt 649
— Schwäb. 58, 69, 106, 272, 298, 463, 497, 614, 662, 664, 668, 828
— Strohgäu, Filder u. Schönbuch 218
Sängerlust Zuffenhausen 481, 652
Sängervereinigung Schwaben (Stuttgart) 471
vgl. a. Vereinigung
Säuglingsheim 633
Säuglingssterblichkeit 204, 773
Säuglings- u. Kinderfürsorge 771, 866
Säuglings- u. Kinderheilstätte Berg 633, 850
Saile, Glasmalerei 771
Salamander, Schuhfabrik 910
Salzburg 39, 42, 229, 280, 473, 733, 909
— Max-u.-Moritz-Bühne 701, 777, 850, 853

SACH- UND ORTSNAMENREGISTER

— Mozart-Quartett 365, 418, 448, 548
Samariterstiftung Stuttgart 246, 298, 622
 s. a. Grafeneck, Obersontheim
St. Gallen 124
St. Pöltener-Str. 677
St. Vinzenz (Orden) 766
St. Vinzenzhaus 8, 301
Santoliquido, Trio 729, 805, 885
Sarrasani, Zirkus 584
Sathmar (Rumänien) 194, 448
Sathmarer Schwaben 107, 448, 551
— Singkreis, -gruppe 164, 208
Sauerstoffwerk Untertürkheim 542
Saxonia, Studentenverbindung 199, 403, 412
Schach 409, 580, 582, 714, 767
Schadenverhütung, Reichsarbeitsgemeinschaft 287
Schäuffele, Spezialapparate u. Maschinenbau 744
Schallplattenarchiv 519
Scharnhausen 457, 540
Scharnhorst-Jugend 64
Schatten 539, 631
Schattenwirtshaus 483
Schauspiel 2, 4, 7, 9, 13, 24, 26, 34, 36 f., 39, 43, 45, 53 f., 64 f., 69, 73, 76 f., 79, 83 f., 88, 91, 94, 98, 102, 108 f., 115 f., 118, 126—128, 132, 137, 141, 146, 149—152, 154, 157, 162, 166 f., 170 f., 174 f., 184—186, 191, 194, 198—200, 202, 205, 209, 213—215, 221, 229—231, 235 f., 238, 243, 245 f., 248, 251, 254, 259, 261, 266, 270, 275, 280, 282, 284, 287 f., 291, 293, 297, 314, 316 f., 321, 323, 325, 329 f., 334—336, 344, 349, 353, 359, 362, 364 f., 368, 372, 377, 383, 392, 399, 404, 421, 422, 429 f., 437, 441, 446, 448, 450, 453 f., 456, 460—462, 464—466, 473, 476, 494 f., 498, 510, 514, 516 f., 519, 523 f., 532—536, 538, 542, 545, 552, 554, 567, 572, 575, 577, 583, 591—595, 612, 618, 625, 628—630, 637—639, 641, 650, 654, 656 f., 660, 663, 665 f., 668, 670 f., 675, 677, 679, 680 f., 690 f., 695, 698, 700 f., 704, 706, 709, 712, 716—718, 721, 726 f., 730, 732, 738, 740, 743, 747, 749, 757, 761, 768, 770, 774, 780, 782, 791 f., 794 f., 797, 804, 809 f., 813, 818, 824, 827, 832, 847, 850, 853 f., 856, 859, 865, 869, 873, 878, 880, 884 f., 888, 891, 899—901, 907, 917, 920, 925, 928, 933, 936, 939, 945, 955 f., 960, 962, 970, 973, 975
Schauspielhaus, Kleine Königstr. 24, 65, 77, 94, 116, 127, 147, 152, 194, 236, 243, 248,
287, 291, 316, 321, 325, 332, 336, 351, 362, 365, 368, 393, 407, 426 f., 441, 445, 448, 450, 454, 456, 458, 460, 462, 473, 476, 489, 499, 510, 516 f., 523 f., 526, 532, 535 f., 541, 554, 567, 575 f., 582, 593, 612, 618, 623, 625, 638, 644, 655, 660 f., 665, 667, 670, 675, 683, 690, 692, 697, 704, 708 f., 714, 717 f., 726 f., 731, 734, 738, 740, 747, 754, 763, 770, 774, 779, 782, 785, 791, 793 f., 797, 809, 827, 839, 856, 865, 869, 878, 882, 884 f., 899, 917, 920, 927 f., 933, 936, 939, 955 f., 960, 962, 975
— Angliederung an die Württ. Staatstheater 65
— Leiter 65, 113, 917
— Oberspielleiter 89
— Übergang in städt. Besitz 257, 917
Scheck-Wenzinger, Kammermusikkreis 446, 910
Schellenturm 113, 264
Schellingstr. 30, 409, 454, 476
Scheufele, Christian, Buchdruckerei 687
Schickhardtstr. 451, 483, 630, 641, 794
Schiedmayer, Klavierbau 339, 504
Schießanlage, städt. 253, 503, 571, 673
Schießstand Dornhalde 1006
Schildknecht AG, Möbelfabrik 916
Schillerchor 595
Schillerdenkmal 122, 285, 577, 829, 837
Schillereiche 425 f., 441
Schillerfest 122, 140, 285, 383, 482, 671, 751, 832, 899, 963
Schillerfestspielwoche 166
Schillerhöhe 85
Schillerjahr (1934) 107, 119, 154, 175
Schillerplatz (bis 1934 Alter Schloßplatz) 28, 127, 145, 226, 282, 320, 378, 392, 410, 482, 628, 640, 796, 829 f.
Schillerstiftung, Stuttgarter 119
Schillerstr. 135, 271, 468, 715
Schillerverein, Schwäb. 34, 121, 206, 287, 383, 578, 652, 669
Schimmelhüttenweg 639
Schimmer-Loux, Duo 727
Schlachthof s. Vieh- u. Schlachthof
Schlachthofzwang 177
Schlachtungen (Zahl) 242
Schlageterstr. (früher Theaterstr., jetzt Stauffenbergstr.) 34
Schleichhandel 661, 778, 794
Schlesienverein 49
 vgl. a. Bund heimattreuer Schlesier

Schliersee, Bauerntheater 199
Schloßgarten-Anlagen 228
  s. a. Anlagen
Schloßgartenbau AG Stuttgart 69, 265, 360, 745
Schloßgartenhotel 511
Schloßgartenstr. s. Horst-Wessel-Str.
Schloßmuseum 6, 72
  s. a. Württ. Landesmuseum
— Direktor 732
Schloßplatz 34, 59, 69, 82, 141, 143—145, 168, 175, 178, 180, 191 f., 265, 320, 343, 395, 462, 518, 554, 590, 616, 666, 681, 691, 743, 820, 850, 926, 1014 f.
Schloßstr. 159, 198, 227, 261, 473, 501, 520, 540 f., 600, 654, 663, 690, 702, 705
Schloßturnhalle 439, 654, 676, 810
Schlotwiese 42, 561
Schmale Str. 380
Schmiden 457
Schmidener Str. 368, 769
Schmidt, Friedrich, Herrenbekleidungsgeschäft 270
Schmiedel, Dr. u. Endres, Dr., chemisches u. bakteriologisches Labor 516
Schneeschuhverein Stuttgart (SVS) 196
Schneiderhandwerk 882
— Damenschneiderinnung, Schneiderinneninnung 701, 824, 855, 880
— Herrenschneider(innung) 298, 559
Schneiderhan-Quartett 925
Schnellgericht 275, 612, 653
(Schnell)schöffengericht, Stuttgarter 25, 58, 60, 78, 105, 143, 314, 581
Schober GmbH Stuttgart-Feuerbach, Trikotwaren-Fabrik 923
Schoch, Gebrüder, Galvanoplastische Anstalt 465
Schocken, Kaufhaus 15, 23, 34, 354, 462
Schönblick, Höhenrestaurant 162, 225, 276, 403, 433, 499, 502, 696
— alter 403, 687
Schönbühl, Beobachtungs- u. Fürsorgeerziehungsheim 946
Schönhutsche Fabrik 431
Schönleinstr. 625, 1004
Schorndorf 108, 118, 742
Schrebergärten, Kleingärten 244, 557, 638, 659, 686, 723, 770, 787, 861
Schreiner (Tischler) 426
— Reichsinnungsmeister, kommissarischer 216
— Reichsinnungstagung 316

Schrifttumspreis der Stadt der Auslandsdeutschen, volksdeutscher 383, 482, 576, 670, 752, 829, 856
  s. a. Literaturpreis der Stadt Stuttgart u. des Deutschen Ausland-Instituts
Schrozberger Str. 639
Schubartstr. 130
Schubertverein Bad Cannstatt 857
Schüler(innen) 117, 219, 221, 224, 703, 782, 829, 831, 851, 859, 881, 913, 928, 949
Schüleraustausch 139, 211, 218, 302—304, 308, 408
Schülerevakuierung 921, 947, 949, 967
  s. a. Evakuierung
Schülerfrühstück 558
Schülerheilfürsorge 696
Schülerheime 944
Schülerhorte 678
Schülertheatergemeinde 861 f.
Schülerwettbewerb 862
Schülerzahlen 641
Schützen, württ. 699
Schützenfeste 404, 594
Schützengesellschaft 699
Schützengilde Bad Cannstatt 412
Schützenhaus, Weilimdorf 550
Schuhmacher 306 f., 971
— Gemeinschaftsreparaturwerkstätte 891
— Innung 891
— Schuhausbesserungswerkstätten 879
Schuhmusterschauen 804, 828
Schuhtauschstelle 721, 889
Schuhversorgung (Gemeinschaft Schuhe) 857, 879, 926, 956
Schulärztlicher Dienst 646
Schulbauverein Stuttgart e. V., Auflösung 415
Schulbezirk Stuttgart 595
Schulen 17, 77, 191, 195, 281, 317, 353, 393, 407, 451, 512, 543, 546, 589, 595, 653, 663 f., 690, 703, 711, 720, 722, 729, 752, 778, 805, 831—833, 839, 841, 857, 860, 885, 896, 933, 939, 944, 947, 967, 969, 979, 985, 1000
  s. a. Deutsche Volksschule
— Adolf-Hitler-Schule 20
  s. a. Neckarmittelschule
— Ameisenbergschule, Kath. 321
  s. a. Wagenburgschule
— Bekenntnisschulen (-klassen) 353, 374
— Berger Schule 443
— Bismarckschule 321
  s. a. Moltkeschule
— Bürgerschule I 275, 473

SACH- UND ORTSNAMENREGISTER

  s. a. Schloßoberschule
- Dillmann-Realgymnasium 50, 88, 234, 371, 394, 555
- Eberhard-Ludwigs-Gymnasium 68, 73, 270, 302, 325, 336, 641, 732, 975
- Eberhard-Mittelschule 73, 374
  s. a. Mittelschule Ostheim
- Falkertschule 561, 569, 921
- Filderschule Degerloch 703
- Frauenoberschulen 321, 463, 465
- Friedrich-Eugen-Oberschule 567
- Gewerbeschule Bad Cannstatt 451
- Gewerbeschule Feuerbach 269, 451, 577
- Gewerbe- u. Meisterschule für Raumgestaltung des Polsterer-, Tapezierer- u. Dekorateurhandwerks Feuerbach 443
- Gewerbeschule Zuffenhausen 195, 269, 299, 356, 451, 577
- Gewerbliche Berufsschule Untertürkheim 636
- Gewerbliche Berufsschulen 211, 641
- Gottlieb-Daimler-Oberschule für Jungen 410, 472
  s. a. Oberrealschule Bad Cannstatt
- Gymnasium u. Realgymnasium Bad Cannstatt 410, 460
  s. a. Johannes-Kepler-Oberschule
- Hans-Schemm-Schule Weilimdorf 179, 277, 312, 757
- Hauptschulen 767 f.
- Hauswirtschaftliche Jahresschule 641
- Heidehofschule 378, 524, 554, 634, 739
  s. a. Uhland-Oberschule für Mädchen, Waldorfschule
- Hilfsschulen 284, 641
- Höhere Handelsschule(n) 82, 113, 374, 641, 780, 787 f.
  s. a. Wirtschaftsoberschule
- Hölderlinoberschule 374, 415, 429, 465, 532
  s. a. Königin-Charlotte-Schule, Rothertsche Mädchenrealschule
- Hohensteinschule Zuffenhausen 25
  s. a. Horst-Wessel-Schule
- Hoppenlaugewerbeschule 451, 782
- Horst-Wessel-Schule Zuffenhausen 25, 481, 517, 828
  s. a. Hohensteinschule
- Hospitalschule 921
- Jahnoberschule 410, 767
  s. a. Realschule Bad Cannstatt
- Jakobschule 716, 921

- Johannes-Kepler-Oberschule Bad Cannstatt 410, 714
  s. a. Gymnasium u. Realgymnasium Bad Cannstatt
- Johannesschule 232
- Karlsgymnasium 103, 173, 381
- Kath. Schule Bad Cannstatt 282
- Kaufmännische Berufsschulen 641
- Kleinkinderschule (Schüle) 302
- Knabenhandelsschule 624
- Königin-Charlotte-Gymnasium 140
  s. a. Rothertsche Mädchenrealschule
- Latein- u. Realschule Hohenheim 30
- Lerchenrainschule 138
- Mädchenoberrealschule Bad Cannstatt 530
- Mädchenrealschulen 321
- Mädchenschulen, Feuerbach 140
- Martin-Luther-Schule Bad Cannstatt 77, 457
  s. a. Teckschule
- Mittelschule Ostheim 374
  s. a. Eberhard-Mittelschule
- Mittelschulen 641, 767
- Mörikeschule 378
  s. a. Töchterinstitut, evang.
- Moltkeschule 321
  s. a. Bismarckschule
- Neckarmittelschule 20, 921
  s. a. Adolf-Hitler-Schule
- Oberrealschule Bad Cannstatt 410, 472
  s. a. Gottlieb-Daimler-Oberschule für Jungen
- Oberrealschule Feuerbach 469
- Oberschulen 641, 881
- Oberschulen für Mädchen 641
- Ostheimer Schule 282, 321
  s. a. Schwarenbergschule, Kath.
- Private kaufmännische Berufsfachschulen 641
- Private Oberschule Sieger 641
- Privatschulen 374, 430
- Realschule Bad Cannstatt 410
  s. a. Jahn-Oberschule
- Reform-Realgymnasium 404, 410
  s. a. Zeppelin-Oberschule
- Reinsburgschule, Kath. 321
  s. a. Römerschule
- Römerschule 281, 321
  s. a. Reinsburgschule, Kath.
- Rothertsche Mädchenrealschule 374, 415, 465

s. a. Hölderlinoberschule, Königin-Charlotte-Gymnasium
— St. Agnes, private kath. Mädchenrealschule 357, 367, 474
— Schickhardtschule 654
— Schloßoberschule 473, 551, 767
  s. a. Bürgerschule I
— Schloßrealschule 338
— Schloßschule 281
— Schwabschule 281
— Schwarenbergschule, Kath. 321
  s. a. Ostheimer Schule
— Städt. Handelsschule 300
— Steinbeis(gewerbe)schule 265, 451, 463
— Steinhaldenfeldschule 70
— Stöckach-Oberschule 767
— Stöckach-Realschule 437
— Stöckachschule 314
— Sulzerrainschule Bad Cannstatt 485
— Technische Oberschule an der Steinbeis(gewerbe)schule 463
— Teckschule Bad Cannstatt 77
  s. a. Martin-Luther-Schule
— Töchterinstitut, evang. 378
  s. a. Mörikeschule
— Torschule 74
— Uhland-Oberschule für Mädchen 524, 649
  s. a. Heidehofschule
— Volksschule Feuerbach 282
— Volksschule Neuwirtshaus 664
— Volksschule Plieningen 779
— Volksschule Rotenberg 193, 280, 773
— Wagenburgschule 234, 282, 321
  s. a. Ameisenbergschule
— Waldorfschule 175, 294, 473 f., 505, 524
  s. a. Heidehofschule, Uhland-Oberschule für Mädchen, Waldorfschulverein
— Weimargewerbeschule 451
— Wilhelm-Neth-Schule Sillenbuch 90
— Wirtschaftsoberschule 82, 374, 745, 787 f.
  s. a. Handelsschule, Höhere
— Zellerschule (Frauenoberschule) 463
— Zeppelin-Oberschule 410, 770, 973
  s. a. Reform-Realgymnasium
Schulhausbau 314, 703
Schullandheime 228, 753
Schulschwestern vom Orden des Hl. Franziskus, Kongregation 430
Schulstr. 183, 715
Schulturnfeste 141, 219, 303, 406, 513, 685
  vgl. a. Turnen
Schulverwaltung 430, 969

Schulwesen 277 f., 324, 687, 1000, 1005
Schulzahnklinik, städt. 96, 232, 368
Schuricke-Terzett 711
Schurwaldstr. 791
Schutzhaft 15—18, 22, 27, 40, 76, 113, 157, 386, 447, 547, 606, 783, 887 f.
  vgl. a. Verhaftungen
Schutzpolizei 17, 41, 80, 349, 392, 535, 699, 793
  s. a. Landespolizei, württ.
— Auflösung 237
— Kommandeur 471
— Neuorganisation 272
Schutzstaffel (SS) 6, 14 f., 20, 29, 41, 46, 48, 65, 131, 135, 143 f., 149, 155, 166, 168, 180, 187, 249, 251, 262, 272, 306, 315, 332, 334, 359, 364, 380, 397, 400, 419, 443, 448, 454, 466, 495, 509, 526 f., 597, 618, 810, 821, 892, 945
  s. a. Sicherheitsdienst (SD)
— Führer 251, 506, 616, 708, 735
— Haus, Hohenheimer Str. 93 85
— Oberabschnitt Südwest 85, 364, 506, 553
— Sportanlage 717
— Sportgemeinschaft 599, 817 f., 875
— Standarte 13, Stuttgart 110, 320, 495
— Verfügungstruppe 570
— Waffen-SS 889, 958
Schwabe, Der wackere (Holzplastik) 781
Schwabenbühne 665, 679 f., 690, 719, 771
Schwabengarage AG 190
Schwabenhalle 408, 418 f., 425, 431, 470, 474, 485, 497, 499, 513, 566, 602
Schwabenverlag AG 600, 924
Schwabstr. 349, 575, 923
Schwabtunnel 965
Schwäbisch Gmünd 838
— Kreis 515, 607
Schwäbisch Hall 106, 137, 300
Schwäbische Bank AG Stuttgart 594
Schwäb. Bilderbühne 165
Schwäb. Siedlungsgesellschaft 70
Schwäb. Treuhand AG Stuttgart 895
Schwäbischer Albverein 28, 166, 205, 243, 366, 466, 514, 593, 612, 627, 634, 652, 668, 702, 752, 867
— Männerchor 652
— Vereinsführer 559
Schwäb. Dichterpreis 245, 332, 443, 527, 713, 730, 787, 824, 862, 866
Schwäb. Frauenverein 131, 833
— Frauenschule für Volkspflege 764, 932

SACH- UND ORTSNAMENREGISTER

— Vorsitzende 163
Schwäb. Heimatbund 549, 583
— Vorstand 617
Schwäb. Komponistenpreis 883
Schwäbisches Liederfest, Allgemeines 496—498
Schwanenplatz 66
Schwarenbergstr. 353, 509, 580, 611, 1017
Schwarzarbeit(er) 57, 82, 210, 240
Schwarzhandel 905
Schwarzmeer-Kosakenchor 693
Schwarzschlachtungen 700, 868 f., 876, 883
Schwarzwaldstr. 541
Schwarzwaldverein 89, 366, 732, 974
Schwarzwildpark s. Rot- u. Schwarzwildpark
Schweden, schwedisch 142, 173, 211, 222, 238, 268, 290, 295, 301, 303, 308, 332, 435, 480, 483, 584, 712, 724, 731, 779, 915, 924
— Svensk Trollteater, Märchentanzgruppe 425
Schweinemastanlagen 348, 557, 599, 623 f., 638, 684, 753
Schweiz, schweizerisch 12, 21, 23, 29, 46, 70, 78, 89 f., 122, 124, 130, 137, 139, 146, 173, 182, 208, 218, 222, 228, 230 f., 241, 259, 276, 285, 290, 295, 303 f., 321, 396, 403, 409, 416, 435, 445, 459 f., 480, 486, 505, 521, 534, 538, 564, 584, 610, 612, 723, 732, 738, 752, 767, 780, 787, 791, 818, 856, 865, 868, 915, 920
— Auslandsorganisation der NSDAP 264
Schwerarbeiter 605, 620, 946
Schwerathletik 597, 838
Schwestern, Freie s. Reichsbund
vgl. a. Verein
Schweyer, C. u. Cie., Leinen- u. Baumwollwarengroßhandlung 620
Schwieberdinger Str. 505, 628
Schwimmen 51, 123, 131 f., 228, 237, 310, 322, 377, 493, 680
Schwimmerbund Schwaben Stuttgart 237
Schwimmverein Cannstatt 493, 526
Schwurgericht 40, 103, 140, 172, 174, 250, 253, 371, 501
Seelachwald 66, 129, 160, 170, 404
Seelbergstr. 628
Seemann-Hubl-Münch(Holland)-Trio 968
Seemoosweg 639
Seestr. 30, 129, 214, 261, 533, 749
Seidenstr. 434, 501, 690, 733, 951
Seilbahn s. Zahnradbahn
Selbsthilfe GmbH Stuttgart 212
Selbstverwaltung, gemeindliche 293, 556, 946
Selbstverwaltung, industrielle 1020

Seminar für Studienreferendare s. Studienseminar
Senefelderstr. 376
Senefelderverein, Chorgemeinschaft 328
Siam 139, 632
Sicherheitsdienst (SD) 276, 454, 670, 676, 687, 695, 700, 735, 753, 771, 783, 862, 895, 1011, 1016, 1023
— Lageberichte 547, 564, 593, 622, 630, 638, 764 f., 770 f., 854, 884, 983 f., 1007 f., 1016, 1019 f.
Sicherheits- u. Hilfsdienste (technische) 439, 675, 733
Sicherheitspolizei 528, 542, 616, 735, 771, 981, 1001
Siebenbürgen 150, 152 f., 164, 185, 313, 383 f., 502, 848, 858
— Deutscher Sängerbund 414
Sieber, Dr., Privatfrauenklinik 328
Siedlerstellen 170, 223, 232, 277
Siedlungen 113, 158, 294, 312, 326, 333, 350, 360, 365, 387, 397, 722, 729
s. a. Württ. Landsiedlung
Siedlungsamt, städt. s. Wohnungs- u. Siedlungsamt
Siedlungsbau 300, 438, 571
Siedlungsgenossenschaft der Kriegsbeschädigten eGmbH Stuttgart 438 f.
— Auflösung 356
Siegelbergsiedlung 716
Siegle, G. M. u. Co. GmbH Stuttgart 808
Siegle, Heinrich, Farbenfabrik 300
s. a. Badische Anilin- u. Sodafabrik
Siegloch, Gärtnerei 602
Sigelsche Apotheke 403
s. a. Charlottenapotheke
Silber, Parkhotel (Villastr.) 656, 673, 910
Silberburg(garten) 99, 261, 553, 659, 686
Silberburgstr. 84, 123, 131, 302, 513, 586, 702, 731, 751
Sillenbuch 41, 53, 63 f., 90, 117, 134, 211, 286, 330, 372, 415, 451, 491, 572, 586, 601, 744, 1018, 1023
— Eingemeindung 348, 371, 579
— Geschäfts- u. Steuerstelle, städt. 371, 427
— Schulhausneubau 211, 388
— Silberwald 200, 491, 795
— Wohnungsbau, Zuzug 200
Sindelfingen 373, 609, 658
— Gutshof der Stadt Stuttgart 333
Singchor der städt. Gefolgschaft 652

Singchor Schwaben s. Sängervereinigung Schwaben
Singgemeinschaft Bad Cannstatt 660, 695, 774
Singkreis, Schwäb. 106, 382, 634, 781, 864, 935
— Orchester 381, 481, 548, 561
Sippenbuch, bäuerliches 358
Sippenforschung 863
Sippenkunde s. Tagung, Volksbund
Sippenregister 233
Skagerrakplatz (früher — inoffiziell — Garnisonkirchenplatz, jetzt entfallen) 127, 290 f., 391, 517, 611, 673, 777, 820, 903
Slowakei 583, 758, 762, 825, 841, 855, 857, 892
Soden-Platz, General-Freiherr-von 270
Soden-Stiftung, General-Freiherr-von 738
Sofia 739, 751
Soldatenbund, Soldatenkameradschaften 334
Solitude, Eingemeindung 787, 811, 822 f.
— Fernempfangsstelle des Reichssenders Stuttgart 547
— Rennen 206, 274, 287, 387 f., 423, 676, 762 vgl. a. Motorsport
— Rennstrecke 406, 410 f., 423, 457
— Schloß 36, 140 f., 191, 209, 289, 298, 305 f., 344, 446, 476, 591, 778, 787, 830
Solitudestr. 563
Sommerfeste 212, 300, 301, 405, 408, 496, 498 f., 596, 599
Sommerrain 70, 488
— Wicherngemeindehaus 442 f.
Sommerzeit 663, 891, 928
Sondergericht für Württ. u. Hohenzollern 22, 30, 40 f., 48, 52, 55 f., 67, 69, 75, 78, 90, 100, 112 f., 120, 124, 135, 140, 223, 400, 432, 460 f., 473, 475, 523, 528, 536, 541, 587, 597, 603, 624, 648, 650, 684, 694, 697, 702, 711, 715, 752, 772, 800, 804, 807 f., 811, 821, 827 f., 833 f., 842, 848, 854 f., 858, 869, 876, 878, 882 f., 887 f., 894, 899, 910, 913, 916, 925, 933—935, 939, 946, 951, 953, 956, 961, 966, 967, 970, 990 f., 1011
Sonnenberg (Markung Uhlbach) 474
Sonnenberg (Möhringen) 222, 342, 532, 822, 984
Sonnenbergstr. 401, 628, 651
Sonnenstein, bei Pirna 743
Sonnenwendfeiern 40, 131 f., 213, 296, 343, 399, 494, 537, 970
Sophienstr. s. Ernst-Weinstein-Str.

Sowjetunion 125, 311, 330, 434, 636, 759, 805, 943, 969
s. a. Rußland
Sozialamt, städt. 831
vgl. a. Fürsorgeamt, Wohlfahrtsamt
Sozialdemokratische Partei Deutschlands (SPD) 3 f., 7—13, 15—17, 20, 22 f., 26 f., 29, 31, 43 f., 56, 60, 70, 85, 97, 121, 191 f., 208, 228, 275, 336, 375, 472, 647, 649, 1009
— Auflösung 42
— Betätigungsverbot 41
— Landesvorstand 31, 38
— Landtagsfraktion 17, 24, 37
— Rathausfraktion 18, 27
Sozial-Gewerk für Handwerker von Stuttgart u. Umgebung EGmbH 632
Sozialisten, religiöse 17
Sozialistische Arbeiterjugend s. Arbeiterjugend
Sozialistische Arbeiterpartei (SAP) 51, 550, 647
Sozial- u. Gesundheitspolitik 249, 858, 936
Sozial- u. Kleinrentner 151, 672
vgl. a. Reichsbund
Spanien, spanisch 12, 290, 303—305, 309, 326, 332, 342 f., 348, 350, 390, 398, 433, 437, 445, 462, 502, 528, 554, 585, 660, 719, 859, 892, 915, 939, 1006
— Legion Condor 585, 588
Sparerbund 55, 78, 162
Spar- u. Girokasse, Städt. 167 f., 179, 203, 205, 231, 297, 488, 543, 574, 586, 626, 646, 648, 706, 752, 819, 834, 908, 1002
— Feuerbach 174
— Leiter 942
— Stiftungen 168, 706
Sparkassen 176, 343, 889
Sparkassenschule s. Württ. Gemeindeverwaltungs- u. Sparkassenschule
vgl. a. Württ. Sparkassen- u. Giroverband
Sparkassenwoche 203
Sparrhärmling 596
Spartag 709
Spartania 1904, Zuffenhausen, Radfahrer-Verein (RV) 599, 667
Speiseanstalten, städt. s. Küchen
Spiel- u. Eisbahnverein Waldau 636
Spielhallen 79
Splitterschutz 720
Sporerstr. 329
Sportaufsicht, staatliche 740
Sportfeste 79, 110, 147, 164, 175, 187, 213,

SACH- UND ORTSNAMENREGISTER

228, 231, 263, 308, 393, 410, 425, 463, 483, 642, 644
Sportgau Württ. 977
Sportgauführung 851
Sportkreisführer 849
Sportverein 1907 599
Sportverein (SpV) Feuerbach 693, 991
Sportvereine, Auflösung der Jugendabteilungen 338
Sportvereinigung Cannstatt 606, 692 f.
Sportvereinigung Stuttgart 1893 599, 717
Sportvereinigung (SpVgg) 07 Untertürkheim 414
   s. a. Fußballverein (FV) Stadion Untertürkheim, Viktoria
Springfield (USA) 405 f.
Staatliche Akademie der bildenden Künste 734, 787, 828, 839, 868, 904, 914, 1017
   s. a. Akademie der bildenden Künste, Kunstgewerbeschule
— Direktor 989
Staatliche Bauschule 545, 563, 720, 724, 899, 1019
   s. a. Höhere Bauschule
Staatliche Hochschule für Musik 515, 518, 521, 523, 554, 577, 589, 632, 653, 655, 657, 667, 673, 678, 700, 706, 708, 711, 715, 724, 726—728, 730, 732, 735, 738, 743, 748, 754, 757, 761, 763, 776, 780—782, 784, 786, 792, 795, 819, 826, 860, 863, 867, 873 f., 884, 904, 907, 934, 936, 953, 957, 959, 963, 968, 972
   s. a. Württ. Hochschule für Musik
— Leiter 707 f., 868, 989
Staatliche Kunsthochschulen Württembergs 793
Staatsanwaltschaft Stuttgart 363, 375, 480
— Leiter 81
Staatsbegräbnis 817, 819, 1001
Staatsjugendtag 231
Staatskommissar, Stuttgart 17, 21, 42
Staatsministerium, württ. 6, 13, 17, 20, 31, 40, 42, 45 f., 52, 60, 64, 73, 91, 94 f., 100, 105, 143, 234, 263, 323, 385, 397, 435, 463, 484, 558, 639
Staatspolitische Arbeitsgemeinschaft 16, 35
Staatspräsident, württ. 15 f.
   s. a. Bolz, Murr
Staatspreisträger 750
   s. a. Nationalpreisträger
Staatsschuldenverwaltung, württ. 5
— Präsident 6

Staatstheaterballett 316, 695, 736
   s. a. Ballett
Staatstheaterchor 542, 680, 736, 883, 895
Staats(theater)orchester 364, 372, 408, 516, 520, 524, 532, 553, 569, 620, 629, 709, 724, 726, 733, 777, 783, 796, 885, 895, 931, 954
Stadion auf dem Wasen s. Adolf-Hitler-Kampfbahn
Stadt der Auslanddeutschen 311—313, 317, 344 f., 348, 361, 395, 417, 479, 530, 724, 751, 778, 800 f., 822, 832, 906, 960, 973
— Wahrzeichen 317
Stadtamt für Leibesübungen s. Turn- u. Sportamt
Stadtanleihen, Stuttgarter 781, 803
Stadtarchiv 36, 131, 333, 498, 503, 577, 590, 601, 645, 716, 801, 830, 888, 921, 960
   s. a. Schallplattenarchiv
— Direktor 583, 640
Stadtchronik 960
Stadtbauplan s. Ortsbauplan
Stadterweiterungsamt 36, 78, 176, 193, 751
   s. a. Stadtplanungsamt
Stadtforum (Projekt) 798
Stadtgärtnerei 631, 653, 723
Stadtgarde 155, 437
Stadtgarden, württ. u. bad. 233
Stadtgarten, Stadtgartenrestaurant 9, 18, 39, 68, 72, 81, 84, 117, 135, 155, 161, 165 f., 190, 196, 199, 206 f., 210—213, 219 f., 222, 232, 235, 247, 251, 259 f., 285, 287, 300 f., 316, 336, 358, 365, 380—382, 384, 390, 395, 407 f., 412, 417—420, 436, 446, 448, 453, 470, 473, 477, 487, 490, 495 f., 498, 504, 522, 530, 532 f., 548, 558, 572 f., 579, 582, 631, 633, 671, 679, 696, 718, 753, 771, 795, 836, 882, 902, 933, 935, 941, 945, 956, 960—962, 972, 977
Stadthalle 1, 8 f., 11 f., 30, 37, 51, 59, 61, 68, 72 f., 77 f., 93, 97 f., 101—103, 109, 114—118, 128, 136 f., 145, 148, 153, 156, 158—160, 162, 164 f., 167, 170—172, 176, 178, 180, 182, 186—188, 197, 201, 203, 205, 207 f., 216, 235, 239, 241 f., 245 f., 259, 261—263, 265, 269 f., 273, 275 f., 281 f., 311, 314, 316, 318, 323, 330, 332, 334, 337 f., 340, 344, 346, 349—351, 358 f., 364, 367 f., 374, 376, 387, 388, 397, 418 f., 424 f., 431, 436 f., 442—444, 446, 454, 456, 458 f., 462 f., 472, 475, 477, 480, 485, 488, 493, 508 f., 514, 520, 523, 527 f., 531, 540, 542 f., 546, 555 f., 561, 566, 570, 577, 579, 591, 597, 695, 724—727, 731,

736 f., 739, 741, 743, 746, 771, 774, 784, 787, 792—794, 809 f., 822, 825, 827 f., 832, 875, 879 f., 892, 897
Stadthaushalt 13, 24, 26, 87, 103, 111, 179, 189, 193, 216, 220, 232, 240, 266 f., 299, 318, 356, 362 f., 369 f., 402, 422 f., 464, 468, 491 f., 518 f., 557, 592, 604, 637, 641, 646, 661 f., 696 f., 728, 740, 770, 786, 818 f., 822, 934, 1018
Stadtkämmerei, Stadtpflege 568, 999
Stadtkämmerer 32, 111, 491, 930
   s. a. Hirzel
Stadtkommandant 21, 538
Stadtkommandantur 504, 543
Stadtlauf 383, 486, 576, 831, 902
Stadtmauer 264
Stadtmission 83, 440
Stadtpflege s. Stadtkämmerei
Stadtpfleger 524 f.
Stadtplanung 348, 698, 729
Stadtplanungsamt 193, 299, 319, 360, 409, 593, 850, 936
   s. a. Stadterweiterungsamt
Stadtpokal für die Stuttgarter Fußballvereine 621
Stadtverband für Leibesübungen 4, 79
Stadtwappen 452, 530
Städtebau 68, 698 f., 775, 846, 856, 858, 902
Stähle u. Friedel, Verlag 256
Ständehaus, altes 830
Staengel u. Ziller, Kakao- u. Schokoladenfabrik 479, 543
Stafflenbergstr. 50, 130, 415
Stahlhelm 6, 14, 20, 24, 27, 37, 46, 59, 65, 68, 79 f., 82, 112, 141, 160
   s. a. NS-Frontkämpferbund, Wehrstahlhelm
— Kreisverband Stuttgart 119
Stalingrad 875, 878—880, 900 f., 904
Stammheim 387, 440, 457, 565, 822, 831, 974, 992, 1004, 1019, 1023
— Eingemeindung 787, 811, 817, 822, 874
Stammheimer Str. 306
Standesamt 218, 233, 361, 610, 640, 998
   s. a. Beratungsstelle für Familien- u. Sippenforschung
— Leiter 73, 538, 565
Standesbeamte, württ. 296, 486
Statistischer Zentralausschuß 912
Statistisches Amt, städt. 106, 280, 605, 744
— Landesamt s. Württ. Statist. Landesamt
— Reichsamt 310
Stauffia, Studentenverbindung 404

Steegmüller u. Söhne, Gardinen, Teppiche 399
Steine u. Erden Südwestdeutschland, Wirtschaftsgruppe 575
Steiner u. Holler, Weingroßhandlung 314
Steinhaldenfeld 66, 70, 78, 95, 129, 131, 161, 168, 170, 224, 429, 716
Steinhaus, altes 231, 829 f.
Steinheim/Murr 69, 106, 259, 315
Steinkopf, Verlag 839
Stenografenverein 324
   s. a. Deutsche Stenografenschaft
Stephanstr. 86, 296
Sterilisation 5, 96, 99, 104, 269
Sternwarte 216, 404, 549
Steueramt, städt. 744, 1006
— Leiter 735
Steuern 3, 56, 190, 369, 491, 519, 592, 646, 661, 697, 728, 740, 861, 934, 1006, 1018
— Aufwandssteuern 370
— Baulandsteuer 111
— Bürgersteuer 240, 331, 370, 491, 611
— Einkommensteuer 111, 370, 610, 617
— Filialsteuer 7, 24, 370
— Gebäude(entschuldungs)steuer 369 f.
— Getränkesteuer 18, 158, 190, 222, 312
— Gewerbesteuer 193, 369, 422, 457, 491, 611, 646, 1018
— Grund(rentenzuwachs)steuer 369, 491, 611, 841, 1006, 1018
— Hauszinssteuer 61, 241
— Hundesteuer 370
— Kirchensteuer 895 f.
— Körperschaftsteuer 111, 370, 557
— Kopfsteuer 784
— Kriegszuschlag 610, 613, 786
— Lohnsteuer 426, 617, 771
— Reichssteuern 111
— Reichsüberweisungssteuern 370
— Schlachtsteuer 828
— Umsatzsteuer 111
— Verbrauchssteuern 370
— Vergnügungsteuer 105, 681
— Verkehrsteuern 370
— Warenhaussteuer 370, 491
— Wertzuwachssteuer 111
— Zweigstellensteuer 491
Stierle-Quartett 500
Stiftungsamt, städt. 346, 731, 1007
   vgl. a. Zentralleitung
Stitzenburgstr. 555
Stockgebäude 830

SACH- UND ORTSNAMENREGISTER

Stockholm 252, 268, 736, 809
— Internationaler Kongreß für Wohnungswesen u. Städtebau 596
Stöckach 11, 73, 92, 103, 380, 549, 573, 586
Stöckachstr. 191
Storzeln, Hofgut der Stadt Stuttgart 554, 565, 612, 686, 783
Stotz, A. AG 578 f.
Straßburg 127, 150, 723, 728, 735, 738, 751, 774, 785, 828, 856, 939, 942, 968, 972
Straßburger Str. (Zuffenhausen; früher Olgastr., jetzt Straßburger Str.) 127
Straßenbahn, Stuttgarter 3, 6, 16, 28, 66 f., 69, 79, 84, 87, 89, 106, 117, 120, 122, 124, 133, 159, 165, 171, 192, 203, 212, 219, 223, 227, 230, 234, 237, 254, 268, 271, 279, 291, 296, 306, 322 f., 343, 346, 376, 380, 390, 395, 402 f., 407—409, 411 f., 416, 426, 450, 463, 468, 490 f., 496, 500, 502, 507, 510, 519, 532, 536 f., 540—542, 549, 554 f., 565—567, 572, 574 f., 590, 607 f., 611, 615, 623—628, 632, 645, 647 f., 650, 652 f., 656, 663, 669, 671, 685, 691, 693 f., 702, 705 f., 714, 721, 725, 727, 747, 763, 775, 778, 804, 819, 824, 836, 850, 859 f., 866, 871, 875, 886, 896, 898, 904, 915 f., 921 f., 926 f., 933, 956, 961, 973, 985, 988, 1005, 1014 f., 1018 f., 1021, 1023
  s. a. Autoverkehrsverband Stuttgart GmbH, Filderbahn, Omnibuslinien, Zahnradbahn
— Freizeitheim (Kameradschaftsheim), Sportplatz 383, 463, 483, 574
— technischer Leiter 75
Straßenbau 47, 64, 66, 109, 150, 166 f., 192, 224, 252, 268, 284, 300, 463, 468, 478, 491 f., 541, 549, 555, 557, 563, 565, 567 f., 585, 592, 617, 631, 633, 636 f., 693, 722, 750, 798
Straßenbeleuchtung 101, 401, 506, 562, 572, 646
Straßenneu- u. -umbenennungen 163, 337, 446, 474, 497, 639
  s. a. einzelne Straßennamen
Straßenunterführungen 451, 476, 715
Straßenverkehrsamt, städt. 964, 978, 981 f., 993, 1003, 1010
Stratford-on-Avon 167
Strecker u. Schröder, Verlag 291
Streiks 5 f., 8, 38, 56, 75
Strölin-Stiftung 706
Strohgäustr. 323
Strohgäuwasserversorgungsgruppe 485
Strohmscher Garten 550

Stromversorgung 266, 397, 403, 458, 485, 492, 524, 576, 578, 608, 647, 701, 703, 847, 908, 950, 982, 985, 1001, 1005, 1013, 1015, 1017, 1020, 1023
Strub-Quartett 549, 657, 708, 753, 858, 972
Studenten 3, 5, 14, 33, 40, 46, 52, 75, 77, 93, 121—123, 131, 172, 179, 182, 185, 190, 210, 227, 243 f., 248 f., 251—253, 267, 283, 285, 291, 296, 319, 332, 343, 382, 390 f., 397 f., 403, 408, 443, 451, 477, 490, 501, 532, 584, 589, 597, 625, 627, 669, 673, 704, 718 f., 720, 724, 757, 764, 782, 809, 835, 845, 899, 903 f., 907, 911, 914, 922, 987, 989
  vgl. a. NS-Studentenbund
Studenten-Ausschuß, Allgemeiner 29
Studentenaustausch 267
Studentenführer 332, 989
  s. a. NS-Deutscher Studentenbund
Studentenheim 20
Studententag, württ. 593 f.
Studententage, Stuttgarter 490
Studentenverbindungen 121, 182, 184 f., 199, 209, 248 f., 252, 410, 446
  s. a. Alania, Altherrenschaften, Bavaria, Carolingia, Cartellverband der kath. deutschen Studentenverbindungen, Deutsche Studentenschaft, Deutsche Wehrschaft, Deutscher Waffenring, Hilaritas, Kameradschaften, Kartellverband kath. deutscher Studentenvereine, Makaria, Rhenania, Saxonia, Stauffia, Teutonia, Völkischer Waffenring
Studienseminar 742
Stumpf u. Müller, Fabrik für sanitäre Anlagen 575
Sturmabteilung (SA) 2, 6, 9, 13 f., 15, 20, 26, 29, 41 f., 46, 48, 55, 59, 61, 65 f., 80, 82, 107, 115, 131, 143 f., 149, 155, 168, 172 180, 187, 191, 226, 256, 261, 272, 295, 306, 315, 337, 373, 380, 397, 400, 408, 432, 458, 523 f., 526, 543, 550, 561, 570, 625, 630, 725, 747, 809, 1023
— Brigade 55 125, 133 f., 380
— Gruppe Neckar 929
— Gruppe Südwest 168, 268, 282, 405, 408, 519, 529, 543, 554, 625, 725
— Heime 182, 535
— Kaserne auf dem Burgholzhof 532
— Marine-SA 164, 291, 296, 306 f., 535
— Reiterstandarte 55 535
— Reitersturm 1/55 535

— Sportabzeichen 249, 311
— Sportplatz 975
— Standarte Feldherrenhalle 532
— Standarte 51   179
— Standarte 119   343, 460, 565, 594, 600, 616, 667
— Standarte 413   594
— Sturm 2/119 Stuttgart 599
— Sturm 31/119 Stuttgart 83
— Wehrerziehung 544
— Wehrkampf 854
— Wehrmannschaften 632, 676
Stuttgardia Schwobaland 1908, Radfahrerverein 483, 669
Stuttgart-Amt 440, 515
  vgl. a. Amtsoberamt Stuttgart
— Kreisverband 415
Stuttgart-Cannstatter Ruderclub von 1910   229, 696
Stuttgart-Stadtprospekt 552
Stuttgarter Alb-Schneeläufer-Vereinigung 204
— Bäckermühlen 972
— Bank 18, 227, 278, 529, 567, 661, 741, 817, 888, 956
— Bau-Consortium GmbH 705
— Baugenossenschaft EGmbH 609
— Billardklub 1891   758
— Börse 285
  s. a. Effektenbörse, Industrie- u. Handelsbörse, Kriegsbörse, Württ. Auftragsbörse, Württ. Wertpapierbörse
— Chorgemeinschaft 595
— Gemeinnützige Baugesellschaft AG 505, 600
— Gipsgeschäft AG, Untertürkheim 572, 593, 752
— Handelsverein, Auflösung 290
— Handharmonika-Spielgemeinschaft(en) 623, 644, 688
— Heim eGmbH 795
  s. a. Baugenossenschaft Möhringer Str., Bau- u. Heimstättenverein eGmbH, Familienheime eGmbH
— Hofbräu AG 259, 468, 553, 609, 730
— Kammerchor 519, 552, 561, 739
— Kammerduo 784
— Kammeroper 146, 304, 312, 500, 505, 510, 550, 560, 596, 621, 643
— Kammerorchester 357, 381, 432, 545, 559, 667
— Kantatenchor 357, 381, 432, 559, 667, 893, 939, 956, 963,

— Kickers 89, 199, 258, 269, 318, 406, 410 f., 413, 469, 528, 556, 576, 599, 606, 658, 660, 663, 668 f., 694, 700, 739, 745, 747, 751, 815, 828, 831, 845, 856, 861, 867, 893, 902, 916, 935, 973
— Vereinsführer 401
— Künstler-Marionettentheater 236, 279, 413, 428, 504, 517, 654, 710, 792, 800, 858, 869, 882
— Liederkranz 11, 88, 98, 114, 122, 130, 138, 189, 197, 285, 327, 344, 349, 362, 383, 396, 408, 412, 428, 482, 526, 535, 552, 560, 573, 577, 596, 637, 668, 671, 682, 717, 731, 748, 751, 758, 791, 832, 899, 963
— Orchester 428, 748
— Vereinsführer 100
— Musikschule 333, 441, 632, 681 f.
  s. a. Konservatorium für Musik
— Leiter 680 f.
— Oratorienchor 445, 463, 476, 526, 542, 555, 567, 648, 731, 746, 788, 804, 857, 875, 931, 958
  s. a. Verein für klassische Kirchenmusik
— Orchesterverein 2, 448, 577, 667
— Puppenspiele s. Stuttgarter Künstler-Marionettentheater
— Rollschuhclub 502
— Sängerkreis 743
— Leiter 599
— Sängervereinigung 1823   736
— Schlittschuh- u. Rollsportklub 235, 434
— Schützengilde 699
— Secession 429
— Siedlungsgesellschaft 33, 70, 255, 313, 411, 467 f., 478, 505, 579, 592, 635, 643, 647
— Siedlungsverein 755
  s. a. Bau- u. Wohlfahrtsverein
— Singkreis 448, 515, 587, 640, 667, 723, 743, 758
— Sportclub 148, 291, 357, 416, 656, 663, 693, 990
— Sportfreunde 310, 599, 642, 658, 663, 669, 693
— Singchor 652
— Streichquartett 331, 560
— Tanzbühne 347, 351, 445, 526
— Theaterbau-AG 257
— Trio 689
— Zeitungsverlag GmbH 629
Sudetendeutsche 231, 264 f., 269, 365, 373, 486, 513—516, 519—521, 523, 531, 534, 536, 552, 752

SACH- UND ORTSNAMENREGISTER

Sudetendeutscher Heimatbund, Ortsgruppe Stuttgart 264, 450, 464, 525, 555
Sudetendeutsches Freikorps 519, 525
Sudetenland 266, 514—516, 523, 527, 534 f., 545, 554, 570, 735
Sudetenstr. (jetzt Stresemannstr.) 525, 562, 585
Südafrika 570
Südamerika 285, 380, 550, 776
Süddeutsche Elektrizitätsgesellschaft 576
Süddeutsche Festwertbank AG 373
Süddeutsche Handelsgesellschaft für das Fleischereigewerbe AG, Stuttgart-Feuerbach 855
Süddeutsche Ölverwertungs-GmbH, Südöl 198
Süddeutsche Treuhand AG 264
Süddeutsche Vereinigung für Evangelisation u. Gemeinschaftspflege 394
Süddeutsche Zuckerwerke Stuttgart-Bad Cannstatt 349
  s. a. Zuckerfabrik Münster
Südfunk, Arbeitsgemeinschaft 96 •
Südheim 6
— Arbeiterkolonie 910
Südheimer Platz 126, 566
Südtirol 187, 368, 424, 466, 684, 723, 762
Südunion Bausparkasse AG 926
Südwestdeutsche Ferngas AG 796
Südwestdeutscher Kanalverein 94, 220, 285, 376, 848
Sütex eGmbH Stuttgart, Einkaufsgenossenschaft 477
Sulzbachtal 350
Sulzerrainstr. 379
Sunlicht AG Berlin 405
Suresue (Frankreich) 589
Swissair 791, 988
Syrien 432, 440 f., 617

T

Tag der Arbeits- u. Kriegsopfer 425
— der auslandsdeutschen Jugend 508
— der Briefmarke 643
— der deutschen Erziehung 32
— der (deutschen) Hausmusik, Volksmusik 219, 334, 632, 715, 862, 933
— der deutschen Luftfahrt 127
  vgl. a. Luftverkehr
— der deutschen Polizei 175, 349, 546, 654, 732, 809 f.
— der deutschen Rose 138
— der Diakonie 203
  s. a. Diakonie
— der Gefallenen der NS-Bewegung u. des Krieges 446
— der nationalen Solidarität 251, 340, 450, 533
— der Sänger 425
— der schwäb. Erzieher 72, 157, 236, 324, 431
— der schwäb. Musik 850
— der Wehrfreiheit 559
— der Wehrmacht 561, 601, 660, 740 f., 820
— des deutschen Ostens 98
— des deutschen Volkstums 231, 317, 424, 591
— des Großdeutschen Reiches 559
— des Handwerks 425
Tagung für auslanddeutsche Sippenkunde 310
Talheim 766
Talstr. 69, 468
Tannenbergbund 4
— Auflösung 68
Tanz 81, 241, 261, 347, 351, 390, 425, 445, 450, 458, 462, 473, 484, 526, 540 f., 549, 605, 623, 639, 644, 655, 661, 667, 671, 687, 691, 695, 708, 714, 721, 727, 731, 734 f., 738, 779, 785, 793, 804, 857, 874, 882, 959, 964
  vgl. a. Ballett
Tapezier-, Sattler- u. Posamentierhandwerk 490
Tarnowitzer Str. 601
Taubenheimstr. 200, 224, 227, 303 f., 410, 485, 502, 554, 657
Tauschhandel 806, 987
Tauschzentrale 927, 972
  vgl. a. Schuhtauschstelle
Technische Hochschule (TH) 1 f., 4, 15, 18, 25, 28, 33, 36, 44 f., 52, 59, 68, 75, 79, 84, 91—93, 98, 103—105, 113, 118, 123, 144, 151, 153, 160, 166, 171 f., 176, 183—186, 194 f., 201, 209, 211, 215, 223 f., 228, 232, 233 f., 239, 244, 247, 249 f., 252, 255, 262 f., 265—267, 272, 276 f., 280, 283, 287 f., 291, 293—298, 300, 310, 319, 324—326, 328, 332 f., 336, 343, 347, 350, 352, 360, 363, 378, 381, 390 f., 398 f., 404, 422, 424, 436, 448, 453, 458, 460, 462, 477, 481, 484 f., 487, 490, 496, 504, 517, 524, 526, 532, 534, 538, 541, 543, 545, 551, 555, 562, 574, 580, 587 f., 602, 637 f., 644, 662, 673, 675, 698, 704 f., 707, 710, 712, 718, 723, 731, 734, 741 f., 750—752, 757—759, 787, 802, 808—810, 846, 860, 875, 903 f., 911, 934, 936, 945, 947, 949 f., 959, 968, 970, 974, 976, 987, 1002, 1008

SACH- UND ORTSNAMENREGISTER

s. a. Vereinigung
— Akademische Auslandstelle 267, 297, 305, 549
— Deutsch-Akademischer Ausländerclub 46, 549
— Dozentenschaft 338
— Ehrendoktorwürde 28, 269
— Ehrensenatoren 410, 541, 802, 851
— Reichshochschulgruppe 363
— Sportplatz 294, 393
— Rektor 25, 30, 74, 93, 111, 123, 210, 530, 864
Technische Nothilfe 160, 304 f., 311, 361, 439, 458, 515
Technische Werke der Stadt Stuttgart (TWS) 37, 73, 100 f., 133, 166, 220, 233, 266, 280, 296, 372, 403, 409, 415, 427, 457, 485, 491 f., 526, 540 f., 549, 557, 559, 562, 567, 572, 604, 628, 647, 681, 692, 701 f., 719, 725, 744, 748, 762, 768, 803, 847, 860, 863, 887, 898, 906, 940, 1012
s. a. Elektrizitätswerk, Gaswerk, Wasserwerke
— Erster Werkleiter 623
— Leiter 28, 324, 358, 594
— Tarife 28, 197, 386, 500, 686, 719, 744, 820, 847
— Verwaltungsgebäude 86, 127, 158, 210, 317, 1000
— Zusammenschluß des Gas-, Elektrizitäts- u. Wasserwerks 28
Technisches Landesamt 73, 156, 163, 573
Teckstr. 611
Teckstr. (Bad Cannstatt) s. Martin-Luther-Str.
Tennis 185, 302, 470, 558, 685, 772
Tennisklub Feuerbach 550
Tennisklub Weißenhof 550
Tennisplätze 457, 636
Tennis- u. Eislaufverein Waldau 642
Terrot-Werke Bad Cannstatt 378
Teutonia, Studentenverbindung 404
Textil s. Reichsbetriebsgemeinschaft
Textilindustrie 96, 397, 487, 814
Theater 71, 74, 294, 539, 628, 782, 793, 861, 870, 902, 917, 986, 992
s. a. Reichsverband
vgl. a. Württ. Staatstheater
Theatermieten 861 f., 992
Theaterstr. s. Schlageterstr.
Theodor-Fliedner-Haus 228
Theresienstadt, Konzentrationslager 848, 894, 909, 944, 1017

Thienemann, Verlag 278
Thomä, F., Ölmühle Zuffenhausen 796
Thouretstr. 86, 317, 493
Tiefbauamt, städt. 167, 179, 219, 221, 284, 451, 478, 563, 586, 653, 679, 692, 906, 936, 973
— Abt. Hafenamt 221
— Leiter 402
— Versuchsanstalt 501
Tierasyl 742
Tiergarten (alter) 734
Tiergarten (Nill) 1015
Tiergarten (Volkspark), Killesberg 221, 363, 370, 485, 525, 667
Tiergarten Rosensteinpark (Projekt) 187
Tiergarten Stuttgart s. Verein
Tierklinik 651
Tierpark (Doggenburg) 382, 540, 575
Tierschauen 222
Tierschutz s. Reichstierschutztag
Tierschutzverein 592, 634, 651, 741
Tierzucht 622
Tietz, Kaufhaus 15
Tigerfeld 784, 846
Tirol 68, 153, 459
Tischtennis 462, 480
Todt-Preis 953, 1019
Tokio 309, 718
— Welterzieherkongreß 441
Torstr. 169, 498
Totaler Krieg 882, 890, 896 f., 986, 989, 992, 997
Trachtenvereine u. Landsmannschaften, württ. 456
Traditionsregiment 119, Stuttgarter 757
s. a. Infanterie-Regiment 119, Reserveregiment 119
Traditionsverbände 539
Traifelberg 630, 686
Tritschler u. Co. 277, 436
Trossingen 119, 462
— Hohner-Handharmonika-Orchester 434
Tschammerpokal 692, 700, 845, 849, 932
Tschechoslowakei 229, 232, 266, 269, 285, 290, 302, 306, 353, 452, 461, 480, 514, 534, 559
s. a. Böhmen, Protektorat, Slowakei
— NS-Partei 450
Tuberkulose 181, 204, 713
Tübingen 38, 52, 157, 238, 261, 369, 386, 424, 466, 485, 549, 590, 593, 597, 609, 655, 712, 745, 772, 812, 913, 958
— Akademischer Chor 555

SACH- UND ORTSNAMENREGISTER

— Universität 4 f., 23, 36, 40, 47, 70, 72, 91–93, 98, 103, 106, 118, 123, 134, 142, 156, 160, 162, 171, 173 f., 181, 201, 237, 239, 245 f., 250 f., 258, 268, 276, 280, 289, 293, 302, 327, 337, 343, 389, 496, 511, 522, 533, 535 f., 577, 585, 587, 652, 669, 680, 706 f., 710, 712 f., 744, 749, 756, 766, 773 f., 776, 787, 809, 856, 911–913, 926, 957, 966
— Universitätsbund 780
Tübinger Str. 260, 500, 654, 928
Türkei 46, 68, 296, 1010
Türlenstr. 304, 594, 615
Tunesien 900, 904
Tunnel, zwischen Stuttgart u. Feuerbach (Projekt) 723
Tunzhofer Str. 287, 433, 988
Turin 600
Turmstr. 277
Turn- u. Sportamt, Städt. 89
Turnen 115, 120, 126, 141, 228, 317, 376, 406, 477, 566, 714, 743, 795, 810, 838, 892, 907, 922 f.
vgl. a. Breslau (Deutsches Turn- u. Sportfest), Deutsches Turnfest (Stuttgart), Schulturnfeste, Sportfeste
Turnerbund Bad Cannstatt e. V. 140, 682, 726, 867
Turnerbund Stuttgart 26, 298, 599
— Vorsitzender 732
Turngau, Schwäb. 185
— 15 Württ., Auflösung 317
Turn-, Sport- u. Kulturgemeinde Weilimdorf 418
Turngesellschaft Stuttgart 458, 599
Turnhalle auf dem Wasen 318
Turnhallen 768, 810
Turnhalleplatz (Weilimdorf) 150
Turnlehrerbildungsanstalt 286
s. a. Landesturnanstalt
Turnverein Cannstatt 1846 298, 708
Turnverein 1883 e. V. Feuerbach 554
— Gablenberg 338, 404
— Hedelfingen 620
— Stuttgart 140, 599
Turnvereine, Stuttgarter 126, 648
Turn- u. Sportverein Degerloch 1886 717
Turn- u. Sportverein Stuttgart 1907 717
Turn- u. Sportverein Stuttgart-Münster 734, 758, 795
Turn- u. Sportvereinigung Prag 550

U

Überkinger Str. 563
Übernachtungen 171, 221, 290, 327, 404, 536, 573, 690, 742
vgl. a. Fremdenverkehr
Uferstr. 563
Uhlandshöhe 399, 549, 775, 798
Uhlandstr. 313, 643, 656
Uhlbach (Wasserlauf) 592
Uhlbach 241, 330, 427, 451, 521, 572, 592, 601, 695, 744, 1024
— Dörtenbachsches Anwesen 750
— Eingemeindung 348, 371, 579
— Markung 474
Uhreneinzelhandel 839
Uhrennetz-Zentrale, städt. 496, 543
Ulm 25, 35, 41, 76, 90, 99 f., 108 f., 128, 131, 154, 158, 197, 213, 229, 248, 284, 298, 320, 326, 336 f., 427 f., 439, 535, 537, 553, 556, 573, 581, 652, 860, 998
Ulmer, Eugen, Verlagsbuchhandlung 871
Ulmer Str. 67, 626
Ulrichstr. (Zuffenhausen) s. Reissstr.
Umschulung 195, 211, 240, 256, 299, 356, 370, 472, 577
Umschulungswerkstätten, städt. 269, 299, 370
s. a. Lehrwerkstätte
Umsiedler, Umsiedlung 723, 729 f., 753, 824, 864, 866, 924, 949
Umsiedlungslager 773
— Seelsorge 773
Umspannwerke 633, 703
s. a. Abspannwerke
Umweltmuseum (Projekt) 706 f.
s. a. Auslandsmuseum
Unfallkommando 503, 520
Ungarn, ungarisch 46, 52, 89, 107, 164, 192, 194, 208, 296, 302 f., 355, 377, 404, 431, 480, 500, 504, 576, 600, 674, 698, 719, 743, 836, 882, 892, 923, 936, 941
Ungarndeutsche 208, 231
Unger, Werkzeugmaschinenfabrik 751
Union Deutsche Verlagsgesellschaft 387
Union Deutsche Verlagsgesellschaft Stuttgart, Beck, Auberlen u. Co. 387, 420
s. a. Kohlhammer
Unteraichen, Markung 715
Unterboihingen 185, 320
Unterer Bühl 643
Untergrundpflasterbahn (Projekt) 566, 715
Untermarchtal (Kloster) 766, 772

Untertürkheim 1, 57, 64, 70, 75, 83, 99, 103, 121, 131 f., 150, 175, 208, 228, 231, 239, 241, 285, 290, 314, 326, 333, 371, 377 f., 383, 388, 393, 395, 412, 420, 423, 436, 455, 472, 511, 521, 523, 537, 543, 562, 572, 578, 586, 593, 599, 601, 615, 633, 640, 644 f., 691, 693, 696, 739, 774, 779, 936, 991, 999, 1004, 1007, 1011, 1023 f.
— Markung 565, 812
— Standesamt 88
— Sängerhalle 390, 437
Unteruhldingen 781
Unwetter 503
Uppsala 165
Urach-Haus 645
s. a. NS-Kraftfahrerkorps
Urbanplatz 994
Urbanstr. 654, 748, 751, 787, 992
Uruguay 217
— Auslandsorganisation der NSDAP 447
Utrecht 209, 577

V

Vaduz 63, 989
Vaihingen 89, 117, 146 f., 154, 214, 297, 313, 322, 372, 380, 383, 397, 425, 440, 450, 454, 457, 465, 468, 474, 477, 507, 515, 545, 570, 735, 794, 822, 831, 852, 864, 871, 881, 885, 887, 898, 902, 909, 954, 1000, 1007, 1023
— Eingemeindung 539, 541, 634, 717, 787, 811, 817, 822, 872, 874
— Einwohner (Zahl) 250
— Gemeinderat 717
— NS-Kreisleitung 541
— Park 735
Vandervell-Bosch, Ltd., Acton bei London 407
Varieté 29, 66, 149, 190, 206, 258 f., 278, 287, 386, 420, 539, 579, 631, 671, 679, 689, 753, 771, 972
Végh-Quartett 861
Veiel, Dr., Hautklinik s. Rotes-Kreuz-Krankenhaus
Venedig 460, 884
— Kunstausstellung, Internationale 319
Venezuela 843
Verbände, monarchistische, Auflösung 99
Verband der deutschen Landesversicherungsanstalten 263
— der evang. Lehrergemeinschaft 248
— der gemeinnützigen Bauvereine Württ. e. V. 122

— der Rabattsparvereine Württ. 17
— der Rußlanddeutschen 583, 584 f.
vgl. a. Rußlanddeutsche
— der württ. Flaschner u. Installateure 32
— deutscher Elektrotechniker 134
— deutscher Nähmaschinenhändler 495
— für freie Ärztewahl 19
— für Pferdesport, Württ.-Hohenzollern 551
s. a. Reitsport
— proletarischer Freidenker 64
— württ. Bankiers 32
— württ. Gewerbevereine 68
— Auflösung 167
— württ. Industrieller e. V. 40, 280, 376, 907
— württ. Landjäger, Auflösung 58
s. a. NS-Kameradschaftsbund deutscher Polizeibeamter
— württ. Optikermeister 170
— württ. Weinhändler 222
— württ. Wohnungsunternehmen 170, 584
— württ. Zeitungsverleger 123
Verbrauchergenossenschaften 361
s. a. Konsumvereine
— Auflösung 733
Verdunkelung 254, 268, 290, 449, 465, 511, 513, 559, 592, 608, 610, 612, 616 f., 626, 628, 632, 642, 645, 647, 650, 800, 804, 851, 855, 882, 927
s. a. Luftschutz
Verein Alter Stuttgarter Baiern 377
— Bau-Ausstellung Stuttgart 1934 e. V. 91
— Auflösung 438
— der Auslanddeutschen 107, 292
s. a. Volksbund für das Deutschtum im Ausland
— der Freunde der württ. Staatsgalerie 268 f., 272, 543, 564, 652
s. a. Galerieverein
— der kath. Geistlichen Württ., Auflösung 469
— der St. Annaschwestern 3
— der städt. Beamtinnen Stuttgart, Auflösung 93
— der Stuttgarter (württ.) Kohlenhändler 129
— der württ. (höheren) Verwaltungsbeamten 7, 85, 130
— Auflösung 88, 444 f.
— Deutscher Ingenieure (VDI) 81, 241, 487 f., 718, 929
— Vorsitzender 488
— Vorsitzender des Württ. Bezirksvereins 537
— ehemaliger Schüler der Höheren Handels-

1135

schule Stuttgart s. Alte Garde, Alte Gilde
— Eisstadion Stuttgart e. V. 217, 344
— für ärztliche Mission 386
— für Arbeiterkolonien 198
— für Bewegungsspiele (VfB) 147, 177, 213, 226, 357, 371, 399, 469, 483, 568, 591, 606, 642, 656, 660, 663, 668, 693 f., 739, 745, 815, 849, 861, 893, 898, 916, 935, 958, 973, 990, 998, 1008, 1010
  — Platz auf dem Wasen 413
— für die Höhere Handelsschule zu Stuttgart 787 f.
— für fakultative Feuerbestattung 691
— für Ferienkolonien 484
  — Auflösung 333
— für Kinderküchen 286, 852
— für Kinderheime 346, 646
— für klassische Kirchenmusik 188, 200, 279, 445
  s. a. Stuttgarter Oratorienchor
— für Kleinkinderpflegen 568, 611
— für ländliche Heimatpflege 335
— für vaterländische Naturkunde in Württ. 106, 186, 328, 655, 705
— für Wohnungsreform 105
— für württ. Familienkunde 71, 310, 804, 967
— für württ. Kirchengeschichte 142, 680
— für Zeppelin-Luftfahrten 907
— Haus der Technik 772
— Mitteleuropäischer Eisenbahnverwaltungen 422
— Nationaler Hilfsdienst 33
— Naturschutzpark Stuttgart 430, 737
— Paracelsus-Museum für Geschichte der Heilkunst 776
  s. a. Paracelsus-Museum
— Tiergarten Stuttgart e. V. 187
— Werapflege 696
— Wichernhaus, Auflösung 427
— württ. Körperschaftsbeamter, Auflösung 52
— württ. Kunstfreunde 514
  s. a. Württ. Kunstverein
— zum Bau u. Betrieb einer Nutzwasserversorgungsanlage 595
— zur Förderung der Volksbildung, Auflösung 302
— zur Förderung der württ. Naturaliensammlung 44, 593
— zur Hilfe in außerordentlichen Notstandsfällen auf dem Lande 445
— II der städt. Beamten Stuttgart, Auflösung 93

Vereine Südwestdeutschlands, Kaufmännische 41
Vereinigte Kugellagerfabriken, Werk Bad Cannstatt 158, 385, 950
  s. a. Norma Compagnie GmbH
Vereinigte Seifenfabriken Stuttgart AG 405
Vereinigte Staaten von Amerika (USA) 17, 35 f., 46 f., 52, 128, 139 f., 209, 222, 253, 306, 308, 347, 406, 432, 458, 520, 588, 719, 750, 762, 766, 772, 796, 861, 923, 1024
  s. a. Amerika
— Deutscher Volksbund 309
— Fox-Film-Gesellschaft 169
— Juden 333, 898
— Kameradschaft USA in Stuttgart 599
— Schwabenvereine 35
— Steubengesellschaft 222
Vereinigung der Freunde der TH 138, 541, 780
— der Hals-, Nasen- u. Ohrenärzte, Südwestdeutsche 431
— der Milchversorgung Stuttgart GmbH 57
  s. a. Württ. Milchverwertung AG
— der städt. Beamten 35
— der Verfolgten des Naziregimes (VVN) 1024
— des Christlichen Sängerbundes, Süddeutsche 132
— des Württ. Automobilclubs 289
  s. a. Deutscher Ausland-Klub
— deutscher Reformhäuser 225
— Evang. Buchhändler 426
— für polizeiwissenschaftliche Fortbildung, württ. 80
— Stuttgarter Hotelbesitzer 200
— württ. Arbeitgeberverbände e. V. 40
— württ. Krankenhausverwaltungen 525
— württ. Ortsvorsteher 39
Vererbungslehre 361, 458, 863
  s. a. Erbbiologie, Rassenlehre
Verhaftungen 9, 11 f., 19, 21, 26, 29, 38, 40, 43 f., 50, 54, 56, 61, 76, 90, 135, 191 f., 257, 261, 310, 325, 409, 419, 472, 523, 527, 622, 795, 836, 884, 915, 924, 927, 931, 933, 944, 958, 975—977, 981, 988 f., 997, 1014 f., 1018, 1023 f.
  vgl. a. Schutzhaft, Widerstand
Verkehr 45, 67, 108 f., 124, 156, 171, 226 f., 246, 248, 255, 259, 268, 281, 290, 300, 303, 320, 351 f., 360, 370, 398, 402, 439, 449, 451, 454, 471, 481, 535, 542, 545, 551, 554—556, 563, 566, 568, 586, 600, 618, 620 f., 623, 633, 693, 698, 701, 707, 714, 719, 722, 728 f.,

SACH- UND ORTSNAMENREGISTER

757, 775, 798, 819, 864, 964, 981, 988, 994 f., 1001, 1015
Verkehrsamt, städt. 228, 964
  s. a. Ausstellungs- u. Verkehrsamt
Verkehrspolizei 195, 331, 626, 645
Verkehrsunfälle 101, 203, 223 f., 234, 239, 260, 271, 279, 296, 363, 380, 387, 411, 426, 434, 438 f., 446, 451, 455, 490, 497, 500, 503, 537, 540—542, 568, 570, 572, 575, 581, 623, 629, 645, 690, 704—706, 721, 727, 856, 866, 898, 1007, 1010
Verkehrsverein Stuttgart 107, 119, 121, 138, 140, 179, 188 f., 191, 194, 209, 222, 268, 271, 290, 302, 306, 312, 331, 460
  s. a. Fremdenverkehrsverein Stuttgart
  — Vorsitzender 47 f.
Vermessungsämter für Feldbereinigung, württ. 114
  s. a. Feldbereinigungsämter
Vermessungsamt, städt. 160
Vernebelung 735, 825, 829, 849, 851, 853, 872, 887, 906, 909, 954
Verschönerungsverein 195, 336, 383, 798
  — Vorsitzender 237, 264
Verschönerungsverein Degerloch 386
Versorgungsamt, städt. 978, 1001
Versorgungswirtschaft 737, 985
Vertrauensmänner, städt. 210
  vgl. a. Betriebsrat, Personalrat
Verwaltungsberichte, städt. 193, 266, 348, 456 f., 544 f., 646 f., 728 f., 749, 800 f., 874, 945 f., 1013
Verwaltungsgerichtshof, württ. 425, 427, 430, 459, 532
  — Präsident 20, 282, 355
Verwaltungsschule Stuttgart, Höhere 85, 444
Vieh- u. Schlachthof, städt. 27, 33, 117, 148, 188, 238, 370, 557, 586, 738, 771, 906, 920, 947, 973, 981, 1004
  — Leiter 508
Viehmarkt 64, 150, 229, 247, 358, 440, 824
Viehzählung 866, 1011
Vierjahresplan 320, 326, 330, 339 f., 344, 348, 356, 391, 420, 451, 481, 545, 552, 557, 621, 633, 653
Viesenhäuser Hof 557, 623
Viktor-Köchl-Haus 128, 139, 164, 238, 484, 554, 634, 646, 716, 792
  s. a. Jungmädchenschule, volksdeutsche
Viktoria, Hotel (Hospiz) 3, 33, 174, 192 f., 265, 385, 424
Viktoria, Sportverein 414
  s. a. Sportvereinigung (SpVgg) 07 Untertürkheim
Villa Berg 46, 55, 71, 121, 125, 139, 185, 213, 218 f., 249, 307, 383, 387, 395 f., 409, 414, 444, 481, 486, 494, 500, 561, 570, 628, 758, 788, 830
  — Daimler 200
  — Miller 130
  — Reitzenstein 13, 511, 719
  — Wolf 622, 696
Villach 288
  — Männergesangverein 396
Villastr. 363, 411, 451, 476, 556
Völkischer Waffenring 184
Vogelsangsiedlung 107, 164, 232, 330
Vogelschutz 887
  s. a. Reichsbund
Vogelschutzwarte Stuttgart-Hohenheim 356
Volksabstimmung über den Anschluß Österreichs 471, 476
  — (sudetendeutsche) über den Anschluß des Sudetenlandes ans Reich 534
Volksbefragung über den Austritt Deutschlands aus dem Völkerbund 72 f., 75 f.
  — über die Vereinigung des Reichspräsidenten- u. Reichskanzleramts 144—146
  s. a. Gesetze
Volksbank Feuerbach 653
Volksbank Zuffenhausen 745
  s. a. Württ. Volksbanken
Volksbibliothek 305, 513
  s. a. Büchereien, Volksbüchereien
Volksbildungsstätte Stuttgart 329, 428, 440 f., 516, 525, 627, 651, 655, 662, 685, 702, 727, 744 f., 748, 756, 776, 782, 801, 805, 807, 810 f., 814, 817, 824—827, 836, 851, 853, 855, 857 f., 873, 877, 884, 900, 908, 912 f., 925, 934, 938, 945, 957, 959, 964, 966—968, 972
  s. a. Volkshochschule
  vgl. a. Verein
Volksbildungsstätten, württ. 340
Volksbüchereien 103, 237, 608, 632, 681, 707, 712, 728, 731, 779, 1000
  s. a. Büchereien, Volksbibliothek
Volksbüchereistelle für Württ. 467
Volksbund der deutschen sippenkundlichen Vereine 310
Volksbund für das Deutschtum im Ausland 44, 61, 77, 149 f., 166, 194, 208, 231, 269, 288, 354, 361, 405, 424, 442, 448, 493, 503, 512, 575, 694, 862
  s. a. Verein der Auslanddeutschen

1137

SACH- UND ORTSNAMENREGISTER

Volksbund für deutsche Kriegsgräberfürsorge 191, 555
Volksdeutsche s. Auslandsdeutsche
Volksdeutsche Mittelstelle 576, 821
Volksdeutsche Werkschule auf der Comburg 194
Volksempfänger 100
Volksfest s. Bad Cannstatt
Volksflugtag 137, 154, 233
   s. a. Luftsport
Volksgasmaske 459, 501, 513, 651 f., 892, 901, 917—919
Volksgerichtshof 465, 494, 647, 689, 854, 856, 975 f., 997, 1014 f., 1018, 1023
Volkshochschule 3, 266, 268, 272, 276, 329, 340
   s. a. Volksbildungsstätte
Volkskartei 603
Volksküche (Zuffenhausen) 385
   s. a. Küchen
Volksopfer 1013
Volkspark (Projekt) zwischen Kräherwald, Pragsattel u. Rosenstein 221
Volkspflege, Medaille 659
Volkspreis der deutschen Gemeinden u. Gemeindeverbände für deutsche Dichtung 792
   s. a. Literaturpreis
Volksschädlinge 808, 833, 855, 894, 901, 911, 939, 991, 1017
Volksschule s. Deutsche Volksschule
Volksschulen, Ministerialabteilung für die 113, 276, 341, 379
   vgl. a. Konsistorium, Oberschulrat, evang., Oberschulrat, kath.
Volksschulwesen in Württ., evang. 276
Volkssturm 1003, 1006 f., 1013
— Vereidigung 1008
Volksverein für das kath. Deutschland 8
— Auflösung 42
Volkswagen (KdF-Wagen) 108, 320, 504, 534, 568
Volksweihnachtsfeiern 175, 254, 343
Volkszählung 39
Volks-, Berufs- u. Betriebszählung 579
Vollmoeller AG Vaihingen, Vereinigte Trikotfabriken 768, 972
Vollzugspolizei 595
Vorarlberg 52, 492, 682, 847
Vordere u. Hintere Bleiburg (Uhlbach) 474

W

Waagen, städt. 142, 566
Wärmestuben, städt. 1, 169, 196, 1015
Wäscheindustrie 874
Wagenburgstr. 401, 597, 715, 718, 784, 792
Wagenburgtunnel 715 f., 748, 751, 770, 779, 825, 837, 942, 965
Wagnerstr. 410, 415, 478, 589, 617
Waiblingen 106, 348, 424, 697, 957, 993
— Kreis 515, 607, 1003
Waiblinger Str. 412, 456 f.
Waisenhaus 544
Waisenpflegerinnenverband, Auflösung 341
Waiß, Albert u. Ernst, Straßenbaufirma 109
Walckerstr. 467, 647
Waldau 439, 642, 655, 685
Waldbesitz, städt. 233, 252, 592, 620
Waldeck, Polizeisiedlung 716
Waldheime 16, 41, 47, 120, 131, 147, 223, 226, 253, 291, 302, 308, 331, 406, 439, 463, 465, 483, 689, 694, 779
Waldlauf 663, 736
Waldorf-Astoria-Zigarettenfabrik 92, 294
Waldorfschulverein, Auflösung 474
Wallmer 389, 716
Wallmerstr. 699
Walz, Friedrich, Kohlenhandlung 129
Wanderer/Westend, Radfahrerverein 445
Wangen 1, 70, 130, 226, 290, 302, 310, 393, 455, 505, 574, 601, 616, 645, 662, 693, 769, 991, 1004, 1023
— Standesamt 88
— Turnhalle, alte 390
— Turn- u. Festhalle 517, 664
Wangener Str. 67, 586
Warschau 121, 149, 176, 619 f., 640
Wart (bei Nagold), Landjahrlager der Stadt Stuttgart 313, 325, 691
— Umschulungslager der Stadt Stuttgart für arbeitslose Mädchen 116, 179
Wartberg 527
Washington 333
Wasserball 311, 377
Wasserturm (Degerloch) 372
Wasserversorgung, -wirtschaft 33, 53, 59, 87, 215, 254, 372, 415 f., 485, 491, 501, 573, 623, 640, 655, 683, 703, 985, 994, 996, 1005, 1022
   s. a. Deutscher Verein von Gas- u. Wasserfachmännern, Filderwasserversorgung, Gas- u. Wasserversorgung Bezirksgruppe Südwestdeutschland, Landes-

SACH- UND ORTSNAMENREGISTER

wasserversorgung, Reichsverband,
Technische Werke der Stadt Stuttgart,
Verein
Wasserwerke 28, 56, 215, 415 f., 634, 748,
1005
  s. a. Technische Werke der Stadt Stuttgart
Wasserwirtschaftsverband, Württ.-Hohenzollern 161, 573
Wattstr. (Zuffenhausen; früher Landhausstr., jetzt Wattstr.) 512
Weber, Gebr., Möbelfabrik 504
Weberstr. 264, 410
Weddigenstr. 643
Wegzug (Abwanderung) 111, 313, 580, 978,
983, 985, 1000 f., 1004
Wehrbezirkskommando Stuttgart II 548
Wehrersatzinspektion 804, 865
Wehrkreis V 82, 85, 143, 169, 204, 244, 251,
456, 601, 616, 737, 782, 807, 816, 901
— Befehlshaber im Wehrkreis V u. im Elsaß
142, 574, 922
  s. a. Oßwald, Veiel
— (General)kommando 601, 750, 1022
— Kammerorchester 741
— Reichsverteidigungskommissar 608, 766, 772
  s. a. Murr
Wehrmacht 143, 164, 209, 218, 237, 251, 257,
261, 276, 281, 283, 294, 300, 311, 338, 377,
380, 431 f., 443, 449, 469, 497, 504, 520, 544,
605, 607, 612 f., 615, 618, 627, 633, 636,
643—646, 649, 659, 662, 665 f., 670, 673,
683 f., 686, 688, 692, 697, 701, 703 f., 705 f.,
709, 711, 713, 722, 727—729, 731 f., 742, 744,
749, 753, 760—762, 768, 772, 782, 785, 791,
797, 802, 806—808, 819, 821, 836, 841, 865,
876, 891, 909 f., 916, 945, 955, 963, 980, 983,
991, 1000, 1013 f.
  s. a. Reichswehr, Tag
— Kapelle 689
— Seelsorge 192, 202, 205, 675, 677
— Theatergemeinde 862
— Vereidigung 244
Wehrmachtshelfer(innen) 965, 1011
Wehrmachtskommando Stuttgart 1003
Wehrpflicht, Wehrdienst 39, 192, 194, 200 f.,
212, 242, 273, 292, 306, 311, 426, 441, 475,
504, 540, 596, 615, 624, 637, 666, 683, 686,
689, 843, 881, 897, 999
Wehrschießen 961, 964
Wehrsport, Wehrturnen 21, 26, 46, 51, 228,
405, 694, 887
Wehrstahlhelm 82
  s. a. Stahlhelm
Wehrübungen 178
Weichselland 216
Weihnachtsmarkt 85, 174 f., 253, 331, 442,
537, 640, 667, 721, 796, 869, 941
Weil (bei Esslingen) 393, 557, 638
Weil der Stadt 485, 640, 1010
Weilimdorf 49, 66, 87, 89, 112, 147 f., 177,
203, 205, 222, 225, 229, 257, 266, 391, 440,
512, 586, 624, 684, 728, 748, 753, 773, 974,
981, 984, 1004, 1015 f., 1019, 1021, 1023
Weimar 441, 743, 771
— Gesellschaft der Bibliophilen 486
Weimarstr. 357
Weinbau 70, 84, 154, 158, 254, 292, 429, 521,
631, 633, 783, 791, 907
Weingärtner 65, 126, 551, 659, 734, 850
  s. a. Winzergenossenschaften
Weingärtnergenossenschaft Bad Cannstatt 329
Weinhändler s. Verband
Weinmarkt 202, 280, 486, 578, 665
Weinmuseum 380
Weinversorgung 850
Weinwerbewoche, württ. 317
Weise, Buchhandlung 498, 601
Weißenburg, Saalbau 723
Weißenhof 21, 63, 229, 389, 403, 508, 565 f.,
601, 604, 674, 687, 728, 787, 792, 984
Weissenstein (bei Süssen) 784, 846
Weißes Bräuhaus 84
Weiß-Rot, Tennisklub 558
Weltanschauungsunterricht 551, 564, 595, 648,
841, 862, 868, 889, 969, 988, 1011
Weltkriegsbücherei 223, 277, 288, 440, 524,
567, 707
— Kriegsmuseum 386, 580
— Leiter 113, 123
— Stiftung Richard Franck 665
Welzheim 146, 181
— Ausleselager zum Langemarck-Studium 698
Wendling-Quartett 13, 198, 234, 285, 421,
435, 450, 470, 487, 495, 508, 598, 621, 651,
681, 686, 710, 728, 779, 785, 832, 840, 872,
907, 1019
Werapflege s. Verein
Werastr. 412, 423
Werderstr. 9, 621
Werderstr. (Degerloch; früher u. jetzt Haidlenstr.) 512
Werkchöre 362
Werkkonzerte 342

SACH- UND ORTSNAMENREGISTER

Werkscharen 351, 378, 380, 400, 460, 478, 674, 706
Wernerstr. 402, 769
Werner-Voß-Weg 639
Wernhalde 593
Wernhaldenstr. 373
Wernlinstr. 740, 848
Werwolf 1020 f.
Westbahnhof 131, 267, 449, 629, 993
Westendorf-Stiftung 731
Westheimer, Hotel 313
Westwall 545, 604, 612, 669, 1011
Wetzlarer Str. 639
Wichernhaus 138, 207, 210, 427, 432, 613
  s. a. Deutsches Volksheim, Friedrich-List-Heim, Verein
Wider, Eugen, Holzgroßhandlung 224
Widerstand 6, 8 f., 12, 39, 43, 51, 191 f., 227, 275, 299, 494, 710, 884, 906, 911, 951, 966, 975 f., 992, 1013 f., 1018, 1021, 1024
  s. a. Kampfbund, Rote Hilfe, Rote Kämpfer, Streiks, Vereinigung, Verhaftungen
— Verbreitung von illegalen Druckschriften 12, 14, 20, 38, 40 f., 50, 55 f., 64, 69, 71, 75, 78, 83, 130, 208, 227, 274 f., 325, 407, 465, 472, 505, 547, 700, 913, 915, 959
Wielandstr. 592
Wien 68, 131, 185, 261, 359, 365, 395, 406, 426, 453, 466, 470, 475, 485, 491, 493, 499, 508, 522, 531, 543, 546, 555, 568, 576, 578, 588, 604, 653, 692, 699 f., 717, 733, 735, 745, 751, 753, 762, 774, 786, 792, 867, 895, 908, 932, 974
— Deutschmeister-Kapelle 477
— Lehrer-a-capella-Chor 407
— Mozart-Chor, -Knaben 479, 523
— Philharmoniker 731, 864
— Philharmonisches Streichquartett 359
— Sängerknaben 322, 602, 692
Wiener Str. 659, 677
Wiesbadener Str. 492
Wiesensteig 330
Wild, Fritz, Wurst- u. Fleischwarenfabrik 588
Wilhelma 54, 399, 495, 597, 661, 668, 681, 759, 830, 837
— Theater 108, 255, 830
Wilhelm-Busch-Weg 639
Wilhelmhospital 258
  s. a. Diakonissenanstalt
Wilhelm-Murr-Saal (Neckarstr. 40) 288, 497, 525, 613, 632, 713, 725, 746, 753, 757, 829, 852, 856, 873, 971

Wilhelm-Murr-Str. (früher u. jetzt Dorotheenstr.) 125, 461, 537, 640
Wilhelm-Murr-Str. (Feuerbach; früher Rosenstr., dann Teil der Adolf-Hitler-Str., jetzt Teil der Stuttgarter Str.) 461
Wilhelm-Murr-Str. (Sillenbuch; früher Waldheimstr., jetzt Gorch-Fock-Str.) 461
Wilhelm-Neth-Weg (Zuffenhausen; jetzt Talheimer Str.) 639
Wilhelmsbau 7, 428, 674, 889
Wilhelmsbau AG 608
Wilhelmspalais 36, 75, 108, 153, 289, 307, 311, 334, 340
  s. a. Ehrenmal
Wilhelmsplatz 5, 126, 177, 264, 463, 492, 659, 714, 729, 961
Wilhelmsplatz (Bad Cannstatt) 412, 680, 714, 716
Willi-Kirchhoff-Str. 516, 542
Wimpf, W. u. Sohn, Wagenfabrik 483
Wimpff, Conradt u. Cie., Nähmaschinen 519
Windhorst-Bund, Auflösung 42
Winnental, Heilanstalt 911
Winterhalde 975
Winterhilfslotterie 105, 256, 636, 650, 656, 720
Winterhilfswerk (WHW) 61, 65 f., 74, 78 f., 82, 90, 98, 100 f., 161, 164, 169, 174 f., 180, 183, 196, 236 f., 250 f., 260, 278, 280, 323 f., 326, 338, 340, 347, 354 f., 368, 426, 429, 431 f., 434, 442, 448, 450, 454, 462 f., 473, 516, 520, 524, 533, 537, 543, 546, 550, 560, 562, 570, 617, 622 f., 625, 629, 639, 648 f., 651 f., 654, 660, 662, 684, 695, 698 f., 706, 720, 731, 736 f., 743, 771, 774 f., 777, 800, 802, 807, 809 f., 814, 820, 823, 845, 850 f., 853, 855, 859, 867, 872 f., 879 f., 886, 889, 891, 923, 935, 941, 943 f., 946, 953, 955, 960, 964, 967, 969, 992, 997, 1003, 1007 f., 1010, 1014, 1017—1019
Wintersport 180, 200, 266, 540, 649, 746
Winzergenossenschaften, württ. 855
  s. a. Weingärtner
Wirtschaft 72, 77, 89, 119, 147, 163 f., 167, 185, 209, 225, 235, 251, 259, 264 f., 293, 297, 315, 334, 339, 344, 348, 370, 519, 579, 636, 641, 644, 646, 662, 673, 679, 697, 698, 729, 731, 774, 794, 808, 853, 861, 871, 909, 912
  s. a. Bauwirtschaft, Elektrizitätswirtschaft, Energiewirtschaft, Ernährungswirtschaft, Industrie, Kriegswirtschaft, Versorgungswirtschaft, Wasserwirtschaft
Wirtschaftsamt, städt. 605, 608 f., 617, 633,

646, 662, 672, 697, 703, 721, 728, 740, 751, 757, 802, 834, 874, 892, 949, 951, 961, 977, 1001, 1010, 1012
— Leiter 609 f.
Wirtschaftskammer für Württ. u. Hohenzollern 259, 306, 413, 457, 462, 583, 671, 741, 852, 861
  s. a. Gauwirtschaftskammer
  vgl. a. Industrie-, Handels- u. Wirtschaftskammern
Wirtschaftsminister, württ. 354, 385, 624, 637, 640, 750, 919, 961
  s. a. Lehnich; Schmid, Jonathan
Wirtschaftsministerium, württ. 1, 16 f., 31, 41 f., 44, 66, 91, 129, 167, 170, 180 f., 194, 208, 238, 247, 263, 288, 364, 444, 465, 484, 494, 524, 671 f., 681, 720, 756, 859, 879
— Leitung 17, 48, 259
Wochenmarkt 391, 667, 702, 823, 856, 935
Wochenschauen 652, 697, 733, 764, 884
Wohlfahrt 24, 38, 103, 127, 139, 206, 267, 269, 297, 363, 369 f., 417, 519, 620, 812
  vgl. a. Zentralleitung
— Arbeitsgemeinschaft der württ. Wohlfahrtsbeamten 206
Wohlfahrtsamt, städt. 29, 83, 90, 103, 116, 167, 196, 212, 267, 269, 282, 361, 427, 463, 474, 492, 556, 594, 609, 620, 672, 696, 805, 878
  vgl. a. Fürsorgeamt, Sozialamt
— Beschäftigungsheime 297
Wohlfahrtsverein 11, 83
  vgl. a. NS-Volkswohlfahrt
— Auflösung 134
Wohnheime 587, 674, 687, 740, 848
Wohnungen 119, 189, 241, 247, 322, 331, 333, 345, 360, 365, 377, 409, 421, 438, 447, 450, 467 f., 488, 495, 505, 527, 533, 545, 569, 579 f., 582, 584, 595, 604, 632, 635, 638, 641 f., 644, 647, 653, 656, 675, 687, 698, 702, 707, 722, 729, 749, 755, 760, 784, 791 f., 796, 802, 823, 834, 848, 863, 866, 878, 881, 883, 888, 891 f., 894—896, 909 f., 918 f., 921, 924, 928, 930 f., 933 f., 940, 949, 954 f., 962, 978—980, 982 f., 985, 987 f., 993, 997, 999, 1001, 1004
Wohnungs- (u. Siedlungs)amt, städt. 2, 62, 142, 215, 361, 545, 582, 641 f., 744, 844, 888, 896, 924, 930, 933, 955, 962, 978, 983, 985, 988 f., 997
Wohnungsbau(politik) 42, 47, 56 f., 63, 70, 95, 107, 112, 114, 125, 132 f., 148, 164, 170, 189, 205, 210, 213, 222 f., 244, 254 f., 268, 304, 313, 315, 319, 331, 333, 343, 348, 370, 391, 398, 409, 421, 436, 467 f., 488, 500, 505, 533, 539, 545 f., 554, 562 f., 569, 571, 578 f., 586, 592, 635, 638, 643 f., 647, 653, 659, 675, 688, 696, 698, 702 f., 707, 713, 715, 720, 722, 726, 728 f., 736 f., 740, 742, 749, 753, 755 f., 770, 774—777, 784, 791, 795 f., 812, 816, 819, 841, 849, 874, 934
  vgl. a. Reichsverband, Reichswohnungskommissar, Verein
Wohnungshilfswerk, deutsches 934
Wohnungstauschstelle 642
Wohnungsunternehmen, gemeinnützige 255, 467, 635
  vgl. a. Verband
Wohnungs- u. Siedlungswesen 170, 682 f., 698 f., 759, 812
Wohnungszwangswirtschaft 2
Wolfbuschsiedlung 205, 223, 313, 398, 436, 462, 467, 478, 511, 583, 638, 716
Wolfenbüttel, Konzentrationslager 1010
Wolframstr. 297, 304, 354, 361, 554, 616
Württemberg — Regierung (Land) 2 f., 5, 10—12, 14, 17, 19 f., 26, 29, 31, 37, 41, 46, 49, 60, 70, 72, 76, 79, 95, 102, 133, 136, 165, 193 f., 206, 216, 225, 248, 250, 263, 340, 396, 423, 466, 546, 639, 667, 766, 789, 792, 816 f.
Württembergisch-Badische Buchdruckerstiftung 543
Württembergische Anthroposophische Gesellschaft, Auflösung 247
Württ. Auftragsbörse 765
Württ. Auktionszentrale Stuttgart 308
Württ. Bank AG Stuttgart 287 f., 573, 755, 902
  s. a. Württ. Notenbank
Württ. Bürgerpartei 2, 58, 86, 227
Württ. Dozentenschaft 103
Württ. Fettschmelze u. Häuteverwertung 588
Württ. Feuerversicherungs-AG 382, 482, 581
— Präsident 283
Württ. Gebäudebrand-Versicherungsanstalt Stuttgart 623, 879
Württ. Gemeindeverwaltungs- u. Sparkassenschule 860
Württ. Girozentrale — Württ. Landeskommunalbank, Stuttgart 198, 488, 570, 904
Württ. Grundstücksgesellschaft, Auflösung 357
  s. a. Wulle AG, Brauerei
Württ. Handelsbank Stuttgart 556

Württ. Hauptgenossenschaft für Viehverwertung EGmbH, Stuttgart 586
Württ. Heimstätte GmbH 333, 398, 636
Württ. Hochschule für Musik 1 f., 37, 77, 171, 217, 223, 249, 292, 294, 307, 321, 341, 355 f., 360, 362, 381, 405, 443 f., 446, 453, 460, 466, 470, 515, 544, 559, 666, 686, 854
  s. a. Staatliche Hochschule für Musik
Württ. Hypothekenbank Stuttgart 296, 374, 395, 415, 525, 559, 563, 742, 816, 865
Württ. Kommission für Landesgeschichte 355, 364, 765
Württ. Landesanstalt für Erziehung u. Unterricht 217, 479
Württ. Landesbank 177
Württ. Landesbibliothek 124, 230, 486, 504, 553, 562, 590, 597, 612, 619, 644, 830
— Leiter 57
Württ. Landesbildstelle 187, 535
Württ. Landesbühne 59, 255
  s. a. Württ. Volksbühne
Württ. (Landes)elektrizitäts-AG 42, 173, 179, 325, 630, 833, 889
  s. a. Elektrizitätsversorgung Württ. AG
Württ. Landeshebammenschule 318, 783
  s. a. Landeshebammenanstalt
Württ. Landeskreditanstalt 18, 66, 112 f., 294, 333, 343, 454
— Präsident 714
Württ. Landessparkasse 225, 336, 405, 495, 907, 1014
Württ. Landestheater 1, 4, 10, 19 f., 108, 506
  s. a. Württ. Staatstheater
Württ. Landsiedlung GmbH 586
Württ. Landwirtschaftsbank GmbH 848
Württ. Milchverwertungs-AG 57, 285, 420, 488, 595, 611, 624, 756, 1004
  s. a. Milchhof, Vereinigung der Milchversorgung Stuttgart GmbH
Württ. Naturaliensammlung 69, 601, 615, 753, 773, 786, 801, 804
  s. a. Verein
Württ. Notenbank 116, 171, 185, 256, 287
  s. a. Württ. Bank
Württ. Privilegierte Bibelanstalt 74, 164, 243, 425, 526, 785, 787, 886, 912
Württ. Saarvereinigung 43, 104, 114, 206, 259
Württ. Sammelschienen-AG 173, 179
  s. a. Elektrizitätsversorgung Württ. AG
— Leiter 435, 701
Württ. Staatseisenbahnen 335, 569

vgl. a. Eisenbahnen, Gäubahn, Reichsbahn, Remstalbahn
Württ. Staatsgalerie 61, 96, 269, 402, 595, 607, 619, 693, 713, 751, 804, 830, 919
  s. a. Graphische Sammlung, Verein
Württ. Staatstheater 36, 44, 46—48, 63, 65, 69, 76—84, 94, 98 f., 116, 121, 128, 137, 140, 154, 166, 182 f., 186, 191, 201, 212, 214, 229, 246, 249, 254 f., 258—260, 262, 279, 282, 288, 293 f., 297, 301, 326, 330, 345, 347, 352, 359 f., 370, 374 f., 377 f., 395, 416, 418, 430, 432, 437, 451, 460 f., 466, 470, 495, 497, 510, 577, 581, 587, 590 f., 604, 613, 623, 625, 652, 658, 662 f., 666, 677, 681, 694 f., 708, 710, 717 f., 745, 756, 759, 777, 782, 795, 805, 810, 812, 820, 827, 830, 837, 847, 851, 854, 857, 861, 869, 880, 883, 888, 907, 917, 923, 939, 945, 959, 964, 972 f., 989
  s. a. Großes Haus, Kleines Haus, Schauspielhaus, Staatstheaterballett, -chor, -orchester, Württ. Landestheater
vgl. a. Theater, Württ. Landesbühne
— Ehrenmitglieder 82, 116, 406, 486
— Festspielwochen 130, 214, 422, 589, 591, 794, 967
— Woche der Frontdramatiker 902
Württ. Verwaltungsakademie 70, 72, 97, 161, 164, 191, 203, 239, 265, 321, 325, 327, 366, 387, 429, 441, 443, 450, 456, 486, 521 f., 524, 532, 535 f., 550, 558, 577, 653, 710, 733, 784, 810, 812, 856, 864, 936, 947
Württ. Volksbanken 747, 750, 803, 875, 946
Württ. Volksbühne 48, 59
  s. a. Württ. Landesbühne
Württ. Volkswirtschaftliche Gesellschaft 174, 184, 243, 264
Württ. Warenzentrale Landwirtschaftlicher Genossenschaften AG 291, 548
  s. a. Kaufstelle Landwirtschaftlicher Genossenschaften AG
Württ. Wertpapierbörse 476, 880, 972
Württembergischer Anglerverein 549
Württ. Anthropologischer Verein 69, 91, 185, 245, 259, 324, 787
Württ. Bachverein 106, 217, 518, 561, 727
Württ. Bauernbund 13, 58
  s. a. Landesbauernschaft
Württ. Bauern- u. Weingärtnerbund 12, 23 f., 27, 30, 54
  s. a. Landesbauernschaft
Württ. Baumeisterbund 39
  vgl. a. Deutsche Gesellschaft für Bauwesen,

SACH- UND ORTSNAMENREGISTER

Württ. Verein für Baukunde
— Auflösung 253
Württ. Blindenverein 122 f., 417
Württ. Brucknerbund 318, 324, 353, 437, 736 f.
 s. a. Deutsche Brucknergesellschaft
Württ. Bund für Heimatschutz 106
Württ. evang. Jungmännerbund 59, 153, 230, 316
— Vorsitzender 432
Württ. evang. Pfarrverein 24, 114, 201, 280, 476
Württ. Frauenverein für hilfsbedürftige Kinder 110, 474
Württ. Frontkämpferbund 27
Württ. Gartenbau(wirtschafts)verband 5, 518, 598, 763
Württ. Gemeindetag 4, 34, 81
Württ. Genossenschaftsverband (Schulze-Delitzsch) 589
Württ. Geschichts- u. Altertumsverein 160, 186 f., 248, 254, 522, 531, 537, 654, 713, 736
— Vorsitzender 238 f., 326, 648
Württ. Goethebund 82, 167, 173, 246 f., 259, 278, 400, 437, 444, 452, 460
— Literaturpreis 336
Württ. Handwerkskammertag 124, 126
Württ. Haus- u. Grundbesitzerverein 61, 241
Württ. Industrie- u. Handelstag 1, 41, 89, 119, 167, 196, 229, 256
— Auflösung 305 f.
Württ. Kreditverein AG 19, 742
Württ. Kriegerbund 24
 s. a. Deutscher Reichskriegerbund, Kreiskriegerbund, NS-Reichskriegerbund
Württ. Kunstverein 29, 63, 74, 81, 136, 203, 243, 250, 290, 308, 315, 319, 327, 340, 354, 366, 375, 384, 406, 429, 461, 476, 480, 491, 505, 514, 534, 541, 588, 625, 634, 637, 669, 675 f., 695, 719, 725, 736, 755, 762, 778, 788, 793, 808, 827, 840, 848, 852, 859, 875, 886, 900, 914, 931, 939, 949, 976
 s. a. Verein württ. Kunstfreunde
— Satzungsänderung 254, 341, 536
Württ. Landesfeuerwehrverband 511
Württ. Landesfischereiverein 301
Württ. Landesfürsorgeverband 766
Württ. (Landes)obstbauverein 187, 266
 s. a. Landesbauernschaft
Württ. Lehrerverein, Auflösung 61
 s. a. NS-Lehrerbund
Württ. Malerinnenverein 2, 258, 632, 788

Württ. Mittelstandsbund für Handel u. Gewerbe 22
Württ. Notariatsverein, Auflösung 63
 s. a. Bund Nationalsozialistischer Deutscher Juristen, NS-Rechtswahrerbund
Württ. Offiziersbund 54, 292
Württ. Philologenverband 43
— Auflösung 65
Württ. Regattaverein 774
Württ. Richterverein 27
Württ. Sparkassen- u. Giroverband 22, 66, 203, 336, 341, 488, 823, 903, 946
Württ. Städtetag 5, 22, 34, 755
Württ. Verein der Freunde des humanistischen Gymnasiums 329
Württ. Verein für Baukunde 103, 164, 253, 481, 566
 vgl. a. Deutsche Gesellschaft für Bauwesen, Württ. Baumeisterbund
Württ. Verein für Handelsgeographie 165, 258, 261, 330, 435, 488, 522, 530, 542, 550, 730, 739
Württ. Verein Mutterschutz e. V. 420, 451
Württ. Verein zur Förderung der Wanderarbeitsstätten 155, 403
Württ. Versicherungsverein AG 596
 s. a. Württ. (Ober)versicherungsamt
Württ. Weinbauverein 126
 s. a. Landesbauernschaft
— Auflösung 107, 207
Württ. Weinmarkt Stuttgart, Firma 665
Württembergisches Kohlengeschäft 743
Württ. Landesmuseum 182, 243
 s. a. Altertümersammlung, Schloßmuseum
Württ. Oberversicherungsamt 297, 299, 427
Württ. Staatsarchiv 289, 420, 464, 830
 s. a. Landtagsarchiv
 vgl. a. Archivdirektion
— Leiter 52
Württ. Statistisches Landesamt 42, 72, 252, 350, 404
— Direktor 590
Württ. Streichquartett 687
Württ. Versicherungsamt Stuttgart 593 f.
Würzburg 605
Wulle AG, Brauerei 356 f., 501, 546, 732, 972
 s. a. Württ. Grundstücksgesellschaft
Wullesaal 27, 98, 120, 134, 169, 245, 419, 437, 469, 518, 533, 550, 569, 655, 673, 679, 716 f., 720

SACH- UND ORTSNAMENREGISTER

Z

Zahnärzte u. Dentisten 194, 245, 253, 745, 888, 897, 971
vgl. a. Akademie
Zahnklinik der Stuttgarter Ortskrankenkassen 101
Zahn-Nopper, Vereinigte Eisenhandelsgesellschaften 644, 855
Zahnradbahn 1, 147, 179, 343, 403, 871
Zangerl u. Cie., Tapeten u. Linoleum 403
Zazenhausen 87, 148, 244, 599, 688, 716, 744, 753
— Eingemeindung 28
Zeiß-Ikon 658
Zeitungen, Zeitschriften, Druckschriften 45, 758, 821, 834, 857, 860, 976, 1006
s. a. Presse, Reichsverband, Zeitungsverbote u. Verwarnungen
— Aktion, Die 38
— Amtsblatt der Stadt Stuttgart 608, 778
— Antifaszistische Front 78
— Anzeiger für Münster 756
— Auslanddeutsche, Der 20
— Beobachter 278
— Bildkurier, Beilage zum Stuttgarter NS-Kurier 754
— Blätter des Württ. Schwarzwaldvereins 732
— Blätter für württ. Kirchengeschichte 260
— Blatt, Das Bunte 230
— Bosch-Zünder (Roter) 227, 954
— Botnanger Zeitung 756
— Cannstatter Zeitung 755
— Deutsches Volksblatt 239 f., 295
— Erzieher, Der deutsche 61
— Feuerbacher Zeitung 755
— Filder-Bote (früher Neue Filder-Zeitung) 246
— Flammenzeichen 313
— Frauenberuf 336
— Journal de Genève 434
— Jüdisches Nachrichtenblatt 651
— Katholik, Der romfreie 258
— Katholisches Sonntagsblatt 295, 355
— Lehrerbote, Der 248
— Manchester Guardian 30
— Mitte, kommunistische Stadtteilzeitung 41
— Mitteilungen des Internationalen Verbandes für Wohnungswesen u. Städtebau 806
— Mitteilungen des Verschönerungsvereins 798
— NS-Kurier, Stuttgarter 34, 78, 94, 199, 271, 351, 381, 407, 443, 455, 614, 725, 778, 890, 968, 993, 1017, 1021, 1023
— Neues deutsches Familienblatt 549
— Neues Tagblatt, Stuttgarter 92, 338, 355, 529, 547, 614, 629, 815, 890
— Regierungsanzeiger für Württ. 176 f., 890
s. a. Staatsanzeiger, Württ.
— Reich, Das 821
— Roter Kurier 29
— Roter Mercedes 75
— Roter Osten 75
— Roter Sportler 69
— Rottenburger Zeitung 239
— Rundschau in Zuffenhausen, Allgemeine 756
— Schnellkurier der KPD 78
— Schwäb. Tageszeitung 537
— Schwäb. Merkur 24, 234, 239, 276, 755, 944
— Schwarzes Korps 547
— Soziale Presse 841
— Sozialer Wohnungsbau 814
— Sozialistische Aktion 192
— Staatsanzeiger, Württ. 176
s. a. Regierungsanzeiger für Württ.
— Sturm, Der 38
— Stuttgarter Illustrierte 711
— Stuttgarter Wochenschau 410
— Süddeutsche Apothekerzeitung (früher Pharmazeutisches Wochenblatt) 256
— Süddeutsche Arbeiterzeitung 40, 52, 56, 69, 71, 85
— Süddeutsche Zeitung (früher Deutsche Reichspost) 41, 133, 230
— Tribunal, Organ der Werktätigen gegen Unterdrückung, Faschismus, Justizterror 41, 55, 69, 227
— Ulmer Sturm 41
— Völkischer Beobachter 350
— Völkischer Willen 428
— Wachtturm, Der 697
— Werk, Das 275
— Württemberger Zeitung 2, 547, 1023
— Württembergische Arbeiterzeitung 36
— Württ. Landeszeitung 407
— Württ. Lehrerzeitung 61
— Württembergisch-Hohenz. Kriegerzeitung 549
— Zeitschriften, Kirchliche 756, 761
Zeitungsverbote u. Verwarnungen 55, 755
s. a. Zeitungen

SACH- UND ORTSNAMENREGISTER

— Christlicher Volksdienst 10, 15
— Deutsches Volksblatt 23, 242
— Durchbruch (Kampfblatt für deutschen Glauben, Rasse u. Volkstum) 472
— Jüdisches Gemeindeblatt 524
— Junger Kämpfer 10
— Ketteler-Ruf 601
— Schwäb. Tagwacht 10, 15
— Stuttgarter Sonntagszeitung 18
— Süddeutsche Arbeiterzeitung 10, 15
Zeitungs- u. Zeitschriftenverlage 330
Zeitungsverleger s. Verband
Zellerstr. 321
Zentral, Hotel s. Central
Zentralleitung für das Stiftungs- u. Anstaltswesen in Württ. 397, 587
Zentralleitung für Wohltätigkeit 112, 139, 397
Zentralstelle für die Landwirtschaft 58
Zentralstelle für Gewerbe u. Handel 68
Zentrum 3, 6, 8, 13, 15, 23 f., 27, 29, 31, 37, 39 f., 58, 86, 242, 447, 989, 1014
— Auflösung 44
Zeppelinstr. 79, 243, 336, 592
Ziemann, A., AG, Maschinenfabrik 339, 803
Zigeuner 702, 854
Zilling, Paul, Exportkontor 467
Zimmermann, G., Flaschnerbetrieb 123
Zivilarbeiter(innen) 808, 838, 848, 873, 920, 929, 942, 963, 974, 1006
Zoologische Gesellschaft, deutsche 217
Zuckerfabrik Münster 349, 849
 s. a. Süddeutsche Zuckerwerke
Züblin, Eduard, u. Cie. AG, Bauunternehmung 387, 584, 672, 842, 911
Zürbelesholz (Markung Uhlbach) 474
Zürich 21 f., 25, 124, 182, 216, 230, 305, 340, 372, 404, 547, 629, 658, 767, 787, 791, 807, 945
— Ortsgruppe der NSDAP 396
Zuffenhausen 1, 12, 16 f., 22, 25, 27, 35, 42, 51, 59, 70, 83, 91, 101, 103, 126 f., 144, 146, 148, 177, 195, 223, 225, 239, 244, 254, 268 f., 384 f., 389, 401, 410, 428, 439 f., 468, 482, 485, 512, 538 f., 552, 556, 566, 574 f., 580, 611, 628 f., 641, 653, 675, 677, 684, 720, 728, 751, 765, 767, 803 f., 828, 976, 984, 992 f., 999, 1001, 1004, 1010, 1019, 1023
— Bahnhof 757
— Horst-Wessel-Turnhalle 828
— Markung 812
— Rathaus 981
Zum Kirchtal, Saalbau 482
Zum Ritter, Degerloch 293, 1024
Zuzug 57, 103, 125, 139
— Sperre 86, 119, 156, 240, 247, 580, 883, 926
Zwangsenteignung 558
Zweigle, J. G., Kohlenhandlung 482

Fotonachweis

Imperial War Museum London 54
Bibliothek für Zeitgeschichte 3, 4
Landesbildstelle Württemberg 30
Stadtarchiv 5, 8—12, 15—18, 21, 22, 24, 26, 29, 31—47, 49—51
Stuttgarter Zeitung 52, 53
Bosch-Archiv 25
Daimler-Benz AG 23
TWS, Abt. Straßenbeleuchtung 19, 20
Luftbild Strähle 1, 2
Heinz Eschwege 13, 14, 27, 28, 48
Nachlaß Dr. Strölin 6, 7

Berichtigungen zur »Chronik der Stadt Stuttgart 1918—1933«

S. 132 und 370: Vereinigung von Stuttgart und Zuffenhausen am 1. 4. 1931
S. 132: Vereinigung von Stuttgart und Feuerbach (mit Weilimdorf), Mühlhausen und Zazenhausen am 1. 5. 1933
S. 369: Vereinigung von Feuerbach und Weilimdorf am 1. 4. 1929

1 Stuttgart 1922

2 Stuttgart — Innenstadt 1924

3, 4   Wahlplakate der NSDAP

5 Hissen der Hakenkreuzfahne am Landtagsgebäude 7. März 1933
6 Oberbürgermeister Dr. Lautenschlager bei seiner Abschiedsrede vor dem Gemeinderat 9. Mai 1933
7 Verpflichtung der Stadträte durch Staatskommissar Dr. Strölin 9. Mai 1933

8   15. Deutsches Turnfest 1933: Einholung des Bundesbanners am Hauptbahnhof 26. Juli 1933

9   400-Jahr-Feier der Reformation in Württemberg in der Stadthalle 8. Juli 1934

10—12 Cannstatter Volksfest 1935

 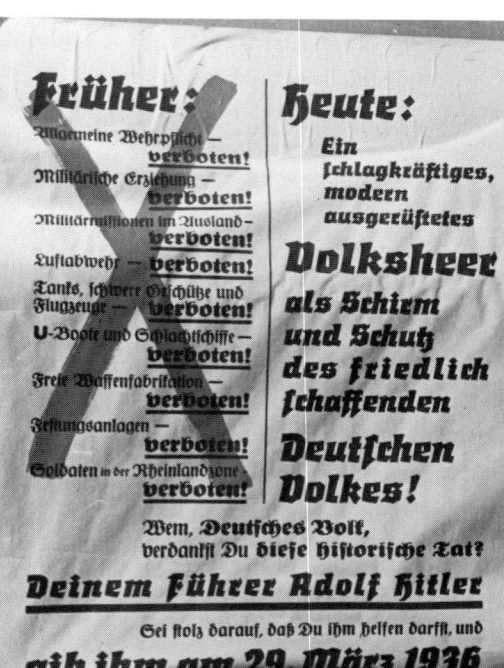

13—16 Reichstagswahl 29. März 1936

17 NSV-Kindergarten Seelberg 23. Juli 1938

18 NS-Kundgebung in der Stadthalle
    17. März 1936

19, 20 6. Reichstagung der Auslandsdeutschen
28. August bis 4. September 1938

21 Wahl am 10. April 1938 nach der Angliederung Österreichs
22 Schwäbisches Liederfest 8. bis 11. Juli 1938: Festzug mit historischen Uniformen

23 Der 50 000. Mercedes-Benz
    Typ »170 V«
    verläßt das Montageband
    7. Februar 1939

24 Reichsautobahn
    auf den Fildern
    bei Echterdingen

25 Die Ratsherren besichtigen
    das Robert-Bosch-Krankenhaus
    27. Juni 1940

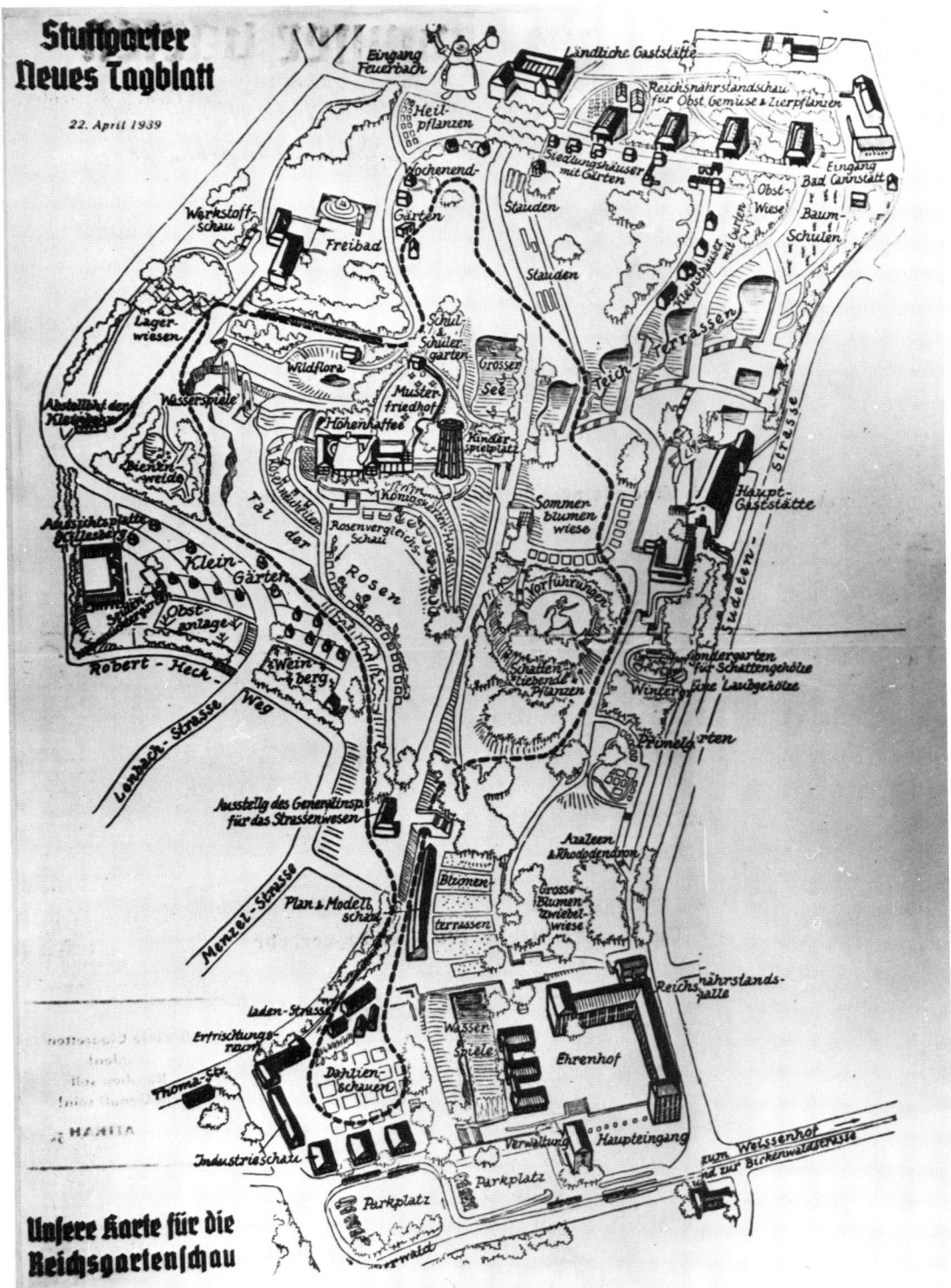

27 Willy Reichert im Großen Sendesaal des Reichssenders Stuttgart

28 Das HJ-Orchester des Reichssenders Stuttgart musiziert im Hof des Waisenhauses

29, 30 Kleines Haus der Württ. Staatstheater, oben: Innenansicht; unten: Außenansicht

31 Die Stuttgarter Synagoge

32 Die zerstörte Stuttgarter Synagoge
    Frühjahr 1939

33, 34   Jüdische Bürger auf dem Killesberg vor ihrer Deportation November 1941

35 Ausgabe von Bezugscheinen in der Siegle-Bücherei

36 Splittersicherung am Stuttgarter Rathaus

37 Sicherung von Kunstwerken in der Stiftskirche gegen Bombenschäden

38—40 Rückkehr deutscher Truppen nach dem Frankreich-Feldzug 3. Oktober 1940

41 Bunter Nachmittag für verwundete Soldaten im Kursaal Bad Cannstatt

42 Das Stuttgarter Wendling-Quartett spielt im Marienhospital vor verwundeten Soldaten

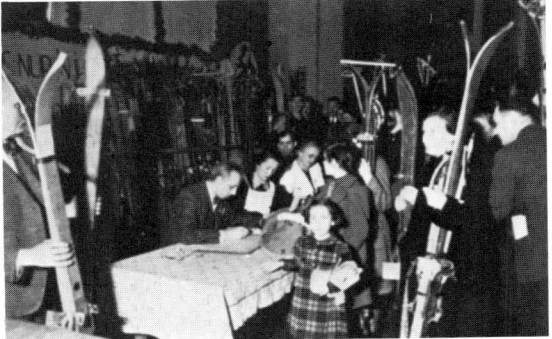

43 Propagandamarsch zum Eintopfessen
44 Skispende für Truppen an der Ostfront Dezember 1941 / Januar 1942
45 Sammlung zum 2. Kriegshilfswerk für das Deutsche Rote Kreuz 4./5. November 1939

46, 47 Der zerstörte Hauptbahnhof nach dem Luftangriff vom 22. November 1942

48 Lichthof des zerstörten Justizgebäudes; links befand sich die Hinrichtungsstätte

Stuttgarter NS-Kurier

Gauorgan der NSDAP
Stuttgarter Neues Tagblatt

Stadt der Auslandsdeutschen — Donnerstag, den 5. April 1945 — 15. Jahrgang – Nummer 79

Losung aller Schwaben: Furchtlos und treu!

Stuttgarter NS-Kurier

Gauorgan der NSDAP
Stuttgarter Neues Tagblatt

Stadt der Auslandsdeutschen — Dienstag, den 10. April 1945 — 15. Jahrgang – Nummer 83

Tapfer und heroisch, mutig und unverzagt!

Württemberger Zeitung

Das nationalsozialistische Morgenblatt in Stuttgart
Württembergische Landeszeitung

Nummer 92 – 59. Jahrgang — Freitag, 20. April 1945

*Diese Zeitung wurde am 20. April 1945 morgens ausgetragen in Stuttgart-Degerloch. Am 21. April 1945 Mittags und Abends wurde Stuttgart und Degerloch von alliierten Truppen (französ. Marokkaner) besetzt.
R. Weißer, Degerloch.*

Männlich und deutsch dem Führer folgen!

49 NS-Kurier vom 5. April 1945 mit Werwolfzeichen
50 NS-Kurier vom 10. April 1945
51 Die letzte Württemberger Zeitung vom 20. April 1945

52 Französische Truppen durchsuchen die Ruine des Neuen Schlosses April 1945

53 Deutsche Soldaten als französische Kriegsgefangene in der Königstraße

54 Die zerstörte Innenstadt nach den Juli-Angriffen 1944